Department for Economic and Social Information and Policy Analysis

Département de l'information économique et sociale et de l'analyse des politiques

1992

Demographic Yearbook
Annuaire démographique

Forty-fourth issue/Quarante-quatrième édition

United Nations/Nations Unies
New York, 1994

NOTE

Symbols of United Nations documents are composed of capital letters combined with figures. Mention of such a symbol indicates a reference to a United Nations document.

The designations used in this publication have been provided by the competent authorities. Those designations and the presentation of material in this publication do not imply the expression of any opinion whatsoever of the Secretariat of the United Nations concerning the legal status of any country, territory, city or area or of its authorities, or concerning the delimitation of its frontiers or boundaries.

Where the designation "country or area" appears in the headings of tables, it covers countries, territories, cities or areas.

NOTE

Les codes des documents de l'Organisation des Nations Unies se composent de lettres majuscules et de chiffres. La simple mention d'une texte signifie qu'il s'agit d'un document de l'Organisation.

Les appelations utilisées dans cette publication ont été fournies par les autorités compétents. Ces appelations et la présentation des données qui figurent dans cette publication n'impliquent de la part du Secrétariat de l'Organisation des Nations Unies aucune prise de position quant au statut juridique des pays, territoires, villes ou zones, ou de leurs autorités, ni quant au tracé de leurs frontières ou limites.

L'appellation "pays ou zone" figurant dans les titres des rubriques des tableaux désigne des pays, des territoires, des villes ou des zones.

ST/ESA/STAT/SER.R/23

UNITED NATIONS PUBLICATION
Sales No. E/F.94.XIII.1

PUBLICATION DES NATIONS UNIES
Numéro de vente : E/F.94.XIII.1

Inquiries should be directed to:
PUBLISHING DIVISION
UNITED NATIONS
NEW YORK, N.Y. 10017

Adresser toutes demandes de renseignements à la
DIVISION DES PUBLICATIONS
NATIONS UNIES
NEW YORK, N.Y. 10017

ISBN
92-1-051083-6

Special topics of the Demographic Yearbook series: 1948 – 1992

Sujets spéciaux des diverses éditions de l'Annuaire démographique: 1948 – 1992

Year Année	Sales No. Numéro de vente	Issue–Edition	Special topic–Sujet spécial
1948	49.XIII.1	First–Première	General demography–Démographie générale
1949–50	51.XIII.1	Second–Deuxième	Natality statistics–Statistiques de la natalité
1951	52.XIII.1	Third–Trosième	Mortality statistics–Statistiques de la mortalité
1952	53.XIII.1	Fourth–Quatrième	Population distribution–Répartition de la population
1953	54.XIII.1	Fifth–Cinquième	General demography–Démographie générale
1954	55.XIII.1	Sixth–Sixième	Natality statistics–Statistiques de la natalité
1955	56.XIII.1	Seventh–Septième	Population censuses–Recensement de population
1956	57.XIII.1	Eighth–Huitième	Ethnic and economic characteristics of population–Caractéristiques ethniques et économiques de la population
1957	58.XIII.1	Ninth–Neuvième	Mortality statistics–Statistiques de la mortalité
1958	59.XIII.1	Tenth–Dixième	Marriage and divorce statistics–Statistiques de la nuptialité et de la divortialité
1959	60.XIII.1	Eleventh–Onzième	Natality statistics–Statistiques de la natalité
1960	61.XIII.1	Twelfth–Douzième	Population trends–L'évolution de la population
1961	62.XIII.1	Thirteenth–Treizième	Mortality statistics–Statistiques de la mortalité
1962	63.XIII.1	Fourteenth–Quatorzième	Population census statistics I–Statistiques des recensements de population I
1963	64.XIII.1	Fifteenth–Quinzième	Population census statistics II–Statistiques des recensements de population II
1964	65.XIII.1	Sixteenth–Seizième	Population census statistics III–Statistiques des recensements de population III
1965	66.XIII.1	Seventeenth–Dix–septième	Natality statistics–Statistiques de la natalité
1966	67.XIII.1	Eighteenth–Dix–huitième	Mortality statistics I–Statistiques de la mortalité I
1967	E/F.68.XIII.1	Nineteenth–Dix–neuvième	Mortality statistics II–Statistiques de la mortalité II
1968	E/F.69.XIII.1	Twentieth–Vingtième	Marriage and divorce statistics–Statistiques de la nuptialité et de la divortialité
1969	E/F.70.XIII.1	Twenty–first–Vingt et unième	Natality statistics–Statistiques de la natalité
1970	E/F.71.XIII.1	Twenty–second–Vingt–deuxième	Population trends–L'évolution de la population
1971	E/F.72.XIII.1	Twenty–third–Vingt–troisième	Population census statistics I–Statistiques des recensements de population I
1972	E/F.73.XIII.1	Twenty–fourth–Vingt–quatrième	Population census statistics II–Statistiques des recensements de population II
1973	E/F.74.XIII.1	Twenty–fifth–Vingt–cinquième	Population census statistics III–Statistiques des recensements de population III
1974	E/F.75.XIII.1	Twenty–sixth–Vingt–sixième	Mortality statistics–Statistiques de la mortalité
1975	E/F.76.XIII.1	Twenty–seventh–Vingt–septième	Natality statistics–Statistiques de la natalité
1976	E/F.77.XIII.1	Twenty–eighth–Vingt–huitième	Marriage and divorce statistics–Statistiques de la nuptialité et de la divortialité
1977	E/F.78.XIII.1	Twenty–ninth–Vingt–neuvième	International Migration Statistics–Statistiques des migration internationales
1978	E/F.79.XIII.1	Thirtieth–Trentième	General tables–Tableaux de caractè général
1978	E/F.79.XIII.8	Special issue–Edition spéciale	Historical supplement–Supplément rétrospectif
1979	E/F.80.XIII.1	Thirty–first–Trente et unième	Population census statistics–Statistiques des recensements de population

Special topics of the Demographic Yearbook series: 1948 – 1992

Sujets spéciaux des diverses éditions de l'Annuaire démographique: 1948 – 1992

Year Année	Sales No. Numéro de vente	Issue–Edition	Special topic–Sujet spécial
1980	E/F.81.XIII.1	Thirty–second– Trente–deuxième	Mortality statistics– Statistiques de la mortalité
1981	E/F.82.XIII.1	Thirty–third– Trente–troisième	Natality statistics– Statistiques de la natalité
1982	E/F.83.XIII.1	Thirty–fourth Trente–quatrième	Marriage and divorce statistics– Statistiques de la nuptialité et de la divortialité
1983	E/F.84.XIII.1	Thirty–fifth Trente–cinquième	Population census statistics I– Statistiques des recensements de population I
1984	E/F.85.XIII.1	Thirty–sixth Trente–sixième	Population census statistics II– Statistiques des recensements de population II
1985	E/F.86.XIII.1	Thirty–seventh– Trente–septième	Mortality statistics– Statistiques de la mortalité
1986	E/F.87.XIII.1	Thirty–eighth– Trente–huitième	Natality statistics– Statistiques de la natalité
1987	E/F.88.XIII.1	Thirty–ninth– Trente–neuvième	Household composition – Les éléments du ménage
1988	E/F.89.XIII.1	Fortieth– Quarantième	Population census statistics – Statistiques des recensement de population
1989	E/F.90.XIII.1	Forty–first– Quarente et unième	International Migration Statistics–Statistiques des migration internationales
1990	E/F.91.XIII.1	Forty–second– Quarente–deuxième	Marriage and divorce statistics– Statistiques de la nuptialité et de la divortialité
1991	E/F.92.XIII.1	Forty–third Quarente–troisième	General tables– Tableaux de caracté général
1991	E/F.92.XIII.8	Special issue– Edition spéciale	Population ageing and the situation of elderly persons– Vieillissement de la population et situation des personnes agées
1992	E/F.93. III.1	Forty–fourth– Quarente–quatriéme	Fertility and mortality statistics– Statistiques de la fecondité et de la mortalité

CONTENTS – TABLE DES MATIERES

Page   *Page*

Explanations of symbols............................ ix   Explication des signes.. ix

TEXT

INTRODUCTION...................................... 1

TECHNICAL NOTES ON THE STATISTICAL TABLES

1. General remarks...................................... 3
2. Geographical aspects............................... 4
3. Population... 6
4. Vital statistics... 13

Description of tables................................. 30

TABLES PUBLISHED ANNUALLY

Table   *Page*

WORLD SUMMARY

1. Population, rate of increase, birth and death rates, surface area and density for the world, macro regions and regions: selected years................................. 103
2. Estimates of population and its percentage distribution, by age and sex and sex ratio for all ages for the world, macro regions and regions: 1990................................. 104
3. Population by sex, rate of population increase, surface area and density for each country or area of the world: latest census, and mid–year estimates for 1985 and 1992......................... 106
4. Vital statistics rates, natural increase rates and expectation of life at birth: latest available year............................... 116

TEXTE

INTRODUCTION................................... 1

NOTES TECNIQUES SUR LES TABLEAUX STATISTIQUES

1. Remarque d'ordre général........................... 3
2. Considérations géographiques..................... 4
3. Population.. 6
4. Statistiques de l'état civil............................. 13

Description des tableaux........................... 30

TABLEAUX PUBLIES CHAQUE ANNEE

Tableaux   *Page*

APERCU MONDIAL

1. Population, taux d'accroissement, taux de natalité et taux de mortalité, superficie et densité pour l'ensemble du monde, les grandes régions et les régions géographiques: diverses années.................... 103
2. Estimations de la population et pourcentage de répartition selon l'âge et le sexe et rapport de masculinité pour l'ensemble du monde, les grandes régions et le régions géographiques: 1990........................ 104
3. Population selon le sexe, taux d'aacroissement de la population, superficie et densité dans chaque pays ou zone du monde: dernier recensement et estimations au milieu de l'année pour 1985 et 1992........................... 106
4. Taux de la statistique de l'état civil, taux d'accroissement naturel et espérance de vie à la naissance: dernière année disponible.............................. 116

Table		Page
Table		*Page*

POPULATION

5. Estimations of mid–year population: 1983 – 1992 127

6. Urban and total population by sex: 1983 – 1992 135

7. Population by age, sex and urban/rural residence: latest available year, 1983 – 1992 154
　　by urban/rural residence 192

8. Population of capital cities and cities of 100 000 and more inhabitants: latest available year 232

FOETAL MORTALITY

9. Late foetal deaths and late foetal death ratios, by urban/rural residence: 1987 – 1991 286
　　by urban/rural residence 288

LEGALLY INDUCED ABORTION

10. Legally induced abortions: 1983 – 1991 291

11. Legally induced abortions by age and number of previous live births of woman: latest available year 293

Tableaux		Page
Tableaux		*Page*

POPULATION

5. Estimations de la population au milieu de l'année: 1983 – 1992 127

6. Population urbaine et population totale selon le sexe: 1983 – 1992 135

7. Population selon d'âge, le sexe et la résidence, urbaine/rurale : dernière année disponible, 1983–1992 154
　　selon la résidence, urbaine/rurale 192

8. Population des capitales et des villes de 100 000 habitants et plus: dernière année disponible 232

MORTALITE FOETALES

9. Morts foetales tardives et rapport de mortinalité selon la résidence, urbaine/rurale: 1987 – 1991 286
　　selon la résidence, urbaine/rurale 288

AVORTEMENT PROVOQUE LEGALEMENT

10. Avortements provoqués légalement: 1983 – 1991 291

11. Avortements provoqués légalement selon l'âge de la femme et selon le nombre des naissances vivantes précédentes: dernière année disponible 293

TABLES (continued)   TABLEAUX (suite)

Table   Page   Tableaux   Page

NUPTIALITY   ## NUPTIALITE

12. Marriages and crude marriages rates, by   12. Mariages et taux bruts de nuptialité, selon la
    urban/rural residence: 1988 – 1992...... 299   résidence, urbaine/rurale: 1988 – 1992........ 299
        by urban/rural residence........... 303   selon la résidence, urbaine/rurale.............. 303

13. Marriages by age of groom and age of bride: 13. Mariages selon l'âge de l'époux et de
    latest available year.................. 307   dernière année disponible............. 307

14. Divorces and crude divorce rates: 318   14. Divorces et taux bruts de divortialité:
    1988 – 1992.................................   1988 – 1992.. 318

NATALITY   ## NATALITE

15. Live births and crude live–birth rates   15. Naissances vivantes et taux bruts de
    by urban/rural residence: 1983 – 1992......... 322   natalité selon la résidence,
                                                            urbaine/rurale: 1983 – 1992......................... 322
        by urban/rural residence............ 332   selon la résidence, urbaine/rurale.............. 332
16. Live births by age of mother, sex and   16. Naissances vivantes selon l'âge de la mère, le
    urban/rural residence: 1983 – 1992....... 342   sexe et la résidence,
                                                            urbaine/rurale: 1983 – 1992......................... 342
        by urban/rural residence............ 379   selon la résidence, urbaine/rurale.............. 379

17. Live–birth rates specific for age of mother,   17. Naissances vivantes, taux selon l'âge de la
    by urban/rural residence: 1983 – 1992..........   mère et la résidence, urbaine/
                                                   409   rurale: 1983 – 1992   409
        by urban/rural residence............. 420   selon la résidence, urbaine/rurale.............. 420

INFANT AND MATERNAL MORTALITY   ## MORTALITE INFANTILE ET MORTALITE
                                       LIEE A LA MATERNITE

18. Infant deaths and infant mortality rates   18. Décès d'enfants de moins d'un an et
    by urban/rural residence: 1983 – 1992   428   taux de mortalité infantile, selon la
                                                            résidence, urbaine/rurale: 1983–1992.......... 428
        by urban/rural residence............ 438   selon la résidence, urbaine/rurale.............. 438

19. Infant deaths and infant mortality rates by   19. Décès d'enfants de moins d'un an et taux de
    age, sex and urban/rural residence: mortalité infantile selon l'âge, le sexe et
    1983 – 1992................................. 448   la résidence, urbaine/rurale:
                                                            1983 – 1992.. 448
        by urban/rural residence............ 486   selon la résidence, urbaine/rurale.............. 486

20. Maternal deaths and maternal mortality   20. Mortalité liée à la maternité,
    rates: 1982 – 1991.......................... 490   nombre de décès et taux: 1982 – 1991............ 490

TABLES (continued)   TABLEAUX (suite)

Table	Page	Tableaux	Page

GENERAL MORTALITY

21. Deaths and crude death rates, by urban/rural residence: 1983 – 1992 494
    by urban/rural residence 504

22. Deaths by age, sex and urban/rural residence: 1983 – 1992 514
    by urban/rural residence 578

23. Death rates specific for age, sex and urban/rural residence: 1983 – 1992 626
    by urban/rural residence 666

24. Deaths and death rates by cause: latest available year 688

25. Expectation of life at specified ages for each sex: latest available year 710

MORTALITE GENERALE

21. Décès et taux bruts de mortalité, selon la résidence, urbaine/rurale: 1983 – 1992 494
    selon la résidence, urbaine/rurale 504

22. Décès selon l'âge, le sexe et la résidence, urbaine/rurale: 1983 – 1992 514
    selon la résidence, urbaine/rurale 578

23. Taux de mortalité selon l'âge, le sexe et la résidence, urbaine/rurale: 1983 – 1992 626
    selon la résidence, urbaine/rurale 666

24. Décès selon la cause, nombre et taux: dernière année disponible 688

25. Espérance de vie à un âge donnée pour chaque sexe: dernière année disponible 710

APPENDIX
Selected indicators of population ageing and elderly population: each census 1950 – 1990 740

APPENDICE
Indicateurs divers concernant le veillissement et les personnes âgées: chaque recensement, 1950 –1990 740

INDEX
Subject—matter index 766

INDEX
Index par sujet 794

EXPLANATION OF SYMBOLS

Category not applicable...	..
Data not available..	...
Magnitude zero...	—
Magnitude not zero, but less than half of unit employed..........................	0 and/or 0.0
Marked break in series is indicated by a vertical bar............................	I
Provisional..	*
United Nations estimate...	x
Data tabulated by year of registration rather than occurrence................	+
Based on less than specified minimum..	◆
Relatively reliable data..	Roman type
Data of lesser reliability..	Italics

EXPLICATION DES SIGNES

Sans objet..	..
Données non disponibles...	...
Néant..	—
Chiffre inférieur à la moitié de l'unité employée.................................	0 et/ou 0.0
Un trait vertical dans la colonne indique une discontinuité notable dans la série...	I
Données provisoires..	*
Estimations des Nations Unies...	x
Données exploitées selon l'année de l'enregistrement et non l'année de l'événement...	+
Rapport fondé sur un nombre inférieur à celui spécifié............................	◆
Données relativement sûres..	Caractères romains
Données dont l'exactitude est moindre...	Italiques

INTRODUCTION

The Demographic Yearbook is a comprehensive collection of international demographic statistics, prepared by the Statistical Division of the United Nations. The Demographic Yearbook 1992, which features fertility and mortality as a special topic is the forty—fourth in a series published by the United Nations.

Through the co—operation of national statistical services, official demographic statistics are presented for about 216 countries or areas throughout the world. Estimates prepared by the United Nations Population Division, Department for Economic and Social Information and Policy Analysis of the United Nations, have been used in certain instances to supplement official statistics. The use of United Nations estimates has made it possible to present tables giving summary data for all countries or areas of the world using 1992 as a common year of reference.

The tables in this issue of the Yearbook are presented in two parts, the basic tables followed by the tables on fertility and mortality, the special topics in this issue. The first part contains tables giving a world summary of basic demographic statistics, followed by tables presenting statistics on the size distribution and trends in population, nuptiality, divorce and abortions, foetal mortality, infant and maternal mortality. In the second part, this issue of the Yearbook serves to update the fertility and mortality information featured in the 1985 and 1986 issues. Tables present data on live births, births and birth rates by age of mother, followed by general mortality tables showing total deaths and death rates by age and sex. Tables are also presented on deaths and death rates by cause, on live births, births and birth rates by age of mother and expectation of life (in years). Data are shown by urban/rural residence in many of the tables.

Most previous issues have included an article considered to be of particular interest to users of the Demographic Yearbook. In this issue there is no special article.

The Technical Notes on the Statistical Tables are to assist the reader in using the tables. A cumulative index, found at the end of the Yearbook, is a guide to the subject matter, by years covered, in all forty—three issues. The sales numbers of previous issues and a listing of the special topics featured in each issue are shown on pages iii and iv.

To commemorate the thirtieth anniversary of the publication of the Demographic Yearbook, a special edition entitled the Demographic Yearbook: Historical Supplement was issued in 1979. The Historical Supplement presents time series on population size, age, sex and urban/rural residence, natality, mortality and nuptiality as well as selected derived measures concerning these components of population change for a 30—year time period, 1948–1978. The first issue of the Yearbook, the Demographic Yearbook 1948, included many of the same tables showing annual data for the period 1932 to 1947. Therefore, the Historical Supplement, in particular when used jointly with the Demographic Yearbook 1948, can furnish a wealth of historical international demographic data.

In June 1984, the Population and Vital Statistics Report: 1984 Special Supplement was published. The Special Supplement updates several data series presented in the Demographic Yearbook: Historical Supplement; in particular,

INTRODUCTION

L'Annuaire démographique est un recueil de statistiques démographiques internationales qui est établi par la Division de statistique de l'Organisation des Nations Unies. L'Annuaire de 1992, qui a comme sujet spécial la natalité et la mortalité est le quarante—quatrième d'une série que publie l'ONU.

Grâce à la coopération des services nationaux de statistique, il a été possible de faire figurer dans la présente édition des statistiques démographiques officielles pour environ 216 pays ou zones du monde entier. Dans certains cas, pour compléter les statistiques officielles, on a utilisé des estimations établies par la Division de la population du Departement de l'Information Economique et Sociale et de l'Analyse des Politiques de l'ONU. Grâce à ces estimations, on a pu présenter des tableaux contenant des données récapitulatives pour l'ensemble des pays ou zones du monde entier, avec 1992 pour année de référence.

Les tableaux de la présente éditions de l'Annuaire sont présentés en deux groupes: d'abord les tableaux consacrés à la natalité et à la mortalié qui sont le sujets spéciaux. Dans le groupe I se trouvent des tableaux qui donnent un aperçu mondial des statistiques démographiques de base, puis des tableaux qui 0 présentent des statistiques sur la dimension, la répartition et les tendances de la population, la nuptialité, la divortialité et les avortements, la mortalité foetale, et la mortalité liée à la maternité. Dans le deuxième groupe, la présente édition de l'Annuaire démographique met à jour les données concernant la natalité et la mortalité dans les éditions de 1985 et 1986. Les tableaux donnent des détails sur les naissances vivantes, naissances et taux des naissances selon l'âge de la mère suivantes de la mortalité générale avec l'indication du nombre total des décès, les taux de mortalité par âge et par sexe. La présente édition contient aussi les tableaux sur la mortalité brute et les taux de mortalité selon la cause de décès, les naissances vivantes, naissances et taux des naissances selon l'âge de la mère et l'espérance de vie (en années). Dans l'ensemble de l'Annuaire, des donnée classées selon la résidence (urbaine/rurale) sont présentées dans un grand nombre de tableaux.

La plupart des éditions antérieures compartaient un article sur un sujet dont on jugeait qu'il présentait un intérêt particulier pour les utilisateurs de l'Annuaire démographique. On ne trouve dans la présente édition aucun article spécial.

Les Notes techniques sur les tableaux statistiques sont destinées à aider le lecteur. A la fin de l'Annuaire, un index cumulatif donne des renseignements sur les matières traitées dans chacune des quarante—et—trois éditions et sur les années sur lesquelles portent les données. Les numéros de vente des éditions antérieures et une liste des sujets spéciaux traités dans les différentes éditions apparaissent en page iii et iv.

A l'occasion du trentième anniversaire de l'Annuaire démographique, une édition spéciale intitulée Annuaire démographique : Supplément rétrospectif a été publiée en 1979. Ce supplément rétrospectif présente des séries chronologiques sur la dimension de la population, l'âge, le sexe et la résidence urbaine/rurale, la natalité, la mortalité et la nuptialité ainsi que quelques mesures indirectes concernant les changements de population pour une période de 30 années (1948–1978). L'Annuaire démographique 1948, qui était la première édition, comprenait beaucoup de tableaux semblables présentant des données annuelles couvrant la période 1932–1947. De ce fait, le Supplément rétrospectif, utilisé conjointement avec l'Annuaire de 1948, pourra fournir des données démographiques internationales de grande valeur historique.

En juin 1984, le Rapport sur la population et les statistiques de l'état civil : Supplément spécial de 1984, été publié. Cette édition spéciale est une mise à jour de plusieurs séries présentées dans l'Annuaire démographique : Supplément historique; notamment, les estimations

population estimates and a summary of vital statistics rates, population by age, sex and urban/ural residence as reported in the 1970 and 1980 round of population censuses and age—specific birth and death rates.

The Demographic Yearbook is one of a co—ordinated and interrelated set of publications issued by the United Nations and the specialized agencies and designed to supply basic statistical data for demographers, economists, public—health workers and sociologists. Under the co—ordinated plan, the Demographic Yearbook is the international source of demographic statistics. Some of the data assembled for it are reprinted in the publications of the World Health Orgnization — in particular in the World Health Statistics Annual — to make them more readily accessible to the medical and public—health professions.

In addition, the World Health Organization publishes annually compilations of deaths by cause, age and sex, detailed statistics on selected causes of death, information on cases of deaths from notifiable diseases and other data of medical interest, which supplement the Demographic Yearbook tables. Both the Demographic Yearbook and the World Health Organization publications should be used when detailed figures on the full range of internationally assembled statistics on these subjects are required.

Data shown in this issue of the Demographic Yearbook are available on magnetic tape at a cost of $320.00.

A database that runs on microcomputers is under development. Known as the Demographic and Social Statistics Database, it contains data previously published in the Demographic Yearbook. This microcomputer—based system provides fast access to demographic and social time series statistics. The current version runs on an IBM—compatible microcomputer of 80286 or higher with at least 600Kb of RAM, 10Mb of hard disk and one floppy drive.

The system is menu driven. It permits users to choose topics, time periods, countries or areas and data sources. Users can select outputs directed to the screen, to paper or to a dataset in ASCII format. As the development continues, topics will be updated at the completion of their preparation for publication in the Yearbook. Data from this issue are available as follows:

concernant la population et une récapitulacion des taux démographiques, la répartition de la population par âge, sexe et résidence urbaine/rurale telle qu'elle ressort des cycles de recensements de population, de 1970 et de 1980, et les taux de natalité et de mortalité par âge.

L'Annuaire démographique s'intègre dans un ensemble de publications complémentaires que font paraître l'Organisation des Nations Unies et les institutions spécialisées et qui ont pour objet de fournir des statistiques de base aux démographes, aux économistes, aux spécialistes de la santé publique et aux sociologues. Conformément au plan de coordination, l'Annuaire démographique constitue la source internationale des statistiques démographiques. Certaines des données qui y sont rassemblées sont reproduites dans les publications de l'Organisation mondiale de la santé — notamment dans l'Annuaire des statistiques sanitaires mondiales — afin qu'elles soient plus accessibles au corps médical et aux agents de la santé publique.

En outre, l'Organisation mondiale de la santé publie chaque année des statistiques des décès selon la cause, l'âge et le sexe, des séries détaillées sur les décès imputables à certaines causes, des données sur les cas de maladies à déclaration obligatoire et sur les décès dus à ces maladies, ainsi que d'autres statistiques d'intérêt médical qui viennent compléter les tableaux de l'Annuaire démographique. L'Annuaire démographique et les publications de l'Organisation mondiale de la santé doivent être consultés concurremment si l'on veut connaître, dans tout leur détail, les statistiques rassemblées dans ces domaines sur le plan international.

Il est possible de se procurer sur bande magnétique, moyennant le paiement d'une somme 320 dollars les données recueillies dans le présent Annuaire démographique.

On met actuellement au point une base de base de données exploitable sur micro—ordinateur. Intitulée Base de données des statistiques démographiques et sociale, celle—ci contient des données déjà publiées dans l'Annuaire démographique. Grâce à ce système informatisé, l'utilisateur pourra avoir rapidement accès aux statistiques chronologiques dans les domaines démographiques et social. La version actuelle de la base de données est exploitable sur les micro—ordinateurs compatibles IBM de type 80286 ou plus, dotés au minimum de 600 kilo—octets de mémoire vive, d'un disque dur de 10 méga—octets et d'une unité de disque souple.

Grâce à ce système, qui est à base de menus, l'utilisateur peut opérer des choix selon les sujets, les séries chronologiques, les pays ou zones et les sources des données, et extraire les données auxquelles il aura ainsi accédé directement sur l'écran, sur papier ou sur un fichier de type ASCII. Au fur et à mesure de la mise au point de cette base de données, les différents sujets seront mis à jour une fois qu'ils auront été définivement établis aux fins de publication dans l'Annuaire. Les données de cette édition sont disponibles comme suit :

Population by sex	1950 – 1990	Population selon le sexe	1950 – 1990
Population by age and sex	1950 – 1990	Population selon l'âge et le sexe	1950 – 1990
Live births by sex	1950 – 1990	Naissances vivants par sexe	1950 – 1990
Live births by age of mother and sex of child	1950 – 1990	Naissances vivants selon l'âge de la mère et le sexe	1950 – 1990
Deaths by sex	1950 – 1990	Déces selon l'âge	1950 – 1990
Deaths by age and sex	1950 – 1990	Déces selon l'âge et le sexe	1950 – 1990
Expectation of life at exact ages by sex	1950 – 1990	Espérance de vie à un âge donnée pour chaque sexe	1950 – 1990
Infant deaths by sex	1950 – 1990	Déces d'enfants de moins d'un an selon le sexe	1950 – 1990
Marriages	1950 – 1990	Mariages	1950 – 1990
Marriages by age of groom and bride	1980 – 1990	Mariages selon l'âge de l'époux et de l'épouse	1980 – 1990
Divorces	1950 – 1990	Divorces	1950 – 1990

Users wishing to conduct their own research can do so by obtaining the database on diskette. For further information and ways to obtain the database, users may contact the Director, Statistical Division, United Nations, New York, NY 10017.

Les utilisateurs qui désirent faire leur propre recherche peuvent obtenir la base de données sur disquette. Pour obtenir plus d'information sur les moyens de recevoir la base de données, on peut contacter le directeur de la Division de la Statistique.

TECHNICAL NOTES ON THE STATISTICAL TABLES

1. GENERAL REMARKS

1.1 Arrangement of Technical Notes

These Technical Notes are designed to give the reader relevant information for using the statistical tables. Information pertaining to the Yearbook in general is presented in sections dealing with various geographical aspects and population and vital statistics data. The following section which refers to individual tables includes a description of the variables, remarks on the reliability of the data, limitations, coverage and information on the presentation of earlier data. When appropriate, details on computation of rates, ratios or percentages are presented.

1.2 Arrangement of tables

The tables are grouped in two parts: the general tables and the special topic tables, which in this particular issue are fertility and mortality statistics. In each group, tables are arranged according to subject matter and are shown in the table of contents under the appropriate subheadings. Since the numbering of the tables does not correspond exactly to those in previous issues, the reader is advised to use the index which appears at the end of this book to find data in earlier issues.

1.3 Source of data

The statistics presented in the Demographic Yearbook are official data unless otherwise indicated. The primary source of data for the Yearbook is a set of questionnaires sent annually and monthly to about 220 national statistical services and other appropriate government offices. Data forwarded on these questionnaires are supplemented, to the extent possible, by data taken from official national publications and by correspondence with the national statistical services. In the interest of comparability, rates, ratios and percentages have been calculated in the Statistical Division of the United Nations, except for the life table functions and a few exceptions in the rate tables, which have been appropriately noted. The methods used by the Statistical Division to calculate these rates and ratios are described in the Technical Notes for each table. The populations used for these computations are those published in this or previous issues of the Yearbook.

In cases when data in this issue of the Demographic Yearbook differ from those published in earlier issues of the Demographic Yearbook or related publications, statistics in this issue may be assumed to reflect revisions received in the Statistical Division of the United Nations by 31 March 1993. It should be noted that, in particular, data shown as provisional are subject to further revision.

1.4 Changes appearing in this issue

1.4.1 Presentation of data

NOTES TECHNIQUES SUR LES TABLEAUX STATISTIQUES

1. REMARQUES D'ORDRE GENERAL

1.1 Ordonnance des Notes techniques

Les Notes techniques ont pour but de donner au lecteur tous les renseignements dont il a besoin pour se servir des tableaux statistiques. Les renseignements qui concernent l'Annuaire en général sont présentés dans des sections portant sur diverses considérations géographiques, sur la population et sur les statistiques de natalité et de mortalité. Dans la section suivante, les tableaux sont commentés chacun séparément et, à propos de chacun d'eux, on trouvera une description des variables ainsi que des indications sur la fiabilité, les insuffisances et la portée des données, et sur les données publiées antérieurement. Des détails sont fournis également, le cas échéant, sur le mode de calcul des taux, quotients ou pourcentages.

1.2 Ordonnance des tableaux

Les tableaux sont présentés en deux groupes: les tableaux généraux et les tableaux portant sur le sujet spécial, qui, dans la présente édition, concerne les statistiques de la natalité et de la mortalité. Dans chaque groupe, les tableaux sont présentés pour sujet et figurent dans la table des matières sous les rubriques correspondantes. Comme la numérotation des tableaux ne correspond pas exactement à celle des éditions précédentes, il est recommandé au lecteur de se reporter à l'index qui figure à la fin du présent ouvrage pour trouver les données publiées dans les précédentes éditions.

1.3 Origine des données

Sauf indication contraire, les statistiques présentées dans l'Annuaire démographique sont des données officielles. Elles sont fournies essentiellement par des questionnaires qui sont envoyés, annuellement ou mensuellement, à environ 220 services nationaux de statistique et autres services gouvernementaux compétents. Les données communiquées en réponse à ces questionnaires sont complétées, dans toute la mesure possible, par des données tirées de publications nationales officielles et des renseignements communiqués par les services nationaux de statistique dans leur correspondance avec l'ONU. Pour que les données soient comparables, les taux, rapports et pourcentages ont été calculés au Division de statistique de l'ONU, 0 excepté les paramètres des tables de mortalité et quelques cas dans les tableaux relatifs aux taux, qui ont été dûment signalés en note. Les méthodes suivies par la Division de statistique pour le calcul des taux et rapports sont décrites dans les Notes techniques relatives à chaque tableau. Les chiffres de population utilisés pour cés calculs sont ceux qui figurent dans la présente édition de l'Annuaire ou qui ont paru dans des éditions antérieures.

Chaque fois que l'on constatera des différences entre les données du présent volume et celles des éditions antérieures de l'Annuaire démographique, ou de certaines publications apparentées, on pourra en conclure que les statistiques publiées cette année sont des chiffres révisés communiqués au Division de statistique avant le 31 mars 1993. On notera en particulier que les chiffres présentés comme provisoires pourront être révisés eux aussi.

1.4 Modifications introduites dans la présente édition

1.4.1 Présentation des données

Information regarding recent name changes for various countries or areas is shown in section 2.3.2.

2. GEOGRAPHICAL ASPECTS

2.1 Coverage

Geographical coverage in the tables of this Yearbook is as comprehensive as possible. Data are shown for as many individual countries or areas as provide them. Table 3 is the most comprehensive in geographical coverage, presenting data on population and surface area for every country or area with a population of at least 50 persons. Not all of these countries or areas appear in subsequent tables. In many cases the data required for a particular table are not available. In general, the more detailed the data required for any table, the fewer the number of countries or areas that can provide them.

In addition, with the exception of three tables, rates and ratios are presented only for countries or areas reporting at least a minimum number of relevant events. The minimums are explained in the Technical Notes for the individual tables. The three exceptions, in which rates for countries or areas are shown regardless of the number of events on which they were based, are tables 4, 15, and 21, presenting a summary of vital statistics rates, crude birth rates, and crude death rates, respectively.

Except for summary data shown for the world and by macro regions and regions in tables 1 and 2, all data are presented on the national level. In some cases when these have not been available, sub–national statistics, those for particular ethnic groups or for certain geographical segments of a country or area, have been shown and footnoted accordingly. These data are not presented as representative of national–level statistics but as an index of the availability of statistics.

2.2 Territorial composition

In so far as possible, all data, including time series data, relate to the territory within 1992 boundaries. Exceptions to this are footnoted in individual tables. Additionally, in table 3, recent changes and other relevant clarifications are elaborated.

Data relating to the People's Republic of China generally include those for Taiwan Province in the field of statistics relating to population, surface area, natural resources, natural conditions such as climate, etc. In other fields of statistics, they do not include Taiwan Province unless otherwise stated. Therefore in this publication, the data published under the heading "China" include those for Taiwan Province.

Through accession of the German Democratic Republic to the Federal Republic of Germany with effect from 3 October 1990, the two German States have united to form one sovereign State. As from the date of unification, the Federal Republic of Germany acts in the United Nations under the designation of "Germany". All data shown which pertain to Germany prior to 3 October 1990 are indicated separately for the Federal Republic of Germany and the former German Democratic Republic based on their respective boundaries at the time indicated.

On trouvera dans la section 2.3.2 des informations sur les changements récemment apportés aux noms de divers pays ou zones.

2. CONSIDERATIONS GEOGRAPHIQUES

2.1 Portée

La portée géographique des tableaux du présent Annuaire est aussi complète que possible. Des données sont présentées sur tous les pays ou zones qui en ont communiquées. Le tableau 3, le plus complet, contient des données sur la population et la superficie de chaque pays ou zone ayant une population d'au moins 50 habitants. Ces pays ou zones ne figurent pas tous dans les tableaux suivants. Dans bien des cas, les données requises pour un tableau particulier n'étaient pas disponibles. En général, le nombre de pays ou zones qui peuvent fournir des données est d'autant plus petit que les données demandées sont plus détaillées.

De plus, sauf dans trois tableaux, les taux et rapports ne sont présentés que pour les pays ou zones ayant communiqué des chiffres correspondant à un nombre minimal de faits considérés. Les minimums sont indiqués dans les Notes techniques relatives à chacun des tableaux. Les trois tableaux faisant exception, où les taux pour les pays ou zones sont présentés quel que soit le nombre de faits sur lequel ils se fondent, sont les tableaux 4, 15 et 21, où figurent respectivement des données récapitulatives sur les taux démographiques, les taux bruts de natalité et les taux bruts de mortalité.

A l'exception des données récapitulatives présentées dans les tableaux 1 et 2 pour le monde, les grandes régions et les régions, toutes les données se rapportent aux pays. Lorsqu'il n'existait pas de chiffres nationaux, on a fait figurer des statistiques partielles portant sur des groupes ethniques particuliers ou sur certaines composantes géographiques d'un pays ou d'une zone, et on a signalé ces cas en note au bas des tableaux. Ces données ne se veulent pas représentatives sur le plan national et ne sont présentées que comme indice des données disponibles.

2.2 Composition territoriale

Autant que possible, toutes les données, y compris les séries chronologiques, se rapportent au territoire de 1992. Les exceptions à cette règle sont signalées en note au bas des tableaux. De plus, les changements intervenus récemment et d'autres précisions intéressantes figurent au tableau 3.

Les données relatives à la République populaire de Chine comprennent en général celles de la province de Taiwan concernant la population, la superficie, les ressources naturelles, les conditions naturelles telles que le climat, etc. Dans d'autres domaines statistiques, elles ne comprennent pas les données relatives à la province de Taiwan, sauf indication contraire. Dans la présente publication, les données figurant sous la rubrique "Chine" comprennent donc les données relatives à la province de Taiwan.

En vertu de l'adhésion de la République démocratique allemande à la République fédérale d'Allemagne, prenant effet le 3 octobre 1990, les deux Etats allemands se sont unis pour former un seul Etat souverain. A compter de la date de l'unification, la République fédérale d'Allemagne est désigné à l'ONU sous le nom d'"Allemagne". Toutes les données se rapportant à l'Allemagne avant le 3 octobre figurent dans deux rubriques séparées basées sur les territoires respectifs de la République fédérale d'Allemagne et l'ancienne République démocratique allemande selon la période indiquée.

2.3 Nomenclature

Because of space limitations, the country or area names listed in the tables are generally the commonly employed short titles in use in the United Nations as of 31 March 1993, [1] the full titles being used only when a short form is not available.

2.3.1 Order of presentation

Countries or areas are listed in English alphabetical order within the following continents: Africa, North America, South America, Asia, Europe and Oceania. The presentation of data for the former USSR is shown in section 2.3 below.

The designations employed and the presentation of the material in this publication were adopted solely for the purpose of providing a convenient geographical basis for the accompanying statistical series. The same qualification applies to all notes and explanations concerning the geographical units for which data are presented.

2.3.2 Recent name changes

The following change in country name appears for the first time in this issue of the Yearbook:

Former Listing	Current Listing
Czechoslovaquia	
	Czech Republic
	Slovakia
Yugoslavia	
	Bosnia—Herzegovina
	Croatia
	Slovenia
	The former Yugoslav Republic of Macedonia
	Yugoslavia

2.4 Surface Area Data

Surface area data, shown in tables 1 and 3, represent the total surface area, comprising land area and inland waters (assumed to consist of major rivers and lakes) and excluding only polar regions and uninhabited islands. The surface area given is the most recent estimate available. All are presented in square kilometres, a conversion factor of 2.589988 having been applied to surface areas originally reported in square miles.

2.3 Nomenclature

Pour gagner de la place, on a jugé commode de nommer en général dans les tableaux les pays ou zones par les désignations abrégées couramment utilisées par les Nations Unies au 31 mars 1993 [1], les désignations complètes n'étant utilisées que lorsqu'il n'existait pas de forme abrégée.

2.3.1 Ordre de présentation

Les pays ou zones sont classés dans l'ordre alphabétique anglais et regroupés par continent comme ci—après : Afrique, Amérique du Nord, Amérique du Sud, Asie, Europe et Océanie.

Les appellations employées dans la présente édition et la présentation des données qui y figurent n'ont d'autre objet que de donner un cadre géographique commode aux séries statistiques. La même observation vaut pour toutes les notes et précisions fournies sur les unités géographiques pour lesquelles des données sont présentées.

2.3.2 Récents changements d'appellation

Le changement suivant dans l'appellation d'un pays figure pour la première fois dans la présente édition de l'Annuaire :

Appellation antérieure	Nouvelle appellation
Tchécoslovaquie	
	République tchèque
	Slovaquie
Yougoslavie	
	Bosnie—Herzégovine
	Croatie
	Slovenie
	L'ex République yougoslave de Macédonie
	Yougoslavie

2.4 Superficie

Les données relatives à la superficie qui figurent dans les tableaux 1 et 3 représentent la superficie totale, c'est—à—dire qu'elles englobent les terres émergées et les eaux intérieures (qui sont censées comprendre les principaux lacs et cours d'eau) à la seule exception des régions polaires et des îles inhabitées. Les données relatives à la superficie correspondent aux chiffres estimatifs les plus récents. Les superficies sont toutes exprimées en kilomètres carrés; les chiffres qui avaient été communiqués en miles carrés ont été convertis à l'aide d'un coefficient de 2,589988.

2.4.1 Comparability over time

Comparability over time in surface area estimates for any given country or area may be affected by improved surface area estimates, increases in actual land surface by reclamation, boundary changes, changes in the concept of "land surface area" used or a change in the unit of measurement used. In most cases it was possible to ascertain the reason for a revision but, failing this, the latest figures have nevertheless generally been accepted as correct and substituted for those previously on file.

2.4.2 International comparability

Lack of international comparability between surface area estimates arises primarily from differences in definition . In particular, there is considerable variation in the treatment of coastal bays, inlets and gulfs, rivers and lakes. International comparability is also impaired by the variation in methods employed to estimate surface area. These range from surveys based on modern scientific methods to conjectures based on diverse types of information. Some estimates are recent while others may not be. Since neither the exact method of determining the surface area nor the precise definition of its composition and time reference is known for all countries or areas, the estimates in table 3 should not be considered strictly comparable from one country or area to another.

3. POPULATION

Population statistics, that is, those pertaining to the size, geographical distribution and demographic characteristics of the population, are presented in a number of tables of the Demographic Yearbook.

Data for countries or areas include population census figures, estimates based on results of sample surveys (in the absence of a census), postcensal or intercensal estimates and those derived from continuous population registers. In the present issue of the Yearbook, the latest available census figure of the total population of each country or area and mid–year estimates for 1985 and 1992 are presented in table 3. Mid–year estimates of total population for 10 years are shown in table 5 and mid–year estimates of urban and total population by sex for 10 years are shown in table 6. The latest available data on population by age, sex and urban/rural residence are given in table 7. The latest available figures on the population of capital cities and of cities of 100 000 and more inhabitants are presented in table 8.

Summary estimates of the mid–year population of the world, macro regions and regions for selected years and of its age and sex distribution in 1990 are set forth in tables 1 and 2, respectively.

The statistics on total population, population by age, sex and urban/rural distribution are used in the calculation of rates in the Yearbook. Vital rates by age and sex were calculated using data which appear in table 7 in this issue or the corresponding tables of previous issues of the Demographic Yearbook.

2.4.1 Comparabilité dans le temps

La comparabilité dans le temps des estimations relatives à la superficie d'un pays ou d'une zone donnés peut être affectée par la révision des estimations antérieures de la superficie, par des augmentations effectives de la superficie terrestre — dues par exemple à des travaux d'assèchement —, par des rectifications de frontières, par des changements d'interprétation du concept de "terres émergées", ou par l'utilisation de nouvelles unités de mesure. Dans la plupart des cas, il a été possible de déterminer la raison de ces révisions; toutefois, lorsqu'on n'a pas pu le faire, on a néanmoins remplacé les anciens chiffres par les nouveaux et on a généralement admis que ce sont ces derniers qui sont exacts.

2.4.2 Comparabilité internationale

Le défaut de comparabilité internationale entre les données relatives à la superficie est dû essentiellement à des différences de définition. En particulier, la définition des golfes, baies et criques, lacs et cours d'eau varie sensiblement d'un pays à l'autre. La diversité des méthodes employées pour estimer les superficies nuit elle aussi à la comparabilité internationale. Certaines données proviennent de levés effectués selon des méthodes scientifiques modernes; d'autres ne représentent que des conjectures reposant sur diverses catégories de renseignements. Certains chiffres sont récents, d'autres pas. Comme ni la méthode de calcul de la superficie ni la composition du territoire et la date à laquelle se rapportent les données ne sont connues avec précision pour tous les pays ou zones, les estimations figurant au tableau 3 ne doivent pas être considérées comme rigoureusement comparables d'un pays ou d'une zone à l'autre.

3. POPULATION

Les statistiques de la population, c'est–à–dire celles qui se rapportent à la dimension, à la répartition géographique et aux caractéristiques démographiques de la population, sont présentées dans un certain nombre de tableaux de l'Annuaire démographique.

Les données concernant les pays ou les zones représentent les résultats de recensements de population, des estimations fondées sur les résultats d'enquêtes par sondage (s'il n'y a pas eu recensement), des estimations postcensitaires ou intercensitaires, ou des estimations établies à partir de données tirées des registres de population permanents. Dans la présente édition de l'Annuaire, le tableau 3 présente pour chaque pays ou zone le chiffre le plus récent de la population totale au dernier recensement et des estimations établies au milieu de l'année 1985 et de l'année 1992. Le tableau 5 contient des estimations de la population totale au milieu de chaque année pendant 10 ans, et le tableau 6 des estimations de la population urbaine et de la population totale, par sexe, au milieu de chaque année pendant 10 ans. Les dernières données disponibles sur la répartition de la population selon l'âge, le sexe et la résidence (urbaine/rurale) sont présentées dans le tableau 7. Les derniers chiffres disponibles sur la population des capitales et des villes de 100 000 habitants ou plus sont présentés dans le tableau 8.

Les tableaux 1 et 2 présentent respectivement des estimations récapitulatives de la population du monde, des grandes régions et des régions en milieu d'année, pour diverses années, ainsi que des estimations récapitulatives, pour 1990, de cette population répartie selon l'âge et le sexe.

On a utilisé pour le calcul des taux les statistiques de la population totale et de la population répartie selon l'âge, le sexe et la résidence (urbaine/rurale). Les taux démographiques selon l'âge et le sexe ont été calculés à partir des données qui figurent dans le tableau 7 de la présente édition ou dans les tableaux correspondants de précédentes éditions de l'Annuaire démographique.

3.1 Sources of variation of data

The comparability of data is affected by several factors, including (1) the definition of the total population, (2) the definitions used to classify the population into its urban/rural components, (3) difficulties relating to age reporting, (4) the extent of over–enumeration or under–enumeration in the most recent census or other source of bench–mark population statistics and (5) the quality of population estimates. These five factors will be discussed in some detail in sections 3.1.1 to 3.2.4 below. Other relevant problems are discussed in the Technical Notes to the individual tables. Readers interested in more detail, relating in particular to the basic concepts of population size, distribution and characteristics as elaborated by the United Nations, should consult the Principles and Recommendations for Population and Housing Censuses. [2]

3.1.1 Total population

The most important impediment to comparability of total populations is the difference between de facto and de jure population. A de facto population should include all persons physically present in the country or area at the reference date. The de jure population, by contrast, should include all usual residents of the given country or area, whether or not they were physically present there at the reference date. By definition, therefore, a de facto total and a de jure total are not entirely comparable.

Comparability of even two ostensibly de facto totals or of two ostensibly de jure totals is often affected by the fact that, simple as the two concepts appear, strict conformity to either of them is rare. To give a few examples, some so–called de facto counts do not include foreign military, naval and diplomatic personnel present in the country or area on official duty, and their accompanying family members and servants; some do not include foreign visitors in transit through the country or area or transients on ships in harbour. On the other hand, they may include such persons as merchant seamen and fishermen who are out of the country or area working at their trade.

The de jure population figure presents even more opportunity for lack of comparability because it depends in the first place on the concept of a "usual resident", which varies from one country or area to another and is, in any case, difficult to apply consistently in a census or survey enumeration. For example, civilian aliens temporarily in a country or area as short–term workers may officially be considered residents after a stay of a specified period of time or they may be considered as non–residents throughout the duration of their stay; at the same time, the same persons may be officially considered as residents or non–residents of the country or area from which they came, depending on the duration and/or purpose of their absence. Furthermore, regardless of the official treatment, individual respondents may apply their own interpretation of residence in responding to the inquiry. In addition, there may be considerable differences in the accuracy with which countries or areas are informed about the number of their residents temporarily out of the country or area.

3.1 Sources de variation des données

Plusieurs facteurs influent sur la comparabilité des données : 1) la définition de la population totale, 2) les définitions utilisées pour distinguer entre population urbaine et population rurale, 3) les difficultés liées aux déclarations d'âge, 4) l'étendue du surdénombrement ou du sous–dénombrement dans le recensement le plus récent ou dans une autre source de statistiques de référence sur la population, et 5) la qualité des estimations relatives à la population. Ces cinq facteurs sont analysés en quelques détails dans les sections 3.1.1 à 3.2.4 ci–après. D'autres questions seront traitées dans les Notes techniques relatives à chaque tableau. Pour plus de précisions concernant, notamment, les concepts fondamentaux de dimension, de répartition et de caractéristiques de la population qui ont été élaborés par les Nations Unies, le lecteur est prié de se reporter aux Principes et recommandations concernant les recensements de la population et l'habitation [2].

3.1.1 Population totale

Le facteur qui fait le plus obstacle à la comparabilité des données relatives à la population totale est la différence qui existe entre population de fait et population de droit. La population de fait comprend toutes les personnes présentes dans le pays ou la zone à la date de référence, tandis que la population de droit comprend toutes les personnes qui résident habituellement dans le pays ou la zone, qu'elles y aient été ou non présentes à la date de référence. La population totale de fait et la population totale de droit ne sont donc pas rigoureusement comparables entre elles par définition.

Même lorsqu'on veut comparer deux totaux qui se rapportent manifestement à des populations de fait ou deux totaux qui se rapportent manifestement à des populations de droit, on risque souvent de faire des erreurs pour cette raison que, aussi simples que ces concepts puissent paraître, il est rare qu'ils soient appliqués strictement. Pour citer quelques exemples, certains comptages qui sont censés porter sur la population de fait ne tiennent pas compte du personnel militaire, naval et diplomatique étranger en fonction dans le pays ou la zone, ni des membres de leurs familles et de leurs domestiques les accompagnant; certains autres ne comprennent pas les visiteurs étrangers de passage dans le pays ou la zone ni les personnes à bord de navires ancrés dans les ports. En revanche, il arrive que l'on compte des personnes, inscrits maritimes et marins pêcheurs par exemple, qui, en raison de leur activité professionnelle, se trouvent hors du pays ou de la zone de recensement.

Les risques de disparités sont encore plus grands quand il s'agit de comparer des populations de droit, car ces comparaisons dépendent au premier chef de la définition de la "résidence habituelle", qui varie d'un pays ou d'une zone à l'autre et qu'il est, de toute façon, difficile d'appliquer uniformément pour le dénombrement lors d'un recensement ou d'une enquête. Par exemple, les civils étrangers qui se trouvent temporairement dans un pays ou une zone comme travailleurs à court terme peuvent officiellement être considérés comme résidents après un séjour d'une durée déterminée, mais ils peuvent aussi être considérés comme non–résidents pendant toute la durée de leur séjour; ailleurs, ces mêmes personnes peuvent être considérées officiellement comme résidents ou comme non–résidents du pays ou de la zone d'où ils viennent, selon la durée et, éventuellement, la raison de leur absence. Qui plus est, quel que soit son statut officiel, chacun des recensés peut, au moment de l'enquête, interpréter à sa façon la notion de résidence. De plus, les autorités nationales ou de zones ne savent pas toutes avec la même précision combien de leurs résidents se trouvent temporairement à l'étranger.

So far as possible, the population statistics presented in the tables of the Yearbook are de facto. Figures not otherwise qualified may, therefore, be assumed to have been reported by countries or areas as de facto. Those reported as de jure are identified as such. In an effort to overcome, to the extent possible, the effect of the lack of strict conformity to either the de facto or the de jure concept given above, significant exceptions are footnoted when they are known. It should be remembered, however, that the necessary detailed information has not been available in many cases. It cannot, therefore, be assumed that figures not thus qualified reflect strict de facto or de jure definitions.

A possible source of variation within the statistics of a single country or area may arise from the fact that some countries or areas collect information on both the de facto and the de jure population in, for example, a census, but prepare detailed tabulations for only the de jure population. Hence, even though the total population shown in table 3 is de facto, the figures shown in the tables presenting various characteristics of the population, for example, urban/rural distribution, age and sex, may be de jure. These de jure figures are footnoted when known.

3.1.2 Urban/rural classification

International comparability of urban/rural distributions is seriously impaired by the wide variation among national definitions of the concept of "urban". The definitions used by individual countries or areas are shown at the end of table 6, and their implications are discussed in the Technical Notes for that table.

3.1.3 Age distribution

The classification of population by age is a core element of most analysis, estimation and projection of population statistics. Unfortunately, age data are subject to a number of sources of error and non–comparability. Accordingly, the reliability of age data should be of concern to nearly all users of these statistics.

3.1.3.1 Collection and compilation of age data

Age is the estimated or calculated interval of time between the date of birth and the date of the census, expressed in completed solar years. [3] There are two methods of collecting age data. The first is to obtain the date of birth for each member of the population in a census or survey and then to calculate the completed age of the individual by substracting the date of birth from the date of enumeration. [4] The second method is to record the individuals completed age at the time of the census, that is to say, age at last birthday.

Les chiffres de population présentés dans les tableaux de l'Annuaire représentent, autant qu'il a été possible, la population de fait. Sauf indication contraire, on peut supposer que les chiffres présentés ont été communiqués par les pays ou les zones comme se rapportant à la population de fait. Les chiffres qui ont été communiqués comme se rapportant à la population de droit sont identifiés comme tels. Lorsqu'on savait que les données avaient été recueillies selon une définition de la population de fait ou de la population de droit qui s'écartait sensiblement de celle indiquée plus haut, on l'a signalé en note, de manière à compenser dans toute la mesure possible les conséquences de cette divergence. Il ne faut pas oublier néanmoins qu'on ne disposait pas toujours de renseignements détaillés à ce sujet. On ne peut donc partir du principe que les chiffres qui ne sont pas accompagnés d'une note signalant une divergence correspondent exactement aux définitions de la population de fait ou de la population de droit.

Il peut y avoir hétérogénéité dans les statistiques d'un même pays ou d'une même zone dans le cas des pays ou zones qui, bien qu'ils recueillent des données sur la population de droit et sur la population de fait à l'occasion d'un recensement, par exemple, ne font une exploitation statistique détaillée des données que pour la population de droit. Ainsi, tandis que les chiffres relatifs à la population totale qui figurent au tableau 3 se rapportent à la population de fait, ceux des tableaux qui présentent des données sur diverses caractéristiques de la population — résidence (urbaine/rurale), âge et sexe, par exemple — peuvent ne se rapporter qu'à la population de droit. Lorsqu'on savait que les chiffres se rapportaient à la population de droit, on l'a signalé en note.

3.1.2 Résidence (urbaine/rurale)

L'hétérogénéité des définitions nationales du terme "urbain" nuit sérieusement à la comparabilité internationale des données concernant la répartition selon la résidence. Les définitions utilisées par les différents pays ou zones sont reproduites à la fin du tableau 6, et leurs incidences sont examinées dans les Notes techniques relatives à ce même tableau.

3.1.3 Répartition par âge

La répartition de la population selon l'âge est un paramètre fondamental de la plupart des analyses, estimations et projections relatives aux statistiques de la population. Malheureusement, ces données sont sujettes à un certain nombre d'erreurs et difficilement comparables. C'est pourquoi pratiquement tous les utilisateurs de ces statistiques doivent considérer ces répartitions avec la plus grande circonspection.

3.1.3.1 Collecte et exploitation des données sur l'âge

L'âge est l'intervalle de temps déterminé par calcul ou par estimation qui sépare la date de naissance de la date du recensement et qui est exprimé en années solaires révolues [3]. Les données sur l'âge peuvent être recueillies selon deux méthodes : la première consiste à obtenir la date de naissance de chaque personne à l'occasion d'un recensement ou d'un sondage, puis à calculer l'âge en années révolues en soustrayant la date de naissance de celle du dénombrement [4], la seconde consiste à enregistrer l'âge en années révolues au moment du recensement, c'est–à–dire l'âge au dernier anniversaire.

The recommended method is to calculate age at last birthday by subtracting the exact date of birth from the date of the census. Some places, however, do not use this method but instead calculate the difference between the year of birth and the year of the census. Classifications of this type are footnoted whenever possible. They can be identified to a certain extent by a smaller than expected population under one year of age. However, an irregular number of births from one year to the next or age selective omission of infants may obscure the expected population under one year of age.

3.1.3.2 Errors in age data

Errors in age data may be due to a variety of causes, including ignorance of correct age; reporting years of age in terms of a calendar concept other than completed solar years since birth, [5] carelessness in reporting and recording age; a general tendency to state age in figures ending in certain digits (such as zero, two, five and eight); a tendency to exaggerate length of life at advanced ages; possibly subconscious aversion to certain numbers and wilful misrepresentations arising from motives of an economic, social, political or purely personal character. These reasons for errors in reported age data are common to most investigations of age and to most countries or areas, and they may impair comparability to a marked degree.

As a result of the above—mentioned difficulties, the age—sex distribution of population in many countries or areas shows irregularities which may be summarized as follows : (1) a deficiency in number of infants and young children, (2) a concentration at ages ending with zero and five (that is, 5, 10, 15, 20...), (3) a preference for even ages (for example, 10, 12, 14...) over odd ages (for example, 11, 13, 15...), (4) unexpectedly large differences between the frequency of males and females at certain ages, and (5) unaccountably large differences between the frequencies in adjacent age groups. Comparison of identical age—sex cohorts from successive censuses, as well as study of the age—sex composition of each census, may reveal these and other inconsistencies, some of which in varying degree are characteristic of even the most modern censuses.

3.1.3.3 Evaluation of accuracy

To measure the accuracy of data by age on the evidence of irregularities in 5—year groups, an index was devised for presentation in the Demographic Yearbook 1949—1950. [6] Although this index was sensitive to various sources of inaccuracy in the data, it could also be affected considerably by real fluctuations in past demographic processes. It could not, therefore, be applied indiscriminately to all types of statistics, unless certain adjustments were made and caution used in the interpretation of results.

La méthode recommandée consiste à calculer l'âge au dernier anniversaire en soustrayant la date exacte de la naissance de la date du recensement. Toutefois, on n'a pas toujours recours à cette méthode; certains pays ou zones calculent l'âge en faisant la différence entre l'année du recensement et l'année de la naissance. Lorsque les données sur l'âge ont été établies de cette façon, on l'a signalé chaque fois si possible en note au bas des tableaux. On peut d'ailleurs s'en rendre compte dans une certaine mesure, car les chiffres dans la catégorie des moins d'un an sont plus faibles qu'ils ne devraient l'être. Cependant, un nombre irrégulier de naissances d'une année à l'autre ou l'omission de certains âges parmi les moins d'un an peut fausser les chiffres de la population de moins d'un an.

3.1.3.2 Erreurs dans les données sur l'âge

Les causes d'erreurs dans les données sur l'âge sont diverses : on peut citer notamment l'ignorance de l'âge exact, la déclaration d'années d'âge correspondant à un calendrier différent de celui des années solaires révolues depuis la naissance [5], la négligence dans les déclarations et dans la façon dont elles sont consignées, la tendance générale à déclarer des âges se terminant par certains chiffres tels que 0, 2, 5 ou 8, la tendance, pour les personnes âgées, à exagérer leur âge, une aversion subconsciente pour certains nombres, et les fausses déclarations faites délibérément pour des motifs d'ordre économique, social, politique ou simplement personnel. Les causes d'erreurs mentionnées ci—dessus, communes à la plupart des enquêtes sur l'âge et à la plupart des pays ou zones, peuvent nuire sensiblement à la comparabilité.

A cause des difficultés indiquées ci—dessus, les répartitions par âge et par sexe de la population d'un grand nombre de pays ou de zones comportent des irrégularités qui sont notamment les suivantes : 1) erreurs par défaut dans les groupes d'âge correspondant aux enfants de moins d'un an et aux jeunes enfants; 2) polarisation des déclarations sur les âges se terminant par les chiffres 0 ou 5 (c'est—à—dire 5, 10, 15, 20...); 3) prépondérance des âges pairs (par exemple 10, 12, 14...) au détriment des âges impairs (par exemple 11, 13, 15...); 4) écart considérable et surprenant entre le rapport masculin/féminin à certains âges; 5) différences importantes et difficilement explicables entre les données concernant des groupes d'âge voisins. En comparant les statistiques fournies par des recensements successifs pour des cohortes identiques d'âge et de sexe et en étudiant la répartition par âge et par sexe de la population à chaque recensement, on peut déceler l'existence de ces incohérences et de quelques autres, un certain nombre d'entre elles se retrouvant à des degrés divers même dans les recensements les plus modernes.

3.1.3.3 Evaluation de l'exactitude

Pour déterminer, sur la base des anomalies relevées dans les groupes d'âge quinquennaux, le degré d'exactitude des statistiques par âge, on avait mis au point un indice spécial [6] pour l'Annuaire démographiqe 1949—1950. Cet indice était sensible à l'influence des différents facteurs qui limitent l'exactitude des données et il n'échappait pas non plus à celle des véritables fluctuations démographiques du passé. On ne pouvait donc l'appliquer indistinctement à tous les types de données à moins d'effectuer les ajustements nécessaires et de faire preuve de prudence dans l'interprétation des résultats.

The publication of population statistics by single years of age in the Demographic Yearbook 1955 made it possible to apply a simple, yet highly sensitive, index known as Whipple's Index, or the Index of Concentration, [7] the interpretation of which is relatively free from consideration of factors not connected with the accuracy of age reporting. More refined methods for the measurement of accuracy of distributions by single year of age have been devised, but this particular index was selected for presentation in the Demographic Yearbook on the basis of its simplicity and the wide use it has already found in other sources.

Whipple's Index "is obtained by summing the age returns between 23 and 62 years inclusive and finding what percentage is borne by the sum of the returns of years ending with 5 and 0 to one-fifth of the total sum. The results would vary between a minimum of 100, representing no concentration at all, and a maximum of 500, if no returns were recorded with any digits other than the two mentioned." [8]

The index is applicable to all age distributions for which single years are given at least to the age of 62, with the following exceptions: (1) where the data presented are the result of graduation, no irregularity is scored by Whipple's Index, even though the graduated data may still be affected by inaccuracies of a different type; (2) where statistics on age have been derived by reference to the year of birth, and tendencies to round off the birth year would result in an excessive number of ages ending in odd numbers, the frequency of age reporting with terminal digits 5 and 0 is not an adequate measure of their accuracy.

Using statistics for both sexes combined, the index has now been computed for all the single-year age distributions in table 26 of the 1988 Yearbook from censuses held between 1976 and 1988, with the exception of those excluded on the criteria set forth above. The ratings achieved by 76 such distributions can be found on pages 19 to 20 of the Demographic Yearbook 1988.

Although Whipple's Index measures only the effects of preferences for ages ending in 5 and 0, it can be assumed that such digit preference is usually connected with other sources of inaccuracy in age statements and the index can be accepted as a fair measure of the general reliability of the age distribution. [9]

3.2 Methods used to indicate quality of published statistics

To the extent possible, efforts have been made to give the reader an indication of reliability of the statistics published in the Demographic Yearbook. This has been approached in several ways. Any information regarding a possible under-enumeration or over-enumeration, coming from a postcensal survey, for example, has been noted in the footnotes to table 3. [10] Any deviation from full national coverage, as explained in section 2.1 under Geographical Aspects, has also been noted. In addition, national statistical offices have been asked to evaluate the estimates of total population they submit to the Statistical Division of the United Nations.

La publication dans l'Annuaire démographique 1955 de statistiques de la population par année d'âge a permis d'utiliser un indice simple, mais très sensible, connu sous le nom d'indice de Whipple ou indice de concentration [7], dont l'interprétation échappe pratiquement à l'influence des facteurs sans rapport avec l'exactitude des déclarations d'âge. Il existe des méthodes plus perfectionnées pour évaluer l'exactitude des répartitions de population par année d'âge, mais on a décidé de se servir ici de cet indice à cause de sa simplicité et de la large utilisation dont il a déjà fait l'objet dans d'autres publications.

L'indice de Whipple "s'obtient en additionnant les déclarations d'âge comprises entre 23 et 62 ans inclusivement et en calculant le pourcentage des âges déclarés se terminant par 0 ou 5 par rapport au cinquième du nombre total de déclarations. Les résultats varient entre un minimum de 100, s'il n'y a aucune concentration, et un maximum de 500, si aucun âge déclaré ne se termine par un chiffre autre que 0 et 5" [8].

Cet indice est applicable à toutes les répartitions par âge pour lesquelles les années d'âge sont données au moins jusqu'à 62 ans, sauf dans les cas suivants : 1) lorsque les données présentées ont déjà fait l'objet d'un ajustement, l'indice de Whipple ne révèle aucune irrégularité bien que des inexactitudes d'un type différent puissent fausser ces données; 2) lorsque les statistiques relatives à l'âge sont établies sur la base de l'année de naissance et que la tendance à arrondir l'année de naissance se traduit par une fréquence excessive des âges impairs, on ne peut utiliser la méthode reposant sur les déclarations d'âge se terminant par 5 et 0 pour évaluer l'exactitude des données recueillies.

A partir de chiffres relatifs à l'ensemble des deux sexes, on a calculé cet indice pour toutes les répar titions par année d'âge du tableau de l'édition de 1988 de l'Annuaire démographique sur la base des recensements effectués entre 1976 et 1988, à l'exception de celles que l'on a écartées pour les motifs indiqués plus haut. L'édition de 1988 de l'Annuaire démographique (p. 19 à 20) donne une évaluation de l'exactitude des déclarations d'âge.

Bien que l'indice de Whipple ne mesure que les effets de la préférence pour les âges se terminant par 50 et 0, il semble que l'on puisse admettre qu'il existe généralement certains liens entre préférence et d'autres sources d'inexactitudes dans les déclarations d'âge, de telle sorte que l'on peut dire qu'il donne une assez bonne idée de l'exactitude de la répartition par âge en général, non seulement dans les données de recensements [9].

3.2 Méthodes utilisées pour indiquer la qualité des statistiques publiées

On a cherché dans toute la mesure possible à donner au lecteur une indication du degré de fiabilité des statistiques publiées dans l'Annuaire démographique. On a, pour ce faire, procédé de diverses façons. Chaque fois que l'on savait, grâce par exemple à une enquête postcensitaire, qu'il y avait eu sous-dénombrement ou surdénombrement, on l'a signalé en note au bas du tableau 3 [10]. Ainsi qu'on l'a indiqué dans la section 2.1 sous la rubrique "Considérations géographiques", chaque fois que les données ne portaient pas sur la totalité du pays, on l'a également signalé en note. De plus, les services nationaux de statistique ont été priés de fournir une évaluation des estimations de la population totale qu'ils communiquaient au Division de statistique de l'ONU.

3.2.1 Quality code for total population estimates

As early as the second issue of the Yearbook, that is, the Demographic Yearbook 1949–1950, a code was developed to describe the manner in which the estimates of total population were constructed. This code has subsequently been modified and expanded. The present code was instituted in 1958, and it is structured to take into account four elements which have been recognized as affecting the reliability of population estimates: (1) the nature of the base measurement of the population, (2) the time elapsed since the last measurement, (3) the method of time adjustment by which the base figure was brought up to date, and (4) the quality of the time adjustment. The revised code is thus composed of four parts, namely, the nature of the base data, their recency, the nature of the time adjustment, and its quality. [11] The symbols of the code are listed below:

Part I. Nature of base data (capital letter)
A Complete census of individuals.
B Sample survey.
C Partial census or partial registration of individuals.
D Conjecture.
...Nature of base data not determined.

Part II. Recency of base data (subscript numeral following capital letter)
Numeral indicates time elapsed (in years) since establishment of base figure.

Part III. Method of time adjustment (lower-case letter)
a Adjustment by continuous population register.
b Adjustment based on calculated balance of births, deaths and migration.
c Adjustment by assumed rate of population increase.
d No adjustment : base figure held constant at least two consecutive years.
... Method of time adjustment not determined.

Part IV. Quality of adjustment for types a and b (numeral following letter a or b)
1. Population balance adequately accounted for.
2. Adequacy of accounting for population balance not determined but assumed to be adequate.
3. Population balance not adequately accounted for.

Quality of adjustment for type c (numeral following letter c)
1. Two or more censuses taken at decennial intervals or less.
2. Two or more censuses taken, but latest interval exceeds a decennium.
3. One or no census taken.

3.2.1 Codage qualitatif des estimations de la population totale

Dès la deuxième édition de l'Annuaire, c'est-à-dire dans l'Annuaire démographique de 1949–1950, on a introduit un code indiquant la manière dont les estimations de la population totale sont établies. Ce code a, par la suite, été modifié et développé. Le code actuel, établi en 1958, est conçu de manière à tenir compte de quatre éléments dont on a admis qu'ils influent sur la fiabilité des estimations de la population : 1) la nature du chiffre de population qui sert de base; 2) le temps écoulé depuis qu'il a été établi; 3) la méthode d'ajustement chronologique ayant servi à mettre à jour le chiffre de base; 4) la qualité de l'ajustement chronologique. Le code révisé se compose donc de quatre éléments, à savoir la nature des données de base, leur âge, la méthode d'ajustement chronologique et la qualité de cet ajustement [11]. Voici quels sont les signes conventionnels du code :

Premier élément. Nature des données de base (lettre majuscule)
A Recensement complet.
B Enquête par sondage.
C Recensement ou enregistrement partiel.
D Estimations conjecturales.
...Nature des données de base inconnue.

Deuxième élément. Age des données de base (indice numérique accompagnant la majuscule)
Dans chaque cas, l'indice représente le nombre d'années écoulées depuis l'établissement des données de base.

Troisième élément. Méthode d'ajustement chronologique (lettre minuscule)
a Ajustement d'après un registre de population permanent.
b Ajustement d'après l'équation de concordance (balance des naissances, des décès et de la migration nette).
c Ajustement d'après un taux d'accroissement présumé de la population.
d Pas d'ajustement : base constante pour au moins deux années consécutives.
... Méthode d'ajustement inconnue.

Quatrième élément. Qualité de l'ajustement pour les types a et b (chiffres accompagnant la lettre a ou b)
1. Balance démographique sûre.
2. Balance démographique de qualité inconnue mais supposée sûre.
3. Balance démographique non sûre.

Qualité de l'ajustement pour le type c (chiffre accompagnant la lettre c)
1. Au moins deux recensements, à intervalle de dix ans ou moins.
2. Au moins deux recensements, l'intervalle entre les deux derniers étant de plus de dix ans.
3. Un ou aucun recensement.

In addition to these four points, it would have been desirable to consider the probable error in the base measurement of the population. However, this has not been possible as an indication of it is so rarely available.

3.2.2 Treatment of estimates of total population

On the basis of the quality code assessments, the latest official total population estimates are classified as "reliable" or "less reliable" by the Statistical Division of the United Nations. "Reliable" data are set in roman type while "less reliable" data are set in italics. Two criteria are used in establishing reliability.

To begin with, reliable estimates can be defined in terms of the "nature of base data". Reliable estimates are those having their origin in a population census (coded A); those based on a sample survey representing the majority of the population (coded B); and, provided the total population is under 1 000 persons, those obtained by annual administrative counting of population (coded C).

A second criterion of reliability is the "method of time adjustment". Time adjustment by the population–register method (coded a), or by the balancing equation method (coded b), is considered reliable, provided the components of the adjusting factors are adequately accounted for. Reliable accounting is defined for this purpose as combinations of (a) and (b) with (1) or (2). Less reliable time adjustment includes updating by assumed rates of population growth (coded c), no updating (coded d), and method unknown (coded...).

Population estimates which are considered reliable are those which are classified as reliable according to the nature of the base data and in addition are considered reliable on the basis of the method of time adjustment. These estimates are shown in roman type. Estimates which are considered less reliable are shown in italics.

3.2.3 Treatment of time series of population estimates

When a series of mid–year population estimates are presented, the same indication of quality is shown for the entire series as was determined for the latest estimate. The quality is indicated by the type face employed.

No attempt has been made to split the series even though it is evident that in cases where the data are now considered reliable, in earlier years, many may have been considerably less reliable than the current classification implies. Thus it will be evident that this method over–states the probable reliability of the time series in many cases. It may also understate the reliability of estimates for years immediately preceding or following a census enumeration.

En plus de ces quatre éléments, il eut été souhaitable d'étudier la probabilité d'erreur dans le chiffre de population pris pour base. Cela n'a toutefois pas été possible, car il est rare que l'on dispose d'indications à ce sujet.

3.2.2 Traitement des estimations de la population totale

Se fondant sur les évaluations de la qualité des données, la Division de statistique de l'ONU classe les dernières estimations officielles de la population totale comme "sûres" ou "moins sûres". Les données "sûres" sont imprimées en caractères romains alors que les données "moins sûres" sont imprimées en italique. Deux critères permettent de déterminer la fiabilité des estimations.

Tout d'abord, les estimations sûres peuvent être définies du point de vue de la "nature des données de base". On peut définir comme sûres les estimations fondées sur un recensement de population (codées A); celles qui reposent sur une enquête par sondage représentant la majorité de la population (codées B); et, à condition que la population totale soit inférieure à 1 000, celles qui résultent d'un comptage administratif annuel de la population (codées C).

Un deuxième critère de fiabilité est la "méthode d'ajustement chronologique". L'ajustement chronologique d'après un registre de population (codé a) ou d'après l'équation de concordance (codé b) est jugé "sûr" à condition toutefois qu'il ait été dûment tenu compte des composantes du facteur d'ajustement. On considère qu'il n'en est ainsi que lorsque les lettres a et b sont combinées avec les chiffres 1 ou 2. L'ajustement chronologique est jugé "moins sûr" dans les cas suivants : ajustement d'après un taux d'accroissement présumé de la population (codé c), pas d'ajustement (codé d) et méthode d'ajustement inconnue (codé...).

Les estimations de la population qui sont considérées comme sûres sont celles qui sont classées comme telles selon la nature des données de base et qui sont en outre considérées comme sûres d'après la méthode d'ajustement chronologique. Ces estimations sont imprimées en caractères romains. Les estimations considérées moins sûres sont imprimées en italique.

3.2.3 Traitement des séries chronologiques d'estimations de la population

En ce qui concerne les séries d'estimations de la population en milieu d'année, on considère que la qualité de la série tout entière est la même que celle de la dernière estimation. La qualité de la série est indiquée par le caractère d'imprimerie utilisé.

On n'a pas cherché à subdiviser les séries, mais il est évident que les données qui sont jugées sûres actuellement n'ont pas toutes le même degré de fiabilité et que, pour les premières années, nombre d'entre elles étaient peut–être bien moins sûres que la classification actuelle ne semble l'indiquer. Ainsi, il apparaît clairement que cette méthode tend, dans bien des cas, à surestimer la fiabilité probable des séries chronologiques. Elle peut aussi sous–estimer la fiabilité des estimations pour les années qui précèdent ou qui suivent immédiatement un recensement.

3.2.4 Treatment of estimated distributions by age and other demographic characteristics

Estimates of the age–sex distribution of population may be constructed by two major methods: (1) by applying the specific components of population change to each age–sex group of the population as enumerated at the time of the census and (2) by distributing the total estimated for a postcensal year proportionately according to the age–sex structure at the time of the census. Estimates constructed by the latter method are not published in the Demographic Yearbook.

Among published, estimated age–sex distributions are categorized as "reliable" or "less reliable" according to the method of construction established for the latest estimate of total mid–year population. Hence, the quality designation of the total figure, as determined by the code, is considered to apply also to the whole distribution by age and sex, and the data are set in italic or roman type, as appropriate, on this basis alone. Further evaluation of detailed age structure data has not been undertaken to date.

4. VITAL STATISTICS

For purposes of the Demographic Yearbook, vital statistics have been defined as statistics of live birth, death, foetal death, marriage and divorce.

In this volume of the 1992 Yearbook, only general tables dealing with natality, nuptiality and divorce are presented. The tables on mortality appear under three headings: Foetal Mortality, Infant and Maternal Mortality and General Mortality.

4.1 Sources of variation of data

Most of the vital statistics data published in this Yearbook come from national civil registration systems. The completeness and the accuracy of the data which these systems produce vary from one country or area to another. [12]

The provision for a national civil registration system is not universal, and in some cases, the registration system covers only certain vital events. For example, in some countries or areas only births and deaths are registered. There are also differences in the effectiveness with which national laws pertaining to civil registration operate in the various countries or areas. The manner in which the law is implemented and the degree to which the public complies with the legislation determine the reliability of the vital statistics obtained from the civil registers.

3.2.4 Traitement des séries estimatives selon l'âge et d'autres caractéristiques démographiques

Des estimations de la répartition de la population par âge et par sexe peuvent être obtenues selon deux méthodes principales : 1) en appliquant les composantes spécifiques du mouvement de la population, pour chaque groupe d'âge et pour chaque sexe, à la population dénombrée lors du recensement; et 2) en répartissant proportionnellement le chiffre total estimé pour une année postcensitaire d'après la composition par âge et par sexe au moment du recensement. Les estimations obtenues par la seconde méthode ne sont pas publiées dans l'Annuaire démographique.

Les séries estimatives selon l'âge et le sexe qui sont publiées sont classées en deux catégories, "sûres" ou "moins sûres", selon la méthode retenue pour le plus récent calcul estimatif de la population totale en milieu d'année. Ainsi, l'appréciation de la qualité du chiffre total, telle qu'elle ressort des signes de code, est censée s'appliquer aussi à l'ensemble de la répartition par âge et par sexe, et c'est sur cette seule base que l'on décide si les données figureront en caractères italiques ou romains. On n'a pas encore procédé à une évaluation plus poussée des données détaillées concernant la composition par âge.

4. STATISTIQUES DE L'ETAT CIVIL

Aux fins de l'Annuaire démographique, on entend par statistiques de l'état civil les statistiques des naissances vivantes, des décès, des morts foetales, des mariages et des divorces.

Dans le présent volume de l'Annuaire 1992, on n'a présenté que les tableaux généraux sur la natalité, la mortalité, la nuptialité et la divortialité. Les tableaux consacrés à la mortalité sont groupés sous les trois rubriques suivantes: mortalité foetale, mortalité infantile et mortalité liée à la maternité, et mortalité générale.

4.1 Sources de variations des données

La plupart des statistiques de l'état civil publiées dans le présent Annuaire sont fournies par les systèmes nationaux d'enregistrement des faits d'état civil. Le degré d'exhaustivité et d'exactitude de ces données varie d'un pays ou d'une zone à l'autre [12].

Il n'existe pas partout de système national d'enregistrement des faits d'état civil et, dans quelques cas, seuls certains faits sont enregistrés. Par exemple, dans certains pays ou zones, seuls les naissances et les décès sont enregistrés. Il existe également des différences quant au degré d'efficacité avec lequel les lois relatives à l'enregistrement des faits d'état civil sont appliquées dans les divers pays ou zones. La fiabilité des statistiques tirées des registres d'état civil dépend des modalités d'application de la loi et de la mesure dans laquelle le public s'y soumet.

It should be noted that some statistics for marriage and divorce are obtained from sources other than civil registers. For example, in some countries or areas, the only source for data on marriages is church registers. Divorce statistics, on the other hand, are obtained from court records and/or civil registers according to national practice. The actual compilation of these statistics may be the responsibility of the civil registrar, the national statistical office or other government offices.

As well as these factors, others affecting the international comparability of vital statistics are much the same as those which must be considered in evaluating the variations in other population statistics. Differences in statistical definitions of vital events, differences in geographical and ethnic coverage of the data and diverse tabulation procedures— all these may influence comparability.

In addition to vital statistics from civil registers, some vital statistics published in the Yearbook are official estimates. These estimates are frequently from sample surveys. As such, their comparability may be affected by the national completeness of reporting in household surveys, non—sampling and sampling errors and other sources of bias. Estimates prepared by the Population Division of the United Nations Secretariat have been used in certain instances to supplement official data. Both official national supplement official data. Both official and United Nations estimates are noted when they appear in tables.

Readers interested in more detailed information on standards for vital statistics should consult the Principles and Recommendations for a Vital Statistics System. [13] The Handbook of Vital Statistics Methods Volumes I: Legal, Organizational and Technical Aspects and II: Review of national practices [14] published in connection with it, provide detailed information on the sources of error in vital statistics data and the application of recommendations to national systems.

The Handbook of Household Surveys [15] provides information on collection and evaluation of data on fertility, mortality and other vital events collected in household surveys.

4.1.1 Statistical definitions of events

An important source of variation lies in the statistical definition of each vital event. The Demographic Yearbook attempts to collect data on vital events, using the standard definitions put forth in paragraph 46 of Principles and Recommendations for a Vital Statistics System. These are as follows:

Il est à signaler qu'en certains cas les statistiques de la nuptialité et de la divortialité sont tirées d'autres sources que les registres d'état civil. Dans certains pays ou zones, par exemple, les seules données disponibles sur la nuptialité sont tirées des registres des églises. Les statistiques de la divortialité sont en outre, suivant la pratique suivie par chaque pays, tirées des actes des tribunaux et/ou des registres d'état civil. L'officier de l'état civil, le service national de statistique ou d'autres administrations publiques peuvent être chargés d'établir ces statistiques.

Les autres facteurs qui influent sur la comparabilité internationale des statistiques de l'état civil sont à peu près les mêmes que ceux qu'il convient de prendre en considération pour interpréter les variations observées dans les statistiques de la population. La définition des faits d'état civil aux fins de statistique, la portée des données du point de vue géographique et ethnique ainsi que les méthodes d'exploitation des données sont autant d'éléments qui peuvent influer sur la comparabilité.

En plus des statistisques tirées des registres d'état civil, l'Annuaire présente des statistiques de l'état civil qui sont des estimations officielles nationales, fondées souvent sur les résultats de sondages. Aussi leur comparabilité varie—t—elle en fonction du degré d'exhaustivité des déclarations recueillies lors d'enquêtes sur les ménages, des erreurs d'échantillonnage ou autres, et des distorsions d'origines diverses. Dans certains cas, les données officielles ont été complétées par des estimations établies par la Division de la population du Secrétariat de l'Organisation des Nations Unies. Les estimations officielles nationales et celles établies par l'ONU sont signalées en note au bas des tableaux où elles figurent.

Pour plus de précisions au sujet des normes applicables aux statistiques de l'état civil, le lecteur pourra se reporter aux Principes et recommandations pour un système de statistiques de l'état civil [13]. Le Manuel de statistique de l'état civil Volume I: Legal, Organizational and Technical Aspects et Volume II: etude des pratiques nationales [14] qui était publié en liaison avec ce document donne des précisions sur les sources d'erreurs dans les statistiques de l'état civil et sur l'application des recommandations aux systèmes nationaux.

Le "Handbook of Household Surveys" [15] fournit des informations sur la collecte et sur l'évaluation des s données statistiques sur des événements démographiques (fécondité, mortalité etc.) recueillies au cours des enquêtes sur les familles.

4.1.1 Définition des faits d'état civil aux fins de la statistique

Une cause importante d'hétérogénéité dans les données est le manque d'uniformité des définitions des différents faits d'état civil. Aux fins de l'Annuaire démographique, il est recommandé de recueillir les données relatives aux faits d'état civil en utilisant les définitions établies au paragraphe 46 des Principes et recommandations pour un système de statistiques de l'état civil. Ces définitions sont les suivantes :

4.1.1.1 LIVE BIRTH is the complete expulsion or extraction from its mother of a product of conception, irrespective of the duration of pregnancy, which after such separation breathes or shows any other evidence of life such as beating of the heart, pulsation of the umbilical cord, or definite movement of voluntary muscles, whether or not the umbilical cord has been cut or the placenta is attached; each product of such a birth is considered live—born regardless of gestational age.

4.1.1.2 DEATH is the permanent disappearance of all evidence of life at any time after live birth has taken place (postnatal cessation of vital functions without capability of resuscitation). This definition therefore excludes foetal deaths.

4.1.1.3 FOETAL DEATH is death prior to the complete expulsion or extraction from its mother of a product of conception, irrespective of the duration of pregnancy; the death is indicated by the fact that after such separation the foetus does not breathe or show any other evidence of life, such as beating of the heart, pulsation of the umbilical cord, or definite movement of voluntary muscles. Late foetal deaths are those of twenty—eight or more completed weeks of gestation. These are synonymous with the events reported under the pre—1950 term stillbirth.

ABORTION is defined, with reference to the woman, as any interruption of pregnancy before 28 weeks of gestation with a dead foetus. There are two major categories of abortion: spontaneous and induced. Induced abortions are those initiated by deliberate action undertaken with the intention of terminating pregnancy; all other abortions are considered as spontaneous.

4.1.1.4 MARRIAGE is the act, ceremony or process by which the legal relationship of husband and wife is constituted. The legality of the union may be established by civil, religious, or other means as recognized by the laws of each country.

4.1.1.5 DIVORCE is a final legal dissolution of a marriage, that is, that separation of husband and wife which confers on the parties the right to remarriage under civil, religious and/or other provisions, according to the laws of each country.

4.1.2 Problems relating to standard definitions

A basic problem affecting international comparability of vital statistics is deviation from standard definitions of vital events. An example of this can be seen in the cases of live births and foetal deaths. [16] In some countries or areas, an infant must survive for at least 24 hours before it can be inscribed in the live—birth register. Infants who die before the expiration of the 24—hour period are classified as late foetal deaths and, barring special tabulation procedures, they would not be counted either as live births or as deaths. Similarly, in several other countries or areas, those infants who are born alive but who die before registration of their birth are also considered as late foetal deaths.

4.1.1.1 La NAISSANCE VIVANTE est l'expulsion ou l'extraction complète du corps de la mère, indépendamment de la durée de la gestation, d'un produit de la conception qui, après cette séparation, respire ou manifeste tout autre signe de vie, tel que battement de coeur, pulsation du cordon ombilical ou contraction effective d'un muscle soumis à l'action de la volonté, que le cordon ombilical ait été coupé ou non et que le placenta soit ou non demeuré attaché; tout produit d'une telle naissance est considéré comme " enfant né vivant".

4.1.1.2 Le DECES est la disparition permanente de tout signe de vie à un moment quelconque postérieur à la naissance vivante (cessation des fonctions vitales après la naissance sans possibilité de réanimation). Cette définition ne comprend donc pas les morts foetales.

4.1.1.3 La MORT FOETALE est le décès d'un produit de la conception lorsque ce décès est survenu avant l'expulsion ou l'extraction complète du corps de la mère, indépendamment de la durée de la gestation; le décès est indiqué par le fait qu'après cette séparation le foetus ne respire ni ne manifeste aucun signe de vie, tel que battement de coeur, pulsation du cordon ombilical ou contraction effective d'un muscle soumis à l'action de la volonté. Les morts foetales tardives sont celles qui sont survenues après 28 semaines de gestation ou plus. Il n'y a aucune différence entre ces "morts foetales tardives" et les faits dont l'ensemble était désigné, avant 1950, par le terme mortinalité.

Par référence à la femme, l'AVORTEMENT se définit comme "toute interruption de grossesse qui est survenue avant 28 semaines de gestation et dont le produit est un foetus mort". Il existe deux grandes catégories d'avortement : l'avortement spontané et l'avortement provoqué. L'avortement provoqué a pour origine une action délibérée entreprise dans le but d'interrompre une grossesse. Tout autre avortement est considéré comme spontané.

4.1.1.4 Le MARIAGE est l'acte, la cérémonie ou la procédure qui établit un rapport légal entre mari et femme. L'union peut être rendue légale par une procédure civile ou religieuse, ou par toute autre procédure, conformément à la législation du pays.

4.1.1.5 Le DIVORCE est la dissolution légale et définitive des liens du mariage, c'est—à—dire la séparation de l'époux et de l'épouse qui confère aux parties le droit de se remarier civilement ou religieusement, ou selon toute autre procédure, conformément à la législation du pays.

4.1.2 Problèmes posés par les définitions établies

Les variations par rapport aux définitions établies des faits d'état civil sont le facteur essentiel qui nuit à la comparabilité internationale des statistiques de l'état civil. Un exemple en est fourni par le cas des naissances vivantes et celui des morts foetales [16]. Dans certains pays ou zones, il faut que le nouveau—né ait vécu 24 heures pour pouvoir être inscrit sur le registre des naissances vivantes. Les décès d'enfants qui surviennent avant l'expiration des 24 heures sont classés parmi les morts foetales tardives et, en l'absence de méthodes spéciales d'exploitation des données, ne sont comptés ni dans les naissances vivantes ni dans les décès. De même, dans plusieurs autres pays ou zones, les décès d'enfants nés vivants et décédés avant l'enregistrement de leur naissance sont également comptés dans les morts foetales et tardives.

Unless special tabulation procedures are adopted in such cases, the live–birth and death statistics will both be deficient by the number of these infants, while the incidence of late foetal deaths will be increased by the same amount. Hence the infant mortality rate is under estimated. Although both components (infant deaths and live births) are deficient by the same absolute amount, the deficiency is proportionately greater in relation to the infant deaths, causing greater errors in the infant mortality rate than in the birth rate.

Moreover, the practice exaggerates the late foetal death ratios. Some countries or areas make provision for correcting this deficiency (at least in the total frequencies) at the tabulation stage. Data for which the correction has not been made are indicated by footnote whenever possible.

The definitions used for marriage and divorce also present problems for international comparability. Unlike birth and death, which are biological events, marriage and divorce are defined only in terms of law and custom and as such are less amenable to universally applicable statistical definitions. They have therefore been defined for statistical purposes in general terms referring to the laws of individual countries or areas. Laws pertaining to marriage and particularly to divorce, vary from one country or area to another. With respect to marriage, the most widespread requirement relates to the minimum age at which persons may marry but frequently other requirements are specified. When known the minimum legal age at which marriage can occur with parental consent is given in Table 26 showing marriages by age of groom and age of bride. Laws and regulations relating to the dissolution of marriage by divorce range from total prohibition, through a wide range of grounds upon which divorces may be granted, to the granting of divorce in response to a simple statement of desire or intention by husbands in accordance with Islamic law in some countries or areas.

4.1.3 Fragmentary geographical or ethnic coverage

Ideally, vital statistics for any given country or area should cover the entire geographical area and include all ethnic groups. In fact, however, fragmentary coverage is not uncommon. In some countries or areas, registration is compulsory for only a small part of the population, limited to certain ethnic groups, for example. In other places there is no national provision for compulsory registration, but only municipal or state ordinances which do not cover the entire geographical area. Still others have developed a registration area which comprises only a part of the country or area, the remainder being excluded because of inaccessibility or because of economic and cultural considerations that make regular registration a practical impossibility.

A moins que des méthodes spéciales aient été adoptées pour l'exploitation de ces données, les statistiques des naissances vivantes et des décès ne tiendront pas compte de ces cas, qui viendront en revanche accroître d'autant le nombre des morts foetales tardives. Le résultat le plus important est que le taux de mortalité infantile s'en trouvera sous–estimé. Bien que les éléments constitutifs du taux (décès d'enfants de moins d'un an et naissances vivantes) accusent exactement la même insuffisance en valeur absolue, les lacunes sont proportionnellement plus fortes pour les décès de moins d'un an, ce qui cause des erreurs plus importantes dans les taux de mortalité infantile.

En plus cette pratique augmente les rapports de mortinatalité. Quelques pays ou zones effectuent, au stade de la mise en tableau, les ajustements nécessaires pour corriger ce défaut (du moins dans les fréquences totales). Lorsqu'il n'a pas été effectué d'ajustement, les notes l'indiquent chaque fois que possible.

Les définitions du mariage et du divorce posent aussi un problème du point de vue de la comparabilité internationale. Contrairement à la naissance et au décès, qui sont des faits biologiques, le mariage et le divorce sont uniquement déterminés par la législation et la coutume et, de ce fait, il est moins facile d'en donner une définition statistique qui ait une application universelle. A des fins statistiques, ces concepts ont donc été définis de manière générale par référence à la législation de chaque pays ou zone. La législation relative au mariage, et en particulier au divorce, varie d'un pays ou d'une zone à l'autre. En ce qui concerne le mariage, l'âge de nubilité est la condition la plus fréquemment requise mais il arrive souvent que d'autres conditions soient exigées. Lorsqu'il est connu, l'âge minimum auquel le mariage peut avoir lieu avec le consentement des parents est indiqué au tableau 26, où sont présentés les mariages selon l'âge de l'époux et de l'épouse. Les lois et règlements relatifs à la dissolution du mariage par le divorce vont de l'interdiction absolue, en passant par diverses conditions requises pour l'obtention du divorce, jusqu'à la simple déclaration, par l'époux, de son désir ou de son intention de divorcer, requise par la loi islamique en vigueur dans certains pays ou zones.

4.1.3 Portée géographique ou ethnique restreinte

En principe, les statistiques de l'état civil devraient s'étendre à l'ensemble du pays ou de la zone auxquels elles se rapportent et englober tous les groupes ethniques. En fait, il n'est pas rare que les données soient fragmentaires. Dans certains pays ou zones, l'enregistrement n'est obligatoire que pour une petite partie de la population, certains groupes ethniques seulement, par exemple. Dans d'autres, il n'existe pas de disposition qui prescrive l'enregistrement obligatoire sur le plan national, mais seulement des règlements ou décrets des municipalités ou des Etats, qui ne s'appliquent pas à l'ensemble du territoire. Il en est encore autrement dans d'autres pays ou zones où les autorités ont institué une zone d'enregistrement comprenant seulement une partie du territoire, le reste étant exclu en raison des difficultés d'accès ou parce qu'il est pratiquement impossible, pour des raisons d'ordre économique ou culturel, d'y procéder à un enregistrement régulier.

4.1.4 Tabulation procedures

4.1.4.1 By place of occurrence

Vital statistics presented on the national level relate to the de facto, that is, the present—in—area population. Thus, unless otherwise noted, vital statistics for a given country or area cover all the events which occur within its present boundaries and among all segments of the population therein. They may be presumed to include events among nomadic tribes and aborigines, and among nationals and aliens. When known, deviations from the present—in—area concept are footnoted.

Urban/rural differentials in vital rates for some countries may vary considerably depending on whether the relevant vital events were tabulated on the basis of place of occurrence or place of usual residence. For example, if a substantial number of women residing in rural areas near major urban centres travel to hospitals or maternity homes located in a city to give birth, urban fertility and neo—natal and infant mortality rates will usually be higher (and the corresponding rural rates will usually be lower) if the events are tabulated on the basis of place of occurrence rather than on the basis of place of usual residence. A similar process will affect general mortality differentials if substantial numbers of persons residing in rural areas use urban health facilities when seriously ill.

4.1.4.2 By date of occurrence versus by date of registration

In so far as possible, the vital statistics presented in the Demographic Yearbook refer to events which occurred during the specified year, rather than to those which were registered during that period. However, a considerable number of countries or areas tabulate their vital statistics not by date of occurrence, but by date of registration. Because such statistics can be very misleading, the countries or areas known to tabulate vital statistics by date of registration are identified in the tables by a plus symbol(+). Since complete information on the method of tabulating vital statistics is not available for all countries or areas, tabulation by date of registration may be more prevalent than the symbols on the vital statistics tables would indicate.

Because quality of data is inextricably related to delay in registration, it must always be considered in conjunction with the quality code description in section 4.2.1 below. Obviously, if registration of births is complete and timely (code C), the ill effects of tabulating by date of registration, are, for all practical purposes, nullified. Similarly, with respect to death statistics, the effect of tabulating by date of registration may be minimized in many countries or areas in which the sanitary code requires that a death must be registered before a burial permit can be issued, and this regulation tends to make registration prompt. With respect to foetal death, registration is usually made at once or not at all. Therefore, if registration is prompt, the difference between statistics tabulated by date of occurrence and those tabulated by date of registration may be negligible. In many cases, the length of the statutory time period allowed for registering various vital events plays an important part in determining the effects of tabulation by date of registration on comparability.

4.1.4 Exploitation des données

4.1.4.1 Selon le lieu de l'événement

Les statistiques de l'état civil qui sont présentées pour l'ensemble du territoire national se rapportent à la population de fait ou population présente. En conséquence, sauf indication contraire, les statistiques de l'état civil relatives à un pays ou zone donné portent sur tous les faits survenus dans l'ensemble de la population, à l'intérieur des frontières actuelles du pays ou de la zone en cause. On peut donc considérer qu'elles englobent les faits d'état civil survenus dans les tribus nomades et parmi les aborigènes ainsi que parmi les ressortissants du pays et les étrangers. Des notes signalent les exceptions lorsque celles—ci sont connues.

Pour certains pays, les écarts entre les taux démographiques pour les zones urbaines et pour les zones rurales peuvent varier très sensiblement selon que les faits d'état civil ont été exploités sur la base du lieu de l'événement ou du lieu de résidence habituelle. Par exemple, si un nombre appréciable de femmes résidant dans des zones rurales à proximité de grands centres urbains vont accoucher dans les hôpitaux ou maternités d'une ville, les taux de fécondité ainsi que les taux de mortalité néo—natale et infantile seront généralement plus élevés pour les zones urbaines (et par conséquent plus faibles pour les zones rurales) si les faits sont exploités sur la base du lieu de l'événement et non du lieu de résidence habituelle. Le phénomène sera le même dans le cas de la mortalité générale si un bon nombre de personnes résidant dans des zones rurales font appel aux services de santé des villes lorsqu'elles sont gravement malades.

4.1.4.2 Selon la date de l'événement ou la date de l'enregistrement

Autant que possible, les statistiques de l'état civil figurant dans l'Annuaire démographique se rapportent aux faits survenus pendant l'année considérée et non aux faits enregistrés au cours de ladite année. Bon nombre de pays ou zones, toutefois, exploitent leurs statistiques de l'état civil selon la date de l'enregistrement et non selon la date de l'événement. Comme ces statistiques risquent d'induire gravement en erreur, les pays ou zones dont on sait qu'ils établissent leurs statistiques d'après la date de l'enregistrement sont identifiés dans les tableaux par un signe (+). On ne dispose toutefois pas pour tous les pays ou zones de renseignements complets sur la méthode d'exploitation des statistiques de l'état civil et les données sont peut—être exploitées selon la date de l'enregistrement plus souvent que ne le laisserait supposer l'emploi des signes.

Etant donné que la qualité des données est inextricablement liée aux retards dans l'enregistrement, il faudra toujours considérer en même temps le code de qualité qui est décrit à la section 4.2.1 ci—après. Evidemment, si l'enregistrement des naissances est complet et effectué en temps voulu (code C), les effets perturbateurs de cette méthode seront pratiquement annulés. De même, en ce qui concerne les statistiques des décès, les effets de cette méthode pourront bien souvent être réduits au minimum dans les pays ou zones où le code sanitaire subordonne la délivrance du permis d'inhumer à l'enregistrement du décès, ce qui tend à hâter l'enregistrement. Quant aux morts foetales, elles sont généralement déclarées immédiatement ou ne sont pas déclarées du tout. En conséquence, si l'enregistrement se fait dans un délai très court, la différence entre les statistiques établies selon la date de l'événement et celles qui sont établies selon la date de l'enregistrement peut être négligeable. Dans bien des cas, la durée des délais légaux accordés pour l'enregistrement des faits d'état civil est un facteur dont dépend dans une large mesure l'incidence sur la comparabilité de l'exploitation des données selon la date de l'enregistrement.

With respect to marriage and divorce, the practice of tabulating data by date of registration does not generally pose serious problems. In many countries or areas marriage is a civil legal contract which, to establish its legality, must be celebrated before a civil officer. It follows that for these countries or areas registration would tend to be almost automatic at the time of, or immediately following, the marriage ceremony. Because the registration of a divorce in many countries or areas is the responsibility solely of the court or the authority which granted it, and since the registration record in such cases is part of the records of the court proceedings, it follows that divorces are likely to be registered soon after the decree is granted.

On the other hand, if registration is not prompt vital statistics by date of registration will not produce internationally comparable data. Under the best circumstances, statistics by date of registration will include primarily events which occurred in the immediately preceding year; in countries or areas with less well–developed systems, tabulations will include some events which occurred many years in the past. Examination of available evidence reveals that delays of up to many years are not uncommon for birth registration, though the majority are recorded between two to four years after birth. As long as registration is not prompt, statistics by date of registration will not be internationally comparable either among themselves or with statistics by date of occurrence.

It should also be mentioned that lack of international comparability is not the only limitation introduced by date–of–registration tabulation. Even within the same country or area, comparability over time may be lost by the practice of counting registrations rather than occurrences. If the number of events registered from year to year fluctuates because of ad hoc incentives to stimulate registration, or to the sudden need, for example, for proof of (unregistered) birth or death to meet certain requirements, vital statistics tabulated by date of registration are not useful in measuring and analysing demographic levels and trends. All they can give is an indication of the fluctuations in the need for a birth, death or marriage certificate and the work–load of the registrars. Therefore statistics tabulated by date of registration may be of very limited use for either national or international studies.

4.2 Methods used to indicate quality of published vital Statistics

The quality of vital statistics can be assessed in terms of a number of factors. Most fundamental is the completeness of the civil registration system on which the statistics are based. In some cases, the incompleteness of the data obtained from civil registration systems is revealed when these events are used to compute rates. However, this technique applies only where the data are markedly deficient, where they are tabulated by date or occurrence and where the population base is correctly estimated. Tabulation by date of registration will often produce rates which appear correct, simply because the numerator is artificially inflated by the inclusion of delayed registrations and, conversely, rates may be of credible magnitude because the population at risk has been underestimated. Moreover, it should be remembered that knowledge of what is credible in regard to levels of fertility, mortality and nuptiality is extremely scanty for many parts of the world, and borderline cases, which are the most difficult to appraise, are frequent.

En ce qui concerne le mariage et le divorce, la pratique consistant à exploiter les statistiques selon la date de l'enregistrement ne pose généralement pas de graves problèmes. Le mariage étant, dans de nombreux pays ou zones, un contrat juridique civil qui, pour être légal, doit être conclu devant un officier de l'état civil, il s'ensuit que dans ces pays ou zones l'enregistrement se fait à peu près automatiquement au moment de la cérémonie ou immédiatement après. Comme dans de nombreux pays ou zones le tribunal ou l'autorité qui a prononcé le divorce est seul habilité à enregistrer cet acte, et comme l'acte d'enregistrement figure alors sur les registres du tribunal l'enregistrement suit généralement de peu le jugement.

En revanche, si l'enregistrement n'a lieu qu'avec un certain retard, les statistiques de l'état civil établies selon la date de l'enregistrement ne sont pas comparables sur le plan international. Au mieux, les statistiques par date de l'enregistrement prendront surtout en considération des faits survenus au cours de l'année précédente; dans les pays ou zones où le système d'enregistrement n'est pas très développé, il y entrera des faits datant de plusieurs années. Il ressort des documents dont on dispose que des retards de plusieurs années dans l'enregistrement des naissances ne sont pas rares, encore que, dans la majorité des cas, les retards ne dépassent pas deux à quatre ans. Tant que l'enregistrement se fera avec retard, les statistiques fondées sur la date d'enregistrement ne seront comparables sur le plan international ni entre elles ni avec les statistiques établies selon la date de fait d'état civil.

Il convient également de noter que l'exploitation des données selon la date de l'enregistrement ne nuit pas seulement à la comparabilité international le des statistiques. Même à l'intérieur d'un pays ou d'une zone, le procédé qui consiste à compter les enregistrements et non les faits peut compromettre la comparabilité des chiffres sur une longue période. Si le nombre des faits d'état civil enregistrés varie d'une année à l'autre (par suite de l'application de mesures destinées spécialement à encourager l'enregistrement ou par suite du fait que, tout d'un coup, il est devenu nécessaire, par exemple, de produire le certificat d'une naissance ou décès non enregistré pour l'accomplissement de certaines formalités), les statistiques de l'état civil établies d'après la date de l'enregistrement ne permettent pas de quantifier ni d'analyser l'état et l'évolution de la population. Tout au plus peuvent–elles montrer les fluctuations qui se sont produites dans les conditions d'exigibilité du certificat de naissance, de décès ou de mariage et dans le volume de travail des bureaux d'état civil. Les statistiques établies selon la date de l'enregistrement peuvent donc ne présenter qu'une utilité très réduite pour des études nationales ou internationales.

4.2 Méthodes utilisées pour indiquer la qualité des statistiques de l'état civil qui sont publiées

La qualité des statistiques de l'état civil peut être évaluée sur la base de plusieurs facteurs. Le facteur essentiel est la complétude du système d'enregistrement des faits d'état civil d'après lequel les statistiques sont établies. Dans certains cas, on constate que les données tirées de l'enregistrement ne sont pas complètes lorsqu'on les utilise pour le calcul des taux. Toutefois, cette observation est valable uniquement lorsque les statistiques présentent des lacunes évidentes, qu'elles sont exploitées d'après la date de l'événement et que l'estimation du chiffre de population pris pour base est exacte. L'exploitation des données d'après la date de l'enregistrement donne souvent des taux qui paraissent exacts, tout simplement parce que le numérateur est artificiellement gonflé par suite de l'inclusion d'un grand nombre d'enregistrements tardifs; inversement, il arrive que des taux paraissent vraisemblables parce que l'on a sous–évalué la population exposée au risque. Il ne faut pas oublier, en outre, que les renseignements dont on dispose sur les taux de fécondité, de mortalité et de nuptialité normaux dans un grand nombre de régions du monde sont extrêmement sommaires et que les cas limites, qui sont les plus difficiles à évaluer, sont fréquents.

4.2.1 Quality code for vital statistics from registers

On the Demographic Yearbook annual "Questionnaire on vital statistics" national statistical offices are asked to provide their own estimates of the completeness of the births, deaths, late foetal deaths, marriages and divorces recorded in their civil registers.

On the basis of information from the questionnaires, from direct correspondence and from relevant official publications, it has been possible to classify current national statistics from civil registers of birth, death, infant death, late foetal death, marriage and divorce into three broad quality categories, as follows:

C: Data estimated to be virtually complete, that is, representing at least 90 per cent of the events occurring each year.

U: Data estimated to be incomplete, that is, representing less than 90 per cent of the events occurring each year.

...: Data for which no specific information is available regarding completeness.

These quality codes appear in the first column of the tables which show total frequencies and crude rates (or ratios) over a period of years for late foetal deaths (table 9), marriages (table 12), divorces (table 14), live births (table 15), infant deaths (table 18) and deaths (table 21).

The classification of countries or areas in terms of these quality codes may not be uniform. Nevertheless, it was felt that national statistical offices were in the best position to judge the quality of their data. It was considered that even the very broad categories that could be established on the basis of the information at hand would provide useful indicators of the quality of the vital statistics presented in this Yearbook.

In the past, the bases of the national estimates of completeness were usually not available. In connection with the Demographic Yearbook 1977, countries were asked, for the first time, to provide some indication of the basis of their completeness estimates. They were requested to indicate whether the completeness estimates reported for registered live births, deaths, and infant deaths were prepared on the basis of demographic analysis, dual record checks or some other specified method. Relatively few countries or areas have so far responded to this new question; therefore, no attempt has been made to revise the system of quality codes used in connection with the vital statistics data presented in the Yearbook. It is hoped that, in the future, more countries will be able to provide this information so that the system of quality codes used in connection with the vital statistics data presented in the Yearbook may be revised.

4.2.1 Codage qualitatif des statistiques tirées des registres de l'état civil

Dans le "Questionnaire relatif au mouvement de la population" de l'Annuaire démographique qui leur est présenté chaque année, les services nationaux de statistique sont priés de donner leur propre évaluation du degré de complétude des données sur les naissances, les décès, les décès d'enfants de moins d'un an, les morts foetales tardives, les mariages et les divorces figurant dans leurs registres d'état civil.

D'après les renseignements directement fournis par les gouvernements ou tirés des questionnaires ou de publications officielles pertinentes, il a été possible de classer les statistiques courantes de l'enregistrement des faits d'état civil (naissances, décès, décès d'enfants de moins d'un an, morts foetales tardives, mariages et divorces) en trois grandes catégories, selon leur qualité :

C : Données jugées pratiquement complètes, c'est—à—dire représentant au moins 90 p. 100 des faits d'état civil survenant chaque année.

U : Données jugées imcomplètes, c'est—à—dire représentant moins de 90 p. 100 des faits survenant chaque année.

... : Données dont le degré de complétude ne fait pas l'objet de renseignements précis.

Ces codes de qualité figurent dans la première colonne des tableaux qui présentent, pour un nombre d'années déterminé les chiffres absolus et les taux (ou rapports) bruts concernant les morts foetales tardives (tableau 9), les mariages (tableau 12), les divorces (tableau 14), les naissances vivantes (tableau 15), les décès à moins d'un an (tableau 18) et les décès (tableau 21).

La classification des pays ou zones selon ces codes de qualité peut ne pas être uniforme. On a estimé néanmoins que les services nationaux de statistique étaient les mieux placés pour juger de la qualité de leurs données. On a pensé que les catégories que l'on pouvait distinguer sur la base des renseignements disponibles, bien que très larges, donneraient cependant une indication utile de la qualité des statistiques de l'état civil publiées dans l'Annuaire.

Dans le passé, les bases sur lesquelles les pays évaluaient l'exhaustivité de leurs données n'étaient généralement pas connues. Pour l'Annuaire démographique 1977, les pays ont été priés, pour la première fois, de donner des indications à ce sujet. On leur a demandé d'indiquer si leurs estimations du degré d'exhaustivité des données d'enregistrement des naissances vivantes, des décès et de la mortalité infantile reposaient sur une analyse démographique, un double contrôle des registres ou d'autres méthodes qu'ils devaient spécifier. Relativement peu de pays ou zones ont jusqu'à présent répondu à cette nouvelle question; on n'a donc pas cherché à réviser le système de codage qualitatif utilisé pour les statistiques de l'état civil présentées dans l'Annuaire. Il faut espérer qu'à l'avenir davantage de pays pourront fournir ces renseignements afin que le système de codage qualitatif employé pour les statistiques de l'état civil présentées dans l'Annuaire puisse être révisé.

Among the countries or areas indicating that the registration of live births was estimated to be 90 per cent or more complete (and hence classified as C in table 15), the following countries or areas provided information on the basis of this completeness estimate:

(a) Demographic analysis — Argentina, Australia, Canada, Chile, Czechoslovakia, Egypt, French Guiana, Guadeloupe, Guernsey, Iceland, Ireland, Island of Mauritius, Israel, Kuwait, Puerto Rico, Rodrigues, Romania, San Marino, Singapore, Switzerland and United States.
(b) Dual record check — Bahamas, Barbados, Bulgaria, Cook Islands, Cuba, Denmark, Fiji, Finland, France, French Guiana, Greece, Guam, Guadeloupe, Guernsey, Iceland, Isle of Man, Japan Maldives, New Zealand, Peninsular Malaysia, Northern Marianas, Saint Kitts and Nevis, Saint Lucia, Sri Lanka, Sweden, Switzerland, Tokelau, Uruguay and Venezuela.
(c) Other specified methods — Belgium, Bermuda, Cayman Islands, Czechoslovakia, Germany, Greenland, Iceland, Japan, Luxembourg, Netherlands, Norway, Poland and Singapore.

Among the countries or areas indicating that the registration of deaths was estimated to be 90 per cent or more complete (and hence classified as C in table 21), the following countries provided information on the basis of this estimate.

(a) Demographic analysis — Argentina, Australia, Canada, Chile, Cuba, Czechoslovakia, Egypt, French Guiana, Guadeloupe, Guernsey, Iceland, Ireland, Island of Mauritius, Israel, Kuwait, Puerto Rico, Rodrigues, Romania, San Marino, Singapore, Switzerland and United States.
(b) Dual record check — Bahamas, Bulgaria, Cook Islands, Cuba, Czechoslovakia, Denmark, Fiji, Finland, France, Greece, Greenland, Guam, Guernsey, Iceland, Isle of Man, Maldives, New Zealand, Northern Ireland, Northern Marianas, Saint Kitts and Nevis, Saint Lucia, Sri Lanka, Sweden, Switzerland, Tokelau and Uruguay.
(c) Other specified methods — Belgium, Bermuda, Cayman Islands, Czechoslovakia, England and Wales, Germany, Iceland, Ireland, Japan, Luxembourg, Netherlands, Norway, Poland and Singapore.

Among the countries or areas indicating that the registration of infant deaths was estimated to be 90 per cent or more complete (and hence classified as C in table 18), the following countries or areas provided information on the basis of this estimate:

(a) Demographic analysis — Argentina, Australia, Canada, Chile, Cuba, Czechoslovakia, Egypt, England and Wales, Iceland, Ireland Island of Mauritius, Israel, Kuwait, Puerto Rico, Rodrigues, Romania, San Marino, Singapore, Sri Lanka, Switzerland and United States.
(b) Dual record check — Bahamas, Bulgaria, Cook Islands, Cuba, Czechoslovakia, Cuba, Denmark, Fiji, Finland, France, Greece, Greenland, Guam, Guernsey, Iceland, Isle of Man, Japan, Maldives, New Zealand, Northern Marianas, Saint Kitts and Nevis, Saint Lucia, Sweden, Switzerland, Tokelau and Uruguay.
(c) Other specified methods — Belgium, Bermuda, Cayman Islands, Czechoslovakia, Germany, Iceland, Japan, Luxembourg, Netherlands, Northern Ireland, Norway, Poland and Singapore.

Sur les pays ou zones qui ont estimé à 90 p. 100 ou plus le degré d'exhaustivité de leur enregistrement des naissances vivantes (classé C dans le tableau 15), les pays ou zones suivants ont fourni les indications ci–après touchant les bases sur lesquelles leur estimation reposait :

(a) Analyse démographique — Argentine, Australie, Canada, Chili, Cuba, Egypte, Etats–Unis, Guadeloupe, Guernesey, Guyane française, Ile Maurice, Irlande, Islande, Israël, Koweït, Porto Rico, Rodrigues, Roumanie, Saint–Marin, Singapour, Suisse et Tchécoslovaquie.
(b) Double contrôle des registres — Bahamas, Barbade Bulgaria, Cuba, Czechoslovakia, Danemark, Fidji, Finlande, France, Guadeloupe, Guernsesey, Guyane française, Grèce, Guam, Ile de Man, Iles Cook, Iles Mariannes septentrionales, Islande, Malaisie péninsular, Maldives, Nouvelle–Zélande, Saint–Kitts–et–Nevis, Sainte–Lucie, Sri Lanka, Suède, Suisse , Tokélaou, Uruguay et Venezuela.
(c) Autre méthode spécifiée — Allemagne, Belgique, Bermudes, Groenland, Iles Caimanes, Islande, Japon, Luxembourg, Norvège, Pays–Bas, Pologne, Singapour et Tchécoslovaquie.

Sur les pays ou zones qui ont estimé à 90 p. 100 ou plus le degré d'exhaustivité de leur enregistrement des décès (classé C dans le tableau 21), les pays ou zones suivants donné des indications touchant la base de cette estimation :

(a) Analyse démographique — Argentine, Australie, Canada, Chili, Cuba, Egypte, Etats–Unis, Guadeloupe, Guyane française, Ile Maurice, Islande, Israël, Egypte, Etats–Unis, Guadeloupe, Porto Rico, Rodrigues, Roumanie, Saint–Marin, Singapour, Suisse et Tchécoslovaquie.
(b) Double contrôle des registres — Bahamas, Bulgarie, Cuba, Danemark, Fidji, Finlande, France, Grèce, Groenland, Guadeloupe, Guam, Guernesey, Guyane française, Ile de Man, Iles Mariannes septentrionales, Islande, Maldives, Nouvelle Zélande, Saint–Kitts–et–Nevis, Saint–Lucie, Sri Lanka, Suède, Suisse Tokélaou, Tcécoslovaquie et Uruguay.
(c) Autre méthode spécifiée — Allemagne, Belgique, Bermudes, Iles Caîmanes, Islande, Japon, Luxembourg, Norvège, Pays–Bas, Pologne, Singapour et Tchécoslovaquie.

Sur les pays ou zones qui ont estimé à 90 p. 100 ou plus le degré d'exhaustivité de leur enregistrement des décès à moins d'un an classé C dans le tableau 18), les pays ou zones suivant ont donné des indications touchant la base de cette estimation :

(a) Analyse démographique — Anglettere et Galles, Argentine, Australie, Canada, Chili, Cuba, Egypte, Etats–Unis, Ile Maurice, Irlande, Islande, Israël, Koweît, Porto Rico, Rodrigues, Roumanie, Saint–Marin, Singapour, Sri Lanka, Suisse et Tchécoslovaquie.
(b) Double contrôle des registres — Bahamas, Bulgarie, Cuba, Danemark, Fidji, Finlande, France, Grèce, Groenland, Guam, Guernesey, Ile de Man, Iles Cook, Iles Mariannes septentrionales, Islande, Japon Maldives, Nouvelle Zélande, Saint–Kitts–et–Nevis, Saint–Lucie, Suède, Suisse, Tchécoslovaquie, Tokélaou, et Uruguay.
(c) Autre méthode spécifiée — Allemagne, Belgique, Bermudes, Iles Caîmanes, Irlande du Nord, Islande, Japon, Luxembourg, Norvège, Pays–Bas, Pologne, Singapour et Tchécoslovaquie.

4.2.2 Treatment of vital statistics from registers

On the basis of the quality code described above, the vital statistics shown in all tables of the Yearbook are treated as either reliable or unreliable. Data coded C are considered reliable and appear in roman type. Data coded U or ... are considered unreliable and appear in italics. Although the quality code itself appears only in certain tables, the indication of reliability (that is, the use of italics to indicate unreliable data) is shown on all tables presenting vital statistics data.

In general, the quality code for deaths shown in table 21 is used to determine whether data on deaths in other tables appear in roman or italic type. However, some data on deaths by cause are shown in italics in tables 20 and 24 when it is known that the quality, in terms of completeness, differs greatly from the completeness of the registration of the total number of deaths. In cases when the quality code in table 18 does not correspond with the type face used in tables 20 and 24 relevant information regarding the completeness of cause-of-death statistics is given in a footnote.

The same indication of reliability used in connection with tables showing the frequencies of vital events is also used in connection with tables showing the corresponding vital rates. For example, death rates computed using deaths from a register which is incomplete or of unknown completeness are considered unreliable and appear in italics. Strictly speaking, to evaluate vital rates more precisely, one would have to take into account the accuracy of population data used in the denominator of these rates. The quality of population data is discussed in section 3.2 of the Technical Notes.

It should be noted that the indications of reliability used for infant mortality rates, maternal mortality rates and late foetal death ratios (all of which are calculated using the number of live births in the denominator) are determined on the basis of the quality codes for infant deaths, deaths and late foetal deaths respectively. To evaluate these rates and ratios more precisely, one would have to take into account the quality of the live-birth data used in the denominator of these rates and ratios. The quality codes for live births are shown in table 15 and described more fully in the text of the Technical Notes for that table.

4.2.3 Treatment of time series of vital statistics from registers

The quality of a time series of vital statistics is more difficult to determine than the quality of data for a single year. Since a time series of vital statistics is usually generated only by a system of continuous civil registration, it was decided to assume that the quality of the entire series was the same as that for the latest year's data obtained from the civil register. The entire series is treated as described in section 4.2.2 above. That is, if the quality code for the latest registered data is C, the frequencies and rates for earlier years are also considered reliable and appear in roman type. Conversely, if the latest registered data are coded as U or ... then data for earlier years are considered unreliable and appear in italics. It is recognized that this method is not entirely satisfactory because it is known that data from earlier years in many of the series were considerably less reliable than the current code implies.

4.2.2 Traitement des statistiques tirées des registres d'état civil

Dans tous les tableaux de l'Annuaire, on a indiqué le degré de fiabilité des statistiques de l'état civil en se fondant sur le codage qualitatif décrit ci-dessus. Les statistiques codées C, jugées sûres, sont imprimées en caractères romains. Celles qui sont codées U ou ..., jugées douteuses, sont reproduites en italique. Bien que le codage qualitatif proprement dit n'apparaisse que dans certains tableaux, l'indication du degré de fiabilité (c'est-à-dire l'emploi des italiques pour désigner les données douteuses) se retrouve dans tous les tableaux présentant des statistiques de l'état civil.

En général, le code de qualité pour les décès indiqué au tableau 21 sert à déterminer si, dans les autres tableaux, les données relatives aux décès apparaissent en caractères romains ou en italique. Toutefois, certaines données sur les décès selon la cause figurent en italique dans les tableaux 20 et 24 lorsqu'on sait que leur degré d'exhaustivité diffère grandement de celui du nombre total des décès. Dans les cas où le code de qualité du tableau 18 ne correspond pas aux caractères utilisés dans les tableaux 20 et 24, les renseignements concernant l'exhaustivité des statistiques des décès selon la cause sont indiqués en note à la fin du tableau.

On a utilisé la même indication de fiabilité dans les tableaux des taux démographiques et dans ceux des fréquences correspondantes. Par exemple, les taux de mortalité calculés d'après les décès figurant sur un registre incomplet ou d'exhaustivité indéterminée sont jugés douteux et apparaissent en italique. Au sens strict, pour évaluer de façon plus précise les taux démographiques, il faudrait tenir compte de la précision des données sur la population figurant au dénominateur dans les taux. La qualité des données sur la population est étudiée à la section 3.2 des Notes techniques.

Il convient de noter que, pour les taux de mortalité infantile, les taux de mortalité liée à la maternité et les rapports de morts foetales tardives (calculées en utilisant au dénominateur le nombre de naissances vivantes), les indications relatives à la fiabilité sont déterminées sur la base des codes de qualité utilisés pour les décès d'enfants de moins d'un an, les décès totaux et les morts foetales tardives, respectivement. Pour évaluer ces taux et rapports de façon plus précise, il faudrait tenir compte de la qualité des données relatives aux naissances vivantes, utilisées au dénominateur dans leur calcul. Les codes de qualité pour les naissances vivantes figurent au tableau 15 et sont décrits plus en détail dans les Notes techniques se rapportant à ce tableau.

4.2.3 Traitement des séries chronologiques de statistiques tirées des registres d'état civil

Il est plus difficile de déterminer la qualité des séries chronologiques de statistiques de l'état civil que celle des données pour une seule année. Etant donné qu'une série chronologique de statistiques de l'état civil ne peut généralement avoir pour source qu'un système permanent d'enregistrement des faits d'état civil, on a arbitrairement supposé que le degré d'exactitude de la série tout entière était le même que celui de la dernière tranche annuelle de données tirées du registre d'état civil. La série tout entière est traitée de la manière décrite à la section 4.2.2 ci-dessus : lorsque le code de qualité relatif aux données d'enregistrement les plus récentes est C, les fréquences et les taux relatifs aux années antérieures sont eux aussi considérés comme sûrs et figurent en caractères romains. Inversement, si les données d'enregistrement les plus récentes sont codées U ou ..., les données des années antérieures sont jugées douteuses et figurent en italique. Cette méthode n'est certes pas entièrement statisfaisante, car les données des premières années de la série sont souvent beaucoup moins sûres que le code actuel ne l'indique.

4.2.4 Treatment of estimated vital statistics

In addition to data from vital registration systems, estimated frequencies and rates also appear in the Demographic Yearbook. Estimated rates include both official estimates and those prepared by the Population Division of the United Nations Secretariat. These rates are usually ad hoc estimates which have been derived either from the results of a sample survey or by demographic analysis. Estimated frequencies and rates have been included in the tables because it is assumed that they provide information which is more accurate than that from existing civil registration systems. By implication, therefore, they are also assumed to be reliable and as such they are not set in italics. Estimated frequencies and rates continue to be treated in this manner even when they are interspersed in a time series with data from civil registers.

In tables showing the quality code, the code applies only to data from civil registers. If a series of data for a country or area contains both data from a civil register and estimated data, then the code applies only to the registered data. If only estimated data are shown, then the symbol (..) is shown.

4.2.4 Traitement des estimations fondées sur les statistiques de l'état civil

En plus des données provenant des systèmes d'enregistrement des faits d'état civil, l'Annuaire démographique contient aussi des estimations — fréquences et taux. Les taux estimés sont soit officiels, soit calculés par la Division de la population du Secrétariat de l'ONU. Ils sont en général calculés spécialement à partir des résultats d'un sondage ou par analyse démographique. Si des estimations — fréquences et taux — figurent dans les tableaux, c'est parce que l'on considère qu'elles fournissent des renseignements plus exacts que les systèmes existants d'enregistrement des faits d'état civil. En conséquence, elles sont également jugées sûres et ne sont donc pas indiquées en italique, et cela même si elles sont entrecoupées, dans une série chronologique de données tirées des registres d'état civil.

Dans les tableaux qui indiquent le code de qualité, ce code ne s'applique qu'aux données tirées des registres d'état civil. Si une série pour un pays ou une zone renferme à la fois des données tirées d'un registre d'état civil et des données estimatives, le code ne s'applique qu'aux données d'enregistrement. Si seules des données estimatives apparaissent, le symbole "..." est utilisé.

4.3 Cause of death

Statistics on deaths classified according to underlying cause of death are shown in several tables of the Demographic Yearbook. In order to promote international comparability of cause of death statistics, the World Health Organization organizes and conducts an international Conference for the revision of the International Classification of Diseases (ICD) on a regular basis in order to insure that the Classification is kept current with the most recent clinical and statistical concepts. Although revisions provide an up-to-date version of the ICD, such revisions create several problems related to the comparability of cause of death statistics. The first is the lack of comparability over time that inevitably accompanies the use of a new classification. The second problem affects comparability between countries or areas because countries may adopt the new classification at different times. The more refined the classification becomes, the greater is the need for expert clinical diagnosis of cause of death. In many countries or areas few of the deaths occur in the presence of an attendant who is medically trained, i.e. most deaths are certified by a lay attendant. Because the ICD contains many diagnoses that cannot be identified by a non–medical person, the ICD does not always promote international comparability particularly between countries or areas where the level of medical services differs widely.

To provide readers some guidance in the use of statistics on cause of death, the following section gives a brief history of the International Classification of Diseases (ICD), compares classification of the 1975 (ninth) revision with that of the 1965 (eighth) revision, compares the tabulation lists used in the Demographic Yearbook from the eighth and ninth revisions and finally presents some of the recommendations on maternal mortality, perinatal mortality and lay reporting of cause of death.

4.3 Causes de décès

Plusieurs tableaux de l'Annuaire démographique présentent les décès classés par cause. Pour assurer la comparabilité internationale des statistiques des causes de décès, l'Organisation mondiale de la santé organise régulièrement des conférences internationales de révision de la Classification internationale des maladies (CIM) et veille ainsi à l'aligner, au fur et à mesure, sur les progrès les plus récents de la médecine clinique et de la statistique. Bien que ces révisions aboutissent à l'élaboration d'une version actualisée de la CIM, elle pose plusieurs problèmes de comparabilité des statistiques des causes de décès. Le premier de ces problèmes tient au manque de comparabilité dans le temps, qui accompagne inévitablement la mise en oeuvre d'une classification nouvelle. Le deuxième est celui de la comparabilité entre pays ou zones, car les différents pays peuvent adopter la classification nouvelle à des époques différentes. Plus la classification se précise, plus il faut s'appuyer sur un diagnostic clinique compétent des causes de décès. Dans beaucoup de pays ou zones, il est rare que les décès se produisent en présence d'un témoin possédant une formation médicale, c'est-à-dire que le certificat de décès est le plus souvent établi par un témoin non qualifié médicalement. Comme la CIM offre de nombreux diagnostics qu'il est impossible d'établir si l'on n'a pas de formation en médecine, elle ne favorise pas toujours la comparabilité internationale, notamment entre pays ou zones où la qualité des services médicaux est très différente.

Pour donner au lecteur une certaine idée de l'utilisation des statistiques établies selon la cause de décès, les paragraphes qui suivent donnent un aperçu de la Classification internationale des maladies (CIM), comparent la Classification de 1975 (9e révision) avec celle de 1965 (8e révision), comparent les tableaux présentés dans l'Annuaire démographique entre la huitième et la neuvième révision, et exposent enfin un certain nombre de recommandations concernant la mortalité liée à la maternité, la mortalité périnatale et la déclaration des causes de décès par des personnes non qualifiées.

The history of the International Classification of Diseases may be traced to classifications proposed by William Farr and Marc d'Espine. In 1855, a classification of 138 rubrics proposed by these two authors was adopted by the first International Statistical Congress. According to the main principle for developing this classification, diseases were grouped by anatomical site. Subsequently, Jacques Bertillon revised this classification taking into account the classifications used in England, Germany and Switzerland. The International Statistical Institute (the successor to the International Statistical Congress) adopted it in 1893 and strongly encouraged its use by member countries in order to promote international comparability in cause of death statistics. Under the direction of the French government, the first international Conference for the Revision of the Bertillon, or International, Classification of Causes of Death was held in Paris in 1900. From then on a revision Conference was held during each decade in order to update this Bertillon classification.

This early work established that the axis of the International Classification of Diseases (ICD), as it has become known, refers to aetiology rather than manifestation. The major goals of the decennial revision of the ICD are to promote international comparability in cause of death statistics while maintaining a classification which uses current levels of medical knowledge as the criteria for including specific detailed codes or rubrics.

Following several revisions, the Sixth Decennial Revision Conference held in 1948 under the auspices of the World Health Organization, which had earlier been given responsibility for the revision of the classification, marked a milestone in international co-operation in vital and health statistics by defining the concept of underlying cause of death, by expanding the content of the classification to include both mortality and morbidity, and by initiating a programme of international co-operation in vital and health statistics. Although subsequent revisions have changed the ICD in a variety of ways, cause of death statistics since the sixth revision are characterized by continuity.

The 1975 (ninth) revision is the latest revision of the ICD. In general the changes created in the ninth revision do not create major discrepancies in the cause of death statistics shown in the Demographic Yearbook for several reasons: first, the structure of the classification itself is similar for both the eighth and ninth revision; and secondly, the tabulation list developed from the ninth revision was designed to maximize comparability with List B from the eighth revision. [17] Each of these is discussed in greater detail below.

Le Classification internationale des maladies remonte à celles qui ont été proposées par William Farr et Marc d'Espine. En 1855, ces deux auteurs ont proposé une classification en 138 rubriques, adoptée ensuite par le premier Congrès international de statistique. Cette classification reposait essentiellement sur un regroupement des maladies selon leur site anatomique. Par la suite, Jacques Bertillon l'a modifiée en tenant compte des nomenclatures utilisées en Angleterre, Allemagne et Suisse. L'Institut international de statistique, qui avait succédé au Congrès international de statistique, a adopté la proposition de Bertillon en 1893 et en a vivement encouragé l'usage par les pays membres, afin d'assurer la comparabilité internationale des statistiques des causes de décès. Sous l'égide du Gouvernement français, la première Conférence internationale pour la révision de la Classification internationale des causes de décès, dite Classification Bertillon, s'est tenue à Paris en 1900. Ensuite, une conférence de révision a eu lieu tous les dix ans afin de mettre à jour la classification Bertillon.

Ces premiers travaux ont fait apparaître que la Classification internationale des maladies (CIM), nom qu'elle portait désormais, s'appuyait sur l'étiologie des maladies plutôt que sur leurs symptômes. Les buts principaux de la révision décennale de la CIM sont de favoriser la comparabilité internationale des statistiques des causes de décès, tout en conservant une classification qui s'appuie sur le niveau contemporain des connaissances médicales comme critère d'inclusion des codes ou de rubriques spécifiques dans la classification.

A la suite de plusieurs révisions, la Sixième conférence décennale de révision, qui s'est tenue en 1948 sous les auspices de l'Organisation mondiale de la santé — récemment chargée de réviser la classification —, a marqué une étape historique dans la coopération internationale pour l'établissement des statistiques de l'état civil et de la santé, en définissant le concept de cause initiale du décès, en élargissant la classification à la morbidité, et en inaugurant un programme de coopération internationale dans le domaine des statistiques de l'état civil et de la santé. Bien que les révisions ultérieures aient modifié la CIM à bien des égards, les statistiques des causes de décès sont caractérisées, depuis la sixième révision, par leur continuité.

La neuvième révision, de 1975, est la dernière qu'ait connue la CIM. En général, les modifications qui y ont été introduites n'influencent pas profondément les statistiques des causes de décès qui figurent dans l'Annuaire démographique, et cela pour plusieurs raisons. En premier lieu, le cadre de la Classification est le même selon la huitième et la neuvième révision; en second lieu, la présentation statistique résultant de la neuvième révision a été conçue de façon à assurer une comparabilité maximale avec la liste B de la huitième révision [17]. Chacun de ces points est analysé ci-après.

Like earlier revisions, the chapters of the ninth revision consist of three digit codes which have undergone only limited change since the previous revision. In the interest of greater specificity, however, more detail is provided in the ninth revision by additional fourth and sometimes fifth digits to the codes. [18] As before the three digit codes identify aetiology of disease. Although manifestation of disease may also be identified with the ninth revision for the first time, it is not used to code cause of death. Chapter one contains infectious and contagious diseases, chapter two refers to all neoplasms, and chapter three to endocrine, nutritional and metabolic diseases and immunity disorders. The remaining chapters group diseases according to anatomical site affected except for the final chapters which refer to mental disorders: complications of pregnancy, childbirth and the puerperium; congenital anomalies; and conditions originating in the perinatal period. Finally, an entire chapter is devoted to signs, symptoms and ill—defined conditions.

Within chapters, however, the changes vary from minor to major. In the chapters dealing with infectious and parasitic diseases, diseases of the blood and blood forming organs, mental disorders, diseases of the digestive system, diseases of the skin and subcutaneous tissues and congenital anomalies. The changes are minor. Major changes were made in the structure of chapters dealing with the nervous system and sense organs, complications of pregnancy, childbirth and puerperium, certain causes of perinatal morbidity and mortality and diseases of the musculoskeletal system and connective tissues.

Until 1975 the Manual of the International Statistical Classification of Diseases, Injuries and Cause of Death contained not only the classification scheme used to code cause of death but also tabulation lists derived from the scheme itself. Since cause of death classifications may be needed for a variety of uses, several tabulation lists in varying degrees of detail were recommended. Although frequently criticized for not being flexible, the use of these lists by many countries or areas has served to promote international comparability in the statistics on cause of death.

Comme les révisions antérieures, la neuvième se fonde sur un code à trois chiffres qui n'a subi que des modifications limitées par rapport à celui de la huitième révision. Toutefois, afin d'aboutir à plus de précision, la neuvième révision donne plus de détails en ajoutant au code parfois un quatrième et parfois un cinquième chiffre [18]. Comme précédemment, le code à trois chiffres se réfère à l'étiologie des maladies. Bien que les symptômes des maladies apparaissent quelquefois dans la neuvième révision pour la première fois, ils ne servent pas pour la codification des causes de décès. Le chapitre premier concerne les maladies infectieuses et contagieuses, le chapitre 2 l'ensemble des néoplasmes, et le chapitre 3 les maladies du système endocrinien, de la nutrition et du métabolisme, ainsi que les affections immunitaires. Enfin, les autres chapitres groupent les maladies selon leur site anatomique, à l'exception des dernières qui concernent les affections mentales, les complications de la grossesse, de l'accouchement et des suites de couches; les anomalies congénitales et les affections de la période périnatale. Enfin, un chapitre entier est consacré aux manifestations, symptômes et affections mal définis.

Dans le cadre de chacun des chapitres, par contre, les modifications peuvent être mineures ou importantes. Ainsi, dans les chapitres consacrés aux maladies infectieuses et parasitaires, aux maladies du sang et des organes hématopoïétiques, aux affections mentales, aux maladies du système digestif, aux maladies du tissu cutané et sous—cutané et aux anomalies congénitales, les modifications sont mineures. Les modifications importantes ont été apportées à la présentation des chapitres consacrés au système nerveux et aux organes sensoriels, aux complications de la grossesse, de l'accouchement et des suites de couches, à certaines causes de morbidité et de mortalité périnatales et aux maladies du système ostéomusculaire et du tissu conjonctif.

Jusqu'en 1975, le Manuel de la Classification statistique internationale des maladies, traumatismes et causes de décès contenait non seulement le système de classification utilisé pour coder les causes de décès, mais également des tables construites à partir de ce système. Comme une classification des causes de décès peut se révéler nécessaire à divers usages, le Manuel recommandait plusieurs présentations plus ou moins détaillées. Bien qu'on lui ait fréquemment reproché de manquer de flexibilité, l'utilisation de ces listes par de nombreux pays ou zones a permis de développer la comparabilité internationale des statistiques des causes de décès.

Comparison of the Abbreviated Mortality Lists from the Eighth and Ninth Revisions of the International Classification of Diseases Used to Code Cause of Death.

Eighth Revision (List B) [19]

ll Causes (000–E999)

1 Cholera (000)
2 Typhoid fever (001)
3 Bacillary dysentery and amoebiasis (004, 006)

4 Enteritis and other diarrhoeal diseases (008, 009)
5 Tuberculosis of respiratory system (010–012)
6 Other tuberculosis, including late effects (013–019)

7 Plague (020)
8 Diphtheria (032)
9 Whooping cough (033)
10 Streptococcal sore throat and scarlet fever (034)
11 Meningococcal infection (036)
12 Acute poliomyelitis (040–043)
13 Smallpox (050)
14 Measles (055)
15 Typhus and other rickettsioses (080–083)
16 Malaria (084)
17 Syphilis and its sequelae (090–097)
18 All other infective and parasitic diseases
   (Remainder of 000–136)
19 Malignant neoplasms, including neoplasms of lymphatic
and haematopoietic tissue (140–209)

20 Benign neoplasms and neoplasms of unspecified nature
   (210–239)
21 Diabetes mellitus (250)
22 Avitaminoses and other nutritional deficiency (260–269)
23 Anaemias (280–285)
24 Meningitis (320)
25 Active rheumatic fever (390–392)
26 Chronic rheumatic heart disease (393–398)
27 Hypertensive disease (400–404)
28 Ischaemic heart disease (410–414)
29 Other forms of heart disease (420–429)
30 Cerebrovascular disease (430–438)
31 Influenza (470–474)
32 Pneumonia (480–486)
33 Bronchitis, emphysema and asthma (490–493)
34 Peptic ulcer (531–533)
35 Appendicitis (540–543)
36 Intestinal obstruction and hernia (550–553, 560)
37 Cirrhosis of liver (571)
38 Nephritis and nephrosis (580–584)
39 Hyperplasia of prostate (600)
40 Abortion (640–645)
41 Other complications of pregnancy, childbirth and the
   puerperium. Delivery without mention of complication
   (630–639, 650–678)

42 Congenital anomalies (740–759)
43 Birth injury, difficult labour and other anoxic and
   hypoxic conditions (764–768, 772–776)
44 Other causes of perinatal mortality (760–763, 769–771,
   773–775, 777–779)
45 Symptoms and ill–defined conditions (780–796)
46 All other diseases (Remainder of 240–738)
E47 Motor vehicle accidents (E810–E823)
E48 All other accidents (E800–E807, E825–E949)
E49 Suicide and self–inflicted injuries (E950–E959)
E50 All other external causes (E960–E999)

Ninth Revision (Adapted Mortality List) [20]

All Causes (001–E999)

AM 1 Cholera (001)
AM 2 Typhoid fever (002.0)
AM 3 Other intestinal infectious diseases
   (Remainder of 001–009)
AM 4 Tuberculosis (010–018)
AM 5 Whooping cough (033)
AM 6 Meningococcal infection (036)
AM 7 Tetanus (037)
AM 8 Septicaemia (038)
AM 9 Smallpox (050)
AM10 Measles (055)
AM11 Malaria (084)
AM12 All other infectious and parasitic diseases
   (Remainder of 001–139)
AM13 Malignant neoplasm of stomach (151)
AM14 Malignant neoplasm of colon (153)
AM15 Malignant neoplasm of rectum, rectosigmoid junction and
   anus (154)
AM16 Malignant neoplasm of trachea, bronchus and lung (162)
AM17 Malignant neoplasm of female breast (174)
AM18 Malignant neoplasm of cervix uteri (180)
AM19 Leukaemia (204–208)
AM20 All other malignant neoplasms (Remainder of 140–208)
AM21 Diabetes mellitus (250)
AM22 Nutritional marasmus (261)
AM23 Other protein–calorie malnutrition (262, 263)
AM24 Anaemias (280–285)
AM25 Meningitis (320–322)
AM26 Acute rheumatic fever (390–392)
AM27 Chronic rheumatic heart disease (393–398)
AM28 Hypertensive disease (401–405)
AM29 Acute myocardial infarction (410)
AM30 Other ischaemic heart diseases (411–414)
AM31 Cerebrovascular disease (430–438)
AM32 Atherosclerosis (440)
AM33 Other diseases of circulatory system
   (Remainder of 390–459)

AM34 Pneumonia (480–486)
AM35 Influenza (487)
AM36 Bronchitis, emphysema and asthma (490–493)
AM37 Ulcer of stomach and duodenum (531–533)
AM38 Appendicitis (540–543)
AM39 Chronic liver disease and cirrhosis (571)
AM40 Nephritis, nephrotic syndrome and nephrosis (580–589)
AM41 Hyperplasia of prostate (600)
AM42 Abortion (630–639)
AM43 Direct obstetric causes (640–646, 651–676)
AM44 Indirect obstetric causes (647, 648)
AM45 Congenital anomalies (740–759)
AM46 Birth trauma (767)

AM47 Other conditions originating in the perinatal period
   (760–766, 768–779)
AM48 Signs, symptoms and ill–defined conditions (780–799)
AM49 All other diseases (Remainder of 001–799)
AM50 Motor vehicle traffic accidents (E810–E819)
AM51 Accidental falls (E880–E888)
AM52 All other accidents, and adverse effects
   (Remainder of E800–E949)
AM53 Suicide and self–inflicted injury (E950–E959)
AM54 Homicide and injury purposely inflicted by other
   persons (E960–E969)
AM55 Other violence (E970–E999)

Comparaison entre les listes abrégées de mortalité de la huitième et de la neuvième révision de la classification internationale des maladies, employées pour classer les causes de décès.

Liste B   Huitième révision [19]

outes Causes (000–E999)

1 Choléra (000)
2 Fièvre typhoïde (001)
3 Dysenterie bacillaire et amibiase (004, 006)
4 Entérites et autres maladies diarrhéiques (008, 009)
5 Tuberculose de l'appareil respiratoire (010–012)
6 Autres formes de tuberculose et leurs séquelles (013–019)
7 Peste (020)
8 Diphtérie (032)
9 Coqueluche (033)
10 Angine à streptocoques et scarlatine (034)
11 Infections à méningocoques (036)
12 Poliomyélite aiguë (040–043)
13 Variole (050)
14 Rougeole (055)
15 Typhus et autres rickettsioses (080–083)
16 Paludisme (084)
17 Syphilis et ses séquelles (090–097)
18 Toutes autres maladies infectieuses et parasitaires (le reste de 000–136)
19 Tumeurs malignes, y compris les tumeurs des tissus lymphatiques et hématopoïétiques (140–209)
20 Tumeurs bénignes et tumeurs de nature non précisée (210–239)
21 Diabète sucré (250)
22 Avitaminoses et autres états de carence (260–269)
23 Anémies (280–285)
24 Méningite (320)
25 Rhumatisme articulaire aigu (390–392)
26 Cardiopathies rhumatismales chroniques (393–398)
27 Maladies hypertensives (400–404)
28 Maladies ischémiques du coeur (410–414)
29 Autres formes de cardiopathies (420–429)
30 Maladies cérébro-vasculaires (430–438)
31 Grippe (470–474)
32 Pneumonie (480–486)
33 Bronchite, emphysème et asthme (490–493)
34 Ulcère de l'estomac et du duodénum (531–533)
35 Appendicite (540–543)
36 Occlusion intestinale et hernie (550–553, 560)
37 Cirrhose du foie (571)
38 Néphrite et néphrose (580–584)
39 Hypertrophie de la prostate (600)
40 Avortements (640–645)
41 Autres complications de la grossesse, de l'accouchement et des suites de couches. Accouchement sans mention de complication (630–639, 650–678)
42 Anomalies congénitales (740–759)
43 Lésions obstétricales, accouchements dystociques et autres états anoxémiques et hypoxémiques (764–768, 772, 776)
44 Autres causes de mortalité périnatale (760–763, 769–771, 773–775, 777–779)
45 Symptômes et états morbides mal définis (780–790)
46 Toutes autres maladies (le reste de 240–738)
E47 Accidents de véhicule à moteur (E810–E823)
E48 Tous autres accidents (E800–807, E825–E949)

E49 Suicide et lésions faites volontairement à soi-même
E50 All other external causes (E960–E999)

Liste adaptée de causes de mortalité [20]
Neuvième révision
Toutes causes (001–E999)

AM 1 Choléra (001)
AM 2 Fièvre typhoïde (002.0)
AM 3 Autres maladies infectieuses intestinales (Restant de 001–009)
AM 4 Tuberculose (010–018)
AM 5 Coqueluche (033)
AM 6 Infections à méningocoques (036)
AM 7 Tétanos (037)
AM 8 Septicémie (038)
AM 9 Variole (050)
AM10 Rougeole (055)
AM11 Paludisme (084)
AM12 Autres maladies infectieuses et parasitaires (Restant de 001–139)
AM13 Tumeur maligne de l'estomac (151)
AM14 Tumeur maligne du gros intestin (153)
AM15 Tumeur maligne du rectum et du canal anal (154)
AM16 Tumeur maligne de la trachée, des bronches et du poumon (162)
AM17 Tumeur maligne du sein (174)
AM18 Tumeur maligne du col de l'utérus (180)
AM19 Leucémie (204–208)
AM20 Autres tumeurs malignes (Restant de 140–208)
AM21 Diabète sucré (250)
AM22 Marasme nutritionnel (261)
AM23 Autres malnutritions protéo-caloriques (262, 263)
AM24 Anémies (280–285)
AM25 Méningites (320–322)
AM26 Rhumatisme articulaire aigu (390–392)
AM27 Cardiopathies rhumatismales chroniques (393–398)
AM28 Maladies hypertensives (401–405)
AM29 Infarctus aigu du myocarde (410)
AM30 Autres myocardiopathies ischémiques (411–414)
AM31 Maladies cérébro-vasculaires (430–438)
AM32 Athérosclérose (440)
AM33 Maladies des autres parties de l'appareil circulatoire (Restant de 390–459)
AM34 Pneumonie (480–486)
AM35 Grippe (487) (Restant de 390–459)
AM36 Bronchite, emphysème et asthme (490–493)
AM37 Ulcère de l'estomac et du duodénum (531–533)
AM38 Appendicite (540–543)
AM39 Maladies chroniques et cirrhose du foie (571)
AM40 Néphrite, syndrome néphrotique et néphrose (580–589)
AM41 Hyperplasie de la prostate (600)
AM42 Avortements (630–639)
AM43 Causes obstétricales directes (640–646, 651–676)
AM44 Causes obstétricales indirectes (647–648)
AM45 Anomalies congénitales (740–759)
AM46 Traumatisme obstétrical (767)
AM47 Autres affections dont l'origine se situe dans la période périnatale (760–766, 768–779)

AM48 Symptômes, signes et états morbides mal définis (780–799)
AM49 Autres maladies (Restant de 001–799)
AM50 Accident de véhicule à moteur sur la voie   publique (E810–E819)
AM51 Chute accidentelle (E880–E888)
AM52 Autres accidents et effets adverses (Restant de E800–E949)
AM53 Suicide (E950–E959)
AM54 Homicide (E960–E969)
AM55 Autres violences (E970–E999)

Although great care was taken in the ninth revision to maintain the same structure of the chapters used previously, so as to minimize the discontinuity previously created by revising the ICD, in order to promote flexibility the tabulation lists recommended previously were not adopted. Instead, the Basic Tabulation List (BTL) was adopted with the intention of enabling each country or area to adapt it to its unique needs by adopting an appropriate list of categories. One limitation of the Basic Tabulation List for use in the Demographic Yearbook is that it does not contain a set of mutually exclusive categories whose totals add to the sum of all deaths. Therefore, residual categories do not exist separately. They may be obtained only by subtracting the sum of a group of categories from the total. In order to remedy this shortcoming, the World Health Organization and the United Nations collaborated in developing an abbreviated mortality list of causes of death derived from the three—digit codes in the ninth revision. Known as the Adapted Mortality List, the major objective used in the development of this list was to ensure the greatest degree of comparability with the List B from the eighth revision. The Adapted Mortality List, consisting of 55 categories, in combination with the abbreviated list of the eighth revision, List B, is shown in the preceding pages.

Reflecting the similarity between the eighth and ninth revisions of the ICD itself, the Adapted Mortality List from the ninth revision does not differ extensively from List B from the eighth revision. A comparable level of detail was maintained for certain infectious and parasitic diseases such as cholera, typoid fever, whooping cough, meningococcal infection, smallpox, measles and malaria. Another area of similarity exists among the following diseases which are listed separately in both revisions: pneumonia; influenza; bronchitis; emphysema and asthma; ulcer of the stomach and duodenum; appendicitis; chronic liver disease and cirrhosis; nephritis, nephrotic syndrome and nephroses; and hyperplasia of prostate.

However, care should be exercised in comparing trends by cause of death because in some instances the level of detail differs between the revisions. Changes in the location of infectious and parasitic diseases between the eighth and ninth revisions may adversely affect the comparability of several cause categories shown in table 24. For example, the three digit categories included in causes of death due to tuberculosis (B5 and B6) in the eighth revision differ from AM4 in the ninth revision. In the eighth revision, these categories included late effects of tuberculosis, while in the ninth revision the same late effects were not assigned to this cause. Therefore a comparison of B5 and B6 with AM4 would lead incorrectly to the conclusion that deaths due to tuberculosis were decreasing, since some conditions leading to a diagnosis of death due to tuberculosis under the rules of the eighth revision would be attributed to other causes under the ninth revision.

Il est exact que l'on s'est efforcé, dans la neuvième révision, de conserver aux chapitres la même structure, de façon à réduire au minimum les discontinuités résultant des révisions antérieures, mais les listes recommandées auparavant n'ont pas été adoptées. On a retenu, au contraire, la Liste de base (BTL) dans l'intention de permettre à chaque pays ou zone de l'adapter à ses besoins propres. Or, l'emploi de la Liste de base dans l'Annuaire démographique est limité pour une part du fait qu'elle ne contient pas de catégories exclusives. On n'y trouve donc pas de catégories résiduelles. Celles-ci ne peuvent être constituées qu'en retranchant du total la somme d'un groupe de catégories. Pour remédier à cette insuffisance, l'Organisation mondiale de la santé et l'Organisation des Nations Unies ont collaboré à l'élaboration d'une liste abrégée de causes de mortalité, tirée de celle à trois chiffres de la neuvième révision. Cette liste, dite adaptée, avait surtout pour but d'assurer la plus grande comparabilité possible avec la liste B de la huitième révision. La Liste adaptée des causes de mortalité, composée de 55 catégories, est donnée à la page précédente en regard de la liste B abrégée de la huitième révision.

La Liste adaptée des causes de mortalité, dérivée de la neuvième révision, ne diffère pas beaucoup de la liste B de la huitième révision, dès lors que ces deux révisions sont très semblables l'une à autre. On y a conservé un niveau semblable de détail dans le cas de certaines maladies infectieuses ou parasitaires telles que le choléra, la fièvre typhoïde, la coqueluche, les infections à méningocoques, la variole, la rougeole et le paludisme. On retrouve une même similarité entre les maladies suivantes, qui sont distinguées dans les deux révisions pulmoumonie, grippe, bronchite, emphysème et asthme, ulcères de l'estomac et du duodénum, appendicite, hépatites chroniques et cirrhoses, néphrites, syndromes néphrotiques et néphroses, enfin hyperplasie de la prostate.

Toutefois, il faut agir avec circonspection lorsque l'on compare les tendances de la mortalité par cause de décès car, dans certains cas, le détail diffère d'une révision à l'autre. Les modifications du site des maladies infectieuses ou parasitaires, intervenues entre la huitième et neuvième révision, peuvent nuire à la comparabilité de plusieurs catégories de causes de décès du tableau 24. Par exemple, les catégories à trois chiffres des décès par tuberculose (B5 et B6) dans la huitième révision diffèrent de la catégorie AM4 de la neuvième révision. Dans la huitième révision, ces catégories comprenaient les effets tardifs de la tuberculose, alors que dans la neuvième ces effets n'ont pas été attribués à la même cause. C'est pourquoi une comparaison des statistiques B5 et B6 avec celles de la catégorie AM4 amènerait fallacieusement à conclure que les effets tardifs de la tuberculose ont diminué d'incidence, tandis que certaines affections conduisant à un diagnostic de décès par tuberculose en vertu de la huitième révision seraient attribuées à d'autres causes dans le contexte de la neuvième révision.

In addition, neoplasms are shown in greater detail in the ninth revision than the eighth. In the ninth revision malignant neoplasms of the stomach, of the colon, the rectum, rectosigmoid junction and anus, of the trachea, bronchus and lung, of the female breast, of the cervix uteri and leukaemia are shown separately whereas in the eighth revision all malignant neoplasms were grouped together (B19). Therefore to obtain comparable statistics on deaths from malignant neoplasms for a country or area which reports in terms of both the eighth and ninth revisions, the user could add causes AM13 through AM20 from the ninth revision to obtain comparable causes to B19 from the eighth revision. Nutritional deficiencies are also handled differently in the two revisions. Avitaminosis and nutritional deficiencies (B22) in the eighth revision are classified in the adapted mortality list as nutritional marasmus (AM22) and other protein–caloric malnutrition (AM23). A single category of other intestinal infections was created from bacillary dysentery and amoebiasis (B3) and enteritis and other diarrhoeal diseases (B4).

Particular care should be devoted to use of residual categories, which may contain different causes of death in the two revisions. For example, the residual category of infectious and parasitic diseases, B18 and AM12 in the eighth and ninth revisions, respectively, is not identical in the two revisions. For example, in the ninth revision this residual category includes plague, diphtheria, scarlet fever, polio, typhus and syphilis which were listed separately in the eighth revision.

Finally, signs, symptoms and ill–defined conditions are coded to B45 and AM48 in the eighth and ninth revision, respectively. If more than 25 per cent of deaths reported in a country or area are coded to signs, symptoms and ill–defined conditions, the data are considered unreliable for the purposes of the Demographic Yearbook. In such instances, deaths by cause are not included in table 24, since it is not possible to determine whether the distribution of known causes is biased by such a large unknown category.

4.3.1 Maternal mortality

According to the ninth revision, "Maternal death is defined as the death of a woman while pregnant or within 42 days of termination of pregnancy, irrespective of the duration and the site of the pregnancy, from any cause related to or aggravated by the pregnancy or its management but not from accidental or incidental causes.

" Maternal deaths should be subdivided into direct and indirect obstetric deaths. Direct obstetric deaths are those resulting from obstetric complications of the pregnant state (pregnancy, labour and puerperium) from interventions, omissions, incorrect treatment, or from a chain of events resulting from any of the above. Indirect obstetric deaths are those resulting from previous existing disease or disease that developed during pregnancy and which was not due to direct obstetric causes, but which was aggravated by physiologic effects of pregnancy".

Following the definition of a maternal death shown above, the Demographic Yearbook includes deaths due to abortion (B40) and deaths due to other complications of pregnancy, childbirth and the puerperium and delivery without mention of complication (B41) when cause of death is classified according to the eighth revision. When the ninth revision is used, maternal deaths are the sum of deaths due to abortion (AM42), direct obstetric causes (AM43) and indirect obstetric causes (AM44).

Au surplus, les néoplasmes sont plus détaillés dans la neuvième révision que dans la huitième. Dans la neuvième révision, la leucémie et les tumeurs malignes de l'estomac, du côlon, du rectum, du canal anal et de l'anus, de la trachée, des bronches et du poumon, du sein et du col de l'utérus figurent séparément les uns des autres, tandis que, dans la huitième révision, toutes les tumeurs malignes étaient regroupées (B19). C'est pourquoi, pour obtenir des statistiques comparables des décès par tumeurs malignes dans un pays ou une zone qui présente ses statistiques à la fois selon la huitième et la neuvième révision, l'utilisateur peut faire la somme des causes AM13 à AM20 de la neuvième révision pour obtenir les causes comparables de la catégorie B19 de la huitième révision. Les carences nutritives font également l'objet, dans les deux révisions, d'un traitement différent. Les avitaminoses et les carences nutritives (B22) de la huitième révision sont classées, dans la liste adaptée des causes de mortalité, comme marasmes nutritionels (AM22) et autres états de malnutrition protéo–caloriques (AM23). La catégorie des infections instestinales diverses a été créée par regroupement des dysenteries bacillaires et amibiases (B3) avec les entérites et autres maladies diarrhéiques (B4).

Il convient de veiller particulièrement à l'affectation des catégories résiduelles, qui peuvent être différentes dans les deux révisions. Par exemple, les maladies infectieuses et parasitaires, B18 et AM12 dans les huitième et neuvième révisions respectivement, ne sont pas les mêmes d'une révision à l'autre. Dans la neuvième, elles comprennent la peste, la diphtérie, la scarlatine, la poliomyélite, le typhus et la syphilis, qui apparaissent séparément dans la huitième révision.

Enfin, les manifestations, symptômes et affections mal définies apparaissent respectivement, dans la huitième et la neuvième révision, sous B45 et AM48. Si plus de 25 p. 100 des décès signalés dans un pays ou une zone sont codés sous la rubrique manifestations, symptômes et affections mal définies, les données sont considérées comme douteuses dans l'Annuaire démographique. Alors, les décès par cause ne figurent pas dans tableau 24, car il n'est pas possible de déterminer si la répartition des causes connues est faussée par l'existence d'une catégorie "inconnue" aussi importante.

4.3.1 Mortalité maternelle

D'après la neuvième révision de la CIM, "la mortalité maternelle se définit comme le décès d'une femme survenu au cours de la grossesse ou dans une délai de 42 jours après sa terminaison, quelle qu'en soit la durée et la localisation, pour une cause quelconque déterminée ou aggravée par la grossesse ou les soins qu'elle a motivés, mais ni accidentelle ni fortuite".

"Les morts maternelles se répartissent en deux groupes: 1) Décès par cause obstétricale directe ... qui résultent de complications obstétricales (grossesse, travail et suites de couches), d'interventions, d'omissions, d'un traitement incorrect ou d'un enchaînement d'événements de l'un quelconque des facteurs ci–dessus. 2) Décès par cause obstétricale indirecte ... qui résultent d'une maladie préexistante ou d'une affection apparue au cours de la grossesse, sans qu'elles soit due à des causes obstétricales directes, mais qui a été aggravée par les effets physiologiques de la grossesse".

Considérant la définition ci–dessus de la mortalité maternelle, l'Annuaire démographique y inclut les décès par avortement (B40) et les décès imputables à d'autres complications de la grossesse, de l'accouchement et des suites de couches, sans mention de complications (B41) lorsque la cause de décès est classée selon la huitième révision. Sur la base de la neuvième révision, la mortalité maternelle constitue la somme des décès par avortement (AM42), des décès d'origine obstétricale directe (AM43) et des décès d'origine obstétricale indirecte (AM44).

A further recommendation by the ninth revision conference proposed that maternal death rates be expressed per 1 000 births rather than per 1 000 women of childbearing age in order to estimate more accurately the risk of maternal death. Although births do not represent an unbiased estimate of pregnant women, this figure is more reliable than other estimates since it is impossible to determine the number of pregnant women and live births are more accurately registered than live births plus foetal deaths.

4.3.2 Perinatal mortality

The definition of perinatal death was recommended by the Study Group on Perinatal Mortality set up by the World Health Organization. The International Conference for the Eighth Revision of the International Classification of Diseases adopted the recommendation that the perinatal period be defined "as extending from the 28th week of gestation to the seventh day of life". Noting that several countries considered as late foetal deaths any foetal death of 20 weeks or longer gestation, the Conference agreed to accept a broader definition of perinatal death which extends from the 20th week of gestation to the 28th day of life. This alternative definition was believed to promote more complete registration of events between 28 weeks of gestation and the end of the first 6 days of life. In 1975, the Ninth Revision Conference recommended the collection of perinatal mortality statistics by use of a standard perinatal death certificate according to a definition which not only includes a minimum length of gestation but also minimum weight and length criteria.

In table 19 of the 1985 Demographic Yearbook and previous issues of the Yearbook that included perinatal mortality statistics, the definition of perinatal deaths used is the sum of late foetal deaths (foetal deaths of 28 or more weeks of gestation) and infant deaths within the first week of life. In addition, in order to standardize the definition and eliminate differences due to national practice, the figures on perinatal death are calculated in the Statistical Division for inclusion in the Demographic Yearbook. Contrary to the recommendations of the Ninth Revision Conference, the perinatal mortality rate is calculated per 1 000 live births in order to minimize the effect of limited foetal death registration on the magnitude of the denominator.

4.3.3 Medical certification and lay reporting

In many countries or areas a sizeable fraction of the deaths may be registered by non-medical personnel. In order to improve the reporting of cause of death in these cases, the Ninth Revision Conference recommended that: "The World Health Organization should become increasingly involved in the attempts made by the various developing countries for collection of morbidity and mortality statistics through lay or paramedical personnel; organize meetings at regional level for facilitating exchange of experiences between the countries currently facing this problem so as to design suitable classification lists with due consideration to national differences in terminology; assist countries in their endeavour to establish or expand the system of collection of morbidity and mortality data through lay or paramedical personnel. [21]

La neuvième révision recommande également que les taux de mortalité maternelle soient exprimés sur la base de 1 000 naissances vivantes plutôt que sur celle de 1 000 femmes en âge de reproduire, afin d'aboutir à une évaluation plus exacte du risque de mortalité maternelle. Bien que les naissances ne permettent pas d'évaluer sans distortion le nombre des femmes enceintes, leur nombre est plus sûr que d'autres estimations car il est impossible d'évaluer le nombre des femmes enceintes, et le nombre des naissances vivantes est plus exactement enregistré que celui des naissances vivantes et des morts foetales.

4.3.2 Mortalité périnatale

La définition de la mortalité périnatale a été recommandée par le Groupe d'étude sur la mortalité périnatale, constitué par l'Organisation mondiale de la santé. La Conférence internationale pour la huitième révision de la Classification internationale des maladies a adopté la recommandation selon laquelle la période périnatale devait être définie comme suit : "période comprise entre la vingt-huitième semaine de gestation et la septième journée de vie". Considérant que plusieurs pays comptaient comme mort foetale tardive toute mort foetale intervenue 20 semaines ou plus après le début de la gestation, la Conférence a décidé d'accepter aussi une définitions plus large de la mortalité périnatale qui s'étend de la vingtième semaine de la gestation à la vingt-huitième journée de vie. Cette deuxième définition devait en principe permettre l'enregistrement plus complet des morts foetales intervenues entre la vingt-huitième semaine de gestation et la fin des six premières journées de la vie. En 1975, la Conférence chargée de la neuvième révision a recommandé que les statistiques de la mortalité périnatale s'appuient sur un certificat de mortalité périnatale standardisé, fondé sur une définition qui prévoit non seulement une durée minimale de gestation, mais également un minimum de poids et de taille.

Dans le tableau 19 de l'Annuaire démographique 1985 et dans les éditions antérieures de l'Annuaire où figuraient des statistiques sur la mortalité périnatale, la définition de mortalité périnatale s'appuie sur la somme des morts foetales tardives (mortalité foetale au terme de 28 semaines de gestation ou plus) et de la mortalité infantile dans la première semaine de vie. De plus, afin de normaliser la définition et d'éliminer les différences dues aux pratiques nationales, les chiffres de la mortalité périnatale sont calculés par la Division de statistique aux fins d'inclusion dans l'Annuaire démographique. Contrairement aux recommandations de la neuvième conférence de révision, le taux de mortalité périnatale avait été calculé sur 1 000 naissances vivantes, afin de minimiser l'effet des insuffisances d'enregistrement des morts foetales sur le dénominateur de la fraction.

4.3.3 Certificats médicaux et déclarations de témoins non qualifiés

Dans bien des pays et zones, une bonne partie des décès sont déclarés par des personnes sans formation médicale. Afin d'améliorer la déclaration des causes de décès dans ces cas, la neuvième conférence de révision a recommandé que l'Organisation mondiale de la santé prenne "une part croissante à l'action entreprise par divers pays en voie de développement pour la collecte de données statistiques de morbidité et de mortalité par du personnel non professionnel ou paramédical", qu'elle organise "au niveau régional des réunions visant à faciliter un échange d'expériences entre les pays qui doivent actuellement faire face à ce problème, de manière à mettre au point des listes de classification appropriées, compte dûment tenu des différences de terminologie entre les pays" et qu'elle aide "les pays à mettre en place ou à développer le système de collecte de données de morbidité et de mortalité à l'aide d'un personnel non professionnel ou paramédical" [21].

Table 1

Table 1 presents for the world, macro regions and regions estimates of the order of magnitude of population size, rates of population increase, crude birth and death rates, surface area and population density.

Description of variables: Estimates of world population by macro regions and by regions are presented for 1950, 1960 1970 and each fifth year, 1975 to 1985, and for 1990 and 1992. Average annual percentage rates of population growth, the crude birth and crude death rates are shown for the period 1985 to 1990. Surface area in square kilometres and population density estimates relate to 1992.

All population estimates and rates presented in this table were prepared by the Population Division of the United Nations Secretariat and have been published in World Population Prospects: the 1992 Revision (ST/ESA/SER.A/135).

The scheme of regionalization used for the purpose of making these estimates is described on page 00. Although some continental totals are given, and all can be derived, the basic scheme presents eight macro regions that are so drawn as to obtain greater homogeneity in sizes of population, types of demographic circumstances and accuracy of demographic statistics.

Five of the eight macro regions are further subdivided into 20 regions. These are arranged within macro regions; these together with Northern America, Eastern Asia and the former USSR, which are not subdivided, make a total of 22 regions. In addition to these 22 regions, population totals, surface area and density only are shown for America and for Asia. The population totals have been derived by the Statistical Division by summing the relevant macro regions estimated by the Population Division.

The distinction of Eastern Asia and South Asia as separate macro regions was dictated largely by the size of their populations. The macro regions of Northern America and Latin America were distinguished, rather than the conventional continents of North America and South America, because population trends in the middle American mainland and the Caribbean region more closely resemble those of South America than those of America north of Mexico. Data for the traditional continents of North and South America can be obtained by adding Central America and Caribbean region to Northern America and deducting them from Latin America. Latin America has somewhat wider limits than it would if defined only to include Spanish–speaking, French–speaking and Portuguese–speaking countries.

The average annual percentage rates of population growth were calculated by the Population Division of the United Nations Secretariat, using an exponential rate of increase.

Tableau 1

Le tableau 1 donne, pour l'ensemble du monde, les grandes régions géographiques, des estimations de l'ordre de grandeur de la population, les taux d'accroissement démographique, les taux bruts de natalité et de mortalité, la superficie et la densité de peuplement.

Description des variables : Des estimations de la population mondiale par ''grandes régions'' et par ''régions géographiques'' sont présentées pour 1950, 1960, 1970 et à intervalle quinquennal de 1975 à 1985, ainsi que pour 1990 et 1990. Les taux annuels moyens d'accroissement de la population et les taux bruts de natalité et de mortalité portent sur la période 1985 à 1990. Les indications concernant la superficie exprimée en kilomètres carrés et l'ordre de grandeur de la densité de population se rapportent à 1992.

Toutes les estimations de population et les taux de natalité, taux de mortalité et taux annuels d'accroissement de la population qui sont présentés dans ce tableau ont été établis par la Division de la population du Secrétariat de l'ONU et ont été publiés dans World Population Prospects: the 1992 Revision (ST/ESA/SER.A/135).

La classification géographique utilisée pour établir ces estimations est exposée à la page 00. Bien que l'on ait donné certains totaux pour les continents (tous les autres pouvant être calculés), on a réparti le monde en huit grandes régions qui ont été découpées de manière à obtenir une plus grande homogénéité du point de vue des dimensions de population, des types de situation démographique et de l'exactitude des statistiques démographiques.

Cinq de ces huit grandes régions ont été subdivisées en 20 régions. Celles-ci ont été classées à l'intérieur de chaque grande région. Avec l'Amérique septentrionale, l'Asie orientale et l'ancienne URSS, qui n'ont pas été subdivisées, on arrive à un total de 22 régions. En plus de ces 22 régions, pour l'Amérique et l'Asie, on a présenté des totaux pour la population, la superficie et la densité seulement. Les totaux de la population proviennent de la Division de statistique du Secrétariat de l'ONU et sont obtenus en additionnant les chiffres des grandes régions qui ont été estimés par la Division de la population du Secrétariat de l'ONU.

La distinction entre l'Asie orientale et l'Asie méridionale parmi les grandes régions a été dictée principalement par la dimension de leurs populations. On a distingué comme grandes régions l'Amérique septentrionale et l'Amérique latine, au lieu des continents classiques (Amérique du Nord et Amérique du Sud), parce que les tendances démographiques dans la partie continentale de l'Amérique centrale et dans la région des Caraïbes se rapprochent davantage de celles de l'Amérique du Sud que de celles de l'Amérique au nord du Mexique. On obtient les données pour les continents traditionnels de l'Amérique du Nord et de l'Amérique du Sud en extrayant des données relatives à l'Amérique latine les données concernant l'Amérique centrale et les Caraïbes, et en les regroupant avec celles relatives à l'Amérique septentionale. L'Amérique latine ainsi définie a par conséquent des limites plus larges que celles des pays ou zones de langues espagnole, portugaise et française qui constituent l'Amérique latine au sens le plus strict du terme.

Les taux annuels moyens d'accroissement de la population ont été calculés par la Division de la population du Secrétariat de l'ONU, qui a appliqué à cette fin un taux d'accroissement exponentiel.

Crude birth and crude death rates are expressed in terms of the average annual number of births and deaths, respectively, per 1 000 mid–year population. These rates are estimated.

Surface area totals were obtained by summing the figures for individual countries or areas shown in table 3.

Computation: Density, calculated by the Statistical Division of the United Nations, is the number of persons in the 1992 total population per square kilometre of total surface area.

Reliability of data: With the exception of surface area, all data are set in italic type to indicate their conjectural quality.

Limitations: Being derived in part from data in table 3, the estimated orders of magnitude of population and surface area are subject to all the basic limitations set forth in connection with table 3. Likewise, the rates of population increase and density indexes are affected by the limitations of the original figures. However, it may be noted that, in compiling data for regional and macro region totals, errors in the components may tend to compensate each other and the resulting aggregates may be somewhat more reliable than the quality of the individual components would imply.

Because of their estimated character, many of the birth and death rates shown should also be considered only as orders of magnitude, and not as measures of the true level of natality or mortality. Rates for 1985–1990 are based on the data available as of 1992, the time when the estimates were prepared, and much new information has been taken into account in constructing these new estimates. As a result they may differ from earlier estimates prepared for the same years and published in previous issues of the Yearbook.

It should be noted that the United Nations estimates that appear in this table are from the same series of estimates which also appear in tables 2, 3, 4, 5, 18, 21 and 25 of this Yearbook.

The limitations related to surface area data are described in the Technical Notes for table 3. Because surface area totals were obtained by summing the figures for individual countries or areas shown in table 3, they exclude places with a population of less than 50, for example, uninhabited polar areas.

In interpreting the population densities, one should consider that some of the regions include large segments of land that are uninhabitable or barely habitable, and density values calculated as described make no allowance for this, nor for differences in patterns of land settlement.

Coverage: Data for 21 regions are presented.

Les taux bruts de natalité et de mortalité représentent respectivement le nombre annuel moyen de naissances et de décès par millier d'habitants en milieu d'année. Ces taux sont estimatifs.

La superficie totale a été obtenue en faisant la somme des superficies des pays ou zones du tableau 3.

Calculs : La densité, calculée par la Division de statistique de l'ONU, est égale au rapport de l'effectif total de la population en 1992 à la superficie totale exprimée en kilomètres carrés.

Fiabilité des données : A l'exception des données concernant la superficie, toutes les données sont reproduites en italique pour en faire ressortir le caractère conjectural.

Insuffisance des données : Les estimations concernant l'ordre de grandeur de la population et la superficie reposent en partie sur les données du tableau 3; elles appellent donc toutes les réserves fondamentales formulées à propos de ce tableau. Les taux d'accroissement et les indices de densité de la population se ressentent eux aussi des insuffisances inhérentes aux données de base. Toutefois, il est à noter que, lorsqu'on additionne des données par territoire pour obtenir des totaux régionaux et par grandes régions, les erreurs qu'elles comportent arrivent parfois à s'équilibrer, de sorte que les agrégats obtenus peuvent être un peu plus exacts que chacun des éléments dont on est parti.

Vu leur caractère estimatif, un grand nombre des taux de natalité et de mortalité du tableau 1 doivent être considérés uniquement comme des ordres de grandeur et ne sont pas censés mesurer exactement le niveau de la natalité ou de la mortalité. On s'est fondé pour établir les taux de 1985–1990 sur les données dont on disposait en 1992, date à laquelle les nouvelles estimations ont été établies, et beaucoup d'éléments nouveaux sont alors intervenus dans le calcul de celles–ci. C'est pourquoi il se peut qu'elles s'écartent d'estimations antérieures portant sur ces mêmes années et publiées dans de précédentes éditions de l'Annuaire.

Il y a lieu de noter que les estimations du Secrétariat de l'ONU qui sont reproduites dans ce tableau appartiennent à la même série d'estimations que celles qui figurent dans les tableaux 2, 3, 4, 5, 18, 21 et 25 de la présente édition de l'Annuaire.

Les Notes techniques relatives au tableau 3 indiquent les insuffisances des données de superficie. Parce que les totaux des superficies ont été obtenus en additionnant les chiffres pour chaque pays ou zones, qui apparaissent dans le tableau 3, ils ne comprennent pas les lieux où la population est de moins de 50 personnes, tels que les régions polaires inhabitées.

Pour interpréter les valeurs de la densité de population, il faut tenir compte du fait qu'il existe dans certaines des régions de vastes étendues de terres inhabitables ou à peine habitables, et que les chiffres calculés selon la méthode indiquée ne tiennent compte ni de ce fait ni des différences de dispersion de la population selon le mode d'habitat.

Portée : Les données présentées concernent 21 régions.

Composition of macro regions and component regions set forth in table 1
Composition des grandes régions considérées au tableau 1 et des régions qui en font partie

AFRICA – AFRIQUE

Eastern Africa – Afrique orientale

British Indian Ocean
   Territory – Territoire
   Britannique de
   l'Océan Indien
Burundi
Comoros – Comores
Djibouti
Ethiopia – Ethiopie
Kenya
Madagascar
Malawi
Mauritius – Maurice
Mozambique
Réunion
Rwanda
Seychelles
Somalia – Somalie
Uganda – Ouganda
United Rep. of Tanzania –
   Rép. Unie de Tanzanie
Zambia – Zambie
Zimbabwe

Middle Africa – Afrique centrale

Angola
Cameroon – Cameroun
Central African Republic –
   République centrafricaine
Chad – Tchad
Congo
Equatorial Guinea –
   Guinée équatoriale
Gabon
Sao Tome and Principe –
   Sao Tomé–et–Principe
Zaire

Northern Africa – Afrique septentrionale

Algeria – Algérie
Egypt – Egypte
Libyan Arab Jamahiriya –
   Jamahiriya arabe libyenne
Morocco – Maroc
Sudan – Soudan
Tunisia – Tunisie
Western Sahara –
   Sahara Occidental

Southern Africa – Afrique méridionale

Botswana
Lesotho
Namibia – Namibie
South Africa –
   Afrique du Sud
Swaziland

Western Africa – Afrique occidentale

Benin – Bénin
Burkina Faso
Cape Verde – Cap–Vert
Côte d'Ivoire
Gambia – Gambie
Ghana
Guinea – Guinée
Guinea–Bissau –
   Guinée–Bissau
Liberia – Libéria
Mali
Mauritania – Mauritanie
Niger
Nigeria – Nigéria
St. Helena –
   Sainte–Hélène
Senegal – Sénégal
Sierra Leone
Togo

LATIN AMERICA – AMERIQUE LATINE

Caribbean – Caraïbes

Anguilla
Antigua and Barbuda –
   Antigua–et–Barbuda
Aruba
Bahamas
Barbados – Barbade
British Virgin Islands –
   Iles Vierges
   britanniques
Cayman Islands –
   Iles Caïmanes
Cuba
Dominica – Dominique
Dominican Republic –
   République dominicaine
Grenada – Grenade
Guadeloupe
Haiti
Jamaica – Jamaique
Martinique
Montserrat
Netherlands Antilles –
   Antilles néerlandaises
Puerto Rico – Porto Rico
St. Kitts–Nevis –
   Saint–Kitts–et–Nevis
Saint Lucia – Sainte–Lucie
St. Vincent and the
   Grenadines –
   Saint–Vincent–et–Grenadines
Trinidad and Tobago –
   Trinité–et–Tobago
Turks and Caicos Islands –
   Iles Turques et Caiques
United States Virgin
   Islands – Iles Vierges
   américaines

Central America – Amérique centrale

Belize
Costa Rica
El Salvador
Guatemala
Honduras
Mexico – Mexique
Nicaragua
Panama

South America – Amérique du Sud

Argentina – Argentine
Bolivia – Bolivie
Brazil – Brésil
Chile – Chili
Colombia – Colombie
Ecuador – Equateur
Falkland Islands (Malvinas)–
   Iles Falkland (Malvinas)
French Guiana –
   Guyane Française
Guyana
Paraguay
Peru – Pérou
Suriname
Uruguay
Venezuela

NORTHERN AMERICA – AMERIQUE SEPTENTRIONALE

Bermuda – Bermudes
Canada
Greenland – Groenland
St. Pierre and Miquelon –
   Saint–Pierre–et–Miquelon
United States – Etats–Unis

ASIA – ASIE

Eastern Asia – Asie Orientale

China – Chine
Hong Kong – Hong–kong
Japan – Japon
Korea – Corée
Korea, Dem. People's Rep.
   of – Corée, rép.
   populaire dém. de
Korea, Republic of–
   Corée, République de
Macau – Macao
Mongolia – Mongolie

Southern Asia – Asie méridionale

Afghanistan
Bangladesh
Bhutan – Bhoutan
India – Inde
Iran (Islamic Republic of –
   Rép. islamique d')
Maldives

Composition of macro regions and component regions set forth in table 1
Composition des grandes régions considérées au tableau 1 et des régions qui en font partie

Southern Asia – Asie méridionale

Nepal – Népal
Pakistan
Sri Lanka

South Eastern Asia – Asie méridionale orientale

Brunei Darussalam –
  Brunéi Darussalam
Cambodia – Cambodge
East Timor – Timor oriental
Indonesia – Indonésie
Lao People's Dem. Rep. –
  Rép. Dém.
    populaire Lao
Malaysia – Malaisie
Myanmar
Philippines
Singapore – Singapour
Thailand – Thaïlande
Viet Nam

Western Asia – Asie occidentale

Bahrain – Bahreïn
Cyprus – Chypre
Gaza Strip (Palestine) –
  Zone de Gaza (Palestine)
Iraq
Israel – Israël
Jordan – Jordanie
Kuwait – Koweït
Lebanon – Liban
Oman
Qatar
Saudi Arabia –
  Arabie saoudite
Syrian Arab Republic –
  République arabe
    syrienne
Turkey – Turquie
United Arab Emirates –
  Emirats Arabes Unis
Yemen – Yémen

EUROPE

Eastern Europe – Europe orientale

Bulgaria – Bulgarie
Former Czechoslovakia –
  Ancienne Tchécoslovaquie
Hungary – Hongrie
Poland – Pologne
Romania – Roumanie

Northern Europe – Europe septentrionale

Channel Islands –
  Iles Anglo–Normandes
Denmark – Danemark
Estonia – Estonie
Faeroe Islands –
  Iles Féroé
Finland – Finlande
Iceland – Islande
Ireland – Irlande
Isle of Man – Ile de Man
Latvia – Latvie
Lithuania – Lettonie
Norway – Norvège
Sweden – Suède
United Kingdom – Royaume–Uni

Southern Europe – Europe méridionale

Albania – Albanie
Andorra – Andorre
Gibraltar
Greece – Grèce
Holy See –
  Saint–Siège
Italy – Italie
Malta – Malte
Portugal
San Marino – Saint–Marin
Spain – Espagne
Former Yugoslavia –
  Ancienne Yougoslavie

Western Europe – Europe occidentale

Austria – Autriche
Belgium – Belgique
France
Germany
Liechtenstein
Luxembourg
Monaco
Netherlands – Pays–Bas
Switzerland – Suisse

OCEANIA – OCEANIE

Australia and New Zealand – Australie et Nouvelle Zélande

Australia – Australie
Christmas Island –
  Ile Christmas
Cocos (Keeling) Islands –
  Iles des Cocos (Keeling)
New Zealand –
  Nouvelle–Zélande
Norfolk Island – Ile Norfolk

Melanesia – Melenésie

Fiji – Fidji
New Caledonia –
  Nouvelle–Calédonie
Papua New Guinea –
  Papouasie–Nouvelle–
    Guinée
Solomon Islands – Iles Salomon
Vanuatu

Micronesia – Micronésie

Canton and Enderbury
  Islands – Iles Canton
  et Enderbury
Guam
Johnston Island –
  Ile Johnson
Kiribati
Marshall Island –
  Iles Marshall
Micronesia, Federated
  States of
Micronésie, Etats
  fédérative de
Midway Islands – Iles Midway
Nauru
Northern Mariana Islands –
  Iles Mariannes
  septentrionales
Pacific Islands (Palau) –
  Iles du Pacifique (Palau)
Wake Island – Ile de Wake

Polynesia – Polynésie

American Samoa –
  Samoa américaines
Cook Islands – Iles Cook
French Polynesia –
  Polynésie française
Niue – Nioué
Pitcairn
Samoa
Tokelau – Tokélaou
Tonga
Tuvalu
Wallis and Futuna Islands –
  Iles Wallis et Futuna

FORMER UNION OF SOVIET SOCIALIST REPUBLICS
ANCIENNE UNION DES REPUBLIQUES SOCIALISTES SOVIETIQUES

Armenia – Arménie
Azerbaijan – Azerbaidjan
Belarus – Bélarus
Georgia – Georgie
Kazakhstan
Kyrgyzstan – Kirghizistan
Rep. of Moldova – Rép. de Moldova
Russian Federation – Féd. de Russe
Tajikistan – Tadjikistan
Turkmenistan – Turkménistan
Ukraine
Uzbekistan – Ouzbékistan

Table 2

Table 2 presents estimates of population and the percentage distribution, by age and sex and sex ratio for all ages, for the world, macro regions and regions for 1990.

Description of variables: All population estimates presented in this table were prepared by the Population Division of the United Nations Secretariat. These estimates have been published (using more detailed age groups) in World Population Prospects: the 1992 Revision (ST/ESA/SER.A/135).

The scheme of regionalization used for the purpose of making these estimates is described on page 00 and discussed in detail in the Technical Notes for table 1.

Age groups presented in this table are: under 15 years, 15–64 years and 65 years and over.

Sex ratio refers to the number of males per 100 females of all ages.

Using the Population Division estimates, the percentage distributions and the sex ratios which appear in this table have been calculated by the Statistical Division of the United Nations.

Reliability of data: All data are set in italic type to indicate their conjectural quality.

Limitations: The data presented in this table are from the same series of estimates, prepared by the Population Division of the United Nations Secretariat, presented in table 1. They are subject to the same general limitations as discussed in the Technical Notes for table 1.

In brief, because of their estimated character, these distributions by broad age groups and sex should be considered only as orders of magnitude. However, it may be noted that, in compiling data for regional and macro region totals, errors in the components may tend to compensate each other and the resulting aggregates may be somewhat more reliable than the quality of the individual components would imply.

In addition, data in this table are limited by factors affecting data by age. These factors are described in the Technical Notes for table 7. Because the age groups presented in this table are so broad, these problems are minimized.

It should be noted that the United Nations Secretariat estimates that appear in this table are from the same series of estimates which also appear in tables 1, 3, 4, 5, 15, 18, 21 and 25 of this Yearbook.

Coverage: Data for 21 regions are presented.

Table 3

Table 3 presents for each country or area of the world the total, male and female population enumerated at the latest population census, estimates of the mid–year total population for 1985 and 1992, the average annual exponential rate of increase (or decrease) for the period 1985 to 1992, and the surface area and the population density for 1992.

Tableau 2

Ce tableau fournit, pour l'ensemble du monde, les grandes régions et les régions, des estimations de la population pour 1990 ainsi que sa répartition en pourcentage selon l'âge et le sexe, et le rapport de masculinité tous âges.

Description des variables : Toutes les données figurant dans ce tableau ont été établies par la Division de la population du Secrétariat de l'ONU et ont été publiées dans World Population Prospects: the 1992 Revisision (ST/ESA/SER.A/135).

La classification géographique utilisée pour établir ces estimations est exposée à la page 00 et analysée en détail dans les Notes techniques relatives au tableau 1.

Les groupes d'âge présentés dans ce tableau sont définis comme suit : moins de 15 ans, de 15 à 64 ans et 65 ans et plus.

Le rapport de masculinité représente le nombre d'individus de sexe masculin pour 100 individus de sexe féminin sans considération d'âge.

Les pourcentages et les rapports de masculinité qui sont présentés dans ce tableau ont été calculés par la Division de statistique de l'ONU d'après des estimations établies par la Division de la population.

Fiabilité des données : Toutes les données figurant dans ce tableau sont reproduites en italique pour en faire ressortir le caractère conjectural.

Insuffisance des données : Les données de ce tableau appartenant à la même série d'estimations, établie par la Division de la population du Secrétariat de l'ONU, que celles qui figurent au tableau 1 appellent également toutes les réserves formulées dans les Notes techniques relatives au tableau 1.

Sans entrer dans le détail, il convient de préciser que les données relatives à la répartition par grand groupe d'âge et par sexe doivent, en raison de leur caractère estimatif, être considérées uniquement comme des ordres de grandeur. Toutefois, il est à noter que, lorsqu'on additionne des données par territoire pour obtenir des totaux régionaux et par grandes régions, les erreurs qu'elles comportent arrivent parfois à s'équilibrer, de sorte que les agrégats obtenus peuvent être un peu plus exacts que chacun des éléments dont on est parti.

En outre, les donnés figurant dans ce tableau présentent un caractère d'insuffisance en raison des facteurs influant sur les données par âge. Ces facteurs sont décrits dans les Notes techniques relatives au tableau 7. Ces problèmes sont cependant minimisés du fait de l'étendue des groupes d'âge présentés dans ce tableau.

Il y a lieu de noter que les estimations du Secrétariat de l'ONU qui sont reproduites dans ce tableau appartiennent à la même série d'estimations que celles qui figurent dans les tableaux 1, 3, 4, 5, 15, 18, 21 et 25 de la présente édition de l'Annuaire.

Portée : Les données présentées concernent 21 régions.

Tableau 3

Ce tableau indique pour chaque pays ou zone du monde la population totale selon le sexe d'après les derniers recensements effectués, les estimations concernant la population totale au milieu de l'année 1985·et de l'année 1992, le taux moyen d'accroissement annuel exponentiel positif ou négatif) pour la période allant de 1985 à 1992, ainsi que la superficie et la densité de population en 1992.

Description of variables: The total, male and female population is, unless otherwise indicated, the de facto (present—in—area) population enumerated at the most recent census for which data are available. The date of this census is given. Unless otherwise indicated, population census data are the results of a nation—wide enumeration. If, however, a nation—wide enumeration has never taken place, the results of a sample survey, essentially national in character, are presented. Results of surveys referring to less than 50 per cent of the total territory or population are not included.

Mid—year population estimates refer to the de facto population on 1 July. In some areas the mid—year population has been calculated by the Statistical Division of the United Nations as the mean of two year—end official estimates. Mid—year estimates, calculated in this manner, are assumed to be sufficiently similar to official estimates for the population on 1 July; they, therefore, have not been footnoted.

Mid—year estimates of the total population are those provided by national statistical offices, unless otherwise indicated. As needed, these estimates are supplemented by mid—year population estimates prepared by the Population Division of the United Nations Secretariat [22] when, for example, official mid—year estimates of the total population either are not available or have not been revised to take into account the results of a recent population census or sample survey. The United Nations Secretariat estimates are identified with a superscript (x) and are based on data available in 1992 including census and survey results, taking into account the reliability of base data as well as available fertility, mortality, and migration data.

The policy of using United Nations Secretariat estimates is designed to produce comparable mid—year estimates for population for 1985 and 1992 which are not only in accord with census and survey results shown in this table but also with estimates for prior years shown in table 5. Unrevised official estimates as well as results of censuses or surveys and estimates for dates other than the mid—year have been eliminated in favour of the United Nations Secretariat consistent mid—year estimates.

Surface area, expressed in square kilometres, refers to the total surface area, comprising land area and inland waters (assumed to consist of major rivers and lakes) and excluding only polar regions and uninhabited islands. Exceptions to this are noted. Surface areas, originally reported in square miles, have been converted to square kilometres using a conversion factor of 2.589988.

Computation: The annual rate of increase is the average annual percentage rate of population growth between 1985 and 1992, computed using the mid—year estimates (unrounded) presented in this table using an exponential rate of increase.

Although mid—year estimates presented in this table appear only in thousands, unrounded figures, when available, have been used to calculate the rates of population increase. It should be noted that all United Nations Secretariat estimates used to calculate these rates are rounded.

Description des variables : Sauf indication contraire, la population masculine et féminine totale est la population de fait ou population présente dénombrée lors du dernier recensement dont les résultats sont disponibles. La date de ce recensement est indiquée. Sauf indication contraire, les données de recensement fournies résultent d'un dénombrement de population à l'échelle nationale. S'il n'y a jamais eu de dénombrement général, ce sont les résultats d'une enquête par sondage à caractère essentiellement national qui sont indiqués. Il n'est pas présenté de résultats d'enquêtes portant sur moins de 50 p. 100 de l'ensemble du territoire ou de la population.

Les estimations de la population en milieu d'année sont celles de la population de fait au 1er juillet. Dans certains cas, la Division de statistique de l'ONU a obtenu ces estimations en faisant la moyenne des estimations officielles portant sur la fin de deux années successives. Les estimations de la population en milieu d'année ainsi établies sont jugées suffisamment proches des estimations officielles de la population au 1er juillet pour n'avoir pas à faire l'objet d'une note.

Sauf indication contraire, les estimations de la population totale en milieu d'année sont celles qui ont été communiquées par les services nationaux de statistique. On les a complétées le cas échéant par des estimations de la population en milieu d'année établies par la Division de la population du Secrétariat de l'ONU [22], par exemple lorsque l'on ne possédait pas d'estimations officielles de la population totale en milieu d'année ou lorsque celles dont on disposait n'avaient pas été rectifiées pour tenir compte des résultats d'un récent recensement ou enquête par sondage. Les estimations du Secrétariat de l'ONU, qui sont affectées du signe (x), sont fondées sur les données disponibles en 1992, y compris les résultats de recensements ou d'enquêtes et compte tenu de la fiabilité des données de base ainsi que des données de fécondité, de mortalité et de migration disponibles.

L'utilisation d'estimations établies par le Secrétariat de l'ONU a pour objet d'obtenir pour 1985 et 1992 des estimations de la population en milieu d'année qui se prêtent à la comparaison et qui soient compatibles non seulement avec les résultats de recensements ou d'enquêtes reproduits dans ce tableau, mais aussi avec les estimations relatives aux années précédentes qui figurent au tableau 5. On a renoncé aux estimations officielles non rectifiées, ainsi qu'aux résultats de recensements ou d'enquêtes et aux estimations se rapportant à des dates autres que le milieu de l'année, pour leur substituer les estimations établies de façon homogène pour le milieu de l'année par le Secrétariat de l'ONU.

La superficie — exprimée en kilomètres carrés — représente la superficie totale, c'est—à—dire qu'elle englobe les terres émergées et les eaux intérieures (qui sont censées comprendre les principaux lacs et cours d'eau) à la seule exception des régions polaires et de certaines îles inhabitées. Les exceptions à cette règle sont signalées en note. Les indications de superficie initialement fournies en miles carrés ont été transformées en kilomètres carrés au moyen d'un coefficient de conversion de 2,589988.

Calculs : Le taux d'accroissement annuel est le taux annuel moyen de variation (en pourcentage) de la population entre 1985 et 1992, calculé à partir des estimations en milieu d'année (non arrondies) qui figurent dans le tableau utilisant le taux exponentiel d'accroissement.

Bien que les estimations en milieu d'année ne soient exprimées qu'en milliers dans ce tableau, on a utilisé chaque fois qu'on le pouvait des chiffres non arrondis pour calculer les taux d'accroissement de la population. Il convient de signaler que toutes les estimations du Secrétariat de l'ONU qui ont servi à ces calculs ont été arrondies.

Density is the number of persons in the 1992 total population per square kilometre of total surface area.

Reliability of data: Each country or area has been asked to provide information on the method it has used in preparing the official mid–year population estimates shown in this table. Information referring to the 1992 estimates has been coded and appears in the column entitled "Type". The four elements of the quality code which appear in this column relate to the nature of the base data, the recency of the base data, the method of time adjustment and the quality of that adjustment, respectively. This quality code is explained in detail in section 3.2.1 of the Technical Notes. It should be noted briefly here, however, that the codes (A) and (B) refer to estimates which are based on complete census enumerations and sample surveys, respectively. Code (C) refers to estimates based on a partial census of partial registration of individuals while code (D) refers to conjecture. The figures which appear as the second element in the quality code indicate the number of years elapsed since the reference year of the base data.

This quality code is the basis of determining which mid–year estimates are considered reliable. In brief, reliable mid–year population estimates are those which are based on a complete census (or a sample survey) and have been adjusted by a continuous population register or adjusted on the basis of the calculated balance of births, deaths and migration. Mid–year estimates of this type are considered reliable and appear in roman type. Mid–year estimates which are not calculated on this basis are considered less reliable and are shown in italics. Estimates for years prior to 1992 are considered reliable or less reliable on the basis of the 1992 quality code and appear in roman type or in italics, accordingly.

In addition, census data and sample survey results are considered reliable and, therefore, appear in roman type.

Rates of population increase which were calculated using population estimates considered less reliable, as described above, are set in italics rather than roman type.

All surface area data are assumed to be reliable and therefore appear in roman type. Population density data, however, are considered reliable or less reliable on the basis of the reliability of the 1992 population estimates used as the numerator.

La densité est égale au rapport de l'effectif total de la population en 1992 à la superficie totale, exprimée en kilomètres carrés.

Fiabilité des données : Il a été demandé à chaque pays ou zone de donner des indications sur la méthode utilisée pour établir les estimations officielles de la population en milieu d'année, telles qu'elles apparaissent dans ce tableau. Les indications concernant les estimations pour 1992 ont été codées et figurent dans la colonne intitulée "Type". Les quatre éléments de codage qualitatif qui apparaissent dans cette colonne concernent respectivement la nature des données de base, leur caractère plus ou moins récent, la méthode d'ajustement chronologique employée et la qualité de cet ajustement. Ce codage qualitatif est exposé en détail à la section 3.2.1 des Notes techniques. Il faut toutefois signaler brièvement ici que les lettres de code (A) et (B) désignent respectivement des estimations établies sur la base de dénombrements complets et d'enquêtes par sondage. La lettre de code (C) désigne des estimations fondées sur un recensement partiel ou sur un enregistrement partiel des individus, tandis que la lettre de code (D) indique qu'il s'agit d'estimations conjecturales. Le chiffre qui constitue le deuxième élément du codage qualitatif représente le nombre d'années écoulées depuis l'année de référence des données de base.

Ce codage qualitatif est destiné à servir de base pour déterminer les estimations en milieu d'année qui sont considérées sûres. En résumé, sont sûres les estimations de la population en milieu d'année qui sont fondées sur un recensement complet (ou sur une enquête par sondage) et qui ont été ajustées en fonction des données fournies par un registre de population permanent ou en fonction de la balance établie par le calcul des naissances, des décès et des migrations. Les estimations de ce type sont considérées comme sûres et apparaissent en caractères romains. Les estimations en milieu d'année dont le calcul n'a pas été effectué sur cette base sont considérées comme moins sûres et apparaissent en italique. Les estimations relatives aux années antérieures à 1992 sont jugées plus ou moins sûres en fonction du codage qualitatif de 1992 et indiquées, selon le cas, en caractères romains ou en italique.

En outre, les données de recensements ou les résultats d'enquêtes par sondage sont considérés comme sûrs et apparaissent par conséquent en caractères romains.

Les taux d'accroissement de la population, calculés à partir d'estimations jugées moins sûres d'après les normes décrites ci–dessus, sont indiqués en italique plutôt qu'en caractères romains.

Toutes les données de superficie sont présumées sûres et apparaissent par conséquent en caractères romains. En revanche, les données relatives à la densité de la population sont considérées plus ou moins sûres en fonction de la fiabilité des estimations de 1992 ayant servi de numérateur.

Limitations: Statistics on the total population enumerated at the time of the census, estimates of the mid–year total population and surface area data are subject to the same qualifications as have been set forth for population and surface area statistics in sections 3 and 2.4 of the Technical Notes, respectively.

Regarding the limitations of census data, it should be noted that although census data are considered reliable, and therefore appear in roman type, the actual quality of census data varies widely from one country or area to another. When known, an estimate of the extent of over–enumeration or under–enumeration is given. In the case of sample surveys, a description is given of the population covered.

A most important limitation affecting mid–year population estimates is the variety of ways in which they have been prepared. As described above, the column entitled ''Type'' presents a quality code which provides information on the method of estimation. The first element of the quality code refers to the type of base data used to prepare estimates. This may give some indication of the confidence which may be placed on these estimates. Other things being equal, estimates made on the basis of codes ''A'' or ''B'' are better than estimates made on the basis of codes ''C'' or ''D''. However, no distinction has been made with respect to the quality of these base data. Another indicator of quality may be obtained from the second element of the quality code which provides information on the recency of the base data used in preparing estimates.

It is important to keep in mind that information used to prepare these codes may be inadequate or incomplete in some cases. These codes, once established, may not always reflect the most current estimating procedures used by . individual countries or areas.

It should be emphasized that, as an assessment of the reliability of some of the small populations, the codes are quite inadequate. This is so because some small populations are estimated by methods not easily classifiable by the present scheme, and others are disproportionately affected by the frequent arrival and departure of migrants, visitors, and so forth, with consequent relatively large variations between de facto and de jure population.

Because the reliability of the population estimates for any given country or area is based on the quality code for the 1992 estimate, the reliability of estimates prior to 1992 may be overstated.

The mid–year estimates prepared by the Population Division of the United Nations Secretariat, used to supplement official data in this table, have the advantage of being prepared by a consistent methodology. However, it is very important to note that, among countries or areas, the actual amount of data and the quality of those data upon which the estimates were based vary considerably.

Insuffisance des données : Les statistiques portant sur la population totale dénombrée lors d'un recensement, les estimations de la population totale en milieu d'année et les données de superficie appellent les mêmes réserves que celles qui ont été respectivement formulées aux sections 3 et 2.4 des Notes techniques à l'égard des statistiques relatives à la population et à la superficie.

S'agissant de l'insuffisance des données obtenues par recensement, il convient d'indiquer que, bien que ces données soient considérées comme sûres et apparaissent par conséquent en caractères romains, leur qualité réelle varie considérablement d'un pays ou d'une région à l'autre. Lorsqu'on possédait les renseignements voulus, on a donné une estimation du degré de surdénombrement ou de sous–dénombrement. Dans le cas des enquêtes par sondage, une description de la population considérée est fournie.

Les estimations de la population en milieu d'année appellent une réserve très importante en ce qui concerne la diversité des méthodes employées pour les établir. Comme il a été indiqué précédemment, un codage qualitatif porté dans la colonne intitulée ''Type'' renseigne sur la méthode d'estimation employée. Le premier élément de codage se rapporte à la nature des données de base utilisées pour établir les estimations. Cela peut donner une idée du degré de confiance qu'on peut accorder à ces estimations. Toutes choses égales d'ailleurs, les estimations assorties des lettres de code ''A'' ou ''B'' sont plus sûres que celles qui sont accompagnées des lettres de code ''C'' ou ''D''. Il n'a cependant pas été établi de distinction quant à la qualité de ces données de base. On peut également se faire une idée de la valeur des estimations d'après le deuxième élément de codage qualitatif qui renseigne sur le caractère plus ou moins récent des données de base qui ont servi à l'établissement de ces estimations.

Il importe de ne pas oublier que les informations utilisées pour le codage sont parfois inexactes ou insuffisantes. Une fois établis, les codes ne reflètent pas toujours les méthodes d'estimation les plus couramment employées dans les différents pays ou zones considérés.

Il convient de souligner que le codage n'offre pas un moyen satisfaisant d'évaluer la fiabilité des données concernant certaines populations peu nombreuses. Il en est ainsi parce que certaines estimations de populations peu nombreuses sont établies par des méthodes qui ne se prêtent pas à ce codage et que l'effectif d'autres populations peu nombreuses subit de violentes fluctuations en raison de la fréquence des entrées et sorties de migrants, de visiteurs, etc., ce qui se traduit par des écarts relativement importants entre population de fait et population de droit.

La fiabilité des estimations de la population d'un pays ou zone quelconque reposant sur le codage qualitatif des estimations de 1992, il se peut que la fiabilité des estimations antérieures à 1992 soit surévaluée.

Les estimations en milieu d'année établies par la Division de la population du Secrétariat de l'ONU, utilisées pour suppléer les données officielles aux fins de ce tableau, présentent l'avantage d'avoir été effectuées selon une méthodologie homogène. Il importe cependant de noter que le volume de données effectivement disponibles et la qualité de celles à partir desquelles les estimations ont été établies varient considérablement d'un pays ou d'une zone à l'autre.

Percentage rates of population growth are subject to all the qualifications of the population estimates mentioned above. In some cases, they admittedly reflect simply the rate calculated or assumed in constructing the estimates themselves when adequate measures of natural increase and net migration were not available. [23] For small populations, an error up to approximately 0.5 may be introduced by chance alone. Despite their shortcomings, these rates do provide a useful index for studying population change and, used with proper precautions, they can be useful also in evaluating the accuracy of vital and migration statistics.

Because no indication in the table is given to show which of the mid-year estimates are rounded and which are not, the rates calculated on the basis of these estimates may be much more precise in some cases than in others.

With respect to data on population density, it should be emphasized that density values are very rough indexes, inasmuch as they do not take account of the dispersion or concentration of population within countries or areas nor the proportion of habitable land. They should not be interpreted as reflecting density in the urban sense nor as indicating the supporting power of a territory's land and resources.

Coverage: Population by sex, rate of population increase, surface area and density are shown for 227 countries or areas with a population of 50 or more.

Table 4

Table 4 presents, for each country or area of the world, basic vital statistics including in the following order: live births, crude birth rate, deaths, crude death rate and rate of natural increase, infant deaths and infant mortality rate, the expectation of life at birth by sex. In addition, the total fertility rate and marriages, the crude marriage rate, divorces and the crude divorce rate are shown.

Description of variables: The vital events and rates shown in this table are defined [24] as follows:

LIVE BIRTH is the complete expulsion or extraction from its mother of a product of conception, irrespective of the duration of pregnancy, which after such separation breathes or shows any other evidence of life such as beating of the heart, pulsation of the umbilical cord, of definite movement of voluntary muscles, whether or not the umbilical cord has been cut or the placenta is attached; each product of such a birth is considered live-born regardless of gestational age.

DEATH is the permanent disappearance of all evidence of life at any time after live birth has taken place (post-natal cessation of vital functions without capability of resuscitation). This definition therefore excludes foetal deaths.

Les taux d'accroissement en pourcentage appellent toutes les réserves mentionnées plus haut à propos des estimations concernant la population. Dans certains cas, ils représentent seulement le taux qu'il a fallu calculer ou présumer pour établir les estimations elles-mêmes lorsqu'on ne disposait pas de mesures appropriées de l'accroissement naturel et des migrations nettes [23]. Lorsqu'il s'agit de populations peu nombreuses, l'erreur fortuite peut atteindre à elle seule jusqu'à plus ou moins 0,5. Malgré leurs imperfections, ces taux fournissent des indications intéressantes pour l'étude du mouvement de la population et, utilisés avec les précautions nécessaires, ils peuvent également servir à évaluer l'exactitude des statistiques de l'état civil et des migrations.

Rien dans le tableau ne permettant de déterminer si telle ou telle estimation en milieu d'année a été arrondie ou non, il se peut que les taux calculés à partir de ces estimations soient beaucoup plus précis dans certains cas que dans d'autres.

En ce qui concerne les données relatives à la densité de population, il convient de souligner que les valeurs de cette densité ne constituent que des indices très approximatifs, car elles ne tiennent compte ni de la dispersion ou de la concentration de la population à l'intérieur des pays ou zones, ni de la proportion du territoire qui est habitable. Il ne faut donc y voir d'indication ni de la densité au sens urbain du terme ni du chiffre de population que seraient capables de supporter les terres et les ressources naturelles du territoire considéré.

Portée : L'effectif de la population par sexe, le taux d'accroissement de la population, la superficie et la densité de population sont indiqués pour 227 pays ou zones ayant une population de 50 habitants au moins.

Tableau 4

Le Tableau 4 présente, pour chaque pays ou zone du monde, des statistiques de base de l'état civil comprenant, dans l'ordre, les naissances vivantes, le taux brut de natalité, les décès, le taux brut de mortalité et le taux d'accroissement naturel de la population, les décès d'enfants de moins d'un an et le taux de mortalité infantile et l'espérance de vie à la naissance par sexe. En outre, l'indice synthétique de fécondité et les marriages, le taux brut de nuptialité, les divorces et le taux brut de divortialité sont indiqué.

Description des variables : Les faits d'état civil utilisés aux fins du calcul des taux présentés dans ce tableau sont définis comme suit [24]:

La NAISSANCE VIVANTE est l'expulsion ou l'extraction complète du corps de la mère, indépendamment de la duré de la gestation, d'un produit de la conception qui, après cette séparation, respire ou manifeste tout autre signe de vie, tel que battement de coeur, pulsation du cordon ombilical ou contraction effective d'un muscle soumis à l'action de la volonté, que le cordon ombilical ait été coupé ou non et que le placenta soit ou non demeuré attaché; tout produit d'une telle naissance est considéré comme "enfant né vivant".

Le DECES est la disparition permanente de tout signe de vie à un moment quelconque postérieur à la naissance vivante (cessation des fonctions vitales après la naissance sans possibilité de réanimation). Cette définition ne comprend donc pas les morts foetales.

Infant deaths are deaths of live—born infants under one year of age.

Expectation of life at birth is defined as the average number of years of life for males and females if they continued to be subject to the same mortality experienced in the year(s) to which these life expectancies refer.

The total fertility rate is the average number of children that would be born alive to a hypothetical cohort of women if, throughout their reproductive years, the age—specific fertility rates for the specified year remained unchanged.

MARRIAGE is the act, ceremony or process by which the legal relationship of husband and wife is constituted. The legality of the union may be established by civil, religious, or other means as recognized by the laws of each country.

DIVORCE is a final legal dissolution of a marriage, that is, that separation of husband and wife which confers on the parties the right to remarriage under civil, religious and/or other provisions, according to the laws of each country.

Crude birth rates and crude death rates presented in this table are calculated using the number of live births and the number of deaths obtained from civil registers. These civil registration data are used only if they are considered reliable (estimated completeness of 90 per cent or more). If, however, registered births or deaths for any given country or area are less than 90 per cent complete, then estimated rates are also presented. First priority is given to estimated rates provided by the individual countries or areas. If suitable official estimated rates are not available, or if rates are only available for years prior to 1980, then rates prepared by the Population Division of the United Nations Secretariat [25] are presented. It should be noted that in the case of some small countries or areas for which civil registration is estimated to be less than 90 per cent complete, and for which no estimated rates are available, rates calculated using these data are presented. These rates appear in italics.

Similarly, total fertility rates and infant mortality rates presented in this table are calculated using the number of live births and the number of infant deaths obtained from civil registers. If, however, the registration of births or infant deaths for any given country or area is estimated to be less than 90 per cent complete, then official estimated rates are presented when possible. If no suitable estimated total fertility rates or infant mortality rates are available, rates calculated using unreliable vital statistics are presented and are shown in italics. If available, total fertility rates and infant mortality rates estimated by the Population Division of the United Nations Secretariat [26] are presented in place of unreliable vital rates.

Il convient de préciser que les chiffres relatifs aux décès d'enfants de moins d'un an se rapportent aux naissances vivantes.

L'espérance de vie à la naissance est le nombre moyen d'années de vie que peuvent escompter les individus du sexe masculin et du sexe féminin s'ils continuent d'être soumis aux mêmes conditions de mortalité que celles qui existaient pendant les années auxquelles se rapportent les valeurs indiquées.

L'indice synthétique de fécondité représente le nombre moyen d'enfants que mettrait au monde une cohorte hypothétique de femmes qui seraient soumises, toute au long de leur vie, aux mêmes conditions de fécondité par âge que celles auxquelles sont soumises les femmes, dans chaque groupe d'âge, au cours d'une année ou d'une periode donnée.

Le MARIAGE est l'acte, la cérémonie ou la procédure qui établit un rapport légal entre mari et femme. L'union peut être rendue légale par une procédure civile ou religieuse, ou par toute autre procédure, conformément à la législation du pays.

Le DIVORCE est la dissolution légale et définitive des liens du mariage, c'est—à—dire la séparation de l'époux et de l'épouse qui confère aux parties le droit de se remarier civilement ou religieusement, ou selon toute autre procédure, conformément à la législation du pays.

Les taux bruts de natalité et de mortalité présentés ont été établis sur la base du nombre de naissances vivantes et du nombre de décès inscrits sur les registres de l'état civil. Ces données n'ont été utilisées que lorsqu'elles étaient considérées comme sûres (degré estimatif de complétude égal ou supérieur à 90 p. 100). Toutefois, lorsque les données d'enregistrement relatives aux naissances ou aux décès ne sont pas complètes à 90 p. 100 au moins pour un pays ou zone quelconque, on a fait figurer des taux estimatifs. La priorité est alors accordée aux taux estimatifs fournis par les pays ou zones concernés. A défaut de taux estimatifs officiels appropriés, ou au cas où les taux se rapportent à une anée avant 1980, on a fait figurer des taux estimatifs établis par la Division de la population du Secrétariat de l'ONU [25]. Il y a lieu de noter que, dans le cas de certains petits pays ou zones pour lesquels les données de l'état civil n'étaient pas considérées complètes à 90 p. 100 au moins et pour lesquels on ne disposait pas de taux estimatifs, on a fait figurer des taux établis à partir des données en cause. Ces taux sont indiqués en italique.

De même, les indices synthétiques de fécondité et les taux de mortalité infantile présentés dans ce tableau ont été établis à partir du nombre de naissances vivantes et du nombre de décès d'enfants de moins d'un an inscrits sur les registres de l'état civil. Toutefois, lorsque les données relatives aux naissances ou aux décès d'enfants de moins d'un an pour un pays ou zone quelconque n'étaient pas considérées complètes à 90 p. 100 au moins, on a fait figurer, chaque fois que possible, les taux estimatifs officiels. Lorsque des indices synthétiques estimatifs officiels appropriés ne sont pas disponibles, on a fait figurer en italique des indices établis à partir des statistiques de l'état civil jugées douteuses. A défaut de l'indice synthétique de fécondité et de taux de mortalité infantile estimatifs officiels appropriés, on a fait figurer des taux estimatifs établis par la Division de la population de l'ONU [26].

The expectation–of–life values are those provided by the various national statistical offices. If official data are not available or if data are only available for years prior to 1980, then estimates of these values prepared by the United Nations Secretariat [27] are included. These are indicated by footnote.

Marriage and divorce rates presented in this table are calculated using data from civil registers of marriage and statistics obtained from court registers and/or civil registers of divorce according to national practice, respectively.

Rate computation: The crude birth, death, marriage and divorce rates are the annual number of each of these vital events per 1 000 mid–year population.

Total fertility rates are the sum of age–specific fertility rates. The standard method of calculating the total fertility rate is the sum the age–specific fertility rates. However, if the rates used are fertility rates for 5–year age groups, they must be multiplied by 5. The total fertility rates have been calculated by the Statistical Division of the United Nations unless otherwise noted. When the basic official data with which to calculate these rates have not been available, estimates prepared by the Population Division of the United Nations Secretariat [28] have been included; these are indicated by footnotes.

Infant mortality rates are the annual number of deaths of infants under one year of age per 1 000 live births (as shown in table 18) in the same year.

Rates of natural increase are the difference between the crude birth rate and the crude death rate. It should be noted that the rates of natural increase presented here may differ from the population growth rates presented in table 3 as rates of natural increase do not take net international migration into account while population growth rates do.

Rates which appear in this table have been calculated by the Statistical Division of the United Nations unless otherwise noted. The exceptions include official estimated rates, many of which were based on sample surveys, and rates estimated by the Population Division of the United Nations Secretariat.

Rates calculated by the Statistical Division of the United Nations presented in this table have not been limited to those countries or areas having a minimum number of events in a given year. However, rates based on 30 or fewer live births, infant deaths, marriages or divorces are identified by the symbol (◆).

Reliability of data: Rates calculated on the basis of registered vital statistics which are considered unreliable (estimated to be less than 90 per cent complete) appear in italics. Estimated rates, either those prepared by the individual countries or areas or those prepared by the Population Division of the United Nations Secretariat, have been presented whenever possible in place of rates calculated using unreliable vital statistics.

Les valeurs de l'espérance de vie ont été fournies par les divers services nationaux de statistique. Toutefois, lorsqu'on ne disposait pas de données officielles ou au cas où les taux données se rapportent à une année avant 1980, on a fait figurer des valeurs estimatives établies par le Secrétariat de l'ONU. Ces valeurs sont signalées en note [27].

Les taux de nuptialité et de divortialité présentés dans ce tableau ont été respectivement calculés à partir des données des registres de l'état civil pour les mariages et de statistiques fournies par les greffes des tribunaux ou les registres de l'état civil pour les divorces, selon la pratique des différents pays.

Calcul des taux : Les taux bruts de natalité, de mortalité, de nuptialité et de divortialité représentent le nombre annuel de chacun de ces faits d'état civil pour 1 000 habitants au milieu de l'année considérée.

Les indices synthétiques de fécondité sont les sommes des taux de fécondité par âge. La méthode standard de calculer l'indice synthétique de fécondité est l'addition des taux de fecondité par âge simple. Au cas les taux sont des taux de fécondité par groupe d'âge quinquennale il faut les multipliés par 5. Sauf indication contraire, les indices synthétiques de fécondité ont été calculés par la Division de statistique del'ONU. Lorsqu'on ne disposait pas des données officielles de base nécessaires pour les calculer, on a fait figurer les chiffres estimatifs établis par la Division de la population du Secrétariat de l'ONU [28]. Quand tel était le cas, on l'a signalé en note au bas du tableau.

Les taux de mortalité infantile représentent le nombre annuel de décès d'enfants de moins d'un an pour 1 000 naissances vivantes (fréquences du tableau 18) survenues pendant la même année.

Le taux d'accroissement naturel est égal à la différence entre le taux brut de natalité et le taux brut de mortalité. Il y a lieu de noter que les taux d'accroissement naturel indiqués dans ce tableau peuvent différer des taux d'accroissement de la population figurant dans le tableau 3, les taux d'accroissement naturel ne tenant pas compte des taux nets de migration internationale, alors que ceux-ci sont inclus dans les taux d'accroissement de la population.

Sauf indication contraire, les taux figurant dans ce tableau ont été calculés par la Division de statistique de l'ONU. Les exceptions comprennent les taux estimatifs officiels, dont bon nombre ont été établis sur la base d'enquêtes par sondage et les taux estimatifs établis par la Division de la population du Secrétariat de l'ONU.

Les taux calculés par la Division de statistique de l'ONU qui sont présentés dans ce tableau ne se rapportent pas aux seuls pays ou zones où l'on a enregistré un certain nombre minimal d'événements au cours d'une année donnée. Toutefois, les taux qui sont fondés sur 30 naissances vivantes ou moins, décès d'enfants de moins d'un an, décès, mariages ou divorces, sont indentifiés par le signe (◆).

Fiabilité des données : Les taux établis sur la base des statistiques de l'état civil enregistrées qui sont jugées douteuses (degré estimatif de complétude inférieur à 90 p. 100) sont indiqués en italique. Chaque fois que possible, à la place de taux établis sur la base de statistiques de l'état civil jugées douteuses, on a fait figurer des taux estimatifs établis par les pays ou zones concernés ou par la Division de la population du Secrétariat de l'ONU.

The designation of vital statistics as being either reliable or unreliable is discussed in general in section 4.2 of the Technical Notes. The Technical Notes for tables 12, 14, 15, 18 and 21 provide specific information on reliability of statistics on marriages, divorces, live births, infant deaths and deaths, respectively.

Rates of natural increase which were calculated using crude birth rates and crude death rates considered unreliable, as described above, are set in italics rather than roman type.

Since the expectation—of—life values shown in this table come either from official life tables or from estimates prepared at the United Nations Secretariat, they are all considered to be reliable.

Limitations: Statistics on marriages, divorces, births, infant deaths and deaths are subject to the same qualifications as have been set forth for vital statistics in general in section 4 of the Technical Notes and in the Technical Notes for individual tables presenting detailed data on these events (table 12, marriages; table 14, divorces; table 15, live births; table 18, infant deaths and table 21, deaths).

In assessing comparability it is important to take into account the reliability of the data used to calculate these rates, as discussed above.

It should be noted that the crude rates are particularly affected by the age—sex structure of the population. Infant mortality rates, and to a much lesser extent crude birth rates and crude death rates, are affected by the variation in the definition of a live birth and tabulation procedures.

Because this table presents data for the latest available year, reference dates vary from one country or area to another. It should also be noted that the reference date within a given country or area may not be the same for all the rates presented. These factors should be kept in mind when making comparisons.

Also, because this table presents data in a summary form, symbols which appear in other tables are not presented here due to lack of space. Provisional data are not so indicated, and rates based on vital events which are tabulated on the basis of date of registration, rather than date of occurrence, are not so designated. For information on these aspects, the reader should consult the more detailed vital statistics tables in this Yearbook.

Coverage: Vital statistics rates, natural increase rates and expectation of life are shown for 218 countries or areas.

Data for ethnic or geographical segments of the population are included in the absence of national figures. These data are not presented as representative of national—level statistics but as an index of the availability of statistics

Le classement des statistiques de l'état civil en tant que sûres ou douteuses est présenté sur le plan général à la section 4.2 des Notes techniques. Les Notes techniques relatives aux tableaux 12, 14, 15, 18 et 21 donnent respectivement des indications spécifiques sur la fiabilité des statistiques des mariages, des divorces, des naissances vivantes, des décès d'enfants de moins d'un an, et des décès.

Les taux d'accroissement naturel calculés à partir de taux bruts de natalité et de taux bruts de mortalité jugés douteux d'après les normes mentionnées plus haut sont indiqués en italique plutôt qu'en caractères romains.

Etant donné que les valeurs de l'espérance de vie figurant dans ce tableau proviennent soit de tables officielles de mortalité, soit d'estimations établies par le Secrétariat de l'ONU, elles sont toutes présumées sûres.

Insuffisance des données : Les statistiques des mariages, divorces, naissances, décès d'enfants de moins d'un an et décès appellent toutes les réserves qui ont été faites à propos des statistiques de l'état civil en général à la section 4 des Notes techniques et dans les Notes techniques relatives aux différents tableaux présentant des données détaillées sur ces événements (tableau 12, mariages; tableau 14, divorces; tableau 15, naissances vivantes; tableau 18, décès d'enfants de moins d'un an et tableau 21, décès.

Pour évaluer la comparabilité des divers taux, il importe de tenir compte de la fiabilité des données utilisées pour calculer ces taux, comme il a été indiqué précédemment.

Il y a lieu de noter que la structure par âge et par sexe de la population influe de façon particulière sur les taux bruts. Le manque d'uniformité dans la définition des naissances vivantes et dans les procédures de mise en tableaux influe sur les taux de mortalité infantile et, à moindre degré, sur les taux bruts de natalité et les taux bruts de mortalité.

Les données présentées dans ce tableau correspondant à la dernière année pour laquelle on possède des renseignements, les dates de référence varient d'un pays ou d'une zone à l'autre. Il y a lieu de noter également que la date de référence dans tel ou tel pays ou zone peut ne pas être la même pour tous les taux présentés. Ces facteurs doivent être présents à l'esprit lorsqu'on fait des comparaisons.

De même, comme ce tableau présente des données sous forme résumée, on a omis, en raison du manque de place, les symboles qui apparaissent dans d'autres tableaux. Les données provisoires ne sont pas signalées comme telles, pas plus que les taux établis à partir de faits d'état civil mis en tableaux sur la base de leur date d'enregistrement et non de la date à laquelle ils sont survenus. Pour de plus amples renseignements sur ces aspects, le lecteur est invité à se reporter aux tableaux de statistiques de l'état civil de caractère plus détaillé qui figurent dans le présent Annuaire.

Portée :Les taux démographiques, les taux d'accroissement naturel et les valeurs de l'espérance de vie sont indiqués pour 218 pays ou zones.

Lorsqu'il n'existait pas de chiffres nationaux, on a fait figurer des chiffres portant sur des groupes ethniques ou géographiques. Ces données ne se veulent pas représentatives sur le plan national et ne sont présentées que comme indice des statistiques disponibles.

Table 5

Tableau 5

Table 5 presents estimates of mid–year population for as many years as possible between 1983 and 1992.

Description of variables: Mid–year population estimates refer to the de facto population on 1 July.

Unless otherwise indicated, all estimates relate to the population within present geographical boundaries. Major exceptions to this principle have been explained in footnotes. On the other hand, the disposition of certain major segments of population (such as armed forces) has been indicated, even though this disposition does not strictly constitute disagreement with the standard.

In some cases the mid–year population has been calculated by the Statistical Division of the United Nations as the mean of two year–end official estimates. Mid–year estimates, calculated in this manner, are assumed to be sufficiently similar to official estimates for the population on 1 July; they, therefore, have not been footnoted.

Mid–year estimates of the total population are those provided by national statistical offices, unless otherwise indicated. As needed, these estimates are supplemented by mid–year population estimates prepared by the Population Division of the United Nations Secretariat [29] when, for example, official mid–year estimates of the total population are either not available or have not been revised to take into account the results of a recent population census sample survey. The United Nations Secretariat estimates are identified with a superscript (x) and are based on data available in 1992 including census and survey results, taking into account the reliability of available base data as well as available fertility, mortality, and migration data.

The policy of using United Nations Secretariat estimates is designed to produce comparable mid–year estimates for population for the period 1983 to 1992 which are in accord with census and survey results shown in table 3. Unrevised official estimates as well as results of censuses or surveys and estimates for dates other than the mid–year have been eliminated in favour of the United Nations Secretariat consistent mid–year estimates.

All figures are presented in thousands. The data have been rounded by the Statistical Division of the United Nations.

Le tableau 5 présente des estimations de la population en milieu d'année pour le plus grand nombre possible d'années entre 1983 et 1992.

Description des variables : Les estimations de la population en milieu d'année sont celles de la population de fait au 1er juillet.

Sauf indication contraire, toutes les estimations se rapportent à la population présente sur le territoire actuel des pays ou zones considérés. Les principales exceptions à cette règle sont expliquées en note. On a aussi indiqué le traitement de certains groupes importants (tels que les militaires), même si ce traitement ne constitue pas à proprement parler une exception à la règle.

Dans certains cas, la Division de statistique de l'ONU a évalué la population en milieu d'année en faisant la moyenne des estimations officielles portant sur la fin de deux années successives. Les estimations en milieu d'année ainsi établies sont jugées suffisamment proches des estimations officielles de la population au 1er juillet pour ne pas avoir à faire l'objet d'une note.

Sauf indication contraire, les estimations de la population totale en milieu d'année sont celles qui ont été communiquées par les services nationaux de statistique. On les a complétées le cas échéant par des estimations de la population en milieu d'année établies par la Division de la population du Secrétariat de l'ONU [29], par exemple lorsqu'on ne possédait pas d'estimations officielles de la population totale en milieu d'année ou lorsque celles dont on disposait n'avaient pas été rectifiées en tenant compte des résultats d'un récent recensement ou enquête par sondage. Les estimations établies par le Secrétariat de l'ONU qui sont précédées du signe (x) sont fondées sur les données disponibles en 1992, y compris les résultats de recensements ou d'enquêtes et compte tenu de la fiabilité des données de base ainsi que des données de fécondité, de mortalité et de migration disponibles.

L'utilisation d'estimations établies par le Secrétariat de l'ONU a pour objet d'obtenir, pour la période allant de 1983 à 1992, des estimations de la population en milieu d'année qui se prêtent à la comparaison et qui soient compatibles avec les résultats de recensements ou d'enquêtes qui figurent au tableau 3. On a renoncé aux estimations officielles non rectifiées ainsi qu'aux résultats de recensements ou d'enquêtes et aux estimations se rapportant à des dates autres que le milieu de l'année, pour leur substituer les estimations établies de façon homogène pour le milieu de l'année par le Secrétariat de l'ONU.

Tous les chiffres sont exprimés en milles. Les données ont été arrondies par la Division de statistique de l'ONU.

Reliability of data: Population estimates are considered to be reliable or less reliable on the basis of the quality code for the 1992 estimates shown in table 3. In brief, reliable mid–year population estimates are those which are based on a complete census (or on a sample survey) and have been adjusted by a continuous population register or adjusted on the basis of the calculated balance of births, deaths and migration. Reliable mid–year estimates appear in roman type. Mid–year estimates which are not calculated on this basis are considered less reliable and are shown in italics. Estimates for years prior to 1992 are considered reliable or less reliable on the basis of the 1992 quality code and appear in roman type or in italics accordingly.

Limitations: Statistics on estimates of the mid–year total population are subject to the same qualifications as have been set forth for population statistics in general in section 3 of the Technical Notes.

A most important limitation affecting mid–year population estimates is the variety of ways in which they have been prepared. The quality code for the 1992 estimates, presented in table 3, and the Technical Notes for table 3 deal with the subject in detail. In brief, these estimates are affected by the accuracy and recency of the census, if any, on which estimates are based and by the method of time adjustment. However, the policy of replacing out–of–line estimates and scattered census results by an internally consistent series of mid–year estimates constructed by the Population Division of the United Nations Secretariat should increase comparability.

Because the reliability of the population estimates for any given country or area is based on the quality code for the 1992 estimate, the reliability of estimates prior to 1992 may be overstated.

The mid–year estimates prepared by the Population Division of the United Nations Secretariat, used to supplement official data in this table, have the advantage of being prepared by a consistent methodology. However, it is very important to note that, among countries or areas, the actual amount of data and the quality of those data upon which the estimates were based vary considerably.

International comparability of mid–year population estimates is also affected because some of these estimates refer to the de jure, and not the de facto, population. Individual cases, when known, are footnoted. The difference between the de facto and the de jure population is discussed at length in section 3.1.1 of the Technical Notes.

Coverage: Estimates of the mid–year population are shown for 225 countries or areas, with a population of 1 000 or more.

Fiabilité des données : Les estimations de la population sont considérées comme sûres ou moins sûres en fonction du codage qualitatif des estimations de 1992 figurant au tableau 3. En résumé, sont sûres les estimations de la population en milieu d'année qui sont fondées sur un recensement complet (ou sur une enquête par sondage) et qui ont été ajustées en fonction des données fournies par un registre de population permanent ou en fonction de la résultante calculée des naissances, décès et migrations. Les estimations en milieu d'année sont considérées comme sûres et apparaissent en caractères romains. Les estimations en milieu d'année dont le calcul n'a pas été effectué sur cette base sont considérées comme moins sûres et apparaissent en italique. Les estimations relatives aux années antérieures à 1992 sont jugées sûres ou moins sûres en fonction du codage qualitatif de 1992 et indiquées, selon le cas, en caractères romains ou en italique.

Insuffisance des données : Les statistiques concernant les estimations de la population totale en milieu d'année appellent toutes les réserves qui ont été faites à la section 3 des Notes techniques à propos des statistiques de la population en général.

Les estimations de la population en milieu d'année appellent aussi une réserve très importante en ce qui concerne la diversité des méthodes employées pour les établir. Le codage qualitatif des estimations de 1992 figurant dans le tableau 3 et les Notes techniques relatives au même tableau éclairent cette question en détail. En résumé, la qualité de ces estimations dépend de l'exactitude et du caractère plus ou moins récent des résultats de recensement sur lesquels elles reposent éventuellement et de la méthode d'ajustement chronologique employée. Quoi qu'il en soit, la méthode consistant à remplacer les estimations divergentes et les données de recensement fragmentaires par des séries cohérentes d'estimations en milieu d'année établies par la Division de la population du Secrétariat des Nations Unies devrait assurer une meilleure comparabilité.

La fiabilité des estimations de la population d'un pays ou zone quelconque reposant sur le codage qualitatif des estimations de 1992, il se peut que la fiabilité des estimations antérieures à 1992 soit surévaluée.

Les estimations en milieu d'année, établies par la Division de la population du Secrétariat de l'ONU, utilisées pour suppléer les données officielles aux fins de ce tableau, ont l'avantage d'avoir été effectuées selon une méthodologie homogène. Il importe cependant de noter que le volume de données effectivement disponibles et la qualité de celles à partir desquelles les estimations ont été établies varient considérablement d'un pays ou d'une région à l'autre.

La comparabilité internationale des estimations de la population en milieu d'année se ressent également du fait que certaines de ces estimations se réfèrent à la population de droit et non à la population de fait. Les cas de ce genre, lorsqu'ils étaient connus, ont été signalés en note. La différence entre la population de fait et la population de droit est expliquée en détail à la section 3.1.1 des Notes techniques.

Portée : Des estimations de la population en milieu d'année sont présentées pour 225 pays ou zones ayant une population de 1 000 habitants ou plus.

Data for ethnic or geographical segments of the population are included in the absence of national figures. These data are not presented as representative of national—level statistics but as an index of the availability of statistics.

Earlier data: Estimates of mid—year population have been shown in previous issues of the Demographic Yearbook. For information on specific years covered, readers should consult the Index.

Table 6

Table 6 presents urban and total population by sex for as many years as possible between 1983 and 1992.

Description of variables: Data are from nation—wide population censuses or are estimates, some of which are based on sample surveys of population carried out among all segments of the population. The results of censuses are identified by a (C) following the date in the stub; sample surveys are further identified by footnotes; other data are generally estimates.

Data refer to the de facto population; exceptions are footnoted.

Estimates of urban population presented in this table have been limited to countries or areas for which estimates have been based on the results of a sample survey or have been constructed by the component method from the results of a population census or sample survey. Distributions which result when the estimated total population is distributed by urban/rural residence according to percentages in each group at the time of a census or sample survey are not acceptable and they have not been included in this table.

Urban is defined according to the national census definition. The definition for each country is set forth at the end of this table.

Percentage computation: Percentages urban are the number of persons defined as "urban" per 100 total population.

Reliability of data: Estimates which are believed to be less reliable are set in italics rather than in roman type. Classification in terms of reliability is based on the method of construction of the total population estimate as shown in table 3 and discussed in the Technical Notes for that table.

Limitations: Statistics on urban population by sex are subject to the same qualifications as have been set forth for population statistics in general, as discussed in section 3 of the Technical Notes.

Lorsqu'il n'existait pas de chiffres nationaux, on a fait figurer des chiffres portant sur des groupes ethniques ou géographiques. Ces données ne se veulent pas représentatives sur le plan national et ne sont présentées que comme indice des statistiques disponibles.

Données publiées antérieurement : Des estimations de la population en milieu d'année ont été publiées dans des éditions antérieures de l'Annuaire démographique. Pour plus de précisions concernant les années pour lesquelles ces données ont été publiées, se reporter à l'Index.

Tableau 6

Le tableau 6 présente des données sur la population urbaine et la population totale selon le sexe pour le plus grand nombre possible d'années entre 1983 et 1992.

Description des variables : Les données sont tirées de recensements de la population ou sont des estimations fondées, dans certains cas, sur des enquêtes par sondage portant sur tous les secteurs de la population. Les résultats de recensement sont indiqués par la lettre (C) placée après la date dans la colonne de gauche du tableau; les enquêtes par sondage sont en outre signalées en note; toutes les autres données sont en général des estimations.

Les données se rapportent à la population de fait; les exceptions étant signalées en note.

Les estimations de la population urbaine qui figurent dans ce tableau ne concernent que les pays ou zones pour lesquels les estimations se fondent sur les résultats d'une enquête par sondage ou ont été établies par la méthode des composantes à partir des résultats d'un recensement de la population ou d'une enquête par sondage. Les répartitions selon la résidence (urbaine/rurale) obtenues en appliquant à l'estimation de la population totale les pourcentages enregistrés pour chaque groupe lors d'un recensement ou d'une enquête par sondage ne sont pas acceptables et n'ont pas été reproduites dans ce tableau.

Le sens donné au terme "urbain" est censé être conforme aux définitions utilisées dans les recensements nationaux. La définition pour chaque pays figure à la fin du tableau.

Calcul des pourcentages : Les pourcentages urbains représentent le nombre de personnes définies comme vivant dans des "régions urbaines" pour 100 personnes de la population totale.

Fiabilité des données : Les estimations considérées comme moins sûres sont indiquées en italique plutôt qu'en caractères romains. Le classement du point de vue de la fiabilité est fondé sur la méthode utilisée pour établir l'estimation de la population totale qui figure dans le tableau 3 (voir explications dans les Notes techniques relatives à ce même tableau).

Insuffisance des données : Les statistiques de la population urbaine selon le sexe appellent toutes les réserves qui ont été faites à la section 3 des Notes techniques à propos des statistiques de la population en général.

The basic limitations imposed by variations in the definition of the total population and in the degree of under–enumeration are perhaps more important in relation to urban/rural than to any other distributions. The classification by urban and rural is affected by variations in defining usual residence for purposes of sub–national tabulations. Likewise, the geographical differentials in the degree of under–enumeration in censuses affect the comparability of these categories throughout the table.

The distinction between de facto and de jure population is also very important with respect to urban/rural distributions. The difference between the de facto and the de jure population is discussed at length in section 3.1.1 of the Technical Notes.

A most important and specific limitation, however, lies in the national differences in the definition of urban. Because the distinction between urban and rural areas is made in so many different ways, the definitions have been included at the end of this table. The definitions are necessarily brief and, where the classification as urban involves administrative civil divisions, they are often given in the terminology of the particular country or area. As a result of variations in terminology, it may appear that differences between countries or areas are greater than they actually are. On the other hand, similar or identical terms (for example, town, village, district) as used in different countries or areas may have quite different meanings.

It will be seen from an examination of the definitions that they fall roughly into three major types: (1) classification of certain size localities as urban; (2) classification of administrative centres of minor civil divisions as urban and the remainder of the division as rural; and (3) classification of minor civil divisions on a chosen criterion which may include type of local government, number of inhabitants or proportion of population engaged in agriculture.

Places with as few as 400 inhabitants are considered urban in Albania, while in Austria the lower limit is 5 000 persons. In Bulgaria, urban refers to localities legally established as urban regardless of size; in Israel, it implies predominantly non–agricultural centres; in Sweden, it is built–up areas with less than 200 metres between houses. The lack of strict comparability is immediately apparent.

Les limitations fondamentales imposées par les variations de la définition de la population totale et par les lacunes du recensement se font peut–être sentir davantage dans la répartition de la population en urbaine et rurale que dans sa répartition suivant toute autre caractéristique. C'est ainsi que la classification en population urbaine ou population rurale est affectée par des différences de définition de la résidence habituelle utilisée pour l'exploitation des données à l'échelon sous–national. Pareillement, les différences de degré de sous–dénombrement suivant la zone géographique, à l'occasion des recensements, influent sur la comparabilité de ces deux catégories dans l'ensemble du tableau.

La distinction entre population de fait et population de droit est également très importante du point de vue de la répartition de la population en urbaine et rurale. Cette distinction est expliquée en détail à la section 3.1.1 des Notes techniques.

Toutefois, la difficulté la plus caractérisée provient du fait que les pays ou zones ne sont pas d'accord sur la définition du terme urbain. La distinction entre les régions urbaines et les régions rurales varie tellement que les définitions utilisées ont été reproduites à la fin de ce tableau. Les définitions sont forcément brèves et, lorsque le classement en "zone urbaine" repose sur des divisions administratives, on a souvent identifié celles–ci par le nom qu'elles portent dans le pays ou zone considéré. Par suite des variations dans la terminologie, les différences entre pays ou zones peuvent sembler plus grandes qu'elles ne le sont réellement. Mais il se peut aussi que des termes similaires ou identiques, tels que ville, village ou district, aient des significations très différentes suivant les pays ou zones.

On constatera, en examinant les définitions adoptées par les différents pays ou zones, qu'elles peuvent être ramenées à trois types principaux : 1) classification des localités de certaines dimensions comme urbaines; 2) classification des centres administratifs de petites circonscriptions administratives comme urbains, le reste de la circonscription étant considéré comme rural; 3) classification des petites divisions administratives selon un critère déterminé, qui peut être soit le type d'administration locale, soit le nombre d'habitants, soit le pourcentage de la population exerçant une activité agricole.

Sont considérées comme urbaines en Albanie des localités de 400 habitants à peine, alors qu'en Autriche les agglomérations ne sont reconnues comme telles que lorsque leur population atteint 5 000 personnes au moins. En Bulgarie, les localités urbaines sont celles qui possèdent juridiquement le statut urbain, quelle que soit l'importance de leur population; en Israël, les centres urbains sont ceux de caractère essentiellement non agricole; en Suède, ce sont les zones bâties où les maisons sont espacées de moins de 200 mètres. Le manque de comparabilité apparaît immédiatement.

The designation of areas as urban or rural is so closely bound up with historical, political, cultural, and administrative considerations that the process of developing uniform definitions and procedures moves very slowly. Not only do the definitions differ one from the other, but, in fact, they may no longer reflect the original intention of distinguishing urban from rural. The criteria once established on the basis of administrative subdivisions (as most of these are) become fixed and resistant to change. For this reason, comparisons of time–series data may be severely affected because the definitions used become outdated. Special care must be taken in comparing data from censuses with those from sample surveys because the definitions of urban used may differ.

Despite their shortcomings, however, statistics of urban and rural population are useful in describing the diversity within the population of a country or area. The definition of urban/rural areas is based on both qualitative and quantitative criteria that may include any combination of the following: size of population, population density, distance between built–up areas, predominant type of economic activity, conformity to legal or administrative status and urban characteristics such as specific services and facilities. [30] Although statistics classified by urban/rural areas are widely available, no international standard definition appears to be possible at this time since the meaning differs from one country or area to another. The urban/rural classification of population here is reported according to the national definition, as indicated in a footnote to this table and described in detail in the Technical Notes for table 2 of the Historical Supplement. [31] Thus, the differences between urban and rural characteristics of the population, though not precisely measured, will tend to be reflected in the statistics.

Coverage: Urban and total population by sex are shown for 113 countries or areas.

Data for ethnic or geographical segments of the population are included in the absence of national figures. These data are not presented as representative of national–level statistics but as an index of the availability of statistics.

Earlier data: Urban and total population by sex have been shown in previous issues of the Demographic Yearbook. For information on specific years covered, readers should consult the Index.

Table 7

Table 7 presents population by age, sex and urban/rural residence for the latest available year between 1983 and 1992.

Description of variables: Data in this table either are from population censuses or are estimates some of which are based on sample surveys. Data refer to the de facto population unless otherwise noted.

The reference date of the census or estimate appears in the stub of the table. The results of censuses are identified by a "(C)" following the date. In general, the estimates refer to mid–year (1 July).

La distinction entre régions urbaines et régions rurales est si étroitement liée à des considérations d'ordre historique, politique, culturel et administratif que l'on ne peut progresser que très lentement vers des définitions et des méthodes uniformes. Non seulement les définitions sont différentes les unes des autres, mais on n'y retrouve parfois même plus l'intention originale de distinguer les régions rurales des régions urbaines. Lorsque la classification est fondée, en particulier, sur le critère des circonscriptions administratives (comme la plupart le sont), elle a tendance à devenir rigide avec le temps et à décourager toute modification. Pour cette raison, la comparaison des données appartenant à des séries chronologiques risque d'être gravement faussée du fait que les définitions employées sont désormais périmées. Il faut être particulièrement prudent lorsqu'on compare des données de recensements avec des données d'enquêtes par sondage, car il se peut que les définitions du terme urbain auxquelles ces données se réfèrent respectivement soient différentes.

Malgré leurs insuffisances, les statistiques urbaines et rurales permettent de mettre en évidence la diversité de la population d'un pays ou d'une zone. La distinction urbaine/rurale repose sur une série de critères qualitatifs aussi bien que quantitatifs, dont, en combinaisons variables: effectif de la population, densité de peuplement, distance entre îlots d'habitations, type prédominant d'activité économique, statut juridique ou administratif, et caractéristiques d'une agglomération urbaine, c'est–à–dire services publics et équipements collectifs [30]. Bien que les statistiques différenciant les zones urbaines des zones rurales soient très généralisées, il ne paraît pas possible pour le moment d'adopter une classification internationale type de ces zones, vu la diversité des interprétations nationales. La classification de la population en urbaine ou rurale retenue ici est celle qui correspond aux définitions nationales, comme l'indique une note au tableau, et selon le détail exposé dans les Notes techniques au tableau 2 du Supplément rétrospectif [31]. On peut donc dire que si les contrastes entre la population rurale et la population urbaine ne sont pas mesurés de façon précise ils se reflètent néanmoins dans les statistiques.

Portée : Des statistiques de la population urbaine et de la population totale selon le sexe sont présentées pour 113 pays ou zones.

Lorsqu'il n'existait pas de chiffres nationaux. on a fait figurer des chiffres portant sur des groupes ethniques ou géographiques. Ces données ne se veulent pas représentatives sur le plan national et ne sont présentées que comme indice des statistiques disponibles.

Données publiée antérieurement : Des statistiques de la population urbaine et de la population totale selon le sexe ont été publiées dans des éditions antérieures de l'Annuaire démographique. Pour plus de précisions concernant les années pour lesquelles ces données ont été publiées, se reporter à l'Index.

Tableau 7

Le tableau 7 présente des données sur la population selon l'âge, le sexe et la résidence (urbaine/rurale) pour la dernière année disponible entre 1983 et 1992.

Description des variables : Les données de ce tableau sont tirées de recensements de la population, ou bien sont des estimations fondées, dans certains cas, sur des enquêtes par sondage. Sauf indication contraire, elles se rapportent à la population de fait.

La date de référence du recensement ou de l'estimation figure dans la colonne de gauche du tableau. Les données de recensement sont identifiées par la lettre "C" placée après la date. En général, les estimations se rapportent au milieu de l'année (1er juillet).

Age is defined as age at last birthday, that is, the difference between the date of birth and the reference date of the age distribution expressed in completed solar years. The age classification used in this table is the following: under 1 year, 1–4 years, 5–year groups through 80–84 years, and 85 years and over and age unknown.

The urban/rural classification of population by age and sex is that provided by each country or area; it is presumed to be based on the national census definitions of urban population that have been set forth at the end of table 6.

Estimates of population by age and sex presented in this table have been limited to countries or areas for which estimates have been based on the results of a sample survey or have been constructed by the component method from the results of a population census or sample survey. Distributions which result when the estimated total population is distributed by age and sex according to percentages in each age–sex group at the time of a census or sample survey are not acceptable, and they have not been included in this table.

Reliability of data: Estimates which are believed to be less reliable are set in italics rather than in roman type. Classification in terms of reliability is based on the method of construction of the total population estimate as shown in table 3 and discussed in the Technical Notes for that table. No attempt has been made to take account of age–reporting accuracy, the evaluation of which has been described in section 3.1.3 of the Technical Notes.

Limitations: Statistics on population by age and sex are subject to the same qualifications as have been set forth for population statistics in general and age distributions in particular, as discussed in sections 3 and 3.1.3, respectively, of the Technical Notes.

Comparability of population data classified by age and sex is limited in the first place by variations in the definition of total population, discussed in detail in section 3 of the Technical Notes, and by the accuracy of the original enumeration. Both of these factors are more important in relation to certain age groups than to others. For example, under–enumeration is known to be more prevalent among infants and young children than among older persons. Similarly, the exclusion from the total population of certain groups which tend to be of selected ages (such as the armed forces) can markedly affect the age structure and its comparability with that for other countries or areas. Consideration should be given to the implications of these basic limitations in using the data.

In addition to these general qualifications are the special problems of comparability which arise in relation to age statistics in particular. Age distributions of population are known to suffer from certain deficiencies which have their origin in irregularities in age reporting. Although some of the irregularities tend to be obscured or eliminated when data are tabulated in five–year age groups rather than by single years, precision still continues to be affected, though the degree of distortion is not always readily seen. [32]

L'âge désigne l'âge au dernier anniversaire, c'est-à-dire la différence entre la date de naissance et la date de référence de la répartition par âge exprimée en années solaires révolues. La classification par âge utilisée dans ce tableau est la suivante : moins d'un an, 1 à 4 ans, groupes quinquennaux jusqu'à 80 à 84 ans, 85 ans et plus et une catégorie âge inconnu.

La classification par zones urbaines et rurales de la population selon l'âge et le sexe est celle qui est fournie par chaque pays ou zone; cette classification est présumée fondée sur les définitions utilisées dans les recensements nationaux de la population urbaine, qui sont reproduites à la fin du tableau 6.

Les estimations de la population selon l'âge et le sexe qui figurent dans ce tableau ne concernent que les pays ou zones pour lesquels les estimations se fondent sur les résultats d'une enquête par sondage ou ont été établies par la méthode des composantes à partir des résultats d'un recensement de la population ou d'une enquête par sondage. Les répartitions par âge et par sexe obtenues en appliquant à l'estimation de la population totale les pourcentages enregistrés pour les divers groupes d'âge pour chaque sexe lors d'un recensement ou d'une enquête par sondage ne sont pas acceptables et n'ont pas été reproduites dans ce tableau.

Fiabilité des données : Les estimations considérées comme moins sûres sont indiquées en italique plutôt qu'en caractères romains. Le classement du point de vue de la fiabilité est fondé sur la méthode utilisée pour établir l'estimation de la population totale qui figure dans le tableau 3 (voir explications dans les Notes techniques relatives à ce même tableau). On n'a pas tenu compte des inexactitudes dans les déclarations d'âge, dont la méthode d'évaluation est exposée à la section 3.1.3 des Notes techniques.

Insuffisance des données : Les statistiques de la population selon l'âge et le sexe appellent les mêmes réserves que celles qui ont été respectivement formulées aux sections 3 et 3.1.3 des Notes techniques à l'égard des statistiques de la population en général et des répartitions par âge en particulier.

La comparabilité des statistiques de la population selon l'âge et le sexe est limitée en premier lieu par le manque d'uniformité dans la définition de la population totale (voir explications à la section 3 des Notes techniques) et par les lacunes des dénombrements. L'influence de ces deux facteurs varie selon les groupes d'âge. Ainsi, le dénombrement des enfants de moins d'un an et des jeunes enfants comporte souvent plus de lacunes que celui des personnes plus âgées. De même, l'exclusion du chiffre de la population totale de certains groupes de personnes appartenant souvent à des groupes d'âge déterminés, par exemple les militaires, peut influer sensiblement sur la structure par âge et sur la comparabilité des données avec celles d'autres pays ou zones. Il conviendra de tenir compte de ces facteurs fondamentaux lorsqu'on utilisera les données du tableau.

Outre ces difficultés d'ordre général, la comparabilité pose des problèmes particuliers lorsqu'il s'agit des données par âge. On sait que les répartitions de la population selon l'âge présentent certaines imperfections dues à l'inexactitude des déclarations d'âge. Certaines de ces anomalies ont tendance à s'estomper ou à disparaître lorsqu'on classe les données par groupes d'âge quinquennaux et non par années d'âge, mais une certaine imprécision demeure, même s'il n'est pas toujours facile de voir à quel point il y a distorsion [32].

Another factor limiting comparability is the age classification employed by the various countries or areas. Age may be based on the year of birth rather than the age at last birthday, in other words, calculated using the day, month and year of birth. Distributions based on the year of birth only are footnoted when known.

The absence of frequencies in the unknown age group does not necessarily indicate completely accurate reporting and tabulation of the age item. It is often an indication that the unknowns have been eliminated by assigning ages to them before tabulation, or by proportionate distribution after tabulation.

As noted in connection with table 5, intercensal estimates of total population are usually revised to accord with the results of a census of population if inexplicable discontinuities appear to exist. Postcensal age—sex distributions, however, are less likely to be revised in this way. When it is known that a total population estimate for a given year has been revised and the corresponding age distribution has not been, the age distribution is shown as provisional. Distributions of this type should be used with caution when studying trends over a period of years though their utility for studying age structure for the specified year is probably unimpaired.

The comparability of data by urban/rural residence is affected by the national definitions of urban and rural used in tabulating these data. When known, the definitions of urban used in national population censuses are presented at the end of table 6. As discussed in detail in the Technical Notes for table 6, these definitions vary considerably from one country or area to another.

Coverage: Population by age and sex is shown for 179 countries or areas. Of these distributions, 60 are census results, and 119 are other types of estimates.

Data are presented by urban/rural residence for 94 countries or areas.

Data for ethnic or geographical segments of the population are included in the absence of national figures. These data are not presented as representative of national—level statistics but as an index of the availability of statistics.

Earlier data: Population by age, sex and urban/rural residence has been shown in previous issues of the Demographic Yearbook. Data included in this table update the series for each available year since 1948 shown in table 3 of the Historical Supplement and table 1 of the Special Issue on Ageing. For information on additional years covered, readers should consult the Index.

Le degré de comparabilité dépend également de la classification par âge employée dans les divers pays ou zones. L'âge retenu peut être défini par date exacte (jour, mois et année) de naissance ou par celle du dernier anniversaire. Lorsqu'elles étaient connues, les répartitions établies seulement d'après l'année de la naissance ont été signalées en note à la fin du tableau.

Si aucun nombre ne figure dans la colonne réservée aux âges inconnus, cela ne signifie pas nécessairement que les déclarations d'âge et l'exploitation des données par âge aient été tout à fait exactes. C'est souvent une indication que l'on a attribué un âge aux personnes d'âge inconnu avant la mise en tableau ou que celles—ci ont été réparties proportionnellement entre les différents groupes après cette opération.

Comme on l'a indiqué à propos du tableau 5, les estimations intercensitaires de la population totale sont d'ordinaire rectifiées d'après les résultats des recensements de population si l'on constate des discontinuités inexplicables. Les données postcensitaires concernant la répartition de la population par âge et par sexe ont toutefois moins de chance d'être rectifiées de cette manière. Lorsqu'on savait qu'une estimation de la population totale pour une année donnée avait été rectifiée mais non la répartition par âge correspondante, cette dernière a été indiquée comme ayant un caractère provisoire. Les répartitions de ce type doivent être utilisées avec prudence lorsqu'on étudie les tendances sur un certain nombre d'années, quoique leur utilité pour l'étude de la structure par âge de la population pour l'année visée reste probablement entière.

La comparabilité des données selon la résidence (urbaine/rurale) peut être limitée par les définitions nationales des termes "urbain" et "rural" utilisées pour la mise en tableaux de ces données. Les définitions du terme "urbain" utilisées pour les recensements nationaux de population ont été présentées à la fin du tableau 6 lorsqu'elles étaient connues. Comme on l'a précisé en détail dans les Notes techniques relatives au tableau 6, ces définitions varient très sensiblement d'un pays ou d'une zone à l'autre.

Portée : Des statistiques de la population selon l'âge et le sexe sont présentées pour 179 pays ou zones. De ces séries de données, 60 sont des résultats de recensement, et 119 sont des estimations postcensitaires.

La répartition selon la résidence (urbaine/rurale) et indiquée pour 94 pays ou zones.

Lorsqu'il n'existait pas de chiffres nationaux, on a fait figurer des chiffres portant sur des groupes ethniques ou géographiques. Ces données ne se veulent pas représentatives sur le plan national et ne sont présentées que comme indice des statistiques disponibles.

Données publiées antérieurement : Des statistiques de la population selon l'âge, le sexe et la résidence (urbaine/rurale) ont été présentées dans des éditions antérieures de l'Annuaire démographique. Les données présentées dans le tableau 7 mettent à jour les séries existant par année depuis 1948 et qui figurent au tableau 3 du Supplément rétrospectif et dans le tableau 1 de l'édition spéciale sur le vieillissement. Les années additionnelles sont indiquées dans l'Index.

Data in machine-readable form: Data shown in this table are available in magnetic tape for all available years as shown below:

Total	1948–1992
Urban/rural	1972–1992

Données sur support magnétique: Il est possible de se procurer sur bande magnétique les données dans ce tableau pour tous les années disponibles suivantes:

Total	1948–1992
Urbain/rural	1972–1992

Table 8

Table 8 presents population of capital cities and cities of 100 000 and more inhabitants for the latest available year.

Description of variables: Since the way in which cities are delimited differs from one country or area to another, efforts have been made to include in the table not only data for the so-called city proper but also those for the urban agglomeration, if such exists.

City proper is defined as a locality with legally fixed boundaries and an administratively recognized urban status which is usually characterized by some form of local government.

Urban agglomeration has been defined as comprising the city or town proper and also the suburban fringe or thickly settled territory lying outside of, but adjacent to, the city boundaries.

In addition, for some countries or areas, the data relate to entire administrative divisions known, for example, as shi or municipios which are composed of a populated centre and adjoining territory, some of which may contain other quite separate urban localities or be distinctively rural in character. For this group of countries or areas the type of civil division is given in a footnote, and the figures have been centred in the two columns as an indication that they refer to units which may extend beyond an integrated urban locality but which are not necessarily urban agglomerations.

Where possible the surface area of the city or urban agglomeration is shown at the end of the table.

City names are presented in the original language of the country or area in which the cities are located. In cases where the original names are not in the Roman alphabet, they have been romanized. Cities are listed in English alphabetical order.

Capital cities are shown in the table regardless of their population size. The names of the capital cities are printed in capital letters. The designation of any specific city as a capital city is done solely on the basis of the designation as reported by the country or area.

For other cities, the table covers those with a population of 100 000 and more. The 100 000 limit refers to the urban agglomeration, and not to the city proper, which may be smaller.

Tableau 8

Le tableau 8 présente des données sur la population des capitales et des villes de 100 000 habitants et plus pour la dernière année disponible.

Description des variables : Etant donné que les villes ne sont pas délimitées de la même manière dans tous les pays ou zones, on s'est efforcé de donner, dans ce tableau, des chiffres correspondant non seulement aux villes proprement dites, mais aussi, le cas échéant, aux agglomérations urbaines.

On entend par villes proprement dites les localités qui ont des limites juridiquement définies et sont administrativement considérées comme villes, ce qui se caractérise généralement par l'existence d'une autorité locale.

L'agglomération urbaine comprend, par définition, la ville proprement dite ainsi que la proche banlieue, c'est-à-dire la zone fortement peuplée qui est extérieure, mais contiguë aux limites de la ville.

En outre, dans certains pays ou zones, les données se rapportent à des divisions administratives entières, connues par exemple sous le nom de shi ou de municipios, qui comportent une agglomération et le territoire avoisinant, lequel peut englober d'autres agglomérations urbaines tout à fait distinctes ou être de caractère essentiellement rural. Pour ce groupe de pays ou zones, le type de division administrative est indiqué en note, et les chiffres ont été centrés entre les deux colonnes, de manière à montrer qu'il s'agit d'unités pouvant s'étendre au-delà d'une localité urbaine intégrée sans constituer nécessairement pour autant une agglomération urbaine.

On trouvera à la fin du tableau la superficie de la ville ou agglomération urbaine chaque fois que possible.

Les noms des villes sont indiqués dans la langue du pays ou zone où ces villes sont situées. Les noms de villes qui ne sont pas à l'origine libellés en caractères latins ont été romanisés. Les villes sont énumérées dans l'ordre alphabétique anglais.

Les capitales figurent dans le tableau quel que soit le chiffre de leur population et leur nom a été imprimé en lettres majuscules. Ne sont indiquées comme capitales que les villes ainsi désignées par le pays ou zone intéressé.

En ce qui concerne les autres villes, le tableau indique celles dont la population est égale ou supérieure à 100 000 habitants. Ce chiffre limite s'applique à l'agglomération urbaine et non à la ville proprement dite, dont la population peut être moindre.

The reference date of each population figure appears in the stub of the table. Estimates are identified by an (E) following the date. Estimates based on results of sample surveys and city censuses as well as those derived from other sources are identified by footnote.

Reliability of data: Specific information is generally not available on the method of constructing population estimates on their reliability for cities or urban agglomerations presented in this table. Nevertheless, the principles used in determining the reliability of the data are the same as those used for the total population figures.

Data from population censuses, sample surveys and city censuses are considered to be reliable and, therefore, set in roman type. Other estimates are considered to be reliable or less reliable on the basis of the reliability of the 1992 estimate of the total mid–year population. The criteria for reliability are explained in detail in the Technical Notes for table 3 and in section 3.2.1 of the Technical Notes. In brief, mid–year population estimates are considered reliable if they are based on a complete census (or a sample survey), and have been adjusted by a continuous population register or adjusted on the basis of the calculated balance of births, deaths, and migration.

Limitations: Statistics on the population of capital cities and cities of 100 000 and more inhabitants are subject to the same qualifications as have been set forth for population statistics in general as discussed in section 3 of the Technical Notes.

International comparability of data on city population is limited to a great extent by variations in national concepts. Although an effort is made to reduce the sources of non–comparability somewhat by presenting the data in the table in terms of both city proper and urban agglomeration, many serious problems of comparability remain.

Data presented in the "city proper" column for some countries represent an urban administrative area legally distinguished from surrounding rural territory, while for other countries these data represent a commune or similar small administrative unit. In still other countries such administrative units may be relatively extensive and thereby include considerable territory beyond the urban centre itself.

City data are also especially affected by whether the data are expressed in terms of the de facto or de jure population of the city as well as variations among countries in how each of these concepts is applied. With reference to the total population, the difference between the de facto and de jure population is discussed at length in section 3.1.1 of the Technical Notes.

Data on city populations based on intercensal estimates present even more problems than census data. Comparability is impaired by the different methods used in making the estimates and by the lack of precision possible in applying any given method. For example, it is far more difficult to apply the component method of estimating population growth to cities than it is to entire countries.

La date de référence du chiffre correspondant à chaque population figure dans la colonne de gauche du tableau. Les estimations sont indiquées par la lettre (E) placée après la date. Lorsqu'on savait que les estimations étaient fondées sur les résultats d'enquêtes par sondage ou de recensements municipaux ou étaient tirées d'autres sources, on l'a indiqué en note.

Fiabilité des données : On ne possède généralement pas de renseignements précis sur la méthode employée pour établir les estimations de la population des villes ou agglomérations urbaines présentées dans ce tableau ni sur la fiabilité de ces estimations. Toutefois, les critères utilisés pour déterminer la fiabilité des données sont les mêmes que ceux qui ont été appliqués pour les chiffres de la population totale.

Les données provenant de recensements de la population, d'enquêtes par sondage ou de recensements municipaux sont jugées sûres et figurent par conséquent en caractères romains. D'autres estimations sont considérées comme sûres ou moins sûres en fonction du degré de fiabilité attribué aux estimations de la population totale en milieu d'année pour 1992. Ces critères de fiabilité sont expliqués en détail dans les Notes techniques relatives au tableau 3, ainsi qu'à la section 3.2.1 des Notes techniques. En résumé, sont considérées comme sûres les estimations de la population en milieu d'année qui sont fondées sur un recensement complet (ou une enquête par sondage) et qui ont été ajustées en fonction des données fournies par un registre de population permanent ou en fonction de la balance, établie par le calcul des naissances, des décès et des migrations.

Insuffisance des données : Les statistiques portant sur la population des capitales et des villes de 100 000 habitants et plus appellent toutes les réserves qui ont été faites à la section 3 des Notes techniques à propos des statistiques de la population en général.

La comparabilité internationale des données portant sur la population des villes est compromise dans une large mesure par la diversité des définitions nationales. Bien que l'on se soit efforcé de réduire les facteurs de non–comparabilité en présentant à la fois dans le tableau les données relatives aux villes proprement dites et celles concernant les agglomérations urbaines, de nombreux et graves problèmes de comparabilité n'en subsistent pas moins.

Pour certain pays, les données figurant dans la colonne intitulée "ville proprement dite" correspondent à une zone administrative urbaine juridiquement distincte du territoire rural environnant, tandis que pour d'autres pays ces données correspondent à une commune ou petite unité administrative analogue. Pour d'autres encore, les unités administratives en cause peuvent être relativement étendues et comporter par conséquent un vaste territoire au–delà du centre urbain lui–même.

L'emploi de données se rapportant tantôt à la population de fait, tantôt à la population de droit, ainsi que les différences de traitement de ces deux concepts d'un pays à l'autre influent particulièrement sur les statistiques urbaines. En ce qui concerne la population totale, la différence entre population de fait et population de droit est expliquée en détail à la section 3.1.1 des Notes techniques.

Les statistiques des populations urbaines qui sont fondées sur des estimations intercensitaires posent encore plus de problèmes que les données de recensement. Leur comparabilité est compromise par la diversité des méthodes employées pour établir les estimations et par le manque possible de précision dans l'application de telle ou telle méthode. La méthode des composantes, par exemple, est beaucoup plus difficile à appliquer en vue de l'estimation de l'accroissement de la population lorsqu'il s'agit de villes que lorsqu'il s'agit de pays entiers.

Births and deaths occurring in the cities do not all originate in the population present in or resident of that area. Therefore, the use of natural increase to estimate the probable size of the city population is a potential source of error. Internal migration is a second estimating component which cannot be measured with accuracy in many areas. Because of these factors, estimates in this table may be less valuable in general and in particular limited for purposes of international comparison.

City data, even when set in roman type, are often not as reliable as estimates for the total population of the country or area.

Furthermore, because the sources of these data include censuses (national or city), surveys and estimates, the years to which they refer vary widely. In addition, because city boundaries may alter over time, comparisons of data for different years should be carried out with caution.

Coverage: Cities are shown for 214 countries or areas. Of these 103 show the capital only while 111 show the capital and one or more cities which, according to the latest census or estimate, had a population of 100 000 or more.

Data for ethnic or geographical segments of the population are included in the absence of national figures. These data are not presented as representative of national—level statistics but as an index of the availability of statistics.

Earlier data: Population of capital cities and cities with a population of 100 000 or more have been shown in previous issues of the Demographic Yearbook. For information on specific years covered, readers should consult the Index.

Les naissances et décès qui surviennent dans les villes ne correspondent pas tous à la population présente ou résidente. En conséquence, des erreurs peuvent se produire si l'on établit pour les villes des estimations fondées sur l'accroissement naturel de la population. Les migrations intérieures constituent un second élément d'estimation que, dans bien des régions, on ne peut pas toujours mesurer avec exactitude. Pour ces raisons, les estimations présentées dans ce tableau risquent dans l'ensemble d'être peu fiables et leur valeur est particulièrement limitée du point de vue des comparaisons internationales.

Même lorsqu'elles figurent en caractères romains, il arrive souvent que les statistiques urbaines ne soient pas aussi sûres que les estimations concernant la population totale du pays ou zone en cause.

De surcroît, comme ces statistiques proviennent aussi bien de recensements (nationaux ou municipaux) que d'enquêtes ou d'estimations, les années auxquelles elles se rapportent sont extrêmement variables. Enfin, comme les limites urbaines varient parfois d'une époque à une autre, il y a lieu d'être prudent lorsque l'on compare des données se rapportant à des années différentes.

Portée : Ce tableau fournit des données sur la population des villes de 214 pays ou zones. Pour 103 d'entre eux, seule est indiquée la population de la capitale, tandis que pour 111 on a indiqué celle de la capitale et d'une ou plusieurs villes comptant, d'après le dernier recensement ou la dernière estimation, 100 000 habitants ou plus.

Lorsqu'il n'existait pas de chiffres nationaux. on a fait figurer des chiffres portant sur des groupes ethniques ou géographiques. Ces données ne se veulent pas représentatives sur le plan national et ne sont présentées que comme indice des statistiques disponibles.

Données publiées antérieurement : Des statistiques de la population des capitales et des villes de 100 000 habitants ou plus ont été présentées dans des éditions antérieures de l'Annuaire démographique. Pour plus de précisions concernant les années pour lesquelles ces données ont été publiées, se reporter à l'Index.

Table 9

Table 9 presents late foetal deaths and late foetal—death ratios by urban/rural residence for as many years as possible between 1987 and 1991.

Description of variables : Late foetal deaths are foetal deaths [33] of 28 or more completed weeks of gestation. Foetal deaths of unknown gestational age are included with those 28 or more weeks.

Statistics on the number of late foetal deaths are obtained from civil registers unless otherwise noted.

The urban/rural classification of late foetal deaths is that provided by each country or area; it is presumed to be based on the national census definitions of urban population that have been set forth at the end of table 6.

Tableau 9

Le tableau 9 présente des données sur les morts foetales tardives et des rapports de mortinatalité selon la résidence (urbaine/rurale) pour le plus grand nombre d'années possible entre 1987 et 1991.

Description des variables : Par mort foetale tardive, on entend décès d'un foetus [33] survenu après 28 semaines complètes de gestation au moins. Les morts foetales pour lesquelles la durée de la période de gestation n'est pas connue sont comprises dans cette catégorie.

Sauf indication contraire, les statistiques du nombre de morts foetales tardives sont établies sur la base des registres de l'état civil.

La classification des morts foetales tardives selon la résidence (urbaine/rurale) est celle qui a été fournie par chaque pays ou zone; il faut en conclure qu'elle repose sur les définitions de la population urbaine utilisées pour les recensements nationaux, telles qu'elles sont reproduites à la fin du tableau 6.

Ratio computation : Late foetal–death ratios are the annual number of late foetal deaths per 1 000 live births (as shown in table 15) in the same year. The live–birth base was adopted because it is assumed to be more comparable from one country or area to another than the combination of live births and foetal deaths.

Ratios by urban/rural residence are the annual number of late foetal deaths, in the appropriate urban or rural category, per 1 000 corresponding live births (as shown in table 15).

Ratios presented in this table have been limited to those for countries or areas having at least a total of 1 000 late foetal deaths in a given year. Moreover, ratios specific for individual sub–categories based on 30 or fewer late foetal deaths are identified by the symbol (◆).

These ratios have been calculated by the Statistical Division of the United Nations.

Reliability of data : Each country or area has been asked to indicate the estimated completeness of the late foetal deaths recorded in its civil register. These national assessments are indicataed by the quality codes, C, U and ... that appear in the first column of this table.

C indicates that the data are estimated to be virtually complete, that is, representing at least 90 per cent of the late foetal deaths occurring each year, while U indicates that data are estimated to be incomplete, that is, representing less than 90 per cent of the late foetal deaths occurring each year. The code ... indicates that no information was provided regarding completeness.

Data from civil registers which are reported as incomplete or of unknown completeness (coded U or ...) are considered unreliable. They appear in italics in this table. When data so coded are used to calculate ratios, the ratios also appear in italics.

For more information about the quality of vital statistics data in general, see section 4.2 of the Technical Notes

Limitations : Statistics on late foetal deaths are subject to the same qualifications as have been set forth for vital statistics in general and foetal–death statistics in particular as discussed in section 4 of the Technical Notes.

The reliability of the data, an indication of which is described above, is a very important factor. Of all vital statistics, the registration of foetal deaths is probably the most incomplete.

Calcul des rapports : Les rapports de mortinatalité représentent le nombre annuel de morts foetales tardives pour 1 000 naissances vivantes (telles qu'elles sont présentées au tableau 15) survenues pendant la même année On a pris pour base de calcul les naissances vivantes parce qu'on pense qu'elle sont plus facilement comparables d'un pays ou d'une zone à l'autre que la combinaison des naissances vivantes et des morts foetales.

Les rapports selon la résidence (urbaine/rurale) représentent le nombre annuel de morts foetales tardives, classées selon la catégorie urbaine ou rurale appropriée pour 1 000 naissances vivantes (telles qu'elles sont présentées au tableau 15) survenues dans la population correspondante.

Les rapports présentés dans le tableau 9 ne concernent que les pays ou zones où l'on a enregistré un total d'au moins 1 000 morts foetales tardives dans une année donnée. Les rapports relatifs à des sous–catégories qui sont fondés sur 30 morts foetales tardives ou moins sont identifiés par le signe (◆).

Sauf indication contraire, ces rapports ont été calculés par la Division de statistique de l'ONU.

Fiabilité des données : Il a été demandé à chaque pays ou zone d'indiquer le degré estimatif de complétude des données sur les morts foetales tardives figurant dans ses registres d'état civil. Ces évaluations nationales sont désignées par les codes de qualité "C", "U", et "..." qui apparaissent dans la première colonne du tableau.

La lettre "C" indique que les données sont jugées à peu près complètes, c'est–à–dire qu'elles représentent au moins 90 p. 100 des morts foetales tardives survenues chaque année; la lettre "U" indique que les données sont jugées incomplètes, c'est–à–dire qu'elles représentent moins de 90 p. 100 des morts foetales tardives survenues chaque année. Le signe "..." indique qu'aucun renseignement n'a été fourni quant à la complétude des données.

Les données provenant des registres de l'état civil qui sont déclarées incomplètes ou dont le degré de complétude n'est pas connu (et qui sont affectées de la lettre "U" ou du signe "...") sont jugées douteuses. Elles apparaissent en italique dans le présent tableau. Lorsque ces données sont utilisées pour calculer des rapports, ces rapports apparaissent eux aussi en italique.

Pour plus de précisions sur la qualité des données reposant sur les statistiques de l'état civil en général, voir la section 4.2 des Notes techniques.

Insuffisance des données : Les statistiques des morts foetales tardives appellent toutes les réserves qui ont été faites à propos des statistiques de l'état civil en général et des statistiques des morts foetales en particulier (voir explication figurant à la section 4 des Notes techniques).

La fiabilité des données, au sujet de laquelle des indications ont été fournies plus haut, est facteur très important. Les statistiques des morts foetales sont probablement les moins complètes de toutes les statistiques de l'état civil.

Variation in the definition of foetal deaths, and in particular late foetal deaths, also limits international comparability. The criterion of 28 or more completed weeks of gestation to distinguish late foetal deaths is not universally used; some countries or areas use different durations of gestation or other criteria such as size of the foetus. In addition, the difficulty of accurately determining gestational age further reduces comparability. However, to promote comparability, late foetal deaths shown in this table are restricted to those of at least 28 or more completed weeks of gestation. Wherever this is not possible a footnote is provided. Data shown in this table may differ from those included in previous issues of the Demograhic Yearbook.

Another factor introducing variation in the definition of late foetal deaths is the practice by some countries or areas of including in late foetal–death statistics infants who were born alive but died before the registration of the birth or within the first 24 hours of life, thus overestimating the total number of late foetal deaths. Statistics of this type are footnoted.

In addition, late foetal–death ratios are subject to the limitations of the data on live births with which they have been calculated. These have been set forth in the Technical Notes for table 15.

Regarding the computation of the ratios, it must be pointed out that when late foetal deaths and live births are both underregistered, the resulting ratios may be of quite reasonable magnitude. As a matter of fact, for the countries or areas where live–birth registration is poorest, the late foetal–death ratios may be the largest, effectively masking the completeness of the base data. For this reason, possible variations in birth–registration completeness — as well as as the reported completeness of late foetal deaths — must always be borne in mind in evaluating late foetal–death ratios.

In addition to the indirect effect of live–birth under–registration, late foetal–death ratios may be seriously affected by date–of–registration tabulation of live births. When the annual number of live births registered and reported fluctuates over a wide range due to changes in legislation or to special needs for proof of birth on the part of large segments of the population, then the late foetal–death ratios will fluctuate also, but inversely. Because of these effects, data for countries or areas known to tabulate live births by date of registration should be used with caution unless it is also known that statistics by date of registration approximate those by date of occurrence.

Finally, it may be noted that the counting of live–born infants as late foetal deaths, because they died before the registration of the birth or within the first 24 hours of life, has the effect of inflating the late foetal–death ratios unduly by decreasing the birth denominator and increasing the foetal–death numerator. This factor should not be overlooked in using data from this table.

L'hétérogénéité des définitions de la mort foetales et, en particulier, de la mort foetale tardive nuit aussi à la comparabilité internationale des données. Le critère des 28 semaines complètes de gestation au moins n'est pas universellement utilisé; certains pays ou zones utilisent des critères différents pour la durée de la période de gestation ou d'autres critères tels que la taille du foetus. Pour faciliter les comparaisons, les morts foetales tardives considérées ici sont exclusivement celles qui sont survenues au terme de 28 semaines de gestation au moins. Les exceptions sont signalées en note. Il se peut que les données de ce tableau diffèrent de celles des éditions antérieures de l'Annuaire démographique.

Un autre facteur d'hétérogénéité dans la définition de la mort foetale tardive est la pratique de certains pays ou zones qui consiste à inclure dans les statistiques des morts foetales tardives les enfants nés vivants mais décédés avant l'enregistrement de leur naissance ou dans les 24 heures qui ont suivi la naissance, pratique qui conduit à surestimer le nombre total des morts foetales tardives. Quand tel était le cas, on l'a signalé en note au bas du tableau.

Les rapports de mortinatalité appellent en outre toutes les réserves qui ont été fourmulées à propos des statistiques des naissances vivantes qui ont servi à leur calcul. Voir à ce sujet les Notes techniques relatives au tableau 15.

En ce qui concerne le calcul des rapports, il convient de noter que, si l'enregistrement est défectueux à la fois pour les morts foetales tardives et pour les naissances vivantes, les rapports de mortinalité peuvent être tout à fait raisonnables. En fait, c'est parfois pour les pays ou zones où l'enregistrement des naissances vivantes laisse le plus à désirer que les rapports de mortinalité sont les plus élevés, ce qui masque l'incomplétude des données de base. Aussi, pour porter un jugement sur la qualité des rapports de mortinatalité, il ne faut jamais oublier que la complétude de l'enregistrement des naissances — comme celle de l'enregistrement des morts foetales tardives — peut varier sensiblement.

En dehors des effets indirects des lacunes de l'enregistrement des naissances vivantes, il arrive que les rapports de mortinalité soient sérieusement faussés lorsque l'exploitation des données relatives aux naissances se fait d'après la date de l'enregistrement. Si le nombre des naissances vivantes enregistrées vient à varier notablement d'une année à l'autre par suite de modifications de la législation ou parce que des groupes importants de la population ont besoin de posséder une attestation de naissance, les rapports de mortinalité varient également, mais en sens contraire. Il convient donc d'utiliser avec prudence les données des pays ou zones où les statistiques sont établies d'après la date de l'enregistrement, à moins qu'on ne sache aussi que les données exploitées d'après la date de l'enregistrement diffèrent peu de celles qui sont exploitées d'après la date de l'événement.

Enfin, on notera que l'inclusion parmi les morts foetales tardives des décès d'enfants nés vivants qui sont décédés avant l'engistrement de leur naissance ou dans les 24 heures qui ont suivi la naissance conduit à des rapports de mortinatalité exagérés parce que le dénominateur (nombre de naissances) se trouve alors diminué et le numérateur (morts foetales) augmenté. Il importe de ne pas négliger ce facteur lorsqu'on utilise les données du présent tableau.

The comparability of data by urban/rural residence is affected by the national definitions of urban and rural used in tabulating these data. It is assumed, in the absence of specific information to the contrary, that the definitions of urban and rural used in connection with the national population census were also used in the compilation of the vital statistics for each country or area. However, the possibility cannot be excluded that, for a given country or area, the same definitions of urban and rural are not used for both the vital statistics data and the population census data. When known, the definitions of urban used in national population censuses are presented at the end of table 6. As discussed in detail in the Technical Notes for table 6, these definitions vary considerably from one country or area to another.

Urban/rural differentials in late foetal–death ratios may also be affected by whether the late foetal deaths and live births have been tabulated in terms of place of occurrence or place of usual residence. This problem is discussed in more detail in section 4.1.4.1 of the Technical Notes.

Coverage : Late foetal deaths are shown for 77 countries or areas. Data are presented by urban/rural residence for 29 countries or areas.

Late–foetal–death ratios shown for 27 countries or areas. Ratios are presented by urban/rural residence of 13 countries or areas.

Data for ethnic or geographical segments of the population are included in the absence of national figures. These data are not presented as being representative of national–level statistics but as an index of the availability of statistics.

Earlier data : Late foetal deaths and late foetal–death ratios have been shown in each issue of the Demographic Yearbook beginning with the 1951 issue. For information on specific years covered, readers should consult the index.

La comparabilité des données selon la résidence (urbaine/rurale) peut être limitée par les définitions nationales des termes "urbain" et "rural" utilisées pour la mise en tableaux de ces données. En l'absence d'indications contraires, on a supposé que les définitions des termes "urbain" et "rural" utilisées pour le recensement national de la population avaient été utilisées aussi pour l'établissement des statistiques de l'état civil pour chaque pays ou zone. Toutefois, on ne peut exclure la possibilité que, pour un pays ou zone donné, les mêmes définitions des termes "urbain" et "rural" n'aient pas été utilisées dans les deux cas. Les définitions du terme "urbain" utilisées pour les recensements nationaux de population ont été présentées à la fin du tableau 6 lorsqu'elles étaient connues. Comme on l'a précisé en détail dans les Notes techniques relatives au tableau 6, ces définitions varient très sensiblement d'un pays ou d'une zone à l'autre.

La différence entre les rapports de mortinatalité pour les zones urbaines et rurales pourra aussi être faussée selon que les morts foetales tardives et les naissances vivantes auront été classées d'après le lieu de l'événement ou le lieu de la résidence habituelle. Ce problème est examiné plus en détail à la section 4.1.4.1 des Notes techniques.

Portée : Ce tableau présente des données sur les morts foetales tardives pour 77 pays ou zones. Les répartitions selon la résidence (urbaine/rurale) intéressent 29 pays ou zones.

Ce tableau présente également des données sur les rapports de mortinatalité pour 27 pays ou zones. Les rapports ventilés selon la résidence (urbaine/rurale) intéressent 13 pays ou zones.

Lorsqu'il n'existait pas de chiffres nationaux, on a fait figurer des chiffres portant sur des groupes ethniques ou géographiques. Ces données ne se veulent pas représentatives sur le plan national et ne sont présentées que comme indice des statistiques disponibles.

Données publiées antérieurement : Des statistiques des morts foetales tardives et des rapports de mortinatalité ont été publiées dans toutes les éditions de l'Annuaire démographique à partir de celle de 1951. Pour plus de précisions concernant les années pour lesquelles ces données ont été publiées, on se reportera à l'index.

Table 10

Table 10 presents legally induced abortions for as many years as possible between 1983 and 1991.

Description of variables : Abortion appears in the International Classification of Diseases, 1965 Revision, [34] in two places : (a) as a disease or cause of death of a woman [35] and (b) as a cause of death of the foetus [36]. It is defined, with reference to the woman, as any interruption of pregnancy before 28 weeks of gestation with a dead foetus [37]. There are two major categories of abortion : spontaneous and induced. Induced abortions are those initiated by deliberate action undertaken with the intention of terminating pregnancy; all other abortions are considered as spontaneous. [38]

Tableau 10

Ce tableau présente des données sur les avortements provoqués pour des raisons légales pour le plus grand nombre d'années possible entre 1983 et 1991.

Description des variables : Le terme avortement apparaît à deux reprises dans la Classification internationale des maladies, Révision 1965 [34] : a) comme maladie ou cause de décès de la femme [35], et b) comme cause de décès du foetus [36]. Il est défini, en ce qui concerne la femme, comme toute interruption d'une grossesse avant la 28e semaine avec présence d'un foetus mort [37]. L'avortement peut être spontané ou provoqué. L'avortement provoqué est celui qui résulte de manoeuvres délibérées entreprises dans le dessein d'interrompre la grossesse; tous les autres avortements sont considérés comme spontanés [38].

The induction of abortion is subject to governmental regulation in most, if not all, countries or areas. This regulation varies from complete prohibition in some countries or areas to abortion on request, with services provided by governmental health authorities, in others. More generally, governments have attempted to define the conditions under which pregnancy may lawfully be terminated, and have established procedures for authorizing abortion in individual cases. [39]

Legally induced abortions are further classified according to the legal grounds on which induced abortion may be performed. A code shown next to the country or area name indicates the grounds on which induced abortion is legal in that particular country or area, the meanings of which are shown below :

a   Continuance of pregnancy would involve risk to the life of the pregnant woman greater than if the pregnancy were terminated.

b   Continuance of pregnancy would involve risk of injury to the physical health of the pregnant woman greater than if the the pregancy were terminated.

c   Continuance of pregnancy would involve risk of injury to the mental health of the pregnant woman greater if the pregnancy were terminated.

d   Continuance of pregnancy would involve risk of injury to mental or physical health of any existing children of the family greater than if the pregnancy were terminated.

e   There is a substantial risk that if the child were born it would suffer from such physical or mental abnormalities as to be seriously handicapped.

f   Other

The focus of the present table is on abortion as a social, rather than physiological, event. Differences among countries or areas in definition and in record–keeping would seem to preclude the collection of abortion data on any internationally comparable basis if abortion were defined solely in physiological terms. By restricting coverage to events that have been induced, the table minimizes any distortion arising either from differences in definition or from differences in accuracy and comprehensiveness of the records kept concerning spontaneous foetal loss. By further restricting coverage to events performed under legal auspices, the table at least reduces (if it does not eliminate altogether) the likelihood of distortion arising from any reluctance to report the occurrence of such a procedure.

Reliability of data : Unlike data on live births and foetal deaths, which are generally collected through systems of vital registration, data on abortion are collected from a variety of sources. Because of this, the quality specification, showing the completeness of civil registers, which is presented for other tables, does not appear here.

L'interruption délibérée de la grossesse fait l'objet d'une réglementation officielle dans la plupart des pays ou zones, sinon dans tous. Cette réglementation va de l'interdiction totale à l'autorisation de l'avortement sur demande, pratiqué par des services de santé publique. Le plus souvent, les gouvernements se sont efforcés de définir les circonstances dans lesquelles la grossesse peut être interrompue licitement et de fixer une procédure d'autorisation [39].

Les interruptions légales de grossesse sont également classées selon le motif d'autorisation. Une indication codée, en regard du pays ou de la zone, signale les motifs d'autorisation de l'avortement, comme ci–après :

a   La non–interruption de la grossesse comporterait, pour la vie de la femme enceinte, un risque plus grave que celui de l'avortement;

b   La non–interruption de la grossesse comporterait, pour la santé physique de la femme enceinte, un risque plus grave que celui de l'avortement;

c   La non–interruption de la grossesse comporterait, pour la santé mentale de la femme enceinte, un risque plus grave que celui de l'avortement.

d   La non–interruption de la grossesse comporterait, pour la santé mentale ou physique d'un enfant déjà né dans la famille, un risque plus grave que celui de l'avortement.

e   L'enfant né à terme courrait un risque substantiel de souffrir d'anomalies physiques ou mentales entraînant pour lui un grave handicap;

f   Autres motifs.

Le tableau 10 cherche à présenter l'avortement comme un fait social plutôt que physiologique. Etant donné les différences qui existent entre les pays ou zones, quant à la définition du terme "avortement" et au comptage des cas, il paraît impossible, en partant d'une définition purement physiologique, d'obtenir des données permettant la moindre comparaison internationale. Comme la portée du tableau est limitée aux seuls avortements provoqués, on réduit au minimum les déformations qui résulteraient de différences de définition ou d'exhaustivité des enregistrements des pertes foetales spontanées. Comme, de surcroît, il n'est question que des avortements légaux, les possibilités de distorsion qu'entraînerait l'hésitation à déclarer les avortements effectivement pratiqués sont réduites, sinon éliminées.

Fiabilité des données : A la différence des données sur les naissances vivantes et les morts foetales, qui proviennent généralement des registres d'état civil, les données sur l'avortement sont tirées de sources diverses. Aussi ne trouve–t–on pas ici une évaluation de la qualité des données, semblable à celle qui indique, pour les autres tableaux, le degré d'exhaustivité des données de l'état civil.

Limitations : With regard to the collection of information on abortions, a variety of sources are used, but hospital records are the most common source of information. [40] This obviously implies that most cases which have no contact with hospitals are missed. Data from other sources are probably also incomplete. The data in the present table are limited to legally induced abortions which, by their nature, might be assumed to be more complete than data on all induced abortions.

Coverage : Legally induced abortions are shown for 44 countries or areas.

Earlier data : Legally induced abortions have been shown previously in all issues of the Demographic Yearbook since the 1971 issue.

Table 11

Table 11 presents legally induced abortions by age and number of previous live births of women for the latest available year.

Description of variables: Abortion appears in the International Classification of Diseases, 1965 Revision, [41] in two places: (a) as a disease or cause of death of a woman [42] and (b) as a cause of death of a foetus. [43] It is defined, with reference to the woman, as any interruption of pregnancy before 28 weeks of gestation with a dead foetus. [44] There are two major categories of abortion: spontaneous and induced. Induced abortions are those initiated by deliberate action undertaken with the intention of terminating pregnancy; all other abortions are considered as spontaneous. [45] The Technical Notes for table 10 provide more detailed information on the classification of legally induced abortion.

Age is defined as age at last birthday, that is, the difference between the date of birth and the date of the occurrence of the event, expressed in completed solar years. The age classification used in this table is the following: under 15 years, 5–year age groups through 45–49 years 50 years and over, and age unknown.

Except where otherwise indicated, eight categories are used in classifying the number of previous live births: 0 through 5, 6 or more live births, and, if required, number of live births unknown.

The focus of the present table is on abortion as a social, rather than physiological, event. Differences among countries or areas in definition and in record–keeping would seem to preclude the collection of abortion data on any internationally comparable basis if abortion were defined solely in physiological terms. By restricting coverage to events that have been induced, the table avoids any distortion arising either from differences in definition or from differences in accuracy and comprehensiveness of the records kept concerning spontaneous foetal loss. By further restricting coverage to events performed under legal auspices, the table at least reduces (if it does not eliminate altogether) the likelihood of distortion arising from any reluctance to report the occurrence of such a procedure.

Insuffisance des données : En ce qui concerne les renseignements sur l'avortement, un grand nombre de sources sont utilisées [40], mais les relevés hospitaliers constituent la source la plus fréquente d'information. Il s'ensuit que la plupart des cas qui ne passent pas par les hôpitaux sont ignorés. Les données d'autres sources sont sans doute également incomplètes. Les données du tableau 13 se limitent aux avortements provoqués pour raisons légales dont on peut supposer, en raison de leur nature même, que les statistiques sont plus complètes que les données concernant l'ensemble des avortements provoqués.

Portée : Ce tableau présente des données sur les avortements provoqués pour raisons légales concernant 44 pays ou zones.

Données publiées antérieurement : Des statistiques des avortements provoqués pour raisons légales ont déjà été publiées dans toutes les éditions de l'Annuaire démographique depuis celle de 1971.

Tableau 11

Ce tableau présente des données sur les avortements provoqués pour des raisons légales, selon l'âge de la mère et le nombre de naissances vivantes antérieures, pour la dernière année pour laquelle ces données existent.

Descriptions des variables : Le terme avortement apparaît à deux reprises dans la Classification internationale des maladies, Révision 1965 [41]: a) comme maladie ou cause de décès de la femme [42], et b) comme maladie ou cause de décès du foetus [43]. Il est défini, en ce qui concerne la femme, comme toute interruption d'une grossesse avant la 28e semaine avec présence d'un foetus mort [44]. L'avortement peut être spontané ou provoqué. L'avortement provoqué est celui résulte de manoeuvres délibérées enterprises dans le dessein d'interrompre la grossesse; tous les autres avortements sont considérés comme spontanés [45]. Les Notes techniques au tableau 10 donnent plus de détails concernant la classification des avortements légaux.

L'âge est l'âge au dernier anniversaire, c'est–à–dire la différence entre la date de naissance et la date de l'avortement, exprimée en années solaires révolues. La classification par âge utilisée dans ce tableau est la suivante : moins de 15 ans, groupes quinquennaux jusqu'à 45 à 49 ans, 50 ans et plus, et âge inconnu.

Sauf indication contraire, les naissances vivantes antérieures sont classées dans les huit catégories suivantes : 0 à 5 naissances vivantes, 6 naissances vivantes ou plus et, le cas échéant, nombre de naissances vivantes inconnu.

Le tableau 11 cherche à présenter l'avortement comme un fait social plutôt que physiologique. Etant donné les différences qui existent entre les pays ou zones quant à la définition du terme et au comptage des cas, il paraît impossible, en partant d'une définition purement physiologique, d'obtenir des données permettant la moindre comparaison internationale. Comme la portée du tableau est limitée aux seuls avortements provoqués, on évite les déformations qui résulteraient de différences de définition ou de différences dans la précision ou l'exhaustivité des enregistrements des pertes foetales spontanées. Comme, de surcroît, il n'est question que des avortements légaux, les possibilités de distorsion qu'entraînerait l'hésitation à déclarer les avortements effectivement pratiqués sont réduites, sinon éliminées.

Reliability of data: Unlike data on live births and foetal deaths, which are generally collected through systems of vital registration, data on abortion are collected from a variety of sources. Because of this, the quality specification, showing the completeness of civil registers, which is presented for other tables, does not appear here.

Limitations: With regard to the collection of information on abortions, a variety of sources are used, but hospital records are the most common source of information. [46] This obviously implies that most cases which have no contact with hospitals are missed. Data from other sources are probably also incomplete. The data in the present table are limited to legally induced abortions which, by their nature, might be assumed to be more complete than data on all induced abortions.

In addition, deficiencies in reporting of age and number of previous live births of the woman, differences in the method used for obtaining the age of the woman, and the proportion of abortions for which age or previous live births of the woman are unknown must all be taken into account in using these data.

Coverage: Legally induced abortions by age and number of previous live births of women are shown for 32 countries or areas.

Data for ethnic or geographic segments of the population are included in the absence of national figures. These data are not presented as being representative of national–level statistics but as an index of the availability of statistics.

Earlier data: Legally induced abortions by age and previous live births of women have been shown previously in most issues of the Demographic Yearbook since the 1971 issue. For information on specific years covered, readers should consult the Index.

Fiabilité des données : A la différence des données sur les naissances vivantes et les morts foetales, qui proviennent généralement des registres d'état civil, les données sur l'avortement sont tirées de sources diverses. Aussi ne trouve–t–on pas ici une évaluation de la qualité des données semblable à celle qui indique, pour les autres tableaux, le degré d'exhaustivité des données de l'état civil.

Insuffisances des données : En ce qui concerne les renseignements sur l'avortement, un grand nombre de sources sont utilisées [46], mais les relevés hospitaliers constituent la source la plus fréquente d'information. Il s'ensuit que la plupart des cas qui ne passent pas par les hôpitaux sont ignorés. Les données d'autres sources sont sans doute également incomplètes. Les données du tableau 49 se limitent aux avortements provoqués pour raisons légales, dont on peut supposer, en raison de leur nature même, que les statistiques sont plus complètes ques les données concernant l'ensemble des avortements provoqués.

En outre, on doit tenir compte, lorsqu'on utilise ces données, des erreurs de déclaration de l'âge de la mère et du nombre des naissances vivantes précédentes, de l'hétérogénéité des méthodes de calcul de l'âge de la mère et de la proportion d'avortements pour lesquels l'âge de la mère ou le nombre des naissances vivantes ne sont pas connus.

Portée : Ce tableau présente des données sur les avortements provoqués pour raisons légales, selon l'âge de la mère et le nombre des naissances vivantes antérieures, pour 32 pays ou zones.

Lorsqu'il n'existait pas de chiffres nationaux, on a fait figurer des chiffres portant sur des groupes ethniques ou géographiques. Ces données ne se veulent pas représentatives sur le plan national et ne sont présentées que comme indice des statistiques disponibles.

Données publiées antérieurement : Des statistiques des avortements provoqués pour raisons légales, selon l'âge de la mère et le nombre de naissances vivantes antérieures, figurent déjà dans la plupart des éditions de l'Annuaire démographique depuis celle de 1971. Pour plus de précisions concernant les années pour lesquelles ces données ont été publiées, on se reportera à l'Index.

Table 12

Table 12 presents number of marriages and crude marriage rates by urban/rural residence for as many years as possible between 1988 and 1992.

Description of variables: Marriage is defined as the act, ceremony or process by which the legal relationship of husband and wife is constituted. The legality of the union may be established by civil, religious, or other means as recognized by the laws of each country. [47]

Marriage statistics in this table, therefore, include both first marriages and remarriages after divorce, widowhood or annulment. They do not, unless otherwise noted, include resumption of marriage ties after legal separation. These statistics refer to the number of marriages performed, and not to the number of persons marrying.

Tableau 12

Le tableau 12 présente des données sur les mariages et les taux bruts de nuptialité selon la résidence (urbaine/rurale) pour le plus grand nombre possible d'années entre 1988 et 1992.

Description des variables : Le mariage désigne l'acte, la cérémonie ou la procédure qui établit un rapport légal entre mari et femme. L'union peut être rendue légale par une procédure civile ou religieuse, ou par toute autre procédure, conformément à la législation du pays [47].

Les statistiques de la nuptialité présentées dans ce tableau comprennent donc les premiers mariages et les remariages faisant suite à un divorce, un veuvage ou une annulation. Toutefois, sauf indication contraire, elles ne comprennent pas les unions reconstituées après une séparation légale. Ces statistiques se rapportent au nombre de mariages célébrés, non au nombre de personnes qui se marient.

Statistics shown are obtained from civil registers of marriage. Exceptions, such as data from church registers, are identified in the footnotes.

The urban/rural classification of marriages is that provided by each country or area; it is presumed to be based on the national census definitions of urban population which have been set forth at the end of table 6.

Rate computation: Crude marriage rates are the annual number of marriages per 1 000 mid–year population.

Rates by urban/rural residence are the annual number of marriages, in the appropriate urban or rural category, per 1 000 corresponding mid–year population.

Rates presented in this table have been limited to those for countries or areas having at least a total of 100 marriages in a given year. Moreover, rates based on 30 or fewer marriages are identified by the symbol (◆).

These rates, unless otherwise noted, have been calculated by the Statistical Division of the United Nations.

Reliability of data: Each country or area has been asked to indicate the estimated completeness of the number of marriages recorded in its civil register. These national assessments are indicated by the quality codes C, U and ... that appear in the first column of this table.

C indicates that the data are estimated to be virtually complete, that is, representing at least 90 per cent of the marriages occurring each year, while U indicates that data are estimated to be incomplete, that is, representing less than 90 per cent of the marriages occurring each year. The code (...) indicates that no information was provided regarding completeness.

Data from civil registers which are reported as incomplete or of unknown completeness (coded U or ...) are considered unreliable. They appear in italics in this table. When data so coded are used to calculate rates, the rates also appear in italics.

These quality codes apply only to data from civil registers. For more information about the quality of vital statistics data in general, see section 4.2 of the Technical Notes.

Limitations: Statistics on marriages are subject to the same qualifications which have been set forth for vital statistics in general and marriage statistics in particular as discussed in section 4 of the Technical Notes.

Les statistiques présentées reposent sur l'enregistrement des mariages par les services de l'état civil. Les exceptions (données tirées des registres des églises, par exemple) font l'objet d'une note au bas du tableau.

La classification des mariages selon la résidence (urbaine/rurale) est celle qui a été fournie par chaque pays ou zone; il faut en conclure qu'elle repose sur les définitions de la population urbaine utilisées pour les recensements nationaux telles qu'elles sont reproduites à la fin du tableau 6.

Calcul des taux : Les taux bruts de nuptialité représentent le nombre annuel de mariages pour 1 000 habitants au milieu de l'année.

Les taux selon la résidence (urbaine/rurale) représentent le nombre annuel de mariages, classés selon la catégorie urbaine ou rurale appropriée, pour 1 000 habitants au milieu de l'année.

Les taux de ce tableau ne se rapportent qu'aux pays ou zones où l'on a enregistré un total d'au moins 100 mariages dans une année donnée. De plus, les taux calculés sur la base de 30 mariages ou moins, qui sont indiqués dans le tableau sont identifiés par le signe (◆).

Sauf indication contraire, ces taux ont été calculés par la Division de statistique de l'ONU.

Fiabilité des données : Il a été demandé à chaque pays ou zone d'indiquer le degré estimatif de complétude des données sur les mariages figurant dans ses registres d'état civil. Ces évaluations nationales sont désignées par les codes de qualité C, U et ... qui apparaissent dans la première colonne du tableau.

La lettre (C) indique que les données sont jugées à peu près complètes, c'est–à–dire qu'elles représentent au moins 90 p. 100 des mariages survenus chaque année; la lettre (U) indique que les données sont jugées incomplètes, c'est–à–dire qu'elles représentent moins de 90 p. 100 des mariages survenus chaque année. Le signe (...) indique qu'aucun renseignement n'a été fourni quant à la complétude des données.

Les données provenant des registres de l'état civil qui sont déclarées incomplètes ou dont le degré de complétude n'est pas connu (et qui sont affectées de la lettre (U) ou du signe (...) sont jugées douteuses. Elles apparaissent en italique dans le présent tableau. Lorsque ces données sont utilisées pour calculer des taux, ces taux apparaissent eux aussi en italique.

Ces codes de qualité ne s'appliquent qu'aux données tirées des registres de l'état civil. Pour plus de précisions sur la qualité des données reposant sur les statistiques de l'état civil en général, voir la section 4.2 des Notes techniques.

Insuffisance des données : Les statistiques des mariages appellent toutes les réserves qui ont été formulées à propos des statistiques de l'état civil en général et des statistiques de la nuptialité en particulier (voir explications figurant à la section 4 des Notes techniques).

The fact that marriage is a legal event, unlike birth and death which are biological events, has implications for international comparability of data. Marriage has been defined, for statistical purposes, in terms of the laws of individual countries or areas. These laws vary throughout the world. In addition, comparability is further limited because some countries or areas compile statistics only for civil marriages although religious marriages may also be legally recognized; in others, the only available records are church registers and, therefore, the statistics do not relate to marriages which are civil marriages only.

Because in many countries or areas marriage is a civil legal contract which, to establish its legality, must be celebrated before a civil officer, it follows that for these countries or areas registration would tend to be almost automatic at the time of, or immediately following, the marriage ceremony. This factor should be kept in mind when considering the reliability of data, described above. For this reason the practice of tabulating data by date of registration does not generally pose serious problems of comparability as it does in the case of birth and death statistics.

As indicators of family formation, the statistics on the number of marriages presented in this table are bound to be deficient to the extent that they do not include either customary unions, which are not registered even though they are considered legal and binding under customary law, or consensual unions (also known as extra–legal or de facto unions). In general, low marriage rates over a period of years are an indication of high incidence of customary or consensual unions. This is particularly evident in Africa and Latin America.

In addition, it should be noted that rates are affected also by the quality and limitations of the population estimates which are used in their computation. The problems of under–enumeration or over–enumeration and, to some extent, the differences in definition of total population have been discussed in section 3 of the Technical Notes dealing with population data in general, and specific information pertaining to individual countries or areas is given in the footnotes to table 3. In the absence of official data on total population, United Nations estimates of mid–year population have been used in calculating some of these rates.

As will be seen from the footnotes, strict correspondence between the numerator of the rate and the denominator is not always obtained; for example, marriages among civilian and military segments of the population may be related to civilian population. The effect of this may be to increase the rates or, if the population is larger than that from which the marriages are drawn, to decrease them, but, in most cases, it is probably negligible.

Le fait que le mariage soit un acte juridique, à la différence de la naissance et du décès, qui sont des faits biologiques, a des répercussions sur la comparabilité internationale des données. Aux fins de la statistique, le mariage est défini par la législation de chaque pays ou zone. Cette législation varie d'un pays à l'autre. La comparabilité est limitée en outre du fait que certains pays ne réunissent des statistiques que pour les mariages civils, bien que les mariages religieux y soient également reconnus par la loi; dans d'autres, les seuls relevés disponibles sont les registres des églises et, en conséquence, les statistiques ne rendent pas compte des mariages exclusivement civils.

Le mariage étant, dans de nombreux pays ou zones, un contrat juridique civil qui, pour être légal, doit être conclu devant un officier d'état civil, il s'ensuit que dans ces pays ou zones l'enregistrement se fait à peu près automatiquement au moment de la cérémonie ou immédiatement après. Il faut tenir compte de cet élément lorsqu'on étudie la fiabilité des données, dont il est question plus haut. C'est pourquoi la pratique consistant à exploiter les données selon la date de l'enregistrement ne pose généralement pas les graves problèmes de comparabilité auxquels on se heurte dans le cas des statistiques des naissances et des décès.

Les statistiques relatives au nombre des mariages présentées dans ce tableau donnent une idée forcément trompeuse de la formation des familles, dans la mesure où elles ne tiennent compte ni des mariages coutumiers, qui ne sont pas enregistrés bien qu'ils soient considérés comme légaux et créateurs d'obligations en vertu du droit coutumier, ni des unions consensuelles (appelées également unions non légalisées ou unions de fait). En général, un faible taux de nuptialité pendant un certain nombre d'années indique une proportion élevée de mariages coutumiers ou d'unions consensuelles. Le cas est particulièrement manifeste en ce qui concerne l'Afrique et l'Amérique latine.

Il convient de noter par ailleurs que l'exactitude des taux dépend également de la qualité et des insuffisances des estimations de population qui sont utilisées pour leur calcul. Le problème des erreurs par excès ou par défaut commises lors du dénombrement et, dans une certaine mesure, le problème de l'hétérogénéité des définitions de la population totale ont été examinés à la section 3 des Notes techniques relative à la population en général; des indications concernant les différents pays ou zones sont données en note au bas du tableau 3. Lorsqu'il n'existait pas de chiffres officiels sur la population totale, ce sont les estimations de la population en milieu d'année, établies par le Secrétariat de l'ONU, qui ont servi pour le calcul des taux.

Comme on le constatera d'après les notes, il n'a pas toujours été possible, pour le calcul des taux, d'obtenir une correspondance rigoureuse entre le numérateur et le dénominateur. Par exemple, les mariages parmi la population civile et les militaires sont parfois rapportés à la population civile. Cela peut avoir pour effet d'accroître les taux; au contraire, si la population de base englobe un plus grand nombre de personnes que celle dans laquelle les mariages ont été comptés, les taux seront plus faibles, mais, dans la plupart des cas, il est probable que la différence sera négligeable.

It should be emphasized that crude marriage rates — like crude birth, death and divorce rates — may be seriously affected by age—sex—marital structure of the population to which they relate. Like crude divorce rates they are also affected by the existing distribution of population by marital status. Nevertheless, crude marriage rates do provide a simple measure of the level and changes in marriage.

The comparability of data by urban/rural residence is affected by the national definitions of urban and rural used in tabulating these data. It is assumed, in the absence of specific information to the contrary, that the definitions of urban and rural used in connection with the national population census were also used in the compilation of the vital statistics for each country or area. However, the possibility cannot be excluded that, for a given country or area, the same definitions of urban and rural are not used for both the vital statistics data and the population census data. When known, the definitions of urban used in national population censuses are presented at the end of table 6. As discussed in detail in the Technical Notes for table 6, these definitions vary considerably from one country or area to another.

In addition to problems of comparability, marriage rates classified by urban/rural residence are also subject to certain special types of bias. If, when calculating marriage rates, different definitions of urban are used in connection with the vital events and the population data, and if this results in a net difference between the numerator and denominator of the rate in the population at risk, then the marriage rates would be biased. Urban/rural differentials in marriage rates may also be affected by whether the vital events have been tabulated in terms of place of occurrence or place of usual residence. This problem is discussed in more detail in section 4.1.4.1 of the Technical Notes.

Coverage: Marriages are shown for 127 countries or areas. Data are presented for urban/rural residence for 39 countries or areas.

Crude marriage rates are shown for 117 countries or areas. Rates are presented for urban/rural residence for 28 countries or areas.

Data for ethnic or geographic segments of the population are included in the absence of national figures. These data are not presented as being representative of national—level statistics but as an index of the availability of statistics.

Earlier data: Marriages and crude marriage rates have been shown in each issue of the Demographic Yearbook. For information on specific years covered, readers should consult the Index.

Il faut souligner que les taux bruts de nuptialité, de même que les taux bruts de natalité, de mortalité et de divortialité, peuvent varier sensiblement selon la structure par âge et par sexe de la population à laquelle ils se rapportent. Tout comme les taux bruts de divortialité, ils dépendent également de la répartition de la population selon l'état matrimonial. Les taux bruts de nuptialité offrent néanmoins un moyen simple de mesurer la fréquence et l'évolution des mariages.

La comparabilité des données selon la résidence (urbaine/rurale) peut être limitée par les définitions nationales des termes "urbain" et "rural" utilisées pour la mise en tableaux de ces données. En l'absence d'indications contraires, on a supposé que les définitions des termes "urbain" et "rural" utilisées pour le recensement national de la population avaient été utilisées pour l'établissement des statistiques de l'état civil pour chaque pays ou zone. Toutefois, on ne peut exclure la possibilité que, pour un pays ou zone donné les mêmes définitions des termes "urbain" et "rural" n'aient pas été utilisées dans les deux cas. Les définitions du terme "urbain" pour les recensements nationaux de population ont été présentées à la fin du tableau 6 lorsqu'elles étaient connues. Comme on l'a précisé en détail dans les Notes techniques relatives au tableau 6, ces définitions varient très sensiblement d'un pays ou d'une zone à l'autre.

Outre ces problèmes de comparabilité, les taux de nuptialité classés selon la résidence urbaine ou rurale sont également sujets à certains types particuliers d'erreurs. Si, lors du calcul de ces taux, des définitions différentes du terme "urbain" sont utilisées pour classer les faits d'état civil et les données relatives à la population, et s'il en résulte une différence nette entre le numérateur et le dénominateur pour le taux de la population exposée au risque, les taux de nuptialité s'en trouveront faussés. La différence entre ces taux pour les zones urbaines et rurales pourra aussi être faussée selon que les faits d'état civil auront été classés d'après le lieu de l'événement ou le lieu de résidence habituelle. Ce problème est examiné plus en détail à la section 4.1.4.1 des Notes techniques.

Portée : Ce tableau présente des données sur le nombre des mariages pour 127 pays ou zones. Les répartitions selon la résidence (urbaine/rurale) intéressent 39 pays ou zones.

Ce tableau présente des taux bruts de nuptialité pour 117 pays ou zones. Les répartitions selon la résidence (urbaine/rurale) intéressent 28 pays ou zones.

Lorsqu'il n'existait pas de chiffres nationaux, on a fait figurer des chiffres portant sur des groupes ethniques ou géographiques. Ces données ne se veulent pas représentatives sur le plan national, et ne sont présentées que comme indice des statistiques disponibles.

Données publiées antérieurement : Des données sur le nombre des mariages ont été présentées dans chaque édition de l'Annuaire démographique. Pour plus de précisions concernant les années pour lesquelles des données ont été publiées, se reporter à l'Index.

Table 13

Table 13 presents the marriages by age of groom and age of bride for the latest available year.

Tableau 13

Le tableau 13 tableau présente des statistiques des mariages classés selon l'âge de l'époux et selon l'âge de l'épouse pour la dernière année disponible.

Description of variables: Marriages [18] include both first marriages and remarriages after divorce, widowhood or annulment. They do not, unless otherwise noted, include resumption of marriage ties after legal separation.

Age is defined as age at last birthday, that is, the difference between the date of birth and the date of the occurrence of the event, expressed in completed solar years. The age classification used in this table is the following: under 15 years, 5-year age groups through 55-59, 60 years and over, and age unknown. The same classification is used for both grooms and brides.

To aid in the interpretation of data this table also provides information on the legal minimum age for marriage for grooms and the corresponding age for brides. Information is not available for all countries and, even for those for which data are at hand, there is confusion as to what is meant by "minimum age for marriage". In some cases, it appears to mean "age below which marriage is not valid without consent of parents or other specified persons"; in others, it is the "age below which valid marriage cannot be performed, irrespective of consent". Beginning in 1986, the countries or areas providing data on marriages by age of bride and groom were requested to specify "the minimum legal age at which marriage with parental consent can occur". The minimum age shown in this table comes primarily from responses to this request.

Reliability of data : Data from civil registers of marriages which are reported as incomplete (less than 90 per cent completeness) or of unknown completeness are considered unreliable and are set in italics rather than in roman type. Table 12 and the Technical Notes for that table provide more detailed information on the completeness of marriage registration. For more information about the quality of vital statistics data in general, see section 4.2 of the Technical Notes.

Limitations : Statistics on marriages by age of groom and age of bride are subject to the same qualifications as have been set forth for vital statistics in general and marriage statistics in particular as discussed in Section 4 of the Technical Notes.

The fact that marriage is a legal event, unlike birth and death which are biological events, has implications for international comparability of data. Marriage has been defined, for statistical purposes, in terms of the laws of individual countries or areas. These laws vary throughout the world. In addition, comparability is further limited because some countries or areas compile statistics only for civil marriages although religious marriages may also be legally recognized; in others, the only available records are church registers and, therefore, the statistics do not relate to marriages which are civil marriages only.

Because in many countries or areas marriage is a civil legal contract which, to establish its legality, must be celebrated before a civil officer, it follows that for these countries or areas registration would tend to be almost automatic at the time of, or immediately following, the marriage ceremony. This factor should be kept in mind when considering the reliability of data, described above. For this reason the practice of tabulating data by date of registration does not generally pose serious problems of comparability as it does in the case of birth and death statistics.

Description des variables : La notion de mariage [48] recouvre les premiers mariages et les remariages faisant suite à un divorce, un veuvage ou une annulation. Toutefois, sauf indication contraire, elle ne comprend pas les unions reconstituées après une séparation légale.

L'âge désigne l'âge au dernier anniversaire, c'est-à-dire la différence entre la date de naissance et la date de l'événement, exprimée en années solaires révolues. Le classement par âge utilisé dans le tableau 24 comprend les groupes suivants : moins de 15 ans, groupes quinquennaux jusqu'à 55 à 59 ans, 60 ans et plus, et âge inconnu. On a adopté la même classification pour les deux sexes.

Pour faciliter l'interprétation des données, ce tableau indique aussi l'âge minimal légal de nubilité pour le sexe masculin et pour le sexe féminin. On n'a pas à ce sujet de données pour tous les pays et, même lorsqu'on en possède, une certaine confusion subsiste sur ce qu'il faut entendre par "âge minimum du mariage". Dans certains cas, il semble qu'o; s'agisse de "l'âge au-dessous duquel le mariage n'est pas valide sans le consentement des parents ou d'autres personnes autorisées"; dans d'autres, ce serait "l'âge au-dessous duquel le mariage ne peut pas être valide, même avec le consentement des personnes responsables". A partir de 1986, il a été demandé aux pays ou zones qui fournissent des données sur les mariages selon l'âge de l'épouse et de l'époux de préciser l'âge de nubilité, à savoir l'âge minimum auquel le mariage peur avoir lien avec le consentement des parents". Les chiffres d'âge minimum qui apparaissent dans le tableau proviennent principalement de renseignements communiqués en réponse à cette demande.

Fiabilité des données : Les données sur les mariages provenant des registres de l'état civil qui sont déclarées incomplètes (degré de complétude inférieur à 90 p. 100) ou dont le degré de complétude n'est pas connu sont jugées douteuses et apparaissent en italique et non en caractères romains. Le tableau 12 et les Notes techniques s'y rapportant présentent des renseignements plus détaillés sur le degré de complétude de l'enregistrement des mariages. Pour plus de précisions sur la qualité des données reposant sur les statistiques de l'état civil en général, voir la section 4.2 des Notes techniques.

Insuffisance des données : Les statistiques des mariages selon l'âge de l'époux et selon l'âge de l'épouse appellent toutes les réserves qui ont été faites à propos des statistiques de l'état civil en général et des statistiques de la nuptialité en particulier (voir explications à la section 4 des Notes techniques).

Le fait que le mariage soit un acte juridique, à la différence de la naissance et du décès, qui sont des faits biologiques, a des répercussions sur la comparabilité internationale des données. Aux fins de la statistique, le mariage est défini par la législation de chaque pays ou zone. Cette législation varie d'un pays à l'autre. La comparabilité est limitée en outre du fait que certains pays ne réunissent des statistiques que pour les mariages civils, bien que les mariages religieux y soient également reconnus par la loi; dans d'autres, les seuls relevés disponibles sont les registres des églises et, en conséquence, les statistiques ne rendent pas compte des mariages exclusivement civils.

Le mariage étant, dans de nombreux pays ou zones, un contrat juridique civil qui, pour être légal, doit être conclu devant un officier d'état civil, il s'ensuit que, dans ces pays ou zones, l'enregistrement se fait à peu près automatiquement au moment de la cérémonie ou immédiatement après. Il fait tenir compte de cet élément lorsqu'on étudie la fiabilité des données, dont il est question plus haut. C'est pourquoi la pratique consistant à exploiter les données selon la date de l'enregistrement ne pose généralement pas les graves problèmes de comparabilité auxquels on se heurte dans le cas des statistiques des naissances et des décès.

Because these statistics are classified according to age, they are subject to the limitations with respect to accuracy of age reporting similar to those already discussed in connection with Section 3.1.3 of the Technical Notes. It is probable that biases are less pronounced in marriage statistics, because information is obtained from the persons concerned and since marriage is a legal act, the participants are likely to give correct information. However, in some countries or areas, there appears to be an abnormal concentration of marriages at the legal minimum age for marriage and at the age at which valid marriage may be contracted without parental consent, indicating perhaps an overstatment in some cases to comply with the law.

Aside from the possibility of age misreporting, it should be noted that marriage patterns at younger ages, that is, for ages up to 24 years, are indeed influenced to a large extent by laws regarding the minimum age for marriage. Information on legal minimum age for both grooms and brides is included in this table.

Factors which may influence age reporting particularly at older ages include an inclination to understate the age of bride in order that it may be equal to or less than that of the groom.

The absence of frequencies in the unknown age group does not necessarily indicate completely accurate reporting and tabulation of the age item. It is often an indication that the unknowns have been eliminated by assigning ages to them before tabulation, or by proportionate distribution after tabulation.

Another age–reporting factor which must be kept in mind in using these data is the variation which may result from calculating age at marriage from year of birth rather than from day, month and year of birth. Information on this factor is given in footnotes when known.

Coverage : Marriages by age of groom and age of bride are shown for 92 countries or areas.

Data for ethnic or geographic segments of the population are included in the absence of national figures. These data are not presented as being representative of national–level statistics but as an index of the availability of statistics.

Earlier data : Marriages by age of groom and age of bride have been shown for the latest available year in most issues of the Demographic Yearbook. In addition, issues, including those featuring marriage and divorce statistics, have presented data covering a period of years. For information on the years covered, readers should consult the Index.

Comme ces statistiques sont classées selon l'âge, elles appellent les mêmes réserves concernant l'exactitude des déclarations d'âge que celles dont il a déjà été fait mention dans la section 3.1.3 des Notes techniques. Il est probable que les statistiques de la nuptialité sont moins faussées par ce genre d'erreur, car les renseignements sont donnés par les intéressés eux–mêmes, et, comme le mariage et un acte juridique, il y a toutes chances pour que leurs déclarations soient exactes. Toutefois, dans certains pays ou zones, il semble y avoir une concentration anormale des mariages à l'âge minimal légal de nubilité ainsi qu'à l'âge auquel le mariage peut être valablement contracté sans le consentement des parents, ce qui peut indiquer que certains déclarants se vieillissent pour se conformer à la loi.

Outre la possibilité d'erreurs dans les déclarations d'âge, il convient de noter que la législation fixant l'âge minimal de nubilité influe notablement sur les caractéristiques de la nuptialité pour les premiers âges, c'est–à–dire jusqu'à 24 ans. Le tableau 25 indique l'âge minimal légal de nubilité pour les époux et les épouses.

Parmi les facteurs pouvant exercer une influence sur les déclarations d'âge, en particulier celles qui sont faites par des personnes plus âgées, il faut citer la tendance à diminuer l'âge de l'épouse de façon qu'il soit égal ou inférieur à celui de l'époux.

Si aucun nombre ne figure dans la colonne réservée aux âges inconnus, cela ne signifie pas nécessairement que les déclarations d'âge et l'exploitation des données par âge aient été tout à fait exactes. C'est souvent une indication que l'on a attribué un âge aux personnes d'âge inconnu avant l'exploitation des données ou que celles–ci ont été réparties proportionnellement entre les différents groupes après cette opération.

Il importe de ne pas oublier non plus, lorsqu'on utilisera ces données, que l'on calcule parfois l'âge des conjoints au moment du mariage sur la base de l'année de naissance seulement et non d'après la date exacte (jour, mois et année) de naissance. Des renseignements à ce sujet sont fournis en note chaque fois que faire se peut.

Portée : Ce tableau présente des statistiques des mariages selon l'âge de l'époux et selon l'âge de l'épouse pour 92 pays ou zones.

Lorsqu'il n'existait pas de chiffres nationaux, on a fait figurer des chiffres portant sur des groupes ethniques ou géographiques. Ces données ne se veulent pas représentatives sur le plan national et ne sont présentées que comme indice des statistiques disponibles.

Données publiées antérieurement : Des statistiques des mariages selon l'âge de l'époux et selon l'âge de l'épouse ont été présentées pour la dernière année disponible dans la plupart des éditions de l'Annuaire démographique. En outre, des éditions, y compris celles dont le sujet spécial était les statistiques de la nuptialité et de la divortialité, ont présenté des données qui portaient sur les périodes d'années. Pour plus de précisions concernant les années pour lesquelles ces données ont été publiées, on se reportera à l'Index.

Table 14

Table 14 presents number of divorces and crude divorce rates for as many years as possible between 1988 and 1992.

Tableau 14

Le tableau 14 présente des statistiques des divorces pour le plus grand nombre d'années possible entre 1988 et 1992.

Description of variables: Divorce is defined as a final legal dissolution of a marriage, that is, that separation of husband and wife which confers on the parties the right to remarriage under civil, religious and/or other provisions, according to the laws of each country. [49]

Unless otherwise noted, divorce statistics exclude legal separations which do not allow remarriage. These statistics refer to the number of divorces granted, and not to the number of persons divorcing.

Divorce statistics are obtained from court records and/or civil registers according to national practice. The actual compilation of these statistics may be the responsibility of the civil registrar, the national statistical office or other government offices.

Rate computation: Crude divorce rates are the annual number of divorces per 1 000 mid–year population.

Rates presented in this table have been limited to those for countries or areas having at least a total of 100 divorces in a given year.

These rates, unless otherwise noted, have been calculated by the Statistical Division of the United Nations.

Reliability of data: Each country or area has been asked to indicate the estimated completeness of the divorces recorded in its civil register. These national assessments are indicated by the quality codes C, U and ... that appear in the first column of this table.

C indicates that the data are estimated to be virtually complete, that is, representing at least 90 per cent of the divorces occurring each year, while U indicates that data are estimated to be incomplete, that is, representing less than 90 per cent of the divorces occurring each year. The code (...) indicates that no information was provided regarding completeness.

Data from civil registers which are reported as incomplete or of unknown completeness (coded U or ...) are considered unreliable. They appear in italics in this table. When data so coded are used to calculate rates, the rates also appear in italics.

These quality codes apply only to data from civil registers. For more information about the quality of vital statistics data in general, see section 4.2 of the Technical Notes.

Limitations: Statistics on divorces are subject to the same qualifications as have been set forth for vital statistics in general and divorce statistics in particular as discussed in section 4 of the Technical Notes.

Description des variables : Le divorce est la dissolution légale et définitive des liens du mariage, c'est–à–dire la séparation de l'époux et de l'épouse qui confère aux parties le droit de se remarier civilement ou religieusement, ou selon toute autre procédure, conformément à la législation du pays [49].

Sauf indication contraire, les statistiques de la divortialité n'englobent pas les séparations légales qui excluent un remariage. Ces statistiques se rapportent aux jugements de divorce prononcés, non aux personnes divorcées.

Les statistiques de la divortialité sont tirées, selon la pratique suivie par chaque pays, des actes des tribunaux et/ou des registres de l'état civil. L'officier d'état civil, les services nationaux de statistique ou d'autres services gouvernementaux peuvent être chargés d'établir ces statistiques.

Calcul des taux : Les taux bruts de divortialité représentent le nombre annuel de divorces enregistrés pour 1 000 habitants au milieu de l'année.

Les taux de ce tableau ne se rapportent qu'aux pays ou zones où l'on a enregistré un total d'au moins 100 divorces dans une année donnée.

Sauf indication contraire, ces taux ont été calculés par la Division de statistique de l'ONU.

Fiabilité des données : Il a été demandé à chaque pays ou zone d'indiquer le degré estimatif de complétude des données sur les divorces figurant dans ses registres d'état civil. Ces évaluations nationales sont désignées par les codes de qualité (C), (U) et (...) qui apparaissent dans la première colonne du tableau.

La lettre (C) indique que les données sont jugées à peu près complètes, c'est–à–dire qu'elles représentent au moins 90 p. 100 des divorces survenus chaque année; la lettre (U) indique que les données sont jugées incomplètes, c'est–à–dire qu'elles représentent moins de 90 p. 100 des divorces survenus chaque année. Le signe (...) indique qu'aucun renseignement n'a été fourni quant à la complétude des données.

Les données provenant des registres de l'état civil qui sont déclarées incomplètes ou dont le degré de complétude n'est pas connu (et qui sont affectées de la lettre (U) ou du signe (...) sont jugées douteuses. Elles apparaissent en italique dans le présent tableau. Lorsque ces données sont utilisées pour calculer des taux, ces taux apparaissent eux aussi en italique.

Ces codes de qualité ne s'appliquent qu'aux données tirées des registres de l'état civil. Pour plus de précision sur la qualité des données reposant sur les statistiques de l'état civil en général, voir la section 4.2 des Notes techniques.

Insuffisance des données : Les statistiques des divorces appellent toutes les réserves qui ont été formulées à propos des statistiques de l'état civil en général et des statistiques de divortialité en particulier (voir explications figurant à la section 4 des Notes techniques).

Divorce, like marriage, is a legal event, and this has implications for international comparability of data. Divorce has been defined, for statistical purposes, in terms of the laws of individual countries or areas. The laws pertaining to divorce vary considerably from one country or area to another. This variation in the legal provision for divorce also affects the incidence of divorce, which is relatively low in countries or areas where divorce decrees are difficult to obtain.

Since divorces are granted by courts and statistics on divorce refer to the actual divorce decree, effective as of the date of the decree, marked year–to–year fluctuations may reflect court delays and clearances rather than trends in the incidence of divorce. The comparability of divorce statistics may also be affected by tabulation procedures. In some countries or areas annulments and/or legal separations may be included. This practice is more common for countries or areas in which the number of divorces is small. Information on this practice is given in the footnotes when known.

Because the registration of a divorce in many countries or areas is the responsibility solely of the court or the authority which granted it, and since the registration record in such cases is part of the records of the court proceedings, it follows that divorces are likely to be registered soon after the decree is granted. For this reason the practice of tabulating data by date of registration does not generally pose serious problems of comparability as it does in the case of birth and death statistics.

As noted briefly above, the incidence of divorce is affected by the relative ease or difficulty of obtaining a divorce according to the laws of individual countries or areas. The incidence of divorce is also affected by the ability of individuals to meet financial and other costs of the court procedures. Connected with this aspect is the influence of certain religious faiths on the incidence of divorce. For all these reasons, divorce statistics are not strictly comparable as measures of family dissolution by legal means. Furthermore, family dissolution by other than legal means, such as separation, is not measured in statistics for divorce.

For certain countries or areas there is or was no legal provision for divorce in the sense used here, and therefore no data for these countries or areas appear in this table.

In addition, it should be noted that rates are affected also by the quality and limitations of the population estimates which are used in their computation. The problems of under–enumeration or over–enumeration, and, to some extent, the differences in definition of total population, have been discussed in section 3 of the Technical Notes dealing with population data in general, and specific information pertaining to individual countries or areas is given in the footnotes to table 3. In the absence of official data on total population, United Nations estimates of mid–year population have been used in calculating some of these rates.

Le divorce est, comme le mariage, un acte juridique, et ce fait influe sur la comparabilité internationale des données. Aux fins de la statistique, le divorce est défini par la législation de chaque pays ou zone. La législation sur le divorce varie considérablement d'un pays ou d'une zone à l'autre, ce qui influe aussi sur la fréquence des divorces qui est relativement faible dans les pays ou zones où le jugement de divorce est difficile à obtenir.

Comme les divorces sont prononcés par les tribunaux et que les statistiques de la divortialité se rapportent aux jugements de divorce proprement dits qui prennent effet à la date où ces jugements sont rendus, il se peut que des fluctuations annuelles accusées traduisent le rythme plus ou moins rapide auquel les affaires sont jugées plutôt que l'évolution de la fréquence des divorces. Les méthodes d'exploitation des données peuvent aussi influer sur la comparabilité des statistiques de la divortialité. Dans certains pays ou zones, ces statistiques peuvent comprendre les annulations et/ou les séparations légales. C'est fréquemment le cas, en particulier dans les pays ou zones où les divorces sont peu nombreux. Lorsqu'ils sont connus, des renseignements à ce propos sont indiqués dans une note au bas du tableau.

Comme dans de nombreux pays ou zones, le tribunal ou l'autorité qui a prononcé le divorce est seul habilité à enregistrer cet acte, et, comme l'acte d'enregistrement figure alors sur les registres du tribunal, l'enregistrement suit généralement de peu le jugement. C'est pourquoi la pratique consistant à exploiter les données selon la date de l'enregistrement ne pose généralement pas les graves problèmes de comparabilité auxquels on se heurte dans le cas des statistiques des naissances et des décès.

Comme on l'a brièvement mentionné ci–dessus, la fréquence des divorces est fonction notamment de la facilité relative avec laquelle la législation de chaque pays ou zone permet d'obtenir le divorce. La fréquence des divorces dépend également de la capacité des intéressés à supporter les frais de procédure. A cet égard, il convient de citer aussi l'influence de certaines religions sur la fréquence des divorces. Pour toutes ces raisons, les statistiques de divortialité ne sont pas rigoureusement comparables et ne permettent pas de mesurer exactement la fréquence des dissolutions légales de mariages. De plus, les statistiques de la divortialité ne rendent pas compte des cas de dissolution extrajudiciaire du mariage, comme la séparation.

Dans certains pays ou zones, il n'existe ou il n'existait pas de législation sur le divorce selon l'acceptation retenue aux fins du présent tableau, si bien qu'on n'y trouve aucune indication pour ces pays ou zones.

Il convient de noter par ailleurs que l'exactitude des taux dépend également de la qualité et des insuffisances des estimations de population qui sont utilisées pour leur calcul. Le problème des erreurs par excès ou par défaut commises lors du dénombrement et, dans une certaine mesure, le problème de l'hétérogénéité des définitions de la population totale ont été examinés à la section 3 des Notes techniques relatives à la population en général; des indications concernant les différents pays ou zones sont données en note au bas du tableau 3. Lorsqu'il n'existait pas de chiffres officiels sur la population totale, ce sont les estimations de la population en milieu d'année, établies par le Secrétariat de l'ONU, qui ont servi pour le calcul des taux.

As will be seen from the footnotes, strict correspondence between the numerator of the rate and the denominator is not always obtained; for example, divorces among civilian plus military segments of the population may be related to civilian population. The effect of this may be to increase the rates or, if the population is larger than that from which the divorces are drawn, to decrease them but, in most cases, it is probably negligible.

As mentioned above, data for some countries or areas may include annulments and/or legal separations. This practice will affect the comparability of the crude divorce rates. For example, inclusion of annulments in the numerator of the rates produces a negligible effect on the rates, but inclusion of legal separations may have a measurable effect on the level.

It should be emphasized that crude divorce rates—like crude birth, death and marriage rates—may be seriously affected by age–sex structure of the populations to which they relate. Like crude marriage rates, they are also affected by the existing distribution of the population by marital status. Nevertheless, crude divorce rates do provide a simple measure of the level and changes in divorce.

Coverage: Divorces are shown for 105 countries or areas.

Crude divorce rates are shown for 93 countries or areas.

Data for ethnic or geographical segments of the population are included in the absence of national figures. These data are not presented as being representative of national–level statistics but as an index of the availability of statistics.

Earlier data: Divorces have been shown in previous issues of the Demographic Yearbook. The earliest data, which were for 1935, appeared in the 1951 issue. For information on specific years covered, readers should consult the Index.

Comme on le verra dans les notes, il n'a pas toujours été possible, pour le calcul des taux, d'obtenir une correspondance rigoureuse entre le numérateur et le dénominateur. Par exemple, les divorces parmi la population civile et les militaires sont parfois rapportés à la population civile. Cela peut avoir pour effet d'accroître les taux; au contraire, si la population de base englobe un plus grand nombre de personnes que celle dans laquelle les divorces ont été comptés, les taux seront plus faibles, mais, dans la plupart des cas, il est probable que la différence sera négligeable.

Comme il est indiqué plus haut, les données fournies pour certains pays ou zones peuvent comprendre les annulations et/ou les séparations légales. Cette pratique influe sur la comparabilité des taux bruts de divortialité. Par exemple, l'inclusion des annulations dans le numérateur a une influence négligeable, mais l'inclusion des séparations légales peut avoir un effet appréciable sur le niveau du taux.

Il faut souligner que les taux bruts de divortialité, de même que les taux bruts de natalité, de mortalité et de nuptialité, peuvent varier sensiblement selon la structure par âge et par sexe. Comme les taux bruts de nuptialité, ils peuvent également varier du fait de la répartition de la population selon l'état matrimonial. Les taux bruts de divortialité offrent néanmoins un moyen simple de mesurer la fréquence et l'évolution des divorces.

Portée : Ce tableau présente des statistiques des divorces pour 105 pays ou zones.

Ce tableau présente des taux bruts de divortialité pour 93 pays ou zones.

Lorsqu'il n'existait pas de chiffres nationaux, on a fait figurer des chiffres portant sur des groupes ethniques ou géographiques. Ces données ne se veulent pas représentatives sur le plan national et ne sont présentées que comme indice des statistiques disponibles.

Données publiées antérieurement : Des statistiques des divorces ont déjà été présentées dans des éditions antérieures de l'Annuaire démographique. Les plus anciennes, qui portaient sur 1935, ont été publiées dans l'édition de 1951. Pour plus de précisions concernant les années pour lesquelles ces données ont été publiées, on se reportera à l'Index.

Table 15

Table 15 presents live births and crude live–birth rates by urban/rural residence for as many years as possible between 1983 and 1992.

Description of variables : Live birth is defined as the complete expulsion or extraction from its mother of a product of conception, irrespective of the duration of pregnancy, which after such separation, breathes or shows any other evidence of life such as beating of the heart, pulsation of the umbilical cord, or definite movement of voluntary muscles, whether or not the umbilical cord has been cut or the placenta is attached; each product of such a birth is considered live–born regardless of gestational age. [50]

Tableau 15

Le tableau 15 présente des données sur les naissances vivantes et les taux bruts de natalité selon la résidence (urbaine/rurale) pour le plus grande nombre d'années possible entre 1983 et 1992.

Description des variables : La naissance vivante est l'expulsion ou l'extraction complète du corps de la mère, indépendamment de la durée de gestation, d'un produit de la conception qui, apèrs cette séparation, respire ou manifeste tout autre signe de vie, tel que battement de coeur, pulsation du cordon ombilical ou contraction effective d'un muscle soumis à l'action de la volonté, que le cordon ombilical ait été coupé ou non et que le placenta soit ou non demeuré attaché; tout produit d'une telle naissance est considéré comme "enfant né vivant" [50].

Statistics on the number of live births are obtained from civil registers unless otherwise noted. For those countries or areas where civil registration statistics on live births are considered reliable (estimated completeness of 90 per cent or more) the birth rates shown have been calculated on the basis of registered live births. However, for countries or areas where civil registration of live births is non–existent or considered unreliable (estimated completeness of less than 90 per cent or of unknown completeness), estimated rates are presented whenever possible instead of the rates based on the registered births. These estimated rates are identified by a footnote. Officially estimated rates using well–defined estimation procedures and sources whether based on census or sample survey data are given first priority. If such estimates are not available, rates estimated by the Population Division of the United Nations Secretariat are presented.

The urban–rural classification of births is that provided by each country or area; it is presumed to be based on the national census definitions of urban population that have been set forth at the end of table 6.

Rate computation : Crude live–birth rates are the annual number of live births per 1 000 mid–year population.

Rates by urban/rural residence are the annual number of live births, in the appropriate urban and rural category, per 1 000 corresponding mid–year population.

Rates presented in this table have not been limited to those countries or areas having a minimum number of live births in a given year. However, rates based on 30 or fewer live births are identified by the symbol (◆).

These rates, unless otherwise noted, have been calculated by the Statistical Division of the United Nations.

In addition, some rates have been obtained from sample surveys, from analysis of consecutive population census results, and from the application of the "reverse–survival" method, which consists of increasing the number of children of a given age group recorded in a census or sample survey, by a life–table survival coefficient, so as to estimate the number of births from which these children are survivors. To distinguish them from civil registration data, estimated rates are identified by a footnote.

Reliability of data : Each country or area has been asked to indicate the estimated completeness of the live births recorded in its civil register. These national assessments are indicated by the quality codes C, U and ... that appear in the first column of this table.

Sauf indication contraire, les statistiques du nombre de naissances vivantes sont établies sur la base des registres de l'état civil. Pour les pays ou zones où les statistiques tirées de l'enregistrement des naissances vivantes par les services de l'état civil sont jugées sûres (complétude estimée à 90 p. 100 ou plus), les taux de natalité indiqués ont été calculés d'après les naissances vivantes enregistrées. En revanche, pour les pays ou zones où l'enregistrement des naissances vivantes par les services de l'état civil n'existe pas ou est de qualité douteuse (complétude estimée à moins de 90 p. 100 ou degré de complétude inconnu), on a présenté, autant que possible, des taux estimatifs et non des taux fondés sur les naissances enregistrées. Lorsque tel était le cas, on l'a signalé en note au bas du tableau. On a retenu en priorité les taux estimatifs officiels établis d'après des méthodes d'estimation et des sources bien définies, qu'il s'agisse de données de recensement ou de résultats d'enquêtes par sondage. Lorsqu'on ne disposait pas d'estimation de ce genre, on a présenté les taux estimatifs établis par la Division de la population du Secrétariat de l'ONU.

La classification des naissances selon la résidence (urbaine/rurale) est celle qui a été fournie par chaque pays ou zone; il faut en conclure qu'elle repose sur les définitions de la population urbaine utilisées pour les recensements nationaux telles qu'elles sont reproduites à la fin du tableau 6.

Calcul des taux : Les taux bruts de natalité représentent le nombre annuel de naissances vivantes pour 1 000 habitants au milieu de l'année.

Les taux selon la résidence (urbaine/rurale) représentent le nombre annuel de naissances vivantes, classées selon la catégorie urbaine ou rurale appropriée pour 1 000 habitants au milieu de l'année.

Les taux présentés dans ce tableau ne se rapportent pas aux seuls pays où l'on a enregistré en certain nombre minimal de naissances vivantes au cours d'une année donnée. Toutefois, les taux qui sont fondés sur 30 naissances vivantes ou moins sont identifiés par le signe (◆).

Ces taux, sauf indication contraire, ont été calculés par la Division de statistique de l'ONU.

En outre, certains taux ont été obtenus à partir des résultats d'enquêtes par sondage, par l'analyse des données de recensements consécutifs et par la méthode de la projection rétrospective, qui consiste à accroître le nombre d'enfants d'un groupe d'âge donné enregistré lors d'un recensement ou d'une enquête par sondage, en appliquant le coefficient de survie d'une table de mortalité de manière à estimer le nombre de naissances de la cohorte dont ces enfants sont les survivants. Pour les distinguer des données qui proviennent des registres de l'état civil, ces taux estimatifs ont été identifiées par une note au bas du tableau.

Fiabilité des données : Il a été demandé à chaque pays ou zone d'indiquer le degré estimatif de complétude des données sur les naissances vivantes figurant dans ses registres d'état civil. Ces évaluations nationales sont désignées par les codes de qualité "C", "U", et "..." qui apparaissent dans la première colonne du tableau.

C indicates that the data are estimated to be virtually complete, that is, representing at least 90 per cent of the live births occurring each year, while U indicates that data are estimated to be incomplete, that is, representing less than 90 per cent of the live births occurring each year. The code ... indicates that no information was provided regarding completeness.

Data from civil registers which are reported as incomplete or of unknown completeness (coded U or...) are considered unreliable. They appear in italics in this table. When data so coded are used to calculate rates, the rates also appear in italics.

These quality codes apply only to data from civil registers. If a series of data for a country or area contains both data from a civil register and estimated data from, for example, a sample survey, then the code applies only to the registered data. If only estimated data are presented, the symbol .. is shown instead of the quality code. For more information about the quality of vital statistics data in general, and the information available on the basis of the completeness estimates in particular, see section 4.2 of the Technical Notes.

Limitations : Statistics on live births are subject to the same qualifications as have been set forth for vital statistics in general and birth statistics in particular as discussed in section 4 of the Technical Notes.

The reliability of data, an indication of which is described above, is an important factor in considering the limitations. In addition, some live births are tabulated by date of registration and not by date of occurrence; these have been indicated by a (+). Whenever the lag between the date of occurrence and date of registration is prolonged and, therefore, a large proportion of the live–birth registrations are delayed, birth statistics for any given year may be seriously affected.

Another factor which limits international comparability is the practice of some countries or areas not to include in live–birth statistics infants who were born alive but died before the registration of the birth or within the first 24 hours of life, thus underestimating the total number of live births. Statistics of this type are footnoted.

In addition, it should be noted that rates are affected also by the quality and limitations of the population estimates which are used in their computation. The problems of under–enumeration or over–overenumeration and, to some extent, the differences in definition of total population have been discussed in section 3 of the Technical Notes dealing with population data in general, and specific information pertaining to individual countries or areas is given in the footnotes to table 3. In the absence of official data on total population, United Nations estimates of mid–year population have been used in calculating some of these rates.

Le lettre "C" indique que les données sont jugées à peu près complètes, c'est–à–dire qu'elles représentent au moins 90 p. 100 des naissances vivantes survenues chaque année; la lettre "U" indique que les données sont jugées incomplètes, c'est–à–dire qu'elles représentent moins de 90 p. 100 des naissances vivantes survenues chaque année. Le signe "..." indique qu'aucun renseignement n'a été fourni quant à la complétude des données.

Les données provenant des registres de l'état civil qui sont déclarées incomplètes ou dont le degré de complétude n'est pas connu (et qui sont affectées de la lettre "U" ou du signe "...") sont jugées douteuses. Elles apparaissent en italique dans le présent tableau. Lorsque ces données sont utilisées pour calculer des taux, ces taux apparaissent eux aussi en italique.

Ces codes de qualité ne s'appliquent qu'aux données tirées des registres de l'état civil. Si une série de données pour un pays ou une zone contient à la fois des données provenant des registres de l'état civil et des estimations calculées, par exemple, sur la base d'enquêtes par sondage, le code s'applique uniquement aux données d'enregistrement. Si l'on ne présente que des données estimatives, le signe ".." est utilisé à la place du code de qualité. Pour plus de précisions sur la qualité des données reposant sur les statistiques de l'état civil en général, voir la section 4.2 des Notes techniques, qui fournit aussi des renseignements fondés sur les estimations de complétude.

Insuffisance des données : Les statistiques des naissances vivantes appellent toutes les réserves qui ont été faites à propos des statistiques de l'état civil en général et des statistiques des naissances en particulier (voir explications données à la section 4 des Notes techniques).

La fiabilité des données, au sujet de laquelle des indications ont été fournies plus haut, est un facteur important. Il faut également tenir compte du fait que, dans certains cas, les données relatives aux naissances vivantes sont exploitées selon la date de l'enregistrement et non la date de l'événement; ces cas ont été identifiés par le signe (+). Là où le décalage entre l'événement et son enregistrement est grand, c'est–à–dire là où une forte proportion des naissances vivantes fait l'objet d'un enregistrement tardif, les statistiques des naissances vivantes pour une année donnée peuvent être sérieusement faussées.

Un autre facteur qui nuit à la comparabilité internationale est la pratique de certains pays ou zones qui consiste à ne pas inclure dans les statistiques des naissances vivantes les enfants nés vivants mais décédés avant l'enregistrement de leur naissance ou dans les 24 heures qui ont suivi la naissance, pratique qui conduit à sous–estimer le nombre total de naissances vivantes. Quand tel était la cas, on l'a signalé en note au bas du tableau.

Il convient de noter par ailleurs que l'exactitude des taux dépend également de la qualité et des insuffisances des estimations de population qui sont utilisées pour leur calcul. Le problème des erreurs par excès ou par défaut commises lors du dénombrement et, dans une certain mesure, le problème de l'hétérogénéité des définitions de la population totale ont été examinés à la section 3 des Notes techniques relative à la population en général; des indications concernant les différents pays ou zones sont données en note au bas du tableau 3. Lorsqu'il n'existait pas de chiffres officiels sur la population totale, ce sont les estimations de la population en milieu d'année, établies par le Secrétariat de l'ONU, qui ont servi pour le calcul des taux.

The rates estimated from the results of sample surveys are subject to possibilities of considerable error as a result of omissions in reporting of births, or as a result of erroneous reporting of events occurred outside the reference period. However, rates estimated from sample surveys do have an outstanding advantage, and that is the availability of a built–in and strictly corresponding population base. The accuracy of the birth rates estimated by the ''reverse–survival'' method is affected by several factors, the most important of which are the accuracy of the count of children in the age groups used and errors in the survival coefficients.

It should be emphasized that crude birth rates—like crude death, marriage and divorce rates—may be seriously affected by the age–sex structure of the populations to which they relate. Nevertheless, they do provide simple measure of the level of and changes in natality.

The comparability of data by urban/rural residence is affected by the national definitions of urban and rural used in tabulating these data. It is assumed, in the absence of specific information to the contrary, that the definitions of urban and rural used in connection with the national population census were also used in the compilation of the vital statistics for each country or area. However, the possiblity cannot be excluded that, for a given country or area, the same definitions of urban and rural are not used for both the vital statistics data and the population census data. When known, the definitions of urban used in national population censuses are presented at the end of table 6. As discussed in detail in the Technical Notes for table 6, these definitions vary considerably from one country or area to another.

In addition to problems of comparability, vital rates classifced by urban/rural residence are also subject to certain special types of bias. If, when calculating vital rates, different definitions or urban are used in connection with the vital events and the population data and if this results in a net difference between the numerator and denominator of the rate in the population at risk, then the vital rates would be biased. Urban/rural differentials in vital rates may also be affected by whether the vital events have been tabulated in terms of place of occurrence or place of usual residence. This problem is discussed in more detail in section 4.1.4.1 of the Technical Notes.

Coverage : Live births are shown for 164 countries or areas. Data are presented by urban/rural residence for 74 countries or areas.

Crude live–birth rates are shown for 217 countries or areas. Rates are presented by urban/rural residence for 57 countries or areas.

Data for ethnic or geographical segments of the population are included in the absence of national figures. These data are not presented as being representative of national–level statistics but as an index of the availability of statistics.

Les taux estimatifs fondés sur les résultats d'enquêtes par sondage comportent des possiblilités d'erreurs considérables dues soit à des omissions dans les déclarations, soit au fait que l'on a déclaré à tort des naissances survenues en réalité hors de la période considérée. Toutefois, les taux estimatifs fondés sur les résultats d'enquêtes par sondage présentent un gros avantage: le chiffre de population utilisé comme base est, par définition, connu rigoureusement correspondant. L'exactitude des taux de natalité estimés selon la méthode de la projection rétrospective dépend de plusieurs facteurs, dont les principaux sont l'exactitude du dénombrement des enfants des groupes d'âge utilisés et les erreurs dans les coefficients de survie.

Il faut souligner que les taux bruts de natalité, de même que les taux bruts de mortalité, de nuptialité et de divortialité, peuvent varier très sensiblement selon la structure par âge et par sexe de la population à laquelle ils se rapportent. Ils offrent néanmoins un moyen simple de mesurer le niveau et l'évolution de la natalité.

La comparabilité des données selon la résidence (urbaine/rurale) peut être limitée par les définitions nationales des termes ''urbain'' et ''rural'' utilisées pour la mise en tableaux de ces données. En l'absence d'indications contraires, on a supposé que les définitions des termes ''urbain'' et ''rural'' pour le recensement national de la population avaient été utilisées pour le recensement national de la population et pour l'établissement des statistiques de l'état civil pour chaque pays ou zone. Toutefois, on ne peut exclure la possiblité que, pour un pays ou zone donné les mêmes définitions des termes ''urbain'' et ''rural'' n'aient pas été utilisées dans les deux cas. Les définitions du terme ''urbaine'' pour les recensements nationaux de population ont été présentées à la fin du tableau 6 lorsqu'elles étaient connues. Comme on l'a précisé en détail dans les Notes techniques relatives au tableau 6, ces définitions varient très sensiblement d'un pays ou d'une zone à l'autre.

Outre ces problèmes de comparabilité, les taux démographiques classés selon la résidence (urbaine/rurale) sont également sujets à certains types particuliers d'erreurs. Si, lors du calcul de ces taux, des définitions différentes du terme ''urbain'' sont utilisées pour classer les faits d'état civil et les données relatives à la population et s'il en résulte une différence nette entre le numérateur et le dénominateur pour le taux de la population exposée au risque, les taux démographiques s'en trouveront faussés. La différence entre ces taux pour les zones urbaines et rurales pourra aussi être faussée selon que les faits d'état civil auront été classés d'après le lieu de l'événement ou le lieu de résidence habituelle. Ce problème est examiné plus en détail à la section 4.1.4.1 des Notes techniques.

Portée : Le tableau 15 présente des statistiques des naissances vivantes pour 164 pays ou zones. Les répartitions selon la résidence (urbaine/rurale) intéressent 74 pays ou zones.

Le tableau 15 présente également des taux bruts de natalité pour 217 pays ou zones. Les taux selon la résidence (urbaine/rurale) intéressent 57 pays ou zones.

Lorsqu'il n'existait pas de chiffres nationaux, on a fait figurer des chiffres portant sur des groupes ethniques ou géographiques. Ces données ne se veulent pas représentatives sur le plan national et ne sont présentées que comme indice des statistiques disponibles.

Earlier data : Live births and crude live birth rates have been shown in each issue of the Demographic Yearbook. Data included in this table update the series covering a period of years as follows :

Issue	Years covered
1986	1967–1986
1981	1962–1981
Historical Supplement	1948–1977

For further information on years covered prior to 1948, readers should consult the Index.

Données publiées antérieurement : Des données sur les naissances vivantes et des taux bruts de natalité ont été présentés dans chaque édition de l'Annuaire démographique. Les données présentées dans ce tableau mettent à jour les périodes d'années suivantes :

Edition	Années considérées
1986	1967–1986
1981	1962–1981
Supplément rétrospectif	1948–1977

Pour plus de précisions concernant les années antérieur à 1948, on reportera à l'Index.

Table 16

Table 16 presents live births by age of mother, sex and urban/rural residence for as many years as possible between 1983 and 1992.

Description of variables : Age is defined as age at last birthday, that is, the difference between the date of birth and the date of the occurrence of the event, expressed in completed solar years. The age classification used in this table is the following : under 15 years, 5–year age groups through 45–49 years, 50 years and over, and age unknown.

The urban/rural classification of births is that provided by each country or area; it is presumed to be based on the national census definitions of urban population that have been set forth at the end of table 6.

Reliability of data : Data from civil registers of live births which are reported as incomplete (less than 90 per cent completeness) or of unknown completeness are considered unreliable and are set in italics rather than in roman type. Table 15 and the Technical Notes for that table provided more detailed information on the completeness of live–birth registration. For more information about the quality of vital statistics data in general, and the information available on the basis of the completeness estimates in particular, see section 4.2 of the Technical Notes.

Limitations : Statistics on live births by age of mother are subject to the same qualifications as have been set forth for vital statistics in general and birth statistics in particular as discussed in section 4 of the Technical Notes.

Tableau 16

Le tableau 16 présente des données sur les naissances vivantes selon l'âge de la mère, le sexe de l'enfant et la résidence (urbaine/rurale) pour le plus grand nombre d'années possible entre 1983 et 1992.

Description des variables : L'âge désigne l'âge au dernier anniversaire, c'est–à–dire la différence entre la date de naissance et la date de l'événement exprimée en années solaires révolues. La classification par âge utilisée dans ce tableau comprend les catégories suivantes : moins de 15 ans, groupes quinquennaux jusqu'à 45 à 49 ans, 50 ans et plus, et âge inconnu.

La classification des naissances selon la résidence (urbaine/rurale) est celle qui a été fournie par chaque pays ou zone; il faut en conclure qu'elle repose sur les définitions de la population urbaine utilisées pour les recensements nationaux, telles qu'elles sont reproduites à la fin du tableau 6.

Fiabilité des données : Les données sur les naissances vivantes provenant des registres de l'état civil qui sont déclarées incomplètes (degré de complétude inférieur à 90 p. 100) ou dont le degré de complétude n'est pas connu sont jugées douteuses et apparaissent en italique et non en caractères romains. Le tableau 15 et les Notes techniques se rapportant à ce tableau présentent des renseignements plus détaillés sur le degré de complétude de l'enregistrement des naissances vivantes. Pour plus de précisions sur la qualité des données reposant sur les statistiques de l'état civil en général, voir la section 4.2 des Notes techniques, qui fournit aussi des renseignements fondés sur les estimations de complétude.

Insuffisance des données : Les statistiques des naissances vivantes selon l'âge de la mère appellent toutes les réserves qui ont été faites à propos des statistiques de l'état civil en général et des statistiques de naissances en particulier (voir explications à la section 4 des Notes techniques).

The reliability of the data, an indication of which is described above, is an important factor in considering the limitations. In addition, some live births are tabulated by date of registration and not by date of occurrence; these have been indicated by a (+). Whenever the lag between the date of occurrence and date of registration is prolonged and, therefore, a large proportion of the live–birth registrations are delayed, birth statistics for any given year may be seriously affected.

Another factor which limits international comparability is the practice of some countries or areas not to include in live–birth statistics infants who were born alive but died before the registration of the birth or within the first 24 hours of life, thus underestimating the total number of live births. Statistics of this type are footnoted.

Because these Statistics are classified according to age, they are subject to the limitations with respect to accuracy or age reporting similar to those already discussed in connection with section 3.1.3 of the Technical Notes. The factors influencing inaccurate reporting may be somewhat dissimilar in vital statistics (because of the differences in the method of taking a census and registering a birth) but, in general, the same errors can be oberserved.

The absence of frequencies in the unknown age group does not necessarily indicate completely accurate reporting and tabulation of the age item. It is often an indication that the unknowns have been eliminated by assigning ages to them before tabulation, or by proportionate distribution after tabulation.

On the other hand, large frequencies in the unknown age category may indicate that a large proportion of the births are illegitimate, the records for which tend to be incomplete in so far as characteristics of the parents are concerned.

Another limitation of age reporting may result from calculating age of mother at birth of child (or at time of registration) from year of birth rather than from day, month and year of birth. Information on this factor is given in footnotes when known.

When birth statistics are tabulated by date of registration rather than by date of occurrence, the age of the mother will almost always refer to the date of registration rather than to the date of birth of the child. Hence, in those countries or areas where registration of births is delayed, possibly for years, statistics on births by age of mother should be used with caution.

In a few countries, data by age refer to confinements (deliveries) rather than to live births causing under–estimation in the event of a multiple birth. This practice leads to lack of strict comparability, both among countries or areas relying on this practice and between data shown in this table and table 15. A footnote indicates the countries in which this practice occurs.

La fiabilité des données, au sujet de laquelle des indications ont été fournies plus haut, est un facteur important. Il faut également tenir compte du fait que, dans certains cas, les données relatives aux naissances vivantes sont exploitées selon la date de l'enregistrement et non la date de l'événement; ces cas ont été identifiés par le signe " + ". Là où le décalage entre l'événement et son enregistrement est grand, c'est–à–dire où une forte proportion des naissances vivantes fait l'objet d'un enregistrement tardif, les statistiques des naissances vivantes pour une année donnée peuvent être sérieusement faussées.

Un autre facteur qui nuit à la comparabilité internationale est la pratique de certains pays ou zones qui consiste à ne pas inclure dans les statistiques des naissances vivantes les enfants nés vivants mais décédés avant l'enregistrement de leur naissance ou dans les 24 heures qui ont suivi la naissance, pratique qui conduit à sous–estimer le nombre total de naissances vivantes. Quand tel était le cas, on l'a signalé en note au bas du tableau.

Comme ces statistiques sont classées selon l'âge, elles appellent les mêmes réserves concernant l'exactitude des déclarations d'âge que celles dont il a déjà été fait mention dans la section 3.1.3 des Notes techniques. Dans le cas des statistiques de l'état civil, les facteurs qui interviennent à cet égard sont parfois un peu différents, étant donné que le recensement et l'enregistrement des naissances se font par des méthodes différentes, mais, d'une manière générale, les erreurs observées sont les mêmes.

Si aucun nombre ne figure dans la colonne réservée aux âges inconnus, cela ne signifie pas nécessairement que les déclarations d'âge et l'exploitation des données par âge aient été tout à fait exactes. C'est souvent une indication que l'on a attribué un âge aux personnes d'âge inconnu avant l'exploitation des données ou que celles–ci ont été réparties proportionnellement entre les différents groupes après cette opération.

D'autre part, lorsque le nombre des personnes d'âge inconnu est important, cela peut signifier que la proportion de naissances illégitimes est élevée, étant donné qu'en pareil cas l'acte de naissance ne contient pas toutes les caractéristiques concernant les parents.

Les déclarations par âge peuvent comporter des distorsions, du fait que l'âge de la mère au moment de la naissance d'un enfant (ou de la déclaration de naissance) est donné par année de naissance et non par date exacte (jour, mois et année). Des renseignements à ce sujet sont fournis en note chaque fois que faire se peut.

Il convient de noter que, lorsque les statistiques de la natalité sont établies selon la date de l'enregistrement et non celle de l'événement, l'âge de la mère représente presque toujours son âge à la date de l'enregistrement et non à la date de la naissance de l'enfant. Ainsi, dans les pays ou zones où l'enregistrement des naissances est tardif — le retard atteignant souvent plusieurs années —, il faut utiliser avec prudence les statistiques de naissances selon l'âge de la mère.

Dans quelques pays, la classification par âges se réfère aux accouchements, et non aux naissances vivantes, ce qui conduit à un sous–dénombrement en cas de naissances gémellaires. Cette pratique est une cause d'incomparabilité, à la fois entre pays ou zones où elle a cours, et entre les données du cette tableau et celles du tableau 15. Les pays qui la suivent sont indiqués en note.

The comparability of data by urban/rural residence is affected by the national definitions of urban and rural used in tabulating these data. It is assumed, in the absence of specific information to the contrary, that the definitions of urban and rural used in connection with the national population census were also used in the compilation of the vital statistics for each country or area. However, the possibility cannot be excluded that, for a given country or area, the same definitions of urban and rural are not used for both the vital statistics data and the population census data. When known, the definitions of urban used in national population censuses are presented at the end of table 6. As discussed in detail in the Technical Notes for table 6, these definitions vary considerably from one country or area to another.

La comparabilité des données selon la résidence (urbaine/rurale) peut être limitée par les définitions nationales des termes "urbain" et "rural" utilisés pour la mise en tableaux de ces données. En l'absence d'indications contraires, on a supposé que les définitions des termes "urbain" et "rural" pour le recensement national de la population avaient été utilisées aussi pour l'établissement des statistiques de l'état civil pour chaque pays ou zone. Toutefois, on ne peut exclure la possibilité que, pour un pays ou zone donné, les mêmes définitions des termes "urbain" et "rural" n'aient pas été utilisées dans les deux cas. Les définitions du terme "urbain" pour les recensements nationaux de population ont été présentées à la fin du tableau 6 lorsqu'elles étaient connues. Comme on l'a précisé en détail dans les Notes techniques relatives au tableau 6, ces définitions varient très sensiblement d'un pays ou d'une zone à l'autre.

Coverage : Live births by age of mother are shown for 122 countries or areas. Cross—classification by sex of child is shown for 87 countries or areas. Data are presented by urban/rural residence for 55 countries or areas.

Portée : Le tableau 16 présente des données sur les naissances vivantes classées selon l'âge de la mère pour 122 pays ou zones. Des répartitions selon le sexe de l'enfant sont présentées pour 87 pays ou zones. Les répartitions selon la résidence (urbaine/rurale) intéressent 55 pays ou zones.

Data for ethnic or geographic segments of the population are included in the absence of national figures. These data are not presented as being representative of national—level statistics but as an index of the availability of statistics.

Lorsqu'il n'existait pas de chiffres nationaux, on a fait figurer des chiffres portant sur des groupes ethniques ou géographiques. Ces données ne se veulent pas représentatives sur le plan national et ne sont présentées que comme indice des statistiques disponibles.

Earlier data : Live births by age of mother have been shown for the latest available year in each issue of the Yearbook. Data included in this table update the series covering period of years as follows :

Données publiées antérieurement : Des statistiques des naissances vivantes selon l'âge de la mère ont été présentées pour la dernière année disponible dans chaque édition de l'Annuaire démographique. Les données présentées dans ce tableau mettent à jour les périodes d'années suivantes :

Issue	Years covered
1986	1977–1985
1981	1972–1980
Historical Supplement	1948–1977

Editions	Années considérées
1986	1977–1985
1981	1972–1980
Supplément rétrospectif	1948–1977

For further information on years covered prior to 1948, readers should consult the Index.

Pour plus de précision sur les années antérieur à 1948, on se reportera à l'index.

Data in machine—readable form: Data shown in this table are available in magnetic tape at a cost of US$150 for all available years as shown below:

Données sur support magnétique: Il est possible de se procurer sur bande magnétique, moyennant de paiement d'une somme $150 les données dans ce tableau pour tous les années disponibles suivantes:

Total	1948–1992
Urban/rural	1972–1992

Total	1948–1992
Urbain/rural	1972–1992

Table 17

Table 17 presents live—birth rates specific for age of mother and urban/rural residence for as many years as possible between 1983 and 1992.

Tableau 17

Le tableau 17 présente des taux des naissances vivantes selon l'âge de la mère et selon la résidence (urbaine/rurale) pour le plus grand nombre d'années entre 1983 et 1992.

Description of variables : Age is defined as age at last birthday, that is, the difference between the date of birth and the date of the occurrence of the event, expressed in completed solar years. The age classification used in this table is the following : under 20 years, 5—year age groups through 40—44 years, and 45 years and over.

Description des variables : L'âge désigne l'âge au dernier anniversaire, c'est-à-dire la différence entre la date de naissance et la date de l'événement, exprimée en années solaires révolues. La classification par âge utilisée dans le tableau 11 comprend les catégories suivantes : moins de 20 ans, groupes quinquennaux jusqu'à 40 à 44 ans, et 45 et plus.

The urban/rural classification of births is that provided by each country or area; it is presumed to be based on the national census definitions of urban population that have been set forth at the end of table 6.

Rate computation : Live—birth rates specific for age of mother are the annual number of births in each age group (as shown in table 16) per 1 000 female population in the same age group.

Birth rates by age of mother and urban/rural residence are the annual number of live births that occurred in a specific age—urban/rural group (as shown in table 16) per 1 000 females in the corresponding age—urban/rural group.

Since relatively few births occur to women below 15 or above 50 years of age, birth rates for women under 20 years of age and for those 45 years of age and over are computed on the female population aged 15—19 and 45—49, respectively. Similarly, the rate for women of "All ages" is based on all live births irrespective of age of mother, and is computed on the female population aged 15—49 years. This rate for "All ages" is known as the general fertility rate.

Births to mothers of unknown age have been distributed proportionally in accordance with births to mothers of known age by the Statistical Division of the United Nations prior to calculating the rates. However, distributions in which 10 per cent or more of the births were in the unknown—age category before allocation are identified in footnotes.

The population used in computing the rates is estimated or enumerated distributions of females by age. First priority was given to an estimate for the mid—point of the same year (as shown in table 7), second priority to census returns of the year to which the births referred, and third priority to an estimate for some other point of time in the year.

Rates presented in this table have been limited to those for countries or areas having at least a total of 100 live births in a given year. Moreover, rates specific for individual sub—categories based on 30 or fewer births are identified by the symbol (◆).

Reliability of data : Rates calculated using data from civil registers of live births which are reported as incomplete (less than 90 per cent completeness) or of unknown completeness are considered unreliable and are set in italics rather than in roman type. Table 15 and the Technical Notes for that table provide more detailed information on the completeness of live—birth registration. For more information about the quality of vital statistics data in general, and the information available on the basis of the completeness estimates in particular, see section 4.2 of the Technical Notes.

Limitations : Rates shown in this table are subject to all the same limitations which affect the corresponding frequencies and are set forth in the Technical Notes for table 16.

La classification des naissances selon la résidence (urbaine/rurale) est celle qui a été fournie par chaque pays ou zone; il faut en conclure qu'elle repose sur les définitions de la population urbaine utilisées pour les recensements nationaux, telles qu'elles sont reproduites à la fin du tableau 6.

Calcul des taux : Les taux des naissances vivantes selon l'âge de la mère représentent le nombre annuel de naissances dans chaque groupe d'âge (fréquences du tableau 16) pour 1 000 femmes des mêmes groupes d'âge.

Les taux de natalité selon l'âge de la mère et la résidence (urbaine/rurale) représentent le nombre annuel de naissances vivantes intervenues dans un groupe d'âge donné dans la population urbaine ou rurale (comme il est indiqué au tableau 16) pour 1 000 femmes du groupe d'âge correspondant dans la population urbaine ou rurale.

Etant donné que le nombre de naissances parmi les femmes de moins de 15 ans ou de plus de 50 ans est relativement peu élevé, les taux de natalité parmi les femmes âgées de moins de 20 ans et celles de 45 ans et plus ont été calculés sur la base des populations féminines âgées de 15 à 19 ans et de 45 à 49 ans, respectivement. De la même façon, le taux pour les femmes de "tous âges" est fondé sur la totalité des naissances vivantes, indépendamment de l'âge de la mère et ce chiffre est rapporté à l'effectif de la population féminine âgée de 15 à 49 ans. Ce taux "tous âges" est le taux global de fécondité.

Les naissances pour lesquelles l'âge de la mère était inconnu ont été réparties par la Division de statistique de l'ONU, avant le calcul des taux, suivant les proportions observées pour celles où l'âge de la mère était connu. Les distributions dans lesquelles 10 p. 100 ou plus des naissances totales étaient classées dans la catégorie d'âge inconnu avant d'avoir été réparties entre les autres ont été signalées en note au bas du tableau.

Les chiffres de population utilisés pour le calcul des taux proviennent de dénombrements ou de répartitions estimatives de la population féminine selon l'âge. On a utilisé de préférence les estimations de la population au milieu de l'année considérée selon les indications du tableau 7; à défaut, on s'est contenté des données censitaires se rapportant à l'année des naissances et, si ces données manquaient également, d'estimations établies pour une autre date de l'année.

Les taux présentés dans ce tableau ne concernent que les pays ou zones où l'on a enregistré un total d'au moins 100 naissances vivantes dans une année donnée. Les taux relatifs à des sous—catégories qui sont fondés sur 30 naissances ou moins sont identifiés par le signe (◆).

Fiabilité des données : Les taux établis à partir de données sur les naissances vivantes provenant des registres de l'état civil qui sont déclarées incomplètes (degré de complétude inférieur à 90 p. 100) ou dont le degré de complétude n'est pas connu sont jugés douteux et apparaissent en italique et non en caractères romains. Le tableau 15 et les Notes techniques se rapportant à ce tableau présentent des renseignements plus détaillés sur le degré de complétude l'enregistrement des naissances vivantes. Pour plus de précisions sur la qualité des données reposant sur les statistiques de l'état civil en général, voir la section 4.2 des Notes techniques, qui fournit aussi des renseignements fondés sur les estimations de complétude.

Insuffisance des données : Les taux du tableau 11 appellent les mêmes réserves que les fréquences correspondantes; voir à ce sujet les explications données dans les Notes techniques relatives au tableau 16.

These include differences in the completeness of registration, the treatment of infants who were born alive but died before the registration of the birth or within the first 24 hours of life, the method used to determine age of mother and the quality of the reported information relating to age of mother. In addition, some rates are based on births tabulated by date of registration and not by date of occurrence; these have been indicated by a (+). The effect of including delayed registration on the distribution of births by age of mother may be noted in the age—specific fertility rates for women at older ages. In some cases, high age—specific rates for women aged 45 years and over may reflect age of mother at registration of birth and not fertility at these older ages.

The method of distributing the unknown ages is open to some criticism because of the fact that the age—of—mother distribution for legitimate births is known to differ from that for illegitimate births and that the proportion of births for which age of mother is unknown is higher among illegitimate births than it is among legitimate births.

The comparability of data by urban/rural residence is affected by the national definitions of urban and rural used in tabulating these data. It is assumed, in the absence of specific information to the contrary, that the definitions of urban and rural used in connection with the national population census were also used in the compilation of the vital statistics for each country or area. However, the possibility cannot be excluded that, for a given country or area, the same definitions of urban and rural are not used for both the vital statistics data and the population census data. When known, the definitions of urban used in national population censuses are presented at the end of table 6. As discussed in detail in the Technical Notes for table 6, these definitions vary considerably from one country or area to another.

In addition to problems of comparability, vital rates classified by urban/rural residence are also subject to certain special types of bias. If, when calculating vital rates, different definitions of urban are used in connection with the vital events and the population data and if this results in a net difference between the numerator and denominator of the rate in the population at risk, then the vital rates would be biased. Urban/rural differentials in vital rates may also be affected by whether the vital events have been tabulated in terms of place of occurrence or place of usual residence. This problem is discussed in more detail in section 4.1.4.1 of the Technical Notes.

Coverage : Live—birth rates specific for age of mother are shown for 103 countries or areas. Rates are presented by urban/rural residence for 33 countries or areas.

Data for ethnic or geographical segments of the population are included in the absence of national figures. These data are not presented as being representative of national—level statistics but as an index of the availability of statistics.

Leurs imperfections tiennent notamment au degré de complétude de l'enregistrement, au classement des données relatives aux enfants nés vivants mais décédés avant l'enregistrement de leur naissance ou dans les 24 heures qui ont suivi la naissance, à la méthode utilisée pour déterminer l'âge de la mère et à l'exactitude des renseignements fournis sur l'âge de la mère. En outre, dans certains cas, les données relatives aux naissances sont exploitées selon la date de l'enregistrement et non selon la date de l'événement; ces cas ont été identifiés par le signe " + ". On peut se rendre compte, d'après les taux relatifs aux groupes d'âge les plus avancés, des conséquences que peut avoir l'inclusion, dans les statistiques des naissances selon l'âge de la mère, des naissances enregistrées tardivement. Dans certains cas, il se peut que des taux élevés pour le groupe d'âge 45 ans et plus traduisent non pas le niveau de la fécondité de ce groupe d'âge, mais l'âge de la mère au moment où la naissance a été enregistrée.

La méthode de répartition des âges inconnus prête, dans une certaine mesure, à la critique, parce qu'on sait que la répartition selon l'âge de la mère est différente pour les naissances légitimes et pour les naissances illégitimes et que la proportion des naissances pour lesquelles l'âge de la mère est inconnu est plus forte dans le cas des naissances illégitimes.

La comparabilité des données selon la résidence (urbaine/rurale) peut être limitée par les définitions nationales des termes "urbain" et "rural" utilisées pour la mise en tableaux de ces données. En l'absence d'indications contraires, on a supposé que les définitions des termes "urbain" et "rural" utilisées pour le recensement national de la population avaient été utilisées aussi pour l'établissement de statistiques de l'état civil pour chaque pays ou zone. Toutefois, on ne peut exclure la possibilité que, pour un pays ou zone donné, les mêmes définitions des termes "urbain" et "rural" n'aient pas été utilisées dans deux cas. Les définitions du terme "urbain" utilisées pour les recensements nationaux de population ont été présentées à la fin du tableau 6 lorsqu'elles étaient connues. Comme on l'a précisé en détail dans les Notes techniques relatives au tableau 6, ces définitions varient très sensiblement d'un pays ou d'une zone à l'autre.

Outre ces problèmes de comparabilité, les taux démographiques classés selon la résidence (urbaine/rurale) sont également sujets à certains types particuliers d'erreurs. Si, lors du calcul de ces taux, des définitions différentes du terme "urbain" sont utilisées pour classer les faits d'état civil et les données relatives à la population et s'il en résulte une différence nette entre le numérateur et le dénominateur pour le taux de la population exposée au risque, les taux démographiques s'en trouveront faussés. La différence entre ces taux pour les zones urbaines et rurales pourra aussi être faussée selon que les faits d'état civil auront été classés d'après le lieu de l'événement ou le lieu de résidence habituelle. Ce problème est examiné plus en détail à la section 4.1.4.1 des Notes techniques.

Portée : Le tableau 17 présente des taux des naissances vivantes selon l'âge de la mère pour 103 pays ou zones. Les taux selon la résidence (urbaine/rurale) intéressent 33 pays ou zones.

Lorsqu'il n'existait pas de chiffres nationaux, on a fait figurer des chiffres portant sur des groupes ethniques ou géographiques. Ces données ne se veulent pas représentatives sur le plan national et ne sont présentées que comme indice des statistiques disponibles.

Earlier data : Live-birth rates specific for age of mother have been shown for the latest available year in each issue of the Yearbook. Data included in this table update the series covering a period of years as follows :

Issue	Years covered
1986	1977–1985
1981	1972–1980
Historical Supplement	1948–1977

Table 18

Table 18 presents infant deaths and infant mortality rates by urban/rural residence for as many years as possible between 1983 and 1992.

Description of variables: Infant deaths are deaths of live-born infants under one year of age.

Statistics on the number of infant deaths are obtained from civil registers unless otherwise noted. Infant mortality rates are, in most instances, calculated from data on registered infant deaths and registered live births where civil registration is considered reliable (estimated completeness of 90 per cent or more). However, for countries or areas where civil registration of infant deaths is non–existent or considered unreliable (estimated completeness of less than 90 per cent or of unknown completeness), estimated rates are presented whenever possible instead of the rates based on the registered infant deaths. These estimated rates are identified by a footnote. Rates based on estimates provided by national statistical offices using well–defined estimation procedures and sources, whether based on census or sample survey data, are given first priority. If such rates are not available, rates estimated by the Population Division of the United Nations Secretariat are presented.

The urban/rural classification of infant deaths is that provided by each country or area; it is presumed to be based on the national census definitions of urban population that have been set forth at the end of table 6.

Rate computation: Infant mortality rates are the annual number of deaths of infants under one year of age per 1 000 live births (as shown in table 15) in the same year.

Rates by urban/rural residence are the annual number of infant deaths, in the appropriate urban or rural category, per 1 000 corresponding live births (as shown in table 15).

Données publiées antérieurement : Des taux des naissances vivantes selon l'âge de la mère ont déjà été publiés pour la dernière année disponible dans chaque édition de l'Annuaire démographique. Les données présentées dans ce tableau mettent à jour les périodes d'années suivantes

Edition	Années considérées
1986	1977–1985
1981	1972–1980
Supplément rétrospectif	1948–1977

Tableau 18

Ce tableau présente des données sur les décès d'enfants de moins d'un an et des taux de mortalité infantile selon la résidence (urbaine/rurale) pour le plus grand nombre d'années possible entre 1983 et 1992.

Description des variables : Les chiffres relatifs aux décès d'enfants de moins d'un an se rapportent aux naissances vivantes.

Sauf indication contraire, les statistiques du nombre de décès d'enfants de moins d'un an sont établies sur la base des registres de l'état civil. Dans la plupart des cas, les taux de mortalité infantile sont calculés à partir des statistiques des décès enregistrés d'enfants de moins d'un an et des naissances vivantes enregistrées où l'enregistrement de l'état civil est jugé sûr (exhaustivité estimée à 90 p. 100 ou plus). En revanche, pour les pays ou zones où l'enregistrement des décès d'enfants de moins d'un an par les servives de l'état civil n'existe pas ou est de qualité douteuse (exhaustivité estimée à moins de 90 p. 100 ou inconnue), on a présenté, autant que possible, des taux estimatifs et non des taux fondés sur les décès d'enfants de moins d'un an enregistrés. Lorsque tel était le cas, on l'a signalé en note au bas du tableau. On a retenu en priorité les estimations officielles établies d'après des méthodes et des sources bien définies, qu'il s'agisse de données de recensement ou de résultats d'enquêtes par sondage. Lorsqu'on ne disposait pas d'estimations de ce genre, on a présenté les taux estimatifs établis par la Division de la population du Secrétariat de l'ONU.

La classification des décès d'enfants de moins d'un an selon la résidence (urbaine/rurale) est celle qui a été fournie par chaque pays ou zone; il faut en conclure qu'elle repose sur les définitions de la population urbaine utilisées pour les recensements nationaux, telles qu'elles sont reproduites à la fin du tableau 6.

Calcul des taux : Les taux de mortalité infantile représentent le nombre annuel de décès d'enfants de moins d'un an pour 1 000 naissances vivantes (fréquences du tableau 15) survenues pendant la même année.

Les taux selon la résidence (urbaine/rurale) représentent le nombre annuel de décès d'enfants de moins d'un an, classés selon la catégorie urbaine ou rurale appropriée pour 1 000 naissances vivantes survenues dans la population correspondante (fréquences du tableau 15).

Rates presented in this table have been limited to those for countries or areas having at least a total of 100 infant deaths in a given year. Moreover, rates specific for individual sub–categories based on 30 or fewer infant deaths are identified by the symbol (◆).

These rates, unless otherwise noted, have been calculated by the Statistical Division of the United Nations.

In addition, some rates have been obtained from other sources, including analytical estimates based on census or survey data. To distinguish them from civil registration data, estimated rates are identified by a footnote.

Reliability of data: Each country or area has been asked to indicate the estimated completeness of the infant deaths recorded in its civil register. These national assessments are indicated by the quality codes (C), (U) and (...) that appear in the first column of this table.

C indicates that the data are estimated to be virtually complete, that is, representing at least 90 per cent of the infant deaths occurring each year, while U indicates that data are estimated to be incomplete, that is, representing less than 90 per cent of the infant deaths occurring each year. The code (...) indicates that no information was provided regarding completeness.

Data from civil registers which are reported as incomplete or of unknown completeness (coded U or ...) are considered unreliable. They appear in italics in this table. When data so coded are used to calculate rates, the rates also appear in italics.

These quality codes apply only to data from civil registers. If a series of data for a country or area contains both data from a civil register and estimated data from, for example, a sample survey, then the code applies only to the registered data. If only estimated data are presented, the symbol (..) is shown instead of the quality code. For more information about the quality of vital statistics data in general, and the information available on the basis of the completeness estimates in particular, see section 4.2 of the Technical Notes.

Limitations: Statistics on infant deaths are subject to the same qualifications as have been set forth for vital statistics in general and death statistics in particular as discussed in section 4 of the Technical Notes.

The reliability of the data, an indication of which is described above, is an important factor in considering the limitations. In addition, some infant deaths are tabulated by date of registration and not by date of occurrence; these have been indicated by a (+). Whenever the lag between the date of occurrence and date of registration is prolonged and, therefore, a large proportion of the infant–death registrations are delayed, infant–death statistics for any given year may be seriously affected.

Les taux présentés dans ce tableau se rapportent aux seuls pays ou zones où l'on a enregistré un total d'au moins 100 décès d'enfants de moins d'un an au cours d'une année donnée. Les taux relatifs à des sous–catégories qui sont fondés sur un nombre égal ou inférieur à 30 décès d'enfants âgés de moins d'un an sont identifiés par le signe (◆).

Sauf indication contraire, ces taux ont été calculés par la Division de statistique de l'ONU.

En outre, des taux ont été obtenus d'autres sources; ils proviennent notamment d'estimations analytiques fondées sur des résultats de recensements ou d'enquêtes. Pour les distinguer des données qui proviennent des registres de l'état civil, ces taux estimatifs ont été identifiés par une note à la fin du tableau.

Fiabilité des données : Il a été demandé à chaque pays ou zone d'indiquer le degré estimatif de complétude des données sur les décès d'enfants de moins d'un an figurant dans ses registres d'état civil. Ces évaluations nationales sont désignées par les codes de qualité (C), (U) et (...) qui apparaissent dans la première colonne du tableau.

La lettre (C) indique que les données sont jugées à peu près complètes, c'est–à–dire qu'elles représentent au moins 90 p. 100 des décès d'enfants de moins d'un an survenus chaque année; la lettre (U) indique que les données sont jugées incomplètes, c'est–à–dire qu'elles représentent moins de 90 p. 100 des décès d'enfants de moins d'un an survenus chaque année. Le signe (...) indique qu'aucun renseignement n'a été fourni quant à la complétude des données.

Les données provenant des registres de l'état civil qui sont déclarées incomplètes ou dont le degré de complétude n'est pas connu (et qui sont affectées de la lettre (U) ou du signe (...) sont jugées douteuses. Elles apparaissent en italique dans le présent tableau. Lorsque ces données sont utilisées pour calculer des taux, ces taux apparaissent eux aussi en italique.

Ces codes de qualité ne s'appliquent qu'aux données tirées des registres de l'état civil. Si une série de données pour un pays ou une zone contient à la fois des données provenant des registres de l'état civil et des estimations calculées, par exemple, sur la base d'enquêtes par sondage, le code s'applique uniquement aux données d'enregistrement. Si l'on ne présente que des données estimatives, le signe (..) est utilisé à la place du code de qualité. Pour plus de précisions sur la qualité des données reposant sur les statistiques de l'état civil en général, voir la section 4.2 des Notes techniques, qui fournit aussi des renseignements fondés sur les estimations de complétude.

Insuffisance des données : Les statistiques des décès d'enfants de moins d'un an appellent toutes les réserves qui ont été faites à propos des statistiques de l'état civil en général et des statistiques des décès en particulier (voir explications à la section 4 des Notes techniques).

Le fiabilité des données, au sujet de laquelle des indications ont été fournies plus haut, est un facteur important. Il faut également tenir compte du fait que, dans certains cas, les données relatives aux décès d'enfants de moins d'un an sont exploitées selon la date de l'enregistrement et non la date de l'événement; ces cas ont été identifiés par le signe (+). Là où le décalage entre l'événement et son enregistrement est grand, c'est–à–dire où une forte proportion des décès d'enfants de moins d'un an fait l'objet d'un enregistrement tardif, les statistiques des décès d'enfants de moins d'un an pour une année donnée peuvent être sérieusement faussées.

Another factor which limits international comparability is the practice of some countries or areas not to include in infant–death statistics infants who were born alive but died before the registration of the birth or within the first 24 hours of life, thus underestimating the total number of infant deaths. Statistics of this type are footnoted.

The method of reckoning age at death for infants may also introduce non–comparability. If year alone, rather than completed minutes, hours, days and months elapsed since birth, is used to calculate age at time of death, many of the infants who died during the eleventh month of life and some of those who died at younger ages will be classified as having completed one year of age and thus be excluded from the data. The effect would be to underestimate the number of infant deaths. Information on this factor is given in footnotes when known. Reckoning of infant age is discussed in greater detail in the Technical Notes for table 19.

In addition, infant mortality rates are subject to the limitations of the data on live births with which they have been calculated. These have been set forth in the Technical Notes for table 15.

Because the two components of the infant mortality rate, infant deaths in the numerator and live births in the denominator, are both obtained from systems of civil registration, the limitations which affect live–birth statistics are very similar to those which have been mentioned above in connection with the infant–death statistics. It is important to consider the reliability of the data (the completeness of registration) and the method of tabulation (by date of occurrence or by date of registration) of live–birth statistics as well as infant–death statistics, both of which are used to calculate infant mortality rates. The quality code and use of italics to indicate unreliable data presented in this table refer only to infant deaths. Similarly, the indication of the basis of tabulation (the use of the symbol ($+$) to indicate data tabulated by date of registration) presented in this table also refers only to infant deaths. Table 15 provides the corresponding information for live births.

If the registration of infant deaths is more complete than the registration of live births, then infant mortality rates would be biased upwards. If, however, the registration of live births is more complete than registration of infant deaths, infant mortality rates would be biased downwards. If both infant deaths and live births are tabulated by registration, it should be noted that deaths tend to be more promptly reported than births.

Un autre facteur qui nuit à la comparabilité internationale est la pratique de certains pays ou zones qui consiste à ne pas inclure dans les statistiques des décès d'enfants de moins d'un an les enfants nés vivants mais décédés avant l'enregistrement de leur naissance ou dans les 24 heures qui ont suivi la naissance, pratique qui conduit à sous–estimer le nombre total de décès d'enfants de moins d'un an. Quand tel était le cas, on l'a signalé en note à la fin du tableau.

Les méthodes suivies pour calculer l'âge au moment du décès peuvent également nuire à la comparabilité des données. Si l'on utilise à cet effet l'année seulement, et non pas les minutes, heures, jours et mois qui se sont écoulés depuis la naissance, de nombreux enfants décédés au cours du onzième mois qui a suivi leur naissance et certains enfants décédés encore plus jeunes seront classés comme décédés à un an révolu et donc exclus des données. Cette pratique conduit à sous–estimer le nombre de décès d'enfants de moins d'un an. Les renseignements dont on dispose sur ce facteur apparaissent en note à la fin du tableau. La question du calcul de l'âge au moment du décès est examinée plus en détail dans les Notes techniques se rapportant au tableau 19.

Les taux de mortalité infantile appellent en outre toutes les réserves qui ont été formulées à propos des statistiques des naissances vivantes qui ont servi à leur calcul. Voir à ce sujet les Notes techniques relatives au tableau 15.

Les deux composantes du taux de mortalité infantile — décès d'enfants de moins d'un an au numérateur et naissances vivantes au dénominateur — étant obtenues à partir des registres de l'état civil, les statistiques des naissances vivantes appellent des réserves presque identiques à celles qui ont été formulées plus haut à propos des statistiques des décès d'enfants de moins d'un an. Il importe de prendre en considération la fiabilité des données (complétude de l'enregistrement) et le mode d'exploitation (selon la date de l'événement ou selon la date de l'enregistrement) dans le cas des statistiques des naissances vivantes tout comme dans le cas de celles des décès d'enfants de moins d'un an, puisque les unes et les autres servent au calcul des taux de mortalité infantile. Dans le présent tableau, le code de qualité et l'emploi de caractères italiques pour signaler les données moins sûres ne concernent que les décès d'enfants de moins d'un an. L'indication du mode d'exploitation des données (emploi du signe ($+$) pour identifier les données exploitées selon la date de l'enregistrement) concerne aussi des enfants de moins d'un an exclusivement. Le tableau 15 fournit les renseignements correspondants pour les naissances vivantes.

Si l'enregistrement des décès d'enfants de moins d'un an est plus complet que l'enregistrement des naissances vivantes, les taux de mortalité infantile seront entachés d'une erreur par excès. En revanche, si l'enregistrement des naissances vivantes est plus complet que l'enregistrement des décès d'enfants de moins d'un an, les taux de mortalité infantile seront entachés d'une erreur par défaut. Si les décès d'enfants de moins d'un an et les naissances vivantes sont exploités selon la date de l'enregistrement, il convient de ne pas perdre de vue que les décès sont, en règle générale, déclarés plus rapidement que les naissances.

Infant mortality rates may be seriously affected by the practice of some countries or areas not to consider infants who were born alive but died before the registration of the birth or within the first 24 hours of life as a live birth and subsequent infant death. Although this practice results in both the number of infant deaths in the numerator and the number of live births in the denominator being underestimated, its impact is greater on the numerator of the infant mortality rate. As a result this practice causes infant mortality rates to be biased downwards.

Infant mortality rates will also be underestimated if the method of reckoning age at death results in an underestimation of the number of infant deaths. This point has been discussed above.

Because all of these factors are important, care should be taken in comparing and rank ordering infant mortality rates.

With respect to the method of calculating infant mortality rates used in this table, it should be noted that no adjustment was made to take account of the fact that a proportion of the infant deaths which occur during a given year are deaths of infants who were born during the preceding year and hence are not taken from the universe of births used to compute the rates. However, unless the number of live births or infant deaths is changing rapidly, the error involved is not important. [51]

Estimated rates based directly on the results of sample surveys are subject to considerable error as a result of omissions in reporting infant deaths or as a result of erroneous reporting of those which occurred outside the period of reference. However, such rates do not have the advantage of having a "built-in" and corresponding base.

The comparability of data by urban/rural residence is affected by the national definitions of urban and rural used in tabulating these data. It is assumed, in the absence of specific information to the contrary, that the definitions of urban and rural used in connection with the national population census were also used in the compilation of the vital statistics for each country or area. However, the possibility cannot be excluded that, for a given country or area, the same definitions of urban and rural are not used for both the vital statistics data and the population census data. When known, the definitions of urban used in national population censuses are presented at the end of table 6. As discussed in detail in the Technical Notes for table 6, these definitions vary considerably from one country or area to another.

Urban/rural differentials in infant mortality rates may also be affected by whether the infant deaths and live births have been tabulated in terms of place of occurence or place of usual residence. This problem is discussed in more detail in section 4.1.4.1 of the Technical Notes.

Les taux de mortalité infantile peuvent être gravement faussés par la pratique de certains pays ou zones qui consiste à ne pas classer dans les naissances vivantes et ensuite dans les décès d'enfants de moins d'un an les enfants nés vivants mais décédés soit avant l'enregistrement de leur naissance, soit dans les 24 heures qui ont suivi la naissance. Cette pratique conduit à sous—estimer aussi bien le nombre des décès d'enfants de moins d'un an, qui constitue le numérateur, que le nombre des naissances vivantes, qui constitue le dénominateur, mais c'est pour le numérateur du taux de mortalité infantile que la distorsion est la plus marquée. Ce système a pour effet d'introduire une erreur par défaut dans les taux de mortalité infantile.

Les taux de mortalité infantile seront également sous—estimés si la méthode utilisée pour calculer l'âge au moment du décès conduit à sous—estimer le nombre de décès d'enfants de moins d'un an. Cette question a été examinée plus haut.

Tous ces facteurs sont importants et il faut donc en tenir compte lorsqu'on compare et classe les taux de mortalité infantile.

En ce qui concerne la méthode de calcul des taux de mortalité infantile utilisée dans ce tableau, il convient de noter qu'il n'a pas été tenu compte du fait qu'une partie des décès survenus pendant une année donnée sont des décès d'enfants nés l'année précédente et ne correspondent donc pas à l'univers des naissances utilisé pour le calcul des taux. Toutefois, l'erreur n'est pas grave, à moins que le nombre des naissances vivantes ou des décès d'enfants de moins d'un an ne varie rapidement [51].

Les taux estimatifs fondés directement sur les résultats d'enquêtes par sondage comportent des possibilités d'erreurs considérables dues soit à des omissions dans les déclarations de décès d'enfants de moins d'un an, soit au fait que l'on a déclaré à tort des décès survenus en réalité hors de la période considérée. Mais ils présentent aussi un avantage puisque le chiffre des naissances vivantes utilisé comme base est connu par définition et rigoureusement correspondant.

La comparabilité des données selon la résidence (urbaine/rurale) peut être limitée par les définitions nationales des termes "urbain" et "rural" utilisées pour la mise en tableaux de ces données. En l'absence d'indications contraires, on a supposé que les définitions des termes "urbain" et "rural" utilisées pour le recensement national de la population avaient été utilisées aussi pour l'établissement des statistiques de l'état civil pour chaque pays ou zone. Toutefois, on ne peut exclure la possibilité que, pour un pays ou zone donné, les mêmes définitions des termes "urbain" et "rural" n'aient pas été utilisées dans les deux cas. Les définitions du terme "urbain" utilisées pour les recensements nationaux de population ont été présentées à la fin du tableau 6 lorsqu'elles étaient connues. Comme on l'a précisé en détail dans les Notes techniques relatives au tableau 6, ces définitions varient très sensiblement d'un pays ou d'une zone à l'autre.

La différence entre les taux de mortalité infantile pour les zones urbaines et rurales pourra aussi être faussée selon que les décès d'enfants de moins d'un an et les naissances vivantes auront été classés d'après le lieu de l'événement ou le lieu de résidence habituelle. Ce problème est examiné plus en détail à la section 4.1.4.1 des Notes techniques.

Coverage: Infant deaths are shown for 147 countries or areas. Data are presented by urban/rural residence for 60 countries or areas.

Infant mortality rates are shown for 152 countries or areas. Rates are presented by urban/rural residence for 51 countries or areas.

Data for ethnic or geographical segments of the population are included in the absence of national figures. These data are not presented as being representative of national–level statistics but as an index of the availability of statistics.

Earlier data: Infant deaths and infant mortality rates have been shown in previous issues of the Demographic Yearbook. For information on specific years covered, readers should consult the Index.

Table 19

Table 19 presents infant deaths and infant mortality rates by age, sex and urban/rural residence for as many years as possible between 1983 and 1992.

Description of variables: Age is defined as hours, days and months of life completed, based on the difference between the hour, day, month and year of birth and the hour, day, month and year of death. The age classification used in this table is the following: under 1 day, 1–6 days, 7–27 days, 28–364 days, and age unknown.

The urban/rural classification of infant deaths is that provided by each country or area; it is presumed to be based on the national census definitions of urban population that have been set forth at the end of table 6.

Rate computation: Infant mortality rates by age and sex are the annual number of deaths of infants under one year of age by age and sex per 1 000 live births by sex (as shown in table 15) in the same year.

Infant mortality rates by age, sex and urban/rural residence are the annual number of infant deaths that occurred in a specific age–sex–urban/rural group per 1 000 live births in the corresponding sex–urban/rural group (as shown in table 15).

The denominator for all of these rates, regardless of age of infant at death, is the number of live births by sex (and by urban/rural residence if appropriate).

Infant deaths of unknown age are included only in the rate for under one year of age. Deaths of unstated sex are included in the rate for the total and hence these rates, shown in the first column of the table, should agree with the infant mortality rates shown in table 18. Discrepancies are explained in footnotes.

Portée : Ce tableau présente des données sur les décès d'enfants de moins d'un an pour 147 pays ou zones. Les données sont classées selon la résidence (urbaine/rurale) pour 60 pays ou zones.

Ce tableau présente également des taux de mortalité infantile pour 152 pays ou zones. Les taux sont classés selon la résidence (urbaine/rurale) pour 51 pays ou zones.

Lorsqu'il n'existait pas de chiffres nationaux, on a fait figurer des chiffres portant sur des groupes ethniques ou géographiques. Ces données ne se veulent pas représentatives sur le plan national et ne sont présentées que comme indice des statistiques disponibles.

Données publiées antérieurement : Des statistiques des décès d'enfants de moins d'un an et des taux de mortalité infantile ont déjà été présentées dans des éditions antérieures de l'Annuaire démographique. Pour plus de précisions concernant les années pour lesquelles ces données ont été publiées, on se reportera à l'Index.

Tableau 19

Ce tableau présente des données sur les décès d'enfants de moins d'un an et des taux de mortalité infantile selon l'âge, le sexe et la résidence (urbaine/rurale) pour le plus grand nombre d'années possible entre 1983 et 1992.

Description des variables : L'âge est exprimé en heures, jours et mois révolus et est calculé en retranchant la date de la naissance (heure, jour, mois et année) de celle du décès (heure, jour, mois et année). La classification par âge utilisée dans ce tableau est la suivante : moins d'un jour, 1 à 6 jours, 7 à 27 jours, 28 à 364 jours et âge inconnu.

La classification des décès d'enfants de moins d'un an selon la résidence (urbaine/rurale) est celle qui a été fournie par chaque pays ou zone; il faut en conclure qu'elle repose sur les définitions de la population urbaine utilisées dans le cadre des recensements nationaux, telles qu'elles sont reproduites à la fin du tableau 6.

Calcul des taux : Les taux de mortalité infantile selon l'âge et le sexe représentent le nombre annuel de décès d'enfants de moins d'un an selon l'âge et le sexe pour 1 000 naissances vivantes d'enfants du même sexe (fréquences du tableau 15) survenues au cours de l'année considérée.

Les taux de mortalité infantile selon l'âge, le sexe et la résidence (urbaine/rurale) représentent le nombre annuel de décès d'enfants de moins d'un an intervenus dans un groupe d'âge donné dans la population urbaine ou rurale du sexe masculin ou féminin (fréquences du tableau 15) pour 1 000 naissances vivantes intervenues dans la population urbaine ou rurale du même sexe.

Le dénominateur de tous ces taux, quel que soit l'âge de l'enfant au moment du décès, est le nombre de naissances vivantes selon le sexe (et selon la résidence (urbaine/rurale), le cas échéant).

Il n'est tenu compte des décès d'enfants d'âge ''inconnu'' que pour le calcul du taux relatif à l'ensemble des décès de moins d'un an. Les décès d'enfants de sexe inconnu étant compris dans le numérateur des taux concernant le total, ces taux, qui figurent dans la première colonne du tableau 16, devraient concorder avec les taux de mortalité infantile du tableau 19. Les divergences sont expliquées en note.

Rates presented in this table have been limited to those for countries or areas having at least a total of 1 000 infant deaths in a given year. Moreover, rates specific for individual sub–categories based on 30 or fewer infant deaths are identified by the symbol (◆).

Reliability of data: Data from civil registers of infant deaths which are reported as incomplete (less than 90 per cent completeness) or of unknown completeness are considered unreliable and are set in italics rather than in roman type. Rates calculated using these data are also set in italics. Table 18 and the Technical Notes for that table provide more detailed information on the completeness of infant death registration. For more information about the quality of vital statistics data in general, and the information available on the basis of the completeness estimates in particular, see section 4.2 of the Technical Notes.

Limitations: Statistics on infant deaths by age and sex are subject to the same qualifications as have been set forth for vital statistics in general and death statistics in particular as discussed in section 4 of the Technical Notes.

The reliability of the data, an indication of which is described above, is an important factor in considering the limitations. In addition, some infant deaths are tabulated by date of registration and not by date of occurrence; these have been indicated by a (+). Whenever the lag between the date of occurrence and date of registration is prolonged and, therefore, a large proportion of the infant–death registrations are delayed, infant–death statistics for any given year may be seriously affected.

Another factor which limits international comparability is the practice of some countries or areas not to include in infant–death statistics infants who were born alive but died before the registration of the birth or within the first 24 hours of life, thus underestimating the total number of infant deaths. Statistics of this type are footnoted. In this table in particular, this practice may contribute to the lack of comparability among deaths under one year, under 28 days, under one week and under one day.

Les taux présentés dans ce tableau ne concernent que les pays ou zones où l'on a enregistré un total d'au moins 1 000 décès d'enfants de moins d'un an au cours d'une année donnée. Les taux relatifs à des sous–catégories qui sont fondés sur un nombre égal ou inférieur à 30 décès d'enfants âgés de moins d'un an sont identifiés par le signe (◆).

Fiabilité des données : Les données sur les décès d'enfants de moins d'un an provenant des registres de l'état civil qui sont déclarées incomplètes (degré de complétude inférieur à 90 p. 100) ou dont le degré de complétude n'est pas connu sont jugées douteuses et apparaissent en italique et non en caractères romains. Les taux calculés à partir de ces données apparaissent eux aussi en italique. Le tableau 18 et les Notes techniques se rapportant à ce tableau présentent des renseignements plus détaillés sur le degré de complétude de l'enregistrement des décès d'enfants de moins d'un an. Pour plus de précisions sur la qualité des données reposant sur les statistiques de l'état civil en général, voir la section 4.2 des Notes techniques, qui fournit aussi des renseignements fondés sur les estimations de complétude.

Insuffisance des données : Les statistiques des décès d'enfants de moins d'un an selon l'âge et le sexe appellent toutes les réserves qui ont été formulées à propos des statistiques de l'état civil en général et des statistiques des décès en particulier (voir explications à la section 4 des Notes techniques).

La fiabilité des données, au sujet de laquelle des indications ont été fournies plus haut, est un facteur important. Il faut également tenir compte du fait que, dans certains cas, les données relatives aux décès d'enfants de moins d'un an sont exploitées selon la date de l'enregistrement et non la date de l'événement; ces cas ont été identifiés par le signe (+). Là où le décalage entre l'événement et son enregistrement est grand, c'est–à–dire où une forte proportion des décès d'enfants de moins d'un an fait l'objet d'un enregistrement tardif, les statistiques des décès d'enfants de moins d'un an pour une année donnée peuvent être sérieusement faussées.

Un autre facteur qui nuit à la comparabilité internationale est la pratique de certains pays ou zones qui consiste à ne pas inclure dans les statistiques des décès d'enfants de moins d'un an les enfants nés vivants mais décédés soit avant l'enregistrement de leur naissance, soit dans les 24 heures qui ont suivi la naissance, pratique qui conduit à sous–estimer le nombre total de décès d'enfants de moins d'un an. Lorsqu'on savait que ce facteur était intervenu, on l'a signalé en note. Dans ce tableau en particulier, ce système peut contribuer au défaut de comparabilité des données concernant les décès d'enfants de moins d'un an, de moins de 28 jours, de moins d'une semaine et de moins d'un jour.

Variation in the method of reckoning age at the time of death introduces limitations on comparability. Although it is to some degree a limiting factor throughout the age span, it is an especially important consideration with respect to deaths at ages under one day and under one week (early neonatal deaths) and under 28 days (neonatal deaths). As noted above, the recommended method of reckoning infant age at death is to calculate duration of life in minutes, hours and days, as appropriate. This gives age in completed units of time. In some countries or areas, however, infant age is calculated to the nearest day only, that is, age at death for an infant is the difference between the day, month and year of birth and the day, month and year of death. The result of this procedure is to classify as deaths at age one day many deaths of infants dying before they have completed 24 hours of life. The under–one–day class is thus understated while the frequency in the 1–6–day age group is inflated.

A special limitation on comparability of neonatal (under 28 days) deaths is the variation in the classification of infant age used. It is evident from the footnotes in the tables that some countries or areas continue to report infant age in calendar, rather than lunar–month (4–week or 28–day), periods.

Failure to tabulate infant deaths under 4 weeks of age in terms of completed days introduces another source of variation between countries or areas. Deaths classified as occurring under one month usually connote deaths within any one calendar month; these frequencies are not strictly comparable with those referring to deaths within 4 weeks or 27 completed days. Other differences in age classification will be evident from the table.

In addition, infant mortality rates by age and sex are subject to the limitations of the data on live births with which they have been calculated. These have been set forth in the Technical Notes for table 15. These limitations have also been discussed in the Technical Notes for table 18.

In addition, it should be noted that infant mortality rates by age are affected by the problems related to the practice of excluding infants who were born alive but died before the registration of the birth or within the first 24 hours of life from both infant–death and live–birth statistics and the problems related to the reckoning of infant age at death. These factors, which have been described above, may affect certain age groups more than others. In so far as the numbers of infant deaths for the various age groups are underestimated or overestimated, the corresponding rates for the various age groups will also be underestimated or overestimated. The younger age groups are more likely to be underestimated than other age groups; the youngest age group (under one day) is likely to be the most seriously affected.

The comparability of data by urban/rural residence is affected by the national definitions of urban and rural used in tabulating these data. It is assumed, in the absence of specific information to the contrary, that the definitions of urban and rural used in connection with the national population census were also used in the compilation of the vital statistics for each country or area. However, the possibility cannot be excluded that, for a given country or area, the same definitions of urban and rural are not used for both the vital statistics data and the population census data. When known, the definitions of urban used in national population censuses are presented at the end of table 6. As discussed in detail in the Technical Notes for table 6, these definitions vary considerably from one country or area to another.

Le manque d'uniformité des méthodes suivies pour calculer l'âge au moment du décès nuit également à la comparabilité des données. Ce facteur influe dans une certaine mesure sur les données relatives à la mortalité à tous les âges, mais il a des répercussions particulièrement marquées sur les statistiques des décès de moins d'un jour et de moins d'une semaine (mortalité néo–natale précoce) ainsi que sur celles des décès de moins de 28 jours (mortalité néo–natale). Comme on l'a dit, l'âge d'un enfant de moins d'un an à son décès est calculé, selon la méthode recommandée, en évaluant la durée de vie en minutes, heures et jours, selon le cas. L'âge est ainsi exprimé en unités de temps révolues. Toutefois, dans certains pays ou zones, l'âge de ces enfants n'est calculé qu'en jours, c'est–à–dire que l'âge au décès est calculé en retranchant la date de la naissance (jour, mois et année) de celle du décès (jour, mois et année). Il s'ensuit que de nombreux décès survenus dans les vingt–quatre heures qui suivent la naissance sont classés comme décès d'un jour. Dans ces conditions, les données concernant les décès de moins d'un jour sont entachées d'une erreur par défaut et celles qui se rapportent aux décès de 1 à 6 jours d'une erreur par excès.

La comparabilité des données relatives à la mortalité néo–natale (moins de 28 jours) est influencée par un facteur spécial : l'hétérogénéité de la classification par âge utilisée pour les enfants de moins d'un an. Les notes figurant au bas des tableaux montrent que, dans un certain nombre de pays ou zones, on continue d'utiliser le mois civil au lieu du mois lunaire (4 semaines ou 28 jours).

Lorsque les données relatives aux décès de moins de 4 semaines ne sont pas exploitées sur la base de l'âge en jours révolus, il existe une nouvelle cause de non–comparabilité internationale. Les décès de "moins de 1 mois" sont généralement ceux qui se produisent au cours d'un mois civil; les taux calculés sur la base de ces données ne sont pas strictement comparables à ceux qui sont établis à partir des données concernant les décès survenus pendant 4 semaines ou 27 jours révolus. Le tableau 16 montre que la classification des âges présente d'autres différences.

Les taux de mortalité infantile selon l'âge et le sexe appellent en outre toutes les réserves qui ont été formulées à propos des statistiques des naissances vivantes qui ont servi à leur calcul. Voir à ce sujet les Notes techniques relatives aux tableaux 15. Ces insuffisances ont également été examinées dans les Notes techniques relatives au tableau 18.

Il convient de signaler aussi que les taux de mortalité infantile selon l'âge se ressentent des problèmes dus à la pratique qui consiste à n'inscrire ni dans les statistiques des décès d'enfants de moins d'un an ni dans celles des naissances vivantes des enfants nés vivants mais décédés soit avant l'enregistrement de leur naissance, soit dans les 24 heures qui ont suivi la naissance, et des problèmes que pose le calcul de l'âge de l'enfant au moment du décès. Ces facteurs, qui ont été décrits plus haut, peuvent fausser plus les statistiques pour certains groupes d'âge que pour d'autres. Si le nombre des décès d'enfants de moins d'un an pour chaque groupe d'âge est sous–estimé (ou surestimé), les taux correspondants pour chacun de ces groupes d'âge seront eux aussi sous–estimés (ou surestimés). Les risques de sous–estimation sont plus grands pour les groupes les plus jeunes; c'est pour le groupe d'âge le plus jeune de tous (moins d'un jour) que les données risquent de présenter les plus grosses erreurs.

La comparabilité des données selon la résidence (urbaine/rurale) peut être limitée par les définitions nationales des termes "urbain" et "rural" utilisées pour la mise en tableaux de ces données. En l'absence d'indications contraires, on suppose que les définitions des termes "urbain" et "rural" utilisées pour le recensement national de la population avaient été utilisées aussi pour l'établissement des statistiques de l'état civil pour chaque pays ou zone. Toutefois, on ne peut exclure la possibilité que, pour un pays ou zone donné, les même définitions des termes "urbain" et "rural" n'aient pas été utilisées dans les deux cas. Les définitions du terme "urbain" utilisées pour les recensements nationaux de population ont été présentées à la fin du tableau 6 lorsqu'elles étaient connues. Comme on l'a précisé en détail dans les Notes techniques relatives au tableau 6, ces définitions varient très sensiblement d'un pays ou d'une zone à l'autre.

Urban/rural differentials in infant mortality rates may also be affected by whether the infant deaths and live births have been tabulated in terms of place of occurrence or place of usual residence. This problem is discussed in more detail in section 4.1.4.1 of the Technical Notes.

Coverage: Infant deaths by age and sex are shown for 93 countries or areas. Data are presented by urban/rural residence for 3 countries or areas.

Infant mortality rates by age and sex are shown for 47 countries or areas. Rates are presented by urban/rural residence for 2 countries or areas.

Data for ethnic or geographical segments of the population are included in the absence of national figures. These data are not presented as being representative of national—level statistics but as an index of the availability of statistics.

Earlier data: Infant deaths and infant mortality rates by age and sex have been shown in previous issues of the Demographic Yearbook. For information on specific years covered, readers should consult the Index.

La différence entre les taux de mortalité infantile pour les zones urbaines et rurales pourra aussi être faussée selon que les décès d'enfants de moins d'un an et les naissances vivantes auront été classés d'après le lieu de l'événement ou le lieu de résidence habituelle. Ce problème est examiné plus en détail à la section 4.1.4.1 des Notes techniques.

Portée : Ce tableau présente des données sur les décès d'enfants de moins d'un an selon l'âge et le sexe pour 93 pays ou zones. Les données sont classées selon la résidence (urbaine/rurale) pour 3 pays ou zones.

Ce tableau présente également des taux de mortalité infantile selon l'âge et le sexe pour 47 pays ou zones. Les données sont classées selon la résidence (urbaine/rurale) pour 2 pays ou zones.

Lorsqu'il n'existait pas de chiffres nationaux, on a fait figurer des chiffres portant sur des groupes ethniques ou géographiques. Ces données ne se veulent pas représentatives sur le plan national et ne sont présentées que comme indice des statistiques disponibles.

Données publiées antérieurement : Des statistiques des décès d'enfants de moins d'un an et des taux de mortalité infantile selon l'âge et le sexe ont déjà été présentées dans des éditions antérieures de l'Annuaire démographique. Pour plus de précisions concernant les années pour lesquelles ces données ont été publiées, on se reportera à l'Index.

Table 20

Table 20 presents maternal deaths and maternal mortality rates for as many years as possible between 1982 and 1991.

Description of variables: Maternal deaths are defined for the purposes of the Demographic Yearbook as those caused by deliveries and complications of pregnancy, childbirth and the puerperium. These deaths are those classified as B40 and B41 in the "Abbreviated list of 50 causes for tabulation of mortality" [52] in the International Classification of Diseases, 1965 (eighth) revision, or as AM42, AM43 and AM44 in the "Adapted Mortality List" of 55 causes derived from the International Classification of Diseases, 1975 (ninth) revision. [53]

Maternal deaths classified according to the 1965 and 1975 revisions are essentially identical since cause B40 from the 1965 revision and AM42 from the 1975 revision are both deaths from abortion and cause B41 from the 1965 revision was divided into two parts, AM43 and AM44, in the 1975 revision. Nevertheless, because the data in this table cover a period of years in which most countries or areas used the 1965 revision, the symbol (1) has been used to separate the earlier data which correspond to the 1965 definition from the later data corresponding to the 1975 definition.

For further information on the definition of maternal mortality from the 1965 and 1975 revisions, see section 4.3 of the Technical Notes.

Tableau 20

Ce tableau présente des statistiques et des taux de mortalité liée à la maternité pour le plus grand nombre d'années possible entre 1982 et 1991.

Description des variables : Aux fins de l'Annuaire démographique, les décès liés à la maternité s'entendent des décès entraînés par l'accouchement ou les complications de la grossesse, de l'accouchement et des suites de couches. Ces causes de décès sont rangées sous les rubriques B40 et B41 de la "Liste de 50 rubriques pour la mise en tableaux des causes de mortalité" [52] de la Classification internationale des maladies, révision de 1965 (huitième révision) et dans les rubriques AM42, AM43 et AM44 de la Liste adaptée de 55 causes de mortalité, dérivée de la neuvième révision (1975) de la Classification [53].

La classification des décès liés à la maternité selon les révisions de 1965 et 1975 sont pratiquement identiques, puisque les rubriques B40 (1965) et AM42 (1975) se réfèrent l'une et l'autre à l'avortement et que la rubrique B41 (1965) a été subdivisée en AM43 et AM44 en 1975. Néanmoins, comme les données du tableau concernant certaines années où la plupart des pays ou zones utilisaient la Révision de 1965, on a utilisé le signe (1) pour distinguer les données les plus anciennes, qui correspondent à la définition de 1965, de celles plus récentes qui correspondent à la définition de 1975.

Pour plus de précisions concernant les définitions de la mortalité liée à la maternité dans les révision 1965 et 1975, se reporter à la section 4.3 des Notes techniques.

Statistics on maternal death presented in this table have been limited to countries or areas which meet all of the following three criteria: first, that cause–of–death statistics are either classified by or convertible to the 1965 or 1975 lists mentioned above; secondly, that at least a total of 1 000 deaths (for all causes combined) occurred in a given year; and thirdly, that within this distribution the total number of deaths classified as due to ill–defined causes as shown in the table in section 4.3 does not exceed 25 per cent of deaths from all causes.

Rate computation: Maternal mortality rates are the annual number of maternal deaths per 100 000 live births (as shown in table 15) in the same year.

As noted above, rates (as well as frequencies) presented in this table have been limited to those countries or areas having a total of at least 1 000 deaths from all causes in a given year and have also been limited to those not having more than 25 per cent of all deaths classified as due to ill–defined causes. Moreover, rates based on 30 or fewer maternal deaths shown in this table are identified by the symbol (◆).

Reliability of data: Data from civil registers of deaths which are reported as incomplete (less than 90 per cent completeness) or of unknown completeness are considered unreliable and are set in italics rather than in roman type. Rates calculated using these data are also set in italics. Table 21 and the Technical Notes for that table provide more detailed information on the completeness of death registration. For more information about the quality of vital statistics data in general, and the information available on the basis of the completeness estimates in particular, see section 4.2 of the Technical Notes.

In general the quality code for deaths shown in table 21 is used to determine whether data on deaths in other tables appear in roman or italic type. However, some data on deaths by cause are shown in italics in this table when it is known that the quality, in terms of completeness, differs greatly from the completeness of the registration of the total number of deaths. In cases when the quality code in table 21 does not correspond with the type face used in this table, relevant information regarding the completeness of cause–of–death statistics is given in a footnote.

Limitations: Statistics on maternal deaths are subject to the same qualifications that have been set forth for vital statistics in general and death statistics in particular as discussed in section 4 of the Technical Notes.

The reliability of the data, an indication of which is described above, is an important factor in considering the limitations. In addition, some deaths are tabulated by date of registration and not by date of occurrence; these have been indicated by a (+). Whenever the lag between the date of occurrence and the date of registration is prolonged and a large proportion of the death registrations are, therefore, delayed, death statistics for any given year may be seriously affected.

Les statistiques de mortalité liée à la maternité présentées dans ce tableau ne se rapportent qu'aux pays ou zones pour lesquels les trois critères suivants sont réunis : premièrement, le classement des statistiques des décès selon la cause doit être conforme à la liste de 1965 ou à celle de 1975, mentionnées plus haut, ou convertible aux catégories de cette liste; deuxièmement, le nombre total des décès (pour toutes les causes réunies) intervenus au cours d'une année doit être au moins égal à 1 000; troisièmement, à l'intérieur de cette répartition, le nombre total des décès dus à des causes mal définies selon le tableau de la section 4.3 ne doit pas dépasser 25 p. 100 du nombre des décès pour toutes causes.

Calcul des taux : Les taux de mortalité liée à la maternité représentent le nombre annuel de décès dus à la maternité pour 100 000 naissances vivantes (fréquences du tableau 15) de la même année.

Comme il est indiqué ci–dessus, les taux et les fréquences présentés dans ce tableau ne concernent que les pays ou zones où l'on a enregistré un total d'au moins 1 000 décès pour toutes causes dans l'année, dont 25 p. 100 au maximum de décès dus à des causes mal définies. Enfin, les taux fondés sur 30 décès de la maternité ou moins sont identifiés à l'aide du signe (◆).

Fiabilité des données : Les données sur les décès provenant des registres d'état civil qui sont déclarées incomplètes (degré d'exhaustivité inférieur à 90 p. 100) ou dont le degré d'exhaustivité n'est pas connu sont jugées douteuses et apparaissent en italique et non en caractères romains. Les taux calculés à partir de ces données apparaissent eux aussi en italique. Le tableau 21 et les Notes techniques se rapportant à ce tableau présentent des renseignements plus détaillés sur le degré d'exhaustivité de l'enregistrement des décès. Pour plus de précisions sur la qualité des statistiques de l'état civil en général, et sur les estimations de l'exhaustivité en particulier, voir la section 4.2 des Notes techniques.

En général, le code de qualité des données sur les décès indiqué au tableau 21 sert à déterminer si, dans les autres tableaux, les données de mortalité apparaissent en caractères romains ou italiques. Toutefois, certaines données sur les décès selon la cause figurent en italique dans le présent tableau lorsqu'on sait que leur exhaustivité diffère grandement de celle des données sur le nombre total des décès. Dans les cas où le code de qualité du tableau 21 ne correspond pas aux caractères utilisés dans le présent tableau, les renseignements concernant le degré d'exhaustivité des statistiques des décès selon la cause sont indiqués en note à la fin du tableau.

Insuffisance des données : Les statistiques de la mortalité liée à la maternité appellent toutes les réserves qui ont été formulées à propos des statistiques de l'état civil en général et des statistiques de mortalité en particulier (voir explications à la section 4 des Notes techniques).

La fiabilité des données, au sujet de laquelle des indications ont été fournies plus haut, est un facteur important en l'occurrence. Il faut également tenir compte du fait que, dans certains cas, les données relatives aux décès sont classées par date d'enregistrement et non par date de décès; ces cas ont été identifiés par le signe (+). Lorsque le décalage entre le décès et son enregistrement est grand, c'est–à–dire qu'une forte proportion des décès fait l'objet d'un enregistrement tardif, les statistiques des décès de l'année peuvent être sérieusement faussées.

In addition, maternal–death statistics are subject to all the qualifications relating to cause–of–death statistics. These have been set forth in section 4 of the Technical Notes.

Although cause–of–death statistics may be reported in terms of the 1965 revision for some years and in terms of the 1975 revision for other years, comparability of maternal–death statistics is not affected because deaths due to abortion (B40 and AM42) are identical and other complications (B41) are equivalent to AM43 and AM44 combined.

Maternal mortality rates are subject to the limitations of the data on live births with which they have been calculated. These have been set forth in the Technical Notes for table 15.

The calculation of the maternal mortality rates based on the total number of live births approximates the risk of dying from complications of pregnancy, childbirth or puerperium. Ideally this rate should be based on the number of women exposed to the risk of pregnancy, in other words, the number of women conceiving. Since it is impossible to know how many women have conceived, the total number of live births is used in calculating this rate.

Coverage: Maternal deaths are shown for 76 countries or areas and maternal mortality rates are shown for 72 countries or areas.

Data for ethnic or geographical segments of the population are included in the absence of national figures. These data are not presented as being representative of national–level statistics but as an index of the availability of statistics.

Earlier data: Maternal deaths and maternal mortality rates have been shown in previous issues of the Demographic Yearbook. For information on specific years covered, the reader should consult the Index.

Previous issues of the Demographic Yearbook have shown maternal deaths and maternal death rates. In issues prior to 1975, these rates were calculated using the female population rather than live births. Therefore maternal mortality rates published since 1975 are not comparable to the earlier maternal death rates.

Table 21

Table 21 presents deaths and crude death rates by urban/rural residence for as many years as possible between 1983 and 1992.

Description of variables: Death is defined as the permanent disappearance of all evidence of life at any time after live birth has taken place (post–natal cessation of vital functions without capability of resuscitation). [54]

En outre, les statistiques de la mortalité à la maternité appellent les mêmes réserves que les statistiques des causes de décès exposées à la section 4 des Notes techniques.

Le fait que les statistiques par causes de décès se réfèrent pour certaines années à la révision de 1965 et pour d'autres à la révision de 1975 n'influe pas sur la comparabilité des statistiques de la mortalité maternelle, puisque les décès consécutifs à un avortement (B40 et AM42) sont comptés de la même façon et que les autres complications (B41) équivalent à la somme de AM43 et AM44.

Les taux de mortalité liée à la maternité appellent également toutes les réserves formulées à propos des statistiques des naissances vivantes qui ont servi à leur calcul. Voir à ce sujet les Notes techniques relatives au tableau 15.

En prenant le nombre total des naissances vivantes comme base pour le calcul des taux de mortalité, on obtient une mesure approximative de la probabilité de décès dus aux complications de la grossesse, de l'accouchement et des suites de couches. Idéalement, ces taux devraient être calculés sur la base du nombre de femmes exposées au risque de grossesse, soit, en d'autres termes, sur la base du nombre de femmes qui conçoivent. Etant donné qu'il est impossible de connaître le nombre de femmes ayant conçu, c'est le nombre total de naissances vivantes que l'on utilise pour calculer ces taux.

Portée : Ce tableau présente des statistiques de la mortalité liée à la maternité (nombre de décès) pour 76 pays ou zones et les taux correspondants pour 72 pays ou zones.

Lorsqu'il n'existait pas de chiffres nationaux, on a fait figurer des chiffres portant sur des groupes ethniques ou subdivisions géographiques; ces données ne se veulent pas représentatives sur le plan national et ne sont présentées que comme indice des données disponibles.

Données publiées antérieurement : Des statistiques des décès liés à la maternité (nombre de décès et taux) figurent déjà dans des éditions antérieures de l'Annuaire démographique. Pour plus de précisions concernant les années pour lesquelles ces données ont été publiées, on se reportera à l'Index.

Le même type de statistiques figurait aussi dans des éditions plus anciennes, mais, avant 1975, les taux étaient calculés sur la base de la population féminine et non sur celle du nombre de naissances vivantes. Ils ne sont donc pas comparables à ceux qui figurent dans les cinq dernières éditions.

Tableau 21

Le tableau 21 présente des données sur le nombre des décès et des taux bruts de mortalité selon la résidence (urbaine/rurale) pour le plus grand nombre d'années possible entre 1983 et 1992.

Description des variables : Le décès est défini comme la disparition permanente de tout signe de vie à un moment quelconque postérieur à la naissance vivante (cessation des fonctions vitales après la naissance sans possibilité de réanimation) [54].

Statistics on the number of deaths are obtained from civil registers unless otherwise noted. For those countries or areas where civil registration statistics on deaths are considered reliable (estimated completeness of 90 per cent or more), the death rates shown have been calculated on the basis of registered deaths. However, for countries or areas where civil registration of deaths is non—existent or considered unreliable (estimated completeness of less than 90 per cent or of unknown completeness), estimated rates are presented whenever possible instead of the rates based on the registered deaths. These estimated rates are identified by a footnote. Rates based on estimates provided by national statistical offices using well—defined estimation procedures and sources, whether based on census or sample survey data, are given first priority. If such rates are not available, rates estimated by the Population Division of the United Nations Secretariat are presented.

The urban/rural classification of deaths is that provided by each country or area; it is presumed to be based on the national census definitions of urban population that have been set forth at the end of table 6.

Rate computation: Crude death rates are the annual number of deaths per 1 000 mid—year population.

Rates by urban/rural residence are the annual number of deaths, in the appropriate urban or rural category, per 1 000 corresponding mid—year population.

Rates presented in this table have not been limited to those countries or areas having a minimum number of deaths in a given year. However, rates based on 30 or fewer deaths are identified by the symbol (◆).

These rates, unless otherwise noted, have been calculated by the Statistical Division of the United Nations.

In addition, some rates have been obtained from other sources, including analytical estimates based on census or survey data.

Reliability of data: Each country or area has been asked to indicate the estimated completeness of the deaths recorded in its civil register. These national assessments are indicated by the quality codes C, U and ... that appear in the first column of this table.

C indicates that the data are estimated to be virtually complete, that is, representing at least 90 per cent of the deaths occurring each year, while U indicates that data are estimated to be incomplete, that is, representing less than 90 per cent of the deaths occurring each year. The code (...) indicates that no information was provided regarding completeness.

Data from civil registers which are reported as incomplete or of unknown completeness (code U or ...) are considered unreliable. They appear in italics in this table. When data so coded are used to calculate rates, the rates also appear in italics.

Sauf indication contraire, les statistiques du nombre de décès sont établies sur la base des registres d'état civil. Pour les pays ou zones où les données de l'enregistrement des décès par les services de l'état civil sont jugées sûres (exhaustivité estimée à 90 p. 100 ou plus), les taux de mortalité ont été calculés d'après les décès enregistrés. En revanche, pour les pays ou zones où l'enregistrement des décès par les services de l'état civil n'existe pas ou est de qualité douteuse (exhaustivité estimée à moins de 90 p. 100 ou inconnue), on a présenté, autant que possible, des taux estimatifs et non des taux fondés sur les décès enregistrés. Lorsque tel était le cas, on l'a signalé en note au bas du tableau. On a retenu en priorité les taux d'après des estimations établies d'après des méthodes et des sources bien définies provenant des services nationaux de statistiques, qu'il s'agisse de données de recensement ou de résultats d'enquêtes par sondage. Lorsqu'on ne disposait pas de taux de ce genre, on a présenté les taux estimatifs établis par la Division de la population du Secrétariat de l'ONU.

La classification (urbaine/rurale) des décès est celle qui a été fournie par chaque pays ou zone; il est donc présumé qu'elle repose sur les définitions de la population urbaine utilisées pour les recensements nationaux, qui sont reproduites à la fin du tableau 6.

Calcul des taux : Les taux bruts de mortalité représentent le nombre annuel de décès pour 1 000 habitants en milieu d'année.

Les taux selon la résidence (urbaine/rurale) représentent le nombre annuel de décès, classés selon la catégorie urbaine ou rurale appropriée, pour 1 000 habitants en milieu d'année.

Les taux de ce tableau ne concernent pas seulement les pays ou zones où l'on a enregistré un minimum de décès dans une année donnée. Toutefois, les taux fondés sur 30 décès ou moins sont identifiés à l'aide du signe (◆).

Sauf indication contraire, ces taux ont été calculés par la Division de statistique de l'ONU.

En outre, des taux ont été obtenus d'autres sources, notamment à partir d'estimations analytiques fondées sur des résultats de recensements ou de sondages.

Fiabilité des données : Il a été demandé à chaque pays ou zone d'indiquer le degré estimé d'exhaustivité des données sur les décès figurant dans ses registres d'état civil. Ces évaluations nationales sont désignées par les codes de qualité C, U et ... qui apparaissent dans la première colonne du tableau.

La lettre C indique que les données sont jugées à peu près complètes, c'est-à-dire qu'elles représentent au moins 90 p. 100 des décès survenus chaque année; la lettre U indique que les données sont jugées incomplètes, c'est-à-dire qu'elles représentent moins de 90 p. 100 des décès survenus chaque année. Le signe (...) indique qu'aucun renseignements n'a été fourni quant à l'exhaustivité des données.

Les données provenant des registres d'état civil qui sont déclarées incomplètes ou dont le degré d'exhaustivité n'est pas connu (code U ou ...) sont jugées douteuses. Elles apparaissent en italique dans le présent tableau. Lorsque ces données sont utilisées pour calculer des taux, ces taux apparaissent eux aussi en italique.

These quality codes apply only to data from civil registers. If a series of data for a country or area contains both data from a civil register and estimated data from, for example, a sample survey, then the code applies only to the registered data. If only estimated data are presented, the symbol (..) is shown instead of the quality code. For more information about the quality of vital statistics data in general, and the information available on the basis of the completeness estimates in particular, see section 4.2 of the Technical Notes.

Limitations: Statistics on deaths are subject to the same qualifications as have been set forth for vital statistics in general and death statistics in particular as discussed in section 4 of the Technical Notes.

The reliability of the data, an indication of which is described above, is an important factor in considering the limitations. In addition, some deaths are tabulated by date of registration and not by date of occurrence; these have been indicated by a (+). Whenever the lag between the date of occurrence and date of registration is prolonged and, therefore, a large proportion of the death registrations are delayed, death statistics for any given year may be seriously affected.

As a rule, however, delays in the registration of deaths are less common and shorter than in the registration of live births.

International comparability in mortality statistics may also be affected by the exclusion of deaths of infants who were born alive but died before the registration of the birth or within the first 24 hours of life. Statistics of this type are footnoted.

In addition, it should be noted that rates are affected also by the quality and limitations of the population estimates which are used in their computation. The problems of under–enumeration or over–enumeration and, to some extent, the differences in definition of total population have been discussed in section 3 of the Technical Notes dealing with population data in general, and specific information pertaining to individual countries or areas is given in the footnotes to table 3. In the absence of official data on total population, United Nations estimates of mid–year population have been used in calculating some of these rates.

Estimated rates based directly on the results of sample surveys are subject to considerable error as a result of omissions in reporting deaths or as a result of erroneous reporting of those which occurred outside the period of reference. However, such rates do have the advantage of having a "built–in" and corresponding base.

It should be emphasized that crude death rates — like crude birth, marriage and divorce rates — may be seriously affected by the age–sex structure of the populations to which they relate. Nevertheless, they do provide a simple measure of the level and changes in mortality.

Ce code de qualité ne s'applique qu'aux données tirées des registres d'état civil. Si une série de données pour un pays ou zone contient à la fois des données provenant de ces registres et des estimations calculées, par exemple sur la base d'enquêtes par sondage, le code s'applique uniquement aux données de l'état civil. Si l'on ne présente que des données estimatives, le signe (..) est utilisé à la place du code de qualité. Pour plus de précisions sur la qualité des données d'état civil en général, et sur les estimations de l'exhaustivité en particulier, voir la section 4.2 des Notes techniques.

Insuffisance des données : Les statistiques de la mortalité totale appellent toutes les réserves qui ont été faites à propos des statistiques de l'état civil en général et des statistiques des décès en particulier (voir explications à la section 4 des Notes techniques).

La fiabilité des données, au sujet de laquelle des indications ont été fournies plus haut, est un facteur important en l'occurrence. Il faut également tenir compte du fait que, dans certains cas, les décès sont classés par date d'enregistrement et non par date effective; ces cas ont été identifiés par le signe (+). Lorsque le décalage entre le décès et son enregistrement est grand, c'est–à–dire qu'une forte proportion des décès fait l'objet d'un enregistrement tardif, les statistiques des décès dans l'année peuvent être sérieusement faussées.

En règle générale, toutefois, les décès sont enregistrés beaucoup plus rapidement que les naissances vivantes, et les longs retards sont rares.

Un autre facteur qui nuit à la comparabilité internationale des statistiques de la mortalité est la pratique qui consiste à ne pas y inclure les enfants nés vivants mais décédés avant l'enregistrement de leur naissance ou dans les 24 heures qui ont suivi la naissance. Quand tel était le cas, on l'a signalé en note à la fin du tableau.

Il convient de noter par ailleurs que l'exactitude des taux dépend également de la qualité et des insuffisances des estimations de la population qui sont utilisées pour leur calcul. Le problème des erreurs par excès ou par défaut commises lors du dénombrement et, dans une certains mesure, le problème de l'hétérogénéité des définitions de la population totale ont été examinés à la section 3 des Notes techniques, relative à la population en général; des indications concernant les différents pays ou zones sont données en note au bas du tableau 3. Lorsqu'il n'existait pas de chiffres officiels de la population totale, ce sont les estimations de la population en milieu d'année établies par le Secrétariat de l'ONU qui ont servi pour le calcul des taux.

Les taux estimatifs fondés directement sur les résultats d'enquêtes par sondage comportent des possiblités d'erreurs considérables dues soit à des omissions dans les déclarations des décès, soit au fait que l'on a déclaré à tort des décès survenus en réalité hors de la période considérée. Toutefois, ces taux présentent un avantage : le chiffre de population utilisé comme base est connu par définition et rigoureusement correspondant.

Il faut souligner que les taux bruts de mortalité, de même que les taux bruts de natalité, de nuptialité et de divortialité, peuvent varier très sensiblement selon la composition par âge et par sexe de la population à laquelle ils se rapportent. Ils offrent néanmoins un moyen simple de mesurer le niveau et l'évolution de la mortalité.

The comparability of data by urban/rural residence is affected by the national definitions of urban and rural used in tabulating these data. It is assumed, in the absence of specific information to the contrary, that the definitions of urban and rural used in connection with the national population census were also used in the compilation of the vital statistics for each country or area. However, the possibility cannot be excluded that, for a given country or area, the same definitions of urban and rural are not used for both the vital statistics data and the population census data. When known, the definitions of urban used in national population censuses are presented at the end of table 6. As discussed in detail in the Technical Notes for table 6, these definitions vary considerably from one country or area to another.

In addition to problems of comparability, vital rates classified by urban/rural residence are also subject to certain special types of bias. If, when calculating vital rates, different definitions of urban are used in connection with the vital events and the population data and if this results in a net difference between the numerator and denominator of the rate in the population at risk, then the vital rates would be biased. Urban/rural differentials in vital rates may also be affected by whether the vital events have been tabulated in terms of place of occurrence or place of usual residence. This problem is discussed in more detail in section 4.1.4.1 of the Technical Notes.

Coverage: Deaths are shown for 170 countries or areas. Data are presented by urban/rural residence for 70 countries or areas.

Crude death rates are shown for 212 countries or areas. Rates are presented by urban/rural residence for 55 countries or areas.

Data for ethnic or geographical segments of the population are included in the absence of national figures. These data are not presented as being representative of national–level statistics but as an index of the availability of statistics.

Earlier data: Deaths and crude death rates have been shown in each issue of the Demographic Yearbook. Data included in this table update the series covering a period of years as follows :

Issue	Years covered
1985	1976–1985
1980	1971–1980
Historical Supplement	1948–1977

Table 22

Table 22 presents deaths by age, sex and urban/rural residence for as many years as possible between 1983 and 1992.

La comparabilité des données selon la résidence (urbaine/rurale) peut être limitée par les définitions nationales des termes "urbain" et "rural" utilisées pour le classement de ces données. En l'absence d'indications contraires, on a supposé que les définitions des termes "urbain" et "rural" utilisées pour le recensement national de la population l'avaient été aussi pour l'établissement des statistiques de l'état civil dans chaque pays ou zone. Toutefois, on ne peut exclure la possibilité que, pour un pays ou une zone, les mêmes définitions n'aient pas été utilisées dans les deux cas. Les définitions du terme "urbain" utilisées pour les recensements nationaux de population ont été indiquées à la fin du tableau 6 lorsqu'elles étaient connues. Comme on l'a précisé en détail dans les Notes techniques relatives au tableau 6, ces définitions varient très sensiblement d'un pays ou zone à l'autre.

Outre ces problèmes de comparabilité, les taux démographiques classés selon la résidence urbaine ou rurale sont également sujets à certaines distorsions particulières. Si, lors du calcul de ces taux des définitions différentes du terme "urbain" sont utilisées pour classer les faits d'état civil et les données relatives à la population, et s'il en résulte une différence nette entre le numérateur et le dénominateur pour le taux de la population exposée au risque, les taux démographiques s'en trouveront faussés. La différence entre ces taux pour les zones urbaines et rurales pourra aussi être faussée selon que les faits d'état civil auront été classés d'après le lieu où ils se sont produits ou le lieu de résidence habituelle. Ce problème est examiné plus en détail à la section 4.1.4.1 des Notes techniques.

Portée : Ce tableau présente les statistiques des décès pour 170 pays ou zones. Les répartitions selon la résidence (urbaine/rurale) concernent 70 pays ou zones.

Ce tableau présente également des taux bruts de mortalité pour 212 pays ou zones. Des taux selon la résidence (urbaine/rurale) sont fournis pour 55 pays ou zones.

Lorsqu'il n'existait pas de chiffres nationaux, on a fait figurer des chiffres portant sur des groupes ethniques ou des subdivisions géographiques. Ces données ne se veulent pas représentatives sur le plan national, et ne sont présentées que comme indice des données disponibles.

Données publiées antérieurement : Des statistiques de décès et des taux bruts de mortalité figurent dans chaque édition de l'Annuaire démographique. Les données présentées dans ce tableau mettent à jour les périodes d'années suivantes :

Edition	Années considérées
1985	1976–1985
1980	1971–1980
Supplément rétrospectif	1948–1977

Tableau 22

Le tableau 22 présente des données sur les décès selon l'âge, le sexe et la résidence (urbaine/rurale) pour le plus grand nombre d'années possible entre 1983 et 1992.

Description of variables: Age is defined as age at last birthday, that is, the difference between the date of birth and the date of the occurrence of the event, expressed in completed solar years. The age classification used in this table is the following: under 1 year, 1–4 years, 5–year age groups through 80–84 years, 85 years and over, and age unknown.

The urban/rural classification of deaths is that provided by each country or area; it is presumed to be based on the national census definitions of urban population that have been set forth at the end of table 6.

Reliability of data: Data from civil registers of deaths which are reported as incomplete (less than 90 per cent completeness) or of unknown completeness are considered unreliable and are set in italics rather than in roman type. Table 21 and the Technical Notes for that table provide more detailed information on the completeness of death registration. For more information about the quality of vital statistics data in general, and the information available on the basis of the completeness estimates in particular, see section 4.2 of the Technical Notes.

Limitations: Statistics on deaths by age and sex are subject to the same qualifications as have been set forth for vital statistics in general and death statistics in particular as discussed in section 4 of the Technical Notes.

The reliability of the data, an indication of which is described above, is an important factor in considering the limitations. In addition, some deaths are tabulated by date of registration and not by date of occurrence; these have been indicated by a (+). Whenever the lag between the date of occurrence and date of registration is prolonged and, therefore, a large proportion of the death registrations are delayed, death statistics for any given year may be seriously affected.

As a rule, however, delays in the registration of deaths are less common and shorter than in the registration of live births.

Another factor which limits international comparability is the practice of some countries or areas not to include in death statistics infants who were born alive but died before the registration of the birth or within the first 24 hours of life, thus underestimating the number of deaths under one year of age. Statistics of this type are footnoted.

Because these statistics are classified according to age, they are subject to the limitations with respect to accuracy of age reporting similar to those already discussed in connection with section 3.1.3 of the Technical Notes. The factors influencing inaccurate reporting may be somewhat dissimilar in vital statistics (because of the differences in the method of taking a census and registering a death) but, in general, the same errors can be observed.

Description des variables : L'âge est l'âge au dernier anniversaire, c'est–à–dire la différence entre la date de naissance et la date du décès, exprimée en années solaires révolues. La classification par âge est la suivante : moins d'un an, 1 à 4 ans, groupes quinquennaux jusqu'à 80 à 84 ans, 85 ans et plus, et âge inconnu.

La classification des décès selon la résidence (urbaine/rurale) est celle qui a été fournie par chaque pays ou zone; il est donc présumé qu'elle repose sur les définitions de la population urbaine utilisées pour les recensements nationaux, qui sont reproduites à la fin du tableau 6.

Fiabilité des données : Les données sur les décès provenant des registres d'état civil qui sont déclarées incomplètes (degré d'exhaustivité inférieur à 90 p. 100) ou dont le degré d'exhaustivité n'est pas connu sont jugées douteuses et apparaissent en italique et non en caractères romains. Le tableau 21 et les Notes techniques s'y rapportant présentent des renseignements plus détaillés sur le degré d'exhaustivité de l'enregistrement des décès. Pour plus de précisions sur la qualité des statistiques de l'état civil en général, et l'exhaustivité en particulier, voir la section 4.2 des Notes techniques.

Insuffisance des données : Les statistiques des décès selon l'âge et le sexe appellent les mêmes réserves que les statistiques de l'état civil en général et les statistiques de mortalité en particulier (voir explications à la section 4 des Notes techniques).

La fiabilité des données, au sujet de laquelle des indications ont été fournies plus haut, est un facteur important en l'occurrence. Il faut également tenir compte du fait que, dans certains cas, les données relatives aux décès sont classées par date d'enregistrement et par date effective; ces cas ont été identifiés par le signe (+). Lorsque le décalage entre le décès et son enregistrement est grand, c'est–à–dire qu'une forte proportion des décès fait l'objet d'un enregistrement tardif, les statistiques des décès de l'année peuvent être sérieusement faussées.

En règle générale, toutefois, les décès sont enregistrés beaucoup plus rapidement que les naissances vivantes, et les longs retards sont rares.

Un autre facteur qui nuit à la comparabilité internationale est la pratique de certains pays ou zones qui consiste à ne pas inclure dans les statistiques des décès les enfants nés vivants mais décédés avant l'enregistrement de leur naissance ou dans les 24 heures qui ont suivi la naissance, pratique qui conduit à sous–évaluer le nombre de décès à moins d'un an. Quand tel était le cas, on l'a signalé en note à la fin du tableau.

Comme ces statistiques sont classées selon l'âge, elles appellent les mêmes réserves concernant l'exactitude des déclarations d'âge que celles dont il a été fait mention dans la section 3.1.3 des Notes techniques. Dans le cas des données d'état civil, les facteurs qui interviennent à cet égard sont parfois un peu différents, étant donné que le recensement et l'enregistrement des décès se font par des méthodes différentes, mais, d'une manière générale, les erreurs observées sont les mêmes.

The absence of frequencies in the unknown age group does not necessarily indicate completely accurate reporting and tabulation of the age item. It is often an indication that the unknowns have been eliminated by assigning ages to them before tabulation, or by proportionate distribution after tabulation.

International comparability of statistics on deaths by age is also affected by the use of different methods to determine age at death. If age is obtained from an item that simply requests age at death in completed years or is derived from information on year of birth and death rather than from information on complete date (day, month and year) of birth and death, the number of deaths classified in the under–one–year age group will tend to be reduced and the number of deaths in the next age group will tend to be somewhat increased. A similar bias may affect other age groups but its impact is usually negligible. Information on this factor is given in the footnotes when known.

The comparability of data by urban/rural residence is affected by the national definitions of urban and rural used in tabulating these data. It is assumed, in the absence of specific information to the contrary, that the definitions of urban and rural used in connection with the national population census were also used in the compilation of the vital statistics for each country or area. However, the possibility cannot be excluded that, for a given country or area, the same definitions of urban and rural are not used for both the vital statistics data and the population census data. When known, the definitions of urban used in national population censuses are presented at the end of table 6. As discussed in detail in the Technical Notes for table 6, these definitions vary considerably from one country or area to another.

Coverage: Deaths by age and sex are shown for 122 countries or areas. Data are presented by urban/rural residence for 50 countries or areas.

Data for ethnic or geographical segments of the population are included in the absence of national figures. These data are not presented as being representative of national–level statistics but as an index of the availability of statistics.

Earlier data: Deaths by age and sex have been shown for the latest available year in each issue of the Yearbook since the 1955 issue. Data included in this table update the series covering a period of years as follows:

Issue	Years covered
1985	1976–1984
1980	1971–1979
Historical Supplement	1948–1977

Si aucun nombre ne figure dans la colonne réservée aux âges inconnus, cela ne signifie pas nécessairement que les déclarations d'âge et le classement par âge sont tout à fait exacts. C'est souvent une indication que les personnes d'âge inconnu se sont vu attribuer un âge avant la répartition ou ont été réparties proportionnellement aux effectifs connus après cette opération.

Le manque d'uniformité des méthodes suivies pour obtenir l'âge au moment du décès nuit également à la comparabilité internationale des données. Si l'âge est connu, soit d'après la réponse à une simple question sur l'âge du décès en années révolues, soit d'après l'année de la naissance et l'année du décès, et non d'après des renseignements concernant la date exacte (année, mois et jour) de la naissance et du décès, le nombre de décès classés dans la catégorie "moins d'un an" sera entaché d'une erreur par défaut et le chiffre figurant dans la catégorie suivante d'une erreur par excès. Les données pour les autres groupes d'âge pourront être entachées d'une distorsion analogue, mais ses répercussions seront généralement négligeables. Ces imperfections, lorsqu'elles étaient connues, ont été signalées en note à la fin du tableau.

La comparabilité des données selon la résidence (urbaine/rurale) peut être limitée par les définitions nationales des termes "urbain" et "rural" utilisées pour le classement de ces données. En l'absence d'indications contraires, on a supposé que les définitions des termes "urbain" et "rural" utilisées pour le recensement national de la population l'avaient été aussi pour l'établissement des statistiques de l'état civil dans chaque pays ou zone. Toutefois, on ne peut exclure la possibilité que, pour un pays ou une zone, les mêmes définitions n'aient pas été utilisées dans les deux cas. Les définitions du terme "urbain" utilisées pour les recensements nationaux de population ont été indiquées à la fin du tableau 6 lorsqu'elles étaient connues. Comme on l'a précisé en détail dans les Notes techniques relatives au tableau 6, ces définitions varient très sensiblement d'un pays ou zone à l'autre.

Portée : Ce tableau présente des données sur les décès selon l'âge et le sexe pour 122 pays ou zones. Des données selon la résidence (urbaine/rurale) sont présentées pour 50 pays ou zones.

Lorsqu'il n'existait pas de chiffres nationaux, on a fait figurer des chiffres portant sur des groupes ethniques ou des subdivisions géographiques. Ces données ne se veulent pas représentatives sur le plan national et ne sont présentées que comme indice des données disponibles.

Données publiées antérieurement : Des statistiques des décès selon l'âge et le sexe ont été présentées, pour la dernière année où il en existait, dans chaque édition de l'Annuaire démographique depuis celle de 1955. Les données présentées dans ce tableau mettent à jour les périodes d'années suivantes :

Edition	Années considérées
1985	1976–1984
1980	1971–1979
Supplément rétrospectif	1948–1977

Data have been presented by urban/rural residence in each regular issue of the Yearbook since the 1967 issue.

Data in machine—readable form: Data shown in this table are available in magnetic tape for all available years as shown below:

Total	1948–1992
Urban/rural	1972–1992

Table 23

Table 23 presents death rates specific for age, sex and urban/rural residence for as many years as possible between 1983 and 1992.

Description of variables: Age is defined as age at last birthday, that is, the difference between the date of birth and the date of the occurrence of the event, expressed in completed solar years. The age classification used in this table is the following: under 1 year, 1–4 years, 5–year age groups through 80–84, and 85 years and over.

The urban/rural classification of deaths is that provided by each country or area; it is presumed to be based on the national census definitions of urban population that have been set forth at the end of table 6.

Rate computation: Death rates specific for age and sex are the annual number of deaths in each age–sex group (as shown in table 22) per 1 000 population in the same age–sex group.

Death rates by age, sex and urban/rural residence are the annual number of deaths that occurred in a specific age–sex–urban/rural group (as shown in table 22) per 1 000 population in the corresponding age–sex–urban/rural group.

Deaths at unknown age and the population of unknown age were disregarded except as they formed part of the death rate for all ages combined.

It should be noted that the death rates for infants under one year of age in this table differ from the infant mortality rates shown elsewhere, because the latter are computed per 1 000 live births rather than per 1 000 population.

The population used in computing the rates is estimated or enumerated distributions by age and sex. First priority was given to an estimate for the mid–point of the same year (as shown in table 7), second priority to census returns of the year to which the deaths referred and third priority to an estimate for some other point of time in the year.

Des données selon la résidence (urbaine/rurale) ont été présentées dans toutes les éditions courantes de l'Annuaire depuis celle de 1967.

Données sur support magnétique: Il est possible de se procurer sur bande magnétique les données dans ce tableau pour tous les années disponibles suivantes:

Total	1948–1992
Urbain/rural	1972–1992

Tableau 23

Le tableau 23 présente des taux de mortalité selon l'âge et le sexe et selon la résidence (urbaine/rurale) pour le plus grand nombre d'années possible entre 1983 et 1992.

Description des variables : L'âge est l'âge au dernier anniversaire, c'est–à–dire la différence entre la date de naissance et la date du décès, exprimée en années solaires révolues. La classification par âge est la suivante : moins d'un an, 1 à 4 ans, groupes quinquennaux jusqu'à 80 à 84 ans, et 85 ans et plus.

La classification des décès selon la résidence (urbaine/rurale) est celle qui a été fournie par chaque pays ou zone; il est donc présumé qu'elle repose sur les définitions de la population urbaine utilisées pour les recensements nationaux, qui sont reproduites à la fin du tableau 6.

Calcul des taux : Les taux de mortalité selon l'âge et le sexe représentent le nombre annuel de décès survenus pour chaque sexe et chaque groupe d'âge (fréquences du tableau 22) pour 1 000 personnes du même groupe.

Les taux de mortalité selon l'âge, le sexe et la résidence (urbaine/rurale) représentent le nombre annuel de décès intervenus dans un groupe d'âge et de sexe donnés dans la population urbaine ou rurale (fréquences du tableau 22) pour 1 000 personnes du même groupe dans la population urbaine ou rurale.

On n'a pas tenu compte des décès à un âge inconnu ni de la population d'âge inconnu, sauf dans les taux de mortalité pour tous les âges combinés.

Il convient de noter que, dans ce tableau, les taux de mortalité des groupes de moins d'un an sont différents des taux de mortalité infantile qui figurent dans d'autres tableaux, ces derniers ayant été établis pour 1 000 naissances vivantes et non pour 1 000 habitants.

Les chiffres de population utilisés pour le calcul des taux proviennent de dénombrements ou de répartitions estimatives de la population selon l'âge et le sexe. On a utilisé de préférence les estimations de la population en milieu d'année selon les indications du tableau 7; à défaut, on s'est contenté des données censitaires se rapportant à l'année du décès et, si ces données manquaient également, d'estimations établies pour une autre date de l'année.

Rates presented in this table have been limited to those for countries or areas having at least a total of 1 000 deaths in a given year. Moreover, rates specific for individual sub–categories based on 30 or fewer deaths are identified by the symbol (◆).

Reliability of data: Rates calculated using data from civil registers of deaths which are reported as incomplete (less than 90 per cent completeness) or of unknown completeness are considered unreliable and are set in italics rather than in roman type. Table 21 and the Technical Notes for that table provide more detailed information on the completeness of death registration. For more information about the quality of vital statistics data in general, and the information available on the basis of the completeness estimates in particular, see section 4.2 of the Technical Notes.

Limitations: Rates shown in this table are subject to all the same limitations which affect the corresponding frequencies and are set forth in the Technical Notes for table 22.

These include differences in the completeness of registration, the treatment of infants who were born alive but died before the registration of the birth or within the first 24 hours of life, the method used to determine age at death and the quality of the reported information relating to age at death. In addition, some rates are based on deaths tabulated by date of registration and not by date of occurrence; these have been indicated by a (+).

The problem of obtaining precise correspondence between deaths (numerator) and population (denominator) as regards the inclusion or exclusion of armed forces, refugees, displaced persons and other special groups is particularly difficult where age–specific death rates are concerned. In cases where it was not possible to achieve strict correspondence, the differences in coverage are noted. Male rates in the age range 20 to 40 years may be especially affected by this non–correspondence, and care should be exercised in using these rates for comparative purposes.

It should be added that even when deaths and population do correspond conceptually, comparability of the rates may be affected by abnormal conditions such as absence from the country or area of large numbers of young men in the military forces or working abroad as temporary workers. Death rates may appear high in the younger ages, simply because a large section of the able–bodied members of the age group, whose death rates under normal conditions might be less than the average for persons of their age, is not included.

Les taux présentés dans le tableau 14 ne se rapportent qu'aux pays ou zones où l'on a enregistré un total d'au moins 1 000 décès dans l'année. Les taux relatifs à des sous–catégories, qui sont fondés sur 30 décès ou moins, sont identifiés à l'aide du signe (◆).

Fiabilité des données : Les taux calculés à partir de données sur les décès provenant des registres d'état civil qui sont déclarées incomplètes (degré d'exhaustivité inférieur à 90 p. 100) ou dont le degré d'exhaustivité n'est pas connu sont jugés douteux et apparaissent en italique et non en caractères romains. Le tableau 21 et les Notes techniques s'y rapportant présentent des renseignements plus détaillés sur le degré d'exhaustivité de l'enregistrement des décès. Pour plus de précisions sur la qualité des statistiques de l'état civil en général, et sur les estimations d'exhaustivité en particulier, voir la section 4.2 des Notes techniques.

Insuffisance des données : Les taux de ce tableau appellent les mêmes réserves que les fréquences correspondantes; voir à ce sujet les explications données dans les Notes techniques se rapportant au tableau 22.

Leurs imperfections tiennent notamment aux différences d'exhaustivité de l'enregistrement, au classement des enfants nés vivants mais décédés avant l'enregistrement de leur naissance ou dans les 24 heures qui ont suivi la naissance, à la méthode utilisée pour obtenir l'âge au moment du décès, et à la qualité des déclarations concernant l'âge au moment du décès. En outre, dans certains cas, les données relatives aux décès sont classées par date d'enregistrement et non par date effective; ces cas ont été identifiés par le signe (+).

S'agissant des taux de mortalité par âge, il est particulièrement difficile d'établir une correspondance exacte entre les décès (numérateur) et la population (dénominateur) du fait de l'inclusion ou de l'exclusion des militaires, des réfugiés, des personnes déplacées et d'autres groupes spéciaux. Dans les cas où il n'a pas été possible d'y parvenir tout à fait, des notes indiquent les différences de portée des données de base. Les taux de mortalité pour le sexe masculin dans les groupes d'âge de 20 à 40 ans peuvent être tout particulièrement influencés par ce manque de correspondance, et il importe d'être prudent lorsqu'on les utilise dans des comparaisons.

Il convient d'ajouter que, même lorsque population et décès correspondent, la comparabilité des taux peut être compromise par des conditions anormales telles que l'absence du pays ou de la zone d'un grand nombre de jeunes gens qui sont sous les drapeaux ou qui travaillent à l'étranger comme travailleurs temporaires. Il arrive ainsi que les taux de mortalité paraissent élevés parmi la population jeune simplement parce qu'on a laissé de côté un grand nombre d'hommes valides de ces groupes d'âge pour lesquels le taux de mortalité pourrait être, dans des conditions normales, inférieur à la moyenne observée pour les personnes du même âge.

Also, in a number of cases the rates shown here for all ages combined differ from crude death rates shown elsewhere, because in this table they are computed on the population for which an appropriate age–sex distribution was available, while the crude death rates shown elsewhere may utilize a different total population. The population by age and sex might refer to a census date within the year rather than to the mid–point, or it might be more or less inclusive as regards ethnic groups, armed forces and so forth. In a few instances, the difference is attributable to the fact that the rates in this table were computed on the mean population whereas the corresponding rates in other tables were computed on an estimate for 1 July. Differences of these types are insignificant but, for convenience, they are not in the table.

The comparability of data by urban/rural residence is affected by the national definitions of urban and rural used in tabulating these data. It is assumed, in the absence of specific information to the contrary, that the definitions of urban and rural used in connection with the national population census were also used in the compilation of the vital statistics for each country or area. However, the possibility cannot be excluded that, for a given country or area, the same definitions of urban and rural are not used for both the vital statistics data and the population census data. When known, the definitions of urban used in national population censuses are presented at the end of table 6. As discussed in detail in the Technical Notes for table 6, these definitions vary considerably from one country or area to another.

In addition to problems of comparability, vital rates classified by urban/rural residence are also subject to certain special types of bias. If, when calculating vital rates, different definitions of urban are used in connection with the vital events and the population data and if this results in a net difference between the numerator and denominator of the rate in the population at risk, then the vital rates would be biased. Urban/rural differentials in vital rates may also be affected by whether the vital events have been tabulated in terms of place of occurrence or place of usual residence. This problem is discussed in more detail in section 4.1.4.1 of the Technical Notes.

Coverage: Death rates specific for age and sex are shown for 84 countries or areas. Rates are presented by urban/rural residence for 27 countries or areas.

Data for ethnic or geographical segments of the population are included in the absence of national figures. These data are not presented as being representative of national–level statistics but as an index of the availability of statistics.

Earlier data: Death rates specific for age and sex have been shown for the latest available year in many of the issues of the Yearbook since the 1955 issue. Data included in this table update the series shown in the Yearbook and in the recently issued Population and Vital Statistics Report: Special Supplement covering a period of years as follows:

De même, les taux indiqués pour tous les âges combinés diffèrent dans plusieurs cas des taux bruts de mortalité qui figurent dans d'autres tableaux, parce qu'ils se rapportent à une population pour laquelle on disposait d'une répartition par âge et par sexe appropriée, tandis que les taux bruts de mortalité indiqués ailleurs peuvent avoir été calculés sur la base d'un chiffre de population totale différent. Ainsi, il est possible que les chiffres de population par âge et par sexe proviennent d'un recensement effectué dans l'année et non au milieu de l'année, et qu'ils se différencient des autres chiffres de population en excluant ou incluant certains groupes ethniques, les militaires, etc. Quelquefois, la différence tient à ce que les taux de ce ont été calculés sur la base de la population moyenne, alors que les taux correspondants des autres tableaux reposent sur une estimation au 1er juillet. Les écarts de cet ordre sont insignifiants, mais on les a signalés dans le tableau à toutes fins utiles.

La comparabilité des données selon la résidence (urbaine/rurale) peut être limitée par les définitions nationales des termes "urbain" et "rural" utilisées pour le classement de ces données. En l'absence d'indications contraires, on a supposé que les définitions des termes "urbain" et "rural" utilisées pour le recensement national de la population l'avaient été aussi pour l'établissement des statistiques de l'état civil dans chaque pays ou zone. Toutefois, on ne peut exclure la possibilité que, pour un pays ou une zone, les mêmes définitions n'aient pas été utilisées dans les deux cas. Les définitions du terme "urbain" pour les recensements nationaux de population ont été indiquées à la fin du tableau 6 lorsqu'elles étaient connues. Comme on l'a précisé en détail dans les Notes techniques relatives au tableau 6, ces définitions varient très sensiblement d'un pays ou zone à l'autre.

Outre ces problèmes de comparabilité, les taux démographiques classés selon la résidence urbaine ou rurale sont également sujets à certaines distorsions particulières. Si, lors du calcul de ces taux, des définitions différentes du terme "urbain" sont utilisées pour classer les faits d'état civil et les données relatives à la population, et s'il en résulte une différence nette entre le numérateur et le dénominateur pour le taux de la population considérée, les taux démographiques s'en trouveront faussés. La différence entre ces taux pour les zones urbaines et rurales pourra aussi être faussée selon que les faits d'état civil auront été classés d'après le lieu où ils se sont produits ou le lieu de résidence habituelle. Ce problème est examiné plus en détail à la section 4.1.4.1 des Notes techniques.

Portée : Ce tableau présente des taux de mortalité selon l'âge et le sexe pour 84 pays ou zones. Des taux selon la résidence (urbaine/rurale) sont présentés pour 27 pays ou zones.

Lorsqu'il n'existait pas de chiffres nationaux, on a fait figurer des chiffres portant sur des groupes ethniques ou des subdivisions géographiques. Ces données ne se veulent pas représentatives sur le plan national, et ne sont présentées que comme indice des données disponibles.

Données publiées antérieurement : Des taux de mortalité selon l'âge et le sexe pour la dernière année où ils étaient connus figurent dans beaucoup d'éditions de l'Annuaire depuis celle de 1955. Les données présentées dans ce tableau mettent à jour les séries présentées dans l'Annuaire démographique et dans le Rapport de statistiques de la population et de l'état civil: Supplément spécial 1984 qui couvrent les périodes d'années suivantes :

Issue	Years covered		Edition	Années considérées
Special Issue	1950–1990		Edition spéciale	1950–1991
1985	1976–1984		1985	1976–1984
1980	1971–1979		1980	1971–1979
Historical Supplement	1948–1977		Supplément rétrospectif	1948–1977

Table 24

Table 24 presents deaths and death rates by cause for the latest available year.

Description of variables: Causes of death are all those diseases, morbid conditions or injuries which either resulted in or contributed to death and the circumstances of the accident or violence which produced any such injuries. [55]

The underlying cause of death, rather than direct or intermediate antecedent cause, is the one recommended as the main cause for tabulation of mortality statistics. It is defined as (a) the disease or injury which initiated the train of events leading directly to death, or (b) the circumstances of the accident or violence which produced the fatal injury. [56]

The table is divided into two parts, A and B. Part A shows deaths and death rates classified according to the "Adapted Mortality List" derived from the classification recommended by the International Conference for the Ninth Revision of the International Classification of Diseases. [57] The 1975 (ninth) revision is known or assumed to have been used by all of the countries or areas for which data are included in part A. Part B is devoted to data classified according to the "Abbreviated List of 50 causes for tabulation of mortality" recommended by the 1965 (eighth) revision Conference. [58] The two–part presentation is used because the ninth revision does not provide a classification which conforms directly to the eighth revision. The use of the ninth revision began during 1979 in a limited number of countries. Now 67 countries or areas included in this table report cause of death according to the ninth revision. For the years between 1971 and 1978, all countries report cause–of–death statistics according to the eighth revision. The classification of cause of death shown in the stub of this table is referred to only in terms of the list numbers due to space limitations.

The full titles of each of the 50 causes of death from the eighth revision and the 55 causes of death used in the ninth revision (and the corresponding numbers referring to the 3– and 4– digit codes from the International Classification of Diseases) appear in the table shown in section 4.3 of the Technical Notes. This section discusses the International Classification of Diseases with particular references to the similarities and differences between the eighth and ninth revisions.

Tableau 24

Le tableau 24 présente des statistiques et des taux de mortalité selon la cause, ainsi que les pourcentages de décès, pour la dernière année disponible.

Description des variables : Les causes de décès sont toutes les maladies, états morbides ou traumatismes qui ont abouti ou contribué au décès et les circonstances de l'accident ou de la violence qui ont entraîné ces traumatismes [55].

La cause initiale de décès, plutôt que la cause directe du décès, est recommandée pour les statistiques de la mortalité. La cause initiale de décès est définie comme : a) la maladie ou le traumatisme qui a déclenché l'évolution morbide conduisant directement au décès, ou b) les circonstances de l'accident ou de la violence qui ont entraîné le traumatisme mortel [56].

Le tableau est divisé en deux parties, A et B. La Partie A présente le nombre et le taux des décès selon la cause, classés selon la "Liste adoptée des causes de mortalité" dérivée de la classification recommandée par la Conférence internationale pour la Classification des Maladies [57]. La neuvième révision (1975) à été utilisé, par tous les pays ou zones pour lasquelles des statistiques présentées dans la Partie A. La Partie B présente des données classées selon la "Liste abregé de 50 rubriques pour la mise en tableaux des causes de mortalitée", recommandée par la Conférence de la huitième révision (1965) [58]. Il a fallu présenter le tableau en deux parties parce que la classification utilisée dans la révision de 1975 ne correspond pas exactement à celle de 1965. Un petit nombre de pays ou zones ont commencé à utiliser la neuvième révision en 1979. Maintenant 67 pays ou zones considérés ici ont présenté leurs statistiques des causes de décès selon la neuvième révision. Pour les années 1971 à 1978, tous les pays ou zones ont utilisé la huitième révision. La nomenclature des causes de décès figurant dans la première colonne du tableau ne reproduit que les numéros de rubrique, faute d'espace.

Le titre complet de chacune des 50 causes de décès de la huitième révision et des 55 causes retenues dans la neuvième révision (ainsi que les numéros du code à 3 et 4 chiffres de la Classification internationale des maladies) figure dans le tableau incorporé dans la section 4.3 des Notes techniques, où il est question de la Classification internationale et plus particulièrement des similitudes et différences entre les huitième et neuvième révisions.

Statistics on cause of death presented in this table have been limited to countries or areas which meet all of the following three criteria: first, that statistics are either classified by, or convertible to, the 1965 or 1975 Lists mentioned above; secondly, that at least a total of 1 000 deaths (for all causes combined) occurred in a given year; and thirdly, that within this distribution the total number of deaths classified as due to ill–defined causes (B45, AM48) does not exceed 25 per cent of deaths from all causes. The third criterion is based on the premise that if 25 per cent of the deaths have been coded as due to ill–defined causes, frequencies in the other cause groups in the Classification must be understated to a marked degree. The limit has been placed deliberately high to exclude all poor data. Moreover, it must be admitted that this criterion fails to consider the equally indicative percentages in the residual category, all other diseases (B46 in the eighth revision or AM49 in the ninth revision), which often accounts for an inordinately large proportion of the whole.

Rate computation: In part A, for cause groups AM1 through AM16, AM19 through AM40, AM45 and AM48 through AM55, rates are the annual number of deaths in each cause group reported for the year per 100 000 corresponding mid–year population. The other cause groups, for which the population more nearly approximates the population at risk, are specified below: rates for AM17 and AM18 (Malignant neoplasm of female breast and Malignant neoplasm of cervix uteri) are computed per 100 000 female population 15 years and over; rates for AM41 (Hyperplasia of prostate) are computed per 100 000 male population 50 years and over; and rates for AM42 (Abortion), AM43–AM44 (Direct and indirect obstetric causes), AM46 (Birth trauma) and AM47 (Other conditions originating in the perinatal period) are computed per 100 000 total live births in the same year.

In part B, for cause groups B1 through B38, B42 and B45 through BE50, rates are the annual number of deaths in each cause group reported for the year per 100 000 corresponding mid–year population. The other cause groups, a population which more nearly approximates the population at risk of death is used, as specified below: rates for B39 (Hyperplasia of prostate) are computed per 100 000 male population 50 years and over; rates for B40 (Abortion) are computed per 100 000 total live births, rates for B41 (Other complications of pregnancy, childbirth and the puerperium and delivery without mention of complication) are computed per 100 000 total live births in the same year; and rates for B43 (Birth injury, difficult labour and other anoxic and hypoxic conditions) and B44 (Other causes of perinatal mortality) are computed per 100 000 total live births in the same year.

As noted above, rates (as well as frequencies) presented in this table have been limited to those countries or areas having a total of at least 1 000 deaths from all causes in a given year and have also been limited to those not having more than 25 per cent of all deaths classified as due to ill–defined causes (B45 or AM48). In certain cases death rates by cause have not been calculated because the population data needed for the denominator are not available. This may arise in either of two situations. First, no data on population at risk are available. Second, cause–of–death statistics are available for only a limited portion of the country and it is not possible to identify births or population at risk for that limited geographic area. The same situation arises when data on deaths by cause are limited to medically certified deaths and when those medically certified deaths do not comprise a substantial portion of all deaths for the country or area, in which case no rates are calculated. Moreover, rates based on 30 or fewer deaths shown in this table are identified by the symbol (◆).

Les statistiques des causes de décès présentées dans ce tableau ne se rapportent qu'aux pays ou zones pour lesquels les trois critères suivants sont réunis : premièrement, le classement des statistiques des décès selon la cause doit être conforme à la liste de 1965 ou à celle de 1975 mentionnées plus haut, ou convertible aux catégories de cette liste; deuxièmement, le nombre total des décès (pour toutes les causes réunies) intervenus au cours d'une année donnée doit être au moins égal à 1 000, et; troisièmement, à l'intérieur de cette répartition, le nombre total des décès dus à des causes mal définies (B45 ou AM48) ne doit pas dépasser 25 p. 100 du nombre des décès pour toutes les causes. Le troisième critère est fondé sur l'argument suivant : si 25 p. 100 des décès sont classés comme dus à des causes mal définies, les chiffres relatifs aux autres causes de la Liste doivent être sensiblement inférieurs à la réalité. Le seuil a été délibérément placé haut afin d'exclure toutes les données de qualité médiocre. De plus, il faut admettre que ce critère ne s'étend pas aux pourcentages, tout aussi indicatifs, de la catégorie résiduelle "Toutes autres maladies" (B46 dans la huitième révision, AM49 dans la neuvième), qui groupe souvent une proportion exceptionnellement forte du nombre total des décès.

Calcul des taux : Dans la Partie A, les taux correspondant aux catégories AM1 à AM16, AM19 à AM40, AM45 et AM48 à AM55 représentent le nombre annuel de décès signalés dans chaque groupe, pour l'année, dans une population de 100 000 personnes en millieu d'années. Les taux correspondant aux autres catégories de causes correspondent aux populations les plux semblables à la population exposée. Les taux correspondant aux catégories AM17 et AM18 (tumeurs malignes du sein et tumeurs malignes du col de l'utérus) sont calculés sur une population de 100 000 femmes de 15 ans ou plus. Les taux correspondant à la catégorie AM41 (hyperplasie de la prostate) sont calculés sur une population de 100 000 personnes de sexe masculin âgées de 50 ans ou plus, et les taux pour la catégorie AM42 (avortements), les catégories AM43 et AM44 (causes obstétricales directes et indirectes). la catégorie AM46 (traumatisme obstétrical) et enfin la catégorie AM47 (autres affections dont l'origine se situe dans la période périnatale) sont calculés sur 100 000 naissances vivantes de la même année.

Dans la Partie B, les taux correspondant aux catégories de causes B1 à B38, B42 à B45 à BE50 représentent le nombre annuel de décès attribués à chaque catégorie de causes, dans l'année, pour 100 000 habitants en millieu d'anné. Dans les autres catégories de causes, on s'est fondé sur les populations les plus semblables de la population exposée, comme on le verra plus loin, . Les taux correspondant à la catégorie B39 (hypertrophie de la prostate) sont calculés sur 100 000 personnes de sexe masculin âgées de 50 ans ou plus. Les taux correspondant à B40 (avortements) sont calculés sur 100 000 naissances vivantes, les taux pour la catégorie B41 (autres complications de la grossesse, de l'accouchement et des suites de couches et accouchement sans mention de complication) sont calculés sur 100 000 naissances vivantes de la même année, enfin les taux correspondant à la catégorie B43 (lésions obstétricales, accouchements dystociques et autres états anoxémiques et hypoxémiques) et à la catégorie B44 (autres causes de mortalité périnatale) sont calculés sur 100 000 naissances vivantes de la même année.

Comme on l'a dit, les taux et les nombres figurant dans ce tableau ne concernent que les pays ou zones où l'on a relevé 1 000 décès de toutes causes dans l'année, ainsi que 25 p. 100 au plus de décès imputés à une cause mal définie (B45 ou AM48). Dans certains cas, on n'a pas calculé les taux de mortalité selon la cause car l'on ne disposait pas des informations sur la population qui étaient nécessaires pour déterminer le dénominateur. Cela peut se présenter dans deux cas. Dans le premier, on n'a pas d'informations sur la population exposée au risque. Dans le second, il n'existe de statistique selon les causes de décès que pour une partie limitée du pays, et il n'est pas possible de s'informer particulièrement les naissances ou sur la population exposée dans cette région géographique limitée. Le même cas se présente lorsque les données concernant les décès selon la cause ne se rapportent qu'aux décès médicalement certifiés et lorsque ces décès ne représentent une fraction importante de l'ensemble des décès dans le pays ou la zone; alors, il n'a pas été calculé de taux. De plus, les taux calculés sur la base de 30 décès ou moins, qui sont indiqués dans le tableau, sont identifiées par le signe. (◆).

Reliability of data: Data from civil registers of deaths which are reported as incomplete (less than 90 per cent completeness) or of unknown completeness are considered unreliable and are set in italics rather than in roman type. Rates calculated using these data are also set in italics. Table 21 and the Technical Notes for that table provide more detailed information on the completeness of death registration. For more information about the quality of vital statistics data in general, and the information available on the basis of the completeness estimates in particular, see section 4.2 of the Technical Notes.

In general, the quality code for deaths shown in table 21 is used to determine whether data on deaths in other tables appear in roman or italic type. However, some data on deaths by cause are shown in italics in this table when it is known that the quality, in terms of completeness, differs greatly from the completeness of the registration of the total number of deaths. In cases when the quality code in table 21 does not correspond with the type–face used in this table, relevant information regarding the completeness of cause–of–death statistics is given in a footnote.

Limitations: Statistics on deaths by cause are subject to the same qualifications as have been set forth for vital statistics in general and death statistics in particular as discussed in section 4 of the Technical Notes.

The reliability of the data, an indication of which is described above, is an important factor in considering the limitations. In addition, some deaths are tabulated by date of registration and not by date of occurrence; these have been indicated by a (+). Whenever the lag between the date of occurrence and date of registration is prolonged and, therefore, a large proportion of the death registrations are delayed, death statistics for any given year may be seriously affected.

In considering cause–of–death statistics it is important to take account of the differences among countries or areas in the quality, availability, and efficiency of medical services, certification procedures, and coding practices. In most countries or areas, when a death is registered and reported for statistical purposes, the cause of death is required to be stated. This statement of cause may have several sources: (1) If the death has been followed by an autopsy, presumably the "true" cause will have been discovered; (2) If an autopsy is not performed but the decedent was treated prior to death by a medical attendant, the reported cause of death will reflect the opinion of that physician based on observation of the patient while he was alive; (3) If, on the other hand, the decedent has died without medical attendance, his body may be examined (without autopsy) by a physician who, aided by the questioning of persons who saw the patient before death, may come to a decision as to the probable cause of death; (4) Still another possibility is that a physician or other medically trained person may question witnesses without seeing the decedent and arrive at a diagnosis; (5) Finally, there is the case where witnesses give the cause of death without benefit of medical advice or questioning. These five possible sources of information on cause of death constitute in general five degrees of decreasing accuracy in reporting.

Fiabilité des données : Les données sur les décès provenant des registres d'état civil qui sont déclarées incomplètes (degré d'exhaustivité inférieur à 90 p. 100) ou dont le degré d'exhaustivité n'est pas connu sont jugées douteuses et apparaissent en italique et non en caractères romains. Les taux calculés à partir de ces données apparaissent eux aussi en italique. Le tableau 21 et les Notes techniques se rapportant à ce tableau présentent des renseignements plus détaillés sur le degré d'exhaustivité de l'enregistrement des décès. Pour plus de précisions sur la qualité des statistiques de l'état civil en général, et sur les estimations de l'exhaustivité en particulier, voir la section 4.2 des Notes techniques.

En général, le code de qualité des données sur les décès indiqué au tableau 21 sert à déterminer si, dans les autres tableaux, les données de mortalité apparaissent en caractères romains ou en italique. Toutefois, certaines données sur les décès selon la cause figurent en italique dans le présent tableau lorsqu'on sait que leur exhaustivité diffère grandement de celle des données sur le nombre total des décès. Dans les cas où le code de qualité du tableau 21 ne correspond pas aux caractères utilisés dans le présent tableau, les renseignements concernant le degré d'exhaustivité des statistiques des décès selon la cause sont indiqués en note à la fin du tableau.

Insuffisance des données : Les statistiques des décès selon la cause appellent toutes les réserves qui ont été faites à propos des statistiques de l'état civil en général et des statistiques de mortalité en particulier (voir explications à la section 4 des Notes techniques).

La fiabilité des données, au sujet de laquelle des indications ont été fournies plus haut, est un facteur important en l'occurrence. Il faut également tenir compte du fait que, dans certains cas, les données relatives aux décès sont classées par date d'enregistrement et non par date effective; ces cas ont été identifiés par le signe (+). Lorsque le décalage entre le décès et son enregistrement est grand, c'est–à–dire qu'une forte proportion des décès fait l'objet d'un enregistrement tardif, les statistiques des décès de l'année peuvent être sérieusement faussées.

Lorsqu'on étudie les statistiques des causes de décès, il importe de tenir compte des différences existant entre pays ou zones du point de vue de la qualité, de l'accessibilité et de l'efficacité des services médicaux, ainsi que des méthodes d'établissement des certificats de décès et des procédés de codage. Dans la plupart des pays ou zones, lorsqu'un décès est enregistré et déclaré aux fins de statistique, le bulletin établi doit mentionner la cause du décès. Or, la déclaration de la cause peut émaner de plusieurs sources : 1) si le décès a été suivi d'une autopsie, il est probable qu'on en aura décelé la cause "véritable"; 2) s'il n'y a pas eu d'autopsie, mais si le défunt avait reçu, avant sa mort, les soins d'un médecin, la déclaration de la cause du décès reflétera l'opinion de ce médecin, fondée sur l'observation du malade alors qu'il vivait encore; 3) si, au contraire, le défunt est mort sans avoir reçu de soins médicaux, il se peut qu'un médecin examine le corps (sans qu'il soit fait d'autopsie), auquel cas il pourra, en questionnant les personnes qui ont vu le malade avant sa mort, se former une opinion sur la cause probable du décès; 4) il se peut encore que, sans voir le corps, un médecin ou une autre personne de formation médicale interroge des témoins et arrive ainsi à un diagnostic; 5) enfin, il y a le cas où de simples témoins indiquent une cause de décès sans l'avis d'un médecin. A ces cinq sources de renseignements possibles correspondent généralement cinq degrés décroissants d'exactitude des données.

Serious difficulties of comparability may stem also from differences in the form of death certificate being used, an increasing tendency to enter more than one cause of death on the certificate and diversity in the principles by which the primary or underlying cause is selected for statistical use when more than one is entered. [59]

Differences in terminology used to identify the same disease also result in lack of comparability in statistics. These differences may arise in the same language in various parts of one country or area, but they are particularly troublesome between different languages. They arise even in connection with the medically certified deaths, but they are infinitely more varied and obscure in causes of death reported by lay persons. This problem of terminology and its solution are receiving attention by the World Health Organization.

Coding problems, and problems in interpretation of rules, arise constantly in using the various revisions of the International Statistical Classification of Diseases, Injuries and Causes of Death. Lack of uniformity between countries or areas in these interpretations and in adapting rules to national needs results in lack of comparability which can be observed in the statistics. It is particularly evident in causes which are coded differently according to the age of the decedent, such as pneumonia, diarrhoeal diseases and others. Changing interpretations and new rules can also introduce disparities into the time series for one country or area. Hence, large increases or decreases in deaths reported from specified diseases should be examined carefully for possible explanations in terms of coding practice, before they are accepted as changes in mortality.

Further limitations of statistics by cause of death result from the periodic revision of the International Classification of Diseases. Each country or area reporting cause—of—death statistics in this table used either the 1965 or 1975 revision, a comparison of which is shown in Section 4.3 of the Technical Notes. In addition to the qualifications explained in footnotes, particular care must be taken in using distributions with relatively large numbers of deaths attributed to ill—defined causes (B45 or AM48) or the all—other—causes group (B46 or AM49). Large frequencies in the two categories may indicate that cause of death among whole segments of the population has been undiagnosed, and the distribution of known causes in such cases is likely to be quite unrepresentative of the situation as a whole.

The possibility of error being introduced by the exclusion of deaths of infants who were born alive but died before the registration of the birth or within the first 24 hours of life should not be overlooked. These infant deaths are incorrectly classified as late foetal deaths. In several countries or areas, tabulation procedures have been devised to separate these pseudo—late—foetal deaths from true late foetal deaths and to incorporate them into the total deaths, but even in these cases there is no way of knowing the cause of death. Such distributions are footnoted.

For a further detailed discussion of the development of statistics of causes of death and the problems involved, see chapter II of the Demographic Yearbook 1951.

La comparabilité est aussi parfois très difficile à assurer par suite des différences existant dans la forme des certificats de décès utilisés, de la tendance croissante à indiquer plus d'une cause de décès sur le certificat, et de la diversité des principes régissant le choix de la cause principale ou initiale à retenir dans les statistiques quand le certificat indique plus d'une cause [59].

Les différences entre les termes utilisés pour désigner la même maladie compromettent aussi la comparabilité des statistiques. On en rencontre parfois d'une région à l'autre d'un même pays ou d'une même zone où toute la population parle la même langue, mais elles sont particulièrement gênantes lorsque plusieurs langues interviennent. Ces différences soulèvent des difficultés même quand les décès sont certifiés par un médecin, mais elles sont infiniment plus grandes et plus difficiles à éclaircir lorsque la cause du décès est indiquée par de simples témoins. L'Organisation mondiale de la santé s'emploie à étudier et à résoudre ce problème de terminologie.

En outre, des problèmes de codage et d'interprétation des règles se posent constamment lorsqu'on utilise les diverses révisions de la Classification statistique internationale des maladies, traumatismes et causes de décès. Les pays ou zones n'interprètent pas ces règles de manière uniforme et ne les adaptent pas de la même façon à leurs besoins; la comparabilité s'en ressent, comme le montrent les statistiques. Cela est particulièrement vrai pour les causes comme la pneumonie et les maladies diarrhéiques et autres, qui sont codées différemment selon l'âge du défunt. Les changements d'interprétation et l'adoption de nouvelles règles peuvent aussi introduire des divergences dans les séries chronologiques d'un même pays ou d'une même zone. En conséquence, il convient d'examiner attentivement les cas où le nombre de décès attribués à des maladies déterminées s'accroît ou diminue fortement, pour s'assurer, avant de conclure à une évolution de la mortalité, que le changement n'est pas dû à la méthode de codage.

D'autres irrégularités statistiques, s'agissant des causes de décès, résultent des révisions périodiques de la Classification internationale des maladies. Tous les pays ou zones qui ont présenté des statistiques reprises dans ce tableau ont utilisé soit la révision de 1965, soit celle de 1975, qui sont comparées dans la section 4.3 des Notes techniques. Outre les réserves expliquées dans les notes, il faudra interpréter avec beaucoup de prudence les répartitions comportant un nombre relativement élevé de décès attribués à des causes mal définies ou inconnues (B45 ou AM48) ou au groupe "Toutes autres maladies" (B46 ou AM49). Si les chiffres donnés pour ces deux catégories sont importants, c'est sans doute parce que les décès survenus dans des groupes entiers de la population n'ont fait l'objet d'aucun diagnostic; en pareil cas, il est probable que la répartition des causes connues est loin de donner une vue exacte de la situation d'ensemble.

Il ne faut pas négliger non plus le risque d'erreur que peut présenter l'exclusion des enfants nés vivants mais décédés avant l'enregistrement de leur naissance, ou dans les 24 heures qui ont suivi la naissance. Ces décès sont classés à tort dans les morts foetales tardives. Dans plusieurs pays ou zones, les méthodes d'exploitation permettent de différencier ces pseudo—morts foetales tardives des morts foetales tardives véritables et de les ajouter au nombre total des décès, mais, là encore, il est impossible de connaître la cause du décès. Ces répartitions sont signalées en note.

Pour un exposé plus détaillé de l'évolution des statistiques des causes de décès et des problèmes qui se posent, voir le chapitre II de l'Annuaire démographique 1951.

Coverage: Deaths and death rates by cause are shown for 77 countries or areas (74 in part A and 4 in part B).

Data for ethnic or geographical segments of the population are included in the absence of national figures. These data are not presented as being representative of national—level statistics but as an index of the availability of statistics.

Earlier data: Deaths and death rates by cause have been shown in previous issues of the Demographic Yearbook. For information on specific years covered, readers should consult the Index.

Table 25

Table 25 presents expectation of life at specified ages for each sex for the latest available year.

Description of variables: Expectation of life is defined as the average number of years of life which would remain for males and females reaching the ages specified if they continued to be subjected to the same mortality experienced in the year(s) to which these life expectancies refer.

The table shows life expectancy according to an abridged life table or a complete life table as reported by the country. Values from complete life tables are shown in this table only when a more recent abridged life table is not available.

Male and female expectations are shown separately for selected ages beginning at birth (age 0) and proceeding with ages 1, 2, 3, 4, 5, 10, 15, 20, 25, 30, 35, 40, 45, 50, 55, 60, 65, 70, 75, 80 and 85 years.

Life expectancy is shown with two decimals regardless of the number of digits provided in the original computation.

The data come mainly from the official life tables of the countries or areas concerned. Where official data are lacking, estimates of life expectancy at birth, prepared by the Population Division of the United Nations Secretariat, are included. These estimates have been prepared by use of the techniques described in the United Nations Manual on Methods of Estimating Basic Demographic Measures from Incomplete Data [60] and the application of assumed rates of gain in life expectancy based on model life tables [61] and other information. United Nations estimates are identified in the table by footnotes.

Life table computation: From the demographic point of view, a life table is regarded as a theoretical model of a population which is continuously replenished by births and depleted by deaths. The model gives a complete picture of the mortality experience of a population based on the assumption that the theoretical cohort is subject, throughout its existence, to the age—specific mortality rates observed at a particular time. Thus levels of mortality prevailing at the time a life table is constructed are assumed to remain unchanged into the future until all members of the cohort have died.

The starting point for the calculation of life—table values is usually the computation of death rates for the various age groups. From these rates other functions are derived, and from the latter functions survival ratios are derived, expressing the proportion of persons, among those who survive to a given age, who live on and attain the next age level.

Portée : Ce tableau présente des statistiques des décès selon la cause (nombre et taux) pour 77 pays ou zones 73 dans la Partie A et 4 dans la Partie B).

Lorsqu'il n'existait pas de chiffres nationaux, on a fait figurer des chiffres portant sur des groupes ethniques ou des subdivisions géographiques. Ces données ne se veulent pas représentatives sur le plan national, et ne sont présentées que comme indice des données disponibles.

Données publiées antérieurement : Des statistiques des décès selon la cause (nombre et taux) figurent déjà dans des éditions antérieures de l'Annuaire démographique. Pour plus de précisions concernant les années pour lesquelles ces données ont été publiées, se reporter à l'Index.

Tableau 25

Le tableau 25 présente les espérances de vie à des âges déterminés, pour chaque sexe, pour la dernière année disponible.

Description des variables : L'espérance de vie est le nombre moyen d'années restant à vivre aux personnes du sexe masculin et du sexe féminin atteignant les âges indiqués si elles continuent d'être soumises aux mêmes conditions de mortalité que celles qui existaient pendant les années auxquelles se rapportent les valeurs considérées.

Dans le tableau figurent les espérances de vie calculées, selon une table de mortalité abrégée ou une table de mortalité complète, par le pays même. On ne trouve dans le tableau des chiffres calculés à partir de tables de mortalité complètes que lorsqu'il n'en existe pas sur la base de tables de mortalité plus récentes abrégées.

Les chiffres sont présentés séparément pour chaque sexe à partir de la naissance (âge 0) et pour les âges suivants : 1, 2, 3, 4, 5, 10, 15, 20, 25, 30, 35, 40, 45, 50, 55, 60, 65, 70, 75, 80 et 85 ans.

Les espérances de vie sont chiffrées à deux décimales, indépendamment du nombre de celles qui figurent dans le calcul initial.

Ces données proviennent surtout des tables officielles de mortalité des pays ou zones auxquels elles se rapportent. Toutefois, là où il n'existait pas de données officielles, on a présenté des estimations concernant l'espérance de vie à la naissance établies par la Division de la population du Secrétariat de l'ONU. Ces estimations ont été calculées à l'aide des techniques mentionnées dans le Manuel des Nations Unies sur les méthodes permettant d'estimer les mesures démographiques fondamentales à partir de données incomplètes [60] et en appliquant des taux hypothétiques de gain d'espérance de vie fondés sur des tables types de mortalité [61] et sur d'autres renseignements. Les estimations de l'ONU sont signalées en note à la fin du tableau.

Calcul des tables de mortalité : Du point de vue démographique, les tables de mortalité sont considérées comme des modèles théoriques représentant une population constamment reconstituée par les naissances et réduite par les décès. Ces modèles donnent un aperçu complet de la mortalité d'une population, reposant sur l'hypothèse que chaque cohorte théoriquement distinguée connaît, pendant toute son existence, la mortalité par âge observée à un moment donné. Les mortalités correspondant à l'époque à laquelle sont calculées les tables de mortalité sont ainsi censées demeurer inchangées dans l'avenir jusqu'au décès de tous les membres de la cohorte.

Le point de départ du calcul des tables de mortalité consiste d'ordinaire à calculer les taux de mortalité des divers groupes d'âges. A partir de ces taux, on détermine d'autres paramètres, puis, à partir de ces paramètres, des quotients de survie mesurant la proportion de personnes, parmi les survivants jusqu'à un âge donné, qui atteignent le palier d'âge suivant.

The functions of the life table are calculated in the following sequence: (1) mx, the death rate among persons of a given age, x; (2) qx, the probability of dying within a given age interval, (3) lx, the number of survivors to a specific age from an assumed initial number of births; (4) Lx, the number of years lived collectively by those survivors within the given age interval; (5) Tx, person–years lived by a hypothetical cohort from age x and onward; and (6) eox, the expectation of life of an individual of given age.

In all these symbols, the suffix "x" denotes age. It denotes either the lower limit of an age group or the entire age group, depending on the nature of the function. In standard usage a subscript "n" preceeds each of these functions. In a complete life table n is 1 and is frequently omitted. In an abridged life table by five–year age groups, "n" becomes 5.

The life–table death rate, qx, expresses the probability that an individual about to enter an age group will die before reaching the upper limit of that age group. In many instances the value shown is 1 000qx. For a complete life table, 1 000q10 = 63.0 is interpreted to mean that of 1 000 persons reaching age 10, 63 will die before their eleventh birthday. From an abridged life table 1 000q10 = 63 is interpreted to mean that of 1 000 persons reaching age 10, only 63 die before their fifteenth birthday.

The number of survivors to the given exact age is symbolized by lx, where the suffix "x" indicates the lower limit of each age group. In most life tables, 100,000 births are assumed and the lx function shows how many of the 100,000 reach each age.

Expectation of life, ex, is defined as the average number of years of life which would remain for males and females reaching the ages specified if they continued to be subjected to the same mortality experienced in the year(s) to which these life expectancies refer. [62]

Reliability of data: Since the values shown in this table come either from official life tables or from estimates prepared at the United Nations, they are all considered to be reliable. With regard to the values taken from official life tables, it is assumed that, if necessary, the basic data (population and deaths classified by age and sex) have been adjusted for deficiencies before their use in constructing the life tables.

Limitations: Expectation–of–life values are subject to the same qualifications as have been set forth for population statistics in general and death statistics in particular, as discussed in sections 3 and 4, respectively, of the Technical Notes.

Perhaps the most important specific qualifications which can be set forth in connection with expectation–of–life values is that they must be interpreted strictly in terms of the underlying assumption that surviving cohorts are subjected to the age–specific mortality rates of the period to which the life table refers.

Les paramètres des tables de mortalité sont calculés dans l'ordre suivant : 1) mx, taux de mortalité des individus d'un âge donné x; 2) qx, probabilité de décès entre deux âges donnés; 3) 1x, nombre de survivants jusqu'à un âge donné à partir d'un nombre initial supposé de naissances; 4) Lx, nombre d'années vécues collectivement par les survivants du groupe d'âges considérés; 5) Tx, nombre d'années personne vécues par la cohorte hypothétique à partir de l'âge x, enfin , 6) espérance de vie d'une personne d'âge donné.

Dans tous ces symboles, l'indice (x) désigne l'âge, c'est–à–dire soit la limite inférieure d'une fourchette d'âges, soit le groupe d'âges dans son entier, selon la nature du paramètre. Normalement, un "n" précède de ces paramètres. Dans les tables de mortalité complètes, n = 1 et on l'omet fréquemment. Dans les tables de mortalité abrégées par groupes quinquennaux, "n" devient 5.

Le taux de mortalité actuariel, qx exprime la probabilité qu'a un individu sur le point d'accéder à un groupe d'âges de mourir avant d'avoir atteint la limite supérieure de la fourchette des âges de ce groupe. Dans beaucoup de cas, la valeur retenue est 1 000 qx. Dans les tables de mortalité complètes, 1 000 q10 = 63,0 signifie que, sur 1 000 personnes atteignant l'âge 10,63 décéderont avant leur onzième anniversaire. Dans les tables de mortalité abrégées, 1 000 q10 = 63 signifie que, sur 1 000 personnes atteignant l'âge 10, 63 seulement décéderont avant leur quinzième anniversaire.

Le nombre de survivants jusqu'à l'âge exact donné est représenté par lx, où l'indice "x" indique la limite inférieure de chaque groupe d'âges. Dans la plupart des tables de mortalité, on se base sur 100 000 naissances et le paramètre lx indique le nombre de survivants de cette cohorte de 100 000 qui atteint chaque âge.

L'espérance de vie ex se définit comme le nombre moyen d'années de survie des hommes et des femmes qui ont atteint les âges indiqués, au cas où leur cohorte continuerait d'être soumise à la même mortalité que dans l'année ou les années auxquelles se réfère l'espérance de vie [62].

Fiabilité des donnés : Etant donné que les chiffres figurant dans ce tableau proviennent soit de tables officielles de mortalité, soit d'estimations établies par l'ONU, elles sont toutes présumées sûres. En ce qui concerne les chiffres tirés de tables officielles de mortalité, on suppose que les données de base (effectif de la population et nombre de décès selon l'âge et le sexe) ont été ajustées, en tant que de besoin, avant de servir à l'établissement de la table de mortalité.

Insuffisance des données : Les espérances de vie appellent les mêmes réserves que celles qui ont été formulées à propos des statistiques de la population en général et des statistiques de mortalité en particulier (voir explications aux sections 3 et 4, respectivement, des Notes techniques).

La principale réserve à faire au sujet des espérances de vie est peut–être que, lorsqu'on interprète les données, il ne faut jamais perdre de vue que, par hypothèse, les cohortes de survivants sont soumises, pour chaque âge, aux conditions de mortalité de la période visée par la table de mortalité.

Coverage: Expectation of life at specified ages for each sex is shown for 185 countries or areas.

Data for ethnic or geographical segments of the population are included in the absence of national figures. These data are not presented as being representative of national–level statistics but as an index of the availability of statistics.

Earlier data: Expectation of life at specified ages for each sex has been shown in previous issues of the Demographic Yearbook. Data included in this table update the series covering a period of years as follows:

Issues	Years covered
Special Issue	1900–1990
Historical Supplement	1948–1977
1948	1896–1947

Portée : Ce tableau présente les espérances de vie à des âges déterminés pour chaque sexe, pour 185 pays ou zones.

Lorsqu'il n'existait pas de chiffres nationaux, on a fait figurer des chiffres portant sur des groupes ethniques ou des subdivisions géographiques. Ces données ne se veulent pas représentatives sur le plan national et ne sont présentées que comme indice des données disponibles.

Données publiées antérieurement : Des espérances de vie à des âges déterminés pour chaque sexe figurent déjà dans des éditions antérieures de l'Annuaire démographique. Les données présentées dans ce tableau mettent à jour les périodes d'années suivantes :

Editions	Années considérées
Edition spéciale	1900–1990
Supplément rétrospectif	1948–1977
1948	1896–1947

FOOTNOTES

[1] For a listing of the majority of these, see "Names of Countries and Adjectives of Nationality" (United Nations document ST/CS/SER.F/317 and Corr. 1–2.

[2] Unites Nations publication, Sales No. E.80.XVII.8.

[3] Principles and Recommendations for Population and Housing Censuses, para. 2.88 (ST/ESA/STAT/SER.M/67.

[4] Alternatively if a population register is used, completed ages are calculated by substracting the date of birth of individuals listed in the register from a reference date to which the age data pertain.

[5] A source of non–comparability may result from differences in the method of reckoning age, for example, the Western versus the Eastern or, as it is usually known, the English versus the Chinese system. By the latter, a child is regarded as one year old at birth and his age advances one year at each Chinese New Year. The effect of this system is most obvious at the beginning of the age span where the frequencies in the under–one–year category are markedly understated. The effect on higher age groups is not so apparent. Distributions constructed on this basis are often adjusted before publication, but the possibility of such aberrations should not be excluded when census data by age are compared.

[6] In this index, differences were scored from expected values of ratios between numbers of either sex in the same age group, and numbers of the same sex in adjoining age groups. In compounding the score, allowance had to be made for certain factors such as the effects of past fluctuations in birth rates, of heavy war casualties, and of the smallness of the population itself. A detailed description of the index, with results of its application to the data presented in the 1949–1950 and 1951 issues of the Demographic Yearbook, is furnished in Population Bulletin, No. 2 (United Nations publication, Sales No. 52.XIII.4), pp. 59–79. The scores obtained from statistics presented in the Demographic Yearbook 1952 are presented in that issue, and the index has also been briefly explained in that issue, as well as those of 1953 and 1954.

NOTES

[1] Pour une liste de la plupart d'entre eux, voir "Names of countries and adjectives of nationality" (document des Nations Unies ST/CS/SER.F/317 et Corr. 1 et 2).

[2] Publication des Nations Unies, numéro de vente : F.80.XVII.8.

[3] Principes et recommandations concernant les recensements de population, par. 2.88 (ST/ESA/STAT/SER.M/67.

[4] Lorsqu'on utilise un registre de la population, on peut également calculer l'âge en années révolues en soustrayant la date de naissance de chaque personne inscrite sur le registre de la date de référence à laquelle se rapportent les données sur l'âge.

[5] L'emploi de méthodes différentes de calcul de l'âge, par exemple la méthode occidentale et la méthode orientale, ou, comme on les désigne plus communément, la méthode anglaise et la méthode chinoise, représente une cause de non–comparabilité. Selon la méthode chinoise, on considère que l'enfant est âgé d'un an à sa naissance et qu'il avance d'un an à chaque nouvelle année chinoise. Les répercussions de cette méthode sont très apparentes dans les données pour le premier âge : les données concernant les enfants de moins d'un an sont nettement inférieures à la réalité. Les effets sur les chiffres relatifs aux groupes d'âge suivants sont moins visibles. Les séries ainsi établies sont souvent ajustées avant d'être publiées, mais il ne faut pas exclure la possibilité d'aberrations de ce genre lorsqu'on compare des données censitaires sur l'âge.

[6] Dans cet indice, on déterminait les différences à partir des rapports prévus de masculinité dans un groupe d'âge et dans les groupes d'âge adjacents. Il fallait pour cela tenir compte de l'influence de facteurs tels que les mouvements passés des taux de natalité, les pertes de guerre élevées et, le cas échéant, le faible effectif de la population. On trouvera dans le Bulletin démographique no. 2 (publication des Nations Unies, numéro de vente : 52.XIII.4), p. 64 à 87, un exposé détaillé sur cet indice ainsi que les résultats de son application aux données présentées dans les éditions de 1949–1950 et de 1951 de l'Annuaire démographique. On a fait les mêmes calculs sur les statistiques publiées dans l'Annuaire démographique 1952 et les résultats obtenus sont indiqués dans cette édition de l'Annuaire, qui, comme celles de 1953 et de 1954, donne de brèves explications sur l'indice en question.

[7] United States, Bureau of Census, Thirteenth Census ... vol. I (Washington, D.C., U.S. Government Printing Office), pp. 291–192.

[8] J.T. Marten, Census of India, 1921, vol. I, part I (Calcutta, 1924), pp. 126–127.

[9] United Nations publication Sales No. E/F.80.XIII.1, pp.13–14).

[10] For further discussion, see Demographic Yearbook 1962 (United Nations publication, Sales No. 63.XIII.1) chap. 1.

[11] For detailed explanation of the content of each category of the code, see Demographic Yearbook 1964 (United Nations publication, Sales No. 65.XIII.1).

[12] For an analysis of the regional availability of birth and death statistics, see Population Bulletin of the United Nations, No. 6 (United Nations publication, Sales No. 62.XIII.2) and Population Bulletin of the United Nations, No. 7 (United Nations publication, Sales No. 64.XIII.2).

[13] United Nations publication, Sales No. E.73.XVII.9.

[14] United Nations publication, Sales No. E.84.VII.11 and Vol. I.

[15] United Nations publication, Sales No. E.83.VII.13.

[16] For more information on historical and legal background on the use of differing definitions of live births and foetal deaths, comparisons of definitions used as of 1 January 1950, and evaluation of the effects of these differences on the calculation of various rates, see Handbook of Vital Statistics Methods, chap. IV.

[17] World Health Organization, Manual of the International Classification of Diseases, Injuries and Causes of Death 1965 Revision vol. 1 (Geneva, 1967).

[18] Other innovations in the ninth revision which do not apply directly in coding cause of death statistics are discussed in World Health Organization, WHO Chronicle vol. 32, No. 6 (Geneva, 1978), pp. 219–225.

[19] World Health Organization, Manual of the International Statistical Classification of Diseases, Injuries and Causes of Death, 1965 Revision Vol. I (Geneva, 1967). pp.445–446.

[20] The Adapted Mortality List is derived from the Basic Tabulation List shown in World Health Organization, Manual of the International Statistical Classification of Diseases, Injuries and Causes of Death, 1975 revision vol. I (Geneva, 1977), pp. 745–755.

[21] World Health Organization, Manual of the International Statistical Classification of Diseases, Injuries and Causes of Death, 1975 Revision vol. I (Geneva, 1977), p. xix.

[22] Source : World Population Prospects 1990: The 1992 Revision (ST/ESA/SER.A/120).

[7] United States Bureau of the Census, Thirteenth Census ..., vol. I (Washington, D.C., U.S. Government Printing Office), p. 291 à 292.

[8] J.T. Marten, Census of India, 1921, vol. I, partie I (Calcutta, 1924), p. 126 et 127.

[9] Publication des Nations Unies, numéro de vente : E/F.80.X III.1, p.82.

[10] Pour plus de détails, voir l'Annuaire démographique 1962 (publication des Nations Unies, numéro de vente : 63.XIII.1), chap. premier.

[11] On trouvera des explications plus complètes du contenu de chaque catégorie du code dans l'Annuaire démographique 1964 (publication des Nations Unies, numéro de vente : 65.XIII.1).

[12] Pour une analyse des statistiques régionales disponibles sur la natalité et la mortalité, voir le Bulletin démographique des Nations Unies no. 6 (publication des Nations Unies, numéro de vente : 62.XIII.2), et le Bulletin démographique des Nations Unies no. 7 (publication des Nations Unies, numéro de vente : 64.XIII.2).

[13] Publication des Nations Unies, numéro de vente : F.73.XVII.9.

[14] Publication des Nations Unies, numéro de vente: E.84.XVII.11 et vol. I.

[15] Publication des Nations Unies, numéro de vente: E.83.XVII.13.

[16] Pour plus de précisions au sujet des considérations historiques et juridiques auxquelles se rattachent les différentes définitions utilisées des naissances vivantes et des morts foetales, pour une comparaison des définitions utilisées depuis le 1er janvier 1950 et pour une évaluation des effets de ces différences de définition sur le calcul de divers taux, voir le Manuel de statistique de l'état civil chap. IV.

[17] Organisation mondiale de la santé, Manuel de la Classification statistique internationale des maladies, traumatismes et causes de décès, Révision 1965, vol. I (Genève, 1967).

[18] D'autres innovations introduites dans la neuvième révision, et qui ne s'appliquent pas directement au codage des statistiques de causes de décès, sont exposées dans : Chronique de l'OMS vol. 32, no. 6 Genève, 1968), p. 219 à 225.

[19] Organisation mondiale de la santé, Manuel de la classification statistique internationale des maladies, traumatismes et causes de décès, Révision 1965, vol. I (Genève, 1967).

[20] Organisation mondiale de la santé, Manuel de la classification statistique internationale des maladies, traumatismes et causes de décès, Révision 1975, vol. I (Genève, 1977).

[21] Organization mondiale de la santé, Manuel de la classification statistique internationale des maladies, traumatismes et causes de décès, Revision 1975, vol. I (Genève, 1977), p. XVIII.

[22] Source : Le perspectives d'avenir de la population mondiale évaluées 1992 (ST/ESA/SER.A/135).

23 Demographic Yearbook, 1956, p. 13.

24 Principles and Recommendations for Vital Statistics System (United Nations Publications, Sales No. E.73.XVII.9), para. 46.

25 Source : World Population Prospects: The 1992 Revision, (ST/ESA/SER.A/135).

26 Ibid.

27 Ibid.

28 Ibid.

29 Ibid.

30 For further information, see Social and Demographic Statistics : Classifications of size and type of Locality and Urban/Rural Areas, (United Nations Publication, E/CN.3/55/29 July 1980).

31 Demographic Yearbook: Historical Supplement (United Nations Publication, Sales No. E/F.79.XIII.8), pp. 14–20.

32 For further information, see Manual IV : Methods of Estimating Basic Demographic Measures from Incomplete Data (United Nations publication, Sales No. E.67.XIII.2).

33 For definition, see section 4.1.1.3 of the Technical Notes.

34 The definition of legally induced abortion was not altered in the Manual of the International Statistical Classification of Deseases, Injuries, and Causes of Death, 1975 Revision. For further information about the International Classification of Diseases see section 4.3 of the Technical Notes.

35 World Health Organization, Manual of the International Statistical Classification of Diseases, Injuries, and Causes of Death, 1965 Revision, vol. I (Geneva, 1967), p.243.

36 Ibid., p.298.

37 Ibid., p.243.

38 Principles and Recommendations for a Vital Statistics System, para. 46(3).

39 Ibid.

40 World Health Organization, World Health Statistics Report, vol. 22, No. I (Geneva 1969) pp. 38–42.

41 The definition of legally induced abortion was not altered in the Manual of the International Statistical Classifi cation of Diseases, Injuries and Causes of Death, 1975 Revision. For further information about the International Classification of Diseases see section 4.3 of the Technical Notes.

42 World Health Organization, Manual of the International Statistical Classifi cation of Diseases, Injuries and Causes of Death, 1965 Revision, vol. 1 (Genava, 1967), p. 243.

23 Voir Annuaire démographique 1956, p. 74.

24 Principes et recommandations pour un système de statistiques de l'état civil (publication des Nations Unies, numéro de vente : F.73.XVII.9), par. 46.

25 Source : Les perspectives d'avenir de la population mondiale, évaluées en 1992 (ST/ESA/SER.A/135).

26 Ibid.

27 Ibid.

28 Ibid.

29 Ibid.

30 Pour plus de précisions, voir Statistiques sociales et démographiques : Classification par type et taille de localité et par régions urbaines et rurales (publication des Nations Unies, E/CN.3/551, 29 juillet 1980).

31 Annuaire démographique, Supplément rétrospectif (publication des Nations Unies, numéro de vente : E/F.79.XIII.8), p. 46 à 53.

32 Pour plus de renseignements, voir Méthodes permettant d'estimer les mesures démographiques fondamentales établies à partir de données incomplètes — manuel IV (publication des Nations Unies, numéro de vente : F.67.XIII.2).

33 Voir définition à la section 4.1.1.3 des Notes techniques.

34 La définition de l'avortement pour raison légale n'a pas été modifiée dans le Manuel de la Classification statistique internationale des maladies, traumatismes et causes de décès, Révision 1975. Pour plus de détails à ce sujet, voir la section 4.3 des Notes techniques.

35 Organisation mondiale de la santé, Manuel de la Classification statistique internationale des maladies, traumatismes et causes de décès, Révision 1965, vol. I (Genève, 1967), p. 249.

36 Ibid., p.313.

37 Ibid., p.249.

38 Principes et recommandations pour un système de statistiques de l'état civil, par. 46(3).

39 Ibid.

40 Organisation mondiale de la santé, Rapport de statistiques sanitaires mondiales, vol. 22, no. 1 (Genève, 1969), p. 38 à 42.

41 La définition de l'avortement pour raison légale n'a pas été modifiée dans le Manuel de la Classifacion statistique internationale des maladies, traumatismes et causes de décès, Révision 1975. Pour de détails à ce sujet, voir la section 4.3 des Notes techniques.

42 Organisation mondiale de la santé, Manuel de la Classifacion statistique internationale des maladies, traumatismes et causes de décès, Révision 1965, vol. 1 (Genève, 1967), p. 249.

[43] Ibid., p. 198.

[44] Ibid., p. 243.

[45] Principles and Recommendations for a Vital Statistics System, para. 46(3).

[46] World Health Organization, World Health Statistics Report, Vol. 22, No. 1 (Geneva, 1969), pp. 38–42.

[47] Principles and Recommendations for a Vital Statistics System, para. 46(4).

[48] For definition, see section 4.1.1.4 of the Technical Notes.

[49] Principles and Recommendations for a Vital Statistics System, para 46 (4).

[50] Principles and Recommendations for a Vital Statistics System, para 46(1).

[51] For more a more detailed discussion of the problem, see W.P.D. Logan, "The measurement of infant mortality", Population Bulletin of the United Nations No. 2 (United Nations publications, Sales No. 53.XII.8), pp. 30–67.

[52] World Health Organization, Manual of the International Statistical of Classification of Diseases, Injuries and Causes of Death vol.I, (Geneva, 1967), pp. 445–446.

[53] The "The Adapted Mortality List" is derived from the Basic Tabulation List shown in World Health Orgnization, Manual of the International Statistical Classification of Diseases, Injuries and Causes of Death vol. I (Geneva, 1977), pp. 745–755.

[54] Principles and Recommendations for for a Vital Statistics System, para. 46(2).

[55] The definition recommended for cause of death is identical in World Health Organization, Manual of the International Classification of Diseases, Injuries, and Causes of Death, 1965 Revision vol. I (Geneva, 1967) p. 469 and in World Health Organization, Manual of the International Statistical Classification of Diseases, Injuries, and Causes of Death, 1975 Revision vol. I (Geneva, 1977), p. 763.

[56] Ibid.

[57] World Health Organization, Manual of the International Statistical Classification of Diseases, Injuries and Causes of Death, 1975 Revision vol. I (Geneva, 1977).

[58] World Health Organization, Manual of the International Statistical Classification of Diseases, Injuries and Causes of Death, 1965 Revision vol. I (Geneva, 1967).

[59] World Health Organization, Bulletin, Supp. 4, Comparability of Statistics of Causes of Death According to the Fifth and Sixth Revisions of the International List (Geneva, 1952).

[43] Ibid., p. 313.

[44] Ibid., p. 249.

[45] Principes et recommandations pour un système de statistiques de l'état civil, par. 46(3).

[46] Organisation mondiale de la santé, Report de statistiques sanitaires mondiales, vol. 22, no. 1 (Genève, 1969), p. 38 à 42.

[47] Principes et recommandations pour un système de statistiqu es de l'état civil, par. 46(4).

[48] Pour la définition, voir la section 4.1.1.4 des Notes techniques.

[49] Principes et recommandations pour un système de statistiques de l'etat civil, par. 46(5).

[50] Principes et recommandations pour un système de statistiques de l'état civil, par. 46(1).

[51] Pour un exposé critique plus détaillé sur le problème, voir W.P.D. Logan, "Mesure de la mortalité infantile", Bulletin démographique des Nations Unies, no. 2 (publication des Nations Unies, numéro de vente : F.52.XIII.8), p. 32 à 72.

[52] Voir Organisation mondiale de la santé, Manuel de la Classification statistique internationale des maladies, traumatismes et causes de décès, vol. I (Genève, 1967).

[53] La liste adaptée de mortalité est dérivée de la Liste de base pour la mise en tableaux présentée dans le Manuel de la Classification internationale des maladies, traumatismes et causes de décès, O.M.S., vol. I (révision de 1975), Genève, 1977, p. 753 à 764.

[54] Principes et recommandations pour un système de statistiques de l'état civil, par. 46(2).

[55] La définition recommandée est la même dans : Organisation mondiale de la santé, Manuel de la Classification statistique internationale des maladies, traumatismes et causes de décès, Révision 1965, vol. I (Genève, 1967), p. 493, et dans : Organisation mondiale de la santé, Manuel de la Classification internationale des maladies, traumatismes et causes de décès, Révision 1975, vol. I (Genève, 1977), p. 771.

[56] Ibid.

[57] Organisation mondiale de la santé, Manuel de la Classification statistique internationale des maladies, traumatismes et causes de décès, Révision 1975, vol. I (Genève, 1977).

[58] Organisation mondiale de la santé, Manuel de la Classification statistique internationale des maladies, traumatismes et causes de décès, Révision 1965, vol. I (Genève, 1967).

[59] Organisation mondiale de la santé, Bulletin, Supplément no. 4, Comparabilité des statistiques des causes de décès selon la cinquième et la sixième révision de la Nomenclature internationale (Genève, 1952).

[60] Manuals on Methods of Estimating Population, Manual IV : Methods of Estimating Basic Demographic Measures from Incomplete Data (United Nations publication, Sales No. 67.XIII.2).

[61] Manuals on Methods of Estimating Population. Manual III : Methods for Population Projections by Age and Sex (United Nations publication, Sales No. 56.XII.3); Coale, A.J. and Demeny, Paul, Regional Model Life Tables and Stable Population, Princeton University Press. 1966).

[62] For further information on the construction and interpretation of life tables to refer to Manuals on Methods of of Estimating Population Manual III : Methods for Population Projections by Age and Sex (United Nations publications, Sales No. 56.XIII.3).

[60] Manuel sur les méthodes d'estimation de la population — Manuel IV (publication des Nations Unies, numéro de vente : 67.XIII.2).

[61] Manuels sur les méthodes d'estimation de la population — Manuel III, Méthodes de projections démographiques par sexe et par âge (publication des Nations Unies, numéro de vente : 56.XIII.3); Coale, A.J. et Demeny, Paul, Regional Model Life Tables and Stable Population (Princeton, Princeton University Press, 1966).

[62] Pour plus de précision concernant l'établissement et l'interprétation des tables de mortalité, voir : Manuels sur les méthodes d'estimation de la population — Manuel III : méthodes de projections démographique par sexe et par âge (publication des Nations Unies, numéro de vente : 56.XIII.3).

1. Population, rate of increase, birth and death rates, surface area and density for the world, macro regions and regions: selected years
Population, taux d'accroissement, taux de natalité et taux de mortalité, superficie et densité pour l'ensemble du monde, les grandes régions et les régions géographiques: diverses années

(See notes at end of table. – Voir notes à la fin du tableau.)

Macro regions and regions Grandes régions et régions	Population								Annual rate of increase Taux d'accroissement annuel %	Birth rate Taux de natalité (0/00)	Death rate Taux de mortalité (0/00)	Surface area (km²) Super-ficie (km²) (000's)	Density[1] Densité[1]
	Mid–year estimates Estimations au milieu de l'année (millions)												
	1950	1960	1970	1975	1980	1985	1990	1992	1985–90	1985–90	1985–90	1992	1992
WORLD TOTAL – ENSEMBLE DU MONDE	2 516	3 019	3 697	4 078	4 447	4 855	5 295	5 479	1.7	27	10	136255	40
AFRICA – AFRIQUE	222	280	363	413	479	554	643	682	3.0	45	15	30305	22
Eastern Africa – Afrique orientale	66	83	110	125	145	167	195	207	3.0	48	17	6 354	33
Middle Africa – Afrique centrale	26	32	40	45	52	61	71	75	3.0	47	16	6 613	11
Northern Africa–Afrique septentrionale	52	65	83	94	107	123	140	148	2.6	37	11	8 525	17
Southern Africa–Afrique méridionale	16	20	25	29	33	38	43	45	2.5	34	10	2 675	17
Western Africa – Afrique occidentale	63	80	105	122	141	165	194	206	3.2	48	17	6 138	34
LATIN AMERICA AMERIQUE LATINE	165	217	283	320	359	400	441	458	2.0	28	7	20535	22
Caribbean – Caraïbes	17	20	25	27	29	31	34	35	1.5	25	8	235	147
Central America – Amérique centrale	37	49	67	78	89	101	113	119	2.3	32	6	2 481	48
South America – Amérique du Sud	112	147	191	215	240	268	294	304	1.9	27	8	17819	17
NORTHERN AMERICA [2] – AMERIQUE SEPTENTRIONALE [2]	166	199	226	239	252	264	277	283	1.0	16	9	21962	13
ASIA [3][4] – ASIE [3][4]	1 377	1 668	2 102	2 355	2 584	2 842	3 118	3 233	1.9	28	9	27582	117
Eastern Asia [3] – Asie Orientale [3]	671	792	987	1 097	1 176	1 260	1 351	1 388	1.4	20	7	11763	118
Southern Asia – Asie méridionale	481	596	754	849	949	1 066	1 191	1 244	2.2	34	12	6 781	184
South Eastern Asia – Asie mériodionale orientale	182	225	287	324	361	401	444	461	2.0	30	9	4 493	103
Western Asia [4] – Asie Occidentale [4]	42	56	74	85	98	115	132	139	2.8	35	8	4 545	31
EUROPE [3][4]	398	431	467	481	492	500	509	512	0.4	13	10	5 108	100
OCEANIA [2] – OCEANIE [2]	12.6	15.8	19.3	21.2	22.8	24.6	26.7	27.5	1.6	19	8	8 536	3
Australia and New Zealand – Australie et Nouvelle Zélande	10.1	12.7	15.4	16.7	17.8	19.0	20.5	21.0	1.5	15	7	7 985	3
Melanesia – Mélanésie	2.1	2.6	3.3	3.7	4.2	4.7	5.2	5.5	2.1	33	10	541	10
Micronesia – Micronésie	0.2	0.2	0.2	0.3	0.3	0.3	0.4	0.4	3.6	33	7	3	149
Polynesia – Polynésie	0.2	0.3	0.4	0.4	0.5	0.5	0.5	0.6	1.4	30	5	7	80
Former USSR [5] – L'ancienne URSS [5]	174	208	236	247	258	270	281	285	0.8	19	10	22227	13

GENERAL NOTES

Unless otherwise specified all figures are estimates of the order of magnitude and are subject to a substantial margin of error; all data except for surface area are therefore set in italics. For composition of macro regions and regions and for method of construction of estimates, see Technical Notes, page 30.

NOTES GENERALES

Sauf indication contraire, tous les chiffres sont des estimations de l'ordre de grandeur comportant une assez grande marge d'erreur; toutes les données à l'exception de celles relatives à la "superficie" sont de ce fait en italique. Pour la composition des grandes régions et la méthodes utilisée afin d'établir les estimations, voir Notes techniques, page 30.

FOOTNOTES

1   Population per square kilometre of surface area. Figures are merely the quotients of population divided by surface area and are not to be considered as either reflecting density in the urban sense or as indicating the supporting power of a territory's land and resources.
2   Hawaii, a state of the United States of America, is included in Northern America rather than Oceania.
3   Excluding the former USSR, shown separately. Including Estonia, Latvia and Lithuania.
4   The European portion of Turkey is included in Western Asia rather than Europe.
5   Excluding Estonia, Latvia and Lithuania.

NOTES

1   Habitants per kilomètre carré. Il s'agit simplement du quotient calculé en divisant la population par la superficie et n'est pas considéré comme indiquant la densité au sens urbain du mot ni l'effectif de population que les terres et les ressources du territoire sont capables de nourrir.
2   Hawaii, un Etat des Etats–Unis d'Amérique, est compris en Amérique septentrionale plutôt qu'en Océanie.
3   Non compris l'ancienne URSS, qui fait l'objet d'une rubrique distincte. Y compris l'Estonie, Lettonie et Lituanie.
4   La partie européenne de la Turquie est comprise en Asie Occidentale plutôt qu'en Europe.
5   Non compris l'Estonie, Lettonie et Lituanie.

2. Estimates of population and its percentage distribution, by age and sex and sex ratio for all ages for the world, macro regions and regions: 1990

(See notes at end of table.)

Macro regions and regions	Population (in millions — en millions)											
	Both sexes — Les deux sexes				Male — Masculin				Female — Féminin			
	All ages Tous âges	−15	15–64	65+	All ages Tous âges	−15	15–64	65+	All ages Tous âges	−15	15–64	65+
WORLD TOTAL	5 295	1 712	3 256	328	2 665	876	1 650	139	2 631	836	1 606	188
AFRICA	643	289	334	20	320	146	165	9	323	144	168	11
Eastern Africa	195	91	98	5	97	46	49	2	98	45	50	3
Middle Africa	71	33	36	2	35	16	18	1	36	16	18	1
Northern Africa	140	58	77	5	71	30	39	2	70	28	38	3
Southern Africa	43	17	24	2	21	9	12	1	22	8	12	1
Western Africa	194	91	98	5	96	45	48	2	98	45	50	3
LATIN AMERICA	441	157	263	21	220	80	131	10	221	78	132	12
Caribbean	34	11	21	2	17	5	10	1	17	5	11	1
Central America	113	45	65	4	57	23	32	2	57	22	33	2
South America	294	102	177	15	147	52	88	7	147	50	89	8
NORTHERN AMERICA [1]	277	59	183	34	135	30	91	14	142	29	92	21
ASIA [2][3]	3 118	1 025	1 937	156	1 595	528	996	72	1 522	498	941	83
Eastern Asia [2]	1 351	358	908	84	691	185	469	37	659	173	439	47
Southern Asia	1 191	452	690	49	615	233	357	25	576	219	333	24
South Eastern Asia	444	163	264	17	221	83	131	8	223	80	134	10
Western Asia [3]	132	53	74	5	68	27	39	2	64	26	35	3
EUROPE [2][3]	509	101	340	68	248	52	170	26	261	49	170	42
OCEANIA [1]	26.7	7.0	17.2	2.4	13.4	3.6	8.8	1.1	13.3	3.4	8.4	1.4
Australia and New Zealand	20.5	4.5	13.7	2.3	10.2	2.3	6.9	1.0	10.3	2.2	6.8	1.3
Melanesia	5.2	2.1	3.0	0.1	2.7	1.1	1.6	0.1	2.5	1.0	1.4	0.1
Micronesia	0.4	0.2	0.2	0.0	0.2	0.1	0.1	0.0	0.2	0.1	0.1	0.0
Polynesia	0.5	0.2	0.3	0.0	0.3	0.1	0.2	0.0	0.3	0.1	0.1	0.0
Former USSR [4]	281	73	183	26	133	37	89	7	148	36	94	19

GENERAL NOTES

All figures are estimates of the order of magnitude and are subject to a substantial margin of error; all data are therefore set in italics. For composition of macro regions and regions and for method of construction of estimates, see Technical Notes, page 34.

FOOTNOTES

1 Hawaii, a state of the United States of America, is included in Northern America rather than Oceania.
2 Excluding the former USSR, shown separately. Including Estonia, Latvia and Lithuania.
3 The European portion of Turkey is included with Western Asia rather than Europe.
4 Excluding Estonia, Latvia and Lithuania

2. Estimations de la population et pourcentage de répartition selon l'âge et le sexe et rapport de masculinité pour l'ensemble du monde, les grandes régions et les régions géographiques: 1990

(Voir notes à la fin du tableau.)

Both sexes – Les deux sexes				Male – Masculin				Female – Féminin				Sex ratio (Males per 100 females of all ages) Rapport de masculinité (Hommes pour 100 femmes de tous âges)	Grandes régions et régions
All ages Tous âges	–15	15–64	65+	All ages Tous âges	–15	15–64	65+	All ages Tous âges	–15	15–64	65+		
100	32	61	6	100	32	61	5	100	31	61	7	101	ENSEMBLE DU MONDE
100	45	51	3	100	45	51	3	100	44	52	3	99	AFRIQUE
100	46	50	2	100	47	50	2	100	46	50	3	98	Afrique orientale
100	46	50	3	100	46	50	2	100	45	51	3	97	Afrique centrale
100	41	54	3	100	42	54	3	100	40	55	3	101	Afrique septentrionale
100	39	56	3	100	40	56	3	100	38	56	4	98	Afrique mériodionale
100	46	50	2	100	47	50	2	100	46	50	2	98	Afrique occidentale
100	35	59	4	100	36	59	4	100	35	59	5	99	AMERIQUE LATINE
100	31	62	6	100	32	62	5	100	30	62	6	99	Caraïbes
100	39	56	3	100	40	56	3	100	38	57	4	99	Amérique centrale
100	34	60	5	100	35	60	4	100	34	60	5	99	Amérique du Sud
100	21	66	12	100	22	67	10	100	20	65	14	95	AMERIQUE SEPTENTRIONALE [1]
100	32	62	4	100	33	62	4	100	32	61	5	104	ASIE [2][3]
100	26	67	6	100	26	67	5	100	26	66	7	104	Asie Orientale [2]
100	37	57	4	100	37	58	4	100	37	57	4	106	Asie méridionale
100	36	59	3	100	37	59	3	100	35	59	4	99	Asie méridionale orientale
100	40	56	3	100	39	56	3	100	40	55	4	107	Asie occidentale
100	19	66	13	100	20	68	10	100	18	65	16	95	EUROPE [2][3]
100	26	64	9	100	26	65	7	100	25	63	10	101	OCEANIE [1]
100	22	66	11	100	22	67	9	100	21	65	12	99	Australie et Nouvelle Zélande
100	40	57	2	100	40	57	2	100	40	56	2	107	Melanésie
100	39	56	4	100	38	58	3	100	40	55	3	109	Micronésie
100	41	54	4	100	41	55	3	100	40	54	4	107	Polynésie
100	25	64	9	100	27	66	5	100	24	63	13	89	L'ancienne URSS [4]

NOTES GENERALES

Tous les chiffres sont des estimations de grandeur comportant une assez grande marge d'erreur, toutes les données sont de ce fait en italique. Pour le composition des grandes régions et la méthode utilisée afin d'établir les estimations, voir Notes techniques, page 34.

NOTES

1 Hawaii, un Etat des Etats–Unis d'Amérique, est compris en Amérique septentrionale plutôt qu'en Océanie.
2 Non compris l'ancienne URSS, qui fait l'objet d'une rubrique distincte. Y compris l'Estonie, Lettonie et Lituanie.
3 La partie européenne de la Turquie est comprise en Asie Occidentale plutôt qu'en Europe.
4 Non compris l'Estonie, Lettonie et Lituanie.

3. Population by sex, rate of population increase, surface area and density

Population selon le sexe, taux d'accroissement de la population, superficie et densité

(See notes at end of table. – Voir notes à la fin du tableau.)

Continent and country or area — Continent et pays ou zone	Latest census – dernier recensement (in units – en unités)			Mid – year estimates Estimations au milieu de l'année (in thousand–en milliers)			Annual rate of increase Taux d'accrois-sement	Surface area Superfi-cie (km²)	Density Densité
	Date	Both sexes Les deux sexes	Male Masculin	Female Féminin	1985	1992	Type [1] 1992	annuel 1985–92 (%)	1992	1992 [2]
AFRICA—AFRIQUE										
Algeria – Algérie [3]	20–IV–87	23 038 942	...	...	21 850	x26 346 A5 c1		2.7	2 381 741	11
Angola [4]	15–XII–70	5 646 166	2 943 974	2 702 192	x7 976	*10 609 A22 c1		4.1	1 246 700	9
Benin – Bénin	II–92	*4 855 349	*2 365 574	*2 489 775	4 059	*5 047 A13 c3		3.1	112 622	45
Botswana	14–VIII–91	1 326 796	634 400	692 396	1 087	*1 394 A1 c1		3.0	581 730	2
British Indian Ocean Territory – Territoire Britannique de l'Océan Indien [5]	([6])	([6])	([6])	([6])	x2	x2 D27 d		0.0	78	26
Burkina Faso	10–XII–85	7 964 705	3 833 237	4 131 468	7 886	*9 490 A7 c3		2.6	274 000	35
Burundi	16–VIII–90	5 139 073	2 473 599	2 665 474	4 718	*5 786 A13 c3		2.9	27 834	208
Cameroon – Cameroun	IV–87	10 493 655	...	...	10 166	x12 198 A16 c3		2.6	475 442	26
Cape Verde – Cap–Vert	23–VI–90	341 491	161 494	179 997	333	x384 A12 c1		2.0	4 033	95
Central African Republic – Rép. centrafricaine	8–XII–88	*2 463 616	*1 210 734	*1 252 882	2 608	x3 173 A17 c3		2.8	622 984	5
Chad – Tchad	1963 – 1964	[7] 3 254 000	...	...	x5 018	*5 961 B29 c3		2.5	1 284 000	5
Comoros – Comores	15–IX–80	[8] 385 890	167 089	168 061	x455	x585 A12 c1		3.6	2 235	262
Congo	22–XII–84	1 843 421	...	...	x1 922	x2 368 A8 c3		3.0	342 000	7
Côte d'Ivoire	1–III–88	10 815 694	5 527 343	5 288 351	x9 936	x12 910 A4 c3		3.7	322 463	40
Djibouti	1960 – 1961	81 200	...	...	430	[9] x467 A32 d		([10])	23 200	20
Egypt – Egypte	18–IX–86	47 995 265	24 512 701	23 482 564	46 473	*55 163 A6 c1		2.4	1 001 449	55
Equatorial Guinea – [11] Guinée équatoriale	4–VII–83	300 000	144 760	155 240	x312	x369 A9 c3		2.4	28 051	13
Ethiopia – Ethiopie	9–V–84	42 019 203	21 018 900	21 150 303	44 255	*55 117 A8 c3		3.1	1 221 900	45
Gabon	8–X–60	448 564	211 350	237 214	x985	x1 237 A32 c3		3.3	267 667	5
Gambia – Gambie	13–IV–93	*1 025 867	*514 530	*511 337	x745	x908 A9 c1		2.8	11 295	80
Ghana	11–III–84	12 296 081	6 063 848	6 232 233	12 717	x15 959 A8 c3		3.2	238 533	67
Guinea – Guinée [12]	4–II–83	*4 533 240	...	...	4 661	x6 116 A9 c3		3.9	245 857	25
Guinea–Bissau – Guinée–Bissau	16–IV–79	753 313	362 589	390 724	869	x1 006 A13 c1		2.1	36 125	28
Kenya	24–VIII–89	*21 400 000	...	...	20 333	**25 700 A13 c2		([10])	580 367	44
Lesotho	12–IV–86	*1 447 000	...	...	1 503	x1 836 A16 c3		2.9	30 355	60
Liberia – Libéria	1–II–84	*2 101 628	...	...	2 161	*2 580 A8 c3		2.5	111 369	23
Libyan Arab Jamahiriya – Jamahiriya arabe libyenne	31–VII–84	*3 637 488	*1 950 152	*1 687 336	[9] 3 363	x4 875 A8 c3		([10])	1 759 540	3
Madagascar	1–I–75	7 603 790	3 805 288	3 798 502	9 985	x12 827 A18 c3		3.6	587 041	22
Malawi	1–IX–87	7 988 507	...	...	7 059	*8 823 A5 c3		3.2	118 484	74
Mali	1–IV–87	[7] 7 696 348	[7] 3 760 711	[7] 3 935 637	*8 206	x9 818 A5 c3		([10])	1 240 192	8
Mauritania – Mauritanie	5–IV–88	[13] 1 864 236	[13] 923 175	[13] 941 061	x1 766	x2 143 A4 c3		2.8	1 025 520	2
Mauritius – Maurice	1–VII–90	1 056 660	527 760	528 900	1 021	*1 084 A2 b1		0.9	2 040	532
Island of Mauritius – Ile Maurice	1–VII–90	1 022 456	510 676	511 780	985	*1 050 A2 b1		0.9	1 865	563
Rodrigues	1–VII–90	34 204	17 084	17 120	34	*34 A2 b1		0.2	104	331
Others – Autres [14]	30–VI–72	366	272	94	...	...		...	71	...
Morocco – Maroc	3–IX–82	20 419 555	...	...	x22 025	x26 318 A10 c2		2.5	446 550	59
Mozambique [12]	1–VIII–80	11 673 725	5 670 484	6 003 241	13 810	x14 872 A12 c1		1.1	801 590	19
Namibia – Namibie	6–IX–91	*1 401 711	*680 927	*720 784	x1 235	x1 534 A1 c3		3.1	824 292	2
Niger	10–V–88	*7 249 596	...	...	x6 608	x8 252 A4 c3		3.2	1 267 000	7
Nigeria – Nigéria	XI–91	*88 514 501	*44 544 531	*43 969 970	95 690	x115 664 A29 c2		2.7	923 768	125
Réunion [3]	15–III–90	597 828	294 256	303 572	546	x624 A2 b3		1.9	2 510	249
Rwanda	15–VIII–91	*7 164 994	*3 487 189	*3 677 805	x5 960	x7 526 A1 c3		3.3	26 338	286
St. Helena ex. dep. – Sainte–Hélène sans dép.	22–II–87	5 644	2 769	2 875	6	x7 A5 b3		2.2	122	...
Ascension	31–XII–78	849	608	241	...	...		...	88	...
Tristan da Cunha	22–II–87	296	139	157	...	..		...	104	...
Sao Tome and Principe – Sao Tomé–et–Principe	15–VIII–81	96 611	48 031	48 580	108	x124 A11 c1		2.0	964	129
Senegal – Sénégal	27–V–88	*6 928 405	...	...	6 547	x7 736 A4 c3		2.4	196 722	39
Seychelles	17–VIII–87	68 598	34 125	34 473	65	x72 A5 b2		1.4	455	158
Sierra Leone [12]	15–XII–85	3 515 812	1 746 055	1 769 757	x3 665	x4 376 A7 c1		2.5	71 740	61

3. Population by sex, rate of population increase, surface area and density (continued)

Population selon le sexe, taux d'accroissement de la population, superficie et densité (suite)

(See notes at end of table. – Voir notes à la fin du tableau.)

Continent and country or area Continent et pays ou zone	Population							Annual rate of increase Taux d'accrois-sement annuel 1985–92 (%)	Surface area Superficie (km²) 1992	Density Densité 1992[2]
	Latest census – dernier recensement (in units – en unités)			Mid – year estimates Estimations au milieu de l'année (in thousand–en milliers)						
	Date	Both sexes Les deux sexes	Male Masculin	Female Féminin	1985	1992	Type[1] 1992			
AFRICA—AFRIQUE (Cont.–Suite)										
Somalia – Somalie	1986 – 1987	*7 114 431	*3 741 664	*3 372 767	x7 875	x9 204	A17 c3	2.2	637 657	14
South Africa – Afrique du Sud [12]	7–III–91	[15]30 986 920	[15]15 479 528	[15]15 507 392	x33 597	x39 818	A7 c1	2.4	1 221 037	33
Sudan – Soudan	1–II–83	20 594 197	10 512 884	10 081 313	x21 822	x26 656	A9 c3	2.9	2 505 813	11
Swaziland	25–VIII–86	681 059	321 579	359 480	638	x792	A6 c1	3.1	17 364	46
Togo	22–XI–81	2 703 250	...	...	x3 028	x3 763	A11 c1	3.1	56 785	66
Tunisia – Tunisie	30–III–84	6 966 173	3 547 315	3 418 858	7 261	x8 401	A8 c1	2.1	163 610	51
Uganda – Ouganda	12–I–91	16 671 705	8 185 747	8 485 958	x15 033	x18 674	A12 c1	3.1	241 038	77
United Rep. of Tanzania – Rép.–Unie de Tanzanie	28–VIII–88	*23 174 336	*11 327 511	*11 846 825	21 733	[9]x27 829	A14 c3	([10])	883 749	31
Tanganyika	28–VIII–88	*22 533 758	*11 012 647	*11 521 111	21 162	...	..	...	881 289	...
Zanzibar	28–VIII–88	*640 578	*314 864	*325 714	571	...	..	...	2 460	...
Western Sahara – Sahara Occidental [16]	31–XII–70	76 425	43 981	32 444	x185	x250	A22 c1	4.3	266 000	1
Zaire – Zaïre	1–VII–84	29 916 800	14 543 800	15 373 000	30 981	x39 882	A8 c3	3.6	2 344 858	17
Zambia – Zambie	20–VIII–90	*7 818 447	*3 975 083	*3 843 364	6 725	x8 638	A12 c1	3.6	752 618	11
Zimbabwe	18–VIII–92	*10 401 767	*5 075 549	*5 326 218	8 379	x10 583	A10 c1	3.3	390 757	27
AMERICA,NORTH— AMERIQUE DU NORD										
Anguilla	...	...	...	...	x7	x8	..	1.9	96	83
Antigua and Barbuda – Antigua–et–Barbuda	7–IV–70	65 525	31 054	34 471	76	x66	A22 b1	–1.9	440	150
Aruba [3]	6–X–91	66 687	32 821	33 866	61	x62	A11 b1	0.2	193	321
Bahamas	2–V–90	254 685	123 507	131 178	232	*262	A2 b1	1.8	13 878	19
Barbados – Barbade	2–V–90	*257 082	...	...	253	x259	A21 b1	0.4	430	602
Belize	12–V–91	189 392	96 325	93 067	166	x198	A12 c1	2.5	22 965	9
Bermuda – Bermudes	20–V–91	74 837	...	...	[17]56	[17]x62	A12 b1	1.4	53	1 170
British Virgin Islands – Iles Vierges britanniques	12–V–80	11 697	...	...	12	x17	A12 b1	5.1	153	111
Canada [3]	4–VI–91	27 296 859	...	...	25 165	x27 367	A6 b1	1.2	9 970 610	3
Cayman Islands – Iles Caïmanes [3]	15–X–89	25 355	12 372	12 983	21	x29	A3 c1	4.7	259	112
Costa Rica [3]	10–VI–84	2 416 809	1 208 216	1 208 593	2 642	x3 192	A8 b2	2.7	51 100	62
Cuba	11–IX–81	9 723 605	4 914 873	4 808 732	10 098	x10 811	A11 b1	1.0	110 861	98
Dominica – Dominique	12–V–91	*71 183	*35 471	*35 712	[9]80	x72	A1 c1	([10])	751	96
Dominican Republic – Rép. dominicaine	12–XII–81	5 545 741	2 793 884	2 751 857	6 416	*7 459	A11 c1	2.2	48 734	153
El Salvador	27–IX–92	*5 047 925	*2 423 004	*2 624 921	4 856	x5 396	A21 b1	1.5	21 041	256
Greenland – Groenland [3]	26–X–76	49 630	26 856	22 774	53	x57	A16 a1	1.0	2 175 600	–
Grenada – Grenade [18]	30–IV–81	89 088	42 943	46 145	91	[9]x91	A11 b1	([10])	344	265
Guadeloupe [3] [19]	9–III–82	327 002	160 112	166 890	349	x400	A10 b1	2.0	1 705	235
Guatemala [12]	26–III–81	6 054 227	3 015 826	3 038 401	7 963	[9]x9 745	A11 b2	2.9	108 889	89
Haiti – Haïti [3]	30–VIII–82	5 053 792	2 448 370	2 605 422	5 865	*6 764	A10 c3	2.0	27 750	244
Honduras	V–88	4 248 561	1 110 106	2 138 455	4 372	*5 427	A18 c1	3.1	112 088	48
Jamaica – Jamaïque	8–IV–91	*2 374 193	...	...	2 311	x2 469	A10 b1	0.9	10 990	225
Martinique [3]	15–III–90	359 579	173 876	185 703	337	x368	A2 b1	1.3	1 102	334
Mexico – Mexique [3]	12–III–90	81 140 922	39 878 536	41 262 386	77 938	*89 538	A12 c1	2.0	1 958 201	46
Montserrat	12–V–80	11 932	...	...	12	x11	A12 b1	–1.1	102	108
Netherlands Antilles [3] [12] [20] Antilles néerlandaise	1–II–81	171 620	82 808	88 812	175	x175	A11 c1	0.0	800	219
Nicaragua [3]	20–IV–71	1 877 952	921 543	956 409	3 272	*4 131	A21 b3	3.3	130 000	32
Panama	13–V–90	2 329 329	1 178 790	1 150 539	2 180	*2 515	A12 c1	2.0	75 517	33
Puerto Rico –Porto Rico [3] [21]	1–IV–90	*3 522 039	...	...	3 378	x3 594	A2 b1	0.9	8 897	404
Saint Kitts and Nevis – Saint–Kitts–et–Nevis	12–V–80	44 224	...	...	44	x42	A12 b1	–0.7	261	161

3. Population by sex, rate of population increase, surface area and density (continued)

Population selon le sexe, taux d'accroissement de la population, superficie et densité (suite)

(See notes at end of table. – Voir notes à la fin du tableau.)

Continent and country or area — Continent et pays ou zone	Latest census – dernier recensement (in units – en unités) Date	Both sexes Les deux sexes	Male Masculin	Female Féminin	Mid – year estimates Estimations au milieu de l'année (in thousand—en milliers) 1985	1992	Type [1] 1992	Annual rate of increase Taux d' accrois- sement annuel 1985–92 (%)	Surface area Superfi- cie (km²) 1992	Density Densité 1992 [2]
AMERICA,NORTH— (Cont.–Suite) AMERIQUE DU NORD										
Saint Lucia –Sainte–Lucie [12]	12–V–80	115 153	...	...	137	x137	A12 b1	0.0	622	220
St. Pierre and Miquelon – Saint–Pierre–et–Miquelon	9–III–82	6 037	2 981	3 056	x6	x6	A10 d	0.0	242	25
St. Vincent and the Grenadines – Saint Vincent–et–Grenadines [22]	12–V–80	97 914	...	...	109	x109	A12 b1	–0.1	388	281
Trinidad and Tobago – Trinité–et–Tobago	2–V–90	*1 234 388	*618 050	*616 338	1 178	x1 265	A2 b1	1.0	5 130	247
Turks and Caicos Islands – Iles Turques et Caïques	31–V–90	12 157	...	...	x9	x13	A12 d	5.3	430	30
United States – Etats–Unis [23]	1–IV–90	*248 709 873	*121 239 418	*127 470 455	238 492	*255 020	A2 b1	1.0	9 363 520	27
United States Virgin Islands – Iles Vierges américaines [3] [21]	1–IV–80	96 569	46 204	50 365	111	9x107	A12 c1	([10])	347	308
AMERICA,SOUTH— AMERIQUE DU SUD										
Argentina – Argentine	15–V–91	*32 608 560	*15 968 854	*16 639 706	30 331	*33 101	A1 c1	1.2	2 780 400	12
Bolivia – Bolivie	3–VI–92	6 344 396	3 124 846	3 219 550	6 429	*7 832	A16 c3	2.8	1 098 581	7
Brazil – Brésil [24]	1–IX–91	3*146 154 502	3*72 171 165	3*73 983 337	135 564	*156 275	A12 c1	2.0	8 511 965	18
Chile – Chili	22–IV–92	*13 231 803	*6 501 325	*6 730 478	12 122	*13 599	A0 b1	1.6	756 945	18
Colombia – Colombie [25]	15–X–85	27 837 932	13 777 700	14 060 232	28 624	*33 392	A7 b3	2.2	1 138 914	29
Ecuador – Equateur [26]	25–XI–90	9 648 189	4 796 412	4 851 777	9 099	*10 741	A2 b3	2.4	283 561	38
Falkland Is.(Malvinas) [27] [28] Iles Falkland (Malvinas)	5–III–91	2 050	1 095	955	x2	x2	A1 d	0.0	12 173	–
French Guiana – Guyane Française [3]	5–III–90	114 808	59 798	55 010	90	9x104	A10 c1	([10])	90 000	1
Guyana	12–V–80	758 619	375 841	382 778	790	x808	A12 b1	0.3	214 969	4
Paraguay	26–VIII–92	4 123 550	2 069 673	2 053 877	3 693	*4 519	A10 c2	2.9	406 752	11
Peru – Pérou [12] [24]	12–VII–81	17 005 210	8 489 867	8 515 343	19 417	*22 454	A11 c2	2.1	1 285 216	17
Suriname	1–VII–80	354 860	175 634	179 226	x383	x438	A12 c2	1.9	163 265	3
Uruguay [12]	23–X–85	2 955 241	1 439 021	1 516 220	3 008	*3 131	A7 b3	0.6	177 414	18
Venezuela [24]	20–X–90	18 105 265	9 004 717	9 100 548	17 317	*20 249	A2 c1	2.2	912 050	22
ASIA—ASIE										
Afghanistan	23–VI–79	2913 051 358	296 712 377	296 338 981	18 136	x19 062	A13 c3	0.7	652 090	29
Armenia – Arménie	12–I–89	3 3 304 776	3 1 619 308	3 1 685 468	3 339	*3 686	A3 b1	1.4	29 800	124
Azerbaijan –Azerbaïdjan	12–I–89	3 7 021 178	3 3 423 793	3 3 597 385	6 661	*7 392	A3 b1	1.5	86 600	85
Bahrain – Bahreïn	5–IV–81	350 798	204 793	146 005	425	x533	A1 c1	3.2	678	786
Bangladesh [12]	6–III–81	87 119 965	44 919 191	42 200 774	99 434	x119 288	A11 c1	2.6	143 998	828
Bhutan – Bhoutan	XI–69	1 034 774	...	...	x1 379	x1 612	A23 c3	2.2	47 000	34
Brunei Darussalam – Brunéi Darussalam [12] [30]	26–VIII–81	192 832	102 942	89 890	222	x270	A11 c2	2.8	5 765	47
Cambodia – Cambodge [31]	17–IV–62	5 728 771	2 862 939	2 865 832	x7 327	*9 054	A30 c3	3.0	181 035	50
China – Chine [32]	1–VII–90	1160044 618	...	...	x1070574	x1187997	A2 c3	1.5	9 596 961	124
Cyprus – Chypre [3]	30–IX–76	612 851	306 144	306 707	665	x716	A16 b2	1.1	9 251	77
East Timor – Timor oriental	31–X–90	747 750	386 939	360 811	x659	x791	A12 c1	2.6	14 874	53
Georgia – Géorgie	12–I–89	3 5 400 841	3 2 562 040	3 2 838 801	5 218	...	..	...	69 700	...
Hong Kong – Hong–kong [33]	15–III–91	5 522 281	2 811 991	2 710 290	5 456	*5 812	A6 b2	0.9	34 1 075	5 406
India – Inde [35]	1–III–91	*844 324 222	*437 805 805	*406 518 417	750 859	*870 000	A1 c1	2.1	3 287 590	265
Indonesia – Indonésie [36]	31–X–90	179 378 946	89 463 545	89 915 401	164 630	x191 170	A12 c1	2.1	1 904 569	100
Iran (Islamic Republic of – Rép. islamique d')	31–X–91	55 837 163	28 768 450	27 068 713	45 914	*56 964	A1 c1	3.1	1 648 000	35

3. Population by sex, rate of population increase, surface area and density (continued)

Population selon le sexe, taux d'accroissement de la population, superficie et densité (suite)

(See notes at end of table. – Voir notes à la fin du tableau.)

Continent and country or area										
					Population					
		Latest census – dernier recensement (in units – en unités)			Mid – year estimates Estimations au milieu de l'année (in thousand–en milliers)			Annual rate of increase Taux d' accrois– sement	Surface area Superfi– cie (km²)	Density Densité
Continent et pays ou zone	Date	Both sexes Les deux sexes	Male Masculin	Female Féminin	1985	1992	Type[1] 1992	annuel 1985–92 (%)	1992	1992[2]
ASIA—ASIE (Cont.–Suite)										
Iraq	17–X–87	16 335 199	8 395 889	7 939 310	15 585	x19 290	A5 c1	3.0	438 317	44
Israel – Israël [3][37]	4–VI–83	4 037 620	2 011 590	2 026 030	4 233	*5 191	A9 b1	2.9	21 056	247
Japan – Japon [38]	1–X–90	*123 611 167	*60 696 724	*62 914 443	120 837	*124 336	A2 b1	0.4	377 801	329
Jordan – Jordanie [39]	10–XI–79	[40] 2 100 019	[40] 1 086 591	[40] 1 013 428	x3 407	x4 291	A13 b3	3.3	97 740	44
Kazakhstan	12–I–89	[3] 16 464 464	[3] 7 974 004	[3] 8 490 460	15 935	*17 038	A3 b1	1.0	2 717 300	6
Korea, Dem. People's Rep. of – Corée, rép. populaire dém. de	1–V–44	...	...	...	x19 888	x22 618	D29 c3	1.8	120 538	188
Korea, Republic of– Corée, Rép. de [12][41]	1–XI–90	43 520 199	21 844 844	21 675 355	40 806	*43 663	A2 c1	1.0	99 263	440
Kuwait – Koweït	21–IV–85	1 697 301	965 297	732 004	1 712	x1 970	A7 c1	2.0	17 818	111
Kyrgyzstan – Kirghizistan	12–I–89	[3] 4 257 755	[3] 2 077 623	[3] 2 180 132	4 014	*4 493	A3 b1	1.6	198 500	23
Lao People's Dem. Rep. – Rép. dém. populaire Lao	1–III–85	*3 584 803	*1 757 115	*1 827 688	x3 594	x4 469	A7 c3	3.1	236 800	19
Lebanon – Liban [42]	15–XI–70	[43] 2 126 325	[43] 1 080 015	[43] 1 046 310	x2 668	x2 838	B22 c3	0.9	10 400	273
Macau – Macao [44]	16–III–81	247 826	127 650	120 176	290	*374	A11 c1	3.6	18	20772
Malaysia – Malaisie	14–VIII–91	*17 566 982	*8 861 124	*8 705 858	15 681	x18 792	A12 c2	2.6	329 758	57
Maldives	8–III–90	213 215	109 336	103 879	184	x227	A7 c1	3.0	298	762
Mongolia – Mongolie	5–I–89	2 043 400	...	...	1 878	x2 310	A3 c1	3.0	1 566 500	1
Myanmar	31–III–83	[3] 35 307 913	[3] 17 518 255	[3] 17 789 658	38 541	x43 668	A9 c2	1.8	676 578	65
Nepal – Népal [3]	22–VI–81	15 022 839	7 695 336	7 327 503	16 687	x20 577	A1 c1	3.0	140 797	146
Oman	...	...	...	...	x1 263	x1 637	..	3.7	212 457	8
Pakistan [45]	1–III–81	84 253 644	44 232 677	40 020 967	96 180	*119 107	A11 c1	3.1	796 095	150
Palestine [46]	18–XI–31	1 035 821	[47] 524 268	[47] 509 028	...	...		..	...	...
Gaza Strip – Zone de Gaza [48]	14–XI–67	356 261	172 511	183 750	...	...		..	378	...
Philippines [3]	1–V–90	60 684 887	...	...	54 668	*64 259	A12 c2	2.3	300 000	214
Qatar	16–III–86	369 079	247 852	121 227	x358	x453	A6 c3	3.4	11 000	41
Saudi Arabia – Arabie saoudite	9–IX–74	7 012 642	...	...	x12 379	x15 922	A18 c3	3.6	2 149 690	7
Singapore – Singapour [49]	30–VI–91	2 705 115	1 370 059	1 335 056	2 483	*2 818	A2 b2	1.8	618	4 560
Sri Lanka	17–III–81	14 846 750	7 568 253	7 278 497	15 842	*17 405	A11 c1	1.3	65 610	265
Syrian Arab Republic – République arabe syrienne [50]	7–IX–81	9 046 144	4 621 852	4 424 292	10 267	*12 958	A11 c1	3.3	185 180	70
Tajikistan – Tadjikistan	12–I–89	[3] 5 092 603	[3] 2 530 245	[3] 2 562 358	4 567	...	..	...	143 100	...
Thailand – Thaïlande [3]	1–IV–90	54 532 300	27 031 200	27 501 100	51 580	*57 760	A12 c1	1.6	513 115	113
Turkey – Turquie	21–X–90	56 473 035	...	...	50 231	*58 775	A2 c1	2.2	774 815	76
Turkmenistan – Turkménistan	12–I–89	[3] 3 522 717	[3] 1 735 179	[3] 1 787 538	3 230	...	..	...	488 100	...
United Arab Emirates – Emirats arabes unis [51]	15–XII–80	1 043 225	720 360	322 865	x1 349	x1 670	A12 c3	3.0	83 600	20
Uzbekistan – Ouzbékistan	12–I–89	[3] 19 810 077	[3] 9 784 156	[3] 10 025 921	18 231	...	..	...	447 400	...
Viet Nam	1–IV–89	*64 411 713	*31 336 568	*33 075 145	59 872	*69 306	A3 c3	2.1	331 689	209
Yemen – Yémen	..	...	...	...	x9 758	x12 535	..	3.6	...	...
Former Dem. Yemen – Ancienne Yémen dém.	29–III–88	2 345 266	1 184 359	1 160 907	2 164	*2 841	A4 c3	3.9	332 968	9
Former Yemen Arab Rep. – Ancienne Yémen rép. arabe [3]	1–II–86	9 274 173	4 647 310	4 626 863	x7 621	x9 909	A6 c3	3.8	195 000	51
EUROPE										
Albania – Albanie	12–IV–89	*3 182 400	*1 638 900	*1 543 500	2 957	*3 363	A3 b1	1.8	28 748	117
Andorra – Andorre	XI–54	5 664	...	...	45	*60	A38 c3	4.2	453	132
Austria – Autriche [3]	12–V–81	7 555 338	3 572 426	3 982 912	7 555	*7 884	A11 b1	0.6	83 853	94
Belarus – Bélarus	12–I–89	[3] 10 151 806	[3] 4 749 324	[3] 5 402 482	9 999	...	..	..	207 600	...

3. Population by sex, rate of population increase, surface area and density (continued)

Population selon le sexe, taux d'accroissement de la population, superficie et densité (suite)

(See notes at end of table. – Voir notes à la fin du tableau.)

Continent and country or area / Continent et pays ou zone	Latest census – dernier recensement (in units – en unités) Date	Both sexes Les deux sexes	Male Masculin	Female Féminin	Mid–year estimates Estimations au milieu de l'année (in thousand–en milliers) 1985	1992	Type [1] 1992	Annual rate of increase Taux d'accroissement annuel 1985–92 (%)	Surface area Superficie (km²) 1992	Density Densité 1992 [2]
EUROPE (Cont.–Suite)										
Belgium – Belgique [3]	1–III–81	9 848 647	4 810 349	5 038 298	9 858	x9 998	A11 b1	0.2	30 519	328
Bulgaria – Bulgarie	4–XII–85	8 948 388	4 430 061	4 518 327	8 960	*8 963	A7 b1	0.0	[52] 110912	81
Channel Islands –										
Iles Anglo–Normandes	23–III–86	135 694	65 610	70 084	133	x143	A6 b1	1.1	195	733
Guernsey – Guernesey [53]	21–IV–91	58 867	28 297	30 570	53	59	A1 b1	1.3	78	750
Jersey	10–III–91	84 082	40 862	43 220	79	...	..	..	116	...
Former Czechoslovakia – Ancienne Tchécoslovaquie	3–III–91	15 567 666	7 580 442	7 987 224	15 499	x15 731	A12 b1	0.2	127 876	123
Denmark – Danemark [3][54]	1–I–81	5 123 989	2 528 225	2 595 764	5 114	*5 170	A11 a1	0.2	43 077	120
Estonia – Estonie	12–I–89	[3] 1 565 662	[3] 731 392	[3] 834 270	1 519	*1 542	A3 b1	0.2	45 100	34
Faeroe Islands – Iles Féroé [3]	22–IX–77	41 969	21 997	19 972	46	x47	A15 b1	0.4	1 399	34
Finland – Finlande [3]	31–XII–90	4 998 478	2 426 204	2 572 274	4 902	*5 042	A2 b1	0.4	338 145	15
France [55][56]	5–III–90	[57] 56 634299	[57] 27 553788	[57] 29 080511	55 170	*57 372	A2 b1	0.6	551 500	104
Germany – Allemagne [58]	...	...	...	...	77 619	*80 569	..	0.5	356 733	226
Germany, Federal Rep. of – Allemagne, République fédérale d' [3]	25–V–87	61 077 042	29 322 923	31 754 119	60 975	*64 846	A5 b1	0.9	248 647	261
Former German Democratic Republic – Ancienne République démocratique allemande [3]	31–XII–81	16 705 635	7 849 112	8 856 523	16 644	*15 723	A11 b2	–0.8	108 333	145
Gibraltar [59]	9–XI–81	29 616	14 992	14 624	29	x31	A11 b1	1.2	6	5 167
Greece – Grèce	17–III–91	[60]* 10 269074	...	...	[61] 9 934	[61]*10300	A1 b2	0.5	131 990	78
Holy See – Saint–Siège	30–IV–48	890	548	342	1	x1	D4 d	4.3	[62] 0	...
Hungary – Hongrie	1–I–90	10 374 823	4 984 904	5 389 919	10 579	*10 324	A2 b1	–0.3	93 032	111
Iceland – Islande [3]	1–XII–70	204 930	103 621	101 309	241	x260	A22 a1	1.1	103 000	3
Ireland – Irlande	21–IV–91	3 525 719	...	...	3 552	*3 548	A6 b2	...	70 284	...
Isle of Man – Ile de Man	14–IV–91	69 788	33 693	36 095	63	*70	A6 b1	1.7	572	123
Italy – Italie	25–X–81	56 556 911	27 506 354	29 050 557	[3] 57 141	[9]*56 777	A11 b1	([10])	301 268	188
Latvia – Lettonie	12–I–89	[3] 2 666 567	[3] 1 238 806	[3] 1 427 761	2 579	*2 632	A3 b1	0.3	64 600	41
Liechtenstein	2–XII–80	25 215	...	...	x27	*30	A12 b1	1.4	160	185
Lithuania – Lituanie	12–I–89	[3] 3 674 802	[3] 1 738 953	[3] 1 935 849	3 545	*3 742	A3 b1	0.8	65 200	57
Luxembourg [3]	31–III–81	364 602	177 869	186 733	367	*390	A11 b2	0.9	2 586	151
Malta – Malte [63]	16–XI–85	345 418	169 832	175 586	340	x359	A7 b2	0.8	316	1 136
Monaco [3]	4–III–82	27 063	12 598	14 465	27	x28	A10 c1	0.5	[64] 1	28000
Netherlands – Pays–Bas [3]	28–II–71	13 060 115	...	...	14 484	*15 178	A21 a1	0.7	40 844	372
Norway – Norvège [3]	1–XI–80	4 091 132	2 027 083	2 064 049	4 153	*4 286	A12 a1	0.5	323 895	13
Poland – Pologne [65]	6–XII–88	37 878 641	18 464 373	19 414 268	37 203	*38 365	A4 b1	0.4	323 250	119
Portugal [66]	15–IV–91	*9 853 896	...	...	[9] 9 904	*9 846	A1 b1	([10])	92 389	107
Republic of Moldova – République de Moldova	12–I–89	[3] 4 335 360	[3] 2 063 192	[3] 2 272 168	4 214	*4 356	A3 b1	0.5	33 700	129
Romania – Roumanie	5–I–77	21 559 910	10 626 055	10 933 855	22 725	*22 748	A15 b2	0.0	237 500	96
Russian Federation – Fédération Russe	12–I–89	[3]147 021 869	[3] 68 713 869	[3] 78 308 000	143 585		..	..	17075400	...
San Marino – Saint–Marin	30–XI–76	19 149	9 654	9 495	22	*24	A16 a2	0.9	61	391
Slovenia – Slovénie	...	...	...	...	...	*1 996	..	..	20 251	99
Spain – Espagne [67]	1–III–81	37 746 260	18 529 764	19 216 496	38 474	*39 085	A11 c1	0.2	504 782	77
Svalbard and Jan Mayen Islands – Svalbard et Ile Jan–Mayen [68]	1–XI–60	3 431	2 545	886	...	...	..	..	62 422	...
Sweden – Suède [3]	1–IX–90	8 587 353	4 242 351	4 345 002	8 350	*8 668	A7 a1	0.5	449 964	19
Switzerland – Suisse [3]	4–XII–90	6 873 687	3 390 446	3 483 241	6 470	*6 875	A12 b1	0.9	41 293	167
Ukraine	12–I–89	[3] 51 704 000	[3] 23 959 000	[3] 27 745 000	50 858	*52 057	A3 b1	0.3	603 700	86
United Kingdom – Royaume–Uni [69]	21–IV–91	*56 352 200	...	...	56 618	*57 848	A11 b1	0.3	244 100	237
Former Yugoslavia – Ancienne Yougoslavie [3]	31–III–81	22 424 687	11 083 768	11 340 919	23 124	x23 949	A11 b1	0.5	255 804	94

3. Population by sex, rate of population increase, surface area and density (continued)

Population selon le sexe, taux d'accroissement de la population, superficie et densité (suite)

(See notes at end of table. – Voir notes à la fin du tableau.)

Continent and country or area / Continent et pays ou zone	Latest census – dernier recensement (in units – en unités) Date	Both sexes Les deux sexes	Male Masculin	Female Féminin	Mid – year estimates Estimations au milieu de l'année (in thousand–en milliers) 1985	1992	Type [1] 1992	Annual rate of increase Taux d' accrois- sement annuel 1985–92 (%)	Surface area Superfi- cie (km [2]) 1992	Density Densité 1992 [2]
OCEANIA—OCEANIE										
American Samoa – [3] [21]										
Samoa américaines	1–IV–80	32 297	16 384	15 913	36	x50 A12 b1		4.9	199	251
Australia – Australie [12]	30–VI–86	15 602 156	7 768 313	7 833 843	15 788	*17 529 A6 b1		1.5	7 713 364	2
Christmas Island –										
Ile Christmas	30–VI–81	2 871	1 918	953	2	... ..		..	135	...
Cocos (Keeling) Islands –										
Iles des Cocos (Keeling)	30–VI–81	555	298	257	1	... ..		..	14	...
Cook Islands – Iles Cook [70]	1–XII–86	17 614	9 188	8 426	18	x17 A6 b1		-0.6	236	72
Fiji – Fidji	31–VIII–86	715 375	362 568	352 807	697	*746 A6 b1		1.0	18 274	41
French Polynesia – [71]										
Polynésie français	6–IX–88	188 814	98 345	90 469	174	x207 A4 c1		2.4	4 000	51
Guam [3] [21]	1–IV–90	133 152	70 945	62 207	120	*139 A2 b1		2.1	549	254
Kiribati [72]	9–V–85	63 883	...	...	64	x74 A7 c1		2.1	726	102
Marshall Islands –										
Iles Marshall	13–X–88	43 380	...	...	39	*50 A4 c1		3.6	181	276
Micronesia, Federated States of, – Micronésie, Etats fédérés de	...	...	...	...	x87	x110 ..		3.4	702	157
Nauru	22–I–77	7 254	...	...	x8	x10 A15 d		3.2	21	476
New Caledonia – Nouvelle–Calédonie [73]	4–IV–89	164 173	83 862	80 311	154	*177 A3 c1		1.9	18 575	10
New Zealand – Nouvelle–Zélande [74]	5–III–91	*3 434 952	...	...	3 247	*3 414 A6 b1		0.8	270 534	13
Niue – Nioué	29–X–86	2 531	...	...	3	x2 A6 d		-4.7	260	8
Norfolk Is. – Ile Norfolk	30–VI–86	2 367	1 170	1 197	...	... ..		..	36	...
Northern Mariana Islands – Iles Mariannes du Sud	...	...	...	...	20	x47 ..		12.1	464	101
Pacific Islands (Palau) – Iles du Pacifique (Palaos	...	...	...	...	x14	x16 ..		1.9	459	35
Papua New Guinea – Papouasie–Nouvelle– Guinée [75]	22–IX–80	3 010 727	1 575 672	1 435 055	3 337	*3 847 A12 c3		2.0	462 840	8
Pitcairn	31–XII–90	52	...	...	...	... ..		..	5	...
Samoa	3–XI–81	156 349	81 027	75 322	x157	x158 A1▸c1		0.1	2 831	56
Solomon Islands – Iles Salomon [76]	23–XI–86	285 176	147 972	137 204	x270	´x342 A6 c1		3.4	28 896	12
Tokelau – Tokélaou	1–X–82	1 552	751	801	...	... ..		..	12	...
Tonga	28–XI–86	94 649	47 611	47 038	97	x97 A6 c1		-0.0	747	130
Tuvalu	27–V–79	7 300	...	...	x9	x12 A13 c1		4.1	26	462
Vanuatu	16–V–89	142 419	73 384	69 035	136	x157 A3 c1		2.1	12 189	13
Wallis and Futuna Islands – Iles Wallis et Futuna	15–II–83	12 408	6 266	6 142	x13	x14 A9 c1		1.1	200	70

3. Population by sex, rate of population increase, surface area and density (continued)

Population selon le sexe, taux d'accroissement de la population, superficie et densité (suite)

Unless otherwise indicated, figures refer to de facto (present–in–area) population for present territory; surface area estimates include inland waters. For method of evaluation and limitations of data, see Technical Notes, page 34.

FOOTNOTES

Italics: estimates which are less reliable.
* Provisional.
x Estimate prepared by the Population Division of the United Nations.

1 For explanation of code, see page 11.
2 Population per square kilometre of surface area in 1992. Figures are merely the quotients of population divided by surface area and are not to be considered either as reflecting density in the urban sense or as indicating the supporting power of a territory's land and resources.
3 De jure population.
4 Including the enclave of Cabinda.
5 Comprising Chagos Archipelago (formerly dependency of Mauritius).
6 Census of Chagos Archipelago taken 30 June 1962 gave total population of 747 persons.
7 Estimate for de jure African population based on results of a sample survey covering 5 per cent of the population in 549 rural villages and 10 per cent of the population in 10 urban communes and a complete enumeration of the population of Fort–Archambault, Doba, Moundou, Koumra, Bongor and Abeche. Including estimates of 100 000 for Fort–Lamy enumerated in 1962, and 630 000 for other areas not covered by survey.
8 Including an estimated figure of 50 740 for the island of Mayotte, not covered by the census.
9 Estimate not in accord with the latest census and/or the latest estimate.
10 Rate not computed because of apparent lack of comparability between estimates shown for 1985 and 1992.
11 Comprising Bioko (which includes Pagalu) and Rio Muni (which includes Corisco and Elobeys).
12 Mid–year estimates have been adjusted for under–enumeration, estimated as follows:

	Percentage adjustment	Adjusted census total
Australia	1.8	...
Bangladesh	3.1	*89 949 000
Brunei Darussalam	1.06	...
Guatemala	13.7	...
Guinea	...	...
Korea, Republic of	1.9	...
Mozambique	3.8	...
Netherlands Antilles	2.0	...
Peru	...	...
Saint Lucia	7.24	...
Sierra Leone	10.0	*3 002 426
South Africa	...	...
Uruguay	2.6	...

13 Including an estimate of 224 095 for nomad population.
14 Comprising the islands of Agalega and St. Brandon.
15 Excluding Bophuthatswana, Ciskei, Transkei and Venda.
16 Comprising the Northern Region (former Saguia el Hamra) and Southern Region (former Rio de Oro).
17 De jure population, but excluding persons residing in institutions.
18 Including Carriacou and other dependencies in the Grenadines.

NOTES GENERALES

Sauf indication contraire, les chiffres relatifs à la population se rapportent à la population de fait présente du territoire actuel; les estimations de superficie comprennent les eaux intérieures. Pour la méthode d'évaluation et les insuffisances des données, voir Notes techniques, page 34.

NOTES

Italiques: estimations moins sûres.
* Données provisoires.
x Estimation établie par la Division de la population de l'Organisation des Nations Unies.

1 Pour l'explication du code, voir la page 11.
2 Nombre d'habitants au kilomètre carré en 1992. Il s'agit simplement du quotient du chiffre de la population divisé par celui de la superficie: il ne faut pas y voir d'indication de la densité au sens urbain du terme ni de l'effectif de population que les terres et les ressources du territoire sont capables de nourrir.
3 Population de droit.
4 Y compris l'enclave de Cabinda.
5 Comprend l'archipel de Chagos (ancienne dépendance de Maurice).
6 Le recensement de la population de l'archipel de Chagos au 30 juin 1962 a donné comme population totale 747 personnes.
7 Estimation pour la population de droit africaine fondée sur les résultats d'une enquête par sondage ayant porté sur 5 p. 100 de la population de 549 villages ruraux et 10 p. 100 de la population de 10 communes urbaines et sur un dénombrement complet de la population de Fort–Archambault, Doba, Moundou, Koumra, Bongor et Abeche. Y compris une estimation de 100 000 pour Fort–Lamy, dénombrées en 1962, et de 630 000 pour d'autres régions sur qui l'enquête n'a pas porté.
8 Y compris un chiffre estimés à 50 740 pour l'île de Mayotte, non couverte par le recensement.
9 L'estimation ne s'accorde avec le dernier recensement, et /ou avec la dernière estimation.
10 On n'a pas calculé le taux parce que les estimations pour 1985 et 1992 ne paraissent pas comparables.
11 Comprend Bioko (qui comprend Pagalu) et Rio Muni (qui comprend Corisco et Elobeys).
12 Les estimations au milieu de l'année tiennent compte d'un ajustement destiné à compenser les lacunes du dénombrement. Les données de recensement ne tiennent pas compte de cet ajustement. En voici le détail:

	Ajustement (en pourcentage)	Chiffre de recensement ajusté
Australie	1,8	...
Bangladesh	3,1	*89 940 000
Brunéi Darussalam	1,06	...
Guatemala	13,7	...
Guinée	...	...
Corée, Rép. de	1,9	...
Mozambique	3,8	...
Antilles néerlandaises	2,0	...
Pérou	...	...
Sainte–Lucie	7,24	...
Sierra Leone	10,0	*3 002 426
Afrique du Sud	...	...
Uruguay	2,6	...

13 Y compris une estimation de 224 095 personnes pour la population nomade.
14 Y compris les îles Agalega et Saint–Brandon.
15 Non compris Bophuthatswana, Ciskei, Transkei et Venda.
16 Comprend la région septentrionale (ancien Saguia–el–Hamra) et la région méridionale (ancien Rio de Oro).
17 Population de droit, mais non compris les personnes dans les institutions.
18 Y compris Carriacou et les autres dépendances du groupe des îles Grenadines.

3. Population by sex, rate of population increase, surface area and density (continued)

Population selon le sexe, taux d'accroissement de la population, superficie et densité (suite)

FOOTNOTES (continued)

19 Including dependencies: Marie–Galante, la Désirade, les Saintes, Petite–Terre, St. Barthélemy and French part of St. Martin.
20 Comprising Bonaire, Curaçao, Saba, St. Eustatius and Dutch part of St. Martin.

21 Including armed forces in the area.
22 Including Bequia and other islands in the Grenadines.
23 De jure population, but excluding civilian citizens absent from country for extended period of time. Census figures also exclude armed forces overseas.

24 Excluding Indian jungle population.
25 Mid–year estimates for 24 October.
26 Excluding nomadic Indian tribes.
27 Excluding dependencies, of which South Georgia (area 3 755 km2) had an estimated population of 499 in 1964 (494 males, 5 females). The other dependencies namely, the South Sandwich group (surface area 337 km2) and a number of smaller islands, are presumed to be uninhabited.

28 A dispute exists between the governments of Argentina and the United Kingdom of Great Britain and Northern Ireland concerning sovereignty over the Falkland Islands (Malvinas).
29 Excluding nomad population.
30 Excluding transients afloat.
31 Excluding foreign diplomatic personnel and their dependants.

32 This total population of China, as given in the communiqué of the State Statistical Bureau releasing the major figures of the census, includes a population of 6 130 000 for Hong Kong and Macau.

33 Comprising Hong Kong island, Kowloon and the New (leased) Territories.
34 Land area only. Total including ocean area within administrative boundaries is 2 916 km2.
35 Including data for the Indian–held part of Jammu and Kashmir, the final status of which has not yet been determined.
36 Figures provided by Indonesia including East Timor, shown separately.

37 Including data for East Jerusalem and Israeli residents in certain other territories under occupation by Israeli military forces since June 1967.

38 Comprising Hokkaido, Honshu, Shikoku, Kyushu. Excluding diplomatic personnel outside the country and foreign military and civilian personnel and their dependants stationed in the area.
39 Including military and diplomatic personnel and their families abroad, numbering 933 at 1961 census, but excluding foreign military and diplomatic personnel and their families in the country, numbering 389 at 1961 census. Also including registered Palestinian refugees number 654 092 and 722 687 at 30 June 1963 and 31 May 1967, respectively.

40 Excluding data for Jordanian territory under occupation since June 1967 by Israeli military forces.
41 Excluding alien armed forces, civilian aliens employed by armed forces, foreign diplomatic personnel and their dependants and Korean diplomatic personnel and their dependants outside the country.

42 Excluding Palestinian refugees in camps.
43 Based on results of sample survey.
44 Comprising Macau City and islands of Taipa and Coloane.
45 Excluding data for Jammu and Kashmir, the final status of which has not yet been determined, Junagardh, Manavadar, Gilgit and Baltistan.

46 Former mandated territory administered by the United Kingdom until 1948.
47 Excluding United Kingdom armed forces, numbering 2 507.

NOTES (suite)

19 Y compris les dépendances: Marie–Galante, la Désirade, les Saintes, Petite–Terre, Saint–Barthélemy et la partie française de Saint–Martin.
20 Comprend Bonaire, Curaçao, Saba, Saint–Eustache et la partie néederlandaise de Saint–Martin.
21 Y compris les militaires en garnison sur le territoire.
22 Y compris Bequia et des autres îles dans les Grenadines.
23 Population de droit, mais non compris les civils hors du pays pendant une période prolongée. Les chiffres de recensement ne comprennent pas également les militaires à l'étranger.
24 Non compris les Indiens de la jungle.
25 Estimations au milieu de l'années pour le 24 Octobre.
26 Non compris les tribus d'Indiens nomades.
27 Non compris les dépendances, parmi lesquelles figure la Georgie du Sud (3 755 km2) avec une population estimée à 499 personnes en 1964 (494 du sexe masculin et 5 du sexe féminin). Les autres dépendances, c'est–à–dire le groupe des Sandwich de Sud (superficie: 337 km2) et certaines petites–îles, sont présumées inhabitées.
28 La souveraineté sur les îles Falkland (Malvinas) fait l'objet d'un différend entre le Gouvernement argentin et le Gouvernement du Royaume–Uni de Grande–Bretagne et d'Irlande du Nord.
29 Non compris la population nomade.
30 Non compris les personnes de passage à bord des navires.
31 Non compris le personnel diplomatique étranger et les membres de leur famille les accompagnant.
32 Le chiffre indiqué pour la population totale de la Chine, qui figure dans le communiqué du Bureau du statistique de l'Etat publiant les principaux chiffres du recensement, comprennent la population de Hong–kong et Macao qui s'élève à 6 130 000 personnes.
33 Comprend les îles de Hong–kong, Kowloon et les Nouveaux Territoires (à bail).
34 Superficie terrestre seulement. La superficie totale, qui comprend la zone maritime se trouvant à l'intérieur des limites administratives, est de 2 916 km2.
35 Y compris les données pour la partie du Jammu et du Cachemire occupée par l'Inde dont le statut définitif n'a pas encore été déterminé.
36 Les chiffres fournis par l'Indonesie comprennent le Timor oriental, qui fait l'objet d'une rubrique distincte.
37 Y compris les données pour Jérusalem–Est et les résidents israéliens dans certains autres territoires occupés depuis juin 1967 par les forces armées israéliennes.
38 Comprend Hokkaido, Honshu, Shikoku, Kyushu. Non compris le personnel diplomatique hors du pays, les militaires et agents civils étrangers en poste sur le territoire et les membres de leur famille les accompagnant.
39 Y compris les militaires et le personnel diplomatique à l'étranger et les membres de leur famille les accompagnant, au nombre de 933 personnes au recensement de 1961, mais non compris les militaires et le personnel diplomatique étrangers sur le territoire et les membres de leur famille les accompagnant, au nombre de 389 personnes au recensement de 1961. Y compris également les réfugiés de Palestine immatriculés: 654 092 au 30 juin 1963 et 722 687 au 31 may 1967.
40 Non compris les données pour le territoire jordanien occupé depuis juin 1967 par les forces armées israéliennes.
41 Non compris les militaires étrangers, les civils étrangers employés par les forces armées, le personnel diplomatique étranger et les membres de leur famille les accompagnant et le personnel diplomatique coréen hors du pays et les membres de leur familles les accompagnant.
42 Non compris les réfugiés de Palestine dans les camps.
43 D'après les résultats d'une enquête par sondage.
44 Comprend la ville de Macao et les îles de Taipa et de Colowane.
45 Non compris les données pour le Jammu et le Cachemire, dont le statut définitif n'a pas encore été déterminé, le Junagardh, le Manavadar, le Gilgit et le Baltistan.
46 Ancien territoire sous mandat administré par le Royaume–Uni jusqu'à 1948.
47 Non compris les forces armées du Royaume–Uni au nombre de 2 507 personnes.

3. Population by sex, rate of population increase, surface area and density (continued)

Population selon le sexe, taux d'accroissement de la population, superficie et densité (suite)

FOOTNOTES (continued)

NOTES (suite)

48 Comprising that part of Palestine under Egyptian administration following the Armistice of 1949 until June 1967, when it was occupied by Israeli military forces.

49 Excluding transients afloat and non–locally domiciled military and civilian services personnel and their dependants and visitors, numbering 5 553, 5 187 and 8 895 respectively at 1980 census.

50 Including Palestinian refugees numbering 193 000 on 1 July 1977.

51 Comprising 7 sheikdoms of Abu Dhabi, Dubai, Sharjah, Ajaman, Umm al Qaiwain, Ras al Khaimah and Fujairah, and the area lying within the modified Riyadh line as announced in October 1955.

52 Including surface area of frontier rivers.

53 Including dependencies: Alderey, Brechou, Herm, Jethou, Lithou and Sark Island.

54 Excluding Faeroe Islands and Greenland.

55 Excluding Overseas Departments, namely French Guiana, Guadeloupe, Martinique and Réunion, shown separately.

56 De jure population, but excluding diplomatic personnel outside the country and including foreign diplomatic personnel not living in embassies or consulates.

57 Excluding military personnel stationed outside the country who do not have a personal residence in France.

58 All data shown pertaining to Germany prior to 3 October 1990 are indicated separately for the Federal Republic of Germany and the former German Democratic Republic based on their respective territories at the time indicated. See explanatory notes on data pertaining to Germany on page 4.

59 Excluding armed forces.

60 Including armed forces stationed outside the country, but excluding alien armed forces stationed in the area.

61 Including armed forces stationed outside the country, but including alien armed forces stationed in the area.

62 Surface area is 0.44 km2.

63 Including Gozo and Comino Islands and civilian nationals temporarily outside the country.

64 Surface area is 1.49 km2.

65 Excluding civilian aliens within the country, but including civilian nationals temporarily outside the country.

66 Including the Azores and Madeira Islands.

67 Including the Balearic and Canary Islands, and Alhucemas, Ceuta, Chafarinas, Melilla and Penon de Vélez de la Gomera.

68 Inhabited only during the winter season. Census data are for total population while estimates refer to Norwegian population only. Included also in the de jure population of Norway.

69 Excluding Channel Islands and Isle of Man, shown separately.

70 Excluding Niue, shown separately, which is part of Cook Islands, but because of remoteness is administered separately.

71 Comprising Austral, Gambier, Marquesas, Rapa, Society and Tuamotu Islands.

72 Including Christmas, Fanning, Ocean and Washington Islands.

73 Including the islands of Huon, Chesterfield, Loyalty, Walpole and Belep Archipelago.

74 Including Campbell and Kermadec Islands (population 20 in 1961, surface area 148 km2) as well as Antipodes, Auckland, Bounty, Snares, Solander and Three Kings island, all of which are uninhabited. Excluding diplomatic personnel and armed forces outside the country, the latter numbering 1 936 at 1966 census; also excluding alien armed forces within the country.

75 Comprising eastern part of New Guinea, the Bismarck Archipelago, Bougainville and Buka of Solomon Islands group and about 600 smaller islands.

76 Comprising the Solomon islands group (except Bougainville and Buka which are included with Papua New Guinea shown separately), Ontong, Java, Rennel and Santa Cruz Islands.

48 Comprend la partie de la Palestine administrée par l'Egypt depuis l'armistice de 1949 jusqu'en juin 1967, date laquelle elle a été occupée par les forces armées israéliennes.

49 Non compris les personnes de passage à bord de navires, les militaires et agents civils non résidents et les membres de leur famille les accompagnant, et les visiteurs, soit: 5 553, 5 187 et 8 895 personnes respectivement au recensement de 1980.

50 Y compris les réfugiés de Palestine au nombre de 193 000 au 1er juillet 1977.

51 Comprend les sept cheikhats de Abou Dhabi, Dabai, Ghârdja, Adjmân, Oumm–al–Quiwaïn, Ras al Khaïma et Foudjaïra, ainsi que la zone délimitée par la ligne de Riad modifiée comme il a été annoncé en octobre 1955.

52 Non compris la surface des cours d'eau frontières.

53 Y compris les dépendances: Aurigny, Brecqhou, Herm, Jethou, Lihou et l'île de Sercq.

54 Non compris les îles Féroé et le Groenland.

55 Non compris les départements d'outre–mer, c'est–à–dire la Guyane française, la Guadeloupe, la Martinique et la Réunion, qui font l'objet de rubriques distinctes.

56 Population de droit, non compris le personnel diplomatique hors du pays et y compris le personnel diplomatique étranger qui ne vit pas dans les ambassades ou les consulats.

57 Non compris les militaires en garnison hors du pays et sans résidence personnelle en France.

58 Toutes les données se rapportant à l'Allemagne avant le 3 octobre 1990 figurent dans deux rubriques séparées basées sur les territoires respectifs de la République fédérale d'Allemagne et l'ancienne République démocratique allemande selon la période indiquée. Voir les notes explicatives sur les données concernant l'Allemagne à la page 4.

59 Non compris les militaires.

60 Y compris les militaires en garnison hors du pays, mais non compris les militaires étrangers en garnison sur le territoire.

61 Y compris les militaires en garnison hors du pays, mais y compris les militaires étrangers en garnison sur le territoire.

62 Superficie: 0,44 km2.

63 Y compris les îles de Gozo et de Comino et les civils nationaux temporairement hors du pays.

64 Superficie: 1,49 km2.

65 Non compris les civils étrangers dans le pays, mais y compris les civils nationaux temporairement hors du pays.

66 Y compris les Açores et Madère.

67 Y compris les Baléares et les Canaries, Al Hoceima, Ceuta, les îles Zaffarines, Melilla et Penon de Vélez de la Gomera.

68 N'est habitée pendant la saison d'hiver. Les données de recensement se rapportent à la population totale, mais les estimations ne concernent que la population norvégienne, comprise également dans la population de droit de la Norvège.

69 Non compris les îles Anglo–Normandes et l'île de Man, qui font l'objet de rubriques distinctes.

70 Non compris Nioué, qui fait l'objet d'une rubrique distincte et qui fait partie des îles Cook, mais qui, en raison de son éloignement, est administrée séparément.

71 Comprend les îles Australes, Gambier, Marquises, Rapa, de la Societé et Tuamotou.

72 Y compris les îles Christmas, Fanning, Océan et Washington.

73 Y compris les îles Huon, Chesterfield, Loyauté et Walpole, et l'archipel Belep.

74 Y compris les îles Campbell et Kermadec (20 habitants en 1961, superficie: 148 km2) ainsi que les îles Antipodes, Auckland, Bounty, Snares, Solander et Three Kings, qui sont toutes inhabitées. Non compris le personnel diplomatique et les militaires hors du pays, ces derniers au nombre de 1 936 au recensement de 1966; non compris également les militaires étrangers dans le pays.

75 Comprend l'est de la Nouvelle–Guinée, l'archipel Bismarck, Bougainville et Buka (ces deux dernières du groupe des Salomon) et environ 600 îlots.

76 Comprend les îles Salomon (à l'exception de Bougainville et de Buka dont la population est comprise dans celle de Papouasie–Nouvelle Guinée qui font l'objet d'une rubrique distincte), ainsi que les îles Ontong, Java, Rennel et Santa Cruz.

4. Vital statistics summary and expectation of life at birth: latest available year

(See notes at end of table.)

Continent and country or area Continent et pays ou zone	Year Année	Live births Naissances vivantes		Deaths Décès		Natural increase Accroisse ment naturel	Year Année	Infant deaths Décès d'enfants de moins d'un an
		Number Nombre	Rate Taux	Number Nombre	Rate Taux (000s)			Number Nombre
AFRICA—AFRIQUE								
1 Algeria – Algérie	1985–90	...	[1] 35.5	...	[1] 8.3	[1] 27.2	1985–90	...
2 Angola [1]	1985–90	...	51.3	...	21.3	30.0	1985–90	...
3 Benin – Bénin [1]	1985–90	...	49.1	...	19.4	29.7	1985–90	...
4 Botswana	1985–90	...	[1] 40.6	...	[1] 11.2	[1] 29.4	1985–90	...
5 Burkina Faso [1]	1985–90	...	47.0	...	18.5	28.5	1985–90	...
6 Burundi [1]	1985–90	...	46.6	...	17.1	29.5	1985–90	...
7 Cameroon – Cameroun [1]	1985–90	...	42.0	...	13.8	28.2	1985–90	...
8 Cape Verde – Cap–Vert	1985	12 639	37.9	2 735	8.2	29.7	1990	629
Central African Republic –								
9 Rép. centrafricaine [1]	1985–90	...	44.9	...	18.2	26.7	1985–90	...
10 Chad – Tchad [1]	1985–90	...	43.9	...	19.5	24.4	1985–90	...
11 Comoros – Comores [1]	1985–90	...	48.5	...	13.0	35.5	1985–90	...
12 Congo [1]	1985–90	...	44.4	...	14.8	29.6	1985–90	...
13 Côte d'Ivoire [1]	1985–90	...	49.9	...	14.7	35.2	1985–90	...
14 Djibouti [1]	1985–90	...	47.0	...	17.9	29.1	1985–90	...
15 Egypt – Egypte	1992	1 669 836	30.3	424 496	7.7	22.6	1989	68 626
Equatorial Guinea –								
16 Guinée équatoriale [1]	1985–90	...	43.8	...	19.6	24.2	1985–90	...
17 Ethiopia – Ethiopie [1]	1985–90	...	49.5	...	20.0	29.5	1985–90	...
18 Gabon [1]	1985–90	...	38.9	...	16.8	22.1	1985–90	...
19 Gambia – Gambie [1]	1985–90	...	47.4	...	21.4	26.0	1985–90	...
20 Ghana [1]	1985–90	...	44.3	...	13.1	31.2	1980	4 650
21 Guinea – Guinée [1]	1985–90	...	51.0	...	22.0	29.0	1985–90	...
Guinea–Bissau –								
22 Guinée–Bissau	1985–90	...	[1] 42.9	...	[1] 23.0	[1] 19.9	1985–90	...
23 Kenya [1]	1985–90	...	45.6	...	11.4	34.2	1985–90	...
24 Lesotho [1]	1985–90	...	36.3	...	11.0	25.3	1985–90	...
25 Liberia – Libéria [1]	1985–90	...	47.3	...	15.8	31.5	1985–90	...
Libyan Arab Jamahiriya –								
26 Jamahiriya arabe libyenne	1985–90	...	[1] 44.0	...	[1] 9.4	[1] 34.6	1985–90	...
27 Madagascar [1]	1985–90	...	45.8	...	14.0	31.8	1985–90	...
28 Malawi	1987 [2]	329 144	43.9	112 391	15.0	28.9	1985–90	...
29 Mali	1987 [2]	375 117	48.7	96 221	12.5	36.2	1987 [2]	26 731
30 Mauritania – Mauritanie [1]	1985–90	...	46.2	...	19.0	27.2	1985–90	...
31 Mauritius – Maurice	1992	22 902	21.1	7 023	6.5	14.6	1991	413
Island of Mauritius –								
32 Ile Maurice	1991	21 418	20.7	6 815	6.6	14.1	1992	406
33 Rodrigues	1991	764	22.3	212	6.2	16.1	1991	25
34 Morocco – Maroc [1]	1985–90	...	35.6	...	9.8	25.8	1985–90	...
35 Mozambique [1]	1985–90	...	45.5	...	18.8	26.7	1985–90	...
36 Namibia – Namibie [1]	1985–90	...	42.7	...	12.1	30.6	1985–90	...
37 Niger [1]	1985–90	...	51.7	...	20.4	31.3	1985–90	...
38 Nigeria – Nigéria [1]	1985–90	...	48.5	...	15.6	32.9	1985–90	...
39 Réunion	1990	13 911	23.2	3 151	5.2	17.9	1990	94
40 Rwanda	1985–90	...	[1] 52.1	...	[1] 18.0	[1] 34.1	1985–90	...
St. Helena ex. dep. –								
Sainte–Hélène								
41 sans dép.	1991	72	13.4	42	7.8	5.6	1990	2
42 Ascension	1981	15	♦ 14.6	2	♦ 2.0	♦ 12.7	1980	1
43 Tristan da Cunha	1991	4	♦ 13.8	1	♦ 3.4	♦ 10.4	1991	—
Sao Tome and Principe –								
44 Sao Tomé–et–Principe	1989	4 047	35.0	1 179	10.2	24.8	1989	291
45 Senegal – Sénégal [1]	1985–90	...	45.5	...	17.7	27.8	1985–90	...
46 Seychelles	1991	1 708	25.0	542	7.9	17.1	1991	22
47 Sierra Leone [1]	1985–90	...	48.2	...	23.4	24.8	1985–90	...
48 Somalia – Somalie [1]	1985–90	...	50.4	...	20.1	30.3	1985–90	...
South Africa –								
49 Afrique du Sud [1]	1985–90	...	33.0	...	9.7	23.3	1985–90	...
50 Sudan – Soudan [1]	1985–90	...	44.6	...	15.8	28.8	1985–90	...
51 Swaziland	1985–90	...	[1] 38.0	...	[1] 11.8	[1] 26.2	1985–90	...
52 Togo [1]	1985–90	...	44.7	...	14.1	30.6	1985–90	...
53 Tunisia – Tunisie	1985–90	...	[1] 29.2	...	[1] 7.2	[1] 22.0	1985–90	...
54 Uganda – Ouganda [1]	1985–90	...	50.5	...	19.5	31.0	1985–90	...

4. Aperçu des statistiques de l'état civil et espérance de vie à la naissance: dernière année disponible

notes à la fin du tableau.)

Expectation of life at birth Espérance de vie à la naissance					Marriages Mariages			Divorces			
Year(s) Année(s)	Male Masculin	Female Féminin	Year Année	Fertility Fécondité	Year Année	Number Nombre	Rate Taux (000s)	Year Année	Number Nombre	Rate Taux (000s)	
1983	61.57	63.32	1985–90	¹ 5.429	1985	123 688	5.7	...	...	...	1
1985–90	42.40	45.60	1985–90	7.199	...	...	...	...	...	...	2
1985–90	43.90	47.10	1985–90	7.099	...	...	...	...	...	...	3
1981	52.32	59.70	1985–90	¹ 5.500	1981	3 972	4.2	...	...	...	4
1985–90	45.30	48.80	1985–90	6.500	...	...	...	...	...	...	5
1985–90	46.70	50.10	1985–90	6.800	...	...	...	...	...	...	6
1985–90	52.00	55.00	1985–90	6.099	...	...	...	...	...	...	7
1979–81	58.95	61.04	1985–90	¹ 4.829	...	...	...	...	...	...	8
1985–90	45.20	50.40	1985–90	6.199	...	...	...	...	...	...	9
1985–90	43.90	47.10	1985–90	5.889	...	...	...	...	...	...	10
1985–90	53.50	54.50	1985–90	7.050	...	...	...	...	...	...	11
1985–90	49.40	54.70	1985–90	6.289	...	...	...	...	...	...	12
1985–90	50.30	53.70	1985–90	7.409	...	...	...	...	...	...	13
1985–90	45.40	48.60	1985–90	6.599	...	...	...	...	...	...	14
1991	62.86	66.39	1991	4.330	1992	462 792	8.4	1992	78 490	1.4	15
1985–90	44.40	47.60	1985–90	5.889	...	...	...	...	...	...	16
1985–90	43.40	46.60	1985–90	7.000	...	...	...	...	...	...	17
1985–90	49.90	53.20	1985–90	4.989	...	...	...	...	...	...	18
1985–90	41.40	44.60	1985–90	6.500	...	...	...	...	...	...	19
1985–90	52.20	55.80	1985–90	6.389	...	...	...	...	...	...	20
1985–90	42.00	43.00	1985–90	7.000	...	...	...	...	...	...	21
1985–90	¹ 39.90	¹ 43.10	1985–90	¹ 5.789	1981	100	0.1	...	...	...	22
1985–90	55.90	59.90	1985–90	6.800	...	...	...	...	...	...	23
1985–90	55.50	60.50	1985–90	5.000	...	...	...	...	...	...	24
1985–90	52.00	54.00	1985–90	7.000	...	...	...	...	...	...	25
1985–90	¹ 59.10	¹ 62.50	1985–90	¹ 6.869	1988	16 989	4.5	1988	2 264	0.6	26
1985–90	52.00	55.00	1985–90	6.599	...	...	...	...	...	...	27
1992	43.51	46.75	1985–90	¹ 7.599	...	...	...	...	...	...	28
1987 ²	55.24	58.66	1985–90	¹ 7.099	1987	33 646	4.4	...	...	...	29
1985–90	44.40	47.60	1985–90	6.500	...	...	...	...	...	...	30
1989	65.57	73.39	1991	2.299	1992	11 407	10.5	...	...	...	31
1989	65.62	73.42	1991	2.283	1992	11 245	10.7	1992	781	0.7	32
1989	65.43	71.64	1991	2.990	1992	162	4.7	...	...	...	33
1985–90	59.10	62.50	1985–90	4.820	...	...	...	...	...	...	34
1985–90	44.50	47.80	1985–90	6.500	...	...	...	...	...	...	35
1985–90	55.00	57.50	1985–90	6.000	...	...	...	...	...	...	36
1985–90	42.90	46.10	1985–90	7.099	...	...	...	...	...	...	37
1985–90	48.80	52.20	1985–90	6.900	...	...	...	...	...	...	38
1985–90	¹ 67.90	¹ 77.00	1990	2.360	1990	3 716	6.2	1990	763	1.3	39
1978	45.10	47.70	1985–90	¹ 8.489	1982	14 313	2.6	...	...	...	40
...	...	...	...	...	1986	29	♦ 4.5	1990	5	♦ 0.9	41
...	...	...	...	...	1981	3	♦ 2.9	...	...	...	42
...	...	...	...	...	1988	1	♦ 3.3	...	...	...	43
...	...	...	...	...	1988	49	0.4	...	...	...	44
1985–90	46.30	48.30	1985–90	6.500	...	...	...	...	...	...	45
1981–85	65.26	74.05	1990	2.730	1991	931	13.6	1991	86	1.3	46
1985–90	39.40	42.60	1985–90	6.500	...	...	...	...	...	...	47
1985–90	43.40	46.60	1985–90	7.000	...	...	...	...	...	...	48
1985–90	57.50	63.50	1985–90	4.380	...	...	...	...	...	...	49
1985–90	48.60	51.00	1985–90	6.440	...	...	...	...	...	...	50
1976	42.90	49.50	1985–90	¹ 5.250	1986	2 243	3.4	...	...	...	51
1985–90	51.30	54.80	1985–90	6.579	...	...	...	...	...	...	52
1985–90	¹ 64.90	¹ 66.40	1989	3.001	1990	55 612	6.9	1989	12 695	1.6	53
1985–90	43.20	46.10	1985–90	7.300	...	...	...	...	...	...	54

(See notes at end of table.)

Continent and country or area Continent et pays ou zone	Year Année	Live births Naissances vivantes		Deaths Décès		Natural increase Accroisse ment naturel	Year Année	Infant deaths Décès d'enfants de moins d'un an Number Nombre
		Number Nombre	Rate Taux	Number Nombre	Rate Taux (000s)			
AFRICA—AFRIQUE (Cont.–Suite)								
United Rep. of Tanzania –								
1 Rép.–Unie de Tanzanie	1985–90	...	[1] 47.9	...	[1] 14.4	[1] 33.5	1985–90	...
2 Zaire – Zaïre [1]	1985–90	...	47.8	...	15.0	32.8	1985–90	...
3 Zambia – Zambie	1985–90	...	[1] 48.6	...	[1] 15.9	[1] 32.7	1985–90	...
4 Zimbabwe [1]	1985–90	...	42.5	...	11.0	31.5	1985–90	...
AMERICA,NORTH— **AMERIQUE DU NORD**								
5 Anguilla	1985	177	25.3	73	10.4	14.9	1985	6
Antigua and Barbuda –								
6 Antigua–et–Barbuda	1987	1 094	14.4	364	5.7	8.7	1985	29
7 Aruba	1988	949	15.6	335	5.5	10.1	...	...
8 Bahamas	1991	5 124	19.7	1 319	5.1	14.7	1991	122
9 Barbados – Barbade	1992	4 185	16.2	2 361	9.1	7.1	1992	38
10 Belize	1991	6 033	31.1	691	3.6	27.5	1991	91
11 Bermuda – Bermudes	1990	895	14.8	445	7.3	7.4	1990	7
British Virgin Islands – Iles Vierges								
12 britanniques	1989	244	19.5	77	6.1	13.3	1988	7
13 Canada	1991	411 910	15.2	196 050	7.3	8.0	1990	2 766
Cayman Islands –								
14 Iles Caïmanes	1990	490	18.8	120	4.6	14.2	1990	3
15 Costa Rica	1991	81 110	26.5	11 793	3.8	22.6	1991	1 122
16 Cuba	1992	157 281	14.5	75 114	6.9	7.6	1992	1 607
17 Dominica – Dominique	1990	1 630	22.6	608	8.4	14.2	1990	30
Dominican Republic –								
18 Rép. dominicaine	1985–90	...	[1] 31.3	...	[1] 6.8	[1] 24.5	1985–90	...
19 El Salvador	1985–90	...	[1] 34.6	...	[1] 8.6	[1] 26.0	1985–90	...
20 Greenland – Groenland	1991	1 192	21.5	440	7.9	13.6	1991	33
21 Grenada – Grenade	1979	2 664	24.5	739	6.8	17.7	1979	41
22 Guadeloupe	1986	6 374	17.9	2 238	6.3	11.6	1986	98
23 Guatemala	1988	341 382	39.3	64 837	7.5	31.9	1988	15 892
24 Haiti – Haïti [1]	1985–90	...	36.2	...	13.2	23.0	1985–90	...
25 Honduras	1985–90	...	[1] 39.8	...	[1] 8.1	[1] 31.7	1985–90	...
26 Jamaica – Jamaïque	1992	56 276	22.4	12 391	5.0	17.4	1984	758
27 Martinique	1990	6 437	17.8	2 220	6.1	11.7	1990	46
28 Mexico – Mexique	1985–90	...	[1] 30.0	...	[1] 5.9	[1] 24.1	1985–90	...
29 Montserrat	1986	200	16.8	123	10.3	6.5	1986	1
Netherlands Antilles –								
30 Antilles néerlandaises	1990	3 602	18.9	1 217	6.4	12.5	1989	22
31 Nicaragua	1985–90	...	[1] 43.5	...	[1] 8.9	[1] 34.6	1985–90	...
32 Panama	1985–90	...	[1] 26.7	...	[1] 5.2	[1] 21.5	1985–90	...
33 Puerto Rico – Porto Rico	1992	64 128	17.9	27 042	7.5	10.4	1991	841
Saint Kitts and Nevis –								
34 Saint–Kitts–et–Nevis	1989	989	23.5	484	11.5	12.0	1989	22
35 Saint Lucia – Sainte–Lucie	1992	3 624	23.2	874	6.4	16.8	1992	67
St. Pierre and Miquelon –								
36 Saint–Pierre–et–Miquelon	1984	128	21.3	58	9.7	11.6	1981	1
St. Vincent and the Grenadines – Saint–								
37 Vincent–et–Grenadines	1988	2 537	24.2	712	6.8	17.4	1988	55
Trinidad and Tobago –								
38 Trinité–et–Tobago	1989	25 072	20.7	8 213	6.8	13.9	1989	255
Turks and Caicos Islands –								
39 Is.Turques et Caïques	1980	214	28.9	15	2.0	26.8	1982	5
40 United States – Etats–Unis	1992	4 084 000	16.0	2 177 000	8.5	7.5	1992	34 400
United States Virgin Islands – Iles Vierges								
41 américaines	1991	2 511	21.3	535	5.0	16.3	1990	33

notes à la fin du tableau.)

Year(s) Année(s)	Expectation of life at birth Espérance de vie à la naissance		Year Année	Fertility Fécondité	Marriages Mariages			Divorces			
	Male Masculin	Female Féminin			Year Année	Number Nombre	Rate Taux (000s)	Year Année	Number Nombre	Rate Taux (000s)	
1988	47.00	50.00	1988	6.500	...	...	...	...	...	...	1
1985–90	49.80	53.30	1985–90	6.699	...	...	...	...	...	...	2
1980	50.70	53.00	1985–90	¹ 6.750	...	...	...	...	...	...	3
1985–90	55.10	58.60	1985–90	5.789	...	...	...	...	...	...	4
...	...	...	...	...	1985	101	13.8	1985	6	♦ 0.9	5
...	...	...	...	...	1985	262	3.5	1986	22	0.3	6
1972–78	68.30	75.40	...	...	1988	390	6.4	1988	196	3.2	7
1985–90	67.50	74.90	1990	2.013	1991	2 491	9.6	1991	328	1.3	8
1980	67.15	72.46	1987	1.598	1992	2 048	8.0	1991	367	1.4	9
1980	69.85	71.78	1989	5.200	1991	1 202	6.2	1991	95	0.5	10
1980	68.81	76.28	1990	1.758	1990	907	15.0	1989	172	2.9	11
...	...	...	1988	1.932	1988	176	14.2	1988	9	♦ 0.7	12
1985–87	73.02	79.79	1990	1.826	1990	187 737	7.1	1990	78 152	2.9	13
...	...	...	1990	3.800	1990	274	10.5	1990	91	3.5	14
1990–95	72.89	77.60	1990	3.200	1991	20 580	6.7	1990	3 282	1.1	15
1986–87	72.74	76.34	1990	1.819	1992	191 837	17.7	1992	44 973	4.2	16
...	...	...	...	...	1990	225	2.7	1990	29	♦ 0.4	17
1985–90	¹ 63.90	¹ 68.10	1985–90	¹ 3.750	1985	21 301	3.3	1985	7 808	1.2	18
1985	50.74	63.89	1985–90	¹ 4.519	1990	23 167	4.4	1989	2 239	0.4	19
1981–85	60.40	66.30	1990	2.439	1991	451	8.1	1989	132	2.4	20
...	...	...	...	...	1979	360	3.3	1979	21	♦ 0.2	21
1975–79	66.40	72.40	1985–90	¹ 2.450	1986	1 692	4.8	1986	511	1.4	22
1979–80	55.11	59.43	1985–90	¹ 5.769	1988	46 155	5.3	1988	1 614	0.2	23
1985–90	53.10	56.40	1985–90	4.989	...	...	...	...	...	...	24
1985–90	61.90	66.10	1985–90	¹ 5.550	1983	19 875	4.9	1983	1 520	0.4	25
1985–90	70.40	74.80	1985–90	¹ 2.650	1992	13 042	5.2	1992	1 454	0.6	26
1975	67.00	73.50	1987	2.100	1990	1 572	4.3	1990	264	0.7	27
1979	62.10	66.00	1989	3.461	1992	655 046	7.3	1992	49 786	0.6	28
...	...	...	1982	1.623	1986	40	3.4	...	...	...	29
1981	71.13	75.75	...	...	1990	1 267	6.7	1990	409	2.1	30
1990	64.80	67.71	1990	5.010	1987	11 703	3.3	1990	866	0.2	31
1985–90	70.15	74.10	1990	2.871	1992	13 231	5.3	1991	1 733	0.7	32
1989	69.74	78.50	1991	2.208	1992	33 911	9.5	1991	13 571	3.8	33
1988	65.87	70.98	1988	2.783	...	...	...	...	...	...	34
1986	68.00	74.80	1986	3.823	1991	436	2.8	1992	41	0.3	35
...	...	...	...	...	1983	37	6.2	1983	11	♦ 1.8	36
...	...	...	1980	3.873	1988	462	4.1	1980	19	♦ 0.2	37
1980–85	66.88	71.62	1989	2.418	1989	6 794	5.6	1989	1 075	0.9	38
...	...	...	...	...	1980	39	5.3	1980	10	♦ 1.3	39
1989	71.80	78.60	1989	2.019	1992	2 362 000	9.3	1992	1 215 000	4.8	40
...	...	...	...	...	1991	2 855	24.2	1991	332	2.8	41

4. Vital statistics summary and expectation of life at birth: latest available year (continued)

(See notes at end of table.)

Continent and country or area Continent et pays ou zone	Year Année	Live births Naissances vivantes		Deaths Décès		Natural increase Accroisse ment naturel	Year Année	Infant deaths Décès d'enfants de moins d'un an
		Number Nombre	Rate Taux	Number Nombre	Rate Taux (000s)			Number Nombre

AMERICA, SOUTH— AMERIQUE DU SUD

1 Argentina – Argentine	1990	678 644	21.0	259 683	8.0	13.0	1990	17 348
2 Bolivia – Bolivie	1985–90	...	[1] 36.6	...	[1] 10.6	[1] 26.0	1985–90	...
3 Brazil – Brésil	1985–90	...	[1] 26.7	...	[1] 7.8	[1] 18.9	1985–90	...
4 Chile – Chili	1991	284 483	21.3	74 862	5.6	15.7	1991	4 384
5 Colombia – Colombie	1985–90	...	[1] 25.9	...	[1] 6.1	[1] 19.8	1985–90	...
6 Ecuador – Equateur	1985–90	...	[1] 32.3	...	[1] 7.4	[1] 24.9	1985–90	...
Falkland Islands (Malvinas)–								
7 Iles Falkland (Malvinas)	1991	26	♦ 13.0	14	♦ 7.0	♦ 6.0	...	...
French Guiana –								
8 Guyane Française	1986	2 392	25.2	491	5.2	20.0	1986	53
9 Guyana [1]	1985–90	...	27.0	...	7.8	19.2	1985–90	...
10 Paraguay	1985–90	...	[1] 34.8	...	[1] 6.6	[1] 28.2	1985–90	...
11 Peru – Pérou	1992	658 884	29.3	172 899	7.7	21.6	1991	50 767
12 Suriname	1991	9 104	22.6	2 573	6.4	16.2	1991	175
13 Uruguay	1990	56 013	18.1	30 225	9.8	8.3	1991	1 157
14 Venezuela	1991	602 024	30.4	88 634	4.5	25.9	1991	12 162

ASIA—ASIE

15 Afghanistan [1]	1985–90	...	49.3	...	23.0	26.3	1985–90	...
16 Armenia – Arménie	1991	71 129	19.7	25 627	7.1	12.6	1991	1 336
17 Azerbaijan –Azerbaïdjan	1989	181 631	25.6	44 016	6.2	19.4	1989	4 749
18 Bahrain – Bahreïn	1985–90	...	[1] 27.7	...	[1] 3.5	[1] 24.2	1985–90	...
19 Bangladesh	1985–90	...	[1] 39.1	...	[1] 15.2	[1] 23.9	1985–90	[1]
20 Bhutan – Bhoutan [1]	1985–90	...	40.2	...	18.3	21.9	1985–90	
Brunei Darussalam –								
21 Brunéi Darussalam	1989	6 926	27.8	827	3.3	24.5	1989	62
22 Cambodia – Cambodge [1]	1985–90	...	41.8	...	16.0	25.8	1985–90	...
23 China – Chine [1]	1985–90	...	21.6	...	6.6	15.0	1985–90	...
24 Cyprus – Chypre	1985–90	...	[1] 18.9	...	[1] 8.6	[1] 10.3	1985–90	...
25 East Timor–Timor oriental [1]	1985–90	...	44.2	...	21.5	22.7	1985–90	...
26 Georgia – Géorgie	1989	91 138	16.7	47 077	8.6	8.1	1989	1 787
27 Hong Kong – Hong–kong	1991	68 281	11.9	28 429	4.9	6.9	1991	436
28 India – Inde	1990	...	[3] 29.9	...	[3] 9.6	[3] 20.3	1985–90	...
29 Indonesia – Indonésie	1985–90	...	[1] 28.6	...	[1] 9.4	[1] 19.2	1985–90	...
Iran (Islamic Republic of –								
30 Rép. islamique d')	1974–75	...	[4] 42.5	...	[4] 11.5	[4] 31.0	1974–75	... [4]
31 Iraq	1985–90	...	[1] 40.3	...	[1] 7.2	[1] 33.1	1985–90	...
32 Israel – Israël [6]	1991	105 725	21.4	31 246	6.3	15.1	1991	967
33 Japan – Japon	1991	1 223 245	9.9	829 797	6.7	3.2	1991	5 418
34 Jordan – Jordanie	1985–90	...	[1] 38.9	...	[1] 6.4	[1] 32.5	1985–90	...
35 Kazakhstan	1989	382 269	23.1	126 378	7.6	15.5	1989	9 949
Korea, Dem. People's Rep. of – Corée, rép.								
36 populaire dém. de [1]	1985–90	...	23.5	...	5.4	18.1	1985–90	...
Korea, Republic of–								
37 Corée, République [7]	1989	629 469	14.9	233 904	5.5	9.3	1985–90	...
38 Kuwait – Koweït	1987	52 412	28.0	4 113	2.2	25.8	1986	841
39 Kyrgyzstan – Kirghizistan	1989	131 508	30.4	31 156	7.2	23.2	1989	4 258
Lao People's Dem. Rep. – Rép. dém.								
40 populaire Lao [1]	1985–90	...	45.1	...	16.9	28.2	1985–90	...
41 Lebanon – Liban [1]	1985–90	...	27.9	...	7.8	20.1	1985–90	...
42 Macau – Macao	1992	6 676	17.9	1 432	3.8	14.0	1992	49
43 Malaysia – Malaisie [1]	1985–90	...	31.9	...	5.6	26.3	1985–90	...
Peninsular Malaysia –								
44 Malaisie Péninsulaire	1989	374 290	26.2	69 707	4.9	21.3	1989	4 948
45 Sabah	1986	51 410	40.4	5 114	4.0	36.4	1986	1 089
46 Sarawak	1986	41 702	27.5	5 184	3.4	24.1	1986	426
47 Maldives	1991	8 390	37.6	1 366	6.1	31.5	1991	320
48 Mongolia – Mongolie	1985–90	...	[1] 36.1	...	[1] 8.8	[1] 27.3	1985–90	...
49 Myanmar	1985–90	...	[1] 34.1	...	[1] 12.5	[1] 21.6	1985–90	...
50 Nepal – Népal	1985–90	...	[1] 41.6	...	[1] 15.1	[1] 26.5	1985–90	[1]
51 Oman [1]	1985–90	...	43.0	...	5.6	37.4	1985–90	...
52 Pakistan [5]	1988	3 194 926	30.3	852 341	8.1	22.2	1988	344 058
53 Philippines	1985–90	...	[1] 34.1	...	[1] 12.5	[1] 21.6	1985–90	...
54 Qatar	1990	11 022	22.7	871	1.8	20.9	1990	142

tes à la fin du tableau.)

	Expectation of life at birth Espérance de vie à la naissance					Marriages Mariages			Divorces			
Year(s) Année(s)	Male Masculin	Female Féminin	Year Année	Fertility Fécondité	Year Année	Number Nombre	Rate Taux (000s)	Year Année	Number Nombre	Rate Taux (000s)		
1980–81	65.48	72.70	1990	2.864	1990	186 337	5.8	...	...	...	1
1985–90	¹ 56.60	¹ 61.20	1985–90	¹ 5.000	1980	26 990	4.8	...	...	...	2
1985–90	¹ 62.30	¹ 67.60	1985–90	¹ 3.209	1990	777 460	5.2	1990	77 158	0.5	3
1985–90	68.05	75.05	1991	2.464	1991	91 732	6.9	1990	6 048	0.5	4
1985–90	65.51	71.11	1985–90	¹ 2.900	1986	70 350	2.4	...	...	...	5
1985	63.39	67.59	1985–90	¹ 4.099	1991	66 091	6.3	1991	6 731	0.6	6
...	...	...	...	...	1981	11	◆ 5.9	1981	7	◆ 3.8	7
...	...	...	...	...	1986	332	3.5	1986	34	0.4	8
1985–90	60.40	66.10	1985–90	2.769	...	...	...	...	...	...	9
1980–85	64.42	68.51	1985–90	¹ 4.579	1987	17 741	4.5	...	...	...	10
1990	62.93	66.58	1992	3.970	1982	109 200	6.0	...	...	...	11
1985–90	¹ 66.40	¹ 71.30	1985–90	¹ 2.970	1991	1 974	4.6	1991	1 011	2.4	12
1984–86	68.26	75.25	1990	2.330	1990	20 084	6.5	1990	6 840	2.2	13
1985	66.68	72.80	1989	3.300	1991	107 136	5.4	1991	19 560	1.0	14
1985–90	41.00	42.00	1985–90	6.900	...	...	...	...	...	...	15
1989	69.00	74.70	1989	2.611	1991	22 611	6.3	1991	3 183	0.9	16
1989	66.60	74.20	1989	2.761	1989	71 874	10.1	1989	11 436	1.6	17
1986–91	66.83	69.43	1985–90	¹ 4.080	1990	2 942	5.8	1990	590	1.2	18
1988	56.91	55.97	1985–90	¹ 5.100	1988	1 183 710	11.3	...	...	...	19
1985–90	45.60	46.60	1985–90	5.889	...	...	...	...	...	...	20
1981	70.13	72.69	1989	3.120	1989	1 783	7.2	1989	190	0.8	21
1985–90	47.00	49.90	1985–90	4.599	...	...	...	...	...	...	22
1985–90	68.00	70.90	1985–90	2.380	...	...	...	...	...	...	23
1987	74.12	78.58	1991	2.451	1991	6 177	8.7	1991	304	0.4	24
1985–90	41.60	43.40	1985–90	5.409	...	...	...	...	...	...	25
1989	68.10	75.70	1989	2.136	1989	38 288	7.0	1989	7 358	1.4	26
1990	74.60	80.28	1990	1.212	1991	42 568	7.4	1990	5 551	1.0	27
1981	55.40	55.67	1988	³ 4.000	...	...	...	...	...	...	28
1985–90	¹ 58.50	¹ 62.00	1989	3.380	1986	1 249 034	7.4	1986	131 886	0.8	29
1976	⁵ 55.75	⁵ 55.04	1985–90	¹ 6.500	1991	448 851	8.0	1991	39 336	0.7	30
1990	77.43	78.22	1985–90	¹ 6.150	1988	145 885	8.5	1981	1 476	0.1	31
1990	74.93	78.53	1991	2.910	1991	32 171	6.5	1991	6 359	1.3	32
1991	76.11	82.11	1991	1.535	1991	742 264	6.0	1991	168 969	1.4	33
1985–90	¹ 64.20	¹ 67.80	1989	6.200	1991	35 926	8.7	1990	5 074	1.3	34
1989	63.90	73.10	1989	2.812	1989	165 380	10.0	1989	45 772	2.8	35
1985–90	66.20	72.70	1985–90	2.500	...	...	...	...	...	...	36
1989	66.92	74.96	1990	1.700	1989	377 482	8.9	1989	37 499	0.9	37
1985–90	¹ 72.60	¹ 76.30	1987	3.531	1989	11 051	5.4	1989	2 987	1.5	38
1989	64.30	72.40	1989	3.808	1989	41 790	9.7	1989	8 231	1.9	39
1985–90	47.00	50.00	1985–90	6.690	...	...	...	...	...	...	40
1985–90	65.10	69.00	1985–90	3.420	...	...	...	...	...	...	41
1988	75.01	80.26	1991	1.609	1992	2 418	6.5	1992	107	0.3	42
1985–90	67.50	71.60	1985–90	4.000	...	...	...	...	...	...	43
1990	69.46	73.85	1990	3.328	1988	44 904	3.2	...	...	...	44
...	...	...	1986	3.298	...	...	...	...	...	...	45
											46
1991	66.18	65.20	1985–90	¹ 6.500	1991	4 033	18.1	1991	2 581	11.6	47
1985–90	¹ 60.00	¹ 62.50	1985–90	¹ 5.000	1989	15 600	7.5	1989	1 000	0.5	48
1978	58.93	63.66	1985–90	¹ 4.500	...	...	...	...	...	...	49
1981	50.88	48.10	1985–90	¹ 5.949	...	...	...	...	...	...	50
1985–90	66.20	69.80	1985–90	7.170	...	...	...	...	...	...	51
1976	59.04	59.20	1988	6.486	...	...	...	...	...	...	52
1991	63.10	66.70	1985–90	¹ 4.300	1991	374 778	6.0	...	...	...	53
1985–90	¹ 66.90	¹ 71.80	1985–90	¹ 4.800	1990	1 370	2.8	1990	359	0.7	54

4. Vital statistics summary and expectation of life at birth: latest available year (continued)

(See notes at end of table.)

Continent and country or area / Continent et pays ou zone	Year Année	Live births / Naissances vivantes — Number Nombre	Rate Taux	Deaths / Décès — Number Nombre	Rate Taux (000s)	Natural increase Accroisse ment naturel	Year Année	Infant deaths / Décès d'enfants de moins d'un a — Number Nombre
ASIA—ASIE (Cont.–Suite)								
Saudi Arabia –								
1 Arabie saoudite [1]	1985–90	...	37.3	...	5.5	31.8	1985–90	
2 Singapore – Singapour	1992	49 675	17.6	14 337	5.1	12.5	1992	249
3 Sri Lanka	1991	354 659	20.6	94 973	5.5	15.1	1988	6 658
Syrian Arab Republic – République arabe								
4 syrienne	1985–90	...	[1] 37.3	...	[1] 5.5	[1] 31.8	1985–90	...
5 Tajikistan – Tadjikistan	1989	200 430	38.7	33 395	6.5	32.3	1989	8 673
6 Thailand – Thaïlande	1990	...	[7] 20.4	...	[7] 6.0	[7] 14.4	1990	...
7 Turkey – Turquie	1989 [7]	1 482 144	27.1	422 964	7.7	19.4	1989 [7]	93 629
Turkmenistan –								
8 Turkménistan	1989	124 992	34.9	27 609	7.7	27.2	1989	6 847
United Arab Emirates –								
9 Emirats arabes unis [1]	1985–90	...	22.8	...	3.8	19.0	1985–90	...
Uzbekistan –								
10 Ouzbékistan	1989	668 807	33.3	126 862	6.3	26.9	1989	25 459
11 Viet Nam	1985–90	...	[1] 31.8	...	[1] 9.5	[1] 22.3	1985–90	...
12 Yemen – Yémen [1]	1985–90	...	52.0	...	16.0	36.0	1985–90	...
EUROPE								
13 Albania – Albanie	1990	82 125	25.2	18 193	5.6	19.6	1990	2 321
14 Andorra – Andorre	1991	674	11.7	217	3.8	7.9	1991	1
15 Austria – Autriche	1992	94 406	12.0	82 457	10.5	1.5	1992	703
16 Belarus – Bélarus	1989	153 449	15.0	103 479	10.1	4.9	1989	1 835
17 Belgium – Belgique	1992	115 075	11.7	105 717	10.6	1.1	1992	1 027
18 Bulgaria – Bulgarie	1992	89 134	9.9	107 998	12.0	–2.1	1992	1 420
Channel Islands –								
19 Iles Anglo–Normandes	1991	1 794	12.5	1 500	10.5	2.1	1991	12
20 Guernsey – Guernesey	1992	701	12.0	552	9.4	2.5	1992	8
21 Jersey	1991	1 057	12.6	886	10.5	2.0	1991	5
Former Czechoslovakia – Ancienne								
22 Tchécoslovaquie	1991	207 969	13.3	178 919	11.5	1.9	1991	2 382
23 Denmark – Danemark	1992	67 731	13.1	60 790	11.8	1.3	1992	440
24 Estonia – Estonie	1990	22 308	14.2	19 530	12.4	1.8	1990	276
Faeroe Islands –								
25 Iles Féroé	1991	865	18.3	396	8.4	9.9	1990	6
26 Finland – Finlande	1992	66 877	13.3	49 523	9.8	3.4	1990	370
27 France	1992	742 000	12.9	523 000	9.1	3.8	1991	5 511
28 Germany – Allemagne [8]	1992	805 760	10.0	881 238	10.9	–0.9	1991	5 711
Germany, Federal Rep. of – Allemagne, République								
29 fédérale d'	1992	718 730	11.1	694 155	10.7	0.4	1990	5 076
Former German Democratic Republic – Ancienne République								
30 démocratique allemande	1989	198 922	12.0	205 711	12.4	–0.4	1989	1 508
31 Gibraltar	1990	531	17.2	279	9.0	8.2	...	
32 Greece – Grèce	1991	102 000	10.0	98 000	9.6	0.4	1991	850
33 Hungary – Hongrie	1992	122 500	11.9	146 500	14.2	–2.3	1992	1 800
34 Iceland – Islande	1991	4 530	17.6	1 790	6.9	10.6	1991	25
35 Ireland – Irlande	1992	51 584	14.5	30 682	8.6	5.9	1992	260
36 Isle of Man – Ile de Man	1991	892	12.8	982	14.1	–1.3	1991	3
37 Italy – Italie	1991	557 864	9.9	546 544	9.7	0.2	1991	4 605
38 Latvia – Lettonie	1992	31 569	12.0	35 420	13.5	–1.5	1990	521
39 Liechtenstein	1989	373	13.4	172	6.2	7.2	1989	1
40 Lithuania – Lituanie	1991	56 219	15.0	41 013	11.0	4.1	1991	806
41 Luxembourg	1992	5 149	13.2	4 022	10.3	2.9	1991	46
42 Malta – Malte	1990	5 368	15.2	2 745	7.8	7.4	1990	49

4. Aperçu des statistiques de l'état civil et espérance de vie à la naissance: dernière année disponible (suite)

(Notes à la fin du tableau.)

Year(s) Année(s)	Expectation of life at birth Espérance de vie à la naissance		Year Année	Fertility Fécondité	Marriages Mariages			Divorces			
	Male Masculin	Female Féminin			Year Année	Number Nombre	Rate Taux (000s)	Year Année	Number Nombre	Rate Taux (000s)	
1985–90	66.40	69.10	1985–90	6.800	...	...	...	...	...	...	1
1991	73.45	77.95	1992	1.740	1992	25 876	9.2	1992	3 588	1.3	2
1981	67.78	71.66	1985–90	¹2.670	1990	151 935	8.9	1988	2 732	0.2	3
1981	64.42	68.05	1990	6.800	1991	98 536	7.9	1991	9 018	0.7	4
1989	66.80	71.70	1989	5.082	1989	47 616	9.2	1989	7 576	1.5	5
1985–86	63.82	68.85	1985–90	¹2.570	1991	406 326	7.1	1986	36 602	0.7	6
1985–90	¹62.80	¹68.00	1985–90	¹3.789	1989	460 763	8.4	1989	25 376	0.5	7
1989	61.80	68.40	1989	4.271	1989	34 890	9.8	1989	4 940	.1.4	8
1985–90	68.60	72.90	1985–90	4.820	...	...	...	...	...	...	9
1989	66.00	72.10	1989	4.021	1989	200 681	10.0	1989	29 953	1.5	10
1979	63.66	67.89	1985–90	¹4.219	...	...	...	...	...	...	11
1985–90	49.80	50.20	1985–90	7.690	...	...	...	...	...	...	12
1988–89	69.60	75.50	1990	3.026	1990	28 992	8.9	1990	2 675	0.8	13
...	...	...	...	...	1990	153	3.0	...	...	...	14
1991	72.61	79.18	1991	1.504	1992	45 211	5.7	1991	16 391	2.1	15
1989	66.80	76.40	1989	2.026	1989	97 929	9.6	1989	34 573	3.4	16
1988	72.43	79.13	1987	1.540	1992	58 253	5.9	1991	20 838	2.1	17
1988–90	68.12	74.77	1990	1.734	1992	44 806	5.0	1990	11 341	1.3	18
...	...	...	...	...	1991	1 050	7.3	1991	382	2.7	19
...	...	...	...	...	1992	440	7.5	1992	177	3.0	20
...	...	...	...	...	1991	647	7.7	1991	209	2.5	21
1990	67.25	75.81	1990	1.963	1991	104 692	6.7	1991	37 259	2.4	22
1990–91	72.18	77.74	1991	1.683	1992	32 305	6.2	1992	13 004	2.5	23
1990	64.72	74.94	1990	2.131	1990	11 774	7.5	1990	5 785	3.7	24
1981–85	73.30	79.60	1991	2.751	1991	232	4.9	1991	47	1.1	25
1990	70.93	78.87	1990	1.785	1992	23 093	4.6	1992	12 800	2.5	26
1990	72.75	80.94	1990	1.780	1992	272 000	4.7	1990	105 813	1.9	27
...	...	...	...	...	1991	454 291	5.7	1991	136 317	1.7	28
1985–87	71.81	78.37	1989	1.413	1991	400 794	6.3	1990	122 869	1.9	29
1988–89	70.03	76.03	1989	1.557	1989	130 989	7.9	1989	50 063	3.0	30
...	...	...	...	...	1990	781	25.3	1981	93	3.1	31
1980	72.15	76.35	1985	1.821	1991	62 000	6.1	1991	6 351	0.6	32
1991	65.02	73.83	1991	1.857	1992	57 000	5.5	1991	24 420	2.4	33
1989–90	75.71	80.29	1990	2.310	1991	1 280	5.0	1991	580	2.2	34
1985–87	71.01	76.70	1991	2.180	...	...	...	...	...	...	35
...	...	...	...	...	1991	450	6.4	1991	186	2.7	36
1989	73.49	80.02	1990	1.260	1991	308 731	5.5	1990	27 682	0.5	37
1989	64.73	74.87	1990	2.035	1992	18 906	7.2	1990	10 783	4.0	38
1980	66.07	72.94	1987	1.446	1989	315	11.3	1989	29	♦1.0	39
1990	66.55	76.22	1989	1.982	1991	34 241	9.2	1991	15 250	4.1	40
1985–87	70.61	77.87	1989	1.520	1992	2 512	6.4	1991	762	2.0	41
1989	73.79	78.04	1989	2.109	1990	2 498	7.1	...	...	...	42

(See notes at end of table.)

Continent and country or area / Continent et pays ou zone	Year Année	Live births Naissances vivantes		Deaths Décès		Natural increase Accroisse ment naturel	Year Année	Infant deaths Décès d'enfants de moins d'un an
		Number Nombre	Rate Taux	Number Nombre	Rate Taux (000s)			Number Nombre

EUROPE (Cont.–Suite)

1 Monaco	1983	529	19.5	448	16.6	3.0	1983	2
2 Netherlands – Pays–Bas	1992	196 900	13.0	129 800	8.6	4.4	1992	1 200
3 Norway – Norvège	1992	60 013	14.0	44 420	10.4	3.6	1991	377
4 Poland – Pologne	1992	513 600	13.4	393 400	10.3	3.1	1992	7 400
5 Portugal	1992	112 133	11.4	98 216	10.0	1.4	1991	1 259
Republic of Moldova –								
6 République de Moldova	1992	70 102	16.1	44 637	10.2	5.8	1989	1 705
7 Romania – Roumanie	1992	260 400	11.4	263 900	11.6	–0.2	1992	6 100
Russian Federation –								
8 Fédération Russe	1991	1 794 626	12.1	1 690 657	11.4	0.7	1991	32 492
9 San Marino – Saint–Marin	1989	231	10.1	173	7.6	2.5	1989	5
10 Slovenia – Slovénie	1992	19 766	9.9	19 102	9.6	0.3	1992	156
11 Spain – Espagne	1991	386 469	9.9	338 208	8.7	1.2	1990	3 063
12 Sweden – Suède	1992	122 699	14.2	94 678	10.9	3.2	1991	761
13 Switzerland – Suisse	1992	87 000	12.7	62 600	9.1	3.5	1992	590
14 Ukraine	1992	500 233	9.6	570 900	11.0	–1.4	1992	8 600
15 United Kingdom–Royaume–Uni	1991	792 506	13.7	646 181	11.2	2.5	1991	5 825
Former Yugoslavia –								
16 Ancienne Yougoslavie	1990	335 152	14.1	212 148	8.9	5.2	1992	2 332

OCEANIA—OCEANIE

American Samoa –								
17 Samoa américaines	1988	1 625	43.4	197	5.3	38.1	1988	17
18 Australia – Australie	1991	257 247	14.9	119 146	6.9	8.0	1991	1 836
Christmas Island –								
19 Ile Christmas	1985	36	15.8	2	♦ 0.9	14.9	1981	1
Cocos (Keeling) Islands –								
20 Iles des Cocos (Keeling)	1986	12	♦ 19.8	2	♦ 3.3	♦ 16.5	...	...
21 Cook Islands – Iles Cook	1988	430	24.3	94	5.3	19.0	1988	4
22 Fiji – Fidji	1991	18 847	25.4	4 133	5.6	19.9	1988	271
French Polynesia –								
23 Polynésie française	1992	5 296	25.7	1 055	5.1	20.6	1989	88
24 Guam	1992	4 196	30.1	584	4.2	25.9	1992	41
Marshall Islands –								
25 Iles Marshall	1989	1 429	32.2	151	3.4	28.8	...	...
New Caledonia –								
26 Nouvelle–Calédonie	1992	4 405	24.9	931	5.3	19.6	1992	38
New Zealand –								
27 Nouvelle–Zélande	1992	59 266	17.4	27 249	8.0	9.4	1992	430
28 Niue – Nioué	1987	50	20.9	13	5.4	15.5	1986	2
29 Norfolk Island–Ile Norfolk	1981	20	10.8	14	7.6	3.2	...	...
Northern Mariana Islands –								
30 Iles Mariannes du Sud	1989	989	39.5	122	4.9	34.6	1989	2
Pacific Islands (Palau) –								
31 Iles du Pacifique (Palaos	1988	292	17.4	112	7.0	10.4	1988	8
Papua New Guinea – Papouasie–Nouvelle–								
32 Guinée [1]	1985–90	...	34.2	...	11.6	22.6	1985–90	...
33 Pitcairn	1990	1	♦ 19.2	1	♦ 19.2	♦ –	1990	1 ♦
34 Samoa	1982–83	...	[9] 31.0	...	[9] 7.4	[9] 23.4	1982–83	...
Solomon Islands –								
35 Iles Salomon	1980–84	...	[2] 42.0	...	[2] 10.0	[2] 32.0	1985–90	...
36 Tokelau – Tokélaou	1983	35	21.9	8	♦ 5.0	16.9	1983	1
37 Tonga	1990	2 161	22.7	484	5.1	17.6	1990	23
Wallis and Futuna Islands –								
38 Iles Wallis et Futuna	1978	370	41.1	...	...	...	1978	15

4. Aperçu des statistiques de l'état civil et espérance de vie à la naissance: dernière année disponible (suite)

(...otes à la fin du tableau.)

	Expectation of life at birth Espérance de vie à la naissance				Marriages Mariages			Divorces			
Year(s) Année(s)	Male Masculin	Female Féminin	Year Année	Fertility Fécondité	Year Année	Number Nombre	Rate Taux (000s)	Year Année	Number Nombre	Rate Taux (000s)	
...	...	...	...	...	1979	177	7.1	1979	54	2.2	1
1990–91	73.95	80.18	1991	1.612	1992	97 700	6.4	1992	28 000	1.8	2
1991	74.00	80.09	1991	1.918	1991	19 880	4.7	1991	10 281	2.4	3
1991	66.11	75.27	1991	2.049	1992	217 300	5.7	1992	28 800	0.8	4
1990	70.03	77.26	1991	1.508	1991	71 808	7.3	1991	10 619	1.1	5
1989	65.50	72.30	1989	2.495	1992	39 340	9.0	1992	14 821	3.4	6
1989–91	66.59	73.05	1991	1.560	1992	174 600	7.7	1992	29 300	1.3	7
1991	63.46	74.27	1991	1.732	1991	1 277 232	8.6	1991	597 930	4.0	8
1977–86	73.16	79.12	1989	3.740	1989	169	7.4	1989	22	♦ 1.0	9
...	...	...	...	...	1992	8 450	4.2	1992	1 890	0.9	10
1985–86	73.27	79.69	1988	1.427	1991	219 680	5.6	1991	23 063	0.6	11
1991	74.94	80.54	1991	2.117	1992	37 000	4.3	1991	20 149	2.3	12
1990	74.10	80.90	1991	1.610	1992	45 000	6.5	1992	14 450	2.1	13
1989	65.87	75.03	1989	1.889	1992	344 433	6.6	1991	200 810	3.9	14
1988–90	72.73	78.27	1991	1.820	1990	375 410	6.5	1990	165 658	2.9	15
1989	69.08	74.93	1990	1.879	1990	146 975	6.2	1990	20 551	0.9	16
...	...	...	...	...	1988	342	9.1	1988	42	1.1	17
1991	74.35	80.29	1991	1.847	1991	113 869	6.6	1991	45 630	2.6	18
...	...	...	...	...	1985	32	14.0	...	...	...	19
...	...	...	...	...	1985	3	♦ 4.8	...	...	...	20
1974–78	63.17	67.09	1981	1.830	1988	122	6.9	...	...	...	21
1976	60.72	63.87	1987	3.090	1988	6 892	9.6	...	...	...	22
1985–90	[1]65.80	[1]71.10	1985–90	[1]3.569	1992	1 188	5.8	...	...	...	23
1979–81	69.53	75.59	1985–90	[1]2.849	1992	1 468	10.5	1987	1 279	10.1	24
1989	59.06	62.96	1989	4.490	...	...	...	...	...	...	25
...	...	...	...	...	1992	824	4.7	1989	190	1.1	26
1989	72.44	78.34	1992	2.124	1992	22 018	6.4	1992	9 114	2.6	27
...	...	...	...	...	1987	10	4.2	1981	3	♦ 0.9	28
...	...	...	...	...	1981	16	8.7	...	...	...	29
...	...	...	1989	5.110	1989	713	28.5	1986	62	2.9	30
...	...	...	...	...	...	...	...	...	...	...	31
1985–90	53.20	54.70	1985–90	5.250	...	...	...	...	...	...	32
...	...	...	...	...	1992	2	♦ 37.0	...	...	...	33
1976	61.00	64.30	1977	3.666	1981	656	4.2	1980	49	0.3	34
1980–84	59.90	61.40	1985–90	[1]5.820	...	...	...	...	...	...	35
...	...	...	...	...	1983	4	♦ 2.5	...	...	...	36
...	...	...	...	...	1985	645	6.6	1985	63	0.6	37
...	...	...	...	...	...	...	...	...	...	...	38

4. Vital statistics summary and expectation of life at birth: latest available year (continued)

Aperçu des statistiques de l'état civil et espérance de vie à la naissance: dernière année disponible (suite)

GENERAL NOTES

Countries or areas not listed may be assumed to lack vital statistics of national scope. Crude birth, death, marriage, divorce and natural increase rates are computed per 1 000 mid–year population; infant mortality rates are per 1 000 live births and total fertility rates are the sum of the age–specific fertility rates per woman. For method of evaluation and limitatins of data, see Technical Notes page 38. For more precise information in terms of coverage, basis of tabulation, etc., see tables 12, 14, 15, 18, 21, 24 and 25.

FOOTNOTES

Italics: rates calculated using data from civil registers which are incomplete or of unknown completeness.

- ♦ Rates based on 30 or fewer frequencies.
1 Estimate(s) for 1985–1990 prepared by the Population Division of the United Nations.
2 Estimate(s) based on results of the population census.
3 Based on a Sample Registration Scheme.
4 Based on the results of the Population Growth Survey, second survey year.
5 Based on the results of the Population Growth Survey.
6 Including data for East Jerusalem and Israeli residents in certain other territories under occupation by Israeli military forces since June 1967.
7 Based on the results of the continuous Demographic Sample Survey.
8 All data shown pertaining to Germany prior to 3 October 1990 are indicated separately for the Federal Republic of Germany and the former German Democratic Republic based on their respective territories at the time indicated. See explanatory notes on data pertaining to Germany on page 4.
9 Estimate(s) based on results of a sample survey.

NOTES GENERALES

Les pays ou zones ne figurant pas au tableau n'ont vraisemblablement pas de statistiques de l'état civil de portée nationale. Les taux bruts de natalité, de mortalité, de nuptialité, de divortialité et d'accroissement naturel sont calculés pour 1 000 personnes au millieu de l'année; les taux de mortalité infantile sont calculés pour 1 000 naissances vivantes et les indices synthétiques de fécondité sont la somme des taux de fécondité par âge par femme. Pour la méthode d'évaluation et les insuffisances des données, voir Notes techniques, page 38. Pour plus de détails sur la portée, la base d'exploitation des données, etc., voir tableaux 12, 14, 15, 18, 21, 24 et 25.

NOTES

Italiques: taux calculés d'après des chiffres provenant de registres de l'état civil incomplets ou dont le degré d'exactitude n'est pas connu.

Taux basés sur 30 frèquences ou moins.
1 Estimation(s) pour 1985–1990 établie(s) par la Division de la population de l'Organisation des Nations Unies.
2 Estimation(s) fondée(s) sur les résultats du recensement de la population.
3 D'après le Programme d'enregistrement par sondage.
4 D'après les résultats de la Population Growth Survey, deuxième année de l'enquête.
5 D'après les résultats de la Population Growth Survey.
6 Y compris les données pour Jérusalem—Est et les résidents israéliens dans certains autres territoires occupés depuis juin 1967 par les forces armées israéliennes.
7 D'après les résultats de l'enquête démographique par sondage continue.
8 Toutes les données se rapportant à l'Allemagne avant le 3 octobre 1990 figurent dans deux rubriques séparées basées sur les territoires respectifs de la République fédérale d'Allemagne et l'ancienne République démocratique allemande selon la période indiquée. Voir les notes explicatives sur les données concernant l'Allemagne à la page 4.
9 Estimation(s) fondée(s) sur les résultats d'un enquête par sondage.

(See notes at end of table. – Voir notes à la fin du tableau.)

Continent and country or area Continent et pays ou zone	Population estimates (in thousands) — Estimations (en milliers)									
	1983	1984	1985	1986	1987	1988	1989	1990	1991	1992
AFRICA—AFRIQUE										
Algeria – Algérie [1]	20 517	x21 168	21 850	22 520	23 021	x23 656	x24 298	25 012	x25 643	x26 346
Angola	x7 570	x7 769	x7 976	x8 188	x8 407	x8 641	9 739	10 020 /	x9 524 /	*10 609
Benin – Bénin [2]	3 805	3 925	4 059	4 188	4 324	4 465	4 606	4 739	4 889	*5 047
Botswana [1] [2]	1 011	1 048	1 088	1 128	1 168	1 210	1 245	1 300	1 348	*1 394
British Indian Ocean Territory – Territoire Britannique de l'Océan Indien	x2	x2	x2	x2	x2	x2	x2	x2	x2	x2
Burkina Faso [2]	7 480	7 680	7 886	8 097	8 314	8 537	8 766	9 001	9 242	*9 490
Burundi [2]	4 459	4 585	4 718	4 857	5 001	5 149	5 302	5 458	5 620	*5 786
Cameroon – Cameroun	9 575	9 871	10 166	10 457	10 822	x10 877	11 540 /	x11 524	x11 857	x12 198
Cape Verde – Cap–Vert [2]	319	326	333	339	347	X346	X354	X363	X373	X384
Central African Republic – Rép. centrafricaine	x2 497	x2 563	2 608	2 740	2 776	2 878	2 989	x3 008	x3 090	x3 173
Chad – Tchad	x4 801	x4 911	x5 018	x5 120	x5 219	x5 320	5 556	5 687	5 819	*5 961
Comoros – Comores	421	x439	x455	476	x488	x505	x524	x543	x564	x585
Congo	x1 815	x1 867	x1 922	x1 979	x2 038	x2 099	x2 163	x2 229	x2 298	x2 368
Côte d'Ivoire [2]	9 300	x9 564	x9 936	x10 318	x10 712	x11 119	x11 541	x11 980	x12 436	x12 910
Djibouti	383	405	430	456	x405	x416	x427	x440	x453	x467
Egypt – Egypte [2]	44 180	45 229	46 473	47 811	49 050	50 267	51 477	52 691	53 918	*55 163
Equatorial Guinea – [2] Guinée équatoriale	x273	x294	x312	x324	x333	333	340	348	356	x369
Ethiopia – Ethiopie [2]	x41 180	x42 072	44 255	45 737	47 189	48 587	50 167	51 689	53 383	*55 117
Gabon	x914	x950	x985	x1 019	x1 053	x1 087	x1 122	x1 159	x1 197	x1 237
Gambia – Gambie	x702	x723	x745	x767	x790	x813	x837	x861	x884	x908
Ghana [2]	x11 920	12 393	12 717	13 050	13 391	x14 137	x14 571	x15 020	x15 484	x15 959
Guinea – Guinée [3]	4 410	4 532	4 661	4 794	4 931	5 071	x5 585	x5 755	x5 932	x6 116
Guinea–Bissau – Guinée–Bissau	832	850	869	889	910	932	x944	x964	x984	x1 006
Kenya	18 775	19 536	20 333	21 163	22 936	23 883	24 872 /	24 032	25 905 /	*25 700
Lesotho	1 434	1 468	1 503	1 583	1 680	1 663	1 700	x1 747	x1 791	x1 836
Liberia – Libéria [2]	2 042	2 109	2 161	2 221	2 281	2 341	2 401	2 407	2 520	*2 580
Libyan Arab Jamahiriya – [2] Jamahiriya arabe libyenne	3 109	3 237	3 363	3 495	3 631	3 773 /	x4 387	x4 545	x4 708	x4 875
Madagascar	9 400	x9 929	9 985	x10 568	x10 907	x11 259	x11 627 /	11 197	11 493	x12 827
Malawi [2]	6 618	6 839	7 059	7 279	7 499	7 755	8 022	8 289	8 556	*8 823
Mali [2]	7 741	7 973	8 206 /	7 566	7 696	7 827	7 960	8 156 /	x9 510	*9 818
Mauritania – Mauritanie	x1 675	x1 720	x1 766	x1 814	x1 863	x1 915	x1 969	x2 024	2 036	x2 143
Mauritius – Maurice [2]	1 002	1 012	1 021	1 030	1 040	1 053	1 064	1 071	1 070	*1 084
Island of Mauritius – Ile Maurice [2]	969	977	985	994	1 004	1 017	1 027	1 026	1 036	*1 050
Rodrigues	33	34	34	34	34	34	34	34	34	*34
Morocco – Maroc	x20 905	x21 457	x22 025	x22 609	x23 207	x23 818	x24 437	x25 061	x25 687	x26 318
Mozambique [3]	13 112	13 456	13 810	14 174	14 548	14 932	15 326	x14 200	x14 495	x14 872
Namibia – Namibie [3]	x1 163	x1 198	x1 235	x1 273	x1 312	x1 352	x1 395	x1 439	x1 486	x1 534
Niger	x6 184	x6 395	x6 608	x6 823	x7 039	x7 260	x7 490	x7 731	x7 986	x8 252
Nigeria – Nigéria [2]	x86 294 /	93 327	95 690	98 168	101 408	104 957 /	x105 065	x108 542	x112 072	x115 664
Réunion	527	537	546	555	565	574	590	601	x614	x624
Rwanda	5 757	x5 785	x5 960	x6 150	x6 352	x6 566	x6 792	7 181	x7 271	x7 526
St. Helena ex. dep. – Sainte–Hélène sans dép. [2]	5	6	6	6	6	6	6	5	5	...
Sao Tome and Principe – Sao Tomé–et–Principe	102	104	108	110	112	115	116	x119	x121	x124
Senegal – Sénégal	6 396	6 369	6 547	6 731	6 919	7 113	x7 128	x7 327	x7 529	x7 736
Seychelles [2]	64	65	65	66	66	67	67	67	68	x72
Sierra Leone [3]	x3 495	x3 578	x3 665	x3 754	x3 847	x3 944	x4 045	x4 151	x4 261	x4 376
Somalia – Somalie [2]	x7 459	x7 679	x7 875	x8 042	x8 185	x8 323	x8 480	x8 677	x8 920	x9 204
South Africa – Afrique du Sud [2] [3]	x31 931	x32 759	x33 597	x34 444	x35 301	x36 170	x37 056	x37 959	x38 880	x39 818
Sudan – Soudan [2]	x20 527	x21 171	x21 822	x22 479	x23 143	x23 816	x24 502	x25 203	x25 921	x26 656
Swaziland [2]	603	620	638	656	x695	x714	x732	768	x771	x792
Togo	x2 853	x2 939	x3 028	x3 121	x3 217	3 296	x3 422	x3 531	x3 645	x3 763
Tunisia – Tunisie [2]	6 840	7 034	7 261	7 465	7 639	7 770	7 910	8 074	x8 227	x8 401
Uganda – Ouganda [2]	x14 227	x14 614	x15 033	x15 488	x15 975	x16 488	x17 019	x17 560	x18 112	x18 674

5. Estimates of mid–year population: 1983 – 1992 (continued)

Estimations de la population au milieu de l'année: 1983 – 1992 (suite)

(See notes at end of table. – Voir notes à la fin du tableau.)

Continent and country or area / Continent et pays ou zone	1983	1984	1985	1986	1987	1988	1989	1990	1991	1992
			Population estimates (in thousands) — Estimations (en milliers)							
AFRICA—AFRIQUE (Cont.–Suite)										
United Rep. of Tanzania – Rép.–Unie de Tanzanie [2]	20 412	21 062	21 733	22 462	23 217	23 997	24 802	25 635 ǀ	x26 898	x27 829
Tanganyika	19 871	20 506	21 162	21 874	22 611	23 372	24 159	24 972	...	...
Zanzibar	541	556	571	588	606	625	643	663	...	...
Western Sahara – Sahara Occidental	x161	x174	x185	x195	x204	x212	x221	x230	x240	x250
Zaire – Zaïre [2]	x29 039	29 917	30 981	31 499	32 461	33 458	34 491	35 562	36 672	x39 882
Zambia – Zambie [2]	6 242	6 440	6 725	x7 112	x7 366	7 531	7 804	8 073	x8 389	x8 638
Zimbabwe [2]	7 740	7 980	8 379	8 406	8 640	8 878	9 122	9 369	x10 266	x10 583
AMERICA,NORTH— AMERIQUE DU NORD										
Anguilla	x7	x7	x7	x7	x7	x7	x7	x7	x7	x8
Antigua and Barbuda – Antigua–et–Barbuda	75	75	76	76	x64	x64	x65	x65	x66	x66
Aruba	63	64	61	60	60	61	x61	x61	x62	x62
Bahamas	223	227	232	236	241	246	251	256	260	*262
Barbados – Barbade	251	252	253	253	254	254	255	x257	x258	x259
Belize [2]	158	162	166	170	175	180	183	x189	194	x198
Bermuda – Bermudes [1 4]	55	56	56	57	57	59	60	61	61	x62
British Virgin Islands – Iles Vierges britanniques	12	12	12	12	12	12	13	x16	x17	x17
Canada [1 2]	24 787	24 978	25 165	25 353	25 617	25 911	26 240	26 584	27 034	x27 367
Cayman Islands – Iles Caïmanes	19	20	21	21	22	24	25	26	x28	x29
Costa Rica [1 2]	2 496	2 569	2 642	2 716	2 781	2 851	2 922	2 994	3 064	x3 192
Cuba [2]	9 897	9 994	10 098	10 199	10 301	10 412	10 523	10 636	10 736	x10 811
Dominica – Dominique	77	79	80	81	81	81	x72	x72	x72	x72
Dominican Republic – Rép. dominicaine [2]	6 123	6 269	6 416	6 560	6 708	6 858	7 012	7 170	7 313	*7 459
El Salvador [2]	4 724	4 780	4 856	4 948	5 054	5 090	5 193	x5 172	x5 281	x5 396
Greenland – Groenland [1]	52	53	53	54	54	55	56	56	x56	x57
Grenada – Grenade	91	94	91	97	97 ǀ	x90	x91	x91	x91	x91
Guadeloupe [1]	336	342	349	356	364	372	381	x390	x395	x400
Guatemala [3]	7 524	7 740	7 963	8 195	8 434	8 681	8 935	9 197	9 467	*9 745
Haiti – Haïti [1 2]	5 660	5 762	5 865	5 989	6 113	6 238	6 362	6 486	6 625	*6 764
Honduras [2]	4 092	4 232	4 372	4 514	4 656	4 802	4 951	5 105	5 265	*5 427
Jamaica – Jamaïque	2 241	2 280	2 311	2 340	2 350	2 360	2 390	2 415	2 366	*2 469
Martinique [1]	331	334	337	341	345	350	356	362	x364	x368
Mexico – Mexique [1]	74 670	76 308	77 938	79 567	81 199	82 839	84 489	86 154	87 836	*89 538
Montserrat	12	12	12	12	x11	x11	x11	x11	x11	x11
Netherlands Antilles – Antilles néerlandaises	x174	x175	x175	x175	191	190	190	190 ǀ	x175	x175
Nicaragua [2]	3 058	3 163	3 272	3 384	3 501	3 622	3 745	3 871	3 999	*4 131
Panama [2]	2 089	2 134	2 180	2 227	2 274	2 322	2 370	2 418	2 466	*2 515
Puerto Rico–Porto Rico [1 5]	3 322	3 349	3 378	3 406	3 433	3 461	3 497	3 528	3 549	x3 594
Saint Kitts and Nevis – Saint–Kitts–et–Nevis	46	45	44	44	43	44	x42	x42	x42	x42
Saint Lucia–Sainte–Lucie [3]	131	134	137	140	142	145	148 ǀ	x133	x135	x137
St. Pierre and Miquelon – Saint–Pierre–et–Miquelon	6	x6	x6	x6	x6	x6	x6	x6	x6	x6
St. Vincent and the Grenadines – Saint–Vincent–et–Grenadines	107	108	109	111	112 ǀ	x105	x106	x107	x108	x109
Trinidad and Tobago – Trinité–et–Tobago	x1 139	1 170	1 178	1 196	1 212	1 212	1 213	1 227	1 253	x1 265
Turks and Caicos Islands – Is. Turques et Caïques	x9	x9	x9	x10	x10	x11	x11	x12	x12	x13
United States – Etats–Unis [1 2 6]	234 321	236 370	238 492	240 680	242 836	245 057	247 343	249 975	252 688	*255 020

128

(See notes at end of table. – Voir notes à la fin du tableau.)

Continent and country or area / Continent et pays ou zone	Population estimates (in thousands) — Estimations (en milliers)									
	1983	1984	1985	1986	1987	1988	1989	1990	1991	1992
AMERICA,NORTH— (Cont.–Suite) AMERIQUE DU NORD										
United States Virgin Islands – Iles Vierges américaines [1][2][5]	104	108	111	110	106	x108 ǀ	103 ǀ	x107	x107	x107
AMERICA,SOUTH— AMERIQUE DU SUD										
Argentina -- Argentine [2]	29 505	29 921	30 331	30 737	31 137	31 534	31 929	32 322	32 713	*33 101
Bolivia – Bolivie [2][3]	6 082	6 253	6 429	6 611	6 799	6 020	7 193	7 400	7 612	*7 832
Brazil – Brésil [2][7]	129 766	132 659	135 564	138 493	141 452	144 428	147 404	150 368	153 322	*156 275
Chile – Chili [2]	11 717	11 919	12 122	12 327	12 536	12 748	12 961	13 173	13 386	*13 599
Colombia – Colombie [2][8]	27 502	28 056	28 624	29 188	29 729	30 241	x31 740	32 300	32 841	*33 392
Ecuador – Equateur [2][9]	8 638	8 868	9 099	9 330	9 561	9 794	10 029	10 264	10 502	10 741
Falkland Islands (Malvinas)– I.Falkland (Malvinas) [2]	x2	x2	x2	2	x2	x2	x2	x2	x2	x2
French Guiana – [1] Guyane Française	80	85	90	95	100	106	111 ǀ	x98	x101	x104
Guyana	x780	x786	790	x792	x793	x793	x793	x796	x801	x808
Paraguay [2]	3 468	3 580	3 693	3 807	3 922	4 039	4 157	4 277	4 397	*4 519
Peru – Pérou [2][3][7]	18 568	18 992	19 417	19 840	20 261	20 684	21 113	21 550	21 998	*22 454
Suriname	x367	x375	x383	x390	x398	x406	400	x422	x430	x438
Uruguay [2][3]	2 970	2 989	3 008	3 025	3 042	3 060	3 077	3 096	3 112	*3 131
Venezuela [2][7]	16 394	16 851	17 317	17 526	17 974	18 422	18 872	19 325	19 787	*20 249
ASIA—ASIE										
Afghanistan [2]	17 222	17 672	18 136	18 614	ǀ ○15 219	ǀ ○15 513	ǀ ○15 814	ǀ ○16 121	ǀ ○16 433	x19 062
Armenia – Arménie [2]	3 243	3 292	3 339	3 387	3 435	3 453	3 482	3 545	3 612	*3 686
Azerbaijan–Azerbaïdjan [2]	6 453	6 560	6 661	6 760	6 866	6 980	7 085	7 153	...	*7 392
Bahrain – Bahreïn	391	407	425	442	458	473	489	503	516	x533
Bangladesh [2][3]	94 651	97 273	99 434	101 673	102 563	104 532	106 507	ǀ x113 684	x116 444	x119 288
Bhutan – Bhoutan	x1 322	x1 350	x1 379	x1 409	x1 440	x1 472	x1 505	x1 539	x1 575	x1 612
Brunei Darussalam – [3] Brunéi Darussalam	x208	216	222	226	234	241	249	x257	x264	x270
Cambodia – Cambodge [2][11]	x6 890	x7 111	x7 327	x7 531	x7 729	x7 926	x8 127	8 568	8 807	9 054
China – Chine [2]	x1039552	x1 054 910	x1 070 574	x1 086 551	x1 102 876	x1 119 510	x1 136 397	x1 153 470	x1 170 697	x1 187 997
Cyprus – Chypre [1]	649	657	665	673	680	688	695	702	710	x716
East Timor–Timor oriental	x614	x637	x659	x679	x699	x719	x738	x756	x774	x791
Georgia – Géorgie [2]	5 150	5 084	5 218	5 050	5 282	5 370	5 450	5 464	...	...
Hong Kong – Hong–kong [2]	5 345	5 398	5 456	5 525	5 581	5 628	5 686	5 705	5 755	*5 812
India – Inde [2][12]	720 000	736 000	750 859	766 135	781 374	796 596	811 817	827 050	849 638	870 000
Indonesia–Indonésie [2]	158 083	161 580	164 630	168 348	172 010	175 589	179 136	ǀ 179 300	ǀ x187 724	x191 170
Iran (Islamic Republic of – Rép. islamique d') [2]	44 077	45 798	45 914	49 445	50 662	51 909	53 187	54 496	55 840	*56 964
Iraq [2][13]	14 586	15 077	15 585	16 110 ǀ	16 330	17 250	x17 496	17 373 ǀ	x18 678	x19 290
Israel – Israël [1][2][14]	4 106	4 159	4 233	4 299	4 369	4 442	4 518	4 660	4 946	*5 191
Japan – Japon [2][15]	119 307	120 083	120 837	121 492	122 091	122 613	123 116	123 537	123 921	*124 336
Jordan – Jordanie [16]	x3 196	x3 300	x3 407	x3 518	x3 633	x3 752	x3 878	x4 009	x4 147	x4 291
Kazakhstan [2]	15 550	15 745	15 935	16 136	16 167	16 362	16 537	16 670	16 806	*17 038
Korea, Dem. People's Rep. of – Corée, rép. populaire dém. de	x19 221	x19 549	x19 888	x20 239	x20 602	x20 978	x21 368	x21 771	x22 189	x22 618
Korea, Republic of– Corée, Rép. de [2][17]	39 910	40 406	40 806	41 184	41 575	41 975	42 380	42 869	43 268	*43 663
Kuwait – Koweït	1 566	1 637	1 712	1 791	1 873	1 958	2 048	2 143 ǀ	x2 086	x1 970
Kyrgyzstan – Kirghizistan [2]	3 857	3 937	4 014	4 093	4 173	4 250	4 327	4 395	4 453	*4 493
Lao People's Dem. Rep. – Rép. dém. populaire Lao	x3 408	x3 497	x3 594	x3 701	x3 818	x3 942	x4 070	x4 202	x4 335	x4 469
Lebanon – Liban [18]	x2 656	x2 662	x2 668	x2 673	x2 679	x2 690	x2 709	x2 740	x2 784	x2 838
Macau – Macao [1]	269	283	290	296	307	315	325	335	352	*374
Malaysia – Malaisie [2]	14 888	15 270	15 681	16 110	16 526	16 942	17 353	17 763	x18 342	x18 792
Maldives [2]	x174	180	184	190	197	203	209	x213	223	x227

(See notes at end of table. – Voir notes à la fin du tableau.)

Continent and country or area / Continent et pays ou zone	Population estimates (in thousands) — Estimations (en milliers)									
	1983	1984	1985	1986	1987	1988	1989	1990	1991	1992
ASIA—ASIE (Cont.–Suite)										
Mongolia – Mongolie [2]	1 788	1 832	1 878	1 925	1 973	2 021	2 070	x2 190	x2 249	x2 310
Myanmar [2]	36 747	37 614	38 541	39 411	x39 191	x40 049	x40 928	x41 825	x42 738	x43 668
Nepal – Népal	15 833	16 255	16 687	17 131	17 557	17 994	18 442	18 916	x20 072	x20 577
Oman	x1 153	x1 208	x1 263	x1 316	x1 367	x1 419	x1 470	x1 524	x1 580	x1 637
Pakistan [2 19]	90 480	93 286	96 180	99 163	102 238	105 409	108 678	112 049	115 524	*119 107
Philippines [1 2]	52 055	53 351	54 668	56 004	57 356	58 721	60 097	61 480	62 868	*64 259
Qatar	x307	x334	x358	x377	x392	428	456	486	x440	x453
Saudi Arabia – Arabie saoudite	x11 175	x11 795	x12 379	x12 918	13 612	14 016	14 435	14 870	x15 387	x15 922
Singapore – Singapour [20]	2 406	2 444	2 483	2 519	2 554	2 599	2 648	2 705	2 763	*2 818
Sri Lanka	15 417	15 603	15 842	16 117	16 361	16 586	16 806	16 993	17 247	*17 405
Syrian Arab Republic – République arabe syrienne [2 21]	9 611	9 934	10 267	10 612	10 969	11 338	11 719	12 116	12 529	*12 958
Tajikistan—Tadjikistan [2]	4 298	4 428	4 567	4 719	4 874	5 027	5 175	5 303	5 465	...
Thailand—Thaïlande [2]	49 680	50 637	51 580	52 511	53 427	54 326	55 214	56 082	56 923	*57 760
Turkey – Turquie [2]	47 715	48 978	50 231	51 259	52 339	53 474	54 665	56 071	57 391	*58 775
Turkmenistan – Turkménistan [2]	3 080	3 154	3 230	3 316	3 408	3 495	3 578	3 670	...	...
United Arab Emirates – Emirats arabes unis	1 206	x1 294	x1 349	x1 403	x1 453	x1 501	x1 546	x1 589	x1 630	x1 670
Uzbekistan – Ouzbékistan [2]	17 269	17 736	18 231	18 757	19 298	19 737	20 114	20 531	...	...
Viet Nam [2]	57 373	58 653	59 872	61 109	62 452	63 727	64 774	66 233	67 774	*69 306
Yemen – Yémen	x9 100	x9 420	x9 758	x10 113	x10 486	x10 874	x11 274	11 282	x12 104	x12 535
EUROPE										
Albania – Albanie [2]	2 838	2 897	2 957	3 016	3 076	3 138	3 199	3 256	3 301	*3 363
Andorra – Andorre [1 2]	42	43	45	47	48	50	50	52	58	*60
Austria – Autriche [1 2]	7 548	7 552	7 555	7 565	7 573	7 595	7 618	7 718	7 825	*7 884
Belarus – Bélarus [2]	9 872	9 938	9 999	10 058	10 111	10 167	10 229	10 278	...	...
Belgium – Belgique [1]	9 856	9 855	9 858	9 862	9 870	9 902	9 938	9 967	9 979	x9 998
Bulgaria – Bulgarie [2]	8 940	8 961	8 960	8 958	8 971	8 981	8 989	8 991	8 982	*8 963
Channel Islands – Iles Anglo–Normandes	131	132	133	136	136	140	142	x142	143	x143
Former Czechoslovakia – Ancienne Tchécoslovaquie [2]	15 414	15 458	15 499	15 534	15 572	15 607	15 638	15 661	15 583	x15 731
Denmark – Danemark [1 22]	5 114	5 112	5 114	5 121	5 127	5 130	5 133	5 140	5 154	*5 170
Estonia – Estonie [2]	1 498	1 508	1 519	1 532	1 546	1 560	1 569	1 571	1 584	*1 542
Faeroe Islands – Iles Féroé [1]	45	45	46	46	47	47	47	47	47	x47
Finland – Finlande [1 2]	4 856	4 882	4 902	4 918	4 932	4 946	4 964	4 986	5 014	*5 042
France [1 2 23]	54 728	54 947	55 170	55 394	55 630	55 884	56 160	56 735	57 055	*57 372
Germany—Allemagne [1 24]	78 081	77 796	77 619	77 635	77 718	78 116	78 677	79 365	79 984	*80 569
Germany, Federal Rep. of – Allemagne, République fédérale d' [1]	61 383	61 126	60 975	61 010	61 097	61 420	62 063	63 253	64 125	*64 846
Former German Democratic Republic – Ancienne République dém. allemande	16 699	16 671	16 644	16 624	16 641	16 666	16 630	16 247	16 214	*15 723
Gibraltar [25]	29	29	29	29	29	30	31	31	*28	x31
Greece – Grèce [26]	9 847	9 896	9 934	9 966	9 983	10 000	10 039	10 089	10 200	*10 300
Holy See – Saint–Siège	x1	x1	1	1	1	1	x1	x1	x1	x1

Estimations de la population au milieu de l'année: 1983 – 1992 (suite)

(See notes at end of table. – Voir notes à la fin du tableau.)

Continent and country or area / Continent et pays ou zone	Population estimates (in thousands) — Estimations (en milliers)									
	1983	1984	1985	1986	1987	1988	1989	1990	1991	1992
EUROPE (Cont.–Suite)										
Hungary – Hongrie [2]	10 656	10 619	10 579	10 534	10 486	10 443	10 398	10 365	10 346	*10 324
Iceland – Islande [2]	237	239	241	243	246	250	253	255	258	x260
Ireland – Irlande [2 27]	3 504	3 529	3 540	3 541	3 543	3 538	3 515	3 503	3 524	*3 548
Isle of Man–Ile de Man [2]	64	64	63	63	64	67	68	x68	70	*71
Italy – Italie [1]	56 836	57 005	57 141	57 246	57 345	57 441	57 541	57 661 ❘	56 411	*56 777
Latvia – Lettonie [2]	2 546	2 562	2 579	2 600	2 627	2 653	2 670	2 671	2 686	*2 632
Liechtenstein	26	27	27	27	28	28	28	x28	x28	*30
Lithuania – Lituanie [2]	3 485	3 514	3 545	3 579	3 616	3 655	3 691	3 722	3 742	*3 742
Luxembourg [1]	366	366	367	368	371	374	378	382	387	*390
Malta – Malte [28]	328	337	340	342	344	347	351	354	357	x359
Monaco [1]	x27	x27	x27	x27	x27	x27	x27	x27	x28	x28
Netherlands–Pays-Bas [1 2]	14 362	14 420	14 484	14 564	14 665	14 758	14 849	14 952	15 070	*15 178
Norway – Norvège [1]	4 128	4 140	4 153	4 167	4 187	4 209	4 227	4 241	4 262	*4 286
Poland – Pologne [2 29]	36 571	36 914	37 203	37 456	37 664	37 862	37 963	38 119	38 245	*38 365
Portugal [2]	10 009	10 089	9 904	9 904	9 900	9 893	9 883	9 868	9 852	*9 846
Republic of Moldova – Rép. de Moldova [2]	4 137	4 175	4 214	4 255	4 290	4 321	4 349	4 364	4 363	*4 356
Romania – Roumanie [2]	22 553	22 625	22 725	22 823	22 940	23 054	23 152	23 207	23 185	*22 748
Russian Federation – Féd. Russe [2]	141 465	142 604	143 585	144 696	145 881	146 925	147 721	148 263	148 624	...
San Marino–Saint-Marin [2]	22	22	22	23	23	23	23	23	23	*24
Slovenia – Slovénie	...	...	...	...	1 989	2 000	1 999	1 998	2 002	*1 996
Spain – Espagne [1]	38 162	38 328	38 474	38 604	38 716	38 809	38 888	38 959	39 025	*39 085
Sweden – Suède [1 2]	8 329	8 337	8 350	8 370	8 398	8 436	8 493	8 559	8 617	*8 668
Switzerland–Suisse [1 2]	6 419	6 442	6 470	6 504	6 545	6 593	6 647	6 712	6 800	*6 875
Ukraine [2]	50 468	50 679	50 858	51 025	51 261	51 484	51 770	51 839	52 001	*52 057
United Kingdom–Royaume–Uni	56 347	56 460	56 618	56 763	56 930	57 065	57 236	57 411	57 560	*57 848
Former Yugoslavia – Ancienne Yougoslavie	22 805	22 966	23 124	23 274	23 417	23 566	23 695	23 818	23 931	x23 949
OCEANIA—OCEANIE										
American Samoa– [1 5] Samoa américaines	34	35	36	36	37	37	38	39 ❘	x49	x50
Australia – Australie [1 2 3]	15 379	15 556	15 788	16 018	16 263	16 518	16 803	17 045	17 292	*17 529
Christmas Island – Ile Christmas	3	...	2	...	...	...	...	...	...	...
Cocos (Keeling) Islands – Iles des Cocos (Keeling)	...	...	1	1	...	...	...	...	...	...
Cook Islands – Iles Cook	17	18	18	17	17	18	18	18	x17	x17
Fiji – Fidji [2]	672	686	697	714	721	720 ❘	x752 ❘	731	741	*746
French Polynesia – Polynésie française	x165	170	174	179	183	188	193	x198	x203	x207
Guam [1 2 5]	116	120	120	124	126	x129	x131	x134	x136	*139
Kiribati	x61	x63	x64	x65	x67	x68	x69	x71	x72	x74
Marshall Islands – Iles Marshall	36	37	39	40	42	43	44	46	48	*50
Micronesia, Federated States of, – Micronésie, Etats fédérés de	x82	x84	x87	x90	x93	x96	x99	x103	x107	x110
Nauru	x8	x8	x8	x9	x9	x9	x9	x10	x10	x10
New Caledonia – Nouvelle–Calédonie [2]	145	148	151	154	x160	164	167	170	173	*177
New Zealand – Nouvelle–Zélande [2 30]	3 199	3 227	3 247	3 248	3 280	3 292	3 312	3 347	3 406	*3 414
Niue – Nioué	3	3	3	3	2	x2	x2	x2	x2	x2
Norfolk Island—Ile Norfolk	...	...	...	2	...	...	...	...	...	...

5. Estimates of mid–year population: 1983 – 1992 (continued)

Estimations de la population au milieu de l'année: 1983 – 1992 (suite)

(See notes at end of table. – Voir notes à la fin du tableau.)

Continent and country or area / Continent et pays ou zone	Population estimates (in thousands) — Estimations (en milliers)									
	1983	1984	1985	1986	1987	1988	1989	1990	1991	1992
OCEANIA—OCEANIE(Cont.–Suite)										
Northern Mariana Islands – Iles Mariannes du Sud	19	19	20	21	x28	x34	25	26	x45	x47
Pacific Islands (Palau) – Iles du Pacifique(Palaos)	x13	x13	x14	x14	x14	x14	14	x15	x15	x16
Papua New Guinea – Papouasie–Nouvelle–Guinée	3 185	3 261	3 337	3 407	3 482	3 557	3 630	3 699	3 772	*3 847
Samoa	x156	x157	x157	x157	x157	162	163	164	x158	x158
Solomon Islands – Iles Salomon	x252	x261	x270	x279	290	299	x310	x320	x331	x342
Tokelau – Tokélaou	2	...	...	...	...	...	...	...	...	...
Tonga [2]	96	96	97	x94	x95	x95	x96	x96	97	x97
Tuvalu	x9	x9	x9	x10	x10	x11	x11	x12	x12	x12
Vanuatu [2]	128	132	136	140	145	150	155	147	x153	x157
Wallis and Futuna Islands – Iles Wallis et Futuna	x12	x13	x13	x13	x13	x13	x14	x14	x14	x14

5. Estimates of mid–year population: 1983 – 1992 (continued)

Estimations de la population au milieu de l'année: 1983 – 1992 (suite)

GENERAL NOTES

For certain countries or areas, there is a discrepancy between the mid–year population estimates shown in this table and those shown in subsequent tables for the same year. Usually this discrepancy arises because the estimates occurring in a given year are revised, although the remaining tabulations are not. Unless otherwise indicated, data are official estimates of population for 1 July, or averages of end–year estimates. For method of evaluation and limitations of data, see Technical Notes, page 42.

Italics: estimates which are less reliable.

Break in series because estimates for earlier years have not been revised either on the basis of more recent data from a national census or sample survey taken within the period or in accord with later revised official estimates.

FOOTNOTES

* Provisional.
x Estimate prepared by the Population Division of the United Nation.

1 De jure population.
2 For urban population, see table 6.
3 Data have been adjusted for underenumeration, at latest census; for further details, see table 3.
4 Excluding persons residing in institutions.
5 Including armed forces stationed in the area.
6 Excluding civilian citizens absent from country for extended period of time.
7 Excluding Indian jungle population.
8 Estimates are for 24 October of year stated.
9 Excluding nomadic Indian tribes.
10 Excluding nomad population.
11 Excluding foreign diplomatic personnel and their dependants.

12 Including data for the Indian–held part of Jammu and Kashmir, the final status of which has not yet been determined.
13 Estimates are for 14 October of year stated.
14 Including data for East Jerusalem and Israeli residents in certain other territories under occupation by Israeli military forces since June 1967.

15 Excluding diplomatic personnel outside the country, and foreign military and civilian personnel and their dependants stationed in the area.

NOTES GENERALES

Pour quelques pays ou zones il y a une discordance entres leestimations au milieu de l'année présentées dans ce tableau et celles présentées dans des tableaux suivants pour la même année. Habituellement ces différences apparaîssent lorsque les estimations pour une certaine année ont été révisées; alors que les autres tabulations ne l'ont pas été. Sauf indication contraire, les données sont des estimations officielles de population au 1er juillet ou des moyennes d'estimations de fin d'année. Pour la méthode d'évaluation et les insuffisances des données, voir Notes techniques, page 42.

Italiques: estimations moins sûres.

Cette discontinuité dans la série peut résulter du fait que les estimations pour les années antérieures n'ont pas été révisées en fonction des données récentes provenant d'un recensement national ou d'une enquête par sondage effectués durant la période, ou bien du fait qu'elles ne concordent pas avec les dernières estimations officielles révisées.

NOTES

* Données provisoires.
x Estimation établie par la Division de la population de l'Organisation des Nations Unies.
1 Population de droit.
2 Pour la population urbaine, voir le tableau 6.
3 Les données ont été ajustées pour compenser les lacunes du dénombrement lors du dernier recensement; pour plus de détails, voir le tableau 3.
4 Non compris les personnes dans les institutions.
5 Y compris les militaires en garnison sur le territoire.
6 Non compris les civils hors du pays pendant une période prolongée.
7 Non compris les Indiens de la jungle.
8 Estimations au 24 octobre de l'année considérée.
9 Non compris les tribus d'Indiens nomades.
10 Non compris la population nomade.
11 Non compris le personnel diplomatique étranger et les membres de leur famille les accompagnant.
12 Y compris les données pour la partie du Jammu–et–Cachemire occupée par l'Inde, dont le statut définitif n'a pas encore été déterminé.
13 Estimations au 14 octobre de l'année considérée.
14 Y compris les données pour Jérusalem–Est et les résidents israéliens dans certains autres territoires occupés depuis juin 1967 par les forces armées israéliennes.
15 Non compris le personnel diplomatique hors du pays, les militaires et agents civils étrangers en poste sur le territoire et les membres de leur famille les accompagnant.

5. Estimates of mid-year population: 1983 – 1992 (continued)

Estimations de la population au milieu de l'année: 1983 – 1992 (suite)

FOOTNOTES (continued)

16 Including registered Palestinian refugees, numbering at mid–year 1965 and 1966, 688 327 and 706 568, respectively, and 722 687 at 31 May l967.

17 Excluding alien armed forces, civilian aliens employed by armed forces, and foreign diplomatic personnel and their dependants and Korean diplomatic personnel and their dependants stationed outside the country.

18 For Lebanese nationals on population register, including those living outside the country. Excluding non–resident foreigners and registered Palestinian refugees, the latter numbering at mid–year 1972, 1973 and 1977, 184 043, 187 529 and 200 000 respectively.

19 Excluding data for Jammu and Kashmir, the final status of which has not yet been determined, Junagardh, Manavadar, Gilgit and Baltistan.

20 Excluding transients afloat and non–locally domiciled military and civilian services personnel and their dependants and visitors, numbering 5 553, 5 187 and 8 985 respectively at 1980 census.

21 Including Palestinian refugees numbering at end–year 1967 and 1968, 163 041 and 149 537, repectively, and at mid–year 1971 and 1977, 163 809 and 193 000, respectively.

22 Excluding Faeroe Islands and Greenland.

23 Excluding diplomatic personnel outside the country and including foreign diplomatic personnel not living in embassies or consulates.

24 All data shown pertaining to Germany prior to 3 October 1990 are indicated separately for the Federal Republic of Germany and the former German Democratic Republic based on their respective territories at the time indicated. See explanatory notes on data pertaining to Germany on page 4.

25 Excluding armed forces.

26 Excluding armed forces stationed outside the country, but including alien armed forces stationed in the area.

27 Estimates are for 15 April of year stated.

28 Including civilian nationals temporarily outside the country.

29 Excluding civilian aliens within the country, and including civilian nationals temporarily outside the country.

30 Excluding diplomatic personnel and armed forces stationed outside the country, the latter numbering 1 936 at 1966 census; also excluding alien armed forces within the country.

NOTES (suite)

16 Y compris les réfugiés de Palestine immatriculés, dont le nombre au milieu de l'année 1965 et 1966 s'établissait comme suit: 688 327 et 706 568, respectivement, et à 722 687 au 31 mai l967.

17 Non compris les militaires étrangers, les civils étrangers employés par les forces armées, le personnel diplomatique étranger et les membres de leur famille les accompagnant, le personnel diplomatique coréen hors du pays et les membres de leur famille les accompagnant.

18 Pour les nationaux libanais inscrits sur le registre de la population, y compris ceux qui vivent hors du pays. Non compris les étrangers non résidents et les réfugiés de Palestine immatriculés; le nombre de ces derniers au milieu de 1972, 1973 et 1977. 184 043, 187 529 et 200 000, respectivement.

19 Non compris les données pour le Jammu–et–Cachemire, dont le statut définitif n'a pas encore été déterminé, le Junagardh, le Manavadar, le Gilgit et le Baltistan.

20 Non compris les personnes de passage à bord de navires, les militaires et agents civils non résidents et les membres de leur famille les accompagnant et les visiteurs, au nombre de 5 553, 5 187 et 8 985 respectivement, au recensement de 1980.

21 Y compris les réfugiés de Palestine dont le nombre, à la fin de l'année 1967 et 1968, s'établissait comme suit: 163 041 et 149 537, respectivement, et au milieu de l'année 1971 et 1977, 163 809 et 193 000, respectivement.

22 Non compris les îles Féroé et le Groenland.

23 Non compris le personnel diplomatique hors du pays, et y compris le personnel diplomatique étranger qui ne vit pas dans les ambassades ou les consulats.

24 Toutes les données se rapportant à l'Allemagne avant le 3 octobre 1990 figurent dans deux rubriques séparées basées sur les territoires respectifs de la République fédérale d'Allemagne et l'ancienne République démocratique allemande selon la période indiquée. Voir les notes explicatives sur les données concernant l'Allemagne à la page 4.

25 Non compris les militaires.

26 Non compris les militaires en garnison hors du pays, mais y compris les militaires étrangers en garnison sur le territoire.

27 Estimations au 15 avril de l'année considérée.

28 Y compris les civils nationaux temporairement hors du pays.

29 Non compris les civils étrangers dans le pays, mais y compris les civils nationaux temporairement hors du pays.

30 Non compris le personnel diplomatique et les militaires hors du pays, ces derniers au nombre de 1 936 au recensement de 1966; non compris également les militaires étrangers dans le pays.

6. Urban and total population by sex: 1983 – 1992

Population urbaine et population totale selon le sexe: 1983 – 1992

(See notes at end of table. – Voir notes à la fin du tableau.)

Continent, country or area and date Continent, pays ou zone et date	Both sexes – Les deux sexes			Male – Masculin			Female – Féminin		
		Urban – Urbaine			Urban – Urbaine			Urban – Urbaine	
	Total	Number Nombre	Per cent P. 100	Total	Number Nombre	Per cent P. 100	Total	Number Nombre	Per cent P. 100
AFRICA—AFRIQUE									
Benin – Bénin									
II 1992(C)*	4 855 349	1 462 934	30.1	2 365 574	...	...	2 489 775	...	...
Botswana [1]									
19 VIII 1983	1 010 784	194 250	19.2	...	...	...	...	...	...
19 VIII 1984	1 048 219	209 961	20.0	...	...	...	...	...	...
19 VIII 1985	1 087 503	226 942	20.9	...	...	...	...	...	...
19 VIII 1986	1 127 888	245 298	21.7	536 866	126 085	23.5	591 022	119 213	20.2
19 VIII 1987	1 168 398	262 226	22.4	557 768	134 855	24.2	611 429	127 371	20.8
19 VIII 1988	1 210 074	279 893	23.1	...	...	...	...	...	...
19 VIII 1989	1 244 909	289 980	23.3	...	...	...	...	...	...
19 VIII 1990	1 299 705	319 369	24.6	...	...	...	...	...	...
19 VIII 1991	1 347 568	341 149	25.3	...	...	...	...	...	...
19 VIII 1992*	1 394 179	361 044	25.9	...	...	...	...	...	...
Burkina Faso									
1 VII 1983	7 479 746	792 475	10.6	...	...	...	...	...	...
1 VII 1984	7 680 203	878 062	11.4	...	...	...	...	...	...
1 VII 1985	7 886 033	972 893	12.3	...	...	...	...	...	...
10 XII 1985(C)	7 964 705	928 929	11.7	3 833 237	474 631	12.4	4 131 468	454 298	11.0
1 VII 1986	8 097 379	1 077 965	13.3	...	...	...	...	...	...
1 VII 1987	8 314 388	1 194 386	14.4	...	...	...	...	...	...
1 VII 1988	8 537 214	1 323 379	15.5	...	...	...	...	...	...
1 VII 1989	8 766 011	1 466 304	16.7	...	...	...	...	...	...
1 VII 1990	9 000 940	1 624 665	18.0	...	...	...	...	...	...
1 VII 1991	9 242 166	1 800 129	19.5	...	...	...	...	...	...
1 VII 1992*	9 489 856	1 994 543	21.0	...	...	...	...	...	...
Burundi									
1 VII 1985	4 717 703	235 885	5.0	...	...	...	...	...	...
1 VII 1986	4 857 347	242 867	5.0	...	...	...	...	...	...
1 VII 1987	5 001 124	250 056	5.0	...	...	...	...	...	...
1 VII 1988	5 149 158	257 458	5.0	...	...	...	...	...	...
1 VII 1989	5 301 573	265 079	5.0	...	...	...	...	...	...
1 VII 1990	5 458 499	272 925	5.0	...	...	...	...	...	...
Cape Verde – Cap–Vert									
1 VII 1983	318 816	86 889	27.3	147 828	...	...	170 988	...	...
1 VII 1984	326 212	95 682	29.3	151 569	...	...	174 643	...	...
1 VII 1985	333 128	105 038	31.5	155 061	...	...	178 067	...	...
1 VII 1986	338 560	109 672	32.4	157 917	...	...	180 643	...	...
1 VII 1987	347 060	114 928	33.1	162 367	...	...	184 693	...	...
15 VI 1990(C)	341 491	150 599	44.1	161 494	71 891	44.5	179 997	78 708	43.7
Côte d'Ivoire									
1 VII 1983	9 300 000	3 950 000	42.5	...	...	...	...	...	...
1 III 1988(C)	10 815 694	4 220 535	39.0	5 527 343	2 181 294	39.5	5 288 351	2 039 241	38.6
Egypt – Egypte [1]									
1 VII 1983	44 180 000	19 388 000	43.9	...	...	...	...	...	...
1 VII 1984	45 229 000	19 911 000	44.0	...	...	...	...	...	...
1 VII 1985	46 473 000	20 448 000	44.0	...	...	...	...	...	...
1 VII 1986	47 811 000	21 021 000	44.0	...	...	...	...	...	...
18 IX 1986(C)	47 995 265	20 979 358	43.7	24 512 701	10 747 260	43.8	23 482 564	10 232 098	43.6
1 VII 1987	49 050 000	21 565 000	44.0	...	...	...	...	...	...
1 VII 1988	50 267 000	22 100 000	44.0	...	...	...	...	...	...
1 VII 1989	51 477 000	22 632 000	44.0	...	...	...	...	...	...
1 VII 1990	52 691 000	23 166 000	44.0	...	...	...	...	...	...
1 VII 1991	53 918 000	23 706 000	44.0	...	...	...	...	...	...
1 VII 1992*	55 163 000	24 836 000	45.0	...	...	...	...	...	...
Equatorial Guinea – Guinée équatoriale									
4 VII 1983(C)	300 000	84 460	28.2	144 760	42 530	29.4	155 240	41 930	27.0
1 VII 1991	356 100	131 830	37.0	172 860	66 450	38.4	183 240	65 380	35.7

(See notes at end of table. – Voir notes à la fin du tableau.)

Continent, country or area and date Continent, pays ou zone et date	Both sexes — Les deux sexes			Male — Masculin			Female — Féminin		
	Total	Urban – Urbaine		Total	Urban – Urbaine		Total	Urban – Urbaine	
		Number Nombre	Per cent P. 100		Number Nombre	Per cent P. 100		Number Nombre	Per cent P. 100
AFRICA—AFRIQUE (Cont.–Suite)									
Ethiopia – Ethiopie									
9 V 1984(C)*	42 169 203	4 779 406	11.3	21 018 900	2 219 400	10.6	21 150 303	2 560 006	12.1
1 VII 1985	44 254 900	5 287 000	11.9	...	...	...	...	...	...
1 VII 1986	45 736 700	5 581 800	12.2	...	...	...	...	...	...
1 VII 1987	47 189 000	5 913 900	12.5	...	...	...	...	...	...
1 VII 1988	48 586 800	6 270 100	12.9	...	...	...	...	...	...
1 VII 1989	50 167 000	6 782 300	13.5	...	...	...	...	...	...
1 VII 1990	51 689 400	7 269 800	14.1	25 961 000	...	...	25 728 100	...	...
1 VII 1991	53 382 900	7 669 400	14.4	...	...	...	...	...	...
1 VII 1992*	55 117 300	8 090 800	14.7	...	...	...	...	...	...
Ghana									
11 III 1984(C)	12 296 081	3 934 796	32.0	6 063 848	1 916 377	31.6	6 232 233	2 018 419	32.4
Liberia – Libéria									
1 VII 1983	2 041 802	778 329	38.1	...	...	...	...	...	...
1 VII 1984	2 109 186	816 124	38.7	...	...	...	...	...	...
1 VII 1985	2 161 454	853 919	39.5	...	...	...	...	...	...
1 VII 1986	2 221 280	816 125	36.7	...	...	...	...	...	...
1 VII 1987	2 281 106	929 510	40.7	...	...	...	...	...	...
1 VII 1988	2 340 932	967 305	41.3	...	...	...	...	...	...
1 VII 1989	2 400 758	1 005 101	41.9	...	...	...	...	...	...
1 VII 1990	2 406 584	1 042 896	43.3	...	...	...	...	...	...
1 VII 1991	2 520 410	1 080 691	42.9	...	...	...	...	...	...
1 VII 1992*	2 580 236	1 118 486	43.3	...	...	...	...	...	...
Libyan Arab Jamahiriya – Jamahiriya arabe libyenne									
31 VII 1984(C) [1]	3 237 160	2 453 443	75.8	1 950 152	...	...	1 687 336	...	...
Malawi [2]									
1 VII 1983	6 618 423	737 400	11.1	3 206 986	...	...	3 411 437	...	...
1 VII 1984	6 838 590	801 500	11.7	...	...	...	...	...	...
1 VII 1985	7 058 757	865 600	12.3	3 426 551	...	...	3 632 206	...	...
1 VII 1986	7 278 925	929 600	12.8	3 536 334	...	...	4 121 371	...	...
1 VII 1987	7 499 092	993 700	13.3	...	...	...	...	...	...
1 IX 1987(C)	7 988 507	853 390	10.7	3 867 136	445 863	11.5	4 102 507	407 527	9.9
1 VII 1988	7 754 537	1 079 500	13.9	3 773 619	...	...	3 980 918	...	...
1 VII 1989	8 021 742	1 172 700	14.6	3 907 028	...	...	4 114 714	...	...
1 VII 1990	8 288 946	1 265 800	15.3	...	...	...	...	...	...
1 VII 1991	8 556 151	1 359 000	15.9	...	...	...	...	...	...
1 VII 1992*	8 823 355	1 452 200	16.5	...	...	...	...	...	...
Mali									
1 IV 1987(C) [1]	7 696 348	1 690 289	22.0	3 760 711	837 287	22.3	3 935 637	853 002	21.7
Mauritius – Maurice									
1 VII 1990(C)	1 056 660	414 242	39.2	527 760	206 104	39.1	528 900	208 138	39.4
1 VII 1991	1 070 128	469 620	43.9	534 325	233 770	43.8	535 803	235 850	44.0
Island of Mauritius – Ile Maurice									
11 VII 1983(C)	966 863	403 251	41.7	481 368	199 573	41.5	485 495	203 678	42.0
1 VII 1984	977 129	405 438	41.5	488 349	201 400	41.2	488 780	204 038	41.7
1 VII 1985	985 210	406 943	41.3	493 900	202 931	41.1	491 310	204 012	41.5
1 VII 1986	993 851	409 435	41.2	497 659	204 222	41.0	496 192	205 213	41.4
1 VII 1987	1 003 794	411 802	41.0	501 221	204 953	40.9	502 573	206 849	41.2
1 VII 1988	1 016 596	414 529	40.8	506 710	205 726	40.6	509 886	208 803	41.0
1 VII 1989	1 026 813	417 687	40.7	510 627	207 067	40.6	516 186	210 620	40.8
1 VII 1990	1 024 571	415 099	40.5	512 005	206 640	40.4	512 866	208 459	40.6
Nigeria – Nigéria									
1 VII 1984	93 326 962	15 040 033	16.1	45 720 951	7 595 217	16.6	47 606 011	7 444 816	15.6
1 VII 1985	95 689 546	15 420 774	16.1	46 878 383	7 787 491	16.6	48 811 163	7 633 283	15.6
1 VII 1986	98 168 079	15 814 878	16.1	48 091 522	7 986 513	16.6	50 076 557	7 828 365	15.6
1 VII 1987	101 407 626	16 336 769	16.1	49 679 575	8 250 068	16.6	51 728 051	8 086 701	15.6
1 VII 1988	104 956 895	16 908 557	16.1	52 028 618	8 538 820	16.4	52 928 277	8 369 737	15.8

(See notes at end of table. – Voir notes à la fin du tableau.)

Continent, country or area and date / Continent, pays ou zone et date	Both sexes – Les deux sexes Total	Urban – Urbaine Number / Nombre	Per cent / P. 100	Male – Masculin Total	Urban – Urbaine Number / Nombre	Per cent / P. 100	Female – Féminin Total	Urban – Urbaine Number / Nombre	Per cent / P. 100
AFRICA—AFRIQUE (Cont.–Suite)									
St. Helena ex. dep. – Sainte–Hélène sans dép.									
22 II 1987(C)	5 644	2 417	42.8	2 769	1 164	42.0	2 875	1 253	**43.6**
Seychelles									
1 VII 1990	67 378	33 527	49.8	33 527	...	...	33 851	...	...
Somalia – Somalie									
1986 – 1987(C)*	7 114 431	1 674 470	23.5	3 741 664	840 488	22.5	3 372 767	833 982	**24.7**
South Africa – Afrique du Sud [3] [4]									
5 III 1985(C)	23 385 645	13 068 343	55.9	11 545 282	6 555 892	56.8	11 840 363	6 512 451	**55.0**
7 III 1991(C)*	30 986 920	17 551 745	56.6	15 479 528	8 914 311	57.6	15 507 392	8 637 434	**55.7**
Sudan – Soudan									
1 II 1983(C)	20 594 197	4 219 827	20.5	10 512 884	2 228 347	21.2	10 081 313	1 991 480	**19.8**
Swaziland									
25 VIII 1986(C)	681 059	154 979	22.8	321 579	79 936	24.9	359 480	75 043	**20.9**
Tunisia – Tunisie									
30 III 1984(C)	6 966 173	3 680 830	52.8	3 547 315	1 870 255	52.7	3 418 858	1 810 575	**53.0**
1 VII 1989	7 909 545	4 685 350	59.2	4 013 819	2 382 785	59.4	3 895 726	2 302 565	**59.1**
Uganda – Ouganda									
12 I 1991(C)	16 671 705	1 889 622	11.3	8 185 747	...	...	8 485 958	...	...
United Rep. of Tanzania – Rép.–Unie de Tanzanie									
1 VII 1983	20 412 000	3 351 000	16.4	...	...	...	...	...	...
1 VII 1984	21 062 000	3 579 000	17.0	...	...	...	...	...	...
1 VII 1985	21 733 000	3 821 000	17.6	...	...	...	...	...	...
1 VII 1986	22 462 000	4 086 000	18.2	...	...	...	...	...	...
1 VII 1987	23 217 000	4 369 000	18.8	...	...	...	...	...	...
1 VII 1988	23 997 000	4 670 000	19.5	...	...	...	...	...	...
1 VII 1989	24 802 000	4 991 000	20.1	...	...	...	...	...	...
1 VII 1990	25 635 000	5 333 000	20.8	...	...	...	...	...	...
Tanganyika									
1 VII 1983	19 871 000	3 164 000	15.9	...	...	...	...	...	...
1 VII 1984	20 506 000	3 385 000	16.5	...	...	...	...	...	...
1 VII 1985	21 162 000	3 620 000	17.1	...	...	...	...	...	...
1 VII 1986	21 874 000	3 877 000	17.7	...	...	...	...	...	...
1 VII 1987	22 611 000	4 151 000	18.4	...	...	...	...	...	...
1 VII 1988	23 372 000	4 443 000	19.0	...	...	...	...	...	...
1 VII 1989	24 159 000	4 755 000	19.7	...	...	...	...	...	...
1 VII 1990	24 972 000	5 087 000	20.4	...	...	...	...	...	...
Zanzibar									
1 VII 1983	541 000	187 000	34.6	...	...	...	...	...	...
1 VII 1984	556 000	194 000	34.9	...	...	...	...	...	...
1 VII 1985	571 000	201 000	35.2	...	...	...	...	...	...
1 VII 1986	588 000	209 000	35.5	...	...	...	...	...	...
1 VII 1987	606 000	218 000	36.0	...	...	...	...	...	...
1 VII 1988	625 000	227 000	36.3	...	...	...	...	...	...
1 VII 1989	643 000	236 000	36.7	...	...	...	...	...	...
1 VII 1990	663 000	246 000	37.1	...	...	...	...	...	...
Zaire – Zaïre									
1 VII 1983	29 038 849	10 827 181	37.3	...	...	...	...	...	...
1 VII 1985	30 981 382	12 237 709	39.5	...	...	...	...	...	...

6. Urban and total population by sex: 1983 – 1992 (continued)

Population urbaine et population totale selon le sexe: 1983 – 1992 (suite)

(See notes at end of table. – Voir notes à la fin du tableau.)

Continent, country or area and date / Continent, pays ou zone et date	Both sexes – Les deux sexes Total	Urban – Urbaine Number Nombre	Urban – Urbaine Per cent P. 100	Male – Masculin Total	Urban – Urbaine Number Nombre	Urban – Urbaine Per cent P. 100	Female – Féminin Total	Urban – Urbaine Number Nombre	Urban – Urbaine Per cent P. 100
AFRICA—AFRIQUE (Cont.–Suite)									
Zambia – Zambie									
1 VII 1985	6 725 300	2 998 200	44.6	...	...	...	...	...	...
1 VII 1990	8 073 407	3 979 407	49.3	...	...	...	...	...	...
Zimbabwe [5]									
1 VII 1983	7 740 000	1 823 000	23.6	...	...	...	...	...	...
18 VIII 1987	8 687 327	2 318 873	26.7	...	...	...	...	...	...
AMERICA, NORTH— AMERIQUE DU NORD									
Belize									
12 V 1991(C)	189 392	90 005	47.5	96 325	44 412	46.1	93 067	45 593	49.0
Canada [1]									
3 VI 1986(C)	25 309 330	19 352 085	76.5	12 485 650	9 416 560	75.4	12 823 680	9 935 525	77.5
4 VI 1991(C)	27 296 859	20 906 875	76.6	13 454 580	10 175 035	75.6	13 842 280	10 731 635	77.5
Costa Rica									
10 VI 1984(C) [1]	2 416 809	1 075 254	44.5	1 208 216	514 426	42.6	1 208 593	560 828	46.4
Cuba									
1 VII 1983	9 896 971	6 957 571	70.3	4 988 075	3 486 716	69.9	4 908 896	3 470 855	70.7
1 VII 1984	9 994 426	7 051 979	70.6	5 037 710	3 505 990	69.6	4 956 716	3 545 989	71.5
1 VII 1985	10 097 902	7 173 891	71.0	5 088 859	3 538 464	69.5	5 009 043	3 635 427	72.6
1 VII 1986	10 199 276	7 299 526	71.6	5 137 823	3 600 767	70.1	5 061 453	3 698 759	73.1
1 VII 1987	10 301 057	7 426 582	72.1	5 187 621	3 663 683	70.6	5 113 436	3 762 899	73.6
1 VII 1988	10 412 431	7 554 403	72.6	5 242 663	3 728 220	71.1	5 169 768	3 826 183	74.0
1 VII 1989	10 522 796	7 694 443	73.1	5 297 524	3 798 023	71.7	5 225 272	3 896 420	74.6
Dominican Republic – République dominicaine									
1 VII 1985	6 416 289	3 497 664	54.5	3 260 304	...	...	3 155 985	...	...
1 VII 1986	6 560 381	3 635 658	55.4	3 335 969	...	...	3 228 977	...	...
1 VII 1987	6 707 710	3 777 702	56.3	3 412 652	...	...	3 302 991	...	...
1 VII 1988	6 858 347	3 912 490	57.0	...	...	...	...	...	...
1 VII 1989	7 012 367	4 064 811	58.0	...	...	...	...	...	...
1 VII 1990	7 169 846	4 205 313	58.7	...	...	...	...	...	...
1 VII 1991	7 313 100	4 343 311	59.4	...	...	...	...	...	...
1 VII 1992*	7 459 217	4 480 109	60.1	...	...	...	...	...	...
El Salvador									
1 VII 1983	4 724 154	2 008 622	42.5	2 308 982	956 057	41.4	2 415 172	1 052 565	43.6
1 VII 1984	4 779 525	2 057 158	43.0	2 334 933	979 547	42.0	2 444 592	1 077 611	44.1
1 VII 1985	4 855 576	2 105 638	43.4	2 372 636	1 002 951	42.3	2 482 940	1 102 687	44.4
1 VII 1986	4 948 494	2 159 939	43.6	2 422 143	1 029 696	42.5	2 526 351	1 130 243	44.7
1 VII 1987	5 053 962	2 215 505	43.8	2 482 153	1 057 318	42.6	2 571 809	1 158 187	45.0
1 VII 1988	5 089 999	2 272 059	44.6	2 490 269	1 084 846	43.6	2 599 730	1 187 213	45.7
1 VII 1989	5 193 349	2 327 666	44.8	2 547 862	1 112 373	43.7	2 645 487	1 215 293	45.9
Haiti – Haïti [1]									
1 VII 1983	5 659 991	1 453 997	25.7	...	...	...	...	...	...
1 VII 1984	5 762 416	1 511 596	26.2	...	...	...	...	...	...
1 VII 1985	5 864 823	1 570 676	26.8	...	...	...	...	...	...
1 VII 1986	5 989 067	1 637 211	27.3	...	...	...	...	...	...
1 VII 1987	6 113 311	1 705 486	27.9	...	...	...	...	...	...
1 VII 1988	6 237 555	1 775 510	28.5	...	...	...	...	...	...
1 VII 1989	6 361 799	1 847 289	29.0	...	...	...	...	...	...
1 VII 1990	6 486 048	1 920 830	29.6	...	...	...	...	...	...
1 VII 1991	6 624 895	2 000 547	30.2	...	...	...	...	...	...
1 VII 1992*	6 763 745	2 082 204	30.8	...	...	...	...	...	...

(See notes at end of table. – Voir notes à la fin du tableau.)

Continent, country or area and date Continent, pays ou zone et date	Both sexes – Les deux sexes			Male – Masculin			Female – Féminin		
	Total	Urban – Urbaine		Total	Urban – Urbaine		Total	Urban – Urbaine	
		Number Nombre	Per cent P. 100		Number Nombre	Per cent P. 100		Number Nombre	Per cent P. 100
AMERICA, NORTH— (Cont.–Suite) **AMERIQUE DU NORD**									
Honduras									
1 VII 1983	4 092 175	1 562 610	38.2	2 051 526	754 880	36.8	2 040 649	807 730	39.6
1 VII 1984	4 231 567	1 648 549	39.0	...	...	...	...	...	...
1 VII 1985	4 372 487	1 737 275	39.7	2 191 985	840 009	38.3	2 180 502	897 266	41.1
1 VII 1986	4 513 940	1 827 332	40.5	...	...	...	...	...	...
1 VII 1987	4 656 440	1 922 058	41.3	...	...	...	...	...	...
V 1988(C)	4 248 561	1 674 944	39.4	2 110 106	793 929	37.6	2 138 455	881 015	41.2
1 VII 1988	4 801 500	2 021 695	42.1	...	...	...	...	...	...
1 VII 1989	4 950 633	2 126 496	43.0	...	...	...	...	...	...
1 VII 1990	5 105 347	2 236 730	43.8	...	...	...	...	...	...
1 VII 1991	5 264 621	2 331 531	44.3	...	...	...	...	...	...
Nicaragua									
1 VII 1983	3 057 979	1 709 371	55.9	...	...	...	...	...	...
1 VII 1984	3 163 390	1 789 528	56.6	...	...	...	...	...	...
1 VII 1985	3 272 064	1 872 768	57.2	1 635 927	906 303	55.4	1 636 137	966 465	59.1
1 VII 1986	3 384 444	1 963 997	58.0	1 692 947	952 441	56.3	1 691 497	1 011 556	59.8
1 VII 1987	3 501 176	2 049 355	58.5	1 752 247	995 163	56.8	1 748 929	1 054 192	60.3
1 VII 1988	3 621 594	2 142 704	59.2	1 813 451	1 041 732	57.4	1 808 143	1 100 972	60.9
1 VII 1989	3 745 031	2 239 025	59.8	1 876 192	1 090 743	58.1	1 868 839	1 148 282	61.4
1 VII 1990	3 870 820	2 338 019	60.4	...	...	...	...	...	...
1 VII 1991	3 999 231	2 439 898	61.0	...	...	...	...	...	...
1 VII 1992*	4 130 707	2 544 858	61.6	...	...	...	...	...	...
Panama [5]									
1 VII 1983	2 088 585	1 057 473	50.6	1 065 501	517 334	48.6	1 023 084	540 139	52.8
1 VII 1984	2 134 236	1 086 680	50.9	1 088 347	531 352	48.8	1 045 889	555 328	53.1
1 VII 1985	2 180 489	1 116 746	51.2	1 111 481	545 802	49.1	1 069 008	570 944	53.4
1 VII 1986	2 227 254	1 147 837	51.5	1 134 856	560 783	49.4	1 092 398	587 054	53.7
1 VII 1987	2 274 448	1 179 839	51.9	1 158 430	576 231	49.7	1 116 018	603 608	54.1
1 VII 1988	2 322 001	1 212 475	52.2	1 182 170	591 986	50.1	1 139 831	620 489	54.4
1 VII 1989	2 369 858	1 245 453	52.6	1 206 047	607 880	50.4	1 163 811	637 573	54.8
13 V 1990(C)	2 329 329	1 151 555	49.4	1 178 790	607 025	51.5	1 150 539	644 530	56.0
1 VII 1990	2 417 955	1 278 589	52.9	1 230 030	623 806	50.7	1 187 925	654 783	55.1
1 VII 1991	2 466 228	1 311 854	53.2	1 254 086	639 747	51.0	1 212 142	672 107	55.4
1 VII 1992*	2 514 586	1 345 399	53.5	1 278 170	655 789	51.3	1 236 416	689 610	55.8
United States – Etats–Unis									
1 IV 1990(C) [1 6 7]	248 709 873	187 053 487	75.2	121 239 418	90 386 114	74.6	127 470 455	96 667 373	75.8
United States Virgin Islands – Iles Vierges américaines [1 8]									
1 VII 1983	103 700	40 516	39.1	...	...	...	...	...	...
1 VII 1984	107 500	42 000	39.1	...	...	...	...	...	...
1 VII 1985	110 850	42 684	38.5	...	...	...	...	...	...
AMERICA, SOUTH— **AMERIQUE DU SUD**									
Argentina – Argentine [9]									
1 VII 1983	29 505 467	24 794 210	84.0	...	...	...	...	...	...
1 VII 1984	29 920 543	25 243 682	84.4	...	...	...	...	...	...
1 VII 1985	30 331 283	25 684 554	84.7	15 045 534	12 535 252	83.3	15 285 749	13 149 302	86.0
1 VII 1986	30 736 804	26 105 745	84.9	15 239 879	...	...	15 496 925	...	...
1 VII 1987	31 137 301	26 533 904	85.2	15 432 044	...	...	15 705 257	...	...
1 VII 1988	31 534 098	26 948 912	85.5	15 622 683	...	...	15 911 415	...	...
1 VII 1989	31 928 519	27 354 700	85.7	15 812 450	...	...	16 116 069	...	...
1 VII 1990	32 321 887	27 761 246	85.9	16 001 997	13 506 025	84.4	16 319 890	14 255 220	87.3
1 VII 1991	32 712 929	28 165 323	86.1	...	...	...	...	...	...
1 VII 1992*	33 100 763	28 587 773	86.4	...	...	...	...	...	...

(See notes at end of table. – Voir notes à la fin du tableau.)

Continent, country or area and date / Continent, pays ou zone et date	Both sexes – Les deux sexes Total	Urban – Urbaine Number / Nombre	Per cent / P. 100	Male – Masculin Total	Urban – Urbaine Number / Nombre	Per cent / P. 100	Female – Féminin Total	Urban – Urbaine Number / Nombre	Per cent / P. 100
AMERICA, SOUTH— (Cont.–Suite) AMERIQUE DU SUD									
Bolivia – Bolivie [5] [9]									
1 VII 1983	6 081 722	2 822 546	46.4	...	...	...	...	...	...
1 VII 1984	6 252 721	2 942 944	47.1	...	...	...	...	...	...
1 VII 1985	6 429 226	3 068 051	47.7	3 175 379	1 497 863	47.2	3 253 847	1 570 188	48.3
1 VII 1986	6 611 383	3 197 870	48.4	...	...	...	...	...	...
1 VII 1987	6 799 384	3 332 422	49.0	...	...	...	...	...	...
1 VII 1988	6 020 100	3 077 300	51.1	2 994 200	1 501 900	50.2	3 025 900	1 575 400	52.1
1 VII 1989	7 193 389	3 615 151	50.3	...	...	...	...	...	...
1 VII 1990	7 399 724	3 763 227	50.9	...	...	...	...	...	...
1 VII 1991	7 612 490	3 915 849	51.4	...	...	...	...	...	...
3 VI 1992(C)	6 344 396	3 660 396	57.7	3 124 846	1 777 666	56.9	3 219 550	1 882 730	58.5
1 VII 1992*	7 831 836	4 073 021	52.0	...	...	...	...	...	...
Brazil – Brésil [2] [10]									
1 VII 1983	129 766 000	91 288 000	70.3	...	...	...	...	...	...
1 VII 1984	132 659 000	94 451 000	71.2	...	...	...	...	...	...
1 VII 1985	135 564 000	97 624 000	72.0	67 677 000	...	...	67 887 000	...	...
1 VII 1986	138 493 000	100 601 000	72.6	69 125 000	...	...	69 368 000	...	...
1 VII 1987	141 452 000	103 614 000	73.3	70 588 000	50 905 000	72.1	70 864 000	52 709 000	74.4
1 VII 1988	144 428 000	106 649 000	73.8	72 059 000	52 388 000	72.7	72 369 000	54 261 000	75.0
1 VII 1989	147 404 000	109 697 000	74.4	73 529 000	...	...	73 875 000	...	...
1 VII 1990	150 368 000	112 744 000	75.0	74 992 000	...	...	75 375 000	...	...
1 VII 1992*	156 275 000	118 851 000	76.1	...	...	...	...	...	...
Chile – Chili									
1 VII 1983	11 716 769	9 656 950	82.4	5 782 050	...	...	5 934 720	...	...
1 VII 1984	11 918 590	9 877 177	82.9	5 882 183	...	...	6 036 409	...	...
1 VII 1985	12 121 677	10 097 133	83.3	5 982 988	4 882 863	81.6	6 138 689	5 214 270	84.9
1 VII 1986	12 327 030	10 302 613	83.6	6 085 008	4 984 901	81.9	6 242 022	5 317 712	85.2
1 VII 1987	12 536 374	10 509 512	83.8	6 189 092	5 087 692	82.2	6 347 282	5 421 820	85.4
1 VII 1988	12 748 207	10 718 888	84.1	6 294 428	5 191 835	82.5	6 453 779	5 527 053	85.6
1 VII 1989	12 961 032	10 931 787	84.3	6 400 207	5 297 921	82.8	6 560 825	5 633 866	85.9
1 VII 1990	13 173 347	11 149 276	84.6	6 505 617	5 406 556	83.1	6 667 730	5 742 720	86.1
1 VII 1991	13 385 817	11 362 880	84.9	6 610 979	5 512 479	83.4	6 774 837	5 850 401	86.4
1 VII 1992*	13 599 441	11 573 878	85.1	...	...	...	...	...	...
Colombia – Colombie									
1 VII 1983	27 502 000	17 980 000	65.4	...	...	...	...	...	...
15 X 1985(C)	27 837 932	18 713 553	67.2	13 777 700	8 927 542	64.8	14 060 232	9 786 011	69.6
1 VII 1988	30 241 000	20 575 000	68.0	...	...	...	...	...	...
Ecuador – Equateur [11]									
1 VII 1983	8 637 873	4 293 309	49.7	...	...	...	...	...	...
1 VII 1984	8 868 249	4 480 423	50.5	...	...	...	...	...	...
1 VII 1985	9 098 852	4 671 596	51.3	...	...	...	...	...	...
1 VII 1986	9 329 636	4 866 832	52.2	...	...	...	...	...	...
1 VII 1987	9 561 489	5 065 657	53.0	...	...	...	...	...	...
1 VII 1988	9 794 477	5 268 062	53.8	...	...	...	...	...	...
1 VII 1989	10 028 670	5 474 040	54.6	...	...	...	...	...	...
1 VII 1990	10 264 137	5 683 585	55.4	...	...	...	...	...	...
25 XI 1990(C)	9 648 189	5 345 858	55.4	4 796 412	...	...	4 851 777	2 748 751	56.7
1 VII 1991	10 501 529	5 897 427	56.2	...	...	...	...	...	...
1 VII 1992*	10 740 799	6 115 572	56.9	5 398 462	3 007 784	55.7	5 342 337	3 107 789	58.2
Falkland Islands (Malvinas)— Iles Falkland (Malvinas)									
16 XI 1986(C)	1 878	1 231	65.5	994	626	63.0	884	605	68.4
5 III 1991(C)	2 050	1 557	76.0	1 095	814	74.3	955	743	77.8
Paraguay									
26 VIII 1992(C)*	4 123 550	2 084 017	50.5	2 069 673	1 004 203	48.5	2 053 877	1 079 814	52.6

(See notes at end of table. – Voir notes à la fin du tableau.)

Continent, country or area and date / Continent, pays ou zone et date	Both sexes – Les deux sexes Total / Total	Urban – Urbaine Number / Nombre	Urban – Urbaine Per cent / P. 100	Male – Masculin Total / Total	Urban – Urbaine Number / Nombre	Urban – Urbaine Per cent / P. 100	Female – Féminin Total / Total	Urban – Urbaine Number / Nombre	Urban – Urbaine Per cent / P. 100
AMERICA, SOUTH— (Cont.–Suite) **AMERIQUE DU SUD**									
Peru – Pérou [9] [10]									
1 VII 1983	18 568 187	12 314 340	66.3	9 353 461	6 167 191	65.9	9 214 726	6 147 149	66.7
1 VII 1984	18 992 270	12 728 749	67.0	9 566 066	6 371 900	66.6	9 426 204	6 356 849	67.4
1 VII 1985	19 417 176	13 137 804	67.7	9 779 002	6 573 965	67.2	9 638 174	6 563 839	68.1
1 VII 1986	19 840 357	13 538 691	68.2	9 990 901	6 771 882	67.8	9 849 456	6 766 809	68.7
1 VII 1987	20 261 439	13 936 356	68.8	10 201 555	6 968 010	68.3	10 059 884	6 968 346	69.3
1 VII 1988	20 684 244	14 335 022	69.3	10 413 017	7 164 607	68.8	10 271 227	7 170 415	69.8
1 VII 1989	21 112 598	14 738 918	69.8	10 627 341	7 363 932	69.3	10 485 257	7 374 986	70.3
1 VII 1990	21 550 322	15 152 265	70.3	10 846 578	7 568 242	69.8	10 703 744	7 584 023	70.9
1 VII 1991	21 998 261	15 576 912	70.8	11 071 166	7 778 518	70.3	10 927 095	7 798 394	71.4
1 VII 1992*	22 453 867	16 010 043	71.3	11 299 736	7 993 254	70.7	11 154 131	8 016 789	71.9
Uruguay [9]									
1 VII 1983	2 970 050	2 568 729	86.5	1 453 697	...	...	1 516 353	...	...
1 VII 1984	2 989 097	2 597 897	86.9	1 461 361	...	...	1 527 736	...	...
1 VII 1985	3 008 269	2 626 940	87.3	1 469 065	1 247 711	84.9	1 539 204	1 247 711	81.1
23 X 1985(C)	2 955 241	2 581 087	87.3	1 439 021	1 222 260	84.9	1 516 220	1 358 827	89.6
1 VII 1986	3 025 264	2 651 301	87.6	1 476 854	1 259 551	85.3	1 548 410	1 391 750	89.9
1 VII 1987	3 042 356	2 675 616	87.9	1 484 685	1 271 359	85.6	1 557 671	1 404 257	90.2
1 VII 1988	3 059 545	2 699 888	88.2	1 492 557	1 283 135	86.0	1 566 988	1 416 753	90.4
1 VII 1989	3 076 830	2 724 119	88.5	1 500 470	1 294 880	86.3	1 576 360	1 429 239	90.7
1 VII 1990	3 096 371	2 748 132	88.8	1 508 426	1 306 601	86.6	1 585 788	1 441 721	90.9
1 VII 1991	3 112 303	2 772 808	89.1	1 517 095	1 318 907	86.9	1 595 208	1 453 901	91.1
1 VII 1992*	3 130 500	2 797 288	89.4	1 525 815	1 331 199	87.2	1 604 685	1 466 089	91.4
Venezuela [9] [10]									
1 VII 1983	16 393 726	13 247 463	80.8	8 288 239	6 609 601	79.7	8 105 487	6 637 862	81.9
1 VII 1984	16 851 196	13 704 717	81.3	8 516 231	6 837 591	80.3	8 334 965	6 867 126	82.4
1 VII 1985	17 316 741	14 169 309	81.8	8 748 446	7 069 259	80.8	8 568 335	7 100 050	82.9
1 VII 1986	17 526 214	14 424 074	82.3	...	...	...	...	...	...
1 VII 1987	17 973 699	14 873 236	82.8	...	...	...	...	...	...
1 VII 1988	18 422 090	15 325 337	83.2	...	...	...	...	...	...
1 VII 1989	18 871 904	15 776 913	83.6	...	...	...	...	...	...
1 VII 1990	19 325 222	16 231 254	84.0	9 747 375	8 094 783	83.0	9 577 847	8 136 471	85.0
ASIA—ASIE									
Afghanistan									
1 VII 1988 [2] [12]	15 513 267	2 752 024	17.7	7 972 397	1 417 760	17.8	7 540 870	1 334 264	17.7
Armenia – Arménie									
1 VII 1983	3 242 700	2 176 300	67.1	...	...	...	...	...	...
1 VII 1984	3 291 800	2 219 800	67.4	...	...	...	...	...	...
1 VII 1985	3 339 100	2 261 400	67.7	...	...	...	...	...	...
1 VII 1986	3 386 800	2 302 600	68.0	...	...	...	...	...	...
1 VII 1987	3 434 500	2 343 500	68.2	...	...	...	...	...	...
1 VII 1988	3 452 800	2 365 700	68.5	...	...	...	...	...	...
12 I 1989(C) [1]	3 304 776	2 222 241	67.2	1 619 308	1 077 746	66.6	1 685 468	1 144 495	67.9
1 VII 1989	3 481 800	2 398 100	68.9	...	...	...	...	...	...
1 VII 1990	3 544 700	2 456 000	69.3	...	...	...	...	...	...
1 VII 1991	3 611 700	2 500 100	69.2	1 751 600	1 193 500	68.1	1 860 100	1 306 600	70.2
1 VII 1992	3 685 600	2 525 700	68.5	...	...	...	...	...	...
Azerbaijan – Azerbaïdjan									
12 I 1989(C) [1]	7 021 178	3 805 885	54.2	3 423 793	1 867 911	54.6	3 597 385	1 937 974	53.9
Bangladesh [9]									
1 VII 1984	97 273 206	12 642 698	13.0	50 164 130	6 906 341	13.8	47 109 076	5 736 357	12.2
1 VII 1985	99 434 044	13 301 983	13.4	51 258 485	7 229 924	14.1	48 175 559	6 072 059	12.6
1 VII 1986	101 673 124	13 987 902	13.8	52 396 473	7 605 662	14.5	49 276 651	6 382 240	13.0
Cambodia – Cambodge									
1 VII 1990 [13]	8 567 582	1 081 291	12.6	3 964 497	490 359	12.4	4 603 085	590 932	12.8
China – Chine [14]									
1 VII 1990(C) [15]	1131876 050	296 958 320	25.2	582 380 890	154 395 980	26.5	549 495 160	142 562 340	25.9
Georgia – Géorgie									
12 I 1989(C) [1]	5 400 841	2 991 352	55.4	2 562 040	1 401 043	54.7	2 838 801	1 590 309	56.0

141

(See notes at end of table. – Voir notes à la fin du tableau.)

Continent, country or area and date / Continent, pays ou zone et date	Both sexes – Les deux sexes Total	Urban – Urbaine Number / Nombre	Urban – Urbaine Per cent / P. 100	Male – Masculin Total	Urban – Urbaine Number / Nombre	Urban – Urbaine Per cent / P. 100	Female – Féminin Total	Urban – Urbaine Number / Nombre	Urban – Urbaine Per cent / P. 100
ASIA—ASIE (Cont.–Suite)									
Hong Kong – Hong–kong									
11 III 1986(C)* [16]	5 395 997	5 024 047	93.1	2 772 464	2 576 497	92.9	2 623 533	2 447 550	93.3
India – Inde [9] [17]									
1 VII 1985	750 859 000	187 706 000	25.0	387 618 400	...	...	363 240 600	...	...
1 VII 1986	766 135 000	194 585 000	25.4	395 484 000	103 016 000	26.0	370 651 000	91 569 000	24.7
1 VII 1987	781 374 000	201 768 000	25.8	403 168 000	106 729 000	26.5	378 206 000	95 039 000	25.1
1 VII 1988	796 596 000	209 174 000	26.3	410 835 000	110 554 000	26.9	385 761 000	98 620 000	25.6
1 VII 1989	811 817 000	216 816 000	26.7	418 495 000	114 496 000	27.4	393 322 000	102 320 000	26.0
1 VII 1990	827 050 000	224 709 000	27.2	426 153 000	...	...	400 897 000	...	...
1 III 1991	844 324 222	217 177 625	25.7	437 805 805	114 700 656	26.2	406 518 417	102 476 969	25.2
1 VII 1991(C)*	849 638 000	218 527 000	25.7	440 455 000	...	...	409 183 000	...	...
1 VII 1992	870 000 000	226 461 000	26.0	451 731 000	...	...	418 269 000	...	...
Indonesia – Indonésie									
31 X 1990(C) [18]	179 378 946	55 502 063	30.9	89 463 545	27 733 632	31.0	89 915 401	27 768 431	30.9
Iran (Islamic Republic of – Rép. islamique d')									
1 VII 1983	44 076 642	22 921 691	52.0	...	...	...	...	...	...
1 VII 1984	45 797 998	24 161 090	52.8	...	...	...	...	...	...
22 IX 1986(C)	49 445 010	26 844 561	54.3	25 280 961	13 769 617	54.5	24 164 049	13 074 944	54.1
1 VII 1987	50 662 037	27 776 043	54.8	...	...	...	...	...	...
1 VII 1988	51 909 019	28 739 847	55.4	...	...	...	...	...	...
1 VII 1989	53 186 694	29 737 094	55.9	...	...	...	...	...	...
1 VII 1990	54 495 817	30 768 945	56.5	...	...	...	...	...	...
31 X 1991(C)	55 837 163	31 836 598	57.0	28 768 450	16 435 244	57.1	27 068 713	15 401 354	56.9
Iraq									
17 X 1987(C)	16 335 199	11 468 969	70.2	8 395 889	5 951 403	70.9	7 939 310	5 517 566	69.5
1 VII 1988	17 250 267	12 589 533	73.0	8 864 163	6 528 691	73.7	8 386 104	6 060 842	72.3
1 VII 1990	17 373 000	12 149 800	69.9	8 730 000	6 111 500	70.0	8 643 000	6 038 300	69.9
Israel – Israël [1] [9] [19]									
4 VI 1983(C)	4 037 620	3 616 029	89.6	2 011 590	1 793 397	89.2	2 026 030	1 822 632	90.0
1 VII 1984	4 159 139	3 718 000	89.4	2 075 690	...	...	2 083 449	...	...
1 VII 1985	4 233 000	3 775 500	89.2	2 112 300	...	...	2 120 600	...	...
1 VII 1986	4 298 800	3 827 000	89.0	2 144 600	...	...	2 154 200	...	...
1 VII 1987	4 368 900	3 884 000	88.9	2 179 000	1 929 000	88.5	2 189 900	1 955 000	89.3
1 VII 1988	4 441 700	3 943 700	88.8	2 215 200	...	...	2 226 500	...	...
1 VII 1989	4 518 200	4 060 200	89.9	2 253 200	...	...	2 265 000	...	...
1 VII 1990	4 660 200	4 193 400	90.0	2 321 000	2 080 500	89.6	2 339 100	2 113 800	90.4
1 VII 1991	4 946 300	4 454 800	90.1	2 458 300	...	...	2 487 900	...	...
Japan – Japon [20]									
1 X 1985(C)	121 048 923	92 889 236	76.7	59 497 316	45 793 045	77.0	61 551 607	47 096 191	76.5
1 X 1990(C)*	123 611 167	95 643 521	77.4	60 696 724	47 124 420	77.6	62 914 443	48 519 101	77.1
Kazakhstan									
1 VII 1987	16 166 597	9 155 437	56.6	7 814 842	4 350 720	55.7	8 351 755	4 804 717	57.5
1 VII 1988	16 361 572	9 318 010	57.0	7 919 170	4 430 406	55.9	8 442 582	4 887 604	57.9
12 I 1989(C) [1]	16 464 464	9 402 582	57.1	7 974 004	4 471 855	56.1	8 490 460	4 930 727	58.1
1 VII 1989	16 536 959	9 458 345	57.2	8 013 521	4 500 507	56.2	8 523 438	4 957 838	58.2
1 VII 1990	16 669 700	9 564 437	57.4	8 086 627	4 555 346	56.3	8 583 073	5 009 091	58.4
1 VII 1991	16 806 400	9 659 500	57.5	8 159 900	4 602 300	56.4	8 646 500	5 057 200	58.5
Korea, Republic of – Corée, Rép. de [21]									
1 VII 1985	40 805 744	27 380 654	67.1	20 575 600	...	...	20 230 144	...	...
1 XI 1985(C) [22]	40 448 486	26 442 980	65.4	20 243 765	13 168 116	65.0	20 204 721	13 274 864	65.7
1 VII 1986	41 184 048	28 029 863	68.1	20 764 224	...	...	20 419 824	...	...
1 VII 1987	41 574 912	28 682 532	69.0	20 958 864	...	...	20 616 048	...	...
1 VII 1988	41 974 640	29 336 076	69.9	21 157 744	...	...	20 816 896	...	...
1 VII 1989	42 380 176	29 983 975	70.8	21 358 960	...	...	21 021 216	...	...
1 XI 1990(C)*	43 520 199	32 397 509	74.4	21 844 844	16 251 431	74.4	21 675 355	16 146 078	74.5

(See notes at end of table. – Voir notes à la fin du tableau.)

Continent, country or area and date / Continent, pays ou zone et date	Both sexes – Les deux sexes			Male – Masculin			Female – Féminin		
	Total	Urban – Urbaine		Total	Urban – Urbaine		Total	Urban – Urbaine	
		Number Nombre	Per cent P. 100		Number Nombre	Per cent P. 100		Number Nombre	Per cent P. 100
ASIA—ASIE (Cont.–Suite)									
Kyrgyzstan – Kirghizistan									
1 VII 1983	3 856 500	1 463 100	37.9	...	...	...	...	...	...
1 VII 1984	3 937 200	1 494 500	38.0	...	...	...	...	...	...
1 VII 1985	4 013 700	1 523 700	38.0	...	...	...	...	...	...
1 VII 1986	4 092 600	1 552 800	37.9	...	...	...	...	...	...
1 VII 1987	4 173 300	1 584 800	38.0	...	...	...	...	...	...
1 VII 1988	4 249 800	1 620 200	38.1	...	...	...	...	...	...
12 I 1989(C) [1]	4 257 755	1 624 535	38.2	2 077 623	770 066	37.1	2 180 132	854 469	39.2
1 VII 1989	4 326 800	1 651 200	38.2	...	...	...	...	...	...
1 VII 1990	4 394 700	1 674 000	38.1	...	...	...	...	...	...
1 VII 1991	4 453 300	1 690 800	38.0	...	...	...	...	...	...
1 VII 1992*	4 493 300	1 688 100	37.6	...	...	...	...	...	...
Malaysia – Malaisie									
14 VIII 1991(C)*	17 566 982	8 896 225	50.6	8 861 124	4 464 187	50.4	8 705 858	4 432 038	50.9
Sabah									
1 VII 1983	1 134 321	596 252	52.6	596 252	...	...	538 069	...	...
1 VII 1984	1 176 940	617 981	52.5	617 981	...	...	558 959	...	...
1 VII 1985	1 222 718	641 233	52.4	641 233	...	...	581 485	...	...
1 VII 1986	1 271 595	665 829	52.4	665 829	...	...	605 597	...	...
1 VII 1987	1 320 223	690 496	52.3	690 496	...	...	629 727	...	...
1 VII 1988	1 370 189	716 021	52.3	716 021	...	...	654 168	...	...
1 VII 1989	1 420 492	741 461	52.2	741 461	...	...	679 031	...	...
1 VII 1990	1 470 400	766 700	52.1	766 900	...	...	703 500	...	...
Sarawak									
1 VII 1983	1 408 790	710 359	50.4	710 359	...	...	698 431	...	...
1 VII 1984	1 442 128	727 400	50.4	727 400	...	...	714 728	...	...
1 VII 1985	1 477 428	745 247	50.4	745 247	...	...	732 181	...	...
1 VII 1986	1 515 329	764 291	50.4	764 291	...	...	750 038	...	...
1 VII 1987	1 552 894	784 182	50.5	784 182	...	...	768 712	...	...
1 VII 1988	1 593 100	804 828	50.5	804 828	...	...	788 272	...	...
1 VII 1989	1 633 069	825 116	50.5	825 116	...	...	807 953	...	...
1 VII 1990	1 668 700	843 800	50.6	843 900	...	...	824 800	...	...
Maldives									
25 III 1985(C)	180 088	45 874	25.5	93 482	25 897	27.7	86 606	19 977	23.1
8 III 1990(C)	213 215	55 130	25.9	109 336	30 150	27.6	103 879	24 980	24.0
Mongolia – Mongolie									
5 I 1989(C)*	2 043 400	1 165 900	57.1	...	...	...	...	...	...
Myanmar									
31 III 1983(C)	35 307 913	8 466 292	24.0	17 518 255	4 214 463	24.1	17 789 658	4 251 829	23.9
Pakistan [23]									
1 VII 1983	90 480 000	25 560 000	28.2	...	...	...	...	...	...
1 VII 1984	93 286 000	26 334 000	28.2	...	...	...	...	...	...
1 VII 1985	96 180 000	27 216 000	28.3	...	...	...	...	...	...
1 VII 1986	99 163 000	28 060 000	28.3	...	...	...	...	...	...
1 VII 1987	102 238 000	28 913 000	28.3	...	...	...	...	...	...
1 VII 1988	105 409 000	29 793 000	28.3	...	...	...	...	...	...
1 VII 1989	108 678 420	30 699 000	28.2	...	...	...	...	...	...
1 VII 1990	112 049 000	31 633 000	28.2	...	...	...	...	...	...
1 VII 1991	115 524 000	32 595 000	28.2	...	...	...	...	...	...
Philippines [1]									
1 VII 1983	52 055 370	20 203 280	38.8	26 117 426	...	...	25 937 944	...	...
1 VII 1984	53 351 220	21 000 880	39.4	26 771 815	...	...	26 579 405	...	...
1 VII 1985	54 668 332	21 821 760	39.9	27 437 246	...	...	27 231 086	...	...
1 VII 1986	56 004 130	22 665 184	40.5	28 112 404	...	...	27 891 726	...	...
1 VII 1987	57 356 042	23 530 304	41.0	28 795 983	...	...	28 560 059	...	...
1 VII 1988	58 721 307	24 416 144	41.6	29 486 544	...	...	29 234 763	...	...
1 VII 1989	60 096 988	25 321 600	42.1	30 182 591	...	...	29 914 397	...	...
1 VII 1990	61 480 180	26 245 568	42.7	30 882 646	...	...	30 597 534	...	...
1 VII 1991	62 868 212	27 186 816	43.2	31 585 390	...	...	31 282 822	...	...
1 VII 1992*	64 258 611	28 114 256	43.8	...	...	...	...	...	...

6. Urban and total population by sex: 1983 – 1992 (continued)

Population urbaine et population totale selon le sexe: 1983 – 1992 (suite)

(See notes at end of table. – Voir notes à la fin du tableau.)

Continent, country or area and date / Continent, pays ou zone et date	Both sexes – Les deux sexes			Male – Masculin			Female – Féminin		
	Total	Urban – Urbaine		Total	Urban – Urbaine		Total	Urban – Urbaine	
		Number Nombre	Per cent P. 100		Number Nombre	Per cent P. 100		Number Nombre	Per cent P. 100
ASIA—ASIE (Cont.–Suite)									
Syrian Arab Republic – République arabe syrienne [24]									
1 VII 1983	9 611 000	4 587 000	47.7	4 909 000	2 367 000	48.2	4 702 000	2 220 000	47.2
1 VII 1984	9 934 000	4 783 000	48.1	5 072 000	2 448 000	48.3	4 862 000	2 335 000	48.0
1 VII 1985	10 267 000	4 991 000	48.6	5 244 000	2 580 000	49.2	5 023 000	2 411 000	48.0
1 VII 1986	10 612 000	5 208 000	49.1	5 420 000	2 692 000	49.7	5 192 000	2 516 000	48.5
1 VII 1987	10 969 000	5 428 000	49.5	5 603 000	2 805 000	50.1	5 366 000	2 623 000	48.9
1 VII 1988	11 338 000	5 672 000	50.0	5 793 000	2 932 000	50.6	5 545 000	2 740 000	49.4
1 VII 1989	11 719 000	5 855 000	50.0	5 986 000	3 025 000	50.5	5 733 000	2 830 000	49.4
1 VII 1990	12 116 000	6 087 000	50.2	6 189 000	3 146 000	50.8	5 927 000	2 941 000	49.6
1 VII 1991	12 529 000	6 301 000	50.3	...	...	...	...	...	...
1 VII 1992*	12 958 000	6 594 000	50.9	6 620 000	3 408 000	51.5	6 338 000	3 186 000	50.3
Tajikistan – Tadjikistan									
1 VII 1983	4 297 700	1 438 600	33.5	...	...	...	...	...	...
1 VII 1984	4 427 500	1 472 700	33.3	...	...	...	...	...	...
1 VII 1985	4 566 800	1 512 000	33.1	...	...	...	...	...	...
1 VII 1986	4 718 600	1 555 100	33.0	...	...	...	...	...	...
1 VII 1987	4 874 400	1 600 300	32.8	...	...	...	...	...	...
1 VII 1988	5 027 000	1 643 600	32.7	...	...	...	...	...	...
12 I 1989(C) [1]	5 092 603	1 655 105	32.5	2 530 245	812 986	32.1	2 562 358	842 119	32.9
1 VII 1989	5 175 000	1 677 600	32.4	...	...	...	...	...	...
1 VII 1990	5 303 200	1 685 200	31.8	...	...	...	...	...	...
1 VII 1991	5 464 500	1 691 600	31.0	...	...	...	...	...	...
Thailand – Thaïlande									
1 IV 1990(C)* [1]	54 532 300	10 206 900	18.7	27 031 200	4 941 000	18.3	27 501 100	5 265 900	19.1
Turkey – Turquie									
1 VII 1983	47 714 959	23 499 036	49.2	...	...	...	...	...	...
1 VII 1984	48 978 233	25 017 241	51.1	...	...	...	...	...	...
1 VII 1985	50 230 688	26 354 576	52.5	...	...	...	...	...	...
20 X 1985(C)	50 664 458	26 865 757	53.0	25 671 975	14 010 662	54.6	24 992 483	12 855 095	51.4
1 VII 1986	51 259 096	27 515 269	53.7	...	...	...	...	...	...
1 VII 1987	52 339 355	28 727 081	54.9	...	...	...	...	...	...
1 VII 1988	53 473 714	29 992 263	56.1	...	...	...	...	...	...
1 VII 1989	54 664 518	31 313 166	57.3	...	...	...	...	...	...
1 VII 1990	56 071 162	32 884 630	58.6	...	...	...	...	...	...
21 X 1990(C)*	56 473 035	33 326 351	59.0	...	...	...	...	...	...
1 VII 1991	57 390 983	34 332 916	59.8	...	...	...	...	...	...
1 VII 1992*	58 775 281	35 844 967	61.0	...	...	...	...	...	...
Turkmenistan – Turkménistan									
12 I 1989(C) [1]	3 522 717	1 591 148	45.2	1 735 179	783 245	45.1	1 787 538	807 903	45.2
Uzbekistan – Ouzbékistan									
12 I 1989(C) [1]	19 810 077	8 040 963	40.6	9 784 156	3 937 149	40.2	10 025 921	4 103 814	40.9
Viet Nam									
1 VII 1983	57 373 000	10 981 000	19.1	...	...	...	...	...	...
1 VII 1984	58 653 000	11 102 000	18.9	...	...	...	...	...	...
1 VII 1985	59 872 000	11 360 000	19.0	...	...	...	...	...	...
1 VII 1986	61 109 333	11 817 000	19.3	29 912 001	...	...	31 197 332	...	...
1 VII 1987	62 452 446	12 271 000	19.6	30 611 596	...	...	31 840 850	...	...
1 VII 1988	63 727 350	12 662 000	19.9	31 450 047	...	...	32 277 303	...	...
1 VII 1991	67 774 000	13 831 000	20.4	...	...	...	...	...	...
1 VII 1992*	69 306 000	14 246 000	20.6	...	...	...	...	...	...

(See notes at end of table. – Voir notes à la fin du tableau.)

Continent, country or area and date / Continent, pays ou zone et date	Both sexes – Les deux sexes Total	Urban – Urbaine Number / Nombre	Per cent / P. 100	Male – Masculin Total	Urban – Urbaine Number / Nombre	Per cent / P. 100	Female – Féminin Total	Urban – Urbaine Number / Nombre	Per cent / P. 100
EUROPE									
Albania – Albanie									
1 VII 1983	2 838 100	973 500	34.3	...	...	...	...	...	...
1 VII 1984	2 896 700	999 400	34.5	1 494 700	508 700	34.0	1 402 000	490 700	35.0
1 VII 1985	2 957 400	1 029 200	34.8	1 526 000	523 300	34.3	1 431 400	505 900	35.3
1 VII 1986	3 016 200	1 055 700	35.0	1 553 300	536 300	34.5	1 462 900	519 400	35.5
1 VII 1987	3 076 100	1 082 800	35.2	1 584 200	549 500	34.7	1 491 900	533 300	35.7
1 VII 1988	3 138 100	1 111 400	35.4	1 616 100	563 500	34.9	1 522 000	547 900	36.0
12 IV 1989(C)*	3 182 400	1 129 800	35.5	1 638 900	...	...	1 543 500	...	...
1 VII 1989	3 199 233	1 146 506	35.8	...	...	...	...	...	...
1 VII 1990	3 255 891	1 176 002	36.1	1 674 321	...	...	1 581 570	...	...
Andorra – Andorre									
1 VII 1983	41 627	39 970	96.0	...	...	...	...	...	...
1 VII 1984	42 712	40 832	95.6	22 890	...	...	19 822	...	...
1 VII 1985	44 596	42 543	95.4	23 695	...	...	20 901	...	...
1 VII 1986	46 976	44 727	95.2	24 828	...	...	22 148	...	...
1 VII 1987	47 671	45 389	95.2	25 202	23 937	95.0	22 469	21 452	95.5
1 VII 1988	49 640	47 187	95.1	26 233	24 884	94.9	23 407	22 303	95.3
1 VII 1989	50 276	47 790	95.1	27 412	26 056	95.1	22 864	21 734	95.1
1 VII 1990	51 642	48 939	94.8	27 092	25 614	94.5	24 550	23 325	95.0
1 VII 1991	57 558	54 285	94.3	30 707	28 866	94.0	26 851	25 419	94.7
Belarus – Bélarus									
12 I 1989(C) [1]	10 151 806	6 641 377	65.4	4 749 324	3 137 071	66.1	5 402 482	3 504 306	64.9
Bulgaria – Bulgarie									
1 VII 1983	8 939 738	5 779 165	64.6	4 446 183	2 880 677	64.8	4 493 555	2 898 488	64.5
1 VII 1984	8 960 679	5 879 134	65.6	4 452 958	2 930 737	65.8	4 507 721	2 948 397	65.4
1 VII 1985	8 960 416	5 869 832	65.5	4 452 181	2 924 721	65.7	4 508 235	2 945 111	65.3
4 XII 1985(C)	8 948 388	5 796 330	64.8	4 430 061	2 862 394	64.6	4 518 327	2 933 936	64.9
1 VII 1986	8 957 638	5 839 302	65.2	4 451 946	2 907 972	65.3	4 505 692	2 931 330	65.1
1 VII 1987	8 971 358	5 921 244	66.0	4 437 666	2 923 029	65.9	4 533 692	2 998 215	66.1
1 VII 1988	8 981 446	5 990 895	66.7	4 438 638	2 956 276	66.6	4 542 808	3 034 619	66.8
1 VII 1989	8 989 476	6 051 093	67.3	4 438 707	2 984 449	67.2	4 550 769	3 066 644	67.4
1 VII 1990	8 990 741	6 097 047	67.8	4 435 274	3 004 845	67.7	4 555 467	3 092 202	67.9
1 VII 1991	8 982 013	6 119 450	68.1	4 427 289	3 012 981	68.1	4 554 724	3 106 469	68.2
Former Czechoslovakia – Ancienne Tchécoslovaquie									
1 VII 1983	15 414 360	11 421 455	74.1	7 506 006	...	...	7 908 354	...	...
1 VII 1984	15 458 200	11 488 069	74.3	7 527 815	...	...	7 930 385	...	...
1 VII 1985	15 498 531	11 571 716	74.7	7 547 807	...	...	7 950 724	...	...
1 VII 1986	15 533 526	10 039 421	64.6	7 565 961	...	...	7 967 565	...	...
1 VII 1987	15 572 443	10 118 765	65.0	7 585 364	...	...	7 987 079	...	...
1 VII 1988	15 607 479	10 196 601	65.3	7 602 120	...	...	8 005 359	...	...
1 VII 1989	15 638 443	10 278 408	65.7	7 617 276	...	...	8 021 167	...	...
1 VII 1990	15 660 514	10 321 985	65.9	7 627 057	...	...	8 033 457	...	...
Estonia – Estonie									
1 VII 1983	1 498 179	1 064 677	71.1	...	...	...	...	...	...
1 VII 1984	1 507 934	1 073 796	71.2	...	...	...	...	...	...
1 VII 1985	1 519 012	1 083 764	71.3	...	...	...	...	...	...
1 VII 1986	1 531 971	1 094 816	71.5	712 670	504 726	70.8	819 301	590 090	72.0
1 VII 1987	1 546 489	1 105 693	71.5	720 562	510 378	70.8	825 927	595 315	72.1
1 VII 1988	1 559 587	1 114 649	71.5	727 911	515 170	70.8	831 676	599 479	72.1
12 I 1989(C) [1]	1 565 662	1 118 829	71.5	731 392	517 400	70.7	834 270	601 429	72.1
1 VII 1989	1 568 692	1 121 198	71.5	733 203	518 698	70.7	835 489	602 500	72.1
1 VII 1990	1 571 056	1 122 365	71.4	734 881	519 403	70.7	836 175	602 962	72.1
Finland – Finlande [1]									
1 VII 1983	4 855 787	2 910 467	59.9	2 350 021	1 380 617	58.7	2 505 766	1 529 850	61.1
1 VII 1984	4 881 803	2 917 135	59.8	2 363 200	1 380 542	58.4	2 518 603	1 536 593	61.0
1 VII 1985	4 902 206	2 930 865	59.8	2 373 504	1 387 395	58.5	2 528 702	1 543 470	61.0
17 XI 1985(C)	4 910 619	2 938 341	59.8	2 377 978	1 391 315	58.5	2 532 641	1 547 026	61.1
1 VII 1986	4 918 154	3 037 980	61.8	2 381 823	1 440 455	60.5	2 536 331	1 597 526	63.0
1 VII 1987	4 932 123	3 047 658	61.8	2 389 367	1 445 432	60.5	2 542 756	1 602 226	63.0
1 VII 1988	4 946 481	3 055 944	61.8	2 397 118	1 449 928	60.5	2 549 363	1 606 016	63.0
1 VII 1989	4 964 371	3 063 263	61.7	2 407 064	1 454 418	60.4	2 557 307	1 608 845	62.9
1 VII 1990	4 986 431	3 073 388	61.6	2 419 482	...	...	2 566 949	...	...
31 XII 1990(C)	4 998 478	3 079 763	61.6	2 426 204	1 464 406	60.4	2 572 274	1 615 357	62.8
1 VII 1991	5 013 740	3 089 746	61.6	...	...	...	...	...	...

(See notes at end of table. – Voir notes à la fin du tableau.)

Continent, country or area and date Continent, pays ou zone et date	Both sexes – Les deux sexes			Male – Masculin			Female – Féminin		
		Urban – Urbaine			Urban – Urbaine			Urban – Urbaine	
	Total	Number Nombre	Per cent P. 100	Total	Number Nombre	Per cent P. 100	Total	Number Nombre	Per cent P. 100
EUROPE (Cont.–Suite)									
France									
5 III 1990(C) [25]	56 634 299	41 923 233	74.0	27 553 788	20 194 431	73.3	29 080 511	21 728 802	74.7
Germany – Allemagne [26]	...	...	...	...	...	...	...	...	...
Former German Democratic Republic – Ancienne République démocratique allemande									
1 VII 1983	16 698 555	12 784 132	76.6	7 867 628	5 990 818	76.1	8 830 927	6 793 314	76.9
1 VII 1984	16 670 767	12 761 507	76.6	7 867 433	5 989 386	76.1	8 803 334	6 772 121	76.9
1 VII 1985	16 644 308	12 748 928	76.6	7 870 139	5 994 479	76.2	8 774 169	6 754 449	77.0
1 VII 1986	16 624 375	12 739 918	76.6	7 880 864	6 006 828	76.2	8 743 511	6 733 090	77.0
1 VII 1987	16 641 298	12 778 830	76.8	...	...	...	...	...	...
1 VII 1988	16 666 340	12 797 833	76.8	7 951 914	6 076 263	76.4	8 714 426	6 721 570	77.1
1 VII 1989	16 629 750	12 766 153	76.8	7 960 345	6 081 600	76.4	8 669 405	6 684 553	77.1
1 VII 1990	16 247 284	12 401 458	76.3	7 776 885	5 906 444	75.9	8 470 399	6 495 014	76.7
Hungary – Hongrie									
1 VII 1983	10 655 833	6 469 532	60.7	...	...	...	...	...	...
1 VII 1984	10 619 374	6 461 531	60.8	...	...	...	...	...	...
1 VII 1985	10 579 086	6 457 423	61.0	...	...	...	...	...	...
1 VII 1986	10 534 296	6 453 254	61.3	...	...	...	...	...	...
1 VII 1987	10 486 429	6 446 144	61.5	...	...	...	...	...	...
1 VII 1988	10 442 541	6 435 275	61.6	...	...	...	...	...	...
1 VII 1989	10 398 261	6 423 099	61.8	...	...	...	...	...	...
1 I 1990(C)	10 374 823	6 417 273	61.9	4 984 904	3 052 894	61.2	5 389 919	3 364 379	62.4
1 VII 1990	10 364 833	6 476 058	62.5	4 978 544	3 079 943	61.9	5 386 289	3 376 002	62.7
1 VII 1991	10 346 039	6 475 611	62.6	4 966 357	3 077 079	62.0	5 379 682	3 398 512	63.2
1 VII 1992	10 323 708	6 515 771	63.1	4 951 970	3 093 531	62.5	5 371 738	3 422 240	63.7
Iceland – Islande [1]									
1 VII 1983	237 041	210 885	89.0	119 352	105 261	88.2	117 689	105 624	89.7
1 VII 1984	239 498	213 559	89.2	120 487	106 548	88.4	119 011	107 011	89.9
1 VII 1985	241 403	215 761	89.4	121 365	107 602	88.7	120 038	108 159	90.1
1 VII 1986	243 209	217 912	89.6	122 200	108 595	88.9	121 009	109 317	90.3
1 VII 1987	245 962	221 033	89.9	123 543	110 127	89.1	122 419	110 906	90.6
1 VII 1988	249 885	225 305	90.2	125 523	112 293	89.5	124 362	113 012	90.9
1 VII 1989	252 746	228 494	90.4	126 946	113 859	89.7	125 800	114 635	91.1
1 VII 1990	254 788	230 942	90.6	127 895	115 022	89.9	126 893	115 920	91.4
Ireland – Irlande									
13 IV 1986(C)	3 540 643	1 996 778	56.4	1 769 690	969 003	54.8	1 770 953	1 027 775	58.0
Isle of Man – Ile de Man									
6 IV 1986(C)	64 282	46 764	72.7	30 782	22 255	72.3	33 500	24 509	73.2
1 VII 1986	63 212	46 027	72.8	30 270	...	...	32 942	...	...
Latvia – Lettonie									
1 VII 1983	2 546 019	1 773 030	69.6	...	...	...	...	...	...
1 VII 1984	2 562 040	1 790 549	69.9	...	...	...	...	...	...
1 VII 1985	2 578 872	1 808 232	70.1	...	...	...	...	...	...
1 VII 1986	2 599 894	1 828 995	70.3	1 202 899	...	...	1 396 995	...	...
1 VII 1987	2 626 584	1 853 683	70.6	1 217 132	...	...	1 409 452	...	...
1 VII 1988	2 653 435	1 877 408	70.8	1 231 567	...	...	1 421 868	...	...
12 I 1989(C) [1]	2 666 567	1 888 526	70.8	1 238 806	869 572	70.2	1 427 761	1 018 954	71.4
1 VII 1989	2 669 633	1 891 665	70.9	1 241 081	...	...	1 428 552	...	...
1 VII 1990	2 670 671	1 892 566	70.9	1 243 092	...	...	1 427 579	...	...
Lithuania – Lituanie									
1 VII 1983	3 485 189	2 233 656	64.1	...	...	...	...	...	...
1 VII 1984	3 514 200	2 277 257	64.8	...	...	...	...	...	...
1 VII 1985	3 544 548	2 319 994	65.5	...	...	...	...	...	...
1 VII 1986	3 578 908	2 366 000	66.1	...	...	...	...	...	...
1 VII 1987	3 616 374	2 415 296	66.8	1 707 440	1 135 855	66.5	1 908 934	1 279 441	67.0
1 VII 1988	3 654 674	2 463 115	67.4	1 728 219	1 159 869	67.1	1 926 455	1 303 246	67.6
12 I 1989(C) [1]	3 674 802	2 486 832	67.7	1 738 953	1 171 621	67.4	1 935 849	1 315 211	67.9
1 VII 1989	3 691 153	2 506 485	67.9	1 747 134	1 181 301	67.6	1 944 019	1 325 184	68.2
1 VII 1990	3 722 371	2 542 207	68.3	1 762 611	1 198 948	68.0	1 959 760	1 343 259	68.5
1 VII 1991	3 741 751	2 561 741	68.5	1 770 477	1 206 580	68.1	1 970 965	1 355 161	68.8
1 VII 1992	3 741 671	2 558 169	68.4	1 771 413	1 206 613	68.1	1 970 258	1 351 556	68.6

(See notes at end of table. – Voir notes à la fin du tableau.)

Continent, country or area and date / Continent, pays ou zone et date	Both sexes – Les deux sexes			Male – Masculin			Female – Féminin		
	Total	Urban – Urbaine		Total	Urban – Urbaine		Total	Urban – Urbaine	
		Number Nombre	Per cent P. 100		Number Nombre	Per cent P. 100		Number Nombre	Per cent P. 100
EUROPE (Cont.–Suite)									
Netherlands–Pays-Bas [1] [27] [28]									
1 VII 1983	14 362 381	12 681 728	88.3	7 113 375	6 255 954	87.9	7 253 695	6 425 774	88.6
1 VII 1984	14 420 334	12 763 348	88.5	7 136 886	6 292 829	88.2	7 287 325	6 470 519	88.6
1 VII 1985	14 483 985	12 818 010	88.5	7 167 083	6 317 104	88.1	7 324 566	6 500 906	88.8
1 VII 1986	14 563 763	12 886 569	88.4	7 204 429	6 348 862	88.1	7 367 837	6 537 707	88.7
1 VII 1987	14 665 040	12 970 107	88.5	7 248 978	6 388 979	88.1	7 416 062	6 581 128	88.7
1 VII 1988	14 758 362	13 055 945	88.5	7 294 013	6 430 555	88.2	7 464 556	6 625 390	88.8
1 VII 1989	14 848 768	13 154 499	88.6	7 337 405	6 478 137	88.3	7 511 363	6 676 362	88.9
1 VII 1990	14 951 524	13 265 149	88.7	7 389 006	6 534 277	88.4	7 562 518	6 730 872	89.0
Poland – Pologne [29]									
1 VII 1983	36 571 418	21 821 627	59.7	17 827 065	10 491 373	58.9	18 744 353	11 330 254	60.4
1 VII 1984	36 913 515	22 095 529	59.9	17 999 505	10 601 683	58.9	18 914 010	11 493 846	60.8
1 VII 1985	37 202 981	22 374 954	60.1	18 143 812	10 741 900	59.2	19 059 169	11 633 054	61.0
1 VII 1986	37 455 681	22 608 829	60.4	18 268 160	10 852 682	59.4	19 187 521	11 756 147	61.3
1 VII 1987	37 663 756	22 879 384	60.7	18 369 716	10 985 709	59.8	19 294 040	11 893 675	61.6
1 VII 1988	37 862 063	23 176 011	61.2	18 466 797	11 131 537	60.3	19 395 266	12 044 474	62.1
6 XII 1988(C)	37 878 641	23 174 726	61.2	18 464 373	11 120 389	60.2	19 414 268	12 054 337	62.1
1 VII 1989	37 962 808	23 319 069	61.4	18 504 503	11 190 871	60.5	19 458 305	12 128 198	62.3
1 VII 1990	38 118 805	23 535 363	61.7	18 577 970	11 297 775	60.8	19 540 835	12 237 588	62.6
1 VII 1991	38 244 503	23 674 710	61.9	18 633 531	11 365 405	61.0	19 610 972	12 309 305	62.8
Portugal									
15 IV 1991(C)* [1]	9 853 896	3 341 189	33.9	4 769 097	1 587 713	33.3	5 114 206	1 753 476	34.3
Republic of Moldova – République de Moldova									
12 I 1989(C) [1]	4 335 360	2 020 120	46.6	2 063 192	968 826	47.0	2 272 168	1 051 294	46.3
Romania – Roumanie									
1 VII 1983	22 553 074	11 054 179	49.0	11 128 723	...	...	11 424 351	...	...
1 VII 1984	22 624 505	11 141 775	49.2	11 165 086	...	...	11 459 419	...	...
1 VII 1985	22 724 836	11 370 092	50.0	11 214 313	...	...	11 510 523	...	...
1 VII 1986	22 823 479	11 540 494	50.6	11 261 467	5 683 325	50.5	11 562 012	5 857 169	50.7
1 VII 1987	22 940 430	11 770 927	51.3	11 319 082	5 796 977	51.2	11 621 348	5 973 950	51.4
1 VII 1988	23 053 552	11 961 847	51.9	11 374 681	5 885 696	51.7	11 678 871	6 076 151	52.0
1 VII 1989	23 151 564	12 311 803	53.2	11 422 472	6 047 000	52.9	11 729 092	6 264 803	53.4
1 VII 1990	23 206 720	12 608 844	54.3	11 449 147	6 184 787	54.0	11 757 573	6 424 057	54.6
1 VII 1991	23 185 084	12 552 407	54.1	11 435 286	6 146 306	53.7	11 749 798	6 406 101	54.5
Russian Federation – Fédération Russe									
12 I 1989(C)	147 021 869	107 959 002	73.4	68 713 869	50 332 668	73.2	78 308 000	57 626 334	73.6
San Marino – Saint-Marin									
1 VII 1987	22 686	20 517	90.4	11 231	10 144	90.3	11 455	10 373	90.6
1 VII 1988	22 634	20 470	90.4	11 143	10 064	90.3	11 491	10 406	90.6
1 VII 1989	22 829	20 647	90.4	11 225	10 138	90.3	11 604	10 509	90.6
1 VII 1992	23 837	21 558	90.4	11 876	10 726	90.3	11 961	10 832	90.6
Sweden – Suède									
1 IX 1990(C) [1]	8 587 353	7 164 769	83.4	4 242 351	3 494 512	82.4	4 345 002	3 670 257	84.5
Switzerland – Suisse [1]									
1 VII 1983	6 418 774	3 929 603	61.2	3 125 696	1 879 321	60.1	3 293 078	2 050 282	62.3
1 VII 1984	6 441 865	3 931 862	61.0	3 137 809	1 881 374	60.0	3 304 056	2 050 488	62.1
1 VII 1985	6 470 366	3 938 557	60.9	3 152 820	1 885 685	59.8	3 317 546	2 052 872	61.9
1 VII 1986	6 504 125	3 947 294	60.7	3 170 147	1 890 928	59.6	3 333 978	2 056 366	61.7
1 VII 1987	6 545 107	3 959 832	60.5	3 190 883	1 897 757	59.5	3 354 224	2 062 075	61.5
1 VII 1988	6 593 387	3 976 389	60.3	3 215 388	1 906 472	59.3	3 377 999	2 069 917	61.3
1 VII 1989	6 646 912	3 993 537	60.1	3 243 229	1 915 779	59.1	3 403 683	2 077 758	61.0
1 VII 1990	6 712 273	4 016 266	59.8	3 277 925	1 928 644	58.8	3 434 348	2 087 622	60.8
4 XII 1990(C)	6 873 687	4 113 687	59.8	3 390 446	1 997 913	58.9	3 483 241	2 115 774	60.7
1 VII 1991	6 799 979	4 649 245	68.4	3 319 314	2 243 759	67.6	3 080 665	2 405 486	78.1
1 VII 1992	6 875 364	4 688 090	68.2	3 357 791	2 264 080	67.4	3 517 573	2 424 010	68.9

6. Urban and total population by sex: 1983 – 1992 (continued)

Population urbaine et population totale selon le sexe: 1983 – 1992 (suite)

(See notes at end of table. – Voir notes à la fin du tableau.)

Continent, country or area and date Continent, pays ou zone et date	Both sexes – Les deux sexes			Male – Masculin			Female – Féminin		
	Total	Urban – Urbaine		Total	Urban – Urbaine		Total	Urban – Urbaine	
		Number Nombre	Per cent P. 100		Number Nombre	Per cent P. 100		Number Nombre	Per cent P. 100
EUROPE (Cont.–Suite)									
Ukraine									
1 VII 1983	50 467 700	32 053 500	63.5	...	...	...	...	...	...
1 VII 1984	50 678 700	32 492 800	64.1	...	...	...	...	...	...
1 VII 1985	50 857 500	32 921 300	64.7	...	...	...	...	...	...
1 VII 1986	51 025 200	33 311 900	65.3	...	...	...	...	...	...
1 VII 1987	51 260 900	33 731 300	65.8	...	...	...	...	...	...
1 VII 1988	51 484 200	34 163 700	66.4	...	...	...	...	...	...
12 I 1989(C)*	51 704 000	34 591 000	66.9	23 959 000	...	...	27 745 000	...	...
1 VII 1989	51 770 216	34 716 880	67.1	23 955 650	16 212 532	67.7	27 814 566	18 504 348	66.5
1 VII 1990	51 838 500	34 869 200	67.3	...	...	...	...	...	...
1 VII 1991*	52 000 500	24 126 500	46.4	...	...	...	...	...	...
1 VII 1992	52 056 600	35 296 900	67.8	...	...	...	...	...	...
OCEANIA—OCEANIE									
Australia – Australie									
30 VI 1986(C) [4]	15 602 156	13 316 945	85.4	7 768 313	6 567 861	84.5	7 833 843	6 749 084	86.2
Fiji – Fidji									
1 VII 1986	713 968	276 356	38.7	...	...	...	...	...	...
31 VIII 1986(C)	715 375	277 025	38.7	362 568	138 277	38.1	352 807	138 748	39.3
1 VII 1987	721 133	279 078	38.7	...	...	...	...	...	...
Guam									
1 IV 1990(C)	133 152	50 801	38.2	70 945	27 737	39.1	62 207	23 064	37.1
New Caledonia – [5]									
Nouvelle–Calédonie									
15 IV 1983(C)	145 368	60 112	41.4	74 285	30 174	40.6	71 083	29 938	42.1
1 VII 1984	148 407	86 646	58.4	...	...	...	...	...	...
1 VII 1985	151 317	87 570	57.9	...	...	...	...	...	...
1 VII 1986	154 006	88 486	57.5	...	...	...	...	...	...
4 IV 1989(C)	164 173	97 581	59.4	83 862	49 525	59.1	80 311	48 056	59.8
New Zealand – [30]									
Nouvelle–Zélande									
4 III 1986(C)	3 307 083	2 768 403	83.7	1 638 354	1 353 792	82.6	1 668 729	1 414 611	84.8
5 III 1991(C)	3 434 952	2 916 381	84.9	1 693 050	1 419 993	83.9	1 496 388	1 496 388	100.0
Tonga									
28 XI 1986(C)	94 649	29 018	30.7	47 611	14 363	30.2	47 038	14 655	31.2
Vanuatu									
16 V 1989(C)	142 419	25 870	18.2	73 384	13 670	18.6	69 035	12 200	17.7

GENERAL NOTES

(C) after date indicates census data. Percentages urban are the number of persons defined as "urban" per 100 total population. For definitions of "urban", see end of table. For method of evaluation and limitations of data, see Technical Notes, page 44.

Italics: estimates which are less reliable.

FOOTNOTES

* Provisional.
1 De jure population.
2 Because of rounding, totals are not in all cases the sum of the parts.

3 Excluding Bophuthatswana, Ciskei, Transkei and Venda.
4 Data have not been adjusted for under–enumeration; for further details, see table 3.
5 Series not strictly comparable due to differences of definitions of "urban".

6 Excluding civilian citizens absent from country for extended period of time.
7 Excluding armed forces overseas.
8 De jure population, but including armed forces stationed in the area.
9 Mid–year estimates have been adjusted for under–enumeration. Census data have not been adjusted for this under–enumeration.

10 Excluding Indian jungle population.
11 Excluding nomadic Indian tribes.
12 Excluding nomads.
13 Excluding foreign diplomatic personnel and their dependants.

14 Covering only the civilian population of 30 provinces, municipalities and autonomous regions. Excluding Jimmen and Mazhu islands.
15 Based on a 10 per cent sample of census returns.
16 Including 26 106 transients and 9 131 Vietnamese refugees.
17 Including data for the Indian–held part of Jammu and Kashmir, the final status of which has not yet been determined.
18 Figures provides by Indonesia including East Timor.
19 Including data for East Jerusalem and Israeli residents in certain other territories under occupation by Israeli military forces since June 1967.

20 Excluding diplomatic personnel outside the country and foreign military and civilian personnel and their dependants stationed in the area.

21 Excluding alien armed forces, civilian aliens employed by armed forces, foreign diplomatic personnel and their dependants and Korean diplomatic personnel and their dependants stationed outside the country.

22 Including 28 834 foreigners.
23 Excluding data for Jammu and Kashmir, the final status of which has not yet been fully determined, Junagardh, Manavadar, Gilgit and Baltistan.
24 Including Palestinian refugees numbering 173 936 on 30 June 1973.
25 De jure population, but excluding diplomatic personnel outside the country and including foreign diplomatic personnel not living in embassies or consulates.

26 All data shown pertaining to Germany prior to 3 October 1990 are indicated separately for the Federal Republic of Germany and the former German Democratic Republic based on their respective territories at the time indicated. See explanatory notes on data pertaining to Germany on page 4.

27 Data for urban population exclude persons on the Central Register of Population (containing persons belonging to the Netherlands population but having no fixed municipality of residence). Including semi–urban.

28 Figure differs from corresponding estimate shown elsewhere because it is a mean of end–year estimates rather than an estimate as of 1 July.

29 Excluding civilian aliens within the country, but including civilian nationals temporarily outside the country.
30 Excluding diplomatic personnel and armed forces outside the country, the latter numbering 1 936 at 1966 census, also excluding alien armed forces within the country.

NOTES GENERALES

La lettre (C) indique qu'il s'agit de données de recensement. Les pourcentages urbains réprésentent le nombre de personnes définies comme vivant dans des "régions urbaines" pour 100 personnes de la population totale. Pour les définitions des "régions urbaines", se reporter à la fin du tableau. Pour la méthode d'évaluation et les insuffisances des données, voir Notes techniques, page 44.
Italiques: estimations moins sûres.

NOTES

* Données provisoires.
1 Population de droit.
2 Les chiffres étant arrondis, les totaux correspondent pas toujours rigoureusement à la somme des chiffres partiels.
3 Non compris Bophuthatswana, Ciskei, Transkei et Venda.
4 Les données n'ont pas éeté ajustées pour compenser les lacunes de dénombrement; pour plus de détails, voir le tableau 3.
5 Les séries ne sont pas strictement comparables en raison des différences existant dans la définition des "régions urbaines".
6 Non compris les civils hors du pays pendant une période prolongée.
7 Non compris les militaires à l'étranger.
8 Population de droit, mais y compris les militaires en garnison sur le territoire.
9 Les estimations au milleu de l'année tiennent compte d'une ajustement destiné à compenser les lacunes du dénombrement. Les données de recensement ne tiennent pas compte de cet ajustement.
10 Non compris les Indiens de la jungle.
11 Non compris les tribus d'Indiens nomades.
12 Non compris les nomades.
13 Non compris les personnes diplomatique étranger et les membres de leur famille les accompagnant.
14 Pour la population civile seulement de 30 provinces, municipalités et régions autonomes. Non compris les îles de Jimmen et Mazhu.
15 D'après un échantillon de 10 p. 100 des bulletins de recensement.
16 Y compris 26 106 transients et 9 131 réfugiés du Viet Nam.
17 Y compris les données pour la partie du Jammu et Cachemire occupée par l'Inde, dont le statut définitif n'a pas encore été déterminé.
18 Les chiffres fournis par l'Indonésie comprennent le Timor oriental.
19 Y compris les données pour Jérusalem–Est et les résidents israéliens dans certains autres territoires occupés depuis juin 1967 par les forces armées israéliennes.
20 Non compris les personnel diplomatique hors du pays, les militaires et agents civils étrangers en poste sur le territoire et les membres de leur famille les accompagnant.
21 Non compris les militaires étrangers, les civils étrangers employés par les forces armées, le personnel diplomatique étranger et les membres de leur famille les accompagnant, le personnel diplomatique coréen hors du pays et les membres de leur famille les accompagnant.
22 Y compris 28 834 étrangers.
23 Non compris les données pour Jammu et Cachemire, dont le statut définitif n'a pas encore été déterminé, le Junagardh, le Manavadar, le Gilgit et le Baltistan.
24 Y compris les réfugiés de Palestine, au nombre de 173 936 au 30 juin 1973.
25 Population de droit, mais non compris le personnel diplomatique hors du pays et y compris le personnel diplomatique qui ne vit pas dans les ambassades et les consulats.
26 Toutes les données se rapportant à l'Allemagne avant le 3 octobre 1990 figurent dans deux rubriques séparées basées sur les territoires respectifs de la République fédérale d'Allemagne et l'ancienne République démocratique allemande selon la période indiquée. Voir les notes explicatives sur les données concernant l'Allemagne à la page 4.
27 Les données pour la population urbaine ne comprennent pas les personnes inscrites sur le Registre central de la population (personnes appartenant à la population néerlandaise mais sans résidence fixe dans l'une des municipalités). Y compris semi–urbaine.
28 Ce chiffre s'écarte de l'estimation correspondante indiquée ailleurs, car il s'agit d'une moyenne d'estimations de fin d'année et non d'une estimation au 1er juillet.
29 Non compris les civils étrangers dans le pays, mais y compris les civils nationaux temporairement hors du pays.
30 Non compris le personnel diplomatique et les militaires hors du pays, ces derniers au nombre de 1 936 au recensement de 1966; non compris également les militaires étrangers dans le pays.

AFRICA

Benin: Not available.
Botswana: Agglomeration of 5 000 or more inhabitants where 75 per cent of the economic activity is of the non–agricultural type.
Burkina Faso: Not available.
Burundi: Commune of Bujumbura.
Cape Verde: Not available.
Côte d'Ivoire: Not available.
Egypt: Governorates of Cairo, Alexandria, Port Said, Ismailia, Suez, frontier governorates and capitals of other governorates as well as district capitals (Markaz).

Equatorial Guinea: District centres and localities with 300 dwellings and or 1 500 inhabitants or more.
Ethiopia: Localities of 2 000 or more inhabitants.
Ghana: Localities of 5 000 or more inhabitants.
Liberia: Localities of 2 000 or more inhabitants.
Libyan Arab Jamahiriya: Baladiyas (municipalities).
Malawi: All townships and town planning areas and all district centres.
Mali: Localities of 5 000 or more inhabitants and district centres.
Mauritius: Towns with proclaimed legal limits.

Nigeria: Not available.
St. Helena: Jamestown, the capital.
Seychelles: Port Victoria, the capital.
Somalia: Not available.
South Africa: Places with some form of local authority.
Sudan: Localities of administrative and/or commercial importance or with population of 5 000 or more inhabitants.
Swaziland: Localities proclaimed as urban.
Tunisia: Population living in communes.
Uganda: Not available.
United Republic of Tanzania: 16 gazetted townships.
  Tanganyika: 1967: 15 gazetted townships.
  Zanzibar: Not available.
Zaire: Agglomerations of 2 000 or more inhabitants where the predominant economic activity is of the non–agricultural type and also mixed agglomerations which are considered urban because of their type of economic activity but are actually rural in size. 1984: Not available.
Zambia: Localities of 5 000 or more inhabitants, the majority of whom all depend on non–agricultural activities.
Zimbabwe: Towns and places of 2 500 or more inhabitants.

AMERICA, NORTH

Belize: Not available.
Canada: 1976: Incorporated cities, towns and villages of 1 000 or more inhabitants, and their urbanized fringes; unincorporated places of 1 000 or more inhabitants, having a population density of at least 1 000 per square mile or 390 per square kilometre, and their urbanized fringes.

1981: Places of 1 000 or more inhabitants, having a population density of 400 or more per square kilometre.
Costa Rica: Administrative centres of cantons.
Cuba: Population living in a nucleus of 2 000 or more inhabitants.
Dominican Republic: Administrative centres of municipios and municipal districts, some of which include suburban zones of rural character.
El Salvador: Administrative centres of municipios.
Haiti: Administrative centres of communes.
Honduras: Localities of 2 000 or more inhabitants.

Nicaragua: Administrative centres of municipios and localities of 1 000 or more inhabitants with streets and electric light.
Panama: Localities of 1 500 or more inhabitants having essentially urban characteristics. Beginning 1970, localities of 1 500 or more inhabitants with such urban characteristics as streets, water supply systems, sewerage systems and electric light.
United States: Places of 2 5000 inhabitants or more incorporated as cities, boroughs (except in Alaska), villages and towns (except towns in New England, New York and Wisconsin) but excluding persons living in rural portions of extended cities; the densely settled urban fringe whether incorporated or unincorporated of urbanized areas, unincorporated places of 2 500 inhabitants or more.

United States Virgin Islands: Places of 2 500 or more inhabitants and urbanized areas.

AFRIQUE

Bénin: Définition non communiquée.
Botswana: Agglomération de 5 000 habitants et plus dont 75 p. 100 de l'activité économique n'est pas de type agricole.
Burkina Faso: Définition non communiquée.
Burundi: Commune de Bujumbura.
Cap–Vert: Définition non communiquée.
Côte d'Ivoire: Définition non communiquée.
Egypt: Chefs–lieux de gouvernements du Caire, d'Alexandrie, de Port Saïd, d'Ismaïlia, de Suez; chefs–lieux de gouvernements frontières, autres chefs–lieux de gouvernements et chefs–lieux de district (Markaz).
Guinée equatoriale: Chef–lieux de district et localités avec 300 maisons et ou 1 500 habitants et plus.
Ethiopia: Localités de 2 000 habitants et plus.
Ghana: Localités de 5 000 habitants et plus.
Libérie: Localités de 2 000 habitants et plus.
Jamahiriya arabe libyenne: Baladiyas (municipalités)
Malawi: Toutes les villes et zones urbanisées et tous les chefs–lieux de district.
Mali: Localités de 5 000 habitants et plus et chefs–lieux de district.
Maurice: Villes ayant des limites officiellement définies.
Nigéria: Définition non communiquée.
St. Hélène: La capitale (Jamestown).
Seychelles: La capitale (Port Victoria).
Somalie: Définition non communiquée.
Afrique du Sud: Zones avec quelque autorité locale.
Soudan: Localités dont le caractère est principalement administrant et/ou commercial ou localités ayant une population de 5 000 habitants et plus.
Swaziland: Localités déclarées urbaines.
Tunisie: Population vivant dans les communes.
Ouganda: Définition non communiquée.
République–Unie de Tanzanie: 16 villes érigées en communes.
  Tanganyika: 1967: 15 villes érigées en communes.
  Zanzibar: Définition non communiquée.
Zaïre: Agglomérations de 2 000 habitants et plus plus dont l'activité économique prédominante n'est pas de type agricole, et agglomérations mixtes qui sont considérées comme urbaines en raison de leur type d'activité économique mais qui par leur dimension sont en fait rurales. 1984: Définition non communiquée
Zambie: Localités de 5 000 habitants et plus dont l'activité économique prédominante n'est pas de type agricole.
Zimbabwe: Villes et zones de 2 500 habitants et plus.

AMERIQUE DU NORD

Belize: Définition non communiquée.
Canada: 1976: Grandes villes, villes et villages de 1 000 habitants ou plus, érigées en municipalités, ainsi que leurs couronnes urbaines; agglomérations de 1 000 habitants ou plus non érigées en municipalités, ayant une densité de population d'au moins 1 000 habitants au mille carré ou 390 habitants au kilomètre carrée, et leurs couronnes urbaines.
1981: Agglomérations de 1 000 habitants ou plus, ayant une densité de population de 400 ou plus habitants au kilomètre carrée.
Costa Rica: Chefs–lieux des cantons.
Cuba: Population vivant dans des agglomérations de 2 000 habitants ou plus.
République dominicaine: Chefs–lieux de municipios et districts municipaux, dont certains comprennent des zones suburbaines ayant des caractéristiques rurales.
El Salvador: Chefs–lieux de municipios.
Haïti: Chefs–lieux de communes.
Honduras: Localités de 2 000 ou plus ayant des caractéristiques essentiellement urbaines.
Nicaragua: Chefs–lieux de municipios et localités de 1 000 habitants ou plus avec rues et éclairage électrique.
Panama: Localités de 1 500 habitants et plus ayant des caractéristiques essentiellement urbaines. A partir de 1970, localités de 1 500 habitants et plus présentant des caractéristiques urbaines, telles que: rues, éclairage électrique, systèmes d'approvisionnement en eau et systèmes d'égouts.
Etats–Unise: Grandes villes, bourgs (sauf en Alaska), villages et villes de 2 500 habitants et plus érigés en municipalités (sauf les villes de Nouvelle–Anglettere,de l'Etat de New York et du Wisconsin); mais non compris les personnes vivant dans les parties rurales des villes prolongées; la couronne urbaine à forte densité de population, érigée ou non en municipalité, des zones urbanisées; les localités non érigées en municipalités et ayant 2 500 habitants et plus.
Iles Vierges américaines: Localités de 2 500 habitants et plus et zones urbanisées.

AMERICA, SOUTH

Argentina: Populated centres with 2 000 or more inhabitants.
Bolivia: Localities of 2 000 or more inhabitants.
Brazil: Urban and suburban zones of administrative centres of municipios and districts.
Chile: Populated centres which have definite urban characteristics such as certain public and municipal services.
Colombia: Not available.
Ecuador: Capitals of provinces and cantons.
Falkland Islands (Malvinas): Town of Stanley.
Paraguay: Cities, towns and administrative centres of departments and districts.
Peru: Populated centres with 100 or more dwellings.
Uruguay: Cities.
Venezuela: Centres with a population of 1 000 or more inhabitants.

ASIA

Afghanistan: 63 localities.
Armenia: Cities and urban–type localities, offficially designated as such, usually according to the criteria of number of inhabitants and predominance of agricultural, or number of non–agricultural workers and their families.
Azerbaijan: Cities and urban–type localities, offficially designated as such, usually according to the criteria of number of inhabitants and predominance of agricultural, or number of non–agricultural workers and their families.
Bangladesh: Places having a municipality (Pourashava), a town committee (shahar committee) or a cantonment board.
Cambodia: Towns.
China: Not available.
Georgia: Cities and urban–type localities, offficially designated as such, usually according to the criteria of number of inhabitants and predominance of agricultural, or number of non–agricultural workers and their families.
Hong Kong: Areas comprising Hong Kong island, New Kowloon and New Towns in New Territories.
India: Towns (places with municipal corporation, municipal area committee, town committee, notified area committee or cantonment board); also, all places having 5 000 or more inhabitants, a density of not less than 1 000 persons per square mile or 390 per square kilometre, pronounced urban characteristics and at least three fourths of the adult male population employed in pursuits other than agriculture.
Indonesia: Places with urban characteristics.
Iran: All Shahrestan centres, regardless of size, and all places having municipal centres.
Iraq: The area within the boundaries of Municipality Councils (Al–Majlis Al–Baldei).
Israel: All settlements of more than 2 000 inhabitants, except those where at least one third of households, participating in the civilian labour force, earn their living from agriculture.
Japan: City (shi) having 50 000 or more inhabitants with 60 per cent or more of the houses located in the main built–up areas and 60 per cent or more of the population (including their dependants) engaged in manufacturing, trade or other urban type of business. Alternatively, a shi having urban facilities and conditions as defined by the prefectural order is considered as urban.
Kazakhstan: Cities and urban–type localities, offficially designated as such, usually according to the criteria of number of inhabitants and predominance of agricultural, or number of non–agricultural workers and their families.
Korea, Republic of: Population living in cities irrespective of size of population.
Kyrgyzstan: Cities and urban–type localities, offficially designated as such, usually according to the criteria of number of inhabitants and predominance of agricultural, or number of non–agricultural workers and their families.
Malaysia: Gazetted areas with population of 10 000 more.
  Sabah: Gazetted areas with population of 10 000 or more.
  Sarawak: Gazetted areas with population of 10 000 or more.
Maldives: Malé, the capital.
Mongolia: Capital and district centres.
Myanmar: Not available.
Pakistan: Places with municipal corporation, town committee or cantonment.
Philippines: Not available.
Syrian Arab Republic: Cities, Mohafaza centres and Mantika centres, and communities with 20 000 or more inhabitants.

AMERIQUE DU SUD

Argentine: Centres de peuplement de 2 000 habitants et plus.
Bolivie: Localités de 2 000 habitants et plus.
Brésil: Zones urbaines et suburbaines des chefs–lieux des municipios et des distritos.
Chili: Centres de peuplement ayant des charactéristiques nettement urbaines dues à la présence de certains services publics et municipaux.
Colombie: Définition non communiquée.
Equateur: Capitales des provinces et chefs–lieux de canton.
Iles Falkland (Malvinas): Ville de Stanley.
Paraguay: Grandes villes, villes et chefs–lieux des départements et des districts.
Pérou: Centres de peuplement de 100 logements ou plus qui sont occupés.
Uruguay: Villes.
Venezuela: Centres de 1 000 habitants et plus.

ASIE

Afghanistan: 63 localités.
Arménie: Grandes villes et localités de type urbain, officiellement désignées comme telles, généralement sur la base du nombre d'habitants et de la prédominance des travailleurs agricoles ou non agricoles avec leur famille.
Azerbaidjan: Grandes villes et localités de type urbain, officiellement désignées comme telles, généralement sur la base du nombre d'habitants et de la prédominance des travailleurs agricoles ou non agricoles avec leur famille.
Bangladesh: Zones ayant une municipalité (Pourashava), un comité de ville (shahar) ou un comité de zone de cantonnement.
Cambodge: Villes.
Chine: Définition non communiquée.
Géorgie: Grandes villes et localités de type urbain, officiellement désignées comme telles, généralement sur la base du nombre d'habitants et de la prédominance des travailleurs agricoles ou non agricoles avec leur famille.
Hong–kong: Comprend les îles de Hong–kong, Kowloon et les Nouvelles villes dans les Nouveaux Territoires.
Inde: Villes (localités dotées d'une charte municipale, d'un comité de zone municipal, d'un comité de zone déclarée urbaine ou d'un comité de zone de cantonnement); également toutes les localités qui ont une population de 5 000 habitants au moins, une densité de population d'au moins 1 000 habitants au mille carré ou 390 au kilomètre carré, des caractéristiques urbaines prononcées et où les trois quarts au moins des adultes du sexe masculin n'ont une occupation agricole.
Indonésie: Localités présentant des caractéristiques urbaines.
Iran: Tous les chefs–lieux de Shahrestan, quelle qu'en soit la dimension, et toutes les agglomérations avec centres municipaux.
Iraq: La zone relevant des conseils municipaux (Al–Majlis Al–Baldei).
Israël: Tous les peuplements de plus de 2 000 habitants à l'exception de ceux où le tiers au moins des chefs de ménage faisant partie de la population civile active vivent de l'agriculture.
Japon: Villes (shi), comptant 50 000 habitants ou plus, où 60 p. 100 au moins des habitations sont situées dans les principales zones bâties, et dont 60 p. 100 au moins de population (dépendants compris) vit d'emplois s'exerçant dans les industries manufacturières, le commerce et autres branches d'activités essentielles urbaines. D'autre part, tout shi possédant les équipements et présentant les caractères definis comme urbains par l'administration préfectorale est considéré comme zone urbaine.
Kazakhstan: Grandes villes et localités de type urbain, officiellement désignées comme telles, généralement sur la base du nombre d'habitants et de la prédominance des travailleurs agricoles ou non agricoles avec leur famille.
Corée, République de: Population vivant dans les villes irrespectivement de la dimension de la population.
Kirghizistan: Grandes villes et localités de type urbain, officiellement désignées comme telles, généralement sur la base du nombre d'habitants et de la prédominance des travailleurs agricoles ou non agricoles avec leur famille.
Malaisie: Zones déclarées telles et comptant au moins 10 000 habitants.
  Sabah: Zones déclarées telles et comptant au moins 10 000 habitants.
  Sarawak: Zones déclarées telles et comptant au moins 10 000 habitants.
Maldives: Malé, la capitale.
Mongolia: Capitale et chefs–lieux de district.
Myanmar: Définition non communiquée.
Pakistan: Localités dotées d'une charte municipale, d'un comité municipale au d'un cantonnement.
Philippines: Définition non communiquée.
République arabe syrienne: Villes, centres de district (Mohafaza) et centres de sous–district (Mantika), et communes de 20 000 habitants et plus.

ASIA

Tajikistan: Cities and urban–type localities, offficially designated as such, usually according to the criteria of number of inhabitants and predominance of agricultural, or number of non–agricultural workers and their families.
Thailand: Municipal areas.
Turkey: Population of the localities within the municipality limits of administrative centres of provinces and districts.
Turkmenistan: Cities and urban–type localities, officially designated as such, usually according to the criteria of number of inhabitants and predominance of agricultural, or number of non–agricultural workers and their families.
Uzbekistan: Cities and urban–type localities, officially designated as such, usually according to the criteria of number of inhabitants and predominance of agricultural, or number of non–agricultural workers and their families.
Viet Nam: Cities, towns and districts with 2 000 or more inhabitants.

EUROPE

Albania: Towns and other industrial centres of more than 400 inhabitants.
Andorra: Parishes of Andorra la Vieille, Escoldes–Engordany, Sant Julià, Encamp et la Massana.
Belarus: Cities and urban–type localities, officially designated as such, usually according to the criteria of number of inhabitants and predominance of agricultural, or number of non–agricultural workers and their families.
Bulgaria: Towns, that is, localities legally established as urban.
Former Czechoslovakia: Large towns, usually of 5 000 or more inhabitants, having a density of more than 100 persons per hectare of built–up area, three or more living quarters in at least 15 per cent of the houses, piped water and a sewerage system in the major part of the town, at least five physicians and a pharmacy, a nine–year secondary school, a hotel of at least twenty beds, a network of trade and distributive services which serve more than one town, job opportunities for the population of the surrounding area, the terminal for a system of bus lines and not more than 10 per cent of the total population active in agriculture; small towns of usually 2 000 or more inhabitants, having a density of more than 75 persons per hectare of built–up area, three or more living quarters in at least 10 per cent of the houses, piped water and a sewerage system for at least part of the town, at least two physicians and a pharmacy, other urban characteristics to a lesser degree and not more than 15 per cent of the total population active in agriculture.

Agglomerated communities which have the characteristics of small towns in regard to size; population density, housing, water supply, and sewerage, and the percentage of the population active in agriculture, but which lack such town characteristics as educational facilities, cultural institutions, health services and trade and distributive services, because these facilities and services are supplied by a town in the vicinity. 1970: Definition not available.

Estonia: Cities and urban–type localities, officially designated as such, usually according to the criteria of number of inhabitants and predominance of agricultural, or number of non–agricultural workers and their families.
Finland: Urban communes. 1970: Localities.
France: Communes containing an agglomeration of more than 2 000 inhabitants living in contiguous houses or with not more than 200 metres between houses, also communes of which the major portion of the population is part of a multicommunal agglomeration of this nature.
Germany:
Former German Democratic Republic: Communities with 2 000 or more inhabitants.

Hungary: Budapest and all legally designated towns.

Iceland: Localities of 200 or more inhabitants.
Ireland: Cities and towns including suburbs of 1 500 or more inhabitants.

Isle of Man: Borough of Douglas, town and village districts.

ASIA

Tadjikistan: Grandes villes et localités de type urbain, officiellement désignées comme telles, généralement sur la base du nombre d'habitants et de la prédominance des travailleurs agricoles ou non agricoles avec leur famille.
Thailande: Zones municipales.
Turquie: Population des localités contenues à l'intérieur des limites municipaux des chefs–lieux des provinces et des districts.
Turkménistan: Grandes villes et localités de type urbain, officiellement désignées comme telles, généralement sur la base du nombre d'habitants et de la prédominance des travailleurs agricoles ou non agricoles avec leur famille.
Ouzbékistan: Grandes villes et localités de type urbain, officiellement désignées comme telles, généralement sur la base du nombre d'habitants et de la prédominance des travailleurs agricoles ou non agricoles avec leur famille.
Viet–Nam: Grand villes, villes et districts de 2 000 habitants et plus.

EUROPE

Albanie: Villes et autres centres industriels de plus de 400 habitants.
Andorre: Les paroisses d'Andorra la Vieille, Escoldes–Engordany, Sant Julià, Encamp et la Massana.
Bélarus: Grandes villes et localités de type urbain, officiellement désignées comme telles, généralement sur la base du nombre d'habitants et de la prédominance des travailleurs agricoles ou non agricoles avec leur famille.
Bulgarie: Villes, c'est–à–dire localités reconnues comme urbaines.
Ancienne Tchécoslovaquie: Villes important comptant généralement 5 000 habitants et plus, ayant une densité de 100 personnes au moins par hectare de surface bâtie, dont au moins 15 p. 100 des habitations comportent trois pièces d'habitation ou davantage, et dont la plus grande partie est doté d'un système de adduction d'eau et d'égouts; ces villes doivent compter au moins cinq médicins et une pharmacie, une école secondaire dont l'enseignement est étalé sur neuf ans, un hôtel comprenant 20 lits au moins, un réseau, d'établissements de commerce et de services de distribution desservant plusieurs villes et offrir des possibilités d'emploi à la population des environs; en outre, elles doivent posséder le terminus d'un réseau de lignes d'autobus et le pourcentage de la population totale pratiquant l'agriculture ne doit pas dépasser 10 p. 100; petites villes ayant généralement 2 000 habitants et plus, une densité de plus de 75 personnes par hectare de surface bâtie et dont au moins 10 p. 100 des habitations comportent trois pièces d'habitation au moins, ayant un système d'adduction d'eau et d'égouts tout au moins dans une partie de la ville, comptant deux médicins et une pharmacie au minimum et présentant les autres caractéristiques urbaines à une degré moindre. Le pourcentage de la population totale pratiquant l'agriculture ne doit pas dépasser 15 p. 100.
Les communautés groupées ayant les caractéristiques de petites villes en ce qui concerne l'importance et la densité de la population; l'habitation, l'approvisionnement en eau et le système d'égouts, et le pourcentage de la population pratiquant l'agriculture, mais ne présentant pas les autres éléments caractéristiques des petites villes (établissements d'enseignement, institutions culturelles, services de santé, commerçants, services de distribution), la localité dépendant d'une ville du voisinage dans tous ces domaines. 1970: Définition non communiquée.
Estonie: Grandes villes et localités de type urbain, officiellement désignées comme telles, généralement sur la base du nombre d'habitants et de la prédominance des travailleurs agricoles ou non agricoles avec leur famille.
Finlande: Communes urbaines. 1970: Localités.
France: Communes comprenant une agglomération de plus de 2 000 habitants vivant dans des habitations contiguës ou qui ne sont pas distantes les unes des autres de plus de 200 mètres et communes où la majeure partie de la population vit dans une agglomération multicommunale de cette nature.
Allemagne:
Ancienne République démocratique allemande: Agglomérations de 2 000 habitants et plus.
Hongrie: Budapest et toutes les autres localités reconnues officiellement comme urbaines.
Islande: Localités de 200 habitants et plus.
Irlande: Villes de toutes dimensions, y compris leur banlieue, comptant 1 500 habitants ou plus.
Ile de Man: Borough de Douglas, villes et chefs–lieus des districts.

EUROPE

Latvia: Cities and urban–type localities, officially designated as such, usually according to the criteria of number of inhabitants and predominance of agricultural, or number of non–agricultural workers and their families.
Lithuania: Cities and urban–type localities, officially designated as such, usually according to the criteria of number of inhabitants and predominance of agricultural, or number of non–agricultural workers and their families.
Netherlands: Urban: Municipalities with a population of 2 000 and more inhabitants.
Semi–urban: Municipalities with a population of less than 2 000 but with not more than 20 per cent of their economically active male population engaged in agriculture, and specific residential municipalities of commuters.
Poland: Towns and settlements of urban type, e.g. workers' settlements, fishermen's settlements, health resorts.
Portugal: Agglomeration of 10 000 or more inhabitants.
Republic of Moldova: Cities and urban–type localities, officially designated as such, usually according to the criteria of number of inhabitants and predominance of agricultural, or number of non–agricultural workers and their families.
Romania: Cities, towns and 183 other localities (comprising 13 per cent of total urban population) having urban socio–economic characteristics.

Russian Federation: Cities and urban–type localities, officially designated as such, usually according to the criteria of number of inhabitants and predominance of agricultural, or number of non–agricultural workers and their families.
San Marino: Not available.
Sweden: Not available.
Switzerland: Communes of 10 000 or more inhabitants, including suburbs.
Ukraine: Cities and urban–type localities, officially designated as such, usually according to the criteria of number of inhabitants and predominance of agricultural, or number of non–agricultural workers and their families.

OCEANIA

Australia: Population clusters of 1 000 or more inhabitants and some areas of lower population (e.g. holiday areas), if they contain 250 or more dwellings of which at least 100 are occupied.
Fiji: Not available.
Guam: Places of 2 500 or more inhabitants and urbanized areas.
New Caledonia: Nouméa and communes of Païta, Dumbéa and Mont–Dore.
New Zealand: All cities, plus boroughs, town districts, townships and country towns with a population of 1 000 or more.
Tonga: Greater Nuku'alofa (Kolomotu'a and Kolofo'ou Districts).
Vanuatu: Luganville centre and Vila urban.

EUROPE

Lettonie: Grandes villes et localités de type urbain, officiellement désignées comme telles, généralement sur la base du nombre d'habitants et de la prédominance des travailleurs agricoles ou non agricoles avec leur famille.
Lituanie: Grandes villes et localités de type urbain, officiellement désignées comme telles, généralement sur la base du nombre d'habitants et de la prédominance des travailleurs agricoles ou non agricoles avec leur famille.
Pays–Bas: Régions urbaines: municipalités de 2 000 habitants et plus. Régions semi–urbaines: municipalités de moins de 2 000 habitants, mais où 20 p. 100 au maximum de la population active du sexe masculin pratiquent l'agriculture, et certaines municipalités de caractère résidentiel dont les habitants travaillent ailleurs.
Pologne: Villes et peuplements de type urbain, par exemple groupements de travailleurs ou de pêcheurs et stations climatiques.
Portugal: Agglomérations de 10 000 habitants et plus.
République de Moldova: Grandes villes et localités de type urbain, officiellement désignées comme telles, généralement sur la base du nombre d'habitants et de la prédominance des travailleurs agricoles ou non agricoles avec leur famille.
Roumanie: Villes importantes et moyennes et 183 autres localités (comprenant 13 p. 100 de la population urbaine totale) ayant des caractèristiques sociologiques urbaines.
Fédération Russe: Grandes villes et localités de type urbain, officiellement désignées comme telles, généralement sur la base du nombre d'habitants et de la prédominance des travailleurs agricoles ou non agricoles avec leur famille.
Saint–Marin: Définition non communiquée.
Suède: Définition non communiquée.
Suisse: Communes de 10 000 habitants et plus, et leurs banlieues.
Ukraine: Grandes villes et localités de type urbain, officiellement désignées comme telles, généralement sur la base du nombre d'habitants et de la prédominance des travailleurs agricoles ou non agricoles avec leur famille.

OCEANIE

Australie: Agglomérations de 1 000 habitants et plus et certaines zones où la population est moindre (centre de villégiature), si elles contiennent 250 logements et plus dont 100 ou mois sont occupées.
Fidji: Définition non communiquée.
Guam: Localités de 2 500 habitants et plus et zones urbanisées.
Nouvelle–Calédonie: Nouméa et communes de Païta, Dumbéa et Mont–Dore.
Nouvelle–Zélande: Grandes villes, boroughs, chefs–lieux, municipalités et chefs–lieux des comtés de 1 000 habitants et plus.
Tonga: Le Grand Nuku'alofa (les districts de Kolomotu'a et Kolofo'ou).
Vanuatu: Centre Luganville et Vila urbaine.

(See notes at end of table.)

Continent, country or area, sex, date and urban/rural residence / Continent, pays ou zone, sexe, date et résidence, urbaine/rurale	All ages Tous âges	– 1	1 – 4	5 – 9	10 – 14	15 – 19	20 – 24	25 – 29	3
AFRICA—AFRIQUE									
Algeria – Algérie									
15 III 1987 [1]									
1 Total	22 600 957	*——	3 741 591	——*	3 353 299	2 851 210	2 473 329	2 202 665	1 647 752	1 38
2 Male – Masculin	11 425 492	*——	1 910 048	——*	1 710 348	1 467 460	1 248 468	1 110 255	837 975	7
3 Female – Féminin	11 175 465	*——	1 831 543	——*	1 642 951	1 383 750	1 224 861	1 092 410	809 777	66
Benin – Bénin									
1 VII 1987 [2]									
4 Total	4 304 000	*——	820 000	——*	650 000	535 000	453 000	365 000	312 000	27
5 Male – Masculin	2 086 000	*——	412 000	——*	322 000	258 000	216 000	176 000	150 000	13
6 Female – Féminin	2 218 000	*——	408 000	——*	328 000	277 000	237 000	189 000	162 000	14
Botswana									
14 VIII 1991(C)									
7 Total	1 326 796	41 407	149 951	194 665	181 447	150 237	114 708	97 589	7
8 Male – Masculin	634 400	20 594	74 805	96 423	88 615	71 704	53 038	44 203	3
9 Female – Féminin	692 396	20 813	75 146	98 242	92 832	78 533	61 670	53 386	4
Burkina Faso									
10 XII 1985(C) [2]									
10 Total	7 964 705	335 481	1 126 597	1 445 002	937 915	773 197	578 348	512 309	39
11 Male – Masculin	3 833 237	167 666	564 658	728 007	484 628	392 298	258 340	212 115	17
12 Female – Féminin	4 131 468	167 815	561 939	716 995	453 287	380 899	320 008	300 194	22
Burundi									
16 VIII 1990 [2]									
13 Total	5 292 793	206 771	784 543	844 741	622 185	493 643	433 976	409 666	3
14 Male – Masculin	2 574 126	103 357	390 913	419 743	309 455	243 314	204 321	195 199	1
15 Female – Féminin	2 718 667	103 414	393 630	424 998	312 730	250 329	229 655	214 467	18
Cameroon – Cameroun									
1 VII 1986* [2] [3]									
16 Total	10 446 409	418 405	1 527 718	1 592 570	1 178 113	998 795	864 175	742 827	6
17 Male – Masculin	5 212 483	209 841	766 409	798 946	590 539	500 525	433 757	373 298	3
18 Female – Féminin	5 233 926	208 564	761 309	793 624	587 574	498 270	430 418	369 529	3
Cape Verde – Cap–Vert									
31 XII 1987									
19 Total	347 060	11 977	44 252	52 860	44 716	41 492	39 997	27 776	
20 Male – Masculin	162 367	6 047	22 460	26 485	22 018	20 628	19 530	12 685	
21 Female – Féminin	184 693	5 930	21 792	26 375	22 698	20 864	20 467	15 091	
Central African Republic – République centrafricaine									
8 XII 1988(C)*									
22 Total	2 463 616	86 893	338 552	365 099	273 774	253 262	225 107	198 637	1
23 Male – Masculin	1 210 734	43 593	169 653	183 662	143 572	121 902	108 577	94 732	
24 Female – Féminin	1 252 882	43 300	168 899	181 437	130 202	131 360	116 530	103 905	
Chad – Tchad									
1 VII 1993* [2]									
25 Total	6 098 000	*——	998 000	——*	827 000	699 000	590 000	545 000	493 000	4
26 Male – Masculin	2 933 000	*——	498 000	——*	409 000	344 000	289 000	264 000	236 000	2
27 Female – Féminin	3 165 000	*——	500 000	——*	418 000	355 000	301 000	281 000	257 000	2
Congo									
22 XII 1984(C) [1]									
28 Total	1 909 248	71 469	250 298	286 187	245 176	211 294	172 226	136 523	1
29 Male – Masculin	929 102	35 868	125 824	143 258	122 053	102 811	83 831	65 957	
30 Female – Féminin	980 146	35 601	124 474	142 929	123 123	108 483	88 395	70 566	
Côte d'Ivoire									
1 III 1988(C) [2]									
31 Total	10 815 694	411 641	1 709 946	1 719 529	1 217 099	1 024 650	1 020 680	906 249	6
32 Male – Masculin	5 527 343	208 054	867 206	877 117	630 003	487 774	499 644	455 010	3
33 Female – Féminin	5 288 351	203 587	842 740	842 412	587 096	536 876	521 036	451 239	3

7. Population selon l'âge, le sexe et la résidence, urbaine/rurale: dernière année disponible, 1983 – 1992

(...otes à la fin du tableau.)

Age (en années)

35 – 39	40 – 44	45 – 49	50 – 54	55 – 59	60 – 64	65 – 69	70 – 74	75 – 79	80 – 84	85 +	Unknown Inconnu	
33 291	727 541	700 307	656 553	530 426	405 704	*———— 893 159 ————*					2 857	1
23 583	354 748	337 177	313 581	257 950	195 681	*———— 441 519 ————*					1 668	2
09 708	372 793	363 130	342 972	272 476	210 023	*———— 451 640 ————*					1 189	3
17 000	166 000	138 000	112 000	90 000	66 000	46 000	32 000	*——— 28 000 ———*			–	4
03 000	79 000	66 000	53 000	41 000	30 000	21 000	15 000	*——— 13 000 ———*			–	5
14 000	87 000	72 000	59 000	49 000	36 000	25 000	17 000	*——— 15 000 ———*			–	6
64 409	46 682	37 591	32 456	26 688	21 863	19 018	14 067	9 768	5 956	13 752	25 996	7
29 592	22 412	17 813	15 529	12 231	10 008	8 297	6 537	4 396	2 576	6 098	13 961	8
34 817	24 270	19 778	16 927	14 457	11 855	10 721	7 530	5 372	3 380	7 654	12 035	9
68 692	299 450	272 614	228 864	187 671	171 476	118 689	86 538	45 588	*—— 68 288 ——*		9 875	10
62 610	130 811	127 493	106 999	93 286	80 447	60 533	39 183	21 654	*—— 27 253 ——*		4 675	11
06 082	168 639	145 121	121 865	94 385	91 029	58 156	47 355	23 934	*—— 41 035 ——*		5 200	12
66 799	183 473	140 614	135 299	95 777	94 097	57 244	61 584	33 658	27 873	28 171	9 611	13
31 248	85 936	65 088	59 199	44 960	40 322	26 288	27 591	16 060	13 527	15 002	6 883	14
35 551	97 537	75 526	76 100	50 817	53 775	30 956	33 993	17 598	14 346	13 169	2 728	15
33 483	449 544	374 056	304 988	245 122	198 457	158 944	115 578	58 472	*—— 54 372 ——*		–	16
67 567	224 751	185 934	149 955	119 437	95 301	74 870	52 930	27 644	*—— 24 040 ——*		–	17
65 916	224 793	188 122	155 033	125 685	103 156	84 074	62 648	30 828	*—— 30 332 ——*		–	18
8 720	6 498	7 790	9 350	9 335	7 933	*———— 17 959 ————*					–	19
3 236	2 346	2 614	3 415	4 059	3 188	*———— 7 529 ————*					–	20
5 484	4 152	5 176	5 935	5 276	4 745	*———— 10 430 ————*					–	21
19 143	98 258	88 239	76 145	62 111	49 819	32 962	17 947	9 926	5 677	5 141	4 306	22
56 723	46 835	40 803	35 144	29 576	24 181	16 477	9 346	5 277	2 884	2 751	683	23
62 420	51 423	47 436	41 001	32 535	25 638	16 485	8 601	4 649	2 793	2 390	3 623	24
53 000	294 000	242 000	197 000	154 000	*———— 287 0 00 ————*						–	25
67 000	139 000	112 000	89 000	69 000	*———— 117 0 00 ————*						–	26
86 000	155 000	130 000	108 000	85 000	*———— 170 0 00 ————*						–	27
84 048	68 179	68 458	56 680	47 742	39 247	28 783	19 202	7 942	4 163	1 153	9 036	28
40 203	33 463	32 479	25 562	21 154	16 707	13 056	8 766	3 546	1 738	485	4 130	29
43 845	34 716	35 979	31 118	26 588	22 540	15 727	10 436	4 396	2 425	668	4 906	30
36 118	393 116	340 537	261 321	209 059	144 109	105 669	54 091	31 071	18 981	16 313	6 870	31
89 644	207 631	182 267	141 965	115 200	79 104	58 495	28 585	16 217	8 404	6 398	3 547	32
46 474	185 485	158 270	119 356	93 859	65 005	47 174	25 506	14 854	10 577	9 915	3 323	33

(See notes at end of table.)

Continent, country or area, sex, date and urban/rural residence Continent, pays ou zone, sexe, date et résidence, urbaine/rurale	All ages Tous âges	– 1	1 – 4	5 – 9	10 – 14	15 – 19	20 – 24	25 – 29	
AFRICA—AFRIQUE (Cont.–Suite)									
Egypt – Egypte 1 VII 1992* [2]									
1 Total	55 163 000	*—— 7 909 000 ——*		7 508 000	6 506 000	5 630 000	4 916 000	4 256 000	3 ¢
2 Male – Masculin	28 094 000	*—— 4 055 000 ——*		3 850 000	3 345 000	2 898 000	2 527 000	2 184 000	1 8
3 Female – Féminin	27 069 000	*—— 3 854 000 ——*		3 658 000	3 161 000	2 732 000	2 389 000	2 072 000	1 7
Equatorial Guinea – **Guinée équatoriale** 1 VII 1990 [2]									
4 Total	348 150	*—— 58 720 ——*		48 550	41 060	35 760	31 250	24 870	
5 Male – Masculin	168 870	*—— 29 570 ——*		24 470	20 670	17 940	15 270	11 540	
6 Female – Féminin	179 280	*—— 29 150 ——*		24 080	20 390	17 820	15 980	13 330	
Ethiopia – Ethiopie 1 VII 1990 [2]									
7 Total	51 689 400	*—— 9 866 400 ——*		8 591 400	7 014 000	5 343 700	3 826 000	2 837 000	2 5
8 Male – Masculin	25 961 300	*—— 4 989 900 ——*		4 410 700	3 637 600	2 784 100	1 938 700	1 348 500	1 1
9 Female – Féminin	25 728 100	*—— 4 876 500 ——*		4 180 700	3 376 400	2 559 600	1 887 300	1 488 500	1 3
Gambia – Gambie 15 IV 1983(C)									
10 Total	687 817	18 134	98 654	111 451	72 782	63 070	58 539	60 858	
11 Male – Masculin	342 134	9 262	49 160	55 639	37 514	29 398	27 187	27 770	
12 Female – Féminin	345 683	8 872	49 494	55 812	35 268	33 672	31 352	33 088	
Ghana 11 III 1984(C) [2]									
13 Total	12 296 081	340 047	1 690 035	2 001 825	1 503 209	1 246 390	1 056 001	945 111	7
14 Male – Masculin	6 063 848	170 009	845 158	1 012 787	774 822	636 599	483 990	433 585	3
15 Female – Féminin	6 232 233	170 038	844 877	989 038	728 387	609 791	572 011	511 526	3
Guinea–Bissau – **Guinée–Bissau** 1 I 1989									
16 Total	943 000	*—— 154 000 ——*		131 000	123 000	115 000	76 000	66 000	
17 Male – Masculin	456 000	*—— 78 000 ——*		66 000	61 000	58 000	42 000	31 000	
18 Female – Féminin	487 000	*—— 76 000 ——*		65 000	62 000	57 000	34 000	35 000	
Kenya 1 VII 1985									
19 Total	20 333 275	*—— 4 268 608 ——*		3 392 401	2 771 236	2 217 962	1 662 886	1 321 670	1 ¢
20 Male – Masculin	10 126 127	*—— 2 160 659 ——*		1 713 666	1 397 832	1 112 395	829 134	652 892	5
21 Female – Féminin	10 207 148	*—— 2 107 949 ——*		1 678 735	1 373 404	1 105 567	833 752	668 778	5
Lesotho 1 VII 1987*									
22 Total	1 617 998	*—— 253 666 ——*		220 804	184 099	154 915	134 558	117 382	
23 Male – Masculin	778 998	*—— 125 886 ——*		109 216	90 131	75 797	65 592	56 555	
24 Female – Féminin	839 000	*—— 127 780 ——*		111 588	93 968	79 118	68 966	60 827	
Liberia – Libéria 1 II 1984(C)* [2]									
25 Total	2 101 628	77 669	272 952	313 772	242 436	230 695	193 635	167 963	
26 Male – Masculin	1 063 127	39 691	135 834	159 960	129 509	112 272	90 530	80 839	
27 Female – Féminin	1 038 501	37 978	137 118	153 812	112 927	118 423	103 105	87 124	
Libyan Arab Jamahiriya – **Jamahiriya arabe libyenne** 31 VII 1984(C)* [4]									
28 Total	3 237 160	*—— 655 399 ——*		518 496	434 371	349 290	259 331	211 442	
29 Male – Masculin	1 653 330	*—— 331 823 ——*		262 549	220 554	178 395	133 258	109 285	
30 Female – Féminin	1 583 830	*—— 323 576 ——*		255 947	213 817	170 895	126 073	102 157	

7. Population selon l'âge, le sexe et la résidence, urbaine/rurale: dernière année disponible, 1983 – 1992 (suite)

notes à la fin du tableau.)

Age (en années)											Unknown Inconnu	
35 – 39	40 – 44	45 – 49	50 – 54	55 – 59	60 – 64	65 – 69	70 – 74	75 – 79	80 – 84	85 +		
152 000	2 686 000	2 286 000	1 898 000	1 532 000	1 205 000	895 000	590 000		*——— – 524 000 ———*		–	1
610 000	1 371 000	1 154 000	948 000	750 000	578 000	424 000	276 000		*——— – 245 000 ———*		–	2
542 000	1 315 000	1 132 000	950 000	782 000	627 000	471 000	314 000		*——— – 279 000 ———*		–	3
15 740	14 360	13 730	12 490	10 280	8 300	6 200	4 090	2 340	*—— 1 250 ——*		–	4
7 040	6 370	6 220	6 010	5 060	3 960	2 850	1 820	1 010	*—— 510 ——*		–	5
8 700	7 990	7 510	6 480	5 220	4 340	3 350	2 270	1 330	*—— 740 ——*		–	6
403 500	2 197 500	1 841 700	1 466 000	1 167 700	899 400	659 800	471 200		*——— – 601 600 ———*		–	7
086 700	1 048 000	919 900	745 000	589 900	452 800	334 900	241 800		*——— – 312 100 ———*		–	8
316 800	1 149 500	921 800	721 000	577 800	446 600	324 900	229 400		*——— – 289 500 ———*		–	9
33 093	29 678	20 161	19 704	10 336	13 504	6 597	7 226	3 295	4 379	3 964	7 443	10
16 973	14 999	11 330	10 415	6 164	7 330	3 882	3 882	1 840	2 200	2 000	4 269	11
16 120	14 679	8 831	9 289	4 172	6 174	2 715	3 344	1 455	2 179	1 964	3 174	12
584 299	473 254	428 207	352 684	213 081	225 776	145 309	128 866	71 813	70 427	76 944	–	13
282 353	226 042	217 219	173 255	107 084	107 740	70 506	63 786	36 345	33 563	37 323	–	14
301 946	247 212	210 988	179 429	105 997	118 036	74 803	65 080	35 468	36 864	39 621	–	15
58 000	38 000	36 000	26 000	21 000	16 000	9 000	10 000	4 000	*—— 6 000 ——*		–	16
23 000	16 000	16 000	11 000	10 000	7 000	5 000	5 000	2 000	*—— 3 000 ——*		–	17
35 000	22 000	20 000	15 000	11 000	9 000	4 000	5 000	2 000	*—— 3 000 ——*		–	18
860 917	701 461	567 440	454 474	356 259	270 847	194 122	125 245		*——— – 108 433 ———*		–	19
417 411	339 684	273 617	218 063	169 839	128 044	90 620	57 587		*——— – 48 402 ———*		–	20
443 506	361 777	293 823	236 411	186 420	142 803	103 502	67 658		*——— – 60 031 ———*		–	21
89 253	77 305	67 536	57 025	48 066	38 861	29 873	21 298	12 944	*—— 7 736 ——*		–	22
42 689	36 613	31 627	26 486	21 890	17 215	13 009	8 880	5 141	*—— 3 038 ——*		–	23
46 564	40 692	35 909	30 539	26 176	21 646	16 864	12 418	7 803	*—— 4 698 ——*		–	24
107 034	79 899	68 429	55 478	38 630	43 405	30 398	19 199		*——— – 37 520 ———*		–	25
51 395	41 749	36 619	29 283	21 454	23 978	16 868	11 361		*——— – 21 859 ———*		–	26
55 639	38 150	31 810	26 195	17 176	19 427	13 530	7 838		*——— – 15 661 ———*		–	27
147 029	120 802	98 934	79 503	62 650	47 745	34 459	22 481		*——— – 18 258 ———*		–	28
76 549	62 992	51 419	41 333	32 240	24 304	17 195	11 077		*——— – 8 597 ———*		–	29
70 480	57 810	47 515	38 170	30 410	23 441	17 264	11 404		*——— – 9 661 ———*		–	30

7. Population by age, sex and urban/rural residence: latest available year, 1983 – 1992 (continued)

(See notes at end of table.)

Continent, country or area, sex, date and urban/rural residence / Continent, pays ou zone, sexe, date et résidence, urbaine/rurale	All ages Tous âges	Age (in years)							
		−1	1−4	5−9	10−14	15−19	20−24	25−29	3[

AFRICA—AFRIQUE (Cont.–Suite)

Malawi
1 VII 1991
1 Total	8 556 200	*——	1 728 800 ——*	1 330 000	1 074 100	870 500	719 100	592 900	48
2 Male – Masculin	4 173 900	*——	865 400 ——*	663 100	534 300	431 800	354 600	287 000	22
3 Female – Féminin	4 382 300	*——	863 400 ——*	666 900	539 800	438 700	364 500	305 900	25

Mali
1 IV 1987(C) [1][2]
4 Total	7 696 348	249 363	1 180 197	1 241 526	864 160	725 719	574 357	536 226	44
5 Male – Masculin	3 760 711	124 931	593 220	631 761	451 102	347 345	259 552	230 587	19
6 Female – Féminin	3 935 637	124 432	586 977	609 765	413 058	378 374	314 805	305 639	24

Mauritania – Mauritanie
5 IV 1988(C) [5]
7 Total	1 864 236	46 963	258 150	298 809	218 743	189 490	161 463	144 996	11
8 Male – Masculin	923 175	23 873	130 935	154 546	114 455	92 683	74 901	67 126	5
9 Female – Féminin	941 061	23 090	127 215	144 263	104 288	96 807	86 562	77 870	6

Mauritius – Maurice
1 VII 1991 [2]
10 Total	1 070 128	*——	101 836 ——*	98 635	115 823	98 588	98 200	107 747	9
11 Male – Masculin	534 325	*——	51 676 ——*	50 045	58 611	49 706	50 176	54 638	4
12 Female – Féminin	535 803	*——	50 160 ——*	48 590	57 212	48 882	48 024	53 109	4

Island of Mauritius –
Ile Maurice
1 VII 1991 [2]
13 Total	1 035 807	*——	97 909 ——*	94 042	110 746	94 472	94 959	105 171	9
14 Male – Masculin	517 195	*——	49 670 ——*	47 765	56 060	47 651	48 506	53 381	4
15 Female – Féminin	518 612	*——	48 239 ——*	46 277	54 686	46 821	46 453	51 790	4

Rodrigues
1 VII 1991
16 Total	34 321	*——	3 927 ——*	4 593	5 077	4 116	3 241	2 576	
17 Male – Masculin	17 130	*——	2 006 ——*	2 280	2 551	2 055	1 670	1 257	
18 Female – Féminin	17 191	*——	1 921 ——*	2 313	2 526	2 061	1 571	1 319	

Mozambique
1 VIII 1987 [2]
19 Total	14 548 400	547 500	1 984 100	2 112 800	1 802 000	1 528 000	1 293 800	1 089 700	91
20 Male – Masculin	7 095 400	270 100	977 900	1 040 000	886 800	751 700	635 400	533 900	44
21 Female – Féminin	7 453 000	277 400	1 006 200	1 072 800	915 200	776 300	658 400	555 800	46

Réunion
15 III 1990 (C) [1]
22 Total	597 828	2 628	50 591	62 505	60 894	62 094	58 553	57 673	4
23 Male – Masculin	294 256	1 278	25 565	31 593	30 749	31 430	28 652	28 592	2
24 Female – Féminin	303 572	1 350	25 026	30 912	30 145	30 664	29 901	29 081	2

St. Helena ex. dep. –
Sainte–Hélène
sans dép.
22 II 1987(C)*
25 Total	5 415	97	381	486	531	644	409	420	
26 Male – Masculin	2 625	46	200	230	268	304	161	192	
27 Female – Féminin	2 790	51	181	256	263	340	248	228	

Tristan da Cunha
1 VII 1991
28 Total	293	4	10	16	15	17	35	14	
29 Male – Masculin	139	3	7	8	8	5	17	5	
30 Female – Féminin	154	1	3	8	7	12	18	9	

7. Population selon l'âge, le sexe et la résidence, urbaine/rurale: dernière année disponible, 1983 – 1992 (suite)

notes à la fin du tableau.)

					Age (en années)						Unknown Inconnu	
35 – 39	40 – 44	45 – 49	50 – 54	55 – 59	60 – 64	65 – 69	70 – 74	75 – 79	80 – 84	85 +		
396 600	329 600	274 200	225 300	177 900	135 600	98 100	63 900	35 700	*——— 18 200 ———*		–	1
182 700	152 200	127 800	105 900	82 300	61 700	44 300	28 400	15 500	*——— 7 500 ———*		–	2
213 900	177 400	146 400	119 400	95 600	73 900	53 800	35 500	20 200	*——— 10 700 ———*		–	3
379 184	325 824	263 717	236 346	182 328	180 624	115 973	82 093	41 615	*——— 52 930 ———*		20 464	4
178 089	156 580	131 802	116 685	95 161	89 512	60 436	40 116	21 030	*——— 24 988 ———*		8 829	5
201 095	169 244	131 915	119 661	87 167	91 112	55 537	41 977	20 585	*——— 27 942 ———*		11 635	6
89 672	72 879	55 701	62 628	32 007	41 154	22 833	24 013	*——— – 25 451 ———*			2 136	7
44 513	34 802	27 593	30 023	16 847	20 190	11 518	10 812	*——— – 10 691 ———*			1 210	8
45 159	38 077	28 108	32 605	15 160	20 964	11 315	13 201	*——— – 14 760 ———*			926	9
81 966	66 978	46 302	37 819	33 115	29 265	25 763	15 316	10 079	5 083	3 099	–	10
41 617	33 708	22 490	18 421	16 034	13 859	12 033	6 676	4 027	1 712	759	–	11
40 349	33 270	23 812	19 398	17 081	15 406	13 730	8 640	6 052	3 371	2 340	–	12
80 321	65 649	44 989	36 572	32 178	28 577	25 261	14 927	9 828	4 927	3 027	–	13
40 782	33 007	21 847	17 806	15 572	13 510	11 796	6 510	3 923	1 662	746	–	14
39 539	32 642	23 142	18 766	16 606	15 067	13 465	8 417	5 905	3 265	2 281	–	15
1 645	1 329	1 313	1 247	937	688	502	389	251	156	72	–	16
835	701	643	615	462	349	237	166	104	50	13	–	17
810	628	670	632	475	339	265	223	147	106	59	–	18
761 700	632 500	520 800	419 800	327 400	244 000	171 100	108 700	59 500	*——— 31 600 ———*		–	19
371 200	306 900	251 200	200 100	153 100	111 200	75 800	46 700	24 600	*——— 12 300 ———*		–	20
390 500	325 600	269 600	219 700	174 300	132 800	95 300	62 000	34 900	*——— 19 300 ———*		–	21
41 688	32 849	26 541	24 392	19 219	16 472	13 275	9 034	6 515	3 647	2 445	–	22
20 565	16 601	13 225	12 061	9 188	7 862	5 927	3 680	2 442	1 171	612	–	23
21 123	16 248	13 316	12 331	10 031	8 610	7 348	5 354	4 073	2 476	1 833	–	24
363	341	239	233	198	186	153	119	93	72	47	–	25
187	204	124	132	83	73	78	49	41	28	19	–	26
176	137	115	101	115	113	75	70	52	44	28	–	27
17	21	20	21	18	16	24	9	7	6	6	–	28
5	12	10	8	10	7	14	4	1	4	2	–	29
12	9	10	13	8	9	10	5	6	2	4	–	30

(See notes at end of table.)

Continent, country or area, sex, date and urban/rural residence / Continent, pays ou zone, sexe, date et résidence, urbaine/rurale	All ages Tous âges	– 1	1 – 4	5 – 9	10 – 14	15 – 19	20 – 24	25 – 29	30
AFRICA—AFRIQUE (Cont.–Suite)									
Senegal – Sénégal									
27 V 1988(C)* [6]									
1 Total	6 892 720	*—— 1 320 724 ——*		1 130 258	819 274	706 623	559 954	533 025	37
2 Male – Masculin	3 353 490	*—— 666 262 ——*		555 598	408 813	330 671	258 818	239 678	18
3 Female – Féminin	3 539 230	*—— 654 462 ——*		574 660	410 461	375 952	301 136	293 347	19
Seychelles									
1 VII 1990									
4 Total	67 378	1 618	6 550	7 773	7 595	7 060	7 222	6 814	
5 Male – Masculin	33 527	828	3 301	3 987	3 859	3 571	3 578	3 457	
6 Female – Féminin	33 851	790	3 249	3 786	3 736	3 489	3 644	3 357	
Sierra Leone									
15 XII 1985(C)* [7]									
7 Total	3 222 901	*—— 530 494 ——*		488 004	317 582	315 432	250 980	259 989	20
8 Male – Masculin	1 590 609	*—— 266 878 ——*		245 417	168 213	147 562	112 193	115 502	9
9 Female – Féminin	1 632 292	*—— 263 616 ——*		242 587	149 369	167 870	138 787	144 487	11
South Africa – Afrique du Sud [8]									
7 III 1991(c)* [2]									
10 Total	30 986 920	666 821	3 151 740	3 596 812	3 306 221	3 158 990	2 966 754	2 695 491	2 40
11 Male – Masculin	15 479 528	332 158	1 593 276	1 813 818	1 663 472	1 587 893	1 494 166	1 372 128	1 23
12 Female – Féminin	15 507 392	334 664	1 558 465	1 782 993	1 642 750	1 571 097	1 472 589	1 323 364	1 17
Sudan – Soudan									
1 II 1983(C) [2]									
13 Total	20 594 197	446 732	2 387 207	3 401 373	2 829 573	2 335 549	1 599 359	1 603 025	1 16
14 Male – Masculin	10 512 884	225 016	1 198 293	1 757 625	1 505 415	1 216 307	781 655	722 101	53
15 Female – Féminin	10 081 313	221 716	1 188 914	1 643 748	1 324 158	1 119 242	817 704	880 924	63
Swaziland									
25 VIII 1986(C) [2]									
16 Total	681 059	21 065	100 504	107 915	92 989	75 674	58 386	47 051	3
17 Male – Masculin	321 579	10 166	49 857	53 305	46 054	36 472	24 336	19 540	1
18 Female – Féminin	359 480	10 899	50 647	54 610	46 935	39 202	34 050	27 511	19
Tunisia – Tunisie									
1 VII 1989 [2]									
19 Total	7 909 555	*—— 1 014 143 ——*		1 022 505	963 423	832 231	769 184	645 086	533
20 Male – Masculin	4 013 810	*—— 520 826 ——*		525 475	491 329	422 894	389 521	320 366	266
21 Female – Féminin	3 895 745	*—— 493 317 ——*		497 030	472 094	409 337	379 663	324 720	266
Uganda – Ouganda									
12 I 1991(C) [2]									
22 Total	16 671 705	674 274	2 478 848	2 506 991	2 220 368	1 802 260	1 525 840	1 283 307	945
23 Male – Masculin	8 185 747	334 285	1 231 594	1 246 565	1 130 236	865 780	710 213	610 223	465
24 Female – Féminin	8 485 958	339 989	1 247 254	1 260 426	1 090 132	936 480	815 627	673 084	479
United Rep. of Tanzania – Rép.–Unie de Tanzanie									
1 VII 1985									
25 Total	21 733 000	997 300	3 379 700	3 317 000	2 704 000	2 305 000	1 627 000	1 488 000	1 161
26 Male – Masculin	10 637 000	500 000	1 697 000	1 657 000	1 354 000	1 126 000	791 000	696 000	527
27 Female – Féminin	11 096 000	497 300	1 682 700	1 660 000	1 350 000	1 179 000	836 000	792 000	634
United Rep. of Tanzania – Rép.–Unie de Tanzanie Tanganyika									
1 VII 1985									
28 Total	21 162 000	*—— 4 268 000 ——*		3 225 000	2 615 000	2 244 000	1 582 000	1 453 000	1 132
29 Male – Masculin	10 357 000	*—— 2 142 000 ——*		1 612 000	1 310 000	1 095 000	769 000	680 000	514
30 Female – Féminin	10 805 000	*—— 2 126 000 ——*		1 613 000	1 305 000	1 149 000	813 000	773 000	618

7. Population selon l'âge, le sexe et la résidence, urbaine/rurale: dernière année disponible, 1983 – 1992 (suite)

...tes à la fin du tableau.)

					Age (en années)						Unknown Inconnu	
35 – 39	40 – 44	45 – 49	50 – 54	55 – 59	60 – 64	65 – 69	70 – 74	75 – 79	80 – 84	85 +		
41 212	217 933	217 282	162 635	160 755	108 100	96 585	*——— 139 357 ———*				–	1
60 575	104 813	104 673	82 153	80 253	57 672	50 792	*——— 71 363 ———*				–	2
80 637	113 120	112 609	80 482	80 502	50 428	45 793	*——— 67 994 ———*				–	3
3 068	2 278	1 976	2 242	1 929	1 669	1 525	1 164	922	543	162	342	4
1 718	1 164	1 002	1 086	847	741	635	449	309	150	2	38	5
1 350	1 114	974	1 156	1 082	928	890	715	613	393	160	304	6
82 596	135 343	118 716	95 535	68 216	71 801	51 636	41 704	30 810	*— 61 374 —*		–	7
89 760	66 833	64 206	49 621	37 327	36 671	27 149	22 682	17 046	*— 31 632 —*		–	8
92 836	68 510	54 510	45 914	30 889	35 130	24 487	19 022	13 764	*— 29 742 —*		–	9
04 256	1 660 256	1 346 082	1 118 924	891 048	682 748	493 508	406 143	211 050	135 193	85 006	–	10
20 907	843 271	674 435	552 975	432 148	313 535	219 243	171 275	84 373	49 036	27 176	–	11
83 348	816 986	671 648	565 947	458 901	369 214	274 265	234 870	126 677	86 159	57 828	–	12
85 477	907 836	754 444	587 475	315 072	355 605	194 493	181 879	83 435	74 164	52 079	30 842	13
24 181	464 286	416 795	322 428	182 820	205 100	115 603	104 702	49 296	41 967	28 950	17 479	14
61 296	443 550	337 649	265 047	132 252	150 505	78 890	77 177	34 139	32 197	23 129	13 363	15
31 070	24 564	22 774	16 152	11 801	9 432	7 968	6 030	3 503	2 547	3 087	2 854	16
14 043	11 225	11 383	8 219	5 998	4 268	3 365	2 589	1 473	1 000	1 073	1 376	17
17 027	13 339	11 391	7 933	5 803	5 164	4 603	3 441	2 030	1 547	2 014	1 478	18
18 015	305 403	273 963	288 823	256 087	200 605	150 564	100 199	76 293	*— 60 001 —*		–	19
00 860	148 108	133 820	146 532	134 000	104 625	79 331	55 797	42 894	*— 30 452 —*		–	20
17 155	157 295	140 143	142 291	122 087	95 980	71 233	44 402	33 399	*— 29 549 —*		–	21
92 512	541 048	457 763	428 172	267 235	283 694	175 442	163 153	85 349	*— 132 320 —*		7 542	22
39 433	260 825	224 675	207 711	137 998	134 321	88 797	79 266	45 258	*— 69 454 —*		3 441	23
53 079	280 223	233 088	220 461	129 237	149 373	86 645	83 887	40 091	*— 62 866 —*		4 101	24
40 000	857 000	742 000	505 000	467 000	347 000	234 000	152 000	*——— 310 000 ———*			–	25
29 000	415 000	364 000	253 000	236 000	162 000	114 000	72 000	*——— 144 000 ———*			–	26
11 000	442 000	378 000	252 000	231 000	185 000	120 000	80 000	*——— 166 000 ———*			–	27
16 000	838 000	726 000	491 000	457 000	339 000	226 000	147 000	*——— 303 000 ———*			–	28
18 000	406 000	356 000	246 000	231 000	158 000	110 000	70 000	*——— 140 000 ———*			–	29
98 000	432 000	370 000	245 000	226 000	181 000	116 000	77 000	*——— 163 000 ———*			–	30

(See notes at end of table.)

Continent, country or area, sex, date and urban/rural residence / Continent, pays ou zone, sexe, date et résidence, urbaine/rurale	All ages Tous âges	Age (in years)							
		− 1	1 – 4	5 – 9	10 – 14	15 – 19	20 – 24	25 – 29	3

AFRICA—AFRIQUE (Cont.–Suite)

United Rep. of Tanzania – Rép.–Unie de Tanzanie
Zanzibar
1 VII 1985
1 Total	571 000	23 300	85 700	92 000	89 000	61 000	45 000	35 000	
2 Male – Masculin	280 000	12 000	43 000	45 000	44 000	31 000	22 000	16 000	
3 Female – Féminin	291 000	11 300	42 700	47 000	45 000	30 000	23 000	19 000	

Zaire – Zaïre
1 VII 1985 [2]
4 Total	30 981 382	1 357 953	4 552 184	4 675 192	3 849 045	3 225 309	2 704 158	2 226 223	1 85
5 Male – Masculin	15 326 732	695 915	2 313 307	2 364 650	1 939 657	1 614 079	1 340 441	1 082 637	9
6 Female – Féminin	15 654 650	662 038	2 238 877	2 310 542	1 909 388	1 611 230	1 363 717	1 143 586	9

Zambia – Zambie
20 VIII 1990(C)* [2]
7 Total	7 818 447	*——— 1 368 228 ———*		1 235 315	1 094 583	961 669	688 023	555 110	43
8 Male – Masculin	3 843 433	*——— 680 288 ———*		603 419	515 020	476 586	334 379	265 197	20
9 Female – Féminin	3 975 014	*——— 687 940 ———*		631 896	579 563	485 083	353 644	289 913	22

Zimbabwe
18 VIII 1987 [2]
10 Total	8 687 327	282 839	1 153 617	1 430 015	1 280 968	1 033 046	708 397	574 492	45
11 Male – Masculin	4 238 404	143 058	565 113	710 883	633 365	522 625	331 881	256 962	20
12 Female – Féminin	4 448 923	139 781	588 504	719 132	647 603	510 421	376 516	317 530	25

AMERICA, NORTH— AMERIQUE DU NORD

Aruba
6 X 1991(C) [1]
13 Total	66 687	1 049	4 489	5 497	5 227	4 501	4 413	5 781	
14 Male – Masculin	32 821	573	2 391	2 833	2 654	2 313	2 244	2 859	
15 Female – Féminin	33 866	476	2 098	2 665	2 574	2 188	2 167	2 921	

Bahamas
1 VII 1990 [9]
16 Total	253 309	*——— 25 202 ———*		25 126	26 643	28 404	26 989	26 387	2
17 Male – Masculin	123 012	*——— 12 734 ———*		12 688	13 334	14 141	13 373	13 090	1
18 Female – Féminin	130 296	*——— 12 468 ———*		12 437	13 309	14 262	13 616	13 297	1

Barbados – Barbade
31 XII 1988
19 Total	255 200	3 694	16 073	20 769	22 593	24 275	25 612	25 062	2
20 Male – Masculin	122 300	1 917	8 141	10 404	11 297	12 181	12 855	12 438	1
21 Female – Féminin	132 900	1 777	7 932	10 365	11 296	12 094	12 757	12 624	1

Belize
12 V 1991(C) [2]
22 Total	189 392	*——— 30 415 ———* *——— 52 686 ———*			*——— 37 815 ———*		*——— 26 941 ——		
23 Male – Masculin	96 325	*——— 15 487 ———* *——— 27 046 ———*			*——— 18 745 ———*		*——— 13 930 ——		
24 Female – Féminin	93 067	*——— 14 928 ———* *——— 25 640 ———*			*——— 19 070 ———*		*——— 13 011 ——		

Bermuda – Bermudes
1 VII 1991 [1]
25 Total	61 220	*——— 4 030 ———*		4 120	3 940	4 280	4 470	5 020	
26 Male – Masculin	29 840	*——— 2 060 ———*		2 100	1 970	2 170	2 280	2 520	
27 Female – Féminin	31 380	*——— 1 970 ———*		2 020	1 970	2 110	2 190	2 500	

British Virgin Islands – Iles Vierges britanniques
1 VII 1988
28 Total	12 375	*——— 1 238 ———*		1 151	1 257	1 269	1 101	978	
29 Male – Masculin	6 213	*——— 622 ———*		578	646	640	528	485	
30 Female – Féminin	6 162	*——— 616 ———*		573	611	629	573	493	

7. Population selon l'âge, le sexe et la résidence, urbaine/rurale: dernière année disponible, 1983 – 1992 (suite)

...otes à la fin du tableau.)

Age (en années)

35 – 39	40 – 44	45 – 49	50 – 54	55 – 59	60 – 64	65 – 69	70 – 74	75 – 79	80 – 84	85 +	Unknown Inconnu	
24 000	19 000	16 000	14 000	10 000	8 000	8 000	5 000	*——— – 7 000 ———*			–	1
11 000	9 000	8 000	7 000	5 000	4 000	4 000	2 000	*——— – 4 000 ———*			–	2
13 000	10 000	8 000	7 000	5 000	4 000	4 000	3 000	*——— – 3 000 ———*			–	3
539 734	1 263 014	1 018 203	808 155	633 920	481 121	344 066	255 603	128 039	*— 69 451 —*		–	4
747 306	606 967	482 101	377 398	290 141	214 049	149 057	124 375	51 259	*— 25 944 —*		–	5
792 428	656 047	536 102	430 757	343 779	267 072	195 009	131 228	76 780	*— 43 507 —*		–	6
336 193	242 372	203 280	211 098	156 369	125 095	78 184	70 366	31 274	*— 23 455 —*		7 818	7
176 798	122 989	107 616	92 242	76 869	69 182	42 278	34 591	19 217	*— 15 374 —*		3 843	8
159 395	119 383	95 664	118 856	79 500	55 913	35 906	35 775	12 057	*— 8 081 —*		3 975	9
376 742	299 224	288 828	205 208	195 829	129 950	136 617	57 065	35 482	14 351	29 719	–	10
168 257	141 024	141 024	106 898	107 124	67 348	70 399	29 606	17 515	6 441	14 012	–	11
208 485	158 200	147 804	98 310	88 705	62 602	66 218	27 459	17 967	7 910	15 707	–	12
6 170	5 105	4 079	3 585	3 054	2 127	1 478	1 219	922	710	391	140	13
2 953	2 476	1 939	1 699	1 429	1 014	708	533	369	293	130	60	14
3 215	2 627	2 137	1 887	1 624	1 112	769	685	554	418	258	80	15
16 047	12 815	11 436	9 187	7 024	5 428	3 970	3 478	2 398	*— 1 760 —*		–	16
7 601	5 996	5 313	4 263	3 222	2 353	1 688	1 482	946	*— 721 —*		–	17
8 447	6 819	6 123	4 924	3 802	3 075	2 282	1 996	1 452	*— 1 039 —*		–	18
17 178	12 616	10 075	9 181	9 022	8 321	8 088	7 842	6 582	*— 6 535 —*		–	19
8 407	5 971	4 626	3 998	3 841	3 537	3 436	3 323	2 728	*— 2 548 —*		–	20
8 771	6 645	5 449	5 183	5 181	4 784	4 652	4 519	3 854	*— 3 987 —*		–	21
	— 16 051 —*		*— 9 471 —*		*— 7 556 —*			8 457 ———————*			–	22
	— 8 150 —*		*— 4 817 —*		*— 3 853 —*			4 297 ———————*			–	23
	— 7 901 —*		*— 4 654 —*		*— 3 703 —*			4 160 ———————*			–	24
5 730	5 160	4 090	3 350	3 010	2 700	2 150	1 520	1 120	*— 1 040 —*		–	25
2 840	2 610	2 000	1 610	1 440	1 230	930	630	420	*— 380 —*		–	26
2 890	2 550	2 090	1 740	1 570	1 470	1 220	890	700	*— 660 —*		–	27
1 076	866	631	414	315	315	248	222	148	*— 131 —*		–	28
546	454	348	205	143	149	137	99	68	*— 74 —*		–	29
530	412	283	209	172	166	111	123	80	*— 57 —*		–	30

(See notes at end of table.)

Continent, country or area, sex, date and urban/rural residence / Continent, pays ou zone, sexe, date et résidence, urbaine/rurale	All ages Tous âges	– 1	1 – 4	5 – 9	10 – 14	15 – 19	20 – 24	25 – 29	3
				Age (in years)					
AMERICA,NORTH— (Cont.–Suite) AMERIQUE DU NORD									
Canada 1 VI 1992* [1 2 8]									
1 Total	27 408 898	409 679	1 572 292	1 884 800	1 867 214	1 840 592	1 979 246	2 296 785	2 46
2 Male – Masculin	13 515 119	210 159	805 446	965 933	957 444	943 408	1 011 935	1 155 452	1 22
3 Female – Féminin	13 893 779	199 520	766 846	918 867	909 770	897 184	967 311	1 141 333	1 23
Cayman Islands – Iles Caïmanes 15 X 1989(C) [1]									
4 Total	25 355	422	1 595	1 925	1 816	2 053	2 274	2 867	
5 Male – Masculin	12 372	209	805	944	942	966	1 158	1 404	
6 Female – Féminin	12 983	213	790	981	874	1 087	1 116	1 463	
Costa Rica 1 VII 1985* [1 2]									
7 Total	2 488 749	68 346	264 086	298 290	280 105	287 150	269 113	216 777	17
8 Male – Masculin	1 244 126	35 070	134 744	152 087	142 236	143 860	132 934	106 332	8
9 Female – Féminin	1 244 623	33 276	129 342	146 203	137 869	143 290	136 179	110 445	8
Cuba 1 VII 1990 [2]									
10 Total	10 635 693	183 580	705 642	764 831	773 097	1 086 329	1 154 882	1 090 006	71
11 Male – Masculin	5 352 334	95 337	362 782	391 352	395 877	553 119	586 991	547 003	35
12 Female – Féminin	5 283 359	88 243	342 860	373 479	377 220	533 210	567 891	543 003	35
Dominica – Dominique 12 V 1991(C)*									
13 Total	71 183	*—— 6 084 ——*		8 683	8 044	7 756	6 513	4 875	
14 Male – Masculin	35 471	*—— 3 334 ——*		4 398	3 937	4 221	3 263	2 589	
15 Female – Féminin	35 712	*—— 2 750 ——*		4 285	4 107	3 535	3 250	2 286	
El Salvador 1 VII 1986*									
16 Total	4 845 588	*—— 794 077 ——*		753 059	673 058	559 124	405 931	306 013	25
17 Male – Masculin	2 389 063	*—— 405 159 ——*		383 611	341 915	282 796	195 415	143 938	12
18 Female – Féminin	2 456 525	*—— 388 918 ——*		369 448	331 143	276 328	210 516	162 075	13
Greenland – Groenland 1 VII 1990 [1]									
19 Total	55 552	1 142	4 369	4 823	3 996	3 497	6 019	6 683	
20 Male – Masculin	30 021	573	2 197	2 482	2 058	1 834	3 167	3 576	
21 Female – Féminin	25 531	569	2 172	2 341	1 938	1 663	2 852	3 107	
Guadeloupe 1 VII 1985* [1 10]									
22 Total	333 166	*—— 31 039 ——*		30 809	40 502	41 400	33 640	23 215	2
23 Male – Masculin	163 034	*—— 15 718 ——*		15 588	20 551	20 650	17 486	11 591	1
24 Female – Féminin	170 132	*—— 15 321 ——*		15 221	19 951	20 750	16 154	11 624	1
Guatemala 1 VII 1990 [2]									
25 Total	9 197 351	*—— 1 609 333 ——*		1 381 541	1 188 696	984 705	804 741	664 417	54
26 Male – Masculin	4 646 726	*—— 820 499 ——*		703 816	604 697	500 123	406 962	334 728	27
27 Female – Féminin	4 550 625	*—— 788 834 ——*		677 725	583 999	484 582	397 779	329 689	26
Haiti – Haïti 1 VII 1990 [1 2]									
28 Total	6 486 048	209 172	779 896	860 673	759 504	692 099	594 901	511 408	41
29 Male – Masculin	3 180 411	106 045	393 965	433 163	381 781	347 272	295 675	249 409	19
30 Female – Féminin	3 305 637	103 127	385 931	427 510	377 723	344 827	299 226	261 999	21
Honduras V 1988(C) [2]									
31 Total	4 248 561	153 352	580 896	684 034	571 575	446 949	347 053	300 492	24
32 Male – Masculin	2 110 106	78 394	296 914	349 055	290 189	219 858	163 623	142 319	12
33 Female – Féminin	2 138 455	74 958	283 982	334 979	281 386	227 091	183 430	158 173	12

7. Population selon l'âge, le sexe et la résidence, urbaine/rurale: dernière année disponible, 1983 – 1992 (suite)

otes à la fin du tableau.)

Age (en années)

35 – 39	40 – 44	45 – 49	50 – 54	55 – 59	60 – 64	65 – 69	70 – 74	75 – 79	80 – 84	85 +	Unknown Inconnu	
19 410	2 073 658	1 738 398	1 356 945	1 209 301	1 174 375	1 059 003	855 573	625 025	392 802	293 725	—	1
48 855	1 031 432	869 703	676 181	597 574	570 065	487 038	372 124	254 825	145 097	87 516	—	2
70 555	1 042 226	868 695	680 764	611 727	604 310	571 965	483 449	370 200	247 705	206 209	—	3
2 357	1 717	1 327	1 126	878	686	521	412	307	191	170	—	4
1 105	873	659	577	431	336	257	175	108	71	55	—	5
1 252	844	668	549	447	350	264	237	199	120	115	—	6
34 013	107 175	86 389	78 763	62 166	51 665	37 882	32 021	19 914	12 885	8 484	—	7
65 781	53 626	42 952	38 771	30 712	25 421	18 407	15 646	9 661	6 137	3 735	—	8
68 232	53 549	43 437	39 992	31 454	26 244	19 475	16 375	10 253	6 748	4 749	—	9
732 932	662 394	592 883	499 385	401 246	348 200	*———— 927 479 ————*					—	10
364 210	326 648	294 746	249 108	200 033	173 773	*———— 456 544 ————*					—	11
368 722	335 746	298 137	250 277	201 213	174 427	*———— 470 935 ————*					—	12
3 736	2 634	2 952	2 707	1 638	2 529	*———— 6 837 ————*					1 960	13
2 022	1 348	1 738	1 029	674	1 029	*———— 2 909 ————*					852	14
1 714	1 286	1 214	1 678	964	1 500	*———— 3 928 ————*					1 108	15
213 374	195 497	168 065	141 138	117 971	93 743	71 202	49 433	31 054	*—— 14 593 ——*		—	16
100 419	93 228	80 042	67 394	55 846	44 111	33 380	22 541	13 186	*—— 5 256 ——*		—	17
112 955	102 269	88 023	73 744	62 125	49 632	37 822	26 892	17 868	*—— 9 337 ——*		—	18
4 412	3 599	3 414	2 387	1 969	1 527	876	577	378	192	73	—	19
2 557	2 218	2 084	1 391	1 084	775	416	253	147	61	19	—	20
1 855	1 381	1 330	996	885	752	460	324	231	131	54	—	21
19 918	16 054	14 389	13 256	12 024	10 924	8 193	7 061	4 596	2 631	1 898	—	22
9 426	7 594	6 828	6 228	5 629	5 129	3 797	3 197	1 898	999	566	—	23
10 492	8 460	7 561	7 028	6 395	5 795	4 396	3 864	2 698	1 632	1 332	—	24
451 988	352 659	286 772	246 672	218 016	174 993	125 287	78 853	48 306	*—— 39 696 ——*		—	25
225 690	176 058	143 387	123 528	108 419	86 665	61 731	38 368	23 281	*—— 18 053 ——*		—	26
226 298	176 601	143 385	123 144	109 597	88 328	63 556	40 485	25 025	*—— 21 643 ——*		—	27
350 683	287 420	243 343	205 729	171 706	136 439	106 123	76 599	47 425	*—— 34 734 ——*		—	28
164 605	134 430	113 997	96 275	80 380	63 559	48 967	34 913	21 527	*—— 15 465 ——*		—	29
186 078	152 990	129 346	109 454	91 326	72 880	57 156	41 686	25 898	*—— 19 269 ——*		—	30
204 490	157 746	132 576	110 346	91 220	70 709	55 162	35 683	26 989	17 805	13 448	—	31
99 623	77 319	65 328	54 369	44 554	35 010	27 125	17 645	13 254	8 720	6 309	—	32
104 867	80 427	67 248	55 977	46 666	35 699	28 037	18 038	13 735	9 085	7 139	—	33

(See notes at end of table.)

Continent, country or area, sex, date and urban/rural residence / Continent, pays ou zone, sexe, date et résidence, urbaine/rurale	All ages Tous âges	– 1	1 – 4	5 – 9	10 – 14	15 – 19	20 – 24	25 – 29	3
AMERICA, NORTH— (Cont.–Suite) AMERIQUE DU NORD									
Jamaica – Jamaïque 31 XII 1989									
1 Total	2 392 130	58 490	207 350	267 870	273 750	277 880	257 970	217 660	16
2 Male – Masculin	1 191 030	29 660	104 770	134 840	140 650	140 460	127 600	106 900	8
3 Female – Féminin	1 201 100	28 830	102 580	133 030	133 100	137 420	130 370	110 760	8
Martinique 15 III 1990(C)* [1] [10]									
4 Total	359 579	1 303	24 668	28 909	28 104	35 553	34 261	34 170	2
5 Male – Masculin	173 876	664	12 441	14 728	14 278	18 147	17 058	16 804	1
6 Female – Féminin	185 703	639	12 227	14 181	13 826	17 406	17 203	17 366	1
Mexico – Mexique 1 VII 1985* [1]									
7 Total	77 938 288	*—— 10 388 640 ——*		10 376 182	10 667 339	9 318 298	7 659 437	6 250 820	4 96
8 Male – Masculin	39 152 224	*—— 5 265 220 ——*		5 265 892	5 416 296	4 724 501	3 865 199	3 140 691	2 49
9 Female – Féminin	38 786 072	*—— 5 123 420 ——*		5 110 290	5 251 043	4 593 797	3 794 238	3 110 129	2 47
Netherlands Antilles – Antilles néerlandaises 1 VII 1989 [1]									
10 Total	190 205	*—— 17 562 ——*		17 104	15 168	16 308	15 129	18 172	1
11 Male – Masculin	92 918	*—— 8 918 ——*		8 677	7 627	8 389	7 721	9 018	
12 Female – Féminin	97 287	*—— 8 644 ——*		8 427	7 541	7 919	7 408	9 154	
Nicaragua 1 VII 1989 [2]									
13 Total	3 745 031	143 237	530 429	570 796	479 624	408 688	341 100	281 808	23
14 Male – Masculin	1 876 192	73 079	270 150	290 112	243 397	206 746	170 964	140 306	11
15 Female – Féminin	1 868 839	70 158	260 279	280 684	236 227	201 942	170 136	141 502	11
Panama 1 VII 1992* [2]									
16 Total	2 514 586	62 044	241 028	285 824	272 146	265 659	250 473	222 363	18
17 Male – Masculin	1 278 170	31 724	123 100	145 928	138 923	135 088	126 319	112 053	9
18 Female – Féminin	1 236 416	30 320	117 928	139 896	133 223	130 571	124 154	110 310	9
Puerto Rico – Porto Rico 1 VII 1992* [1] [11]									
19 Total	3 579 975	56 532	250 691	321 546	345 179	331 930	291 826	274 997	25
20 Male – Masculin	1 733 783	28 704	127 625	163 963	175 419	168 259	143 199	131 027	12
21 Female – Féminin	1 846 192	27 828	123 066	157 583	169 760	163 671	148 627	143 970	13
Saint Kitts and Nevis – Saint–Kitts–et–Nevis 1 VII 1988									
22 Total	44 380	*—— 4 840 ——*		4 750	4 660	4 340	3 890	3 880	
23 Male – Masculin	22 740	*—— 2 550 ——*		2 480	2 440	2 280	2 040	2 250	
24 Female – Féminin	21 640	*—— 2 290 ——*		2 270	2 220	2 060	1 850	1 630	
Saint Lucia – Sainte–Lucie 1 VII 1989									
25 Total	148 183	*—— 22 632 ——*		22 093	21 132	18 446	13 525	9 131	
26 Male – Masculin	71 929	*—— 11 552 ——*		10 998	10 617	9 379	6 776	4 495	
27 Female – Féminin	76 254	*—— 11 080 ——*		11 095	10 515	9 067	6 749	4 636	3
Trinidad and Tobago – Trinité–et–Tobago 1 VII 1990									
28 Total	1 227 443	27 269	110 357	132 533	113 611	101 678	113 247	115 682	10.
29 Male – Masculin	653 390	14 003	55 946	66 542	57 729	53 267	58 559	61 042	5
30 Female – Féminin	574 053	13 266	54 411	65 991	55 882	48 411	54 688	54 640	4

7. Population selon l'âge, le sexe et la résidence, urbaine/rurale: dernière année disponible, 1983 – 1992 (suite)

notes à la fin du tableau.)

Age (en années)

35 – 39	40 – 44	45 – 49	50 – 54	55 – 59	60 – 64	65 – 69	70 – 74	75 – 79	80 – 84	85 +	Unknown Inconnu	
117 100	93 920	81 650	74 240	65 150	55 670	47 720	41 710	*———— – 89 880 ————*			–	1
57 510	46 410	40 890	37 540	32 670	26 820	23 720	20 190	*———— – 40 180 ————*			–	2
59 590	47 510	40 760	36 700	32 480	28 850	24 000	21 520	*———— – 49 700 ————*			–	3
24 153	20 816	17 318	16 279	15 092	13 988	12 063	8 826	7 196	4 495	3 736	–	4
11 185	9 772	8 180	7 629	7 119	6 513	5 511	3 985	2 988	1 696	1 138	–	5
12 968	11 044	9 138	8 650	7 973	7 475	6 552	4 841	4 208	2 799	2 598	–	6
115 467	3 321 373	2 696 350	2 232 542	1 820 431	1 432 266	1 025 997	715 859	499 050	284 994	167 156	–	7
069 546	1 661 884	1 341 616	1 103 455	888 220	685 414	483 456	330 862	224 205	123 975	70 660	–	8
045 921	1 659 489	1 354 734	1 129 087	932 211	746 852	542 541	384 997	274 845	161 019	96 496	–	9
15 528	13 280	10 496	8 685	7 067	5 696	4 351	3 505	2 609	1 596	1 123	–	10
7 480	6 371	4 997	4 079	3 412	2 640	1 929	1 504	1 037	611	311	–	11
8 048	6 909	5 499	4 606	3 655	3 056	2 422	2 001	1 572	985	812	–	12
187 618	137 728	108 614	90 610	73 857	59 637	43 807	28 493	*———— – 27 748 ————*			–	13
92 232	67 985	53 376	44 275	35 338	28 100	20 568	13 192	*———— – 12 075 ————*			–	14
95 386	69 743	55 238	46 335	38 519	31 537	23 239	15 301	*———— – 15 673 ————*			–	15
156 288	128 731	105 600	84 882	69 495	57 074	45 559	34 747	23 634	*—— 19 361 ——*		–	16
80 148	65 984	54 045	43 078	35 152	28 787	22 881	17 512	11 658	*—— 8 948 ——*		–	17
76 140	62 747	51 555	41 804	34 343	28 287	22 678	17 235	11 976	*—— 10 413 ——*		–	18
240 622	229 522	197 295	164 711	143 586	126 757	114 583	88 086	*———— – 143 586 ————*			–	19
112 411	107 041	93 079	77 327	66 946	58 712	53 342	40 812	*———— – 64 556 ————*			–	20
128 211	122 481	104 216	87 384	76 640	68 045	61 241	47 274	*———— – 79 030 ————*			–	21
2 700	2 050	1 660	1 460	1 440	1 280	1 320	1 170	800	490	410	–	22
1 390	1 040	790	670	690	590	610	510	300	170	130	–	23
1 310	1 010	870	790	750	690	710	660	500	320	280	–	24
5 321	4 706	4 450	4 266	3 876	3 474	2 934	2 247	1 619	1 039	532	–	25
2 446	2 129	1 964	1 856	1 741	1 575	1 295	913	597	345	151	–	26
2 875	2 577	2 486	2 410	2 135	1 899	1 639	1 334	1 022	694	381	–	27
89 880	71 905	59 068	50 754	39 351	32 016	25 877	17 872	12 726	*—— 10 651 ——*		–	28
50 356	40 048	34 321	29 169	23 152	18 460	14 290	9 380	6 125	*—— 4 308 ——*		–	29
39 524	31 857	24 747	21 585	16 199	13 556	11 587	8 492	6 601	*—— 6 343 ——*		–	30

(See notes at end of table.)

Continent, country or area, sex, date and urban/rural residence / Continent, pays ou zone, sexe, date et résidence, urbaine/rurale	All ages Tous âges	– 1	1 – 4	5 – 9	10 – 14	15 – 19	20 – 24	25 – 29	30 –
AMERICA, NORTH— (Cont.–Suite) AMERIQUE DU NORD									
United States – Etats–Unis 1 VII 1991 [2][12][13]									
1 Total	252 176 792	4 011 405	15 210 254	18 237 431	17 671 314	17 205 229	19 194 230	20 717 565	22 158
2 Male – Masculin	122 979 206	2 052 060	7 783 927	9 337 408	9 051 181	8 834 193	9 775 392	10 392 752	11 033
3 Female – Féminin	129 197 586	1 959 345	7 426 327	8 900 023	8 620 133	8 371 036	9 418 838	10 324 813	11 124
United States Virgin Islands – Iles Vierges américaines 1 IV 1990(C)* [1][11]									
4 Total	101 809	1 644	7 586	10 072	10 142	9 623	7 103	7 353	7
5 Male – Masculin	49 210	868	3 800	5 040	5 125	4 830	3 452	3 489	3
6 Female – Féminin	52 599	776	3 786	5 032	5 017	4 793	3 651	3 864	3
AMERICA, SOUTH— AMERIQUE DU SUD									
Argentina – Argentine 1 VII 1991 [2][3]									
7 Total	32 712 930	*—— 3 270 362 ——*		3 265 213	3 257 256	2 802 870	2 465 493	2 336 595	2 267
8 Male – Masculin	16 190 719	*—— 1 660 887 ——*		1 657 257	1 652 098	1 420 272	1 247 228	1 180 315	1 144
9 Female – Féminin	16 522 211	*—— 1 609 475 ——*		1 607 956	1 605 158	1 382 598	1 218 265	1 156 280	1 122
Bolivia – Bolivie 31 XII 1988 [2][3]									
10 Total	6 020 200	*—— 875 000 ——*		858 400	740 200	617 300	488 200	452 300	376
11 Male – Masculin	2 994 300	*—— 445 200 ——*		441 100	381 300	305 500	236 100	210 900	184
12 Female – Féminin	3 025 800	*—— 429 800 ——*		417 200	358 900	311 800	252 200	241 300	191
Brazil – Brésil 1 VII 1990 [2][14]									
13 Total	150 367 000	*—— 18 963 000 ——*		17 735 000	16 280 000	14 847 000	13 823 000	13 483 000	11 498
14 Male – Masculin	74 992 000	*—— 9 576 000 ——*		8 911 000	8 161 000	7 427 000	6 927 000	6 748 000	5 735
15 Female – Féminin	75 375 000	*—— 9 387 000 ——*		8 824 000	8 119 000	7 420 000	6 896 000	6 735 000	5 763
Chile – Chili 1 VII 1992* [2]									
16 Total	13 599 428	303 974	1 193 934	1 410 990	1 247 814	1 208 601	1 231 482	1 233 589	1 130
17 Male – Masculin	6 716 822	154 742	607 529	717 793	633 982	612 479	622 263	620 346	565
18 Female – Féminin	6 882 606	149 232	586 405	693 197	613 832	596 122	609 219	613 243	564
Colombia – Colombie 15 X 1985(C) [2]									
19 Total	27 837 932	612 050	2 757 872	3 444 848	3 226 267	3 254 871	3 000 600	2 417 131	1 907
20 Male – Masculin	13 777 700	312 866	1 404 540	1 750 586	1 639 319	1 582 367	1 440 203	1 151 976	937
21 Female – Féminin	14 060 232	299 184	1 353 332	1 694 262	1 586 948	1 672 504	1 560 397	1 265 155	969
Ecuador – Equateur 1 VII 1992* [2][15]									
22 Total	10 740 799	291 448	1 129 465	1 364 066	1 291 687	1 168 906	1 032 036	891 562	755
23 Male – Masculin	5 398 462	148 608	574 442	692 837	655 212	592 074	521 759	449 643	379
24 Female – Féminin	5 342 337	142 840	555 023	671 230	636 476	576 831	510 275	441 920	375
Falkland Islands (Malvinas)– Iles Falkland (Malvinas) 16 XI 1986(C) [2]									
25 Total	1 878	*—— 137 ——*		143	149	137	*—— 313 ——*		*
26 Male – Masculin	994	*—— 60 ——*		71	78	72	*—— 163 ——*		*
27 Female – Féminin	884	*—— 77 ——*		72	71	65	*—— 150 ——*		*

notes à la fin du tableau.)

	Age (en années)											Unknown Inconnu	
35 – 39	40 – 44	45 – 49	50 – 54	55 – 59	60 – 64	65 – 69	70 – 74	75 – 79	80 – 84	85 +			
518 179	18 754 444	14 094 374	11 644 976	10 422 889	10 582 269	10 037 375	8 242 309	6 279 233	4 034 671	3 159 914		—	1
174 464	9 258 339	6 906 712	5 656 219	4 986 565	4 945 184	4 491 366	3 530 770	2 482 262	1 405 636	880 973		—	2
343 715	9 496 105	7 187 662	5 988 757	5 436 324	5 637 085	5 546 009	4 711 539	3 796 971	2 629 035	2 278 941		—	3
7 173	7 866	6 990	5 294	3 980	3 180	2 524	1 763	1 173	*——	605 ——*		414	4
3 151	3 730	3 379	2 559	1 948	1 563	1 166	808	498	*——	227 ——*		142	5
4 022	4 136	3 611	2 735	2 032	1 617	1 358	955	675	*——	378 ——*		272	6
166 481	1 943 305	1 692 170	1 524 965	1 430 212	1 314 314	1 087 098	824 534	*———— 1 064 36 1 ————*				—	7
091 309	978 428	843 036	748 231	688 866	616 700	492 208	353 638	*———— - 415 424 ————*				—	8
075 172	964 877	849 134	776 734	741 346	697 614	594 890	470 896	*———— - 648 937 ————*				—	9
369 100	279 000	254 700	170 500	148 500	136 800	87 600	60 600	35 200	*—— 41 200 ——*			29 000	10
177 700	138 000	127 600	84 200	73 000	66 800	43 100	29 900	18 000	*—— 18 200 ——*			12 800	11
191 400	141 000	127 000	86 300	75 600	70 000	44 500	30 800	17 200	*—— 23 000 ——*			16 100	12
706 000	7 772 000	6 110 000	5 242 000	4 294 000	3 617 000	2 767 000	1 929 000	1 326 000	*—— 975 000 ——*			—	13
826 000	3 867 000	3 037 000	2 595 000	2 112 000	1 765 000	1 335 000	917 000	617 000	*—— 436 000 ——*			—	14
880 000	3 905 000	3 073 000	2 647 000	2 182 000	1 852 000	1 432 000	1 012 000	709 000	*—— 539 000 ——*			—	15
962 543	792 453	664 304	539 592	451 909	391 109	305 931	226 072	154 199	*—— 150 093 ——*			—	16
478 705	390 690	323 361	258 699	211 488	177 422	133 628	94 033	59 905	*—— 53 891 ——*			—	17
483 838	401 763	340 944	280 892	240 422	213 686	172 302	132 040	94 293	*—— 96 201 ——*			—	18
664 696	1 224 524	1 044 109	919 946	694 379	578 699	399 742	305 301	184 552	112 523	88 547		—	19
813 010	619 497	514 955	455 950	345 915	287 781	195 046	150 061	89 154	50 078	36 597		—	20
851 686	605 027	529 154	463 996	348 464	290 918	204 696	155 240	95 398	62 445	51 950		—	21
644 478	504 512	392 655	329 234	273 377	219 970	169 146	123 279	86 720	48 954	23 842		—	22
322 815	251 902	195 330	162 932	134 302	107 034	81 427	58 086	39 464	21 386	9 312		—	23
321 662	252 611	197 325	166 303	139 073	112 937	87 719	65 193	47 256	27 568	14 530		—	24
307 –*	*——	251 ——*	*——	200 ——*	*——	132 ——*	*————	77 ————*		32		—	25
176 –*	*——	144 ——*	*——	103 ——*	*——	76 ——*	*————	40 ————*		11		—	26
131 –*	*——	107 ——*	*——	97 ——*	*——	56 ——*	*————	37 ————*		21		—	27

(See notes at end of table.)

Continent, country or area, sex, date and urban/rural residence / Continent, pays ou zone, sexe, date et résidence, urbaine/rurale	All ages Tous âges	−1	1−4	5−9	10−14	15−19	20−24	25−29	30−
AMERICA, SOUTH— (Cont.–Suite) **AMERIQUE DU SUD**									
French Guiana – Guyane Française 5 III 1990(C) [1]									
1 Total	114 808	684	11 830	14 173	11 628	10 666	9 895	10 774	10
2 Male – Masculin	59 798	371	6 004	7 168	5 934	5 364	5 230	5 740	5
3 Female – Féminin	55 010	313	5 826	7 005	5 694	5 302	4 665	5 034	4
Paraguay 1 VII 1988									
4 Total	4 039 165	128 915	491 537	544 842	465 693	414 405	376 383	339 619	299
5 Male – Masculin	2 045 120	65 808	250 469	277 245	237 191	211 361	191 896	172 969	153
6 Female – Féminin	1 994 045	63 107	241 072	267 597	228 502	203 044	184 487	166 650	146
Peru – Pérou 1 VII 1990 [2 3 14]									
7 Total	21 550 322	*—— 2 851 143 ——*		2 683 983	2 574 659	2 345 436	2 088 753	1 812 575	1 500
8 Male – Masculin	10 846 578	*—— 1 452 345 ——*		1 364 300	1 307 910	1 190 769	1 059 207	917 603	756
9 Female – Féminin	10 703 744	*—— 1 398 798 ——*		1 319 683	1 266 749	1 154 667	1 029 546	894 972	744
Uruguay 1 VII 1990 [2]									
10 Total	3 094 214	*—— 259 434 ——*		259 657	278 700	260 238	226 855	225 179	214
11 Male – Masculin	1 508 426	*—— 132 577 ——*		132 553	141 974	132 915	114 056	111 402	104
12 Female – Féminin	1 585 788	*—— 126 857 ——*		127 102	136 729	127 324	112 800	113 777	109
Venezuela 1 VII 1992* [2 3 14]									
13 Total	20 248 826	553 625	2 180 803	2 567 099	2 332 576	2 063 322	1 874 161	1 703 801	1 484
14 Male – Masculin	10 209 751	282 488	1 112 572	1 308 527	1 187 886	1 048 100	950 322	861 944	748
15 Female – Féminin	10 039 075	271 137	1 068 231	1 258 572	1 144 690	1 015 222	923 839	841 857	735
ASIA—ASIE									
Afghanistan 1 VII 1988 [2 16]									
16 Total	15 513 267	675 423	2 362 304	2 320 586	1 788 262	1 460 045	1 253 734	1 037 438	866
17 Male – Masculin	7 962 397	325 293	1 156 002	1 183 222	946 113	776 377	646 215	514 309	412
18 Female – Féminin	7 550 870	350 130	1 206 302	1 137 364	842 149	683 668	607 519	523 129	453
Armenia – Arménie 12 I 1989(C) [1 2]									
19 Total	3 304 776	73 944	301 571	335 555	291 775	278 047	280 642	329 633	292
20 Male – Masculin	1 619 308	37 886	154 986	172 197	149 294	144 413	138 056	161 427	142
21 Female – Féminin	1 685 468	36 058	146 585	163 358	142 481	133 634	142 586	168 206	149
Azerbaijan – Azerbaïdjan 12 I 1989(C) [1 2]									
22 Total	7 021 178	176 713	685 225	758 832	681 239	693 716	687 145	706 364	560
23 Male – Masculin	3 423 793	91 429	352 401	389 636	348 627	365 213	330 419	335 599	271
24 Female – Féminin	3 597 385	85 284	332 824	369 196	332 612	328 503	356 726	370 765	289
Bahrain – Bahreïn 1 VII 1991									
25 Total	516 444	*—— 74 659 ——*		63 782	45 670	40 167	38 403	40 398	50
26 Male – Masculin	296 902	*—— 38 020 ——*		32 520	23 144	20 285	19 653	21 695	31
27 Female – Féminin	219 542	*—— 36 639 ——*		31 262	22 526	19 882	18 750	18 703	18
Bangladesh 1 I 1990* [2 3]									
28 Total	109 291 000	*——————— 47 85 4 000 ———————*				*——————————————			
29 Male – Masculin	56 381 000	*——————— 24 36 6 000 ———————*				*——————————————			
30 Female – Féminin	52 910 000	*——————— 23 48 8 000 ———————*				*——————————————			

7. Population selon l'âge, le sexe et la résidence, urbaine/rurale: dernière année disponible, 1983 – 1992 (suite)

r notes à la fin du tableau.)

					Age (en années)							
35 – 39	40 – 44	45 – 49	50 – 54	55 – 59	60 – 64	65 – 69	70 – 74	75 – 79	80 – 84	85 +	Unknown Inconnu	
9 164	7 152	5 139	3 877	2 701	2 126	1 688	1 252	856	483	366	—	1
4 829	3 940	2 836	2 081	1 492	1 149	826	613	390	206	140	—	2
4 335	3 212	2 303	1 796	1 209	977	862	639	466	277	226	—	3
261 707	169 010	133 029	111 095	85 853	73 773	59 013	41 482	24 986	*—— 18 638 ——*		—	4
135 602	86 737	67 300	55 504	41 042	34 201	27 227	19 189	10 689	*—— 7 555 ——*		—	5
126 105	82 273	65 729	55 591	44 811	39 572	31 786	22 293	14 297	*—— 11 083 ——*		—	6
1 252 655	1 014 599	835 165	714 368	594 318	462 547	342 024	237 357	148 950	*—— 90 878 ——*		—	7
629 908	509 016	417 470	354 220	291 122	222 733	161 260	108 726	65 774	*—— 37 399 ——*		—	8
622 747	505 583	417 695	360 148	303 196	239 814	180 764	128 631	83 176	*—— 53 479 ——*		—	9
192 009	178 715	167 543	159 150	162 470	150 890	123 692	91 925	73 378	*—— 69 861 ——*		—	10
94 526	86 708	81 465	76 046	78 246	70 868	56 673	39 917	29 506	*—— 24 279 ——*		—	11
97 483	92 007	86 078	83 104	84 225	80 022	67 020	52 007	43 872	*—— 45 582 ——*		—	12
1 276 045	1 065 212	823 180	628 386	509 081	413 962	310 520	213 091	*——— 249 652 ———*			—	13
642 240	535 453	412 348	312 376	251 529	202 594	148 720	98 450	*——— 105 597 ———*			—	14
633 805	529 759	410 832	316 010	257 552	211 368	161 800	114 641	*——— 144 055 ———*			—	15
763 350	660 267	573 754	484 934	390 502	301 044	217 124	149 205	95 406	*—— 113 553 ——*		—	16
364 551	334 199	304 002	267 777	221 781	173 015	125 398	86 925	55 902	*—— 68 648 ——*		—	17
398 799	326 068	269 752	217 157	168 721	128 029	91 726	62 280	39 504	*—— 44 905 ——*		—	18
216 089	131 454	136 513	174 823	154 333	136 292	55 734	40 683	37 614	22 444	14 070	1 372	19
104 563	63 508	65 690	84 418	74 605	61 925	22 005	14 078	13 848	8 120	4 941	609	20
111 526	67 946	70 823	90 405	79 728	74 367	33 729	26 605	23 766	14 324	9 129	763	21
389 153	232 310	256 739	355 789	285 748	217 031	108 269	76 355	70 400	39 955	39 239	97	22
188 995	112 057	123 350	169 845	137 175	97 038	39 643	24 552	23 341	12 169	10 729	42	23
200 158	120 253	133 389	185 944	148 573	119 993	68 626	51 803	47 059	27 786	28 510	55	24
52 052	35 837	23 140	17 979	12 735	9 378	5 436	3 724	*——— 3 012 ———*			—	25
36 624	25 875	15 829	11 735	7 864	5 556	3 140	2 004	*——— 1 521 ———*			—	26
15 428	9 962	7 311	6 244	4 871	3 822	2 296	1 720	*——— 1 491 ———*			—	27
60 554 00 0 ———— *					* ———————		10 883 000 ——————— *				—	28
26 000 00 0 ———— *					* ———————		6 015 000 ——————— *				—	29
24 554 00 0 ———— *					* ———————		4 868 000 ——————— *				—	30

(See notes at end of table.)

Continent, country or area, sex, date and urban/rural residence / Continent, pays ou zone, sexe, date et résidence, urbaine/rurale	All ages Tous âges	–1	1–4	5–9	10–14	15–19	20–24	25–29	30
ASIA—ASIE (Cont.–Suite)									
Brunei Darussalam – Brunéi Darussalam 1 VII 1989									
1 Total	249 000	*—— 33 400 ——*		30 500	26 100	24 100	27 700	26 100	22
2 Male – Masculin	128 600	*—— 17 200 ——*		15 600	13 200	11 900	14 000	14 100	11
3 Female – Féminin	120 400	*—— 16 200 ——*		14 900	12 900	12 200	13 700	12 000	11
China – Chine 1 VII 1990(C) [2] [17]									
4 Total	1131 876 050	23 273 620	93 349 660	99 439 920	97 455 290	120 401 550	125 877 190	104 268 400	83 804
5 Male – Masculin	582 380 890	12 279 030	48 872 520	51 687 860	50 332 400	61 814 240	64 364 250	53 481 440	43 603
6 Female – Féminin	549 495 160	10 994 590	44 477 140	47 752 060	47 122 890	58 587 310	61 512 940	50 786 960	40 200
Cyprus – Chypre 31 XII 1991 [1]									
7 Total	714 600	*—— 64 500 ——*		65 300	56 900	50 200	52 200	58 200	60
8 Male – Masculin	356 700	*—— 33 400 ——*		33 900	29 500	25 700	26 600	29 800	31
9 Female – Féminin	357 900	*—— 31 100 ——*		31 400	27 400	24 500	25 600	28 400	29
Georgia – Géorgie 12 I 1989(C) [1] [2]									
10 Total	5 400 841	89 211	376 451	440 725	432 087	419 267	413 724	467 645	416
11 Male – Masculin	2 562 040	45 937	192 066	224 349	219 975	217 727	203 373	226 171	201
12 Female – Féminin	2 838 801	43 274	184 385	216 376	212 112	201 540	210 351	241 474	215
Hong Kong – Hong–kong 1 VII 1991 [2]									
13 Total	5 754 800	68 600	299 000	412 400	424 400	429 600	453 300	594 100	623
14 Male – Masculin	2 942 400	35 700	155 100	214 300	220 900	223 900	228 000	293 700	316
15 Female – Féminin	2 812 400	32 900	143 900	198 100	203 500	205 700	225 300	300 400	307
India – Inde [18] 1 VII 1991 [2]									
16 Total	849 638 000	*— 111 068 000 —*		102 853 000	91 947 000	91 153 000	81 915 000	68 447 000	57 540
17 Male – Masculin	440 455 000	*— 57 313 000 —*		53 213 000	47 426 000	47 261 000	43 218 000	36 132 000	29 868
18 Female – Féminin	409 183 000	*— 53 755 000 —*		49 640 000	44 521 000	43 892 000	38 697 000	32 315 000	27 672
Indonesia – Indonésie 31 X 1990(C)* [2]									
19 Total	179 247 783	3 807 195	17 079 412	23 080 610	21 436 513	18 919 438	16 148 005	15 540 812	13 191
20 Male – Masculin	89 375 677	1 949 246	8 816 985	11 790 793	10 998 179	9 552 477	7 661 859	7 388 775	6 573
21 Female – Féminin	89 872 106	1 857 949	8 262 427	11 289 817	10 438 334	9 366 961	8 486 146	8 152 037	6 617
Iran (Islamic Republic of – Rép. islamique d') 22 IX 1986(C) [2]									
22 Total	49 445 010	1 767 726	7 277 097	7 525 894	5 903 300	5 192 202	4 193 724	3 652 297	2 927
23 Male – Masculin	25 280 961	898 777	3 697 181	3 843 585	3 053 633	2 660 364	2 103 615	1 839 639	1 481
24 Female – Féminin	24 164 049	868 949	3 579 916	3 682 309	2 849 667	2 531 838	2 090 109	1 812 658	1 446
Iraq 1 VII 1988 [2]									
25 Total	17 250 267	*— 2 976 073 —*		2 512 933	2 189 068	1 980 216	1 621 499	1 323 537	1 016
26 Male – Masculin	8 864 163	*— 1 524 947 —*		1 285 715	1 132 146	1 026 243	839 589	684 619	526
27 Female – Féminin	8 386 104	*— 1 451 126 —*		1 227 218	1 056 922	953 973	781 910	638 918	490
Israel – Israël [19] 1 VII 1991 [1] [2]									
28 Total	4 946 300	105 100	418 000	511 400	483 300	465 900	402 300	360 500	346
29 Male – Masculin	2 458 300	53 800	214 000	262 700	248 200	238 500	204 500	183 400	172
30 Female – Féminin	2 487 900	51 300	204 100	248 700	235 100	227 400	197 800	177 100	174
Japan – Japon 1 X 1991 [2] [20]									
31 Total	124 043 418	1 217 486	5 122 784	7 328 839	8 235 203	9 898 247	9 391 900	7 983 472	7 749
32 Male – Masculin	60 904 565	625 443	2 625 783	3 755 111	4 223 614	5 077 280	4 782 837	4 039 960	3 913
33 Female – Féminin	63 138 853	592 043	2 497 001	3 573 728	4 011 589	4 820 967	4 609 063	3 943 512	3 835

7. Population selon l'âge, le sexe et la résidence, urbaine/rurale: dernière année disponible, 1983 – 1992 (suite)

(Notes à la fin du tableau.)

Age (en années)

35–39	40–44	45–49	50–54	55–59	60–64	65–69	70–74	75–79	80–84	85 +	Unknown Inconnu	
17 100	11 300	8 200	6 300	5 300	3 500	2 700	*——— ——— 3 900 ———————*				–	1
9 100	5 900	4 500	3 400	2 600	1 900	1 600	*——— ——— 1 900 ———*				–	2
8 000	5 400	3 700	2 900	2 700	1 600	1 100	*——— ——— 2 000 ———*				–	3
314 270	63 844 910	49 180 510	45 663 820	41 752 630	34 055 410	26 394 900	18 119 140	10 971 080	5 371 280	2 337 970	–	4
474 660	33 369 390	25 886 360	24 117 110	21 865 620	17 514 640	12 937 720	8 367 690	4 699 180	1 996 750	716 430	–	5
839 610	30 475 520	23 294 150	21 546 710	19 887 010	16 540 770	13 457 180	9 751 450	6 271 900	3 374 530	1 621 540	–	6
51 500	48 700	40 100	36 900	30 500	27 200	23 400	19 300	17 500	*——— 11 800 ———*		–	7
26 100	23 800	19 600	18 100	14 500	12 600	10 600	8 700	7 600	*——— 5 200 ———*		–	8
25 400	24 900	20 500	18 800	16 000	14 600	12 800	10 600	9 900	*——— 6 600 ———*		–	9
362 386	261 028	296 574	345 628	303 864	297 455	160 594	123 376	100 777	55 978	37 224	–	10
174 508	124 662	138 999	163 876	140 794	130 218	57 628	39 464	32 950	17 632	10 423	–	11
187 878	136 366	157 575	181 752	163 070	167 237	102 966	83 912	67 827	38 346	26 801	–	12
516 000	421 200	254 600	253 800	262 000	241 400	191 100	139 500	93 300	46 900	29 800	–	13
265 800	223 600	140 600	139 300	139 700	124 400	93 000	64 200	39 500	16 500	7 600	–	14
250 200	197 600	114 000	114 500	122 300	117 000	98 100	75 300	53 800	30 400	22 200	–	15
893 000	43 037 000	37 411 000	32 276 000	26 832 000	20 537 000	14 850 000	*——— 19 879 000 ———*				–	16
570 000	22 038 000	19 283 000	16 813 000	14 114 000	10 785 000	7 602 000	*——— 9 819 000 ———*				–	17
323 000	20 999 000	18 128 000	15 463 000	12 718 000	9 752 000	7 248 000	*——— 10 060 000 ———*				–	18
252 545	8 000 254	7 623 793	6 696 137	4 912 665	4 589 398	2 861 396	2 060 043	*——— 2 040 856 ———*			7 688	19
816 147	3 961 967	3 737 318	3 298 290	2 344 016	2 270 814	1 365 599	957 054	*——— 890 173 ———*			2 785	20
436 398	4 038 287	3 886 475	3 397 847	2 568 649	2 318 584	1 495 797	1 102 989	*——— 1 150 683 ———*			4 903	21
117 211	1 655 351	1 585 398	1 599 018	1 337 746	1 184 632	573 796	342 020	209 530	183 587	192 785	23 713	22
043 813	833 703	819 225	856 740	715 428	651 864	309 435	174 781	102 203	85 942	95 555	14 003	23
073 398	821 648	766 173	742 278	622 318	532 768	264 361	167 239	107 327	97 645	97 230	9 710	24
832 326	640 925	506 649	426 267	352 740	283 136	208 936	159 309	112 224	*——— 107 706 ———*		–	25
431 587	332 916	262 961	218 509	177 221	139 417	101 901	77 017	53 540	*——— 49 501 ———*		–	26
400 739	308 009	243 688	207 758	175 519	143 719	107 035	82 292	58 684	*——— 58 205 ———*		–	27
345 200	316 400	211 100	186 600	173 300	163 200	157 000	110 600	95 800	61 000	32 900	–	28
170 900	156 100	103 800	90 500	82 500	73 900	68 900	50 300	41 600	27 700	15 600	–	29
174 300	160 300	107 300	96 100	90 800	89 300	88 100	60 300	54 300	33 300	17 300	–	30
608 608	11 256 662	8 602 434	8 266 779	7 876 757	6 922 524	5 429 379	3 910 847	3 102 292	1 958 853	1 180 928	–	31
333 586	5 655 736	4 284 488	4 090 525	3 862 727	3 336 161	2 397 419	1 581 411	1 227 700	718 407	372 767	–	32
275 022	5 600 926	4 317 946	4 176 254	4 014 030	3 586 363	3 031 960	2 329 436	1 874 592	1 240 446	808 161	–	33

(See notes at end of table.)

Continent, country or area, sex, date and urban/rural residence / Continent, pays ou zone, sexe, date et résidence, urbaine/rurale	All ages Tous âges	− 1	1 – 4	5 – 9	10 – 14	15 – 19	20 – 24	25 – 29	30
ASIA—ASIE (Cont.–Suite)									
Jordan – Jordanie [21]									
31 XII 1989 [22]									
1 Total	3 111 000	*—— 566 460 ——*		488 550	441 630	376 150	282 970	192 900	14.
2 Male – Masculin	1 627 000	*—— 292 960 ——*		253 940	232 530	198 220	149 410	102 230	7
3 Female – Féminin	1 484 000	*—— 273 500 ——*		234 610	209 100	177 930	133 560	90 670	6
Kazakhstan									
12 I 1989(C) [1 2]									
4 Total	16 464 464	393 647	1 547 108	1 699 851	1 606 319	1 444 760	1 346 246	1 543 875	1 36
5 Male – Masculin	7 974 004	200 144	784 588	860 291	810 773	745 746	680 585	773 165	68
6 Female – Féminin	8 490 460	193 503	762 520	839 560	795 546	699 014	665 661	770 710	68.
Korea, Republic of– Corée, République de									
1 XI 1990* [1 2 23]									
7 Total	43 499 674	622 992	2 574 717	3 829 664	4 023 040	4 453 891	4 285 133	4 251 562	4 21
8 Male – Masculin	21 833 313	334 499	1 362 870	1 980 474	2 073 905	2 273 538	2 232 886	2 120 035	2 13
9 Female – Féminin	21 666 361	288 493	1 211 847	1 849 190	1 949 135	2 180 353	2 052 247	2 131 527	2 07.
Kuwait – Koweït									
1 VII 1990									
10 Total	2 142 600	60 250	243 293	264 056	216 615	182 293	187 498	238 055	22
11 Male – Masculin	1 210 575	30 425	122 766	133 224	109 352	90 451	96 294	145 193	14
12 Female – Féminin	932 025	29 825	120 527	130 832	107 263	91 842	91 204	92 862	8
Kyrgyzstan – Kirghizistan									
12 I 1989(C) [1 2]									
13 Total	4 257 755	127 670	489 867	516 034	459 921	408 212	362 640	379 582	31.
14 Male – Masculin	2 077 623	64 670	247 175	260 944	231 442	207 834	181 211	188 350	15
15 Female – Féminin	2 180 132	63 000	242 692	255 090	228 479	200 378	181 429	191 232	15
Macau – Macao									
31 XII 1991 [1]									
16 Total	363 784	*—— 31 382 ——*		33 722	23 548	23 917	31 871	38 274	4.
17 Male – Masculin	175 956	*—— 16 344 ——*		17 276	12 187	11 844	12 409	16 156	2
18 Female – Féminin	187 828	*—— 15 038 ——*		16 446	11 361	12 073	19 462	22 118	2.
Malaysia – Malaisie									
1 VII 1990									
19 Total	17 762 971	486 505	1 950 041	2 235 144	1 870 348	1 838 502	1 679 533	1 559 608	1 33
20 Male – Masculin	8 952 358	251 132	1 005 091	1 150 044	958 201	938 108	855 061	771 400	64.
21 Female – Féminin	8 810 613	235 373	944 950	1 085 100	912 147	900 394	824 472	788 208	68.
Peninsular Malaysia – Malaisie Péninsulaire									
1 VII 1990									
22 Total	14 616 700	*— 1 950 500 —*		1 814 100	1 531 500	1 494 200	1 393 300	1 301 500	1 10.
23 Male – Masculin	7 338 800	*— 1 002 500 —*		931 200	784 400	760 800	708 300	644 900	53.
24 Female – Féminin	7 277 900	*—— 947 900 ——*		882 900	747 100	733 300	685 000	656 600	57
Sabah									
1 VII 1990									
25 Total	1 470 400	*—— 267 600 ——*		228 500	158 200	149 200	116 400	112 300	11.
26 Male – Masculin	766 700	*—— 138 300 ——*		118 800	80 900	76 900	59 700	55 500	5
27 Female – Féminin	703 700	*—— 129 300 ——*		109 700	77 300	72 300	56 700	56 800	5.
Sarawak									
1 VII 1990									
28 Total	1 668 700	*—— 216 800 ——*		192 000	180 300	195 100	169 600	145 500	11
29 Male – Masculin	843 800	*—— 113 800 ——*		99 700	92 700	100 400	87 000	70 800	5.
30 Female – Féminin	824 900	*—— 103 000 ——*		92 300	87 600	94 700	82 600	74 700	6

					Age (en années)							
35 – 39	40 – 44	45 – 49	50 – 54	55 – 59	60 – 64	65 – 69	70 – 74	75 – 79	80 – 84	85 +	Unknown Inconnu	
127 830	118 210	102 540	83 990	58 990	46 810	30 960	*————— 49 900 —————*				—	1
65 210	61 670	55 200	43 920	32 420	23 950	16 120	*————— 24 370 —————*				—	2
62 620	56 540	47 340	40 070	26 570	22 860	14 840	*————— 25 530 —————*				—	3
129 762	697 437	751 188	836 442	586 139	592 464	305 827	234 076	198 994	109 236	66 438	10 960	4
556 535	341 366	357 393	399 646	269 876	234 988	101 258	71 487	55 836	28 605	15 719	5 222	5
573 227	356 071	393 795	436 796	316 263	357 476	204 569	162 589	143 158	80 631	50 719	5 738	6
255 415	2 603 071	2 240 838	2 063 710	1 666 069	1 190 240	924 441	611 914	389 969	*— 298 684 —*		—	7
680 389	1 337 947	1 141 945	1 030 938	778 590	512 004	385 261	240 583	131 335	*— 77 381 —*		—	8
575 026	1 265 124	1 098 893	1 032 772	887 479	678 236	539 180	371 331	258 634	*— 221 303 —*		—	9
175 271	124 653	91 806	58 383	34 374	18 943	11 030	6 979	3 767	2 173	1 862	—	10
111 986	81 930	61 760	39 524	22 899	11 275	5 857	3 565	1 836	959	898	—	11
63 285	42 723	30 046	18 859	11 475	7 668	5 173	3 414	1 931	1 214	964	—	12
244 939	135 464	147 495	167 686	150 377	137 035	75 045	50 205	44 198	24 165	19 692	2 362	13
121 142	66 844	73 468	80 753	68 749	58 772	26 136	16 051	13 803	7 266	5 445	1 105	14
123 797	68 620	74 027	86 933	81 628	78 263	48 909	34 154	30 395	16 899	14 247	1 257	15
39 173	26 784	15 385	10 041	10 260	10 497	9 099	6 527	*——— 8 342 ———*			—	16
20 213	14 634	8 613	5 450	4 959	4 735	3 828	2 702	*——— 3 059 ———*			—	17
18 960	12 150	6 772	4 591	5 301	5 762	5 271	3 825	*——— 5 283 ———*			—	18
099 472	892 909	674 019	615 799	448 588	376 806	264 764	205 673	112 527	*— 117 649 —*		—	19
542 845	452 069	343 641	311 817	218 389	183 697	124 245	95 519	51 812	*— 51 769 —*		—	20
556 627	440 840	330 378	303 982	230 199	193 109	140 519	110 154	60 715	*— 65 880 —*		—	21
914 400	757 000	560 700	523 200	373 400	318 400	221 100	169 900	96 300	*— 91 900 —*		—	22
445 200	381 500	284 200	263 800	180 600	154 100	103 000	77 700	44 200	*— 40 200 —*		—	23
469 300	375 600	276 500	259 400	192 800	164 300	118 100	92 200	52 100	*— 51 700 —*		—	24
84 700	56 700	48 800	41 100	31 600	22 000	16 500	12 500	6 000	*— 5 400 —*		—	25
47 200	31 200	26 900	22 100	17 200	12 000	8 500	6 600	2 900	*— 2 600 —*		—	26
37 500	25 500	21 900	19 000	14 400	10 000	8 000	5 900	3 100	*— 2 800 —*		—	27
100 100	79 000	64 700	51 600	43 900	36 200	27 700	22 200	12 100	*— 15 300 —*		—	28
50 400	39 300	32 600	26 000	20 900	17 700	13 100	10 900	5 800	*— 6 900 —*		—	29
49 700	39 700	32 100	25 600	23 000	18 500	14 600	11 300	6 300	*— 8 400 —*		—	30

7. Population by age, sex and urban/rural residence: latest available year, 1983 – 1992 (continued)

(See notes at end of table.)

Continent, country or area, sex, date and urban/rural residence / Continent, pays ou zone, sexe, date et résidence, urbaine/rurale	All ages Tous âges	−1	1 − 4	5 − 9	10 − 14	15 − 19	20 − 24	25 − 29	30
ASIA—ASIE (Cont.–Suite)									
Maldives 8 III 1990(C) [2]									
1 Total	213 215	8 159	31 271	34 534	26 004	22 086	19 423	15 474	1
2 Male – Masculin	109 336	4 133	15 997	17 550	13 433	10 959	9 249	7 732	
3 Female – Féminin	103 879	4 026	15 274	16 984	12 571	11 127	10 174	7 742	
Mongolia – Mongolie 5 I 1989(C)* [2]									
4 Total	2 043 400	*——— 324 700 ———*		274 600	255 700	221 500	196 300	179 500	13
Myanmar 1 X 1987 [2]									
5 Total	38 541 119	*— 5 032 740 —*		4 728 861	4 618 754	4 305 011	3 774 146	3 219 612	2 67
6 Male – Masculin	19 107 650	*— 2 532 494 —*		2 352 181	2 293 451	2 133 123	1 868 858	1 594 198	1 32
7 Female – Féminin	19 433 469	*— 2 500 246 —*		2 376 680	2 325 303	2 171 888	1 905 288	1 625 414	1 34
Nepal – Népal 1 VII 1986* [1]									
8 Total	17 143 503	*— 2 914 438 —*		2 323 843	2 005 617	1 674 250	1 433 785	1 269 290	1 14
9 Male – Masculin	8 819 688	*— 1 517 931 —*		1 211 260	1 046 297	880 235	732 196	628 114	55
10 Female – Féminin	8 323 815	*— 1 396 507 —*		1 112 583	959 320	794 015	701 589	641 176	58
Philippines 1 VII 1991 [1,2]									
11 Total	62 868 212	1 758 931	6 791 295	7 924 808	7 561 253	6 696 397	5 985 379	5 279 795	4 60
12 Male – Masculin	31 585 390	901 449	3 473 590	4 047 618	3 863 252	3 441 315	3 060 305	2 593 171	2 20
13 Female – Féminin	31 282 822	857 482	3 317 705	3 877 190	3 698 001	3 255 082	2 925 074	2 686 624	2 39
Qatar 16 III 1986(C)									
14 Total	369 079	8 161	32 993	34 644	26 654	22 633	32 569	53 194	5
15 Male – Masculin	247 852	4 143	16 822	17 774	13 871	12 338	22 121	41 664	4
16 Female – Féminin	121 227	4 018	16 171	16 870	12 783	10 295	10 448	11 530	1
Singapore – Singapour 1 VII 1992* [24]									
17 Total	2 818 200	*——— 244 700 ———*		204 100	201 600	213 000	230 100	278 800	29
18 Male – Masculin	1 423 700	*——— 126 300 ———*		106 000	104 400	109 700	116 600	139 700	15
19 Female – Féminin	1 394 500	*——— 118 400 ———*		98 100	97 200	103 300	113 500	139 100	14
Sri Lanka 1 VII 1991									
20 Total	17 247 000	*——————— 6 07 0 000 ———————*					1 862 000	1 774 000	*— 2 7 89 000
21 Male – Masculin	8 792 000	*——————— 3 09 2 000 ———————*					944 000	890 000	*— 1 4 03 000
22 Female – Féminin	8 455 000	*——————— 2 97 8 000 ———————*					918 000	884 000	*— 1 3 86 000
Syrian Arab Republic – République arabe syrienne 1 VII 1992* [1,2,25]									
23 Total	12 958 000	474 000	1 967 000	2 210 000	1 726 000	1 238 000	948 000	727 000	66
24 Male – Masculin	6 620 000	244 000	1 011 000	1 142 000	905 000	629 000	490 000	347 000	31
25 Female – Féminin	6 338 000	230 000	956 000	1 068 000	821 000	609 000	458 000	380 000	34
Tajikistan – Tadjikistan 12 I 1989(C) [1,2]									
26 Total	5 092 603	189 745	711 327	698 427	587 086	525 609	463 915	441 347	32
27 Male – Masculin	2 530 245	96 134	360 808	353 566	296 910	263 130	227 505	219 644	16.
28 Female – Féminin	2 562 358	93 611	350 519	344 861	290 176	262 479	236 410	221 703	16
Thailand – Thaïlande 1 VII 1992* [1,2]									
29 Total	57 760 000	*— 5 812 000 —*		6 047 000	6 210 000	6 206 000	6 075 000	5 587 000	4 72
30 Male – Masculin	28 948 000	*— 2 961 000 —*		3 070 000	3 148 000	3 154 000	3 092 000	2 834 000	2 37
31 Female – Féminin	28 812 000	*— 2 851 000 —*		2 977 000	3 062 000	3 052 000	2 983 000	2 753 000	2 35

Age (en années)

35 – 39	40 – 44	45 – 49	50 – 54	55 – 59	60 – 64	65 – 69	70 – 74	75 – 79	80 – 84	85 +	Unknown Inconnu	
8 314	5 968	7 319	6 628	5 205	4 488	2 470	1 592	723	546	423	686	1
4 324	3 125	3 754	3 526	3 057	2 662	1 512	921	467	356	276	399	2
3 990	2 843	3 565	3 102	2 148	1 826	958	671	256	190	147	287	3
92 300	70 400	68 300	55 400	50 200	36 200	31 500	*———	——— 51	500	———*	–	4
119 099	1 695 953	1 469 831	1 344 771	1 161 522	908 379	*———	1 491	009	———	——*	–	5
049 248	838 348	725 109	661 794	569 669	443 678	*———	722	505 –	———	——*	–	6
069 851	857 605	744 722	682 977	591 853	464 701	*———	768	504 –	———	——*	–	7
984 176	831 707	697 018	568 010	445 982	337 463	239 018	148 457	72 520	*—— 55	062 ——*	–	8
484 337	419 460	359 054	298 514	237 615	179 279	125 620	77 800	38 237	*—— 28	537 ——*	–	9
499 839	412 247	337 964	269 496	208 367	158 184	113 398	70 657	34 283	*—— 26	525 ——*	–	10
890 634	3 034 962	2 381 579	1 992 875	1 556 986	1 222 142	892 719	634 315	411 166	172 448	79 056	–	11
917 948	1 530 894	1 202 710	994 781	761 533	586 022	414 294	291 273	186 291	76 808	34 420	–	12
972 686	1 504 068	1 178 869	998 094	795 453	636 120	478 425	343 042	224 875	95 640	44 636	–	13
39 984	25 081	16 463	10 150	5 236	3 202	1 580	1 032	492	*—— 666	——*	93	14
30 158	19 236	12 742	7 692	3 848	2 177	1 003	565	279	*—— 342	——*	73	15
9 826	5 845	3 721	2 458	1 388	1 025	577	467	213	*—— 324	——*	20	16
277 000	227 600	145 700	130 800	100 500	86 700	64 900	*———	——— 113	100	———*	–	17
141 200	115 400	73 800	65 200	50 200	42 700	31 700	*———	——— 48	600	———*	–	18
135 800	112 200	71 900	65 600	50 300	44 000	33 200	*———	——— 64	500	———*	–	19
——— 1 785 000 ——*		*—— 1 335 000 ——*		491 000	396 000	293 000	*———	——— 452	000	———*	–	20
— – 908 000 ——*		*——— 690 000 ——*		258 000	213 000	155 000	*———	——— 239	000	———*	–	21
— 877 000 ——*		*——— 645 000 ——*		233 000	183 000	138 000	*———	——— 213	000	———*	–	22
654 000	542 000	418 000	314 000	244 000	266 000	175 000	174 000	*——— – 218	000	———*	–	23
327 000	283 000	217 000	161 000	129 000	130 000	89 000	87 000	*——— – 110	000	———*	–	24
327 000	259 000	201 000	153 000	115 000	136 000	86 000	87 000	*——— – 108	000	———*	–	25
238 882	139 111	151 234	164 936	142 019	119 486	68 640	45 844	37 226	21 195	19 003	1 574	26
118 162	71 526	79 692	82 013	68 155	55 771	26 622	16 964	14 464	8 622	7 505	916	27
120 720	67 585	71 542	82 923	73 864	63 715	42 018	28 880	22 762	12 573	11 498	658	28
974 000	3 120 000	2 410 000	2 063 000	1 790 000	1 388 000	1 005 000	657 000	*——— – 689	000	———*	–	29
980 000	1 558 000	1 205 000	1 009 000	854 000	655 000	469 000	298 000	*——— – 285	000	———*	–	30
994 000	1 562 000	1 205 000	1 054 000	936 000	733 000	536 000	359 000	*——— – 404	000	———*	–	31

(See notes at end of table.)

Continent, country or area, sex, date and urban/rural residence / Continent, pays ou zone, sexe, date et résidence, urbaine/rurale	All ages Tous âges	– 1	1 – 4	5 – 9	10 – 14	15 – 19	20 – 24	25 – 29	30
ASIA—ASIE (Cont.–Suite)									
Turkey – Turquie									
20 X 1985(C) [2]									
1 Total	50 664 458	1 014 611	5 062 590	6 739 461	6 193 476	5 407 464	4 784 480	4 040 762	3 37
2 Male – Masculin	25 671 975	518 255	2 594 269	3 457 223	3 210 697	2 744 581	2 434 052	2 056 187	1 72
3 Female – Féminin	24 992 483	496 356	2 468 321	3 282 238	2 982 779	2 662 883	2 350 428	1 984 575	1 65
Turkmenistan – Turkménistan									
12 I 1989(C) [1 2]									
4 Total	3 522 717	*—— 559 641 ——*		461 968	406 796	366 290	326 637	321 739	252
5 Male – Masculin	1 735 179	*—— 283 551 ——*		233 256	204 615	187 886	161 333	157 763	123
6 Female – Féminin	1 787 538	*—— 276 090 ——*		228 712	202 181	178 404	165 304	163 976	128
Uzbekistan – Ouzbékistan									
12 I 1989(C) [1 2]									
7 Total	19 810 077	669 297	2 547 112	2 611 040	2 255 753	2 004 739	1 832 462	1 785 410	1 39
8 Male – Masculin	9 784 156	341 103	1 289 953	1 318 918	1 138 237	1 003 102	910 718	890 752	69
9 Female – Féminin	10 025 921	328 194	1 257 159	1 292 122	1 117 516	1 001 637	921 744	894 658	69
Viet Nam									
1 IV 1989(C) [1 2]									
10 Total	64 375 762	1 928 804	7 155 398	8 606 693	7 531 703	6 805 682	6 044 159	5 707 769	4 701
11 Male – Masculin	31 230 737	996 442	3 668 488	4 392 635	3 856 862	3 357 696	2 896 412	2 721 260	2 24
12 Female – Féminin	33 145 025	932 362	3 486 910	4 214 058	3 674 841	3 447 986	3 147 747	2 986 509	2 45
Yemen – Yémen Former Dem. Yemen – Ancienne Yémen dém.									
1 VII 1987									
13 Total	2 278 000	*—— 415 000 ——*		396 000	270 000	186 000	135 000	152 000	132
14 Male – Masculin	1 127 000	*—— 210 000 ——*		206 000	149 000	89 000	58 000	69 000	6
15 Female – Féminin	1 151 000	*—— 205 000 ——*		190 000	121 000	97 000	77 000	83 000	7
EUROPE									
Andorra – Andorre									
1 VII 1991 [2]									
16 Total	57 558	262	2 308	3 137	3 584	4 088	5 189	6 604	
17 Male – Masculin	30 707	136	1 211	1 618	1 840	2 139	2 758	3 589	
18 Female – Féminin	26 851	126	1 097	1 519	1 744	1 949	2 431	3 015	
Austria – Autriche									
1 VII 1992* [1]									
19 Total	7 883 644	93 154	367 297	457 407	463 543	492 524	632 667	693 929	642
20 Male – Masculin	3 795 129	47 925	189 127	234 793	238 790	254 996	326 831	355 086	324
21 Female – Féminin	4 088 515	45 229	178 170	222 614	224 753	237 528	305 836	338 843	318
Belarus – Bélarus									
1 VII 1989* [2]									
22 Total	10 180 845	*—— 816 316 ——*		796 557	734 365	715 038	698 867	850 503	84
23 Male – Masculin	4 766 127	*—— 417 614 ——*		405 366	372 910	359 469	346 448	428 258	423
24 Female – Féminin	5 414 718	*—— 398 702 ——*		391 191	361 455	355 569	352 419	422 245	422
Belgium – Belgique									
1 VII 1990 [1]									
25 Total	9 967 378	122 135	475 483	599 543	609 055	659 332	735 387	806 679	785
26 Male – Masculin	4 870 392	62 577	244 041	307 059	311 527	337 039	374 890	411 237	399
27 Female – Féminin	5 096 986	59 558	231 442	292 484	297 528	322 293	360 497	395 442	385
Bulgaria – Bulgarie									
1 VII 1990 [2]									
28 Total	8 990 741	107 151	465 136	600 603	664 400	660 916	603 622	598 446	625
29 Male – Masculin	4 435 274	54 885	238 091	308 666	340 509	338 712	307 806	302 530	314
30 Female – Féminin	4 555 467	52 266	227 045	291 937	323 891	322 204	295 816	295 916	310

notes à la fin du tableau.)

					Age (en années)							
35 – 39	40 – 44	45 – 49	50 – 54	55 – 59	60 – 64	65 – 69	70 – 74	75 – 79	80 – 84	85 +	Unknown Inconnu	
786 571	2 208 156	2 008 609	2 042 592	1 649 069	1 130 186	677 388	667 009	394 522	238 010	148 979	96 117	1
413 596	1 098 217	991 442	1 039 158	824 436	555 813	309 858	314 528	175 769	99 310	55 577	55 103	2
372 975	1 109 939	1 017 167	1 003 434	824 633	574 373	367 530	352 481	218 753	138 700	93 402	41 014	3
185 306	106 103	108 567	114 086	97 240	84 072	48 374	33 821	27 035	13 021	9 480	—	4
90 661	52 550	54 130	56 391	46 348	36 914	17 534	11 435	9 466	4 395	3 015	—	5
94 645	53 553	54 437	57 695	50 892	47 158	30 840	22 386	17 569	8 626	6 465	—	6
013 369	572 375	625 531	651 050	561 358	483 693	269 629	184 229	165 734	100 456	83 816	361	7
503 602	286 366	317 673	322 719	265 666	215 661	97 157	60 068	57 981	37 436	30 728	171	8
509 767	286 009	307 858	328 331	295 692	268 032	172 472	124 161	107 753	63 020	53 088	190	9
286 643	2 201 498	1 940 084	1 913 038	1 945 438	1 566 239	1 231 761	800 848	562 086	283 175	156 433	6 353	10
534 662	1 021 370	871 383	853 228	898 469	709 586	523 917	324 803	212 291	94 868	47 333	3 552	11
751 981	1 180 128	1 068 701	1 059 810	1 046 969	856 653	707 844	476 045	349 795	188 307	109 100	2 801	12
133 000	*93 000*	*79 000*	*77 000*	*40 000*	*56 000*	*24 000*	*—— 69 000 ——*				*21 000*	13
66 000	*44 000*	*38 000*	*36 000*	*19 000*	*25 000*	*13 000*	*—— 31 000 ——*				*14 000*	14
67 000	*49 000*	*41 000*	*41 000*	*21 000*	*31 000*	*11 000*	*—— 38 000 ——*				*7 000*	15
5 157	4 303	3 525	2 603	2 575	2 351	2 005	1 440	1 033	652	451	26	16
2 847	2 371	1 900	1 384	1 360	1 243	1 022	744	524	330	198	16	17
2 310	1 932	1 625	1 219	1 215	1 108	983	696	509	322	253	10	18
542 315	521 930	477 805	527 288	373 088	398 487	387 999	290 848	217 126	184 321	119 511	—	19
269 963	261 971	238 011	261 612	181 385	187 962	153 832	105 169	73 694	57 512	32 248	—	20
272 352	259 959	239 794	265 676	191 703	210 525	234 167	185 679	143 432	126 809	87 263	—	21
732 632	550 637	515 780	661 203	618 447	582 551	375 612	220 589	233 953	142 115	89 674	—	22
364 463	270 546	247 088	304 180	273 728	231 862	126 881	67 402	65 959	38 525	21 463	—	23
368 169	280 091	268 692	357 023	344 719	350 689	248 731	153 187	167 994	103 590	68 211	—	24
731 641	703 760	547 171	561 857	582 272	559 911	521 699	304 264	312 026	209 532	139 849	—	25
372 734	358 178	275 780	278 539	284 213	265 700	236 692	128 549	117 887	67 472	36 465	—	26
358 907	345 582	271 391	283 318	298 059	294 211	285 007	175 715	194 139	142 060	103 384	—	27
644 410	657 508	543 710	528 882	577 996	545 253	488 734	247 408	237 980	133 523	59 728	—	28
322 020	326 973	268 975	259 111	280 569	259 055	223 256	110 406	102 307	54 260	22 598	—	29
322 390	330 535	274 735	269 771	297 427	286 198	265 478	137 002	135 673	79 263	37 130	—	30

(See notes at end of table.)

Continent, country or area, sex, date and urban/rural residence / Continent, pays ou zone, sexe, date et résidence, urbaine/rurale	All ages Tous âges	– 1	1 – 4	5 – 9	10 – 14	15 – 19	20 – 24	25 – 29	30
					Age (in years)				

EUROPE (Cont.–Suite)

Channel Islands – Iles Anglo–Normandes
Guernsey – Guernesey
21 IV 1991(C)

1 Total	58 867	751	2 763	3 258	3 227	3 886	5 009	4 801	4
2 Male – Masculin	28 297	374	1 394	1 677	1 649	1 953	2 327	2 349	2
3 Female – Féminin	30 570	377	1 369	1 581	1 578	1 933	2 682	2 452	2

Jersey
10 III 1991(C)

4 Total	84 082	1 042	3 729	4 202	4 043	4 637	7 853	8 465	7
5 Male – Masculin	40 862	521	1 929	2 151	2 016	2 340	3 830	4 166	3
6 Female – Féminin	43 220	521	1 800	2 051	2 027	2 297	4 023	4 299	3

Former Czechoslovakia – Ancienne tchécoslovaquie
3 III 1991(C)

7 Total	15 567 666	*———	3 592 559	———*	* ———	———	———	8 9 94 785	———
8 Male – Masculin	7 580 442	*———	1 840 048	———*	* ———	———	———	4 6 83 912	———
9 Female – Féminin	7 987 224	*———	1 752 511	———*	* ———	———	———	4 3 10 873	———

Denmark – Danemark [26]
1 VII 1992* [1]

10 Total	5 170 270	65 577	245 690	271 642	294 633	353 273	375 812	421 714	377
11 Male – Masculin	2 549 144	33 689	126 071	139 117	150 335	180 233	192 639	217 236	193
12 Female – Féminin	2 621 126	31 888	119 619	132 525	144 298	173 040	183 173	204 478	184

Estonia – Estonie
1 I 1991 [2]

13 Total	1 570 432	*——— 118 669 ———*		118 278	111 858	108 688	107 275	113 314	120
14 Male – Masculin	734 777	*——— 60 788 ———*		60 073	56 951	55 498	56 170	57 274	59
15 Female – Féminin	835 655	*——— 57 881 ———*		58 205	54 907	53 190	51 105	56 040	60

Faeroe Islands – Iles Féroé
1 I 1991 [1]

16 Total	47 449	928	3 296	3 559	3 837	3 954	3 843	3 562	3
17 Male – Masculin	24 723	482	1 682	1 863	1 986	2 106	2 065	1 926	1
18 Female – Féminin	22 726	446	1 614	1 696	1 851	1 848	1 778	1 636	1

Finland – Finlande
1 VII 1991 [1][2]

19 Total	5 013 740	65 223	249 897	325 669	324 111	306 531	338 219	376 626	381
20 Male – Masculin	2 434 623	33 252	127 779	166 537	165 535	156 993	172 334	192 414	195
21 Female – Féminin	2 579 117	31 971	122 119	159 133	158 577	149 539	165 885	184 213	186

France
1 I 1993* [2][27]

22 Total	57 526 521	730 146	3 009 036	3 804 760	3 918 608	3 938 648	4 338 607	4 331 986	4 321
23 Male – Masculin	28 017 601	373 794	1 539 365	1 945 821	2 006 411	2 013 000	2 193 942	2 171 374	2 154
24 Female – Féminin	29 508 920	356 352	1 469 671	1 858 939	1 912 197	1 925 648	2 144 665	2 160 612	2 167

Germany – Allemagne [28]
1 VII 1990 [1]

25 Total	79 364 504	881 623	3 523 972	4 267 333	4 091 036	4 468 125	6 385 867	6 919 622	6 129
26 Male – Masculin	38 276 256	452 374	1 808 892	2 189 339	2 101 087	2 293 724	3 271 709	3 568 114	3 153
27 Female – Féminin	41 088 248	429 249	1 715 080	2 077 994	1 989 949	2 174 401	3 114 158	3 351 508	2 976

Germany, Federal Rep. of – Allemagne, République fédérale d'
1 VII 1989 [1]

28 Total	62 062 506	681 082	2 540 558	3 080 402	2 957 953	3 747 911	5 293 653	5 334 847	4 635
29 Male – Masculin	29 891 011	349 126	1 303 748	1 579 619	1 518 925	1 921 554	2 709 952	2 741 576	2 376
30 Female – Féminin	32 171 495	331 956	1 236 810	1 500 783	1 439 028	1 826 357	2 583 701	2 593 271	2 259

7. Population selon l'âge, le sexe et la résidence, urbaine/rurale: dernière année disponible, 1983 – 1992 (suite)

notes à la fin du tableau.)

					Age (en années)						Unknown Inconnu	
35 – 39	40 – 44	45 – 49	50 – 54	55 – 59	60 – 64	65 – 69	70 – 74	75 – 79	80 – 84	85 +		
4 047	4 659	3 424	3 382	3 059	2 942	2 750	2 281	1 945	1 306	998	–	1
2 057	2 303	1 705	1 717	1 518	1 366	1 263	987	762	466	250	–	2
1 990	2 356	1 719	1 665	1 541	1 576	1 487	1 294	1 183	840	748	–	3
6 372	6 506	5 071	4 932	4 293	3 808	3 465	2 762	2 550	1 787	1 346	–	4
3 147	3 266	2 535	2 526	2 194	1 867	1 611	1 160	1 019	611	347	–	5
3 225	3 240	2 536	2 406	2 099	1 941	1 854	1 602	1 531	1 176	999	–	6
—— * * ——————					2 967	411 ——————— *					12 911	7
—— * * ——————					1 049	557 ——————— *					6 925	8
—— * * ——————					1 917	854 ——————— *					5 986	9
372 120	378 673	407 280	301 857	259 608	240 806	233 602	209 279	163 241	115 297	82 934	–	10
189 756	192 287	207 231	151 844	127 813	116 025	108 157	92 024	66 339	41 305	23 853	–	11
182 364	186 386	200 049	150 013	131 795	124 781	125 445	117 255	96 902	73 992	59 081	–	12
116 573	106 861	85 597	101 818	89 335	88 359	66 275	38 418	38 837	25 320	14 616	–	13
57 051	51 524	40 608	47 112	39 859	36 780	22 149	12 487	11 412	6 339	2 935	–	14
59 522	55 337	44 989	54 706	49 476	51 579	44 126	25 931	27 425	18 981	11 681	–	15
3 273	3 257	2 776	2 141	1 935	1 962	1 826	1 587	1 125	677	448	–	16
1 728	1 771	1 555	1 154	1 027	985	874	754	497	282	162	–	17
1 545	1 486	1 221	987	908	977	952	833	628	395	286	–	18
405 201	437 536	333 367	284 425	251 746	254 602	223 899	170 316	138 250	92 935	53 458	–	19
206 945	224 242	169 311	141 321	122 471	118 009	93 250	62 785	46 129	27 424	12 765	–	20
198 257	213 295	164 057	143 104	129 275	136 593	130 650	107 531	92 122	65 512	40 693	–	21
268 566	4 356 906	3 543 748	2 761 077	2 897 242	2 945 176	2 678 261	2 082 475	1 322 042	1 286 783	990 885	–	22
125 547	2 191 274	1 790 890	1 383 631	1 414 807	1 392 596	1 206 403	891 681	512 648	443 994	265 875	–	23
143 019	2 165 632	1 752 858	1 377 446	1 482 435	1 552 580	1 471 858	1 190 794	809 394	842 789	725 010	–	24
617 845	4 888 290	5 336 844	6 027 192	4 623 624	4 331 523	3 855 904	2 319 700	2 711 690	1 870 331	1 114 413	–	25
854 734	2 496 941	2 722 832	3 052 711	2 302 898	2 006 570	1 463 627	819 968	881 870	551 672	284 096	–	26
763 111	2 391 349	2 614 012	2 974 481	2 320 726	2 324 953	2 392 277	1 499 732	1 829 820	1 318 659	830 317	–	27
309 182	3 803 180	4 584 757	4 584 784	3 542 294	3 421 594	3 109 070	1 838 749	2 253 364	1 470 133	873 001	–	28
180 177	1 946 825	2 354 409	2 333 958	1 768 895	1 554 357	1 185 882	657 142	746 406	441 728	220 063	–	29
129 005	1 856 355	2 230 348	2 250 826	1 773 399	1 867 237	1 923 188	1 181 607	1 506 958	1 028 405	652 938	–	30

(See notes at end of table.)

Continent, country or area, sex, date and urban/rural residence / Continent, pays ou zone, sexe, date et résidence, urbaine/rurale	Age (in years)								
	All ages Tous âges	– 1	1 – 4	5 – 9	10 – 14	15 – 19	20 – 24	25 – 29	30 –
EUROPE (Cont.–Suite)									
Former German Democratic Republic – Ancienne République démocratique allemande 30 VI 1990 [1] [2]									
1 Total	16 247 284	189 883	842 618	1 108 722	1 029 801	942 552	1 172 992	1 358 257	1 247 7
2 Male – Masculin	7 776 885	97 614	432 166	567 761	528 467	482 752	600 557	700 014	640 8
3 Female – Féminin	8 470 399	92 269	410 452	540 961	501 334	459 800	572 435	658 243	606 8
Greece – Grèce 1 VII 1989 [29]									
4 Total	10 038 200	104 200	447 200	686 000	710 100	715 100	772 700	729 000	689 9
5 Male – Masculin	4 941 200	53 800	230 900	354 600	367 400	368 400	400 700	379 000	340 2
6 Female – Féminin	5 097 100	50 400	216 300	331 600	342 900	346 800	372 100	350 200	349 3
Hungary – Hongrie 1 VII 1991 [2]									
7 Total	10 346 039	124 734	489 977	631 346	790 677	830 352	705 849	609 083	703 1
8 Male – Masculin	4 966 357	63 698	250 705	322 765	404 485	426 129	360 874	308 933	353
9 Female – Féminin	5 379 682	61 036	239 272	308 581	386 192	404 223	344 975	300 150	350 0
Iceland – Islande 1 VII 1990 [1]									
10 Total	254 788	4 668	16 811	21 179	20 912	21 198	20 954	21 791	20
11 Male – Masculin	127 895	2 354	8 637	10 814	10 667	10 848	10 618	10 996	10
12 Female – Féminin	126 893	2 314	8 174	10 365	10 245	10 350	10 336	10 795	10
Ireland – Irlande 1 VII 1991 [2]									
13 Total	3 524 100	52 600	218 500	320 900	351 800	346 100	273 200	227 800	243
14 Male – Masculin	1 759 400	27 300	112 400	165 700	178 600	176 300	142 300	115 200	120
15 Female – Féminin	1 764 700	25 400	106 100	155 600	172 800	169 800	130 600	112 700	122
Isle of Man – Ile de Man 6 IV 1986(C)									
16 Total	64 282	687	2 682	3 630	4 324	4 750	4 446	3 772	3
17 Male – Masculin	30 782	336	1 364	1 853	2 225	2 452	2 299	1 861	1
18 Female – Féminin	33 500	351	1 318	1 777	2 099	2 298	2 147	1 911	1
Italy – Italie 1 VII 1991* [1]									
19 Total	57 746 163	576 607	2 252 748	3 019 669	3 535 739	4 375 328	4 724 657	4 790 896	4 189
20 Male – Masculin	28 072 498	296 976	1 161 063	1 551 690	1 815 687	2 241 383	2 406 879	2 427 509	2 111
21 Female – Féminin	29 673 665	279 631	1 091 685	1 467 979	1 720 052	2 133 945	2 317 778	2 363 387	2 078
Latvia – Lettonie 1 I 1991 [2]									
22 Total	2 667 870	37 059	163 257	198 248	175 035	179 279	185 371	198 794	205
23 Male – Masculin	1 242 389	19 064	83 578	100 943	88 917	91 722	95 844	100 767	102
24 Female – Féminin	1 425 481	17 995	79 679	97 305	86 118	87 557	89 527	98 027	103
Liechtenstein 31 XII 1987									
25 Total	27 714	365	1 454	1 823	1 859	2 260	2 494	2 570	2
26 Male – Masculin	13 527	195	709	922	932	1 129	1 172	1 225	1
27 Female – Féminin	14 187	170	745	901	927	1 131	1 322	1 345	1
Lithuania – Lituanie 1 I 1991 [2]									
28 Total	3 736 498	56 566	235 189	286 702	266 420	268 924	277 268	305 532	302
29 Male – Masculin	1 769 536	28 974	120 274	145 780	135 200	136 788	143 044	156 386	151
30 Female – Féminin	1 966 962	27 592	114 915	140 922	131 220	132 136	134 224	149 146	151

7. Population selon l'âge, le sexe et la résidence, urbaine/rurale: dernière année disponible, 1983 – 1992 (suite)

otes à la fin du tableau.)

						Age (en années)						Unknown Inconnu	
35 – 39	40 – 44	45 – 49	50 – 54	55 – 59	60 – 64	65 – 69	70 – 74	75 – 79	80 – 84	85 +			
25 885	857 069	1 088 664	1 221 072	950 785	838 631	706 966	410 835	510 666	353 739	190 414	–	1
27 182	434 117	541 883	604 571	463 171	364 860	248 007	134 609	155 355	102 351	50 556	–	2
98 703	422 952	546 781	616 501	487 614	473 771	458 959	276 226	355 311	251 388	139 858	–	3
60 300	664 500	560 400	668 100	666 100	581 100	417 800	351 900	314 500	191 400	111 500	–	4
31 000	331 600	267 700	319 800	316 400	276 100	192 900	154 900	134 600	79 600	43 600	–	5
29 300	333 100	292 900	348 600	349 700	305 200	225 000	197 000	180 000	111 900	68 500	–	6
66 451	760 829	665 028	605 990	585 688	576 367	528 294	322 522	278 391	180 946	90 258	–	7
32 722	377 276	324 019	282 814	267 581	255 771	220 813	126 907	101 794	60 325	25 547	–	8
33 729	383 553	341 009	323 176	318 107	320 596	307 481	195 615	176 597	120 621	64 711	–	9
18 848	16 365	12 905	10 305	10 638	10 122	8 743	6 819	5 162	3 452	2 936	–	10
9 709	8 495	6 508	5 151	5 275	5 003	4 221	3 154	2 234	1 406	1 079	–	11
9 139	7 870	6 397	5 154	5 363	5 119	4 522	3 665	2 928	2 046	1 857	–	12
33 400	229 600	186 600	164 000	138 100	136 200	125 400	112 300	84 800	50 300	29 800	–	13
17 900	117 300	94 100	83 900	69 400	66 500	57 500	50 300	36 000	18 700	8 900	–	14
15 400	112 300	92 500	80 200	68 500	69 900	68 000	61 800	48 800	31 500	20 900	–	15
4 562	3 917	3 521	3 278	3 474	3 934	3 619	3 638	2 932	1 860	1 109	416	16
2 282	1 929	1 761	1 639	1 578	1 788	1 625	1 592	1 220	604	300	210	17
2 280	1 988	1 760	1 639	1 896	2 146	1 994	2 046	1 712	1 256	809	206	18
21 452	4 058 379	3 390 667	3 689 828	3 432 209	3 330 727	3 011 567	1 803 474	1 864 482	1 164 338	713 507	–	19
08 663	2 021 273	1 675 438	1 800 822	1 647 318	1 561 365	1 337 584	757 305	730 728	411 822	207 587	–	20
12 789	2 037 106	1 715 229	1 889 006	1 784 891	1 769 362	1 673 983	1 046 169	1 133 754	752 516	505 920	–	21
85 294	170 701	158 089	182 060	154 686	152 408	115 848	66 664	66 249	45 064	28 199	–	22
90 567	82 264	74 593	84 139	68 551	62 415	36 976	21 628	19 169	12 531	6 614	–	23
94 727	88 437	83 496	97 921	86 135	89 993	78 872	45 036	47 080	32 533	21 585	–	24
2 375	2 205	1 723	1 300	1 052	1 070	981	648	566	330	185	–	25
1 214	1 158	882	654	524	454	442	286	217	114	47	–	26
1 161	1 047	841	646	528	616	539	362	349	216	138	–	27
51 734	228 363	219 112	221 356	209 033	194 881	150 160	84 794	77 880	60 287	39 382	–	28
24 241	110 091	103 286	101 690	92 261	80 404	53 990	29 602	24 534	20 441	11 457	–	29
27 493	118 272	115 826	119 666	116 772	114 477	96 170	55 192	53 346	39 846	27 925	–	30

183

7. Population by age, sex and urban/rural residence: latest available year, 1983 – 1992 (continued)

(See notes at end of table.)

Continent, country or area, sex, date and urban/rural residence — Continent, pays ou zone, sexe, date et résidence, urbaine/rurale	All ages Tous âges	Age (in years)						
		– 1	1 – 4	5 – 9	10 – 14	15 – 19	20 – 24	25 – 29
EUROPE (Cont.–Suite)								
Luxembourg								
1 I 1990 [1]								
1 Total	378 400	4 642	18 015	21 845	20 858	22 352	28 109	32 346
2 Male – Masculin	184 560	2 365	9 196	11 166	10 724	11 484	14 223	16 281
3 Female – Féminin	193 840	2 277	8 819	10 679	10 134	10 868	13 886	16 065
Malta – Malte								
1 VII 1990 [30]								
4 Total	355 910	5 323	21 511	27 871	28 306	26 482	23 618	26 650
5 Male – Masculin	175 782	2 762	11 049	14 188	14 641	13 624	12 168	13 770
6 Female – Féminin	180 128	2 561	10 462	13 683	13 665	12 858	11 450	12 880
Netherlands – Pays–Bas								
1 VII 1991 [1 2]								
7 Total	15 069 591	197 652	756 950	891 708	905 037	1 022 340	1 264 800	1 307 288
8 Male – Masculin	7 449 839	101 138	386 723	455 382	463 052	521 718	645 488	670 420
9 Female – Féminin	7 619 752	96 514	370 227	436 326	441 985	500 622	619 312	636 868
Norway – Norvège								
1 I 1992* [1]								
10 Total	4 273 634	60 622	232 523	259 484	261 291	300 424	336 902	331 224
11 Male – Masculin	2 113 359	31 170	119 040	133 312	133 846	153 412	172 356	170 514
12 Female – Féminin	2 160 275	29 452	113 483	126 172	127 445	147 012	164 546	160 710
Poland – Pologne								
31 XII 1991 [2 31]								
13 Total	38 309 226	538 863	2 260 581	3 350 365	3 261 042	2 998 603	2 524 995	2 555 742
14 Male – Masculin	18 661 328	276 587	1 160 427	1 711 093	1 666 588	1 531 904	1 293 610	1 298 200
15 Female – Féminin	19 647 898	262 276	1 100 154	1 639 272	1 594 454	1 466 699	1 231 385	1 257 542
Portugal								
31 XII 1991								
16 Total	9 845 900	115 000	460 200	668 700	756 300	827 400	813 700	813 000
17 Male – Masculin	4 751 700	59 100	236 800	345 200	386 400	421 300	413 200	407 900
18 Female – Féminin	5 094 500	55 900	223 400	323 500	369 900	405 900	400 500	405 200
Republic of Moldova – République de Moldova								
12 I 1989(C) [1 2]								
19 Total	4 335 360	86 074	352 353	400 877	371 285	326 279	298 878	367 610
20 Male – Masculin	2 063 192	43 885	179 504	203 196	187 920	166 769	145 541	178 002
21 Female – Féminin	2 272 168	42 189	172 849	197 681	183 365	159 510	153 337	189 608
Romania – Roumanie								
7 I 1992(C) [2 32]								
22 Total	22 786 424	*———— ———	5 11 4 723	———— ————*		1 906 149	2 065 702	1 243 185
23 Male – Masculin	11 207 916	*———— ———	2 60 8 174	———— ————*		991 165	1 042 929	640 168
24 Female – Féminin	11 578 508	*———— ———	2 50 6 549	———— ————*		914 984	1 022 773	603 017
Russian Federation – Fédération Russe								
12 I 1989(C) [1 2]								
25 Total	147 021 869	2 326 547	9 705 013	11 360 342	10 592 239	9 967 611	9 754 620	12 557 234
26 Male – Masculin	68 713 869	1 187 062	4 941 994	5 768 357	5 372 103	5 118 710	4 955 983	6 373 601
27 Female – Féminin	78 308 000	1 139 485	4 763 019	5 591 985	5 220 136	4 848 901	4 798 637	6 183 633
San Marino – Saint–Marin								
31 XII 1989								
28 Total	22 966	221	915	1 237	1 469	1 666	1 985	2 085
29 Male – Masculin	11 268	117	477	662	745	845	986	996
30 Female – Féminin	11 698	104	438	575	724	821	999	1 089
Spain – Espagne								
1 VII 1990								
31 Total	38 959 183	408 409	1 689 523	2 482 756	3 098 426	3 284 250	3 294 056	3 200 564
32 Male – Masculin	19 122 106	212 128	873 645	1 285 534	1 593 432	1 687 747	1 683 848	1 620 973
33 Female – Féminin	19 837 077	196 281	815 878	1 197 222	1 504 994	1 596 503	1 610 208	1 579 591

es à la fin du tableau.)

					Age (en années)							
–39	40 – 44	45 – 49	50 – 54	55 – 59	60 – 64	65 – 69	70 – 74	75 – 79	80 – 84	85 +	Unknown Inconnu	
0 023	27 248	23 809	22 988	22 403	20 959	16 446	11 451	11 459	*—— 11 341 ——*		—	1
5 363	14 193	12 244	11 581	11 079	9 923	6 448	4 673	4 218	*—— 3 275 ——*		—	2
4 660	13 055	11 565	11 407	11 324	11 036	9 998	6 778	7 241	*—— 8 066 ——*		—	3
7 580	29 877	21 469	18 497	17 326	15 091	13 867	9 457	7 022	4 572	2 527	—	4
3 904	14 899	10 500	8 814	7 861	6 878	6 265	4 204	2 959	1 830	864	—	5
3 676	14 978	10 969	9 683	9 465	8 213	7 602	5 253	4 063	2 742	1 663	—	6
3 333	1 194 529	962 549	804 167	727 317	680 594	623 783	496 313	385 625	255 460	185 906	—	7
2 697	611 527	494 033	408 539	361 645	326 125	283 057	210 899	147 613	83 704	50 883	—	8
0 636	583 002	468 516	395 628	365 672	354 469	340 726	285 414	238 012	171 756	135 023	—	9
2 383	306 893	282 514	203 949	181 327	191 131	202 189	188 187	142 242	95 010	68 229	—	10
9 614	158 306	144 667	102 365	89 802	92 718	94 704	82 708	57 533	34 214	20 308	—	11
2 769	148 587	137 847	101 584	91 525	98 413	107 485	105 479	84 709	60 796	47 921	—	12
3 703	2 928 047	1 868 247	1 882 593	1 928 086	1 862 526	1 544 042	908 744	713 276	506 867	284 038	—	13
4 262	1 458 600	914 024	904 392	905 317	840 998	629 496	356 426	251 428	164 824	75 751	—	14
9 441	1 469 447	954 223	978 201	1 022 769	1 021 528	914 546	552 318	461 848	342 043	208 287	—	15
5 900	599 000	534 000	534 800	534 800	503 500	447 100	336 100	273 000	170 300	86 100	—	16
7 500	290 000	251 400	250 700	247 200	228 000	198 100	143 000	108 000	60 400	25 300	—	17
8 400	309 000	282 700	284 100	287 600	275 400	249 100	193 100	165 000	109 800	61 000	—	18
8 932	196 806	228 220	237 236	209 553	194 021	143 843	84 548	72 204	33 786	18 206	1	19
9 347	93 214	106 012	108 736	92 822	79 902	56 578	31 341	26 213	11 306	5 087	—	20
9 585	103 592	122 208	128 500	116 731	114 119	87 265	53 207	45 991	22 480	13 119	1	21
7 281	1 523 528	1 168 502	1 350 355	1 370 041	1 259 413	1 052 352	563 474	*—— – 935 975 ——*			8 336	22
0 152	763 427	573 245	656 654	656 173	597 249	474 094	224 651	*—— – 361 606 ——*			4 839	23
7 129	760 101	595 257	693 701	713 868	662 164	578 258	338 823	*—— – 574 369 ——*			3 497	24
4 101	7 662 621	7 954 900	9 593 533	8 399 159	8 360 061	4 510 212	3 652 935	3 333 160	1 769 562	890 352	84 858	25
4 314	3 775 687	3 767 156	4 453 975	3 719 890	3 239 655	1 367 725	1 011 248	819 516	364 157	143 631	39 246	26
2 787	3 886 934	4 187 744	5 139 558	4 679 269	5 120 406	3 142 487	2 641 687	2 513 644	1 405 405	746 721	45 612	27
641	1 644	1 423	1 388	1 322	1 149	1 137	689	680	343	210	—	28
814	821	717	707	651	569	525	310	296	114	66	—	29
827	823	706	681	671	580	612	379	384	229	144	—	30
4 512	2 424 262	2 157 998	2 022 741	2 251 342	2 065 564	1 764 167	1 312 247	1 037 149	678 704	428 192	—	31
5 250	1 208 253	1 072 481	988 458	1 088 247	977 608	806 511	549 616	403 819	244 753	136 353	—	32
8 262	1 216 009	1 085 517	1 034 283	1 163 095	1 087 956	957 656	762 631	633 330	433 951	291 839	—	33

(See notes at end of table.)

Continent, country or area, sex, date and urban/rural residence / Continent, pays ou zone, sexe, date et résidence, urbaine/rurale	All ages Tous âges	Age (in years)						
		− 1	1 – 4	5 – 9	10 – 14	15 – 19	20 – 24	25 – 29
EUROPE (Cont.–Suite)								
Sweden – Suède 31 XII 1991 [1][2]								
1 Total	8 644 119	123 353	463 345	497 932	492 495	550 200	591 351	634 718
2 Male – Masculin	4 270 623	63 469	237 622	255 958	252 288	281 632	302 208	326 885
3 Female – Féminin	4 373 496	59 884	225 723	241 974	240 207	268 568	289 143	307 833
Switzerland – Suisse 1 VII 1990 [1]								
4 Total	6 712 273	41 636	311 803	380 861	375 331	418 422	502 161	555 170
5 Male – Masculin	3 277 925	21 256	159 520	194 739	191 864	214 883	253 400	280 312
6 Female – Féminin	3 434 348	20 380	152 283	186 122	183 467	203 539	248 761	274 858
Ukraine 1 I 1991 [2]								
7 Total	51 689 707	650 989	2 965 035	3 793 024	3 632 590	3 700 850	3 343 450	3 694 025
8 Male – Masculin	23 923 527	333 778	1 515 228	1 929 023	1 846 991	1 883 679	1 683 633	1 838 860
9 Female – Féminin	27 766 180	317 211	1 449 807	1 864 001	1 785 599	1 817 171	1 659 817	1 855 165
United Kingdom – Royaume–Uni 1 VII 1991								
10 Total	57 649 200	793 800	3 088 600	3 670 100	3 498 500	3 727 200	4 483 900	4 739 600
11 Male – Masculin	28 131 800	406 700	1 584 800	1 884 900	1 797 700	1 913 300	2 281 800	2 395 900
12 Female – Féminin	29 517 500	387 100	1 503 700	1 785 200	1 700 700	1 813 700	2 202 300	2 343 700
Former Yugoslavia – Ancienne Yougoslavie 30 VI 1990 [1]								
13 Total	23 818 005	329 717	1 387 649	1 814 621	1 863 408	1 820 008	1 799 451	1 849 548
14 Male – Masculin	11 780 705	170 474	716 999	935 974	957 975	935 012	922 349	944 058
15 Female – Féminin	12 037 300	159 243	670 650	878 647	905 433	884 996	877 102	905 490
OCEANIA—OCEANIE								
American Samoa – Samoa américaines 1 VII 1990 [1][11]								
16 Total	38 940	*——— 6 380 ———*		5 500	4 110	3 680	4 030	3 610
17 Male – Masculin	19 600	*——— 3 230 ———*		2 840	2 310	2 010	2 100	1 620
18 Female – Féminin	19 340	*——— 3 150 ———*		2 660	1 800	1 670	1 930	1 990
Australia – Australie 1 VII 1992* [1][2]								
19 Total	17 528 982	254 293	1 033 042	1 284 914	1 255 102	1 329 120	1 437 863	1 393 929
20 Male – Masculin	8 734 071	130 393	528 880	658 044	643 019	679 716	724 260	698 889
21 Female – Féminin	8 794 911	123 900	504 162	626 870	612 083	649 404	713 603	695 040
Christmas Island – Ile Christmas 30 VI 1985								
22 Total	2 278	*———————————		885	—————		* *———————
23 Male – Masculin	1 522	*———————————		654	—————		* *———————
24 Female – Féminin	756	*———————————		231	—————		* *———————
Cocos (Keeling) Islands – Iles des Cocos (Keeling) 30 VI 1986								
25 Total	607	26	68	65	45	23	47	64
Cook Islands – Iles Cook 1 XII 1986(C)								
26 Total	17 614	*——— 2 046 ———*		2 036	2 413	2 310	1 712	1 207

otes à la fin du tableau.)

					Age (en années)							Unknown Inconnu	
35 – 39	40 – 44	45 – 49	50 – 54	55 – 59	60 – 64	65 – 69	70 – 74	75 – 79	80 – 84	85 +			
86 710	635 298	646 045	480 196	416 442	418 529	428 953	404 556	318 618	224 336	155 284	—	1
99 836	322 931	330 648	243 349	206 224	201 553	201 759	182 907	134 069	84 993	47 225	—	2
86 874	312 367	315 397	236 847	210 218	216 976	227 194	221 649	184 549	139 343	108 059	—	3
01 043	512 714	477 492	396 791	367 319	331 593	300 509	234 635	208 667	153 470	112 186	—	4
53 670	259 787	242 060	197 797	180 061	155 219	134 377	101 747	82 542	53 543	31 719	—	5
47 373	252 927	235 432	198 994	187 258	176 374	166 132	132 888	126 125	99 927	80 467	—	6
18 580	3 359 253	2 485 689	4 038 767	2 656 049	3 295 818	2 400 521	1 317 473	1 383 302	820 316	427 012	—	7
16 325	1 614 562	1 162 133	1 857 301	1 204 911	1 371 041	805 734	399 193	374 063	212 406	96 108	—	8
02 255	1 744 691	1 323 556	2 181 466	1 451 138	1 924 777	1 594 787	918 280	1 009 239	607 910	330 904	—	9
90 000	4 142 100	3 519 000	3 074 000	2 919 800	2 893 600	2 793 400	2 281 600	1 863 600	1 248 100	897 400	—	10
96 000	2 070 300	1 758 400	1 533 100	1 445 000	1 392 800	1 291 000	982 800	727 200	419 100	230 300	—	11
93 900	2 071 800	1 760 800	1 540 900	1 474 900	1 500 500	1 502 500	1 298 800	1 136 200	829 000	667 100	—	12
73 567	1 563 488	1 278 037	1 443 251	1 437 873	1 240 662	926 629	438 809	472 337	280 720	149 146	1 255	13
57 936	792 390	635 692	708 539	693 807	566 494	379 097	174 729	183 298	108 906	53 737	455	14
15 631	771 098	642 345	734 712	744 066	674 168	547 532	264 080	289 039	171 814	95 409	800	15
1 960	1 610	1 280	1 210	780	670	440	330	*——— – 700 ———*			—	16
900	750	690	660	400	280	200	180	*——— – 300 ———*			—	17
1 060	860	590	550	380	390	240	150	*——— – 400 ———*			—	18
56 010	1 298 358	1 097 086	870 745	738 805	727 713	676 531	531 111	389 746	237 821	155 665	—	19
77 637	656 352	560 850	447 160	373 572	362 537	325 322	239 133	161 764	88 140	46 633	—	20
78 373	642 006	536 236	423 585	365 233	365 176	351 209	291 978	227 982	149 681	109 032	—	21
———			1 3 93	——————————————*							—	22
———			8 68	——————————————*							—	23
———			5 25	——————————————*							—	24
76	36	27	20	11	7	16	7	3	–	–	—	25
852	790	771	720	557	458	326	504	*——— – 20 ———*			—	26

7. Population by age, sex and urban/rural residence: latest available year, 1983 – 1992 (continued)

(See notes at end of table.)

Continent, country or area, sex, date and urban/rural residence / Continent, pays ou zone, sexe, date et résidence, urbaine/rurale	All ages Tous âges	Age (in years)							3
		− 1	1 − 4	5 − 9	10 − 14	15 − 19	20 − 24	25 − 29	
OCEANIA—OCEANIE(Cont.–Suite)									
Fiji – Fidji 31 XII 1987 [2]									
1 Total	715 593	19 156	79 887	93 521	80 789	72 917	71 167	62 973	5
2 Male – Masculin	362 158	10 000	41 073	47 988	41 335	36 816	35 428	31 511	2
3 Female – Féminin	353 435	9 156	38 814	45 533	39 454	36 101	35 739	31 462	2
French Polynesia – Polynésie française 6 IX 1988(C)									
4 Total	188 814	*——— 25 405 ———*		21 961	20 528	20 473	19 166	16 360	
5 Male – Masculin	98 345	*——— 12 999 ———*		11 265	10 537	10 550	10 081	8 611	
6 Female – Féminin	90 469	*——— 12 406 ———*		10 696	9 991	9 923	9 085	7 749	
Marshall Islands – Iles Marshall 30 VI 1989									
7 Total	44 407	*——— 9 225 ———*		7 377	5 868	4 508	3 546	3 020	
8 Male – Masculin	22 698	*——— 4 730 ———*		3 782	3 016	2 284	1 763	1 496	
9 Female – Féminin	21 709	*——— 4 495 ———*		3 595	2 852	2 224	1 783	1 524	
New Caledonia – Nouvelle–Calédonie 4 IV 1989(C) [2]									
10 Total	164 173	3 718	14 576	17 542	17 720	18 450	14 856	13 588	
11 Male – Masculin	83 862	1 856	7 584	8 964	8 925	9 456	7 520	6 709	
12 Female – Féminin	80 311	1 862	6 992	8 578	8 795	8 994	7 336	6 879	
New Zealand – Nouvelle–Zélande 1 VII 1991 [2][33]									
13 Total	3 406 200	57 780	222 410	253 710	256 010	284 180	276 400	274 600	27
14 Male – Masculin	1 678 200	29 540	113 980	129 830	130 500	144 530	138 990	134 780	13
15 Female – Féminin	1 728 000	28 230	108 440	123 890	125 500	139 630	137 420	139 820	14
Niue – Nioué 29 IX 1986(C)									
16 Total	2 531	56	305	329	283	260	181	158	
17 Male – Masculin	1 271	27	135	169	162	148	91	83	
18 Female – Féminin	1 260	29	170	160	121	112	90	75	
Norfolk Island – Ile Norfolk 30 VI 1986(C)									
19 Total	2 367	*——— 150 ———*		159	142	113	206	214	
20 Male – Masculin	1 170	*——— 78 ———*		84	74	51	97	121	
21 Female – Féminin	1 197	*——— 72 ———*		75	68	62	109	93	
Northern Mariana Islands – Iles Mariannes du Sud 1 VII 1990									
22 Total	25 929	*——— 4 793 ———*		3 936	3 160	2 605	2 255	1 991	
23 Male – Masculin	13 290	*——— 2 485 ———*		2 020	1 599	1 321	1 164	1 004	
24 Female – Féminin	12 639	*——— 2 308 ———*		1 916	1 561	1 284	1 091	987	
Papua New Guinea – Papouasie–Nouvelle– Guinée 1 VII 1990									
25 Total	3 727 250	*——— 565 240 ———*		493 280	446 040	418 110	368 760	285 450	23
26 Male – Masculin	1 928 120	*——— 288 050 ———*		250 740	231 470	217 230	194 460	157 030	12
27 Female – Féminin	1 799 130	*——— 277 190 ———*		242 540	214 570	200 880	174 300	128 420	
Pitcairn 31 XII 1989									
28 Total	52	–	3	3	7	2	2	5	
29 Male – Masculin	23	–	2	–	3	2	–	1	
30 Female – Féminin	29	–	1	3	4	–	2	4	

(notes à la fin du tableau.)

	Age (en années)											Unknown Inconnu	
35 – 39	40 – 44	45 – 49	50 – 54	55 – 59	60 – 64	65 – 69	70 – 74	75 – 79	80 – 84	85 +			
42 186	35 162	29 189	23 106	17 507	12 418	9 293	6 239 *———	-	6 432 ———*		2 310	1
21 070	17 654	14 613	11 662	8 916	6 352	4 654	3 177 *———	-	3 078 ———*		1 203	2
21 116	17 508	14 576	11 444	8 591	6 066	4 639	3 062 *———	-	3 354 ———*		1 107	3
11 490	9 579	8 045	6 567	5 104	3 745	2 351	1 725	1 062	506	191	–	4
6 081	5 186	4 351	3 575	2 747	1 944	1 165	815	516	188	74	–	5
5 409	4 393	3 694	2 992	2 357	1 801	1 186	910	546	318	117	–	6
2 178	1 616	1 091	771	669	629	532	370	216 *——	148 —*		–	7
1 146	865	590	414	347	315	260	176	104 *——	64 —*		–	8
1 032	751	501	357	322	314	272	194	112 *——	84 —*		–	9
10 715	9 749	8 111	6 521	5 235	4 003	2 798	1 993	1 525	700	373	–	10
5 609	5 272	4 232	3 455	2 711	2 062	1 380	944	712	267	132	–	11
5 106	4 477	3 879	3 066	2 524	1 941	1 418	1 049	813	433	241	–	12
249 540	237 840	189 400	163 070	138 200	140 250	127 290	101 040	76 670	47 610	31 740	–	13
122 650	118 380	95 410	81 150	69 310	70 370	60 230	44 060	31 280	17 210	9 240	–	14
126 890	119 460	93 980	81 910	68 890	69 890	67 070	56 980	45 390	30 380	22 510	–	15
105	110	139	110	67	77	60	42	44	30	11	–	16
53	55	64	53	35	39	28	19	17	8	4	–	17
52	55	75	57	32	38	32	23	27	22	7	–	18
170	176	173	136	160	141	85 *———	—	156 ———*			6	19
84	94	83	66	81	73	37 *———	—	57 ———*			3	20
86	82	90	70	79	68	48 *———	—	99 ———*			3	21
1 404	1 055	815	660	529	391	289	208	61	23	22	–	22
666	541	452	378	309	225	156	99	27	10	8	–	23
738	514	363	282	220	166	133	109	34	13	14	–	24
200 090	190 400	131 000	124 670	91 410	82 140	51 380	29 340 *———	-	10 460 ———*		–	25
102 530	94 560	67 120	63 530	46 750	41 790	25 990	15 500 *———	-	5 590 ———*		–	26
97 560	95 840	63 880	61 140	44 660	40 350	25 390	13 840 *———	-	4 870 ———*		–	27
3	2	1	2	4	5	4	1	–	1	–	–	28
1	–	–	1	3	1	3	1	–	–	–	–	29
2	2	1	1	1	4	1	–	–	1	–	–	30

(See notes at end of table.)

Continent, country or area, sex, date and urban/rural residence Continent, pays ou zone, sexe, date et résidence, urbaine/rurale	All ages Tous âges	Age (in years)							
		− 1	1 – 4	5 – 9	10 – 14	15 – 19	20 – 24	25 – 29	3
OCEANIA—OCEANIE(Cont.–Suite)									
Solomon Islands – Iles Salomon 23 XI 1986(C)									
1 Total	285 176	10 587	39 825	44 325	40 265	29 858	24 209	19 356	1
2 Male – Masculin	147 972	5 562	20 581	23 148	21 023	15 027	11 905	9 611	
3 Female – Féminin	137 204	5 025	19 244	21 177	19 242	14 831	12 304	9 745	
Tonga 28 XI 1986(C) [1] [2]									
4 Total	93 049	2 693	11 079	12 520	11 762	12 270	8 813	5 917	
5 Male – Masculin	46 737	1 363	5 710	6 457	6 160	6 389	4 484	2 888	
6 Female – Féminin	46 312	1 330	5 369	6 063	5 602	5 881	4 329	3 029	
Vanuatu 1 VII 1989 [2] [34]									
7 Total	150 165	*—— 27 254 ——*		22 384	18 807	15 521	13 347	11 037	
8 Male – Masculin	78 338	*—— 14 142 ——*		11 679	9 806	8 114	6 993	5 791	
9 Female – Féminin	71 826	*—— 13 112 ——*		10 705	9 001	7 407	6 354	5 245	

notes à la fin du tableau.)

					Age (en années)							
35 – 39	40 – 44	45 – 49	50 – 54	55 – 59	60 – 64	65 – 69	70 – 74	75 – 79	80 – 84	85 +	Unknown Inconnu	
12 746	11 450	8 833	7 451	6 715	4 740	3 796	*———— —— 5 470 ————————*				–	1
6 469	6 082	4 644	4 027	3 598	2 735	2 224	*———— —— 3 413 ————————*				–	2
6 277	5 368	4 189	3 424	3 117	2 005	1 572	*———— —— 2 057 ————————*				–	3
3 947	3 738	3 503	3 178	2 732	2 054	1 578	1 040	612	400	274	1	4
1 777	1 742	1 647	1 543	1 343	1 034	799	529	311	177	89	–	5
2 170	1 996	1 856	1 635	1 389	1 020	779	511	301	223	185	1	6
7 493	6 157	5 103	4 158	3 295	2 536	1 807	1 198	*———— – 912 ————*			–	7
3 914	3 200	2 670	2 182	1 724	1 323	931	609	*———— – 441 ————*			–	8
3 579	2 957	2 433	1 976	1 571	1 213	876	589	*———— – 471 ————*			–	9

191

Data by urban/rural residence

(See notes at end of table.)

Continent, country or area, sex, date and urban/rural residence		Age (in years)								
Continent, pays ou zone, sexe, date et résidence, urbaine/rurale	All ages Tous âges	– 1	1 – 4	5 – 9	10 – 14	15 – 19	20 – 24	25 – 29	3(
AFRICA—AFRIQUE										
Benin – Bénin Urban – Urbaine 1 VII 1987										
1 Urban – Urbaine	1 386 000	*——— 257 000 ———*		175 000	163 000	165 000	141 000	128 000	12
2 Male – Masculin	701 000	*——— 129 000 ———*		88 000	79 000	81 000	76 000	69 000	6.
3 Female – Féminin	685 000	*——— 128 000 ———*		87 000	84 000	84 000	65 000	59 000	5
Rural – Rurale 1 VII 1987										
4 Rural – Rurale	2 918 000	*——— 562 000 ———*		476 000	371 000	288 000	224 000	185 000	15
5 Male – Masculin	1 385 000	*——— 283 000 ———*		235 000	178 000	135 000	100 000	81 000	6
6 Female – Féminin	1 533 000	*——— 279 000 ———*		241 000	193 000	153 000	124 000	104 000	8.
Burkina Faso Urban – Urbaine 10 XII 1985(C)										
7 Urban – Urbaine	928 929	38 099	123 468	144 422	112 665	108 835	95 341	75 914	5.
8 Male – Masculin	474 631	19 385	62 154	71 962	55 807	57 427	49 743	39 740	2
9 Female – Féminin	454 298	18 714	61 314	72 460	56 858	51 408	45 598	36 174	2
Rural – Rurale 10 XII 1985(C)										
10 Rural – Rurale	7 035 776	297 382	1 003 129	1 300 580	825 250	664 462	482 907	436 395	34.
11 Male – Masculin	3 358 606	148 281	502 504	656 045	428 821	334 871	208 597	172 375	14(
12 Female – Féminin	3 677 170	149 101	500 625	644 535	396 429	329 591	274 310	264 020	20
Burundi Urban – Urbaine 1 VII 1983										
13 Urban – Urbaine	307 500	11 802	37 801	38 514	33 139	40 916	39 037	29 452	2
14 Male – Masculin	168 713	5 922	19 911	19 437	16 891	23 979	22 647	17 272	1.
15 Female – Féminin	138 787	5 880	17 890	19 077	16 248	16 937	16 390	12 180	
Rural – Rurale 1 VII 1983										
16 Rural – Rurale	4 114 498	172 200	537 413	554 918	509 087	492 996	400 642	279 248	20
17 Male – Masculin	1 974 098	84 064	266 237	279 357	254 885	240 722	191 952	135 066	9
18 Female – Féminin	2 140 400	88 136	271 176	275 561	254 202	252 274	208 690	144 182	11
Cameroon – Cameroun Urban – Urbaine 1 VII 1986* [3]										
19 Urban – Urbaine	2 937 165	116 350	393 718	412 061	335 224	355 291	312 035	238 747	18
20 Male – Masculin	1 522 752	59 010	198 364	205 530	175 214	186 740	165 686	125 632	9.
21 Female – Féminin	1 414 413	57 340	195 354	206 531	160 010	168 551	146 349	113 115	8.
Rural – Rurale 1 VII 1986* [3]										
22 Rural – Rurale	7 509 244	302 055	1 134 000	1 180 509	842 889	643 504	552 140	504 080	44!
23 Male – Masculin	3 689 731	150 831	568 045	593 416	415 325	313 785	268 071	247 666	22.
24 Female – Féminin	3 819 513	151 224	565 955	587 093	427 564	329 719	284 069	256 414	22(
Chad – Tchad Urban – Urbaine 1 VII 1992*										
25 Urban – Urbaine	1 901 000	*——— 277 000 ———*		222 000	200 000	185 000	182 000	174 000	15.
26 Male – Masculin	980 000	*——— 139 000 ———*		111 000	102 000	100 000	101 000	92 000	7!
27 Female – Féminin	921 000	*——— 138 000 ———*		111 000	98 000	85 000	81 000	82 000	7.
Rural – Rurale 1 VII 1992*										
28 Rural – Rurale	4 070 000	*——— 708 000 ———*		587 000	486 000	393 000	350 000	305 000	25.
29 Male – Masculin	1 900 000	*——— 357 000 ———*		289 000	237 000	184 000	157 000	138 000	11(
30 Female – Féminin	2 170 000	*——— 351 000 ———*		298 000	249 000	209 000	193 000	167 000	14.
Côte d'Ivoire Urban – Urbaine 1 III 1988(C)										
31 Urban – Urbaine	4 220 535	146 140	604 188	625 561	522 348	492 232	449 783	400 685	30(
32 Male – Masculin	2 181 294	74 233	308 510	309 990	251 872	236 379	221 762	205 018	17.
33 Female – Féminin	2 039 241	71 907	295 678	315 571	270 476	255 853	228 021	195 667	13.

7. Population selon l'âge, le sexe et la résidence, urbaine/rurale: dernière année disponible, 1983 – 1992 (suite)

Données selon la résidence urbaine/rurale

notes à la fin du tableau.)

35 – 39	40 – 44	45 – 49	50 – 54	55 – 59	60 – 64	65 – 69	70 – 74	75 – 79	80 – 84	85 +	Unknown Inconnu	
80 000	43 000	32 000	26 000	22 000	12 000	7 000	5 000	*——— - 8 000 ———*			–	1
41 000	21 000	15 000	13 000	10 000	5 000	4 000	3 000	*——— - 4 000 ———*			–	2
39 000	22 000	17 000	13 000	12 000	7 000	3 000	2 000	*——— - 4 000 ———*			–	3
137 000	123 000	105 000	86 000	69 000	54 000	40 000	25 000	*——— - 21 000 ———*			–	4
62 000	58 000	50 000	40 000	32 000	25 000	18 000	11 000	*——— - 10 000 ———*			–	5
75 000	65 000	55 000	46 000	37 000	29 000	22 000	14 000	*——— - 11 000 ———*			–	6
45 678	33 066	27 347	19 807	14 601	11 751	7 639	5 593	2 662	*—— 4 737 ——*		1 704	7
24 506	17 055	14 671	10 351	7 450	5 293	3 643	2 133	1 072	*—— 1 381 ——*		881	8
21 172	16 011	12 676	9 456	7 151	6 458	3 996	3 460	1 590	*—— 3 356 ——*		823	9
323 014	266 484	245 267	209 057	173 070	159 725	111 050	80 945	42 926	*—— 63 551 ——*		8 071	10
138 104	113 756	112 822	96 648	85 836	75 154	56 890	37 050	20 582	*—— 25 872 ——*		3 794	11
184 910	152 728	132 445	112 409	87 234	84 571	54 160	43 895	22 344	*—— 37 679 ——*		4 277	12
15 369	11 753	9 299	6 830	4 471	3 260	2 761	1 070	*——— - 950 ———*			–	13
8 755	6 424	5 375	3 736	2 045	1 476	1 356	523	*——— - 618 ———*			–	14
6 614	5 329	3 924	3 094	2 426	1 784	1 405	547	*——— - 332 ———*			–	15
176 590	164 242	146 090	116 411	85 649	91 061	64 406	51 950	*——— - 66 795 ———*			–	16
74 555	71 713	66 925	49 239	38 991	40 312	27 786	25 965	*——— - 36 217 ———*			–	17
102 035	92 529	79 165	67 172	46 658	50 749	36 620	25 985	*——— - 30 578 ———*			–	18
171 797	121 972	101 121	65 942	47 241	32 873	17 863	13 705	7 407	4 925	5 672	2 168	19
88 138	65 571	56 640	36 194	26 016	16 928	9 001	5 863	3 309	1 929	2 444	1 387	20
83 659	56 401	44 481	29 748	21 225	15 945	8 862	7 842	4 098	2 996	3 228	781	21
361 686	327 572	272 935	239 046	197 881	165 584	141 631	101 873	51 080	19 395	20 427	1 220	22
179 429	159 180	129 294	113 761	93 421	78 373	65 869	47 067	24 335	7 976	9 680	624	23
182 257	168 392	143 641	125 285	104 460	87 211	75 762	54 806	26 745	11 419	10 747	596	24
129 000	106 000	88 000	70 000	50 000	*——————— 66 000 ———————*						–	25
68 000	53 000	42 000	34 000	26 000	*——————— 33 000 ———————*						–	26
61 000	53 000	46 000	36 000	24 000	*——————— 33 000 ———————*						–	27
215 000	182 000	150 000	122 000	101 000	*——————— 214 000 ———————*						–	28
95 000	83 000	69 000	53 000	41 000	*——————— 81 000 ———————*						–	29
120 000	99 000	81 000	69 000	60 000	*——————— 133 000 ———————*						–	30
225 537	143 237	107 775	73 873	50 162	30 288	19 646	9 670	5 521	3 044	2 246	2 094	31
134 832	85 598	65 130	44 963	30 178	17 411	10 764	5 195	2 905	1 376	863	1 179	32
90 705	57 639	42 645	28 910	19 984	12 877	8 882	4 475	2 616	1 668	1 383	915	33

Data by urban/rural residence

(See notes at end of table.)

Continent, country or area, sex, date and urban/rural residence — Continent, pays ou zone, sexe, date et résidence, urbaine/rurale	All ages Tous âges	Age (in years)							
		– 1	1 – 4	5 – 9	10 – 14	15 – 19	20 – 24	25 – 29	
AFRICA—AFRIQUE (Cont.–Suite)									
Côte d'Ivoire									
Rural – Rurale									
1 III 1988(C)									
1 Rural – Rurale	6 595 159	265 501	1 105 758	1 093 968	694 751	532 418	570 897	505 564	3
2 Male – Masculin	3 346 049	133 821	558 696	567 127	378 131	251 395	277 882	249 992	1
3 Female – Féminin	3 249 110	131 680	547 062	526 841	316 620	281 023	293 015	255 572	1
Egypt – Egypte									
Urban – Urbaine									
1 VII 1991									
4 Urban – Urbaine	23 983 000	*—— 3 589 000 ——*		3 085 000	2 756 000	2 471 000	2 166 000	1 822 000	1 5
5 Male – Masculin	12 282 000	*—— 1 849 000 ——*		1 576 000	1 422 000	1 300 000	1 168 000	964 000	7
6 Female – Féminin	11 701 000	*—— 1 740 000 ——*		1 509 000	1 334 000	1 171 000	998 000	858 000	7
Rural – Rurale									
1 VII 1991									
7 Rural – Rurale	30 705 000	*—— 4 595 000 ——*		3 949 000	3 529 000	3 164 000	2 773 000	2 332 000	1 9
8 Male – Masculin	15 725 000	*—— 2 367 000 ——*		2 017 000	1 820 000	1 664 000	1 496 000	1 234 000	9
9 Female – Féminin	14 980 000	*—— 2 228 000 ——*		1 932 000	1 709 000	1 500 000	1 277 000	1 098 000	9
Equatorial Guinea – Guinée équatoriale									
Urban – Urbaine									
4 VII 1983(C)									
10 Urban – Urbaine	78 954	2 705	10 701	10 631	9 548	9 095	7 598	6 304	
11 Male – Masculin	39 130	1 373	5 350	5 341	4 649	4 500	3 417	2 851	
12 Female – Féminin	39 824	1 332	5 351	5 290	4 899	4 595	4 181	3 453	
Rural – Rurale									
4 VII 1983(C)									
13 Rural – Rurale	182 825	6 037	22 748	22 613	22 026	19 208	13 285	10 123	
14 Male – Masculin	86 561	3 024	11 318	11 210	11 224	9 067	5 865	4 497	
15 Female – Féminin	96 264	3 013	11 430	11 403	10 802	10 141	7 420	5 626	
Ethiopia – Ethiopie									
Urban – Urbaine									
1 VII 1990									
16 Urban – Urbaine	7 269 800	*—— 1 322 400 ——*		953 400	902 600	893 700	717 000	472 700	36
17 Male – Masculin	3 481 000	*—— 668 500 ——*		489 100	455 500	427 100	321 400	204 400	15
18 Female – Féminin	3 788 800	*—— 653 900 ——*		464 300	447 100	466 600	395 600	268 300	2
Rural – Rurale									
1 VII 1990									
19 Rural – Rurale	44 419 600	*—— 8 544 000 ——*		7 638 000	6 111 400	4 450 000	3 109 000	2 364 300	2 13
20 Male – Masculin	22 480 300	*—— 4 321 400 ——*		3 921 600	3 182 100	2 357 000	1 617 300	1 144 100	9
21 Female – Féminin	21 939 300	*—— 4 222 600 ——*		3 716 400	2 929 300	2 093 000	1 491 700	1 220 200	1 17
Ghana									
Urban – Urbaine									
11 III 1984(C)									
22 Urban – Urbaine	3 934 796	104 058	477 996	579 053	501 693	442 175	382 958	336 878	25
23 Male – Masculin	1 916 377	52 463	239 491	285 317	242 424	216 317	178 512	153 794	12
24 Female – Féminin	2 018 419	51 595	238 505	293 736	259 269	225 858	204 446	183 084	13
Rural – Rurale									
11 III 1984(C)									
25 Rural – Rurale	8 361 285	235 989	1 212 039	1 422 772	1 001 516	804 215	673 043	608 233	48
26 Male – Masculin	4 147 471	117 546	605 667	727 470	532 398	420 282	305 478	279 791	22
27 Female – Féminin	4 213 814	118 443	606 372	695 302	469 118	383 933	367 565	328 442	25
Liberia – Libéria									
Urban – Urbaine									
1 II 1984(C)*									
28 Urban – Urbaine	816 124	31 522	105 818	119 560	101 445	99 806	93 054	80 183	5
29 Male – Masculin	423 979	16 135	52 378	59 144	52 291	48 654	45 484	42 375	3
30 Female – Féminin	392 145	15 387	53 440	60 416	49 154	51 152	47 570	37 808	2
Rural – Rurale									
1 II 1984(C)*									
31 Rural – Rurale	1 285 504	46 147	167 134	194 212	140 991	130 889	100 581	87 780	6
32 Male – Masculin	639 148	23 556	83 456	100 816	77 218	63 618	45 046	38 464	2
33 Female – Féminin	646 356	22 591	83 678	93 396	63 773	67 271	55 535	49 316	3

Données selon la résidence urbaine/rurale

(otes à la fin du tableau.)

					Age (en années)						Unknown Inconnu	
35 – 39	40 – 44	45 – 49	50 – 54	55 – 59	60 – 64	65 – 69	70 – 74	75 – 79	80 – 84	85 +		
310 581	249 879	232 762	187 448	158 897	113 821	86 023	44 421	25 550	15 937	14 067	4 776	1
154 812	122 033	117 137	97 002	85 022	61 693	47 731	23 390	13 312	7 028	5 535	2 368	2
155 769	127 846	115 625	90 446	73 875	52 128	38 292	21 031	12 238	8 909	8 532	2 408	3
365 000	1 217 000	988 000	825 000	704 000	550 000	415 000	273 000	*————	– 222 000 ————	*	—	4
677 000	610 000	491 000	400 000	335 000	263 000	204 000	141 000	*————	– 115 000 ————	*	—	5
688 000	607 000	497 000	425 000	369 000	287 000	211 000	132 000	*————	– 107 000 ————	*	—	6
747 000	1 559 000	1 265 000	1 057 000	902 000	704 000	531 000	349 000	*————	– 284 000 ————	*	—	7
866 000	781 000	629 000	512 000	429 000	338 000	261 000	180 000	*————	– 148 000 ————	*	—	8
881 000	778 000	636 000	545 000	473 000	366 000	270 000	169 000	*————	– 136 000 ————	*	—	9
4 304	3 550	2 780	2 015	1 178	1 191	711	681	*————	– 598 ————	*	—	10
2 262	1 996	1 627	1 057	635	507	307	270	*————	– 262 ————	*	—	11
2 042	1 554	1 153	958	543	684	404	411	*————	– 336 ————	*	—	12
8 807	10 035	8 726	8 479	4 550	6 045	2 907	3 709	*————	– 4 344 ————	*	—	13
3 465	4 205	4 225	4 006	2 416	2 605	1 430	1 751	*————	– 2 327 ————	*	—	14
5 342	5 830	4 501	4 473	2 134	3 440	1 477	1 958	*————	– 2 017 ————	*	—	15
371 300	339 800	246 200	180 200	155 500	118 400	86 900	65 400	*————	– 80 300 ————	*	—	16
163 900	157 700	124 300	93 800	72 200	50 600	36 100	27 800	*————	– 33 700 ————	*	—	17
207 400	182 100	121 900	86 400	83 300	67 800	50 800	37 600	*————	– 46 600 ————	*	—	18
032 200	1 857 700	1 595 500	1 285 800	1 012 200	781 000	572 900	405 800	*————	– 521 300 ————	*	—	19
922 800	890 300	795 600	651 200	517 700	402 200	298 800	214 000	*————	– 278 400 ————	*	—	20
109 400	967 400	799 900	634 600	494 500	378 800	274 100	191 800	*————	– 242 900 ————	*	—	21
204 263	158 462	138 453	107 463	63 939	58 327	38 654	32 807	18 072	16 136	15 926	—	22
101 302	79 999	74 421	56 126	33 292	26 848	17 497	14 430	7 963	6 225	5 914	—	23
102 961	78 463	64 032	51 337	30 647	31 479	21 157	18 377	10 109	9 911	10 012	—	24
380 036	314 792	289 754	245 221	149 142	167 449	106 655	96 059	53 741	54 291	61 018	—	25
181 051	146 043	142 798	117 129	73 792	80 892	53 009	49 356	28 382	27 338	31 409	—	26
198 985	168 749	146 956	128 092	75 350	86 557	53 646	46 703	25 359	26 953	29 609	—	27
40 349	26 503	20 472	13 578	8 991	8 076	5 618	3 025	*————	– 4 791 ————	*	—	28
22 979	16 716	12 701	8 121	5 362	4 453	2 975	1 666	*————	– 2 452 ————	*	—	29
17 370	9 787	7 771	5 457	3 629	3 623	2 643	1 359	*————	– 2 339 ————	*	—	30
66 685	53 396	47 957	41 900	29 639	35 329	24 780	16 174	*————	– 32 729 ————	*	—	31
28 416	25 033	23 918	21 162	16 092	19 525	13 893	9 695	*————	– 19 407 ————	*	—	32
38 269	28 363	24 039	20 738	13 547	15 804	10 887	6 479	*————	– 13 322 ————	*	—	33

Data by urban/rural residence

(See notes at end of table.)

Continent, country or area, sex, date and urban/rural residence / Continent, pays ou zone, sexe, date et résidence, urbaine/rurale	All ages Tous âges	Age (in years)						
		– 1	1 – 4	5 – 9	10 – 14	15 – 19	20 – 24	25 – 29
AFRICA—AFRIQUE (Cont.–Suite)								
Mali								
Urban – Urbaine								
1 IV 1987(C) [1]								
1 Urban – Urbaine	1 690 289	55 188	240 724	253 864	201 632	185 600	149 547	131 461
2 Male – Masculin	837 287	27 751	121 251	128 331	100 768	87 854	72 520	61 515
3 Female – Féminin	853 002	27 437	119 473	125 533	100 864	97 746	77 027	69 946
Rural – Rurale								
1 IV 1987(C) [1]								
4 Rural – Rurale	6 006 059	194 175	939 473	987 662	662 528	540 119	424 810	404 765
5 Male – Masculin	2 923 424	97 180	471 969	503 430	350 334	259 491	187 032	169 072
6 Female – Féminin	3 082 635	96 995	467 504	484 232	312 194	280 628	237 778	235 693
Mauritius – Maurice								
Urban – Urbaine								
1 VII 1990								
7 Urban – Urbaine	414 242	7 994	28 734	37 393	39 595	33 524	37 667	42 075
8 Male – Masculin	206 104	4 080	14 637	19 074	20 086	16 902	18 943	21 363
9 Female – Féminin	208 138	3 914	14 097	18 319	19 509	16 622	18 724	20 712
Rural – Rurale								
1 VII 1990								
10 Rural – Rurale	642 418	12 758	47 233	66 089	73 678	63 678	64 997	63 507
11 Male – Masculin	321 656	6 410	23 693	33 427	37 085	32 336	33 483	32 326
12 Female – Féminin	320 762	6 348	23 540	32 662	36 593	31 342	31 514	31 181
Island of Mauritius – Ile Maurice								
Urban – Urbaine								
2 VII 1983(C)								
13 Urban – Urbaine	403 251	7 715	34 918	38 428	34 774	45 953	44 736	38 215
14 Male – Masculin	199 573	3 929	17 633	19 367	17 616	23 031	22 627	19 116
15 Female – Féminin	203 678	3 786	17 285	19 061	17 158	22 922	22 109	19 099
Rural – Rurale								
2 VII 1983(C)								
16 Rural – Rurale	563 612	12 080	56 643	65 728	60 033	67 772	60 564	51 170
17 Male – Masculin	281 795	6 046	28 563	33 121	30 515	34 400	30 450	25 592
18 Female – Féminin	281 817	6 034	28 080	32 607	29 518	33 372	30 114	25 578
Mozambique								
Urban – Urbaine								
1 VIII 1987								
19 Urban – Urbaine	1 919 178	72 224	261 735	278 714	237 714	201 569	170 674	143 750
20 Male – Masculin	936 184	35 638	129 026	137 220	117 007	99 181	83 836	70 444
21 Female – Féminin	982 994	36 586	132 709	141 494	120 707	102 388	86 838	73 306
Rural – Rurale								
1 VIII 1987								
22 Rural – Rurale	12 629 222	475 276	1 722 365	1 834 086	1 564 286	1 326 441	1 123 126	945 950
23 Male – Masculin	6 159 216	234 462	848 874	902 780	769 793	652 519	551 564	463 456
24 Female – Féminin	6 470 006	240 814	873 491	931 306	794 493	673 922	571 562	482 494
South Africa – Afrique du Sud [8]								
Urban – Urbaine								
7 III 1991(C)*								
25 Urban – Urbaine	17 551 745	330 112	1 387 224	1 657 453	1 555 292	1 686 616	1 758 272	*—— 3 2 97 507
26 Male – Masculin	8 914 310	164 518	688 162	836 891	782 927	854 954	903 118	*—— 1 7 12 441
27 Female – Féminin	8 637 435	165 594	699 062	820 562	772 365	831 662	855 154	*—— 1 5 85 066
Rural – Rurale								
7 III 1991(C)*								
28 Rural – Rurale	13 435 175	336 709	1 794 517	1 939 359	1 750 929	1 472 374	1 208 483	*—— 1 8 07 859
29 Male – Masculin	6 565 217	167 640	905 115	976 928	880 544	732 938	591 048	*—— 893 931
30 Female – Féminin	6 869 958	169 069	889 402	962 431	870 385	739 436	617 435	*—— 913 928

	Age (en années)											Unknown Inconnu	
35 – 39	40 – 44	45 – 49	50 – 54	55 – 59	60 – 64	65 – 69	70 – 74	75 – 79	80 – 84	85 +			
84 562	68 619	54 672	44 961	32 655	28 922	18 849	13 119	7 060	*—— 8 604 ——*			7 870	1
42 318	34 605	28 658	23 314	17 279	14 293	9 632	6 000	3 443	*—— 3 675 ——*			4 386	2
42 244	34 014	26 014	21 647	15 376	14 629	9 217	7 119	3 617	*—— 4 929 ——*			3 484	3
294 622	257 205	209 045	191 385	149 673	151 702	97 124	68 974	34 555	*—— 44 326 ——*			12 594	4
135 771	121 975	103 144	93 371	77 882	75 219	50 804	33 979	17 587	*—— 21 313 ——*			4 580	5
158 851	135 230	105 901	98 014	71 791	76 483	46 320	34 995	16 968	*—— 23 013 ——*			8 014	6
33 012	24 840	19 051	16 999	14 757	14 028 *———			26 674 ————*				38	7
16 788	12 288	9 242	8 253	7 153	6 711			11 142				16	8
16 224	12 552	9 809	8 746	7 604	7 317			15 532				22	9
48 197	35 595	25 659	21 039	17 406	16 818 *———			30 002 ————*				34	10
24 496	17 838	12 666	10 209	8 535	8 047			12 803				14	11
23 701	17 757	12 993	10 830	8 871	8 771			17 199				20	12
23 946	18 992	17 978	15 531	16 028	11 375	8 866	6 170	3 741	1 954	1 176	170	13
11 694	9 293	8 814	7 793	7 876	5 498	4 026	2 573	1 385	601	257	132	14
12 252	9 699	9 164	7 738	8 152	5 877	4 840	3 597	2 356	1 353	919	38	15
30 836	21 472	20 857	16 667	18 770	13 208	9 793	6 107	3 556	1 715	827	491	16
15 261	10 659	10 471	8 366	9 405	6 380	4 632	2 660	1 333	557	190	276	17
15 575	10 813	10 386	8 301	9 365	6 828	5 161	3 447	2 223	1 158	637	215	18
100 481	*83 437*	*68 702*	*55 379*	*43 190*	*32 188*	*22 571*	*14 339*	*7 849*	*—— 4 169 ——*			−	19
48 977	*40 493*	*33 144*	*26 402*	*20 200*	*14 672*	*10 001*	*6 162*	*3 246*	*—— 1 623 ——*			−	20
51 504	*42 944*	*35 558*	*28 977*	*22 990*	*17 516*	*12 570*	*8 177*	*4 603*	*—— 2 546 ——*			−	21
661 209	*549 063*	*452 098*	*364 421*	*284 210*	*211 812*	*148 529*	*94 361*	*51 651*	*—— 27 431 ——*			−	22
322 223	*266 407*	*218 056*	*173 698*	*132 900*	*96 528*	*65 799*	*40 538*	*21 354*	*—— 10 677 ——*			−	23
338 986	*282 656*	*234 042*	*190 723*	*151 310*	*115 284*	*82 730*	*53 823*	*30 297*	*—— 16 754 ——*			−	24
—— 2 451 897 ——*		*—— 1 621 981 ——*		567 772	428 887 *———			808 731 ————*				−	25
—— 1 283 682 ——*		*—— 837 179 ——*		286 088	208 086			356 264				−	26
—— 1 168 215 ——*		*—— 784 802 ——*		281 684	220 801			452 467				−	27
—— 1 212 614 ——*		*—— 843 025 ——*		323 277	253 861 *———			492 168 ————*				−	28
—— 580 495 ——*		*—— 390 231 ——*		146 059	105 449			194 839				−	29
—— 632 119 ——*		*—— 452 794 ——*		177 218	148 412			297 330				−	30

7. Population by age, sex and urban/rural residence: latest available year, 1983 – 1992 (continued)

Data by urban/rural residence

(See notes at end of table.)

Continent, country or area, sex, date and urban/rural residence / Continent, pays ou zone, sexe, date et résidence, urbaine/rurale	All ages Tous âges	− 1	1 – 4	5 – 9	10 – 14	15 – 19	20 – 24	25 – 29	30
AFRICA—AFRIQUE (Cont.–Suite)									
Sudan – Soudan									
Urban – Urbaine									
1 II 1983(C)									
1 Urban – Urbaine	4 219 826	114 301	470 664	604 282	540 669	523 680	414 353	368 853	247
2 Male – Masculin	2 228 350	57 776	238 157	304 476	275 548	277 867	231 887	196 241	13.
3 Female – Féminin	1 991 476	56 525	232 507	299 806	265 121	245 813	182 466	172 612	11
Rural – Rurale									
1 II 1983(C)									
4 Rural – Rurale	14 109 541	295 808	1 663 894	2 403 366	1 978 901	1 565 406	1 022 490	1 060 072	78:
5 Male – Masculin	7 095 714	149 707	838 252	1 247 576	1 055 790	800 294	468 860	447 100	33(
6 Female – Féminin	7 013 827	146 101	825 642	1 155 790	923 111	765 112	553 630	612 972	44ε
Swaziland									
Urban – Urbaine									
25 VIII 1986(C)									
7 Urban – Urbaine	154 979	4 640	16 796	17 124	15 453	18 126	19 494	16 540	12
8 Male – Masculin	79 936	2 243	8 299	8 205	7 125	8 104	9 487	8 467	(
9 Female – Féminin	75 043	2 397	8 497	8 919	8 328	10 022	10 007	8 073	!
Rural – Rurale									
25 VIII 1986(C)									
10 Rural – Rurale	526 080	16 425	83 708	90 791	77 536	57 548	38 892	30 511	23
11 Male – Masculin	241 643	7 923	41 558	45 100	38 929	28 368	14 849	11 073	9
12 Female – Féminin	284 437	8 502	42 150	45 691	38 607	29 180	24 043	19 438	14
Tunisia – Tunisie									
Urban – Urbaine									
30 III 1984(C)*									
13 Urban – Urbaine	3 685 470	97 070	387 330	441 780	414 810	434 160	391 320	309 740	237
14 Male – Masculin	1 869 010	50 320	198 020	225 020	210 750	219 400	198 720	155 790	122
15 Female – Féminin	1 816 460	46 750	189 310	216 760	204 060	214 760	192 600	153 950	115
Rural – Rurale									
30 III 1984(C)*									
16 Rural – Rurale	3 289 980	105 250	425 680	490 790	402 820	362 860	283 280	229 180	175
17 Male – Masculin	1 677 030	54 880	218 380	253 070	208 080	185 740	143 000	111 700	83
18 Female – Féminin	1 612 950	50 370	207 300	237 720	194 740	177 120	140 280	117 480	91
Uganda – Ouganda									
Urban – Urbaine									
12 I 1991(C)									
19 Urban – Urbaine	1 843 754	*——— 330 850 ———*		237 347	217 649	222 760	241 430	202 698	133
20 Male – Masculin	891 031	*——— 163 627 ———*		111 867	96 120	92 722	114 186	103 564	72
21 Female – Féminin	952 723	*——— 167 223 ———*		125 480	121 529	130 038	127 244	99 134	60
Rural – Rurale									
12 I 1991(C)									
22 Rural – Rurale	14 228 794	*—— 2 747 024 ——*		2 205 740	1 941 355	1 529 739	1 243 000	1 041 207	772
23 Male – Masculin	6 978 358	*—— 1 364 502 ——*		1 102 511	1 001 962	747 933	576 450	488 443	374
24 Female – Féminin	7 250 436	*—— 1 382 522 ——*		1 103 229	939 393	781 806	666 550	552 764	397
Zaire – Zaïre									
Urban – Urbaine									
1 VII 1985									
25 Urban – Urbaine	12 237 709	574 436	1 861 668	1 961 903	1 735 383	1 510 078	1 099 546	813 763	645
26 Male – Masculin	6 275 428	290 844	939 551	987 532	884 256	777 127	544 558	398 399	319
27 Female – Féminin	5 962 281	283 592	922 117	974 371	851 127	732 951	554 988	415 364	325
Rural – Rurale									
1 VII 1985									
28 Rural – Rurale	18 743 673	783 517	2 690 516	2 713 289	2 113 662	1 715 231	1 604 612	1 442 460	1 204
29 Male – Masculin	9 051 304	405 071	1 373 756	1 377 118	1 055 401	836 952	795 883	714 238	587
30 Female – Féminin	9 692 369	378 446	1 316 760	1 336 171	1 058 261	878 279	808 729	728 222	616
Zambia – Zambie									
Urban – Urbaine									
20 VIII 1990(C)*									
31 Urban – Urbaine	2 330 565	*——— 391 535 ———*		358 908	330 941	314 627	230 727	179 454	144
Rural – Rurale									
20 VIII 1990(C)*									
32 Rural – Rurale	5 487 875	*——— 976 692 ———*		876 407	763 642	647 042	457 296	375 656	285

7. Population selon l'âge, le sexe et la résidence, urbaine/rurale: dernière année disponible, 1983 – 1992 (suite)

Données selon la résidence urbaine/rurale

notes à la fin du tableau.)

Age (en années)

35 – 39	40 – 44	45 – 49	50 – 54	55 – 59	60 – 64	65 – 69	70 – 74	75 – 79	80 – 84	85 +	Unknown Inconnu	
259 049	175 389	148 763	112 393	63 287	63 466	37 510	32 684	15 594	13 238	10 329	4 002	1
139 325	97 901	81 697	61 165	35 211	35 080	21 020	17 279	8 305	6 984	5 286	2 936	2
119 724	77 488	67 066	51 228	28 076	28 386	16 490	15 405	7 289	6 254	5 043	1 066	3
880 653	618 485	521 987	405 190	219 490	250 366	136 937	128 425	59 628	53 577	37 694	21 734	4
413 256	305 960	285 813	220 064	128 144	143 707	82 004	73 828	35 553	30 326	21 266	11 772	5
467 397	312 525	236 174	185 126	91 346	106 659	54 933	54 597	24 075	23 251	16 428	9 962	6
10 117	7 535	6 076	3 925	2 378	1 440	932	542	333	204	197	943	7
5 941	4 572	3 986	2 669	1 564	834	506	266	151	81	85	575	8
4 176	2 963	2 090	1 256	814	606	426	276	182	123	112	368	9
20 953	17 029	16 698	12 227	9 423	7 992	7 036	5 488	3 170	2 343	2 890	1 911	10
8 102	6 653	7 397	5 550	4 434	3 434	2 859	2 323	1 322	919	988	801	11
12 851	10 376	9 301	6 677	4 989	4 558	4 177	3 165	1 848	1 424	1 902	1 110	12
174 390	151 990	153 350	138 440	107 470	86 370	59 860	49 470	24 330	15 880	9 870	–	13
84 230	74 780	74 950	70 000	55 510	44 920	33 280	26 070	12 430	7 610	4 530	–	14
90 160	77 210	78 400	68 440	51 960	41 450	26 580	23 400	11 900	8 270	5 340	–	15
124 070	123 790	131 960	121 740	93 180	78 460	54 230	47 000	20 190	13 010	7 310	–	16
58 640	58 310	64 090	61 590	49 460	42 260	31 760	28 110	12 280	7 720	4 320	–	17
65 430	65 480	67 870	60 150	43 720	36 200	22 470	18 890	7 910	5 290	2 990	–	18
83 106	52 843	36 560	29 555	14 952	14 838	8 119	7 219	3 663	*—— 5 728 ——*		1 094	19
46 025	29 473	20 394	15 262	8 033	6 470	3 734	2 844	1 625	*—— 2 145 ——*		548	20
37 081	23 370	16 166	14 293	6 919	8 368	4 385	4 375	2 038	*—— 3 583 ——*		546	21
573 575	452 347	390 533	364 960	233 519	246 163	154 777	140 835	74 431	*—— 112 512 ——*		4 600	22
274 676	211 474	185 923	172 892	118 023	115 191	77 335	67 707	38 849	*—— 57 995 ——*		1 996	23
298 899	240 873	204 610	192 068	115 496	130 972	77 442	73 128	35 582	*—— 54 517 ——*		2 604	24
584 741	483 268	365 947	245 254	165 897	99 450	50 723	24 806	10 302	*—— 5 161 ——*		–	25
297 049	263 661	209 598	144 797	100 488	61 155	31 699	15 952	6 407	*—— 2 768 ——*		–	26
287 692	219 607	156 349	100 457	65 409	38 295	19 024	8 854	3 895	*—— 2 393 ——*		–	27
954 993	779 746	652 256	562 901	468 023	381 671	293 343	200 797	117 737	*—— 64 290 ——*		–	28
450 257	343 306	272 503	232 601	189 653	152 894	117 358	78 423	44 852	*—— 23 176 ——*		–	29
504 736	436 440	379 753	330 300	278 370	228 777	175 985	122 374	72 885	*—— 41 114 ——*		–	30
111 867	76 909	58 264	53 603	32 628	18 645	11 653	9 322	2 331	*—— 2 331 ——*		2 324	31
224 326	165 463	145 016	157 495	123 741	106 450	66 531	61 044	28 943	*—— 21 124 ——*		5 488	32

7. Population by age, sex and urban/rural residence: latest available year, 1983 – 1992 (continued)

Data by urban/rural residence

(See notes at end of table.)

Continent, country or area, sex, date and urban/rural residence — Continent, pays ou zone, sexe, date et résidence, urbaine/rurale	All ages Tous âges	– 1	1 – 4	5 – 9	10 – 14	15 – 19	20 – 24	25 – 29	30 –
AFRICA—AFRIQUE (Cont.–Suite)									
Zimbabwe									
Urban – Urbaine 18 VIII 1987									
1 Urban – Urbaine	2 318 873	72 546	278 884	299 347	248 600	266 454	252 322	226 565	177
2 Male – Masculin	1 209 213	37 968	136 730	152 550	121 701	120 006	117 294	118 537	98
3 Female – Féminin	1 109 660	34 578	142 154	146 797	126 899	146 448	135 028	108 028	78
Rural – Rurale 18 VIII 1987									
4 Rural – Rurale	6 368 454	210 293	874 733	1 130 678	1 032 368	766 592	456 068	347 927	277
5 Male – Masculin	3 029 191	105 090	428 383	558 333	511 664	402 619	214 587	138 425	106
6 Female – Féminin	3 339 263	105 203	446 350	572 345	520 704	363 973	241 481	209 502	171
AMERICA,NORTH— AMERIQUE DU NORD									
Belize									
Urban – Urbaine 12 V 1991(C)									
7 Urban – Urbaine	90 005	*———	13 045 ———*	*———	23 389 ———*	*———	18 457 ———*	*———	13 501 ———
8 Male – Masculin	44 412	*———	6 662 ———*	*———	11 991 ———*	*———	8 882 ———*	*———	6 662 ———
9 Female – Féminin	45 593	*———	6 383 ———*	*———	11 398 ———*	*———	9 575 ———*	*———	6 839 ———
Rural – Rurale 12 V 1991(C)									
10 Rural – Rurale	99 387	*———	17 370 ———*	*———	29 297 ———*	*———	19 358 ———*	*———	13 440 ———
11 Male – Masculin	51 913	*———	8 825 ———*	*———	15 055 ———*	*———	9 863 ———*	*———	7 268 ———
12 Female – Féminin	47 474	*———	8 545 ———*	*———	14 242 ———*	*———	9 495 ———*	*———	6 172 ———
Canada									
Urban – Urbaine IV 1992* [1] [8]									
13 Urban – Urbaine	19 319 193	292 405	1 056 764	1 262 342	1 247 266	1 269 000	1 514 886	1 725 637	1 786
14 Male – Masculin	9 467 387	150 137	545 245	644 063	638 630	645 760	766 809	861 844	885
15 Female – Féminin	9 851 806	142 268	511 518	618 278	608 637	623 240	748 077	863 793	901
Rural – Rurale IV 1992* [1] [8]									
16 Rural – Rurale	7 089 977	110 084	442 555	557 022	560 448	511 929	399 618	509 961	601
17 Male – Masculin	3 575 159	54 393	224 371	287 859	288 892	265 850	205 437	257 082	299
18 Female – Féminin	3 514 818	55 691	218 185	269 163	271 557	246 080	194 182	252 879	301
Costa Rica									
Urban – Urbaine 1 VII 1985* [1]									
19 Urban – Urbaine	1 107 261	27 910	108 295	121 624	108 026	119 601	122 846	102 216	84
20 Male – Masculin	529 715	14 293	55 024	61 661	54 081	57 232	57 609	47 505	39
21 Female – Féminin	577 546	13 617	53 271	59 963	53 945	62 369	65 237	54 711	44
Rural – Rurale 1 VII 1985* [1]									
22 Rural – Rurale	1 381 488	40 436	155 791	176 666	172 079	167 549	146 267	114 561	89
23 Male – Masculin	714 411	20 777	79 720	90 426	88 155	86 628	75 325	58 827	46
24 Female – Féminin	667 077	19 659	76 071	86 240	83 924	80 921	70 942	55 734	42
Cuba									
Urban – Urbaine 1 VII 1990									
25 Urban – Urbaine	7 834 694	132 092	502 767	540 763	541 129	764 717	823 977	815 621	527
26 Male – Masculin	3 866 705	67 934	257 908	276 940	276 589	387 773	412 949	402 499	256
27 Female – Féminin	3 967 989	64 158	244 859	263 823	264 540	376 944	411 028	413 122	271
Rural – Rurale 1 VII 1990									
28 Rural – Rurale	2 800 999	51 488	202 875	224 068	231 968	321 612	330 905	274 385	184
29 Male – Masculin	1 485 629	27 403	104 874	114 412	119 288	165 346	174 042	144 504	98
30 Female – Féminin	1 315 370	24 085	98 001	109 656	112 680	156 266	156 863	129 881	86

7. Population selon l'âge, le sexe et la résidence, urbaine/rurale: dernière année disponible, 1983 – 1992 (suite)

Données selon la résidence urbaine/rurale

(Voir notes à la fin du tableau.)

	Age (en années)												
35 – 39	40 – 44	45 – 49	50 – 54	55 – 59	60 – 64	65 – 69	70 – 74	75 – 79	80 – 84	85 +	Unknown Inconnu	
134 018	100 231	92 318	58 534	46 330	25 877	19 775	8 927	5 198	1 921	3 955	—	1
73 450	60 681	58 873	39 889	32 883	16 950	12 543	4 633	2 712	1 017	2 373	—	2
60 568	39 550	33 445	18 645	13 447	8 927	7 232	4 294	2 486	904	1 582	—	3
242 724	198 993	196 507	146 674	149 499	104 073	116 842	48 138	30 284	12 430	25 764	—	4
94 807	80 343	82 151	67 009	74 241	50 398	57 856	24 973	14 803	5 424	11 639	—	5
147 917	118 650	114 356	79 665	75 258	53 675	58 986	23 165	15 481	7 006	14 125	—	6
*———	8 100	———* *———	4 501	———* *———	4 055	———* *———		4 957	———*		—	7
*———	3 997	———* *———	2 221	———* *———	1 776	———* *———		2 221	———*		—	8
*———	4 103	———* *———	2 280	———* *———	2 279	———* *———		2 736	———*		—	9
*———	7 951	———* *———	4 970	———* *———	3 501	———* *———		3 500	———*		—	10
*———	4 153	———* *———	2 596	———* *———	2 077	———* *———		2 076	———*		—	11
*———	3 798	———* *———	2 374	———* *———	1 424	———* *———		1 424	———*		—	12
1 648 657	1 496 301	1 253 209	987 027	865 212	832 817	746 183	554 912	408 603	253 123	117 988	—	13
816 552	726 277	632 079	474 110	427 076	396 411	337 388	229 208	155 154	93 055	42 582	—	14
832 105	770 022	621 131	512 918	438 137	436 405	408 794	325 705	253 450	160 068	75 407	—	15
591 242	552 191	424 426	351 527	321 552	312 486	289 125	238 393	170 730	96 064	49 073	—	16
299 215	281 468	220 304	177 358	159 535	158 513	139 201	111 415	80 699	44 192	19 801	—	17
292 029	270 723	204 123	174 168	162 016	153 972	149 922	126 977	90 032	51 872	29 267	—	18
64 725	51 356	41 785	38 937	31 509	26 028	19 615	16 922	10 428	6 794	4 604	—	19
30 195	24 357	19 382	17 984	14 376	11 648	8 577	7 390	4 460	2 770	1 784	—	20
34 530	26 999	22 403	20 953	17 133	14 380	11 038	9 532	5 968	4 024	2 820	—	21
69 288	55 819	44 604	39 826	30 657	25 637	18 267	15 099	9 486	6 091	3 880	—	22
35 586	29 269	23 570	20 787	16 336	13 773	9 830	8 256	5 201	3 367	1 951	—	23
33 702	26 550	21 034	19 039	14 321	11 864	8 437	6 843	4 285	2 724	1 929	—	24
555 009	507 606	454 890	382 790	304 778	265 449	*———		715 293	———*		—	25
269 625	245 647	221 456	185 746	146 446	126 737	*———		331 808	———*		—	26
285 384	261 959	233 434	197 044	158 332	138 712	*———		383 485	———*		—	27
177 923	154 788	137 993	116 595	96 468	82 751	*———		212 186	———*		—	28
94 585	81 001	73 290	63 362	53 587	47 036	*———		124 736	———*		—	29
83 338	73 787	64 703	53 233	42 881	35 715	*———		87 450	———*		—	30

Data by urban/rural residence

(See notes at end of table.)

Continent, country or area, sex, date and urban/rural residence / Continent, pays ou zone, sexe, date et résidence, urbaine/rurale	All ages Tous âges	Age (in years)							
		– 1	1 – 4	5 – 9	10 – 14	15 – 19	20 – 24	25 – 29	30 –
AMERICA, NORTH— (Cont.–Suite) **AMERIQUE DU NORD**									
Guatemala Urban – Urbaine 1 VII 1990									
1 Urban – Urbaine	3 500 908	*—— 532 738 ——*		466 974	417 519	381 341	328 861	284 657	234
2 Male – Masculin	1 710 525	*—— 271 783 ——*		236 884	208 418	187 638	158 778	137 096	112
3 Female – Féminin	1 790 381	*—— 260 955 ——*		230 090	209 103	193 702	170 083	147 561	122
Rural – Rurale 1 VII 1990									
4 Rural – Rurale	5 696 443	*—— 1 076 595 ——*		914 567	771 178	603 365	475 877	379 760	306
5 Male – Masculin	2 936 201	*—— 548 716 ——*		466 930	396 280	312 494	248 183	197 632	158
6 Female – Féminin	2 760 244	*—— 527 879 ——*		447 635	374 896	290 870	227 694	182 128	147
Haiti – Haïti Urban – Urbaine 1 VII 1990 [1]									
7 Urban – Urbaine	1 920 830	51 425	182 999	221 407	247 602	264 895	243 782	190 413	134
8 Male – Masculin	860 343	27 112	93 815	105 583	109 475	109 504	106 840	84 844	59
9 Female – Féminin	1 060 487	24 313	89 184	115 824	138 127	155 391	136 942	105 569	74
Rural – Rurale 1 VII 1990 [1]									
10 Rural – Rurale	4 565 218	157 747	596 897	639 266	511 902	427 205	351 119	320 995	284
11 Male – Masculin	2 320 068	78 933	300 150	327 580	272 306	237 768	188 835	164 565	139
12 Female – Féminin	2 245 150	78 814	296 747	311 686	239 596	189 437	162 284	156 430	144
Honduras Urban – Urbaine V 1988(C)									
13 Urban – Urbaine	1 674 944	52 306	199 220	241 527	208 490	191 848	160 384	137 464	111
14 Male – Masculin	793 929	26 665	101 762	122 650	102 557	87 161	69 899	61 148	51
15 Female – Féminin	881 015	25 641	97 458	118 877	105 933	104 687	90 485	76 316	60
Rural – Rurale V 1988(C)									
16 Rural – Rurale	2 573 617	101 046	381 676	442 507	363 085	255 101	186 669	163 028	136
17 Male – Masculin	1 316 177	51 729	195 152	226 405	187 632	132 697	93 724	81 171	68
18 Female – Féminin	1 257 440	49 317	186 524	216 102	175 453	122 404	92 945	81 857	67
Nicaragua Urban – Urbaine 1 VII 1989									
19 Urban – Urbaine	2 239 025	80 496	299 390	328 923	287 195	254 721	209 886	170 391	139
20 Male – Masculin	1 090 743	41 457	153 950	167 479	143 347	124 195	100 698	81 680	65
21 Female – Féminin	1 148 282	39 039	145 440	161 444	143 848	130 526	109 188	88 711	73
Rural – Rurale 1 VII 1989									
22 Rural – Rurale	1 506 006	62 741	231 039	241 873	192 429	153 967	131 214	111 417	91
23 Male – Masculin	785 449	31 622	116 200	122 633	100 050	82 551	70 266	58 626	48
24 Female – Féminin	720 557	31 119	114 839	119 240	92 379	71 416	60 948	52 791	43
Panama Urban – Urbaine 1 VII 1992*									
25 Urban – Urbaine	1 345 399	30 473	114 122	132 783	133 644	147 151	147 958	132 675	109
26 Male – Masculin	655 789	15 448	58 391	67 740	66 258	70 272	69 865	64 238	54
27 Female – Féminin	689 610	15 025	55 731	65 043	67 386	76 879	78 093	68 437	54
Rural – Rurale 1 VII 1992*									
28 Rural – Rurale	1 169 187	31 571	126 906	153 041	138 502	118 508	102 515	89 688	80
29 Male – Masculin	622 381	16 276	64 709	78 188	72 665	64 816	56 454	47 815	42
30 Female – Féminin	546 806	15 295	62 197	74 853	65 837	53 692	46 061	41 873	38
United States – Etats–Unis Urban – Urbaine 1 IV 1990(C) [12] [13]									
31 Urban – Urbaine	187 053 487	2 476 749	11 512 411	13 288 047	12 273 417	13 188 758	15 371 060	16 898 657	16 779
32 Male – Masculin	90 386 114	1 265 656	5 888 104	6 786 574	6 266 694	6 703 124	7 773 590	8 475 923	8 333
33 Female – Féminin	96 667 373	1 211 093	5 624 307	6 501 473	6 006 723	6 485 634	7 597 470	8 422 734	8 446

7. Population selon l'âge, le sexe et la résidence, urbaine/rurale: dernière année disponible, 1983 – 1992 (suite)

Données selon la résidence urbaine/rurale

					Age (en années)							Unknown Inconnu	
35 – 39	40 – 44	45 – 49	50 – 54	55 – 59	60 – 64	65 – 69	70 – 74	75 – 79	80 – 84	85 +			
190 560	147 543	115 685	102 420	90 356	73 785	56 336	35 325	23 362	*—— 19 199 ——*			–	1
91 207	69 904	54 469	48 113	41 873	33 526	25 157	15 649	10 126	*—— 7 698 ——*			–	2
99 353	77 638	61 216	54 307	48 483	40 259	31 179	19 676	13 236	*—— 11 501 ——*			–	3
261 428	205 116	171 087	144 252	127 660	101 208	68 951	43 528	24 944	*—— 20 497 ——*			–	4
134 483	106 154	88 918	75 415	66 546	53 139	36 574	22 719	13 155	*—— 10 355 ——*			–	5
126 945	98 963	82 169	68 837	61 114	48 069	32 377	20 809	11 789	*—— 10 142 ——*			–	6
90 412	72 215	50 835	50 552	38 776	29 833	22 215	14 923	9 154	*—— 5 244 ——*			–	7
38 492	29 511	21 530	22 399	17 095	13 392	9 623	5 871	3 775	*—— 2 159 ——*			–	8
51 920	42 704	29 305	28 153	21 681	16 441	12 592	9 052	5 379	*—— 3 085 ——*			–	9
260 271	215 205	192 508	155 177	132 930	106 606	83 908	61 676	38 270	*—— 29 490 ——*			–	10
126 113	104 919	92 467	73 876	63 285	50 167	39 344	29 042	17 752	*—— 13 306 ——*			–	11
134 158	110 286	100 041	81 301	69 645	56 439	44 564	32 634	20 518	*—— 16 184 ——*			–	12
88 512	64 855	51 889	43 044	35 103	27 094	21 626	14 196	*——— – 25 443 ———*				–	13
41 259	30 391	24 207	19 874	15 855	12 008	9 478	6 256	*——— – 10 962 ———*				–	14
47 253	34 464	27 682	23 170	19 248	15 086	12 148	7 940	*——— – 14 481 ———*				–	15
115 978	92 891	80 687	67 302	56 117	43 615	33 536	21 487	*——— – 32 799 ———*				–	16
58 364	46 928	41 121	34 495	28 699	23 002	17 647	11 389	*——— – 17 321 ———*				–	17
57 614	45 963	39 566	32 807	27 418	20 613	15 889	10 098	*——— – 15 478 ———*				–	18
113 343	*83 384*	*66 228*	*55 801*	*46 126*	*37 908*	*28 343*	*18 776*	*——— – 18 745 ———*				–	19
52 985	*38 960*	*30 636*	*25 515*	*20 463*	*16 386*	*12 077*	*7 769*	*——— – 7 186 ———*				–	20
60 358	*44 424*	*35 592*	*30 286*	*25 663*	*21 522*	*16 266*	*11 007*	*——— – 11 559 ———*				–	21
74 275	*54 344*	*42 386*	*34 809*	*27 731*	*21 729*	*15 464*	*9 717*	*——— – 9 003 ———*				–	22
39 247	*29 025*	*22 740*	*18 760*	*14 875*	*11 714*	*8 491*	*5 423*	*——— – 4 889 ———*				–	23
35 028	*25 319*	*19 646*	*16 049*	*12 856*	*10 015*	*6 973*	*4 294*	*——— – 4 114 ———*				–	24
88 091	*72 674*	*57 795*	*44 907*	*36 135*	*29 812*	*24 377*	*19 292*	*13 372*	*—— 11 033 ——*			–	25
43 766	*35 437*	*27 922*	*21 076*	*16 617*	*13 561*	*11 096*	*8 761*	*6 112*	*—— 4 656 ——*			–	26
44 325	*37 237*	*29 873*	*23 831*	*19 518*	*16 251*	*13 281*	*10 531*	*7 260*	*—— 6 377 ——*			–	27
68 197	*56 057*	*47 805*	*39 975*	*33 360*	*27 262*	*21 182*	*15 455*	*10 262*	*—— 8 328 ——*			–	28
36 382	*30 547*	*26 123*	*22 002*	*18 535*	*15 226*	*11 785*	*8 751*	*5 546*	*—— 4 292 ——*			–	29
31 815	*25 510*	*21 682*	*17 973*	*14 825*	*12 036*	*9 397*	*6 704*	*4 716*	*—— 4 036 ——*			–	30
4 944 849	13 013 170	10 070 112	8 208 772	7 657 284	7 801 852	7 520 892	5 981 647	4 625 077	3 021 594	2 419 344		–	31
7 368 671	6 358 595	4 883 234	3 929 356	3 608 813	3 564 943	3 295 344	2 483 734	1 750 709	1 006 221	643 585		–	32
7 576 178	6 654 575	5 186 878	4 279 416	4 048 471	4 236 909	4 225 548	3 497 913	2 874 368	2 015 373	1 775 759		–	33

(**See** notes at end of table.)

Continent, country or area, sex, date and urban/rural residence / Continent, pays ou zone, sexe, date et résidence, urbaine/rurale	All ages Tous âges	– 1	1 – 4	5 – 9	10 – 14	15 – 19	20 – 24	25 – 29	30
AMERICA,NORTH— (Cont.–Suite) AMERIQUE DU NORD									
United States – Etats–Unis Rural – Rurale 1 IV 1990(C) [12] [13]									
1 Rural – Rurale	61 656 386	740 563	3 624 720	4 811 132	4 840 802	4 565 287	3 649 252	4 414 388	5 083
2 Male – Masculin	30 853 304	379 145	1 859 504	2 475 953	2 500 443	2 399 604	1 902 006	2 220 013	2 543
3 Female – Féminin	30 803 082	361 418	1 765 216	2 335 179	2 340 359	2 165 683	1 747 246	2 194 375	2 539
AMERICA,SOUTH— AMERIQUE DU SUD									
Argentina – Argentine Urban – Urbaine 1 VII 1990 [3]									
4 Urban – Urbaine	27 761 245	*—— 2 687 691 ——*		2 672 767	2 658 673	2 351 848	2 108 278	2 009 012	1 956
5 Male – Masculin	13 506 025	*—— 1 361 762 ——*		1 351 915	1 334 717	1 168 341	1 052 045	998 596	971
6 Female – Féminin	14 255 220	*—— 1 325 929 ——*		1 320 852	1 323 956	1 183 507	1 056 233	1 010 416	984
Rural – Rurale 1 VII 1990 [3]									
7 Rural – Rurale	4 560 644	*—— 541 496 ——*		552 099	558 046	416 298	327 201	299 271	283
8 Male – Masculin	2 495 974	*—— 278 915 ——*		285 579	297 565	234 903	180 435	167 716	159
9 Female – Féminin	2 064 670	*—— 262 581 ——*		266 520	260 482	181 396	146 766	131 555	124
Bolivia – Bolivie Urban – Urbaine 31 XII 1988 [3]									
10 Urban – Urbaine	3 077 400	*—— 423 500 ——*		418 400	372 800	331 800	273 700	256 900	212
11 Male – Masculin	1 502 000	*—— 216 300 ——*		212 900	187 900	158 600	127 400	117 300	106
12 Female – Féminin	1 575 400	*—— 207 200 ——*		205 500	184 900	173 200	146 300	139 600	11
Rural – Rurale 31 XII 1988 [3]									
13 Rural – Rurale	2 942 900	*—— 451 500 ——*		440 000	367 400	285 500	214 500	195 400	158
14 Male – Masculin	1 492 300	*—— 228 900 ——*		228 200	193 400	146 900	108 700	93 600	78
15 Female – Féminin	1 450 400	*—— 222 600 ——*		211 700	174 000	138 600	105 800	101 800	80
Brazil – Brésil Urban – Urbaine 1 VII 1990 [14]									
16 Urban – Urbaine	112 743 000	*—— 13 237 000 ——*		12 573 000	11 844 000	11 253 000	10 753 000	10 587 000	9 044
17 Male – Masculin	55 424 000	*—— 6 675 000 ——*		6 309 000	5 888 000	5 545 000	5 329 000	5 215 000	4 427
18 Female – Féminin	57 319 000	*—— 6 562 000 ——*		6 264 000	5 956 000	5 708 000	5 424 000	5 372 000	4 617
Rural – Rurale 1 VII 1990 [14]									
19 Rural – Rurale	37 624 000	*—— 5 726 000 ——*		5 162 000	4 436 000	3 594 000	3 070 000	2 896 000	2 45
20 Male – Masculin	19 568 000	*—— 2 901 000 ——*		2 602 000	2 273 000	1 882 000	1 598 000	1 533 000	1 308
21 Female – Féminin	18 056 000	*—— 2 825 000 ——*		2 560 000	2 163 000	1 712 000	1 472 000	1 363 000	1 14
Chile – Chili Urban – Urbaine 1 VII 1992*									
22 Urban – Urbaine	11 573 878	*—— 1 239 945 ——*		1 173 610	1 058 547	1 042 404	1 054 397	1 061 024	974
23 Male – Masculin	5 617 015	*—— 630 651 ——*		595 993	534 434	519 159	522 809	522 090	476
24 Female – Féminin	5 956 863	*—— 609 294 ——*		577 617	524 113	523 245	531 588	538 934	498
Rural – Rurale 1 VII 1992*									
25 Rural – Rurale	2 025 561	*—— 257 966 ——*		237 380	189 261	166 200	177 086	172 565	156
26 Male – Masculin	1 099 818	*—— 131 622 ——*		121 801	99 545	93 321	99 454	98 256	89
27 Female – Féminin	925 743	*—— 126 344 ——*		115 579	89 716	72 879	77 632	74 309	66
Colombia – Colombie Urban – Urbaine 15 X 1985(C)									
28 Urban – Urbaine	18 713 553	398 960	1 749 531	2 151 734	2 007 551	2 214 495	2 165 561	1 748 608	1 380
29 Male – Masculin	8 927 542	203 996	889 594	1 086 050	992 505	1 012 083	987 786	797 424	654
30 Female – Féminin	9 786 011	194 964	859 937	1 065 684	1 015 046	1 202 412	1 177 775	951 184	725

7. Population selon l'âge, le sexe et la résidence, urbaine/rurale: dernière année disponible, 1983 – 1992 (suite)

Données selon la résidence urbaine/rurale

(notes à la fin du tableau.)

Age (en années)

35 – 39	40 – 44	45 – 49	50 – 54	55 – 59	60 – 64	65 – 69	70 – 74	75 – 79	80 – 84	85 +	Unknown Inconnu	
018 268	4 602 616	3 802 461	3 141 741	2 874 472	2 814 315	2 590 843	2 013 176	1 496 292	912 145	660 821	—	1
533 572	2 333 389	1 927 363	1 585 382	1 425 557	1 382 104	1 236 963	925 572	649 059	359 873	214 113	—	2
484 696	2 269 227	1 875 098	1 556 359	1 448 915	1 432 211	1 353 880	1 087 604	847 233	552 272	446 708	—	3
862 727	1 664 670	1 460 163	1 323 393	1 247 989	1 140 929	949 862	725 805	525 537	*—— 415 454 ——*		—	4
922 279	822 088	712 236	634 704	586 217	519 170	415 697	300 177	205 510	*—— 148 972 ——*		—	5
940 448	842 582	747 927	688 689	661 772	621 759	534 165	425 628	320 027	*—— 266 482 ——*		—	6
277 517	255 633	212 397	183 954	166 041	158 912	125 418	89 871	63 812	*—— 48 842 ——*		—	7
156 032	144 961	121 276	105 130	95 035	90 901	71 296	49 721	33 316	*—— 23 449 ——*		—	8
121 485	110 673	91 121	78 824	71 006	68 011	54 122	40 150	30 496	*—— 25 393 ——*		—	9
201 600	142 500	121 300	86 200	72 100	57 200	38 100	24 400	16 900	*—— 14 500 ——*		7 600	10
96 600	70 600	59 200	42 600	34 300	25 700	17 300	11 200	8 200	*—— 6 100 ——*		3 600	11
105 000	71 900	62 100	43 600	37 800	31 500	20 800	13 200	8 700	*—— 8 400 ——*		4 000	12
167 500	136 500	133 300	84 300	76 500	79 500	49 500	36 300	18 300	*—— 26 800 ——*		21 400	13
81 100	67 400	68 400	41 600	38 700	41 100	25 800	18 700	9 800	*—— 12 100 ——*		9 200	14
86 400	69 100	64 900	42 700	37 800	38 500	23 600	17 600	8 500	*—— 14 700 ——*		12 100	15
609 000	6 060 000	4 732 000	4 017 000	3 244 000	2 692 000	2 014 000	1 399 000	966 000	*—— 719 000 ——*		—	16
717 000	2 961 000	2 310 000	1 945 000	1 547 000	1 267 000	925 000	634 000	426 000	*—— 304 000 ——*		—	17
892 000	3 099 000	2 422 000	2 072 000	1 697 000	1 425 000	1 089 000	765 000	540 000	*—— 415 000 ——*		—	18
097 000	1 712 000	1 378 000	1 225 000	1 050 000	925 000	753 000	530 000	360 000	*—— 256 000 ——*		—	19
109 000	906 000	727 000	650 000	565 000	498 000	410 000	283 000	191 000	*—— 132 000 ——*		—	20
988 000	806 000	651 000	575 000	485 000	427 000	343 000	247 000	169 000	*—— 124 000 ——*		—	21
833 235	686 214	572 028	461 290	383 629	330 995	257 653	189 528	129 241	*—— 125 544 ——*		—	22
405 310	330 967	271 593	215 094	173 940	144 799	107 963	75 256	47 791	*—— 42 669 ——*		—	23
427 925	355 247	300 435	246 196	209 689	186 196	149 690	114 272	81 450	*—— 82 875 ——*		—	24
129 308	106 239	92 277	78 301	68 281	60 113	48 277	36 545	24 957	*—— 24 548 ——*		—	25
73 395	59 723	51 768	43 605	37 548	32 623	25 665	18 777	12 114	*—— 11 222 ——*		—	26
55 913	46 516	40 509	34 696	30 733	27 490	22 612	17 768	12 843	*—— 13 326 ——*		—	27
164 631	839 017	701 453	614 586	469 544	378 666	269 393	199 952	125 997	74 760	59 047	—	28
550 436	411 453	333 310	290 071	221 270	175 178	121 923	90 600	56 274	30 664	22 502	—	29
614 195	427 564	368 143	324 515	248 274	203 488	147 470	109 352	69 723	44 096	36 545	—	30

7. Population by age, sex and urban/rural residence: latest available year, 1983 – 1992 (continued)

Data by urban/rural residence

(See notes at end of table.)

Continent, country or area, sex, date and urban/rural residence / Continent, pays ou zone, sexe, date et résidence, urbaine/rurale	All ages Tous âges	– 1	1 – 4	5 – 9	10 – 14	15 – 19	20 – 24	25 – 29	30
AMERICA, SOUTH— (Cont.–Suite) **AMERIQUE DU SUD**									
Colombia – Colombie Rural – Rurale 15 X 1985(C)									
1 Rural – Rurale	9 124 379	213 090	1 008 341	1 293 114	1 218 716	1 040 376	835 039	668 523	527
2 Male – Masculin	4 850 158	108 870	514 946	664 536	646 814	570 284	452 417	354 552	283
3 Female – Féminin	4 274 221	104 220	493 395	628 578	571 902	470 092	382 622	313 971	243
Ecuador – Equateur Urban – Urbaine 1 VII 1992* [15]									
4 Urban – Urbaine	6 115 572	*——— 743 838 ———*		708 543	689 434	670 549	631 365	571 998	489
5 Male – Masculin	3 007 784	*——— 380 192 ———*		358 040	343 142	326 120	307 864	280 532	241
6 Female – Féminin	3 107 789	*——— 363 646 ———*		350 502	346 293	344 428	323 503	291 466	247
Rural – Rurale 1 VII 1992* [15]									
7 Rural – Rurale	4 625 227	*——— 677 075 ———*		655 521	602 253	498 355	400 671	319 564	266
8 Male – Masculin	2 390 678	*——— 342 858 ———*		334 796	312 071	265 953	213 896	169 111	138
9 Female – Féminin	2 234 548	*——— 334 217 ———*		320 725	290 183	232 403	186 774	150 453	127
Falkland Islands (Malvinas)– **Iles Falkland (Malvinas)** Urban – Urbaine 16 XI 1986(C)									
10 Urban – Urbaine	1 231	*——— 83 ———*		89	129	90	*———	166 ———*	*———
11 Male – Masculin	626	*——— 35 ———*		47	65	48	*———	74 ———*	*———
12 Female – Féminin	605	*——— 48 ———*		42	64	42	*———	92 ———*	*———
Rural – Rurale 16 XI 1986(C)									
13 Rural – Rurale	647	*——— 54 ———*		54	20	47	*———	147 ———*	*———
14 Male – Masculin	368	*——— 25 ———*		24	13	24	*———	89 ———*	*———
15 Female – Féminin	279	*——— 29 ———*		30	7	23	*———	58 ———*	*———
Peru – Pérou Urban – Urbaine 1 VII 1990 [3] [14]									
16 Urban – Urbaine	15 152 265	*——— 1 813 054 ———*		1 785 542	1 767 854	1 714 321	1 565 179	1 373 812	1 133
17 Male – Masculin	7 568 242	*——— 923 935 ———*		905 788	891 461	867 174	789 629	687 632	562
18 Female – Féminin	7 584 023	*——— 889 119 ———*		879 754	876 393	847 147	775 550	686 180	571
Rural – Rurale 1 VII 1990 [3] [14]									
19 Rural – Rurale	6 398 057	*——— 1 038 089 ———*		898 441	806 805	631 115	523 574	438 763	367
20 Male – Masculin	3 278 336	*——— 528 410 ———*		458 512	416 449	323 595	269 578	229 971	194
21 Female – Féminin	3 119 721	*——— 509 679 ———*		439 929	390 356	307 520	253 996	208 792	172
Uruguay Urban – Urbaine 1 VII 1990									
22 Urban – Urbaine	2 748 322	*——— 234 268 ———*		231 901	249 057	231 713	199 647	199 025	190
23 Male – Masculin	1 306 601	*——— 119 677 ———*		118 375	126 332	116 467	96 815	95 345	90
24 Female – Féminin	1 441 721	*——— 114 591 ———*		113 526	122 725	115 246	102 832	103 680	99
Rural – Rurale 1 VII 1990									
25 Rural – Rurale	345 897	*——— 25 169 ———*		27 756	29 643	28 525	27 208	26 153	24
26 Male – Masculin	201 826	*——— 12 902 ———*		14 178	15 640	16 448	17 241	16 056	14
27 Female – Féminin	144 071	*——— 12 267 ———*		13 578	14 003	12 077	9 967	10 097	10
Venezuela Urban – Urbaine 1 VII 1990 [3] [14]									
28 Urban – Urbaine	16 231 254	*—— 2 185 424 —*	*—— 3 7 98 785 —*		*—— 3 2 29 173 —*	*———————			
29 Male – Masculin	8 094 783	*—— 1 112 223 —*	*—— 1 9 21 701 —*		*—— 1 6 17 338 —*	*———————			
30 Female – Féminin	8 136 471	*—— 1 073 201 —*	*—— 1 8 77 084 —*		*—— 1 6 11 835 —*	*———————			

7. Population selon l'âge, le sexe et la résidence, urbaine/rurale: dernière année disponible, 1983 – 1992 (suite)

Données selon la résidence urbaine/rurale

					Age (en années)							
35 – 39	40 – 44	45 – 49	50 – 54	55 – 59	60 – 64	65 – 69	70 – 74	75 – 79	80 – 84	85 +	Unknown Inconnu	
500 065	385 507	342 656	305 360	224 835	200 033	130 349	105 349	58 555	37 763	29 500	—	1
262 574	208 044	181 645	165 879	124 645	112 603	73 123	59 461	32 880	19 414	14 095	—	2
237 491	177 463	161 011	139 481	100 190	87 430	57 226	45 888	25 675	18 349	15 405	—	3
402 104	300 685	223 755	182 532	148 681	117 355	88 975	64 144	44 838	*—— 37 567 ——*		—	4
198 741	147 838	109 553	87 944	70 217	54 230	40 278	28 147	18 938	*—— 14 604 ——*		—	5
203 363	152 847	114 202	94 589	78 464	63 126	48 697	35 996	25 901	*—— 22 963 ——*		—	6
242 374	203 826	168 900	146 702	124 696	102 614	80 170	59 135	41 882	*—— 35 230 ——*		—	7
124 075	104 063	85 777	74 989	64 086	52 803	41 149	29 940	20 527	*—— 16 094 ——*		—	8
118 299	99 764	83 123	71 714	60 610	49 811	39 021	29 195	21 355	*—— 19 136 ——*		—	9
197 –*	*——	145 ——*	*——	132 ——*	*——	105 ——*	*——	65 ————*		30	—	10
115 –*	*——	81 ——*	*——	60 ——*	*——	58 ——*	*——	32 ————*		11	—	11
82 –*	*——	64 ——*	*——	72 ——*	*——	47 ——*	*——	33 ————*		19	—	12
110 –*	*——	106 ——*	*——	68 ——*	*——	27 ——*	*——	12 ————*		2	—	13
61 –*	*——	63 ——*	*——	43 ——*	*——	18 ——*	*——	8 ————*		–	—	14
49 –*	*——	43 ——*	*——	25 ——*	*——	9 ——*	*——	4 ————*		2	—	15
935 888	747 728	595 044	488 335	395 979	303 002	223 401	154 100	95 757	*—— 59 446 ——*		—	16
461 047	368 822	293 548	239 073	191 491	144 780	104 981	70 413	42 137	*—— 24 330 ——*		—	17
474 841	378 906	301 496	249 262	204 488	158 222	118 420	83 687	53 620	*—— 35 116 ——*		—	18
316 767	266 871	240 121	226 033	198 339	159 545	118 623	83 257	53 193	*—— 31 432 ——*		—	19
168 861	140 194	123 922	115 147	99 631	77 953	56 279	38 313	23 637	*—— 13 069 ——*		—	20
147 906	126 677	116 199	110 886	98 708	81 592	62 344	44 944	29 556	*—— 18 363 ——*		—	21
168 852	156 782	147 214	139 063	142 320	133 138	109 938	83 102	67 446	*—— 64 701 ——*		—	22
80 969	73 599	68 956	63 733	65 560	59 625	48 055	34 526	26 165	*—— 21 801 ——*		—	23
87 883	83 183	78 258	75 330	76 760	73 513	61 883	48 576	41 281	*—— 42 900 ——*		—	24
23 157	21 933	20 330	20 087	20 150	17 752	13 753	8 823	5 933	*—— 5 160 ——*		—	25
13 556	13 109	12 509	12 314	12 685	11 243	8 617	5 391	3 342	*—— 2 478 ——*		—	26
9 601	8 824	7 821	7 773	7 465	6 509	5 136	3 432	2 591	*—— 2 682 ——*		—	27
4 612 108 ———*		619 237 *——		1 214 999 ——*	*——			571 528 —————*			—	28
2 300 537 ———*		305 983 *——		– 588 491 ——*	*——			248 510 —————*			—	29
2 311 571 ———*		313 254 *——		– 626 508 ——*	*——			323 018 —————*			—	30

Data by urban/rural residence

(See notes at end of table.)

Continent, country or area, sex, date and urban/rural residence / Continent, pays ou zone, sexe, date et résidence, urbaine/rurale	All ages Tous âges	– 1	1 – 4	5 – 9	10 – 14	15 – 19	20 – 24	25 – 29	3(
AMERICA,SOUTH— (Cont.–Suite) **AMERIQUE DU SUD**									
Venezuela Rural – Rurale 1 VII 1990 [3] [14]									
1 Rural – Rurale	3 093 968	*—— 496 917 ——*		*—— 912 704 ——*		*—— 560 503 ——*		*——	
2 Male – Masculin	1 652 592	*—— 256 308 ——*		*—— 477 128 ——*		*—— 307 768 ——*		*——	
3 Female – Féminin	1 441 376	*—— 240 609 ——*		*—— 435 576 ——*		*—— 252 735 ——*		*——	
ASIA—ASIE									
Afghanistan Urban – Urbaine 1 VII 1988 [16]									
4 Urban – Urbaine	2 752 024	134 298	384 223	420 656	340 743	281 630	233 579	187 824	15
5 Male – Masculin	1 417 760	65 340	192 645	214 567	176 464	144 375	116 753	93 418	7
6 Female – Féminin	1 334 264	68 958	191 578	206 089	164 279	137 255	116 826	94 406	7
Rural – Rurale 1 VII 1988 [16]									
7 Rural – Rurale	12 761 340	541 125	1 978 081	1 900 160	1 447 624	1 178 966	1 020 431	849 712	71
8 Male – Masculin	6 544 634	259 953	963 357	968 747	769 700	632 147	529 502	420 935	33
9 Female – Féminin	6 216 706	281 172	1 014 724	931 413	677 924	546 819	490 929	428 777	37
Armenia – Arménie Urban – Urbaine 12 I 1989(C) [1]									
10 Urban – Urbaine	2 222 241	45 378	191 615	224 548	200 897	187 344	178 463	216 678	20
11 Male – Masculin	1 077 746	23 241	98 295	115 216	102 471	97 478	85 138	101 597	9
12 Female – Féminin	1 144 495	22 137	93 320	109 332	98 426	89 866	93 325	115 081	10
Rural – Rurale 12 I 1989(C) [1]									
13 Rural – Rurale	1 082 535	28 566	109 956	111 007	90 878	90 703	102 179	112 955	8
14 Male – Masculin	541 562	14 645	56 691	56 981	46 823	46 935	52 918	59 830	4
15 Female – Féminin	540 973	13 921	53 265	54 026	44 055	43 768	49 261	53 125	4
Azerbaijan – Azerbaïdjan Urban – Urbaine 12 I 1989(C) [1]									
16 Urban – Urbaine	3 805 885	86 454	349 050	395 196	342 739	349 244	353 651	389 837	33
17 Male – Masculin	1 867 911	44 610	179 605	203 382	176 353	193 100	174 085	187 138	16
18 Female – Féminin	1 937 974	41 844	169 445	191 814	166 386	156 144	179 566	202 699	17
Rural – Rurale 12 I 1989(C) [1]									
19 Rural – Rurale	3 215 293	90 259	336 175	363 636	338 500	344 472	333 494	316 527	22
20 Male – Masculin	1 555 882	46 819	172 796	186 254	172 274	172 113	156 334	148 461	10
21 Female – Féminin	1 659 411	43 440	163 379	177 382	166 226	172 359	177 160	168 066	11
Bangladesh Urban – Urbaine 1 I 1988 [3]									
22 Urban – Urbaine	15 081 913	*—— 1 601 736 ——*		1 983 928	1 865 240	1 722 147	1 621 026	1 408 439	1 13
23 Male – Masculin	8 163 604	*—— 812 285 ——*		1 009 213	967 441	923 785	877 906	760 958	64
24 Female – Féminin	6 918 309	*—— 789 451 ——*		974 715	897 799	798 362	743 120	647 481	48
Rural – Rurale 1 I 1988 [3]									
25 Rural – Rurale	89 640 975	*—— 12 745 269 ——*		14 699 213	11 360 422	8 242 301	7 471 314	6 812 133	5 39
26 Male – Masculin	45 677 770	*—— 6 440 488 ——*		7 445 808	5 947 701	4 186 065	3 505 436	3 370 386	2 64
27 Female – Féminin	43 963 205	*—— 6 304 781 ——*		7 253 405	5 412 721	4 056 236	3 965 878	3 441 747	2 74
China – Chine Urban – Urbaine 1 VII 1990(C) [17]									
28 Urban – Urbaine	296 958 320	4 639 610	19 346 500	21 592 010	20 924 940	28 964 300	33 677 650	32 394 150	27 3
29 Male – Masculin	154 395 980	2 432 110	10 071 730	11 203 600	10 859 670	14 951 830	17 741 360	16 968 210	14 25
30 Female – Féminin	142 562 340	2 207 500	9 274 770	10 388 410	10 065 270	14 012 470	15 936 290	15 425 940	13 06

Données selon la résidence urbaine/rurale

(notes à la fin du tableau.)

					Age (en années)							
35 – 39	40 – 44	45 – 49	50 – 54	55 – 59	60 – 64	65 – 69	70 – 74	75 – 79	80 – 84	85 +	Unknown Inconnu	
757 ——*		113 189 *——		240 190 ——*		*——		137 708 ——*			–	1
877 ——*		61 493 *——		129 890 ——*		*——		74 128 ——*			–	2
880 ——*		51 696 *——		110 300 ——*		*——		63 580 ——*			–	3
129 270	109 873	93 038	77 247	62 232	48 786	35 883	24 880	15 868	*—— 18 952 ——*		–	4
65 984	57 664	50 384	43 017	35 623	28 411	20 945	14 589	9 405	*—— 11 371 ——*		–	5
63 286	52 209	42 654	34 230	26 609	20 375	14 938	10 291	6 463	*—— 7 581 ——*		–	6
633 938	550 225	480 510	407 479	328 104	252 149	181 179	124 287	79 513	*—— 94 573 ——*		–	7
298 593	276 491	253 528	224 649	186 066	144 547	104 420	72 315	46 484	*—— 57 257 ——*		–	8
335 345	273 734	226 982	182 830	142 038	107 602	76 759	51 972	33 029	*—— 37 316 ——*		–	9
163 312	101 464	97 881	115 941	96 649	86 455	37 681	26 319	23 119	13 118	7 885	811	10
77 740	49 104	47 490	55 994	46 758	38 887	14 929	9 309	8 497	4 709	2 834	336	11
85 572	52 360	50 391	59 947	49 891	47 568	22 752	17 010	14 622	8 409	5 051	475	12
52 777	29 990	38 632	58 882	57 684	49 837	18 053	14 364	14 495	9 326	6 185	561	13
26 823	14 404	18 200	28 424	27 847	23 038	7 076	4 769	5 351	3 411	2 107	273	14
25 954	15 586	20 432	30 458	29 837	26 799	10 977	9 595	9 144	5 915	4 078	288	15
249 973	154 545	153 510	190 774	149 953	125 844	63 034	45 691	39 647	20 668	13 289	52	16
122 168	75 223	74 564	91 161	70 750	54 582	22 296	14 541	12 731	6 057	3 701	22	17
127 805	79 322	78 946	99 613	79 203	71 262	40 738	31 150	26 916	14 611	9 588	30	18
139 180	77 765	103 229	165 015	135 795	91 187	45 235	30 664	30 753	19 287	25 950	45	19
66 827	36 834	48 786	78 684	66 425	42 456	17 347	10 011	10 610	6 112	7 028	20	20
72 353	40 931	54 443	86 331	69 370	48 731	27 888	20 653	20 143	13 175	18 922	25	21
874 210	704 973	543 600	473 735	259 274	279 273	*——		344 459 ——*			261 098	22
492 984	419 769	319 184	266 661	154 725	162 495	*——		212 600 ——*			133 955	23
381 226	285 204	224 416	207 074	104 549	116 778	*——		131 859 ——*			127 143	24
865 614	4 030 297	3 176 773	2 833 878	1 752 776	1 902 929	*——		2 672 056 ——*			1 685 237	25
508 658	2 102 187	1 687 545	1 473 223	996 588	1 050 300	*——		1 466 321 ——*			856 027	26
356 956	1 928 110	1 489 228	1 360 655	756 188	852 629	*——		1 205 735 ——*			829 210	27
460 190	18 299 990	14 151 910	13 731 940	12 054 300	9 097 010	6 462 770	4 248 040	2 635 430	1 322 250	635 710	–	28
208 630	9 738 400	7 455 890	7 193 800	6 459 170	4 815 770	3 247 100	1 995 550	1 129 640	483 150	188 320	–	29
251 560	8 561 590	6 696 020	6 538 140	5 595 130	4 281 240	3 215 670	2 252 490	1 505 790	839 100	447 390	–	30

7. Population by age, sex and urban/rural residence: latest available year, 1983 – 1992 (continued)

Data by urban/rural residence

(See notes at end of table.)

Continent, country or area, sex, date and urban/rural residence / Continent, pays ou zone, sexe, date et résidence, urbaine/rurale	All ages Tous âges	– 1	1 – 4	5 – 9	10 – 14	15 – 19	20 – 24	25 – 29	30 –
ASIA—ASIE (Cont.–Suite)									
China – Chine									
Rural – Rurale									
1 VII 1990(C [17]									
1 Rural – Rurale	834 917 730	18 634 010	74 003 160	77 847 910	76 530 350	91 437 250	92 199 540	71 874 250	56 484
2 Male – Masculin	427 984 910	9 846 920	38 800 790	40 484 260	39 472 730	46 862 410	46 622 890	36 513 230	29 351
3 Female – Féminin	406 932 820	8 787 090	35 202 370	37 363 650	37 057 620	44 574 840	45 576 650	35 361 020	27 133
Georgia – Géorgie									
Urban – Urbaine									
12 I 1989(C) [1]									
4 Urban – Urbaine	2 991 352	47 397	201 742	242 203	235 857	235 594	226 786	267 548	246
5 Male – Masculin	1 401 043	24 346	102 712	123 497	119 915	124 716	107 116	123 504	114
6 Female – Féminin	1 590 309	23 051	99 030	118 706	115 942	110 878	119 670	144 044	132
Rural – Rurale									
12 I 1989(C) [1]									
7 Rural – Rurale	2 409 489	41 814	174 709	198 522	196 230	183 673	186 938	200 097	169
8 Male – Masculin	1 160 997	21 591	89 354	100 852	100 060	93 011	96 257	102 667	86
9 Female – Féminin	1 248 492	20 223	85 355	97 670	96 170	90 662	90 681	97 430	83
Hong Kong – Hong–kong									
Urban – Urbaine									
11 III 1986(C) [35]									
10 Urban – Urbaine	5 024 047	66 773	292 180	386 407	406 609	416 437	520 142	560 602	466
11 Male – Masculin	2 576 497	34 797	152 397	200 487	212 814	216 461	263 298	286 433	241
12 Female – Féminin	2 447 550	31 976	139 783	185 920	193 795	199 976	256 844	274 169	225
Rural – Rurale									
11 III 1986(C) [35]									
13 Rural – Rurale	371 950	6 974	27 571	29 653	30 780	34 887	41 393	41 015	29
14 Male – Masculin	195 967	3 570	14 316	15 348	15 909	18 440	21 890	21 952	16
15 Female – Féminin	175 983	3 404	13 255	14 305	14 871	16 447	19 503	19 063	12
India – Inde [18]									
Urban – Urbaine									
1 VII 1991									
16 Urban – Urbaine	218 527 000	*—— 26 709 000 ——*		*—— 46 6 55 000 ——*		*——— 69 901 000 ———*		*	*—
17 Male – Masculin	115 440 000	*—— 13 616 000 ——*		*—— 23 8 13 000 ——*		*——— 37 546 000 ———*		*	*—
18 Female – Féminin	103 087 000	*—— 13 093 000 ——*		*—— 22 8 42 000 ——*		*——— 32 355 000 ———*		*	*—
Rural – Rurale									
1 VII 1991									
19 Rural – Rurale	631 111 000	*—— 84 359 000 ——*		*—— 148 1 45 000 ——*		*——— 171 614 000 ———*		*	*—
20 Male – Masculin	325 015 000	*—— 43 697 000 ——*		*—— 76 8 26 000 ——*		*——— 89 065 000 ———*		*	*—
21 Female – Féminin	306 096 000	*—— 40 662 000 ——*		*—— 71 3 19 000 ——*		*——— 82 549 000 ———*		*	*—
Indonesia – Indonésie									
Urban – Urbaine									
31 X 1990(C)*									
22 Urban – Urbaine	55 433 790	1 108 120	4 666 027	6 498 729	6 326 957	6 682 851	6 097 316	5 337 196	4 389
23 Male – Masculin	27 683 319	576 560	2 406 113	3 308 616	3 216 200	3 272 297	2 981 735	2 585 637	2 235
24 Female – Féminin	27 750 471	531 560	2 259 914	3 190 113	3 110 757	3 410 554	3 115 581	2 751 559	2 153
Rural – Rurale									
31 X 1990(C)*									
25 Rural – Rurale	123 813 993	2 699 075	12 413 385	16 581 881	15 109 556	12 236 587	10 050 689	10 203 616	8 801
26 Male – Masculin	61 692 358	1 372 686	6 410 872	8 482 177	7 781 979	6 280 180	4 680 124	4 803 138	4 337
27 Female – Féminin	62 121 635	1 326 389	6 002 513	8 099 704	7 327 577	5 956 407	5 370 565	5 400 478	4 463
Iran (Islamic Republic of – Rép. islamique d')									
Urban – Urbaine									
22 IX 1986(C)									
28 Urban – Urbaine	26 844 561	925 929	3 819 852	3 817 978	2 932 970	2 792 207	2 472 330	2 240 682	1 798
29 Male – Masculin	13 769 617	468 142	1 942 148	1 947 706	1 518 600	1 438 371	1 230 516	1 142 018	938
30 Female – Féminin	13 074 944	457 787	1 877 704	1 870 272	1 414 370	1 353 836	1 241 814	1 098 664	859
Rural – Rurale									
22 IX 1986(C)									
31 Rural – Rurale	22 349 351	832 941	3 416 735	3 661 893	2 937 811	2 376 295	1 706 021	1 397 319	1 116
32 Male – Masculin	11 384 483	426 112	1 734 826	1 872 867	1 518 508	1 210 345	866 094	691 055	537
33 Female – Féminin	10 964 868	406 829	1 681 909	1 789 026	1 419 303	1 165 950	839 927	706 264	579

7. Population selon l'âge, le sexe et la résidence, urbaine/rurale: dernière année disponible, 1983 – 1992 (suite)

Données selon la résidence urbaine/rurale

notes à la fin du tableau.)

				Age (en années)							Unknown Inconnu	
35 – 39	40 – 44	45 – 49	50 – 54	55 – 59	60 – 64	65 – 69	70 – 74	75 – 79	80 – 84	85 +		
854 080	45 544 920	35 028 600	31 931 880	29 698 330	24 958 400	19 932 130	13 871 100	8 335 650	4 049 030	1 702 260	—	1
266 030	23 630 990	18 430 470	16 923 310	15 406 450	12 698 870	9 690 620	6 372 140	3 569 540	1 513 600	528 110	—	2
588 050	21 913 930	16 598 130	15 008 570	14 291 880	12 259 530	10 241 510	7 498 960	4 766 110	2 535 430	1 174 150	—	3
224 009	162 309	170 417	189 777	155 434	153 026	82 416	63 476	48 143	24 975	13 330	—	4
105 166	76 591	78 557	88 310	70 979	64 672	28 718	20 378	15 791	7 670	3 782	—	5
118 843	85 718	91 860	101 467	84 455	88 354	53 698	43 098	32 352	17 305	9 548	—	6
138 377	98 719	126 157	155 851	148 430	144 429	78 178	59 900	52 634	31 003	23 894	—	7
69 342	48 071	60 442	75 566	69 815	65 546	28 910	19 086	17 159	9 962	6 641	—	8
69 035	50 648	65 715	80 285	78 615	78 883	49 268	40 814	35 475	21 041	17 253	—	9
384 328	228 060	241 192	252 490	230 944	194 593	148 694	111 755	61 208	34 839	19 880	—	10
202 972	125 188	130 669	135 429	119 707	96 873	70 952	49 686	23 016	9 933	4 088	—	11
181 356	102 872	110 523	117 061	111 237	97 720	77 742	62 069	38 192	24 906	15 792	—	12
21 042	13 972	14 843	16 709	16 627	15 021	11 903	8 473	5 766	3 709	2 315	—	13
12 165	7 741	8 360	8 912	8 800	7 892	6 146	3 974	2 268	1 232	489	—	14
8 877	6 231	6 483	7 797	7 827	7 129	5 757	4 499	3 498	2 477	1 826	—	15
0 354 000 ——*	*——		23 201 000 ——*	*————			11 707 000	——————*			—	16
2 032 000 ——*	*——		12 605 000 ——*	*————			5 828 000	——————*			—	17
8 322 000 ——*	*——		10 596 000 ——*	*————			5 879 000	——————*			—	18
0 116 000 ——*	*——		73 318 000 ——*	*————			43 559 000	——————*			—	19
5 444 000 ——*	*——		37 605 000 ——*	*————			22 378 000	——————*			—	20
4 672 000 ——*	*——		35 713 000 ——*	*————			21 181 000	——————*			—	21
3 494 592	2 345 053	2 219 163	1 885 059	1 358 488	1 241 105	757 684	504 745	*—— 519 722 ——*			1 779	22
1 830 150	1 176 413	1 111 718	938 081	634 448	608 438	353 292	228 822	*—— 218 606 ——*			899	23
1 664 442	1 168 640	1 107 445	946 978	724 040	632 667	404 392	275 923	*—— 301 116 ——*			880	24
7 757 953	5 655 201	5 404 630	4 811 078	3 554 177	3 348 293	2 103 712	1 555 298	*—— 1 521 134 ——*			5 909	25
3 985 997	2 785 554	2 625 600	2 360 209	1 709 568	1 662 376	1 012 307	728 232	*—— 671 567 ——*			1 886	26
3 771 956	2 869 647	2 779 030	2 450 869	1 844 609	1 685 917	1 091 405	827 066	*—— 849 567 ——*			4 023	27
1 270 671	962 534	874 253	840 286	696 827	594 910	301 162	181 384	112 242	98 172	100 493	11 490	28
653 297	503 073	462 920	450 235	363 518	320 524	156 447	87 093	49 476	43 204	47 301	6 796	29
617 374	459 461	411 333	390 051	333 309	274 386	144 715	94 291	62 766	54 968	53 192	4 694	30
836 177	684 178	703 343	749 701	634 326	582 819	269 995	158 562	96 422	84 601	91 351	11 880	31
385 459	326 287	352 128	401 373	347 892	327 181	151 455	86 465	52 234	42 294	47 675	7 043	32
450 718	357 891	351 215	348 328	286 434	255 638	118 540	72 097	44 188	42 307	43 676	4 837	33

Data by urban/rural residence

(See notes at end of table.)

Continent, country or area, sex, date and urban/rural residence — Continent, pays ou zone, sexe, date et résidence, urbaine/rurale	All ages Tous âges	−1	1−4	5−9	10−14	15−19	20−24	25−29	30−
					Age (in years)				
ASIA—ASIE (Cont.–Suite)									
Iran (Islamic Republic of – Rép. islamique d')									
Semi–urban – Semi–urbaine									
22 IX 1986(C)									
Semi–urban –									
1 Semi–urbaine	251 098	8 856	40 510	46 023	32 518	23 700	15 373	14 290	12 8
2 Male – Masculin	126 861	4 523	20 207	23 012	16 525	11 648	7 005	6 560	6 0
3 Female – Féminin	124 237	4 333	20 303	23 011	15 993	12 052	8 368	7 730	6 7
Iraq									
Urban – Urbaine									
1 VII 1988									
4 Urban – Urbaine	12 589 533	*— 2 171 928 —*		1 833 903	1 597 719	1 445 315	1 183 485	966 002	742 0
5 Male – Masculin	6 528 691	*— 1 123 164 —*		946 963	833 855	755 855	618 380	504 240	387 0
6 Female – Féminin	6 060 842	*— 1 048 764 —*		886 940	763 864	689 460	565 105	461 762	354 4
Rural – Rurale									
1 VII 1988									
7 Rural – Rurale	4 660 734	*— 804 145 —*		679 030	591 349	534 901	438 014	357 535	274 0
8 Male – Masculin	2 335 472	*— 401 783 —*		338 752	298 291	270 388	221 209	180 379	138 0
9 Female – Féminin	2 325 262	*— 402 362 —*		340 278	293 058	264 513	216 805	177 156	135 9
Israel – Israël [19]									
Urban – Urbaine									
1 VII 1991 [1]									
10 Urban – Urbaine	4 454 800	*— 465 500 —*		*— 454 100 —*		428 700	411 100	361 000	328 6
11 Male – Masculin	2 205 300	*— 238 300 —*		*— 233 100 —*		219 600	209 500	182 100	166 3
12 Female – Féminin	2 249 400	*— 227 200 —*		*— 221 000 —*		209 200	201 600	178 900	162 3
Rural – Rurale									
1 VII 1991 [1]									
13 Rural – Rurale	491 300	*— 57 900 —*		*— 57 600 —*		54 700	55 000	41 500	32 0
14 Male – Masculin	252 900	*— 29 700 —*		*— 29 900 —*		28 800	29 200	22 600	17 2
15 Female – Féminin	238 400	*— 28 200 —*		*— 27 700 —*		26 000	25 800	18 900	14 8
Japan – Japon									
Urban – Urbaine									
1 X 1990(C)* [20]									
16 Urban – Urbaine	95 643 521	952 455	4 074 486	5 662 795	6 471 582	7 974 754	7 386 812	6 605 737	6 137 0
17 Male – Masculin	47 124 420	488 130	2 087 789	2 899 112	3 315 911	4 084 634	3 777 069	3 350 815	3 100 3
18 Female – Féminin	48 519 101	464 325	1 986 697	2 763 683	3 155 671	3 890 120	3 609 743	3 254 922	3 036 6
Rural – Rurale									
1 X 1990(C)* [20]									
19 Rural – Rurale	27 967 646	261 230	1 204 726	1 803 762	2 055 203	2 032 333	1 413 309	1 464 976	1 650 6
20 Male – Masculin	13 572 304	132 955	617 165	922 721	1 053 969	1 037 581	691 130	727 654	825 0
21 Female – Féminin	14 395 342	128 275	587 561	881 041	1 001 234	994 752	722 179	737 322	825 6
Kazakhstan									
Urban – Urbaine									
12 I 1989(C) [1]									
22 Urban – Urbaine	9 402 582	198 583	789 682	869 181	797 084	804 148	772 573	918 946	853 5
23 Male – Masculin	4 471 855	101 026	400 689	439 772	401 903	394 191	378 438	451 900	419 6
24 Female – Féminin	4 930 727	97 557	388 993	429 409	395 181	409 957	394 135	467 046	433 8
Rural – Rurale									
12 I 1989(C) [1]									
25 Rural – Rurale	7 061 882	195 064	757 426	830 670	809 235	640 612	573 673	624 929	510 1
26 Male – Masculin	3 502 149	99 118	383 899	420 519	408 870	351 555	302 147	321 265	261 0
27 Female – Féminin	3 559 733	95 946	373 527	410 151	400 365	289 057	271 526	303 664	249 0
Korea, Republic of– Corée, République de									
Urban – Urbaine									
1 XI 1990(C)* [1 23]									
28 Urban – Urbaine	32 377 678	512 724	2 039 420	2 909 767	2 953 133	3 336 824	3 288 951	3 442 381	3 412 5
29 Male – Masculin	16 240 553	276 140	1 077 870	1 510 112	1 539 045	1 699 487	1 609 425	1 693 835	1 724 9
30 Female – Féminin	16 137 125	236 584	961 550	1 399 655	1 414 088	1 637 337	1 679 526	1 748 546	1 687 6

7. Population selon l'âge, le sexe et la résidence, urbaine/rurale: dernière année disponible, 1983 – 1992 (suite)

Données selon la résidence urbaine/rurale

notes à la fin du tableau.)

Age (en années)

35 – 39	40 – 44	45 – 49	50 – 54	55 – 59	60 – 64	65 – 69	70 – 74	75 – 79	80 – 84	85 +	Unknown Inconnu	
10 363	8 648	7 802	9 031	6 593	6 899	2 639	2 074	868	814	941	343	1
5 057	4 353	4 177	5 132	4 018	4 155	1 533	1 223	493	444	579	164	2
5 306	4 295	3 625	3 899	2 575	2 744	1 106	851	375	370	362	179	3
607 499	467 807	369 797	311 090	257 380	206 553	152 410	116 199	81 846	*—— 78 525 ——*		–	4
317 875	245 201	193 678	160 938	130 528	102 684	75 053	56 725	39 434	*—— 36 459 ——*		–	5
289 624	222 606	176 119	150 152	126 852	103 869	77 357	59 474	42 412	*—— 42 066 ——*		–	6
224 827	173 118	136 852	115 177	95 360	76 583	56 526	43 110	30 378	*—— 29 181 ——*		–	7
113 712	87 715	69 283	57 571	46 693	36 733	26 848	20 292	14 106	*—— 13 042 ——*		–	8
111 115	85 403	67 569	57 606	48 667	39 850	29 678	22 818	16 272	*—— 16 139 ——*		–	9
315 100	310 300	284 300	189 900	170 700	311 400	*—— 249 600 ——*		*——— 174 400 ———*			–	10
156 500	153 500	139 400	92 900	82 200	144 100	*—— 110 700 ——*		*——— 77 000 ———*			–	11
158 600	156 900	144 900	97 000	88 500	167 200	*—— 138 900 ——*		*——— 97 300 ———*			–	12
31 600	34 800	31 900	21 100	15 600	24 600	*—— 17 600 ——*		*——— 15 400 ———*			–	13
15 600	17 400	16 500	10 800	8 200	12 000	*—— 8 400 ——*		*——— 6 600 ———*			–	14
16 000	17 400	15 300	10 200	7 400	12 600	*—— 9 200 ——*		*——— 8 700 ———*			–	15
961 340	8 383 246	7 178 650	6 306 784	5 827 428	4 896 676	3 638 132	2 701 052	2 127 596	1 275 715	764 265	316 973	16
490 840	4 183 693	3 562 134	3 124 678	2 863 655	2 353 862	1 564 885	1 101 552	845 794	471 554	241 350	216 610	17
470 500	4 199 553	3 616 516	3 182 106	2 963 773	2 542 814	2 073 247	1 599 500	1 281 802	804 161	522 915	100 363	18
042 440	2 275 044	1 839 362	1 781 602	1 897 460	1 848 338	1 465 444	1 116 482	890 617	557 143	358 149	9 384	19
033 989	1 166 292	920 164	872 570	919 712	882 687	629 898	458 420	351 663	206 831	115 690	6 213	20
008 451	1 108 752	919 198	909 032	977 748	965 651	835 546	658 062	538 954	350 312	242 459	3 171	21
730 397	452 745	445 563	497 283	352 553	364 621	187 086	144 957	119 690	62 951	34 275	6 731	22
356 692	220 467	210 872	234 194	158 477	141 181	60 108	43 360	33 121	15 362	7 275	3 131	23
373 705	232 278	234 691	263 089	194 076	223 440	126 978	101 597	86 569	47 589	27 000	3 600	24
399 365	244 692	305 625	339 159	233 586	227 843	118 741	89 119	79 304	46 285	32 163	4 229	25
199 843	120 899	146 521	165 452	111 399	93 807	41 150	28 127	22 715	13 243	8 444	2 091	26
199 522	123 793	159 104	173 707	122 187	134 036	77 591	60 992	56 589	33 042	23 719	2 138	27
604 430	2 032 430	1 614 763	1 347 687	1 005 987	681 598	512 412	330 075	203 662	*—— 148 835 ——*		–	28
341 924	1 047 015	840 869	687 902	477 720	291 457	204 312	119 944	61 920	*—— 36 618 ——*		–	29
262 506	985 415	773 894	659 785	528 267	390 141	308 100	210 131	141 742	*—— 112 217 ——*		–	30

Data by urban/rural residence

(See notes at end of table.)

Continent, country or area, sex, date and urban/rural residence / Continent, pays ou zone, sexe, date et résidence, urbaine/rurale	All ages Tous âges	Age (in years)							
		– 1	1 – 4	5 – 9	10 – 14	15 – 19	20 – 24	25 – 29	3
ASIA—ASIE (Cont.–Suite)									
Korea, Republic of— Corée, République de Rural – Rurale 1 XI 1990(C)* [1] [2] [3]									
1 Rural – Rurale	11 121 996	110 268	535 297	919 897	1 069 907	1 117 067	996 182	809 181	80
2 Male – Masculin	5 592 760	58 359	285 000	470 362	534 860	574 051	623 461	426 200	41
3 Female – Féminin	5 529 236	51 909	250 297	449 535	535 047	543 016	372 721	382 981	38
Kyrgyzstan – Kirghizistan Urban – Urbaine 12 I 1989(C) [1]									
4 Urban – Urbaine	1 624 535	39 177	151 103	160 533	141 607	160 164	145 619	151 735	13
5 Male – Masculin	770 066	19 792	76 469	80 965	70 999	77 461	70 822	73 075	6
6 Female – Féminin	854 469	19 385	74 634	79 568	70 608	82 703	74 797	78 660	7
Rural – Rurale 12 I 1989(C) [1]									
7 Rural – Rurale	2 633 220	88 493	338 764	355 501	318 314	248 048	217 021	227 847	17
8 Male – Masculin	1 307 557	44 878	170 706	179 979	160 443	130 373	110 389	115 275	9
9 Female – Féminin	1 325 663	43 615	168 058	175 522	157 871	117 675	106 632	112 572	8
Maldives Urban – Urbaine 8 III 1990(C)									
10 Urban – Urbaine	55 130	1 308	5 748	7 263	6 528	8 381	6 518	4 968	
11 Male – Masculin	30 150	642	2 935	3 693	3 422	4 722	3 687	2 770	
12 Female – Féminin	24 980	666	2 813	3 570	3 106	3 659	2 831	2 198	
Rural – Rurale 8 III 1990(C)									
13 Rural – Rurale	158 085	6 851	25 523	27 271	19 476	13 705	12 905	10 506	
14 Male – Masculin	79 186	3 491	13 062	13 857	10 011	6 237	5 562	4 962	
15 Female – Féminin	78 899	3 360	12 461	13 414	9 465	7 468	7 343	5 544	
Mongolia – Mongolie Urban – Urbaine 5 I 1989(C)*									
16 Urban – Urbaine	1 165 900	*——— 173 600 ———*		146 700	136 800	136 300	118 100	112 600	8
Rural – Rurale 5 I 1989(C)*									
17 Rural – Rurale	877 500	*——— 151 100 ———*		127 900	118 900	85 200	78 200	66 900	4
Myanmar Urban – Urbaine 31 III 1983(C) [36]									
18 Urban – Urbaine	8 466 292	170 827	786 268	996 542	1 065 952	998 016	889 808	733 075	56
19 Male – Masculin	4 214 463	86 571	398 404	505 760	546 426	501 049	445 247	365 245	28
20 Female – Féminin	4 251 829	84 256	387 864	490 782	519 526	496 967	444 561	367 830	28
Rural – Rurale 31 III 1983(C) [36]									
21 Rural – Rurale	25 658 616	581 022	2 963 817	3 392 499	3 202 718	2 737 419	2 396 516	2 030 470	1 58
22 Male – Masculin	12 725 130	291 884	1 490 967	1 710 563	1 632 530	1 343 365	1 164 897	998 590	78
23 Female – Féminin	12 933 486	289 138	1 472 850	1 681 936	1 570 188	1 394 054	1 231 619	1 031 880	80
Philippines Urban – Urbaine 1 V 1990(C)*1									
24 Urban – Urbaine	29 422 587	842 021	2 990 374	3 618 816	3 397 772	3 252 966	3 026 243	2 610 106	2 23
25 Male – Masculin	14 538 188	431 941	1 541 360	1 853 630	1 710 168	1 554 477	1 450 182	1 266 608	1 10
26 Female – Féminin	14 884 399	410 080	1 449 014	1 765 186	1 687 604	1 698 489	1 576 061	1 343 498	1 12
Rural – Rurale 1 V 1990(C)*1									
27 Rural – Rurale	31 123 733	974 541	3 657 414	4 440 607	4 066 388	3 386 476	2 740 764	2 334 177	1 96
28 Male – Masculin	15 898 582	497 259	1 870 525	2 271 075	2 088 519	1 765 745	1 415 337	1 192 179	1 00
29 Female – Féminin	15 225 151	477 282	1 786 889	2 169 532	1 977 869	1 620 731	1 325 427	1 141 998	96

Données selon la résidence urbaine/rurale

(notes à la fin du tableau.)

Age (en années)

35 – 39	40 – 44	45 – 49	50 – 54	55 – 59	60 – 64	65 – 69	70 – 74	75 – 79	80 – 84	85 +	Unknown Inconnu	
650 985	570 641	626 075	716 023	660 082	508 642	412 029	281 839	186 307	*—— 149 849 ——*		–	1
338 465	290 932	301 076	343 036	300 870	220 547	180 949	120 639	69 415	*—— 40 763 ——*		–	2
312 520	279 709	324 999	372 987	359 212	288 095	231 080	161 200	116 892	*—— 109 086 ——*		–	3
114 065	67 925	65 382	73 884	61 413	60 391	32 989	24 285	19 851	9 912	5 867	2 130	4
55 240	32 718	31 318	34 637	27 161	24 169	11 194	7 619	5 897	2 601	1 294	989	5
58 825	35 207	34 064	39 247	34 252	36 222	21 795	16 666	13 954	7 311	4 573	1 141	6
130 874	67 539	82 113	93 802	88 964	76 644	42 056	25 920	24 347	14 253	13 825	232	7
65 902	34 126	42 150	46 116	41 588	34 603	14 942	8 432	7 906	4 665	4 151	116	8
64 972	33 413	39 963	47 686	47 376	42 041	27 114	17 488	16 441	9 588	9 674	116	9
2 631	1 742	1 884	1 490	1 140	813	485	268	138	84	56	143	10
1 563	1 001	1 076	845	687	478	281	139	78	53	33	95	11
1 068	741	808	645	453	335	204	129	60	31	23	48	12
5 683	4 226	5 435	5 138	4 065	3 675	1 985	1 324	585	462	367	543	13
2 761	2 124	2 678	2 681	2 370	2 184	1 231	782	389	303	243	304	14
2 922	2 102	2 757	2 457	1 695	1 491	754	542	196	159	124	239	15
59 700	44 300	38 600	29 700	25 500	18 500	15 600	*——— 24 100 ———*				–	16
32 600	26 100	29 700	25 700	24 700	17 700	15 900	*——— 27 400 ———*				–	17
440 170	384 979	356 181	312 876	244 811	197 253	132 368	94 778	54 487	29 131	14 293	–	18
219 816	190 192	175 297	150 883	118 013	91 869	59 333	40 711	22 652	11 260	5 240	–	19
220 354	194 787	180 884	161 993	126 798	105 384	73 035	54 067	31 835	17 871	9 053	–	20
1 228 461	1 094 541	1 057 578	986 276	750 589	633 081	403 113	321 445	160 321	91 335	38 927	–	21
615 361	526 427	520 536	483 339	371 802	307 073	194 629	152 004	76 326	41 021	17 138	–	22
613 100	568 114	537 042	502 937	378 787	326 008	208 484	169 441	83 995	50 314	21 789	–	23
1 438 697	1 441 615	1 081 250	920 621	684 331	532 978	372 719	256 466	179 341	88 208	55 420	–	24
718 679	724 455	537 952	450 062	328 682	252 010	166 503	113 207	76 615	36 401	22 185	–	25
720 018	717 160	543 298	470 559	355 649	280 968	206 216	143 259	102 726	51 807	33 235	–	26
1 262 134	1 311 527	1 139 841	985 009	754 967	594 794	434 844	308 837	206 252	96 590	61 224	–	27
649 440	665 057	575 186	494 650	376 927	294 963	210 254	151 781	100 052	44 588	27 872	–	28
612 694	646 470	564 655	490 359	378 040	299 831	224 590	157 056	106 200	52 002	33 352	–	29

Data by urban/rural residence

(See notes at end of table.)

Continent, country or area, sex, date and urban/rural residence / Continent, pays ou zone, sexe, date et résidence, urbaine/rurale	All ages Tous âges	– 1	1 – 4	5 – 9	10 – 14	15 – 19	20 – 24	25 – 29	3
ASIA—ASIE (Cont.–Suite)									
Syrian Arab Republic – République arabe syrienne									
Urban – Urbaine									
1 VII 1992* [1] [25]									
1 Urban – Urbaine	6 594 000	231 000	938 000	1 100 000	890 000	647 000	513 000	410 000	3
2 Male – Masculin	3 408 000	119 000	483 000	568 000	462 000	337 000	262 000	208 000	1
3 Female – Féminin	3 186 000	112 000	455 000	532 000	428 000	310 000	251 000	202 000	1
Rural – Rurale									
1 VII 1992* [1] [25]									
4 Rural – Rurale	6 364 000	243 000	1 029 000	1 110 000	836 000	591 000	435 000	317 000	2
5 Male – Masculin	3 212 000	125 000	528 000	574 000	443 000	292 000	228 000	139 000	1
6 Female – Féminin	3 152 000	118 000	501 000	536 000	393 000	299 000	207 000	178 000	1
Tajikistan – Tadjikistan									
Urban – Urbaine									
12 I 1989(C) [1]									
7 Urban – Urbaine	1 655 105	48 585	187 612	190 750	166 049	167 676	150 479	147 617	1
8 Male – Masculin	812 986	24 659	95 573	96 667	83 967	89 115	78 238	72 369	
9 Female – Féminin	842 119	23 926	92 039	94 083	82 082	78 561	72 241	75 248	
Rural – Rurale									
12 I 1989(C) [1]									
10 Rural – Rurale	3 437 498	141 160	523 715	507 677	421 037	357 933	313 436	293 730	2
11 Male – Masculin	1 717 259	71 475	265 235	256 899	212 943	174 015	149 267	147 275	1
12 Female – Féminin	1 720 239	69 685	258 480	250 778	208 094	183 918	164 169	146 455	1
Thailand – Thaïlande									
Urban – Urbaine									
1 IV 1990(C)* [1]									
13 Urban – Urbaine	10 206 900	*——— 664 700 ———*		777 200	901 000	1 151 600	1 268 500	1 159 600	1 0
14 Male – Masculin	4 941 000	*——— 340 900 ———*		403 800	464 900	540 700	583 700	553 800	4
15 Female – Féminin	5 265 900	*——— 323 800 ———*		373 400	436 100	610 900	684 800	605 800	5
Rural – Rurale									
1 IV 1990* [1]									
16 Rural – Rurale	44 325 400	*—— 3 801 900 ——*		4 610 600	4 954 900	4 509 200	4 530 500	3 970 800	3 6
17 Male – Masculin	22 090 200	*—— 1 959 500 ——*		2 325 200	2 531 000	2 279 800	2 393 300	1 938 600	1 7
18 Female – Féminin	22 235 200	*—— 1 842 400 ——*		2 285 400	2 423 900	2 229 400	2 137 200	2 032 200	1 8
Turkey – Turquie									
Urban – Urbaine									
20 X 1985(C)									
19 Urban – Urbaine	23 798 701	*——— 6 547 149 ———*		3 073 160	2 550 483	1 926 175	1 601 426	1 3	
20 Male – Masculin	11 661 313	*——— 3 349 429 ———*		1 552 814	1 199 668	858 654	788 294	6	
21 Female – Féminin	12 137 388	*——— 3 197 720 ———*		1 520 346	1 350 815	1 067 521	813 132	6	
Rural – Rurale									
20 X 1985(C)									
22 Rural – Rurale	26 865 757	*——— 6 269 513 ———*		3 120 316	2 856 981	2 858 305	2 439 336	2 0	
23 Male – Masculin	14 010 662	*——— 3 220 318 ———*		1 657 883	1 544 913	1 575 398	1 267 893	1 0	
24 Female – Féminin	12 855 095	*——— 3 049 195 ———*		1 462 433	1 312 068	1 282 907	1 171 443	9	
Turkmenistan – Turkménistan									
Urban – Urbaine									
12 I 1989(C) [1]									
25 Urban – Urbaine	1 591 148	*——— 220 066 ———*		187 070	165 896	158 492	148 152	150 257	1
26 Male – Masculin	783 245	*——— 111 834 ———*		94 746	83 937	84 163	75 738	74 127	
27 Female – Féminin	807 903	*——— 108 232 ———*		92 324	81 959	74 329	72 414	76 130	
Rural – Rurale									
12 I 1989(C) [1]									
28 Rural – Rurale	1 931 569	*——— 339 575 ———*		274 898	240 900	207 798	178 485	171 482	1
29 Male – Masculin	951 934	*——— 171 717 ———*		138 510	120 678	103 723	85 595	83 636	
30 Female – Féminin	979 635	*——— 167 858 ———*		136 388	120 222	104 075	92 890	87 846	

7. Population selon l'âge, le sexe et la résidence, urbaine/rurale: dernière année disponible, 1983 – 1992 (suite)

Données selon la résidence urbaine/rurale

(...tes à la fin du tableau.)

					Age (en années)							
35 – 39	40 – 44	45 – 49	50 – 54	55 – 59	60 – 64	65 – 69	70 – 74	75 – 79	80 – 84	85 +	Unknown Inconnu	
48 000	288 000	211 000	151 000	124 000	122 000	82 000	77 000	*———— 90 000 ————*			—	1
95 000	157 000	113 000	78 000	66 000	59 000	39 000	36 000	*———— 43 000 ————*			—	2
63 000	131 000	98 000	73 000	58 000	63 000	43 000	41 000	*———— 47 000 ————*			—	3
06 000	254 000	207 000	163 000	120 000	144 000	93 000	97 000	*———— 128 000 ————*			—	4
42 000	126 000	104 000	83 000	63 000	71 000	50 000	51 000	*———— 67 000 ————*			—	5
64 000	128 000	103 000	80 000	57 000	73 000	43 000	46 000	*———— 61 000 ————*			—	6
01 219	60 275	62 726	68 021	54 239	48 927	27 485	20 190	15 870	7 926	4 723	702	7
48 970	29 629	31 006	32 326	24 751	20 024	9 520	6 343	5 111	2 415	1 440	462	8
52 249	30 646	31 720	35 695	29 488	28 903	17 965	13 847	10 759	5 511	3 283	240	9
37 663	78 836	88 508	96 915	87 780	70 559	41 155	25 654	21 356	13 269	14 280	872	10
69 192	41 897	48 686	49 687	43 402	35 747	17 102	10 621	9 353	6 207	6 065	456	11
68 471	36 939	39 822	47 228	44 378	34 812	24 053	15 033	12 003	7 062	8 215	416	12
18 400	610 300	467 600	413 700	309 300	243 400	149 600	111 900	68 400	*—— 74 000 ——*		—	13
95 100	299 600	225 300	206 500	150 700	112 600	68 800	48 100	29 500	*—— 26 800 ——*		—	14
23 300	310 700	242 300	207 200	158 600	130 800	80 800	63 800	38 900	*—— 47 200 ——*		—	15
16 200	2 434 500	2 070 600	1 858 200	1 595 900	1 235 100	828 400	553 700	357 800	*—— 352 600 ——*		—	16
74 400	1 195 900	1 010 500	894 100	762 300	601 000	392 500	254 000	153 800	*—— 140 600 ——*		—	17
41 800	1 238 600	1 060 100	964 100	833 600	634 100	435 900	299 700	204 000	*—— 212 000 ——*		—	18
20 024	977 533	957 095	1 048 713	847 121	602 096	*——————— 1 193 752 ———————*					38 398	19
37 914	455 373	457 775	522 245	424 974	296 249	*——————— 555 835 ———————*					20 127	20
32 110	522 160	499 320	526 468	422 147	305 847	*——————— 637 917 ———————*					18 271	21
66 547	1 230 623	1 051 514	993 879	801 948	528 090	*——————— 932 156 ———————*					57 719	22
75 682	642 844	533 667	516 913	399 462	259 564	*——————— 399 207 ———————*					34 976	23
90 865	587 779	517 847	476 966	402 486	268 526	*——————— 532 949 ———————*					22 743	24
01 113	58 471	56 499	60 551	47 580	43 417	24 442	17 720	14 115	6 364	3 390	—	25
49 445	28 821	27 761	29 259	21 927	17 874	8 385	5 479	4 375	1 843	930	—	26
51 668	29 650	28 738	31 292	25 653	25 543	16 057	12 241	9 740	4 521	2 460	—	27
34 193	47 632	52 068	53 535	49 660	40 655	23 932	16 101	12 920	6 657	6 090	—	28
41 216	23 729	26 369	27 132	24 421	19 040	9 149	5 956	5 091	2 552	2 085	—	29
42 977	23 903	25 699	26 403	25 239	21 615	14 783	10 145	7 829	4 105	4 005	—	30

Data by urban/rural residence

(See notes at end of table.)

Continent, country or area, sex, date and urban/rural residence Continent, pays ou zone, sexe, date et résidence, urbaine/rurale	All ages Tous âges	– 1	1 – 4	5 – 9	10 – 14	15 – 19	20 – 24	25 – 29	
ASIA—ASIE (Cont.–Suite)									
Uzbekistan – Ouzbékistan									
Urban – Urbaine									
12 I 1989(C) [1]									
1 Urban – Urbaine	8 040 963	224 226	867 161	908 443	803 514	811 727	754 538	745 251	
2 Male – Masculin	3 937 149	114 568	439 544	460 228	406 329	416 155	388 807	371 552	
3 Female – Féminin	4 103 814	109 658	427 617	448 215	397 185	395 572	365 731	373 699	
Rural – Rurale									
12 I 1989(C) [1]									
4 Rural – Rurale	11 769 114	445 071	1 679 951	1 702 597	1 452 239	1 193 012	1 077 924	1 040 159	
5 Male – Masculin	5 847 007	226 535	850 409	858 690	731 908	586 947	521 911	519 200	
6 Female – Féminin	5 922 107	218 536	829 542	843 907	720 331	606 065	556 013	520 959	
Viet Nam									
Urban – Urbaine									
1 IV 1989(C)*									
7 Urban – Urbaine	12 260 960	277 650	1 069 358	1 434 164	1 329 303	1 366 658	1 196 143	1 222 830	1
8 Male – Masculin	5 901 425	143 526	551 972	737 077	681 856	672 462	548 079	570 014	
9 Female – Féminin	6 359 535	134 124	517 386	697 087	647 447	694 196	648 064	652 816	
Rural – Rurale									
1 IV 1989(C)*									
10 Rural – Rurale	51 070 052	1 651 043	6 085 947	7 172 416	6 202 217	5 317 734	4 437 176	4 291 659	3
11 Male – Masculin	24 440 812	852 862	3 116 468	3 655 503	3 174 868	2 581 392	1 984 064	1 994 221	1
12 Female – Féminin	26 629 240	798 181	2 969 479	3 516 913	3 027 349	2 736 342	2 453 112	2 297 438	1
EUROPE									
Andorra – Andorre									
Urban – Urbaine									
1 VII 1991									
13 Urban – Urbaine	54 285	241	2 193	2 986	3 396	3 916	4 961	6 249	
14 Male – Masculin	28 866	123	1 150	1 533	1 750	2 049	2 630	3 385	
15 Female – Féminin	25 419	118	1 043	1 453	1 646	1 867	2 331	2 864	
Rural – Rurale									
1 VII 1991									
16 Rural – Rurale	3 273	21	113	151	188	172	228	355	
17 Male – Masculin	1 841	13	61	85	90	90	128	204	
18 Female – Féminin	1 432	8	52	66	98	82	100	151	
Belarus – Bélarus									
Urban – Urbaine									
1 VII 1989									
19 Urban – Urbaine	6 698 728	*—— 575 545 ——*		572 636	508 881	526 728	514 517	634 584	
20 Male – Masculin	3 166 177	*—— 294 929 ——*		291 824	258 748	253 722	247 058	308 778	
21 Female – Féminin	3 532 551	*—— 280 616 ——*		280 812	250 133	273 006	267 459	325 806	
Rural – Rurale									
1 VII 1989									
22 Rural – Rurale	3 482 117	*—— 240 771 ——*		223 921	225 484	188 310	184 350	215 919	
23 Male – Masculin	1 599 950	*—— 122 685 ——*		113 542	114 162	105 747	99 390	119 480	
24 Female – Féminin	1 882 167	*—— 118 086 ——*		110 379	111 322	82 563	84 960	96 439	
Bulgaria – Bulgarie									
Urban – Urbaine									
1 VII 1990									
25 Urban – Urbaine	6 097 047	75 438	331 400	425 855	478 143	472 274	458 500	436 785	
26 Male – Masculin	3 004 845	38 655	169 551	218 980	244 914	240 369	226 908	215 923	
27 Female – Féminin	3 092 202	36 783	161 849	206 875	233 229	231 905	231 592	220 862	
Rural – Rurale									
1 VII 1990									
28 Rural – Rurale	2 893 694	31 713	133 736	174 748	186 257	188 642	145 122	161 661	
29 Male – Masculin	1 430 429	16 230	68 540	89 686	95 595	98 343	80 898	86 607	
30 Female – Féminin	1 463 265	15 483	65 196	85 062	90 662	90 299	64 224	75 054	

7. Population selon l'âge, le sexe et la résidence, urbaine/rurale: dernière année disponible, 1983 – 1992 (suite)

Données selon la résidence urbaine/rurale

Age (en années)												
35 – 39	40 – 44	45 – 49	50 – 54	55 – 59	60 – 64	65 – 69	70 – 74	75 – 79	80 – 84	85 +	Unknown Inconnu	
498 389	300 712	302 174	315 878	258 356	237 217	131 050	98 663	81 929	44 706	27 836	210	1
244 560	147 409	148 068	150 881	118 719	96 784	44 056	30 306	25 468	14 199	8 978	94	2
253 829	153 303	154 106	164 997	139 637	140 433	86 994	68 357	56 461	30 507	18 858	116	3
514 980	271 663	323 357	335 172	303 002	246 476	138 579	85 566	83 805	55 750	55 980	151	4
259 042	138 957	169 605	171 838	146 947	118 877	53 101	29 762	32 513	23 237	21 750	77	5
255 938	132 706	153 752	163 334	156 055	127 599	85 478	55 804	51 292	32 513	34 230	74	6
758 855	514 149	432 568	391 629	366 253	284 923	210 187	139 024	95 100	48 639	27 407	1 201	7
349 540	235 983	203 116	180 855	176 184	133 681	90 691	54 643	33 848	14 992	7 421	663	8
409 315	278 166	229 452	210 774	190 069	151 242	119 496	84 381	61 252	33 647	19 986	538	9
2 446 647	1 648 973	1 489 257	1 510 946	1 572 289	1 278 759	1 020 617	661 815	466 982	234 524	129 021	3 530	10
1 118 985	754 669	652 428	662 879	715 758	573 418	432 366	270 156	178 440	79 869	39 910	1 594	11
1 327 662	894 304	836 829	848 067	856 531	705 341	588 251	391 659	288 542	154 655	89 111	1 936	12
4 897	4 034	3 308	2 442	2 399	2 163	1 852	1 314	960	603	422	22	13
2 701	2 207	1 788	1 292	1 248	1 147	935	665	484	305	181	14	14
2 196	1 827	1 520	1 150	1 151	1 016	917	649	476	298	241	8	15
260	269	217	161	177	188	153	127	73	49	29	4	16
146	164	112	92	112	96	87	79	40	25	17	2	17
114	105	105	69	65	92	66	48	33	24	12	2	18
561 735	410 888	336 176	390 162	301 626	284 662	169 256	98 954	89 305	51 583	31 143	—	19
271 115	199 139	162 336	181 425	133 558	117 529	58 203	32 296	25 726	12 868	6 807	—	20
290 620	211 749	173 840	208 737	168 068	167 133	111 053	66 658	63 579	38 715	24 336	—	21
170 897	139 749	179 604	271 041	316 821	297 889	206 356	121 635	144 648	90 532	58 531	—	22
93 348	71 407	84 752	122 755	140 170	114 333	68 678	35 106	40 233	25 657	14 656	—	23
77 549	68 342	94 852	148 286	176 651	183 556	137 678	86 529	104 415	64 875	43 875	—	24
486 110	490 590	379 727	349 127	356 214	316 776	255 614	120 348	108 303	60 941	29 612	—	25
239 138	242 024	188 623	171 806	173 215	153 168	118 522	53 662	45 420	23 762	10 711	—	26
246 972	248 566	191 104	177 321	182 999	163 608	137 092	66 686	62 883	37 179	18 901	—	27
158 300	166 918	163 983	179 755	221 782	228 477	233 120	127 060	129 677	72 582	30 116	—	28
82 882	84 949	80 352	87 305	107 354	105 887	104 734	56 744	56 887	30 498	11 887	—	29
75 418	81 969	83 631	92 450	114 428	122 590	128 386	70 316	72 790	42 084	18 229	—	30

Data by urban/rural residence

(See notes at end of table.)

Continent, country or area, sex, date and urban/rural residence / Continent, pays ou zone, sexe, date et résidence, urbaine/rurale	All ages Tous âges	−1	1 − 4	5 − 9	10 − 14	15 − 19	20 − 24	25 − 29	3
EUROPE (Cont.–Suite)									
Estonia – Estonie									
Urban – Urbaine									
1 I 1991									
1 Urban – Urbaine	1 121 202	*——— 80 266 ———*		81 467	77 541	77 640	78 556	81 377	8
2 Male – Masculin	518 837	*——— 41 225 ———*		41 287	39 445	38 953	41 021	40 423	4
3 Female – Féminin	602 365	*——— 39 041 ———*		40 180	38 096	38 687	37 535	40 954	4
Rural – Rurale									
1 I 1991									
4 Rural – Rurale	449 230	*——— 38 403 ———*		36 811	34 317	31 048	28 719	31 937	3
5 Male – Masculin	215 940	*——— 19 563 ———*		18 786	17 506	16 545	15 149	16 851	1
6 Female – Féminin	233 290	*——— 18 840 ———*		18 025	16 811	14 503	13 570	15 086	1
Finland – Finlande									
Urban – Urbaine									
1 VII 1991 [1]									
7 Urban – Urbaine	3 089 745	40 396	148 769	187 092	187 605	182 154	222 824	253 804	24
8 Male – Masculin	1 469 886	20 568	76 177	95 317	95 598	92 320	109 877	127 727	12
9 Female – Féminin	1 619 860	19 828	72 593	91 776	92 008	89 834	112 947	126 078	12
Rural – Rurale									
1 VII 1991 [1]									
10 Rural – Rurale	1 923 994	24 827	101 128	138 576	136 506	124 377	115 395	122 821	13
11 Male – Masculin	964 738	12 684	51 602	71 220	69 937	64 673	62 458	64 687	7
12 Female – Féminin	959 257	12 143	49 526	67 357	66 569	59 705	52 938	58 135	6
France									
Urban – Urbaine									
5 III 1990(C) [27]									
13 Urban – Urbaine	41 923 233	93 616	2 285 183	2 818 563	2 745 971	3 111 599	3 391 708	3 385 448	3 20
14 Male – Masculin	20 194 431	47 685	1 171 702	1 441 222	1 407 888	1 579 953	1 688 377	1 682 098	1 58
15 Female – Féminin	21 728 802	45 931	1 113 481	1 377 341	1 338 083	1 531 646	1 703 331	1 703 350	1 62
Rural – Rurale									
5 III 1990(C) [27]									
16 Rural – Rurale	14 711 066	26 892	737 663	1 042 763	1 039 430	1 108 832	877 824	914 111	1 07
17 Male – Masculin	7 359 357	14 151	382 504	528 919	533 627	574 056	477 193	460 621	54
18 Female – Féminin	7 351 709	12 741	355 159	513 844	505 803	534 776	400 631	453 490	52
19 Germany – Allemagne [28]	...	...	...	...	...	...	...	...	
Former German Democratic Republic – Ancienne République démocratique allemande									
Urban – Urbaine									
30 VI 1990 [1]									
20 Urban – Urbaine	12 401 458	144 695	638 347	833 517	777 759	715 315	912 733	1 053 289	9
21 Male – Masculin	5 906 444	74 406	327 444	426 441	398 434	365 581	463 762	540 098	48
22 Female – Féminin	6 495 014	70 289	310 903	407 076	379 325	349 734	448 971	513 191	4
Rural – Rurale									
30 VI 1990 [1]									
23 Rural – Rurale	3 845 826	45 188	204 271	275 205	252 042	227 237	260 259	304 968	29
24 Male – Masculin	1 870 441	23 208	104 722	141 320	130 033	117 171	136 795	159 916	1
25 Female – Féminin	1 975 385	21 980	99 549	133 885	122 009	110 066	123 464	145 052	14
Hungary – Hongrie									
Urban – Urbaine									
1 VII 1991									
26 Urban – Urbaine	6 475 611	75 597	294 656	384 216	499 184	562 150	459 372	382 737	4
27 Male – Masculin	3 077 099	38 742	150 601	196 568	255 083	286 376	231 645	190 970	2
28 Female – Féminin	3 398 512	36 855	144 055	187 648	244 101	275 774	227 727	191 767	22
Rural – Rurale									
1 VII 1991									
29 Rural – Rurale	3 870 428	49 137	195 321	247 130	291 493	268 202	246 477	226 346	20
30 Male – Masculin	1 889 258	24 956	100 104	126 197	149 402	139 753	129 229	117 963	1
31 Female – Féminin	1 981 170	24 181	95 217	120 933	142 091	128 449	117 248	108 383	12

7. Population selon l'âge, le sexe et la résidence, urbaine/rurale: dernière année disponible, 1983 – 1992 (suite)

Données selon la résidence urbaine/rurale

notes à la fin du tableau.)

35 – 39	40 – 44	45 – 49	50 – 54	55 – 59	60 – 64	65 – 69	70 – 74	75 – 79	80 – 84	85 +	Unknown Inconnu	
87 258	80 162	61 707	76 191	64 829	65 248	46 165	25 651	24 401	15 411	9 136	—	1
41 599	37 777	28 338	34 465	28 446	27 118	15 216	8 453	7 026	3 688	1 627	—	2
45 659	42 385	33 369	41 726	36 383	38 130	30 949	17 198	17 375	11 723	7 509	—	3
29 315	26 699	23 890	25 627	24 506	23 111	20 110	12 767	14 436	9 909	5 480	—	4
15 452	13 747	12 270	12 647	11 413	9 662	6 933	4 034	4 386	2 651	1 308	—	5
13 863	12 952	11 620	12 980	13 093	13 449	13 177	8 733	10 050	7 258	4 172	—	6
251 906	275 155	213 418	176 709	152 758	151 392	132 144	101 151	82 537	55 560	31 332	—	7
125 593	137 178	105 846	85 533	71 844	67 230	52 467	35 686	26 091	15 172	6 806	—	8
126 314	137 978	107 573	91 177	80 915	84 163	79 677	65 466	56 447	40 389	24 527	—	9
153 295	162 380	119 949	107 715	98 987	103 210	91 755	69 164	55 713	37 374	22 128	—	10
81 353	87 064	63 465	55 788	50 628	50 780	40 783	27 100	20 039	12 252	5 961	—	11
71 943	75 317	56 484	51 928	48 360	52 431	50 973	42 065	35 675	25 123	16 168	—	12
147 292	3 230 068	2 251 866	2 148 077	2 184 924	2 060 655	1 889 968	1 138 866	1 181 640	917 813	733 952	—	13
545 192	1 610 925	1 128 379	1 063 144	1 055 509	953 282	823 255	473 025	446 859	305 356	188 190	—	14
602 100	1 619 143	1 123 487	1 084 933	1 129 415	1 107 373	1 066 713	665 841	734 781	612 457	545 762	—	15
135 276	1 129 335	708 861	726 927	828 182	878 633	828 242	453 616	504 963	398 481	300 328	—	16
591 982	599 759	369 188	371 106	413 426	434 643	399 008	210 470	214 422	152 585	90 032	—	17
543 294	529 576	339 673	355 821	414 756	443 990	429 234	243 146	290 541	245 896	210 296	—	18
...	...	...	...	...	...	...	...	...	...	...	...	19
944 875	672 668	873 888	942 372	707 558	616 847	518 744	307 722	382 161	265 696	143 235	—	20
476 917	336 443	431 946	464 962	343 907	266 429	179 436	99 254	114 629	75 001	36 516	—	21
467 958	336 225	441 942	477 410	363 651	350 418	339 308	208 468	267 532	190 695	106 719	—	22
281 010	184 401	214 776	278 700	243 227	221 784	188 222	103 113	128 505	88 043	47 179	—	23
150 265	97 674	109 937	139 609	119 264	98 431	68 571	35 355	40 726	27 350	14 040	—	24
130 745	86 727	104 839	139 091	123 963	123 353	119 651	67 758	87 779	60 693	33 139	—	25
559 731	493 660	434 630	372 671	347 102	339 784	307 403	193 172	169 197	110 015	56 702	—	26
271 386	238 787	209 487	173 495	158 379	150 697	125 809	74 755	60 903	35 596	15 411	—	27
288 345	254 873	225 143	199 176	188 723	189 087	181 594	118 417	108 294	74 419	41 291	—	28
306 720	267 169	230 398	233 319	238 586	236 583	220 891	129 350	109 194	70 931	33 556	—	29
161 336	138 489	114 532	109 319	109 202	105 074	95 004	52 152	40 891	24 729	10 136	—	30
145 384	128 680	115 866	124 000	129 384	131 509	125 887	77 198	68 303	46 202	23 420	—	31

Data by urban/rural residence

(See notes at end of table.)

Continent, country or area, sex, date and urban/rural residence / Continent, pays ou zone, sexe, date et résidence, urbaine/rurale	All ages Tous âges	– 1	1 – 4	5 – 9	10 – 14	15 – 19	20 – 24	25 – 29	30
EUROPE (Cont.–Suite)									
Ireland – Irlande									
Urban – Urbaine									
13 IV 1986(C)									
1 Urban – Urbaine	1 996 778	*—— 177 597 ——*		190 577	194 434	196 743	186 897	158 320	141
2 Male – Masculin	969 003	*—— 90 953 ——*		97 802	99 500	99 462	90 153	76 872	69
3 Female – Féminin	1 027 775	*—— 86 644 ——*		92 775	94 934	97 281	96 744	81 448	71
Rural – Rurale									
13 IV 1986(C)									
4 Rural – Rurale	1 543 865	*—— 146 481 ——*		160 073	155 539	134 357	99 527	100 119	101
5 Male – Masculin	800 687	*—— 75 465 ——*		82 045	79 881	70 425	53 959	52 214	52
6 Female – Féminin	743 178	*—— 71 016 ——*		78 028	75 658	63 932	45 568	47 905	48
Latvia – Lettonie									
Urban – Urbaine									
1 I 1991									
7 Urban – Urbaine	1 889 706	23 974	108 599	134 980	120 637	128 131	135 846	141 317	150
8 Male – Masculin	872 308	12 357	55 746	68 729	61 304	64 384	71 453	69 917	72
9 Female – Féminin	1 017 398	11 617	52 853	66 251	59 333	63 747	64 393	71 400	77
Rural – Rurale									
1 I 1991									
10 Rural – Rurale	778 164	13 085	54 658	63 268	54 398	51 148	49 525	57 477	55
11 Male – Masculin	370 081	6 707	27 832	32 214	27 613	27 338	24 391	30 850	29
12 Female – Féminin	408 083	6 378	26 826	31 054	26 785	23 810	25 134	26 627	25
Lithuania – Lituanie									
Urban – Urbaine									
1 I 1991									
13 Urban – Urbaine	2 557 447	37 673	158 737	199 779	186 144	194 632	205 397	223 454	225
14 Male – Masculin	1 206 480	19 407	81 272	101 783	94 636	96 883	103 977	111 308	109
15 Female – Féminin	1 350 967	18 266	77 465	97 996	91 508	97 749	101 420	112 146	116
Rural – Rurale									
1 I 1991									
16 Rural – Rurale	1 179 051	18 893	76 452	86 923	80 276	74 292	71 871	82 078	76
17 Male – Masculin	563 056	9 567	39 002	43 997	40 564	39 905	39 067	45 078	41
18 Female – Féminin	615 995	9 326	37 450	42 926	39 712	34 387	32 804	37 000	35
Netherlands – Pays–Bas									
Urban – Urbaine									
1 VII 1991 [1] [37]									
19 Urban – Urbaine	7 670 250	97 630	362 713	417 975	415 637	486 672	706 827	730 341	648
20 Male – Masculin	3 752 799	49 954	185 400	212 751	212 508	245 937	352 198	376 365	334
21 Female – Féminin	3 917 451	47 676	177 313	205 224	203 129	240 735	354 629	353 976	314
Rural – Rurale									
1 VII 1991 [1] [37]									
22 Rural – Rurale	1 658 347	23 565	92 905	112 272	114 053	123 908	125 667	127 840	131
23 Male – Masculin	840 195	12 107	47 451	57 677	58 402	64 127	67 223	66 197	67
24 Female – Féminin	818 152	11 458	45 454	54 595	55 651	59 781	58 444	61 643	64
Semi–urban – Semi–urbaine									
1 VII 1991 [1] [37]									
25 Semi–urbaine	5 740 997	76 458	301 334	361 461	375 351	411 758	432 305	449 106	463
26 Male – Masculin	2 856 853	39 078	153 875	184 955	192 144	211 653	226 064	227 856	233
27 Female – Féminin	2 884 144	37 380	147 459	176 506	183 207	200 105	206 241	221 250	230
Poland – Pologne									
Urban – Urbaine									
31 XII 1991 [31]									
28 Urban – Urbaine	23 750 231	286 927	1 267 322	2 007 890	2 017 064	1 937 783	1 532 844	1 546 240	1 977
29 Male – Masculin	11 400 933	147 323	651 174	1 026 164	1 030 051	985 500	770 989	763 311	962
30 Female – Féminin	12 349 298	139 604	616 148	981 726	987 013	952 283	761 855	782 929	1 015
Rural – Rurale									
31 XII 1991 [31]									
31 Rural – Rurale	14 558 995	251 936	993 259	1 342 475	1 243 978	1 060 820	992 151	1 009 502	1 120
32 Male – Masculin	7 260 395	129 264	509 253	684 929	636 537	546 404	522 621	534 889	605
33 Female – Féminin	7 298 600	122 672	484 006	657 546	607 441	514 416	469 530	474 613	51

7. Population selon l'âge, le sexe et la résidence, urbaine/rurale: dernière année disponible, 1983 – 1992 (suite)

Données selon la résidence urbaine/rurale

notes à la fin du tableau.)

					Age (en années)						Unknown Inconnu	
35 – 39	40 – 44	45 – 49	50 – 54	55 – 59	60 – 64	65 – 69	70 – 74	75 – 79	80 – 84	85 +		
130 068	109 506	93 882	83 190	76 390	71 915	62 133	52 320	36 890	21 866	12 981	—	1
64 162	54 190	46 295	40 740	35 836	32 562	26 451	21 059	13 503	6 916	3 320	—	2
65 906	55 316	47 587	42 450	40 554	39 353	35 682	31 261	23 387	14 950	9 661	—	3
99 672	82 245	67 858	64 321	65 825	68 063	67 365	58 676	38 629	21 018	12 477	—	4
52 248	43 772	36 474	34 416	34 678	34 657	34 629	29 822	19 132	9 210	4 689	—	5
47 424	38 473	31 384	29 905	31 147	33 406	32 736	28 854	19 497	11 808	7 788	—	6
139 049	129 991	112 972	132 578	108 235	109 562	81 126	45 001	42 121	27 702	17 533	—	7
66 017	60 840	52 027	60 101	47 425	45 046	25 888	14 931	12 276	7 357	3 731	—	8
73 032	69 151	60 945	72 477	60 810	64 516	55 238	30 070	29 845	20 345	13 802	—	9
46 245	40 710	45 117	49 482	46 451	42 846	34 722	21 663	24 128	17 362	10 666	—	10
24 550	21 424	22 566	24 038	21 126	17 369	11 088	6 697	6 893	5 174	2 883	—	11
21 695	19 286	22 551	25 444	25 325	25 477	23 634	14 966	17 235	12 188	7 783	—	12
189 547	170 665	153 302	147 990	128 827	117 458	83 492	44 684	39 775	30 041	19 883	—	13
90 814	80 153	71 450	67 588	57 272	49 539	29 508	15 369	11 798	9 025	5 043	—	14
98 733	90 512	81 852	80 402	71 555	67 919	53 984	29 315	27 977	21 016	14 840	—	15
62 187	57 699	65 810	73 366	80 206	77 423	66 668	40 110	38 105	30 246	19 498	—	16
33 427	29 939	31 836	34 102	34 989	30 865	24 482	14 233	12 736	11 416	6 413	—	17
28 760	27 760	33 974	39 264	45 217	46 558	42 186	25 877	25 369	18 830	13 085	—	18
580 324	581 956	459 726	393 035	361 300	349 841	334 488	274 069	217 409	145 609	105 734	—	19
296 116	298 074	235 289	198 470	177 474	164 445	148 283	113 547	79 977	45 013	26 256	—	20
284 208	283 882	224 437	194 565	183 826	185 396	186 205	160 522	137 432	100 596	79 478	—	21
127 520	130 261	108 028	87 521	79 548	72 696	65 056	51 534	39 380	25 921	19 040	—	22
66 061	67 797	56 419	45 491	40 730	35 892	30 707	23 067	16 837	9 968	6 805	—	23
61 459	62 464	51 609	42 030	38 818	36 804	34 349	28 467	22 543	15 953	12 235	—	24
455 486	482 315	394 792	323 612	286 470	258 054	224 240	170 712	128 835	83 925	61 138	—	25
230 520	245 660	202 324	164 581	143 443	125 788	104 064	74 285	50 799	28 722	17 825	—	26
224 966	236 655	192 468	159 031	143 027	132 266	120 176	96 427	78 036	55 203	43 313	—	27
2 232 247	2 014 913	1 264 887	1 208 742	1 188 505	1 092 384	877 800	487 432	381 179	271 178	156 953	—	28
1 079 660	977 919	611 623	572 362	551 864	490 106	352 213	183 507	126 301	80 535	38 275	—	29
1 152 587	1 036 994	653 264	636 380	636 641	602 278	525 587	303 925	254 878	190 643	118 678	—	30
1 061 456	913 134	603 360	673 851	739 581	770 142	666 242	421 312	332 097	235 689	127 085	—	31
574 602	480 681	302 401	332 030	353 453	350 892	277 283	172 919	125 127	84 289	37 476	—	32
486 854	432 453	300 959	341 821	386 128	419 250	388 959	248 393	206 970	151 400	89 609	—	33

Data by urban/rural residence

(See notes at end of table.)

Continent, country or area, sex, date and urban/rural residence / Continent, pays ou zone, sexe, date et résidence, urbaine/rurale	All ages Tous âges	– 1	1 – 4	5 – 9	10 – 14	15 – 19	20 – 24	25 – 29	30 –
EUROPE (Cont.–Suite)									
Republic of Moldova – République de Moldova									
Urban – Urbaine									
12 I 1989(C) [1]									
1 Urban – Urbaine	2 020 120	37 834	155 436	174 494	153 208	205 189	161 676	188 684	187
2 Male – Masculin	968 826	19 379	79 477	88 988	77 863	110 617	78 224	88 628	88
3 Female – Féminin	1 051 294	18 455	75 959	85 506	75 345	94 572	83 452	100 056	99
Rural – Rurale									
12 I 1989(C) [1]									
4 Rural – Rurale	2 315 240	48 240	196 917	226 383	218 077	121 090	137 202	178 926	177
5 Male – Masculin	1 094 366	24 506	100 027	114 208	110 057	56 152	67 317	89 374	89
6 Female – Féminin	1 220 874	23 734	96 890	112 175	108 020	64 938	69 885	89 552	87
Romania – Roumanie									
Urban – Urbaine									
7 I 1992(C)* [32]									
7 Urban – Urbaine	12 587 069	*————	———	3 01 4 539	———	————*	1 055 554	1 207 394	782 790	1 022
8 Male – Masculin	6 139 854	*————	———	1 52 8 600	———	————*	544 826	574 268	378 736	485
9 Female – Féminin	6 447 215	*————	———	1 48 5 939	———	————*	510 728	633 126	404 054	536
Rural – Rurale									
7 I 1992(C)* [32]									
10 Rural – Rurale	10 199 355	*————	———	2 10 0 184	———	————*	850 595	858 308	460 395	504
11 Male – Masculin	5 068 062	*————	———	1 07 9 574	———	————*	446 339	468 661	261 432	277
12 Female – Féminin	5 131 293	*————	———	1 02 0 610	———	————*	404 256	389 647	198 963	227
Russian Federation – Fédération Russe									
Urban – Urbaine									
12 I 1989(C) [1]									
13 Urban – Urbaine	107 959 002	1 640 254	6 857 580	8 108 038	7 599 631	7 740 647	7 384 582	9 423 047	9 812
14 Male – Masculin	50 332 668	837 572	3 495 868	4 121 175	3 854 763	3 899 128	3 714 505	4 708 526	4 843
15 Female – Féminin	57 626 334	802 682	3 361 712	3 986 863	3 744 868	3 841 519	3 670 077	4 714 521	4 968
Rural – Rurale									
12 I 1989(C) [1]									
16 Rural – Rurale	39 062 867	686 293	2 847 433	3 252 304	2 992 608	2 226 964	2 370 038	3 134 187	3 050
17 Male – Masculin	18 381 201	349 490	1 446 126	1 647 182	1 517 340	1 219 582	1 241 478	1 665 075	1 629
18 Female – Féminin	20 681 666	336 803	1 401 307	1 605 122	1 475 268	1 007 382	1 128 560	1 469 112	1 421
Sweden – Suède									
Urban – Urbaine									
1 XI 1990(C) [1]									
19 Urban – Urbaine	7 164 769	87 774	359 021	395 112	406 125	474 959	532 669	531 675	481
20 Male – Masculin	3 494 512	45 191	184 339	202 694	208 390	241 643	270 382	273 903	246
21 Female – Féminin	3 670 257	42 583	174 682	192 418	197 735	233 316	262 287	257 772	234
Rural – Rurale									
1 XI 1990(C) [1]									
22 Rural – Rurale	1 422 584	18 934	82 827	92 573	88 158	88 156	67 960	83 461	95
23 Male – Masculin	747 839	9 533	42 410	47 766	44 969	46 647	37 253	42 796	49
24 Female – Féminin	674 745	9 401	40 417	44 807	43 189	41 509	30 707	40 665	46
Ukraine									
Urban – Urbaine									
1 I 1991									
25 Urban – Urbaine	34 794 750	437 741	2 009 709	2 596 552	2 482 495	2 660 052	2 383 007	2 672 760	2 952
26 Male – Masculin	16 253 353	224 502	1 027 645	1 322 006	1 264 089	1 329 687	1 177 302	1 308 494	1 429
27 Female – Féminin	18 541 397	213 239	982 064	1 274 546	1 218 406	1 330 365	1 205 705	1 364 266	1 522
Rural – Rurale									
1 I 1991									
28 Rural – Rurale	16 894 957	213 248	955 326	1 196 472	1 150 095	1 040 798	960 443	1 021 265	1 054
29 Male – Masculin	7 670 174	109 276	487 583	607 017	582 902	553 992	506 331	530 366	548
30 Female – Féminin	9 224 783	103 972	467 743	589 455	567 193	486 806	454 112	490 899	505

Données selon la résidence urbaine/rurale

ir notes à la fin du tableau.)

	Age (en années)											Unknown Inconnu	
35 – 39	40 – 44	45 – 49	50 – 54	55 – 59	60 – 64	65 – 69	70 – 74	75 – 79	80 – 84	85 +			
177 624	103 194	100 142	99 101	76 467	76 161	50 329	30 786	24 586	11 776	6 304	1	1
84 843	49 902	48 199	46 018	33 987	31 321	18 781	11 166	8 288	3 454	1 617	—	2
92 781	53 292	51 943	53 083	42 480	44 840	31 548	19 620	16 298	8 322	4 687	1	3
171 308	93 612	128 078	138 135	133 086	117 860	93 514	53 762	47 618	22 010	11 902	—	4
84 504	43 312	57 813	62 718	58 835	48 581	37 797	20 175	17 925	7 852	3 470	—	5
86 804	50 300	70 265	75 417	74 251	69 279	55 717	33 587	29 693	14 158	8 432	—	6
1 159 240	928 589	618 892	646 431	603 951	535 193	421 218	224 102	*——— 359 918 ———*			6 490	7
576 643	473 305	307 639	318 778	287 096	251 877	186 994	86 544	*——— 134 670 ———*			3 950	8
582 597	455 284	311 253	327 653	316 855	283 316	234 224	137 558	*——— 225 248 ———*			2 540	9
538 041	594 939	549 610	703 924	766 090	724 220	631 134	339 372	*——— 576 057 ———*			1 846	10
273 509	290 122	265 606	337 876	369 077	345 372	287 100	138 107	*——— 226 936 ———*			889	11
264 532	304 817	284 004	366 048	397 013	378 848	344 034	201 265	*——— 349 121 ———*			957	12
9 148 632	6 155 834	5 959 147	6 969 952	5 759 849	5 803 286	3 132 040	2 482 048	2 197 022	1 154 127	561 251	69 918	13
4 476 080	2 997 382	2 807 264	3 198 988	2 511 512	2 267 661	955 617	712 078	561 055	243 896	93 430	32 567	14
4 672 552	3 158 452	3 151 883	3 770 964	3 248 337	3 535 625	2 176 423	1 769 970	1 635 967	910 231	467 821	37 351	15
2 535 469	1 506 787	1 995 753	2 623 581	2 639 310	2 556 775	1 378 172	1 170 887	1 136 138	615 435	329 101	14 940	16
1 345 234	778 305	959 892	1 254 987	1 208 378	971 994	412 108	299 170	258 461	120 261	50 201	6 679	17
1 190 235	728 482	1 035 861	1 368 594	1 430 932	1 584 781	966 064	871 717	877 677	495 174	278 900	8 261	18
485 246	548 045	515 542	389 494	341 125	345 551	361 861	324 320	266 841	188 285	130 070	—	19
244 747	274 294	260 738	194 981	166 420	162 705	165 180	141 321	106 735	67 334	37 271	—	20
240 499	273 751	254 804	194 513	174 705	182 846	196 681	182 999	160 106	120 951	92 799	—	21
99 956	106 919	97 664	77 973	74 699	78 967	82 530	71 739	55 294	35 372	23 729	—	22
53 811	58 939	53 510	41 316	39 095	41 781	44 097	38 017	29 081	17 484	9 869	—	23
46 145	47 980	44 154	36 657	35 604	37 186	38 433	33 722	26 213	17 888	13 860	—	24
2 778 892	2 503 975	1 657 379	2 663 646	1 607 523	1 953 033	1 332 926	736 262	736 073	416 713	213 501	—	25
1 334 915	1 193 641	781 550	1 229 666	738 804	836 099	453 412	234 881	209 487	109 465	47 903	—	26
1 443 977	1 310 334	875 829	1 433 980	868 719	1 116 934	879 514	501 381	526 586	307 248	165 598	—	27
939 688	855 278	828 310	1 375 121	1 048 526	1 342 785	1 067 595	581 211	647 229	403 603	213 511	—	28
481 410	420 921	380 583	627 635	466 107	534 942	352 322	164 312	164 576	102 941	48 205	—	29
458 278	434 357	447 727	747 486	582 419	807 843	715 273	416 899	482 653	300 662	165 306	—	30

7. Population by age, sex and urban/rural residence: latest available year, 1983 – 1992 (continued)

Data by urban/rural residence

(See notes at end of table.)

Continent, country or area, sex, date and urban/rural residence / Continent, pays ou zone, sexe, date et résidence, urbaine/rurale	All ages Tous âges	−1	1−4	5−9	10−14	15−19	20−24	25−29	30
OCEANIA—OCEANIE									
Australia – Australie									
Urban – Urbaine									
30 VI 1986(C)									
1 Urban – Urbaine	13 316 945	197 144	791 139	959 203	1 070 247	1 125 004	1 122 977	1 119 946	1 047 1
2 Male – Masculin	6 567 861	101 028	404 669	491 205	547 552	569 138	562 627	557 451	519 5
3 Female – Féminin	6 749 084	96 116	386 470	467 998	522 695	555 866	560 350	562 495	527 5
Rural – Rurale									
30 VI 1986(C)									
4 Rural – Rurale	2 266 863	37 431	162 085	200 505	218 105	190 929	155 841	175 538	184 3
5 Male – Masculin	1 186 691	19 235	83 248	103 506	113 005	103 195	83 679	89 816	94 1
6 Female – Féminin	1 080 172	18 196	78 837	96 999	105 100	87 734	72 162	85 722	90 1
Fiji – Fidji									
Urban – Urbaine									
31 VIII 1986(C)									
7 Urban – Urbaine	277 025	*—— 36 752 ——*		34 324	29 640	28 290	30 011	26 783	21 8
8 Male – Masculin	138 277	*—— 18 816 ——*		17 589	14 944	14 018	14 519	13 042	10 7
9 Female – Féminin	138 748	*—— 17 936 ——*		16 735	14 696	14 272	15 492	13 741	11 1
Rural – Rurale									
31 VIII 1986(C)									
10 Rural – Rurale	438 350	*—— 64 534 ——*		58 828	49 385	45 326	43 717	36 661	28 8
11 Male – Masculin	224 291	*—— 33 228 ——*		30 261	25 414	23 052	22 212	18 946	14 6
12 Female – Féminin	214 059	*—— 31 306 ——*		28 567	23 971	22 274	21 505	17 715	14 2
New Caledonia – Nouvelle–Calédonie									
Urban – Urbaine									
4 IV 1989(C)									
13 Urban – Urbaine	97 581	*—— 9 471 ——*		8 943	9 510	11 230	9 175	8 399	7 6
14 Male – Masculin	49 525	*—— 4 934 ——*		4 523	4 788	5 695	4 731	4 066	3 7
15 Female – Féminin	48 056	*—— 4 537 ——*		4 420	4 722	5 535	4 444	4 333	3 9
Rural – Rurale									
4 IV 1989(C)									
16 Rural – Rurale	66 592	*—— 8 823 ——*		8 599	8 210	7 220	5 681	5 189	4 3
17 Male – Masculin	34 337	*—— 4 506 ——*		4 441	4 137	3 761	2 789	2 643	2 3
18 Female – Féminin	32 255	*—— 4 317 ——*		4 158	4 073	3 459	2 892	2 546	2 0
New Zealand – Nouvelle–Zélande									
Urban – Urbaine									
5 III 1991(C) [33]									
19 Urban – Urbaine	2 866 731	49 506	181 800	205 665	207 279	247 770	240 210	234 582	228 8
20 Male – Masculin	1 395 495	25 158	92 895	105 231	105 324	124 290	118 746	113 778	111 7
21 Female – Féminin	1 471 236	24 345	88 902	100 434	101 952	123 486	121 458	120 795	117 0
Rural – Rurale									
5 III 1991(C) [33]									
22 Rural – Rurale	507 198	9 132	36 708	45 507	48 039	37 224	30 891	37 770	43 5
23 Male – Masculin	267 060	4 614	18 822	23 472	24 948	20 718	17 229	19 308	21 9
24 Female – Féminin	240 138	4 518	17 883	22 038	23 097	16 503	13 656	18 462	21 5
Tonga									
Urban – Urbaine									
28 XI 1986(C) [1]									
25 Urban – Urbaine	28 066	819	3 152	3 506	3 426	3 966	3 080	1 951	1 5
26 Male – Masculin	13 827	411	1 646	1 770	1 757	2 052	1 553	964	7
27 Female – Féminin	14 239	408	1 506	1 736	1 669	1 914	1 527	987	8
Rural – Rurale									
28 XI 1986(C) [1]									
28 Rural – Rurale	64 983	1 874	7 927	9 014	8 336	8 304	5 733	3 966	3 3
29 Male – Masculin	32 910	952	4 064	4 687	4 403	4 337	2 931	1 924	1 5
30 Female – Féminin	32 073	922	3 863	4 327	3 933	3 967	2 802	2 042	1 8

226

7. Population selon l'âge, le sexe et la résidence, urbaine/rurale: dernière année disponible, 1983 – 1992 (suite)

Données selon la résidence urbaine/rurale

tes à la fin du tableau.)

					Age (en années)							
5 – 39	40 – 44	45 – 49	50 – 54	55 – 59	60 – 64	65 – 69	70 – 74	75 – 79	80 – 84	85 +	Unknown Inconnu	
43 463	832 380	692 297	606 168	630 289	606 591	489 895	413 364	287 085	165 552	117 016	–	1
22 365	421 970	351 743	306 419	315 613	290 951	223 457	178 389	114 928	58 078	30 688	–	2
21 098	410 410	340 554	299 749	314 676	315 640	266 438	234 975	172 157	107 474	86 328	–	3
38 954	153 136	125 381	105 526	104 604	91 919	67 322	49 472	30 421	15 685	9 702	–	4
28 256	81 143	67 087	56 461	56 995	49 680	35 883	25 653	15 077	7 114	3 490	–	5
40 698	71 993	58 294	49 065	47 609	42 239	31 439	23 819	15 344	8 571	6 212	–	6
7 652	14 060	11 167	8 650	6 199	4 015	3 027	1 896	*———	– 1 825 ———*		847	7
8 889	7 079	5 484	4 343	3 169	2 001	1 470	905	*———	– 825 ———*		459	8
8 763	6 981	5 683	4 307	3 030	2 014	1 557	991	*———	– 1 000 ———*		388	9
24 065	20 709	17 635	14 014	10 870	8 028	6 163	4 112	*———	– 3 966 ———*		1 516	10
12 146	10 491	8 967	7 159	5 580	4 197	3 139	2 192	*———	– 1 919 ———*		776	11
11 919	10 218	8 668	6 855	5 290	3 831	3 024	1 920	*———	– 2 047 ———*		740	12
7 119	6 667	5 485	4 093	3 146	2 274	1 607	1 173	931	449	247	–	13
3 620	3 597	2 847	2 172	1 620	1 182	763	565	436	162	84	–	14
3 499	3 070	2 638	1 921	1 526	1 092	844	608	495	287	163	–	15
3 596	3 082	2 626	2 428	2 089	1 729	1 191	820	594	251	126	–	16
1 989	1 675	1 385	1 283	1 091	880	617	379	276	105	48	–	17
1 607	1 407	1 241	1 145	998	849	574	441	318	146	78	–	18
05 386	198 303	156 597	133 536	116 064	120 078	110 886	88 707	69 294	43 287	28 968	–	19
00 095	97 701	77 583	65 982	57 639	58 965	51 513	37 836	27 534	15 258	8 175	–	20
05 285	100 599	79 008	67 554	58 425	61 110	59 373	50 868	41 763	28 026	20 793	–	21
41 484	38 958	30 234	26 190	22 062	20 838	15 876	10 524	6 783	3 450	2 007	–	22
21 843	20 571	16 092	13 848	11 883	11 640	8 691	5 562	3 453	1 635	777	–	23
19 644	18 390	14 148	12 336	10 179	9 195	7 182	4 959	3 324	1 827	1 212	–	24
1 200	1 082	979	937	789	572	401	254	175	126	63	–	25
527	477	419	417	370	242	190	122	80	54	14	–	26
673	605	560	520	419	330	211	132	95	72	49	–	27
2 747	2 656	2 524	2 241	1 943	1 482	1 177	786	437	274	211	1	28
1 250	1 265	1 228	1 126	973	792	609	407	231	123	75	–	29
1 497	1 391	1 296	1 115	970	690	568	379	206	151	136	1	30

Data by urban/rural residence

(See notes at end of table.)

Continent, country or area, sex, date and urban/rural residence / Continent, pays ou zone, sexe, date et résidence, urbaine/rurale	All ages Tous âges	Age (in years)							
		− 1	1 – 4	5 – 9	10 – 14	15 – 19	20 – 24	25 – 29	30

OCEANIA—OCEANIE(Cont.–Suite)

Vanuatu
Urban – Urbaine
16 V 1989(C)

	All ages Tous âges	− 1	1 – 4	5 – 9	10 – 14	15 – 19	20 – 24	25 – 29	30
1 Urban – Urbaine	25 870	988	3 143	2 843	2 589	2 939	3 059	2 924	
2 Male – Masculin	13 670	528	1 612	1 520	1 309	1 429	1 571	1 519	
3 Female – Féminin	12 200	460	1 531	1 323	1 280	1 510	1 488	1 405	

Rural – Rurale
16 V 1989(C)

	All ages Tous âges	− 1	1 – 4	5 – 9	10 – 14	15 – 19	20 – 24	25 – 29	30
4 Rural – Rurale	116 549	4 012	15 837	18 531	14 807	10 875	9 438	8 479	
5 Male – Masculin	59 714	2 073	8 269	9 740	7 744	5 586	4 512	3 974	
6 Female – Féminin	56 835	1 939	7 568	8 791	7 063	5 289	4 926	4 505	

228

7. Population selon l'âge, le sexe et la résidence, urbaine/rurale: dernière année disponible, 1983 – 1992 (suite)

Données selon la résidence urbaine/rurale

otes à la fin du tableau.)

					Age (en années)							Unknown Inconnu	
35 – 39	40 – 44	45 – 49	50 – 54	55 – 59	60 – 64	65 – 69	70 – 74	75 – 79	80 – 84	85 +			
1 725	1 079	858	458	402	239	180	96	78	22	26	—	1
1 013	641	531	283	235	146	102	49	46	10	12	—	2
712	438	327	175	167	93	78	47	32	12	14	—	3
6 211	4 732	4 420	2 891	2 522	2 297	1 822	1 131	761	425	589	—	4
3 096	2 356	2 419	1 507	1 360	1 253	1 024	625	466	243	323	—	5
3 115	2 376	2 001	1 384	1 162	1 044	798	506	295	182	266	—	6

7. Population by age, sex and urban/rural residence: latest available year, 1983 – 1992 (continued)

GENERAL NOTES	NOTES GENERALES

(C) after date indicates data are results of a census. Unless otherwise specified, age is defined as age at last birthday (completed years). For definitions of urban , see Technical Notes for table 6. For method of evaluation and limitations of data, see Technical Notes, page 46.

Italics: estimates which are less reliable.

(C) après la date indique qui'il s'agit des donnéesde recensement. Sauf indication contraire, l'âge désigne l'âge au dernier anniversaire (années révolues). Pour les définitions de "zones urbaines", voir les Notes techniques relatives au tableau 6. Pour la méthode d'évaluation et les insuffisances des données, voir Notes techniques, page 46.
Italiques: estimations moins sûres.

FOOTNOTES / NOTES

* Provisional.
1 De jure population.
2 For classification by urban/rural residence, see end of table.
3 Data have been adjusted for underenumeration, at latest census.

4 For Libyan population only.
5 Including nomads, estimated at 224 095.
6 For household population.
7 Data have not been adjusted for underenumeration, estimated at 9 per cent.

8 Excluding Bophuthatswana, Ciskei, Traskei and Venda. Data have not been adjusted for underenumeration.
9 Because of rounding, totals are not in all cases the sum of the parts.

10 Age classification based on year of birth rather than on completed years of age.

11 Including armed forces stationed in the area.
12 De jure population, but excluding civilian citizens absent from country for extended period of time.
13 Excluding armed forces overseas.
14 Excluding Indian jungle population.
15 Excluding nomadic Indian tribes.
16 Excluding nomads.
17 Covering only the civilian population of 30 provinces, municipalities and autonomous regions. Excluding Jimmen and Mazhu Islands.
18 Including data for the Indian–held part of Jammu and Kashmir, the final status of which has not yet been determined.
19 Including data for East Jerusalem and Israeli residents in certain other territories under occupation by Israeli military forces since June 1967.

20 Excluding diplomatic personnel outside the country, and foreign military and civilian personnel and their dependants stationed in the area.

21 Excluding data for Jordanian territory under occupation since June 1967 by Israeli military forces.
22 Including military and diplomatic personnel and their families abroad, numbering 933 at 1961 census, but excluding foreign military and diplomatic personnel and their families in the country, numbering 389 at 1961 census. Also including registered Palestinian refugees numbering 722 687 on 31 May 1967.

* Données provisoires.
1 Population de droit.
2 Pour le classement selon la résidence, urbaine/rurale, voir la fin du tableau.
3 Les données ont été ajustées pour compenser les lacunes du dénombrement lors du dernier recensement.
4 Pour la population libyenne seulement.
5 Y compris les nomades, estimés à 224 095.
6 Pour la population dans les ménages.
7 Les données n'ont pas été ajustées pour compenser les lacunes de dénombrement, estimées à 9 p. 100.
8 Non compris Bophuthatswana, Ciskei, Transkei et Venda. Les données n'ont pas été ajustées pour compenser les lacunes du dénombrement.
9 Les chiffres étant arrondis, les totaux ne correspondent pas toujours rigoureusement à la somme des chiffres partiels.
10 La classification par âge est fondées sur l'année de naissance et non sur l'âge en années révolues.
11 Y compris les militaires en garnison sur le territoire.
12 Population de droit, mais non compris les civils hors du pays pendant une période prolongée.
13 Non compris les militaires à l'étranger.
14 Non compris les Indiens de la jungle.
15 Non compris les tribus d'Indiens nomades.
16 Non compris les nomades.
17 Pour la population civile seulement de 30 provinces, municipalitiés et régions autonomes. Non compris les îles de Jimmen et Mazhu.
18 Y compris les données pour la partie du Jammu–et–Cachemire occupée par l'Inde, dont le statut définitif n'a pas encore été déterminé.
19 Y compris les données pour Jérusalem–Est et les résidents israéliens dans certains autres territoires occupés depuis juin 1967 par les forces armées israéliennes.
20 Non compris le personnel diplomatique hors du pays, les militaires et agents civils étrangers en poste sur le territoire et les membres de leur famille les accompagnant.
21 Non compris les données pour le territoire jordanien occupé depuis juin 1967 par les forces armées israéliennes.
22 Y compris les militaires, les personnel diplomatique à l'étranger et les membres de leur famille les accompagnant au nombre de 933 personnes au recensement de 1961, mais non compris les militaires, le personnel diplomatique étranger en poste dans le pays et les membres de leur famille les accompagnant au nombre de 389 personnes au recensement de 1961. Y compris également les réfugiés de Palestine immatriculés, au nombre de 722 687 au 31 mai 1967.

7. Population selon l'âge, le sexe et la résidence, urbaine/rurale: dernière année disponible, 1983 – 1992 (suite)

8. Population of capital cities and cities of 100 000 and more inhabitants: latest available year

Population des capitales et des villes de 100 000 habitants et plus: dernière année disponible

(See notes at end of table. – Voir notes à la fin du tableau.)

Continent, country or area, city and date / Continent, pays ou zone, ville et date	Population		Continent, country or area, city and date / Continent, pays ou zone, ville et date	Population	
	City proper Ville proprement dite	Urban agglomeration Agglomération urbaine		City proper Ville proprement dite	Urban agglomeration Agglomération urbaine
AFRICA—AFRIQUE			Comoros – Comores		
Algeria – Algérie			15 IX 1980		
12 II 1977 [1]			MORONI	17 267	...
ALGER	1 523 000	1 740 461	Congo		
Annaba	239 975	246 049	22 XII 1984		
Batna	102 756	102 756	BRAZZAVILLE	596 200	...
Blida	138 240	158 047	Pointe–Noire	298 014	...
Constantine	344 454	378 668	Côte d'Ivoire		
Oran	490 788	543 485	1 III 1988		
Setif	129 754	129 754	Abidjan	1 929 079	1 929 079
Sidi–bel–Abbès	112 998	112 998	Bouake	329 850	362 192
Angola			Daloa	121 842	127 923
15 XII 1970			Korhogo	109 445	112 888
LUANDA	...	475 328	YAMOUSSOUKRO	106 786	126 191
Benin – Bénin			Djibouti		
1 VII 1981(E)			1970(E)		
Cotonou	383 250	...	DJIBOUTI	...	[2] 62 000
PORTO–NOVO	144 000	...	Egypt – Egypte		
Botswana			1 VII 1992(E)		
1 VII 1991(E)			Alexandria	3 380 000	...
GABORONE	137 174	...	Assyût	321 000	...
Burkina Faso			Aswan	220 000	...
10 XII 1985			Banha	136 000	...
Bobo Dioulasso	228 668	...	Beni–Suef	179 000	...
OUAGADOUGOU	441 514	...	Banha	136 000	...
Burundi			CAIRO	6 800 000	...
16 VIII 1990			Damanhûr	222 000	...
BUJUMBURA	235 440	...	El–Mahalla El–Kubra	408 000	...
Cameroon – Cameroun			Faiyûm	250 000	...
VIII 1983(E)			Giza	2 144 000	...
Douala	...	708 000	Ismailia	255 000	...
30 VI 1986(E)			Kafr–El–Dwar	226 000	...
Douala	1 029 731	...	Kena	141 000	...
Maroua	...	103 653	Luxer	146 000	...
Nkongsamba	...	123 149	Mansûra	371 000	...
VIII 1983(E)			Menia	208 000	...
YAOUNDE	...	485 184	Port Said	460 000	...
30 VI 1986(E)			Shebin–El–Kom	158 000	...
YAOUNDE	653 670	...	Shubra–El–Khema	834 000	...
Cape Verde – Cap–Vert			Sohag	156 000	...
2 VI 1980			Suez	388 000	...
PRAIA	57 748	...	Tanta	380 000	...
Central African Republic – République centrafricaine			Zagazig	287 000	...
31 XII 1984(E)			Equatorial Guinea – Guinée équatoriale		
BANGUI	473 817	...	4 VII 1983		
Chad – Tchad			MALABO	30 418	...
1972(E)			Eritrea – Erythrée		
N'DJAMENA	179 000	...	1 VII 1990(E)		
			ASMARA	358 100	...
			Ethiopia – Ethiopie		
			1 VII 1990(E)		
			ADDIS ABABA	1 912 500	...
			Diredawa	127 400	...

(See notes at end of table. – Voir notes à la fin du tableau.)

Continent, country or area, city and date / Continent, pays ou zone, ville et date	Population		Continent, country or area, city and date / Continent, pays ou zone, ville et date	Population	
	City proper Ville proprement dite	Urban agglomeration Agglomération urbaine		City proper Ville proprement dite	Urban agglomeration Agglomération urbaine
AFRICA—AFRIQUE (Cont.–Suite)			Mauritania – Mauritanie		
Gabon			22 XII 1976		
			NOUAKCHOTT	...	134 986
1 VII 1967(E)			Mauritius – Maurice		
LIBREVILLE	...	57 000	Island of Mauritius – Ile Maurice		
Gambia – Gambie			1 VII 1991(E)		
1 VII 1980(E)			PORT LOUIS	142 140	...
BANJUL	49 181	3 109 986	Morocco – Maroc		
Ghana			3–21 IX 1982		
1 III 1970			Agadir	110 479	...
ACCRA	564 194	4 738 498	Ain Chok	422 095	...
Kumasi	260 286	345 117	Ain Diab	329 006	...
Sekondi–Takoradi 5	91 874	160 868	Ain Sebaa	468 123	...
Guinea – Guinée			Ben Msck 8	637 445	...
21 V 1967(E)			Casablanca	...	2 263 469
CONAKRY	...	197 267	Fez	448 823	...
Guinea–Bissau – Guinée–Bissau			Kénitra	188 194	...
			Khouribga	127 181	...
30 IV 1979			Marrakech	439 728	...
BISSAU	109 214	...	Meknès	319 783	...
Kenya			Mers Sultan	282 535	...
24 VIII 1979			Mohammedia	105 120	...
Kisumu	152 643	...	Oujda	260 082	...
1 VII 1985(E)			RABAT	808 007	893 042
Mombasa	442 369	...	Safi	197 309	...
NAIROBI	1 162 189	...	Tanger	266 346	...
Lesotho			Tétouan	199 615	...
31 I 1972(E)			Mozambique		
MASERU	13 312	29 049	1 VIII 1986(E)		
Liberia – Libéria			Beira	264 202	...
1 II 1984			MAPUTO	882 601	...
MONROVIA	421 053	...	Nampula	182 505	...
Libyan Arab Jamahiriya – Jamahiriya arabe libyenne			Namibia – Namibie		
			6 IX 1960		
31 VII 1973 1			WINDHOEK	...	36 051
BENGHAZI 6	282 192	...	Niger		
Misurata	103 302	...	20 VII 1977		
TRIPOLI 6	551 477	...	NIAMEY	225 314	...
Madagascar			Nigeria – Nigéria		
1 I 1971(E)			1 VII 1975(E)		
ANTANANARIVO	347 466	7 377 600	Aba	177 000	...
Malawi			Abeokuta	253 000	...
			ABUJA	...	...
1 IX 1987			Ado–Ekiti	213 000	...
Blantyre–Limbe	331 588	...	Benin	136 000	...
LILONGWE	233 973	...	Calabar	103 000	...
			Ede	182 000	...
Mali			Enugu	187 000	...
			Ibadan	847 000	...
7 IV 1987			Ife	176 000	...
BAMAKO	658 275	...	Ikere–Ekiti	145 000	...
			Ila	155 000	...
			Ilesha	224 000	...
			Ilorin	282 000	...
			1 VII 1971		
			Iseyin	115 083	...

8. Population of capital cities and cities of 100 000 and more inhabitants: latest available year (continued)

Population des capitales et des villes de 100 000 habitants et plus: dernière année disponible (suite)

(See notes at end of table. – Voir notes à la fin du tableau.)

Continent, country or area, city and date / Continent, pays ou zone, ville et date	City proper Ville proprement dite	Urban agglomeration Agglomération urbaine	Continent, country or area, city and date / Continent, pays ou zone, ville et date	City proper Ville proprement dite	Urban agglomeration Agglomération urbaine
AFRICA—AFRIQUE (Cont.–Suite)			**AFRICA—AFRIQUE (Cont.–Suite)**		
Nigeria – Nigéria			**South Africa – Afrique du Sud**		
1 VII 1975(E)			6 V 1970		
Iwo	214 000	...	Benoni	...	151 294
Kaduna	202 000	...	7 III 1991		
Kano	399 000	...	Benoni	113 501	...
1 VII 1971(E)			5 III 1985		
Katsina	109 424	...	BLOEMFONTEIN	104 381	232 984
1 VII 1975(E)			7 III 1991		
Lagos	1 060 848	...	BLOEMFONTEIN	126 867	...
Maiduguri	189 000	...	6 V 1970		
Mushin	197 000	...	Boksburg	...	106 126
Ogbomosho	432 000	...	7 III 1991		
Onitsha	220 000	...	Boksburg	119 890	...
Oshogbo	282 000	...	Botshabelo	177 926	...
Oyo	152 000	...	5 III 1985		
Port Harcourt	242 000	...	CAPE TOWN [10]	776 617	1 911 521
Zaria	224 000	...	7 III 1991		
Réunion			CAPE TOWN [10]	854 616	...
15 III 1990			Dareyton	151 659	...
SAINT–DENIS	*————— [9] 121 999 —————*		Dlepmeadow	241 099	...
Rwanda			5 III 1985		
15 VIII 1978			Durban	634 301	982 075
KIGALI	116 227	...	7 III 1991		
St. Helena – Sainte–Hélène			Durban	715 669	...
22 II 1987			6 V 1970		
JAMESTOWN	1 332	...	East London	119 727	124 763
Sao Tome and Principe – Sao Tomé–et–Principe			7 III 1991		
15 XII 1960			East London	102 325	...
SAO TOME	5 714	...	East Rand	...	1 378 791
Senegal – Sénégal			Evaton	201 026	...
16 IV 1976 [1]			6 V 1970		
DAKAR	798 792	...	Germiston	...	221 972
Kaolack	106 899	...	7 III 1991		
Thies	117 333	...	Germiston	134 005	...
Seychelles			Ibhayi	257 054	...
17 VIII 1987			Khayelitsa	189 586	...
VICTORIA	...	24 324	Kwamashu	156 679	...
Sierra Leone			5 III 1985		
15 XII 1985			Johannesburg	632 369	1 609 408
FREETOWN	469 776	...	7 III 1991		
Somalia – Somalie			Johannesburg	712 507	...
VII 1972(E)			Kathlehong	201 785	...
MOGADISHU	230 000	...	5 III 1985		
South Africa – Afrique du Sud			Kayamnandi	220 548	...
7 III 1991			7 III 1991		
Alexandra	124 586	...	Lekoa	217 582	...
			Mamelodi	154 845	...
			Kempton Park	106 606	...
			Ntuzuma	102 310	...
			Mangaung	125 545	...
			6 V 1970		
			Pietermaritzburg	114 822	160 855

(See notes at end of table. – Voir notes à la fin du tableau.)

Continent, country or area, city and date / Continent, pays ou zone, ville et date	Population		Continent, country or area, city and date / Continent, pays ou zone, ville et date	Population	
	City proper Ville proprement dite	Urban agglomeration Agglomération urbaine		City proper Ville proprement dite	Urban agglomeration Agglomération urbaine
AFRICA—AFRIQUE (Cont.–Suite)			AFRICA—AFRIQUE (Cont.–Suite)		
South Africa – Afrique du Sud			Swaziland		
7 III 1991			25 VIII 1986		
Pietermaritzburg	156 473	...	MBABANE	38 290	...
5 III 1985			Togo		
Port Elizabeth	272 844	651 993	30 IV 1970		
7 III 1991			LOME	148 156	...
Port Elizabeth	303 353	...	Tunisia – Tunisie		
5 III 1985			30 III 1984		
PRETORIA [10]	443 059	822 925	Sfax	231 911	334 702
7 III 1991			TUNIS	596 654	1 394 749
PRETORIA [10]	525 583	...	Uganda – Ouganda		
Sandton	101 197	...	18 VIII 1969		
Roodepoort	162 632	...	KAMPALA	...	330 700
5 III 1985			United Rep. of Tanzania – Rép.–Unie de Tanzanie		
Sasolburg	...	540 142			
7 III 1991			1 VII 1985(E)		
Sasolburg	33 305	...	Dar es Salaam	1 096 000	...
Soweto	596 632	...	DODOMA	85 000	...
6 V 1970			Mbeya	194 000	...
Springs	...	142 812	Mwanza	252 000	...
7 III 1991			Tabora	214 000	...
Springs	72 647	...	Tanga	172 000	...
Tembisa	209 238	...	Zanzibar	133 000	...
6 V 1970			Western Sahara – Sahara Occidental		
Umlazi	...	123 495			
7 III 1991			30 II 1974(E)		
Umlazi	299 275	...	EL AAIUN	20 010	...
6 V 1970			Zaire – Zaïre		
Vereeniging	...	172 549	1 VII 1984		
7 III 1991			Boma	197 617	...
Vereeniging	71 255	...	Bukavu	167 950	...
West Rand	...	870 066	Kananga	298 693	...
Sudan – Soudan			Kikwit	149 296	...
			KINSHASA	2 664 309	...
1 II 1983			Kisangani	317 581	...
El Obeid	137 582	...	Kolwezi	416 122	...
Gedaref	116 876	...	Likasi (Jadotville)	213 862	...
1 VII 1980(E)			Lubumbashi	564 830	...
Juba	116 000	...	31 XII 1972(E)		
1 II 1983			Luluabourg	506 033	...
Kassala	141 429	...	1 VII 1984		
KHARTOUM	473 597	...	Matadi	138 798	...
Khartoum North	340 857	...	Mbandaka	137 291	...
Medani	145 015	...	Mbuji–Mayi	486 235	...
Nyala	111 693	...	Zambia – Zambie		
Omdurman	526 192	...			
Port Sudan	206 038	...	25 VIII 1980		
1 VII 1980(E)			Chingola	130 872	130 872
Wau	116 000	...	20 VIII 1990		
			Chingola	162 954	...
			25 VIII 1980		
			Kabwe	127 422	136 006

(See notes at end of table. – Voir notes à la fin du tableau.)

Continent, country or area, city and date / Continent, pays ou zone, ville et date	Population		Continent, country or area, city and date / Continent, pays ou zone, ville et date	Population	
	City proper Ville proprement dite	Urban agglomeration Agglomération urbaine		City proper Ville proprement dite	Urban agglomeration Agglomération urbaine
AFRICA—AFRIQUE (Cont.–Suite)			**AMERICA, NORTH— (Cont.–Suite) AMERIQUE DU NORD**		
Zambia – Zambie					
20 VIII 1990			Bermuda – Bermudes		
Kabwe	166 519	...	20 V 1991 [1] [11]		
25 VIII 1980			HAMILTON	1 100	...
Kitwe	283 962	320 320	British Virgin Islands – Iles Vierges britanniques		
20 VIII 1990					
Kitwe	338 207	...	7 IV 1960		
25 VIII 1980			ROAD TOWN	891	...
Luanshya	110 907	113 420	Canada		
20 VIII 1990			4 VI 1991 [1]		
Luanshya	146 275	...	Brampton	234 445	...
25 VIII 1980			Burlington	129 575	...
LUSAKA	498 837	535 830	Burnaby	158 858	...
20 VIII 1990			Calgary	710 677	754 033
LUSAKA	982 362	...	Chicoutimi–Jonquière	...	160 928
25 VIII 1980			East York	102 696	...
Mufulira	135 535	138 824	Edmonton	616 741	839 924
20 VIII 1990			Etobicoke	309 993	...
Mufulira	152 944	...	Gloucester	101 677	...
25 VIII 1980			Halifax	114 455	320 501
Ndola	250 490	281 315	Hamilton	318 499	599 760
20 VIII 1990			Kelowna	...	111 846
Ndola	376 311	...	Kingston	...	136 401
Zimbabwe			Kitchener	168 282	356 421
1 VII 1983(E)			Laval	314 398	...
Bulawayo	*429 000*	...	London	341 322	381 522
Chitungwiza	*202 000*	...	Longueuil	129 874	...
HARARE	*681 000*	...	Markham	153 811	...
			Matsqui	...	113 562
AMERICA, NORTH— AMERIQUE DU NORD			Mississauga	463 388	...
			Moncton	...	106 503
Antigua and Barbuda – Antigua–et–Barbuda			Montréal	*1 017 666*	*3 127 424*
			Nepean	107 627	...
7 IV 1970			North York	*562 564*	...
ST. JOHN'S	21 814	...	Oakville	114 670	...
Bahamas			Oshawa	129 344	240 104
1 VII 1985(E)			OTTAWA	313 987	920 857
NASSAU	...	153 620	Québec	167 517	645 550
Barbados – Barbade			Regina	179 178	191 692
12 V 1980			Richmond	126 624	...
BRIDGETOWN	7 466	...	St. Catharines	129 300	364 556
Belize			St. John's	...	171 859
12 V 1991			Saint John	...	124 981
BELMOPAN	44 087	...	Saskatoon	186 058	210 023
			Scarborough	524 598	...
			Sherbrooke	...	139 194
			Sudbury	...	157 613
			Surrey	245 173	...
			Sydney Glace Bay	...	116 100
			Thunder Bay	113 946	124 427
			Toronto	635 395	3 893 046
			Trois–Rivières	...	136 303
			Vancouver	471 844	1 602 502
			Vaughan	111 359	...
			Victoria	...	287 897
			Windsor	191 435	262 075
			Winnipeg	616 790	652 354
			York	140 525	...

(See notes at end of table. – Voir notes à la fin du tableau.)

Continent, country or area, city and date / Continent, pays ou zone, ville et date	Population		Continent, country or area, city and date / Continent, pays ou zone, ville et date	Population	
	City proper Ville proprement dite	Urban agglomeration Agglomération urbaine		City proper Ville proprement dite	Urban agglomeration Agglomération urbaine
AMERICA, NORTH— (Cont.–Suite) AMERIQUE DU NORD			**AMERICA, NORTH— (Cont.–Suite) AMERIQUE DU NORD**		
Cayman Islands – Iles Caïmanes			Guadeloupe		
1 VII 1988(E)			16 X 1967 [1]		
GEORGE TOWN	13 700	...	BASSE–TERRE	29 522	...
Costa Rica			Guatemala		
1 VII 1970(E)			1 VII 1990(E)		
SAN JOSE	...	[12] 395 401	GUATEMALA	1 675 589	...
1 VII 1983(E)			31 XII 1989(E)		
SAN JOSE	274 832	...	Esquintra	...	105 842
Cuba			1 VII 1990(E)		
31 XII 1990(E)			Quezal Tenango	101 168	...
Bayamo	128 167	...	Haiti – Haïti		
Camagüey	286 404	...	1 VII 1990(E) [1]		
Cienfuegos	125 000	...	Carrefour	216 930	...
Guantánamo	203 371	...	Delmas	178 990	...
Holguín	232 770	...	PORT–AU–PRINCE	690 168	...
LA HABANA	2 119 059	...	Honduras		
Las Tunas	120 897	...	31 VII 1985(E)		
Matanzas	115 466	...	La Ceiba	103 600	...
Pinar del Río	124 100	...	30 VI 1986(E)		
Santa Clara	197 189	...	San Pedro Sula	397 201	...
Santiago de Cuba	418 721	...	TEGUCIGALPA	597 512	...
Dominica – Dominique			Jamaica – Jamaïque		
7 IV 1981			8 VI 1982		
ROSEAU	8 279	...	KINGSTON	104 041	524 638
Dominican Republic – République dominicaine			Martinique		
12 XII 1981			9 III 1982 [1]		
Santiago de los Caballeros	533 102	...	FORT–DE–FRANCE	97 814	...
SANTO DOMINGO	1 540 786	...	Mexico – Mexique [1]		
El Salvador			4 VI 1980		
27 iX 1992* [123]			Acapulco	301 902	...
Apopa	*———— 100 763 ————*		Aguascalientes	293 152	...
Delgado	104 790		30 VI 1979(E)		
Mejicanos	145 000		Apatzingan	100 259	...
Nueva San Salvador	116 575		4 VI 1980		
SAN SALVADOR	422 570		Campeche	128 434	...
Santa Ana	202 337		Celaya	141 615	...
San Miguel	182 817		Chihuahua	385 603	...
Soyapango	251 811		Ciudad Juárez	544 496	...
Greenland – Groenland			Ciudad Lopez Mateos	188 479	...
26 X 1976			Ciudad Madero	132 444	...
NUUK (GODTHAB)	8 425	...	Ciudad Obregon	165 520	...
Grenada – Grenade			Ciudad Victoria	140 161	...
30 IV 1981			Coatzacoalcos	127 170	...
ST. GEORGE'S	4 788	...	30 VI 1979(E)		
			Cordoba	121 723	...
			4 VI 1980		
			Cuernavaca	192 770	...
			Culiacán	304 826	...
			Durango	257 915	...
			Ecatepec	741 821	...
			Ensenada	120 483	...

(See notes at end of table. – Voir notes à la fin du tableau.)

Continent, country or area, city and date / Continent, pays ou zone, ville et date	Population		Continent, country or area, city and date / Continent, pays ou zone, ville et date	Population	
	City proper Ville proprement dite	Urban agglomeration Agglomération urbaine		City proper Ville proprement dite	Urban agglomeration Agglomération urbaine
AMERICA,NORTH— (Cont.–Suite) AMERIQUE DU NORD			AMERICA,NORTH— (Cont.–Suite) AMERIQUE DU NORD		
Mexico – Mexique			Mexico – Mexique		
4 VI 1980			4 VI 1980		
Gomez Palacio	116 967	...	Torreon	328 086	...
Guadalajara	1 626 152	...	Tuxtlan Gutiérrez	131 096	...
			Uruapan	122 828	...
1 VII 1980(E)			Veracruz Llave	284 822	...
Guadalajara	...	2 264 602	Villahermosa	158 216	...
			Zapopan	345 390	...
4 VI 1980					
Guadalupe	370 524	...	Montserrat		
Hermosillo	297 175	...			
Irapuato	170 138	...	12 V 1980		
Jalapa	204 594	...	PLYMOUTH	1 478	...
Leon	593 002	...			
Los Mochis	122 531	...	Netherlands Antilles – Antilles néerlandaises		
Matamoros	188 745	...			
Mazatlán	199 830	...			
Mérida	400 142	...	31 XII 1960 [1]		
Mexicali	341 559	...	WILLEMSTAD	43 546	[13] 94 133
MEXICO, CIUDAD DE	8 831 079	...			
			Nicaragua		
1 VII 1980(E)			1 VII 1979(E)		
MEXICO, CIUDAD DE	...	13 878 912	MANAGUA	608 020	...
4 VI 1980			Panama		
Minatitlan	106 765	...			
Monciova	115 786	...	1 VII 1992(E)		
Monterrey	1 084 696	...	PANAMA	446 863	...
			San Miguelito	266 919	...
1 VII 1980(E)					
Monterrey	...	2 001 502	Puerto Rico–Porto Rico [1] [15]		
4 VI 1980			1 VII 1984(E)		
Morelia	297 544	...	Aguadilla	...	155 500
Naucalpan	723 723	...	Arecibo	...	163 300
Netzahualcoyotl	1 342 230	...			
Nuevo Laredo	201 731	...	1 VII 1991(E)		
Oaxaca de Juárez	154 223	...	Bayamon	222 102	...
Orizaba	114 848	...	Caguas	134 562	...
Pachuca	110 351	...	Carolina	179 291	...
Poza Rica de Hidalgo	166 799	...	Mayagüez	101 209	...
Puebla de Zaragoza	772 908	...			
			1 VII 1984		
1 VII 1980(E)			Ponce	...	[16] 234 500
Puebla de Zaragoza	...	1 136 875			
			1 VII 1991(E)		
4 VI 1980			Ponce	189 317	...
Querétaro	215 976	...			
Reynosa	194 693	...	1 VII 1984(E)		
			SAN JUAN	...	[17] 1 816 300
30 VI 1979(E)					
Salamanca	105 543	...	1 VII 1991(E)		
			SAN JUAN	441 401	...
4 VI 1980					
Saltillo	284 937	...	Saint Kitts and Nevis – Saint–Kitts–et–Nevis		
San Luis Potosí	362 371	...			
San Nicolás de los Garza	280 696	...	12 V 1980		
			BASSETERRE	14 161	...
30 VI 1979(E)					
Tampico	248 369	389 940	Saint Lucia – Sainte–Lucie		
4 VI 1980			1 VII 1989(E)		
Tepic	145 741	...	CASTRIES	56 147	...
Tijuana	429 500	...			
Tlalnepantla	778 173	...	St. Pierre and Miquelon – Saint–Pierre–et–Miquelon		
Tlaquepaque	133 500	...			
Toluca	199 778	...	9 III 1982		
			SAINT–PIERRE	5 416	...
30 VI 1979(E)					
Torreon	...	407 271			

8. Population of capital cities and cities of 100 000 and more inhabitants: latest available year (continued)

Population des capitales et des villes de 100 000 habitants et plus: dernière année disponible (suite)

(See notes at end of table. – Voir notes à la fin du tableau.)

Continent, country or area, city and date / Continent, pays ou zone, ville et date	Population	
	City proper Ville proprement dite	Urban agglomeration Agglomération urbaine
AMERICA, NORTH— (Cont.–Suite) AMÉRIQUE DU NORD		
St. Vincent and the Grenadines – Saint-Vincent-et-Grenadines		
12 V 1980		
KINGSTOWN	16 532	...
Trinidad and Tobago – Trinité-et-Tobago		
1 V 1990		
PORT–OF–SPAIN	50 878	...
Turks and Caicos Islands – Iles Turques et Caïques		
12 V 1980		
GRAND TURK	3 098	...
United States – Etats–Unis		
1 IV 1990 [18] [19]		
Abilene	106 654	119 655
Akron	223 019	([20])
Albany(Ga.)	78 122	112 561
Albany(N.Y.)	101 082	[21] 861 424
Albuquerque	384 736	589 131
Alexandria(La.)	49 188	131 556
Alexandria(Va.)	111 183	([22])
Allentown	105 090	[23] 595 081
Altoona	51 881	130 542
Amarillo	157 615	187 547
Anaheim	266 406	([24])
Anchorage	226 338	226 338
Anderson(In.)	59 459	130 669
Anderson(S.C.)	26 184	145 196
Ann Arbor	109 592	([25])
Anniston	26 623	116 034
Appleton	65 695	[26] 315 121
Arlington(Tx.)	261 721	([27])
Asheville	61 607	191 774
Athens	45 734	126 262
Atlanta	394 017	2 959 950
Atlantic City	37 986	319 416
Augusta	44 639	395 065
Aurora	222 103	([28])
Austin	465 622	846 227
Bakersfield	174 820	543 477
Baltimore	736 014	2 832 172
Barnstable(Ma)	40 949	134 954
Baton Rouge	219 531	470 050
Battle Creek	53 540	135 982
Beaumont	114 323	[29] 361 226
Bellingham	52 179	127 780
Benton Harbor	12 818	161 378
Berkeley	102 724	([30])
Billings	81 151	113 419
Biloxi	46 319	[31] 312 368
Binghamton	53 008	264 497
Birmingham	265 968	840 140
Bloomington(Il.)	51 972	129 180
Bloomington(In.)	60 633	[32] 108 978
Boise City	125 738	295 851
Boston	574 283	[33] 5 455 403
Bradenton	43 779	211 707
Bremerton	38 142	189 731
Bridgeport	141 686	([34])
Brownsville	98 962	[35] 260 120
Bryan	55 002	[36] 121 862
Buffalo	328 123	[37] 1 189 288
Burlington(N.C.)	39 498	108 213
Burlington(Vt.)	39 127	151 506
Canton	84 161	394 106
Cedar Rapids	108 751	168 767
Champaign	63 502	[38] 173 025
Charleston(S.C.)	80 414	506 875
Charleston(W.Va.)	57 287	250 454
Charlotte	395 934	[39] 1 162 093
Charlottesville	40 341	131 107
Chattanooga	152 466	399 487
Chesapeake	151 976	([40])
Chicago	2 783 726	[41] 8 239 820
Chico	40 079	182 120
Chula Vista	135 163	([42])
Cincinnati	364 040	[43] 1 817 571
Clarksville	75 494	[44] 169 439
Cleveland	505 616	[45] 2 859 644
Colorado Springs	281 140	397 014
Columbia(Mo.)	69 101	112 379
Columbia(S.C.)	98 052	453 331
Columbus (Ga.)	178 681	260 860
Columbus (Oh.)	632 910	1 345 450
Concord	111 348	([30])
Corpus Christi	257 453	349 894
Cumberland	23 706	101 643
Dallas	1 006 877	[46] 4 037 282
Danville	53 056	108 711
Davenport	95 333	[47] 350 861
Dayton	182 044	[48] 951 270
Daytona Beach	61 921	399 413
Decatur (Al.)	48 761	131 556
Decatur (Il.)	83 885	117 206
Denver	467 610	[49] 1 980 140
Des Moines	193 187	392 928
Detroit	1 027 974	[50] 5 187 171
Dothan	53 589	130 964
Dover (De.)	27 630	110 993
Duluth	85 493	239 971
Durham	136 611	([51])
Eau Claire	56 856	137 543
Elizabeth	110 002	([34])
Elkhart	43 627	[52] 156 198
El Monte	106 209	([24])
El Paso	515 342	591 610
Erie	108 718	275 572
Escondido	108 635	([42])
Eugene	112 669	[53] 282 912
Evansville	126 272	278 990
Fargo	74 111	[54] 153 296
Fayetteville(Ark.)	42 099	[55] 210 908
Fayetteville(N.C.)	75 695	274 566
Fitchburg	41 194	[56] 102 797
Flint	140 761	430 459
Florence(Alab.)	36 426	131 327
Florence(S.C.)	29 813	114 344
Fort Collins	87 758	[57] 186 136
Fort Lauderdale	149 377	([58])
Fort Myers	45 206	[59] 335 113
Fort Pierce	36 830	251 071
Fort Smith	72 798	175 911
Fort Walton Beach	21 471	143 776
Fort Wayne	173 072	456 281
Fort Worth	447 619	([27])
Fremont	173 339	([30])
Fresno	354 202	755 580

(See notes at end of table. – Voir notes à la fin du tableau.)

Continent, country or area, city and date / Continent, pays ou zone, ville et date	Population		Continent, country or area, city and date / Continent, pays ou zone, ville et date	Population	
	City proper Ville proprement dite	Urban agglomeration Agglomération urbaine		City proper Ville proprement dite	Urban agglomeration Agglomération urbaine
AMERICA,NORTH— (Cont.–Suite)			Long Beach	429 433	(24)
AMERIQUE DU NORD			Longview	70 311	78 193 801
			Los Angeles	3 485 398	79 14 531 529
United States – Etats–Unis			Louisville	269 063	948 829
			Lowell	103 439	(80)
1 IV 1990			Lubbock	186 206	222 636
Fullerton	114 144	(24)	Lynchburg	66 049	193 928
Gainesville	84 770	181 596	Macon	106 612	81 290 909
Garden Grove	143 050	(24)	Madison	191 262	367 085
Garland	180 650	(27)	Manchester	99 567	147 809
Gary	116 646	(60)	Mansfield	50 627	174 007
Glendale(Az.)	148 134	(61)	McAllen	84 021	82 383 545
Glendale(Ca.)	180 038	(24)			
Glen Falls	15 023	118 539	Medford	46 951	146 389
Goldsboro	183 521	104 666	Melbourne	59 646	83 398 978
Grand Rapids	189 126	937 891	Memphis	610 337	1 007 306
Green Bay	96 466	194 594	Merced	56 216	178 403
Greensboro	183 521	62 1 050 304	Mesa	288 091	(61)
Greenville(N.C)	44 972	107 924	Miami	358 548	84 3 192 582
			Mesquite	101 484	(27)
Greenville(S.C)	58 282	63 830 563	Midland	89 443	106 611
Hagerstown	35 445	121 393	Milwaukee	628 088	85 1 607 183
Hampton	133 793	(40)	Minneapolis	368 383	86 2 538 834
Harrisburg	52 376	64 587 986	Mobile	196 278	476 923
Hartford	139 739	65 1 157 585	Modesto	164 730	370 522
Hayward	111 498	(30)			
Hialeah	188 004	(58)	Monroe	54 909	142 191
Hickory	28 301	292 409	Montgomery	187 106	292 517
Hollywood(Fl.)	121 697	(58)	Moreno Valley	118 779	(24)
Honolulu	365 272	836 231	Muncie	71 035	119 659
Houma	30 492	66 182 842	Myrtle Beach(S.C.)	24 848	144 053
Houston	1 630 553	67 3 731 131	Muskegon	40 283	158 983
			Naples	19 505	152 099
Huntington	54 844	68 288 189	Nashville–Davidson	488 374	985 026
Huntington Beach	181 519	(24)	Newark	275 221	(34)
Huntsville	159 789	293 047	New Bedford	99 922	175 641
Independence	112 301	(69)	New Haven	130 474	87 530 180
Indianapolis	731 327	1 380 491	New London	28 540	88 290 734
Inglewood	109 602	(24)	New Orleans	496 938	1 285 270
Irving	110 330	(24)	Newport News	170 045	(40)
Irving (Tx.)	155 037	(27)	New York	7 322 564	89 19 342 013
Jackson (Mich.)	37 446	149 756	Norfolk	261 229	90 1 443 244
Jackson (Miss.)	196 637	395 396	Oceanside	128 398	(42)
Jacksonville(Fl.)	635 230	906 727	Oakland	372 242	(30)
Jamestown	34 681	70 141 895	Ocala	42 045	194 833
Jacksonville(N.C.)	30 013	149 838	Odessa	89 699	225 545
Janesville	52 133	71 139 510	Oklahoma City	444 719	958 839
Jersey City	228 537	(34)	Olympia	33 840	161 238
Johnson City	49 381	72 436 047	Omaha	335 795	639 580
Johnstown	28 134	241 247	Overland Park	111 790	(69)
Joplin	40 961	134 910	Ontario	133 179	(24)
Kalamazoo	80 277	429 453	Orange	110 658	(24)
Kansas City (Ka.)	149 767	(69)	Orlando	164 693	1 224 852
Kansas City (Mo.)	435 146	1 582 875	Oxnard	142 216	(24)
Killeen	63 535	73 255 301	Panama City(Fl.)	34 378	126 994
Knoxville	165 121	585 960	Parkersburg	33 862	91 149 169
Lafayette(Ind.)	43 764	74 161 572	Pasadena(Ca.)	131 591	(24)
Lafayette(La.)	94 440	344 953	Pasadena(Tx.)	119 363	(24)
Lake Charles	70 580	168 134	Pascagoula	25 899	115 243
Lakeland	70 576	75 405 382	Paterson	140 891	(34)
Lakewood	126 481	(28)	Pensacola	58 165	344 406
Lancaster	55 551	422 822	Peoria	113 504	339 172
Lansing	127 321	76 432 674	Philadelphia	1 585 577	93 5 892 937
Laredo	122 899	133 239	Phoenix	983 403	2 238 480
Las Cruces	62 126	135 510	Pittsburgh	369 879	94 2 394 811
Las Vegas	258 295	852 737	Plano	128 713	(27)
La Crosse	51 003	116 401	Pomona	131 723	(24)
Lawton	80 561	111 486	Portland(Me.)	64 358	221 095
Lexington	225 366	405 936	Portland(Or.)	437 319	95 1 793 476
Lima	45 549	154 340	Portsmouth(Nh.)	25 925	96 223 578
Lincoln	191 972	213 641	Portsmouth(Va.)	103 907	(40)
Little Rock	175 795	77 513 117	Poughkeepsie	28 844	259 462
Livonia	100 850	(25)	Providence	160 728	97 1 134 350

(See notes at end of table. – Voir notes à la fin du tableau.)

Continent, country or area, city and date / Continent, pays ou zone, ville et date	Population City proper Ville proprement dite	Population Urban agglomeration Agglomération urbaine	Continent, country or area, city and date / Continent, pays ou zone, ville et date	Population City proper Ville proprement dite	Population Urban agglomeration Agglomération urbaine
AMERICA,NORTH— (Cont.–Suite) AMERIQUE DU NORD			Texarkana	31 656	[115] 120 132
			Thousand Oaks	104 352	([24])
United States – Etats–Unis			Toledo	332 943	614 128
			Topeka	119 883	160 976
1 IV 1990			Torrance	133 107	([24])
Provo	86 835	[98] 263 590	Tucson	405 390	666 880
Pueblo	98 640	123 051	Tulsa	367 302	708 954
Punta Gorda(Fla.)	10 747	110 975	Tuscaloosa	77 759	150 522
Raleigh	207 951	[99] 855 545	Tyler	75 450	151 309
Rancho Cucamonga	101 409	([24])	Utica	68 637	[116] 316 633
Reading	78 380	336 523	Vallejo	109 199	([30])
Redding	66 462	147 036	Virginia Beach	393 069	([40])
Reno	133 850	254 667			
Richland	32 315	[100] 150 033	Visalia	75 636	[117] 311 921
Richmond	203 056	[101] 865 640	Waco	103 590	189 123
Riverside	226 505	([24])	Warren	144 864	([25])
Roanoke	96 397	224 477	WASHINGTON D.C.	606 900	6 727 050
Rochester (Mn.)	70 745	106 470	Waterbury	108 961	205 811
			Waterloo	66 467	[118] 123 798
Rochester (Ny.)	231 636	1 062 470	Wausau	37 060	115 400
Rockford	139 926	329 676	West Palm Beach	67 643	[119] 863 518
Rocky Mountain (S.C.)	48 997	133 235	Wheeling	34 882	159 301
Sacramento	369 365	1 481 102	Wichita	304 011	485 270
Saginaw	69 512	[102] 399 320	Wichita Falls	96 259	130 351
St. Cloud	48 812	148 976	Williamsport	31 933	118 710
St. Louis	396 685	2 492 525			
St. Paul	272 235	([103])	Wilmington	55 530	120 284
St. Petersburg	238 629	([104])	Winston–Salem	143 485	([120])
Salem	107 786	278 024	Worcester	169 759	436 906
Salinas	108 777	[105] 355 660	Yakima	54 827	188 823
Salt Lake City	159 936	[106] 1 072 227	Yonkers	188 082	([34])
			York	42 192	339 574
San Antonio	935 933	1 324 749	Youngstown	95 732	[121] 600 885
San Bernardino	164 164	([24])	Yuba City	27 437	122 643
San Diego	1 110 549	2 498 016	Yuma	54 923	106 895
San Francisco	723 959	[107] 6 253 311			
San Jose	782 248	([30])	United States Virgin Islands – Iles Vierges américaines		
San Luis Obispo	41 958	217 162			
Santa Ana	293 742	([24])			
Santa Clarita	110 642	([24])	1 IV 1980 [1] [15]		
Santa Barbara	85 571	[108] 369 608	CHARLOTTE AMALIE	11 842	...
Santa Fe	55 859	117 043			
Santa Rosa	113 313	([30])			
Sarasota	50 961	489 483	AMERICA,SOUTH— AMERIQUE DU SUD		
Savannah	137 560	258 060			
Scottsdale	130 069	([61])	Argentina – Argentine		
Scranton	81 805	[109] 638 466			
Seattle	516 259	[110] 2 970 328	15 V 1991		
Sharon	17 493	121 003	Avellaneda	346 620	...
Sheboygan	49 676	103 877	Bahia Blanca	255 145	...
Shreveport	198 525	376 330	BUENOS AIRES	2 960 976	10 686 163
Simi Valley	100 217	([24])	Catamarca	110 269	133 050
Sioux City	80 505	115 018	Comodoro Rivadavia	123 672	...
Sioux Falls	100 814	139 236	Concordia	116 491	...
South Bend	105 511	[111] 247 052	Cordoba	1 148 305	1 197 926
Spokane	177 196	361 364	Corrientes	257 766	...
Springfield (Ill.)	105 227	189 550	Formosa	153 855	...
Springfield (Ma.)	156 983	587 884	General San Martin	407 506	...
Springfield (Mo.)	140 494	264 346	La Matanza	1 111 811	...
Stamford	108 056	([34])	Lanus	466 755	...
State College	38 923	123 786	La Plata	520 647	640 344
Sterling Heights	117 810	([25])	Lomas de Zamora	572 769	...
Steubenville	22 125	[112] 142 523	Mar del Plata	519 707	...
Stockton	210 943	480 628	Mendoza	121 739	773 559
Sumter	41 943	102 637	Moron	641 541	...
Sunnyvale	117 229	([30])	Neuquén	167 078	...
Syracuse	163 860	742 177	Paraná	206 848	211 966
Tacoma	176 664	([133])	Posadas	201 943	211 297
Tallahassee	124 773	233 598	Quilmes	509 445	...
Tampa	280 015	[114] 2 067 959	Resistencia	228 199	291 083
Tempe	141 865	([61])			
Terre Haute	57 483	147 585			

(See notes at end of table. – Voir notes à la fin du tableau.)

Continent, country or area, city and date / Continent, pays ou zone, ville et date	Population	
	City proper Ville proprement dite	Urban agglomeration Agglomération urbaine
AMERICA, SOUTH— (Cont.–Suite) AMERIQUE DU SUD		
Argentina – Argentine		
15 V 1991		
Rio Cuarto	133 741	138 996
Rosario	894 645	1 095 906
Salta	367 099	369 354
San Fernando	141 496	...
San Isidro	299 022	...
San Juan	119 492	353 656
San Miguel de Tucumán	470 604	622 348
San Nicolas	114 752	...
San Salvador de Jujuy	181 318	182 663
Santa Fé	342 796	394 888
Santiago del Estero	189 490	...
Vicente Lopez	289 142	...
Bolivia – Bolivie		
3 VI 1992		
Cochabamba	404 102	...
El Alto	404 367	...
LA PAZ [122]	711 036	...
Oruro	183 194	...
Potosí	112 291	...
Santa Cruz	694 616	...
SUCRE [122]	130 952	...
Brazil – Brésil		
1 IX 1991 [1] [123]		
Abaeteluba	*———— 100 016 ————*	
Alagoinhas	116 488	
Altamira	120 556	
Alvorada	140 005	
Americana	142 581	
Anápolis	239 047	
Aparecida de Goiania	178 326	
Aracaju	401 244	
Araçatuba	159 499	
Araguaina	103 396	
Arapiraca	165 347	
Araraquara	166 190	
Bage	118 689	
Barbacena	100 038	
Barueri	130 248	
Barra Mansa	167 124	
Bauru	260 382	
Belém	1 246 435	
Belo Horizonte	2 048 861	
Betim	170 616	
Blumenou	211 677	
Boa Vista	142 813	
Bragança Paulista	108 448	
BRASILIA	1 596 274	
Cabo	125 351	
Cachoeiro de Itapemirim	143 763	
Camacari	108 865	
Camaragibe	100 390	
Campina Grande	326 153	
Campinas	846 084	
Campo Grande	525 612	
Campos dos Goytacazes	388 640	
Canoas	278 997	
Carapicuíba	283 183	
Caratinga	125 640	
Cariacica	274 450	
Caruaru	213 557	
Cascavel	*———— 192 673 ————*	
Castanhal	101 976	
Caucaia	163 793	
Caxias	145 709	
Caxias do Sul	290 968	
Chapeco	122 882	
Codo	111 537	
Colatina	106 712	
Colombo	117 937	
Contagem	448 822	
Criciúma	146 159	
Cuiabá	401 112	
Curitiba	1 290 142	
Diadema	303 586	
Divinopolis	151 345	
Dourados	135 779	
Duque de Caxias	664 643	
Embu	138 520	
Feira de Santana	405 691	
Florianopolis	254 944	
Fortaleza	1 758 334	
Foz do Iguaçu	188 190	
Franca	232 656	
Garanhuns	103 293	
Goiânia	920 838	
Governador Valadares	230 487	
Gravatai	180 927	
Guarapuava	159 573	
Guarujá	203 386	
Guarulhos	781 499	
Ilhéus	223 352	
Imperatriz	276 450	
Inoaiatuba	100 736	
Ipatinga	179 696	
Itaboraí	161 274	
Itabuna	185 180	
Itaguaí	113 010	
Itaituba	118 088	
Itajaí	119 583	
Itapetininga	105 049	
Itapevi	107 796	
Itaquaquecetuba	164 508	
Itu	106 872	
Jaboatao	482 434	
Jacareí	163 125	
Jequié	135 497	
Joao Pessoa	497 214	
Joinville	346 095	
Juazeiro	128 378	
Juazeiro do Norte	173 304	
Juiz de Fora	385 756	
Jundiaí	312 517	
Lages	150 866	
Limeira	207 405	
Linhares	119 501	
Londrina	388 331	
Luziania	207 257	
Macae	100 646	
Macapá	179 609	
Maceio	628 209	
Magé	191 359	
Manaus	1 010 558	
Marabá	121 814	
Maracanau	157 062	
Marília	151 760	
Maringá	239 930	
Mauá	292 611	
Moji das Cruzes	272 942	
Moji–Guaçu	107 440	
Montes Claros	247 286	
Mossoro	191 959	

(See notes at end of table. – Voir notes à la fin du tableau.)

Continent, country or area, city and date / Continent, pays ou zone, ville et date	Population City proper Ville proprement dite	Population Urban agglomeration Agglomération urbaine	Continent, country or area, city and date / Continent, pays ou zone, ville et date	Population City proper Ville proprement dite	Population Urban agglomeration Agglomération urbaine
AMERICA, SOUTH— (Cont.–Suite)			Teresina	*——— 598 449 ———*	
AMERIQUE DU SUD			Teresopolis	120 701	
			Teofilo Otoni	140 639	
Brazil – Brésil			Timon	107 394	
			Uberaba	210 803	
1 IX 1991			Uberlandia	366 711	
Natal	*——— 606 541 ———*		Umuarama	100 246	
Nilopolis	157 819		Uruguaiana	117 457	
Niteroi	416 123		Várzea Grande	161 608	
Nova Friburgo	166 941		Viamao	168 467	
Nova Iguaçu	1 286 337		Vila Velha	265 249	
Novo Hamburgo	200 879		Vitoria	258 245	
Olinda	340 673				
Osasco	563 419		Vitoria da Conquista	224 926	
Paranagua	107 583		Vitoria de Santo Antao	106 644	
Parnaíba	127 986		Volta Redonda	220 086	
Passo Fundo	147 215				
Patos de Minas	102 698		**Chile – Chili**		
Paulista	211 024				
			15 VI 1990(E)		
Pelotas	289 494		Antofagasta	218 754	...
Petrolina	174 972		Arica	177 330	...
Petropolis	255 211		Chillán	145 972	...
Pindamonhangaba	101 843		Concepcion	306 464	...
Piracicaba	283 540		Iquique	148 511	...
Piraquara	106 542		La Serena	105 594	...
Pocos de Caldas	110 152		Osorno	117 444	...
Ponta Grossa	233 517		Puente Alto	187 368	...
Porto Alegre	1 262 631		Puerto Montt	106 528	...
Porto Velho	286 400		Punta Arenas	120 030	...
Praia Grande	122 104		Quilpué	107 396	...
Presidente Prudente	165 447		Rancagua	190 379	...
Recife	1 290 149		San Bernardo	188 156	...
Ribeirao das Neves	143 874		SANTIAGO [124]	4 385 481	...
Ribeirao Preto	430 805		Talca	164 492	...
Rio Branco	196 923		Talcahuano	246 853	...
Rio Claro	137 509		Temuco	211 693	...
Rio de Janeiro	5 336 179		Valdivia	113 512	...
Rio Grande	172 435		Valparaiso	276 756	...
Rondonopolis	125 107		Viña del Mar	281 063	...
Salvador	2 056 013				
Santa Barbara D'Oeste	121 531		**Colombia – Colombie**		
Santa Cruz do Sul	117 795				
Santa Luzia (MG)	137 602		15 X 1985		
Santa Luzia (MA)	116 132		Armenia	...	192 409
Santa Maria	217 565		Barrancabermeja	...	141 516
Santarém	265 105		Barranquilla	...	917 486
Santo André	613 672		Bello	...	211 203
Santos	428 526		BOGOTA	...	3 974 813
Sao Bernardo do Campo	565 171		Bucaramanga	...	351 687
Sao Caetano do Sul	149 125		Buenaventura	...	165 829
Sao Carlo	158 139		Cali	...	1 369 331
Sao Gonçalo	747 891		Cartagena	...	513 986
Sao Joao de Meriti	425 038		Cartago	...	95 650
Sao José	139 205		Cienaga	...	56 164
Sao José do			Cúcuta	...	383 584
Rio Prêto	283 281				
Sao José dos Campos	442 728		Dos Quebradas	...	97 063
Sao José dos Pinhais	127 413		Floridablanca	...	142 153
Sao Leopoldo	167 740		Ibagué	...	280 638
Sao Luís	695 780		Itagüi	...	139 050
Sao Paolo	9 480 427		Manizales	...	283 365
Sao Vicente	254 718		Medellín	...	1 452 392
Sapucaia	104 841		Monteria	...	162 056
Serra	221 513		Neiva	...	179 908
Sete Lagoas	143 611		Palmira	...	181 157
Sobral	127 449		Pasto	...	203 742
Sorocaba	377 270		Popayan	...	149 019
Sumaré	226 361		Pereira	...	241 927
Susano	156 312				
Taboao da Serra	159 770		SANTA FE DE BOGOTA	...	4 176 769
Taubaté	205 070				

(See notes at end of table. – Voir notes à la fin du tableau.)

Continent, country or area, city and date / Continent, pays ou zone, ville et date	Population		Continent, country or area, city and date / Continent, pays ou zone, ville et date	Population	
	City proper Ville proprement dite	Urban agglomeration Agglomération urbaine		City proper Ville proprement dite	Urban agglomeration Agglomération urbaine
AMERICA,SOUTH— (Cont.–Suite) AMERIQUE DU SUD			Paraguay		
			11 VII 1982		
Colombia – Colombie			ASUNCION	454 881	[125] 718 690
15 X 1985			26 VIII 1992		
Santa Marta	...	175 687	ASUNCION	502 426	
Sincelejo	...	122 484	Peru – Pérou		
Soacha	...	100 691			
Soledad	...	168 291	1 VII 1990(E)		
Tulua	...	103 123	Arequipa	...	634 500
Valledupar	...	150 838	Ayacucho	...	101 600
Villavicencio	...	162 556	30 VI 1985(E)		
Ecuador – Equateur			Callao	515 200	...
28 XI 1982			1 VII 1990(E)		
Ambato	100 454	112 775	Chiclayo	...	426 300
25 XI 1990			Chimbote	...	296 600
Ambato	124 166	...	Ciudad del Este	...	133 893
Cuenca	194 981	...	Cuzco	...	275 000
			Huancayo	...	207 600
1 VII 1987			Ica	...	152 300
Esmeraldas	120 387	...	Iquitos	...	269 500
			Juliaca	...	134 200
28 XI 1982			LIMA	...	[126] 6 414 500
Guayaquil	1 199 344	1 204 532	Luque	...	114 802
25 XI 1990			Piura	...	324 500
Guayaquil	1 508 444	...	Pucallpa	...	153 000
28 XI 1982			San Lorenzo	...	133 311
Machala	105 521	108 156	Sullana	...	154 800
25 XI 1990			Tacna	...	150 200
Machala	144 197	...	Trujillo	...	532 000
Manta	125 505	...	Suriname		
1 VII 1987			31 III 1964		
Milagro	102 884	...	PARAMARIBO	110 867	182 100
28 XI 1982			Uruguay		
Portoviejo	102 628	123 151	1 VII 1991(E)		
25 XI 1990			MONTEVIDEO	1 360 258	...
Portoviejo	132 937	...	Venezuela		
28 XI 1982			1 VII 1992(E)		
QUITO	866 472	890 355	Acarigua–Araure	194 800	
25 XI 1990			21 X 1990		
QUITO	1 100 847	...	Barcelona	109 061	429 072
Santo Domingo de los Colorados	114 422	...	1 VII 1992(E)		
			Barcelona	254 471	...
Falkland Islands (Malvinas)– Iles Falkland (Malvinas)			Barcelona–Pto. La Cruz	426 250	...
16 XI 1986			21 X 1990		
STANLEY	1 231	...	Barinas	152 853	162 730
			1 VII 1992(E)		
French Guiana – Guyane Française			Barinas	173 980	...
5 III 1990			21 X 1990		
CAYENNE	*——— [9] 41 164 ———*		Barquisimeto	602 622	745 444
			1 VII 1992(E)		
Guyana			Barquisimeto	692 599	...
1 VII 1976(E)			Baruta	165 310	...
GEORGETOWN	72 049	187 056	Cabimas	182 845	...
			Catia la Mar	111 998	...

(See notes at end of table. – Voir notes à la fin du tableau.)

Continent, country or area, city and date / Continent, pays ou zone, ville et date	Population		Continent, country or area, city and date / Continent, pays ou zone, ville et date	Population	
	City proper Ville proprement dite	Urban agglomeration Agglomération urbaine		City proper Ville proprement dite	Urban agglomeration Agglomération urbaine
AMERICA,SOUTH— (Cont.–Suite) **AMERIQUE DU SUD**			**AMERICA,SOUTH— (Cont.–Suite)** **AMERIQUE DU SUD**		
Venezuela			Venezuela		
21 X 1990 CARACAS	1 824 892	2 784 042	1 VII 1992(E) San Cristobal	238 670	...
1 VII 1992(E) CARACAS Carupano	1 964 846 100 937	... ...	21 X 1990 San Fernando de Apure	72 733	116 752
21 X 1990 Ciudad Bolivar	225 846	247 593	1 VII 1992(E) Turmero	195 711	...
1 VII 1992(E) Ciudad Bolivar Ciudad Guayana	253 112 523 578	... ...	21 X 1990 Valencia	903 076	1 031 941
21 X 1990 Ciudad Losada Coro	100 277 124 616	... 144 006	1 VII 1992(E) Valencia Valera	1 034 033 107 236	... ...
1 VII 1992(E) Coro	137 040	...	**ASIA—ASIE**		
21 X 1990 Cumaná	212 492	230 928	*Afghanistan*		
1 VII 1992(E) Cumaná	232 228	...	1 VII 1988(E) Herat KABUL Kandahar (Quandahar) Mazar–i–Sharif	177 300 1 424 400 225 500 130 600	... ...
21 X 1990 Guanare	83 380	110 130	Armenia – Arménie		
1 VII 1992(E) Guanare Guarenas	99 571 152 612	... ...	1 VII 1990(E) Kirovakan Leninakan YEREVAN	... ...	170 200 206 600 1 254 400
21 X 1990 Los Teques	143 519	156 261	Azerbaijan – Azerbaïdjan		
1 VII 1992(E) Los Teques	162 145	...	1 I 1990(E) BAKU Giyandja Sumgait	1 149 000 281 000 235 000	... ...
21 X 1990 Maracaibo	1 207 513	1 363 863	Bahrain – Bahreïn		
1 VII 1992(E) Maracaibo	141 147	...	5 IV 1981 MANAMA	108 684	...
21 X 1990 Maracay	354 428	799 884	Bangladesh		
1 VII 1992(E) Maracay	384 782	...	6 III 1981 Barisal Chittagong Comilla DHAKA Jessore Khulna Mymensingh Pabna Rajshahi Rangpur Saidpur Shitajkonj	... ...	159 298 1 388 476 126 130 3 458 602 149 426 623 184 107 863 101 080 171 600 155 964 128 085 104 522
21 X 1990 Maturín	207 382	257 683			
1 VII 1992(E) Maturín	233 279	...			
21 X 1990 Mérida	167 992	237 575			
1 VII 1992(E) Mérida Petare Puerto Cabello	188 063 379 338 143 765	... ...	Sylhet	...	166 847
21 X 1990 San Cristobal	220 697	336 100			

(See notes at end of table. – Voir notes à la fin du tableau.)

Continent, country or area, city and date / Continent, pays ou zone, ville et date	Population		Continent, country or area, city and date / Continent, pays ou zone, ville et date	Population	
	City proper Ville proprement dite	Urban agglomeration Agglomération urbaine		City proper Ville proprement dite	Urban agglomeration Agglomération urbaine
ASIA—ASIE (Cont.–Suite)			ASIA—ASIE (Cont.–Suite)		
Bhutan – Bhoutan			China – Chine		
1 VII 1977(E)			1 VII 1982		
THIMPHU	8 922	...	Dezhou	258 860	...
			Dongshan	958 360	...
Brunei Darussalam – Brunéi Darussalam			Dukou	497 330	795 910
			Duyan	102 380	...
26 VIII 1981			Echeng	119 040	...
BANDAR SERI BEGAWAN	49 902	...	Fengcheng	995 900	...
Cambodia – Cambodge			31 XII 1970(E)		
			Fengshan	*———— [129] 102 109 ————*	
17 IV 1962					
PHNOM PENH	393 995	...	1 VII 1982		
			Foshan	273 840	...
China – Chine [128]			Fushun	1 184 940	2 045 150
			Fuxin	646 580	1 693 380
1 VII 1982			Fuyang	177 850	...
Anqing	449 310	...	Fuzhou (Fujian Sheng)	1 111 550	1 651 500
Anshan	1 195 580	2 517 080	Fuzhou (Jiangxi Sheng)	158 300	...
Anshun	200 680	...	Ganzhou	362 880	...
Baicheng	276 420	...			
			31 XII 1970(E)		
31 XII 1970(E)			Gaoxiong	*———— [129] 828 191 ————*	
Bangiao	*———— [129] 114 600 ————*				
			1 VII 1982		
1 VII 1982			Gejiu	352 980	...
Baoding	495 140	...	Guangzhou	3 181 510	5 669 640
Baoji	341 240	3 361 600	Guilin	432 410	686 170
Beihai	173 740		Guiyang	1 350 190	...
BEIJING (PEKING)	5 531 460	9 179 660	Haikou	263 280	...
Bengbu	550 360	...	Hailer	157 490	...
Benxi	773 730	1 412 120	Handan	929 530	...
Botou	1 075 920	1 592 940	Hangzhou	1 171 450	5 234 150
Cangzhou	280 250	...	Hanzhong	374 270	...
Changchun	1 747 410	5 705 230	Harbin	2 519 120	...
Changde	213 890	...	Hebi	336 430	...
Changsha	1 066 030	2 459 920	Hefei	795 420	1 541 250
Changzhi	450 320	...	Hegang	592 470	...
Changzhou	533 940	...	Hengshui	101 260	...
Chaoyang	206 700	...	Hengyang	531 730	...
Chaozhou	162 280	...	Hohhoit	754 120	1 206 290
Chengde	326 910	...	Huaibei	444 820	1 308 260
Chengdu	2 499 000	4 025 180	Huainan	1 029 220	1 519 420
			Huangshi	375 640	1 068 650
31 XII 1970(E)			Huizhou	158 380	...
Chenghwa	*———— [129] 137 236 ————*		Hunjiang	694 160	...
			Huzhou	952 900	...
1 VII 1982			Ii'an	167 550	...
Chenzhou	165 930	...	Iiangmen	212 450	...
Chifeng	293 460	...	Iiaozuo	484 370	...
			Iinchang	107 970	313 660
31 XII 1970(E)			Iingmen	110 900	...
Chongli	*———— [129] 129 952 ————*		Jiamusi	540 190	...
1 VII 1982			Jiaojing	150 620	...
Chongqing	2 673 170	6 511 130	Jiaxing	655 130	...
Dalian	1 480 240	4 619 060			
Dandong	545 180	2 574 020			
Daqing	758 430	...			
Datong	962 470	...			
Daxian	193 490	...			

(See notes at end of table. – Voir notes à la fin du tableau.)

Continent, country or area, city and date / Continent, pays ou zone, ville et date	Population City proper Ville proprement dite	Population Urban agglomeration Agglomération urbaine	Continent, country or area, city and date / Continent, pays ou zone, ville et date	Population City proper Ville proprement dite	Population Urban agglomeration Agglomération urbaine
ASIA—ASIE (Cont.–Suite)			1 VII 1982		
			Qingdo	1 172 370	4 204 840
China – Chine [128]			Qingjiang	234 750	...
			Qinhuangdo	394 210	...
30 XII 1970(E)			Qiqihar	1 209 180	...
Jiayi	*————— [129] 238 713 —————*		Qitaihe	283 420	...
			Quanzhou	403 180	...
1 VII 1982			Sanmenxia	147 050	...
Jilin	1 088 420	3 974 260	Sanming	199 230	...
			Shanghai	6 292 960	11 185 100
31 XII 1970(E)			Shangrao	664 780	...
Jilon	*————— [129] 324 040 —————*		Shangqiu	186 760	...
			Shantou	717 620	...
1 VII 1982					
Jinan	1 359 130	3 375 830	31 XII 1970(E)		
Jingdezhen	611 030	...	Shanzhong	*————— [129] 235 667 —————*	
Jinhua	869 460	...			
Jining(Shandong Sheng)	190 420	...	1 VII 1982		
Jining(Shanxi Sheng)	158 570	...	Shaoguan	370 550	696 340
Jinzhou	599 490	4 448 460	Shaoxing	1 091 170	...
Jiujiang	350 910	...	Shaoyang	396 600	...
Jixi	781 800	...	Shashi	238 960	...
Kaifeng	602 230	...	Shenyang	3 944 240	5 054 640
Kaiyuan	223 420	...	Shenzhen	98 060	335 150
Karamay	156 970	...	Shihezi	563 740	...
Kashi	256 890	...	Shijianzhuang	1 068 720	...
			Shiyan	306 830	...
Korla	117 690	...	Shizuishan	297 790	543 390
Kunming	1 418 640	1 975 820	Shuangyashan	400 050	...
Kuytan	239 870	...	Siping	333 850	...
Langfang	172 440	...	Suizhou	142 970	...
Lanzhou	1 364 480	2 339 750	Suzhou	669 940	...
Laohekou	101 500	...	Tai'an	1 274 770	...
Lengshuijiang	254 590	...			
Lhasa	343 240	...	31 XII 1970(E)		
Lianyungang	397 090	...	Tainan	*————— [129] 474 835 —————*	
Liaoyang	470 020	1 611 850	Taipei	[129] 1 769 568	
Liaoyuan	771 510	...			
Linchuan	619 060	...	1 VII 1982		
			Taiyan	1 745 820	2 176 880
Linfen	208 210	...			
Liupanshui	2 107 100	...	31 XII 1970(E)		
Liuzhou	581 980	...	Taizhong	*————— [129] 448 140 —————*	
Longyan	346 700	...			
Loudi	104 500	...	1 VII 1982		
Lu'an	145 880	...	Taizhou	161 200	...
Luohe	157 670	...	Tangshan	1 407 840	...
Luoyang	951 610	...			
Luzhou	305 220	...	31 XII 1970(E)		
Ma'anshan	351 880	...	Tansyuan	*————— [129] 105 841 —————*	
Manzhouli	104 220	...			
Maoming	412 540	...	1 VII 1982		
Meizhou	111 450	...	Tianjin	5 152 180	7 790 160
Mianyang	768 500	...	Tianshui	185 230	...
Mudangiang	581 300	...	Tiefa	145 890	...
Nanchang	1 075 710	2 471 070	Tieling	220 850	...
Nanchong	228 340	...	Tongchuan	353 520	...
Nanjiang	2 091 400	3 682 270	Tonghua	359 960	...
Nanning	889 790	...	Tongliao	213 470	...
Nanping	407 810	...	Tongling	184 060	501 430
Nantong	402 990	...	Tunxi	103 560	...
Nanyang	288 300	...	Uhai	266 620	...
Neijiang	270 750	...	Ulanhot	174 050	...
Ningbo	478 940	943 460	Urumqi	961 240	1 084 060
Pingdingshan	470 330	...	Wanxian	267 060	...
			Weifang	393 410	...
31 XII 1970(E)			Weihai	205 010	...
Pingdong	*————— [129] 165 360 —————*		Wenzhou	515 650	5 948 130
			Wuhan	3 287 720	4 273 080
1 VII 1982			Wuhu	449 070	944 150
Pingyang	510 390	...	Wuxi	798 310	...
Pinxiang	1 189 030	...	Wuzhou	242 250	...

(See notes at end of table. – Voir notes à la fin du tableau.)

Continent, country or area, city and date / Continent, pays ou zone, ville et date	Population		Continent, country or area, city and date / Continent, pays ou zone, ville et date	Population	
	City proper Ville proprement dite	Urban agglomeration Agglomération urbaine		City proper Ville proprement dite	Urban agglomeration Agglomération urbaine
ASIA—ASIE (Cont.–Suite)			**India – Inde** [130]		
China – Chine [128]			1 III 1991		
			Abohar	107 016	...
1 VII 1982			Adoni	135 718	...
Xi'an	2 185 040	2 911 580	Agartala	157 636	...
Xiamen	507 390	961 650	Agra	...	955 694
Xiangfan	323 000	...	Ahmedabad	...	3 297 655
Xiangtan	492 040	...	Ahmednagar	...	221 710
Xiangtan(Hebei Sheng)	334 210	...	Aizawl	...	154 343
Xiaguan	117 190	...	Ajmer	401 930	...
Xianyang	501 810	...	Akola	327 946	...
Xichang	145 840	...	Aligarh	479 978	...
Xining	566 650	927 290	Alipurduar	...	103 512
Xinxiang	525 280	...	Allhabad	...	858 213
Xinyang	240 000	...	Allappuzha	...	264 887
			Alwar	...	211 162
31 XII 1970			Ambala	[131] 119 535	139 615
Xinzhu	*———— [129] 208 038 ————*		Amravati	433 746	...
			Amritsar	709 456	...
1 VII 1982			Amroha	136 893	...
Xuchang	218 960	...	Anand	...	168 776
Xuzhou (Jiangsu Sheng)	776 770	...	Anantapur	174 792	...
Xuzhou (Anhui Sheng)	191 710	...	Arcot	...	114 884
Yan'an	254 420	...	Arrah	156 871	...
Yangquan	477 570	...	Asansol	...	763 845
Yangzhou	302 090	...	Aurangabad	...	592 052
Yanji	176 000	...	Baharampur	...	126 303
Yantai	385 180	...	Bahraich	135 352	...
Yibin	245 240	...	Baleshwar	...	102 504
Yichang	365 000	...	Balurghat	...	126 199
Yichun (Heilongjiang Sheng)	755 830	1 167 020	Bangalore	...	4 086 548
Yichun (Jiangxi Sheng)	171 720	...	Bankura	114 927	...
Yinchuan	354 100	658 400	Barddhaman	244 789	...
Yingkow	422 590	2 788 690	Bareilly	...	607 652
Yining	257 280	...	Basirhat	101 652	...
Yiyang	165 040	...	Batala	...	106 062
Yuci	270 890	...	Bathinda	159 114	...
Yueyang	971 790	...	Beawar	...	106 715
Yumen	195 290	...	Belgaum	...	401 619
Zaozhuang	1 244 020	2 703 540	Bellary	245 758	...
Zhangjiakou	617 120	...	Bhadravati	...	149 131
Zhangzhou	283 490	...	Bhagalpur	...	261 855
Zhanjiang	853 970	...	Bharatpur	...	156 844
Zhaoqing	172 080	...	Bharuch	...	138 246
Zhaotang	133 080	...	Bhavnagar	...	403 521
Zhengzhou	1 404 050	1 942 970	Bheemaravam	125 495	...
Zhenjiang	345 560	...	Bhilwara	183 791	...
Zhoukou	213 890	...	Bhind	109 731	...
Zhuhai	131 860	...	Bhiwandi	...	391 670
Zhumadian	150 440	...	Bhiwani	121 449	...
Zhuzhou	382 950	...	Bhopal	1 063 662	...
Zibo	2 197 660	...	Bhubaneswar	411 542	...
Zigong	866 020	1 673 300	Bhuj	...	110 734
Zunyi	350 670	...	Bhusawal	...	159 459
			Bid	112 351	...
Cyprus – Chypre			Bidar	...	130 804
			Bihar Sharif	200 976	...
31 XII 1991(E)			Bijapur	...	193 038
Limassol	...	129 700	Bikaner	415 355	...
NICOSIA	...	166 500	Bilaspur	...	233 570
			Bokaro Steel City	...	415 686
East Timor – Timor oriental			Bombay	...	12 571 720
			Brahmapur	210 585	...
15 XII 1960			Budaun	116 706	...
DILI	52 158	...	Bulandshahr	126 737	...
			Burhanpur	172 809	...
Georgia – Géorgie			Calcutta	...	[132] 10 916 272
			Chandigarh	...	574 646
1 I 1990(E)			Chandrapur	225 841	...
Batumi	137 000	...	Chapra	136 824	...
Kutaisi	236 000	...	Cherthala	...	132 870
Rustavi	160 000	...	Chirala	...	142 654
Sukhumi	122 000	...	Chittoor	133 233	...
TBILISI	1 268 000	...	Chitradurga	...	103 345
			Coimbatore	...	1 135 549

(See notes at end of table. – Voir notes à la fin du tableau.)

Continent, country or area, city and date / Continent, pays ou zone, ville et date	Population		Continent, country or area, city and date / Continent, pays ou zone, ville et date	Population	
	City proper Ville proprement dite	Urban agglomeration Agglomération urbaine		City proper Ville proprement dite	Urban agglomeration Agglomération urbaine
ASIA—ASIE (Cont.–Suite)			Jorhat	...	111 584
			Jalandhar	519 530	...
India – Inde [130]			Junagadh	...	166 755
			Kakinada	...	327 407
1 III 1991			Kamptee	...	131 837
Cuddalore	143 774	...	Kanchipuram	...	169 813
Cuddapah	...	215 545	Kanhangad	...	118 180
Cuttack	...	439 273	Kannur	...	463 951
Dabgram	146 917	...	Kanpur	...	2 111 284
Damoh	...	105 032	Karur	...	110 605
Darbhanga	218 274	...	Karaikudi	...	110 473
Davangere	...	287 114	Karimnagar	148 349	...
Dehradun	...	367 411	Karnal	...	176 120
Dewas	163 699	...	Katihar	154 101	...
Delhi	...	[133] 8 375 188	Khammam	...	148 646
Dhanbad	...	817 549	Khandwa	145 111	...
Dhule	277 957	...	Kharagpur	...	279 736
Dibrugarh	...	123 885	Kochi	...	1 139 543
Dindigul	182 293	...	Kolar Gold Fields	...	156 398
Durgapur	415 986	...	Kolhapur	...	417 286
Durg Bhilai Nagar	...	688 670	Kollam	...	362 402
Eluru	212 918	...	Korba	124 365	...
English Bazar	...	176 991	Kota	536 444	...
Erode	...	357 427	Kottayam	...	166 178
Etawah	124 032	...	Kothagudem	...	102 061
Faizabad	...	177 505	Kozhikode	...	800 913
Faridabad	613 828	...	Krishnanagar	120 918	...
Farrukhabad–Fategarh	...	207 783	Kumbakonam	...	150 502
Fatehpur	117 203	...	Kurnool	...	274 795
Firozabad	...	270 534	Latur	197 164	...
Gadag–Betgeri	133 918	...	Lucknow	...	1 642 134
Gandhidham	104 392	...	Ludhiana	1 012 062	...
Gandhinagar	121 746	...	Machilipatnam	159 007	...
Ganganagar	161 377	...	Madras	...	5 361 468
Gaya	...	293 971	Madurai	...	1 093 702
Ghaziabad	...	519 508	Mahbubnagar	116 775	...
Godhra	...	100 363	Mahesana	...	109 540
Gonda	106 078	...	Malegaon	342 431	...
Gondiya	109 271	...	Malappuram	...	142 203
Gorakhpur	489 850	...	Mandya	119 970	...
Gudivada	101 635	...	Mangalore	...	425 785
Gulbarga	...	309 962	Mathura	...	233 235
Guna	100 389	...	Maunath Bhanjan	136 447	...
Guntakul	107 560	...	Medinipur	125 098	...
Guntur	471 020	...	Meerut	...	846 954
Gurgaon	...	134 639	Mirzapur–cum–Vindhayachal	169 368	...
Guruvayur	...	118 626	Moga	...	110 867
Guwahati	577 591	...	Modinagar	...	124 197
Gwalior	...	720 068	Moradabad	...	432 434
Habra	...	196 457	Morena	147 095	...
Haldia	100 109	...	Morvi	...	120 107
Haldwani–cum–Kathgodam	102 744	...	Munger	150 042	...
Hapur	146 591	...	Murwara (Katni)	163 390	...
Hathras	113 653	...	Muzaffarnagar	...	247 729
Hardwar	...	188 961	Muzaffarpur	240 450	...
Hassan	...	108 458	Mysore	...	652 246
Hindupur	104 635	...	Nabadwip	...	156 117
Hisar	...	180 774	Nadiad	...	170 018
Hospet	...	134 935	Nagercoil	189 482	...
Hoshiarpur	122 528	...	Nagpur	...	1 661 409
Hubli–Dharwad	647 640	...	Nanded	...	308 853
Hyderabad	...	4 280 261	Nandyal	120 171	...
Ichalakaranji	...	235 854	Nashik	...	722 139
Imphal	...	200 615	Navsari	...	190 019
Indore	...	1 104 065	Nellore	316 445	...
Jabalpur	...	887 188	NEW DELHI	[134] 294 149	...
Jaipur	...	1 514 425	Neyveli	...	126 494
Jalgaon	241 603	...	Nizamabad	240 924	...
Jalna	174 958	...	Noida	167 440	...
Jamnagar	...	365 464	Ongole	...	128 128
Jamshedpur	...	834 535	Onadal	...	220 528
Jaunpur	136 287	...	Palakkad	...	179 695
Jhansi	...	368 580	Pali	136 797	...
Jodhpur	648 621	...	Panipat	191 010	...

(See notes at end of table. – Voir notes à la fin du tableau.)

Continent, country or area, city and date / Continent, pays ou zone, ville et date	Population		Continent, country or area, city and date / Continent, pays ou zone, ville et date	Population	
	City proper Ville proprement dite	Urban agglomeration Agglomération urbaine		City proper Ville proprement dite	Urban agglomeration Agglomération urbaine
ASIA—ASIE (Cont.–Suite)			Ujjain		367 154
			Unnao	107 246	...
India – Inde [130]			Vadakara	...	102 429
			Vadodara	...	1 115 265
1 III 1991			Valparai	106 289	
Parbhani	190 235	...	Valsad	...	111 759
Patan	...	119 995	Varanasi	...	1 026 467
Pathankot	...	147 130	Vellore	...	304 713
Patiala	...	268 521	Vijayawada	...	845 305
Patna	...	1 098 572	Visakhapatnam	...	1 051 918
Patratu	...	109 728	Vizianagarm	...	176 125
Phusro	...	142 501	Wardha	102 974	
Pilibhit	106 329	...			
Pollachi	...	127 180	Wadhwan	...	166 309
Pondicherry	...	401 337	Warangal	...	466 877
Porbandar	...	160 043	Yamunanagar	...	219 642
Proddatur	133 860	...	Yavatmal	...	121 834
Pune	...	2 485 014			
Puri	124 835	...	Indonesia – Indonésie		
Purnia	...	135 995			
Rae Bareli	130 101	...	31 X 1980		
Raichur	...	170 500	Ambon	208 898	...
Raipur	...	461 851	Balikpapan	280 675	...
Rajahmundry	...	403 781	Bandjarmasin	381 286	...
Rajapalaiyam	114 042	...	Bandung	1 462 637	...
Rajkot	...	651 007	Bogor	247 409	...
Rajnandgaon	125 394	...	Cirebon	223 776	...
Ramagundam	213 962	...	Djambi	230 373	...
Rampur	242 752	...			
Ranchi	...	614 454	31 X 1985		
Ranaghat	...	126 611	JAKARTA	7 885 519	...
Raniganj	...	159 675			
Ranijanj	...	155 644	31 X 1980		
Ratlam	...	195 752	Kediri	221 830	...
Rewa	128 918	...	Madium	150 562	...
Rohtak	215 844	...	Magelang	123 484	...
Raurkela	...	398 692	Malang	511 780	...
Sagar	...	256 878	Manado	217 519	...
Saharanpur	373 904	...	Medan	1 378 955	...
Salem	...	573 685	Padang	480 922	...
Sambhal	150 012	...	Pakalongan	132 558	...
Sambalpur	...	192 917	Pakan Baru	186 262	...
Santipur	109 911	...	Palembang	787 187	...
Sangli	...	363 728	Pematang Siantar	150 376	...
Satna	...	160 191	Pontianak	304 778	...
Shahjahanpur	...	260 260			
Shillong	...	222 273	Probolinggo	100 296	...
Shimla	...	109 860	Samarinda	264 718	...
Shimoga	...	192 647	Semarang	1 026 671	...
Shivapuri	108 271	...	Sukabumi	109 994	...
Solapur	...	620 499	Surabaja	2 027 913	...
Sikar	148 235	...	Surakarta	469 888	...
Silchar	115 045	...	Tanjung Karang	284 275	...
Siliguri	226 677	...	Tegal	131 728	...
Sirsa	112 542	...	Ujung Pandang	709 038	...
Sitapur	120 595	...	Yogyakarta	398 727	...
Sivakasi	...	102 139			
Sonipat	142 992	...	Iran (Islamic Republic of – Rép. islamique d')		
Surat	...	1 517 076			
Tenali	148 836	...	22 IX 1986		
Thanjavur	200 216	...	Ahwaz	579 826	...
Tiruchchirappalli	...	711 120	Amol	118 242	...
Tirunelveli	...	365 932	Arak	265 349	...
Tirupati	...	189 030	Ardabil	281 973	...
Tiruppur	...	305 546	Babol	115 320	...
Tiruvannamalai	108 291	...	Bakhtaran	560 514	...
Thrissur	...	274 898	Bandar-e–Abbas	201 642	...
Thiruvananthapuram	...	825 682	Borujerd	183 879	...
Tonk	...	100 176	Bushehr	120 787	...
Tumkur	...	179 497	Dezful	151 420	...
Tuticorin	...	284 193	Esfahan	986 753	...
Udaipur	307 682	...	Gorgan	139 430	...
Udupi	...	117 744			

(See notes at end of table. – Voir notes à la fin du tableau.)

Continent, country or area, city and date / Continent, pays ou zone, ville et date	Population City proper Ville proprement dite	Urban agglomeration Agglomération urbaine	Continent, country or area, city and date / Continent, pays ou zone, ville et date	Population City proper Ville proprement dite	Urban agglomeration Agglomération urbaine
ASIA—ASIE (Cont.–Suite)			JERUSALEM [136]	[137] 544 200	...
			Netanya	139 700	...
Iran (Islamic Republic of – Rép. islamique d')			Petah Tiqwa	148 900	...
			Ramat Gan	122 700	...
22 IX 1986			Rishon Leziyyon	145 600	...
Hamadan	272 499		Tel Aviv–Yafo	353 200	1 843 700
Islam Shahr (Qasemabad)	215 129	...			
Karaj	275 100	...	**Japan – Japon**		
Kashan	138 599	...			
Kerman	257 284	...	**1 X 1990** [138] [139]		
Khomeini shahr	104 647	...	Abiko	*———120 628———*	
Khoramabad	208 592	...	Ageo	194 947	
Khoy	115 343	...	Aizuwakamatsu	119 080	
Malayer	103 640	...	Akashi	270 722	
Maraqeh	100 679	...	Akishima	105 372	
Mashhad	1 463 508	...	Akita	302 362	
Masjed Soleyman	104 787	...	Amagasaki	498 999	
Najafabad	129 058	...	Anjo	142 251	
			Aomori	287 808	
Neyshabur	109 258	...	Asaka	103 617	
Orumiyeh	300 746	...	Asahikawa	359 071	
Qaem shahr	109 288	...	Ashikaga	167 686	
Qazvin	248 591	...			
Qom	543 139	...	Atsugi	197 283	
Rajai shahr	117 852	...	Beppu	130 334	
Rasht	290 897	...	Chiba	829 455	
Sabzewar	129 103	...	Chigasaki	201 675	
Sanandaj	204 537	...	Chofu	197 677	
Sari	141 020	...	Daito	126 460	
Shiraz	848 289	...	Ebina	105 822	
Tabriz	971 482	...	Fuchu	209 396	
			Fuji	222 490	
TEHRAN	6 042 584	...	Fujieda	119 815	
Yazd	230 483	...	Fujinomiya	117 092	
Zahedan	281 923	...	Fujisawa	350 330	
Zanjan	215 261	...			
			Fukui	252 743	
Iraq			Fukuoka	1 237 062	
			Fukushima	277 528	
17 X 1987			Fukuyama	365 612	
Adhamiyah	464 151	...	Funabashi	533 270	
Al Sulaimaniya	951 723	...	Gifu	410 324	
Amara	208 797	...	Habikino	115 049	
Arbil	770 439	...	Hachinohe	241 057	
BAGHDAD	[135] 3 841 268	...	Hachioji	466 347	
Basra	406 296	...	Hadano	155 620	
Diwaniya	196 519	...	Hakodate	307 249	
Diyala	961 073	...	Hamamatsu	534 620	
Erbil	485 968	...	Higashiosaka	518 319	
Hilla	268 834	...	Higashikurume	113 818	
Kadhimain	521 444	...	Higashimurayama	134 002	
Karradah Sharqiyah	235 554	...	Himeji	454 360	
			Hino	165 928	
Kerbala	296 705	...	Hirakata	390 788	
Kirkuk	418 624	...	Hiratsuka	245 950	
Kut	183 183	...	Hirosaki	174 704	
Mamoon	244 545	...	Hiroshima	1 085 705	
Mosul	664 221	...	Hitachi	202 141	
Najaf	309 010	...	Hofu	117 634	
Nasariya	265 937	...	Ibaraki	254 078	
Ramadi	192 556	...	Ichihara	257 716	
Sulamaniya	364 096	...	Ichikawa	436 596	
			Ichinomiya	262 434	
Israel – Israël			Ikeda	104 218	
			Imabari	123 114	
31 XII 1991(E) [1]			Iruma	137 585	
Bat Yam	146 400	...	Ise	104 164	
Be'er Sheva	128 400	...	Isesaki	115 938	
Bene Beraq	121 200	...	Ishinomaki	121 976	
Haifa	251 000	446 600	Itami	186 134	
Holon	161 800	...	Iwaki	355 812	
			Iwakuni	109 530	

(See notes at end of table. – Voir notes à la fin du tableau.)

Continent, country or area, city and date / Continent, pays ou zone, ville et date	City proper Ville proprement dite	Urban agglomeration Agglomération urbaine	Continent, country or area, city and date / Continent, pays ou zone, ville et date	City proper Ville proprement dite	Urban agglomeration Agglomération urbaine
ASIA—ASIE (Cont.–Suite)			Naha	*———— 304 836 ————*	
			Nara	349 349	
Japan – Japon			Narashino	151 471	
			Neyagawa	256 524	
1 X 1990 [138] [139]			Niigata	486 097	
Iwatsuki	*———— 106 462 ————*		Niihama	129 149	
Izumi (Miyagi)	146 127		Niiza	138 919	
Joetsu	130 116		Nishinomiya	426 909	
Kadoma	142 297		Nobeoka	130 624	
Kagoshima	536 752		Noda	114 475	
Kakamigahara	129 680		Numazu	211 732	
Kakogawa	239 803		Obihiro	167 384	
Kamakura	174 307		Odawara	193 417	
Kanazawa	442 868		Ogaki	148 281	
Kariya	120 126		Oita	408 501	
Kashihara	115 554		Okayama	593 730	
Kashiwa	305 058		Okazaki	306 822	
Kasugai	266 599		Okinawa	105 845	
			Ome	125 960	
Kasukabe	188 823		Omiya	403 776	
Katsuta	109 825		Omuta	150 453	
Kawachinagano	108 767		Osaka	2 623 801	
Kawagoe	304 854		Ota	139 801	
Kawaguchi	438 680		Otaru	163 211	
Kawanishi	141 253		Otsu	260 018	
Kawasaki	1 173 603		Oyama	142 262	
Kiryu	126 446		Saga	169 963	
Kisarazu	123 433		Sagamihara	531 542	
Kishiwada	188 563		Sakai	807 765	
Kitakyushu [140]	1 026 455		Sakata	100 811	
Kitami	107 247		Sakura	144 688	
			Sapporo	1 671 742	
Kobe	1 477 410		Sasebo	244 677	
Kochi	317 069		Sayama	157 309	
Kodaira	164 013		Sendai	918 398	
Kofu	200 626		Seto	126 340	
Koganei	105 899		Shimizu	241 523	
Kokubanji	100 982		Shimonoseki	262 635	
Komaki	124 441		Shizuoka	472 196	
Komatsu	106 075		Soka	206 132	
Koriyama	314 642		Suita	345 206	
Koshigaya	285 259		Suzuka	174 105	
Kumagaya	152 124		Tachikawa	152 824	
Kumamoto	579 306		Takamatsu	329 684	
Kurashiki	414 693		Takaoka	175 466	
Kure	216 723		Takarazuka	201 862	
Kurume	228 347		Takasaki	236 461	
Kushiro	205 639		Takatsuki	359 867	
Kyoto	1 461 103		Tama	144 489	
Machida	349 050		Tokorozawa	303 040	
Maebashi	286 261		Tokushima	263 356	
Matsubara	135 919		Tokuyama	110 900	
Matsudo	456 210		1 X 1989(E) [138]		
Matsue	142 956		TOKYO [141]	8 278 116	11 927 457
Matsumoto	200 715				
Matsusaka	118 725		1 X 1990 [138] [139]		
Matsuyama	443 322		TOKYO [141]	8 163 573	...
Minoo	122 120		Tomakomai	*———— 160 118 ————*	
Misato	128 376		Tondabayashi	110 447	
Mishima	105 418		Tottori	142 467	
Mitaka	165 564		Toyama	321 254	
Mito	234 968		Toyohashi	337 982	
Miyakonojo	130 153		Toyokawa	111 730	
Miyazaki	287 352		Toyonaka	409 837	
Moriguchi	157 372		Toyota	332 336	
Morioka	235 434		Tsu	157 177	
Muroran	117 855		Tsuchiura	127 471	
Musashino	139 077		Tsuruoka	143 396	
Nagano	347 026		Ube	175 053	
Nagaoka	185 938		Ueda	119 435	
Nagareyama	140 059		Uji	177 010	
Nagasaki	444 599		Urawa	418 271	
Nagoya	2 154 793		Urayasu	115 675	
			Utsunomiya	426 795	

(See notes at end of table. – Voir notes à la fin du tableau.)

Continent, country or area, city and date / Continent, pays ou zone, ville et date	Population City proper Ville proprement dite	Population Urban agglomeration Agglomération urbaine	Continent, country or area, city and date / Continent, pays ou zone, ville et date	Population City proper Ville proprement dite	Population Urban agglomeration Agglomération urbaine
ASIA—ASIE (Cont.–Suite)			Kimhae	106 166	...
			Kyong ju (Gyeongju)	141 895	...
Japan – Japon			Kuri	109 418	...
			Masan	496 639	...
1 X 1990 [138] [139]			Mogpo	253 423	...
Wakayama	*——— 396 553 ———*		Pohang	318 595	...
Yachiyo	148 615				
Yaizu	112 186		Puchon (Bucheon)	667 777	...
Yamagata	249 487		Pusan (Busan)	3 797 566	...
Yamaguchi	129 461		Seongnam	540 764	...
Yamato	194 866		SEOUL	10 627 790	...
Yao	277 568		Shihung	107 190	...
Yatsushiro	108 135		Suncheon	167 209	...
Yokkaichi	274 180				
Yokohama	3 220 331		Suwon (Puwan)	644 968	...
Yokosuka	433 358		Taegu (Daegu)	2 228 834	...
Yonago	131 453		Taejon (Daejeon)	1 062 084	...
Zama	112 102		Uijong	212 368	...
			Ulsan	682 978	...
Jordan – Jordanie			Wonju	173 013	...
			Yosu	173 164	...
31 XII 1989(E)					
AMMAN	936 300	...	Kuwait – Koweït		
Irbid	167 785	...			
Zarqa	318 055	...	20 IV 1975		
			Hawalli	130 565	...
Kazakhstan			KUWAIT CITY	78 116	...
			Salmiya	113 943	...
1 I 1990(E)					
ALMATY	1 147 000	...	Kyrgyzstan – Kirghizistan		
Dzhambul(Zhambul)	311 000	...			
Dzhezkazgan(Zhezkazgan)	110 000	...	1 VII 1991(E)		
Ekibastuz	137 000	...	BISHKEK	627 800	...
Karaganda	613 000	...	Osh	219 100	...
Koktchetav	139 000	...			
Kustanai	228 000	...	Lao People's Dem. Rep. –		
Kzyl–Orda	156 000	...	Rép. dém.		
Pavlograd	125 000	...	populaire Lao		
Petropavlovsk (Severo–					
Kazakhstanskaya oblast)	245 000	...	1966(E)		
Semipalatinsk	339 000	...	VIENTIANE	132 253	...
Shevchenko(Aktau)	165 000	...	Lebanon – Liban		
Taldi–Kurgan(Taldikorgan)	122 000	...			
Temirtau	213 000	...	15 XI 1970 [142]		
Tselinograd(Akmola)	281 000	...	BEIRUT	474 870	938 940
Ust–Kamenogorsk	330 000	...	Tripoli	127 611	...
Korea, Republic of–			Macau – Macao		
Corée, République de					
			15 XII 1970		
1 XI 1990 [1]			MACAU	[143] 241 413	...
Andong	116 932	...			
Ansan	252 157	...	Malaysia – Malaisie		
Anyang	480 668	...	Peninsular Malaysia –		
Changweon	323 138	...	Malaisie Péninsulaire		
Chechon	102 037	...			
Cheju	232 687	...	10 VI 1980		
Cheonan	211 382	...	George Town	248 241	...
Cheongju	497 429	...	Ipoh	293 849	...
Chinhae	120 207	...	Johore Bharu	246 395	...
Chinju	258 365	...	Klang	192 080	...
Chonchu (Jeonju)	517 104	...	Kota Bahru	167 872	...
Chuncheon	174 153	...	KUALA LUMPUR	919 610	...
			Kuala Terengganu	180 296	...
Chungju	129 994	...	Kuantan	131 547	...
Hanam	101 278	...	Petaling Jaya	207 805	...
Inchon (Incheon)	1 818 293	...	Seremban	132 911	...
Iri	203 401	...	Taiping	146 002	...
Kangnung (Gangreung)	152 605	...			
Kumi (Gumi)	206 101	...			
Kunsan (Gunsan)	218 216	...			
Kwang myong	328 803	...			
Kwangchu (Gwangju)	1 144 695	...			

(See notes at end of table. – Voir notes à la fin du tableau.)

Continent, country or area, city and date / Continent, pays ou zone, ville et date	Population City proper Ville proprement dite	Population Urban agglomeration Agglomération urbaine	Continent, country or area, city and date / Continent, pays ou zone, ville et date	Population City proper Ville proprement dite	Population Urban agglomeration Agglomération urbaine
ASIA—ASIE (Cont.–Suite)			ASIA—ASIE (Cont.–Suite)		
Malaysia – Malaisie			Philippines		
Sabah					
10 VI 1980			1 VII 1991(E)		
KOTA KINABALU	108 725	...	Angeles	250 517	...
			Bacolod	343 320	...
Sarawak			Bago	137 955	...
			Baguio	162 440	...
25 VII 1970			Batangas	184 563	...
KUCHING	63 535	...	Butuan	229 056	...
			Cabanatuan	178 283	...
Maldives			Cadiz	148 178	...
			Cagayan de Oro	358 181	...
31 XII 1977			Calbayog	113 817	...
MALE	29 522	...	Caloocan	629 473	...
			Cavite	107 201	...
Mongolia – Mongolie			Cebu	641 042	...
1 I 1987(E)			Cotabato	105 660	...
ULAANBAATAR	515 100	...	Dagupan	118 067	...
			Davao	867 779	...
Myanmar			General Santos	205 263	...
			Gingoog	101 566	...
31 III 1983			Iligan	237 718	...
Bassein	144 096	...	Iloilo	297 094	...
Mandalay	532 949	...	Lapu–Lapu	128 887	...
Monywa	106 843	...			
Moulmein	219 961	...	1 VII 1984(E)		
Pegu	150 528	...	Las Pinas	190 364	...
Sittwe	107 621	...			
Taunggyi	108 231	...	1 VII 1991(E)		
YANGON	2 513 023	...	Legaspi	126 860	...
			Lipa	154 897	...
Nepal – Népal			Lucena City	148 644	...
22 VI 1981			1 VII 1984(E)		
KATHMANDU	235 160	...	Makati	408 991	...
			Malabon	212 930	...
Oman					
			1 VII 1991(E)		
1960(E)			Mandaue	183 617	...
MUSCAT	5 080	6 208			
			1 VII 1984(E)		
Pakistan [144]			Mandaluyong	226 670	...
			MANILA	1 728 441	6 720 050
1 III 1981					
Bahawalpur	...	180 263	1 VII 1991(E)		
Chiniot	...	105 559	MANILA	1 894 667	...
Dera Ghazi Khan	...	102 007			
Faisalabad(Lyallpur)	...	1 104 209	1 VII 1984(E)		
Gujranwala	...	658 753	Marikina	248 183	
Gujrat	...	155 058	Muntinlupa	172 421	...
Hyderabad	...	751 529			
ISLAMABAD	...	204 364	1 VII 1991(E)		
Jhang	...	195 558	Naga	118 238	...
Karachi	...	5 180 562			
Kasur	...	155 523	1 VII 1984(E)		
Lahore	...	2 952 689	Navotas	146 899	...
Mardan	...	147 977	1 VII 1991(E)		
Multan	...	732 070	Olongapo	161 140	...
Nawabshah	...	102 139	Ormoc	127 513	...
Okara	...	153 483	Pagadian	110 246	...
Peshawar	...	566 248			
Quetta	...	285 719	1 VII 1984(E)		
Rahimyar Khan	...	119 036	Paranaque	252 791	...
Rawalpindi	...	794 843			
Sargodha	...	291 362	1 VII 1991(E)		
Sheikhu Pura	...	141 168	Pasay	381 526	...
Sialkote	...	302 009			
			1 VII 1984(E)		
			Pasig	318 853	...

8. Population of capital cities and cities of 100 000 and more inhabitants: latest available year (continued)

Population des capitales et des villes de 100 000 habitants et plus: dernière année disponible (suite)

(See notes at end of table. – Voir notes à la fin du tableau.)

Continent, country or area, city and date / Continent, pays ou zone, ville et date	Population City proper Ville proprement dite	Population Urban agglomeration Agglomération urbaine	Continent, country or area, city and date / Continent, pays ou zone, ville et date	Population City proper Ville proprement dite	Population Urban agglomeration Agglomération urbaine
ASIA—ASIE (Cont.–Suite)			ASIA—ASIE (Cont.–Suite)		
Philippines			Syrian Arab Republic – République arabe syrienne		
1 VII 1991(E)					
Quezon City	162 789	...	8 IX 1981		
Roxas	106 305	...	DAMASCUS	1 112 214	1 444 303
San Carlos(Negros Occ.)	102 976	...			
San Carlos(Pangasinan)	121 548	...	1 VII 1992(E)		
San Pablo	170 373	...	DAMASCUS	1 451 000	...
Silay	141 260	...	Deir El–Zor	125 000	...
Tacloban	124 531	...			
			8 IX 1981		
1 VII 1984(E)			Hama	177 208	248 188
Taguig	130 719	...			
			1 VII 1992(E)		
1 VII 1991(E)			Hama	254 000	...
Toledo	116 020	...			
			8 IX 1981		
1 VII 1984(E)			Homs	346 871	407 981
Valenzuela	275 725	...			
			1 VII 1992(E)		
1 VII 1991(E)			Homs	518 000	...
Zamboanga	453 214	...			
			8 IX 1981		
Qatar			Lattakia	196 791	231 555
16 III 1986			1 VII 1992		
DOHA	217 294	...	Lattakia	284 000	...
Saudi Arabia – Arabie saoudite			Tajikistan – Tadjikistan		
14 IX 1974			1 I 1990(E)		
Dammam	127 844	...	DUSHANBE	602 000	...
Hufuf	101 271	...	Osh	218 000	...
Jeddah	561 104	...			
Makkah	366 801	...	Thailand – Thaïlande		
Medina	198 186	...			
RIYADH	666 840	...	1 IV 1990 [1] [123]		
Ta'if	204 857	...	BANGKOK	*———— 5 876 000 ————*	
			Chiang Mai	167 000	
Singapore – Singapour			Chon Buri	187 000	
			Khon Kaen	206 000	
30 VI 1992(E)			Nakhon Ratchasima	278 000	
SINGAPORE	*——— [145] 2 818 000 ———*		Nakhon Sawan	152 000	
			Nakhon Si Thammarat	112 000	
Sri Lanka			Nanthaburi	233 000	
			Saraburi	107 000	
1 VII 1990(E)			Songkhla	243 000	
COLOMBO	615 000	...	Ubon Ratchathani	137 000	
Dehiwala–Mount Lavinia	196 000	...			
			Turkey – Turquie		
1 VII 1986(E)					
Galle	109 000	...	21 X 1990		
			Adana	916 150	1 934 907
1 VII 1990(E)			Adapazari	171 225	316 307
Jaffna	129 000	...	ANKARA [146]	2 559 471	3 236 626
Kandy	104 000	...	Antalya	378 208	1 132 211
Kotte	109 000	...	Balikesir	170 589	973 314
Moratuwa	170 000	...	Batman	147 347	344 669
			Bursa	834 576	1 603 137
Syrian Arab Republic – République arabe syrienne			Denizli	204 118	750 882
			Diyarbakir	381 144	1 094 996
8 IX 1981			Elazig	204 603	498 225
Aleppo	985 413	1 121 781	Erzurum	242 391	848 201
			Eskisehir	413 082	641 057
1 VII 1992(E)					
Aleppo	1 445 000	...			
Al–Kamishli	151 000	...			
Al–Rakka	130 000	...			

8. Population of capital cities and cities of 100 000 and more inhabitants: latest available year (continued)

Population des capitales et des villes de 100 000 habitants et plus: dernière année disponible (suite)

(See notes at end of table. – Voir notes à la fin du tableau.)

Continent, country or area, city and date / Continent, pays ou zone, ville et date	Population		Continent, country or area, city and date / Continent, pays ou zone, ville et date	Population	
	City proper Ville proprement dite	Urban agglomeration Agglomération urbaine		City proper Ville proprement dite	Urban agglomeration Agglomération urbaine
ASIA—ASIE (Cont.–Suite)			**ASIA—ASIE (Cont.–Suite)**		
Turkey – Turquie			Viet Nam		
21 X 1990			1 IV 1989		
Gaziantep	603 434	1 140 594	Bac Lieu	83 482	115 900
Hatay	123 871	1 109 754	Bien Hoa	97 044	228 519
Içel	422 357	1 547 835	Buonmathuot	273 879	313 816
Iskenderun	154 807	259 475	Campha	105 336	127 408
Isparta	112 117	434 771	Cantho	208 078	284 306
Istanbul [147]	6 620 241	7 309 190	Dalat	102 583	115 959
Izmir [148]	1 757 414	2 694 770	Da Nang	369 734	369 734
Kahramanmaras	228 129	892 952	Haiphong	449 747	1 447 523
Kayseri	421 362	943 484	HANOI	1 089 760	3 056 146
Kirikkale	185 431	349 396	Ho Chi Minh [149]	2 899 753	3 924 435
Kocaeli	256 882	936 163	Hon Gai	123 102	129 394
Konya	513 346	1 750 303	Hué	211 718	260 489
Kütahya	130 944	578 020	Longxuyen	128 817	214 037
Malatya	281 776	702 055	Mytho	104 724	149 203
Manisa	158 928	1 154 418	Namdinh	165 629	219 615
Osmaniye	122 307	174 875	Nhatrang	213 460	263 093
Sakarya	171 225	683 061	Quang Ngai	34 402	89 232
Samsun	303 979	1 158 400	Qui Nhon	159 852	201 972
Siirt	68 320	243 435	Rach Gia	137 784	151 362
Sivas	221 512	767 481	Thai Nguyen	124 871	171 815
Tarsus	187 508	290 633	Thanhhoa	84 951	126 942
Trabzon	143 941	795 849	Viettri	73 347	116 084
Urfa	276 528	1 001 455	Vinh	110 793	175 167
Van	153 111	637 433	Vungtau	123 528	133 558
Zonguldak	116 725	1 073 560			
			Yemen – Yémen		
Turkmenistan – Turkménista			9 VIII 1973		
1 I 1990(E)			Aden	...	285 373
ASHKHABAD	407 000	...	1 VII 1977(E)		
Chardzhou	164 000	...	Aden	*271 590*	...
Tashauz	114 000	...	1 II 1986		
			Hodeidah	...	155 110
United Arab Emirates – Emirats arabes unis			1 VII 1975(E)		
15 XII 1980			SANA'A	*140 339*	...
ABU DHABI	242 975	...	1 II 1986		
Al–Aïn	101 663	...	SANA'A	...	427 185
Dubai	265 702	...	Taiz	...	178 043
Sharjah	125 149	...			
Uzbekistan – Ouzbékistan			**EUROPE**		
1 I 1990(E)			Albania – Albanie		
Almalyk	116 000	...	1 VII 1990(E)		
Andizhan	297 000	...	TIRANA	244 153	...
Angren	133 000	...	Andorra – Andorre		
Bukhara	228 000	...	30 IX 1986(E)		
Chimkent	401 000	...	ANDORRA LA VELLA	*16 151*	
Chirchik	159 000	...	Austria – Autriche		
Djizak	108 000	...	12 V 1981 [1]		
Fergana	198 000	...	Graz	243 166	394 981
Karshi	163 000	...	Innsbruck	117 287	234 941
Kokand	176 000	...	Klagenfurt	87 321	138 558
Leninabad	163 000	...	Linz	199 910	434 634
Namangan	312 000	...	Salzburg	139 426	267 277
Navoi	110 000	...	WIEN	1 531 346	2 044 331
Nukus	175 000	...	1 VII 1992(E)		
Samarkand	370 000	...	WIEN	1 560 471	...
TASHKENT	2 094 000	...			
Urgentch	129 000	...			

(See notes at end of table. – Voir notes à la fin du tableau.)

Continent, country or area, city and date / Continent, pays ou zone, ville et date	Population		Continent, country or area, city and date / Continent, pays ou zone, ville et date	Population	
	City proper Ville proprement dite	Urban agglomeration Agglomération urbaine		City proper Ville proprement dite	Urban agglomeration Agglomération urbaine
EUROPE (Cont.–Suite)			Plovdiv	379 083	379 083
			Roussé	192 365	209 762
Belarus – Bélarus			Shoumen	110 754	126 351
			Slivène	112 220	150 213
1 I 1990(E)			SOFIA	1 141 142	1 220 914
Baranovichi	163 000	...	Stara Zagora	164 553	188 226
Bobruisk	223 000	...	Varna	314 913	320 636
Borisov	147 000	...			
Brest	269 000	...	**Channel Islands – Iles Anglo–Normandes**		
Gomel	506 000	...	Jersey		
Grodno	277 000	...			
MINSK	1 613 000	...	23 III 1986		
Mogilev	363 000	...	ST. HELIER	27 012	46 329
Mozir	102 000	...			
Pinsk	122 000	...	10 III 1991		
Vitebsk	356 000	...	ST. HELIER	28 123	...
Belgium – Belgique [1] [150]			**Croatia – Croatie**		
1 I 1990(E)			31 III 1991		
Antwerpen (Anvers)	470 349	668 125	Osijek	104 553	...
1 III 1991			Rijeka	167 757	...
Antwerpen	467 518	...	Split	189 444	...
Brugge	117 063	...	ZAGREB	703 799	...
BRUXELLES (BRUSSEL)	136 428	954 045			
			Czech Republic – Rép. tchèque		
1 I 1990(E)					
Charleroi	206 779	294 962	3 III 1991		
			Brno	387 986	...
1 III 1991					
Charleroi	206 214	...	1 VII 1990(E)		
			Hradec Králové	101 176	...
1 I 1990(E)					
Genk/Hasselt	...	127 437	3 III 1991		
Gent (Gand)	230 543	250 666	Liberec	101 934	...
			Olomouc	105 690	...
1 III 1991			Ostrava	327 553	...
Gent (Gand)	230 246	...	Pizen	173 129	...
			PRAHA	1 212 010	...
1 I 1990(E)					
Kortrijk	76 081	114 371	1 VII 1990(E)		
La Louvière	76 138	115 739	Ustí nad Labem	106 598	...
Liège (Luik)	196 825	484 518			
			Denmark – Danemark		
1 III 1991					
Liège (Luik)	194 596	...	1 I 1992(E) [1]		
			Alborg	...	156 614
1 I 1990(E)			Arhus	...	267 873
Mons	91 867	175 290	KOBENHAVN	617 015	1 339 395
			Odense	...	179 487
1 I 1991(E)					
Namur	103 935	103 935	**Estonia – Estonie**		
1 III 1991			1 I 1991(E)		
Namur	103 443	...	TALLINN	478 496	499 183
			Tartu	114 350	...
Bosnia Herzegovina Bosnie–Herzégovine			**Faeroe Islands – Iles Féroé**		
31 III 1991			16 II 1970 [1]		
Banja Luka	142 644	...	THORSHAVN	10 726	...
31 III 1971			**Finland – Finlande**		
SARAJEVO	243 980	271 126			
			1 VII 1991(E)		
31 III 1991			Espoo	174 149	...
SARAJEVO	415 631	...	HELSINKI	494 971	976 883
			Oulu	101 829	140 945
Bulgaria – Bulgarie			Tampere	173 178	238 990
			Turku	159 291	246 474
31 XII 1990(E)			Vantaa	156 103	...
Bourgas	204 915	226 121			
Dobritch	115 786	115 786			
Plévène	138 323	167 993			

8. Population of capital cities and cities of 100 000 and more inhabitants: latest available year (continued)

Population des capitales et des villes de 100 000 habitants et plus: dernière année disponible (suite)

(See notes at end of table. – Voir notes à la fin du tableau.)

Continent, country or area, city and date / Continent, pays ou zone, ville et date	Population		Continent, country or area, city and date / Continent, pays ou zone, ville et date	Population	
	City proper Ville proprement dite	Urban agglomeration Agglomération urbaine		City proper Ville proprement dite	Urban agglomeration Agglomération urbaine
EUROPE (Cont.–Suite)			Bremerhaven	130 771	...
			Chemnitz	291 404	...
France [151] [152]			Cottbus	124 866	...
			Darmstadt	139 480	...
5 III 1990			Dortmund	599 913	...
Aix–en–Provence	123 778	1 230 871	Dresden	488 031	...
Amiens	131 880	156 140	Duisburg	536 666	...
Angers	141 354	208 222	Düsseldorf	576 651	...
Besançon	113 835	122 633	Erfurt	207 169	...
Bordeaux	210 467	696 819	Erlangen	102 605	...
Boulogne–Billancourt [153]	101 569	...	Essen	626 087	...
Brest	147 888	201 442	Frankfurt am Main	647 243	...
Caen	112 872	191 505	Freiburg im Breisgau	191 584	...
Clermont–Ferrand	136 180	254 451	Fürth	104 407	...
Dijon	146 723	230 469	Gelsenkirchen	293 397	...
			Gera	127 966	...
Fort–de–France	100 072	133 920	Göttingen	122 729	...
Grenoble	150 815	404 837	Hagen	214 062	...
Le Havre	195 932	253 675	Halle	307 200	...
Le Mans	145 439	189 032	Hamburg	1 660 724	...
			Hamm	180 095	...
4 III 1982			Hannover	514 445	...
Lens	...	323 000	Heidelberg	137 952	...
			Heilbronn	116 166	...
5 III 1990			Herne	178 428	...
Lille	172 149	[154] 959 433	Hildesheim	105 358	...
Limoges	133 469	170 072	Ingolstadt	106 394	...
Lyon	415 479	1 262 342	Jena	101 920	...
Marseille	800 309	[155] 1 230 871	Karlsruhe	276 512	...
Metz	119 598	193 160	Kassel	194 757	...
Montpellier	208 103	248 429	Kiel	246 580	...
Mulhouse	108 358	223 878	Koblenz	108 770	...
Nantes	244 514	495 229	Köln	955 539	...
Nice	342 903	517 291	Krefeld	244 967	...
Nimes	128 549	138 610			
			Leipzig	507 937	...
Orléans	105 099	243 137	Leverkusen	160 969	...
PARIS	2 152 329	[156] 9 319 367	Lübeck	215 227	...
Perpignan	105 869	157 755	Lüdwigshafen am Rhein	163 736	...
Reims	180 611	206 446	Magdeburg	277 209	...
Rennes	197 497	244 998	Mainz	180 783	...
Rouen	102 722	380 220	Mannheim	311 977	...
Saint–Denis	121 974	121 974	Moers	105 021	...
Saint–Etienne	199 528	313 467	Mönchengladbach	260 708	...
Strasbourg	252 274	[154] 388 466	Mülheim a.d. Ruhr	177 173	...
Toulon	167 788	437 825	München	1 236 547	...
			Münster (Westf.)	261 398	...
Toulouse	358 598	650 311	Neuss	147 195	...
Tours	129 506	282 193	Nürnberg	494 905	...
			Oberhausen	224 021	...
4 III 1982			Offenbach am Main	115 248	...
Trappes	...	142 000	Oldenburg	143 798	...
Troyes	...	125 000	Osnabrück	163 960	...
Valence	...	104 000	Paderborn	122 663	...
Valenciennes	...	[154] 337 000	Pforzheim	113 606	...
			Potsdam	139 522	...
5 III 1990			Recklinghausen	125 525	...
Villeurbanne	116 851	...	Regensburg	122 308	...
			Remscheid	123 442	...
Germany – Allemagne			Reutlingen	104 257	...
			Rostock	246 630	...
1 VII 1991(E) [1]			Saarbrücken	361 071	...
Aachen	243 223	...	Salzgitter	114 781	...
Augsburg	258 266	...	Schwerin	126 801	...
Bergisch Gladbach	104 143	...	Siegen	109 788	...
BERLIN	3 437 920	...	Solingen	165 567	...
Bielefeld	320 048	...	Stuttgart	583 746	...
Bochum	397 390	...	Ulm	110 986	...
Bonn	294 298	...	Wiesbaden	261 843	...
Bottrop	118 659	...	Witten	105 308	...
Braunschweig	258 544	...	Wolfsburg	129 194	...
Bremen	552 306	...	Wuppertal	383 925	...

Population des capitales et des villes de 100 000 habitants et plus: dernière année disponible (suite)

(See notes at end of table. – Voir notes à la fin du tableau.)

Continent, country or area, city and date / Continent, pays ou zone, ville et date	Population City proper Ville proprement dite	Population Urban agglomeration Agglomération urbaine	Continent, country or area, city and date / Continent, pays ou zone, ville et date	Population City proper Ville proprement dite	Population Urban agglomeration Agglomération urbaine
EUROPE (Cont.–Suite)			1 VII 1984(E)		
			Ancona	105 562	...
Germany – Allemagne			Bari	368 896	...
			Bergamo	120 512	...
1 VII 1991			Bologna	445 139	...
Würzburg	127 982	...	Bolzano	102 826	...
Zwickau	113 591	...	Brescia	203 187	...
			Cagliari	224 508	...
Gibraltar			Catania	379 039	...
			Catanzaro	101 964	...
30 VI 1991(E)			Cosenza	106 353	...
GIBRALTAR	28 074	...	Ferrara	146 735	...
			Firenze	438 304	...
Greece – Grèce					
			Foggia	157 595	...
5 IV 1981 [157]			Forli	110 884	...
ATHINAI	885 737	3 027 331	Genova	742 442	...
Calithèa	117 319	([158])	La Spezia	111 980	...
Iraclion	101 634	110 958	Livorno	176 051	...
Larissa	102 048	102 048	Messina	264 848	...
Patrai	141 529	154 596	Milano	1 548 580	...
Péristéri	140 858	([158])	Modena	178 657	...
Piraiévs	196 389	([158])	Monza	122 449	...
Thessaloniki	406 413	706 180	Napoli	1 207 750	...
			Novara	102 430	...
Holy See – Saint–Siège			Padova	229 950	...
30 VI 1988			Palermo	714 246	...
VATICAN CITY	766	...	Parma	177 099	...
			Perugia	144 505	...
Hungary – Hongrie			Pescara	131 948	...
			Piacenza	107 312	...
1 VII 1991(E)			Pisa	104 054	...
BUDAPEST	2 016 995	...	Prato	162 144	...
Debrecen	215 032	...	Ravenna	137 011	...
Györ	129 946	...	Reggio di Calabria	176 442	...
Kecskemét	104 066	...	Reggio nell'Emilia	130 747	...
Miskolc	193 194	...	Rimini	129 858	...
Nyiregyháza	114 776	...	ROMA	2 828 692	...
Pécs	170 283	...	Salerno	156 606	...
Szeged	176 907	...	Sassari	119 835	...
Székesfehérvár	109 209	...	Siracusa	118 966	...
			Taranto	243 777	...
Iceland – Islande			Terni	111 105	...
			Torino	1 059 505	...
1 VII 1990(E) [1]			Torre del Greco	104 866	...
REYKJAVIK	97 210	145 098	Trieste	244 980	...
			Udine	101 068	...
Ireland – Irlande			Venezia	339 272	...
			Verona	261 271	...
13 IV 1986			Vicenza	112 246	...
Cork	...	173 694			
			Latvia – Lettonie		
15 IV 1991					
Cork	127 024	...	1 VII 1990(E)		
			Daugavpils	126 847	...
13 IV 1986			Liepaja	114 951	...
DUBLIN	...	920 956	RIGA	908 677	...
15 IV 1991			Liechtenstein		
DUBLIN	477 675	...			
			31 XII 1982(E)		
Isle of Man – Ile de Man			VADUZ	4 904	...
6 IV 1986			Lithuania – Lituanie		
DOUGLAS	20 368	...			
			1 I 1991(E)		
Italy – Italie			Kaunas	428 745	...
			Klaipeda	206 994	...
25 X 1981					
Allessandria	100 523	...	1 I 1990(E)		
			Liepaya	115 000	...

8. Population of capital cities and cities of 100 000 and more inhabitants: latest available year (continued)

Population des capitales et des villes de 100 000 habitants et plus: dernière année disponible (suite)

(See notes at end of table. – Voir notes à la fin du tableau.)

Continent, country or area, city and date / Continent, pays ou zone, ville et date	Population City proper Ville proprement dite	Population Urban agglomeration Agglomération urbaine	Continent, country or area, city and date / Continent, pays ou zone, ville et date	Population City proper Ville proprement dite	Population Urban agglomeration Agglomération urbaine
EUROPE (Cont.–Suite)			Bytom	231 848	...
			Chorzow	131 468	...
Lithuania – Lituanie			Czestochowa	258 266	...
			Dabrowa Gornicza	137 249	...
1 I 1991(E)			Elblag	126 546	...
Panevezhis	132 403	...	Gdansk	465 395	...
Shauliai	149 590	...	Gdynia	251 463	...
VILNIUS	591 066	...	Gliwice	214 762	...
			Grudziadz	102 589	...
Luxembourg			Gorzow Wielkopolski	124 555	...
			Jastrzebie – Zdroj	104 034	...
1 III 1991 [1]			Kalisz	106 357	...
LUXEMBOURG–VILLE	75 377	...			
			Katowice	366 465	...
Malta – Malte [159]			Kielce	214 445	...
			Koszalin	109 313	...
31 XII 1980(E)			Krakow	750 588	...
VALLETTA	...	14 020	Legnica	105 637	...
			Lodz	846 514	...
1 VII 1990(E)			Lublin	352 163	...
VALLETTA	9 199	...	Olsztyn	163 905	...
			Opole	128 873	...
Monaco			Plock	124 451	...
			Poznan	590 087	...
4 III 1982 [1]			Radom	229 250	...
MONACO	27 063	...			
			Ruda Slaska	171 356	...
Netherlands – Pays–Bas			Rybnik	144 627	...
			Rzeszow	153 888	...
1 I 1992(E) [1] [160]			Slupsk	101 958	...
Amersfoort	104 390	...	Sosnowiec	259 481	...
AMSTERDAM	713 407	1 079 702	Szczecin	413 561	...
Apeldoorn	148 745	...	Tarnow	121 582	...
Arnhem	132 928	305 906	Torun	202 360	...
Breda	126 709	162 951	Tychy	139 562	...
Dordrecht	111 791	210 440	Walbrzych	141 067	...
Eindhoven	193 966	388 355	WARSZAWA	1 654 491	...
Enschede	147 199	252 989	Wloclawek	122 329	...
Geleen/Sittard	...	183 265	Wodzislaw Slaski	111 955	...
Groningen	169 387	208 474	Wroclaw	643 071	...
Haarlem	149 788	214 376	Zabrze	205 544	...
Haarlemmermeer	100 659	...	Zielona Gora	114 302	...
Heerlen/Kerkrade	...	269 070	Portugal		
Hilversum	...	102 481			
Leiden	112 976	190 565	15 IV 1991		
Maastricht	118 152	163 818	Funchal	109 957	...
Nijmegen	146 344	245 583	LISBOA	677 790	[161] 2 561 225
Rotterdam	589 707	1 060 379	Porto	310 637	[162] 1 174 461
's–Gravenhage	445 287	692 581			
's–Hertogenbosch	...	199 924	Republic of Moldova – République de Moldova		
Tilburg	160 618	233 693			
Utrecht	232 705	539 471	1 VII 1992(E)		
Velsen/Beverwijk	...	130 628	Beltsy	159 000	...
Zaanstad	131 273	145 284	Bendery	132 700	...
			KISHINEV	667 100	...
Zoetermeer	100 623	...	Tiraspol	186 200	...
Norway – Norvège			Romania – Roumanie		
1 VII 1991(E) [1]			7 I 1992		
Bergen	214 705	...	Arad	190 088	...
OSLO	464 543	745 517			
Trondheim	138 844	...	5 I 1977		
			Bacau	127 299	149 769
Poland – Pologne					
			7 I 1992		
1 VII 1991(E)			Bacau	204 495	...
Bialystok	272 137	...			
Bielsko – Biala	184 108	...	5 I 1977		
Bydgoszcz	382 004	...	Baia Mare	100 985	117 557

(See notes at end of table. – Voir notes à la fin du tableau.)

Continent, country or area, city and date Continent, pays ou zone, ville et date	Population	
	City proper Ville proprement dite	Urban agglomeration Agglomération urbaine
EUROPE (Cont.–Suite)		
Romania – Roumanie		
7 I 1992		
Baia Mare	148 815	...
Botosani	126 204	...
5 I 1977		
Braila	195 659	199 891
7 I 1992		
Braila	234 706	...
5 I 1977		
Brasov	256 475	[163] 262 041
7 I 1992		
Brasov	323 835	...
5 I 1977		
BUCURESTI	1 807 239	1 934 025
7 I 1992		
BUCURESTI	2 064 474	...
Buzau	148 247	...
Cluj–Napoca	328 008	...
5 I 1977		
Constanta	256 978	[164] 290 226
7 I 1992		
Constanta	350 476	...
5 I 1977		
Craiova	221 261	249 461
7 I 1992		
Craiova	303 520	...
Drobeta Turnu–Severin	115 526	...
Focsani	101 296	...
5 I 1977		
Galati	238 292	246 501
7 I 1992		
Galati	325 788	...
5 I 1977		
Iasi	265 002	284 308
7 I 1992		
Iasi	342 994	...
5 I 1977		
Oradea	170 531	181 709
7 I 1992		
Oradea	220 848	...
Piatra Neamt	123 175	...
5 I 1977		
Pitesti	123 735	165 387
7 I 1992		
Pitesti	179 479	...
5 I 1977		
Ploiesti	199 699	254 592
7 I 1992		
Ploiesti	252 073	...

Continent, country or area, city and date Continent, pays ou zone, ville et date	Population	
	City proper Ville proprement dite	Urban agglomeration Agglomération urbaine
EUROPE (Cont.–Suite)		
Romania – Roumanie		
1 VII 1991		
Resita	106 595	...
7 I 1992		
Rimnicu Vilcea	113 356	...
5 I 1977		
Satu–Mare	103 544	103 612
7 I 1992		
Satu–Mare	131 859	...
5 I 1977		
Sibiu	151 137	169 692
7 I 1992		
Sibiu	169 696	...
Suceava	114 355	...
5 I 1977		
Timisoara	269 353	282 691
7 I 1992		
Timisoara	334 278	...
5 I 1977		
Tirgu–Mures	130 076	152 561
7 I 1992		
Tirgu–Mures	163 625	...
Russian Federation – Fédération Russe		
1 I 1992(E)		
Abakan	158 200	...
Achinsk	122 400	123 700
Almetievsk	133 000	141 000
Angarsk	268 800	275 900
Anzhero–Sudzhensk	106 400	112 900
Arkhangelsk	413 600	421 400
Armavir	162 700	178 900
Arzamas	112 400	...
Astrakhan	512 200	
Balakovo	202 900	203 700
Balashikha	137 600	...
Barnaul	606 200	665 400
Belgorod	314 200	...
Berezniki	197 400	198 600
Biisk	234 500	241 500
Blagoveshchensk (Amurskaya oblast)	214 000	217 400
Bratsk	259 300	287 300
Bryansk	460 500	482 000
Catapov	909 300	915 900
Cheboksary	438 900	452 400
Chelyabinsk	1 143 000	1 169 600
Cherepovets	317 100	...
Cherkessk	118 700	...
Chita	376 500	377 100
Dimitrovgrad	128 900	297 800
Dzerzhinsk (Novgorodskaya oblast)	286 600	...
Ekaterinoburg	1 370 700	1 412 900
Elektrostal	152 900	...
Elets	120 800	...
Engels	183 300	215 800

(See notes at end of table. – Voir notes à la fin du tableau.)

Continent, country or area, city and date / Continent, pays ou zone, ville et date	Population		Continent, country or area, city and date / Continent, pays ou zone, ville et date	Population	
	City proper Ville proprement dite	Urban agglomeration Agglomération urbaine		City proper Ville proprement dite	Urban agglomeration Agglomération urbaine
EUROPE (Cont.–Suite)			Novotroitsk	107 400	114 000
			Obninsk	105 200	...
Russian Federation – Fédération Russe			Odintsovo	129 200	...
			Oktyabrsky	107 300	...
1 I 1992(E)			Omsk	1 168 600	1 192 500
Glazov	106 800	...	Orekhovo–Zuevo	136 200	...
Grozny	387 500	...	Orel	346 600	...
Irkutsk	637 000	644 300	Orenburg	556 500	573 800
Ivanovo	480 400	...	Orsk	273 200	276 700
Izhevsk	650 700	...	Penza	552 300	552 700
Kaliningrad (Kaliningradskaya oblast	410 700	...	Perm	1 098 600	1 108 400
Kaliningrad (Moskovskaya oblast)	161 600	190 800	Pervouralsk	143 700	175 600
Kaluga	346 800	364 400	Petropavlovsk–Kamchatsky	272 600	284 500
Kamensk–Uralsky	208 700	210 400	Petrozavodsk	279 500	280 100
Kamyshin	125 400	...	Podolsk	207 600	...
Kansk	110 400	...	Prokopyevsk	271 500	271 900
			Pskov	208 500	...
Kazan	1 104 000	1 106 700	Pyatigorsk	132 000	187 900
Kemerovo	520 600	559 300	Rybinsk	252 200	...
Khabarovsk	614 600	625 900	Rostov–na–Donu	1 027 100	...
Khimki	135 300	137 900	Rubtsovsk	172 400	...
Kineshma	104 400	...	Ryazan	528 500	532 500
Kiselevsk	126 400	132 300	Salavat	152 400	...
Kislovodsk	117 700	122 300	Samara (Samarskaya oblast)	1 239 200	1 271 400
Kolomna	163 700	...	Saransk	322 000	349 900
Kolpino	144 600	...	Sarapyul	110 500	111 500
Komsomolsk–na–Amure	318 600	...	Sergiev Posad	115 500	...
Kostroma	282 300	301 800	Serov	103 400	106 100
Kovrov	161 900	...	Serpukhov	140 700	...
			Severodvinsk	249 800	252 400
Krasnodar	634 500	750 900	Shakhty	227 000	...
Krasnoyarsk	925 000	...	Shchelkovo	109 400	...
Kurgan	365 100	371 000	*650779	656 400	676 100
Kursk	435 200	...	Smolensk	351 600	...
Kuznetsk	100 600	100 800	Sochi	344 200	394 600
Leninsk–Kuznetsky	132 000	172 300	Solikamsk	109 900	...
Lipetsk	463 600	503 600	St. Petersburg	4 436 700	5 003 800
Lyubertsy	164 300	...	Starsy Oskol	184 200	185 000
Magadan	152 000	163 600	Stavropol	331 800	331 900
Magnitogorsk	441 200	441 700	Sterlitamak	254 000	...
Makhachkala	339 300	374 300	Surgut	259 000	...
Malkop	155 100	173 300	Syktivkar	225 800	242 000
Mezhdurechensk	107 500	...	Syzran	174 800	185 000
Miass	170 400	184 500	Taganrog	293 400	...
Michurinsk	109 000	124 500	Tambov	310 600	335 400
MOSKVA	8 746 700	8 956 900	Tolyatti	665 700	677 200
Murmansk	468 300	...	Tomsk	504 700	505 700
Murom	126 500	145 600	Tula	541 400	591 100
Mytishchi	154 100	...	Tver	455 600	459 700
Naberezhnye Tchelny	514 400	517 400	Tyumen	496 200	549 600
Nakhodka	165 500	194 100	Ufa	1 097 200	1 099 500
Naltchik	242 300	260 000	Uhta	112 000	141 900
Neftekamsk	113 100	120 000	Ulan–Ude	366 000	384 300
Nevinnomyssk	124 900	...	Usolie Sibirskoye	106 900	...
Nizhnekamsk	199 300	...	Ussuriisk	161 100	...
Nizhenvartovsk	243 300	...	Velikie Luky	115 800	...
Nizhny Tagil	437 400	...	Viyatka (Kirovskaya oblast)	492 500	524 900
Nizhny Novgorod	1 440 600	1 451 300	Vladikavkaz Osetinskaya ASSR)	324 700	341 000
Noginsk	121 600	...	Vladimir	356 100	376 900
Norilsk	165 400	260 200	Vladivostok	647 800	674 600
Novgorod	235 200	242 600	Volgodonsk	182 300	189 700
Novocheboksarsk	120 200	120 700	Volgograd	1 006 100	1 030 900
Novocherkassk	188 300	201 600	Vologda	289 800	301 400
Novokuybishevsk	113 000	115 200	Volzhsky	280 500	289 100
Novokuznetsk	600 200	614 400	Vorkuta	116 000	213 700
Novomoskovsk (Tulskaya oblast)	145 400	...	Voronezh	902 200	957 500
Novorossiysk	189 700	233 600	Votkinsk	104 800	...
Novoshakhtinsk	107 100	123 000	Yakutsk	197 600	229 700
Novosibirsk	1 441 900	1 471 600	Yaroslav	636 900	...

(See notes at end of table. – Voir notes à la fin du tableau.)

Continent, country or area, city and date / Continent, pays ou zone, ville et date	Population		Continent, country or area, city and date / Continent, pays ou zone, ville et date	Population	
	City proper Ville proprement dite	Urban agglomeration Agglomération urbaine		City proper Ville proprement dite	Urban agglomeration Agglomération urbaine
EUROPE (Cont.–Suite)			Jaén	*——— 107 627 ———*	
			1 IV 1986(E)		
Russian Federation – Fédération Russe			Jérez de la Frontera	179 191	
			1 VII 1989(E)		
1 I 1992(E)			La Coruña	243 673	
Yoshkar–Ola	249 200	276 000			
Yuzno–Sakhalinsk	164 800	173 800	1 IV 1986(E)		
Zelenograd	159 700	170 000	La Laguna	107 593	
Zhukovsky	101 300	...			
Zlatoust	207 800	210 300	1 VII 1989(E)		
			Las Palmas (Canarias)	354 378	
San Marino – Saint–Marin					
			1 IV 1986(E)		
31 XII 1989(E)			Leganés	167 783	
SAN MARINO	2 794	4 161			
			1 VII 1989(E)		
Slovakia – Slovaquie			Leon	139 497	
			Lérida	108 195	
3 III 1991			Logroño	119 517	
BRATISLAVA	441 453	...	MADRID	2 991 223	
Kosice	234 840	...	Málaga	605 366	
Slovenia – Slovénie			1 IV 1986(E)		
			Mataro	100 021	
1 VII 1991(E)			Mostoles	175 133	
LJUBLJANA	277 481	...			
Marebor	108 356	...	1 VII 1989(E)		
			Murcia	315 378	
Spain – Espagne [123]			Orense	103 886	
			Oviedo	186 490	
1 VII 1989(E)			Palma de Mallorca	297 794	
Albacete	*——— 132 486 ———*		Pamplona	178 523	
1 IV 1986(E)			1 IV 1986(E)		
Alcalá de Henares	144 268		Sabadell	186 115	
Alcorcon	137 884				
			1 VII 1989(E)		
1 VII 1989(E)			Salamanca	151 884	
Alicante	265 810		San Sebastián	176 721	
Almería	162 181				
Badajoz	123 658		1 IV 1986(E)		
			Santa Coloma de Gramanet	135 258	
1 IV 1986(E)					
Badalona	225 016		1 VII 1989(E)		
Baracaldo	114 094		Santa Cruz de Tenerife	228 840	
			Santander	190 117	
1 VII 1989(E)			Sevilla	653 533	
Barcelona	1 667 699		Tarragona	104 704	
Bilbao	351 276				
Burgos	161 912		1 IV 1986(E)		
Cádiz	154 181		Tarrasa	160 105	
1 IV 1986(E)			1 VII 1989(E)		
Cartagena	168 596		Valencia	718 750	
			Valladolid	331 636	
1 VII 1989(E)					
Castellon	129 179		1 IV 1986(E)		
Cordoba	305 490		Vigo	261 878	
1 IV 1986(E)			1 VII 1989(E)		
Elche	175 649		Vitoria	205 763	
Fuenlabrada	119 848		Zaragoza	573 994	
Getafe	131 840				
Gijon	258 291		Sweden – Suède [1]		
1 VII 1989(E)			1 XI 1990		
Granada	261 914		Boras	88 695	101 686
1 IV 1986(E)			31 XII 1991(E)		
Hospitalet de Llobreapt	279 779		Boras	102 387	...
1 VII 1989(E)					
Huelva	139 955				

8. Population of capital cities and cities of 100 000 and more inhabitants: latest available year (continued)

Population des capitales et des villes de 100 000 habitants et plus: dernière année disponible (suite)

(See notes at end of table. – Voir notes à la fin du tableau.)

Continent, country or area, city and date / Continent, pays ou zone, ville et date	City proper / Ville proprement dite	Urban agglomeration / Agglomération urbaine	Continent, country or area, city and date / Continent, pays ou zone, ville et date	City proper / Ville proprement dite	Urban agglomeration / Agglomération urbaine
EUROPE (Cont.–Suite)			The former Yugoslav Rep. of Macedonia – L'ex Rép. yougoslavie de Macédonie		
Sweden – Suède [1]			31 III 1991		
1 XI 1990			SKOPLJE	393 471	...
Göteborg	398 682	433 020			
31 XII 1991(E)			Ukraine		
Göteborg	432 112	...			
			1 I 1992(E)		
1 XI 1990			Alchevsk	127 000	
Helsingborg	103 627	109 273	Alexandriya	106 000	
			Belaya Tserkov	209 000	
31 XII 1991(E)			Berdyansk	137 000	...
Helsingborg	109 907	...	Cherkassy	308 000	
			Chernigov	311 000	
1 XI 1990			Chernovtsy	261 000	
Jönköping	100 590	111 476	Dneprodzerzhinsk	286 000	
			Dnepropetrovsk	1 190 000	...
31 XII 1991(E)			Donetsk		
Jönköping	112 277	...	(Donestskaya oblast)	1 121 000	
			Enakievo	120 000	...
1 XI 1990					
Linköping	108 668	122 153	Evpatoriya	113 000	
			Gorlovka	336 000	...
31 XII 1991(E)			Ivano–Frankovsk	230 000	
Linköping	123 352	...	Kamenetz–Podolsky	106 000	
			Kertch	181 000	
1 XI 1990			Kharkov	1 622 000	...
Malmö	233 870	254 840	Kherson	368 000	
			Khmelnitsky	250 000	
31 XII 1991(E)			KIEV	2 643 000	...
Malmö	234 796	...	Kirovograd	280 000	
			Konstantinovka	107 000	
1 XI 1990			Krasny Lutch	114 000	
Norrköping	108 841	120 478			
			Kramatorsk	203 000	
31 XII 1991(E)			Krementchug	245 000	...
Norrköping	120 756	...	Krivoi Rog	729 000	
			Lisichask	127 000	
1 XI 1990			Lugansk	505 000	
Orebro	102 020	120 889	Lutsk	215 000	
			Lvov	807 000	...
31 XII 1991(E)			Makeyevka	426 000	
Orebro	122 042	...	Mariupol	523 000	
			Melitopol	178 000	...
1 XI 1990			Nikolaev		
STOCKHOLM	674 680	880 096	(Nikolaevskaya oblast)	515 000	
			Nikopol	160 000	...
31 XII 1991(E)			Odessa	1 096 000	
STOCKHOLM	679 364	...	Pavlograd	136 000	
			Poltava	324 000	
1 XI 1990			Rovno	244 000	
Uppsala	143 120	167 260	Sevastopol	371 000	
			Severodonetsk	134 000	
31 XII 1991(E)			Simferopol	357 000	
Uppsala	170 743	...	Slavyansk	138 000	
			Stakhanov	113 000	
1 XI 1990			Sumy	305 000	
Västeras	112 800	119 780	Ternopol	225 000	
			Uzhgorod	125 000	
31 XII 1991(E)			Vinnitsa	384 000	...
Västeras	120 354	...	Zaporozhye	898 000	
			Zhitomir	299 000	...
Switzerland – Suisse					
			United Kingdom – Royaume–Uni		
1 VII 1991(E) [1]					
Bâle	171 903	359 440	1 VII 1991(E) [165]		
BERNE	134 510	298 892	Aberdeen	213 900	...
Genève	167 431	392 918	Amber Valley	112 800	
Lausanne	123 153	264 897	Arun	131 500	
Zürich	342 391	840 043	Ashfield	109 700	...

8. Population of capital cities and cities of 100 000 and more inhabitants: latest available year (continued)

Population des capitales et des villes de 100 000 habitants et plus: dernière année disponible (suite)

(See notes at end of table. – Voir notes à la fin du tableau.)

Continent, country or area, city and date / Continent, pays ou zone, ville et date	Population City proper Ville proprement dite	Population Urban agglomeration Agglomération urbaine	Continent, country or area, city and date / Continent, pays ou zone, ville et date	Population City proper Ville proprement dite	Population Urban agglomeration Agglomération urbaine
EUROPE (Cont.–Suite)			Glasgow [169]	687 600	...
			Greenwich [166]	212 000	...
United Kingdom – Royaume–Uni			Guildford	126 900	...
			Hackney [166]	183 600	...
			Halton	124 700	...
1 VII 1991(E) [165]			Hamilton	106 800	...
Aylesbury Vale	148 300	...	Hammersmith and Fulham [166]	152 000	...
Barking and Dagenham [166]	145 200	...	Haringey [166]	206 800	...
Barnet [166]	298 100	...	Harrogate	146 200	...
Barnsley	224 200	...	Harrow	202 900	...
Basildon	162 400	...	Havant and Waterloo	120 800	...
Basingstoke & Deane	146 300	...	Havering [166]	231 200	...
Bassetlaw	105 300	...	Hillingdon [166]	235 200	...
Belfast [167]	287 100	...	Horsham	110 500	...
Beverley	113 600	...	Hounslow [166]	207 700	...
Bexley [166]	218 100	...	Huntingdon	149 600	...
Birmingham	994 500	...	Ipswich	118 800	...
Blackburn	137 800	...	Islington [166]	169 600	...
Blackpool	150 100	...	Kensington and Chelsea [166]	141 400	...
Bolton	262 900	...	Kings Lynn & West Norfolk	132 300	...
Bournemouth	159 500	...	Kingston upon Hull	262 900	...
Bradford	468 700	...	Kingston upon Thames [166]	136 800	...
Braintree	119 900	...			
Breckland	108 600	...	Kirkcaddy	148 200	...
Brent [166]	247 200	...	Kirklees	381 200	...
Brighton	153 800	...	Knowsley	154 500	...
Bristol	392 600	...	Kyle and Carrick	113 400	...
Broadland	107 400	...	Lambeth [166]	249 900	...
Bromley [166]	293 000	...	Lancaster	130 300	...
Broxtowe	108 800	...	Langbaurgh	146 400	...
Bury	179 100	...	Leeds	706 300	...
Calderdale	194 100	...	Leicester	280 500	...
Cambridge	105 700	...	Lewisham [166]	235 700	...
Camden [166]	177 800	...	Liverpool	474 500	...
Canterbury	130 800	...	LONDON [170]	6 803 100	...
Cardiff [168]	290 000	...	Luton	174 600	...
Carlisle	102 000	...	Macclesfield	151 400	...
Charnwood	147 900	...	Maidstone	137 700	...
Chelmsford	154 300	...	Manchester	432 600	...
Cherwell	125 600	...	Mansfield	101 600	...
Chester	118 300	...	Merton [166]	170 700	...
Chesterfield	100 300	...	Middlesbrough	144 400	...
Chichester	103 100	...	Mid Bedfordshire	113 300	...
Colchester	146 600	...	Mid Sussex	122 700	...
Coventry	306 300	...	Milton Keynes	178 900	...
Crewe & Nantwich	105 300	...	Monklands	104 000	...
Croydon [166]	317 200	...	Motherwell	144 800	...
Cunninghame	139 100	...	Newark and Sherwood	103 700	...
Dacorum	133 900	...	Newbury	139 900	...
Derby	222 500	...	Newcastle–under–Lyme	122 100	...
Doncaster	293 600	...	Newcastle upon Tyne	273 300	...
Dover	105 600	...	Newham [166]	217 000	...
Dudley	309 200	...	Newport	135 400	...
Dundee	172 100	...	New Forest	162 200	...
Dunfermline	128 300	...	Northampton	184 400	...
Ealing [166]	280 000	...	Northavon	132 900	...
East Devon	118 700	...	North Bedfordshire	136 400	...
East Hampshire	104 700	...	North Hertfordshire	113 200	...
East Hertfordshire	117 900	...	North Tyneside	195 400	...
Eastleigh	107 100	...	North Wiltshire	114 600	...
East Lindsey	118 800	...	Norwich	125 300	...
Edinburgh	438 800	...	Nottingham	276 000	...
Elmbridge	114 600	...	Nuneaton & Bedworth	118 200	...
Enfield [166]	261 500	...	Ogwr	133 500	...
Erewash	107 400	...	Oldham	219 600	...
Epping Forest	117 200	...	Oxford	127 700	...
Exeter	104 800	...	Perth and Kinross	125 000	...
Falkirk	143 100	...	Peterborough	155 200	...
Fareham	100 500	...	Plymouth	254 400	...
Gateshead	203 200	...	Poole	135 400	...
Gedling	111 100	...			

8. Population of capital cities and cities of 100 000 and more inhabitants: latest available year (continued)

Population des capitales et des villes de 100 000 habitants et plus: dernière année disponible (suite)

(See notes at end of table. – Voir notes à la fin du tableau.)

Continent, country or area, city and date / Continent, pays ou zone, ville et date	City proper Ville proprement dite	Urban agglomeration Agglomération urbaine	Continent, country or area, city and date / Continent, pays ou zone, ville et date	City proper Ville proprement dite	Urban agglomeration Agglomération urbaine
EUROPE (Cont.–Suite)			Warwick	118 200	...
			Waveney	108 500	...
United Kingdom – Royaume–Uni			Waverley	116 100	...
			Wealden	131 900	...
1 VII 1991(E) [165]			West Lancashire	109 100	...
Portsmouth	185 200	...	West Lothian	146 400	...
Preston	129 900	...	West Wiltshire	109 200	...
Reading	134 600	...	Westminster, City of [166]	182 500	...
Redbridge [166]	229 800	...	Wigan	310 500	...
Reigate and Banstead	118 900	...	Windsor and Maidenhead	135 200	...
Renfrew	200 900	...	Wirral	336 100	...
Rhymney Valley	104 600	...	Wolverhampton	249 100	...
Richmond upon Thames [166]	163 400	...	Wokingham	141 800	...
Rochdale	205 200	...	Woodspring	180 500	...
Rochester–upon–Medway	147 100	...	Wrexham Maelor	116 700	...
Rotherham	254 700	...	Wychavon	102 400	...
St. Albans	126 900	...	Wycombe	160 500	...
St. Helens	180 800	...	Wyre	103 300	...
Salford	227 400	...	York	103 300	...
Salisbury	107 800	...			
Sandwell	295 200	...	Yugoslavia – Yougoslavie		
Scarborough	109 500	...			
Sefton	295 100	...	31 III 1991 [1]		
Sevenoaks	109 600	...	BEOGRAD	1 136 786	...
Sheffield	520 300	...	Kragujevac	146 607	...
Slough	102 400	...	Nis	175 555	...
Solihull	201 400	...	Novi Sad	178 896	...
Southampton	204 500	...	Pristina	108 083	...
Southend on Sea	162 900	...	Subotica	100 219	...
South Bedfordshire	110 000	...	Titograd	118 059	...
South Cambridgeshire	122 500	...			
South Kesteven	110 200	...	OCEANIA—OCEANIE		
South Norfolk	104 100	...			
South Oxfordshire	120 800	...	American Samoa – Samoa américaines		
South Ribble	102 900	...			
South Somerset	144 000	...	1 IV 1980 [1] [15]		
South Staffordshire	106 400	...	PAGO PAGO	3 075	...
South Tyneside	157 300	...			
Southwark [166]	222 200	...	Australia – Australie [1] [171]		
Stafford	120 300	...			
Stockport	288 100	...	30 VI 1986		
Stockton–on–Tees	175 300	...	Adelaide	917 000	1 803 800
Stoke on Trent	249 700	...	1 VII 1990(E)		
Stratford–on–Avon	106 200	...	Adelaide	1 049 843	...
Stroud	104 600	...			
Suffolk Coastal	116 000	...	30 VI 1986		
Sunderland	296 400	...	Brisbane	1 037 815	1 196 050
Sutton [166]	170 300	...	1 VII 1990(E)		
Swale	116 900	...	Brisbane	1 301 658	...
Swansea	187 600	...			
Tameside	220 100	...	30 VI 1986		
Teignbridge	110 200	...	CANBERRA	247 200	281 000
Tendring	127 200	...	1 VII 1990(E)		
Test Valley	103 400	...	CANBERRA	310 103	...
Thamesdown	173 000	...			
Thanet	127 200	...	30 VI 1986		
The Wrekin	141 700	...	Central Coast	162 669	...
Thurrock	129 600	...	Geelong	125 833	145 910
Tonbridge and Malling	102 700	...	1 VII 1990(E)		
Torbay	122 800	...	Geelong	151 408	...
Tower Hamlets [166]	165 000	...			
Trafford	216 000	...	30 VI 1986		
Vale of Glamorgan	115 800	...	Gold Coast	185 612	209 050
Vale of White Horse	113 100	...	1 VII 1990(E)		
Vale Royal	114 700	...	Gold Coast	265 496	...
Wakefield	315 800	...			
Walsall	263 400	...			
Waltham Forest [166]	216 200	...			
Wandsworth [166]	258 700	...			
Warrington	185 100	...			

8. Population of capital cities and cities of 100 000 and more inhabitants: latest available year (continued)

Population des capitales et des villes de 100 000 habitants et plus: dernière année disponible (suite)

(See notes at end of table. – Voir notes à la fin du tableau.)

Continent, country or area, city and date / Continent, pays ou zone, ville et date	Population		Continent, country or area, city and date / Continent, pays ou zone, ville et date	Population	
	City proper Ville proprement dite	Urban agglomeration Agglomération urbaine		City proper Ville proprement dite	Urban agglomeration Agglomération urbaine
OCEANIA—OCEANIE(Cont.–Suite)			OCEANIA—OCEANIE(Cont.–Suite)		
Australia – Australie			New Caledonia – Nouvelle–Calédonie		
30 VI 1986			4 IV 1989		
Greater Wollongong	206 803	232 310	NOUMEA	65 110	97 581
1 VII 1990(E)			New Zealand – Nouvelle–Zélande		
Greater Wollongong	238 240	...			
30 VI 1986			31 III 1992*		
Hobart	127 106	179 020	Auckland	316 900	896 200
			Christchurch	293 700	308 200
1 VII 1990(E)			Dunedin	117 100	110 000
Hobart	183 537	...	Hamilton	102 500	150 000
30 VI 1986			Manukau	229 800	([173])
Melbourne	2 645 484	2 931 900	Northshore	153 300	...
			Waitakere	139 900	...
1 VII 1990(E)			WELLINGTON	150 100	325 700
Melbourne	3 080 881	...	Papua New Guinea – Papouasie–Nouvelle– Guinée		
30 VI 1986					
Newcastle	255 787	416 120	22 IX 1980		
1 VII 1990(E)			PORT MORESBY	118 424	123 624
Newcastle	428 756	...			
30 VI 1986			1 VII 1990(E)		
Perth	895 710	1 050 350	PORT MORESBY	*173 500*	...
1 VII 1990(E)			Pitcairn		
Perth	1 193 059	...			
Sunshine Coast	109 474	...	1 VII 1990		
			ADAMSTOWN	...	52
30 VI 1986			Samoa		
Sydney	2 989 070	3 472 650			
1 VII 1990(E)			3 XI 1976		
Sydney	3 656 543	...	APIA	...	32 099
Townsville	114 094	...	Solomon Islands – Iles Salomon		
Cook Islands – Iles Cook					
			23 XI 1986		
1 XII 1986			HONIARA	30 413	...
RAROTONGA	9 281	...	Tonga		
Fiji – Fidji					
			30 XI 1976		
31 VIII 1986			NUKU'ALOFA	...	18 312
SUVA	69 665	141 273	Vanuatu		
French Polynesia – Polynésie française					
			22 I 1986		
8 II 1971			VILA	13 067	14 184
PAPEETE	25 342	[172] 36 784			
6 IX 1988					
PAPEETE	23 555	...			
Guam					
1 IV 1990 [1] [15]					
AGANA	1 139	...			
Kiribati					
12 XII 1978					
TARAWA	...	17 921			

8. Population of capital cities and cities of 100 000 and more inhabitants: latest available year (continued)

Population des capitales et des villes de 100 000 habitants et plus: dernière année disponible (suite)

8. Population of capital cities and cities of 100 000 and more inhabitants: latest available year (continued)

Population des capitales et des villes de 100 000 habitants et plus: dernière année disponible (suite)

FOOTNOTES (continued)

20 Included in urban agglomeration of Cleveland.
21 Albany–Schenectady–Troy, New York "standard metropolitan statistical area".
22 Included in urban agglomeration of Washington, D.C.
23 Allentown–Bethlehem–Easton, Pennsylvania–New Jersey "standard metropolitan statistical area".
24 Included in urban agglomeration of Los Angeles.
25 Included in urban agglomeration of Detroit.
26 Appleton–Oshkosh–Neenah, Wisconsin "standard metropolitan statistical area".
27 Included in urban agglomeration of Dallas.
28 Included in urban agglomeration of Denver.
29 Beaumont–Port Arthur–Orange, Texas "standard metropolitan statistical area".
30 Included in urban agglomeration of San Francisco.
31 Biloxi–Gulfport, Mississippi "standard metropolitan statistical area".
32 Bloomington–Normal, Illinois "standard metropolitan statistical area".

33 Boston–Lawrence–Salem "standard consolidated statistical area", comprising "standard metropolitan statistical area" of Boston (1990 population 2 870 669), Brockton (189 478), Lawrence–Haverhill (393 516), Lowell (273 067), Nashua (180 557) and Salem–Gloucester (264 356).

34 Included in urban agglomeration of New York.
35 Brownsville–Harlingen–San Benito, Texas "standard metropolitan statistical area".
36 Bryan–College Station, "standard metropolitan statistical area".
37 Buffalo–Niagara Falls "standard consolidated statistical area", comprising "standard metropolitan statistical area" of Buffalo (1990 population 968 532) and Niagara Falls (220 756).
38 Champaign–Urbana–Rantoul, Illinois "standard metropolitan statistical area".

39 Charlotte–Gastonia–Rock Hill "standard metropolitan statistical area".
40 Included in urban agglomeration of Norfolk.
41 Chicago–Gary–Lake County "standard consolidated standard statistical area", comprising "standard metropolitan statistical area" of Aurora–Elgin (1990 population 356 884), Chicago (6 069 974), Gary–Hammod (604 526), Joliet (389 650), Kenosha (128 181) and Lake County (516 418).

42 Included in urban agglomeration of San Diego.
43 Cincinnati–Hamilton "standard consolidated statistical area", comprising "standard metropolitan statistical area" of Cincinnati (1990 population 1 452 645) and Hamilton–Middletown (291 479).
44 Clarksville–Hopkinsville "standard metropolitan statistical area".
45 Cleveland–Akron–Lorain "standard consolidated statistical area", comprising "standard metropolitan statistical area" of Cleveland (1990 population 1 831 122), Akron (657 575) and Lorain–Elyria (271 126).

46 Dallas–Fort Worth "standard consolidated statistical area", comprising "standard metropolitan statistical area" of Dallas, (1990 population 2 553 262) and Fort Worth–Arlington (1 332 053).
47 Davenport–Rock Island–Moline, Iowa–Illinois "standard metropolitan statistical area".
48 Dayton–Springfield "standard metropolitan statistical area".
49 Denver–Boulder "standard consolidated statistical area", comprising "standard metropolitan statistical area" of Boulder–Longmont (1990 population 225 339) and Denver (1 622 980).

NOTES (suite)

20 Comprise dans l'agglomération de Cleveland.
21 "Zone métropolitaine statistique officielle" d'Albany–Schenectady–Troy (New York).
22 Comprise dans l'agglomération de Washington, D.C.
23 "Zone métropolitaine statistique officielle" d'Allentown–Bethlehem–Easton (Pennsylvania–New Jersey).
24 Comprise dans l'agglomération urbaine de Los Angeles.
25 Comprise dans l'agglomération urbaine de Detroit.
26 "Zone métropolitaine statistique officielle d'Appleton–Oshkosh–Neenah (Wisconsin).
27 Comprise dans l'agglomération urbaine de Dallas.
28 Comprise dans l'agglomération urbaine de Denver.
29 "Zone métropolitaine statistique officielle" du Beaumont–Port Arthur–Orange (Texas).
30 Comprise dans l'agglomération urbaine de San Francisco.
31 "Zone métropolitaine officielle" de Biloxi–Gulfport (Mississippi).
32 "Zone méetropolitaine statistique officielle" de Bloomington–Normal (Illinois).)

33 "Zone statistique officielle unifiée" de Boston–Lawrence–Salem, comprenant la "Zone métropolitaine statistique officielle" de Boston (2 870 669 habitants en 1990), de Brockton (189 478 habitants), de Lawrence–Haverhill (393 516 habitants), Lowell (273 067 habitants), Nashua (180 557 habitants) et de Salem–Gloucester (264 356 habitants).

34 Comprise dans l'agglomération urbaine de New York.
35 "Zone métropolitaine statistique officielle" de Brownsville–Harlingen–San Benito (Texas).
36 "Zone métropolitaine statistique officielle" de Bryan–College Station.
37 "Zone statistique officielle unifiée" de Buffalo–Niagara Falls, comprenant la "Zone métropolitaine statistique officielle" de Buffalo (968 532 habitants en 1990) et Niagara Falls (220 756 habitants).
38 "Zone métropolitaine statistique officielle" de Champaign–Urbana–Rantoul (Illinois).

39 "Zone métropolitaine statistique officielle" de Charlotte–Gastonia–Rock Hill.
40 Comprise dans l'agglomération urbaine de Norfolk.
41 "Zone statistique officielle unifiée" de Chicago–Gary–Lake County, comprenant la "Zone métropolitaine" de Aurora–Elgin (356 884 habitants en 1990), de Chicago (6 069 974 habitants), de Gary–Hammod (604 526 habitants), de Joliet (389 650 habitants), de Kenosha (128 181 habitants) et de Lake County (516 418 habitants).

42 Comprise dans l'agglomération urbaine de San Diego.
43 Zone statistique officielle unifiée" de Cincinnati comprenant la "Zone métropolitaine statistique officielle" de Cincinnati (1 452 645 habitants en 1990) et de Hamilton–Middletown (291 479 habitants).
44 "Zone métropolitaine statistique officielle" de Clarksville–Hopkinsville.
45 "Zone statistique officielle unifiée" de Cleveland–Akron–Lorain, comprenant la "Zone métropolitaine statistique officielle" de Cleveland (1 831 122 habitants en 1990), de Akron (657 575 habitants) et de Lorain–Elyria (271 126 habitants).

46 "Zone statistique officielle unifiée" de Dallas–Fort Worth, comprenant la "Zone métropolitaine statistique officielle" de Dallas (2 553 362 habitants en 1990) et de Fort Worth–Arlington (1 332 053 habitants).
47 "Zone métropolitaine statistique officielle" de Davenport–Rock Island–Moline (Iowa–Illinois).
48 "Zone métropolitaine statistique officielle" de Dayton–Springfield.
49 "Zone statistique officielle unifiée" de Denver–Boulder, comprenant la "Zone métropolitaine statistique officielle" de Boulder–Longmont (225 339 habitants en 1990) et de Denver (1 622 980).

8. Population of capital cities and cities of 100 000 and more inhabitants: latest available year (continued)

Population des capitales et des villes de 100 000 habitants et plus: dernière année disponible (suite)

FOOTNOTES (continued)

50 Detroit–Ann Arbor "standard consolidated statistical area", comprising "standard metropolitan statistical area" of Detroit (1990 population 4 382 299) and Ann Arbor (282 937).
51 Included in urban agglomeration of Raleigh.
52 Elkhart–Goshen "standard metropolitan statistical area".
53 Eugene–Springfield "standard metropolitan statistical area".
54 Fargo–Moorehead, North Dakota–Minnesota "standard metropolitan statistical area".
55 Fayetteville–Springdale "standard metropolitan statistical area".
56 Fitchburgh–Leominster "standard matropolitan statistical area".
57 Fort Collins–Loveland "standard metropolitan statistical area".
58 Included in urban agglomeration of Miami.
59 Fort Myers–Cape Coral "standard metropolitan statistical area".
60 Included in urban agglomeration of Chicago.
61 Included in urban agglomeration of Phoenix.
62 Greensboro–Winston–Salem–High Point, North Carolina "standard metropolitan statistical area".
63 Greenville–Spartanburg "standard metropolitan statistical area".
64 Harrisburg–Lebanon–Carlisle "standard metropolitan statistical area".
65 Hartford–New Britain–Middletown "standard consolidated statistical area", comprising "standard metropolitan statistical area" of Hartford (1990 population 767 841), Bristol (79 488), Middletown (90 320) and New Britain (148 188).
66 Houma–Thibodaux "standard metropolitan area".
67 Houston–Galveston–Brazoria "standard consolidated statistical area", comprising "standard metropolitan statistical area" of Houston (1990 population 3 301 937), Galveston–Texas City (217 399) and Brazoria (191 707).
68 Huntington–Ashland, West Virginia–Kentucky–Ohio "standard metropolitan statistical area".
69 Included in urban agglomeration of Kansas City, Mo.
70 Jamestown–Dunkirk, New York "standard metropolitan statistical area".

71 Janesville–Beloit "standard metropolitan statistical area".
72 Johnson City–Kingsport–Bristol "standard metropolitan statistical area".
73 Killeen–Temple "standard metropolitan statistical area".
74 Lafayette–West Lafayette "standard metropolitan statistical area".
75 Lakeland–Winter Haven "standard metropolitan statistical area".
76 Lansing–East Lansing "standard metropolitan statistical area".
77 Little Rock–North Little Rock "standard metropolitan statistical area".

78 Longview–Marshall "standard metropolitan statistical area".
79 Los Angeles–Long Beach–Anaheim–Riverside "standard" consolidated statistical area" of Los Angeles–Long Beach (1990 population 8 863 164), Anaheim–Santa Ana–Garden Grove (2 410 556), Oxnard–Simi Valley–Ventura (669 016) and Riverside–San Bernardino–Ontario (2 588 793).

80 Included in urban agglomeration of Boston.
81 Macon–Warner Robins "standard metropolitan statistical area".
82 McAllen–Edinburg–Mission, Texas "standard metropolitan statistical area".

83 Melbourne–Titusville–Palm Bay "standard metropolitan statistical area".

NOTES (suite)

50 "Zone statistique officielle unifiée" de Detroit–Ann Arbor, comprenant la "Zone métropolitaine statistique officielle" de Detroit (4 382 299 habitants en 1990) et de Ann Arbor (282 937 habitants).
51 Comprise dans l'agglomération urbaine de Raleigh.
52 "Zone métropolitaine statistique officielle" de Elkhart–Goshen.
53 "Zone métropolitaine statistique officielle" de Eugene–Springfield.
54 "Zone métropolitaine statistique officielle" de Fargo–Moorehead (Dakota du Nord–Minnesota).
55 "Zone métropolitaine statistique officielle" de Fayetteville–Springfield.
56 "Zone métropolitaine statistique officielle" de Fitchburgh–Leominster.
57 "Zone métropolitaine statistique officielle" de Fort Collins–Loveland.
58 Comprise dans l'agglomération urbaine de Miami.
59 "Zone métropolitaine statistique officielle" de Fort Myers–Cape Coral.
60 Comprise dans l'agglomération urbaine de Chicago.
61 Comprise dans l'agglomération urbaine de Phoenix.
62 "Zone métropolitaine statistique officielle" de Greensboro–Winston–Salem–High Point (Caroline du Nord).
63 "Zone métropolitaine statistique officielle" de Greenville–Spartanburg.
64 "Zone métropolitaine statistique officielle" de Harrisburg–Lebanon–Carlisle.
65 "Zone statistique officielle unifiée" de Hartford–New Britain–Middletown, comprenant la "Zone métropolitaine statistique officielle" de Hartford (767 841 habitants en 1990), de Bristol (79 488 habitants), de Middletown (90 320 habitants) et de New Britain (148 188 habitants).
66 "Zone métropolitaine statistique officielle" de Houma–Thibodaux.
67 "Zone statistique officielle unifiée" de Houston–Galveston–Brazoria, comprenant la "Zone métropolitaine statistique officielle" de Houston (3 301 937 habitants en 1990), de Galveston–Texas City (217 399 habitants) et de Brazoria (191 707 habitants).
68 "Zone métropolitaine statistique officielle" de Huntington–Ashland (Virginie occidentale–Kentucky–Ohio).
69 Comprise dans l'agglomération urbaine de Kansas City (Mo.).
70 "Zone métropolitaine statistique officielle" de Jamestown–Dunkirk (New York).
71 "Zone métropolitaine statistique officielle" de Janesville–Beloit.
72 "Zone métropolitaine statistique officielle" de Johnson City–Kingsport–Bristol.
73 "Zone métropolitaine statistique officielle" de Killeen–Temple.
74 "Zone métropolitaine statistique officielle" de Lafayette–West Lafayette"
75 "Zone métropolitaine statistique officielle" de Lakeland–Winter Haven.
76 "Zone métropolitaine statistique officielle" de Lansing–East Lansing.
77 "Zone métropolitaine statistique officielle" de Little Rock–North Little Rock (Arkansas).
78 "Zone métropolitaine statistique officielle" de Longview–Marshall.
79 "Zone statistique officielle unifiée" de Los Angeles–Long Beach–Anaheim–Riverside, comprenant la "Zone métropolitaine statistique officielle" de Los Angeles–Long Beach (8 863 164 habitants en 1990), de Anaheim–Santa Ana–Garden Grove (2 410 556 habitants) de Oxnard–Simi Valley–Ventura (669 016 habitants) et de Riverside–San Bernardino–Ontario (2 588 793 habitants).
80 Comprise dans l'agglomération urbaine de Boston.
81 "Zone métropolitaine statistique officielle" de Macon–Warner Robins.
82 "Zone métropolitaine statistique officielle" de McAllen–Edinburg–Mission (Texas).
83 "Zone métropolitaine statistique officielle" de Melbourne–Titusville–Palm Bay.

8. Population of capital cities and cities of 100 000 and more inhabitants: latest available year (continued)

Population des capitales et des villes de 100 000 habitants et plus: dernière année disponible (suite)

FOOTNOTES (continued)

84 Miami–Fort Lauderdale "standard consolidated statistical area", comprising "standard metropolitan statistical area" of Miami–Hialeah (1990 population 1 937 094) and Fort Lauderdale–Hollywood (1 255 488).
85 Milwaukee–Racine "standard consolidated statistical area", comprising "standard metropolitan statistical area" of Milwaukee (1990 population 1 432 149) and Racine (175 034).
86 Minneapolis–St. Paul, Minnesota "standard metropolitan statistical area".
87 New Haven–Meriden "standard metropolitan statistical area".
88 New London–Norwich, Connecticut "standard metropolitan statistical area".
89 New York–Northern New Jersey–Long Island "standard consolidated statistical area", comprising "standard metropolitan statistical area" of New York (1990 population 8 546 846), Bergen–Passaic (1 278 440), Bridgeport–Milford (443 722), Danbury (187 867), Jersey City (553 099), Middlesex–Somerset (1 019 835), Monmouth–Ocean (986 327), Nassau–Suffolk (2 609 212), Newark (1 824 321), Norwalk (127 378), Orange County (307 647) and Stamford (202 557).
90 Norfolk–Virginia Beach–Newport News "standard metropolitan statistical area".
91 Parkersburg–Marietta "standard metropolitan statistical area".
92 Included in urban agglomeration of Houston.
93 Philadelphia–Wilmington–Trenton "standard consolidated statistical area", comprising "standard metropolitan statistical area" of Philadelphia (1990 population 4 856 881), Wilmington, Del.–N.J.–Md. (578 587), Trenton, N.J. (325 824) and Vineland–Milville–Bridgeton (138 053).
94 Pittsburg–Beaver Valley "standard consolidated statistical area", comprising "standard metropolitan statistical area" of Pittsburg (1990 population 2 056 705) and Beaver County (186 093).
95 Portland–Vancouver "standard consolidated statistical area", comprising "standard metropolitan statistical area" of Portland (1990 population 1 239 842) and Vancouver (238 053).
96 Portsmouth–Dover–Rochester "standard metropolitan statistical area".
97 Providence–Pawtucket–Fall River "standard consolidated statistical area", comprising "standard metropolitan statistical area" of Fall River (1990 population 157 272), Pawtucket–Woonsocket–Attleboro (329 384) and Providence (654 854).
98 Provo–Orem, Utah "standard metropolitan statistical area".
99 Raleigh–Durham "standard metropolitan statistical area".
100 Richland–Kennewick–Pasco "standard metropolitan statistical area".
101 Richmond–Petersburg "standard metropolitan statistical area".
102 Saginaw–Bay City–Midland "standard metropolitan statistical area".
103 Included in urban agglomeration of Minneapolis.
104 Included in urban agglomeration of Tampa.
105 Salinas–Seaside–Monterey, California "standard metropolitan statistical area".
106 Salt Lake City–Ogden "standard metropolitan statistical area".

NOTES (suite)

84 "Zone statistique officielle unifiée" de Miami–Fort Lauderdale, comprenant la "Zone métropolitaine statistique officielle" de Miami–Hialeah (1 937 094 habitants en 1990) et de Fort Lauderdale–Hollywood (1 255 488 habitants).
85 "Zone statistique officielle unifiée" de Milwaukee–Racine, comprenant la "Zone métropolitaine statistique officielle" de Milwaukee (1 432 149 habitant en 1990) et de Racine (175 034 habitants).
86 "Zone métropolitaine statistique officielle" de Minneapolis–St. Paul (Minnesota).
87 "Zone métropolitaine statistique officielle" de New Haven–Meriden.
88 "Zone métropolitaine statistique officielle" de New London–Norwich (Connecticut).
89 "Zone statistique officielle unifiée" de New York–New Jersey–Long Island, comprenant la "Zone métropolitaine statistique officielle" de New York (8 546 846 habitants en 1990), de Bergen–Passaic (1 278 440 habitants), de Bridgeport–Milford (443 722 habitants), de Danbury (187 867 habitants), de Jersey City (553 099), de Middlesex–Somerset (1 019 835 habitants) de Monmouth–Ocean (986 327 habitants), de Nassau–Suffolk (2 609 212 habitants), de Newark (1 824 321 habitants), de Norwalk (127 378 habitants), de Orange County (307 647 habitants) et de Stamford (202 557 habitants).
90 "Zone métropolitaine statistique officielle" de Norfolk–Virginia Beach–Newport News.
91 "Zone métropolitaine statistique officielle" de Parkersburg–Marietta.
92 Comprise dans l'agglomération urbaine de Houston.
93 "Zone statistique officielle unifiée" de Philadelphie–Wilmington–Trenton, comprenant la "Zone métropolitaine officielle" de Philadelphie (4 856 881 habitants en 1990), de Wilmington, Del.–N.J.–Md. (578 587 habitants), de Trenton, N.J. (325 824 habitants) et de Vineland–Milville–Bridgeton (138 053 habitants).
94 "Zone statistique officielle unifiée" de Pittsburg–Beaver Valley, comprenant la "Zone métropolitaine statistique officielle" de Pittsburg (2 056 705 habitants en 1990) et de Beaver County (186 093 habitants).
95 "Zone statistique oficielle unifiée" de Portland–Vancouver, comprenant la "Zone métropolitaine statistique officielle" de Portland (1 239 842 habitants en 1990) et de Vancouver (238 053 habitants).
96 "Zone métropolitaine statistique officielle" de Portsmouth–Dover–Rochester.
97 "Zone statistique officielle unifiée" de Providence–Pawtucket–Fall River, comprenant la "Zone métropolitaine statistique officielle" de Fall River (157 272 habitants en 1990), de Pawtucket–Woonsocket–Attleboro (329 384 habitants) et de Providence (654 854 habitants).
98 "Zone métropolitaine statistique officielle" de Provo–Orem (Utah).
99 "Zone métropolitaine statistique officielle" de Raleigh–Durham.
100 "Zone métropolitaine statistique officielle" de Richland–Kennewick–Pasco.
101 "Zone métropolitaine statistique officielle" de Richmond–Petersburg.
102 "Zone métropolitaine statistique officielle" de Saginaw–Bay City–Midland.
103 Comprise dans l'agglomération urbaine de Minneapolis.
104 Comprise dans l'agglomération urbaine de Tampa.
105 "Zone métropolitaine officielle" de Salinas–Seaside–Monterey (Californie).
106 "Zone métropolitaine officielle" de Salt Lake City–Ogden.

8. Population of capital cities and cities of 100 000 and more inhabitants: latest available year (continued)

Population des capitales et des villes de 100 000 habitants et plus: dernière année disponible (suite)

FOOTNOTES (continued)

107 San Francisco–Oakland–San Jose "standard consolidated statistical area", comprising "standard metropolitan statistical area" of Oakland (1990 population 2 082 914), San Francisco (1 603 678), San Jose (1 497 577), Santa Cruz (229 734), Vallejo–Fairfield–Napa (451 186) and Santa Rosa–Petaluma (388 222).

108 Santa Barbara–Santa Maria–Lompoc "standard metropolitan statistical area".

109 Scranton–Wilkes–Barre "standard metropolitan statistical area".

110 Seattle–Tacoma "standard consolidated statistical area", comprising "standard metropolitan statistical area" of Seattle–Everett (1990 population 1 972 961) and Tacoma (586 203).

111 South Bend–Mishawaka "standard metropolitan statistical area.

112 Steubenville–Weirton, Ohio–West Virginia "standard metropolitan statistical area.

113 Included in urban agglomeration of Seattle.

114 Tampa–St. Petersburg, Florida "standard metropolitan statistical area".

115 Texarkana, Texas–Arkansas "standard metropolitan statistical area".

116 Utica–Rome, New York "standard metropolitan statistical area".

117 Visalia–Tulare–Porterville "standard metropolitan statistical area".

118 Waterloo–Cedar Falls "standard metropolitan statistical area".

119 West Palm Beach–Boca Raton–Delray Beach "standard metropolitan statistical area".

120 Included in urban agglomeration of Greensboro.

121 Youngstown–Warren, Ohio "standard metropolitan statistical area".

122 La Paz is the actual capital and the seat of the Government but Sucre is the legal capital and the seat of the judiciary.

123 For "municipios" which may contain rural area as well as urban centre.

124 "Metropolitan area" (Gran Santiago).

125 "Metropolitan area", comprising Asuncion proper and localities of Trinidad, Zeballos Cué, Campo Grande and Lamboré.

126 "Metropolitan area" (Gran Lima).

127 "Metropolitan area", comprising Caracas proper (the urban parishes of Department of Libertador) and a part of district of Sucre in State of Miranda.

128 Data for 1982, based on a 10 per cent sample of census returns. Covering only the civilian population of 29 provinces, municipalities and autonomous regions.

129 For municipalities which may contain rural area as well as urban centre.

130 Including data for the India–held part of Jammu and Kashmir, the final status of which has not yet been determined. Excluding cities for Assam state.

131 For Ambala Municipal Corporation.

132 Including Bally, Baranagar, Barrackpur, Bhatpara, Calcutta Municipal Corporation, Chandan Nagar, Garden Reach, Houghly–Chinsura, Howrah, Jadarpur, Kamarhati, Naihati, Panihati, Serampore, South Dum Dum, South Suburban, and Titagarh.

NOTES (suite)

107 "Zone statistique officielle unifiée" de San Francisco–Oakland–San José, comprenant la "Zone métropolitaine statistique officielle" de Oakland (2 082 914 habitants en 1990), de San Francisco (1 603 678 habitants), de San José (1 497 577 habitants), de Santa Cruz (229 734 habitants), de Vallejo–Fairfield–Napa (451 186 habitants) et de Santa Rosa–Petaluma (388 222 habitants).

108 "Zone métropolitaine statistique officielle" de Santa Barbara–Santa Maria–Lompoc.

109 "Zone métropolitaine statistique officielle" de Scranton–Wilkes–Barre.

110 "Zone statistique officielle unifiée" de Seattle–Tacoma, comprenant la "Zone métropolitaine statistique officielle" de Seattle–Everett (1 972 961 habitants en 1990) et de Tacoma (586 203 habitants).

111 "Zone métropolitaine statistique officielle" de South Bend–Mishawaka.

112 "Zone métropolitaine statistique officielle" de Steubenville–Weirton (Ohio–Virginie occidentale).

113 Comprise dans l'agglomération urbaine de Seattle.

114 "Zone métropolitaine statistique officielle" de Tampa–St. Petersburg (Florida).

115 "Zone métropolitaine statistique officielle" de Texarkana (Texas–Arkansas).

116 "Zone métropolitaine statistique officielle" de Utica–Rome, (New York).

117 "Zone métropolitaine statistique officielle" de Visalia–Tulare–Porterville.

118 "Zone métropolitaine statistique officielle" de Waterloo–Cedar Falls.

119 "Zone métropolitaine statistique officielle" de West Palm Beach–Boca Raton–Delray Beach.

120 Comprise dans l'agglomération urbaine de Greensboro.

121 "Zone métropolitaine statistique officielle" de Youngstown–Warren (Ohio).

122 La Paz est la capitale effective et le siège du gouvernement, mais Sucre est la capitale constitutionnelle et le siège du pouvoir judiciaire.

123 Pour "municipios" qui peuvent comprendre un centre urbain et une zone rurale.

124 "Zone métropolitaine" (Grand Santiago).

125 "Zone métropolitaine" comprenant la ville d'Asuncion proprement dite et les localités de Trinidad , Zeballos Cué, Campo Grande et Lamboré.

126 "Zone métropolitaine (Grand Lima).

127 "Zone métropolitaine", comprenant la ville de Caracas proprement dite (paroisses urbaines du département du Libertador) et une partie du district de Sucre dans l'Etat de Miranda.

128 Données pour 1982, d'après un échantillon de 10 p. 100 des bulletins de recensement. Pour la population civile seulement de 29 provinces, municipalités et régions autonomes.

129 Pour les municipalités qui peuvent comprendre un centre urbaine et une zone rurale.

130 Y compris les données concernant la partie de Jammu–et–Cachemire occupée par l'Inde, dont le statut définitif n'a pas encore été déterminé. Non compris les villes de l'état d'Assam.

131 Pour Municipal Corporation d'Ambala.

132 Y compris Bally, Baranagar, Barrackpur, Bhatpara, Calcutta Municipal Corporation, Chandan Nagar, Garden Reach, Houghly Chinsura, Howrah, Jadarpur, Kamarhati, Naihati, Panihati, Serampopre, South Dum Dum, South Suburban et Titagarh.

8. Population of capital cities and cities of 100 000 and more inhabitants: latest available year (continued)

Population des capitales et des villes de 100 000 habitants et plus: dernière année disponible (suite)

FOOTNOTES (continued)

133 Including New Delhi.
134 Included in urban agglomeration of Delhi.
135 Including Karkh, Rassaiah, Adhamiya and Kadhimain Qadha Centres and Maamoon, Mansour and Karradah–Sharquiya Nahlyas.
136 Designation and data provided by Israel. The position of the United Nations on the question of Jerusalem is contained in General Assembly resolution 181 (II) and subsequent resolutions of the General Assembly and the Security Council concerning this question.
137 Including East Jerusalem.
138 Excluding diplomatic personnel outside country and foreign military and civilian personnel and their dependants stationed in the area.

139 Except for Tokyo, all data refer to shi, a minor division which may include some scattered or rural population as well as an urban centre.

140 Including Kokura, Moji, Tobata, Wakamatsu and Yahata (Yawata).
141 Data for city proper refer to 23 wards (ku) of the old city. The urban agglomeration figures refer to Tokyo–to (Tokyo Prefecture), comprising the 23 wards plus 14 urban counties (shi), 18 towns (machi) and 8 villages (mura). The "Tokyo Metropolitan Area" comprises the 23 wards of Tokyo–to plus 21 cities, 20 towns and 2 villages. The "Keihin Metropolitan Area" (Tokyo–Yokohama Metropolitan Area plus 9 cities (one of which is Yokohama City) and two towns, with a total population of 20 485 542 on 1 October 1965.

142 Based on a sample survey.
143 Including area maritima and concelho of Macau.

144 Excluding data for the Pakistan–held part of Jammu and Kashmir, the final status of which has not yet been determined. Junagardh, Manavadar, Gilgit and Baltistan. For cities in Jammu and Kashmir (cf130).

145 Excluding transients afloat and non–locally domiciled military and civilian services personnel and their dependants.
146 Including Altindag, Cankaya and Yenimahalle.
147 Including Adahalar, Bakiroy, Besistas, Beykoz, Beyogiu, Eminonu, Eyup, Faith, Gazi Osmanpasa, Kadikoy, Sariyer, Sisli, Uskudar and Zeytinburnu.
148 Including Karshiyaka.
149 Including Cholon.
150 Data for cities proper refer to communes which may contain an urban centre and a rural area.
151 Data for cities proper refer to communes which are centres for urban agglomeration.
152 De jure population, but excluding diplomatic personnel outside the country and including foreign diplomatic personnel not living in embassies or consulates.

153 Included in urban agglomeration of Paris.
154 Date refer to French territory of this international agglomeration.

NOTES (suite)

133 Y compris New Delhi.
134 Comprise dans l'agglomération urbaine de Delhi.
135 Y compris les cazas de Karkh, Adhamiya et Kadhermain ainsi que les nahiyas de Maamoon, Mansour et Karradah–Sharquiya.
136 Appellation de données fournies par Israel. La position des Nations Unies concernant la question de Jérusalem est décrite dans la resolution 181 (II) de l'Assemblée générale et résolutions ultérieures de l'Assemblée générale et du Conseil de sécurité sur cette question.
137 Y compris Jérusalem–Est.
138 Non compris le personnel diplomatique hors du territoire, les militaires et agents civils étrangers en poste sur le territoire et les membres de leur famille les accompagnant.
139 Sauf pour Tokyo, toutes les données se rapportent à des shi, petites divisions administratives qui peuvent comprendre des peuplements dispersés ou ruraux en plus d'un centre urbain.
140 Y compris Kokura, Moji, Tobata, Wakamatsu et Yahata (Yawata).
141 Les données concernant la ville proprement dite se rapportent aux 23 circonscriptions de la vieille ville. Les chiffres pour l'agglomération urbaine se rapportent à Tokyo–to (préfecture de Tokyo), comprenant les 23 circonscriptions plus 14 cantons urbains (Shi), 18 villes (machi) et 8 villages (mura). La "zone métropolitaine de Tokyo" comprend les 23 circonscriptions de Tokyo–to plus 21 municipalités, 20 villes et 2 villages. La "zone métropolitaine de Keihin" (zone métropolitaine de Tokyo–Yokohama) comprend la zone métropolitaine de Tokyo, plus 9 municipalités, dont l'une est Yokohama et 2 villes, elle comptait 20 485 542 habitants au 1er octobre 1965.
142 D'après une enquête par sondage.
143 Y compris la zone maritime et le Concelho de Macao. Kampuchea démocratique".
144 Non compris les données pour la partie de Jammu–Cachemire occupée par le Pakistan dont le status definitif n'a pas encore été déterminé, et le Junagardh, le Manavadar, le Gilgit et le Baltistan. Pour les villes de Jammu–et–Cachemire, voir la note 130.
145 Non compris les personnes de passage à bord de navires, les militaires et agents civils non résidents et les membres de leur famille les accompagnant.
146 Y compris Altindag, Cankaya et Yenimahalle.
147 Y compris Adalar, Bakirkoy, Besistas, Beykoz, Beyoglu, Eminou, Eyup, Faith, Gazi Osmanpasa, Kadikoy, Sariyer, Sisli, Uskudar et Zeytinburnu.
148 Y compris Karshiyaka.
149 Y compris Cholon.
150 Les données concernant les villes proprement dites se rapportent à des communes qui peuvent comprendre un centre urbain et une zone rurale.
151 Les données concernant les villes proprement dites se rapportent à des communes qui sont des centres d'agglomérations urbaines.
152 Population de droit, mais non compris le personnel diplomatique hors du pays et y compris le personnel diplomatique étranger qui ne vit pas dans les ambassades ou les consulats.
153 Comprise dans l'agglomération urbaine de Paris.
154 Les données se rapportent aux habitants de cette agglomération internationale qui vivent en territoire francais.

8. Population of capital cities and cities of 100 000 and more inhabitants: latest available year (continued)

Population des capitales et des villes de 100 000 habitants et plus: dernière année disponible (suite)

FOOTNOTES (continued)

155 Includes Villeurbanne.
156 Data refer to the extended agglomeration, comprising the city of Paris, 73 communes in Department of Essonne, 36 communes in Department of Hauts—de—Seine, 13 communes in the Department of Seine—et—Marne, 40 communes in Department of Seine—Saint—Denis, 47 communes in Department of Val—d'Oise and 42 communes in the Department of Yvelines.
157 Including armed forces stationed outside the country but excluding alien armed forces stationed in the area.
158 Included in urban agglomeration of Athens.
159 Including civilian nationals temporarily outside the country.
160 Data for cities proper refer to administrative units (municipalities).
161 For Lisbon proper and concelhos (administrative division) of Almada, Barreiro, Cascais, Loures, Moita, Oeiras, Seikal, Sintra; and frequezias (parish area) of Montijo and Vila Franca de Xira.
162 For Porto proper and concelhos (administrative division) of Espinho, Gondomar, Maia, Motoshinhos, Volongo, Vila Nova de Gaia.
163 Including the following cities: Codlea, Predeal, Risnov, Sacela and Zarnesti.
164 Including the following cities: Efor, Mangalia and Tekirgiol.
165 For district council areas.
166 Greater London Borough included in figure for "Greater London" conurbation.
167 Capital of Northern Ireland.
168 Capital of Wales for certain purposes.
169 Capital of Scotland.
170 "Greater London" conurbation as reconstituted in 1965 and comprising 32 new Greater London Boroughs (cf166).
171 Data for urban agglomeration refer to metropolitan areas defined for census purposes and normally comprising city proper (municipality) and contiguous urban areas.
172 For the Commune of Papeete and the districts of Pirae and Faaa.
173 Included in urban agglomeration of Auckland.

NOTES (suite)

155 Y compris Villeurbanne.
156 Ce chiffre se rapporte à l'agglomération étendue, qui comprend la ville de Paris, 73 communes dans le département de l'Essonne, 36 communes dans le département des Hauts—de—Seine, 13 communes dans le département de la Seine—et—Marne, 40 communes dans le département de la Seine—Saint—Denis , 47 communes dans le département du Val—d'Oise et 42 communes dans le département des Yvelines.
157 Y compris les militaires en garnison hors du pays, mais non compris les militaires étrangers en garnison sur le territoire.
158 Comprise dans l'agglomération urbaine d'Athènes.
159 Y compris les civils nationaux temporairement hors du pays.
160 Les données concernant les villes proprement dites se rapportent à des unités administratives (municipalités).
161 Pour Lisbon proprement dite et concelhos (division administrative) d'Almada, Barreiro, Cascais, Loures, Moita, Oeiras, Seikal, Sintra; et frequezias (paroisses) de Montijo et Vila Franca de Xira.
162 Ville de Porto proprement dite et concelhos (division administrative) d'Espinho, Gondomar, Maia, Matoshinhos, Valongo, Vila Nova de Gaia.
163 Y compris les villes suivantes: Codlea, Predeal, Risnov, Sacele et Zarnesti.
164 Y compris les villes suivantes: Elorie, Mangalia et Tekirghiol.
165 Pour les zones de district council.
166 Le chiffre relatif à l'ensemble urbain du "Grand Londres" comprend le Greater London Borough.
167 Capitale de l'Irlande du Nord.
168 Considérée à certains égards comme la capitale du pays de Galles.
169 Capitale de l'Ecosse.
170 Ensemble urbain du "Grand Londres", tel qu'il a été reconstitué en 1965, comprenant 32 nouveaux Greater London Boroughs (voir la note 166).
171 Les données relatives aux agglomérations urbaines se rapportent à la zone métropolitaine définie aux fins du recensement qui comprend généralement la ville proprement dite (municipalité) et la zone urbaine contigue.
172 Pour la commune de Papeete et les districts de Pirae et Faaa.
173 Comprise dans l'agglomeration urbaine d'Auckland.

(See notes at end of table. – Voir notes à la fin du tableau.)

Continent, country or area, city and date / Continent, pays ou zone, ville et date	Surface area–Superficie(km²)		Continent, country or area, city and date / Continent, pays ou zone, ville et date	Surface area–Superficie(km²)	
	City proper Ville proprement dite	Urban agglomeration Agglomération urbaine		City proper Ville proprement dite	Urban agglomeration Agglomération urbaine
AFRICA—AFRIQUE			Victoria	...	633
			Windsor	120	862
Mauritius – Maurice Island of Mauritius – Ile Maurice			Winnipeg	572	3 295
			York	23	...
1 VII 1991			El Salvador		
PORT LOUIS	452	...	27 IX 1992		
			Apopa	52	...
Réunion			Delgado	33	...
			Mejicanos	22	...
15 III 1990			Nueva San Salvador	112	...
SAINT–DENIS	143	...	SAN SALVADOR	72	...
			Santa Ana	400	...
			San Miguel	594	...
AMERICA,NORTH— AMERIQUE DU NORD			Soyapango	30	...
Bermuda – Bermudes			Panama		
20 V 1991			13 V 1990		
HAMILTON	51	...	PANAMA	107	...
			San Miguelito	50	...
Canada			Puerto Rico – Porto Rico		
4 VI 1991			1 VII 1991		
Brampton	265	...	Bayamon	116	...
Burlington	177	...	Caguas	153	...
Burnaby	88	...	Carolina	124	...
Calgary	697	5 086	Mayagüez	200	...
Chicoutimi–Jonquière	...	1 723	Ponce	304	...
East York	21		SAN JUAN	122	...
Edmonton	670	9 532			
Etobicoke	124	...	United States – Etats–Unis		
Gloucester	294		1 IV 1990		
Halifax	79	2 503	Abilene	267	355
Hamilton	123	1 359	Akron	161	...
Kelowna	...	3 007	Albany(Ga.)	144	265
			Albany(N.Y.)	55	1 249
Kingston	...	1 629	Albuquerque	342	2 304
Kitchener	135	824	Alexandria(La.)	64	511
Laval	245	...	Alexandria(Va.)	40	...
London	1 800	2 105	Allentown	46	426
Longueuil	43	...	Altoona	25	203
Markham	212	...	Amarillo	228	704
Matsqui	...	610	Anaheim	115	...
Mississauga	274	...	Anchorage	4 397	655
Moncton	...	1 719			
Montréal	177	3 509	Ann Arbor	67	...
Nepean	217	...	Anniston	52	235
North York	177	...	Appleton	44	540
			Arlington(Tx.)	241	...
Oakville	138	...	Asheville	91	427
Oshawa	143	894	Athens	43	228
OTTAWA	110	5 138	Atlanta	341	2 365
Québec	89	3 150	Augusta	51	845
Regina	111	3 422	Aurora	343	
Richmond	123	...	Austin	564	1 632
St. Catharines	94	1 400	Bakersfield	238	3 143
St. John's	...	1 130	Baltimore	209	...
Saint John	...	2 905			
Saskatoon	135	4 749	Barnstable(Ma)	156	100
Scarborough	188	...	Baton Rouge	192	500
Sherbrooke	...	916	Beaumont	207	250
Sudbury	...	2 612	Bellingham	57	819
Surrey	302	...	Benton Harbor	11	220
Sydney Glace Bay	...	1 887	Berkeley	27	...
Thunder Bay	323	2 203	Billings	84	1 017
Toronto	97	5 584	Biloxi	51	689
Trois–Rivières	...	872	Binghamton	27	473
Vancouver	113	2 786	Birmingham	385	1 231
Vaughan	275	...			

8. Area of capital cities and cities of 100 000 and more inhabitants: latest available year (continued)

Area des capitales et des villes de 100 000 habitants et plus: dernière année disponible (suite)

(See notes at end of table. – Voir notes à la fin du tableau.)

Continent, country or area, city and date / Continent, pays ou zone, ville et date	City proper Ville proprement dite	Urban agglomeration Agglomération urbaine	Continent, country or area, city and date / Continent, pays ou zone, ville et date	City proper Ville proprement dite	Urban agglomeration Agglomération urbaine
AMERICA,NORTH— (Cont.–Suite)			Fort Smith	121	697
AMERIQUE DU NORD			Fort Walton Beach	19	361
			Fort Wayne	162	945
United States – Etats–Unis			Fort Worth	728	...
			Fremont	200	...
1 IV 1990			Fresno	257	3 128
Bloomington(Il.)	43	457	Gainesville	90	338
Bloomington(In.)	39	152	Garden Grove	47	...
Boise City	120	635	Garland	149	...
Boston	125	2 172	Gary	130	...
Bridgeport	42	...	Glendale(Az.)	135	...
Brownsville	72	350	Glendale(Ca.)	79	...
Bryan	85	226			
Buffalo	105	605	Glen Falls	10	658
Burlington(Vt.)	27	217	Goldsboro	55	213
Canton	52	375	Grand Rapids	115	1 065
Cedar Rapids	139	277	Green Bay	114	204
Champaign	34	385	Greensboro	207	1 499
Charleston(S.C.)	112	1 001	Greenville(N.C)	47	252
			Greenville(S.C)	65	1 240
Charleston(W.Va.)	76	482	Hampton	134	...
Charlotte	451	1 304	Harrisburg	21	769
Charlottesville	27	454	Hartford	45	648
Chattanooga	307	513	Hayward	113	...
Chesapeake	882	...	Hialeah	50	...
Chicago	589	2 676			
Chico	58	633	Hickory	53	633
Chula Vista	75	...	Hollywood(Fl.)	71	...
Cincinnati	200	1 471	Honolulu	215	232
Clarksville	189	487	Houma	35	903
Cleveland	200	1 395	Houston	1 398	2 976
Colorado Springs	475	821	Huntington	39	675
			Huntington Beach	68	...
Columbia(Mo.)	115	265	Huntsville	426	530
Columbia(S.C.)	303	563	Independence	203	...
Columbus (Ga.)	560	606	Indianapolis	937	1 360
Columbus (Oh.)	495	1 213	Inglewood	24	...
Concord	76	...	Irving	110	...
Corpus Christi	350	590	Irving (Tx.)	175	...
Cumberland	21	291	Jackson (Mich.)	29	273
Dallas	887	3 915	Jackson (Miss.)	282	912
Danville	112	391	Jacksonville(Fl.)	1 965	1 018
Davenport	159	659	Jamestown	23	410
Dayton	143	650	Jacksonville(N.C.)	34	296
Daytona Beach	84	614	Janesville	61	278
Decatur (Al.)	122	493	Jersey City	39	...
Decatur (Il.)	96	224	Johnson City	79	1 106
Denver	397	3 280	Johnstown	15	681
Des Moines	195	667	Joplin	77	489
Detroit	359	2 535	Kalamazoo	64	727
Dothan	206	441	Kansas City (Ka.)	280	...
Dover (De.)	55	228	Kansas City (Mo.)	807	2 088
Duluth	175	2 909	Killeen	72	815
Durham	179	...	Knoxville	200	946
Eau Claire	72	636	Lafayette(Ind.)	35	349
Elizabeth	32	...	Lafayette(La.)	106	1 001
Elkhart	44	179	Lake Charles	83	414
El Monte	25	...	Lakeland	99	724
El Paso	636	391	Lakewood	106	...
Erie	57	400	Lancaster	19	366
Escondido	92	...	Lansing	88	659
Eugene	99	1 758	Laredo	85	1 276
Evansville	105	567	Las Cruces	97	1 470
Fargo	77	1 085	Las Vegas	216	15 201
Fayetteville(Ark.)	104	693	La Crosse	48	390
Fayetteville(N.C.)	105	252	Lawton	133	413
Flint	88	...	Lexington	737	741
Florence(Alab.)	61	488	Lima	33	311
Florence(S.C.)	38	309	Lincoln	164	324
Fort Collins	107	1 004	Little Rock	266	1 123
Fort Lauderdale	81	...	Livonia	93	...
Fort Myers	57	310	Long Beach	130	...
Fort Pierce	32	436	Longview	136	680

(See notes at end of table. – Voir notes à la fin du tableau.)

Continent, country or area, city and date / Continent, pays ou zone, ville et date	Surface area–Superficie(km²)		Continent, country or area, city and date / Continent, pays ou zone, ville et date	Surface area–Superficie(km²)	
	City proper Ville proprement dite	Urban agglomeration Agglomération urbaine		City proper Ville proprement dite	Urban agglomeration Agglomération urbaine
AMERICA,NORTH— (Cont.–Suite) AMERIQUE DU NORD			Rancho Cucamonga	98	...
			Reading	25	332
United States – Etats–Unis			Redding	133	1 462
			Reno	149	2 449
1 IV 1990			Richland	83	1 137
Los Angeles	1 216	13 114	Richmond	156	1 137
Louisville	161	800	Riverside	201	...
Lowell	36	...	Roanoke	111	328
Lubbock	270	347	Rochester (Mn.)	76	252
Lynchburg	128	691	Rochester (Ny.)	93	1 323
Macon	124	592	Rockford	117	600
Madison	150	464	Rocky Mountain (S.C.)	65	404
Mansfield	72	347			
McAllen	84	606	Sacramento	249	1 967
Medford	47	1 075	Saginaw	45	685
Melbourne	74	393	St. Cloud	38	677
Memphis	663	1 161	St. Louis	160	2 468
Merced	42	745	St. Paul	137	...
			St. Petersburg	153	...
Mesa	281	...	Salem	108	...
Miami	92	1 217	Salinas	48	1 283
Mesquite	111	...	Salt Lake City	282	625
Milwaukee	249	692	San Antonio	863	1 284
Minneapolis	142	2 342	San Bernardino	143	...
Mobile	306	1 093	San Diego	839	1 623
Modesto	78	577			
Monroe	68	236	San Francisco	121	2 845
Montgomery	350	775	San Jose	444	...
Moreno Valley	127	...	San Luis Obispo	24	1 276
Muncie	59	152	Santa Ana	70	...
Myrtle Beach(S.C.)	40	438	Santa Clarita	105	...
			Santa Barbara	49	1 057
Naples	28	782	Santa Fe	95	779
Nashville–Davidson	1 226	1 573	Santa Rosa	87	...
Newark	67	...	Sarasota	38	507
New Haven	49	...	Savannah	162	526
New London	14	256	Scottsdale	478	...
New Orleans	468	1 313	Scranton	65	862
Newport News	177	...	Seattle	217	2 789
New York	800	27 375	Sharon	10	259
Norfolk	139	907	Sheboygan	34	198
Oceanside	105	...	Shreveport	255	894
Oakland	145	...	Simi Valley	86	...
Ocala	75	610	Sioux City	141	439
Odessa	92	696	Sioux Falls	117	536
Oklahoma City	1 575	1 640	South Bend	94	177
Omaha	261	956	Spokane	145	681
Overland Park	144	...	Springfield (Ill.)	110	457
Ontario	95	...	Springfield (Ma.)	83	284
Orange	60	...	Springfield (Mo.)	176	707
Orlando	174	1 348	Stamford	98	...
Oxnard	63	...	State College	12	428
Panama City(Fl.)	40	295	Sterling Heights	95	...
Parkersburg	29	387	Steubenville	21	225
Pasadena(Ca.)	60	...	Stockton	136	540
Pasadena(Tx.)	113	...	Sumter	59	59
Paterson	22	...	Sunnyvale	57	...
Pensacola	59	648	Syracuse	65	1 190
Peoria	106	694	Tacoma	124	...
Philadelphia	350	2 292	Tallahassee	164	457
Phoenix	1 088	5 627	Tampa	282	986
Pittsburgh	144	1 785	Tempe	102	...
Plano	172	...	Terre Haute	72	393
Pomona	59	...	Texarkana	55	584
Portland(Me.)	59	242	Thousand Oaks	128	...
Portland(Or.)	323	2 685	Toledo	209	527
Portsmouth(Va.)	86	...	Topeka	143	212
Providence	48	441	Torrance	53	...
Provo	100	772	Tucson	405	3 547
Pueblo	93	922	Tulsa	475	1 936
Punta Gorda(Fla.)	37	268	Tuscaloosa	122	512
Raleigh	228	1 348	Tyler	103	358
			Utica	42	1 013

8. Area of capital cities and cities of 100 000 and more inhabitants: latest available year (continued)

Area des capitales et des villes de 100 000 habitants et plus: dernière année disponible (suite)

(See notes at end of table. – Voir notes à la fin du tableau.)

Continent, country or area, city and date / Continent, pays ou zone, ville et date	Surface area—Superficie(km²)		Continent, country or area, city and date / Continent, pays ou zone, ville et date	Surface area—Superficie(km²)	
	City proper Ville proprement dite	Urban agglomeration Agglomération urbaine		City proper Ville proprement dite	Urban agglomeration Agglomération urbaine
AMERICA,NORTH— (Cont.–Suite) AMERIQUE DU NORD			Cabo	*———— 451 ————*	
			Cáceres	27 322	
United States – Etats–Unis			Cachoeiro de Itapemirim	1 304	
			Camacari	718	
1 IV 1990			Camaragibe	53	
Vallejo	78	...	Cameta	2 487	
Virginia Beach	643	...	Campina Grande	970	
Visalia	61	1 863	Campinas	781	
Waco	196	402	Campo Grande	8 091	
Warren	89	...	Campos dos Goytacazes	4 148	
WASHINGTON D.C.	159	3 698	Canoas	313	
Waterbury	74	75	Carapicuíba	44	
Waterloo	157	219	Caratinga	2 204	
Wausau	37	597	Cariacica	273	
West Palm Beach	128	785	Caruaru	1 157	
Wheeling	36	367	Cascavel	2 714	
Wichita	298	1 146	Castanhal	1 003	
Wichita Falls	140	594	Caucaia	1 293	
			Caxias	7 359	
Williamsport	23	477	Caxias do Sul	1 530	
Wilmington	77	77	Chapeco	990	
Winston–Salem	184	...	Codo	4 698	
Worcester	97	...	Colatina	2 229	
Yakima	39	1 659	Contagem	167	
Yonkers	47	...	Coronel Fabriciano	202	
York	14	...	Criciúma	396	
Youngstown	88	...			
Yuba City	18	...	Cubatao	160	
Yuma	57	...	Cuiabá	3 980	
			Curitiba	431	
			Diadema	24	
AMERICA,SOUTH— AMERIQUE DU SUD			Divinopolis	716	
			Dourados	4 082	
Brazil – Brésil			Duque de Caxias	442	
			Embu	76	
1 VII 1990			Feira de Santana	1 344	
Alagoinhas	*———— 1 179 ————*		Florianopolis	451	
Altamira	153 862				
Alvorada	71		Fortaleza	336	
Americana	122		Foz do Iguaçu	624	
Ananindeua	485		Franca	590	
Anápolis	1 074		Garanhuns	493	
Apucarana	563		Goiânia	787	
Aracaju	151		Governador Valadares	2 447	
Araçatuba	2 668		Gravatai	771	
Araguaina	9 097		Guaratinguita	825	
Araguario	2 774		Guarapuava	5 349	
Arapiraca	350		Guarujá	138	
Araraquara	1 541		Guarcpuava	5 349	
Bacabal	1 609		Guarujá	138	
Bage	7 241		Guarulhos	341	
Barbacena	717		Ilhéus	1 712	
Barueri	64		Imperatriz	5 853	
Barra do Corda	14 058		Ipatinga	231	
Barra Mansa	848		Itaboraí	526	
Bauru	702		Itabuna	584	
Belém	736		Itaguaí	523	
Belo Horizonte	335		Itaituba	165 578	
Betim	376				
Blumenou	488		Itajaí	304	
Bragança	3 258		Itapetininga	2 035	
Bragança Paulista	770		Itaquaquecetuba	104	
BRASILIA, DF	5 794		Itu	640	
			Ituiutaba	2 694	

8. Area of capital cities and cities of 100 000 and more inhabitants: latest available year (continued)

Area des capitales et des villes de 100 000 habitants et plus: dernière année disponible (suite)

(See notes at end of table. – Voir notes à la fin du tableau.)

Continent, country or area, city and date / Continent, pays ou zone, ville et date	Surface area–Superficie(km²) City proper Ville proprement dite	Surface area–Superficie(km²) Urban agglomeration Agglomération urbaine	Continent, country or area, city and date / Continent, pays ou zone, ville et date	Surface area–Superficie(km²) City proper Ville proprement dite	Surface area–Superficie(km²) Urban agglomeration Agglomération urbaine
AMERICA,SOUTH— (Cont.–Suite) AMERIQUE DU SUD			Santa Luzia	*——— 12 374	———*
			Santa Maria	3 097	
Brazil – Brésil			Santarém	26 058	
			Santo André	159	
1 VII 1990			Santos	725	
Jaboatao	*——— 234	———*	Sao Bernardo do Campo	319	
Jacareí	463		Sao Caetano do Sul	24	
Jau	718		Sao Carlo	1 120	
Jequié	3 113		Sao Gonçalo	228	
Joao Pessoa	189		Sao Joao de Meriti	34	
Joinville	1 183		Sao José	274	
Juazeiro	6 939		Sao José do		
Juazeiro do Norte	219		Rio Prêto	586	
Juiz de Fora	1 424		Sao José dos Campos	1 118	
Jundiaí	432		Sao José dos Pinhais	976	
Lages	5 321		Sao Leopoldo	60	
Limeira	597		Sao Luís	518	
Linhares	4 045		Sao Paolo	1 493	
			Sao Vicente	131	
Londrina	2 119		Sapucaia	53	
Luziania	4 653		Serra	547	
Macapá	24 557		Sete Lagoas	519	
Maceio	508		Sobral	1 982	
Magé	718		Sorocaba	456	
Manaus	10 962		Sumaré	208	
Marabá	14 320				
Maracanau	117		Susano	184	
Marília	1 194		Taboao da Serra	23	
Maringá	509		Taubaté	655	
Mauá	78		Teresina	1 356	
Moji das Cruzes	749		Teresopolis	849	
			Teofilo Otoni	4 212	
Moji–Guaçu	960		Timon	1 886	
Montes Claros	4 135		Uberaba	4 524	
Mossoro	2 020		Uberlandia	4 040	
Natal	172		Umuarama	2 911	
Nilopolis	22		Uruguaiana	6 562	
Niteroi	130		Várzea Grande	900	
Nova Friburgo	1 009		Viamao	1 856	
Nova Iguaçu	764		Vila Velha	232	
Novo Hamburgo	223		Vitoria	81	
Olinda	29		Vitoria da Conquista	3 743	
Osasco	67		Vitoria de Santo Antao	368	
Paranagua	802		Volta Redonda	168	
Parnaíba	1 053				
Passo Fundo	1 991		Uruguay		
Patos de Minas	3 336				
Paulista	105		1 VII 1991		
Paulo Alfonso	1 018		MONTEVIDEO	530	...
Pelotas	2 192				
Petrolina	6 080		ASIA—ASIE		
Petropolis	811				
Pindamonhangaba	719		Armenia – Arménie		
Piracicaba	1 426				
Pocos de Caldas	533		1 VII 1990		
Ponta Grossa	1 730		Kirovakan	...	27
Porto Alegre	497		Leninakan	...	50
Porto Velho	52 510		YEREVAN	...	210
Presidente Prudente	554				
Recife	217		Israel – Israël		
Resende	1 183				
Ribeirao das Neves	157		31 XII 1991		
Ribeirao Preto	1 057		Bat Yam	8	...
Rio Branco	14 294		Be'er Sheva	54	...
Rio Claro	503		Bene Beraq	7	...
Rio de Janeiro	1 171		Haifa	59	...
Rio Grande	2 608		Holon	19	...
Rio Verde	9 135		JERUSALEM	108	...
Rondonopolis	4 593		Netanya	29	...
Salvador	324		Petah Tiqwa	38	...
Santa Barbara D'Oeste	282		Ramat Gan	43	...
Santa Cruz do Sul	1 906		Rishon Leziyyon	48	...
			Tel Aviv–Yafo	51	...

8. Area of capital cities and cities of 100 000 and more inhabitants: latest available year (continued)

Area des capitales et des villes de 100 000 habitants et plus: dernière année disponible (suite)

(See notes at end of table. – Voir notes à la fin du tableau.)

Continent, country or area, city and date / Continent, pays ou zone, ville et date	Surface area–Superficie(km²) City proper Ville proprement dite	Surface area–Superficie(km²) Urban agglomeration Agglomération urbaine	Continent, country or area, city and date / Continent, pays ou zone, ville et date	Surface area–Superficie(km²) City proper Ville proprement dite	Surface area–Superficie(km²) Urban agglomeration Agglomération urbaine
ASIA—ASIE (Cont.–Suite)			Kashihara	*———— 39 ————*	
			Kashiwa	73	
Japan – Japon			Kasugai	93	
			Kasukabe	38	
1 X 1990			Katsuta	73	
Abiko	*———— 43 ————*		Kawachinagano	110	
Ageo	46		Kawagoe	109	
Aizuwakamatsu	286		Kawaguchi	56	
Akashi	49		Kawanishi	53	
Akishima	17		Kawasaki	142	
Akita	460				
Amagasaki	50		Kiryu	137	
Anjo	86		Kisarazu	139	
Aomori	692		Kishiwada	72	
Asaka	18		Kitakyushu	482	
Asahikawa	747		Kitami	421	
Ashikaga	178		Kobe	544	
Atsugi	94		Kochi	145	
Beppu	125		Kodaira	20	
Chiba	272		Kofu	172	
Chigasaki	36		Koganei	11	
Chofu	22				
Daito	18		Kokubanji	11	
Ebina	26		Komaki	63	
Fuchu	29		Komatsu	37	
Fuji	214		Koriyama	731	
Fujieda	141		Koshigaya	60	
Fujinomiya	315		Kumagaya	85	
Fujisawa	69		Kumamoto	171	
Fukui	340		Kurashiki	298	
Fukuoka	336		Kure	146	
Fukushima	746		Kurume	125	
Fukuyama	364				
Funabashi	86		Kushiro	221	
Gifu	196		Kyoto	610	
Habikino	26		Machida	72	
Hachinohe	213		Maebashi	147	
Hachioji	186		Matsubara	17	
Hadano	104		Matsudo	61	
Hamamatsu	253		Matsue	176	
Higashiosaka	62		Matsumoto	266	
Higashikurume	13		Matsusaka	210	
Higashimurayama	17		Matsuyama	289	
Himeji	275		Minoo	48	
Hino	28		Misato	30	
Hirakata	65		Mishima	61	
Hiratsuka	68		Mitaka	18	
Hirosaki	274		Mito	147	
Hiroshima	740		Miyakonojo	306	
Hitachi	153		Miyazaki	286	
Hofu	189		Moriguchi	14	
Ibaraki	77		Morioka	400	
Ichihara	368		Muroran	80	
Ichikawa	57		Musashino	11	
Ichinomiya	82		Nagano	404	
Ikeda	22		Nagaoka	263	
Imabari	74		Nagareyama	35	
Iruma	45		Nagasaki	241	
Ise	179		Nagoya	326	
Isesaki	65		Naha	39	
Ishinomaki	137		Nara	212	
Itami	25		Narashino	21	
Iwaki	1 231		Neyagawa	25	
Iwakuni	221		Niigata	205	
Iwatsuki	49		Niihama	161	
Izumi (Miyagi)	85		Niiza	23	
Joetsu	249		Nishinomiya	99	
Kadoma	12		Nobeoka	284	
Kagoshima	290		Noda	74	
Kakamigahara	80		Numazu	152	
Kakogawa	138		Obihiro	619	
Kamakura	40		Odawara	114	
Kanazawa	468		Ogaki	80	
Kariya	50		Oita	360	

(See notes at end of table. – Voir notes à la fin du tableau.)

Continent, country or area, city and date Continent, pays ou zone, ville et date	Surface area–Superficie(km²)		Continent, country or area, city and date Continent, pays ou zone, ville et date	Surface area–Superficie(km²)	
	City proper Ville proprement dite	Urban agglomeration Agglomération urbaine		City proper Ville proprement dite	Urban agglomeration Agglomération urbaine
ASIA—ASIE (Cont.–Suite)			**ASIA—ASIE (Cont.–Suite)**		
Japan – Japon			Yokohama	*———— 435 ————*	
			Yokosuka	100	
1 X 1990			Yonago	99	
Okayama	*———— 513 ————*		Zama	18	
Okazaki	227				
Okinawa	48		Kyrgyzstan – Kirghizistan		
Ome	103				
Omiya	89		1 VII 1991		
Omuta	82		BISHKEK	127	...
Osaka	220		Osh	38	...
Ota	98				
Otaru	243		Philippines		
Otsu	302				
Oyama	172		1 VII 1991		
Saga	104		Angeles	60	...
Sagamihara	90		Bacolod	156	...
Sakai	137		Bago	402	...
			Baguio	49	...
Sakata	176		Batangas	283	...
Sakura	104		Butuan	526	...
Sapporo	1 121		Cabanatuan	193	...
Sasebo	248		Cadiz	517	...
Sayama	49		Cagayan de Oro	413	...
Sendai	784		Calbayog	903	...
Seto	112				
Shimizu	228		Caloocan	56	...
Shimonoseki	224		Cavite	12	...
Shizuoka	1 146		Cebu	281	...
			Cotabato	176	...
Soka	27		Dagupan	37	...
Suita	36		Davao	2 211	...
Suzuka	195		General Santos	423	...
Tachikawa	24		Gingoog	405	...
Takamatsu	194		Iligan	731	...
Takaoka	150		Iloilo	56	...
Takarazuka	102				
Takasaki	111		Lapu–Lapu	58	...
Takatsuki	105		Legaspi	154	...
Tama	21		Lipa	209	...
			Lucena City	69	...
Tokorozawa	72		Mandaue	12	...
Tokushima	190		MANILA	38	...
Tokuyama	340		Naga	78	...
TOKYO	618		Olongapo	103	...
Tomakomai	560		Ormoc	464	...
Tondabayashi	40		Pagadian	379	...
Tottori	237				
Toyama	209		Pasay	14	...
Toyohashi	260		Quezon City	166	...
Toyokawa	65		Roxas	102	...
			San Carlos(Negros Occ.)	451	...
Toyonaka	36		San Carlos(Pangasinan)	166	...
Toyota	290		San Pablo	214	...
Tsu	102		Silay	215	...
Tsuchiura	82		Tacloban	101	...
Tsuruoka	260		Toledo	175	...
Ube	210		Zamboanga	1 415	...
Ueda	177				
Uji	67		Thailand – Thaïlande		
Urawa	71				
Urayasu	17		1 IV 1990		
			BANGKOK	...	1 565
Utsunomiya	312		Chiang Mai	...	40
Wakayama	207		Chon Buri	...	248
Yachiyo	51		Khon Kaen	...	89
Yaizu	45		Nakhon Ratchasima	...	68
Yamagata	381		Nakhon Sawan	...	46
Yamaguchi	357		Nakhon Si Thammarat	...	21
Yamato	27		Nanthaburi	...	40
Yao	42		Saraburi	...	50
Yatsushiro	146		Songkhla	...	75
Yokkaichi	197		Ubon Ratchathani	...	41

8. Area of capital cities and cities of 100 000 and more inhabitants: latest available year (continued)

Area des capitales et des villes de 100 000 habitants et plus: dernière année disponible (suite)

(See notes at end of table. – Voir notes à la fin du tableau.)

Continent, country or area, city and date / Continent, pays ou zone, ville et date	Surface area–Superficie(km²)		Continent, country or area, city and date / Continent, pays ou zone, ville et date	Surface area–Superficie(km²)	
	City proper Ville proprement dite	Urban agglomeration Agglomération urbaine		City proper Ville proprement dite	Urban agglomeration Agglomération urbaine
ASIA—ASIE (Cont.–Suite)			Finland – Finlande		
			1 VII 1991		
Viet Nam			Espoo	312	...
			HELSINKI	185	2 122
1 IV 1989			Oulu	328	1 395
Haiphong	22	...	Tampere	523	1 431
HANOI	46	2 146	Turku	243	1 259
Ho Chi Minh	140	...	Vantaa	241	...
EUROPE			Hungary – Hongrie		
Austria – Autriche			1 VII 1991		
			BUDAPEST	525	
12 V 1981			Debrecen	462	...
Graz	128	1 432	Györ	175	...
Innsbruck	105	1 431	Kecskemét	299	...
Klagenfurt	120	932	Miskolc	237	...
Linz	96	1 659	Nyiregyháza	274	...
Salzburg	66	1 187	Pécs	162	...
WIEN	415	5 109	Szeged	357	...
			Székesfehérvár	171	...
1 VII 1991					
WIEN	415	...	Iceland – Islande		
1 VII 1992			1 VII 1989		
WIEN	415	...	REYKJAVIK	100	
Belgium – Belgique			Latvia – Lettonie		
1 I 1991			1 VII 1990		
Brugge	138	...	Daugavpils	75	...
BRUXELLES (BRUSSEL)	33	161	Liepaja	60	...
Charleroi	102	...	RIGA	307	...
Gent (Gand)	156	...			
Liège (Luik)	69	...	Lithuania – Lituanie		
Namur	176	...			
Ouvers	205	...	1 I 1991		
			Kaunas	123	...
Channel Islands –			Klaipeda	71	...
Iles Anglo–Normandes			Panevezhis	30	...
Jersey			Shauliai	70	...
			VILNIUS	287	...
10 III 1991					
ST. HELIER	86	...	Netherlands – Pays–Bas		
Czech Republic –			1 VII 1989		
Rép. tchèque			AMSTERDAM	204	733
			Apeldoorn	341	...
3 III 1991			Arnhem	97	384
Brno	230	...	Breda	76	177
Hradec Králové	106	...	Dordrecht	99	159
Liberec	115	...	Eindhoven	79	455
Olomouc	117	...	Enschede	141	254
Ostrava	214	...	Groningen	83	204
Pizen	125	...	Haarlem	32	120
PRAHA	496	...	Leiden	23	92
Ustí nad Labem	101	...	Maastricht	59	166
			Nijmegen	44	285
Denmark – Danemark					
			Rotterdam	273	514
1 I 1992			's–Gravenhage	71	224
Alborg	...	560	Tilburg	80	277
Arhus	...	469	Utrecht	56	456
KOBENHAVN	123	990	Zaanstad	82	109
Odense	...	304			
			Norway – Norvège		
Estonia – Estonie					
			1 VII 1991		
1 I 1991			Bergen	445	
TALLINN	156	183	OSLO	427	1 348
Tartu	39	...	Trondheim	321	

(See notes at end of table. – Voir notes à la fin du tableau.)

Continent, country or area, city and date / Continent, pays ou zone, ville et date	Surface area–Superficie(km²)		Continent, country or area, city and date / Continent, pays ou zone, ville et date	Surface area–Superficie(km²)	
	City proper Ville proprement dite	Urban agglomeration Agglomération urbaine		City proper Ville proprement dite	Urban agglomeration Agglomération urbaine
EUROPE (Cont.–Suite)			Focsani	48	...
			Galati	246	...
Poland – Pologne			Iasi	95	...
			Oradea	115	...
1 VII 1991			Piatra Neamt	77	
Bialystok	90	...	Pitesti	41	...
Bielsko – Biala	125	...	Ploiesti	58	...
Bydgoszcz	175	...	Rimnicu Vilcea	89	...
Bytom	83	...	Satu–Mare	150	...
Chorzow	33	...	Sibiu	122	...
Czestochowa	160	...	Suceava	52	...
Dabrowa Gornicza	178	...	Timisoara	135	...
Elblag	66	...			
Gdansk	262	...	Tirgu–Mures	49	...
Gdynia	136	...			
Gliwice	134	...	Slovakia – Slovaquie		
Grudziadz	59	...			
Gorzow Wielkopolski	77	...	3 III 1991		
			BRATISLAVA	368	...
Jastrzebie – Zdroj	90	...	Kosice	243	...
Kalisz	55	...			
Katowice	165	...	Sweden – Suède		
Kielce	110	...			
Koszalin	83	...	31 XII 1991		
Krakow	327	...	Boras	1 180	...
Legnica	55	...	Göteborg	449	...
Lodz	295	...	Helsingborg	345	...
Lublin	148	...	Jönköping	1 485	...
Olsztyn	88	...	Linköping	1 430	...
Opole	96	...	Malmö	154	...
Plock	66	...	Norrköping	1 490	...
			Orebro	1 840	...
Poznan	261	...	STOCKHOLM	187	...
Radom	112	...	Uppsala	2 465	...
Ruda Slaska	78	...	Västeras	956	...
Rybnik	135	...			
Rzeszow	54	...	Switzerland – Suisse		
Slupsk	43	...			
Sosnowiec	91	...	1 VII 1991		
Szczecin	301	...	Bâle	24	170
Tarnow	72	...	BERNE	51	321
Torun	116	...	Genève	18	208
Tychy	82	...	Lausanne	55	198
Walbrzych	85	...	Zürich	92	677
WARSZAWA	495	...			
Wloclawek	85	...	United Kingdom – Royaume–Uni		
Wodzislaw Slaski	96	...			
Wroclaw	293	...	21 IV 1991		
Zabrze	80	...	Aberdeen	18	...
Zielona Gora	58	...	Amber Valley	26	...
			Arun	22	...
Portugal			Aylesbury Vale	90	...
			Barking and Dagenham	3	...
15 IV 1991			Barnet	9	...
LISBOA	874	3 125	Barnsley	33	...
Porto	429	762	Basildon	11	...
			Basingstoke & Deane	63	...
Romania – Roumanie			Bassetlaw	64	...
			Belfast	11	...
7 I 1992			Beverley	40	...
Arad	260	...			
Bacau	43	...	Bexley	6	...
Baia Mare	233	...	Birmingham	27	...
Botosani	41	...	Blackburn	14	...
Braila	33	...	Blackpool	3	...
Brasov	267	...	Bolton	14	...
BUCURESTI	228	...	Bournemouth	5	...
Buzau	81	...	Bradford	37	...
Cluj–Napoca	179	...	Braintree	61	...
Constanta	126	...	Breckland	131	...
Craiova	59	...	Brent	4	...
Drobeta Turnu–Severin	51	...	Brighton	6	...

8. Area of capital cities and cities of 100 000 and more inhabitants: latest available year (continued)

Area des capitales et des villes de 100 000 habitants et plus: dernière année disponible (suite)

(See notes at end of table. – Voir notes à la fin du tableau.)

Continent, country or area, city and date / Continent, pays ou zone, ville et date	Surface area–Superficie(km²)		Continent, country or area, city and date / Continent, pays ou zone, ville et date	Surface area–Superficie(km²)	
	City proper Ville proprement dite	Urban agglomeration Agglomération urbaine		City proper Ville proprement dite	Urban agglomeration Agglomération urbaine
EUROPE (Cont.–Suite)			Kings Lynn & West Norfolk	143	...
			Kingston upon Hull	7	...
United Kingdom – Royaume–Uni			Kingston upon Thames	4	...
			Kirkcaddy	25	...
21 IV 1991			Kirklees	41	...
Bristol	11	...	Knowsley	10	...
Broadland	55	...	Kyle and Carrick	37	...
Bromley	15	...	Lambeth	3	...
Broxtowe	8	...	Lancaster	5	...
Bury	10	...	Langbaurgh	24	...
Calderdale	36	...	Leeds	56	...
Camden	2	...			
Canterbury	31	...	Leicester	7	...
Cardiff	12	...	Lewisham	3	...
Carlisle	104	...	Liverpool	11	...
Charnwood	28	...	LONDON	158	...
Chelmsford	34	...	Luton	4	...
Cherwell	59	...	Macclesfield	52	...
			Maidstone	39	...
Chester	45	...	Manchester	12	...
Chichester	79	...	Mansfield	8	...
Colchester	33	...	Merton	4	...
Coventry	10	...	Middlesbrough	5	...
Crewe & Nantwich	43	...	Mid Bedfordshire	50	...
Croydon	9	...			
Cunninghame	80	...	Mid Sussex	33	...
Dacorum	21	...	Milton Keynes	31	...
Dagenham	3	...	Monklands	16	...
Darlington	20	...	Motherwell	17	...
Derby	8	...	Newark and Sherwood	65	...
Doncaster	58	...	Newbury	70	...
			Newcastle–under–Lyme	21	...
Dover	31	...	Newcastle upon Tyne	11	...
Dudley	10	...	Newham	4	...
Dundee	24	...	Newport	19	...
Dunfermline	30	...	New Forest	75	...
Ealing	6	...	Northampton	8	...
East Devon	81	...	Northavon	45	...
East Hampshire	51	...	North Bedfordshire	48	...
East Hertfordshire	48	...	North Hertfordshire	38	...
Eastleigh	8	...	North Tyneside	8	...
East Lindsey	176	...	North Wiltshire	177	...
Edinburgh	26	...	Norwich	4	...
Elmbridge	10	...	Nottingham	7	...
Enfield	8	...	Nuneaton & Bedworth	8	...
Erewash	11	...	Ogwr	29	...
Epping Forest	34	...	Oldham	14	...
Exeter	5	...	Oxford	5	...
Falkirk	30	...	Perth and Kinross	523	...
Fareham	7	...	Peterborough	33	...
Gateshead	14	...	Plymouth	8	...
Gedling	12	...	Poole	6	...
Glasgow	12	...	Portsmouth	4	...
Greenwich	5	...	Preston	14	...
Guildford	27	...	Reading	4	...
Hackney	2	...	Redbridge	6	...
Halton	7	...	Reigate and Banstead	13	...
Hamilton	20	...	Renfrew	31	...
Hammersmith and Fulham	2	...	Rhymney Valley	18	...
Haringey	3	...	Richmond upon Thames	6	...
Harrogate	133	...	Rochdale	16	...
Harrow	5	...	Rochester–upon–Medway	16	...
Havant and Waterloo	6	...	Rotherham	28	...
Havering	12	...	Rushcliffe	41	...
Hillingdon	11	...	St. Albans	16	...
Horsham	53	...	St. Helens	13	...
Hounslow	6	...	Salford	10	...
Huntingdon	92	...	Salisbury	100	...
Ipswich	4	...	Sandwell	9	...
Islington	1	...	Scarborough	82	...
Kensington and Chelsea	1	...	Sefton	15	...
			Sevenoaks	37	...

8. Area of capital cities and cities of 100 000 and more inhabitants: latest available year (continued)

Area des capitales et des villes de 100 000 habitants et plus: dernière année disponible (suite)

(See notes at end of table. – Voir notes à la fin du tableau.)

Continent, country or area, city and date / Continent, pays ou zone, ville et date	Surface area–Superficie(km²)		Continent, country or area, city and date / Continent, pays ou zone, ville et date	Surface area–Superficie(km²)	
	City proper Ville proprement dite	Urban agglomeration Agglomération urbaine		City proper Ville proprement dite	Urban agglomeration Agglomération urbaine
EUROPE (Cont.–Suite)			OCEANIA—OCEANIE(Cont.–Suite)		
United Kingdom – Royaume–Uni			Australia – Australie		
21 IV 1991			1 VII 1990		
Sheffield	37	...	Adelaide	1 924	...
Slough	3	...	Brisbane	2 996	...
Solihull	18	...	CANBERRA	849	...
Southampton	5	...	Geelong	352	...
Southend on Sea	4	...	Gold Coast	658	...
South Bedfordshire	21	...	Greater Wollongong	1 087	...
South Cambridgeshire	90	...	Hobart	939	...
South Kesteven	94	...	Melbourne	6 129	...
South Norfolk	91	...	Newcastle	4 046	...
South Oxfordshire	68	...	Perth	5 381	...
South Ribble	11	...	Sunshine Coast	446	...
South Somerset	96	...	Sydney	12 154	...
South Staffordshire	41	...	Townsville	539	...
South Tyneside	6	...	Guam		
Southwark	3	...			
Stafford	60	...	1 IV 1990		
Stockport	13	...	AGANA	3	...
Stockton–on–Tees	20	...			
Stoke on Trent	9	...	New Caledonia – Nouvelle–Calédonie		
Stratford–on–Avon	98	...			
Stroud	46	...	4 IV 1989		
Suffolk Coastal	89	...	NOUMEA	46	1 643
Sunderland	14	...			
Sutton	4	...	New Zealand – Nouvelle–Zélande		
Swale	37	...			
Swansea	25	...	5 III 1991		
Tameside	10	...	Auckland	75	...
Teignbridge	67	...	Christchurch	106	...
Tendring	34	...	Manukau	566	...
Test Valley	64	...	Waitemata	376	...
Thamesdown	23	...	WELLINGTON	263	...
Thanet	10	...			
The Wrekin	29	...	Pitcairn		
Thurrock	160				
Tonbridge and Malling	24	...	1 VII 1990		
Torbay	6	...	ADAMSTOWN	...	5
Tower Hamlets	2	...			
Trafford	17	...			
Vale of Glamorgan	30	...			
Vale of White Horse	58	...			
Vale Royal	38	...			
Wakefield	33	...			
Walsall	11	...			
Waltham Forest	4	...			
Wandsworth	3	...			
Warrington	18	...			
Warwick	28	...			
Waveney	37	...			
Waverley	35	...			
Wealden	84	...			
West Lancashire	34	...			
West Lothian	43	...			
West Wiltshire	52	...			
Westminster, City of	2	...			
Wigan	20	...			
Windsor and Maidenhead	20	...			
Wirral	16	...			
Wolverhampton	7	...			
Wokingham	18	...			
Woodspring	37	...			
Wrexham Maelor	37	...			
Wychavon	66	...			
Wycombe	32	...			
Wyre	28	...			

9. Late foetal deaths and late foetal death ratios, by urban/rural residence: 1987 – 1991

Morts foetales tardives et rapports de mortinatalité, selon la résidence, urbaine/rurale: 1987 – 1991

(See notes at end of table. – Voir notes à la fin du tableau.)

Continent, country or area and urban/rural residence / Continent, pays ou zone et résidence, urbaine/rurale	Code [1]	Number – Nombre					Ratio – Rapport				
		1987	1988	1989	1990	1991	1987	1988	1989	1990	1991
AFRICA—AFRIQUE											
Cape Verde – Cap–Vert	U	...	...	...	280	...					
Egypt – Egypte [2][3]	+U	12 020	8 109	7 516			6.3	4.2	4.4	...	
Mauritius – Maurice [2]	+C	...	...	...	365	400					
Island of Mauritius – Ile Maurice [2]	+C	344	351	399	348	386					
Rodrigues	+C	19	23	16	17	14					
Réunion [3][4]	U	172	166	159	148	147					
AMERICA,NORTH— AMERIQUE DU NORD											
Bahamas [5]	...	65	43	54	17	24					
Barbados – Barbade	+U	47	53	40	...	38					
Bermuda – Bermudes	C	...	9	...	...	...					
British Virgin Islands – Iles Vierges britanniques	+...	5	...	...	...	...					
Canada [6]	C	1 584	1 435	1 626	1 598	...	4.3	3.8	4.1	3.9	...
Cayman Islands – Iles Caïmanes	C	1	6	4	8	...					
Costa Rica	C	691	724	795	732	...					
Cuba [2]	C	2 126	2 223	2 192	1 896	...	11.8	11.8	11.9	10.2	...
El Salvador [2]	...	775	901	895	...	...					
Greenland – Groenland	C	6	...	14	8	...					
Guatemala [2]	...	6 174	6 395	6 391	...	...	19.4	18.7	...	...	
Mexico – Mexique	+...	21 976	19 033	20 196	20 908	...	7.9	7.3	7.7	7.6	...
Panama [2][7]	U	471	442	462	544	396					
Puerto Rico – Porto Rico	C	626	647	620	661	631					
Saint Lucia – Sainte—Lucie	...	41	48	48							
Trinidad and Tobago – Trinité–et–Tobago	C	304	396	328							
United States – Etats–Unis	C	19 282	19 163	19 009	...	...	5.1	4.9	4.7	...	
United States Virgin Islands – Iles Vierges américaines	...	18	25	20	22						
AMERICA,SOUTH— AMERIQUE DU SUD											
Brazil – Brésil [8]	...	37 709	30 005	28 417	25 935	...	14.2	10.7	11.0	10.7	...
Chile – Chili [2]	C	1 823	1 985	1 960	1 789	1 754	6.5	6.7	6.5	6.1	6.2
Ecuador – Equateur [2][9]	...	4 067	4 133	3 891	...	...	19.9	19.6	19.4	...	
Uruguay	+C	...	...	635	602	...					
Venezuela [8]	...	6 514	6 342	6 288	6 050		12.6	12.1	11.9	10.5	
ASIA—ASIE											
Hong Kong – Hong–kong	...	291	310	317	281	231					
Israel – Israël [10]	C	565	533	498	432	482					
Japan – Japon [2][11]	C	6 252	5 759	5 064	4 664	4 376	4.6	4.4	4.1	3.8	3.6
Macau – Macao	U	35	39	44	91	40					
Malaysia – Malaisie	...	...	...	...	3 409		...	...	...	6.9	
Peninsular Malaysia [2][12]– Malaisie Péninsulaire	...	3 702	3 813	3 444	3 036	...	9.4	9.3	9.2	7.7	
Maldives [2]	...	165	170	...	...	...					
Philippines	U	9 679	9 834	10 553	...	...	6.1	6.3	6.7	...	
Qatar	...	71	80	71	...	...					
Singapore – Singapour	+C	206	203	208	206	198					
Sri Lanka	+U	3 103	3 132	...	...	...	8.7	9.1	...	...	
Thailand – Thaïlande [2]	+...	...	509	713	775	811					

9. Late foetal deaths and late foetal death ratios, by urban/rural residence: 1987 – 1991 (continued)

Morts foetales tardives et rapports de mortinatalité, selon la résidence, urbaine/rurale: 1987 – 1991 (suite)

(See notes at end of table. – Voir notes à la fin du tableau.)

Continent, country or area and urban/rural residence Continent, pays ou zone et résidence, urbaine/rurale	Code [1]	Number – Nombre					Ratio – Rapport				
		1987	1988	1989	1990	1991	1987	1988	1989	1990	1991
EUROPE (Cont.–Suite)											
Austria – Autriche	C	289	325	347	325	321					
Belgium – Belgique	C	706	660	670	658	613					
Bulgaria – Bulgarie [2]	C	720	698	664	641	...					
Channel Islands – Iles Anglo–Normandes											
Guernsey – Guernesey	C	...	...	...	4	4					
Former Czechoslovakia – Ancienne Tchécoslovaquie [2]	C	964	988	891	931	...					
Denmark – Danemark [13]	C	288	292	314	298	296					
Estonia – Estonie [2]	C	187	205	182	173	...					
Faeroe Islands – Iles Féroé	C										
	C	3	...	5	1	...					
Finland – Finlande [2] [14]	C	214	332	187	206	...					
France [2] [3] [15]	C	5 304	4 808	4 701	4 488	...	6.9	6.2	6.1	5.9	...
Germany – Allemagne [16]	C	3 602	3 474	3 247	2 490	2 741	4.1	3.9	3.7	2.8	3.3
Germany, Federal Rep. of – Allemagne, République fédérale d'	C	2 485	2 398	2 368	2 490	...	3.9	3.5	3.5	3.4	...
Former German Democratic Republic – Ancienne République démocratique allemande	C	1 117	1 076	879	...	...	4.9	5.0	...	...	...
Greece – Grèce [2]	C	...	...	...	735	...					
Hungary – Hongrie	C	882	764	653	699	575					
Iceland – Islande [2]	C	15	18	6	13	...					
Ireland – Irlande	+C	416	384	329	327	301					
Isle of Man – Ile de Man	+C	5	7	5	7	...					
Italy – Italie	C	3 486	3 453	3 306	3 157	3 096	6.3	6.1	5.9	5.6	5.5
Latvia – Lettonie [2]	C	230	230	241	226	...					
Lithuania – Lituanie	C	411	302	296	309	341					
Luxembourg	C	23	19	19	21	...					
Netherlands – Pays–Bas [17]	C	1 036	1 038	1 100	1 139	1 067	5.5	5.6	5.8	5.8	5.4
Norway – Norvège	C	237	270	292	279	295					
Poland – Pologne [2]	C	3 475	3 248	3 107	...	...	5.7	5.5	5.5	...	...
Portugal	C	1 045	970	946	812	789	8.5				
Romania – Roumanie [2]	C	3 053	2 926	2 821	2 231	1 910	8.0	7.7	7.6	7.1	6.9
Russian Federation Fédération Russe [2]	C	24 457	21 984	19 618	18 165	15 729	9.8	9.4	9.1	9.1	8.8
San Marino – Saint–Marin	+...	–	–	1	...	...					
Slovenia – Slovénie [2]	C	144	126	142	100	106					
Spain – Espagne	...	2 431	2 203	...	...	...	5.8	5.3	...	...	...
Sweden – Suède	C	412	422	423	443	464					
Switzerland – Suisse [2]	C	337	311	332	390	357					
Ukraine [2]	C	7 504	6 710	6 143	5 724	...	9.9	9.0	8.9	8.7	...
United Kingdom – Royaume–Uni	C	3 931	3 878	3 688	3 713	3 741	5.1	4.9	4.7	4.6	4.7
Former Yugoslavia – Ancienne Yougoslavie [2]	C	2 238	2 074	1 839	1 930	...	6.2	5.8	5.5	5.8	...
OCEANIA—OCEANIE											
American Samoa – Samoa américaines	...	12	22	...	...	...					
Australia – Australie	+C	1 087	1 141	1 094	1 198	1 150	4.5	4.6	4.4	4.6	4.5
Fiji – Fidji	+U	90	...	...	...	...					
New Zealand – Nouvelle–Zélande [2]	+C	265	277	267	247	...					
Northern Mariana Islands – Iles Mariannes du Sud	...	...	...	8	...	...					

9. Late foetal deaths and late foetal death ratios, by urban/rural residence: 1987 – 1991 (continued)

Morts foetales tardives et rapports de mortinatalité, selon la résidence, urbaine/rurale: 1987 – 1991 (suite)

Data by urban/rural residence

Données selon la résidence urbaine/rurale

(See notes at end of table. – Voir notes à la fin du tableau.)

Continent, country or area and urban/rural residence / Continent, pays ou zone et résidence, urbaine/rurale	Code [1]	Number – Nombre					Ratio – Rapport				
		1987	1988	1989	1990	1991	1987	1988	1989	1990	1991
AFRICA—AFRIQUE											
Egypt – Egypte [3]	+U										
Urban – Urbaine		9 753	6 502	6 183	...	...	13.1	8.9	9.1	...	...
Rural – Rurale		2 267	1 607	1 333	...	...	2.0	1.4	1.3	...	...
Mauritius – Maurice	+C										
Urban – Urbaine		...	...	...	125	153					
Rural – Rurale		...	...	...	240	247					
Island of Mauritius – Ile Maurice	+C										
Urban – Urbaine		133	115	139	125	153					
Rural – Rurale		211	236	260	223	233					
AMERICA,NORTH— AMERIQUE DU NORD											
Cuba	C										
Urban – Urbaine		[18] 1 307	[18] 1 565	1 516	...	...	[18] 10.6	[18] 12.1	...	...	...
Rural – Rurale		[18] 814	[18] 656	676	...	...	[18] 14.4	[18] 11.7	...	...	...
El Salvador	...										
Urban – Urbaine		617	...	720	...	...					
Rural – Rurale		158	...	175	...	...					
Guatemala	...										
Urban – Urbaine		3 274	3 391	...	...	...	26.7	26.7	...	...	...
Rural – Rurale		2 900	3 004	...	...	...	14.8	14.0	...	...	...
Panama [7]	U										
Urban – Urbaine		201	196	225	267	183					
Rural – Rurale		270	246	237	277	213					
AMERICA,SOUTH— AMERIQUE DU SUD											
Chile – Chili	C										
Urban – Urbaine		1 463	1 603	1 596	1 468	1 454	6.5	6.7	6.1	5.8	5.9
Rural – Rurale		360	382	364	321	300	9.1	9.4	8.5	7.9	7.9
Ecuador – Equateur [9]	...										
Urban – Urbaine		...	2 525	2 734	...	...	...	21.2	24.2	...	...
Rural – Rurale		...	1 608	1 157	...	...	...	17.4	13.3	...	...
ASIA—ASIE											
Japan – Japon [11] [19]	C										
Urban – Urbaine		4 791	4 422	3 936	3 599	3 451	4.6	4.3	4.0	3.7	3.6
Rural – Rurale		1 454	1 330	1 123	1 061	919	4.9	4.7	4.2	4.1	3.6
Malaysia – Malaisie Peninsular Malaysia [12] – Malaisie Péninsulaire	...										
Urban – Urbaine		1 065	1 089	1 032	...	...	7.2	7.0	7.5	...	...
Rural – Rurale		2 637	2 724	2 412	...	...	10.8	10.8	10.2	...	...
Maldives	...										
Urban – Urbaine		31	30	...	...	...					
Rural – Rurale		134	140	...	...	...					
Thailand – Thaïlande	+...										
Urban – Urbaine		...	406	279	274	203					
Rural – Rurale		...	103	434	501	608					

9. Late foetal deaths and late foetal death ratios, by urban/rural residence: 1987 – 1991 (continued)

Morts foetales tardives et rapports de mortinatalité, selon la résidence, urbaine/rurale: 1987 – 1991 (suite)

Data by urban/rural residence

Données selon la résidence urbaine/rurale

(See notes at end of table. – Voir notes à la fin du tableau.)

Continent, country or area and urban/rural residence / Continent, pays ou zone et résidence, urbaine/rurale	Code [1]	Number – Nombre					Ratio – Rapport				
		1987	1988	1989	1990	1991	1987	1988	1989	1990	1991
EUROPE											
Bulgaria – Bulgarie	C										
Urban – Urbaine		474	466	435	449	...					
Rural – Rurale		246	232	229	192	...					
Former Czechoslovakia –	C										
Ancienne											
Tchécoslovaquie	C										
Urban – Urbaine		...	722	687	591	...					
Rural – Rurale		...	266	204	340	...					
Estonia – Estonie	C										
Urban – Urbaine		129	141	118	115	...					
Rural – Rurale		58	64	64	58	...					
Finland – Finlande [14]	C										
Urban – Urbaine		136	208	113	112	...					
Rural – Rurale		78	124	74	94	...					
France [3] [15]	C										
Urban – Urbaine		4 180	3 730	3 623	...	...	7.0	6.3	6.1	...	...
Rural – Rurale		1 103	1 045	1 053	...	...	6.3	6.0	6.1	...	...
Greece – Grèce	C										
Urban – Urbaine		...	...	...	479	...					
Rural – Rurale		...	...	...	256	...					
Hungary – Hongrie	C										
Urban – Urbaine		463	393	357	397	321					
Rural – Rurale		413	367	295	302	254					
Iceland – Islande	C										
Urban – Urbaine		11	18	6	13	...					
Rural – Rurale		4	–	–	–	–					
Latvia – Lettonie	C										
Urban – Urbaine		175	171	177	166	...					
Rural – Rurale		55	59	64	60	...					
Poland – Pologne	C										
Urban – Urbaine		1 815	1 742	1 632	...	...	5.6	5.5	5.4	...	...
Rural – Rurale		1 660	1 506	1 475	...	...	5.9	5.6	5.7	...	...
Romania – Roumanie	C										
Urban – Urbaine		1 480	1 469	1 471	1 217	974	8.2	8.2	8.3	7.8	7.2
Rural – Rurale		1 573	1 457	1 350	1 014	936	7.8	7.3	7.0	6.4	6.7
Russian Federation –	C										
Fédération Russe											
Urban – Urbaine		18 530	16 615	14 873	13 589	11 605	10.5	10.0	9.8	9.8	9.4
Rural – Rurale		5 927	5 369	4 745	4 576	4 121	8.1	7.8	7.4	7.6	7.3
Slovenia – Slovénie	C										
Urban – Urbaine		71	68	63	38	44					
Rural – Rurale		73	58	79	62	62					
Switzerland – Suisse	C										
Urban – Urbaine		197	155	179	186	204					
Rural – Rurale		140	156	153	204	153					
Ukraine	C										
Urban – Urbaine		...	...	4 604	4 159	...	...	...	9.8	9.4	...
Rural – Rurale		...	...	1 539	1 565	...	...	...	7.0	7.3	...
Former Yugoslavia –	C										
Ancienne Yougoslavie											
Urban – Urbaine		1 118	1 096	1 003	1 003	...	6.3	6.1	6.0	5.8	...
Rural – Rurale		1 120	978	836	927	...	6.1	5.5	5.0	5.7	...
OCEANIA—OCEANIE											
New Zealand –											
Nouvelle–Zélande	+C										
Urban – Urbaine		201	205	204	179	...					
Rural – Rurale		64	72	63	68	...					

9. Late foetal deaths and late foetal death ratios, by urban/rural residence: 1987 – 1991 (continued)

Morts foetales tardives et rapports de mortinatalité, selon la résidence, urbaine/rurale: 1987 – 1991 (suite)

GENERAL NOTES

Late foetal deaths are those of 28 or more completed weeks of gestation. Data include foetal deaths of unknown gestational age. Ratios are the number of late foetal deaths per 1 000 live births. Ratios are shown only for countries or areas having at least a total of 1 000 late foetal deaths in a given year. For definitions of "urban", see end of table 6. For method of evaluation and limitations of data, see Technical Notes, page 51.

Italics: data from civil registers which are incomplete or of unknown completeness.

FOOTNOTES

* * Provisional
* \+ Data tabulated by date of registration rather than occurrence.

1 Code "C" indicates that the data are estimated to be virtually complete (at least 90 per cent) and code "U" indicates that the data are estimated to be incomplete (less than 90 per cent). For further details, see Technical Notes.
2 For classification by urban/rural residence, see end of table.
3 Foetal deaths after at least 180 days (6 calendar months or 26 weeks) of gestation.
4 Including live–born infants dying before registration of birth.

5 Based on hospital records.
6 Including Canadian residents temporarily in the United States, but excluding United States residents temporarily in Canada.

7 Excluding tribal Indian population, numbering 62 187 in 1960.
8 Excluding Indian jungle population.
9 Excluding nomadic Indian tribes.
10 Including data for East Jerusalem and Israeli residents in certain other territories under occupation by Israeli military forces since June 1967.

11 For Japanese nationals in Japan only.
12 For the de jure population.
13 Excluding Faeroe Islands and Greenland.
14 Including nationals temporarily outside the country.
15 Ratios computed on live births including national armed forces outside the country.
16 All data shown pertaining to Germany prior to 3 October 1990 are indicated separately for the Federal Republic of Germany and the former German Democratic Republic based on their respective territories at the time indicated. See explanatory notes on data pertaining to Germany on page 4.

17 Including residents outside the country if listed in a Netherlands population register.
18 Excluding foetal deaths of unknown gestational age.

19 Excluding foetal deaths of unknown residence.

NOTES GENERALES

Les morts foetales tardives sont celles qui surviennent après 28 semaines complètes de gestation au moins. Les données comprennent les morts foetales survenues après une période de gestation de durée inconnue. Les rapports représentent le nombre de morts foetales tardives pour 1 000 naissances vivantes. Les rapports présentés ne se rapportent qu'aux pays ou zones ou l'on a enregistré un total d'au moins 1 000 morts foetales tardives dans une année donnée. Pour les définitions des "régions urbaines", se reporter à la fin du tableau 6. Pour la méthode d'évaluation et les insuffisances des données, voir Notes techniques, page 51.
Italiques: données incomplètes ou dont le degré d'exactitude n'est pas connu, provenant des registres de l'état civil.

NOTES

* * Données provisoires.
* \+ Données exploitées selon la date de l'enregistrement et non la date de l'événement.

1 Le code "C" indique que les données sont jugées pratiquement complètes (au moins 90 p. 100) et le code "U" que les données sont jugées incomplètes (moins de 90 p. 100). Pour plus de détails, voir Notes techniques.
2 Pour le classement selon la résidence, urbaine/rurale, voir la fin du tableau.
3 Morts foetales survenues après 180 jours (6 mois civils ou 26 semaines) au moins de gestation.
4 Y compris les enfants nés vivants, décédés avant l'enregistrement de leur naissance.

5 D'après les registres des hôpitaux.
6 Y compris les résidents canadiens se trouvant temporairement aux Etats–Unis, mais non compris les résidents des Etats–Unis se trouvant temporairement au Canada.

7 Non compris les Indiens vivant en tribus, au nombre de 62 187 en 1960.
8 Non compris les Indiens de la jungle.
9 Non compris les tribus d'Indiens nomades.
10 Y compris les données pour Jérusalem–Est et les résidents israéliens dans certains autres territoires occupés depuis juin 1967 par les forces armées israéliennes.

11 Pour les nationaux japonais au Japon seulement.
12 Pour la population de droit.
13 Non compris les îles Féroé et le Groenland.
14 Y compris les nationaux se trouvant temporairement hors du pays.
15 Rapports calculés sur la base des naissances vivantes qui comprennent les militaires nationaux hors du pays.
16 Toutes les données se rapportant à l'Allemagne avant le 3 octobre 1990 figurent dans deux rubriques séparées basées sur les territoires respectifs de la République fédérale d'Allemagne et l'ancienne République démocratique allemande selon la période indiquée. Voir les notes explicatives sur les données concernant l'Allemagne à la page 4.

17 Y compris les résidents hors du pays, s'ils sont inscrits sur un registre de population néerlandais.
18 Non compris les morts foetales tardives survenues après une période de gestation de durée inconnue.
19 Non compris les morts foetales tardives dont on ignore la résidence.

10. Legally induced abortions: 1983 – 1991

Avortements provoqués légalement: 1983 – 1991

(See notes at end of table. – Voir notes à la fin du tableau.)

Number – Nombre

Continent, country or area / Continent, pays ou zone	Code [1]	1983	1984	1985	1986	1987	1988	1989	1990	1991
AFRICA—AFRIQUE										
Botswana	...	12	17	...	...	...	...	...	...	...
Réunion	...	...	4 321	4 402	4 299	4 181	4 302	...	...	...
St. Helena ex. dep.— Sainte– Hélène sans dép.	...	...	...	15	22	4	3	12	5	...
Seychelles	...	...	² 221	² 188	9	...	...	...	...	...
Tunisia – Tunisie	...	20 300	20 900	21 300	21 900	23 100	23 300	...	...	...
AMERICA,NORTH— AMERIQUE DU NORD										
Belize	...	...	...	760	599	890	941	822	...	...
Bermuda – Bermudes	a,b,c,e	85	92	...	...	...	...	...	...	...
Canada	a,b,c	61 750	62 291	60 956	62 406	61 635	...	70 705	71 092	...
Cuba		116 956	139 588	138 671	160 926	152 704	155 325	151 146	147 530	...
Greenland – Groenland	a,b,c,e,f	600	600	700	700	800	...	...	...	...
Martinique		2 455	2 321	*1 753	...	...	...	...	...	...
United States –Etats–Unis	...	1 575 000	1 577 200	1 588 600	1 574 000	1 559 000	1 590 800	...	...	...
AMERICA,SOUTH— AMERIQUE DU SUD										
Chile – Chili	...	...	...	...	...	47	47	49	42	29
French Guiana – Guyane française	...	...	388	...	...	...	...	...	...	...
ASIA—ASIE										
Hong Kong – Hong Kong	...	13 400	14 500	15 400	16 800	17 600	...	...	...	...
India – Inde [3]	a,b,c,d,e	492 696	561 033	583 704	...	588 406	534 870	582 161	596 345	...
Israel – Israël [4]	...	15 593	18 948	18 406	17 469	15 290	15 255	15 216	18 000	*15 800
Japan – Japon [5]	a,b,c,d,e	568 363	568 916	550 127	*527 900	497 756	486 146	466 876	456 797	436 299
Singapore – Singapour	a,b,c,d,e	19 100	22 190	23 512	21 374	21 226	20 135	20 619	18 654	17 798
EUROPE										
Belarus – Bélgarie	...	...	...	...	201 000	171 100	163 800	140 900	...	...
Bulgaria – Bulgarie	...	134 165	131 140	132 041	134 686	133 815	...	132 021	144 644	...
Channel Islands— Iles Anglo–Normands Jersey	...	...	...	...	...	287	313	...	323	...
Denmark – Danemark [6]	a,b,c,d,e,f	20 791	20 742	19 919	20 067	20 830	21 200	21 456	20 589	19 729
Former Czechoslovakia – Ancienne Tchécoslovaquie	a,b,c,e	108 662	113 802	119 325	124 188	159 316	164 730	160 285	159 705	...
Estonia	...	...	...	...	36 354	34 713	29 712	25 841	21 404	...
Finland – Finlande	a,b,c,e,f	13 360	13 642	13 832	13 310	12 995	12 749	12 658	12 232	...
France	a,b,c,e	182 862	180 789	173 335	166 797	162 352	166 510	165 199	161 646	...
Germany – Allemagne [7]	..	...	...	...	...	...	...	...	...	...
Germany, Federal Rep. of— Allemagne, République fédérale d'	a,b,c,e,f	86 529	86 298	83 538	84 274	88 540	83 784	75 297	78 808	74 571
Former German, Democratic Rep.– Rép. dém. Allemande	...	92 500	96 200	...	...	...	80 840	73 899	...	...
Greece – Grèce	a,b,c,e,f	220	193	*180	...	...	...	...	...	...
Hungary – Hongrie	a,b,c,d,e,f	78 599	82 191	81 970	83 586	84 547	87 106	90 508	90 394	89 931
Iceland – Islande	a,b,c,e,f	689	745	705	684	691	673	670	714	...
Italy – Italie	...	231 061	228 377	206 177	189 834	187 618	175 541	166 290	161 285	...
Latvia – Lettonie	...	...	...	...	...	59 388	56 900	54 900	51 489	45 149
Lithuania – Lituanie	...	...	...	...	...	37 783	34 845	30 775	27 504	26 598
Netherlands – Pays–Bas	a,b,c,e,f	19 700	*18 700	17 300	...	17 760	18 014	17 996	18 384	...
Norway – Norvège	a,b,c,d,e,f	13 646	14 070	14 599	15 474	15 422	15 852	16 208	15 551	15 528
Poland – Pologne [8]	a,b,c,e,f	130 980	132 844	35 564	129 720	122 536	105 333	80 127	59 417	30 878
Romania – Roumanie		...	...	...	...	...	...	...	...	866 934
Russian Federation – Fédération Russe	...	...	...	...	...	4 385 627	4 608 953	4 427 713	4 103 4253	608 412
Slovenia –	...	...	...	...	...	17 742	17 355	16 546	15 454	...
Sweden – Suède	a,b,c,d,e	31 014	30 755	30 838	33 090	34 707	37 585	37 920	37 489	35 788
Ukraine	...	...	...	...	1 179 000	...	1 068 000	1 080 000	1 058 414	1 019 038
United Kingdom – Royaume–Uni [9]	a,b,c,d,e,f	135 794	145 497	50 211	157 168	165 542	178 426	180 622	184 092	178 416

(See notes at end of table. – Voir notes à la fin du tableau.)

OCEANIA—OCEANIE

New Zealand – Nouvelle–Zélande	b,c,d,e,f	7 198	7 275	7 130	8 056	8 789	*10 000	*10 200	...	...

GENERAL NOTES

For method of evaluation and limitations of data, see Technical Notes, page 54.

FOOTNOTES

* Provisional.
1 Explanation of code:
  a. continuance of pregnancy would involve risk to the life of the pregnant woman greater than if the pregnancy were terminated.
  b. Continuance of pregnancy would involve risk of injury to the physical health of the pregnant woman greater than if the pregnancy were terminated.
  c. Continuance of pregnancy would involve risk of injury to the mental health of the pregnant woman greater than if the pregnancy were terminated.
  d. Continuance of pregnancy would involve risk of injury to mental or physical health of any existing children of the family greater than if the pregnancy were terminated.
  e. There is a substantial risk that if the child were born it would suffer from such physical or mental abnormalities as to be seriously handicapped.
  f. Other.
2 Including spontaneous abortions.
3 For year ending 31 March.
4 Including data for East Jerusalem and Israeli residents in certain other territories under occupation by Israeli military forces since June 1967.
5 For Japanese nationals in Japan only.
6 Excluding the Faeroe Islands and Greenland.
7 All data shown pertaining to Germany prior to 3 October 1990 are indicated separately for the Federal Republic of Germany and the former German Democratic Republic based on their respective territories at the time indicated. See See explanatory notes on data pertaining to Germany on page 4.
8 Based on hospital and polyclinic records.
9 For residents only.

NOTES GENERALES

Pour la méthode d'évaluation et les insuffisances des données, voir Notes techniques, page 54.

NOTES

* Données provisoires.
1 Explication du code:
  a. La prolongation de la grossesse exposerait la vie de la femme enceinte davantage que son interruption.
  b. La prolongation de la grossesse causerait des complication pouvant affecter la santé physique de la femme enceinte davantage que son interruption.
  c. La prolongation de la grossesse causerait des complications affectant les facultés mentales de la femme enceinte davantage que son interruption.
  d. La prolongation de la grossesse causerait des complications affectant les facultés mentales ou physiques des enfants vivants de cette famille, davantage que son interruption.
  e. Il y aurait des risques majeurs pour l'enfant de naître avec des anomalies physiques ou mentales qui l'handicaperaient gravement.
  f. Autres.
2 Y compris les avortements spontanés.
3 Période annuelle se terminant le 31 mars.
4 Y compris les données pour Jérusalem–Est et les résidents israéliens dans certains autres territoires occupés depuis juin 1967 par les forces armées israéliennes.
5 Pour les nationaux japonais au Japon seulement.
6 Non compris les îles Féroé et le Groenland.
7 Toutes les données se rapportant à l'Allemagne avant le 3 octobre 1990 figurent dans deux rubriques séparées basées sur les territoires respectifs de la République fédérale d'Allemagne et l'ancienne République démocratique allemande selon la période indiquée. Voir les notes explicatives sur les données concernant l'Allemagne à la page 4.
8 D'après les registres des hopitaux et des polycliniques.
9 Pour les résidents seulement.

11. Legally induced abortions by age and number of previous live births of woman: latest available year
Avortements provoqués légalement selon l'âge de la femme et selon le nombre des naissances vivantes précédentes: dernière année disponible

(See notes at end of table. – Voir notes à la fin du tableau.)

Continent, country or area, year and number of previous live births / Continent, pays ou zone, année et nombre des naissances vivantes précédentes	All ages Tous âges	–15	15–19	20–24	25–29	30–34	35–39	40–44	45–49	50 plus	Unknown Inconnu
AFRICA—AFRIQUE											
Réunion											
1987 [1]											
Total	4 140	22	574	1 303	955	683	451	134	*——	17 ——*	1
0	2 931	21	513	996	613	418	270	89	*——	11 ——*	–
1	939	1	49	247	268	197	138	35	*——	4 ——*	–
2	133	–	3	27	40	31	25	6	*——	1 ——*	–
3	28	–	–	7	4	10	5	2	*——	- ——*	–
4	3	–	–	–	1	1	1	–	*——	- ——*	–
5 plus	1	–	–	–	1	–	–	–	*——	- ——*	–
Unknown—Inconnu	105	–	9	26	28	26	12	2	*——	1 ——*	1
Seychelles											
1985 [2]											
Total	188	1	24	58	61	25	14	4	1	–	–
Tunisia – Tunisie											
1974											
Total	12 427	–	102	872	1 503	1 610	1 474	673	88	9	6 096
AMERICA, NORTH— AMERIQUE DU NORD											
Bermuda – Bermudes											
1984											
Total	92	3	30	21	18	14	5	–	–	1	–
0	44	3	27	9	1	3	1	–	–	–	–
1	21	–	2	6	6	6	1	–	–	–	–
2	13	–	–	3	7	2	–	–	–	1	–
3	8	–	–	2	3	1	2	–	–	–	–
4	1	–	–	–	–	1	–	–	–	–	–
5	2	–	–	–	1	1	–	–	–	–	–
6 plus	–	–	–	–	–	–	–	–	–	–	–
Unknown—Inconnu	3	–	1	1	–	–	1	–	–	–	–
Canada											
1990 [3]											
Total	71 092	420	13 165	20 184	15 492	10 090	5 490	1 443	*——	94 ——*	4 714
0	34 985	407	10 752	12 625	6 914	2 897	1 152	218	*——	16 ——*	4
1	13 074	2	1 368	4 292	3 792	2 258	1 075	273	*——	13 ——*	1
2	10 298	–	195	1 789	2 991	2 968	1 832	493	*——	29 ——*	1
3	3 380	–	15	336	809	1 137	804	259	*——	18 ——*	2
4	885	–	–	58	197	295	246	82	*——	7 ——*	–
5	226	–	–	5	44	61	83	30	*——	3 ——*	–
6 plus	106	–	–	2	19	36	31	15	*——	3 ——*	–
Unknown—Inconnu	8 138	11	835	1 077	726	438	267	73	*——	5 ——*	4 706
Cuba											
1990											
Total	147 530	*——	48 377	——*	49 931	29 525	11 886	5 751	1 698	*—— 362 ——*	–
Panama											
1982											
Total	12	–	1	*—— 7	——*	*—— 2	—*	*—— 2	—*	–	–

293

**11. Legally induced abortions by age and number of previous
live births of woman: latest available year (continued)
Avortements provoqués légalement selon l'âge de la femme et selon le nombre des
naissances vivantes précédentes: dernière année disponible (suite)**

(See notes at end of table. – Voir notes à la fin du tableau.)

Continent, country or area, year and number of previous live births / Continent, pays ou zone, année et nombre des naissances vivantes précédentes	All ages Tous âges	Age of woman (in years) – Age de la femme (en années)									
		–15	15–19	20–24	25–29	30–34	35–39	40–44	45–49	50 plus	Unknown Inconnu
AMERICA, SOUTH – AMERIQUE DU SUD											
Chile – Chili											
1990											
Total	29	–	–	2	14	6	5	2	–	–	–
ASIA—ASIE											
India – Inde											
1990 [4]											
Total	596 345	2 599	41 846	131 540	167 718	102 747	43 974	7 349	*—	628 —*	97 944
Israel – Israël [5]											
1990											
Total	18 000	41	1 899	3 341	3 392	3 530	3 198	1 521	147	10	921
0	4 995	36	1 635	1 931	739	302	100	38	4	–	210
1	2 069	4	62	578	689	365	208	77	8	–	78
2	3 711	1	10	361	1 056	1 042	697	351	29	–	164
3	3 418	–	4	87	483	997	1 118	511	35	3	180
4	1 639	–	–	17	148	445	624	277	31	5	92
5	521	–	–	–	28	134	197	107	9	2	44
6 plus	483	–	2	–	14	93	175	130	28	–	41
Unknown—Inconnu	1 164	–	186	367	235	152	79	30	3	–	112
Japan – Japon											
1991 [6]											
Total	436 299	*— 33	286 —*	88 217	75 446	90 803	92 676	52 203	3 538	44	86
Singapore – Singapour											
1992											
Total	17 073	16	1 604	3 772	3 997	3 880	2 718	1 020	*—	66 —*	–
0	6 814	16	1 491	2 990	1 504	566	196	47	*—	4 —*	–
1	2 245	–	99	414	812	519	306	91	*—	4 —*	–
2	4 680	–	13	298	1 158	1 611	1 142	435	*—	23 —*	–
3	2 588	–	1	56	451	940	820	300	*—	20 —*	–
4 plus	746	–	–	14	72	244	254	147	*—	15 —*	–
Unknown—Inconnu	–	–	–	–	–	–	–	–	*—	– —*	–
EUROPE											
Bulgaria – Bulgarie											
1990											
Total	144 644	316	14 028	37 899	39 108	30 230	16 998	5 536	506	23	–
Former Czechoslovakia – Ancienne Tchécoslovaquie											
1990											
Total	159 705	85	13 388	36 927	41 207	33 660	25 343	8 475	595	25	–
0	22 340	85	10 157	8 328	2 270	845	467	151	34	3	–
1	33 206	–	2 897	14 531	8 438	3 929	2 531	801	71	8	–
2	75 556	–	316	12 381	24 148	19 802	14 096	4 500	307	6	–
3	22 945	–	18	1 444	5 264	7 288	6 416	2 367	143	5	–
4 plus	5 658	–	–	243	1 087	1 796	1 833	656	40	3	–
Unknown—Inconnu	–	–	–	–	–	–	–	–	–	–	–

11. Legally induced abortions by age and number of previous
live births of woman: latest available year (continued)
Avortements provoqués légalement selon l'âge de la femme et selon le nombre des
naissances vivantes précédentes: dernière année disponible (suite)

(See notes at end of table. – Voir notes à la fin du tableau.)

Continent, country or area, year and number of previous live births / Continent, pays ou zone, année et nombre des naissances vivantes précédentes	All ages Tous âges	−15	15–19	20–24	25–29	30–34	35–39	40–44	45–49	50 plus	Unknown Inconnu
EUROPE (Cont.–Suite)											
Denmark – Danemark											
1991 [7]											
Total	19 729	52	2 892	5 180	4 957	3 379	2 138	1 004	*——	127 ——*	–
Faeroe Islands – Iles Féroé											
1975											
Total	26	–	4	2	3	8	6	3	–	–	–
0	6	–	4	1	–	1	–	–	–	–	–
1	3	–	–	1	1	–	1	–	–	–	–
2	2	–	–	–	–	–	–	2	–	–	–
3	6	–	–	–	2	3	1	–	–	–	–
4	2	–	–	–	–	1	1	–	–	–	–
5	3	–	–	–	–	3	–	–	–	–	–
6 plus	3	–	–	–	–	–	2	1	–	–	–
Unknown–Inconnu	1	–	–	–	–	–	1	–	–	–	–
Finland – Finlande											
1990 [3]											
Total	12 232	21	1 989	3 202	2 389	1 866	1 501	1 084	*——	180 ——*	–
0	6 152	21	1 909	2 429	1 135	423	160	64	*——	11 ——*	–
1	2 092	–	70	518	559	416	292	212	*——	25 ——*	–
2	2 484	–	3	204	497	631	623	444	*——	82 ——*	–
3	1 091	–	1	37	143	315	310	242	*——	43 ——*	–
4	315	–	–	1	45	68	98	89	*——	14 ——*	–
5	48	–	–	–	3	11	13	18	*——	3 ——*	–
6 plus	20	–	–	–	1	1	3	13	*——	2 ——*	–
Unknown–Inconnu	30	–	6	13	6	1	2	2	*——	– ——*	–
France											
1990											
Total	161 646	*——	16	389 ——*	37 301	39 287	33 115	24 033	9 902	904	50	665
Germany – Allemagne [8]	...	...	...	...	...	...	...	...	...	...	...
Germany, Federal Rep. of – Allemagne, République fédérale d'											
1991											
Total	74 571	83	4 770	16 082	20 226	16 215	11 311	5 033	598	65	188
0	37 360	80	4 363	11 437	10 837	6 039	3 205	1 162	138	22	77
1	13 788	2	324	2 843	4 066	3 218	2 265	916	99	5	50
2	14 850	1	71	1 432	3 662	4 347	3 450	1 652	180	21	34
3	5 710	–	9	305	1 232	1 767	1 529	758	89	6	15
4	1 797	–	3	52	304	571	538	278	38	5	8
5	620	–	–	10	94	167	185	135	23	3	3
6 plus	446	–	–	3	31	106	139	132	31	3	1
Unknown–Inconnu	–	–	–	–	–	–	–	–	–	–	–
Greece – Grèce											
1989											
Total	7 388	–	685	*——	3 434 ——*	*——	2 817 ——*	*——	452 ——*	–	–

(See notes at end of table. – Voir notes à la fin du tableau.)

Continent, country or area, year and number of previous live births / Continent, pays ou zone, année et nombre des naissances vivantes précédentes	All ages Tous âges	Age of woman (in years) – Age de la femme (en années)									Unknown Inconnu
		–15	15–19	20–24	25–29	30–34	35–39	40–44	45–49	50 plus	
EUROPE (Cont.–Suite)											
Hungary – Hongrie											
1991											
Total	89 931	412	13 028	18 590	16 441	17 301	17 243	6 424	*——	492 ——*	–
0	22 032	412	10 205	7 844	2 059	765	524	192	*——	31 ——*	–
1	17 637	–	2 055	5 420	3 661	2 712	2 736	976	*——	77 ——*	–
2	32 860	–	611	3 791	7 084	8 682	9 077	3 367	*——	248 ——*	–
3	12 055	–	147	1 177	2 522	3 450	3 423	1 243	*——	93 ——*	–
4	3 289	–	6	266	746	1 011	866	371	*——	23 ——*	–
5	1 056	–	3	52	210	364	298	123	*——	6 ——*	–
6 plus	1 002	–	1	40	159	317	319	152	*——	14 ——*	–
Iceland – Islande											
1990											
Total	714	2	161	194	120	107	89	36	5	–	–
0	294	2	150	102	28	7	4	1	–	–	–
1	179	–	10	77	47	30	12	3	–	–	–
2	119	–	1	12	33	36	23	11	3	–	–
3	82	–	–	3	9	23	35	10	2	–	–
4	31	–	–	–	2	8	10	11	–	–	–
5	7	–	–	–	1	3	3	–	–	–	–
6 plus	2	–	–	–	–	–	2	–	–	–	–
Unknown–Inconnu	–	–	–	–	–	–	–	–	–	–	–
Italy – Italie											
1989											
Total	166 290	103	12 252	33 453	38 073	36 103	29 566	14 696	1 448	88	508
0	54 269	97	10 669	21 624	13 028	5 509	2 289	768	97	10	178
1	31 663	2	1 140	6 689	9 157	7 494	4 879	2 038	173	14	77
2	50 317	1	234	3 965	11 775	14 985	12 717	5 931	532	34	143
3	20 010	–	33	649	3 063	5 897	6 378	3 550	357	16	67
4	5 770	–	5	100	602	1 468	2 047	1 353	165	11	19
5	1 889	–	–	22	127	381	726	558	63	2	10
6 plus	1 236	–	3	20	72	205	429	445	58	1	3
Unknown–Inconnu	1 136	3	168	384	249	164	101	53	3	–	11
Lithuania – Lituanie											
1991											
Total	26 598	16	1 573	*———	20 323	———*	*———		4 686	———*	–
Netherlands – Pays–Bas											
1985											
Total	17 300	35	2 715	4 510	3 870	3 040	2 315	710	*——	105 ——*	–
Norway – Norvège											
1991											
Total	15 528	34	2 816	4 758	3 533	2 318	1 476	529	*——	62 ——*	2
0	7 289	32	2 501	2 947	1 281	379	111	34	*——	3 ——*	1
1	3 145	–	158	1 161	990	513	239	79	*——	5 ——*	–
2 – 3	4 125	–	11	421	1 098	1 241	955	352	*——	46 ——*	1
4 – 5	278	–	–	2	37	94	103	36	*——	6 ——*	–
6 plus	29	–	–	–	1	8	11	8	*——	1 ——*	–
Unknown–Inconnu	662	2	146	227	126	83	57	20	*——	1 ——*	–
Romania – Roumanie											
1991											
Total	866 934	2 046	48 642	225 541	204 391	206 743	137 495	39 296	2 780	–	–

Avortements provoqués légalement selon l'âge de la femme et selon le nombre des naissances vivantes précédentes: dernière année disponible (suite)

(See notes at end of table. – Voir notes à la fin du tableau.)

Continent, country or area, year and number of previous live births / Continent, pays ou zone, année et nombre des naissances vivantes précédentes	Age of woman (in years) – Age de la femme (en années)										
	All ages Tous âges	−15	15–19	20–24	25–29	30–34	35–39	40–44	45–49	50 plus	Unknown Inconnu
EUROPE (Cont.–Suite)											
Sweden – Suède											
1991											
Total	35 788	158	5 994	9 250	7 971	5 869	4 136	2 130	280	–	–
United Kingdom – Royaume–Uni											
1991 [1]											
Total	178 416	964	36 171	56 153	40 860	24 884	13 775	5 163	416	20	10
0	100 792	950	32 779	38 788	18 903	6 485	2 228	614	38	3	4
1	29 316	6	2 821	10 435	8 417	4 597	2 205	768	65	–	2
2	29 593	1	366	5 191	8 737	7 943	5 134	2 069	145	3	4
3	12 174	–	26	1 270	3 407	3 816	2 579	983	90	3	–
4	4 053	–	4	239	982	1 369	986	436	35	2	–
5 plus	1 973	–	–	46	327	642	619	288	42	9	–
Unknown–Inconnu	515	7	175	184	87	32	24	5	1	–	–
OCEANIA—OCEANIE											
Australia – Australie											
1971											
Total	2 519	28	635	704	356	305	280	147	12	–	52
0	1 313	28	609	493	104	33	13	6	1	–	26
1	163	–	17	76	36	8	13	7	1	–	5
2	389	–	6	85	100	101	57	33	1	–	6
3	310	–	–	33	66	83	77	39	5	–	7
4	217	–	1	15	36	59	69	31	3	–	3
5 plus	122	–	1	2	14	21	49	30	1	–	4
Unknown–Inconnu	5	–	1	–	–	–	2	1	–	–	1
Cocos (Keeling) Islands – Iles des Cocos (Keeling)											
1978											
Total	2	–	–	–	1	–	1	–	–	–	–
0	–	–	–	–	–	–	–	–	–	–	–
1	–	–	–	–	–	–	–	–	–	–	–
2	–	–	–	–	–	–	–	–	–	–	–
3	2	–	–	–	1	–	1	–	–	–	–
4	–	–	–	–	–	–	–	–	–	–	–
5	–	–	–	–	–	–	–	–	–	–	–
6 plus	–	–	–	–	–	–	–	–	–	–	–
Unknown–Inconnu	–	–	–	–	–	–	–	–	–	–	–
New Zealand – Nouvelle–Zélande											
1989*											
Total	10 200	[9] 50	[9] 2 050	3 009	2 454	1 518	820	287	12	–	–
0	5 295	[9] 50	[9] 1 871	1 973	994	315	71	21	–	–	–
1	1 675	[9] –	[9] 152	637	503	249	107	27	–	–	–
2	1 679	[9] –	[9] 23	305	540	436	274	98	3	–	–
3	976	[9] –	[9] 4	77	295	311	210	75	4	–	–
4	357	[9] –	[9] –	14	87	134	82	40	–	–	–
5	143	[9] –	[9] –	3	26	55	42	14	3	–	–
6 plus	75	[9] –	[9] –	–	9	18	34	12	2	–	–
Unknown–Inconnu	–	[9] –	[9] –	–	–	–	–	–	–	–	–

11. Legally induced abortions by age and number of previous live births of woman: latest available year (continued)
Avortements provoqués légalement selon l'âge de la femme et selon le nombre des naissances vivantes précédentes: dernière année disponible (suite)

GENERAL NOTES

For method of evaluation and limitations of data, see Technical Notes, page 56.

FOOTNOTES

1 For residents only.
2 Including spontaneous abortions.
3 Birth order based on number of previous confinements (deliveries) rather than on live births.
4 For year ending 31 March.
5 Including data for East Jerusalem and Israeli residents in certain other territories under occupation by Israeli military forces since June 1967.

6 For Japanese nationals in Japan only.
7 Excluding Faeroe Islands and Greenland.
8 All data shown pertaining to Germany prior to 3 October 1990 are indicated separately for the Federal Republic of Germany and the former German Democratic Republic where available. See explanatory notes on page 4.

9 For under 16 and 16—19 years, as appropriate.

NOTES GENERALES

Pour la méthode d'évaluation et les insuffisances des données, voir Notes techniques, page 56.

NOTES

1 Pour les résidents seulement.
2 Y compris les avortements spontanés.
3 Le rang de naissance est déterminé par le nombre d'accouchements antérieurs plutôt que par le nombre des naissances vivantes.
4 Période annuelle se terminant le 31 mars.
5 Y compris les données pour Jérusalem—Est et les résidents israéliens dans certains autres territoires occupés depuis juin 1967 par les forces armées israéliennes.
6 Pour les nationaux japonais au Japon seulement.
7 Non compris les îles Féroé et le Groenland.
8 Toutes les données se rapportant à l'Allemagne avant le 3 octobre 1990 figurent dans deux rubriques séparées concernant la République fédérale d'Allemagne et l'ancienne République démocratique allemande lorsqu'elles sont disponibles. Voir les notes explicatives à la page 4.
9 Pour moins de 16 ans et 16—19 ans selon le cas.

12. Marriages and crude marriage rates, by urban/rural residence: 1988 – 1992

Mariages et taux bruts de nuptialité, selon la résidence, urbaine/rurale: 1988 – 1992

(See notes at end of table. – Voir notes à la fin du tableau.)

Continent, country or area and urban/rural residence — Continent, pays ou zone et résidence, urbaine/rurale	Code [1]	Number – Nombre					Rate – Taux				
		1988	1989	1990	1991	1992	1988	1989	1990	1991	1992
AFRICA—AFRIQUE											
Cape Verde – Cap–Vert	C	...	...	1 651	...	...	...	...	4.5	...	...
Egypt – Egypte [2]	+...	...	...	...	...	*462 792	...	...	...	...	*8.4
Libyan Arab Jamahiriya – Jamahiriya arabe libyenne	U	16 989	...	...	...	...	4.5	...	...	...	...
Mauritius – Maurice [3]	+C	11 453	11 197	11 425	11 295	*11 407	10.9	10.5	10.8	10.4	*10.4
Mauritius – Maurice Island of Mauritius – Ile Maurice [3]	+C	11 283	11 040	11 252	11 146	*11 245	11.1	10.8	11.0	10.8	*10.7
Rodrigues	+C	170	157	173	149	*162	5.0	4.6	5.1	4.3	*4.7
Réunion	...	3 354	3 553	3 716	...	...	5.8	6.0	6.2	...	...
St. Helena ex. dep. – Sainte–Hélène sans dép.	...	32	23	...	...	...					
Tristan da Cunha	...	1	...	...	...	...					
Sao Tome and Principe – Sao Tomé–et–Principe	U	49	...	...	...	...					
Seychelles	+C	...	777	1 037	931	...	...	11.6	15.4	13.6	...
Swaziland [4]	...	2 556	3 115	...	...	...	3.6	4.3	...	...	...
Tunisia – Tunisie	...	50 026	55 163	55 612	...	...	6.4	7.0	6.9	...	...
AMERICA,NORTH— AMERIQUE DU NORD											
Aruba	C	390	...	...	...	...	6.4	...	...	...	...
Bahamas	C	2 171	2 131	2 182	2 491	...	8.8	8.5	8.5	9.6	...
Barbados – Barbade	C	1 856	2 047	1 905	1 979	*2 048	7.3	8.0	7.4	7.7	*7.9
Belize	C	1 089	1 138	...	1 202	...	6.1	6.2	...	6.2	...
Bermuda – Bermudes	+C	868	877	907	...	...	14.6	14.6	15.0	...	...
British Virgin Islands – Iles Vierges britanniques	+C	176	...	...	...	...	14.2	...	...	...	...
Canada	C	187 860	190 640	187 737	...	...	7.2	7.3	7.1	...	...
Cayman Islands – Iles Caïmanes	+...	254	267	274	...	...	10.7	10.7	10.5	...	...
Costa Rica	C	22 918	22 984	22 703	20 580	...	8.0	7.9	7.6	6.7	...
Cuba [3]	C	82 431	85 535	101 572	161 160	*191 837	7.9	8.1	9.5	15.0	*17.7
Dominica – Dominique	+C	...	...	225	...	...	...	...	3.1	...	...
El Salvador [3]	...	21 314	20 787	23 167	...	...	4.2	4.0	4.5	...	...
Greenland – Groenland	C	376	396	...	451	...	6.9	7.1	...	8.1	...
Guatemala	C	46 155	...	...	...	...	5.3	...	...	...	...
Jamaica – Jamaïque	+C	10 429	11 145	13 037	13 254	*13 042	4.4	4.7	5.4	5.6	*5.3
Martinique	C	1 558	1 571	1 572	...	...	4.4	4.4	4.3	...	...
Mexico – Mexique [3]	+C	630 106	632 020	642 201	652 795	*655 046	7.6	7.5	7.5	7.4	*7.3
Netherlands Antilles – Antilles néerlandaises	C	1 275	1 226	1 267	...	...	6.7	6.5	6.7	...	...
Panama [3][5]	C	11 060	11 173	12 467	11 714	*13 231	4.8	4.7	5.2	4.7	*5.3
Puerto Rico – Porto Rico	C	32 214	31 642	33 080	33 222	*33 911	9.3	9.0	9.4	9.4	*9.4
Saint Lucia – Sainte–Lucie	C	402	396	...	436	...	2.8	2.7	...	3.2	...
St. Vincent and the Grenadines – Saint–Vincent–et–Grenadines	+C	462	...	...	...	...	4.4	...	...	...	...
Trinidad and Tobago – Trinité–et–Tobago	+C	7 327	6 794	...	...	...	6.0	5.6	...	...	...
United States – Etats–Unis	C	2 395 926	*2 404 000	*2 448 000	*2 371 000	*2 362 000	9.8	*9.7	*9.8	*9.4	*9.3
United States Virgin Islands – Iles Vierges américaines [6]	C	2 162	2 175	2 372	2 855	...	20.0	21.2	22.2	26.7	...
AMERICA,SOUTH— AMERIQUE DU SUD											
Argentina – Argentine	C	...	...	186 337	...	...	...	...	5.8	...	...
Brazil – Brésil [7]	U	951 236	827 928	777 460	...	...	6.6	5.6	5.2	...	...
Chile – Chili [3]	+C	103 484	103 710	98 702	91 732	...	8.1	8.0	7.5	6.9	...

(See notes at end of table. – Voir notes à la fin du tableau.)

Continent, country or area and urban/rural residence — Continent, pays ou zone et résidence, urbaine/rurale	Code [1]	Number – Nombre					Rate – Taux				
		1988	1989	1990	1991	1992	1988	1989	1990	1991	1992
AMERICA, SOUTH— (Cont.–Suite) AMERIQUE DU SUD											
Ecuador – Equateur [8]	U	66 468	62 996	64 532	66 091	...	6.8	6.3	6.1	6.1	...
Falkland Islands (Malvinas)– Iles Falkland (Malvinas)	+...	17	...	...	...	...					
Suriname	U	...	2 179	1 890	1 974		...	5.4	4.5	4.6	
Uruguay [3]	C	21 528	22 684	20 084	...	...	7.0	7.4	6.5	...	
Venezuela [7]	C	113 125	111 970	106 303	107 136	...	6.1	5.9	5.5	5.4	
ASIA—ASIE											
Armenia – Arménie	C	26 581	27 257	...	22 611	...	7.7	7.8	...	6.1	...
Azerbaijan – Azerbaïdjan	C	68 887	71 874	...	...	...	9.9	10.1	...	...	
Bahrain – Bahreïn	...	3 110	3 033	2 942	...	...	6.6	6.2	5.8	...	
Bangladesh [3]	...	1 183 710	...	...	...	...	11.3	...	...	...	
Brunei Darussalam – Brunéi Darussalam	...	1 794	1 783	...	...	...	7.4	7.2	...	...	
Cyprus – Chypre [3][9]	C	3 304	5 597	5 577	6 177	...	4.8	8.1	7.9	8.7	...
Georgia – Géorgie	C	38 100	38 288	...	...	...	7.1	7.0	...	...	
Hong Kong – Hong–kong	C	45 238	43 947	47 168	42 568	...	8.0	7.7	8.3	7.4	
Iran (Islamic Republic of – Rép. islamique d') [3]	+U	361 945	458 708	454 963	448 851	...	7.0	8.6	7.8	7.5	
Iraq	...	145 885	...	...	...	...	8.5	...	...	...	
Israel – Israël [10]	C	31 218	32 303	31 746	32 171	...	7.0	7.1	6.8	6.5	
Japan – Japon [3][11]	+C	707 716	708 316	722 138	742 264	...	5.8	5.8	5.8	6.0	
Jordan – Jordanie [3][12]	+C	28 247	31 508	32 706	35 926	...	7.5	8.1	8.2	8.7	
Kazakhstan	C	162 962	165 380	...	...	...	10.0	10.0	...	...	
Korea, Republic of – Corée, Rép. [3]	U	378 106	377 482	...	...	...	9.0	8.9	...	...	
Kuwait – Koweït	C	10 283	11 051	...	...	...	5.2	5.4	...	...	
Kyrgyzstan – Kirghizistan	C	40 490	41 790	...	...	...	9.5	9.7	...	...	
Macau – Macao	...	2 282	1 728	1 794	1 997	*2 418	7.2	5.3	3.9	4.2	*4.9
Malaysia – Malaisie Peninsular Malaysia – [13] Malaisie Péninsulaire	U	44 904	...	...	...	...	3.2	...	...	...	
Maldives [3]	...	4 099	4 294	4 095	4 033	...	20.2	20.5	19.2	18.1	...
Mongolia – Mongolie [3]	...	21 800	15 600	...	...	...	10.8	7.5	...	...	
Philippines	U	393 514	395 933	...	374 778		6.7	6.6	...	6.0	
Qatar	U	1 333	1 330	1 370	...	...	3.1	2.9	2.8	...	
Singapore – Singapour [14][15]	+C	24 853	23 662	24 339	25 192	*25 876	9.6	8.9	9.0	9.1	*9.3
Sri Lanka	+U	130 889	141 533	151 935	...	...	7.9	8.4	8.9	...	
Syrian Arab Republic – République arabe syrienne [16]	+...	99 323	102 557	91 346	98 536	...	8.8	8.8	7.5	7.7	
Tajikistan – Tadjikistan	C	46 933	47 616	...	...	...	9.3	9.2	...	...	
Thailand – Thaïlande	C	391 124	406 134	461 280	406 326	...	7.2	7.4	8.2	7.1	
Turkey – Turquie [3][17]	+U	448 144	460 763	...	...	...	8.4	8.4	...	...	
Turkmenistan – Turkménistan	C	33 008	34 890	...	...	...	9.4	9.8	...	...	
Uzbekistan – Ouzbékistan	C	193 856	200 681	...		*235 900	9.8	10.0	...	...	
EUROPE											
Albania – Albanie [3]	C	28 174	27 655	28 992	...	...	9.0	8.6	8.9	...	...
Andorra – Andorre [3]	...	125	66	153		...	2.5	...	3.0		
Austria – Autriche [18]	C	35 361	42 523	45 212	44 106	*45 211	4.7	5.6	5.9	5.6	*5.7
Belarus – Bélarus [3]	C	96 064	97 929	...	...		9.4	9.6	...	...	
Belgium – Belgique [19]	C	59 075	63 511	64 554	60 832	*58 253	6.0	6.4	6.5	6.1	*5.8
Bulgaria – Bulgarie [3][20]	C	62 617	63 263	59 874	48 820	*44 806	7.0	7.0	6.7	5.4	*5.0
Channel Islands – Iles Anglo–Normandes	C	1 140	1 103	...	1 050		8.2	7.7	...	7.3	
Guernsey – Guernesey	C	445	452	403	403	*440	7.5	7.6	6.8	6.8	*7.5
Jersey	+C	695	651	...	647	...	8.7	7.9	...	7.7	...

12. Marriages and crude marriage rates, by urban/rural residence: 1988 – 1992 (continued)

Mariages et taux bruts de nuptialité, selon la résidence, urbaine/rurale: 1988 – 1992 (suite)

(See notes at end of table. – Voir notes à la fin du tableau.)

Continent, country or area and urban/rural residence / Continent, pays ou zone et résidence, urbaine/rurale	Code [1]	Number – Nombre					Rate – Taux				
		1988	1989	1990	1991	1992	1988	1989	1990	1991	1992
EUROPE (Cont.–Suite)											
Former Czechoslovakia – Ancienne Tchécoslovaquie [3]	C	118 951	117 787	131 388	104 692	...	7.6	7.5	8.4	6.7	...
Czech Republic – Rép. tchèque	C	...	...	...	*74 060		...	...	...	*7.2
Denmark – Danemark [21]	C	32 088	30 894	31 513	31 099	*32 305	6.3	6.0	6.1	6.0	*6.3
Estonia – Estonie [3]	C	12 973	12 644	11 774	8 877	...	8.3	8.1	7.5	5.6	...
Faeroe Islands – Iles Féroé	C	260	230	203	232	...	5.5	4.9	4.3	4.9	...
Finland – Finlande [3] [22]	C	25 933	24 569	24 997	23 573	*23 093	5.2	4.9	5.0	4.7	*4.6
France [3] [23]	C	271 124	279 900	287 099	280 175	*272 000	4.9	5.0	5.1	4.9	*4.8
Germany – Allemagne [24]	C	534 903	529 597	516 550	454 291	...	6.8	6.7	6.5	5.7	...
Germany, Federal Rep. of – Allemagne, République fédérale d'	C	397 738	398 608	414 475	400 794	...	6.5	6.4	6.6	6.2	...
Former German Democratic Republic – Ancienne République démocratique allemande	C	137 165	130 989	...	...	...	8.2	7.9	...	...	...
Gibraltar [25]	C	739	754	781	...	...	24.6	24.6	25.3	...	...
Greece – Grèce [3]	C	52 414	59 955	59 052	*62 000	...	5.2	6.0	5.8	*6.1	...
Hungary – Hongrie [3]	C	65 907	66 949	66 405	61 198	*57 000	6.3	6.4	6.4	5.9	*5.4
Iceland – Islande [3] [26]	C	1 294	1 176	1 154	1 280	...	5.2	4.7	4.5	5.0	...
Ireland – Irlande	+C	18 382	18 174	17 838	16 859	*16 109	5.2	5.2	5.1	4.8	*4.6
Isle of Man – Ile de Man	C	446	483	...	450	...	6.7	7.1	...	6.4	...
Italy – Italie	C	318 296	321 272	312 585	308 731	...	5.5	5.6	5.4	5.3	...
Latvia – Lettonie	C	25 296	24 496	23 619	...	*18 906	9.5	9.2	8.8	...	*7.2
Liechtenstein	C	...	315	...	...	...	...	11.3	...	...	...
Lithuania – Lituanie [3]	C	34 906	34 630	36 310	34 241	...	9.6	9.4	9.8	9.2	...
Luxembourg [26]	C	2 079	2 184	2 312	2 592	*2 512	5.6	5.8	6.1	6.9	*6.6
Malta – Malte [27]	C	2 531	2 485	2 498	...	...	7.3	7.1	7.1	...	...
Netherlands – Pays–Bas [3]	C	87 843	90 248	95 649	94 932	*97 700	6.0	6.1	6.4	6.3	*6.4
Norway – Norvège [28]	C	21 744	20 755	21 926	19 880	...	5.2	4.9	5.2	4.7	...
Poland – Pologne [3]	C	246 791	255 643	255 369	233 206	*217 300	6.5	6.7	6.7	6.1	*5.7
Portugal	C	71 098	73 195	71 654	71 808	...	7.2	7.4	7.3	7.3	...
Republic of Moldova – République de Moldova	C	39 745	39 928	...	...	*39 340	9.2	9.2	...	...	*9.0
Romania – Roumanie [3]	C	172 527	177 943	192 652	183 388	*174 600	7.5	7.7	8.3	7.9	*7.5
Russian Federation – Fédération Russe [3]	C	1 397 445	1 384 307	1 319 928	1 277 232	...	9.5	9.4	8.9	8.6	...
San Marino – Saint–Marin	C	181	169	...	...	...	8.0	7.4	...	...	...
Slovakia – Slovaquie	C	...	...	...	...	*33 880	...	...	...	...	...
Slovenia – Slovénie [3]	C	9 217	9 776	8 517	8 173	*8 450	4.6	4.9	4.3	4.1	*4.2
Spain – Espagne	C	214 898	...	214 805	219 680	...	5.5	...	5.5	5.6	...
Sweden – Suède	C	44 229	108 919	40 477	36 836	*37 000	5.2	12.8	4.7	4.3	*4.3
Switzerland – Suisse [3]	C	45 716	45 066	46 603	47 567	*45 000	6.9	6.8	6.9	7.0	*6.6
Ukraine [3]	C	455 770	489 330	482 753	493 067	*344 433	8.9	9.5	9.3	9.5	*6.6
United Kingdom – Royaume–Uni	C	394 049	392 042	375 410	...	...	6.9	6.8	6.5	...	...
Former Yugoslavia – Ancienne Yougoslavie [3] [29]	C	160 419	158 544	146 975	...	*62 898	6.8	6.7	6.2	...	*6.0
OCEANIA—OCEANIE											
American Samoa – Samoa américaines	C	342	...	...	...	...	9.1	...	...	...	...
Australia – Australie	+C	116 816	117 176	116 959	113 869	...	7.1	7.0	6.9	6.6	...
Cook Islands – Iles Cook	+C	122	...	...	...	...	6.9	...	...	...	...
Fiji – Fidji	+C	6 892	...	...	...	...	9.6	...	...	...	...
French Polynesia – Polynésie française	...	1 264	1 093	...	...	...	6.7	5.7	...	...	...
Guam [30]	C	...	...	...	...	*1 468	...	...	...	...	*10.5

12. Marriages and crude marriage rates, by urban/rural residence: 1988 – 1992 (continued)

Mariages et taux bruts de nuptialité, selon la résidence, urbaine/rurale: 1988 – 1992 (suite)

(See notes at end of table. – Voir notes à la fin du tableau.)

Continent, country or area and urban/rural residence / Continent, pays ou zone et résidence, urbaine/rurale	Code [1]	Number – Nombre					Rate – Taux				
		1988	1989	1990	1991	1992	1988	1989	1990	1991	1992
OCEANIA—OCEANIE(Cont.–Suite)											
New Caledonia – Nouvelle–Calédonie	...	758	862	887	912	824	4.6	5.2	5.2	5.3	4.7
New Zealand – Nouvelle–Zélande [3]	C	23 485	22 733	23 341	23 065	...	7.1	6.9	7.0	6.8	...
Norfolk Island – Ile Norfolk	+...	25	...	...	...	...					
Northern Mariana Islands – Iles Mariannes du Nord	...	...	713	...	...	...	...	28.5	...	...	...
Pitcairn	...	...	...	...	...	2	...	...	...	...	...
Tonga	...	347	592	696	666	...	3.7	6.2	7.2	6.9	...

12. Marriages and crude marriage rates, by urban/rural residence: 1988 – 1992 (continued)

Mariages et taux bruts de nuptialité, selon la résidence, urbaine/rurale: 1988 – 1992 (suite)

Data by urban/rural residence

Données selon la résidence urbaine/rurale

(See notes at end of table. – Voir notes à la fin du tableau.)

Continent, country or area and urban/rural residence / Continent, pays ou zone et résidence, urbaine/rurale	Code [1]	Number – Nombre					Rate – Taux				
		1988	1989	1990	1991	1992	1988	1989	1990	1991	1992
AFRICA—AFRIQUE											
Mauritius – Maurice	+C										
Urban – Urbaine		...	...	4 289	4 715	...	...	...	10.4	10.0	...
Rural – Rurale		...	...	7 136	6 580	...	...	...	11.1	11.0	...
Island of Mauritius – Ile Maurice	+C										
Urban – Urbaine		4 326	4 244	4 289	4 715	...	10.4	10.2	10.3	...	...
Rural – Rurale		6 957	6 796	6 963	6 431	...	11.6	11.2	11.4	...	...
AMERICA,NORTH— AMERIQUE DU NORD											
Cuba	C										
Urban – Urbaine		71 746	73 989	86 657	...	...	9.5	9.6	...	...	...
Rural – Rurale		10 685	11 546	14 858	...	...	3.7	4.1	...	...	...
El Salvador	...										
Urban – Urbaine		...	16 146	...	...	...	...	6.9	...	...	...
Rural – Rurale		...	4 641	...	...	...	...	1.3	...	...	...
Mexico – Mexique	+C										
Urban – Urbaine		444 410	447 348	458 142	...	...	...	...	...	...	...
Rural – Rurale		181 789	184 672	184 059	...	...	...	...	...	...	...
Panama	C										
Urban – Urbaine		7 348	6 859	...	7 678	...	6.1	5.5	...	5.9	...
Rural – Rurale		3 712	4 314	...	4 036	...	3.3	3.8	...	3.5	...
AMERICA,SOUTH— AMERIQUE DU SUD											
Chile – Chili	+C										
Urban – Urbaine		88 668	89 318	85 067	79 444	...	8.3	8.2	7.6	7.0	...
Rural – Rurale		14 816	14 392	13 635	12 288	...	7.3	7.1	6.7	6.1	...
Suriname [3]	U										
Urban – Urbaine		...	798	646	1 017	...	...	...	...	...	...
Rural – Rurale		...	1 381	1 244	957	...	...	...	...	...	...
Uruguay	C										
Urban – Urbaine		...	...	9 544	...	...	...	...	3.5	...	...
Rural – Rurale		...	...	10 540	...	...	...	...	30.5	...	...
ASIA—ASIE											
Bangladesh	...										
Urban – Urbaine		95 469	...	...	...	...	...	...	...	...	...
Rural – Rurale		1 088 241	...	...	...	...	...	...	...	...	...
Cyprus – Chypre [9]	C										
Urban – Urbaine		2 172	3 958	3 706	4 442	...	...	...	...	...	...
Rural – Rurale		1 132	1 639	1 871	1 735	...	...	...	...	...	...
Iran (Islamic Republic of – Rép. islamique d')	+U										
Urban – Urbaine		239 095	295 982	309 438	...	...	8.3	10.0	10.1	...	...
Rural – Rurale		122 850	162 726	145 525	...	...	5.3	6.9	6.1	...	...
Japan – Japon [11]	+C										
Urban – Urbaine		...	...	592 125	610 937	...	...	...	6.2	...	...
Rural – Rurale		...	...	130 013	131 327	...	...	...	4.6	...	...
Jordan – Jordanie [12]	+C										
Urban – Urbaine		18 539	20 972	21 807	...	...	...	...	...	...	...
Rural – Rurale		9 708	10 536	10 899	...	...	...	...	...	...	...
Korea, Republic of– Corée, République de	U										
Urban – Urbaine		260 349	273 948	...	...	...	8.9	9.1	...	...	...
Rural – Rurale		117 757	103 534	...	...	...	9.3	8.4	...	...	...

12. Marriages and crude marriage rates, by urban/rural residence: 1988 – 1992 (continued)

Mariages et taux bruts de nuptialité, selon la résidence, urbaine/rurale: 1988 – 1992 (suite)

Data by urban/rural residence

Données selon la résidence urbaine/rurale

(See notes at end of table. – Voir notes à la fin du tableau.)

Continent, country or area and urban/rural residence / Continent, pays ou zone et résidence, urbaine/rurale	Code [1]	Number – Nombre					Rate – Taux				
		1988	1989	1990	1991	1992	1988	1989	1990	1991	1992
ASIA—ASIE (Cont.–Suite)											
Maldives	...										
Urban – Urbaine		1 057	1 119	1 137	1 136	...	18.9	19.3	20.6	...	...
Rural – Rurale		3 042	3 175	2 958	2 897	...	21.1	21.5	18.7	...	...
Mongolia – Mongolie	...										
Urban – Urbaine		12 500	8 900	...	...	...	...	7.6	...	...	...
Rural – Rurale		9 300	6 700	...	...	...	...	7.6	...	...	...
Turkey – Turquie [17]	+U										
Urban – Urbaine		261 317	251 002	...	...	...	8.7	8.0	...	...	...
Rural – Rurale		186 827	209 761	...	...	...	8.0	9.0	...	...	...
EUROPE											
Albania – Albanie	C										
Urban – Urbaine		9 927	9 683	9 253	...	...	8.9	8.4	7.9	...	...
Rural – Rurale		18 247	17 972	19 739	...	...	9.0	8.8	9.5	...	...
Andorra – Andorre	...										
Urban – Urbaine		81	62	96	...	...					
Rural – Rurale		44	4	57	...	...					
Belarus – Bélarus	...										
Urban – Urbaine		66 613	...	...	...	...	...	...	...	...	...
Rural – Rurale		29 451	...	...	...	...	...	...	...	...	...
Bulgaria – Bulgarie [20]	C										
Urban – Urbaine		43 309	43 369	42 979	35 006	32 448	7.2	7.2	7.0	5.7	...
Rural – Rurale		19 308	19 894	16 895	13 814	12 358	6.5	6.8	5.8	4.8	...
Former Czechoslovakia – Ancienne Tchécoslovaquie	C										
Urban – Urbaine		90 046	99 734	87 691	...	...	8.8	9.7	8.5	...	...
Rural – Rurale		28 905	18 053	43 697	...	...	5.3	3.4	8.2	...	...
Estonia – Estonie	C										
Urban – Urbaine		11 037	10 899	10 110	...	...	9.9	9.7	9.0	...	...
Rural – Rurale		1 936	1 745	1 664	...	...	4.4	3.9	3.7	...	...
Finland – Finlande [22]	C										
Urban – Urbaine		18 343	17 013	17 459	...	...	6.0	5.6	5.7	...	...
Rural – Rurale		7 590	7 556	7 538	...	...	4.0	4.0	3.9	...	...
France [23]	C										
Urban – Urbaine		193 797	200 799	...	...	...	...	...	...	...	...
Rural – Rurale		77 327	79 101	...	...	...	...	...	...	...	...
Greece – Grèce	C										
Urban – Urbaine		...	...	38 950							
Rural – Rurale		...	...	20 102							
Hungary – Hongrie [31]	C										
Urban – Urbaine		39 086	41 877	41 182	37 808	...	6.1	6.5	6.4	5.8	...
Rural – Rurale		26 368	24 599	24 533	22 671	...	6.6	6.2	6.3	5.9	...
Iceland – Islande [26]	C										
Urban – Urbaine		1 224	1 108	1 080	...	...	5.4	4.8	4.7	...	...
Rural – Rurale		70	68	74	...	...					
Latvia – Lettonie	C										
Urban – Urbaine		19 845	19 282	18 464	...	...	10.6	10.2	9.8	...	...
Rural – Rurale		5 451	5 214	5 155	...	...	7.0	6.7	6.6	...	...
Lithuania – Lituanie	C										
Urban – Urbaine		24 396	23 743	25 259	23 965	...	9.9	9.5	9.9	9.4	...
Rural – Rurale		10 510	10 887	11 051	10 276	...	8.8	9.2	9.4	8.7	...
Netherlands – Pays–Bas	C										
Urban – Urbaine		77 200	79 648	84 764	...	...	10.3	10.6	11.2	...	...
Rural – Rurale		10 643	10 600	10 885	...	...	6.2	6.3	6.5	...	...
Poland – Pologne	C										
Urban – Urbaine		149 498	155 768	140 976	128 086	...	6.4	6.7	6.0	5.4	...
Rural – Rurale		97 293	99 875	114 393	105 120	...	6.6	6.8	7.8	7.2	...
Romania – Roumanie	C										
Urban – Urbaine		99 342	104 265	110 382	101 993	...	8.3	8.5	8.8	8.1	...
Rural – Rurale		73 185	73 678	82 270	81 395	...	6.6	6.8	7.8	7.7	...
Russian Federation – Fédération Russe	C										
Urban – Urbaine		1 054 372	1 042 489	998 689	954 056	...	...	9.7	...	...	...
Rural – Rurale		343 073	341 818	321 239	323 176	...	...	8.7	...	...	...

12. Marriages and crude marriage rates, by urban/rural residence: 1988 – 1992 (continued)

Mariages et taux bruts de nuptialité, selon la résidence, urbaine/rurale: 1988 – 1992 (suite)

Data by urban/rural residence

Données selon la résidence urbaine/rurale

(See notes at end of table. – Voir notes à la fin du tableau.)

Continent, country or area and urban/rural residence / Continent, pays ou zone et résidence, urbaine/rurale	Code [1]	Number – Nombre					Rate – Taux				
		1988	1989	1990	1991	1992	1988	1989	1990	1991	1992
EUROPE (Cont.–Suite)											
Slovenia – Slovénie	C										
Urban – Urbaine		4 316	4 787	4 065	3 940	*3 950	4.2	4.8	4.0	3.9	*4.0
Rural – Rurale		4 901	4 989	4 452	4 233	*4 500	5.0	5.0	4.5	4.3	*4.6
Switzerland – Suisse	C										
Urban – Urbaine		27 994	27 492	28 227	29 140	...	7.0	6.9	7.0	7.2	...
Rural – Rurale		17 722	17 574	18 376	18 427	...	6.8	6.6	6.8	6.7	...
Ukraine	C										
Urban – Urbaine		327 767	352 228	349 284	...	...	9.6	10.1	10.0	...	...
Rural – Rurale		128 003	137 102	133 469	...	...	7.4	8.0	7.9	...	...
Former Yugoslavia – Ancienne Yougoslavie	C										
Urban – Urbaine		79 321	79 140	74 996	...	...	...	...	...	...	...
Rural – Rurale		81 098	79 404	71 979	...	...	...	...	...	...	...
OCEANIA—OCEANIE											
New Zealand – Nouvelle–Zélande	C										
Urban – Urbaine		17 973	...	...	...	...	...	...	...	...	...
Rural – Rurale		5 512	...	...	...	...	...	...	...	...	...

12. Marriages and crude marriage rates, by urban/rural residence: 1988 – 1992 (continued)

Mariages et taux bruts de nuptialité, selon la résidence, urbaine/rurale: 1988 – 1992 (suite)

<table>
<tr>
<td>

GENERAL NOTES

Rates are the number of legal (recognized) marriages performed and registered per 1 000 mid–year population. Rates are shown only for countries or areas having at least a total of 100 marriages in a given year. For definitions of "urban", see end of table 6. For method of evaluation and limitations of data, see Technical Notes, page 57.

Italics: data from civil registers which are incomplete or of unknown completeness.

FOOTNOTES

   * Provisional.
   + Data tabulated by date of registration rather than occurrence.

   1 Code "C" indicates that the data are estimated to be virtually complete (at least 90 per cent) and code "U" indicates that the data are estimated to be incomplete (less than 90 per cent). For futher details, see Technical Notes.
   2 Including marriages resumed after "revocable divorce" (among Moslem population), which approximates legal separation.
   3 For classification by urban/rural residence, see end of table.
   4 Marriages solemnized by Christian rite only.
   5 Excluding tribal Indian population.

   6 Based on marriage licenses issued.
   7 Excluding Indian jungle population.
   8 Excluding nomadic Indian tribes.
   9 For government controlled areas.
  10 Including data for East Jerusalem and Israeli residents in certain other territories under occupation by Israeli military forces since June 1967.

  11 For Japanese nationals in Japan only, but rates computed on total population.

  12 Excluding data for Jordanian territory under occupation since 1967 by Israeli military forces. Excluding foreigners, but including registered Palestinian refugees. For number of refugees, see table 5.
  13 Non–Moslem civil marriages and Christian ritual marriages only.

  14 Rates computed on population excluding transients afloat and non–locally domiciled military and civilian services personnel and their dependants.

  15 Registration of Kandyan marriages is complete; registration of Moslem and general marriages is incomplete.
  16 Excluding nomads; however, rates computed on total population.

  17 For provincial capitals and district centres only; however, rates computed on total population.
  18 Excluding aliens temporarily in the area.
  19 Including armed forces stationed outside the country and alien armed forces in the area unless marriage performed by local foreign authority.

  20 Including Bulgarian nationals outside the country, but excluding aliens in the area.
  21 Excluding Faeroe Islands and Greenland.
  22 Marriages in which the bride was domiciled in Finland only.
  23 Including armed forces stationed outside the country. Rates computed on population including armed forces stationed outside the country, but excluding alien armed forces living in military camps within the country.
  24 All data shown pertaining to Germany prior to 3 October 1990 are indicated separately for the Federal Republic of Germany and the former German Democratic Republic based on their respective territories at the time indicated. See explanatory notes on data pertaining to Germany on page 4.

  25 Rates computed on population excluding armed forces.

  26 For the de jure population.
  27 Computed on population including civilian nationals temporarily outside the country.
  28 Marriages in which the groom was domiciled in Norway only.
  29 Begining January 1992, data refer to the Federal Republic of Yugoslavia. Prior to that data, data refer to the Socialist Federal Republic of Yugoslavia.

  30 Including United States military personnel, their dependants and contract employees.
  31 Excluding marriages of unknown residence.

</td>
<td>

NOTES GENERALES

Les taux représentent le nombre de mariages qui ont été célébrés et reconnus par la loi pour 1 000 personnes au milieu de l'année. Les taux présentés ne se rapportent qu'aux pays ou zones où l'on a enregistré un total d'au moins 100 mariages dans une année donnée. Pour les définitions des "régions urbaines", se reporter à la fin du tableau 6. Pour la méthode d'évaluation et les insuffisances des données, voir Notes techniques, page 57.
Italiques: données incomplètes ou dont le degré d'exactitude n'est pas connu, provenant des registres de l'état civil.

NOTES

   * Données provisoires.
   + Données exploitées selon la date de l'enregistrement et non la date de l'événement.

   1 Le code "C" indique que les données sont jugées pratiquement complètes (au moins 90 p. 100) et le code "U" que les données sont jugées incomplètes (moins de 90 p. 100). Pour plus de détails, voir Notes techniques.
   2 Y compris les unions reconstituées après un "divorce révocable" (parmi la population musulmane), qui est à peu près l'équivalent d'une séparation légale.
   3 Pour le classement selon la résidence, urbaine/rurale, voir la fin du tableau.
   4 Mariages célébrés selon le rite chrétien seulement.
   5 ancienne Zone du Canal, qui fait l'objet d' une rubrique Non compris également les Indiens vivant en tribus.
   6 D'après le nombre d'autorisations de mariages délivrées.
   7 Non compris les Indiens de la jungle.
   8 Non compris les tribus d'Indiens nomades.
   9 Pour les zones contrôlées par le Gouvernement.
  10 Y compris les données pour Jérusalem—Est et les résidents israéliens dans certains autres territoires occupés depuis juin 1967 par les forces armées israéliennes.
  11 Pour les nationaux japonais au Japon seulemer.í, toutefois les taux sont calculés sur la base de la population totale.
  12 Non compris les données pour le territoire jordanien occupé depuis 1967 par les forces armées israéliennes. Non compris les étrangers, mais y compris les réfugiés de Palestine immatriculés. Pour le nombre de réfugiés, voir le tableau 5.
  13 Mariages civils non musulmans et mariages célébrés selon le rite chrétien seulement.
  14 Taux calculés sur la base d'un chiffre de population qui ne comprend pas les personnes de passage à bord de navires, les militaires et agents civils domiciliés hors du territoire et les membres de leur famille les accompagnant.
  15 Tous les mariages de Kandyens sont enregistrés; l'enregistrement des mariages musulmans et des autres mariages est incomplet.
  16 Non compris la population nomade; toutefois, les taux sont calculés sur la base de la population totale.
  17 Pour les capitales de provinces et les chefs—lieux de districts seulement; toutefois, les taux sont calculés sur la base de la population totale.
  18 Non compris les étrangers se trouvant temporairement sur le territoire.
  19 Y compris les militaires nationaux hors du pays et les militaires étrangers en garnison sur le territoire, sauf si le mariage a été célébré par l'authorité étrangère locale.
  20 Y compris les nationaux bulgares à l'étranger, mais non compris les étrangers sur le territoire.
  21 Non compris les îles Féroé et le Groenland.
  22 Mariages où l'épouse était domiciliée en Finlande seulement.
  23 Y compris les militaires nationaux hors du pays. Taux calculés sur la base d'un chiffre de population qui comprend les militaires nationaux hors du pays, mais pas les militaires étrangers en garnison sur le territoire.
  24 Toutes les données se rapportant à l'Allemagne avant le 3 octobre 1990 figurent dans deux rubriques séparées basées sur les territoires respectifs de la République fédérale d'Allemagne et l'ancienne République démocratique allemande selon la période indiquée. Voir les notes explicatives sur les données concernant l'Allemagne à la page 4.
  25 Taux calculés sur la base d'un chiffre de population qui ne comprend pas les militaires.
  26 Pour la population de droit.
  27 Calculés sur la base d'un chiffre de population qui comprend les civils nationaux temporairement hors du pays.
  28 Mariages où l'époux était domicilié en Norvège seulement.
  29 A partir de janvier 1992, les données se rapportent à la République fédératire de Yougoslavie. Avant cette date les données se rapportent à la République socialiste fédérative de Yougoslavic.
  30 Y compris les militaires des Etats—Unis, les membres de le famille les accompagnant et les agents contractuels des Etats—Unis.
  31 Non compris les mariages pour lequels le lieu de résidence n'est pas connu.

</td>
</tr>
</table>

13. Marriages by age of bridegroom and by age of bride: latest available year

Mariages selon l'âge de l'époux et selon l'âge de l'épouse: dernière année disponible

(See notes at end of table – Voir notes à la fin du tableau.)

Continent, country or area and year / Continent, pays ou zone et année	Age [1]	All ages Tous âges	−15	15–19	20–24	25–29	30–34	35–39	40–44	45–49	50–54	55–59	60+	Unknown Inconnu
AFRICA—AFRIQUE														
Algeria – Algérie														
1980 [2]														
Groom – Epoux	...	128 424	*–	5 966 –*	40 731	47 811	15 035	5 955	3 657	2 735	*——	5 284	——*	1 250
Bride – Epouse	...	128 424	283	54 867	45 276	16 722	4 631	1 934	1 403	869	*——	513	——*	1 926
Botswana														
1986														
Groom – Epoux	...	1 638	–	–	35	502	519	251	137	*——	—	194	——*	–
Bride – Epouse	...	1 638	–	82	597	536	223	89	*——	—	111	——*		–
Egypt – Egypte														
1987+ [3]														
Groom – Epoux	18	402 434	*–	21 289 –*	106 515	144 851	70 050	24 786	10 186	7 282	5 245	4 689	6 233	1 308
Bride – Epouse	16	402 434	*–	158 820 –*	142 399	61 120	18 660	9 008	4 184	2 657	1 495	937	1 108	2 046
Mali														
1987														
Groom – Epoux	...	16 823	19	2	27	203	317	440	583	903	1 447	2 670	4 256	5 956
Bride – Epouse	...	16 823	11	4	459	205	91	29	37	58	101	239	729	14 860
Mauritius – Maurice														
1991+														
Groom – Epoux	16	11 295	–	175	2 302	4 395	2 353	982	465	250	132	102	139	–
Bride – Epouse	16	11 295	7	2 623	4 082	2 472	1 066	551	239	123	59	33	40	–
Island of Mauritius – Ile Maurice														
1991+														
Groom – Epoux	16	11 146	–	173	2 248	4 337	2 334	978	462	248	129	100	137	–
Bride – Epouse	16	11 146	7	2 575	4 016	2 451	1 062	549	237	121	57	33	38	–
Réunion														
1990														
Groom – Epoux	...	3 716	–	44	1 034	1 390	560	293	130	78	57	43	87	–
Bride – Epouse	...	3 716	–	464	1 503	978	385	157	82	52	35	17	43	–
Tunisia – Tunisie														
1989+														
Groom – Epoux	20	55 163	–	239	11 246	23 864	12 603	3 376	1 040	671	614	478	1 032	–
Bride – Epouse	17	55 163	–	11 845	24 756	12 080	3 906	1 381	485	224	162	152	169	–
AMERICA,NORTH— AMERIQUE DU NORD														
Bahamas														
1991														
Groom – Epoux	15	2 491	–	25	484	795	494	275	182	100	46	40	42	8
Bride – Epouse	15	2 491	–	123	744	784	417	187	111	60	22	21	12	10

(See notes at end of table – Voir notes à la fin du tableau.)

Continent, country or area and year / Continent, pays ou zone et année	Age [1]	All ages Tous âges	–15	15–19	20–24	25–29	30–34	35–39	40–44	45–49	50–54	55–59	60+	Unknown Inconnu
AMERICA,NORTH—(Cont.) **AMERIQUE DU NORD(Suite)**														
Barbados – Barbade														
1991														
Groom – Epoux	18	1 979	–	7	221	582	474	247	158	101	72	35	81	1
Bride – Epouse	18	1 979	–	44	426	634	408	179	119	77	48	17	26	1
Canada														
1990														
Groom – Epoux	(⁴)	187 737	–	2 162	41 354	66 551	33 311	16 273	9 878	6 004	3 815	2 790	5 246	353
Bride – Epouse	(⁴)	187 737	4	9 430	62 466	57 918	25 311	12 834	7 760	4 586	2 667	1 612	3 014	135
Costa Rica														
1990														
Groom – Epoux	15	22 703	3	1 689	8 428	6 472	2 765	1 316	639	404	269	177	386	155
Bride – Epouse	15	22 703	152	6 156	8 132	4 261	1 796	880	473	258	134	80	159	222
Cuba														
1990*														
Groom – Epoux	16	101 515	–	7 577	31 220	25 624	10 820	6 774	4 616	3 644	2 855	2 199	5 930	256
Bride – Epouse	14	101 515	856	21 733	31 647	19 493	8 024	4 957	3 957	3 098	2 474	1 741	3 311	224
Dominican Republic – République dominicaine														
1984+														
Groom – Epoux	16	30 985	9	831	6 336	8 273	5 414	3 226	2 120	1 454	898	598	755	1 071
Bride – Epouse	15	30 985	*–	4 400 —*	8 955	6 825	4 121	2 315	1 307	827	441	212	207	1 375
El Salvador														
1989 ⁵														
Groom – Epoux	16	20 816	–	1 292	6 757	5 116	2 799	1 653	1 048	686	482	336	517	130
Bride – Epouse	14	20 816	200	4 394	6 988	4 030	1 989	1 143	708	429	280	164	198	293
Guadeloupe														
1986 ⁶														
Groom – Epoux	20	1 692	–	5	295	652	331	158	57	46 *——		148	——*	–
Bride – Epouse	19	1 692	*–	142 —*	653	443	187	93	48	36 *——		90	——*	–
Guatemala														
1988														
Groom – Epoux	16	46 155	32	7 288	17 262	8 469	4 228	2 557	1 717	1 302	1 015	789	1 496	–
Bride – Epouse	14	46 155	1 394	17 751	12 310	5 243	3 115	1 975	1 394	1 052	743	498	680	–
Honduras														
1983+														
Groom – Epoux	14	19 875	15	1 518	9 034	3 901	2 340	1 192	754	419	309	177	216	–
Bride – Epouse	12	19 875	760	4 798	9 229	2 407	1 244	627	350	199	129	63	69	–
Martinique														
1990 ⁶														
Groom – Epoux	...	1 558	–	2	173	556	352	173	88	56 *——		158	——*	–
Bride – Epouse	...	1 558	–	52	466	492	231	130	59	38 *——		90	——*	–

13. Marriages by age of bridegroom and by age of bride: latest available year (continued)

Mariages selon l'âge de l'époux et selon l'âge de l'épouse: dernière année disponible (suite)

(See notes at end of table – Voir notes à la fin du tableau.)

Continent, country or area and year / Continent, pays ou zone et année	Age[1]	All ages Tous âges	−15	15–19	20–24	25–29	30–34	35–39	40–44	45–49	50–54	55–59	60+	Unknown Inconnu
AMERICA, NORTH—(Cont.) **AMERIQUE DU NORD (Suite)**														
Mexico – Mexique														
1990+														
Groom – Epoux	18	642 201	321	108 934	263 704	153 547	56 516	22 938	11 756	7 420	*——	16 550	——*	515
Bride – Epouse	18	642 201	9 306	229 713	235 463	96 780	34 081	14 587	7 604	4 778	*——	8 837	——*	1 052
Panama														
1991[7]														
Groom – Epoux	14	11 714	−	365	2 815	3 332	1 948	1 036	645	463	263	222	488	137
Bride – Epouse	12	11 714	66	1 546	3 778	2 725	1 377	764	476	311	194	127	193	157
Puerto Rico – Porto Rico														
1991														
Groom – Epoux	16	33 222	2	3 352	10 619	7 645	3 984	2 458	1 650	1 138	720	*—	1 654 —*	−
Bride – Epouse	14	33 222	370	6 702	10 196	6 475	3 595	2 158	1 409	923	554	*—	840 —*	−
Trinidad and Tobago – Trinité–et–Tobago														
1989														
Groom – Epoux	(4)	6 794	−	191	1 826	2 223	1 072	498	332	182	140	116	213	1
Bride – Epouse	(4)	6 794	36	1 195	2 337	1 611	666	377	197	143	97	44	89	2
United States – Etats–Unis														
1988[8,9,10]														
Groom – Epoux	(4)	1 852 275	7 765	75 961	497 398	503 901	292 072	*— 280	301 —*	*— 110	117 —*	50 087	34 673	−
Bride – Epouse	(4)	1 852 275	50 893	167 465	583 641	447 175	243 678	*— 233	438 —*	*— 77	767 —*	29 189	19 029	−
United States Virgin Islands – Iles Vierges américaines														
1990														
Groom – Epoux	...	2 371	−	21	246	566	564	369	242	152	102	59	50	−
Bride – Epouse	...	2 371	1	67	427	697	509	325	169	86	50	18	22	−
AMERICA, SOUTH— AMERIQUE DU SUD														
Argentina – Argentine														
1981														
Groom – Epoux	16	161 422	34	9 141	63 783	51 188	16 794	6 143	3 134	1 965	1 752	1 527	4 199	1 762
Bride – Epouse	14	161 422	1 128	39 937	65 075	30 103	10 024	4 128	2 323	1 667	1 589	1 348	2 163	1 937
Brazil – Brésil														
1990[11]														
Groom – Epoux	...	777 460	43	58 093	328 548	235 612	82 986	29 278	13 752	8 023	6 200	4 815	10 110	−
Bride – Epouse	...	777 460	5 000	254 110	289 035	139 749	46 001	19 224	9 599	5 707	3 849	2 227	2 959	−

13. Marriages by age of bridegroom and by age of bride: latest available year (continued)

Mariages selon l'âge de l'époux et selon l'âge de l'épouse: dernière année disponible (suite)

(See notes at end of table – Voir notes à la fin du tableau.)

Continent, country or area and year / Continent, pays ou zone et année	Age [1]	All ages Tous âges	–15	15–19	20–24	25–29	30–34	35–39	40–44	45–49	50–54	55–59	60+	Unknown Inconnu
AMERICA,SOUTH—(Cont.) AMERIQUE DU SUD(Suite)														
Chile – Chili														
1991+														
Groom – Epoux	14	91 732	1	4 276	34 720	31 026	11 657	4 189	1 781	1 123	799	553	1 607	–
Bride – Epouse	12	91 732	310	17 741	37 071	21 741	7 831	3 116	1 421	891	548	396	666	–
Colombia – Colombie	*													
1986+ [12]														
Groom – Epoux	14	70 350	142	2 689	22 912	22 207	9 444	3 800	1 807	1 151	960	781	4 214	243
Bride – Epouse	12	70 350	497	15 180	27 089	14 071	5 126	2 020	1 070	737	603	533	3 289	135
Ecuador – Equateur														
1991 [13]														
Groom – Epoux	14	66 091	33	8 553	25 605	16 939	7 294	3 108	1 684	962	640	419	854	–
Bride – Epouse	12	66 091	1 236	21 333	23 249	11 148	4 532	1 979	1 049	647	353	230	335	–
Paraguay														
1987+														
Groom – Epoux	14	17 741	–	672	6 117	5 313	2 452	1 159	703	453	264	200	397	11
Bride – Epouse	12	17 741	359	5 674	5 399	2 858	1 399	801	483	281	176	124	172	15
Uruguay														
1990														
Groom – Epoux	14	20 084	*–	1 440 —*	6 508	5 508	2 496	1 236	*–	1 228 –*	*——	1 664	——*	4
Bride – Epouse	12	20 084	*–	4 728 —*	6 584	3 916	1 736	988	*–	1 036 –*	*——	1 088	——*	8
Venezuela														
1991 [11]														
Groom – Epoux	21	107 136	21	11 490	38 242	27 384	13 989	6 878	3 807	2 008	1 277	777	1 263	–
Bride – Epouse	18	107 136	2 437	30 158	34 919	20 435	9 594	4 722	2 349	1 162	590	330	440	–
ASIA—ASIE														
Armenia – Arménie														
1989														
Groom – Epoux	18	27 257	6	731	11 313	9 682	2 795	909	432	328	395	257	407	2
Bride – Epouse	17	27 257	393	8 883	11 185	3 578	1 415	676	305	231	233	157	201	–
Azerbaijan – Azerbaïdjan														
1989														
Groom – Epoux	...	71 874	18	829	29 164	28 656	7 170	2 151	939	634	805	598	909	1
Bride – Epouse	...	71 874	422	17 418	33 012	12 923	4 022	1 572	677	403	534	346	541	4
Bahrain – Bahreïn														
1990														
Groom – Epoux	...	2 942	–	52	966	1 087	388	187	80	40	*——	111	——*	31
Bride – Epouse	...	2 942	40	732	1 255	507	238	68	27	15	*——	18	——*	42

13. Marriages by age of bridegroom and by age of bride: latest available year (continued)

Mariages selon l'âge de l'époux et selon l'âge de l'épouse: dernière année disponible (suite)

(See notes at end of table – Voir notes à la fin du tableau.)

Continent, country or area and year / Continent, pays ou zone et année	Age [1]	All ages Tous âges	−15	15–19	20–24	25–29	30–34	35–39	40–44	45–49	50–54	55–59	60+	Unknown Inconnu
ASIA—ASIE (Cont.–Suite)														
Brunei Darussalam – Brunéi Darussalam														
1986														
Groom – Epoux	([4])	1 673	–	73	628	552	252	80	40	19	9	5	15	–
Bride – Epouse	([4])	1 673	12	181	523	534	312	82	9	13	2	2	3	–
Cyprus – Chypre														
1991 [14]														
Groom – Epoux	17	6 177	–	57	1 959	2 309	1 027	337	157	104	93	53	81	–
Bride – Epouse	15	6 177	–	1 039	2 693	1 408	505	226	132	95	38	21	20	–
Georgia – Géorgie														
1989														
Groom – Epoux	...	38 288	131	2 068	13 431	11 929	5 068	2 358	952	578	581	453	739	–
Bride – Epouse	...	38 288	1 015	9 615	14 609	6 721	2 849	1 272	587	359	451	368	442	–
Hong Kong – Hong–kong														
1990														
Groom – Epoux	16	47 168	–	257	5 436	18 396	11 701	3 658	1 382	745	841	1 182	3 570	–
Bride – Epouse	16	47 168	–	1 548	12 929	19 004	5 885	1 719	892	606	939	1 390	2 256	–
Israel – Israël [15]														
1990														
Groom – Epoux	([16])	31 746	*– 1 049 –*		11 251	12 131	4 168	1 521	655	293	208	138	288	44
Bride – Epouse	([17])	31 746	*– 7 051 –*		14 929	6 275	1 835	794	372	145	109	68	113	55
Japan – Japon														
1991+ [17]														
Groom – Epoux	18	669 633	–	8 307	130 183	286 798	145 658	51 605	25 059	9 752	5 567	3 375	3 317	12
Bride – Epouse	16	669 633	–	22 767	247 805	285 752	65 704	21 568	12 810	6 619	3 539	1 834	1 235	–
Jordan – Jordanie [18]														
1990+														
Groom – Epoux	18	32 706	1	1 498	12 253	12 036	3 667	1 179	637	475	367	234	356	3
Bride – Epouse	16	32 706	16	12 913	13 388	4 480	1 123	376	208	96	55	20	25	6
Kazakhstan														
1989														
Groom – Epoux	18	165 380	20	6 242	83 301	42 420	14 104	6 605	3 379	2 218	2 603	1 449	3 004	35
Bride – Epouse	17	165 380	2 989	40 015	72 013	24 288	10 565	5 418	2 616	1 810	2 204	1 193	2 213	56
Korea, Republic of– Corée, République de														
1989														
Groom – Epoux	18	377 482	–	1 976	53 655	233 982	65 490	10 531	4 818	2 813	1 788	*– 2 429 –*		–
Bride – Epouse	16	377 482	–	14 164	188 938	142 624	19 830	5 658	2 704	1 770	937	*– 857 –*		–
Kuwait – Koweït														
1989														
Groom – Epoux	18	11 051	*– 356 –*		4 113	3 562	1 446	567	295	239	148	138	177	10
Bride – Epouse	15	11 051	71	3 377	4 705	1 624	616	305	143	52	72	41	37	8

(See notes at end of table – Voir notes à la fin du tableau.)

Continent, country or area and year / Continent, pays ou zone et année	Age [1]	All ages Tous âges	–15	15–19	20–24	25–29	30–34	35–39	40–44	45–49	50–54	55–59	60+	Unknown Inconnu
ASIA—ASIE (Cont.–Suite)														
Kyrgyzstan – Kirghizistan														
1989														
Groom – Epoux	...	41 790	–	918	23 127	11 294	2 753	1 247	569	448	481	330	611	12
Bride – Epouse	...	41 790	416	12 034	19 887	4 996	1 862	878	408	294	363	243	400	9
Macau – Macao														
1992														
Groom – Epoux	16	2 148	–	6	206	690	740	325	94	31	21	10	25	–
Bride – Epouse	16	2 148	–	55	538	903	438	151	31	12	4	4	12	–
Philippines														
1989														
Groom – Epoux	18	*395 933*	–	*25 516*	*147 456*	*128 148*	*51 410*	*19 796*	*9 079*	*4 991*	**——*	*9 537*	*——**	–
Bride – Epouse	18	*395 933*	–	*86 715*	*159 700*	*93 244*	*31 820*	*12 328*	*5 281*	*2 880*	**——*	*3 953*	*——**	*12*
Qatar														
1990														
Groom – Epoux	...	*1 370*	**–*	*66 —**		*502*	*479*	*186*	*64*	*31*	*10*	*11*	*7*	*12*	*2*
Bride – Epouse	...	*1 370*	**–*	*451 —**		*569*	*234*	*71*	*29*	*8*	*3*	*2*	*–*	*–*	*3*
Singapore – Singapour														
1992* [19]														
Groom – Epoux	([18])	25 784	–	145	3 821	11 481	6 366	2 433	833	330	185	91	99	–
Bride – Epouse	([18])	25 784	1	1 240	9 589	9 808	3 310	1 151	446	141	65	20	13	–
Sri Lanka														
1987+ [20]														
Groom – Epoux	...	*125 996*	–	*670*	*37 559*	*47 080*	*25 235*	*9 740*	*2 753*	*1 230*	*691*	*464*	*574*	–
Bride – Epouse	...	*125 996*	*312*	*18 981*	*61 769*	*27 982*	*10 760*	*3 809*	*1 137*	*575*	*313*	*189*	*169*	–
Tajikistan – Tadjikistan														
1989														
Groom – Epoux	...	47 616	31	963	30 954	10 390	2 190	1 058	483	398	415	294	423	17
Bride – Epouse	...	47 616	225	18 362	21 675	4 201	1 430	630	282	194	234	126	242	15
Turkey – Turquie														
1989+ [21]														
Groom – Epoux	17	*460 763*	–	*38 993*	*193 398*	*156 625*	*39 480*	*12 710*	*5 691*	*3 652*	*2 732*	*3 014*	*4 432*	*36*
Bride – Epouse	15	*460 763*	*1 605*	*168 112*	*188 880*	*68 718*	*17 633*	*6 696*	*3 215*	*1 917*	*1 396*	*1 099*	*1 458*	*34*
Turkmenistan – Turkménistan														
1989														
Groom – Epoux	...	34 890	50	1 006	22 170	8 317	1 665	682	289	219	182	113	191	6
Bride – Epouse	...	34 890	271	5 336	20 713	6 171	1 221	470	193	153	142	78	138	4
Uzbekistan – Ouzbékistan														
1989														
Groom – Epoux	...	200 681	295	4 266	135 880	39 552	8 628	4 213	2 035	1 551	1 575	1 011	1 621	54
Bride – Epouse	...	200 681	13 982	62 079	93 126	17 697	6 420	2 785	1 191	845	989	569	922	76

(See notes at end of table – Voir notes à la fin du tableau.)

Continent, country or area and year / Continent, pays ou zone et année	Age [1]	All ages Tous âges	–15	15–19	20–24	25–29	30–34	35–39	40–44	45–49	50–54	55–59	60+	Unknown Inconnu
EUROPE														
Albania – Albanie														
1990														
Groom – Epoux	18	28 992	*–	364 —*	8 388	14 461	4 392	850	270	123	*——	138	——*	6
Bride – Epouse	16	28 992	*–	6 079 —*	16 363	5 080	1 046	241	90	26	*——	41	——*	26
Austria – Autriche														
1991 [22]														
Groom – Epoux	18	44 106	–	729	10 630	16 215	7 706	3 224	2 013	1 422	999	469	699	–
Bride – Epouse	16	44 106	–	3 008	16 841	13 195	5 188	2 311	1 484	1 028	587	212	252	–
Belarus – Bélarus														
1989														
Groom – Epoux	18	97 929	435	3 594	51 555	21 597	8 327	3 982	2 295	1 454	1 492	981	2 212	5
Bride – Epouse	18	97 929	2 986	22 687	40 465	14 000	3 915	3 607	2 004	1 306	1 425	867	1 664	3
Belgium – Belgique														
1990 [23]														
Groom – Epoux	18	64 554	–	758	22 533	22 521	7 865	4 001	2 608	1 535	1 076	759	898	–
Bride – Epouse	15	64 554	–	4 834	30 225	15 781	5 833	3 210	2 039	1 165	730	362	375	–
Bulgaria – Bulgarie														
1990 [10][24]														
Groom – Epoux	18	59 874	401	3 115	31 723	14 136	5 005	2 365	1 352	649	397	278	453	–
Bride – Epouse	18	59 874	–	22 765	24 627	6 379	2 636	1 437	842	492	236	203	257	–
Former Czechoslovakia – Ancienne Tchécoslovaquie														
1990														
Groom – Epoux	16	131 388	–	9 934	65 514	30 235	9 767	5 880	3 990	2 469	1 313	972	1 314	–
Bride – Epouse	16	131 388	–	42 479	56 441	15 002	6 207	4 149	3 135	2 011	975	472	517	–
Denmark – Danemark [25]														
1991														
Groom – Epoux	18	31 099	–	142	3 253	10 065	6 519	3 766	2 434	1 713	921	541	618	1 127
Bride – Epouse	15	31 099	1	638	6 290	10 898	5 166	2 864	1 876	1 279	580	285	339	883
Estonia – Estonie														
1990														
Groom – Epoux	...	11 774	–	836	4 782	2 409	1 238	809	578	311	295	213	302	1
Bride – Epouse	...	11 774	–	2 731	4 222	1 682	1 027	676	509	303	270	169	185	–
Finland – Finlande														
1990 [26]														
Groom – Epoux	18	24 997	–	301	5 354	9 367	4 854	2 040	1 349	638	415	280	399	–
Bride – Epouse	17	24 997	–	1 175	8 075	8 591	3 362	1 579	979	497	313	164	262	–
France														
1991 [6][27]														
Groom – Epoux	18	280 175	–	1 052	56 992	111 774	50 710	23 443	14 850	8 346	4 893	3 339	4 776	–
Bride – Epouse	15	280 175	1	8 483	99 812	92 151	36 557	18 595	11 332	6 069	3 208	1 719	2 248	–

(See notes at end of table – Voir notes à la fin du tableau.)

Continent, country or area and year / Continent, pays ou zone et année	Age[1]	All ages Tous âges	–15	15–19	20–24	25–29	30–34	35–39	40–44	45–49	50–54	55–59	60+	Unknown Inconnu
EUROPE (Cont.–Suite)														
Germany – Allemagne [28]														
1991														
Groom – Epoux	18	454 291	*–	3 719 —*	89 515	164307	88 462	39 356	23 014	16 271	13 654	6 822	9 171	–
Bride – Epouse	18	454 291	*–	21 114 —*	148126	150678	60 217	27 736	17 038	11 867	9 497	4 068	3 950	–
Germany, Federal Rep. of – Allemagne, République fédérale d'														
1990														
Groom – Epoux	18	414 475	*–	3 018 —*	81 586	158052	79 666	34 901	19 624	14 701	10 809	5 008	7 110	–
Bride – Epouse	18	414 475	*–	18 247 —*	143111	140537	52 460	22 904	13 741	10 575	7 089	2 815	2 996	–
Former German Democratic Republic – Ancienne République démocratique allemande														
1989														
Groom – Epoux	18	130 989	–	2 484	45 799	42 252	14 525	9 289	4 764	5 045	3 363	1 703	1 765	–
Bride – Epouse	18	130 989	–	12 765	60 469	28 177	11 216	6 990	3 671	3 817	2 330	871	683	–
Greece – Grèce														
1990														
Groom – Epoux	18	59 052	5	619	12 735	22 525	12 844	4 866	2 163	1 031	731	609	921	3
Bride – Epouse	14	59 052	170	9 397	23 821	15 154	5 520	2 163	1 082	599	496	316	331	3
Hungary – Hongrie														
1991														
Groom – Epoux	16	61 198	–	3 317	29 563	13 506	5 302	3 434	2 059	1 391	859	603	1 164	–
Bride – Epouse	16	61 198	2	16 698	27 270	7 014	3 344	2 542	1 545	1 139	643	440	561	–
Iceland – Islande														
1990 [29]														
Groom – Epoux	18	1 154	–	5	219	459	239	82	50	36	25	25	14	–
Bride – Epouse	18	1 154	–	20	383	418	161	65	46	30	18	7	6	–
Ireland – Irlande														
1990+														
Groom – Epoux	14	17 838	–	193	4 231	8 380	3 261	1 009	358	145	73	57	100	31
Bride – Epouse	12	17 838	–	603	6 723	7 591	1 973	557	158	83	47	27	43	33
Italy – Italie														
1989														
Groom – Epoux	16	321 272	–	3 006	72 670	147146	59 777	18 559	8 129	4 215	2 780	1 815	3 175	–
Bride – Epouse	16	321 272	–	29 027	139974	103582	28 297	9 439	4 441	2 484	1 635	1 028	1 365	–
Latvia – Lettonie														
1990														
Groom – Epoux	17	23 619	152	1 628	10 521	4 452	2 189	1 298	941	694	628	421	695	–
Bride – Epouse	16	23 619	709	5 144	8 750	3 148	1 840	1 179	820	591	609	313	516	–
Lithuania – Lituanie														
1990														
Groom – Epoux	18	36 310	*–	2 672 —*	17 913	7 512	2 972	1 469	1 035	766	643	444	883	1
Bride – Epouse	18	36 310	*–	8 791 —*	15 688	4 824	2 463	1 353	939	685	592	399	573	3

(See notes at end of table – Voir notes à la fin du tableau.)

Continent, country or area and year / Continent, pays ou zone et année	Age [1]	All ages / Tous âges	Age (in years–en années)											
			–15	15–19	20–24	25–29	30–34	35–39	40–44	45–49	50–54	55–59	60+	Unknown Inconnu
EUROPE (Cont.–Suite)														
Luxembourg														
1989 [29]														
Groom – Epoux	18	2 184	–	32	489	830	397	198	102	56	35	23	22	–
Bride – Epouse	15	2 184	–	153	771	719	287	108	66	42	28	8	2	–
Malta – Malte														
1990 [27]														
Groom – Epoux	16	2 498	–	291	1 206	716	150	63	41	16	5	6	4	–
Bride – Epouse	14	2 498	–	64	759	1 166	300	102	48	32	9	5	13	–
Netherlands – Pays–Bas														
1991														
Groom – Epoux	18	94 932	–	423	17 257	37 531	19 735	8 209	4 711	2 742	1 709	1 063	1 552	–
Bride – Epouse	18	94 932	–	2 637	32 865	31 943	13 674	5 723	3 491	2 108	1 199	613	679	–
Norway – Norvège														
1991 [6] [30]														
Groom – Epoux	16	19 880	–	132	3 573	7 390	4 335	1 927	1 071	693	361	199	199	–
Bride – Epouse	16	19 880	–	734	6 706	6 876	2 883	1 252	689	405	185	65	85	–
Poland – Pologne														
1991														
Groom – Epoux	18	233 206	–	10 365	115034	63 529	20 175	8 600	4 736	2 401	2 091	2 009	4 266	–
Bride – Epouse	16	233 206	–	50 936	120041	31 450	12 054	6 711	4 085	2 176	1 933	1 509	2 311	–
Portugal														
1991 [31]														
Groom – Epoux	16	71 808	46	2 924	28 026	25 324	7 613	2 591	1 411	898	708	656	1 611	–
Bride – Epouse	16	71 808	1 306	11 810	31 850	16 729	4 563	1 910	1 055	766	570	443	806	–
Republic of Moldova – République de Moldova														
1989														
Groom – Epoux	18	39 928	110	1 435	21 653	8 793	2 956	1 589	761	603	582	411	1 029	6
Bride – Epouse	16	39 928	1 269	11 331	16 354	4 594	2 334	1 319	656	558	530	349	623	11
Romania – Roumanie														
1991														
Groom – Epoux	18	183 388	*–	7 001	—*	106515	34 811	14 722	7 502	4 137	2 328	2 061	1 565	2 746	–
Bride – Epouse	16	183 388	*–	55 422	—*	91 531	14 653	7 508	4 896	3 009	1 981	1 650	1 190	1 548	–
Russian Federation – Fédération Russe														
1991														
Groom – Epoux	18	1 277 232	13 506	78 290	593567	244025	123452	68 894	46 177	20 900	32 228	18 117	37 998	78
Bride – Epouse	18	1 277 232	81 035	318390	428148	154638	98 706	61 022	41 472	19 954	29 909	15 968	27 915	75
Spain – Espagne														
1983 [32]														
Groom – Epoux	14	196 155	80	8 611	80 387	73 606	17 686	5 732	2 500	1 754	1 417	1 234	3 148	–
Bride – Epouse	12	196 155	320	33 245	102816	40 287	8 797	3 465	1 639	1 384	1 244	1 047	1 911	–

13. Marriages by age of bridegroom and by age of bride: latest available year (continued)

Mariages selon l'âge de l'époux et selon l'âge de l'épouse: dernière année disponible (suite)

(See notes at end of table – Voir notes à la fin du tableau.)

Continent, country or area and year / Continent, pays ou zone et année	Age [1]	All ages Tous âges	−15	15–19	20–24	25–29	30–34	35–39	40–44	45–49	50–54	55–59	60+	Unknown Inconnu
EUROPE (Cont.–Suite)														
Sweden – Suède														
1991 [5]														
Groom – Epoux	18	39 805	–	171	4 490	11 907	8 402	4 485	2 958	2 183	1 201	588	648	2 772
Bride – Epouse	18	39 805	–	1 025	8 727	12 597	6 248	3 180	2 208	1 610	695	277	269	2 969
Switzerland – Suisse														
1991														
Groom – Epoux	18	47 567	1	124	6 906	17 915	10 616	4 738	2 739	1 915	1 155	730	728	–
Bride – Epouse	17	47 567	1	1 129	13 855	17 642	7 538	3 190	1 888	1 209	622	283	210	–
Ukraine														
1990														
Groom – Epoux	18	482 753	*– 31 090 —*		250 132	89 160	38 224	20 195	13 618	7 993	11 190	5 698	15 442	11
Bride – Epouse	17	482 753	*– 170 513 —*		166 085	52 518	30 213	17 512	11 884	7 838	10 262	4 973	10 943	12
United Kingdom–Royaume–Uni														
1990+ [20]														
Groom – Epoux	16	375 410	–	7 020	101 180	122 800	56 966	29 020	20 964	13 143	8 855	5 700	9 762	–
Bride – Epouse	16	375 410	–	24 823	139 840	103 209	42 794	22 256	16 727	10 583	6 242	3 074	5 862	–
Former Yugoslavia – Ancienne Yougoslavie														
1990														
Groom – Epoux	18	146 975	–	3 364	53 979	51 069	19 981	7 492	3 330	1 670	1 489	1 301	3 076	224
Bride – Epouse	18	146 975	3	34 586	62 687	28 446	9 247	4 400	2 197	1 360	1 196	905	1 645	303
OCEANIA—OCEANIE														
Australia – Australie														
1991+														
Groom – Epoux	18	113 869	15	1 258	28 733	37 271	19 682	9 912	6 195	3 912	2 426	1 590	2 875	–
Bride – Epouse	15	113 869	7	6 117	42 779	31 390	14 522	7 357	4 621	2 927	1 644	882	1 623	–
Fiji – Fidji														
1987+														
Groom – Epoux	18	6 039	–	397	2 421	1 726	704	319	186	110	63	44	68	1
Bride – Epouse	16	6 039	–	1 870	2 456	915	400	187	85	57	40	19	9	1
Guam														
1987 [37]														
Groom – Epoux	15	1 512	–	9	415	454	259	158	100	43	30	24	19	1
Bride – Epouse	15.	1 512	1	43	538	447	252	135	49	19	19	5	4	–
New Zealand – Nouvelle–Zélande														
1989 [20]														
Groom – Epoux	16	22 733	–	280	5 882	7 458	3 760	1 821	1 228	732	511	390	671	–
Bride – Epouse	16	22 733	–	1 261	8 890	6 124	2 649	1 365	956	574	328	198	388	–

GENERAL NOTES

Data are legal (recognized) marriages performed and registered. For method of evaluation and limitations of data, see Technical Notes, page 60.

Italics: data from civil registers which are incomplete or of unknown completeness.

FOOTNOTES

* Provisional.
+ Data tabulated by date of registration rather than occurrence.

1 Age below which marriage is unlawful or invalid without dispensation by competent authority.
2 For Algerian population only.
3 Including marriages resumed after "revocable divorce" (among Moslem population), which approximates legal separation.
4 Varies among major civil divisions, or ethnic or religious groups.

NOTES GENERALES

Les données représentent le nombre de mariages qui ont été célébrés et reconnus par la loi. Pour la méthode d'évaluation et les insuffisances des données, voir Notes techniques, page 60.

Italiques: données incomplètes ou dont le degré d'exactitude n'est pas connu, provenant des registres de l'état civil.

NOTES

* Données provisoires.
+ Données exploitées selon la date de l'enregistrement et non la date de l'événement.

1 Age en–dessous duquel le mariage est illégal ou nul sans une dispense de l'autorité compétente.
2 Pour la population algérienne seulement.
3 Y compris les unions reconstituées après un "divorce révocable" (parmi la population musulmane), qui est à peu près l'équivalent d'une séparation légale.
4 Varie selon les grandes divisions administratives ou selon les groups ethniques ou religieux.

13. Marriages by age of bridegroom and by age of bride: latest available year (continued)

Mariages selon l'âge de l'époux et selon l'âge de l'épouse: dernière année disponible (suite)

FOOTNOTES(Continued)

5 Including residents outside the country.
6 Age classification based on year of birth rather than exact date of birth.

7 Excluding tribal population.
8 Marriages performed in varying number of states. These data are not to be considered as necessarily representative of the country.
9 Based on returns of sample marriage records.
10 For under 18 and 18–19 years, as appropriate.
11 Excluding Indian jungle population.
12 Except for Bogotá, data are not to be considered as necessarily representative of the country.
13 Excluding nomadic Indian tribes.
14 For government controlled areas.
15 Including data for East Jerusalem and Israeli residents in certain other territories under occupation by Israeli military forces since June 1967.

16 No minimum age has been fixed for males.
17 For Japanese nationals in Japan only. For grooms and brides married for the first time whose marriages occurred and were registered in the same year.

18 Excluding data for Jordanian territory under occupation since June 1967 by Israeli military forces. Excluding foreigners but including registered Palestinian refugees. For number of refugees, see table 5.

19 Including residents outside the country.
20 For under 16 and 16–19 years, as appropriate.
21 For provincial capitals and district centres only.
22 Excluding aliens temporarily in the area.
23 Including armed forces stationed outside the country and alien armed forces in the area unless marriage performed by local foreign authority.

24 Including Bulgarian nationals outside the country, but excluding aliens in the area.
25 Excluding Faeroe Islands and Greenland.
26 Marriages in which the bride was domiciled in Finland only.
27 Including armed forces stationed outside the country.
28 All data shown pertaining to Germany prior to 3 October 1990 are indicated separately for the Federal Republic of Germany and the former German Democratic Republic based on their respective territories at the time indicated. See explanatory notes on data pertaining to Germany on page 4.

29 For the de jure population.
30 Marriages in which the groom was domiciled in Norway only.
31 For under 17 and 17–19 years, as appropriate.
32 Civil marriages only. Canonical marriages are void for males under 16 years of age and for females under 14 years of age.
33 Including United States military personnel, their dependants and contract employees.

NOTES(Suite)

5 Y compris les résidents à l'étranger.
6 Le classement selon l'âge est basé sur l'année de naissance et non sur la date exacte de naissance.
7 Non compris les Indiens vivant en tribus.
8 Mariages célébrés dans un nombre variable d'Etats. Ces données ne sont donc pas nécessairement représentatives de l'ensemble des Etats–Unis.
9 D'après un échantillon extrait des registres de mariages.
10 Pour moins de 18 ans et 18–19 ans, selon le cas.
11 Non compris les Indiens de la jungle.
12 Sauf pour Bogotá, les données ne concernent que les mariages inscrits sur les registres des églises catholiques romaines.
13 Non compris les tribus d'Indiens nomades.
14 Pour les zones contrôlées pour le Gouvernement.
15 Y compris les données pour Jérusalem–Est et les résidents israéliens dans certains autres territoires occupés depuis juin 1967 par les forces armées israéliennes.
16 Il n'y a pas d'âge minimal pour les hommes.
17 Pour les nationaux japonais au Japon seulement. Pour les époux et épouses mariés pour la première fois, dont le mariage a été célébré et enregistré la même année.
18 Non compris les données pour le territoire jordanien occupé depuis juin 1967 par les forces armées israéliennes. Non compris les étrangers, mais y compris les réfugiés de Palestine immatriculés. Pour les nombres de réfugiés, voir le tableau 5.
19 Y compris les résidents à l'étranger.
20 Pour moins de 16 ans et 16–19 ans, selon le cas.
21 Pour les capitales de province et les chefs–lieux de district seulement.
22 Non compris les étrangers temporairement sur le territoire.
23 Y compris les militaires nationaux hors du pays et les militaires étrangers en garnison sur le territoire, sauf si le mariage a été célébré par l'autorité étrangère locale.
24 Y compris les nationaux bulgares à l'étranger, mais non compris les étrangers sur le territoire.
25 Non compris les îles Féroé et le Groenland.
26 Mariages où l'épouse était domiciliée en Finlande seulement.
27 Y compris les militaires nationaux hors du pays.
28 Toutes les données se rapportant à l'Allemagne avant le 3 octobre 1990 figurent dans deux rubriques séparées basées sur les territoires respectifs de la République fédérale d'Allemagne et l'ancienne République démocratique allemande selon la période indiquée. Voir les notes explicatives sur les données concernant l'Allemagne à la page 4.
29 Pour la population de droit.
30 Mariages où l'époux était domicilié en Norvège seulement.
31 Pour moins de 17 ans et 17–19 ans, selon le cas.
32 Mariages civils seulement. Les mariages religieux sont nuls pour les hommes ayant moins de 16 ans et pour les femmes ayant moins de 14 ans.
33 Y compris les militaires des Etats–Unis, les membres de leur famille les accompagnant et les agents contractuels des Etats–Unis.

14. Divorces and crude divorce rates: 1988 – 1992

Divorces et taux bruts de divortialité: 1988 – 1992

(See notes at end of table. – Voir notes à la fin du tableau.)

Continent and country or area	Code[1]	Number – Nombre					Rate – Taux				
Continent et pays ou zone		1988	1989	1990	1991	1992	1988	1989	1990	1991	1992
AFRICA—AFRIQUE											
Egypt – Egypte[2]	+...	...	...	...	...	*78 490	...	...	...	...	*1.42
Libyan Arab Jamahiriya – Jamahiriya arabe libyenne	U	2 264	...	...	...	...	0.60	...	...	...	...
Mauritius – Maurice Island of Mauritius – Ile Maurice	+C	740	711	692	707	*781	0.73	0.69	0.67	0.68	*0.74
Réunion	+...	616	628	763	...	...	1.07	1.06	1.27	...	...
St. Helena ex. dep. – Sainte–Hélène sans dép.	...	13	17	5	...	...					
Seychelles	+C	...	45	47	86	...					
Tunisia – Tunisie	...	10 395	12 695	...	...	...	1.34	1.60			
AMERICA,NORTH— AMERIQUE DU NORD											
Aruba	+C	196	...	...	...	...	3.22	...	...	...	...
Bahamas[3]	...	364	275	365	328	...	1.48	1.10	1.43	1.26	...
Barbados – Barbade	C	385	416	...	367	...	1.51	1.63	...	1.42	...
Belize	+C	91	114	...	95	...	0.62	...	...		
Bermuda – Bermudes	C	183	172	...	...	...	3.08	2.86	...	...	...
British Virgin Islands – Iles Vierges britanniques	...	9	...	...	...	...					
Canada	C	...	80 716	78 152	...	...	...	3.08	2.94	...	...
Cayman Islands – Iles Caïmanes	...	...	76	91	...	...					
Costa Rica	C	2 482	2 916	3 282	...	...	0.87	1.00	1.10	...	...
Cuba	C	35 668	37 647	37 284	43 488	*44 973	3.42	3.58	3.50	4.05	*4.16
Dominica – Dominique	...	...	...	29	...	...	...	...	...	...	...
El Salvador	...	2 316	2 239	...	...	...	0.45	0.43	...	...	...
Greenland – Groenland	...	95	132	...	...	...		2.38	...	...	...
Guatemala	+C	1 614	...	...	...	...	0.18	...	...		
Jamaica – Jamaïque	C	863	672	823	1 413	*1 454	0.36	0.28	0.34	0.60	*0.59
Martinique	+...	374	297	264	...	...	1.07	0.83	0.73	...	...
Mexico – Mexique	+C	47 464	46 039	46 254	49 172	*49 786	0.57	0.54	0.54	0.56	*0.56
Netherlands Antilles – Antilles néerlandaises	+C	433	413	409	...	...	2.28	2.17	2.15		
Nicaragua	...	1 547	1 891	866	...	...	0.43	0.50	0.22	...	...
Panama[4]	C	1 731	1 872	...	1 733	...	0.74	0.79	...	0.70	...
Puerto Rico – Porto Rico	C	13 930	13 838	13 695	13 571	...	4.02	3.96	3.88	3.82	...
Saint Lucia – Sainte–Lucie	C	44	44	...	...	*41					
Trinidad and Tobago – Trinité–et–Tobago	C	1 074	1 075	...	...	...	0.89	0.89	...	...	...
United States – Etats–Unis[5]	...	1 154 764	1 163 000	1 175 000	1 187 000	*1 215 000	4.71	4.70	4.70	4.70	*4.76
United States Virgin Islands – Iles Vierges américaines[6]	C	322	322	320	332	...	2.98	3.14	2.99	3.10	...
AMERICA,SOUTH— AMERIQUE DU SUD											
Brazil – Brésil[7]	...	33 437	66 070	77 158	...	...	0.23	0.45	0.51	...	...
Chile – Chili	...	5 413	5 337	6 048	...	...	0.42	0.41	0.46	...	...
Ecuador – Equateur[8]	...	4 424	5 663	5 864	6 731	...	0.45	0.56	0.57	0.64	...
Falkland Islands (Malvinas)– Iles Falkland (Malvinas)	+...	4	...	...	...	...					
Suriname	...	...	520	792	1 011	...	...	1.30	1.88	2.35	...
Uruguay[9]	+C	6 376	6 063	6 840	...	...	2.08	1.97	2.21	...	...
Venezuela[7]	...	24 774	21 876	20 245	19 560	...	1.34	1.16	1.05	0.99	...

14. Divorces and crude divorce rates: 1988 – 1992 (continued)

Divorces et taux bruts de divortialité: 1988 – 1992 (suite)

(See notes at end of table. – Voir notes à la fin du tableau.)

Continent and country or area / Continent et pays ou zone	Code [1]	Number – Nombre					Rate – Taux				
		1988	1989	1990	1991	1992	1988	1989	1990	1991	1992
ASIA—ASIE											
Armenia – Arménie	C	3 997	4 134	...	3 183	...	1.16	1.19	...	0.88	...
Azerbaijan – Azerbaïdjan	C	9 226	11 436	...	...	...	1.32	1.61	...	...	...
Bahrain – Bahreïn	...	615	726	590	...	...	1.30	1.49	1.17	...	...
Brunei Darussalam – Brunéi Darussalam	...	190	190	...	...	...	0.79	0.76	...	...	...
Cyprus – Chypre	C	312	335	348	304	...	0.45	0.48	0.49	0.43	...
Georgia – Géorgie	C	7 082	7 358	...	...	...	1.32	1.35	...	...	...
Hong Kong – Hong-kong	...	...	...	5 551	...	...	...	...	0.97	...	...
Iran (Islamic Republic of – Rép. islamique d')	+...	33 114	33 943	37 827	39 336	...	0.64	0.64	0.69	0.70	...
Israel – Israël [10]	C	5 592	5 829	6 325	6 359	...	1.26	1.29	1.36	1.28	...
Japan – Japon [11]	+C	153 600	157 811	157 608	168 969	...	1.25	1.28	1.27	1.36	...
Jordan – Jordanie [12]	+C	4 646	4 694	5 074	...	...	1.24	1.21	1.26	...	...
Kazakhstan	C	45 942	45 772	...	...	...	2.81	2.77	...	...	...
Korea, Republic of – Corée, Rép. de [13]	U	38 154	37 499	...	...	...	0.91	0.88	...	...	...
Kuwait – Koweït	C	2 834	2 987	...	...	...	1.45	1.46	...	...	...
Kyrgyzstan – Kirghizistan	C	8 207	8 231	...	...	...	1.93	1.90	...	...	...
Macau – Macao	...	33	70	95	...	*107	...	...	...	...	*0.29
Maldives	...	2 633	2 695	2 583	2 581	...	12.97	12.87	12.13	11.56	...
Mongolia – Mongolie	...	1 700	1 000	...	...	...	0.84	0.48	0.74	...	...
Qatar	...	385	406	359	...	...	0.90	0.89	0.74	...	...
Singapore – Singapour	...	2 536	2 541	3 150	3 813	*3 588	0.97	0.96	1.16	1.38	*1.27
Sri Lanka	U	2 732	...	...	...	...	0.16	...	...	...	...
Syrian Arab Republic – République arabe syrienne [14]	+...	8 486	8 568	8 335	9 018	...	0.75	0.73	0.69	0.72	...
Tajikistan – Tadjikistan	C	7 509	7 576	...	...	...	1.49	1.46	...	...	...
Turkey – Turquie	C	22 513	25 376	...	...	...	0.42	0.46	...	...	...
Turkmenistan – Turkménistan	C	4 956	4 940	...	...	...	1.42	1.38	...	...	...
Uzbekistan – Ouzbékistan	C	30 965	29 953	...	...	...	1.57	1.49	...	...	...
EUROPE											
Albania – Albanie	C	2 597	2 628	2 675	...	...	0.83	0.82	0.82	...	...
Austria – Autriche [15]	C	14 924	15 489	16 282	16 391	...	1.96	2.03	2.11	2.09	...
Belarus – Bélarus	C	32 111	34 573	...	...	...	3.16	3.38	...	...	...
Belgium – Belgique [16]	C	20 809	20 216	20 337	20 838	...	2.10	2.03	2.04	2.09	...
Bulgaria – Bulgarie [17]	C	12 359	12 611	11 341	...	...	1.38	1.40	1.26	...	...
Channel Islands – Iles Anglo–Normandes	C	403	370	...	382	...	2.88	2.60	...	2.67	...
Guernsey – Guernesey	C	165	172	196	173	*177	2.77	2.89	3.29	2.94	*3.02
Jersey	+C	238	186	...	209	...	2.97	2.25	...	2.48	...
Former Czechoslovakia – Ancienne Tchécoslovaquie	C	38 922	39 680	40 922	37 259	...	2.49	2.54	2.61	2.39	...
Denmark – Danemark [18]	C	14 717	15 152	13 731	12 655	*13 004	2.87	2.95	2.67	2.45	*2.51
Estonia – Estonie	C	5 924	5 916	5 785	...	...	3.80	3.77	3.68	...	...
Faeroe Islands – Iles Féroé	C	43	52	50	47	...					
Finland – Finlande [19]	C	12 146	14 365	13 127	...	*12 800	2.45	2.89	2.63	...	*2.54
France [20]	C	106 096	105 295	105 813	...	...	1.90	1.87	1.86	...	...
Germany – Allemagne [21]		...	...	...	136 317	...	...	...	...	1.70	...
Germany, Federal Rep. of – Allemagne, République fédérale d'	C	128 729	126 628	122 869	...	...	2.09	2.04	1.94	...	...
Former German Democratic Republic – Ancienne République démocratique allemande	C	49 380	50 063	...	...	...	2.96	3.01	...	...	...
Greece – Grèce	C	...	...	6 037	6 351	...	...	...	0.60	0.62	...

14. Divorces and crude divorce rates: 1988 – 1992 (continued)

Divorces et taux bruts de divortialité: 1988 – 1992 (suite)

(See notes at end of table. – Voir notes à la fin du tableau.)

Continent and country or area Continent et pays ou zone	Code [1]	Number – Nombre					Rate – Taux				
		1988	1989	1990	1991	1992	1988	1989	1990	1991	1992
EUROPE (Cont.–Suite)											
Hungary – Hongrie	C	23 853	24 935	24 863	24 420	...	2.28	2.40	2.40	2.36	...
Iceland – Islande [22]	C	459	520	479	580	...	1.84	2.06	1.88	2.25	...
Isle of Man – Ile de Man	C	183	190	...	186	...	2.74	2.80	...	2.66	...
Italy – Italie	...	25 092	30 314	27 682	...	...	0.44	0.53	0.48	...	...
Latvia – Lettonie	C	10 890	11 249	10 783	...	...	4.10	4.21	4.04	...	...
Liechtenstein	...	...	29	...	...	...					
Lithuania – Lituanie	C	11 682	12 295	12 747	15 250	...	3.20	3.33	3.42	4.07	...
Luxembourg	C	779	850	759	762	...	2.08	2.25	1.99	1.97	...
Netherlands – Pays–Bas	C	27 870	28 250	28 419	28 277	*28 000	1.89	1.90	1.90	1.88	*1.84
Norway – Norvège	C	8 772	9 238	10 170	10 281	...	2.08	2.18	2.40	2.41	...
Poland – Pologne	C	48 211	47 189	42 436	33 823	*28 800	1.27	1.24	1.11	0.88	*0.75
Portugal	C	9 022	9 657	9 216	10 619	...	0.91	0.98	0.93	1.08	...
Republic of Moldova – République de Moldova	C	12 085	12 401	...	...	*14 821	2.80	2.85	...	...	*3.40
Romania – Roumanie	C	36 775	36 008	32 966	37 031	*29 300	1.59	1.55	1.42	1.60	*1.29
Russian Federation – Fédération Russe	C	573 863	582 500	559 918	597 930	...	3.90	3.94	3.78	4.02	...
San Marino – Saint–Marin	C	23	22	...	...	...					
Slovenia	C	2 075	2 161	1 858	1 828	*1 890	1.04	1.08	0.93	0.91	*0.95
Spain – Espagne	...	...	...	...	23 063	...	...	...	...	0.59	...
Sweden – Suède	C	17 746	18 862	19 387	20 149	...	2.10	2.22	2.26	2.34	...
Switzerland – Suisse	C	12 731	12 720	13 183	13 627	*14 450	1.93	1.91	1.96	2.00	*2.10
Ukraine	C	185 357	193 676	192 835	200 810	...	3.60	3.74	3.72	3.86	...
United Kingdom – Royaume Uni	C	165 043	163 942	165 658	...	...	2.89	2.86	2.88	...	...
Former Yugoslavia – Ancienne Yougoslavie [23]	C	23 127	22 761	20 551	...	*6 290	0.98	0.96	0.86	...	*0.60
OCEANIA—OCEANIE											
American Samoa – Samoa américaines	C	42	...	...	...	...					
Australia – Australie [24]	C	41 007	41 383	42 635	45 630	...	2.48	2.46	2.50	2.64	...
New Caledonia – Nouvelle–Calédonie	...	173	190	...	...	...	1.06	1.14	...	...	...
New Zealand – Nouvelle–Zélande	C	8 674	8 555	9 036	9 188	...	2.63	2.58	2.70	2.70	...

GENERAL NOTES

Data exclude annulments and legal separations unless otherwise specified. Rates are the number of final divorce decrees granted under civil law per 1 000 mid–year population. Rates are shown only for countries or areas having at least a total 100 divorces in a given year. For method of evaluation and limitations of data, see Technical Notes, page 62.

Italics: data from civil registers which are incomplete or of unknown completeness.

NOTES GENERALES

Sauf indications contraires, il n'est pas tenu compte des annulations et des séparations légales. Les taux représentent le nombre de jugements de divorce définitifs prononcés par les tribunaux pour 1 000 personnes au milieu de l'année. Les taux présentés ne se rapportent qu'aux pays ou zones où l'on a enregistré un total d'au moins 100 divorces dans une année donnée. Pour la méthode d'évaluation et les insuffisances des données, voir Notes techniques, page 62.

Italiques: données incomplètes ou dont le degré d'exactitude n'est pas connu, provenant des registres de l'état civil.

FOOTNOTES

* Provisional.
+ Data tabulated by date of registration rather than occurrence.

1 Code "C" indicates that the data are estimated to be virtually complete (at least 90 per cent) and code "U" indicates that the data are estimated to be incomplete (less than 90 per cent). For further details, see Technical Notes.
2 Including "revocable divorce" (among Moslem population), which approximates legal separation.
3 Petitions for divorce entered in courts.
4 Excluding tribal Indian population, numbering 62 187 in 1960.

5 Estimates based on divorces and annulments reported by a varying number of states.
6 Including annulments. High numbers attributable to divorces among non–permanent residents.
7 Excluding Indian jungle population.
8 Excluding nomadic Indian tribes.
9 Including annulments.
10 Including data for East Jerusalem and Israeli residents in certain other territories under occupation by Israeli military forces since June 1967.

11 For Japanese nationals in Japan only; however, rates computed on total population.
12 Excluding data for Jordanian territory under occupation since June 1967 by Israeli military forces. Excluding foreigner but including registered Palestinian refugees. For number of refugees, see table 5.
13 Excluding alien armed forces, civilian aliens employed by armed forces, and foreign diplomatic personnel and their dependants.

14 Excluding nomads; however, rates computed on total population.

15 Excluding aliens temporarily in the area.
16 Including divorces among armed forces stationed outside the country and alien armed forces in the area.
17 Including Bulgarian nationals outside the country, but excluding aliens in the area.
18 Excluding Faeroe Islands and Greenland.
19 Including nationals temporarily outside the country.
20 Rates computed on population including armed forces stationed outside the country, but excluding alien armed forces living in military camps within the country.
21 All data shown pertaining to Germany prior to 3 October 1990 are indicated separately for the Federal Republic of Germany and the former German Democratic Republic based on their respective territories at the time indicated. See explanatory notes on data pertaining to Germany on page 4.

22 For the de jure population.
23 Begining January 1992, data refer to the Federal Republic of Yugoslavia. Prior to that data, data refer to the Socialist Federal Republic of Yugoslavia.

24 Excluding full–blooded aborigines estimated at 49 036 in June 1966.

NOTES

* Données provisoires.
+ Données exploitées selon la date de l'enregistrement et non la date de l'événement.
1 Le code "C" indique que les données sont jugées pratiquement complètes (au moins 90 p. 100) et le code "U" que les données sont jugées incomplètes (moins de 90 p. 100). Pour plus de détails, voir Notes techniques.
2 Y compris les "divorce révocable" (parmi population musulmane), qui sont à peu près l'équivalent de séparations légale.
3 Demandes de divorce en instance devant les tribunaux.
4 Non compris également les Indiens vivant en tribus, au nombre de 62 187 en 1960.
5 Estimations fondées sur les chiffres (divorces et annulations) communiqués par un nombre variable d'Etats.
6 Y compris les annulations. Les divorces parmi les résidennon permanents ont contribué au relèvement des chiffre
7 Non compris les Indiens de la jungle.
8 Non compris les tribus d'Indiens nomades.
9 Y compris les annulations.
10 Y compris les données pour Jérusalem–Est et les résidents israéliens dans certains autres territoires occupés depuis juin l967 par les forces armées israéliennes.
11 Pour les nationaux japonais au Japon seulement; toutefois, les taux sont calculés sur la base de la population totale.
12 Non compris les données pour le territoire jordanien occupé depuis juin 1967 par les forces armées israéliennes. Non compris les étrangers, mais y compris les réfugiés de Palestine immatriculés. Pour le nombre de réfugiés, voir le tableau 5.
13 Non compris les militaires étrangers, les civils étrangers employés par les forces armées ni le personnel diplomatique étranger et les membres de leur famille les accompagnant.
14 Non compris la population nomade; toutefois, les taux sont calculés sur la base de la population totale.
15 Y compris les étrangers se trouvant temporairement sur le territoire.
16 Y compris les divorces de militaires nationaux hors du pays et de militaires étrangers en garnison sur le territoire.
17 Y compris les nationaux bulgares à l'étranger, mais non compris les étrangers sur le territoire.
18 Non compris les îles Féroé et le Groenland.
19 Y compris les nationaux temporairement hors du pays.
20 Taux calculés sur la base d'un chiffre de population qui comprend les militaires nationaux hors du pays, mais pas les militaires étrangers en garnison sur le territoire.
21 Toutes les données se rapportant à l'Allemagne avant le 3 octobre 1990 figurent dans deux rubriques séparées basées sur les territoires respectifs de la République fédérale d'Allemagne et l'ancienne République démocratique allemande selon la période indiquée. Voir les notes explicatives sur les données concernant l'Allemagne à la page 4.
22 Pour la population de droit.
23 A partir de janvier 1992, les données se rapportent à la République fédératire de Yougoslavie. Avant cette date les données se rapportent à la République socialiste fédératire de Yougoslavic.
24 Non compris les aborigènes purs, estimés à 49 036 personnes en juin 1966.

15. Live births and crude live–birth rates by urban/residence: 1983 – 1992

(See notes at end of table.)

Continent, country or area and urban/rural residence / Continent, pays ou zone et résidence, urbaine/rurale	Code[1]	Number – Nombre							
		1983	1984	1985	1986	1987	1988	1989	199
AFRICA—AFRIQUE									
1 Algeria – Algérie [2][3]	C	812 289	850 000	864 000	781 000	755 000	806 000	755 000	775
2 Angola	..	...	...	...	...	...	...	...	
3 Benin – Bénin	..	...	...	...	...	...	...	...	
4 Botswana	...	...	...	...	45 571	31 989	...	...	
5 Burkina Faso	..	...	...	...	...	...	...	...	
6 Burundi	..	...	...	...	...	...	...	...	
7 Cameroon – Cameroun	..	...	...	...	...	...	...	...	
8 Cape Verde – Cap–Vert	C	11 438	12 376	12 639	12 636	12 771	12 443	...	9
Central African Republic –									
9 Rép. centrafricaine	..	...	...	...	...	...	...	...	
10 Chad – Tchad	..	...	...	...	...	...	...	...	
11 Comoros – Comores	...	...	...	...	24 000	...	...	...	
12 Congo	..	...	...	...	...	...	...	...	
13 Côte d'Ivoire	..	...	...	...	...	...	...	...	
14 Djibouti	U	5 091	5 249	5 881	...	...	...	...	
15 Egypt – Egypte [6]	C	1 666 915	1 797 206	1 903 022	1 907 975	1 902 604	1 912 765	1 722 934	
Equatorial Guinea –									
16 Guinée équatoriale	..	...	...	...	...	...	...	...	
17 Ethiopia – Ethiopie	..	...	...	...	...	...	...	...	
18 Gabon	..	...	...	...	...	...	...	...	
19 Gambia – Gambie	..	...	...	...	...	...	...	...	
20 Ghana	..	...	...	...	...	...	...	...	
21 Guinea – Guinée	..	...	...	...	...	...	...	...	
Guinea–Bissau –									
22 Guinée–Bissau	..	...	...	...	...	...	...	...	
23 Kenya	..	...	...	...	...	...	...	...	
24 Lesotho	..	...	...	...	...	...	...	...	
25 Liberia – Libéria [6]	..	...	[7] 59 472	...	...	...	...	...	
Libyan Arab Jamahiriya –									
26 Jamahiriya arabe libyenne	C	...	148 900	154 720	160 750	167 020	173 530	...	
27 Madagascar	..	...	...	...	...	...	...	...	
28 Malawi	..	...	...	...	...	...	[7] 329 144	...	
29 Mali [6]	..	...	...	...	...	...	[7] 375 117	...	
30 Mauritania – Mauritanie	..	...	...	...	...	...	...	...	
31 Mauritius – Maurice [6]	C	...	...	...	...	...	...	...	22 3
Island of Mauritius –									
32 Ile Maurice [6]	C	19 807	19 222	18 247	18 225	19 152	19 978	20 875	21 5
33 Rodrigues	C	1 125	1 110	856	945	882	884	867	8
34 Morocco – Maroc	...	357 046	399 018	377 900	412 306	465 918	488 000	...	
35 Mozambique	..	...	...	...	...	...	...	...	
36 Namibia – Namibie	..	...	...	...	...	...	...	...	
37 Niger	..	...	...	...	...	...	...	...	
38 Nigeria – Nigéria [2]	..	...	...	...	...	...	...	...	
39 Réunion [2]	C	12 484	13 116	13 163	12 797	12 599	13 559	13 898	13 9
40 Rwanda	U	...	...	...	...	...	...	...	409 0
St. Helena ex. dep. – Sainte–Hélène									
41 sans dép.	C	...	87	84	101	59	77	89	
42 Tristan da Cunha	C	7	3	3	3	2	4	...	
Sao Tome and Principe –									
43 Sao Tomé–et–Principe	C	3 800	4 219	3 924	4 026	3 913	4 201	4 047	
44 Senegal – Sénégal	..	...	...	...	...	...	...	...	
45 Seychelles	+C	1 662	1 739	1 729	1 722	1 684	1 643	1 600	1 6
46 Sierra Leone	...	61 096	68 133	75 849	84 041	...	...	...	
47 Somalia – Somalie	..	...	...	...	...	...	...	...	
South Africa –									
48 Afrique du Sud	..	...	...	...	...	...	...	...	
49 Sudan – Soudan	..	...	...	...	...	...	...	...	
50 Swaziland	..	...	...	...	...	...	...	...	
51 Togo	..	...	...	...	...	...	...	...	
52 Tunisia – Tunisie [6]	C	216 355	226 288	227 465	234 736	224 169	215 069	199 459	208 3
53 Uganda – Ouganda	..	...	...	...	...	...	...	...	
United Rep. of Tanzania –									
54 Rép.–Unie de Tanzanie	..	...	...	...	...	...	...	...	
55 Zaire – Zaïre	..	...	...	...	...	...	...	...	
56 Zambia – Zambie	..	...	...	...	...	...	...	...	
57 Zimbabwe	..	...	...	...	...	...	...	...	

15. Naissances vivantes et taux bruts de natalité selon la résidence, urbaine/rurale: 1983 – 1992

es à la fin du tableau.)

		Rate – Taux										
1991	1992	1983	1984	1985	1986	1987	1988	1989	1990	1991	1992	
...	...	39.6	40.2	39.5	34.7	32.8	34.1	31.1	31.0	...	...	1
...	...	[4]50.8					[5]51.3					2
...	...	[4]49.3					[5]49.1					3
...	...	[4]46.8					[5]40.6					4
...	...	[4]47.1					[5]47.0					5
...	...	[4]46.1					[5]46.6					6
...	...	[4]43.9					[5]42.0					7
...	...	35.9	37.9	37.9	37.3	36.8	35.7	...	26.1	...	...	8
...	...	[4]45.0					[5]44.9					9
...	...	[4]44.2					[5]43.9					10
...	...	[4]48.5					[5]48.5					11
...	...	[4]43.9					[5]44.4					12
...	...	[4]50.2					[5]49.9					13
...	...	[4]48.0					[5]47.0					14
...	*1 669 836	37.7	39.7	40.9	39.9	38.8	38.1	33.5	...	...	*30.3	15
...	...	[4]43.3					[5]43.8					16
...	...	[4]44.5					[5]49.5					17
...	...	[4]33.8					[5]38.9					18
...	...	[4]48.2					[5]47.4					19
...	...	[4]45.2					[5]44.3					20
...	...	[4]51.3					[5]51.0					21
...	...	[4]43.3					[5]42.9					22
...	...	[4]48.8					[5]45.6					23
...	...	[4]40.4					[5]36.3					24
...	...	[4]47.2					[5]47.3					25
...	...	...	46.0	46.0	46.0	46.0	46.0	...	...	...	...	26
...	...	[4]45.9					[5]45.8					27
...	...	[4]56.6					[5]55.6					28
...	...	[4]50.8					[5]51.0					29
...	...	[4]46.5					[5]46.2					30
22 182	*22 ...	[4]22.2					[5]19.5				*21.1	31
21 418	*22 170	20.5	19.7	18.5	18.3	19.1	19.7	20.3	21.0	20.7	*21.1	32
764	*732	34.0	33.1	25.2	27.8	25.6	26.1	25.5	23.5	22.3	*21.3	33
...	...	[4]37.3					[5]35.6					34
...	...	[4]45.7					[5]45.5					35
...	...	[4]43.0					[5]42.7					36
...	...	[4]52.0					[5]51.7					37
...	...	[4]48.8					[5]48.5					38
...	...	23.7	24.4	24.1	23.0	22.3	23.6	23.5	23.2	...	...	39
...	...	[4]52.2					[5]52.1					40
72	...	...	14.8	13.4	15.6	9.8	13.7	15.9	11.9	13.4	...	41
4	...	♦21.6♦	9.5♦	9.7♦	9.6♦	6.5♦	13.1	...	...♦	13.7	...	42
...	...	37.3	40.4	36.3	36.7	34.9	36.7	35.0	...	...	...	43
...	...	[4]47.2					[5]45.5					44
1 708	...	25.8	26.9	26.5	26.2	25.4	24.7	23.9	24.0	25.0	...	45
...	...	[4]48.4					[5]48.2					46
...	...	[4]50.4					[5]50.4					47
...	...	[4]35.6					[5]33.0					48
...	...	[4]45.9					[5]44.6					49
...	...	[4]44.6					[5]38.0					50
...	...	[4]44.9					[5]44.7					51
...	...	31.6	32.2	31.3	31.4	29.3	27.7	25.2	25.8	...	...	52
...	...	[4]48.6					[5]50.5					53
...	...	[4]47.5					[5]47.9					54
...	...	[4]48.3					[5]47.8					55
...	...	[4]49.3					[5]48.6					56
...	...	[4]42.7					[5]42.5					57

15. Live births and crude live—birth rates by urban/residence: 1983 – 1992 (continued)

(See notes at end of table.)

Continent, country or area and urban/rural residence / Continent, pays ou zone et résidence, urbaine/rurale	Code [1]	Number – Nombre						
		1983	1984	1985	1986	1987	1988	1989
AMERICA,NORTH— AMERIQUE DU NORD								
1 Anguilla	+C	...	...	177	...	...	...	...
Antigua and Barbuda –								
2 Antigua—et—Barbuda	+C	1 174	1 126	1 190	1 130	1 094	...	...
3 Aruba	+C	1 133	1 169	1 109	1 014	992	949	...
4 Bahamas	C	5 280	5 177	5 584	4 770	4 331	4 943	4 971
5 Barbados – Barbade	+C	4 496	4 214	4 281	4 043	3 828	3 745	4 015
6 Belize	U	6 040	5 756	5 916	6 136	6 121	6 325	6 810
7 Bermuda – Bermudes	C	913	840	914	889	899	935	912
British Virgin Islands – Iles Vierges								
8 britanniques	+C	281	225	241	213	263	237	244
9 Canada [8]	C	373 689	377 031	375 727	372 431	369 441	375 743	391 925
Cayman Islands –								
10 Iles Caïmanes	+U	387	414	367	360	359	380	438
11 Costa Rica [6]	C	72 953	75 993	84 252	...	80 326	81 376	83 460
12 Cuba [6]	C	165 284	166 281	182 067	166 049	179 477	187 911	184 891
13 Dominica – Dominique	C	1 864	1 716	1 703	1 721	1 621	1 731	1 657
Dominican Republic –								
14 République dominicaine	U	177 938	175 935	...	...	...	...	...
15 El Salvador [6]	U	144 193	142 202	140 784	145 126	148 355	149 299	151 859
16 Greenland – Groenland	C	985	1 054	1 140	1 070	1 090	1 217	1 210
17 Guadeloupe [2]	C	6 722	6 671	6 750	6 374	...	...	...
18 Guatemala [6]	C	306 827	312 094	326 849	319 321	318 532	341 382	...
19 Haiti – Haïti	..	...	...	...	...	...	...	...
20 Honduras	+U	158 419	...	...	...	...	...	...
21 Jamaica – Jamaïque	+C	61 417	57 533	56 210	54 067	52 270	53 623	59 104
22 Martinique [2]	C	5 641	5 712	5 711	5 969	6 328	6 386	6 565
23 Mexico – Mexique	+U	2 609 088	2 511 894	2 655 571	2 577 045	2 794 390	2 622 031	2 620 262	2
24 Montserrat	C	266	244	237	200	...	...	...
Netherlands Antilles –								
25 Antilles néerlandaises	+C	...	...	...	3 659	3 537	3 456	3 506
26 Nicaragua [6]	+U	135 132	...	103 968	109 410	98 240	...	...
27 Panama [6]	C	55 222	56 659	58 038	57 655	57 647	58 459	59 069
28 Puerto Rico – Porto Rico [6]	C	65 742	63 321	63 629	...	64 393	64 081	66 692
Saint Kitts and Nevis –								
29 Saint—Kitts—et—Nevis	+C	1 093	1 115	1 026	1 007	947	944	989
30 Saint Lucia – Sainte—Lucie	+C	4 069	4 159	4 223	3 907	3 833	3 645	3 159
St. Pierre and Miquelon –								
31 Saint—Pierre—et—Miquelon [2]	C	81	128	...	...	...	...	...
St. Vincent and the Grenadines –								
32 Saint—Vincent—et—Grenadines	C	3 295	2 831	...	2 708	...	2 537	...
Trinidad and Tobago –								
33 Trinité—et—Tobago	C	33 208	31 599	33 719	31 886	29 167	26 983	25 072
34 United States – Etats—Unis	C	3 638 933	3 669 141	3 760 561	3 756 547	3 809 394	3 909 510	4 040 958	4
United States Virgin Islands – Iles Vierges								
35 américaines	C	2 600	2 452	2 402	2 288	2 375	2 315	2 418
AMERICA,SOUTH— AMERIQUE DU SUD								
36 Argentina – Argentine	C	655 876	635 323	650 783	675 388	668 136	680 605	667 058	6
37 Bolivia – Bolivie	..	...	...	...	...	...	...	...
38 Brazil – Brésil [9]	U	2 710 350	2 559 038	2 619 604	2 779 253	2 660 886	2 809 657	2 581 035	2
39 Chile – Chili [6]	C	260 655	265 016	261 978	272 997	279 762	296 581	303 798
40 Colombia – Colombie	+U	829 348	825 842	835 922	931 956	937 426	...	...
41 Ecuador – Equateur [6] [10]	U	206 428	206 243	209 974	205 797	204 475	211 392	200 099	2
Falkland Islands (Malvinas)–								
42 Iles Falkland (Malvinas)	+C	19	18	30	21	18	18	20
French Guiana –								
43 Guyane Française [2]	C	2 314	2 319	2 482	2 392	...	...	...
44 Guyana	..	...	...	...	...	...	...	...
45 Paraguay [6]	U	32 660	40 484	39 969	36 891	37 693	...	...
46 Peru – Pérou [6] [9] [11]	..	628 636	630 388	632 139	633 891	635 643	640 291	644 939	6
47 Suriname	C	11 823	11 501	11 704	10 176	9 660	9 094	10 214
48 Uruguay	+C	53 405	53 348	53 766	54 080	53 368	55 798	55 324
49 Venezuela [9]	C	514 381	503 973	502 329	504 278	516 773	522 392	529 015	5

15. Naissances vivantes et taux bruts de natalité selon la résidence, urbaine/rurale: 1983 – 1992 (suite)

tes à la fin du tableau.)

		Rate – Taux										
1991	1992	1983	1984	1985	1986	1987	1988	1989	1990	1991	1992	
...	...	...	...	25.3	...	...	...	...	...	...	...	1
...	...	15.7	15.0	15.7	14.8	14.4	...	...	...	...	...	2
...	...	17.9	18.4	18.1	16.8	16.6	15.6	...	...	...	...	3
5 124	...	23.7	22.8	24.1	20.2	18.0	20.1	19.8	19.6	19.7	...	4
4 240	*4 185	17.9	16.7	16.9	16.0	15.1	14.7	15.7	16.8	16.4	*16.2	5
6 033	...	38.3	35.5	35.6	36.0	34.9	35.2	37.2	...	31.1	...	6
...	...	16.5	15.1	16.3	15.7	15.7	15.7	15.2	14.8	...	...	7
...	...	24.3	19.2	20.3	17.7	21.6	19.2	19.5	...	...	...	8
411 910	...	15.1	15.1	14.9	14.7	14.4	14.5	14.9	15.2	15.2	...	9
...	...	20.1	20.5	17.6	16.9	16.1	16.0	17.5	18.8	...	...	10
81 110	...	29.2	29.6	31.9	...	28.9	28.5	28.6	27.4	26.5	...	11
173 896	*157 281	16.7	16.6	18.0	16.3	17.4	18.0	17.6	17.5	16.2	*14.5	12
...	...	24.1	21.8	21.3	21.3	20.0	21.3	23.0	22.6	...	...	13
...	...	[4]33.6					[5]31.3					14
...	...	[4]36.9					[5]34.6					15
1 192	...	18.9	20.0	21.4	20.0	20.1	22.2	21.8	22.6	21.5	...	16
...	...	20.0	19.5	19.3	19.1	...	...					17
...	...	40.8	40.3	41.0	39.0	37.8	39.3	...	...	...	...	18
...	...	[4]36.6					[5]36.2					19
...	...	[4]42.3					[5]39.8					20
59 879	*56 276	27.4	25.2	24.3	23.1	22.2	22.7	24.7	24.7	25.3	*22.4	21
...	...	17.1	17.1	17.0	17.5	18.3	18.2	18.4	17.8	...	...	22
752 863	*2 725 679	[4]32.6					[5]30.0					23
...	...	22.7	20.7	20.0	16.8	...	...	...	...	...	...	24
...	...	...	...	...	20.9	18.5	18.2	18.5	18.9	...	...	25
...	...	[4]45.0					[5]43.5					26
60 080	*58 642	26.4	26.5	26.6	25.9	25.3	25.2	24.9	24.8	24.4	*23.3	27
64 516	*64 128	19.8	18.9	18.8	...	18.8	18.5	19.1	18.9	18.2	*17.9	28
...	...	23.9	24.9	23.3	23.0	21.8	21.3	23.5	...	...	...	29
...	*3 624	31.0	31.0	30.8	28.0	26.9	25.1	21.3	...	...	*23.2	30
...	...	13.5	21.3	...	...	...	...	...	...	...	...	31
...	...	30.8	26.2	...	24.5	...	24.2	...	...	...	...	32
...	...	29.2	27.0	28.6	26.7	24.1	22.3	20.7	...	...	...	33
111 000	*4 084 000	15.5	15.5	15.8	15.6	15.7	16.0	16.3	16.6	*16.3	*16.0	34
2 511	...	25.1	22.8	21.7	20.9	22.4	22.4	23.6	23.6	21.3	...	35
...	...	22.2	21.2	21.5	22.0	21.5	21.6	20.9	21.0	...	...	36
...	...	[4]39.4					[5]36.6					37
...	...	[4]30.6					[5]26.7					38
284 483	...	22.2	22.2	21.6	22.1	22.3	23.3	23.4	22.2	21.3	...	39
...	...	[4]29.4					[5]25.9					40
263 612	...	[4]35.2					[5]32.3					41
26	...	♦9.5♦	9.0♦	15.0♦	11.0♦	9.0♦	9.0♦	10.0♦	13.5♦	13.0	...	42
...	...	28.9	27.3	27.6	25.2	...	...	...	...	...	...	43
...	...	[4]29.1					[5]27.0					44
...	...	[4]35.8					[5]34.8					45
654 236	*658 884	33.9	33.2	32.6	31.9	31.4	31.0	30.5	30.1	29.7	*29.3	46
9 104	...	32.2	30.7	30.6	26.1	24.3	22.4	25.5	23.8	22.6	...	47
54 754	...	18.0	17.8	17.9	17.9	17.5	18.2	18.0	18.1	17.6	...	48
602 024	...	31.4	29.9	29.0	28.8	28.8	28.4	28.0	29.9	30.4	...	49

15. Live births and crude live–birth rates by urban/residence: 1983 – 1992 (continued)

(See notes at end of table.)

Continent, country or area and urban/rural residence / Continent, pays ou zone et résidence, urbaine/rurale	Code [1]	Number – Nombre							
		1983	1984	1985	1986	1987	1988	1989	
ASIA—ASIE									
1 Afghanistan	..	...	...	...	...	...	...	...	
2 Armenia – Arménie [6] [12]	C	76 436	79 767	80 306	81 192	78 492	74 707	75 250	
Azerbaijan –									
3 Azerbaïdjan [6] [12]	C	168 644	174 437	177 657	186 609	184 585	184 350	181 631	
4 Bahrain – Bahreïn	U	11 431	11 519	12 314	12 893	12 699	12 555	13 611	
5 Bangladesh [6]	U	...	3 383 025	3 442 130	3 488 996	3 414 202	3 476 511	...	
6 Bhutan – Bhoutan	..	...	...	...	...	...	...	...	
Brunei Darussalam –									
7 Brunéi Darussalam [6]	+C	5 983	6 330	6 682	6 920	7 088	6 881	6 926	
8 Cambodia – Cambodge	..	...	...	...	...	...	...	...	
9 China – Chine	..	...	...	...	...	...	...	...	
10 Cyprus – Chypre	C	13 400	13 528	12 992	13 142	12 708	13 217	12 750	
11 East Timor – Timor oriental	..	...	...	...	...	...	...	...	
12 Georgia – Géorgie [6] [12]	C	92 660	95 841	97 739	98 155	94 595	91 905	91 138	
13 Hong Kong – Hong–kong [13]	C	83 293	77 297	76 126	71 620	69 958	75 412	69 621	
14 India – Inde [6] [14]	..	...	...	...	...	...	...	...	
15 Indonesia – Indonésie	...	...	...	...	5 400 562	...	4 884 124	...	
Iran (Islamic Republic of –									
16 Rép. islamique d') [6]	U	2 203 448	2 067 803	...	2 033 285	1 832 090	1 944 149	1 784 811	1 7
17 Iraq	U	...	...	445 255	468 752	471 305	549 222	641 791	1
18 Israel – Israël [6] [15]	C	98 724	98 478	99 376	99 341	99 022	100 454	100 757	1
19 Japan – Japon [6] [16]	C	1 508 687	1 489 780	1 431 577	1 382 946	1 346 658	1 314 006	1 246 802	1 2
20 Jordan – Jordanie [17]	+C	98 398	102 521	102 712	112 451	107 519	116 346	115 742	1
21 Kazakhstan [6] [12]	C	378 577	399 403	396 929	410 846	417 139	407 116	382 269	
Korea, Dem. People's Rep. of – Corée, rép.									
22 populaire dém. de	..	...	...	...	...	...	...	...	
Korea, Republic of–									
23 Corée, Rép. de [6] [18]	..	763 058	665 670	652 064	631 021	617 576	625 468	629 469	
24 Kuwait – Koweït	C	55 617	56 776	55 087	53 845	52 412	...	...	
25 Kyrgyzstan–Kirghizistan [6] [12]	C	120 708	126 075	128 460	133 728	136 588	133 710	131 508	
Lao People's Dem. Rep. – Rép. dém.									
26 populaire Lao	..	...	...	...	...	...	...	...	
27 Lebanon – Liban	..	...	...	...	...	...	...	...	
28 Macau – Macao [19]	...	6 168	6 666	7 560	7 477	7 565	7 913	7 568	
29 Malaysia – Malaisie	...	...	...	497 414	...	488 200	507 579	469 663	49
Peninsular Malaysia [2] [6] –									
30 Malaisie Péninsulaire	C	368 438	388 442	406 806	402 433	391 815	407 801	374 290	39
31 Sabah	U	44 364	46 897	48 609	51 410	...	...	...	
32 Sarawak	U	38 531	39 754	42 226	41 702	...	...	...	
33 Maldives [6]	C	7 236	8 255	8 968	8 615	8 364	8 297	8 726	
34 Mongolia – Mongolie [6]	...	65 000	68 100	69 600	71 800	71 400	75 800	73 600	
35 Myanmar	..	...	...	...	...	...	...	...	
36 Nepal – Népal	..	...	...	...	...	...	...	...	
37 Oman	..	...	...	...	...	...	...	...	
38 Pakistan [6] [20]	..	...	3 044 237	3 167 156	3 255 647	3 340 319	3 194 926	...	
39 Philippines	U	1 506 356	1 478 205	1 437 154	1 493 995	1 582 469	1 565 372	1 565 254	
40 Qatar	C	8 261	8 613	9 225	9 942	9 919	10 842	10 908	
Saudi Arabia –									
41 Arabie saoudite	..	...	...	...	...	...	...	...	
42 Singapore – Singapour [21]	C	40 585	41 556	42 484	38 379	43 616	52 957	47 669	5
43 Sri Lanka [6]	+C	405 122	391 064	389 599	361 735	357 723	343 692	357 964	3
Syrian Arab Republic – République arabe									
44 syrienne [2] [22]	U	419 221	433 898	548 636	429 418	478 136	435 795	421 733	3
45 Tajikistan–Tadjikistan [6] [12]	C	164 710	176 197	182 716	198 647	204 450	201 864	200 430	
46 Thailand – Thaïlande [6]	+U	1 055 802	956 680	973 624	945 304	884 043	870 532	905 837	9
47 Turkey – Turquie [23]	..	...	...	...	...	...	...	1 482 144	
Turkmenistan –									
48 Turkménistan [6] [12]	C	108 171	111 083	116 285	122 337	126 787	125 887	124 992	
United Arab Emirates –									
49 Emirats arabes unis	...	41 961	...	...	...	...	...	...	
Uzbekistan –									
50 Ouzbékistan [6] [2]	C	609 400	641 398	679 057	708 658	714 454	694 144	668 807	
51 Viet Nam	...	...	...	...	1 700 225	1 712 998	1 697 504	1 973 665	1 98
52 Yemen – Yémen	...	...	...	...	...	...	...	...	57

15. Naissances vivantes et taux bruts de natalité selon la résidence, urbaine/rurale: 1983 – 1992 (suite)

(ir notes à la fin du tableau.)

		Rate – Taux										
1991	1992	1983	1984	1985	1986	1987	1988	1989	1990	1991	1992	
...	...	[4] 48.9					[5] 49.3			19.3		1
71 129	...	23.6	24.2	24.0	24.0	22.9	21.6	21.6	...		...	2
...	...	26.1	26.6	26.7	27.6	26.9	26.4	25.6	...	...	...	3
...	...	[4] 30.9					[5] 27.7					4
...	...	[4] 44.2					[5] 39.1					5
...	...	[4] 40.6					[5] 40.2					6
...	...	28.8	29.3	30.1	30.6	30.3	28.5	27.8	...	...	...	7
...	...	[4] 43.5					[5] 41.8					8
...	...	[4] 21.1					[5] 21.6					9
13 216	*14 395	20.7	20.6	19.5	19.5	18.7	19.2	18.3	19.0	18.6	*20.0	10
...	...	[4] 47.9					[5] 44.2					11
...	...	18.0	18.9	18.7	19.4	17.9	17.1	16.7	...	...	...	12
68 281	...	15.6	14.3	14.0	13.0	12.5	13.4	12.2	11.9	11.9	...	13
...	...	33.7	33.9	32.9	32.6	32.2	31.5	30.5	29.9	...	...	14
...	...	[4] 31.8					[5] 28.6					15
1 885 649	...	[4] 46.1					[5] 43.1					16
...	...	[4] 41.0					[5] 40.3					17
105 725	...	24.0	23.7	23.5	23.1	22.7	22.6	22.3	22.2	21.4	...	18
1 223 245	...	12.6	12.4	11.8	11.4	11.0	10.7	10.1	9.9	9.9	...	19
150 177	...	[4] 38.2					[5] 38.9					20
...	...	24.3	25.4	24.9	25.5	25.8	24.9	23.1	...	...	...	21
...	...	[4] 22.0					[5] 23.5					22
...	...	19.1	16.5	16.0	15.3	14.9	14.9	14.9	...	...	...	23
...	...	35.5	34.7	32.2	30.1	28.0	...	...	...	...	...	24
...	...	31.3	32.0	32.0	32.7	32.7	31.5	30.4	...	...	...	25
...	...	[4] 45.1					[5] 45.1					26
...	...	[4] 29.3					[5] 27.9					27
6 832	*6 676	22.9	23.6	26.1	25.3	24.7	25.1	23.3	20.5	19.4	*17.9	28
507 900	*515 400	[4] 32.0					[5] 31.9					29
...	...	29.8	30.7	31.3	30.2	28.7	29.2	26.2	27.0	...	...	30
...	...	39.1	39.8	39.8	40.4	...	...	...	...	...	...	31
...	...	27.3	27.6	28.6	27.5	...	...	...	...	...	...	32
8 390	...	41.6	45.9	48.8	45.3	42.5	40.9	41.7	40.0	37.6	...	33
...	...	[4] 37.6					[5] 36.1					34
...	...	[4] 35.5					[5] 34.1					35
...	...	[4] 45.9					[5] 41.6					36
...	...	[4] 44.4					[5] 43.0					37
...	...	...	32.6	32.9	32.8	32.7	30.3	...	...	...	...	38
...	...	[4] 35.6					[5] 32.8					39
...	...	26.9	25.8	25.8	26.4	25.3	25.3	23.9	22.7	...	...	40
...	...	[4] 40.6					[5] 37.3					41
49 114	*49 675	16.9	17.0	17.1	15.2	17.1	20.4	18.0	18.9	17.8	*17.6	42
354 659	...	26.3	25.1	24.6	22.4	21.9	20.7	21.3	20.0	20.6	...	43
390 890	...	[4] 45.7					[5] 44.0					44
...	...	38.3	39.8	40.0	42.1	41.9	40.2	38.7	...	...	...	45
960 556	...	[4] 23.7					[5] 22.5					46
...	...	...	...	...	...	...	...	26.1	...	...	...	47
...	...	35.1	35.2	36.0	36.9	37.2	36.0	34.9	...	...	...	48
...	...	[4] 26.7					[5] 22.8					49
...	*711 000	35.3	36.2	37.2	37.8	37.0	35.2	33.3	...	...	...	50
...	...	[4] 34.7					[5] 31.8					51
...	...	...	...	...	...	...	...	...	51.2	...	...	52

15. Live births and crude live–birth rates by urban/residence: 1983 – 1992 (continued)

(See notes at end of table.)

Continent, country or area and urban/rural residence / Continent, pays ou zone et résidence, urbaine/rurale	Code [1]	1983	1984	1985	1986	1987	1988	1989	1990
				Number – Nombre					
EUROPE									
1 Albania – Albanie [6]	C	73 762	79 177	77 535	76 435	79 696	80 241	78 862	82 12
2 Andorra – Andorre [6]	...	563	472	557	547	527	572	634	6
3 Austria – Autriche [6]	C	90 118	89 234	87 440	86 964	86 503	88 052	88 759	90 4
4 Belarus – Bélarus [6] [12]	C	173 510	168 749	165 034	171 611	162 937	163 193	153 449	
5 Belgium – Belgique	C	117 145	115 715	114 030	117 114	117 334	119 456	121 117	123 7
6 Bulgaria – Bulgarie [6]	C	122 993	122 303	118 955	120 078	116 672	117 440	112 289	105 18
Channel Islands –									
7 Iles Anglo–Normandes	C	1 543	1 527	1 549	1 619	1 654	1 751	1 761	
8 Guernsey – Guernesey	C	659	596	642	671	645	680	687	7
9 Jersey	+C	884	931	907	948	1 009	1 071	1 074	
Former Czechoslovakia – Ancienne									
10 Tchécoslovaquie [6]	C	229 484	227 784	226 036	220 494	214 927	215 909	208 472	210 5
Czech Republic –									
11 Rép. tchèque	C	...	...	...	...	...	...	...	
12 Denmark – Danemark [24]	C	50 822	51 800	53 749	55 312	56 221	58 844	61 351	63 4
13 Estonia – Estonie [6] [12]	C	24 155	24 234	23 630	24 106	25 086	25 060	24 292	22 3
Faeroe Islands –									
14 Iles Féroé	C	669	691	738	787	777	870	933	9
15 Finland – Finlande [6] [25]	C	66 892	65 076	62 796	60 632	59 827	63 316	63 348	65 5
16 France [6] [26]	C	748 525	759 939	768 431	778 468	767 828	771 268	765 473	762 4
17 Germany – Allemagne [27]	C	827 933	812 292	813 803	848 232	867 969	892 993	880 459	901 93
Germany, Federal Rep. of – Allemagne, République									
18 fédérale d'	C	594 177	584 157	586 155	625 963	642 010	677 259	681 537	727 1
Former German Democratic Republic [6] – Ancienne République									
19 démocratique allemande	C	233 756	228 135	227 648	222 268	225 959	215 734	198 922	
20 Gibraltar [28]	C	510	506	498	507	531	523	530	5
21 Greece – Grèce [6]	C	132 608	125 724	116 481	112 250	105 899	107 668	101 149	102 85
22 Hungary – Hongrie [6]	C	127 258	125 359	130 200	128 204	125 840	124 296	123 304	125 67
23 Iceland – Islande [6]	C	4 371	4 113	3 856	3 881	4 193	4 673	4 560	4 76
24 Ireland – Irlande [6] [29]	+C	67 117	64 062	62 388	61 620	58 433	54 600	52 018	53 04
25 Isle of Man – Ile de Man	+C	680	666	703	709	729	781	817	
26 Italy – Italie	C	600 218	587 871	577 345	554 845	552 329	569 698	555 686	563 0
27 Latvia – Lettonie [6] [12]	C	40 572	40 847	39 751	41 960	42 135	41 275	38 922	37 91
28 Liechtenstein	...	348	405	373	351	365	416	373	
29 Lithuania – Lituanie [6] [12]	C	57 589	57 576	58 454	59 705	59 360	56 727	55 782	56 86
30 Luxembourg	C	4 185	4 192	4 104	4 309	4 238	4 603	4 665	4 93
31 Malta – Malte [30]	C	5 747	5 607	5 587	5 421	5 471	5 748	5 773	5 36
32 Monaco	...	529	...	...	...	...	...		
33 Netherlands – Pays–Bas [6] [31]	C	170 246	174 436	178 136	184 513	186 667	186 647	188 979	197 96
34 Norway – Norvège	C	49 937	50 274	51 134	52 514	54 027	57 526	59 303	60 93
35 Poland – Pologne [6]	C	720 756	699 041	677 576	634 748	605 492	587 741	562 530	545 8
36 Portugal [6]	C	144 327	142 805	130 492	126 748	123 218	122 121	118 560	116 38
Republic of Moldova –									
37 Rép. de Moldova [6] [12]	C	91 304	89 637	90 453	94 726	91 762	88 568	82 221	
38 Romania – Roumanie [6]	C	321 498	350 741	358 797	376 896	383 199	380 043	369 544	314 74
Russian Federation [6] [12] – Fédération Russe									
39	C	2 478 322	2 409 614	2 375 147	2 485 915	2 499 974	2 348 494	2 160 559	1 988 85
40 San Marino – Saint–Marin [6]	+C	245	223	207	179	220	242	231	
41 Slovakia – Slovaquie	C	...	...	...	...	...	...	...	
42 Slovenia – Slovénie [6]	C	...	...	...	...	25 592	25 209	23 447	22 36
43 Spain – Espagne	C	485 352	465 709	456 298	438 750	421 098	415 844	...	396 35
44 Sweden – Suède	C	91 780	93 889	98 463	101 950	104 699	112 080	116 023	123 93
45 Switzerland – Suisse [6]	C	73 659	74 710	74 684	76 320	76 505	80 345	81 180	83 93
46 Ukraine [6] [12]	C	807 111	792 035	762 775	792 574	760 851	744 056	690 981	657 20
United Kingdom –									
47 Royaume–Uni [32]	C	721 467	729 617	750 728	754 982	775 617	787 556	777 285	798 61
48 Yugoslavia–Yougoslavie [6] [33]	C	374 610	377 383	366 629	359 626	359 338	356 268	336 394	335 15

15. Naissances vivantes et taux bruts de natalité selon la résidence, urbaine/rurale: 1983 – 1992 (suite)

oir notes à la fin du tableau.)

1991	1992	Rate – Taux										
		1983	1984	1985	1986	1987	1988	1989	1990	1991	1992	
...	...	26.0	27.3	26.2	25.3	25.9	25.6	24.6	25.2	...	...	1
674	...	13.5	11.0	12.5	11.6	11.1	11.5	12.6	12.2	11.7	...	2
94 629	*94 406	11.9	11.8	11.6	11.5	11.4	11.6	11.7	11.7	12.1	*12.0	3
...	...	17.6	17.0	16.5	17.1	16.1	16.1	15.0	...	...	...	4
126 068	*115 075	11.9	11.7	11.6	11.9	11.9	12.1	12.2	12.4	12.6	*11.7	5
95 910	*89 134	13.8	13.6	13.3	13.4	13.0	13.1	12.5	11.7	10.7	*9.9	6
1 794	...	11.8	11.6	11.7	11.9	12.2	12.5	12.4	...	12.5	...	7
737	*701	12.4	11.2	12.0	12.1	11.6	11.4	11.5	12.7	12.5	*12.0	8
1 057	...	11.4	11.9	11.4	11.8	12.6	13.4	13.0	...	12.6	...	9
207 969	...	14.9	14.7	14.6	14.2	13.8	13.8	13.3	13.4	13.3	...	10
...	*121 705	...	...	...	...	...	...	...	...	...	...	11
64 358	*67 731	9.9	10.1	10.5	10.8	11.0	11.5	12.0	12.3	12.5	*13.3	12
...	*18 225	16.1	16.1	15.6	15.7	16.2	16.1	15.5	14.2	...	*11.8	13
865	...	15.0	15.3	16.2	17.1	16.6	18.4	19.7	19.9	18.3	...	14
65 680	*66 877	13.8	13.3	12.8	12.3	12.1	12.8	12.8	13.1	13.1	*13.3	15
*759 000	*742 000	13.7	13.8	13.9	14.1	13.8	13.8	13.6	13.4	*13.3	*12.9	16
830 019	*805 760	10.6	10.4	10.5	10.9	11.2	11.4	11.2	11.4	10.4	*10.0	17
721 251	*718 730	9.7	9.6	9.6	10.3	10.5	11.0	11.0	11.5	11.2	*11.1	18
...	...	14.0	13.7	13.7	13.4	13.6	12.9	12.0	...	...	...	19
...	...	17.5	17.6	17.4	17.5	18.0	17.4	17.3	17.2	...	...	20
102 000	...	13.5	12.7	11.7	11.3	10.6	10.8	10.1	10.2	10.0	...	21
127 207	*122 500	11.9	11.8	12.3	12.2	12.0	11.9	11.9	12.1	12.3	*11.9	22
4 530	...	18.4	17.2	16.0	16.0	17.0	18.7	18.0	18.7	17.6	...	23
52 684	*51 584	19.2	18.2	17.6	17.4	16.5	15.4	14.8	15.1	14.9	*14.5	24
892	...	10.7	10.4	11.2	11.2	11.4	11.7	12.1	...	12.8	...	25
557 864	...	10.6	10.3	10.1	9.7	9.6	9.9	9.7	9.8	9.9	...	26
...	*31 569	15.9	15.9	15.4	16.1	16.0	15.6	14.6	14.2	...	*12.0	27
...	...	13.2	15.2	13.9	12.9	13.2	14.9	13.4	...	...	...	28
56 219	...	16.5	16.4	16.5	16.7	16.4	15.5	15.1	15.3	15.0	...	29
4 986	*5 149	11.4	11.5	11.2	11.7	11.4	12.3	12.4	12.9	12.9	*13.2	30
...	...	17.5	16.7	16.5	15.8	15.9	16.5	16.5	15.2	...	...	31
...	...	19.6	...	...	...	...	...	...	...	...	...	32
198 665	*196 900	11.9	12.1	12.3	12.7	12.7	12.6	12.7	13.2	13.2	*13.0	33
60 808	*60 013	12.1	12.1	12.3	12.6	12.9	13.7	14.0	14.4	14.3	*14.0	34
545 954	*513 600	19.7	18.9	18.2	16.9	16.1	15.5	14.8	14.3	14.3	*13.4	35
116 367	*112 133	14.4	14.2	13.2	12.8	12.4	12.3	12.0	11.8	11.8	*11.4	36
	*70 102	22.1	21.5	21.5	22.3	21.4	20.5	18.9	...	...	*16.1	37
275 275	*260 400	14.3	15.5	15.8	16.5	16.7	16.5	16.0	13.6	11.9	*11.4	38
1 794 626	...	17.5	16.9	16.5	17.2	17.1	16.0	14.6	13.4	12.1	...	39
		11.1	10.0	9.3	7.9	9.7	10.7	10.1	...	...	...	40
...	*74 640	...	...	...	...	...	...	...	...	...	...	41
21 583	*19 766	...	...	...	...	12.9	12.6	11.7	11.2	10.8	*9.9	42
386 469	...	12.7	12.1	11.9	11.4	10.9	10.7	...	10.2	9.9	...	43
123 737	*122 699	11.0	11.3	11.8	12.2	12.5	13.3	13.7	14.5	14.4	*14.2	44
86 200	*87 000	11.5	11.6	11.5	11.7	11.7	12.2	12.2	12.5	12.7	*12.6	45
630 813	*500 233	16.0	15.6	15.0	15.5	14.8	14.5	13.3	12.7	12.1	*9.6	46
792 506	*781 017	12.8	12.9	13.3	13.3	13.6	13.8	13.6	13.9	13.7	*13.5	47
...	*141 183	16.4	16.4	15.9	15.5	15.3	15.1	14.2	14.1	...	*13.5	48

15. Live births and crude live–birth rates by urban/residence: 1983 – 1992 (continued)

(See notes at end of table.)

Continent, country or area and urban/rural residence Continent, pays ou zone et résidence, urbaine/rurale	Code [1]	Number – Nombre							
		1983	1984	1985	1986	1987	1988	1989	1990
OCEANIA—OCEANIE									
American Samoa –									
1 Samoa américaines	C	1 181	1 368	1 526	1 517	1 640	1 625	...	
2 Australia – Australie	+C	242 570	234 034	247 348	243 408	243 959	246 193	250 853	262 64
Christmas Island –									
3 Ile Christmas	C	17	...	36	...	...	...	...	
Cocos (Keeling) Islands –									
4 Iles des Cocos (Keeling)	C	9	6	7	12	...	...	...	
5 Cook Islands – Iles Cook	+C	414	420	423	430	408	430	...	
6 Fiji – Fidji [6]	+C	19 802	19 502	19 464	19 045	19 445	17 647	17 577	18 17
French Polynesia –									
7 Polynésie française	...	4 997	5 172	5 377	5 205	5 401	5 710	5 364	
8 Guam [6][34]	C	3 184	3 067	3 197	3 309	3 348	...	...	
Marshall Islands –									
9 Iles Marshall [35]	U	1 326	1 364	1 520	1 454	1 618	1 541	1 429	
New Caledonia –									
10 Nouvelle–Calédonie [6]	U	3 873	3 772	3 553	3 782	3 881	...	...	
New Zealand –									
11 Nouvelle–Zélande [6]	+C	50 474	51 636	51 798	52 824	55 254	57 546	58 091	60 15
12 Niue – Nioué	...	94	69	84	48	50	...	...	
13 Norfolk Island – Ile Norfolk	C	28	20	...	...	...	29	...	
Northern Mariana Islands –									
14 Iles Mariannes du Nord [35]	U	...	...	698	803	...	...	989	
Pacific Islands (Palau) –									
15 Iles du Pacifique (Palaos)	U	...	...	...	...	...	292	...	
Papua New Guinea –									
Papouasie–Nouvelle–									
16 Guinée	...	...	...	111 010	...	122 240	...	...	
17 Pitcairn	C	...	...	...	...	...	...	...	
18 Samoa	U	...	...	...	...	...	...	2 006	
Solomon Islands –									
19 Iles Salomon	..	...	...	...	...	...	...	...	
20 Tokelau – Tokélaou	...	35	...	...	...	...	...	...	
21 Tonga	...	2 816	2 931	2 810	2 765	2 479	2 337	2 254	2 54

15. Naissances vivantes et taux bruts de natalité selon la résidence, urbaine/rurale: 1983 – 1992 (suite)

otes à la fin du tableau.)

1991	1992					Rate – Taux						
		1983	1984	1985	1986	1987	1988	1989	1990	1991	1992	
...	...	34.4	39.2	42.9	41.8	44.4	43.4	...	...	...	...	1
257 247	...	15.8	15.0	15.7	15.2	15.0	14.9	14.9	15.4	14.9	...	2
...	...	♦ 5.3	...	15.8	...	...	...	...	...	...	...	3
...	...	...	... ♦	11.3 ♦	19.8	...	...	...	...	...	...	4
...	...	23.8	23.9	23.9	24.9	22.7	24.3	...	...	...	...	5
18 847	*18 786	29.5	28.4	27.9	26.7	27.0	24.5	23.4	24.8	25.3	*25.2	6
...	...	30.3	30.5	30.9	29.2	29.5	30.4	27.9	...	...	...	7
...	*4 196	27.4	25.6	28.3	26.7	26.5	...	...	...	...	*30.1	8
...	...	37.1	36.7	39.3	36.1	38.6	36.1	32.2	...	...	...	9
...	...	26.2	25.4	23.5	24.6	24.3	...	...	...	...	...	10
60 001	59 266	15.8	16.0	16.0	16.1	16.7	17.3	17.4	17.9	17.6	17.4	11
...	...	31.2	24.3	30.3	19.1	20.9	...	...	...	...	...	12
...	...	...	...	...	...	...	...	...	...	...	...	13
...	...	...	...	34.7	38.1	...	...	39.5	...	...	...	14
...	...	...	...	...	...	...	18.2	...	...	...	...	15
...	...	4 35.4					5 34.2					16
...	...	...	...	...	...	...	...	... ♦	19.2	...	...	17
...	...	...	...	...	...	...	...	12.3	...	...	...	18
...	...	4 40.4					5 38.8					19
...	...	21.9	...	...	...	...	...	...	...	...	...	20
2 403	...	29.5	30.5	28.9	28.9	25.9	24.5	23.7	26.4	24.7	...	21

15. Live births and crude live—birth rates by urban/residence: 1983 — 1992 (continued)

Data by urban/rural residence

(See notes at end of table.)

Continent, country or area and urban/rural residence / Continent, pays ou zone et résidence, urbaine/rurale	Code [1]	Number – Nombre							
		1983	1984	1985	1986	1987	1988	1989	1
AFRICA—AFRIQUE									
Egypt – Egypte	C								
1 Urban – Urbaine		663 702	711 519	768 153	763 055	745 288	732 173	679 231	
2 Rural – Rurale		1 003 213	1 085 687	1 134 869	1 144 920	1 157 316	1 180 592	1 043 703	
Liberia – Libéria	..								
3 Urban – Urbaine		...	[7] 24 256	...	...	...	...	...	
4 Rural – Rurale		...	[7] 35 216	...	...	...	...	...	
Mali	..								
5 Urban – Urbaine		...	...	...	...	[7] 72 297	...	...	
6 Rural – Rurale		...	...	...	...	[7] 302 820	...	...	
Mauritius – Maurice	C								
7 Urban – Urbaine		...	...	...	...	...	...	...	
8 Rural – Rurale		...	...	...	...	...	...	...	
Island of Mauritius – Ile Maurice	C								
9 Urban – Urbaine		8 320	8 165	7 983	7 431	7 979	8 408	8 333	
10 Rural – Rurale		11 628	11 057	10 537	10 794	11 172	11 649	12 622	
Tunisia – Tunisie	C								
11 Urban – Urbaine		...	...	...	155 528	154 144	145 669	142 787	
12 Rural – Rurale		...	...	...	79 208	70 025	69 400	56 672	
AMERICA, NORTH— AMERIQUE DU NORD									
Costa Rica	C								
13 Urban – Urbaine		...	...	...	...	29 567	31 509	34 751	3
14 Rural – Rurale		...	...	...	...	50 759	49 867	48 709	4
Cuba	C								
15 Urban – Urbaine		109 666	110 852	122 900	113 488	123 120	133 299	...	12
16 Rural – Rurale		55 618	55 429	59 167	52 561	56 357	54 612	...	5
El Salvador	U								
17 Urban – Urbaine		67 361	64 811	65 451	70 334	71 221	72 659	74 088	
18 Rural – Rurale		76 832	77 391	75 333	74 792	77 134	76 640	77 771	
Guatemala	C								
19 Urban – Urbaine		115 088	118 874	123 475	120 631	122 703	126 988	...	
20 Rural – Rurale		191 739	193 220	203 374	198 690	195 829	214 394	...	
Honduras	+U								
21 Urban – Urbaine		74 561	...	...	...	...	...	...	
22 Rural – Rurale		83 858	...	...	...	...	...	...	
Mexico – Mexique	+U								
23 Urban – Urbaine		1 555 626	1 481 039	...	1 602 746	...	1 635 524	1 621 655	1 65
24 Rural – Rurale		1 041 962	1 008 728	...	915 710	...	892 600	899 418	93
Nicaragua	U								
25 Urban – Urbaine		...	...	76 471	75 377	64 065	...	...	
26 Rural – Rurale		...	...	27 497	34 033	34 175	...	...	
Panama	C								
27 Urban – Urbaine		26 023	26 487	27 418	27 175	26 766	26 754	26 971	2
28 Rural – Rurale		29 199	30 172	30 620	30 480	30 881	31 705	32 098	3
Puerto Rico – Porto Rico	C								
29 Urban – Urbaine		32 895	31 233	32 084	...	33 228	32 658	32 692	3
30 Rural – Rurale		32 827	32 071	31 522	...	31 150	31 404	33 736	3
St. Vincent and the Grenadines – Saint–Vincent–et–Grenadines	C								
31 Urban – Urbaine		2 379	...	...	...	...	...	...	
32 Rural – Rurale		916	...	...	...	...	...	...	
AMERICA, SOUTH— AMERIQUE DU SUD									
Chile – Chili	C								
33 Urban – Urbaine		205 503	210 828	208 562	217 062	226 264	240 996	261 012	25
34 Rural – Rurale		38 209	40 937	40 317	42 285	39 510	40 756	42 786	4
Ecuador – Equateur [10]	U								
35 Urban – Urbaine		95 685	101 325	105 373	113 321	110 469	118 900	112 926	
36 Rural – Rurale		110 743	104 918	104 601	92 476	94 006	92 492	87 173	

15. Naissances vivantes et taux bruts de natalité selon la résidence, urbaine/rurale: 1983 – 1992 (suite)

Données selon la résidence urbaine/rurale

es à la fin du tableau.)

						Rate – Taux						
1991	1992	1983	1984	1985	1986	1987	1988	1989	1990	1991	1992	
...	...	34.2	35.7	37.6	36.3	34.6	33.1	30.0	...	...	...	1
...	...	40.7	42.9	42.4	42.7	42.1	41.9	36.2	...	...	...	2
...	...	...	[7] 29.7	...	...	...	...	...	...	...	...	3
...	...	...	[7] 27.4	...	...	...	...	...	...	...	...	4
...	...	...	...	...	...	[7] 42.8	...	...	...	...	...	5
...	...	...	...	...	...	[7] 50.4	...	...	...	...	...	6
9 718	...	...	...	...	...	...	...	...	23.0	...	...	7
12 479	...	...	...	...	...	...	...	...	20.4	...	...	8
9 718	...	20.6	20.1	19.6	18.1	19.4	20.3	19.9	22.6	...	...	9
11 718	...	20.6	19.3	18.2	18.5	18.9	19.3	20.7	20.0	...	...	10
...	...	...	...	...	...	...	...	30.5	...	...	...	11
...	...	...	...	...	...	...	...	17.6	...	...	...	12
...	...	...	...	...	...	...	...	...	...	...	...	13
...	...	...	...	...	...	...	...	...	...	...	...	14
...	...	15.8	15.7	17.1	15.5	16.6	17.1	...	...	...	...	15
...	...	18.9	18.8	20.2	18.1	19.6	20.6	...	...	...	...	16
...	...	33.5	31.5	31.1	32.6	32.1	32.0	31.8	...	...	...	17
...	...	24.7	24.4	23.3	22.7	22.9	22.3	22.3	...	...	...	18
...	...	...	...	...	...	...	...	...	...	...	...	19
...	...	...	...	...	...	...	...	...	...	...	...	20
...	...	47.7	...	...	...	...	...	...	...	...	...	21
...	...	33.2	...	...	...	...	...	...	...	...	...	22
...	...	...	...	...	...	...	...	...	...	...	...	23
...	...	...	...	...	...	...	...	...	...	...	...	24
...	...	...	...	40.8	38.4	31.3	...	...	...	...	...	25
...	...	...	...	19.6	24.0	23.5	...	...	...	...	...	26
26 503	...	24.6	24.4	24.6	23.7	22.7	22.1	21.7	21.4	20.2	...	27
33 577	...	28.3	28.8	28.8	28.2	28.2	28.6	28.5	28.6	29.1	...	28
31 698	...	...	...	...	...	...	...	...	...	...	...	29
32 746	...	...	...	...	...	...	...	...	...	...	...	30
...	...	...	...	...	...	...	...	...	...	...	...	31
...	...	...	...	...	...	...	...	...	...	...	...	32
246 272	...	21.3	21.3	20.7	21.1	21.5	22.5	23.9	22.6	21.7	...	33
38 211	...	18.5	20.1	19.9	20.9	19.5	20.1	21.1	20.0	18.9	...	34
...	...	22.3	22.6	22.6	23.3	21.8	22.6	20.6	...	...	...	35
...	...	25.5	23.9	23.6	20.7	20.9	20.4	19.1	...	...	...	36

15. Live births and crude live–birth rates by urban/residence: 1983 – 1992 (continued)

Data by urban/rural residence

(See notes at end of table.)

Continent, country or area and urban/rural residence — Continent, pays ou zone et résidence, urbaine/rurale	Code [1]	1983	1984	1985	1986	1987	1988	1989
AMERICA,SOUTH— (Cont.–Suite) AMERIQUE DU SUD								
Paraguay	U							
1 Urban – Urbaine		17 541	22 524	...	...	...	...	...
2 Rural – Rurale		15 119	17 960	...	...	...	...	...
Peru – Pérou [9][11]	..							
3 Urban – Urbaine		367 040	369 663	372 285	374 908	377 530	384 155	390 780
4 Rural – Rurale		261 596	260 725	259 854	258 983	258 113	256 136	254 160
ASIA—ASIE								
Armenia – Arménie [12]	C							
5 Urban – Urbaine		46 747	49 071	49 278	50 124	47 711	47 639	47 871
6 Rural – Rurale		29 689	30 696	31 028	31 068	30 781	27 068	27 379
Azerbaijan–Azerbaïdjan [12]	C							
7 Urban – Urbaine		81 087	85 178	86 729	91 530	91 466	89 689	85 930
8 Rural – Rurale		87 557	89 259	90 928	95 079	93 119	94 661	95 701
Bangladesh	U							
9 Urban – Urbaine		...	315 961	371 851	362 416	358 602	375 690	...
10 Rural – Rurale		...	3 067 064	3 070 279	3 126 580	3 055 600	3 100 821	...
Brunéi Darussalam – Brunéi Darussalam	+C							
11 Urban – Urbaine		5 001	5 471	5 862	6 178	6 452	6 380	6 450
12 Rural – Rurale		982	859	820	742	636	501	476
Cyprus – Chypre	C							
13 Urban – Urbaine		8 703	8 930	8 509	...	...	...	...
14 Rural – Rurale		4 697	4 435	4 389	...	...	...	...
Georgia – Géorgie [12]	C							
15 Urban – Urbaine		46 829	49 075	50 195	51 471	49 966	49 096	49 244
16 Rural – Rurale		45 831	46 766	47 544	46 684	44 629	42 809	41 894
India – Inde [14]	..							
17 Urban – Urbaine		...	...	...	...	...	...	...
18 Rural – Rurale		...	...	...	...	...	...	...
Iran (Islamic Republic of – Rép. islamique d')	U							
19 Urban – Urbaine		1 079 754	1 065 862	...	1 037 974	968 577	969 071	978 729
20 Rural – Rurale		1 123 694	1 001 941	...	995 311	863 513	975 078	806 082
Israel – Israël [15]	C							
21 Urban – Urbaine		78 733	86 276	86 758	86 809	86 457	87 809	90 007
22 Rural – Rurale		19 834	12 171	12 588	12 532	12 565	12 645	10 750
Japan – Japon [16]	C							
23 Urban – Urbaine		1 163 883	1 150 905	1 107 841	1 073 236	1 047 848	1 028 392	977 013
24 Rural – Rurale		344 804	338 875	323 736	309 710	298 810	285 614	269 789
Kazakhstan [12]	C							
25 Urban – Urbaine		191 293	203 149	203 392	207 908	216 518	209 889	193 394
26 Rural – Rurale		187 284	196 254	193 537	202 938	200 621	197 227	188 875
Korea, Republic of– Corée, Rép. de [18]	..							
27 Urban – Urbaine		...	...	...	...	448 244	464 371	499 800
28 Rural – Rurale		...	...	...	...	169 332	161 097	129 669
Kyrgyzstan – Kirghizistan [12]	C							
29 Urban – Urbaine		36 597	39 289	39 352	40 796	41 732	40 803	38 943
30 Rural – Rurale		84 111	86 786	89 108	92 932	94 856	92 907	92 565
Malaysia – Malaisie / Peninsular Malaysia [2] – Malaisie Péninsulaire	C							
31 Urban – Urbaine		137 575	148 744	155 925	152 930	146 975	154 819	137 915
32 Rural – Rurale		230 863	239 698	250 881	249 503	244 840	252 982	236 375
Sarawak	U							
33 Urban – Urbaine		...	...	8 899	6 653	...	...	...
34 Rural – Rurale		...	...	33 327	35 049	...	...	...
Maldives	C							
35 Urban – Urbaine		1 216	1 469	1 439	1 445	1 310	1 355	1 347
36 Rural – Rurale		6 020	6 786	7 529	7 170	7 054	6 942	7 379
Mongolia – Mongolie	...							
37 Urban – Urbaine		30 300	33 600	33 400	34 300	34 700	38 400	36 500
38 Rural – Rurale		34 700	34 500	36 200	37 500	36 700	37 400	37 100
Pakistan [20]	..							
39 Urban – Urbaine		...	861 289	914 744	944 927	922 164	908 388	...
40 Rural – Rurale		...	2 182 948	2 252 412	2 310 720	2 418 155	2 286 538	...
Sri Lanka	+C							
41 Urban – Urbaine		186 329	192 383	186 308	176 733	184 373	...	...
42 Rural – Rurale		218 793	198 681	203 291	185 002	173 350	...	...

15. Naissances vivantes et taux bruts de natalité selon la résidence, urbaine/rurale: 1983 – 1992 (suite)

Données selon la résidence urbaine/rurale

otes à la fin du tableau.)

1991	1992	Rate – Taux 1983	1984	1985	1986	1987	1988	1989	1990	1991	1992	
...	...	...	...	...	...	...	...	...	...	...	...	1
...	...	...	...	...	...	...	...	...	...	...	...	2
404 029	*410 654	29.8	29.0	28.3	27.7	27.1	26.8	26.5	26.2	25.9	*25.6	3
250 207	*248 230	41.8	41.6	41.4	41.1	40.8	40.3	39.9	39.4	39.0	*38.5	4
...	...	21.5	22.1	21.8	21.8	20.4	20.1	20.0	...	...	...	5
...	...	27.8	28.6	28.8	28.7	28.2	24.9	25.3	...	...	...	6
...	...	...	...	...	...	...	...	22.6	...	...	...	7
...	...	...	...	...	...	...	...	29.8	...	...	...	8
...	...	...	25.0	28.0	25.9	...	...	...	...	...	...	9
...	...	...	36.2	35.6	35.7	...	...	...	...	...	...	10
...	...	...	...	...	...	...	...	...	...	...	...	11
...	...	...	...	...	...	...	...	...	...	...	...	12
...	...	...	...	...	...	...	...	...	...	...	...	13
...	...	...	...	...	...	...	...	...	...	...	...	14
...	...	...	...	...	...	...	...	16.5	...	...	...	15
...	...	...	...	...	...	...	...	17.4	...	...	...	16
...	...	28.3	29.4	28.1	27.1	27.4	26.3	25.2	...	...	...	17
...	...	35.3	35.3	34.3	34.2	33.7	33.1	32.2	...	...	...	18
...	...	47.1	44.1	...	38.7	34.9	33.7	32.9	30.4	...	...	19
...	...	53.1	46.3	...	44.0	37.7	42.1	34.4	33.4	...	...	20
94 260	...	21.8	23.2	23.0	22.7	22.3	22.3	22.2	22.1	21.2	...	21
11 465	...	47.0	27.6	27.5	26.6	25.9	25.4	23.5	23.2	23.3	...	22
966 086	...	...	...	11.9	...	...	...	...	10.0	...	...	23
257 159	...	...	...	11.5	...	...	...	...	9.3	...	...	24
...	...	...	...	...	...	23.6	22.5	20.4	...	...	...	25
...	...	...	...	...	...	28.6	28.0	26.7	...	...	...	26
...	...	...	...	...	...	15.6	15.8	16.7	...	...	...	27
...	...	...	...	...	...	13.1	12.7	10.5	...	...	...	28
...	...	25.0	26.3	25.8	26.3	26.3	25.2	23.6	...	...	...	29
...	...	35.1	35.5	35.8	36.6	36.6	35.3	34.6	...	...	...	30
...	...	...	...	...	...	...	...	...	...	...	...	31
...	...	...	...	...	...	...	...	...	...	...	...	32
...	...	...	...	...	8.7	...	...	...	...	...	...	33
...	...	...	...	...	46.7	...	...	...	...	...	...	34
1 353	...	...	...	31.4	...	...	...	...	24.9	...	*...	35
7 037	...	...	...	56.1	...	...	...	...	45.9	...	...	36
...	...	...	...	...	...	...	...	31.3	...	...	...	37
...	...	...	...	...	...	...	...	42.3	...	...	...	38
...	...	...	32.7	33.6	33.7	31.9	30.5	...	...	...	...	39
...	...	...	32.6	32.7	32.5	33.0	30.2	...	...	...	...	40
...	...	...	...	...	...	...	...	...	...	...	...	41
...	...	...	...	...	...	...	...	...	...	...	...	42

15. Live births and crude live–birth rates by urban/residence: 1983 – 1992 (continued)

Data by urban/rural residence

(See notes at end of table.)

Continent, country or area and urban/rural residence — Continent, pays ou zone et résidence, urbaine/rurale	Code [1]	Number – Nombre						
		1983	1984	1985	1986	1987	1988	1989
ASIA—ASIE (Cont.–Suite)								
Tajikistan – Tadjikistan [12]	C							
1 Urban – Urbaine		42 111	46 522	46 363	50 642	52 849	48 491	47 345
2 Rural – Rurale		122 599	129 675	136 353	148 005	151 601	153 373	153 085
Thailand – Thaïlande	+U							
3 Urban – Urbaine		183 191	191 927	206 786	321 760	...	346 022	243 395
4 Rural – Rurale		872 611	764 753	766 838	623 544	...	524 510	662 442
Turkmenistan – Turkménistan [12]	C							
5 Urban – Urbaine		43 408	45 418	46 291	50 192	51 692	51 635	52 006
6 Rural – Rurale		64 763	65 665	69 994	72 145	75 095	74 252	72 986
Uzbekistan – Ouzbékistan [12]	C							
7 Urban – Urbaine		203 364	213 493	220 024	226 181	231 613	224 598	213 379
8 Rural – Rurale		406 036	427 905	459 033	482 477	482 841	469 546	455 428
EUROPE								
Albania – Albanie	C							
9 Urban – Urbaine		20 938	22 497	22 578	22 960	24 006	24 289	23 803
10 Rural – Rurale		52 824	56 680	54 957	53 475	55 690	55 952	55 059
Andorra – Andorre	...							
11 Urban – Urbaine		...	...	...	...	...	...	615
12 Rural – Rurale		...	...	...	...	...	...	19
Austria – Autriche	C							
13 Urban – Urbaine		44 655	...	...	...	...	...	...
14 Rural – Rurale		45 463	...	...	...	...	...	...
Belarus – Bélarus [12]	C							
15 Urban – Urbaine		118 790	116 341	114 413	119 356	113 868	116 005	110 472
16 Rural – Rurale		54 720	52 408	50 621	52 255	49 069	47 188	42 977
Bulgaria – Bulgarie	C							
17 Urban – Urbaine		82 250	82 485	81 072	83 476	81 101	81 627	78 724
18 Rural – Rurale		40 743	39 818	37 883	36 602	35 571	35 813	33 565
Former Czechoslovakia – Ancienne Tchécoslovaquie	C							
19 Urban – Urbaine		169 885	169 788	169 351	...	...	163 694	158 053
20 Rural – Rurale		59 599	57 996	56 685	...	...	52 215	50 419
Estonia – Estonie [12]	C							
21 Urban – Urbaine		17 295	17 330	16 662	16 962	17 595	17 448	16 520
22 Rural – Rurale		6 860	6 904	6 968	7 144	7 491	7 612	7 772
Finland – Finlande [25]	C							
23 Urban – Urbaine		40 945	39 483	38 002	37 997	37 740	39 916	39 543
24 Rural – Rurale		25 947	25 593	24 794	22 635	22 087	23 400	23 805
France [26]	C							
25 Urban – Urbaine		583 636	590 447	595 145	600 781	592 837	594 125	589 791
26 Rural – Rurale		163 122	167 752	171 543	175 933	174 991	175 543	173 958
Germany – Allemagne [27]	C	...	...	...	...	...	...	...
Former German Democratic Republic – Ancienne République démocratique allemande	C							
27 Urban – Urbaine		176 977	172 205	172 014	...	171 613	164 197	151 831
28 Rural – Rurale		56 779	55 930	55 634	...	54 346	51 537	47 091
Greece – Grèce	C							
29 Urban – Urbaine		87 351	82 458	76 156	...	...	...	...
30 Rural – Rurale		45 257	43 266	40 325	...	...	...	...
Hungary – Hongrie [36]	C							
31 Urban – Urbaine		66 393	66 961	69 998	71 436	70 398	69 107	73 486
32 Rural – Rurale		60 749	57 960	59 692	56 243	54 957	54 658	49 261
Iceland – Islande	C							
33 Urban – Urbaine		...	...	...	3 512	3 833	4 258	4 189
34 Rural – Rurale		...	...	...	369	360	415	371
Ireland – Irlande [29]	+C							
35 Urban – Urbaine		20 171	18 787	18 267	...	...	...	24 278
36 Rural – Rurale		46 946	45 275	44 121	...	...	...	27 740
Latvia – Lettonie [12]	C							
37 Urban – Urbaine		28 007	27 827	27 144	28 147	28 042	27 506	25 702
38 Rural – Rurale		12 565	13 020	12 607	13 813	14 093	13 769	13 220
Lithuania – Lituanie [12]	C							
39 Urban – Urbaine		38 750	38 782	39 327	40 095	39 376	37 368	36 819
40 Rural – Rurale		18 839	18 794	19 127	19 610	19 984	19 359	18 963

15. Naissances vivantes et taux bruts de natalité selon la résidence, urbaine/rurale: 1983 – 1992 (suite)

Données selon la résidence urbaine/rurale

otes à la fin du tableau.)

1991	1992	Rate – Taux										
		1983	1984	1985	1986	1987	1988	1989	1990	1991	1992	
...	...	29.3	31.6	30.7	32.6	33.0	29.5	28.2	...	...	...	1
...	...	42.9	43.9	44.6	46.8	46.3	45.3	43.8	...	...	...	2
276 739	...	...	...	...	...	...	...	...	25.7	...	...	3
683 817	...	...	...	...	...	...	...	...	15.6	...	...	4
...	...	...	...	...	...	...	...	32.7	...	...	...	5
...	...	...	...	...	...	...	...	37.8	...	...	...	6
...	...	...	...	...	...	...	...	26.5	...	...	...	7
...	...	...	...	...	...	...	...	38.7	...	...	...	8
...	...	21.5	22.5	21.9	21.7	22.2	21.9	20.8	21.8	...	...	9
...	...	28.3	29.9	28.5	27.3	27.9	27.6	26.8	27.2	...	...	10
643	...	...	...	...	...	...	...	12.9	12.1	11.8	...	11
31	...	...	...	...	...	...	... ♦	7.6	13.7	9.5	...	12
...	...	...	...	...	...	...	...	...	...	...	...	13
...	...	...	...	...	...	...	...	...	...	...	...	14
...	...	...	...	...	...	...	...	16.6	...	...	...	15
...	...	...	...	...	...	...	...	12.2	...	...	...	16
...	...	14.2	14.0	13.8	14.3	13.7	13.6	13.0	12.1	...	...	17
...	...	12.9	12.9	12.3	11.7	11.7	12.0	11.4	10.8	...	...	18
...	...	14.9	14.8	14.6	...	...	16.1	15.4	13.3	...	...	19
...	...	14.9	14.6	14.4	...	...	9.6	9.4	13.8	...	...	20
...	...	16.2	16.1	15.4	15.5	15.9	15.7	14.7	13.4	...	...	21
...	...	15.8	15.9	16.0	16.3	17.0	17.1	17.4	16.3	...	...	22
...	...	14.1	13.5	13.0	12.5	12.4	13.1	12.9	13.3	...	...	23
...	...	13.3	13.0	12.6	12.0	11.7	12.4	12.5	12.9	...	...	24
...	...	...	...	...	...	...	...	...	14.0	...	...	25
...	...	...	...	...	...	...	...	...	11.7	...	...	26
...	...	...	...	...	...	...	...	...	...	...	...	
...	...	13.8	13.5	13.5	...	13.4	12.8	11.9	...	...	...	27
...	...	14.5	14.3	14.3	...	14.1	13.3	12.2	...	...	...	28
...	...	...	...	...	...	...	...	...	...	...	...	29
...	...	...	...	...	...	...	...	...	...	...	...	30
75 852	...	10.3	10.4	10.8	11.1	10.9	10.7	11.4	11.5	11.7	...	31
50 918	...	14.5	13.9	14.5	13.8	13.6	13.6	12.4	13.0	13.2	...	32
...	...	...	...	...	16.1	17.3	18.9	18.3	18.8	...	...	33
...	...	...	...	...	14.6	14.4	16.9	15.3	18.1	...	...	34
24 459	...	...	...	...	...	...	...	...	...	...	...	35
28 225	...	...	...	...	...	...	...	...	...	...	...	36
...	...	15.8	15.5	15.0	15.4	15.1	14.7	13.6	12.9	...	...	37
...	...	16.3	16.9	16.4	17.9	18.2	17.7	17.0	17.3	...	...	38
37 485	...	17.3	17.0	17.0	16.9	16.3	15.2	14.7	14.8	14.6	...	39
18 734	...	15.1	15.2	15.6	16.2	16.6	16.2	16.0	16.2	15.9	...	40

15. Live births and crude live–birth rates by urban/residence: 1983 – 1992 (continued)

Data by urban/rural residence

(See notes at end of table.)

Continent, country or area and urban/rural residence / Continent, pays ou zone et résidence, urbaine/rurale	Code [1]	Number – Nombre						
		1983	1984	1985	1986	1987	1988	1989
EUROPE (Cont.–Suite)								
Netherlands – Pays–Bas [31] [37]	C							
1 Urban – Urbaine		84 582	85 719	87 982	90 632	91 782	91 881	93 068
2 Rural – Rurale		22 763	22 413	22 900	23 596	23 673	23 531	23 559
3 Semi–urban–Semi–urbaine		62 894	66 292	67 245	70 275	71 212	71 228	72 350
Poland – Pologne	C							
4 Urban – Urbaine		401 391	387 959	371 343	344 119	325 593	317 558	302 336
5 Rural – Rurale		319 365	311 082	306 233	290 629	279 899	270 183	260 194
Portugal	C							
6 Urban – Urbaine		...	...	37 355	...	36 479	39 005	...
7 Rural – Rurale		...	...	74 864	...	70 763	63 142	
Republic of Moldova [12] République de Moldova	C							
8 Urban – Urbaine		37 622	37 623	37 955	40 613	40 333	39 836	36 676
9 Rural – Rurale		53 682	52 014	52 498	54 113	51 429	48 732	45 545
Romania – Roumanie	C							
10 Urban – Urbaine		159 761	169 349	184 712	180 278	180 993	179 889	176 739
11 Rural – Rurale		161 737	181 392	174 085	196 618	202 206	200 154	192 805
Russian Federation – Fédération Russe [12]	C							
12 Urban – Urbaine		1 737 544	1 689 442	1 666 673	1 749 905	1 769 032	1 662 029	1 520 741
13 Rural – Rurale		740 778	720 172	708 474	736 010	730 942	686 465	639 818
San Marino – Saint–Marin	+C							
14 Urban – Urbaine		...	...	200	162	199	224	209
15 Rural – Rurale		...	...	7	17	21	18	22
Slovenia – Slovénie	C							
16 Urban – Urbaine		...	...	...	...	12 834	12 427	11 344
17 Rural – Rurale		...	...	...	...	12 758	12 782	12 103
Switzerland – Suisse	C							
18 Urban – Urbaine		...	41 561	41 291	42 086	42 012	44 057	44 397
19 Rural – Rurale		...	33 149	33 393	34 234	34 493	36 288	36 783
Ukraine [12]	C							
20 Urban – Urbaine		539 954	532 552	516 228	535 272	515 962	509 556	471 104
21 Rural – Rurale		267 157	259 483	246 547	257 302	244 889	234 500	219 877
Yugoslavia – Yougoslavie [33]	C							
22 Urban – Urbaine		190 256	188 013	180 924	177 884	177 131	178 377	167 308
23 Rural – Rurale		184 354	189 370	185 705	181 742	182 207	177 891	169 086
OCEANIA—OCEANIE								
Fiji – Fidji	+C							
24 Urban – Urbaine		7 796	7 076	7 419	7 058	7 764	...	...
25 Rural – Rurale		12 006	12 426	12 045	11 987	11 681	...	...
Guam [34]	C							
26 Urban – Urbaine		...	...	2 828	2 962	...	...	...
27 Rural – Rurale		...	...	320	309	...	...	...
New Caledonia – Nouvelle–Calédonie	U							
28 Urban – Urbaine		1 943	1 332	1 374	1 542	...	...	...
29 Rural – Rurale		1 930	2 440	2 179	2 240	...	...	...
New Zealand – Nouvelle–Zélande	+C							
30 Urban – Urbaine		36 341	37 163	37 306	38 391	40 754	42 720	43 283
31 Rural – Rurale		14 133	14 473	14 492	14 433	14 500	14 826	14 808

15. Naissances vivantes et taux bruts de natalité selon la résidence, urbaine/rurale: 1983 – 1992 (suite)

Données selon la résidence urbaine/rurale

(Voir notes à la fin du tableau.)

						Rate – Taux						
1991	1992	1983	1984	1985	1986	1987	1988	1989	1990	1991	1992	
99 014	...	11.5	11.6	11.9	12.2	12.3	12.3	12.3	12.9	...	...	1
23 542	...	13.5	13.5	13.7	14.0	14.0	13.8	13.9	14.3	...	...	2
76 103	...	11.9	12.3	12.4	12.9	12.9	12.8	12.9	13.4	...	...	3
288 351	...	18.4	17.6	16.6	15.2	14.2	13.7	13.0	12.4	12.2	...	4
257 602	...	21.7	21.0	20.7	19.6	18.9	18.4	17.8	17.4	17.7	...	5
...	...	...	...	...	...	...	...	...	...	...	...	6
...	...	...	...	...	...	...	...	...	...	...	...	7
...	...	...	...	...	...	...	...	18.2	...	...	...	8
...	...	...	...	...	...	...	...	19.7	...	...	...	9
135 417	...	14.5	15.2	16.2	15.6	15.4	15.0	14.4	12.4	10.8	...	10
139 858	...	14.1	15.8	15.3	17.4	18.1	18.0	17.8	14.9	13.2	...	11
1 230 516	...	...	...	...	...	...	...	14.1	...	...	...	12
564 110	...	...	...	...	...	...	...	16.4	...	...	...	13
...	...	...	...	...	...	9.7	10.9	10.1	...	...	...	14
...	...	...	...	...	... ♦	9.7 ♦	8.3 ♦	10.1	...	...	...	15
10 268	*9 138	...	...	...	...	...	...	...	...	...	...	16
11 315	*10 628	...	...	...	...	...	...	...	...	...	...	17
47 247	...	...	10.6	10.5	10.7	10.6	11.1	11.1	11.3	11.7	...	18
38 953	...	...	13.2	13.2	13.4	13.3	13.9	13.9	14.3	14.2	...	19
...	...	16.8	16.4	15.7	16.1	15.3	14.9	13.6	12.7	...	...	20
...	...	14.5	14.3	13.7	14.5	14.0	13.5	12.9	12.6	...	...	21
...	...	...	...	...	...	...	...	...	...	...	...	22
...	...	...	...	...	...	...	...	...	...	...	...	23
...	...	...	...	...	25.5	27.8	...	...	...	...	...	24
...	...	...	...	...	27.4	26.4	...	...	...	...	...	25
...	...	...	...	...	...	...	...	...	...	...	...	26
...	...	...	...	...	...	...	...	...	...	...	...	27
...	...	32.3	15.4	15.7	17.4	...	...	...	...	...	...	28
...	...	22.6	39.5	34.2	34.2	...	...	...	...	...	...	29
...	...	...	...	...	13.9	...	...	...	...	...	...	30
...	...	...	...	...	27.3	...	...	...	...	...	...	31

15. Live births and crude live-birth rates by urban/residence: 1983 – 1992 (continued)

GENERAL NOTES

For certain countries, there is a discrepancy between the total number of live births shown in this table and those shown in subsequent tables for the same year. Usually this discrepancy arises because the total number of births occurring in a given year is revised, although the remaining tabulations are not. Rates are the number of live births per 1 000 mid–year population. For definitions of "urban", see end of table 6. For method of evaluation and limitations of data, see Technical Notes, page 65.

Italics: data from civil registers which are incomplete or of unknown completeness.

FOOTNOTES

* * Provisional.
* ♦ Rates based on 30 or fewer live births.
* + Data tabulated by date of registration rather than occurrence.

1 Code "C" indicates that the data are estimated to be virtually complete (at least 90 per cent) and code "U" indicates that the data are estimated to be incomplete (less than 90 per cent). The code does not apply to estimated rates. For further details, see Technical Notes.
2 Excluding live–born infants dying before registration of birth.
3 For Algerian population only; however rates computed on total population.
4 Estimate for 1980–1985 prepared by the Population Division of the United Nations.
5 Estimate for 1985–1990 prepared by the Population Division of the United Nations.
6 For classification by urban/rural residence, see end of table.
7 Based on the results of the population census of 1987.
8 Including Canadian residents temporarily in the United States, but excluding United States residents temporarily in Canada.
9 Excluding Indian jungle population.
10 Excluding nomadic Indian tribes.
11 Including and upward adjustment for under–registration.
12 Excluding infants born alive after less than 28 weeks' gestation, of less than 1 000 grammes in weight and 35 centimetres in length, who die within seven days of birth.
13 Excluding Vietnamese refugees.
14 Based on Sample Registration Scheme.
15 Including data for East Jerusalem and Israeli residents in certain other territories under occupation by Israeli military forces since June 1967.
16 For Japanese nationals in Japan only; however, rates computed on total population.

NOTES GENERALES

Pour quelques pays il y a une discordance entre le nombre total des naissances vivantes présenté dans ce tableau et ceux présentés après pour la même année. Habituellement ces différences apparaîssent lorsque le nombre total des naissances pour une certaine année a été révisé; alors que les autres tabulations ne l'ont pas été. Les taux représentent le nombre de naissances vivantes pour 1 000 personnes au milieu de l'année. Pour les définitions des "régions urbaines", se reporter à la fin du tableau 6. Pour la méthode d'évaluation et les insuffisances des données, voir Notes techniques, page 65.
Italiques: données incomplètes ou dont le degré d'exactitude n'est pas connu, provenant des registres de l'état civil.

NOTES

* * Données provisoires.
* ♦ Taux basés sur 30 naissances vivantes ou moins.
* + Données exploitées selon la date de l'enregistrement et non la date de l'événement.

1 Le code "C" indique que les données sont jugées pratiquement complètes (au moins 90 p. 100) et le code "U" que les données sont jugées incomplètes (moins de 90 p. 100). Le code ne s'applique pas aux taux estimatifs. Pour plus de détails, voir Notes techniques.
2 Non compris les enfants nés vivants, décédés avant l'enregistrement de leur naissance.
3 Pour la population algérienne seulement; toutefois, les taux sont calculés sur la base de la population totale.
4 Estimations pour 1980–1985 établie par la Division de la population de l'Organisation des Nations Unies.
5 Estimations pour 1985–1990 établie par la Division de la population de l'Organisation des Nations Unies.
6 Pour le classement selon la résidence, urbaine/rurale voir la fin du tableau.
7 D'après les résultats du recensement de la population de 1987.
8 Y compris les résidents canadiens se trouvant temporairement aux Etats–Unis, mais non compris les résidents des Etats–Unis se trouvant temporairement au Canada.
9 Non compris les Indiens de la jungle.
10 Non compris les tribus d'Indiens nomades.
11 Y compris un ajustement pour sous–enregistrement.
12 Non compris les enfants nés vivants après moins de 28 semaines de gestation, pesant moins de 1 000 grammes, mesurant moins de 35 centimètres et décédés dans les sept jours qui ont suivi leur naissance.
13 Non compris les refugées du Viet Nam.
14 D'après le Programe d'enregistrement par sondage.
15 Y compris les données pour Jérusalem–Est et les résidents israéliens dans certains autres territoires occupés depuis juin 1967 par les forces armées israéliennes.
16 Pour les nationaux japonais au Japon seulement; toutefois, les taux sont calculés sur la base de la population totale.

15. Naissances vivantes et taux bruts de natalité selon la résidence, urbaine/rurale: 1983 – 1992 (suite)

FOOTNOTES (continued)

17 Excluding data for Jordanian territory under occupation since June 1967 by Israeli military forces. Excluding foreigners, including registered Palestionian refugees. For number of refugees, see table 5.
18 Based on the results of the Continuous Demographic Sample Survey.
19 Events registered by Health Service only.
20 Based on the results of the Population Growth Survey.
21 Excluding transients afloat and non–locally domiciled military and civilian services personnel and their dependants.

22 Excluding nomads and Palestinian refugees; however, rates computed on total population. For number of Palestinian refugees among whom births numbered 5 681 in 1968, see table 5.

23 Based on the results of the Population Demographic Survey.
24 Excluding Faeroe Islands and Greenland.
25 Including nationals temporarily outside the country.
26 Including armed forces stationed outside the country.
27 All data shown pertaining to Germany prior to 3 October 1990 are indicated separately for the Federal Republic of Germany and the former German Democratic Republic based on their respective territories at the time indicated. See explanatory notes on data pertaining to Germany on page 4.

28 Rates computed on population excluding armed forces.

29 Births registered within one year of occurrence.
30 Rates computed on population including civilian nationals temporarily outside country.
31 Including residents outside the country if listed in a Netherlands population register.
32 Data tabulated by date of occurrence for England and Wales, and by date of registration for Northern Ireland and Scotland.
33 Beginning January 1992, data refer to the Federal Republic of Yugoslavia. Prior to that date, data refer to the Socialist Federal Republic of Yugoslavia.

34 Including United States military personnel, their dependants and contract employees.
35 Excluding United States military personnel, their dependants and contract employees.
36 Excluding births of unknown residence.
37 Excluding persons on the Central Register of Population (containing persons belonging to the Netherlands population but having no fixed municipality of residence).

NOTES (suite)

17 Non compris les données pour le territoire jordanien occupé depuis juin 1967 par les forces armées israéliennes. Non compris les étrangers, mais y compris les réfugiés de Palestine immatriculés. Pour le nombre de réfugiés, voir le tableau 5.
18 D'après les résultats d'une enquête démographique par sondage continue.
19 Evénement enregistrés par les Service de santé seulement.
20 D'après les résultats de la ''Population Growth Survey''.
21 Non compris les personnes de passage à bord de navires, ni les militaires et agents civils domiciliés hors du territoire et les membres de leur famille les accompagnant.
22 Non compris la population nomade et le réfugiés de Palestine; toutefois, les taux sont calculés sur la base de la population totale. Pour le nombre de réfugiés de Palestine, parmi lesquel les naissances s'établissent à 5 681 pour 1968, voir le tableau 5.
23 D'après les résultats d'une enquête démographique par sondage.
24 Non compris les îles Féroe et le Groenland.
25 Y compris les nationaux se trouvant temporairement hors du pays.
26 Y compris les militaires nationaux hors du pays.
27 Toutes les données se rapportant à l'Allemagne avant le 3 octobre 1990 figurent dans deux rubriques séparées basées sur les territoires respectifs de la République fédérale d'Allemagne et l'ancienne République démocratique allemande selon la période indiquée. Voir les notes explicatives sur les données concernant l'Allemagne à la page 4.
28 Taux calculés sur la base d'un chiffre de population qui ne comprend pas les militaires.
29 Naissances enregistrées dans l'année qui suit l'événement.
30 Taux calculés sur la base d'un chiffre de population qui comprend les civils nationaux temporairement hors du pays.
31 Y compris les résidents hors du pays, s'ils sont inscrits sur un registre de population néerlandais.
32 Données exploitées selon la date de l'événement pour l'Angleterre et le pays de Galles, et selon la date de l'enregistrement pour l'Irlande du Nord et l'Ecosse.
33 A partir de jauvier 1992, les données se rapportent à la République fédérative de Yougoslavie. Avant cette date, les données se rapportent à la République socialiste fédérative de Yougoslavie.
34 Y compris les militaires des Etats–Unis, les membres de leur famille les accompagnant et les agents contractuels des Etats–Unis.
35 Non compris les militaires des Etats–Unis, les membres de leur famille les accompagnant et les agents contractuels des Etats–Unis.
36 Non compris les naissances dont on ignore la résidence.
37 Non compris les personnes inscrites sur le Registre central de la population (personnes appartenant à la population néerlandaise mais sans résidence fixe dans l'une des municipalités).

16. Live births by age of mother, sex and urban/rural residence: 1983 – 1992

Naissances vivantes selon l'âge de la mère, le sexe et la résidence, urbaine/rurale: 1983 – 1992

(See notes at end of table. – Voir notes à la fin du tableau.)

Continent, country or area, year, sex and urban/rural residence / Continent, pays ou zone, année, sexe et résidence, urbaine/rurale	All ages Tous âges	–15	15–19	20–24	25–29	30–34	35–39	40–44	45–49	50+	Unknown Inconnu
AFRICA—AFRIQUE											
Cape Verde – Cap–Vert											
Total											
1983	11 438	*—	1 686 —*	3 720	2 796	1 558	837	426	*—	113 —*	302
1984	11 696	*—	1 679 —*	3 795	2 966	1 762	736	415	*—	106 —*	237
1985	11 282	*—	1 669 —*	3 812	2 772	1 753	663	377	*—	106 —*	130
Male – Masculin											
1983	5 898	*—	873 —*	1 904	1 429	799	441	239	*—	70 —*	143
1984	5 919	*—	865 —*	1 846	1 498	917	378	222	*—	57 —*	136
1985	5 705	*—	839 —*	1 890	1 423	892	341	197	*—	54 —*	69
Female – Féminin											
1983	5 540	*—	813 —*	1 816	1 367	759	396	187	*—	43 —*	159
1984	5 777	*—	814 —*	1 949	1 468	845	358	193	*—	49 —*	101
1985	5 577	*—	830 —*	1 922	1 349	861	322	180	*—	52 —*	61
Egypt – Egypte [1]											
Total											
1983	1 666 915	*—	43 585 —*	344 962	521 193	343 733	218 193	78 589	*—	29 263 —*	87 397
1984	1 797 206	*—	47 660 —*	375 908	553 333	380 465	232 798	82 212	*—	28 838 —*	95 992
1985	1 903 022	*—	48 651 —*	386 402	563 411	384 300	234 456	82 090	*—	32 186 —*	171 526
1986	1 907 975	*—	45 377 —*	387 365	554 482	386 118	229 419	80 532	*—	29 412 —*	195 270
1987	1 902 604	*—	42 706 —*	393 326	561 755	385 056	227 765	76 287	*—	26 971 —*	188 738
1988	1 912 765	*—	43 572 —*	402 735	578 943	403 382	242 378	77 681	*—	25 077 —*	138 997
1989	1 722 934	*—	39 357 —*	363 998	531 289	360 557	214 319	64 404	*—	19 597 —*	129 413
Male – Masculin											
1983	857 780	*—	22 516 —*	178 040	267 600	177 013	112 289	40 129	*—	15 060 —*	45 133
1984	933 225	*—	24 908 —*	195 921	287 232	197 575	120 420	42 279	*—	14 944 —*	49 946
1985	972 247	*—	25 336 —*	200 847	291 958	198 453	121 101	42 192	*—	16 465 —*	75 895
1986	969 171	*—	23 493 —*	201 298	286 719	199 337	118 254	41 546	*—	15 218 —*	83 306
1987	971 439	*—	22 172 —*	203 033	290 215	198 280	117 068	39 375	*—	14 052 —*	87 244
1988	981 843	*—	22 411 —*	207 103	297 373	207 287	124 088	39 536	*—	12 844 —*	71 201
1989	888 618	*—	20 354 —*	187 817	273 990	185 951	110 439	33 218	*—	10 053 —*	66 796
Female – Féminin											
1983	809 135	*—	21 069 —*	166 922	253 593	166 720	105 904	38 460	*—	14 203 —*	42 264
1984	863 981	*—	22 752 —*	179 987	266 101	182 890	112 378	39 933	*—	13 894 —*	46 046
1985	930 775	*—	23 315 —*	185 555	271 453	185 847	113 355	39 898	*—	15 721 —*	95 631
1986	938 804	*—	21 884 —*	186 067	267 763	186 781	111 165	38 986	*—	14 194 —*	111 964
1987	931 165	*—	20 534 —*	190 293	271 540	186 776	110 697	36 912	*—	12 919 —*	101 494
1988	930 922	*—	21 161 —*	195 632	281 570	196 095	118 290	38 145	*—	12 233 —*	67 796
1989	834 316	*—	19 003 —*	176 181	257 299	174 606	103 880	31 186	*—	9 544 —*	62 617
Mali [1][2]											
Total											
1987	375 117	1 356	57 010	91 355	91 909	61 980	40 705	16 212	5 042	844	8 704
Male – Masculin											
1987	192 293	717	28 893	47 050	46 898	31 924	20 840	8 259	2 618	427	4 667
Female – Féminin											
1987	182 824	639	28 117	44 305	45 011	30 056	19 865	7 953	2 424	417	4 037
Mauritius – Maurice											
Total											
1990	22 369	24	2 105	7 259	7 034	3 622	1 534	339	33	7	412
1991	22 182	29	2 200	7 034	6 956	3 707	1 511	364	23	2	356
Male – Masculin											
1990	11 356	15	1 102	3 659	3 642	1 763	758	186	18	5	208
1991	11 369	11	1 125	3 603	3 548	1 916	764	192	9	2	199
Female – Féminin											
1990	11 013	9	1 003	3 600	3 392	1 859	776	153	15	2	204
1991	10 813	18	1 075	3 431	3 408	1 791	747	172	14	–	157
Island of Mauritius – Ile Maurice											
Total											
1983	19 807	17	2 211	6 833	5 777	3 271	1 121	274	30	6	267
1984	19 119	29	1 939	6 769	5 575	3 081	1 144	279	24	2	277
1985	18 247	8	1 884	6 371	5 362	2 901	1 170	268	18	1	264
1986	18 199	22	1 897	6 324	5 369	2 844	1 187	253	23	4	276
1987	19 152	19	1 886	6 657	5 680	3 055	1 295	245	20	3	292
1988	19 978	21	1 945	6 822	6 010	3 186	1 397	275	15	4	303
1989	20 875	26	2 028	6 927	6 408	3 460	1 393	303	19	2	309
1990	21 566	21	1 977	7 047	6 859	3 522	1 480	312	23	7	318
1991	21 418	26	2 086	6 825	6 791	3 603	1 430	341	19	2	295

16. Live births by age of mother, sex and urban/rural residence: 1983 – 1992 (continued)

Naissances vivantes selon l'âge de la mère, le sexe et la résidence, urbaine/rurale: 1983 – 1992 (suite)

(See notes at end of table. – Voir notes à la fin du tableau.)

Continent, country or area, year, sex and urban/rural residence — Continent, pays ou zone, année, sexe et résidence, urbaine/rurale	All ages Tous âges	Age of mother (in years) – Age de la mère (en années)									
		−15	15–19	20–24	25–29	30–34	35–39	40–44	45–49	50+	Unknown Inconnu
AFRICA—AFRIQUE (Cont.–Suite)											
Mauritius – Maurice											
Island of Mauritius – Ile Maurice											
Male – Masculin											
1983	10 055	11	1 160	3 494	2 844	1 717	557	128	13	3	128
1984	9 818	17	984	3 484	2 883	1 575	577	144	8	1	145
1985	9 278	5	975	3 236	2 767	1 457	583	122	11	1	121
1986	9 413	12	1 022	3 279	2 744	1 441	619	138	11	3	144
1987	9 687	6	961	3 424	2 849	1 501	655	112	11	3	144
1988	10 179	10	977	3 527	3 041	1 599	717	144	11	3	165
1989	10 651	14	1 035	3 503	3 279	1 800	687	161	9	3	152
1990	10 935	13	1 028	3 551	3 553	1 719	731	171	13	1	158
1991	11 003	11	1 069	3 502	3 472	1 873	723	178	7	2	166
Female – Féminin											
1983	9 752	6	1 051	3 339	2 933	1 554	564	146	17	3	139
1984	9 301	12	955	3 285	2 692	1 506	567	135	16	1	132
1985	8 969	3	909	3 135	2 595	1 444	587	146	7	–	143
1986	8 786	10	875	3 045	2 625	1 403	568	115	12	1	132
1987	9 465	13	925	3 233	2 831	1 554	640	133	9	–	127
1988	9 799	11	968	3 295	2 969	1 587	680	131	6	1	151
1989	10 224	12	993	3 424	3 129	1 660	706	142	6	1	151
1990	10 631	8	949	3 496	3 306	1 803	749	141	11	2	166
1991	10 415	15	1 017	3 323	3 319	1 730	707	163	12	–	129
Rodrigues											
Total											
1983	1 125	2	134	297	214	144	104	43	12	–	175
1984	1 110	2	148	299	220	128	88	45	4	1	175
1985	856	–	114	231	176	82	59	31	4	3	156
1986	945	1	137	264	193	104	57	25	7	1	156
1987	882	1	137	264	178	96	64	35	2	–	105
1988	884	2	137	279	168	110	58	28	8	–	94
1989	867	5	145	218	195	116	68	26	2	–	92
1990	803	3	128	212	175	100	54	27	10	–	94
1991	764	3	114	209	165	104	81	23	4	–	61
Male – Masculin											
1984	558	–	74	149	119	59	52	23	3	–	79
1985	426	–	57	116	92	36	28	11	2	2	82
1986	487	1	68	135	106	52	27	16	1	1	80
1987	426	1	68	120	90	54	32	17	1	–	43
1988	453	1	69	135	97	47	27	20	4	–	53
1989	453	2	79	116	100	60	38	11	2	–	45
1990	421	2	74	108	89	44	27	15	6	–	56
1991	366	–	56	101	76	43	41	14	2	–	33
Female – Féminin											
1984	552	2	74	150	101	69	36	22	1	1	96
1985	430	–	57	115	84	46	31	20	2	1	74
1986	458	–	69	129	87	52	30	9	6	–	76
1987	456	–	69	144	88	42	32	18	1	–	62
1988	431	1	68	144	71	63	31	8	4	–	41
1989	414	3	66	102	95	56	30	15	–	–	47
1990	382	1	54	104	86	56	27	12	4	–	38
1991	398	3	58	108	89	61	40	9	2	–	28
Réunion [3] [4]											
Total											
1983	12 484	20	1 860	4 021	3 311	2 011	905	295	*——	43 ——*	18
1984	13 116	19	1 864	4 328	3 535	2 146	873	298	*——	29 ——*	24
1985	13 163	20	1 827	4 297	3 470	2 242	963	276	*——	33 ——*	35
1986	12 797	25	1 640	4 176	3 465	2 207	955	294	*——	26 ——*	9
1989	13 898	9	1 375	4 183	4 268	2 505	1 243	273	*——	21 ——*	21
Seychelles+											
Total											
1983	1 662	2	294	620	384	221	105	33	3	–	–
1984	1 739	6	263	667	469	178	116	35	5	–	–
1985	1 729	3	282	675	448	200	91	24	6	–	–
1986	1 722	7	285	585	486	225	101	31	2	–	–
1987	1 684	9	234	604	482	234	96	23	2	–	–
1990	1 617	1	219	547	473	255	103	19	–	–	–

16. Live births by age of mother, sex and urban/rural residence: 1983 – 1992 (continued)

Naissances vivantes selon l'âge de la mère, le sexe et la résidence, urbaine/rurale: 1983 – 1992 (suite)

(See notes at end of table. – Voir notes à la fin du tableau.)

Continent, country or area, year, sex and urban/rural residence / Continent, pays ou zone, année, sexe et résidence, urbaine/rurale	All ages Tous âges	–15	15–19	20–24	25–29	30–34	35–39	40–44	45–49	50+	Unknown Inconnu
AFRICA—AFRIQUE (Cont.–Suite)											
Seychelles+											
Male – Masculin											
1985	888	3	155	340	221	106	40	17	6	–	–
1986	874	4	138	311	250	107	50	13	1	–	–
1987	840	3	126	294	230	119	52	14	2	–	–
1990	834	1	115	281	250	128	48	11	–	–	–
Female – Féminin											
1985	841	–	127	335	227	94	51	7	–	–	–
1986	848	3	147	274	236	118	51	18	1	–	–
1987	844	6	108	310	252	115	44	9	–	–	–
1990	783	–	104	266	223	127	55	8	–	–	–
Tunisia – Tunisie [1]											
Total											
1985	227 188	462	10 478	52 802	61 613	44 975	19 910	7 044	1 702	734	27 468
1986	234 736	27	9 915	53 965	61 651	46 836	21 680	6 741	1 814	61	32 046
1987	224 169	461	8 047	49 270	57 530	44 796	21 448	6 518	1 442	587	34 070
1988	215 069	418	7 229	46 762	55 575	42 192	21 243	6 210	1 223	526	33 691
1989	199 459	–	6 265	43 626	55 734	41 071	21 612	5 714	1 136	–	24 301
Male – Masculin											
1985	117 113	238	5 328	27 281	31 859	23 212	10 153	3 634	888	377	14 143
1986	121 247	15	5 124	27 954	32 024	24 003	11 117	3 384	930	33	16 663
1987	115 452	244	4 122	25 287	29 594	23 159	10 856	3 392	708	278	17 812
1988	111 114	201	3 684	24 158	28 842	21 648	10 882	3 147	621	254	17 677
1989	103 501	–	3 235	22 949	28 898	21 167	11 122	2 926	567	–	12 637
Female – Féminin											
1985	110 075	224	5 150	25 521	29 754	21 763	9 757	3 410	814	357	13 325
1986	113 489	12	4 791	26 011	29 627	22 833	10 563	3 357	884	28	15 383
1987	108 717	217	3 925	23 983	27 936	21 637	10 592	3 126	734	309	16 258
1988	103 955	217	3 545	22 604	26 733	20 544	10 361	3 063	602	272	16 014
1989	95 958	–	3 030	20 677	26 836	19 904	10 490	2 788	569	–	11 664
AMERICA,NORTH— AMERIQUE DU NORD											
Antigua and Barbuda – Antigua–et–Barbuda+											
Total											
1983	1 174	17	312	344	290	160	44	3	2	–	2
1984	1 126	12	277	386	238	142	55	10	*—	1 —*	5
1985	1 190	10	279	373	294	158	65	9	*—	– —*	2
1986	1 130	8	237	366	296	155	58	7	*—	– —*	3
Bahamas											
Total											
1983	5 280	27	950	1 866	1 396	655	257	65	5	–	59
1984	5 177	58	821	1 706	1 362	691	257	58	5	1	218
1985	5 439	28	880	1 787	1 550	815	259	72	4	–	44
1986	4 664	6	780	1 447	1 324	738	270	57	5	–	37
1987	4 331	19	702	1 391	1 222	708	214	42	4	–	29
1988	4 943	23	814	1 418	1 431	857	310	64	7	–	19
1989	4 971	10	765	1 468	1 449	858	324	59	7	–	31
1990	5 007	13	750	1 398	1 442	973	336	65	5	–	25
1991	5 124	7	704	1 409	1 539	990	390	63	8	–	14
Male – Masculin											
1985	2 759	13	431	919	776	424	138	34	–	–	24
1986	2 302	3	394	744	618	362	140	24	3	–	14
1987	2 159	5	352	671	603	380	106	22	2	–	18
1988	2 516	9	423	713	724	455	156	24	4	–	8
1989	2 506	5	369	757	734	420	174	28	6	–	13
Female – Féminin											
1985	2 680	15	449	868	774	391	121	38	4	–	20
1986	2 362	3	386	703	706	376	130	33	2	–	23
1987	2 172	14	350	720	619	328	108	20	2	–	11
1988	2 427	14	391	705	707	402	154	40	3	–	11
1989	2 465	5	396	711	715	438	150	31	1	–	18

16. Live births by age of mother, sex and urban/rural residence: 1983 – 1992 (continued)

Naissances vivantes selon l'âge de la mère, le sexe et la résidence, urbaine/rurale: 1983 – 1992 (suite)

(See notes at end of table. – Voir notes à la fin du tableau.)

Continent, country or area, year, sex and urban/rural residence / Continent, pays ou zone, année, sexe et résidence, urbaine/rurale	All ages Tous âges	−15	15–19	20–24	25–29	30–34	35–39	40–44	45–49	50+	Unknown Inconnu
AMERICA, NORTH — (Cont.–Suite) AMERIQUE DU NORD											
Barbados – Barbade +											
Total											
1983	4 496	18	920	1 517	1 130	621	219	41	10	2	18
1984	4 214	12	822	1 413	1 124	581	192	49	1	–	20
1985	4 281	10	700	1 403	1 237	617	253	39	1	–	21
1986	4 043	17	603	1 247	1 163	690	260	50	7	–	6
1987	3 828	10	561	1 158	1 092	700	247	42	3	2	13
1988	3 745	9	520	1 103	1 116	713	248	*———	32	———*	4
Belize											
Total											
1983	6 040	15	1 203	1 960	1 251	725	323	117	*—	17 —*	429
1984	5 756	17	1 101	1 819	1 153	660	317	108	*—	15 —*	566
1985	5 916	18	1 146	1 928	1 331	703	366	109	*—	14 —*	301
1986	6 136	18	1 122	1 891	1 381	739	378	106	*—	17 —*	484
1987	6 121	10	1 119	1 918	1 379	791	369	128	*—	13 —*	394
1988	6 325	12	1 174	1 970	1 394	788	455	124	*—	13 —*	395
1989	6 810	19	1 267	2 167	1 552	895	402	133	*—	23 —*	352
Bermuda – Bermudes											
Total											
1983	913	–	90	240	293	215	64	9	1	–	1
1984	840	4	70	248	253	185	68	8	–	1	3
1985	914	–	69	232	316	199	73	6	*—	1 —*	18
1986	889	1	60	193	298	220	94	9	*—	– —*	14
1987	899	–	80	202	283	231	84	8	1	–	10
1988	935	–	85	188	304	240	93	10	1	–	14
1989	912	1	84	204	302	216	81	15	–	–	9
1990	895	–	78	172	274	267	86	14	–	–	4
Male – Masculin											
1983	467	–	40	120	145	118	36	7	–	–	1
1984	431	1	43	127	130	94	31	4	–	–	1
1985	462	–	35	115	147	112	37	5	*—	– —*	11
1986	472	1	27	104	158	116	54	4	*—	– —*	8
1987	440	–	37	106	138	108	40	4	–	–	7
1988	446	–	41	90	142	113	43	8	1	–	8
1989	489	1	43	116	170	106	39	8	–	–	6
1990	460	–	37	91	143	136	42	8	–	–	3
Female – Féminin											
1983	446	–	50	120	148	97	28	2	1	–	–
1984	409	3	27	121	123	91	37	4	–	1	2
1985	452	–	34	117	169	87	36	1	*—	1 —*	7
1986	417	–	33	89	140	104	40	5	*—	– —*	6
1987	459	–	43	96	145	123	44	4	1	–	3
1988	489	–	44	98	162	127	50	2	–	–	6
1989	423	–	41	88	132	110	42	7	–	–	3
1990	435	–	41	81	131	131	44	6	–	–	1
British Virgin Islands – Iles Vierges britanniques +											
Total											
1983	281	1	38	77	67	56	18 *———		3	———*	21
1984	225	1	26	53	72	43	*—	19 —*	*—	3 —*	8
1985	241	1	26	59	71	44	*—	16 —*	*—	8 —*	16
1986	213	1	31	41	51	51	*—	19 —*	*—	5 —*	14
1987	263	–	26	64	94	50	*—	22 —*	*—	1 —*	6
1988	237	–	30	62	74	48	*—	15 —*	*—	8 —*	–
Canada [5] [6]											
Total											
1983	364 760	222	25 382	107 214	139 667	71 518	18 299	2 111	100	–	247
1984	368 471	248	23 637	103 234	143 041	75 852	19 979	2 182	85	1	212
1985	367 227	225	22 090	98 272	143 836	79 121	21 048	2 317	82	1	235
1986	364 813	210	21 452	92 915	143 563	81 431	22 419	2 538	86	–	199
1987	361 973	235	20 981	86 583	142 713	84 578	23 699	2 865	100	2	217
1988	369 308	224	21 080	83 421	146 017	89 273	25 849	3 283	106	1	54
1989	384 899	214	22 483	83 081	150 735	96 524	28 140	3 567	96	1	58
1990	404 669	239	23 179	81 734	154 271	103 357	31 067	3 856	99	6 867	–

16. Live births by age of mother, sex and urban/rural residence: 1983 – 1992 (continued)

Naissances vivantes selon l'âge de la mère, le sexe et la résidence, urbaine/rurale: 1983 – 1992 (suite)

(See notes at end of table. – Voir notes à la fin du tableau.)

Continent, country or area, year, sex and urban/rural residence / Continent, pays ou zone, année, sexe et résidence, urbaine/rurale	All ages Tous âges	–15	15–19	20–24	25–29	30–34	35–39	40–44	45–49	50+	Unknown Inconnu
AMERICA,NORTH— (Cont.–Suite) AMERIQUE DU NORD											
Canada [5] [6]											
Male – Masculin											
1983	187 648	107	13 220	55 098	71 563	36 887	9 512	1 086	53	–	122
1986	186 893	123	11 076	47 503	73 542	41 587	11 607	1 313	42	–	100
1988	189 116	106	10 810	42 680	74 985	45 593	13 199	1 659	51	–	33
1989	197 182	112	11 595	42 519	77 218	49 422	14 379	1 851	52	–	34
Female – Féminin											
1983	177 112	115	12 162	52 116	68 104	34 631	8 787	1 025	47	–	125
1986	177 920	87	10 376	45 412	70 021	39 844	10 812	1 225	44	–	99
1988	180 192	118	10 270	40 741	71 032	43 680	12 650	1 624	55	1	21
1989	187 717	102	10 888	40 562	73 517	47 102	13 761	1 716	44	1	24
Cayman Islands – Iles Caïmanes											
Total											
1983	387	1	69	124	93	77	17	4	–	–	2
1986	360	2	60	112	114	47	20	5	–	–	–
1987	359	2	55	113	99	69	20	1	–	–	–
1988	380	1	68	110	104	67	24	5	1	–	–
1989	438	2	73	99	136	87	32	9	–	–	–
1990	490	1	100	135	129	80	41	4	–	–	–
Male – Masculin											
1983	204	–	39	69	51	36	8	–	–	–	1
1986	184	2	26	54	66	23	11	2	–	–	–
1987	192	1	34	56	59	34	8	–	–	–	–
1988	175	–	27	51	50	28	17	1	1	–	–
1989	219	–	37	43	81	43	12	3	–	–	–
1990	246	–	49	72	67	33	23	2	–	–	–
Female – Féminin											
1983	183	1	30	55	42	41	9	4	–	–	1
1986	176	–	34	58	48	24	9	3	–	–	–
1987	167	1	21	57	40	35	12	1	–	–	–
1988	205	1	41	59	54	39	7	4	–	–	–
1989	219	2	36	56	55	44	20	6	–	–	–
1990	244	1	51	63	62	47	18	2	–	–	–
Costa Rica											
Total											
1983	72 953	290	12 935	24 368	18 459	10 331	4 768	1 286	*—	155 —*	361
1984	75 993	279	12 969	25 210	19 335	11 042	5 048	1 392	*—	131 —*	587
1987	80 326	357	13 028	25 325	20 500	12 637	6 116	1 672	*—	133 —*	558
1988	81 376	302	13 049	25 415	21 169	12 992	6 204	1 600	*—	144 —*	501
1989	83 460	365	13 138	25 324	21 897	13 879	6 618	1 670	*—	139 —*	430
1990	81 939	360	12 578	24 151	21 853	13 959	6 674	1 791	*—	150 —*	423
Cuba [1]											
Total											
1983	165 284	1 390	51 482	58 592	30 652	15 642	5 532	1 020	147	108	719
1984	166 281	1 276	48 768	61 396	31 341	16 069	5 564	1 030	161	124	552
1985	182 067	1 495	51 664	68 333	35 135	16 986	6 283	1 174	191	108	698
1986	166 049	1 396	44 492	62 180	33 659	16 210	6 140	992	174	263	543
1987	179 477	1 372	44 775	67 562	39 777	17 530	6 411	1 026	310	241	473
1988	187 911	1 113	44 658	69 131	46 481	18 553	6 753	1 078	75	40	29
1990	186 658	1 092	40 245	64 674	52 894	20 081	6 458	1 094	59	30	31
Male – Masculin											
1983	85 433	705	26 697	30 309	15 811	8 043	2 873	497	78	63	357
1984	85 498	678	25 317	31 469	15 918	8 279	2 867	530	81	71	288
1985	93 510	718	25 905	36 571	17 535	8 586	3 136	583	89	54	333
1986	85 274	680	23 891	32 019	16 545	8 141	2 992	532	87	109	278
1987	93 023	724	23 170	34 970	20 616	9 072	3 408	521	159	140	243
1988	98 210	550	23 270	36 216	24 442	9 667	3 437	538	46	24	20
Female – Féminin											
1983	79 851	685	24 785	28 283	14 841	7 599	2 659	523	69	45	362
1984	80 783	598	23 451	29 927	15 423	7 790	2 697	500	80	53	264
1985	88 557	777	25 759	31 762	17 600	8 400	3 147	591	102	54	365
1986	80 775	716	20 601	30 161	17 114	8 069	3 148	460	87	154	265
1987	86 454	648	21 605	32 592	19 161	8 458	3 003	505	151	101	230
1988	89 701	563	21 388	32 915	22 039	8 886	3 316	540	29	16	9

16. Live births by age of mother, sex and urban/rural residence: 1983 – 1992 (continued)

Naissances vivantes selon l'âge de la mère, le sexe et la résidence, urbaine/rurale: 1983 – 1992 (suite)

(See notes at end of table. – Voir notes à la fin du tableau.)

Continent, country or area, year, sex and urban/rural residence Continent, pays ou zone, année, sexe et résidence, urbaine/rurale	All ages Tous âges	Age of mother (in years) – Age de la mère (en années)									Unknown Inconnu
		−15	15–19	20–24	25–29	30–34	35–39	40–44	45–49	50+	
AMERICA,NORTH— (Cont.–Suite) AMERIQUE DU NORD											
Dominica – Dominique+											
Total											
1985	1 703	11	394	527	377	193	84	21	3	–	93
1986	1 721	8	463	524	384	233	80	29	–	–	–
1987	1 621	17	401	524	380	198	80	18	3	–	–
1988	1 731	8	428	579	378	218	102	17	1	–	–
1989	1 657	9	417	541	331	253	92	12	2	–	–
Male – Masculin											
1985	875	3	218	266	195	98	37	13	2	–	43
1986	833	3	216	271	186	113	37	7	–	–	–
1987	802	6	203	263	184	100	36	8	2	–	–
1988	853	4	209	287	188	107	46	12	–	–	–
1989	848	8	227	274	164	127	43	5	–	–	–
Female – Féminin											
1985	828	8	176	261	182	95	47	8	1	–	50
1986	888	5	247	253	198	120	43	22	–	–	–
1987	819	11	198	261	196	98	44	10	1	–	–
1988	878	4	219	292	190	111	56	5	1	–	–
1989	809	1	190	267	167	126	49	7	2	–	–
El Salvador [1]											
Total											
1983	144 193	415	28 664	45 700	30 900	18 566	11 058	4 499	915	196	3 280
1984	142 202	395	27 537	45 359	30 355	18 092	10 743	4 434	864	136	4 287
1985	140 784	531	27 284	44 554	30 105	17 800	10 806	4 305	958	91	4 350
1986	145 126	548	28 069	46 323	31 037	17 984	10 944	4 112	1 044	72	4 993
1987	148 355	678	28 137	46 730	32 888	18 543	10 526	4 048	846	230	5 729
1988	149 299	714	29 042	47 607	32 598	18 098	10 646	4 037	957	243	5 357
1989	151 859	785	29 384	47 609	33 203	18 504	10 351	3 822	910	167	7 124
Male – Masculin											
1984	72 537	198	14 018	23 191	15 466	9 284	5 374	2 254	439	72	2 241
1985	71 630	273	13 823	22 833	15 234	9 018	5 534	2 212	458	42	2 203
1986	74 091	288	14 397	23 655	15 872	9 050	5 568	2 093	537	35	2 596
1987	75 157	346	14 290	23 906	16 387	9 426	5 326	1 998	410	93	2 975
1988	76 407	357	14 954	24 383	16 769	9 142	5 402	2 085	492	120	2 703
1989	77 691	425	15 024	24 502	17 003	9 335	5 329	1 913	482	82	3 596
Female – Féminin											
1984	69 665	197	13 519	22 168	14 889	8 808	5 369	2 180	425	64	2 046
1985	69 154	258	13 461	21 721	14 871	8 782	5 272	2 093	500	49	2 147
1986	71 035	260	13 672	22 668	15 165	8 934	5 376	2 019	507	37	2 397
1987	73 198	332	13 847	22 824	16 501	9 117	5 200	2 050	436	137	2 754
1988	72 892	357	14 088	23 224	15 829	8 956	5 244	1 952	465	123	2 654
1989	74 168	360	14 360	23 107	16 200	9 169	5 022	1 909	428	85	3 528
Greenland – Groenland											
Total											
1983	985	2	198	339	252	123	53	18	–	–	–
1984	1 054	1	195	354	289	147	53	14	1	–	–
1985	1 140	–	213	404	288	170	50	13	2	–	–
1986	1 070	2	206	360	272	156	59	14	1	–	–
1987	1 090	1	152	401	315	159	54	*	8	*	–
1989	1 210	3	143	444	364	182	64	8	2	–	–
1990	1 257	–	123	446	404	198	75	11	–	–	–
Male – Masculin											
1983	521	2	115	175	124	59	34	12	–	–	–
1984	552	1	100	180	153	82	27	8	1	–	–
1985	573	–	104	210	151	72	28	7	1	–	–
1986	553	–	110	180	143	84	29	7	–	–	–
1987	555	1	68	209	164	78	29	*	6	*	–
1989	606	1	70	224	186	88	35	1	1	–	–
Female – Féminin											
1983	464	–	83	164	128	64	19	6	–	–	–
1984	502	–	95	174	136	65	26	6	–	–	–
1985	567	–	109	194	137	98	22	6	1	–	–
1986	517	2	96	180	129	72	30	7	1	–	–
1987	535	–	84	192	151	81	25	*	2	*	–
1989	604	2	73	220	178	94	29	7	1	–	–

16. Live births by age of mother, sex and urban/rural residence: 1983 – 1992 (continued)

Naissances vivantes selon l'âge de la mère, le sexe et la résidence, urbaine/rurale: 1983 – 1992 (suite)

(See notes at end of table. – Voir notes à la fin du tableau.)

Continent, country or area, year, sex and urban/rural residence / Continent, pays ou zone, année, sexe et résidence, urbaine/rurale	All ages Tous âges	–15	15–19	20–24	25–29	30–34	35–39	40–44	45–49	50+	Unknown Inconnu
AMERICA, NORTH— (Cont.–Suite) AMERIQUE DU NORD											
Guadeloupe [3] [4]											
Total											
1984	6 671	6	710	2 013	1 966	1 253	560	153	7	1	2
1985	6 750	17	750	1 970	1 975	1 275	582	162	14	1	4
1986	6 374	–	3	202	868	930	549	267	90	41	3 424
Male – Masculin											
1984	3 391	1	361	1 029	1 007	640	276	73	3	–	1
1985	3 453	9	385	992	1 000	680	294	85	6	–	2
1986	3 241	–	–	108	450	471	276	137	39	26	1 734
Female – Féminin											
1984	3 280	5	349	984	959	613	284	80	4	1	1
1985	3 297	8	365	978	975	595	288	77	8	1	2
1986	3 133	–	3	94	418	459	273	130	51	15	1 690
Guatemala [1]											
Total											
1983	306 827	1 063	50 391	91 598	69 977	49 498	30 380	10 973	1 672	1 275	–
1984	312 094	1 299	49 101	91 617	70 811	50 899	31 398	11 564	2 109	3 296	–
1985	326 849	1 199	50 842	94 425	76 130	53 065	33 451	12 196	2 392	3 149	–
1986	319 321	1 171	49 671	92 250	74 377	51 843	32 681	11 915	2 337	3 076	–
1987	318 531	1 194	49 683	92 721	74 629	51 963	32 326	11 684	2 238	2 094	–
1988	341 382	1 252	53 103	98 623	79 515	55 425	34 939	12 738	2 499	3 288	–
Male – Masculin											
1983	156 827	547	25 851	46 986	35 692	25 101	15 468	5 643	830	709	–
1984	158 494	720	24 922	46 719	36 071	25 942	15 886	5 835	1 042	1 357	–
1985	167 444	629	26 134	48 829	38 945	26 940	17 099	6 172	1 213	1 483	–
1986	161 937	599	25 197	46 784	37 715	26 299	16 566	6 040	1 182	1 555	–
1987	162 701	625	25 441	47 692	38 171	26 297	16 493	5 845	1 121	1 016	–
1988	173 137	614	26 678	52 421	41 431	26 788	15 791	5 946	1 143	2 325	–
Female – Féminin											
1983	150 000	516	24 540	44 612	34 285	24 397	14 912	5 330	842	566	–
1984	153 600	579	24 179	44 898	34 740	24 957	15 512	5 729	1 067	1 939	–
1985	159 405	570	24 708	45 596	37 185	26 125	16 352	6 024	1 179	1 666	–
1986	157 384	572	24 474	45 466	36 662	25 544	16 115	5 875	1 155	1 521	–
1987	155 831	569	24 242	45 029	36 458	25 666	15 833	5 839	1 117	1 078	–
1988	168 245	638	26 425	46 202	38 084	28 637	19 148	6 792	1 356	963	–
Honduras											
Total											
1983+	*158 419*	*1 471*	*22 206*	*55 190*	*32 281*	*20 268*	*12 476*	*4 945*	**— 1 063 —**		*8 519*
Jamaica – Jamaïque+											
Total											
1983	61 436	396	15 936	20 445	12 744	7 011	3 425	1 041	132	6	300
1984	57 240	358	14 554	18 875	12 471	6 449	2 990	1 012	108	9	414
1987	52 476	343	12 672	17 412	11 794	6 157	2 800	804	93	6	395
Martinique [3] [4]											
Total											
1984	5 705	12	643	1 664	1 651	1 125	475	111	6	4	14
1985	5 699	6	565	1 671	1 743	1 120	467	101	11	3	12
1986	5 963	10	584	1 714	1 778	1 210	535	121	6	1	4
1987	6 328	6	592	1 672	1 964	1 315	631	132	10	1	5
1988	6 386	4	508	1 701	2 023	1 365	650	125	6	2	2
1989	6 565	5	602	1 752	2 092	1 327	664	118	3	–	2
1990	6 437	5	545	1 586	2 133	1 404	609	141	10	–	4
Male – Masculin											
1984	2 895	3	326	850	847	581	223	50	3	1	11
1986	3 004	3	278	874	887	640	259	59	2	–	2
1989	3 296	5	320	857	1 049	657	335	71	1	–	1
1990	3 289	–	287	798	1 066	742	324	64	6	–	2
Female – Féminin											
1984	2 810	9	317	814	804	544	252	61	3	3	3
1986	2 959	7	306	840	891	570	276	62	4	1	2
1989	3 269	–	282	895	1 043	670	329	47	2	–	1
1990	3 148	5	258	788	1 067	662	285	77	4	–	2

16. Live births by age of mother, sex and urban/rural residence: 1983 – 1992 (continued)

Naissances vivantes selon l'âge de la mère, le sexe et la résidence, urbaine/rurale: 1983 – 1992 (suite)

(See notes at end of table. – Voir notes à la fin du tableau.)

Continent, country or area, year, sex and urban/rural residence / Continent, pays ou zone, année, sexe et résidence, urbaine/rurale	All ages Tous âges	Age of mother (in years) – Age de la mère (en années)									Unknown Inconnu
		–15	15–19	20–24	25–29	30–34	35–39	40–44	45–49	50+	
AMERICA, NORTH— (Cont.–Suite)											
AMERIQUE DU NORD											
Mexico – Mexique+ [1]											
Total [7]											
1983	2 609 088	7 233	399 003	809 646	617 957	372 372	219 392	82 940	20 689	23 247	56 609
1984	2 511 894	6 180	366 018	788 690	609 139	359 088	204 691	75 424	18 123	22 778	61 763
1985	2 655 571	8 572	390 147	823 304	653 535	383 312	218 456	76 379	15 730	1 183	84 953
1986	2 577 045	10 210	400 109	805 160	633 418	366 213	202 354	67 282	13 440	919	77 940
1988	2 622 031	12 633	429 722	813 047	640 890	367 994	190 461	60 774	12 002	808	93 700
1989	2 620 262	12 681	435 066	810 465	642 958	368 052	187 332	58 583	11 500	725	92 900
1990	2 735 312	13 206	453 348	831 282	655 577	381 375	190 252	59 386	11 140	754	138 992
Male – Masculin											
1983	1 314 189	3 678	202 698	410 049	311 809	187 388	109 721	41 431	10 204	10 529	26 682
1984	1 265 030	3 150	185 837	399 574	307 689	180 231	102 469	37 899	9 134	10 247	28 800
1985	1 332 681	4 305	197 425	415 694	328 946	192 184	109 243	37 954	7 772	565	38 593
1986	1 302 667	5 132	203 644	409 393	320 947	184 896	101 573	33 708	6 680	471	36 223
1988	1 329 209	6 516	219 755	413 995	325 825	185 764	96 455	30 457	6 099	395	43 948
1989	1 325 265	6 308	221 888	413 117	326 411	186 055	94 077	29 349	5 738	371	41 951
1990	1 378 655	6 677	230 857	422 368	332 393	192 901	95 829	29 669	5 493	371	62 097
Female – Féminin											
1983	1 287 520	3 531	195 248	397 594	304 677	184 065	109 034	41 279	10 412	12 640	29 040
1984	1 241 420	3 017	179 486	387 683	300 264	178 199	101 814	37 362	8 952	12 455	32 188
1985	1 301 690	4 197	189 648	401 590	319 749	188 129	107 484	37 734	7 825	606	44 728
1986	1 268 992	5 052	195 686	394 180	311 245	180 546	100 331	33 418	6 723	443	41 368
1988	1 291 405	6 110	209 768	398 650	314 751	182 059	93 897	30 293	5 897	413	49 567
1989	1 294 997	6 373	213 178	397 348	316 547	181 997	93 255	29 234	5 762	354	50 949
1990	1 356 657	6 529	222 491	408 914	323 184	188 474	94 423	29 717	5 647	383	76 895
Montserrat+											
Total											
1983	266	2	76	83	57	26	15	–	–	–	7
1984	244	5	61	76	46	33	11	–	–	–	12
1985	237	4	64	67	50	31	11	2	1	–	7
1986	200	1	50	64	43	28	9	3	–	–	2
Nicaragua+											
Total											
1985	103 968	174	20 263	33 337	24 562	13 457	8 171	2 224	521	87	1 172
1986	109 410	244	20 512	35 717	26 163	14 510	8 732	2 418	505	100	509
1987	98 240	187	18 729	31 825	22 889	13 298	7 868	2 529	396	87	432
Male – Masculin											
1985	53 445	91	10 364	17 072	12 618	6 946	4 235	1 197	255	41	626
1986	56 344	122	10 581	18 332	13 453	7 496	4 530	1 267	261	44	258
1987	50 309	91	9 598	16 275	11 640	6 852	4 009	1 403	187	41	213
Female – Féminin											
1985	50 523	83	9 899	16 265	11 944	6 511	3 936	1 027	266	46	546
1986	53 066	122	9 931	17 385	12 710	7 014	4 202	1 151	244	56	251
1987	47 931	96	9 131	15 550	11 249	6 446	3 859	1 126	209	46	219
Panama [1]											
Total											
1983	55 222	366	11 038	18 102	13 063	7 126	3 399	1 077	165	26	860
1984	56 659	322	10 943	18 637	13 603	7 504	3 356	1 030	131	26	1 107
1985	58 038	354	11 216	19 076	14 085	7 522	3 525	1 076	165	32	987
1986	57 655	380	10 994	18 823	14 569	7 427	3 516	914	180	41	811
1987	57 647	380	11 121	18 680	14 358	7 632	3 410	953	137	21	955
1988	58 459	357	11 123	18 998	14 652	7 902	3 257	907	116	21	1 126
1989	59 069	405	11 514	18 864	14 908	7 919	3 399	1 009	129	27	895
1990	59 904	365	11 230	18 751	15 125	8 583	3 537	938	140	24	1 211
Male – Masculin											
1983	28 468	184	5 682	9 400	6 691	3 658	1 725	558	85	12	473
1984	28 964	157	5 607	9 616	6 932	3 802	1 705	541	64	11	529
1985	29 674	193	5 732	9 866	7 160	3 827	1 761	534	84	18	499
1986	29 724	201	5 666	9 775	7 448	3 805	1 816	491	85	21	416
1987	29 532	208	5 669	9 553	7 447	3 894	1 709	491	58	15	488
1988	30 253	172	5 785	9 797	7 647	4 086	1 665	457	61	11	572
1989	30 315	208	5 928	9 678	7 709	4 045	1 711	501	67	12	456
1990	30 493	184	5 780	9 582	7 637	4 401	1 741	480	65	14	609

16. Live births by age of mother, sex and urban/rural residence: 1983 – 1992 (continued)

Naissances vivantes selon l'âge de la mère, le sexe et la résidence, urbaine/rurale: 1983 – 1992 (suite)

(See notes at end of table. – Voir notes à la fin du tableau.)

Continent, country or area, year, sex and urban/rural residence / Continent, pays ou zone, année, sexe et résidence, urbaine/rurale	All ages Tous âges	Age of mother (in years) – Age de la mère (en années)									Unknown Inconnu
		–15	15–19	20–24	25–29	30–34	35–39	40–44	45–49	50+	
AMERICA, NORTH— (Cont.–Suite) **AMERIQUE DU NORD**											
Panama [1]											
Female – Féminin											
1983	26 754	182	5 356	8 702	6 372	3 468	1 674	519	80	14	387
1984	27 695	165	5 336	9 021	6 671	3 702	1 651	489	67	15	578
1985	28 364	161	5 484	9 210	6 925	3 695	1 764	542	81	14	488
1986	27 931	179	5 328	9 048	7 121	3 622	1 700	423	95	20	395
1987	28 115	172	5 452	9 127	6 911	3 738	1 701	462	79	6	467
1988	28 206	185	5 338	9 201	7 005	3 816	1 592	450	55	10	554
1989	28 754	197	5 586	9 186	7 199	3 874	1 688	508	62	15	439
1990	29 411	181	5 450	9 169	7 488	4 182	1 796	458	75	10	602
Puerto Rico – Porto Rico [1]											
Total [7]											
1983	65 742	239	11 367	22 417	18 004	9 248	3 626	748	61	3	29
1984	63 321	278	11 005	21 752	17 173	8 825	3 489	719	55	4	21
1985	63 629	254	10 724	21 645	17 550	9 032	3 591	753	47	2	31
1987	64 393	291	10 930	21 875	17 872	9 197	3 434	744	36	1	13
1988	64 081	271	10 756	21 597	18 168	9 186	3 320	725	43	1	14
1989	66 692	321	11 711	21 811	18 794	9 705	3 553	729	30	2	36
1990	66 555	350	12 155	21 340	18 455	9 749	3 663	788	*—	36 —*	19
1991	64 516	367	11 845	20 664	17 938	9 381	3 526	721	*—	34 —*	40
Male – Masculin											
1983	33 912	119	5 874	11 643	9 228	4 812	1 822	353	39	3	19
1984	32 511	146	5 752	11 107	8 756	4 538	1 809	364	27	2	10
1985	32 607	146	5 520	11 029	9 035	4 597	1 856	386	23	2	13
1987	32 890	140	5 688	11 179	9 039	4 708	1 736	377	15	1	7
1988	33 034	146	5 581	11 047	9 352	4 761	1 745	377	19	–	6
1989	34 074	163	6 027	11 122	9 604	5 002	1 761	361	13	–	21
1990	34 216	196	6 316	10 970	9 437	5 033	1 844	388	*—	21 —*	11
1991	33 198	192	6 017	10 758	9 296	4 772	1 757	366	*—	16 —*	24
Female – Féminin											
1983	31 830	120	5 493	10 774	8 776	4 436	1 804	395	22	–	10
1984	30 808	132	5 252	10 644	8 417	4 287	1 680	355	28	2	11
1985	31 020	108	5 204	10 615	8 515	4 435	1 734	367	24	–	18
1987	31 499	151	5 241	10 694	8 833	4 488	1 698	367	21	–	6
1988	31 039	125	5 175	10 549	8 812	4 423	1 574	348	24	1	8
1989	32 613	158	5 683	10 687	9 189	4 702	1 792	368	17	2	15
1990	32 336	154	5 839	10 370	9 016	4 715	1 819	400	*—	15 —*	8
1991	31 318	175	5 828	9 906	8 642	4 609	1 769	355	*—	18 —*	16
Saint Kitts and Nevis – **Saint–Kitts–et–Nevis +**											
Total											
1983	1 093	9	257	404	276	89	40	16	*—	1 —*	1
1984	1 115	5	286	382	268	112	48	13	*—	– —*	1
1985	1 026	7	210	338	287	120	48	16	*—	– —*	–
1986	1 007	4	231	307	272	127	45	17	*—	3 —*	1
1987	947	5	175	300	284	139	38	6	*—	– —*	–
1988	944	6	177	285	262	152	53	8	*—	1 —*	–
1989	989	3	198	272	273	159	62	7	*—	15 —*	–
Saint Lucia – Sainte–Lucie											
Total											
1983	4 069	26	1 046	1 348	845	481	238	63	12	–	10
1984	4 040	23	1 040	1 349	829	447	251	81	7	–	13
1985	4 223	11	1 072	1 439	919	482	216	67	*—	7 —*	10
1986	3 907	12	958	1 309	881	434	240	71	*—	2 —*	–
Male – Masculin											
1983	2 024	12	535	680	419	225	113	27	7	–	6
1984	1 993	15	519	679	381	224	122	44	5	–	4
1985	2 108	5	550	726	430	244	113	36	*—	1 —*	3
1986	1 953	10	482	630	458	208	128	35	*—	2 —*	–
Female – Féminin											
1983	2 045	14	511	668	426	256	125	36	5	–	4
1984	2 047	8	521	670	448	223	129	37	2	–	9
1985	2 115	6	522	713	489	238	103	31	*—	6 —*	7
1986	1 954	2	476	679	423	226	112	36	*—	– —*	–

16. Live births by age of mother, sex and urban/rural residence: 1983 – 1992 (continued)

Naissances vivantes selon l'âge de la mère, le sexe et la résidence, urbaine/rurale: 1983 – 1992 (suite)

(See notes at end of table. – Voir notes à la fin du tableau.)

Continent, country or area, year, sex and urban/rural residence / Continent, pays ou zone, année, sexe et résidence, urbaine/rurale	All ages Tous âges	-15	15–19	20–24	25–29	30–34	35–39	40–44	45–49	50+	Unknown Inconnu
AMERICA, NORTH— (Cont.–Suite) **AMERIQUE DU NORD**											
St. Vincent and the Grenadines – Saint–Vincent–et–Grenadines + [1]											
Total											
1983	3 295	13	969	1 100	652	365	145	38	*—	5 —*	8
1984	2 831	17	857	911	600	271	129	29	*—	4 —*	13
1986	2 708	25	649	975	621	272	107	32	4	–	23
1988	2 537	16	620	829	583	312	133	25	*—	2 —*	17
Male – Masculin											
1983	1 608	4	488	555	316	160	62	22	*—	– —*	1
1984	1 453	10	432	484	289	151	61	17	*—	2 —*	7
1986	1 403	16	319	537	308	147	51	13	1	–	11
1988	1 274	9	313	419	292	148	71	12	*—	2 —*	8
Female – Féminin											
1983	1 687	9	481	545	336	205	83	16	*—	5 —*	7
1984	1 378	7	425	427	311	120	68	12	*—	2 —*	6
1986	1 305	9	330	438	313	125	56	19	3	–	12
1988	1 263	7	307	410	291	164	62	13	*—	– —*	9
Trinidad and Tobago – Trinité–et–Tobago											
Total											
1983	33 208	79	5 410	10 878	8 612	4 430	2 096	414	32	2	1 255
1984	31 599	88	4 847	10 801	8 570	4 646	2 045	444	27	3	128
1985	33 719	90	4 778	11 092	9 211	5 265	2 345	503	43	6	386
1986	31 886	74	4 259	10 601	8 759	5 221	2 221	506	34	9	202
1987	29 167	82	3 734	9 252	8 416	4 978	2 011	507	34	3	150
1988	26 983	75	3 393	8 351	7 806	4 783	1 940	462	34	6	133
1989	25 072	70	3 424	7 465	7 192	4 399	1 972	425	28	1	96
Male – Masculin											
1983	16 982	44	2 798	5 582	4 384	2 262	1 045	202	14	1	650
1984	16 053	45	2 384	5 596	4 378	2 322	1 014	240	12	1	61
1985	17 147	42	2 441	5 694	4 663	2 669	1 165	234	25	5	209
1986	16 126	43	2 165	5 356	4 393	2 640	1 136	269	15	4	105
1987	14 777	36	1 902	4 696	4 346	2 465	1 012	242	17	–	61
1988	13 886	32	1 728	4 368	3 980	2 464	973	242	16	4	79
1989	12 754	30	1 713	3 834	3 610	2 254	1 030	222	14	1	46
Female – Féminin											
1983	16 226	35	2 612	5 296	4 228	2 168	1 051	212	18	1	605
1984	15 546	43	2 463	5 205	4 192	2 324	1 031	204	15	2	67
1985	16 572	48	2 337	5 398	4 548	2 596	1 180	269	18	1	177
1986	15 760	31	2 094	5 245	4 366	2 581	1 085	237	19	5	97
1987	14 390	46	1 832	4 556	4 070	2 513	999	265	17	3	89
1988	13 097	43	1 665	3 983	3 826	2 319	967	220	18	2	54
1989	12 318	40	1 711	3 631	3 582	2 145	942	203	14	–	50
United States – Etats–Unis [8]											
Total											
1983	3 638 933	9 752	489 286	1160274	1147720	624 516	180 353	25 882	*— 1	150 —*	–
1984	3 669 141	9 965	469 682	1141578	1165711	658 496	195 755	26 846	*— 1	108 —*	–
1985	3 760 561	10 220	467 485	1141320	1201350	696 354	214 336	28 334	*— 1	162 —*	–
1986	3 756 547	10 176	461 905	1102119	1199519	721 395	230 335	29 847	*— 1	251 —*	–
1987	3 809 394	10 311	462 312	1075856	1216080	760 695	247 984	34 781	*— 1	375 —*	–
1988	3 909 510	10 588	478 353	1067472	1239256	803 547	269 518	39 349	*— 1	427 —*	–
1989	4 040 958	11 486	506 503	1077598	1263098	842 395	293 878	44 401	*— 1	599 —*	–
Male – Masculin											
1983	1 865 553	5 026	251 149	594 066	588 625	320 850	92 033	13 221	*—	583 —*	–
1984	1 879 490	5 055	240 393	585 566	597 360	336 663	100 164	13 717	*—	572 —*	–
1985	1 927 983	5 294	239 673	584 834	615 921	357 502	109 803	14 363	*—	593 —*	–
1986	1 924 868	5 208	237 228	564 298	614 538	370 023	117 843	15 114	*—	616 —*	–
1987	1 951 153	5 289	237 126	551 121	622 800	389 452	126 890	17 759	*—	716 —*	–
1988	2 002 424	5 379	245 238	546 172	634 447	412 154	138 060	20 227	*—	747 —*	–
Female – Féminin											
1983	1 773 380	4 726	238 137	566 208	559 095	303 666	88 320	12 661	*—	567 —*	–
1984	1 789 651	4 910	229 289	556 012	568 351	321 833	95 591	13 129	*—	536 —*	–
1985	1 832 578	4 926	227 812	556 486	585 429	338 852	104 533	13 971	*—	569 —*	–
1986	1 831 679	4 968	224 677	537 821	584 981	351 372	112 492	14 733	*—	635 —*	–
1987	1 858 241	5 022	225 186	524 735	593 280	371 243	121 094	17 022	*—	659 —*	–
1988	1 907 086	5 209	233 115	521 300	604 809	391 393	131 458	19 122	*—	680 —*	–

16. Live births by age of mother, sex and urban/rural residence: 1983 – 1992 (continued)

Naissances vivantes selon l'âge de la mère, le sexe et la résidence, urbaine/rurale: 1983 – 1992 (suite)

(See notes at end of table. – Voir notes à la fin du tableau.)

Continent, country or area, year, sex and urban/rural residence — Continent, pays ou zone, année, sexe et résidence, urbaine/rurale	All ages Tous âges	Age of mother (in years) – Age de la mère (en années)									Unknown Inconnu
		−15	15–19	20–24	25–29	30–34	35–39	40–44	45–49	50+	
AMERICA, NORTH— (Cont.–Suite) **AMERIQUE DU NORD**											
United States Virgin Islands – Iles Vierges américaines											
Total											
1983	2 600	9	503	798	599	430	213	44	1	–	3
1984	2 452	13	454	775	567	420	186	32	1	–	4
1985	2 402	10	417	755	594	394	188	41	–	–	3
1986	2 288	3	375	710	592	368	186	47	*—	2 —*	5
1987	2 375	10	404	743	601	405	161	49	*—	2 —*	–
1988	2 315	8	406	710	569	403	168	47	*—	4 —*	–
1989	2 418	11	377	721	654	392	198	41	*—	8 —*	16
1990	2 401	12	362	666	680	444	176	45	*—	2 —*	14
Male – Masculin											
1983	1 268	4	250	384	295	219	99	15	–	–	2
1984	1 221	6	209	383	303	206	96	14	1	–	3
1985	1 240	3	231	385	301	195	99	24	–	–	2
1986	1 187	–	200	348	297	208	110	21	*—	2 —*	1
1987	1 204	3	209	369	297	219	76	30	*—	1 —*	–
Female – Féminin											
1983	1 332	5	253	414	304	211	114	29	1	–	1
1984	1 231	7	245	392	264	214	90	18	–	–	1
1985	1 162	7	186	370	293	199	89	17	–	–	1
1986	1 101	3	175	362	295	160	76	26	*—	– —*	4
1987	1 171	7	195	374	304	186	85	19	*—	1 —*	–
AMERICA, SOUTH— **AMERIQUE DU SUD**											
Argentina – Argentine											
Total											
1983	655 876	2 798	80 972	177 342	178 643	122 361	61 628	17 983	2 337	1 196	10 616
1984	635 323	3 063	81 520	174 896	172 275	117 147	58 993	16 643	1 863	651	8 272
1985	650 873	3 175	84 157	178 467	175 258	119 096	60 704	17 415	2 055	649	9 897
1986	675 388	3 215	88 286	185 685	181 622	123 405	63 764	18 346	2 054	617	8 394
1987	668 136	2 971	87 634	181 299	179 355	121 595	63 524	18 279	1 928	361	11 190
1988	680 605	3 142	90 646	181 977	183 873	124 914	65 622	18 765	2 000	394	9 272
1989	667 058	3 062	89 437	177 502	180 010	122 840	64 198	18 250	1 883	324	9 552
1990	678 644	3 033	93 371	178 715	181 315	125 590	65 561	18 849	1 952	374	9 884
Brazil – Brésil [9]											
Total											
1983	2 710 350	5 212	369 453	859 440	732 305	420 523	202 977	70 914	10 341	1 169	38 016
1984	2 559 038	5 192	349 591	824 723	693 071	392 968	184 884	63 807	9 017	974	34 811
1985	2 619 604	5 364	357 613	838 437	713 407	401 984	189 479	61 367	9 709	888	41 356
1986	2 779 253	6 037	392 889	885 607	746 564	420 112	204 538	66 670	10 598	1 026	45 212
1987	2 660 886	7 059	396 386	862 196	705 152	394 179	187 045	58 597	8 917	888	40 467
1988	2 809 657	7 976	422 333	904 511	741 339	415 360	192 934	62 231	9 581	943	52 449
1989	2 581 035	8 089	399 296	829 758	688 835	381 282	173 976	54 224	8 074	829	36 672
1990	2 419 927	8 340	379 873	762 126	648 882	359 935	162 296	50 137	7 044	764	40 530
Male – Masculin											
1983	1 384 686	2 672	189 388	439 315	374 646	214 707	103 192	35 651	5 276	557	19 282
1984	1 307 758	2 699	179 426	422 794	354 224	199 880	93 949	32 262	4 537	508	17 479
1985	1 339 059	2 779	183 549	429 769	364 416	205 043	96 658	31 067	4 849	432	20 497
1986	1 418 050	3 134	200 747	452 740	381 076	213 796	103 986	33 602	5 319	497	23 153
1987	1 358 475	3 637	203 214	440 791	360 267	200 433	95 291	29 423	4 434	435	20 550
1988	1 432 295	4 159	216 562	461 198	378 089	211 541	97 507	31 313	4 723	490	26 713
1989	1 317 159	4 232	204 621	424 364	351 818	193 397	88 374	27 267	3 959	430	18 697
1990	1 234 374	4 267	194 773	389 487	330 906	182 830	82 017	25 407	3 619	355	20 713
Female – Féminin											
1983	1 325 664	2 540	180 065	420 125	357 659	205 816	99 785	35 263	5 065	612	18 734
1984	1 251 280	2 493	170 165	401 929	338 847	193 088	90 935	31 545	4 480	466	17 332
1985	1 280 545	2 585	174 064	408 668	348 991	196 941	92 821	30 300	4 860	456	20 859
1986	1 361 203	2 903	192 142	432 867	365 488	206 316	100 552	33 068	5 279	529	22 059
1987	1 302 411	3 422	193 172	421 405	344 885	193 746	91 754	29 174	4 483	453	19 917
1988	1 377 362	3 817	205 771	443 313	363 250	203 819	95 427	30 918	4 858	453	25 736
1989	1 263 876	3 857	194 675	405 394	337 017	187 885	85 602	26 957	4 115	399	17 975
1990	1 185 553	4 073	185 100	372 639	317 976	177 105	80 279	24 730	3 425	409	19 817

16. Live births by age of mother, sex and urban/rural residence: 1983 – 1992 (continued)

Naissances vivantes selon l'âge de la mère, le sexe et la résidence, urbaine/rurale: 1983 – 1992 (suite)

(See notes at end of table. – Voir notes à la fin du tableau.)

Continent, country or area, year, sex and urban/rural residence / Continent, pays ou zone, année, sexe et résidence, urbaine/rurale	All ages Tous âges	\-15	15–19	20–24	25–29	30–34	35–39	40–44	45–49	50+	Unknown Inconnu
AMERICA,SOUTH— (Cont.–Suite) AMÉRIQUE DU SUD											
Chile – Chili [10]											
Total											
1983	243 712	707	36 077	81 213	65 236	37 506	17 532	4 929	441	71	–
1984	251 765	759	37 571	83 960	67 266	39 105	17 770	4 861	404	69	–
1985	248 879	660	34 946	80 735	69 180	39 828	18 251	4 826	359	94	–
1986	259 347	608	35 925	83 434	72 876	42 605	18 828	4 679	390	2	–
1987	265 774	597	35 633	84 674	75 416	45 037	19 282	4 742	383	10	–
1988	281 752	717	37 354	87 484	80 527	48 290	21 683	5 050	606	41	–
1989	288 608	739	39 095	86 990	82 919	50 875	22 476	5 170	315	29	–
1990	292 146	742	39 543	85 292	84 336	52 942	23 518	5 409	342	22	–
1991	284 483	706	38 324	79 406	81 907	53 425	24 604	5 692	381	38	–
Male – Masculin											
1983	124 024	353	18 346	41 368	33 214	19 095	8 837	2 571	202	38	–
1984	128 795	393	19 185	43 119	34 556	19 878	8 980	2 441	212	31	–
1985	126 860	320	17 885	41 234	35 187	20 282	9 315	2 422	171	44	–
1986	132 475	323	18 486	42 593	37 350	21 730	9 443	2 368	181	1	–
1987	136 226	289	18 338	43 379	38 769	22 963	9 902	2 388	192	6	–
1988	144 210	356	19 232	44 546	41 380	24 642	11 146	2 575	309	24	–
1989	147 900	390	20 133	44 694	42 668	25 849	11 396	2 596	159	15	–
1990	150 002	381	20 416	43 766	43 476	27 234	11 903	2 644	171	11	–
1991	145 650	387	19 829	40 931	41 876	27 162	12 434	2 830	179	22	–
Female – Féminin											
1983	119 688	354	17 731	39 845	32 022	18 411	8 695	2 358	239	33	–
1984	122 970	366	18 386	40 841	32 710	19 227	8 790	2 420	192	38	–
1985	122 019	340	17 061	39 501	33 993	19 546	8 936	2 404	188	50	–
1986	126 872	285	17 439	40 841	35 526	20 875	9 385	2 311	209	1	–
1987	129 548	308	17 295	41 295	36 647	22 074	9 380	2 354	191	4	–
1988	137 542	361	18 122	42 938	39 147	23 648	10 537	2 475	297	17	–
1989	140 708	349	18 962	42 296	40 251	25 026	11 080	2 574	156	14	–
1990	142 144	361	19 127	41 526	40 860	25 708	11 615	2 765	171	11	–
1991	138 833	319	18 495	38 475	40 031	26 263	12 170	2 862	202	16	–
Colombia – Colombie [11]											
Total											
1983	357 952	526	49 642	118 288	93 905	54 471	25 692	8 678	1 160	227	5 363
1984	369 575	4 427	50 924	122 958	97 487	57 055	26 544	8 989	1 159	32	–
1985	367 708	14 437	40 195	96 722	88 601	67 312	37 145	15 210	7 802	284	–
1986	331 201	17 956	57 158	106 412	81 713	47 979	14 233	4 061	1 348	119	222
Ecuador – Equateur [1] [12]											
Total											
1983	206 428	242	26 672	62 013	49 965	33 623	20 671	9 303	1 577	321	2 041
1984	206 243	276	26 531	62 994	50 077	33 695	20 163	8 919	1 444	365	1 779
1985	209 974	115	27 499	63 076	51 040	34 518	20 835	8 751	1 622	352	2 166
1987	204 475	322	27 563	61 291	50 216	33 641	19 686	8 182	1 380	291	1 903
1988	211 392	408	29 607	64 297	52 031	34 089	19 799	8 183	1 385	274	1 319
1989	200 099	412	28 464	60 294	50 133	32 281	18 616	7 529	1 362	283	725
Male – Masculin											
1987	103 864	152	14 038	31 146	25 406	17 137	10 040	4 145	691	154	955
1988	107 812	204	15 074	32 946	26 590	17 262	10 107	4 162	685	133	649
1989	102 141	213	14 504	30 983	25 632	16 283	9 513	3 867	684	121	341
Female – Féminin											
1987	100 611	170	13 525	30 145	24 810	16 504	9 646	4 037	689	137	948
1988	103 580	204	14 533	31 351	25 441	16 827	9 692	4 021	700	141	670
1989	97 958	199	13 960	29 311	24 501	15 998	9 103	3 662	678	162	384
French Guiana – Guyane Française [3] [4]											
Total											
1984	2 313	19	337	653	611	419	196	36	7	1	34
1985	2 472	20	325	696	692	452	196	48	3	2	38
Male – Masculin											
1984	1 161	8	174	327	323	203	91	17	4	–	14
1985	1 227	13	155	331	344	226	104	26	2	1	25
Female – Féminin											
1984	1 152	11	163	326	288	216	105	19	3	1	20
1985	1 245	7	170	365	348	226	92	22	1	1	13

16. Live births by age of mother, sex and urban/rural residence: 1983 – 1992 (continued)

Naissances vivantes selon l'âge de la mère, le sexe et la résidence, urbaine/rurale: 1983 – 1992 (suite)

(See notes at end of table. – Voir notes à la fin du tableau.)

Continent, country or area, year, sex and urban/rural residence / Continent, pays ou zone, année, sexe et résidence, urbaine/rurale	All ages Tous âges	−15	15–19	20–24	25–29	30–34	35–39	40–44	45–49	50+	Unknown Inconnu
AMERICA, SOUTH— (Cont.–Suite)											
AMERIQUE DU SUD											
Paraguay [1]											
Total											
1983	32 660	28	3 693	9 199	7 966	5 324	3 233	1 308	*—	402 ——*	1 507
1984	40 484	43	4 460	11 309	10 133	6 816	3 780	1 601	*—	429 ——*	1 913
1985	39 969	40	4 376	10 889	9 908	6 729	4 095	1 582	*—	429 ——*	1 921
1986	36 891	30	4 252	10 278	9 160	6 147	3 964	1 420	*—	352 ——*	1 288
1987	37 693	47	4 493	10 324	9 182	6 398	3 765	1 550	*—	379 ——*	1 555
Male – Masculin											
1984	20 771	18	2 259	5 805	5 202	3 528	1 907	810	*—	239 ——*	1 003
1985	20 601	18	2 296	5 640	5 070	3 438	2 141	775	*—	218 ——*	1 005
1986	18 864	21	2 199	5 339	4 679	3 082	2 012	701	*—	164 ——*	667
1987	19 221	25	2 273	5 304	4 723	3 213	1 881	800	*—	185 ——*	817
Female – Féminin											
1984	19 713	25	2 201	5 504	4 931	3 288	1 873	791	*—	190 ——*	910
1985	19 368	22	2 080	5 249	4 838	3 291	1 954	807	*—	211 ——*	916
1986	18 027	9	2 053	4 939	4 481	3 065	1 952	719	*—	188 ——*	621
1987	18 472	22	2 220	5 020	4 459	3 185	1 884	750	*—	194 ——*	738
Peru – Pérou+ [9]											
Total											
1983	391 300	594	51 507	118 381	98 486	63 173	38 744	13 511	2 395	234	4 275
1984	394 292	501	51 130	115 859	97 514	65 217	41 117	15 335	2 773	296	4 550
Male – Masculin											
1983	199 591	284	26 277	60 371	50 458	32 152	19 624	6 878	1 211	138	2 198
1984	201 120	263	26 084	59 197	49 850	33 103	20 883	7 806	1 447	158	2 329
Female – Féminin											
1983	191 709	310	25 230	58 010	48 028	31 021	19 120	6 633	1 184	96	2 077
1984	193 172	238	25 046	56 662	47 664	32 114	20 234	7 529	1 326	138	2 221
Uruguay +											
Total [7]											
1983	53 405	151	7 095	15 291	14 800	9 227	4 773	1 390	*—	128 ——*	550
1984	53 348	158	6 636	15 080	15 088	9 550	5 040	1 420	*—	102 ——*	274
1985	53 766	146	6 442	14 984	15 126	9 874	5 180	1 536	*—	138 ——*	340
1986	54 080	124	6 704	14 576	15 523	9 998	5 388	1 434	*—	128 ——*	205
1987	53 368	174	7 134	14 126	15 020	10 054	5 004	1 450	*—	92 ——*	314
1988	55 798	151	7 734	14 565	15 595	10 566	5 215	1 397	*—	99 ——*	476
Male – Masculin											
1983	27 537	72	3 713	7 901	7 667	4 686	2 398	720	*—	70 ——*	310
1984	27 526	102	3 496	7 820	7 690	4 996	2 522	690	*—	56 ——*	154
1985	27 612	82	3 404	7 746	7 764	4 982	2 596	780	*—	64 ——*	194
1986	27 743	41	3 187	7 360	8 290	5 134	2 735	786	*—	81 ——*	129
1987	27 348	80	3 532	7 256	7 754	5 142	2 554	802	*—	48 ——*	180
1988	28 403	77	3 945	7 369	7 951	5 390	2 654	715	*—	42 ——*	260
Female – Féminin											
1983	25 859	79	3 382	7 383	7 133	4 539	2 375	670	*—	58 ——*	240
1984	25 820	56	3 138	7 260	7 398	4 554	2 518	730	*—	46 ——*	120
1985	26 146	64	3 036	7 236	7 362	4 888	2 584	756	*—	74 ——*	146
1986	26 283	83	3 517	7 208	7 229	4 862	2 613	648	*—	47 ——*	76
1987	26 016	94	3 602	6 868	7 266	4 910	2 450	648	*—	44 ——*	134
1988	27 393	74	3 789	7 196	7 642	5 176	2 561	682	*—	57 ——*	216
Venezuela [9]											
Total											
1983	514 381	4 288	79 023	160 819	130 857	83 761	38 919	13 567	2 658	489	—
1984	503 973	4 673	77 042	156 049	126 967	84 414	39 283	12 571	2 428	546	—
1985	502 329	4 158	75 411	152 301	128 193	85 161	41 462	13 007	2 247	389	—
1986	504 278	5 003	88 442	153 247	125 399	81 265	38 268	10 795	1 571	288	—
1987	516 773	3 532	91 440	155 598	128 957	83 198	39 302	10 852	1 599	437	1 858
1988	522 392	4 809	92 253	157 611	129 385	82 853	39 667	10 852	1 544	576	2 842
1989	529 015	3 459	92 469	159 574	133 176	83 712	41 697	11 221	1 587	306	1 814
1990	577 976	4 113	101 015	171 938	144 785	92 261	46 620	13 085	1 821	435	1 903
1991	602 024	4 305	104 429	179 489	150 049	97 116	48 269	13 400	1 808	460	2 699

16. Live births by age of mother, sex and urban/rural residence: 1983 – 1992 (continued)

Naissances vivantes selon l'âge de la mère, le sexe et la résidence, urbaine/rurale: 1983 – 1992 (suite)

(See notes at end of table. – Voir notes à la fin du tableau.)

Continent, country or area, year, sex and urban/rural residence / Continent, pays ou zone, année, sexe et résidence, urbaine/rurale	All ages Tous âges	Age of mother (in years) – Age de la mère (en années)									Unknown Inconnu
		−15	15–19	20–24	25–29	30–34	35–39	40–44	45–49	50+	
AMERICA,SOUTH— (Cont.–Suite) AMERIQUE DU SUD											
Venezuela [9]											
Male – Masculin											
1983	262 528	2 189	40 304	82 273	67 230	42 364	19 777	6 835	1 311	245	–
1984	257 539	2 388	39 543	79 789	64 890	43 147	19 892	6 373	1 243	274	–
1985	256 707	2 115	38 499	77 942	65 986	43 278	20 925	6 645	1 133	184	–
1986	257 911	2 553	45 398	78 687	64 172	41 261	19 497	5 450	782	129	–
1987	264 000	1 770	46 816	79 454	66 144	42 259	20 023	5 499	808	241	986
1988	266 572	2 390	47 162	80 236	66 425	42 344	20 166	5 437	799	270	1 343
1989	269 585	1 740	47 228	81 239	68 023	42 691	21 189	5 655	777	148	895
1990	296 145	2 007	51 941	88 267	74 034	47 373	23 691	6 692	932	228	980
1991	314 687	2 235	54 812	94 094	78 261	50 498	25 239	6 954	955	233	1 406
Female – Féminin											
1983	251 853	2 099	38 719	78 546	63 627	41 397	19 142	6 732	1 347	244	–
1984	246 434	2 285	37 499	76 260	62 077	41 267	19 391	6 198	1 185	272	–
1985	245 622	2 043	36 912	74 359	62 207	41 883	20 537	6 362	1 114	205	–
1986	246 367	2 450	43 044	74 560	61 227	40 004	18 789	5 345	789	159	–
1987	252 773	1 762	44 624	76 144	62 813	40 939	19 279	5 353	791	196	872
1988	255 820	2 419	45 091	77 375	62 960	40 509	19 501	5 415	745	306	1 499
1989	259 140	1 719	45 241	78 335	65 153	41 021	20 508	5 566	810	158	919
1990	281 831	2 106	49 074	83 671	70 751	44 888	22 929	6 393	889	207	923
1991	287 337	2 070	49 617	85 395	71 788	46 618	23 030	6 446	853	227	1 293
ASIA—ASIE											
Armenia – Arménie											
Total											
1989 [1] [13]	75 250	*—— 8	530 ——*	31 348	22 429	9 923	2 645	343	21	11	–
Azerbaijan – Azerbaïdjan											
Total											
1989 [1] [13]	181 631	*—— 9	172 ——*	68 793	66 229	28 346	7 628	1 338	114	11	–
Bahrain – Bahreïn											
Total											
1983	11 431	5	755	3 413	3 619	2 009	987	457	177	–	9
1984	11 519	5	642	3 399	3 513	2 395	950	450	151	14	–
1985	12 314	9	659	3 243	4 111	2 507	1 118	411	184	72	–
1986	12 893	14	563	3 292	4 283	2 775	1 224	489	183	58	12
1987	12 699	15	532	3 177	4 279	2 771	1 292	404	159	45	25
1988	12 555	5	475	3 058	4 109	2 988	1 291	435	130	47	17
1989	13 611	10	460	3 224	4 557	3 317	1 464	425	102	38	14
1990	13 370	9	411	2 978	4 427	3 346	1 565	430	128	57	19
Male – Masculin											
1987	6 427	11	272	1 604	2 141	1 433	664	187	84	21	10
1988	6 087	3	234	1 458	1 963	1 453	640	239	66	22	9
1989	6 544	6	220	1 557	2 177	1 610	701	199	46	21	7
1990	6 844	4	208	1 542	2 251	1 731	793	213	62	29	11
Female – Féminin											
1987	6 272	4	260	1 573	2 138	1 338	628	217	75	24	15
1988	6 468	2	241	1 600	2 146	1 535	651	196	64	25	8
1989	7 067	4	240	1 667	2 380	1 707	763	226	56	17	7
1990	6 526	5	203	1 436	2 176	1 615	772	217	66	28	8
Bangladesh [1]											
Total											
1984	3 383 025	*—— 455	755 ——*	1077154	884 694	541 711	311 194	84 793	*— 27	724 ——*	–
1985	3 442 130	*—— 411	859 ——*	1127079	955 214	538 857	295 255	90 773	*— 23	093 ——*	–
1986	3 488 996	*—— 391	422 ——*	1197642	970 312	535 014	284 443	85 674	*— 24	489 ——*	–
1987	3 414 202	*—— 421	446 ——*	1125566	990 844	511 798	290 136	57 203	*— 17	209 ——*	–
1988	3 476 511	*—— 395	266 ——*	1165202	1022374	497 207	283 243	83 955	*— 29	264 ——*	–
Male – Masculin											
1984	1 740 390	*—— 232	855 ——*	551 280	457 605	279 279	161 104	44 154	*— 14	113 ——*	–
1985	1 769 516	*—— 213	028 ——*	587 040	478 942	281 713	148 840	45 134	*— 14	819 ——*	–
1986	1 794 131	*—— 203	567 ——*	614 897	499 688	271 818	146 708	44 503	*— 12	950 ——*	–
1987	1 763 642	*—— 219	017 ——*	580 902	512 800	262 516	148 946	29 657	*— 9	804 ——*	–
1988	1 797 113	*—— 206	584 ——*	601 279	529 136	253 838	146 908	43 815	*— 15	553 ——*	–

16. Live births by age of mother, sex and urban/rural residence: 1983 – 1992 (continued)

Naissances vivantes selon l'âge de la mère, le sexe et la résidence, urbaine/rurale: 1983 – 1992 (suite)

(See notes at end of table. – Voir notes à la fin du tableau.)

Continent, country or area, year, sex and urban/rural residence / Continent, pays ou zone, année, sexe et résidence, urbaine/rurale	All ages Tous âges	–15	15–19	20–24	25–29	30–34	35–39	40–44	45–49	50+	Unknown Inconnu
ASIA—ASIE (Cont.–Suite)											
Bangladesh [1]											
Female – Féminin											
1984	1 642 635	*—— 222	900 ——*	525 874	427 089	262 432	150 090	40 639	*—— 13	611 ——*	–
1985	1 672 614	*—— 198	831 ——*	540 039	476 272	257 144	146 415	45 639	*—— 8	274 ——*	–
1986	1 694 865	*—— 187	855 ——*	582 745	470 624	263 196	137 735	41 171	*—— 11	539 ——*	–
1987	1 650 560	*—— 202	429 ——*	544 664	478 044	249 282	141 190	27 546	*—— 7	405 ——*	–
1988	1 679 398	*—— 188	682 ——*	563 923	493 238	243 369	136 335	40 140	*—— 13	711 ——*	–
Brunei Darussalam – Brunéi Darussalam+ [1]											
Total											
1983	5 983	5	447	1 736	1 940	1 167	502	157	22	1	6
1984	6 330	6	395	1 724	2 181	1 292	533	169	17	–	13
1985	6 682	7	444	1 779	2 288	1 429	574	125	23	1	12
1986	6 920	4	456	1 826	2 299	1 509	640	153	20	–	13
1987	7 088	14	503	1 659	2 391	1 597	716	181	17	5	5
1988	6 881	7	410	1 693	2 291	1 577	703	166	17	1	16
1989	6 926	6	426	1 622	2 174	1 708	770	183	21	3	13
Male – Masculin											
1983	3 103	2	240	868	1 028	602	266	83	10	1	3
1984	3 205	3	202	866	1 097	647	271	99	10	–	10
1985	3 411	6	229	905	1 163	739	287	65	9	–	8
1986	3 564	4	230	943	1 190	754	338	87	8	–	10
1987	3 729	5	257	870	1 253	867	367	100	8	2	–
1988	3 622	2	245	926	1 193	804	346	86	10	–	10
1989	3 556	5	224	836	1 107	886	397	83	10	1	7
Female – Féminin											
1983	2 880	3	207	868	912	565	236	74	12	–	3
1984	3 125	3	193	858	1 084	645	262	70	7	–	3
1985	3 271	1	215	874	1 125	690	287	60	14	1	4
1986	3 356	–	226	883	1 109	755	302	66	12	–	3
1987	3 359	9	246	789	1 138	730	349	81	9	3	5
1988	3 259	5	165	767	1 098	773	357	80	7	1	6
1989	3 370	1	202	786	1 067	822	373	100	11	2	6
Cyprus – Chypre [1] [14]											
Total											
1983	13 400	–	1 048	4 959	4 286	2 156	741	96	3	2	109
1984	13 528	–	1 009	4 949	4 428	2 185	749	92	3	–	113
1985	12 992	–	880	4 485	4 386	2 232	802	94	4	–	109
1986	10 691	–	708	3 682	3 601	1 846	665	97	5	1	86
1987	10 337	–	701	3 491	3 579	1 809	577	96	3	–	81
1988	10 752	–	732	3 530	3 770	1 849	687	104	11	1	68
1989	10 372	–	677	3 248	3 645	1 962	673	114	4	1	48
1990	10 830	–	722	3 309	3 795	2 075	722	133	2	3	69
1991	10 752	–	655	3 261	3 770	2 161	742	132	5	1	25
Male – Masculin											
1983	6 897	–	540	2 533	2 239	1 101	386	39	3	–	56
1984	7 039	–	523	2 583	2 291	1 160	361	53	–	–	68
1985	6 822	–	452	2 368	2 273	1 175	445	51	–	–	58
1986	5 540	–	361	1 901	1 906	963	320	49	–	1	39
1987	5 306	–	360	1 787	1 858	908	303	49	2	–	39
1988	5 546	–	371	1 839	1 938	945	347	59	9	1	37
1989	5 446	–	368	1 661	1 952	1 009	375	58	3	–	20
1990	5 553	–	385	1 665	1 930	1 089	384	66	1	1	32
1991	5 630	–	315	1 669	1 986	1 171	399	65	3	1	21
Female – Féminin											
1983	6 503	–	508	2 426	2 047	1 055	355	57	–	2	53
1984	6 489	–	486	2 366	2 137	1 025	388	39	3	–	45
1985	6 170	–	428	2 117	2 113	1 057	357	43	4	–	51
1986	5 151	–	347	1 781	1 695	883	345	48	5	–	47
1987	5 031	–	341	1 704	1 721	901	274	47	1	–	42
1988	5 206	–	361	1 691	1 832	904	340	45	2	–	31
1989	4 926	–	309	1 587	1 693	953	298	56	1	1	28
1990	5 277	–	337	1 644	1 865	986	338	67	1	2	37
1991	5 122	–	340	1 592	1 784	990	343	67	2	–	4
Georgia – Géorgie											
Total											
1989 [1] [13]	91 138	*—— 11	760 ——*	35 297	26 504	12 404	4 295	812	64	2	–

16. Live births by age of mother, sex and urban/rural residence: 1983 – 1992 (continued)

Naissances vivantes selon l'âge de la mère, le sexe et la résidence, urbaine/rurale: 1983 – 1992 (suite)

(See notes at end of table. – Voir notes à la fin du tableau.)

Continent, country or area, year, sex and urban/rural residence / Continent, pays ou zone, année, sexe et résidence, urbaine/rurale	All ages Tous âges	−15	15–19	20–24	25–29	30–34	35–39	40–44	45–49	50+	Unknown Inconnu
ASIA—ASIE (Cont.–Suite)											
Hong Kong – Hong–kong [15]											
Total [7]											
1983	83 293	10	2 429	21 868	36 039	18 044	4 234	531	69	–	69
1984	77 297	17	1 982	18 201	34 270	17 743	4 517	513	31	1	22
1985	76 126	14	1 863	16 342	34 246	18 223	4 883	492	46	2	15
1986	71 620	9	1 503	13 327	32 433	18 674	5 173	450	29	8	14
1987	69 958	14	1 292	11 254	31 243	20 082	5 491	535	25	–	22
1988	75 412	13	1 314	10 652	33 068	23 307	6 255	693	27	2	81
1989	69 621	20	1 234	9 277	29 210	22 466	6 403	777	23	5	206
1990	67 731	13	1 188	8 489	28 168	22 335	6 432	777	27	3	299
Male – Masculin											
1983	42 835	5	1 307	11 250	18 482	9 255	2 184	278	35	–	39
1984	39 940	10	1 018	9 364	17 719	9 220	2 324	255	19	1	10
1985	39 292	9	943	8 455	17 734	9 410	2 477	236	22	1	5
1986	36 916	5	790	6 933	16 698	9 635	2 598	228	15	5	9
1987	35 977	8	630	5 806	16 034	10 449	2 780	245	12	–	13
1988	39 041	4	687	5 469	17 128	12 126	3 200	361	15	1	50
1989	35 736	12	657	4 897	14 858	11 536	3 312	420	13	3	28
1990	35 001	4	609	4 402	14 670	11 542	3 323	401	11	2	37
Female – Féminin											
1983	40 456	5	1 122	10 618	17 556	8 788	2 050	253	34	–	30
1984	37 352	7	964	8 837	16 547	8 522	2 193	258	12	–	12
1985	36 826	5	919	7 885	16 509	8 812	2 405	256	24	1	10
1986	34 702	4	713	6 394	15 733	9 039	2 575	222	14	3	5
1987	33 977	6	662	5 448	15 207	9 631	2 711	290	13	–	9
1988	36 362	9	627	5 182	15 937	11 176	3 055	332	12	1	31
1989	33 729	8	577	4 379	14 346	10 930	3 091	357	10	2	29
1990	32 513	9	579	4 087	13 496	10 789	3 109	376	16	1	51
Israel – Israël [1][16]											
Total											
1983	98 724	*——	5 047 ——*	28 222	32 250	22 368	9 039	1 414	*——	115 ——*	269
1984	98 478	*——	4 919 ——*	27 604	31 784	22 712	9 411	1 484	*——	113 ——*	451
1985	99 376	*——	4 587 ——*	26 706	32 396	23 272	10 126	1 584	*——	123 ——*	582
1986	99 341	*——	4 049 ——*	26 035	32 392	23 443	10 792	1 752	*——	137 ——*	741
1987	99 022	18	4 072	25 724	32 393	23 164	11 203	1 986	99	26	337
1988	100 454	14	4 213	26 099	32 844	23 449	11 588	2 071	108	14	54
1989	100 757	8	4 190	25 900	32 800	23 367	12 075	2 244	100	20	53
1990	103 349	16	4 213	26 081	33 515	24 446	12 481	2 332	124	12	129
1991	105 725	16	4 561	26 645	33 992	24 684	12 624	2 822	172	34	175
Male – Masculin											
1983	50 838	*——	2 605 ——*	14 656	16 612	11 470	4 593	710	*——	60 ——*	132
1984	50 914	*——	2 515 ——*	14 281	16 378	11 804	4 834	792	*——	65 ——*	245
1985	50 911	*——	2 363 ——*	13 669	16 735	11 871	5 123	766	*——	71 ——*	313
1987	50 559	8	2 015	13 046	16 725	11 867	5 649	1 020	53	10	166
1988	51 603	7	2 175	13 305	16 911	12 028	6 034	1 061	46	8	28
1989	51 638	5	2 111	13 187	16 768	12 029	6 283	1 161	52	13	29
1990	53 013	8	2 171	13 336	17 129	12 520	6 524	1 181	66	3	75
1991	54 141	10	2 354	13 718	17 406	12 607	6 407	1 449	80	21	89
Female – Féminin											
1983	47 886	*——	2 442 ——*	13 566	15 638	10 898	4 446	704	*——	55 ——*	137
1984	47 564	*——	2 404 ——*	13 323	15 406	10 908	4 577	692	*——	48 ——*	206
1985	48 465	*——	2 224 ——*	13 037	15 661	11 401	5 003	818	*——	52 ——*	269
1987	48 463	10	2 057	12 678	15 668	11 297	5 554	966	46	16	171
1988	48 851	7	2 038	12 794	15 933	11 421	5 554	1 010	62	6	26
1989	49 119	3	2 079	12 713	16 032	11 338	5 792	1 083	48	7	24
1990	50 336	8	2 042	12 745	16 386	11 926	5 957	1 151	58	9	54
1991	51 584	6	2 207	12 927	16 586	12 077	6 217	1 373	92	13	86
Japan – Japon [1][17]											
Total											
1983	1 508 687	*——	18 261 ——*	274 911	727 006	402 440	77 704	8 109	246	1	9
1984	1 489 780	*——	19 198 ——*	264 205	715 754	393 182	88 558	8 605	239	1	38
1985	1 431 577	*——	17 877 ——*	247 341	682 885	381 466	93 501	8 224	244	1	38
1986	1 382 946	*——	17 707 ——*	237 159	652 221	371 306	96 731	7 527	260	–	35
1987	1 346 658	*——	17 558 ——*	225 098	634 440	364 838	95 776	8 682	229	1	36
1988	1 314 006	*——	17 334 ——*	214 393	611 998	364 186	94 967	10 820	279	2	27
1989	1 246 802	*——	17 198 ——*	202 369	566 095	356 728	92 240	11 881	256	–	35
1990	1 221 585	*——	17 496 ——*	191 859	550 994	356 026	92 377	12 587	224	–	22
1991	1 223 245	22	18 421	201 601	541 036	357 653	91 612	12 619	252	–	29

16. Live births by age of mother, sex and urban/rural residence: 1983 – 1992 (continued)

Naissances vivantes selon l'âge de la mère, le sexe et la résidence, urbaine/rurale: 1983 – 1992 (suite)

(See notes at end of table. – Voir notes à la fin du tableau.)

Continent, country or area, year, sex and urban/rural residence — Continent, pays ou zone, année, sexe et résidence, urbaine/rurale	All ages Tous âges	\-15	15–19	20–24	25–29	30–34	35–39	40–44	45–49	50+	Unknown Inconnu
ASIA—ASIE (Cont.–Suite)											
Japan – Japon [1][17]											
Male – Masculin											
1983	775 206	*——	9 438 ——*	140 930	373 401	207 231	39 862	4 204	134	–	6
1984	764 597	*——	9 840 ——*	135 391	367 508	201 611	45 700	4 403	122	1	21
1985	735 284	*——	9 193 ——*	127 198	350 883	195 380	48 256	4 226	133	–	15
1986	711 301	*——	9 352 ——*	122 133	335 275	190 784	49 721	3 876	143	–	17
1987	692 304	*——	9 074 ——*	116 081	325 898	187 293	49 372	4 441	119	1	25
1988	674 883	*——	8 874 ——*	110 189	314 797	186 692	48 634	5 517	167	–	13
1989	640 506	*——	8 842 ——*	104 385	290 332	183 471	47 265	6 076	117	–	18
1990	626 971	*——	8 928 ——*	98 658	282 544	182 619	47 610	6 467	131	–	14
1991	628 615	11	9 422	103 948	278 217	183 322	47 113	6 423	143	–	16
Female – Féminin											
1983	733 481	*——	8 823 ——*	133 981	353 605	195 209	37 842	3 905	112	1	3
1984	725 183	*——	9 358 ——*	128 814	348 246	191 571	42 858	4 202	117	–	17
1985	696 293	*——	8 684 ——*	120 143	332 002	186 086	45 245	3 998	111	1	23
1986	671 645	*——	8 355 ——*	115 026	316 946	180 522	47 010	3 651	117	–	18
1987	654 354	*——	8 484 ——*	109 017	308 542	177 545	46 404	4 241	110	–	11
1988	639 123	*——	8 460 ——*	104 204	297 201	177 494	46 333	5 303	112	2	14
1989	606 296	*——	8 356 ——*	97 984	275 763	173 257	44 975	5 805	139	–	17
1990	594 614	*——	8 568 ——*	93 201	268 450	173 407	44 767	6 120	93	–	8
1991	594 630	11	8 999	97 653	262 819	174 331	44 499	6 196	109	–	13
Kazakhstan											
Total [1][13]											
1989	382 269	*——	33 215 ——*	140 063	116 724	62 089	24 336	4 908	362	572	–
Korea, Republic of [18] – Corée, République de											
Total											
1983	763 058	–	26 095	309 458	334 532	71 827	15 784	4 169	744	183	266
1984	665 670	–	23 396	270 002	300 641	56 453	11 328	2 718	530	29	573
1985	652 064	–	20 949	244 164	314 455	58 687	10 347	2 249	500	61	652
1986	631 021	–	18 397	212 046	325 993	62 400	9 576	1 932	457	47	173
1987	617 576	–	14 771	195 648	330 558	65 385	9 018	1 627	299	126	144
1988	625 468	–	12 005	183 817	343 460	74 664	9 474	1 502	265	125	156
1989	629 469	–	9 026	179 073	345 407	83 643	10 461	1 448	183	117	111
Male – Masculin											
1983	395 610	–	13 559	159 416	173 055	38 196	8 517	2 202	418	102	145
1984	346 776	–	12 276	139 727	156 283	30 223	6 195	1 464	298	14	296
1985	341 024	–	10 757	126 122	164 391	32 061	5 824	1 206	269	33	361
1986	333 343	–	9 677	110 507	171 770	34 595	5 409	1 036	241	22	86
1987	322 165	–	7 786	100 595	172 380	35 278	4 907	923	151	70	75
1988	332 650	–	6 242	95 806	182 576	41 469	5 401	833	170	72	81
1989	332 785	–	4 690	92 480	182 207	46 273	6 091	819	101	73	51
Female – Féminin											
1983	367 448	–	12 536	150 042	161 477	33 631	7 267	1 967	326	81	121
1984	318 894	–	11 120	130 275	144 358	26 230	5 133	1 254	232	15	277
1985	311 040	–	10 192	118 042	150 064	26 626	4 523	1 043	231	28	291
1986	297 678	–	8 720	101 539	154 223	27 805	4 167	896	216	25	87
1987	295 411	–	6 985	95 053	158 178	30 107	4 111	704	148	56	69
1988	292 818	–	5 763	88 011	160 884	33 195	4 073	669	95	53	75
1989	296 684	–	4 336	86 593	163 200	37 370	4 370	629	82	44	60
Kuwait – Koweït											
Total											
1983	55 617	–	3 842	14 521	17 033	10 698	6 374	1 373	*——	338 ——*	1 438
1984	56 776	–	3 821	14 800	17 022	11 741	6 566	1 501	*——	323 ——*	1 002
1985	55 087	–	3 571	13 724	16 421	11 353	6 763	1 672	*——	329 ——*	1 254
1986	53 845	–	3 319	13 108	16 056	11 728	6 565	1 748	*——	335 ——*	986
1987	52 412	–	2 988	12 180	14 988	10 895	6 325	1 631	*——	331 ——*	3 074
Male – Masculin											
1983	28 296	–	1 947	7 414	8 702	5 494	3 168	710	*——	183 ——*	678
1984	28 827	–	1 971	7 527	8 588	5 992	3 297	784	*——	161 ——*	507
1985	27 948	–	1 821	6 992	8 307	5 743	3 394	865	*——	174 ——*	652
1986	27 322	–	1 743	6 632	8 118	5 973	3 308	897	*——	176 ——*	475
1987	26 560	–	1 524	6 166	7 626	5 499	3 228	821	*——	179 ——*	1 517
Female – Féminin											
1983	27 321	–	1 895	7 107	8 331	5 204	3 206	663	*——	155 ——*	760
1984	27 949	–	1 850	7 273	8 434	5 749	3 269	717	*——	162 ——*	495
1985	27 139	–	1 750	6 732	8 114	5 610	3 369	807	*——	155 ——*	602
1986	26 523	–	1 576	6 476	7 938	5 755	3 257	851	*——	159 ——*	511
1987	25 852	–	1 464	6 014	7 362	5 396	3 097	810	*——	152 ——*	1 557

16. Live births by age of mother, sex and urban/rural residence: 1983 – 1992 (continued)

Naissances vivantes selon l'âge de la mère, le sexe et la résidence, urbaine/rurale: 1983 – 1992 (suite)

(See notes at end of table. – Voir notes à la fin du tableau.)

Continent, country or area, year, sex and urban/rural residence Continent, pays ou zone, année, sexe et résidence, urbaine/rurale	All ages Tous âges	Age of mother (in years) – Age de la mère (en années)									Unknown Inconnu
		−15	15–19	20–24	25–29	30–34	35–39	40–44	45–49	50+	
ASIA—ASIE (Cont.–Suite)											
Kyrgyzstan – Kirghizistan											
Total											
1989 [1] [13]	131 508	*—	9 065 —*		48 844	40 493	21 781	8 765	1 870	236	454	–
Macau – Macao [19]											
Total											
1983	6 168	1	138	1 701	3 027	1 053	218	27	*—	1 —*	2
1984	6 666	1	121	1 802	3 125	1 317	271	23	*—	2 —*	4
1985	7 560	–	113	1 849	3 566	1 659	335	30	*—	3 —*	5
1986	7 477	–	106	1 730	3 322	1 917	367	35	–	–	–
1987	7 565	–	112	1 413	3 382	2 175	437	42	3	1	–
1988	7 913	–	80	1 265	3 468	2 545	518	36	1	–	–
1989	7 568	–	107	1 087	3 292	2 368	638	63	1	–	12
1990	6 872	–	111	1 031	2 928	2 145	597	50	1	1	8
1991	6 832	1	118	1 166	2 911	2 010	564	53	4	–	5
1992*	6 676	–	101	1 179	2 653	1 967	719	54	3	–	–
Male – Masculin											
1983	3 095	–	78	825	1 539	519	116	18	*—	– —*	–
1984	3 439	1	61	915	1 613	680	152	14	*—	1 —*	2
1985	3 852	–	57	927	1 829	853	166	13	*—	3 —*	4
1986	3 840	–	53	875	1 729	983	189	11	–	–	–
1987	3 844	–	61	686	1 708	1 146	221	22	–	–	–
1988	4 003	–	39	659	1 737	1 285	268	14	1	–	–
1989	3 900	–	66	573	1 661	1 237	325	30	–	–	8
1990	3 606	–	61	534	1 546	1 115	320	27	–	–	3
1991	3 502	–	66	573	1 508	1 035	284	31	3	–	2
1992*	3 437	–	52	596	1 383	1 028	349	28	1	–	–
Female – Féminin											
1983	3 073	1	60	876	1 488	534	102	9	*—	1 —*	2
1984	3 227	–	60	887	1 512	637	119	9	*—	1 —*	2
1985	3 708	–	56	922	1 737	806	169	17	*—	– —*	1
1986	3 637	–	53	855	1 593	934	178	24	–	–	–
1987	3 721	–	51	727	1 674	1 029	216	20	3	1	–
1988	3 910	–	41	606	1 731	1 260	250	22	–	–	–
1989	3 668	–	41	514	1 631	1 131	313	33	1	–	4
1990	3 266	–	50	497	1 382	1 030	277	23	1	1	5
1991	3 330	1	52	593	1 403	975	280	22	1	–	3
1992*	3 239	–	49	583	1 270	939	370	26	2	–	–
Malaysia – Malaisie Peninsular Malaysia [1] [3] – Malaisie Péninsulaire											
Total											
1983	368 438	141	19 192	102 087	121 400	77 871	35 035	10 835	1 182	68	627
1984	388 442	159	18 013	104 638	129 367	84 540	38 810	11 244	1 122	69	480
1985	406 806	130	17 645	103 288	137 206	91 110	43 925	11 443	1 216	75	768
1986	402 433	164	16 313	99 078	134 843	91 444	46 002	12 372	1 185	85	947
1987	391 815	137	14 522	91 483	133 244	90 821	46 239	13 161	1 148	84	976
1988	407 801	94	13 660	92 070	139 799	98 094	48 776	13 344	1 063	49	852
1989	374 290	135	13 672	83 793	124 941	89 220	47 042	13 936	1 157	61	333
1990	395 321	133	13 433	84 810	133 376	97 630	49 577	14 730	1 145	68	419
Male – Masculin											
1983	189 783	79	9 871	52 844	62 649	39 971	17 827	5 552	604	40	346
1984	200 174	76	9 270	53 897	66 748	43 764	19 852	5 728	549	37	253
1985	208 422	72	9 016	53 082	70 417	46 712	22 252	5 813	627	35	396
1986	207 373	68	8 438	51 209	69 295	47 205	23 651	6 368	610	47	482
1987	201 521	68	7 520	47 059	68 582	46 658	23 718	6 763	577	45	531
1988	210 078	51	7 004	47 424	72 086	50 587	25 008	6 914	529	22	453
1989	193 065	68	7 036	43 169	64 479	46 142	24 214	7 153	609	26	169
1990	204 137	58	7 031	43 786	68 834	50 430	25 655	7 512	593	26	212
Female – Féminin											
1983	178 655	62	9 321	49 243	58 751	37 900	17 208	5 283	578	28	281
1984	188 268	83	8 743	50 741	62 619	40 776	18 958	5 516	573	32	227
1985	198 384	58	8 629	50 206	66 789	44 398	21 673	5 630	589	40	372
1986	195 060	96	7 875	47 869	65 548	44 239	22 351	6 004	575	38	465
1987	190 294	69	7 002	44 424	64 662	44 163	22 521	6 398	571	39	445
1988	197 723	43	6 656	44 646	67 713	47 507	23 768	6 430	534	27	399
1989	181 225	67	6 636	40 624	60 462	43 078	22 828	6 783	548	35	164
1990	191 184	75	6 402	41 024	64 542	47 200	23 922	7 218	552	42	207

16. Live births by age of mother, sex and urban/rural residence: 1983 – 1992 (continued)

Naissances vivantes selon l'âge de la mère, le sexe et la résidence, urbaine/rurale: 1983 – 1992 (suite)

(See notes at end of table. – Voir notes à la fin du tableau.)

Continent, country or area, year, sex and urban/rural residence Continent, pays ou zone, année, sexe et résidence, urbaine/rurale	All ages Tous âges	Age of mother (in years) – Age de la mère (en années)									Unknown Inconnu
		–15	15–19	20–24	25–29	30–34	35–39	40–44	45–49	50+	
ASIA—ASIE (Cont.–Suite)											
Malaysia – Malaisie											
Sarawak [1]											
Total											
1983	38 531	84	4 456	11 647	11 110	6 357	2 786	858	*—	169 ——*	1 064
1984	39 754	98	4 483	11 879	11 482	6 864	2 955	846	136	29	982
1985	42 226	99	4 515	12 358	12 426	7 650	3 160	881	163	34	940
1986	41 702	105	4 563	12 059	12 256	7 716	3 231	933	138	33	668
Male – Masculin											
1985	21 796	51	2 357	6 405	6 320	3 971	1 678	443	90	18	463
1986	22 161	54	2 445	6 502	6 445	4 060	1 714	488	74	17	362
Female – Féminin											
1985	20 430	48	2 158	5 953	6 106	3 679	1 482	438	73	16	477
1986	19 541	51	2 118	5 557	5 811	3 656	1 517	445	64	16	306
Mongolia – Mongolie [1]											
Total											
1985	69 300	–	3 600	22 500	23 400	11 000	5 500	2 500	700	100	–
1986	71 400	–	3 300	23 700	24 400	12 000	5 100	2 200	600	100	–
1987	71 100	–	3 700	23 400	24 800	11 900	4 900	1 800	500	100	–
1988	75 500	–	3 800	24 700	26 100	13 200	5 300	1 800	500	100	–
1989	73 200	–	4 000	24 600	24 500	12 800	5 100	1 600	500	100	–
Pakistan [1] [20]											
Total											
1984	3 044 237	60	222 172	752 889	887 912	571 857	395 304	152 912	48 383	12 748	–
1985	3 167 156	–	207 692	799 504	884 788	609 124	425 655	162 884	66 766	10 743	–
1986	3 255 647	–	190 460	811 807	947 544	622 500	409 118	188 977	76 470	8 771	–
1987	3 340 319	–	222 720	854 640	970 058	641 820	408 785	181 137	56 732	4 427	–
1988	3 194 926	–	240 926	839 997	903 709	589 933	389 442	169 949	60 970	–	–
Male – Masculin											
1984	1 572 544	60	119 623	392 263	452 619	296 368	198 778	80 382	25 426	7 025	–
1985	1 626 217	–	105 834	409 776	462 221	303 785	225 535	80 677	34 913	3 476	–
1986	1 675 250	–	110 199	436 136	471 337	311 521	204 401	96 526	41 671	3 459	–
1987	1 702 823	–	113 479	423 313	504 925	322 108	205 662	99 791	30 077	3 468	–
1988	1 666 581	–	125 341	429 222	483 391	300 849	202 163	91 571	34 044	–	–
Female – Féminin											
1984	1 471 693	–	102 549	360 626	435 293	275 489	196 526	72 530	22 957	5 723	–
1985	1 540 939	–	101 858	389 728	422 567	305 339	200 120	82 207	31 853	7 267	–
1986	1 580 397	–	80 261	375 671	476 207	310 979	204 717	92 451	34 799	5 312	–
1987	1 637 496	–	109 241	431 327	465 133	319 712	203 123	81 346	26 655	959	–
1988	1 528 345	–	115 585	410 775	420 318	289 084	187 279	78 378	26 926	–	–
Philippines											
Total											
1983	1 506 356	413	125 815	454 277	433 035	274 842	143 616	56 340	8 076	2 624	7 318
1984	1 478 205	542	123 768	439 530	426 958	274 960	143 159	54 344	8 342	2 910	3 692
1985	1 437 154	415	123 795	419 283	419 376	257 199	142 628	47 512	8 339	2 110	16 507
1986	1 493 995	432	127 715	441 066	432 710	272 088	147 430	47 382	8 223	1 977	14 972
1987	1 582 469	524	134 899	461 652	456 675	293 091	161 241	50 769	8 741	1 747	13 130
1988	1 565 372	430	128 357	452 037	455 680	293 063	162 900	52 423	8 358	1 238	10 886
1989	1 565 254	307	119 130	449 473	460 591	296 298	166 389	53 396	8 457	1 130	10 083
Male – Masculin											
1983	731 350	141	56 491	216 104	213 428	136 884	71 439	28 087	3 930	796	4 050
1984	772 007	308	64 617	229 518	222 956	143 593	74 807	28 410	4 323	1 544	1 931
Female – Féminin											
1983	680 199	129	53 021	200 877	197 759	126 946	66 821	26 399	3 897	763	3 587
1984	706 198	234	59 151	210 012	204 002	131 367	68 352	25 934	4 019	1 366	1 761
Qatar											
Total											
1985	9 225	7	564	2 473	2 800	1 740	769	162	26	8	676
1986	9 942	2	634	2 749	3 297	2 011	999	177	30	8	35
1987	9 919	3	584	2 782	3 338	2 000	982	154	20	12	44
1988	10 842	10	722	2 943	3 468	2 372	1 011	247	36	2	31
1989	10 908	9	744	2 927	3 368	2 374	1 132	258	59	3	34
1990	11 022	3	670	2 888	3 410	2 352	1 263	309	78	14	35
Male – Masculin											
1986	5 060	2	325	1 421	1 644	1 012	526	96	15	5	14
1987	5 182	2	334	1 437	1 751	1 042	497	81	9	8	21
1988	5 572	3	385	1 499	1 782	1 210	520	135	18	2	18
1989	5 565	5	380	1 475	1 710	1 225	596	128	30	2	14
1990	5 630	1	328	1 496	1 718	1 215	640	163	47	3	19

16. Live births by age of mother, sex and urban/rural residence: 1983 – 1992 (continued)

Naissances vivantes selon l'âge de la mère, le sexe et la résidence, urbaine/rurale: 1983 – 1992 (suite)

(See notes at end of table. – Voir notes à la fin du tableau.)

Continent, country or area, year, sex and urban/rural residence / Continent, pays ou zone, année, sexe et résidence, urbaine/rurale	All ages Tous âges	Age of mother (in years) – Age de la mère (en années)									Unknown Inconnu
		–15	15–19	20–24	25–29	30–34	35–39	40–44	45–49	50+	
ASIA—ASIE (Cont.–Suite)											
Qatar											
Female – Féminin											
1986	4 882	–	309	1 328	1 653	999	473	81	15	3	21
1987	4 737	1	250	1 345	1 587	958	485	73	11	4	23
1988	5 270	7	337	1 444	1 686	1 162	491	112	18	–	13
1989	5 343	4	364	1 452	1 658	1 149	536	130	29	1	20
1990	5 392	2	342	1 392	1 692	1 137	623	146	31	11	16
Singapore – Singapour [21]											
Total [7]											
1983	40 585	13	1 300	10 064	17 170	9 292	2 441	271	10	2	22
1984	41 556	3	1 227	9 522	17 522	9 993	2 931	338	14	2	4
1985	42 484	8	1 106	9 291	17 833	10 714	3 214	299	12	–	7
1986	38 379	10	946	8 074	15 967	9 821	3 216	315	13	–	17
1987	43 616	10	862	7 778	18 057	12 608	3 845	443	12	–	1
1988	52 957	12	807	8 202	21 291	16 700	5 322	614	2	–	7
1989	47 669	17	798	7 164	18 668	15 136	5 177	695	10	–	4
1990	51 142	16	928	7 046	19 959	16 678	5 744	767	4	–	–
1991	49 114	7	921	6 352	18 953	16 420	5 703	736	22	–	–
1992*	49 675	7	837	6 279	18 895	16 841	5 995	808	13	–	–
Male – Masculin											
1983	21 049	7	651	5 227	8 923	4 844	1 244	139	5	1	8
1984	21 661	2	610	4 945	9 096	5 264	1 548	185	8	2	1
1985	22 027	2	559	4 804	9 228	5 605	1 656	160	7	–	6
1986	19 929	9	476	4 149	8 352	5 074	1 690	166	4	–	9
1987	22 570	3	459	4 052	9 290	6 538	1 979	240	8	–	1
1988	27 332	2	438	4 237	10 989	8 521	2 808	333	1	–	3
1989	24 712	10	433	3 654	9 748	7 851	2 657	353	5	–	1
1990	26 500	6	474	3 680	10 285	8 660	2 975	418	2	–	–
1991	25 314	4	479	3 297	9 691	8 498	2 950	381	14	–	–
1992*	25 626	3	427	3 233	9 740	8 701	3 093	422	7	–	–
Female – Féminin											
1983	19 533	6	649	4 835	8 247	4 447	1 197	132	5	1	14
1984	19 894	1	617	4 576	8 426	4 729	1 383	153	6	–	3
1985	20 452	6	547	4 487	8 602	5 108	1 557	139	5	–	1
1986	18 447	1	470	3 925	7 613	4 747	1 525	149	9	–	8
1987	21 046	7	403	3 726	8 767	6 070	1 866	203	4	–	–
1988	25 624	10	369	3 964	10 302	8 179	2 514	281	1	–	4
1989	22 951	7	365	3 509	8 918	7 283	2 519	342	5	–	3
1990	24 641	10	454	3 366	9 674	8 017	2 769	349	2	–	–
1991	23 798	3	442	3 055	9 261	7 922	2 753	354	8	–	–
1992*	24 048	4	410	3 045	9 155	8 140	2 902	386	6	–	–
Sri Lanka+ [1]											
Total											
1983	405 122	116	30 606	130 822	118 869	80 403	34 962	8 253	1 071	19	1
1984	391 064	97	29 457	126 000	114 104	77 585	34 716	8 197	874	34	–
1985	389 599	78	29 676	122 525	117 453	74 434	36 387	8 009	1 010	26	1
1986	361 735	85	28 781	112 718	109 959	68 307	33 658	7 305	894	26	2
1987	357 723	90	27 948	109 007	109 273	68 723	34 345	7 402	896	34	5
Male – Masculin											
1983	206 644	58	15 601	66 674	60 620	41 165	17 804	4 169	543	9	1
1984	199 834	47	15 097	64 433	58 256	39 584	17 819	4 124	455	19	–
1985	198 935	37	15 214	62 470	59 916	38 076	18 635	4 044	528	15	–
1986	184 707	39	14 735	57 666	56 222	34 891	16 959	3 716	457	21	1
1987	183 105	52	14 280	55 583	55 849	35 444	17 675	3 761	441	18	2
Female – Féminin											
1983	198 478	58	15 005	64 148	58 249	39 238	17 158	4 084	528	10	–
1984	191 230	50	14 360	61 567	55 848	38 001	16 897	4 073	419	15	–
1985	190 664	41	14 462	60 055	57 537	36 358	17 752	3 965	482	11	1
1986	177 028	46	14 046	55 052	53 737	33 416	16 699	3 589	437	5	1
1987	174 618	38	13 668	53 424	53 424	33 279	16 670	3 641	455	16	3
Tajikistan – Tadjikistan											
Total											
1989 [1][13]	200 430	*— 10 214 —*		71 537	63 096	35 179	15 415	4 047	610	332	...

16. Live births by age of mother, sex and urban/rural residence: 1983 – 1992 (continued)

Naissances vivantes selon l'âge de la mère, le sexe et la résidence, urbaine/rurale: 1983 – 1992 (suite)

(See notes at end of table. – Voir notes à la fin du tableau.)

Continent, country or area, year, sex and urban/rural residence Continent, pays ou zone, année, sexe et résidence, urbaine/rurale	All ages Tous âges	−15	15–19	20–24	25–29	30–34	35–39	40–44	45–49	50+	Unknown Inconnu
ASIA—ASIE (Cont.–Suite)											
Thailand – Thaïlande + [1]											
Total											
1983	1 055 802	851	132 645	342 491	275 162	148 461	73 738	35 668	14 724	8 646	23 416
1984	956 680	994	119 304	319 775	257 675	138 994	65 109	28 215	9 895	4 788	11 931
1985	973 624	1 024	123 702	328 182	257 563	136 433	63 039	26 283	9 783	5 443	22 172
1986	945 304	1 132	123 654	319 391	249 346	133 671	60 975	23 998	9 633	6 241	17 263
1987	884 043	1 195	117 771	307 419	233 428	128 531	54 898	20 216	7 070	3 843	9 672
1988	870 532	1 265	113 515	303 526	232 149	126 369	53 357	19 162	6 609	4 670	9 910
1989	905 837	1 381	119 704	312 564	247 343	133 663	54 553	18 773	5 247	3 337	9 272
1990	956 237	1 668	127 350	326 327	262 513	143 123	57 156	19 694	5 324	3 807	9 275
1991	960 556	1 845	127 124	323 251	266 190	146 269	57 819	18 791	4 629	3 249	11 389
Male – Masculin											
1983	535 074	386	66 842	175 002	141 084	75 599	37 279	17 799	6 824	3 391	10 868
1984	489 114	475	60 031	163 325	132 737	71 490	33 577	14 399	4 960	2 131	5 989
1985	498 001	486	62 646	168 222	132 155	70 174	32 348	13 298	4 891	2 371	11 410
1986	482 709	544	62 942	163 334	128 127	68 672	31 077	12 060	4 691	2 564	8 698
1987	452 508	595	59 807	157 434	120 223	66 064	28 151	10 254	3 421	1 706	4 853
1988	445 980	642	57 903	155 428	119 644	65 514	27 334	9 643	3 112	1 930	4 830
1989	465 515	666	61 224	160 933	127 649	69 105	27 901	9 501	2 587	1 370	4 579
1990	491 010	843	65 368	168 119	135 344	73 553	29 257	9 897	2 508	1 513	4 608
1991	493 753	931	65 272	166 327	137 689	75 268	29 507	9 533	2 128	1 301	5 797
Female – Féminin											
1983	520 728	465	65 803	167 489	134 078	72 862	36 459	17 869	7 900	5 255	12 548
1984	467 566	519	59 273	156 450	124 938	67 504	31 532	13 816	4 935	2 657	5 942
1985	475 623	538	61 056	159 960	125 408	66 259	30 691	12 985	4 892	3 072	10 762
1986	462 595	588	60 712	156 057	121 219	64 999	29 898	11 938	4 942	3 677	8 565
1987	431 535	600	57 964	149 985	113 205	62 467	26 747	9 962	3 649	2 137	4 819
1988	424 552	623	55 612	148 098	112 505	60 855	26 023	9 519	3 497	2 740	5 080
1989	440 322	715	58 480	151 631	119 694	64 558	26 652	9 272	2 660	1 967	4 693
1990	465 227	825	61 982	158 208	127 169	69 570	27 899	9 797	2 816	2 294	4 667
1991	466 803	914	61 852	156 924	128 501	71 001	28 312	9 258	2 501	1 948	5 592
Turkmenistan – Turkménistan											
Total											
1989 [1] [13]	124 992	*—— 3	987 ——*	37 574	46 413	24 976	9 480	2 188	222	152	–
Uzbekistan – Ouzbékistan [13]											
Total											
1989	668 807	*—— 42	133 ——*	263 353	213 233	105 397	36 320	7 120	824	427	–
Male – Masculin											
1989	213 379	*—— 16	242 ——*	83 436	66 113	33 844	11 569	1 866	126	183	–
Female – Féminin											
1989	455 428	*—— 25	891 ——*	179 917	147 120	71 553	24 751	5 254	698	244	–
EUROPE											
Albania – Albanie [1]											
Total											
1983	73 762	–	2 398	26 023	24 362	13 398	5 281	1 936	151	18	195
1984	79 177	–	2 470	26 402	27 814	14 277	5 832	2 030	125	26	201
1985	77 535	–	2 453	24 968	28 155	14 182	5 707	1 664	142	18	246
1986	76 435	–	2 409	23 870	28 689	14 292	5 500	1 306	141	23	205
1987	79 696	–	2 371	24 123	30 419	15 448	5 712	1 261	167	28	167
1988	80 241	–	2 406	24 433	30 550	16 000	5 300	1 195	149	23	185
1989	78 862	–	2 404	23 814	29 992	16 057	5 027	1 237	127	28	176
1990	82 125	*—— 2	373 ——*	24 773	30 658	17 116	5 448	1 327	141	45	244
Male – Masculin											
1989	40 791	–	1 250	12 403	15 452	8 288	2 591	637	70	11	89
Female – Féminin											
1989	38 071	–	1 154	11 411	14 540	7 769	2 436	600	57	17	87

16. Live births by age of mother, sex and urban/rural residence: 1983 – 1992 (continued)

Naissances vivantes selon l'âge de la mère, le sexe et la résidence, urbaine/rurale: 1983 – 1992 (suite)

(See notes at end of table. – Voir notes à la fin du tableau.)

Continent, country or area, year, sex and urban/rural residence — Continent, pays ou zone, année, sexe et résidence, urbaine/rurale	All ages Tous âges	Age of mother (in years) – Age de la mère (en années)									Unknown Inconnu
		−15	15–19	20–24	25–29	30–34	35–39	40–44	45–49	50+	
EUROPE (Cont.–Suite)											
Austria – Autriche [1]											
Total											
1983	90 118	22	9 387	34 385	27 814	12 784	4 550	1 119	57	–	–
1984	89 234	13	8 332	34 072	28 383	12 735	4 640	992	67	–	–
1985	87 440	21	7 486	32 632	28 771	12 984	4 559	927	60	–	–
1986	86 964	16	7 039	31 707	29 340	13 375	4 600	829	56	2	–
1987	86 503	17	6 375	30 351	30 150	13 918	4 733	902	56	1	–
1988	88 052	18	6 098	29 780	31 654	14 908	4 678	864	52	–	–
1989	88 759	16	5 637	28 615	32 799	15 880	4 868	895	48	1	–
1990	90 454	20	5 359	27 457	34 184	17 170	5 240	984	39	1	–
1991	94 629	23	5 573	27 808	35 992	18 547	5 738	912	36	–	–
Male – Masculin											
1983	46 129	11	4 862	17 612	14 228	6 557	2 274	558	27	–	–
1984	45 524	5	4 274	17 367	14 496	6 474	2 349	525	34	–	–
1985	45 054	11	3 817	16 852	14 784	6 676	2 384	504	26	–	–
1986	44 535	9	3 625	16 305	14 988	6 847	2 298	438	25	–	–
1987	44 285	9	3 273	15 480	15 497	7 115	2 433	453	25	–	–
1988	45 355	9	3 091	15 230	16 369	7 764	2 401	461	30	–	–
1989	45 505	9	2 885	14 644	16 752	8 172	2 564	456	23	–	–
1990	46 478	7	2 771	14 221	17 572	8 755	2 619	514	19	–	–
1991	48 605	9	2 879	14 287	18 583	9 412	2 948	468	19	–	–
Female – Féminin											
1983	43 989	11	4 525	16 773	13 586	6 227	2 276	561	30	–	–
1984	43 710	8	4 058	16 705	13 887	6 261	2 291	467	33	–	–
1985	42 386	10	3 669	15 780	13 987	6 308	2 175	423	34	–	–
1986	42 429	7	3 414	15 402	14 352	6 528	2 302	391	31	2	–
1987	42 218	8	3 102	14 871	14 653	6 803	2 300	449	31	1	–
1988	42 697	9	3 007	14 550	15 285	7 144	2 277	403	22	–	–
1989	43 254	7	2 752	13 971	16 047	7 708	2 304	439	25	1	–
1990	43 976	13	2 588	13 236	16 612	8 415	2 621	470	20	1	–
1991	46 024	14	2 694	13 521	17 409	9 135	2 790	444	17	–	–
Belarus – Bélarus [1][13]											
Total											
1986	171 611	*— 12 664 —*			71 670	54 334	23 690	8 080	1 091	80	–	2
1987	162 937	*— 13 204 —*			68 884	50 387	21 566	7 680	1 156	57	–	3
1988	163 193	*— 13 412 —*			67 142	51 092	22 672	7 567	1 242	51	7	8
1989	153 449	*— 14 117 —*			63 984	46 196	21 185	6 691	1 213	49	14	–
Belgium – Belgique											
Total											
1983	117 145	18	5 915	39 633	46 689	19 020	5 026	780	51	6	7
1986	117 114	16	4 215	34 008	50 421	21 661	5 813	875	88	6	11
1987	117 334	17	3 915	32 159	51 275	22 977	5 983	914	61	13	20
Male – Masculin											
1983	60 209	10	2 989	20 493	23 928	9 810	2 551	391	30	3	4
1986	60 493	10	2 071	17 736	26 000	11 188	2 984	456	43	2	3
1987	60 379	8	2 033	16 385	26 482	11 858	3 091	472	35	4	11
Female – Féminin											
1983	56 936	8	2 926	19 140	22 761	9 210	2 475	389	21	3	3
1986	56 621	6	2 144	16 272	24 421	10 473	2 829	419	45	4	8
1987	56 955	9	1 882	15 774	24 793	11 119	2 892	442	26	9	9
Bulgaria – Bulgarie [1]											
Total											
1983	122 993	390	23 274	56 038	29 010	10 741	2 973	529	27	7	4
1984	122 303	368	23 220	55 288	28 944	10 838	3 089	513	26	3	14
1985	118 955	407	22 804	52 976	28 282	10 752	3 180	521	24	3	6
1986	120 078	350	23 211	53 121	28 340	10 965	3 454	590	32	15	–
1987	116 672	342	23 623	50 651	27 732	10 372	3 300	610	22	3	17
1988	117 440	385	24 201	51 177	27 611	10 200	3 228	596	23	3	16
1989	112 289	444	23 051	49 802	25 404	9 723	3 230	594	25	4	12
1990	105 180	503	22 015	46 872	23 179	8 954	3 027	603	20	1	6
Male – Masculin											
1983	63 042	216	11 900	28 554	15 012	5 551	1 516	276	14	2	1
1984	63 060	206	11 922	28 620	14 970	5 527	1 537	253	12	1	12
1985	60 939	198	11 734	27 233	14 374	5 514	1 595	270	15	2	4
1986	61 350	188	11 853	27 031	14 524	5 637	1 781	313	13	10	–
1987	59 747	159	12 205	26 022	14 074	5 252	1 690	316	15	3	11
1988	60 501	200	12 529	26 315	14 169	5 283	1 663	320	12	1	9
1989	57 589	232	11 756	25 634	13 023	4 952	1 666	304	15	1	6
1990	54 028	254	11 263	24 054	11 915	4 644	1 568	319	8	–	3

16. Live births by age of mother, sex and urban/rural residence: 1983 – 1992 (continued)

Naissances vivantes selon l'âge de la mère, le sexe et la résidence, urbaine/rurale: 1983 – 1992 (suite)

(See notes at end of table. – Voir notes à la fin du tableau.)

Continent, country or area, year, sex and urban/rural residence / Continent, pays ou zone, année, sexe et résidence, urbaine/rurale	All ages Tous âges	Age of mother (in years) – Age de la mère (en années)									Unknown Inconnu
		–15	15–19	20–24	25–29	30–34	35–39	40–44	45–49	50+	
EUROPE (Cont.–Suite)											
Bulgaria – Bulgarie											
Female – Féminin											
1983	59 951	174	11 374	27 484	13 998	5 190	1 457	253	13	5	3
1984	59 243	162	11 298	26 668	13 974	5 311	1 552	260	14	2	2
1985	58 016	209	11 070	25 743	13 908	5 238	1 585	251	9	1	2
1986	58 728	162	11 358	26 090	13 816	5 328	1 673	277	19	5	–
1987	56 925	183	11 418	24 629	13 658	5 120	1 610	294	7	–	6
1988	56 939	185	11 672	24 862	13 442	4 917	1 565	276	11	2	7
1989	54 700	212	11 295	24 168	12 381	4 771	1 564	290	10	3	6
1990	51 152	249	10 752	22 818	11 264	4 310	1 459	284	12	1	3
Channel Islands – Iles Anglo–Normandes											
Guernsey – Guernesey											
Total											
1983	659	–	61	175	232	145	42	*———	4	———*	–
1984	596	2	46	156	211	126	47	*———	8	———*	–
1985	642	–	43	153	245	145	50	*———	6	———*	–
1986	671	–	42	147	250	166	57	*———	9	———*	–
1988	680	–	56	150	263	139	63	*———	9	———*	–
1989	687	–	61	140	239	170	62	14	–	–	1
1990	754	1	39	157	265	214	63	15	–	–	–
1991	737	–	42	142	296	173	71	11	2	–	–
1992*	701	–	29	134	278	195	62	*———	3	———*	–
Male – Masculin											
1983	337	–	31	90	117	72	25	*———	2	———*	–
1984	300	2	24	78	106	61	26	*———	3	———*	–
1985	338	–	16	83	129	75	32	*———	3	———*	–
1986	326	–	22	75	126	71	31	*———	1	———*	–
1988	351	–	27	78	139	70	33	*———	4	———*	–
1989	360	–	31	74	130	86	32	6	–	–	1
1990	379	–	18	80	143	108	21	9	–	–	–
1991	393	–	21	81	152	87	42	9	1	–	–
1992*	362	–	14	70	149	97	32	*———	–	———*	–
Female – Féminin											
1983	322	–	30	85	115	73	17	*———	2	———*	–
1984	296	–	22	78	105	65	21	*———	5	———*	–
1985	304	–	27	70	116	70	18	*———	3	———*	–
1986	345	–	20	72	124	95	26	*———	8	———*	–
1988	329	–	29	72	124	69	30	*———	5	———*	–
1989	327	–	30	66	109	84	30	8	–	–	–
1990	375	1	21	77	122	106	42	6	–	–	–
1991	344	–	21	61	144	86	29	2	1	–	–
1992*	339	–	15	64	129	98	30	*———	3	———*	–
Jersey +											
Total											
1983	884	–	39	180	315	238	102	*———	10	———*	–
1984	931	–	34	195	324	276	89	*———	13	———*	–
1985	907	–	31	177	334	271	85	*———	9	———*	–
1986	948	–	35	180	345	267	102	*———	19	———*	–
1987	1 009	–	39	169	393	305	90	*———	13	———*	–
1988	1 071	–	35	187	399	312	121	*———	17	———*	–
1989	1 074	–	31	181	369	356	116	*———	21	———*	–
1991	1 057	–	36	158	353	336	148	*———	26	———*	–
Male – Masculin											
1983	450	–	16	100	163	121	42	*———	8	———*	–
1984	475	–	12	94	165	145	50	*———	9	———*	–
1985	489	–	17	98	180	144	49	*———	1	———*	–
1986	488	–	18	94	173	135	61	*———	7	———*	–
1987	546	–	16	90	211	181	38	*———	10	———*	–
1988	560	–	22	92	207	175	55	*———	9	———*	–
1989	547	–	18	92	182	183	63	*———	9	———*	–
1991	542	–	20	85	188	169	66	*———	14	———*	–

16. Live births by age of mother, sex and urban/rural residence: 1983 – 1992 (continued)

Naissances vivantes selon l'âge de la mère, le sexe et la résidence, urbaine/rurale: 1983 – 1992 (suite)

(See notes at end of table. – Voir notes à la fin du tableau.)

Continent, country or area, year, sex and urban/rural residence / Continent, pays ou zone, année, sexe et résidence, urbaine/rurale	All ages Tous âges	–15	15–19	20–24	25–29	30–34	35–39	40–44	45–49	50+	Unknown Inconnu
EUROPE (Cont.–Suite)											
Channel Islands – Iles Anglo–Normandes											
Jersey +											
Female – Féminin											
1983	434	–	23	80	152	117	60	*———	2	———*	–
1984	456	–	22	101	159	131	39	*———	4	———*	–
1985	418	–	14	79	154	127	36	*———	8	———*	–
1986	460	–	17	86	172	132	41	*———	12	———*	–
1987	463	–	23	79	182	124	52	*———	3	———*	–
1988	511	–	13	95	192	137	66	*———	8	———*	–
1989	527	–	13	89	187	173	53	*———	12	———*	–
1991	515	–	16	73	165	167	82	*———	12	———*	–
Former Czechoslovakia – Ancienne Tchécoslovaquie [1]											
Total											
1983	229 484	30	28 629	99 405	65 871	26 644	7 757	1 045	49	1	53
1984	227 784	29	28 353	101 040	63 365	26 393	7 466	1 053	47	5	33
1985	226 036	23	27 459	102 535	60 939	26 283	7 723	974	36	–	64
1986	220 494	31	26 533	100 669	58 607	25 776	7 842	1 001	35	–	–
1987	214 927	43	26 502	98 239	56 571	24 615	7 833	1 082	41	1	–
1988	215 909	48	27 160	97 252	57 358	25 138	7 830	1 093	30	–	–
1989	208 472	40	26 960	92 769	56 624	23 142	7 819	1 077	41	–	–
1990	210 553	60	27 983	92 865	57 971	22 659	7 798	1 185	32	–	–
Male – Masculin											
1983	117 937	17	14 802	51 010	33 942	13 593	3 983	543	20	1	26
1984	116 699	8	14 585	51 555	32 662	13 514	3 819	529	14	2	11
1985	115 851	12	14 283	52 390	31 260	13 341	4 006	506	22	–	31
1986	113 206	21	13 613	51 734	30 065	13 215	4 019	525	14	–	–
1987	110 148	20	13 562	50 511	28 918	12 627	3 953	543	14	–	–
1988	110 393	18	13 994	49 562	29 328	12 881	4 057	533	20	–	–
1989	106 645	23	13 769	47 537	28 841	11 912	4 002	540	21	–	–
1990	108 100	31	14 393	47 817	29 749	11 484	4 031	581	14	–	–
Female – Féminin											
1983	111 547	13	13 827	48 395	31 929	13 051	3 774	502	29	–	27
1984	111 085	21	13 768	49 485	30 703	12 879	3 647	524	33	3	22
1985	110 185	11	13 176	50 145	29 679	12 942	3 717	468	14	–	33
1986	107 288	10	12 920	48 935	28 542	12 561	3 823	476	21	–	–
1987	104 779	23	12 940	47 728	27 653	11 988	3 880	539	27	1	–
1988	105 516	30	13 166	47 690	28 030	12 257	3 773	560	10	–	–
1989	101 827	17	13 191	45 232	27 783	11 230	3 817	537	20	–	–
1990	102 453	29	13 590	45 048	28 222	11 175	3 767	604	18	–	–
Denmark – Danemark [22]											
Total											
1983	50 822	1	2 135	14 725	20 236	10 214	3 113	374	24	–	–
1984	51 800	1	2 059	14 541	20 473	10 783	3 512	412	19	–	–
1985	53 749	5	1 861	14 713	21 369	11 630	3 611	542	18	–	–
1986	55 312	6	1 794	14 790	21 826	12 421	3 806	651	18	–	–
1987	56 221	3	1 724	14 389	22 414	12 985	4 054	632	18	2	–
1988	58 844	5	1 600	14 524	23 818	13 911	4 294	663	28	1	–
1989	61 351	3	1 653	14 433	24 975	14 915	4 626	723	23	–	–
1990	63 433	2	1 645	14 109	26 218	15 728	4 955	747	27	2	–
1991	64 358	2	1 615	13 130	27 059	16 349	5 398	779	23	3	–
Male – Masculin											
1983	26 001	1	1 128	7 492	10 274	5 303	1 594	197	12	–	–
1984	26 572	–	1 053	7 454	10 574	5 482	1 798	202	9	–	–
1985	27 465	1	952	7 582	10 895	5 921	1 834	271	9	–	–
1986	28 434	4	924	7 630	11 254	6 315	1 961	335	11	–	–
1987	29 079	–	859	7 556	11 530	6 709	2 086	330	9	–	–
1988	30 324	3	806	7 518	12 331	7 160	2 172	320	14	–	–
1989	31 475	2	847	7 473	12 789	7 585	2 393	375	11	–	–
1990	32 620	–	833	7 232	13 569	8 064	2 526	387	9	–	–
1991	33 005	2	854	6 740	13 895	8 343	2 783	376	11	1	–

16. Live births by age of mother, sex and urban/rural residence: 1983 – 1992 (continued)

Naissances vivantes selon l'âge de la mère, le sexe et la résidence, urbaine/rurale: 1983 – 1992 (suite)

(See notes at end of table. – Voir notes à la fin du tableau.)

Continent, country or area, year, sex and urban/rural residence / Continent, pays ou zone, année, sexe et résidence, urbaine/rurale	All ages Tous âges	\-15	15–19	20–24	25–29	30–34	35–39	40–44	45–49	50+	Unknown Inconnu
EUROPE (Cont.–Suite)											
Denmark – Danemark [22]											
Female – Féminin											
1983	24 821	–	1 007	7 233	9 962	4 911	1 519	177	12	–	–
1984	25 228	1	1 006	7 087	9 899	5 301	1 714	210	10	–	–
1985	26 284	4	909	7 131	10 474	5 709	1 777	271	9	–	–
1986	26 878	2	870	7 160	10 572	6 106	1 845	316	7	–	–
1987	27 142	3	865	6 833	10 884	6 276	1 968	302	9	2	–
1988	28 520	2	794	7 006	11 487	6 751	2 122	343	14	1	–
1989	29 876	1	806	6 960	12 186	7 330	2 233	348	12	–	–
1990	30 813	2	812	6 877	12 649	7 664	2 429	360	18	2	–
1991	31 353	–	761	6 390	13 164	8 006	2 615	403	12	2	–
Estonia – Estonie [1][13]											
Total											
1986	24 106	16	2 116	9 496	7 103	3 711	1 425	231	8	–	–
1987	25 086	7	2 261	9 618	7 562	3 835	1 555	234	10	–	4
1988	25 060	11	2 301	9 433	7 514	3 969	1 519	296	10	–	7
1989	24 292	*—— 2 559 ——*			9 047	7 081	3 790	1 527	279	4	5	
1990	22 308	12	2 656	8 391	6 097	3 436	1 415	284	12	1	4
Faeroe Islands – Iles Féroé											
Total											
1983	669	–	65	211	196	136	44	15	2	–	–
1984	691	–	75	195	220	136	52	13	–	–	–
1985	738	–	72	195	253	142	66	10	–	–	–
1986	787	–	72	232	258	152	64	8	1	–	–
1987	777	–	58	204	267	161	71	16	–	–	–
1989	933	–	68	251	283	228	91	12	–	–	–
1990	943	–	103	285	294	174	78	9	–	–	–
Male – Masculin											
1983	371	–	30	128	103	74	25	9	2	–	–
1984	350	–	43	102	104	75	23	3	–	–	–
1985	380	–	37	99	135	71	34	4	–	–	–
1986	400	–	31	125	130	79	32	2	1	–	–
1987	381	–	28	106	125	79	36	7	–	–	–
1989	496	–	32	136	165	111	48	4	–	–	–
Female – Féminin											
1983	298	–	35	83	93	62	19	6	–	–	–
1984	341	–	32	93	116	61	29	10	–	–	–
1985	358	–	35	96	118	71	32	6	–	–	–
1986	387	–	41	107	128	73	32	6	–	–	–
1987	396	–	30	98	142	82	35	9	–	–	–
1989	437	–	36	115	118	117	43	8	–	–	–
Finland – Finlande [1][23]											
Total											
1983	66 892	5	2 850	16 103	24 386	16 011	6 499	978	*——	60 ——*	–
1984	65 076	2	2 689	15 194	23 414	15 787	6 907	1 033	*——	50 ——*	–
1985	62 796	4	2 370	14 122	22 788	15 383	7 032	1 049	*——	48 ——*	–
1986	60 632	3	2 138	13 060	22 207	15 375	6 647	1 147	54	1	–
1987	59 827	3	1 921	12 375	21 891	15 689	6 512	1 387	49	–	–
1988	63 316	2	1 877	12 689	23 608	16 697	6 887	1 489	66	1	–
1989	63 348	1	1 745	12 392	23 922	16 958	6 758	1 518	53	1	–
1990	65 549	3	1 827	12 235	24 611	17 738	7 385	1 694	56	–	–
Male – Masculin											
1983	34 194	3	1 472	8 260	12 531	8 083	3 305	505	*——	35 ——*	–
1984	33 230	–	1 363	7 665	12 065	8 084	3 534	498	*——	21 ——*	–
1985	32 012	3	1 219	7 268	11 604	7 791	3 611	488	*——	28 ——*	–
1986	31 035	2	1 067	6 674	11 429	7 832	3 401	595	35	–	–
1987	30 631	1	985	6 355	11 277	7 899	3 356	736	22	–	–
1988	32 373	–	959	6 536	11 972	8 590	3 534	746	36	–	–
1989	32 402	–	889	6 355	12 265	8 601	3 508	756	28	–	–
1990	33 539	–	957	6 298	12 558	9 075	3 779	849	23	–	–

16. Live births by age of mother, sex and urban/rural residence: 1983 – 1992 (continued)

Naissances vivantes selon l'âge de la mère, le sexe et la résidence, urbaine/rurale: 1983 – 1992 (suite)

(See notes at end of table. – Voir notes à la fin du tableau.)

Continent, country or area, year, sex and urban/rural residence / Continent, pays ou zone, année, sexe et résidence, urbaine/rurale	All ages Tous âges	Age of mother (in years) – Age de la mère (en années)									Unknown Inconnu
		−15	15–19	20–24	25–29	30–34	35–39	40–44	45–49	50+	
EUROPE (Cont.–Suite)											
Finland – Finlande [1][23]											
Female – Féminin											
1983	32 698	2	1 378	7 843	11 855	7 928	3 194	473	*—	25 —*	–
1984	31 846	2	1 326	7 529	11 349	7 703	3 373	535	*—	29 —*	–
1985	30 784	1	1 151	6 854	11 184	7 592	3 421	561	*—	20 —*	–
1986	29 597	1	1 071	6 386	10 778	7 543	3 246	552	19	1	–
1987	29 196	2	936	6 020	10 614	7 790	3 156	651	27	–	–
1988	30 943	2	918	6 153	11 636	8 107	3 353	743	30	1	–
1989	30 946	1	856	6 037	11 657	8 357	3 250	762	25	1	–
1990	32 010	3	870	5 937	12 053	8 663	3 606	845	33	–	–
France [1][4][24]											
Total											
1983	748 525	75	29 337	222 120	284 221	154 594	49 825	7 738	583	32	–
1984	759 939	75	27 274	217 071	292 621	159 675	54 296	8 280	608	39	–
1985	768 431	66	24 141	207 438	299 469	167 415	60 390	8 833	*—	627 —*	52
1986	778 468	61	22 675	198 688	305 526	176 339	64 192	10 322	614	51	–
1987	767 828	66	20 998	184 197	301 937	180 307	67 877	11 824	587	35	–
1988	771 268	68	19 943	175 137	303 383	187 640	71 434	13 064	564	35	–
1989	765 473	52	19 248	165 580	299 956	191 230	74 236	14 485	635	51	–
1990	762 407	56	18 952	157 498	298 027	195 196	76 298	15 661	682	37	–
Male – Masculin											
1983	383 659	40	15 117	113 751	145 672	79 412	25 356	3 983	309	19	–
1984	389 310	33	13 982	111 271	149 885	81 787	27 764	4 261	305	22	–
1985	394 112	35	12 370	106 420	153 582	86 112	30 768	4 482	*—	319 —*	24
1986	399 199	30	11 541	101 795	156 639	90 583	33 004	5 284	300	23	–
1987	393 231	39	10 704	94 163	154 936	92 357	34 690	6 039	287	16	–
1988	395 439	36	10 241	89 674	155 530	96 195	36 783	6 665	294	21	–
1989	391 649	28	9 724	84 712	153 553	97 921	37 981	7 365	336	29	–
1990	391 312	28	9 679	80 592	152 954	100 407	39 197	8 090	347	18	–
Female – Féminin											
1983	364 866	35	14 220	108 369	138 549	75 182	24 469	3 755	274	13	–
1984	370 629	42	13 292	105 800	142 736	77 888	26 532	4 019	303	17	–
1985	374 319	31	11 771	101 018	145 887	81 303	29 622	4 351	*—	308 —*	28
1986	379 269	31	11 134	96 893	148 887	85 756	31 188	5 038	314	28	–
1987	374 597	27	10 294	90 034	147 001	87 950	33 187	5 785	300	19	–
1988	375 829	32	9 702	85 463	147 853	91 445	34 651	6 399	270	14	–
1989	373 824	24	9 524	80 868	146 403	93 309	36 255	7 120	299	22	–
1990	371 095	28	9 273	76 906	145 073	94 789	37 101	7 571	335	19	–
Germany – Allemagne [25]											
Total											
1991	830 019	75	27 851	182 623	324 975	214 463	68 057	11 347	472	43	113
Male – Masculin											
1991	426 098	36	14 259	93 853	166 952	110 076	34 790	5 816	237	22	57
Female – Féminin											
1991	403 921	39	13 592	88 770	158 023	104 387	33 267	5 531	235	21	56
Germany, Federal Rep. of – Allemagne, République fédérale d'											
Total											
1983	594 177	48	26 259	169 145	223 248	129 162	37 711	7 970	590	42	2
1984	584 157	51	22 542	156 977	226 248	130 498	39 863	7 396	556	23	3
1985	586 155	53	20 564	148 928	232 016	134 128	43 102	6 778	549	36	1
1986	625 963	56	19 473	149 962	253 874	147 777	47 381	6 909	503	24	4
1987	642 010	44	19 560	146 543	260 481	156 257	51 046	7 528	516	33	2
1988	677 259	60	20 253	146 050	277 169	170 265	54 704	8 232	487	39	–
1989	681 537	55	20 231	140 136	278 264	176 363	56 861	9 083	494	50	–
1990	727 199	54	20 652	143 361	295 659	195 424	61 243	10 243	503	52	8
Male – Masculin											
1983	305 255	24	13 582	87 143	114 539	66 230	19 258	4 152	297	29	1
1984	300 120	30	11 589	80 230	116 326	67 345	20 532	3 776	275	14	3
1985	300 053	22	10 469	76 434	118 755	68 701	21 936	3 442	277	16	1
1986	321 184	34	9 982	76 707	130 939	75 538	24 243	3 479	244	17	1
1987	330 659	23	9 948	75 508	134 199	80 554	26 264	3 884	263	15	1
1988	348 138	30	10 335	75 047	142 496	87 721	28 086	4 153	251	19	–
1989	349 179	31	10 382	71 816	142 415	90 343	29 261	4 647	258	26	–
1990	373 727	28	10 601	73 415	152 008	100 594	31 470	5 328	253	28	2

16. Live births by age of mother, sex and urban/rural residence: 1983 – 1992 (continued)

Naissances vivantes selon l'âge de la mère, le sexe et la résidence, urbaine/rurale: 1983 – 1992 (suite)

(See notes at end of table. – Voir notes à la fin du tableau.)

Continent, country or area, year, sex and urban/rural residence Continent, pays ou zone, année, sexe et résidence, urbaine/rurale	All ages Tous âges	−15	15–19	20–24	25–29	30–34	35–39	40–44	45–49	50+	Unknown Inconnu
EUROPE (Cont.–Suite)											
Germany – Allemagne [25]											
Germany, Federal Rep. of –											
Allemagne, République											
fédérale d'											
Female – Féminin											
1983	288 922	24	12 677	82 002	108 709	62 932	18 453	3 818	293	13	1
1984	284 037	21	10 953	76 747	109 922	63 153	19 331	3 620	281	9	–
1985	286 102	31	10 095	72 494	113 261	65 427	21 166	3 336	272	20	–
1986	304 779	22	9 491	73 255	122 935	72 239	23 138	3 430	259	7	3
1987	311 351	21	9 612	71 035	126 282	75 703	24 782	3 644	253	18	1
1988	329 121	30	9 918	71 003	134 673	82 544	26 618	4 079	236	20	–
1989	332 358	24	9 849	68 320	135 849	86 020	27 600	4 436	236	24	–
1990	353 472	26	10 051	69 946	143 651	94 830	29 773	4 915	250	24	6
Former German											
Democratic Republic [1] –											
Ancienne République											
démocratique allemande											
Total											
1983	233 756	12	31 382	115 559	61 562	20 485	3 874	843	*—	39 —*	–
1984	228 135	17	28 791	113 449	60 410	20 596	4 055	783	*—	34 —*	–
1985	227 648	18	26 172	111 264	63 235	21 623	4 591	711	*—	34 —*	–
1987	225 959	13	21 240	105 546	69 194	23 261	6 087	590	*—	28 —*	–
1988	215 734	15	19 126	97 915	69 458	22 477	6 119	601	*—	23 —*	–
1989	198 922	13	16 614	87 561	66 645	21 376	6 100	587	*—	26 —*	–
Greece – Grèce [1]											
Total											
1983	132 608	147	16 047	48 183	39 461	19 508	7 485	1 513	163	32	69
1984	125 724	117	15 213	45 552	37 519	18 571	7 121	1 361	163	24	83
1985	116 481	93	13 391	41 288	35 956	17 846	6 418	1 286	131	26	46
1990	102 229	67	7 299	32 659	34 582	19 458	6 763	1 220	86	29	66
Male – Masculin											
1983	68 846	84	8 316	24 940	20 509	10 107	3 951	803	89	15	32
1984	65 126	58	7 812	23 592	19 410	9 653	3 767	686	85	12	51
1985	60 422	48	6 877	21 507	18 640	9 293	3 300	646	66	18	27
1990	52 422	39	3 683	16 795	17 726	10 141	3 372	581	43	9	33
Female – Féminin											
1983	63 762	63	7 731	23 243	18 952	9 401	3 534	710	74	17	37
1984	60 598	59	7 401	21 960	18 109	8 918	3 354	675	78	12	32
1985	56 059	45	6 514	19 781	17 316	8 553	3 118	640	65	8	19
1990	49 807	28	3 616	15 864	16 856	9 317	3 391	639	43	20	33
Hungary – Hongrie [1]											
Total											
1983	127 258	189	17 309	47 725	41 123	15 630	4 358	884	40	–	
1984	125 359	211	17 447	46 586	38 995	16 772	4 461	848	39	–	
1985	130 200	198	17 736	47 644	39 519	18 992	5 163	913	35	–	
1986	128 204	198	17 150	45 926	38 544	19 674	5 755	912	45	–	
1987	125 840	167	16 787	45 660	36 482	19 777	5 958	971	38	–	
1988	124 296	201	15 792	46 501	35 833	18 870	6 058	996	*—	45 —*	–
1989	123 304	170	14 936	47 391	35 194	18 003	6 496	1 082	*—	32 —*	–
1990	125 679	237	15 187	49 545	35 013	17 497	7 044	1 118	*—	38 —*	–
1991	127 207	212	15 396	50 385	35 239	17 410	7 293	1 236	*—	36 —*	–
Male – Masculin											
1983	65 082	98	8 849	24 438	21 095	7 900	2 233	447	22	–	
1984	64 067	105	9 023	23 885	19 837	8 503	2 242	451	21	–	
1985	66 826	99	9 090	24 490	20 422	9 681	2 565	460	19	–	
1986	65 537	94	8 819	23 434	19 701	9 993	2 999	464	33	–	
1987	64 579	87	8 574	23 529	18 742	10 136	2 981	505	25	–	
1988	63 790	84	8 138	24 027	18 213	9 698	3 097	509	*—	24 —*	–
1989	63 296	99	7 678	24 274	17 931	9 327	3 406	565	*—	16 —*	–
1990	64 216	125	7 881	25 177	17 869	9 016	3 578	546	*—	24 —*	–
1991	65 107	111	7 798	25 900	18 117	8 854	3 704	604	*—	19 —*	–

16. Live births by age of mother, sex and urban/rural residence: 1983 – 1992 (continued)

Naissances vivantes selon l'âge de la mère, le sexe et la résidence, urbaine/rurale: 1983 – 1992 (suite)

(See notes at end of table. – Voir notes à la fin du tableau.)

Continent, country or area, year, sex and urban/rural residence — Continent, pays ou zone, année, sexe et résidence, urbaine/rurale	All ages Tous âges	–15	15–19	20–24	25–29	30–34	35–39	40–44	45–49	50+	Unknown Inconnu
EUROPE (Cont.–Suite)											
Hungary – Hongrie [1]											
Female – Féminin											
1983	62 176	91	8 460	23 287	20 028	7 730	2 125	437	18	–	–
1984	61 292	106	8 424	22 701	19 158	8 269	2 219	397	18	–	–
1985	63 374	99	8 646	23 154	19 097	9 311	2 598	453	16	–	–
1986	62 667	104	8 331	22 492	18 843	9 681	2 756	448	12	–	–
1987	61 261	80	8 213	22 131	17 740	9 641	2 977	466	13	–	–
1988	60 506	117	7 654	22 474	17 620	9 172	2 961	487	*—	21 —*	–
1989	60 008	71	7 258	23 117	17 263	8 676	3 090	517	*—	16 —*	–
1990	61 463	112	7 306	24 368	17 144	8 481	3 466	572	*—	14 —*	–
1991	62 100	101	7 598	24 485	17 122	8 556	3 589	632	*—	17 —*	–
Iceland – Islande											
Total											
1983	4 371	1	446	1 471	1 338	774	279	61	1	–	–
1984	4 113	1	403	1 346	1 258	764	297	44	–	–	–
1985	3 856	1	357	1 221	1 206	737	292	40	2	–	–
1986	3 881	1	315	1 200	1 277	759	283	44	2	–	–
1987	4 193	1	295	1 292	1 312	899	333	59	2	–	–
1988	4 673	1	325	1 293	1 556	1 058	381	59	–	–	–
1989	4 560	1	300	1 218	1 498	1 052	417	72	2	–	–
1990	4 768	–	315	1 214	1 569	1 151	462	56	1	–	–
Male – Masculin											
1986	1 991	–	166	635	643	373	147	26	1	–	–
1987	2 214	1	145	712	688	472	166	29	1	–	–
1988	2 444	–	178	674	820	546	191	35	–	–	–
1989	2 287	1	141	603	759	533	212	37	1	–	–
1990	2 440	–	161	599	808	601	242	28	1	–	–
Female – Féminin											
1986	1 890	1	149	565	634	386	136	18	1	–	–
1987	1 979	–	150	580	624	427	167	30	1	–	–
1988	2 229	1	147	619	736	512	190	24	–	–	–
1989	2 273	–	159	615	739	519	205	35	1	–	–
1990	2 328	–	154	615	761	550	220	28	–	–	–
Ireland – Irlande + [1][26]											
Total											
1983	67 117	*—	2 980 —*	14 098	21 354	16 981	8 566	2 128	121	5	884
1984	64 062	7	2 880	13 280	20 546	16 236	8 304	1 918	139	5	747
1985	62 245	5	2 616	12 176	20 045	16 283	8 110	1 946	119	3	942
1986	61 620	2	2 616	11 685	19 723	16 546	8 212	1 963	115	3	755
1987	58 433	5	2 557	10 554	18 838	16 012	7 766	1 948	99	4	650
1988	54 600	6	2 450	9 458	17 734	15 172	7 284	1 807	91	–	598
1989	52 018	8	2 371	8 405	16 789	14 854	7 233	1 804	90	1	463
1990	53 044	12	2 656	8 150	17 132	15 440	7 384	1 679	95	2	494
1991	52 684	7	2 788	8 197	16 376	15 542	7 508	1 681	90	1	494
Male – Masculin											
1983	34 642	*—	1 588 —*	7 302	11 012	8 766	4 392	1 056	63	2	461
1984	33 222	4	1 499	6 857	10 720	8 410	4 293	973	75	4	387
1985	31 993	3	1 352	6 279	10 298	8 414	4 123	965	60	1	498
1986	31 875	1	1 348	5 968	10 199	8 632	4 244	1 023	59	1	400
1987	29 931	1	1 297	5 418	9 664	8 233	3 970	961	49	2	336
1988	28 083	4	1 308	4 837	9 090	7 822	3 740	930	48	–	304
1989	26 754	3	1 175	4 311	8 673	7 676	3 711	913	45	1	246
1990	27 559	5	1 365	4 248	8 889	7 951	3 870	911	46	1	273
1991	27 141	5	1 465	4 134	8 408	8 029	3 923	886	47	1	243
Female – Féminin											
1983	32 475	*—	1 392 —*	6 796	10 342	8 215	4 174	1 072	58	3	423
1984	30 840	3	1 381	6 423	9 826	7 826	4 011	945	64	1	360
1985	30 252	2	1 264	5 897	9 747	7 869	3 987	981	59	2	444
1986	29 745	1	1 268	5 717	9 524	7 914	3 968	940	56	2	355
1987	28 502	4	1 260	5 136	9 174	7 779	3 796	987	50	2	314
1988	26 517	2	1 142	4 621	8 644	7 350	3 544	877	43	–	294
1989	25 264	5	1 196	4 094	8 116	7 178	3 522	891	45	–	217
1990	25 485	7	1 291	3 902	8 243	7 489	3 514	768	49	1	221
1991	25 543	2	1 323	4 063	7 968	7 513	3 585	795	43	–	251

16. Live births by age of mother, sex and urban/rural residence: 1983 – 1992 (continued)

Naissances vivantes selon l'âge de la mère, le sexe et la résidence, urbaine/rurale: 1983 – 1992 (suite)

(See notes at end of table. – Voir notes à la fin du tableau.)

Continent, country or area, year, sex and urban/rural residence / Continent, pays ou zone, année, sexe et résidence, urbaine/rurale	All ages Tous âges	–15	15–19	20–24	25–29	30–34	35–39	40–44	45–49	50+	Unknown Inconnu
EUROPE (Cont.–Suite)											
Italy – Italie											
Total											
1983	601 928	21	35 099	179 235	203 854	122 652	48 082	9 513	577	68	2 827
1984	587 871	10	31 787	171 554	201 936	121 254	49 040	8 993	578	52	2 667
1985	577 345	19	27 280	163 536	203 010	122 313	49 489	8 567	559	15	2 557
1988	569 698	21	21 270	139 826	209 969	134 322	51 598	9 880	532	17	2 263
Male – Masculin											
1983	309 913	13	18 173	92 096	105 161	63 161	24 722	4 842	292	36	1 417
1984	302 495	6	16 431	88 249	103 710	62 366	25 402	4 645	300	32	1 354
1985	296 721	10	14 124	84 038	104 375	62 741	25 388	4 432	281	7	1 325
1988	293 623	11	11 143	72 255	107 740	69 400	26 458	5 129	268	11	1 208
Female – Féminin											
1983	292 015	8	16 926	87 139	98 693	59 491	23 360	4 671	285	32	1 410
1984	285 376	4	15 356	83 305	98 226	58 888	23 638	4 348	278	20	1 313
1985	280 624	9	13 156	79 498	98 635	59 572	24 101	4 135	278	8	1 232
1988	276 075	10	10 127	67 571	102 229	64 922	25 140	4 751	264	6	1 055
Latvia – Lettonie [1][13]											
Total											
1986	41 960	–	3 754	16 492	12 572	6 147	2 491	479	25	–	–
1987	42 135	–	3 820	15 952	12 842	6 389	2 648	456	28	–	–
1988	41 275	–	3 939	15 806	12 186	6 269	2 525	523	25	2	–
1989	38 922	*—— 3 991 ——*		15 043	11 229	5 947	2 229	454	25	4	–
1990	37 918	–	4 436	14 724	10 350	5 787	2 175	426	20	–	–
Liechtenstein											
Total											
1983	348	–	4	74	144	86	31	7	*——	2 ——*	–
1986	351	–	7	60	139	102	34	7	2	–	–
1987	365	–	6	59	142	106	47	4	1	–	–
Lithuania – Lituanie [1][13]											
Total											
1987	59 360	21	3 215	22 398	20 008	8 992	3 779	875	72	–	–
1988	56 727	22	4 429	22 427	18 104	7 950	3 105	635	47	4	4
1989	55 782	*—— 4 966 ——*		22 436	17 100	7 885	2 761	593	31	10	–
1990	56 868	62	5 498	22 555	16 816	8 445	2 819	631	28	–	14
Luxembourg											
Total											
1983	4 185	–	190	1 132	1 657	910	242	37	2	–	15
1984	4 192	–	143	1 081	1 684	968	246	48	1	1	20
1985	4 104	*—— 137 ——*		1 082	1 611	965	255	31	3	–	20
1986	4 309	*—— 121 ——*		1 030	1 753	1 045	317	30	2	–	11
1987	4 238	*—— 141 ——*		931	1 687	1 098	321	46	1	–	13
1988	4 603	1	153	974	1 865	1 196	357	46	2	–	9
1989	4 665	1	121	1 005	1 899	1 225	361	38	1	–	14
Male – Masculin											
1983	2 117	–	101	581	821	456	124	24	1	–	9
1984	2 192	–	80	566	871	507	129	27	–	1	11
1985	2 122	*—— 69 ——*		559	816	513	136	14	2	–	13
1987	2 159	*—— 69 ——*		486	870	542	163	24	1	–	4
1988	2 327	–	83	492	945	603	177	21	2	–	4
1989	2 375	1	62	527	951	615	197	16	1	–	5
Female – Féminin											
1983	2 068	–	89	551	836	454	118	13	1	–	6
1984	2 000	–	63	515	813	461	117	21	1	–	9
1985	1 982	*—— 68 ——*		523	795	452	119	17	1	–	7
1987	2 079	*—— 72 ——*		445	817	556	158	22	–	–	9
1988	2 276	1	70	482	920	593	180	25	–	–	5
1989	2 290	–	59	478	948	610	164	22	–	–	9
Malta – Malte [27]											
Total											
1983	5 651	*—— 167 ——*		1 300	2 055	1 365	657	103	4	–	–
1984	5 571	*—— 173 ——*		1 232	2 075	1 289	676	119	7	–	–
1985	5 364	*—— 139 ——*		1 096	2 015	1 314	672	125	3	–	–
1986	5 245	*—— 147 ——*		1 070	2 000	1 275	624	123	6	–	–
1987	5 314	*—— 141 ——*		1 069	2 019	1 323	606	155	1	–	–
1988	5 533	*—— 138 ——*		999	2 161	1 447	630	153	5	–	–
1989	5 584	*—— 148 ——*		1 005	2 195	1 467	612	150	7	–	–
1990	5 368	*—— 144 ——*		960	2 103	1 412	549	192	8	–	–

16. Live births by age of mother, sex and urban/rural residence: 1983 – 1992 (continued)

Naissances vivantes selon l'âge de la mère, le sexe et la résidence, urbaine/rurale: 1983 – 1992 (suite)

(See notes at end of table. – Voir notes à la fin du tableau.)

Continent, country or area, year, sex and urban/rural residence / Continent, pays ou zone, année, sexe et résidence, urbaine/rurale	All ages Tous âges	Age of mother (in years) – Age de la mère (en années)									Unknown Inconnu
		−15	15–19	20–24	25–29	30–34	35–39	40–44	45–49	50+	
EUROPE (Cont.–Suite)											
Netherlands – Pays-Bas [1][28]											
Total											
1983	170 246	*—	4 666 —*	40 304	74 862	39 263	9 686	1 305	*—	160 —*	–
1984	174 436	*—	4 457 —*	39 795	76 868	41 301	10 473	1 396	*—	146 —*	–
1985	178 136	*—	4 116 —*	37 820	78 075	45 309	11 208	1 426	*—	182 —*	–
1986	184 513	*—	4 051 —*	36 252	80 834	49 219	12 369	1 600	*—	188 —*	–
1987	186 667	*—	3 985 —*	33 821	80 819	52 800	13 256	1 817	*—	169 —*	–
1988	186 647	*—	4 187 —*	31 823	79 262	55 170	14 152	1 873	*—	180 —*	–
1989	188 979	*—	4 243 —*	30 359	78 209	58 300	15 601	2 072	*—	195 —*	–
1990	197 965	*—	4 377 —*	29 863	80 129	63 735	17 464	2 171	*—	226 —*	–
1991	198 665	*—	4 131 —*	28 568	78 405	66 089	18 887	2 383	*—	202 —*	–
Male – Masculin											
1983	87 037	*—	2 347 —*	20 355	38 714	20 028	4 838	674	*—	81 —*	–
1984	89 494	*—	2 271 —*	20 574	39 314	21 220	5 323	713	*—	79 —*	–
1985	91 027	*—	2 101 —*	19 297	39 893	23 245	5 723	676	*—	92 —*	–
1986	93 853	*—	2 061 —*	18 441	41 157	25 078	6 212	815	*—	89 —*	–
1987	95 819	*—	2 056 —*	17 266	41 696	26 977	6 775	956	*—	93 —*	–
1988	95 474	*—	2 187 —*	16 369	40 481	28 177	7 206	963	*—	91 —*	–
1989	96 300	*—	2 179 —*	15 446	39 931	29 594	7 993	1 054	*—	103 —*	–
1990	101 561	*—	2 258 —*	15 246	41 110	32 866	8 882	1 085	*—	114 —*	–
1991	101 581	*—	2 044 —*	14 583	40 126	33 741	9 764	1 224	*—	99 —*	–
Female – Féminin											
1983	83 209	*—	2 319 —*	19 949	36 148	19 235	4 848	631	*—	79 —*	–
1984	84 942	*—	2 186 —*	19 221	37 554	20 081	5 150	683	*—	67 —*	–
1985	87 109	*—	2 015 —*	18 523	38 182	22 064	5 485	750	*—	90 —*	–
1986	90 660	*—	1 990 —*	17 811	39 677	24 141	6 157	785	*—	99 —*	–
1987	90 848	*—	1 929 —*	16 555	39 123	25 823	6 481	861	*—	76 —*	–
1988	91 173	*—	2 000 —*	15 454	38 781	26 993	6 946	910	*—	89 —*	–
1989	92 679	*—	2 064 —*	14 913	38 278	28 706	7 608	1 018	*—	92 —*	–
1990	96 404	*—	2 119 —*	14 617	39 019	30 869	8 582	1 086	*—	112 —*	–
1991	97 084	*—	2 087 —*	13 985	38 279	32 348	9 123	1 159	*—	103 —*	–
Norway – Norvège [4]											
Total											
1983	49 937	4	3 161	14 715	18 305	9 983	3 352	395	22	–	–
1984	50 274	3	3 117	14 306	18 889	10 081	3 383	471	23	–	1
1985	51 134	3	2 904	14 498	19 187	10 543	3 472	511	16	–	–
1986	52 514	5	2 970	14 633	19 772	11 217	3 359	542	15	1	–
1987	54 027	5	2 877	14 569	20 141	12 178	3 652	578	27	–	–
1988	57 526	3	2 937	15 361	21 340	13 103	4 086	678	18	–	–
1989	59 303	5	2 800	15 457	21 842	14 121	4 396	666	15	1	–
1990	60 939	4	2 638	15 366	22 630	14 740	4 816	713	32	–	–
1991	60 808	2	2 505	14 752	22 366	15 194	5 194	772	23		
Male – Masculin											
1983	25 769	4	1 638	7 545	9 431	5 192	1 762	189	8	–	–
1984	25 763	2	1 634	7 289	9 687	5 177	1 691	267	16	–	–
1985	26 305	2	1 513	7 468	9 841	5 488	1 746	241	6	–	–
1986	27 056	1	1 514	7 538	10 147	5 836	1 712	299	9	–	–
1987	27 502	1	1 495	7 393	10 268	6 237	1 800	296	12	–	–
1988	29 473	1	1 469	7 870	10 939	6 796	2 043	348	7	–	–
1989	30 461	3	1 420	8 102	11 069	7 233	2 300	325	9	–	–
1990	31 276	2	1 350	7 912	11 649	7 500	2 480	362	21	–	–
1991	31 305	2	1 255	7 610	11 602	7 734	2 688	402	12	–	–
Female – Féminin											
1983	24 168	–	1 523	7 170	8 874	4 791	1 590	206	14	–	–
1984	24 511	1	1 483	7 017	9 202	4 904	1 692	204	7	–	1
1985	24 829	1	1 391	7 030	9 346	5 055	1 726	270	10	–	–
1986	25 458	4	1 456	7 095	9 625	5 381	1 647	243	6	1	–
1987	26 525	4	1 382	7 176	9 873	5 941	1 852	282	15	–	–
1988	28 053	2	1 468	7 491	10 401	6 307	2 043	330	11	–	–
1989	28 842	2	1 380	7 355	10 773	6 888	2 096	341	6	1	–
1990	29 663	2	1 288	7 454	10 981	7 240	2 336	351	11	–	–
1991	29 503	–	1 250	7 142	10 764	7 460	2 506	370	11	–	–

16. Live births by age of mother, sex and urban/rural residence: 1983 – 1992 (continued)

Naissances vivantes selon l'âge de la mère, le sexe et la résidence, urbaine/rurale: 1983 – 1992 (suite)

(See notes at end of table. – Voir notes à la fin du tableau.)

Continent, country or area, year, sex and urban/rural residence — Continent, pays ou zone, année, sexe et résidence, urbaine/rurale	All ages Tous âges	–15	15–19	20–24	25–29	30–34	35–39	40–44	45–49	50+	Unknown Inconnu
EUROPE (Cont.–Suite)											
Poland – Pologne [1]											
Total											
1983	720 756	*—— 43	547 ——*	273 721	244 694	115 232	36 064	6 985	506	7	–
1984	699 041	73	43 807	257 872	236 088	115 566	38 450	6 627	551	7	–
1985	677 576	86	42 955	244 649	227 551	114 424	41 027	6 341	533	10	–
1986	634 748	73	40 489	227 086	209 772	109 229	41 241	6 414	431	13	–
1987	605 492	101	40 558	217 454	194 342	104 471	41 203	6 974	376	13	–
1988	587 741	86	40 918	209 171	184 593	103 983	40 995	7 627	354	14	–
1989	562 530	93	41 395	202 838	171 362	99 164	39 619	7 710	344	5	–
1990	545 817	92	43 783	199 000	160 031	94 683	39 611	8 339	271	7	–
1991	545 954	88	46 292	200 007	155 808	93 400	41 118	8 925	306	10	–
Male – Masculin											
1983	370 269	*—— 22	389 ——*	140 439	126 084	58 972	18 523	3 589	269	4	–
1984	359 728	38	22 741	132 905	121 415	59 095	19 881	3 370	279	4	–
1985	348 199	42	22 042	125 598	116 960	59 073	21 000	3 207	270	7	–
1986	326 028	39	20 707	117 045	107 455	56 239	21 015	3 298	224	6	–
1987	311 747	51	20 889	112 332	100 090	53 449	21 181	3 558	191	6	–
1988	301 754	47	21 133	107 573	94 748	53 398	20 719	3 938	188	10	–
1989	289 911	48	21 344	104 805	88 307	50 863	20 399	3 972	170	3	–
1990	280 568	41	22 622	102 168	82 486	48 453	20 301	4 339	154	4	–
1991	280 723	53	23 864	103 026	80 007	47 750	21 301	4 548	169	5	–
Female – Féminin											
1983	350 487	*—— 21	158 ——*	133 282	118 610	56 260	17 541	3 396	237	3	–
1984	339 313	35	21 066	124 967	114 673	56 471	18 569	3 257	272	3	–
1985	329 377	44	20 913	119 051	110 591	55 351	20 027	3 134	263	3	–
1986	308 720	34	19 782	110 041	102 317	52 990	20 226	3 116	207	7	–
1987	293 745	50	19 669	105 122	94 252	51 022	20 022	3 416	185	7	–
1988	285 987	39	19 785	101 598	89 845	50 585	20 276	3 689	166	4	–
1989	272 619	45	20 051	98 033	83 055	48 301	19 220	3 738	174	2	–
1990	265 249	51	21 161	96 832	77 545	46 230	19 310	4 000	117	3	–
1991	265 231	35	22 428	96 981	75 801	45 650	19 817	4 377	137	5	–
Portugal											
Total											
1983	144 327	161	15 840	49 674	42 306	23 070	9 741	3 123	390	10	12
1984	142 805	149	15 476	49 355	42 336	22 665	9 661	2 780	342	21	20
1985	130 492	107	13 574	44 265	39 547	21 070	8 981	2 615	285	36	12
1986	126 748	122	12 541	42 772	39 308	20 763	8 470	2 463	268	21	20
1987	123 218	103	11 684	39 951	39 289	21 018	8 659	2 274	210	14	16
1988	122 121	103	11 060	38 656	40 368	21 314	8 242	2 164	186	14	14
1989	118 560	92	10 605	36 334	39 516	21 708	8 149	1 967	164	9	16
1990	116 383	91	9 903	34 168	40 148	22 085	7 938	1 870	138	15	27
1991*	116 415	107	9 748	32 558	40 510	23 184	8 252	1 895	136	12	13
Male – Masculin											
1983	74 811	75	8 275	25 657	21 908	12 024	5 058	1 596	206	4	8
1984	73 891	71	8 005	25 493	22 018	11 664	5 019	1 424	177	10	10
1985	67 358	57	7 077	22 749	20 438	10 895	4 623	1 344	144	23	8
1986	65 427	52	6 361	22 052	20 317	10 812	4 388	1 282	139	12	12
1987	63 572	54	6 041	20 724	20 181	11 024	4 490	1 135	108	7	8
1988	63 020	51	5 656	19 860	20 997	10 914	4 294	1 144	91	5	8
1989	60 895	53	5 497	18 701	20 360	11 027	4 158	1 003	78	5	13
1990	59 953	51	5 066	17 563	20 745	11 352	4 136	947	72	8	13
1991*	59 920	63	5 036	16 809	20 822	11 881	4 267	959	73	6	4
Female – Féminin											
1983	69 516	86	7 565	24 017	20 398	11 046	4 683	1 527	184	6	4
1984	68 914	78	7 471	23 862	20 318	11 001	4 642	1 356	165	11	10
1985	63 134	50	6 497	21 516	19 109	10 175	4 358	1 271	141	13	4
1986	61 321	70	6 180	20 720	18 991	9 951	4 082	1 181	129	9	8
1987	59 646	49	5 643	19 227	19 108	10 194	4 169	1 139	102	7	8
1988	59 101	52	5 404	18 796	19 371	10 400	3 948	1 020	95	9	6
1989	57 665	39	5 108	17 633	19 156	10 681	3 991	964	86	4	3
1990	56 430	40	4 837	16 605	19 403	10 733	3 802	923	66	7	14
1991*	56 495	44	4 712	15 749	19 688	11 303	3 985	936	63	6	9
Republic of Moldova – République de Moldova											
Total											
1989 [1] [13]	82 221	*—— 9	158 ——*	30 980	23 408	12 675	5 102	815	21	62	–

16. Live births by age of mother, sex and urban/rural residence: 1983 – 1992 (continued)

Naissances vivantes selon l'âge de la mère, le sexe et la résidence, urbaine/rurale: 1983 – 1992 (suite)

(See notes at end of table. – Voir notes à la fin du tableau.)

Continent, country or area, year, sex and urban/rural residence / Continent, pays ou zone, année, sexe et résidence, urbaine/rurale	All ages Tous âges	−15	15–19	20–24	25–29	30–34	35–39	40–44	45–49	50+	Unknown Inconnu
EUROPE (Cont.–Suite)											
Romania – Roumanie [1]											
Total											
1983	321 498	567	47 119	133 685	89 421	36 179	11 140	3 068	295	24	–
1984	350 741	594	50 784	137 264	102 124	43 034	13 617	3 046	261	17	–
1985	358 797	545	55 961	132 104	103 376	47 749	15 592	3 163	291	16	–
1986	376 896	550	65 166	127 427	103 850	55 506	20 126	3 995	257	19	–
1987	383 199	531	69 777	127 493	98 871	58 129	23 087	5 008	277	26	–
1988	380 043	562	60 809	143 626	91 535	55 750	22 881	4 633	247	–	–
1989	369 544	603	55 335	151 929	83 330	51 799	21 549	4 745	254	–	–
1990	314 746	580	47 326	140 573	66 617	38 980	16 501	3 952	217	–	–
1991	275 275	630	45 896	134 340	51 581	27 607	12 000	3 032	189	–	–
Male – Masculin											
1986	192 895	280	33 667	65 171	53 008	28 254	10 341	2 023	139	12	–
1987	196 360	290	35 742	65 456	50 716	29 610	11 810	2 575	150	11	–
1988	194 428	284	31 388	73 430	46 889	28 298	11 672	2 340	127	–	–
1989	189 080	323	28 328	77 694	42 687	26 461	11 061	2 405	121	–	–
1990	161 023	289	24 343	72 036	34 079	19 791	8 379	2 001	105	–	–
1991	141 617	348	23 666	68 945	26 665	14 206	6 135	1 555	97	–	–
Female – Féminin											
1986	184 001	270	31 499	62 256	50 842	27 252	9 785	1 972	118	7	–
1987	186 839	241	34 035	62 037	48 155	28 519	11 277	2 433	127	15	–
1988	185 615	278	29 421	70 196	44 646	27 452	11 209	2 293	120	–	–
1989	180 464	280	27 007	74 235	40 643	25 338	10 488	2 340	133	–	–
1990	153 723	291	22 983	68 537	32 538	19 189	8 122	1 951	112	–	–
1991	133 658	282	22 230	65 395	24 916	13 401	5 865	1 477	92	–	–
Russian Federation – Fédération Russe [1][13]											
Total											
1987	2 499 974	*— 227	920 —*	891 408	782 705	421 445	155 243	19 257	1 270	57	669
1988	2 348 494	*— 236	067 —*	835 219	716 230	390 986	147 461	20 233	893	283	1 122
1989	2 160 559	*— 255	766 —*	776 460	625 684	349 414	130 190	21 152	597	68	1 228
1990	1 988 858	*— 275	547 —*	727 635	537 277	309 577	116 722	20 386	479	45	1 190
1991	1 794 626	*— 275	912 —*	674 936	452 623	268 378	101 384	19 482	554	24	1 333
San Marino – Saint–Marin + [1]											
Total											
1984	223	–	14	62	88	45	9	3	–	–	2
1985	207	–	11	56	77	40	15	3	–	–	5
1986	179	–	9	54	63	40	10	–	–	–	3
1987	220	–	10	76	72	44	13	3	1	–	1
1988	242	–	7	61	88	65	15	5	1	–	–
1989	231	–	7	56	104	45	17	*—	2	—*	–
Male – Masculin											
1984	113	–	6	29	43	24	7	3	–	–	1
1985	99	–	5	25	38	19	8	1	–	–	3
1986	85	–	5	26	28	17	6	–	–	–	3
1987	114	–	4	39	40	25	5	–	1	–	–
1988	137	–	5	42	42	39	6	3	–	–	–
1989	118	–	4	33	52	22	7	*—	–	—*	–
Female – Féminin											
1984	110	–	8	33	45	21	2	–	–	–	1
1985	108	–	6	31	39	21	7	2	–	–	2
1986	94	–	4	28	35	23	4	–	–	–	–
1987	106	–	6	37	32	19	8	3	–	–	1
1988	105	–	2	19	46	26	9	2	1	–	–
1989	113	–	3	23	52	23	10	*—	2	—*	–
Slovenia – Slovénie											
Total											
1987	25 592	*— 2	427 —*	10 784	7 707	3 341	1 150	178	*—	5 —*	–
1988	25 209	*— 2	230 —*	10 385	7 969	3 292	1 140	187	*—	6 —*	–
1989	23 447	*— 1	912 —*	9 654	7 511	3 088	1 082	192	*—	8 —*	–
1990	22 368	*— 1	747 —*	8 885	7 430	3 059	1 043	196	*—	8 —*	–
1991	21 583	*— 1	520 —*	8 158	7 465	3 119	1 090	223	*—	8 —*	–
Spain – Espagne											
Total											
1983	485 352	334	32 300	131 772	166 767	96 535	44 852	11 634	1 035	123	–
1986	438 750	148	26 583	105 467	163 779	93 610	38 317	10 074	698	74	–
Male – Masculin											
1983	251 585	174	16 811	68 222	86 615	49 938	23 184	6 044	526	71	–

16. Live births by age of mother, sex and urban/rural residence: 1983 – 1992 (continued)

Naissances vivantes selon l'âge de la mère, le sexe et la résidence, urbaine/rurale: 1983 – 1992 (suite)

(See notes at end of table. – Voir notes à la fin du tableau.)

Continent, country or area, year, sex and urban/rural residence / Continent, pays ou zone, année, sexe et résidence, urbaine/rurale	All ages Tous âges	Age of mother (in years) – Age de la mère (en années)									Unknown Inconnu
		–15	15–19	20–24	25–29	30–34	35–39	40–44	45–49	50+	
EUROPE (Cont.–Suite)											
Spain – Espagne											
Female – Féminin											
1983	233 767	160	15 489	63 550	80 152	46 597	21 668	5 590	509	52	–
Sweden – Suède											
Total											
1983	91 780	5	3 470	22 314	33 853	22 290	8 583	1 224	39	2	–
1984	93 889	5	3 135	22 010	34 781	23 192	9 233	1 484	49	–	–
1985	98 463	9	3 128	23 147	36 234	24 456	9 805	1 628	53	1	2
1986	101 950	12	3 159	24 322	37 224	25 366	10 072	1 746	47	2	–
1987	104 699	10	2 990	25 203	37 769	26 797	10 029	1 846	55	–	–
1988	112 080	7	3 107	27 426	40 424	28 247	10 832	1 969	66	1	1
1989	116 023	2	3 481	27 912	42 071	29 083	11 303	2 088	80	1	2
1990	123 938	10	3 867	29 136	45 635	31 031	11 924	2 260	69	1	5
1991	123 737	7	3 557	27 370	46 717	31 440	12 276	2 273	88	1	8
Male – Masculin											
1983	47 313	3	1 784	11 431	17 523	11 582	4 333	634	23	–	–
1984	48 340	4	1 651	11 221	17 934	11 921	4 802	779	28	–	–
1985	50 748	3	1 643	11 835	18 702	12 628	5 050	858	27	1	1
1986	52 398	9	1 643	12 498	19 163	13 042	5 124	893	24	2	–
1987	53 565	4	1 531	12 787	19 403	13 697	5 151	961	31	–	–
1988	57 821	3	1 594	14 165	20 836	14 588	5 583	1 017	35	–	–
1989	59 683	2	1 810	14 241	21 665	15 105	5 753	1 063	43	1	–
1990	63 572	4	1 966	14 983	23 382	15 956	6 060	1 184	36	–	1
1991	63 729	4	1 811	14 159	24 103	16 096	6 320	1 186	46	1	3
Female – Féminin											
1983	44 467	2	1 686	10 883	16 330	10 708	4 250	590	16	2	–
1984	45 549	1	1 484	10 789	16 847	11 271	4 431	705	21	–	–
1985	47 715	6	1 485	11 312	17 532	11 828	4 755	770	26	–	1
1986	49 552	3	1 516	11 824	18 061	12 324	4 948	853	23	–	–
1987	51 134	6	1 459	12 416	18 366	13 100	4 878	885	24	–	–
1988	54 259	4	1 513	13 261	19 588	13 659	5 249	952	31	1	1
1989	56 340	–	1 671	13 671	20 406	13 978	5 550	1 025	37	–	2
1990	60 366	6	1 901	14 153	22 253	15 075	5 864	1 076	33	1	4
1991	60 008	3	1 746	13 211	22 614	15 344	5 956	1 087	42	–	5
Switzerland – Suisse [1]											
Total											
1984	74 710	5	1 907	18 001	30 360	18 152	5 447	800	37	1	–
1985	74 684	3	1 565	16 932	31 043	18 717	5 610	779	34	1	–
1986	76 320	3	1 499	16 526	32 014	19 704	5 721	823	27	3	–
1987	76 505	7	1 366	15 558	32 177	20 513	6 008	837	38	1	–
1988	80 345	3	1 462	15 638	33 957	21 907	6 465	873	38	2	–
1989	81 180	2	1 423	14 808	34 171	22 941	6 855	944	32	4	–
1990	83 939	1	1 437	14 942	35 121	24 169	7 281	959	28	1	–
1991	86 200	–	1 606	14 709	35 679	25 366	7 696	1 115	27	2	–
Male – Masculin											
1984	38 533	2	975	9 277	15 690	9 348	2 792	426	22	1	–
1985	37 965	2	804	8 539	15 882	9 456	2 888	376	18	–	–
1986	38 904	1	768	8 515	16 209	9 992	2 972	427	19	1	–
1987	39 187	4	719	7 989	16 529	10 391	3 103	433	19	–	–
1988	41 225	2	772	8 023	17 403	11 189	3 340	479	16	1	–
1989	41 678	1	725	7 596	17 567	11 735	3 564	475	12	3	–
1990	42 914	1	755	7 557	18 019	12 358	3 725	483	16	–	–
Female – Féminin											
1984	36 177	3	932	8 724	14 670	8 804	2 655	374	15	–	–
1985	36 719	1	761	8 393	15 161	9 261	2 722	403	16	1	–
1986	37 416	2	731	8 011	15 805	9 712	2 749	396	8	2	–
1987	37 318	3	647	7 569	15 648	10 122	2 905	404	19	1	–
1988	39 120	1	690	7 615	16 554	10 718	3 125	394	22	1	–
1989	39 502	1	698	7 212	16 604	11 206	3 291	469	20	1	–
1990	41 025	–	682	7 385	17 102	11 811	3 556	476	12	1	–
Ukraine [1] [13]											
Total											
1987	760 851	*—— 89 781 ——*		304 619	219 709	102 371	38 239	5 629	376	5	122
1988	744 056	*—— 94 266 ——*		295 792	211 203	100 388	36 229	5 546	285	46	301
1989	690 981	*—— 97 661 ——*		275 517	187 398	91 384	32 610	5 914	253	244	–
1990	657 202	*—— 106 002 ——*		266 877	165 993	83 509	28 748	5 626	192	11	244

16. Live births by age of mother, sex and urban/rural residence: 1983 – 1992 (continued)

Naissances vivantes selon l'âge de la mère, le sexe et la résidence, urbaine/rurale: 1983 – 1992 (suite)

(See notes at end of table. – Voir notes à la fin du tableau.)

Continent, country or area, year, sex and urban/rural residence / Continent, pays ou zone, année, sexe et résidence, urbaine/rurale	All ages Tous âges	Age of mother (in years) – Age de la mère (en années)									
		−15	15–19	20–24	25–29	30–34	35–39	40–44	45–49	50+	Unknown Inconnu
EUROPE (Cont.–Suite)											
United Kingdom – Royaume–Uni											
Total											
1983	721 467	225	62 129	221 029	244 952	137 811	47 296	7 315	634	76	–
1984	729 617	273	62 511	220 230	249 799	139 555	48 962	7 687	540	60	–
1985	750 728	263	65 172	222 614	260 192	143 385	50 590	7 884	562	66	–
1986	754 982	243	65 649	219 749	261 889	147 190	51 612	8 075	506	69	–
1987	775 617	228	65 723	220 377	271 898	154 982	52 667	9 176	496	70	–
1988	787 556	243	66 718	219 965	276 869	159 821	53 802	9 590	481	67	–
1989	777 285	232	62 941	208 972	274 882	164 215	55 537	9 966	491	49	–
1990	798 612	214	62 794	203 490	286 014	176 826	58 425	10 300	489	60	–
1991	792 506	264	59 453	196 239	282 191	182 742	60 584	10 454	528	51	–
Male – Masculin											
1983	370 926	116	32 119	113 640	126 044	70 806	24 084	3 737	340	40	–
1984	373 492	138	31 966	112 616	127 874	71 400	25 196	3 987	284	31	–
1985	385 139	143	33 322	114 636	133 012	73 602	26 088	4 020	281	35	–
1986	387 312	142	33 614	112 809	134 475	75 210	26 637	4 130	261	34	–
1987	397 903	113	34 020	113 213	139 174	79 388	27 012	4 689	246	48	–
1988	403 267	132	34 173	112 609	141 632	81 863	27 689	4 885	247	37	–
1989	398 314	115	32 344	107 028	140 725	84 150	28 572	5 100	254	26	–
1990	408 867	117	32 192	104 393	146 301	90 374	29 962	5 249	242	37	–
1991	406 370	125	30 540	100 352	144 705	93 923	31 027	5 406	265	27	–
Female – Féminin											
1983	350 541	109	30 010	107 389	118 908	67 005	23 212	3 578	294	36	–
1984	356 125	135	30 545	107 614	121 925	68 155	23 766	3 700	256	29	–
1985	365 589	120	31 850	107 978	127 180	69 783	24 502	3 864	281	31	–
1986	367 670	101	32 035	106 940	127 414	71 980	24 975	3 945	245	35	–
1987	377 714	115	31 703	107 164	132 724	75 594	25 655	4 487	250	22	–
1988	384 289	111	32 545	107 356	135 237	77 958	26 113	4 705	234	30	–
1989	378 971	117	30 597	101 944	134 157	80 065	26 965	4 866	237	23	–
1990	389 745	97	30 602	99 097	139 713	86 452	28 463	5 051	247	23	–
1991	386 136	139	28 913	95 887	137 486	88 819	29 557	5 048	263	24	–
Former Yugoslavia – Ancienne Yougoslavie [1]											
Total											
1983	374 610	295	38 637	145 401	113 688	52 961	16 403	4 275	481	86	2 383
1984	377 383	214	39 188	145 941	114 246	54 587	17 366	4 088	453	78	1 222
1985	366 629	199	38 352	139 910	111 454	53 515	17 944	3 712	439	94	1 010
1986	359 626	173	36 820	136 120	110 215	52 849	18 288	3 494	436	103	1 128
1987	359 338	216	35 331	134 991	112 366	53 082	18 361	3 546	421	96	928
1988	356 268	180	36 245	134 020	111 437	51 360	18 006	3 581	346	107	986
1989	336 394	147	33 711	125 782	105 732	48 548	17 521	3 366	295	104	1 188
1990	335 152	187	32 686	123 367	105 848	49 848	17 725	3 484	314	96	1 597
Male – Masculin											
1983	193 865	153	19 829	75 367	58 954	27 307	8 558	2 160	261	44	1 232
1984	195 032	109	20 246	75 190	58 931	28 469	9 038	2 148	246	35	620
1985	189 083	120	19 938	71 882	57 491	27 555	9 405	1 929	220	51	492
1986	185 690	76	19 137	70 316	56 681	27 396	9 473	1 795	213	49	554
1987	186 170	114	18 411	69 766	58 181	27 547	9 546	1 857	219	50	479
1988	185 019	97	18 733	69 669	57 844	26 667	9 449	1 833	181	57	489
1989	173 934	72	17 391	65 068	54 777	25 032	9 051	1 723	163	57	600
1990	173 669	107	17 135	63 639	54 965	25 776	9 267	1 750	180	46	804
Female – Féminin											
1983	180 745	142	18 808	70 034	54 734	25 654	7 845	2 115	220	42	1 151
1984	182 351	105	18 942	70 751	55 315	26 118	8 328	1 940	207	43	602
1985	177 546	79	18 414	68 028	53 963	25 960	8 539	1 783	219	43	518
1986	173 936	97	17 683	65 804	53 534	25 453	8 815	1 699	223	54	574
1987	173 168	102	16 920	65 225	54 185	25 535	8 815	1 689	202	46	449
1988	171 249	83	17 512	64 351	53 593	24 693	8 557	1 748	165	50	497
1989	162 460	75	16 320	60 714	50 955	23 516	8 470	1 643	132	47	588
1990	161 483	80	15 551	59 728	50 883	24 072	8 458	1 734	134	50	793

16. Live births by age of mother, sex and urban/rural residence: 1983 – 1992 (continued)

Naissances vivantes selon l'âge de la mère, le sexe et la résidence, urbaine/rurale: 1983 – 1992 (suite)

(See notes at end of table. – Voir notes à la fin du tableau.)

Continent, country or area, year, sex and urban/rural residence — Continent, pays ou zone, année, sexe et résidence, urbaine/rurale	All ages Tous âges	–15	15–19	20–24	25–29	30–34	35–39	40–44	45–49	50+	Unknown Inconnu
OCEANIA—OCEANIE											
American Samoa – Samoa américaines											
Total											
1988	1 625	3	114	495	552	306	134	*———	21	———*	–
Australia – Australie + [29]											
Total											
1983	242 570	133	16 520	68 194	91 737	50 024	13 971	1 885	*— 91 ——*		15
1984	234 034	504	14 124	62 727	89 725	50 349	14 518	1 962	*— 99 ——*		26
1985	247 348	521	14 035	63 463	95 216	55 619	16 238	2 103	*— 93 ——*		60
1986	243 408	522	13 804	59 045	94 561	56 187	17 021	2 146	*— 87 ——*		35
1987	243 959	499	13 485	55 443	95 216	58 519	18 004	2 577	*— 121 ——*		95
1988	246 193	429	13 532	53 171	95 241	61 651	19 357	2 634	*— 96 ——*		82
1989	250 853	489	13 770	51 647	95 649	65 090	21 038	3 004	*— 93 ——*		73
1990	262 648	466	14 641	53 169	97 438	70 600	22 740	3 396	*— 104 ——*		94
1991	257 247	447	14 270	51 679	91 932	71 312	23 875	3 486	*— 111 ——*		135
Male – Masculin											
1983	124 558	74	8 485	34 943	47 031	25 785	7 235	950	*— 44 ——*		11
1984	119 816	250	7 296	32 021	46 269	25 623	7 299	990	*— 55 ——*		13
1985	126 813	271	7 253	32 493	48 672	28 607	8 386	1 054	*— 48 ——*		29
1986	124 914	280	6 981	30 332	48 341	28 951	8 840	1 125	*— 45 ——*		19
1987	125 265	244	7 035	28 569	48 701	30 092	9 169	1 342	*— 64 ——*		49
1988	126 223	225	6 944	27 295	48 827	31 575	9 932	1 342	*— 42 ——*		41
1989	128 510	248	7 103	26 440	49 245	33 149	10 708	1 526	*— 55 ——*		36
1990	135 194	251	7 611	27 204	50 232	36 372	11 677	1 740	*— 50 ——*		57
1991	131 965	233	7 403	26 511	47 158	36 572	12 187	1 785	*— 54 ——*		62
Female – Féminin											
1983	118 012	59	8 035	33 251	44 706	24 239	6 736	935	*— 47 ——*		4
1984	114 218	254	6 828	30 706	43 456	24 726	7 219	972	*— 44 ——*		13
1985	120 535	250	6 782	30 970	46 544	27 012	7 852	1 049	*— 45 ——*		31
1986	118 494	242	6 823	28 713	46 220	27 236	8 181	1 021	*— 42 ——*		16
1987	118 694	255	6 450	26 874	46 515	28 427	8 835	1 235	*— 57 ——*		46
1988	119 970	204	6 588	25 876	46 414	30 076	9 425	1 292	*— 54 ——*		41
1989	122 343	241	6 667	25 207	46 404	31 941	10 330	1 478	*— 38 ——*		37
1990	127 454	215	7 030	25 965	47 206	34 228	11 063	1 656	*— 54 ——*		37
1991	125 282	214	6 867	25 168	44 774	34 740	11 688	1 701	*— 57 ——*		73
Cocos (Keeling) Islands – Iles des Cocos (Keeling)											
Total											
1985	11	–	–	4	4	2	1	–	–	–	–
1986	10	–	–	2	6	2	–	–	–	–	–
Male – Masculin											
1985	6	–	–	3	2	1	–	–	–	–	–
1986	3	–	–	1	2	–	–	–	–	–	–
Female – Féminin											
1985	5	–	–	1	2	1	1	–	–	–	–
1986	7	–	–	1	4	2	–	–	–	–	–
Cook Islands – Iles Cook +											
Total											
1984	420	2	105	131	86	42	38	*————	10	————*	6
1985	423	5	94	150	71	52	28	*————	13	————*	10
1986	430	5	114	135	82	45	31	*————	11	————*	7
1987	408	2	93	152	74	42	24	*————	10	————*	11
1988	430	1	86	150	101	50	29	*————	9	————*	4
Male – Masculin											
1984	199	1	49	65	31	26	19	*————	4	————*	4
1985	210	4	53	68	40	28	13	*————	1	————*	3
1986	216	2	65	62	40	22	15	*————	7	————*	3
1987	223	2	51	83	38	22	13	*————	6	————*	8
1988	232	–	41	80	58	29	19	*————	4	————*	1
Female – Féminin											
1984	221	1	56	66	55	16	19	*————	6	————*	2
1985	213	1	41	82	31	24	15	*————	12	————*	7
1986	214	3	49	73	42	23	16	*————	4	————*	4
1987	185	–	42	69	36	20	11	*————	4	————*	3
1988	198	1	45	70	43	21	10	*————	5	————*	3

16. Live births by age of mother, sex and urban/rural residence: 1983 – 1992 (continued)

Naissances vivantes selon l'âge de la mère, le sexe et la résidence, urbaine/rurale: 1983 – 1992 (suite)

(See notes at end of table. – Voir notes à la fin du tableau.)

Continent, country or area, year, sex and urban/rural residence / Continent, pays ou zone, année, sexe et résidence, urbaine/rurale	All ages Tous âges	Age of mother (in years) – Age de la mère (en années)									Unknown Inconnu
		−15	15–19	20–24	25–29	30–34	35–39	40–44	45–49	50+	
OCEANIA—OCEANIE(Cont.–Suite)											
Fiji – Fidji+											
Total											
1983	19 802	10	2 031	7 797	5 565	2 822	1 175	334	65	3	–
1984	19 502	7	2 157	7 646	5 451	2 698	1 148	318	50	7	20
1985	19 464	2	2 156	7 720	5 432	2 595	1 110	302	44	7	96
1986	19 045	7	1 914	7 230	5 616	2 578	1 170	293	64	10	163
1987	19 445	2	2 174	7 642	5 607	2 566	1 101	254	18	–	81
Male – Masculin											
1985	10 083	1	1 163	3 933	2 831	1 325	595	152	29	4	50
1986	9 852	2	1 008	3 754	2 906	1 302	616	140	34	7	83
1987	10 158	1	1 118	4 003	2 908	1 357	591	130	10	–	40
Female – Féminin											
1985	9 381	1	993	3 787	2 601	1 270	515	150	15	3	46
1986	9 193	5	906	3 476	2 710	1 276	554	153	30	3	80
1987	9 287	1	1 056	3 639	2 699	1 209	510	124	8	–	41
Guam [1] [30]											
Total											
1983	3 184	5	423	1 083	881	541	213	35	3	–	–
1984	3 067	7	458	1 017	829	514	207	25	2	–	8
1985	3 197	3	433	1 102	875	520	220	41	1	–	2
1986	3 309	3	459	1 144	920	531	208	42	2	–	
Male – Masculin											
1983	1 586	4	219	540	438	251	119	14	1	–	–
1984	1 541	2	219	516	421	264	107	9	–	–	3
1985	1 643	2	221	575	443	264	111	25	1	–	1
1986	1 727	3	241	602	486	265	108	20	2	–	–
Female – Féminin											
1983	1 598	1	204	543	443	290	94	21	2	–	–
1984	1 526	5	239	501	408	250	100	16	2	–	5
1985	1 554	1	212	527	432	256	109	16	–	–	1
1986	1 582	–	218	542	434	266	100	22	–	–	–
Marshall Islands – Iles Marshall [31]											
Total											
1987	1 618	5	231	511	399	229	108	22	*—	3 —*	110
1988	1 541	4	263	530	377	194	111	34	*—	1 —*	27
1989	1 429	2	212	514	338	203	106	22	*—	2 —*	30
New Caledonia – Nouvelle–Calédonie											
Total											
1983	3 873	9	487	1 321	1 003	624	315	101	7	6	–
1984	3 772	21	476	1 244	995	593	262	89	9	83	–
1985	3 553	10	428	1 208	981	565	265	84	10	2	–
1987	3 881	8	361	1 147	1 153	680	303	97	9	5	118
New Zealand – Nouvelle–Zélande+ [1] [29]											
Total											
1983	50 474	182	4 618	15 753	18 371	8 888	2 268	370	24	–	–
1984	51 636	195	4 314	15 373	19 295	9 518	2 525	390	26	–	–
1985	51 798	185	4 350	14 934	19 316	9 964	2 666	361	22	–	–
1986	52 824	165	4 337	14 609	19 584	10 800	2 917	390	*—	22 —*	...
1987	55 254	184	4 617	14 441	20 452	11 824	3 267	444	*—	25 —*	...
1988	57 546	163	4 639	14 372	21 187	12 945	3 681	529	*—	30 —*	–
1989	58 091	158	4 831	13 979	21 120	13 532	3 856	582	*—	33 —*	–
1990	60 153	170	4 867	13 959	21 229	14 768	4 513	617	*—	30 —*	–
Male – Masculin											
1983	25 876	89	2 347	8 018	9 508	4 558	1 165	180	11	–	–
1984	26 495	98	2 247	7 896	9 889	4 893	1 255	202	15	–	–
1985	26 557	79	2 229	7 705	9 847	5 154	1 343	185	15	–	–
1986	26 899	75	2 188	7 462	10 004	5 476	1 480	208	*—	6 —*	...
1987	28 594	90	2 278	7 439	10 639	6 232	1 676	230	*—	10 —*	...
1988	29 512	88	2 358	7 263	10 967	6 695	1 878	249	*—	14 —*	–
1989	29 658	82	2 485	7 136	10 729	6 949	1 982	286	*—	9 —*	–
1990	30 708	85	2 568	7 075	10 723	7 586	2 345	312	*—	14 —*	–

16. Live births by age of mother, sex and urban/rural residence: 1983 – 1992 (continued)

Naissances vivantes selon l'âge de la mère, le sexe et la résidence, urbaine/rurale: 1983 – 1992 (suite)

(See notes at end of table. – Voir notes à la fin du tableau.)

Continent, country or area, year, sex and urban/rural residence / Continent, pays ou zone, année, sexe et résidence, urbaine/rurale	All ages Tous âges	−15	15–19	20–24	25–29	30–34	35–39	40–44	45–49	50+	Unknown Inconnu
OCEANIA—OCEANIE(Cont.–Suite)											
New Zealand – Nouvelle–Zélande + [1] [29]											
Female – Féminin											
1983	24 598	93	2 271	7 735	8 863	4 330	1 103	190	13	–	–
1984	25 141	97	2 067	7 477	9 406	4 625	1 270	188	11	–	–
1985	25 241	106	2 121	7 229	9 469	4 810	1 323	176	7	–	–
1986	25 925	90	2 149	7 147	9 580	5 324	1 437	182	*—	16 —*	...
1987	26 660	94	2 339	7 002	9 813	5 592	1 591	214	*—	15 —*	...
1988	28 034	75	2 281	7 109	10 220	6 250	1 803	280	*—	16 —*	
1989	28 433	76	2 346	6 843	10 391	6 583	1 874	296	*—	24 —*	
1990	29 445	85	2 299	6 884	10 506	7 182	2 168	305	*—	16 —*	
Norfolk Island – Ile Norfolk											
Total											
1983	28	–	4	3	13	6	2	–	–	–	–
1984	20	–	–	8	9	2	1	–	–	–	–
1988	29	–	1	5	11	11	1	–	–	–	–
Male – Masculin											
1983	14	–	–	2	8	3	1	–	–	–	–
1984	10	–	–	4	5	–	1	–	–	–	–
1988	19	–	1	4	8	6	–	–	–	–	–
Female – Féminin											
1983	14	–	4	1	5	3	1	–	–	–	–
1984	10	–	–	4	4	2	–	–	–	–	–
1988	10	–	–	1	3	5	1	–	–	–	–
Northern Mariana Islands – Iles Mariannes du Nord [31]											
Total											
1985	698	6	97	210	210	121	50	4	–	–	–
1989	989	2	132	283	288	209	68	7	–	–	–
Male – Masculin											
1985	374	4	57	101	109	73	27	3	–	–	–
1989	530	–	70	148	153	117	38	4	–	–	–
Female – Féminin											
1985	324	2	40	109	101	48	23	1	–	–	–
1989	459	2	62	135	135	92	30	3	–	–	–
Tonga											
Total											
1990	2 548	–	131	594	844	422	445	99	10	3	–

16. Live births by age of mother, sex and urban/rural residence: 1983 – 1992 (continued)

Naissances vivantes selon l'âge de la mère, le sexe et la résidence, urbaine/rurale: 1983 – 1992 (suite)

Data by urban/rural residence

Données selon la résidence urbaine/rurale

(See notes at end of table. – Voir notes à la fin du tableau.)

Continent, country or area, year, sex and urban/rural residence / Continent, pays ou zone, année, sexe et résidence, urbaine/rurale	All ages Tous âges	–15	15–19	20–24	25–29	30–34	35–39	40–44	45–49	50+	Unknown Inconnu
AFRICA—AFRIQUE											
Egypt – Egypte											
Urban – Urbaine											
Total											
1983	663 702	*— 15	807 —*	143 018	224 645	139 480	73 918	22 628	*— 6	907 —*	37 299
1984	711 519	*— 16	630 —*	151 812	235 504	157 577	79 772	24 321	*— 7	217 —*	38 686
1985	768 153	*— 17	307 —*	158 105	242 616	160 373	84 515	24 665	*— 8	658 —*	71 914
1986	763 055	*— 16	184 —*	158 327	237 996	158 600	80 414	24 800	*— 7	557 —*	79 177
1987	745 288	*— 14	672 —*	157 858	234 138	154 066	78 613	23 736	*— 6	705 —*	75 500
1988	732 173	*— 14	749 —*	158 388	234 417	161 367	83 845	23 325	*— 5	943 —*	50 139
1989	679 231	*— 13	722 —*	144 800	221 167	149 001	77 580	19 918	*— 4	894 —*	48 149
Male – Masculin											
1983	340 898	*— 8	125 —*	73 461	115 238	71 691	38 088	11 438	*— 3	553 —*	19 304
1984	369 592	*— 8	721 —*	79 107	122 030	81 976	41 333	12 644	*— 3	750 —*	20 031
1985	391 089	*— 8	991 —*	82 308	125 799	82 878	43 505	12 743	*— 4	267 —*	30 598
1986	388 761	*— 8	296 —*	82 261	123 203	82 021	41 374	12 833	*— 3	908 —*	34 865
1987	380 316	*— 7	696 —*	81 939	121 321	78 773	40 117	12 268	*— 3	489 —*	34 713
1988	376 063	*— 7	467 —*	81 480	120 657	82 909	42 894	12 003	*— 3	041 —*	25 612
1989	348 461	*— 7	059 —*	74 454	113 705	76 189	39 732	10 059	*— 2	538 —*	24 725
Female – Féminin											
1983	322 804	*— 7	682 —*	69 557	109 407	67 789	35 830	11 190	*— 3	354 —*	17 995
1984	341 927	*— 7	909 —*	72 705	113 474	75 601	38 439	11 677	*— 3	467 —*	18 655
1985	377 064	*— 8	316 —*	75 797	116 817	77 495	41 010	11 922	*— 4	391 —*	41 316
1986	374 294	*— 7	888 —*	76 066	114 793	76 579	39 040	11 967	*— 3	649 —*	44 312
1987	364 972	*— 6	976 —*	75 919	112 817	75 293	38 496	11 468	*— 3	216 —*	40 787
1988	356 110	*— 7	282 —*	76 908	113 760	78 458	40 951	11 322	*— 2	902 —*	24 527
1989	330 770	*— 6	663 —*	70 346	107 462	72 812	37 848	9 859	*— 2	356 —*	23 424
Rural – Rurale											
Total											
1983	1 003 213	*— 27	778 —*	201 944	296 548	204 253	144 275	55 961	*— 22	356 —*	50 098
1984	1 085 687	*— 31	030 —*	224 096	317 829	222 888	153 026	57 891	*— 21	621 —*	57 306
1985	1 134 869	*— 31	344 —*	228 297	320 795	223 927	149 941	57 425	*— 23	528 —*	99 612
1986	1 144 920	*— 29	193 —*	229 038	316 486	227 518	149 005	55 732	*— 21	855 —*	116 093
1987	1 157 316	*— 28	034 —*	235 468	327 617	230 990	149 152	52 551	*— 20	266 —*	113 238
1988	1 180 592	*— 28	823 —*	244 347	344 526	242 015	158 533	54 356	*— 19	134 —*	88 858
1989	1 043 703	*— 25	635 —*	219 198	310 122	211 556	136 739	44 486	*— 14	703 —*	81 264
Male – Masculin											
1983	516 882	*— 14	391 —*	104 579	152 362	105 322	74 201	28 691	*— 11	507 —*	25 829
1984	563 633	*— 16	187 —*	116 814	165 202	115 599	79 087	29 635	*— 11	194 —*	29 915
1985	581 158	*— 16	345 —*	118 539	166 159	115 575	77 596	29 449	*— 12	198 —*	45 297
1986	580 410	*— 15	197 —*	119 037	163 516	117 316	76 880	28 713	*— 11	310 —*	48 441
1987	591 123	*— 14	476 —*	121 094	168 894	119 507	76 951	27 107	*— 10	563 —*	52 531
1988	605 780	*— 14	944 —*	125 623	176 716	124 378	81 194	27 533	*— 9	803 —*	45 589
1989	540 157	*— 13	295 —*	113 363	160 285	109 762	70 707	23 159	*— 7	515 —*	42 071
Female – Féminin											
1983	486 331	*— 13	387 —*	97 365	144 186	98 931	70 074	27 270	*— 10	849 —*	24 269
1984	522 054	*— 14	843 —*	107 282	152 627	107 289	73 939	28 256	*— 10	427 —*	27 391
1985	553 711	*— 14	999 —*	109 758	154 636	108 352	72 345	27 976	*— 11	330 —*	54 315
1986	564 510	*— 13	996 —*	110 001	152 970	110 202	72 125	27 019	*— 10	545 —*	67 652
1987	566 193	*— 13	558 —*	114 374	158 723	111 483	72 201	25 444	*— 9	703 —*	60 707
1988	574 812	*— 13	879 —*	118 724	167 810	117 637	77 339	26 823	*— 9	331 —*	43 269
1989	503 546	*— 12	340 —*	105 835	149 837	101 794	66 032	21 327	*— 7	188 —*	39 193
Mali [2]											
Urban – Urbaine											
Total											
1987	72 297	237	10 440	18 126	18 248	12 169	7 438	2 856	759	107	1 917
Male – Masculin											
1987	37 045	132	5 300	9 378	9 306	6 174	3 824	1 446	397	50	1 038
Female – Féminin											
1987	35 252	105	5 140	8 748	8 942	5 995	3 614	1 410	362	57	879
Rural – Rurale											
Total											
1987	302 820	1 119	46 570	73 229	73 661	49 811	33 267	13 356	4 283	737	6 787
Male – Masculin											
1987	155 248	585	23 593	37 672	37 592	25 750	17 016	6 813	2 221	377	3 629
Female – Féminin											
1987	147 572	534	22 977	35 557	36 069	24 061	16 251	6 543	2 062	360	3 158

16. Live births by age of mother, sex and urban/rural residence: 1983 – 1992 (continued)

Naissances vivantes selon l'âge de la mère, le sexe et la résidence, urbaine/rurale: 1983 – 1992 (suite)

Data by urban/rural residence

Données selon la résidence urbaine/rurale

(See notes at end of table. – Voir notes à la fin du tableau.)

Continent, country or area, year, sex and urban/rural residence — Continent, pays ou zone, année, sexe et résidence, urbaine/rurale	All ages Tous âges	\-15	15–19	20–24	25–29	30–34	35–39	40–44	45–49	50+	Unknown Inconnu
AFRICA—AFRIQUE (Cont.–Suite)											
Tunisia – Tunisie											
Urban – Urbaine											
Total											
1985	151 683	278	6 793	35 409	40 785	27 787	11 684	3 601	738	357	24 251
1986	155 528	23	6 369	35 342	40 590	28 793	12 469	3 380	741	28	27 793
1987	154 144	298	5 323	33 449	39 359	28 537	12 979	3 596	665	315	29 623
1988	145 669	250	4 693	30 771	37 431	26 515	12 301	3 275	517	278	29 638
1989	142 786	–	4 380	30 409	39 857	28 055	13 697	3 352	524	–	22 512
Male – Masculin											
1985	78 266	139	3 480	18 283	21 134	14 350	5 964	1 869	384	191	12 472
1986	80 496	13	3 317	18 291	21 081	14 825	6 361	1 733	389	16	14 470
1987	79 576	157	2 696	17 257	20 295	14 780	6 590	1 883	310	148	15 460
1988	75 636	112	2 411	15 953	19 482	13 681	6 319	1 692	271	141	15 574
1989	74 235	–	2 278	16 093	20 635	14 460	7 114	1 721	251		11 683
Female – Féminin											
1985	73 417	139	3 313	17 126	19 651	13 437	5 720	1 732	354	166	11 779
1986	75 032	10	3 052	17 051	19 509	13 968	6 108	1 647	352	12	13 323
1987	74 568	141	2 627	16 192	19 064	13 757	6 389	1 713	355	167	14 163
1988	70 033	138	2 282	14 818	17 949	12 834	5 982	1 583	246	137	14 064
1989	68 551	–	2 102	14 316	19 222	13 595	6 583	1 631	273	–	10 829
Rural – Rurale											
Total											
1985	75 505	184	3 685	17 393	20 828	17 188	8 226	3 443	964	377	3 217
1986	79 208	4	3 546	18 623	21 061	18 043	9 211	3 361	1 073	33	4 253
1987	70 025	163	2 724	15 821	18 171	16 259	8 469	2 922	777	272	4 447
1988	69 400	168	2 536	15 991	18 144	15 677	8 942	2 935	706	248	4 053
1989	56 673	–	1 885	13 217	15 877	13 016	7 915	2 362	612	–	1 789
Male – Masculin											
1985	38 847	99	1 848	8 998	10 725	8 862	4 189	1 765	504	186	1 671
1986	40 751	2	1 807	9 663	10 943	9 178	4 756	1 651	541	17	2 193
1987	35 876	87	1 426	8 030	9 299	8 379	4 266	1 509	398	130	2 352
1988	35 478	89	1 273	8 205	9 360	7 967	4 563	1 455	350	113	2 103
1989	29 266	–	957	6 856	8 263	6 707	4 008	1 205	316	–	954
Female – Féminin											
1985	36 658	85	1 837	8 395	10 103	8 326	4 037	1 678	460	191	1 546
1986	38 457	2	1 739	8 960	10 118	8 865	4 455	1 710	532	16	2 060
1987	34 149	76	1 298	7 791	8 872	7 880	4 203	1 413	379	142	2 095
1988	33 922	79	1 263	7 786	8 784	7 710	4 379	1 480	356	135	1 950
1989	27 407	–	928	6 361	7 614	6 309	3 907	1 157	296	–	835
AMERICA, NORTH— AMERIQUE DU NORD											
Cuba											
Urban – Urbaine											
Total											
1983	109 666	717	30 295	39 439	22 027	11 786	4 113	710	79	46	454
1984	110 852	683	28 727	41 514	22 435	12 110	4 146	726	101	79	331
1985	122 900	1 009	34 875	46 127	23 717	11 466	4 241	792	129	73	471
1986	113 488	953	30 424	42 499	22 994	11 076	4 194	678	119	179	372
1987	123 120	707	26 372	46 722	29 633	13 437	4 905	760	158	155	271
1988	133 299	591	27 372	49 215	35 540	14 366	5 281	833	54	31	16
1990	129 717	*—— 24 573 ——*		44 041	39 970	15 329	4 938	786	37	18	25
Male – Masculin											
1983	56 633	415	16 650	19 790	11 415	5 767	2 012	385	55	16	128
1984	57 070	453	16 899	21 006	10 625	5 526	1 914	354	54	47	192
1985	63 167	486	17 499	24 702	11 845	5 801	2 118	394	60	37	225
1986	58 881	469	16 497	22 109	11 424	5 621	2 066	367	60	75	193
1987	63 949	367	13 698	24 268	15 391	6 979	2 548	395	82	80	141
1988	69 774	300	14 284	25 807	18 735	7 464	2 692	426	33	20	13
Female – Féminin											
1983	53 033	302	13 645	19 649	10 612	6 019	2 101	325	24	30	326
1984	53 782	230	11 828	20 508	11 810	6 584	2 232	372	47	32	139
1985	59 733	523	17 376	21 425	11 872	5 665	2 123	398	69	36	246
1986	54 607	484	13 927	20 390	11 570	5 455	2 128	311	59	104	179
1987	59 171	340	12 674	22 454	14 242	6 458	2 357	365	76	75	130
1988	63 525	291	13 088	23 408	16 805	6 902	2 589	407	21	11	3

16. Live births by age of mother, sex and urban/rural residence: 1983 – 1992 (continued)

Naissances vivantes selon l'âge de la mère, le sexe et la résidence, urbaine/rurale: 1983 – 1992 (suite)

Data by urban/rural residence

Données selon la résidence urbaine/rurale

(See notes at end of table. – Voir notes à la fin du tableau.)

Continent, country or area, year, sex and urban/rural residence / Continent, pays ou zone, année, sexe et résidence, urbaine/rurale	All ages Tous âges	\-15	15–19	20–24	25–29	30–34	35–39	40–44	45–49	50+	Unknown Inconnu
AMERICA, NORTH— (Cont.–Suite) AMERIQUE DU NORD											
Cuba											
Rural – Rurale											
Total											
1983	55 618	673	21 187	19 153	8 625	3 856	1 419	310	68	62	265
1984	55 429	593	20 041	19 882	8 906	3 959	1 418	304	60	45	221
1985	59 167	486	16 789	22 206	11 418	5 520	2 042	382	62	35	227
1986	52 561	443	14 068	19 681	10 665	5 134	1 946	314	55	84	171
1987	56 357	665	18 403	20 840	10 144	4 093	1 506	266	152	86	202
1988	54 612	522	17 286	19 916	10 941	4 187	1 472	245	21	9	13
1990	56 941	*—— 16 764 ——*		20 633	12 924	4 752	1 520	308	22	12	6
Male – Masculin											
1983	28 800	290	10 047	10 519	4 396	2 276	861	112	23	47	229
1984	28 428	225	8 418	10 463	5 293	2 753	953	176	27	24	96
1985	30 343	232	8 406	11 869	5 690	2 785	1 018	189	29	17	108
1986	26 393	211	7 394	9 910	5 121	2 520	926	165	27	34	85
1987	29 074	357	9 472	10 702	5 225	2 093	860	126	77	60	102
1988	28 436	250	8 986	10 409	5 707	2 203	745	112	13	4	7
Female – Féminin											
1983	26 818	383	11 140	8 634	4 229	1 580	558	198	45	15	36
1984	27 001	368	11 623	9 419	3 613	1 206	465	128	33	21	125
1985	28 824	254	8 383	10 337	5 728	2 735	1 024	193	33	18	119
1986	26 168	232	6 674	9 771	5 544	2 614	1 020	149	28	50	86
1987	27 283	308	8 931	10 138	4 919	2 000	646	140	75	26	100
1988	26 176	272	8 300	9 507	5 234	1 984	727	133	8	5	6
El Salvador											
Urban – Urbaine											
Total											
1983	*67 361*	*212*	*13 520*	*22 964*	*15 453*	*8 047*	*4 065*	*1 516*	*298*	*63*	*1 223*
1984	*64 811*	*184*	*12 484*	*22 405*	*14 798*	*7 667*	*3 865*	*1 467*	*281*	*39*	*1 621*
1985	*65 451*	*253*	*12 706*	*22 480*	*14 897*	*7 794*	*3 948*	*1 425*	*306*	*20*	*1 622*
1986	*70 334*	*277*	*13 759*	*24 215*	*16 075*	*8 265*	*4 165*	*1 378*	*349*	*13*	*1 838*
1987	*71 221*	*368*	*13 507*	*24 751*	*16 469*	*8 525*	*4 003*	*1 388*	*285*	*71*	*1 854*
1988	*72 659*	*353*	*13 857*	*24 922*	*16 973*	*8 658*	*4 178*	*1 378*	*296*	*91*	*1 953*
1989	*74 088*	*378*	*14 096*	*25 163*	*17 448*	*8 832*	*4 083*	*1 338*	*322*	*54*	*2 374*
Male – Masculin											
1984	*33 167*	*89*	*6 347*	*11 465*	*7 593*	*3 948*	*1 971*	*743*	*154*	*16*	*841*
1985	*33 206*	*125*	*6 413*	*11 499*	*7 509*	*3 972*	*2 024*	*732*	*135*	*8*	*789*
1986	*36 115*	*153*	*7 180*	*12 407*	*8 243*	*4 128*	*2 126*	*743*	*179*	*7*	*949*
1987	*36 369*	*177*	*6 876*	*12 708*	*8 391*	*4 391*	*2 019*	*709*	*133*	*29*	*936*
1988	*37 222*	*164*	*7 199*	*12 724*	*8 745*	*4 416*	*2 104*	*690*	*151*	*45*	*984*
1989	*37 839*	*202*	*7 179*	*12 940*	*8 957*	*4 434*	*2 064*	*676*	*166*	*27*	*1 194*
Female – Féminin											
1984	*31 644*	*95*	*6 137*	*10 940*	*7 205*	*3 719*	*1 894*	*724*	*127*	*23*	*780*
1985	*31 717*	*126*	*6 204*	*10 846*	*7 253*	*3 755*	*1 890*	*684*	*167*	*12*	*780*
1986	*34 219*	*124*	*6 579*	*11 808*	*7 832*	*4 137*	*2 039*	*635*	*170*	*6*	*889*
1987	*34 852*	*191*	*6 631*	*12 043*	*8 078*	*4 134*	*1 984*	*679*	*152*	*42*	*918*
1988	*35 437*	*189*	*6 658*	*12 198*	*8 228*	*4 242*	*2 074*	*688*	*145*	*46*	*969*
1989	*36 249*	*176*	*6 917*	*12 223*	*8 491*	*4 398*	*2 019*	*662*	*156*	*27*	*1 180*
Rural – Rurale											
Total											
1983	*76 832*	*203*	*15 144*	*22 736*	*15 447*	*10 519*	*6 993*	*2 983*	*617*	*133*	*2 057*
1984	*77 391*	*211*	*15 053*	*22 954*	*15 557*	*10 425*	*6 878*	*2 967*	*583*	*97*	*2 666*
1985	*75 333*	*278*	*14 578*	*22 074*	*15 208*	*10 006*	*6 858*	*2 880*	*652*	*71*	*2 728*
1986	*74 792*	*271*	*14 310*	*22 108*	*14 962*	*9 719*	*6 779*	*2 734*	*695*	*59*	*3 155*
1987	*77 134*	*310*	*14 630*	*21 979*	*16 419*	*10 018*	*6 523*	*2 660*	*561*	*159*	*3 875*
1988	*76 640*	*361*	*15 185*	*22 685*	*15 625*	*9 440*	*6 468*	*2 659*	*661*	*152*	*3 404*
1989	*77 771*	*407*	*15 288*	*22 446*	*15 755*	*9 672*	*6 268*	*2 484*	*588*	*113*	*4 750*
Male – Masculin											
1984	*39 370*	*109*	*7 671*	*11 726*	*7 873*	*5 336*	*3 403*	*1 511*	*285*	*56*	*1 400*
1985	*37 780*	*155*	*7 330*	*11 181*	*7 576*	*4 964*	*3 443*	*1 448*	*316*	*33*	*1 334*
1986	*37 976*	*135*	*7 217*	*11 248*	*7 629*	*4 922*	*3 442*	*1 350*	*358*	*28*	*1 647*
1987	*38 788*	*169*	*7 414*	*11 198*	*7 996*	*5 035*	*3 307*	*1 289*	*277*	*64*	*2 039*
1988	*39 185*	*193*	*7 755*	*11 659*	*8 024*	*4 726*	*3 298*	*1 395*	*341*	*75*	*1 719*
1989	*39 852*	*223*	*7 845*	*11 562*	*8 046*	*4 901*	*3 265*	*1 237*	*316*	*55*	*2 402*

16. Live births by age of mother, sex and urban/rural residence: 1983 – 1992 (continued)

Naissances vivantes selon l'âge de la mère, le sexe et la résidence, urbaine/rurale: 1983 – 1992 (suite)

Data by urban/rural residence

Données selon la résidence urbaine/rurale

(See notes at end of table. – Voir notes à la fin du tableau.)

Continent, country or area, year, sex and urban/rural residence Continent, pays ou zone, année, sexe et résidence, urbaine/rurale	All ages Tous âges	Age of mother (in years) – Age de la mère (en années)									Unknown Inconnu
		–15	15–19	20–24	25–29	30–34	35–39	40–44	45–49	50+	
AMERICA,NORTH— (Cont.–Suite) **AMERIQUE DU NORD**											
El Salvador											
Rural – Rurale											
Female – Féminin											
1984	38 021	102	7 382	11 228	7 684	5 089	3 475	1 456	298	41	1 266
1985	36 811	132	7 184	10 739	7 453	4 953	3 307	1 395	325	36	1 287
1986	36 816	136	7 093	10 860	7 333	4 797	3 337	1 384	337	31	1 508
1987	38 346	141	7 216	10 781	8 423	4 983	3 216	1 371	284	95	1 836
1988	37 455	168	7 430	11 026	7 601	4 714	3 170	1 264	320	77	1 685
1989	37 919	184	7 443	10 884	7 709	4 771	3 003	1 247	272	58	2 348
Guatemala											
Urban – Urbaine											
Total											
1983	115 088	323	18 043	36 883	27 877	17 894	9 733	3 330	394	611	–
1984	118 874	380	17 716	37 652	28 458	18 796	10 377	3 652	559	1 284	–
1985	123 475	337	18 357	38 311	30 503	19 370	10 792	3 762	658	1 385	–
1986	120 631	329	17 934	37 429	29 800	18 924	10 544	3 675	643	1 353	–
1987	122 703	337	18 243	38 071	30 313	19 256	10 727	3 741	654	1 361	–
1988	126 988	343	18 883	39 404	31 366	19 924	11 099	3 873	673	1 423	–
Male – Masculin											
1983	59 234	167	9 308	19 090	14 194	9 218	4 989	1 723	192	353	–
1984	60 576	235	9 088	19 127	14 523	9 585	5 288	1 857	283	590	–
1985	63 783	190	9 469	19 936	15 784	9 881	5 547	1 944	337	695	–
1986	62 318	186	9 251	19 477	15 421	9 653	5 419	1 899	329	683	–
1987	62 214	186	9 236	19 446	15 396	9 638	5 410	1 896	328	678	–
1988	65 274	196	9 239	20 405	16 155	10 111	5 679	1 991	346	1 152	–
Female – Féminin											
1983	55 854	156	8 735	17 793	13 683	8 676	4 744	1 607	202	258	–
1984	58 298	145	8 628	18 525	13 935	9 211	5 089	1 795	276	694	–
1985	59 692	147	8 888	18 375	14 719	9 489	5 245	1 818	321	690	–
1986	58 313	143	8 683	17 952	14 379	9 271	5 125	1 776	314	670	–
1987	60 489	151	9 007	18 625	14 917	9 618	5 317	1 845	326	683	–
1988	61 714	147	9 644	18 999	15 211	9 813	5 420	1 882	327	271	–
Rural – Rurale											
Total											
1983	191 739	740	32 348	54 715	42 100	31 604	20 647	7 643	1 278	664	–
1984	193 220	919	31 385	53 965	42 353	32 103	21 021	7 912	1 550	2 012	–
1985	203 374	862	32 485	56 114	45 627	33 695	22 659	8 434	1 734	1 764	–
1986	198 690	842	31 737	54 821	44 577	32 919	22 137	8 240	1 694	1 723	–
1987	195 829	857	31 440	54 650	44 316	32 707	21 599	7 943	1 584	733	–
1988	214 394	909	34 220	59 219	48 149	35 501	23 840	8 865	1 826	1 865	–
Male – Masculin											
1983	97 593	380	16 543	27 896	21 498	15 883	10 479	3 920	638	356	–
1984	97 918	485	15 834	27 592	21 548	16 357	10 598	3 978	759	767	–
1985	103 661	439	16 665	28 893	23 161	17 059	11 552	4 228	876	788	–
1986	99 619	413	15 946	27 307	22 294	16 646	11 147	4 141	853	872	–
1987	100 487	439	16 205	28 246	22 775	16 659	11 083	3 949	793	338	–
1988	107 863	418	17 439	32 016	25 276	16 677	10 112	3 955	797	1 173	–
Female – Féminin											
1983	94 146	360	15 805	26 819	20 602	15 721	10 168	3 723	640	308	–
1984	95 302	434	15 551	26 373	20 805	15 746	10 423	3 934	791	1 245	–
1985	99 713	423	15 820	27 221	22 466	16 636	11 107	4 206	858	976	–
1986	99 071	429	15 791	27 514	22 283	16 273	10 990	4 099	841	851	–
1987	95 342	418	15 235	26 404	21 541	16 048	10 516	3 994	791	395	–
1988	106 531	491	16 781	27 203	22 873	18 824	13 728	4 910	1 029	692	–
Mexico – Mexique + [32]											
Urban – Urbaine											
Total											
1986	1 602 746	5 051	243 874	525 055	419 136	232 397	113 552	34 725	6 739	467	21 750
1988	1 635 524	6 494	265 903	534 460	431 413	238 571	109 315	31 602	6 039	423	11 304
1989	1 621 655	6 482	266 157	528 987	429 937	237 470	106 605	30 370	5 514	368	9 765
Rural – Rurale											
Total											
1986	915 710	5 015	153 865	275 191	210 110	131 315	87 538	32 139	6 598	444	13 495
1988	892 600	5 918	160 329	272 214	204 045	126 243	79 594	28 696	5 857	376	9 328
1989	899 418	5 950	165 026	274 212	206 972	126 933	78 877	27 624	5 872	350	7 602

16. Live births by age of mother, sex and urban/rural residence: 1983 – 1992 (continued)

Naissances vivantes selon l'âge de la mère, le sexe et la résidence, urbaine/rurale: 1983 – 1992 (suite)

Data by urban/rural residence

Données selon la résidence urbaine/rurale

(See notes at end of table. – Voir notes à la fin du tableau.)

Continent, country or area, year, sex and urban/rural residence / Continent, pays ou zone, année, sexe et résidence, urbaine/rurale	All ages Tous âges	Age of mother (in years) – Age de la mère (en années)									Unknown Inconnu
		−15	15−19	20−24	25−29	30−34	35−39	40−44	45−49	50+	
AMERICA,NORTH— (Cont.–Suite) AMERIQUE DU NORD											
Panama											
Urban – Urbaine											
Total											
1983	26 023	101	4 597	9 086	7 030	3 428	1 267	253	22	2	237
1984	26 487	91	4 517	9 162	7 224	3 658	1 213	263	15	1	343
1985	27 418	103	4 480	9 618	7 537	3 780	1 295	295	16	4	290
1986	27 175	110	4 397	9 224	7 763	3 826	1 361	253	22	3	216
1987	26 766	111	4 376	9 039	7 482	3 887	1 327	220	15	1	308
1988	26 754	95	4 286	8 953	7 451	3 976	1 302	240	10	−	441
1989	26 971	133	4 381	8 787	7 598	4 049	1 441	278	19	−	285
1990	27 332	112	4 387	8 635	7 714	4 312	1 521	270	25	4	352
Male – Masculin											
1983	13 399	52	2 411	4 715	3 548	1 764	635	141	10	1	122
1984	13 451	50	2 288	4 715	3 612	1 860	610	147	6	1	162
1985	13 996	55	2 289	5 007	3 821	1 892	640	138	10	3	141
1986	13 914	61	2 265	4 801	3 890	1 935	702	137	9	2	112
1987	13 700	68	2 245	4 603	3 859	1 994	654	114	5	1	157
1988	13 823	50	2 222	4 596	3 906	2 036	661	124	5	−	223
1989	13 868	69	2 190	4 522	3 973	2 102	718	132	15	−	147
1990	13 825	50	2 215	4 393	3 909	2 180	746	147	11	2	172
Female – Féminin											
1983	12 624	49	2 186	4 371	3 482	1 664	632	112	12	1	115
1984	13 036	41	2 229	4 447	3 612	1 798	603	116	9	−	181
1985	13 422	48	2 191	4 611	3 716	1 888	655	157	6	1	149
1986	13 261	49	2 132	4 423	3 873	1 891	659	116	13	1	104
1987	13 066	43	2 131	4 436	3 623	1 893	673	106	10	−	151
1988	12 931	45	2 064	4 357	3 545	1 940	641	116	5	−	218
1989	13 103	64	2 191	4 265	3 625	1 947	723	146	4	−	138
1990	13 507	62	2 172	4 242	3 805	2 132	775	123	14	2	180
Rural – Rurale											
Total											
1983	29 199	265	6 441	9 016	6 033	3 698	2 132	824	143	24	623
1984	30 172	231	6 426	9 475	6 379	3 846	2 143	767	116	25	764
1985	30 620	251	6 736	9 458	6 548	3 742	2 230	781	149	28	697
1986	30 480	270	6 597	9 599	6 806	3 601	2 155	661	158	38	595
1987	30 881	269	6 745	9 641	6 876	3 745	2 083	733	122	20	647
1988	31 705	262	6 837	10 045	7 201	3 926	1 955	667	106	21	685
1989	32 098	272	7 133	10 077	7 310	3 870	1 958	731	110	27	610
1990	32 572	253	6 843	10 116	7 411	4 271	2 016	668	115	20	859
Male – Masculin											
1983	15 069	132	3 271	4 685	3 143	1 894	1 090	417	75	11	351
1984	15 513	107	3 319	4 901	3 320	1 942	1 095	394	58	10	367
1985	15 678	138	3 443	4 859	3 339	1 935	1 121	396	74	15	358
1986	15 810	140	3 401	4 974	3 558	1 870	1 114	354	76	19	304
1987	15 832	140	3 424	4 950	3 588	1 900	1 055	377	53	14	331
1988	16 430	122	3 563	5 201	3 741	2 050	1 004	333	56	11	349
1989	16 447	139	3 738	5 156	3 736	1 943	993	369	52	12	309
1990	16 668	134	3 565	5 189	3 728	2 221	995	333	54	12	437
Female – Féminin											
1983	14 130	133	3 170	4 331	2 890	1 804	1 042	407	68	13	272
1984	14 659	124	3 107	4 574	3 059	1 904	1 048	373	58	15	397
1985	14 942	113	3 293	4 599	3 209	1 807	1 109	385	75	13	339
1986	14 670	130	3 196	4 625	3 248	1 731	1 041	307	82	19	291
1987	15 049	129	3 321	4 691	3 288	1 845	1 028	356	69	6	316
1988	15 275	140	3 274	4 844	3 460	1 876	951	334	50	10	336
1989	15 651	133	3 395	4 921	3 574	1 927	965	362	58	15	301
1990	15 904	119	3 278	4 927	3 683	2 050	1 021	335	61	8	422
Puerto Rico – Porto Rico											
Urban – Urbaine											
Total [7]											
1983	32 895	91	4 578	10 649	9 986	5 297	1 930	330	16	2	16
1984	31 233	124	4 443	10 129	9 324	4 927	1 928	333	16	3	6
1985	32 084	104	4 516	10 380	9 603	5 165	1 951	333	17	1	14
1987	33 228	114	4 788	10 640	9 915	5 360	1 992	396	15	−	8
1988	32 658	106	4 688	10 363	9 876	5 262	1 954	381	21	−	7
1989	32 642	115	4 901	9 973	9 755	5 482	2 011	367	17	2	19
1990	32 570	121	5 061	9 787	9 636	5 394	2 105	435	*—	19 —*	12
1991	31 698	165	4 954	9 389	9 371	5 366	2 041	383	*—	16 —*	13

16. Live births by age of mother, sex and urban/rural residence: 1983 – 1992 (continued)

Naissances vivantes selon l'âge de la mère, le sexe et la résidence, urbaine/rurale: 1983 – 1992 (suite)

Data by urban/rural residence

Données selon la résidence urbaine/rurale

(See notes at end of table. – Voir notes à la fin du tableau.)

Continent, country or area, year, sex and urban/rural residence — Continent, pays ou zone, année, sexe et résidence, urbaine/rurale	All ages Tous âges	\-15	15–19	20–24	25–29	30–34	35–39	40–44	45–49	50+	Unknown Inconnu
AMERICA,NORTH— (Cont.–Suite) AMERIQUE DU NORD											
Puerto Rico – Porto Rico											
Urban – Urbaine											
Male – Masculin											
1983	17 117	44	2 387	5 566	5 148	2 793	999	159	8	2	11
1984	16 002	60	2 299	5 193	4 754	2 514	997	172	8	2	3
1985	16 383	59	2 315	5 195	4 977	2 652	996	174	6	1	8
1987	16 863	43	2 470	5 410	5 015	2 697	1 014	204	4	–	6
1988	16 831	65	2 401	5 299	5 111	2 718	1 035	191	8	–	3
1989	16 746	59	2 549	5 140	4 993	2 814	988	186	6	–	11
1990	16 653	64	2 629	4 997	4 915	2 746	1 059	226	*—	10 —*	7
1991	16 250	85	2 493	4 878	4 837	2 721	1 028	195	*—	8 —*	5
Female – Féminin											
1983	15 778	47	2 191	5 083	4 838	2 504	931	171	8	–	5
1984	15 230	64	2 144	4 935	4 570	2 413	931	161	8	1	3
1985	15 701	45	2 201	5 185	4 626	2 513	955	159	11	–	6
1987	16 364	71	2 318	5 230	4 900	2 662	978	192	11	–	2
1988	15 821	41	2 288	5 063	4 762	2 542	919	190	13	–	3
1989	15 893	56	2 352	4 831	4 761	2 668	1 023	181	11	2	8
1990	15 916	57	2 432	4 790	4 721	2 647	1 046	209	*—	9 —*	5
1991	15 448	80	2 461	4 511	4 534	2 645	1 013	188	*—	8 —*	8
Rural – Rurale											
Total [7]											
1983	32 827	148	6 786	11 762	8 009	3 950	1 696	418	45	1	12
1984	32 071	154	6 560	11 619	7 845	3 895	1 560	386	39	1	12
1985	31 522	150	6 204	11 261	7 945	3 862	1 638	420	30	1	11
1987	31 150	177	6 139	11 231	7 953	3 836	1 441	348	21	1	3
1988	31 404	165	6 064	11 229	8 289	3 922	1 366	344	22	1	2
1989	33 736	205	6 756	11 739	8 954	4 175	1 521	359	13	–	14
1990	33 966	229	7 093	11 546	8 815	4 352	1 558	352	*—	17 —*	4
1991	32 746	202	6 883	11 259	8 550	4 006	1 481	337	*—	18 —*	10
Male – Masculin											
1983	16 786	75	3 485	6 073	4 077	2 019	823	194	31	1	8
1984	16 499	86	3 451	5 912	4 000	2 022	811	192	19	–	6
1985	16 213	87	3 205	5 832	4 056	1 941	860	212	17	1	2
1987	16 020	97	3 216	5 768	4 021	2 010	722	172	11	1	2
1988	16 192	81	3 177	5 746	4 239	2 041	710	186	11	–	1
1989	17 180	104	3 451	5 941	4 566	2 169	762	173	7	–	7
1990	17 558	132	3 687	5 973	4 522	2 284	785	161	*—	11 —*	3
1991	16 908	107	3 517	5 870	4 451	2 048	727	171	*—	8 —*	9
Female – Féminin											
1983	16 041	73	3 301	5 689	3 932	1 931	873	224	14	–	4
1984	15 571	68	3 108	5 707	3 845	1 873	749	194	20	1	6
1985	15 307	63	2 999	5 428	3 889	1 921	777	208	13	–	9
1987	15 127	80	2 922	5 461	3 932	1 826	719	175	10	–	2
1988	15 210	84	2 887	5 483	4 049	1 881	655	158	11	1	1
1989	16 554	101	3 304	5 798	4 388	2 005	759	186	6	–	7
1990	16 406	97	3 406	5 573	4 291	2 068	773	191	*—	6 —*	1
1991	15 838	95	3 366	5 389	4 099	1 958	754	166	*—	10 —*	1
St. Vincent and the Grenadines – Saint–Vincent–et–Grenadines +											
Urban – Urbaine											
Total											
1983	2 379	11	738	781	457	272	102	17	*—	- —*	1
Male – Masculin											
1983	1 158	2	366	391	228	120	40	11	*—	- —*	–
Female – Féminin											
1983	1 221	9	372	390	229	152	62	6	*—	- —*	1
Rural – Rurale											
Total											
1983	916	2	231	319	195	93	43	21	*—	5 —*	7
Male – Masculin											
1983	450	2	122	164	88	40	22	11	*—	- —*	1
Female – Féminin											
1983	466	–	109	155	107	53	21	10	*—	5 —*	6

16. Live births by age of mother, sex and urban/rural residence: 1983 – 1992 (continued)

Naissances vivantes selon l'âge de la mère, le sexe et la résidence, urbaine/rurale: 1983 – 1992 (suite)

Data by urban/rural residence

Données selon la résidence urbaine/rurale

(See notes at end of table. – Voir notes à la fin du tableau.)

Continent, country or area, year, sex and urban/rural residence / Continent, pays ou zone, année, sexe et résidence, urbaine/rurale	All ages Tous âges	Age of mother (in years) – Age de la mère (en années)									Unknown Inconnu
		−15	15–19	20–24	25–29	30–34	35–39	40–44	45–49	50+	
AMERICA,SOUTH— AMERIQUE DU SUD											
Ecuador – Equateur [12]											
Urban – Urbaine											
Total											
1987	110 469	173	14 536	35 150	28 977	18 055	8 735	2 944	461	139	1 299
1988	118 900	224	16 312	37 901	31 438	19 286	9 302	3 007	452	121	857
1989	112 926	220	15 263	35 766	30 306	18 386	9 016	2 899	506	137	427
Male – Masculin											
1987	56 332	84	7 385	17 890	14 744	9 279	4 489	1 501	226	69	665
1988	60 708	105	8 304	19 399	16 228	9 716	4 759	1 508	229	55	405
1989	57 782	118	7 791	18 371	15 615	9 274	4 660	1 449	243	63	198
Female – Féminin											
1987	54 137	89	7 151	17 260	14 233	8 776	4 246	1 443	235	70	634
1988	58 192	119	8 008	18 502	15 210	9 570	4 543	1 499	223	66	452
1989	55 144	102	7 472	17 395	14 691	9 112	4 356	1 450	263	74	229
Rural – Rurale											
Total											
1987	94 006	149	13 027	26 141	21 239	15 586	10 951	5 238	919	152	604
1988	92 492	184	13 295	26 396	20 593	14 803	10 497	5 176	933	153	462
1989	87 173	192	13 201	24 528	19 827	13 895	9 600	4 630	856	146	298
Male – Masculin											
1987	47 532	68	6 653	13 256	10 662	7 858	5 551	2 644	465	85	290
1988	47 104	99	6 770	13 547	10 362	7 546	5 348	2 654	456	78	244
1989	44 359	95	6 713	12 612	10 017	7 009	4 853	2 418	441	58	143
Female – Féminin											
1987	46 474	81	6 374	12 885	10 577	7 728	5 400	2 594	454	67	314
1988	45 388	85	6 525	12 849	10 231	7 257	5 149	2 522	477	75	218
1989	42 814	97	6 488	11 916	9 810	6 886	4 747	2 212	415	88	155
Paraguay											
Urban – Urbaine											
Total											
1983	17 541	15	1 993	5 166	4 582	2 966	1 577	549	*—	162 ——*	531
1984	22 544	25	2 418	6 534	6 087	4 015	1 966	708	*—	197 ——*	594
Rural – Rurale											
Total											
1983	15 119	13	1 700	4 033	3 384	2 358	1 656	759	*—	240 ——*	976
1984	17 940	18	2 042	4 775	4 046	2 801	1 814	893	*—	232 ——*	1 319
ASIA—ASIE											
Armenia – Arménie [13]											
Urban – Urbaine											
Total											
1989	47 871	*—	4 787 ——*	18 984	14 573	7 159	2 075	268	18	7	–
Rural – Rurale											
Total											
1989	27 379	*—	3 743 ——*	12 364	7 856	2 764	570	75	3	4	–
Azerbaijan–Azerbaïdjan [13]											
Urban – Urbaine											
Total											
1989	85 930	*—	4 088 ——*	32 404	31 727	13 496	3 660	526	25	4	–
Rural – Rurale											
Total											
1989	95 701	*—	5 084 ——*	36 389	34 502	14 850	3 968	812	89	7	–
Bangladesh											
Urban – Urbaine											
Total											
1984	315 961	*—	43 812 ——*	108 191	89 857	43 554	25 469	4 373	*—	705 ——*	–
1985	371 851	*—	44 202 ——*	126 394	104 766	58 464	28 434	7 181	*—	2 410 ——*	–
1986	362 416	*—	34 698 ——*	127 087	108 668	54 454	26 629	8 637	*—	2 243 ——*	–
1987	358 602	*—	33 872 ——*	127 010	102 471	59 689	26 342	6 556	*—	2 662 ——*	–
1988	375 690	*—	36 930 ——*	134 722	112 745	59 547	24 232	5 448	*—	2 066 ——*	–
Male – Masculin											
1984	162 207	*—	22 655 ——*	54 999	46 087	22 563	13 149	2 453	*—	301 ——*	–
1985	190 436	*—	24 729 ——*	62 883	51 583	30 082	14 765	4 626	*—	1 768 ——*	–
1986	188 076	*—	17 893 ——*	66 233	56 847	27 836	13 592	4 478	*—	1 197 ——*	–
1987	184 819	*—	17 607 ——*	64 857	52 889	30 454	13 575	4 106	*—	1 331 ——*	–
1988	193 448	*—	18 923 ——*	69 638	58 533	30 187	12 266	2 806	*—	1 095 ——*	–

16. Live births by age of mother, sex and urban/rural residence: 1983 – 1992 (continued)

Naissances vivantes selon l'âge de la mère, le sexe et la résidence, urbaine/rurale: 1983 – 1992 (suite)

Data by urban/rural residence

Données selon la résidence urbaine/rurale

(See notes at end of table. – Voir notes à la fin du tableau.)

Continent, country or area, year, sex and urban/rural residence — Continent, pays ou zone, année, sexe et résidence, urbaine/rurale	All ages Tous âges	-15	15–19	20–24	25–29	30–34	35–39	40–44	45–49	50+	Unknown Inconnu
ASIA—ASIE (Cont.–Suite)											
Bangladesh											
Urban – Urbaine											
Female – Féminin											
1984	153 754	*—	21 157 —*	53 192	43 770	20 991	12 320	1 920	*—	404 —*	–
1985	181 415	*—	19 473 —*	63 511	53 183	28 382	13 669	2 555	*—	642 —*	–
1986	174 340	*—	16 805 —*	60 854	51 821	26 618	13 037	4 159	*— 1	046 —*	–
1987	173 783	*—	16 265 —*	62 153	49 582	29 235	12 767	2 450	*— 1	331 —*	–
1988	182 242	*—	18 007 —*	65 084	54 212	29 360	11 966	2 642	*—	971 —*	–
Rural – Rurale											
Total											
1984	3 067 064	*—	411 943 —*	968 963	794 837	498 157	285 725	80 420	*— 27	019 —*	–
1985	3 070 279	*—	367 657 —*	1000685	850 448	480 393	266 821	83 592	*— 20	683 —*	–
1986	3 126 580	*—	356 724 —*	1070555	861 644	480 560	257 814	77 037	*— 22	246 —*	–
1987	3 055 600	*—	387 574 —*	998 556	888 373	452 109	263 794	50 647	*— 14	547 —*	–
1988	3 100 821	*—	358 336 —*	1030480	909 629	437 660	259 011	78 507	*— 27	198 —*	–
Male – Masculin											
1984	1 578 183	*—	210 200 —*	496 281	411 518	256 716	147 955	41 701	*— 13	812 —*	–
1985	1 579 080	*—	188 299 —*	524 157	427 359	251 631	134 075	40 508	*— 13	051 —*	–
1986	1 606 055	*—	185 674 —*	548 664	442 841	243 982	133 116	40 025	*— 11	753 —*	–
1987	1 578 823	*—	201 410 —*	516 045	459 911	232 062	135 371	25 551	*— 8	473 —*	–
1988	1 603 665	*—	187 661 —*	531 641	470 603	223 651	134 642	41 009	*— 14	458 —*	–
Female – Féminin											
1984	1 488 881	*—	201 743 —*	472 682	383 319	241 441	137 770	38 719	*— 13	207 —*	–
1985	1 491 199	*—	179 358 —*	476 528	423 089	228 762	132 746	43 084	*— 7	632 —*	–
1986	1 520 525	*—	171 050 —*	521 891	418 803	236 578	124 698	37 012	*— 10	493 —*	–
1987	1 476 777	*—	186 164 —*	482 511	428 462	220 047	128 423	25 096	*— 6	074 —*	–
1988	1 497 156	*—	170 675 —*	498 839	439 026	214 009	124 369	37 498	*— 12	740 —*	–
Brunei Darussalam –											
Brunéi Darussalam +											
Urban – Urbaine											
Total											
1983	5 001	5	377	1 465	1 640	964	414	115	15	1	5
1984	5 471	6	334	1 503	1 898	1 100	462	141	15	–	12
1985	5 862	7	393	1 570	2 027	1 241	493	103	17	1	10
1986	6 178	2	400	1 657	2 069	1 345	552	120	20	–	13
1987	6 452	12	455	1 513	2 212	1 450	627	161	12	5	5
1988	6 380	6	373	1 582	2 149	1 449	642	148	14	1	16
1989	6 450	6	389	1 524	2 029	1 601	701	167	19	2	12
Male – Masculin											
1983	2 598	2	203	735	871	503	216	59	6	1	2
1984	2 781	3	174	758	961	552	234	82	8	–	9
1985	2 997	6	200	803	1 037	639	244	54	7	–	7
1986	3 178	2	205	848	1 065	678	294	68	8	–	10
1987	3 407	5	235	809	1 160	782	320	89	5	2	–
1988	3 387	2	227	876	1 124	745	319	75	9	–	10
1989	3 307	5	204	783	1 030	831	360	77	10	1	6
Female – Féminin											
1983	2 403	3	174	730	769	461	198	56	9	–	3
1984	2 690	3	160	745	937	548	228	59	7	–	3
1985	2 865	1	193	767	990	602	249	49	10	1	3
1986	3 000	–	195	809	1 004	667	258	52	12	–	3
1987	3 045	7	220	704	1 052	668	307	72	7	3	5
1988	2 993	4	146	706	1 025	704	323	73	5	1	6
1989	3 143	1	185	741	999	770	341	90	9	1	6
Rural – Rurale											
Total											
1983	982	–	70	271	300	203	88	42	7	–	1
1984	859	–	61	221	283	192	71	28	2	–	1
1985	820	–	51	209	261	188	81	22	6	–	2
1986	742	2	56	169	230	164	88	33	–	–	–
1987	636	2	48	146	179	147	89	20	5	–	–
1988	501	1	37	111	142	128	61	18	3	–	–
1989	476	–	37	98	145	107	69	16	2	1	1
Male – Masculin											
1983	505	–	37	133	157	99	50	24	4	–	1
1984	424	–	28	108	136	95	37	17	2	–	1
1985	414	–	29	102	126	100	43	11	2	–	1
1986	386	2	25	95	125	76	44	19	–	–	–
1987	322	–	22	61	93	85	47	11	3	–	–
1988	235	–	18	50	69	59	27	11	1	–	–
1989	249	–	20	53	77	55	37	6	–	–	1

16. Live births by age of mother, sex and urban/rural residence: 1983 – 1992 (continued)

Naissances vivantes selon l'âge de la mère, le sexe et la résidence, urbaine/rurale: 1983 – 1992 (suite)

Data by urban/rural residence

Données selon la résidence urbaine/rurale

(See notes at end of table. – Voir notes à la fin du tableau.)

Continent, country or area, year, sex and urban/rural residence / Continent, pays ou zone, année, sexe et résidence, urbaine/rurale	All ages Tous âges	Age of mother (in years) – Age de la mère (en années)									Unknown Inconnu
		−15	15–19	20–24	25–29	30–34	35–39	40–44	45–49	50+	
ASIA—ASIE (Cont.–Suite)											
Brunei Darussalam – Brunéi Darussalam+											
Rural – Rurale											
Female – Féminin											
1983	477	–	33	138	143	104	38	18	3	–	–
1984	435	–	33	113	147	97	34	11	–	–	–
1985	406	–	22	107	135	88	38	11	4	–	1
1986	356	–	31	74	105	88	44	14	–	–	–
1987	314	2	26	85	86	62	42	9	2	–	–
1988	266	1	19	61	73	69	34	7	2	–	–
1989	227	–	17	45	68	52	32	10	2	1	–
Cyprus – Chypre [14] [32]											
Urban – Urbaine											
Total											
1983	8 703	–	606	3 071	2 910	1 485	492	59	3	2	75
1984	8 930	–	590	3 141	3 045	1 494	523	60	3	–	74
1985	8 509	–	546	2 807	2 952	1 544	529	64	3	–	64
1986	7 116	–	423	2 336	2 492	1 288	456	61	3	1	56
1987	6 839	–	398	2 218	2 449	1 243	405	69	1	–	56
1988	7 076	–	421	2 191	2 551	1 312	482	71	6	1	41
1989	6 819	–	390	2 032	2 450	1 362	477	72	4	1	31
1990	7 239	–	410	2 119	2 586	1 459	525	96	2	2	40
1991	7 081	–	378	2 031	2 537	1 512	510	96	2	–	15
Male – Masculin											
1983	4 529	–	331	1 573	1 523	774	260	24	3	–	41
1984	4 645	–	293	1 614	1 592	812	251	33	–	–	50
1985	4 473	–	269	1 492	1 528	825	285	36	–	–	38
1986	3 704	–	214	1 225	1 316	675	221	27	–	1	25
1987	3 492	–	197	1 119	1 262	639	213	32	1	–	29
1988	3 614	–	218	1 114	1 298	672	246	40	6	1	19
1989	3 568	–	210	1 034	1 313	703	262	32	3	–	11
1990	3 675	–	214	1 046	1 318	761	273	45	1	1	16
1991	3 680	–	177	1 020	1 326	831	269	46	–	–	11
Female – Féminin											
1983	4 174	–	275	1 498	1 387	711	232	35	–	2	34
1984	4 285	–	297	1 527	1 453	682	272	27	3	–	24
1985	4 036	–	277	1 315	1 424	719	244	28	3	–	26
1986	3 412	–	209	1 111	1 176	613	235	34	3	–	31
1987	3 347	–	201	1 099	1 187	604	192	37	–	–	27
1988	3 462	–	203	1 077	1 253	640	236	31	–	–	22
1989	3 251	–	180	998	1 137	659	215	40	1	1	20
1990	3 564	–	196	1 073	1 268	698	252	51	1	1	24
1991	3 401	–	201	1 011	1 211	681	241	50	2	–	4
Rural – Rurale											
Total											
1983	4 697	–	442	1 888	1 376	671	249	37	–	–	34
1984	4 435	–	413	1 762	1 323	659	211	30	–	–	37
1985	4 389	–	327	1 664	1 400	665	259	30	1	–	43
1986	3 512	–	281	1 332	1 087	542	202	36	2	–	30
1987	3 423	–	304	1 258	1 095	546	166	27	2	–	25
1988	3 613	–	310	1 328	1 197	521	197	31	4	–	25
1989	3 468	–	284	1 201	1 164	576	187	39	–	–	17
1990	3 439	–	308	1 161	1 159	570	182	29	–	1	29
1991	3 530	–	274	1 205	1 171	617	217	32	3	1	10
Male – Masculin											
1983	2 368	–	209	960	716	327	126	15	–	–	15
1984	2 311	–	228	938	669	337	103	19	–	–	17
1985	2 301	–	178	869	729	339	152	15	–	–	19
1986	1 799	–	146	668	578	277	94	22	–	–	14
1987	1 780	–	163	664	581	257	88	16	1	–	10
1988	1 894	–	153	719	628	262	97	17	2	–	16
1989	1 835	–	158	621	621	293	107	25	–	–	10
1990	1 787	–	167	602	581	304	101	16	–	–	16
1991	1 874	–	137	638	622	326	121	16	3	1	10

16. Live births by age of mother, sex and urban/rural residence: 1983 – 1992 (continued)

Naissances vivantes selon l'âge de la mère, le sexe et la résidence, urbaine/rurale: 1983 – 1992 (suite)

Data by urban/rural residence

Données selon la résidence urbaine/rurale

(See notes at end of table. – Voir notes à la fin du tableau.)

Continent, country or area, year, sex and urban/rural residence / Continent, pays ou zone, année, sexe et résidence, urbaine/rurale	All ages Tous âges	–15	15–19	20–24	25–29	30–34	35–39	40–44	45–49	50+	Unknown Inconnu
ASIA—ASIE (Cont.–Suite)											
Cyprus – Chypre [14] [32]											
Rural – Rurale											
Female – Féminin											
1983	2 329	–	233	928	660	344	123	22	–		19
1984	2 124	–	185	824	654	322	108	11	–		20
1985	2 088	–	149	795	671	326	107	15	1		24
1986	1 713	–	135	664	509	265	108	14	2		16
1987	1 643	–	141	594	514	289	78	11	1		15
1988	1 719	–	157	609	569	259	100	14	2		9
1989	1 633	–	126	580	543	283	80	14	–		7
1990	1 652	–	140	559	578	267	81	13	–	1	13
1991	1 656	–	137	567	548	292	96	16	–		–
Georgia – Géorgie [13]											
Urban – Urbaine											
Total											
1989	49 244	*— 5 656 —*		17 677	14 837	7 696	2 807	536	34	1	–
Rural – Rurale											
Total											
1989	41 894	*— 6 104 —*		17 620	11 667	4 708	1 488	276	30	1	–
Israel – Israël [16]											
Urban – Urbaine											
Total											
1983	78 733	*— 3 847 —*		22 607	26 072	18 052	6 933	959	*— 70 —*		193
1984	86 276	*— 4 405 —*		24 753	27 810	19 544	8 057	1 232	*— 97 —*		378
1985	86 758	*— 4 121 —*		23 904	28 258	20 052	8 578	1 298	*— 92 —*		455
1987	86 457	11	3 648	22 977	28 402	19 833	9 529	1 659	84	22	292
1988	87 809	8	3 736	23 373	28 792	20 099	9 908	1 743	91	14	45
1989	90 007	5	3 776	23 627	29 503	20 508	10 509	1 938	80	19	42
1990	92 516	14	3 792	23 892	30 185	21 498	10 847	2 055	105	11	117
1991	94 260	15	4 121	24 196	30 516	21 669	10 971	2 447	142	27	156
Male – Masculin											
1983	40 476	*— 1 983 —*		11 766	13 354	9 250	3 519	478	*— 38 —*		88
1984	44 610	*— 2 273 —*		12 773	14 341	10 162	4 154	653	*— 53 —*		201
1985	44 412	*— 2 123 —*		12 208	14 625	10 228	4 318	627	*— 49 —*		234
1987	44 139	4	1 802	11 651	14 678	10 157	4 797	850	46	7	147
1988	45 153	5	1 902	11 922	14 885	10 294	5 169	905	39	8	24
1989	46 187	2	1 904	12 062	15 096	10 562	5 479	1 004	43	12	23
1990	47 441	6	1 957	12 211	15 449	11 022	5 644	1 029	55	3	65
1991	48 206	9	2 129	12 449	15 615	11 064	5 530	1 247	66	18	79
Female – Féminin											
1983	38 257	*— 1 864 —*		10 841	12 718	8 802	3 414	481	*— 32 —*		105
1984	41 666	*— 2 132 —*		11 980	13 469	9 382	3 903	579	*— 44 —*		177
1985	42 346	*— 1 998 —*		11 696	13 633	9 824	4 260	671	*— 43 —*		221
1987	42 318	7	1 846	11 326	13 724	9 676	4 732	809	38	15	145
1988	42 656	3	1 834	11 451	13 907	9 805	4 739	838	52	6	21
1989	43 820	3	1 872	11 565	14 407	9 946	5 030	934	37	7	19
1990	45 075	8	1 835	11 681	14 736	10 476	5 203	1 026	50	8	52
1991	46 054	6	1 992	11 747	14 901	10 605	5 441	1 200	76	9	77
Rural – Rurale											
Total											
1983	19 834	*— 1 174 —*		5 574	6 135	4 287	2 092	452	*— 45 —*		75
1984	12 171	*— 512 —*		2 840	3 964	3 164	1 350	252	*— 16 —*		73
1985	12 588	*— 464 —*		2 795	4 131	3 210	1 545	285	*— 31 —*		127
1987	12 565	7	424	2 747	3 991	3 331	1 674	327	15	4	45
1988	12 645	6	477	2 726	4 052	3 350	1 680	328	17		9
1989	10 750	3	414	2 273	3 297	2 859	1 566	306	20	1	11
1990	10 833	2	421	2 189	3 330	2 948	1 634	277	19	1	12
1991	11 465	1	440	2 449	3 476	3 015	1 653	375	30	7	19
Male – Masculin											
1983	10 281	*— 608 —*		2 869	3 239	2 202	1 067	230	*— 22 —*		44
1984	6 287	*— 242 —*		1 501	2 031	1 639	679	139	*— 12 —*		44
1985	6 488	*— 240 —*		1 460	2 105	1 638	805	139	*— 22 —*		79
1987	6 420	4	213	1 395	2 047	1 710	852	170	7	3	19
1988	6 450	2	273	1 383	2 026	1 734	865	156	7		4
1989	5 451	3	207	1 125	1 672	1 467	804	157	9	1	6
1990	5 572	2	214	1 125	1 680	1 498	880	152	11	–	10
1991	5 935	1	225	1 269	1 791	1 543	877	202	14	3	10

16. Live births by age of mother, sex and urban/rural residence: 1983 – 1992 (continued)

Naissances vivantes selon l'âge de la mère, le sexe et la résidence, urbaine/rurale: 1983 – 1992 (suite)

Data by urban/rural residence

Données selon la résidence urbaine/rurale

(See notes at end of table. – Voir notes à la fin du tableau.)

Continent, country or area, year, sex and urban/rural residence / Continent, pays ou zone, année, sexe et résidence, urbaine/rurale	All ages Tous âges	–15	15–19	20–24	25–29	30–34	35–39	40–44	45–49	50+	Unknown Inconnu
ASIA—ASIE (Cont.–Suite)											
Israel – Israël [16]											
Rural – Rurale											
Female – Féminin											
1983	9 553	*——	566 ——*	2 705	2 896	2 085	1 025	222	*——	23 ——*	31
1984	5 884	*——	270 ——*	1 339	1 933	1 525	671	113	*——	4 ——*	29
1985	6 100	*——	224 ——*	1 335	2 026	1 572	740	146	*——	9 ——*	48
1987	6 145	3	211	1 352	1 944	1 621	822	157	8	1	26
1988	6 195	4	204	1 343	2 026	1 616	815	172	10	–	5
1989	5 299	–	207	1 148	1 625	1 392	762	149	11	–	5
1990	5 261	–	207	1 064	1 650	1 450	754	125	8	1	2
1991	5 530	–	215	1 180	1 685	1 472	776	173	16	4	9
Japan – Japon [17]											
Urban – Urbaine											
Total											
1983	1 163 883	*——	14 253 ——*	204 731	555 279	318 770	63 921	6 709	212	–	8
1984	1 150 905	*——	15 077 ——*	198 635	546 968	310 279	72 627	7 101	182	1	35
1985	1 107 841	*——	14 052 ——*	186 988	523 305	299 772	76 688	6 807	192	1	36
1986	1 073 236	*——	13 881 ——*	180 477	501 781	291 938	78 786	6 137	206	–	30
1987	1 047 848	*——	13 916 ——*	172 187	490 887	285 733	77 726	7 182	187	–	30
1988	1 028 392	*——	13 805 ——*	165 607	476 370	286 481	76 941	8 931	230	2	25
1989	977 013	*——	13 857 ——*	156 490	442 001	280 405	74 294	9 734	201	–	31
1990	960 690	*——	13 973 ——*	149 259	432 259	280 573	74 149	10 274	183	–	20
1991	966 086	*——	14 807 ——*	157 295	427 551	282 527	73 482	10 201	200	–	23
Male – Masculin											
1983	598 120	*——	7 397 ——*	105 009	285 154	164 168	32 801	3 467	119	–	5
1984	590 675	*——	7 705 ——*	101 930	280 872	158 891	37 514	3 647	94	1	21
1985	568 949	*——	7 208 ——*	96 140	268 785	153 584	39 600	3 508	109	–	15
1986	551 733	*——	7 324 ——*	92 833	257 855	149 911	40 538	3 148	111	–	13
1987	539 089	*——	7 161 ——*	88 921	252 636	146 521	40 025	3 710	94	–	21
1988	528 035	*——	7 043 ——*	85 037	244 956	146 900	39 409	4 543	136	–	11
1989	501 980	*——	7 143 ——*	80 646	226 648	144 401	38 076	4 956	94	–	16
1990	493 478	*——	7 157 ——*	76 758	221 667	144 214	38 296	5 267	107	–	12
1991	496 538	*——	7 603 ——*	81 176	219 740	144 946	37 739	5 211	111	–	12
Female – Féminin											
1983	565 763	*——	6 856 ——*	99 722	270 125	154 602	31 120	3 242	93	–	3
1984	560 230	*——	7 372 ——*	96 705	266 096	151 388	35 113	3 454	88	–	14
1985	538 892	*——	6 844 ——*	90 848	254 520	146 188	37 088	3 299	83	1	21
1986	521 503	*——	6 557 ——*	87 644	243 926	142 027	38 248	2 989	95	–	17
1987	508 759	*——	6 755 ——*	83 266	238 251	139 212	37 701	3 472	93	–	9
1988	500 357	*——	6 762 ——*	80 570	231 414	139 581	37 532	4 388	94	2	14
1989	475 033	*——	6 714 ——*	75 844	215 353	136 004	36 218	4 778	107	–	15
1990	467 212	*——	6 816 ——*	72 501	210 592	136 359	35 853	5 007	76	–	8
1991	469 548	*——	7 204 ——*	76 119	207 811	137 581	35 743	4 990	89	–	11
Rural – Rurale											
Total											
1983	344 804	*——	4 008 ——*	70 180	171 727	83 670	13 783	1 400	34	1	1
1984	338 875	*——	4 121 ——*	65 570	168 786	82 903	15 931	1 504	57	–	3
1985	323 736	*——	3 825 ——*	60 353	159 580	81 694	16 813	1 417	52	–	2
1986	309 710	*——	3 826 ——*	56 682	150 440	79 368	17 945	1 390	54	–	5
1987	298 810	*——	3 642 ——*	52 911	143 553	79 105	18 050	1 500	42	1	6
1988	285 614	*——	3 529 ——*	48 786	135 628	77 705	18 026	1 889	49	–	2
1989	269 789	*——	3 341 ——*	45 879	124 094	76 323	17 946	2 147	55	–	4
1990	260 895	*——	3 523 ——*	42 600	118 735	75 453	18 228	2 313	41	–	2
1991	257 159	*——	3 636 ——*	44 306	113 485	75 126	18 130	2 418	52	–	6
Male – Masculin											
1983	177 086	*——	2 041 ——*	35 921	88 247	43 063	7 061	737	15	–	1
1984	173 922	*——	2 135 ——*	33 461	86 636	42 720	8 186	756	28	–	–
1985	166 335	*——	1 985 ——*	31 058	82 098	41 796	8 656	718	24	–	–
1986	159 568	*——	2 028 ——*	29 300	77 420	40 873	9 183	728	32	–	4
1987	153 215	*——	1 913 ——*	27 160	73 262	40 772	9 347	731	25	1	4
1988	146 848	*——	1 831 ——*	25 152	69 841	39 792	9 225	974	31	–	2
1989	138 526	*——	1 699 ——*	23 739	63 684	39 070	9 189	1 120	23	–	2
1990	133 493	*——	1 771 ——*	21 900	60 877	38 405	9 314	1 200	24	–	2
1991	132 077	*——	1 830 ——*	22 772	58 477	38 376	9 374	1 212	32	–	4

16. Live births by age of mother, sex and urban/rural residence: 1983 – 1992 (continued)

Naissances vivantes selon l'âge de la mère, le sexe et la résidence, urbaine/rurale: 1983 – 1992 (suite)

Data by urban/rural residence

Données selon la résidence urbaine/rurale

(See notes at end of table. – Voir notes à la fin du tableau.)

Continent, country or area, year, sex and urban/rural residence / Continent, pays ou zone, année, sexe et résidence, urbaine/rurale	All ages Tous âges	–15	15–19	20–24	25–29	30–34	35–39	40–44	45–49	50+	Unknown Inconnu
ASIA—ASIE (Cont.–Suite)											
Japan – Japon [17]											
Rural – Rurale											
Female – Féminin											
1983	167 718	*—	1 967 —*	34 259	83 480	40 607	6 722	663	19	1	–
1984	164 953	*—	1 986 —*	32 109	82 150	40 183	7 745	748	29	–	3
1985	157 401	*—	1 840 —*	29 295	77 482	39 898	8 157	699	28	–	2
1986	150 142	*—	1 798 —*	27 382	73 020	38 495	8 762	662	22	–	1
1987	145 595	*—	1 729 —*	25 751	70 291	38 333	8 703	769	17	–	2
1988	138 766	*—	1 698 —*	23 634	65 787	37 913	8 801	915	18	–	–
1989	131 263	*—	1 642 —*	22 140	60 410	37 253	8 757	1 027	32	–	2
1990	127 402	*—	1 752 —*	20 700	57 858	37 048	8 914	1 113	17	–	–
1991	125 082	*—	1 806 —*	21 534	55 008	36 750	8 756	1 206	20	–	2
Kazakhstan [13]											
Urban – Urbaine											
Total											
1989	193 394	*—	18 462 —*	70 118	58 262	31 997	12 010	2 135	102	308	–
Rural – Rurale											
Total											
1989	188 875	*—	14 753 —*	69 945	58 462	30 092	12 326	2 773	260	264	–
Kyrgyzstan – Kirghizistan [13]											
Urban – Urbaine											
Total											
1989	38 943	*—	2 848 —*	14 225	11 954	6 659	2 605	429	20	203	–
Rural – Rurale											
Total											
1989	92 565	*—	6 217 —*	34 619	28 539	15 122	6 160	1 441	216	251	–
Malaysia – Malaisie											
Peninsular Malaysia – Malaisie Péninsulaire [3]											
Urban – Urbaine											
Total											
1983	137 575	33	5 554	36 473	50 237	30 675	11 571	2 570	245	19	198
1984	148 744	38	5 263	38 035	54 922	34 131	13 222	2 756	207	14	156
1985	155 925	34	5 074	38 244	57 504	36 959	14 778	2 784	238	21	289
1986	152 930	41	4 776	36 269	56 145	36 544	15 224	3 239	268	23	401
1987	146 975	37	3 965	32 409	54 596	36 356	15 460	3 496	234	21	401
1988	154 819	23	3 644	31 786	58 045	40 692	16 643	3 399	229	13	345
1989	137 915	32	3 666	27 530	50 197	36 148	16 440	3 511	229	11	151
1990	150 703	31	3 716	29 070	55 601	40 509	17 472	3 911	222	17	154
Male – Masculin											
1983	71 090	20	2 863	18 943	25 962	15 820	5 929	1 311	126	13	103
1984	76 727	18	2 663	19 547	28 405	17 703	6 780	1 415	103	5	88
1985	80 133	16	2 631	19 710	29 658	19 005	7 458	1 381	118	7	149
1986	78 989	18	2 501	18 791	29 030	18 866	7 774	1 663	145	12	189
1987	75 616	22	2 063	16 651	28 096	18 589	8 047	1 790	120	10	228
1988	79 907	12	1 886	16 394	29 886	21 059	8 651	1 715	117	5	182
1989	71 390	16	1 905	14 229	25 930	18 876	8 440	1 805	113	6	70
1990	77 965	10	1 963	15 097	28 665	21 020	9 056	1 975	95	10	74
Female – Féminin											
1983	66 485	13	2 691	17 530	24 275	14 855	5 642	1 259	119	6	95
1984	72 017	20	2 600	18 488	26 517	16 428	6 442	1 341	104	9	68
1985	75 792	18	2 443	18 534	27 846	17 954	7 320	1 403	120	14	140
1986	73 941	23	2 275	17 478	27 115	17 678	7 450	1 576	123	11	212
1987	71 359	15	1 902	15 758	26 500	17 767	7 413	1 706	114	11	173
1988	74 912	11	1 758	15 392	28 159	19 633	7 992	1 684	112	8	163
1989	66 525	16	1 761	13 301	24 267	17 272	8 000	1 706	116	5	81
1990	72 738	21	1 753	13 973	26 936	19 489	8 416	1 936	127	7	80
Rural – Rurale											
Total											
1983	230 863	108	13 638	65 614	71 163	47 196	23 464	8 265	937	49	429
1984	239 698	121	12 750	66 603	74 445	50 409	25 588	8 488	915	55	324
1985	250 881	96	12 571	65 044	79 702	54 151	29 147	8 659	978	54	479
1986	249 503	123	11 537	62 809	78 698	54 900	30 778	9 133	917	62	546
1987	244 840	100	10 557	59 074	78 648	54 465	30 779	9 665	914	63	575
1988	252 982	71	10 016	60 284	81 754	57 402	32 133	9 945	834	36	507
1989	236 375	103	10 006	56 263	74 744	53 072	30 602	10 425	928	50	182
1990	244 618	102	9 717	55 740	77 775	57 121	32 105	10 819	923	51	265

16. Live births by age of mother, sex and urban/rural residence: 1983 – 1992 (continued)

Naissances vivantes selon l'âge de la mère, le sexe et la résidence, urbaine/rurale: 1983 – 1992 (suite)

Data by urban/rural residence

Données selon la résidence urbaine/rurale

(See notes at end of table. – Voir notes à la fin du tableau.)

Continent, country or area, year, sex and urban/rural residence / Continent, pays ou zone, année, sexe et résidence, urbaine/rurale	All ages Tous âges	Age of mother (in years) – Age de la mère (en années)									
		–15	15–19	20–24	25–29	30–34	35–39	40–44	45–49	50+	Unknown Inconnu
ASIA—ASIE (Cont.–Suite)											
Malaysia – Malaisie											
Peninsular Malaysia –											
Malaisie Péninsulaire [3]											
Rural – Rurale											
Male – Masculin											
1983	118 693	59	7 008	33 901	36 687	24 151	11 898	4 241	478	27	243
1984	123 447	58	6 607	34 350	38 343	26 061	13 072	4 313	446	32	165
1985	128 289	56	6 385	33 372	40 759	27 707	14 794	4 432	509	28	247
1986	128 384	50	5 937	32 418	40 265	28 339	15 877	4 705	465	35	293
1987	125 905	46	5 457	30 408	40 486	28 069	15 671	4 973	457	35	303
1988	130 171	39	5 118	31 030	42 200	29 528	16 357	5 199	412	17	271
1989	121 675	52	5 131	28 940	38 549	27 266	15 774	5 348	496	20	99
1990	126 172	48	5 068	28 689	40 169	29 410	16 599	5 537	498	16	138
Female – Féminin											
1983	112 170	49	6 630	31 713	34 476	23 045	11 566	4 024	459	22	186
1984	116 251	63	6 143	32 253	36 102	24 348	12 516	4 175	469	23	159
1985	122 592	40	6 186	31 672	38 943	26 444	14 353	4 227	469	26	232
1986	121 119	73	5 600	30 391	38 433	26 561	14 901	4 428	452	27	253
1987	118 935	54	5 100	28 666	38 162	26 396	15 108	4 692	457	28	272
1988	122 811	32	4 898	29 254	39 554	27 874	15 776	4 746	422	19	236
1989	114 700	51	4 875	27 323	36 195	25 806	14 828	5 077	432	30	83
1990	118 446	54	4 649	27 051	37 606	27 711	15 506	5 282	425	35	127
Sarawak											
Urban – Urbaine											
Total											
1985	8 899	15	626	2 556	3 124	1 706	559	116	16	3	178
1986	6 653	7	490	1 872	2 279	1 364	466	97	6	2	70
Male – Masculin											
1985	4 501	5	328	1 295	1 538	877	310	49	5	2	92
1986	3 549	2	262	1 021	1 187	729	250	60	4	1	33
Female – Féminin											
1985	4 398	10	298	1 261	1 586	829	249	67	11	1	86
1986	3 104	5	228	851	1 092	635	216	37	2	1	37
Rural – Rurale											
Total											
1985	33 327	84	3 889	9 802	9 302	5 944	2 601	765	147	31	762
1986	35 049	98	4 073	10 187	9 977	6 352	2 765	836	132	31	598
Male – Masculin											
1985	17 295	46	2 029	5 110	4 782	3 094	1 368	394	85	16	371
1986	18 612	52	2 183	5 481	5 258	3 331	1 464	428	70	16	329
Female – Féminin											
1985	16 032	38	1 860	4 692	4 520	2 850	1 233	371	62	15	391
1986	16 437	46	1 890	4 706	4 719	3 021	1 301	408	62	15	269
Maldives											
Urban – Urbaine											
Total											
1984	1 469	2	274	550	339	166	96	20	5	1	16
1987	1 310	1	203	491	321	161	100	18	2	–	13
1988	1 295	–	188	426	383	179	79	18	4	–	18
1989	1 347	–	160	503	332	223	98	14	4	1	12
1990	1 375	–	185	461	349	227	105	16	9	–	23
1991	1 353	1	168	457	353	220	109	29	5	–	11
Male – Masculin											
1987	676	1	93	249	186	79	52	7	–	–	9
1988	677	–	93	237	192	96	38	8	2	–	11
1989	655	–	83	245	160	111	45	6	1	–	4
1990	734	–	107	245	187	119	53	6	3	–	14
1991	703	1	89	240	169	109	69	18	2	–	6
Female – Féminin											
1987	634	–	110	242	135	82	48	11	2	–	4
1988	618	–	95	189	191	83	41	10	2	–	7
1989	692	–	77	258	172	112	53	8	3	1	8
1990	641	–	78	216	162	108	52	10	6	–	9
1991	650	–	79	217	184	111	40	11	3	–	5

16. Live births by age of mother, sex and urban/rural residence: 1983 – 1992 (continued)

Naissances vivantes selon l'âge de la mère, le sexe et la résidence, urbaine/rurale: 1983 – 1992 (suite)

Data by urban/rural residence

Données selon la résidence urbaine/rurale

(See notes at end of table. – Voir notes à la fin du tableau.)

Continent, country or area, year, sex and urban/rural residence / Continent, pays ou zone, année, sexe et résidence, urbaine/rurale	All ages Tous âges	–15	15–19	20–24	25–29	30–34	35–39	40–44	45–49	50+	Unknown Inconnu
ASIA—ASIE (Cont.–Suite)											
Mongolia – Mongolie											
Urban – Urbaine											
Total											
1985	33 300	–	1 500	11 600	11 600	5 100	2 400	900	200	–	–
1986	34 100	–	1 200	12 000	12 000	5 700	2 300	800	100	–	–
1987	34 600	–	1 300	12 100	12 100	5 800	2 400	600	200	100	–
1988	38 200	–	1 600	13 000	13 700	6 700	2 300	700	200	–	–
1989	36 300	–	1 800	12 600	12 500	6 400	2 200	600	200	–	–
Rural – Rurale											
Total											
1985	36 000	–	2 100	10 900	11 800	5 900	3 100	1 600	500	100	–
1986	37 300	–	2 100	11 700	12 400	6 300	2 800	1 400	500	100	–
1987	36 500	–	2 400	11 300	12 700	6 100	2 500	1 200	300	–	–
1988	37 300	–	2 200	11 700	12 400	6 500	3 000	1 100	300	100	–
1989	36 900	–	2 200	12 000	12 000	6 400	2 900	1 000	300	100	–
Pakistan [20]											
Urban – Urbaine											
Total											
1984	861 289	60	61 098	230 355	261 140	160 003	96 098	38 157	13 164	1 214	–
1985	914 744	–	57 463	263 273	258 300	169 783	119 999	30 649	13 450	1 827	–
1986	944 927	–	54 033	230 565	294 507	190 745	110 771	44 391	18 090	1 825	–
1987	922 164	–	58 151	258 583	275 820	168 180	112 835	39 009	9 185	401	–
1988	908 388	–	59 901	249 843	272 326	174 811	100 500	41 099	9 908	–	–
Male – Masculin											
1984	460 660	60	34 052	123 196	134 182	86 100	51 923	22 674	7 259	1 214	–
1985	471 696	–	29 787	130 278	140 167	85 183	60 299	16 070	8 187	1 725	–
1986	481 767	–	31 007	129 410	146 737	92 654	52 362	19 892	9 206	499	–
1987	470 708	–	32 588	125 338	141 047	79 833	67 782	18 678	5 041	401	–
1988	497 437	–	33 339	131 987	155 159	90 299	57 244	24 117	5 292	–	–
Female – Féminin											
1984	400 629	–	27 046	107 159	126 958	73 903	44 175	15 483	5 905	–	–
1985	443 048	–	27 676	132 995	118 133	84 600	59 700	14 579	5 263	102	–
1986	463 160	–	23 026	101 155	147 770	98 091	58 409	24 499	8 884	1 326	–
1987	451 456	–	25 563	133 245	134 773	88 347	45 053	20 331	4 144	–	–
1988	410 951	–	26 562	117 856	117 167	84 512	43 256	16 982	4 616	–	–
Rural – Rurale											
Total											
1984	2 182 948	–	161 074	522 534	626 772	411 854	299 206	114 755	35 219	11 534	–
1985	2 252 412	–	150 229	536 231	626 488	439 341	305 656	132 235	53 316	8 916	–
1986	2 310 720	–	136 427	581 242	653 037	431 755	298 347	144 586	58 380	6 946	–
1987	2 418 155	–	164 569	596 057	694 238	473 640	295 950	142 128	47 547	4 026	–
1988	2 286 538	–	181 025	590 154	631 383	415 122	288 942	128 850	51 062	–	–
Male – Masculin											
1984	1 111 884	–	85 571	269 067	318 437	210 268	146 855	57 708	18 167	5 811	–
1985	1 154 521	–	76 047	279 498	322 054	218 602	165 236	64 607	26 726	1 751	–
1986	1 193 483	–	79 192	306 726	324 600	218 867	152 039	76 634	32 465	2 960	–
1987	1 232 115	–	80 891	297 975	363 878	242 275	137 880	81 113	25 036	3 067	–
1988	1 169 144	–	92 002	297 235	328 232	210 550	144 919	67 454	28 752	–	–
Female – Féminin											
1984	1 071 064	–	75 503	253 467	308 335	201 586	152 351	57 047	17 052	5 723	–
1985	1 097 891	–	74 182	256 733	304 434	220 739	140 420	67 628	26 590	7 165	–
1986	1 117 237	–	57 235	274 516	328 437	212 888	146 308	67 952	25 915	3 986	–
1987	1 186 040	–	83 678	298 082	330 360	231 365	158 070	61 015	22 511	959	–
1988	1 117 394	–	89 023	292 919	303 151	204 572	144 023	61 396	22 310	–	–
Sri Lanka+											
Urban – Urbaine											
Total											
1983	186 329	52	12 556	55 116	55 394	41 029	17 598	4 083	490	11	–
1984	192 383	58	13 356	56 898	57 209	41 760	18 477	4 206	404	15	–
1985	186 308	40	13 136	53 014	57 012	39 213	19 218	4 186	475	14	–
1986	176 733	33	12 627	49 304	54 649	37 350	18 426	3 907	424	13	–
1987	184 373	48	13 430	51 032	56 717	39 092	19 527	4 086	428	13	–
Male – Masculin											
1983	95 260	24	6 353	28 089	28 443	21 013	8 984	2 092	259	3	–
1984	98 356	30	6 857	29 191	29 122	21 308	9 508	2 128	206	6	–
1985	95 503	20	6 789	27 078	29 294	20 081	9 888	2 114	231	8	–
1986	90 397	16	6 532	25 212	28 025	19 101	9 285	1 998	218	10	–
1987	94 906	26	6 796	26 234	29 228	20 259	10 065	2 090	203	5	–

16. Live births by age of mother, sex and urban/rural residence: 1983 – 1992 (continued)

Naissances vivantes selon l'âge de la mère, le sexe et la résidence, urbaine/rurale: 1983 – 1992 (suite)

Data by urban/rural residence

Données selon la résidence urbaine/rurale

(See notes at end of table. – Voir notes à la fin du tableau.)

Continent, country or area, year, sex and urban/rural residence / Continent, pays ou zone, année, sexe et résidence, urbaine/rurale	All ages Tous âges	–15	15–19	20–24	25–29	30–34	35–39	40–44	45–49	50+	Unknown Inconnu
ASIA—ASIE (Cont.–Suite)											
Sri Lanka+											
Urban – Urbaine											
Female – Féminin											
1983	91 069	28	6 203	27 027	26 951	20 016	8 614	1 991	231	8	–
1984	94 027	28	6 499	27 707	28 087	20 452	8 969	2 078	198	9	–
1985	90 805	20	6 347	25 936	27 718	19 132	9 330	2 072	244	6	–
1986	86 336	17	6 095	24 092	26 624	18 249	9 141	1 909	206	3	–
1987	89 467	22	6 634	24 798	27 489	18 833	9 462	1 996	225	8	–
Rural – Rurale											
Total											
1983	218 793	64	18 050	75 706	63 475	39 374	17 364	4 170	581	8	1
1984	198 681	39	16 101	69 102	56 895	35 825	16 239	3 991	470	19	–
1985	203 291	38	16 540	69 511	60 441	35 221	17 169	3 823	535	12	1
1986	185 002	52	16 154	63 414	55 310	30 957	15 232	3 398	470	13	2
1987	173 350	42	14 518	57 975	52 556	29 631	14 818	3 316	468	21	5
Male – Masculin											
1983	111 384	34	9 248	38 585	32 177	20 152	8 820	2 077	284	6	1
1984	101 478	17	8 240	35 242	29 134	18 276	8 311	1 996	249	13	–
1985	103 432	17	8 425	35 392	30 622	17 995	8 747	1 930	297	7	–
1986	94 310	23	8 203	32 454	28 197	15 790	7 674	1 718	239	11	1
1987	88 199	26	7 484	29 349	26 621	15 185	7 610	1 671	238	13	2
Female – Féminin											
1983	107 409	30	8 802	37 121	31 298	19 222	8 544	2 093	297	2	–
1984	97 203	22	7 861	33 860	27 761	17 549	7 928	1 995	221	6	–
1985	99 859	21	8 115	34 119	29 819	17 226	8 422	1 893	238	5	1
1986	90 692	29	7 951	30 960	27 113	15 167	7 558	1 680	231	2	1
1987	85 151	16	7 034	28 626	25 935	14 446	7 208	1 645	230	8	3
Tajikistan – Tadjikistan [13]											
Urban – Urbaine											
Total											
1989	47 345	*—— 3 044 ——*			16 871	15 022	8 243	3 233	708	74	150	–
Rural – Rurale											
Total											
1989	153 085	*—— 7 170 ——*			54 666	48 074	26 936	12 182	3 339	536	182	–
Thailand – Thaïlande+											
Urban – Urbaine											
Total											
1983	183 191	93	22 335	65 792	55 371	25 600	9 245	3 199	693	174	689
1984	191 927	137	22 662	68 584	58 413	27 642	9 944	3 190	718	126	511
1985	206 786	138	23 172	71 697	61 960	29 849	10 619	3 175	671	189	5 316
1986	321 760	267	25 291	107 819	96 903	60 732	17 598	4 054	748	252	8 096
1988	346 022	316	36 257	113 534	106 201	59 914	19 709	4 119	626	265	5 081
1989	243 395	261	28 799	81 342	73 607	38 677	13 180	3 156	454	117	3 802
1990	262 716	284	31 328	87 097	78 233	42 353	14 680	3 537	502	156	4 546
1991	276 739	359	32 741	90 378	81 766	45 585	15 942	3 661	502	147	5 658
Male – Masculin											
1983	94 685	46	11 481	33 953	28 559	13 333	4 799	1 748	335	78	353
1984	99 698	51	11 595	35 619	30 348	14 457	5 236	1 687	372	62	271
1985	107 326	65	11 927	37 232	32 188	15 626	5 580	1 577	334	79	2 718
1986	166 266	133	8 189	55 801	50 148	36 090	9 141	2 068	395	98	4 203
1988	178 517	197	18 568	57 873	55 038	31 324	10 357	2 164	321	132	2 543
1989	126 265	146	14 901	42 020	38 300	20 117	6 911	1 647	237	54	1 932
1990	135 909	144	16 217	44 996	40 585	21 748	7 732	1 849	260	72	2 306
1991	143 689	184	16 841	46 814	42 707	23 755	8 208	1 911	252	59	2 958
Female – Féminin											
1983	88 506	47	10 854	31 839	26 812	12 267	4 446	1 451	358	96	336
1984	92 229	86	11 067	32 965	28 065	13 185	4 708	1 503	346	64	240
1985	99 460	73	11 245	34 465	29 772	14 223	5 039	1 598	337	110	2 598
1986	155 494	134	17 102	52 018	46 755	24 642	8 457	1 986	353	154	3 893
1988	167 505	119	17 689	55 661	51 163	28 590	9 352	1 955	305	133	2 538
1989	117 130	115	13 898	39 322	35 307	18 560	6 269	1 509	217	63	1 870
1990	126 807	140	15 111	42 101	37 648	20 605	6 948	1 688	242	84	2 240
1991	133 050	175	15 900	43 564	39 059	21 830	7 734	1 750	250	88	2 700

16. Live births by age of mother, sex and urban/rural residence: 1983 – 1992 (continued)

Naissances vivantes selon l'âge de la mère, le sexe et la résidence, urbaine/rurale: 1983 – 1992 (suite)

Data by urban/rural residence

Données selon la résidence urbaine/rurale

(See notes at end of table. – Voir notes à la fin du tableau.)

Continent, country or area, year, sex and urban/rural residence / Continent, pays ou zone, année, sexe et résidence, urbaine/rurale	All ages Tous âges	\-15	15–19	20–24	25–29	30–34	35–39	40–44	45–49	50+	Unknown Inconnu
					Age of mother (in years) – Age de la mère (en années)						
ASIA—ASIE (Cont.–Suite)											
Thailand – Thaïlande +											
Rural – Rurale											
Total											
1983	872 611	758	110 310	276 699	219 791	122 861	64 493	32 469	14 031	8 472	22 727
1984	764 753	857	96 642	251 191	199 262	111 352	55 165	25 025	9 177	4 662	11 420
1985	766 838	886	100 530	256 485	195 603	106 584	52 420	23 108	9 112	5 254	16 856
1986	623 544	865	98 363	211 572	152 443	72 939	43 377	19 944	8 885	5 989	9 167
1988	524 510	949	77 258	189 992	125 948	66 455	33 648	15 043	5 983	4 405	4 829
1989	662 442	1 120	90 905	231 222	173 736	94 986	41 373	15 617	4 793	3 220	5 470
1990	693 521	1 384	96 022	239 230	184 280	100 770	42 476	16 157	4 822	3 651	4 729
1991	683 817	1 486	94 383	232 873	184 424	100 684	41 877	15 130	4 127	3 102	5 731
Male – Masculin											
1983	440 389	340	55 361	141 049	112 525	62 266	32 480	16 051	6 489	3 313	10 515
1984	389 416	424	48 436	127 706	102 389	57 033	28 341	12 712	4 588	2 069	5 718
1985	390 675	421	50 719	130 990	99 967	54 548	26 768	11 721	4 557	2 292	8 692
1986	316 443	411	54 753	107 533	77 979	32 582	21 936	9 992	4 296	2 466	4 495
1988	267 463	445	39 335	97 555	64 606	34 190	16 977	7 479	2 791	1 798	2 287
1989	339 250	520	46 323	118 913	89 349	48 988	20 990	7 854	2 350	1 316	2 647
1990	355 101	699	49 151	123 123	94 759	51 805	21 525	8 048	2 248	1 441	2 302
1991	350 064	747	48 431	119 513	94 982	51 513	21 299	7 622	1 876	1 242	2 839
Female – Féminin											
1983	432 222	418	54 949	135 650	107 266	60 595	32 013	16 418	7 542	5 159	12 212
1984	375 337	433	48 206	123 485	96 873	54 319	26 824	12 313	4 589	2 593	5 702
1985	376 163	465	49 811	125 495	95 636	52 036	25 652	11 387	4 555	2 962	8 164
1986	307 101	454	43 610	104 039	74 464	40 357	21 441	9 952	4 589	3 523	4 672
1988	257 047	504	37 923	92 437	61 342	32 265	16 671	7 564	3 192	2 607	2 542
1989	323 192	600	44 582	112 309	84 387	45 998	20 383	7 763	2 443	1 904	2 823
1990	338 420	685	46 871	116 107	89 521	48 965	20 951	8 109	2 574	2 210	2 427
1991	333 753	739	45 952	113 360	89 442	49 171	20 578	7 508	2 251	1 860	2 892
Turkmenistan – Turkménistan [13]											
Urban – Urbaine											
Total											
1989	52 006	*—	2 372	—*	16 691	18 426	9 911	3 704	757	42	103	–
Rural – Rurale											
Total											
1989	72 986	*—	1 615	—*	20 883	27 987	15 065	5 776	1 431	180	49	–
EUROPE											
Albania – Albanie											
Urban – Urbaine											
Total											
1983	20 938	–	663	6 358	8 142	4 234	1 153	312	25	7	44
1984	22 497	–	711	6 647	8 745	4 649	1 379	300	13	9	44
1985	22 578	–	710	6 517	9 012	4 678	1 334	253	21	5	48
1986	23 143	–	694	6 510	9 375	4 919	1 352	194	24	12	63
1987	24 006	–	660	6 640	9 640	5 400	1 396	184	24	9	53
1988	24 289	–	726	6 721	9 850	5 378	1 323	188	18	5	80
1989	23 803	–	740	6 697	9 498	5 205	1 371	196	10	13	73
1990	25 642	*—	729	—*	7 055	10 152	5 671	1 621	233	16	16	149
Male – Masculin											
1989	12 386	–	373	3 489	4 938	2 713	729	93	4	6	41
Female – Féminin											
1989	11 417	–	367	3 208	4 560	2 492	642	103	6	7	32
Rural – Rurale											
Total											
1983	52 824	–	1 735	19 665	16 220	9 164	4 128	1 624	126	11	151
1984	56 680	–	1 759	19 755	19 069	9 628	4 453	1 730	112	17	157
1985	54 957	–	1 743	18 451	19 143	9 504	4 373	1 411	121	13	198
1986	53 292	–	1 715	17 360	19 314	9 373	4 148	1 112	117	11	142
1987	55 690	–	1 711	17 483	20 779	10 048	4 316	1 077	143	19	114
1988	55 952	–	1 680	17 712	20 700	10 622	3 977	1 007	131	18	105
1989	55 059	–	1 664	17 117	20 494	10 852	3 656	1 041	117	15	103
1990	56 483	*—	1 644	—*	17 718	20 506	11 445	3 827	1 094	125	29	95
Male – Masculin											
1989	28 405	–	877	8 914	10 514	5 575	1 862	544	66	5	48
Female – Féminin											
1989	26 654	–	787	8 203	9 980	5 277	1 794	497	51	10	55

16. Live births by age of mother, sex and urban/rural residence: 1983 – 1992 (continued)

Naissances vivantes selon l'âge de la mère, le sexe et la résidence, urbaine/rurale: 1983 – 1992 (suite)

Data by urban/rural residence

Données selon la résidence urbaine/rurale

(See notes at end of table. – Voir notes à la fin du tableau.)

Continent, country or area, year, sex and urban/rural residence — Continent, pays ou zone, année, sexe et résidence, urbaine/rurale	All ages Tous âges	Age of mother (in years) – Age de la mère (en années)									Unknown Inconnu
		−15	15–19	20–24	25–29	30–34	35–39	40–44	45–49	50+	
EUROPE (Cont.–Suite)											
Austria – Autriche											
Urban – Urbaine											
Total											
1983	44 655	16	4 107	16 171	14 385	6 905	2 499	546	26	–	–
Male – Masculin											
1983	22 828	9	2 125	8 320	7 284	3 548	1 254	278	10	–	–
Female – Féminin											
1983	21 827	7	1 982	7 851	7 101	3 357	1 245	268	16	–	–
Rural – Rurale											
Total											
1983	45 463	6	5 280	18 214	13 429	5 879	2 051	573	31	–	–
Male – Masculin											
1983	23 301	2	2 737	9 292	6 944	3 009	1 020	280	17	–	–
Female – Féminin											
1983	22 162	4	2 543	8 922	6 485	2 870	1 031	293	14	–	–
Belarus – Bélarus [13]											
Urban – Urbaine											
Total											
1986	119 356	*——	7 859 ——*	49 117	39 338	17 073	5 385	553	30	–	1
1987	113 868	*——	8 340 ——*	47 501	36 588	15 657	5 163	599	17	–	3
1988	116 005	*——	8 571 ——*	46 849	37 861	16 787	5 182	722	22	5	6
1989	110 472	*——	9 296 ——*	44 861	34 946	15 890	4 697	751	21	10	–
Rural – Rurale											
Total											
1986	52 255	*——	4 805 ——*	22 553	14 996	6 617	2 695	538	50	–	1
1987	49 069	*——	4 864 ——*	21 383	13 799	5 909	2 517	557	40	–	–
1988	47 188	*——	4 841 ——*	20 293	13 231	5 885	2 385	520	29	2	2
1989	42 977	*——	4 821 ——*	19 123	11 250	5 295	1 994	462	28	4	–
Bulgaria – Bulgarie											
Urban – Urbaine											
Total											
1983	82 250	244	13 977	36 597	20 853	8 025	2 174	360	14	2	4
1984	82 485	238	14 199	36 374	20 833	8 184	2 272	349	20	3	13
1985	81 072	256	13 993	35 159	20 653	8 229	2 413	346	15	2	6
1986	83 476	222	14 317	35 933	21 279	8 588	2 670	433	20	14	–
1987	81 101	219	14 816	34 240	20 622	8 114	2 600	465	11	–	14
1988	81 627	254	15 187	34 644	20 656	7 929	2 487	435	17	2	16
1989	78 724	270	14 615	34 215	19 020	7 582	2 541	452	16	2	11
1990	73 940	313	13 604	32 656	17 558	6 989	2 344	456	14	1	5
Male – Masculin											
1983	42 313	128	7 185	18 711	10 818	4 168	1 105	190	7	–	1
1984	42 358	144	7 184	18 729	10 800	4 192	1 124	163	10	1	11
1985	41 507	132	7 155	18 066	10 497	4 260	1 207	175	10	1	4
1986	42 671	118	7 290	18 275	10 922	4 449	1 375	221	12	9	–
1987	41 441	101	7 652	17 571	10 447	4 090	1 328	236	7	–	9
1988	42 085	134	7 853	17 856	10 590	4 108	1 286	237	11	1	9
1989	40 359	139	7 453	17 613	9 727	3 871	1 317	223	10	1	5
1990	38 058	151	6 991	16 801	8 990	3 636	1 235	244	7	–	3
Female – Féminin											
1983	39 937	116	6 792	17 886	10 035	3 857	1 069	170	7	2	3
1984	40 127	94	7 015	17 645	10 033	3 992	1 148	186	10	2	2
1985	39 565	124	6 838	17 093	10 156	3 969	1 206	171	5	1	2
1986	40 805	104	7 027	17 658	10 357	4 139	1 295	212	8	5	–
1987	39 660	118	7 164	16 669	10 175	4 024	1 272	229	4	–	5
1988	39 542	120	7 334	16 788	10 066	3 821	1 201	198	6	1	7
1989	38 365	131	7 162	16 602	9 293	3 711	1 224	229	6	1	6
1990	35 882	162	6 613	15 855	8 568	3 353	1 109	212	7	1	2
Rural – Rurale											
Total											
1983	40 743	146	9 297	19 441	8 157	2 716	799	169	13	5	–
1984	39 818	130	9 021	18 914	8 111	2 654	817	164	6	–	1
1985	37 883	151	8 811	17 817	7 629	2 523	767	175	9	1	–
1986	36 602	128	8 894	17 188	7 061	2 377	784	157	12	1	–
1987	35 571	123	8 807	16 411	7 110	2 258	700	145	11	3	3
1988	35 813	131	9 014	16 533	6 955	2 271	741	161	6	1	–
1989	33 565	174	8 436	15 587	6 384	2 141	689	142	9	2	1
1990	31 240	190	8 411	14 216	5 621	1 965	683	147	6	–	1

16. Live births by age of mother, sex and urban/rural residence: 1983 – 1992 (continued)

Naissances vivantes selon l'âge de la mère, le sexe et la résidence, urbaine/rurale: 1983 – 1992 (suite)

Data by urban/rural residence

Données selon la résidence urbaine/rurale

(See notes at end of table. – Voir notes à la fin du tableau.)

Continent, country or area, year, sex and urban/rural residence / Continent, pays ou zone, année, sexe et résidence, urbaine/rurale	All ages Tous âges	–15	15–19	20–24	25–29	30–34	35–39	40–44	45–49	50+	Unknown Inconnu
EUROPE (Cont.–Suite)											
Bulgaria – Bulgarie											
Rural – Rurale											
Male – Masculin											
1983	20 729	88	4 715	9 843	4 194	1 383	411	86	7	2	–
1984	20 702	62	4 738	9 891	4 170	1 335	413	90	2	–	1
1985	19 432	66	4 579	9 167	3 877	1 254	388	95	5	1	–
1986	18 679	70	4 563	8 756	3 602	1 188	406	92	1	1	–
1987	18 306	58	4 553	8 451	3 627	1 162	362	80	8	3	2
1988	18 416	66	4 676	8 459	3 579	1 175	377	83	1	–	–
1989	17 230	93	4 303	8 021	3 296	1 081	349	81	5	–	1
1990	15 970	103	4 272	7 253	2 925	1 008	333	75	1	–	–
Female – Féminin											
1983	20 014	58	4 582	9 598	3 963	1 333	388	83	6	3	–
1984	19 116	68	4 283	9 023	3 941	1 319	404	74	4	–	–
1985	18 451	85	4 232	8 650	3 752	1 269	379	80	4	–	–
1986	17 923	58	4 331	8 432	3 459	1 189	378	65	11	–	–
1987	17 265	65	4 254	7 960	3 483	1 096	338	65	3	–	1
1988	17 397	65	4 338	8 074	3 376	1 096	364	78	5	1	–
1989	16 335	81	4 133	7 566	3 088	1 060	340	61	4	2	–
1990	15 270	87	4 139	6 963	2 696	957	350	72	5	–	1
Former Czechoslovakia – Ancienne Tchécoslovaquie											
Urban – Urbaine											
Total											
1990	136 876	42	16 538	58 167	40 095	15 812	5 383	821	18	–	–
Rural – Rurale											
Total											
1990	73 677	18	11 445	34 698	17 876	6 847	2 415	364	14	–	–
Estonia – Estonie [13]											
Urban – Urbaine											
Total											
1986	16 962	11	1 344	6 554	5 195	2 731	981	142	4	–	–
1987	17 595	6	1 402	6 627	5 439	2 864	1 105	141	8	–	3
1988	17 448	7	1 502	6 463	5 352	2 840	1 091	184	5	–	4
1989	16 520	*—— 1	690 ——*	6 110	4 903	2 614	1 027	170	1	5	–
1990	15 003	4	1 701	5 623	4 137	2 363	978	187	6	1	3
Rural – Rurale											
Total											
1986	7 144	5	772	2 942	1 908	980	444	89	4	–	–
1987	7 491	1	859	2 991	2 123	971	450	93	2	–	1
1988	7 612	4	799	2 970	2 162	1 129	428	112	5	–	3
1989	7 772	*——	869 ——*	2 937	2 178	1 176	500	109	3	–	–
1990	7 305	8	955	2 768	1 960	1 073	437	97	6	–	1
Finland – Finlande [23]											
Urban – Urbaine											
Total											
1983	40 945	5	1 615	9 539	15 405	10 062	3 798	499	*——	22 ——*	–
1984	39 483	–	1 559	8 895	14 567	9 887	3 993	560	*——	22 ——*	–
1985	38 002	2	1 395	8 339	14 110	9 456	4 120	559	*——	21 ——*	–
1986	37 997	2	1 330	8 014	14 153	9 770	4 047	660	21	–	–
1987	37 740	3	1 195	7 675	13 991	10 073	3 975	803	25	–	–
1988	39 916	2	1 173	7 879	15 117	10 636	4 231	848	29	1	–
1989	39 543	1	1 083	7 714	15 061	10 706	4 063	886	28	1	–
1990	40 835	2	1 142	7 669	15 375	11 215	4 451	957	24	–	–
Male – Masculin											
1983	20 970	3	838	4 927	7 916	5 085	1 930	261	*——	10 ——*	–
1984	20 161	–	778	4 510	7 537	5 030	2 023	274	*——	9 ——*	–
1985	19 385	1	714	4 278	7 227	4 793	2 104	255	*——	13 ——*	–
1986	19 352	1	671	4 132	7 190	4 957	2 049	336	16	–	–
1987	19 357	1	611	3 938	7 207	5 101	2 068	423	8	–	–
1988	20 448	–	603	4 063	7 637	5 497	2 208	425	15	–	–
1989	20 341	–	553	3 994	7 777	5 431	2 127	443	16	–	–
1990	20 912	–	603	3 923	7 830	5 773	2 297	479	7	–	–

16. Live births by age of mother, sex and urban/rural residence: 1983 – 1992 (continued)

Naissances vivantes selon l'âge de la mère, le sexe et la résidence, urbaine/rurale: 1983 – 1992 (suite)

Data by urban/rural residence

Données selon la résidence urbaine/rurale

(See notes at end of table. – Voir notes à la fin du tableau.)

Continent, country or area, year, sex and urban/rural residence / Continent, pays ou zone, année, sexe et résidence, urbaine/rurale	All ages Tous âges	–15	15–19	20–24	25–29	30–34	35–39	40–44	45–49	50+	Unknown Inconnu
EUROPE (Cont.–Suite)											
Finland – Finlande [23]											
Urban – Urbaine											
Female – Féminin											
1983	19 975	2	777	4 612	7 489	4 977	1 868	238	*—	12 —*	–
1984	19 322	–	781	4 385	7 030	4 857	1 970	286	*—	13 —*	–
1985	18 617	1	681	4 061	6 883	4 663	2 016	304	*—	8 —*	–
1986	18 645	1	659	3 882	6 963	4 813	1 998	324	5	–	–
1987	18 383	2	584	3 737	6 784	4 972	1 907	380	17	–	–
1988	19 468	2	570	3 816	7 480	5 139	2 023	423	14	1	–
1989	19 202	1	530	3 720	7 284	5 275	1 936	443	12	1	–
1990	19 923	2	539	3 746	7 545	5 442	2 154	478	17	–	–
Rural – Rurale											
Total											
1983	25 947	–	1 235	6 564	8 981	5 949	2 701	479	*—	38 —*	–
1984	25 593	2	1 130	6 299	8 847	5 900	2 914	473	*—	28 —*	–
1985	24 794	2	975	5 783	8 678	5 927	2 912	490	*—	27 —*	–
1986	22 635	1	808	5 046	8 054	5 605	2 600	487	33	1	–
1987	22 087	–	726	4 700	7 900	5 616	2 537	584	24	–	–
1988	23 400	–	704	4 810	8 491	6 061	2 656	641	37	–	–
1989	23 805	–	662	4 678	8 861	6 252	2 695	632	25	–	–
1990	24 714	1	685	4 566	9 236	6 523	2 934	737	32	–	–
Male – Masculin											
1983	13 224	–	634	3 333	4 615	2 998	1 375	244	*—	25 —*	–
1984	13 069	–	585	3 155	4 528	3 054	1 511	224	*—	12 —*	–
1985	12 627	2	505	2 990	4 377	2 998	1 507	233	*—	15 —*	–
1986	11 683	1	396	2 542	4 239	2 875	1 352	259	19	–	–
1987	11 274	–	374	2 417	4 070	2 798	1 288	313	14	–	–
1988	11 925	–	356	2 473	4 335	3 093	1 326	321	21	–	–
1989	12 061	–	336	2 361	4 488	3 170	1 381	313	12	–	–
1990	12 627	–	354	2 375	4 728	3 302	1 482	370	16	–	–
Female – Féminin											
1983	12 723	–	601	3 231	4 366	2 951	1 326	235	*—	13 —*	–
1984	12 524	2	545	3 144	4 319	2 846	1 403	249	*—	16 —*	–
1985	12 167	–	470	2 793	4 301	2 929	1 405	257	*—	12 —*	–
1986	10 952	–	412	2 504	3 815	2 730	1 248	228	14	1	–
1987	10 813	–	352	2 283	3 830	2 818	1 249	271	10	–	–
1988	11 475	–	348	2 337	4 156	2 968	1 330	320	16	–	–
1989	11 744	–	326	2 317	4 373	3 082	1 314	319	13	–	–
1990	12 087	1	331	2 191	4 508	3 221	1 452	367	16	–	–
France [4] [24] [33]											
Urban – Urbaine											
Total											
1983	583 636	58	23 309	174 593	219 678	119 854	39 384	6 277	454	29	–
1984	590 447	61	21 781	169 898	225 076	123 629	42 773	6 701	497	31	–
1985	595 145	59	19 155	161 932	229 229	129 477	47 561	7 165	*—	518 —*	49
1986	600 781	52	18 165	154 941	232 996	135 290	50 392	8 382	514	49	–
1987	591 272	54	16 916	143 358	229 358	138 255	53 228	9 571	500	32	–
1988	594 125	57	16 059	136 614	230 447	143 773	56 124	10 546	475	30	–
1989	589 791	46	15 665	129 404	227 419	146 529	58 478	11 683	527	40	–
1990	587 987	42	15 545	123 545	226 366	149 318	59 899	12 662	577	33	–
Male – Masculin											
1983	299 269	32	12 034	89 431	112 704	61 552	20 027	3 226	247	16	–
1984	302 494	26	11 176	87 102	115 421	63 258	21 795	3 447	251	18	–
1985	305 435	31	9 794	83 019	117 724	66 793	24 146	3 639	*—	265 —*	24
1986	307 977	23	9 231	79 208	119 479	69 487	25 965	4 319	243	22	–
1987	302 827	29	8 642	73 298	117 828	70 655	27 235	4 879	246	15	–
1988	304 505	32	8 240	70 113	118 011	73 632	28 833	5 381	247	16	–
1989	301 726	24	7 923	66 199	116 437	75 010	29 889	5 941	278	25	–
1990	301 766	21	7 991	63 147	116 209	76 744	30 805	6 545	288	16	–
Female – Féminin											
1983	284 367	26	11 275	85 162	106 974	58 302	19 357	3 051	207	13	–
1984	287 953	35	10 605	82 796	109 655	60 371	20 978	3 254	246	13	–
1985	289 710	28	9 361	78 913	111 505	62 684	23 415	3 526	*—	253 —*	25
1986	292 804	29	8 934	75 733	113 517	65 803	24 427	4 063	271	27	–
1987	288 445	25	8 274	70 060	111 530	67 600	25 993	4 692	254	17	–
1988	289 620	25	7 819	66 501	112 436	70 141	27 291	5 165	228	14	–
1989	288 065	22	7 742	63 205	110 982	71 519	28 589	5 742	249	15	–
1990	286 221	21	7 554	60 398	110 157	72 574	29 094	6 117	289	17	–

16. Live births by age of mother, sex and urban/rural residence: 1983 – 1992 (continued)

Naissances vivantes selon l'âge de la mère, le sexe et la résidence, urbaine/rurale: 1983 – 1992 (suite)

Data by urban/rural residence

Données selon la résidence urbaine/rurale

(See notes at end of table. – Voir notes à la fin du tableau.)

Continent, country or area, year, sex and urban/rural residence / Continent, pays ou zone, année, sexe et résidence, urbaine/rurale	All ages Tous âges	Age of mother (in years) – Age de la mère (en années)									Unknown Inconnu
		−15	15–19	20–24	25–29	30–34	35–39	40–44	45–49	50+	
EUROPE (Cont.–Suite)											
France [4] [24] [33]											
Rural – Rurale											
Total											
1983	163 122	17	5 984	47 159	63 891	34 235	10 275	1 431	128	2	—
1984	167 752	14	5 459	46 866	66 907	35 538	11 314	1 538	108	8	—
1985	171 543	7	4 950	45 193	69 597	37 419	12 633	1 635	*—	106 ——*	3
1986	175 933	9	4 489	43 413	71 904	40 548	13 576	1 895	97	2	—
1987	174 991	12	4 056	40 590	71 999	41 618	14 428	2 201	84	3	—
1988	175 543	11	3 864	38 264	72 355	43 392	15 091	2 475	86	5	—
1989	173 958	6	3 562	35 923	71 906	44 181	15 523	2 740	106	11	—
1990	172 709	14	3 389	33 727	71 008	45 335	16 180	2 950	102	4	—
Male – Masculin											
1983	83 489	8	3 057	24 122	32 642	17 601	5 253	742	62	2	—
1984	85 941	7	2 790	24 016	34 135	18 278	5 869	789	53	4	—
1985	87 769	4	2 560	23 228	35 531	19 050	6 515	830	*—	51 ——*	—
1986	90 293	7	2 297	22 401	36 845	20 834	6 909	945	54	1	—
1987	89 591	10	2 053	20 724	36 807	21 487	7 344	1 125	40	1	—
1988	90 110	4	1 989	19 427	37 206	22 331	7 845	1 259	44	5	—
1989	89 066	4	1 786	18 389	36 791	22 662	7 974	1 400	56	4	—
1990	88 678	7	1 678	17 329	36 429	23 375	8 275	1 525	58	2	—
Female – Féminin											
1983	79 633	9	2 927	23 037	31 249	16 634	5 022	689	66	—	—
1984	81 811	7	2 669	22 850	32 772	17 260	5 445	749	55	4	—
1985	83 774	3	2 390	21 965	34 066	18 369	6 118	805	*—	55 ——*	3
1986	85 640	2	2 192	21 012	35 059	19 714	6 667	950	43	1	—
1987	85 400	2	2 003	19 866	35 192	20 131	7 084	1 076	44	2	—
1988	85 433	7	1 875	18 837	35 149	21 061	7 246	1 216	42	—	—
1989	84 892	2	1 776	17 534	35 115	21 519	7 549	1 340	50	7	—
1990	84 031	7	1 711	16 398	34 579	21 960	7 905	1 425	44	2	—
Germany – Allemagne [25]	...	...	...	...	...	...	...	...	...	...	...
Former German Democratic Republic – Ancienne République démocratique allemande											
Urban – Urbaine											
Total											
1983	176 977	10	22 559	86 628	47 853	16 196	3 026	678	*—	27 ——*	—
1984	172 205	12	20 524	85 146	46 555	16 207	3 148	590	*—	23 ——*	—
1985	172 014	13	18 823	83 838	48 353	16 875	3 543	547	*—	22 ——*	—
1987	171 613	11	15 198	80 136	53 282	17 869	4 647	448	*—	22 ——*	—
1988	164 197	11	13 800	74 455	53 591	17 183	4 700	443	*—	14 ——*	—
1989	151 831	8	11 937	66 619	51 795	16 364	4 623	466	*—	19 ——*	—
Rural – Rurale											
Total											
1983	56 779	2	8 823	28 931	13 709	4 289	848	165	*—	12 ——*	—
1984	55 930	5	8 267	28 303	13 855	4 389	907	193	*—	11 ——*	—
1985	55 634	5	7 349	27 426	14 882	4 748	1 048	164	*—	12 ——*	—
1987	54 346	2	6 042	25 410	15 912	5 392	1 440	142	*—	6 ——*	—
1988	51 537	4	5 326	23 460	15 867	5 294	1 419	158	*—	9 ——*	—
1989	47 091	5	4 677	20 942	14 850	5 012	1 477	121	*—	7 ——*	—
Greece – Grèce											
Urban – Urbaine											
Total											
1983	87 351	80	8 396	29 886	28 075	14 301	5 455	995	93	24	46
1984	82 458	58	7 742	28 215	26 531	13 709	5 182	871	99	13	38
1985	76 156	55	6 725	25 119	25 327	13 188	4 756	855	84	19	28
1990	67 526	34	3 384	19 037	24 204	14 631	5 227	900	61	17	31
Male – Masculin											
1983	45 213	41	4 369	15 433	14 467	7 393	2 906	525	48	12	19
1984	42 478	31	3 933	14 503	13 648	7 092	2 731	454	54	8	24
1985	39 388	30	3 438	13 014	13 073	6 897	2 441	422	44	12	17
1990	34 598	19	1 690	9 748	12 456	7 563	2 642	429	31	4	16
Female – Féminin											
1983	42 138	39	4 027	14 453	13 608	6 908	2 549	470	45	12	27
1984	39 980	27	3 809	13 712	12 883	6 617	2 451	417	45	5	14
1985	36 768	25	3 287	12 105	12 254	6 291	2 315	433	40	7	11
1990	32 928	15	1 694	9 289	11 748	7 068	2 585	471	30	13	15

16. Live births by age of mother, sex and urban/rural residence: 1983 – 1992 (continued)

Naissances vivantes selon l'âge de la mère, le sexe et la résidence, urbaine/rurale: 1983 – 1992 (suite)

Data by urban/rural residence

Données selon la résidence urbaine/rurale

(See notes at end of table. – Voir notes à la fin du tableau.)

Continent, country or area, year, sex and urban/rural residence / Continent, pays ou zone, année, sexe et résidence, urbaine/rurale	All ages Tous âges	–15	15–19	20–24	25–29	30–34	35–39	40–44	45–49	50+	Unknown Inconnu
EUROPE (Cont.–Suite)											
Greece – Grèce											
Rural – Rurale											
Total											
1983	45 257	67	7 651	18 297	11 386	5 207	2 030	518	70	8	23
1984	43 266	59	7 471	17 337	10 988	4 862	1 939	490	64	11	45
1985	40 325	38	6 666	16 169	10 629	4 658	1 662	431	47	7	18
1990	34 703	33	3 915	13 622	10 378	4 827	1 536	320	25	12	35
Male – Masculin											
1983	23 633	43	3 947	9 507	6 042	2 714	1 045	278	41	3	13
1984	22 648	27	3 879	9 089	5 762	2 561	1 036	232	31	4	27
1985	21 034	18	3 439	8 493	5 567	2 396	859	224	22	6	10
1990	17 824	20	1 993	7 047	5 270	2 578	730	152	12	5	17
Female – Féminin											
1983	21 624	24	3 704	8 790	5 344	2 493	985	240	29	5	10
1984	20 618	32	3 592	8 248	5 226	2 301	903	258	33	7	18
1985	19 291	20	3 227	7 676	5 062	2 262	803	207	25	1	8
1990	16 879	13	1 922	6 575	5 108	2 249	806	168	13	7	18
Hungary – Hongrie [32]											
Urban – Urbaine											
Total											
1983	66 393	61	6 788	22 764	23 936	9 688	2 664	473	19	–	–
1984	66 961	79	7 278	23 139	22 682	10 549	2 762	456	16	–	–
1985	69 998	64	7 541	23 983	22 839	11 841	3 200	514	16	–	–
1986	71 436	74	7 655	24 180	22 812	12 505	3 636	550	24	–	–
1987	70 398	68	7 554	24 268	21 618	12 526	3 756	590	18	–	–
1988	69 107	81	7 073	24 637	21 223	11 716	3 778	580	*—	19 —*	–
1989	73 486	68	7 255	27 169	22 119	11 792	4 374	693	*—	16 —*	–
1990	74 767	99	7 428	28 262	22 097	11 436	4 737	683	*—	25 —*	–
1991	75 852	93	7 564	28 986	22 423	11 180	4 822	763	*—	21 —*	–
Male – Masculin											
1983	34 083	32	3 467	11 650	12 367	4 955	1 376	228	8	–	–
1984	34 211	33	3 747	11 926	11 569	5 295	1 380	253	8	–	–
1985	35 871	35	3 830	12 286	11 824	6 015	1 601	273	7	–	–
1986	36 592	39	3 953	12 403	11 660	6 349	1 895	275	18	–	–
1987	36 144	36	3 862	12 480	11 153	6 410	1 882	308	13	–	–
1988	35 419	30	3 596	12 807	10 813	5 987	1 878	297	*—	11 —*	–
1989	37 639	35	3 704	13 945	11 268	6 078	2 247	354	*—	8 —*	–
1990	38 377	52	3 836	14 497	11 302	5 931	2 403	339	*—	17 —*	–
1991	38 931	55	3 854	14 964	11 571	5 670	2 427	379	*—	11 —*	–
Female – Féminin											
1983	32 310	29	3 321	11 114	11 569	4 733	1 288	245	11	–	–
1984	32 750	46	3 531	11 213	11 113	5 254	1 382	203	8	–	–
1985	34 127	29	3 711	11 697	11 015	5 826	1 599	241	9	–	–
1986	34 844	35	3 702	11 777	11 152	6 156	1 741	275	6	–	–
1987	34 254	32	3 692	11 788	10 465	6 116	1 874	282	5	–	–
1988	33 688	51	3 477	11 830	10 410	5 729	1 900	283	*—	8 —*	–
1989	35 847	33	3 551	13 224	10 851	5 714	2 127	339	*—	8 —*	–
1990	36 390	47	3 592	13 765	10 795	5 505	2 334	344	*—	8 —*	–
1991	36 921	38	3 710	14 022	10 852	5 510	2 395	384	*—	10 —*	–
Rural – Rurale											
Total											
1983	60 749	128	10 507	24 913	17 156	5 923	1 690	411	21	–	–
1984	57 960	132	10 136	23 254	16 171	6 168	1 687	390	22	–	–
1985	59 692	134	10 173	23 435	16 507	7 082	1 944	398	19	–	–
1986	56 243	124	9 467	21 501	15 565	7 102	2 104	359	21	–	–
1987	54 957	99	9 210	21 183	14 699	7 183	2 186	377	20	–	–
1988	54 658	120	8 680	21 637	14 438	7 085	2 259	413	*—	26 —*	–
1989	49 261	102	7 630	19 978	12 899	6 143	2 106	387	*—	16 —*	–
1990	50 490	138	7 729	21 095	12 798	6 000	2 285	432	*—	13 —*	–
1991	50 918	118	7 784	21 230	12 700	6 150	2 451	470	*—	15 —*	–
Male – Masculin											
1983	30 941	66	5 373	12 767	8 713	2 934	855	219	14	–	–
1984	29 630	72	5 258	11 865	8 196	3 176	854	196	13	–	–
1985	30 657	64	5 251	12 064	8 495	3 627	957	187	12	–	–
1986	28 675	55	4 850	10 904	7 954	3 613	1 097	187	15	–	–
1987	28 181	51	4 702	10 941	7 501	3 686	1 093	195	12	–	–
1988	28 119	54	4 525	11 111	7 316	3 676	1 214	210	*—	13 —*	–
1989	25 368	64	3 945	10 207	6 573	3 212	1 149	210	*—	8 —*	–
1990	25 631	73	4 032	10 581	6 514	3 053	1 164	207	*—	7 —*	–
1991	25 971	56	3 926	10 846	6 496	3 145	1 270	224	*—	8 —*	–

16. Live births by age of mother, sex and urban/rural residence: 1983 – 1992 (continued)

Naissances vivantes selon l'âge de la mère, le sexe et la résidence, urbaine/rurale: 1983 – 1992 (suite)

Data by urban/rural residence

Données selon la résidence urbaine/rurale

(See notes at end of table. – Voir notes à la fin du tableau.)

Continent, country or area, year, sex and urban/rural residence / Continent, pays ou zone, année, sexe et résidence, urbaine/rurale	All ages Tous âges	Age of mother (in years) – Age de la mère (en années)									Unknown Inconnu
		–15	15–19	20–24	25–29	30–34	35–39	40–44	45–49	50+	
EUROPE (Cont.–Suite)											
Hungary – Hongrie [32]											
Rural – Rurale											
Female – Féminin											
1983	29 808	62	5 134	12 146	8 443	2 989	835	192	7	–	–
1984	28 330	60	4 878	11 389	7 975	2 992	833	194	9	–	–
1985	29 035	70	4 922	11 371	8 012	3 455	987	211	7	–	–
1986	27 568	69	4 617	10 597	7 611	3 489	1 007	172	6	–	–
1987	26 776	48	4 508	10 242	7 198	3 497	1 093	182	8	–	–
1988	26 539	66	4 155	10 526	7 122	3 409	1 045	203	*—	13 —*	–
1989	23 893	38	3 685	9 771	6 326	2 931	957	177	*—	8 —*	–
1990	24 859	65	3 697	10 514	6 284	2 947	1 121	225	*—	6 —*	–
1991	24 947	62	3 858	10 384	6 204	3 005	1 181	246	*—	7 —*	–
Ireland – Irlande + [26]											
Urban – Urbaine											
Total											
1989	24 278	6	1 511	4 673	7 941	6 423	2 900	645	28	1	150
1990	25 134	6	1 660	4 495	8 343	6 857	2 965	611	29	–	168
1991	24 459	5	1 665	4 476	7 668	6 772	3 058	639	20	–	156
Male – Masculin											
1989	12 484	2	756	2 401	4 102	3 325	1 490	318	11	1	78
1990	13 010	2	853	2 327	4 312	3 518	1 544	347	12	–	95
1991	12 590	3	873	2 256	3 949	3 486	1 590	343	8	–	82
Female – Féminin											
1989	11 794	4	755	2 272	3 839	3 098	1 410	327	17	–	72
1990	12 124	4	807	2 168	4 031	3 339	1 421	264	17	–	73
1991	11 869	2	792	2 220	3 719	3 286	1 468	296	12	–	74
Rural – Rurale											
Total											
1989	27 740	2	860	3 732	8 848	8 431	4 333	1 159	62	–	313
1990	27 910	6	996	3 655	8 789	8 583	4 419	1 068	66	2	326
1991	28 225	2	1 123	3 721	8 708	8 770	4 450	1 042	70	1	338
Male – Masculin											
1989	14 270	1	419	1 910	4 571	4 351	2 221	595	34	–	168
1990	14 549	3	512	1 921	4 577	4 433	2 326	564	34	1	178
1991	14 551	2	592	1 878	4 459	4 543	2 333	543	39	1	161
Female – Féminin											
1989	13 470	1	441	1 822	4 277	4 080	2 112	564	28	–	145
1990	13 361	3	484	1 734	4 212	4 150	2 093	504	32	1	148
1991	13 674	–	531	1 843	4 249	4 227	2 117	499	31	–	177
Latvia – Lettonie [13]											
Urban – Urbaine											
Total											
1986	28 147	–	2 344	10 962	8 593	4 305	1 662	267	14	–	–
1987	28 042	–	2 387	10 490	8 689	4 434	1 773	260	9	–	–
1988	27 506	–	2 488	10 420	8 230	4 312	1 703	336	17	–	–
1989	25 702	*— 2 617 —*		9 759	7 544	4 040	1 453	277	11	1	–
1990	24 488	–	2 789	9 408	6 732	3 840	1 444	266	9	–	–
Rural – Rurale											
Total											
1986	13 813	–	1 410	5 530	3 979	1 842	829	212	11	–	–
1987	14 093	–	1 433	5 462	4 153	1 955	875	196	19	–	–
1988	13 769	–	1 451	5 386	3 956	1 957	822	187	8	2	–
1989	13 220	*— 1 374 —*		5 284	3 685	1 907	776	177	14	3	–
1990	13 430	–	1 647	5 316	3 618	1 947	731	160	11		
Lithuania – Lituanie [13]											
Urban – Urbaine											
Total											
1987	39 376	11	1 840	14 207	13 954	6 351	2 484	493	36	–	–
1988	37 368	11	2 599	14 150	12 558	5 662	1 991	369	23	2	3
1989	36 819	*— 2 956 —*		14 401	11 728	5 527	1 830	353	16	8	–
1990	37 700	36	3 232	14 460	11 784	5 913	1 870	380	12	–	13
Rural – Rurale											
Total											
1987	19 984	10	1 375	8 191	6 054	2 641	1 295	382	36	–	1
1988	19 359	11	1 830	8 277	5 546	2 288	1 114	266	24	2	1
1989	18 963	*— 2 010 —*		8 035	5 372	2 358	931	240	15	2	1
1990	19 168	26	2 266	8 095	5 032	2 532	949	251	16	–	1

16. Live births by age of mother, sex and urban/rural residence: 1983 – 1992 (continued)

Naissances vivantes selon l'âge de la mère, le sexe et la résidence, urbaine/rurale: 1983 – 1992 (suite)

Data by urban/rural residence

Données selon la résidence urbaine/rurale

(See notes at end of table. – Voir notes à la fin du tableau.)

Continent, country or area, year, sex and urban/rural residence / Continent, pays ou zone, année, sexe et résidence, urbaine/rurale	All ages Tous âges	–15	15–19	20–24	25–29	30–34	35–39	40–44	45–49	50+	Unknown Inconnu
EUROPE (Cont.–Suite)											
Netherlands – Pays-Bas [28] [34]											
Urban – Urbaine											
Total											
1983	84 582	*—	3 317 —*	21 810	35 291	18 707	4 689	655	*—	113 —*	–
1984	85 719	*—	3 110 —*	21 569	35 558	19 605	5 046	731	*—	100 —*	–
1985	87 982	*—	2 928 —*	20 731	36 442	21 440	5 544	761	*—	136 —*	–
1986	90 632	*—	2 956 —*	20 161	37 351	23 003	6 179	836	*—	146 —*	–
Male – Masculin											
1983	42 934	*—	1 662 —*	10 889	18 186	9 491	2 314	336	*—	56 —*	–
1984	43 987	*—	1 633 —*	11 182	18 154	10 026	2 561	375	*—	56 —*	–
1985	44 968	*—	1 498 —*	10 625	18 610	10 975	2 841	345	*—	74 —*	–
1986	46 083	*—	1 483 —*	10 251	19 008	11 764	3 090	416	*—	71 —*	–
Female – Féminin											
1983	41 648	*—	1 655 —*	10 921	17 105	9 216	2 375	319	*—	57 —*	–
1984	41 732	*—	1 477 —*	10 387	17 404	9 579	2 485	356	*—	44 —*	–
1985	43 014	*—	1 430 —*	10 106	17 832	10 465	2 703	416	*—	62 —*	–
1986	44 549	*—	1 473 —*	9 910	18 343	11 239	3 089	420	*—	75 —*	–
Rural – Rurale											
Total											
1983	22 763	*—	309 —*	5 121	10 582	5 226	1 327	191	*—	7 —*	–
1984	22 413	*—	307 —*	4 840	10 493	5 228	1 360	174	*—	11 —*	–
1985	22 900	*—	299 —*	4 455	10 760	5 826	1 359	190	*—	11 —*	–
1986	23 596	*—	241 —*	4 185	11 060	6 394	1 491	214	*—	11 —*	–
Male – Masculin											
1983	11 847	*—	155 —*	2 623	5 540	2 726	700	97	*—	6 —*	–
1984	11 532	*—	147 —*	2 487	5 370	2 712	719	93	*—	4 —*	–
1985	11 754	*—	153 —*	2 262	5 525	3 007	705	97	*—	5 —*	–
1986	12 048	*—	131 —*	2 151	5 611	3 258	766	126	*—	5 —*	–
Female – Féminin											
1983	10 916	*—	154 —*	2 498	5 042	2 500	627	94	*—	1 —*	–
1984	10 881	*—	160 —*	2 353	5 123	2 516	641	81	*—	7 —*	–
1985	11 146	*—	146 —*	2 193	5 235	2 819	654	93	*—	6 —*	–
1986	11 548	*—	110 —*	2 034	5 449	3 136	725	88	*—	6 —*	–
Semi–urban – Semi–urbaine											
Total											
1983	62 894	*—	1 036 —*	13 372	28 987	15 330	3 670	459	*—	40 —*	–
1984	66 292	*—	1 039 —*	13 382	30 812	16 466	4 067	491	*—	35 —*	–
1985	67 245	*—	886 —*	12 632	30 870	18 043	4 305	474	*—	35 —*	–
1986	70 275	*—	853 —*	11 902	32 420	19 820	4 699	550	*—	31 —*	–
Male – Masculin											
1983	32 253	*—	527 —*	6 843	14 988	7 811	1 824	241	*—	19 —*	–
1984	33 972	*—	491 —*	6 903	15 789	8 482	2 043	245	*—	19 —*	–
1985	34 300	*—	448 —*	6 409	15 756	9 263	2 177	234	*—	13 —*	–
1986	35 719	*—	447 —*	6 039	16 536	10 055	2 356	273	*—	13 —*	–
Female – Féminin											
1983	30 641	*—	509 —*	6 529	13 999	7 519	1 846	218	*—	21 —*	–
1984	32 320	*—	548 —*	6 479	15 023	7 984	2 024	246	*—	16 —*	–
1985	32 945	*—	438 —*	6 223	15 114	8 780	2 128	240	*—	22 —*	–
1986	34 556	*—	406 —*	5 863	15 884	9 765	2 343	277	*—	18 —*	–
Poland – Pologne											
Urban – Urbaine											
Total											
1983	401 391	*—	21 348 —*	142 116	145 229	69 350	19 944	3 202	198	4	–
1984	387 959	45	21 599	132 061	138 544	70 404	21 887	3 178	238	3	–
1985	371 343	48	21 465	123 348	130 599	69 197	23 362	3 111	209	4	–
1986	344 119	45	20 222	113 603	117 891	65 533	23 514	3 128	177	6	–
1987	325 593	73	20 873	108 162	107 303	61 813	23 587	3 607	169	6	–
1988	317 558	54	21 639	104 910	101 539	61 683	23 523	4 028	173	9	–
1989	302 336	66	21 905	101 625	93 189	58 141	23 127	4 121	160	2	–
1990	291 477	56	23 392	99 475	85 945	54 682	23 233	4 563	128	3	–
1991	288 351	62	24 194	99 333	83 257	52 815	23 648	4 900	135	7	–
Male – Masculin											
1983	206 308	*—	10 971 —*	72 835	74 918	35 534	10 301	1 635	111	3	–
1984	200 131	25	11 233	68 332	71 329	36 051	11 391	1 643	125	2	–
1985	190 978	22	10 992	63 367	67 182	35 701	12 017	1 580	114	3	–
1986	176 699	21	10 288	58 580	60 421	33 622	12 079	1 588	97	3	–
1987	167 678	39	10 760	55 838	55 256	31 682	12 135	1 871	93	4	–
1988	163 109	32	11 131	54 062	52 069	31 679	11 923	2 109	97	7	–
1989	156 146	31	11 352	52 559	48 101	29 897	11 988	2 130	86	2	–
1990	150 110	23	12 067	51 222	44 386	28 075	11 909	2 348	78	2	–
1991	148 293	35	12 470	51 087	42 826	26 946	12 350	2 506	71	2	–

16. Live births by age of mother, sex and urban/rural residence: 1983 – 1992 (continued)

Naissances vivantes selon l'âge de la mère, le sexe et la résidence, urbaine/rurale: 1983 – 1992 (suite)

Data by urban/rural residence

Données selon la résidence urbaine/rurale

(See notes at end of table. – Voir notes à la fin du tableau.)

Continent, country or area, year, sex and urban/rural residence / Continent, pays ou zone, année, sexe et résidence, urbaine/rurale	All ages Tous âges	–15	15–19	20–24	25–29	30–34	35–39	40–44	45–49	50+	Unknown Inconnu
EUROPE (Cont.–Suite)											
Poland – Pologne											
Urban – Urbaine											
Female – Féminin											
1983	195 083	*— 10 377 —*		69 281	70 311	33 816	9 643	1 567	87	1	–
1984	187 828	20	10 366	63 729	67 215	34 353	10 496	1 535	113	1	–
1985	180 365	26	10 473	59 981	63 417	33 496	11 345	1 531	95	1	–
1986	167 420	24	9 934	55 023	57 470	31 911	11 435	1 540	80	3	–
1987	157 915	34	10 113	52 324	52 047	30 131	11 452	1 736	76	2	–
1988	154 449	22	10 508	50 848	49 470	30 004	11 600	1 919	76	2	–
1989	146 190	35	10 553	49 066	45 088	28 244	11 139	1 991	74		–
1990	141 367	33	11 325	48 253	41 559	26 607	11 324	2 215	50	1	–
1991	140 058	27	11 724	48 246	40 431	25 869	11 298	2 394	64	5	–
Rural – Rurale											
Total											
1983	319 365	*— 22 199 —*		131 605	99 465	45 882	16 120	3 783	308	3	–
1984	311 082	28	22 208	125 811	97 544	45 162	16 563	3 449	313	4	–
1985	306 233	38	21 490	121 301	96 952	45 227	17 665	3 230	324	6	–
1986	290 629	28	20 267	113 483	91 881	43 696	17 727	3 286	254	7	–
1987	279 899	28	19 685	109 292	87 039	42 658	17 616	3 367	207	7	–
1988	270 183	32	19 279	104 261	83 054	42 300	17 472	3 599	181	5	–
1989	260 194	27	19 490	101 213	78 173	41 023	16 492	3 589	184	3	–
1990	254 340	36	20 391	99 525	74 086	40 001	16 378	3 776	143	4	–
1991	257 603	26	22 098	100 674	72 551	40 585	17 470	4 025	171	3	–
Male – Masculin											
1983	163 961	*— 11 418 —*		67 604	51 166	23 438	8 222	1 954	158	1	–
1984	159 597	13	11 508	64 573	50 086	23 044	8 490	1 727	154	2	–
1985	157 221	20	11 050	62 231	49 778	23 372	8 983	1 627	156	4	–
1986	149 329	18	10 419	58 465	47 034	22 617	8 936	1 710	127	3	–
1987	144 069	12	10 129	56 494	44 834	21 767	9 046	1 687	98	2	–
1988	138 645	15	10 002	53 511	42 679	21 719	8 796	1 829	91	3	–
1989	133 765	17	9 992	52 246	40 206	20 966	8 411	1 842	84	1	–
1990	130 458	18	10 555	50 946	38 100	20 378	8 392	1 991	76	2	–
1991	132 430	18	11 394	51 939	37 181	20 804	8 951	2 042	98	3	–
Female – Féminin											
1983	155 404	*— 10 781 —*		64 001	48 299	22 444	7 898	1 829	150	2	–
1984	151 485	15	10 700	61 238	47 458	22 118	8 073	1 722	159	2	–
1985	149 012	18	10 440	59 070	47 174	21 855	8 682	1 603	168	2	–
1986	141 300	10	9 848	55 018	44 847	21 079	8 791	1 576	127	4	–
1987	135 830	16	9 556	52 798	42 205	20 891	8 570	1 680	109	5	–
1988	131 538	17	9 277	50 750	40 375	20 581	8 676	1 770	90	2	–
1989	126 429	10	9 498	48 967	37 967	20 057	8 081	1 747	100	2	–
1990	123 882	18	9 836	48 579	35 986	19 623	7 986	1 785	67	2	–
1991	125 173	8	10 704	48 735	35 370	19 781	8 519	1 983	73	–	–
Republic of Moldova – République de Moldova [13]											
Urban – Urbaine											
Total											
1989	36 676	*— 3 899 —*		14 123	10 739	5 565	2 029	279	8	34	–
Rural – Rurale											
Total											
1989	45 545	*— 5 259 —*		16 857	12 669	7 110	3 073	536	13	28	–
Romania – Roumanie											
Urban – Urbaine											
Total											
1986	180 278	185	22 522	57 012	58 875	31 373	8 973	1 268	61	9	–
1987	180 993	196	25 359	55 993	54 578	32 569	10 522	1 690	70	16	–
1988	179 889	212	21 450	62 531	50 445	32 414	11 159	1 616	62	–	–
1989	176 739	219	19 919	67 457	46 067	30 332	10 931	1 744	70	–	–
1990	156 950	221	17 006	67 088	38 966	23 574	8 510	1 515	70	–	–
1991	135 417	232	16 090	64 737	30 173	16 609	6 338	1 180	58	–	–
Male – Masculin											
1986	92 193	93	11 596	29 092	30 071	16 051	4 616	634	34	6	–
1987	92 740	114	13 059	28 774	27 972	16 520	5 378	873	42	8	–
1988	92 105	113	11 116	32 085	25 867	16 365	5 717	814	28	–	–
1989	90 433	107	10 221	34 521	23 609	15 444	5 602	898	31	–	–
1990	80 398	106	8 755	34 422	20 032	11 942	4 342	765	34	–	–
1991	69 696	123	8 330	33 126	15 643	8 603	3 213	631	27	–	–

16. Live births by age of mother, sex and urban/rural residence: 1983 – 1992 (continued)

Naissances vivantes selon l'âge de la mère, le sexe et la résidence, urbaine/rurale: 1983 – 1992 (suite)

Data by urban/rural residence

Données selon la résidence urbaine/rurale

(See notes at end of table. – Voir notes à la fin du tableau.)

Continent, country or area, year, sex and urban/rural residence — Continent, pays ou zone, année, sexe et résidence, urbaine/rurale	All ages Tous âges	\-15	15–19	20–24	25–29	30–34	35–39	40–44	45–49	50+	Unknown Inconnu
EUROPE (Cont.–Suite)											
Romania – Roumanie											
Urban – Urbaine											
Female – Féminin											
1986	88 085	92	10 926	27 920	28 804	15 322	4 357	634	27	3	–
1987	88 253	82	12 300	27 219	26 606	16 049	5 144	817	28	8	–
1988	87 784	99	10 334	30 446	24 578	16 049	5 442	802	34	–	–
1989	86 306	112	9 698	32 936	22 458	14 888	5 329	846	39	–	–
1990	76 552	115	8 251	32 666	18 934	11 632	4 168	750	36	–	–
1991	65 721	109	7 760	31 611	14 530	8 006	3 125	549	31	–	–
Rural – Rurale											
Total											
1986	196 618	365	42 644	70 415	44 975	24 133	11 153	2 727	196	10	–
1987	202 206	335	44 418	71 500	44 293	25 560	12 565	3 318	207	10	–
1988	200 154	350	39 359	81 095	41 090	23 336	11 722	3 017	185	–	–
1989	192 805	384	35 416	84 472	37 263	21 467	10 618	3 001	184	–	–
1990	157 796	359	30 320	73 485	27 651	15 406	7 991	2 437	147	–	–
1991	139 858	398	29 806	69 603	21 408	10 998	5 662	1 852	131	–	–
Male – Masculin											
1986	100 702	187	22 071	36 079	22 937	12 203	5 725	1 389	105	6	–
1987	103 620	176	22 683	36 682	22 744	13 090	6 432	1 702	108	3	–
1988	102 323	171	20 272	41 345	21 022	11 933	5 955	1 526	99	–	–
1989	98 647	216	18 107	43 173	19 078	11 017	5 459	1 507	90	–	–
1990	80 625	183	15 588	37 614	14 047	7 849	4 037	1 236	71	–	–
1991	71 921	225	15 336	35 819	11 022	5 603	2 922	924	70	–	–
Female – Féminin											
1986	95 916	178	20 573	34 336	22 038	11 930	5 428	1 338	91	4	–
1987	98 586	159	21 735	34 818	21 549	12 470	6 133	1 616	99	7	–
1988	97 831	179	19 087	39 750	20 068	11 403	5 767	1 491	86	–	–
1989	94 158	168	17 309	41 299	18 185	10 450	5 159	1 494	94	–	–
1990	77 171	176	14 732	35 871	13 604	7 557	3 954	1 201	76	–	–
1991	67 937	173	14 470	33 784	10 386	5 395	2 740	928	61	–	–
Russian Federation – Fédération Russe [13]											
Urban – Urbaine											
Total											
1987	1 769 032	*——	155 290	——*	622 123	561 577	306 258	110 150	12 472	580	26	556
1988	1 662 029	*——	161 764	——*	583 757	513 680	283 681	104 292	13 398	420	168	869
1989	1 520 741	*——	175 929	——*	541 045	445 825	250 951	91 623	14 032	313	31	992
1990	1 386 247	*——	187 882	——*	504 814	377 672	219 737	81 500	13 382	252	29	979
1991	1 230 516	*——	185 416	——*	463 581	310 390	187 367	69 704	12 646	279	18	1 115
Rural – Rurale											
Total											
1987	730 942	*——	72 630	——*	269 285	221 128	115 187	45 093	6 785	690	31	113
1988	686 465	*——	74 303	——*	251 462	202 550	107 305	43 169	6 835	473	115	253
1989	639 818	*——	79 837	——*	235 415	179 859	98 463	38 567	7 120	284	37	236
1990	602 611	*——	87 665	——*	222 821	159 605	89 840	35 222	7 004	227	16	211
1991	564 110	*——	90 496	——*	212 355	141 233	81 011	31 680	6 836	275	6	218
San Marino – Saint–Marin +											
Urban – Urbaine											
Total											
1985	200	–	11	53	77	37	15	2	–	–	5
1986	162	–	8	50	55	38	8	–	–	–	3
1987	205	–	10	72	65	41	12	3	1	–	1
1988	224	–	7	55	80	63	13	5	1	–	–
1989	209	–	7	49	91	43	17	*——		2	——*	–
Male – Masculin											
1985	97	–	5	24	38	18	8	1	–	–	3
1986	80	–	5	25	24	17	6	–	–	–	3
1987	106	–	4	36	36	24	5	–	1	–	–
1988	127	–	5	40	36	37	6	3	–	–	–
1989	107	–	4	30	45	21	7	*——		–	——*	–
Female – Féminin											
1985	103	–	6	29	39	19	7	1	–	–	2
1986	82	–	3	25	31	21	2	–	–	–	–
1987	99	–	6	36	29	17	7	3	–	–	1
1988	97	–	2	15	44	26	7	2	1	–	–
1989	102	–	3	19	46	22	10	*——		2	——*	–

16. Live births by age of mother, sex and urban/rural residence: 1983 – 1992 (continued)

Naissances vivantes selon l'âge de la mère, le sexe et la résidence, urbaine/rurale: 1983 – 1992 (suite)

Data by urban/rural residence

Données selon la résidence urbaine/rurale

(See notes at end of table. – Voir notes à la fin du tableau.)

Continent, country or area, year, sex and urban/rural residence — Continent, pays ou zone, année, sexe et résidence, urbaine/rurale	All ages Tous âges	Age of mother (in years) – Age de la mère (en années)									Unknown Inconnu
		–15	15–19	20–24	25–29	30–34	35–39	40–44	45–49	50+	
EUROPE (Cont.–Suite)											
San Marino – Saint–Marin +											
Rural – Rurale											
Total											
1985	7	–	–	3	–	3	–	1	–	–	–
1986	17	–	1	4	8	2	2	–	–	–	–
1987	15	–	–	4	7	3	1	–	–	–	–
1988	18	–	–	6	8	2	2	–	–	–	–
1989	22	–	–	7	13	2	–	*———	–	———*	–
Male – Masculin											
1985	2	–	–	1	–	1	–	–	–	–	–
1986	5	–	–	1	4	–	–	–	–	–	–
1987	8	–	–	3	4	1	–	–	–	–	–
1988	10	–	–	2	6	2	–	–	–	–	–
1989	11	–	–	3	7	1	–	*———	–	———*	–
Female – Féminin											
1985	5	–	–	2	–	2	–	1	–	–	–
1986	12	–	1	3	4	2	2	–	–	–	–
1987	7	–	–	1	3	2	1	–	–	–	–
1988	8	–	–	4	2	–	2	–	–	–	–
1989	11	–	–	4	6	1	–	*———	–	———*	–
Switzerland – Suisse											
Urban – Urbaine											
Total											
1984	41 561	3	1 020	9 418	16 584	10 727	3 301	491	17	–	–
1985	41 291	1	835	8 793	16 795	10 990	3 406	457	14	–	–
1986	42 086	1	828	8 685	17 135	11 401	3 543	479	12	2	–
1987	42 012	4	779	8 058	17 160	11 804	3 671	511	24	1	–
1988	44 057	1	819	8 251	17 928	12 475	4 045	514	23	1	–
1989	44 397	2	741	7 829	18 081	12 879	4 249	595	18	3	–
1990	45 518	–	788	7 772	18 352	13 541	4 438	609	17	1	–
1991	47 247	–	857	7 731	19 025	14 260	4 698	661	13	2	–
Male – Masculin											
1987	21 538	2	423	4 119	8 883	5 964	1 869	264	14	–	–
1988	22 604	–	434	4 262	9 168	6 351	2 099	282	7	1	–
1989	22 773	1	362	4 086	9 229	6 561	2 221	303	8	2	–
1990	23 293	–	435	3 952	9 368	6 957	2 267	303	11	–	–
Female – Féminin											
1987	20 474	2	356	3 939	8 277	5 840	1 802	247	10	1	–
1988	21 453	1	385	3 989	8 760	6 124	1 946	232	16	–	–
1989	21 624	1	379	3 743	8 852	6 318	2 028	292	10	1	–
1990	22 225	–	353	3 820	8 984	6 584	2 171	306	6	1	–
Rural – Rurale											
Total											
1984	33 149	2	887	8 583	13 776	7 425	2 146	309	20	1	–
1985	33 393	2	730	8 139	14 248	7 727	2 204	322	20	1	–
1986	34 234	2	671	7 841	14 879	8 303	2 178	344	15	1	–
1987	34 493	3	587	7 500	15 017	8 709	2 337	326	14	–	–
1988	36 288	2	643	7 387	16 029	9 432	2 420	359	15	1	–
1989	36 783	–	682	6 979	16 090	10 062	2 606	349	14	1	–
1990	38 421	1	649	7 170	16 769	10 628	2 843	350	11	–	–
1991	38 953	–	749	6 978	16 654	11 106	2 998	454	14	–	–
Male – Masculin											
1987	17 649	2	296	3 870	7 646	4 427	1 234	169	5	–	–
1988	18 621	2	338	3 761	8 235	4 838	1 241	197	9	–	–
1989	18 905	–	363	3 510	8 338	5 174	1 343	172	4	1	–
1990	19 621	1	320	3 605	8 651	5 401	1 458	180	5	–	–
Female – Féminin											
1987	16 844	1	291	3 630	7 371	4 282	1 103	157	9	–	–
1988	17 667	–	305	3 626	7 794	4 594	1 179	162	6	1	–
1989	17 878	–	319	3 469	7 752	4 888	1 263	177	10	–	–
1990	18 800	–	329	3 565	8 118	5 227	1 385	170	6	–	–
Ukraine [13]											
Urban – Urbaine											
Total											
1987	515 962	*—— 55 570 ——*		202 959	154 625	73 377	25 995	3 157	154	4	121
1988	509 556	*—— 59 577 ——*		198 450	150 049	72 616	25 163	3 270	122	25	284
1989	471 104	*—— 62 005 ——*		184 352	132 578	65 719	22 541	3 588	110	211	–
1990	442 869	*—— 66 813 ——*		177 446	115 928	59 279	19 633	3 462	82	7	219

16. Live births by age of mother, sex and urban/rural residence: 1983 – 1992 (continued)

Naissances vivantes selon l'âge de la mère, le sexe et la résidence, urbaine/rurale: 1983 – 1992 (suite)

Data by urban/rural residence

Données selon la résidence urbaine/rurale

(See notes at end of table. – Voir notes à la fin du tableau.)

Continent, country or area, year, sex and urban/rural residence — Continent, pays ou zone, année, sexe et résidence, urbaine/rurale	All ages Tous âges	–15	15–19	20–24	25–29	30–34	35–39	40–44	45–49	50+	Unknown Inconnu
EUROPE (Cont.–Suite)											
Ukraine [13]											
Rural – Rurale											
Total											
1987	244 889	*—— 34	211 ——*	101 660	65 084	28 994	12 244	2 472	222	1	1
1988	234 500	*—— 34	689 ——*	97 342	61 154	27 772	11 066	2 276	163	21	17
1989	219 877	*—— 35	656 ——*	91 165	54 820	25 665	10 069	2 326	143	33	–
1990	214 333	*—— 39	189 ——*	89 431	50 065	24 230	9 115	2 164	110	4	25
Former Yugoslavia – Ancienne Yougoslavie											
Urban – Urbaine											
Total											
1983	190 256	115	14 811	71 036	64 490	29 808	7 690	1 519	147	34	606
1984	188 013	104	14 803	69 053	63 506	30 287	8 254	1 519	140	29	318
1985	180 924	83	14 394	65 277	60 841	29 797	8 712	1 407	157	29	227
1986	177 884	80	13 977	63 389	60 102	29 460	9 117	1 297	150	40	272
1987	177 131	94	13 448	62 088	60 413	29 918	9 319	1 453	145	42	211
1988	178 377	93	14 192	62 023	60 591	29 650	9 765	1 550	143	52	318
1989	167 308	76	12 836	57 922	57 009	27 849	9 518	1 582	114	45	357
1990	172 680	100	12 987	58 277	58 620	29 678	10 237	1 766	125	40	850
Male – Masculin											
1983	98 339	60	7 552	36 871	33 336	15 397	3 974	767	77	14	291
1984	96 764	58	7 669	35 342	32 624	15 764	4 270	789	71	16	161
1985	93 508	48	7 539	33 665	31 310	15 469	4 538	742	73	14	110
1986	91 800	33	7 330	32 591	30 905	15 344	4 709	663	73	15	137
1987	91 925	48	6 997	32 199	31 275	15 520	4 893	785	75	26	107
1988	92 700	50	7 349	32 192	31 438	15 508	5 135	771	81	26	150
1989	86 501	38	6 618	29 962	29 551	14 357	4 907	797	65	25	181
1990	89 122	54	6 750	30 060	30 280	15 288	5 348	853	66	19	404
Female – Féminin											
1983	91 917	55	7 259	34 165	31 154	14 411	3 716	752	70	20	315
1984	91 249	46	7 134	33 711	30 882	14 523	3 984	730	69	13	157
1985	87 416	35	6 855	31 612	29 531	14 328	4 174	665	84	15	117
1986	86 084	47	6 647	30 798	29 197	14 116	4 408	634	77	25	135
1987	85 206	46	6 451	29 889	29 138	14 398	4 426	668	70	16	104
1988	85 677	43	6 843	29 831	29 153	14 142	4 630	779	62	26	168
1989	80 807	38	6 218	27 960	27 458	13 492	4 611	785	49	20	176
1990	83 558	46	6 237	28 217	28 340	14 390	4 889	913	59	21	446
Rural – Rurale											
Total											
1983	184 354	180	23 826	74 365	49 198	23 153	8 713	2 756	334	52	1 777
1984	189 370	110	24 385	76 888	50 740	24 300	9 112	2 569	313	49	904
1985	185 705	116	23 958	74 633	50 613	23 718	9 232	2 305	282	65	783
1986	181 742	93	22 843	72 731	50 113	23 389	9 171	2 197	286	63	856
1987	182 207	122	21 883	72 903	51 953	23 164	9 042	2 093	276	54	717
1988	177 891	87	22 053	71 997	50 846	21 710	8 241	2 031	203	55	668
1989	169 086	71	20 875	67 860	48 723	20 699	8 003	1 784	181	59	831
1990	162 472	87	19 699	65 090	47 228	20 170	7 488	1 718	189	56	747
Male – Masculin											
1983	95 526	93	12 277	38 496	25 618	11 910	4 584	1 393	184	30	941
1984	98 268	51	12 577	39 848	26 307	12 705	4 768	1 359	175	19	459
1985	95 575	72	12 399	38 217	26 181	12 086	4 867	1 187	147	37	382
1986	93 890	43	11 807	37 725	25 776	12 052	4 764	1 132	140	34	417
1987	94 245	66	11 414	37 567	26 906	12 027	4 653	1 072	144	24	372
1988	92 319	47	11 384	37 477	26 406	11 159	4 314	1 062	100	31	339
1989	87 433	34	10 773	35 106	25 226	10 675	4 144	926	98	32	419
1990	84 547	53	10 385	33 579	24 685	10 488	3 919	897	114	27	400
Female – Féminin											
1983	88 828	87	11 549	35 869	23 580	11 243	4 129	1 363	150	22	836
1984	91 102	59	11 808	37 040	24 433	11 595	4 344	1 210	138	30	445
1985	90 130	44	11 559	36 416	24 432	11 632	4 365	1 118	135	28	401
1986	87 852	50	11 036	35 006	24 337	11 337	4 407	1 065	146	29	439
1987	87 962	56	10 469	35 336	25 047	11 137	4 389	1 021	132	30	345
1988	85 572	40	10 669	34 520	24 440	10 551	3 927	969	103	24	329
1989	81 653	37	10 102	32 754	23 497	10 024	3 859	858	83	27	412
1990	77 925	34	9 314	31 511	22 543	9 682	3 569	821	75	29	347

16. Live births by age of mother, sex and urban/rural residence: 1983 – 1992 (continued)

Naissances vivantes selon l'âge de la mère, le sexe et la résidence, urbaine/rurale: 1983 – 1992 (suite)

Data by urban/rural residence

Données selon la résidence urbaine/rurale

(See notes at end of table. – Voir notes à la fin du tableau.)

Continent, country or area, year, sex and urban/rural residence / Continent, pays ou zone, année, sexe et résidence, urbaine/rurale	All ages Tous âges	–15	15–19	20–24	25–29	30–34	35–39	40–44	45–49	50+	Unknown Inconnu
OCEANIA—OCEANIE											
Guam [30] [32]											
Urban – Urbaine											
Total											
1985	2 828	2	376	968	785	459	199	38	1	–	–
1986	2 962	2	399	1 032	818	487	186	36	2	–	–
Male – Masculin											
1985	1 447	1	191	507	395	229	98	25	1	–	–
1986	1 540	2	213	538	430	240	99	16	2	–	–
Female – Féminin											
1985	1 381	1	185	461	390	230	101	13	–	–	–
1986	1 422	–	186	494	388	247	87	20	–	–	–
Rural – Rurale											
Total											
1985	320	1	55	125	72	48	15	3	–	–	1
1986	309	–	60	101	86	38	19	5	–	–	–
Male – Masculin											
1985	169	1	29	64	38	26	11	–	–	–	–
1986	164	–	28	58	45	22	8	3	–	–	–
Female – Féminin											
1985	151	–	26	61	34	22	4	3	–	–	1
1986	145	–	32	43	41	16	11	2	–	–	–
New Zealand – Nouvelle–Zélande + [29]											
Urban – Urbaine											
Total											
1983	36 341	139	3 338	10 896	13 311	6 657	1 724	260	16	–	–
1984	37 163	144	3 076	10 691	13 898	7 113	1 915	308	18	–	–
1985	37 306	140	3 238	10 319	13 779	7 482	2 063	270	15	–	–
1986	38 391	121	3 188	10 245	14 122	8 140	2 274	285	*—	16 —*	–
1987	40 754	143	3 479	10 338	14 941	8 946	2 549	340	*—	18 —*	–
1988	42 720	125	3 518	10 458	15 484	9 890	2 812	412	*—	21 —*	–
1989	43 283	131	3 640	10 286	15 604	10 190	2 964	447	*—	21 —*	–
1990	45 321	124	3 684	10 405	15 772	11 267	3 570	477	*—	22 —*	–
Male – Masculin											
1983	18 685	61	1 675	5 554	6 961	3 421	888	120	5	–	–
1984	19 086	66	1 577	5 501	7 149	3 671	949	163	10	–	–
1985	19 077	55	1 628	5 309	7 020	3 865	1 051	138	11	–	–
1986	19 595	52	1 633	5 248	7 211	4 130	1 161	155	*—	5 —*	–
1987	20 982	66	1 679	5 321	7 763	4 693	1 279	174	*—	7 —*	–
1988	21 939	61	1 790	5 325	8 017	5 107	1 439	190	*—	10 —*	–
1989	22 011	68	1 872	5 213	7 890	5 220	1 517	224	*—	7 —*	–
1990	23 140	60	1 932	5 277	7 934	5 815	1 869	242	*—	11 —*	–
Female – Féminin											
1983	17 656	78	1 663	5 342	6 350	3 236	836	140	11	–	–
1984	18 077	78	1 499	5 190	6 749	3 442	966	145	8	–	–
1985	18 229	85	1 610	5 010	6 759	3 617	1 012	132	4	–	–
1986	18 796	69	1 555	4 997	6 911	4 010	1 113	130	*—	11 —*	–
1987	19 772	77	1 800	5 017	7 178	4 253	1 270	166	*—	11 —*	–
1988	20 781	64	1 728	5 133	7 467	4 783	1 373	222	*—	11 —*	–
1989	21 272	63	1 768	5 073	7 714	4 970	1 447	223	*—	14 —*	–
1990	22 181	64	1 752	5 128	7 838	5 452	1 701	235	*—	11 —*	–
Rural – Rurale											
Total											
1983	14 133	43	1 280	4 857	5 060	2 231	544	110	8	–	–
1984	14 473	51	1 238	4 682	5 397	2 405	610	82	8	–	–
1985	14 492	45	1 112	4 615	5 537	2 482	603	91	7	–	–
1986	14 433	44	1 149	4 364	5 462	2 660	643	105	*—	6 —*	–
1987	14 500	41	1 138	4 103	5 511	2 878	718	104	*—	7 —*	–
1988	14 826	38	1 121	3 914	5 703	3 055	869	117	*—	9 —*	–
1989	14 808	27	1 191	3 693	5 516	3 342	892	135	*—	12 —*	–
1990	14 832	46	1 183	3 554	5 457	3 501	943	140	*—	8 —*	–
Male – Masculin											
1983	7 191	28	672	2 464	2 547	1 137	277	60	6	–	–
1984	7 409	32	670	2 395	2 740	1 222	306	39	5	–	–
1985	7 480	24	601	2 396	2 827	1 289	292	47	4	–	–
1986	7 304	23	555	2 214	2 793	1 346	319	53	*—	1 —*	–
1987	7 612	24	599	2 118	2 876	1 539	397	56	*—	3 —*	–
1988	7 573	27	568	1 938	2 950	1 588	439	59	*—	4 —*	–
1989	7 647	14	613	1 923	2 839	1 729	465	62	*—	2 —*	–
1990	7 568	25	636	1 798	2 789	1 771	476	70	*—	3 —*	–

16. Live births by age of mother, sex and urban/rural residence: 1983 – 1992 (continued)

Naissances vivantes selon l'âge de la mère, le sexe et la résidence, urbaine/rurale: 1983 – 1992 (suite)

Data by urban/rural residence

Données selon la résidence urbaine/rurale

(See notes at end of table. – Voir notes à la fin du tableau.)

Continent, country or area, year, sex and urban/rural residence / Continent, pays ou zone, année, sexe et résidence, urbaine/rurale	All ages Tous âges	Age of mother (in years) – Age de la mère (en années)									Unknown Inconnu
		–15	15–19	20–24	25–29	30–34	35–39	40–44	45–49	50+	
OCEANIA—OCEANIE(Cont.–Suite)											
New Zealand – Nouvelle–Zélande + [29]											
Rural – Rurale											
Female – Féminin											
1983	6 942	15	608	2 393	2 513	1 094	267	50	2	–	–
1984	7 064	19	568	2 287	2 657	1 183	304	43	3	–	–
1985	7 012	21	511	2 219	2 710	1 193	311	44	3	–	–
1986	7 129	21	594	2 150	2 669	1 314	324	52	*—	5 ——*	–
1987	6 888	17	539	1 985	2 635	1 339	321	48	*—	4 ——*	–
1988	7 253	11	553	1 976	2 753	1 467	430	58	*—	5 ——*	–
1989	7 161	13	578	1 770	2 677	1 613	427	73	*—	10 ——*	–
1990	7 264	21	547	1 756	2 668	1 730	467	70	*—	5 ——*	–

GENERAL NOTES

For definitions of "urban", see end of table 6. For method of evaluation and limitations of data, see Technical Notes, page 69.

Italics: data from civil registers which are incomplete or of unknown completeness.

FOOTNOTES

* Provisional.
+ Data tabulated by date of registration rather than occurrence.

1 For classification by urban/rural residence, see end of table.
2 Based on the results of the population census.
3 Excluding live–born infants dying before registration of birth.

4 Age classification based on year of birth of mother rather than exact date of birth of child.
5 Prior to 1990, excluding Newfoundland.
6 Including Canadian residents temporarily in the United States, but excluding United States residents temporarily in Canada.

NOTES GENERALES

Pour les définitions des "regions urbaines", se reporter à la fin du tableau 6. Pour la méthode d'évaluation et les insuffisances des données, voir Notes techniques, page 69.

Italiques: données incomplètes ou dont le degré d'exactitude n'est pas connu provenant des registres de l'état civil.

NOTES

* Données provisoires.
+ Données exploitées selon la date de l'enregistrement et non la date de l'événement.
1 Pour le classement selon la résidence, urbaine/rurale, voir la fin du tableau.
2 D'après les résultats du recensement de la population.
3 Non compris les enfants nés vivants, décédés avant l'enregistrement de leur naissance.
4 Le classement selon l'âge est basé sur l'année de naissance de la mère et non sur la date exacte de naissance de l'enfant.
5 Pour les années antérieures à 1990, non compris Terre–Neuve.
6 Y compris les résidents canadiens se trouvant temporairement aux Etats–Unis, mais non compris les résidents des Etats–Unis se trouvant temporairement au Canada.

16. Live births by age of mother, sex and urban/rural residence: latest available year (continued)

Naissances vivantes selon l'âge de la mère, le sexe et la résidence, urbaine/rurale: dernière année diponible (suite)

FOOTNOTES (continued)	NOTES (suite)
7 Including unknown sex.	7 Y compris le sexe inconnu.
8 Births to mothers of unknown age have been proportionately distributed among known ages.	8 Les naissances parmi les mères d'âge inconnu ont été réparties proportionellement entre les groupes d'âges indiqués.
9 Excluding Indian jungle population.	9 Non compris les Indiens de la jungle.
10 Prior to 1990, excluding adjustment for under–registration.	10 Pour les années antérieures à 1990, non compris d'un ajustement pour sous–enregistrement.
11 Excluding adjustment for under–registration.	11 Non compris d'un ajustement pour sous–enregistrement.
12 Excluding nomadic Indian tribes.	12 Non compris les tribus d'Indiens nomades.
13 Excluding infants born alive after less than 28 weeks' gestation, of less tha 1 000 grammes in weight and 35 centimetres in length, who die within seven days of birth.	13 Non compris les enfants nés vivants après moins de 28 semaines de gestation, pesant moins de 1 000 grammes, mesurant moins de 35 centimètres et décédés dans les sept jours qui ont suivi leur naissance.
14 Beginning 1986, for government controlled areas.	14 A partir de 1986, pour les zones controlées par le Gouvernement.
15 Excluding Vietnamese refugees.	15 Non compris les réfugiés du Viet–Nam.
16 Including data for East Jerusalem and Israeli residents in certain other territories under occupation by Israeli military forces since June 1967.	16 Y compris les données pour Jérusalem–Est et les résidents israéliens dans certains autres territoires occupés depuis juin 1967 par les forces armées israéliennes.
17 For Japanese nationals in Japan only.	17 Pour les nationaux japonais au Japon seulement.
18 Including late registrations.	18 Y compris les enregistrement tardifs.
19 Events registered by Health Service only.	19 Evénements enregistrés par les Service de santé seulement.
20 Based on the results of the Population Growth Survey.	20 D'après les résultats de la "Population Growth Survey".
21 Excluding transients afloat and non–locally domiciled military and civilian service personnel and their dependants.	21 Non compris les personnes de passage à bord de navires ni les militaires et agents civils domiciliés hors du territoire et les membres de leur famille les accompagnant.
22 Excluding Faeroe Islands and Greenland.	22 Non compris les îles Féroé et le Groenland.
23 Including nationals temporarily outside the country.	23 Y compris les nationaux se trouvant temporairement hors du pays.
24 Including armed forces outside the country.	24 Y compris les militaires hors du pays.
25 All data shown pertaining to Germany prior to 3 October 1990 are indicated separately for the Federal Republic of Germany and the former German Democratic Republic based on their respective territories at the time indicated. See explanatory notes on data pertaining to Germany on page 4.	25 Toutes les données se rapportant à l'Allemagne avant le 3 octobre 1990 figurent dans deux rubriques séparées basées sur les territoires respectifs de la République fédérale d'Allemagne et l'ancienne République démocratique allemande selon la période indiquée. Voir les notes explicatives sur les données concernant l'Allemagne à la page 4.
26 Births registered within one year of occurrence.	26 Naissances enregistrées dans l'année qui suit l'événement.
27 Maltese population only.	27 Population Maltaise seulement.
28 Including residents outside the country if listed in a Netherlands population register.	28 Y compris les résidents hors du pays, s'ils sont inscrits sur un registre de population néerlandais.
29 For under 16 and 16–19 years, as appropriate.	29 Pour moins de 16 ans et 16–19 ans, selon le cas.
30 Including United States military personnel, their dependants and contract employees.	30 Y compris les militaires des Etats–Unis, les membres de leur famille les accompagnant et les agents contractuels des Etats–Unis.
31 Excluding United States military personnel, their dependants and contract employees.	31 Non compris les militaires des Etats–Unis, les membres de leur famille les accompagnant et les agents contractuels des Etats–Unis.
32 Excluding births of unknown residence.	32 Non compris les naissances d'enfants dont on ignore la résidence.
33 Excluding births of nationals outside the country.	33 Non compris les naissances de nationaux hors du pays.
34 Excluding persons on the Central Register of Population (containing persons belonging in the Netherlands population but having no fixed municipality of residence).	34 Non compris les personnes inscrites sur le Registre central de la population (personnes appartenant à la population néerlandaise mais sans résidence fixe dans l'une des municipalités).

17. Live–birth rates specific for age of mother, by urban/rural residence: 1983 – 1992

Naissances vivantes, taux selon l'âge de la mère et la résidence, urbaine/rurale: 1983 – 1992

(See notes at end of table. – Voir notes à la fin du tableau.)

Continent, country or area, year, and urban/rural residence — Continent, pays ou zone, année, et résidence, urbaine/rurale	All ages Tous âges [1]	Age of mother (in years) – Age de la mère (en années)						
		– 20 [2]	20–24	25–29	30–34	35–39	40–44	45+ [3]
AFRICA—AFRIQUE								
Cape Verde – Cap–Vert								
1985	142.3	77.9	210.4	194.8	203.0	152.1	77.6	15.6
Egypt – Egypte [4]								
1983	154.3	19.7	184.9	320.5	263.8	177.7	69.7	33.3
1986	163.4	20.1	203.0	333.2	289.5	182.6	69.8	32.7
1988	164.0	20.5	193.6	316.6	268.8	190.6	73.1	26.5
Mali								
1987 [4] [5]	214.9	157.9	297.1	307.9	259.3	207.2	98.1	45.7
Mauritius – Maurice								
1990	77.4	45.2	147.2	138.1	80.4	39.1	11.4	1.8
1991	75.5	46.3	148.9	133.1	81.2	38.1	11.1	♦ 1.0
Island of Mauritius – Ile Maurice								
1983	75.1	39.6	131.3	128.1	83.9	39.2	13.9	1.8
1984	72.3	37.0	127.3	123.9	78.5	39.4	12.7	♦ 1.3
1985	68.3	36.9	119.0	115.8	73.2	39.0	11.6	♦ 1.0
1986	66.9	39.6	115.9	115.5	69.9	35.3	10.4	♦ 1.4
1987	69.4	40.9	123.6	116.5	71.5	36.9	9.6	♦ 1.2
1988	71.3	43.2	130.8	120.4	73.1	37.2	10.3	♦ 0.9
1989	73.4	44.9	136.6	126.1	78.2	36.0	11.1	♦ 0.9
1991	75.0	45.7	149.0	133.0	80.7	36.7	10.6	♦ 0.9
Rodrigues								
1983	152.6	83.0	234.8	225.7	223.2	166.7	70.2	♦ 24.0
1984	146.4	89.3	230.4	226.4	192.9	137.0	70.9	♦ 10.0
1985	110.8	68.4	179.5	183.0	124.5	93.0	49.9	♦ 14.7
1986	120.7	80.1	198.5	194.0	153.6	86.7	♦ 38.9	♦ 14.5
1987	110.4	74.7	184.8	166.3	131.3	91.2	50.9	♦ 3.2
1989	107.7	79.3	149.1	178.0	155.3	94.3	♦ 36.6	♦ 3.1
1991	93.3	61.6	144.5	135.7	100.4	108.6	♦ 39.8	♦ 6.0
Réunion								
1986 [6] [7]	86.4	48.8	134.0	164.0	112.3	59.5	21.9	♦ 2.1
Seychelles +								
1983	112.5	73.4	183.3	170.6	153.4	83.6	28.7	♦ 2.4
1984	115.4	67.9	184.8	196.6	117.3	92.1	32.3	♦ 4.0
1985	113.3	74.7	180.8	175.1	123.8	72.7	♦ 22.3	♦ 5.0
1986	111.4	79.4	154.3	176.3	129.2	81.6	28.2	♦ 1.7
1987	101.7	66.4	162.5	158.8	111.2	65.0	♦ 18.8	♦ 1.5
1990	100.8	63.1	150.1	140.9	120.2	76.3	♦ 17.1	–
Tunisia – Tunisie								
1985	132.5	30.5	173.3	248.1	237.7	139.8	53.9	18.2
1986	133.1	28.9	174.0	238.7	229.5	141.9	52.5	14.9
1989	105.3	17.4	130.8	195.4	175.8	113.3	41.4	9.2
AMERICA,NORTH— AMERIQUE DU NORD								
Bahamas								
1985	84.9	67.7	136.3	143.4	98.0	38.3	11.8	♦ 0.8
1990	68.1	53.8	103.2	109.0	89.3	40.0	9.5	♦ 0.8
Barbados – Barbade +								
1987	54.8	47.1	90.3	86.3	63.0	28.0	6.3	♦ 0.9
1988	54.0	43.8	86.5	88.5	64.7	28.3	*——— 2.6 ———*	

17. Live—birth rates specific for age of mother, by urban/rural residence: 1983 – 1992 (continued)

Naissances vivantes, taux selon l'âge de la mère et la résidence, urbaine/rurale: 1983 – 1992 (suite)

(See notes at end of table. – Voir notes à la fin du tableau.)

Continent, country or area, year, and urban/rural residence Continent, pays ou zone, année, et résidence, urbaine/rurale	All ages Tous âges [1]	Age of mother (in years) – Age de la mère (en années)						
		– 20 [2]	20–24	25–29	30–34	35–39	40–44	45 + [3]
AMERICA,NORTH— (Cont.–Suite) **AMERIQUE DU NORD**								
Belize								
1983	183.9	143.5	295.6	255.9	204.4	121.4	53.1	♦ 8.0
1984	170.2	133.3	273.8	231.5	182.8	118.0	50.1	♦ 7.6
1988	167.5	125.4	256.8	232.1	177.4	143.5	50.1	♦ 6.0
1989	176.9	132.1	272.6	251.9	193.7	124.1	51.6	♦ 10.2
Bermuda – Bermudes								
1983	59.1	41.5	99.0	111.5	84.2	29.0	♦ 4.9	♦ 0.6
1984	54.1	34.9	105.2	97.4	71.2	29.8	♦ 4.2	♦ 0.6
1985	58.5	33.7	102.6	124.2	75.9	31.4	♦ 3.1	♦ 0.6
1987	55.9	38.7	90.6	111.9	85.9	33.5	♦ 3.7	♦ 0.6
1988	55.4	40.4	86.0	119.7	85.1	33.7	♦ 4.2	♦ 0.5
1990	52.4	36.4	79.4	108.3	93.1	30.0	♦ 5.7	–
British Virgin Islands – **Iles Vierges** **britanniques**								
1988+	68.8	♦ 47.7	108.2	150.1	91.6 *——— ♦		15.9 ———*	♦ 28.3
Canada [8]								
1983	54.9	24.7	91.1	122.3	69.1	20.1	3.0	0.2
1984	54.7	23.9	86.9	123.3	71.7	21.0	2.9	0.1
1985	54.3	23.4	84.9	123.4	73.2	21.4	3.0	0.1
1986	53.0	23.0	80.7	120.6	73.8	22.0	3.2	0.1
1987	52.5	22.8	79.6	120.6	74.7	23.2	3.3	0.1
1988	52.9	23.1	79.8	122.5	77.1	24.9	3.6	0.1
1989	54.5	24.8	82.5	126.1	81.9	26.4	3.8	0.1
1990	56.6	25.8	83.3	129.5	86.3	28.2	3.9	9.0
Cayman Islands – **Iles Caïmanes**								
1989	55.8	69.0	88.7	93.0	61.5	25.6	♦ 10.7	–
Costa Rica								
1983	117.6	90.2	*——— 1 85.7 ———*		*——— 1 04.2 ———*		*——— 15.2 ———*	
1984	121.8	96.0	192.1	181.7	131.0	76.8	27.0	3.1
Cuba [4]								
1983	62.3	90.6	119.2	87.8	43.6	16.8	3.5	1.1
1984	61.0	86.9	116.8	87.5	43.8	16.5	3.4	1.1
1985	65.5	93.6	123.7	93.3	46.8	18.3	3.9	1.1
1986	58.4	81.3	107.6	82.4	45.5	17.7	3.2	1.6
1987	61.7	81.2	116.7	87.9	50.4	18.1	3.2	2.0
1988	63.6	81.4	119.5	94.0	53.7	18.8	3.3	0.4
1990	62.1	77.5	113.9	97.4	56.1	17.5	3.3	0.3
El Salvador								
1984	134.4	108.8	221.4	202.9	144.7	95.7	46.6	12.1
1985	132.2	108.1	214.2	201.7	143.4	95.2	44.6	12.6
1986	133.2	107.3	227.9	198.3	135.5	100.3	41.6	13.1
Greenland – Groenland								
1983	70.1	62.9	118.9	108.6	68.4	34.1	♦ 14.0	–
1984	73.5	64.0	117.9	119.0	75.4	35.3	♦ 10.3	♦ 1.0
1985	78.6	74.9	130.1	113.6	84.3	32.9	♦ 9.2	♦ 1.9
1986	73.5	80.3	114.5	102.9	75.6	37.3	♦ 9.7	♦ 0.9
1987	74.6	66.1	125.9	114.1	73.7	33.9 *——— ♦		3.1 ———*
1989	82.4	87.8	155.7	117.2	73.1	34.5	♦ 5.8	♦ 1.5
1990	85.6	74.0	156.4	130.0	79.5	40.4	♦ 8.0	–
Guadeloupe								
1985 [6][7]	78.0	37.0	122.0	170.0	111.4	55.5	19.1	♦ 2.0
Guatemala								
1985	188.1	125.5	273.5	271.0	225.6	183.0	81.5	43.0
Martinique [6][7]								
1985	65.0	27.2	96.6	143.8	100.6	46.1	12.2	♦ 1.9
1990	64.5	31.6	92.3	122.9	96.2	47.0	12.8	♦ 1.1
Mexico – Mexique								
1985	139.5	89.7	224.2	217.1	160.0	110.3	47.5	12.9

17. Live—birth rates specific for age of mother, by urban/rural residence: 1983 – 1992 (continued)

Naissances vivantes, taux selon l'âge de la mère et la résidence, urbaine/rurale: 1983 – 1992 (suite)

(See notes at end of table. – Voir notes à la fin du tableau.)

Continent, country or area, year, and urban/rural residence Continent, pays ou zone, année, et résidence, urbaine/rurale	All ages Tous âges [1]	Age of mother (in years) – Age de la mère (en années)						
		– 20 [2]	20–24	25–29	30–34	35–39	40–44	45+ [3]
AMERICA,NORTH— (Cont.-Suite) AMERIQUE DU NORD								
Panama [4]								
1983	110.0	100.3	184.7	161.9	107.7	62.4	24.2	5.2
1984	109.3	96.9	185.8	163.1	110.1	59.6	22.4	4.2
1986	104.6	93.5	175.8	161.7	101.0	57.9	18.3	5.5
1988	100.1	92.3	169.2	152.8	100.3	50.4	17.0	3.1
1989	98.2	94.1	163.0	149.7	96.4	50.6	18.1	3.4
1990	96.8	90.8	158.7	147.6	101.2	51.2	16.3	3.5
Puerto Rico – Porto Rico								
1983	77.5	67.0	152.6	140.0	73.7	34.4	8.3	0.8
1985	75.0	66.2	147.9	149.9	81.8	30.9	7.3	0.5
1987	74.1	71.8	153.7	143.3	77.4	28.4	6.6	0.4
1988	73.9	71.6	158.1	142.0	76.7	28.4	6.3	0.5
1990	71.3	77.6	146.0	130.4	72.2	29.1	6.5	0.3
Saint Kitts and Nevis – Saint–Kitts–et–Nevis +								
1983	103.9	103.9	164.4	147.6	69.2	43.9	♦ 21.9	♦ 1.4
1986	101.7	101.7	146.9	167.9	91.4	44.1	♦ 22.1	♦ 4.3
1988	92.9	88.8	154.1	160.7	106.3	40.5	♦ 7.9	♦ 1.1
Saint Lucia – Sainte–Lucie								
1984	134.5	128.3	216.6	189.1	126.2	89.8	33.0	♦ 3.1
1985	137.7	128.0	226.1	205.1	133.1	75.7	26.8	♦ 3.0
1986	129.5	113.6	206.0	201.8	125.9	88.7	29.3	♦ 0.9
Trinidad and Tobago – Trinité–et–Tobago								
1983	112.6	89.8	184.8	178.0	115.3	68.6	16.4	1.6
1985	109.6	80.2	179.6	171.0	121.9	69.0	18.1	2.1
1987	96.7	69.7	155.7	155.1	111.8	56.0	18.4	1.6
1988	91.0	66.1	147.1	146.5	107.9	53.0	16.5	1.7
1989	84.7	70.3	136.3	134.6	96.8	53.0	14.1	♦ 1.2
United States – Etats–Unis								
1983	59.6	53.1	107.6	108.7	65.1	21.9	3.9	0.2
1984	59.3	52.0	107.4	109.0	66.6	22.9	3.8	0.2
1985	60.0	52.4	108.9	110.6	68.5	23.9	4.0	0.2
1986	59.1	51.7	108.2	109.2	69.3	24.3	4.1	0.2
1987	59.3	52.2	108.9	110.8	71.3	26.2	4.4	0.2
1988	60.2	54.8	111.2	113.2	73.7	27.9	4.8	0.2
1989	61.8	59.4	115.4	116.6	76.2	29.7	5.2	0.2
United States Virgin Islands – Iles Vierges américaines								
1990	85.9	78.4	183.5	177.0	114.9	44.0	10.9	♦ 0.6
AMERICA,SOUTH— AMERIQUE DU SUD								
Argentina – Argentine								
1985	91.2	73.4	158.0	159.5	113.0	64.0	20.8	3.5
1988	91.5	73.5	157.4	165.0	115.4	64.8	20.9	3.0
1990	88.4	71.7	150.8	161.1	114.9	62.6	20.1	2.8
Brazil – Brésil [9]								
1983	83.9	51.9	138.4	138.4	98.4	59.8	23.8	4.6
1984	77.4	48.1	129.8	128.1	89.9	53.2	21.0	3.9
1985	76.1	53.1	125.4	124.3	82.4	48.3	19.8	3.9
1986	78.8	57.6	131.8	126.5	83.5	50.0	20.5	4.2
1987	73.7	57.4	127.9	115.8	76.0	43.9	17.2	3.5
1988	76.1	60.7	134.1	118.7	77.8	43.9	17.7	3.6
1989	68.3	56.4	122.4	106.5	69.1	37.7	14.7	3.0
1990	62.6	53.2	112.4	98.0	63.5	33.8	13.1	2.6

17. Live—birth rates specific for age of mother, by urban/rural residence: 1983 – 1992 (continued)

Naissances vivantes, taux selon l'âge de la mère et la résidence, urbaine/rurale: 1983 – 1992 (suite)

(See notes at end of table. – Voir notes à la fin du tableau.)

Continent, country or area, year, and urban/rural residence Continent, pays ou zone, année, et résidence, urbaine/rurale	All ages Tous âges [1]	Age of mother (in years) – Age de la mère (en années)						
		– 20 [2]	20–24	25–29	30–34	35–39	40–44	45+ [3]
AMERICA,SOUTH— (Cont.–Suite) **AMERIQUE DU SUD**								
Chile – Chili [10]								
1983	78.9	62.0	138.3	129.1	88.4	45.4	15.2	1.9
1984	80.0	65.3	141.1	127.6	90.8	45.0	14.4	1.7
1985	77.5	57.5	130.8	128.6	86.7	48.2	14.6	1.7
1986	79.2	59.2	134.3	131.7	89.9	48.0	13.8	1.4
1988	82.9	62.0	141.6	137.3	95.9	51.3	14.2	2.2
1989	83.4	65.1	141.6	138.2	98.2	51.2	14.2	1.1
1990	83.1	66.1	139.5	138.4	99.4	51.8	14.5	1.1
1991	79.8	64.6	130.1	133.5	97.5	52.4	14.7	1.3
Ecuador – Equateur [4][11]								
1984	96.3	54.3	151.6	143.6	115.2	87.6	47.9	11.5
1987	86.4	52.5	133.4	130.5	103.6	74.7	39.3	9.7
1989	79.4	52.0	122.3	121.1	93.1	64.1	33.0	9.0
Paraguay								
1985	45.4	23.6	64.6	67.2	52.8	49.0	23.5	7.5
Peru – Pérou+ [9]								
1983	89.7	53.3	140.9	140.5	109.5	81.9	33.7	7.6
1984	86.5	51.0	131.3	132.8	107.1	83.2	37.1	8.5
Uruguay								
1985+	75.8	57.3	129.7	136.7	100.3	55.7	17.6	1.6
Venezuela [9]								
1983	128.9	*———	1 45.9	———*	*——————— ———	1 31.3	——— ————*	11.1
1984	122.3	*———	1 39.0	———*	*——————— ———	1 24.3	——— ————*	10.2
1985	118.1	86.5	184.1	*———	*——————— ———	1 21.6	————*	8.7
1986	115.0	100.1	180.7	171.4	128.1	72.8	27.1	5.9
1987	114.3	100.9	180.0	171.1	127.9	71.9	25.7	6.3
1990	119.7	109.4	191.6	178.9	133.1	77.9	26.8	6.2
ASIA—ASIE								
Armenia – Arménie								
1989 [4][12]	89.1	63.8	219.9	133.3	66.4	23.7	5.0	0.5
Azerbaijan – Azerbaïdjan								
1989 [4][12]	101.0	27.9	192.8	178.6	98.0	38.1	11.1	0.9
Bahrain – Bahreïn								
1983	141.0	44.8	186.0	238.4	198.4	124.5	67.3	31.2
1984	136.9	36.9	178.6	221.9	226.3	115.0	63.8	28.1
1985	141.0	37.0	164.5	249.0	226.6	130.0	56.2	42.1
1987	143.8	29.4	158.9	260.3	253.3	150.4	54.7	32.9
1988	125.3	25.3	166.3	220.0	175.0	106.8	53.6	26.3
1989	132.0	24.3	174.3	243.7	186.9	110.2	49.4	20.4
1990	126.3	21.5	160.1	237.0	183.4	108.5	46.8	26.2
Bangladesh [4]								
1986	154.2	84.1	262.0	244.2	175.3	108.6	39.6	15.4
1988	147.6	81.4	247.4	250.0	153.5	103.4	37.9	17.1
Brunei Darussalam — **Brunéi Darussalam+**								
1983	115.7	41.7	148.6	200.1	163.7	101.9	39.4	◆ 6.8
1984	121.0	38.7	164.6	216.4	158.6	94.8	41.1	◆ 5.0
1986	117.3	36.0	149.9	202.0	162.6	101.7	39.2	◆ 6.5
1988	108.0	35.4	123.9	196.2	149.1	94.0	35.3	◆ 4.9
1989	104.8	35.5	118.6	181.5	154.1	96.4	33.9	◆ 6.5

17. Live–birth rates specific for age of mother, by urban/rural residence: 1983 – 1992 (continued)

Naissances vivantes, taux selon l'âge de la mère et la résidence, urbaine/rurale: 1983 – 1992 (suite)

(See notes at end of table. – Voir notes à la fin du tableau.)

Continent, country or area, year, and urban/rural residence Continent, pays ou zone, année, et résidence, urbaine/rurale	All ages Tous âges [1]	– 20 [2]	20–24	25–29	30–34	35–39	40–44	45+ [3]
ASIA—ASIE (Cont.–Suite)								
Cyprus – Chypre								
1983	80.2	39.3	168.3	161.8	89.5	31.9	5.2	◆ 0.3
1984	80.1	39.0	169.2	162.4	89.2	31.7	4.8	◆ 0.2
1985	76.1	34.2	159.3	153.6	91.1	32.9	4.9	◆ 0.2
1986	62.2	28.1	132.1	124.3	73.6	27.1	4.8	◆ 0.3
1987	59.6	27.8	128.9	121.9	70.4	23.7	4.4	◆ 0.2
1988	61.6	29.7	132.0	127.7	69.7	28.4	4.5	◆ 0.6
1989	58.7	27.0	125.0	123.3	71.2	27.3	4.8	◆ 0.3
1990	61.1	29.4	128.1	134.0	72.0	29.2	5.4	◆ 0.3
1991	60.2	26.8	127.7	133.1	73.7	29.3	5.3	◆ 0.3
Georgia – Géorgie								
1989 [4][12]	67.5	58.3	167.8	109.8	57.5	22.9	6.0	0.4
Hong Kong – Hong–kong [13]								
1983	60.2	9.9	74.7	137.0	84.7	30.2	5.0	0.6
1984	55.0	8.6	62.7	123.3	79.9	28.1	5.0	0.4
1985	53.2	8.5	57.4	117.5	78.6	27.1	4.7	0.4
1986	48.7	6.9	47.8	108.7	76.1	26.3	3.9	0.3
1987	46.6	6.2	41.3	102.6	77.1	26.1	4.2	◆ 0.2
1988	49.3	6.4	40.6	107.4	84.4	28.4	4.8	◆ 0.3
1989	44.4	6.0	36.8	94.2	77.1	27.9	4.7	◆ 0.3
1990	42.6	5.8	35.5	91.2	74.0	27.0	4.3	◆ 0.3
Israel – Israël [4][14]								
1983	104.5	29.7	177.5	204.3	145.4	72.1	16.2	1.3
1984	100.9	28.0	170.6	197.8	142.2	70.0	16.5	1.3
1985	99.6	25.4	163.2	200.9	144.1	71.4	16.8	1.4
1986	97.5	21.8	156.8	201.6	145.6	73.1	17.2	1.6
1987	95.0	21.1	151.6	201.3	143.8	73.9	17.4	1.4
1988	94.3	21.1	150.5	203.1	145.9	74.7	16.5	1.4
1989	92.3	20.3	145.9	201.8	145.0	75.7	16.7	1.3
1990	90.9	19.7	141.5	200.9	147.8	75.7	16.1	1.4
1991	86.7	20.2	134.9	192.3	141.4	72.5	17.6	1.9
Japan – Japon [4][15]								
1983	49.2	4.3	70.2	183.5	78.5	16.2	1.8	0.1
1984	48.4	4.5	67.0	182.5	82.8	17.6	1.8	0.1
1985	46.4	4.1	61.3	176.2	84.8	17.5	1.8	0.1
1986	44.7	3.8	59.6	169.7	86.8	17.2	1.7	0.1
1987	43.4	3.7	54.8	164.2	89.3	17.7	1.9	0.1
1988	42.1	3.6	50.9	157.6	91.9	18.6	2.3	0.1
1989	39.7	3.5	47.0	144.8	90.9	19.5	2.4	0.1
1990	38.9	3.6	44.3	138.0	92.2	20.6	2.4	0.0
1991	39.0	3.8	43.7	137.2	93.2	21.4	2.3	0.1
Kazakhstan								
1989 [4][12]	92.3	47.5	210.4	151.4	90.9	42.5	13.8	2.4
Korea, Republic of– Corée, République de								
1983	71.9	12.5	142.2	185.5	55.2	14.1	3.7	0.9
1984	61.4	11.1	124.1	157.6	41.6	9.8	2.4	0.5
1985	58.8	9.8	117.0	157.0	39.4	8.5	2.1	0.5
1986	55.7	8.4	102.8	158.1	39.1	7.6	1.8	0.5
1987	53.5	6.7	95.5	157.8	38.4	7.0	1.5	0.4
1988	53.3	5.4	89.6	163.4	40.9	7.4	1.3	0.4
1989	52.8	4.1	86.3	165.4	43.6	7.7	1.2	0.3
Kuwait – Koweït								
1984	162.8	56.8	234.7	262.4	213.6	158.1	48.6	16.1
1985	141.8	50.0	194.7	230.4	183.4	139.6	50.9	14.2
1986	132.2	44.2	176.6	213.7	179.6	128.5	50.5	13.7
1987	122.7	39.6	163.3	198.2	165.7	123.0	46.9	13.5
Kyrgyzstan – Kirghizistan								
1989 [4][12]	131.7	45.2	269.2	211.7	137.2	70.8	27.3	9.3
Macau – Macao [16]								
1988	59.2	4.8	47.0	117.2	98.6	29.3	3.5	◆ 0.2
1991	59.4	9.9	60.0	131.7	85.9	29.7	4.4	◆ 0.6

17. Live—birth rates specific for age of mother, by urban/rural residence: 1983 – 1992 (continued)

Naissances vivantes, taux selon l'âge de la mère et la résidence, urbaine/rurale: 1983 – 1992 (suite)

(See notes at end of table. – Voir notes à la fin du tableau.)

Continent, country or area, year, and urban/rural residence / Continent, pays ou zone, année, et résidence, urbaine/rurale	All ages Tous âges [1]	Age of mother (in years) – Age de la mère (en années)						
		– 20 [2]	20–24	25–29	30–34	35–39	40–44	45+ [3]
ASIA—ASIE (Cont.–Suite)								
Malaysia – Malaisie Peninsular Malaysia – Malaisie Péninsulaire [6]								
1983	117.1	28.2	162.5	225.9	177.3	107.8	38.7	5.1
1984	119.9	26.4	161.4	233.6	184.2	112.3	39.3	4.7
1986	117.9	23.8	147.4	228.5	183.6	115.1	43.4	4.7
1987	111.7	20.8	135.0	219.0	176.4	110.7	43.4	4.5
1988	113.5	19.4	134.5	223.5	183.5	111.8	41.5	4.0
1989	101.5	19.2	122.2	193.3	161.8	103.1	40.7	4.3
1990	104.9	18.5	123.9	203.3	170.5	105.8	39.3	4.4
Sarawak								
1983	111.7	57.8	171.5	202.0	144.1	77.4	28.5	7.1
1984	111.5	57.6	167.3	202.2	145.8	79.0	26.8	6.8
1985	114.9	57.0	168.7	208.1	156.7	80.8	27.7	7.7
1986	109.3	55.2	157.7	197.3	147.8	80.6	27.8	6.5
Philippines								
1983	118.4	44.9	177.3	197.3	159.2	108.4	50.9	11.4
1984	109.2	42.1	162.6	180.7	141.9	102.5	45.0	11.9
1986	107.7	43.9	164.0	180.2	137.1	97.1	39.6	10.0
1988	106.8	42.5	162.7	180.4	135.7	96.2	40.5	8.9
1989	103.9	38.6	159.4	178.6	132.4	93.3	39.4	8.7
Qatar								
1986	153.2	62.0	264.1	287.0	152.3	102.1	30.5	10.2
Singapore – Singapour [17]								
1983	55.2	10.4	70.0	124.8	79.5	29.2	3.8	♦ 0.2
1984	55.7	10.3	66.9	124.5	83.2	31.9	4.8	♦ 0.3
1985	56.4	9.7	66.9	124.7	86.6	31.2	4.5	♦ 0.2
1986	50.2	8.6	59.6	110.5	76.5	29.0	4.8	♦ 0.2
1987	56.3	8.0	59.2	125.1	94.7	34.0	6.0	♦ 0.2
1988	67.5	7.5	65.2	148.5	121.8	45.7	7.4	♦ 0.0
1989	60.3	7.5	59.9	131.6	108.0	43.3	7.6	♦ 0.1
1990	64.5	8.8	61.9	142.5	116.1	46.3	7.6	♦ 0.1
1991	60.9	8.8	56.5	135.4	112.3	43.9	6.7	♦ 0.3
1992	60.3	8.2	55.3	135.8	114.3	44.1	7.2	♦ 0.2
Sri Lanka+								
1983	102.9	37.4	166.7	180.1	139.8	80.9	23.5	3.5
1984	98.2	35.5	158.5	170.8	133.5	79.4	23.1	2.9
1985	96.3	35.2	151.8	173.2	126.2	82.1	22.2	3.2
1987	85.6	32.1	130.9	156.1	112.7	75.0	19.9	2.8
Tajikistan – Tadjikistan								
1989 [4] [12]	175.2	38.9	302.6	284.6	214.7	127.7	59.9	13.2
Thailand – Thaïlande+ [4]								
1983	84.3	47.1	143.6	138.0	86.9	53.0	33.8	26.4
1984	74.1	41.2	128.5	124.3	78.0	44.2	25.4	16.1
1985	73.2	42.6	129.3	121.7	75.1	41.5	22.8	16.5
1986	69.2	42.6	121.4	110.0	70.5	41.6	20.6	15.0
1987	63.0	40.2	112.3	99.8	64.7	35.2	16.7	10.2
1988	60.5	38.6	108.1	96.8	61.3	32.5	15.2	10.5
1989	61.5	40.6	108.8	100.4	62.6	31.6	14.3	7.8
1990	63.3	43.1	111.6	103.8	64.9	31.6	14.4	8.2
1991	61.9	42.9	110.1	101.1	64.6	30.6	12.9	6.8
Turkmenistan – Turkménistan								
1989 [4] [12]	149.0	22.3	227.3	283.0	194.2	100.2	40.9	6.9
Uzbekistan – Ouzbékistan								
1989 [12]	144.8	42.1	285.7	238.3	151.3	71.2	24.9	4.1

17. Live—birth rates specific for age of mother, by urban/rural residence: 1983 – 1992 (continued)

Naissances vivantes, taux selon l'âge de la mère et la résidence, urbaine/rurale: 1983 – 1992 (suite)

(See notes at end of table. – Voir notes à la fin du tableau.)

Continent, country or area, year, and urban/rural residence / Continent, pays ou zone, année, et résidence, urbaine/rurale	All ages Tous âges [1]	Age of mother (in years) – Age de la mère (en années)						
		−20 [2]	20–24	25–29	30–34	35–39	40–44	45+ [3]
EUROPE								
Austria – Autriche								
1983	48.1	29.7	108.6	100.7	50.7	18.8	4.0	0.3
1984	47.1	26.9	105.5	99.5	50.9	19.1	3.6	0.3
1985	45.7	24.8	100.0	97.8	51.5	18.3	3.6	0.3
1986	45.1	24.0	97.1	97.0	51.7	18.0	3.4	0.2
1987	44.5	22.5	93.7	97.2	52.1	18.5	3.8	0.2
1988	45.1	22.5	92.9	99.4	54.0	18.6	3.6	0.2
1989	45.4	21.8	90.7	100.7	55.6	19.5	3.7	0.2
1990	46.1	21.3	87.4	102.6	57.7	20.6	3.9	0.2
1991	48.0	22.7	89.0	106.4	60.0	21.9	3.5	0.1
Belarus – Bélarus [4] [12]								
1987	65.0	35.0	172.0	117.3	55.4	21.9	5.1	0.2
1989	62.1	39.7	181.6	109.4	50.2	18.2	4.3	0.2
Belgium – Belgique								
1983	49.2	15.9	101.8	124.6	53.8	15.3	2.9	0.2
Bulgaria – Bulgarie [4]								
1983	58.0	81.1	183.7	92.3	32.3	9.6	1.9	0.1
1984	57.7	79.4	181.8	93.1	32.9	9.6	1.9	♦ 0.1
1985	56.2	78.4	179.5	92.6	33.2	9.5	1.9	♦ 0.1
1986	57.1	81.1	186.1	94.4	34.4	10.0	2.1	0.2
1987	55.0	77.1	178.1	91.0	32.4	9.9	2.1	♦ 0.1
1988	55.2	78.2	180.5	91.3	32.1	9.7	1.9	♦ 0.1
1989	52.5	73.9	172.4	84.7	30.9	9.8	1.9	♦ 0.1
1990	48.9	69.9	158.5	78.3	28.8	9.4	1.8	♦ 0.1
Channel Islands – Iles Anglo–Normandes								
Guernsey – Guernesey								
1986	48.4	20.0	65.9	124.7	87.4	24.6	*———— ♦ 2.7 ————*	
1991	48.1	21.7	52.9	120.7	78.7	35.7	♦ 4.7	♦ 1.2
Jersey +								
1986	42.9	13.0	43.7	91.0	82.2	31.4	*———— ♦ 3.8 ————*	
1989	46.9	12.2	43.4	92.5	101.4	36.9	*———— ♦ 3.8 ————*	
1991	45.5	15.7	39.3	82.1	93.5	45.9	*———— ♦ 4.5 ————*	
Former Czechoslovakia – Ancienne Tchécoslovaquie								
1983	62.3	53.7	192.7	110.0	43.0	13.8	2.3	0.1
1984	61.6	54.1	193.4	109.2	42.4	12.9	2.2	0.1
1985	60.7	52.8	192.8	109.2	42.2	13.0	2.0	0.1
1986	58.8	50.6	187.7	109.0	41.7	12.8	2.0	0.1
1987	56.8	49.3	182.8	108.5	40.4	12.7	2.0	0.1
1988	56.4	48.5	182.7	111.5	42.1	12.7	2.0	♦ 0.1
1989	53.5	44.3	178.7	107.5	40.8	12.6	1.9	0.1
1990	53.7	44.9	178.9	109.3	40.7	12.6	2.0	0.1
Denmark – Danemark [18]								
1983	40.3	10.6	79.5	111.6	55.4	15.2	2.3	♦ 0.2
1984	40.9	10.5	76.8	113.3	59.1	17.2	2.4	♦ 0.1
1985	42.2	9.8	75.9	118.1	64.1	18.0	3.0	♦ 0.1
1986	43.1	9.7	74.1	120.0	68.4	19.6	3.4	♦ 0.1
1987	43.5	9.5	70.7	122.3	71.3	21.5	3.2	♦ 0.1
1990	48.5	9.2	73.3	134.7	86.7	27.3	3.7	♦ 0.2
1991	49.0	9.1	70.2	135.2	89.7	29.7	4.0	♦ 0.1
Estonia – Estonie								
1989 [4] [12]	63.6	48.3	178.4	119.4	62.0	26.2	5.7	♦ 0.2

17. Live–birth rates specific for age of mother, by urban/rural residence: 1983 – 1992 (continued)

Naissances vivantes, taux selon l'âge de la mère et la résidence, urbaine/rurale: 1983 – 1992 (suite)

(See notes at end of table. – Voir notes à la fin du tableau.)

Continent, country or area, year, and urban/rural residence Continent, pays ou zone, année, et résidence, urbaine/rurale	All ages Tous âges [1]	Age of mother (in years) – Age de la mère (en années)						
		– 20 [2]	20–24	25–29	30–34	35–39	40–44	45+ [3]
EUROPE (Cont.–Suite)								
Faeroe Islands – Iles Féroé								
1983	66.3	31.0	131.3	129.5	88.0	34.4	♦ 13.2	♦ 2.2
1984	66.9	35.2	121.3	139.2	88.5	38.8	♦ 10.8	–
1985	70.0	34.1	118.5	155.5	92.7	46.2	♦ 8.1	–
1986	73.3	34.8	135.4	159.3	97.6	42.4	♦ 6.4	♦ 1.0
1987	70.9	28.9	113.1	161.7	102.0	45.1	♦ 12.6	–
1989	83.4	35.7	135.0	172.8	138.7	57.7	♦ 8.8	–
1990	84.2	55.0	157.0	180.6	105.1	50.4	♦ 6.2	–
Finland – Finlande [4] [19]								
1983	53.8	15.7	87.3	126.7	78.0	33.2	6.6	0.4
1984	52.1	15.2	81.9	123.4	78.3	33.2	7.0	0.4
1985	50.1	13.8	76.3	121.5	77.3	32.8	6.8	0.3
1986	48.3	12.9	71.0	119.8	77.8	31.1	6.9	0.4
1987	47.6	12.1	67.8	119.1	80.1	31.0	7.8	0.3
1989	50.5	11.8	70.4	129.5	89.2	33.5	7.3	0.4
1990	52.1	12.4	71.6	133.4	94.3	37.1	7.9	0.4
France [4] [7] [20]								
1983	56.2	13.9	104.6	135.7	72.2	26.2	5.4	0.4
1984	56.7	13.1	101.7	139.4	75.1	26.7	5.8	0.4
1985	57.3	11.6	97.2	142.5	78.7	29.7	6.1	0.4
1986	57.6	10.9	92.9	145.5	83.4	29.8	7.0	0.5
1987	56.3	10.1	86.3	143.3	85.3	31.4	7.3	0.4
1988	55.5	9.5	83.3	143.2	88.9	33.3	6.9	0.4
1989	54.7	9.2	79.6	141.0	90.4	34.8	7.1	0.5
1990	53.5	9.2	74.9	138.2	90.7	35.6	7.3	0.5
Germany – Allemagne [21]	...	...	...	...	...	...	...	...
Germany, Federal Rep. of – Allemagne, République fédérale d'								
1983	38.1	10.3	68.7	102.8	61.7	20.6	3.4	0.3
1984	37.3	9.1	62.2	102.4	62.3	21.7	3.3	0.3
1985	37.5	8.6	58.0	102.3	64.0	22.7	3.3	0.2
1986	40.1	8.6	57.7	108.2	70.0	23.8	3.6	0.2
1987	41.3	9.2	56.5	108.8	73.7	24.7	4.1	0.2
1988	43.7	10.3	56.2	111.4	78.1	26.0	4.5	0.2
1989	44.0	11.1	54.2	107.3	78.1	26.7	4.9	0.2
Former German Democratic Republic – Ancienne République démocratique allemande [4]								
1983	55.6	48.5	169.2	98.2	35.1	8.9	1.3	0.1
1984	54.3	46.4	163.8	96.5	33.8	9.7	1.3	0.1
1985	54.4	43.8	160.8	100.1	34.7	10.4	1.3	0.1
1988	52.5	35.9	150.9	102.8	36.2	10.7	1.4	♦ 0.0
1989	49.2	33.2	140.3	97.4	34.5	10.2	1.4	♦ 0.0
Greece – Grèce								
1983	56.0	43.7	139.8	116.5	59.4	23.0	5.0	0.5
1984	53.1	41.2	131.6	108.9	56.7	21.3	4.6	0.5
Hungary – Hongrie [4]								
1983	49.9	53.9	145.4	94.2	37.6	12.0	2.5	0.1
1984	49.1	52.7	146.1	94.6	39.1	12.1	2.4	0.1
1985	51.0	52.1	152.5	102.9	43.0	13.6	2.6	0.1
1986	50.2	49.3	148.3	107.1	43.9	14.5	2.6	0.1
1987	49.2	47.6	145.4	107.1	44.3	14.7	2.7	0.1
1988	48.6	44.7	143.5	109.5	43.5	14.7	2.8	0.1
1989	48.0	41.2	141.8	110.7	43.9	15.3	3.0	0.1
1990	49.5	40.1	147.2	115.4	46.9	16.4	3.0	0.1
1991	49.7	38.6	146.1	117.4	49.7	16.8	3.2	0.1

17. Live–birth rates specific for age of mother, by urban/rural residence: 1983 – 1992 (continued)

Naissances vivantes, taux selon l'âge de la mère et la résidence, urbaine/rurale: 1983 – 1992 (suite)

(See notes at end of table. – Voir notes à la fin du tableau.)

Continent, country or area, year, and urban/rural residence / Continent, pays ou zone, année, et résidence, urbaine/rurale	All ages Tous âges [1]	Age of mother (in years) – Age de la mère (en années)						
		– 20 [2]	20–24	25–29	30–34	35–39	40–44	45+ [3]
EUROPE (Cont.–Suite)								
Iceland – Islande								
1983	74.6	41.0	136.6	135.5	89.5	38.0	10.6	♦ 0.2
1984	69.3	38.1	123.6	124.7	86.5	38.9	7.2	–
1985	64.2	34.8	112.1	117.4	81.3	37.1	6.2	♦ 0.4
1986	64.0	31.5	110.1	123.8	81.8	34.6	6.5	♦ 0.4
1987	67.8	29.5	117.9	126.0	94.2	39.2	8.4	♦ 0.4
1988	73.6	31.8	118.1	146.1	107.1	43.7	8.1	–
1989	70.7	29.1	113.8	138.9	104.1	46.8	9.4	♦ 0.3
1990	73.2	30.4	117.5	145.3	112.2	50.6	7.1	♦ 0.2
Ireland – Irlande + [22]								
1983	83.1	19.0	102.4	171.2	146.6	84.7	25.0	1.7
1984	77.9	18.2	95.0	161.5	137.5	78.9	21.8	1.9
1985	75.0	16.8	87.1	160.3	136.2	74.5	21.5	1.6
1986	73.4	16.4	83.1	154.4	139.0	73.4	21.2	1.5
1988	64.4	15.1	71.3	141.6	125.3	64.0	17.7	1.1
1989	61.6	14.7	65.1	139.4	124.1	63.6	16.9	1.1
1990	62.9	16.2	65.8	147.9	128.2	65.0	15.4	1.1
1991	61.6	16.6	63.4	146.7	128.1	65.7	15.1	1.0
Italy – Italie								
1984	41.7	13.7	77.2	101.4	63.9	25.3	5.0	0.3
1988	39.4	9.6	58.6	97.2	68.6	26.5	5.4	0.3
Latvia – Lettonie [4] [12]								
1989	59.5	44.7	167.1	107.5	58.9	23.8	5.6	♦ 0.3
1990	58.5	50.0	165.4	103.4	56.3	23.1	4.9	♦ 0.2
Liechtenstein								
1983	46.2	♦ 3.4	58.1	113.7	74.5	28.5	♦ 7.8	♦ 3.0
1986	44.3	♦ 5.9	46.9	106.3	83.5	30.5	♦ 6.9	♦ 2.5
1987	45.3	♦ 5.3	44.6	105.6	88.1	40.5	♦ 3.8	♦ 1.2
Lithuania – Lituanie								
1989 [4] [12]	60.6	36.7	165.0	110.6	56.5	22.0	5.4	0.3
Luxembourg								
1983	45.1	14.1	76.2	110.7	65.6	19.7	3.1	♦ 0.2
1984	44.9	10.8	72.8	111.3	68.7	19.6	4.1	♦ 0.2
1985	43.8	10.7	72.9	106.0	67.1	19.7	2.7	♦ 0.3
1987	44.6	11.6	63.0	107.5	72.2	23.7	3.8	♦ 0.1
Malta – Malte [23]								
1983	63.8	15.3	97.0	135.8	90.2	42.9	11.3	♦ 0.4
1984	62.6	15.8	98.6	136.8	86.6	43.3	12.0	♦ 0.7
1985	61.1	12.2	84.7	142.3	96.7	45.0	11.4	♦ 0.3
1986	59.4	12.7	85.3	142.4	93.5	42.5	10.0	♦ 0.6
1987	59.9	12.0	88.1	144.8	96.3	42.7	11.1	♦ 0.1
1988	61.9	11.3	84.5	158.0	103.5	45.3	10.3	♦ 0.6
1989	62.0	11.9	86.8	164.5	103.3	44.6	10.0	♦ 0.7
1990	58.9	11.2	83.8	163.3	99.0	40.1	12.8	♦ 0.7
Netherlands – Pays–Bas [4] [24]								
1983	46.2	7.7	66.1	130.1	69.7	18.2	3.2	0.4
1984	46.5	7.4	64.2	131.1	73.8	18.5	3.2	0.4
1985	46.9	6.8	60.6	131.4	80.6	19.3	3.2	0.5
1986	47.9	6.8	58.0	134.0	86.6	21.2	3.4	0.5
1987	48.0	6.7	54.3	132.1	91.9	23.3	3.5	0.4
1988	47.6	7.2	51.3	127.7	94.9	25.2	3.4	0.4
1989	47.9	7.6	49.0	124.4	98.8	27.8	3.7	0.5
1990	49.9	8.3	48.2	126.4	106.5	31.0	3.7	0.5
1991	49.8	8.3	46.1	123.1	108.5	33.1	4.1	0.4

17. Live–birth rates specific for age of mother, by urban/rural residence: 1983 – 1992 (continued)

Naissances vivantes, taux selon l'âge de la mère et la résidence, urbaine/rurale: 1983 – 1992 (suite)

(See notes at end of table. – Voir notes à la fin du tableau.)

Continent, country or area, year, and urban/rural residence — Continent, pays ou zone, année, et résidence, urbaine/rurale	All ages Tous âges [1]	Age of mother (in years) – Age de la mère (en années)						
		– 20 [2]	20–24	25–29	30–34	35–39	40–44	45+ [3]
EUROPE (Cont.–Suite)								
Norway – Norvège [7]								
1983	51.8	19.8	97.3	120.3	67.8	22.4	3.6	♦ 0.2
1984	50.9	19.2	93.5	123.5	68.1	22.1	4.0	♦ 0.2
1985	51.4	17.8	94.0	125.5	70.9	22.7	4.2	♦ 0.2
1986	52.0	18.2	93.2	129.4	74.4	22.2	4.1	♦ 0.2
1987	52.7	17.7	91.0	131.7	79.6	24.6	4.0	♦ 0.3
1988	55.4	18.2	94.3	138.6	85.1	27.7	4.5	♦ 0.2
1989	56.6	17.8	94.0	140.6	91.3	29.7	4.4	♦ 0.1
1990	57.6	17.3	93.6	143.2	95.3	32.1	4.7	0.3
1991	57.3	16.7	89.7	140.3	98.3	34.3	5.1	♦ 0.2
Poland – Pologne [4]								
1983	79.1	34.9	189.1	146.5	73.1	31.9	7.2	0.5
1984	76.6	35.7	185.5	142.8	71.8	31.0	7.0	0.5
1985	74.1	35.1	182.6	140.7	69.9	30.2	6.9	0.4
1986	69.2	32.8	174.9	134.1	66.1	28.3	6.8	0.4
1987	65.8	32.2	171.6	129.5	63.1	27.2	6.9	0.4
1988	63.5	31.6	168.5	128.6	62.9	26.3	6.8	0.4
1989	60.4	30.9	168.0	124.8	60.2	24.9	6.3	0.4
1990	58.1	31.5	165.2	121.4	58.6	24.5	6.2	0.3
1991	57.5	32.2	164.0	122.2	59.8	25.2	6.2	0.3
Portugal								
1983	59.2	37.4	121.9	117.8	69.2	31.1	10.8	1.3
1984	57.6	36.9	116.9	113.3	66.7	30.0	9.6	1.2
1985	52.4	32.4	104.3	104.4	61.5	27.8	8.9	1.1
1986	50.4	30.1	100.0	100.8	59.8	25.8	8.2	1.0
1987	48.6	27.9	93.3	98.3	59.6	25.9	7.4	0.8
1988	47.7	26.4	90.6	98.9	59.0	24.5	6.9	0.7
1989	47.8	26.3	90.0	98.1	60.7	25.0	6.4	0.6
1991	46.6	24.3	81.3	100.0	63.5	25.1	6.1	0.5
Republic of Moldova – République de Moldova								
1989 [4] [12]	75.1	57.4	202.0	123.5	67.8	28.4	7.9	0.7
Romania – Roumanie [4]								
1983	59.6	58.2	178.4	99.9	42.5	17.4	4.5	0.4
1984	64.3	56.7	191.9	114.7	50.5	20.1	4.6	0.4
1985	65.2	57.8	191.4	121.1	55.2	21.4	5.1	0.4
1989	66.4	60.0	169.3	118.3	58.7	25.6	7.1	0.4
1990	56.3	52.1	145.2	97.8	46.4	19.3	5.5	0.4
1991	48.8	50.5	131.1	78.6	34.2	13.9	4.0	0.3
Russian Federation – Fédération Russe								
1989 [4] [12]	59.8	52.8	161.9	101.2	54.7	22.2	5.4	0.2
San Marino – Saint–Marin +								
1984	38.6	♦ 15.5	64.7	101.4	54.7	♦ 11.0	♦ 4.3	–
1985	35.3	♦ 12.4	59.0	86.1	48.3	♦ 17.8	♦ 4.3	–
1986	30.2	♦ 10.4	54.7	68.3	48.4	♦ 11.9	–	–
1987	36.5	♦ 11.8	74.7	73.2	49.7	♦ 16.0	♦ 3.8	♦ 1.4
1988	39.7	♦ 8.4	61.1	83.1	73.9	♦ 18.3	♦ 6.2	♦ 1.4
1989	37.4	♦ 8.5	56.1	95.5	49.3	♦ 20.6	* ♦ 1.3 *	
Spain – Espagne								
1986	47.1	16.7	65.8	112.0	73.5	31.2	8.9	0.8
Sweden – Suède								
1983	47.1	11.7	83.0	121.5	74.7	26.1	4.7	0.2
1984	47.8	10.9	79.1	126.0	81.0	28.2	5.3	0.2
1985	49.8	11.1	80.8	132.6	86.5	30.6	5.4	0.2
1986	51.2	11.4	82.5	137.1	90.0	32.4	5.5	0.2
1987	52.2	11.0	83.6	139.0	95.2	33.2	5.7	0.2
1988	55.5	11.4	90.7	146.6	100.9	36.8	6.0	0.3
1989	57.1	12.7	92.8	149.0	103.4	38.7	6.4	0.3
1990	60.3	14.1	99.4	152.9	110.4	41.6	7.0	0.2
1991	60.0	13.3	94.7	151.8	112.0	42.8	7.3	0.3

17. Live-birth rates specific for age of mother, by urban/rural residence: 1983 – 1992 (continued)

Naissances vivantes, taux selon l'âge de la mère et la résidence, urbaine/rurale: 1983 – 1992 (suite)

(See notes at end of table. – Voir notes à la fin du tableau.)

Continent, country or area, year, and urban/rural residence / Continent, pays ou zone, année, et résidence, urbaine/rurale	All ages Tous âges [1]	– 20 [2]	20–24	25–29	30–34	35–39	40–44	45+ [3]
EUROPE (Cont.–Suite)								
Switzerland – Suisse								
1984	45.1	7.9	71.4	124.9	75.5	21.8	3.5	0.2
1985	44.8	6.7	66.3	126.1	77.8	22.4	3.3	0.2
1986	45.5	6.5	64.0	127.8	81.1	23.1	3.4	♦ 0.1
1987	45.3	6.2	60.1	126.0	83.4	24.4	3.4	0.2
1989	47.4	6.8	58.6	127.2	89.9	27.9	3.8	0.2
1990	48.7	7.1	60.1	127.8	92.6	29.4	3.8	♦ 0.1
Ukraine [4] [12]								
1987	59.9	51.4	166.8	110.4	54.4	21.1	4.5	0.2
1989	55.7	56.1	165.2	94.3	46.3	17.0	4.2	0.3
United Kingdom – Royaume–Uni								
1983	53.3	27.1	99.5	127.0	72.1	23.6	4.5	0.5
1984	53.4	27.8	96.4	126.8	74.0	24.0	4.6	0.4
1985	54.4	29.6	95.3	128.2	76.7	24.5	4.6	0.4
1986	54.2	30.2	93.4	124.7	78.3	24.8	4.6	0.4
1987	55.3	30.9	93.9	125.5	81.3	26.6	4.8	0.4
1988	56.0	32.3	94.9	124.4	82.6	28.0	4.8	0.3
1989	55.1	31.8	91.5	120.3	83.2	29.3	4.9	0.3
1990	56.5	33.0	91.1	122.7	87.0	31.0	5.0	0.3
1991	55.8	32.9	89.1	120.4	86.8	32.0	5.0	0.3
Former Yugoslavia – Ancienne Yougoslavie								
1983	65.0	43.9	160.4	123.9	60.0	24.5	6.1	0.7
1984	65.3	44.5	160.6	125.4	60.3	24.3	6.0	0.7
1985	63.3	44.0	154.6	123.1	58.3	23.2	5.7	0.7
1987	61.7	41.0	150.9	124.2	57.1	21.5	5.5	0.7
1988	60.9	41.9	150.8	122.8	55.9	20.4	5.4	0.6
1989	57.3	38.8	142.6	116.7	53.5	19.4	4.7	0.6
1990	56.8	37.3	141.3	117.5	55.3	19.5	4.5	0.6
OCEANIA—OCEANIE								
Australia – Australie +								
1983	62.2	26.5	102.7	146.1	81.5	25.0	4.3	0.2
1986	60.3	22.2	93.3	145.8	90.9	27.8	4.4	0.2
1987	57.5	20.6	85.2	139.8	90.6	28.9	4.8	0.3
1988	56.8	20.2	81.9	137.3	93.4	30.5	4.6	0.2
1989	56.6	20.6	78.6	136.2	96.0	32.5	5.0	0.2
1990	58.3	22.0	79.6	139.0	101.6	34.7	5.5	0.2
Fiji – Fidji +								
1983	112.4	54.9	226.5	186.3	114.0	58.2	20.3	5.1
1984	108.4	58.4	220.6	178.8	105.4	54.7	18.6	4.1
1985	106.5	58.8	223.7	175.8	98.9	51.4	17.1	3.6
1986	104.3	53.0	197.1	180.1	102.5	57.1	17.2	5.2
1987	106.7	60.5	214.7	178.9	100.2	52.4	14.6	♦ 1.2
Marshall Islands – Iles Marshall								
1988	176.0	137.3	295.5	254.8	150.6	115.1	47.7	♦ 2.4
1989	156.8	98.5	294.4	226.4	159.6	104.7	♦ 29.3	♦ 4.0
New Caledonia – Nouvelle–Calédonie								
1983	107.7	64.6	212.6	183.6	122.7	70.7	25.3	♦ 4.2
New Zealand – Nouvelle–Zélande + [4]								
1983	61.9	32.7	110.2	142.5	72.8	20.7	4.1	♦ 0.3
1984	62.0	30.6	105.9	147.0	77.0	21.9	4.2	♦ 0.3
1985	61.4	30.6	104.1	145.1	79.1	22.4	3.8	♦ 0.3
1986	62.6	30.6	104.5	146.0	87.0	24.3	4.1	♦ 0.3
1987	63.7	31.8	105.0	145.6	91.4	27.0	4.4	♦ 0.3
1988	65.6	31.6	105.4	148.4	97.4	30.7	5.0	♦ 0.3
1989	65.5	33.2	102.8	148.3	98.9	32.0	5.3	0.4
1990	67.2	34.4	101.2	147.5	105.7	36.8	5.4	♦ 0.3
Northern Mariana Islands – Iles Mariannes du Sud								
1989	174.2	108.2	266.0	296.6	237.0	97.8	♦ 14.7	–

17. Live—birth rates specific for age of mother, by urban/rural residence: 1983 – 1992 (continued)

Naissances vivantes, taux selon l'âge de la mère et la résidence, urbaine/rurale: 1983 – 1992 (suite)

Data by urban/rural residence

Données selon la résidence urbaine/rurale

(See notes at end of table. – Voir notes à la fin du tableau.)

Continent, country or area, year, and urban/rural residence Continent, pays ou zone, année, et résidence, urbaine/rurale	All ages Tous âges [1]	Age of mother (in years) – Age de la mère (en années)						
		– 20 [2]	20–24	25–29	30–34	35–39	40–44	45+ [3]
AFRICA—AFRIQUE								
Egypt – Egypte								
Urban – Urbaine								
1983	129.1	14.4	146.8	286.1	232.7	138.6	46.1	18.7
1986	136.5	14.3	157.4	293.1	255.7	145.9	49.0	19.8
1988	143.6	15.8	173.3	291.9	244.7	150.0	50.0	14.3
Rural – Rurale								
1983	177.1	25.0	226.8	353.1	290.5	207.7	87.9	43.9
1986	188.2	25.9	253.9	371.5	318.9	211.2	86.0	42.1
1988	179.9	24.2	209.4	335.6	287.6	222.4	91.1	36.0
Mali [5]								
Urban – Urbaine								
1987	180.9	112.2	241.7	268.0	237.3	180.9	86.3	34.2
Rural – Rurale								
1987	225.0	173.8	315.0	319.7	265.3	214.2	101.0	48.5
AMERICA,NORTH— AMERIQUE DU NORD								
Cuba								
Urban – Urbaine								
1983	58.0	78.7	114.5	90.2	45.2	16.9	3.3	0.7
1984	56.0	74.1	109.6	87.6	44.8	16.4	3.2	0.9
1985	60.4	92.0	115.1	87.1	42.5	16.3	3.4	1.0
1986	54.2	80.4	100.7	77.2	41.6	15.9	2.8	1.4
1987	57.2	68.4	110.8	88.5	51.5	18.1	3.1	1.4
1988	60.7	71.1	117.5	96.2	55.2	19.2	3.3	0.4
1990	57.6	65.2	107.2	96.8	56.5	17.3	3.0	0.2
Rural – Rurale								
1983	73.0	115.4	130.3	82.2	39.4	16.5	4.2	2.2
1984	74.5	115.2	135.2	87.5	41.0	16.8	4.1	1.8
1985	79.2	96.9	146.5	109.5	59.0	24.3	5.3	1.6
1986	70.0	83.1	126.0	96.2	57.4	23.5	4.3	2.3
1987	74.4	110.3	132.2	86.1	47.1	18.1	3.6	3.8
1988	71.7	105.5	124.8	87.4	49.4	17.6	3.3	♦ 0.5
1990	75.8	107.3	131.5	99.5	54.7	18.2	4.2	0.5
Panama								
Urban – Urbaine								
1983	89.8	70.7	158.6	152.3	84.0	40.1	10.2	♦ 1.2
1984	89.0	67.8	156.4	153.0	87.7	37.5	10.4	♦ 0.8
1986	85.0	65.4	139.1	149.3	87.9	38.4	8.9	♦ 1.1
1988	78.0	61.5	128.6	129.9	87.2	34.1	7.8	♦ 0.4
1989	76.0	61.7	122.0	125.0	86.0	36.1	8.6	♦ 0.7
1990	74.4	60.5	116.9	120.8	89.3	36.7	8.0	♦ 1.1
Rural – Rurale								
1983	137.5	141.4	220.6	174.2	145.1	92.8	41.4	10.1
1984	136.7	137.3	226.2	175.7	144.8	89.0	36.8	8.3
1986	131.7	129.8	234.6	178.0	119.8	85.0	30.8	10.9
1988	131.4	133.3	234.8	186.5	117.9	73.6	29.6	6.6
1989	130.4	138.1	229.6	188.0	110.3	71.8	31.5	7.0
1990	129.5	132.6	227.1	191.1	116.6	72.8	28.3	6.8

17. Live–birth rates specific for age of mother, by urban/rural residence: 1983 – 1992 (continued)

Naissances vivantes, taux selon l'âge de la mère et la résidence, urbaine/rurale: 1983 – 1992 (suite)

Data by urban/rural residence

Données selon la résidence urbaine/rurale

(See notes at end of table. – Voir notes à la fin du tableau.)

Continent, country or area, year, and urban/rural residence / Continent, pays ou zone, année, et résidence, urbaine/rurale	All ages Tous âges [1]	Age of mother (in years) – Age de la mère (en années)						
		– 20 [2]	20–24	25–29	30–34	35–39	40–44	45+ [3]
AMERICA, SOUTH— AMERIQUE DU SUD								
Ecuador – Equateur [11]								
Urban – Urbaine								
1987	79.9	46.5	124.2	125.4	96.4	60.3	26.2	6.5
1989	73.5	46.2	111.6	113.1	85.3	54.5	23.4	6.3
Rural – Rurale								
1987	95.6	61.4	148.3	138.4	113.3	92.2	54.6	13.3
1989	88.7	60.9	142.4	135.6	105.7	76.8	44.6	12.3
ASIA—ASIE								
Armenia – Arménie [12]								
Urban – Urbaine								
1989	80.4	53.3	203.4	126.6	65.7	24.2	5.1	◆ 0.5
Rural – Rurale								
1989	110.1	85.5	251.0	147.9	68.3	22.0	4.8	◆ 0.3
Azerbaijan–Azerbaïdjan [12]								
Urban – Urbaine								
1989	86.3	26.2	180.5	156.5	79.0	28.6	6.6	◆ 0.4
Rural – Rurale								
1989	119.1	29.5	205.4	205.3	125.4	54.8	19.8	1.8
Bangladesh								
Urban – Urbaine								
1986	*110.6*	*47.3*	*186.7*	*172.9*	*125.9*	*74.5*	*32.0*	*13.0*
1988	*105.3*	*46.3*	*181.3*	*174.1*	*121.7*	*63.6*	*19.1*	*9.2*
Rural – Rurale								
1986	*161.6*	*90.9*	*275.2*	*257.5*	*183.5*	*114.0*	*40.7*	*15.7*
1988	*155.1*	*88.3*	*259.8*	*264.3*	*159.2*	*109.9*	*40.7*	*18.3*
Georgia – Géorgie [12]								
Urban – Urbaine								
1989	61.3	51.0	147.7	103.0	58.2	23.6	6.3	0.4
Rural – Rurale								
1989	76.5	67.3	194.3	119.7	56.5	21.6	5.4	0.5
Israel – Israël [14]								
Urban – Urbaine								
1983	92.8	25.7	158.4	183.6	130.6	61.4	12.1	0.9
1985	97.3	26.1	163.4	194.8	138.9	67.4	15.4	1.1
1987	93.2	21.7	151.3	196.8	138.4	70.6	16.3	1.3
1988	92.6	21.4	150.5	198.5	140.5	71.7	15.5	1.3
1989	91.5	20.7	146.8	198.5	140.7	73.4	16.0	1.2
1990	90.2	20.1	143.1	197.4	143.2	73.2	15.7	1.4
1991	77.7	19.8	120.2	170.9	133.7	69.3	15.6	1.2
Rural – Rurale								
1983	205.1	57.7	342.0	387.6	273.9	167.6	54.5	6.0
1985	118.8	20.8	161.3	254.5	187.5	106.2	29.4	4.0
1987	110.4	17.6	153.2	241.3	187.8	100.6	27.1	◆ 2.4
1988	107.7	18.9	150.7	244.3	188.3	96.1	24.5	◆ 2.0
1989	99.5	17.4	136.2	237.4	184.6	95.6	23.2	◆ 2.5
1990	97.3	17.1	126.6	239.9	191.6	97.4	19.6	◆ 2.2
1991	85.4	17.0	95.1	184.2	204.1	103.5	21.6	2.4

17. Live—birth rates specific for age of mother, by urban/rural residence: 1983 – 1992 (continued)

Naissances vivantes, taux selon l'âge de la mère et la résidence, urbaine/rurale: 1983 – 1992 (suite)

Data by urban/rural residence

Données selon la résidence urbaine/rurale

(See notes at end of table. – Voir notes à la fin du tableau.)

Continent, country or area, year, and urban/rural residence / Continent, pays ou zone, année, et résidence, urbaine/rurale	All ages Tous âges [1]	Age of mother (in years) – Age de la mère (en années)						
		– 20 [2]	20–24	25–29	30–34	35–39	40–44	45+ [3]
ASIA—ASIE (Cont.–Suite)								
Japan – Japon [15]								
Urban – Urbaine								
1985	45.3	4.0	56.7	171.0	85.6	18.1	1.9	0.1
1990	38.3	3.6	41.3	132.8	92.4	21.4	2.4	0.0
Rural – Rurale								
1985	50.5	4.2	82.2	195.7	82.3	15.1	1.5	0.1
1990	41.3	3.5	59.0	161.0	91.4	18.1	2.1	0.0
Kazakhstan [12]								
Urban – Urbaine								
1989	76.0	45.0	177.9	124.7	73.8	32.1	9.2	1.7
Rural – Rurale								
1989	118.4	51.0	257.6	192.5	120.8	61.8	22.4	3.3
Kyrgyzstan – Kirghizistan [12]								
Urban – Urbaine								
1989	89.5	34.4	190.2	152.0	94.0	44.3	12.2	6.5
Rural – Rurale								
1989	164.4	52.8	324.7	253.5	172.1	94.8	43.1	11.7
Maldives								
Urban – Urbaine								
1990	106.6	51.4	165.7	161.5	145.1	100.2	♦ 21.6	♦ 11.1
Tajikistan – Tadjikistan [12]								
Urban – Urbaine								
1989	117.1	38.7	233.5	199.6	129.5	61.9	23.1	7.1
Rural – Rurale								
1989	206.9	39.0	333.0	328.2	268.7	177.9	90.4	18.0
Thailand – Thaïlande +								
Urban – Urbaine								
1990	*77.1*	*52.7*	*129.4*	*131.4*	*81.7*	*35.3*	*11.6*	*2.8*
Rural – Rurale								
1990	*57.3*	*44.0*	*112.7*	*91.3*	*54.5*	*27.7*	*13.1*	*8.0*
Turkmenistan – Turkménistan [12]								
Urban – Urbaine								
1989	130.7	31.9	230.5	242.0	152.6	71.7	25.5	5.0
Rural – Rurale								
1989	165.5	15.5	224.8	318.6	236.7	134.4	59.9	8.9
EUROPE								
Belarus – Bélarus [12]								
Urban – Urbaine								
1987	61.3	31.6	162.9	106.2	51.1	18.7	3.7	♦ 0.1
1989	59.0	34.0	167.7	107.3	48.1	16.2	3.5	0.2
Rural – Rurale								
1987	75.7	42.8	196.4	162.2	70.9	33.7	8.7	0.3
1989	72.0	58.4	225.1	116.7	57.7	25.7	6.8	0.3

17. Live–birth rates specific for age of mother, by urban/rural residence: 1983 – 1992 (continued)

Naissances vivantes, taux selon l'âge de la mère et la résidence, urbaine/rurale: 1983 – 1992 (suite)

Data by urban/rural residence

Données selon la résidence urbaine/rurale

(See notes at end of table. – Voir notes à la fin du tableau.)

Continent, country or area, year, and urban/rural residence / Continent, pays ou zone, année, et résidence, urbaine/rurale	All ages Tous âges [1]	Age of mother (in years) – Age de la mère (en années)						
		– 20 [2]	20–24	25–29	30–34	35–39	40–44	45+ [3]
EUROPE (Cont.–Suite)								
Bulgaria – Bulgarie								
Urban – Urbaine								
1983	53.6	65.4	142.7	87.6	33.4	10.0	2.0	♦ 0.1
1984	53.1	67.1	141.6	84.6	34.0	9.9	1.9	♦ 0.1
1985	52.9	67.3	153.8	87.8	34.4	9.8	1.8	♦ 0.1
1986	55.5	69.6	179.0	96.8	36.1	10.4	2.2	0.2
1987	52.5	65.9	166.6	91.7	33.6	10.3	2.2	♦ 0.1
1988	52.2	67.0	164.8	92.0	33.0	9.9	1.9	♦ 0.1
1989	49.6	64.7	154.5	85.2	31.8	10.1	1.9	♦ 0.1
1990	46.0	60.0	141.0	79.5	29.6	9.5	1.8	♦ 0.1
Rural – Rurale								
1983	69.5	126.9	400.0	106.8	29.2	8.7	1.8	♦ 0.2
1984	70.1	111.6	400.2	125.8	30.0	8.9	1.8	♦ 0.1
1985	64.9	106.1	268.3	108.8	29.9	8.4	2.0	♦ 0.1
1986	61.1	110.4	203.1	87.8	29.6	8.9	1.8	♦ 0.1
1987	61.9	107.9	208.2	89.0	28.7	8.5	1.7	♦ 0.2
1988	63.7	109.0	225.5	89.1	29.4	9.2	2.0	♦ 0.1
1989	60.7	98.1	231.4	83.5	28.1	8.8	1.7	♦ 0.1
1990	57.3	95.2	221.3	74.9	26.2	9.1	1.8	♦ 0.1
Estonia – Estonie [12]								
Urban – Urbaine								
1989	57.6	43.2	162.4	112.1	56.4	22.9	4.6	♦ 0.2
Rural – Rurale								
1989	81.6	63.0	224.5	139.9	79.3	37.1	9.3	♦ 0.2
Finland – Finlande [19]								
Urban – Urbaine								
1983	52.0	15.4	81.8	120.4	75.3	29.9	5.4	♦ 0.3
1984	49.9	15.1	75.7	116.2	75.9	29.7	5.9	♦ 0.3
1985	47.8	13.9	70.7	114.3	73.9	29.9	5.6	♦ 0.2
1986	46.3	13.2	65.8	112.9	75.2	28.9	6.0	♦ 0.2
1987	46.0	12.4	63.0	112.5	78.4	29.0	6.8	♦ 0.3
1989	48.3	12.1	64.8	120.1	86.9	31.3	6.5	♦ 0.3
1990	49.8	12.8	66.1	122.4	92.4	34.9	6.9	♦ 0.2
Rural – Rurale								
1983	57.0	16.1	96.8	139.3	82.9	39.4	8.9	0.7
1984	55.8	15.2	92.8	137.3	82.8	39.6	8.8	♦ 0.5
1985	54.0	13.6	86.3	135.6	83.5	38.0	8.9	♦ 0.5
1986	51.8	12.3	81.2	134.2	82.8	35.4	8.7	0.7
1987	50.6	11.6	77.4	133.1	83.3	34.8	9.7	♦ 0.5
1989	54.6	11.3	82.2	149.4	93.4	37.5	8.9	♦ 0.5
1990	56.3	11.7	83.1	156.6	97.6	40.9	9.9	0.6
France [7] [20] [25]								
Urban – Urbaine								
1990	53.9	10.2	72.5	132.9	92.0	37.4	7.8	0.5
Rural – Rurale								
1990	51.9	6.4	84.2	156.6	85.7	29.8	5.6	0.3
Germany – Allemagne [21]	...	...	...	...	...	...	...	...
Former German Democratic Republic – Ancienne République démocratique allemande								
Urban – Urbaine								
1989	47.7	31.1	135.8	96.7	34.1	9.7	1.4	♦ 0.0
Rural – Rurale								
1989	54.7	40.2	156.7	99.7	36.1	11.8	1.5	♦ 0.1

17. Live–birth rates specific for age of mother, by urban/rural residence: 1983 – 1992 (continued)

Naissances vivantes, taux selon l'âge de la mère et la résidence, urbaine/rurale: 1983 – 1992 (suite)

Data by urban/rural residence

Données selon la résidence urbaine/rurale

(See notes at end of table. – Voir notes à la fin du tableau.)

Continent, country or area, year, and urban/rural residence / Continent, pays ou zone, année, et résidence, urbaine/rurale	All ages Tous âges [1]	Age of mother (in years) – Age de la mère (en années)						
		– 20 [2]	20–24	25–29	30–34	35–39	40–44	45+ [3]
EUROPE (Cont.–Suite)								
Hungary – Hongrie								
Urban – Urbaine								
1983	44.3	35.2	122.0	92.7	38.6	11.9	2.4	◆ 0.1
1984	44.4	36.2	125.0	93.7	40.4	12.1	2.2	◆ 0.1
1985	44.6	35.3	124.5	98.3	42.5	13.3	2.4	◆ 0.1
1986	45.2	35.3	123.2	104.0	44.1	14.6	2.5	◆ 0.1
1987	44.2	34.6	119.7	102.4	44.4	14.7	2.6	...
1988	43.1	32.4	116.8	102.7	43.0	14.5	2.5	◆ 0.1
1989	43.0	30.6	118.6	102.6	43.7	15.4	2.8	◆ 0.1
1990	45.1	28.9	128.9	115.8	48.4	16.7	2.8	◆ 0.1
1991	45.0	27.8	127.3	116.9	50.5	16.7	3.0	◆ 0.1
Rural – Rurale								
1983	57.6	81.7	176.0	96.3	36.1	12.1	2.8	◆ 0.1
1984	55.6	78.0	173.8	95.0	36.8	11.9	2.7	◆ 0.1
1985	60.6	80.3	195.6	108.6	43.3	13.9	2.9	◆ 0.1
1986	57.8	72.2	189.6	110.9	43.0	14.4	2.7	◆ 0.1
1987	57.2	68.6	190.4	113.6	43.6	14.6	2.9	◆ 0.1
1988	57.3	64.2	191.3	119.8	43.9	14.9	3.2	◆ 0.2
1989	57.2	60.8	190.2	126.2	43.8	14.9	3.2	◆ 0.1
1990	57.4	63.3	179.7	113.6	43.9	15.8	3.5	◆ 0.1
1991	58.3	61.5	181.1	117.2	47.7	16.9	3.7	◆ 0.1
Latvia – Lettonie [12]								
Urban – Urbaine								
1989	52.6	39.8	147.1	98.4	52.8	20.1	4.4	◆ 0.2
1990	50.7	43.2	145.7	92.0	49.6	19.9	3.9	◆ 0.1
Rural – Rurale								
1989	80.0	58.4	223.4	132.8	77.7	36.1	9.3	◆ 0.7
1990	81.3	68.3	217.2	134.1	76.4	33.9	8.3	◆ 0.5
Lithuania – Lituanie [12]								
Urban – Urbaine								
1989	53.9	30.3	144.5	101.4	51.4	18.8	4.3	◆ 0.3
Rural – Rurale								
1989	79.8	53.0	221.3	138.3	73.5	33.0	8.8	◆ 0.5
Netherlands – Pays–Bas [24]								
Urban – Urbaine								
1983	44.5	11.0	63.3	112.4	65.4	18.1	3.2	0.6
1984	44.6	10.6	61.9	111.4	68.8	18.3	3.5	0.5
1985	45.2	10.1	59.0	112.5	74.4	19.5	3.6	0.7
1986	46.1	10.3	57.3	113.5	78.8	21.6	3.7	0.7
Rural – Rurale								
1983	55.1	4.2	82.0	169.1	81.3	21.4	4.1	◆ 0.2
1984	54.2	4.1	77.9	170.8	84.9	21.3	3.6	◆ 0.3
1985	54.4	4.0	70.9	172.3	94.0	20.8	3.8	◆ 0.3
1986	55.2	3.2	66.3	174.6	101.9	22.8	4.0	◆ 0.2
Semi–urban – Semi–urbaine								
1983	45.9	4.4	66.0	145.9	71.9	17.3	2.8	0.3
1984	46.8	4.4	64.1	149.7	77.3	18.0	2.8	0.2
1985	46.9	3.7	60.3	148.5	85.1	18.6	2.6	0.2
1986	48.4	3.6	56.7	153.8	92.8	20.3	2.9	0.2

17. Live—birth rates specific for age of mother, by urban/rural residence: 1983 – 1992 (continued)

Naissances vivantes, taux selon l'âge de la mère et la résidence, urbaine/rurale: 1983 – 1992 (suite)

Data by urban/rural residence

Données selon la résidence urbaine/rurale

(See notes at end of table. – Voir notes à la fin du tableau.)

Continent, country or area, year, and urban/rural residence / Continent, pays ou zone, année, et résidence, urbaine/rurale	All ages Tous âges [1]	Age of mother (in years) – Age de la mère (en années)						
		– 20 [2]	20–24	25–29	30–34	35–39	40–44	45+ [3]
EUROPE (Cont.–Suite)								
Poland – Pologne								
Urban – Urbaine								
1983	68.1	30.7	154.0	129.9	64.0	25.9	5.1	0.3
1984	65.6	30.4	153.4	127.1	63.5	25.6	5.1	0.4
1985	62.4	30.0	150.3	123.4	61.2	24.8	5.1	0.3
1986	57.6	27.7	144.6	115.9	57.5	23.2	4.9	0.3
1987	54.0	27.6	141.7	110.4	54.2	22.3	5.2	0.3
1988	52.0	27.1	139.9	109.4	54.3	21.5	5.2	0.3
1989	49.2	26.1	137.5	108.0	51.9	20.7	4.8	0.3
1990	46.8	26.5	133.8	104.0	50.2	20.4	4.8	0.2
1991	45.7	26.2	131.2	104.6	50.7	20.6	4.8	0.2
Rural – Rurale								
1983	99.2	40.2	250.8	180.1	93.2	44.8	11.2	0.8
1984	96.9	42.9	237.8	173.2	90.4	42.6	10.8	0.8
1985	95.7	42.3	233.6	173.4	89.3	42.1	10.6	0.9
1986	91.0	40.1	221.3	167.9	85.2	39.9	10.7	0.7
1987	88.1	39.1	217.0	164.6	82.6	38.5	10.5	0.6
1988	85.8	38.8	212.2	163.8	81.7	37.6	10.4	0.6
1989	82.4	39.0	216.2	153.1	77.8	35.0	9.6	0.6
1990	80.5	40.2	216.0	150.6	76.0	34.4	9.4	0.5
1991	81.0	42.8	217.7	151.5	78.0	36.1	9.5	0.6
Republic of Moldova – République de Moldova [12]								
Urban – Urbaine								
1989	63.8	41.2	169.2	107.3	56.2	21.9	5.2	0.8
Rural – Rurale								
1989	87.7	81.0	241.2	141.5	81.0	35.4	10.7	0.6
Romania – Roumanie								
Urban – Urbaine								
1989	52.1	42.4	132.9	98.3	45.8	19.1	4.6	0.2
1990	44.9	36.4	119.1	83.1	36.8	13.9	3.5	0.2
1991	38.5	35.0	110.1	68.9	27.6	10.0	2.5	0.2
Rural – Rurale								
1989	88.5	78.2	216.6	157.7	97.5	39.5	10.5	0.6
1990	75.6	68.8	181.5	130.5	76.8	33.0	8.5	0.5
1991	66.0	66.2	159.3	97.8	53.8	24.8	6.5	0.5
Russian Federation – Fédération Russe [12]								
Urban – Urbaine								
1989	54.0	45.8	147.5	94.6	50.5	19.6	4.4	0.1
Rural – Rurale								
1989	80.2	79.3	208.7	122.5	69.3	32.4	9.8	0.3
Ukraine [12]								
Urban – Urbaine								
1987	56.3	46.8	156.1	99.7	51.0	19.0	3.7	0.1
1989	52.0	47.4	152.0	90.7	44.5	15.6	3.5	0.3
Rural – Rurale								
1987	69.2	61.0	193.3	148.3	65.3	28.0	6.3	0.3
1989	65.5	82.3	200.3	104.2	51.7	21.4	6.0	0.3
OCEANIA—OCEANIE								
New Zealand – Nouvelle–Zélande +								
Urban – Urbaine								
1986	53.6	25.8	83.7	124.6	78.8	22.7	3.6	♦ 0.2
Rural – Rurale								
1986	113.6	62.7	248.9	263.2	127.8	31.9	6.8	♦ 0.4

17. Live—birth rates specific for age of mother, by urban/rural residence: latest available year (continued)

Naissances vivantes, taux selon l'âge de la mère et la résidence, urbaine/rurale: dernière année diponible (suite)

GENERAL NOTES

Rates are the number of live births by age of mother per 1 000 corresponding female population. For definitions of "urban", see end of table 6. For method of evaluation and limitations of data, see Technical Notes, page 71.

Italics: rates calculated using live births from civil registers which are incomplete or of unknown completeness.

FOOTNOTES

* Provisional.
♦ Rates based on 30 or fewer live births.
+ Data tabulated by date of registration rather than occurrence.

1 Rates computed on female population aged 15—49.
2 Rates computed on female population aged 15—19.
3 Rates computed on female population aged 45—49.
4 For classification by urban/rural residence, see end of table.
5 Based on the results of the population census.
6 Excluding live—born infants dying before registration of birth.

7 Age classification based on year of birth of mother rather than exact date of birth of child.
8 Excluding Newfoundland; however, rates computed on total population. Including Canadian residents temporarily in the United States, but excluding United States residents temporarily in Canada.

9 Excluding Indian jungle population.
10 Excluding adjustment for under—registration.
11 Excluding nomadic Indian tribes.
12 Excluding infants born alive after less than 28 weeks' gestation, of less than 1 000 grammes in weight and 35 centimetres in length, who die within seven days birth.
13 Excluding Vietnamese refugees.
14 Including data for East Jerusalem and Israeli residents in certain other territories under occupation by Israeli military forces since June 1967.

15 For Japanese nationals in Japan only; however, rates computed on population including foreigners except foreign military and civilian personnel and their dependants stationed in the area.

16 Births registered by Health Service only.
17 Excluding transients afloat and non—locally domiciled military and civilian services personnel and their dependants.

18 Excluding Faeroe Islands and Greenland.
19 Including nationals temporarily outside the country.
20 Including armed forces outside the country.
21 All data shown pertaining to Germany prior to 3 October 1990 are indicated separately for the Federal Republic of Germany and the former German Democratic Republic based on their respective territories at the time indicated. See explanatory notes on data pertaining to Germany on page 4.

22 Births registered within one year of occurrence.
23 Rates computed on Maltese population only.
24 Including residents outside the country if listed in a Netherlands population register.
25 Excluding births of nationals outside the country.

NOTES GENERALES

Les taux représentent les nombres de naissances vivantes selon l'âge de la mère pour 1 000 femmes du même groupe d'âge . Pour les définitions des "régions urbaines", se reporter à la fin du tableau 6. Pour la méthode d'évaluation et les insuffisances des données, voir Notes techniques, page 71.
Italiques: taux calculés d'après des chiffres de naissances vivantes provenant des registres de l'état civil incomplets ou dont le degré d'exactitude n'est pas connu.

NOTES

* Données provisoires.
♦ Taux basés sur 30 naissances vivantes ou moins.
+ Données exploitées selon la date de l'enregistrement et non la date de l'événement.

1 Taux calculés sur la base de la population féminine de 15 à 49 ans.
2 Taux calculés sur la base de la population féminine de 15 à 19 ans.
3 Taux calculés sur la base de la population féminine de 45 à 49 ans.
4 Pour le classement selon la résidence, urbaine/rurale, voir la fin du tableau.
5 D'après les résultats du recensement de la population.
6 Non compris les enfants nés vivants, décédés avant l'enregistrement de leur naissance.
7 Le classement selon l'âge est basé sur l'année de naissance de la mère et non sur la date exacte de naissance de l'enfant.
8 Non compris Terre—Neuve; toutefois, les taux sont calculés sur la base de la population totale. Y compris les résidents canadiens se trouvant temporairement aux Etats—Unis, mais non compris les résidents des Etats—Unis se trouvant temporairement au Canada.
9 Non compris les Indiens de la jungle.
10 Non compris d'un ajustement pour sous—enregistrement.
11 Non compris les tribus d'Indiens nomades.
12 Non compris les enfants nés vivants après moins de 28 semaines de gestation, pesant moins de 1 000 grammes, mesurant moins de 35 centimètres et décédés dans les sept jours qui ont suivi leur naissance.
13 Non compris les réfugiés du Viet—Nam.
14 Y compris les données pour Jérusalem—Est et les résidents israéliens dans certains autres territoires occupés depuis juin 1967 pour les forces armées israéliennes.
15 Pour les nationaux japonais au Japon seulement; toutefois, les taux sont calculés sur la base d'une population comprenant les étrangers, mais ne comprenant ni les militaires et agents civils étrangers en poste sur le territoire ni les membres de leur famille les accompagnant.
16 Naissances enregistrées par le Service de santé seulement.
17 Non compris les personnes de passage à bord de navires, ni les militaires et agents civils domiciliés hors du territoire et les membres de leur famille les accompagnant.
18 Non compris les îles Féroé et le Groenland.
19 Y compris les nationaux se trouvant temporairement hors du pays.
20 Y compris les militaires hors du pays.
21 Toutes les données se rapportant à l'Allemagne avant le 3 octobre 1990 figurent dans deux rubriques séparées basées sur les territoires respectifs de la République fédérale d'Allemagne et l'ancienne République démocratique allemande selon la période indiquée. Voir les notes explicatives sur les données concernant l'Allemagne à la page 4.
22 Naissances enregistrées dans l'année que suit l'événement.
23 Taux calculés sur la base de la population maltaise seulement.
24 Y compris les résidents hors du pays, s'ils sont inscrits sur un registre de population néerlandais.
25 Non compris les naissances de nationaux hors du pays.

18. Infant deaths and infant mortality rates, by urban/rural residence: 1983 – 1992

(See notes at end of table.)

Continent, country or area and urban/rural residence / Continent, pays ou zone et résidence, urbaine/rurale	Code [1]	Number – Nombre							
		1983	1984	1985	1986	1987	1988	1989	199
AFRICA—AFRIQUE									
1 Algeria – Algérie [2][3]	U	...	...	45 757	34 662	33 544	31 475	28 970	28
2 Angola	..	...	...	...	...	...	...	...	
3 Benin – Bénin	..	...	...	...	...	...	...	...	
4 Botswana	...	460	515	684	1 104	651	...	...	
5 Burkina Faso	..	...	...	...	...	...	...	...	
6 Burundi	..	...	...	...	...	...	...	...	
7 Cameroon – Cameroun	..	...	...	...	...	...	...	...	
8 Cape Verde – Cap–Vert	C	747	734	863	...	...	...	...	
Central African Republic –									
9 Rép. centrafricaine	..	...	...	...	...	...	...	...	
10 Chad – Tchad	..	...	...	...	...	...	...	...	
11 Comoros – Comores	...	...	...	...	1 375	...	...	...	
12 Congo	...	...	...	...	...	...	...	...	
13 Côte d'Ivoire	...	...	...	...	...	...	...	...	
14 Djibouti	...	...	...	...	...	...	...	...	
15 Egypt – Egypte [6]	C	107 750	111 613	93 784	89 946	94 044	82 837	68 626	
Equatorial Guinea –									
16 Guinée équatoriale	..	...	...	...	...	...	...	...	
17 Ethiopia – Ethiopie	..	...	...	...	...	...	...	...	
18 Gabon	..	...	...	...	...	...	...	...	
19 Gambia – Gambie	..	...	...	...	...	...	...	...	
20 Ghana	..	...	...	...	...	...	...	...	
21 Guinea – Guinée	..	...	...	...	...	...	...	...	
Guinea–Bissau –									
22 Guinée–Bissau	..	...	...	...	...	...	...	...	
23 Kenya	..	...	...	...	...	...	...	...	
24 Lesotho	..	...	...	...	...	...	...	...	
25 Liberia – Libéria	..	...	...	...	...	...	...	...	
Libyan Arab Jamahiriya –									
26 Jamahiriya arabe libyenne	..	...	...	...	...	...	...	...	
27 Madagascar	..	...	...	...	...	...	...	...	
28 Malawi	..	...	...	...	...	...	...	...	
29 Mali [6][7]	..	...	...	...	...	26 731	...	...	
30 Mauritania – Mauritanie	..	...	...	...	...	...	...	...	
31 Mauritius – Maurice	+C	...	...	...	...	...	...	...	
Island of Mauritius –									
32 Ile Maurice [6]	+C	511	444	441	480	463	441	452	
33 Rodrigues	+C	59	61	46	44	41	30	46	
34 Morocco – Maroc	..	...	...	...	...	...	...	...	
35 Mozambique	..	...	...	...	...	...	...	...	
36 Namibia – Namibie	..	...	...	...	...	...	...	...	
37 Niger	..	...	...	...	...	...	...	...	
38 Nigeria – Nigéria	..	...	...	...	...	...	...	...	
39 Réunion [3]	U	159	152	136	135	124	89	116	
40 Rwanda	..	...	...	...	...	...	...	...	
St. Helena ex. dep. – Sainte–Hélène									
41 sans dép.	C	...	1	2	3	1	1	3	
Sao Tome and Principe –									
42 Sao Tomé–et–Principe	C	235	290	257	296	220	294	291	
43 Senegal – Sénégal	..	...	...	...	...	...	...	...	
44 Seychelles	+c	24	24	31	30	31	28	29	
45 Sierra Leone	..	...	...	...	...	...	...	...	
46 Somalia – Somalie	..	...	...	...	...	...	...	...	
South Africa –									
47 Afrique du Sud	..	...	...	...	...	...	...	...	
48 Sudan – Soudan	..	...	...	...	...	...	...	...	
49 Swaziland	..	...	...	...	...	...	...	...	
50 Togo	..	...	...	...	...	...	...	...	
51 Tunisia – Tunisie [6]	U	...	...	7 658	7 792	7 255	5 918	5 151	
52 Uganda – Ouganda	..	...	...	...	...	...	...	...	
United Rep. of Tanzania –									
53 Rép.–Unie de Tanzanie	..	...	...	...	...	...	...	...	
54 Zaire – Zaïre	..	...	...	...	...	...	...	...	
55 Zambia – Zambie	..	...	...	...	...	...	...	...	
56 Zimbabwe	...	...	...	...	5 229	...	...	...	

18. Décès d'enfants de moins d'un an et taux de mortalité infantile, selon la résidence, urbaine/rurale: 1983 – 1992

(ir notes à la fin du tableau.)

1991	1992					Rate – Taux						
		1983	1984	1985	1986	1987	1988	1989	1990	1991	1992	
...	...	[4] 88.0					[5] 74.0					1
...	...	[4] 149.0					[5] 137.0					2
...	...	[4] 101.0					[5] 91.0					3
...	...	[4] 73.0					[5] 67.0					4
...	...	[4] 135.0					[5] 126.0					5
...	...	[4] 118.0					[5] 112.0					6
...	...	[4] 88.0					[5] 74.0					7
...	...	65.3	59.3	68.3	...	...	...	...	...	...	...	8
...	...	[4] 115.0					[5] 109.0					9
...	...	[4] 143.0					[5] 132.0					10
...	...	[4] 109.0					[5] 99.0					11
...	...	[4] 88.0					[5] 84.0					12
...	...	[4] 106.0					[5] 98.0					13
...	...	[4] 132.0					[5] 122.0					14
...	...	64.6	62.1	49.3	47.1	49.4	43.3	39.8	...	...	...	15
...	...	[4] 137.0					[5] 127.0					16
...	...	[4] 159.0					[5] 132.0					17
...	...	[4] 112.0					[5] 103.0					18
...	...	[4] 154.0					[5] 143.0					19
...	...	[4] 98.0					[5] 90.0					20
...	...	[4] 157.0					[5] 145.0					21
...	...	[4] 163.0					[5] 151.0					22
...	...	[4] 81.0					[5] 72.0					23
...	...	[4] 100.0					[5] 89.0					24
...	...	[4] 153.0					[5] 142.0					25
...	...	[4] 97.0					[5] 82.0					26
...	...	[4] 130.0					[5] 120.0					27
...	...	[4] 163.0					[5] 149.0					28
...	...	...	...	...	...	71.3	...	...	...	...	...	29
...	...	[4] 137.0					[5] 127.0					30
413	...											31
388	*406	25.8	23.1	24.2	26.3	24.2	22.1	21.7	20.1	18.1	*18.3	32
25	...											33
...	...	[4] 97.0					[5] 82.0					34
...	...	[4] 155.0					[5] 155.0					35
...	...	[4] 91.0					[5] 80.0					36
...	...	[4] 146.0					[5] 135.0					37
...	...	[4] 114.0					[5] 105.0					38
103	...	[4] 14.0					[5] 8.0					39
...	...	[4] 124.0					[5] 116.0					40
...	...											41
...	...	61.8	68.7	65.5	73.5	56.2	70.0	71.9	...	...	...	42
...	...	[4] 97.0					[5] 87.0					43
22	...											44
...	...	[4] 167.0					[5] 154.0					45
...	...	[4] 143.0					[5] 132.0					46
...	...	[4] 63.0					[5] 58.0					47
...	...	[4] 118.0					[5] 108.0					48
...	...	[4] 94.0					[5] 83.0					49
...	...	[4] 105.0					[5] 94.0					50
...	...	[4] 71.0					[5] 49.0				•	51
...	...	[4] 112.0					[5] 108.0					52
...	...	[4] 116.0					[5] 108.0					53
...	...	[4] 114.0					[5] 102.0					54
...	...	[4] 88.0					[5] 86.0					55
...	...	[4] 76.0					[5] 67.0					56

18. Infant deaths and infant mortality rates, by urban/rural residence: 1983 – 1992 (continued)

(See notes at end of table.)

Continent, country or area and urban/rural residence / Continent, pays ou zone et résidence, urbaine/rurale	Code [1]	Number – Nombre							
		1983	1984	1985	1986	1987	1988	1989	199
AMERICA, NORTH — AMERIQUE DU NORD									
1 Anguilla	+C	...	...	6	...	...	...	...	
Antigua and Barbuda –									
2 Antigua–et–Barbuda	+C	20	22	29	...	...	...	...	
3 Bahamas	C	114	116	147	175	123	106	111	
4 Barbados – Barbade	+C	64	54	34	51	62	56	36	
5 Belize	U	140	151	122	142	127	128	132	
6 Bermuda – Bermudes	C	8	6	10	12	6	3	6	
British Virgin Islands – Iles Vierges									
7 britanniques	+C	6	3	4	5	10	7	...	
8 Canada [8]	C	3 182	3 058	2 982	2 938	2 706	2 705	2 795	2
Cayman Islands –									
9 Iles Caïmanes	C	4	1	4	5	1	2	4	
10 Costa Rica	C	1 356	1 440	...	...	1 401	1 194	1 160	1
11 Cuba [6]	C	2 778	2 496	2 997	2 262	2 387	2 235	2 049	2
12 Dominica – Dominique	+C	...	...	32	26	30	16	28	
Dominican Republic –									
13 Rép. dominicaine [6]	+U	6 323	6 609	6 411	...	2 185	3 467	3 237	3
14 El Salvador [6]	...	...	4 991	4 540	4 155	4 192	3 855	3 797	3
15 Greenland – Groenland	C	39	30	28	25	29	...	26	
16 Guadeloupe [3]	C	94	115	103	98	...	...	...	
17 Guatemala [6]	C	20 164	17 283	18 292	18 138	17 883	15 892	...	
18 Haiti – Haïti	..	...	...	...	...	...	...	...	
19 Honduras	+U	2 757	...	...	...	...	...	...	
20 Jamaica – Jamaïque	+C	745	758	...	...	...	...	...	
21 Martinique [3]	U	78	66	79	69	63	55	63	
22 Mexico – Mexique [6]	U	78 545	73 238	66 639	60 516	61 347	61 809	67 315	65
23 Montserrat	C	8	3	4	1	...	...	...	
Netherlands Antilles –									
24 Antilles néerlandaises	C	...	...	...		23	19	22	
25 Nicaragua	+U	10 165	...	1 353	1 356	1 217	...	...	
26 Panama [6]	U	1 128	1 134	1 264	1 117	1 121	1 088	1 047	1
27 Puerto Rico – Porto Rico [6]	C	1 140	991	947	...	916	810	952	
Saint Kitts and Nevis –									
28 Saint–Kitts–et–Nevis [6]	+C	45	31	31	40	21	24	22	
29 Saint Lucia – Sainte–Lucie	C	106	71	100	84	78	69	56	
St. Vincent and the Grenadines – Saint–									
30 Vincent–et–Grenadines [6]	+C	122	75	...	67	...	55	...	
Trinidad and Tobago –									
31 Trinité–et–Tobago	C	420	434	389	355	332	357	255	
32 United States – Etats–Unis	C	40 627	39 580	40 030	38 891	38 408	38 910	39 655	*38
United States Virgin Islands – Iles Vierges									
33 américaines	C	54	57	43	29	46	29	31	
AMERICA, SOUTH — AMERIQUE DU SUD									
34 Argentina – Argentine	C	19 478	19 307	17 034	18 163	17 743	17 564	17 127	17
35 Bolivia – Bolivie	..	...	...	...	...	...	...	...	
36 Brazil – Brésil [9]	U	154 488	155 818	128 795	131 697	120 455	116 376	103 091	94
37 Chile – Chili [6]	C	5 705	5 182	5 105	5 220	5 182	5 598	5 183	4
38 Colombia – Colombie [6][10]	+U	19 134	16 750	17 944	16 185	15 953	14 059	13 816	13
39 Ecuador – Equateur [6][11]	U	12 694	11 161	10 615	10 372	9 761	9 443	8 851	7
French Guiana –									
40 Guyane Française [3]	C	59	61	50	53	...	...	...	
41 Guyana	..	...	...	...	...	...	...	...	
42 Paraguay [6]	U	1 917	1 796	2 060	1 541	2 065	...	...	
43 Peru – Pérou [9][12]	..	...	94 860	63 500	...	88 200	68 800	83 300	80
44 Suriname	...	292	317	313	270	...	...	208	
45 Uruguay	C	1 525	1 605	1 579	1 503	1 282	1 174	1 172	1
46 Venezuela [9]	C	13 536	13 740	13 105	12 457	12 247	11 253	12 322	13
ASIA — ASIE									
47 Afghanistan	..	...	...	...	...	...	...	...	
48 Armenia – Arménie [6][13]	C	...	...	...	...	...	...	1 534	

8. Décès d'enfants de moins d'un an et taux de mortalité infantile, selon la résidence, urbaine/rurale: 1983 – 1992 (suite)

(notes à la fin du tableau.)

1991	1992	Rate – Taux										
		1983	1984	1985	1986	1987	1988	1989	1990	1991	1992	
...	...											1
												2
122	...	21.6	22.4	26.3	36.7	28.4	21.4	22.3	28.4	23.8	...	3
53	*38											4
91		23.2	26.2	20.6	23.1	20.7	20.2	19.4	...	...	...	5
...	...											6
												7
...	...	8.5	8.1	7.9	7.9	7.3	7.2	7.1	6.8	...	...	8
												9
1 122	...	18.6	18.9	...	...	17.4	14.7	13.9	15.3	13.8	...	10
1 854	*1 607	16.8	15.0	16.5	13.6	13.3	11.9	11.1	10.7	10.7	*10.2	11
												12
...	...	[4] 75.0					[5] 65.0					13
...	...	[4] 77.0					[5] 59.0					14
33	...											15
												16
...	...	65.7	55.4	56.0	56.8	56.1	46.6	...	...	...	...	17
...	...	[4] 108.0					[5] 97.0					18
...	...	[4] 78.0					[5] 68.0					19
...	...	12.1	13.2	...	...	...	...	...	...	...	...	20
												21
57 091	...	[4] 49.0					[5] 41.0					22
...												23
												24
...	...	[4] 86.0					[5] 71.0					25
...	*867	[4] 26.0					[5] 23.0					26
841	...	17.3	15.6	14.9	...	14.2	12.6	14.3	14.8	13.0	...	27
												28
...	*67	26.1		23.7								29
...	...	37.0										30
...	...	12.6	13.7	11.5	11.1	11.4	13.2	10.2	...	...	...	31
*36 500	*34 400	11.2	10.8	10.6	10.4	10.1	10.0	9.8	*9.2	*8.9	*8.4	32
...	...											33
...	...	29.7	30.4	26.2	26.9	26.6	25.8	25.7	25.6	...	...	34
...	...	[4] 109.0					[5] 98.0					35
...	...	[4] 71.0					[5] 63.0					36
4 384	...	21.9	19.6	19.5	19.1	18.5	18.9	17.1	16.8	15.4	...	37
...	...	[4] 41.0					[5] 40.0					38
7 452	...	[4] 70.0					[5] 63.0					39
												40
...	...	[4] 63.0					[5] 56.0					41
...	...	[4] 53.0					[5] 49.0					42
50 767	...	...	150.5	100.5	...	138.8	107.5	129.2	124.2	77.6	...	43
175	...	[4] 39.0					[5] 33.0					44
1 157	...	28.6	30.1	29.4	27.8	24.0	21.0	21.2	20.6	21.1	...	45
12 162	...	26.3	27.3	26.1	24.7	23.7	21.5	23.3	24.2	20.2	...	46
...	...	[4] 183.0					[5] 172.0					47
1 336	...	...	...	...	...	...	...	20.4	...	18.8	...	48

18. Infant deaths and infant mortality rates, by urban/rural residence: 1983 – 1992 (continued)

(See notes at end of table.)

Continent, country or area and urban/rural residence / Continent, pays ou zone et résidence, urbaine/rurale	Code [1]	Number – Nombre							
		1983	1984	1985	1986	1987	1988	1989	1990
ASIA—ASIE (Cont.–Suite)									
Azerbaijan –									
1 Azerbaïdjan [6][13]	C	...	...	...	...	...	...	4 749	
2 Bahrain – Bahreïn	U	194	258	241	226	259	295	266	2
3 Bangladesh [6]	U	...	410 592	384 164	405 312	385 114	382 942	...	
4 Bhutan – Bhoutan	..	...	...	...	...	...	...	...	
Brunei Darussalam –									
5 Brunéi Darussalam	+C	69	80	76	51	63	46	62	
6 Cambodia – Cambodge	..	...	...	...	...	...	...	...	
7 China – Chine	..	...	...	...	...	...	...	...	
8 Cyprus – Chypre	...	170	202	156	157	152	146	140	1
9 East Timor – Timor oriental	..	...	...	...	...	...	...	...	
10 Georgia – Géorgie [6][13]	C	...	...	...	...	...	...	1 787	
11 Hong Kong – Hong–kong [14]	C	822	683	572	554	515	559	517	4
12 India – Inde [6][15]	..	...	...	...	...	...	...	...	
13 Indonesia – Indonésie	U	...	...	469 957	...	317 468	...	...	
Iran (Islamic Republic of –									
14 Rép. islamique d')	U	...	...	...	...	...	...	...	
15 Iraq	U	...	9 926	13 523	13 075	11 804	12 321	16 146	
16 Israel – Israël [6][16]	C	1 426	1 261	1 183	1 136	1 099	1 001	1 014	1 0
17 Japan – Japon [6][17]	C	9 406	8 920	7 899	7 251	6 711	6 265	5 724	5 6
18 Jordan – Jordanie	..	...	...	...	...	...	...	...	
19 Kazakhstan [6][13]	C	...	...	...	...	...	...	9 949	
Korea, Dem. People's Rep. of – Corée, rép.									
20 populaire dém. de	..	...	...	...	...	...	...	...	
Korea, Republic of–									
21 Corée, République de	...	...	...	2 958	2 404	2 264	2 104	2 099	
22 Kuwait – Koweït	C	1 059	1 053	1 016	841	...	...	...	
Kyrgyzstan –									
23 Kirghizistan [6][13]	C	...	...	...	...	...	...	4 258	
Lao People's Dem. Rep. – Rép. dém.									
24 populaire Lao	..	...	...	...	...	...	...	...	
25 Lebanon – Liban	..	...	...	...	...	...	...	...	
26 Macau – Macao [18]	...	...	80	95	54	52	74	78	
27 Malaysia – Malaisie	U	9 153	8 363	8 239	7 754	7 400	7 224	6 318	6 6
Peninsular Malaysia [3][6] –									
28 Malaisie Péninsulaire	C	7 490	6 793	6 896	6 239	5 625	5 729	4 948	
29 Sabah	U	1 077	1 072	867	1 089	...	...	...	
30 Sarawak [6]	U	586	498	476	426	...	...	...	
31 Maldives [6]	C	538	561	542	497	417	399	371	2
32 Mongolia – Mongolie [6]	...	...	...	...	5 300	5 400	4 700	4 800	4 700
33 Myanmar	..	...	...	...	...	...	...	...	
34 Nepal – Népal	..	...	...	...	...	...	...	...	
35 Oman	..	...	...	...	...	...	...	...	
36 Pakistan [6][19]	..	...	385 784	367 096	343 915	347 194	344 058	...	
37 Philippines	U	64 267	56 897	54 613	52 263	50 803	47 187	43 026	
38 Qatar	...	119	122	150	138	133	154	153	1
Saudi Arabia –									
39 Arabie saoudite	..	...	...	...	...	...	...	...	
40 Singapore – Singapour [20]	+C	382	365	394	359	324	368	315	3
41 Sri Lanka [6]	+C	11 492	10 649	9 415	8 409	8 076	6 658	...	
Syrian Arab Republic – République arabe									
42 syrienne [3][21]	U	3 624	3 121	3 426	...	...	...	...	
Tajikistan –									
43 Tadjikistan [6][13]	C	...	...	...	...	...	...	8 673	
44 Thailand – Thaïlande [6]	+U	13 096	10 820	10 533	8 990	9 358	8 113	7 669	7 6
45 Turkey – Turquie [22]	..	...	...	...	...	...	...	93 629	
Turkmenistan –									
46 Turkménistan [6][13]	C	...	...	...	...	...	...	6 847	
United Arab Emirates –									
47 Emirats arabes unis	..								
Uzbekistan –									
48 Ouzbékistan [6][13]	C	...	...	...	...	...	...	25 459	
49 Viet Nam	...	...	...	...	...	...	...	...	91 4
50 Yemen – Yémen	...	...	...	...	...	...	...	...	76 2
EUROPE									
51 Albania – Albanie [6]	C	...	...	3 814	...	2 247	2 021	2 432	2 3
52 Andorra – Andorre [6]	...	...	...	...	2	4	1	5	

18. Décès d'enfants de moins d'un an et taux de mortalité infantile, selon la résidence, urbaine/rurale: 1983 – 1992 (suite)

(... notes à la fin du tableau.)

		Rate – Taux										
1991	1992	1983	1984	1985	1986	1987	1988	1989	1990	1991	1992	
...	...	...	...	...	...	...	...	26.1	...	...	...	1
...	...	[4]22.0					[5]20.0					2
...	...	[4]128.0					[5]119.0					3
...	...	[4]154.0					[5]143.0					4
												5
...	...	[4]160.0					[5]130.0					6
		[4]39.0					[5]32.0					7
140	*140	[4]16.0					[5]11.0					8
...	...	[4]183.0					[5]166.0					9
...	...	...	...	...	...	...	...	19.6	...	...	...	10
436	...	9.9	8.8	7.5	7.7	7.4	7.4	7.4	6.2	6.4	...	11
...	...	104.9	104.0	97.2	96.4	95.0	94.0	91.0	80.0	...	...	12
...	...	[4]90.0					[5]75.0					13
99 939	...	[4]78.0					[5]52.0					14
		[4]78.0					[5]63.0					15
967	...	14.4	12.8	11.9	11.4	11.1	10.0	10.1	9.9	9.1	...	16
5 418	...	6.2	6.0	5.5	5.2	5.0	4.8	4.6	4.6	4.4	...	17
...	...	[4]54.0					[5]44.0					18
...	...	...	...	...	...	...	...	26.0	...	...	...	19
...	...	[4]30.0					[5]28.0					20
...	...	[4]30.0					[5]25.0					21
...	...	19.0	18.5	18.4	...	...	...	...	...	...	...	22
...	...	...	...	...	...	...	...	32.4	...	...	...	23
...	...	[4]122.0					[5]110.0					24
...	...	[4]48.0					[5]40.0					25
51	*49											26
6 400	*6 300	[4]28.0					[5]17.0					27
...	...	20.3	17.5	17.0	15.5	14.4	14.0	13.2	...	...	...	28
...	...	24.3	22.9	17.8	21.2	...	...	...	...	...	...	29
...	...	15.2	12.5	11.3	10.2	...	...	...	...	...	...	30
320	...	74.3	68.0	60.4	57.7	49.9	48.1	42.5	33.6	38.1	...	31
...	...	[4]78.0					[5]68.0					32
...	...	[4]96.0					[5]94.0					33
...	...	[4]122.0					[5]110.0					34
...	...	[4]56.0					[5]36.0					35
...	...	...	126.7	115.9	105.6	103.9	107.7	...	...	...	...	36
...	...	[4]51.0					[5]45.0					37
...	...	[4]38.0					[5]31.0					38
...	...	[4]58.0					[5]37.0					39
269	*249	9.4	8.8	9.3	9.4	7.4	6.9	6.6	6.7	5.5	*5.0	40
...	...	28.4	27.2	24.2	23.2	22.6	19.4	...	...	...	...	41
...	...	[4]59.0					[5]48.0					42
...	...	...	...	...	...	...	...	43.3	...	...	...	43
7 928	...	[4]44.0					[5]32.0					44
...	...	...	...	...	...	...	...	63.2	...	...	...	45
...	...	...	...	...	...	...	...	54.8				46
...	...	[4]32.0					[5]26.0					47
...	...	...	...	...	...	...	...	38.1	...	...	...	48
...	...	[4]70.0					[5]47.0					49
...	...	[4]135.0					[5]120.0					50
...	...	...	...	49.2	...	28.2	25.2	30.8	28.3	...	...	51
1	...											52

18. Infant deaths and infant mortality rates, by urban/rural residence: 1983 – 1992 (continued)

(See notes at end of table.)

Continent, country or area and urban/rural residence / Continent, pays ou zone et résidence, urbaine/rurale	Code [1]	Number – Nombre							
		1983	1984	1985	1986	1987	1988	1989	19
EUROPE (Cont.–Suite)									
1 Austria – Autriche [6]	C	1 071	1 018	977	893	850	716	738	
2 Belarus – Bélarus [6 13]	C	...	...	2 402	2 284	2 201	2 144	1 835	
3 Belgium – Belgique	C	1 235	1 236	1 073	1 124	1 138	1 088	1 047	
4 Bulgaria – Bulgarie [6]	C	2 024	1 968	1 831	1 760	1 715	1 595	1 614	
Channel Islands –									
5 Iles Anglo–Normandes	C	7	14	9	7	13	16	8	
6 Guernsey – Guernesey	C	4	6	4	2	4	5	4	
7 Jersey	+C	3	8	5	5	9	11	4	
Former Czechoslovakia – Ancienne									
8 Tchécoslovaquie [6]	C	3 611	3 490	3 165	2 948	2 767	2 571	2 358	
Czech Republic –									
9 Rép. tchèque	C	...	...	...	...	...	...	...	
10 Denmark – Danemark [23]	C	393	399	427	453	467	449	492	
11 Estonia – Estonie [6 13]	C	...	...	...	384	402	312	359	
Faeroe Islands –									
12 Iles Féroé	C	10	5	7	5	4	...	15	
13 Finland – Finlande [6 24]	C	414	423	396	353	369	379	382	
14 France [6]	C	6 834	6 299	6 389	6 257	6 017	6 044	5 769	
15 Germany – Allemagne [25]	C	8 605	7 925	7 419	7 408	7 287	6 822	6 582	
Germany, Federal Rep. of – Allemagne, République									
16 fédérale d'	C	6 099	5 633	5 244	5 355	5 318	5 080	5 074	
Former German Democratic Republic [6] – Ancienne République									
17 démocratique allemande	C	2 506	2 292	2 175	2 044	1 969	1 742	1 508	
18 Greece – Grèce [6]	C	1 932	1 803	1 647	1 383	1 337	1 188	...	
19 Hungary – Hongrie [6]	C	2 424	2 558	2 651	2 442	2 178	1 967	1 941	
20 Iceland – Islande	C	27	25	22	21	30	29	24	
21 Ireland – Irlande [6 26]	+C	677	617	552	547	464	484	423	
22 Isle of Man – Ile de Man	+C	12	7	4	11	4	5	5	
23 Italy – Italie	C	7 397	6 703	6 090	5 478	5 235	5 302	4 887	
24 Latvia – Lettonie [6 13]	C	...	...	...	538	476	456	438	
25 Liechtenstein	...	...	3	4	2	1	2	1	
26 Lithuania – Lituanie [6 13]	C	...	...	...	...	733	656	597	
27 Luxembourg	C	47	49	37	34	40	40	46	
28 Malta – Malte	C	84	65	74	53	39	44	58	
29 Netherlands – Pays–Bas [6 27]	C	1 432	1 452	1 430	1 428	1 410	1 275	1 282	
30 Norway – Norvège [28]	C	395	419	434	408	453	463	463	
31 Poland – Pologne [6]	C	13 846	13 444	12 523	11 117	10 601	9 532	8 979	
32 Portugal [6]	C	2 787	2 389	2 327	2 017	1 755	1 595	1 444	
Republic of Moldova –									
33 Rép. de Moldova [6 13]	C	...	...	...	...	...	...	1 705	
34 Romania – Roumanie [6]	C	7 676	8 211	9 191	8 746	11 077	9 643	9 940	
Russian Federation [6 13] –									
35 Fédération Russe	C	...	...	...	...	48 509	44 781	39 030	3
36 San Marino – Saint–Marin [6]	+C	1	1	3	1	3	3	5	
37 Slovakia – Slovaquie	C	...	...	...	...	...	...	...	
38 Slovenia – Slovénie [6]	C	...	...	...	...	285	251	191	
39 Spain – Espagne	C	5 285	4 204	4 071	4 038	3 784	3 356	...	
40 Sweden – Suède	C	646	601	666	605	641	652	670	
41 Switzerland – Suisse [6]	C	...	533	515	521	524	550	596	
42 Ukraine [6 13]	C	...	...	...	...	11 089	10 639	9 039	
43 United Kingdom – Royaume–Uni	C	7 356	7 000	7 030	7 180	7 077	7 061	6 542	
Former Yugoslavia –									
44 Ancienne Yougoslavie [6 29]	C	11 497	10 441	10 356	9 610	9 036	8 727	7 911	
OCEANIA—OCEANIE									
American Samoa –									
45 Samoa américaines	C	8	8	17	15	17	17	...	
46 Australia – Australie	+C	2 327	2 163	2 452	2 154	2 116	2 132	2 004	
47 Cook Islands – Iles Cook	+C	9	5	12	12	12	4	...	
48 Fiji – Fidji	+C	415	320	361	391	189	271	...	
French Polynesia –									
49 Polynésie française	...	117	102	123	93	110	90	88	
50 Guam [30]	C	24	...	39	31	40	...	...	

18. Décès d'enfants de moins d'un an et taux de mortalité infantile, selon la résidence, urbaine/rurale: 1983 – 1992 (suite)

oir notes à la fin du tableau.)

1991	1992	Rate – Taux										
		1983	1984	1985	1986	1987	1988	1989	1990	1991	1992	
708	*703	11.9	11.4	11.2	10.3	9.8	8.1	8.3	7.8	7.5	*7.4	1
...	...	...	...	14.6	13.3	13.5	13.1	12.0	...	...	...	2
1 062	*1 027	10.5	10.7	9.4	9.6	9.7	9.1	8.6	7.9	8.4	*8.9	3
1 624	*1 420	16.5	16.1	15.4	14.7	14.7	13.6	14.4	14.8	16.9	*15.9	4
12	...											5
7	*8											6
5	...											7
2 382	...	15.7	15.3	14.0	13.4	12.9	11.9	11.3	11.3	11.5	...	8
...	*1 204	...	...	...	...	...	...	...	...	...	*9.9	9
471	*440	7.7	7.7	7.9	8.2	8.3	7.6	8.0	7.5	7.3	*6.5	10
279	...	...	...	...	15.9	16.0	12.4	14.8	12.4	...	...	11
...	...											12
...	...	6.2	6.5	6.3	5.8	6.2	6.0	6.0	5.6	...	...	13
5 511	...	9.1	8.3	8.3	8.0	7.8	7.8	7.5	7.3	7.3	...	14
5 711	...	10.4	9.8	9.1	8.7	8.4	7.6	7.5	5.6	6.9	...	15
...	...	10.3	9.6	8.9	8.6	8.3	7.5	7.4	7.0	...	...	16
...	...	10.7	10.0	9.6	9.2	8.7	8.1	7.6	...	...	...	17
850	...	14.6	14.3	14.1	12.3	12.6	11.0	...	9.7	8.3	...	18
1 989	*1 800	19.0	20.4	20.4	19.0	17.3	15.8	15.7	14.8	15.6	*14.7	19
25	...											20
431	*260	10.1	9.6	8.8	8.9	7.9	8.9	8.1	8.2	8.2	*5.0	21
3	...											22
4 605	...	12.3	11.4	10.5	9.9	9.5	9.3	8.8	8.6	8.3	...	23
548	...	...	...	...	12.8	11.3	11.0	11.3	13.7	...	...	24
...	...											25
806	...	...	...	...	...	12.3	11.6	10.7	10.2	14.3	...	26
46	...											27
												28
1 291	*1 200	8.4	8.3	8.0	7.7	7.6	6.8	6.8	7.1	6.5	*6.1	29
377	...	7.9	8.3	8.5	7.8	8.4	8.0	7.8	6.9	6.2	...	30
8 177	*7 400	19.2	19.2	18.5	17.5	17.5	16.2	16.0	16.0	15.0	*14.4	31
1 259	...	19.3	16.7	17.8	15.9	14.2	13.1	12.2	11.0	10.8	...	32
...	...	...	...	...	...	...	...	20.7	...	...	...	33
6 258	*6 100	23.9	23.4	25.6	23.2	28.9	25.4	26.9	26.9	22.7	*23.4	34
32 492	...	...	...	...	...	19.4	19.1	18.1	17.6	18.1	...	35
...	...											36
...	*939	...	...	...	...	...	...	...	...	...	*12.6	37
178	*156	...	...	...	...	11.1	10.0	8.1	8.4	8.2	*7.9	38
...	...	10.9	9.0	8.9	9.2	9.0	8.1	...	7.7	...	...	39
761	...	7.0	6.4	6.8	5.9	6.1	5.8	5.8	6.0	6.1	...	40
537	590	...	7.1	6.9	6.8	6.8	6.8	7.3	6.8	6.2	6.8	41
8 831	8 600	...	...	...	...	14.6	14.3	13.1	13.0	14.0	17.2	42
5 825	...	10.2	9.6	9.4	9.5	9.1	9.0	8.4	7.9	7.3	...	43
...	2 332	30.7	27.7	28.2	26.7	25.1	24.5	23.5	19.3	...	16.5	44
...	...											45
1 836	...	9.6	9.2	9.9	8.8	8.7	8.7	8.0	8.2	7.1	...	46
...	...											47
...	...	21.0	16.4	18.5	20.5	9.7	15.4	...	...	...	...	48
...	...	[4] 30.0					[5] 18.0					49
...	41											50

18. Infant deaths and infant mortality rates, by urban/rural residence: 1983 – 1992 (continued)

(See notes at end of table.)

Continent, country or area and urban/rural residence Continent, pays ou zone et résidence, urbaine/rurale	Code [1]	Number – Nombre							
		1983	1984	1985	1986	1987	1988	1989	199
OCEANIA—OCEANIE(Cont.–Suite)									
New Caledonia – 1 Nouvelle–Calédonie	U	64	62	49	49	59	37	44	
New Zealand – 2 Nouvelle–Zélande [6]	+C	633	597	560	592	554	620	592	
3 Niue – Nioué	...		18	...	...	2	...	...	...
Northern Mariana Islands – 4 Iles Mariannes du Sud	U	...	...	14	8	...	...	2	
Pacific Islands (Palau) – 5 Iles du Pacifique (Palaos)	...	...	...	...	...	...	...	8	...
Papua New Guinea – Papouasie–Nouvelle– 6 Guinée	...	...	...	...	8 770	...	2 335	...	...
7 Pitcairn	C		...	...	...	...	...	...	...
Solomon Islands – 8 Iles Salomon	..		...	...	...	...	...	...	...
9 Tokelau – Tokélaou	...		1	...	...	...	...	...	...
10 Tonga	...		18	10	14	16	19	24	...

Décès d'enfants de moins d'un an et taux de mortalité infantile, selon la résidence, urbaine/rurale: 1983 – 1992 (suite)

tes à la fin du tableau.)

		Rate – Taux										
1991	1992	1983	1984	1985	1986	1987	1988	1989	1990	1991	1992	
37	38											1
499	430	12.5	11.6	10.8	11.2	10.0	10.8	10.2	8.3	8.3	7.3	2
...	...											3
...	...											4
...	...											5
...	...	[4] 65.0					[5] 59.0					6
...	...											7
...	...	[4] 38.0					[5] 32.0					8
...	...											9
...	...											10

18. Infant deaths and infant mortality rates, by urban/rural residence: 1983 – 1992 (continued)

Data by urban/rural residence

(See notes at end of table.)

Continent, country or area and urban/rural residence / Continent, pays ou zone et résidence, urbaine/rurale	Code [1]	Number – Nombre						
		1983	1984	1985	1986	1987	1988	1989
AFRICA—AFRIQUE								
Egypt – Egypte	C							
1 Urban – Urbaine		44 180	43 200	42 061	38 476	36 985	31 164	25 465
2 Rural – Rurale		63 570	68 413	51 723	51 470	57 059	51 673	43 161
Mali [7]	..							
3 Urban – Urbaine		...	...	...	...	3 480	...	...
4 Rural – Rurale		...	...	...	...	23 251	...	...
Mauritius – Maurice Island of Mauritius – Ile Maurice	+C							
5 Urban – Urbaine		180	192	186	268	197	183	174
6 Rural – Rurale		331	252	255	212	266	258	278
Tunisia – Tunisie	U							
7 Urban – Urbaine		...	...	...	...	5 108	4 429	4 088
8 Rural – Rurale		...	...	...	...	2 147	1 489	1 063
AMERICA,NORTH— AMERIQUE DU NORD								
Cuba	C							
9 Urban – Urbaine		1 553	1 459	1 725	1 306	1 484	1 566	1 347
10 Rural – Rurale		1 225	1 037	1 272	938	898	666	700
Dominican Republic – République dominicaine	+U							
11 Urban – Urbaine		4 617	5 088	5 302	...	...	...	...
12 Rural – Rurale		1 706	1 521	1 109	...	...	...	...
El Salvador	U							
13 Urban – Urbaine		...	2 413	2 191	2 043	2 169	2 024	2 014
14 Rural – Rurale		...	2 578	2 349	2 112	2 023	1 831	1 783
Guatemala	C							
15 Urban – Urbaine		8 007	6 928	7 564	7 500	6 946	6 570	...
16 Rural – Rurale		12 157	10 355	10 728	10 638	9 852	9 322	...
Mexico – Mexique	U							
17 Urban – Urbaine		48 839	44 851	...	...	...	40 837	45 879
18 Rural – Rurale		28 915	27 827	...	...	...	18 000	20 449
Panama	U							
19 Urban – Urbaine		500	522	561	493	518	505	474
20 Rural – Rurale		628	612	703	624	603	583	573
Puerto Rico – Porto Rico	C							
21 Urban – Urbaine		560	495	...	...	...	...	...
22 Rural – Rurale		577	494	...	...	...	...	...
Saint Kitts and Nevis – Saint–Kitts–et–Nevis	+C							
23 Urban – Urbaine		37	26	...	...	...	...	...
24 Rural – Rurale		8	5	...	...	...	...	...
St. Vincent and the Grenadines – Saint–Vincent–et–Grenadines	+C							
25 Urban – Urbaine		90	...	...	...	...	...	...
26 Rural – Rurale		32	...	...	...	...	...	...
AMERICA,SOUTH— AMERIQUE DU SUD								
Chile – Chili	C							
27 Urban – Urbaine		4 539	4 140	4 091	4 128	4 077	4 519	4 226
28 Rural – Rurale		1 166	1 042	1 014	1 092	1 105	1 079	957
Colombia – Colombie [10] [31]	+U							
29 Urban – Urbaine		15 652	13 596	14 731	13 308	...	...	11 807
30 Rural – Rurale		3 476	2 959	2 922	2 632	...	...	1 783
Ecuador – Equateur [11]	U							
31 Urban – Urbaine		5 940	5 219	5 179	5 995	4 530	4 565	4 557
32 Rural – Rurale		6 754	5 942	5 436	4 377	5 231	4 878	4 294
Paraguay	U							
33 Urban – Urbaine		1 146	1 012	1 127	787	981	...	...
34 Rural – Rurale		771	784	933	754	1 084	...	...

Décès d'enfants de moins d'un an et taux de mortalité infantile, selon la résidence, urbaine/rurale: 1983 – 1992 (suite)

Données selon la résidence urbaine/rurale

tes à la fin du tableau.)

1991	1992	1983	1984	1985	1986	1987	1988	1989	1990	1991	1992	
					Rate – Taux							
...	...	66.6	60.7	54.8	50.4	49.6	42.6	37.5	...	...	...	1
...	...	63.4	63.0	45.6	45.0	49.3	43.8	41.4	...	...	...	2
...	...	...	...	...	...	48.1	...	...	...	...	...	3
...	...	...	...	...	...	76.8	...	...	...	...	...	4
157	...	21.6	23.5	23.3	36.1	24.7	21.8	20.9	19.0	16.2	...	5
231	...	28.5	22.8	24.2	19.6	23.8	22.1	22.0	20.6	19.7	...	6
...	...	...	...	...	...	33.1	30.4	28.6	...	...	...	7
...	...	...	...	...	...	30.7	21.5	18.8	...	...	...	8
...	...	14.2	13.2	14.0	11.5	12.1	11.7	...	10.7	...	...	9
...	...	22.0	18.7	21.5	17.8	15.9	12.2	...	10.9	...	...	10
...	...	...	...	...	...	...	...	...	...	...	...	11
...	...	...	...	...	...	...	...	...	...	...	...	12
...	...	...	37.2	33.5	29.0	30.5	27.9	27.2	...	...	...	13
...	...	...	33.3	31.2	28.2	26.2	23.9	22.9	...	...	...	14
...	...	69.6	58.3	61.3	62.2	56.6	51.7	...	...	...	...	15
...	...	63.4	53.6	52.7	53.5	50.3	43.5	...	...	...	...	16
...	...	31.4	30.3	...	...	...	25.0	28.3	26.9	...	...	17
...	...	27.7	27.6	...	...	...	20.2	22.7	21.3	...	...	18
...	...	19.2	19.7	20.5	18.1	19.4	18.9	17.6	17.9	...	...	19
...	...	21.5	20.3	23.0	20.5	19.5	18.4	17.9	19.7	...	...	20
...	...	17.0	15.8	...	...	...	...	...	13.9	...	...	21
...	...	17.6	15.4	...	...	...	...	...	12.8	...	...	22
...	...											23
...	...											24
...	...											25
...	...											26
3 619	...	22.1	19.6	19.6	19.0	18.0	18.8	16.2	16.1	14.7	...	27
765	...	30.5	25.5	25.1	25.8	28.0	26.5	22.4	21.4	20.0	...	28
...	...	...	...	...	...	...	...	...	...	...	...	29
...	...	...	...	...	...	...	...	...	...	...	...	30
...	...	62.1	51.5	49.1	52.9	41.0	38.4	40.4	...	...	...	31
...	...	61.0	56.6	52.0	47.3	55.6	52.7	49.3	...	...	...	32
...	...	65.3	44.9	...	...	...	...	...	...	...	...	33
...	...	51.0	43.7	...	...	...	...	...	...	...	...	34

18. Infant deaths and infant mortality rates, by urban/rural residence: 1983 – 1992 (continued)

Data by urban/rural residence

(See notes at end of table.)

Continent, country or area and urban/rural residence / Continent, pays ou zone et résidence, urbaine/rurale	Code [1]	Number – Nombre							
		1983	1984	1985	1986	1987	1988	1989	199
ASIA—ASIE (Cont.–Suite)									
Armenia – Arménie [13]	C								
1 Urban – Urbaine		...	...	...	...	...	...	947	
2 Rural – Rurale		...	...	...	...	...	...	587	
Azerbaijan – Azerbaïdjan [13]	C								
3 Urban – Urbaine		...	...	...	...	...	...	2 010	
4 Rural – Rurale		...	...	...	...	...	...	2 739	
Bangladesh	U								
5 Urban – Urbaine		...	37 761	36 671	36 447	33 948	34 319	...	
6 Rural – Rurale		...	372 831	347 493	368 865	351 166	348 623	...	
Georgia – Géorgie [13]	C								
7 Urban – Urbaine		...	...	...	...	...	...	1 142	
8 Rural – Rurale		...	...	...	...	...	...	645	
India – Inde [15]	..								
9 Urban – Urbaine		...	...	...	...	...	...	...	
10 Rural – Rurale		...	...	...	...	...	...	...	
Israel – Israël [16]	C								
11 Urban – Urbaine		1 049	1 086	1 040	...	960	855	...	
12 Rural – Rurale		364	175	143	...	139	146	...	
Japan – Japon [17]	C								
13 Urban – Urbaine		7 026	6 671	5 991	5 462	5 078	4 817	4 381	4
14 Rural – Rurale		2 350	2 227	1 894	1 777	1 617	1 429	1 332	1
Kazakhstan [13]	C								
15 Urban – Urbaine		...	...	...	...	...	...	4 797	
16 Rural – Rurale		...	...	...	...	...	...	5 152	
Kyrgyzstan – Kirghizistan [13]	C								
17 Urban – Urbaine		...	...	...	...	...	...	1 114	
18 Rural – Rurale		...	...	...	...	...	...	3 144	
Malaysia – Malaisie									
Peninsular Malaysia [3] – Malaisie Péninsulaire	C								
19 Urban – Urbaine		2 204	2 027	2 100	1 880	1 706	1 829	1 547	
20 Rural – Rurale		5 286	4 766	4 796	4 359	3 919	3 900	3 401	
Sarawak	U								
21 Urban – Urbaine		...	...	92	35	...	...	...	
22 Rural – Rurale		...	...	384	391	...	...	...	
Maldives	C								
23 Urban – Urbaine		63	73	67	77	61	68	57	
24 Rural – Rurale		475	488	475	420	356	331	314	
Mongolia – Mongolie	...								
25 Urban – Urbaine		...	...	2 300	2 300	2 200	2 200	2 200	
26 Rural – Rurale		...	...	3 000	3 100	2 500	2 600	2 500	
Pakistan [19]	..								
27 Urban – Urbaine		...	90 606	82 523	75 071	72 867	79 242	...	
28 Rural – Rurale		...	295 178	284 573	268 844	274 327	264 816	...	
Sri Lanka	+C								
29 Urban – Urbaine		6 857	6 418	...	5 366	5 350	...	...	
30 Rural – Rurale		4 635	4 231	...	3 043	2 726	...	...	
Tajikistan – Tadjikistan [13]	C								
31 Urban – Urbaine		...	...	...	...	...	...	1 873	
32 Rural – Rurale		...	...	...	...	...	...	6 800	
Thailand – Thaïlande	+U								
33 Urban – Urbaine		5 955	5 357	...	4 214	...	3 947	3 994	
34 Rural – Rurale		7 141	5 463	...	4 776	...	4 166	3 675	
Turkmenistan – Turkménistan [13]	C								
35 Urban – Urbaine		...	...	...	...	...	...	2 811	
36 Rural – Rurale		...	...	...	...	...	...	4 036	
Uzbekistan – Ouzbékistan [13]	C								
37 Urban – Urbaine		...	...	...	...	...	...	7 366	
38 Rural – Rurale		...	...	...	...	...	...	18 093	
EUROPE									
Albania – Albanie	C								
39 Urban – Urbaine		...	...	...	• ...	559	544	607	
40 Rural – Rurale		...	...	...	...	1 688	1 477	1 825	
Andorra – Andorre	...								
41 Urban – Urbaine		...	...	...	2	4	1	5	
42 Rural – Rurale		...	...	...	–	–	–	–	

Décès d'enfants de moins d'un an et taux de mortalité infantile, selon la résidence, urbaine/rurale: 1983 – 1992 (suite)

Données selon la résidence urbaine/rurale

(...tes à la fin du tableau.)

1991	1992	Rate – Taux										
		1983	1984	1985	1986	1987	1988	1989	1990	1991	1992	
...	...	...	...	...	...	...	...	19.8	...	...	...	1
...	...	...	...	...	...	...	...	21.4	...	...	...	2
...	...	...	...	...	...	...	...	23.4	...	...	...	3
...	...	...	...	...	...	...	...	28.6	...	...	...	4
...	...	...	119.5	98.6	100.6	94.7	91.3	...	...	...	...	5
...	...	...	121.6	113.2	118.0	114.9	112.4	...	...	...	...	6
...	...	...	...	...	...	...	...	23.2	...	...	...	7
...	...	...	...	...	...	...	...	15.4	...	...	...	8
...	...	65.8	66.1	58.9	62.0	62.0	61.0	62.0	58.0	...	...	9
...	...	113.8	113.3	106.5	104.6	104.6	104.0	102.0	98.0	...	...	10
...	...	13.3	12.6	12.0	...	11.1	9.7	...	9.8	...	...	11
...	...	18.4	14.4	11.4	...	11.1	11.5	...	10.2	...	...	12
4 214	...	6.0	5.8	5.4	5.1	4.8	4.7	4.5	4.5	4.4	...	13
1 195	...	6.8	6.6	5.8	5.7	5.4	5.0	4.9	4.8	4.6	...	14
...	...	...	...	...	...	...	...	24.8	...	...	...	15
...	...	...	...	...	...	...	...	27.3	...	...	...	16
...	...	...	...	...	...	...	...	28.6	...	...	...	17
...	...	...	...	...	...	...	...	34.0	...	...	...	18
...	...	16.0	13.6	13.5	12.3	11.6	11.8	11.2	...	...	...	19
...	...	22.9	19.9	19.1	17.5	16.0	15.4	14.4	...	...	...	20
...	...	...	...	10.3	5.2	...	...	...	...	...	...	21
...	...	...	...	11.5	11.2	...	...	...	...	...	...	22
44	...	51.8	49.7	46.6	58.3	46.6	52.5	42.3	34.9	32.5	...	23
276	...	78.9	71.9	63.1	58.6	50.5	47.7	42.6	33.3	39.2	...	24
...	...	...	...	68.9	67.1	63.4	57.3	60.3	...	...	...	25
...	...	...	...	82.9	82.7	68.1	69.5	67.4	...	...	...	26
...	...	...	105.2	90.2	79.4	79.0	87.2	...	...	...	...	27
...	...	...	135.2	126.3	116.3	113.4	115.8	...	...	...	...	28
...	...	36.8	33.4	...	30.4	29.0	...	...	...	...	...	29
...	...	21.2	21.3	...	16.4	15.7	...	...	...	...	...	30
...	...	...	...	...	...	...	...	39.6	...	...	...	31
...	...	...	...	...	...	...	...	44.4	...	...	...	32
4 318	...	32.5	27.9	...	13.1	...	11.4	16.4	15.8	15.6	...	33
3 610	...	8.2	7.1	...	7.7	...	7.9	5.5	5.1	5.3	...	34
...	...	...	...	...	...	...	...	54.1	...	...	...	35
...	...	...	...	...	...	...	...	55.3	...	...	...	36
...	...	...	...	...	...	...	...	34.5	...	...	...	37
...	...	...	...	...	...	...	...	39.7	...	...	...	38
...	...	...	...	...	...	23.3	22.4	25.5	25.7	...	...	39
...	...	...	...	...	...	30.3	26.4	33.1	29.4	...	...	40
−	...											41
1	...											42

441

18. Infant deaths and infant mortality rates, by urban/rural residence: 1983 – 1992 (continued)

Data by urban/rural residence

(See notes at end of table.)

Continent, country or area and urban/rural residence / Continent, pays ou zone et résidence, urbaine/rurale	Code [1]	Number – Nombre						
		1983	1984	1985	1986	1987	1988	1989
EUROPE (Cont.–Suite)								
Austria – Autriche	C							
1 Urban – Urbaine		...	551	469	455	448	...	...
2 Rural – Rurale		...	467	508	438	402	...	...
Belarus – Bélarus [13]	C							
3 Urban – Urbaine		...	...	...	1 483	1 456	1 423	1 286
4 Rural – Rurale		...	...	...	801	745	721	549
Bulgaria – Bulgarie	C							
5 Urban – Urbaine		1 263	1 194	1 133	1 144	1 125	1 011	1 012
6 Rural – Rurale		761	774	698	616	590	584	602
Former Czechoslovakia – Ancienne Tchécoslovaquie	C							
7 Urban – Urbaine		2 594	2 553	2 393	2 184	2 113	1 959	1 760
8 Rural – Rurale		1 017	937	772	764	654	612	598
Estonia – Estonie [13]	C							
9 Urban – Urbaine		...	...	...	255	269	222	247
10 Rural – Rurale		...	...	...	129	133	90	112
Finland – Finlande [24]	C							
11 Urban – Urbaine		252	249	246	215	245	239	225
12 Rural – Rurale		162	174	150	138	124	140	157
France [32]	C							
13 Urban – Urbaine		5 296	4 855	4 884	4 831	4 750	4 617	4 471
14 Rural – Rurale		1 464	1 360	1 424	1 349	1 267	1 365	1 231
Germany – Allemagne [25]		...	...	...	...	...	...	...
Former German Democratic Republic – Ancienne République démocratique allemande	C							
15 Urban – Urbaine		1 953	1 759	1 670	...	1 516	1 330	1 144
16 Rural – Rurale		553	533	505	...	453	412	364
Greece – Grèce	C							
17 Urban – Urbaine		1 354	1 335	1 225	...	...	...	...
18 Rural – Rurale		578	468	422	...	...	...	...
Hungary – Hongrie [31]	C							
19 Urban – Urbaine		1 246	1 345	1 399	1 306	1 183	1 058	1 081
20 Rural – Rurale		1 175	1 204	1 245	1 128	993	899	851
Ireland – Irlande [26]	+C							
21 Urban – Urbaine		236	226	...	184	220	235	176
22 Rural – Rurale		441	391	...	363	244	249	214
Latvia – Lettonie [13]	C							
23 Urban – Urbaine		...	...	...	348	311	284	278
24 Rural – Rurale		...	...	...	190	165	172	160
Lithuania – Lituanie [13]	C							
25 Urban – Urbaine		...	...	...	...	452	429	379
26 Rural – Rurale		...	...	...	...	281	227	218
Netherlands – Pays–Bas [27]	C							
27 Urban – Urbaine		779	775	782	744	...	...	...
28 Rural – Rurale		184	157	173	168	...	...	...
29 Semi–urban–semi–urbaine		469	520	475	516	...	...	...
Poland – Pologne	C							
30 Urban – Urbaine		7 702	7 340	6 866	6 019	5 602	5 135	4 836
31 Rural – Rurale		6 144	6 104	5 657	5 098	4 999	4 397	4 143
Portugal	C							
32 Urban – Urbaine		...	696	...	...	...	...	443
33 Rural – Rurale		...	1 399	...	...	...	...	812
Republic of Moldova – Rép. de Moldova [13]	C							
34 Urban – Urbaine		...	...	...	...	...	...	642
35 Rural – Rurale		...	...	...	...	...	...	1 063
Romania – Roumanie	C							
36 Urban – Urbaine		3 336	3 410	4 040	3 746	4 562	4 097	4 289
37 Rural – Rurale		4 340	4 801	5 151	5 000	6 515	5 546	5 651
Russian Federation – Fédération Russe [13]	C							
38 Urban – Urbaine		...	...	...	...	33 120	30 571	26 671
39 Rural – Rurale		...	...	...	...	15 389	14 210	12 359
San Marino – Saint–Marin	+C							
40 Urban – Urbaine		...	...	2	1	3	3	5
41 Rural – Rurale		...	...	1	–	–	–	–

8. Décès d'enfants de moins d'un an et taux de mortalité infantile, selon la résidence, urbaine/rurale: 1983 – 1992 (suite)

Données selon la résidence urbaine/rurale

(notes à la fin du tableau.)

		Rate – Taux										
1991	1992	1983	1984	1985	1986	1987	1988	1989	1990	1991	1992	
376	...	...	...	...	...	...	...	...	...	...	...	1
332	...	...	...	...	...	...	...	...	...	...	...	2
...	...	...	...	...	12.4	12.8	12.3	11.6	...	...	...	3
...	...	...	...	...	15.3	15.2	15.3	12.8	...	...	...	4
...	...	15.4	14.5	14.0	13.7	13.9	12.4	12.9	13.8	...	...	5
...	...	18.7	19.4	18.4	16.8	16.6	16.3	17.9	17.1	...	...	6
...	...	15.3	15.0	14.1	...	...	12.0	11.1	11.4	...	...	7
...	...	17.1	16.2	13.6	...	...	11.7	11.9	10.9	...	...	8
...	...	...	...	...	15.0	15.3	12.7	15.0	11.7	...	...	9
...	...	...	...	...	18.1	17.8	11.8	14.4	13.8	...	...	10
...	...	6.2	6.3	6.5	5.7	6.5	6.0	5.7	5.7	...	...	11
...	...	6.2	6.8	6.0	6.1	5.6	6.0	6.6	5.6	...	...	12
...	...	9.1	8.2	8.2	8.0	8.0	7.8	7.6	7.3	...	...	13
...	...	9.0	8.1	8.3	7.7	7.2	7.8	7.1	7.0	...	...	14
...	...	...	...	...	...	...	...	...	...	...	...	
...	...	11.0	10.2	9.7	...	8.8	8.1	7.5	...	...	...	15
...	...	9.7	9.5	9.1	...	8.3	8.0	7.7	...	...	...	16
...	...	15.5	16.2	16.1	...	...	...	...	11.1	...	...	17
...	...	12.8	10.8	10.5	...	...	...	...	7.1	...	...	18
1 114	...	18.8	20.1	20.0	18.3	16.8	15.3	14.7	13.9	14.7	...	19
868	...	19.3	20.8	20.9	20.1	18.1	16.4	17.3	16.0	17.0	...	20
...	...	11.7	12.0	...	...	...	...	7.2	...	...	...	21
...	...	9.4	8.6	...	...	...	...	7.7	...	...	...	22
...	...	...	...	...	12.4	11.1	10.3	10.8	14.0	...	...	23
...	...	...	...	...	13.8	11.7	12.5	12.1	13.3	...	...	24
508	...	...	...	...	...	11.5	11.5	10.3	10.0	13.6	...	25
298	...	...	...	...	...	14.1	11.7	11.5	10.6	15.9	...	26
...	...	9.2	9.0	8.9	8.2	...	...	...	...	...	...	27
...	...	8.1	7.0	7.6	7.1	...	...	...	...	...	...	28
...	...	7.5	7.8	7.1	7.3	...	...	...	...	...	...	29
4 346	...	19.2	18.9	18.5	17.5	17.2	16.2	16.0	15.8	15.1	...	30
3 831	...	19.2	19.6	18.5	17.5	17.9	16.3	15.9	16.3	14.9	...	31
...	...	...	...	...	...	...	...	...	...	...	...	32
...	...	...	...	...	...	...	...	...	...	...	...	33
...	...	...	...	...	...	...	...	17.5	...	...	...	34
...	...	...	...	...	...	...	...	23.3	...	...	...	35
2 654	...	20.9	20.1	21.9	20.8	25.2	22.8	24.3	24.1	19.6	...	36
3 604	...	26.8	26.5	29.6	25.4	32.2	27.7	29.3	29.7	25.8	...	37
21 549	...	...	...	...	...	18.7	18.4	17.5	17.2	17.5	...	38
10 943	...	...	...	...	...	21.1	20.7	19.3	18.6	19.4	...	39
...	...										...	40
...	...										...	41

18. Infant deaths and infant mortality rates, by urban/rural residence: 1983 – 1992 (continued)

Data by urban/rural residence

(See notes at end of table.)

Continent, country or area and urban/rural residence Continent, pays ou zone et résidence, urbaine/rurale	Code [1]	Number – Nombre							
		1983	1984	1985	1986	1987	1988	1989	19
EUROPE (Cont.–Suite)									
Slovenia – Slovénie	C								
1 Urban – Urbaine		...	...	...	...	140	110	97	
2 Rural – Rurale		...	...	...	...	145	141	94	
Switzerland – Suisse	C								
3 Urban – Urbaine		...	292	283	278	304	283	306	
4 Rural – Rurale		...	241	232	243	220	267	290	
Ukraine [13]	C								
5 Urban – Urbaine		...	...	...	...	7 428	7 315	6 153	
6 Rural – Rurale		...	...	...	...	3 661	3 324	2 886	
Former Yugoslavia – Ancienne Yougoslavie [29]	C								
7 Urban – Urbaine		5 161	4 857	4 793	4 362	4 306	3 999	3 742	
8 Rural – Rurale		6 336	5 584	5 563	5 248	4 730	4 728	4 169	
OCEANIA—OCEANIE									
New Zealand – Nouvelle–Zélande	+C								
9 Urban – Urbaine		457	399	413	432	425	469	444	
10 Rural – Rurale		176	198	147	160	129	151	148	

Décès d'enfants de moins d'un an et taux de mortalité infantile, selon la résidence, urbaine/rurale: 1983 – 1992 (suite)

Données selon la résidence urbaine/rurale

otes à la fin du tableau.)

1991	1992	Rate – Taux										
		1983	1984	1985	1986	1987	1988	1989	1990	1991	1992	
73	64	...	...	...	...	10.9	8.9	...	...	7.1	...	1
105	92	...	...	...	...	11.4	11.0	...	...	9.3	...	2
299	...	...	7.0	6.9	6.6	7.2	6.4	6.9	7.1	6.3	...	3
238	...	...	7.3	6.9	7.1	6.4	7.4	7.9	6.6	6.1	...	4
...	...	...	...	...	...	14.4	14.4	13.1	12.7	...	...	5
...	...	...	...	...	...	14.9	14.2	13.1	13.6	...	...	6
...	...	27.1	25.8	26.5	24.5	24.3	22.4	22.4	19.2	...	...	7
...	...	34.4	29.5	30.0	28.9	26.0	26.6	24.7	19.3	...	...	8
...	...	12.6	10.7	11.1	11.3	10.4	11.0	10.3	8.0	...	...	9
...	...	12.5	13.7	10.1	11.1	8.9	10.2	10.0	9.2	...	...	10

18. Infant deaths and infant mortality rates, by urban/rural residence: 1983 – 1992 (continued)

GENERAL NOTES

Data exclude foetal deaths. Rates are the number of deaths of infants under one year of age per 1 000 live births. Rates are shown only for countries or areas having at least a total of 100 infant deaths in a given year. For definitions of "urban", see end of table 6. For method of evaluation and limitations of data, see Technical Notes, page 74.

Italics: data from civil registers which are incomplete or of unknown completeness.

FOOTNOTES

* Provisional.
+ Data tabulated by date of registration rather than occurrence.

1 Code "C" indicates that the data are estimated to be virtually complete (at least 90 per cent) and code "U" indicates that the data are estimated to be incomplete (less than 90 per cent). The code does not apply to estimated rates. For further details, see Technical Notes.
2 For Algerian population only.
3 Excluding live–born infants dying before registration of birth.

4 Estimate for 1980–1985 prepared by the Population Division of the United Nations.
5 Estimate for 1985–1990 prepared by the Population Division of the United Nations.
6 For classification by urban/rural residence, see end of table.
7 Based on the results of the population census.
8 Including Canadian residents temporarily in the United States but excluding United States residents temporarily in Canada.

9 Excluding Indian jungle population.
10 Based on burial permits.
11 Excluding nomadic Indian tribes.
12 Including an upward adjustment for under–registration.
13 Excluding infants born alive after less than 28 weeks' gestation, of less than 1 000 grammes in weight and 35 centimetres in length, who die within seven days of birth.
14 Excluding Vietnamese refugees.
15 Based on Sample Registration Scheme.
16 Including data for East Jerusalem and Israeli residents in certain other territories under occupation by Israeli military forces since June 1967.

NOTES GENERALES

Les données ne comprennent pas les morts foetales. Les taux représentent le nombre de décès d'enfants de moins d'un an pour 1 000 naissances vivantes. Les taux présentés ne se rapportent qu'aux pays ou zones où l'on a enregistré un total d'au moins 100 décès d'enfants de moins d'un an dans un année donnée. Pour les définitions des "régions urbaines", se reporter à la fin du tableau 6. Pour la méthode d'évaluation et les insuffisances des données, voir Notes techniques, page 74.
Italiques: données incomplètes ou dont le degré d'exactitude n'est pas connu, provenant des registres de l'état civil.

NOTES

* Données provisoires.
+ Données exploitées selon la date de l'enregistrement et non la date de l'événement.
1 Le code "C" indique que les données sont jugées pratiquement complètes (au moins 90 p. 100) et le code "U" que les données sont jugées incomplètes (moins de 90 p. 100). Le code ne s'applique pas aux taux estimatifs. Pour plus de détails, voir Notes techniques.
2 Pour la population algérienne seulement.
3 Non compris les enfants nés vivants, décédés avant l'enregistrement de leur naissance.
4 Estimations pour 1980–1985 établie par la Division de la population de l'Organisation des Nations Unies.
5 Estimations pour 1985–1990 établie par la Division de la population de l'Organisation des Nations Unies.
6 Pour le classement selon la résidence, urbaine/rurale, voir la fin du tableau.
7 D'après les résultats du recensement de la population.
8 Y compris les résidents canadiens se trouvant temporairement aux Etats–Unis, mais non compris les résidents des Etats–Unis se trouvant temporairement au Canada.
9 Non compris les Indiens de la jungle.
10 D'après les permis d'inhumer.
11 Non compris les tribus d'Indiens nomades.
12 Y compris un ajustement pour sous–enregistrement.
13 Non compris les enfants nés vivants après moins de 28 semaines de gestation, pesant moins de 1 000 grammes, mesurant moins de 35 centimètres et décédés dans les sept jour qui ont suivi leur naissance.
14 Non compris les réfugiés du Viet Nam.
15 D'après le Programme d'enregistrement par sondage.
16 Y compris les données pour Jérusalem–Est et les résidents israéliens dans certains autres territoires occupés depuis juin 1967 par les forces armées israéliennes.

18. Décès d'enfants de moins d'un an et taux de mortalité infantile, selon la résidence, urbaine/rurale: 1983 – 1992 (suite)

FOOTNOTES (continued)

17 For Japanese nationals in Japan only.
18 Events registered by Health Service only.
19 Based on the results of the Population Growth Survey.
20 Rates computed on live births tabulated by date of occurrence.

21 Excluding nomads and Palestinian refugees.
22 Based on the results of the Population Demographic Survey.
23 Excluding Faeroe Islands and Greenland.
24 Including nationals temporarily outside the country.
25 All data shown pertaining to Germany prior to 3 October 1990 are indicated separately for the Federal Republic of Germany and the former German Democratic Republic based on their respective territories at the time indicated. See explanatory notes on data pertaining to Germany on page 4.

26 Infant deaths registered within one year of occurrence.
27 Including residents outside the country if listed in a Netherlands population register.
28 Including residents temporarily outside the country.
29 Beginning 1992, data refer to the Federal Republic of Yugoslavia. Prior to that date, data refer to the Socialist Federal Republic of Yugoslavia.

30 Including United States military personnel, their dependants and contract employees.
31 Excluding infant deaths of unknown residence.

32 Excluding nationals outside the country.

NOTES (suite)

17 Pour les nationaux japonais au Japon seulement.
18 Evénements enregistrés par le Service de santé seulement.
19 D'après les résultats de la "Population Growth Survey".
20 Taux calculés sur la base de données relatives aux naissances vivantes exploitées selon la date de l'événement.
21 Non compris la population nomade et les réfugiés de Palestine.
22 D'après les résultats d'une enquête démographique de la population.
23 Non compris les îles Féroé et le Groenland.
24 Y compris les nationaux se trouvant temporairement hors du pays.
25 Toutes les données se rapportant à l'Allemagne avant le 3 octobre 1990 figurent dans deux rubriques séparées basées sur les territoires respectifs de la République fédérale d'Allemagne et l'ancienne République démocratique allemande selon la période indiquée. Voir les notes explicatives sur les données concernant l'Allemagne à la page 4.
26 Décès d'enfants de moins d'un an enregistrés dans l'année qui suit l'événement.
27 Y compris les résidents hors du pays, s'ils sont inscrits sur un registre de population néerlandais.
28 Y compris les résidents se trouvant temporairement hors du pays.
29 A partir de 1992, les données se rapportent à la République fédérale de Yougoslavie. Avant cette date, les données se rapportent à la République socialiste fédérative de Yougoslavie.
30 Y compris les militaires des Etats–Unis, les membres de leur famille les accompagnant et les agents contractuels des Etats–Unis.
31 Non compris les décès d'enfants de moins d'un an pour lequel le lieu de résidence n'est pas connu.
32 Non compris les nationaux hors du pays.

19. Infant deaths and infant mortality rates by age, sex and urban/rural residence: 1983 – 1992
Décès d'enfants de moins d'un an et taux de mortalité infantile selon l'âge, le sexe et la résidence, urbaine/rurale: 1983 – 1992

(See notes at end of table. – Voir notes à la fin du tableau.)

Continent, country or area, year, sex and urban/rural residence / Continent, pays ou zone, année, sexe et résidence, urbaine/rurale	Age (in days – en jours)											
	Number – Nombre						Rate – Taux					
	–365	–1	1–6	7–27	28–364	Unknown Inconnu	–365	–1	1–6	7–27	28–364	Unknown Inconnu
AFRICA—AFRIQUE												
Egypt – Egypte												
Total												
1983	107 750	817	7 886	11 598	87 449	–	64.6	0.5	4.7	7.0	52.5	–
1984	111 613	678	10 592	10 613	89 730	–	62.1	0.4	5.9	5.9	49.9	–
1985	93 690	2 490	9 071	10 284	71 845	–	49.2	1.3	4.8	5.4	37.8	–
1986	89 946	2 611	10 532	11 577	65 226	–	47.1	1.4	5.5	6.1	34.2	–
1987	94 044	2 947	10 238	12 099	68 760	–	49.4	1.5	5.4	6.4	36.1	–
1988	82 837	2 223	11 293	10 556	58 765	–	43.3	1.2	5.9	5.5	30.7	–
1989	68 626	1 721	7 412	7 275	52 218	–	39.8	1.0	4.3	4.2	30.3	–
Male – Masculin												
1983	54 854	330	4 836	6 931	42 757	–	63.9	0.4	5.6	8.1	49.8	–
1984	57 304	388	6 281	6 574	44 061	–	61.4	0.4	6.7	7.0	47.2	–
1985	48 460	1 485	5 703	6 416	34 856	–	49.8	1.5	5.9	6.6	35.8	–
1986	47 032	1 480	6 621	7 157	31 774	–	48.5	1.5	6.8	7.4	32.8	–
1987	48 623	1 693	6 443	7 160	33 327	–	50.1	1.7	6.6	7.4	34.3	–
1988	42 065	1 241	6 755	6 136	27 933	–	42.8	1.3	6.9	6.2	28.4	–
1989	34 643	936	4 464	4 227	25 016	–	39.0	1.1	5.0	4.8	28.2	–
Female – Féminin												
1983	52 896	487	3 050	4 667	44 692	–	65.4	0.6	3.8	5.8	55.2	–
1984	54 309	290	4 311	4 039	45 669	–	62.9	0.3	5.0	4.7	52.9	–
1985	45 230	1 005	3 368	3 868	36 989	–	48.6	1.1	3.6	4.2	39.7	–
1986	42 914	1 131	3 911	4 420	33 452	–	45.7	1.2	4.2	4.7	35.6	–
1987	45 421	1 254	3 795	4 939	35 433	–	48.8	1.3	4.1	5.3	38.1	–
1988	40 772	982	4 538	4 420	30 832	–	43.8	1.1	4.9	4.7	33.1	–
1989	33 983	785	2 948	3 048	27 202	–	40.7	0.9	3.5	3.7	32.6	–
Mauritius – Maurice +												
Total												
1990	462	128	183	36	115	–						
1991	413	100	150	47	116	–						
Male – Masculin												
1990	269	69	122	17	61	–						
1991	241	58	89	26	68	–						
Female – Féminin												
1990	193	59	61	19	54	–						
1991	172	42	61	21	48	–						
Mauritius – Maurice **Island of Mauritius –** **Ile Maurice +**												
Total												
1983	511	96	189	73	153	–						
1984	444	83	146	40	175	–						
1985	441	105	161	46	129	–						
1986	480	91	191	75	123	–						
1988	441	87	174	51	129	–						
1989	452	86	174	64	128	–						
1990	434	124	179	33	98	–						
1991	388	96	144	45	103	–						
Male – Masculin												
1983	287	59	108	39	81	–						
1984	256	55	88	20	93	–						
1985	251	54	103	29	65	–						
1986	279	48	118	40	73	–						
1987	283	31	111	63	78	–						
1988	266	53	117	30	66	–						
1989	263	47	112	35	69	–						
1990	252	67	120	14	51	–						
1991	230	56	86	25	63	–						

19. Infant deaths and infant mortality rates by age, sex and urban/rural residence: 1983 – 1992 (continued)
Décès d'enfants de moins d'un an et taux de mortalité infantile selon l'âge, le sexe et la résidence, urbaine/rurale: 1983 – 1992 (suite)

(See notes at end of table. – Voir notes à la fin du tableau.)

Continent, country or area, year, sex and urban/rural residence / Continent, pays ou zone, année, sexe et résidence, urbaine/rurale	Age (in days – en jours)											
	Number – Nombre						Rate – Taux					
	–365	–1	1–6	7–27	28–364	Unknown Inconnu	–365	–1	1–6	7–27	28–364	Unknown Inconnu
AFRICA—AFRIQUE(Cont.–Suite)												
Mauritius – Maurice												
Island of Mauritius – Ile Maurice+												
Female – Féminin												
1983	224	37	81	34	72	–						
1984	188	28	58	20	82	–						
1985	190	51	58	17	64	–						
1986	201	43	73	35	50	–						
1987	180	29	72	28	51	–						
1988	175	34	57	21	63	–						
1989	189	39	62	29	59	–						
1990	182	57	59	19	47	–						
1991	158	40	58	20	40	–						
Rodrigues+												
Total												
1983	59	2	16	8	33	–						
1984	61	5	15	5	36	–						
1985	46	4	10	6	26	–						
1986	44	4	16	3	21	–						
1987	41	8	8	6	19	–						
1988	30	5	12	–	13	–						
1989	•46	9	7	2	28	–						
1990	28	4	4	3	17	–						
1991	25	4	6	2	13	–						
Male – Masculin												
1983	35	1	10	4	20	–						
1984	39	5	11	3	20	–						
1985	21	2	5	2	12	–						
1986	23	4	6	2	11	–						
1987	15	4	2	2	7	–						
1988	15	3	7	–	5	–						
1989	28	5	3	–	20	–						
1990	17	2	2	3	10	–						
1991	11	2	3	1	5	–						
Female – Féminin												
1983	24	1	6	4	13	–						
1984	22	–	4	2	16	–						
1985	25	2	5	4	14	–						
1986	21	–	10	1	10	–						
1987	26	4	6	4	12	–						
1988	15	2	5	–	8	–						
1989	18	4	4	2	8	–						
1990	11	2	2	–	7	–						
1991	14	2	3	1	8	–						
Réunion [1]												
Total												
1983	145	–	68	31	46	–						
1984	137	–	55	22	60	–						
1985	125	–	61	28	36	–						
1986	135	–	56	16	63	–						
1987	124	–	52	10	62	–						
1989	116	–	40	23	53	–						
1990	94	–	38	18	38	–						
Male – Masculin												
1983	79	–	37	17	25	–						
1984	75	–	34	8	33	–						
1985	71	–	35	15	21	–						
1986	79	–	29	11	39	–						
1987	73	–	25	8	40	–						
1989	59	–	24	9	26	–						
1990	58	–	26	9	23	–						

19. Infant deaths and infant mortality rates by age, sex and urban/rural residence: 1983 – 1992 (continued)
Décès d'enfants de moins d'un an et taux de mortalité infantile selon l'âge, le sexe et la résidence, urbaine/rurale: 1983 – 1992 (suite)

(See notes at end of table. – Voir notes à la fin du tableau.)

Continent, country or area, year, sex and urban/rural residence / Continent, pays ou zone, année, sexe et résidence, urbaine/rurale	Age (in days – en jours)											
	Number – Nombre						Rate – Taux					
	–365	–1	1–6	7–27	28–364	Unknown Inconnu	–365	–1	1–6	7–27	28–364	Unknown Inconnu
AFRICA—AFRIQUE(Cont.–Suite)												
Réunion [1]												
Female – Féminin												
1983	66	–	31	14	21	–						
1984	62	–	21	14	27	–						
1985	54	–	26	13	15	–						
1986	56	–	27	5	24	–						
1987	51	–	27	2	22	–						
1989	57	–	16	14	27	–						
1990	36	–	12	9	15	–						
St. Helena ex. dep. – Sainte–Hélène sans dép.												
Total												
1984	1	–	1	–	–	–						
1985	1	–	1	–	–	–						
1986	3	–	1	1	–	1						
Male – Masculin												
1984	1	–	1	–	–	–						
1985	–	–	–	–	–	–						
1986	2	–	1	–	–	1						
Female – Féminin												
1984	–	–	–	–	–	–						
1985	1	–	1	–	–	–						
1986	1	–	–	1	–	–						
Seychelles +												
Total												
1983	24	9	7	2	6	–						
1984	24	12	7	3	2	–						
1985	31	10	13	3	4	1						
1986	30	15	10	1	4	–						
Male – Masculin												
1983	13	6	2	1	4	–						
1984	16	7	6	2	1	–						
1985	19	7	6	3	2	1						
1986	20	10	7	1	2	–						
Female – Féminin												
1983	11	3	5	1	2	–						
1984	8	5	1	1	1	–						
1985	12	3	7	–	2	–						
1986	10	5	3	–	2	–						
Zimbabwe												
Total												
1986	5 229	876	1 564	749	2 039	1	...	...	...	...	...	...
Male – Masculin												
1986	2 760	482	828	405	1 045	–	...	...	...	...	...	...
Female – Féminin												
1986	2 469	394	736	344	994	1	...	...	...	...	...	...
AMERICA,NORTH— AMERIQUE DU NORD												
Bahamas												
Total [2]												
1983	114	*—	51	—*	20	33	10					
1984	115	*—	66	—*	10	39	–					
1985	146	*—	96	—*	15	34	1					
1986	169	*—	102	—*	14	53	–					
1987	123	*—	70	—*	13	40	–					
1988	106	*—	53	—*	8	45	–					
1989	111	*—	47	—*	10	54	–					
1990	149	*—	87	—*	20	42	–					
1991	122	*—	74	—*	15	33	–					

19. Infant deaths and infant mortality rates by age, sex and urban/rural residence: 1983 – 1992 (continued)
Décès d'enfants de moins d'un an et taux de mortalité infantile selon l'âge, le sexe et la résidence, urbaine/rurale: 1983 – 1992 (suite)

(See notes at end of table. – Voir notes à la fin du tableau.)

Continent, country or area, year, sex and urban/rural residence / Continent, pays ou zone, année, sexe et résidence, urbaine/rurale	Number – Nombre						Rate – Taux					
	–365	–1	1–6	7–27	28–364	Unknown Inconnu	–365	–1	1–6	7–27	28–364	Unknown Inconnu
AMERICA,NORTH—(Cont.–Suite) AMERIQUE DU NORD												
Bahamas												
Male – Masculin												
1983	68	*—	33 —*	8	22	5						
1984	57	*—	34 —*	5	18	–						
1985	77	*—	48 —*	9	20	–						
1986	97	*—	56 —*	8	33	–						
1987	63	*—	35 —*	8	20	–						
1988	58	*—	31 —*	4	23	–						
1989	67	*—	31 —*	5	31	–						
1990	86	*—	44 —*	13	29	–						
1991	71	*—	44 —*	8	19	–						
Female – Féminin												
1983	45	*—	18 —*	12	11	4						
1984	58	*—	32 —*	5	21	–						
1985	69	*—	48 —*	6	14	1						
1986	72	*—	46 —*	6	20	–						
1987	60	*—	35 —*	5	20	–						
1988	48	*—	22 —*	4	22	–						
1989	44	*—	16 —*	5	23	–						
1990	63	*—	43 —*	7	13	–						
1991	51	*—	30 —*	7	14	–						
Barbados – Barbade +												
Total												
1984	55	20	10	9	16	–						
1985	34	8	6	2	18	–						
1986	51	31	8	3	9	–						
1987	62	22	12	11	17	–						
1988	56	26	10	7	13	–						
1989	36	15	4	1	16	–						
1990	59	29	8	9	13	–						
1991	53	14	8	8	23	–						
Male – Masculin												
1984	29	9	6	4	10	–						
1985	27	6	5	1	15	–						
1986	33	18	4	3	8	–						
1987	32	10	5	7	10	–						
1988	32	18	4	5	5	–						
1989	22	8	3	1	10	–						
1990	37	20	4	5	8	–						
1991	40	11	7	8	14	–						
Female – Féminin												
1984	26	11	4	5	6	–						
1985	7	2	1	1	3	–						
1986	18	13	4	–	1	–						
1987	30	12	7	4	7	–						
1988	24	8	6	2	8	–						
1989	14	7	1	–	6	–						
1990	22	9	4	4	5	–						
1991	13	3	1	–	9	–						
Bermuda – Bermudes												
Total												
1983	8	–	–	6	2	–						
1984	6	–	–	5	1	–						
1985	10	–	6	1	3	–						
1986	12	–	6	1	5	–						
1987	6	–	3	–	3	–						
1988	3	–	3	–	–	–						
1989	6	–	6	–	–	–						
1990	7	–	3	1	3	–						

19. Infant deaths and infant mortality rates by age, sex and urban/rural residence: 1983 – 1992 (continued)
Décès d'enfants de moins d'un an et taux de mortalité infantile selon l'âge, le sexe et la résidence, urbaine/rurale: 1983 – 1992 (suite)

(See notes at end of table. – Voir notes à la fin du tableau.)

Continent, country or area, year, sex and urban/rural residence / Continent, pays ou zone, année, sexe et résidence, urbaine/rurale	Age (in days – en jours)											
	Number – Nombre						Rate – Taux					
	−365	−1	1−6	7−27	28−364	Unknown Inconnu	−365	−1	1−6	7−27	28−364	Unknown Inconnu
AMERICA, NORTH—(Cont.–Suite) AMÉRIQUE DU NORD												
Bermuda – Bermudes												
Male – Masculin												
1983	5	−	−	4	1	−						
1984	1	−	−	−	1	−						
1985	3	−	1	−	2	−						
1986	7	−	3	1	3	−						
1987	5	−	3	−	2	−						
1988	3	−	3	−	−	−						
1989	2	−	2	−	−	−						
1990	4	−	3	−	1	−						
Female – Féminin												
1983	3	−	−	2	1	−						
1984	5	−	−	5	−	−						
1985	7	−	5	1	1	−						
1986	5	−	3	−	2	−						
1987	1	−	−	−	1	−						
1988	−	−	−	−	−	−						
1989	4	−	4	−	−	−						
1990	3	−	−	1	2	−						
British Virgin Islands – Iles Vierges britanniques +												
Total												
1983	4	1	1	1	1	−						
1984	3	−	1	−	2	−						
1985	4	1	1	1	1	−						
1986	5	2	1	1	1	−						
1987	10	6	2	2	−	−						
1988	7	5	1	1	−	−						
Male – Masculin												
1983	3	1	1	1	−	−						
1984	2	−	1	−	1	−						
1985	2	1	−	−	1	−						
1986	3	1	1	−	1	−						
1987	7	5	2	−	−	−						
1988	5	4	−	1	−	−						
Female – Féminin												
1983	1	−	−	−	1	−						
1984	1	−	−	−	1	−						
1985	2	−	1	1	−	−						
1986	2	1	−	1	−	−						
1987	3	1	−	2	−	−						
1988	2	1	1	−	−	−						
Canada [3]												
Total												
1983	3 182	1 196	544	300	1 142	−	8.5	3.2	1.5	0.8	3.1	
1984	3 058	1 129	500	313	1 116	−	8.1	3.0	1.3	0.8	3.0	−
1985	2 982	1 135	506	313	1 028	−	7.9	3.0	1.3	0.8	2.7	−
1986	2 938	1 085	492	332	1 029	−	7.9	2.9	1.3	0.9	2.8	−
1988	2 705	994	446	279	986	−	7.2	2.6	1.2	0.7	2.6	−
1989	2 795	1 038	471	319	967	−	7.1	2.6	1.2	0.8	2.5	−
1990	2 766	1 073	457	339	897	−	6.8	2.7	1.1	0.8	2.2	−
Male – Masculin												
1983	1 783	679	318	155	631	−	9.3	3.5	1.7	0.8	3.3	−
1984	1 730	639	269	184	638	−	8.9	3.3	1.4	0.9	3.3	−
1985	1 680	628	287	175	590	−	8.7	3.2	1.5	0.9	3.1	−
1986	1 660	639	280	181	560	−	...	...	...	...	...	...
1988	1 547	543	273	156	575	−	8.0	2.8	1.4	0.8	3.0	−
1989	1 606	597	273	161	575	−	8.0	3.0	1.4	0.8	2.9	−
1990	1 565	611	239	203	512	−	7.5	2.9	1.1	1.0	2.5	−

19. Infant deaths and infant mortality rates by age, sex and urban/rural residence: 1983 – 1992 (continued)
Décès d'enfants de moins d'un an et taux de mortalité infantile selon l'âge, le sexe et la résidence, urbaine/rurale: 1983 – 1992 (suite)

(See notes at end of table. – Voir notes à la fin du tableau.)

Continent, country or area, year, sex and urban/rural residence / Continent, pays ou zone, année, sexe et résidence, urbaine/rurale	Age (in days – en jours)											
	Number – Nombre						Rate – Taux					
	–365	–1	1–6	7–27	28–364	Unknown Inconnu	–365	–1	1–6	7–27	28–364	Unknown Inconnu
AMERICA,NORTH—(Cont.–Suite) AMERIQUE DU NORD												
Canada [3]												
Female – Féminin												
1983	1 399	517	226	145	511	–	7.7	2.8	1.2	0.8	2.8	–
1984	1 328	490	231	129	478	–	7.2	2.7	1.3	0.7	2.6	–
1985	1 302	507	219	138	438	–	7.1	2.8	1.2	0.8	2.4	–
1986	1 278	446	212	151	469	–	...	...	...	...	...	...
1988	1 158	451	173	123	411	–	6.3	2.5	0.9	0.7	2.2	–
1989	1 189	441	198	158	392	–	6.2	2.3	1.0	0.8	2.0	–
1990	1 201	462	218	136	385	–	6.1	2.3	1.1	0.7	2.0	–
Cayman Islands – Iles Caïmanes+												
Total												
1983	4	2	1	–	1	–						
1986	5	3	–	–	2	–						
1987	1	1	–	–	–	–						
1988	2	2	–	–	–	–						
1989	4	3	1	–	–	–						
1990	3	1	1	–	1	–						
Male – Masculin												
1983	1	1	–	–	–	–						
1986	3	2	–	–	1	–						
1987	–	–	–	–	–	–						
1988	2	2	–	–	–	–						
1989	1	1	–	–	–	–						
1990	1	–	–	–	1	–						
Female – Féminin												
1983	3	1	1	–	1	–						
1986	2	1	–	–	1	–						
1987	1	1	–	–	–	–						
1988	–	–	–	–	–	–						
1989	3	2	1	–	–	–						
1990	2	1	1	–	–	–						
Costa Rica												
Total												
1983	1 356	383	299	139	534	1	18.6	5.2	4.1	1.9	7.3	♦ 0.0
1984	1 440	438	303	153	541	5	18.9	5.8	4.0	2.0	7.1	♦ 0.1
1988	1 194	330	281	150	433	–	14.7	4.1	3.5	1.8	5.3	–
1989	1 160	339	248	151	422	–	13.9	4.1	3.0	1.8	5.1	–
1990	1 250	313	270	164	503	–	15.3	3.8	3.3	2.0	6.1	–
Male – Masculin												
1983	794	232	183	88	291	–	21.2	6.2	4.9	2.4	7.8	–
1984	822	250	182	87	299	4	21.0	6.4	4.7	2.2	7.6	♦ 0.1
1988	711	199	183	91	238	–	16.9	4.7	4.4	2.2	5.7	–
1989	665	191	156	88	230	–	15.6	4.5	3.7	2.1	5.4	–
1990	704	173	155	87	289	–	16.6	4.1	3.7	2.1	6.8	–
Female – Féminin												
1983	562	151	116	51	243	1	15.8	4.2	3.3	1.4	6.8	♦ 0.0
1984	618	188	121	66	242	1	16.8	5.1	3.3	1.8	6.6	♦ 0.0
1988	483	131	98	59	195	–	12.3	3.3	2.5	1.5	4.9	–
1989	495	148	92	63	192	–	12.1	3.6	2.3	1.5	4.7	–
1990	546	140	115	77	214	–	13.8	3.5	2.9	1.9	5.4	–
Cuba												
Total												
1983	2 778	701	776	276	998	27	16.8	4.2	4.7	1.7	6.0	♦ 0.2
1984	2 496	648	749	238	828	33	15.0	3.9	4.5	1.4	5.0	0.2
1985	2 997	637	842	380	1 138	–	16.5	3.5	4.6	2.1	6.2	–
1986	2 262	509	657	285	811	–	13.6	3.1	4.0	1.7	4.9	–
1987	2 387	526	772	345	744	–	13.3	2.9	4.3	1.9	4.1	–
1988	2 235	447	698	373	717	–	11.9	2.4	3.7	2.0	3.8	–
1989	2 049	334	659	333	723	–	11.1	1.8	3.6	1.8	3.9	–
1990	2 004	271	591	341	801	–	10.7	1.5	3.2	1.8	4.3	–

19. Infant deaths and infant mortality rates by age, sex and urban/rural residence: 1983 – 1992 (continued)
Décès d'enfants de moins d'un an et taux de mortalité infantile selon l'âge, le sexe et la résidence, urbaine/rurale: 1983 – 1992 (suite)

(See notes at end of table. – Voir notes à la fin du tableau.)

Continent, country or area, year, sex and urban/rural residence / Continent, pays ou zone, année, sexe et résidence, urbaine/rurale	Age (in days – en jours)											
	Number – Nombre						Rate – Taux					
	−365	−1	1–6	7–27	28–364	Unknown Inconnu	−365	−1	1–6	7–27	28–364	Unknown Inconnu
AMERICA,NORTH—(Cont.–Suite) AMERIQUE DU NORD												
Cuba												
Male – Masculin												
1983	1 652	403	492	159	578	20	19.3	4.7	5.8	1.9	6.8	♦ 0.2
1984	1 434	370	443	129	479	13	16.8	4.3	5.2	1.5	5.6	♦ 0.2
1985	1 758	375	510	234	639	–	18.8	4.0	5.5	2.5	6.8	–
1986	1 329	298	404	167	460	–	15.6	3.5	4.7	2.0	5.4	–
1987	1 395	301	478	197	419	–	15.0	3.2	5.1	2.1	4.5	–
1988	1 286	250	432	221	383	–	13.1	2.5	4.4	2.2	3.9	–
1989	1 223	219	398	197	409	–	...	...	...	...	...	...
Female – Féminin												
1983	1 126	298	284	117	420	7	14.1	3.7	3.6	1.5	5.3	♦ 0.1
1984	1 062	278	306	109	349	20	13.1	3.4	3.8	1.3	4.3	♦ 0.2
1985	1 239	262	332	146	499	–	14.0	3.0	3.7	1.6	5.6	–
1986	933	211	253	118	351	–	11.5	2.6	3.1	1.5	4.3	–
1987	992	225	294	148	325	–	11.5	2.6	3.4	1.7	3.8	–
1988	949	197	266	152	334	–	10.6	2.2	3.0	1.7	3.7	–
1989	826	115	261	136	314	–	...	...	...	...	...	...
Dominica – Dominique +												
Total												
1987	30	8	9	4	9	–						
1988	16	6	6	–	4	–						
1989	28	13	7	2	6	–						
Male – Masculin												
1987	18	6	4	3	5	–						
1988	9	3	3	–	3	–						
1989	17	6	7	–	4	–						
Female – Féminin												
1987	12	2	5	1	4	–						
1988	7	3	3	–	1	–						
1989	11	7	–	2	2	–						
El Salvador												
Total												
1984	4 991	410	703	605	3 273	–	35.1	2.9	4.9	4.3	23.0	–
1985	4 540	405	682	555	2 898	–	32.2	2.9	4.8	3.9	20.6	–
1986	4 155	470	668	508	2 509	–	28.6	3.2	4.6	3.5	17.3	–
1987	4 192	398	553	482	2 759	–	28.3	2.7	3.7	3.2	18.6	–
1988	3 855	483	558	442	2 372	–	25.8	3.2	3.7	3.0	15.9	–
1989	3 797	447	527	379	2 444	–	25.0	2.9	3.5	2.5	16.1	–
Male – Masculin												
1984	2 777	237	401	333	1 806	–	38.3	3.3	5.5	4.6	24.9	–
1985	2 465	246	382	301	1 536	–	34.4	3.4	5.3	4.2	21.4	–
1986	2 291	254	347	295	1 395	–	30.9	3.4	4.7	4.0	18.8	–
1987	2 354	224	309	269	1 552	–	31.3	3.0	4.1	3.6	20.6	–
1988	2 140	245	336	245	1 314	–	28.0	3.2	4.4	3.2	17.2	–
1989	2 134	250	317	220	1 347	–	27.5	3.2	4.1	2.8	17.3	–
Female – Féminin												
1984	2 214	173	302	272	1 467	–	31.8	2.5	4.3	3.9	21.1	–
1985	2 075	159	300	254	1 362	–	30.0	2.3	4.3	3.7	19.7	–
1986	1 864	216	321	213	1 114	–	26.2	3.0	4.5	3.0	15.7	–
1987	1 838	174	244	213	1 207	–	25.1	2.4	3.3	2.9	16.5	–
1988	1 715	238	222	197	1 058	–	23.5	3.3	3.0	2.7	14.5	–
1989	1 663	197	210	159	1 097	–	22.4	2.7	2.8	2.1	14.8	–
Greenland – Groenland												
Total												
1983	39	10	2	2	25	–						
1984	30	17	2	2	9	–						
1985	28	14	3	1	10	–						
1986	25	8	4	1	12	–						
1987	29	9	8	1	11	–						
1989	26	10	4	2	10	–						
1990	41	14	11	–	16	–						

19. Infant deaths and infant mortality rates by age, sex and urban/rural residence: 1983 – 1992 (continued)
Décès d'enfants de moins d'un an et taux de mortalité infantile selon l'âge, le sexe et la résidence, urbaine/rurale: 1983 – 1992 (suite)

(See notes at end of table. – Voir notes à la fin du tableau.)

Continent, country or area, year, sex and urban/rural residence / Continent, pays ou zone, année, sexe et résidence, urbaine/rurale	Age (in days – en jours)											
	Number – Nombre						Rate – Taux					
	–365	–1	1–6	7–27	28–364	Unknown Inconnu	–365	–1	1–6	7–27	28–364	Unknown Inconnu
AMERICA, NORTH—(Cont.–Suite) AMERIQUE DU NORD												
Greenland – Groenland												
Male – Masculin												
1983	24	6	2	1	15	–						
1984	16	10	1	1	4	–						
1985	15	5	1	–	9	–						
1986	17	7	3	1	6	–						
1987	13	3	2	1	7	–						
1989	15	7	1	1	6	–						
1990	25	9	9	–	7	–						
Female – Féminin												
1983	15	4	–	1	10	–						
1984	14	7	1	1	5	–						
1985	13	9	2	1	1	–						
1986	8	1	1	–	6	–						
1987	16	6	6	–	4	–						
1989	11	3	3	1	4	–						
1990	16	5	2	–	9	–						
Guadeloupe [1]												
Total												
1984	115	9	38	29	39	–						
1985	103	15	20	38	30	–						
1986	98	8	32	28	30	–						
Male – Masculin												
1984	59	5	21	16	17	–						
1985	57	11	10	21	15	–						
1986	56	6	18	19	13	–						
Female – Féminin												
1984	56	4	17	13	22	–						
1985	46	4	10	17	15	–						
1986	42	2	14	9	17	–						
Guatemala												
Total												
1983	20 164	1 560	2 141	2 525	13 938	–	65.7	5.1	7.0	8.2	45.4	–
1984	17 283	1 473	2 018	2 469	11 323	–	55.4	4.7	6.5	7.9	36.3	–
1985	18 292	1 338	2 070	2 709	12 175	–	56.0	4.1	6.3	8.3	37.2	–
1986	18 138	1 326	2 053	2 686	12 073	–	56.8	4.2	6.4	8.4	37.8	–
1987	16 798	1 227	1 902	2 488	11 181	–	52.7	3.9	6.0	7.8	35.1	–
1988	15 892	1 162	1 799	2 354	10 577	–	46.6	3.4	5.3	6.9	31.0	–
Male – Masculin												
1983	11 068	896	1 205	1 397	7 570	–	70.6	5.7	7.7	8.9	48.3	–
1984	9 307	797	1 145	1 357	6 008	–	58.7	5.0	7.2	8.6	37.9	–
1985	10 157	745	1 232	1 524	6 656	–	60.7	4.4	7.4	9.1	39.7	–
1986	9 982	738	1 222	1 511	6 511	–	61.0	4.5	7.5	9.2	39.8	–
1987	9 248	683	1 132	1 400	6 033	–	56.8	4.2	7.0	8.6	37.1	–
1988	8 660	647	1 071	1 324	5 618	–	50.0	3.7	6.2	7.6	32.4	–
Female – Féminin												
1983	9 096	664	936	1 128	6 368	–	60.6	4.4	6.2	7.5	42.5	–
1984	7 976	676	873	1 112	5 315	–	51.9	4.4	5.7	7.2	34.6	–
1985	8 135	593	838	1 185	5 519	–	51.0	3.7	5.3	7.4	34.6	–
1986	8 156	588	831	1 175	5 562	–	52.4	3.8	5.3	7.5	35.7	–
1987	7 550	544	770	1 088	5 148	–	48.4	3.5	4.9	7.0	33.0	–
1988	7 232	515	728	1 030	4 959	–	43.0	3.1	4.3	6.1	29.5	–
Martinique [1]												
Total												
1984	59	4	17	18	20	–						
1987	63	7	16	–	23	17						
1988	55	1	15	–	29	10						
1990	46	11	13	8	14	–						
Male – Masculin												
1984	34	3	12	10	9	–						
1987	29	3	8	–	12	6						
1988	22	–	7	–	11	4						
1990	21	4	6	3	8	–						

19. Infant deaths and infant mortality rates by age, sex
and urban/rural residence: 1983 – 1992 (continued)
Décès d'enfants de moins d'un an et taux de mortalité infantile selon l'âge, le sexe et
la résidence, urbaine/rurale: 1983 – 1992 (suite)

(See notes at end of table. – Voir notes à la fin du tableau.)

Continent, country or area, year, sex and urban/rural residence / Continent, pays ou zone, année, sexe et résidence, urbaine/rurale	Age (in days – en jours)											
	Number – Nombre						Rate – Taux					
	–365	–1	1–6	7–27	28–364	Unknown Inconnu	–365	–1	1–6	7–27	28–364	Unknown Inconnu
AMERICA, NORTH—(Cont.–Suite)												
AMERIQUE DU NORD												
Martinique [1]												
Female – Féminin												
1984	25	1	5	8	11	–						
1987	34	4	8	–	11	11						
1988	33	1	8	–	18	6						
1990	25	7	7	5	6	–						
Mexico – Mexique +												
Total [2]												
1983	78 545	7 875	16 600	9 986	44 084	–	30.1	3.0	6.4	3.8	16.9	–
1984	73 238	5 368	16 321	10 017	41 532	–	29.2	2.1	6.5	4.0	16.5	–
1985	66 639	6 539	13 025	8 977	38 098	–	25.1	2.5	4.9	3.4	14.3	–
1986	60 516	6 436	12 437	8 023	33 620	–	23.5	2.5	4.8	3.1	13.0	–
1987	61 347	6 795	12 165	8 096	34 291	–	22.0	2.4	4.4	2.9	12.3	–
1988	61 809	9 213	11 408	7 143	32 097	1 948	23.6	3.5	4.3	2.7	12.2	0.7
1989	67 315	12 224	11 854	7 736	35 212	289	25.7	4.7	4.5	3.0	13.4	0.1
1990	65 497	12 195	11 944	7 364	33 749	245	23.9	4.5	4.4	2.7	12.3	0.1
Male – Masculin												
1983	43 684	4 502	9 563	5 574	24 045	–	33.2	3.4	7.3	4.2	18.3	–
1984	40 199	2 912	9 411	5 579	22 297	–	31.8	2.3	7.4	4.4	17.6	–
1985	36 618	3 728	7 531	4 925	20 434	–	27.5	2.8	5.7	3.7	15.3	–
1986	32 850	3 272	7 133	4 408	18 037	–	25.2	2.5	5.5	3.4	13.8	–
1987	34 021	3 869	7 069	4 524	18 559	–	...	...	...	...	...	...
1988	34 856	5 292	6 623	4 039	17 789	1 113	26.2	4.0	5.0	3.0	13.4	0.8
1989	37 772	6 946	6 935	4 410	19 322	159	28.5	5.2	5.2	3.3	14.6	0.1
1990	36 766	6 840	6 999	4 207	18 581	139	26.7	5.0	5.1	3.1	13.5	0.1
Female – Féminin												
1983	34 225	3 278	6 901	4 324	19 722	–	26.6	2.5	5.4	3.4	15.3	–
1984	32 409	2 398	6 775	4 352	18 884	–	26.1	1.9	5.5	3.5	15.2	–
1985	29 279	2 721	5 324	3 967	17 267	–	22.5	2.1	4.1	3.0	13.3	–
1986	26 250	2 438	5 128	3 520	15 164	–	20.7	1.9	4.0	2.8	11.9	–
1987	26 665	2 848	4 963	3 486	15 368	–	...	...	...	...	...	...
1988	26 456	3 767	4 686	3 054	14 160	789	20.5	2.9	3.6	2.4	11.0	0.6
1989	29 070	5 118	4 812	3 287	15 732	121	22.5	4.0	3.7	2.5	12.2	0.1
1990	28 399	5 245	4 860	3 122	15 072	100	20.9	3.9	3.6	2.3	11.1	0.1
Panama [4]												
Total												
1983	1 128	246	263	128	491	–	20.4	4.5	4.8	2.3	8.9	–
1984	1 134	269	292	158	415	–	20.0	4.7	5.2	2.8	7.3	–
1985	1 264	289	326	155	494	–	21.8	5.0	5.6	2.7	8.5	–
1986	1 117	235	300	128	454	–	19.4	4.1	5.2	2.2	7.9	–
1987	1 121	262	277	127	455	–	19.4	4.5	4.8	2.2	7.9	–
1988	1 088	227	312	151	398	–	18.6	3.9	5.3	2.6	6.8	–
1989	1 047	261	287	133	366	–	17.7	4.4	4.9	2.3	6.2	–
1990	1 133	249	329	142	413	–	18.9	4.2	5.5	2.4	6.9	–
Male – Masculin												
1983	624	147	150	71	256	–	21.9	5.2	5.3	2.5	9.0	–
1984	624	158	154	90	222	–	21.5	5.5	5.3	3.1	7.7	–
1985	688	155	174	86	273	–	23.2	5.2	5.9	2.9	9.2	–
1986	640	144	178	70	248	–	21.5	4.8	6.0	2.4	8.3	–
1987	641	150	173	70	248	–	21.7	5.1	5.9	2.4	8.4	–
1988	611	126	189	83	213	–	20.2	4.2	6.2	2.7	7.0	–
1989	606	148	175	84	199	–	20.0	4.9	5.8	2.8	6.6	–
1990	623	128	193	84	218	–	20.4	4.2	6.3	2.8	7.1	–
Female – Féminin												
1983	504	99	113	57	235	–	18.8	3.7	4.2	2.1	8.8	–
1984	510	111	138	68	193	–	18.4	4.0	5.0	2.5	7.0	–
1985	576	134	152	69	221	–	20.3	4.7	5.4	2.4	7.8	–
1986	477	91	122	58	206	–	17.1	3.3	4.4	2.1	7.4	–
1987	480	112	104	57	207	–	17.1	4.0	3.7	2.0	7.4	–
1988	477	101	123	68	185	–	16.9	3.6	4.4	2.4	6.6	–
1989	441	113	112	49	167	–	15.3	3.9	3.9	1.7	5.8	–
1990	510	121	136	58	195	–	17.3	4.1	4.6	2.0	6.6	–

19. Infant deaths and infant mortality rates by age, sex and urban/rural residence: 1983 – 1992 (continued)
Décès d'enfants de moins d'un an et taux de mortalité infantile selon l'âge, le sexe et la résidence, urbaine/rurale: 1983 – 1992 (suite)

(See notes at end of table. – Voir notes à la fin du tableau.)

| Continent, country or area, year, sex and urban/rural residence / Continent, pays ou zone, année, sexe et résidence, urbaine/rurale | Age (in days – en jours) | | | | | | | | | | | |
| | Number – Nombre | | | | | | Rate – Taux | | | | | |
	–365	–1	1–6	7–27	28–364	Unknown Inconnu	–365	–1	1–6	7–27	28–364	Unknown Inconnu
AMERICA,NORTH—(Cont.–Suite) AMERIQUE DU NORD												
Puerto Rico – Porto Rico												
Total [2]												
1983	1 140	387	396	132	222	3	17.3	5.9	6.0	2.0	3.4	♦ 0.0
1984	991	336	314	136	200	5						
1985	947	306	312	149	179	1						
1987	916	253	274	158	231	–						
1988	810	220	268	130	192	–						
1989	952	272	317	155	206	2						
1991	841	245	247	133	215	1						
Male – Masculin												
1983	670	225	239	73	131	2	19.8	6.6	7.0	2.2	3.9	♦ 0.1
1984	540	186	175	75	103	1						
1985	517	173	174	75	94	1						
1987	516	142	169	81	124	–						
1988	461	121	151	75	114	–						
1989	545	152	190	80	122	1						
1991	477	137	149	76	114	1						
Female – Féminin												
1983	470	162	157	59	91	1	14.8	5.1	4.9	1.9	2.9	♦ 0.0
1984	451	150	139	61	97	4						
1985	429	132	138	74	85	–						
1987	397	108	105	77	107	–						
1988	347	98	116	55	78	–						
1989	407	120	127	75	84	1						
1991	364	108	98	57	101	–						
Saint Kitts and Nevis – Saint–Kitts–et–Nevis +												
Total												
1983	45	11	8	3	20	3						
1984	31	6	13	2	10	–						
1985	31	10	8	3	10	–						
1986	40	16	13	–	11	–						
1988	24	7	7	1	9	–						
1989	22	5	–	–	17	–						
Male – Masculin												
1983	29	8	5	1	12	3						
1984	16	3	9	–	4	–						
1985	16	7	4	2	3	–						
1986	21	11	6	–	4	–						
1988	17	5	5	1	6	–						
1989	15	2	–	–	13	–						
Female – Féminin												
1983	16	3	3	2	8	–						
1984	15	3	4	2	6	–						
1985	15	3	4	1	7	–						
1986	19	5	7	–	7	–						
1988	7	2	2	–	3	–						
1989	7	3	–	–	4	–						
Saint Lucia – Sainte–Lucie												
Total												
1983	105	30	37	9	29	–						
1984	71	19	28	2	22	–						
1985	·)	31	33	8	28	–						
1986	84	15	37	4	28	–						
Male – Masculin												
1983	55	18	17	4	16	–						
1984	42	10	19	1	12	–						
1985	53	15	17	4	17	–						
1986	48	ŕ	23	1	16	–						
Female – Féminin												
1983	50	12	20	5	13	–						
1984	29	9	9	1	10	–						
1985	47	16	16	4	11	–						
1986	36	7	14	3	12	–						

19. Infant deaths and infant mortality rates by age, sex and urban/rural residence: 1983 – 1992 (continued)
Décès d'enfants de moins d'un an et taux de mortalité infantile selon l'âge, le sexe et la résidence, urbaine/rurale: 1983 – 1992 (suite)

(See notes at end of table. – Voir notes à la fin du tableau.)

Continent, country or area, year, sex and urban/rural residence / Continent, pays ou zone, année, sexe et résidence, urbaine/rurale	Age (in days – en jours)											
	Number – Nombre						Rate – Taux					
	–365	–1	1–6	7–27	28–364	Unknown Inconnu	–365	–1	1–6	7–27	28–364	Unknown Inconnu
AMERICA,NORTH—(Cont.–Suite) AMERIQUE DU NORD												
St. Vincent and the Grenadines – Saint–Vincent et–Grenadines + Total	–											
1988	55	14	11	7	23	–						
Male – Masculin												
1988	35	10	8	4	13	–						
Female – Féminin												
1988	20	4	3	3	10	–						
Trinidad and Tobago – Trinité–et–Tobago Total												
1983	420	105	77	47	191	–						
1984	434	124	108	55	146	1						
1987	332	95	84	*—	153 —*	–						
1988	357	92	112	*—	153 —*	–						
1989	255	58	63	*—	134 —*	–						
Male – Masculin												
1983	241	55	44	28	114	–						
1984	241	68	66	28	79	–						
1987	185	53	50	*—	82 —*	–						
1988	214	49	69	*—	96 —*	–						
1989	154	35	38	*—	81 —*	–						
Female – Féminin												
1983	179	50	33	19	77	–						
1984	193	56	42	27	67	1						
1987	147	42	34	*—	71 —*	–						
1988	143	43	43	*—	57 —*	–						
1989	101	23	25	*—	53 —*	–						
United States – Etats–Unis Total												
1983	40 627	15 526	6 789	4 192	14 120	–	11.2	4.3	1.9	1.2	3.9	–
1984	39 580	15 089	6 477	4 125	13 889	–	10.8	4.1	1.8	1.1	3.8	–
1985	40 030	14 962	6 903	4 314	13 851	–	10.6	4.0	1.8	1.1	3.7	–
1986	38 891	14 585	6 468	4 159	13 679	–	10.4	3.9	1.7	1.1	3.6	–
1987	38 408	14 336	6 135	4 156	13 781	–	10.1	3.8	1.6	1.1	3.6	–
1988	38 910	14 231	6 240	4 219	14 220	–	10.0	3.6	1.6	1.1	3.6	–
Male – Masculin												
1983	22 969	8 691	3 916	2 342	8 020	–	12.3	4.7	2.1	1.3	4.3	–
1984	22 359	8 338	3 710	2 352	7 959	–	11.9	4.4	2.0	1.3	4.2	–
1985	22 958	8 429	4 055	2 464	8 010	–	11.9	4.4	2.1	1.3	4.2	–
1986	22 224	8 155	3 814	2 305	7 950	–	11.5	4.2	2.0	1.2	4.1	–
1987	21 798	7 960	3 598	2 314	7 926	–	11.2	4.1	1.8	1.2	4.1	–
1988	22 007	7 975	3 560	2 376	8 096	–	11.0	4.0	1.8	1.2	4.0	–
Female – Féminin												
1983	17 658	6 835	2 873	1 850	6 100	–	10.0	3.9	1.6	1.0	3.4	–
1984	17 221	6 751	2 767	1 773	5 930	–	9.6	3.8	1.5	1.0	3.3	–
1985	17 072	6 533	2 848	1 850	5 841	–	9.3	3.6	1.6	1.0	3.2	–
1986	16 667	6 430	2 654	1 854	5 729	–	9.1	3.5	1.4	1.0	3.1	–
1987	16 610	6 376	2 537	1 842	5 855	–	8.9	3.4	1.4	1.0	3.1	–
1988	16 903	6 256	2 680	1 843	6 124	–	8.9	3.3	1.4	1.0	3.2	–
United States Virgin Islands – Iles Vierges américaines Total												
1985	43	27	9	1	6	–						
1987	46	28	12	2	4	–						
1988	29	21	5	1	2	–						
1989	31	19	7	2	3	–						
1990	33	18	5	1	9	–						

19. Infant deaths and infant mortality rates by age, sex and urban/rural residence: 1983 – 1992 (continued)
Décès d'enfants de moins d'un an et taux de mortalité infantile selon l'âge, le sexe et la résidence, urbaine/rurale: 1983 – 1992 (suite)

(See notes at end of table. – Voir notes à la fin du tableau.)

Continent, country or area, year, sex and urban/rural residence / Continent, pays ou zone, année, sexe et résidence, urbaine/rurale	Age (in days – en jours)											
	Number – Nombre						Rate – Taux					
	–365	–1	1–6	7–27	28–364	Unknown Inconnu	–365	–1	1–6	7–27	28–364	Unknown Inconnu
AMERICA,NORTH—(Cont.–Suite) **AMERIQUE DU NORD**												
United States Virgin Islands – Iles Vierges américaines												
Male – Masculin												
1985	27	20	4	1	2	–						
1987	28	16	9	1	2	–						
1988	16	11	3	–	2	–						
1989	19	11	5	2	1	–						
1990	19	10	3	–	6	–						
Female – Féminin												
1985	16	7	5	–	4	–						
1987	18	12	3	1	2	–						
1988	13	10	2	1	–	–						
1989	12	8	2	–	2	–						
1990	14	8	2	1	3	–						
AMERICA,SOUTH— **AMERIQUE DU SUD**												
Argentina – Argentine												
Total												
1983	19 478	4 222	4 552	2 137	8 567	–	29.7	6.4	6.9	3.3	13.1	–
1984	19 307	4 250	4 724	2 245	8 088	–	30.4	6.7	7.4	3.5	12.7	–
1985	17 034	4 068	4 569	2 022	6 375	–	26.2	6.2	7.0	3.1	9.8	–
1986	18 163	4 240	4 949	2 245	6 245	484	26.9	6.3	7.3	3.3	9.2	0.7
1987	17 743	3 983	4 906	2 127	6 332	395	26.6	6.0	7.3	3.2	9.5	0.6
1988	17 564	3 672	4 917	2 129	6 490	356	25.8	5.4	7.2	3.1	9.5	0.5
1989	17 127	3 771	4 706	1 950	6 354	346	25.7	5.7	7.1	2.9	9.5	0.5
1990	17 348	3 922	4 644	2 040	6 364	378	25.6	5.8	6.8	3.0	9.4	0.6
Male – Masculin												
1983	11 061	2 432	2 669	1 217	4 743	–	33.0	7.3	8.0	3.6	14.2	–
1984	10 819	2 438	2 691	1 259	4 431	–	33.2	7.5	8.3	3.9	13.6	–
1985	9 688	2 340	2 706	1 132	3 510	–	29.0	7.0	8.1	3.4	10.5	–
1986	10 260	2 368	2 854	1 294	3 476	268	29.6	6.8	8.2	3.7	10.0	0.8
1987	10 045	2 252	2 843	1 188	3 526	236	29.3	6.6	8.3	3.5	10.3	0.7
1988	10 057	2 133	2 885	1 216	3 626	197	28.8	6.1	8.2	3.5	10.4	0.6
1989	9 689	2 145	2 733	1 079	3 537	195	28.3	6.3	8.0	3.1	10.3	0.6
1990	9 808	2 277	2 676	1 143	3 503	209	28.2	6.5	7.7	3.3	10.1	0.6
Female – Féminin												
1983	8 417	1 790	1 883	920	3 824	–	26.2	5.6	5.9	2.9	11.9	–
1984	8 488	1 812	2 033	986	3 657	–	27.4	5.8	6.6	3.2	11.8	–
1985	7 346	1 728	1 863	890	2 865	–	23.2	5.5	5.9	2.8	9.1	–
1986	7 903	1 872	2 095	951	2 769	216	24.1	5.7	6.4	2.9	8.4	0.7
1987	7 698	1 731	2 063	939	2 806	159	23.6	5.3	6.3	2.9	8.6	0.5
1988	7 507	1 539	2 032	913	2 864	159	22.7	4.6	6.1	2.8	8.7	0.5
1989	7 438	1 626	1 973	871	2 817	151	22.9	5.0	6.1	2.7	8.7	0.5
1990	7 540	1 645	1 968	897	2 861	169	22.8	5.0	6.0	2.7	8.7	0.5
Brazil – Brésil [5]												
Total												
1983	154 488	19 705	25 997	20 237	88 549	–	57.0	7.3	9.6	7.5	32.7	–
1984	155 818	19 303	23 868	18 741	93 906	–	60.9	7.5	9.3	7.3	36.7	–
1985	128 795	18 588	23 045	16 633	70 529	–	49.2	7.1	8.8	6.3	26.9	–
1986	131 697	18 957	22 426	16 622	73 692	–	47.4	6.8	8.1	6.0	26.5	–
1987	120 455	18 258	21 842	15 300	65 055	–	45.3	6.9	8.2	5.7	24.4	–
1988	116 376	17 866	20 889	14 369	63 252	–	41.4	6.4	7.4	5.1	22.5	–
1989	103 091	17 287	19 463	12 846	53 495	–	39.9	6.7	7.5	5.0	20.7	–
1990	94 739	16 596	17 798	11 009	49 336	–	39.1	6.9	7.4	4.5	20.4	–

19. Infant deaths and infant mortality rates by age, sex and urban/rural residence: 1983 – 1992 (continued)
Décès d'enfants de moins d'un an et taux de mortalité infantile selon l'âge, le sexe et la résidence, urbaine/rurale: 1983 – 1992 (suite)

(See notes at end of table. – Voir notes à la fin du tableau.)

Continent, country or area, year, sex and urban/rural residence	Age (in days – en jours)											
	Number – Nombre						Rate – Taux					
Continent, pays ou zone, année, sexe et résidence, urbaine/rurale	−365	−1	1–6	7–27	28–364	Unknown Inconnu	−365	−1	1–6	7–27	28–364	Unknown Inconnu
AMERICA, SOUTH—(Cont.–Suite) AMERIQUE DU SUD												
Brazil – Brésil [5]												
Male – Masculin												
1983	88 184	11 362	15 335	11 752	49 735	–	63.7	8.2	11.1	8.5	35.9	–
1984	88 782	11 220	14 050	10 821	52 691	–	67.9	8.6	10.7	8.3	40.3	–
1985	73 709	10 822	13 641	9 690	39 556	–	55.0	8.1	10.2	7.2	29.5	–
1986	75 286	10 970	13 360	9 565	41 391	–	53.1	7.7	9.4	6.7	29.2	–
1987	68 483	10 538	12 959	8 612	36 374	–	50.4	7.8	9.5	6.3	26.8	–
1988	66 398	10 258	12 286	8 297	35 557	–	46.4	7.2	8.6	5.8	24.8	–
1989	59 011	9 991	11 545	7 365	30 110	–	44.8	7.6	8.8	5.6	22.9	–
1990	54 032	9 435	10 475	6 295	27 827	–	43.8	7.6	8.5	5.1	22.5	–
Female – Féminin												
1983	66 304	8 343	10 662	8 485	38 814	–	50.0	6.3	8.0	6.4	29.3	–
1984	67 036	8 083	9 818	7 920	41 215	–	53.6	6.5	7.8	6.3	32.9	–
1985	55 086	7 766	9 404	6 943	30 973	–	43.0	6.1	7.3	5.4	24.2	–
1986	56 411	7 987	9 066	7 057	32 301	–	41.4	5.9	6.7	5.2	23.7	–
1987	51 972	7 720	8 883	6 688	28 681	–	39.9	5.9	6.8	5.1	22.0	–
1988	49 978	7 608	8 603	6 072	27 695	–	36.3	5.5	6.2	4.4	20.1	–
1989	44 080	7 296	7 918	5 481	23 385	–	34.9	5.8	6.3	4.3	18.5	–
1990	40 707	7 161	7 323	4 714	21 509	–	34.3	6.0	6.2	4.0	18.1	–
Chile – Chili												
Total												
1983	5 705	1 059	1 032	708	2 906	–	21.9	4.1	4.0	2.7	11.1	–
1984	5 182	1 008	853	588	2 733	–	19.6	3.8	3.2	2.2	10.3	–
1985	5 105	1 161	881	540	2 523	–	19.5	4.4	3.4	2.1	9.6	–
1986	5 220	1 224	876	555	2 565	–	19.1	4.5	3.2	2.0	9.4	–
1987	5 182	1 193	935	563	2 491	–	18.5	4.3	3.3	2.0	8.9	–
1988	5 598	1 228	975	611	2 784	–	18.9	4.1	3.3	2.1	9.4	–
1989	5 183	1 251	927	589	2 416	–	17.1	4.1	3.1	1.9	8.0	–
1990	4 915	1 175	903	530	2 307	–	16.8	4.0	3.1	1.8	7.9	–
1991	4 384	1 083	819	458	2 024	–	15.4	3.8	2.9	1.6	7.1	–
Male – Masculin												
1983	3 160	574	583	403	1 600	–	23.8	4.3	4.4	3.0	12.1	–
1984	2 927	559	474	335	1 559	–	21.6	4.1	3.5	2.5	11.5	–
1985	2 777	630	510	297	1 340	–	20.8	4.7	3.8	2.2	10.0	–
1986	2 976	687	512	311	1 466	–	21.3	4.9	3.7	2.2	10.5	–
1987	2 907	663	541	309	1 394	–	20.3	4.6	3.8	2.2	9.7	–
1988	3 128	694	573	324	1 537	–	20.6	4.6	3.8	2.1	10.1	–
1989	2 890	692	517	340	1 341	–	18.6	4.4	3.3	2.2	8.6	–
1990	2 767	659	522	295	1 291	–	18.4	4.4	3.5	2.0	8.6	–
1991	2 442	607	466	248	1 121	–	16.8	4.2	3.2	1.7	7.7	–
Female – Féminin												
1983	2 545	485	449	305	1 306	–	19.9	3.8	3.5	2.4	10.2	–
1984	2 255	449	379	253	1 174	–	17.4	3.5	2.9	2.0	9.1	–
1985	2 328	531	371	243	1 183	–	18.1	4.1	2.9	1.9	9.2	–
1986	2 244	537	364	244	1 099	–	16.8	4.0	2.7	1.8	8.2	–
1987	2 275	530	394	254	1 097	–	16.7	3.9	2.9	1.9	8.0	–
1988	2 470	534	402	287	1 247	–	17.1	3.7	2.8	2.0	8.6	–
1989	2 293	559	410	249	1 075	–	15.5	3.8	2.8	1.7	7.3	–
1990	2 148	516	381	235	1 016	–	15.1	3.6	2.7	1.7	7.1	–
1991	1 942	476	353	210	903	–	14.0	3.4	2.5	1.5	6.5	–
Colombia – Colombie + [6]												
Total												
1985	17 944	2 805	3 445	2 168	9 526	–	21.5	3.4	4.1	2.6	11.4	–
1986	16 185	2 428	3 210	2 097	8 450	–	17.4	2.6	3.4	2.2	9.1	–
Male – Masculin												
1985	10 133	1 617	2 033	1 239	5 244	–	24.0	3.8	4.8	2.9	12.4	–
1986	9 086	1 355	1 909	1 163	4 659	–	19.2	2.9	4.0	2.5	9.9	–
Female – Féminin												
1985	7 811	1 188	1 412	929	4 282	–	18.9	2.9	3.4	2.2	10.4	–
1986	7 099	1 073	1 301	934	3 791	–	15.4	2.3	2.8	2.0	8.2	–

19. Infant deaths and infant mortality rates by age, sex
and urban/rural residence: 1983 – 1992 (continued)
Décès d'enfants de moins d'un an et taux de mortalité infantile selon l'âge, le sexe et
la résidence, urbaine/rurale: 1983 – 1992 (suite)

(See notes at end of table. – Voir notes à la fin du tableau.)

Continent, country or area, year, sex and urban/rural residence / Continent, pays ou zone, année, sexe et résidence, urbaine/rurale	Age (in days – en jours)											
	Number – Nombre						Rate – Taux					
	–365	–1	1–6	7–27	28–364	Unknown Inconnu	–365	–1	1–6	7–27	28–364	Unknown Inconnu
AMERICA,SOUTH—(Cont.–Suite) AMERIQUE DU SUD												
Ecuador – Equateur [7]												
Total												
1984	11 161	772	1 655	1 599	7 135	–	54.1	3.7	8.0	7.8	34.6	–
1985	10 615	885	1 782	1 492	6 456	–	50.6	4.2	8.5	7.1	30.7	–
1986	10 372	915	1 644	1 427	6 386	–	50.4	4.4	8.0	6.9	31.0	–
1987	9 761	916	1 454	1 407	5 984	–	47.7	4.5	7.1	6.9	29.3	–
1988	9 443	966	1 408	1 384	5 685	–	44.7	4.6	6.7	6.5	26.9	–
1989	8 851	1 027	1 497	1 240	5 087	–	44.2	5.1	7.5	6.2	25.4	–
1990	7 977	924	1 186	1 156	4 711	–	39.5	4.6	5.9	5.7	23.4	–
Male – Masculin												
1984	6 089	437	972	887	3 793	–	57.8	4.1	9.2	8.4	36.0	–
1985	5 934	499	1 046	866	3 523	–	55.6	4.7	9.8	8.1	33.0	–
1986	5 752	533	967	811	3 441	–	55.1	5.1	9.3	7.8	33.0	–
1987	5 416	542	860	772	3 242	–	52.1	5.2	8.3	7.4	31.2	–
1988	5 257	553	821	757	3 126	–	48.8	5.1	7.6	7.0	29.0	–
1989	4 908	611	871	693	2 733	–	48.1	6.0	8.5	6.8	26.8	–
1990	4 365	524	674	615	2 552	–	...	...	...	...	...	...
Female – Féminin												
1984	5 072	335	683	712	3 342	–	50.2	3.3	6.8	7.1	33.1	–
1985	4 681	386	736	626	2 933	–	45.4	3.7	7.1	6.1	28.4	–
1986	4 620	382	677	616	2 945	–	45.6	3.8	6.7	6.1	29.0	–
1987	4 345	374	594	635	2 742	–	43.2	3.7	5.9	6.3	27.3	–
1988	4 186	413	587	627	2 559	–	40.4	4.0	5.7	6.1	24.7	–
1989	3 943	416	626	547	2 354	–	40.3	4.2	6.4	5.6	24.0	–
1990	3 612	400	512	541	2 159	–	...	...	...	...	...	...
Paraguay												
Total												
1983	1 917	*—	497 —*	292	1 128	–	58.7	*—	15.2 —*	8.9	34.5	–
1984	1 796	*—	437 —*	214	1 145	–	44.4	*—	10.8 —*	5.3	28.3	–
1985	2 060	*—	543 —*	270	1 247	–	51.5	*—	13.6 —*	6.8	31.2	–
Male – Masculin												
1983	1 048	*—	293 —*	173	582	–	61.7	*—	17.3 —*	10.2	34.3	–
1984	958	*—	239 —*	120	599	–	46.1	*—	11.5 —*	5.8	28.8	–
1985	1 146	*—	322 —*	152	672	–	55.6	*—	15.6 —*	7.4	32.6	–
Female – Féminin												
1983	869	*—	204 —*	119	546	–	55.4	*—	13.0 —*	7.6	34.8	–
1984	838	*—	198 —*	94	546	–	42.5	*—	10.0 —*	4.8	27.7	–
1985	914	*—	221 —*	118	575	–	47.2	*—	11.4 —*	6.1	29.7	–
Uruguay +												
Total [2]												
1983	1 525	452	313	179	581	–	28.6	8.5	5.9	3.4	10.9	–
1984	1 605	485	241	221	658	–	30.1	9.1	4.5	4.1	12.3	–
1985	1 579	376	337	209	516	141	29.4	7.0	6.3	3.9	9.6	2.6
1987	1 275	334	270	164	507	–	23.9	6.3	5.1	3.1	9.5	–
1988	1 174	355	223	137	459	–	21.0	6.4	4.0	2.5	8.2	–
1989	1 172	319	233	145	475	–	21.2	5.8	4.2	2.6	8.6	–
1990*	1 152	297	195	157	503	–	20.6	5.3	3.5	2.8	9.0	–
Male – Masculin												
1983	889	268	191	100	330	–	32.3	9.7	6.9	3.6	12.0	–
1984	893	268	139	137	349	–	32.4	9.7	5.0	5.0	12.7	–
1985	899	209	195	128	278	89	32.6	7.6	7.1	4.6	10.1	3.2
1987	716	192	149	102	273	–	26.2	7.0	5.4	3.7	10.0	–
1988	677	196	129	79	273	–	23.8	6.9	4.5	2.8	9.6	–
1989	670	186	140	82	262	–	...	...	...	...	...	...
1990*	652	159	124	97	272	–	...	...	...	...	...	...
Female – Féminin												
1983	635	183	122	79	251	–	24.6	7.1	4.7	3.1	9.7	–
1984	710	216	102	83	309	–	27.5	8.4	3.9	3.2	12.0	–
1985	675	162	142	81	238	52	25.8	6.2	5.4	3.1	9.1	2.0
1987	552	139	119	62	232	–	21.2	5.3	4.6	2.4	8.9	–
1988	488	151	94	57	186	–	17.8	5.5	3.4	2.1	6.8	–
1989	495	128	91	63	213	–	...	...	...	...	...	...
1990*	496	132	68	67	229	–	...	...	...	...	...	...

19. Infant deaths and infant mortality rates by age, sex and urban/rural residence: 1983 – 1992 (continued)
Décès d'enfants de moins d'un an et taux de mortalité infantile selon l'âge, le sexe et la résidence, urbaine/rurale: 1983 – 1992 (suite)

(See notes at end of table. – Voir notes à la fin du tableau.)

Continent, country or area, year, sex and urban/rural residence / Continent, pays ou zone, année, sexe et résidence, urbaine/rurale	Age (in days – en jours)											
	Number – Nombre						Rate – Taux					
	–365	–1	1–6	7–27	28–364	Unknown Inconnu	–365	–1	1–6	7–27	28–364	Unknown Inconnu
AMERICA, SOUTH—(Cont.–Suite) AMERIQUE DU SUD												
Venezuela [5]												
Total												
1983	13 536	*———	7 410	———*	6 126	–	26.3	*———	14.4	———*	11.9	–
1984	13 740	*———	7 463	———*	6 277	–	27.3	*———	14.8	———*	12.5	–
1985	13 105	*———	7 390	———*	5 715	–	26.1	*———	14.7	———*	11.4	–
1986	12 457	*———	7 212	———*	5 245	–	24.7	*———	14.3	———*	10.4	–
1987	12 247	*———	7 458	———*	4 789	–	23.7	*———	14.4	———*	9.3	–
1988	11 253	*———	6 981	———*	4 272	–	21.5	*———	13.4	———*	8.2	–
1989	12 322	*———	7 413	———*	4 909	–	23.3	*———	14.0	———*	9.3	–
1990	13 999	*———	7 609	———*	6 390	–	24.2	*———	13.2	———*	11.1	–
1991	12 162	*———	7 481	———*	4 681	–	20.2	*———	12.4	———*	7.8	–
Male – Masculin												
1983	7 709	*———	4 308	———*	3 401	–	29.4	*———	16.4	———*	13.0	–
1984	7 856	*———	4 321	———*	3 535	–	30.5	*———	16.8	———*	13.7	–
1985	7 483	*———	4 340	———*	3 143	–	29.1	*———	16.9	———*	12.2	–
1986	7 112	*———	4 183	———*	2 929	–	27.6	*———	16.2	———*	11.4	–
1987	6 940	*———	4 311	———*	2 629	–	26.3	*———	16.3	———*	10.0	–
1988	6 450	*———	4 099	———*	2 351	–	24.2	*———	15.4	———*	8.8	–
1989	7 137	*———	4 394	———*	2 743	–	26.5	*———	16.3	———*	10.2	–
1990	7 975	*———	4 437	———*	3 538	–	26.9	*———	15.0	———*	11.9	–
1991	6 987	*———	4 377	———*	2 610	–	22.2	*———	13.9	———*	8.3	–
Female – Féminin												
1983	5 827	*———	3 102	———*	2 725	–	23.1	*———	12.3	———*	10.8	–
1984	5 884	*———	3 142	———*	2 742	–	23.9	*———	12.7	———*	11.1	–
1985	5 622	*———	3 050	———*	2 572	–	22.9	*———	12.4	———*	10.5	–
1986	5 345	*———	3 029	———*	2 316	–	21.7	*———	12.3	———*	9.4	–
1987	5 307	*———	3 147	———*	2 160	–	21.0	*———	12.4	———*	8.5	–
1988	4 803	*———	2 882	———*	1 921	–	18.8	*———	11.3	———*	7.5	–
1989	5 185	*———	3 019	———*	2 166	–	20.0	*———	11.6	———*	8.3	–
1990	6 024	*———	3 172	———*	2 852	–	21.4	*———	11.3	———*	10.1	–
1991	5 175	*———	3 104	———*	2 071	–	18.0	*———	10.8	———*	7.2	–
ASIA—ASIE												
Hong Kong – Hong–kong [8]												
Total [2]												
1983	822	63	410	105	244	–						
1984	683	48	330	110	195	–						
1985	572	23	269	80	200	–						
1986	554	44	253	82	175	–						
1987	515	36	219	85	175	–						
1988	559	36	226	87	210	–						
1989	517	50	190	93	184	–						
1990	419	38	171	52	158	–						
Male – Masculin												
1983	450	34	243	61	112	–						
1984	378	23	180	63	112	–						
1985	320	14	146	48	112	–						
1986	293	28	140	45	80	–						
1987	283	20	119	42	102	–						
1988	318	24	133	43	118	–						
1989	281	30	101	51	99	–						
1990	244	20	105	35	84	–						
Female – Féminin												
1983	370	29	166	43	132	–						
1984	301	24	147	47	83	–						
1985	249	9	120	32	88	–						
1986	259	16	112	37	94	–						
1987	231	16	99	43	73	–						
1988	238	12	90	44	92	–						
1989	234	20	87	42	85	–						
1990	171	18	62	17	74	–						

19. Infant deaths and infant mortality rates by age, sex and urban/rural residence: 1983 – 1992 (continued)
Décès d'enfants de moins d'un an et taux de mortalité infantile selon l'âge, le sexe et la résidence, urbaine/rurale: 1983 – 1992 (suite)

(See notes at end of table. – Voir notes à la fin du tableau.)

Continent, country or area, year, sex and urban/rural residence / Continent, pays ou zone, année, sexe et résidence, urbaine/rurale	Age (in days – en jours)											
	Number – Nombre						Rate – Taux					
	–365	–1	1–6	7–27	28–364	Unknown Inconnu	–365	–1	1–6	7–27	28–364	Unknown Inconnu
ASIA—ASIE (Cont.–Suite)												
Israel – Israël [9]												
Total												
1983	1 426	352	365	197	511	1	14.4	3.6	3.7	2.0	5.2	♦ 0.0
1984	1 261	*—	641	—*	132	488	–	12.8	*—	6.5	—*	1.3	5.0	–
1985	1 183	294	328	161	400	–	11.9	3.0	3.3	1.6	4.0	–
1986	1 136	287	303	167	379	–	11.4	2.9	3.0	1.7	3.8	–
1987	1 099	274	309	142	374	–	11.1	2.8	3.1	1.4	3.8	–
1988	1 001	232	280	141	348	–	10.0	2.3	2.8	1.4	3.5	–
1989	1 014	231	293	140	350	–	10.1	2.3	2.9	1.4	3.5	–
1990	1 020	236	273	153	358	–	9.9	2.3	2.6	1.5	3.5	–
Male – Masculin												
1983	765	204	194	109	258	–	15.0	4.0	3.8	2.1	5.1	–
1984	662	*—	352	—*	61	249	–	13.0	*—	6.9	—*	1.2	4.9	–
1985	652	153	194	93	212	–	12.8	3.0	3.8	1.8	4.2	–
1986	626	171	182	85	188	–	12.3	3.4	3.6	1.7	3.7	–
1987	628	154	184	82	208	–	12.4	3.0	3.6	1.6	4.1	–
1988	525	118	150	75	182	–	10.2	2.3	2.9	1.5	3.5	–
1989	542	119	169	65	189	–	10.5	2.3	3.3	1.3	3.7	–
1990	559	136	150	88	185	–	10.5	2.6	2.8	1.7	3.5	–
Female – Féminin												
1983	661	148	171	88	253	1	13.8	3.1	3.6	1.8	5.3	♦ 0.0
1984	599	*—	289	—*	71	239	–	12.6	*—	6.1	—*	1.5	5.0	–
1985	531	141	134	68	188	–	11.0	2.9	2.8	1.4	3.9	–
1986	510	116	121	82	191	–	10.5	2.4	2.5	1.7	3.9	–
1987	471	120	125	60	166	–	9.7	2.5	2.6	1.2	3.4	–
1988	476	114	130	66	166	–	9.7	2.3	2.7	1.4	3.4	–
1989	472	112	124	75	161	–	9.6	2.3	2.5	1.5	3.3	–
1990	461	100	123	65	173	–	9.2	2.0	2.4	1.3	3.4	–
Japan – Japon [10]												
Total												
1983	9 406	2 291	2 280	1 323	3 512	–	6.2	1.5	1.5	0.9	2.3	–
1984	8 920	2 148	2 126	1 253	3 393	–	6.0	1.4	1.4	0.8	2.3	–
1985	7 899	1 871	1 866	1 173	2 989	–	5.5	1.3	1.3	0.8	2.1	–
1986	7 251	1 649	1 597	1 050	2 955	–	5.2	1.2	1.2	0.8	2.1	–
1987	6 711	1 575	1 490	868	2 778	–	5.0	1.2	1.1	0.6	2.1	–
1988	6 265	1 471	1 278	843	2 673	–	4.8	1.1	1.0	0.6	2.0	–
1989	5 724	1 255	1 131	828	2 510	–	4.6	1.0	0.9	0.7	2.0	–
1990	5 616	1 266	1 071	842	2 437	–	4.6	1.0	0.9	0.7	2.0	–
1991	5 418	1 115	1 053	810	2 440	–	4.4	0.9	0.9	0.7	2.0	–
Male – Masculin												
1983	5 267	1 259	1 333	713	1 962	–	6.8	1.6	1.7	0.9	2.5	–
1984	5 075	1 175	1 260	695	1 945	–	6.6	1.5	1.6	0.9	2.5	–
1985	4 332	997	1 070	638	1 627	–	5.9	1.4	1.5	0.9	2.2	–
1986	4 008	936	904	544	1 624	–	5.6	1.3	1.3	0.8	2.3	–
1987	3 734	887	839	480	1 528	–	5.4	1.3	1.2	0.7	2.2	–
1988	3 434	780	710	453	1 491	–	5.1	1.2	1.1	0.7	2.2	–
1989	3 118	692	611	434	1 381	–	4.9	1.1	1.0	0.7	2.2	–
1990	3 123	699	624	444	1 356	–	5.0	1.1	1.0	0.7	2.2	–
1991	2 915	585	572	434	1 324	–	4.6	0.9	0.9	0.7	2.1	–
Female – Féminin												
1983	4 139	1 032	947	610	1 550	–	5.6	1.4	1.3	0.8	2.1	–
1984	3 845	973	866	558	1 448	–	5.3	1.3	1.2	0.8	2.0	–
1985	3 567	874	796	535	1 362	–	5.1	1.3	1.1	0.8	2.0	–
1986	3 243	713	693	506	1 331	–	4.8	1.1	1.0	0.8	2.0	–
1987	2 977	688	651	388	1 250	–	4.5	1.1	1.0	0.6	1.9	–
1988	2 831	691	568	390	1 182	–	4.4	1.1	0.9	0.6	1.8	–
1989	2 606	563	520	394	1 129	–	4.3	0.9	0.9	0.6	1.9	–
1990	2 493	567	447	398	1 081	–	4.2	1.0	0.8	0.7	1.8	–
1991	2 503	530	481	376	1 116	–	4.2	0.9	0.8	0.6	1.9	–
Kuwait – Koweït												
Total												
1983	1 059	322	235	97	405	–	19.0	5.8	4.2	1.7	7.3	–
1984	1 053	314	229	115	395	–	18.5	5.5	4.0	2.0	7.0	–
1985	1 016	344	263	107	302	–	18.4	6.2	4.8	1.9	5.5	–
1986	841	292	191	62	296							

19. Infant deaths and infant mortality rates by age, sex and urban/rural residence: 1983 – 1992 (continued)
Décès d'enfants de moins d'un an et taux de mortalité infantile selon l'âge, le sexe et la résidence, urbaine/rurale: 1983 – 1992 (suite)

(See notes at end of table. – Voir notes à la fin du tableau.)

Continent, country or area, year, sex and urban/rural residence — Continent, pays ou zone, année, sexe et résidence, urbaine/rurale	Number – Nombre						Rate – Taux					
	−365	−1	1–6	7–27	28–364	Unknown Inconnu	−365	−1	1–6	7–27	28–364	Unknown Inconnu
ASIA—ASIE (Cont.–Suite)												
Kuwait – Koweït												
Male – Masculin												
1983	579	188	127	47	217	–	20.5	6.6	4.5	1.7	7.7	–
1984	583	180	152	59	192	–	20.2	6.2	5.3	2.0	6.7	–
1985	570	188	175	69	138	–	20.4	6.7	6.3	2.5	4.9	–
1986	453	172	113	33	135	–						
Female – Féminin												
1983	480	134	108	50	188	–	17.6	4.9	4.0	1.8	6.9	–
1984	470	134	77	56	203	–	16.8	4.8	2.8	2.0	7.3	–
1985	446	156	88	38	164	–	16.4	5.7	3.2	1.4	6.0	–
1986	388	120	78	29	161	–				♦		
Macau – Macao [11]												
Total												
1984	80	30	26	3	21	–						
1985	95	30	44	4	17	–						
1986	54	17	23	5	9	–						
1987	52	28	11	1	12	–						
1988	74	41	13	6	14	–						
1989	78	36	12	12	18	–						
1990	58	24	16	7	11	–						
1991	51	20	17	4	10	–						
1992*	49	20	14	7	8	–						
Male – Masculin												
1984	45	12	16	3	14	–						
1985	54	19	23	1	11	–						
1986	31	9	13	3	6	–						
1987	29	17	6	1	5	–						
1988	39	25	5	2	7	–						
1989	36	17	7	4	8	–						
1990	36	15	9	5	7	–						
1991	28	9	13	–	6	–						
1992*	24	10	8	4	2	–						
Female – Féminin												
1984	35	18	10	–	7	–						
1985	41	11	21	3	6	–						
1986	23	8	10	2	3	–						
1987	23	11	5	–	7	–						
1988	35	16	8	4	7	–						
1989	41	18	5	8	10	–						
1990	22	9	7	2	4	–						
1991	23	11	4	4	4	–						
1992*	25	10	6	3	6	–						
Malaysia – Malaisie												
Total												
1990	6 618	*—	3 316 —*		948	2 354	–	13.3	*—	6.7 —*		1.9	4.7	–
Male – Masculin												
1990	3 785	*—	1 916 —*		544	1 325	–	14.7	*—	7.4 —*		2.1	5.1	–
Female – Féminin												
1990	2 833	*—	1 400 —*		404	1 029	–	11.8	*—	5.8 —*		1.7	4.3	–
Malaysia – Malaisie												
Peninsular Malaysia [1] – Malaisie Péninsulaire												
Total												
1983	7 490	*—	3 707 —*		848	2 935	–	20.3	*—	10.1 —*		2.3	8.0	–
1984	6 793	*—	3 542 —*		906	2 345	–	17.5	*—	9.1 —*		2.3	6.0	–
1985	6 896	*—	3 441 —*		892	2 563	–	17.0	*—	8.5 —*		2.2	6.3	–
1986	6 239	*—	3 048 —*		833	2 358	–	15.5	*—	7.6 —*		2.1	5.9	–
1987	5 625	*—	2 820 —*		743	2 062	–	14.4	*—	7.2 —*		1.9	5.3	–
1988	5 729	*—	2 777 —*		870	2 082	–	14.0	*—	6.8 —*		2.1	5.1	–
1989	4 948	*—	2 408 —*		746	1 794	–	13.2	*—	6.4 —*		2.0	4.8	–

19. Infant deaths and infant mortality rates by age, sex and urban/rural residence: 1983 – 1992 (continued)
Décès d'enfants de moins d'un an et taux de mortalité infantile selon l'âge, le sexe et la résidence, urbaine/rurale: 1983 – 1992 (suite)

(See notes at end of table. – Voir notes à la fin du tableau.)

Continent, country or area, year, sex and urban/rural residence / Continent, pays ou zone, année, sexe et résidence, urbaine/rurale	Age (in days – en jours)											
	Number – Nombre						Rate – Taux					
	–365	–1	1–6	7–27	28–364	Unknown Inconnu	–365	–1	1–6	7–27	28–364	Unknown Inconnu
ASIA—ASIE (Cont.–Suite)												
Malaysia – Malaisie												
Peninsular Malaysia [1] –												
Malaisie Péninsulaire												
Male – Masculin												
1983	4 278	*—	2 132	—*	494	1 652	–	22.5	*—	11.2	—*	2.6	8.7	–
1984	3 901	*—	2 106	—*	514	1 281	–	19.5	*—	10.5	—*	2.6	6.4	–
1985	3 968	*—	2 031	—*	505	1 432	–	19.0	*—	9.7	—*	2.4	6.9	–
1986	3 594	*—	1 778	—*	486	1 330	–	17.3	*—	8.6	—*	2.3	6.4	–
1987	3 151	*—	1 609	—*	413	1 129	–	15.6	*—	8.0	—*	2.0	5.6	–
1988	3 311	*—	1 635	—*	503	1 173	–	15.8	*—	7.8	—*	2.4	5.6	–
1989	2 838	*—	1 387	—*	444	1 007	–	14.7	*—	7.2	—*	2.3	5.2	–
Female – Féminin												
1983	3 212	*—	1 575	—*	354	1 283	–	18.0	*—	8.8	—*	2.0	7.2	–
1984	2 892	*—	1 436	—*	392	1 064	–	15.4	*—	7.6	—*	2.1	5.7	–
1985	2 928	*—	1 410	—*	387	1 131	–	14.8	*—	7.1	—*	1.9	5.7	–
1986	2 645	*—	1 270	—*	347	1 028	–	13.6	*—	6.5	—*	1.8	5.3	–
1987	2 474	*—	1 211	—*	330	933	–	13.0	*—	6.4	—*	1.7	4.9	–
1988	2 418	*—	1 142	—*	367	909	–	12.2	*—	5.8	—*	1.9	4.6	–
1989	2 110	*—	1 021	—*	302	787	–	11.6	*—	5.6	—*	1.7	4.3	–
Sabah												
Total												
1983	1 069	*—	607	—*	95	367	–	24.1	*—	13.7	—*	2.1	8.3	–
1984	1 064	*—	603	—*	103	358	–	22.7	*—	12.9	—*	2.2	7.6	–
Male – Masculin												
1983	614	*—	348	—*	62	204	–	26.5	*—	15.0	—*	2.7	8.8	–
1984	575	*—	346	—*	45	184	–	23.5	*—	14.1	—*	1.8	7.5	–
Female – Féminin												
1983	455	*—	259	—*	33	163	–	21.5	*—	12.2	—*	1.6	7.7	–
1984	489	*—	257	—*	58	174	–	21.8	*—	11.5	—*	2.6	7.8	–
Sarawak												
Total												
1984	498	*—	319	—*	–	172	7					
1985	476	*—	240	—*	76	158	2					
1986	426	*—	220	—*	68	138	–					
Male – Masculin												
1984	304	*—	191	—*	–	108	5					
1985	280	*—	146	—*	44	89	1					
1986	253	*—	131	—*	47	75	–					
Female – Féminin												
1984	194	*—	128	—*	–	64	2					
1985	196	*—	94	—*	32	69	1					
1986	173	*—	89	—*	21	63	–					
Maldives												
Total												
1983	557	*—	202	—*	100	255	–					
1985	542	28	198		98	218	–					
1986	497	19	161		83	234	–					
1987	417	13	158		74	172	–					
1988	399	18	170		51	160	–					
1989	371	18	124		44	185	–					
1990	290	21	111		45	113	–					
1991	320	8	119		54	139	–					
Male – Masculin												
1983	318	*—	114	—*	63	141	–					
1985	277	18	98		54	107	–					
1986	290	11	90		50	139	–					
1987	234	6	97		43	88	–					
1988	224	10	103		30	81	–					
1989	200	11	70		21	98	–					
1990	149	10	63		28	48	–					
1991	174	3	69		32	70	–					

19. Infant deaths and infant mortality rates by age, sex and urban/rural residence: 1983 – 1992 (continued)
Décès d'enfants de moins d'un an et taux de mortalité infantile selon l'âge, le sexe et la résidence, urbaine/rurale: 1983 – 1992 (suite)

(See notes at end of table. – Voir notes à la fin du tableau.)

Continent, country or area, year, sex and urban/rural residence / Continent, pays ou zone, année, sexe et résidence, urbaine/rurale	Age (in days – en jours)											
	Number – Nombre						Rate – Taux					
	–365	–1	1–6	7–27	28–364	Unknown Inconnu	–365	–1	1–6	7–27	28–364	Unknown Inconnu
ASIA—ASIE (Cont.–Suite)												
Maldives												
Female – Féminin												
1983	237	*—	88 —*	36	113	–						
1985	265	10	100	44	111	–						
1986	207	8	71	33	95	–						
1987	183	7	61	31	84	–						
1988	175	8	67	21	79	–						
1989	171	7	54	23	87	–						
1990	141	11	48	17	65	–						
1991	146	5	50	22	69	–						
Pakistan [12]												
Total												
1984	385 784	24 416	107 204	78 600	172 530	3 034	126.7	8.0	35.2	25.8	56.7	1.0
1985	367 096	9 169	111 809	73 075	169 511	3 532	115.9	2.9	35.3	23.1	53.5	1.1
1986	343 915	14 677	102 259	64 424	162 555	–	105.6	4.5	31.4	19.8	49.9	–
1987	347 194	20 414	97 615	70 318	157 877	970	103.9	6.1	29.2	21.1	47.3	0.3
1988	344 058	224	116 986	72 695	154 153	–	107.7	0.1	36.6	22.8	48.2	–
Male – Masculin												
1984	196 870	15 688	58 289	41 555	80 493	845	125.2	10.0	37.1	26.4	51.2	0.5
1985	206 313	6 390	73 953	36 659	87 972	1 339	126.9	3.9	45.5	22.5	54.1	0.8
1986	186 185	8 965	57 160	36 719	83 341	–	111.1	5.4	34.1	21.9	49.7	–
1987	201 118	12 262	56 667	42 149	89 205	835	118.1	7.2	33.3	24.8	52.4	0.5
1988	186 977	224	64 817	42 538	79 398	–	112.2	0.1	38.9	25.5	47.6	–
Female – Féminin												
1984	188 914	8 728	48 915	37 045	92 037	2 189	128.4	5.9	33.2	25.2	62.5	1.5
1985	160 783	2 779	37 856	36 416	81 539	2 193	104.3	1.8	24.6	23.6	52.9	1.4
1986	157 730	5 712	45 099	27 705	79 214	–	99.8	3.6	28.5	17.5	50.1	–
1987	146 076	8 152	40 948	28 169	68 672	135	89.2	5.0	25.0	17.2	41.9	0.1
1988	157 081	–	52 169	30 157	74 755	–	102.8	–	34.1	19.7	48.9	–
Philippines												
Total												
1983	64 267	7 974	10 805	7 435	38 053	–	42.7	5.3	7.2	4.9	25.3	–
1984	56 897	8 153	9 546	5 993	33 205	–	38.5	5.5	6.5	4.1	22.5	–
1985	54 613	7 658	8 971	5 714	32 270	–	38.0	5.3	6.2	4.0	22.5	–
1986	52 263	7 204	9 008	5 506	30 545	–	35.0	4.8	6.0	3.7	20.4	–
1987	50 803	7 178	8 958	5 245	29 422	–	32.1	4.5	5.7	3.3	18.6	–
1988	47 187	6 805	8 533	5 103	26 746	–	30.1	4.3	5.5	3.3	17.1	–
1989	43 026	6 845	8 202	4 801	23 178	–	27.5	4.4	5.2	3.1	14.8	–
Male – Masculin												
1983	37 697	4 680	6 639	4 403	21 975	–	48.3	6.0	8.5	5.6	28.1	–
1984	33 391	4 722	5 757	3 554	19 358	–	43.3	6.1	7.5	4.6	25.1	–
1985	31 599	4 402	5 369	3 359	18 469	–	42.0	5.9	7.1	4.5	24.6	–
1986	30 633	4 259	5 463	3 233	17 678	–	39.3	5.5	7.0	4.1	22.7	–
1987	29 367	4 208	5 422	3 022	16 715	–	35.6	5.1	6.6	3.7	20.2	–
1988	27 335	3 943	5 132	2 962	15 298	–	33.5	4.8	6.3	3.6	18.7	–
1989	24 952	3 913	4 969	2 834	13 236	–	30.7	4.8	6.1	3.5	16.3	–
Female – Féminin												
1983	26 570	3 294	4 166	3 032	16 078	–	36.6	4.5	5.7	4.2	22.2	–
1984	23 506	3 431	3 789	2 439	13 847	–	33.3	4.9	5.4	3.5	19.6	–
1985	23 014	3 256	3 602	2 355	13 801	–	33.6	4.8	5.3	3.4	20.1	–
1986	21 630	2 945	3 545	2 273	12 867	–	30.3	4.1	5.0	3.2	18.0	–
1987	21 436	2 970	3 536	2 223	12 707	–	28.3	3.9	4.7	2.9	16.8	–
1988	19 852	2 862	3 401	2 141	11 448	–	26.5	3.8	4.5	2.9	15.3	–
1989	18 074	2 932	3 233	1 967	9 942	–	24.1	3.9	4.3	2.6	13.2	–
Qatar												
Total												
1985	150	29	54	20	47	–						
1986	138	23	52	21	42	–						
1987	133	18	37	29	49	–						
1988	154	20	47	32	55	–						
1989	153	36	31	33	53	–						
1990	142	15	51	26	50	–						

19. Infant deaths and infant mortality rates by age, sex
and urban/rural residence: 1983 – 1992 (continued)
Décès d'enfants de moins d'un an et taux de mortalité infantile selon l'âge, le sexe et
la résidence, urbaine/rurale: 1983 – 1992 (suite)

(See notes at end of table. – Voir notes à la fin du tableau.)

Continent, country or area, year, sex and urban/rural residence / Continent, pays ou zone, année, sexe et résidence, urbaine/rurale	Number – Nombre						Rate – Taux					
	–365	–1	1–6	7–27	28–364	Unknown Inconnu	–365	–1	1–6	7–27	28–364	Unknown Inconnu
ASIA—ASIE (Cont.–Suite)												
Qatar												
Male – Masculin												
1985	82	9	32	14	27	–						
1986	68	12	23	11	22	–						
1987	65	9	21	12	23	–						
1988	82	9	25	19	29	–						
1989	93	24	16	20	33	–						
1990	84	11	32	13	28	–						
Female – Féminin												
1985	68	20	22	6	20	–						
1986	70	11	29	10	20	–						
1987	68	9	16	17	26	–						
1988	72	11	22	13	26	–						
1989	60	12	15	13	20	–						
1990	58	4	19	13	22	–						
Singapore – Singapour+ [13]												
Total [2]												
1983	382	109	102	58	113	–						
1984	365	110	82	64	109	–						
1985	394	137	97	63	97	–						
1986	359	114	79	55	111	–						
1987	324	106	85	55	78	–						
1988	368	106	80	59	123	–						
1989	315	64	106	49	96	–						
1990	341	70	100	68	103	–						
1991	269	33	87	52	97	–						
Male – Masculin												
1983	216	60	61	32	63	–						
1984	195	57	50	33	55	–						
1985	224	78	58	39	49	–						
1986	192	62	49	30	51	–						
1987	191	57	51	37	46	–						
1988	194	54	45	33	62	–						
1989	172	32	63	26	51	–						
1990	188	39	55	41	53	–						
1991	150	17	50	33	50	–						
Female – Féminin												
1983	166	49	41	26	50	–						
1984	169	52	32	31	54	–						
1985	169	58	39	24	48	–						
1986	166	52	30	24	60	–						
1987	130	47	33	18	32	–						
1988	174	52	35	26	61	–						
1989	143	32	43	23	45	–						
1990	153	31	45	27	50	–						
1991	119	16	37	19	47	–						
Sri Lanka+												
Total												
1983	11 492	2	5 094	1 869	4 527	–	28.4	♦ 0.0	12.6	4.6	11.2	–
1984	10 649	6	4 998	1 884	3 761	–	27.2	♦ 0.0	12.8	4.8	9.6	–
1985	9 415	16	4 592	1 665	3 142	–	24.2	♦ 0.0	11.8	4.3	8.1	–
1986	8 409	3	4 432	1 439	2 535	–	23.2	♦ 0.0	12.3	4.0	7.0	–
1987	8 076	8	4 206	1 349	2 513	–	22.6	♦ 0.0	11.8	3.8	7.0	–
Male – Masculin												
1983	6 279	2	2 822	1 032	2 423	–	30.4	0.0	13.7	5.0	11.7	–
1984	5 969	5	2 891	1 039	2 034	–	29.9	♦ 0.0	14.5	5.2	10.2	–
1985	5 230	7	2 642	926	1 655	–	26.3	♦ 0.0	13.3	4.7	8.3	–
1986	4 684	3	2 522	791	1 368	–	25.4	♦ 0.0	13.7	4.3	7.4	–
1987	4 500	4	2 431	722	1 343	–	24.6	♦ 0.0	13.3	3.9	7.3	–
Female – Féminin												
1983	5 213	–	2 272	837	2 104	–	26.3	–	11.4	4.2	10.6	–
1984	4 680	1	2 107	845	1 727	–	24.5	♦ 0.0	11.0	4.4	9.0	–
1985	4 185	9	1 950	739	1 487	–	21.9	♦ 0.0	10.2	3.9	7.8	–
1986	3 725	–	1 910	648	1 167	–	21.0	–	10.8	3.7	6.6	–
1987	3 576	4	1 775	627	1 170	–	20.5	♦ 0.0	10.2	3.6	6.7	–

19. Infant deaths and infant mortality rates by age, sex and urban/rural residence: 1983 – 1992 (continued)
Décès d'enfants de moins d'un an et taux de mortalité infantile selon l'âge, le sexe et la résidence, urbaine/rurale: 1983 – 1992 (suite)

(See notes at end of table. – Voir notes à la fin du tableau.)

| Continent, country or area, year, sex and urban/rural residence / Continent, pays ou zone, année, sexe et résidence, urbaine/rurale | Age (in days – en jours) | | | | | | | | | | | |
| | Number – Nombre | | | | | | Rate – Taux | | | | | |
	–365	–1	1–6	7–27	28–364	Unknown Inconnu	–365	–1	1–6	7–27	28–364	Unknown Inconnu
ASIA—ASIE (Cont.–Suite)												
Thailand – Thaïlande +												
Total												
1983	13 096	642	2 757	1 900	7 264	533	12.4	0.6	2.6	1.8	6.9	0.5
1984	10 820	632	2 601	1 597	5 428	562	11.3	0.7	2.7	1.7	5.7	0.6
1985	9 279	319	1 887	1 138	5 283	652	9.5	0.3	1.9	1.2	5.4	0.7
1986	8 990	430	1 849	1 173	4 869	669	9.5	0.5	2.0	1.2	5.1	0.7
1987	9 358	390	1 910	1 143	5 522	393	10.6	0.4	2.2	1.3	6.2	0.4
1988	8 113	446	1 763	1 108	4 564	232	9.3	0.5	2.0	1.3	5.2	0.3
1989	7 669	442	1 692	1 101	4 237	197	8.5	0.5	1.9	1.2	4.7	0.2
1990	7 694	424	1 857	1 111	4 108	194	8.0	0.4	1.9	1.2	4.3	0.2
1991	7 928	431	1 980	1 195	4 171	151	8.3	0.4	2.1	1.2	4.3	0.2
Male – Masculin												
1983	7 486	373	1 555	1 077	4 151	330	14.0	0.7	2.9	2.0	7.8	0.6
1984	6 078	335	1 512	908	2 997	326	12.4	0.7	3.1	1.9	6.1	0.7
1985	5 325	185	1 088	646	3 013	393	10.7	0.4	2.2	1.3	6.0	0.8
1986	5 156	228	1 091	696	2 774	367	10.7	0.5	2.3	1.4	5.7	0.8
1987	5 366	229	1 111	637	3 172	217	11.9	0.5	2.5	1.4	7.0	0.5
1988	4 658	240	1 031	652	2 595	140	10.4	0.5	2.3	1.5	5.8	0.3
1989	4 461	251	1 035	650	2 412	113	9.6	0.5	2.2	1.4	5.2	0.2
1990	4 507	242	1 127	637	2 386	115	9.2	0.5	2.3	1.3	4.9	0.2
1991	4 561	242	1 124	691	2 410	94	9.2	0.5	2.3	1.4	4.9	0.2
Female – Féminin												
1983	5 610	269	1 202	823	3 113	203	10.8	0.5	2.3	1.6	6.0	0.4
1984	4 742	297	1 089	689	2 431	236	10.1	0.6	2.3	1.5	5.2	0.5
1985	3 954	134	799	492	2 270	259	8.3	0.3	1.7	1.0	4.8	0.5
1986	3 834	202	758	477	2 095	302	8.3	0.4	1.6	1.0	4.5	0.7
1987	3 992	161	799	506	2 350	176	9.2	0.4	1.9	1.2	5.4	0.4
1988	3 455	206	732	456	1 969	92	8.1	0.5	1.7	1.1	4.6	0.2
1989	3 208	191	657	451	1 825	84	7.3	0.4	1.5	1.0	4.1	0.2
1990	3 187	182	730	474	1 722	79	6.8	0.4	1.6	1.0	3.7	0.2
1991	3 367	189	856	504	1 761	57	7.2	0.4	1.8	1.1	3.8	0.1
EUROPE												
Albania – Albanie												
Total												
1987	2 247	108	291	253	1 595	–	28.2	1.4	3.7	3.2	20.0	–
1988	2 021	68	238	247	1 468	–	25.2	0.8	3.0	3.1	18.3	–
1989	2 432	70	273	247	1 842	–	30.8	0.9	3.5	3.1	23.4	–
1990	2 321	103	350	283	1 585	–	28.3	1.3	4.3	3.4	19.3	–
Male – Masculin												
1989	1 355	48	179	148	980	–	33.2	1.2	4.4	3.6	24.0	–
Female – Féminin												
1989	1 077	22	94	99	862	–	28.3	♦ 0.6	2.5	2.6	22.6	–
Austria – Autriche												
Total												
1983	1 071	249	285	113	424	–	11.9	2.8	3.2	1.3	4.7	–
1984	1 018	245	257	113	403	–	11.4	2.7	2.9	1.3	4.5	–
1985	977	244	236	129	368	–						
1986	893	236	175	126	356	–						
1987	850	216	154	125	355	–						
1988	716	177	147	94	298	–						
1989	738	186	147	99	306	–						
1990	709	162	135	104	308	–						
1991	708	165	132	118	293	–						
Male – Masculin												
1983	625	138	173	72	242	–	13.5	3.0	3.7	1.6	5.2	–
1984	577	139	151	67	220	–	12.7	3.1	3.3	1.5	4.8	–
1985	591	152	140	82	217	–						
1986	528	127	112	76	213	–						
1987	475	113	92	66	204	–						
1988	396	93	88	46	169	–						
1989	415	105	76	55	179	–						
1990	395	86	82	59	168	–						
1991	407	107	80	55	165	–						

19. Infant deaths and infant mortality rates by age, sex and urban/rural residence: 1983 – 1992 (continued)
Décès d'enfants de moins d'un an et taux de mortalité infantile selon l'âge, le sexe et la résidence, urbaine/rurale: 1983 – 1992 (suite)

(See notes at end of table. – Voir notes à la fin du tableau.)

Continent, country or area, year, sex and urban/rural residence / Continent, pays ou zone, année, sexe et résidence, urbaine/rurale	Number – Nombre						Rate – Taux					
	−365	−1	1–6	7–27	28–364	Unknown Inconnu	−365	−1	1–6	7–27	28–364	Unknown Inconnu
EUROPE (Cont.–Suite)												
Austria – Autriche												
Female – Féminin												
1983	446	111	112	41	182	–	10.1	2.5	2.5	0.9	4.1	–
1984	441	106	106	46	183	–	10.1	2.4	2.4	1.1	4.2	–
1985	386	92	96	47	151	–						
1986	365	109	63	50	143	–						
1987	375	103	62	59	151	–						
1988	320	84	59	48	129	–						
1989	323	81	71	44	127	–						
1990	314	76	53	45	140	–						
1991	301	58	52	63	128	–						
Belarus – Bélarus [14]												
Total												
1986	2 284	161	882	294	947	–	13.3	0.9	5.1	1.7	5.5	–
1987	2 201	99	860	295	947	–	13.5	0.6	5.3	1.8	5.8	–
1988	2 144	160	790	294	900	–	13.1	1.0	4.8	1.8	5.5	–
Male – Masculin												
1986	1 361	99	543	179	540	–	15.4	1.1	6.2	2.0	6.1	–
1987	1 296	56	521	169	550	–	15.5	0.7	6.2	2.0	6.6	–
1988	1 299	92	495	186	526	–	15.4	1.1	5.9	2.2	6.2	–
Female – Féminin												
1986	923	62	339	115	407	–	11.1	0.7	4.1	1.4	4.9	–
1987	905	43	339	126	397	–	11.4	0.5	4.3	1.6	5.0	–
1988	845	68	295	108	374	–	10.7	0.9	3.7	1.4	4.7	–
Belgium – Belgique												
Total												
1983	1 235	355	260	144	476	–	10.5	3.0	2.2	1.2	4.1	–
1986	1 124	241	244	110	529	–	9.6	2.1	2.1	0.9	4.5	–
1987	1 133	245	253	156	479	–	9.7	2.1	2.2	1.3	4.1	–
Male – Masculin												
1983	723	192	150	97	284	–	12.0	3.2	2.5	1.6	4.7	–
1986	699	147	149	66	337	–	11.6	2.4	2.5	1.1	5.6	–
1987	666	143	161	79	283	–	11.0	2.4	2.7	1.3	4.7	–
Female – Féminin												
1983	512	163	110	47	192	–	9.0	2.9	1.9	0.8	3.4	–
1986	425	94	95	44	192	–	7.5	1.7	1.7	0.8	3.4	–
1987	467	102	92	77	196	–	8.2	1.8	1.6	1.4	3.4	–
Bulgaria – Bulgarie												
Total												
1983	2 024	179	596	345	904	–	16.5	1.5	4.8	2.8	7.3	–
1984	1 968	176	603	311	878	–	16.1	1.4	4.9	2.5	7.2	–
1985	1 831	146	547	302	836	–	15.4	1.2	4.6	2.5	7.0	–
1986	1 760	129	579	293	759	–	14.7	1.1	4.8	2.4	6.3	–
1987	1 715	121	507	292	795	–	14.7	1.0	4.3	2.5	6.8	–
1988	1 595	121	474	274	726	–	13.6	1.0	4.0	2.3	6.2	–
1989	1 614	128	423	271	792	–	14.4	1.1	3.8	2.4	7.1	–
1990	1 554	108	425	278	743	–	14.8	1.0	4.0	2.6	7.1	–
Male – Masculin												
1983	1 154	104	349	196	505	–	18.3	1.6	5.5	3.1	8.0	–
1984	1 127	98	377	168	484	–	17.9	1.6	6.0	2.7	7.7	–
1985	1 022	85	336	162	439	–	16.8	1.4	5.5	2.7	7.2	–
1986	1 026	69	371	157	429	–	16.7	1.1	6.0	2.6	7.0	–
1987	949	78	285	168	418	–	15.9	1.3	4.8	2.8	7.0	–
1988	943	74	302	163	404	–	15.6	1.2	5.0	2.7	6.7	–
1989	938	73	252	160	453	–	16.3	1.3	4.4	2.8	7.9	–
1990	909	61	279	151	418	–	16.8	1.1	5.2	2.8	7.7	–

19. Infant deaths and infant mortality rates by age, sex and urban/rural residence: 1983 – 1992 (continued)
Décès d'enfants de moins d'un an et taux de mortalité infantile selon l'âge, le sexe et la résidence, urbaine/rurale: 1983 – 1992 (suite)

(See notes at end of table. – Voir notes à la fin du tableau.)

Continent, country or area, year, sex and urban/rural residence — Continent, pays ou zone, année, sexe et résidence, urbaine/rurale	Number – Nombre						Rate – Taux					
	-365	-1	1-6	7-27	28-364	Unknown Inconnu	-365	-1	1-6	7-27	28-364	Unknown Inconnu
EUROPE (Cont.–Suite)												
Bulgaria – Bulgarie												
Female – Féminin												
1983	870	75	247	149	399	–	14.5	1.3	4.1	2.5	6.7	–
1984	841	78	226	143	394	–	14.2	1.3	3.8	2.4	6.6	–
1985	809	61	211	140	397	–	13.9	1.1	3.6	2.4	6.8	–
1986	734	60	208	136	330	–	12.5	1.0	3.5	2.3	5.6	–
1987	766	43	222	124	377	–	13.5	0.8	3.9	2.2	6.6	–
1988	652	47	172	111	322	–	11.4	0.8	3.0	1.9	5.7	–
1989	676	55	171	111	339	–	12.4	1.0	3.1	2.0	6.2	–
1990	645	47	146	127	325	–	12.6	0.9	2.9	2.5	6.4	–
Channel Islands – Iles Anglo–Normandes												
Guernsey – Guernesey												
Total												
1983	4	–	2	2	–	–						
1984	6	–	4	–	2	–						
1985	4	3	1	–	–	–						
1986	2	1	–	–	1	–						
1988	5	2	1	–	2	–						
1989	4	1	1	–	2	–						
1990	1	–	–	–	1	–						
1992	8	3	1	2	2	–						
Male – Masculin												
1983	2	–	2	–	–	–						
1984	4	–	3	–	1	–						
1985	4	3	1	–	–	–						
1986	1	–	–	–	1	–						
1988	4	1	1	–	2	–						
1989	3	1	1	–	1	–						
1990	–	–	–	–	–	–						
Female – Féminin												
1983	2	–	–	2	–	–						
1984	2	–	1	–	1	–						
1985	–	–	–	–	–	–						
1986	1	1	–	–	–	–						
1988	1	1	–	–	–	–						
1989	1	–	–	–	1	–						
1990	1	–	–	–	1	–						
Jersey +												
Total												
1983	3	–	–	–	3	–						
1984	8	2	1	1	4	–						
1985	5	3	*—	2	—*	–						
1986	5	2	2	–	1	–						
1987	9	1	3	1	4	–						
1988	11	5	2	–	4	–						
1991	5	*—	3	—*	2	–						
Male – Masculin												
1983	2	–	–	–	2	–						
1984	5	1	1	1	2	–						
1985	2	1	*—	1	—*	–						
1986	–	–	–	–	–	–						
1987	5	1	2	1	1	–						
1988	7	3	1	–	3	–						
1991	3	*—	2	—*	1	–						
Female – Féminin												
1983	1	–	–	–	1	–						
1984	3	1	–	–	2	–						
1985	3	2	*—	1	—*	–						
1986	5	2	2	–	1	–						
1987	4	–	1	–	3	–						
1988	4	2	1	–	1	–						
1991	2	*—	1	—*	1	–						

19. Infant deaths and infant mortality rates by age, sex
and urban/rural residence: 1983 – 1992 (continued)
Décès d'enfants de moins d'un an et taux de mortalité infantile selon l'âge, le sexe et
la résidence, urbaine/rurale: 1983 – 1992 (suite)

(See notes at end of table. – Voir notes à la fin du tableau.)

Continent, country or area, year, sex and urban/rural residence / Continent, pays ou zone, année, sexe et résidence, urbaine/rurale	Number – Nombre						Rate – Taux					
	−365	−1	1–6	7–27	28–364	Unknown Inconnu	−365	−1	1–6	7–27	28–364	Unknown Inconnu
EUROPE (Cont.–Suite)												
Former Czechoslovakia – Ancienne Tchécoslovaquie												
Total												
1983	3 611	1 041	978	431	1 161	–	15.7	4.5	4.3	1.9	5.1	–
1984	3 490	985	949	449	1 107	–	15.3	4.3	4.2	2.0	4.9	–
1985	3 165	924	846	402	993	–	14.0	4.1	3.7	1.8	4.4	–
1986	2 948	539	1 105	376	928	–	13.4	2.4	5.0	1.7	4.2	–
1987	2 767	497	1 023	369	878	–	12.9	2.3	4.8	1.7	4.1	–
1988	2 571	439	962	336	834	–	11.9	2.0	4.5	1.6	3.9	–
1989	2 358	397	884	343	734	–	11.3	1.9	4.2	1.6	3.5	–
1990	2 369	419	867	386	697	–	11.3	2.0	4.1	1.8	3.3	–
Male – Masculin												
1983	2 145	645	576	252	672	–	18.2	5.5	4.9	2.1	5.7	–
1984	2 031	581	563	254	633	–	17.4	5.0	4.8	2.2	5.4	–
1985	1 826	543	494	230	559	–	15.8	4.7	4.3	2.0	4.8	–
1986	1 740	306	663	225	546	–	15.4	2.7	5.9	2.0	4.8	–
1987	1 612	300	595	216	501	–	14.6	2.7	5.4	2.0	4.5	–
1988	1 489	255	560	194	480	–	13.5	2.3	5.1	1.8	4.3	–
1989	1 374	239	532	210	393	–	12.9	2.2	5.0	2.0	3.7	–
1990	1 401	217	558	234	392	–	13.0	2.0	5.2	2.2	3.6	–
Female – Féminin												
1983	1 466	396	402	179	489	–	13.1	3.5	3.6	1.6	4.4	–
1984	1 459	404	386	195	474	–	13.1	3.6	3.5	1.8	4.3	–
1985	1 339	381	352	172	434	–	12.2	3.5	3.2	1.6	3.9	–
1986	1 208	233	442	151	382	–	11.3	2.2	4.1	1.4	3.6	–
1987	1 155	197	428	153	377	–	11.0	1.9	4.1	1.5	3.6	–
1988	1 082	184	402	142	354	–	10.3	1.7	3.8	1.3	3.4	–
1989	984	158	352	133	341	–	9.7	1.6	3.5	1.3	3.3	–
1990	968	202	309	152	305	–	9.4	2.0	3.0	1.5	3.0	–
Denmark – Danemark [15]												
Total												
1983	393	106	89	40	158	–						
1984	399	115	92	36	156	–						
1985	427	108	87	59	173	–						
1986	453	119	103	60	171	–						
1987	467	138	71	59	199	–						
1988	449	124	100	45	178	2						
1989	489	144	103	39	203	–						
1990	469	152	77	60	180	–						
1991	471	139	78	54	198	2						
Male – Masculin												
1983	230	56	62	19	93	–						
1984	243	72	64	19	88	–						
1985	245	56	56	33	100	–						
1986	249	64	55	33	97	–						
1987	290	84	48	35	123	–						
1988	248	72	54	26	96	–						
1989	286	91	58	20	117	–						
1990	276	86	44	31	115	–						
1991	268	81	46	27	113	1						
Female – Féminin												
1983	163	50	27	21	65	–						
1984	156	43	28	17	68	–						
1985	182	52	31	26	73	–						
1986	204	55	48	27	74	–						
1987	177	54	23	24	76	–						
1988	201	52	46	19	82	2						
1989	203	53	45	19	86	–						
1990	193	66	33	29	65	–						
1991	203	58	32	27	85	1						

19. Infant deaths and infant mortality rates by age, sex and urban/rural residence: 1983 – 1992 (continued)
Décès d'enfants de moins d'un an et taux de mortalité infantile selon l'âge, le sexe et la résidence, urbaine/rurale: 1983 – 1992 (suite)

(See notes at end of table. – Voir notes à la fin du tableau.)

Continent, country or area, year, sex and urban/rural residence / Continent, pays ou zone, année, sexe et résidence, urbaine/rurale	Age (in days – en jours)											
	Number – Nombre						Rate – Taux					
	–365	–1	1–6	7–27	28–364	Unknown Inconnu	–365	–1	1–6	7–27	28–364	Unknown Inconnu
EUROPE (Cont.–Suite)												
Estonia – Estonie [14]												
Total												
1988	312	114	112	37	49	–						
1989	359	50	141	57	111	–						
1990	276	43	92	46	95	–						
Male – Masculin												
1988	175	68	63	22	22	–						
1989	220	33	86	34	67	–						
1990	166	23	53	31	59	–						
Female – Féminin												
1988	137	46	49	15	27	–						
1989	139	17	55	23	44	–						
1990	110	20	39	15	36	–						
Faeroe Islands – Iles Féroé												
Total												
1983	10	4	2	3	1	–						
1984	5	4	1	–	–	–						
1985	7	3	–	–	4	–						
1986	5	1	–	1	3	–						
1987	4	3	–	–	1	–						
1989	15	6	5	1	3	–						
1990	6	1	2	1	2	–						
Male – Masculin												
1983	7	2	2	2	1	–						
1984	3	2	1	–	–	–						
1985	2	1	–	–	1	–						
1986	3	–	–	1	2	–						
1987	2	1	–	–	1	–						
1989	8	4	2	–	2	–						
1990	2	1	–	–	1	–						
Female – Féminin												
1983	3	2	–	1	–	–						
1984	2	2	–	–	–	–						
1985	5	2	–	–	3	–						
1986	2	1	–	–	1	–						
1987	2	2	–	–	–	–						
1989	7	2	3	1	1	–						
1990	4	–	2	1	1	–						
Finland – Finlande [4] [16]												
Total												
1983	414	101	128	48	137	–						
1984	423	87	148	50	138	–						
1985	396	87	133	54	122	–						
1986	353	79	115	48	111	–						
1987	369	118	75	58	118	–						
1988	379	116	81	53	129	–						
1989	382	116	97	48	121	–						
1990	370	112	88	45	125	–						
Male – Masculin												
1983	223	54	71	25	73	–						
1984	238	46	86	29	77	–						
1985	215	51	83	27	54	–						
1986	213	51	69	29	64	–						
1987	211	65	50	28	68	–						
1988	211	60	55	32	64	–						
1989	216	67	52	26	71	–						
1990	188	54	46	24	64	–						

19. Infant deaths and infant mortality rates by age, sex
and urban/rural residence: 1983 – 1992 (continued)
Décès d'enfants de moins d'un an et taux de mortalité infantile selon l'âge, le sexe et
la résidence, urbaine/rurale: 1983 – 1992 (suite)

(See notes at end of table. – Voir notes à la fin du tableau.)

| Continent, country or area, year, sex and urban/rural residence | Age (in days – en jours) | | | | | | | | | | | |
| | Number – Nombre | | | | | | Rate – Taux | | | | | |
Continent, pays ou zone, année, sexe et résidence, urbaine/rurale	–365	–1	1–6	7–27	28–364	Unknown Inconnu	–365	–1	1–6	7–27	28–364	Unknown Inconnu
EUROPE (Cont.–Suite)												
Finland – Finlande [4] [16]												
Female – Féminin												
1983	191	47	57	23	64	–						
1984	185	41	62	21	61	–						
1985	181	36	50	27	68	–						
1986	140	28	46	19	47	–						
1987	158	53	25	30	50	–						
1988	168	56	26	21	65	–						
1989	166	49	45	22	50	–						
1990	182	58	42	21	61	–						
France												
Total												
1983	6 834	1 181	1 666	896	3 091	–	9.1	1.6	2.2	1.2	4.1	–
1984	6 299	1 079	1 642	820	2 758	–	8.3	1.4	2.2	1.1	3.6	–
1985	6 389	1 003	1 648	882	2 856	–	8.3	1.3	2.1	1.1	3.7	–
1986	6 257	971	1 546	835	2 905	–	8.0	1.2	2.0	1.1	3.7	–
1987	6 017	845	1 476	792	2 904	–	7.8	1.1	1.9	1.0	3.8	–
1988	6 044	812	1 483	852	2 897	–	7.8	1.1	1.9	1.1	3.8	–
1989	5 769	721	1 396	825	2 827	–	7.5	0.9	1.8	1.1	3.7	–
1990	5 599	598	1 277	833	2 891	–	7.3	0.8	1.7	1.1	3.8	–
1991	5 511	606	1 291	763	2 851	–	7.3	0.8	1.7	1.0	3.8	–
Male – Masculin												
1983	3 957	654	1 000	483	1 820	–	10.3	1.7	2.6	1.3	4.7	–
1984	3 597	615	931	453	1 598	–	9.2	1.6	2.4	1.2	4.1	–
1985	3 741	559	947	505	1 730	–	9.5	1.4	2.4	1.3	4.4	–
1986	3 607	548	859	475	1 725	–	9.0	1.4	2.2	1.2	4.3	–
1987	3 572	494	892	444	1 742	–	9.1	1.3	2.3	1.1	4.4	–
1988	3 532	445	892	488	1 707	–	8.9	1.1	2.3	1.2	4.3	–
1989	3 378	405	804	477	1 692	–	8.6	1.0	2.1	1.2	4.3	–
1990	3 284	357	735	465	1 727	–	8.4	0.9	1.9	1.2	4.4	–
1991	3 242	336	747	425	1 734	–	...	...	...	...	...	...
Female – Féminin												
1983	2 877	527	666	413	1 271	–	7.9	1.4	1.8	1.1	3.5	–
1984	2 702	464	711	367	1 160	–	7.3	1.3	1.9	1.0	3.1	–
1985	2 648	444	701	377	1 126	–	7.1	1.2	1.9	1.0	3.0	–
1986	2 650	423	687	360	1 180	–	7.0	1.1	1.8	0.9	3.1	–
1987	2 445	351	584	348	1 162	–	6.5	0.9	1.6	0.9	3.1	–
1988	2 512	367	591	364	1 190	–	6.7	1.0	1.6	1.0	3.2	–
1989	2 391	316	592	348	1 135	–	6.4	0.8	1.6	0.9	3.0	–
1990	2 315	241	542	368	1 164	–	6.2	0.6	1.5	1.0	3.1	–
1991	2 269	270	544	338	1 117	–	...	...	...	...	...	...
Germany – Allemagne [17]												
Total												
1991	5 711	919	1 182	800	2 810	–	6.9	1.1	1.4	1.0	3.4	–
Male – Masculin												
1991	3 279	509	685	483	1 602	–	7.7	1.2	1.6	1.1	3.8	–
Female – Féminin												
1991	2 432	410	497	317	1 208	–	6.0	1.0	1.2	0.8	3.0	–
Germany, Federal Rep. of – Allemagne, République fédérale d' [18]												
Total												
1983	6 099	1 230	1 518	739	2 612	–	10.3	2.1	2.6	1.2	4.4	–
1984	5 633	1 097	1 377	737	2 422	–	9.6	1.9	2.4	1.3	4.1	–
1985	5 244	962	1 255	690	2 337	–	8.9	1.6	2.1	1.2	4.0	–
1986	5 355	945	1 323	729	2 358	–	8.6	1.5	2.1	1.2	3.8	–
1987	5 318	946	1 289	742	2 341	–	8.3	1.5	2.0	1.2	3.6	–
1988	5 080	820	1 178	707	2 375	–	7.5	1.2	1.7	1.0	3.5	–
1989	5 074	881	1 142	699	2 352	–	7.4	1.3	1.7	1.0	3.5	–
1990	5 076	842	1 062	671	2 501	–	7.0	1.2	1.5	0.9	3.4	–

19. Infant deaths and infant mortality rates by age, sex and urban/rural residence: 1983 – 1992 (continued)
Décès d'enfants de moins d'un an et taux de mortalité infantile selon l'âge, le sexe et la résidence, urbaine/rurale: 1983 – 1992 (suite)

(See notes at end of table. – Voir notes à la fin du tableau.)

Continent, country or area, year, sex and urban/rural residence / Continent, pays ou zone, année, sexe et résidence, urbaine/rurale	Age (in days – en jours)											
	Number – Nombre						Rate – Taux					
	–365	–1	1–6	7–27	28–364	Unknown Inconnu	–365	–1	1–6	7–27	28–364	Unknown Inconnu
EUROPE (Cont.–Suite)												
Germany, Federal Rep. of – Allemagne, République fédérale d' [18]												
Male – Masculin												
1983	3 496	665	918	412	1 501	–	11.5	2.2	3.0	1.3	4.9	–
1984	3 204	595	822	405	1 382	–	10.7	2.0	2.7	1.3	4.6	–
1985	3 001	553	720	392	1 336	–	10.0	1.8	2.4	1.3	4.5	–
1986	3 074	529	787	409	1 349	–	9.6	1.6	2.4	1.3	4.2	–
1987	3 082	518	764	433	1 367	–	9.3	1.6	2.3	1.3	4.1	–
1988	3 018	479	729	416	1 394	–	8.7	1.4	2.1	1.2	4.0	–
1989	2 951	506	682	404	1 359	–	8.5	1.4	2.0	1.2	3.9	–
1990	2 954	472	645	383	1 454	–	7.9	1.3	1.7	1.0	3.9	–
Female – Féminin												
1983	2 603	565	600	327	1 111	–	9.0	2.0	2.1	1.1	3.8	–
1984	2 429	502	555	332	1 040	–	8.6	1.8	2.0	1.2	3.7	–
1985	2 243	409	535	298	1 001	–	7.8	1.4	1.9	1.0	3.5	–
1986	2 281	416	536	320	1 009	–	7.5	1.4	1.8	1.0	3.3	–
1987	2 236	428	525	309	974	–	7.2	1.4	1.7	1.0	3.1	–
1988	2 062	341	449	291	981	–	6.3	1.0	1.4	0.9	3.0	–
1989	2 123	375	460	295	993	–	6.4	1.1	1.4	0.9	3.0	–
1990	2 122	370	417	288	1 047	–	6.0	1.0	1.2	0.8	3.0	–
Former German Democratic Republic – Ancienne République démocratique allemande												
Total												
1983	2 506	465	788	435	818	–	10.7	2.0	3.4	1.9	3.5	–
1984	2 292	464	718	347	763	–	10.0	2.0	3.1	1.5	3.3	–
1985	2 175	424	646	368	737	–	9.6	1.9	2.8	1.6	3.2	–
1987	1 969	364	623	302	680	–	8.7	1.6	2.8	1.3	3.0	–
1988	1 742	282	545	253	662	–	8.1	1.3	2.5	1.2	3.1	–
1989	1 508	218	482	234	574	–	7.6	1.1	2.4	1.2	2.9	–
Male – Masculin												
1983	1 505	*———	1 055	———*	450	–	12.5	*———	8.8	———*	3.7	–
Female – Féminin												
1983	1 001	*———	668	———*	333	–	8.8	*———	5.9	———*	2.9	–
Greece – Grèce												
Total												
1983	1 932	429	611	408	484	–	14.6	3.2	4.6	3.1	3.6	–
1984	1 803	429	550	381	443	–	14.3	3.4	4.4	3.0	3.5	–
1985	1 647	385	505	339	418	–	14.1	3.3	4.3	2.9	3.6	–
1990	993	209	283	174	327	–						
Male – Masculin												
1983	1 111	244	364	229	274	–	16.1	3.5	5.3	3.3	4.0	–
1984	1 023	255	325	225	218	–	15.7	3.9	5.0	3.5	3.3	–
1985	960	220	296	209	235	–	15.9	3.6	4.9	3.5	3.9	–
1990	517	114	154	98	151	–						
Female – Féminin												
1983	821	185	247	179	210	–	12.9	2.9	3.9	2.8	3.3	–
1984	780	174	225	156	225	–	12.9	2.9	3.7	2.6	3.7	–
1985	687	165	209	130	183	–	12.3	2.9	3.7	2.3	3.3	–
1990	476	95	129	76	176	–						
Hungary – Hongrie [4]												
Total												
1983	2 424	679	746	387	612	–	19.0	5.3	5.9	3.0	4.8	–
1984	2 558	801	769	415	573	–	20.4	6.4	6.1	3.3	4.6	–
1985	2 651	880	780	376	615	–	20.4	6.8	6.0	2.9	4.7	–
1986	2 442	735	784	369	554	–	19.0	5.7	6.1	2.9	4.3	–
1987	2 178	661	650	321	546	–	17.3	5.3	5.2	2.5	4.3	–
1988	1 967	613	599	255	500	–	15.8	4.9	4.8	2.1	4.0	–
1989	1 941	546	599	297	499	–	15.7	4.4	4.9	2.4	4.0	–
1990	1 863	537	560	264	502	–	14.8	4.3	4.5	2.1	4.0	–
1991	1 989	556	592	299	542	–	15.6	4.4	4.7	2.3	4.3	–

19. Infant deaths and infant mortality rates by age, sex
and urban/rural residence: 1983 – 1992 (continued)
Décès d'enfants de moins d'un an et taux de mortalité infantile selon l'âge, le sexe et
la résidence, urbaine/rurale: 1983 – 1992 (suite)

(See notes at end of table. – Voir notes à la fin du tableau.)

Continent, country or area, year, sex and urban/rural residence / Continent, pays ou zone, année, sexe et résidence, urbaine/rurale	Age (in days – en jours)											
	Number – Nombre						Rate – Taux					
	–365	–1	1–6	7–27	28–364	Unknown Inconnu	–365	–1	1–6	7–27	28–364	Unknown Inconnu
EUROPE (Cont.–Suite)												
Hungary – Hongrie [4]												
Male – Masculin												
1983	1 397	398	439	223	337	–	21.5	6.1	6.7	3.4	5.2	–
1984	1 452	445	469	217	321	–	22.7	6.9	7.3	3.4	5.0	–
1985	1 493	482	454	205	352	–	22.3	7.2	6.8	3.1	5.3	–
1986	1 416	437	457	207	315	–	21.6	6.7	7.0	3.2	4.8	–
1987	1 278	388	398	184	308	–	19.8	6.0	6.2	2.8	4.8	–
1988	1 103	356	319	153	275	–	17.3	5.6	5.0	2.4	4.3	–
1989	1 081	306	345	156	274	–	17.1	4.8	5.4	2.5	4.3	–
1990	1 055	282	327	139	307	–	16.4	4.4	5.1	2.2	4.8	–
1991	1 129	306	329	181	313	–	17.3	4.7	5.1	2.8	4.8	–
Female – Féminin												
1983	1 027	281	307	164	275	–	16.5	4.5	4.9	2.6	4.4	–
1984	1 106	356	300	198	252	–	18.0	5.8	4.9	3.2	4.1	–
1985	1 158	398	326	171	263	–	18.3	6.3	5.1	2.7	4.1	–
1986	1 026	298	327	162	239	–	16.4	4.8	5.2	2.6	3.8	–
1987	900	273	252	137	238	–	14.7	4.5	4.1	2.2	3.9	–
1988	864	257	280	102	225	–	14.3	4.2	4.6	1.7	3.7	–
1989	860	240	254	141	225	–	14.3	4.0	4.2	2.3	3.7	–
1990	808	255	233	125	195	–	13.1	4.1	3.8	2.0	3.2	–
1991	860	250	263	118	229	–	13.8	4.0	4.2	1.9	3.7	–
Iceland – Islande												
Total												
1983	27	11	7	5	4	–						
1984	25	1	7	7	10	–						
1985	22	5	6	3	8	–						
1986	21	10	4	1	6	–						
1987	30	11	10	1	8	–						
1988	29	7	10	2	10	–						
1989	24	6	7	2	9	–						
1990	28	9	8	2	9	–						
Male – Masculin												
1983	12	3	5	2	2	–						
1984	14	–	4	3	7	–						
1985	11	2	4	2	3	–						
1986	8	4	4	–	–	–						
1987	13	5	7	–	1	–						
1988	17	5	7	2	3	–						
1989	12	3	3	1	5	–						
1990	17	4	7	1	5	–						
Female – Féminin												
1983	15	8	2	3	2	–						
1984	11	1	3	4	3	–						
1985	11	3	2	1	5	–						
1986	13	6	–	1	6	–						
1987	17	6	3	1	7	–						
1988	12	2	3	–	7	–						
1989	12	3	4	1	4	–						
1990	11	5	1	1	4	–						
Ireland – Irlande+ [19]												
Total												
1983	677	205	140	64	268	–						
1984	617	211	126	45	235	–						
1985	553	179	92	68	214	–						
1986	547	157	96	55	239	–						
1987	464	109	85	38	212	–						
1988	484	144	94	53	193	–						
1989	423	127	85	37	174	–						
1990	434	137	79	39	179	–						
1991	431	141	80	66	144	–						

19. Infant deaths and infant mortality rates by age, sex and urban/rural residence: 1983 – 1992 (continued)
Décès d'enfants de moins d'un an et taux de mortalité infantile selon l'âge, le sexe et la résidence, urbaine/rurale: 1983 – 1992 (suite)

(See notes at end of table. – Voir notes à la fin du tableau.)

Continent, country or area, year, sex and urban/rural residence / Continent, pays ou zone, année, sexe et résidence, urbaine/rurale	Age (in days – en jours)											
	Number – Nombre						Rate – Taux					
	–365	–1	1–6	7–27	28–364	Unknown Inconnu	–365	–1	1–6	7–27	28–364	Unknown Inconnu
EUROPE (Cont.–Suite)												
Ireland – Irlande + [19]												
Male – Masculin												
1983	372	111	88	39	134	–						
1984	367	119	81	27	140	–						
1985	313	102	56	35	120	–						
1986	303	89	57	28	129	–						
1987	271	71	40	29	131	–						
1988	270	82	48	29	111	–						
1989	249	72	49	25	103	–						
1990	249	79	43	23	104	–						
1991	246	76	45	33	92	–						
Female – Féminin												
1983	305	94	52	25	134	–						
1984	250	92	45	18	95	–						
1985	240	77	36	33	94	–						
1986	244	68	39	27	110	–						
1987	193	38	45	29	81	–						
1988	214	62	46	24	82	–						
1989	174	55	36	12	71	–						
1990	185	58	36	16	75	–						
1991	185	65	35	33	52	–						
Isle of Man – Ile de Man +												
Total												
1983	12	–	4	1	7	–						
1984	7	–	2	–	5	–						
1985	4	2	–	–	2	–						
1986	11	5	2	1	3	–						
1987	4	2	–	–	2	–						
1988	5	–	–	–	5	–						
1989	5	4	–	–	1	–						
Male – Masculin												
1983	8	–	4	1	3	–						
1984	4	–	2	–	2	–						
1985	2	1	–	–	1	–						
1986	5	2	1	–	2	–						
1987	3	2	–	–	1	–						
1988	3	–	–	–	3	–						
1989	5	4	–	–	1	–						
Female – Féminin												
1983	4	–	–	–	4	–						
1984	3	–	–	–	3	–						
1985	2	1	–	–	1	–						
1986	6	3	1	1	1	–						
1987	1	–	–	–	1	–						
1988	2	–	–	–	2	–						
1989	–	–	–	–	–	–						
Italy – Italie												
Total												
1983	7 397	2 335	2 469	955	1 638	–	12.3	3.9	4.1	1.6	2.7	–
1984	6 703	2 225	2 206	879	1 393	–	11.4	3.8	3.8	1.5	2.4	–
1985	6 090	1 995	1 952	782	1 361	–	10.5	3.5	3.4	1.4	2.4	–
1988	5 302	1 790	1 665	665	1 182	–	9.3	3.1	2.9	1.2	2.1	–
1989*	4 873	1 623	1 473	698	1 079	–	8.8	2.9	2.6	1.3	1.9	–
Male – Masculin												
1983	4 121	1 343	1 402	499	877	–	13.3	4.3	4.5	1.6	2.8	–
1984	3 854	1 273	1 325	482	774	–	12.7	4.2	4.4	1.6	2.6	–
1985	3 455	1 132	1 178	430	715	–	11.6	3.8	4.0	1.4	2.4	–
1988	3 020	968	983	401	668	–	10.3	3.3	3.3	1.4	2.3	–
1989*	2 706	907	847	358	594	–	9.5	3.2	3.0	1.3	2.1	–
Female – Féminin												
1983	3 276	992	1 067	456	761	–	11.3	3.4	3.7	1.6	2.6	–
1984	2 849	952	881	397	619	• –	10.0	3.3	3.1	1.4	2.2	–
1985	2 635	863	774	352	646	–	9.4	3.1	2.8	1.3	2.3	–
1988	2 282	822	682	264	514	–	8.3	3.0	2.5	1.0	1.9	–
1989*	2 167	716	626	340	485	–	8.0	2.7	2.3	1.3	1.8	–

19. Infant deaths and infant mortality rates by age, sex
and urban/rural residence: 1983 – 1992 (continued)
Décès d'enfants de moins d'un an et taux de mortalité infantile selon l'âge, le sexe et
la résidence, urbaine/rurale: 1983 – 1992 (suite)

(See notes at end of table. – Voir notes à la fin du tableau.)

Continent, country or area, year, sex and urban/rural residence / Continent, pays ou zone, année, sexe et résidence, urbaine/rurale	Age (in days – en jours)											
	Number – Nombre						Rate – Taux					
	–365	–1	1–6	7–27	28–364	Unknown Inconnu	–365	–1	1–6	7–27	28–364	Unknown Inconnu
EUROPE (Cont.–Suite)												
Latvia – Lettonie [14]												
Total												
1988	456	24	163	63	206	–						
1989	438	34	163	53	188	–						
1990	521	50	188	82	201	–						
Male – Masculin												
1988	278	12	101	41	124	–						
1989	263	19	100	36	108	–						
1990	308	31	116	53	108	–						
Female – Féminin												
1988	178	12	62	22	82	–						
1989	175	15	63	17	80	–						
1990	213	19	72	29	93	–						
Lithuania – Lituanie [14]												
Total												
1989	597	41	222	119	215	–						
1990	581	43	229	95	214	–						
Male – Masculin												
1989	339	20	144	67	108	–						
1990	313	28	129	50	106	–						
Female – Féminin												
1989	258	21	78	52	107	–						
1990	268	15	100	45	108	–						
Luxembourg												
Total												
1983	47	6	14	7	20	–						
1984	49	7	9	9	24	–						
1985	37	4	6	2	25	–						
1986	34	2	9	7	16	–						
1987	40	9	13	4	14	–						
1988	40	3	11	5	21	–						
1989	46	7	16	7	16	–						
Male – Masculin												
1983	28	3	9	4	12	–						
1984	25	2	3	5	15	–						
1985	20	1	3	2	14	–						
1986	24	–	7	3	14	–						
1987	23	7	8	2	6	–						
1988	21	2	4	3	12	–						
1989	25	3	10	3	9	–						
Female – Féminin												
1983	19	3	5	3	8	–						
1984	24	5	6	4	9	–						
1985	17	3	3	–	11	–						
1986	10	2	2	4	2	–						
1987	17	2	5	2	8	–						
1988	19	1	7	2	9	–						
1989	21	4	6	4	7	–						
Malta – Malte												
Total												
1985	74	–	47	16	11	–						
1986	53	–	26	12	15	–						
1987	39	–	19	8	12	–						
1988	44	22	–	5	17	–						
Male – Masculin												
1985	47	–	33	9	5	–						
1986	27	–	11	7	9	–						
1987	22	–	11	5	6	–						
1988	16	8	–	2	6	–						
Female – Féminin												
1985	27	–	14	7	6	–						
1986	26	–	15	5	6	–						
1987	17	–	·8	3	6	–						
1988	28	14	–	3	11	–						

19. Infant deaths and infant mortality rates by age, sex and urban/rural residence: 1983 – 1992 (continued)
Décès d'enfants de moins d'un an et taux de mortalité infantile selon l'âge, le sexe et la résidence, urbaine/rurale: 1983 – 1992 (suite)

(See notes at end of table. – Voir notes à la fin du tableau.)

Continent, country or area, year, sex and urban/rural residence / Continent, pays ou zone, année, sexe et résidence, urbaine/rurale	Age (in days – en jours)											
	Number – Nombre						Rate – Taux					
	–365	–1	1–6	7–27	28–364	Unknown Inconnu	–365	–1	1–6	7–27	28–364	Unknown Inconnu
EUROPE (Cont.–Suite)												
Netherlands – Pays–Bas [20]												
Total												
1983	1 432	326	403	175	528	–	8.4	1.9	2.4	1.0	3.1	–
1984	1 452	352	373	168	559	–	8.3	2.0	2.1	1.0	3.2	–
1985	1 430	318	388	182	542	–	8.0	1.8	2.2	1.0	3.0	–
1986	1 428	329	412	144	543	–	7.7	1.8	2.2	0.8	2.9	–
1987	1 410	371	363	176	500	–	7.6	2.0	1.9	0.9	2.7	–
1988	1 275	326	353	171	425	–	6.8	1.7	1.9	0.9	2.3	–
1989	1 282	348	376	142	416	–	6.8	1.8	2.0	0.8	2.2	–
1990	1 397	363	413	177	444	–	7.1	1.8	2.1	0.9	2.2	–
1991	1 291	383	364	160	384	–	6.5	1.9	1.8	0.8	1.9	–
Male – Masculin												
1983	806	180	237	98	291	–	9.3	2.1	2.7	1.1	3.3	–
1984	857	201	219	105	332	–	9.6	2.2	2.4	1.2	3.7	–
1985	808	176	236	96	300	–	8.9	1.9	2.6	1.1	3.3	–
1986	803	181	239	86	297	–	8.6	1.9	2.5	0.9	3.2	–
1987	824	221	220	90	293	–	8.6	2.3	2.3	0.9	3.1	–
1988	762	200	224	102	236	–	8.0	2.1	2.3	1.1	2.5	–
1989	737	190	222	83	242	–	7.7	2.0	2.3	0.9	2.5	–
1990	810	205	253	93	259	–	8.0	2.0	2.5	0.9	2.5	–
1991	782	245	234	89	214	–	7.7	2.4	2.3	0.9	2.1	–
Female – Féminin												
1983	626	146	166	77	237	–	7.5	1.8	2.0	0.9	2.8	–
1984	595	151	154	63	227	–	7.0	1.8	1.8	0.7	2.7	–
1985	622	142	152	86	242	–	7.1	1.6	1.7	1.0	2.8	–
1986	625	148	173	58	246	–	6.9	1.6	1.9	0.6	2.7	–
1987	586	150	143	86	207	–	6.4	1.7	1.6	0.9	2.3	–
1988	513	126	129	69	189	–	5.6	1.4	1.4	0.8	2.1	–
1989	545	158	154	59	174	–	5.9	1.7	1.7	0.6	1.9	–
1990	587	158	160	84	185	–	6.1	1.6	1.7	0.9	1.9	–
1991	509	138	130	71	170	–	5.2	1.4	1.3	0.7	1.8	–
Norway – Norvège [21]												
Total												
1983	395	123	72	46	154	–						
1984	416	83	106	29	198	–						
1985	434	116	83	39	196	–						
1986	408	73	92	48	195	–						
1987	453	87	107	55	204	–						
1988	463	78	113	54	218	–						
1989	463	84	87	48	244	–						
1990	419	90	81	56	192	–						
1991	377	76	82	56	128	35						
Male – Masculin												
1983	226	69	44	24	89	–						
1984	213	45	58	16	94	–						
1985	268	71	55	26	116	–						
1986	224	41	55	22	106	–						
1987	251	40	65	33	113	–						
1988	264	44	63	34	123	–						
1989	265	38	50	28	149	–						
1990	252	55	55	39	103	–						
1991	208	35	45	32	76	20						
Female – Féminin												
1983	169	54	28	22	65	–						
1984	203	38	48	13	104	–						
1985	166	45	28	13	80	–						
1986	184	32	37	26	89	–						
1987	202	47	42	22	91	–						
1988	199	34	50	20	95	–						
1989	198	46	37	20	95	–						
1990	167	35	26	17	89	–						
1991	169	41	37	24	52	15						

19. Infant deaths and infant mortality rates by age, sex and urban/rural residence: 1983 – 1992 (continued)
Décès d'enfants de moins d'un an et taux de mortalité infantile selon l'âge, le sexe et la résidence, urbaine/rurale: 1983 – 1992 (suite)

(See notes at end of table. – Voir notes à la fin du tableau.)

Continent, country or area, year, sex and urban/rural residence / Continent, pays ou zone, année, sexe et résidence, urbaine/rurale	Age (in days – en jours)											
	Number – Nombre						Rate – Taux					
	−365	−1	1–6	7–27	28–364	Unknown Inconnu	−365	−1	1–6	7–27	28–364	Unknown Inconnu
EUROPE (Cont.–Suite)												
Poland – Pologne												
Total												
1983	13 846	2 932	4 672	1 912	4 330	–	19.2	4.1	6.5	2.7	6.0	–
1984	13 444	2 834	4 552	1 928	4 130	–	19.2	4.1	6.5	2.8	5.9	–
1985	12 523	2 769	4 292	1 773	3 689	–	18.5	4.1	6.3	2.6	5.4	–
1986	11 117	2 424	3 871	1 513	3 309	–	17.5	3.8	6.1	2.4	5.2	–
1987	10 601	2 222	3 870	1 499	3 010	–	17.5	3.7	6.4	2.5	5.0	–
1988	9 532	2 072	3 344	1 409	2 707	–	16.2	3.5	5.7	2.4	4.6	–
1989	8 979	1 908	3 217	1 354	2 500	–	16.0	3.4	5.7	2.4	4.4	–
1990	8 737	1 909	2 987	1 422	2 419	–	16.0	3.5	5.5	2.6	4.4	–
1991	8 177	1 858	2 742	1 275	2 302	–	15.0	3.4	5.0	2.3	4.2	–
Male – Masculin												
1983	8 045	1 739	2 811	1 101	2 394	–	21.7	4.7	7.6	3.0	6.5	–
1984	7 714	1 597	2 643	1 090	2 384	–	21.4	4.4	7.3	3.0	6.6	–
1985	7 259	1 606	2 570	1 000	2 083	–	20.8	4.6	7.4	2.9	6.0	–
1986	6 384	1 409	2 256	837	1 882	–	19.6	4.3	6.9	2.6	5.8	–
1987	6 150	1 295	2 268	852	1 735	–	19.7	4.2	7.3	2.7	5.6	–
1988	5 563	1 209	2 004	787	1 563	–	18.4	4.0	6.6	2.6	5.2	–
1989	5 216	1 097	1 954	773	1 392	–	18.0	3.8	6.7	2.7	4.8	–
1990	5 014	1 089	1 790	786	1 349	–	17.9	3.9	6.4	2.8	4.8	–
1991	4 727	1 094	1 622	713	1 298	–	16.8	3.9	5.8	2.5	4.6	–
Female – Féminin												
1983	5 801	1 193	1 861	811	1 936	–	16.6	3.4	5.3	2.3	5.5	–
1984	5 730	1 237	1 909	838	1 746	–	16.9	3.6	5.6	2.5	5.1	–
1985	5 264	1 163	1 722	773	1 606	–	16.0	3.5	5.2	2.3	4.9	–
1986	4 733	1 015	1 615	676	1 427	–	15.3	3.3	5.2	2.2	4.6	–
1987	4 451	927	1 602	647	1 275	–	15.2	3.2	5.5	2.2	4.3	–
1988	3 969	863	1 340	622	1 144	–	13.9	3.0	4.7	2.2	4.0	–
1989	3 763	811	1 263	581	1 108	–	13.8	3.0	4.6	2.1	4.1	–
1990	3 723	820	1 197	636	1 070	–	14.0	3.1	4.5	2.4	4.0	–
1991	3 450	764	1 120	562	1 004	–	13.0	2.9	4.2	2.1	3.8	–
Portugal												
Total												
1983	2 787	966	588	319	914	–	19.3	6.7	4.1	2.2	6.3	–
1984	2 389	857	506	253	773	–	16.7	6.0	3.5	1.8	5.4	–
1985	2 327	825	510	251	741	–	17.8	6.3	3.9	1.9	5.7	–
1986	2 017	740	423	206	648	–	15.9	5.8	3.3	1.6	5.1	–
1987	1 755	668	369	181	537	–	14.2	5.4	3.0	1.5	4.4	–
1988	1 595	539	361	155	540	–	13.1	4.4	3.0	1.3	4.4	–
1989	1 444	521	283	152	488	–	12.2	4.4	2.4	1.3	4.1	–
1990	1 279	445	219	151	464	–	11.0	3.8	1.9	1.3	4.0	–
1991	1 259	375	263	167	454	–	10.8	3.2	2.3	1.4	3.9	–
Male – Masculin												
1983	1 539	546	333	167	493	–	20.6	7.3	4.5	2.2	6.6	–
1984	1 398	513	290	147	448	–	18.9	6.9	3.9	2.0	6.1	–
1985	1 368	486	317	135	430	–	20.3	7.2	4.7	2.0	6.4	–
1986	1 154	421	257	117	359	–	17.6	6.4	3.9	1.8	5.5	–
1987	999	355	233	110	301	–	15.7	5.6	3.7	1.7	4.7	–
1988	883	303	218	83	279	–	14.0	4.8	3.5	1.3	4.4	–
1989	808	284	171	81	272	–	13.3	4.7	2.8	1.3	4.5	–
1990	739	265	147	81	246	–	12.3	4.4	2.5	1.4	4.1	–
1991	731	224	162	97	248	–	12.2	3.7	2.7	1.6	4.1	–
Female – Féminin												
1983	1 248	420	255	152	421	–	18.0	6.0	3.7	2.2	6.1	–
1984	991	344	216	106	325	–	14.4	5.0	3.1	1.5	4.7	–
1985	959	339	193	116	311	–	15.2	5.4	3.1	1.8	4.9	–
1986	863	319	166	89	289	–	14.1	5.2	2.7	1.5	4.7	–
1987	756	313	136	71	236	–	12.7	5.2	2.3	1.2	4.0	–
1988	712	236	143	72	261	–	12.0	4.0	2.4	1.2	4.4	–
1989	636	237	112	71	216	–	11.0	4.1	1.9	1.2	3.7	–
1990	540	180	72	70	218	–	9.6	3.2	1.3	1.2	3.9	–
1991	528	151	101	70	206	–	9.3	2.7	1.8	1.2	3.6	–

19. Infant deaths and infant mortality rates by age, sex and urban/rural residence: 1983 – 1992 (continued)
Décès d'enfants de moins d'un an et taux de mortalité infantile selon l'âge, le sexe et la résidence, urbaine/rurale: 1983 – 1992 (suite)

(See notes at end of table. – Voir notes à la fin du tableau.)

Continent, country or area, year, sex and urban/rural residence / Continent, pays ou zone, année, sexe et résidence, urbaine/rurale	Age (in days – en jours)											
	Number – Nombre						Rate – Taux					
	–365	–1	1–6	7–27	28–364	Unknown Inconnu	–365	–1	1–6	7–27	28–364	Unknown Inconnu
EUROPE (Cont.–Suite)												
Romania – Roumanie												
Total												
1983	7 676	*—	1 854 —*	*—	5 822 —*	–	23.9	*—	5.8 —*	*—	18.1 —*	–
1984	8 211	*—	1 876 —*	*—	6 335 —*	–	23.4	*—	5.3 —*	*—	18.1 —*	–
1985	9 191	*—	1 677 —*	*—	7 514 —*	–	25.6	*—	4.7 —*	*—	20.9 —*	–
1987	11 077	221	1 421	1 393	8 042	–	28.9	0.6	3.7	3.6	21.0	–
1988	9 643	227	1 337	1 255	6 824	–	25.4	0.6	3.5	3.3	18.0	–
1989	9 940	186	1 198	1 185	7 371	–	26.9	0.5	3.2	3.2	19.9	–
1990	8 471	312	1 330	1 088	5 741	–	26.9	1.0	4.2	3.5	18.2	–
1991	6 258	330	1 272	851	3 805	–	22.7	1.2	4.6	3.1	13.8	–
Male – Masculin												
1987	6 348	138	866	802	4 542	–	32.3	0.7	4.4	4.1	23.1	–
1988	5 482	147	830	712	3 793	–	28.2	0.8	4.3	3.7	19.5	–
1989	5 711	105	743	674	4 189	–	30.2	0.6	3.9	3.6	22.2	–
1990	4 794	193	828	620	3 153	–	29.8	1.2	5.1	3.8	19.6	–
1991	3 574	198	798	494	2 084	–	25.2	1.4	5.6	3.5	14.7	–
Female – Féminin												
1987	4 729	83	555	591	3 500	–	25.3	0.4	3.0	3.2	18.7	–
1988	4 161	80	507	543	3 031	–	22.4	0.4	2.7	2.9	16.3	–
1989	4 229	81	455	511	3 182	–	23.4	0.4	2.5	2.8	17.6	–
1990	3 677	119	502	468	2 588	–	23.9	0.8	3.3	3.0	16.8	–
1991	2 684	132	474	357	1 721	–	20.1	1.0	3.5	2.7	12.9	–
Russian Federation [14] – Fédération Russe												
Total												
1989	39 030	4 741	13 950	4 466	15 838	35	18.1	2.2	6.5	2.1	7.3	0.0
1990	35 088	4 413	13 409	3 979	13 260	27	17.6	2.2	6.7	2.0	6.7	♦ 0.0
1991	32 492	3 956	12 023	3 808	12 672	33	18.1	2.2	6.7	2.1	7.1	0.0
Male – Masculin												
1989	22 991	2 855	8 438	2 629	9 052	17	20.7	2.6	7.6	2.4	8.1	♦ 0.0
1990	20 691	2 681	8 180	2 327	7 491	12	20.3	2.6	8.0	2.3	7.3	♦ 0.0
1991	19 131	2 376	7 410	2 195	7 132	18	20.7	2.6	8.0	2.4	7.7	♦ 0.0
Female – Féminin												
1989	16 039	1 886	5 512	1 837	6 786	18	15.3	1.8	5.2	1.7	6.5	0.0
1990	14 397	1 732	5 229	1 652	5 769	15	14.9	1.8	5.4	1.7	6.0	♦ 0.0
1991	13 361	1 580	4 613	1 613	5 540	15	15.3	1.8	5.3	1.9	6.4	♦ 0.0
San Marino – Saint–Marin +												
Total												
1983	1	1	–	–	–	–						
1984	1	1	–	–	–	–						
1985	3	1	2	–	–	–						
1986	1	–	–	1	–	–						
1987	3	1	1	1	–	–						
1988	3	2	–	1	–	–						
1989	5	3	2	–	–	–						
Male – Masculin												
1983	–	–	–	–	–	–						
1984	–	–	–	–	–	–						
1985	2	1	1	–	–	–						
1986	–	–	–	–	–	–						
1987	3	1	1	1	–	–						
1988	1	–	–	1	–	–						
1989	2	1	1	–	–	–						
Female – Féminin												
1983	1	1	–	–	–	–						
1984	1	1	–	–	–	–						
1985	1	–	1	–	–	–						
1986	1	–	–	1	–	–						
1987	–	–	–	–	–	–						
1988	2	2	–	–	–	–						
1989	3	2	1	–	–	–						

19. Infant deaths and infant mortality rates by age, sex and urban/rural residence: 1983 – 1992 (continued)
Décès d'enfants de moins d'un an et taux de mortalité infantile selon l'âge, le sexe et la résidence, urbaine/rurale: 1983 – 1992 (suite)

(See notes at end of table. – Voir notes à la fin du tableau.)

Continent, country or area, year, sex and urban/rural residence / Continent, pays ou zone, année, sexe et résidence, urbaine/rurale	Age (in days – en jours)											
	Number – Nombre						Rate – Taux					
	−365	−1	1–6	7–27	28–364	Unknown Inconnu	−365	−1	1–6	7–27	28–364	Unknown Inconnu
EUROPE (Cont.–Suite)												
Slovenia – Slovénie												
Total												
1987	285	79	60	36	110	–						
1988	251	83	48	38	82	–						
1989	191	67	45	26	53	–						
1990	187	62	29	22	74	–						
1991	178	62	37	25	54	–						
Male – Masculin												
1987	151	38	39	20	54	–						
1988	142	47	30	21	44	–						
1989	103	41	20	18	24	–						
1990	114	33	16	17	48	–						
1991	117	40	23	16	38	–						
Female – Féminin												
1987	134	41	21	16	56	–						
1988	109	36	18	17	38	–						
1989	88	26	25	8	29	–						
1990	73	29	13	5	26	–						
1991	61	22	14	9	16	–						
Spain – Espagne												
Total												
1983	5 285	1 631	1 147	888	1 619	–	10.9	3.4	2.4	1.8	3.3	–
1986	4 038	1 324	784	611	1 319	–	9.2	3.0	1.8	1.4	3.0	–
Male – Masculin												
1983	2 989	913	703	508	865	–	11.9	3.6	2.8	2.0	3.4	–
Female – Féminin												
1983	2 296	718	444	380	754	–	9.8	3.1	1.9	1.6	3.2	–
Sweden – Suède												
Total												
1983	646	131	199	86	230	–						
1984	601	133	176	77	215	–						
1985	666	132	200	77	257	–						
1986	605	146	197	60	202	–						
1987	641	133	195	73	240	–						
1988	652	141	203	70	238	–						
1989	670	153	180	92	245	–						
1990	739	175	185	74	305	–						
1991	761	147	195	97	322	–						
Male – Masculin												
1983	333	77	109	44	103	–						
1984	350	74	115	42	119	–						
1985	366	73	96	46	151	–						
1986	346	86	104	38	118	–						
1987	358	70	103	46	139	–						
1988	380	88	126	37	129	–						
1989	392	90	118	50	134	–						
1990	421	93	115	41	172	–						
1991	421	72	117	55	177	–						
Female – Féminin												
1983	313	54	90	42	127	–						
1984	251	59	61	35	96	–						
1985	300	59	104	31	106	–						
1986	259	60	93	22	84	–						
1987	283	63	92	27	101	–						
1988	272	53	77	33	109	–						
1989	278	63	62	42	111	–						
1990	318	82	70	33	133	–						
1991	340	75	78	42	145	–						

19. Infant deaths and infant mortality rates by age, sex and urban/rural residence: 1983 – 1992 (continued)
Décès d'enfants de moins d'un an et taux de mortalité infantile selon l'âge, le sexe et la résidence, urbaine/rurale: 1983 – 1992 (suite)

(See notes at end of table. – Voir notes à la fin du tableau.)

Continent, country or area, year, sex and urban/rural residence / Continent, pays ou zore, année, sexe et résidence, urbaine/rurale	Age (in days – en jours)											
	Number – Nombre						Rate – Taux					
	−365	−1	1–6	7–27	28–364	Unknown Inconnu	−365	−1	1–6	7–27	28–364	Unknown Inconnu
EUROPE (Cont.–Suite)												
Switzerland – Suisse												
Total												
1984	533	160	94	59	220	–						
1985	515	167	107	60	181	–						
1986	521	149	103	58	211	–						
1987	524	164	104	57	199	–						
1988	550	154	113	72	211	–						
1989	596	186	115	59	236	–						
1990	574	150	112	56	256	–						
1991	537	155	103	54	225	–						
Male – Masculin												
1984	308	93	48	35	132	–						
1985	293	93	53	35	112	–						
1986	297	78	69	33	117	–						
1987	291	85	63	32	111	–						
1988	330	91	67	42	130	–						
1989	334	102	70	29	133	–						
1990	316	87	57	30	142	–						
1991	315	93	63	32	127	–						
Female – Féminin												
1984	225	67	46	24	88	–						
1985	222	74	54	25	69	–						
1986	224	71	34	25	94	–						
1987	233	79	41	25	88	–						
1988	220	63	46	30	81	–						
1989	262	84	45	30	103	–						
1990	258	63	55	26	114	–						
1991	222	62	40	22	98	–						
Ukraine [14]												
Total												
1989	9 039	*—	3 722 —*	1 080	4 233	4	13.1	*—	5.4 —*	1.6	6.1	♦ 0.0
1990	8 525	*—	3 812 —*	999	3 705	9	13.0	*—	5.8 —*	1.5	5.6	♦ 0.0
Male – Masculin												
1989	5 391	*—	2 301 —*	628	2 458	4	15.2	*—	6.5 —*	1.8	6.9	♦ 0.0
1990	4 997	*—	2 281 —*	587	2 124	5	14.8	*—	6.7 —*	1.7	6.3	♦ 0.0
Female – Féminin												
1989	3 648	*—	1 421 —*	452	1 775	–	10.9	*—	4.2 —*	1.3	5.3	–
1990	3 528	*—	1 531 —*	412	1 581	4	11.1	*—	4.8 —*	1.3	5.0	♦ 0.0
United Kingdom –Royaume–Uni												
Total												
1983	7 356	1 894	1 529	837	3 096	–	10.2	2.6	2.1	1.2	4.3	–
1984	7 000	1 894	1 403	849	2 854	–	9.6	2.6	1.9	1.2	3.9	–
1985	7 030	1 870	1 403	777	2 980	–	9.4	2.5	1.9	1.0	4.0	–
1986	7 180	1 844	1 410	747	3 179	–	9.5	2.4	1.9	1.0	4.2	–
1987	7 077	1 765	1 279	851	3 182	–	9.1	2.3	1.6	1.1	4.1	–
1988	7 061	1 729	1 329	812	3 191	–	9.0	2.2	1.7	1.0	4.1	–
1989	6 542	1 575	1 255	846	2 866	–	8.4	2.0	1.6	1.1	3.7	–
1990	6 272	1 606	1 203	807	2 656	–	7.9	2.0	1.5	1.0	3.3	–
1991	5 825	1 476	1 231	758	2 360	–	7.3	1.9	1.6	1.0	3.0	–
Male – Masculin												
1983	4 230	1 058	882	483	1 807	–	11.4	2.9	2.4	1.3	4.9	–
1984	3 995	1 070	841	476	1 608	–	10.7	2.9	2.3	1.3	4.3	–
1985	4 003	1 058	807	415	1 723	–	10.4	2.7	2.1	1.1	4.5	–
1986	4 219	1 073	802	437	1 907	–	10.9	2.8	2.1	1.1	4.9	–
1987	4 105	1 038	744	480	1 843	–	10.3	2.6	1.9	1.2	4.6	–
1988	4 110	1 000	751	483	1 876	–	10.2	2.5	1.9	1.2	4.7	–
1989	3 799	942	750	457	1 650	–	9.5	2.4	1.9	1.1	4.1	–
1990	3 614	921	697	435	1 561	–	8.8	2.3	1.7	1.1	3.8	–
1991	3 377	923	638	424	1 392	–	8.3	2.3	1.6	1.0	3.4	–

19. Infant deaths and infant mortality rates by age, sex and urban/rural residence: 1983 – 1992 (continued)
Décès d'enfants de moins d'un an et taux de mortalité infantile selon l'âge, le sexe et la résidence, urbaine/rurale: 1983 – 1992 (suite)

(See notes at end of table. – Voir notes à la fin du tableau.)

Continent, country or area, year, sex and urban/rural residence / Continent, pays ou zone, année, sexe et résidence, urbaine/rurale	Age (in days – en jours)											
	Number – Nombre						Rate – Taux					
	–365	–1	1–6	7–27	28–364	Unknown Inconnu	–365	–1	1–6	7–27	28–364	Unknown Inconnu
EUROPE (Cont.–Suite)												
United Kingdom –Royaume–Uni												
Female – Féminin												
1983	3 126	836	647	354	1 289	–	8.9	2.4	1.8	1.0	3.7	–
1984	3 005	824	562	373	1 246	–	8.4	2.3	1.6	1.0	3.5	–
1985	3 027	812	596	362	1 257	–	8.3	2.2	1.6	1.0	3.4	–
1986	2 961	771	608	310	1 272	–	8.1	2.1	1.7	0.8	3.5	–
1987	2 972	727	535	371	1 339	–	7.9	1.9	1.4	1.0	3.5	–
1988	2 951	729	578	329	1 315	–	7.7	1.9	1.5	0.9	3.4	–
1989	2 743	633	505	389	1 216	–	7.2	1.7	1.3	1.0	3.2	–
1990	2 658	685	506	372	1 095	–	6.8	1.8	1.3	1.0	2.8	–
1991	2 448	553	593	334	968	–	6.3	1.4	1.5	0.9	2.5	–
Former Yugoslavia – Ancienne Yougoslavie												
Total												
1983	11 497	1 898	2 579	1 429	5 591	–	30.7	5.1	6.9	3.8	14.9	–
1984	10 441	1 948	2 660	1 294	4 539	–	27.7	5.2	7.0	3.4	12.0	–
1985	10 356	1 954	2 789	1 254	4 359	–	28.2	5.3	7.6	3.4	11.9	–
1986	9 610	1 877	2 453	1 153	4 127	–	26.7	5.2	6.8	3.2	11.5	–
1987	9 036	1 870	2 219	1 100	3 847	–	25.1	5.2	6.2	3.1	10.7	–
1988	8 727	1 638	2 153	1 027	3 909	–	24.5	4.6	6.0	2.9	11.0	–
1989	7 911	1 721	2 088	925	3 177	–	23.5	5.1	6.2	2.7	9.4	–
1990	6 457	1 160	1 776	872	2 649	–	19.3	3.5	5.3	2.6	7.9	–
Male – Masculin												
1983	6 298	1 104	1 534	754	2 906	–	32.5	5.7	7.9	3.9	15.0	–
1984	5 758	1 151	1 560	710	2 337	–	29.5	5.9	8.0	3.6	12.0	–
1985	5 775	1 178	1 631	691	2 275	–	30.5	6.2	8.6	3.7	12.0	–
1986	5 288	1 084	1 454	617	2 133	–	28.5	5.8	7.8	3.3	11.5	–
1987	4 896	1 045	1 300	591	1 960	–	26.3	5.6	7.0	3.2	10.5	–
1988	4 809	943	1 292	545	2 029	–	26.0	5.1	7.0	2.9	11.0	–
1989	4 272	975	1 190	501	1 606	–	24.6	5.6	6.8	2.9	9.2	–
1990	3 563	666	1 010	504	1 383	–	20.5	3.8	5.8	2.9	8.0	–
Female – Féminin												
1983	5 199	794	1 045	675	2 685	–	28.8	4.4	5.8	3.7	14.9	–
1984	4 683	797	1 100	584	2 202	–	25.7	4.4	6.0	3.2	12.1	–
1985	4 581	776	1 158	563	2 084	–	25.8	4.4	6.5	3.2	11.7	–
1986	4 322	793	999	536	1 994	–	24.8	4.6	5.7	3.1	11.5	–
1987	4 140	825	919	509	1 887	–	23.9	4.8	5.3	2.9	10.9	–
1988	3 918	695	861	482	1 880	–	22.9	4.1	5.0	2.8	11.0	–
1989	3 639	746	898	424	1 571	–	22.4	4.6	5.5	2.6	9.7	–
1990	2 894	494	766	368	1 266	–	17.9	3.1	4.7	2.3	7.8	–
OCEANIA—OCEANIE												
Australia – Australie +												
Total												
1983	2 327	855	367	239	866	–	9.6	3.5	1.5	1.0	3.6	–
1984	2 163	719	340	223	881	–	9.2	3.1	1.5	1.0	3.8	–
1985	2 452	798	429	305	920	–	9.9	3.2	1.7	1.2	3.7	–
1986	2 154	728	339	255	832	–	8.8	3.0	1.4	1.0	3.4	–
1987	2 116	677	330	243	866	–	8.7	2.8	1.4	1.0	3.5	–
1988	2 132	722	341	232	837	–	8.7	2.9	1.4	0.9	3.4	–
1989	2 004	611	340	228	825	–	8.0	2.4	1.4	0.9	3.3	–
1990	2 145	724	312	239	870	–	8.2	2.8	1.2	0.9	3.3	–
1991	1 836	649	297	196	694	–	7.1	2.5	1.2	0.8	2.7	–
Male – Masculin												
1983	1 302	469	207	121	505	–	10.5	3.8	1.7	1.0	4.1	–
1984	1 259	410	212	133	504	–	10.5	3.4	1.8	1.1	4.2	–
1985	1 398	445	235	174	544	–	11.0	3.5	1.9	1.4	4.3	–
1986	1 244	432	194	146	472	–	10.0	3.5	1.6	1.2	3.8	–
1987	1 235	379	190	145	521	–	9.9	3.0	1.5	1.2	4.2	–
1988	1 227	425	199	117	486	–	9.7	3.4	1.6	0.9	3.8	–
1989	1 136	345	183	125	483	–	8.8	2.7	1.4	1.0	3.8	–
1990	1 224	422	159	147	496	–	9.1	3.1	1.2	1.1	3.7	–
1991	1 049	370	159	110	410	–	7.9	2.8	1.2	0.8	3.1	–

19. Infant deaths and infant mortality rates by age, sex and urban/rural residence: 1983 – 1992 (continued)
Décès d'enfants de moins d'un an et taux de mortalité infantile selon l'âge, le sexe et la résidence, urbaine/rurale: 1983 – 1992 (suite)

(See notes at end of table. – Voir notes à la fin du tableau.)

| Continent, country or area, year, sex and urban/rural residence / Continent, pays ou zone, année, sexe et résidence, urbaine/rurale | Age (in days – en jours) | | | | | | | | | | | |
| | Number – Nombre | | | | | | Rate – Taux | | | | | |
	−365	−1	1–6	7–27	28–364	Unknown Inconnu	−365	−1	1–6	7–27	28–364	Unknown Inconnu
OCEANIA—OCEANIE												
Australia – Australie +												
Female – Féminin												
1983	1 025	386	160	118	361	–	8.7	3.3	1.4	1.0	3.1	–
1984	904	309	128	90	377	–	7.9	2.7	1.1	0.8	3.3	–
1985	1 054	353	194	131	376	–	8.7	2.9	1.6	1.1	3.1	–
1986	910	296	145	109	360	–	7.7	2.5	1.2	0.9	3.0	–
1987	881	298	140	98	345	–	7.4	2.5	1.2	0.8	2.9	–
1988	905	297	142	115	351	–	7.5	2.5	1.2	1.0	2.9	–
1989	868	266	157	103	342	–	7.1	2.2	1.3	0.8	2.8	–
1990	921	302	153	92	374	–	7.2	2.4	1.2	0.7	2.9	–
1991	787	279	138	86	284	–	6.3	2.2	1.1	0.7	2.3	–
Fiji – Fidji +												
Total												
1983	415	114	81	58	162	–						
1984	320	68	61	29	162	–						
1985	361	*—	182 —*		48	131	–					
1986	391	–	183	34	174	–						
1987	189	48	30	18	93	–						
Male – Masculin												
1983	233	66	48	27	92	–						
1984	188	38	33	19	98	–						
1985	185	*—	102 —*		22	61	–					
1986	203	–	94	13	96	–						
1987	106	26	19	11	50	–						
Female – Féminin												
1983	182	48	33	31	70	–						
1984	132	30	28	10	64	–						
1985	176	*—	80 —*		26	70	–					
1986	188	–	89	21	78	–						
1987	83	22	11	7	43	–						
Guam [22]												
Total												
1985	39	16	11	3	9	–						
1986	31	17	5	2	7	–						
Male – Masculin												
1985	25	9	6	3	7	–						
1986	18	11	3	2	2	–						
Female – Féminin												
1985	14	7	5	–	2	–						
1986	13	6	2	–	5	–						
New Zealand – Nouvelle–Zélande +												
Total												
1983	633	101	116	63	353	–						
1984	597	85	85	60	367	–						
1985	560	102	97	41	320	–						
1986	592	96	103	63	330	–						
1987	554	91	82	55	326	–						
1988	620	112	101	58	349	–						
1989	592	98	110	48	336	–						
1990	500	86	99	60	255	–						
Male – Masculin												
1983	353	52	60	29	212	–						
1984	352	48	54	30	220	–						
1985	321	65	55	24	177	–						
1986	336	45	69	36	186	–						
1987	302	47	54	30	171	–						
1988	358	64	64	32	198	–						
1989	348	55	55	26	212	–						
1990	296	51	61	33	151	–						

19. Infant deaths and infant mortality rates by age, sex and urban/rural residence: 1983 – 1992 (continued)
Décès d'enfants de moins d'un an et taux de mortalité infantile selon l'âge, le sexe et la résidence, urbaine/rurale: 1983 – 1992 (suite)

(See notes at end of table. – Voir notes à la fin du tableau.)

Continent, country or area, year, sex and urban/rural residence / Continent, pays ou zone, année, sexe et résidence, urbaine/rurale	Age (in days – en jours)					
	Number – Nombre					Unknown
	–365	–1	1–6	7–27	28–364	Inconnu
OCEANIA–OCEANIE(Cont.–Suite)						
New Zealand – Nouvelle–Zélande +						
Female – Féminin						
1983	280	49	56	34	141	–
1984	245	37	31	30	147	–
1985	239	37	42	17	143	–
1986	256	51	34	27	144	–
1987	252	44	28	25	155	–
1988	262	48	37	26	151	–
1989	244	43	55	22	124	–
1990	204	35	38	27	104	–
Niue – Nioué						
Total						
1986	2	–	1	–	1	–
Male – Masculin						
1986	–	–	–	–	–	–
Female – Féminin						
1986	2	–	1	–	1	–
Northern Mariana Islands – Iles Mariannes du Sud						
Total						
1985	14	7	3	–	4	–
1989	2	1	–	–	1	–
Male – Masculin						
1985	10	6	1	–	3	–
1989	2	1	–	–	1	–
Female – Féminin						
1985	4	1	2	–	1	–
1989	–	–	–	–	–	–

19. Infant deaths and infant mortality rates by age, sex and urban/rural residence: 1983 – 1992 (continued)
Décès d'enfants de moins d'un an et taux de mortalité infantile selon l'âge, le sexe et la résidence, urbaine/rurale: 1983 – 1992 (suite)
Data by urban/rural residence

Données selon la résidence urbaine/rurale

(See notes at end of table. – Voir notes à la fin du tableau.)

| Continent, country or area, year, sex and urban/rural residence / Continent, pays ou zone, année, sexe et résidence, urbaine/rurale | Age (in days – en jours) | | | | | | | | | | | |
| | Number – Nombre | | | | | | Rate – Taux | | | | | |
	–365	–1	1–6	7–27	28–364	Unknown Inconnu	–365	–1	1–6	7–27	28–364	Unknown Inconnu
AMERICA,NORTH— AMERIQUE DU NORD												
Panama												
Urban – Urbaine												
Total												
1983	500	147	128	63	162	–	19.2	5.6	4.9	2.4	6.2	–
1986	493	127	168	63	135	–	18.1	4.7	6.2	2.3	5.0	–
1987	518	150	158	56	154	–	19.4	5.6	5.9	2.1	5.8	–
Male – Masculin												
1983	260	83	61	30	86	–	19.4	6.2	4.6	♦2.2	6.4	–
1986	289	79	97	35	78	–	20.8	5.7	7.0	2.5	5.6	–
1987	305	86	102	33	84	–	22.3	6.3	7.4	2.4	6.1	–
Female – Féminin												
1983	240	64	67	33	76	–	19.0	5.1	5.3	2.6	6.0	–
1986	204	48	71	28	57	–	15.4	3.6	5.4	♦2.1	4.3	–
1987	213	64	56	23	70	–	16.3	4.9	4.3	♦1.8	5.4	–
Rural – Rurale												
Total												
1983	628	99	135	65	329	–	21.5	3.4	4.6	2.2	11.3	–
1986	624	108	132	65	319	–	20.5	3.5	4.3	2.1	10.5	–
1987	603	112	119	71	301	–	19.5	3.6	3.9	2.3	9.7	–
Male – Masculin												
1983	364	64	89	41	170	–	24.2	4.2	5.9	2.7	11.3	–
1986	351	65	81	35	170	–	22.2	4.1	5.1	2.2	10.8	–
1987	336	64	71	37	164	–	21.2	4.0	4.5	2.3	10.4	–
Female – Féminin												
1983	264	35	46	24	159	–	18.7	2.5	3.3	♦1.7	11.3	–
1986	273	43	51	30	149	–	18.6	2.9	3.5	♦2.0	10.2	–
1987	267	48	48	34	137	–	17.7	3.2	3.2	2.3	9.1	–
EUROPE												
Finland – Finlande [16]												
Urban – Urbaine												
Total												
1983	252	71	69	29	83	–						
1984	249	56	89	33	71	–						
Male – Masculin												
1983	134	41	38	15	40	–						
1984	146	29	54	21	42	–						
Female – Féminin												
1983	118	30	31	14	43	–						
1984	103	27	35	12	29	–						
Rural – Rurale												
Total												
1983	162	30	59	19	54	–						
1984	174	31	59	17	67	–						
Male – Masculin												
1983	89	13	33	10	33	–						
1984	92	17	32	8	35	–						
Female – Féminin												
1983	73	17	26	9	21	–						
1984	82	14	27	9	32	–						
Hungary – Hongrie [23]												
Urban – Urbaine												
Total												
1983	1 246	343	411	195	297	–	18.8	5.2	6.2	2.9	4.5	–
1984	1 345	442	406	212	285	–	20.1	6.6	6.1	3.2	4.3	–
1985	1 399	463	429	206	301	–	20.0	6.6	6.1	2.9	4.3	–
1986	1 306	396	424	202	284	–	18.3	5.5	5.9	2.8	4.0	–
Male – Masculin												
1983	694	201	225	110	158	–	20.4	5.9	6.6	3.2	4.6	–
1984	761	246	230	115	170	–	22.2	7.2	6.7	3.4	5.0	–
1985	787	248	253	113	173	–	21.9	6.9	7.1	3.1	4.8	–
1986	754	232	253	118	151	–	20.6	6.3	6.9	3.2	4.1	–

19. Infant deaths and infant mortality rates by age, sex
and urban/rural residence: 1983 – 1992 (continued)
Décès d'enfants de moins d'un an et taux de mortalité infantile selon l'âge, le sexe et
la résidence, urbaine/rurale: 1983 – 1992 (suite)
Data by urban/rural residence

Données selon la résidence urbaine/rurale

(See notes at end of table. – Voir notes à la fin du tableau.)

Continent, country or area, year, sex and urban/rural residence / Continent, pays ou zone, année, sexe et résidence, urbaine/rurale	Age (in days – en jours)											
	Number – Nombre						Rate – Taux					
	–365	–1	1–6	7–27	28–364	Unknown Inconnu	–365	–1	1–6	7–27	28–364	Unknown Inconnu
EUROPE (Cont.–Suite)												
Hungary – Hongrie [23]												
Urban – Urbaine												
Female – Féminin												
1983	552	142	186	85	139	–	17.1	4.4	5.8	2.6	4.3	–
1984	584	196	176	97	115	–	17.8	6.0	5.4	3.0	3.5	–
1985	612	215	176	93	128	–	17.9	6.3	5.2	2.7	3.7	–
1986	552	164	171	84	133	–	15.8	4.7	4.9	2.4	3.8	–
Rural – Rurale												
Total												
1983	1 175	335	335	191	314	–	19.3	5.5	5.5	3.1	5.2	–
1984	1 204	359	361	199	285	–	20.8	6.2	6.2	3.4	4.9	–
1985	1 245	413	350	169	313	–	20.9	6.9	5.9	2.8	5.2	–
1986	1 128	335	357	167	269	–	20.1	6.0	6.3	3.0	4.8	–
Male – Masculin												
1983	702	196	214	113	179	–	22.7	6.3	6.9	3.7	5.8	–
1984	685	199	237	100	149	–	23.1	6.7	8.0	3.4	5.0	–
1985	703	233	200	92	178	–	22.9	7.6	6.5	3.0	5.8	–
1986	657	203	202	89	163	–	22.9	7.1	7.0	3.1	5.7	–
Female – Féminin												
1983	473	139	121	78	135	–	15.9	4.7	4.1	2.6	4.5	–
1984	519	160	124	99	136	–	18.3	5.6	4.4	3.5	4.8	–
1985	542	180	150	77	135	–	18.7	6.2	5.2	2.7	4.6	–
1986	471	132	155	78	106	–	17.1	4.8	5.6	2.8	3.8	–

19. Infant deaths and infant mortality rates by age, sex and urban/rural residence: 1983 – 1992 (continued)
Décès d'enfants de moins d'un an et taux de mortalité infantile selon l'âge, le sexe et la résidence, urbaine/rurale: 1983 – 1992 (suite)

GENERAL NOTES

Data exclude foetal deaths. Rates are the number of deaths of infants of specified age by sex per 1 000 live births of some sex. Rates are shown only for countries or areas having at least a total of 1 000 infant deaths in a given year. For definition of urban , see end of table 6. For method of evaluation and limitations of data, see Technical Notes, page 78.

Italics: data from civil registers which are incomplete or of unknown completeness.

FOOTNOTES

* * Provisional.
* ♦ Rates based on 30 or fewer maternal deaths.
* + Data tabulated by date of registration rather than occurrence.

1 Excluding live–born infants dying before registration of birth.

2 Including infant deaths of unknown sex.
3 Including Canadian residents temporarily in the United States, but excluding United States residents temporarily in Canada.

4 For classification by urban/rural residence, see end of table.
5 Excluding Indian jungle population.
6 Based on number of burial permits.
7 Exluding nomadic Indian tribes.
8 Exluding Vietnamese refugees.
9 Including data for East Jerusalem and Israeli residents in certain other territories under occupation by Israeli military forces since June 1967.

10 For Japanese nationals in Japan only.
11 Events registered by Health Service only.

NOTES GENERALES

Les données ne comprennent pas les morts foetales. Les taux représent le nombre de décès d'enfants d'âge et de sexe données pour 1 000 naissances vivantes du même sexe. Les taux présentés ne se rapportent qu'aux pays ou zones où l'on a enregistréun total d'au moins 1 000 décès d'un an dans une année donnée. Pour les définitions des ''régions urbaines'', se reporter à la fin du tableau 6. Pour la méthode d'évaluation et les insuffisances des données voir Notes techniques, page 78.
Italiques: données incomplètes ou dont le degré d'exactitude n'est pas connu, provenant des registres de l'état civil.

NOTES

* * Données provisoires.
* ♦ Taux basés sur 30 décès liés à la maternité ou moins.
* + Données exploitées selon la date de l'enregistrement et non la date de l'événement.
1 Non compris les enfants nés vivants, décédés avant l'enregistrement de leur naissance.
2 Y compris les décès d'enfants de moins d'un an dont on ignore le sexe.
3 Y compris les résidents canadiens se trouvant temporairement aux Etats– Unis, mais non compris les résidents des Etats–Unis se trouvant temporairement au Canada.
4 Pour le classement selon la résidence, urbaine/rurale, voir le fin du tableau.
5 Non compris les Indiens de la jungle.
6 D'aprés les permis d'inhumer.
7 Non compris les tribus d'Indiens nomades.
8 Non compris les réfugiés du Viet Nam.
9 Y compris les données pour Jérusalem–Est et les résidents israéliens dans certains autres territoires occupés depuis juin 1967 par les forces armées israéliennes.
10 Pour les nationaux japonais au Japon seulement.
11 Evénements enregistrés par le Service de santé seulement.

19. Infant deaths and infant mortality rates by age, sex
and urban/rural residence: 1983 – 1992 (continued)
Décès d'enfants de moins d'un an et taux de mortalité infantile selon l'âge, le sexe et
la résidence, urbaine/rurale: 1983 – 1992 (suite)

FOOTNOTES (continued)

12 Based on the results of the Population Growth Survey.
13 Excluding non–locally domiciled military and civilian services personnel and their dependants.
14 Excluding infants born alive after less than 28 weeks' gestation, of less than 1 000 grammes in weight and 35 centimetres in length, who die within seven days of birth.
15 Excluding Faeroe Islands and Greenland.
16 Including nationals temporarily outside the country.
17 All data shown pertaining to Germany prior to 3 October 1990 are indicated separately for the Federal Republic of Germany and the former German Democratic Republic based on their respective territories at the time indicated. See explanatory notes on data pertaining to Germany on page 4.

18 Age classification based on difference between date of birth and date of death.

19 Infant deaths registered within one year of occurrence.
20 Including residents outside the country if listed in a Netherlands population register.
21 Including residents temporarily outside the country.
22 Including United States military personnel, their dependants and contract employees.
23 Excluding unknown residence.

NOTES (suite)

12 D'après les résultats de la "Population Growth Survey".
13 Non compris les militaires et agents civils non résidents et les membres de leur famille les accompagnant.
14 Non compris les enfants nés vivants après moins de 28 semaines de gestation, pesant moins de 1 000 grammes, mesurant moins de 35 centimètres et décédés dans les sept jours qui ont suivi leur naissance.
15 Non compris les îles Féroé et le Groenland.
16 Y compris les nationaux se trouvant temporairement hors du pays.
17 Toutes les données se rapportant à l'Allemagne avant le 3 octobre 1990 figurent dans deux rubriques séparées basées sur les territoires respectifs de la République fédérale d'Allemagne et l'ancienne République démocratique allemande selon la période indiquée. Voir les notes explicatives sur les données concernant l'Allemagne à la page 4.

18 La classification selon l'âge repose sur la différence entre la date de la naissance et la date du décès.

19 Décès d'enfants de moins d'un an enregistrés dans l'année qui suit l'événement.
20 Y compris les résidents hors du pays, s'ils sont inscrits sur un registre de population néerlandais.
21 Y compris les résidents se trouvant temporairement hors du pays.
22 Y compris les militaires des Etats–Unis, les membres de leur famille les accompagnant et les agents contractuels des Etats–Unis.
23 Non compris la résidence incounue.

20. Maternal deaths and maternal death rates: 1982–1991

(See notes at end of table.)

Continent, country or area / Continent, pays ou zone	Number – Nombre									
	1982	1983	1984	1985	1986	1987	1988	1989	1990	1991
AFRICA—AFRIQUE										
1 Egypt – Egypte [1]	1 257	...	...	...	...	1 241	...	...	...	
Mauritius – Maurice Island of Mauritius –										
2 Ile Maurice+ [1]	21	11	18	19	23	19	...	...	...	
Sao Tome and Principe –										
3 Sao Tomé–et–Principe [1]	...	...	7	6	...	3	...	...	...	
4 Zimbabwe [1]	...	...	...	...	237	...	...	...	...	
AMERICA,NORTH— AMERIQUE DU NORD										
5 Bahamas [1]	1	1	1	1	...	3	...	...	...	
6 Barbados – Barbade+ [1]	...	...	3	...	1	...	1	...	...	
7 Canada [1 2]	7	20	12	15	11	15	18	16	10	
8 Costa Rica [1]	21	19	18	29	30	16	15	25	...	
9 Cuba [1]	89	75	77	84	87	88	73	70	78	
Dominican Republic – [1]										
10 République dominicaine+	124	104	108	106	...	...	...	...	...	
11 El Salvador [1]	133	107	99	...	...	...	...	...	55	
12 Guatemala [1]	...	...	236	...	...	...	...	...	...	
13 Martinique [1]	...	...	...	...	...	6	...	...	...	
14 Mexico – Mexique [1]	2 166	2 133	...	1 702	1 681	1 546	1 522	1 518	1 477	
15 Nicaragua [1]	...	...	...	...	...	...	61	77	57	8
16 Panama [1]	49	33	28	33	36	22	35	37	...	
17 Puerto Rico – Porto Rico [1]	8	4	6	8	10	11	11	13	13	1
Trinidad and Tobago –										
18 Trinité–et–Tobago [1]	14	18	...	...	18	26	17	20	...	
19 United States – Etats–Unis [1]	292	290	285	295	272	251	330	320	...	
AMERICA,SOUTH— AMERIQUE DU SUD										
20 Argentina – Argentine [1]	464	395	386	386	369	325	330	346	...	
21 Brazil – Brésil [1 3]	2 293	2 116	1 962	1 892	1 814	1 912	...	...	...	
22 Chile – Chili [1]	142	105	92	131	129	135	122	123	...	
23 Colombia – Colombie [1 4]	...	...	...	720	625	649	580	565	541	
24 Ecuador – Equateur [1 5]	394	...	384	397	330	355	329	340	307	
25 Guyana+ [1]	...	...	17	...	...	...	...	...	...	
26 Paraguay [1]	149	164	155	146	140	100	...	...	...	
27 Peru – Pérou [1 3]	576	611	...	...	...	...	...	377	...	
28 Suriname [1]	10	...	8	7	...	3	...	...	...	
29 Uruguay [1]	20	21	20	23	14	15	21	14	9	
30 Venezuela [1 3]	257	303	...	291	296	284	291	339	...	
ASIA—ASIE										
31 Bahrain – Bahreïn [1]	...	...	...	2	...	1	...	...	...	
32 Hong Kong – Hong–kong [1 6]	1	6	5	4	2	3	3	4	...	
33 Israel – Israël [1 7]	3	2	5	8	6	3	5	7	...	
34 Japan – Japon [1 8]	279	234	228	226	187	162	126	135	105	110
Korea, Republic of–										
35 Corée, Rép. de [1]	...	...	...	114	103	63	66	61	90	
36 Kuwait – Koweït [1]	10	7	8	2	3	1	...	...	...	
37 Macau – Macao [1]	...	...	...	...	...	...	...	1	...	
38 Maldives [1]	...	...	...	...	59	54	26	...	...	
39 Singapore – Singapour+ [1]	5	6	5	2	5	3	4	2	1	
EUROPE										
40 Austria – Autriche [1]	16	10	4	6	6	4	5	7	6	
41 Belarus – Bélarus [1]	...	...	...	...	...	...	...	...	7	
42 Belgium – Belgique [1]	9	6	10	...	4	4	...	...	...	

20. Mortalité liée à la maternité nombre de décès et taux: 1982 – 1991 (suite)

(Notes à la fin du tableau.)

				Rate – Taux						
1982	1983	1984	1985	1986	1987	1988	1989	1990	1991	
78.5	...	...	...	...	65.2	...	...	...	...	1
♦ 98.9	♦ 55.5	♦ 93.6	♦ 104.1	♦ 126.2	♦ 99.2	...	...	...	...	2
...	...	♦ 165.9	♦ 152.9	...	♦ 76.7	...	...	...	...	3
...	...	...	...	...	...	...	...	...	...	4
♦ 18.9	♦ 18.9	♦ 19.3	♦ 17.9	...	♦ 69.3	...	...	...	...	5
		♦ 71.2		♦ 24.7		♦ 26.7				6
♦ 1.9	♦ 5.4	♦ 3.2	♦ 4.0	♦ 3.0	♦ 4.1	♦ 4.8	♦ 4.1	♦ 2.5	...	7
♦ 29.5	♦ 26.0	♦ 23.7	♦ 34.4	...	♦ 19.9	♦ 18.4	♦ 30.0	...	...	8
55.7	45.4	46.3	46.1	52.4	49.0	38.8	37.9	41.8	...	9
60.3	58.4	61.4	...	...	...	...	...	...	...	10
84.8	74.2	69.6	...	...	...	...	...	37.4	...	11
...	...	75.6	...	...	...	...	...	...	...	12
...	...	...	...	...	♦ 94.8	...	...	...	...	13
90.5	81.8	...	64.1	65.2	55.3	58.0	57.9	54.0	...	14
								61.2		15
89.9	59.8	♦ 49.4	56.9	62.4	♦ 38.2	59.9	62.6	...	...	16
♦ 11.5	♦ 6.1	♦ 9.5	♦ 12.6	...	♦ 17.1	♦ 17.2	♦ 19.5	♦ 19.5	♦ 20.1	17
♦ 43.0	♦ 54.2	...	...	♦ 56.5	♦ 89.1	♦ 63.0	♦ 79.8	...	...	18
7.9	8.0	7.8	7.8	7.2	6.6	8.4	7.9	...	...	19
69.9	60.2	60.8	59.3	54.6	48.6	48.5	51.9	...	...	20
77.1	78.1	76.7	72.2	65.3	71.9	...	...	...	...	21
51.8	40.3	34.7	50.0	47.3	48.3	41.1	40.5	...	...	22
...	...	...	86.1	67.1	69.2	...	...	...	...	23
181.8	...	186.2	189.1	160.4	173.6	155.6	169.9	152.2	...	24
...	...	...	...	...	...	...	...	...	...	25
467.3	502.1	382.9	365.3	379.5	265.3	...	...	...	...	26
91.9	97.2	...	...	...	...	...	58.5	...	...	27
♦ 88.5	...	♦ 69.6	♦ 59.8	...	♦ 31.1	...	...	...	...	28
♦ 37.2	♦ 39.3	♦ 37.5	♦ 42.8	♦ 25.9	♦ 28.1	♦ 37.6	♦ 25.3	♦ 16.1	...	29
50.3	58.9	...	57.9	58.7	55.0	55.7	64.1	...	...	30
...	...	...	♦ 16.2	...	♦ 7.9	...	...	...	...	31
♦ 1.2	♦ 7.2	♦ 6.5	♦ 5.3	♦ 2.8	♦ 4.3	♦ 4.0	♦ 5.7	...	...	32
♦ 3.1	♦ 2.0	♦ 5.1	♦ 8.0	♦ 6.0	♦ 3.0	♦ 5.0	♦ 6.9	...	...	33
18.4	15.5	15.3	15.8	13.5	12.0	9.6	10.8	8.6	9.0	34
			17.5	16.3	10.2	10.6	9.7			35
♦ 18.4	♦ 12.6	♦ 14.1	♦ 3.6	♦ 5.6	♦ 1.9	...	...	...	...	36
...	...	...	...	...	...	...	♦ 13.2	...	♦ 29.3	37
...	...	...	...	684.9	645.6	♦ 313.4	...	...	...	38
♦ 11.7	♦ 14.8	♦ 12.0	♦ 4.7	♦ 13.0	♦ 6.9	♦ 7.6	♦ 4.2	♦ 2.0	...	39
♦ 16.9	♦ 11.1	♦ 4.5	♦ 6.9	♦ 6.9	♦ 4.6	♦ 5.7	♦ 7.9	♦ 6.6	♦ 7.4	40
			...						...	41
♦ 7.5	♦ 5.1	♦ 8.6	...	♦ 3.4	♦ 3.4	...	...	...	...	42

Special topic

20. Maternal deaths and maternal death rates: 1982 – 1991 (continued)

(See notes at end of table.)

Continent, country or area / Continent, pays ou zone	Number – Nombre									
	1982	1983	1984	1985	1986	1987	1988	1989	1990	19
EUROPE (Cont.–Suite)										
1 Bulgaria – Bulgarie [1]	22	27	21	15	30	23	11	21	22	
Former Czechoslovakia – Ancienne										
2 Tchécoslovaquie [1]	19	23	22	18	24	15	28	20	16	
3 Denmark – Danemark [9][10]	6	2	4	1	2	5	2	5	1	
4 Estonia – Estonie [1]	...	...	...	...	...	...	...	10	7	
5 Finland – Finlande [11]	3	2	1	4	4	3	7	2	4	
6 France [1][12]	110	113	108	92	85	74	72	65	79	
7 Germany – Allemagne [1][13]	...	...	...	...	...	...	...	59	82	
Germany, Federal Rep. of Allemagne, République										
8 fédérale d' [1]	110	68	63	63	50	56	60	36	53	
Former German Democratic Republic – Ancienne République										
9 démocratique allemande	30	37	42	38	29	28	32	23	29	
10 Greece – Grèce [1]	16	19	11	8	9	5	6	4	1	
11 Hungary – Hongrie [1]	37	19	19	34	19	17	21	19	26	
12 Iceland – Islande [1]	...	...	...	...	...	1	...	...	1	
13 Ireland – Irlande + [1][14]	4	8	4	4	3	2	1	2	2	
14 Italy – Italie [1]	59	55	54	47	31	25	44	26	...	
15 Latvia – Lettonie [1]	...	...	...	...	...	...	...	4	3	
16 Lithuania – Lituanie [1]	...	...	...	...	...	...	...	16	13	
17 Luxembourg [1]	...	...	...	...	...	1	...	...	1	
18 Malta – Malte [1]	2	...	...	2	...	...	...	...	...	
19 Netherlands – Pays–Bas [1][15]	11	9	17	8	15	14	18	10	15	
20 Norway – Norvège [16]	...	2	1	1	12	3	2	5	2	
21 Poland – Pologne [1]	100	117	99	75	83	94	68	60	70	
22 Portugal [1]	34	23	22	13	11	15	8	12	12	
23 Romania – Roumanie [1]	602	547	522	...	571	575	591	626	263	
24 Slovenia – Slovénie [1]	...	...	...	...	...	...	1	1	2	
25 Spain – Espagne [1]	54	37	24	20	24	21	21	12	...	
26 Sweden – Suède [1]	4	...	2	5	3	15	10	6	4	
27 Switzerland – Suisse [9]	9	4	1	4	3	5	8	3	5	
28 Ukraine [1]	...	...	...	...	64	78	67	42	23	
United Kingdom – Royaume–Uni England and Wales –										
29 Angleterre et Galles [1]	42	54	52	46	45	46	41	56	57	
Northern Ireland –										
30 Irlande du Nord + [1]	2	4	3	...	...	1	1	...	...	
31 Scotland – Ecosse + [1]	6	8	8	9	7	2	8	4	4	
Former Yugoslavia –										
32 Ancienne Yougoslavie [1]	85	63	65	60	53	38	58	52	36	
OCEANIA—OCEANIE										
33 Australia – Australie + [1]	25	15	18	11	14	13	12	...	...	
34 Fiji – Fidji +	...	...	8	8	...	...	...	...	...	
New Zealand –										
35 Nouvelle–Zélande + [1]	6	10	3	7	10	7	10	6	...	

GENERAL NOTES

Rates are the number of maternal deaths (caused by deliveries and complications of pregnancy, childbirth and the puerperium) per 100 000 live birth. Maternal deaths are those listed for cause AM42, AM43 and AM44 in part A and B40 and B41 in part B of table 24 which presents deaths and death rates by cause. For method of evaluation and limitations of data, see Technical Notes, page 81.

Italics: data from civil registers which are incomplete or of unknown completeness.

[1] Separates data classified by the 8th and 9th Revisions of the Abbreviated List of Causes for Tabulation of Mortality in the International Classification of Diseases.

FOOTNOTES

* Provisional.
♦ Rates based on 30 or fewer maternal deaths.
+ Data tabulated by date of registration rather than occurrence.

[1] All data classified by 1975 revision.
[2] Including Canadian residents temporarily in the United States, but excluding United States residents temporarily in Canada.

NOTES GENERALES

Les taux représentent le nombre de décès liés à la maternité (accouchements et complications de la grossesse, de l'accouchement et des suites de couches), pour 100 000 naissances vivantes. Les décès liés à la maternité sont les décès dus aux causes de la catégorie AM42, AM43 et AM44 de la Partie A et de la catégorie B40 et B41 de la Partie B du tableau 24, qui présente les décès (nombre et taux) selon la cause. Pour la méthode d'evaluation et les insuffisances des données, voir Notes techniques, page 81.
Italiques: données incomplètes ou dont le degré d'exactitude n'est pas connu, provenant des registres de l'état civil.

[1] Sépare les données classées selon la 8ème et la 9ème Révision de la Liste abrégée de rubriques pour la mise en tableaux des causes de mortalité figurant dans la classification internationale des maladies.

NOTES

* Données provisoires.
♦ Taux basés sur 30 décès liés à la maternité ou moins.
+ Données exploitées selon la date de l'enregistrement et non la date de l'événement.
[1] Toutes les données sont classées selon la révision de 1975.
[2] Y compris les résidents canadiens se trouvant temporairement aux Etats–Unis, mais non compris les résidents des Etats–Unis se trouvant temporairement au Canada.

20. Mortalité liée à la maternité nombre de décès et taux: 1982 – 1991 (suite)

(...tes à la fin du tableau.)

				Rate – Taux						
1982	1983	1984	1985	1986	1987	1988	1989	1990	1991	
♦ 17.7	♦ 22.0	♦ 17.2	♦ 12.6	♦ 25.0	♦ 19.7	♦ 9.4	♦ 18.7	♦ 20.9	♦ 10.4	1
♦ 8.1	♦ 10.0	♦ 9.7	♦ 8.0	♦ 10.9	♦ 7.0	♦ 13.0	♦ 9.6	♦ 7.6	...	2
♦ 11.4	♦ 3.9	♦ 7.7	♦ 1.9	♦ 3.6	♦ 8.9	♦ 3.4	♦ 8.1	♦ 1.6	♦ 3.1	3
							♦ 41.2	♦ 31.4	...	4
♦ 4.5	♦ 3.0	♦ 1.5	♦ 6.4	♦ 6.6	♦ 5.0	♦ 11.1	♦ 3.2	♦ 6.1	♦ 4.6	5
13.8	15.1	14.2	12.0	10.9	9.6	9.3	8.5	10.4		6
...	...	...	...	...	...	...	6.7	9.1	...	7
17.7	11.4	10.8	10.7	8.0	8.7	8.9	5.3	7.3	...	8
♦ 12.5	15.8	18.4	16.7	♦ 13.0	♦ 12.4	14.8	♦ 11.6	...	...	9
♦ 11.7	♦ 14.3	♦ 8.7	♦ 6.9	♦ 8.0	♦ 4.7	♦ 5.6	♦ 4.0	♦ 1.0	...	10
27.7	♦ 14.9	♦ 15.2	26.1	♦ 14.8	♦ 13.5	♦ 16.9	♦ 15.4	♦ 20.7	♦ 12.6	11
					♦ 23.8			♦ 21.0	...	12
♦ 5.6	♦ 11.9	♦ 6.2	♦ 6.4	♦ 4.9	♦ 3.4	♦ 1.8	♦ 3.8	♦ 3.8	...	13
9.6	9.2	9.2	8.1	5.6	♦ 4.5	7.7	♦ 4.7		...	14
...	...	...	...	...	...	...	♦ 10.3	♦ 7.9	...	15
...	...	...	...	...	...	...	♦ 28.7	♦ 22.9	...	16
...	...	...	...	...	♦ 23.6	...	...	♦ 20.3	...	17
♦ 32.9	...	...	♦ 35.8	...	...	...	...	...	...	18
♦ 6.4	♦ 5.3	♦ 9.7	♦ 4.5	♦ 8.1	♦ 7.5	♦ 9.6	♦ 5.3	♦ 7.6	...	19
	♦ 4.0	♦ 2.0	♦ 2.0	♦ 13.8	♦ 5.6	♦ 3.5	♦ 8.4	♦ 3.3	♦ 8.2	20
14.2	16.2	14.2	11.1	13.1	15.5	11.6	10.7	12.8	12.8	21
22.5	♦ 15.9	♦ 15.4	♦ 10.0	♦ 8.7	♦ 12.2	6.5	♦ 10.1	♦ 10.3	♦ 12.0	22
174.8	170.1	148.8	...	151.5	150.1	155.5	169.4	83.6	66.5	23
						♦ 4.0	♦ 4.3	♦ 8.9	♦ 4.6	24
10.5	7.6	♦ 5.2	♦ 4.4	♦ 5.5	♦ 5.0	♦ 5.0	...	...	...	25
♦ 4.3	...	♦ 2.1	♦ 5.1	♦ 2.9	♦ 14.8	♦ 8.9	♦ 5.2	♦ 3.2	...	26
♦ 12.0	♦ 5.4	♦ 1.3	♦ 5.4	♦ 3.9	♦ 6.5	♦ 10.0	♦ 3.7	♦ 6.0	♦ 1.2	27
...	...	...	...	8.1	10.3	9.0	6.1	♦ 3.5	...	28
6.7	8.6	8.2	7.0	6.8	6.7	5.9	8.1	8.1	6.4	29
♦ 7.4	♦ 14.7	♦ 10.8	...	...	♦ 3.6	♦ 3.6	...	...	♦ 3.8	30
♦ 9.1	♦ 12.3	♦ 12.3	♦ 13.5	♦ 10.6	♦ 3.0	♦ 12.1	♦ 6.3	♦ 6.1	♦ 13.4	31
22.4	16.8	17.2	16.4	14.7	10.6	16.3	15.5	10.7	...	32
♦ 10.4	♦ 6.2	♦ 7.7	♦ 4.4	♦ 5.8	♦ 5.3	♦ 4.9	...	...	...	33
...	...	♦ 41.0	♦ 41.1	...	...	...	...	...	...	34
♦ 12.0	♦ 19.8	♦ 5.8	♦ 13.5	♦ 18.9	♦ 12.7	♦ 17.4	♦ 10.3	...	...	35

NOTES (continued)

(...)cluding Indian jungle population.
(...)sed on burial permits.
(...)cluding nomadic Indian tribes.
(...)cluding Vietnamese refugees.
(...)cluding data for East Jerusalem and Israeli residents in certain other territories (...)der occupation by Israeli military forces since June 1967.
(...)r Japanese nationals in Japan only.
(...) data classified by 1965 Revision.
(...)cluding Faeroe Islands and Greenland.
(...)cluding nationals temporarily outside the country.

(...)cluding armed forces stationed outside the country.
(...) data shown pertaining to Germany prior to 3 October 1990 are indicated (...)parately for the Federal Republic of Germany and the former German (...)emocratic Republic based on their respective territories at the time indicated. (...)e explanatory notes on data pertaining to Germany on page 4.

(...)eaths registered within one year of occurrence.
(...)cluding residents outside the country if listed in a Netherlands population (...)gister.
(...)cluding residents temporarily outside the country.

NOTES (suite)

3 Non compris les Indiens de la jungle.
4 D'après les permis d'inhumer.
5 Non compris les tribus d'Indiens nomades.
6 Non compris les réfugiés du Viet Nam.
7 Y compris les données pour Jérusalem—Est et les résidents israéliens dans certain autres territoires occupés depuis juin 1967 par les forces armées.
8 Pour nationaux japonais au Japon seulement.
9 Toutes les données sont classées selon la Révision de 1965.
10 Non compris les îles Féroé et le Groenland.
11 Y compris les nationaux se trouvant temporairement hors du pays.
12 Y compris les militaires en garnison hors du pays.
13 Toutes les données se rapportant à l'Allemagne avant le 3 octobre 1990 figurent dans deux rubriques séparées basées sur les territoires respectifs de la République fédérale d'Allemagne et l'ancienne République démocratique allemande selon la période indiquée. Voir les notes explicatives sur les données concernant l'Allemagne à la page 4.
14 Décès enregistrés dans l'année que suit l'événement.
15 Y compris les résidents hors du pays, s'ils sont inscrit sur un registre de population néerlandais.
16 Y compris les résidents se trouvant temporairement hors du pays.

21. Deaths and crude death rates, by urban/rural residence: 1983 – 1992

(See notes at end of table.)

Continent, country or area and urban/rural residence / Continent, pays ou zone et résidence, urbaine/rurale	Code [1]	Number – Nombre							
		1983	1984	1985	1986	1987	1988	1989	19
AFRICA—AFRIQUE									
1 Algeria – Algérie [2] [3]	U	173 409	173 400	183 000	165 000	161 000	157 000	153 000	15
2 Angola	..	...	...	...	...	...	...	...	
3 Benin – Bénin	..	...	...	...	...	...	...	...	
4 Botswana	...	...	...	...	4 623	3 488	...	...	
5 Burkina Faso	..	...	...	...	...	...	...	...	
6 Burundi	..	...	...	...	...	...	...	...	
7 Cameroon – Cameroun	..	...	...	...	...	...	...	...	
8 Cape Verde – Cap–Vert	C	2 649	2 863	2 735	...	...	...	...	2
9 Central African Republic – Rép. centrafricaine	..	...	...	...	...	...	...	...	
10 Chad – Tchad	..	...	...	...	...	...	...	...	
11 Comoros – Comores	...	...	...	...	7 500	...	...	...	
12 Congo	..	...	...	...	...	...	...	...	
13 Côte d'Ivoire	..	...	...	...	...	...	...	...	
14 Djibouti	..	...	...	...	...	...	...	...	
15 Egypt – Egypte [6]	C	442 058	444 237	454 450	455 888	466 161	427 018	414 214	
16 Equatorial Guinea – Guinée équatoriale	..	...	...	...	...	...	...	...	
17 Ethiopia – Ethiopie	..	...	...	...	...	...	...	...	
18 Gabon	..	...	...	...	...	...	...	...	
19 Gambia – Gambie	..	...	...	...	...	...	...	...	
20 Ghana	..	...	...	...	...	...	...	...	
21 Guinea – Guinée	..	...	...	...	...	...	...	...	
22 Guinea–Bissau – Guinée–Bissau	..	...	...	...	...	...	...	...	
23 Kenya	..	...	...	...	...	...	...	...	
24 Lesotho	..	...	...	...	...	...	...	...	
25 Liberia – Libéria	..	...	...	...	...	...	...	...	
26 Libyan Arab Jamahiriya – Jamahiriya arabe libyenne	U	...	22 660	23 540	24 460	25 420	26 410	...	
27 Madagascar	..	...	...	...	...	...	...	...	
28 Malawi [7]	..	...	...	...	...	112 391	...	...	
29 Mali [6] [7]	..	...	...	...	...	96 221	...	...	
30 Mauritania – Mauritanie	..	...	...	...	...	...	...	...	
31 Mauritius – Maurice [6]	+C	...	...	...	...	...	...	...	7
32 Island of Mauritius – Ile Maurice [6]	+C	6 322	6 417	6 691	6 622	6 581	6 699	6 946	6
33 Rodrigues	+C	210	229	215	183	172	180	203	
34 Morocco – Maroc	U	66 562	66 858	64 262	65 472	74 704	78 000	...	
35 Mozambique	..	...	...	...	...	...	...	...	
36 Namibia – Namibie	..	...	...	...	...	...	...	...	
37 Niger	..	...	...	...	...	...	...	...	
38 Nigeria – Nigéria [6]	...	...	1 493 231	1 531 033	1 570 689	1 622 522	1 679 310	...	
39 Réunion [3]	C	3 301	3 040	3 018	3 065	3 090	3 153	3 307	3
40 Rwanda	U	...	...	...	...	...	...	...	131
41 St. Helena ex. dep. – Sainte–Hélène sans dép.	C	...	46	43	53	40	56	51	
42 Tristan da Cunha	C	3	2	2	1	4	3	...	
43 Sao Tome and Principe – Sao Tomé–et–Principe	C	958	1 229	1 065	1 253	1 022	1 302	1 179	
44 Senegal – Sénégal	..	...	...	...	...	...	...	...	
45 Seychelles	+C	452	488	468	498	505	504	563	
46 Sierra Leone	...	23 056	31 800	30 055	36 889	...	...	...	
47 Somalia – Somalie	...	...	...	...	...	...	...	...	
48 South Africa – Afrique du Sud	..	...	...	...	...	...	...	...	
49 Sudan – Soudan	..	...	...	...	...	...	...	...	
50 Swaziland	..	...	...	...	...	...	...	...	
51 Togo	..	...	...	...	...	...	...	...	
52 Tunisia – Tunisie [6]	U	35 054	33 740	35 963	35 467	35 632	34 984	34 921	37
53 Uganda – Ouganda	..	...	...	...	...	...	...	...	
54 United Rep. of Tanzania – Rép.–Unie de Tanzanie	..	...	...	...	...	...	...	...	
55 Zaire – Zaïre	..	...	...	...	...	...	...	...	
56 Zambia – Zambie	..	...	...	...	...	...	...	...	
57 Zimbabwe	...	...	...	...	23 023	...	...	...	

21. Décès et taux bruts de mortalité, selon la résidence, urbaine/rurale: 1983 – 1992

(Notes à la fin du tableau.)

1991	1992	Rate – Taux										
		1983	1984	1985	1986	1987	1988	1989	1990	1991	1992	
...	...	[4] 10.4					[5] 8.3					1
...	...	[4] 22.8					[5] 21.3					2
...	...	[4] 21.2					[5] 19.4					3
...	...	[4] 14.2					[5] 11.2					4
...	...	[4] 19.7					[5] 18.5					5
...	...	[4] 17.5					[5] 17.1					6
...	...	[4] 15.6					[5] 13.8					7
...	...	8.3	8.8	8.2	...	...	...	...	7.3	...	...	8
...	...	[4] 19.3					[5] 18.2					9
...	...	[4] 21.4					[5] 19.5					10
...	...	[4] 14.4					[5] 13.0					11
...	...	[4] 15.8					[5] 14.8					12
...	...	[4] 15.7					[5] 14.7					13
...	...	[4] 19.4					[5] 17.9					14
...	*424 496	10.0	9.8	9.8	9.5	9.5	8.5	8.0	...	...	*7.7	15
...	...	[4] 21.1					[5] 19.6					16
...	...	[4] 23.5					[5] 20.0					17
...	...	[4] 18.1					[5] 16.8					18
...	...	[4] 23.1					[5] 21.4					19
...	...	[4] 14.3					[5] 13.1					20
...	...	[4] 23.8					[5] 22.0					21
...	...	[4] 24.7					[5] 23.0					22
...	...	[4] 13.2					[5] 11.4					23
...	...	[4] 12.6					[5] 11.0					24
...	...	[4] 16.7					[5] 15.8					25
...	...	[4] 10.9					[5] 9.4					26
...	...	[4] 15.4					[5] 14.0					27
...	...	...	...	...	...	14.1	...	...	...	...	...	28
...	...	...	...	...	...	12.5	...	...	...	...	...	29
...	...	[4] 20.5					[5] 19.0					30
7 027	*7 023	...	...	...	...	...	...	...	...	...	*6.5	31
6 815	...	6.5	6.6	6.8	6.7	6.6	6.6	6.8	6.7	6.6	...	32
212	...	6.3	6.8	6.3	5.4	5.0	5.3	6.0	5.2	6.2	...	33
...	...	[4] 11.4					[5] 9.8					34
...	...	[4] 20.0					[5] 18.8					35
...	...	[4] 13.6					[5] 12.1					36
...	...	[4] 22.1					[5] 20.4					37
...	...	[4] 17.0					[5] 15.6					38
3 415	...	6.3	5.7	5.5	5.5	5.5	5.5	5.6	5.2	5.6	...	39
...	...	[4] 18.8					[5] 18.0					40
42	...	...	7.8	6.9	8.2	6.7	9.9	9.1	6.4	7.8	...	41
...	...	♦ 9.3	♦ 6.3	♦ 6.5	♦ 3.2	♦ 12.9	♦ 9.8	...	♦ 3.4	...	...	42
...	...	9.4	11.8	9.8	11.4	9.1	11.4	10.2	...	...	...	43
...	...	[4] 19.4					[5] 17.7					44
542	...	7.0	7.5	7.2	7.6	7.6	7.6	8.4	8.1	7.9	...	45
...	...	[4] 25.2					[5] 23.4					46
...	...	[4] 21.8					[5] 20.1					47
...	...	[4] 11.1					[5] 9.7					48
...	...	[4] 17.3					[5] 15.8					49
...	...	[4] 13.9					[5] 11.8					50
...	...	[4] 15.7					[5] 14.1					51
...	...	[4] 8.4					[5] 7.2					52
...	...	[4] 17.9					[5] 19.5					53
...	...	[4] 15.0					[5] 14.4					54
...	...	[4] 16.4					[5] 15.0					55
...	...	[4] 15.1					[5] 15.9					56
...	...	[4] 11.7					[5] 11.0					57

21. Deaths and crude death rates, by urban/rural residence: 1983 – 1992 (continued)

(See notes at end of table.)

Continent, country or area and urban/rural residence / Continent, pays ou zone et résidence, urbaine/rurale	Code [1]	1983	1984	1985	1986	1987	1988	1989	1
		Number – Nombre							
AMERICA,NORTH— AMERIQUE DU NORD									
1 Anguilla	+C	...	...	73	...	...	...	...	
2 Antigua and Barbuda – Antigua–et–Barbuda	+C	404	386	405	383	364	...	...	
3 Aruba	C	339	323	334	377	370	335	...	
4 Bahamas	C	1 104	1 150	1 341	1 407	1 376	1 319	1 459	
5 Barbados – Barbade	+C	2 068	1 976	2 127	2 160	2 195	2 233	2 277	
6 Belize	U	724	750	693	688	675	708	762	
7 Bermuda – Bermudes	C	398	396	421	415	438	399	462	
8 British Virgin Islands – Iles Vierges britanniques	+C	61	66	65	82	83	59	77	
9 Canada [8]	C	174 484	175 727	181 323	184 224	184 953	190 011	190 965	19
10 Cayman Islands – Iles Caïmanes	C	105	114	126	141	118	124	122	
11 Costa Rica	C	9 432	9 931	10 493	10 449	10 687	10 944	11 272	
12 Cuba [6]	C	58 334	59 895	64 430	63 145	65 079	67 944	67 356	7
13 Dominica – Dominique	+C	349	432	466	488	455	424	497	
14 Dominican Republic – République dominicaine	U	26 542	28 236	27 844	...	...	24 249	23 306	2
15 El Salvador [6]	U	32 697	28 854	27 225	25 731	27 581	27 774	27 768	3
16 Greenland – Groenland	C	434	439	436	...	445	442	455	
17 Guadeloupe [3]	C	2 206	2 235	2 309	2 238	...	...	...	
18 Guatemala [6]	C	74 434	65 824	69 455	69 275	68 597	64 837	...	
19 Haiti – Haïti	..	...	...	...	...	...	...	...	
20 Honduras	U	19 304	...	...	...	...	...	...	
21 Jamaica – Jamaïque	+C	12 588	13 405	13 918	13 341	12 352	12 167	14 315	1
22 Martinique [3]	C	2 207	2 072	2 132	2 112	2 149	2 092	2 169	
23 Mexico – Mexique [6]	C	358 403	410 550	414 003	400 079	400 280	412 987	423 304	42
24 Montserrat	C	124	104	124	123	...	...	...	
25 Netherlands Antilles – Antilles néerlandaises [6]	C	...	...	...	1 046	1 099	1 219	1 214	
26 Nicaragua [6]	U	29 045	...	11 586	11 005	11 056	...	...	1
27 Panama [6]	U	8 499	8 250	8 991	8 942	9 105	9 382	9 557	
28 Puerto Rico – Porto Rico [6]	C	21 498	21 733	23 194	...	23 954	25 123	25 987	2
29 Saint Kitts and Nevis – Saint–Kitts–et–Nevis [6]	+C	478	481	441	461	462	465	484	
30 Saint Lucia – Sainte–Lucie	C	795	740	824	843	934	902	816	
31 St. Pierre and Miquelon – Saint–Pierre–et–Miquelon [3]	C	25	58	...	...	...	...	...	
32 St. Vincent and the Grenadines – Saint–Vincent–et–Grenadines [6]	+C	779	703	...	655	...	712	...	
33 Trinidad and Tobago – Trinité–et–Tobago	C	7 546	7 819	8 026	7 699	8 054	8 036	8 213	
34 Turks and Caicos Islands – Iles Turques et Caïques	+...	29	...	...	...	...	...	...	
35 United States – Etats–Unis	C	2 019 201	2 039 369	2 086 440	2 105 361	2 123 323	2 167 999	2 150 466	*2 16
36 United States Virgin Islands – Iles Vierges américaines	C	506	507	547	508	558	549	548	
AMERICA,SOUTH— AMERIQUE DU SUD									
37 Argentina – Argentine	C	251 301	255 591	241 377	241 004	249 882	254 953	252 302	2.
38 Bolivia – Bolivie	..	...	...	...	...	...	...	...	
39 Brazil – Brésil [9]	U	798 425	844 037	806 238	834 927	816 397	844 037	835 139	84
40 Chile – Chili [6]	C	74 296	74 669	73 534	72 209	70 559	74 435	75 453	7
41 Colombia – Colombie [6][10]	U	140 292	137 189	153 947	146 346	151 957	153 069	154 694	15
42 Ecuador – Equateur [6][11]	U	55 202	53 118	51 134	50 957	51 567	52 732	51 736	5
43 Falkland Islands (Malvinas) – Iles Falkland (Malvinas)	C	28	28	27	26	19	28	30	
44 French Guiana – Guyane Française [3]	C	489	491	501	491	...	...	...	
45 Guyana	+C	...	4 781	...	...	...	...	...	
46 Paraguay [6]	U	11 968	11 954	14 094	11 519	13 197	...	...	
47 Peru – Pérou [9][12]	..	190 628	188 899	187 169	185 440	183 711	181 549	179 386	17
48 Suriname	C	...	...	2 275	...	...	...	2 717	
49 Uruguay	C	28 475	30 011	28 566	28 791	29 885	30 912	29 629	3

21. Décès et taux bruts de mortalité, selon la résidence, urbaine/rurale: 1983 – 1992 (suite)

r notes à la fin du tableau.)

		Rate – Taux										
1991	1992	1983	1984	1985	1986	1987	1988	1989	1990	1991	1992	
...	...	...	...	10.4	...	...	...	...	...	...	...	1
...	...	5.4	5.1	5.4	5.0	5.7	...	...	...	...	...	2
...	...	5.4	5.1	5.4	6.3	6.2	5.5	...	...	...	...	3
1 319	...	5.0	5.1	5.8	6.0	5.7	5.4	5.8	5.3	5.1	...	4
2 283	*2 361	8.2	7.8	8.4	8.5	8.7	8.8	8.9	8.7	8.8	*9.1	5
691	...	4.6	4.6	4.2	4.0	3.9	3.9	4.2	...	3.6	...	6
...	...	7.2	7.1	7.5	7.3	7.6	6.7	7.7	7.3	...	...	7
...	...	5.3	5.6	5.5	6.8	6.8	4.8	6.1	...	...	...	8
196 050	...	7.0	7.0	7.2	7.3	7.2	7.3	7.3	7.2	7.3	...	9
...	...	5.4	5.6	6.1	6.6	5.3	5.2	4.9	4.6	...	...	10
11 793	...	3.8	3.9	4.0	3.8	3.8	3.8	3.9	3.8	3.8	...	11
70 967	*75 114	5.9	6.0	6.4	6.2	6.3	6.5	6.4	6.8	6.6	*6.9	12
...	...	4.5	5.5	5.8	6.0	5.6	5.2	6.9	8.4	...	...	13
...	...	4 7.5					5 6.8					14
...	...	4 11.2					5 8.6					15
440	...	8.3	8.3	8.2	8.3	8.2	8.1	8.2	8.4	7.9	...	16
...	...	6.6	6.5	6.6	6.7	...	...	...	...	...	...	17
...	...	9.9	8.5	8.7	8.5	8.1	7.5	...	...	...	...	18
...	...	4 14.5					5 13.2					19
...	...	4 9.0					5 8.1					20
13 319	*12 391	5.6	5.9	6.0	5.7	5.3	5.2	6.0	5.0	5.6	*5.0	21
...	...	6.7	6.2	6.3	6.2	6.2	6.0	6.1	6.1	...	...	22
411 131	*421 011	4.8	5.4	5.3	5.0	4.9	5.0	5.0	4.9	4.7	*4.7	23
...	...	10.6	8.8	10.5	10.3	...	...	...	...	...	...	24
...	...		...	...	6.0	5.8	6.4	6.4	6.4	...	...	25
...	...	4 10.4					5 8.9					26
12 515	*8 825	4 5.4					5 5.2					27
26 328	*27 042	6.5	6.5	6.9	...	7.0	7.3	7.4	7.4	7.4	*7.5	28
...	...	10.5	10.7	10.0	10.5	10.6	10.5	11.5	...	...	...	29
...	*874	6.0	5.5	6.0	6.0	6.6	6.2	5.5	...	...	*6.4	30
...	...	♦ 4.2	9.7	...	...	...	...	...	...	...	...	31
...	...	7.3	6.5	...	5.9	...	6.8	...	...	...	...	32
...	...	6.6	6.7	6.8	6.4	6.6	6.6	6.8	...	...	...	33
*2 165 000	*2 177 000	♦ 3.2	...	...	...	...	...	...	...	...	...	34
		8.6	8.6	8.7	8.7	8.7	8.8	8.7	*8.6	*8.6	*8.5	35
535	...	4.9	4.7	4.9	4.6	5.3	5.1	5.3	4.8	5.0	...	36
...	...	8.5	8.5	8.0	7.8	8.0	8.1	7.9	8.0	...	...	37
...	...	4 12.2					5 10.6					38
...	...	4 8.4					5 7.8					39
74 862	...	6.3	6.3	6.1	5.9	5.6	5.8	5.8	6.0	5.6	...	40
163 692	...	4 6.4					5 6.1					41
53 333	...	4 8.0					5 7.4					42
14	19	♦ 14.0	♦ 14.0	♦ 13.5	♦ 13.6	♦ 9.5	♦ 14.0	♦ 15.0	♦ 8.5	♦ 7.0	♦ 9.5	43
...	...	6.1	5.8	5.6	5.2	...	...	...	...	...	...	44
...	...	4 8.7					5 7.8					45
...	...	4 6.7					5 6.6					46
175 061	*172 899	10.3	9.9	9.6	9.3	9.1	8.8	8.5	8.2	8.0	*7.7	47
2 573	...	...	...	...	...	...	...	6.8	6.9	6.4	...	48
...	...	9.6	10.0	9.5	9.5	9.8	10.1	9.6	9.8	...	...	49

21. Deaths and crude death rates, by urban/rural residence: 1983 – 1992 (continued)

(See notes at end of table.)

Continent, country or area and urban/rural residence / Continent, pays ou zone et résidence, urbaine/rurale	Code [1]	Number – Nombre							
		1983	1984	1985	1986	1987	1988	1989	19
AMERICA,SOUTH— (Cont.–Suite) **AMERIQUE DU SUD**									
1 Venezuela [11]	C	75 743	78 091	78 938	77 647	80 322	81 442	84 761	8
ASIA—ASIE									
2 Afghanistan	..	...	...	...	...	...	...	...	
3 Armenia – Arménie [6] [13]	C	18 369	19 043	19 581	19 410	19 727	35 567	20 853	
Azerbaijan –									
4 Azerbaïdjan [6] [13]	C	42 944	44 845	45 179	45 344	45 744	47 485	44 016	
5 Bahrain – Bahreïn	U	1 064	1 303	1 212	1 423	1 584	1 523	1 551	
6 Bangladesh [6]	U	...	1 203 712	1 195 137	1 213 820	1 173 414	1 178 620	...	
7 Bhutan – Bhoutan	..								
Brunei Darussalam –									
8 Brunéi Darussalam	+C	717	768	794	723	765	777	827	
9 Cambodia – Cambodge	..	...	...	...	...	...	...	...	
10 China – Chine	..	...	...	...	...	...	...	...	
11 Cyprus – Chypre	...	5 560	5 269	5 653	5 629	6 037	6 028	5 943	
12 East Timor – Timor oriental	..	...	...	...	...	...	...	...	
13 Georgia – Géorgie [6] [13]	C	43 301	45 787	46 153	46 354	46 332	47 544	47 077	
14 Hong Kong – Hong-kong [14]	C	26 512	25 510	25 248	25 902	26 916	27 659	28 745	2
15 India – Inde [6] [15]	..	...	...	...	...	...	...	...	
16 Indonesia – Indonésie	U	...	...	1 846 431	...	1 344 410	...	...	
Iran (Islamic Republic of –									
17 Rép. islamique d') [6]	U	207 228	186 440	...	190 061	204 230	238 390	199 645	21
18 Iraq	U	...	...	72 055	75 270	78 905	75 585	92 255	
19 Israel – Israël [6] [16]	C	27 824	27 931	28 093	29 415	29 244	29 146	28 580	2
20 Japan – Japon [6] [17]	C	740 038	740 247	752 283	750 620	751 172	793 014	788 594	82
21 Jordan – Jordanie [18]	U	7 860	8 303	8 731	8 853	8 591	9 416	9 695	
22 Kazakhstan [6] [13]	C	123 807	129 796	126 786	119 149	122 835	126 898	126 378	
Korea, Dem. People's Rep. of – Corée, rép.									
23 populaire dém. de	..	...	...	...	...	...	...	...	
Korea, Republic of– [6] [19] [20]									
24 Corée, Rép. de	..	252 979	234 460	239 091	238 057	241 563	233 908	233 904	
25 Kuwait – Koweït	C	4 654	4 544	4 711	4 390	4 113	...	...	
Kyrgyzstan –									
26 Kirghizistan [6] [13]	C	30 241	32 603	32 332	29 083	30 597	31 879	31 156	
Lao People's Dem. Rep. – Rép. dém.									
27 populaire Lao	..	...	...	...	...	...	...	...	
28 Lebanon – Liban	..	...	...	...	...	...	...	...	
29 Macau – Macao [21]	...	...	1 571	1 466	1 324	1 321	1 437	1 516	
30 Malaysia – Malaisie	U	...	...	...	...	...	...	...	8.
Peninsular Malaysia – [3] [6]									
31 Malaisie Péninsulaire	C	66 032	67 252	68 367	66 475	65 282	68 930	69 707	
32 Sabah	U	5 123	5 077	5 017	5 114	...	...	...	
33 Sarawak	U	5 507	5 581	5 542	5 184	...	...	...	
34 Maldives [6]	C	1 739	1 646	1 607	1 511	1 525	1 526	1 476	
35 Mongolia – Mongolie [6]	...	17 600	20 300	18 700	16 400	15 900	17 700	17 000	
36 Myanmar	..	.	...	...	...	...	...	...	
37 Nepal – Népal	..	...	...	...	...	...	...	...	
38 Oman	..	...	...	...	...	...	...	...	
39 Pakistan [6] [22]	..	...	830 564	839 247	760 969	809 163	852 341	...	
40 Philippines	U	327 260	313 359	334 663	326 749	335 254	325 098	325 621	
41 Qatar	C	803	642	794	784	788	861	847	
Saudi Arabia –									
42 Arabie saoudite	..	...	...	...	...	...	...	...	
43 Singapore – Singapour [23]	+C	13 321	13 162	13 348	12 821	13 173	13 690	14 069	1
44 Sri Lanka [6]	+C	95 174	100 725	98 089	96 145	97 756	96 536	104 590	9.
Syrian Arab Republic – République arabe									
45 syrienne [3] [24] [25]	+U	51 050	50 572	60 989	50 711	51 581	44 899	45 481	3.
46 Tajikistan – Tadjikistan [6] [13]	C	32 553	32 872	32 014	31 993	33 543	35 334	33 395	
47 Thailand – Thaïlande [6]	+U	252 592	225 282	225 088	218 025	232 968	231 227	246 570	25
48 Turkey – Turquie [26]	..	...	...	...	...	...	...	422 964	
Turkmenistan –									
49 Turkménistan [6] [13]	C	26 015	25 760	26 080	27 865	26 802	27 317	27 609	
United Arab Emirates –									
50 Emirats arabes unis	..	...	...	...	...	...	...	...	
Uzbekistan –									
51 Ouzbékistan [6] [13]	C	128 779	132 042	131 686	132 213	133 781	134 688	126 862	

21. Décès et taux bruts de mortalité, selon la résidence, urbaine/rurale: 1983 – 1992 (suite)

(Voir notes à la fin du tableau.)

1991	1992	Rate – Taux										
		1983	1984	1985	1986	1987	1988	1989	1990	1991	1992	
88 634	...	4.6	4.6	4.6	4.4	4.5	4.4	4.5	4.6	4.5	...	1
		[4] 23.0					[5] 23.0					2
25 627	...	5.7	5.8	5.9	5.7	5.7	10.3	6.0	...	7.1	...	3
...	...	6.7	6.8	6.8	6.7	6.7	6.8	6.2		...	...	4
...	...	[4] 4.5					[5] 3.5					5
...	...	[4] 17.4					[5] 15.2					6
...	...	[4] 19.6					[5] 18.3					7
...	...	3.4	3.6	3.6	3.2	3.3	3.2	3.3	...	...	...	8
...	...	[4] 19.5					[5] 16.0					9
...		[4] 6.7					[5] 6.6					10
6 238	*6 417	[4] 8.4					[5] 8.6					11
...		[4] 23.0					[5] 21.5					12
...		8.4	9.0	8.8	9.2	8.8	8.9	8.6	...	...	...	13
28 429	...	5.0	4.7	4.6	4.7	4.8	4.9	5.1	5.1	4.9	...	14
...	...	11.9	12.6	11.8	11.1	10.9	11.0	10.3	9.6	...	...	15
...	...	[4] 11.2					[5] 9.4					16
461 443	...	[4] 10.4					[5] 8.2					17
		[4] 8.4					[5] 7.2					18
31 246	...	6.8	6.7	6.6	6.8	6.7	6.6	6.3	6.2	6.3		19
829 797	...	6.2	6.2	6.2	6.2	6.2	6.5	6.4	6.6	6.7	...	20
11 268	...	[4] 7.6					[5] 6.4					21
...	...	8.0	8.2	8.0	7.4	7.6	7.8	7.6	...	...	...	22
...	...	[4] 5.6					[5] 5.4					23
...	...	6.3	5.8	5.9	5.8	5.8	5.6	5.5	...	...	...	24
...	...	3.0	2.8	2.8	2.5	2.2	...	...	...	...	...	25
...	...	7.8	8.3	8.1	7.1	7.3	7.5	7.2	...	...	...	26
...	...	[4] 18.7					[5] 16.9					27
...	...	[4] 8.8					[5] 7.8					28
1 335	*1 432	...	5.6	5.1	4.5	4.3	4.6	4.7	4.4	3.8	*3.8	29
83 900	*85 800	[4] 6.0					[5] 5.6					30
...	...	5.3	5.3	5.3	5.0	4.8	4.9	4.9	...	...	...	31
...	...	4.5	4.3	4.1	4.0	...	...	...	...	...	...	32
...	...	3.9	3.9	3.8	3.4	...	...	...	...	...	...	33
1 366	...	10.0	9.2	8.7	7.9	7.8	7.5	7.0	6.4	6.1	...	34
...	...	[4] 10.0					[5] 8.8					35
...	...	[4] 14.1					[5] 12.5					36
...	...	[4] 17.4					[5] 15.1					37
...	...	[4] 7.9					[5] 5.6					38
...	...	...	8.9	8.7	7.7	7.9	8.1	...	...	...	...	39
247 025	...	[4] 8.1					[5] 7.4					40
...	...	2.6	1.9	2.2	2.1	2.0	2.0	1.9	1.8	...	...	41
		[4] 7.9					[5] 5.5					42
13 876	*14 337	5.5	5.4	5.4	5.1	5.2	5.3	5.3	5.1	5.0	*5.1	43
94 973	...	6.2	6.5	6.2	6.0	6.0	5.8	6.2	5.8	5.5	...	44
...	...	[4] 8.7					[5] 7.0					45
...	...	7.6	7.4	7.0	6.8	6.9	7.0	6.5	...	...	...	46
264 350	...	[4] 7.1					[5] 6.3					47
...	...	...	...	...	...	...	...	7.5	...	...	...	48
...	...	8.4	8.2	8.1	8.4	7.9	7.8	7.7	...	...	...	49
...	...	[4] 4.0					[5] 3.8					50
...	*139 900	7.5	7.4	7.2	7.0	6.9	6.8	6.3	...	...	...	51

21. Deaths and crude death rates, by urban/rural residence: 1983 – 1992 (continued)

(See notes at end of table.)

Continent, country or area and urban/rural residence / Continent, pays ou zone et résidence, urbaine/rurale	Code [1]	Number – Nombre							
		1983	1984	1985	1986	1987	1988	1989	199
ASIA—ASIE (Cont.–Suite)									
1 Viet Nam	...	...	...	...	...	424 752	415 901	401 532	...	529
2 Yemen – Yémen	...	...	...	...	...	...	...	...	...	239
EUROPE									
3 Albania – Albanie [6]	C	17 416	16 618	17 179	17 369	17 119	17 027	18 168	18
4 Andorra – Andorre [6]	...	157	164	165	179	176	206	209	
5 Austria – Autriche [6]	C	93 041	88 466	89 578	87 071	84 907	83 263	83 407	82
6 Belarus – Bélarus [6] [13]	C	97 849	104 274	105 690	97 276	99 921	102 671	103 479	109
7 Belgium – Belgique [27]	C	114 534	109 658	110 770	111 343	105 426	104 552	107 619	104
Bosnia Herzegovina –									
8 Bosnie–Herzégovine	C	...	...	...	...	...	...	30 383	
9 Bulgaria – Bulgarie [6]	C	102 182	101 419	107 485	104 039	107 213	107 385	106 902	108
Channel Islands –									
10 Iles Anglo–Normandes	C	1 583	1 389	1 483	1 488	1 416	1 399	1 466	
11 Guernsey – Guernesey	C	639	578	608	614	571	589	569	
12 Jersey	+C	944	811	875	874	845	810	827	
13 Croatia – Croatie	C	...	...	...	...	...	...	52 569	
Former Czechoslovakia – Ancienne									
14 Tchécoslovaquie [6]	C	186 907	183 927	184 105	185 718	179 224	178 169	181 649	183
Czech Republic –									
15 Rép. tchèque	C	...	...	...	...	...	...	...	129
16 Denmark – Danemark [28]	C	57 156	57 109	58 378	58 100	58 136	58 984	59 397	60
17 Estonia – Estonie [6] [13]	C	18 190	19 086	19 343	17 986	18 279	18 551	18 530	19
Faeroe Islands –									
18 Iles Féroé	C	348	345	335	367	367	410	371	
19 Finland – Finlande [6] [29]	C	45 388	45 098	48 198	47 135	47 949	49 063	49 110	50
20 France [6] [30]	C	559 655	542 490	552 496	546 926	527 466	524 600	529 283	526
21 Germany – Allemagne [31]	C	941 032	917 299	929 649	925 426	901 291	900 627	903 441	914
Germany, Federal Rep. of – Allemagne, République									
22 fédérale d' [6]	C	718 337	696 118	704 296	701 890	687 419	687 516	697 730	713
Former German Democratic Republic – Ancienne République									
23 démocratique allemande	C	222 695	221 181	225 353	223 521	213 872	213 111	205 711	208
24 Gibraltar [32]	C	252	265	276	290	217	293	219	
25 Greece – Grèce [6]	C	90 586	88 397	92 886	91 469	95 232	93 031	92 717	94
Holy See –									
26 Saint–Siège	...	...	...	...	1	...	...		
27 Hungary – Hongrie [6]	C	148 643	146 709	147 614	147 089	142 601	140 042	144 695	145
28 Iceland – Islande [6]	C	1 653	1 584	1 652	1 598	1 724	1 818	1 715	1
29 Ireland – Irlande [6] [33]	+C	32 976	32 076	33 213	33 630	31 413	31 580	32 111	31
30 Isle of Man – Ile de Man	+C	943	974	1 045	952	925	991	988	
31 Italy – Italie	C	553 568	534 676	547 436	537 453	524 999	539 426	525 960	536
32 Latvia – Lettonie [6] [13]	C	32 330	33 406	34 166	31 328	32 150	32 421	32 584	34
33 Liechtenstein	...	151	177	171	188	180	195	172	
34 Lithuania – Lituanie [6] [13]	C	36 451	38 666	39 169	35 788	36 917	37 649	38 150	39
35 Luxembourg	C	4 129	4 072	4 027	3 970	4 012	3 840	3 984	3
36 Malta – Malte [34]	C	3 137	2 996	2 837	2 824	2 908	2 708	2 610	2
37 Monaco	..	448	...	...	...	...	...		
38 Netherlands – Pays–Bas [6] [35]	C	117 761	119 812	122 704	125 307	122 199	124 163	128 905	128
39 Norway – Norvège [36]	C	42 224	42 528	44 372	43 560	44 959	45 354	45 173	46
40 Poland – Pologne [6]	C	349 388	364 883	381 458	376 316	378 365	370 821	381 173	388
41 Portugal [6]	C	96 367	97 227	97 339	95 828	95 423	98 236	96 220	103
Republic of Moldova –									
42 Rép. de Moldova [6] [13]	C	44 329	45 537	46 075	40 437	40 185	40 912	40 113	
43 Romania – Roumanie [6]	C	233 892	233 699	246 670	242 330	254 286	253 370	247 306	247
Russian Federation – [6] [13]									
44 Fédération Russe	C	1 563 995	1 650 866	1 625 266	1 497 975	1 531 585	1 569 112	1 583 743	1 655
45 San Marino – Saint–Marin [6]	+C	163	156	188	171	154	187	173	
46 Slovakia – Slovaquie	C	...	...	...	...	...	...	...	54
47 Slovenia – Slovénie [6]	C	...	...	...	...	19 837	19 126	18 669	18
48 Spain – Espagne	C	302 569	295 425	312 532	310 413	309 364	318 848	324 796	330
49 Sweden – Suède	C	90 791	90 483	94 032	93 295	93 307	96 743	92 100	95
50 Switzerland – Suisse [6]	C	60 756	58 602	59 583	60 105	59 511	60 648	60 882	63
51 Ukraine [6] [13]	C	583 496	610 338	617 548	565 150	586 387	600 725	600 590	629

21. Décès et taux bruts de mortalité, selon la résidence, urbaine/rurale: 1983 – 1992 (suite)

otes à la fin du tableau.)

1991	1992	Rate – Taux										
		1983	1984	1985	1986	1987	1988	1989	1990	1991	1992	
...	...	[4] 11.1					[5] 9.5				...	1
...	...	[4] 18.1					[5] 16.0					2
...	...	6.1	5.7	5.8	5.8	5.6	5.4	5.7	5.6	...	...	3
217	...	3.8	3.8	3.7	3.8	3.7	4.1	4.2	3.7	3.8	...	4
83 428	*82 457	12.3	11.7	11.9	11.5	11.2	11.0	10.9	10.7	10.7	*10.5	5
...	...	9.9	10.5	10.6	9.7	9.9	10.1	10.1	10.7	...	...	6
105 150	*105 717	11.6	11.1	11.2	11.3	10.7	10.6	10.8	10.5	10.5	*10.6	7
...	...	...	...	...	...	...	...	...	...	...	...	8
110 423	*107 998	11.4	11.3	12.0	11.6	11.9	12.0	11.9	12.1	12.3	*12.0	9
1 500	...	12.1	10.5	11.2	11.0	10.4	10.0	10.3	...	10.5	...	10
614	*552	12.0	10.8	11.4	11.1	10.3	9.9	9.6	10.1	10.4	*9.4	11
886	...	12.2	10.3	11.0	10.9	10.5	10.1	10.0	...	10.5	...	12
...	...	...	...	...	...	...	...	...	...	...	...	13
178 919	...	12.1	11.9	11.9	12.0	11.5	11.4	11.6	11.7	11.5	...	14
...	*120 337	...	...	...	...	...	...	...	...	...	...	15
59 581	*60 790	11.2	11.2	11.4	11.3	11.3	11.5	11.6	11.9	11.6	*11.8	16
20 122	...	12.1	12.7	12.7	11.7	11.8	11.9	11.8	12.4	12.7	...	17
396	...	7.8	7.7	7.3	8.0	7.9	8.7	7.8	7.6	8.4	...	18
49 271	*49 523	9.3	9.2	9.8	9.6	9.7	9.9	9.9	10.0	9.8	*9.8	19
524 685	*523 000	10.2	9.9	10.0	9.9	9.5	9.4	9.4	9.3	9.2	*9.1	20
911 245	*881 238	12.1	11.8	12.0	11.9	11.6	11.5	11.5	11.5	11.4	*10.9	21
702 905	*694 155	11.7	11.4	11.5	11.5	11.3	11.2	11.2	11.3	11.0	*10.7	22
197 904	*187 083	13.3	13.3	13.5	13.4	12.9	12.8	12.4	12.8	12.2	*11.9	23
...	...	8.6	9.2	9.7	10.0	7.4	9.7	7.1	9.0	...	...	24
98 000	...	9.2	8.9	9.3	9.2	9.5	9.3	9.2	9.3	9.6	...	25
...	...	...	...	...	♦ 1.3	...	...	...	...	...	...	26
144 813	*146 500	13.9	13.8	14.0	14.0	13.6	13.4	13.9	14.1	14.0	*14.2	27
1 790	...	7.0	6.6	6.8	6.6	7.0	7.3	6.8	6.7	6.9	...	28
31 544	*30 682	9.4	9.1	9.4	9.5	8.9	8.9	9.1	9.0	8.9	*8.6	29
982	...	14.8	15.3	16.6	15.1	14.4	14.9	14.6	13.9	14.1	...	30
546 544	...	9.7	9.4	9.6	9.4	9.2	9.4	9.1	9.3	9.7	...	31
...	*35 420	12.7	13.0	13.2	12.0	12.2	12.2	12.2	13.0	...	*13.5	32
...	...	5.7	6.7	6.4	6.9	6.5	7.0	6.2	...	...	...	33
41 013	...	10.5	11.0	11.0	10.0	10.2	10.3	10.3	10.7	11.0	...	34
3 744	*4 022	11.3	11.1	11.0	10.8	10.8	10.3	10.6	9.9	9.7	*10.3	35
2 872	...	9.6	8.9	8.4	8.3	8.4	7.8	7.4	7.7	8.0	...	36
...	...	16.6	...	...	...	...	...	...	...	...	...	37
129 958	*129 800	8.2	8.3	8.5	8.6	8.3	8.4	8.7	8.6	8.6	*8.6	38
44 923	*44 420	10.2	10.3	10.7	10.5	10.7	10.8	10.7	10.8	10.5	*10.4	39
403 951	*393 400	9.6	9.9	10.3	10.0	10.0	9.8	10.0	10.2	10.6	*10.3	40
104 361	*98 216	9.6	9.6	9.8	9.7	9.6	9.9	9.7	10.4	10.6	*10.0	41
...	*44 637	10.7	10.9	10.9	9.5	9.4	9.5	9.2	...	...	*10.2	42
251 760	*263 900	10.4	10.3	10.9	10.6	11.1	11.0	10.7	10.6	10.9	*11.6	43
690 657	...	11.1	11.6	11.3	10.4	10.5	10.7	10.7	11.2	11.4	...	44
...	...	7.4	7.0	8.4	7.6	6.8	8.3	7.6	...	...	...	45
...	*53 423	...	...	...	...	...	...	...	...	...	...	46
19 324	*19 102	...	...	...	...	10.0	9.6	9.3	9.3	9.7	*9.6	47
338 208	...	7.9	7.7	8.1	8.0	8.0	8.2	8.4	8.5	8.7	...	48
95 202	*94 678	10.9	10.9	11.3	11.1	11.1	11.5	10.8	11.1	11.0	*10.9	49
62 634	*62 600	9.5	9.1	9.2	9.2	9.1	9.2	9.2	9.5	9.2	*9.1	50
669 960	*570 900	11.6	12.0	12.1	11.1	11.4	11.7	11.6	12.1	12.9	*11.0	51

21. Deaths and crude death rates, by urban/rural residence: 1983 – 1992 (continued)

(See notes at end of table.)

Continent, country or area and urban/rural residence / Continent, pays ou zone et résidence, urbaine/rurale	Code[1]	Number – Nombre						
		1983	1984	1985	1986	1987	1988	1989
EUROPE (Cont.–Suite)								
1 United Kingdom – Royaume–Uni	C	659 101	644 918	670 656	660 735	644 342	649 178	657 733
Former Yugoslavia –								
2 Ancienne Yougoslavie 6 37	C	218 980	214 725	212 883	213 149	214 666	213 466	215 483
OCEANIA—OCEANIE								
American Samoa –								
3 Samoa américaines	C	143	156	156	170	156	197	...
4 Australia – Australie	+C	110 084	109 914	118 808	114 981	117 321	119 866	124 232
Christmas Island –								
5 Ile Christmas	C	1	...	2	...	...	...	...
Cocos (Keeling) Islands –								
6 Iles des Cocos (Keeling)	C	...	4	1	2	...	...	...
7 Cook Islands – Iles Cook	C	129	115	137	119	128	94	...
8 Fiji – Fidji 6	+C	3 477	3 162	3 680	3 917	3 178	3 746	...
French Polynesia –								
9 Polynésie française	...	930	878	962	925	1 053	957	1 021
10 Guam 6 38	C	461	...	441	451	486	...	...
Marshall Islands –								
11 Iles Marshall	U	...	...	...	187	143	186	151
New Caledonia –								
12 Nouvelle–Calédonie 6	U	834	874	874	864	864	962	990
New Zealand –								
13 Nouvelle–Zélande 6	+C	25 991	25 378	27 480	27 045	27 419	27 408	27 042
14 Niue – Nioué	...	25	22	16	22	13	...	...
15 Norfolk Island – Ile Norfolk	C	15	14	...	...	...	9	...
Northern Mariana Islands – Iles Mariannes								
16 du Nord	U	...	...	95	120	...	...	122
Pacific Islands (Palau) –								
17 Iles du Pacifique (Palaos)	U	...	...	...	...	...	112	...
Papua New Guinea – Papouasie–Nouvelle–								
18 Guinée	..	...	...	...	...	...	...	...
19 Pitcairn	C	...	4	...	...	...	1	...
20 Samoa	U	340	274	343	...	...	...	...
Solomon Islands –								
21 Iles Salomon	..	...	...	...	...	...	...	...
22 Tokelau – Tokélaou	...	8	...	...	...	...	...	...
23 Tonga	...	403	274	343	359	386	332	339

21. Décès et taux bruts de mortalité, selon la résidence, urbaine/rurale: 1983 – 1992 (suite)

(notes à la fin du tableau.)

		Rate – Taux										
1991	1992	1983	1984	1985	1986	1987	1988	1989	1990	1991	1992	
646 181	...	11.7	11.4	11.8	11.6	11.3	11.4	11.5	11.2	11.2	...	1
104 463	...	9.6	9.3	9.2	9.2	9.2	9.1	9.1	8.9	...	...	2
...	...	4.2	4.5	4.4	4.7	4.2	5.3	...	...	...	...	3
119 146	...	7.2	7.1	7.5	7.2	7.2	7.3	7.4	7.0	6.9	...	4
...	...	♦ 0.3	...	♦ 0.9	...	...	...	...	...	...	...	5
...	...	...	...	♦ 1.6	♦ 3.3	...	...	...	...	...	...	6
...	...	7.4	6.5	7.7	6.9	7.5	5.3	...	...	...	...	7
4 133	...	5.2	4.6	5.3	5.5	4.4	5.2	...	4.9	5.6	...	8
...	...	5.6	5.2	5.5	5.2	5.8	5.1	5.3	...	...	...	9
...	*584	4.0	...	3.7	3.6	3.8	...	...	...	...	*4.2	10
...	...	...	...	...	4.6	3.4	4.4	3.4	...	...	...	11
978	*931	5.7	5.9	5.8	5.6	5.4	5.9	5.9	5.5	5.6	*5.3	12
26 501	27 249	8.1	7.9	8.5	8.3	8.4	8.3	8.2	7.9	7.8	8.0	13
...	...	♦ 8.3	♦ 7.8	♦ 5.8	♦ 8.7	♦ 5.4	...	...	...	...	...	14
...	...	...	...	...	...	...	...	...	...	...	...	15
...	...	...	...	4.7	5.7	...	...	4.9	...	...	...	16
...	...	...	...	...	...	...	8.0	...	...	...	...	17
...	...	[4] 12.6	...	...	...	...	[5] 11.6	...	...	...	...	18
2	1	...	♦ 70.2	...	...	...	♦ 18.9	...	♦ 19.2	♦ 30.3	♦ 14.1	19
...	...	2.2	1.7	2.2	...	...	...	...	...	...	...	20
...	...	[4] 5.9					[5] 4.7					21
...	...	♦ 5.0	...	...	...	...	...	...	...	...	...	22
411	...	4.2	2.8	3.5	3.8	4.1	3.5	3.5	4.5	4.2	...	23

21. Deaths and crude death rates, by urban/rural residence: 1983 – 1992 (continued)

Data by urban/rural residence

(See notes at end of table.)

Continent, country or area and urban/rural residence / Continent, pays ou zone et résidence, urbaine/rurale	Code [1]	Number – Nombre							
		1983	1984	1985	1986	1987	1988	1989	199
AFRICA—AFRIQUE									
Egypt – Egypte	C								
1　Urban – Urbaine		176 227	175 187	207 680	201 942	192 530	174 512	168 899	
2　Rural – Rurale		265 831	269 050	246 770	253 946	273 631	252 506	245 315	
Mali [7]	..								
3　Urban – Urbaine		...	...	...	...	13 715	...	...	
4　Rural – Rurale		...	...	...	...	82 506	...	...	
Mauritius – Maurice	+C								
5　Urban – Urbaine		...	...	...	...	...	...	...	3
6　Rural – Rurale		...	...	...	...	...	...	...	3
Island of Mauritius – Ile Maurice	+C								
7　Urban – Urbaine		2 806	3 021	2 982	2 936	2 963	2 978	2 949	3
8　Rural – Rurale		3 516	3 396	3 709	3 686	3 618	3 721	3 997	3
Nigeria – Nigéria	...								
9　Urban – Urbaine		...	240 641	246 732	253 038	261 388	270 537	...	
10　Rural – Rurale		...	1 252 291	1 284 300	1 317 652	1 361 134	1 408 773	...	
Tunisia – Tunisie	U								
11　Urban – Urbaine		...	...	...	...	24 732	25 184	25 305	
12　Rural – Rurale		...	...	...	...	10 900	9 800	9 616	
AMERICA,NORTH— AMERIQUE DU NORD									
Cuba	C								
13　Urban – Urbaine		42 530	43 527	47 124	45 958	47 754	53 302	52 157	56
14　Rural – Rurale		15 804	16 368	17 306	17 005	17 233	14 583	15 165	15
Dominican Republic – République dominicaine	U								
15　Urban – Urbaine		17 253	19 441	20 547	...	...	...	...	
16　Rural – Rurale		9 289	8 775	7 297	...	...	...	...	
El Salvador	U								
17　Urban – Urbaine		18 030	16 304	15 302	15 137	17 301	17 679	17 885	
18　Rural – Rurale		14 667	12 550	11 923	10 594	10 280	10 095	9 883	
Guatemala	C								
19　Urban – Urbaine		29 826	27 604	29 265	29 199	28 125	27 338	...	
20　Rural – Rurale		44 608	38 220	40 190	40 076	38 578	37 499	...	
Mexico – Mexique	C								
21　Urban – Urbaine		205 967	205 366	242 506	...	...	284 243	294 413	292
22　Rural – Rurale		117 383	118 372	114 591	...	...	121 190	122 254	123
Nicaragua	U								
23　Urban – Urbaine		...	...	9 194	8 535	8 264	...	...	
24　Rural – Rurale		...	...	2 392	2 470	2 792	...	...	
Panama	U								
25　Urban – Urbaine		4 499	4 392	4 656	4 665	4 708	4 907	5 120	5
26　Rural – Rurale		4 000	3 858	4 335	4 277	4 397	4 475	4 437	4
Puerto Rico – Porto Rico [39]	C								
27　Urban – Urbaine		11 747	11 932	12 864	...	13 127	13 663	14 162	14
28　Rural – Rurale		9 701	9 777	10 284	...	10 748	11 327	11 709	11
Saint Kitts and Nevis – Saint–Kitts–et–Nevis	+C								
29　Urban – Urbaine		329	345	...	...	...	...	...	
30　Rural – Rurale		149	136	...	...	...	...	...	
St. Vincent and the Grenadines – Saint–Vincent–et–Grenadines	+C								
31　Urban – Urbaine		348	...	...	...	...	...	...	
32　Rural – Rurale		431	...	...	...	...	...	...	
AMERICA,SOUTH— AMERIQUE DU SUD									
Chile – Chili	C								
33　Urban – Urbaine		62 303	61 938	60 989	59 166	58 883	62 617	63 387	65
34　Rural – Rurale		11 993	12 731	12 545	13 043	11 676	11 818	12 066	12
Colombia – Colombie [10]	U								
35　Urban – Urbaine		114 364	109 465	122 377	116 355	123 238	124 151	126 063	
36　Rural – Rurale		25 856	26 042	29 074	27 355	27 096	26 707	25 672	

21. Décès et taux bruts de mortalité, selon la résidence, urbaine/rurale: 1983 – 1992 (suite)

Données selon la résidence urbaine/rurale

otes à la fin du tableau.)

					Rate – Taux							
1991	1992	1983	1984	1985	1986	1987	1988	1989	1990	1991	1992	
...	...	9.1	8.8	10.2	9.6	8.9	7.9	7.5	...	...	...	1
...	...	10.8	10.6	9.2	9.5	10.0	9.0	8.5	...	...	...	2
...	...	...	...	...	...	8.1	...	...	...	...	...	3
...	...	...	...	...	...	13.7	...	...	...	...	...	4
3 361	...	...	...	...	...	...	...	...	7.3	7.2	...	5
3 666	...	...	...	...	...	...	...	...	6.2	6.1	...	6
3 361	...	7.0	7.5	7.3	7.2	7.2	7.2	7.1	7.3	...	...	7
3 454	...	6.2	5.9	6.4	6.3	6.1	6.2	6.6	6.3	...	...	8
...	...	...	16.0	16.0	16.0	16.0	16.0	...	...	...	...	9
...	...	...	16.0	16.0	16.0	16.0	16.0	...	...	...	...	10
...	...	...	...	...	...	...	...	5.4	...	...	...	11
...	...	...	...	...	...	...	...	3.0	...	...	...	12
...	...	6.1	6.2	6.6	6.3	6.4	7.1	6.8	...	...	...	13
...	...	5.4	5.6	5.9	5.9	6.0	5.1	5.4	...	...	...	14
...	...	...	...	5.9	...	...	...	...	...	...	...	15
...	...	...	...	2.5	...	...	...	...	...	...	...	16
...	...	9.0	7.9	7.3	7.0	7.8	7.8	7.7	...	...	...	17
...	...	4.7	4.0	3.7	3.2	3.1	2.9	2.8	...	...	...	18
...	...	...	...	...	...	...	...	...	...	...	...	19
...	...	...	...	...	...	...	...	...	...	...	...	20
...	...	...	...	...	...	...	...	...	...	...	...	21
...	...	...	...	...	...	...	...	...	...	...	...	22
...	...	...	...	4.9	4.3	4.0	...	...	...	...	...	23
...	...	...	...	1.7	1.7	1.9	...	...	...	...	...	24
...	...	4.3	4.0	4.2	4.1	4.0	4.0	4.1	4.1	...	...	25
...	...	3.9	3.7	4.1	4.0	4.0	4.0	3.9	4.0	...	...	26
14 626	...	...	...	...	...	...	...	...	...	...	...	27
11 612	...	...	...	...	...	...	...	...	...	...	...	28
...	...	...	...	...	...	...	...	...	...	...	...	29
...	...	...	...	...	...	...	...	...	...	...	...	30
...	...	...	...	...	...	...	...	...	...	...	...	31
...	...	...	...	...	...	...	...	...	...	...	...	32
62 777	...	6.5	6.3	6.0	5.7	5.6	5.8	5.8	5.9	5.5	...	33
12 085	...	5.8	6.2	6.2	6.4	5.8	5.8	5.9	6.3	6.0	...	34
...	...	6.4	...	6.5	...	...	6.0	...	...	...	...	35
...	...	2.7	...	3.2	...	...	2.8	...	...	...	...	36

21. Deaths and crude death rates, by urban/rural residence: 1983 – 1992 (continued)

Data by urban/rural residence

(See notes at end of table.)

Continent, country or area and urban/rural residence Continent, pays ou zone et résidence, urbaine/rurale	Code [1]	Number – Nombre						
		1983	1984	1985	1986	1987	1988	1989
AMERICA, SOUTH— (Cont.–Suite) **AMERIQUE DU SUD**								
Ecuador – Equateur [11]	U							
1 Urban – Urbaine		26 447	25 572	25 436	31 164	25 620	27 196	27 774
2 Rural – Rurale		28 755	27 546	25 698	19 793	25 947	25 536	23 962
Paraguay	U							
3 Urban – Urbaine		6 954	6 660	7 636	6 168	6 762	...	...
4 Rural – Rurale		5 014	5 295	6 458	5 351	6 435	...	...
ASIA—ASIE								
Armenia – Arménie [13]	C							
5 Urban – Urbaine		11 501	11 814	12 075	11 936	12 425	26 741	13 718
6 Rural – Rurale		6 868	7 229	7 506	7 474	7 302	8 826	7 135
Azerbaijan – Azerbaïdjan [13]	C							
7 Urban – Urbaine		22 313	23 351	23 560	23 687	23 829	24 750	22 981
8 Rural – Rurale		20 631	21 494	21 619	21 657	21 915	22 735	21 035
Bangladesh	U							
9 Urban – Urbaine		...	108 077	107 308	121 005	110 938	113 584	...
10 Rural – Rurale		...	1 095 635	1 087 829	1 092 815	1 062 476	1 065 036	...
Georgia – Géorgie [13]	C							
11 Urban – Urbaine		20 964	22 326	22 723	23 011	22 999	23 774	23 864
12 Rural – Rurale		22 337	23 461	23 430	23 343	23 333	23 770	23 213
India – Inde [15]	...							
13 Urban – Urbaine		...	...	...	...	...	...	...
14 Rural – Rurale		...	...	...	...	...	...	...
Iran (Islamic Republic of – Rép. islamique d')	U							
15 Urban – Urbaine		121 270	113 489	...	115 018	121 140	137 430	121 331
16 Rural – Rurale		85 958	72 951	...	75 043	83 090	100 960	78 314
Israel – Israël [16]	C							
17 Urban – Urbaine		24 813	25 746	26 046		26 964	26 840	26 373
18 Rural – Rurale		2 763	2 031	2 047	...	2 280	2 306	2 207
Japan – Japon [17]	C							
19 Urban – Urbaine		515 464	516 886	528 768	528 339	532 029	563 340	563 416
20 Rural – Rurale		223 022	221 815	222 122	220 730	217 651	228 195	223 738
Kazakhstan [13]	C							
21 Urban – Urbaine		69 335	73 705	71 517	67 325	69 977	72 557	73 598
22 Rural – Rurale		54 472	56 091	55 269	51 824	52 858	54 341	52 780
Korea, Republic of– Corée, Rép.de [19] [20]	..							
23 Urban – Urbaine		...	...	...	...	115 897	117 057	126 223
24 Rural – Rurale		...	...	...	...	125 666	116 851	107 681
Kyrgyzstan –Kirghizistan [13]	C							
25 Urban – Urbaine		10 499	11 687	11 296	10 263	11 028	11 398	11 717
26 Rural – Rurale		19 742	20 916	21 036	18 820	19 569	20 481	19 439
Malaysia – Malaisie Peninsular Malaysia – [3] Malaisie Péninsulaire	C							
27 Urban – Urbaine		24 510	25 460	25 939	25 445	24 832	26 400	26 322
28 Rural – Rurale		41 522	41 792	42 428	41 030	40 450	42 530	43 385
Maldives	C							
29 Urban – Urbaine		298	263	288	301	292	326	271
30 Rural – Rurale		1 441	1 383	1 319	1 210	1 233	1 200	1 205
Mongolia – Mongolie	...							
31 Urban – Urbaine		7 700	8 600	8 200	7 000	7 400	8 000	7 700
32 Rural – Rurale		9 900	11 700	10 500	9 400	8 500	9 700	9 300
Pakistan [22]	..							
33 Urban – Urbaine		...	200 233	204 997	185 298	191 635	208 571	...
34 Rural – Rurale		...	630 331	634 250	575 671	617 528	643 770	...
Sri Lanka	+C							
35 Urban – Urbaine		44 417	44 794	...	44 492	45 426	...	...
36 Rural – Rurale		50 757	55 931	...	51 653	52 330	...	...
Tajikistan – Tadjikistan [13]	C							
37 Urban – Urbaine		10 802	10 934	10 709	10 195	10 693	11 150	10 650
38 Rural – Rurale		21 751	21 938	21 305	21 798	22 850	24 184	22 745
Thailand – Thaïlande	+U							
39 Urban – Urbaine		64 165	64 752	...	55 994	64 175	65 359	73 239
40 Rural – Rurale		188 427	160 530	...	162 031	168 793	165 868	173 331
Turkmenistan – Turkménistan [13]	C							
41 Urban – Urbaine		11 939	11 647	11 240	12 086	12 033	12 151	12 576
42 Rural – Rurale		14 076	14 113	14 840	15 779	14 769	15 166	15 033

otes à la fin du tableau.)

1991	1992	Rate – Taux										
		1983	1984	1985	1986	1987	1988	1989	1990	1991	1992	
...	...	6.2	5.7	5.4	6.4	5.1	5.2	5.1	4.8	...	...	1
...	...	6.6	6.3	5.8	4.4	5.8	5.6	5.3	5.0	...	...	2
...	...	...	...	...	...	...	...	...	...	...	...	3
...	...	...	...	...	...	...	...	...	...	...	...	4
...	...	5.3	5.3	5.3	5.2	5.3	11.3	5.7	...	...	...	5
...	...	6.4	6.7	7.0	6.9	6.7	8.1	6.6	...	...	...	6
...	...	...	...	...	...	...	...	6.0	...	...	...	7
...	...	...	...	...	...	...	...	6.5	...	...	...	8
...	...	...	8.5	8.1	8.6	...	...	...	...	...	...	9
...	...	...	12.9	12.6	12.5	...	...	...	...	...	...	10
...	...	...	...	...	...	...	...	8.0	...	...	...	11
...	...	...	...	...	...	...	...	9.6	...	...	...	12
...	...	7.9	8.6	7.8	7.6	7.4	7.7	7.2	...	...	...	13
...	...	13.1	13.8	13.0	12.2	12.0	12.0	11.1	...	...	...	14
...	...	5.3	4.7	...	4.3	4.4	4.8	4.1	4.4	...	...	15
...	...	4.1	3.4	...	3.3	3.6	4.4	3.3	3.5	...	...	16
...	...	6.9	6.9	6.9	...	6.9	6.8	6.5	6.3	...	...	17
...	...	6.6	4.6	4.5	...	4.7	4.6	4.8	4.6	...	...	18
593 964	...	...	...	5.7	...	...	...	...	6.1	...	...	19
234 377	...	...	...	7.9	...	...	...	...	8.4	...	...	20
...	...	...	...	...	...	7.6	7.8	7.8	...	...	...	21
...	...	...	...	...	...	7.5	7.7	7.5	...	...	...	22
...	...	...	...	...	...	4.0	4.0	4.2	...	...	...	23
...	...	...	...	...	...	9.7	9.2	8.7	...	...	...	24
...	...	7.2	7.8	7.4	6.6	7.0	7.0	7.1	...	...	...	25
...	...	8.2	8.6	8.4	7.4	7.6	7.8	7.3	...	...	...	26
...	...	...	...	...	...	...	...	...	...	...	...	27
...	...	...	...	...	...	...	...	...	...	...	...	28
295	...	...	...	6.3	...	...	...	...	5.3	...	...	29
1 071	...	...	...	9.8	...	...	...	...	6.7	...	...	30
...	...	...	...	...	...	...	...	6.6	...	...	...	31
...	...	...	...	...	...	...	...	10.6	...	...	...	32
...	...	...	7.6	7.5	6.6	6.6	7.0	...	...	...	...	33
...	...	...	9.4	9.2	8.1	8.4	8.5	...	...	...	...	34
...	...	...	...	...	...	...	...	...	...	...	...	35
...	...	...	...	...	...	...	...	...	...	...	...	36
...	...	7.5	7.4	7.1	6.6	6.7	6.8	6.3	...	...	...	37
...	...	7.6	7.4	7.0	6.9	7.0	7.1	6.5	...	...	...	38
80 903	...	...	...	...	...	...	...	...	7.5	...	...	39
183 447	...	...	...	...	...	...	...	...	4.0	...	...	40
...	...	...	...	...	...	...	...	7.9	...	...	...	41
...	...	...	...	...	...	...	...	7.8	...	...	...	42

21. Deaths and crude death rates, by urban/rural residence: 1983 – 1992 (continued)

Data by urban/rural residence

(See notes at end of table.)

Continent, country or area and urban/rural residence / Continent, pays ou zone et résidence, urbaine/rurale	Code [1]	Number – Nombre						
		1983	1984	1985	1986	1987	1988	1989
ASIA—ASIE (Cont.–Suite)								
Uzbekistan – Ouzbékistan [13]	C							
1 Urban – Urbaine		53 733	55 265	52 989	53 033	53 439	55 507	53 913
2 Rural – Rurale		75 046	76 777	78 697	79 180	80 342	79 181	72 949
EUROPE								
Albania – Albanie	C							
3 Urban – Urbaine		5 420	5 489	5 587	5 482	5 616	5 801	6 027
4 Rural – Rurale		11 996	11 129	11 592	11 887	11 503	11 226	12 141
Andorra – Andorre	...							
5 Urban – Urbaine		...	...	157	167	165	195	198
6 Rural – Rurale		...	...	8	12	11	11	11
Austria – Autriche	C							
7 Urban – Urbaine		56 483	53 997	54 497	53 017	51 576	50 742	50 037
8 Rural – Rurale		36 558	34 469	35 081	34 054	33 331	32 521	33 370
Belarus – Bélarus [13]	C							
9 Urban – Urbaine		38 739	42 219	42 893	41 356	42 946	45 241	47 254
10 Rural – Rurale		59 110	62 055	62 797	55 920	56 975	57 430	56 225
Bulgaria – Bulgarie	C							
11 Urban – Urbaine		47 979	47 982	50 872	50 048	52 062	52 655	53 390
12 Rural – Rurale		54 203	53 437	56 613	53 991	55 151	54 730	53 512
Former Czechoslovakia – Ancienne Tchécoslovaquie	C							
13 Urban – Urbaine		127 918	126 762	127 478	129 928	125 958	125 487	128 389
14 Rural – Rurale		58 989	57 165	56 627	55 790	53 266	52 682	53 260
Estonia – Estonie [13]	C							
15 Urban – Urbaine		10 890	11 632	11 621	11 064	11 386	11 608	11 781
16 Rural – Rurale		7 300	7 454	7 722	6 922	6 893	6 943	6 749
Finland – Finlande [29]	C							
17 Urban – Urbaine		25 324	25 385	26 925	27 811	28 158	28 991	28 973
18 Rural – Rurale		20 064	19 713	21 273	19 324	19 791	20 072	20 137
France [30] [40]	C							
19 Urban – Urbaine		381 571	370 099	376 521	373 391	363 472	360 400	363 978
20 Rural – Rurale		175 521	169 717	173 230	170 727	163 994	161 580	162 514
Germany –Allemagne [31]	...	...	...	...	...	...	...	...
Former German Democratic Republic – Ancienne République démocratique allemande	C							
21 Urban – Urbaine		165 572	163 954	166 785	...	159 232	158 189	153 368
22 Rural – Rurale		57 123	57 227	58 568	...	54 640	54 922	52 343
Greece – Grèce	C							
23 Urban – Urbaine		44 957	44 942	47 658	...	...	...	...
24 Rural – Rurale		45 629	43 455	45 228	...	...	...	...
Hungary – Hongrie [41]	C							
25 Urban – Urbaine		74 404	75 282	76 169	78 898	76 181	75 611	82 800
26 Rural – Rurale		73 965	71 154	71 157	67 873	66 053	64 079	61 484
Iceland – Islande	C							
27 Urban – Urbaine		1 458	1 412	1 464	1 407	1 532	1 608	1 511
28 Rural – Rurale		195	172	188	191	192	210	204
Ireland – Irlande [33]	+C							
29 Urban – Urbaine		11 215	11 109	11 528	11 442	12 736	12 882	13 188
30 Rural – Rurale		21 761	20 967	21 685	22 188	18 677	18 698	18 923
Latvia – Lettonie [13]	C							
31 Urban – Urbaine		19 506	20 095	20 954	19 443	20 082	20 293	21 035
32 Rural – Rurale		12 824	13 311	13 212	11 885	12 068	12 128	11 549
Lithuania – Lituanie [13]	C							
33 Urban – Urbaine		17 776	18 893	19 310	17 997	18 622	19 581	20 239
34 Rural – Rurale		18 675	19 773	19 859	17 791	18 295	18 068	17 911
Netherlands – Pays–Bas [35] [42]	C							
35 Urban – Urbaine		68 078	68 440	69 988	71 267	69 379	70 319	72 848
36 Rural – Rurale		11 946	12 163	12 418	12 687	12 616	12 619	12 932
37 Semi–urban–Semi–urbaine		37 732	39 199	40 287	41 345	40 195	41 218	43 118
Poland – Pologne	C							
38 Urban – Urbaine		193 602	204 145	213 260	211 849	213 739	211 317	218 846
39 Rural – Rurale		155 786	160 738	168 198	164 467	164 626	159 504	162 327
Portugal [39]	C							
40 Urban – Urbaine		...	27 389	28 309	...	30 093	35 044	31 451
41 Rural – Rurale		...	58 575	58 489	...	56 217	48 863	50 635

21. Décès et taux bruts de mortalité, selon la résidence, urbaine/rurale: 1983 – 1992 (suite)

Données selon la résidence urbaine/rurale

otes à la fin du tableau.)

					Rate – Taux							
1991	1992	1983	1984	1985	1986	1987	1988	1989	1990	1991	1992	
...	...	...	...	...	...	...	...	6.7	...	...	...	1
...	...	...	...	...	...	...	...	6.2	...	...	...	2
...	...	5.6	5.5	5.4	5.2	5.2	5.2	5.3	5.3	...	...	3
...	...	6.4	5.9	6.0	6.1	5.8	5.5	5.9	5.8	...	...	4
203	...	...	...	...	3.7	3.6	4.1	4.1	3.6	3.7	...	5
12	...	...	...	...	♦ 5.3	♦ 4.8	♦ 4.5	♦ 4.4	♦ 5.9	♦ 3.7	...	6
49 852	...	...	...	...	...	...	...	...	...	...	...	7
33 576	...	...	...	...	...	...	...	...	...	...	...	8
...	...	...	...	...	...	...	...	7.1	...	...	...	9
...	...	...	...	...	...	...	...	16.0	...	...	...	10
...	...	8.3	8.2	8.7	8.6	8.8	8.8	8.8	9.1	...	...	11
...	...	17.1	17.3	18.3	17.3	18.1	18.3	18.2	18.4	...	...	12
...	...	11.2	11.0	11.0	12.9	12.4	12.3	12.5	10.7	...	...	13
...	...	14.8	14.4	14.4	10.2	9.8	9.7	9.9	13.8	...	...	14
...	...	10.2	10.8	10.7	10.1	10.3	10.4	10.5	11.2	...	...	15
...	...	16.8	17.2	17.7	15.8	15.6	15.6	15.1	15.4	...	...	16
...	...	8.7	8.7	9.2	9.2	9.2	9.5	9.5	9.7	...	...	17
...	...	10.3	10.0	10.8	10.3	10.5	10.6	10.6	10.5	...	...	18
...	...	...	...	...	...	...	...	...	8.6	...	...	19
...	...	...	...	...	...	...	...	...	11.0	...	...	20
...	...	...	...	...	...	...	...	...	...	...		
...	...	13.0	12.8	13.1	...	12.5	12.4	12.0	...	...	...	21
...	...	14.6	14.6	15.0	...	14.1	14.2	13.5	...	...	...	22
...	...	...	...	...	...	...	...	...	...	...	...	23
...	...	...	...	...	...	...	...	...	...	...	...	24
82 809	...	11.5	11.6	11.8	12.2	11.8	11.7	12.9	12.9	12.8	...	25
61 386	...	17.7	17.1	17.3	16.6	16.3	16.0	15.5	15.8	15.9	...	26
...	...	6.9	6.6	6.8	6.5	6.9	7.1	6.6	6.6	...	...	27
...	...	7.5	6.6	7.3	7.5	7.7	8.5	8.4	7.3	...	...	28
13 022	...	...	...	...	5.7	...	...	...	...	...	...	29
18 522	...	...	...	...	14.4	...	...	...	...	...	...	30
...	...	11.0	11.2	11.6	10.6	10.8	10.8	11.1	11.9	...	...	31
...	...	16.6	17.3	17.1	15.4	15.6	15.6	14.8	15.7	...	...	32
22 155	...	8.0	8.3	8.3	7.6	7.7	7.9	8.1	8.3	8.6	...	33
18 858	...	14.9	16.0	16.2	14.7	15.2	15.2	15.1	15.8	16.0	...	34
73 326	...	9.2	9.3	9.5	9.6	9.3	9.4	9.7	9.6	...	...	35
12 601	...	7.1	7.3	7.4	7.5	7.4	7.4	7.6	7.7	...	...	36
44 018	...	7.1	7.3	7.4	7.6	7.3	7.4	7.7	7.6	...	...	37
233 141	...	8.9	9.2	9.5	9.4	9.3	9.1	9.4	9.5	9.8	...	38
170 810	...	10.6	10.8	11.3	11.1	11.1	10.9	11.1	11.4	11.7	...	39
...	...	...	...	...	...	...	...	...	...	...	...	40
...	...	...	...	...	...	...	...	...	...	...	...	41

21. Deaths and crude death rates, by urban/rural residence: 1983 – 1992 (continued)

Data by urban/rural residence

(See notes at end of table.)

Continent, country or area and urban/rural residence Continent, pays ou zone et résidence, urbaine/rurale	Code [1]	Number – Nombre							
		1983	1984	1985	1986	1987	1988	1989	1
EUROPE (Cont.–Suite)									
Republic of Moldova – Rép. de Moldova [13]	C								
1 Urban – Urbaine		13 550	14 214	14 637	13 206	13 755	14 248	14 366	
2 Rural – Rurale		30 779	31 323	31 438	27 231	26 430	26 664	25 747	
Romania – Roumanie	C								
3 Urban – Urbaine		92 979	86 951	99 933	92 603	98 094	96 911	98 686	9
4 Rural – Rurale		140 913	146 748	146 737	149 727	156 192	156 459	148 620	14
Russian Federation – [13] Fédération Russe	C								
5 Urban – Urbaine		1 019 891	1 079 283	1 069 165	1 005 099	1 033 852	1 062 515	1 088 471	1 14
6 Rural – Rurale		544 104	571 583	556 101	492 876	497 733	506 597	495 272	51
San Marino – Saint–Marin	+C								
7 Urban – Urbaine		...	...	167	151	139	168	157	
8 Rural – Rurale		...	...	21	20	15	19	16	
Slovenia – Slovénie	C								
9 Urban – Urbaine		...	...	...	...	8 217	8 015	7 815	
10 Rural – Rurale		...	...	...	...	11 620	11 111	10 854	1
Switzerland – Suisse	C								
11 Urban – Urbaine		...	35 518	36 190	36 681	36 237	36 968	37 400	3
12 Rural – Rurale		...	23 084	23 393	23 424	23 274	23 680	23 482	2
Ukraine [13]	C								
13 Urban – Urbaine		314 488	330 294	333 357	313 283	325 562	335 538	340 756	35
14 Rural – Rurale		269 008	280 044	284 191	251 867	260 825	265 187	259 834	27
Former Yugoslavia – Ancienne Yougoslavie	C								
15 Urban – Urbaine		86 663	86 408	87 444	88 007	90 360	93 200	94 472	
16 Rural – Rurale		132 317	128 317	125 439	125 142	124 306	120 266	121 011	
OCEANIA—OCEANIE									
Fiji – Fidji	+C								
17 Urban – Urbaine		2 417	1 947	1 886	2 068	1 744	...	...	
18 Rural – Rurale		1 060	1 215	1 794	1 849	1 434	...	...	
Guam [38] [39]	C								
19 Urban – Urbaine		...	...	344	360	...	...	...	
20 Rural – Rurale		...	...	66	62	...	...	...	
New Caledonia – Nouvelle–Calédonie	U								
21 Urban – Urbaine		395	409	456	444	433	...	...	
22 Rural – Rurale		439	465	418	420	431	...	...	
New Zealand – Nouvelle–Zélande	+C								
23 Urban – Urbaine		20 051	19 478	21 180	21 017	21 300	21 250	20 905	2
24 Rural – Rurale		5 940	5 900	6 300	6 028	6 119	6 158	6 137	

21. Décès et taux bruts de mortalité, selon la résidence, urbaine/rurale: 1983 – 1992 (suite)

Données selon la résidence urbaine/rurale

notes à la fin du tableau.)

		Rate – Taux										
1991	1992	1983	1984	1985	1986	1987	1988	1989	1990	1991	1992	
...	...	...	...	...	...	...	...	7.1	...	...	...	1
...	...	...	...	...	...	...	...	11.1	...	...	...	2
101 460	...	8.4	7.8	8.8	8.0	8.3	8.1	8.0	7.9	8.1	...	3
150 300	...	12.3	12.8	12.9	13.3	14.0	14.1	13.7	13.9	14.1	...	4
1 168 887	...	...	...	...	...	...	...	10.1	...	...	...	5
521 770	...	...	...	...	...	...	...	12.7	...	...	...	6
...	...	...	...	...	...	6.8	8.2	7.6	...	...	...	7
...	...	...	...	...	...	♦ 6.9	♦ 8.8	♦ 7.3	...	...	...	8
8 122	*8 118	...	...	...	...	...	...	...	...	...	...	9
11 202	*10 984	...	...	...	...	...	...	...	...	...	...	10
38 070	...	...	9.0	9.2	9.3	9.2	9.3	9.4	9.8	8.2	...	11
24 564	...	...	9.2	9.2	9.2	9.0	9.0	8.8	9.1	11.4	...	12
...	...	9.8	10.2	10.1	9.4	9.7	9.8	9.8	10.2	...	...	13
...	...	14.6	15.4	15.8	14.2	14.9	15.3	15.2	16.1	...	...	14
...	...	...	...	...	...	...	...	...	...	...	...	15
...	...	...	...	...	...	...	...	...	...	...	...	16
...	...	...	...	...	7.5	6.2	...	...	...	...	...	17
...	...	...	...	...	4.2	3.2	...	...	...	...	...	18
...	...	...	...	...	...	...	...	...	...	...	...	19
...	...	...	...	...	...	...	...	...	...	...	...	20
...	...	6.6	4.7	5.2	5.0	...	...	...	...	...	...	21
...	...	5.1	7.5	6.6	6.4	...	...	...	...	...	...	22
...	...	...	...	...	7.7	...	...	...	...	...	...	23
...	...	...	...	...	11.3	...	...	...	...	...	...	24

21. Deaths and crude death rates, by urban/rural residence: 1983 – 1992

GENERAL NOTES

For certain countries, there is a discrepancy between the total number of deaths shown in this table and those shown in subsequent tables for the same year. Usually this discrepancy arises because the total number of deaths occurring in a given year is revised, although the remaining tabulations are not. Data exclude foetal deaths. Rates are the number of deaths per 1 000 mid–year population. For definitions of "urban", see end of table 6. For method of evaluation and limitations of data, see Technical Notes, page 83.

Italics: data from civil registers which are incomplete or of unkwown completeness.

FOOTNOTES

* Provisional.
♦ Rates based on 30 or fewer deaths.
+ Data tabulated by date of registration rather than occurrence.

1 Code "C" indicates that the data are estimated to be virtually complete (at least 90 per cent) and code "U" indicates that the data are estimated to be incomplete (less than 90 per cent). The code does not apply to estimated rates. For further details, see Technical Notes.
2 Registered data are for Algerian population only.
3 Excluding live–born infants dying before registration of birth.
4 Estimate for 1980–1985 prepared by the Population Division of the United Nations.
5 Estimate for 1985–1990 prepared by the Population Division of the United Nations.
6 For classification by urban/rural residence, see end of table.
7 Based on the results of the population census.
8 Including Canadian residents temporarily in the United States, but excluding United States residents temporarily in Canada.
9 Excluding Indian jungle population.
10 Based on burial permits.
11 Excluding nomadic Indian tribes.
12 Including adjustment for under–registration.
13 Excluding infants born alive after less than 28 weeks' gestation, of less than 1 000 grammes in weight and 35 centimetres in length, who die within seven days of birth.
14 Excluding Vietnamese refugees.
15 Based on Sample Registration scheme.
16 Including data for East Jerusalem and Israeli residents in certain other territories under occupation by Israeli military forces since June 1967.
17 For Japanese nationals in Japan only; however, rates computed on total population.
18 Excluding data for Jordanian territory under occupation since june 1967 by Israeli military forces. Excluding foreigners, but including registered Palestinian refugees. For number of refugees, see table 5.

NOTES GENERALES

Pour quelques pays il y a une discordance entre le nombre total des décès vivantes présenté dans ce tableau et ceux présentés après pour la même année. Habituellement ces différences apparaîssent lorsque le nombre total des décès pour une certaine année a été révisé; alors que les autres tabulations ne l'ont pas été. Les données ne comprennent pas les morts foetales. Les taux représentent le nombre de décès pour 1 000 personnes au milieu de l'année. Pour les définitions des "régions urbaines", se reporter à la fin du tableau 6. Pour la méthode d'évaluation et les insuffisances des données, voir Notes techniques, page 83.

Italiques: données incomplètes ou dont le degré d'exactitude n'est pas connu, provenant des registres de l'état civil.

NOTES

* Données provisoires.
♦ Taux basés sur 30 décès ou moins.
+ Données exploitées selon la date de l'enregistrement et non la date de l'événement.

1 Le code "C" indique que les données sont jugées pratiquement complètes (au moins 90 p. 100) et le code "U" que les données sont jugées incomplètes (moins de 90 p. 100). Le code ne s'applique pas aux taux estimatifs. Pour plus de détails, voir Notes techniques.
2 Les données ne sont enregistrées que pour la population algérienne.
3 Non compris les enfants nés vivants, décédés avant l'enregistrement de leur naissance.
4 Estimations pour 1980–1985 établies pour la Division de la population de l'Organisation des Nations Unies.
5 Estimations pour 1985–1990 établies pour la Division de la population de l'Organisation des Nations Unies.
6 Pour le classement selon la résidence, urbaine/rurale, voir la fin du tableau.
7 D'après les résultats du recensement.
8 Y compris les résidents canadiens se trouvant temporairement aux Etats–Unis, mais non compris les résidents des Etats–Unis se trouvant temporairement au Canada.
9 Non compris les Indiens de la jungle.
10 D'après les permis d'inhumer.
11 Non compris les tribus d'Indiens nomades.
12 Y compris d'un ajustement pour sous–enregistrement.
13 Non compris les enfants nés vivants après moins de 28 semaines de gestation, pesant moins de 1 000 grammes, mesurant moins de 35 centimètres et décédés dans les sept jours qui ont suivi leur naissance.
14 Non compris les réfugiés du Viet Nam.
15 D'après le Programme d'enregistrement par sondage.
16 Y compris les données pour Jérusalem–Est et les résidents israéliens dans certains autres territoires occupés depuis juin 1967 par les forces armées israéliennes.
17 Pour les nationaux japonais au Japon seulement; toutefois, les taux sont calculés sur la base de la population totale.
18 Non compris les données pour le territoire jordanien occupé depuis juin 1967 par les forces armées israéliennes. Non compris les étrangers, mais y compris les réfugiés de Palestine immatriculés. Pour le nombre de réfugiés, voir le tableau 5.

21. Décès et taux bruts de mortalité, selon la résidence, urbaine/rurale: 1983 – 1992

FOOTNOTES (continued)

19 Excluding alien armed forces, civilian aliens employed by armed forces, and foreign diplomatic personnel and their dependants.

20 Estimates based on the results of the continuous Demographic Sample Survey.

21 Events registered by Health Service only.
22 Based on the results of the Population Growth survey.
23 Excluding transients afloat and non–locally domiciled military and civilian services personnel and their dependants.

24 Excluding nomads and Palestinian refugees; however, rates computed on total population. For number of Palestinian refugees among whom deaths numbered 950 in 1973, see table 5.

25 Including late registered deaths.
26 Based on the results of the Population Demographic Survey.
27 Including armed forces stationed outside the country, but excluding alien armed forces stationed in the area.
28 Excluding Faeroe Islands and Greenland.
29 Including nationals temporarily outside the country.
30 Including armed forces stationed outside the country.
31 All data shown pertaining to Germany prior to 3 October 1990 are indicated separately for the Federal Republic of Germany and the former German Democratic Republic based on their respective territories at the time indicated. See explanatory notes on data pertaining to Germany on page 4.

32 Excluding armed forces.
33 Deaths registered within one year of occurrence.
34 Computed on population including civilian nationals temporarily outside the country.
35 Including residents outside the country if listed in a Netherlands population register.
36 Including residents temporarily outside the country.
37 Beginning 1991, data refer to the Federal Republic of Yugoslavia. Prior to that date, data refer to the Socialist Federal Republic of Yugoslavia.

38 Including United States military personnel, their dependants and contract employees.
39 Excluding deaths of unknown residence.

40 Excluding nationals outside the country.
41 For the de jure population.
42 Excluding persons on the Central Register of Population (containing persons belonging to the Netherlands population but having no fixed municipality of residence).

NOTES (suite)

19 Non compris les militaires étrangers, les civils étrangers employés par les forces armées, le personnel diplomatique étranger et les membres de leur famille les accompagnant.
20 Les estimations sont basés sur les résultats d'une enquête démographique par sondage continue.
21 Evénements enregistrés par le Service de santé seulement.
22 D'après les résultats de la Population Growth Survey .
23 Non compris les personnes de passage à bord de navires, ni les militaires et agents civils domiciliés hors du territoire et les membres de leur famille les accompagnant.
24 Non compris la population nomade et les réfugiés de Palestine; toutefois, les taux sont calculés sur la base de la population totale. Pour le nombre de réfugiés de Palestine parmi lesquels les décès s'établissent à 950 pour 1973, voir tableau 5.
25 Y compris les décès enregistrés tardivement.
26 D'après les résultats d'une enquête démographique de la population.
27 Y compris les militaires nationaux hors du pays, mais non compris les militaires étrangers en garnison sur le territoire.
28 Non compris les îles Féroé et le Groenland.
29 Y compris les nationaux se trouvant temporairement hors du pays.
30 Y compris les militaires nationaux se trouvant hors du pays.
31 Toutes les données se rapportant à l'Allemagne avant le 3 octobre 1990 figurent dans deux rubriques séparées basées sur les territoires respectifs de la République fédérale d'Allemagne et l'ancienne République démocratique allemande selon la période indiquée. Voir les notes explicatives sur les données concernant l'Allemagne à la page 4.
32 Non compris les militaires.
33 Décès enregistrés dans l'année qui suit l'événement.
34 Les taux sont calculés sur la base d'un chiffre de population qui comprend les civils nationaux temporairement hors du pays.
35 Y compris les résidents hors du pays, s'ils sont inscrits sur un registre de population néerlandais.
36 Y compris les résidents se trouvant temporairement hors du pays.
37 A partir de 1991, les données se rapportent à la République fédérative de Yougoslavie. Avant cette date, les données se rapportent à la République socialiste fédérative de Yougoslavie.
38 Y compris les militaires des Etats–Unis, les membres de leur famille les accompagnant et les agents contractuels des Etats–Unis.
39 Non compris les décès de personnes pour lesquelles le lieu de résidence n'est pas connu.
40 Non compris les nationaux hors du pays.
41 Pour la population de droit.
42 Non compris les personnes inscrites sur le Registre central de la population (personnes appartenant à la population néerlandaise mais sans résidence fixe dans l'une des municipalités).

22. Deaths by age, sex and urban/rural residence: 1983 – 1992

(See notes at end of table.)

Continent, country or area, year, sex and urban/rural residence / Continent, pays ou zone, année, sexe et résidence, urbaine/rurale	All ages Tous âges	Age (in years)							
		– 1	1 – 4	5 – 9	10 – 14	15 – 19	20 – 24	25 – 29	3
AFRICA—AFRIQUE									
Cape Verde – Cap–Vert									
Male – Masculin									
1 1983	1 344	421	140	10	13	22	25	27	
2 1984	1 454	395	136	22	19	31	18	20	
3 1985	1 385	462	135	21	15	23	30	21	
Female – Féminin									
4 1983	1 305	326	145	22	10	17	21	18	
5 1984	1 409	339	104	22	4	26	31	22	
6 1985	1 350	401	142	18	11	15	20	16	
Egypt – Egypte [1]									
Male – Masculin									
7 1983	231 914	55 011	24 471	5 609	3 927	4 335	4 114	4 011	
8 1984	233 647	57 304	25 809	5 166	3 749	3 992	3 971	3 820	
9 1985	240 498	48 507	24 375	5 712	3 806	4 275	4 539	4 263	
10 1986	241 240	47 032	20 852	5 496	3 671	3 948	4 122	4 301	
11 1987	245 503	48 623	20 642	5 722	3 757	3 816	3 981	4 108	
12 1988	222 436	42 065	18 681	5 251	3 471	3 775	3 794	4 014	
13 1989	215 754	34 643	17 570	5 151	3 536	3 830	3 644	3 928	
Female – Féminin									
14 1983	210 144	52 739	26 231	4 627	2 895	3 158	2 843	3 138	
15 1984	210 590	54 309	28 257	4 322	2 580	2 844	2 776	2 990	
16 1985	213 952	45 277	27 318	4 426	2 633	3 150	3 059	3 599	
17 1986	214 648	42 914	22 074	4 516	2 785	2 859	2 871	3 223	
18 1987	220 658	45 421	22 378	4 483	2 736	2 784	2 812	3 201	
19 1988	204 582	40 772	20 861	4 367	2 715	2 842	2 795	3 082	
20 1989	198 460	33 983	19 757	4 422	2 718	2 911	2 769	3 098	
Mali [1] [2]									
Male – Masculin									
21 1987	51 072	*——— 29 823 ———*		2 947	1 116	1 075	1 113	1 037	
Female – Féminin									
22 1987	45 149	*——— 25 409 ———*		2 379	888	1 301	1 295	1 378	
Mauritius – Maurice +									
Male – Masculin									
23 1990	4 092	269	34	18	27	42	56	78	
24 1991	4 036	241	33	14	34	30	63	86	
Female – Féminin									
25 1990	2 939	193	25	10	16	33	42	42	
26 1991	2 991	172	28	14	18	31	44	39	
Island of Mauritius – Ile Maurice +									
Male – Masculin									
27 1983	3 574	287	61	33	25	51	64	73	
28 1984	3 728	256	49	31	19	55	74	74	
29 1985	3 870	251	64	19	19	54	64	90	
30 1986	3 721	279	49	30	24	49	70	78	
31 1987	3 761	283	46	22	30	43	77	83	
32 1988	3 887	266	34	31	27	48	66	66	
33 1989	4 030	263	32	20	19	36	45	103	
34 1990	3 984	252	31	17	27	40	47	77	
35 1991	3 929	230	33	14	30	29	62	84	
Female – Féminin									
36 1983	2 748	224	67	20	18	43	66	36	
37 1984	2 689	188	41	29	24	60	53	55	
38 1985	2 821	190	41	15	17	38	48	53	
39 1986	2 901	201	50	17	24	52	49	50	
40 1987	2 820	180	27	21	30	53	57	66	
41 1988	2 812	175	35	26	21	34	58	48	
42 1989	2 916	189	32	19	22	30	47	47	
43 1990	2 870	182	23	10	14	33	41	42	
44 1991	2 886	158	26	13	18	30	43	38	

22. Décès selon l'âge, le sexe et la résidence, urbaine/rurale: 1983 – 1992

(Notes à la fin du tableau.)

Age (en années)

35 – 39	40 – 44	45 – 49	50 – 54	55 – 59	60 – 64	65 – 69	70 – 74	75 – 79	80 – 84	85 +	Unknown Inconnu	
19	19	26	33	44	49	*————————		459	———————————	*	26	1
17	20	40	41	56	42	*————————		561	———————————	*	18	2
8	19	30	38	51	41	*————————		461	———————————	*	15	3
8	16	24	32	30	40	*————————		564	———————————	*	15	4
8	19	25	34	34	28	*————————		658	———————————	*	35	5
16	13	26	21	35	36	*————————		550	———————————	*	17	6
4 451	4 852	7 431	11 553	13 546	16 709	17 821	18 099	*———— –	31 988	———————— *	–	7
4 435	4 904	7 146	11 285	14 380	16 918	17 370	17 883	*———— –	31 691	———————— *	–	8
5 309	5 355	7 972	11 866	17 201	17 181	21 685	19 234	*———— –	34 715	———————— *	–	9
4 997	5 032	7 981	13 204	17 091	19 144	22 079	20 174	*———— –	38 105	———————— *	–	10
5 164	5 458	7 768	12 995	17 478	19 262	22 980	20 778	*———— –	38 777	———————— *	–	11
5 126	5 368	7 290	10 802	14 678	18 400	20 437	18 217	*———— –	37 078	———————— *	–	12
5 025	5 491	7 248	10 915	14 327	18 777	21 577	18 552	*———— –	37 745	———————— *	–	13
3 460	3 048	4 551	7 433	7 356	10 963	13 998	16 358	*———— –	44 570	———————— *	–	14
3 459	3 076	4 307	7 231	8 148	10 907	13 909	16 835	*———— –	41 786	———————— *	–	15
4 020	3 469	5 081	7 595	9 955	11 102	16 381	17 706	*———— –	46 137	———————— *	–	16
3 838	3 444	4 994	8 861	9 956	13 263	17 004	18 989	*———— –	50 026	———————— *	–	17
4 095	3 568	5 067	8 951	10 457	13 083	17 660	20 085	*———— –	50 900	———————— *	–	18
3 852	3 389	4 830	7 545	8 529	12 831	15 930	18 398	*———— –	48 974	———————— *	–	19
3 776	3 376	4 841	7 460	8 664	13 271	16 266	18 389	*———— –	49 884	———————— *	–	20
862	996	894	1 141	1 090	1 756	1 295	1 459	992	*—— 1 777	——*	734	21
1 083	995	730	955	724	1 288	976	1 230	730	*—— 1 840	——*	703	22
177	189	197	294	341	509	523	429	393	238	150	13	23
149	213	218	287	308	431	547	435	395	257	157	–	24
50	71	84	125	159	250	320	372	386	309	388	–	25
65	73	89	112	166	245	350	337	412	348	404	1	26
111	112	164	249	394	364	456	384	301	216	132	–	27
105	131	199	258	377	468	434	460	320	186	136	1	28
107	135	190	267	390	488	471	479	365	190	126	3	29
121	134	168	272	337	524	420	421	322	194	113	8	30
144	146	180	263	350	486	430	461	324	182	110	8	31
135	177	205	286	325	500	441	453	354	231	128	4	32
159	182	208	267	325	511	525	468	364	217	165	3	33
175	183	194	289	336	495	514	423	385	229	145	13	34
148	209	209	273	295	421	534	426	391	252	154	–	35
45	63	86	93	213	229	276	338	315	258	313	–	36
48	58	71	92	170	241	262	349	345	253	294	1	37
62	72	79	114	183	291	278	363	370	270	280	1	38
74	64	78	110	170	254	290	400	353	269	325	–	39
57	56	81	130	148	305	272	347	338	280	317	1	40
65	68	94	98	145	288	275	363	344	292	325	1	41
56	70	91	107	148	268	333	339	367	315	389	1	42
48	68	82	122	152	245	316	363	378	305	382	–	43
62	72	85	106	162	243	339	326	398	332	392	1	44

22. Deaths by age, sex and urban/rural residence: 1983 – 1992 (continued)

(See notes at end of table.)

Continent, country or area, year, sex and urban/rural residence / Continent, pays ou zone, année, sexe et résidence, urbaine/rurale	Age (in years)							
	All ages Tous âges	− 1	1 − 4	5 − 9	10 − 14	15 − 19	20 − 24	25 − 29

AFRICA—AFRIQUE (Cont.–Suite)

Mauritius – Maurice
Rodrigues+
Male – Masculin

1	1983	119	35	7	–	1	2	4	4
2	1984	131	39	16	1	3	2	4	1
3	1985	116	21	7	1	4	4	6	5
4	1986	102	23	4	1	3	–	1	1
5	1987	83	15	4	–	1	3	4	–
6	1988	99	15	2	2	2	4	3	1
7	1989	111	28	2	–	1	–	2	1
8	1990	108	17	3	1	–	2	9	1
9	1991	107	11	–	–	4	1	1	2

Female – Féminin

10	1983	91	24	11	1	–	–	3	–
11	1984	98	22	13	4	1	1	4	2
12	1985	99	25	8	1	1	1	2	3
13	1986	81	21	4	2	–	1	2	1
14	1987	89	26	4	2	2	2	1	4
15	1988	81	15	1	2	–	1	–	–
16	1989	92	18	5	2	–	1	–	1
17	1990	69	11	2	–	2	–	1	–
18	1991	105	14	2	1	–	1	1	1

Réunion [3]
Male – Masculin

19	1983 [4]	1 875	79	15	10	11	36	53	61
20	1984	1 796	75	14	16	5	32	65	66
21	1985	1 710	71	13	6	12	32	61	46
22	1986 [4]	1 792	79	17	14	13	31	48	49
23	1987 [4]	1 831	73	16	13	8	30	44	54

Female – Féminin

24	1983 [4]	1 405	66	20	14	5	15	19	17
25	1984	1 244	62	14	4	11	9	17	25
26	1985	1 308	54	10	2	8	6	15	19
27	1986 [4]	1 255	56	18	5	5	13	17	20
28	1987 [4]	1 243	51	14	10	6	14	20	19

St. Helena ex. dep. –
Sainte–Hélène
sans dép.
Male – Masculin

29	1984	26	1	–	–	1	1	–	–
30	1985	15	–	–	–	–	1	1	–
31	1986	30	2	–	–	–	–	2	–

Female – Féminin

32	1984	20	–	1	–	–	–	3	–
33	1985	28	1	1	–	–	–	–	–
34	1986	23	1	–	–	–	–	–	–

Seychelles+
Male – Masculin

35	1983	261	14	3	5	–	5	10	6
36	1984	260	16	–	–	3	2	2	8
37	1985	292	19	5	4	–	3	11	5
38	1986	264	20	1	–	2	1	7	7
39	1987	279	17	3	2	3	4	8	7
40	1988	269	15	2	4	–	3	7	11
41	1990	314	13	2	2	–	–	3	9

Female – Féminin

42	1983	191	10	–	3	1	2	1	–
43	1984	228	8	2	–	2	2	1	7
44	1985	176	12	4	3	–	1	4	4
45	1986	234	10	–	1	–	1	3	6
46	1987	226	14	5	4	–	4	1	5
47	1988	235	13	6	–	3	–	–	2
48	1990	229	8	1	3	2	1	1	4

Tunisia – Tunisie [1]
Male – Masculin

49	1987	20 910	4 032	1 024	402	260	304	370	392
50	1988	20 571	3 264	805	356	268	289	365	359
51	1989	20 650	2 899	726	323	254	356	342	380

22. Décès selon l'âge, le sexe et la résidence, urbaine/rurale: 1983 – 1992 (suite)

r notes à la fin du tableau.)

35 – 39	40 – 44	45 – 49	50 – 54	55 – 59	60 – 64	65 – 69	70 – 74	75 – 79	80 – 84	85 +	Unknown Inconnu	
2	3	5	2	6	8	8	13	7	3	6	—	1
2	2	3	6	6	6	11	10	11	7	1	—	2
2	3	5	5	5	12	9	9	8	7	1	—	3
3	4	1	6	5	10	8	9	12	4	4	—	4
—	5	—	7	4	4	7	8	12	2	6	—	5
—	4	4	7	8	8	7	15	6	5	5	—	6
4	1	6	8	8	7	5	10	11	7	6	—	7
2	6	3	5	5	14	9	6	8	9	5	—	8
1	4	9	14	13	10	13	9	4	5	3	—	9
2	2	2	1	2	5	7	8	5	10	8	—	10
2	1	—	1	7	5	5	6	8	4	11	—	11
1	3	—	2	7	7	4	7	11	6	8	—	12
2	—	1	1	4	4	1	14	8	5	7	—	13
1	6	2	2	3	5	6	6	8	3	3	—	14
1	3	2	3	3	5	5	6	10	7	16	—	15
1	4	2	2	4	6	5	7	13	12	7	—	16
2	3	2	3	7	5	4	9	8	4	6	—	17
3	1	4	6	4	2	11	11	14	16	12	—	18
97	116	146	115	179	184	171	208	159	82	75	—	19
69	121	144	126	159	181	194	185	133	70	72	—	20
82	93	115	140	137	166	189	190	137	93	58	—	21
78	103	107	132	156	204	183	176	133	115	68	—	22
85	88	129	154	174	176	188	163	176	115	80	—	23
42	49	74	62	90	89	127	130	159	140	247	—	24
31	39	59	54	65	90	113	148	157	112	200	—	25
41	46	47	75	56	110	93	143	164	158	230	—	26
38	35	52	52	64	92	93	143	138	163	223	—	27
34	50	31	40	75	93	93	150	160	159	197	—	28
1	2	1	3	2	2	4	2	3	3	—	—	29
2	1	—	—	2	2	1	2	3	—	—	—	30
—	—	1	1	1	5	2	1	7	3	5	—	31
2	—	—	1	1	1	1	—	3	5	2	—	32
1	—	1	2	—	3	1	2	5	4	7	—	33
—	—	—	1	1	1	1	4	3	6	3	—	34
9	5	6	17	13	14	38	28	25	36	20	—	35
7	11	11	17	12	12	30	39	32	31	22	—	36
6	15	12	18	14	25	28	28	36	31	27	—	37
7	8	12	17	15	20	33	30	29	23	25	—	38
9	7	16	18	19	30	23	26	27	27	23	—	39
10	14	13	7	11	31	32	24	31	21	28	—	40
12	14	15	19	31	33	31	25	32	31	31	—	41
2	4	1	9	9	14	14	28	32	25	35	—	42
1	5	3	5	11	15	18	28	30	42	47	—	43
4	4	2	9	11	9	13	17	23	26	28	—	44
—	6	5	11	15	16	22	34	34	30	36	—	45
2	3	9	6	15	14	12	28	25	34	42	—	46
1	6	7	11	14	10	15	31	31	31	53	—	47
4	1	5	5	11	18	21	27	32	29	55	—	48
304	362	486	755	1 007	1 260	1 708	2 049	2 396	*—— 3 266 ——*		165	49
320	313	444	787	1 116	1 353	1 769	2 144	2 451	*—— 3 759 ——*		—	50
326	356	479	778	1 116	1 417	1 770	2 049	2 407	*—— 3 099 ——*		1 181	51

22. Deaths by age, sex and urban/rural residence: 1983 – 1992 (continued)

(See notes at end of table.)

Continent, country or area, year, sex and urban/rural residence / Continent, pays ou zone, année, sexe et résidence, urbaine/rurale	All ages Tous âges	– 1	1 – 4	5 – 9	10 – 14	15 – 19	20 – 24	25 – 29	3(
AFRICA—AFRIQUE (Cont.–Suite)									
Tunisia – Tunisie [1]									
Female – Féminin									
1 1987	14 722	3 223	884	310	181	174	214	240	
2 1988	14 413	2 654	779	274	170	169	189	255	
3 1989	14 271	2 252	644	241	168	176	191	226	
Zimbabwe									
Male – Masculin									
4 1986	14 478	3 143	1 022	249	216	299	399	527	
Female – Féminin									
5 1986	8 545	2 832	444	219	171	232	322	335	
AMERICA,NORTH— AMERIQUE DU NORD									
Antigua and Barbuda – Antigua–et–Barbuda +									
Male – Masculin									
6 1983	209	3	3	*——	–	1	*—— 2	2	2
7 1986	189	–	1	*——	– ——*	*—— 6 ——*	*——	7 ——	
Female – Féminin									
8 1983	195	3	1	*——	–	1	1	4	1
9 1986	195	3	1	*——	1 ——*	*——	5 ——*	*——	5 ——
Bahamas									
Male – Masculin									
10 1983	628	64	23	5	9	19	15	26	
11 1984	645	57	15	7	2	15	16	24	
12 1985	712	77	16	6	7	18	31	27	
13 1986	838	97	22	10	9	7	40	35	
14 1987	772	57	23	5	9	25	29	36	
15 1988	719	58	12	10	3	15	35	25	
16 1989	824	67	10	5	9	14	35	50	
17 1990	743	86	12	10	3	7	23	30	
18 1991	736	71	7	11	6	12	28	31	
Female – Féminin									
19 1983	476	42	11	8	5	5	10	16	
20 1984	494	58	6	3	3	6	12	10	
21 1985	589	69	15	3	6	13	15	10	
22 1986	569	72	8	5	3	4	13	15	
23 1987	604	53	18	5	10	7	6	17	
24 1988	600	48	11	8	5	9	9	23	
25 1989	635	44	11	5	2	8	7	19	
26 1990	600	64	11	4	3	8	11	19	
27 1991	583	51	7	1	2	5	14	13	
Barbados – Barbade									
Male – Masculin									
28 1983	985	38	10	5	9	12	18	26	
29 1984	924	29	7	1	3	7	12	17	
30 1985	1 047	27	3	4	6	7	12	14	
31 1986	1 052	33	5	2	6	4	9	16	
32 1987	1 051	32	7	7	8	5	20	20	
33 1988	1 098	32	4	3	3	13	16	19	
34 1989	1 090	22	4	4	9	16	23	24	
35 1990	1 074	37	3	3	5	5	19	24	
36 1991	1 094	40	5	2	3	13	14	19	
Female – Féminin									
37 1983	1 083	26	9	2	7	4	8	10	
38 1984	1 052	26	4	3	4	7	10	13	
39 1985	1 080	7	7	1	6	4	5	7	
40 1986	1 108	18	5	6	4	5	5	9	
41 1987	1 144	30	2	5	4	4	2	12	
42 1988	1 135	24	4	6	3	1	11	6	
43 1989	1 187	14	4	–	–	10	9	10	
44 1990	1 158	22	2	1	2	10	10	8	
45 1991	1 189	13	6	5	7	9	4	7	

22. Décès selon l'âge, le sexe et la résidence, urbaine/rurale: 1983 – 1992 (suite)

(notes à la fin du tableau.)

Age (en années)												
35 – 39	40 – 44	45 – 49	50 – 54	55 – 59	60 – 64	65 – 69	70 – 74	75 – 79	80 – 84	85 +	Unknown Inconnu	
224	256	294	499	632	805	1 116	1 199	1 723	*——— 2 325 ———*		150	1
256	244	302	510	713	870	1 141	1 207	1 882	*——— 2 560 ———*		–	2
226	248	301	517	675	854	1 158	1 314	1 672	*——— 2 401 ———*		736	3
497	576	676	932	915	1 263	1 148	894	536	317	296	–	4
305	345	305	389	345	517	396	367	226	243	240	1	5
3	7	6	14	14	21	38	27	21	18	22	4	6
	9 ——*	*——	22 ——*	*——	35 ——*	*——	49 ——*	*——	–	55 ———*	5	7
3	2	7	13	8	12	26	23	15	33	38	2	8
	8 ——*	*——	7 ——*	*——	19 ——*	*——	48 ——*	*——	–	91 ———*	7	9
17	36	37	51	37	54	68	54	39	24	23	5	10
24	39	43	46	56	54	62	56	45	34	20	1	11
25	36	39	38	51	53	77	67	49	26	32	5	12
33	42	41	47	64	55	74	67	72	47	38	1	13
24	27	54	53	54	68	73	72	62	30	36	6	14
25	42	49	52	59	45	54	69	60	34	32	1	15
37	47	50	60	51	56	64	68	60	51	45	3	16
34	42	28	56	57	51	61	65	57	37	47	3	17
49	36	48	42	50	51	54	69	62	50	33	2	18
21	26	20	33	30	35	42	48	37	30	36	6	19
10	24	19	33	31	36	46	47	34	46	57	2	20
11	27	15	27	24	32	52	57	59	64	68	4	21
18	16	31	26	40	46	51	49	51	50	59	–	22
14	21	21	32	36	53	55	62	66	40	70	3	23
17	22	21	27	32	33	59	64	56	62	70	1	24
16	22	22	36	34	38	50	63	80	61	90	1	25
24	24	27	35	26	40	43	55	60	59	68	–	26
25	21	28	29	28	36	38	59	64	64	72	1	27
12	14	25	29	48	82	108	171	149	131	80	3	28
13	9	21	32	27	65	128	164	149	147	71	6	29
18	10	20	28	48	65	135	178	187	145	125	2	30
22	17	18	40	48	68	118	162	180	152	136	4	31
20	18	28	33	52	81	104	143	154	171	128	2	32
23	11	28	37	45	75	108	167	170	176	145	2	33
23	22	37	28	46	61	102	149	189	171	148	–	34
30	24	24	28	40	73	109	139	166	166	156	1	35
29	26	42	35	44	68	83	143	169	175	158	–	36
8	13	16	33	40	61	75	131	156	225	249	5	37
8	12	18	25	43	67	87	139	144	219	206	2	38
11	13	16	28	38	54	98	113	169	183	310	2	39
15	17	17	15	46	60	80	153	203	157	281	2	40
15	16	18	28	40	71	82	126	167	207	302	3	41
14	9	23	29	40	57	84	131	169	193	319	1	42
15	22	19	30	33	57	83	142	183	207	333	1	43
8	24	19	23	28	60	77	135	183	214	323	–	44
14	15	26	27	35	63	88	111	171	204	369	–	45

22. Deaths by age, sex and urban/rural residence: 1983 – 1992 (continued)

(See notes at end of table.)

Continent, country or area, year, sex and urban/rural residence Continent, pays ou zone, année, sexe et résidence, urbaine/rurale	All ages Tous âges	Age (in years)						
		– 1	1 – 4	5 – 9	10 – 14	15 – 19	20 – 24	25 – 29
AMERICA,NORTH— (Cont.–Suite) **AMERIQUE DU NORD**								
Belize								
Male – Masculin								
1 1983	395	82	15	2	5	9	7	8
2 1985	381	68	22	9	3	4	3	8
3 1986	368	85	13	2	7	11	9	6
4 1987	369	68	15	5	3	7	14	15
5 1988	387	67	16	6	3	7	15	16
6 1989	414	69	17	6	4	8	16	17
Female – Féminin								
7 1983	329	55	15	3	5	6	2	6
8 1985	312	54	11	4	4	6	6	9
9 1986	320	57	18	6	1	6	6	7
10 1987	306	59	17	7	7	2	10	9
11 1988	321	61	18	7	7	2	10	9
12 1989	348	63	20	8	8	4	11	10
Bermuda – Bermudes								
Male – Masculin								
13 1983	216	3	2	–	–	4	6	6
14 1984	201	1	–	1	–	1	3	–
15 1985	228	4	1	–	1	1	4	4
16 1986	245	7	–	–	–	4	5	4
17 1987	257	5	–	1	1	1	3	6
18 1988	227	3	–	–	1	2	2	1
19 1989	256	2	1	–	–	3	2	4
20 1990	249	4	2	3	–	5	6	4
Female – Féminin								
21 1983	182	4	2	–	–	–	1	2
22 1984	195	4	2	1	1	1	–	1
23 1985	193	7	3	1	–	1	1	3
24 1986	170	5	–	–	1	–	1	3
25 1987	181	1	3	–	–	–	1	2
26 1988	172	–	1	1	1	3	–	1
27 1989	206	4	–	–	1	1	1	1
28 1990	196	3	–	1	1	–	–	3
British Virgin Islands – **Iles Vierges** **britanniques +**								
Male – Masculin								
29 1983	32	3	–	–	–	–	1	–
30 1984	38	2	–	–	1	2	1	–
31 1985	36	2	1	1	1	1	1	2
32 1986	51	*————	———	2 —————		*————	–	–
33 1987	54	*————	———	8 —————		*————	4	1
34 1988	37	*————	———	5 —————		*————	–	1
Female – Féminin								
35 1983	29	3	2	–	–	–	–	–
36 1984	28	1	1	–	–	–	–	–
37 1985	29	2	–	–	–	–	–	–
38 1986	31	*————	———	2 —————		*————	–	1
39 1987	29	*————	———	3 —————		*————	–	2
40 1988	22	*————	———	2 —————		*————	–	–
Canada [5]								
Male – Masculin								
41 1983	97 747	1 783	378	291	313	1 196	1 816	1 458
42 1984	97 872	1 730	366	271	283	1 128	1 655	1 421
43 1985	100 460	1 680	363	241	290	1 028	1 674	1 467
44 1986	100 969	1 660	363	251	244	1 029	1 548	1 436
45 1987	101 252	1 587	357	212	306	1 062	1 477	1 507
46 1988	104 106	1 547	343	251	285	1 008	1 481	1 526
47 1989	104 108	1 606	330	210	245	1 033	1 315	1 527
48 1990	103 968	1 565	320	220	263	915	1 231	1 463

22. Décès selon l'âge, le sexe et la résidence, urbaine/rurale: 1983 – 1992 (suite)

notes à la fin du tableau.)

					Age (en années)							
35 – 39	40 – 44	45 – 49	50 – 54	55 – 59	60 – 64	65 – 69	70 – 74	75 – 79	80 – 84	85 +	Unknown Inconnu	
9	12	10	18	18	12	34	38	32	*———	61 ———*	15	1
4	6	8	8	20	24	37	37	29	*———	71 ———*	10	2
9	7	5	10	18	21	27	27	32	*———	60 ———*	4	3
5	5	10	12	18	26	23	30	31	*———	67 ———*	6	4
6	5	10	13	19	27	24	31	33	*———	74 ———*	6	5
6	7	12	14	20	29	26	33	35	*———	79 ———*	6	6
7	2	12	13	18	15	23	26	27	*———	72 ———*	10	7
6	6	10	8	18	14	18	24	21	*———	78 ———*	9	8
6	4	2	7	12	18	23	19	34	*———	89 ———*	2	9
5	9	6	5	11	14	14	22	31	*———	70 ———*	7	10
5	9	6	6	12	15	15	23	33	*———	74 ———*	7	11
5	10	6	7	13	16	16	25	35	*———	79 ———*	8	12
5	1	13	17	17	19	29	33	19	17	21	—	13
5	8	8	14	22	22	33	17	25	18	17	—	14
8	8	8	11	15	25	20	29	24	31	20	10	15
7	7	11	14	22	25	25	23	27	27	27	—	16
5	7	13	22	19	25	23	29	35	25	29	—	17
9	11	7	20	11	29	22	29	26	31	15	—	18
11	10	11	18	19	26	26	32	28	21	25	8	19
9	11	13	14	14	21	26	31	35	20	28	—	20
1	3	2	—	6	10	17	25	31	24	53	—	21
1	3	6	4	13	13	19	31	31	29	33	—	22
3	3	6	4	11	16	14	21	26	27	45	—	23
1	3	6	5	10	11	19	17	23	29	33	—	24
5	1	2	7	11	11	16	22	26	27	44	—	25
—	2	4	8	6	6	18	15	27	35	38	—	26
2	4	3	6	14	10	16	20	27	36	53	—	27
4	3	2	6	5	11	20	21	37	23	50	—	28
—	3	1	1	2	4	4	5	3	2	3	—	29
1	—	1	1	1	4	7	5	5	4	—	2	30
2	2	—	1	2	2	2	4	1	6	—	4	31
4	2	—	6	3	1	5	4	5	8	8	—	32
2	3	1	2	3	4	4	5	4	6	6	1	33
—	—	—	—	3	3	3	2	4	6	5	2	34
1	—	1	1	1	4	2	2	5	1	6	—	35
—	—	—	1	3	3	5	1	3	8	—	2	36
2	1	1	1	2	3	4	2	3	5	—	3	37
2	—	—	1	—	2	4	4	2	3	10	—	38
1	3	—	—	1	—	3	4	3	3	5	1	39
—	3	1	1	1	—	—	3	2	4	5	—	40
1 464	1 877	2 560	4 554	6 941	9 263	11 811	13 803	13 565	10 998	12 251	11	41
1 502	1 819	2 546	4 346	6 656	9 758	11 449	13 972	13 784	11 490	12 355	29	42
1 541	1 918	2 549	4 273	6 710	9 520	11 703	14 543	14 098	12 029	13 360	3	43
1 638	1 922	2 543	4 185	6 698	9 538	11 783	14 400	14 724	12 360	13 168	3	44
1 638	1 982	2 584	3 868	6 536	9 400	12 091	14 334	14 856	12 430	13 477	26	45
1 626	2 043	2 570	3 733	6 242	9 679	12 490	14 599	15 434	13 107	14 579	19	46
1 788	2 105	2 646	3 736	6 240	9 442	12 596	14 130	15 508	13 473	14 554	4	47
1 903	2 233	2 772	3 768	5 934	9 240	12 346	13 966	15 692	13 694	14 444	276	48

22. Deaths by age, sex and urban/rural residence: 1983 – 1992 (continued)

(See notes at end of table.)

Continent, country or area, year, sex and urban/rural residence / Continent, pays ou zone, année, sexe et résidence, urbaine/rurale	All ages Tous âges	–1	1–4	5–9	10–14	15–19	20–24	25–29	30–
					Age (in years)				

		All ages Tous âges	–1	1–4	5–9	10–14	15–19	20–24	25–29
AMERICA, NORTH— (Cont.–Suite) AMÉRIQUE DU NORD									
Canada [5]									
Female – Féminin									
1	1983	76 737	1 399	300	186	166	414	494	509
2	1984	77 855	1 328	309	181	180	351	487	515
3	1985	80 863	1 302	270	162	179	405	477	520
4	1986	83 255	1 278	292	161	159	396	449	519
5	1987	83 701	1 119	284	163	150	375	436	509
6	1988	85 905	1 158	262	146	155	335	429	522
7	1989	86 857	1 189	265	162	157	331	460	555
8	1990	88 005	1 201	239	165	166	311	383	514
Cayman Islands – Îles Caïmanes									
Male – Masculin									
9	1983	57	*————		3 ———		*	–	5	3
10	1986*	65	3	–	–	1	–	6	–
11	1987*	53	–	1	–	–	2	–	1
12	1988*	55	2	1	–	–	–	2	–
Female – Féminin									
13	1983	48	*————		3 ———		*	1	–	1
14	1986*	64	2	–	–	1	–	–	3
15	1987*	50	1	–	–	1	–	–	1
16	1988*	55	–	1	–	–	–	–	1
Costa Rica									
Male – Masculin									
17	1983	5 313	794	151	59	42	103	160	136
18	1984	5 607	822	110	51	75	101	180	174
19	1988	6 238	711	158	53	54	107	168	162
20	1989	6 446	665	114	59	60	101	141	181
21	1990	6 530	704	117	54	63	119	178	190
Female – Féminin									
22	1983	4 119	562	113	38	42	43	53	56
23	1984	4 324	618	91	35	38	46	75	66
24	1988	4 706	483	104	46	26	49	65	86
25	1989	4 826	495	107	50	36	47	69	59
26	1990	4 836	546	85	45	46	49	50	64
Cuba [1]									
Male – Masculin									
27	1983	33 194	1 652	280	226	278	593	590	549
28	1984	33 995	1 434	296	230	273	612	719	550
29	1985	36 234	1 758	305	205	305	577	795	619
30	1986	35 758	1 329	279	196	292	615	841	658
31	1987	36 620	1 395	287	156	317	610	864	657
32	1988	38 384	1 286	286	184	276	664	871	771
33	1989	38 060	1 223	260	179	217	653	873	859
34	1990	40 453	1 188	254	134	190	595	927	939
Female – Féminin									
35	1983	25 140	1 126	195	168	199	501	457	394
36	1984	25 900	1 062	211	145	214	484	511	391
37	1985	28 196	1 239	266	144	221	515	556	401
38	1986	27 387	933	234	126	182	518	547	415
39	1987	28 459	992	219	113	168	484	571	469
40	1988	29 560	949	229	114	148	465	534	468
41	1989	29 296	826	202	106	140	428	467	452
42	1990	31 691	816	206	111	122	367	493	465
Dominica – Dominique +									
Male – Masculin									
43	1987	232	18	3	1	5	1	4	3
44	1988	202	9	7	1	–	4	3	5
45	1989	251	17	2	2	3	2	1	9
Female – Féminin									
46	1987	223	12	3	–	1	–	1	1
47	1988	222	7	1	1	1	3	2	4
48	1989	246	11	3	1	–	–	2	4

22. Décès selon l'âge, le sexe et la résidence, urbaine/rurale: 1983 – 1992 (suite)

notes à la fin du tableau.)

35 – 39	40 – 44	45 – 49	50 – 54	55 – 59	60 – 64	65 – 69	70 – 74	75 – 79	80 – 84	85 +	Unknown Inconnu	
818	1 073	1 482	2 394	3 673	5 086	7 004	9 028	10 645	11 356	20 067	8	1
805	1 079	1 419	2 312	3 656	5 338	6 827	9 034	10 945	11 643	20 817	16	2
807	1 097	1 540	2 335	3 652	5 415	6 956	9 354	11 392	12 111	22 221	1	3
866	1 104	1 563	2 335	3 452	5 352	7 124	9 690	11 689	12 868	23 309	3	4
805	1 204	1 488	2 301	3 546	5 426	7 276	9 476	11 786	12 999	23 720	14	5
863	1 188	1 566	2 152	3 442	5 382	7 418	9 691	12 095	13 572	24 860	12	6
904	1 247	1 665	2 143	3 350	5 174	7 579	9 462	12 476	13 803	25 225	5	7
924	1 235	1 608	2 171	3 293	5 010	7 609	9 516	12 602	14 210	25 248	856	8
1	1	4	–	2	2	5	10	8	*——	3 ——*	10	9
3	2	3	2	3	6	7	6	11	4	7	–	10
1	1	2	4	3	5	2	6	7	5	11	–	11
–	3	1	1	6	3	6	7	6	7	7	–	12
–	–	1	1	–	1	4	4	10	*——	7 ——*	15	13
2	–	1	4	2	3	10	6	8	9	12	–	14
1	1	1	1	2	4	2	4	6	7	18	–	15
2	–	2	2	–	4	5	4	9	8	16	–	16
121	126	147	206	272	332	421	495	537	495	591	15	17
127	129	175	229	312	352	445	550	521	551	566	15	18
179	147	209	254	294	411	494	584	674	619	738	44	19
194	189	190	306	334	454	513	608	701	596	808	39	20
200	177	214	258	331	418	537	578	685	652	800	68	21
71	82	116	164	187	252	314	404	432	479	633	6	22
90	96	112	153	207	254	306	429	480	477	665	13	23
92	110	125	160	196	301	360	433	556	562	836	29	24
98	105	135	169	240	297	347	425	586	607	867	6	25
117	108	129	183	219	307	336	426	601	575	824	33	26
751	827	989	1 281	1 768	2 373	3 191	4 267	4 874	3 951	3 989	135	27
715	853	1 080	1 430	1 862	2 398	3 302	4 424	4 866	4 500	3 654	148	28
737	916	1 165	1 428	1 934	2 634	3 444	4 416	5 032	5 083	4 134	63	29
758	948	1 235	1 443	1 849	2 576	3 326	4 378	4 977	4 943	4 376	56	30
797	915	1 175	1 424	1 943	2 631	3 372	4 398	5 018	5 032	4 893	37	31
817	1 040	1 266	1 614	1 999	2 723	3 483	4 361	5 276	5 265	5 489	26	32
844	1 019	1 309	1 624	1 981	2 634	3 490	4 302	5 354	5 015	5 489	26	33
842	989	1 358	1 711	2 016	2 849	3 580	4 630	5 496	5 543	6 391	41	34
480	567	752	1 013	1 289	1 706	2 322	3 091	3 441	2 825	4 121	94	35
480	615	782	1 098	1 416	1 803	2 268	3 192	3 595	3 314	3 814	88	36
538	685	854	1 096	1 439	1 844	2 458	3 372	3 911	3 865	4 312	13	37
535	628	894	1 069	1 389	1 747	2 472	3 158	3 922	3 858	4 314	19	38
528	686	897	1 137	1 438	1 847	2 450	3 226	4 058	4 087	4 659	9	39
506	718	950	1 141	1 530	1 893	2 532	3 291	4 214	4 235	5 187	4	40
523	767	892	1 147	1 405	2 019	2 435	3 255	4 325	4 261	5 259	7	41
535	731	974	1 303	1 537	2 080	2 601	3 499	4 496	4 741	6 153	8	42
2	4	4	10	13	12	27	31	35	31	22	2	43
5	11	2	6	12	15	16	21	24	29	22	8	44
2	7	2	6	17	14	18	43	34	27	25	13	45
3	3	2	7	10	18	17	18	34	33	55	3	46
2	6	5	6	6	18	18	31	21	29	53	8	47
5	4	4	8	12	11	21	36	29	34	52	4	48

22. Deaths by age, sex and urban/rural residence: 1983 – 1992 (continued)

(See notes at end of table.)

Continent, country or area, year, sex and urban/rural residence Continent, pays ou zone, année, sexe et résidence, urbaine/rurale	All ages Tous âges	– 1	1 – 4	5 – 9	10 – 14	15 – 19	20 – 24	25 – 29	30
AMERICA, NORTH— (Cont.–Suite) **AMERIQUE DU NORD**									
Dominican Republic –+ [1] **République dominicaine** Male – Masculin									
1 1983	14 761	3 592	947	243	213	327	437	408	
2 1984	15 780	3 658	1 137	242	226	292	488	456	
3 1985	15 248	3 443	1 011	253	166	282	456	414	
Female – Féminin									
4 1983	11 781	2 731	842	196	142	230	276	268	
5 1984	12 456	2 951	976	210	167	251	294	265	
6 1985	12 596	2 968	950	217	145	232	263	245	
El Salvador [1] Male – Masculin									
7 1983	19 791	3 497	1 097	332	270	1 377	1 734	1 020	
8 1984	17 314	2 777	1 074	310	213	983	1 434	861	
9 1985	15 979	2 465	860	273	224	706	1 110	821	
10 1986	15 142	2 291	597	282	237	670	995	764	
11 1987	16 344	2 354	668	268	252	790	1 112	856	
12 1988	16 566	2 140	580	247	264	783	1 065	931	
13 1989	16 574	2 134	857	299	266	834	1 308	942	
Female – Féminin									
14 1983	12 906	2 816	1 037	305	173	305	284	249	
15 1984	11 540	2 214	963	241	159	294	272	244	
16 1985	11 246	2 075	772	240	157	271	273	218	
17 1986	10 589	1 864	535	217	167	218	295	268	
18 1987	11 197	1 838	562	189	160	239	283	235	
19 1988	11 195	1 715	495	185	169	252	268	258	
20 1989	11 192	1 663	819	278	187	308	282	219	
Greenland – Groenland Male – Masculin									
21 1983	260	24	3	3	5	13	22	14	
22 1984	242	16	2	3	2	15	32	17	
23 1985	255	15	2	3	2	12	29	24	
24 1986	269	17	8	5	–	15	23	15	
25 1987	281	13	9	3	7	19	25	12	
26 1990	293	25	3	4	–	16	31	21	
Female – Féminin									
27 1983	174	15	2	–	2	7	6	3	
28 1984	197	14	8	1	3	5	8	6	
29 1985	181	13	4	3	–	6	8	5	
30 1986	177	8	4	2	–	4	4	8	
31 1987	164	16	3	–	–	3	8	7	
32 1990	175	16	5	2	–	3	4	7	
Guadeloupe [3] Male – Masculin									
33 1984	1 227	55	13	7	7	21	30	32	
34 1985	1 276	57	18	5	9	16	17	36	
35 1986	1 218	56	13	7	10	22	27	20	
Female – Féminin									
36 1984	1 008	60	8	3	6	9	11	13	
37 1985	1 033	46	18	1	2	4	9	8	
38 1986	1 020	42	8	4	8	6	7	17	
Guatemala [1] Male – Masculin									
39 1983	40 082	11 068	7 686	1 513	621	852	1 214	1 121	1
40 1984	35 339	9 307	5 975	1 290	557	753	1 220	1 135	1
41 1985	37 895	10 157	6 087	1 265	675	801	1 152	1 136	1
42 1986	38 054	10 198	6 113	1 270	678	804	1 157	1 141	1
43 1987	36 930	9 897	5 932	1 233	658	780	1 123	1 107	1
44 1988	36 104	9 676	5 799	1 205	643	763	1 098	1 082	1
Female – Féminin									
45 1983	34 352	9 096	7 345	1 628	620	686	855	747	
46 1984	30 485	7 976	6 017	1 249	521	609	809	706	
47 1985	31 560	8 135	5 979	1 189	540	598	776	724	
48 1986	31 221	8 048	5 922	1 178	534	591	766	714	
49 1987	29 773	7 672	5 656	1 124	509	563	729	679	
50 1988	28 733	7 402	5 465	1 086	491	542	702	654	

22. Décès selon l'âge, le sexe et la résidence, urbaine/rurale: 1983 – 1992 (suite)

notes à la fin du tableau.)

					Age (en années)						Unknown Inconnu	
35 – 39	40 – 44	45 – 49	50 – 54	55 – 59	60 – 64	65 – 69	70 – 74	75 – 79	80 – 84	85 +		
357	362	424	642	546	883	714	1 097	768	940	1 506	—	1
382	377	417	741	659	874	736	1 165	831	1 090	1 578	—	2
368	381	432	610	648	872	819	1 130	875	945	1 774	—	3
278	285	369	519	392	585	497	762	566	905	1 657	—	4
258	306	376	531	400	650	506	825	576	919	1 730	—	5
273	291	377	514	456	575	593	767	661	825	1 980	—	6
783	732	766	795	774	909	858	996	934	850	881	393	7
633	658	687	660	747	883	798	1 017	911	857	850	281	8
626	640	659	667	741	792	802	959	940	838	908	282	9
641	569	654	678	673	767	855	868	896	815	958	297	10
673	667	680	684	753	786	930	1 009	1 031	814	1 079	204	11
744	625	690	723	835	892	937	997	1 112	872	1 153	238	12
668	637	653	678	759	805	879	934	990	880	1 098	191	13
302	325	387	490	512	656	684	939	865	921	1 193	210	14
270	319	348	433	428	630	669	897	776	914	1 044	202	15
253	307	342	413	464	640	664	860	832	871	1 182	194	16
264	287	370	423	472	589	690	779	824	776	1 122	213	17
275	307	374	447	513	629	727	846	936	906	1 388	107	18
263	348	387	406	569	642	755	859	932	860	1 492	111	19
221	305	353	375	448	619	791	775	920	842	1 450	108	20
12	10	21	18	15	11	26	13	22	11	7	—	21
13	6	17	18	14	18	10	18	21	8	4	—	22
16	9	17	19	18	18	22	14	14	8	2	—	23
11	16	13	18	25	15	24	20	19	9	5	—	24
10	12	10	23	25	26	20	20	17	16	6	—	25
13	8	14	14	25	24	21	23	19	11	7	—	26
5	9	11	9	10	7	19	22	21	15	11	—	27
7	11	15	13	18	12	15	16	17	15	8	—	28
4	5	6	11	16	18	11	19	15	18	14	—	29
3	7	7	9	13	8	15	19	23	20	15	—	30
4	7	4	7	14	15	13	13	15	16	14	—	31
4	9	11	10	9	15	16	10	16	23	10	—	32
32	31	58	84	88	118	114	145	149	91	118	1	33
41	41	42	57	95	135	119	156	153	110	136	3	34
35	36	49	57	101	112	118	159	131	107	128	1	35
24	16	29	42	43	57	68	110	133	119	241	1	36
15	19	25	32	39	67	98	96	131	164	244	4	37
33	20	28	35	48	53	82	105	133	131	247	1	38
1 081	1 080	1 012	1 344	1 365	1 696	1 541	1 680	1 457	1 290	1 170	228	39
957	972	1 048	1 181	1 327	1 463	1 518	1 634	1 437	1 260	1 235	...	40
1 180	987	1 075	1 334	1 416	1 627	1 709	1 880	1 607	1 224	1 443	—	41
1 185	991	1 080	1 340	1 422	1 634	1 716	1 888	1 614	1 229	1 449	—	42
1 150	962	1 048	1 300	1 380	1 586	1 666	1 832	1 566	1 193	1 406	—	43
1 124	940	1 025	1 271	1 349	1 551	1 629	1 791	1 531	1 166	1 375	—	44
820	750	777	928	981	1 200	1 234	1 592	1 391	1 372	1 463	127	45
766	688	704	865	942	1 157	1 137	1 590	1 317	1 312	1 406	...	46
837	708	749	894	1 070	1 286	1 229	1 639	1 458	1 380	1 642	—	47
827	700	739	882	1 057	1 271	1 214	1 622	1 443	1 368	1 628	—	48
787	666	704	839	1 007	1 211	1 155	1 548	1 377	1 308	1 557	—	49
759	643	678	808	971	1 168	1 113	1 494	1 330	1 265	1 505	—	50

22. Deaths by age, sex and urban/rural residence: 1983 – 1992 (continued)

(See notes at end of table.)

Continent, country or area, year, sex and urban/rural residence / Continent, pays ou zone, année, sexe et résidence, urbaine/rurale	All ages Tous âges	– 1	1 – 4	5 – 9	10 – 14	15 – 19	20 – 24	25 – 29	30
AMERICA,NORTH— (Cont.–Suite) AMERIQUE DU NORD									
Honduras +									
Male – Masculin									
1 1983	10 877	1 477	847	294	153	223	397	393	
Female – Féminin									
2 1983	8 427	1 280	853	222	118	134	217	209	
Martinique ³									
Male – Masculin									
3 1984 ⁴	1 085	*———	44 ———*	6	8	9	22	18	
4 1986 ⁴	1 131	28	4	1	1	19	23	15	
5 1987	1 175	*———	41 ———*	3	2	21	23	32	
6 1988	1 103	*———	31 ———*	1	4	12	13	21	
7 1989	1 148	38	4	3	3	18	17	28	
8 1990	1 184	21	6	–	2	14	18	35	
Female – Féminin									
9 1984 ⁴	980	*———	35 ———*	3	4	7	7	9	
10 1986 ⁴	973	33	4	2	4	9	6	9	
11 1987	974	*———	41 ———*	5	2	4	13	11	
12 1988	989	*———	39 ———*	3	2	5	4	5	
13 1989	1 014	19	10	2	1	4	11	11	
14 1990	1 036	25	7	3	3	1	11	8	
Mexico – Mexique ¹ ⁶									
Male – Masculin									
15 1983	233 440	43 684	11 357	3 969	3 484	6 353	9 298	9 044	8
16 1984	211 343	36 570	8 703	3 437	3 241	5 989	8 788	8 324	7
17 1985	232 238	36 618	11 663	4 066	3 529	6 553	9 299	9 305	8
18 1986	224 138	32 858	9 911	3 721	3 458	6 689	9 157	9 470	8
19 1987	224 878	34 021	10 100	3 512	3 361	6 586	9 126	9 223	8
20 1988	234 501	33 743	9 765	3 671	3 387	6 719	9 011	9 192	8
21 1989	240 148	38 009	10 592	3 671	3 236	6 785	8 844	9 156	8
22 1990	239 574	36 932	10 643	3 610	3 272	6 688	8 584	8 829	8
Female – Féminin									
23 1983	177 420	34 225	10 563	2 902	2 156	2 875	3 544	3 548	3
24 1984	159 656	29 329	7 822	2 367	1 881	2 403	3 128	3 116	3
25 1985	178 699	29 279	10 546	2 958	2 149	2 924	3 582	3 455	3
26 1986	172 423	26 250	9 112	2 702	1 977	2 763	3 300	3 304	3
27 1987	173 194	26 665	9 122	2 526	1 971	2 591	3 098	3 202	3
28 1988	176 961	25 663	8 276	2 631	2 000	2 778	3 105	3 152	3
29 1989	183 156	29 306	9 275	2 785	2 033	2 754	3 092	3 286	3
30 1990	183 229	28 565	9 495	2 875	2 145	2 899	3 118	3 194	3
Montserrat +									
Male – Masculin									
31 1984	51	1	–	1	1	1	1	–	
32 1985	59	2	–	–	1	–	–	2	
33 1986	65	–	–	1	1	1	1	1	
Female – Féminin									
34 1984	53	2	–	1	–	–	–	–	
35 1985	64	2	–	–	–	3	2	2	
36 1986	58	1	–	2	–	1	–	1	
Nicaragua									
Male – Masculin									
37 1987	6 885	676	245	111	96	671	759	476	
Female – Féminin									
38 1987	4 171	541	192	63	52	122	132	118	
Panama ¹									
Male – Masculin									
39 1983	4 854	624	208	78	74	108	171	119	
40 1984	4 674	624	171	81	62	107	153	122	
41 1985	5 137	688	207	82	63	128	176	131	
42 1986	5 189	640	179	74	55	140	139	152	
43 1987	5 250	641	219	71	61	144	178	163	
44 1988	5 435	611	187	98	54	129	168	162	
45 1989	5 719	606	169	79	64	127	207	218	
46 1990	5 688	623	172	65	52	154	205	208	

22. Décès selon l'âge, le sexe et la résidence, urbaine/rurale: 1983 – 1992 (suite)

(notes à la fin du tableau.)

					Age (en années)							
35 – 39	40 – 44	45 – 49	50 – 54	55 – 59	60 – 64	65 – 69	70 – 74	75 – 79	80 – 84	85 +	Unknown Inconnu	
261	287	247	273	303	360	342	423	392	340	3 539	–	1
189	201	170	208	227	293	304	355	348	334	2 559	–	2
20	23	29	63	66	120	128	157	137	111	104	2	3
18	23	37	67	94	101	137	157	156	117	111	1	4
16	26	39	72	83	107	119	147	157	*—— 259 ——*		4	5
27	25	27	43	75	104	134	150	169	*—— 244 ——*		–	6
21	28	31	53	59	97	140	141	166	134	140	5	7
21	40	39	50	74	120	130	137	174	138	138	2	8
19	10	25	30	46	64	74	126	127	130	255	–	9
16	24	17	37	41	57	86	106	139	154	217	5	10
17	14	30	28	41	47	61	114	137	*—— 397 ——*		3	11
12	16	17	27	45	55	71	104	142	*—— 427 ——*		4	12
12	19	21	24	45	50	83	101	159	139	298	–	13
9	14	13	24	44	62	87	97	133	176	297	2	14
9 107	8 871	9 911	10 718	11 614	12 625	12 341	15 414	14 307	14 220	14 506	4 215	15
8 062	8 265	8 897	10 029	10 432	12 356	10 931	14 585	13 056	14 212	12 959	4 867	16
9 017	9 083	9 991	10 706	11 658	13 182	13 087	14 903	15 311	14 669	17 314	3 832	17
9 107	8 422	9 598	10 434	11 743	12 928	13 169	13 778	15 874	13 612	18 679	3 170	18
8 625	8 472	9 418	10 182	11 605	12 868	13 430	13 770	16 005	13 732	19 464	2 940	19
8 848	8 596	9 744	10 855	12 406	13 604	14 891	14 597	17 246	15 022	21 924	2 821	20
8 994	8 713	9 998	10 904	12 668	13 981	15 689	14 480	17 459	14 685	21 998	1 728	21
9 010	8 786	10 216	10 754	12 733	13 852	15 463	14 816	16 861	15 404	22 822	1 773	22
4 173	4 622	5 517	6 501	7 973	9 395	9 949	13 340	13 448	15 231	21 568	2 322	23
3 634	4 083	5 022	6 350	7 194	9 080	9 009	12 623	12 242	15 028	19 389	2 909	24
4 274	4 504	5 534	6 699	8 376	9 811	10 501	13 322	14 374	15 331	24 736	2 719	25
4 057	4 274	5 501	6 835	8 438	9 824	10 956	12 146	14 769	14 683	25 857	2 196	26
4 023	4 325	5 388	6 616	8 268	9 994	11 345	12 002	14 754	14 837	27 123	2 026	27
3 996	4 347	5 408	6 786	8 456	10 451	11 893	12 440	15 830	15 624	28 761	1 803	28
4 149	4 505	5 544	6 806	8 826	10 748	12 304	12 492	16 102	15 738	28 979	1 020	29
4 186	4 496	5 538	6 721	8 706	10 572	12 421	12 685	15 334	16 163	29 694	1 058	30
1	1	–	1	2	8	5	7	9	6	6	–	31
1	2	2	–	5	6	5	7	8	9	8	1	32
–	1	2	4	1	5	7	7	8	12	11	1	33
–	1	1	–	2	4	2	7	7	10	14	1	34
–	–	1	3	5	2	7	4	6	9	18	–	35
–	–	2	–	1	3	4	8	5	10	19	1	36
278	246	234	241	273	*————————— 2 150 —————————*						108	37
131	117	141	177	193	*————————— 2 007 —————————*						77	38
119	115	162	203	220	332	432	490	415	360	436	64	39
137	132	142	194	206	308	386	506	398	387	400	48	40
124	154	150	185	247	319	435	519	470	426	454	67	41
142	133	170	202	256	349	467	560	487	399	459	64	42
149	142	159	212	227	327	440	564	509	368	462	54	43
137	169	182	220	240	357	392	563	618	438	520	43	44
165	180	182	228	290	369	453	571	615	441	505	49	45
169	163	179	219	247	366	465	581	618	450	538	45	46

22. Deaths by age, sex and urban/rural residence: 1983 – 1992 (continued)

(See notes at end of table.)

Continent, country or area, year, sex and urban/rural residence / Continent, pays ou zone, année, sexe et résidence, urbaine/rurale	All ages Tous âges	Age (in years)							
		– 1	1 – 4	5 – 9	10 – 14	15 – 19	20 – 24	25 – 29	30 –

AMERICA,NORTH— (Cont.–Suite)
AMERIQUE DU NORD

Panama [1]
Female – Féminin

1	1983	3 645	504	163	57	41	57	83	76
2	1984	3 576	510	168	41	43	56	64	63
3	1985	3 854	576	175	64	44	67	61	75
4	1986	3 753	477	168	70	37	69	66	68
5	1987	3 855	480	187	72	43	68	61	79
6	1988	3 947	477	169	41	47	63	66	85
7	1989	3 838	441	148	52	35	72	64	75
8	1990	4 111	510	151	43	57	59	79	90

Puerto Rico – Porto Rico [1][6]
Male – Masculin

9	1983	12 475	670	44	55	60	135	250	265
10	1984	12 452	540	66	36	60	172	224	239
11	1985	13 446	517	76	46	68	180	255	268
12	1987	14 040	516	57	33	65	153	292	336
13	1988	14 737	461	67	36	59	182	298	423
14	1989	15 243	545	56	35	56	166	291	454
15	1991	15 577	477	61	39	54	282	348	454

Female – Féminin

16	1983	9 023	470	57	44	32	52	78	68
17	1984	9 281	451	47	29	38	70	74	79
18	1985	9 747	429	46	25	39	55	68	90
19	1987	9 910	397	49	35	22	63	81	109
20	1988	10 383	347	45	31	32	60	87	134
21	1989	10 744	407	56	26	42	72	87	122
22	1991	10 751	364	48	23	31	59	91	140

Saint Kitts and Nevis –
Saint–Kitts–et–Nevis+ [1]
Male – Masculin

23	1983	228	29	5	1	1	2	1	1
24	1984	236	16	1	–	–	2	2	5
25	1985	210	16	1	–	–	5	2	2
26	1986	239	21	2	4	1	1	4	3
27	1988	238	17	1	1	1	1	1	2
28	1989	244	15	4	5	–	2	1	7

Female – Féminin

29	1983	250	16	4	–	1	2	1	2
30	1984	245	15	4	2	–	1	–	2
31	1985	231	15	9	2	1	1	–	2
32	1986	222	19	6	–	3	6	1	2
33	1988	227	7	4	–	2	1	4	3
34	1989	240	7	3	1	1	1	1	2

Saint Lucia – Sainte–Lucie
Male – Masculin

35	1983	407	53	10	3	1	7	14	7
36	1984	386	43	14	2	3	6	11	7
37	1985	439	53	12	3	4	9	13	12
38	1986	432	48	12	7	4	5	11	18
39	1989*	416	35	9	3	4	8	10	10

Female – Féminin

40	1983	388	53	5	1	–	6	8	1
41	1984	354	28	5	2	1	6	1	2
42	1985	385	47	6	5	2	2	2	3
43	1986	411	36	8	3	–	2	5	8
44	1989*	415	21	10	1	8	9	7	5

St. Vincent and the
Grenadines –+ [1]
Saint–Vincent–et–Grenadines
Male – Masculin

45	1983	363	61	15	4	3	5	5	8
46	1984	355	44	11	5	–	9	12	8
47	1986	328	31	12	3	5	1	9	15
48	1988	386	35	6	5	3	9	5	13

22. Décès selon l'âge, le sexe et la résidence, urbaine/rurale: 1983 – 1992 (suite)

(ir notes à la fin du tableau.)

					Age (en années)						Unknown Inconnu	
35 – 39	40 – 44	45 – 49	50 – 54	55 – 59	60 – 64	65 – 69	70 – 74	75 – 79	80 – 84	85 +		
74	85	109	129	128	190	295	311	331	367	540	38	1
78	78	102	117	162	213	285	323	317	376	487	27	2
94	81	99	126	173	196	309	332	331	397	553	26	3
88	81	92	120	150	200	299	378	361	346	559	33	4
74	93	96	121	158	218	291	390	372	401	567	17	5
75	105	93	130	165	223	313	374	439	374	611	29	6
82	102	120	132	182	200	279	380	399	323	647	24	7
88	112	131	137	174	215	272	355	433	454	659	16	8
307	349	395	577	727	1 055	1 298	1 497	1 370	1 321	1 804	38	9
332	383	473	563	734	1 060	1 264	1 538	1 367	1 299	1 799	33	10
393	425	482	627	810	1 041	1 258	1 657	1 593	1 417	1 945	42	11
476	531	549	631	767	1 155	1 382	1 521	1 684	1 456	1 921	77	12
561	566	584	635	851	1 091	1 394	1 568	1 786	1 449	2 126	89	13
592	613	597	655	801	1 114	1 460	1 642	1 865	1 496	2 196	63	14
650	657	662	698	863	1 106	1 367	1 567	1 807	1 655	2 196	56	15
125	133	206	311	418	612	784	1 072	1 081	1 150	2 227	7	16
146	154	195	297	418	616	824	1 125	1 132	1 213	2 252	9	17
145	152	198	287	446	592	894	1 121	1 258	1 339	2 447	5	18
151	187	199	308	411	641	855	1 138	1 289	1 355	2 467	12	19
186	231	239	351	451	637	880	1 181	1 375	1 430	2 538	12	20
156	201	263	307	463	682	937	1 166	1 507	1 462	2 621	11	21
221	221	264	330	456	626	898	1 099	1 504	1 549	2 642	18	22
4	2	5	5	12	19	25	32	35	19	26	2	23
3	5	4	9	9	22	32	32	39	26	20	5	24
2	2	8	11	12	19	21	40	26	23	11	5	25
5	5	5	10	16	22	24	41	30	22	19	1	26
7	5	5	7	12	12	24	36	43	22	31	6	27
8	3	4	6	15	22	25	42	32	22	24	3	28
3	3	4	9	15	14	34	24	36	33	46	2	29
3	2	3	3	21	18	18	36	37	28	46	1	30
2	1	1	1	11	11	18	31	44	29	46	–	31
2	3	3	7	6	18	17	24	29	28	43	1	32
2	2	3	8	7	12	25	29	33	32	49	1	33
3	3	9	7	8	14	17	32	34	36	54	1	34
5	10	17	14	20	49	39	52	29	27	45	–	35
7	11	10	10	20	37	36	49	34	47	30	3	36
10	11	15	24	19	33	42	60	33	37	37	1	37
16	7	11	21	23	32	34	40	41	48	45	–	38
9	17	15	15	26	40	29	45	47	45	36	–	39
5	8	11	18	9	25	37	52	32	44	70	–	40
4	6	8	11	11	36	27	40	37	52	63	8	41
4	5	11	18	16	26	32	45	36	51	66	–	42
9	6	14	14	14	30	38	38	29	61	85	–	43
5	9	13	14	13	34	37	43	47	51	75	–	44
8	8	8	11	10	28	33	38	41	29	33	15	45
3	4	10	14	22	28	34	33	33	39	27	10	46
5	7	12	15	19	18	22	43	44	23	35	2	47
4	9	9	8	27	31	27	46	54	40	41	3	48

22. Deaths by age, sex and urban/rural residence: 1983 – 1992 (continued)

(See notes at end of table.)

Continent, country or area, year, sex and urban/rural residence / Continent, pays ou zone, année, sexe et résidence, urbaine/rurale	All ages Tous âges	– 1	1 – 4	5 – 9	10 – 14	15 – 19	20 – 24	25 – 29	30
AMERICA, NORTH— (Cont.–Suite) AMERIQUE DU NORD									
St. Vincent and the Grenadines – + [1] Saint–Vincent–et–Grenadines									
Female – Féminin									
1 1983	416	61	26	6	3	6	5	3	
2 1984	348	31	12	1	1	4	2	3	
3 1986	327	36	9	1	4	2	2	4	
4 1988	326	20	9	2	–	5	2	2	
Trinidad and Tobago – Trinité–et–Tobago									
Male – Masculin									
5 1983	4 112	241	49	30	35	91	106	118	
6 1984	4 321	241	72	29	28	81	145	130	
7 1987	4 455	185	53	40	18	57	130	133	
8 1988	4 311	214	49	23	29	65	93	123	
9 1989	4 500	154	59	29	25	67	108	143	
Female – Féminin									
10 1983	3 434	179	49	21	26	36	45	59	
11 1984	3 498	193	48	17	25	41	54	44	
12 1987	3 599	147	43	17	19	26	55	50	
13 1988	3 725	143	38	15	29	21	38	80	
14 1989	3 713	101	39	23	22	29	56	59	
United States – Etats–Unis									
Male – Masculin									
15 1983	1 071 923	22 969	4 512	2 532	3 123	11 362	17 485	17 582	17
16 1984	1 076 514	22 359	4 142	2 480	3 105	10 928	17 732	17 750	18
17 1985	1 097 758	22 958	4 241	2 430	3 055	10 831	17 331	18 213	19
18 1986	1 104 005	22 224	4 262	2 437	3 066	11 786	18 048	19 595	21
19 1987	1 107 958	21 798	4 261	2 636	2 943	11 253	16 978	19 415	22
20 1988	1 125 540	22 007	4 221	2 574	2 907	11 687	16 844	19 653	23
21 1989	1 114 190	22 361	4 110	2 510	2 914	11 263	15 902	19 932	24
Female – Féminin									
22 1983	947 278	17 658	3 289	1 727	1 761	4 355	5 880	6 588	7
23 1984	962 855	17 221	3 230	1 660	1 831	4 285	5 872	6 492	7
24 1985	988 682	17 072	3 098	1 738	1 710	4 237	5 536	6 516	7
25 1986	1 001 356	16 667	3 218	1 645	1 640	4 438	5 657	6 879	8
26 1987	1 015 365	16 610	3 212	1 665	1 499	4 362	5 430	7 085	8
27 1988	1 042 459	16 903	3 208	1 783	1 661	4 344	5 292	7 156	8
28 1989	1 036 276	17 294	3 182	1 803	1 687	4 307	5 016	6 998	9
United States Virgin Islands – Iles Vierges américaines									
Male – Masculin									
29 1983	298	28	1	3	5	3	7	7	
30 1984	286	35	4	–	1	5	6	6	
31 1985	280	27	5	1	3	8	2	7	
32 1986	284	14	1	4	6	5	6	9	
33 1987	299	28	2	–	1	6	14	12	
34 1989	301	19	3	2	–	3	8	8	
35 1990	335	19	4	2	5	7	8	15	
Female – Féminin									
36 1983	215	27	3	–	–	5	–	3	
37 1984	225	22	3	2	3	4	2	3	
38 1985	267	16	3	–	–	1	2	4	
39 1986	224	17	1	4	–	3	2	4	
40 1987	259	18	4	1	–	1	2	5	
41 1989	247	12	1	–	–	1	3	5	
42 1990	176	14	–	–	1	–	2	3	

22. Décès selon l'âge, le sexe et la résidence, urbaine/rurale: 1983 – 1992 (suite)

ir notes à la fin du tableau.)

					Age (en années)								
35 – 39	40 – 44	45 – 49	50 – 54	55 – 59	60 – 64	65 – 69	70 – 74	75 – 79	80 – 84	85 +	Unknown Inconnu		
5	2	11	13	21	19	27	34	45	50	70	8	1
3	8	14	12	25	20	17	36	33	41	72	10	2
4	3	11	16	13	25	35	33	37	32	52	5	3
7	3	7	7	18	11	29	38	31	45	82	4	4
115	172	150	232	298	414	487	506	357	340	243	22	5
118	122	212	234	298	406	520	522	426	362	262	9	6
106	118	175	227	309	444	538	521	536	375	337	2	7
114	135	203	225	282	392	482	585	502	342	329	1	8
117	141	172	247	323	415	505	572	551	393	344	7	9
59	83	114	138	225	285	417	419	399	367	449	17	10
73	93	135	176	213	311	396	410	425	369	411	14	11
75	85	125	194	229	298	370	404	430	387	568	3	12
74	89	138	198	254	296	404	430	460	399	546	4	13
57	83	152	191	248	292	396	413	491	419	587	–	14
17 489	20 899	28 707	46 691	75 130	104 678	130 217	149 457	146 886	119 875	134 651	412	15
18 694	21 893	28 805	45 026	73 197	105 419	129 211	150 167	148 140	122 297	136 799	353	16
20 561	22 933	29 181	44 139	72 223	105 488	130 265	152 752	152 649	127 223	141 653	491	17
23 027	23 896	29 361	42 978	69 198	103 133	130 613	152 433	154 284	128 547	142 953	533	18
24 048	25 301	30 122	42 735	67 093	101 309	131 122	151 935	155 809	131 142	145 331	409	19
25 433	27 001	31 597	42 318	65 194	100 174	131 931	151 970	158 662	136 059	151 559	417	20
26 742	28 586	32 718	42 105	62 981	96 628	129 847	148 559	157 090	135 580	149 735	405	21
9 023	11 938	16 829	27 666	44 649	64 483	84 699	110 007	130 705	143 752	254 712	211	22
9 553	12 416	16 918	26 464	43 778	64 961	85 521	111 671	133 752	146 723	262 667	171	23
9 878	12 443	17 073	26 241	42 969	65 800	86 484	113 145	137 500	151 476	277 398	386	24
10 469	13 001	17 054	25 768	41 125	65 573	88 036	114 457	139 236	153 082	284 520	466	25
10 854	13 260	17 491	25 572	40 490	64 432	88 988	114 058	140 905	156 479	293 917	173	26
11 183	13 837	18 087	25 470	40 169	64 212	89 573	115 071	143 918	163 275	308 151	170	27
11 120	14 471	18 139	25 304	38 493	61 956	89 250	113 568	144 135	162 401	307 623	157	28
15	12	14	9	22	29	39	24	28	16	19	–	29
13	10	19	10	24	25	29	24	28	19	21	–	30
13	13	20	17	16	20	33	34	21	15	18	–	31
10	12	12	17	18	26	33	31	25	19	28	1	32
15	15	19	13	15	24	30	33	20	29	13	–	33
14	9	15	20	19	21	29	40	35	22	23	–	34
13	7	14	25	23	30	23	30	38	24	27	3	35
3	8	4	7	19	11	24	25	12	26	34	–	36
4	6	9	8	10	18	19	29	26	20	35	–	37
7	8	8	16	13	17	24	27	26	31	58	–	38
9	6	8	11	10	13	19	22	26	23	44	–	39
8	18	10	14	10	19	17	26	34	23	45	–	40
3	11	6	8	20	21	23	24	28	26	45	–	41
2	3	8	16	10	14	13	18	19	24	22	–	42

22. Deaths by age, sex and urban/rural residence: 1983 – 1992 (continued)

(See notes at end of table.)

Continent, country or area, year, sex and urban/rural residence / Continent, pays ou zone, année, sexe et résidence, urbaine/rurale	All ages Tous âges	– 1	1 – 4	5 – 9	10 – 14	15 – 19	20 – 24	25 – 29	30
AMERICA,SOUTH— AMERIQUE DU SUD									
Argentina – Argentine									
Male – Masculin									
1 1983	141 822	11 061	1 863	754	686	1 176	1 518	1 645	1
2 1984	143 822	10 819	1 895	740	708	1 200	1 521	1 654	2
3 1985	134 602	9 688	1 463	671	671	1 241	1 574	1 529	1
4 1986	134 608	10 257	1 649	747	676	1 303	1 542	1 628	1
5 1987	139 735	10 042	1 404	700	657	1 275	1 588	1 524	1
6 1988	141 772	10 057	1 364	662	678	1 308	1 571	1 613	1
7 1989	140 771	9 689	1 519	649	704	1 404	1 684	1 563	1
8 1990	144 167	9 808	1 516	614	719	1 331	1 712	1 593	1
Female – Féminin									
9 1983	109 479	8 417	1 605	552	443	664	836	946	1
10 1984	111 769	8 488	1 665	529	479	661	829	968	1
11 1985	106 775	7 346	1 305	458	441	582	763	978	1
12 1986	106 396	7 906	1 336	524	417	651	831	1 005	1
13 1987	110 147	7 701	1 180	460	388	702	757	914	1
14 1988	113 181	7 507	1 153	444	419	698	758	902	1
15 1989	111 531	7 438	1 297	446	446	703	758	889	1
16 1990	115 516	7 540	1 240	467	419	653	811	897	1
Brazil – Brésil [7]									
Male – Masculin									
17 1983	471 305	88 184	16 467	5 330	4 643	9 857	14 623	15 567	15
18 1984	492 951	88 782	18 052	5 420	4 721	10 403	15 792	16 433	16
19 1985	478 212	73 709	14 563	5 537	4 966	10 806	15 905	16 396	16
20 1986	495 584	75 286	14 063	5 559	5 110	11 869	17 493	17 723	18
21 1987	483 357	68 483	12 060	5 108	4 925	11 449	17 062	17 606	18
22 1988	499 831	66 398	11 371	4 813	4 677	11 196	16 803	18 124	18
23 1989	499 660	59 011	10 658	4 962	4 984	12 866	19 149	19 593	20
24 1990	504 072	54 032	10 175	4 539	4 784	12 707	18 625	19 783	20
Female – Féminin									
25 1983	327 120	66 304	14 377	3 644	3 099	4 621	5 621	6 372	6
26 1984	340 433	67 036	15 484	3 735	3 061	4 604	5 600	6 308	7
27 1985	328 026	55 086	12 285	3 637	3 030	4 600	5 548	6 116	6
28 1986	339 343	56 411	11 843	3 783	3 205	4 802	5 894	6 509	7
29 1987	333 040	51 972	10 031	3 394	2 994	4 430	5 567	6 226	7
30 1988	344 206	49 978	9 456	3 434	2 936	4 322	5 498	6 287	7
31 1989	335 479	44 080	8 681	3 170	2 908	4 339	5 576	6 200	7
32 1990	343 567	40 707	8 634	3 135	2 795	4 387	5 304	6 365	7
Chile – Chili [1]									
Male – Masculin									
33 1983	42 214	3 160	679	323	392	653	1 055	1 084	1
34 1984	42 377	2 927	631	280	322	585	1 038	1 069	1
35 1985	40 776	2 777	532	264	275	579	1 031	1 001	1
36 1986	39 950	2 976	555	283	281	625	1 003	956	
37 1987	38 086	2 907	543	266	257	560	948	963	
38 1988	40 599	3 128	534	248	271	544	1 009	1 021	1
39 1989	41 997	2 890	569	244	262	601	1 043	1 089	1
40 1990	43 626	2 767	502	256	249	584	968	1 147	1
41 1991	41 377	2 442	499	250	229	598	928	1 003	1
Female – Féminin									
42 1983	32 082	2 545	595	217	216	284	344	366	
43 1984	32 292	2 255	465	201	194	299	334	349	
44 1985	32 758	2 328	420	198	192	280	350	351	
45 1986	32 259	2 244	405	169	180	273	326	354	
46 1987	32 473	2 275	363	167	154	273	350	378	
47 1988	33 836	2 470	422	175	159	252	326	342	
48 1989	33 456	2 293	422	173	160	250	280	371	
49 1990	34 808	2 148	396	143	138	251	277	357	
50 1991	33 485	1 942	325	179	138	206	250	328	
Colombia – Colombie + [18]									
Male – Masculin									
51 1983	79 037	10 678	3 936	1 270	1 180	2 473	4 062	3 826	3
52 1984	78 180	9 511	3 301	1 210	1 090	2 358	4 288	3 996	3
53 1985	88 443	10 133	3 278	1 268	1 107	2 861	5 126	5 009	3
54 1986	85 534	9 086	3 094	1 257	1 070	2 991	5 400	5 307	4
55 1987	89 240	9 009	3 104	*—— 2 357 —* *				25 872 —	
56 1988	90 816	7 971	2 510	*—— 2 183 ——* *				28 123 —	
57 1989	92 393	7 849	2 329	1 091	1 064	3 617	6 511	6 436	5

22. Décès selon l'âge, le sexe et la résidence, urbaine/rurale: 1983 – 1992 (suite)

tes à la fin du tableau.)

					Age (en années)							
35 – 39	40 – 44	45 – 49	50 – 54	55 – 59	60 – 64	65 – 69	70 – 74	75 – 79	80 – 84	85 +	Unknown Inconnu	
2 654	3 806	5 621	8 664	11 219	13 399	12 603	17 471	16 877	12 942	10 959	4 965	1
2 740	3 907	5 640	8 697	11 329	13 755	15 038	17 770	17 245	13 679	10 935	2 462	2
2 454	3 519	5 120	7 740	10 353	13 275	14 093	16 822	16 192	13 151	10 534	2 719	3
2 574	3 664	5 022	7 614	10 888	13 193	14 213	16 682	16 279	12 666	10 573	1 557	4
2 654	3 712	5 285	7 620	10 996	13 676	15 318	17 092	17 386	13 983	11 717	1 157	5
2 626	3 777	5 193	7 597	11 027	13 965	15 803	17 095	17 664	14 322	12 304	1 213	6
2 512	3 756	5 163	7 564	10 516	13 993	15 846	16 867	17 640	14 364	12 449	1 003	7
2 532	3 642	5 163	7 410	10 710	14 258	16 639	17 229	18 139	14 745	13 249	1 339	8
1 691	2 143	2 802	4 058	5 480	6 890	7 573	12 815	15 068	15 506	17 722	2 986	9
1 740	2 176	2 910	4 005	5 511	7 086	9 090	12 968	15 352	16 029	18 364	1 578	10
1 604	2 096	2 630	3 817	5 294	7 085	8 477	12 317	14 933	15 481	18 275	1 732	11
1 657	2 090	2 621	3 738	5 291	6 953	8 552	12 165	14 903	15 146	18 492	890	12
1 633	2 065	2 740	3 617	5 376	7 172	8 892	12 431	15 957	16 212	20 053	669	13
1 743	2 075	2 744	3 732	5 337	7 295	9 202	12 514	16 463	16 931	21 310	728	14
1 627	2 136	2 730	3 674	5 242	7 144	9 265	12 012	16 070	16 655	21 182	614	15
1 653	2 125	2 750	3 663	5 169	7 285	9 525	12 140	16 761	17 565	22 909	780	16
16 505	19 166	21 999	26 307	29 420	31 630	35 506	38 281	36 129	26 018	18 792	1 318	17
17 110	19 489	23 258	26 876	30 510	33 085	37 188	40 215	37 799	29 066	21 124	1 117	18
17 998	19 530	23 388	27 059	31 055	34 022	36 765	40 887	37 691	28 137	22 100	870	19
19 467	20 647	24 192	27 760	32 136	34 942	37 153	40 903	38 631	29 284	24 001	1 024	20
18 742	20 396	23 414	27 171	31 613	35 444	36 988	39 733	37 986	29 800	25 839	1 307	21
19 591	21 098	24 218	28 034	32 942	37 218	39 821	42 305	40 798	33 183	27 330	1 023	22
21 002	21 972	24 407	28 959	32 348	37 792	39 515	41 233	40 148	31 976	27 374	1 220	23
20 920	22 329	24 258	29 182	32 803	38 262	41 260	42 833	42 184	33 598	30 023	1 386	24
8 130	9 724	11 527	14 065	16 405	19 211	24 287	28 516	31 371	27 330	25 122	441	25
8 308	10 077	11 816	14 539	16 996	20 053	25 071	30 125	32 684	29 936	27 475	404	26
8 357	9 686	12 107	14 308	17 655	20 693	24 959	30 315	32 543	30 435	29 470	280	27
8 723	10 008	12 250	14 810	18 487	21 451	25 623	31 080	33 353	31 194	32 272	281	28
8 653	10 128	12 057	14 800	18 440	21 778	25 285	31 460	32 875	32 013	33 364	296	29
8 660	10 250	12 487	15 438	19 235	22 981	26 752	32 432	34 906	34 504	36 798	290	30
8 914	10 436	12 578	15 495	18 678	23 213	26 416	32 172	34 919	33 197	36 736	290	31
8 830	10 467	12 357	15 768	19 021	24 368	27 794	33 081	36 887	35 145	40 697	366	32
1 241	1 571	1 906	2 726	3 159	3 409	4 198	4 720	4 446	3 490	2 916	—	33
1 306	1 691	1 955	2 686	3 204	3 557	4 269	4 808	4 531	3 605	2 872	—	34
1 121	1 512	1 808	2 349	3 120	3 442	4 078	4 693	4 542	3 595	3 013	—	35
1 021	1 346	1 637	2 117	2 996	3 223	3 853	4 571	4 749	3 582	3 190	—	36
969	1 190	1 403	1 894	2 674	3 077	3 670	4 475	4 604	3 444	3 243	—	37
1 032	1 299	1 572	1 982	2 825	3 343	3 791	4 682	4 870	3 886	3 534	—	38
1 238	1 521	1 873	2 233	3 087	3 778	3 919	4 604	4 767	3 770	3 339	—	39
1 214	1 554	1 981	2 351	2 948	3 985	4 308	4 777	5 141	4 158	3 585	—	40
1 164	1 350	1 638	2 138	2 622	3 834	4 072	4 611	4 969	4 287	3 632	—	41
571	719	948	1 440	1 750	2 107	2 976	3 649	4 143	4 004	4 790	—	42
562	785	955	1 343	1 809	2 147	2 837	3 693	4 362	4 211	5 104	—	43
511	736	961	1 291	1 823	2 052	2 759	3 853	4 376	4 533	5 352	—	44
516	713	884	1 185	1 820	2 042	2 808	3 702	4 423	4 343	5 439	—	45
540	681	944	1 169	1 741	2 142	2 731	3 675	4 393	4 324	5 788	—	46
505	693	939	1 236	1 709	2 201	2 760	3 766	4 741	4 636	6 089	—	47
548	728	974	1 331	1 781	2 201	2 773	3 646	4 471	4 672	5 920	—	48
502	730	990	1 281	1 777	2 511	2 889	3 778	4 858	4 941	6 402	—	49
522	706	1 012	1 212	1 605	2 391	2 828	3 642	4 723	4 731	6 356	—	50
2 727	2 570	2 804	3 668	3 924	5 144	5 319	6 381	5 457	4 792	5 375	331	51
2 740	2 662	2 880	3 480	3 935	5 146	5 487	6 642	5 612	5 133	4 160	1 245	52
3 304	2 883	3 211	3 852	4 652	5 697	6 294	7 335	6 558	5 275	5 082	1 604	53
3 524	2 822	3 145	3 523	4 614	5 258	6 043	6 480	6 249	4 788	5 055	1 635	54
*	*		17 517		*	*		31 381		*	—	55
*	*		17 349		*	*		30 887		*	1 793	56
4 283	3 372	3 467	3 830	4 696	5 722	6 285	6 878	7 060	5 455	5 574	1 663	57

22. Deaths by age, sex and urban/rural residence: 1983 – 1992 (continued)

(See notes at end of table.)

Continent, country or area, year, sex and urban/rural residence / Continent, pays ou zone, année, sexe et résidence, urbaine/rurale	All ages Tous âges	– 1	1 – 4	5 – 9	10 – 14	15 – 19	20 – 24	25 – 29	30
AMERICA,SOUTH— (Cont.–Suite) AMERIQUE DU SUD									
Colombia – Colombie + [18]									
Female – Féminin									
1 1983	61 255	8 456	3 738	1 025	711	1 222	1 447	1 315	
2 1984	59 009	7 239	2 895	860	657	1 079	1 300	1 237	
3 1985	65 504	7 811	2 873	949	697	1 238	1 477	1 456	
4 1986	60 812	7 099	2 605	833	632	1 191	1 416	1 382	
5 1987	62 717	6 944	2 783	*——— 1 530 ———*		*———*		8	511 —
6 1988	62 253	6 088	2 286	*——— 1 434 ———*		*———*		8	400 —
7 1989	62 301	5 967	2 046	735	624	1 166	1 335	1 451	
Ecuador – Equateur [19]									
Male – Masculin									
8 1983	30 065	6 934	3 315	727	542	793	1 035	924	
9 1984	29 152	6 089	3 260	714	504	730	999	930	
10 1985	28 016	5 934	2 388	659	445	677	991	914	
11 1986	27 894	5 752	2 396	641	457	746	957	979	
12 1987	28 235	5 416	2 362	671	477	720	967	961	
13 1988	29 253	5 257	2 276	613	531	757	1 037	1 028	
14 1989	28 840	4 908	1 894	597	526	711	996	1 017	
15 1990	27 780	4 365	1 734	531	489	771	1 056	954	
Female – Féminin									
16 1983	25 137	5 760	3 162	598	408	549	610	565	
17 1984	23 966	5 072	3 052	629	386	494	571	545	
18 1985	23 118	4 681	2 253	514	375	474	543	483	
19 1986	23 063	4 620	2 251	487	345	467	501	482	
20 1987	23 332	4 345	2 264	525	368	487	522	470	
21 1988	23 479	4 186	2 107	499	361	475	522	517	
22 1989	22 896	3 943	1 801	450	335	488	535	488	
23 1990	22 437	3 612	1 634	406	344	452	524	442	
Falkland Islands (Malvinas)– Iles Falkland (Malvinas)+									
Male – Masculin									
24 1983*	13	–	–	–	–	2	–	1	
Female – Féminin									
25 1983*	5	–	–	–	–	–	–	–	
French Guiana – Guyane Française [3]									
Male – Masculin									
26 1984*	287	26	7	3	2	5	10	14	
27 1985*	280	–	31	5	3	5	12	10	
Female – Féminin									
28 1984*	198	29	3	–	1	3	3	6	
29 1985*	204	–	35	–	–	3	5	7	
Paraguay [1]									
Male – Masculin									
30 1983	6 236	1 048	426	120	84	115	180	148	
31 1984	6 291	958	432	127	78	111	175	148	
32 1985	7 366	1 146	466	145	97	151	182	174	
33 1986	6 174	844	388	116	79	147	178	175	
34 1987	6 977	1 109	371	122	90	157	207	145	
Female – Féminin									
35 1983	5 732	869	373	82	55	98	122	100	
36 1984	5 663	838	413	92	70	96	106	114	
37 1985	6 728	914	448	98	88	112	144	148	
38 1986	5 345	697	332	79	68	99	115	104	
39 1987	6 220	956	341	99	77	98	92	109	
Peru – Pérou+ [7]									
Male – Masculin									
40 1983	48 676	12 468	6 449	1 128	741	978	1 262	1 122	
41 1984	49 272	13 067	5 509	1 170	810	1 070	1 384	1 234	
42 1985	48 639	11 134	5 304	1 099	790	1 042	1 332	1 172	
Female – Féminin									
43 1983	44 614	10 814	6 339	1 017	593	811	916	872	
44 1984	43 182	11 023	5 265	1 012	640	859	1 076	872	
45 1985	44 344	9 326	5 326	1 031	676	860	1 006	928	

22. Décès selon l'âge, le sexe et la résidence, urbaine/rurale: 1983 – 1992 (suite)

(...otes à la fin du tableau.)

					Age (en années)							
35 – 39	40 – 44	45 – 49	50 – 54	55 – 59	60 – 64	65 – 69	70 – 74	75 – 79	80 – 84	85 +	Unknown Inconnu	
1 520	1 744	2 089	2 829	3 081	4 135	4 512	5 270	4 991	5 080	6 550	213	1
1 376	1 665	2 050	2 866	3 108	4 110	4 594	5 687	5 199	5 276	5 847	656	2
1 674	1 735	2 271	2 938	3 512	4 511	5 232	6 109	6 102	5 565	7 165	799	3
1 511	1 567	2 137	2 776	3 492	4 026	4 950	5 521	5 883	5 061	6 811	647	4
*	*	———— 12 893 ————			*	*	———— 30 056 ————			*	–	5
*	*	———— 12 583 ————			*	*	———— 30 634 ————			*	828	6
1 646	1 702	2 156	2 749	3 496	4 475	5 122	6 019	6 499	5 613	7 407	699	7
807	870	924	1 084	1 063	1 332	1 399	1 759	1 648	1 665	1 968	392	8
892	794	973	1 020	1 118	1 336	1 339	1 782	1 716	1 784	1 950	345	9
784	821	985	1 025	1 170	1 353	1 430	1 765	1 743	1 689	2 113	319	10
847	821	896	1 005	1 099	1 347	1 478	1 720	1 836	1 655	2 219	228	11
846	909	940	1 068	1 267	1 349	1 538	1 818	1 875	1 691	2 258	190	12
924	944	1 015	1 096	1 347	1 432	1 580	1 905	2 135	1 768	2 548	140	13
962	939	979	1 130	1 351	1 518	1 653	1 880	2 120	1 970	2 630	120	14
980	947	1 017	1 142	1 251	1 515	1 687	1 859	2 080	1 855	2 448	147	15
535	550	649	711	758	954	1 083	1 369	1 358	1 787	2 782	448	16
535	535	513	715	735	965	1 069	1 407	1 340	1 803	2 701	396	17
565	577	573	721	737	973	1 048	1 365	1 542	1 781	3 086	345	18
539	535	637	778	865	915	1 101	1 368	1 546	1 630	3 197	283	19
542	583	630	733	892	970	1 121	1 439	1 673	1 725	3 352	207	20
577	615	660	762	901	999	1 176	1 469	1 710	1 877	3 467	126	21
554	600	642	732	809	1 083	1 182	1 420	1 740	1 921	3 561	96	22
549	590	619	757	906	1 118	1 221	1 539	1 694	1 877	3 529	128	23
–	–	2	1	1	2	2	–	–	1	–	–	24
–	–	–	–	–	1	1	–	1	–	2	–	25
13	10	14	19	16	20	32	29	23	17	16	2	26
12	14	19	19	10	19	30	32	20	24	1	–	27
8	7	6	8	9	14	17	16	19	17	27	–	28
2	6	9	8	10	8	12	25	23	46	–	–	29
125	175	195	255	343	364	437	550	*——— - 1 494 ———*			46	30
174	194	191	269	321	434	402	579	*——— - 1 484 ———*			61	31
140	208	203	293	387	447	532	677	*——— - 1 860 ———*			82	32
156	189	192	226	337	415	439	583	*——— - 1 505 ———*			50	33
159	204	239	303	407	440	555	583	*——— - 1 677 ———*			46	34
124	168	152	213	202	290	344	432	*——— - 1 956 ———*			37	35
133	156	165	177	210	298	334	454	*——— - 1 874 ———*			37	36
142	175	186	249	247	325	393	546	*——— - 2 337 ———*			36	37
124	139	172	189	214	266	325	454	*——— - 1 828 ———*			33	38
171	176	173	186	268	335	411	472	*——— - 2 077 ———*			43	39
1 025	1 104	1 313	1 615	1 640	2 008	2 119	2 495	2 467	2 506	3 220	2 045	40
1 188	1 324	1 483	1 666	1 889	2 405	2 453	2 712	2 645	2 786	3 267	22	41
1 153	1 164	1 487	1 695	1 994	2 332	2 438	2 592	2 934	2 646	3 548	1 746	42
967	925	1 062	1 107	1 165	1 538	1 734	2 040	2 212	2 705	5 058	1 897	43
1 052	1 062	1 135	1 255	1 411	1 625	1 855	2 121	2 273	2 756	4 935	19	44
1 107	974	1 203	1 300	1 497	1 768	1 950	2 209	2 471	2 842	5 275	1 646	45

22. Deaths by age, sex and urban/rural residence: 1983 – 1992 (continued)

(See notes at end of table.)

	Continent, country or area, year, sex and urban/rural residence / Continent, pays ou zone, année, sexe et résidence, urbaine/rurale	All ages Tous âges	−1	1−4	5−9	10−14	15−19	20−24	25−29	3
	AMERICA, SOUTH— (Cont.–Suite) AMÉRIQUE DU SUD									
	Uruguay [6]									
	Male – Masculin									
1	1983	15 813	889	84	*———	111 ———*	*———	257 ———*	*———	267 –
2	1984	16 593	893	118	*———	97 ———*	*———	243 ———*	*———	296 –
3	1985	15 703	898	105	*———	138 ———*	*———	225 ———*	*———	266 –
4	1986	15 659	846	94	52	63	102	139	162	
5	1987	16 216	726	103	68	62	104	141	126	
6	1988	16 871	677	*———	101 ———*	*———	104 ———*	*———	261 ———*	*———
7	1989	16 207	670	75	60	58	143	167	172	
8	1990	16 560	652	89	38	59	120	138	163	
	Female – Féminin									
9	1983	12 660	635	71	*———	64 ———*	*———	119 ———*	*———	161 –
10	1984	13 407	710	94	*———	87 ———*	*———	118 ———*	*———	160 –
11	1985	12 855	676	78	*———	66 ———*	*———	92 ———*	*———	161 –
12	1986	13 132	652	93	45	31	50	60	77	
13	1987	13 669	556	88	39	42	53	60	79	
14	1988	14 029	488	*———	83 ———*	*———	77 ———*	*———	107 ———*	*———
15	1989	13 414	495	60	33	23	66	50	75	
16	1990	13 650	496	75	31	29	70	55	61	
	Venezuela [7]									
	Male – Masculin									
17	1983	43 443	7 709	1 758	612	610	1 396	2 186	1 807	
18	1984	44 397	7 856	1 878	593	536	1 286	1 848	1 616	
19	1985	44 511	7 483	1 553	597	594	1 187	1 756	1 648	
20	1986	44 014	7 112	1 575	612	615	1 265	1 823	1 662	
21	1987	45 598	6 940	1 443	594	616	1 312	1 801	1 661	
22	1988	46 534	6 450	1 351	592	621	1 291	1 843	1 746	
23	1989	48 912	7 137	1 293	647	614	1 514	1 968	1 883	
24	1990	51 073	7 975	1 556	638	678	1 542	2 015	1 915	
25	1991	51 237	6 987	1 315	618	659	1 538	2 100	1 938	
	Female – Féminin									
26	1983	32 300	5 827	1 548	442	358	572	635	632	
27	1984	33 694	5 884	1 550	488	333	530	615	564	
28	1985	34 427	5 622	1 526	434	398	509	616	633	
29	1986	33 633	5 345	1 402	455	371	558	614	685	
30	1987	34 724	5 307	1 377	449	398	511	652	670	
31	1988	34 908	4 803	1 105	419	394	583	588	684	
32	1989	35 849	5 185	1 123	440	389	541	602	670	
33	1990	38 757	6 024	1 406	448	454	591	683	743	
34	1991	37 397	5 175	1 138	419	365	618	655	683	
	ASIA—ASIE									
	Bahrain – Bahreïn									
	Male – Masculin									
35	1984	822	139	27	17	15	15	26	37	
36	1985	792	127	21	12	9	4	11	34	
37	1986	835	116	17	19	9	8	23	29	
38	1987	927	135	23	15	12	7	20	29	
39	1988	890	145	17	12	7	10	18	39	
40	1989	903	134	20	11	11	8	13	27	
41	1990	900	134	15	12	11	19	18	40	
	Female – Féminin									
42	1984	481	119	13	11	4	6	6	6	
43	1985	420	114	9	8	4	5	2	6	
44	1986	588	110	16	9	3	5	4	12	
45	1987	657	124	16	10	10	5	10	18	
46	1988	633	150	6	7	3	7	5	8	
47	1989	648	132	15	9	5	9	5	10	
48	1990	652	138	9	9	9	6	2	20	
	Bangladesh [1]									
	Male – Masculin									
49	1984	624 243	231 674	96 282	40 448	*13 587	8 638	10 376	9 097	
50	1985	615 256	201 948	97 214	29 231	9 570	9 503	7 177	9 913	
51	1986	643 028	217 987	93 455	24 230	11 598	9 746	9 165	9 102	

22. Décès selon l'âge, le sexe et la résidence, urbaine/rurale: 1983 – 1992 (suite)

otes à la fin du tableau.)

				Age (en années)								
35 – 39	40 – 44	45 – 49	50 – 54	55 – 59	60 – 64	65 – 69	70 – 74	75 – 79	80 – 84	85 +	Unknown Inconnu	
–	502	*	1 461	*	2 809	*	3 939	*	5 388	*	106	1
–	508	*	1 400	*	2 893	*	4 164	*	5 842	*	139	2
–	492	*	1 313	*	2 651	*	3 902	*	5 602	*	111	3
197	303	441	802	1 165	1 610	1 789	2 159	*	5 462	*	111	4
199	342	478	776	1 292	1 598	1 907	2 180	2 246	1 818	1 783	122	5
306	*	504	*	1 386	*	2 976	*	4 245	*	6 193	118	6
232	294	500	768	1 295	1 678	1 897	2 104	2 219	1 849	1 752	93	7
210	303	489	721	1 305	1 625	1 978	2 202	2 338	1 910	1 922	105	8
–	307	*	701	*	1 355	*	2 566	*	6 615	*	66	9
–	315	*	701	*	1 393	*	2 707	*	7 056	*	66	10
–	320	*	679	*	1 334	*	2 513	*	6 883	*	53	11
153	202	265	386	601	765	1 063	1 513	*	7 005	*	55	12
133	196	278	380	588	823	1 151	1 528	2 053	2 233	3 208	71	13
163	*	335	*	706	*	1 385	*	2 707	*	7 922	56	14
131	223	275	388	577	826	1 076	1 420	2 016	2 185	3 330	58	15
122	157	258	410	604	810	1 096	1 511	2 044	2 259	3 417	49	16
1 272	1 435	1 624	2 184	2 620	2 970	3 170	3 395	2 748	2 311	2 101	–	17
1 189	1 327	1 708	2 264	2 762	3 160	3 332	3 687	2 990	2 649	2 258	–	18
1 330	1 406	1 717	2 253	2 765	3 086	3 364	3 875	3 214	2 670	2 523	–	19
1 314	1 398	1 698	2 087	2 785	3 163	3 332	3 710	3 222	2 587	2 538	–	20
1 438	1 457	1 696	2 350	2 906	3 432	3 556	3 711	3 549	2 598	2 929	91	21
1 503	1 580	1 838	2 340	3 009	3 602	3 780	3 828	3 730	2 777	3 050	69	22
1 593	1 642	1 878	2 403	3 073	3 672	3 840	4 012	3 982	2 751	3 153	170	23
1 657	1 702	1 876	2 417	2 888	3 729	3 834	4 054	4 037	3 101	3 468	194	24
1 805	1 919	1 914	2 466	3 050	3 979	4 093	4 327	3 926	3 141	3 349	199	25
741	816	1 085	1 366	1 663	2 028	2 354	2 777	2 688	2 600	3 489	–	26
786	818	1 046	1 448	1 743	2 107	2 589	3 091	2 773	2 929	3 676	–	27
786	883	1 125	1 408	1 837	2 164	2 538	3 179	3 037	2 930	4 104	–	28
797	858	1 057	1 365	1 701	2 219	2 541	3 146	3 117	2 738	3 920	–	29
892	913	1 121	1 455	1 818	2 196	2 709	2 983	3 293	2 922	4 297	59	30
881	965	1 089	1 540	1 806	2 357	2 745	3 013	3 504	3 058	4 591	24	31
884	1 022	1 119	1 465	1 878	2 470	2 715	3 090	3 613	3 175	4 620	39	32
971	1 032	1 175	1 440	1 904	2 541	2 824	3 439	3 765	3 329	5 046	67	33
900	1 149	1 124	1 577	1 928	2 566	2 764	3 306	3 673	3 523	4 903	65	34
31	36	31	61	50	91	54	63	*	98	*	–	35
32	27	41	54	44	88	53	74	*	128	*	–	36
38	24	26	43	53	92	58	85	*	167	*	–	37
32	24	53	47	61	89	77	86	*	187	*	–	38
30	34	34	49	70	74	80	75	*	171	*	–	39
30	36	38	40	64	99	83	87	*	171	*	–	40
31	28	38	51	54	73	68	101	*	169	*	–	41
10	10	11	28	33	54	31	49	*	87	*	–	42
11	9	15	20	21	41	31	36	*	80	*	–	43
5	10	21	28	34	45	38	77	*	162	*	–	44
9	4	20	32	36	62	44	67	*	182	*	–	45
10	13	22	29	36	43	43	49	*	197	*	–	46
15	9	15	29	41	65	55	56	*	170	*	–	47
11	8	15	34	43	58	47	66	*	166	*	–	48
7 215	11 928	14 000	13 385	19 468	25 283	25 888	35 057	*	54 438	*	–	49
10 443	14 000	16 105	17 985	16 792	35 515	29 813	32 719	*	70 219	*	–	50
6 789	11 730	12 087	21 468	20 768	35 261	33 534	33 925	*	83 806	*	–	51

22. Deaths by age, sex and urban/rural residence: 1983 – 1992 (continued)

(See notes at end of table.)

Continent, country or area, year, sex and urban/rural residence / Continent, pays ou zone, année, sexe et résidence, urbaine/rurale	All ages Tous âges	Age (in years)						
		− 1	1 – 4	5 – 9	10 – 14	15 – 19	20 – 24	25 – 29
ASIA—ASIE (Cont.–Suite)								
Bangladesh [1]								
Female – Féminin								
1 1984	579 469	178 918	135 009	37 430	14 783	13 983	13 798	11 108
2 1985	579 881	182 216	113 150	32 021	9 843	12 929	11 174	13 269
3 1986	570 792	187 325	100 949	22 382	6 821	10 684	14 261	13 344
Brunei Darussalam –								
Brunéi Darussalam +								
Male – Masculin								
4 1983	411	40	13	7	13	13	22	15
5 1984	445	50	8	6	8	12	26	13
6 1985	472	45	18	9	7	11	19	22
7 1986	433	24	28	8	4	9	21	18
8 1987	442	36	8	7	8	11	23	21
9 1988	477	24	9	7	6	9	16	16
10 1989	499	38	5	9	11	4	27	23
Female – Féminin								
11 1983	306	29	12	4	2	9	9	7
12 1984	323	30	13	6	4	6	9	10
13 1985	322	31	12	3	2	4	6	3
14 1986	290	27	18	9	2	3	5	11
15 1987	323	27	14	1	4	4	8	10
16 1988	300	22	7	6	5	9	2	7
17 1989	328	24	8	1	–	7	4	9
Cyprus – Chypre [10]								
Male – Masculin								
18 1983	2 898	102	8	11	11	21	47	25
19 1984	2 759	117	12	6	9	16	25	19
20 1985	2 868	82	12	12	8	20	25	20
21 1986	2 413	78	7	5	5	19	34	24
22 1987	2 470	67	12	6	9	19	28	22
23 1988	2 592	68	15	10	7	15	40	33
24 1989	2 450	65	11	12	3	11	35	34
25 1990	2 539	67	9	8	6	16	27	24
26 1991	2 695	63	10	4	2	14	24	21
Female – Féminin								
27 1983	2 662	68	9	11	3	5	7	7
28 1984	2 510	85	11	6	6	9	10	11
29 1985	2 785	74	9	7	4	10	11	14
30 1986	2 166	50	2	10	2	7	5	13
31 1987	2 442	47	10	7	1	7	2	12
32 1988	2 311	51	6	4	6	4	7	6
33 1989	2 384	49	3	4	3	6	5	6
34 1990	2 305	52	6	4	2	6	7	6
35 1991	2 380	49	11	5	3	2	3	11
Hong Kong – Hong–kong [6] [11]								
Male – Masculin								
36 1983	14 871	450	91	46	55	117	204	199
37 1984	14 358	396	86	51	49	102	201	217
38 1985	14 029	320	81	43	54	91	157	205
39 1986	14 410	293	60	41	52	84	165	191
40 1987	14 998	283	71	40	48	83	132	196
41 1988	15 351	318	62	43	50	104	118	206
42 1989	16 264	281	48	35	42	86	157	231
43 1990	16 313	244	61	25	44	96	147	218
Female – Féminin								
44 1983	11 627	370	90	29	55	75	143	134
45 1984	11 222	313	70	49	44	51	91	129
46 1985	11 210	249	59	41	39	47	92	130
47 1986	11 482	259	63	36	48	64	81	111
48 1987	11 915	231	48	31	28	39	76	121
49 1988	12 302	238	54	36	31	49	104	110
50 1989	12 475	234	42	31	32	56	94	105
51 1990	12 819	171	51	26	40	65	74	120

22. Décès selon l'âge, le sexe et la résidence, urbaine/rurale: 1983 – 1992 (suite)

notes à la fin du tableau.)

					Age (en années)							
35 – 39	40 – 44	45 – 49	50 – 54	55 – 59	60 – 64	65 – 69	70 – 74	75 – 79	80 – 84	85 +	Unknown Inconnu	
7 902	9 099	10 560	14 266	10 654	19 931	14 973	21 438	*——— – 52 454 ———*			–	1
11 932	11 960	15 152	14 972	11 352	21 321	21 169	19 529	*——— – 66 369 ———*			–	2
12 896	14 192	11 689	15 051	17 262	19 747	20 132	29 042	*——— – 64 473 ———*			–	3
9	18	15	16	32	26	34	48	33	23	17	–	4
13	14	15	31	30	34	42	42	40	32	16	–	5
12	20	10	24	25	36	30	52	43	40	40	–	6
5	11	10	32	38	33	42	47	35	26	24	–	7
22	22	16	23	17	31	43	38	43	28	25	1	8
18	25	17	21	34	44	43	55	51	33	33	2	9
15	11	22	22	25	31	47	57	66	42	28	1	10
5	7	22	20	18	22	17	37	36	25	20	–	11
10	9	15	14	13	27	24	38	28	25	27	–	12
8	11	9	28	20	23	17	46	43	21	27	–	13
7	10	7	23	12	18	21	25	34	15	29	–	14
14	6	12	22	23	24	35	35	35	13	24	2	15
15	7	8	13	16	30	39	29	37	22	22	–	16
15	12	11	18	21	26	32	28	43	32	25	3	17
27	32	62	80	120	200	*——— 2 128 ———————*					–	18
40	57	61	79	120	171	243	360	387	520	496	–	19
41	45	72	84	135	196	244	374	403	*——— 1 062 ———*		–	20
22	18	56	67	105	164	204	358	361	*——— 869 ———*		–	21
34	49	56	125	106	206	253	293	359	*——— 804 ———*		–	22
29	29	58	85	136	224	252	342	385	*——— 843 ———*		–	23
15	32	40	81	114	192	199	282	394	*——— 911 ———*		–	24
30	36	36	86	93	170	215	277	428	*——— 994 ———*		–	25
18	41	53	100	129	172	261	284	443	*——— 1 030 ———*		–	26
14	25	35	52	75	127	*——— 2 212 ———————*					–	27
22	24	42	54	89	120	196	332	400	525	556	–	28
15	22	44	59	78	127	212	406	449	*——— 1 229 ———*		–	29
13	22	28	37	57	90	132	278	378	*——— 1 029 ———*		–	30
10	24	29	57	77	101	164	278	376	*——— 1 233 ———*		–	31
17	18	27	48	60	93	160	247	386	*——— 1 162 ———*		–	32
17	22	44	49	70	108	165	286	403	*——— 1 135 ———*		–	33
21	18	30	41	63	80	112	232	384	*——— 1 235 ———*		–	34
15	23	26	51	54	104	124	232	451	*——— 1 201 ———*		–	35
258	392	626	1 117	1 512	1 997	2 235	2 341	1 489	966	517	18	36
240	362	612	1 049	1 448	1 908	2 137	2 210	1 532	955	527	30	37
280	317	575	1 050	1 386	1 822	2 063	2 223	1 584	937	595	11	38
295	328	509	983	1 358	1 854	2 172	2 334	1 751	1 027	656	9	39
271	297	554	968	1 421	1 808	2 291	2 390	1 990	1 154	746	19	40
344	353	468	931	1 479	1 873	2 237	2 397	2 105	1 172	840	8	41
316	413	511	908	1 478	1 949	2 326	2 653	2 316	1 322	891	19	42
347	410	480	808	1 462	1 899	2 381	2 604	2 406	1 414	956	15	43
106	136	280	470	688	1 024	1 283	1 561	1 562	1 622	1 871	2	44
116	120	267	422	635	958	1 271	1 653	1 610	1 619	1 665	2	45
116	132	254	400	691	939	1 304	1 617	1 571	1 603	1 800	5	46
160	137	222	453	626	928	1 266	1 636	1 758	1 482	2 023	–	47
167	126	202	401	625	967	1 294	1 709	1 811	1 692	2 194	8	48
166	146	180	375	604	947	1 367	1 628	1 986	1 745	2 387	6	49
193	163	188	376	633	908	1 293	1 716	1 988	1 780	2 468	6	50
184	189	173	339	573	913	1 402	1 737	2 091	1 872	2 643	7	51

22. Deaths by age, sex and urban/rural residence: 1983 – 1992 (continued)

(See notes at end of table.)

Continent, country or area, year, sex and urban/rural residence / Continent, pays ou zone, année, sexe et résidence, urbaine/rurale	All ages Tous âges	– 1	1 – 4	5 – 9	10 – 14	15 – 19	20 – 24	25 – 29
ASIA—ASIE (Cont.–Suite)								
Iran (Islamic Republic of – Rép. islamique d')								
Male – Masculin								
1 1983	147 633	10 945	16 933	6 410	5 170	13 359	12 920	5 499
2 1984	130 481	9 692	14 565	5 722	4 228	9 822	10 215	4 927
3 1986	132 019	9 714	14 319	6 353	4 171	9 574	10 216	5 114
Female – Féminin								
4 1983	59 595	6 602	5 446	2 143	1 671	2 420	3 082	2 690
5 1984	55 959	6 705	4 692	1 784	1 409	1 998	2 432	2 201
6 1986	58 042	6 338	4 875	2 022	1 430	2 329	2 547	2 226
Iraq								
Male – Masculin								
7 1987	45 948	6 816	1 574	*——— 2 634 ———*		*——— 2 792 ———*		*————
8 1988	43 804	7 115	1 588	*——— 2 672 ———*		*——— 2 729 ———*		*————
9 1989	52 657	9 333	1 839	*——— 2 636 ———*		*——— 2 790 ———*		*————
Female – Féminin								
10 1987	32 957	4 988	1 171	*——— 1 623 ———*		*——— 1 465 ———*		*————
11 1988	31 781	5 206	1 118	*——— 1 509 ———*		*——— 1 355 ———*		*————
12 1989	39 598	6 813	1 360	*——— 1 790 ———*		*——— 1 602 ———*		*————
Israel – Israël [1] [12]								
Male – Masculin								
13 1983	14 784	765	126	63	68	140	181	151
14 1984	14 972	662	143	72	65	139	184	143
15 1985	14 914	652	106	74	56	148	173	142
16 1986	15 642	626	112	60	47	112	156	126
17 1987	15 563	628	113	72	64	145	150	154
18 1988	15 400	525	106	68	58	151	158	144
19 1989	15 072	535	106	59	44	149	146	151
20 1990	15 052	559	99	48	35	150	158	136
Female – Féminin								
21 1983	13 108	661	121	54	42	48	48	71
22 1984	12 959	599	136	58	43	60	55	61
23 1985	13 179	531	109	45	40	53	61	68
24 1986	13 773	510	91	41	30	59	61	72
25 1987	13 681	471	94	47	42	59	58	45
26 1988	13 746	476	89	47	33	54	55	59
27 1989	13 502	466	88	45	38	56	68	71
28 1990	13 673	461	102	52	35	50	59	65
Japan – Japon [13]								
Male – Masculin								
29 1983	401 232	5 267	1 875	1 397	1 051	3 182	3 453	3 497
30 1984	402 220	5 075	1 754	1 165	1 063	3 074	3 382	3 282
31 1985	407 769	4 332	1 710	1 155	1 011	3 179	3 397	3 167
32 1986	406 918	4 008	1 681	980	1 000	3 175	3 295	3 017
33 1987	408 094	3 734	1 576	949	906	3 158	3 178	3 098
34 1988	428 094	3 434	1 466	882	864	3 282	3 481	3 026
35 1989	427 114	3 118	1 387	894	787	3 248	3 505	2 999
36 1990	443 718	3 123	1 409	844	760	3 204	3 466	2 916
37 1991	450 344	2 915	1 206	803	669	3 067	3 515	2 878
Female – Féminin								
38 1983	338 806	4 139	1 420	847	630	1 106	1 425	1 753
39 1984	338 027	3 845	1 404	715	592	1 031	1 351	1 692
40 1985	344 514	3 567	1 225	636	638	1 033	1 272	1 558
41 1986	343 702	3 243	1 150	572	592	1 076	1 355	1 581
42 1987	343 078	2 977	1 090	583	540	1 041	1 322	1 456
43 1988	364 920	2 831	1 085	568	526	1 148	1 293	1 451
44 1989	361 480	2 606	1 021	559	523	1 145	1 278	1 403
45 1990	376 587	2 493	958	533	482	1 149	1 329	1 361
46 1991	379 453	2 503	903	534	418	1 039	1 291	1 336

22. Décès selon l'âge, le sexe et la résidence, urbaine/rurale: 1983 – 1992 (suite)

otes à la fin du tableau.)

					Age (en années)						Unknown Inconnu	
35 – 39	40 – 44	45 – 49	50 – 54	55 – 59	60 – 64	65 – 69	70 – 74	75 – 79	80 – 84	85 +	Inconnu	
3 205	3 604	4 714	6 244	8 521	*———		46 095			———*	—	1
2 904	3 288	4 084	5 642	7 552	*———		44 050			———*	—	2
2 861	3 148	3 948	5 792	7 226	10 676	*———		35 045		———*	—	3
1 846	1 938	2 092	2 615	3 457	*———		21 259			———*	—	4
1 625	1 791	1 774	2 479	3 025	*———		22 079			———*	—	5
1 611	1 727	1 912	2 548	3 027	4 643	*———		18 754		———*	—	6
308	———*	*——— 9 466		———*	*———			17 358		———*	—	7
003	———*	*——— 9 169		———*	*———			15 528		———*	—	8
486	———*	*——— 11 386		———*	*———			19 187		———*	—	9
806	———*	*——— 5 782		———*	*———			15 122		———*	—	10
799	———*	*——— 5 893		———*	*———			13 901		———*	—	11
280	———*	*——— 7 604		———*	*———			17 149		———*	—	12
173	181	321	519	836	1 163	1 466	2 486	2 468	1 910	1 601	—	13
168	168	340	527	808	1 224	1 355	2 514	2 613	2 008	1 681	—	14
158	188	312	483	800	1 211	1 299	2 297	2 653	2 042	1 962	—	15
186	200	334	506	817	1 263	1 487	2 225	2 892	2 303	2 050	2	16
178	208	277	527	756	1 241	1 566	2 026	2 892	2 336	2 077	—	17
217	236	307	464	783	1 106	1 654	1 893	2 720	2 429	2 181	—	18
170	248	263	468	733	1 051	1 592	1 722	2 687	2 528	2 263	—	19
176	251	254	403	704	1 071	1 685	1 693	2 540	2 560	2 367	—	20
102	119	180	342	572	870	1 319	2 067	2 256	2 071	2 071	—	21
103	124	214	333	567	888	1 172	2 042	2 236	2 095	2 086	—	22
121	129	175	310	570	871	1 221	1 974	2 479	1 986	2 354	1	23
122	138	185	342	526	918	1 242	2 062	2 636	2 203	2 457	1	24
101	125	178	356	557	908	1 245	1 845	2 699	2 245	2 514	—	25
121	168	188	286	516	861	1 230	1 801	2 697	2 413	2 566	—	26
106	182	168	278	539	811	1 223	1 648	2 591	2 377	2 655	—	27
134	195	199	308	480	822	1 288	1 615	2 453	2 443	2 835	—	28
6 988	10 536	16 613	24 778	28 838	28 417	40 037	56 621	62 834	57 027	43 078	343	29
7 085	10 831	15 595	24 845	29 983	29 870	38 563	55 226	63 262	58 021	45 076	316	30
7 110	10 234	15 063	24 347	30 747	30 884	38 240	55 100	65 593	59 125	48 786	352	31
7 469	9 625	14 700	24 208	31 248	32 597	37 417	53 551	65 077	58 287	51 178	462	32
7 068	9 065	13 986	22 847	31 996	35 287	36 652	51 975	65 405	58 788	54 245	475	33
6 604	9 353	13 893	22 209	32 928	38 238	38 189	53 212	68 457	63 419	61 344	423	34
5 779	9 364	14 091	20 889	32 691	39 981	40 158	51 207	67 313	63 582	62 461	386	35
5 449	9 769	14 218	20 161	32 925	42 742	42 664	51 737	69 320	67 916	67 451	380	36
5 041	10 550	13 713	20 107	32 703	43 820	46 155	51 342	68 903	70 548	68 914	344	37
3 949	5 464	8 032	11 607	14 924	19 716	27 647	42 217	54 146	63 410	73 303	67	38
3 994	5 765	7 941	11 225	14 858	19 562	26 812	41 238	54 142	63 534	75 529	73	39
4 017	5 650	7 644	11 504	14 828	19 961	26 490	40 891	55 657	64 448	80 930	69	40
4 226	5 283	7 551	11 154	14 507	19 433	25 803	39 637	56 199	63 661	84 423	80	41
3 966	5 061	7 427	10 953	14 600	19 557	25 453	37 920	55 757	62 667	88 640	82	42
3 781	5 245	7 467	10 827	14 726	19 916	26 775	38 474	58 875	67 959	100 011	56	43
3 498	5 334	7 510	10 477	14 845	19 722	26 963	36 976	56 758	67 848	101 141	57	44
3 102	5 542	7 510	10 097	14 616	19 986	27 267	38 076	58 203	71 633	110 407	69	45
2 825	5 848	7 170	10 379	14 813	19 910	27 307	37 710	57 633	73 758	112 294	72	46

22. Deaths by age, sex and urban/rural residence: 1983 – 1992 (continued)

(See notes at end of table.)

Continent, country or area, year, sex and urban/rural residence / Continent, pays ou zone, année, sexe et résidence, urbaine/rurale		All ages Tous âges	Age (in years)							3
			−1	1 – 4	5 – 9	10 – 14	15 – 19	20 – 24	25 – 29	

		All ages Tous âges	−1	1 – 4	5 – 9	10 – 14	15 – 19	20 – 24	25 – 29
ASIA—ASIE (Cont.–Suite)									
Korea, Republic of— [14] [15]									
Corée, République de									
Male – Masculin									
1	1983	146 540	1 816	3 476	2 457	1 878	3 829	4 619	4 387
2	1984	135 876	1 657	3 022	2 140	1 669	3 535	4 099	4 414
3	1985	139 171	1 584	2 665	1 990	1 522	3 459	4 102	4 690
4	1986	138 365	1 249	2 307	1 818	1 341	3 308	3 675	4 791
5	1987	140 119	1 186	2 019	1 783	1 329	3 265	3 624	4 855
6	1988	136 068	1 117	1 722	1 791	1 230	3 111	3 377	4 737
7	1989	136 106	1 108	1 574	1 528	1 126	2 894	3 425	4 552
Female – Féminin									
8	1983	105 048	1 568	3 139	2 185	1 570	2 081	2 853	2 386
9	1984	97 033	1 539	2 605	1 852	1 156	1 876	2 289	2 104
10	1985	98 295	1 360	2 248	1 583	1 070	1 821	2 092	2 135
11	1986	98 136	1 141	1 854	1 443	1 008	1 712	1 807	2 139
12	1987	101 444	1 078	1 688	1 453	1 090	1 505	1 864	2 197
13	1988	97 840	987	1 444	1 232	862	1 408	1 639	2 033
14	1989	97 798	991	1 253	1 028	741	1 204	1 590	1 769
Kuwait – Koweït									
Male – Masculin									
15	1983	2 964	579	116	67	45	61	64	115
16	1984	2 853	583	84	51	39	60	77	103
17	1985	3 020	570	101	80	58	78	66	100
18	1986	2 731	453	105	65	30	62	76	91
Female – Féminin									
19	1983	1 690	480	89	31	21	22	24	35
20	1984	1 691	470	91	38	22	16	18	35
21	1985	1 691	446	65	37	22	22	25	25
22	1986	1 659	388	68	43	26	22	23	44
Macau – Macao [16]									
Male – Masculin									
23	1984	784	45	11	1	3	5	11	18
24	1985	772	*——— – 64 ———*			*	3	6	18	14
25	1986	731	31	6	2	4	4	7	15
26	1987	687	29	5	6	2	7	10	9
27	1988	758	41	7	5	2	3	8	16
28	1989	811	36	2	3	2	8	10	19
29	1990	845	36	8	6	1	8	11	21
30	1991	736	28	6	3	4	7	10	14
31	1992	754	24	1	1	3	6	7	16
Female – Féminin									
32	1984	704	35	4	2	2	1	6	12
33	1985	693	*——— – 47 ———*			*	3	1	4	7
34	1986	592	23	5	1	1	1	8	12
35	1987	634	23	3	4	4	3	10	4
36	1988	679	33	9	2	–	1	5	7
37	1989	704	41	7	1	2	7	3	10
38	1990	637	22	6	2	5	3	5	7
39	1991	599	23	2	2	1	5	12	9
40	1992	678	25	4	–	1	5	8	8
Malaysia – Malaisie									
Male – Masculin									
41	1990	47 251	3 785	990	626	564	1 096	1 322	1 267
Female – Féminin									
42	1990	35 993	2 833	857	474	359	476	547	610
Peninsular Malaysia – [13]									
Malaisie Péninsulaire									
Male – Masculin									
43	1983	37 447	4 278	1 211	598	506	965	1 144	885
44	1984	38 431	3 901	1 023	574	508	938	1 235	956
45	1985	38 923	3 968	1 073	541	474	947	1 192	1 061
46	1986	38 058	3 594	933	543	487	863	1 201	1 082
47	1987	36 795	3 151	828	489	439	757	1 033	985
48	1988	38 774	3 311	908	550	450	772	1 021	1 009
49	1989	39 321	2 838	847	493	485	796	1 032	1 020

22. Décès selon l'âge, le sexe et la résidence, urbaine/rurale: 1983 – 1992 (suite)

notes à la fin du tableau.)

				Age (en années)								
35 – 39	40 – 44	45 – 49	50 – 54	55 – 59	60 – 64	65 – 69	70 – 74	75 – 79	80 – 84	85 +	Unknown Inconnu	
5 189	8 959	10 966	10 967	12 392	15 229	15 784	15 539	11 274	7 446	5 964	—	1
5 061	8 434	10 601	10 557	11 345	14 144	14 390	13 932	10 883	6 529	5 424	—	2
5 187	7 923	10 807	11 219	11 707	14 441	14 794	14 518	11 809	6 740	5 661	—	3
5 372	7 444	10 833	11 731	11 453	13 823	14 933	14 439	12 183	7 047	5 935	—	4
5 447	7 110	11 047	12 190	11 857	13 691	15 131	14 628	12 556	7 284	5 952	—	5
5 596	6 750	10 926	12 321	11 575	12 540	14 983	14 291	12 252	7 160	5 457	—	6
5 721	6 864	10 470	12 557	11 756	12 628	14 863	14 200	12 503	7 946	5 288	—	7
2 396	3 479	4 434	5 354	6 032	7 605	9 406	12 330	12 051	10 730	13 269	—	8
2 112	3 207	4 026	4 872	5 658	7 194	8 716	11 288	11 947	10 108	12 609	—	9
2 084	3 003	4 099	4 953	5 836	7 191	8 983	11 469	12 604	10 364	13 561	—	10
2 122	2 845	3 918	4 948	5 800	7 042	9 099	11 376	13 006	10 707	14 145	—	11
2 099	2 780	4 047	5 038	5 991	7 429	9 094	11 875	13 655	11 411	15 043	—	12
2 102	2 497	3 831	4 749	5 843	6 819	9 448	11 529	13 553	11 417	14 538	—	13
2 033	2 455	3 690	4 834	5 679	6 947	9 230	11 530	13 641	12 398	14 803	—	14
113	124	167	245	190	198	144	170	123	130	162	30	15
112	120	186	228	159	187	155	177	112	134	142	28	16
132	126	200	215	204	187	153	194	130	126	161	33	17
86	124	162	215	202	201	155	161	111	107	180	44	18
45	43	47	58	69	102	81	132	89	113	171	3	19
52	37	59	66	69	109	88	130	100	112	135	8	20
38	46	68	72	66	93	96	139	83	112	208	4	21
46	53	55	82	65	106	104	112	104	105	180	6	22
15	11	23	36	57	78	107	117	92	83	47	6	23
16	14	20	43	54	79	91	* —————— 309 —————— *				20	24
13	16	18	39	26	76	91	98	109	61	46	20	25
12	12	25	26	54	71	88	94	97	59	54	14	26
19	18	16	33	49	67	94	108	114	68	52	12	27
19	22	17	36	61	80	95	124	108	72	58	13	28
22	25	28	21	60	65	108	108	114	80	58	33	29
25	19	19	29	49	78	69	103	105	67	69	20	30
23	23	26	30	51	74	88	106	105	78	62	8	31
3	5	8	32	29	51	73	93	83	111	142	3	32
7	7	13	24	29	43	61	* —————— 427 —————— *				14	33
5	6	11	18	28	34	38	85	91	95	113	7	34
11	8	10	20	27	22	59	90	90	90	133	10	35
11	10	8	12	36	37	51	96	94	100	152	7	36
9	10	10	16	35	42	63	79	104	91	142	18	37
8	11	4	16	27	38	60	93	85	94	130	9	38
9	10	7	18	17	36	58	71	89	85	128	7	39
14	8	3	10	25	50	51	70	87	118	172	5	40
1 302	1 629	1 917	2 842	3 370	4 123	4 570	4 996	4 676	3 650	3 078	123	41
825	1 009	1 137	1 758	2 085	2 896	3 569	4 412	4 081	3 795	3 549	62	42
862	1 101	1 540	2 055	2 466	3 242	3 509	4 462	3 420	2 542	1 729	123	43
922	1 130	1 597	2 049	2 673	3 315	3 570	4 464	3 703	2 852	2 003	127	44
1 009	1 152	1 644	2 034	2 873	3 344	3 823	4 300	3 948	2 547	1 955	158	45
977	1 091	1 655	2 031	2 777	3 311	3 905	3 983	3 895	2 585	2 006	181	46
1 003	1 188	1 535	2 162	2 701	3 212	3 938	3 833	3 886	2 503	2 082	139	47
1 005	1 143	1 567	2 360	2 724	3 587	3 946	4 041	4 135	2 822	2 334	108	48
1 044	1 217	1 588	2 514	2 749	3 637	3 882	4 294	4 223	2 937	2 666	33	49

22. Deaths by age, sex and urban/rural residence: 1983 – 1992 (continued)

(See notes at end of table.)

Continent, country or area, year, sex and urban/rural residence / Continent, pays ou zone, année, sexe et résidence, urbaine/rurale	All ages Tous âges	− 1	1 – 4	5 – 9	10 – 1	15 – 19	20 – 24	25 – 29	
ASIA—ASIE (Cont.–Suite)									
Malaysia – Malaisie									
Peninsular Malaysia – [1] [3]									
Malaisie Péninsulaire									
Female – Féminin									
1 1983	28 585	3 212	1 104	492	371	462	543	524	
2 1984	28 821	2 892	941	402	317	427	554	512	
3 1985	29 444	2 928	922	418	354	436	505	552	
4 1986	28 417	2 645	780	405	302	399	506	550	
5 1987	28 487	2 474	781	391	319	390	461	488	
6 1988	30 156	2 418	805	374	283	355	441	539	
7 1989	30 386	2 110	733	366	333	365	439	506	
Sabah									
Male – Masculin									
8 1983	3 071	614	240	84	57	82	170	169	
9 1984	3 088	578	219	79	44	67	171	161	
10 1985	3 125	499	218	83	53	69	151	200	
11 1986	3 178	615	233	66	41	74	122	142	
Female – Féminin									
12 1983	1 969	455	191	58	39	57	81	53	
13 1984	1 989	494	213	57	51	54	76	68	
14 1985	1 892	368	145	66	38	47	64	68	
15 1986	1 936	474	165	54	39	41	55	49	
Sarawak [1]									
Male – Masculin									
16 1984	3 397	299	76	39	33	60	83	96	
17 1985	3 211	279	82	42	25	73	90	62	
18 1986	3 168	253	78	37	36	53	73	75	
Female – Féminin									
19 1984	2 184	192	77	34	28	37	44	45	
20 1985	2 101	195	54	24	21	32	35	36	
21 1986	2 016	173	60	26	18	34	39	41	
Maldives [1]									
Male – Masculin									
22 1983	948	330	112	*———	49	*——— *———			93 —
23 1984	859	333	81	22	11	12	17	15	
24 1985	826	277	98	19	12	13	15	13	
25 1986	850	290	90	22	7	12	14	13	
26 1987	836	234	96	21	8	13	9	10	
27 1988	804	224	74	17	11	11	19	18	
28 1989	783	200	87	13	10	9	17	13	
29 1990	725	149	61	17	13	14	9	7	
30 1991	742	174	74	20	10	10	3	12	
Female – Féminin									
31 1983	791	216	126	*———	34	*——— *———			166 —
32 1984	781	229	112	20	15	30	14	31	
33 1985	781	265	116	13	8	21	31	19	
34 1986	661	207	85	19	5	7	18	24	
35 1987	689	183	94	20	2	18	29	35	
36 1988	722	175	101	28	12	19	24	37	
37 1989	693	171	92	22	10	20	17	19	
38 1990	630	141	66	15	12	11	16	16	
39 1991	624	146	67	20	7	12	17	20	
Mongolia – Mongolie [1]									
Male – Masculin									
40 1987	8 500	2 500	1 000	200	100	100	200	200	
41 1988	9 600	2 600	1 200	200	200	200	200	200	
42 1989	9 400	2 600	1 100	200	–	–	200	200	
Female – Féminin									
43 1987	7 400	2 200	1 000	200	–	–	100	200	
44 1988	8 100	2 200	1 100	200	–	–	200	200	
45 1989	7 600	2 100	1 000	100	–	–	100	200	

22. Décès selon l'âge, le sexe et la résidence, urbaine/rurale: 1983 – 1992 (suite)

...otes à la fin du tableau.)

					Age (en années)						Unknown Inconnu	
35 – 39	40 – 44	45 – 49	50 – 54	55 – 59	60 – 64	65 – 69	70 – 74	75 – 79	80 – 84	85 +		
576	711	976	1 350	1 683	2 548	2 593	3 622	2 827	2 247	2 085	69	1
581	705	968	1 302	1 582	2 410	2 665	3 558	3 360	2 483	2 523	95	2
614	733	979	1 332	1 779	2 450	2 925	3 482	3 536	2 272	2 558	93	3
657	712	1 008	1 235	1 791	2 286	3 086	3 228	3 585	2 209	2 377	77	4
685	692	884	1 320	1 798	2 394	3 231	3 196	3 668	2 271	2 365	85	5
659	729	898	1 427	1 874	2 504	3 307	3 416	3 879	2 785	2 791	83	6
696	753	981	1 463	1 715	2 305	3 207	3 683	3 932	3 164	3 011	48	7
89	137	141	168	153	205	180	176	115	89	64	14	8
89	140	165	191	173	213	197	201	114	95	52	21	9
94	144	145	206	194	233	193	211	138	90	63	36	10
107	140	141	194	200	228	194	222	136	92	86	38	11
38	70	83	93	91	134	112	118	73	77	77	14	12
45	63	64	94	87	106	88	130	71	84	74	13	13
48	76	71	113	84	147	97	136	86	82	57	18	14
55	67	80	101	95	137	101	126	81	67	71	14	15
61	118	100	184	194	367	326	401	301	237	129	55	16
80	99	106	176	226	301	349	402	321	213	162	59	17
90	95	121	173	242	280	371	356	329	202	159	62	18
49	74	82	154	148	206	240	245	161	132	103	25	19
51	49	69	120	155	214	268	243	194	119	139	40	20
46	74	72	109	151	179	240	202	214	144	110	37	21
		*	*	156	*	*	43 *	199		*	9	22
11	10	29	39	37	47	43	44	30	34	18	24	23
10	27	22	41	37	43	35	40	37	14	26	32	24
15	20	29	40	39	47	51	40	37	28	26	32	25
7	13	26	43	37	63	64	61	54	32	36	29	26
19	13	24	37	36	51	49	54	45	27	30	36	27
9	12	16	43	52	61	45	42	45	25	33	35	28
17	15	22	29	48	57	60	51	46	28	37	38	29
11	16	19	31	39	54	64	64	40	28	37	29	30
		*	*	132	*	*	38 *	104		*	13	31
15	16	25	33	31	45	38	23	13	23	7	23	32
10	30	26	29	28	36	35	26	17	11	7	32	33
10	19	23	37	32	28	34	33	25	13	7	38	34
14	13	33	23	27	37	31	50	16	8	10	31	35
16	10	21	32	36	39	38	38	31	17	8	30	36
19	8	18	24	41	34	44	42	31	16	11	37	37
17	15	20	35	28	37	45	32	31	16	11	39	38
19	10	17	25	37	53	51	32	20	17	9	22	39
200	200	200	300	300	400	600	*	1 800		*	–	40
200	200	200	400	400	600	600	*	2 000		*	–	41
200	200	300	400	600	600	700	*	1 900		*	–	42
200	200	200	200	200	300	500	*	1 700		*	–	43
200	200	200	200	300	300	500	*	2 100		*	–	44
200	200	200	200	300	400	600	*	1 800		*	–	45

22. Deaths by age, sex and urban/rural residence: 1983 – 1992 (continued)

(See notes at end of table.)

Continent, country or area, year, sex and urban/rural residence / Continent, pays ou zone, année, sexe et résidence, urbaine/rurale	All ages Tous âges	−1	1 – 4	5 – 9	10 – 14	15 – 19	20 – 24	25 – 29	3
ASIA—ASIE (Cont.–Suite)									
Pakistan [1] [17]									
Male – Masculin									
1 1984	451 835	196 870	44 031	13 118	5 354	8 638	6 533	9 479	
2 1985	458 134	206 313	38 095	14 488	4 555	11 249	8 349	4 991	
3 1986	407 136	186 185	33 326	11 022	3 682	3 843	7 257	6 886	
4 1987	439 048	201 118	46 449	3 061	5 365	4 176	5 482	7 497	
5 1988	465 735	186 977	42 427	12 299	10 808	8 807	3 942	15 611	
Female – Féminin									
6 1984	378 729	188 914	35 653	10 219	6 778	5 041	6 581	4 434	
7 1985	381 113	160 783	49 187	10 782	4 739	7 152	8 769	9 659	
8 1986	353 833	157 730	41 485	11 881	6 023	6 601	7 617	6 353	
9 1987	370 115	146 076	51 236	8 786	4 299	6 331	8 399	8 950	
10 1988	386 606	157 081	55 683	8 543	2 584	7 638	6 674	7 658	
Philippines +									
Male – Masculin									
11 1983	192 673	37 697	23 928	6 065	3 337	4 687	6 758	7 106	
12 1984	186 148	33 391	21 404	5 671	3 128	4 650	6 988	7 208	
13 1985	196 726	31 599	22 705	6 036	3 168	5 189	7 562	8 237	
14 1986	193 118	30 633	19 635	5 688	3 144	4 980	7 506	8 188	
15 1987	197 275	29 367	22 485	6 751	3 144	4 987	7 418	7 983	
16 1988	192 044	27 335	17 488	6 111	3 155	5 047	7 329	8 158	
17 1989	192 077	24 952	16 071	5 562	3 114	4 752	7 257	7 961	
Female – Féminin									
18 1983	134 587	26 570	20 388	4 595	2 320	2 660	3 090	3 316	
19 1984	127 211	23 506	17 930	4 335	2 489	2 549	2 994	3 004	
20 1985	137 937	23 014	19 809	4 869	2 469	2 904	3 231	3 559	
21 1986	133 631	21 630	16 897	4 529	2 432	2 776	3 211	3 480	
22 1987	137 979	21 436	19 984	5 308	2 513	2 672	3 120	3 376	
23 1988	133 054	19 852	14 968	4 864	2 555	2 746	3 071	3 369	
24 1989	133 544	18 074	14 002	4 418	2 382	2 591	3 060	3 300	
Qatar									
Male – Masculin									
25 1983	566	64	16	7	10	14	28	40	
26 1985	525	82	15	8	3	14	30	19	
27 1986	538	68	19	6	5	12	29	25	
28 1987	525	65	22	6	6	18	26	35	
29 1988	551	82	16	10	10	21	18	31	
30 1989	578	93	17	5	6	13	20	27	
31 1990	572	84	20	18	9	17	20	29	
Female – Féminin									
32 1983	237	55	11	3	3	2	5	2	
33 1985	269	68	17	4	3	5	5	4	
34 1986	246	70	13	7	2	2	6	5	
35 1987	263	68	13	3	5	3	5	4	
36 1988	310	72	21	6	7	3	6	8	
37 1989	269	60	9	9	7	5	1	6	
38 1990	299	58	22	2	2	3	3	6	
Singapore – Singapour + [6] [18]									
Male – Masculin									
39 1983	7 648	216	57	30	42	122	188	181	
40 1984	7 667	195	61	40	43	113	187	209	
41 1985	7 615	224	31	24	36	111	148	185	
42 1986	7 294	192	46	23	33	90	157	174	
43 1987	7 410	191	40	29	42	70	130	155	
44 1988	7 585	194	36	25	25	74	146	154	
45 1989	7 942	172	32	29	29	84	126	160	
46 1990	7 727	188	42	24	31	73	130	168	
47 1991	7 840	150	35	27	22	78	132	174	
48 1992	8 145	139	40	31	41	69	150	181	

22. Décès selon l'âge, le sexe et la résidence, urbaine/rurale: 1983 – 1992 (suite)

otes à la fin du tableau.)

					Age (en années)							
35 – 39	40 – 44	45 – 49	50 – 54	55 – 59	60 – 64	65 – 69	70 – 74	75 – 79	80 – 84	85 +	Unknown Inconnu	
12 216	9 233	7 429	9 317	11 825	17 570	14 520	23 364	8 990	25 191	25 085.	—	1
5 921	10 118	10 161	9 576	10 692	20 944	11 684	24 180	8 572	18 367	34 954	—	2
3 654	7 263	5 855	14 766	10 024	17 575	15 770	17 219	12 602	26 038	20 615	—	3
7 339	4 242	13 841	13 431	10 592	22 238	14 981	22 999	11 308	19 164	21 355	—	4
3 581	8 567	12 327	17 750	11 240	22 314	11 608	22 584	13 975	19 016	34 639	—	5
8 468	5 520	6 151	3 977	3 583	15 836	10 254	18 876	5 249	13 953	23 336	—	6
7 978	5 666	5 512	11 247	5 600	6 670	17 175	17 637	10 350	13 743	22 175	—	7
6 831	5 917	6 608	9 516	7 647	15 272	8 275	17 051	10 539	9 525	15 716	—	8
10 379	7 403	8 003	11 715	8 733	12 998	9 246	18 027	10 735	11 242	20 934	—	9
8 047	8 319	14 013	5 803	10 080	16 176	10 377	14 819	6 355	17 710	20 610	—	10
6 365	7 202	7 825	8 488	8 833	9 992	9 809	11 378	9 045	9 060	8 352	130	11
6 501	7 188	8 030	8 589	8 848	10 012	9 465	11 737	8 645	9 403	8 198	45	12
7 354	7 537	8 602	9 079	9 742	10 362	10 761	12 372	10 040	9 119	9 802	19	13
7 768	7 269	8 599	9 344	10 010	10 708	10 981	12 154	10 510	8 130	10 108	15	14
8 059	7 279	8 658	9 723	10 194	10 932	11 100	11 501	11 282	8 438	10 193	8	15
8 059	7 665	8 767	9 670	10 108	11 292	11 391	11 723	11 920	8 570	10 516	3	16
8 073	7 737	8 728	10 191	10 654	11 882	12 165	12 181	13 327	8 973	10 972	16	17
3 298	3 620	3 961	4 491	4 883	6 191	6 757	8 648	7 761	8 443	10 264	95	18
3 219	3 524	3 741	4 450	4 711	5 971	6 449	9 013	7 394	8 914	9 825	39	19
3 700	3 622	4 193	4 863	5 185	6 436	7 235	9 514	8 521	9 606	11 720	18	20
3 658	3 550	4 240	5 109	5 275	6 435	7 344	9 679	8 779	8 960	12 033	8	21
3 703	3 674	4 168	5 126	5 320	6 593	7 620	9 051	9 775	8 737	12 287	5	22
3 752	3 567	4 178	5 201	5 347	6 609	7 777	9 072	10 461	9 262	12 936	5	23
3 764	3 554	4 229	5 367	5 555	6 962	8 281	9 430	11 533	9 849	13 799	4	24
36	39	55	51	29	34	25	37	17	10	19	—	25
40	21	43	34	42	32	23	39	14	12	18	1	26
22	36	37	34	26	38	29	39	20	24	38	2	27
27	24	31	36	32	45	30	28	17	11	31	5	28
30	35	27	48	28	42	20	24	15	23	29	3	29
26	37	28	43	36	42	29	32	29	28	25	2	30
30	36	24	31	42	48	20	44	17	22	29	5	31
6	10	7	12	4	19	9	31	12	15	26	2	32
8	6	8	13	9	24	10	19	12	17	30	2	33
12	3	6	13	12	15	14	21	9	16	16	1	34
4	4	9	11	10	19	18	28	12	17	19	2	35
6	6	4	18	19	20	25	26	11	15	30	3	36
9	10	5	11	17	14	14	23	12	22	27	2	37
10	10	11	12	10	28	14	27	9	30	28	8	38
173	224	305	533	668	829	966	1 148	883	554	302	33	39
197	225	344	517	726	833	1 000	986	899	573	309	48	40
204	204	333	466	767	821	937	1 106	922	543	334	41	41
202	200	303	481	694	780	953	959	898	561	348	37	42
204	197	306	454	706	843	883	990	970	596	378	64	43
218	234	293	452	682	803	947	989	960	696	443	45	44
188	248	292	480	707	882	968	1 113	1 038	662	500	50	45
209	261	298	437	637	903	927	1 005	982	714	479	35	46
211	254	260	463	678	912	955	997	976	814	487	31	47
216	276	311	442	594	908	1 042	1 058	996	821	594	39	48

22. Deaths by age, sex and urban/rural residence: 1983 – 1992 (continued)

(See notes at end of table.)

Continent, country or area, year, sex and urban/rural residence Continent, pays ou zone, année, sexe et résidence, urbaine/rurale	All ages Tous âges	Age (in years)						
		−1	1−4	5−9	10−14	15−19	20−24	25−29
ASIA—ASIE (Cont.–Suite)								
Singapore – Singapour + [6] [18] Female – Féminin								
1 1983	5 672	166	56	27	34	49	81	86
2 1984	5 494	169	47	23	23	51	74	80
3 1985	5 732	169	34	20	20	52	61	93
4 1986	5 525	166	24	14	23	35	72	77
5 1987	5 760	130	28	21	26	42	52	85
6 1988	6 105	174	36	25	22	34	60	85
7 1989	6 127	143	38	27	16	45	64	75
8 1990	6 164	153	23	16	20	23	58	80
9 1991	6 034	117	30	20	25	37	61	64
10 1992	6 188	109	33	14	25	33	54	66
Sri Lanka + [1] Male – Masculin								
11 1983	56 368	6 279	2 407	1 043	811	1 322	2 321	1 688
12 1984	60 309	5 969	2 386	1 031	744	1 348	2 238	1 798
13 1985	59 236	5 230	1 705	833	698	1 286	2 265	2 040
14 1986	59 041	4 684	1 443	815	612	1 265	2 290	2 083
15 1987	59 863	4 500	1 411	812	722	1 353	2 477	2 135
Female – Féminin								
16 1983	38 806	5 213	2 234	867	559	1 124	1 333	962
17 1984	40 416	4 680	2 293	936	588	1 099	1 348	1 002
18 1985	38 853	4 185	1 611	741	476	1 088	1 260	1 082
19 1986	37 104	3 725	1 389	740	487	967	1 112	978
20 1987	37 893	3 576	1 388	738	519	971	1 206	1 060
Syrian Arab Republic – République arabe syrienne + [19] Male – Masculin								
21 1983	19 893	1 908	2 347	1 178	673	624	312	323
22 1984	17 224	1 653	2 163	976	605	577	244	290
Female – Féminin								
23 1983	17 205	1 716	2 524	2 063	835	508	379	313
24 1984	14 855	1 468	2 141	1 744	795	467	333	285
Thailand – Thaïlande + [1] Male – Masculin								
25 1983	144 816	7 486	6 833	3 760	2 981	5 230	7 052	6 764
26 1984	130 849	6 078	5 092	3 058	2 446	4 483	6 209	6 157
27 1985	115 922	5 325	4 360	2 708	2 084	3 630	4 825	4 842
28 1986	125 086	5 156	3 787	2 383	1 968	3 703	5 043	5 219
29 1987	133 179	5 366	3 710	2 606	1 935	4 062	5 352	5 266
30 1988	133 721	4 658	3 081	2 181	1 726	4 058	5 514	5 605
31 1989	143 156	4 461	2 851	1 987	1 782	4 711	6 403	6 429
32 1990	147 887	4 507	2 665	2 094	1 798	5 159	6 947	6 809
33 1991	155 198	4 561	2 551	1 901	1 800	5 374	7 420	6 986
Female – Féminin								
34 1983	107 776	5 610	5 654	2 947	2 208	3 204	3 325	3 022
35 1984	94 433	4 742	4 131	2 457	1 790	2 651	2 760	2 530
36 1985	86 712	3 954	3 491	2 255	1 635	2 172	2 219	2 101
37 1986	92 939	3 834	3 093	1 865	1 450	2 048	2 318	2 137
38 1987	99 789	3 992	3 031	2 088	1 508	2 129	2 256	2 072
39 1988	97 506	3 455	2 449	1 612	1 314	2 035	2 162	2 061
40 1989	103 414	3 208	2 079	1 482	1 258	2 131	2 308	2 204
41 1990	104 625	3 187	1 878	1 531	1 222	2 034	2 238	2 220
42 1991	109 152	3 367	1 859	1 346	1 161	2 075	2 159	2 283
EUROPE								
Albania – Albanie [1] Male – Masculin								
43 1984	9 330	*———	———	2 102	———	• —*	122	175	140
44 1985	9 633	*———	———	2 099	———	—*	128	149	143
45 1986	9 803	*———	———	2 284	———	—*	129	170	135
46 1987	9 572	1 234	632	129	93	122	184	142
47 1988	9 589	1 123	562	129	97	141	171	145
48 1989	10 239	1 355	601	164	94	141	179	170
49 1990	10 311	1 258	593	163	93	129	202	185

22. Décès selon l'âge, le sexe et la résidence, urbaine/rurale: 1983 – 1992 (suite)

notes à la fin du tableau.)

Age (en années)

35 – 39	40 – 44	45 – 49	50 – 54	55 – 59	60 – 64	65 – 69	70 – 74	75 – 79	80 – 84	85 +	Unknown Inconnu	
96	129	165	255	337	451	617	812	827	692	679	7	1
103	116	199	263	336	442	597	760	795	659	671	7	2
124	100	178	256	353	481	634	875	821	661	684	12	3
104	118	177	253	354	448	597	752	840	651	689	9	4
122	125	198	275	377	475	587	791	895	677	738	13	5
145	122	185	270	358	463	619	796	968	788	840	17	6
120	152	170	246	333	507	623	829	901	833	877	31	7
144	150	163	267	387	484	600	784	927	856	904	17	8
106	173	137	263	360	500	591	821	905	834	890	6	9
110	164	180	276	337	497	609	740	944	907	982	13	10
1 630	1 855	2 488	3 085	3 497	3 767	4 598	5 015	4 093	4 538	4 226	70	11
1 861	1 947	2 667	3 276	3 921	4 381	5 046	5 695	4 503	5 109	4 702	7	12
2 050	2 090	2 700	3 279	4 153	4 462	5 171	5 479	4 499	4 484	5 000	14	13
2 128	2 151	2 854	3 339	4 291	4 522	5 400	5 529	4 675	4 470	4 719	18	14
2 158	2 277	2 862	3 550	4 227	4 599	5 305	5 731	4 491	4 330	4 917	46	15
897	893	1 089	1 440	1 628	2 160	2 952	3 322	3 077	3 594	4 488	54	16
955	883	1 104	1 480	1 728	2 293	2 878	3 711	3 382	4 063	5 058	9	17
929	842	1 155	1 525	1 690	2 267	3 038	3 665	3 426	3 798	5 165	3	18
957	890	1 105	1 475	1 809	2 248	2 986	3 675	3 262	3 605	4 829	8	19
997	883	1 161	1 499	1 840	2 271	3 195	3 775	3 319	3 713	4 916	29	20
386	*421*	*548*	*1 138*	*1 017*	*1 303*	*1 485*	*1 642*	*1 167*	*1 424*	*1 618*	—	21
266	*396*	*512*	*1 097*	*678*	*1 211*	*1 164*	*1 500*	*1 001*	*1 106*	*1 513*	—	22
315	*361*	*413*	*662*	*493*	*738*	*861*	*1 135*	*1 050*	*1 289*	*1 216*	—	23
221	*305*	*313*	*629*	*369*	*679*	*638*	*1 060*	*890*	*1 050*	*1 216*	—	24
5 728	*6 599*	*8 176*	*9 328*	*9 666*	*10 396*	*10 941*	*10 785*	*9 518*	*7 302*	*6 267*	*4 197*	25
5 253	*6 009*	*7 618*	*9 016*	*9 255*	*9 830*	*10 078*	*10 327*	*8 962*	*6 915*	*5 473*	*3 190*	26
4 646	*5 078*	*6 317*	*7 852*	*8 451*	*8 988*	*9 480*	*9 555*	*8 610*	*6 679*	*5 712*	*2 250*	27
5 027	*5 356*	*6 910*	*8 756*	*9 133*	*9 738*	*10 310*	*10 769*	*9 454*	*7 473*	*6 520*	*3 420*	28
5 096	*5 507*	*7 207*	*8 971*	*10 148*	*10 768*	*10 988*	*11 792*	*10 414*	*8 308*	*7 605*	*3 071*	29
5 490	*5 811*	*7 017*	*9 020*	*10 005*	*11 077*	*11 140*	*12 104*	*10 459*	*8 674*	*7 488*	*2 988*	30
6 089	*6 226*	*7 249*	*9 601*	*10 819*	*12 168*	*12 307*	*12 136*	*11 390*	*9 101*	*8 465*	*2 887*	31
6 588	*6 837*	*7 431*	*9 747*	*10 995*	*12 524*	*12 311*	*12 627*	*11 532*	*9 266*	*8 616*	*2 726*	32
7 354	*7 462*	*7 674*	*9 989*	*11 883*	*13 224*	*13 050*	*13 071*	*12 041*	*9 867*	*9 415*	*2 435*	33
3 219	*3 941*	*4 920*	*6 052*	*6 345*	*7 134*	*8 018*	*8 917*	*8 980*	*8 497*	*9 329*	*3 378*	34
2 775	*3 348*	*4 410*	*5 456*	*5 833*	*6 751*	*7 318*	*8 210*	*8 245*	*7 822*	*8 205*	*2 381*	35
2 575	*3 059*	*4 086*	*5 152*	*5 512*	*6 182*	*6 982*	*7 779*	*7 946*	*7 722*	*7 891*	*1 735*	36
2 570	*3 241*	*4 071*	*5 560*	*5 708*	*6 792*	*7 297*	*9 049*	*9 038*	*8 627*	*9 700*	*2 176*	37
2 671	*3 152*	*4 252*	*5 691*	*6 485*	*7 380*	*8 198*	*9 850*	*9 909*	*9 861*	*11 124*	*1 836*	38
2 681	*3 087*	*3 968*	*5 771*	*6 423*	*7 311*	*7 958*	*9 932*	*9 787*	*10 012*	*11 289*	*1 888*	39
2 900	*3 482*	*4 328*	*5 777*	*6 934*	*7 986*	*8 774*	*10 143*	*10 943*	*10 634*	*12 525*	*1 886*	40
2 827	*3 539*	*4 300*	*5 953*	*6 871*	*8 354*	*8 921*	*10 386*	*10 685*	*11 025*	*13 053*	*1 869*	41
3 042	*3 763*	*4 419*	*6 054*	*7 496*	*8 522*	*9 525*	*10 534*	*11 473*	*11 554*	*14 414*	*1 547*	42
105	184	238	347	496	727	853	1 148	999	808	779	2	43
120	166	232	351	522	666	953	1 184	1 090	764	911	9	44
126	160	216	350	529	649	955	1 157	1 110	753	917	37	45
109	155	271	351	570	707	927	1 081	1 121	757	850	3	46
134	141	238	366	540	730	1 030	1 125	1 183	720	864	1	47
139	146	231	418	577	757	977	1 106	1 227	882	922	6	48
157	149	219	390	534	832	950	1 183	1 227	933	900	44	49

22. Deaths by age, sex and urban/rural residence: 1983 – 1992 (continued)

(See notes at end of table.)

Continent, country or area, year, sex and urban/rural residence / Continent, pays ou zone, année, sexe et résidence, urbaine/rurale	All ages Tous âges	Age (in years)						
		− 1	1 – 4	5 – 9	10 – 14	15 – 19	20 – 24	25 – 29
EUROPE (Cont.–Suite)								
Albania – Albanie [1]								
Female – Féminin								
1 1984	7 288	*		1 685		*	55	99	76
2 1985	7 546	*		1 715		*	63	85	94
3 1986	7 566	*		1 832		*	53	78	86
4 1987	7 547	1 013	603	73	41	71	87	97
5 1988	7 438	898	556	92	44	60	66	89
6 1989	7 929	1 077	553	116	61	56	88	105
7 1990	7 882	1 063	496	125	79	56	58	96
Austria – Autriche [1]								
Male – Masculin								
8 1983	43 945	625	98	66	79	475	563	416
9 1984	41 989	577	110	70	80	430	588	446
10 1985	41 873	591	113	46	83	387	550	411
11 1986	40 366	528	95	58	59	337	474	420
12 1987	39 202	475	77	55	59	337	473	402
13 1988	38 491	396	76	55	55	346	451	395
14 1989	38 746	415	91	72	50	302	434	453
15 1990	38 386	395	86	48	44	265	435	389
16 1991	38 639	407	80	53	38	262	438	469
Female – Féminin								
17 1983	49 096	446	72	53	64	164	142	144
18 1984	46 477	441	91	35	57	120	154	134
19 1985	47 705	386	82	35	45	113	145	133
20 1986	46 705	365	68	44	34	119	139	130
21 1987	45 705	375	65	38	30	109	128	124
22 1988	44 772	320	45	36	30	87	123	133
23 1989	44 661	323	66	32	26	96	121	126
24 1990	44 566	314	69	31	26	79	114	137
25 1991	44 789	301	60	32	25	79	133	122
Belgium – Belgique [20]								
Male – Masculin								
26 1983	58 575	723	160	103	115	332	508	509
27 1984*	57 307	689	156	92	97	319	559	505
28 1986	56 649	699	93	97	90	310	510	501
29 1987	53 787	666	106	82	87	285	510	473
Female – Féminin								
30 1983	55 959	512	104	67	75	148	185	182
31 1984*	53 766	450	149	66	74	146	168	207
32 1986	54 694	425	87	59	50	115	176	180
33 1987	51 639	467	83	55	56	118	169	219
Bulgaria – Bulgarie [1]								
Male – Masculin								
34 1983	56 319	1 154	299	172	147	295	391	483
35 1984	56 135	1 127	312	192	172	295	388	473
36 1985	59 345	1 022	258	178	175	287	424	452
37 1986	57 521	1 026	223	138	153	286	362	442
38 1987	59 210	949	271	174	181	345	398	414
39 1988	59 155	943	292	176	157	297	354	454
40 1989	58 925	938	250	147	176	293	391	433
41 1990	59 780	909	240	134	168	337	428	461
Female – Féminin								
42 1983	45 863	870	241	127	92	129	155	171
43 1984	45 284	841	236	121	97	135	148	210
44 1985	48 140	809	212	115	94	155	159	198
45 1986	46 518	734	194	90	83	133	159	193
46 1987	48 003	766	193	109	102	134	148	191
47 1988	48 230	652	205	96	101	149	157	212
48 1989	47 977	676	194	106	92	132	158	162
49 1990	48 828	645	173	105	87	155	154	173

22. Décès selon l'âge, le sexe et la résidence, urbaine/rurale: 1983 – 1992 (suite)

ir notes à la fin du tableau.)

35 – 39	40 – 44	45 – 49	50 – 54	55 – 59	60 – 64	65 – 69	70 – 74	75 – 79	80 – 84	85 +	Unknown Inconnu	
78	100	107	190	235	332	460	867	927	858	1 149	5	1
82	98	119	138	213	331	425	830	947	888	1 440	7	2
64	96	115	149	207	277	386	734	1 000	848	1 484	58	3
88	66	123	158	238	340	455	722	993	880	1 405	3	4
82	92	135	175	243	319	482	672	1 052	886	1 418	1	5
90	98	119	171	219	356	557	670	1 209	968	1 318	3	6
88	95	121	177	199	345	540	679	982	1 098	1 396	75	7
620	1 067	1 157	2 060	2 771	3 457	3 651	7 172	8 126	6 616	4 488	—	8
597	1 009	1 189	1 968	2 782	3 546	3 133	6 589	7 628	6 445	4 384	—	9
552	965	1 192	1 797	2 751	3 532	3 104	6 130	7 698	6 692	4 890	—	10
576	846	1 228	1 626	2 778	3 403	3 339	5 472	7 251	6 569	4 878	—	11
527	748	1 317	1 523	2 614	3 429	3 667	4 768	7 029	6 340	4 932	—	12
490	799	1 295	1 403	2 488	3 447	3 904	4 124	6 747	6 438	5 158	—	13
494	772	1 263	1 480	2 428	3 497	4 288	3 704	6 695	6 426	5 487	—	14
465	793	1 262	1 505	2 235	3 501	4 436	3 603	6 530	6 431	5 512	—	15
495	847	1 162	1 700	2 196	3 419	4 442	3 874	5 985	6 494	5 825	—	16
304	492	526	966	1 597	2 422	2 809	6 472	9 503	10 860	11 868	—	17
282	509	517	838	1 420	2 583	2 511	5 929	8 859	10 261	11 571	—	18
267	463	568	795	1 358	2 539	2 426	5 791	9 212	10 817	12 366	—	19
295	416	652	713	1 251	2 358	2 623	5 275	8 927	10 558	12 582	—	20
266	410	590	668	1 211	2 173	2 890	4 632	8 596	10 484	12 758	—	21
244	363	670	637	1 087	2 100	3 236	3 925	8 128	10 335	13 104	—	22
232	348	654	711	1 055	1 861	3 455	3 516	8 012	10 264	13 586	—	23
225	397	599	779	1 098	1 755	3 410	3 257	7 647	10 435	14 032	—	24
234	408	560	825	1 021	1 679	3 388	3 776	7 066	10 272	14 631	—	25
634	830	1 382	2 439	3 902	5 218	5 694	9 508	10 197	8 629	7 073	—	26
700	784	1 375	2 300	3 741	5 656	5 284	9 296	10 018	8 373	6 758	7	27
712	869	1 246	1 986	3 518	5 457	5 624	8 387	9 914	8 718	7 404	—	28
690	866	1 184	1 947	3 477	5 163	5 950	7 364	9 328	8 084	6 962	—	29
393	516	802	1 337	1 933	2 713	3 455	6 685	10 213	11 980	14 380	—	30
355	492	787	1 184	1 928	2 876	2 914	6 336	9 593	11 717	14 058	4	31
402	516	711	1 085	1 849	2 804	3 202	5 848	9 413	11 993	15 519	—	32
365	468	722	1 041	1 713	2 530	3 248	5 200	8 667	11 265	14 990	—	33
880	1 125	1 866	2 872	4 575	5 648	5 645	9 103	9 529	6 752	4 777	—	34
838	1 173	1 896	3 010	4 697	6 196	5 436	8 513	9 240	6 839	4 744	—	35
986	1 216	1 925	3 161	4 752	6 735	5 327	9 171	9 948	7 480	5 205	—	36
953	1 242	1 886	3 253	4 541	6 887	5 675	8 502	9 429	7 168	4 743	—	37
878	1 262	1 781	3 077	4 559	6 845	6 664	7 810	9 779	7 822	5 391	—	38
954	1 335	1 814	3 116	4 574	6 932	7 669	6 893	9 591	7 790	5 180	—	39
961	1 469	2 060	2 988	4 750	6 606	8 344	6 449	8 969	7 725	5 364	—	40
925	1 584	1 992	2 952	4 583	6 509	8 421	6 389	9 529	7 950	5 646	—	41
296	466	834	1 405	2 310	3 217	3 606	7 331	9 309	8 019	7 004	—	42
365	479	816	1 503	2 305	3 501	3 792	6 767	8 951	8 028	6 728	—	43
393	493	777	1 442	2 316	3 718	3 503	7 288	9 820	8 814	7 577	—	44
420	462	722	1 413	2 219	3 643	3 529	6 864	9 296	8 615	7 490	—	45
399	518	715	1 392	2 137	3 689	4 274	6 351	9 529	9 247	7 842	—	46
386	530	812	1 338	2 214	3 639	5 078	5 642	9 456	9 479	7 846	—	47
377	603	772	1 236	2 184	3 431	5 619	5 457	8 963	9 468	8 089	—	48
398	616	809	1 207	2 174	3 463	5 567	5 059	9 357	9 760	8 644	—	49

22. Deaths by age, sex and urban/rural residence: 1983 – 1992 (continued)

(See notes at end of table.)

Continent, country or area, year, sex and urban/rural residence Continent, pays ou zone, année, sexe et résidence, urbaine/rurale	All ages Tous âges	Age (in years)							
		– 1	1 – 4	5 – 9	10 – 14	15 – 19	20 – 24	25 – 29	30

	EUROPE (Cont.–Suite)									
	Channel Islands – Iles Anglo–Normandes Guernsey – Guernesey Male – Masculin									
1	1983	312	2	1	–	–	–	–	2	
2	1984	289	4	–	–	1	2	3	–	
3	1985	332	4	–	–	–	2	4	–	
4	1986	299	2	–	–	–	2	3	2	
5	1988	307	4	–	–	1	1	2	1	
6	1989	283	3	–	–	–	1	–	1	
7	1990	292	1	1	–	–	–	1	2	
8	1991	318	6	1	–	–	3	1	4	
9	1992	275	3	1	–	–	2	2	–	
	Female – Féminin									
10	1983	327	2	–	–	1	–	–	–	
11	1984	289	2	–	–	1	1	1	–	
12	1985	276	–	–	–	1	–	1	1	
13	1986	315	–	–	–	–	2	1	–	
14	1988	282	1	1	–	–	–	–	–	
15	1989	286	1	–	1	–	–	–	1	
16	1990	310	1	1	1	1	–	–	1	
17	1991	296	1	–	–	–	1	–	–	
18	1992	277	5	–	–	–	–	–	1	
	Jersey + Male – Masculin									
19	1983	461	2	–	–	–	4	2	2	
20	1984	397	4	–	1	–	1	1	1	
21	1985	444	2	2	1	2	4	3	2	
22	1986	435	–	–	1	–	3	4	2	
23	1987	427	5	–	–	1	1	1	1	
24	1988	415	7	–	1	1	1	4	1	
25	1991*	381	3	–	–	1	1	2	2	
	Female – Féminin									
26	1983	483	1	–	–	–	1	1	2	
27	1984	414	3	–	–	–	1	2	1	
28	1985	431	3	1	–	–	1	1	–	
29	1986	439	5	–	–	–	1	2	–	
30	1987	418	4	1	–	–	–	1	3	
31	1988	395	4	–	–	1	–	1	1	
32	1991*	451	2	1	–	–	–	1	2	
	Former Czechoslovakia – Ancienne Tchécoslovaquie [1] Male – Masculin									
33	1983	96 808	2 145	289	292	226	449	679	905	
34	1984	95 338	2 031	285	263	170	454	606	783	
35	1985	95 202	1 826	259	250	232	457	664	778	
36	1986	95 688	1 740	289	234	192	466	655	755	
37	1987	92 766	1 612	261	213	206	445	602	677	
38	1988	92 646	1 489	232	188	227	462	631	628	
39	1989	94 064	1 374	243	182	206	460	617	658	
40	1990	96 731	1 401	204	181	179	501	692	735	
	Female – Féminin									
41	1983	90 099	1 466	242	186	121	199	188	285	
42	1984	88 589	1 459	221	150	129	181	175	284	
43	1985	88 903	1 339	203	176	109	169	196	272	
44	1986	90 030	1 208	188	140	113	183	206	252	
45	1987	86 458	1 155	211	136	109	186	173	246	
46	1988	85 523	1 082	205	120	96	185	197	230	
47	1989	87 585	984	177	127	122	181	195	233	
48	1990	87 054	968	176	109	121	243	203	228	

22. Décès selon l'âge, le sexe et la résidence, urbaine/rurale: 1983 – 1992 (suite)

(r notes à la fin du tableau.)

Age (en années)												
35 – 39	40 – 44	45 – 49	50 – 54	55 – 59	60 – 64	65 – 69	70 – 74	75 – 79	80 – 84	85 +	Unknown Inconnu	
1	4	5	7	10	29	36	58	60	45	48	—	1
2	4	6	10	13	19	37	44	59	43	41	—	2
—	5	7	8	16	24	42	57	56	63	44	—	3
4	4	4	6	14	26	49	54	48	44	37	—	4
6	4	5	13	17	18	32	39	57	56	49	—	5
5	4	4	5	17	21	31	42	55	49	43	—	6
2	4	4	10	10	19	33	41	50	80	32	—	7
2	4	7	7	11	29	36	48	49	48	60	—	8
5	1	6	6	15	20	29	35	55	50	42	1	9
—	3	2	4	6	14	24	33	56	65	115	—	10
2	1	1	1	14	20	17	20	53	57	98	—	11
2	—	1	6	13	21	20	30	49	52	79	—	12
1	4	4	11	9	21	16	37	50	57	99	—	13
—	2	4	3	11	17	22	28	43	52	95	—	14
2	1	4	9	11	12	34	17	36	51	105	—	15
2	5	5	4	13	7	24	27	40	91	86	—	16
1	4	2	2	4	17	24	20	55	57	108	—	17
1	3	2	4	6	10	24	33	40	50	98	—	18
13	2	7	14	31	52	61	82	*——— –	184 ———*		—	19
7	8	5	21	20	37	32	60	*——— –	196 ———*		—	20
1	4	11	19	26	37	46	82	*——— –	202 ———*		—	21
8	9	11	21	25	43	33	72	199	–		1	22
4	7	6	14	25	46	59	54	*——— –	199 ———*		1	23
2	3	11	14	16	45	49	58	*——— –	200 ———*		—	24
3	7	10	16	16	29	52	48	*——— –	190 ———*		—	25
2	5	3	16	18	31	29	56	*——— –	315 ———*		—	26
4	5	7	12	19	28	43	46	*——— –	243 ———*		—	27
2	4	8	11	10	25	40	50	*——— –	272 ———*		—	28
7	4	9	7	13	20	38	51	281	–	–	—	29
3	6	8	7	21	18	35	51	*——— –	259 ———*		—	30
2	1	3	10	13	18	28	37	*——— –	275 ———*		—	31
3	2	7	13	15	18	26	44	*——— –	317 ———*		—	32
1 575	2 066	3 035	5 273	8 042	10 233	9 875	17 056	16 054	11 138	6 334	—	33
1 621	2 131	3 031	5 242	7 887	11 417	8 237	16 633	15 988	11 068	6 307	—	34
1 618	2 248	3 013	5 053	7 613	11 616	8 289	15 992	16 351	11 198	6 589	—	35
1 610	2 285	3 029	4 726	7 864	11 561	9 576	14 382	16 716	11 622	6 937	—	36
1 637	2 415	3 169	4 670	7 612	11 096	10 950	12 176	16 189	11 086	6 721	—	37
1 717	2 439	3 350	4 504	7 430	10 804	12 622	10 672	15 809	11 291	7 097	—	38
1 694	2 585	3 575	4 489	7 501	10 808	14 099	9 159	15 664	12 088	7 599	—	39
1 889	2 917	3 936	4 990	7 452	11 056	14 434	9 462	15 515	12 353	7 770	—	40
635	840	1 282	2 293	3 855	5 684	6 657	14 327	18 184	17 883	15 348	—	41
637	853	1 208	2 265	3 652	6 379	5 655	13 578	18 148	17 737	15 456	—	42
666	867	1 225	2 166	3 690	6 181	5 514	13 401	18 405	17 814	16 137	—	43
676	1 008	1 259	2 034	3 652	6 164	6 280	12 572	18 712	18 062	16 884	—	44
658	911	1 347	2 026	3 508	5 805	7 216	10 570	17 673	17 718	16 427	—	45
624	1 021	1 311	1 871	3 426	5 766	8 267	9 003	17 483	17 544	16 670	—	46
644	1 030	1 403	1 850	3 349	5 535	9 185	8 058	17 580	18 437	18 119	—	47
692	1 082	1 439	1 862	3 305	5 459	9 341	7 933	16 881	18 389	18 232	—	48

22. Deaths by age, sex and urban/rural residence: 1983 – 1992 (continued)

(See notes at end of table.)

Continent, country or area, year, sex and urban/rural residence / Continent, pays ou zone, année, sexe et résidence, urbaine/rurale	All ages Tous âges	– 1	1 – 4	5 – 9	10 – 14	15 – 19	20 – 24	25 – 29	30 –
EUROPE (Cont.–Suite)									
Denmark – Danemark [21]									
Male – Masculin									
1 1983	30 321	230	60	45	40	167	213	211	
2 1984	30 101	243	49	32	44	167	211	227	
3 1985	30 533	245	47	58	66	167	220	264	
4 1986	30 254	249	40	29	59	140	236	201	
5 1987	30 222	290	56	31	36	144	244	227	
6 1988	30 308	248	46	36	37	132	226	257	
7 1989	30 449	288	60	26	34	116	197	222	
8 1990	31 170	278	59	39	43	103	187	222	
9 1991	30 085	268	58	37	36	108	190	235	
Female – Féminin									
10 1983	26 835	163	45	34	41	54	75	96	
11 1984	27 008	156	45	21	36	62	72	85	
12 1985	27 845	182	37	32	37	62	76	80	
13 1986	27 846	204	41	26	25	62	64	89	
14 1987	27 914	177	55	20	19	49	76	87	
15 1988	28 676	201	51	16	25	58	81	96	
16 1989	28 948	204	41	25	22	51	78	82	
17 1990	29 756	195	34	24	30	56	72	76	
18 1991	29 496	203	34	24	24	20	48	60	87
Estonia – Estonie [1][22]									
Male – Masculin									
19 1988	8 471	175	51	33	38	62	98	123	
20 1989	8 695	220	62	45	34	94	116	129	
21 1990	9 424	166	59	42	38	99	142	171	
Female – Féminin									
22 1988	10 080	137	49	31	17	30	39	33	
23 1989	9 835	139	39	25	16	36	33	65	
24 1990	10 106	110	49	22	15	33	36	38	
Faeroe Islands – Iles Féroé									
Male – Masculin									
25 1983	182	7	1	–	3	1	1	1	
26 1984	214	3	1	1	–	7	3	4	
27 1985	197	2	2	2	–	3	3	3	
28 1986	198	3	2	1	1	4	1	1	
29 1987	227	2	2	–	–	3	3	1	
30 1989	226	8	2	–	3	2	2	3	
31 1990	202	2	2	–	1	2	2	–	
Female – Féminin									
32 1983	166	3	1	1	1	–	–	–	
33 1984	131	2	–	1	1	–	–	2	
34 1985	138	5	–	–	–	4	–	–	
35 1986	169	2	–	1	–	3	1	–	
36 1987	140	2	–	–	1	1	–	–	
37 1989	145	7	1	–	–	–	1	–	
38 1990	153	4	1	1	1	2	–	–	
Finland – Finlande [1][23]									
Male – Masculin									
39 1983	23 662	223	58	44	29	177	217	280	
40 1984	23 400	238	47	45	34	153	239	276	
41 1985	24 891	215	43	46	49	157	224	262	
42 1986	23 980	213	36	36	41	146	245	273	
43 1987	24 289	215	47	37	41	152	222	284	
44 1988	24 695	211	33	40	33	148	249	290	
45 1989	24 513	217	35	38	47	175	252	293	
46 1990	25 016	190	42	39	44	159	284	278	
Female – Féminin									
47 1983	21 726	191	35	29	20	60	69	96	
48 1984	21 698	185	33	28	24	60	63	91	
49 1985	23 307	181	28	30	22	48	58	73	
50 1986	23 155	140	30	16	16	57	78	94	
51 1987	23 660	158	37	25	18	56	65	94	
52 1988	24 368	168	34	21	32	58	71	71	
53 1989	24 597	169	43	17	16	50	62	81	
54 1990	25 042	180	25	29	20	72	91	73	

22. Décès selon l'âge, le sexe et la résidence, urbaine/rurale: 1983 – 1992 (suite)

notes à la fin du tableau.)

					Age (en années)							
35 – 39	40 – 44	45 – 49	50 – 54	55 – 59	60 – 64	65 – 69	70 – 74	75 – 79	80 – 84	85 +	Unknown Inconnu	
429	474	733	1 045	1 745	2 816	3 700	4 740	4 957	4 073	4 316	—	1
428	498	650	1 072	1 690	2 789	3 503	4 715	5 060	4 138	4 290	—	2
387	501	703	1 066	1 689	2 718	3 649	4 676	5 118	4 247	4 435	—	3
445	550	718	1 025	1 667	2 618	3 601	4 632	5 219	4 175	4 330	—	4
378	620	687	1 072	1 676	2 632	3 589	4 465	5 027	4 332	4 399	—	5
396	600	692	1 072	1 563	2 480	3 676	4 274	5 235	4 511	4 552	—	6
409	655	780	1 077	1 603	2 446	3 617	4 251	5 322	4 409	4 634	—	7
365	652	822	1 068	1 592	2 348	3 577	4 516	5 366	4 756	4 897	—	8
383	567	856	1 035	1 519	2 219	3 346	4 457	4 999	4 675	4 804	—	9
226	305	478	698	1 104	1 649	2 126	3 232	4 178	4 961	7 222	—	10
253	323	465	736	1 037	1 663	2 203	3 247	4 208	4 850	7 390	—	11
245	335	480	744	1 103	1 653	2 078	3 322	4 286	5 045	7 914	—	12
215	402	447	724	1 095	1 704	2 292	3 113	4 381	5 082	7 748	—	13
190	363	485	745	1 120	1 564	2 244	3 084	4 308	5 083	8 117	—	14
190	381	514	685	1 068	1 601	2 431	3 060	4 437	5 113	8 524	—	15
222	410	509	723	1 061	1 515	2 374	3 015	4 383	5 241	8 867	—	16
199	365	534	749	1 097	1 547	2 330	3 132	4 429	5 479	9 305	—	17
193	330	554	681	1 032	1 552	2 272	3 238	4 286	5 502	9 263	—	18
216	236	423	609	929	932	819	887	1 072	876	697	18	19
246	277	421	627	844	1 065	857	829	1 075	870	672	18	20
269	360	462	705	898	1 182	1 012	878	1 066	922	728	12	21
66	90	155	249	410	654	761	1 052	1 798	2 049	2 397	8	22
73	115	168	272	450	653	823	976	1 725	1 886	2 276	6	23
91	111	166	274	375	685	960	975	1 723	2 036	2 342	14	24
2	1	5	5	11	21	13	29	26	22	30	—	25
2	4	7	8	8	10	20	34	40	28	33	—	26
1	—	8	8	5	20	28	34	31	24	22	—	27
1	3	7	1	15	13	18	32	37	29	24	—	28
5	6	5	8	13	14	25	49	37	30	24	—	29
1	4	6	5	11	18	22	37	39	27	36	—	30
1	6	9	—	5	19	28	24	41	33	25	—	31
1	2	5	1	2	8	9	15	38	19	58	—	32
1	2	2	—	5	9	10	18	14	24	40	—	33
1	—	1	2	4	8	14	16	28	22	32	—	34
2	2	3	2	3	11	14	28	17	33	47	—	35
1	2	2	1	5	7	10	24	20	27	37	—	36
1	2	2	—	4	6	9	13	23	32	43	—	37
1	1	—	2	4	5	13	22	23	37	36	—	38
485	543	748	1 256	1 932	2 285	2 931	3 915	3 703	2 648	1 792	—	39
516	553	766	1 188	1 985	2 437	2 743	3 746	3 643	2 572	1 821	—	40
559	587	837	1 242	1 937	2 606	2 759	3 862	4 003	2 872	2 262	—	41
575	675	849	1 219	1 886	2 493	2 708	3 553	3 828	2 794	2 025	—	42
615	696	795	1 125	1 824	2 490	2 879	3 388	3 911	2 945	2 208	—	43
634	844	862	1 146	1 811	2 424	2 825	3 364	3 953	3 085	2 336	—	44
554	862	832	1 152	1 741	2 591	2 853	3 159	3 735	3 087	2 473	—	45
596	917	888	1 168	1 622	2 477	2 989	3 118	3 792	3 310	2 704	—	46
193	218	294	461	823	1 157	1 777	3 271	4 291	4 307	4 312	—	47
160	210	282	437	682	1 210	1 804	3 132	4 258	4 386	4 552	—	48
184	202	285	418	747	1 203	1 807	3 149	4 569	4 859	5 333	—	49
198	206	348	397	733	1 190	1 796	3 013	4 587	4 672	5 457	—	50
206	228	306	437	740	1 200	1 867	2 952	4 469	4 895	5 781	—	51
206	242	363	471	655	1 204	1 847	2 818	4 642	5 182	6 171	—	52
202	305	334	454	641	1 111	1 814	2 732	4 488	5 414	6 542	—	53
157	337	334	472	603	1 087	1 895	2 773	4 344	5 553	6 876	—	54

22. Deaths by age, sex and urban/rural residence: 1983 – 1992 (continued)

(See notes at end of table.)

Continent, country or area, year, sex and urban/rural residence / Continent, pays ou zone, année, sexe et résidence, urbaine/rurale	All ages Tous âges	– 1	1 – 4	5 – 9	10 – 14	15 – 19	20 – 24	25 – 29	30
EUROPE (Cont.–Suite)									
France [1] [24] [25]									
Male – Masculin									
1 1983	288 897	3 957	937	596	694	2 137	3 803	3 370	3
2 1984	282 468	3 597	867	515	660	1 993	3 751	3 352	3
3 1985	286 892	3 741	770	483	631	1 945	3 384	3 301	3
4 1986	283 779	3 607	764	503	564	1 871	3 434	3 206	3
5 1987	275 360	3 572	709	476	530	1 706	3 212	3 187	3
6 1988	272 456	3 532	726	444	470	1 790	3 260	3 177	3
7 1989	274 263	3 378	689	429	463	1 760	3 317	3 411	3
8 1990	272 664	3 284	696	363	426	1 700	3 264	3 504	3
9 1991	272 560	3 242	656	394	462	1 610	3 241	3 614	4
Female – Féminin									
10 1983	270 758	2 877	741	391	442	906	1 214	1 322	1
11 1984	260 022	2 702	610	344	420	876	1 153	1 238	1
12 1985	265 604	2 648	614	343	374	818	1 142	1 207	1
13 1986	263 147	2 650	587	340	356	827	1 080	1 180	1
14 1987	252 106	2 445	534	350	324	705	1 000	1 095	1
15 1988	252 144	2 512	542	293	318	716	976	1 173	1
16 1989	255 020	2 391	535	304	343	685	1 010	1 150	1
17 1990	253 537	2 315	463	276	292	678	903	1 168	1
18 1991	252 125	2 269	524	285	303	627	961	1 227	1
Germany – Allemagne [26]									
Male – Masculin									
19 1991	421 818	3 279	832	482	449	1 819	3 590	4 389	4
Female – Féminin									
20 1991	489 427	2 432	619	357	309	716	1 106	1 476	2
Germany, Federal Rep. of – Allemagne, République fédérale d'									
Male – Masculin									
21 1983	343 800	3 496	697	469	592	2 835	3 446	2 725	3
22 1984	332 990	3 204	655	389	465	2 411	3 134	2 531	2
23 1985	334 382	3 001	575	359	389	2 099	2 881	2 497	2
24 1986	330 233	3 074	575	389	411	1 934	2 894	2 536	2
25 1987	324 629	3 082	558	365	347	1 755	2 772	2 566	2
26 1988	322 939	3 018	582	412	319	1 548	2 813	2 643	2
27 1989	326 008	2 951	562	350	316	1 372	2 658	2 773	3
28 1990	330 439	2 954	589	340	281	1 307	2 736	3 027	3
Female – Féminin									
29 1983	374 537	2 603	571	320	348	1 105	1 142	1 123	1
30 1984	363 128	2 429	458	274	293	957	1 034	1 092	1
31 1985	369 914	2 243	495	311	273	809	966	1 046	1
32 1986	371 657	2 281	452	255	228	747	983	1 035	1
33 1987	362 790	2 236	386	224	223	669	967	939	1
34 1988	364 577	2 062	446	245	227	596	979	1 038	1
35 1989	371 722	2 123	423	267	161	558	963	1 049	1
36 1990	382 896	2 122	462	258	189	496	1 001	1 090	1
Former German Democratic Republic – [1] Ancienne République démocratique allemande									
Male – Masculin									
37 1983	99 255	1 505	286	173	183	721	947	984	
38 1984	97 869	1 324	281	168	153	627	970	892	1
39 1985	99 370	1 255	330	183	169	573	978	904	
40 1987	94 083	1 156	255	141	126	542	813	915	
41 1988	94 489	1 020	259	188	124	468	790	924	
42 1989	91 090	911	193	183	128	469	729	868	1
Female – Féminin									
43 1983	123 440	1 001	246	99	108	261	321	379	
44 1984	123 312	968	243	132	99	270	355	365	
45 1985	125 983	920	227	121	83	251	363	344	
46 1987	119 789	813	195	104	78	210	294	359	
47 1988	118 622	722	219	131	76	185	285	337	
48 1989	114 621	597	166	98	60	209	266	318	

22. Décès selon l'âge, le sexe et la résidence, urbaine/rurale: 1983 – 1992 (suite)

(ir notes à la fin du tableau.)

					Age (en années)							
35 – 39	40 – 44	45 – 49	50 – 54	55 – 59	60 – 64	65 – 69	70 – 74	75 – 79	80 – 84	85 +	Unknown Inconnu	
4 476	5 075	8 844	14 839	20 224	24 676	21 413	39 970	47 517	44 453	38 171	—	1
4 652	5 049	8 406	14 285	20 259	26 518	18 746	38 412	46 022	43 210	38 447	—	2
4 929	5 136	8 172	13 773	20 309	25 946	21 450	35 865	46 380	45 529	41 563	—	3
4 948	5 681	7 662	13 282	19 716	25 625	24 452	32 118	45 263	44 611	42 785	—	4
4 918	5 953	7 255	12 362	19 015	24 699	26 991	27 743	43 328	42 883	43 242	—	5
4 893	6 355	7 093	11 715	18 606	24 252	28 774	23 927	42 471	42 537	44 723	—	6
4 922	6 765	7 122	11 468	17 965	24 307	30 933	21 469	42 084	43 024	46 921	—	7
5 114	7 225	7 299	10 677	16 863	23 842	29 513	24 049	38 393	43 216	49 289	—	8
5 133	7 502	7 980	10 068	16 132	23 644	29 314	27 791	34 499	42 977	50 095	—	9
2 026	2 217	3 614	5 918	8 166	11 105	10 975	25 801	41 629	56 540	93 262	—	10
2 058	2 226	3 490	5 535	7 928	11 456	9 493	24 484	39 478	54 071	90 841	—	11
2 241	2 120	3 260	5 464	7 824	11 208	10 627	22 909	39 659	55 485	96 116	—	12
2 130	2 411	3 152	5 222	7 628	11 003	12 032	20 398	38 303	54 451	97 937	—	13
2 119	2 552	3 036	4 947	7 511	10 379	13 206	17 337	36 257	51 356	95 494	—	14
2 123	2 720	3 087	4 824	7 217	10 173	14 286	15 134	35 355	50 872	98 419	—	15
2 103	2 938	2 970	4 596	7 076	10 086	15 130	13 022	34 219	50 915	104 077	—	16
2 092	2 896	3 019	4 354	6 783	9 843	14 179	14 385	31 554	50 378	106 538	—	17
2 004	3 012	3 284	4 121	6 486	9 765	14 204	16 345	28 174	49 254	107 810	—	18
6 156	7 953	11 898	23 249	28 892	40 542	43 896	42 072	64 085	69 508	63 788	—	19
2 798	3 855	5 852	10 838	13 177	20 787	34 846	41 284	79 964	113 671	153 311	—	20
3 727	7 744	11 302	15 983	20 526	26 350	30 258	56 603	65 879	52 496	35 663	9	21
3 528	6 879	11 490	14 877	21 051	27 921	25 964	53 876	63 836	52 070	35 950	7	22
3 453	6 298	11 689	15 088	22 032	27 339	25 682	51 874	63 524	54 320	38 537	3	23
3 682	5 595	11 422	14 857	22 135	26 630	27 238	47 388	61 608	54 926	40 260	—	24
3 648	5 195	11 133	15 371	22 193	26 594	30 082	41 142	59 475	54 107	41 583	—	25
3 751	5 018	10 940	15 885	21 414	27 404	33 328	35 206	57 956	54 325	43 527	—	26
3 706	5 156	10 400	16 466	21 052	28 835	35 822	30 897	57 074	55 341	47 275	—	27
3 917	5 287	9 516	16 828	21 243	30 389	35 698	31 239	55 766	55 851	50 172	2	28
1 973	3 799	5 396	7 376	11 944	18 859	23 868	51 495	73 467	80 054	87 726	1	29
1 930	3 486	5 382	6 927	11 465	19 561	20 365	48 392	71 266	78 411	88 062	—	30
1 862	3 196	5 604	6 936	11 112	18 883	19 978	47 053	71 833	81 048	94 924	2	31
1 945	2 930	5 507	6 832	10 494	18 202	21 840	43 990	71 090	82 111	99 428	—	32
1 881	2 765	5 494	7 002	10 143	17 205	23 721	37 714	68 656	80 576	100 681	—	33
1 980	2 718	5 390	7 373	9 634	16 305	26 042	33 310	67 531	82 146	105 205	1	34
2 025	2 721	5 053	7 798	9 601	15 874	27 776	29 197	66 633	84 617	113 499	—	35
2 133	2 875	4 841	7 698	9 670	15 753	27 534	28 956	66 144	88 088	122 201	3	36
943	2 173	3 353	4 596	4 850	6 362	7 284	15 921	20 487	16 740	10 752	—	37
902	2 131	3 391	4 522	5 473	6 770	6 203	15 135	19 810	16 977	11 084	—	38
952	1 922	3 510	4 613	5 822	6 718	6 289	14 405	19 968	17 871	11 823	—	39
1 286	1 544	3 623	4 988	6 870	6 466	7 908	10 806	17 213	16 672	11 622	—	40
1 396	1 516	3 666	5 410	7 010	7 126	8 796	9 188	16 949	16 471	12 041	—	41
1 549	1 466	3 370	5 473	6 904	7 653	9 176	7 504	15 612	15 580	12 216	—	42
508	1 163	1 635	2 391	3 506	5 894	7 711	18 431	26 621	27 347	25 394	—	43
480	1 143	1 753	2 281	3 653	6 387	6 539	17 850	26 219	27 577	26 524	—	44
508	998	1 768	2 353	3 592	6 303	6 402	17 199	26 888	28 890	28 323	—	45
547	786	1 813	2 404	3 455	5 564	7 937	13 533	25 113	27 823	28 300	—	46
631	787	1 777	2 659	3 462	5 323	8 988	11 572	24 403	27 712	28 930	—	47
636	675	1 662	2 592	3 358	5 370	9 338	9 503	23 245	27 238	28 783	—	48

22. Deaths by age, sex and urban/rural residence: 1983 – 1992 (continued)

(See notes at end of table.)

Continent, country or area, year, sex and urban/rural residence / Continent, pays ou zone, année, sexe et résidence, urbaine/rurale	All ages Tous âges	Age (in years)							
		– 1	1 – 4	5 – 9	10 – 14	15 – 19	20 – 24	25 – 29	30
EUROPE (Cont.–Suite)									
Gibraltar [27]									
Male – Masculin									
1 1983	115	6	–	–	–	1	–	3	
2 1984	126	2	–	–	–	–	–	–	
Female – Féminin									
3 1983	124	1	–	–	–	–	–	–	
4 1984	126	1	–	–	–	1	2	–	
Greece – Grèce [1]									
Male – Masculin									
5 1983	47 024	1 111	141	110	138	394	445	336	
6 1984	46 216	1 023	123	112	97	302	460	377	
7 1985	48 452	960	140	98	101	344	453	424	
8 1990	49 433	517	79	86	96	295	508	373	
Female – Féminin									
9 1983	43 562	821	118	76	86	130	141	164	
10 1984	42 181	780	90	73	61	128	133	149	
11 1985	44 434	687	86	64	64	123	143	129	
12 1990	44 719	476	55	58	50	100	148	175	
Hungary – Hongrie [1]									
Male – Masculin									
13 1983	78 651	1 397	189	150	151	327	544	818	
14 1984	78 239	1 452	151	127	131	335	511	818	
15 1985	78 034	1 493	165	131	122	354	494	782	
16 1986	77 059	1 416	144	134	123	352	405	711	
17 1987	74 917	1 278	168	109	139	374	427	660	
18 1988	73 339	1 103	145	107	157	331	425	591	
19 1989	76 521	1 081	156	112	150	381	494	617	
20 1990	76 936	1 055	141	103	141	410	546	632	
21 1991	76 762	1 129	148	114	113	360	511	649	
Female – Féminin									
22 1983	69 992	1 027	151	116	89	145	158	332	
23 1984	68 470	1 106	135	83	79	145	160	291	
24 1985	69 580	1 158	123	94	72	139	152	268	
25 1986	70 030	1 026	125	88	90	144	153	273	
26 1987	67 684	900	126	77	82	139	155	225	
27 1988	66 703	864	104	59	78	143	163	214	
28 1989	68 174	860	117	81	88	124	169	231	
29 1990	68 724	808	105	87	84	170	191	199	
30 1991	68 051	860	100	65	73	156	182	192	
Iceland – Islande									
Male – Masculin									
31 1983	952	12	3	6	3	12	12	14	
32 1984	853	14	2	2	2	13	14	13	
33 1985	886	11	5	2	3	10	15	16	
34 1986	856	8	1	5	1	11	13	9	
35 1987	928	13	3	5	6	12	12	13	
36 1988	969	17	2	2	–	15	12	19	
37 1989	885	12	–	2	2	7	11	11	
38 1990	910	17	4	2	3	12	16	17	
Female – Féminin									
39 1983	701	15	3	4	–	3	5	2	
40 1984	731	11	1	3	–	4	2	4	
41 1985	766	11	4	–	1	4	2	1	
42 1986	742	13	2	2	–	7	5	6	
43 1987	796	17	1	–	3	4	3	2	
44 1988	849	12	4	1	–	2	1	8	
45 1989	830	12	3	3	2	3	4	4	
46 1990	794	11	–	1	1	4	1	6	

22. Décès selon l'âge, le sexe et la résidence, urbaine/rurale: 1983 – 1992 (suite)

notes à la fin du tableau.)

35 – 39	40 – 44	45 – 49	50 – 54	55 – 59	60 – 64	65 – 69	70 – 74	75 – 79	80 – 84	85 +	Unknown Inconnu	
3	2	–	4	7	13	10	27	17	12	8	–	1
1	–	1	3	6	11	9	16	27	11	39	–	2
1	2	1	1	2	5	12	18	30	26	24	–	3
2	1	2	13	14	25	18	17	15	6	8	–	4
442	580	1 108	1 844	2 759	3 164	4 826	7 170	8 089	6 884	7 115	7	5
437	603	1 048	1 891	2 817	3 377	4 439	6 880	7 937	6 963	6 958	–	6
470	562	1 141	1 818	2 971	3 580	4 392	7 146	8 440	7 592	7 440	1	7
513	753	855	1 654	2 777	4 253	4 759	5 816	8 353	8 196	9 148	–	8
263	339	599	988	1 440	1 893	3 268	5 692	7 938	8 679	10 742	7	9
266	350	598	927	1 531	1 783	3 156	5 656	7 558	8 535	10 243	–	10
242	305	630	1 001	1 556	1 905	3 145	5 695	7 978	8 877	11 633	–	11
243	344	492	799	1 341	2 150	2 890	4 597	7 834	9 555	13 218	–	12
1 624	2 353	3 315	4 995	6 884	8 102	7 503	12 852	11 765	8 904	5 582	42	13
1 602	2 404	3 240	4 972	7 021	8 960	6 513	12 514	11 872	8 807	5 585	–	14
1 682	2 416	3 295	4 773	6 933	8 789	6 517	12 133	11 899	8 667	6 102	–	15
1 694	2 383	3 284	4 635	6 936	8 966	7 457	10 837	11 892	8 485	5 911	–	16
1 687	2 222	3 267	4 575	6 520	8 763	8 315	9 340	11 617	8 295	5 876	–	17
1 670	2 281	3 205	4 432	6 331	8 652	9 328	7 662	11 495	8 343	5 852	–	18
1 971	2 475	3 640	4 687	6 657	8 929	10 426	6 941	11 637	8 605	6 279	–	19
2 092	2 581	3 757	4 673	6 777	8 839	10 262	7 112	11 311	8 937	6 352	–	20
2 122	2 931	3 790	4 917	6 459	8 713	10 293	8 000	10 173	8 934	6 324	–	21
670	958	1 509	2 243	3 545	4 938	5 323	11 032	12 733	12 764	11 744	20	22
689	982	1 415	2 231	3 478	5 271	4 576	10 742	12 707	12 313	11 565	–	23
708	1 020	1 476	2 265	3 455	5 080	4 720	10 364	13 174	12 523	12 259	–	24
746	973	1 453	2 166	3 352	5 099	5 481	9 780	13 353	12 642	12 525	–	25
737	985	1 373	2 081	3 327	4 866	5 942	8 406	13 060	12 272	12 421	–	26
766	970	1 389	2 025	3 162	4 766	6 729	6 987	13 122	12 323	12 349	–	27
796	1 059	1 520	2 111	3 304	4 747	7 221	6 343	12 932	12 942	13 022	–	28
832	1 119	1 534	2 093	3 112	4 745	7 172	6 403	12 837	13 326	13 436	–	29
899	1 106	1 564	2 101	3 042	4 700	7 087	7 035	11 423	13 388	13 650	–	30
13	22	18	46	63	70	106	110	138	123	173	–	31
11	10	19	33	48	66	94	123	117	98	156	–	32
12	14	16	29	38	72	82	117	130	129	172	–	33
9	19	23	32	49	67	84	101	122	135	154	–	34
15	14	16	31	49	53	79	118	154	143	181	–	35
10	15	18	35	50	78	108	107	153	134	189	–	36
12	13	21	21	42	57	94	116	124	152	183	–	37
12	15	19	22	49	60	102	116	133	128	172	–	38
4	8	15	11	26	30	54	83	92	127	216	–	39
8	6	9	16	22	38	64	82	119	118	216	–	40
4	1	18	13	22	35	58	85	116	124	264	–	41
7	8	10	18	23	32	44	88	95	129	246	–	42
9	5	14	23	28	47	62	76	120	131	246	–	43
6	4	9	20	36	50	53	83	121	136	300	–	44
7	10	15	12	27	49	56	79	112	139	289	–	45
7	9	15	23	33	47	51	83	125	100	274	–	46

22. Deaths by age, sex and urban/rural residence: 1983 – 1992 (continued)

(See notes at end of table.)

Continent, country or area, year, sex and urban/rural residence / Continent, pays ou zone, année, sexe et résidence, urbaine/rurale	All ages Tous âges	−1	1−4	5−9	10−14	15−19	20−24	25−29	30
EUROPE (Cont.–Suite)									
Ireland – Irlande + [1][28]									
Male – Masculin									
1 1983	18 026	372	97	57	44	157	188	134	
2 1984	17 485	367	60	53	59	138	141	122	
3 1985	18 201	307	67	55	57	117	161	136	
4 1986	18 313	303	64	55	58	139	147	117	
5 1987	17 002	271	50	39	45	125	150	98	
6 1988	16 980	270	76	44	42	142	131	145	
7 1989	17 058	249	69	49	43	115	173	111	
8 1990	16 828	249	56	35	35	109	145	133	
9 1991	16 765	246	48	31	47	124	139	149	
Female – Féminin									
10 1983	14 950	305	64	28	24	50	60	60	
11 1984	14 591	250	50	35	32	58	59	57	
12 1985	15 012	245	55	27	31	42	50	35	
13 1986	15 317	244	38	29	33	42	38	43	
14 1987	14 411	193	49	29	27	42	41	40	
15 1988	14 600	214	38	22	31	53	49	43	
16 1989	15 053	174	40	22	30	46	51	38	
17 1990	14 542	185	32	22	26	58	47	64	
18 1991	14 779	185	30	24	23	48	44	46	
Isle of Man – Ile de Man +									
Male – Masculin									
19 1983	465	8	2	–	2	3	3	*———	7 —
20 1984	479	4	–	3	–	2	4	*———	5 —
21 1985	507	2	–	1	–	3	3	*———	8 —
22 1986	471	5	–	–	–	–	6	*———	9 —
23 1987	468	3	1	–	–	6	5	*———	4 —
24 1988	446	3	1	–	–	1	6	*———	5 —
25 1989	507	5	–	–	1	4	7	*———	7 —
26 1990	458	7	–	–	2	3	7	*———	5 —
Female – Féminin									
27 1983	478	4	1	–	1	1	–	*———	1 —
28 1984	495	3	–	–	–	1	–	*———	4 —
29 1985	538	2	1	–	1	5	1	*———	1 —
30 1986	481	6	–	–	–	1	1	*———	– —
31 1987	457	1	1	–	2	1	–	*———	3 —
32 1988	545	2	–	–	1	–	1	*———	2 —
33 1989	481	–	2	1	–	–	1	*———	2 —
34 1990	488	3	1	1	1	–	–	*———	1 —
Italy – Italie									
Male – Masculin									
35 1983*	295 853	4 121	651	508	762	2 154	2 366	2 018	2
36 1984	282 004	3 854	512	483	650	1 943	2 382	1 880	2
37 1985	286 799	3 455	510	433	636	1 976	2 349	1 955	1
38 1986	281 039	3 146	540	482	617	1 713	2 316	1 999	1
39 1987	275 510	2 926	666	633	535	1 714	2 402	2 145	1
40 1988	281 149	3 020	420	332	489	1 713	2 557	2 420	2
41 1989*	277 597	2 706	374	287	471	1 845	2 564	2 833	2
Female – Féminin									
42 1983*	268 477	3 276	516	377	388	681	712	785	1
43 1984	252 672	2 849	430	319	377	661	710	753	
44 1985	260 637	2 635	402	298	390	661	744	746	
45 1986	256 414	2 332	427	364	379	587	743	759	
46 1987	249 489	2 309	609	448	332	542	743	759	
47 1988	258 277	2 282	329	229	302	576	781	843	
48 1989*	254 256	2 167	287	229	249	520	730	847	
Latvia – Lettonie [1][22]									
Male – Masculin									
49 1988	15 238	278	71	68	60	134	194	272	
50 1989	15 732	263	97	69	60	164	242	314	
51 1990	16 951	308	93	99	70	177	216	334	
Female – Féminin									
52 1988	17 183	178	81	38	30	51	58	74	
53 1989	16 852	175	58	42	30	68	72	77	
54 1990	17 861	213	72	37	27	58	50	97	

22. Décès selon l'âge, le sexe et la résidence, urbaine/rurale: 1983 – 1992 (suite)

(notes à la fin du tableau.)

35 – 39	40 – 44	45 – 49	50 – 54	55 – 59	60 – 64	65 – 69	70 – 74	75 – 79	80 – 84	85 +	Unknown Inconnu	
162	232	368	617	1 065	1 680	2 270	3 153	2 884	2 404	2 019	—	1
172	218	364	592	979	1 615	2 192	3 012	2 858	2 454	1 953	—	2
160	216	345	548	1 006	1 651	2 302	3 215	3 106	2 464	2 140	—	3
165	219	327	564	932	1 607	2 356	3 168	3 254	2 527	2 184	—	4
155	220	323	554	916	1 468	2 152	2 842	3 119	2 333	1 999	—	5
122	205	334	496	885	1 439	2 257	2 858	3 047	2 342	2 025	—	6
175	248	323	529	822	1 353	2 214	2 740	3 211	2 467	2 031	—	7
146	258	327	471	827	1 377	2 069	2 641	3 128	2 563	2 138	—	8
167	224	343	462	839	1 340	2 044	2 694	3 082	2 537	2 116	—	9
84	131	189	372	610	939	1 406	1 988	2 356	2 834	3 386	—	10
88	143	210	377	530	964	1 328	2 072	2 282	2 758	3 240	—	11
92	140	184	316	545	947	1 365	2 094	2 410	2 780	3 577	—	12
86	128	224	306	561	957	1 319	2 089	2 525	2 804	3 789	—	13
99	126	181	314	479	875	1 368	1 901	2 445	2 594	3 545	—	14
98	142	195	297	493	870	1 290	1 930	2 491	2 641	3 636	—	15
75	146	194	317	496	820	1 383	1 953	2 622	2 778	3 808	—	16
103	132	219	298	463	760	1 270	1 763	2 530	2 750	3 756	—	17
95	160	206	291	422	735	1 278	1 860	2 603	2 707	3 950	—	18
——	8 ——*	*——	20 ——*	*——	57 ——*	*——	134 ——*	*——	165 ——*	56	—	19
——	10 ——*	*——	24 ——*	*——	71 ——*	*——	144 ——*	*——	161 ——*	51	—	20
——	8 ——*	*——	19 ——*	*——	56 ——*	*——	136 ——*	*——	212 ——*	59	—	21
——	4 ——*	*——	18 ——*	*——	49 ——*	*——	129 ——*	*——	191 ——*	60	—	22
——	7 ——*	*——	18 ——*	*——	62 ——*	*——	139 ——*	*——	164 ——*	59	—	23
——	7 ——*	*——	18 ——*	*——	56 ——*	*——	120 ——*	*——	160 ——*	69	—	24
——	11 ——*	*——	17 ——*	*——	40 ——*	*——	128 ——*	*——	197 ——*	90	—	25
——	8 ——*	*——	22 ——*	*——	52 ——*	*——	115 ——*	*——	152 ——*	85	—	26
——	6 ——*	*——	11 ——*	*——	46 ——*	*——	110 ——*	*——	173 ——*	124	—	27
——	4 ——*	*——	14 ——*	*——	49 ——*	*——	112 ——*	*——	167 ——*	141	—	28
——	5 ——*	*——	14 ——*	*——	41 ——*	*——	100 ——*	*——	221 ——*	146	—	29
——	8 ——*	*——	10 ——*	*——	39 ——*	*——	87 ——*	*——	191 ——*	137	1	30
——	7 ——*	*——	11 ——*	*——	38 ——*	*——	89 ——*	*——	177 ——*	127	—	31
——	6 ——*	*——	11 ——*	*——	41 ——*	*——	103 ——*	*——	206 ——*	172	—	32
——	11 ——*	*——	10 ——*	*——	26 ——*	*——	88 ——*	*——	158 ——*	182	—	33
——	1 ——*	*——	11 ——*	*——	35 ——*	*——	88 ——*	*——	174 ——*	172	—	34
2 799	4 712	7 768	13 954	21 718	26 599	32 190	49 709	49 254	38 962	33 558	—	35
2 759	4 338	7 446	13 015	20 632	28 425	27 359	47 293	48 021	37 526	31 474	—	36
2 886	4 094	7 193	12 399	20 594	28 981	26 432	47 288	50 514	39 263	33 852	—	37
2 761	4 064	6 976	11 502	19 676	28 393	26 738	44 387	49 564	39 663	34 614	—	38
2 650	3 900	6 674	11 227	18 668	27 598	28 313	39 554	49 433	39 068	35 447	—	39
2 618	3 935	6 713	10 604	18 410	27 909	32 083	36 215	50 874	42 026	36 567	—	40
2 599	3 921	6 313	10 386	17 602	26 985	34 882	31 620	49 863	42 519	37 256	—	41
1 579	2 496	3 953	6 448	9 776	13 735	18 657	35 064	47 121	53 785	68 068	—	42
1 464	2 391	3 832	6 056	9 317	14 748	16 132	33 043	44 539	49 566	64 456	—	43
1 568	2 178	3 726	5 840	9 346	14 739	15 788	33 277	46 420	51 692	69 269	—	44
1 607	2 160	3 833	5 644	9 030	13 908	15 553	31 347	45 244	51 158	70 362	—	45
1 470	2 214	3 589	5 424	8 601	13 459	16 389	27 917	44 149	49 972	69 626	—	46
1 439	2 234	3 524	5 502	8 516	13 591	18 663	25 475	45 594	52 601	74 869	—	47
1 403	2 176	3 455	5 419	8 185	12 771	20 229	22 367	44 021	52 868	75 334	—	48
346	427	788	1 055	1 522	1 553	1 440	1 474	1 975	1 905	1 361	—	49
416	533	871	1 161	1 527	1 774	1 493	1 399	1 913	1 741	1 338	—	50
441	589	884	1 350	1 609	1 962	1 691	1 411	1 994	1 786	1 532	—	51
147	194	294	495	686	1 137	1 391	1 737	3 105	3 412	3 991	—	52
138	228	312	511	749	1 202	1 408	1 607	2 895	3 195	3 972	—	53
146	202	378	518	729	1 189	1 654	1 608	3 049	3 433	4 299	—	54

22. Deaths by age, sex and urban/rural residence: 1983 – 1992 (continued)

(See notes at end of table.)

Continent, country or area, year, sex and urban/rural residence / Continent, pays ou zone, année, sexe et résidence, urbaine/rurale	All ages Tous âges	Age (in years)							
		– 1	1 – 4	5 – 9	10 – 14	15 – 19	20 – 24	25 – 29	30
EUROPE (Cont.–Suite)									
Liechtenstein									
Male – Masculin									
1 1983	87	–	–	–	–	–	1	– *———
2 1984	96	1	–	–	–	–	2	– *———
3 1985	98	4	–	1	–	2	–	1 *———
4 1986	102	1	1	–	–	–	1	– *———
5 1987	98	1	–	1	–	–	1	1 *———
Female – Féminin									
6 1983	64	–	–	–	1	–	–	– *———
7 1984	81	2	–	–	–	–	–	– *———
8 1985	73	–	–	–	–	1	–	– *———
9 1986	86	1	–	–	–	1	–	– *———
10 1987	82	–	1	–	–	–	–	– *———
Lithuania – Lituanie [1] [22]									
Male – Masculin									
11 1989	19 678	339	115	76	73	212	307	403	
12 1990	20 605	313	120	79	62	180	293	415	
Female – Féminin									
13 1989	18 472	258	85	57	30	91	79	122	
14 1990	19 155	268	64	47	35	74	57	85	
Luxembourg									
Male – Masculin									
15 1983	2 145	28	4	6	4	11	24	20	
16 1984	2 123	25	6	3	3	15	24	34	
17 1985	2 094	20	10	1	5	16	28	23	
18 1986	2 087	24	1	3	3	9	19	20	
19 1987	2 047	23	5	5	2	15	22	27	
20 1988	2 031	21	1	2	5	17	28	34	
21 1989	1 998	25	4	5	2	10	21	29	
Female – Féminin									
22 1983	1 984	19	1	2	–	4	7	13	
23 1984	1 949	24	7	–	3	4	8	8	
24 1985	1 933	17	3	3	3	7	5	12	
25 1986	1 883	10	1	2	2	4	5	5	
26 1987	1 965	17	4	2	1	5	8	6	
27 1988	1 809	19	4	1	–	3	9	11	
28 1989	1 986	21	1	–	5	4	7	9	
Malta – Malte									
Male – Masculin									
29 1983	1 564	53	8	1	3	3	9	13	
30 1984	1 498	34	6	3	2	6	12	6	
31 1985	1 453	50	7	4	4	3	11	6	
32 1986	1 454	27	6	9	4	6	12	14	
33 1987	1 498	22	6	4	3	5	15	14	
34 1988	1 391	16	3	2	–	6	12	12	
35 1989	1 313	34	1	2	1	12	9	7	
36 1990	1 401	28	5	5	1	4	9	10	
Female – Féminin									
37 1983	1 573	31	5	1	2	7	4	6	
38 1984	1 405	31	7	4	–	2	3	4	
39 1985	1 384	29	2	4	3	2	3	5	
40 1986	1 370	26	4	–	2	2	5	7	
41 1987	1 410	17	3	1	–	2	4	8	
42 1988	1 317	28	7	4	1	–	2	1	
43 1989	1 297	24	2	1	–	2	3	3	
44 1990	1 344	21	3	1	5	–	1	4	
Monaco									
Male – Masculin									
45 1983	245	2	–	–	1	2	–	1	
Female – Féminin									
46 1983	203	–	–	–	–	1	–	1	

22. Décès selon l'âge, le sexe et la résidence, urbaine/rurale: 1983 – 1992 (suite)

notes à la fin du tableau.)

Age (en années)												
35 – 39	40 – 44	45 – 49	50 – 54	55 – 59	60 – 64	65 – 69	70 – 74	75 – 79	80 – 84	85 +	Unknown Inconnu	
5 —*	*——	3 ——*	*——	11 ——*	*——	18 ——*	*——	34 ——*	*——	15 ——*	—	1
5 —*	*——	6 ——*	*——	12 ——*	*——	14 ——*	*——	30 ——*	*——	26 ——*	—	2
5 —*	*——	2 ——*	*——	6 ——*	*——	19 ——*	*——	30 ——*	*——	28 ——*	—	3
2 —*	*——	1 ——*	*——	7 ——*	*——	24 ——*	*——	34 ——*	*——	31 ——*	—	4
3 —*	*——	1 ——*	*——	14 ——*	*——	26 ——*	*——	32 ——*	*——	18 ——*	—	5
2 —*	*——	2 ——*	*——	3 ——*	*——	6 ——*	*——	22 ——*	*——	28 ——*	—	6
1 —*	*——	4 ——*	*——	4 ——*	*——	10 ——*	*——	27 ——*	*——	33 ——*	—	7
— —*	*——	2 ——*	*——	4 ——*	*——	13 ——*	*——	20 ——*	*——	33 ——*	—	8
1 —*	*——	3 ——*	*——	— ——*	*——	6 ——*	*——	24 ——*	*——	50 ——*	—	9
3 —*	*——	2 ——*	*——	2 ——*	*——	5 ——*	*——	25 ——*	*——	44 ——*	—	10
580	719	1 128	1 322	1 778	1 978	2 002	1 462	1 909	2 542	2 203	14	11
625	788	1 093	1 445	1 910	2 203	2 120	1 612	2 005	2 561	2 254	31	12
190	287	422	579	860	1 235	1 615	1 607	2 894	3 268	4 641	10	13
202	297	427	550	888	1 341	1 686	1 627	2 942	3 415	4 991	16	14
30	57	58	90	126	173	236	346	411	297	200	—	15
36	34	80	117	161	180	206	324	383	276	192	—	16
28	41	62	93	160	165	214	323	387	277	225	—	17
28	41	63	107	163	176	204	313	366	289	242	—	18
34	43	64	87	173	180	197	278	346	299	223	—	19
35	34	55	87	157	163	219	270	376	282	225	—	20
26	35	57	91	147	195	225	226	339	299	235	—	21
18	21	32	49	64	113	133	257	402	406	434	—	22
18	16	29	67	79	106	137	260	358	400	415	—	23
10	35	21	48	79	107	132	273	340	401	420	—	24
12	17	33	35	65	85	126	220	345	432	472	—	25
16	19	36	62	68	94	115	222	347	413	522	—	26
9	21	28	42	65	109	140	186	343	371	441	—	27
13	22	29	39	66	106	157	182	339	430	549	—	28
23	16	36	67	102	144	139	225	255	169	289	—	29
16	10	34	53	104	150	162	230	292	208	155	—	30
14	7	33	50	101	155	184	229	229	188	171	—	31
16	19	30	46	95	136	181	207	284	194	158	—	32
15	20	26	57	75	138	170	202	293	244	180	—	33
14	29	30	34	71	141	174	211	259	213	155	—	34
11	28	33	42	78	129	168	180	214	207	142	—	35
17	12	33	46	64	134	176	193	268	209	177	—	36
5	26	27	39	56	111	133	249	277	289	291	—	37
14	10	20	50	66	101	125	222	267	195	274	—	38
9	13	17	30	63	73	116	189	259	241	316	—	39
11	15	21	21	60	78	122	200	246	251	296	—	40
11	15	22	29	41	101	123	181	270	277	301	—	41
12	12	16	30	53	93	132	165	219	259	272	—	42
13	20	12	24	56	96	111	169	206	248	302	—	43
11	16	11	38	53	86	118	143	224	291	314	—	44
1	1	6	5	19	10	12	31	45	59	50	—	45
—	—	1	5	6	7	7	18	37	45	75	—	46

22. Deaths by age, sex and urban/rural residence: 1983 – 1992 (continued)

(See notes at end of table.)

Continent, country or area, year, sex and urban/rural residence / Continent, pays ou zone, année, sexe et résidence, urbaine/rurale	All ages Tous âges	– 1	1 – 4	5 – 9	10 – 14	15 – 19	20 – 24	25 – 29	30
EUROPE (Cont.–Suite)									
Netherlands – Pays-Bas [1] [29]									
Male – Masculin									
1 1983	64 269	806	191	126	166	385	512	444	
2 1984	64 798	857	186	124	153	365	498	492	
3 1985	65 847	808	162	97	120	379	513	465	
4 1986	66 653	803	170	103	124	334	492	493	
5 1987	64 956	824	174	93	101	358	483	419	
6 1988	65 401	762	177	110	94	323	476	502	
7 1989	67 089	737	155	98	100	303	481	465	
8 1990	66 628	810	165	104	103	299	433	516	
9 1991	66 679	782	181	78	83	278	446	490	
Female – Féminin									
10 1983	53 492	626	150	83	114	177	226	240	
11 1984	55 014	595	131	78	94	156	178	219	
12 1985	56 857	622	128	59	73	150	189	217	
13 1986	58 654	625	148	66	81	148	211	238	
14 1987	57 243	586	136	62	92	148	209	244	
15 1988	58 762	513	112	72	58	139	175	223	
16 1989	61 816	545	130	57	82	168	228	216	
17 1990	62 196	587	144	61	93	131	189	242	
18 1991	63 279	509	124	70	79	148	179	225	
Norway – Norvège [30]									
Male – Masculin									
19 1983	22 919	226	52	44	52	165	189	174	
20 1984	22 981	213	59	32	39	142	185	154	
21 1985	23 783	268	56	35	46	165	177	168	
22 1986	23 462	224	56	37	43	190	202	160	
23 1987	24 008	251	58	30	33	148	211	175	
24 1988	23 705	264	54	38	34	145	189	172	
25 1989	23 604	265	56	30	29	147	188	134	
26 1990	23 866	252	57	31	39	139	153	175	
27 1991	23 145	208	52	23	23	109	167	165	
Female – Féminin									
28 1983	19 305	169	45	26	20	47	42	43	
29 1984	19 547	203	48	17	22	49	43	43	
30 1985	20 589	166	41	30	18	60	61	64	
31 1986	20 098	184	33	21	30	54	49	52	
32 1987	20 951	202	32	20	19	56	56	59	
33 1988	21 649	199	39	17	11	39	59	52	
34 1989	21 569	198	33	14	17	42	51	59	
35 1990	22 155	167	35	22	24	49	41	77	
36 1991	21 778	169	47	28	14	41	47	55	
Poland – Pologne [1]									
Male – Masculin									
37 1983	185 754	8 045	1 027	667	546	1 386	2 557	3 363	
38 1984	192 813	7 714	1 020	634	528	1 206	2 212	3 228	
39 1985	202 080	7 259	998	588	536	1 161	2 127	3 068	
40 1986	199 826	6 384	980	605	558	1 202	2 000	2 787	
41 1987	200 735	6 150	946	555	504	1 182	1 848	2 643	
42 1988	198 064	5 563	843	596	497	1 215	1 664	2 476	
43 1989	204 029	5 216	836	629	577	1 429	2 009	2 644	
44 1990	209 333	5 014	836	565	577	1 489	2 125	2 544	
45 1991	217 800	4 727	702	521	602	1 534	2 222	2 526	
Female – Féminin									
46 1983	163 634	5 801	751	415	322	492	681	938	
47 1984	172 070	5 730	785	374	307	447	576	959	
48 1985	179 378	5 264	763	386	290	404	548	911	
49 1986	176 490	4 733	735	357	279	407	514	830	
50 1987	177 630	4 451	648	331	265	395	484	802	
51 1988	172 757	3 969	621	350	265	419	448	703	
52 1989	177 144	3 763	677	413	325	456	520	666	
53 1990	179 107	3 723	589	362	346	483	454	640	
54 1991	186 151	3 450	524	387	345	540	491	635	

22. Décès selon l'âge, le sexe et la résidence, urbaine/rurale: 1983 – 1992 (suite)

notes à la fin du tableau.)

Age (en années)

35 – 39	40 – 44	45 – 49	50 – 54	55 – 59	60 – 64	65 – 69	70 – 74	75 – 79	80 – 84	85 +	Unknown Inconnu	
716	914	1 415	2 371	3 801	5 633	7 661	9 832	10 576	8 748	9 431	—	1
786	891	1 416	2 432	3 758	5 827	7 505	9 935	10 554	8 999	9 485	—	2
739	982	1 367	2 372	3 824	5 924	7 684	9 848	10 857	9 285	9 902	—	3
772	1 023	1 512	2 402	3 816	5 847	7 924	10 021	10 887	9 474	9 961	—	4
737	1 087	1 437	2 250	3 810	5 576	7 866	9 521	10 675	9 336	9 707	—	5
690	1 097	1 372	2 217	3 559	5 570	7 997	9 615	10 717	9 654	9 923	—	6
701	1 138	1 440	2 257	3 719	5 591	8 038	9 432	11 229	9 961	10 718	—	7
718	1 170	1 515	2 147	3 612	5 216	8 116	9 639	10 993	9 872	10 626	—	8
766	1 160	1 478	2 255	3 356	5 455	7 776	9 657	11 091	9 918	10 840	—	9
437	553	835	1 344	1 987	2 807	3 911	5 970	8 571	10 234	14 913	—	10
436	570	835	1 281	1 924	2 961	3 933	6 045	9 021	10 608	15 620	—	11
478	536	828	1 365	1 937	2 930	3 938	6 273	9 038	11 218	16 550	—	12
515	612	853	1 292	2 037	2 931	4 046	6 082	9 097	11 526	17 807	—	13
427	668	874	1 250	1 942	2 872	4 064	6 010	8 734	10 930	17 665	—	14
435	708	891	1 157	1 900	2 782	4 194	5 901	8 782	11 607	18 790	—	15
464	706	949	1 298	1 971	2 878	4 336	5 925	9 149	11 846	20 536	—	16
446	744	916	1 219	1 883	2 834	4 352	5 835	9 084	12 034	21 089	—	17
477	791	978	1 262	1 851	2 891	4 445	6 118	9 094	12 054	21 632	—	18
205	252	394	747	1 216	2 107	2 764	3 625	3 704	3 294	3 535	—	19
246	269	402	630	1 190	2 006	2 741	3 665	3 764	3 479	3 600	—	20
261	319	402	674	1 134	2 012	2 733	3 732	4 154	3 537	3 729	—	21
242	322	443	606	1 087	1 975	2 803	3 648	4 018	3 469	3 756	—	22
246	378	412	628	1 103	1 915	2 913	3 652	4 077	3 662	3 924	—	23
234	363	455	614	1 034	1 808	2 701	3 591	4 219	3 596	4 002	—	24
248	375	450	589	988	1 718	2 811	3 475	4 102	3 741	4 068	—	25
261	378	457	536	945	1 597	2 702	3 671	4 177	3 832	4 257	—	26
260	323	479	570	898	1 517	2 579	3 489	4 096	3 902	4 109	—	27
133	135	191	342	600	917	1 425	2 260	3 199	3 967	5 668	—	28
105	139	209	308	555	996	1 396	2 221	3 164	3 983	5 971	—	29
116	164	212	317	531	985	1 398	2 352	3 366	4 188	6 441	—	30
119	171	223	316	559	909	1 458	2 181	3 244	4 080	6 345	—	31
93	180	224	320	537	906	1 521	2 283	3 407	4 210	6 747	—	32
119	204	262	299	531	875	1 507	2 346	3 344	4 265	7 409	—	33
111	191	221	294	510	868	1 456	2 199	3 398	4 216	7 588	—	34
128	195	249	281	460	850	1 445	2 367	3 495	4 477	7 717	—	35
131	183	255	312	440	766	1 422	2 229	3 394	4 356	7 794	—	36
3 615	5 046	8 307	12 780	15 957	16 985	16 411	27 369	27 288	18 717	11 763	—	37
4 264	5 229	8 636	13 601	17 297	18 953	15 773	27 179	28 077	20 337	12 896	—	38
4 832	5 122	8 861	13 751	18 323	20 685	16 946	27 335	30 193	22 095	14 083	—	39
5 057	5 017	8 629	13 454	18 856	21 680	18 284	24 906	29 566	21 588	14 221	—	40
5 287	5 337	8 407	13 170	19 348	22 309	20 093	22 747	29 541	22 099	14 620	—	41
5 387	5 878	7 808	12 736	19 297	22 555	22 079	20 284	28 480	21 929	14 752	—	42
5 954	6 778	7 982	13 173	19 392	23 543	24 580	18 696	28 030	22 664	15 688	—	43
6 317	7 734	7 992	13 218	19 339	24 659	25 879	19 500	27 217	23 579	16 298	—	44
6 789	9 020	8 671	13 835	19 775	26 201	27 542	21 492	25 609	24 282	17 473	—	45
1 372	1 924	3 338	5 632	8 243	10 067	11 843	23 270	29 657	29 602	27 989	—	46
1 626	1 885	3 456	5 517	8 432	11 200	11 508	23 635	31 491	32 038	30 710	—	47
1 805	1 993	3 475	5 603	8 725	12 120	12 080	23 692	33 012	33 516	33 568	—	48
1 901	1 938	3 323	5 477	8 611	12 594	12 548	22 037	32 270	33 283	33 410	—	49
1 954	2 134	3 311	5 392	8 708	12 679	14 128	19 955	32 473	33 567	34 624	—	50
1 912	2 286	2 986	5 243	8 498	12 692	15 325	17 848	31 179	32 828	33 908	—	51
1 945	2 566	3 048	5 043	8 361	12 916	17 015	16 621	31 397	33 768	36 353	—	52
2 089	2 889	2 963	4 970	8 174	12 767	17 693	16 775	30 565	34 635	37 741	—	53
2 211	3 215	3 170	5 010	8 060	12 869	18 962	18 246	29 493	36 780	40 497	—	54

22. Deaths by age, sex and urban/rural residence: 1983 – 1992 (continued)

(See notes at end of table.)

Continent, country or area, year, sex and urban/rural residence / Continent, pays ou zone, année, sexe et résidence, urbaine/rurale	All ages Tous âges	– 1	1 – 4	5 – 9	10 – 14	15 – 19	20 – 24	25 – 29	30
EUROPE (Cont.–Suite)									
Portugal [1]									
Male – Masculin									
1 1983	50 170	1 539	382	241	230	670	815	690	
2 1984	50 947	1 398	335	262	249	617	778	659	
3 1985	50 993	1 368	344	218	234	569	748	657	
4 1986	50 036	1 154	298	207	214	575	688	628	
5 1987	49 828	999	266	187	212	584	784	701	
6 1988	51 527	883	278	185	226	620	789	691	
7 1989	50 371	808	253	164	207	563	768	781	
8 1990	53 439	739	204	147	200	647	767	728	
9 1991	54 535	731	208	172	204	684	809	810	
Female – Féminin									
10 1983	46 197	1 248	246	149	150	247	222	207	
11 1984	46 280	991	274	121	131	219	227	224	
12 1985	46 346	959	215	112	123	216	226	231	
13 1986	45 792	863	241	138	108	204	202	207	
14 1987	45 595	756	213	126	113	196	204	215	
15 1988	46 709	712	208	88	120	165	204	230	
16 1989	45 849	636	163	104	113	157	215	235	
17 1990	49 676	540	134	108	121	176	219	238	
18 1991	49 826	528	147	100	118	183	202	243	
Romania – Roumanie [1]									
Male – Masculin									
19 1983	122 552	*—— 5 777 ——*		839	658	839	1 177	1 518	
20 1984	123 170	*—— 5 992 ——*		846	568	785	1 012	1 538	
21 1985	130 178	*—— 6 556 ——*		805	611	890	1 022	1 632	
22 1987	133 404	6 348	1 456	748	628	1 056	1 004	1 391	
23 1988	133 593	5 482	1 617	713	666	994	1 129	1 357	
24 1989	130 465	5 711	1 588	666	618	1 009	1 470	1 385	
25 1990	131 824	4 794	1 518	617	584	977	1 404	1 290	
26 1991	134 547	3 574	1 266	583	574	848	1 349	1 136	
Female – Féminin									
27 1983	111 340	*—— 4 410 ——*		495	335	400	565	804	
28 1984	110 529	*—— 4 678 ——*		534	341	454	502	761	
29 1985	116 492	*—— 4 957 ——*		548	326	460	489	756	
30 1987	120 882	4 729	1 310	549	357	576	446	717	
31 1988	119 777	4 161	1 431	466	385	540	522	706	
32 1989	116 841	4 229	1 387	486	321	510	658	660	
33 1990	115 262	3 677	1 238	394	325	427	561	537	
34 1991	117 213	2 684	968	368	330	413	562	504	
Russian Federation – Fédération Russe [1][22]									
Male – Masculin									
35 1989	762 273	22 991	5 857	4 054	3 289	7 918	12 816	20 567	2
36 1990	802 400	20 691	5 356	4 106	3 216	8 385	12 683	19 672	2
37 1991	827 988	19 131	5 297	4 679	3 776	8 695	13 315	19 884	2
Female – Féminin									
38 1989	821 470	16 039	4 282	2 221	1 677	3 153	3 334	4 775	
39 1990	853 593	14 397	3 973	2 124	1 539	3 142	3 318	4 448	
40 1991	862 669	13 361	3 847	2 342	1 780	3 363	3 418	4 704	
San Marino – Saint–Marin+ [1]									
Male – Masculin									
41 1983	86	1	–	–	–	–	1	–	
42 1984	94	–	–	–	–	1	–	1	
43 1985	97	2	–	–	–	1	2	1	
44 1986	95	–	–	–	–	–	1	4	
45 1987	97	3	–	–	–	1	2	2	
46 1988	101	1	–	–	–	1	2	1	
47 1989	105	2	–	–	–	1	–	1	
Female – Féminin									
48 1983	77	–	–	–	1	–	1	–	
49 1984	62	1	–	–	–	–	–	–	
50 1985	91	1	–	–	–	–	1	–	
51 1986	76	1	1	–	–	1	–	–	
52 1987	57	–	–	–	–	1	–	1	
53 1988	86	2	–	–	–	–	–	–	
54 1989	68	3	–	–	–	–	1	–	

22. Décès selon l'âge, le sexe et la résidence, urbaine/rurale: 1983 – 1992 (suite)

(…tes à la fin du tableau.)

					Age (en années)							Unknown Inconnu	
35–39	40–44	45–49	50–54	55–59	60–64	65–69	70–74	75–79	80–84	85+			
746	987	1 598	2 451	3 484	4 185	5 646	*———— 25 852 ————*				—	1
723	1 039	1 590	2 466	3 494	4 590	5 385	*———— 26 743 ————*				—	2
733	966	1 585	2 403	3 352	4 477	5 314	7 746	8 252	6 410	4 998	—	3
749	1 005	1 542	2 322	3 405	4 544	5 353	7 435	7 950	6 420	4 902	—	4
779	943	1 369	2 279	3 236	4 489	5 192	7 084	8 467	6 522	5 050	—	5
810	1 036	1 353	2 220	3 278	4 577	5 674	6 928	8 537	7 064	5 643	—	6
752	963	1 292	2 112	3 090	4 395	5 759	6 577	8 361	7 071	5 673	—	7
858	1 059	1 321	2 124	3 250	4 569	6 170	6 915	8 751	7 793	6 444	—	8
896	1 075	1 396	2 063	3 240	4 704	6 310	7 082	8 738	7 946	6 577	—	9
406	546	798	1 257	1 766	2 369	3 549	*———— 32 750 ————*				—	10
393	545	829	1 252	1 733	2 452	3 483	*———— 33 079 ————*				—	11
410	511	807	1 226	1 718	2 529	3 269	5 729	8 362	9 129	10 313	—	12
371	497	730	1 185	1 806	2 492	3 242	5 569	8 250	9 102	10 306	—	13
402	539	760	1 137	1 622	2 464	3 240	5 212	7 939	9 477	10 697	—	14
342	489	787	1 133	1 591	2 433	3 472	5 141	8 236	9 487	11 598	—	15
387	571	747	979	1 569	2 295	3 384	4 843	8 016	9 348	11 825	—	16
383	513	739	1 088	1 623	2 360	3 738	5 181	8 448	10 321	13 461	—	17
372	558	729	1 087	1 647	2 484	3 692	5 049	8 323	10 466	13 627	—	18
2 007	3 458	5 668	7 933	10 297	10 181	10 521	18 500	18 561	14 080	8 596	—	19
2 161	3 319	5 762	8 051	10 713	11 253	9 086	18 083	18 651	14 444	8 842	—	20
2 495	3 299	6 195	8 230	11 121	12 640	9 275	18 204	19 728	15 572	9 841	—	21
2 801	3 217	5 791	8 604	11 807	13 982	11 125	15 136	19 716	15 808	10 594	—	22
2 885	3 250	5 426	8 629	11 472	14 176	13 342	12 714	20 178	16 304	11 098	—	23
2 883	3 344	4 932	8 307	11 274	14 111	14 545	10 881	18 905	15 608	10 931	—	24
3 214	3 809	5 018	8 758	11 546	14 379	15 530	10 725	18 484	15 666	11 276	—	25
3 187	4 184	4 822	8 449	11 743	14 976	17 024	11 871	17 736	16 512	12 589	—	26
951	1 631	2 695	4 083	5 732	7 429	8 801	17 339	20 675	18 475	15 547	—	27
1 007	1 540	2 662	4 061	5 598	8 107	7 783	17 036	20 234	18 725	15 480	—	28
1 159	1 511	2 671	4 070	5 886	8 413	8 044	17 793	21 742	19 987	16 674	—	29
1 335	1 605	2 597	4 208	6 070	8 727	9 473	15 692	22 628	20 839	17 962	—	30
1 392	1 595	2 447	4 204	5 910	8 515	11 191	13 058	22 762	21 195	18 195	—	31
1 406	1 638	2 261	4 045	5 771	8 316	12 072	11 291	22 076	20 742	17 941	—	32
1 358	1 696	2 213	3 952	5 769	8 437	12 247	10 941	21 667	20 723	18 181	—	33
1 355	1 796	2 131	3 828	5 668	8 611	12 354	12 010	20 937	22 173	19 662	—	34
30 798	29 092	37 969	70 233	81 700	108 817	65 431	65 613	81 285	53 366	32 980	1 343	35
33 334	36 342	34 144	77 680	80 427	122 089	75 796	62 979	83 123	57 164	35 811	1 430	36
36 049	41 477	31 141	79 851	79 829	126 011	88 529	62 448	79 082	59 540	37 594	2 064	37
8 932	9 539	13 781	27 835	38 283	67 728	71 840	92 563	156 231	146 148	146 078	506	38
9 326	11 601	12 101	30 121	36 868	70 365	80 424	88 284	159 547	156 629	158 103	528	39
9 834	13 312	11 036	30 710	36 556	69 946	88 464	86 680	152 116	160 606	162 720	711	40
2	—	4	8	3	9	9	12	11	6	18	—	41
1	—	3	3	4	12	12	19	12	13	12	—	42
—	2	5	2	6	6	11	12	18	12	17	—	43
—	—	2	4	3	9	15	11	11	16	18	—	44
1	1	1	1	4	10	9	16	19	13	14	—	45
—	—	1	3	6	8	11	15	17	15	20	—	46
1	—	—	1	5	12	11	15	17	13	24	—	47
—	—	1	2	2	5	4	13	10	13	25	—	48
1	—	1	1	6	4	1	10	10	5	21	—	49
—	—	—	—	2	6	4	14	13	16	33	—	50
—	1	—	5	2	2	5	7	17	14	19	—	51
—	1	—	1	—	3	8	6	8	11	17	—	52
—	—	1	2	2	3	10	6	11	22	27	—	53
—	1	—	—	3	3	1	7	18	11	20	—	54

22. Deaths by age, sex and urban/rural residence: 1983 – 1992 (continued)

(See notes at end of table.)

Continent, country or area, year, sex and urban/rural residence / Continent, pays ou zone, année, sexe et résidence, urbaine/rurale	All ages Tous âges	Age (in years)						
		– 1	1 – 4	5 – 9	10 – 14	15 – 19	20 – 24	25 – 29
EUROPE (Cont.–Suite)								
Slovenia – Slovénie [1]								
Male – Masculin								
1 1987	10 247	151	35	25	25	62	147	121
2 1988	9 899	142	25	23	27	64	114	117
3 1989	9 732	103	31	18	23	69	129	142
4 1990	9 517	114	27	22	23	58	102	106
5 1991	9 798	117	20	12	24	76	130	121
Female – Féminin								
6 1987	9 590	134	21	9	4	32	29	39
7 1988	9 227	109	19	24	13	30	37	37
8 1989	8 937	88	19	20	12	30	41	40
9 1990	9 038	73	14	15	11	23	36	30
10 1991	9 526	61	17	12	10	20	24	42
Spain – Espagne								
Male – Masculin								
11 1983	158 375	2 989	739	563	561	1 284	1 757	1 572
12 1986	162 961	*————	———— 3	801	————	————*	1 382	2 014	1 846
Female – Féminin								
13 1983	144 194	2 296	560	333	308	564	556	584
14 1986	147 452	*————	———— 2	729	————	————*	538	631	650
Sweden – Suède								
Male – Masculin								
15 1983	48 988	333	60	62	54	206	268	310
16 1984	48 505	350	44	48	59	191	279	311
17 1985	50 044	366	58	49	49	185	270	266
18 1986	49 551	346	60	46	77	185	300	289
19 1987	49 338	358	61	39	60	192	293	313
20 1988	50 417	380	63	41	62	182	308	290
21 1989	47 845	392	63	37	45	206	262	306
22 1990	49 054	421	74	46	42	181	267	297
23 1991	49 144	421	58	33	32	182	240	306
Female – Féminin								
24 1983	41 803	313	41	31	31	87	93	131
25 1984	41 978	251	43	30	42	67	89	128
26 1985	43 988	300	52	25	42	88	93	119
27 1986	43 744	259	63	28	34	68	95	125
28 1987	43 969	283	57	26	30	79	98	115
29 1988	46 326	272	51	29	30	77	119	131
30 1989	44 265	278	57	25	31	90	91	115
31 1990	46 107	318	46	31	40	74	96	127
32 1991	46 058	340	58	23	41	66	75	126
Switzerland – Suisse [1]								
Male – Masculin								
33 1983	31 618	325	89	*————	147 ————*	271	*———— 788	————* *——
34 1984	30 456	308	81	52	58	243	389	343
35 1985	30 934	293	78	45	75	251	357	335
36 1986	30 880	297	74	39	64	247	396	326
37 1987	30 740	291	64	44	36	226	428	349
38 1988	31 283	330	74	49	57	205	404	418
39 1989	31 349	334	69	34	56	201	417	455
40 1990	32 492	316	77	38	39	222	398	462
41 1991	32 076	315	60	55	53	187	438	482
Female – Féminin								
42 1983	29 138	235	59	*————	76 ————*	91	*———— 268	————* *——
43 1984	28 146	225	72	30	31	85	121	120
44 1985	28 649	222	59	38	37	83	122	114
45 1986	29 225	224	68	24	44	85	128	146
46 1987	28 771	233	53	31	22	86	126	116
47 1988	29 365	220	50	28	35	80	147	134
48 1989	29 533	262	41	26	19	89	139	144
49 1990	31 247	258	46	30	29	72	110	146
50 1991	30 558	222	65	31	24	75	125	149
Ukraine [1][22]								
Male – Masculin								
51 1987	269 485	6 505	1 892	1 053	922	1 784	3 097	4 358
52 1988	274 232	6 203	2 021	1 110	918	1 960	3 334	4 476
53 1989	282 731	*———— 7	175 ————*	1 159	924	2 254	3 740	5 264
54 1990	297 584	*———— 6	633 ————*	1 103	987	2 208	3 801	4 896

22. Décès selon l'âge, le sexe et la résidence, urbaine/rurale: 1983 – 1992 (suite)

tes à la fin du tableau.)

					Age (en années)							
5 – 39	40 – 44	45 – 49	50 – 54	55 – 59	60 – 64	65 – 69	70 – 74	75 – 79	80 – 84	85 +	Unknown Inconnu	
233	299	456	763	1 118	1 052	876	1 110	1 603	1 191	805	—	1
260	276	436	692	988	1 023	1 016	969	1 536	1 228	807	—	2
240	266	405	646	1 013	1 066	1 010	815	1 538	1 191	872	—	3
190	258	401	589	1 000	1 059	1 045	776	1 510	1 262	839	—	4
266	320	385	579	907	1 170	1 106	899	1 320	1 297	911	—	5
93	93	197	298	430	642	638	1 022	1 850	2 019	1 964	—	6
80	99	158	270	447	601	780	858	1 781	1 882	1 943	—	7
86	112	191	247	411	586	774	774	1 660	1 823	1 974	—	8
78	108	148	238	366	542	807	765	1 726	1 910	2 102	—	9
81	117	170	276	391	599	869	899	1 562	1 992	2 346	—	10
2 052	2 590	4 693	7 610	10 863	14 072	16 411	22 692	25 652	21 859	18 847	—	11
2 200	2 848	4 104	7 513	11 043	15 421	17 011	*———— 92 115 ————*				—	12
1 010	1 208	2 230	3 574	5 083	7 063	10 455	17 267	24 936	28 877	36 583	—	13
990	1 333	1 924	3 263	4 959	7 125	10 008	*———— 112 602 ————*				—	14
518	660	822	1 400	2 287	3 969	5 530	7 832	8 767	7 837	7 724	—	15
557	675	825	1 296	2 215	3 897	5 340	7 604	9 077	7 837	7 537	—	16
511	682	864	1 277	2 201	3 825	5 547	7 719	9 240	8 343	8 237	—	17
543	708	896	1 225	2 102	3 480	5 551	7 633	9 226	8 342	8 202	—	18
479	698	915	1 281	2 057	3 331	5 320	7 413	9 242	8 387	8 543	—	19
496	780	908	1 230	1 933	3 391	5 472	7 187	9 372	8 941	9 003	—	20
493	736	880	1 197	1 862	2 994	5 237	6 766	8 870	8 524	8 616	—	21
412	707	976	1 166	1 859	2 960	4 926	6 986	9 178	9 030	9 206	—	22
426	699	1 057	1 175	1 884	2 913	4 855	6 928	8 893	9 188	9 517	—	23
272	342	478	782	1 125	1 977	3 027	4 881	7 042	8 523	12 448	—	24
261	374	448	690	1 181	2 088	2 797	4 795	7 190	8 589	12 734	—	25
298	358	435	712	1 165	1 957	2 986	4 788	7 520	8 956	13 902	—	26
277	367	531	695	1 051	1 873	3 039	4 669	7 121	9 084	14 212	—	27
253	406	499	693	1 054	1 867	2 953	4 661	7 155	9 037	14 533	—	28
264	458	587	667	1 054	1 790	3 119	4 684	7 346	9 484	16 011	—	29
264	423	559	670	992	1 621	2 933	4 205	7 041	9 036	15 696	—	30
223	405	590	658	1 076	1 621	2 887	4 403	7 104	9 695	16 562	—	31
233	409	600	696	1 026	1 670	2 797	4 389	6 903	9 638	16 821	—	32
98 —*	*—— 1 261 ——*		*—— 2 926 ——*		*—— 5 925 ——*		*—— 10 084 ——*		*—— 9 104 ——*		—	33
412	502	713	1 105	1 760	2 557	3 095	4 496	5 184	4 643	4 219	—	34
397	497	701	1 104	1 743	2 505	3 208	4 422	5 295	4 794	4 564	—	35
393	541	692	1 120	1 652	2 432	3 273	4 297	5 249	4 894	4 608	—	36
404	561	680	1 109	1 659	2 346	3 231	4 139	5 220	4 868	4 738	—	37
392	560	708	1 038	1 633	2 378	3 244	3 922	5 278	5 134	5 107	—	38
382	554	724	1 042	1 621	2 230	3 235	3 775	5 160	5 209	5 426	—	39
421	574	758	1 029	1 579	2 323	3 325	3 848	5 282	5 407	5 959	—	40
400	661	864	1 032	1 598	2 217	3 195	3 917	4 922	5 480	5 709	—	41
29 —*	*—— 654 ——*		*—— 1 481 ——*		*—— 2 978 ——*		*—— 8 208 ——*		*—— 14 759 ——*		—	42
210	278	418	598	850	1 319	1 645	2 980	4 684	5 963	8 372	—	43
211	301	394	578	856	1 233	1 706	2 894	4 721	6 095	8 830	—	44
182	321	364	517	857	1 224	1 644	2 815	4 609	6 215	9 610	—	45
187	312	377	572	791	1 158	1 749	2 659	4 518	5 979	9 669	—	46
193	284	435	552	800	1 167	1 788	2 529	4 402	6 153	10 210	—	47
208	283	430	521	829	1 113	1 760	2 349	4 208	6 270	10 691	—	48
200	299	466	567	755	1 192	1 753	2 493	4 426	6 435	11 811	—	49
181	318	413	573	784	1 113	1 771	2 428	4 099	6 242	11 755	—	50
6 826	6 504	16 470	18 539	29 366	31 213	24 181	29 935	35 801	26 358	19 531	—	51
7 014	6 751	14 496	20 539	27 196	34 598	25 907	26 904	36 833	27 795	20 700	—	52
7 948	8 092	14 232	24 247	25 465	37 841	28 842	24 971	36 256	27 490	20 108	383	53
8 527	10 141	13 225	27 354	25 790	41 295	32 839	24 700	36 469	28 706	21 621	547	54

22. Deaths by age, sex and urban/rural residence: 1983 – 1992 (continued)

(See notes at end of table.)

Continent, country or area, year, sex and urban/rural residence	Age (in years)							
Continent, pays ou zone, année, sexe et résidence, urbaine/rurale	All ages Tous âges	– 1	1 – 4	5 – 9	10 – 14	15 – 19	20 – 24	25 – 29

EUROPE (Cont.–Suite)

Ukraine [1][22]
Female – Féminin

1	1987	316 902	4 584	1 562	625	475	800	957	1 370
2	1988	326 493	4 436	1 561	701	541	942	1 010	1 333
3	1989	317 859	*——— 4 977 ———*		653	527	960	1 011	1 280
4	1990	332 018	*——— 4 737 ———*		612	474	979	1 004	1 344

United Kingdom – Royaume–Uni
Male – Masculin

5	1983	328 824	4 230	695	469	609	1 834	1 899	1 691
6	1984	321 095	3 995	725	423	580	1 708	1 999	1 724
7	1985	331 562	4 003	728	393	583	1 612	2 031	1 648
8	1986	327 159	4 219	653	384	444	1 676	2 067	1 765
9	1987	318 282	4 105	657	377	470	1 612	2 125	1 789
10	1988	319 119	4 110	680	433	460	1 525	2 160	1 912
11	1989	320 193	3 799	699	414	398	1 537	2 118	1 970
12	1990	314 601	3 614	674	376	406	1 487	2 197	2 262
13	1991	314 427	3 377	636	395	404	1 417	2 049	2 113

Female – Féminin

14	1983	330 277	3 126	567	318	374	719	698	805
15	1984	323 823	3 005	537	304	343	665	722	854
16	1985	339 094	3 027	574	314	355	626	729	780
17	1986	333 576	2 961	561	275	307	635	769	798
18	1987	326 060	2 972	550	265	288	614	733	835
19	1988	330 059	2 951	552	264	251	612	745	798
20	1989	337 540	2 743	552	271	268	598	773	861
21	1990	327 198	2 658	489	249	273	534	700	901
22	1991	331 754	2 448	512	280	264	538	738	879

Former Yugoslavia – Ancienne Yougoslavie [1]
Male – Masculin

23	1983	116 500	6 298	953	465	383	795	1 136	1 439
24	1984	113 750	5 758	977	431	363	704	1 172	1 376
25	1985	112 440	5 775	829	452	388	690	1 094	1 259
26	1986	112 161	5 288	829	424	337	640	1 085	1 193
27	1987	112 959	4 896	787	387	357	682	1 078	1 200
28	1988	113 607	4 809	694	342	330	690	1 048	1 168
29	1989	113 819	4 272	623	349	314	616	1 014	1 187
30	1990	112 832	3 563	501	348	301	664	1 012	1 208

Female – Féminin

31	1983	102 480	5 199	992	322	212	375	437	516
32	1984	100 975	4 683	835	287	235	361	412	520
33	1985	100 443	4 581	744	336	195	375	444	457
34	1986	100 988	4 322	715	270	241	356	401	507
35	1987	101 707	4 140	607	262	192	338	409	481
36	1988	99 859	3 918	612	275	224	321	378	465
37	1989	101 664	3 639	544	250	196	312	401	496
38	1990	99 316	2 894	418	231	190	284	336	428

OCEANIA—OCEANIE

American Samoa – Samoa américaines
Male – Masculin

39	1984	91	4	1	1	1	3	5	4
40	1985	98	10	2	–	2	6	4	5
41	1986	98	8	–	2	2	1	4	5
42	1987	104	14	2	–	1	2	4	5
43	1988	130	10	5	1	1	4	8	3

Female – Féminin

44	1984	65	5	–	1	1	3	1	–
45	1985	58	7	4	–	1	–	–	1
46	1986	72	7	2	–	–	2	1	3
47	1987	52	3	2	–	1	–	2	1
48	1988	67	7	2	2	1	4	3	1

22. Décès selon l'âge, le sexe et la résidence, urbaine/rurale: 1983 – 1992 (suite)

otes à la fin du tableau.)

					Age (en années)								
35 – 39	40 – 44	45 – 49	50 – 54	55 – 59	60 – 64	65 – 69	70 – 74	75 – 79	80 – 84	85 +	Unknown Inconnu		
2 516	2 713	6 924	8 339	15 061	24 022	25 442	42 279	61 775	57 551	58 190	—	1
2 646	2 722	6 119	9 203	13 983	24 836	28 315	38 513	64 610	61 203	62 079	—	2
2 639	3 114	5 640	10 642	12 684	24 330	29 090	34 357	63 831	59 155	60 962	170	3
2 747	3 621	5 169	11 535	12 137	24 890	32 507	33 471	64 557	64 158	65 963	189	4
2 714	3 823	6 690	11 548	20 858	33 635	42 329	58 140	59 062	43 976	32 712	—	5
2 701	3 724	6 529	11 118	19 737	33 978	39 199	56 221	58 171	44 342	32 350	—	6
2 826	3 902	6 343	10 973	19 312	33 190	40 138	57 320	61 400	47 841	35 515	—	7
2 769	3 942	6 286	10 528	18 694	31 658	40 681	55 306	60 644	47 479	36 061	—	8
2 641	4 152	5 927	10 023	18 058	29 617	41 250	52 098	58 621	47 152	35 621	—	9
2 600	4 260	6 083	9 933	16 999	29 002	42 830	49 063	58 510	48 572	37 916	—	10
2 655	4 177	6 005	9 555	16 189	27 504	43 839	46 465	59 017	50 433	41 421	—	11
2 692	4 299	6 034	9 473	15 575	26 408	42 157	46 301	57 541	49 910	41 103	—	12
2 726	4 376	6 152	9 341	14 984	25 272	40 144	47 870	56 434	50 982	43 598	—	13
1 849	2 469	4 160	7 224	12 206	19 991	26 897	42 369	56 220	62 720	86 456	—	14
1 824	2 445	4 084	6 863	11 903	20 359	25 257	41 174	55 226	61 423	85 757	—	15
1 878	2 519	4 013	6 568	11 697	20 313	26 040	42 465	57 156	65 289	93 679	—	16
1 797	2 591	3 944	6 267	11 071	18 883	26 415	40 898	56 054	64 609	93 657	—	17
1 763	2 691	3 899	6 278	10 705	18 332	26 764	38 806	54 383	62 883	92 160	—	18
1 733	2 882	3 898	5 989	10 362	17 792	28 152	36 868	53 814	63 917	97 362	—	19
1 665	2 841	3 850	5 984	10 055	17 269	29 296	35 279	54 749	66 226	103 166	—	20
1 663	2 800	3 866	5 852	9 598	16 752	27 439	34 580	52 577	63 780	101 421	—	21
1 582	2 713	3 998	5 701	9 046	15 906	26 333	17 867	52 250	64 674	124 899	—	22
1 886	3 106	5 406	8 494	9 539	9 606	8 696	17 119	17 927	13 291	8 119	79	23
1 873	2 787	5 232	8 325	9 931	10 547	7 619	16 208	17 434	13 410	7 800	76	24
1 965	2 556	4 823	8 005	10 106	10 476	7 757	15 037	17 972	13 107	8 435	58	25
2 013	2 391	4 494	7 549	10 529	10 849	8 967	13 787	17 593	13 551	8 959	39	26
2 114	2 501	4 463	7 866	11 105	11 613	10 380	11 558	17 448	13 622	9 164	63	27
2 300	2 598	4 339	7 710	11 240	12 480	11 923	10 138	16 869	13 898	9 430	53	28
2 288	2 683	4 053	7 265	11 333	13 058	13 182	8 857	16 790	14 300	10 031	79	29
2 330	2 803	3 835	6 919	11 174	13 645	13 386	9 170	15 719	14 366	10 301	93	30
833	1 447	2 490	3 884	5 429	6 874	7 086	15 363	18 518	17 115	14 580	80	31
792	1 325	2 443	3 815	5 432	7 458	6 297	14 966	18 431	17 489	14 417	59	32
902	1 252	2 268	3 645	5 433	7 449	6 475	14 286	18 759	16 879	15 227	52	33
939	1 200	2 144	3 670	5 447	7 494	7 294	12 811	18 944	17 665	15 831	39	34
1 030	1 218	2 175	3 639	5 585	7 949	8 646	11 223	19 094	17 718	16 277	52	35
1 016	1 151	2 117	3 517	5 335	7 892	9 807	9 631	18 772	17 573	16 174	53	36
973	1 267	1 954	3 371	5 443	7 963	10 916	8 933	19 029	18 075	17 161	59	37
1 008	1 304	1 809	3 218	5 133	7 896	10 899	9 055	17 735	18 586	17 236	61	38
4	6	5	8	9	7	10	7	6	5	2	1	39
5	1	2	7	2	10	10	10	9	3	5	1	40
4	5	1	3	15	10	7	7	6	5	4	—	41
5	4	2	6	11	8	6	12	11	6	3	—	42
5	7	8	6	14	14	12	9	11	5	3	—	43
1	1	3	6	4	3	6	5	7	9	7	—	44
5	1	2	5	6	3	6	3	4	5	3	1	45
2	3	5	3	7	7	2	6	11	6	5	—	46
1	1	2	1	4	4	8	5	4	3	8	—	47
1	2	2	4	6	9	8	8	3	1	2	—	48

22. Deaths by age, sex and urban/rural residence: 1983 – 1992 (continued)

(See notes at end of table.)

Continent, country or area, year, sex and urban/rural residence — Continent, pays ou zone, année, sexe et résidence, urbaine/rurale	All ages Tous âges	– 1	1 – 4	5 – 9	10 – 14	15 – 19	20 – 24	25 – 29	30

Age (in years)

OCEANIA—OCEANIE(Cont.–Suite)

Australia – Australie +
Male – Masculin

#	Year	All ages	–1	1–4	5–9	10–14	15–19	20–24	25–29
1	1983	60 450	1 302	286	184	203	720	1 029	888
2	1984	59 987	1 259	275	133	223	629	1 003	736
3	1985	64 156	1 398	277	178	198	746	1 087	894
4	1986	62 210	1 244	267	151	196	730	1 042	893
5	1987	63 611	1 235	255	136	190	735	999	908
6	1988	65 082	1 227	229	142	194	812	1 065	1 050
7	1989	66 926	1 136	226	138	172	742	953	1 047
8	1990	64 660	1 224	256	150	135	676	950	998
9	1991	64 067	1 049	195	129	138	617	907	891

Female – Féminin

#	Year	All ages	–1	1–4	5–9	10–14	15–19	20–24	25–29
10	1983	49 634	1 025	206	100	127	226	322	314
11	1984	49 927	904	181	104	118	251	315	306
12	1985	54 652	1 054	210	114	105	267	353	347
13	1986	52 771	910	202	104	102	273	353	327
14	1987	53 710	881	156	102	89	291	315	333
15	1988	54 784	905	199	106	92	285	351	331
16	1989	57 306	868	191	103	91	262	313	319
17	1990	55 402	921	168	88	94	265	298	325
18	1991	55 079	787	148	89	90	245	309	373

Cocos (Keeling) Islands – Iles des Cocos (Keeling)
Male – Masculin

#	Year	All ages	–1	1–4	5–9	10–14	15–19	20–24	25–29
19	1985	1	–	–	–	–	–	–	–

Female – Féminin

#	Year	All ages	–1	1–4	5–9	10–14	15–19	20–24	25–29
20	1985	–	–	–	–	–	–	–	–

Cook Islands – Iles Cook +
Male – Masculin

#	Year	All ages	–1	1–4	5–9	10–14	15–19	20–24	25–29
21	1983	83	5	3	2	–	2	5	1
22	1984	63	2	1	2	1	4	2	3
23	1985	81	5	–	1	2	1	3	1
24	1986	68	6	1	1	2	3	2	1
25	1987	70	10	–	2	1	2	2	–
26	1988	57	2	–	1	–	4	1	3

Female – Féminin

#	Year	All ages	–1	1–4	5–9	10–14	15–19	20–24	25–29
27	1983	51	4	–	1	–	1	1	–
28	1984	52	3	–	–	–	1	1	1
29	1985	56	7	2	–	–	1	1	1
30	1986	51	6	–	2	1	–	–	2
31	1987	58	2	2	1	1	2	1	4
32	1988	37	2	–	–	–	1	1	–

Fiji – Fidji +
Male – Masculin

#	Year	All ages	–1	1–4	5–9	10–14	15–19	20–24	25–29
33	1983	2 011	233	49	38	26	48	69	56
34	1984	1 899	188	66	30	14	52	67	42
35	1985	2 204	185	69	29	20	45	80	67
36	1986	2 300	203	52	29	23	47	90	65
37	1987	1 890	106	47	23	19	29	62	64

Female – Féminin

#	Year	All ages	–1	1–4	5–9	10–14	15–19	20–24	25–29
38	1983	1 466	182	55	27	22	40	39	40
39	1984	1 263	132	46	23	23	42	44	35
40	1985	1 476	176	45	23	22	48	51	29
41	1986	1 617	188	50	28	24	39	41	41
42	1987	1 288	83	32	23	16	25	35	49

Guam [1] [31]
Male – Masculin

#	Year	All ages	–1	1–4	5–9	10–14	15–19	20–24	25–29
43	1985	289	25	6	4	–	8	14	12
44	1986	286	18	2	5	3	14	12	8

Female – Féminin

#	Year	All ages	–1	1–4	5–9	10–14	15–19	20–24	25–29
45	1985	152	14	3	–	2	2	–	5
46	1986	165	13	3	–	4	4	1	2

22. Décès selon l'âge, le sexe et la résidence, urbaine/rurale: 1983 – 1992 (suite)

(notes à la fin du tableau.)

35 – 39	40 – 44	45 – 49	50 – 54	55 – 59	60 – 64	65 – 69	70 – 74	75 – 79	80 – 84	85 +	Unknown Inconnu	
809	1 056	1 545	2 816	4 630	6 038	7 743	9 112	8 879	6 688	5 763	12	1
827	1 119	1 488	2 497	4 412	6 150	7 290	9 418	8 915	6 878	5 912	14	2
890	1 111	1 580	2 510	4 445	6 492	7 629	9 837	9 592	7 660	6 799	24	3
920	1 181	1 519	2 359	4 116	6 307	7 535	9 497	9 566	7 334	6 498	15	4
976	1 153	1 563	2 347	4 128	6 116	7 770	9 648	9 828	7 834	6 958	17	5
958	1 342	1 561	2 350	3 772	6 227	7 951	9 559	10 360	8 182	7 158	10	6
1 085	1 201	1 576	2 333	3 682	6 070	8 366	9 581	10 878	8 786	7 994	4	7
966	1 357	1 575	2 253	3 503	5 899	8 217	8 976	10 429	8 468	7 642	10	8
1 067	1 294	1 646	2 244	3 252	5 659	7 969	8 973	10 409	8 904	7 770	7	9
479	577	875	1 475	2 271	3 318	4 412	6 117	7 175	7 965	12 290	4	10
504	617	847	1 360	2 092	3 290	4 336	6 210	7 183	8 268	12 698	6	11
499	603	936	1 364	2 258	3 362	4 357	6 719	8 029	8 974	14 734	4	12
477	666	887	1 270	2 124	3 248	4 586	6 541	7 874	8 442	14 023	2	13
500	672	882	1 295	2 012	3 159	4 392	6 399	8 145	8 938	14 790	6	14
519	707	930	1 265	2 008	3 218	4 568	6 286	8 451	9 247	14 923	2	15
488	754	940	1 281	1 912	3 222	4 716	6 425	8 767	9 758	16 506	1	16
499	705	892	1 310	1 791	3 018	4 671	6 173	8 650	9 361	15 797	1	17
509	707	940	1 270	1 736	2 949	4 583	6 172	8 562	9 433	15 790	1	18
–	–	–	–	–	–	1	–	–	–	–	–	19
–	–	–	–	–	–	–	–	–	–	–	–	20
1	–	–	4	4	2	4	5	3	10	2	26	21
–	1	1	5	9	6	6	4	5	*——	10 ——*	–	22
5	2	3	5	8	14	9	6	5	*——	10 ——*	–	23
–	1	1	1	7	3	9	14	9	*——	7 ——*	–	24
3	–	2	3	11	7	3	14	5	*——	5 ——*	–	25
–	4	1	3	7	2	1	8	9	*——	11 ——*	–	26
–	–	1	3	1	4	5	5	5	4	3	13	27
2	4	–	2	1	9	8	5	5	*——	10 ——*	–	28
1	1	1	3	2	3	4	7	11	*——	10 ——*	–	29
–	1	4	3	1	6	7	5	4	*——	9 ——*	–	30
–	2	2	4	5	3	5	6	9	*——	7 ——*	–	31
1	–	–	5	1	4	4	6	2	*——	10 ——*	–	32
63	107	154	151	177	183	178	156	108	84	84	3	33
58	86	137	157	153	185	157	167	110	81	91	4	34
97	110	126	188	213	201	227	163	127	99	98	4	35
79	104	170	158	204	225	205	205	148	91	125	15	36
74	96	149	172	187	160	175	180	107	75	78	32	37
39	62	91	95	90	133	128	118	67	96	113	–	38
40	50	61	85	80	104	129	108	70	80	70	8	39
45	58	81	90	103	129	131	132	85	79	97	17	40
40	59	97	126	104	166	146	135	75	105	102	25	41
35	39	103	105	105	115	115	114	80	86	76	24	42
14	8	16	15	29	28	25	28	21	15	12	–	43
10	9	13	20	30	32	35	21	24	16	8	–	44
5	2	6	9	8	11	19	19	16	12	17	–	45
4	3	2	9	19	22	17	20	14	13	15	–	46

22. Deaths by age, sex and urban/rural residence: 1983 – 1992 (continued)

(See notes at end of table.)

Continent, country or area, year, sex and urban/rural residence Continent, pays ou zone, année, sexe et résidence, urbaine/rurale	All ages Tous âges	– 1	1 – 4	5 – 9	10 – 14	15 – 19	20 – 24	25 – 29	3
OCEANIA—OCEANIE(Cont.–Suite)									
Marshall Islands – Iles Marshall Male – Masculin									
1 1986	128	22	16	6	–	5	–	3	
2 1987	91	15	5	1	–	5	3	3	
3 1988	120	18	12	3	1	2	9	4	
4 1989	102	16	6	2	1	1	4	5	
Female – Féminin									
5 1986	59	16	7	2	1	1	4	1	
6 1987	52	9	4	2	–	–	1	3	
7 1988	66	14	9	4	1	–	–	–	
8 1989	49	13	4	1	1	1	2	–	
New Zealand – Nouvelle–Zélande + [1] Male – Masculin									
9 1983	13 978	353	64	48	55	199	279	168	
10 1984	13 774	352	84	46	52	202	233	161	
11 1985	14 528	321	56	46	55	230	237	201	
12 1986	14 530	336	88	28	65	236	269	214	
13 1987	14 467	302	61	45	61	236	281	214	
14 1988	14 568	358	68	38	44	214	276	219	
15 1989	14 330	348	71	41	47	246	281	216	
16 1990	13 971	296	81	36	39	214	296	216	
Female – Féminin									
17 1983	12 013	280	47	31	37	80	102	65	
18 1984	11 604	245	36	28	32	72	90	74	
19 1985	12 952	239	57	39	40	77	89	88	
20 1986	12 515	256	47	37	32	76	82	79	
21 1987	12 952	252	51	25	34	88	91	95	
22 1988	12 840	262	49	30	33	84	91	95	
23 1989	12 712	244	40	26	23	89	81	69	
24 1990	12 560	204	39	20	23	85	79	88	
Norfolk Island – Ile Norfolk Male – Masculin									
25 1983	8	–	–	–	–	–	–	–	
26 1984	5	–	–	–	–	–	–	–	
27 1988	6	–	–	–	–	–	–	–	
Female – Féminin									
28 1983	7	–	–	–	–	–	–	–	
29 1984	9	–	–	–	–	–	–	–	
30 1988	3	–	–	–	–	–	–	–	
Northern Mariana Islands – Iles Mariannes du Sud Male – Masculin									
31 1989	83	2	1	1	1	6	5	6	
Female – Féminin									
32 1989	39	–	–	1	–	1	1	–	
Pacific Islands (Palau) – Iles du Pacifique (Palaos) Male – Masculin									
33 1985	56	10	–	1	–	2	–	2	
Female – Féminin									
34 1985	39	4	–	1	–	–	1	2	
USSR—URSS									
Former USSR – Ancienne URSS [1][22] Male – Masculin									
35 1986	1 295 525	*——— 108 825 ———*		8 426	6 267	11 712	21 427	28 898	
36 1987	1 326 462	*——— 108 392 ———*		8 235	6 430	11 651	19 890	29 152	
37 1988	1 369 579	*——— 105 988 ———*		9 283	7 447	13 278	21 537	31 599	
38 1989	1 400 409	*——— 90 459 ———*		8 695	6 772	14 369	23 063	34 666	

22. Décès selon l'âge, le sexe et la résidence, urbaine/rurale: 1983 – 1992 (suite)

notes à la fin du tableau.)

					Age (en années)							
35 – 39	40 – 44	45 – 49	50 – 54	55 – 59	60 – 64	65 – 69	70 – 74	75 – 79	80 – 84	85 +	Unknown Inconnu	
–	1	5	7	13	11	11	10 *———	–	10 ———*		–	1
2	3	4	3	5	9	9	11 *———	–	8 ———*		–	2
3	5	4	3	5	9	12	8 *———	–	15 ———*		–	3
4	4	6	9	5	8	8	10 *———	–	11 ———*		–	4
2	1	1	1	2	7	3	3 *———	–	5 ———*		–	5
4	2	–	1	3	7	5	– *———	–	10 ———*		–	6
1	1	2	8	3	4	5	7 *———	–	5 ———*		–	7
–	1	2	1	7	2	3	1 *———	–	4 ———*		–	8
171	234	364	537	999	1 354	1 791	2 123	2 194	1 572	1 324	–	9
183	247	324	557	941	1 326	1 637	2 167	2 134	1 611	1 333	–	10
164	251	357	554	960	1 414	1 717	2 212	2 308	1 799	1 495	–	11
226	236	330	572	888	1 409	1 696	2 257	2 249	1 742	1 509	–	12
196	228	345	567	908	1 307	1 716	2 174	2 276	1 795	1 564	–	13
205	264	346	492	858	1 395	1 697	2 062	2 383	1 870	1 585	–	14
190	267	343	515	744	1 300	1 743	1 986	2 313	1 879	1 606	–	15
195	261	334	469	763	1 223	1 696	1 965	2 252	1 891	1 555	–	16
124	164	211	348	495	816	1 116	1 554	1 759	1 952	2 731	–	17
99	157	201	351	521	762	1 060	1 494	1 819	1 794	2 675	–	18
138	158	250	332	534	834	1 095	1 587	1 944	2 006	3 355	–	19
122	155	217	315	553	793	1 066	1 524	1 985	2 059	3 015	–	20
130	156	245	366	514	810	1 108	1 629	1 973	2 109	3 181	–	21
124	165	234	322	450	732	1 114	1 489	1 958	2 195	3 316	–	22
118	178	252	340	464	757	1 035	1 469	1 948	2 222	3 270	–	23
112	185	260	362	505	739	1 082	1 460	1 834	2 151	3 237	–	24
–	–	–	–	–	1	2	2	1	2	–	–	25
–	–	–	–	1	–	1	1	1	1	1	–	26
–	–	–	–	1	–	1	1	–	2	–	–	27
–	–	–	–	–	1	–	2	3	1	–	–	28
–	–	–	–	1	–	–	–	2	1	5	–	29
–	–	–	–	–	–	–	2	–	1	–	–	30
4	2	5	5	7	6	7	6	6	5	4	–	31
1	1	–	1	8	4	3	4	5	1	6	–	32
2	2	1	3	9	4	4	5	5	4	1	–	33
1	–	1	–	1	3	7	5	6	3	3	–	34
38 486	33 713	85 605	91 935	149 862	125 086	97 781	142 281	140 713	96 087	75 219	–	35
39 725	32 961	81 566	96 824	150 842	144 601	105 456	132 001	144 796	103 087	77 607	–	36
43 203	37 063	73 918	104 811	144 565	166 433	111 840	121 885	150 310	107 691	81 416	–	37
49 506	47 618	67 580	120 467	137 850	184 862	121 766	114 166	148 844	106 840	78 451	2 146	38

22. Deaths by age, sex and urban/rural residence: 1983 – 1992 (continued)

(See notes at end of table.)

Continent, country or area, year, sex and urban/rural residence / Continent, pays ou zone, année, sexe et résidence, urbaine/rurale	All ages Tous âges	Age (in years)							
		− 1	1 – 4	5 – 9	10 – 14	15 – 19	20 – 24	25 – 29	30
USSR—URSS (Cont.–Suite)									
Former USSR – [1][22]									
Ancienne URSS									
Female – Féminin									
1 1986	1 441 826	*——— 84 080 ———*		5 005	3 593	5 222	7 622	9 620	1
2 1987	1 478 323	*——— 82 702 ———*		4 912	3 582	5 241	7 138	9 636	1
3 1988	1 519 174	*——— 80 490 ———*		5 968	4 476	6 858	8 095	10 669	1
4 1989	1 474 126	*——— 68 012 ———*		5 122	3 670	6 375	7 307	9 836	1

22. Décès selon l'âge, le sexe et la résidence, urbaine/rurale: 1983 – 1992 (suite)

(notes à la fin du tableau.)

					Age (en années)							Unknown Inconnu	
35 – 39	40 – 44	45 – 49	50 – 54	55 – 59	60 – 64	65 – 69	70 – 74	75 – 79	80 – 84	85 +			
14 199	13 307	35 451	42 243	78 651	103 883	104 889	199 267	250 701	232 478	240 026	–	1
14 402	13 036	33 016	43 656	76 664	111 166	113 543	186 450	262 353	246 941	252 506	–	2
16 142	14 569	30 182	46 170	72 694	117 626	122 846	171 827	270 952	257 340	269 576	–	3
16 161	17 190	26 462	51 225	67 607	117 585	128 347	156 664	266 491	249 401	263 339	890	4

22. Deaths by age, sex and urban/rural residence: 1983 – 1992 (continued)

Data by urban/rural residence

(See notes at end of table.)

Continent, country or area, year, sex and urban/rural residence / Continent, pays ou zone, année, sexe et résidence, urbaine/rurale	All ages Tous âges	−1	1−4	5−9	10−14	15−19	20−24	25−29	3
				Age (in years)					

AFRICA—AFRIQUE

Egypt – Egypte
Urban – Urbaine
Male – Masculin

1	1983	96 263	22 858	6 467	1 850	1 476	2 009	2 245	2 123
2	1984	95 415	22 576	7 123	1 703	1 466	1 929	2 151	1 900
3	1985	114 601	22 619	7 445	2 410	1 782	2 320	2 745	2 546
4	1986	111 230	21 117	6 460	2 204	1 687	2 137	2 385	2 443
5	1987	105 905	19 963	5 792	2 165	1 620	1 922	2 158	2 170
6	1988	95 134	16 720	4 987	1 941	1 449	1 833	2 080	2 086
7	1989	92 350	13 413	4 692	1 857	1 424	1 809	1 970	2 025

Female – Féminin

8	1983	79 964	21 322	6 230	1 431	1 001	1 404	1 373	1 476
9	1984	79 772	20 624	7 353	1 427	948	1 307	1 356	1 395
10	1985	93 079	19 442	7 519	1 643	1 106	1 748	1 650	1 967
11	1986	90 712	17 359	6 103	1 584	1 140	1 493	1 544	1 697
12	1987	86 625	17 022	5 760	1 567	1 003	1 340	1 364	1 463
13	1988	79 378	14 444	4 826	1 511	1 039	1 400	1 346	1 446
14	1989	76 549	12 052	4 639	1 417	987	1 349	1 302	1 444

Rural – Rurale
Male – Masculin

15	1983	135 651	32 153	18 004	3 759	2 451	2 326	1 869	1 888
16	1984	138 232	34 728	18 686	3 463	2 283	2 063	1 820	1 920
17	1985	125 897	25 888	16 930	3 302	2 024	1 955	1 794	1 717
18	1986	130 010	25 915	14 392	3 292	1 984	1 811	1 737	1 858
19	1987	139 598	28 660	14 850	3 557	2 137	1 894	1 823	1 938
20	1988	127 302	25 345	13 694	3 310	2 022	1 942	1 714	1 928
21	1989	123 404	21 230	12 878	3 294	2 112	2 021	1 674	1 903

Female – Féminin

22	1983	130 180	31 417	20 001	3 196	1 894	1 754	1 470	1 662
23	1984	130 818	33 685	20 904	2 895	1 632	1 537	1 420	1 595
24	1985	120 873	25 835	19 799	2 783	1 527	1 402	1 409	1 632
25	1986	123 936	25 555	15 971	2 932	1 645	1 366	1 327	1 526
26	1987	134 033	28 399	16 618	2 916	1 733	1 444	1 448	1 738
27	1988	125 204	26 328	16 035	2 856	1 676	1 442	1 449	1 636
28	1989	121 911	21 931	15 118	3 005	1 731	1 562	1 467	1 654

Mali [2]
Urban – Urbaine
Male – Masculin

| 29 | 1987 | 7 400 | *—— 3 935 ——* | | 411 | 195 | 177 | 194 | 141 |

Female – Féminin

| 30 | 1987 | 6 315 | *—— 3 364 ——* | | 368 | 124 | 190 | 191 | 173 |

Rural – Rurale
Male – Masculin

| 31 | 1987 | 43 672 | *—— 25 888 ——* | | 2 536 | 921 | 898 | 919 | 896 |

Female – Féminin

| 32 | 1987 | 38 834 | *—— 22 045 ——* | | 2 011 | 764 | 1 111 | 1 104 | 1 205 |

Tunisia – Tunisie
Urban – Urbaine
Male – Masculin

33	1987	14 474	2 858	600	267	161	219	282	289
34	1988	14 785	2 438	517	234	182	207	294	277
35	1989	14 904	2 335	443	236	180	265	284	295

Female – Féminin

36	1987	10 258	2 250	537	200	117	125	148	167
37	1988	10 399	1 991	457	177	115	125	132	178
38	1989	10 401	1 753	434	171	115	128	127	170

Rural – Rurale
Male – Masculin

39	1987	6 436	1 174	424	135	99	85	88	103
40	1988	5 786	826	288	122	86	82	71	82
41	1989	5 746	564	283	87	74	91	58	85

Female – Féminin

42	1987	4 464	973	347	110	64	49	66	73
43	1988	4 014	663	322	97	55	44	57	77
44	1989	3 870	499	210	70	53	48	64	56

22. Décès selon l'âge, le sexe et la résidence, urbaine/rurale: 1983 – 1992 (suite)

Données selon la résidence urbaine/rurale

otes à la fin du tableau.)

					Age (en années)						Unknown Inconnu	
35 – 39	40 – 44	45 – 49	50 – 54	55 – 59	60 – 64	65 – 69	70 – 74	75 – 79	80 – 84	85 +		
2 193	2 310	3 406	5 384	6 210	7 706	7 517	7 650	*———— –	12 912	————*	—	1
2 102	2 405	3 217	5 162	6 432	7 910	7 428	7 505	*———— –	12 556	————*	—	2
2 964	2 986	4 193	6 367	9 002	9 124	10 446	9 275	*———— –	15 833	————*	—	3
2 716	2 764	4 088	6 802	8 702	9 679	10 292	9 120	*———— –	16 495	————*	—	4
2 547	2 781	3 760	6 400	8 588	9 120	10 187	8 818	*———— –	15 688	————*	—	5
2 572	2 695	3 477	5 117	7 114	8 783	9 188	7 930	*———— –	15 160	————*	—	6
2 435	2 780	3 540	5 257	6 936	9 009	9 736	8 121	*———— –	15 507	————*	—	7
1 645	1 536	2 108	3 311	3 378	4 713	5 421	6 254	*———— –	16 065	————*	—	8
1 606	1 510	1 963	3 255	3 696	4 948	5 412	6 504	*———— –	15 147	————*	—	9
2 203	2 050	2 668	3 961	5 134	5 850	7 331	7 735	*———— –	19 390	————*	—	10
2 012	1 907	2 607	4 520	5 007	6 770	7 410	7 818	*———— –	20 109	————*	—	11
2 002	1 899	2 392	4 159	5 137	6 217	7 321	7 559	*———— –	18 854	————*	—	12
1 851	1 796	2 344	3 619	4 140	6 026	6 711	7 157	*———— –	18 254	————*	—	13
1 818	1 752	2 315	3 552	4 107	6 051	6 863	7 278	*———— –	18 198	————*	—	14
2 258	2 542	4 025	6 169	7 336	9 003	10 304	10 449	*———— –	19 076	————*	—	15
2 333	2 499	3 929	6 123	7 948	9 008	9 942	10 378	*———— –	19 135	————*	—	16
2 345	2 369	3 779	5 499	8 199	8 057	11 239	9 959	*———— –	18 882	————*	—	17
2 281	2 268	3 893	6 402	8 389	9 465	11 787	11 054	*———— –	21 610	————*	—	18
2 617	2 677	4 008	6 595	8 890	10 142	12 793	11 960	*———— –	23 089	————*	—	19
2 554	2 673	3 813	5 685	7 564	9 617	11 249	10 287	*———— –	21 918	————*	—	20
2 590	2 711	3 708	5 658	7 391	9 768	11 841	10 431	*———— –	22 238	————*	—	21
1 815	1 512	2 443	4 122	3 978	6 250	8 577	10 104	*———— –	28 505	————*	—	22
1 853	1 566	2 344	3 976	4 452	5 959	8 497	10 331	*———— –	26 639	————*	—	23
1 817	1 419	2 413	3 634	4 821	5 252	9 050	9 971	*———— –	26 747	————*	—	24
1 826	1 537	2 387	4 341	4 949	6 493	9 594	11 171	*———— –	29 917	————*	—	25
2 093	1 669	2 675	4 792	5 320	6 866	10 339	12 526	*———— –	32 046	————*	—	26
2 001	1 593	2 486	3 926	4 389	6 805	9 219	11 241	*———— –	30 720	————*	—	27
1 958	1 624	2 526	3 908	4 557	7 220	9 403	11 111	*———— –	31 686	————*	—	28
142	165	164	207	204	264	204	244	165	*——— 294 ———*		143	29
146	134	121	141	111	172	169	166	136	*——— 325 ———*		130	30
720	831	730	934	886	1 492	1 091	1 215	827	*——— 1 483 ———*		591	31
937	861	609	814	613	1 116	807	1 064	594	*——— 1 515 ———*		573	32
229	285	383	586	760	923	1 279	1 425	1 522	*——— 2 031 ———*		100	33
245	254	336	616	877	1 040	1 324	1 582	1 632	*——— 2 419 ———*		—	34
237	293	377	607	874	1 121	1 310	1 450	1 611	*——— 2 044 ———*		640	35
160	205	209	352	442	584	795	835	1 200	*——— 1 631 ———*		110	36
172	186	226	373	526	641	819	893	1 353	*——— 1 864 ———*		—	37
174	176	233	387	496	632	848	972	1 169	*——— 1 790 ———*		418	38
75	77	103	169	247	337	429	624	874	*——— 1 235 ———*		65	39
75	59	108	171	239	313	445	562	819	*——— 1 340 ———*		—	40
89	63	102	171	242	296	460	599	796	*——— 1 055 ———*		541	41
64	51	85	147	190	221	321	364	523	*——— 694 ———*		40	42
84	58	76	137	187	229	322	314	529	*——— 696 ———*		—	43
52	72	68	130	179	222	310	342	503	*——— 611 ———*		318	44

22. Deaths by age, sex and urban/rural residence: 1983 – 1992 (continued)

Data by urban/rural residence

(See notes at end of table.)

Continent, country or area, year, sex and urban/rural residence — Continent, pays ou zone, année, sexe et résidence, urbaine/rurale	All ages Tous âges	Age (in years)						
		− 1	1 − 4	5 − 9	10 − 14	15 − 19	20 − 24	25 − 29
AMERICA,NORTH— AMERIQUE DU NORD								
Cuba								
Urban – Urbaine								
Male – Masculin								
1 1983	23 656	938	148	126	178	372	390	343
2 1984	24 087	820	160	148	184	392	490	333
3 1985	25 880	1 032	183	127	196	387	543	400
4 1986	25 384	762	142	122	186	377	539	410
5 1987	26 119	863	166	95	187	414	575	424
6 1988	29 406	903	169	126	185	491	627	561
7 1989	28 738	806	177	113	158	445	609	576
8 1990	30 989	817	164	89	134	408	665	676
Female – Féminin								
9 1983	18 874	622	98	93	118	310	268	253
10 1984	19 440	639	111	75	134	277	328	250
11 1985	21 244	693	143	80	141	317	356	256
12 1986	20 574	544	125	74	101	293	336	256
13 1987	21 635	621	116	69	92	287	360	326
14 1988	23 896	663	152	70	86	295	374	347
15 1989	23 419	541	133	72	90	271	321	322
16 1990	25 583	567	143	76	83	240	313	346
Rural – Rurale								
Male – Masculin								
17 1983	9 538	714	132	100	100	221	200	206
18 1984	9 908	614	139	82	89	220	229	217
19 1985	10 354	726	122	78	109	190	252	219
20 1986	10 249	557	135	74	106	237	295	245
21 1987	10 441	529	121	61	130	195	283	232
22 1988	8 940	383	117	58	91	172	240	209
23 1989	9 296	416	83	66	59	207	262	281
24 1990	9 464	371	90	45	56	187	262	263
Female – Féminin								
25 1983	6 266	504	97	75	81	191	189	141
26 1984	6 460	423	100	70	80	207	183	141
27 1985	6 952	546	123	64	80	198	200	145
28 1986	6 756	381	106	51	81	223	208	157
29 1987	6 792	369	103	44	76	196	211	143
30 1988	5 643	283	77	43	62	170	160	121
31 1989	5 869	284	69	32	50	157	146	130
32 1990	6 108	249	63	35	39	127	180	119
Dominican Republic – + République dominicaine								
Urban – Urbaine								
Male – Masculin								
33 1983	9 551	2 634	578	154	148	206	292	261
34 1984	10 783	2 810	725	153	154	201	364	327
35 1985	11 166	2 848	707	169	119	224	358	301
Female – Féminin								
36 1983	7 702	1 983	481	118	95	138	174	172
37 1984	8 658	2 278	658	124	106	162	204	191
38 1985	9 381	2 454	691	158	107	179	199	188
Rural – Rurale								
Male – Masculin								
39 1983	5 210	958	369	89	65	121	145	147
40 1984	4 997	848	412	89	72	91	124	129
41 1985	4 082	595	304	84	47	58	98	113
Female – Féminin								
42 1983	4 079	748	361	78	47	92	102	96
43 1984	3 798	673	318	86	61	89	90	74
44 1985	3 215	514	259	59	38	53	64	57
El Salvador								
Urban – Urbaine								
Male – Masculin								
45 1983	10 866	1 683	413	140	124	907	1 025	583
46 1984	9 785	1 368	435	114	113	634	902	519
47 1985	8 880	1 212	328	107	105	409	652	496
48 1986	8 766	1 155	246	149	110	378	609	471
49 1987	9 434	1 205	296	136	117	405	638	480
50 1988	9 658	1 115	263	120	131	401	626	556
51 1989	9 671	1 158	395	143	123	501	775	573

22. Décès selon l'âge, le sexe et la résidence, urbaine/rurale: 1983 – 1992 (suite)

Données selon la résidence urbaine/rurale

(...otes à la fin du tableau.)

					Age (en années)						Unknown Inconnu	
35 – 39	40 – 44	45 – 49	50 – 54	55 – 59	60 – 64	65 – 69	70 – 74	75 – 79	80 – 84	85 +		
519	612	717	1 000	1 337	1 784	2 361	3 166	3 557	2 843	2 782	70	1
491	621	799	1 085	1 376	1 797	2 435	3 300	3 500	3 146	2 524	87	2
509	673	857	1 088	1 443	2 016	2 576	3 265	3 651	3 547	2 890	37	3
510	684	927	1 084	1 435	1 942	2 469	3 240	3 638	3 455	2 982	40	4
562	668	871	1 039	1 443	1 961	2 577	3 256	3 626	3 542	3 398	10	5
607	813	1 026	1 299	1 615	2 152	2 776	3 424	4 091	3 943	4 098	11	6
609	766	1 032	1 263	1 576	2 115	2 743	3 338	4 166	3 788	3 940	15	7
595	744	1 072	1 408	1 642	2 318	2 888	3 611	4 269	4 179	4 712	33	8
343	403	534	743	988	1 272	1 780	2 397	2 706	2 268	3 350	65	9
326	445	572	806	1 057	1 380	1 715	2 490	2 839	2 608	3 056	54	10
363	502	651	820	1 071	1 405	1 898	2 616	3 034	3 089	3 476	11	11
384	442	646	792	1 046	1 318	1 862	2 445	3 097	3 073	3 458	16	12
382	488	666	832	1 086	1 399	1 897	2 527	3 169	3 228	3 798	3	13
393	577	765	926	1 245	1 500	2 087	2 695	3 472	3 559	4 337	1	14
419	590	697	867	1 121	1 566	2 007	2 656	3 531	3 533	4 392	5	15
408	569	764	1 044	1 253	1 644	2 123	2 840	3 709	3 989	5 147	8	16
232	215	272	281	431	589	830	1 101	1 317	1 108	1 207	65	17
224	232	281	345	486	601	867	1 124	1 366	1 354	1 130	61	18
228	243	308	340	491	618	868	1 151	1 381	1 536	1 244	26	19
245	262	306	357	414	630	847	1 132	1 330	1 471	1 350	16	20
235	245	302	384	496	667	793	1 138	1 390	1 478	1 488	18	21
210	227	239	315	382	569	704	934	1 184	1 318	1 382	9	22
235	253	276	360	403	518	743	964	1 187	1 225	1 544	8	23
247	245	286	303	374	531	692	1 019	1 227	1 364	1 679	8	24
137	164	218	270	301	434	542	694	735	557	771	29	25
154	170	210	292	359	423	553	702	756	706	758	34	26
175	183	203	276	368	439	560	756	877	776	836	2	27
148	186	247	276	336	426	609	708	821	781	851	3	28
145	197	230	302	348	441	551	696	889	855	860	5	29
113	140	184	214	283	392	444	592	739	676	848	2	30
103	177	195	279	284	451	428	599	794	728	866	2	31
127	162	210	259	284	436	478	659	787	752	1 006	—	32
254	*234*	*277*	*406*	*351*	*564*	*430*	*674*	*460*	*556*	*841*	—	33
267	*257*	*303*	*522*	*467*	*593*	*465*	*758*	*531*	*674*	*911*	—	34
274	*279*	*319*	*449*	*477*	*640*	*589*	*808*	*586*	*622*	*1 119*	—	35
182	*184*	*240*	*332*	*268*	*387*	*327*	*482*	*395*	*573*	*1 009*	—	36
189	*206*	*241*	*346*	*300*	*464*	*348*	*551*	*401*	*589*	*1 103*	—	37
195	*219*	*280*	*370*	*324*	*419*	*412*	*557*	*476*	*578*	*1 372*	—	38
103	*128*	*147*	*236*	*195*	*319*	*284*	*423*	*308*	*384*	*665*	—	39
115	*120*	*114*	*219*	*192*	*281*	*271*	*407*	*300*	*416*	*667*	—	40
94	*102*	*113*	*161*	*171*	*232*	*230*	*322*	*289*	*323*	*655*	—	41
96	*101*	*129*	*187*	*124*	*198*	*170*	*280*	*171*	*332*	*648*	—	42
69	*100*	*135*	*185*	*100*	*186*	*158*	*274*	*175*	*330*	*627*	—	43
78	*72*	*97*	*144*	*132*	*156*	*181*	*210*	*185*	*247*	*608*	—	44
433	*419*	*461*	*450*	*455*	*522*	*464*	*558*	*506*	*486*	*504*	278	45
376	*385*	*396*	*394*	*445*	*524*	*462*	*584*	*524*	*485*	*526*	201	46
373	*371*	*376*	*404*	*452*	*473*	*447*	*544*	*555*	*464*	*542*	192	47
387	*356*	*404*	*412*	*396*	*456*	*510*	*515*	*557*	*504*	*581*	193	48
415	*408*	*400*	*432*	*465*	*465*	*557*	*639*	*644*	*496*	*670*	112	49
451	*401*	*428*	*446*	*510*	*541*	*582*	*609*	*678*	*520*	*697*	138	50
385	*384*	*380*	*386*	*470*	*505*	*503*	*598*	*604*	*550*	*670*	101	51

22. Deaths by age, sex and urban/rural residence: 1983 – 1992 (continued)

Data by urban/rural residence

(See notes at end of table.)

Continent, country or area, year, sex and urban/rural residence / Continent, pays ou zone, année, sexe et résidence, urbaine/rurale	All ages Tous âges	– 1	1 – 4	5 – 9	10 – 14	15 – 19	20 – 24	25 – 29
AMERICA, NORTH— (Cont.–Suite) AMERIQUE DU NORD								
El Salvador								
Urban – Urbaine								
Female – Féminin								
1 1983	7 164	1 297	391	113	76	158	153	138
2 1984	6 518	1 045	364	92	85	156	150	138
3 1985	6 422	979	273	109	77	138	158	138
4 1986	6 371	888	207	119	87	120	184	166
5 1987	6 856	964	231	93	82	127	156	138
6 1988	6 885	909	207	90	94	130	151	138
7 1989	6 756	856	339	118	89	167	161	142
Rural – Rurale								
Male – Masculin								
8 1983	8 925	1 814	684	192	146	470	709	437
9 1984	7 529	1 409	639	196	100	349	532	342
10 1985	7 099	1 253	532	166	119	297	458	325
11 1986	6 376	1 136	351	133	127	292	386	293
12 1987	6 910	1 149	372	132	135	385	474	376
13 1988	6 908	1 025	317	127	133	382	439	375
14 1989	6 903	976	462	156	143	333	533	369
Female – Féminin								
15 1983	5 742	1 519	646	192	97	147	131	111
16 1984	5 022	1 169	599	149	74	138	122	106
17 1985	4 824	1 096	499	131	80	133	115	105
18 1986	4 218	976	328	98	80	98	111	102
19 1987	4 341	874	331	96	78	112	127	97
20 1988	4 310	806	288	95	75	122	117	120
21 1989	4 436	807	480	160	98	141	121	77
Guatemala								
Urban – Urbaine								
Male – Masculin								
22 1983	16 514	4 502	2 065	385	225	419	668	578
23 1984	15 093	3 703	1 729	366	197	354	665	621
24 1985	16 596	4 266	1 797	361	241	412	675	635
25 1986	16 666	4 543	2 083	388	227	423	675	583
26 1987	16 174	4 409	2 022	377	220	411	655	566
27 1988	15 804	4 308	1 976	368	215	401	640	553
Female – Féminin								
28 1983	13 312	3 505	1 999	403	191	271	344	298
29 1984	12 511	3 225	1 697	354	171	236	334	282
30 1985	12 669	3 298	1 630	298	186	242	322	287
31 1986	12 533	3 297	1 897	383	179	251	315	275
32 1987	11 951	3 143	1 811	366	171	239	298	261
33 1988	11 534	3 032	1 750	354	165	231	287	251
Rural – Rurale								
Male – Masculin								
34 1983	23 568	6 566	5 621	1 128	396	433	546	543
35 1984	20 246	5 604	4 246	924	360	399	555	514
36 1985	21 299	5 891	4 290	904	434	389	477	501
37 1986	21 388	5 655	4 030	882	451	381	482	558
38 1987	20 756	5 488	3 910	856	438	369	468	541
39 1988	20 300	5 368	3 823	837	428	362	458	529
Female – Féminin								
40 1983	21 040	5 591	5 346	1 225	429	415	511	449
41 1984	17 974	4 751	4 320	895	350	373	475	424
42 1985	18 891	4 837	4 349	891	354	356	454	437
43 1986	18 688	4 751	4 025	795	355	340	451	439
44 1987	17 822	4 529	3 845	758	338	324	431	418
45 1988	17 199	4 370	3 715	732	326	311	415	403
Mexico – Mexique [6] [32]								
Urban – Urbaine								
Male – Masculin								
46 1983	143 959	27 326	5 165	2 046	1 942	3 750	5 594	5 415
47 1989	164 523	25 978	5 528	2 178	2 005	4 565	6 050	6 222
48 1990	163 469	25 287	5 488	1 955	1 935	4 422	5 861	6 086
Female – Féminin								
49 1983	113 688	21 191	4 559	1 447	1 211	1 613	2 100	2 087
50 1989	129 890	19 901	4 592	1 584	1 252	1 790	2 026	2 162
51 1990	129 073	19 219	4 661	1 497	1 220	1 827	1 970	2 110

22. Décès selon l'âge, le sexe et la résidence, urbaine/rurale: 1983 – 1992 (suite)

Données selon la résidence urbaine/rurale

r notes à la fin du tableau.)

				Age (en années)								
35 – 39	40 – 44	45 – 49	50 – 54	55 – 59	60 – 64	65 – 69	70 – 74	75 – 79	80 – 84	85 +	Unknown Inconnu	
178	174	240	298	317	408	427	577	538	597	823	124	1
136	165	199	275	257	398	397	574	535	610	701	113	2
144	158	199	259	287	396	406	545	536	594	806	121	3
164	174	242	269	288	378	436	519	553	503	797	159	4
172	180	226	277	335	419	467	553	622	626	985	63	5
151	186	221	264	369	421	492	571	630	604	1 060	66	6
129	175	223	227	291	381	506	508	616	596	1 019	70	7
350	313	305	345	319	387	394	438	428	364	377	115	8
257	273	291	266	302	359	336	433	387	372	324	80	9
253	269	283	263	289	319	355	415	385	374	366	90	10
254	213	250	266	277	311	345	353	339	311	377	104	11
258	259	280	252	288	321	373	370	387	318	409	92	12
293	224	262	277	325	351	355	388	434	352	456	100	13
283	253	273	292	289	300	376	336	386	330	428	90	14
124	151	147	192	195	248	257	362	327	324	370	86	15
134	154	149	158	171	232	272	323	241	304	343	89	16
109	149	143	154	177	244	258	315	296	277	376	73	17
100	113	128	154	184	211	254	260	271	273	325	54	18
103	127	148	170	178	210	260	293	314	280	403	44	19
112	162	166	142	200	221	263	288	302	256	432	45	20
92	130	130	148	157	238	285	267	304	246	431	38	21
538	558	482	621	647	801	727	776	711	620	555	97	22
495	465	507	556	643	707	687	848	732	648	602	–	23
613	516	544	648	691	749	766	929	783	600	738	–	24
543	563	487	627	653	808	733	783	718	633	653	–	25
527	547	472	608	634	784	712	760	697	615	631	–	26
515	534	461	594	620	766	695	743	681	601	618	–	27
298	347	342	428	469	519	589	739	747	716	744	59	28
337	302	334	422	458	551	539	774	699	728	767	–	29
388	314	353	399	455	577	559	746	731	707	878	–	30
275	322	319	401	439	486	555	700	710	675	771	–	31
261	305	304	382	418	462	528	669	678	645	741	–	32
250	294	294	368	402	445	511	646	656	624	715	–	33
543	522	530	723	718	895	814	904	746	670	615	131	34
462	507	541	625	684	756	831	786	705	612	633	–	35
567	471	531	686	725	878	943	951	824	624	705	–	36
642	428	593	713	769	826	983	1 105	896	596	796	–	37
623	415	576	692	746	802	954	1 072	869	578	775	–	38
609	406	564	677	729	785	934	1 048	850	565	757	–	39
522	403	435	500	512	681	645	853	644	656	719	68	40
429	386	370	443	484	606	598	816	618	584	639	–	41
449	394	396	495	615	709	670	893	727	673	764	–	42
552	378	420	481	618	785	659	922	733	693	857	–	43
526	361	400	457	589	749	627	879	699	663	816	–	44
509	349	384	440	569	723	602	848	674	641	790	–	45
5 336	5 418	6 228	7 001	7 702	8 411	8 190	10 178	9 340	8 850	8 531	2 419	46
6 055	6 043	6 905	7 757	9 256	10 185	11 613	10 450	12 379	10 155	14 621	677	47
6 099	6 101	7 014	7 541	9 241	10 153	11 337	10 731	12 101	10 580	15 045	706	48
2 480	2 901	3 612	4 466	5 548	6 545	6 999	9 290	9 299	10 501	14 247	1 396	49
2 796	3 191	3 969	5 075	6 650	8 218	9 387	9 386	12 205	11 704	21 104	574	50
2 794	3 158	3 963	5 046	6 557	8 064	9 485	9 615	11 610	12 042	21 407	544	51

22. Deaths by age, sex and urban/rural residence: 1983 – 1992 (continued)

Data by urban/rural residence

(See notes at end of table.)

	Continent, country or area, year, sex and urban/rural residence / Continent, pays ou zone, année, sexe et résidence, urbaine/rurale	All ages Tous âges	−1	1 – 4	5 – 9	10 – 14	15 – 19	20 – 24	25 – 29	30
	AMERICA,NORTH— (Cont.–Suite) AMERIQUE DU NORD									
	Mexico – Mexique [6] [32]									
	Rural – Rurale									
	Male – Masculin									
1	1983	85 508	15 899	6 132	1 878	1 505	2 463	3 402	3 277	2
2	1989	70 646	11 473	4 991	1 454	1 201	2 097	2 461	2 511	2
3	1990	71 182	11 090	5 082	1 618	1 304	2 121	2 424	2 331	2
	Female – Féminin									
4	1983	62 022	12 713	5 958	1 433	916	1 221	1 377	1 389	1
5	1989	51 608	8 976	4 631	1 173	763	928	1 017	1 047	1
6	1990	52 414	8 889	4 768	1 348	894	1 036	1 096	1 015	1
	Panama									
	Urban – Urbaine									
	Male – Masculin									
7	1983	2 494	260	52	24	27	52	89	55	
8	1984	2 421	287	45	21	23	44	84	56	
9	1985	2 630	303	51	21	19	53	85	57	
10	1986	2 642	289	46	22	18	69	65	69	
11	1987	2 716	305	62	24	21	59	82	78	
12	1988	2 797	290	46	31	21	57	71	88	
13	1989	2 980	264	32	24	29	52	106	116	
14	1990	3 005	269	48	21	22	69	98	118	
	Female – Féminin									
15	1983	2 005	240	38	19	19	22	39	35	
16	1984	1 971	235	34	15	17	16	21	23	
17	1985	2 026	258	35	20	14	15	24	32	
18	1986	2 023	204	33	20	12	22	24	36	
19	1987	1 992	213	34	21	18	23	29	30	
20	1988	2 110	215	39	6	18	23	30	43	
21	1989	2 140	210	29	11	13	31	29	36	
22	1990	2 251	221	29	6	17	27	34	47	
	Rural – Rurale									
	Male – Masculin									
23	1983	2 360	364	156	54	47	56	82	64	
24	1984	2 253	337	126	60	39	63	69	66	
25	1985	2 507	385	156	61	44	75	91	74	
26	1986	2 547	351	133	52	37	71	74	83	
27	1987	2 534	336	157	47	40	85	96	85	
28	1988	2 638	321	141	67	33	72	97	74	
29	1989	2 739	342	137	55	35	75	101	102	
30	1990	2 683	354	124	44	30	85	107	90	
	Female – Féminin									
31	1983	1 640	264	125	38	22	35	44	41	
32	1984	1 605	275	134	26	26	40	43	40	
33	1985	1 828	318	140	44	30	52	37	43	
34	1986	1 730	273	135	50	25	47	42	32	
35	1987	1 863	267	153	51	25	45	32	49	
36	1988	1 837	262	130	35	29	40	36	42	
37	1989	1 698	231	119	41	22	41	35	39	
38	1990	1 860	289	122	37	40	32	45	43	
	Puerto Rico – Porto Rico [6] [32]									
	Urban – Urbaine									
	Male – Masculin									
39	1983	6 632	328	23	30	24	85	153	150	
40	1984	6 578	265	25	12	28	89	124	153	
41	1985	7 243	277	34	25	34	100	144	158	
42	1987	7 493	263	27	18	29	79	159	195	
43	1988	7 763	223	37	18	29	102	183	264	
44	1989	8 049	278	31	22	26	95	167	242	
45	1991	8 406	238	34	23	25	169	217	304	
	Female – Féminin									
46	1983	5 115	232	30	17	12	28	46	34	
47	1984	5 354	230	23	20	22	40	32	43	
48	1985	5 621	217	16	12	17	25	44	57	
49	1987	5 632	197	24	14	11	32	50	58	
50	1988	5 900	183	24	13	18	34	52	85	
51	1989	6 113	216	33	15	23	24	46	81	
52	1991	6 220	191	23	12	17	32	53	83	

22. Décès selon l'âge, le sexe et la résidence, urbaine/rurale: 1983 – 1992 (suite)

Données selon la résidence urbaine/rurale

ir notes à la fin du tableau.)

					Age (en années)							
35 – 39	40 – 44	45 – 49	50 – 54	55 – 59	60 – 64	65 – 69	70 – 74	75 – 79	80 – 84	85 +	Unknown Inconnu	
3 464	3 241	3 455	3 529	3 683	4 021	3 965	5 036	4 859	5 266	5 881	1 563	1
2 540	2 381	2 818	2 894	3 199	3 546	3 865	3 874	4 980	4 463	7 248	374	2
2 515	2 379	2 937	3 000	3 294	3 471	3 919	3 930	4 639	4 736	7 636	388	3
1 638	1 672	1 840	1 957	2 342	2 744	2 851	3 941	4 036	4 646	7 214	833	4
1 283	1 245	1 509	1 671	2 120	2 441	2 832	3 022	3 838	3 953	7 794	350	5
1 312	1 280	1 514	1 606	2 067	2 423	2 850	2 984	3 654	4 062	8 210	396	6
53	59	76	111	123	199	262	281	233	208	234	36	7
64	64	75	93	113	178	231	293	249	207	223	23	8
64	69	66	109	148	189	278	291	273	221	240	33	9
75	65	101	93	141	200	260	322	272	196	257	29	10
67	75	75	112	129	178	276	328	282	196	256	33	11
63	92	99	113	122	197	223	333	330	226	289	24	12
93	92	95	124	155	216	264	319	355	228	264	32	13
87	86	94	120	131	212	278	353	347	263	281	28	14
28	41	64	73	86	110	174	186	223	239	340	11	15
39	36	51	67	84	129	184	196	205	249	322	15	16
42	48	43	69	95	115	181	204	202	234	349	12	17
37	38	49	65	82	116	173	248	234	201	377	13	18
24	41	48	60	92	126	141	217	223	241	368	7	19
39	46	39	61	93	123	190	215	266	224	392	11	20
44	49	68	64	91	124	175	231	233	197	454	14	21
46	59	66	77	98	121	167	208	257	285	446	7	22
66	56	86	92	97	133	170	209	182	152	202	28	23
73	68	67	101	93	130	155	213	149	180	177	25	24
60	85	84	76	99	130	157	228	197	205	214	34	25
67	68	69	109	115	149	207	238	215	203	202	35	26
82	67	84	100	98	149	164	236	227	172	206	21	27
74	77	83	107	118	160	169	230	288	212	231	19	28
72	88	87	104	135	153	189	252	260	213	241	17	29
82	77	85	99	116	154	187	228	271	187	257	17	30
46	44	45	56	42	80	121	125	108	128	200	27	31
39	42	51	50	78	84	101	127	112	127	165	12	32
52	33	56	57	78	81	128	128	129	163	204	14	33
51	43	43	55	68	84	126	130	127	145	182	20	34
50	52	48	61	66	92	150	173	149	160	199	10	35
36	59	54	69	72	100	123	159	173	150	219	18	36
38	53	52	68	91	76	104	149	166	126	193	10	37
42	53	65	60	76	94	105	147	176	169	213	9	38
185	190	209	323	398	565	703	801	734	697	857	19	39
202	209	260	315	418	604	686	804	710	650	853	5	40
223	233	263	364	489	605	687	887	845	732	910	14	41
294	297	305	324	432	629	752	823	849	751	981	19	42
334	315	305	348	445	587	766	803	881	734	1 071	16	43
358	339	312	355	466	621	769	841	966	752	1 053	12	44
406	375	385	369	439	616	760	863	916	808	1 079	7	45
73	81	128	175	233	324	428	606	603	686	1 321	1	46
78	79	106	170	241	339	450	653	649	743	1 368	1	47
91	83	97	169	234	347	507	657	735	802	1 452	2	48
84	98	97	165	233	372	450	636	698	824	1 507	4	49
108	131	123	200	235	351	501	632	764	822	1 540	2	50
88	122	150	159	257	374	533	641	839	843	1 563	1	51
138	143	160	181	247	339	505	625	872	906	1 595	1	52

22. Deaths by age, sex and urban/rural residence: 1983 – 1992 (continued)

Data by urban/rural residence

(See notes at end of table.)

Continent, country or area, year, sex and urban/rural residence / Continent, pays ou zone, année, sexe et résidence, urbaine/rurale	All ages Tous âges	– 1	1 – 4	5 – 9	10 – 14	15 – 19	20 – 24	25 – 29	30
AMERICA,NORTH— (Cont.–Suite) AMERIQUE DU NORD									
Puerto Rico – Porto Rico [6] [32]									
Rural – Rurale									
Male – Masculin									
1 1983	5 810	341	21	25	36	49	97	115	
2 1984	5 836	274	41	24	32	83	100	86	
3 1985	6 162	240	42	21	34	80	111	110	
4 1987	6 481	252	30	15	36	74	132	140	
5 1988	6 867	232	30	18	30	79	114	158	
6 1989	7 109	262	25	13	30	70	124	211	
7 1991	7 103	236	27	16	29	113	130	149	
Female – Féminin									
8 1983	3 891	236	27	26	20	24	32	34	
9 1984	3 915	220	24	9	16	30	42	36	
10 1985	4 121	212	30	13	21	30	24	33	
11 1987	4 267	199	25	21	11	31	31	51	
12 1988	4 460	162	21	18	14	26	35	48	
13 1989	4 600	187	23	11	19	48	41	41	
14 1991	4 509	173	25	11	14	27	38	56	
Saint Kitts and Nevis – Saint–Kitts–et–Nevis +									
Urban – Urbaine									
Male – Masculin									
15 1983	158	25	4	–	1	2	–	1	
16 1984	174	14	1	–	–	1	2	5	
Female – Féminin									
17 1983	171	12	1	–	1	2	1	1	
18 1984	171	12	1	1	–	1	–	2	
Rural – Rurale									
Male – Masculin									
19 1983	70	4	1	1	–	–	1	–	
20 1984	62	2	–	–	–	1	–	–	
Female – Féminin									
21 1983	79	4	3	–	–	–	–	1	
22 1984	74	3	3	1	–	–	–	–	
St. Vincent and the Grenadines –+ Saint–Vincent–et–Grenadines									
Urban – Urbaine									
Male – Masculin									
23 1983	166	47	8	–	1	1	3	5	
Female – Féminin									
24 1983	182	43	15	2	3	3	4	1	
Rural – Rurale									
Male – Masculin									
25 1983	197	14	7	4	2	4	2	3	
Female – Féminin									
26 1983	234	18	11	4	–	3	1	2	
AMERICA,SOUTH— AMERIQUE DU SUD									
Chile – Chili									
Urban – Urbaine									
Male – Masculin									
27 1983	34 883	2 518	491	245	307	502	817	854	
28 1984	34 567	2 331	446	205	235	442	791	841	
29 1985	33 319	2 249	375	197	218	446	797	746	
30 1986	32 096	2 347	370	211	218	471	760	721	
31 1987	31 108	2 261	353	200	197	425	726	771	
32 1988	33 451	2 563	378	199	212	429	797	783	
33 1989	34 509	2 371	408	182	203	454	830	873	
34 1990	35 764	2 278	353	194	182	441	738	905	
35 1991	33 997	2 030	355	186	182	482	734	785	

22. Décès selon l'âge, le sexe et la résidence, urbaine/rurale: 1983 – 1992 (suite)

Données selon la résidence urbaine/rurale

r notes à la fin du tableau.)

					Age (en années)							
35 – 39	40 – 44	45 – 49	50 – 54	55 – 59	60 – 64	65 – 69	70 – 74	75 – 79	80 – 84	85 +	Unknown Inconnu	
120	158	185	254	328	490	593	693	636	623	946	1	1
130	172	213	247	316	455	576	734	656	648	945	1	2
169	191	218	263	320	435	570	769	745	684	1 033	1	3
180	234	243	306	335	524	630	696	835	704	939	5	4
227	251	276	286	403	502	626	765	899	713	1 050	1	5
233	271	284	298	333	492	688	798	897	741	1 139	–	6
242	281	276	329	421	488	605	704	890	845	1 115	2	7
52	51	78	136	184	286	354	466	476	464	904	2	8
68	75	89	126	177	276	373	472	482	470	883	2	9
54	69	101	118	212	245	387	464	522	537	995	–	10
67	89	102	143	178	269	405	501	590	531	959	1	11
78	100	116	150	216	286	377	546	609	607	997	–	12
68	79	112	145	205	308	403	523	666	615	1 053	2	13
83	78	104	149	209	287	393	473	632	643	1 044	–	14
3	1	4	3	10	17	18	19	25	11	13	–	15
2	4	4	7	7	13	26	25	24	17	14	4	16
3	1	2	9	12	12	28	21	23	19	22	1	17
3	2	1	3	14	16	15	24	22	21	28	–	18
1	1	1	2	2	2	7	13	10	8	13	2	19
1	1	–	2	2	9	6	7	15	9	6	1	20
–	2	2	–	3	2	6	3	13	14	24	1	21
–	–	2	–	7	2	3	12	15	7	18	1	22
7	3	4	6	2	14	13	15	9	8	12	8	23
2	1	5	5	7	7	9	14	21	19	18	3	24
1	5	4	5	8	14	20	23	32	21	21	7	25
3	1	6	8	14	12	18	20	24	31	52	5	26
1 014	1 316	1 618	2 352	2 719	2 909	3 545	3 906	3 659	2 902	2 373	–	27
1 045	1 370	1 615	2 302	2 727	2 993	3 544	3 922	3 688	2 924	2 347	–	28
890	1 232	1 489	2 004	2 659	2 902	3 297	3 847	3 745	2 985	2 420	–	29
812	1 105	1 327	1 792	2 502	2 677	3 150	3 696	3 744	2 901	2 551	–	30
769	984	1 165	1 576	2 267	2 579	3 095	3 712	3 767	2 822	2 664	–	31
815	1 080	1 300	1 654	2 401	2 819	3 174	3 878	3 985	3 219	2 946	–	32
989	1 215	1 576	1 859	2 594	3 185	3 306	3 816	3 889	3 064	2 765	–	33
976	1 280	1 685	1 953	2 503	3 347	3 616	3 930	4 161	3 408	2 900	–	34
926	1 099	1 365	1 779	2 208	3 208	3 427	3 798	4 041	3 517	2 981	–	35

22. Deaths by age, sex and urban/rural residence: 1983 – 1992 (continued)

Data by urban/rural residence

(See notes at end of table.)

Continent, country or area, year, sex and urban/rural residence / Continent, pays ou zone, année, sexe et résidence, urbaine/rurale	All ages Tous âges	Age (in years)							
		– 1	1 – 4	5 – 9	10 – 14	15 – 19	20 – 24	25 – 29	30

AMERICA,SOUTH— (Cont.–Suite)
AMERIQUE DU SUD

Chile – Chili
Urban – Urbaine
Female – Féminin

1	1983	27 420	2 021	418	163	154	230	278	297
2	1984	27 371	1 809	304	140	141	221	266	287
3	1985	27 670	1 842	283	145	140	220	273	277
4	1986	27 070	1 781	283	123	141	203	253	291
5	1987	27 775	1 816	267	129	122	203	274	318
6	1988	29 166	1 956	311	139	116	193	269	287
7	1989	28 878	1 855	318	142	127	191	223	310
8	1990	29 905	1 771	282	100	98	194	224	305
9	1991	28 780	1 589	252	131	108	168	196	283

Rural – Rurale
Male – Masculin

10	1983	7 331	642	188	78	85	151	238	230
11	1984	7 810	596	185	75	87	143	247	228
12	1985	7 457	528	157	67	57	133	234	255
13	1986	7 854	629	185	72	63	154	243	235
14	1987	6 978	646	190	66	60	135	222	192
15	1988	7 148	565	156	49	59	115	212	238
16	1989	7 488	519	161	62	59	147	213	216
17	1990	7 862	489	149	62	67	143	230	242
18	1991	7 380	412	144	64	47	116	194	218

Female – Féminin

19	1983	4 662	524	177	54	62	54	66	69
20	1984	4 921	446	161	61	53	78	68	62
21	1985	5 088	486	137	53	52	60	77	74
22	1986	5 189	463	122	46	39	70	73	63
23	1987	4 698	459	96	38	32	70	76	60
24	1988	4 670	514	111	36	43	59	57	55
25	1989	4 578	438	104	31	33	59	57	61
26	1990	4 903	377	114	43	40	57	53	52
27	1991	4 705	353	73	48	30	38	54	45

Colombia – Colombie+ [8]
Urban – Urbaine
Male – Masculin

28	1983	63 299	8 738	2 859	922	881	1 870	3 066	2 951
29	1984	61 049	7 733	2 246	860	799	1 703	3 171	2 958
30	1985	68 819	8 347	2 312	940	786	2 060	3 724	3 689
31	1986	66 570	7 512	2 149	906	777	2 190	3 970	3 914

Female – Féminin

32	1983	51 065	6 914	2 657	716	543	1 002	1 167	1 095
33	1984	48 416	5 863	1 959	593	485	847	1 039	995
34	1985	53 558	6 384	1 988	682	525	944	1 171	1 172
35	1986	49 785	5 796	1 803	593	468	914	1 137	1 106

Rural – Rurale
Male – Masculin

36	1983	15 690	1 935	1 076	348	299	602	991	873
37	1984	16 076	1 660	1 015	334	273	614	1 047	963
38	1985	18 019	1 622	907	305	299	731	1 262	1 189
39	1986	17 151	1 436	880	323	268	711	1 294	1 210

Female – Féminin

40	1983	10 166	1 541	1 078	309	168	220	278	219
41	1984	9 971	1 299	897	256	165	217	243	225
42	1985	11 055	1 300	838	252	162	263	280	258
43	1986	10 204	1 196	758	230	151	258	260	252

Ecuador – Equateur [9]
Urban – Urbaine
Male – Masculin

44	1983	14 555	3 292	1 246	301	224	433	564	473
45	1984	14 154	2 910	1 201	277	227	409	559	530
46	1985	13 961	2 925	895	248	198	353	544	520
47	1986	14 445	2 892	915	271	223	424	545	581
48	1987	14 170	2 594	831	288	221	368	541	540
49	1988	15 144	2 583	819	264	248	407	611	600
50	1989	15 544	2 590	771	289	261	405	583	626
51	1990	15 117	2 224	699	238	264	432	633	591

22. Décès selon l'âge, le sexe et la résidence, urbaine/rurale: 1983 – 1992 (suite)

Données selon la résidence urbaine/rurale

notes à la fin du tableau.)

35 – 39	40 – 44	45 – 49	50 – 54	55 – 59	60 – 64	65 – 69	70 – 74	75 – 79	80 – 84	85 +	Unknown Inconnu	
485	602	814	1 256	1 511	1 808	2 549	3 181	3 648	3 467	4 184	—	1
481	674	792	1 142	1 550	1 831	2 427	3 154	3 766	3 628	4 438	—	2
430	621	825	1 075	1 559	1 733	2 334	3 322	3 704	3 912	4 653	—	3
417	598	752	1 012	1 526	1 705	2 345	3 158	3 752	3 687	4 696	—	4
455	599	823	987	1 491	1 854	2 325	3 217	3 749	3 755	5 063	—	5
436	608	821	1 072	1 456	1 917	2 407	3 250	4 124	4 072	5 373	—	6
475	633	841	1 140	1 533	1 901	2 415	3 140	3 919	4 146	5 168	—	7
418	622	850	1 122	1 549	2 169	2 485	3 276	4 161	4 305	5 618	—	8
445	597	877	1 024	1 374	2 066	2 409	3 165	4 088	4 130	5 559	—	9
227	255	288	374	440	500	653	814	787	588	543	—	10
261	321	340	384	477	564	725	886	843	681	525	—	11
231	280	319	345	461	540	781	846	797	610	593	—	12
209	241	310	325	494	546	703	875	1 005	681	639	—	13
200	206	238	318	407	498	575	763	837	622	579	—	14
217	219	272	328	424	524	617	804	885	667	588	—	15
249	306	297	374	493	593	613	788	878	706	574	—	16
238	274	296	398	445	638	692	847	980	750	685	—	17
238	251	273	359	414	626	645	813	928	770	651	—	18
86	117	134	184	239	299	427	468	495	537	606	—	19
81	111	163	201	259	316	410	539	596	583	666	—	20
81	115	136	216	264	319	425	531	672	621	699	—	21
99	115	132	173	294	337	463	544	671	656	743	—	22
85	82	121	182	250	288	406	458	644	569	725	—	23
69	85	118	164	253	284	353	516	617	564	716	—	24
73	95	133	191	248	300	358	506	552	526	752	—	25
84	108	140	159	228	342	404	502	697	636	784	—	26
77	109	135	188	231	325	419	477	635	601	797	—	27
2 111	1 956	2 219	3 002	3 232	4 258	4 415	5 298	4 506	3 921	4 399	307	28
1 971	2 000	2 236	2 809	3 209	4 131	4 506	5 388	4 592	4 090	3 345	906	29
2 400	2 112	2 385	3 045	3 748	4 644	5 119	5 921	5 226	4 244	4 078	1 106	30
2 546	2 050	2 378	2 765	3 702	4 282	4 948	5 291	5 068	3 851	4 060	1 076	31
1 282	1 500	1 783	2 440	2 666	3 526	3 873	4 459	4 238	4 327	5 545	206	32
1 126	1 363	1 735	2 424	2 670	3 478	3 934	4 741	4 342	4 375	4 835	547	33
1 352	1 408	1 886	2 454	2 957	3 827	4 409	5 108	5 044	4 593	5 902	628	34
1 244	1 272	1 783	2 335	2 966	3 439	4 131	4 595	4 898	4 177	5 592	503	35
612	613	584	665	689	885	904	1 079	951	871	975	8	36
711	620	600	642	689	961	934	1 182	972	977	774	278	37
827	702	755	741	851	969	1 121	1 328	1 252	978	949	349	38
860	686	699	688	854	900	1 028	1 099	1 101	876	938	374	39
238	243	305	388	414	607	637	810	753	752	1 002	4	40
238	272	290	419	411	599	633	898	816	854	944	68	41
293	305	355	449	515	635	759	934	986	911	1 190	121	42
252	271	321	415	482	547	764	854	922	828	1 139	89	43
415	427	437	535	545	694	729	912	857	864	998	131	44
465	401	489	513	583	657	733	904	889	898	966	92	45
397	421	493	552	619	698	745	942	915	858	1 109	98	46
438	428	458	545	604	751	833	923	1 009	902	1 191	76	47
444	454	476	600	675	714	806	938	967	926	1 202	84	48
530	518	529	601	723	761	872	1 007	1 161	955	1 400	49	49
566	511	519	611	716	882	942	1 026	1 175	1 040	1 408	47	50
561	534	557	611	709	876	962	1 073	1 132	1 049	1 369	57	51

22. Deaths by age, sex and urban/rural residence: 1983 – 1992 (continued)

Data by urban/rural residence

(See notes at end of table.)

	Continent, country or area, year, sex and urban/rural residence Continent, pays ou zone, année, sexe et résidence, urbaine/rurale	All ages Tous âges	Age (in years)							
			− 1	1 − 4	5 − 9	10 − 14	15 − 19	20 − 24	25 − 29	30
	AMERICA,SOUTH— (Cont.–Suite) **AMERIQUE DU SUD**									
	Ecuador – Equateur [9] Urban – Urbaine Female – Féminin									
1	1983	11 892	2 648	1 130	238	172	220	292	258	
2	1984	11 418	2 309	1 032	258	159	235	283	250	
3	1985	11 475	2 254	806	198	167	213	263	225	
4	1986	11 585	2 137	794	216	152	213	250	241	
5	1987	11 450	1 936	752	184	161	227	247	225	
6	1988	12 052	1 982	716	208	168	231	244	251	
7	1989	12 230	1 967	637	184	150	243	289	228	
8	1990	12 297	1 802	628	195	192	235	284	252	
	Rural – Rurale Male – Masculin									
9	1983	15 510	3 642	2 069	426	318	360	471	451	
10	1984	14 998	3 179	2 059	437	277	321	440	400	
11	1985	14 055	3 009	1 493	411	247	324	447	394	
12	1986	13 449	2 860	1 481	370	234	322	412	398	
13	1987	14 065	2 822	1 531	383	256	352	426	421	
14	1988	14 109	2 674	1 457	349	283	350	426	428	
15	1989	13 296	2 318	1 123	308	265	306	413	391	
16	1990	12 663	2 141	1 035	293	225	339	423	363	
	Female – Féminin									
17	1983	13 245	3 112	2 032	360	236	329	318	307	
18	1984	12 548	2 763	2 020	371	227	259	288	295	
19	1985	11 643	2 427	1 447	316	208	261	280	258	
20	1986	11 478	2 483	1 457	271	193	254	251	241	
21	1987	11 882	2 409	1 512	341	207	260	275	245	
22	1988	11 427	2 204	1 391	291	193	244	278	266	
23	1989	10 666	1 976	1 164	266	185	245	246	260	
24	1990	10 140	1 810	1 006	211	152	217	240	190	
	Paraguay Urban – Urbaine Male – Masculin									
25	1983	3 600	638	220	48	41	52	100	71	
26	1984	3 485	531	221	55	34	53	95	75	
27	1985	3 944	616	217	65	49	78	88	73	
28	1986	3 276	437	201	53	35	73	88	80	
29	1987	3 592	542	167	54	31	73	99	77	
	Female – Féminin									
30	1983	3 354	508	207	38	25	40	58	54	
31	1984	3 174	481	198	48	34	53	56	54	
32	1985	3 692	511	214	45	33	55	67	71	
33	1986	2 892	350	168	37	29	33	62	39	
34	1987	3 170	439	160	41	34	35	37	64	
	Rural – Rurale Male – Masculin									
35	1983	2 636	410	206	72	43	63	80	77	
36	1984	2 806	427	211	72	44	58	80	73	
37	1985	3 422	530	249	80	48	73	94	101	
38	1986	2 898	407	187	63	44	74	90	95	
39	1987	3 385	567	204	68	59	84	108	68	
	Female – Féminin									
40	1983	2 378	361	166	44	30	58	64	46	
41	1984	2 489	357	215	44	36	43	50	60	
42	1985	3 036	403	234	53	55	57	77	77	
43	1986	2 453	347	164	42	39	66	53	65	
44	1987	3 050	517	181	58	43	63	55	45	
	ASIA—ASIE									
	Bangladesh Urban – Urbaine Male – Masculin									
45	1984	58 872	22 824	6 946	3 169	1 328	1 123	753	925	
46	1985	59 965	20 828	6 992	1 988	728	1 115	1 143	897	
47	1986	67 078	19 472	7 382	2 055	982	1 071	1 555	1 105	

22. Décès selon l'âge, le sexe et la résidence, urbaine/rurale: 1983 – 1992 (suite)

Données selon la résidence urbaine/rurale

notes à la fin du tableau.)

Age (en années)

35 – 39	40 – 44	45 – 49	50 – 54	55 – 59	60 – 64	65 – 69	70 – 74	75 – 79	80 – 84	85 +	Unknown Inconnu	
252	234	297	387	414	517	614	724	753	953	1 449	110	1
269	262	297	357	415	517	540	755	732	935	1 463	102	2
278	296	311	391	416	534	576	715	863	974	1 675	76	3
277	257	357	451	492	526	609	737	876	867	1 803	70	4
286	285	328	410	489	544	642	744	941	937	1 824	46	5
286	322	358	438	493	558	706	819	998	1 033	1 954	35	6
295	322	336	434	450	652	714	827	1 043	1 082	2 078	30	7
306	330	345	447	517	638	728	912	993	1 076	2 080	55	8
392	443	487	549	518	638	670	847	791	801	970	261	9
427	393	484	507	535	679	606	878	827	886	984	253	10
387	400	492	473	551	655	685	823	828	831	1 004	221	11
409	393	438	460	495	596	645	797	827	753	1 028	152	12
402	455	464	468	592	635	732	880	908	765	1 056	106	13
394	426	486	495	624	671	708	898	974	813	1 148	91	14
396	428	460	519	635	636	711	854	945	930	1 222	73	15
419	413	460	531	542	639	725	786	948	806	1 079	90	16
283	316	352	324	344	437	469	645	605	834	1 333	338	17
266	273	216	358	320	448	529	652	608	868	1 238	294	18
287	281	262	330	321	439	472	650	679	807	1 411	269	19
262	278	280	327	373	389	492	631	670	763	1 394	213	20
256	298	302	323	403	426	479	695	732	788	1 528	161	21
291	293	302	324	408	441	470	650	712	844	1 513	91	22
259	278	306	298	359	431	468	593	697	839	1 483	66	23
243	260	274	310	389	480	493	627	701	801	1 449	73	24
73	100	122	159	221	219	269	348	*——— –	827	———*	23	25
85	94	101	162	190	251	238	355	*——— –	852	———*	25	26
61	100	112	159	235	251	315	392	*——— –	1 005	———*	41	27
76	98	105	108	194	225	239	345	*——— –	824	———*	25	28
88	98	128	169	229	237	297	331	*——— –	876	———*	25	29
64	96	81	130	127	182	223	271	*——— –	1 169	———*	20	30
75	84	93	104	114	175	192	259	*——— –	1 076	———*	20	31
73	90	100	145	136	183	221	302	*——— –	1 359	———*	20	32
59	65	80	106	109	161	187	288	*——— –	1 054	———*	17	33
78	91	90	104	138	175	208	257	*——— –	1 125	———*	24	34
52	75	73	96	122	145	168	202	*——— –	667	———*	23	35
89	100	90	107	131	183	164	224	*——— –	632	———*	36	36
79	108	91	134	152	196	217	285	*——— –	855	———*	41	37
80	91	87	118	143	190	200	238	*——— –	681	———*	25	38
71	106	111	134	178	203	258	252	*——— –	801	———*	21	39
60	72	71	83	75	108	121	161	*——— –	787	———*	17	40
58	72	72	73	96	123	142	195	*——— –	798	———*	17	41
69	85	86	104	111	142	172	244	*——— –	978	———*	16	42
65	74	92	83	105	105	138	166	*——— –	774	———*	16	43
93	85	83	82	130	160	203	215	*——— –	952	———*	19	44
959	967	1 432	1 470	1 637	1 576	2 092	3 707	*——— –	7 210	———*	–	45
1 034	1 401	2 204	2 166	2 027	4 236	3 080	2 310	*——— –	6 697	———*	–	46
338	1 339	1 692	3 002	2 916	5 149	3 389	5 361	*——— –	9 751	———*	–	47

22. Deaths by age, sex and urban/rural residence: 1983 – 1992 (continued)

Data by urban/rural residence

(See notes at end of table.)

Continent, pays ou zone, année, sexe et résidence, urbaine/rurale	All ages Tous âges	– 1	1 – 4	5 – 9	10 – 14	15 – 19	20 – 24	25 – 29	30
ASIA—ASIE (Cont.–Suite)									
Bangladesh									
Urban – Urbaine									
Female – Féminin									
1 1984	49 205	14 937	8 118	2 813	1 552	1 793	2 107	1 869	
2 1985	47 343	15 843	8 763	1 895	545	1 295	1 296	1 293	
3 1986	53 927	16 975	8 113	2 954	653	933	1 690	2 076	
Rural – Rurale									
Male – Masculin									
4 1984	565 371	208 850	89 336	37 279	12 259	7 515	9 623	8 172	
5 1985	555 291	181 120	90 222	27 243	8 842	8 388	6 034	9 016	
6 1986	575 950	198 515	86 073	22 175	10 616	8 675	7 610	7 997	
Female – Féminin									
7 1984	530 264	163 981	126 891	34 617	13 231	12 190	11 691	9 239	
8 1985	532 538	166 373	104 387	30 126	9 298	11 634	9 878	11 976	
9 1986	516 865	170 350	92 836	19 428	6 168	9 751	12 571	11 268	
Israel – Israël [12]									
Urban – Urbaine									
Male – Masculin									
10 1983	13 100	561	86	41	46	99	139	124	
11 1984	13 766	570	116	59	57	116	143	124	
12 1985	13 791	573	96	61	47	129	147	124	
13 1987	14 327	548	101	60	53	128	131	135	
14 1988	14 204	449	80	53	52	129	145	131	
15 1989	13 889	479	91	49	42	128	126	142	
16 1990	13 890	498	80	41	29	130	134	116	
Female – Féminin									
17 1983	11 713	488	76	42	28	37	34	61	
18 1984	11 980	516	113	49	29	50	46	54	
19 1985	12 255	467	89	40	33	46	53	62	
20 1987	12 637	412	77	38	35	53	48	43	
21 1988	12 636	406	76	36	28	43	48	53	
22 1989	12 484	407	82	37	31	48	59	67	
23 1990	12 667	411	83	43	33	44	53	59	
Rural – Rurale									
Male – Masculin									
24 1983	1 504	197	38	21	21	40	32	21	
25 1984	1 126	92	26	12	7	41	31	14	
26 1985	1 123	79	10	13	9	19	26	18	
27 1987	1 236	80	12	12	11	17	19	19	
28 1988	1 196	76	26	15	6	22	13	13	
29 1989	1 181	63	16	9	2	21	19	8	
30 1990	1 162	61	19	7	6	20	24	20	
Female – Féminin									
31 1983	1 259	167	43	11	13	9	12	9	
32 1984	905	83	21	9	14	8	8	6	
33 1985	924	64	20	5	7	7	8	6	
34 1987	1 044	59	17	9	7	6	10	2	
35 1988	1 110	70	13	11	5	11	7	6	
36 1989	1 026	65	7	9	7	8	9	4	
37 1990	1 006	50	19	9	2	6	6	6	
Malaysia – Malaisie									
Peninsular Malaysia – [3]									
Malaisie Péninsulaire									
Urban – Urbaine									
Male – Masculin									
38 1983	14 082	1 310	300	158	155	352	440	350	
39 1984	14 797	1 173	248	150	176	342	488	412	
40 1985	14 841	1 187	252	159	157	343	463	431	
41 1986	14 571	1 095	253	149	149	300	449	466	
42 1987	13 991	952	227	126	124	267	373	372	
43 1988	14 793	1 037	247	170	123	265	363	416	
44 1989	14 884	884	221	136	157	251	350	395	
Female – Féminin									
45 1983	10 428	894	265	135	117	132	177	170	
46 1984	10 663	854	216	110	101	113	189	176	
47 1985	11 098	913	200	121	102	128	165	201	
48 1986	10 874	785	204	110	94	129	179	209	
49 1987	10 841	754	213	102	89	98	149	193	
50 1988	11 607	792	208	115	69	109	142	196	
51 1989	11 438	663	197	102	93	116	140	178	

Sujet spécial

22. Décès selon l'âge, le sexe et la résidence, urbaine/rurale: 1983 – 1992 (suite)

Données selon la résidence urbaine/rurale

(notes à la fin du tableau.)

				Age (en années)								
35 – 39	40 – 44	45 – 49	50 – 54	55 – 59	60 – 64	65 – 69	70 – 74	75 – 79	80 – 84	85 +	Unknown Inconnu	
1 712	766	886	1 322	1 136	992	978	2 543	*———— 4 000 ————*			—	1
855	958	1 123	1 362	1 079	1 692	1 452	1 472	*———— 5 181 ————*			—	2
867	1 279	1 197	3 322	2 025	1 703	1 956	3 460	*———— 3 903 ————*			—	3
6 256	10 961	12 568	11 915	17 831	23 707	23 796	31 350	*———— 47 228 ————*			—	4
9 409	12 599	13 901	15 819	14 765	31 279	26 733	30 409	*———— 63 522 ————*			—	5
6 451	10 391	10 395	18 466	17 852	30 112	30 145	28 564	*———— 74 055 ————*			—	6
6 190	8 333	9 674	12 944	9 518	18 939	13 995	18 895	*———— 48 454 ————*			—	7
11 077	11 002	14 029	13 610	10 273	19 629	19 717	18 057	*———— 61 188 ————*			—	8
12 029	12 913	10 492	11 729	15 237	18 044	18 176	25 582	*———— 60 570 ————*			—	9
141	145	273	475	761	1 056	1 323	2 276	2 252	1 739	1 432	—	10
154	148	312	477	749	1 135	1 252	2 348	2 414	1 876	1 576	—	11
140	166	285	443	752	1 133	1 215	2 130	2 459	1 915	1 829	—	12
157	185	253	486	696	1 159	1 458	1 880	2 675	2 157	1 921	—	13
197	219	286	439	729	1 034	1 550	1 767	2 526	2 232	2 011	—	14
152	233	241	439	682	978	1 459	1 599	2 490	2 325	2 093	—	15
159	239	233	376	654	988	1 578	1 570	2 344	2 367	2 199	—	16
85	104	156	307	520	793	1 198	1 871	2 079	1 902	1 855	—	17
90	114	200	315	536	818	1 082	1 892	2 091	1 955	1 951	—	18
110	120	159	286	541	800	1 163	1 842	2 311	1 855	2 202	1	19
89	116	160	336	512	836	1 161	1 692	2 532	2 084	2 328	—	20
105	149	176	261	489	802	1 161	1 657	2 515	2 212	2 342	—	21
96	166	152	256	504	765	1 157	1 538	2 391	2 212	2 434	—	22
117	177	182	291	450	779	1 223	1 521	2 262	2 263	2 608	—	23
23	34	43	36	66	92	128	189	191	152	150	—	24
12	17	24	46	54	80	94	155	179	126	101	—	25
18	22	27	40	48	78	84	167	194	127	133	—	26
21	23	24	41	60	82	108	146	217	179	156	—	27
20	17	21	25	54	72	104	126	194	197	170	—	28
16	13	22	29	50	72	133	126	195	203	170	—	29
17	12	21	27	50	83	107	123	196	193	168	—	30
16	12	22	31	51	72	105	180	150	148	191	—	31
9	10	11	16	28	61	79	139	137	133	127	—	32
11	9	16	24	29	71	58	132	168	131	152	—	33
12	9	18	20	45	72	84	153	167	161	186	—	34
16	19	12	25	27	59	69	144	182	201	224	—	35
9	14	16	19	33	47	66	114	201	167	220	—	36
17	18	17	17	30	43	65	94	191	180	227	—	37
361	469	594	823	1 000	1 237	1 402	1 764	1 420	970	594	34	38
383	513	688	852	* 1 102	1 344	1 451	1 820	1 438	1 106	658	56	39
450	478	679	820	1 120	1 336	1 526	1 740	1 611	972	681	63	40
429	446	717	840	1 108	1 304	1 546	1 604	1 538	1 005	679	60	41
425	490	665	874	1 053	1 237	1 483	1 513	1 558	1 023	775	47	42
413	502	653	919	1 129	1 367	1 487	1 616	1 677	1 091	848	32	43
480	512	718	1 022	1 149	1 372	1 504	1 647	1 622	1 103	949	13	44
202	285	358	502	656	924	991	1 434	1 134	929	902	25	45
228	269	361	504	664	881	1 054	1 396	1 289	1 013	1 018	37	46
242	298	388	521	699	918	1 089	1 432	1 417	958	1 057	33	47
238	312	429	488	681	879	1 151	1 333	1 437	966	1 012	29	48
236	273	355	519	712	866	1 174	1 262	1 481	1 039	1 074	27	49
239	293	349	562	749	958	1 269	1 304	1 609	1 174	1 224	27	50
243	298	374	555	670	925	1 174	1 383	1 623	1 232	1 247	13	51

22. Deaths by age, sex and urban/rural residence: 1983 – 1992 (continued)

Data by urban/rural residence

(See notes at end of table.)

Continent, country or area, year, sex and urban/rural residence Continent, pays ou zone, année, sexe et résidence, urbaine/rurale	All ages Tous âges	– 1	1 – 4	5 – 9	10 – 14	15 – 19	20 – 24	25 – 29	30
ASIA—ASIE (Cont.–Suite)									
Malaysia – Malaisie									
Peninsular Malaysia – [3]									
Malaisie Péninsulaire									
Rural – Rurale									
Male – Masculin									
1 1983	23 365	2 968	911	440	351	613	704	535	
2 1984	23 634	2 728	775	424	332	596	747	544	
3 1985	24 082	2 781	821	382	317	604	729	630	
4 1986	23 487	2 499	680	394	338	563	752	616	
5 1987	22 804	2 199	601	363	315	490	660	613	
6 1988	23 981	2 274	661	380	327	507	658	593	
7 1989	24 437	1 954	626	357	328	545	682	625	
Female – Féminin									
8 1983	18 157	2 318	839	357	254	330	366	354	
9 1984	18 158	2 038	725	292	216	314	365	336	
10 1985	18 346	2 015	722	297	252	308	340	351	
11 1986	17 543	1 860	576	295	208	270	327	341	
12 1987	17 646	1 720	568	289	230	292	312	295	
13 1988	18 549	1 626	597	259	214	246	299	343	
14 1989	18 948	1 447	536	264	240	249	299	328	
Sarawak									
Urban – Urbaine									
Male – Masculin									
15 1985	583	60	14	10	4	14	13	12	
16 1986	262	22	2	2	1	2	6	4	
Female – Féminin									
17 1985	374	30	8	2	3	7	6	7	
18 1986	199	13	5	5	1	2	2	4	
Rural – Rurale									
Male – Masculin									
19 1985	2 628	219	68	32	21	59	77	50	
20 1986	2 906	231	76	35	35	51	67	71	
Female – Féminin									
21 1985	1 727	165	46	22	18	25	29	29	
22 1986	1 817	160	55	21	17	32	37	37	
Maldives									
Urban – Urbaine									
Male – Masculin									
23 1984	139	47	8	3	3	3	2	2	
24 1985	169	37	12	3	2	5	5	7	
25 1986	178	45	9	2	2	5	8	6	
26 1987	168	29	5	7	3	2	4	5	
27 1988	191	41	9	3	4	4	9	10	
28 1989	168	30	8	1	–	3	10	6	
29 1990	167	22	8	3	4	6	4	2	
30 1991	165	21	12	2	3	5	1	8	
Female – Féminin									
31 1984	127	28	14	1	4	5	5	6	
32 1985	119	30	10	1	1	6	6	5	
33 1986	123	32	12	5	–	1	7	7	
34 1987	124	32	4	7	–	8	6	8	
35 1988	135	27	14	5	3	4	8	11	
36 1989	103	27	5	5	2	7	3	3	
37 1990	126	26	4	4	2	2	4	3	
38 1991	130	23	5	7	2	4	3	5	
Rural – Rurale									
Male – Masculin									
39 1984	720	286	73	19	8	9	15	13	
40 1985	657	240	86	16	10	8	10	6	
41 1986	672	245	81	20	5	7	6	7	
42 1987	668	205	91	14	5	11	5	5	
43 1988	613	183	65	14	7	7	10	8	
44 1989	615	170	79	12	10	6	7	7	
45 1990	558	127	53	14	9	8	5	5	
46 1991	577	153	62	18	7	5	2	4	

22. Décès selon l'âge, le sexe et la résidence, urbaine/rurale: 1983 – 1992 (suite)

Données selon la résidence urbaine/rurale

notes à la fin du tableau.)

35 – 39	40 – 44	45 – 49	50 – 54	55 – 59	60 – 64	65 – 69	70 – 74	75 – 79	80 – 84	85 +	Unknown Inconnu	
501	632	946	1 232	1 466	2 005	2 107	2 698	2 000	1 572	1 135	89	1
539	617	909	1 197	1 571	1 971	2 119	2 644	2 265	1 746	1 345	71	2
559	674	965	1 214	1 753	2 008	2 297	2 560	2 337	1 575	1 274	95	3
548	645	938	1 191	1 669	2 007	2 359	2 379	2 357	1 580	1 327	121	4
578	698	870	1 288	1 648	1 975	2 455	2 320	2 328	1 480	1 307	92	5
592	641	914	1 441	1 595	2 220	2 459	2 425	2 458	1 731	1 486	76	6
564	705	870	1 492	1 600	2 265	2 378	2 647	2 601	1 834	1 717	20	7
374	426	618	848	1 027	1 624	1 602	2 188	1 693	1 318	1 183	44	8
353	436	607	798	918	1 529	1 611	2 162	2 071	1 470	1 505	58	9
372	435	591	811	1 080	1 532	1 836	2 050	2 119	1 314	1 501	60	10
419	400	579	747	1 110	1 407	1 935	1 895	2 148	1 243	1 365	48	11
449	419	529	801	1 086	1 528	2 057	1 934	2 187	1 232	1 291	58	12
420	436	549	865	1 125	1 546	2 038	2 112	2 270	1 611	1 567	56	13
453	455	607	908	1 045	1 380	2 033	2 300	2 309	1 932	1 764	35	14
12	17	26	27	39	52	59	77	60	40	33	8	15
8	8	12	15	17	17	32	36	29	16	22	5	16
8	9	9	16	18	32	51	49	40	26	39	6	17
6	6	10	3	15	15	25	23	16	27	13	3	18
68	82	80	149	187	249	290	325	261	173	129	51	19
82	87	109	158	225	263	339	320	300	186	137	57	20
43	40	60	104	137	182	217	194	154	93	100	34	21
40	68	62	106	136	164	215	179	198	117	97	34	22
2	2	8	15	4	12	7	* —————— 18 —————— *				—	23
2	10	9	11	12	15	5	7	6	7	8	2	24
8	5	10	19	13	13	8	3	8	3	5	1	25
4	7	12	17	10	18	10	11	4	6	9	1	26
10	5	11	15	7	11	8	14	3	6	7	2	27
7	4	6	12	19	20	8	7	13	3	5	1	28
8	5	7	15	15	19	11	11	7	4	8	1	29
7	6	6	15	10	12	12	16	7	5	12	3	30
3	3	7	7	5	7	6	* —————— 17 —————— *				1	31
5	6	9	8	2	11	1	—	3	5	4	1	32
5	8	4	10	9	5	6	3	2	1	2	—	33
4	5	12	5	5	5	4	6	5	2	2	—	34
3	3	10	8	7	7	9	7	4	1	1	—	35
3	2	3	6	7	8	6	3	2	2	2	—	36
8	5	8	5	6	12	11	7	7	3	5	—	37
5	4	6	8	12	12	6	4	3	6	4	3	38
9	8	21	24	33	35	36	* —————— 99 —————— *				24	39
8	17	13	30	25	28	30	37	24	27	10	30	40
7	15	19	21	26	34	43	37	29	11	21	31	41
3	6	14	26	27	45	54	50	29	22	17	28	42
9	8	13	22	29	40	41	40	29	30	20	34	43
2	8	10	31	33	41	37	35	32	24	25	34	44
9	10	15	14	33	38	49	40	39	21	25	37	45
4	10	13	16	29	42	52	48	33	23	25	26	46

22. Deaths by age, sex and urban/rural residence: 1983 – 1992 (continued)

Data by urban/rural residence

(See notes at end of table.)

Continent, country or area, year, sex and urban/rural residence / Continent, pays ou zone, année, sexe et résidence, urbaine/rurale	All ages Tous âges	Age (in years)							
		– 1	1 – 4	5 – 9	10 – 14	15 – 19	20 – 24	25 – 29	30 –
ASIA—ASIE (Cont.–Suite)									
Maldives									
Rural – Rurale									
Female – Féminin									
1 1984	654	201	98	19	11	25	9	25	
2 1985	662	235	106	12	7	15	25	14	
3 1986	538	175	73	14	5	6	11	17	
4 1987	565	151	90	13	2	10	23	27	
5 1988	587	148	87	23	9	15	16	26	
6 1989	590	144	87	17	8	13	14	16	
7 1990	504	115	62	11	10	9	12	13	
8 1991	494	123	62	13	5	8	14	15	
Mongolia – Mongolie									
Urban – Urbaine									
Male – Masculin									
9 1987	4 200	1 200	500	100	100	100	100	100	
10 1988	4 500	1 200	600	100	100	100	100	100	
11 1989	4 400	1 200	500	100	–	–	100	100	
Female – Féminin									
12 1987	3 200	1 000	500	100	–	–	–	100	
13 1988	3 500	1 000	600	100	–	–	100	100	
14 1989	3 300	1 000	400	–	–	–	–	100	
Rural – Rurale									
Male – Masculin									
15 1987	4 300	1 300	500	100	–	–	100	100	
16 1988	5 100	1 400	600	100	100	100	100	100	
17 1989	5 000	1 400	600	100	–	–	100	100	
Female – Féminin									
18 1987	4 200	1 200	500	100	–	–	100	100	
19 1988	4 600	1 200	500	100	–	–	100	100	
20 1989	4 300	1 100	600	100	–	–	100	100	
Pakistan [17]									
Urban – Urbaine									
Male – Masculin									
21 1984	116 307	54 869	6 652	2 646	1 122	3 469	2 912	2 161	1
22 1985	119 689	48 444	7 725	2 174	389	1 123	759	1 133	1
23 1986	100 411	38 787	6 297	1 264	1 935	304	462	2 739	
24 1987	110 188	42 925	12 681	615	1 099	610	1 101	3 096	1
25 1988	115 989	45 848	7 695	2 807	2 513	2 829	1 734	3 408	1
Female – Féminin									
26 1984	83 926	35 737	6 439	3 337	827	912	1 988	828	2
27 1985	85 308	34 079	7 404	1 639	1 003	1 348	1 949	2 848	
28 1986	84 887	36 284	8 906	1 135	1 226	922	1 065	1 214	1
29 1987	81 447	29 942	11 383	731	1 170	1 691	623	1 788	2
30 1988	92 582	33 394	11 539	1 996	1 943	3 297	1 102	176	1
Rural – Rurale									
Male – Masculin									
31 1984	335 528	142 001	37 379	10 472	4 232	5 169	3 621	7 318	1
32 1985	338 445	157 869	30 370	12 314	4 166	10 126	7 590	3 858	3
33 1986	306 725	147 398	27 029	9 758	1 747	3 539	6 795	4 147	2
34 1987	328 860	158 193	33 768	2 446	4 266	3 566	4 381	4 401	3
35 1988	349 746	141 129	34 732	9 492	8 295	5 978	2 208	12 203	5
Female – Féminin									
36 1984	294 803	153 177	29 214	6 882	5 951	4 129	4 593	3 606	3
37 1985	295 805	126 704	41 783	9 143	3 736	5 804	6 820	6 811	5
38 1986	268 946	121 446	32 579	10 746	4 797	5 679	6 552	5 139	2
39 1987	288 668	116 134	39 853	8 055	3 129	4 640	7 776	7 162	4
40 1988	294 024	123 687	44 144	6 547	641	4 341	5 572	7 482	7
Sri Lanka +									
Urban – Urbaine									
Male – Masculin									
41 1983	27 587	3 782	1 183	519	421	728	1 308	1 026	
42 1984	28 288	3 673	1 132	480	382	738	1 228	982	
43 1985	28 351	3 259	914	413	381	728	1 254	1 126	1
44 1986	28 411	2 934	794	421	342	681	1 249	1 216	1
45 1987	28 859	2 981	773	449	395	746	1 332	1 243	1

22. Décès selon l'âge, le sexe et la résidence, urbaine/rurale: 1983 – 1992 (suite)

Données selon la résidence urbaine/rurale

notes à la fin du tableau.)

					Age (en années)						Unknown Inconnu	
35 – 39	40 – 44	45 – 49	50 – 54	55 – 59	60 – 64	65 – 69	70 – 74	75 – 79	80 – 84	85 +		
12	13	18	26	26	38	32	*——— ———	59	———————*		22	1
5	24	17	21	26	25	34	23	10	18	3	31	2
5	11	19	27	23	23	28	23	15	10	5	38	3
10	8	21	18	22	32	27	27	20	11	5	31	4
13	7	11	24	29	32	29	43	12	7	9	30	5
16	6	15	18	34	26	38	35	29	15	6	37	6
9	10	12	30	22	25	34	35	24	13	6	39	7
14	6	11	17	25	41	45	28	17	11	5	19	8
100	100	100	200	200	200	300	*——— ———	700	———————*		—	9
100	100	100	200	200	300	300	*——— ———	800	———————*		—	10
100	100	200	200	300	300	300	*——— ———	800	———————*		—	11
100	100	100	100	100	100	200	*——— ———	600	———————*		—	12
100	100	100	100	100	100	200	*——— ———	700	———————*		—	13
100	100	100	100	100	200	300	*——— ———	700	———————*		—	14
100	100	100	100	100	200	300	*——— ———	1 100	———————*		—	15
100	100	100	200	200	300	300	*——— ———	1 200	———————*		—	16
100	100	100	200	300	300	400	*——— ———	1 100	———————*		—	17
100	100	100	100	100	200	300	*——— ———	1 100	———————*		—	18
100	100	100	100	200	200	300	*——— ———	1 400	———————*		—	19
100	100	100	100	200	200	300	*——— ———	1 100	———————*		—	20
1 621	4 725	2 668	5 117	1 603	6 769	3 897	4 188	1 561	3 816	5 160	—	21
1 018	3 698	4 506	2 751	6 413	9 059	4 838	8 007	2 224	5 806	7 721	—	22
1 338	2 548	1 920	5 365	2 340	8 110	5 518	4 422	2 042	5 637	8 502	—	23
2 791	2 133	3 576	7 100	2 889	5 851	4 162	4 521	1 973	5 233	6 584	—	24
1 966	2 178	2 400	4 658	4 970	10 161	3 566	6 074	2 215	3 051	6 082	—	25
3 284	1 562	1 723	1 115	693	3 105	2 531	6 501	1 874	3 280	5 747	—	26
4 158	619	1 090	3 279	1 502	2 927	4 029	3 148	4 420	3 939	5 130	—	27
1 213	1 146	2 545	3 993	2 883	4 365	2 504	4 425	1 027	3 167	5 627	—	28
1 127	2 003	3 748	2 993	2 545	3 514	1 625	1 966	3 709	4 180	4 554	—	29
1 650	1 633	2 686	4 562	2 319	5 055	2 081	3 614	1 771	5 435	6 969	—	30
10 595	4 508	4 761	4 200	10 222	10 801	10 623	19 176	7 429	21 375	19 925	—	31
4 903	6 420	5 655	6 825	4 279	11 885	6 846	16 173	6 348	12 561	27 233	—	32
2 316	4 715	3 935	9 401	7 684	9 465	10 252	12 797	10 560	20 401	12 113	—	33
4 548	2 109	10 265	6 331	7 703	16 387	10 819	18 478	9 335	13 931	14 771	—	34
1 615	6 389	9 927	13 092	6 270	12 153	8 042	16 510	11 760	15 965	28 557	—	35
5 184	3 958	4 428	2 862	2 890	12 731	7 723	12 375	3 375	10 673	17 589	—	36
3 820	5 047	4 422	7 968	4 098	3 743	13 146	14 489	5 930	9 804	17 045	—	37
5 618	4 771	4 063	5 523	4 764	10 907	5 771	12 626	9 512	6 358	10 089	—	38
9 252	5 400	4 255	8 722	6 188	9 484	7 621	16 061	7 026	7 062	16 380	—	39
6 397	6 686	11 327	1 241	7 761	11 121	8 296	11 205	4 584	12 275	13 641	—	40
983	1 162	1 519	1 870	1 956	2 047	2 095	2 158	1 530	1 346	924	58	41
1 093	1 157	1 551	1 897	2 169	2 244	2 323	2 286	1 569	1 398	996	4	42
1 208	1 269	1 531	1 890	2 235	2 329	2 433	2 264	1 569	1 283	1 173	6	43
1 232	1 285	1 664	1 915	2 364	2 259	2 556	2 273	1 719	1 358	1 126	8	44
1 232	1 302	1 644	2 028	2 305	2 313	2 502	2 352	1 648	1 315	1 166	29	45

22. Deaths by age, sex and urban/rural residence: 1983 – 1992 (continued)

Data by urban/rural residence

(See notes at end of table.)

Continent, country or area, year, sex and urban/rural residence / Continent, pays ou zone, année, sexe et résidence, urbaine/rurale	All ages Tous âges	– 1	1 – 4	5 – 9	10 – 14	15 – 19	20 – 24	25 – 29	30
ASIA—ASIE (Cont.–Suite)									
Sri Lanka+									
Urban – Urbaine									
Female – Féminin									
1 1983	16 830	3 075	1 093	448	295	568	669	554	
2 1984	16 506	2 745	1 071	421	310	510	683	551	
3 1985	16 351	2 577	812	347	242	550	674	579	
4 1986	16 081	2 432	696	371	281	506	612	533	
5 1987	16 567	2 369	732	398	281	516	645	613	
Rural – Rurale									
Male – Masculin									
6 1983	28 781	1 674	974	452	358	550	938	614	
7 1984	32 021	2 296	1 254	551	362	610	1 010	816	
8 1985	30 885	1 971	791	420	317	558	1 011	914	
9 1986	30 630	1 750	649	394	270	584	1 041	867	
10 1987	31 004	1 519	638	363	327	607	1 145	892	
Female – Féminin									
11 1983	21 976	1 449	871	346	238	496	600	365	
12 1984	23 910	1 935	1 222	515	278	589	665	451	
13 1985	22 502	1 608	799	394	234	538	586	503	
14 1986	21 023	1 293	693	369	206	461	500	445	
15 1987	21 326	1 207	656	340	238	455	561	447	
Thailand – Thaïlande+									
Urban – Urbaine									
Male – Masculin									
16 1983	38 440	3 313	1 220	751	721	1 598	2 314	2 213	
17 1984	38 759	2 969	1 100	796	672	1 627	2 386	2 292	
18 1985	22 173	1 957	650	546	416	1 022	1 339	1 314	
19 1986	33 116	2 446	752	507	504	1 286	1 826	1 893	
20 1987	37 888	2 408	855	680	604	1 570	2 133	2 083	
21 1988	39 129	2 201	764	507	494	1 577	2 248	2 267	
22 1989	44 198	2 304	716	520	599	1 925	2 719	2 694	
23 1990	46 783	2 397	723	587	609	2 253	3 074	2 914	
24 1991	49 876	2 452	669	487	599	2 358	3 397	3 071	
Female – Féminin									
25 1983	25 725	2 642	975	611	489	854	943	867	
26 1984	25 993	2 388	968	657	504	912	977	852	
27 1985	14 568	1 466	544	455	343	550	604	531	
28 1986	22 878	1 768	599	434	379	639	731	653	
29 1987	26 287	1 876	756	598	454	720	788	719	
30 1988	26 230	1 746	544	403	364	714	810	751	
31 1989	29 041	1 690	560	452	375	829	924	886	
32 1990	29 560	1 752	537	416	379	823	894	878	
33 1991	31 027	1 866	521	343	356	825	901	913	
Rural – Rurale									
Male – Masculin									
34 1983	106 376	4 173	5 613	3 009	2 260	3 632	4 738	4 551	
35 1984	92 090	3 109	3 992	2 262	1 774	2 856	3 823	3 865	
36 1985	93 749	3 368	3 710	2 162	1 668	2 608	3 486	3 528	
37 1986	91 970	2 710	3 035	1 876	1 464	2 417	3 217	3 326	
38 1987	95 291	2 958	2 855	1 926	1 331	2 492	3 219	3 183	
39 1988	94 592	2 457	2 317	1 674	1 232	2 481	3 266	3 338	
40 1989	98 958	2 157	2 135	1 467	1 183	2 786	3 684	3 735	
41 1990	101 104	2 110	1 942	1 507	1 189	2 906	3 873	3 895	
42 1991	105 322	2 109	1 882	1 414	1 201	3 016	4 023	3 915	
Female – Féminin									
43 1983	82 051	2 968	4 679	2 336	1 719	2 350	2 382	2 155	
44 1984	68 440	2 354	3 163	1 800	1 286	1 739	1 783	1 678	
45 1985	72 144	2 488	2 947	1 800	1 292	1 622	1 615	1 570	
46 1986	70 061	2 066	2 494	1 431	1 071	1 409	1 587	1 484	
47 1987	73 502	2 116	2 275	1 490	1 054	1 409	1 468	1 353	
48 1988	71 276	1 709	1 905	1 209	950	1 321	1 352	1 310	
49 1989	74 373	1 518	1 519	1 030	883	1 302	1 384	1 318	
50 1990	75 065	1 435	1 341	1 115	843	1 211	1 344	1 342	
51 1991	78 125	1 501	1 338	1 003	805	1 250	1 258	1 370	

22. Décès selon l'âge, le sexe et la résidence, urbaine/rurale: 1983 – 1992 (suite)

Données selon la résidence urbaine/rurale

(notes à la fin du tableau.)

					Age (en années)							
35 – 39	40 – 44	45 – 49	50 – 54	55 – 59	60 – 64	65 – 69	70 – 74	75 – 79	80 – 84	85 +	Unknown Inconnu	
479	484	558	711	775	1 030	1 210	1 235	1 030	1 042	1 018	41	1
486	437	534	684	789	973	1 150	1 319	1 107	1 144	1 070	6	2
497	423	584	747	849	1 038	1 250	1 306	1 131	1 028	1 180	1	3
529	479	586	739	885	977	1 255	1 283	1 139	1 039	1 228	3	4
545	439	615	716	927	1 006	1 356	1 412	1 132	1 194	1 182	12	5
599	625	878	1 113	1 372	1 569	2 212	2 603	2 376	3 025	3 108	11	6
768	790	1 116	1 379	1 752	2 137	2 723	3 409	2 934	3 711	3 706	3	7
842	821	1 169	1 389	1 918	2 133	2 738	3 215	2 930	3 201	3 827	8	8
896	866	1 190	1 424	1 927	2 263	2 844	3 256	2 956	3 112	3 593	10	9
926	975	1 218	1 522	1 922	2 286	2 803	3 379	2 843	3 015	3 751	17	10
328	347	421	623	735	986	1 424	1 856	1 873	2 388	3 218	11	11
469	446	570	796	939	1 320	1 728	2 392	2 275	2 919	3 988	3	12
432	419	571	778	841	1 229	1 788	2 359	2 295	2 770	3 985	2	13
428	411	519	736	924	1 271	1 731	2 392	2 123	2 566	3 601	5	14
452	444	546	783	913	1 265	1 839	2 363	2 187	2 519	3 734	17	15
1 532	1 806	2 297	2 601	2 632	2 649	2 773	2 709	2 237	1 520	1 263	576	16
1 614	1 759	2 302	2 701	2 802	2 785	2 744	2 814	2 183	1 558	1 218	616	17
990	1 038	1 305	1 564	1 606	1 557	1 529	1 477	1 178	814	592	238	18
1 508	1 419	1 918	2 346	2 490	2 412	2 468	2 621	2 083	1 515	1 239	307	19
1 601	1 606	2 112	2 589	2 875	3 036	2 738	3 013	2 394	1 767	1 517	525	20
1 790	1 746	2 093	2 642	2 976	3 148	2 905	3 196	2 581	1 929	1 510	574	21
2 160	1 995	2 193	2 961	3 246	3 673	3 317	3 370	2 906	2 109	1 811	599	22
2 423	2 247	2 308	3 096	3 385	3 769	3 349	3 514	2 952	2 189	1 811	518	23
2 754	2 604	2 512	3 112	3 706	4 158	3 534	3 680	3 143	2 269	1 960	581	24
753	981	1 225	1 552	1 479	1 652	1 873	1 994	1 913	1 837	2 043	278	25
787	889	1 276	1 586	1 627	1 751	1 895	2 027	1 933	1 822	2 007	331	26
538	586	812	943	904	1 023	934	1 023	999	827	885	132	27
694	826	1 076	1 435	1 512	1 624	1 666	1 934	1 995	1 739	2 200	294	28
792	877	1 186	1 584	1 733	1 874	1 971	2 386	2 302	2 086	2 545	287	29
831	919	1 138	1 647	1 880	2 002	1 949	2 446	2 271	2 153	2 529	352	30
996	1 062	1 322	1 757	1 942	2 261	2 149	2 637	2 672	2 417	2 956	281	31
988	1 073	1 287	1 767	1 978	2 411	2 252	2 695	2 698	2 496	2 984	299	32
1 054	1 171	1 324	1 789	2 187	2 547	2 501	2 724	2 835	2 619	3 319	301	33
4 196	4 793	5 879	6 727	7 034	7 747	8 168	8 076	7 281	5 782	5 004	3 621	34
3 639	4 250	5 316	6 315	6 453	7 045	7 334	7 513	6 779	5 357	4 255	2 574	35
3 656	4 040	5 012	6 288	6 845	7 431	7 951	8 078	7 432	5 865	5 120	2 012	36
3 519	3 937	4 992	6 410	6 643	7 326	7 842	8 148	7 371	5 958	5 281	3 113	37
3 495	3 901	5 095	6 382	7 273	7 732	8 250	8 779	8 020	6 541	6 088	2 546	38
3 700	4 065	4 924	6 378	7 029	7 929	8 235	8 908	7 878	6 745	5 978	2 414	39
3 929	4 231	5 056	6 640	7 573	8 495	8 990	8 766	8 484	6 992	6 654	2 288	40
4 165	4 590	5 123	6 651	7 610	8 755	8 962	9 113	8 580	7 077	6 805	2 208	41
4 600	4 858	5 162	6 877	8 177	9 066	9 516	9 391	8 898	7 598	7 455	1 854	42
2 466	2 960	3 695	4 500	4 866	5 482	6 145	6 923	7 067	6 660	7 286	3 100	43
1 988	2 459	3 134	3 870	4 206	5 000	5 423	6 183	6 312	6 000	6 198	2 050	44
2 037	2 473	3 274	4 209	4 608	5 159	6 048	6 756	6 947	6 895	7 006	1 603	45
1 876	2 415	2 995	4 125	4 196	5 168	5 631	7 115	7 043	6 888	7 500	1 882	46
1 879	2 275	3 066	4 107	4 752	5 506	6 227	7 464	7 607	7 775	8 579	1 549	47
1 850	2 168	2 830	4 124	4 543	5 309	6 009	7 486	7 516	7 859	8 760	1 536	48
1 904	2 420	3 006	4 020	4 992	5 725	6 625	7 506	8 271	8 217	9 569	1 605	49
1 839	2 466	3 013	4 186	4 893	5 943	6 669	7 691	7 987	8 529	10 069	1 570	50
1 988	2 592	3 095	4 265	5 309	5 975	7 024	7 810	8 638	8 935	11 095	1 246	51

22. Deaths by age, sex and urban/rural residence: 1983 – 1992 (continued)

Data by urban/rural residence

(See notes at end of table.)

Continent, country or area, year, sex and urban/rural residence / Continent, pays ou zone, année, sexe et résidence, urbaine/rurale	All ages Tous âges	− 1	1 − 4	5 − 9	10 − 14	15 − 19	20 − 24	25 − 29	3
EUROPE									
Albania – Albanie									
Urban – Urbaine									
Male – Masculin									
1 1987	3 113	305	98	33	29	27	55	41	
2 1988	3 226	307	70	39	28	35	42	57	
3 1989	3 463	369	90	40	24	27	46	59	
4 1990	3 485	359	84	39	27	43	64	60	
Female – Féminin									
5 1987	2 503	254	69	24	7	20	21	35	
6 1988	2 575	237	59	24	14	15	22	32	
7 1989	2 564	238	67	26	17	14	31	35	
8 1990	2 705	299	61	27	21	15	15	36	
Rural – Rurale									
Male – Masculin									
9 1987	6 459	929	534	96	64	95	129	101	
10 1988	6 363	816	492	90	69	106	129	88	
11 1989	6 776	986	511	124	70	114	133	111	
12 1990	6 826	899	509	124	66	86	138	125	
Female – Féminin									
13 1987	5 044	759	534	49	34	51	66	62	
14 1988	4 863	661	497	68	30	45	44	57	
15 1989	5 365	839	486	90	44	42	57	70	
16 1990	5 177	764	435	98	58	41	43	60	
Austria – Autriche									
Urban – Urbaine									
Male – Masculin									
17 1983	25 507	329	45	27	30	188	262	215	
18 1984	24 633	300	52	31	39	189	276	220	
19 1985	24 368	289	48	27	43	150	257	211	
20 1986	23 503	265	41	27	30	140	209	224	
21 1987	22 787	249	33	31	23	141	223	211	
22 1988	22 510	199	42	26	28	143	201	220	
23 1989	22 173	212	38	29	19	120	193	216	
24 1990	22 156	205	41	20	25	101	202	218	
25 1991	22 241	212	30	26	22	98	195	269	
Female – Féminin									
26 1983	30 976	244	36	28	30	74	84	88	
27 1984	29 364	251	45	16	33	51	85	80	
28 1985	30 129	180	32	8	26	54	91	73	
29 1986	29 514	190	28	20	16	63	86	75	
30 1987	28 789	199	31	17	17	49	66	68	
31 1988	28 232	178	20	21	12	27	75	86	
32 1989	27 864	169	32	13	10	38	69	70	
33 1990	27 860	174	32	11	14	38	60	92	
34 1991	27 611	164	36	17	8	33	69	75	
Rural – Rurale									
Male – Masculin									
35 1983	18 438	296	53	39	49	287	301	201	
36 1984	17 356	277	58	39	41	241	312	226	
37 1985	17 505	302	65	19	40	237	293	200	
38 1986	16 863	263	54	31	29	197	265	196	
39 1987	16 415	226	44	24	36	196	250	191	
40 1988	15 981	197	34	29	27	203	250	175	
41 1989	16 573	203	53	43	31	182	241	237	
42 1990	16 230	190	45	28	19	164	233	171	
43 1991	16 398	195	50	27	16	164	243	200	
Female – Féminin									
44 1983	18 120	202	36	25	34	90	58	56	
45 1984	17 113	190	46	19	24	69	69	54	
46 1985	17 576	206	50	27	19	59	54	60	
47 1986	17 191	175	40	24	18	56	53	55	
48 1987	16 916	176	34	21	13	60	62	56	
49 1988	16 540	142	25	15	18	60	48	47	
50 1989	16 797	154	34	19	16	58	52	56	
51 1990	16 706	140	37	20	12	41	54	45	
52 1991	17 178	137	24	15	17	46	64	47	

22. Décès selon l'âge, le sexe et la résidence, urbaine/rurale: 1983 – 1992 (suite)

Données selon la résidence urbaine/rurale

(notes à la fin du tableau.)

35 – 39	40 – 44	45 – 49	50 – 54	55 – 59	60 – 64	65 – 69	70 – 74	75 – 79	80 – 84	85 +	Unknown Inconnu	
45	55	94	139	239	351	353	375	344	242	231	1	1
53	54	95	150	235	339	431	380	416	200	244	–	2
70	67	88	183	265	325	414	371	413	285	260	5	3
69	64	79	185	228	363	403	413	408	271	242	11	4
30	24	51	82	104	160	192	285	355	321	430	1	5
34	42	62	71	120	148	214	246	412	334	462	–	6
35	34	44	64	97	157	243	262	446	338	386	3	7
38	38	46	79	102	164	235	255	410	387	414	21	8
64	100	177	212	331	356	574	706	777	515	619	2	9
81	87	143	216	305	391	599	745	767	520	620	1	10
69	79	143	235	312	432	563	735	814	597	662	1	11
88	85	140	205	306	469	547	770	819	662	658	33	12
58	42	72	76	134	180	263	437	638	559	975	2	13
48	50	73	104	123	171	268	426	640	552	956	1	14
55	64	75	107	122	199	314	408	763	630	932	–	15
50	57	75	98	97	181	305	424	572	711	982	54	16
362	604	603	1 094	1 553	2 037	2 153	4 262	4 893	3 959	2 665	–	17
359	617	608	1 042	1 569	2 126	1 927	3 936	4 555	3 904	2 658	–	18
332	603	648	976	1 533	2 032	1 877	3 689	4 563	4 032	2 861	–	19
310	520	704	865	1 512	1 968	1 999	3 229	4 399	3 820	3 026	–	20
308	464	750	808	1 479	2 031	2 115	2 865	4 182	3 735	2 918	–	21
268	470	798	770	1 307	1 941	2 295	2 504	4 037	3 899	3 143	–	22
272	467	734	817	1 313	1 910	2 511	2 211	3 902	3 784	3 217	–	23
240	492	777	844	1 218	1 894	2 546	2 171	3 844	3 819	3 247	–	24
257	478	715	965	1 170	1 832	2 518	2 249	3 508	3 945	3 495	–	25
210	306	293	573	989	1 511	1 730	3 926	5 937	6 994	7 812	–	26
179	331	301	490	896	1 648	1 561	3 613	5 555	6 538	7 595	–	27
178	311	330	468	815	1 545	1 497	3 566	5 777	6 927	8 159	–	28
201	264	396	395	733	1 432	1 626	3 249	5 549	6 770	8 326	–	29
165	277	376	391	695	1 396	1 788	2 860	5 281	6 713	8 303	–	30
151	243	398	365	636	1 290	2 061	2 411	5 074	6 530	8 553	–	31
130	225	419	432	629	1 104	2 157	2 148	4 902	6 391	8 827	–	32
142	240	402	450	633	1 051	2 115	2 070	4 701	6 524	9 020	–	33
134	254	375	476	579	977	2 022	2 312	4 256	6 282	9 431	–	34
258	463	554	966	1 218	1 420	1 498	2 910	3 233	2 657	1 823	–	35
238	392	581	926	1 213	1 420	1 206	2 653	3 073	2 541	1 726	–	36
220	362	544	821	1 218	1 500	1 227	2 441	3 135	2 660	2 029	–	37
266	326	524	761	1 266	1 435	1 340	2 243	2 852	2 749	1 852	–	38
219	284	567	715	1 135	1 398	1 552	1 903	2 847	2 605	2 014	–	39
222	329	497	633	1 181	1 506	1 609	1 620	2 710	2 539	2 015	–	40
222	305	529	663	1 115	1 587	1 777	1 493	2 793	2 642	2 270	–	41
225	301	485	661	1 017	1 607	1 890	1 432	2 686	2 612	2 265	–	42
238	369	447	735	1 026	1 587	1 924	1 625	2 477	2 549	2 330	–	43
94	186	233	393	608	911	1 079	2 546	3 566	3 866	4 056	–	44
103	178	216	348	524	935	950	2 316	3 304	3 723	3 976	–	45
89	152	238	327	543	994	929	2 225	3 435	3 890	4 207	–	46
94	152	256	318	518	926	997	2 026	3 378	3 788	4 256	–	47
101	133	214	277	516	777	1 102	1 772	3 315	3 771	4 455	–	48
93	120	272	272	451	810	1 175	1 514	3 054	3 805	4 551	–	49
102	123	235	279	426	757	1 298	1 368	3 110	3 873	4 759	–	50
83	157	197	329	465	704	1 295	1 187	2 946	3 911	5 012	–	51
100	154	185	349	442	702	1 366	1 464	2 810	3 990	5 200	–	52

Special topic

22. Deaths by age, sex and urban/rural residence: 1983 – 1992 (continued)

Data by urban/rural residence

(See notes at end of table.)

	Continent, pays ou zone, année, sexe et résidence, urbaine/rurale	All ages Tous âges	– 1	1 – 4	5 – 9	10 – 14	15 – 19	20 – 24	25 – 29	3
	EUROPE (Cont.–Suite)									
	Bulgaria – Bulgarie									
	Urban – Urbaine									
	Male – Masculin									
1	1983	26 552	717	169	93	83	158	228	274	
2	1984	26 657	669	175	114	87	172	226	289	
3	1985	28 392	644	134	109	88	162	253	274	
4	1986	28 002	657	118	76	102	160	203	252	
5	1987	29 070	617	147	88	110	198	224	250	
6	1988	29 492	600	159	102	88	177	202	269	
7	1989	29 935	588	143	89	110	183	244	257	
8	1990	30 835	580	148	73	100	218	266	279	
	Female – Féminin									
9	1983	21 427	546	128	71	57	69	89	108	
10	1984	21 325	525	123	78	45	76	86	146	
11	1985	22 480	489	113	69	63	94	98	123	
12	1986	22 046	487	107	53	46	78	91	138	
13	1987	22 992	508	110	62	57	73	93	128	
14	1988	23 163	411	133	50	58	86	103	144	
15	1989	23 455	424	111	54	59	76	103	110	
16	1990	24 390	440	106	52	55	98	95	119	
	Rural – Rurale									
	Male – Masculin									
17	1983	29 767	437	130	79	64	137	163	209	
18	1984	29 478	458	137	78	85	123	162	184	
19	1985	30 953	378	124	69	87	125	171	178	
20	1986	29 519	369	105	62	51	126	159	190	
21	1987	30 140	332	124	86	71	147	174	164	
22	1988	29 663	343	133	74	69	120	152	185	
23	1989	28 990	350	107	58	66	110	147	176	
24	1990	28 945	329	92	61	68	119	162	182	
	Female – Féminin									
25	1983	24 436	324	113	56	35	60	66	63	
26	1984	23 959	316	113	43	52	59	62	64	
27	1985	25 660	320	99	46	31	61	61	75	
28	1986	24 472	247	87	37	37	55	68	55	
29	1987	25 011	258	83	47	45	61	55	63	
30	1988	25 067	241	72	46	43	63	54	68	
31	1989	24 522	252	83	52	33	56	55	52	
32	1990	24 438	205	67	53	32	57	59	54	
	Former Czechoslovakia – Ancienne Tchécoslovaquie									
	Urban – Urbaine									
	Male – Masculin									
33	1985	65 656	1 376	175	169	173	316	463	548	
34	1986	66 569	1 284	221	165	136	311	462	536	
35	1987	64 762	1 229	182	145	137	314	432	509	
36	1988	64 653	1 125	168	131	151	337	445	436	
37	1989	66 029	1 030	174	137	149	316	457	477	
38	1990	57 249	932	124	110	98	311	419	446	
	Female – Féminin									
39	1985	61 822	1 017	153	125	87	119	133	205	
40	1986	63 359	900	145	104	82	129	145	188	
41	1987	61 196	884	139	105	86	124	130	177	
42	1988	60 834	834	156	95	74	129	140	173	
43	1989	62 360	730	133	92	87	133	145	182	
44	1990	52 839	635	114	52	72	145	128	153	
	Rural – Rurale									
	Male – Masculin									
45	1985	29 546	450	84	81	59	141	201	230	
46	1986	29 119	456	68	69	56	155	193	219	
47	1987	28 004	383	79	68	69	131	170	168	
48	1988	27 993	364	64	57	76	125	186	192	
49	1989	28 035	344	69	45	57	144	160	181	
50	1990	39 482	469	80	71	81	190	273	289	

22. Décès selon l'âge, le sexe et la résidence, urbaine/rurale: 1983 – 1992 (suite)

Données selon la résidence urbaine/rurale

otes à la fin du tableau.)

					Age (en années)							
35 – 39	40 – 44	45 – 49	50 – 54	55 – 59	60 – 64	65 – 69	70 – 74	75 – 79	80 – 84	85 +	Unknown Inconnu	
558	680	1 098	1 668	2 582	2 914	2 631	3 886	3 804	2 681	1 968	—	1
538	713	1 139	1 739	2 610	3 231	2 617	3 659	3 744	2 629	1 941	—	2
620	746	1 121	1 813	2 762	3 553	2 615	3 993	4 060	2 967	2 073	—	3
585	731	1 141	1 874	2 671	3 621	2 930	3 764	3 970	2 805	1 957	—	4
574	788	1 096	1 784	2 630	3 741	3 434	3 520	4 110	3 174	2 223	—	5
617	812	1 136	1 831	2 649	3 830	3 968	3 205	4 114	3 166	2 181	—	6
589	912	1 253	1 771	2 787	3 776	4 367	3 061	3 912	3 202	2 307	—	7
612	1 039	1 287	1 862	2 693	3 807	4 444	3 095	4 173	3 349	2 429	—	8
192	300	505	797	1 301	1 676	1 625	3 230	4 022	3 447	3 053	—	9
257	310	489	875	1 288	1 756	1 774	2 991	3 936	3 443	2 953	—	10
269	322	473	824	1 336	1 933	1 674	3 193	4 181	3 715	3 337	—	11
296	308	487	840	1 264	1 864	1 746	3 141	4 045	3 657	3 227	—	12
277	357	452	812	1 252	1 999	2 125	2 947	4 168	3 989	3 414	—	13
264	374	508	817	1 252	1 933	2 571	2 632	4 126	4 001	3 528	—	14
266	425	503	774	1 254	1 885	2 877	2 576	3 988	4 189	3 606	—	15
303	433	554	789	1 290	1 946	2 869	2 500	4 208	4 334	3 999	—	16
322	445	768	1 204	1 993	2 734	3 014	5 217	5 725	4 071	2 809	—	17
300	460	757	1 271	2 087	2 965	2 819	4 854	5 496	4 210	2 803	—	18
366	470	804	1 348	1 990	3 182	2 712	5 178	5 888	4 513	3 132	—	19
368	511	745	1 379	1 870	3 266	2 745	4 738	5 459	4 363	2 786	—	20
304	474	685	1 293	1 929	3 104	3 230	4 290	5 669	4 648	3 168	—	21
337	523	678	1 285	1 925	3 102	3 701	3 688	5 477	4 624	2 999	—	22
372	557	807	1 217	1 963	2 830	3 977	3 388	5 057	4 523	3 057	—	23
313	545	705	1 090	1 890	2 702	3 977	3 294	5 356	4 601	3 217	—	24
104	166	329	608	1 009	1 541	1 981	4 101	5 287	4 572	3 951	—	25
108	169	327	628	1 017	1 745	2 018	3 776	5 015	4 585	3 775	—	26
124	171	304	618	980	1 785	1 829	4 095	5 639	5 099	4 240	—	27
124	154	235	573	955	1 779	1 783	3 723	5 251	4 958	4 263	—	28
122	161	263	580	885	1 690	2 149	3 404	5 361	5 258	4 428	—	29
122	156	304	521	962	1 706	2 507	3 010	5 330	5 478	4 318	—	30
111	178	269	462	930	1 546	2 742	2 881	4 975	5 279	4 483	—	31
95	183	255	418	884	1 517	2 698	2 559	5 149	5 426	4 645	—	32
1 179	1 614	2 094	3 561	5 373	8 313	5 935	11 064	10 943	7 230	4 306	—	33
1 191	1 668	2 137	3 342	5 597	8 371	6 975	10 026	11 286	7 661	4 440	—	34
1 172	1 754	2 273	3 317	5 383	7 940	7 836	8 534	11 037	7 416	4 424	—	35
1 229	1 749	2 417	3 203	5 341	7 811	8 972	7 687	10 682	7 454	4 555	—	36
1 225	1 842	2 585	3 206	5 355	7 724	10 171	6 501	10 857	8 128	4 932	—	37
1 146	1 757	2 422	2 981	4 441	6 759	8 737	5 710	9 083	6 947	4 193	—	38
516	657	903	1 573	2 717	4 548	3 923	9 343	12 674	12 128	10 710	—	39
520	794	927	1 522	2 637	4 542	4 537	8 873	13 072	12 449	11 457	—	40
516	701	1 017	1 509	2 631	4 281	5 284	7 542	12 251	12 274	11 250	—	41
480	789	1 004	1 384	2 541	4 308	6 026	6 531	12 313	12 100	11 430	—	42
486	821	1 089	1 392	2 469	4 117	6 673	5 755	12 389	12 848	12 528	—	43
502	758	995	1 193	2 059	3 479	5 895	4 895	10 163	10 910	10 411	—	44
439	634	919	1 492	2 240	3 303	2 354	4 928	5 408	3 968	2 283	—	45
419	617	892	1 384	2 267	3 190	2 601	4 356	5 430	3 961	2 497	—	46
465	661	896	1 353	2 229	3 156	3 114	3 642	5 152	3 670	2 297	—	47
488	690	933	1 301	2 089	2 993	3 650	2 985	5 127	3 837	2 542	—	48
469	743	990	1 283	2 146	3 084	3 928	2 658	4 807	3 960	2 667	—	49
743	1 160	1 514	2 009	3 011	4 297	5 697	3 752	6 432	5 406	3 577	—	50

22. Deaths by age, sex and urban/rural residence: 1983 – 1992 (continued)

Data by urban/rural residence

(See notes at end of table.)

Continent, country or area, year, sex and urban/rural residence / Continent, pays ou zone, année, sexe et résidence, urbaine/rurale	All ages Tous âges	– 1	1 – 4	5 – 9	10 – 14	15 – 19	20 – 24	25 – 29	3
EUROPE (Cont.–Suite)									
Former Czechoslovakia – Ancienne Tchécoslovaquie Rural – Rurale Female – Féminin									
1 1985	27 081	322	50	51	22	50	63	67	
2 1986	26 671	308	43	36	31	54	61	64	
3 1987	25 262	271	72	31	23	62	43	69	
4 1988	24 689	248	49	25	22	56	57	57	
5 1989	25 225	254	44	35	35	48	50	51	
6 1990	34 215	333	62	57	49	98	75	75	
Estonia – Estonie [22] Urban – Urbaine Male – Masculin									
7 1988	5 379	129	28	17	22	40	71	77	
8 1989	5 569	160	36	25	15	60	64	92	
9 1990	6 040	103	31	21	27	70	88	108	
Female – Féminin									
10 1988	6 229	93	26	17	6	18	28	25	
11 1989	6 212	87	22	14	7	21	25	43	
12 1990	6 569	72	27	7	11	18	24	26	
Rural – Rurale Male – Masculin									
13 1988	3 092	46	23	16	16	22	27	46	
14 1989	3 126	60	26	20	19	34	52	37	
15 1990	3 384	63	28	21	11	29	54	63	
Female – Féminin									
16 1988	3 851	44	23	14	11	12	11	8	
17 1989	3 623	52	17	11	9	15	8	22	
18 1990	3 537	38	22	15	4	15	12	12	
Finland – Finlande [23] Urban – Urbaine Male – Masculin									
19 1983	12 756	134	27	24	19	107	117	168	
20 1984	12 764	146	24	29	19	79	139	170	
21 1985	13 458	135	24	18	22	72	121	155	
22 1986	13 705	131	20	20	24	77	144	168	
23 1987	13 826	140	28	20	23	95	137	181	
24 1988	14 199	139	18	22	12	89	134	180	
25 1989	14 067	116	19	24	21	104	153	197	
26 1990	14 449	125	23	22	19	73	169	188	
Female – Féminin									
27 1983	12 568	118	17	16	11	38	40	59	
28 1984	12 621	103	16	15	9	32	36	66	
29 1985	13 467	111	17	13	11	26	37	44	
30 1986	14 106	84	18	7	13	35	46	62	
31 1987	14 332	105	23	13	9	33	42	61	
32 1988	14 792	100	21	13	17	37	42	47	
33 1989	14 906	111	19	9	11	26	38	55	
34 1990	15 432	106	14	15	11	39	66	49	
Rural – Rurale Male – Masculin									
35 1983	10 906	89	31	20	10	70	100	112	
36 1984	10 636	92	23	16	15	74	100	106	
37 1985	11 433	80	19	28	27	85	103	107	
38 1986	10 275	82	16	16	17	69	101	105	
39 1987	10 463	75	19	17	18	57	85	103	
40 1988	10 496	72	15	18	21	59	115	110	
41 1989	10 446	101	16	14	26	71	99	96	
42 1990	10 567	65	19	17	25	86	115	90	
Female – Féminin									
43 1983	9 158	73	18	13	9	22	29	37	
44 1984	9 077	82	17	13	15	28	27	25	
45 1985	9 840	70	11	17	11	22	21	29	
46 1986	9 049	56	12	9	3	22	32	32	
47 1987	9 328	53	14	12	9	23	23	33	
48 1988	9 576	68	13	8	15	21	29	24	
49 1989	9 691	58	24	8	5	24	24	26	
50 1990	9 610	74	11	14	9	33	25	24	

22. Décès selon l'âge, le sexe et la résidence, urbaine/rurale: 1983 – 1992 (suite)

Données selon la résidence urbaine/rurale

notes à la fin du tableau.)

					Age (en années)							
35 – 39	40 – 44	45 – 49	50 – 54	55 – 59	60 – 64	65 – 69	70 – 74	75 – 79	80 – 84	85 +	Unknown Inconnu	
150	210	322	593	973	1 633	1 591	4 058	5 731	5 686	5 427	—	1
156	214	332	512	1 015	1 622	1 743	3 699	5 640	5 613	5 427	—	2
142	210	330	517	877	1 524	1 932	3 028	5 422	5 444	5 177	—	3
144	232	307	487	885	1 458	2 241	2 472	5 170	5 444	5 240	—	4
158	209	314	458	880	1 418	2 512	2 303	5 191	5 589	5 591	—	5
190	324	444	669	1 246	1 980	3 446	3 038	6 718	7 479	7 821	—	6
140	164	269	412	650	656	531	568	624	482	361	17	7
166	197	293	429	569	747	585	516	625	478	372	15	8
179	234	308	478	614	826	699	574	640	492	395	10	9
49	65	110	182	287	456	520	687	1 064	1 193	1 357	6	10
54	86	121	195	319	466	549	622	1 038	1 111	1 388	4	11
59	76	130	188	278	502	672	644	1 107	1 251	1 424	12	12
76	72	154	197	279	276	288	319	448	394	336	1	13
80	80	128	198	275	318	272	313	450	392	300	3	14
90	126	154	227	284	356	313	304	426	430	333	2	15
17	25	45	67	123	198	241	365	734	856	1 040	2	16
19	29	47	77	131	187	274	354	687	775	888	2	17
32	35	36	86	97	183	288	331	616	785	918	2	18
300	327	423	733	1 074	1 273	1 627	2 101	1 952	1 346	795	—	19
332	329	468	679	1 142	1 401	1 519	2 046	1 860	1 282	872	—	20
347	353	497	730	1 045	1 444	1 546	2 115	2 122	1 474	1 020	—	21
358	424	506	748	1 110	1 458	1 581	2 053	2 115	1 526	1 010	—	22
401	459	497	660	1 071	1 402	1 636	1 918	2 209	1 593	1 084	—	23
394	541	524	726	1 073	1 368	1 614	1 931	2 244	1 691	1 214	—	24
360	556	541	695	1 000	1 500	1 577	1 839	2 119	1 719	1 252	—	25
376	588	580	720	944	1 391	1 685	1 795	2 179	1 905	1 412	—	26
134	141	182	280	508	670	1 019	1 939	2 399	2 495	2 414	—	27
102	143	186	266	398	735	1 070	1 809	2 476	2 501	2 594	—	28
111	140	173	272	428	701	1 033	1 819	2 678	2 796	2 981	—	29
128	142	230	252	452	761	1 121	1 795	2 801	2 803	3 265	—	30
126	163	200	298	464	752	1 115	1 807	2 652	2 921	3 469	—	31
141	155	237	319	404	757	1 139	1 733	2 788	3 080	3 688	—	32
145	214	237	293	396	687	1 099	1 661	2 708	3 199	3 910	—	33
115	238	234	306	402	692	1 163	1 687	2 690	3 373	4 150	—	34
185	216	325	523	858	1 012	1 304	1 814	1 751	1 302	997	—	35
184	224	298	509	843	1 036	1 224	1 700	1 783	1 290	949	—	36
212	234	340	512	892	1 162	1 213	1 747	1 881	1 398	1 242	—	37
217	251	343	471	776	1 035	1 127	1 500	1 713	1 268	1 015	—	38
214	237	298	465	753	1 088	1 243	1 470	1 702	1 352	1 124	—	39
240	303	338	420	738	1 056	1 211	1 433	1 709	1 394	1 122	—	40
194	306	291	457	741	1 091	1 276	1 320	1 616	1 368	1 221	—	41
220	329	308	448	678	1 086	1 304	1 323	1 613	1 405	1 292	—	42
59	77	112	181	315	487	758	1 332	1 892	1 812	1 898	—	43
58	67	96	171	284	475	734	1 323	1 782	1 885	1 958	—	44
73	62	112	146	319	502	774	1 330	1 891	2 063	2 352	—	45
70	64	118	145	281	429	675	1 218	1 786	1 869	2 192	—	46
80	65	106	139	276	448	752	1 145	1 817	1 974	2 312	—	47
65	87	126	152	251	447	708	1 085	1 854	2 102	2 483	—	48
57	91	97	161	245	424	715	1 071	1 780	2 215	2 632	—	49
42	99	100	166	201	395	732	1 086	1 654	2 180	2 726	—	50

22. Deaths by age, sex and urban/rural residence: 1983 – 1992 (continued)

Data by urban/rural residence

(See notes at end of table.)

Continent, country or area, year, sex and urban/rural residence / Continent, pays ou zone, année, sexe et résidence, urbaine/rurale	All ages Tous âges	– 1	1 – 4	5 – 9	10 – 14	15 – 19	20 – 24	25 – 29	30
EUROPE (Cont.–Suite)									
France [24] [25] [33]									
Urban – Urbaine									
Male – Masculin									
1 1983	194 060	3 084	643	396	454	1 415	2 680	2 434	2
2 1984	189 695	2 781	613	358	457	1 285	2 629	2 444	2
3 1985	192 727	2 834	527	323	427	1 267	2 290	2 404	2
4 1986	190 705	2 782	513	338	348	1 208	2 366	2 345	2
5 1987	187 525	2 774	489	315	351	1 089	2 230	2 314	2
6 1988	184 478	2 724	505	299	290	1 170	2 259	2 364	2
7 1989	185 645	2 608	477	292	319	1 132	2 320	2 479	2
8 1990	184 622	2 520	472	235	276	1 105	2 220	2 591	2
9 1991	187 925	2 546	463	280	303	1 054	2 331	2 802	3
Female – Féminin									
10 1983	187 511	2 212	543	263	288	634	887	1 018	1
11 1984	180 404	2 074	430	229	278	587	827	920	1
12 1985	183 794	2 050	449	224	251	550	842	906	1
13 1986	182 686	2 049	405	226	236	569	810	880	1
14 1987	175 947	1 911	381	226	217	468	737	833	1
15 1988	175 922	1 893	370	206	211	492	690	889	1
16 1989	178 333	1 863	366	191	237	473	750	879	1
17 1990	176 975	1 799	336	194	191	446	651	892	1
18 1991	178 971	1 772	379	181	210	421	700	965	1
Rural – Rurale									
Male – Masculin									
19 1983	93 156	830	257	168	215	674	1 022	842	
20 1984	91 033	761	221	127	180	651	1 011	797	
21 1985	92 375	857	197	128	179	604	1 003	781	
22 1986	91 223	776	206	142	190	604	946	749	
23 1987	87 835	756	196	136	159	569	878	774	
24 1988	86 316	777	190	126	162	576	911	720	
25 1989	86 783	733	179	113	120	590	916	824	
26 1990	86 333	729	195	115	131	559	957	820	
27 1991	82 929	652	170	100	140	522	810	703	
Female – Féminin									
28 1983	82 365	634	169	108	134	229	278	259	
29 1984	78 684	599	157	91	125	253	265	270	
30 1985	80 855	567	145	101	107	228	254	249	
31 1986	79 504	573	149	95	103	227	221	245	
32 1987	76 159	511	133	102	96	204	225	225	
33 1988	75 264	588	142	80	93	194	238	251	
34 1989	75 731	498	156	94	91	185	224	232	
35 1990	75 639	481	113	74	81	209	224	225	
36 1991	72 173	474	119	90	73	172	210	216	
Germany – Allemagne [26]	...	...	...	...	...	...	...	...	
Former German Democratic Republic – Ancienne République démocratique allemande									
Urban – Urbaine									
Male – Masculin									
37 1983	72 659	1 169	214	126	137	501	671	742	
38 1984	71 558	1 006	202	124	113	455	710	646	
39 1985	72 328	974	223	142	117	411	725	686	
40 1987	69 005	874	182	116	94	398	617	665	
41 1988	69 003	780	199	137	90	346	611	688	
42 1989	66 813	682	148	138	79	325	539	674	
Female – Féminin									
43 1983	92 913	784	192	69	90	196	257	292	
44 1984	92 396	753	189	98	75	200	282	283	
45 1985	94 457	696	169	91	64	190	294	277	
46 1987	90 227	642	130	70	59	156	233	288	
47 1988	89 186	550	166	99	58	139	215	268	
48 1989	86 555	462	119	80	48	156	221	254	
Rural – Rurale									
Male – Masculin									
49 1983	26 596	336	72	47	46	220	276	242	
50 1984	26 311	318	79	44	40	172	260	246	
51 1985	27 042	281	107	41	52	162	253	218	
52 1987	25 078	282	73	25	32	144	196	250	
53 1988	25 486	240	60	51	34	122	179	236	
54 1989	24 277	229	45	45	49	144	190	194	

22. Décès selon l'âge, le sexe et la résidence, urbaine/rurale: 1983 – 1992 (suite)

Données selon la résidence urbaine/rurale

r notes à la fin du tableau.)

					Age (en années)						Unknown Inconnu	
35 – 39	40 – 44	45 – 49	50 – 54	55 – 59	60 – 64	65 – 69	70 – 74	75 – 79	80 – 84	85 +		
3 291	3 714	6 450	10 685	14 271	17 008	14 728	26 138	30 546	28 201	25 203	—	1
3 360	3 669	6 080	10 324	14 224	18 243	13 080	25 327	29 590	27 214	25 282	—	2
3 559	3 714	5 926	10 030	14 393	17 745	14 971	23 730	29 988	28 858	27 153	—	3
3 552	4 089	5 662	9 558	14 045	17 556	16 810	21 323	29 482	28 217	27 868	—	4
3 539	4 396	5 305	8 974	13 456	16 996	18 454	18 846	28 102	27 513	28 285	—	5
3 508	4 676	5 301	8 541	13 250	16 722	19 564	16 543	27 711	27 321	29 026	—	6
3 566	4 994	5 288	8 405	12 838	16 656	20 835	14 933	27 736	27 490	30 414	—	7
3 789	5 320	5 339	7 801	12 021	16 409	19 853	16 466	25 620	27 794	31 829	—	8
3 874	5 616	5 971	7 545	11 515	16 528	19 904	19 279	23 483	28 236	32 942	—	9
1 503	1 659	2 635	4 422	6 000	7 902	7 839	17 601	28 430	38 309	64 114	—	10
1 541	1 687	2 663	4 166	5 677	8 232	6 853	16 852	26 985	36 563	62 605	—	11
1 651	1 642	2 436	4 046	5 647	7 941	7 599	15 956	27 023	37 303	66 126	—	12
1 632	1 844	2 364	3 816	5 530	7 855	8 628	14 268	26 015	36 895	67 593	—	13
1 615	1 943	2 244	3 669	5 470	7 445	9 452	12 208	24 840	34 707	65 638	—	14
1 616	2 083	2 353	3 550	5 305	7 261	10 154	10 778	24 281	34 733	68 011	—	15
1 531	2 186	2 271	3 410	5 173	7 185	10 681	9 348	23 496	34 883	72 299	—	16
1 568	2 167	2 318	3 168	4 992	6 994	10 014	10 399	21 814	34 476	73 499	—	17
1 492	2 296	2 508	3 101	4 720	7 139	10 214	11 915	19 911	34 234	75 698	—	18
1 099	1 260	2 285	4 023	5 809	7 486	6 549	13 671	16 883	16 203	12 929	—	19
1 209	1 278	2 199	3 853	5 885	8 096	5 532	12 953	16 325	15 935	13 119	—	20
1 276	1 318	2 135	3 604	5 757	8 029	6 321	12 001	16 290	16 612	14 377	—	21
1 300	1 478	1 877	3 584	5 511	7 909	7 475	10 656	15 680	16 332	14 878	—	22
1 298	1 450	1 859	3 270	5 429	7 557	8 395	8 791	15 141	15 308	14 920	—	23
1 305	1 571	1 677	3 062	5 184	7 381	9 045	7 268	14 654	15 158	15 641	—	24
1 272	1 667	1 712	2 926	4 959	7 444	9 873	6 402	14 229	15 485	16 456	—	25
1 241	1 779	1 818	2 751	4 709	7 244	9 486	7 451	12 683	15 354	17 426	—	26
1 171	1 791	1 893	2 398	4 460	6 939	9 231	8 385	10 917	14 673	17 096	—	27
491	523	927	1 447	2 113	3 133	3 071	8 136	13 135	18 173	29 089	—	28
471	507	771	1 311	2 197	3 155	2 583	7 566	12 414	17 446	28 163	—	29
536	436	783	1 354	2 107	3 189	2 956	6 873	12 563	18 136	29 922	—	30
460	521	735	1 353	2 024	3 073	3 338	6 065	12 216	17 481	30 286	—	31
468	565	742	1 225	1 997	2 858	3 684	5 068	11 351	16 589	29 787	—	32
466	598	684	1 226	1 836	2 837	4 062	4 278	10 978	16 068	30 319	—	33
515	701	652	1 130	1 838	2 846	4 361	3 609	10 632	15 961	31 694	—	34
477	682	639	1 128	1 728	2 762	4 093	3 916	9 668	15 836	32 963	—	35
481	655	717	955	1 693	2 558	3 909	4 340	8 188	14 960	32 039	—	36
...	...	...	...	...	...	...	...	...	...	...	...	
734	1 647	2 464	3 378	3 600	4 708	5 467	11 608	14 956	11 998	7 776	—	37
706	1 609	2 519	3 363	4 016	4 972	4 689	11 120	14 464	12 159	7 920	—	38
744	1 466	2 632	3 364	4 313	4 907	4 685	10 466	14 527	12 760	8 379	—	39
963	1 228	2 678	3 577	5 043	4 734	5 911	8 015	12 624	12 100	8 341	—	40
1 046	1 161	2 775	3 949	5 026	5 144	6 511	6 760	12 351	11 865	8 675	—	41
1 203	1 123	2 567	4 034	5 026	5 540	6 749	5 610	11 499	11 351	8 708	—	42
392	916	1 273	1 832	2 625	4 483	5 816	13 769	19 781	20 383	19 420	—	43
389	918	1 379	1 713	2 720	4 738	4 953	13 310	19 464	20 459	20 079	—	44
416	808	1 361	1 785	2 712	4 724	4 823	12 711	19 977	21 584	21 422	—	45
429	636	1 458	1 844	2 603	4 162	5 955	10 191	18 692	20 853	21 465	—	46
503	631	1 391	2 007	2 619	3 903	6 699	8 723	18 179	20 781	21 917	—	47
529	537	1 345	1 966	2 568	3 985	6 862	7 133	17 424	20 562	21 912	—	48
209	526	889	1 218	1 250	1 654	1 817	4 313	5 531	4 742	2 976	—	49
196	522	872	1 159	1 457	1 798	1 514	4 015	5 346	4 818	3 164	—	50
208	456	878	1 249	1 509	1 811	1 604	3 939	5 441	5 111	3 444	—	51
323	316	945	1 411	1 827	1 732	1 997	2 791	4 589	4 572	3 281	—	52
350	355	891	1 461	1 984	1 982	2 285	2 428	4 598	4 606	3 366	—	53
346	343	803	1 439	1 878	2 113	2 427	1 894	4 113	4 229	3 508	—	54

22. Deaths by age, sex and urban/rural residence: 1983 – 1992 (continued)

Data by urban/rural residence

(See notes at end of table.)

Continent, country or area, year, sex and urban/rural residence Continent, pays ou zone, année, sexe et résidence, urbaine/rurale	All ages Tous âges	– 1	1 – 4	5 – 9	10 – 14	15 – 19	20 – 24	25 – 29	30
EUROPE (Cont.–Suite)									
Germany – Allemagne [26]	...	...	...	...	...	...	...	...	
Former German Democratic Republic – Ancienne République démocratique allemande									
Rural – Rurale									
Female – Féminin									
1 1983	30 527	217	54	30	18	65	64	87	
2 1984	30 916	215	54	34	24	70	73	82	
3 1985	31 526	224	58	30	19	61	69	67	
4 1987	29 562	171	65	34	19	54	61	71	
5 1988	29 436	172	53	32	18	46	70	69	
6 1989	28 066	135	47	18	12	53	45	64	
Greece – Grèce									
Urban – Urbaine									
Male – Masculin									
7 1983	23 565	771	69	53	60	196	213	182	
8 1984	23 719	761	69	62	50	152	237	199	
9 1985	24 988	730	72	45	53	171	257	214	
10 1990	25 854	398	40	49	49	157	291	225	
Female – Féminin									
11 1983	21 392	583	48	38	44	71	79	89	
12 1984	21 223	574	42	34	33	62	81	95	
13 1985	22 670	495	44	34	34	74	86	76	
14 1990	23 271	349	27	31	35	61	88	123	
Rural – Rurale									
Male – Masculin									
15 1983	23 459	340	72	57	78	198	232	154	
16 1984	22 497	262	54	50	47	150	223	178	
17 1985	23 464	230	68	53	48	173	196	210	
18 1990	23 579	119	39	37	47	138	217	148	
Female – Féminin									
19 1983	22 170	238	70	38	42	59	62	75	
20 1984	20 958	206	48	39	28	66	52	54	
21 1985	21 764	192	42	30	30	49	57	53	
22 1990	21 448	127	28	27	15	39	60	52	
Hungary – Hongrie [34]									
Urban – Urbaine									
Male – Masculin									
23 1983	37 478	694	89	75	59	145	233	373	
24 1984	38 399	761	72	69	62	163	226	383	
25 1985	38 719	787	90	78	50	162	212	346	
26 1986	39 817	754	78	70	59	189	182	320	
27 1987	38 480	692	92	55	78	174	221	328	
28 1988	38 164	588	70	47	81	171	210	273	
29 1989	42 311	604	82	69	87	215	265	323	
30 1990	42 772	594	77	53	82	220	280	308	
31 1991	42 388	620	82	62	61	201	274	349	
Female – Féminin									
32 1983	36 926	552	66	63	45	80	84	172	
33 1984	36 883	584	70	47	47	75	88	167	
34 1985	37 450	612	62	50	38	80	80	151	
35 1986	39 081	552	64	50	45	73	92	149	
36 1987	37 701	491	68	37	42	72	93	110	
37 1988	37 447	470	53	31	44	85	92	113	
38 1989	40 489	477	62	48	49	85	106	144	
39 1990	40 660	445	66	45	47	122	104	109	
40 1991	40 421	494	64	36	42	99	115	108	
Rural – Rurale									
Male – Masculin									
41 1983	40 981	702	99	74	90	180	303	441	
42 1984	39 666	685	78	58	67	169	276	428	
43 1985	39 104	703	73	52	69	185	273	426	
44 1986	37 035	657	65	63	62	160	213	386	
45 1987	36 201	584	76	53	58	190	192	316	
46 1988	34 947	509	71	56	75	155	210	311	
47 1989	33 919	475	67	39	63	164	216	268	
48 1990	33 698	449	59	46	56	174	241	285	
49 1991	33 958	505	60	48	48	141	218	276	

22. Décès selon l'âge, le sexe et la résidence, urbaine/rurale: 1983 – 1992 (suite)

Données selon la résidence urbaine/rurale

(notes à la fin du tableau.)

					Age (en années)							
35 – 39	40 – 44	45 – 49	50 – 54	55 – 59	60 – 64	65 – 69	70 – 74	75 – 79	80 – 84	85 +	Unknown Inconnu	
...	...	...	...	...	...	...	...	...	...	...	...	
116	247	362	559	881	1 411	1 895	4 662	6 840	6 964	5 974	—	1
91	225	374	568	933	1 649	1 586	4 540	6 755	7 118	6 445	—	2
92	190	407	568	880	1 579	1 579	4 488	6 911	7 306	6 901	—	3
118	150	355	560	852	1 402	1 982	3 342	6 421	6 970	6 835	—	4
128	156	386	652	843	1 420	2 289	2 849	6 224	6 931	7 013	—	5
107	138	317	626	790	1 385	2 476	2 370	5 821	6 676	6 871	—	6
257	325	637	1 076	1 607	1 840	2 650	3 749	3 700	3 104	2 885	5	7
278	346	588	1 078	1 617	2 003	2 518	3 646	3 777	3 183	2 943	—	8
279	324	654	1 066	1 714	2 046	2 487	3 926	4 029	3 462	3 257	—	9
326	471	545	942	1 676	2 437	2 753	3 285	4 313	3 758	3 879	—	10
172	185	325	561	831	1 166	1 861	3 094	3 869	3 992	4 277	6	11
166	208	349	544	914	1 099	1 902	3 082	3 808	3 965	4 156	—	12
156	175	370	568	925	1 208	1 933	3 146	4 031	4 267	4 942	—	13
155	232	290	470	812	1 304	1 757	2 671	4 206	4 635	5 906	—	14
185	255	471	768	1 152	1 324	2 176	3 421	4 389	3 780	4 230	2	15
159	257	460	813	1 200	1 374	1 921	3 234	4 160	3 780	4 015	—	16
191	238	487	752	1 257	1 534	1 905	3 220	4 411	4 130	4 183	1	17
187	282	310	712	1 101	1 816	2 006	2 531	4 040	4 438	5 269	—	18
91	154	274	427	609	727	1 407	2 598	4 069	4 687	6 465	1	19
100	142	249	383	617	684	1 254	2 574	3 750	4 570	6 087	—	20
86	130	260	433	631	697	1 212	2 549	3 947	4 610	6 691	—	21
88	112	202	329	529	846	1 133	1 926	3 628	4 920	7 312	—	22
795	1 092	1 477	2 322	3 299	3 903	3 855	6 230	5 510	4 113	2 677	4	23
786	1 158	1 538	2 421	3 489	4 394	3 319	6 301	5 809	4 148	2 751	—	24
810	1 195	1 584	2 335	3 475	4 358	3 452	6 193	5 820	4 166	2 982	—	25
883	1 259	1 652	2 323	3 608	4 535	3 995	5 848	6 106	4 339	2 987	—	26
859	1 161	1 599	2 253	3 344	4 444	4 350	4 951	6 026	4 185	2 983	—	27
874	1 174	1 671	2 197	3 280	4 479	4 872	4 210	5 992	4 302	3 090	—	28
1 090	1 379	1 976	2 563	3 602	4 785	5 645	4 103	6 557	4 776	3 522	—	29
1 106	1 382	2 099	2 474	3 754	4 843	5 627	4 120	6 487	5 059	3 585	—	30
1 160	1 595	2 155	2 682	3 389	4 725	5 548	4 505	5 747	5 002	3 649	—	31
419	543	799	1 191	1 862	2 648	2 859	5 737	6 590	6 544	6 390	6	32
415	553	756	1 187	1 922	2 887	2 643	5 644	6 691	6 404	6 419	—	33
425	606	783	1 219	1 812	2 731	2 610	5 540	6 990	6 519	6 814	—	34
464	597	843	1 207	1 874	2 894	3 046	5 445	7 311	6 862	7 176	—	35
443	584	782	1 131	1 841	2 741	3 280	4 681	7 143	6 687	7 155	—	36
457	590	801	1 170	1 822	2 512	3 770	3 952	7 277	6 784	7 137	—	37
524	658	942	1 240	1 962	2 815	4 218	3 815	7 591	7 576	7 878	—	38
526	686	962	1 281	1 861	2 777	4 138	3 866	7 484	7 760	8 129	—	39
561	703	974	1 290	1 780	2 787	4 135	4 206	6 717	7 855	8 204	—	40
820	1 250	1 825	2 657	3 568	4 179	3 634	6 603	6 247	4 787	2 900	15	41
812	1 232	1 689	2 537	3 513	4 546	3 179	6 197	6 055	4 648	2 828	—	42
858	1 206	1 693	2 423	3 437	4 402	3 037	5 929	6 070	4 494	3 117	—	43
796	1 115	1 627	2 296	3 311	4 402	3 435	4 967	5 773	4 136	2 918	—	44
816	1 047	1 653	2 311	3 148	4 293	3 939	4 375	5 574	4 102	2 889	—	45
786	1 092	1 519	2 214	3 025	4 145	4 429	3 435	5 493	4 032	2 758	—	46
866	1 076	1 646	2 105	3 027	4 102	4 763	2 819	5 057	3 817	2 749	—	47
953	1 169	1 615	2 165	2 983	3 956	4 590	2 966	4 811	3 865	2 754	—	48
933	1 293	1 617	2 206	3 041	3 945	4 702	3 468	4 407	3 918	2 659	—	49

22. Deaths by age, sex and urban/rural residence: 1983 – 1992 (continued)

Data by urban/rural residence

(See notes at end of table.)

Continent, country or area, year, sex and urban/rural residence — Continent, pays ou zone, année, sexe et résidence, urbaine/rurale	All ages Tous âges	Age (in years)							
		− 1	1 – 4	5 – 9	10 – 14	15 – 19	20 – 24	25 – 29	3
EUROPE (Cont.–Suite)									
Hungary – Hongrie [34]									
Rural – Rurale									
Female – Féminin									
1 1983	32 984	473	82	50	42	64	70	158	
2 1984	31 488	519	63	35	32	68	71	122	
3 1985	32 053	542	61	43	34	58	72	117	
4 1986	30 838	471	58	38	43	68	57	122	
5 1987	29 852	409	55	39	39	65	58	111	
6 1988	29 132	390	49	27	33	58	66	94	
7 1989	27 565	376	51	32	36	39	57	85	
8 1990	27 860	357	38	37	32	44	75	75	
9 1991	27 428	363	33	23	28	52	64	78	
Ireland – Irlande + [28]									
Urban – Urbaine									
Male – Masculin									
10 1983	5 553	135	30	20	13	50	67	53	
11 1984	5 514	127	18	20	24	53	45	45	
12 1985	5 717	84	24	18	21	31	56	50	
13 1986	5 473	103	19	17	19	48	46	34	
14 1987	6 335	143	21	20	28	62	73	42	
15 1988	6 362	143	33	20	15	75	63	73	
16 1989	6 323	114	28	14	20	40	60	49	
17 1990	6 421	114	31	15	16	45	57	64	
18 1991	6 388	127	17	12	20	48	72	75	
Female – Féminin									
19 1983	5 662	101	21	12	2	9	21	24	
20 1984	5 595	99	12	10	13	18	19	27	
21 1985	5 811	68	17	5	8	14	22	16	
22 1986	5 969	81	12	14	9	13	15	15	
23 1987	6 401	77	24	9	8	21	24	17	
24 1988	6 520	92	14	9	13	23	22	24	
25 1989	6 865	75	22	9	16	20	20	15	
26 1990	6 806	89	14	6	17	29	25	33	
27 1991	6 634	85	8	6	10	28	15	19	
Rural – Rurale									
Male – Masculin									
28 1983	12 473	237	67	37	31	107	121	81	
29 1984	11 971	240	42	33	35	85	96	77	
30 1985	12 484	223	43	37	36	86	105	86	
31 1986	12 840	200	45	38	39	91	101	83	
32 1987	10 667	128	29	19	17	63	77	56	
33 1988	10 618	127	43	24	27	67	68	72	
34 1989	10 735	135	41	35	23	75	113	62	
35 1990	10 407	135	25	20	19	64	88	69	
36 1991	10 377	119	31	19	27	76	67	74	
Female – Féminin									
37 1983	9 288	204	43	16	22	41	39	36	
38 1984	8 996	151	38	25	19	40	40	30	
39 1985	9 201	177	38	22	23	28	28	19	
40 1986	9 348	163	26	15	24	29	23	28	
41 1987	8 010	116	25	20	19	21	17	23	
42 1988	8 080	122	24	13	18	30	27	19	
43 1989	8 188	99	18	13	14	26	31	23	
44 1990	7 736	96	18	16	9	29	22	31	
45 1991	8 145	100	22	18	13	20	29	27	
Latvia – Lettonie [22]									
Urban – Urbaine									
Male – Masculin									
46 1988	9 509	168	27	40	32	78	115	172	
47 1989	10 058	168	42	35	30	95	140	200	
48 1990	10 915	202	51	43	50	106	123	216	
Female – Féminin									
49 1988	10 784	116	33	20	12	31	34	44	
50 1989	10 977	110	26	15	19	42	50	50	
51 1990	11 647	140	33	17	12	41	37	68	
Rural – Rurale									
Male – Masculin									
52 1988	5 729	110	44	28	28	56	79	100	
53 1989	5 674	95	55	34	30	69	102	114	
54 1990	6 036	106	42	56	20	71	93	118	

22. Décès selon l'âge, le sexe et la résidence, urbaine/rurale: 1983 – 1992 (suite)

Données selon la résidence urbaine/rurale

(notes à la fin du tableau.)

					Age (en années)						Unknown Inconnu	
35 – 39	40 – 44	45 – 49	50 – 54	55 – 59	60 – 64	65 – 69	70 – 74	75 – 79	80 – 84	85 +		
249	411	708	1 048	1 679	2 281	2 457	5 288	6 138	6 214	5 348	10	1
272	425	656	1 037	1 549	2 375	1 925	5 087	6 005	5 892	5 142	—	2
278	412	690	1 042	1 634	2 340	2 106	4 816	6 178	5 995	5 433	—	3
279	370	602	953	1 468	2 199	2 424	4 320	6 033	5 773	5 343	—	4
289	397	585	944	1 476	2 111	2 653	3 711	5 897	5 581	5 247	—	5
301	370	584	849	1 334	2 249	2 943	3 029	5 833	5 530	5 196	—	6
266	394	571	866	1 337	1 919	2 991	2 519	5 333	5 360	5 131	—	7
298	419	553	803	1 236	1 958	3 008	2 526	5 336	5 558	5 299	—	8
330	384	576	797	1 253	1 904	2 927	2 807	4 698	5 517	5 429	—	9
52	91	140	250	429	619	716	936	863	604	447	—	10
57	83	154	242	361	617	685	893	918	663	461	—	11
54	76	146	227	401	585	771	995	939	687	501	—	12
45	65	104	220	369	543	716	938	938	700	505	—	13
70	102	160	263	419	638	831	1 014	1 039	764	589	—	14
53	90	167	247	401	647	938	949	1 048	750	590	—	15
77	124	133	268	378	611	911	956	1 080	802	597	—	16
70	117	160	219	421	621	868	971	1 065	820	677	—	17
85	104	150	220	384	557	869	997	1 066	856	669	—	18
29	49	65	179	246	410	566	782	890	1 007	1 221	—	19
26	56	85	154	228	390	559	809	907	995	1 169	—	20
25	48	78	136	229	412	533	845	937	1 112	1 279	—	21
32	39	101	127	235	404	549	803	984	1 088	1 425	—	22
47	61	94	146	251	457	614	837	1 053	1 157	1 476	—	23
49	72	98	151	258	421	597	876	1 072	1 151	1 546	—	24
30	71	104	161	252	394	679	907	1 142	1 249	1 671	—	25
47	67	119	144	246	412	598	854	1 133	1 282	1 655	—	26
48	83	103	135	219	364	628	858	1 147	1 173	1 664	—	27
110	141	228	367	636	1 061	1 554	2 217	2 021	1 800	1 572	—	28
115	135	210	350	618	998	1 507	2 119	1 940	1 791	1 492	—	29
106	140	199	321	605	1 066	1 531	2 220	2 167	1 777	1 639	—	30
120	154	223	344	563	1 064	1 640	2 230	2 316	1 827	1 679	—	31
85	118	163	291	497	830	1 321	1 828	2 080	1 569	1 410	—	32
69	115	167	249	484	792	1 319	1 909	1 999	1 592	1 435	—	33
98	124	190	261	444	742	1 303	1 784	2 131	1 665	1 434	—	34
76	141	167	252	406	756	1 201	1 670	2 063	1 743	1 461	—	35
82	120	193	242	455	783	1 175	1 697	2 016	1 681	1 447	—	36
55	82	124	193	364	529	840	1 206	1 466	1 827	2 165	—	37
62	87	125	223	302	574	769	1 263	1 375	1 763	2 071	—	38
67	92	106	180	316	535	832	1 249	1 473	1 668	2 298	—	39
54	89	123	179	326	553	770	1 286	1 541	1 716	2 364	—	40
52	65	87	168	228	418	754	1 064	1 392	1 437	2 069	—	41
49	70	97	146	235	449	693	1 054	1 419	1 490	2 090	—	42
45	75	90	156	244	426	704	1 046	1 480	1 529	2 137	—	43
56	65	100	154	217	348	672	909	1 397	1 468	2 101	—	44
47	77	103	156	203	371	650	1 002	1 456	1 534	2 286	—	45
220	295	524	680	1 012	1 100	925	982	1 144	1 066	720	—	46
294	360	549	777	1 047	1 246	1 042	917	1 185	980	708	—	47
287	397	583	929	1 092	1 355	1 147	936	1 248	1 061	838	—	48
110	144	209	346	472	779	968	1 116	1 909	2 027	2 354	—	49
98	172	223	365	525	857	1 014	1 056	1 840	2 005	2 425	—	50
108	143	250	379	523	868	1 157	1 094	1 949	2 128	2 628	—	51
126	132	264	375	510	453	515	492	831	839	641	—	52
122	173	322	384	480	528	451	482	728	761	630	—	53
154	192	301	421	517	607	544	475	746	725	694	—	54

22. Deaths by age, sex and urban/rural residence: 1983 – 1992 (continued)

Data by urban/rural residence

(See notes at end of table.)

Continent, country or area, year, sex and urban/rural residence / Continent, pays ou zone, année, sexe et résidence, urbaine/rurale	All ages Tous âges	Age (in years)							
		− 1	1 – 4	5 – 9	10 – 14	15 – 19	20 – 24	25 – 29	3(
EUROPE (Cont.–Suite)									
Latvia – Lettonie [22]									
Rural – Rurale									
Female – Féminin									
1 1988	6 399	62	48	18	18	20	24	30	
2 1989	5 875	65	32	27	11	26	22	27	
3 1990	6 214	73	39	20	15	17	13	29	
Lithuania – Lituanie [22]									
Urban – Urbaine									
Male – Masculin									
4 1989	10 321	225	63	47	30	116	171	228	
5 1990	10 975	204	55	45	29	102	161	237	
Female – Féminin									
6 1989	9 918	154	39	30	15	50	55	80	
7 1990	10 177	174	31	32	15	50	34	53	
Rural – Rurale									
Male – Masculin									
8 1989	9 357	114	52	29	43	96	136	175	
9 1990	9 630	109	65	34	33	78	132	178	
Female – Féminin									
10 1989	8 554	104	46	27	15	41	24	42	
11 1990	8 978	94	33	15	20	24	23	32	
Netherlands – Pays–Bas [29][35]									
Urban – Urbaine									
Male – Masculin									
12 1983	36 313	435	100	55	72	166	259	281	
13 1984	36 238	443	95	59	63	165	251	269	
14 1985	36 776	448	74	45	45	181	285	269	
15 1986	37 021	425	79	49	57	141	244	278	
Female – Féminin									
16 1983	31 765	344	72	43	58	71	138	147	
17 1984	32 202	332	73	47	37	72	107	129	
18 1985	33 212	334	63	27	29	72	98	133	
19 1986	34 246	319	67	29	39	69	127	147	
Rural – Rurale									
Male – Masculin									
20 1983	7 122	121	25	22	30	66	65	47	
21 1984	7 081	93	18	21	34	61	70	58	
22 1985	7 153	100	31	13	18	57	68	57	
23 1986	7 253	89	28	13	12	48	63	45	
Female – Féminin									
24 1983	4 824	63	18	10	16	24	20	22	
25 1984	5 082	64	13	7	16	28	20	21	
26 1985	5 265	73	18	13	13	20	30	20	
27 1986	5 434	79	25	13	9	18	21	16	
Semi–urban – Semi–urbaine									
Male – Masculin									
28 1983	20 830	250	66	49	64	153	188	116	
29 1984	21 473	321	73	44	56	139	177	165	
30 1985	21 909	260	57	39	57	141	160	138	
31 1986	22 372	289	63	41	55	145	185	169	
Female – Féminin									
32 1983	16 902	219	60	30	40	82	68	71	
33 1984	17 726	199	45	24	41	56	51	69	
34 1985	18 378	215	47	19	31	58	61	64	
35 1986	18 973	227	56	24	33	61	63	75	
Poland – Pologne									
Urban – Urbaine									
Male – Masculin									
36 1983	100 506	4 493	466	342	263	644	1 176	1 842	
37 1984	105 649	4 214	494	357	289	549	1 022	1 719	
38 1985	110 686	3 963	450	327	285	553	965	1 574	
39 1986	110 342	3 424	448	329	268	579	921	1 450	
40 1987	111 422	3 242	462	293	267	550	866	1 357	
41 1988	110 659	2 985	374	304	271	606	726	1 228	
42 1989	114 872	2 809	383	319	331	704	933	1 380	
43 1990	117 889	2 638	404	331	333	754	989	1 280	
44 1991	123 700	2 494	330	291	340	797	1 050	1 323	

22. Décès selon l'âge, le sexe et la résidence, urbaine/rurale: 1983 – 1992 (suite)

Données selon la résidence urbaine/rurale

(notes à la fin du tableau.)

					Age (en années)								
35 – 39	40 – 44	45 – 49	50 – 54	55 – 59	60 – 64	65 – 69	70 – 74	75 – 79	80 – 84	85 +	Unknown Inconnu		
37	50	85	149	214	358	423	621	1 196	1 385	1 637	—	1
40	56	89	146	224	345	394	551	1 055	1 190	1 547	—	2
38	59	128	139	206	321	497	514	1 100	1 305	1 671	—	3
349	448	695	759	1 043	1 169	1 073	746	906	1 060	882	11	4
398	515	678	863	1 096	1 333	1 162	842	970	1 072	899	26	5
134	195	271	345	504	738	938	894	1 506	1 687	2 173	10	6
140	195	295	345	533	834	974	862	1 450	1 709	2 335	8	7
231	271	433	563	735	809	929	716	1 003	1 482	1 321	3	8
227	273	415	582	814	870	958	770	1 035	1 489	1 355	5	9
56	92	151	234	356	497	677	713	1 388	1 581	2 468	—	10
62	102	132	205	355	507	712	765	1 492	1 706	2 656	8	11
404	474	783	1 309	2 071	3 177	4 395	5 747	6 164	4 887	5 235	—	12
444	485	762	1 256	2 037	3 259	4 335	5 740	6 097	5 053	5 118	—	13
386	513	752	1 260	2 092	3 254	4 322	5 696	6 208	5 203	5 446	—	14
477	546	796	1 223	2 057	3 209	4 449	5 781	6 168	5 317	5 421	—	15
239	307	441	765	1 161	1 674	2 377	3 560	5 113	6 190	8 876	—	16
242	319	455	734	1 074	1 698	2 231	3 542	5 301	6 327	9 305	—	17
262	289	428	751	1 127	1 703	2 333	3 726	5 316	6 606	9 730	—	18
287	321	450	721	1 129	1 709	2 361	3 632	5 400	6 723	10 527	—	19
83	83	141	231	417	610	789	1 032	1 138	1 042	1 132	—	20
105	77	136	268	384	617	741	1 027	1 150	1 021	1 154	—	21
77	116	123	254	420	627	782	1 012	1 116	1 033	1 195	—	22
74	100	148	257	366	629	834	1 019	1 194	1 098	1 192	—	23
39	49	80	124	192	272	388	537	772	851	1 328	—	24
44	56	62	131	177	271	408	563	841	921	1 405	—	25
46	46	75	124	179	273	369	575	862	1 042	1 454	—	26
49	64	79	122	202	274	409	588	836	1 011	1 591	—	27
229	357	491	830	1 313	1 845	2 477	3 052	3 274	2 819	3 063	—	28
237	328	518	908	1 337	1 949	2 428	3 166	3 307	2 925	3 213	—	29
276	353	492	858	1 309	2 042	2 579	3 140	3 532	3 048	3 261	—	30
221	377	568	922	1 392	2 008	2 641	3 221	3 523	3 058	3 348	—	31
159	197	314	455	634	860	1 146	1 873	2 686	3 193	4 709	—	32
150	195	318	416	673	991	1 292	1 940	2 879	3 360	4 909	—	33
170	201	325	490	631	954	1 236	1 970	2 860	3 570	5 366	—	34
179	227	324	449	706	948	1 276	1 861	2 861	3 792	5 689	—	35
2 290	3 174	5 191	7 950	9 764	9 897	9 001	14 032	13 356	8 918	5 471	—	36
2 697	3 387	5 614	8 543	10 668	11 225	8 768	14 290	13 727	9 729	6 016	—	37
3 006	3 291	5 637	8 735	11 450	12 316	9 388	14 286	14 906	10 487	6 681	—	38
3 264	3 279	5 595	8 504	11 835	13 054	10 070	13 099	14 561	10 475	6 807	—	39
3 286	3 478	5 441	8 360	12 133	13 545	11 311	12 102	14 799	10 572	7 040	—	40
3 426	3 897	5 093	8 115	12 044	13 742	12 599	10 833	14 334	10 642	7 093	—	41
3 750	4 465	5 247	8 477	12 267	14 303	14 117	10 022	14 315	11 027	7 528	—	42
3 871	4 987	5 220	8 404	12 107	15 037	15 182	10 408	14 019	11 434	7 964	—	43
4 202	5 889	5 868	8 974	12 460	16 099	16 272	11 488	13 072	11 880	8 453	—	44

22. Deaths by age, sex and urban/rural residence: 1983 – 1992 (continued)

Data by urban/rural residence

(See notes at end of table.)

Continent, country or area, year, sex and urban/rural residence / Continent, pays ou zone, année, sexe et résidence, urbaine/rurale	All ages Tous âges	– 1	1 – 4	5 – 9	10 – 14	15 – 19	20 – 24	25 – 29	3
EUROPE (Cont.–Suite)									
Poland – Pologne									
Urban – Urbaine									
Female – Féminin									
1 1983	93 096	3 209	350	245	176	240	377	591	
2 1984	98 496	3 126	420	193	159	234	325	641	
3 1985	102 574	2 903	368	203	172	199	287	589	
4 1986	101 507	2 595	382	195	142	229	283	536	
5 1987	102 317	2 360	327	174	139	203	251	481	
6 1988	100 658	2 150	288	167	151	233	253	416	
7 1989	103 974	2 027	327	210	192	258	291	395	
8 1990	104 937	1 954	295	216	201	249	260	399	
9 1991	109 441	1 852	266	211	192	306	278	388	
Rural – Rurale									
Male – Masculin									
10 1983	85 248	3 552	561	325	283	742	1 381	1 521	
11 1984	87 164	3 500	526	277	239	657	1 190	1 509	
12 1985	91 394	3 296	548	261	251	608	1 162	1 494	
13 1986	89 484	2 960	532	276	290	623	1 079	1 337	
14 1987	89 313	2 908	484	262	237	632	982	1 286	
15 1988	87 405	2 578	469	292	226	609	938	1 248	
16 1989	89 157	2 407	453	310	246	725	1 076	1 264	
17 1990	91 444	2 376	432	234	244	735	1 136	1 264	
18 1991	94 100	2 233	372	230	262	737	1 172	1 203	
Female – Féminin									
19 1983	70 538	2 592	401	170	146	252	304	347	
20 1984	73 574	2 604	365	181	148	213	251	318	
21 1985	76 804	2 361	395	183	118	205	261	322	
22 1986	74 983	2 138	353	162	137	178	231	294	
23 1987	75 313	2 091	321	157	126	192	233	321	
24 1988	72 099	1 819	333	183	114	186	195	287	
25 1989	73 170	1 736	350	203	133	198	229	271	
26 1990	74 170	1 769	294	146	145	234	194	241	
27 1991	76 710	1 598	258	176	153	234	213	247	
Portugal [32]									
Urban – Urbaine									
Male – Masculin									
28 1984	13 775	399	75	54	52	122	163	186	
29 1985	14 403	389	77	54	65	108	189	183	
30 1987	15 029	293	64	47	51	133	200	185	
31 1988	17 746	308	81	61	68	167	232	226	
32 1989	15 886	248	59	49	56	123	214	249	
33 1990	15 936	242	44	34	56	159	225	232	
34 1991	15 396	254	36	49	55	143	195	258	
Female – Féminin									
35 1984	13 614	297	67	33	36	45	67	67	
36 1985	13 906	264	46	26	34	50	71	77	
37 1987	15 064	237	56	34	28	55	61	67	
38 1988	17 298	243	72	21	41	46	74	94	
39 1989	15 565	195	47	37	29	58	64	84	
40 1990	15 522	168	33	28	31	50	74	86	
41 1991	15 334	153	35	19	29	52	66	88	
Rural – Rurale									
Male – Masculin									
42 1984	31 014	817	225	174	167	420	523	383	
43 1985	30 933	826	233	137	135	389	475	398	
44 1987	29 796	597	178	120	139	391	498	442	
45 1988	25 917	477	153	89	118	350	423	357	
46 1989	26 775	461	152	90	116	351	447	399	
47 1990	29 988	386	138	85	118	404	448	383	
48 1991	29 734	363	132	84	110	417	452	389	
Female – Féminin									
49 1984	27 561	582	171	77	76	144	132	126	
50 1985	27 556	572	145	75	77	131	125	126	
51 1987	26 421	429	130	78	73	126	112	122	
52 1988	22 946	381	115	48	66	91	86	103	
53 1989	23 860	351	92	56	67	81	117	95	
54 1990	27 649	288	81	61	73	101	120	116	
55 1991	26 222	277	89	57	68	94	100	110	

22. Décès selon l'âge, le sexe et la résidence, urbaine/rurale: 1983 – 1992 (suite)

Données selon la résidence urbaine/rurale

(ir notes à la fin du tableau.)

35 – 39	40 – 44	45 – 49	50 – 54	55 – 59	60 – 64	65 – 69	70 – 74	75 – 79	80 – 84	85 +	Unknown Inconnu	
931	1 287	2 216	3 582	5 181	6 141	6 923	13 265	16 425	15 731	15 341	—	1
1 141	1 256	2 304	3 626	5 334	6 829	6 802	13 594	17 512	17 133	16 904	—	2
1 266	1 408	2 325	3 591	5 596	7 534	7 300	13 596	18 295	17 898	18 213	—	3
1 360	1 341	2 237	3 558	5 567	7 901	7 493	12 637	17 988	17 960	18 274	—	4
1 346	1 552	2 231	3 665	5 613	8 047	8 439	11 513	17 977	17 995	19 111	—	5
1 345	1 618	2 094	3 496	5 473	8 177	9 385	10 465	17 292	18 030	18 749	—	6
1 384	1 870	2 135	3 442	5 505	8 305	10 421	9 737	17 707	18 743	20 141	—	7
1 464	2 118	2 067	3 375	5 406	8 214	10 941	9 790	17 323	19 000	20 827	—	8
1 592	2 377	2 294	3 471	5 379	8 374	11 686	10 568	16 466	20 540	22 334	—	9
1 325	1 872	3 116	4 830	6 193	7 088	7 410	13 337	13 932	9 799	6 292	—	10
1 567	1 842	3 022	5 058	6 629	7 728	7 005	12 889	14 350	10 608	6 880	—	11
1 826	1 831	3 224	5 016	6 873	8 369	7 558	13 049	15 287	11 608	7 402	—	12
1 793	1 738	3 034	4 950	7 021	8 626	8 214	11 807	15 005	11 113	7 414	—	13
2 001	1 859	2 966	4 810	7 215	8 764	8 782	10 645	14 742	11 527	7 580	—	14
1 961	1 981	2 715	4 621	7 253	8 813	9 480	9 451	14 146	11 287	7 659	—	15
2 204	2 313	2 735	4 696	7 125	9 240	10 463	8 674	13 715	11 637	8 160	—	16
2 446	2 747	2 772	4 814	7 232	9 622	10 697	9 092	13 198	12 145	8 334	—	17
2 587	3 131	2 803	4 861	7 315	10 102	11 270	10 004	12 537	12 402	9 020	—	18
441	637	1 122	2 050	3 062	3 926	4 920	10 005	13 232	13 871	12 648	—	19
485	629	1 152	1 891	3 098	4 371	4 706	10 041	13 979	14 905	13 806	—	20
539	585	1 150	2 012	3 129	4 586	4 780	10 096	14 717	15 618	15 355	—	21
541	597	1 086	1 919	3 044	4 693	5 055	9 400	14 282	15 323	15 136	—	22
608	582	1 080	1 727	3 095	4 632	5 689	8 442	14 496	15 572	15 513	—	23
567	668	892	1 747	3 025	4 515	5 940	7 383	13 887	14 798	15 159	—	24
561	696	913	1 601	2 856	4 611	6 594	6 884	13 690	15 025	16 212	—	25
625	771	896	1 595	2 768	4 553	6 752	6 985	13 242	15 635	16 914	—	26
619	838	876	1 539	2 681	4 495	7 276	7 678	13 027	16 240	18 163	—	27
239	303	477	826	1 106	1 381	1 533	* —— 6 685 —— *				—	28
237	303	510	789	1 121	1 445	1 611	2 173	2 162	1 569	1 255	—	29
256	329	444	805	1 126	1 562	1 660	2 146	2 386	1 779	1 357	—	30
307	394	518	910	1 290	1 801	2 073	2 382	2 760	2 163	1 736	—	31
243	330	443	720	1 096	1 530	2 020	2 123	2 404	2 065	1 655	—	32
321	383	450	716	1 135	1 534	1 956	2 028	2 393	2 119	1 663	—	33
283	333	472	668	1 044	1 465	1 916	1 981	2 333	1 979	1 653	—	34
127	166	261	424	569	796	1 044	* —— 9 505 —— *				—	35
134	163	247	410	557	837	992	1 713	2 501	2 613	3 076	—	36
155	193	274	382	607	877	1 073	1 761	2 555	2 972	3 591	—	37
138	188	305	437	638	988	1 347	1 908	3 019	3 438	4 204	—	38
137	201	269	363	573	802	1 166	1 652	2 714	3 093	4 007	—	39
134	197	239	374	539	791	1 176	1 598	2 654	3 047	4 193	—	40
120	188	253	356	554	825	1 157	1 563	2 471	3 120	4 194	—	41
390	577	904	1 336	1 913	2 632	3 182	* —— 17 032 —— *				—	42
400	530	865	1 310	1 815	2 539	3 098	4 737	5 242	4 164	3 257	—	43
433	495	772	1 224	1 787	2 468	3 015	4 208	5 275	4 090	3 279	—	44
366	461	621	960	1 515	2 097	2 691	3 521	4 480	3 818	3 086	—	45
350	466	613	1 033	1 498	2 165	2 916	3 467	4 699	3 995	3 191	—	46
389	528	688	1 064	1 636	2 321	3 388	3 910	5 119	4 650	3 941	—	47
449	528	671	1 014	1 624	2 426	3 313	3 862	4 974	4 599	3 879	—	48
213	302	468	679	944	1 370	2 068	* —— 20 035 —— *				—	49
211	277	444	674	990	1 414	1 942	3 401	4 988	5 590	6 236	—	50
203	297	414	645	858	1 312	1 863	2 990	4 701	5 688	6 225	—	51
154	239	349	527	742	1 107	1 650	2 519	4 074	4 723	5 833	—	52
182	274	359	473	764	1 131	1 673	2 495	4 211	5 070	6 241	—	53
177	251	374	567	826	1 270	2 031	2 913	4 673	5 945	7 645	—	54
172	263	345	544	823	1 237	1 924	2 602	4 495	5 625	7 251	—	55

22. Deaths by age, sex and urban/rural residence: 1983 – 1992 (continued)

Data by urban/rural residence

(See notes at end of table.)

	Continent, pays ou zone, année, sexe et résidence, urbaine/rurale	All ages Tous âges	− 1	1 − 4	5 − 9	10 − 14	15 − 19	20 − 24	25 − 29	30
	EUROPE (Cont.–Suite)									
	Romania – Roumanie									
	Urban – Urbaine									
	Male – Masculin									
1	1987	52 131	2 694	585	355	275	375	321	593	1
2	1988	51 680	2 351	678	348	269	385	409	550	1
3	1989	53 089	2 504	695	323	283	475	601	613	1
4	1990	53 896	2 219	681	309	295	374	549	569	1
5	1991	55 504	1 528	586	296	256	376	557	487	1
	Female – Féminin									
6	1987	45 963	1 868	550	260	162	227	185	366	
7	1988	45 231	1 746	552	235	170	215	235	371	
8	1989	45 597	1 785	555	229	154	218	304	363	
9	1990	45 435	1 559	530	202	146	186	291	301	
10	1991	45 956	1 126	402	185	162	187	231	282	
	Rural – Rurale									
	Male – Masculin									
11	1987	81 273	3 654	871	393	353	681	683	798	1
12	1988	81 913	3 131	939	365	397	609	720	807	1
13	1989	77 376	3 207	893	343	335	534	869	772	1
14	1990	77 928	2 575	837	308	289	603	855	721	1
15	1991	79 043	2 046	680	287	318	472	792	649	1
	Female – Féminin									
16	1987	74 919	2 861	760	289	195	349	261	351	
17	1988	74 546	2 415	879	231	215	325	287	335	
18	1989	71 244	2 444	832	257	167	292	354	297	
19	1990	69 827	2 118	708	192	179	241	270	236	
20	1991	71 257	1 558	566	183	168	226	331	222	
	Russian Federation – Fédération Russe [22]									
	Urban – Urbaine									
	Male – Masculin									
21	1989	527 505	15 822	3 314	2 569	2 180	5 455	8 185	13 430	17
22	1990	576 543	12 656	2 982	2 916	2 510	6 047	8 697	13 122	20
	Female – Féminin									
23	1989	560 966	10 849	2 464	1 441	1 128	2 185	2 315	3 362	4
24	1990	592 344	8 893	2 234	1 512	1 176	2 341	2 396	3 351	5
	Rural – Rurale									
	Male – Masculin									
25	1989	234 768	7 169	2 543	1 485	1 109	2 463	4 631	7 137	8
26	1990	245 657	6 590	2 369	1 543	1 024	2 590	4 601	6 550	8
27	1991	251 445	6 475	2 315	1 763	1 266	2 648	4 618	6 762	9
	Female – Féminin									
28	1989	260 504	5 190	1 818	780	549	968	1 019	1 413	1
29	1990	269 723	4 596	1 721	776	512	950	1 005	1 260	1
30	1991	270 325	4 468	1 613	830	604	1 022	1 022	1 353	2
	San Marino – Saint–Marin+									
	Urban – Urbaine									
	Male – Masculin									
31	1985	87	1	−	−	−	1	2	1	
32	1986	83	−	−	−	−	−	1	4	
33	1987	88	3	−	−	−	1	2	2	
	Female – Féminin									
34	1985	80	1	−	−	−	−	−	−	
35	1986	68	1	1	−	−	1	−	−	
36	1987	53	−	−	−	−	1	−	1	
	Rural – Rurale									
	Male – Masculin									
37	1985	10	1	−	−	−	−	−	−	
38	1986	12	−	−	−	−	−	−	−	
39	1987	9	−	−	−	−	−	−	−	
	Female – Féminin									
40	1985	11	−	−	−	−	−	1	−	
41	1986	8	−	−	−	−	−	−	−	
42	1987	4	−	−	−	−	−	−	−	

22. Décès selon l'âge, le sexe et la résidence, urbaine/rurale: 1983 – 1992 (suite)

Données selon la résidence urbaine/rurale

ir notes à la fin du tableau.)

					Age (en années)							
35 – 39	40 – 44	45 – 49	50 – 54	55 – 59	60 – 64	65 – 69	70 – 74	75 – 79	80 – 84	85 +	Unknown Inconnu	
1 420	1 598	2 687	3 798	5 130	5 850	4 538	5 752	6 825	4 879	3 317	—	1
1 490	1 579	2 546	3 885	4 948	5 959	5 210	4 869	6 888	4 889	3 333	—	2
1 623	1 798	2 478	3 935	5 024	6 237	5 860	4 310	6 725	5 040	3 385	—	3
1 768	2 069	2 480	4 093	5 120	6 393	6 329	4 314	6 654	4 998	3 520	—	4
1 827	2 304	2 527	4 112	5 382	6 551	6 897	4 709	6 559	5 546	3 920	—	5
719	795	1 196	1 800	2 661	3 664	3 927	5 668	7 819	7 038	6 460	—	6
791	826	1 142	1 834	2 579	3 569	4 430	4 746	7 635	7 079	6 447	—	7
819	866	1 131	1 839	2 648	3 649	4 852	4 313	7 647	7 084	6 536	—	8
804	934	1 101	1 829	2 556	3 714	5 094	4 376	7 763	6 967	6 530	—	9
830	1 030	1 069	1 782	2 582	3 864	5 111	4 632	7 392	7 557	6 999	—	10
1 381	1 619	3 104	4 806	6 677	8 132	6 587	9 384	12 891	10 929	7 277	—	11
1 395	1 671	2 880	4 744	6 524	8 217	8 132	7 845	13 290	11 415	7 765	—	12
1 260	1 546	2 454	4 372	6 250	7 874	8 685	6 571	12 180	10 568	7 546	—	13
1 446	1 740	2 538	4 665	6 426	7 986	9 201	6 411	11 830	10 668	7 756	—	14
1 360	1 880	2 295	4 337	6 361	8 425	10 127	7 162	11 177	10 966	8 669	—	15
616	810	1 401	2 408	3 409	5 063	5 546	10 024	14 809	13 801	11 502	—	16
601	769	1 305	2 370	3 331	4 946	6 761	8 312	15 127	14 116	11 748	—	17
587	772	1 130	2 206	3 123	4 667	7 220	6 978	14 429	13 658	11 405	—	18
554	762	1 112	2 123	3 213	4 723	7 153	6 565	13 904	13 756	11 651	—	19
525	766	1 062	2 046	3 086	4 747	7 243	7 378	13 545	14 616	12 663	—	20
21 930	21 651	26 861	48 701	55 044	76 240	46 031	46 641	56 605	36 176	21 685	1 245	21
25 811	30 725	23 062	56 593	54 356	86 449	62 336	44 309	56 006	40 908	25 096	1 947	22
6 700	7 386	9 960	19 888	26 733	48 168	51 562	64 776	106 178	97 543	93 244	430	23
7 263	10 095	8 169	22 178	25 598	49 375	63 523	61 496	104 442	107 812	104 741	629	24
8 868	7 441	11 108	21 532	26 656	32 577	19 400	18 972	24 680	17 190	11 295	98	25
9 677	9 484	9 674	23 090	26 163	36 978	22 968	18 210	24 570	18 268	12 234	117	26
10 238	10 752	8 079	23 258	25 473	39 562	26 193	18 139	23 076	18 632	12 498	117	27
2 232	2 153	3 821	7 947	11 550	19 560	20 278	27 787	50 053	48 605	52 834	76	28
2 448	2 636	3 247	8 570	11 125	20 663	22 429	26 156	50 184	52 299	57 222	49	29
2 571	3 217	2 867	8 532	10 958	20 571	24 941	25 184	47 674	52 794	57 979	82	30
—	2	5	2	5	5	9	11	17	11	15	—	31
—	—	2	4	2	8	15	10	10	14	12	—	32
1	1	1	1	4	10	9	15	16	11	11	—	33
—	—	—	—	2	6	4	12	12	14	28	—	34
—	1	—	5	2	2	4	6	16	13	15	—	35
—	1	—	1	—	3	7	6	7	11	15	—	36
—	—	—	—	1	1	2	1	1	1	2	—	37
—	—	—	—	1	1	—	1	1	2	6	—	38
—	—	—	—	—	—	—	1	3	2	3	—	39
—	—	—	—	—	—	—	2	1	2	5	—	40
—	—	—	—	—	—	1	1	1	1	4	—	41
—	—	—	—	—	—	1	—	1	—	2	—	42

22. Deaths by age, sex and urban/rural residence: 1983 – 1992 (continued)

Data by urban/rural residence

(See notes at end of table.)

	Continent, country or area, year, sex and urban/rural residence Continent, pays ou zone, année, sexe et résidence, urbaine/rurale	All ages Tous âges	– 1	1 – 4	5 – 9	10 – 14	15 – 19	20 – 24	25 – 29	30
							Age (in years)			
	EUROPE (Cont.–Suite)									
	Slovenia – Slovénie									
	Urban – Urbaine									
	Male – Masculin									
1	1987	4 199	76	21	7	17	28	62	59	
2	1988	4 062	65	8	10	10	21	43	45	
3	1989	4 001	49	15	7	5	22	46	51	
4	1990	4 008	60	12	12	12	23	42	47	
5	1991	4 069	46	10	8	10	37	54	54	
	Female – Féminin									
6	1987	4 018	64	12	5	2	15	14	27	
7	1988	3 953	45	8	12	6	21	16	19	
8	1989	3 814	48	8	13	6	15	25	22	
9	1990	3 811	34	6	6	4	10	17	15	
10	1991	4 053	27	5	4	3	7	10	23	
	Rural – Rurale									
	Male – Masculin									
11	1987	6 048	75	14	18	8	34	85	62	
12	1988	5 837	77	17	13	17	43	71	72	
13	1989	5 731	54	16	11	18	47	83	91	
14	1990	5 509	54	15	10	11	35	60	59	
15	1991	5 729	71	10	4	14	39	76	67	
	Female – Féminin									
16	1987	5 572	70	9	4	2	17	15	12	
17	1988	5 274	64	11	12	7	9	21	18	
18	1989	5 123	40	11	7	6	15	16	18	
19	1990	5 227	39	8	9	7	13	19	15	
20	1991	5 473	34	12	8	7	13	14	19	
	Switzerland – Suisse									
	Urban – Urbaine									
	Male – Masculin									
21	1984	17 731	174	44	24	27	127	204	199	
22	1985	18 067	159	40	20	36	124	205	199	
23	1986	18 152	157	41	25	33	111	224	198	
24	1987	18 089	170	28	22	19	104	243	230	
25	1988	18 424	176	32	21	28	107	218	268	
26	1989	18 664	170	27	15	27	92	250	271	
27	1990	19 229	173	36	23	16	107	224	311	
28	1991	18 868	180	26	23	28	89	229	314	
	Female – Féminin									
29	1984	17 787	118	29	15	18	44	70	82	
30	1985	18 123	124	25	22	22	46	76	73	
31	1986	18 529	121	32	11	26	50	83	97	
32	1987	18 148	134	23	18	11	49	68	70	
33	1988	18 544	107	24	11	21	47	93	95	
34	1989	18 736	136	18	18	11	57	74	101	
35	1990	19 955	148	24	14	14	44	70	102	
36	1991	19 202	119	30	14	6	44	71	106	
	Rural – Rurale									
	Male – Masculin									
37	1984	12 725	134	37	28	31	116	185	144	
38	1985	12 867	134	38	25	39	127	152	136	
39	1986	12 728	140	33	14	31	136	172	128	
40	1987	12 651	121	36	22	17	122	185	119	
41	1988	12 859	154	42	28	29	98	186	150	
42	1989	12 685	164	42	19	29	109	167	184	
43	1990	13 263	143	41	15	23	115	174	151	
44	1991	13 208	135	34	32	25	98	209	168	
	Female – Féminin									
45	1984	10 359	107	43	15	13	41	51	38	
46	1985	10 526	98	34	16	15	37	46	41	
47	1986	10 696	103	36	13	18	35	45	49	
48	1987	10 623	99	30	13	11	37	58	46	
49	1988	10 821	113	26	17	14	33	54	39	
50	1989	10 797	126	23	8	8	32	65	43	
51	1990	11 292	110	22	16	15	28	40	44	
52	1991	11 356	103	35	17	18	31	54	43	

22. Décès selon l'âge, le sexe et la résidence, urbaine/rurale: 1983 – 1992 (suite)

Données selon la résidence urbaine/rurale

notes à la fin du tableau.)

				Age (en années)								
35 – 39	40 – 44	45 – 49	50 – 54	55 – 59	60 – 64	65 – 69	70 – 74	75 – 79	80 – 84	85 +	Unknown Inconnu	
99	124	194	315	470	450	378	457	615	424	316	—	1
118	118	192	286	428	455	450	426	579	435	297	—	2
101	124	170	264	453	457	478	367	568	448	316	—	3
78	119	190	252	442	469	478	342	578	470	310	—	4
112	143	179	244	378	502	466	396	543	470	358	—	5
61	53	93	134	199	280	301	435	735	758	791	—	6
44	50	79	130	209	275	340	399	731	721	816	—	7
52	65	103	101	198	260	347	337	662	702	824	—	8
45	56	76	116	174	250	380	324	667	740	862	—	9
49	61	103	149	195	272	353	368	659	766	981	—	10
134	175	262	448	648	602	498	653	988	767	489	—	11
142	158	244	406	560	568	566	543	957	793	510	—	12
139	142	235	382	560	609	532	448	970	743	556	—	13
112	139	211	337	558	590	567	434	932	792	529	—	14
154	177	206	335	529	668	640	503	777	827	553	—	15
32	40	104	164	231	362	337	587	1 115	1 261	1 173	—	16
36	49	79	140	238	326	440	459	1 050	1 161	1 127	—	17
34	47	88	146	213	326	427	437	998	1 121	1 150	—	18
33	52	72	122	192	292	427	441	1 059	1 170	1 240	—	19
32	56	67	127	196	327	516	531	903	1 226	1 365	—	20
251	327	414	643	1 061	1 529	1 738	2 609	3 074	2 695	2 422	—	21
249	321	423	672	1 102	1 456	1 857	2 546	3 092	2 790	2 606	—	22
232	332	429	712	1 043	1 439	1 878	2 465	3 091	2 839	2 727	—	23
255	339	418	660	1 037	1 383	1 893	2 335	3 002	2 893	2 864	—	24
234	337	430	624	999	1 473	1 916	2 224	3 092	3 047	2 971	—	25
256	351	452	637	1 027	1 343	1 900	2 192	3 085	3 092	3 212	—	26
272	334	480	623	991	1 438	1 892	2 222	3 111	3 213	3 478	—	27
252	416	542	641	967	1 349	1 848	2 212	2 886	3 192	3 345	—	28
133	186	285	375	542	847	1 055	1 848	2 933	3 728	5 379	—	29
140	194	261	368	540	796	1 056	1 740	2 946	3 894	5 699	—	30
112	232	237	332	543	788	1 004	1 725	2 861	3 886	6 293	—	31
124	204	259	390	501	736	1 067	1 611	2 762	3 750	6 288	—	32
114	201	294	386	503	741	1 153	1 528	2 754	3 821	6 555	—	33
119	195	294	356	543	706	1 113	1 451	2 673	3 907	6 864	—	34
127	208	296	374	521	761	1 098	1 535	2 730	4 148	7 639	—	35
117	218	260	384	524	722	1 088	1 468	2 489	3 939	7 490	—	36
161	175	299	462	699	1 028	1 357	1 887	2 110	1 948	1 797	—	37
148	176	278	432	641	1 049	1 351	1 876	2 203	2 004	1 958	—	38
161	209	263	408	609	993	1 395	1 832	2 158	2 055	1 881	—	39
149	222	262	449	622	963	1 338	1 804	2 218	1 975	1 874	—	40
158	223	278	414	634	905	1 328	1 698	2 186	2 087	2 136	—	41
126	203	272	405	594	887	1 335	1 583	2 075	2 117	2 214	—	42
149	240	278	406	588	885	1 433	1 626	2 171	2 194	2 481	—	43
148	245	322	391	631	868	1 347	1 705	2 036	2 288	2 364	—	44
77	92	133	223	308	472	590	1 132	1 751	2 235	2 993	—	45
71	107	133	210	316	437	650	1 154	1 775	2 201	3 131	—	46
70	89	127	185	314	436	640	1 090	1 748	2 329	3 317	—	47
63	108	118	182	290	422	682	1 048	1 756	2 229	3 381	—	48
79	83	141	166	297	426	635	1 001	1 648	2 332	3 655	—	49
89	88	136	165	286	407	647	898	1 535	2 363	3 827	—	50
73	91	170	193	234	431	655	958	1 696	2 287	4 172	—	51
64	100	153	189	260	391	683	960	1 610	2 303	4 265	—	52

22. Deaths by age, sex and urban/rural residence: 1983 – 1992 (continued)

Data by urban/rural residence

(See notes at end of table.)

	Continent, country or area, year, sex and urban/rural residence / Continent, pays ou zone, année, sexe et résidence, urbaine/rurale	All ages Tous âges	Age (in years)							
			− 1	1 – 4	5 – 9	10 – 14	15 – 19	20 – 24	25 – 29	30
	EUROPE (Cont.–Suite)									
	Ukraine [22]									
	Urban – Urbaine									
	Male – Masculin									
1	1987	154 148	4 403	953	629	560	1 081	1 740	2 725	3
2	1988	158 002	4 292	1 052	679	574	1 193	1 971	2 820	3
3	1989	165 117	*——— 4 612 ———*		723	564	1 419	2 145	3 352	4
4	1990	174 295	*——— 4 187 ———*		660	623	1 417	2 236	3 145	4
	Female – Féminin									
5	1987	171 414	3 025	796	401	282	487	614	900	1
6	1988	177 536	3 023	856	429	326	573	653	908	1
7	1989	175 639	*——— 3 137 ———*		397	344	599	652	856	1
8	1990	182 819	*——— 2 911 ———*		349	296	634	670	939	1
	Rural – Rurale									
	Male – Masculin									
9	1987	115 337	2 102	939	424	362	703	1 357	1 633	1
10	1988	116 230	1 911	969	431	344	767	1 363	1 656	1
11	1989	117 614	*——— 2 563 ———*		436	360	835	1 595	1 912	2
12	1990	123 289	*——— 2 446 ———*		443	364	791	1 565	1 751	2
	Female – Féminin									
13	1987	145 488	1 559	766	224	193	313	343	470	
14	1988	148 957	1 413	705	272	215	369	357	425	
15	1989	142 220	*——— 1 840 ———*		256	183	361	359	424	
16	1990	149 199	*——— 1 826 ———*		263	178	345	334	405	
	Former Yugoslavia – Ancienne Yougoslavie									
	Urban – Urbaine									
	Male – Masculin									
17	1983	45 533	2 863	357	165	156	310	463	667	
18	1984	45 196	2 681	347	194	160	276	502	573	
19	1985	45 531	2 758	311	182	159	297	468	546	
20	1986	45 629	2 428	276	181	131	262	481	525	
21	1987	46 809	2 403	285	160	146	287	453	554	
22	1988	49 193	2 257	292	165	149	304	463	556	
23	1989	49 480	2 020	238	151	127	269	418	516	
24	1990	51 272	1 871	207	169	154	316	465	545	
	Female – Féminin									
25	1983	41 130	2 298	351	127	85	168	199	249	
26	1984	41 212	2 176	299	116	91	142	183	280	
27	1985	41 913	2 035	258	126	91	161	191	243	
28	1986	42 378	1 934	255	115	89	143	194	251	
29	1987	43 551	1 903	218	109	84	148	167	261	
30	1988	44 007	1 742	243	121	99	163	188	257	
31	1989	44 992	1 722	219	118	84	128	185	267	
32	1990	45 643	1 443	174	92	94	129	160	226	
	Rural – Rurale									
	Male – Masculin									
33	1983	70 967	3 435	596	300	227	485	673	772	
34	1984	68 554	3 077	630	237	203	428	670	803	
35	1985	66 909	3 017	518	270	229	393	626	713	
36	1986	66 532	2 860	553	243	206	378	604	668	
37	1987	66 150	2 493	502	227	211	395	625	646	
38	1988	64 414	2 552	402	177	181	386	585	612	
39	1989	64 339	2 252	385	198	187	347	596	671	
40	1990	61 560	1 692	294	179	147	348	547	663	
	Female – Féminin									
41	1983	61 350	2 901	641	195	127	207	238	267	
42	1984	59 763	2 507	536	171	144	219	229	240	
43	1985	58 530	2 546	486	210	104	214	253	214	
44	1986	58 610	2 388	460	155	152	213	207	256	
45	1987	58 156	2 237	389	153	108	190	242	220	
46	1988	55 852	2 176	369	154	125	158	190	208	
47	1989	56 672	1 917	325	132	112	184	216	229	
48	1990	53 673	1 451	244	139	96	155	176	202	

22. Décès selon l'âge, le sexe et la résidence, urbaine/rurale: 1983 – 1992 (suite)

Données selon la résidence urbaine/rurale

(notes à la fin du tableau.)

					Age (en années)							
35 – 39	40 – 44	45 – 49	50 – 54	55 – 59	60 – 64	65 – 69	70 – 74	75 – 79	80 – 84	85 +	Unknown Inconnu	
4 408	4 026	9 986	10 999	17 605	18 573	14 102	17 588	19 110	13 265	9 100	—	1
4 591	4 447	8 889	12 452	16 147	20 961	14 660	15 952	19 881	14 127	9 803	—	2
5 195	5 346	8 686	14 894	15 165	23 225	16 319	15 180	20 080	14 139	9 636	357	3
5 593	6 773	8 200	16 826	15 250	25 294	18 483	14 811	20 486	14 970	10 603	519	4
1 684	1 770	4 390	5 055	8 847	14 188	14 363	23 502	32 568	29 250	28 102	—	5
1 856	1 793	3 841	5 719	8 232	14 909	15 927	21 863	34 021	30 984	30 432	—	6
1 861	2 151	3 498	6 724	7 583	14 946	16 682	19 827	34 047	30 733	30 197	148	7
1 913	2 536	3 198	7 285	7 234	15 154	18 770	19 394	34 515	32 972	32 538	169	8
2 418	2 478	6 484	7 540	11 761	12 640	10 079	12 347	16 691	13 093	10 431	—	9
2 423	2 304	5 607	8 087	11 049	13 637	11 247	10 952	16 952	13 668	10 897	—	10
2 753	2 746	5 546	9 353	10 300	14 616	12 523	9 791	16 176	13 351	10 472	26	11
2 934	3 368	5 025	10 528	10 540	16 001	14 356	9 889	15 983	13 736	11 018	28	12
832	943	2 534	3 284	6 214	9 834	11 079	18 777	29 207	28 301	30 088	—	13
790	929	2 278	3 484	5 751	9 927	12 388	16 650	30 589	30 219	31 647	—	14
778	963	2 142	3 918	5 101	9 384	12 408	14 530	29 784	28 422	30 765	22	15
834	1 085	1 971	4 250	4 903	9 736	13 737	14 077	30 042	31 186	33 425	20	16
866	1 378	2 403	3 687	4 339	4 170	3 637	6 299	5 900	4 247	2 800	29	17
882	1 204	2 384	3 729	4 515	4 602	3 133	6 218	5 935	4 312	2 751	38	18
952	1 164	2 239	3 702	4 566	4 672	3 268	5 813	6 343	4 300	2 988	22	19
942	1 127	2 046	3 577	4 807	4 995	3 846	5 455	6 210	4 417	3 123	23	20
949	1 158	2 018	3 641	5 052	5 405	4 455	4 733	6 441	4 579	3 267	37	21
1 142	1 286	2 126	3 807	5 260	6 056	5 437	4 371	6 490	4 857	3 412	22	22
1 161	1 344	1 976	3 541	5 379	6 206	6 010	3 888	6 624	5 157	3 684	43	23
1 244	1 494	2 015	3 534	5 669	6 514	6 486	4 196	6 478	5 351	3 757	72	24
430	697	1 168	1 816	2 503	2 983	2 989	5 874	6 694	6 432	5 669	29	25
411	651	1 205	1 792	2 538	3 206	2 682	6 013	6 917	6 407	5 718	24	26
467	644	1 115	1 780	2 630	3 387	2 775	5 791	7 276	6 484	6 068	17	27
503	599	1 117	1 795	2 565	3 450	3 209	5 282	7 312	6 824	6 373	19	28
566	671	1 092	1 772	2 750	3 721	3 902	4 815	7 423	6 925	6 655	24	29
567	650	1 132	1 806	2 647	3 905	4 431	4 356	7 597	6 979	6 751	20	30
545	748	1 063	1 737	2 776	3 875	4 982	3 998	7 825	7 207	7 129	26	31
604	825	1 021	1 706	2 735	4 126	5 217	4 023	7 715	7 644	7 319	40	32
1 020	1 728	3 003	4 807	5 200	5 436	5 059	10 820	12 027	9 044	5 319	50	33
991	1 583	2 848	4 596	5 416	5 945	4 486	9 990	11 499	9 098	5 049	38	34
1 013	1 392	2 584	4 303	5 540	5 804	4 489	9 224	11 629	8 807	5 447	36	35
1 071	1 264	2 448	3 972	5 722	5 854	5 121	8 332	11 383	9 134	5 836	16	36
1 165	1 343	2 445	4 225	6 053	6 208	5 925	6 825	11 007	9 043	5 897	26	37
1 158	1 312	2 213	3 903	5 980	6 424	6 486	5 767	10 379	9 041	6 018	31	38
1 127	1 339	2 077	3 724	5 954	6 852	7 172	4 969	10 166	9 143	6 347	36	39
1 086	1 309	1 820	3 385	5 505	7 131	6 900	4 974	9 241	9 015	6 544	21	40
403	750	1 322	2 068	2 926	3 891	4 097	9 489	11 824	10 683	8 911	51	41
381	674	1 238	2 023	2 894	4 252	3 615	8 953	11 514	11 082	8 699	35	42
435	608	1 153	1 865	2 803	4 062	3 700	8 495	11 483	10 395	9 159	35	43
436	601	1 027	1 875	2 882	4 044	4 085	7 529	11 632	10 841	9 458	20	44
464	547	1 083	1 867	2 835	4 228	4 744	6 408	11 671	10 793	9 622	28	45
449	501	985	1 711	2 688	3 987	5 376	5 275	11 175	10 594	9 423	33	46
428	519	891	1 634	2 667	4 088	5 934	4 935	11 204	10 868	10 032	33	47
404	479	788	1 512	2 398	3 770	5 682	5 032	10 020	10 942	9 917	21	48

22. Deaths by age, sex and urban/rural residence: 1983 – 1992 (continued)

Data by urban/rural residence

(See notes at end of table.)

Continent, country or area, year, sex and urban/rural residence / Continent, pays ou zone, année, sexe et résidence, urbaine/rurale	All ages Tous âges	Age (in years)							
		− 1	1 − 4	5 − 9	10 − 14	15 − 19	20 − 24	25 − 29	3

OCEANIA—OCEANIE

Guam [31] [32]
  Urban – Urbaine
    Male – Masculin

1	1985	220	17	6	4	–	5	11	8	
2	1986	230	15	2	5	1	11	11	7	

    Female – Féminin

3	1985	124	12	3	–	2	2	–	3	
4	1986	130	11	3	–	4	4	1	2	

  Rural – Rurale
    Male – Masculin

5	1985	46	6	–	–	–	3	3	–	
6	1986	34	2	–	–	2	–	–	–	

    Female – Féminin

7	1985	20	–	–	–	–	–	–	1	
8	1986	28	1	–	–	–	–	–	–	

New Zealand –
Nouvelle–Zélande +
  Urban – Urbaine
    Male – Masculin

9	1983	10 425	253	46	30	36	132	189	118	
10	1984	10 297	229	56	27	36	124	163	108	
11	1985	10 905	236	43	26	35	148	170	145	
12	1986	10 956	251	65	19	43	154	200	160	
13	1987	10 913	222	48	37	36	174	203	152	
14	1988	10 944	269	47	24	29	143	199	150	
15	1989	10 719	262	48	26	33	159	184	153	
16	1990	10 462	222	54	25	28	147	216	161	

    Female – Féminin

17	1983	9 626	204	35	21	25	56	77	49	
18	1984	9 181	170	23	20	19	56	68	58	
19	1985	10 275	177	39	22	26	55	63	63	
20	1986	10 061	181	37	25	19	57	60	57	
21	1987	10 387	203	41	18	18	61	75	69	
22	1988	10 306	200	38	22	23	60	74	75	
23	1989	10 186	182	24	18	12	62	50	54	
24	1990	9 933	141	30	14	11	55	53	59	

  Rural – Rurale
    Male – Masculin

25	1983	3 553	100	18	18	19	67	90	50	
26	1984	3 477	123	28	19	16	78	70	53	
27	1985	3 623	85	13	20	20	82	67	56	
28	1986	3 574	85	23	9	22	82	69	54	
29	1987	3 554	80	13	8	25	62	78	62	
30	1988	3 624	89	21	14	15	71	77	69	
31	1989	3 611	86	23	15	14	87	97	63	
32	1990	3 509	74	27	11	11	67	80	55	

    Female – Féminin

33	1983	2 387	76	12	10	12	24	25	16	
34	1984	2 423	75	13	8	13	16	22	16	
35	1985	2 677	62	18	17	14	22	26	25	
36	1986	2 454	75	10	12	13	19	22	22	
37	1987	2 565	49	10	7	16	27	16	26	
38	1988	2 534	62	11	8	10	24	17	20	
39	1989	2 526	62	16	8	11	27	31	15	
40	1990	2 627	63	9	6	12	30	26	29	

USSR—URSS

Former USSR –
Ancienne URSS [22]
  Urban – Urbaine
    Male – Masculin

41	1986	779 186	*——— 49 233 ———*		4 351	3 372	6 946	12 247	17 424	2
42	1987	801 357	*——— 49 286 ———*		4 226	3 556	6 900	11 290	17 481	2
43	1988	833 477	*——— 48 578 ———*		5 129	4 255	8 088	12 627	19 266	2
44	1989	867 691	*——— 41 828 ———*		4 645	3 789	8 886	13 396	21 346	2

22. Décès selon l'âge, le sexe et la résidence, urbaine/rurale: 1983 – 1992 (suite)

Données selon la résidence urbaine/rurale

otes à la fin du tableau.)

					Age (en années)							Unknown Inconnu	
35 – 39	40 – 44	45 – 49	50 – 54	55 – 59	60 – 64	65 – 69	70 – 74	75 – 79	80 – 84	85 +			
10	6	12	14	23	21	19	20	18	12	8	—	1
6	6	10	13	22	27	29	18	23	14	8	—	2
3	2	5	6	6	10	16	17	15	6	15	—	3
3	3	2	7	18	15	13	12	10	9	13	—	4
1	1	3	–	3	5	5	7	3	2	3	—	5
1	1	2	6	4	4	6	2	1	1	–	—	6
2	–	–	3	1	1	2	1	1	6	2	—	7
1	–	–	2	1	3	4	6	4	4	2	—	8
121	160	262	419	749	978	1 325	1 579	1 699	1 199	1 035	—	9
115	186	239	393	675	993	1 210	1 663	1 640	1 221	1 092	—	10
111	179	249	409	697	1 035	1 287	1 661	1 802	1 392	1 171	—	11
171	163	244	409	649	1 041	1 252	1 721	1 713	1 360	1 218	—	12
152	163	248	423	660	974	1 281	1 653	1 753	1 369	1 231	—	13
141	195	241	351	624	1 042	1 244	1 526	1 845	1 495	1 249	—	14
130	197	256	371	539	972	1 305	1 480	1 774	1 457	1 243	—	15
144	177	244	336	552	883	1 258	1 456	1 738	1 467	1 218	—	16
80	111	159	278	374	637	891	1 247	1 433	1 592	2 282	—	17
67	109	142	250	375	563	784	1 201	1 487	1 480	2 237	—	18
95	116	190	234	403	644	826	1 261	1 566	1 638	2 791	—	19
86	117	166	231	422	623	835	1 181	1 601	1 738	2 545	—	20
99	107	179	260	382	607	862	1 289	1 595	1 761	2 698	—	21
85	127	178	232	341	556	854	1 182	1 573	1 803	2 805	—	22
84	131	190	250	347	554	796	1 163	1 585	1 841	2 775	—	23
81	128	192	246	369	546	817	1 149	1 470	1 764	2 738	—	24
50	74	102	118	250	376	466	544	495	373	289	—	25
68	61	85	164	266	333	427	504	494	390	241	—	26
53	72	108	145	263	379	430	551	506	407	324	—	27
55	73	86	163	239	368	444	536	536	382	291	—	28
44	65	97	144	248	333	435	521	523	426	333	—	29
64	69	105	141	234	353	453	536	538	375	336	—	30
60	70	87	144	205	328	438	506	539	422	363	—	31
51	84	90	133	211	340	438	509	514	424	337	—	32
44	53	52	70	121	179	225	307	326	360	449	—	33
32	48	59	101	146	199	276	293	332	314	438	—	34
43	42	60	98	131	190	269	326	378	368	564	—	35
36	38	51	84	131	170	231	343	384	321	470	—	36
31	49	66	106	132	203	246	340	378	348	483	—	37
39	38	56	90	109	176	260	307	385	392	511	—	38
34	47	62	90	117	203	239	306	363	381	495	—	39
31	57	68	116	136	193	265	311	364	387	499	—	40
26 209	22 502	55 928	57 664	96 089	79 212	62 730	90 773	83 146	53 109	36 696	—	41
26 585	22 181	53 277	60 954	95 154	93 401	67 398	85 244	86 703	57 929	38 453	—	42
29 081	25 770	48 235	66 955	90 824	108 090	70 490	78 790	91 047	60 870	41 434	—	43
33 575	33 431	44 243	78 201	86 869	121 163	77 131	74 777	92 585	62 025	40 652	1 935	44

22. Deaths by age, sex and urban/rural residence: 1983 – 1992 (continued)

Data by urban/rural residence

(See notes at end of table.)

Continent, country or area, year, sex and urban/rural residence / Continent, pays ou zone, année, sexe et résidence, urbaine/rurale	All ages Tous âges	Age (in years)							
		– 1	1 – 4	5 – 9	10 – 14	15 – 19	20 – 24	25 – 29	30

USSR—URSS (Cont.–Suite)

Former USSR –
Ancienne URSS [22]
Urban – Urbaine
Female – Féminin

1	1986	853 798	*——— 35	844 ———*	2 401	1 872	2 852	4 193	5 723
2	1987	881 271	*——— 35	347 ———*	2 446	1 845	2 858	3 963	5 593
3	1988	913 575	*——— 35	067 ———*	3 271	2 535	4 085	4 796	6 680
4	1989	899 228	*——— 29	551 ———*	2 598	1 979	3 721	4 228	5 914

Rural – Rurale
Male – Masculin

5	1986	516 339	*——— 59	592 ———*	4 075	2 895	4 766	9 180	11 474
6	1987	525 105	*——— 59	106 ———*	4 009	2 874	4 751	8 600	11 671
7	1988	536 102	*——— 57	410 ———*	4 154	3 192	5 190	8 910	12 333
8	1989	532 718	*——— 48	631 ———*	4 050	2 983	5 483	9 667	13 320

Female – Féminin

9	1986	588 028	*——— 48	236 ———*	2 604	1 721	2 370	3 429	3 897
10	1987	597 052	*——— 47	355 ———*	2 466	1 737	2 383	3 175	4 043
11	1988	605 599	*——— 45	423 ———*	2 697	1 941	2 773	3 299	3 989
12	1989	574 898	*——— 38	461 ———*	2 524	1 691	2 654	3 079	3 922

GENERAL NOTES

Data exclude foetal deaths. For method of evaluation and limitations of data, see Technical Notes, page 86.
Italics: data from civil registers which are incomplete or of unknown completeness.

FOOTNOTES

* Provisional.
+ Data tabulated by year of registration rather than occurrence.

1 For classification by urban/rural residence, see end of table.
2 Based on the results of the population census.
3 Excluding deaths of infants dying before registration of birth.

4 For domicile population only.
5 Including Canadian residents temporarily in the United States, but excluding United States residents temporarily in Canada.
6 Excluding deaths of unknown sex.
7 Excluding Indian jungle population.
8 Based on burial permits.
9 Excluding nomadic Indian tribes.
10 Beginning 1986, for government controlled areas.
11 Excluding Vietnamese refugees.
12 Including data for East Jerusalem and Israeli residents in certain other territories under occupation by Israeli military forces since June 1967.

13 For Japanese nationals in Japan only.
14 Excluding alien armed forces, civilian aliens employed by armed forces, and foreign diplomatic personnel and their dependants.

15 Estimates based on the results of the continuous Demographic Sample Survey.

16 Events registered by Health Service only.

NOTES GENERALES

Les données ne comprennent pas les morts foetales. Pour la méthode d'évaluation et les insuffisances des données, voir Notes techniques, page 86.
Italiques: données incomplètes ou dont le degré d'exactitude n'est pas connu, provenant des registres de l'état civil.

NOTES

* Données provisoires.
+ Données exploitées selon l'année de l'enregistrement et non l'année de l'événement.

1 Pour le classement selon la résidence, urbaine/rurale, voir la fin du tableau.
2 D'après les résultats du recensement de la population.
3 Non compris les enfants nés vivants décédés avant l'enregistrement de leur naissance.
4 Pour la population dans les domiciles seulement.
5 Y compris les résidents canadiens temporairement aux Etats–Unis, mais non compris les résidents des Etats–Unis, temporairement au Canada.
6 Non compris les décès dont on ignore le sexe.
7 Non compris les Indiens de la jungle.
8 D'après les permis d'inhumer.
9 Non compris les tribus d'Indiens nomades.
10 A partir de 1986, pour les zones contrôlées pour le Gouvernement.
11 Non compris les réfugiés du Viet Nam.
12 Y compris les données pour Jérusalem–Est et les résidents israéliens dans certains autres territoires occupés depuis juin 1967 par les forces armées israéliennes.
13 Pour les nationaux japonais au Japon seulement.
14 Non compris les militaires étrangers, les civils étrangers employés par les forces armées ni le personnel diplomatique étranger et les membres de leur famille les accompagnant.
15 Les estimations sont basés sur les résultats d'une enquête démographique par sondage continue.
16 Evénements enregistrés par le Service de santé seulement.

22. Décès selon l'âge, le sexe et la résidence, urbaine/rurale: 1983 – 1992 (suite)

Données selon la résidence urbaine/rurale

notes à la fin du tableau.)

					Age (en années)							
35 – 39	40 – 44	45 – 49	50 – 54	55 – 59	60 – 64	65 – 69	70 – 74	75 – 79	80 – 84	85 +	Unknown Inconnu	
9 574	8 638	22 852	26 000	49 917	66 880	67 090	125 020	152 407	136 411	128 690	–	1
9 615	8 696	21 386	27 390	48 244	72 233	72 303	118 332	160 091	146 177	137 509	–	2
11 082	10 032	19 698	29 760	45 726	76 723	78 705	109 676	165 750	153 505	148 121	–	3
10 999	12 139	17 168	33 356	42 874	77 416	83 175	101 154	165 248	151 303	147 685	722	4
12 277	11 211	29 677	34 271	53 773	45 874	35 051	51 508	57 567	42 978	38 523	–	5
13 140	10 780	28 289	35 870	55 688	51 200	38 058	46 757	58 093	45 158	39 154	–	6
14 122	11 293	25 683	37 856	53 741	58 343	41 350	43 095	59 263	46 821	39 982	–	7
15 931	14 187	23 337	42 266	50 981	63 699	44 635	39 389	56 259	44 815	37 799	211	8
4 625	4 669	12 599	16 243	28 734	37 003	37 799	74 247	98 294	96 067	111 336	–	9
4 787	4 340	11 630	16 266	28 420	38 933	41 240	68 118	102 262	100 764	114 997	–	10
5 060	4 537	10 484	16 410	26 968	40 903	44 141	62 151	105 202	103 835	121 455	–	11
5 162	5 051	9 294	17 869	24 733	40 169	45 172	55 510	101 243	98 098	115 654	168	12

TNOTES (continued)

Based on the results of the Population Growth Survey.

Excluding non–locally domiciled military and civilian services personnel and their dependants.

Excluding deaths for which cause is unknown.

Including armed forces stationed outside the country, but excluding alien armed forces stationed in the area.

Excluding Faeroe Island and Greenland.

Excluding infants born alive after less than 28 weeks' gestation, of less than 1 000 grammes in weight and 35 centimetres in length, who die within seven days of birth.

Including nationals temporarily outside the country.

Including armed forces stationed outside the country.

For ages five years and over, age classification based on year of birth rather than exact date of birth.

All data shown pertaining to Germany prior to 3 October 1990 are indicated separately for the Federal Republic of Germany and the former German Democratic Republic based on their respective territories at the time indicated. See explanatory notes on data pertaining to Germany on page 4.

For medically certified. Excluding armed forces.

Deaths registered within one year of occurrence.

Including residents outside the country if listed in a Netherlands population register.

Including residents temporarily outside the country.

Including United States military personnel, their dependants and contract employees.

Excluding deaths of unknown residence.

Excluding nationals outside the country.

For the de jure population.

Excluding persons on the Central Register of Population (containing persons belonging to the Netherlands population but having no fixed municipality of residence).

NOTES (suite)

17 D'après les résultats de la "Population Growth Survey".

18 Non compris les militaires et agents civils non résidents et les membres de leur famille les accompagnant.

19 Non compris les décès dont on ignore la cause.

20 Y compris les militaires nationaux hors du pays, mais non compris les militaires étrangers en garnison sur le territoire.

21 Non compris les îles Féroé et le Groenland.

22 Non compris les enfants nés vivants après moins de 28 semaines de gestation, pesant moins de 1 000 grammes, mesurant moins de 35 centimètres et décédés dans les sept jours qui ont suivi leur naissances.

23 Y compris les nationaux se trouvant temporairement hors du pays.

24 Y compris les militaires en garnison hors du pays.

25 A partir de cinq ans, le classement selon l'âge est basé sur l'année de naissances et non sur la date exacte de naissance.

26 Toutes les données se rapportant à l'Allemagne avant le 3 octobre 1990 figurent dans deux rubriques séparées basées sur les territoires respectifs de la République fédérale d'Allemagne et l'ancienne République démocratique allemande selon la période indiquée. Voir les notes explicatives sur les données concernant l'Allemagne à la page 4.

27 Certification médicale. Non compris les militaires.

28 Décès enregistrés dans l'année qui suit l'événement.

29 Y compris les résidents hors du pays, s'ils sont inscrits sur un registre de population néerlandais.

30 Y compris les résidents se trouvant temporairement hors du pays.

31 Y compris les militaires des Etats–Unis, les membres de leur famille les accompagnant et les agents contractuels des Etats–Unis.

32 Non compris les décès dont on ignore la résidence.

33 Non compris les nationaux hors du pays.

34 Pour la population de droit.

35 Non compris les personnes inscrites sur le Registre central de la population (personnes appartenant à la population néerlandaise mais sans résidence fixe dans l'une des municipalités).

23. Death rates specific for age, sex and urban/rural residence: 1983 – 1992

(See notes at end of table.)

Continent, country or area, year, sex and urban/rural residence / Continent, pays ou zone, année, sexe et résidence, urbaine/rurale	All ages Tous âges [1]	Age (in years)							
		−1	1–4	5–9	10–14	15–19	20–24	25–29	3
AFRICA—AFRIQUE									
Cape Verde – Cap–Vert									
Male – Masculin									
1 1985	8.9	*———	21.1 ———*		♦ 0.8	♦ 0.6	♦ 1.1	♦ 1.9	♦ 2.1
Female – Féminin									
2 1985	7.5	*———	19.3 ———*		♦ 0.7	♦ 0.5	♦ 0.7	♦ 1.1	♦ 1.1
Egypt – Egypte [2]									
Male – Masculin									
3 1983	10.0	124.7	8.9	1.9	1.2	1.6	2.2	2.4	
4 1986	9.6	98.8	7.0	1.7	1.1	1.4	2.0	2.4	
5 1988	8.6	46.6	5.6	1.5	1.2	1.5	1.5	1.8	
Female – Féminin									
6 1983	9.3	121.2	9.7	1.6	1.0	1.4	1.4	1.8	
7 1986	8.8	91.3	7.6	1.5	0.9	1.1	1.3	1.7	
8 1988	8.3	46.2	6.6	1.4	1.0	1.2	1.2	1.6	
Mali [2] [3]									
Male – Masculin									
9 1987	13.6	*———	41.5 ———*		4.7	2.5	3.1	4.3	4.5
Female – Féminin									
10 1987	11.5	*———	35.7 ———*		3.9	2.1	3.4	4.1	4.5
Mauritius – Maurice +									
Male – Masculin									
11 1990	7.8	25.6	0.9	♦ 0.3	♦ 0.5	0.9	1.1	1.5	
12 1991	7.6	*———	5.3 ———*		♦ 0.3	0.6	♦ 0.6	1.3	1.6
Female – Féminin									
13 1990	5.6	18.8	♦ 0.7	♦ 0.2	♦ 0.3	0.7	0.8	0.8	
14 1991	5.6	*———	4.0 ———*		♦ 0.3	♦ 0.3	0.6	0.9	0.7
Island of Mauritius – Ile Maurice +									
Male – Masculin									
15 1983	7.6	28.1	1.3	0.6	♦ 0.5	0.9	1.2	1.7	
16 1984	7.6	26.3	1.1	0.6	♦ 0.4	1.0	1.4	1.6	
17 1985	7.8	27.0	1.5	♦ 0.3	♦ 0.4	1.0	1.1	1.9	
18 1986	7.5	30.8	1.2	♦ 0.5	♦ 0.5	0.9	1.2	1.6	
19 1987	7.5	30.4	1.2	♦ 0.4	♦ 0.6	0.9	1.4	1.7	
20 1988	7.7	27.5	0.9	0.5	♦ 0.5	1.0	1.2	1.3	
21 1989	7.9	25.2	0.9	♦ 0.4	♦ 0.3	0.8	0.9	1.9	
22 1991	7.6	*———	5.3 ———*		♦ 0.3	♦ 0.5	♦ 0.6	1.3	1.6
Female – Féminin									
23 1983	5.6	22.7	1.5	♦ 0.4	♦ 0.4	0.8	1.3	0.8	
24 1984	5.5	20.1	0.9	♦ 0.6	♦ 0.5	1.1	1.0	1.2	
25 1985	5.7	21.0	1.0	♦ 0.3	♦ 0.4	0.7	0.9	1.1	
26 1986	5.8	23.1	1.3	♦ 0.3	♦ 0.5	1.1	0.9	1.1	
27 1987	5.6	20.1	♦ 0.7	♦ 0.4	♦ 0.6	1.1	1.0	1.3	
28 1988	5.5	18.4	1.0	♦ 0.5	♦ 0.4	0.7	1.1	0.9	
29 1989	5.6	18.9	0.9	♦ 0.4	♦ 0.4	♦ 0.6	0.9	0.9	
30 1991	5.6	*———	3.8 ———*		♦ 0.3	♦ 0.3	♦ 0.6	0.9	0.7
Réunion [4]									
Male – Masculin									
31 1986	6.6	12.0	♦ 0.7	♦ 0.5	♦ 0.4	0.9	1.5	2.5	
32 1987	6.7	11.4	♦ 0.6	♦ 0.5	♦ 0.3	♦ 0.9	1.3	2.6	
Female – Féminin									
33 1986	4.5	8.7	♦ 0.8	♦ 0.2	♦ 0.2	♦ 0.4	♦ 0.5	♦ 0.9	
34 1987	4.4	8.1	♦ 0.6	♦ 0.4	♦ 0.2	♦ 0.4	♦ 0.6	♦ 0.9	
Tunisia – Tunisie									
Male – Masculin									
35 1989	5.1	*———	7.0 ———*		0.6	0.5	0.8	0.9	1.2
Female – Féminin									
36 1989	3.7	*———	5.9 ———*		0.5	0.4	0.4	0.5	0.7

23. Taux de mortalité selon l'âge, le sexe et la résidence, urbaine/rurale: 1983 – 1992

(notes à la fin du tableau.)

					Age(en années)						
35–39	40–44	45–49	50–54	55–59	60–64	65–69	70–74	75–79	80–84	85 plus	
♦ 3.2	♦ 6.6	♦ 7.1	9.7	14.2	18.7 *———————————————— —			61.7 ————————————————*			1
♦ 3.6	♦ 2.6	♦ 3.8	♦ 3.5	6.7	12.7 *———————————————— —			57.5 ————————————————*			2
3.5	4.2	7.5	12.9	22.5	28.0	52.9	71.3 *————— —		149.5 ——————*		3
3.6	4.0	7.5	13.6	26.3	29.7	60.7	73.6 *————— —		164.2 ——————*		4
3.9	4.9	7.4	12.1	19.4	30.7 *———————————— —			105.2 ——————————*			5
2.7	2.6	4.9	8.0	14.2	17.8	46.2	55.4 *————— —		179.7 ——————*		6
2.7	2.7	5.0	8.8	17.8	19.9	51.8	59.5 *————— —		186.7 ——————*		7
2.8	3.0	4.7	8.3	11.0	20.4 *———————————— —			115.4 ——————————*			8
4.8	6.4	6.8	9.8	11.5	19.6	21.4	36.4	47.2 *—————	71.1 ———*		9
5.4	5.9	5.5	8.0	8.3	14.1	17.6	29.3	35.5 *—————	65.8 ———*		10
4.3	6.3	9.0	15.9	21.7	34.5	46.3	66.2	100.7	152.0	216.1	11
3.6	6.3	9.7	15.6	19.2	31.1	45.5	65.2	98.1	150.1	206.9	12
1.3	2.3	3.7	6.4	9.6	15.5	24.7	45.0	63.6	96.3	174.1	13
1.6	2.2	3.7	5.8	9.7	15.9	25.5	39.0	68.1	103.2	172.6	14
4.3	6.3	8.7	16.9	22.5	31.0	52.4	78.5	128.7	194.6	767.4	15
3.7	6.2	10.3	15.4	22.3	36.8	50.2	82.4	112.4	169.9	324.6	16
3.6	6.0	9.5	15.3	23.2	34.5	55.6	81.7	130.4	156.1	297.9	17
3.5	5.8	8.8	14.6	21.2	34.7	48.6	69.9	111.1	149.8	249.4	18
3.9	6.3	9.6	13.6	22.8	31.8	49.5	72.1	113.0	128.2	243.4	19
3.6	7.0	10.7	14.7	20.8	32.8	47.9	66.2	124.7	166.5	231.0	20
4.3	6.9	10.1	13.9	20.7	33.4	52.7	72.0	110.6	172.2	310.7	21
3.6	6.3	9.6	15.3	18.9	31.2	45.3	65.4	99.7	151.6	206.4	22
1.6	3.2	4.3	5.6	12.6	19.6	26.0	44.5	69.2	100.2	329.1	23
1.6	2.6	3.7	5.6	10.2	18.1	27.0	47.9	76.8	94.8	188.9	24
2.0	3.1	4.0	6.7	11.2	20.5	28.6	48.0	81.7	98.7	170.1	25
2.2	2.6	3.9	6.3	10.7	16.8	29.5	52.6	75.9	96.0	192.5	26
1.6	2.2	4.1	6.8	9.6	19.9	25.5	43.2	74.6	100.8	181.3	27
1.7	2.5	4.5	4.9	9.4	19.1	24.3	45.4	68.5	109.5	168.2	28
1.4	2.5	4.0	5.3	9.5	17.6	27.1	43.4	65.1	123.1	190.5	29
1.6	2.2	3.7	5.6	9.8	16.1	25.2	38.7	67.4	101.7	171.9	30
5.0	8.0	8.9	14.0	18.8	31.0	42.4	56.7	77.6	138.4	178.5	31
5.3	6.6	10.9	15.5	21.0	25.8	41.7	52.2	96.7	129.6	189.6	32
2.4	2.6	4.1	5.1	7.2	11.9	16.2	31.3	45.2	94.7	180.9	33
2.0	3.6	2.5	3.7	8.4	11.6	15.7	32.1	50.0	84.8	160.2	34
1.6	2.4	3.6	5.3	8.3	13.5	22.3	36.7	56.1 *—————	1 01.8 ———*		35
1.0	1.6	2.1	3.6	5.5	8.9	16.3	29.6	50.1 *—————	81.3 ———*		36

23. Death rates specific for age, sex and urban/rural residence: 1983 – 1992 (continued)

(See notes at end of table.)

Continent, country or area, year, sex and urban/rural residence / Continent, pays ou zone, année, sexe et résidence, urbaine/rurale	All ages Tous âges [1]		Age (in years)						
		−1	1–4	5–9	10–14	15–19	20–24	25–29	3
AMERICA,NORTH— AMERIQUE DU NORD									
Bahamas									
Male – Masculin									
1 1985	6.3	*———	7.4 ———*		♦ 0.5	♦ 0.5	♦ 1.3	2.4	♦ 2.7
2 1990	6.0	*———	7.7 ———*		♦ 0.8	♦ 0.2	♦ 0.5	♦ 1.7	♦ 2.3
Female – Féminin									
3 1985	4.9	*———	6.8 ———*		♦ 0.2	♦ 0.4	♦ 1.0	♦ 1.1	♦ 0.9
4 1990	4.6	*———	6.0 ———*		♦ 0.3	♦ 0.2	♦ 0.6	♦ 0.8	♦ 1.4
Barbados – Barbade +									
Male – Masculin									
5 1987	8.8	16.4	♦ 0.8	♦ 0.7	♦ 0.7	♦ 0.4	♦ 1.6	♦ 1.6	
6 1988	9.0	16.7	♦ 0.5	♦ 0.3	♦ 0.3	♦ 1.1	♦ 1.2	♦ 1.5	
Female – Féminin									
7 1987	8.5	♦ 16.5	♦ 0.2	♦ 0.5	♦ 0.3	♦ 0.3	♦ 0.2	♦ 0.9	
8 1988	8.5	♦ 13.5	♦ 0.5	♦ 0.6	♦ 0.3	♦ 0.1	♦ 0.9	♦ 0.5	
Canada [5]									
Male – Masculin									
9 1983	8.0	9.4	0.5	0.3	0.3	1.1	1.5	1.3	
10 1984	7.9	9.0	0.5	0.3	0.3	1.1	1.4	1.2	
11 1985	8.1	8.9	0.5	0.3	0.3	1.0	1.4	1.3	
12 1986	8.0	8.6	0.5	0.3	0.3	1.0	1.3	1.2	
13 1987	8.0	8.4	0.5	0.2	0.3	1.1	1.3	1.3	
14 1988	8.1	8.0	0.5	0.3	0.3	1.0	1.4	1.3	
15 1989	8.0	8.2	0.4	0.2	0.3	1.1	1.3	1.3	
16 1990	7.9	7.6	0.4	0.2	0.3	1.0	1.2	1.2	
Female – Féminin									
17 1983	6.1	7.8	0.4	0.2	0.2	0.4	0.4	0.4	
18 1984	6.1	7.2	0.4	0.2	0.2	0.3	0.4	0.4	
19 1985	6.3	7.3	0.4	0.2	0.2	0.4	0.4	0.4	
20 1986	6.4	7.0	0.4	0.2	0.2	0.4	0.4	0.4	
21 1987	6.4	6.2	0.4	0.2	0.2	0.4	0.4	0.4	
22 1988	6.5	6.4	0.4	0.2	0.2	0.4	0.4	0.4	
23 1989	6.5	6.4	0.4	0.2	0.2	0.4	0.5	0.5	
24 1990	6.5	6.1	0.3	0.2	0.2	0.3	0.4	0.4	
Costa Rica									
Male – Masculin									
25 1983	4.5	*—————	———	2.4 ——————*		0.7	*———	1.3 ———*	*———
26 1984	4.6	24.1	0.8	0.3	0.5	0.7	1.4	1.7	
Female – Féminin									
27 1983	3.4	*—————	———	1.8 ——————*		0.3	*———	0.5 ———*	*———
28 1984	3.6	19.1	0.7	0.2	0.3	0.3	0.6	0.6	
Cuba [2]									
Male – Masculin									
29 1983	6.6	20.0	1.0	0.5	0.5	1.0	1.2	1.6	
30 1984	6.7	17.2	1.0	0.6	0.5	1.0	1.3	1.6	
31 1985	7.1	19.0	1.0	0.5	0.6	1.0	1.4	1.7	
32 1986	6.9	15.8	0.8	0.5	0.6	1.0	1.4	1.6	
33 1987	7.0	15.2	0.8	0.4	0.7	1.0	1.5	1.5	
34 1988	7.3	13.4	0.8	0.5	0.6	1.1	1.5	1.6	
35 1989	7.2	12.8	0.7	0.5	0.5	1.1	1.5	1.7	
36 1990	7.6	12.5	0.7	0.3	0.5	1.1	1.6	1.7	
Female – Féminin									
37 1983	5.1	14.1	0.7	0.4	0.3	0.9	0.9	1.1	
38 1984	5.2	13.2	0.7	0.4	0.4	0.8	1.0	1.1	
39 1985	5.6	14.2	0.9	0.4	0.4	0.9	1.0	1.1	
40 1986	5.4	11.7	0.7	0.4	0.4	0.9	0.9	1.0	
41 1987	5.5	11.6	0.7	0.3	0.4	0.8	1.0	1.0	
42 1988	5.7	10.6	0.7	0.3	0.4	0.8	0.9	0.9	
43 1989	5.6	9.3	0.6	0.3	0.3	0.8	0.8	0.9	
44 1990	6.0	9.2	0.6	0.3	0.3	0.7	0.9	0.9	

23. Taux de mortalité selon l'âge, le sexe et la résidence, urbaine/rurale: 1983 – 1992 (suite)

(notes à la fin du tableau.)

				Age(en années)							
35–39	40–44	45–49	50–54	55–59	60–64	65–69	70–74	75–79	80–84	85 plus	
◆ 4.1	6.5	8.7	10.8	19.0	27.6	42.8	49.8	69.9	*——— 1 02.8 ———*		1
4.5	7.0	◆ 5.3	13.1	17.7	21.7	36.1	43.9	60.3	*——— 1 16.5 ———*		2
◆ 1.6	◆ 4.4	◆ 3.0	◆ 6.9	◆ 7.4	13.1	23.2	32.0	50.7	*——— 1 53.0 ———*		3
◆ 2.8	◆ 3.5	◆ 4.4	7.1	◆ 6.8	13.0	18.8	27.6	41.3	*——— 1 22.2 ———*		4
◆ 2.4	◆ 3.1	◆ 6.2	8.5	13.9	23.5	31.0	44.1	57.7	96.6	179.3	5
◆ 2.7	◆ 1.8	◆ 6.1	9.3	11.7	21.2	31.4	50.3	62.3	*——— 1 26.0 ———*		6
◆ 1.7	◆ 2.4	◆ 3.3	◆ 5.7	7.7	14.6	17.6	27.6	43.4	76.8	235.9	7
◆ 1.6	◆ 1.4	◆ 4.2	◆ 5.6	7.7	11.9	18.1	29.0	43.8	*——— 1 28.4 ———*		8
1.6	2.6	4.1	7.2	12.0	18.6	30.0	46.2	71.0	106.2	189.3	9
1.6	2.4	4.0	6.9	11.4	18.8	29.1	44.7	69.3	104.1	186.3	10
1.6	2.5	3.9	6.9	11.4	18.1	29.2	45.6	69.3	107.2	197.3	11
1.6	2.4	3.8	6.8	11.2	17.9	28.3	43.9	68.8	104.5	186.0	12
1.6	2.3	3.8	6.3	10.9	17.6	27.9	43.6	68.2	104.0	187.4	13
1.6	2.2	3.6	6.1	10.4	17.8	27.7	44.4	68.2	105.8	195.2	14
1.7	2.2	3.6	6.0	10.3	17.3	26.9	42.8	65.9	105.3	188.3	15
1.8	2.3	3.6	5.9	9.9	16.6	26.0	41.1	64.2	102.7	180.1	16
0.9	1.5	2.4	3.8	6.0	9.0	15.1	24.0	39.1	65.9	142.0	17
0.8	1.4	2.2	3.7	6.0	9.1	14.7	23.0	38.4	63.9	138.7	18
0.8	1.4	2.4	3.8	6.0	9.2	14.5	23.1	39.2	64.7	145.4	19
0.8	1.4	2.4	3.8	5.6	8.9	14.4	23.2	38.2	65.1	143.5	20
0.8	1.4	2.2	3.8	5.8	9.1	14.0	22.4	37.8	64.2	143.9	21
0.8	1.3	2.2	3.5	5.6	9.0	13.7	22.8	37.3	64.0	144.6	22
0.8	1.3	2.2	3.4	5.5	8.7	13.5	22.0	36.8	63.0	141.2	23
0.8	1.2	2.1	3.4	5.4	8.4	13.4	21.5	35.7	62.4	135.2	24
1.7 –*	*——— 3.1 ———*	*——— 6.6 ———*	*——— 16.7 ———*	*———	60.8 ———*						25
2.0	2.5	4.2	6.1	10.5	14.3	24.9	36.2	55.5	92.4	156.1	26
1.0 –*	*——— 2.1 ———*	*——— 4.6 ———*	*——— 12.5 ———*	*———	50.9 ———*						27
1.4	1.8	2.7	3.9	6.8	10.0	16.2	27.0	48.2	72.8	144.2	28
2.3	2.8	4.2	6.1	9.7	15.4 *———————		—	49.6 ——————————*			29
2.2	2.8	4.4	6.8	10.2	15.3 *———————		—	49.7 ——————————*			30
2.2	3.1	4.4	6.9	10.1	17.0 *———————		—	52.0 ——————————*			31
2.2	3.1	4.6	6.6	9.8	16.0 *———————		—	50.8 ——————————*			32
2.3	2.9	4.2	6.5	9.9	16.1 *———————		—	51.7 ——————————*			33
2.3	3.3	4.4	7.1	10.0	16.2 *———————		—	53.8 ——————————*			34
2.3	3.2	4.5	6.9	9.9	15.5 *———————		—	52.7 ——————————*			35
2.3	3.0	4.6	6.9	10.1	16.4 *———————		—	56.2 ——————————*			36
1.4	1.9	3.2	4.9	7.1	11.5 *———————		—	39.9 ——————————*			37
1.4	2.0	3.1	5.2	7.7	11.9 *———————		—	39.6 ——————————*			38
1.6	2.3	3.2	5.2	7.5	12.3 *———————		—	42.6 ——————————*			39
1.5	2.0	3.3	4.9	7.4	11.0 *———————		—	41.1 ——————————*			40
1.5	2.1	3.2	5.1	7.3	11.4 *———————		—	41.8 ——————————*			41
1.4	2.2	3.3	4.9	7.7	11.2 *———————		—	43.1 ——————————*			42
1.4	2.3	3.0	4.9	7.0	11.9 *———————		—	42.6 ——————————*			43
1.4	2.2	3.3	5.2	7.6	11.9 *———————		—	45.6 ——————————*			44

23. Death rates specific for age, sex and urban/rural residence: 1983 – 1992 (continued)

(See notes at end of table.)

Continent, country or area, year, sex and urban/rural residence / Continent, pays ou zone, année, sexe et résidence, urbaine/rurale	All ages Tous âges [1]	−1	1–4	5–9	10–14	15–19	20–24	25–29	3(
AMERICA, NORTH— (Cont.–Suite) **AMERIQUE DU NORD**									
El Salvador									
Male – Masculin									
1 1984	7.4	*———	9.6	———*	0.8	0.7	3.7	7.5	6.4
2 1985	6.8	*———	8.3	———*	0.7	0.7	2.6	5.7	6.2
3 1986	6.3	*———	7.1	———*	0.7	0.7	2.4	5.1	5.3
Female – Féminin									
4 1984	4.8	*———	8.2	———*	0.7	0.5	1.1	1.3	1.6
5 1985	4.6	*———	7.3	———*	0.6	0.5	1.0	1.3	1.4
6 1986	4.3	*———	6.2	———*	0.6	0.5	0.8	1.4	1.7
Guadeloupe [4]									
Male – Masculin									
7 1985	7.8	*———	4.8	———*	♦ 0.3	♦ 0.4	♦ 0.8	♦ 1.0	3.1
Female – Féminin									
8 1985	6.1	*———	4.2	———*	♦ 0.1	♦ 0.1	♦ 0.2	♦ 0.6	♦ 0.7
Guatemala									
Male – Masculin									
9 1985	9.4	*———	22.2	———*	2.0	1.3	1.9	3.3	4.0
Female – Féminin									
10 1985	8.0	*———	20.1	———*	2.0	1.1	1.4	2.2	2.6
Martinique [4]									
Male – Masculin									
11 1990	6.8	♦ 31.6	♦ 0.5	–	♦ 0.1	♦ 0.8	♦ 1.1	2.1	
Female – Féminin									
12 1990	5.6	♦ 39.1	♦ 0.6	♦ 0.2	♦ 0.2	♦ 0.1	♦ 0.6	♦ 0.5	
Mexico – Mexique									
Male – Masculin									
13 1985	5.9	*———	9.2	———*	0.8	0.7	1.4	2.4	3.0
Female – Féminin									
14 1985	4.6	*———	7.8	———*	0.6	0.4	0.6	0.9	1.1
Panama [2]									
Male – Masculin									
15 1983	4.6	*———	5.9	———*	0.6	0.6	0.9	1.7	1.4
16 1984	4.3	21.3	1.5	0.6	0.5	0.9	1.5	1.4	
17 1986	4.6	21.2	1.6	0.5	0.4	1.1	1.3	1.6	
18 1988	4.6	*———	5.4	———*	0.7	0.4	1.0	1.4	1.6
19 1989	4.7	19.4	1.4	0.6	0.5	1.0	1.7	2.1	
20 1990	4.6	19.7	1.4	0.5	0.4	1.1	1.7	2.0	
Female – Féminin									
21 1983	3.6	*———	4.9	———*	0.4	0.3	0.5	0.8	0.9
22 1984	3.4	18.2	1.5	0.3	0.3	0.5	0.6	0.7	
23 1986	3.4	16.5	1.5	0.5	0.3	0.6	0.6	0.7	
24 1988	3.5	*———	4.5	———*	0.3	0.4	0.5	0.6	0.9
25 1989	3.3	14.7	1.3	0.4	0.3	0.6	0.5	0.7	
26 1990	3.5	16.9	1.3	0.3	0.4	0.5	0.7	0.9	
Puerto Rico – Porto Rico									
Male – Masculin									
27 1983	7.8	19.7	0.3	0.3	0.3	0.8	1.9	2.3	
28 1985	8.4	19.1	0.7	0.3	0.4	1.0	1.9	2.5	
29 1987	8.8	21.3	0.5	0.2	0.4	0.9	2.2	3.3	
30 1988	9.3	16.6	0.6	0.2	0.3	1.2	2.3	4.2	
Female – Féminin									
31 1983	5.4	14.3	0.4	0.3	0.2	0.3	0.5	0.5	
32 1985	5.8	18.1	0.4	♦ 0.2	0.2	0.3	0.5	0.8	
33 1987	5.8	17.5	0.5	0.2	♦ 0.1	0.4	0.6	0.9	
34 1988	6.0	13.3	0.4	0.2	0.2	0.4	0.6	1.0	

23. Taux de mortalité selon l'âge, le sexe et la résidence, urbaine/rurale: 1983 – 1992 (suite)

(...otes à la fin du tableau.)

					Age(en années)						
35–39	40–44	45–49	50–54	55–59	60–64	65–69	70–74	75–79	80–84	85 plus	
6.1	7.3	8.7	9.7	13.9	21.8	26.3	47.3	64.1	*——— 1 52.6 ———*		1
6.0	6.9	8.2	9.5	13.3	19.0	25.7	43.6	64.5	*——— 1 52.3 ———*		2
6.4	6.1	8.2	10.1	12.0	17.4	25.6	38.5	67.9	*——— 3 37.3 ———*		3
2.3	3.3	4.1	5.8	7.1	13.8	19.8	37.5	46.5	*——— 1 35.0 ———*		4
2.2	3.1	4.0	5.5	7.4	13.6	19.1	35.3	48.5	*——— 1 37.8 ———*		5
2.3	2.8	4.2	5.7	7.6	11.9	18.2	29.0	46.1	*——— 2 03.3 ———*		6
4.3	5.4	6.2	9.2	16.9	26.3	31.3	48.8	80.6	110.1	240.3	7
♦ 1.4	♦ 2.2	♦ 3.3	4.6	6.1	11.6	22.3	24.8	48.6	100.5	183.2	8
6.4	6.6	8.2	11.4	14.8	22.8	35.8	58.4	88.1	*——— 1 70.7 ———*		9
4.6	4.7	5.8	7.7	11.2	17.9	25.0	49.1	75.5	*——— 1 63.8 ———*		10
♦ 1.9	4.1	4.8	6.6	10.4	18.4	23.6	34.4	58.2	81.4	121.3	11
♦ 0.7	♦ 1.3	♦ 1.4	♦ 2.8	5.5	8.3	13.3	20.0	31.6	62.9	114.3	12
4.4	5.5	7.4	9.7	13.1	19.2	27.1	45.0	68.3	118.3	245.0	13
2.1	2.7	4.1	5.9	9.0	13.1	19.4	34.6	52.3	95.2	256.3	14
2.0	2.4	4.1	6.1	7.8	14.2	23.3	38.6	52.7	94.1	161.2	15
2.3	2.7	3.5	5.7	7.2	12.9	20.2	37.8	49.4	97.4	143.2	16
2.2	2.5	4.0	5.6	8.5	14.1	23.1	38.3	55.9	*——— 1 18.9 ———*		17
2.0	2.9	3.9	5.8	7.6	13.7	18.7	35.8	63.4	*——— 1 25.1 ———*		18
2.3	3.0	3.8	5.9	8.9	13.8	21.2	35.1	59.8	94.8	156.2	19
2.3	2.6	3.6	5.5	7.4	13.4	21.4	34.6	57.0	93.4	160.7	20
1.3	1.9	2.9	4.1	4.8	8.7	17.1	25.8	41.0	92.7	147.7	21
1.4	1.7	2.7	3.6	5.9	9.5	15.9	25.4	39.0	87.4	134.4	22
1.4	1.6	2.2	3.5	5.2	8.5	15.6	27.2	41.7	*——— 1 06.4 ———*		23
1.1	1.9	2.1	3.6	5.4	8.9	15.5	24.8	45.0	*——— 1 09.3 ———*		24
1.2	1.8	2.6	3.5	5.8	7.7	13.5	24.3	38.6	63.6	154.2	25
1.2	1.9	2.7	3.6	5.4	8.1	12.8	21.6	39.6	88.5	155.1	26
3.3	4.4	5.6	9.2	12.4	20.3	27.5	45.9	*——— —	103.4 ———*		27
4.0	4.7	6.3	8.8	12.8	17.8	23.8	38.7	*——— —	82.8 ———*		28
4.7	5.5	7.3	8.4	12.8	20.6	24.6	36.2	*——— —	89.3 ———*		29
5.9	5.9	7.4	8.6	14.3	19.9	26.9	38.3	*——— —	95.2 ———*		30
1.2	1.5	2.6	4.4	6.5	11.0	15.7	31.0	*——— —	86.5 ———*		31
1.2	1.5	2.2	3.5	6.1	8.2	14.9	24.3	*——— —	74.6 ———*		32
1.2	1.7	2.2	3.7	5.7	9.2	14.4	25.1	*——— —	73.8 ———*		33
1.6	2.0	2.5	4.2	6.4	9.5	15.6	26.8	*——— —	78.5 ———*		34

23. Death rates specific for age, sex and urban/rural residence: 1983 – 1992 (continued)

(See notes at end of table.)

Continent, country or area, year, sex and urban/rural residence Continent, pays ou zone, année, sexe et résidence, urbaine/rurale	All ages Tous âges [1]	Age (in years)						
		−1	1–4	5–9	10–14	15–19	20–24	25–29
AMERICA,NORTH— (Cont.–Suite) AMERIQUE DU NORD								
Trinidad and Tobago – Trinité–et–Tobago Male – Masculin								
1 1983	7.2	15.7	0.9	♦ 0.5	0.6	1.4	1.7	2.3
2 1987	7.1	10.8	0.9	0.6	♦ 0.3	1.0	2.1	2.2
3 1988	6.8	13.1	0.8	♦ 0.3	♦ 0.5	1.2	1.5	2.0
4 1989	7.0	10.1	1.0	♦ 0.4	♦ 0.4	1.2	1.8	2.4
Female – Féminin								
5 1983	6.0	12.0	0.9	♦ 0.3	♦ 0.4	0.6	0.7	1.2
6 1987	6.2	9.0	0.7	♦ 0.3	♦ 0.4	♦ 0.5	0.9	0.9
7 1988	6.5	9.0	0.6	♦ 0.2	♦ 0.5	♦ 0.4	0.7	1.5
8 1989	6.5	6.8	0.7	♦ 0.3	♦ 0.4	♦ 0.6	1.0	1.1
United States – Etats–Unis Male – Masculin								
9 1983	9.4	12.2	0.6	0.3	0.3	1.2	1.6	1.7
10 1984	9.4	12.0	0.6	0.3	0.3	1.1	1.7	1.7
11 1985	9.4	12.0	0.6	0.3	0.3	1.1	1.6	1.7
12 1986	9.4	11.6	0.6	0.3	0.4	1.2	1.8	1.8
13 1987	9.3	11.3	0.6	0.3	0.3	1.2	1.7	1.8
14 1988	9.4	11.1	0.6	0.3	0.3	1.3	1.7	1.8
15 1989	9.2	11.1	0.5	0.3	0.3	1.2	1.7	1.8
Female – Féminin								
16 1983	7.9	9.9	0.5	0.2	0.2	0.5	0.5	0.6
17 1984	7.9	9.7	0.5	0.2	0.2	0.5	0.6	0.6
18 1985	8.1	9.3	0.4	0.2	0.2	0.5	0.5	0.6
19 1986	8.1	9.2	0.5	0.2	0.2	0.5	0.6	0.6
20 1987	8.1	9.0	0.5	0.2	0.2	0.5	0.5	0.6
21 1988	8.3	9.0	0.4	0.2	0.2	0.5	0.6	0.7
22 1989	8.1	9.0	0.4	0.2	0.2	0.5	0.5	0.6
United States Virgin Islands – Iles Vierges américaines Male – Masculin								
23 1990	6.8	♦ 21.9	♦ 1.1	♦ 0.4	♦ 1.0	♦ 1.4	♦ 2.3	♦ 4.3
Female – Féminin								
24 1990	3.3	♦ 18.0	–	–	♦ 0.2	–	♦ 0.5	♦ 0.8
AMERICA,SOUTH— AMERIQUE DU SUD								
Argentina – Argentine Male – Masculin								
25 1985	8.9	*———	6.3 ———*	0.4	0.5	1.0	1.3	1.3
26 1988	9.1	*———	7.0 ———*	0.4	0.4	1.0	1.3	1.4
27 1990	9.0	*———	6.9 ———*	0.4	0.4	0.9	1.4	1.4
Female – Féminin								
28 1985	6.9	*———	5.1 ———*	0.3	0.3	0.5	0.7	0.9
29 1988	7.1	*———	5.4 ———*	0.3	0.3	0.5	0.6	0.8
30 1990	7.1	*———	5.5 ———*	0.3	0.3	0.5	0.7	0.8
Brazil – Brésil [6] Male – Masculin								
31 1983	7.3	*———	11.6 ———*	0.7	0.6	1.3	2.3	2.9
32 1984	7.4	*———	11.6 ———*	0.7	0.6	1.4	2.4	3.0
33 1985	7.1	*———	9.7 ———*	0.7	0.7	1.5	2.3	2.8
34 1986	7.2	*———	9.7 ———*	0.7	0.7	1.7	2.5	2.9
35 1987	6.8	*———	8.7 ———*	0.6	0.6	1.6	2.5	2.8
36 1988	6.9	*———	8.3 ———*	0.6	0.6	1.5	2.4	2.8
37 1989	6.8	*———	7.3 ———*	0.6	0.6	1.8	2.8	3.0
38 1990	6.7	*———	6.7 ———*	0.5	0.6	1.7	2.7	2.9

23. Taux de mortalité selon l'âge, le sexe et la résidence, urbaine/rurale: 1983 – 1992 (suite)

(...otes à la fin du tableau.)

35–39	40–44	45–49	50–54	55–59	60–64	65–69	70–74	75–79	80–84	85 plus	
						Age(en années)					
3.6	6.5	7.0	12.6	18.1	29.0	40.5	59.2	70.8	*——— 1 70.7 ———*		1
2.4	3.3	6.3	9.8	16.0	27.3	40.5	58.0	90.1	*——— 1 72.8 ———*		2
2.5	3.8	7.0	9.5	14.4	22.7	35.0	60.4	81.1	*——— 1 59.2 ———*		3
2.4	3.8	5.6	9.6	16.2	23.3	36.7	61.1	87.6	*——— 1 71.8 ———*		4
1.9	3.2	5.2	7.1	13.5	20.6	32.5	41.4	61.0	*——— 1 39.2 ———*		5
2.1	3.1	5.3	9.5	14.1	20.4	31.6	42.1	59.3	*——— 1 62.2 ———*		6
2.0	3.2	5.8	9.6	15.6	20.3	34.0	46.2	63.0	*——— 1 56.5 ———*		7
1.5	2.7	6.3	9.1	15.0	20.9	33.3	46.9	70.3	*——— 1 62.4 ———*		8
2.2	3.2	5.3	8.7	13.9	21.1	32.4	48.4	72.4	106.7	183.4	9
2.3	3.2	5.2	8.5	13.5	20.8	31.0	47.7	71.2	108.4	177.2	10
2.4	3.3	5.1	8.4	13.4	20.6	30.6	47.5	71.5	110.4	183.2	11
2.5	3.4	5.0	8.2	12.9	20.2	29.8	46.7	70.2	108.1	180.5	12
2.6	3.3	5.0	8.1	12.7	20.0	29.2	45.6	68.8	107.0	180.3	13
2.7	3.4	5.0	7.8	12.5	19.7	29.0	44.7	68.3	107.8	183.7	14
2.7	3.4	5.0	7.6	12.3	19.0	28.0	42.9	65.8	103.7	176.2	15
1.1	1.8	2.9	4.8	7.4	11.2	17.0	25.8	40.5	67.2	144.0	16
1.1	1.8	2.9	4.6	7.3	11.2	16.7	26.0	40.7	69.1	138.1	17
1.1	1.7	2.9	4.6	7.2	11.2	16.7	26.0	40.9	69.6	143.1	18
1.1	1.8	2.8	4.6	7.0	11.2	16.7	26.0	40.6	68.5	142.0	19
1.1	1.7	2.8	4.5	7.0	11.0	16.5	25.6	40.1	68.1	142.6	20
1.2	1.7	2.7	4.4	7.0	11.0	16.4	25.5	40.2	69.3	145.1	21
1.1	1.7	2.6	4.3	6.9	10.7	16.1	25.0	39.5	67.1	140.3	22
♦ 4.1	♦ 1.9	♦ 4.1	♦ 9.8	♦ 11.8	♦ 19.2	♦ 19.7	♦ 37.1	76.3	*——— 2 24.7 ———*		23
♦ 0.5	♦ 0.7	♦ 2.2	♦ 5.8	♦ 4.9	♦ 8.7	♦ 9.6	♦ 18.8	♦ 28.1	*——— 1 21.7 ———*		24
2.5	4.1	6.6	10.6	15.4	23.5	32.5	51.6	74.6	*——— 1 62.1 ———*		25
2.5	4.1	6.5	10.4	16.2	23.5	34.0	50.4	76.6	*——— 1 64.3 ———*		26
2.3	3.8	6.2	10.0	15.7	23.4	34.2	49.2	75.9	*——— 1 62.4 ———*		27
1.7	2.5	3.4	5.1	7.3	11.2	16.2	28.9	49.1	*——— 1 44.7 ———*		28
1.7	2.3	3.4	4.9	7.3	10.9	16.4	27.8	49.4	*——— 1 42.7 ———*		29
1.6	2.2	3.3	4.8	7.1	10.6	16.2	26.1	47.8	*——— 1 38.7 ———*		30
4.8	6.4	8.7	12.0	16.6	23.6	33.6	*———— ———— 83.3 ———————*				31
4.8	6.3	9.0	12.0	16.9	24.1	34.4	*———— ———— 87.6 ———————*				32
4.5	6.2	8.6	12.0	16.1	22.5	33.3	*———— ———— 77.7 ———————*				33
4.7	6.3	8.7	12.0	16.3	22.4	32.5	48.7	75.6	*——— 1 45.2 ———*		34
4.4	6.0	8.2	11.4	15.8	22.0	31.0	46.5	70.9	*——— 1 43.4 ———*		35
4.4	5.9	8.3	11.4	16.2	22.4	32.1	48.1	72.6	*——— 1 49.8 ———*		36
4.5	5.9	8.2	11.5	15.5	22.1	30.7	46.0	68.3	*——— 1 41.6 ———*		37
4.3	5.8	8.0	11.2	15.5	21.7	30.9	46.7	68.4	*——— 1 45.9 ———*		38

23. Death rates specific for age, sex and urban/rural residence: 1983 – 1992 (continued)

(See notes at end of table.)

Continent, country or area, year, sex and urban/rural residence / Continent, pays ou zone, année, sexe et résidence, urbaine/rurale	All ages Tous âges [1]	−1	1–4	5–9	10–14	15–19	20–24	25–29
AMERICA, SOUTH— (Cont.–Suite) AMERIQUE DU SUD								
Brazil – Brésil [6]								
Female – Féminin								
1 1983	5.0	*———	9.1 ———*	0.5	0.4	0.6	0.9	1.2
2 1984	5.1	*———	9.1 ———*	0.5	0.4	0.6	0.9	1.1
3 1985	4.8	*———	7.5 ———*	0.4	0.4	0.7	0.8	1.0
4 1986	4.9	*———	7.5 ———*	0.5	0.4	0.7	0.9	1.1
5 1987	4.7	*———	6.8 ———*	0.4	0.4	0.6	0.8	1.0
6 1988	4.8	*———	6.4 ———*	0.4	0.4	0.6	0.8	1.0
7 1989	4.5	*———	5.7 ———*	0.4	0.4	0.6	0.8	0.9
8 1990	4.6	*———	5.3 ———*	0.4	0.3	0.6	0.8	0.9
Chile – Chili [2]								
Male – Masculin								
9 1983	7.3	22.6	1.3	0.5	0.7	1.1	1.8	2.1
10 1984	7.2	21.0	1.2	0.4	0.5	1.0	1.7	2.0
11 1985	6.8	*———	4.8 ———*	0.4	0.4	0.9	1.6	1.8
12 1986	6.6	*———	5.0 ———*	0.5	0.4	1.0	1.6	1.7
13 1988	6.4	*———	5.0 ———*	0.4	0.4	0.9	1.6	1.7
14 1989	6.6	18.9	1.0	0.4	0.4	1.0	1.7	1.8
15 1990	6.7	18.0	0.8	0.4	0.4	0.9	1.6	1.9
16 1991	6.3	15.8	0.8	0.4	0.4	1.0	1.5	1.6
Female – Féminin								
17 1983	5.4	18.8	1.2	0.4	0.4	0.5	0.6	0.7
18 1984	5.4	16.7	0.9	0.3	0.3	0.5	0.6	0.7
19 1985	5.3	*———	4.1 ———*	0.3	0.3	0.5	0.6	0.7
20 1986	5.2	*———	3.9 ———*	0.3	0.3	0.4	0.5	0.6
21 1988	5.2	*———	4.1 ———*	0.3	0.3	0.4	0.5	0.6
22 1989	5.1	15.6	0.7	0.3	0.3	0.4	0.5	0.6
23 1990	5.2	14.5	0.7	0.2	0.2	0.4	0.5	0.6
24 1991	4.9	13.0	0.6	0.3	0.2	0.3	0.4	0.5
Colombia – Colombie + [2][7]								
Male – Masculin								
25 1985	6.4	32.4	2.3	0.7	0.7	1.8	3.6	4.3
Female – Féminin								
26 1985	4.7	26.1	2.1	0.6	0.4	0.7	0.9	1.1
Ecuador – Equateur [2][8]								
Male – Masculin								
27 1984	6.4	*———	12.7 ———*	1.1	0.9	1.4	2.3	2.6
28 1986	5.7	*———	10.6 ———*	1.0	0.8	1.4	2.1	2.6
29 1987	5.7	*———	9.9 ———*	1.0	0.8	1.3	2.0	2.4
30 1989	5.5	*———	8.3 ———*	0.8	0.8	1.2	2.0	2.4
31 1990	5.8	34.9	3.3	0.8	0.8	1.5	2.4	2.5
Female – Féminin								
32 1984	5.3	*———	11.4 ———*	1.0	0.7	1.0	1.4	1.5
33 1986	4.8	*———	9.2 ———*	0.8	0.6	0.9	1.1	1.3
34 1987	4.7	*———	8.7 ———*	0.8	0.6	0.9	1.1	1.2
35 1989	4.4	*———	7.2 ———*	0.6	0.5	0.9	1.1	1.2
36 1990	4.6	31.1	3.3	0.7	0.6	0.9	1.1	1.1
Paraguay								
Male – Masculin								
37 1985	3.9	*———	5.4 ———*	0.6	0.4	0.7	1.0	1.1
Female – Féminin								
38 1985	3.7	*———	4.8 ———*	0.4	0.4	0.6	0.8	1.0
Peru – Pérou + [6]								
Male – Masculin								
39 1983	5.1	*———	13.1 ———*	0.9	0.6	1.0	1.4	1.5
40 1984	5.1	40.6	4.7	0.9	0.7	1.0	1.5	1.6
41 1985	4.9	*———	10.8 ———*	0.8	0.7	1.0	1.4	1.5
Female – Féminin								
42 1983	4.9	*———	12.3 ———*	0.8	0.5	0.8	1.1	1.2
43 1984	4.5	35.6	4.6	0.8	0.6	0.8	1.2	1.2
44 1985	4.5	*———	9.9 ———*	0.8	0.6	0.8	1.1	1.2

23. Taux de mortalité selon l'âge, le sexe et la résidence, urbaine/rurale: 1983 – 1992 (suite)

(...tes à la fin du tableau.)

35–39	40–44	45–49	50–54	55–59	60–64	65–69	70–74	75–79	80–84	85 plus	
2.4	3.2	4.5	6.3	9.0	13.7	21.5	*———	———	69.0 ———————*		1
2.4	3.3	4.5	6.4	9.1	14.0	21.7	*———	———	72.2 ———————*		2
2.1	3.1	4.4	6.2	8.9	13.1	21.2	*———	———	65.1 ———————*		3
2.1	3.0	4.4	6.3	9.1	13.1	20.9	33.8	57.2	*——— 1 41.0 ———*		4
2.0	2.9	4.2	6.1	9.0	12.9	19.9	33.4	53.9	*——— 1 37.6 ———*		5
1.9	2.9	4.2	6.2	9.1	13.2	20.1	33.4	53.6	*——— 1 45.2 ———*		6
1.9	2.8	4.2	6.0	8.7	12.9	19.1	32.5	51.4	*——— 1 33.5 ———*		7
1.8	2.7	4.0	6.0	8.7	13.2	19.4	32.7	52.0	*——— 1 40.7 ———*		8
3.3	5.0	7.5	12.3	16.7	24.0	38.0	59.4	90.8	*——— 1 79.0 ———*		9
3.4	5.2	7.5	12.1	16.3	24.5	37.9	59.4	88.4	*——— 1 76.0 ———*		10
3.0	4.8	7.2	10.6	16.5	23.7	36.2	58.0	83.8	*——— 1 49.2 ———*		11
2.6	4.1	6.3	9.5	15.5	21.5	33.5	55.5	86.2	*——— 1 48.3 ———*		12
2.5	3.8	5.5	8.6	14.2	20.8	31.7	54.3	86.8	*——— 1 52.5 ———*		13
2.9	4.3	6.3	9.5	15.3	22.8	32.1	52.1	84.1	*——— 1 41.8 ———*		14
2.7	4.3	6.5	9.8	14.3	23.4	34.4	52.9	89.4	*——— 1 50.3 ———*		15
2.5	3.6	5.2	8.6	12.6	22.0	31.6	50.0	84.8	*——— 1 50.1 ———*		16
1.5	2.2	3.6	6.1	8.4	12.8	21.7	34.4	57.8	*——— 1 35.0 ———*		17
1.4	2.3	3.5	5.6	8.3	12.8	20.4	34.1	58.4	*——— 1 39.0 ———*		18
1.3	2.2	3.6	5.3	8.4	11.7	18.9	34.5	53.3	*——— 1 31.4 ———*		19
1.3	2.1	3.2	4.8	8.2	11.3	18.8	32.4	52.6	*——— 1 25.2 ———*		20
1.2	2.0	3.1	4.9	7.5	11.4	17.9	31.3	54.8	*——— 1 27.1 ———*		21
1.2	2.0	3.1	5.2	7.7	11.0	17.6	29.5	50.9	*——— 1 21.0 ———*		22
1.1	2.0	3.1	4.9	7.5	12.2	17.9	29.8	54.3	*——— 1 25.2 ———*		23
1.1	1.8	3.0	4.5	6.7	11.4	17.0	28.1	51.5	*——— 1 18.6 ———*		24
4.1	4.7	6.2	8.4	13.4	19.8	32.3	48.9	73.6	105.3	138.9	25
2.0	2.9	4.3	6.3	10.1	15.5	25.6	39.4	64.0	89.1	137.9	26
3.8	4.2	6.2	8.1	10.9	16.4	21.2	40.0	61.2	*——— 1 86.8 ———*		27
3.3	4.1	5.3	7.4	10.1	15.7	22.2	36.2	61.2	*——— 1 78.7 ———*		28
3.2	4.3	5.5	7.6	11.3	15.2	22.5	37.1	60.5	*——— 1 75.1 ———*		29
3.3	4.1	5.4	7.5	11.3	16.0	*———————	—	56.5 ————————*			30
3.6	4.2	5.8	7.8	11.1	15.1	24.2	34.8	57.0	79.3	158.3	31
2.3	2.8	3.2	5.6	6.9	11.3	15.7	28.1	40.1	*——— 1 65.0 ———*		32
2.1	2.6	3.8	5.7	7.7	10.1	15.3	25.7	43.6	*——— 1 64.0 ———*		33
2.0	2.8	3.6	5.1	7.7	10.4	15.2	26.2	45.7	*——— 1 66.3 ———*		34
1.9	2.6	3.5	4.7	6.5	10.8	*———————	—	47.3 ————————*			35
1.9	2.6	3.5	5.1	8.0	10.9	17.3	27.5	44.5	66.5	171.6	36
1.5	2.9	3.3	6.4	9.8	13.4	20.9	42.0	*——— —	110.7 ——————*		37
1.6	2.5	3.1	5.1	5.5	8.7	14.1	27.3	*——— —	102.8 ——————*		38
2.1	2.7	3.7	5.6	7.2	11.5	16.1	27.2	47.4	*——— 2 04.5 ———*		39
2.3	3.1	4.1	5.5	7.9	13.3	18.2	28.5	48.1	*——— 2 08.7 ———*		40
2.2	2.7	4.0	5.4	8.1	12.4	17.7	26.6	51.6	*——— 2 04.0 ———*		41
2.0	2.3	3.0	3.8	4.9	8.2	11.7	18.8	33.9	*——— 1 97.0 ———*		42
2.1	2.5	3.1	4.1	5.7	8.3	12.3	18.9	32.9	*——— 1 87.6 ———*		43
2.1	2.3	3.2	4.1	5.8	8.8	12.6	19.2	34.5	*——— 1 88.8 ———*		44

23. Death rates specific for age, sex and urban/rural residence: 1983 – 1992 (continued)

(See notes at end of table.)

Continent, country or area, year, sex and urban/rural residence — Continent, pays ou zone, année, sexe et résidence, urbaine/rurale	All ages Tous âges[1]	−1	1–4	5–9	10–14	15–19	20–24	25–29	
AMERICA, SOUTH— (Cont.–Suite) AMERIQUE DU SUD									
Uruguay									
Male – Masculin									
1 1985	10.7	*——	7.5——*	*——	0.5——*	*——	1.0——*	*——	1.3 —
2 1990	11.0	*——	5.6——*	0.3	0.4	0.9	1.2	1.5	
Female – Féminin									
3 1985	8.4	*——	5.9——*	*——	0.2——*	*——	0.4——*	*——	0.8 —
4 1990	8.6	*——	4.5——*	0.2	♦ 0.2	0.5	0.5	0.5	
Venezuela [6]									
Male – Masculin									
5 1983	5.2	*——	7.5——*	*——	0.6——*	*——	2.1——*	*———————	
6 1984	5.2	*——	7.6——*	*——	0.5——*	*——	1.8——*	*———————	
7 1985	5.1	*——	6.9——*	0.5	0.6	1.2	2.1	*——	
8 1986	4.9	*——	6.5——*	0.5	0.6	1.3	2.1	2.2	
9 1987	4.9	*——	6.2——*	0.5	0.6	1.3	2.0	2.1	
10 1990	5.2	*——	7.0——*	0.5	0.6	1.5	2.2	2.3	
Female – Féminin									
11 1983	4.0	*——	6.1——*	*——	0.4——*	*——	0.7——*	*———————	
12 1984	4.0	*——	6.0——*	*——	0.4——*	*——	0.7——*	*———————	
13 1985	4.0	*——	5.7——*	0.4	0.4	0.6	0.7	*——	
14 1986	3.8	*——	5.3——*	0.4	0.4	0.6	0.7	0.9	
15 1987	3.8	*——	5.2——*	0.4	0.4	0.5	0.8	0.9	
16 1990	4.0	*——	5.7——*	0.4	0.4	0.6	0.8	0.9	
ASIA—ASIE									
Bahrain – Bahreïn									
Male – Masculin									
17 1984	3.5	*——	6.6——*	♦ 0.8	♦ 0.8	♦ 0.8	♦ 0.9	1.0	
18 1985	3.2	*——	5.7——*	♦ 0.5	♦ 0.4	♦ 0.2	♦ 0.4	0.9	
19 1987	3.8	*——	6.0——*	♦ 0.7	♦ 0.6	♦ 0.4	♦ 0.7	♦ 0.8	
20 1988	3.2	*——	4.5——*	♦ 0.5	♦ 0.3	♦ 0.5	♦ 0.9	1.5	
21 1989	3.2	*——	4.1——*	♦ 0.4	♦ 0.5	♦ 0.4	♦ 0.7	♦ 1.1	
22 1990	3.1	*——	3.9——*	♦ 0.4	♦ 0.5	♦ 0.9	♦ 0.9	1.7	
Female – Féminin									
23 1984	2.9	*——	5.4——*	♦ 0.5	♦ 0.2	♦ 0.3	♦ 0.3	♦ 0.4	
24 1985	2.5	*——	4.9——*	♦ 0.4	♦ 0.2	♦ 0.3	♦ 0.1	♦ 0.4	
25 1987	3.8	*——	5.4——*	♦ 0.4	♦ 0.5	♦ 0.3	♦ 0.5	♦ 1.1	
26 1988	3.2	*——	4.5——*	♦ 0.3	♦ 0.1	♦ 0.4	♦ 0.3	♦ 0.4	
27 1989	3.1	*——	4.1——*	♦ 0.3	♦ 0.2	♦ 0.5	♦ 0.3	♦ 0.5	
28 1990	3.1	*——	4.0——*	♦ 0.3	♦ 0.4	♦ 0.3	♦ 0.1	♦ 1.1	
Bangladesh [2]									
Male – Masculin									
29 1986	12.3	*——	43.1——*	2.9	1.7	2.0	2.2	2.2	
Female – Féminin									
30 1986	11.6	*——	41.1——*	2.8	1.1	2.3	3.1	3.4	
Cyprus – Chypre [9]									
Male – Masculin									
31 1983	9.0	*——	3.5——*	♦ 0.4	♦ 0.4	♦ 0.7	1.5	♦ 0.9	
32 1984	8.4	*——	3.9——*	♦ 0.2	♦ 0.3	♦ 0.6	♦ 0.8	♦ 0.6	
33 1985	8.7	*——	2.8——*	♦ 0.4	♦ 0.3	♦ 0.7	♦ 0.8	♦ 0.7	
34 1986	7.2	*——	2.5——*	♦ 0.2	♦ 0.2	♦ 0.7	1.1	♦ 0.7	
35 1987	7.3	*——	2.4——*	♦ 0.2	♦ 0.4	♦ 0.7	♦ 1.0	♦ 0.7	
36 1988	7.6	*——	2.5——*	♦ 0.3	♦ 0.3	♦ 0.6	1.4	1.1	
37 1989	7.0	*——	2.3——*	♦ 0.4	♦ 0.1	♦ 0.4	1.3	1.1	
38 1990	7.2	*——	2.3——*	♦ 0.2	♦ 0.2	♦ 0.6	1.0	♦ 0.8	
39 1991	7.6	*——	2.2——*	♦ 0.1	♦ 0.1	♦ 0.5	♦ 0.9	♦ 0.7	

23. Taux de mortalité selon l'âge, le sexe et la résidence, urbaine/rurale: 1983 – 1992 (suite)

…otes à la fin du tableau.)

				Age(en années)							
35–39	40–44	45–49	50–54	55–59	60–64	65–69	70–74	75–79	80–84	85 plus	
—	2.8 ——*	*——	8.0 ——*	*——	18.4 ——*	*——	42.7 ——*	*——	116.8 –	*	1
2.2	3.5	6.0	9.5	16.7	22.9	34.9	55.2	79.2 *——	1 57.8 ——*		2
—	1.8 ——*	*——	3.9 ——*	*——	8.5 ——*	*——	22.2 ——*	*——	90.3 –	*	3
1.3	1.7	3.0	4.9	7.2	10.1	16.4	29.1	46.6 *——	1 24.5 ——*		4
2.9 ————*		5.7 *——		– 13.1 ——*	*——————			— 55.3 ————		*	5
2.6 ————*		5.8 *——		– 13.3 ——*	*——————			— 57.8 ————		*	6
2.6 ————*		5.7 *——		– 12.8 ——*	*——————			— 58.2 ————		*	7
2.4	3.5	5.4	7.9	12.6	18.9	28.2	47.7 *——	— 99.3 ————		*	8
2.6	3.4	5.2	8.7	12.8	19.6	28.9	45.8 *——	— 103.8 ————		*	9
2.7	3.4	5.1	8.4	12.0	19.4	28.1	45.2 *——	— 109.9 ————		*	10
1.4 ————*		3.8 *——		– 8.4 ——*	*——————			— 47.0 ————		*	11
1.4 ————*		3.6 *——		– 8.5 ——*	*——————			— 48.9 ————		*	12
1.4 ————*		3.7 *——		– 8.4 ——*	*——————			— 49.2 ————		*	13
1.5	2.2	3.4	5.1	7.6	12.8	19.6	34.4 *——	— 86.0 ————		*	14
1.6	2.2	3.4	5.3	7.9	12.1	20.1	31.3 *——	— 88.6 ————		*	15
1.6	2.1	3.2	4.9	7.8	12.7	18.9	32.6 *——	— 92.3 ————		*	16
1.8	2.7	3.3	8.7	10.7	26.5	30.2	46.6 *——	— 75.3 ————		*	17
1.8	♦1.9	4.1	7.4	9.0	24.8	28.7	53.1 *——	— 95.5 ————		*	18
1.9	♦1.8	5.5	6.5	12.4	24.6 *——————		— 72.1 –			*	19
♦1.0	1.8	2.6	5.1	10.3	16.9	30.3	45.9 *——	— 120.2 ————		*	20
♦0.9	1.7	2.7	3.9	9.1	20.6	30.4	47.5 *——	— 118.3 ————		*	21
0.9	♦1.2	2.6	4.6	7.3	14.0	23.5	51.4 *——	— 114.4 ————		*	22
♦1.2	♦1.4	♦1.9	♦5.8	10.9	20.9	21.7	37.0 *——	— 71.0 ————		*	23
♦1.3	♦1.2	♦2.5	♦4.0	♦6.7	15.4	21.0	26.4 *——	— 63.5 ————		*	24
♦1.0	♦0.5	♦3.2	6.3	11.1	22.5 *——————		— 66.3 –			*	25
♦0.8	♦1.6	♦3.3	♦5.2	8.1	14.2	21.0	35.4 *——	— 136.2 ————		*	26
♦1.1	♦1.0	♦2.2	♦5.0	9.0	19.5	26.8	35.5 *——	— 116.9 ————		*	27
♦0.8	♦0.9	♦2.1	5.6	9.1	16.1	22.0	38.8 *——	— 113.2 ————		*	28
2.3	4.8	6.2	13.0	19.0	31.2 *——————		— 91.9 ————			*	29
4.9	6.6	7.3	10.1	21.4	22.4 *——————		— 91.0 ————			*	30
♦1.2	1.8	3.8	5.8	9.4	17.9 *——————		— 67.1 –			*	31
1.7	3.1	3.5	5.6	9.4	14.9	22.9 *——	————	82.8 ————		*	32
1.7	2.4	3.9	5.9	10.1	17.5	23.0 *——	————	85.5 ————		*	33
♦0.9	♦0.9	3.0	4.5	7.9	14.0 *——————		— 56.2 –			*	34
1.4	2.3	3.1	8.1	7.9	17.5	24.8	31.5	49.2 *——	1 51.7 ——*		35
♦1.2	♦1.2	3.3	5.3	10.1	18.8	25.2	36.8	52.7 *——	1 56.1 ——*		36
♦0.6	1.4	2.2	4.7	8.3	16.1	19.1	31.0	51.8 *——	1 71.9 ——*		37
♦1.2	1.5	2.0	4.7	6.8	13.6	21.3	30.4	56.3 *——	1 87.5 ——*		38
♦0.7	1.7	2.7	5.5	8.9	13.6	24.6	32.6	58.3 *——	1 98.1 ——*		39

23. Death rates specific for age, sex and urban/rural residence: 1983 – 1992 (continued)

(See notes at end of table.)

Continent, country or area, year, sex and urban/rural residence / Continent, pays ou zone, année, sexe et résidence, urbaine/rurale	All ages Tous âges [1]	Age (in years)						
		−1	1–4	5–9	10–14	15–19	20–24	25–29
ASIA—ASIE (Cont.–Suite)								
Cyprus – Chypre [9]								
Female – Féminin								
1 1983	8.2	*———	2.6 ———*	♦ 0.4	♦ 0.1	♦ 0.2	♦ 0.2	♦ 0.3
2 1984	7.6	*———	3.2 ———*	♦ 0.2	♦ 0.2	♦ 0.3	♦ 0.3	♦ 0.4
3 1985	8.3	*———	2.7 ———*	♦ 0.3	♦ 0.2	♦ 0.4	♦ 0.4	♦ 0.5
4 1986	6.4	*———	1.7 ———*	♦ 0.4	♦ 0.1	♦ 0.3	♦ 0.2	♦ 0.4
5 1987	7.2	*———	1.8 ———*	♦ 0.2	♦ 0.0	♦ 0.3	♦ 0.1	♦ 0.4
6 1988	6.7	*———	1.8 ———*	♦ 0.1	♦ 0.2	♦ 0.2	♦ 0.3	♦ 0.2
7 1989	6.8	*———	1.7 ———*	♦ 0.1	♦ 0.1	♦ 0.2	♦ 0.2	♦ 0.2
8 1990	6.5	*———	1.9 ———*	♦ 0.1	♦ 0.1	♦ 0.2	♦ 0.3	♦ 0.2
9 1991	6.6	*———	1.9 ———*	♦ 0.2	♦ 0.1	♦ 0.1	♦ 0.1	♦ 0.4
Hong Kong – Hong–kong [10]								
Male – Masculin								
10 1983	5.4	10.2	0.5	0.2	0.2	0.4	0.6	0.7
11 1984	5.2	9.3	0.5	0.2	0.2	0.4	0.6	0.7
12 1985	5.0	7.9	0.5	0.2	0.2	0.4	0.5	0.7
13 1986	5.1	7.4	0.3	0.2	0.2	0.4	0.6	0.6
14 1987	5.2	7.4	0.4	0.2	0.2	0.4	0.5	0.6
15 1988	5.3	8.5	0.4	0.2	0.2	0.5	0.4	0.6
16 1989	5.5	7.0	0.3	0.2	0.2	0.4	0.6	0.7
17 1990	5.5	6.6	0.4	♦ 0.1	0.2	0.4	0.6	0.7
Female – Féminin								
18 1983	4.6	8.8	0.5	♦ 0.1	0.3	0.3	0.5	0.5
19 1984	4.3	7.9	0.4	0.2	0.2	0.2	0.3	0.5
20 1985	4.3	6.6	0.4	0.2	0.2	0.2	0.3	0.4
21 1986	4.3	7.1	0.4	0.2	0.2	0.3	0.3	0.4
22 1987	4.4	6.5	0.3	0.2	♦ 0.1	0.2	0.3	0.4
23 1988	4.4	6.8	0.3	0.2	0.1	0.2	0.4	0.4
24 1989	4.4	6.2	0.3	0.1	0.2	0.3	0.4	0.3
25 1990	4.5	4.9	0.3	♦ 0.1	0.2	0.3	0.3	0.4
Iran (Islamic Republic of – Rép. islamique d')								
Male – Masculin								
26 1984	5.8	*———	6.1 ———*	1.8	1.6	4.4	5.3	3.0
27 1986	5.2	10.8	3.9	1.7	1.4	3.6	4.9	2.8
Female – Féminin								
28 1984	2.7	*———	3.1 ———*	0.6	0.6	0.9	1.3	1.4
29 1986	2.4	7.3	1.4	0.5	0.5	0.9	1.2	1.2
Iraq								
Male – Masculin								
30 1987	5.4	*———	5.7 ———*	*———	1.1 ———*	*———	1.5 ———*	*———
31 1988	4.9	*———	5.7 ———*	*———	1.1 ———*	*———	1.5 ———*	*———
Female – Féminin								
32 1987	4.1	*———	4.4 ———*	*———	0.7 ———*	*———	0.9 ———*	*———
33 1988	3.8	*———	4.4 ———*	*———	0.7 ———*	*———	0.8 ———*	*———
Israel – Israël [2][11]								
Male – Masculin								
34 1983	7.3	16.3	0.7	0.3	0.3	0.8	1.1	1.0
35 1984	7.2	13.1	0.7	0.3	0.3	0.7	1.1	0.9
36 1985	7.1	12.9	0.5	0.3	0.3	0.8	1.0	0.9
37 1986	7.3	12.4	0.6	0.3	0.2	0.6	0.9	0.8
38 1987	7.1	12.4	0.6	0.3	0.3	0.7	0.8	0.9
39 1988	7.0	10.3	0.5	0.3	0.2	0.7	0.9	0.9
40 1989	6.7	10.4	0.5	0.2	0.2	0.7	0.8	0.9
41 1990	6.5	10.7	0.5	0.2	0.1	0.7	0.8	0.8

23. Taux de mortalité selon l'âge, le sexe et la résidence, urbaine/rurale: 1983 – 1992 (suite)

otes à la fin du tableau.)

					Age(en années)						
35–39	40–44	45–49	50–54	55–59	60–64	65–69	70–74	75–79	80–84	85 plus	
♦ 0.6	♦ 1.3	2.0	3.4	5.2	10.2 *————		—	58.7 ————		*	1
♦ 0.9	♦ 1.2	2.4	3.4	6.2	9.3	16.2 *————		——	70.0 ————	*	2
♦ 0.6	♦ 1.1	2.3	3.8	5.2	10.0	17.2 *————		——	79.5 ————	*	3
♦ 0.5	♦ 1.1	♦ 1.5	2.3	3.8	6.7 *————			—	47.1 ————	*	4
♦ 0.4	♦ 1.1	♦ 1.5	3.5	5.1	7.4	13.9	24.8	40.9 *————		1 89.7 ———— *	5
♦ 0.7	♦ 0.8	♦ 1.4	2.8	3.9	6.6	13.7	21.9	41.5 *————		1 81.6 ———— *	6
♦ 0.7	♦ 0.9	2.3	2.8	4.5	7.7	13.5	26.2	41.5 *————		1 80.2 ———— *	7
♦ 0.8	♦ 0.7	♦ 1.5	2.2	4.1	5.5	9.3	20.9	39.6 *————		1 93.0 ———— *	8
♦ 0.6	♦ 0.9	♦ 1.3	2.7	3.4	7.1	9.7	21.9	45.6 *————		1 82.0 ———— *	9
1.5	2.9	4.2	7.8	12.3	20.5	30.1	50.8	63.9	98.6	105.5	10
1.2	2.7	4.2	7.3	11.3	19.2	27.7	45.1	59.8	90.1	92.5	11
1.3	2.4	3.9	7.4	10.5	17.8	25.8	42.7	56.6	78.7	93.0	12
1.3	2.3	3.6	6.6	10.2	17.1	27.2	41.9	65.1	87.0	133.9	13
1.1	1.9	4.0	6.6	10.4	16.1	27.6	40.9	66.3	90.2	130.9	14
1.4	2.1	3.5	6.4	10.7	16.2	25.7	39.8	62.6	85.5	127.3	15
1.3	2.2	4.0	6.3	10.6	16.5	25.7	42.9	62.9	88.7	117.2	16
1.4	2.0	3.7	5.8	10.5	15.8	25.5	40.8	60.5	87.3	109.9	17
0.8	1.3	2.3	3.8	6.1	10.7	16.0	25.6	37.8	67.9	119.2	18
0.7	1.2	2.2	3.4	5.5	9.8	15.5	26.3	36.8	63.7	95.1	19
0.6	1.3	2.2	3.3	5.8	9.4	15.5	24.9	34.1	59.4	92.3	20
0.8	1.2	1.9	3.6	5.1	8.6	14.7	23.7	40.3	52.2	108.8	21
0.8	1.0	1.8	3.2	5.1	8.7	14.5	24.0	38.9	57.2	105.0	22
0.8	1.0	1.6	3.0	4.9	8.4	14.8	22.5	40.0	57.8	102.4	23
0.8	1.0	1.8	3.1	5.1	7.9	13.5	23.3	37.5	57.2	95.7	24
0.8	1.0	1.6	2.8	4.6	8.0	14.3	23.2	37.5	58.1	93.4	25
2.5	3.3	4.9	8.2	13.6 *————			——	37.8 ————		*	26
2.7	3.8	4.8	6.8	10.1	16.4 *————		—	45.6 ————		*	27
1.5	1.9	2.3	3.8	5.7 *————			——	18.6 ————		*	28
1.5	2.1	2.5	3.4	4.9	8.7 *————		—	25.6 ————		*	29
2.8 ————*		*————		12.3 ————		* *————		—	63.3 ————	*	30
2.5 ————*		*————		11.5 ————		* *————		—	55.1 ————	*	31
1.6 ————*		*————		7.7 ————		* *————		—	50.9 ————	*	32
1.5 ————*		*————		7.6 ————		* *————		—	45.4 ————	*	33
1.4	2.1	3.8	6.7	11.6	16.8	27.5	44.7	71.0	111.1	188.6	34
1.3	1.9	4.0	6.7	11.3	17.1	26.5	45.1	72.1	110.5	193.0	35
1.1	2.0	3.6	6.1	11.2	17.1	25.0	42.4	69.4	103.7	208.7	36
1.3	2.0	3.9	6.3	11.3	18.2	27.0	43.6	71.9	116.9	201.0	37
1.2	1.9	3.3	6.4	10.3	18.2	26.6	42.5	70.0	111.2	197.8	38
1.4	1.9	3.6	5.5	10.5	16.5	26.5	42.3	64.9	110.4	193.0	39
1.1	1.9	3.0	5.6	9.7	15.7	24.6	40.0	63.5	109.9	187.0	40
1.1	1.8	2.8	4.7	9.1	15.6	25.5	37.9	60.5	102.4	182.1	41

23. Death rates specific for age, sex and urban/rural residence: 1983 – 1992 (continued)

(See notes at end of table.)

Continent, country or area, year, sex and urban/rural residence / Continent, pays ou zone, année, sexe et résidence, urbaine/rurale	All ages Tous âges [1]	Age (in years)						
		−1	1–4	5–9	10–14	15–19	20–24	25–29
ASIA—ASIE (Cont.–Suite)								
Israel – Israël [2] [11]								
Female – Féminin								
1 1983	6.5	14.7	0.7	0.2	0.2	0.3	0.3	0.4
2 1984	6.2	12.6	0.7	0.3	0.2	0.3	0.3	0.4
3 1985	6.2	11.1	0.6	0.2	0.2	0.3	0.4	0.4
4 1986	6.4	10.6	0.5	0.2	♦ 0.1	0.3	0.4	0.4
5 1987	6.2	9.8	0.5	0.2	0.2	0.3	0.3	0.3
6 1988	6.2	9.8	0.5	0.2	0.1	0.3	0.3	0.4
7 1989	6.0	9.5	0.5	0.2	0.2	0.3	0.4	0.4
8 1990	5.8	9.3	0.5	0.2	0.2	0.2	0.3	0.4
Japan – Japon [12]								
Male – Masculin								
9 1983	6.8	6.8	0.6	0.3	0.2	0.7	0.9	0.9
10 1984	6.8	6.6	0.6	0.3	0.2	0.7	0.8	0.8
11 1985	6.9	5.9	0.6	0.3	0.2	0.7	0.8	0.8
12 1986	6.8	5.6	0.6	0.2	0.2	0.7	0.8	0.8
13 1987	6.8	5.3	0.5	0.2	0.2	0.6	0.7	0.8
14 1988	7.1	5.1	0.5	0.2	0.2	0.6	0.8	0.8
15 1989	7.0	4.8	0.5	0.2	0.2	0.6	0.8	0.7
16 1990	7.3	5.0	0.5	0.2	0.2	0.6	0.8	0.7
17 1991	7.4	4.7	0.5	0.2	0.2	0.6	0.7	0.7
Female – Féminin								
18 1983	5.6	5.6	0.5	0.2	0.1	0.3	0.4	0.4
19 1984	5.5	5.3	0.5	0.2	0.1	0.2	0.3	0.4
20 1985	5.6	5.1	0.4	0.2	0.1	0.2	0.3	0.4
21 1986	5.6	4.8	0.4	0.1	0.1	0.2	0.3	0.4
22 1987	5.5	4.5	0.4	0.1	0.1	0.2	0.3	0.4
23 1988	5.8	4.4	0.4	0.1	0.1	0.2	0.3	0.4
24 1989	5.8	4.2	0.4	0.1	0.1	0.2	0.3	0.4
25 1990	6.0	4.2	0.4	0.1	0.1	0.2	0.3	0.3
26 1991	6.0	4.2	0.4	0.1	0.1	0.2	0.3	0.3
Korea, Republic of– [13] [14]								
Corée, République de								
Male – Masculin								
27 1983	7.3	3.9	2.0	1.2	0.8	1.7	2.0	2.4
28 1984	6.6	3.6	1.7	1.0	0.7	1.6	1.7	2.3
29 1985	6.7	*——— 2.0 ———*		1.0	0.7	1.5	1.9	2.3
30 1986	6.6	*——— 1.7 ———*		0.9	0.6	1.4	1.7	2.3
31 1987	6.6	2.9	1.2	0.9	0.6	1.4	1.7	2.3
32 1988	6.4	3.2	1.2	0.9	0.6	1.3	1.5	2.2
33 1989	6.4	3.1	1.1	0.7	0.5	1.2	1.5	2.1
Female – Féminin								
34 1983	5.3	3.6	1.9	1.1	0.7	1.0	1.3	1.3
35 1984	4.8	3.5	1.6	1.0	0.5	0.9	1.0	1.1
36 1985	4.8	*——— 1.8 ———*		0.8	0.5	0.9	1.0	1.1
37 1986	4.8	*——— 1.5 ———*		0.7	0.5	0.8	0.9	1.0
38 1987	4.9	2.8	1.1	0.7	0.5	0.7	0.9	1.0
39 1988	4.7	3.1	1.1	0.6	0.4	0.6	0.8	1.0
40 1989	4.7	3.0	1.0	0.5	0.4	0.5	0.8	0.8
Kuwait – Koweït								
Male – Masculin								
41 1984	2.7	20.1	0.7	0.4	0.4	0.7	0.8	0.8
42 1985	3.1	23.1	1.0	0.7	0.7	1.1	0.9	0.9
43 1986	2.7	17.6	1.0	0.6	♦ 0.3	0.8	0.9	0.7
Female – Féminin								
44 1984	2.3	18.0	0.9	0.3	♦ 0.2	♦ 0.2	♦ 0.3	0.5
45 1985	2.3	18.7	0.7	0.4	♦ 0.3	♦ 0.3	♦ 0.3	♦ 0.3
46 1986	2.1	15.6	0.7	0.4	♦ 0.3	♦ 0.3	♦ 0.3	0.6
Macau – Macao [15]								
Male – Masculin								
47 1988	3.3	*——— 2.9 ———*		♦ 0.3	♦ 0.1	♦ 0.2	♦ 0.3	♦ 0.5
48 1991	4.2	*——— 2.1 ———*		♦ 0.2	♦ 0.3	♦ 0.6	♦ 0.8	♦ 0.9

23. Taux de mortalité selon l'âge, le sexe et la résidence, urbaine/rurale: 1983 – 1992 (suite)

(notes à la fin du tableau.)

					Age(en années)						
35–39	40–44	45–49	50–54	55–59	60–64	65–69	70–74	75–79	80–84	85 plus	
0.8	1.4	2.0	4.0	6.6	11.4	20.9	33.6	62.0	100.3	200.0	1
0.8	1.4	2.4	3.9	6.6	11.1	19.3	32.2	57.8	97.1	196.8	2
0.8	1.4	1.9	3.6	6.8	10.6	20.2	31.0	59.4	93.7	199.5	3
0.8	1.3	2.1	4.0	6.3	11.0	19.8	33.4	59.5	98.3	189.0	4
0.7	1.1	2.0	4.0	6.7	10.7	18.8	31.4	57.9	96.4	186.2	5
0.8	1.3	2.1	3.3	6.2	10.3	17.4	32.7	55.0	98.1	177.0	6
0.7	1.4	1.9	3.1	6.4	9.8	16.3	31.2	51.0	89.7	172.4	7
0.8	1.3	2.1	3.4	5.6	9.8	16.2	29.7	46.8	83.4	173.9	8
1.4	2.4	4.0	6.5	9.1	13.6	22.7	39.2	68.1	113.8	196.6	9
1.4	2.3	3.8	6.4	9.1	13.4	22.2	37.3	65.4	111.4	192.5	10
1.3	2.2	3.7	6.2	9.0	13.0	21.5	36.6	64.5	109.0	190.6	11
1.3	2.2	3.5	6.1	8.9	12.6	20.8	35.0	61.0	105.7	184.7	12
1.3	2.0	3.3	5.7	8.9	12.6	19.9	33.8	59.2	100.8	180.1	13
1.3	1.9	3.2	5.5	9.0	12.8	19.9	34.6	60.2	104.1	189.7	14
1.2	1.9	3.1	5.2	8.8	12.8	19.5	33.8	57.3	98.6	183.1	15
1.2	1.8	3.2	5.0	8.7	13.2	19.4	33.2	57.9	100.1	188.9	16
1.2	1.9	3.2	4.9	8.5	13.1	19.3	32.5	56.1	98.2	184.9	17
0.8	1.2	1.9	3.0	4.4	7.0	12.0	21.7	41.5	77.9	162.5	18
0.8	1.2	1.9	2.9	4.2	6.6	11.7	20.6	39.1	74.8	156.4	19
0.8	1.2	1.8	2.9	4.1	6.6	11.0	19.9	37.7	72.4	152.9	20
0.8	1.2	1.8	2.7	4.0	6.2	10.4	18.8	35.8	70.1	146.2	21
0.7	1.1	1.7	2.7	3.9	6.0	9.9	17.8	33.9	65.1	140.3	22
0.7	1.1	1.7	2.6	3.9	6.0	9.9	17.9	34.4	67.1	146.5	23
0.7	1.1	1.6	2.6	3.8	5.7	9.5	17.2	32.0	62.5	139.2	24
0.7	1.0	1.7	2.5	3.7	5.7	9.4	16.9	32.0	62.0	144.3	25
0.7	1.0	1.7	2.5	3.7	5.6	9.0	16.2	30.7	59.5	138.9	26
4.3	7.7	10.9	15.5	23.1	35.4	55.7	88.3	135.3	*———— 3 03.4 ————*		27
4.0	7.3	10.1	14.0	20.8	31.5	49.5	78.3	123.0	*———— 2 75.3 ————*		28
3.9	6.8	10.1	13.8	20.7	32.1	48.7	74.1	*———— 154.1 ————*			29
3.9	6.4	9.8	13.6	19.5	30.3	48.0	72.2	*———— 156.8 ————*			30
3.9	6.0	9.8	13.3	19.1	29.6	47.1	71.9	116.0	*———— 2 38.4 ————*		31
3.9	5.5	9.6	12.9	17.5	26.7	44.8	69.5	110.8	*———— 2 22.2 ————*		32
3.8	5.5	9.2	12.6	16.7	26.4	42.9	68.2	112.5	*———— 2 26.6 ————*		33
2.1	3.1	4.4	6.6	9.3	14.7	23.9	42.4	69.2	*———— 1 73.6 ————*		34
1.8	2.9	3.9	5.8	8.5	13.2	21.7	38.2	64.4	*———— 1 63.2 ————*		35
1.7	2.7	3.9	5.7	8.4	12.8	22.0	37.1	*———— 99.8 ————*			36
1.7	2.6	3.7	5.5	8.0	12.2	21.4	36.2	*———— 100.2 ————*			37
1.6	2.5	3.7	5.4	8.0	12.5	20.4	37.1	62.0	*———— 1 56.5 ————*		38
1.6	2.2	3.5	4.9	7.5	11.1	20.1	35.3	60.2	*———— 1 48.6 ————*		39
1.5	2.1	3.4	4.8	7.0	10.9	18.6	34.4	59.7	*———— 1 49.8 ————*		40
1.2	1.6	3.8	7.1	9.7	19.8	32.3	56.6	74.7	126.7	214.5	41
1.5	1.9	4.0	6.8	11.1	20.5	32.0	66.5	86.3	160.1	218.2	42
0.9	1.8	3.1	6.5	10.5	21.1	31.1	53.0	70.8	130.6	234.4	43
1.2	1.2	2.9	4.7	7.9	15.7	22.2	40.0	61.2	96.4	190.1	44
0.8	1.4	2.9	4.8	7.2	15.0	22.9	50.2	53.3	113.9	265.6	45
0.9	1.5	2.2	5.2	6.8	16.4	23.8	38.8	63.9	102.4	220.3	46
♦ 0.9	♦ 1.3	♦ 2.0	5.1	8.3	12.9	22.9	36.0	51.8	*———— 80.0 ————*		47
♦ 1.2	♦ 1.3	♦ 2.2	♦ 5.3	9.9	16.5	18.0	38.1	*———— 78.8 ————*			48

23. Death rates specific for age, sex and urban/rural residence: 1983 – 1992 (continued)

(See notes at end of table.)

Continent, country or area, year, sex and urban/rural residence / Continent, pays ou zone, année, sexe et résidence, urbaine/rurale	All ages Tous âges [1]	Age (in years)						
		−1	1–4	5–9	10–14	15–19	20–24	25–29
ASIA—ASIE (Cont.–Suite)								
Macau – Macao [15]								
Female – Féminin								
1 1988	3.2	*—— 2.6 ——*		♦ 0.1	–	♦ 0.1	♦ 0.2	♦ 0.2
2 1991	3.2	*—— ♦ 1.7 ——*		♦ 0.1	♦ 0.1	♦ 0.4	♦ 0.6	♦ 0.4
Malaysia – Malaisie								
Male – Masculin								
3 1990	5.3	15.1	1.0	0.5	0.6	1.2	1.5	1.6
Female – Féminin								
4 1990	4.1	12.0	0.9	0.4	0.4	0.5	0.7	0.8
Malaysia – Malaisie [4]								
Peninsular Malaysia – Malaisie Péninsulaire								
Male – Masculin								
5 1983	6.0	22.8	1.8	0.8	0.7	1.4	1.9	1.8
6 1984	6.1	20.7	1.5	0.7	0.7	1.3	2.0	1.8
7 1986	5.7	17.4	1.2	0.7	0.6	1.2	1.8	2.0
8 1987	5.4	15.6	1.1	0.6	0.6	1.0	1.5	1.7
9 1988	5.5	16.6	1.1	0.6	0.6	1.0	1.5	1.7
10 1989	5.5	14.3	1.1	0.6	0.6	1.1	1.5	1.6
Female – Féminin								
11 1983	4.6	18.1	1.7	0.7	0.5	0.7	0.9	1.0
12 1984	4.6	16.3	1.4	0.5	0.4	0.6	0.9	0.9
13 1986	4.3	13.5	1.1	0.5	0.4	0.6	0.8	0.9
14 1987	4.2	13.0	1.1	0.5	0.4	0.6	0.7	0.8
15 1988	4.3	12.8	1.1	0.5	0.4	0.5	0.6	0.9
16 1989	4.3	11.3	1.0	0.4	0.4	0.5	0.6	0.8
Sabah								
Male – Masculin								
17 1983	5.1	*—— 8.5 ——*		1.0	0.8	1.4	2.8	3.1
18 1984	5.0	*—— 7.4 ——*		0.9	0.6	1.1	2.9	2.8
19 1985	4.9	*—— 6.0 ——*		1.0	0.7	1.1	2.7	3.3
20 1986	4.8	*—— 6.8 ——*		0.8	0.5	1.2	2.2	2.4
Female – Féminin								
21 1983	3.7	*—— 6.9 ——*		0.7	0.6	1.0	1.4	1.1
22 1984	3.6	*—— 7.1 ——*		0.7	0.7	1.0	1.3	1.4
23 1985	3.3	*—— 4.7 ——*		0.9	0.5	0.8	1.1	1.3
24 1986	3.2	*—— 5.5 ——*		0.7	0.5	0.7	1.0	0.9
Sarawak								
Male – Masculin								
25 1984	4.7	*—— 3.9 ——*		0.4	0.3	0.7	1.2	1.7
26 1985	4.3	*—— 3.6 ——*		0.5	♦ 0.2	0.8	1.3	1.1
27 1986	4.1	*—— 3.2 ——*		0.4	0.4	0.6	1.0	1.3
Female – Féminin								
28 1984	3.1	*—— 3.0 ——*		0.4	♦ 0.3	0.5	0.6	0.8
29 1985	2.9	*—— 2.7 ——*		♦ 0.3	♦ 0.2	0.4	0.5	0.6
30 1986	2.7	*—— 2.5 ——*		♦ 0.3	♦ 0.2	0.4	0.5	0.6
Maldives [2]								
Male – Masculin								
31 1985	8.8	68.4	7.8	♦ 1.4	♦ 1.0	♦ 1.3	♦ 1.7	♦ 2.0
32 1990	6.6	36.1	3.8	♦ 1.0	♦ 1.0	♦ 1.3	♦ 1.0	♦ 0.9
Female – Féminin								
33 1985	9.0	67.9	9.3	♦ 1.0	♦ 0.8	♦ 2.0	3.5	♦ 3.1
34 1990	6.1	35.0	4.3	♦ 0.9	♦ 1.0	♦ 1.0	♦ 1.6	♦ 2.1
Philippines +								
Male – Masculin								
35 1983	7.4	*—— 15.3 ——*		1.6	1.0	1.6	2.8	3.4
36 1984	7.0	42.2	7.0	1.6	1.0	1.5	2.5	3.0
37 1986	6.9	35.4	6.0	1.5	0.9	1.6	2.9	3.7
38 1988	6.5	30.9	5.2	1.6	0.9	1.6	2.6	3.5
39 1989	6.4	28.0	4.7	1.4	0.8	1.4	2.5	3.3

23. Taux de mortalité selon l'âge, le sexe et la résidence, urbaine/rurale: 1983 – 1992 (suite)

notes à la fin du tableau.)

Age(en années)

35–39	40–44	45–49	50–54	55–59	60–64	65–69	70–74	75–79	80–84	85 plus	
♦ 0.6	♦ 1.0	♦ 1.2	♦ 2.0	5.5	6.0	9.4	24.0	29.4	*——— 86.9 ———*		1
♦ 0.5	♦ 0.8	♦ 1.0	♦ 3.9	♦ 3.2	6.2	11.0	18.6	*——— — 57.2 – ———*			2
2.4	3.6	5.6	9.1	15.4	22.4	36.8	52.3	90.2	*——— 1 30.0 ———*		3
1.5	2.3	3.4	5.8	9.1	15.0	25.4	40.1	67.2	*——— 1 11.5 ———*		4
2.5	3.8	6.2	10.9	15.8	26.7	41.7	64.6	94.4	118.7	201.1	5
2.6	3.8	6.1	10.8	17.0	26.7	40.7	64.0	94.7	121.8	219.0	6
2.4	3.7	5.9	9.8	16.0	26.2	38.4	63.6	83.2	131.0	169.4	7
2.4	3.8	5.4	9.8	15.2	24.1	38.1	61.4	81.4	140.1	178.7	8
2.4	3.4	5.5	9.9	15.4	25.5	38.3	62.7	86.2	144.3	173.4	9
2.4	3.5	5.4	10.0	15.5	25.7	36.7	63.5	86.7	135.8	171.8	10
1.8	2.5	4.0	6.8	10.7	19.2	29.2	49.0	72.8	94.2	156.8	11
1.7	2.5	3.8	6.6	10.0	17.4	27.7	47.7	76.4	97.2	177.6	12
1.6	2.5	3.8	5.8	9.8	16.8	27.1	46.6	68.0	102.9	134.9	13
1.6	2.3	3.2	5.9	9.4	16.9	27.5	46.5	67.2	116.5	134.7	14
1.5	2.3	3.2	5.9	9.9	17.0	27.8	46.6	69.8	119.0	142.8	15
1.5	2.2	3.5	5.9	9.0	15.7	25.9	46.1	69.8	115.6	139.6	16
3.3	*4.9*	*6.9*	*10.3*	*13.0*	*21.2*	*30.0*	*47.6*	*71.4*	*84.3*	*135.3*	17
3.2	*4.9*	*7.9*	*11.0*	*15.0*	*20.7*	*31.4*	*51.4*	*68.7*	*82.3*	*125.9*	18
3.0	*5.2*	*6.3*	*11.2*	*14.8*	*24.0*	*24.9*	*53.3*	*63.1*	*——— 93.4 ———*		19
3.0	*5.2*	*5.7*	*10.4*	*14.6*	*22.7*	*24.1*	*53.9*	*60.6*	*——— 1 07.7 ———*		20
1.7	*3.1*	*4.8*	*7.1*	*9.4*	*15.5*	*22.2*	*36.1*	*50.9*	*71.8*	*141.3*	21
2.0	*2.7*	*3.6*	*6.7*	*9.1*	*11.4*	*16.8*	*36.1*	*48.9*	*74.9*	*141.0*	22
1.9	*3.4*	*3.7*	*7.5*	*7.9*	*16.9*	*14.7*	*36.7*	*43.4*	*——— 79.0 ———*		23
1.9	*3.0*	*3.9*	*6.5*	*8.6*	*15.3*	*14.4*	*32.7*	*39.5*	*——— 78.0 ———*		24
1.6	*3.5*	*4.0*	*8.0*	*11.4*	*21.8*	*31.9*	*48.2*	*74.4*	*——— 1 04.0 ———*		25
2.0	*3.0*	*4.0*	*8.0*	*11.8*	*20.0*	*26.7*	*51.3*	*59.5*	*——— 89.3 ———*		26
2.2	*2.7*	*4.4*	*7.6*	*12.3*	*18.3*	*27.5*	*45.3*	*59.6*	*——— 85.2 ———*		27
1.3	*2.3*	*3.3*	*6.2*	*8.6*	*11.9*	*24.5*	*29.3*	*41.9*	*——— 59.7 ———*		28
1.3	*1.5*	*2.6*	*5.0*	*7.9*	*13.4*	*20.8*	*31.3*	*34.5*	*——— 54.7 ———*		29
1.1	*2.2*	*2.7*	*4.5*	*7.4*	*11.2*	*17.4*	*25.9*	*36.1*	*——— 52.2 ———*		30
♦ 2.8	♦ 7.8	♦ 5.3	11.8	14.4	19.7	31.7	54.8	♦ 88.2	106.6	♦ 70.6	31
♦ 3.9	♦ 4.8	♦ 5.9	♦ 8.2	15.7	21.4	39.7	55.4	98.5	♦ 70.2	119.6	32
♦ 3.1	♦ 9.7	♦ 7.6	♦ 10.5	♦ 17.3	21.2	50.9	♦ 42.4	♦ 76.5	♦ 138.6	♦ 72.2	33
♦ 4.3	♦ 5.3	♦ 5.6	11.3	♦ 13.0	20.3	47.0	62.6	121.1	♦ 84.2	♦ 74.8	34
4.6	6.3	8.3	11.5	14.9	22.0	26.8	45.5	64.4	139.3	284.1	35
4.7	6.1	8.7	11.7	14.8	21.8	27.7	50.1	76.9	191.8	370.2	36
5.0	5.8	8.2	11.4	15.3	21.9	29.2	44.1	*——— — 114.6 – ———*			37
4.7	5.7	8.0	10.8	14.7	21.3	29.7	41.4	*——— — 114.8 – ———*			38
4.5	5.5	7.7	10.9	15.1	21.6	31.2	42.7	75.6	127.7	329.7	39

23. Death rates specific for age, sex and urban/rural residence: 1983 – 1992 (continued)

(See notes at end of table.)

Continent, country or area, year, sex and urban/rural residence / Continent, pays ou zone, année, sexe et résidence, urbaine/rurale	All ages Tous âges [1]	Age (in years)						
		−1	1–4	5–9	10–14	15–19	20–24	25–29
ASIA—ASIE (Cont.–Suite)								
Philippines+								
Female – Féminin								
1 1983	5.2	*——— 12.2 ———*		1.3	0.8	0.9	1.2	1.5
2 1984	4.8	31.2	6.1	1.3	0.8	0.9	1.1	1.3
3 1986	4.8	26.2	5.4	1.2	0.7	0.9	1.2	1.4
4 1988	4.6	23.6	4.7	1.3	0.7	0.9	1.1	1.3
5 1989	4.5	21.3	4.3	1.2	0.7	0.8	1.1	1.3
Singapore – Singapour+ [16]								
Male – Masculin								
6 1983	6.0	*——— 2.6 ———*		♦ 0.3	0.4	0.9	1.2	1.2
7 1984	5.9	*——— 2.4 ———*		0.4	0.4	0.9	1.2	1.4
8 1985	5.8	*——— 2.4 ———*		♦ 0.2	0.3	0.9	1.0	1.2
9 1986	5.5	8.9	0.5	♦ 0.2	0.3	0.8	1.1	1.1
10 1987	5.6	9.3	0.5	♦ 0.3	0.4	0.6	0.9	1.0
11 1988	5.6	7.9	0.4	♦ 0.2	♦ 0.2	0.6	1.1	1.0
12 1989	5.8	*——— 1.8 ———*		♦ 0.3	♦ 0.3	0.7	1.0	1.1
13 1990	5.6	*——— 2.0 ———*		♦ 0.2	0.3	0.6	1.1	1.2
14 1991	5.6	*——— 1.5 ———*		♦ 0.3	♦ 0.2	0.7	1.1	1.2
15 1992	5.7	*——— 1.4 ———*		0.3	0.4	0.6	1.3	1.3
Female – Féminin								
16 1983	4.6	*——— 2.3 ———*		♦ 0.3	0.3	0.4	0.6	0.6
17 1984	4.4	*——— 2.2 ———*		♦ 0.2	♦ 0.2	0.4	0.5	0.6
18 1985	4.6	*——— 2.0 ———*		♦ 0.2	♦ 0.2	0.5	0.4	0.6
19 1986	4.4	8.4	♦ 0.3	♦ 0.1	♦ 0.2	0.3	0.5	0.5
20 1987	4.5	6.9	♦ 0.4	♦ 0.2	♦ 0.3	0.4	0.4	0.6
21 1988	4.7	7.6	0.5	♦ 0.3	♦ 0.2	0.3	0.5	0.6
22 1989	4.6	*——— 1.7 ———*		♦ 0.3	♦ 0.2	0.4	0.5	0.5
23 1990	4.6	*——— 1.6 ———*		♦ 0.2	♦ 0.2	♦ 0.2	0.5	0.6
24 1991	4.4	*——— 1.3 ———*		♦ 0.2	♦ 0.3	0.4	0.5	0.5
25 1992	4.4	*——— 1.2 ———*		♦ 0.1	♦ 0.3	0.3	0.5	0.5
Sri Lanka+								
Male – Masculin								
26 1983	7.2	*——— 8.8 ———*		1.2	0.9	1.6	3.0	2.5
27 1984	7.6	*——— 8.4 ———*		1.1	0.8	1.6	2.8	2.7
28 1985	7.3	*——— 6.9 ———*		0.9	0.8	1.5	2.8	3.0
29 1987	7.2	*——— 5.7 ———*		0.9	0.8	1.5	3.0	3.0
Female – Féminin								
30 1983	5.1	*——— 7.9 ———*		1.0	0.7	1.4	1.7	1.5
31 1984	5.3	*——— 7.3 ———*		1.1	0.7	1.3	1.7	1.5
32 1985	5.0	*——— 6.0 ———*		0.8	0.5	1.3	1.6	1.6
33 1987	4.7	*——— 5.0 ———*		0.8	0.6	1.1	1.4	1.5
Syrian Arab Republic – République arabe syrienne+ [17]								
Male – Masculin								
34 1984	3.4	8.8	2.8	1.1	0.9	1.2	0.6	1.1
Female – Féminin								
35 1984	3.1	8.4	2.9	2.1	1.3	1.0	0.9	1.0
Thailand – Thaïlande+ [2]								
Male – Masculin								
36 1983	5.8	*——— 4.4 ———*		1.2	1.0	1.7	2.8	3.2
37 1984	5.2	*——— 3.4 ———*		1.0	0.8	1.5	2.4	2.9
38 1985	4.5	*——— 3.0 ———*		0.8	0.7	1.2	1.8	2.2
39 1986	4.7	*——— 2.7 ———*		0.7	0.6	1.2	1.8	2.2
40 1987	5.0	*——— 2.8 ———*		0.8	0.6	1.3	1.9	2.2
41 1988	4.9	*——— 2.4 ———*		0.7	0.5	1.3	1.9	2.3
42 1989	5.2	*——— 2.3 ———*		0.6	0.6	1.5	2.1	2.5
43 1990	5.2	*——— 2.3 ———*		0.7	0.6	1.6	2.3	2.6
44 1991	5.4	*——— 2.4 ———*		0.6	0.6	1.7	2.4	2.6

23. Taux de mortalité selon l'âge, le sexe et la résidence, urbaine/rurale: 1983 – 1992 (suite)

notes à la fin du tableau.)

					Age(en années)						
35–39	40–44	45–49	50–54	55–59	60–64	65–69	70–74	75–79	80–84	85 plus	
2.5	3.3	4.2	5.9	7.8	12.5	17.0	31.6	51.9	122.7	245.8	1
2.3	2.9	3.9	5.7	7.4	12.2	17.6	35.4	57.7	133.1	210.0	2
2.4	2.9	4.1	6.1	7.7	11.9	17.5	31.1 *———	—	103.1 ——	*	3
2.2	2.7	3.9	5.7	7.4	11.4	17.8	28.0 *———	—	102.3 ——	*	4
2.1	2.6	3.8	5.7	7.5	11.6	18.4	28.6	55.2	117.0	325.5	5
2.0	3.1	5.2	10.3	16.2	25.9	40.6 *———	———	89.9 ——	*	6
2.1	3.2	5.5	10.0	16.8	25.4	41.0 *———	———	83.6 ——	*	7
1.9	3.0	5.1	8.8	16.9	24.7	37.0 *———	———	84.4 ——	*	8
1.8	2.9	4.4	8.9	14.8	22.7	36.4	52.1	78.8	124.7	267.7	9
1.8	2.6	4.4	8.2	14.8	23.6	32.8	53.2	79.5	126.8	270.0	10
1.8	2.7	4.2	8.0	14.0	21.5	34.2	51.8	76.2	136.5	276.9	11
1.5	2.6	4.2	8.0	14.5	22.4	34.0 *———	———	83.4 ——	*	12
1.6	2.5	4.6	7.4	15.6	18.2	31.7	49.1	70.8 *	1 17.2 ——	*	13
1.6	2.3	4.0	7.4	13.5	21.7	31.4 *———	———	70.6 ——	*	14
1.5	2.4	4.2	6.8	11.8	21.3	32.9 *———	———	71.4 ——	*	15
1.1	1.8	2.9	5.2	8.8	14.3	23.5 *———	———	70.3 ——	*	16
1.1	1.7	3.3	5.3	8.2	13.7	22.4 *———	———	64.5 ——	*	17
1.2	1.5	2.8	5.0	8.2	14.8	23.2 *———	———	65.3 ——	*	18
0.9	1.8	2.6	4.7	7.8	13.5	21.3	33.9	56.4	88.0	186.2	19
1.1	1.7	2.8	5.1	8.1	13.6	20.7	35.2	56.6	85.7	184.5	20
1.2	1.5	2.6	4.9	7.5	12.7	21.3	35.2	58.0	94.9	195.3	21
1.0	1.7	2.5	4.1	6.9	13.0	21.1 *———	———	63.9 ——	*	22
1.2	1.5	2.6	4.6	6.6	14.6	19.7	32.0	50.4 *	1 04.0 ——	*	23
0.8	1.6	2.2	4.2	7.1	11.6	18.7 *———	———	55.6 ——	*	24
0.8	1.5	2.5	4.2	6.7	11.3	18.3 *———	———	55.4 ——	*	25
3.7	4.9	7.7	10.5	15.2	19.7	33.1	49.7	71.8 *	1 62.3 ——	*	26
4.2	5.1	8.2	11.0	16.8	22.7	35.8	55.3	77.6 *	1 78.4 ——	*	27
4.5	5.4	8.2	10.8	17.5	22.8	36.2	52.7	76.3 *	1 69.4 ——	*	28
4.6	5.7	8.4	11.3	17.3	22.7	35.8	54.1	73.6 *	1 59.4 ——	*	29
2.1	2.5	3.5	5.4	7.8	13.2	23.4	38.6	58.1 *	1 58.5 ——	*	30
2.2	2.5	3.5	5.4	8.2	13.8	22.5	42.7	62.6 *	1 78.8 ——	*	31
2.1	2.3	3.6	5.5	7.9	13.4	23.4	41.2	63.4 *	1 72.4 ——	*	32
2.2	2.4	3.5	5.3	8.3	13.1	23.8	41.0	59.3 *	1 56.9 ——	*	33
1.1	1.8	3.0	8.9	7.0	12.2	17.4	22.4 *———	—	43.1 ——	*	34
0.9	1.5	2.0	5.3	4.2	6.5	9.4	15.6 *———	—	39.0 ——	*	35
3.9	6.1	9.6	12.4	15.8	22.4	34.7	50.6 *———	—	125.5 ——	*	36
3.4	5.3	8.8	11.7	14.7	20.4	31.1	46.9 *———	—	112.4 ——	*	37
2.9	4.3	7.0	10.0	13.1	17.9	28.2	42.1 *———	—	106.6 ——	*	38
3.3	4.5	6.7	10.0	13.1	18.8	28.5	43.1 *———	—	102.8 ——	*	39
3.2	4.5	6.9	9.9	14.1	19.8	29.4	46.4 *———	—	111.6 ——	*	40
3.3	4.5	6.6	9.7	13.5	19.6	28.8	46.7 *———	—	108.7 ——	*	41
3.5	4.7	6.7	10.0	14.2	20.7	30.6	45.8 *———	—	114.4 ——	*	42
3.6	4.9	6.7	9.9	14.0	20.6	29.5	46.4 *———	—	112.7 ——	*	43
3.9	5.0	6.6	10.0	14.4	20.8	29.2	45.5 *———	—	113.1 ——	*	44

23. Death rates specific for age, sex and urban/rural residence: 1983 – 1992 (continued)

(See notes at end of table.)

Continent, country or area, year, sex and urban/rural residence / Continent, pays ou zone, année, sexe et résidence, urbaine/rurale	All ages Tous âges [1]	−1	1–4	5–9	10–14	15–19	20–24	25–29	3
ASIA—ASIE (Cont.–Suite)									
Thailand – Thaïlande + [2]									
Female – Féminin									
1 1983	4.4	*———	3.6 ———*	1.0	0.7	1.1	1.4	1.5	
2 1984	3.8	*———	2.9 ———*	0.8	0.6	0.9	1.1	1.2	
3 1985	3.4	*———	2.4 ———*	0.7	0.5	0.7	0.9	1.0	
4 1986	3.5	*———	2.2 ———*	0.6	0.5	0.7	0.9	0.9	
5 1987	3.7	*———	2.2 ———*	0.7	0.5	0.7	0.8	0.9	
6 1988	3.6	*———	1.9 ———*	0.5	0.4	0.7	0.8	0.8	
7 1989	3.7	*———	1.7 ———*	0.5	0.4	0.7	0.8	0.9	
8 1990	3.7	*———	1.6 ———*	0.5	0.4	0.7	0.8	0.9	
9 1991	3.8	*———	1.8 ———*	0.4	0.4	0.7	0.7	0.9	
EUROPE									
Austria – Autriche									
Male – Masculin									
10 1983	12.3	13.4	0.5	0.3	0.3	1.4	1.8	1.5	
11 1984	11.7	*———	3.0 ———*	0.3	0.3	1.3	1.8	1.6	
12 1985	11.7	13.3	0.6	0.2	0.3	1.2	1.7	1.4	
13 1986	11.2	11.9	0.5	0.3	0.2	1.1	1.4	1.4	
14 1987	10.9	11.0	0.4	0.2	0.3	1.1	1.4	1.3	
15 1988	10.6	9.0	0.4	0.2	0.2	1.2	1.4	1.2	
16 1989	10.7	9.3	0.5	0.3	0.2	1.1	1.3	1.4	
17 1990	10.4	8.7	0.5	0.2	0.2	1.0	1.3	1.1	
18 1991	10.3	8.7	0.4	0.2	0.2	1.0	1.3	1.3	
Female – Féminin									
19 1983	12.3	9.9	0.4	0.2	0.2	0.5	0.4	0.5	
20 1984	11.7	*———	2.4 ———*	0.2	0.2	0.4	0.5	0.5	
21 1985	12.0	9.0	0.5	0.2	0.2	0.4	0.4	0.5	
22 1986	11.8	8.8	0.4	0.2	0.1	0.4	0.4	0.4	
23 1987	11.5	9.1	0.4	0.2	♦ 0.1	0.4	0.4	0.4	
24 1988	11.3	7.7	0.3	0.2	♦ 0.1	0.3	0.4	0.4	
25 1989	11.2	7.6	0.4	0.1	♦ 0.1	0.4	0.4	0.4	
26 1990	11.1	7.3	0.4	0.1	♦ 0.1	0.3	0.4	0.4	
27 1991	11.0	6.8	0.3	0.1	♦ 0.1	0.3	0.4	0.4	
Belgium – Belgique [18]									
Male – Masculin									
28 1983	12.2	11.7	0.6	0.3	0.3	0.9	1.3	1.3	
29 1984	11.9	11.2	0.6	0.3	0.3	0.8	1.4	1.3	
Female – Féminin									
30 1983	11.1	8.8	0.4	0.2	0.2	0.4	0.5	0.5	
31 1984	10.7	7.7	0.6	0.2	0.2	0.4	0.4	0.5	
Bulgaria – Bulgarie [2]									
Male – Masculin									
32 1983	12.7	*———	4.5 ———*	0.5	0.4	1.0	1.2	1.5	
33 1984	12.6	*———	4.6 ———*	0.5	0.5	0.9	1.2	1.5	
34 1985	13.3	*———	4.2 ———*	0.5	0.5	0.9	1.4	1.4	
35 1986	12.9	*———	4.3 ———*	0.4	0.4	0.9	1.2	1.5	
36 1987	13.3	*———	4.0 ———*	0.5	0.5	1.1	1.4	1.3	
37 1988	13.3	*———	4.1 ———*	0.6	0.4	0.9	1.2	1.5	
38 1989	13.3	16.1	1.0	0.5	0.5	0.9	1.3	1.4	
39 1990	13.5	16.6	1.0	0.4	0.5	1.0	1.4	1.5	
Female – Féminin									
40 1983	10.2	*———	3.6 ———*	0.4	0.3	0.4	0.5	0.5	
41 1984	10.0	*———	3.6 ———*	0.4	0.3	0.5	0.5	0.7	
42 1985	10.7	*———	3.6 ———*	0.4	0.3	0.5	0.5	0.6	
43 1986	10.3	*———	3.4 ———*	0.3	0.3	0.5	0.6	0.6	
44 1987	10.6	*———	3.3 ———*	0.4	0.3	0.4	0.5	0.6	
45 1988	10.6	*———	3.0 ———*	0.3	0.3	0.5	0.6	0.7	
46 1989	10.5	12.3	0.8	0.4	0.3	0.4	0.5	0.5	
47 1990	10.7	12.3	0.8	0.4	0.3	0.5	0.5	0.6	

23. Taux de mortalité selon l'âge, le sexe et la résidence, urbaine/rurale: 1983 – 1992 (suite)

notes à la fin du tableau.)

					Age(en années)							
35–39	40–44	45–49	50–54	55–59	60–64	65–69	70–74	75–79	80–84	85 plus		
2.3	3.7	5.4	7.4	9.5	13.7	21.7	34.0	*——— —	104.7 ——————*			1
1.9	3.0	4.8	6.5	8.5	12.4	19.2	30.2	*——— —	91.6 ——————*			2
1.7	2.6	4.3	6.0	7.8	10.9	17.6	27.7	*——— —	85.7 ——————*			3
1.7	2.7	3.8	5.9	7.6	12.0	17.6	30.1	*——— —	79.5 ——————*			4
1.7	2.6	3.9	5.8	8.3	12.4	19.2	31.9	*——— —	88.0 ——————*			5
1.6	2.4	3.6	5.8	8.0	11.8	18.1	31.3	*——— —	88.1 ——————*			6
1.7	2.6	3.9	5.6	8.3	12.3	19.2	31.1	*——— —	93.2 ——————*			7
1.5	2.6	3.8	5.7	8.0	12.4	18.8	31.0	*——— —	92.7 ——————*			8
1.6	2.5	3.8	5.8	8.3	12.1	18.7	30.2	*——— —	95.0 ——————*			9
2.5	3.8	6.0	9.8	14.6	22.4	34.5	56.6	91.8	145.0	237.7		10
2.4	3.6	5.8	9.6	14.3	21.5	32.3	52.7	85.7	136.0	219.5		11
2.2	3.7	5.2	9.1	13.9	20.9	31.4	51.4	86.2	136.6	230.7		12
2.2	3.5	4.9	8.5	13.8	20.0	30.4	49.9	80.6	130.3	220.6		13
2.0	3.1	5.0	8.1	13.0	20.0	29.7	48.6	77.2	123.2	208.9		14
1.9	3.3	4.7	7.5	12.5	19.7	28.5	47.5	73.2	122.4	203.0		15
2.0	3.2	4.6	7.4	12.5	19.5	29.4	46.1	72.6	119.6	203.1		16
1.8	3.1	4.9	6.7	11.8	19.0	29.5	43.4	73.3	117.1	192.0		17
1.9	3.2	4.8	6.9	11.9	18.3	29.2	41.6	72.8	115.5	189.9		18
1.3	1.8	2.7	4.5	6.6	10.2	16.8	30.6	57.3	105.0	208.9		19
1.2	1.8	2.5	4.0	6.1	10.2	16.3	28.2	52.7	96.5	194.3		20
1.1	1.8	2.5	3.9	6.0	9.8	15.3	28.6	53.9	99.6	198.2		21
1.2	1.7	2.6	3.6	5.7	9.3	14.8	28.1	51.8	95.3	192.3		22
1.0	1.7	2.2	3.5	5.7	8.9	14.4	27.4	49.6	92.3	185.3		23
1.0	1.5	2.4	3.3	5.2	8.9	14.4	26.0	46.5	88.9	180.6		24
0.9	1.4	2.4	3.5	5.2	8.2	14.4	25.1	45.8	86.2	178.8		25
0.9	1.6	2.3	3.4	5.5	8.0	13.9	22.4	45.0	85.3	177.0		26
0.9	1.6	2.3	3.3	5.2	7.8	14.0	23.1	44.6	82.3	175.6		27
1.9	3.0	4.8	8.0	13.5	21.2	34.7	57.6	90.6	142.1	238.0		28
2.0	2.8	4.7	7.6	13.0	21.4	34.5	56.1	88.7	135.0	222.4		29
1.2	1.9	2.7	4.2	6.3	9.8	17.0	28.5	53.1	95.6	191.0		30
1.0	1.8	2.7	3.8	6.3	9.7	15.4	27.1	49.7	91.4	179.1		31
2.8	4.2	6.4	9.6	15.6	24.3	39.2	62.5	99.3	148.7	226.1		32
2.6	4.3	6.8	10.0	16.2	24.9	39.3	58.7	95.3	143.2	219.2		33
2.9	4.3	7.0	10.3	16.0	25.4	38.8	59.9	100.5	159.2	282.4		34
2.7	4.3	6.9	10.4	14.9	24.9	39.9	54.0	92.9	154.6	266.4		35
2.6	4.3	6.8	10.6	16.3	25.7	37.4	62.2	95.8	154.2	267.3		36
2.9	4.4	6.9	11.1	16.3	26.1	38.2	60.7	95.8	150.3	249.8		37
2.9	4.7	7.8	11.1	16.9	25.1	38.7	58.9	90.0	146.6	248.1		38
2.9	4.8	7.4	11.4	16.3	25.1	37.7	57.9	93.1	146.5	249.8		39
1.0	1.7	2.8	4.7	7.6	12.6	22.0	42.6	76.3	126.4	221.9		40
1.1	1.7	2.9	4.9	7.6	12.7	23.8	39.3	72.4	119.3	210.3		41
1.2	1.8	2.8	4.6	7.7	12.9	21.8	41.2	77.6	131.7	268.9		42
1.2	1.6	2.6	4.4	7.2	12.3	21.0	38.4	71.4	131.4	275.7		43
1.2	1.7	2.7	4.7	7.3	12.6	20.7	41.6	71.5	126.5	241.0		44
1.2	1.7	3.0	4.6	7.5	12.4	21.5	40.6	71.6	126.1	231.9		45
1.1	1.9	2.9	4.4	7.4	11.8	22.0	40.5	68.0	123.2	227.9		46
1.2	1.9	2.9	4.5	7.3	12.1	21.0	36.9	69.0	123.1	232.8		47

23. Death rates specific for age, sex and urban/rural residence: 1983 – 1992 (continued)

(See notes at end of table.)

Continent, country or area, year, sex and urban/rural residence / Continent, pays ou zone, année, sexe et résidence, urbaine/rurale	All ages Tous âges [1]	−1	1–4	5–9	10–14	15–19	20–24	25–29	30
					Age (in years)				
EUROPE (Cont.–Suite)									
Former Czechoslovakia – Ancienne Tchécoslovaquie									
Male – Masculin									
1 1983	12.9	18.3	0.6	0.4	0.4	0.8	1.3	1.5	
2 1984	12.7	17.6	0.6	0.4	0.3	0.8	1.1	1.3	
3 1985	12.6	15.9	0.5	0.4	0.4	0.8	1.2	1.3	
4 1986	12.6	15.4	0.6	0.3	0.3	0.8	1.2	1.3	
5 1987	12.2	14.6	0.6	0.3	0.3	0.8	1.1	1.2	
6 1988	12.2	13.7	0.5	0.3	0.3	0.8	1.1	1.2	
7 1989	12.3	13.0	0.5	0.3	0.3	0.7	1.1	1.2	
8 1990	12.7	13.2	0.5	0.3	0.3	0.8	1.3	1.3	
Female – Féminin									
9 1983	11.4	13.1	0.5	0.3	0.2	0.4	0.4	0.5	
10 1984	11.2	13.3	0.5	0.2	0.2	0.3	0.3	0.5	
11 1985	11.2	12.2	0.4	0.3	0.2	0.3	0.4	0.5	
12 1986	11.3	11.2	0.4	0.2	0.2	0.3	0.4	0.5	
13 1987	10.8	11.0	0.5	0.2	0.2	0.3	0.3	0.5	
14 1988	10.7	10.4	0.5	0.2	0.1	0.3	0.4	0.4	
15 1989	10.9	9.7	0.4	0.2	0.2	0.3	0.4	0.4	
16 1990	10.8	9.6	0.4	0.2	0.2	0.4	0.4	0.4	
Denmark – Danemark [19]									
Male – Masculin									
17 1983	12.0	8.7	0.5	0.3	0.2	0.8	1.1	1.1	
18 1984	12.0	9.3	0.4	0.2	0.2	0.8	1.1	1.2	
19 1985	12.1	9.1	0.4	0.4	0.4	0.8	1.1	1.4	
20 1986	12.0	8.9	0.4	♦ 0.2	0.3	0.7	1.1	1.0	
21 1987	12.0	10.1	0.5	0.2	0.2	0.8	1.1	1.2	
22 1990	12.3	8.7	0.5	0.3	0.3	0.5	0.9	1.1	
23 1991	11.8	8.2	0.5	0.3	0.2	0.6	1.0	1.1	
Female – Féminin									
24 1983	10.3	6.4	0.4	0.2	0.2	0.3	0.4	0.5	
25 1984	10.4	6.2	0.4	♦ 0.1	0.2	0.3	0.4	0.5	
26 1985	10.7	7.0	0.4	0.2	0.2	0.3	0.4	0.4	
27 1986	10.7	7.7	0.4	♦ 0.2	♦ 0.1	0.3	0.3	0.5	
28 1987	10.7	6.5	0.5	♦ 0.1	♦ 0.1	0.3	0.4	0.5	
29 1990	11.4	6.4	0.3	♦ 0.2	♦ 0.2	0.3	0.4	0.4	
30 1991	11.3	6.5	0.3	♦ 0.2	♦ 0.1	0.3	0.3	0.4	
Estonia – Estonie [2][20]									
Male – Masculin									
31 1989	11.9	17.7	1.3	0.8	0.6	1.6	2.2	2.1	
Female – Féminin									
32 1989	11.8	11.4	0.8	♦ 0.4	♦ 0.3	0.7	0.6	1.1	
Finland – Finlande [2][21]									
Male – Masculin									
33 1983	10.1	6.6	0.4	0.3	♦ 0.2	0.9	1.1	1.4	
34 1984	9.9	7.1	0.4	0.3	0.2	0.8	1.2	1.4	
35 1985	10.5	6.6	0.3	0.3	0.3	0.9	1.2	1.3	
36 1986	10.1	6.8	0.3	0.2	0.3	0.8	1.3	1.4	
37 1987	10.2	*——— 1.6 ———*		0.2	0.3	0.9	1.2	1.5	
38 1989	10.2	6.7	0.3	0.2	0.3	1.1	1.4	1.5	
39 1990	10.3	5.8	0.3	0.2	0.3	1.0	1.6	1.4	
Female – Féminin									
40 1983	8.7	5.9	0.3	♦ 0.2	♦ 0.1	0.3	0.4	0.5	
41 1984	8.6	5.7	0.3	♦ 0.2	♦ 0.2	0.3	0.3	0.5	
42 1985	9.2	5.8	♦ 0.2	♦ 0.2	♦ 0.1	0.3	0.3	0.4	
43 1986	9.1	4.6	♦ 0.2	♦ 0.1	♦ 0.1	0.3	0.4	0.5	
44 1987	9.3	*——— 1.3 ———*		♦ 0.2	♦ 0.1	0.4	0.4	0.5	
45 1989	9.6	5.5	0.4	♦ 0.1	♦ 0.1	0.3	0.4	0.4	
46 1990	9.8	5.7	♦ 0.2	♦ 0.2	♦ 0.1	0.5	0.5	0.4	

23. Taux de mortalité selon l'âge, le sexe et la résidence, urbaine/rurale: 1983 – 1992 (suite)

notes à la fin du tableau.)

					Age(en années)						
35–39	40–44	45–49	50–54	55–59	60–64	65–69	70–74	75–79	80–84	85 plus	
2.8	4.6	7.9	12.6	20.0	30.5	48.4	71.0	112.0	170.4	269.0	1
2.8	4.6	7.9	12.8	20.0	31.5	45.2	69.9	108.4	165.0	258.7	2
2.7	4.7	7.8	12.7	19.4	31.5	44.5	70.3	108.0	164.6	254.7	3
2.6	4.6	7.6	12.3	20.1	31.5	45.5	69.9	108.9	168.7	259.2	4
2.6	4.6	7.7	12.5	19.5	30.8	44.9	67.8	104.6	156.4	240.2	5
2.7	4.4	7.8	12.4	19.3	30.5	45.5	69.7	101.5	153.4	240.5	6
2.7	4.4	7.7	12.4	20.1	31.1	46.4	67.9	100.7	154.4	238.4	7
3.0	4.9	8.4	13.6	20.3	31.9	47.4	67.0	103.7	156.2	243.0	8
1.1	1.9	3.2	5.1	8.3	13.8	24.9	41.5	74.0	127.1	231.1	9
1.1	1.8	3.0	5.2	8.1	14.3	23.6	39.6	72.3	123.6	224.6	10
1.1	1.8	3.0	5.1	8.2	13.5	22.4	40.6	71.7	122.7	223.7	11
1.1	2.0	3.0	4.9	8.2	13.5	22.5	41.7	72.0	123.0	225.6	12
1.1	1.7	3.1	5.1	8.0	13.0	22.1	39.9	67.5	118.3	210.3	13
1.0	1.8	2.9	4.8	7.9	13.2	22.0	39.5	66.2	114.3	203.3	14
1.0	1.8	2.9	4.7	8.0	13.0	22.0	40.0	66.6	114.7	207.5	15
1.1	1.8	3.0	4.7	8.0	12.8	22.3	37.5	66.2	112.8	206.8	16
2.0	2.8	5.2	8.0	13.2	22.0	33.9	51.1	81.5	120.4	212.9	17
2.0	2.8	4.5	8.2	13.0	21.7	32.4	50.8	81.1	120.2	208.5	18
1.8	2.7	4.8	8.1	13.2	21.4	33.5	50.7	80.0	120.9	212.8	19
2.2	2.7	4.7	7.7	13.2	21.0	32.5	50.8	80.0	116.7	203.8	20
1.9	3.0	4.4	8.0	13.4	21.5	32.1	49.6	75.5	118.9	201.9	21
1.9	3.1	4.5	7.4	12.8	19.9	32.1	50.7	79.4	121.0	210.9	22
2.0	2.8	4.4	7.0	12.1	19.0	30.6	49.1	74.7	116.1	203.6	23
1.1	1.9	3.4	5.2	7.9	11.7	16.8	27.2	45.3	81.2	169.6	24
1.2	1.9	3.2	5.5	7.6	11.8	17.6	27.4	44.5	77.4	166.5	25
1.2	1.9	3.3	5.6	8.2	11.8	16.5	28.2	44.4	78.4	171.9	26
1.1	2.1	3.0	5.4	8.3	12.4	17.7	26.8	44.8	77.2	161.8	27
1.0	1.8	3.2	5.5	8.6	11.6	17.2	26.8	43.5	75.7	162.1	28
1.1	1.8	3.0	5.2	8.5	12.1	17.9	27.7	44.7	75.8	167.3	29
1.1	1.7	2.9	4.7	7.9	12.3	17.8	28.0	43.8	75.1	161.4	30
4.4	6.1	9.1	13.7	20.3	32.0	43.3	61.1	92.1	139.3	231.5	31
1.2	2.4	3.3	5.1	8.6	12.7	21.3	35.4	59.6	103.6	199.5	32
2.3	3.6	5.5	9.4	15.6	24.0	37.9	58.6	90.2	136.1	216.3	33
2.3	3.6	5.4	9.0	15.8	24.4	36.4	56.4	85.2	127.1	204.1	34
2.5	3.6	5.9	9.5	15.2	25.0	36.9	58.8	90.2	136.8	240.6	35
2.5	3.9	5.8	9.5	14.7	23.4	35.0	55.4	83.9	127.9	205.2	36
2.8	3.7	5.3	8.7	14.2	22.7	36.1	54.1	83.7	128.3	210.4	37
2.6	4.0	5.6	8.5	14.0	22.6	32.9	52.2	79.4	121.8	212.0	38
2.9	4.1	5.6	8.5	13.2	21.2	33.0	51.6	81.0	125.1	221.7	39
1.0	1.5	2.2	3.3	5.8	8.8	15.0	28.9	52.0	91.1	170.5	40
0.8	1.4	2.0	3.2	4.8	8.9	15.6	27.7	49.6	89.0	165.6	41
0.9	1.3	2.0	3.1	5.3	8.7	15.7	28.1	51.5	94.5	181.5	42
0.9	1.2	2.4	3.0	5.2	8.6	15.1	27.3	50.4	87.2	174.9	43
1.0	1.3	2.1	3.3	5.3	8.7	15.4	27.2	48.2	87.1	174.3	44
1.0	1.5	2.3	3.3	4.8	8.1	14.1	26.1	47.8	88.2	178.2	45
0.8	1.6	2.2	3.4	4.6	7.9	14.5	26.6	46.5	87.3	178.0	46

23. Death rates specific for age, sex and urban/rural residence: 1983 – 1992 (continued)

(See notes at end of table.)

Continent, country or area, year, sex and urban/rural residence Continent, pays ou zone, année, sexe et résidence, urbaine/rurale	All ages Tous âges [1]	−1	1–4	5–9	10–14	15–19	20–24	25–29	3
					Age (in years)				

EUROPE (Cont.–Suite)

France [2][22][23]
Male – Masculin

1	1983	10.8	10.3	0.6	0.3	0.3	1.0	1.8	1.6
2	1984	10.5	9.6	0.5	0.3	0.3	0.9	1.7	1.6
3	1985	10.7	9.9	0.5	0.3	0.3	0.9	1.6	1.6
4	1986	10.5	9.4	0.5	0.3	0.3	0.9	1.6	1.5
5	1987	10.2	9.2	0.5	0.2	0.3	0.8	1.5	1.5
6	1988	10.0	9.2	0.5	0.2	0.2	0.8	1.5	1.5
7	1989	10.0	8.8	0.4	0.2	0.2	0.8	1.6	1.6
8	1990	9.9	8.6	0.5	0.2	0.2	0.8	1.5	1.6
9	1991	9.9	8.4	0.4	0.2	0.2	0.8	1.5	1.7

Female – Féminin

10	1983	9.7	7.9	0.5	0.2	0.2	0.4	0.6	0.6
11	1984	9.2	7.6	0.4	0.2	0.2	0.4	0.5	0.6
12	1985	9.4	7.3	0.4	0.2	0.2	0.4	0.5	0.6
13	1986	9.3	7.3	0.4	0.2	0.2	0.4	0.5	0.6
14	1987	8.9	6.6	0.4	0.2	0.2	0.3	0.5	0.5
15	1988	8.8	6.9	0.4	0.2	0.2	0.3	0.5	0.6
16	1989	8.9	6.6	0.4	0.2	0.2	0.3	0.5	0.5
17	1990	8.8	6.4	0.3	0.1	0.2	0.3	0.4	0.5
18	1991	8.7	6.1	0.4	0.2	0.2	0.3	0.5	0.6

Germany – Allemagne [24]
Germany, Federal Rep. of – Allemagne, République fédérale d'
Male – Masculin

		...	...	...	...	...	...	...	...
19	1983	11.7	11.3	0.6	0.3	0.3	1.0	1.3	1.2
20	1984	11.4	10.7	0.5	0.3	0.2	0.9	1.2	1.1
21	1985	11.5	10.1	0.5	0.2	0.2	0.8	1.1	1.0
22	1986	11.3	9.9	0.5	0.3	0.3	0.8	1.0	1.0
23	1987	11.1	9.7	0.5	0.2	0.2	0.8	1.0	1.0
24	1988	10.9	8.9	0.5	0.3	0.2	0.7	1.0	1.0
25	1989	10.9	8.5	0.4	0.2	0.2	0.7	1.0	1.0

Female – Féminin

26	1983	11.7	8.9	0.5	0.2	0.2	0.4	0.5	0.5
27	1984	11.4	8.5	0.4	0.2	0.2	0.4	0.4	0.5
28	1985	11.6	7.9	0.4	0.2	0.2	0.3	0.4	0.5
29	1986	11.7	7.7	0.4	0.2	0.1	0.3	0.4	0.4
30	1987	11.4	7.4	0.3	0.2	0.2	0.3	0.4	0.4
31	1988	11.4	6.5	0.4	0.2	0.2	0.3	0.4	0.4
32	1989	11.6	6.4	0.3	0.2	0.1	0.3	0.4	0.4

Former German [2]
Democratic Republic – Ancienne République démocratique allemande
Male – Masculin

33	1983	12.6	12.4	0.6	0.4	0.3	1.1	1.3	1.5
34	1984	12.4	11.2	0.6	0.3	0.3	1.0	1.3	1.4
35	1985	12.6	10.7	0.7	0.3	0.3	0.9	1.3	1.4
36	1988	11.9	9.0	0.6	0.3	0.3	0.8	1.1	1.3
37	1989	11.4	8.5	0.4	0.3	0.2	0.9	1.1	1.2

Female – Féminin

38	1983	14.0	8.7	0.5	0.2	0.2	0.4	0.5	0.6
39	1984	14.0	8.6	0.5	0.3	0.2	0.4	0.5	0.6
40	1985	14.4	8.3	0.5	0.2	0.2	0.4	0.5	0.5
41	1988	13.6	6.7	0.5	0.2	0.2	0.3	0.4	0.5
42	1989	13.2	5.9	0.4	0.2	0.1	0.4	0.4	0.5

Greece – Grèce
Male – Masculin

43	1983	9.7	16.1	0.5	0.3	0.4	1.0	1.2	1.0
44	1984	9.5	*—— 3.2 ——*		0.3	0.3	0.8	1.2	1.1

Female – Féminin

45	1983	8.7	12.8	0.4	0.2	0.2	0.3	0.4	0.5
46	1984	8.4	*—— 2.6 ——*		0.2	0.2	0.3	0.4	0.4

23. Taux de mortalité selon l'âge, le sexe et la résidence, urbaine/rurale: 1983 – 1992 (suite)

r notes à la fin du tableau.)

					Age(en années)						
35–39	40–44	45–49	50–54	55–59	60–64	65–69	70–74	75–79	80–84	85 plus	
2.2	3.4	5.7	9.4	13.7	19.3	29.6	44.8	73.2	117.3	213.1	1
2.2	3.4	5.5	9.1	13.7	19.4	27.8	43.0	70.1	111.0	202.9	2
2.3	3.4	5.4	8.8	13.8	19.1	32.3	41.1	73.2	123.8	244.1	3
2.2	3.7	5.2	8.6	13.3	19.1	31.3	39.6	70.7	118.5	237.6	4
2.2	3.5	5.0	8.2	12.8	18.4	29.5	37.8	67.5	112.3	223.8	5
2.3	3.2	4.9	7.9	12.4	17.8	25.1	39.3	62.0	101.3	184.3	6
2.3	3.2	4.8	7.8	12.0	17.7	25.2	37.6	60.9	100.1	183.3	7
2.4	3.5	5.0	7.3	11.4	17.5	24.4	42.9	57.3	105.8	212.0	8
2.4	3.4	5.3	7.0	11.0	17.2	24.4	41.8	55.2	103.0	204.4	9
1.1	1.6	2.4	3.7	5.2	7.6	12.1	20.8	39.6	75.8	172.5	10
1.0	1.5	2.3	3.5	5.0	7.3	11.5	19.7	37.1	71.0	162.1	11
1.1	1.5	2.2	3.4	5.0	7.2	12.9	18.6	38.0	75.5	186.6	12
1.0	1.6	2.2	3.3	4.8	7.1	12.6	17.8	36.3	72.6	183.2	13
1.0	1.6	2.2	3.2	4.7	6.8	11.8	16.7	34.4	67.6	170.1	14
1.0	1.4	2.2	3.2	4.6	6.6	10.2	17.9	32.3	62.2	147.2	15
1.0	1.4	2.1	3.1	4.5	6.6	10.1	16.8	31.2	60.9	149.2	16
1.0	1.4	2.1	3.0	4.3	6.4	9.5	18.7	29.2	62.1	165.1	17
0.9	1.4	2.2	2.9	4.2	6.4	9.6	18.4	27.9	58.9	160.5	18
...	...	...	...	...	...	...	...	...	...	...	
1.9	3.1	5.0	8.7	13.1	20.9	34.6	55.0	90.2	140.8	222.9	19
1.8	2.9	4.9	8.1	12.7	21.0	32.6	52.9	87.1	133.9	213.9	20
1.7	2.9	4.8	8.1	12.8	20.3	31.7	52.8	86.7	134.5	216.7	21
1.8	2.8	4.6	7.6	12.6	19.6	30.2	52.2	84.2	133.0	213.1	22
1.7	2.7	4.4	7.4	12.4	19.0	29.8	49.4	80.1	127.6	214.4	23
1.7	2.6	4.5	7.2	12.1	18.7	29.7	49.1	77.5	124.9	209.2	24
1.7	2.6	4.4	7.1	11.9	18.6	30.2	47.0	76.5	125.3	214.8	25
1.1	1.6	2.5	4.1	6.1	9.8	16.6	28.6	53.2	96.4	188.2	26
1.1	1.6	2.4	3.8	6.0	9.7	15.6	27.0	50.2	91.2	178.4	27
1.0	1.5	2.4	3.8	5.9	9.3	15.0	26.9	49.4	91.0	181.9	28
1.0	1.5	2.3	3.6	5.7	9.2	14.8	27.0	48.2	89.2	180.2	29
0.9	1.5	2.3	3.5	5.6	8.9	14.5	25.3	46.2	84.7	173.3	30
0.9	1.5	2.3	3.5	5.4	8.6	14.3	25.8	45.0	82.8	169.7	31
1.0	1.5	2.3	3.5	5.4	8.5	14.4	24.7	44.2	82.3	173.8	32
2.2	3.4	5.7	9.7	14.2	22.7	38.5	61.7	102.0	158.9	265.2	33
2.1	3.5	5.6	9.5	14.7	23.2	37.0	61.3	100.6	157.9	266.2	34
2.1	3.4	5.6	9.3	14.5	23.1	36.6	62.9	104.8	165.4	280.8	35
2.3	3.5	5.9	9.6	15.8	22.9	36.6	63.0	97.9	156.3	255.5	36
2.5	3.5	5.6	9.3	15.3	22.6	36.8	57.8	93.6	149.6	250.6	37
1.2	1.8	2.8	4.8	7.1	12.1	21.8	37.5	69.5	120.3	223.5	38
1.1	1.9	2.8	4.6	7.3	12.5	20.9	37.2	67.6	119.6	225.1	39
1.2	1.8	2.8	4.6	7.2	12.5	20.1	37.8	69.0	124.5	236.8	40
1.1	1.8	2.8	4.6	7.2	11.3	20.1	38.1	64.3	114.6	219.3	41
1.1	1.6	2.8	4.3	7.0	11.4	20.0	35.3	62.3	110.1	211.1	42
1.4	2.1	3.3	5.6	10.0	15.6	25.8	42.0	68.1	103.9	203.8	43
1.3	2.2	3.2	5.8	9.6	15.9	24.7	40.0	65.6	99.8	195.7	44
0.8	1.1	1.7	2.8	4.8	8.3	14.8	27.4	52.0	91.2	200.8	45
0.8	1.2	1.7	2.6	4.9	7.6	14.6	26.6	48.9	86.2	185.2	46

23. Death rates specific for age, sex and urban/rural residence: 1983 – 1992 (continued)

(See notes at end of table.)

Continent, country or area, year, sex and urban/rural residence / Continent, pays ou zone, année, sexe et résidence, urbaine/rurale	All ages Tous âges [1]	Age (in years)							
		−1	1–4	5–9	10–14	15–19	20–24	25–29	3
EUROPE (Cont.–Suite)									
Hungary – Hongrie [2]									
Male – Masculin									
1 1983	15.2	21.3	0.6	0.3	0.4	0.9	1.6	1.8	
2 1984	15.2	22.9	0.5	0.3	0.3	0.9	1.5	1.9	
3 1985	15.2	23.3	0.6	0.3	0.3	1.0	1.5	2.0	
4 1986	15.0	21.8	0.5	0.3	0.3	0.9	1.2	1.9	
5 1987	14.6	20.0	0.7	0.3	0.3	1.0	1.3	1.9	
6 1988	14.3	17.5	0.6	0.3	0.3	0.9	1.2	1.7	
7 1989	15.0	17.3	0.6	0.3	0.3	1.0	1.4	1.9	
8 1990	15.5	16.8	0.6	0.3	0.3	1.0	1.5	2.0	
9 1991	15.5	17.7	0.6	0.4	0.3	0.8	1.4	2.1	
Female – Féminin									
10 1983	12.7	16.4	0.5	0.3	0.2	0.4	0.5	0.8	
11 1984	12.4	18.2	0.5	0.2	0.2	0.4	0.5	0.7	
12 1985	12.6	18.9	0.5	0.2	0.2	0.4	0.5	0.7	
13 1986	12.7	16.5	0.5	0.2	0.2	0.4	0.5	0.8	
14 1987	12.3	14.7	0.5	0.2	0.2	0.4	0.5	0.7	
15 1988	12.2	14.4	0.4	0.2	0.2	0.4	0.5	0.7	
16 1989	12.4	14.5	0.5	0.2	0.2	0.3	0.5	0.7	
17 1990	12.8	13.5	0.4	0.3	0.2	0.4	0.6	0.7	
18 1991	12.6	14.1	0.4	0.2	0.2	0.4	0.5	0.6	
Iceland – Islande									
Male – Masculin									
19 1983	8.0	♦ 5.4	♦ 0.3	♦ 0.6	♦ 0.3	♦ 1.1	♦ 1.1	♦ 1.3	♦
20 1984	7.1	♦ 6.5	♦ 0.2	♦ 0.2	♦ 0.2	♦ 1.2	♦ 1.2	♦ 1.2	♦
21 1985	7.3	♦ 5.5	♦ 0.6	♦ 0.2	♦ 0.3	♦ 0.9	♦ 1.3	♦ 1.5	
22 1986	7.0	♦ 4.1	♦ 0.1	♦ 0.5	♦ 0.1	♦ 1.0	♦ 1.2	♦ 0.8	
23 1987	7.5	♦ 6.2	♦ 0.4	♦ 0.5	♦ 0.6	♦ 1.1	♦ 1.1	♦ 1.2	
24 1988	7.7	♦ 7.3	♦ 0.2	♦ 0.2	–	♦ 1.4	♦ 1.1	♦ 1.7	
25 1989	7.0	♦ 5.1	–	♦ 0.2	♦ 0.2	♦ 0.6	♦ 1.0	♦ 1.0	
26 1990	7.1	♦ 7.2	♦ 0.5	♦ 0.2	♦ 0.3	♦ 1.1	♦ 1.5	♦ 1.5	
Female – Féminin									
27 1983	6.0	♦ 7.0	♦ 0.4	♦ 0.4	–	♦ 0.3	♦ 0.5	♦ 0.2	♦
28 1984	6.1	♦ 5.3	♦ 0.1	♦ 0.3	–	♦ 0.4	♦ 0.2	♦ 0.4	♦
29 1985	6.4	♦ 5.5	♦ 0.5	–	♦ 0.1	♦ 0.4	♦ 0.2	♦ 0.1	♦
30 1986	6.1	♦ 6.8	♦ 0.2	♦ 0.2	–	♦ 0.7	♦ 0.5	♦ 0.6	♦
31 1987	6.5	♦ 8.9	♦ 0.1	–	♦ 0.3	♦ 0.4	♦ 0.3	♦ 0.2	♦
32 1988	6.8	♦ 5.8	♦ 0.5	♦ 0.1	–	♦ 0.2	♦ 0.1	♦ 0.7	♦
33 1989	6.6	♦ 5.3	♦ 0.4	♦ 0.3	♦ 0.2	♦ 0.3	♦ 0.4	♦ 0.4	♦
34 1990	6.3	♦ 4.8	–	♦ 0.1	♦ 0.1	♦ 0.4	♦ 0.1	♦ 0.6	♦
Ireland – Irlande + [2][25]									
Male – Masculin									
35 1983	10.2	10.4	0.7	0.3	0.2	0.9	1.3	1.0	
36 1984	9.9	10.8	0.4	0.3	0.3	0.8	1.0	0.9	
37 1985	10.3	9.3	0.5	0.3	0.3	0.7	1.1	1.1	
38 1986	10.3	9.7	0.5	0.3	0.3	0.8	1.0	0.9	
39 1988	9.6	9.2	0.6	0.2	0.2	0.8	0.9	1.2	
40 1989	9.7	9.8	0.6	0.3	0.2	0.7	1.3	0.9	
41 1990	9.6	9.4	0.5	0.2	0.2	0.6	1.1	1.2	
42 1991	9.5	9.0	0.4	0.2	0.3	0.7	1.0	1.3	
Female – Féminin									
43 1983	8.6	8.9	0.5	♦ 0.2	♦ 0.1	0.3	0.4	0.5	
44 1984	8.3	7.8	0.4	0.2	0.2	0.4	0.4	0.4	
45 1985	8.5	8.0	0.4	♦ 0.2	0.2	0.3	0.4	0.3	
46 1986	8.6	8.2	0.3	♦ 0.2	0.2	0.3	0.3	0.3	
47 1988	8.2	7.6	0.3	♦ 0.1	0.2	0.3	0.4	0.3	
48 1989	8.6	6.8	0.3	♦ 0.1	♦ 0.2	0.3	0.4	0.3	
49 1990	8.3	7.6	0.3	♦ 0.1	♦ 0.2	0.3	0.4	0.5	
50 1991	8.4	7.3	♦ 0.3	♦ 0.2	♦ 0.1	0.3	0.3	0.4	
Italy – Italie									
Male – Masculin									
51 1984	10.2	12.6	0.4	0.2	0.3	0.8	1.0	0.9	
52 1987	9.9	10.2	0.5	0.4	0.2	0.7	1.0	1.0	
53 1988	10.1	10.6	0.3	0.2	0.2	0.7	1.0	1.1	

					Age(en années)						
35–39	40–44	45–49	50–54	55–59	60–64	65–69	70–74	75–79	80–84	85 plus	
4.4	7.0	10.9	15.6	22.7	31.8	48.0	70.9	110.0	164.1	256.8	1
4.3	7.0	10.7	15.8	23.3	33.2	45.6	69.5	108.5	162.5	246.9	2
4.4	7.0	10.9	15.6	23.1	32.3	43.9	70.4	105.8	161.2	259.8	3
4.2	6.9	10.7	15.5	23.4	33.1	44.7	69.6	103.7	157.5	243.6	4
4.1	6.4	10.4	15.7	22.2	32.8	44.0	68.5	99.3	151.7	233.1	5
4.0	6.4	10.0	15.5	21.8	32.8	44.3	65.2	96.6	148.6	223.6	6
4.6	6.8	11.1	16.6	23.3	34.1	46.9	64.1	97.4	147.7	232.9	7
4.9	7.1	11.5	16.7	24.6	34.2	46.3	63.3	100.5	152.5	252.9	8
4.9	7.8	11.7	17.4	24.1	34.1	46.6	63.0	99.9	148.1	247.5	9
1.8	2.7	4.5	6.4	10.1	15.2	25.3	42.2	72.5	124.2	222.4	10
1.9	2.8	4.2	6.4	10.0	15.4	23.7	40.9	70.1	118.6	210.6	11
1.9	2.9	4.4	6.6	9.9	14.8	23.4	40.7	70.2	120.1	214.0	12
1.9	2.8	4.3	6.5	9.8	14.9	23.9	42.0	69.4	119.9	211.2	13
1.8	2.8	4.0	6.3	9.8	14.5	22.6	40.8	66.3	113.7	202.3	14
1.9	2.7	4.0	6.2	9.4	14.4	22.8	39.0	65.4	110.5	193.1	15
1.9	2.9	4.4	6.5	9.9	14.4	23.2	38.4	63.8	111.5	196.6	16
1.9	3.0	4.5	6.5	9.6	14.6	23.2	37.4	66.6	113.9	212.9	17
2.1	2.9	4.6	6.5	9.6	14.7	23.0	36.0	64.7	111.0	210.9	18
♦ 1.6	♦ 3.8	♦ 3.4	8.2	12.4	15.8	30.1	39.0	66.6	97.7	196.6	19
♦ 1.3	♦ 1.6	♦ 3.6	5.9	9.3	14.6	26.4	43.2	56.8	73.2	173.9	20
♦ 1.4	♦ 2.1	♦ 3.1	♦ 5.3	7.2	15.6	22.5	40.9	62.2	92.9	187.4	21
♦ 1.0	♦ 2.7	♦ 4.3	6.0	9.1	14.4	22.1	34.9	57.5	95.0	163.7	22
♦ 1.7	♦ 1.9	♦ 2.9	6.0	9.0	11.3	20.0	40.1	71.6	99.7	186.8	23
♦ 1.1	♦ 1.9	♦ 3.1	6.8	9.2	16.2	26.8	35.7	70.2	94.2	189.8	24
♦ 1.2	♦ 1.6	♦ 3.5	♦ 4.1	7.8	11.7	22.7	37.9	56.5	107.6	176.5	25
♦ 1.2	♦ 1.8	♦ 2.9	♦ 4.3	9.3	12.0	24.2	36.8	59.5	91.0	159.4	26
♦ 0.5	♦ 1.4	♦ 2.8	♦ 2.0	♦ 5.2	♦ 6.5	13.8	25.1	35.5	70.2	141.6	27
♦ 1.0	♦ 1.0	♦ 1.7	♦ 2.9	♦ 4.3	8.1	16.3	24.4	45.4	63.4	135.8	28
♦ 0.5	♦ 0.2	♦ 3.4	♦ 2.4	♦ 4.2	7.3	14.5	24.7	44.2	65.5	160.0	29
♦ 0.9	♦ 1.2	♦ 1.9	♦ 3.4	♦ 4.2	6.7	10.7	25.2	35.5	67.5	144.7	30
♦ 1.1	♦ 0.7	♦ 2.6	♦ 4.3	♦ 5.1	9.7	14.6	21.6	43.5	67.0	140.7	31
♦ 0.7	♦ 0.5	♦ 1.6	♦ 3.8	6.6	10.2	12.2	23.2	43.2	68.2	167.9	32
♦ 0.8	♦ 1.3	♦ 2.5	♦ 2.3	♦ 4.9	9.9	12.5	21.9	39.2	68.8	159.1	33
♦ 0.8	♦ 1.1	♦ 2.3	♦ 4.5	6.2	9.2	11.3	22.6	42.7	48.9	147.5	34
1.5	2.6	4.6	8.2	14.7	24.9	36.3	63.1	96.8	155.1	262.2	35
1.5	2.3	4.5	7.9	13.6	24.0	35.4	60.1	93.4	158.3	257.0	36
1.4	2.3	4.2	7.3	14.1	24.7	37.9	62.2	98.9	157.9	281.6	37
1.4	2.2	3.9	7.5	13.2	23.9	38.6	62.3	99.7	156.7	272.7	38
1.0	1.9	3.9	6.5	12.5	22.2	36.2	58.8	87.8	141.9	241.1	39
1.5	2.2	3.6	6.8	11.6	21.0	35.8	57.1	91.5	146.8	230.8	40
1.2	2.2	3.6	5.8	11.9	21.1	34.5	52.9	88.9	147.3	251.5	41
1.4	1.9	3.6	5.5	12.1	20.1	35.5	53.6	85.6	135.7	237.8	42
0.8	1.5	2.5	5.0	8.2	13.1	20.4	34.9	58.9	112.0	225.7	43
0.8	1.6	2.7	5.1	7.2	13.4	19.6	35.6	56.2	109.0	206.4	44
0.8	1.5	2.3	4.3	7.5	13.1	20.3	34.0	58.2	108.6	223.6	45
0.8	1.4	2.8	4.2	7.8	13.2	19.3	34.7	58.9	104.8	217.1	46
0.9	1.4	2.4	4.0	6.9	12.3	18.3	32.9	53.9	96.0	203.1	47
0.7	1.4	2.3	4.2	7.1	11.7	19.5	33.1	54.9	99.9	196.3	48
0.9	1.2	2.5	3.8	6.7	10.8	18.2	29.3	51.8	94.5	188.7	49
0.8	1.4	2.2	3.6	6.2	10.5	18.8	30.1	53.3	85.9	189.0	50
1.4	2.4	4.1	7.5	12.6	19.9	30.8	48.1	78.3	123.7	215.4	51
1.3	2.2	3.6	6.6	11.2	18.4	28.9	42.6	74.0	116.6	213.7	52
1.3	2.2	3.7	6.2	11.1	18.4	29.3	42.9	73.0	120.8	207.3	53

23. Death rates specific for age, sex and urban/rural residence: 1983 – 1992 (continued)

(See notes at end of table.)

Continent, country or area, year, sex and urban/rural residence / Continent, pays ou zone, année, sexe et résidence, urbaine/rurale	All ages Tous âges [1]	−1	1–4	5–9	10–14	15–19	20–24	25–29	3
EUROPE (Cont.–Suite)									
Italie – Italie									
Female – Féminin									
1 1984	8.6	9.8	0.4	0.2	0.2	0.3	0.3	0.4	
2 1987	8.5	8.6	0.5	0.3	0.2	0.2	0.3	0.4	
3 1988	8.8	8.5	0.3	0.1	0.2	0.3	0.3	0.4	
Latvia – Lettonie [2][20]									
Male – Masculin									
4 1989	12.7	12.4	1.1	0.7	0.7	1.7	2.5	3.0	
5 1990	13.6	15.8	1.1	1.0	0.8	1.9	2.3	3.3	
Female – Féminin									
6 1989	11.8	8.7	0.7	0.5	◆ 0.3	0.8	0.8	0.7	
7 1990	12.5	11.6	0.9	0.4	◆ 0.3	0.7	0.6	1.0	
Lithuania – Lituanie [2][20]									
Male – Masculin									
8 1989	11.3	11.7	0.9	0.5	0.5	1.5	2.1	2.6	
Female – Féminin									
9 1989	9.5	9.3	0.7	0.4	◆ 0.2	0.7	0.6	0.8	
Luxembourg									
Male – Masculin									
10 1983	12.1	◆ 12.9	◆ 0.5	◆ 0.6	◆ 0.3	◆ 0.8	◆ 1.7	◆ 1.3	◆
11 1984	11.9	◆ 11.8	◆ 0.7	◆ 0.3	◆ 0.3	◆ 1.1	◆ 1.6	2.2	◆
12 1985	11.8	◆ 9.1	◆ 1.2	◆ 0.1	◆ 0.4	◆ 1.2	◆ 1.9	◆ 1.5	◆
13 1987	11.4	◆ 10.5	◆ 0.6	◆ 0.5	◆ 0.2	◆ 1.2	◆ 1.5	◆ 1.7	◆
Female – Féminin									
14 1983	10.6	◆ 9.1	◆ 0.1	◆ 0.2	–	◆ 0.3	◆ 0.5	◆ 0.9	◆
15 1984	10.4	◆ 11.6	◆ 0.8	–	◆ 0.3	◆ 0.3	◆ 0.5	◆ 0.5	◆
16 1985	10.3	◆ 8.5	◆ 0.4	◆ 0.2	◆ 0.3	◆ 0.5	◆ 0.3	◆ 0.8	◆
17 1987	10.4	◆ 8.1	◆ 0.5	◆ 0.2	◆ 0.1	◆ 0.4	◆ 0.5	◆ 0.4	◆
Malta – Malte [26]									
Male – Masculin									
18 1983	9.8	*——— 4.3 ———*		◆ 0.1	◆ 0.2	◆ 0.3	◆ 0.7	◆ 0.8	◆
19 1984	9.3	*——— 2.8 ———*		◆ 0.2	◆ 0.2	◆ 0.5	◆ 0.9	◆ 0.4	◆
20 1985	8.7	*——— 4.0 ———*		◆ 0.3	◆ 0.3	◆ 0.2	◆ 0.8	◆ 0.4	◆
21 1986	8.6	*——— 2.3 ———*		◆ 0.6	◆ 0.3	◆ 0.5	◆ 0.9	◆ 1.0	◆
22 1987	8.8	*——— ◆ 2.0 ———*		◆ 0.3	◆ 0.2	◆ 0.4	◆ 1.2	◆ 1.0	◆
23 1988	8.1	*——— ◆ 1.4 ———*		◆ 0.1	–	◆ 0.5	◆ 1.0	◆ 0.8	◆
24 1989	7.5	*——— 2.5 ———*		◆ 0.1	◆ 0.1	◆ 0.9	◆ 0.7	◆ 0.5	◆
25 1990	8.0	◆ 10.1	◆ 0.5	◆ 0.4	◆ 0.1	◆ 0.3	◆ 0.7	◆ 0.7	◆
Female – Féminin									
26 1983	9.3	*——— 2.7 ———*		◆ 0.1	◆ 0.2	◆ 0.6	◆ 0.3	◆ 0.4	◆
27 1984	8.2	*——— 2.8 ———*		◆ 0.3	–	◆ 0.2	◆ 0.2	◆ 0.3	◆
28 1985	8.0	*——— 2.3 ———*		◆ 0.3	◆ 0.2	◆ 0.2	◆ 0.2	◆ 0.4	◆
29 1986	7.9	*——— ◆ 2.2 ———*		–	◆ 0.2	◆ 0.2	◆ 0.4	◆ 0.5	◆
30 1987	8.0	*——— ◆ 1.5 ———*		◆ 0.1	–	◆ 0.2	◆ 0.3	◆ 0.6	◆
31 1988	7.4	*——— 2.7 ———*		◆ 0.3	◆ 0.1	–	◆ 0.2	◆ 0.1	◆
32 1989	7.3	*——— ◆ 2.0 ———*		◆ 0.1	–	◆ 0.2	◆ 0.3	◆ 0.2	◆
33 1990	7.5	◆ 8.2	◆ 0.3	◆ 0.1	◆ 0.4	–	◆ 0.1	◆ 0.3	◆
Netherlands – Pays–Bas [2][27]									
Male – Masculin									
34 1983	9.0	9.2	0.5	0.3	0.3	0.6	0.8	0.7	
35 1984	9.1	9.8	0.5	0.3	0.3	0.6	0.8	0.8	
36 1985	9.2	9.0	0.5	0.2	0.2	0.6	0.8	0.8	
37 1986	9.3	8.7	0.5	0.2	0.2	0.5	0.8	0.8	
38 1987	9.0	*——— 2.2 ———*		0.2	0.2	0.6	0.7	0.7	
39 1988	9.0	*——— 2.0 ———*		0.2	0.2	0.5	0.7	0.8	
40 1989	9.1	7.7	0.4	0.2	0.2	0.5	0.7	0.7	
41 1990	9.0	8.2	0.4	0.2	0.2	0.5	0.7	0.8	
42 1991	8.9	7.7	0.5	0.2	0.2	0.5	0.7	0.7	

23. Taux de mortalité selon l'âge, le sexe et la résidence, urbaine/rurale: 1983 – 1992 (suite)

notes à la fin du tableau.)

					Age(en années)						
35–39	40–44	45–49	50–54	55–59	60–64	65–69	70–74	75–79	80–84	85 plus	
0.8	1.3	2.1	3.3	5.2	8.7	14.4	24.9	46.6	86.3	181.2	1
0.7	1.2	1.9	3.0	4.7	7.7	13.2	21.9	42.6	79.6	171.1	2
0.7	1.2	1.9	3.0	4.7	7.8	13.3	21.9	42.3	81.0	172.8	3
4.6	7.1	10.3	14.6	21.2	31.8	43.5	62.3	90.2	135.9	225.1	4
4.9	7.3	11.5	16.1	23.2	32.3	46.4	66.0	99.6	142.0	235.8	5
1.5	2.8	3.3	5.5	8.4	13.0	20.6	33.9	58.5	99.7	192.6	6
1.5	2.3	4.4	5.3	8.4	13.1	21.7	35.8	63.0	106.1	201.1	7
4.8	7.1	10.5	13.1	19.1	26.8	40.5	52.9	76.1	111.4	207.8	8
1.5	2.6	3.5	4.8	7.3	10.9	19.4	30.7	51.7	86.2	177.9	9
◆ 2.2	4.7	4.9	7.2	13.0	24.3	36.6	58.2	105.0	*——— 1 74.8 ———*		10
2.6	2.8	6.8	9.6	15.6	24.1	34.2	55.0	96.2	*——— 1 63.7 ———*		11
◆ 2.0	3.3	5.2	7.9	14.5	21.9	37.0	54.9	95.9	*——— 1 70.3 ———*		12
2.3	3.3	5.4	7.7	14.7	22.4	33.0	50.0	83.5	*——— 1 76.9 ———*		13
◆ 1.5	◆ 1.8	2.8	4.0	5.6	11.9	15.8	29.5	60.3	*——— 1 38.1 ———*		14
◆ 1.4	◆ 1.4	◆ 2.5	5.6	6.9	10.4	17.6	30.0	51.8	*——— 1 31.3 ———*		15
◆ 0.8	3.0	◆ 1.8	4.1	6.8	10.1	17.7	31.5	48.4	*——— 1 26.8 ———*		16
◆ 1.2	◆ 1.6	3.1	5.6	5.7	8.8	13.8	27.5	48.8	*——— 1 31.9 ———*		17
◆ 1.6	◆ 2.1	4.3	9.3	14.0	23.2	32.3	66.4	96.3	154.8	282.0	18
◆ 1.1	◆ 1.2	4.0	7.2	14.5	23.7	36.5	69.1	116.2	165.6	158.6	19
◆ 0.9	◆ 0.7	3.7	6.2	13.6	22.0	36.0	55.1	74.7	132.3	267.2	20
◆ 1.1	◆ 1.6	◆ 3.5	5.5	13.0	19.3	32.5	52.3	92.2	131.2	228.0	21
◆ 1.0	◆ 1.5	◆ 3.2	6.7	10.2	19.5	28.8	53.4	94.9	164.1	243.6	22
◆ 1.0	◆ 2.0	◆ 3.6	3.9	9.4	20.0	28.5	56.9	84.1	130.8	209.5	23
◆ 0.8	◆ 1.9	3.5	4.7	10.2	18.8	26.3	47.5	69.3	120.0	176.4	24
◆ 1.2	◆ 0.8	3.1	5.2	8.1	19.5	28.1	45.9	90.6	114.2	204.9	25
◆ 0.3	◆ 2.9	◆ 2.8	4.2	6.5	15.5	24.7	57.5	69.6	154.7	188.3	26
◆ 0.9	◆ 1.0	◆ 2.0	5.4	7.6	13.6	22.4	51.9	70.5	88.3	185.4	27
◆ 0.6	◆ 1.2	◆ 1.7	◆ 3.1	7.4	9.0	19.5	36.9	63.1	102.7	246.1	28
◆ 0.7	◆ 1.2	◆ 2.2	◆ 2.2	6.9	9.6	18.9	40.7	58.4	105.6	220.4	29
◆ 0.8	◆ 1.1	◆ 2.5	◆ 3.0	4.6	12.2	17.9	37.8	64.7	114.1	211.5	30
◆ 0.9	◆ 0.8	◆ 1.8	◆ 3.1	5.8	11.4	18.2	35.3	51.9	100.7	184.8	31
◆ 0.9	◆ 1.3	◆ 1.2	◆ 2.4	6.0	11.8	14.6	35.2	49.8	92.7	197.8	32
◆ 0.8	◆ 1.1	◆ 1.0	3.9	5.6	10.5	15.5	27.2	55.1	106.1	188.8	33
1.3	2.1	3.6	6.3	11.2	18.7	31.3	51.3	81.1	119.3	210.0	34
1.3	1.9	3.5	6.5	11.0	18.4	31.1	50.6	79.2	118.7	206.4	35
1.2	2.1	3.3	6.3	11.1	18.6	31.3	49.7	80.4	120.1	212.8	36
1.3	2.0	3.6	6.4	10.9	18.4	31.2	50.1	79.9	120.9	211.3	37
1.2	2.0	3.4	5.9	10.8	17.6	30.0	47.4	77.3	117.8	202.4	38
1.2	1.9	3.1	5.8	10.0	17.6	29.4	48.1	76.0	119.8	201.6	39
1.2	1.9	3.2	5.8	10.3	17.6	28.6	47.6	78.1	121.8	213.4	40
1.2	1.9	3.2	5.4	10.0	16.2	28.6	47.6	75.3	119.3	211.4	41
1.3	1.9	3.0	5.5	9.3	16.7	27.5	45.8	75.1	118.5	213.0	42

23. Death rates specific for age, sex and urban/rural residence: 1983 – 1992 (continued)

(See notes at end of table.)

Continent, country or area, year, sex and urban/rural residence / Continent, pays ou zone, année, sexe et résidence, urbaine/rurale	All ages Tous âges [1]	−1	1–4	5–9	10–14	15–19	20–24	25–29	30
EUROPE (Cont.–Suite)									
Netherlands – Pays–Bas [2] [27]									
Female – Féminin									
1 1983	7.4	7.5	0.4	0.2	0.2	0.3	0.4	0.4	
2 1984	7.5	7.1	0.4	0.2	0.2	0.3	0.3	0.4	
3 1985	7.8	7.2	0.4	0.1	0.1	0.2	0.3	0.4	
4 1986	8.0	7.0	0.4	0.2	0.2	0.2	0.3	0.4	
5 1987	7.7	*——— 1.7 ———*		0.1	0.2	0.2	0.3	0.4	
6 1988	7.9	*——— 1.4 ———*		0.2	0.1	0.2	0.3	0.4	
7 1989	8.2	6.0	0.4	0.1	0.2	0.3	0.4	0.3	
8 1990	8.2	6.2	0.4	0.1	0.2	0.2	0.3	0.4	
9 1991	8.3	5.3	0.3	0.2	0.2	0.3	0.3	0.4	
Norway – Norvège [28]									
Male – Masculin									
10 1983	11.2	8.7	0.5	0.3	0.3	1.0	1.2	1.1	
11 1984	11.2	8.3	0.6	0.2	0.2	0.8	1.2	1.0	
12 1985	11.6	10.3	0.5	0.3	0.3	1.0	1.1	1.1	
13 1986	11.4	8.4	0.5	0.3	0.3	1.1	1.2	1.0	
14 1987	11.6	9.2	0.6	♦ 0.2	0.2	0.9	1.3	1.1	
15 1988	11.4	9.3	0.5	0.3	0.2	0.9	1.1	1.1	
16 1989	11.3	8.9	0.5	♦ 0.2	♦ 0.2	0.9	1.1	0.8	
17 1990	11.4	*——— 2.2 ———*		0.2	0.3	0.9	0.9	1.0	
18 1991	11.0	6.7	0.4	♦ 0.2	♦ 0.2	0.7	1.0	1.0	
Female – Féminin									
19 1983	9.3	6.9	0.4	♦ 0.2	♦ 0.1	0.3	0.3	0.3	
20 1984	9.3	8.3	0.5	♦ 0.1	♦ 0.1	0.3	0.3	0.3	
21 1985	9.8	6.7	0.4	♦ 0.2	♦ 0.1	0.4	0.4	0.4	
22 1986	9.5	7.3	0.3	♦ 0.2	♦ 0.2	0.3	0.3	0.3	
23 1987	9.9	7.8	0.3	♦ 0.2	♦ 0.1	0.3	0.3	0.4	
24 1988	10.2	7.3	0.4	♦ 0.1	♦ 0.1	0.2	0.4	0.3	
25 1989	10.1	7.0	0.3	♦ 0.1	♦ 0.1	0.3	0.3	0.4	
26 1990	10.3	*——— 1.5 ———*		♦ 0.2	♦ 0.2	0.3	0.2	0.5	
27 1991	10.1	5.7	0.4	♦ 0.2	♦ 0.1	0.3	0.3	0.3	
Poland – Pologne [2]									
Male – Masculin									
28 1983	10.4	22.3	0.7	0.4	0.4	1.1	1.7	1.9	
29 1984	10.7	21.2	0.7	0.4	0.4	0.9	1.5	1.9	
30 1985	11.1	20.6	0.7	0.4	0.4	0.9	1.5	1.8	
31 1986	10.9	18.9	0.7	0.4	0.4	0.9	1.5	1.7	
32 1987	10.9	19.5	0.7	0.3	0.3	0.9	1.4	1.7	
33 1988	10.7	18.1	0.6	0.3	0.3	0.9	1.3	1.6	
34 1989	11.0	17.7	0.7	0.4	0.4	1.0	1.6	1.9	
35 1990	11.3	17.7	0.7	0.3	0.3	1.0	1.7	1.9	
36 1991	11.7	16.9	0.6	0.3	0.4	1.0	1.7	1.9	
Female – Féminin									
37 1983	8.7	16.9	0.6	0.3	0.2	0.4	0.5	0.6	
38 1984	9.1	16.5	0.6	0.2	0.2	0.4	0.4	0.6	
39 1985	9.4	15.8	0.6	0.2	0.2	0.3	0.4	0.6	
40 1986	9.2	14.8	0.5	0.2	0.2	0.3	0.4	0.5	
41 1987	9.2	14.9	0.5	0.2	0.2	0.3	0.4	0.5	
42 1988	8.9	13.6	0.5	0.2	0.2	0.3	0.4	0.5	
43 1989	9.1	13.5	0.6	0.2	0.2	0.3	0.4	0.5	
44 1990	9.2	13.8	0.5	0.2	0.2	0.3	0.4	0.5	
45 1991	9.5	13.0	0.5	0.2	0.2	0.4	0.4	0.5	
Portugal									
Male – Masculin									
46 1983	10.4	20.5	1.2	0.6	0.5	1.5	2.0	1.9	
47 1984	10.4	19.1	1.1	0.6	0.6	1.4	1.8	1.8	
48 1985	10.4	19.6	1.2	0.5	0.5	1.3	1.7	1.7	
49 1986	10.2	17.6	1.0	0.5	0.5	1.3	1.6	1.6	
50 1987	10.1	15.7	0.9	0.5	0.5	1.3	1.8	1.7	
51 1988	10.4	14.1	1.0	0.5	0.5	1.4	1.8	1.7	
52 1989	10.6	14.1	1.0	0.5	0.5	1.3	1.8	1.9	
53 1991	11.5	12.4	0.9	0.5	0.5	1.6	2.0	2.0	

23. Taux de mortalité selon l'âge, le sexe et la résidence, urbaine/rurale: 1983 – 1992 (suite)

notes à la fin du tableau.)

					Age(en années)						
35–39	40–44	45–49	50–54	55–59	60–64	65–69	70–74	75–79	80–84	85 plus	
0.8	1.3	2.2	3.6	5.4	8.3	13.1	22.4	40.8	75.6	163.1	1
0.8	1.3	2.2	3.4	5.3	8.3	13.3	22.3	41.4	73.9	157.9	2
0.8	1.2	2.1	3.6	5.3	8.1	13.2	22.9	40.8	75.4	159.2	3
0.9	1.3	2.1	3.5	5.6	8.2	13.1	22.1	40.6	75.3	163.5	4
0.8	1.3	2.1	3.4	5.3	8.1	12.7	21.8	38.4	69.4	154.4	5
0.8	1.3	2.1	3.1	5.2	7.9	12.7	21.6	38.0	71.7	156.1	6
0.8	1.2	2.2	3.4	5.4	8.2	12.7	21.9	39.1	71.3	163.4	7
0.8	1.3	2.1	3.1	5.1	8.0	12.7	21.2	38.4	71.0	162.2	8
0.8	1.4	2.1	3.2	5.1	8.2	13.0	21.4	38.2	70.2	160.2	9
1.3	2.2	4.1	7.4	11.2	18.9	29.4	47.7	73.7	112.4	204.1	10
1.5	2.1	4.0	6.4	11.5	17.8	29.2	47.7	72.0	116.1	200.2	11
1.6	2.5	4.0	7.0	11.0	18.2	28.6	48.5	78.7	117.4	205.9	12
1.5	2.3	4.2	6.4	10.8	18.4	28.6	47.3	74.5	113.6	205.9	13
1.5	2.5	3.8	6.7	11.2	18.3	29.4	47.2	73.9	118.3	207.3	14
1.5	2.3	4.0	6.5	10.7	17.9	27.2	46.1	75.1	114.7	206.8	15
1.6	2.3	3.8	6.1	10.4	17.6	28.1	44.5	72.1	116.6	206.6	16
1.7	2.3	3.5	5.3	10.4	16.8	27.9	44.9	71.9	112.7	205.8	17
1.6	2.0	3.5	5.6	9.9	16.2	27.0	42.6	71.3	115.5	204.2	18
0.9	1.2	2.0	3.4	5.4	7.6	13.0	23.5	42.4	77.8	162.9	19
0.7	1.2	2.1	3.2	5.2	8.2	12.8	22.8	40.8	74.9	159.4	20
0.8	1.3	2.1	3.3	5.1	8.3	12.6	24.0	43.0	78.1	168.4	21
0.8	1.3	2.2	3.4	5.4	7.9	12.8	22.1	40.8	74.7	160.6	22
0.6	1.3	2.1	3.4	5.3	8.1	13.2	23.0	42.1	75.6	161.2	23
0.8	1.4	2.4	3.2	5.4	8.1	13.1	23.4	40.6	75.4	170.7	24
0.7	1.3	1.9	3.1	5.3	8.3	12.6	21.8	40.9	73.0	169.7	25
0.9	1.3	2.0	2.8	4.9	8.4	13.0	22.7	41.3	74.2	161.2	26
0.9	1.2	1.9	3.1	4.8	7.7	13.0	21.3	40.2	72.4	164.9	27
3.2	5.3	8.1	12.3	18.4	26.9	39.6	61.2	96.3	146.0	233.3	28
3.4	5.7	8.5	13.2	19.3	27.8	40.1	61.6	96.4	150.5	248.6	29
3.5	5.7	8.9	13.6	19.9	29.1	41.7	65.2	101.6	158.7	266.8	30
3.4	5.4	8.8	13.5	20.0	29.4	41.7	64.4	98.5	151.1	259.5	31
3.4	5.3	8.9	13.4	20.2	29.6	41.9	64.5	98.2	148.8	255.8	32
3.4	5.3	8.6	13.2	20.1	29.4	41.5	63.4	94.5	142.0	244.7	33
3.7	5.6	9.0	13.8	20.4	29.6	42.5	61.3	94.4	143.7	228.6	34
3.9	5.8	9.2	14.0	20.8	30.2	43.0	61.4	96.1	145.3	227.6	35
4.1	6.3	9.8	15.1	21.7	31.5	44.4	62.6	98.1	147.7	235.0	36
1.2	2.0	3.1	5.1	7.8	12.3	20.1	34.4	60.3	106.1	199.7	37
1.3	2.0	3.3	5.0	7.9	12.6	20.6	35.0	62.5	109.7	211.7	38
1.3	2.2	3.3	5.2	8.1	12.9	21.2	36.2	64.3	111.6	224.4	39
1.3	2.1	3.3	5.1	8.0	12.9	20.6	35.9	62.1	108.4	211.2	40
1.3	2.1	3.4	5.1	8.1	12.7	21.0	35.4	61.5	106.2	209.2	41
1.2	2.0	3.1	5.0	7.9	12.6	20.4	34.8	58.3	100.8	193.0	42
1.2	2.1	3.3	4.9	7.9	12.8	20.9	34.6	59.7	103.3	193.6	43
1.3	2.2	3.3	4.9	7.8	12.6	20.6	33.9	59.9	103.4	192.1	44
1.4	2.2	3.4	5.0	7.8	12.6	21.1	34.3	61.8	108.0	198.4	45
2.6	3.8	5.8	9.0	13.7	19.3	32.1	*———	———	86.6	———*	46
2.4	4.0	5.8	9.1	13.7	19.9	31.1	*———	———	84.8	———*	47
2.4	3.6	5.8	8.8	13.1	19.3	30.2	50.8	82.9	132.8	259.3	48
2.4	3.7	5.8	8.6	13.2	19.4	29.4	49.0	75.9	128.0	235.6	49
2.4	3.4	5.2	8.4	12.5	18.9	27.6	47.0	78.1	123.5	225.3	50
2.5	3.6	5.2	8.3	12.6	19.2	28.9	46.7	76.5	127.6	234.7	51
2.4	3.4	5.2	8.2	12.4	19.3	29.0	47.2	75.9	123.8	225.1	52
2.8	3.7	5.6	8.2	13.1	20.6	31.9	49.5	80.9	131.6	260.0	53

23. Death rates specific for age, sex and urban/rural residence: 1983 – 1992 (continued)

(See notes at end of table.)

Continent, country or area, year, sex and urban/rural residence Continent, pays ou zone, année, sexe et résidence, urbaine/rurale	All ages Tous âges [1]	Age (in years)							
		−1	1–4	5–9	10–14	15–19	20–24	25–29	30
EUROPE (Cont.–Suite)									
Portugal									
Female – Féminin									
1 1983	8.9	17.7	0.8	0.4	0.4	0.6	0.5	0.6	
2 1984	8.8	14.5	1.0	0.3	0.3	0.5	0.5	0.6	
3 1985	8.8	14.7	0.8	0.3	0.3	0.5	0.5	0.6	
4 1986	8.7	14.0	0.9	0.4	0.3	0.5	0.5	0.5	
5 1987	8.6	12.6	0.8	0.3	0.3	0.5	0.5	0.5	
6 1988	8.8	12.1	0.8	0.2	0.3	0.4	0.5	0.6	
7 1989	9.0	11.6	0.7	0.3	0.3	0.4	0.5	0.6	
8 1991	9.8	9.4	0.7	0.3	0.3	0.4	0.5	0.6	
Romania – Roumanie [2]									
Male – Masculin									
9 1983	11.0	*———	6.2 ———*	0.8	0.6	1.0	1.5	1.7	
10 1984	11.0	*———	6.7 ———*	0.8	0.6	0.8	1.3	1.7	
11 1985	11.6	*———	7.4 ———*	0.8	0.6	0.9	1.4	1.8	
12 1989	11.4	30.7	2.2	0.7	0.6	1.0	1.6	1.9	
13 1990	11.5	26.2	2.1	0.7	0.6	1.0	1.4	1.8	
14 1991	11.8	26.0	1.7	0.7	0.6	0.9	1.3	1.7	
Female – Féminin									
15 1983	9.7	*———	4.9 ———*	0.5	0.3	0.5	0.8	0.9	
16 1984	9.6	*———	5.5 ———*	0.5	0.4	0.5	0.7	0.9	
17 1985	10.1	*———	5.9 ———*	0.6	0.4	0.5	0.7	0.9	
18 1989	10.0	23.6	2.0	0.6	0.3	0.5	0.7	0.9	
19 1990	9.8	20.9	1.7	0.5	0.3	0.5	0.6	0.8	
20 1991	10.0	20.6	1.4	0.5	0.3	0.4	0.5	0.8	
Russian Federation – [2] [20] Fédération Russe									
Male – Masculin									
21 1989	11.1	19.4	1.2	0.7	0.6	1.5	2.6	3.2	
Female – Féminin									
22 1989	10.5	14.1	0.9	0.4	0.3	0.6	0.7	0.8	
Spain – Espagne									
Male – Masculin									
23 1986	8.6	*————— —————		0.8 ————— —————*			0.8	1.2	1.2	
Female – Féminin									
24 1986	7.5	*————— —————		0.6 ————— —————*			0.3	0.4	0.4	
Sweden – Suède									
Male – Masculin									
25 1983	11.9	7.0	0.3	0.2	0.2	0.7	1.0	1.1	
26 1984	11.8	*————— —————		0.6 —————*		0.6	1.0	1.1	
27 1985	12.1	13.7	0.3	0.2	0.2	0.6	0.9	0.9	
28 1986	12.0	12.5	0.3	0.2	0.3	0.6	1.0	1.0	
29 1987	11.9	12.7	0.3	0.2	0.2	0.7	0.9	1.1	
30 1988	12.1	12.5	0.3	0.2	0.2	0.6	1.0	1.0	
31 1989	11.4	6.7	0.3	0.1	0.2	0.7	0.8	1.0	
32 1990	11.6	7.7	0.3	0.2	0.2	0.6	0.9	0.9	
33 1991	11.5	6.6	0.2	0.1	0.1	0.6	0.8	0.9	
Female – Féminin									
34 1983	9.9	7.0	0.2	0.1	0.1	0.3	0.3	0.5	
35 1984	9.9	*————— —————		0.5 —————*		0.2	0.3	0.5	
36 1985	10.4	11.9	0.3	♦ 0.1	0.2	0.3	0.3	0.4	
37 1986	10.3	10.0	0.3	♦ 0.1	0.1	0.2	0.3	0.5	
38 1987	10.3	10.6	0.3	♦ 0.1	♦ 0.1	0.3	0.3	0.4	
39 1988	10.8	9.5	0.3	♦ 0.1	♦ 0.1	0.3	0.4	0.5	
40 1989	10.3	5.0	0.3	♦ 0.1	0.1	0.3	0.3	0.4	
41 1990	10.6	6.1	0.2	0.1	0.2	0.3	0.3	0.4	
42 1991	10.5	5.7	0.3	♦ 0.1	0.2	0.2	0.3	0.4	

23. Taux de mortalité selon l'âge, le sexe et la résidence, urbaine/rurale: 1983 – 1992 (suite)

(notes à la fin du tableau.)

					Age(en années)						
35–39	40–44	45–49	50–54	55–59	60–64	65–69	70–74	75–79	80–84	85 plus	
1.3	1.9	2.6	4.1	6.0	9.3	16.2	*————	————	69.0	————————*	1
1.2	1.9	2.7	4.1	5.9	9.0	16.2	*————	————	66.4	————————*	2
1.3	1.7	2.7	4.0	5.8	9.2	15.0	27.7	53.4	98.7	214.2	3
1.1	1.6	2.5	3.9	6.1	9.0	14.4	27.1	50.7	95.1	200.5	4
1.2	1.7	2.6	3.7	5.4	8.7	14.0	25.6	47.5	94.8	196.9	5
1.0	1.6	2.7	3.7	5.3	8.5	14.3	25.7	48.2	91.6	200.5	6
1.2	1.8	2.7	3.4	5.4	8.3	13.7	25.8	47.7	89.2	195.5	7
1.1	1.8	2.6	3.8	5.7	9.0	14.8	26.1	50.4	95.3	223.4	8
3.1	5.2	7.6	11.2	16.5	23.9	39.2	58.3	93.0	149.7	282.1	9
3.2	5.1	7.8	11.3	16.9	23.7	37.2	57.6	92.2	144.2	281.6	10
3.4	5.4	8.4	11.6	17.3	25.2	37.4	59.0	96.0	153.8	282.3	11
3.4	5.0	7.9	11.8	17.1	24.8	35.7	56.7	87.2	142.3	229.4	12
3.7	5.3	8.5	12.5	17.7	25.1	36.1	54.5	86.4	139.2	220.7	13
3.6	5.5	8.2	12.7	18.0	25.9	37.5	55.4	90.0	142.0	235.1	14
1.5	2.4	3.6	5.6	8.5	13.7	24.3	41.3	76.5	130.6	298.1	15
1.5	2.3	3.5	5.6	8.3	13.7	23.3	40.2	73.1	126.4	295.9	16
1.6	2.4	3.5	5.6	8.6	13.9	23.6	42.0	76.1	134.9	289.5	17
1.7	2.5	3.5	5.5	8.2	13.0	22.5	39.9	69.0	127.4	247.8	18
1.6	2.4	3.6	5.3	8.2	13.1	22.2	37.5	67.6	121.9	239.2	19
1.6	2.4	3.5	5.4	8.1	13.2	21.8	37.9	69.1	124.9	247.8	20
5.3	7.7	10.1	15.8	22.0	33.6	47.8	64.9	99.2	146.5	229.6	21
1.5	2.5	3.3	5.4	8.2	13.2	22.9	35.0	62.2	104.0	195.6	22
1.8	2.5	4.1	6.7	10.4	16.8	25.3	*————	————	74.4	————————*	23
0.8	1.2	1.9	2.8	4.4	7.0	11.8	*————	————	57.7	————————*	24
1.5	2.4	3.7	6.4	10.0	16.6	27.1	44.2	72.6	117.8	216.0	25
1.6	2.3	3.5	6.1	10.1	16.3	26.6	42.8	*———	104.9	————*	26
1.5	2.1	3.6	6.0	10.1	16.5	26.2	43.0	69.0	111.5	193.9	27
1.7	2.1	3.6	5.7	9.8	15.6	25.7	42.8	67.9	108.4	186.4	28
1.5	2.0	3.5	5.9	9.7	15.3	24.5	41.9	67.0	105.8	187.7	29
1.6	2.3	3.3	5.5	9.3	15.9	25.0	41.1	67.2	109.2	191.7	30
1.6	2.2	3.1	5.3	9.0	14.3	24.2	39.6	65.7	107.8	199.7	31
1.4	2.1	3.1	4.9	9.0	14.5	23.5	39.0	67.6	106.5	195.3	32
1.4	2.2	3.2	4.8	9.1	14.5	24.1	37.9	66.3	108.1	201.5	33
0.8	1.3	2.2	3.5	4.8	7.8	13.3	22.8	41.5	76.6	166.6	34
0.8	1.3	2.0	3.2	5.2	8.2	12.4	22.3	*———	76.4	————*	35
0.9	1.2	1.9	3.3	5.2	7.9	12.7	22.2	41.2	72.1	153.5	36
0.9	1.2	2.2	3.3	4.7	7.9	12.6	21.7	38.5	71.3	149.8	37
0.8	1.2	2.0	3.2	4.8	8.0	12.2	21.9	38.2	69.1	145.6	38
0.9	1.4	2.2	3.0	4.9	7.8	12.8	22.2	38.9	70.3	154.1	39
0.9	1.3	2.1	3.0	4.6	7.2	12.1	20.2	38.0	68.4	160.6	40
0.8	1.3	2.0	2.8	5.1	7.4	12.3	20.3	38.1	69.8	155.3	41
0.8	1.3	1.9	2.9	4.9	7.7	12.3	19.8	37.4	69.2	155.7	42

23. Death rates specific for age, sex and urban/rural residence: 1983 – 1992 (continued)

(See notes at end of table.)

Continent, country or area, year, sex and urban/rural residence Continent, pays ou zone, année, sexe et résidence, urbaine/rurale		Age (in years)							
	All ages Tous âges [1]	−1	1–4	5–9	10–14	15–19	20–24	25–29	30
EUROPE (Cont.–Suite)									
Switzerland – Suisse									
Male – Masculin									
1 1984	9.7	16.2	0.5	0.3	0.3	1.0	1.5	1.4	
2 1985	9.8	15.6	0.5	0.2	0.4	1.0	1.4	1.4	
3 1986	9.7	15.5	0.5	0.2	0.3	1.0	1.5	1.3	
4 1987	9.6	15.0	0.4	0.2	0.2	1.0	1.6	1.4	
5 1989	9.7	16.2	0.4	0.2	0.3	0.9	1.6	1.7	
6 1990	9.9	14.9	0.5	0.2	0.2	1.0	1.6	1.6	
Female – Féminin									
7 1984	8.5	12.5	0.5	♦ 0.2	0.2	0.4	0.5	0.5	
8 1985	8.6	12.2	0.4	0.2	0.2	0.4	0.5	0.5	
9 1986	8.8	12.1	0.5	♦ 0.1	0.2	0.4	0.5	0.6	
10 1987	8.6	12.5	0.4	0.2	♦ 0.1	0.4	0.5	0.5	
11 1989	8.7	13.3	0.3	♦ 0.1	♦ 0.1	0.4	0.5	0.5	
12 1990	9.1	12.7	0.3	♦ 0.2	♦ 0.2	0.4	0.4	0.5	
Ukraine [2] [20]									
Male – Masculin									
13 1987	11.5	*———	4.2 ———*	0.6	0.5	1.0	1.6	2.2	
14 1989	11.9	*———	3.7 ———*	0.6	0.5	1.2	2.2	2.7	
Female – Féminin									
15 1987	11.5	*———	3.2 ———*	0.3	0.3	0.5	0.5	0.7	
16 1989	11.5	*———	2.7 ———*	0.4	0.3	0.6	0.6	0.6	
United Kingdom – Royaume–Uni									
Male – Masculin									
17 1983	12.0	11.5	0.5	0.3	0.3	0.8	0.8	0.9	
18 1984	11.7	10.9	0.5	0.2	0.3	0.7	0.8	0.9	
19 1985	12.0	10.5	0.5	0.2	0.3	0.7	0.8	0.8	
20 1986	11.8	11.0	0.4	0.2	0.2	0.7	0.8	0.8	
21 1987	11.5	10.6	0.4	0.2	0.3	0.7	0.9	0.8	
22 1988	11.5	10.3	0.4	0.2	0.3	0.7	0.9	0.8	
23 1989	11.5	9.6	0.4	0.2	0.2	0.7	0.9	0.8	
24 1990	11.2	9.1	0.4	0.2	0.2	0.7	0.9	0.9	
25 1991	11.2	8.3	0.4	0.2	0.2	0.7	0.9	0.9	
Female – Féminin									
26 1983	11.4	9.0	0.4	0.2	0.2	0.3	0.3	0.4	
27 1984	11.2	8.6	0.4	0.2	0.2	0.3	0.3	0.4	
28 1985	11.7	8.4	0.4	0.2	0.2	0.3	0.3	0.4	
29 1986	11.5	8.1	0.4	0.2	0.2	0.3	0.3	0.4	
30 1987	11.2	8.0	0.4	0.2	0.2	0.3	0.3	0.4	
31 1988	11.3	7.8	0.4	0.1	0.2	0.3	0.3	0.4	
32 1989	11.5	7.3	0.4	0.2	0.2	0.3	0.3	0.4	
33 1990	11.1	7.0	0.3	0.1	0.2	0.3	0.3	0.4	
34 1991	11.2	6.3	0.3	0.2	0.2	0.3	0.3	0.4	
Former Yugoslavia – Ancienne Yougoslavie									
Male – Masculin									
35 1983	10.3	33.2	1.3	0.5	0.4	0.8	1.2	1.5	
36 1984	10.0	30.4	1.3	0.4	0.4	0.8	1.2	1.4	
37 1985	9.8	30.9	1.1	0.5	0.4	0.7	1.2	1.3	
38 1987	9.8	27.0	1.1	0.4	0.4	0.7	1.1	1.3	
39 1988	9.7	26.5	0.9	0.4	0.3	0.7	1.1	1.2	
40 1989	9.7	24.3	0.9	0.4	0.3	0.7	1.1	1.3	
41 1990	9.6	20.9	0.7	0.4	0.3	0.7	1.1	1.3	
Female – Féminin									
42 1983	8.9	29.3	1.4	0.4	0.2	0.4	0.5	0.6	
43 1984	8.7	26.4	1.2	0.3	0.3	0.4	0.5	0.6	
44 1985	8.6	26.0	1.1	0.4	0.2	0.4	0.5	0.5	
45 1987	8.6	24.4	0.9	0.3	0.2	0.4	0.5	0.5	
46 1988	8.4	23.2	0.9	0.3	0.2	0.4	0.4	0.5	
47 1989	8.5	22.2	0.8	0.3	0.2	0.4	0.5	0.5	
48 1990	8.2	18.2	0.6	0.3	0.2	0.3	0.4	0.5	

23. Taux de mortalité selon l'âge, le sexe et la résidence, urbaine/rurale: 1983 – 1992 (suite)

(notes à la fin du tableau.)

					Age(en années)						
35–39	40–44	45–49	50–54	55–59	60–64	65–69	70–74	75–79	80–84	85 plus	
1.6	2.1	3.5	5.9	10.5	16.8	26.8	41.4	65.4	103.2	177.8	1
1.5	2.0	3.5	5.8	10.3	16.5	26.8	41.5	65.7	102.6	183.9	2
1.6	2.2	3.3	5.8	9.7	16.1	26.4	40.9	64.6	101.5	176.1	3
1.6	2.2	3.2	5.8	9.6	15.5	25.2	40.6	63.2	98.3	170.5	4
1.5	2.1	3.1	5.3	9.1	14.5	24.0	38.5	61.4	99.2	177.6	5
1.7	2.2	3.1	5.2	8.8	15.0	24.7	37.8	64.0	101.0	187.9	6
0.8	1.2	2.1	3.1	4.6	7.5	11.9	20.3	37.5	69.8	143.6	7
0.8	1.3	1.9	3.0	4.6	7.0	11.9	20.2	37.2	69.2	142.1	8
0.7	1.3	1.8	2.7	4.6	7.0	11.0	20.2	36.0	68.8	145.7	9
0.8	1.3	1.8	2.9	4.3	6.6	11.3	19.7	35.0	64.6	138.6	10
0.8	1.1	1.9	2.6	4.4	6.3	10.6	18.3	32.7	63.9	138.9	11
0.8	1.2	2.0	2.8	4.0	6.8	10.6	18.8	35.1	64.4	146.8	12
4.0	5.9	8.7	13.5	19.6	30.2	44.4	*———	———	98.9 ———	——*	13
4.4	6.2	9.5	14.1	19.3	29.7	43.5	59.5	91.8	138.9	228.5	14
1.4	2.2	3.2	5.3	8.0	13.3	22.5	*———	74.4 ———		——*	15
1.4	2.2	3.3	5.4	7.7	12.4	21.4	34.6	62.0	103.5	199.0	16
1.3	2.3	4.3	7.5	13.6	22.5	36.7	57.4	89.2	136.3	221.6	17
1.3	2.2	4.1	7.3	13.0	22.0	35.7	55.3	85.8	131.1	212.4	18
1.4	2.3	4.0	7.2	12.8	22.2	34.9	56.4	88.8	136.1	223.6	19
1.3	2.2	4.0	7.0	12.5	21.7	33.9	55.2	86.8	131.2	217.1	20
1.3	2.1	3.8	6.7	12.2	20.8	32.9	53.7	82.8	124.3	194.3	21
1.4	2.1	3.8	6.5	11.5	20.6	32.7	53.4	81.7	123.8	193.8	22
1.4	2.0	3.6	6.2	11.1	19.7	32.3	52.9	81.6	124.3	199.0	23
1.4	2.1	3.6	6.1	10.7	18.9	32.2	49.8	79.3	120.5	187.8	24
1.4	2.1	3.5	6.1	10.4	18.1	31.1	48.7	77.6	121.6	189.3	25
0.9	1.5	2.7	4.6	7.6	11.9	19.1	30.5	50.7	87.5	176.9	26
0.9	1.5	2.6	4.4	7.5	11.8	18.8	29.7	49.0	83.1	170.0	27
0.9	1.5	2.5	4.3	7.4	12.3	18.7	30.7	50.4	86.3	178.5	28
0.9	1.5	2.5	4.1	7.1	11.8	18.3	30.0	49.2	83.9	172.4	29
0.9	1.4	2.5	4.1	6.9	11.8	17.9	29.5	47.7	79.8	159.9	30
0.9	1.4	2.4	3.9	6.8	11.6	18.1	29.6	47.0	79.5	162.3	31
0.9	1.4	2.3	3.9	6.7	11.4	18.3	29.8	47.7	80.7	164.6	32
0.9	1.4	2.3	3.7	6.5	11.2	17.9	28.0	45.9	77.0	156.7	33
0.8	1.3	2.3	3.7	6.1	10.6	17.5	13.8	46.0	78.0	187.2	34
2.7	4.4	7.1	11.5	17.1	24.8	39.4	60.3	99.7	150.8	239.9	35
2.5	4.1	7.0	11.2	16.8	24.9	37.4	58.4	95.0	144.7	229.0	36
2.4	3.9	6.5	10.8	16.1	23.8	35.6	57.5	94.3	140.1	220.2	37
2.4	3.9	6.3	10.7	16.4	24.4	35.4	57.4	89.0	140.3	199.3	38
2.5	3.8	6.3	10.6	16.3	24.7	35.6	58.5	85.5	139.2	193.0	39
2.4	3.7	6.1	10.1	16.3	24.4	36.1	54.8	86.4	138.7	194.5	40
2.4	3.5	6.0	9.8	16.1	24.1	35.3	52.5	85.8	131.9	191.7	41
1.2	2.0	3.2	5.1	8.0	13.2	23.7	40.2	73.9	123.8	221.1	42
1.1	1.9	3.2	5.0	7.8	13.1	22.4	38.9	72.2	120.1	222.2	43
1.2	1.9	3.0	4.8	7.7	12.5	21.4	38.6	70.1	114.2	214.1	44
1.2	1.9	3.0	4.8	7.7	12.6	20.8	38.2	66.6	115.2	196.9	45
1.1	1.7	3.0	4.7	7.2	12.2	20.5	37.5	63.4	111.4	186.8	46
1.1	1.8	2.9	4.5	7.3	12.1	20.7	36.8	63.6	111.7	189.0	47
1.1	1.7	2.8	4.4	6.9	11.7	19.9	34.3	61.4	108.2	180.7	48

Special topic

23. Death rates specific for age, sex and urban/rural residence: 1983 – 1992 (continued)

(See notes at end of table.)

Continent, country or area, year, sex and urban/rural residence / Continent, pays ou zone, année, sexe et résidence, urbaine/rurale	All ages Tous âges [1]	−1	1–4	5–9	10–14	15–19	20–24	25–29	3
OCEANIA—OCEANIE									
Australia – Australie +									
Male – Masculin									
1 1983	7.9	10.5	0.6	0.3	0.3	1.1	1.5	1.4	
2 1986	8.0	10.3	0.5	0.3	0.3	1.1	1.6	1.4	
3 1987	7.8	10.0	0.5	0.2	0.3	1.0	1.5	1.3	
4 1988	7.9	9.8	0.5	0.2	0.3	1.1	1.6	1.5	
5 1989	8.0	8.9	0.4	0.2	0.3	1.0	1.4	1.5	
6 1990	7.6	9.3	0.5	0.2	0.2	0.9	1.4	1.4	
Female – Féminin									
7 1983	6.4	8.8	0.5	0.2	0.2	0.4	0.5	0.5	
8 1986	6.7	8.0	0.4	0.2	0.2	0.4	0.6	0.5	
9 1987	6.6	7.5	0.3	0.2	0.1	0.4	0.5	0.5	
10 1988	6.6	7.6	0.4	0.2	0.2	0.4	0.5	0.5	
11 1989	6.8	7.1	0.4	0.2	0.2	0.4	0.5	0.5	
12 1990	6.5	7.4	0.3	0.1	0.2	0.4	0.4	0.5	
Fiji – Fidji +									
Male – Masculin									
13 1983	5.9	23.3	1.3	0.9	♦ 0.7	1.3	2.0	1.9	
14 1984	5.4	19.0	1.7	♦ 0.7	♦ 0.4	1.4	1.9	1.4	
15 1985	6.2	18.7	1.8	♦ 0.7	♦ 0.5	1.2	2.3	2.2	
16 1986	6.3	19.5	1.2	♦ 0.6	♦ 0.6	1.3	2.4	2.0	
17 1987	5.2	10.6	1.1	♦ 0.5	♦ 0.5	♦ 0.8	1.7	2.0	
Female – Féminin									
18 1983	4.4	19.4	1.5	♦ 0.7	♦ 0.6	1.1	1.1	1.3	
19 1984	3.7	14.2	1.3	♦ 0.6	♦ 0.6	1.1	1.3	1.1	
20 1985	4.2	19.1	1.2	♦ 0.6	♦ 0.6	1.3	1.5	♦ 0.9	
21 1986	4.6	19.1	1.3	♦ 0.6	♦ 0.6	1.1	1.1	1.3	
22 1987	3.6	9.1	0.8	♦ 0.5	♦ 0.4	♦ 0.7	1.0	1.6	
Marshall Islands – Iles Marshall									
Male – Masculin									
23 1988	5.4	♦ 19.3	♦ 3.4	♦ 0.8	♦ 0.3	♦ 0.9	♦ 5.3	♦ 2.6	
24 1989	4.5	*——— ♦	4.7 ———*	♦ 0.5	♦ 0.3	♦ 0.4	♦ 2.3	♦ 3.3	
Female – Féminin									
25 1988	3.1	♦ 16.8	♦ 2.7	♦ 1.1	♦ 0.4	–	–	–	
26 1989	2.3	*——— ♦	3.8 ———*	♦ 0.3	♦ 0.3	♦ 0.4	♦ 1.1	–	
New Zealand – Nouvelle–Zélande + [2]									
Male – Masculin									
27 1983	8.7	13.7	0.6	0.3	0.3	1.3	1.9	1.3	
28 1984	8.5	13.6	0.8	0.3	0.3	1.3	1.5	1.2	
29 1985	8.9	12.2	0.5	0.4	0.4	1.5	1.6	1.5	
30 1986	9.0	12.8	0.9	♦ 0.2	0.4	1.5	1.9	1.6	
31 1987	8.8	11.0	0.6	0.3	0.4	1.5	2.0	1.5	
32 1988	8.8	12.5	0.6	0.3	0.3	1.4	2.0	1.5	
33 1989	8.7	12.1	0.7	0.3	0.4	1.6	2.0	1.5	
34 1990	8.4	10.1	0.7	0.3	0.3	1.4	2.1	1.5	
Female – Féminin									
35 1983	7.4	11.5	0.5	0.2	0.2	0.5	0.7	0.5	
36 1984	7.1	9.9	0.4	♦ 0.2	0.2	0.5	0.6	0.6	
37 1985	7.8	9.6	0.6	0.3	0.3	0.5	0.6	0.7	
38 1986	7.6	10.2	0.5	0.3	0.2	0.5	0.6	0.6	
39 1987	7.8	9.6	0.5	♦ 0.2	0.2	0.6	0.7	0.7	
40 1988	7.6	9.7	0.5	♦ 0.2	0.3	0.6	0.7	0.7	
41 1989	7.5	8.9	0.4	♦ 0.2	♦ 0.2	0.6	0.6	0.5	
42 1990	7.4	7.2	0.4	♦ 0.2	♦ 0.2	0.6	0.6	0.6	
Northern Mariana Islands – Iles Mariannes du Sud									
Male – Masculin									
43 1989	6.5	♦ 3.8	♦ 0.5	♦ 0.5	♦ 0.7	♦ 4.7	♦ 4.4	♦ 6.2	
Female – Féminin									
44 1989	3.2	–	–	♦ 0.5	–	♦ 0.8	♦ 0.9	–	

23. Taux de mortalité selon l'âge, le sexe et la résidence, urbaine/rurale: 1983 – 1992 (suite)

(otes à la fin du tableau.)

35–39	40–44	45–49	50–54	55–59	60–64	65–69	70–74	75–79	80–84	85 plus	
					Age(en années)						
1.4	2.3	4.0	7.3	12.3	19.0	30.8	48.0	77.2	*——— 1 44.8 ———*		1
1.5	2.3	3.6	6.5	11.0	18.5	29.0	46.5	73.5	112.5	190.0	2
1.5	2.0	3.5	6.1	10.9	17.2	27.9	45.3	71.2	111.2	190.9	3
1.5	2.2	3.4	6.0	10.1	17.3	27.1	45.0	71.7	110.0	184.7	4
1.7	1.9	3.2	5.8	9.9	16.7	27.2	45.3	71.7	113.8	196.8	5
1.5	2.1	3.1	5.3	9.6	16.1	26.1	41.6	66.7	103.1	177.8	6
0.9	1.3	2.4	4.0	6.1	9.7	15.1	25.2	42.6	*——— 1 08.7 ———*		7
0.8	1.4	2.2	3.6	5.9	9.1	15.4	25.3	42.0	72.7	151.5	8
0.8	1.3	2.1	3.5	5.5	8.6	13.9	23.9	40.8	72.1	151.3	9
0.8	1.2	2.1	3.4	5.5	8.7	13.8	23.5	40.7	71.3	147.0	10
0.8	1.3	2.0	3.3	5.3	8.7	13.6	24.3	40.1	72.8	156.9	11
0.8	1.1	1.9	3.3	5.0	8.2	13.3	22.9	38.6	66.2	144.8	12
3.2	6.5	11.6	14.1	21.1	28.6	38.6	52.2	*——— 77.9 ———*			13
2.8	5.1	10.0	14.3	17.7	28.1	32.8	53.3	*——— 73.2 ———*			14
4.6	6.3	8.9	16.6	24.1	29.8	46.4	49.5	*——— 77.7 ———*			15
3.8	5.9	11.8	13.7	23.3	36.3	44.5	66.2	*——— 132.7 ———*			16
3.5	5.4	10.2	14.7	21.0	25.2	37.6	56.7	*——— 84.5 ———*			17
1.9	3.8	6.8	9.0	10.8	21.2	27.8	38.4	*——— 67.0 ———*			18
1.9	2.9	4.4	7.8	9.3	15.9	26.8	33.1	*——— 48.8 ———*			19
2.1	3.3	5.6	7.9	11.5	19.0	26.2	38.4	*——— 53.2 ———*			20
1.9	3.4	6.8	11.3	12.5	28.4	31.9	46.4	*——— 92.5 ———*			21
1.7	2.2	7.1	9.2	12.2	19.0	24.8	37.2	*——— 72.2 ———*			22
♦ 2.5	♦ 6.6	♦ 7.3	♦ 7.8	♦ 13.9	♦ 28.8	♦ 47.1	♦ 43.7	*——— ♦ 98.0 ———*			23
♦ 3.5	♦ 4.6	♦ 10.2	♦ 21.7	♦ 14.4	♦ 25.4	♦ 30.8	♦ 56.8	*——— ♦ 65.5 ———*			24
♦ 1.0	♦ 1.4	♦ 4.7	♦ 22.4	♦ 9.3	♦ 12.4	♦ 17.3	♦ 36.8	*——— ♦ 26.6 ———*			25
–	♦ 1.3	♦ 4.0	♦ 2.8	♦ 21.7	♦ 6.4	♦ 11.0	♦ 5.2	*——— ♦ 20.4 ———*			26
1.5	2.6	4.7	7.0	13.5	21.0	34.4	52.1	87.3	124.3	224.0	27
1.6	2.6	4.1	7.4	12.7	20.0	31.9	52.4	81.3	122.3	216.4	28
1.4	2.6	4.4	7.4	12.9	20.9	33.6	52.2	85.6	133.8	229.6	29
1.9	2.5	4.0	7.8	11.7	20.8	32.4	53.7	81.8	123.9	207.7	30
1.6	2.2	3.9	7.7	12.2	19.0	32.3	52.0	80.3	121.9	200.5	31
1.7	2.5	3.8	6.7	11.8	19.9	31.3	50.1	82.8	121.3	198.6	32
1.6	2.4	3.7	6.8	10.2	18.6	30.6	48.6	79.4	115.3	259.0	33
1.6	2.3	3.6	6.1	10.6	17.3	29.0	46.9	77.3	115.9	172.6	34
1.1	1.8	2.8	4.7	6.8	11.8	18.4	30.5	47.4	87.1	163.3	35
0.9	1.7	2.6	4.9	7.2	10.7	17.5	28.6	47.7	76.2	156.1	36
1.2	1.7	3.1	4.7	7.3	11.6	17.9	29.8	49.7	80.6	192.2	37
1.0	1.6	2.6	4.4	7.6	11.2	17.2	28.5	49.7	83.0	162.8	38
1.1	1.5	2.8	5.0	7.1	11.4	17.6	30.0	47.7	80.3	166.7	39
1.0	1.6	2.6	4.4	6.3	10.4	17.4	27.5	45.8	79.9	172.3	40
1.0	1.6	2.8	4.6	6.5	10.8	16.2	27.4	45.0	77.2	240.6	41
0.9	1.6	2.9	4.6	7.2	10.5	16.6	27.3	40.9	73.1	153.9	42
♦ 6.3	♦ 3.8	♦ 11.3	♦ 13.5	♦ 23.4	♦ 27.5	♦ 46.7	♦ 62.5	♦ 222.2	♦ 500.0	♦ 500.0	43
♦ 1.4	♦ 2.1	–	♦ 3.6	♦ 37.6	♦ 24.8	♦ 22.7	♦ 37.0	♦ 147.1	♦ 76.9	♦ 461.5	44

23. Death rates specific for age, sex and urban/rural residence: 1983 – 1992 (continued)

(See notes at end of table.)

Continent, country or area, year, sex and urban/rural residence — Continent, pays ou zone, année, sexe et résidence, urbaine/rurale	All ages Tous âges [1]	Age (in years)							
		−1	1–4	5–9	10–14	15–19	20–24	25–29	30
USSR—URSS (Cont.–Suite)									
Former USSR – Ancienne URSS [2][20]									
Male – Masculin									
1 1986	9.9	*———	8.3 ———*	0.7	0.6	1.1	1.9	2.3	
2 1987	10.0	*———	8.1 ———*	0.7	0.6	1.1	1.8	2.3	
3 1988	10.2	*———	7.8 ———*	0.8	0.7	1.2	2.1	2.6	
4 1989	10.4	*———	6.7 ———*	0.7	0.6	1.3	2.2	2.8	
Female – Féminin									
5 1986	9.7	*———	6.6 ———*	0.4	0.3	0.5	0.7	0.8	
6 1987	9.9	*———	6.5 ———*	0.4	0.3	0.5	0.7	0.8	
7 1988	10.1	*———	6.1 ———*	0.5	0.4	0.7	0.8	0.9	
8 1989	9.8	*———	5.2 ———*	0.4	0.3	0.6	0.7	0.8	

23. Taux de mortalité selon l'âge, le sexe et la résidence, urbaine/rurale: 1983 – 1992 (suite)

(notes à la fin du tableau.)

					Age(en années)						
35–39	40–44	45–49	50–54	55–59	60–64	65–69	70–74	75–79	80–84	85 plus	
4.1	6.2	9.2	13.3	20.1	29.1	42.5	64.7	92.2	129.0	213.1	1
4.1	6.2	8.8	13.7	20.4	31.5	44.8 *————	————	—— 95.9 ————		——*	2
4.2	5.9	9.6	13.4	20.7	30.1	42.7	65.3	95.3	141.0	229.4	3
4.8	7.0	9.5	14.7	20.6	31.5	45.1	61.7	93.8	137.3	214.3	4
1.5	2.3	3.4	5.3	8.4	13.2	21.4	36.8	59.9	93.1	185.1	5
1.5	2.3	3.2	5.4	8.4	13.6	22.6 *————	————	—— 71.0 ————		——*	6
1.6	2.2	3.5	5.2	8.4	13.4	22.1	37.7	62.6	106.4	198.9	7
1.5	2.4	3.4	5.5	8.2	13.1	22.4	34.7	61.2	101.7	189.1	8

23. Death rates specific for age, sex and urban/rural residence: 1983 – 1992 (continued)

Data by urban/rural residence

(See notes at end of table.)

Continent, country or area, year, sex and urban/rural residence Continent, pays ou zone, année, sexe et résidence, urbaine/rurale	All ages Tous âges [1]	Age (in years)						
		−1	1–4	5–9	10–14	15–19	20–24	25–29
AFRICA—AFRIQUE								
Egypt – Egypte								
Urban – Urbaine								
Male – Masculin								
1 1983	9.2	109.4	6.0	1.5	1.1	1.6	2.3	2.6
2 1986	9.8	93.0	5.5	1.7	1.1	1.6	2.3	2.8
3 1988	8.4	42.0	3.4	1.3	1.1	1.7	1.9	2.1
Female – Féminin								
4 1983	8.0	104.0	5.9	1.2	0.8	1.2	1.3	1.8
5 1986	8.3	77.5	5.3	1.3	0.8	1.2	1.4	1.9
6 1988	7.4	37.4	3.5	1.1	0.9	1.4	1.4	1.7
Rural – Rurale								
Male – Masculin								
7 1983	10.5	138.6	10.8	2.1	1.3	1.6	2.0	2.2
8 1986	9.4	104.1	8.1	1.7	1.0	1.2	1.7	2.1
9 1988	8.8	50.3	7.4	1.7	1.3	1.4	1.2	1.5
Female – Féminin								
10 1983	10.3	136.6	12.1	1.9	1.2	1.5	1.6	1.9
11 1986	9.1	103.9	9.0	1.6	0.9	1.1	1.3	1.6
12 1988	9.0	53.1	9.0	1.6	1.1	1.1	1.1	1.5
Mali [3]								
Urban – Urbaine								
Male – Masculin								
13 1987	8.8	*———	26.4 ———*	3.2	1.9	2.0	2.7	2.3
Female – Féminin								
14 1987	7.4	*———	22.9 ———*	2.9	1.2	1.9	2.5	2.5
Rural – Rurale								
Male – Masculin								
15 1987	14.9	*———	45.5 ———*	5.0	2.6	3.5	4.9	5.3
Female – Féminin								
16 1987	12.6	*———	39.1 ———*	4.2	2.4	4.0	4.6	5.1
AMERICA,NORTH— AMERIQUE DU NORD								
Cuba								
Urban – Urbaine								
Male – Masculin								
17 1983	6.8	16.6	0.8	0.4	0.4	0.9	1.1	1.5
18 1984	6.9	14.5	0.8	0.5	0.5	1.0	1.3	1.4
19 1985	7.3	16.4	0.9	0.5	0.5	1.0	1.4	1.6
20 1986	7.0	13.1	0.6	0.5	0.5	0.9	1.3	1.4
21 1987	7.1	13.4	0.7	0.4	0.6	1.0	1.4	1.3
22 1988	7.8	13.3	0.7	0.5	0.6	1.2	1.5	1.6
23 1989	7.6	11.9	0.7	0.4	0.5	1.1	1.5	1.5
24 1990	8.0	12.0	0.6	0.3	0.5	1.1	1.6	1.7
Female – Féminin								
25 1983	5.4	11.5	0.5	0.3	0.3	0.8	0.8	1.0
26 1984	5.4	11.5	0.6	0.3	0.4	0.7	0.9	1.0
27 1985	5.8	11.3	0.7	0.3	0.4	0.8	0.9	0.9
28 1986	5.5	9.6	0.6	0.3	0.3	0.7	0.8	0.9
29 1987	5.7	10.1	0.5	0.3	0.3	0.7	0.9	1.0
30 1988	6.2	10.3	0.7	0.3	0.3	0.7	0.9	0.9
31 1989	6.0	8.4	0.6	0.3	0.3	0.7	0.8	0.8
32 1990	6.4	8.8	0.6	0.3	0.3	0.6	0.8	0.8
Rural – Rurale								
Male – Masculin								
33 1983	6.3	27.3	1.4	0.7	0.5	1.2	1.3	1.9
34 1984	6.4	22.9	1.4	0.6	0.5	1.1	1.4	1.9
35 1985	6.7	24.8	1.2	0.6	0.6	1.0	1.5	1.9
36 1986	6.7	21.4	1.3	0.6	0.6	1.2	1.7	2.0
37 1987	6.9	19.2	1.2	0.5	0.9	1.0	1.6	1.8
38 1988	5.9	13.5	1.1	0.5	0.7	1.0	1.4	1.5
39 1989	6.2	14.9	0.8	0.6	0.4	1.2	1.5	2.0
40 1990	6.4	13.5	0.9	0.4	0.5	1.1	1.5	1.8

23. Taux de mortalité selon l'âge, le sexe et la résidence, urbaine/rurale: 1983 – 1992 (suite)

Données selon la résidence urbaine/rurale

tes à la fin du tableau.)

				Age(en années)							
35–39	40–44	45–49	50–54	55–59	60–64	65–69	70–74	75–79	80–84	85 plus	
3.6	4.1	7.5	13.2	22.4	31.1	51.8	74.3	*——— —	145.1 ————	*	1
4.1	4.6	8.2	15.4	28.9	35.8	65.1	81.4	*——— —	166.6 ————	*	2
4.4	5.6	8.0	13.0	21.3	33.3	*———————— —		101.5 —————————		*	3
2.9	3.0	5.4	8.7	16.4	20.1	49.3	58.4	*——— —	167.3 ————	*	4
3.3	3.4	6.1	10.9	22.3	26.5	62.3	67.4	*——— —	191.5 ————	*	5
3.1	3.6	5.3	9.1	12.2	21.9	*———————— —		101.7 —————————		*	6
3.4	4.2	7.6	12.6	22.6	25.8	53.7	69.2	*——— —	152.6 ————	*	7
3.2	3.5	6.9	12.1	24.0	25.2	57.2	68.2	*——— —	162.5 ————	*	8
3.5	4.4	7.0	11.4	17.9	28.7	*———————— —		108.1 —————————		*	9
2.5	2.3	4.6	7.4	12.7	16.4	44.4	53.7	*——— —	187.5 ————	*	10
2.3	2.1	4.1	7.3	14.8	15.8	45.9	55.0	*——— —	183.5 ————	*	11
2.6	2.5	4.3	7.7	10.0	19.2	*———————— —		126.1 —————————		*	12
3.4	4.8	5.7	8.9	11.8	18.5	21.2	40.7	47.9	*——— 80.0 ———*		13
3.5	3.9	4.7	6.5	7.2	11.8	18.3	23.3	37.6	*——— 65.9 ———*		14
5.3	6.8	7.1	10.0	11.4	19.8	21.5	35.8	47.0	*——— 69.6 ———*		15
5.9	6.4	5.7	8.3	8.5	14.6	17.4	30.4	35.0	*——— 65.8 ———*		16
2.2	2.8	4.2	6.7	10.2	16.2	*——————— —		50.7 ———————————		*	17
2.1	2.8	4.5	7.2	10.5	16.1	*——————— —		50.6 ———————————		*	18
2.1	3.1	4.4	7.3	10.6	18.2	*——————— —		52.9 ———————————		*	19
2.0	3.0	4.7	6.9	10.6	16.7	*——————— —		51.2 ———————————		*	20
2.2	2.9	4.2	6.5	10.2	16.7	*——————— —		52.2 ———————————		*	21
2.3	3.4	4.8	7.7	11.1	17.6	*——————— —		57.4 ———————————		*	22
2.3	3.2	4.7	7.3	10.8	17.2	*——————— —		55.5 ———————————		*	23
2.2	3.0	4.8	7.6	11.2	18.3	*——————— —		59.2 ———————————		*	24
1.4	1.8	3.0	4.8	7.2	11.2	*——————— —		40.1 ———————————		*	25
1.3	1.9	3.0	5.0	7.5	11.7	*——————— —		39.1 ———————————		*	26
1.4	2.2	3.2	5.1	7.2	11.9	*——————— —		41.8 ———————————		*	27
1.4	1.8	3.1	4.7	7.2	10.6	*——————— —		40.1 ———————————		*	28
1.4	2.0	3.1	4.8	7.1	11.0	*——————— —		41.0 ———————————		*	29
1.4	2.3	3.4	5.2	8.0	11.3	*——————— —		44.2 ———————————		*	30
1.5	2.3	3.1	4.7	7.1	11.7	*——————— —		43.3 ———————————		*	31
1.4	2.2	3.3	5.3	7.9	11.9	*——————— —		46.4 ———————————		*	32
2.7	2.7	4.3	4.8	8.5	13.5	*——————— —		47.0 ———————————		*	33
2.4	2.8	4.1	5.7	9.3	13.3	*——————— —		47.4 ———————————		*	34
2.5	3.0	4.3	5.8	9.0	14.0	*——————— —		49.8 ———————————		*	35
2.7	3.3	4.3	5.9	7.8	14.0	*——————— —		49.3 ———————————		*	36
2.5	3.1	4.1	6.4	9.0	14.7	*——————— —		50.4 ———————————		*	37
2.2	2.8	3.2	5.2	6.9	12.3	*——————— —		44.4 ———————————		*	38
2.5	3.2	3.7	5.9	7.4	11.2	*——————— —		45.6 ———————————		*	39
2.6	3.0	3.9	4.8	7.0	11.3	*——————— —		47.9 ———————————		*	40

23. Death rates specific for age, sex and urban/rural residence: 1983 – 1992 (continued)

Data by urban/rural residence

(See notes at end of table.)

Continent, country or area, year, sex and urban/rural residence / Continent, pays ou zone, année, sexe et résidence, urbaine/rurale	All ages Tous âges [1]	−1	1–4	5–9	10–14	15–19	20–24	25–29
AMERICA, NORTH— (Cont.–Suite) AMERIQUE DU NORD								
Cuba								
Rural – Rurale								
Female – Féminin								
1 1983	4.3	19.5	1.0	0.5	0.4	1.0	1.3	1.3
2 1984	4.7	17.0	1.1	0.5	0.5	1.1	1.2	1.4
3 1985	5.1	20.9	1.3	0.5	0.5	1.1	1.3	1.4
4 1986	5.0	16.4	1.1	0.5	0.5	1.3	1.3	1.4
5 1987	5.0	15.2	1.1	0.4	0.5	1.1	1.3	1.2
6 1988	4.2	11.2	0.8	0.4	0.5	1.0	1.0	1.0
7 1989	4.4	11.5	0.7	0.3	0.4	1.0	0.9	1.0
8 1990	4.6	10.3	0.6	0.3	0.3	0.8	1.1	0.9
Panama								
Urban – Urbaine								
Male – Masculin								
9 1983	4.9	*⎯⎯	5.2 ⎯⎯*	♦ 0.4	♦ 0.4	0.9	1.8	1.3
10 1984	4.6	23.6	0.9	♦ 0.3	♦ 0.3	0.7	1.6	1.3
11 1986	4.7	20.5	0.9	♦ 0.3	♦ 0.3	1.1	1.1	1.3
12 1988	4.7	*⎯⎯	4.8 ⎯⎯*	0.5	♦ 0.3	0.9	1.1	1.6
13 1989	4.9	17.5	0.6	♦ 0.4	♦ 0.4	0.8	1.6	2.0
14 1990	4.8	17.5	0.8	♦ 0.3	♦ 0.3	1.0	1.5	1.9
Female – Féminin								
15 1983	3.7	*⎯⎯	4.8 ⎯⎯*	♦ 0.3	♦ 0.3	♦ 0.3	0.7	0.8
16 1984	3.5	21.4	0.7	♦ 0.2	♦ 0.3	♦ 0.2	♦ 0.4	♦ 0.5
17 1986	3.4	14.8	0.7	♦ 0.3	♦ 0.2	♦ 0.3	♦ 0.4	0.7
18 1988	3.4	*⎯⎯	3.8 ⎯⎯*	♦ 0.1	♦ 0.3	♦ 0.3	♦ 0.4	0.7
19 1989	3.4	14.4	♦ 0.5	♦ 0.2	♦ 0.2	0.4	♦ 0.4	0.6
20 1990	3.4	14.8	♦ 0.5	♦ 0.1	♦ 0.3	♦ 0.4	0.5	0.7
Rural – Rurale								
Male – Masculin								
21 1983	4.3	*⎯⎯	6.3 ⎯⎯*	0.7	0.7	0.9	1.6	1.5
22 1984	4.0	19.6	2.0	0.8	0.6	1.0	1.3	1.5
23 1986	4.4	21.8	2.1	0.7	0.5	1.1	1.5	1.9
24 1988	4.5	*⎯⎯	5.8 ⎯⎯*	0.9	0.5	1.1	1.8	1.7
25 1989	4.6	21.0	2.1	0.7	0.5	1.2	1.8	2.3
26 1990	4.4	21.7	1.9	0.6	♦ 0.4	1.3	1.9	2.0
Female – Féminin								
27 1983	3.4	*⎯⎯	5.0 ⎯⎯*	0.5	♦ 0.3	0.7	1.1	1.2
28 1984	3.3	16.1	2.2	♦ 0.4	♦ 0.4	0.8	1.0	1.1
29 1986	3.4	18.1	2.2	0.7	♦ 0.4	0.9	1.0	0.8
30 1988	3.5	*⎯⎯	5.1 ⎯⎯*	0.5	♦ 0.4	0.7	0.8	1.1
31 1989	3.2	15.1	1.9	0.6	♦ 0.3	0.7	0.8	1.0
32 1990	3.5	18.9	2.0	0.5	0.6	0.6	1.0	1.1
AMERICA, SOUTH— AMERIQUE DU SUD								
Chile – Chili								
Urban – Urbaine								
Male – Masculin								
33 1983	7.4	22.5	1.2	0.5	0.6	1.0	1.7	2.0
34 1984	7.2	20.7	1.0	0.4	0.5	0.9	1.6	1.9
35 1985	6.8	*⎯⎯	4.6 ⎯⎯*	0.4	0.4	0.9	1.5	1.7
36 1988	6.4	*⎯⎯	4.9 ⎯⎯*	0.4	0.4	0.8	1.5	1.6
37 1989	6.5	*⎯⎯	4.6 ⎯⎯*	0.3	0.4	0.9	1.6	1.7
38 1990	6.6	*⎯⎯	4.3 ⎯⎯*	0.3	0.4	0.8	1.4	1.8
39 1991	6.2	*⎯⎯	3.8 ⎯⎯*	0.3	0.3	0.9	1.4	1.5
Female – Féminin								
40 1983	5.5	18.8	1.0	0.3	0.3	0.5	0.5	0.7
41 1984	5.4	16.7	0.7	0.3	0.3	0.4	0.5	0.6
42 1985	5.3	*⎯⎯	3.9 ⎯⎯*	0.3	0.3	0.4	0.5	0.6
43 1988	5.3	*⎯⎯	3.9 ⎯⎯*	0.3	0.2	0.4	0.5	0.6
44 1989	5.1	*⎯⎯	3.7 ⎯⎯*	0.3	0.3	0.4	0.4	0.6
45 1990	5.2	*⎯⎯	3.4 ⎯⎯*	0.2	0.2	0.4	0.4	0.6
46 1991	4.9	*⎯⎯	3.1 ⎯⎯*	0.2	0.2	0.3	0.4	0.5

23. Taux de mortalité selon l'âge, le sexe et la résidence, urbaine/rurale: 1983 – 1992 (suite)

Données selon la résidence urbaine/rurale

tes à la fin du tableau.)

					Age(en années)						
35–39	40–44	45–49	50–54	55–59	60–64	65–69	70–74	75–79	80–84	85 plus	
1.6	2.2	3.7	5.3	6.9	12.7	*————————	—	39.2	————————	*	1
1.8	2.3	3.6	5.9	8.7	12.7	*————————	—	41.5	————————	*	2
2.1	2.5	3.3	5.7	8.5	13.5	*————————	—	45.8	————————	*	3
1.8	2.5	4.0	5.5	8.0	12.6	*————————	—	45.0	————————	*	4
1.7	2.7	3.6	6.1	8.0	12.8	*————————	—	45.3	————————	*	5
1.4	1.9	2.8	4.2	6.4	11.0	*————————	—	38.4	————————	*	6
1.2	2.4	3.0	5.5	6.5	12.8	*————————	—	39.6	————————	*	7
1.5	2.2	3.2	4.9	6.6	12.2	*————————	—	42.1	————————	*	8
1.8	2.5	4.0	6.6	8.7	16.1	27.3	46.8	68.8	107.5	173.1	9
2.2	2.7	3.9	5.4	7.8	14.0	23.4	47.5	71.6	103.8	161.7	10
2.2	2.4	4.9	5.5	9.8	16.4	26.6	43.4	62.5	*——— 1 22.0 ———*		11
1.7	3.1	4.3	6.3	8.1	15.7	21.7	42.2	65.7	*——— 1 30.6 ———*		12
2.4	2.9	4.0	6.7	10.1	16.9	25.2	39.3	66.1	96.0	156.7	13
2.2	2.6	3.7	6.3	8.4	16.4	26.0	42.2	60.4	107.9	162.5	14
♦ 0.9	1.6	3.1	3.9	5.7	8.3	16.7	27.2	46.7	80.4	128.3	15
1.2	1.4	2.4	3.5	5.4	9.5	17.2	28.0	41.8	77.0	126.8	16
1.0	1.3	2.2	3.4	5.0	8.4	15.6	29.7	45.6	*——— 1 10.3 ———*		17
1.0	1.5	1.6	3.0	5.4	8.4	16.1	23.6	45.3	*——— 1 11.7 ———*		18
1.1	1.5	2.6	3.0	5.1	8.3	14.4	24.3	37.2	63.3	178.7	19
1.1	1.7	2.4	3.5	5.4	7.8	13.3	21.1	38.6	89.8	172.3	20
2.2	2.3	4.2	5.5	6.9	12.1	19.1	31.2	40.5	80.3	149.3	21
2.3	2.7	3.2	6.0	6.5	11.7	16.7	29.5	32.6	90.9	125.1	22
2.2	2.6	3.1	5.7	7.2	11.8	19.9	33.0	49.3	*——— 1 15.5 ———*		23
2.3	2.8	3.5	5.4	7.0	11.9	15.8	29.3	61.0	*——— 1 19.2 ———*		24
2.2	3.1	3.6	5.1	7.8	11.0	17.4	30.9	53.0	93.5	155.6	25
2.5	2.7	3.4	4.8	6.6	10.7	16.9	27.1	53.1	78.6	158.8	26
2.0	2.2	2.7	4.4	3.7	9.4	17.8	23.9	32.8	129.8	198.8	27
1.6	2.0	2.9	3.8	6.6	9.6	14.0	22.2	34.8	118.8	152.4	28
2.0	2.0	2.3	3.5	5.4	8.6	15.7	23.3	36.0	*——— 1 00.1 ———*		29
1.3	2.6	2.8	4.3	5.4	9.5	14.7	26.7	44.4	*——— 1 05.5 ———*		30
1.4	2.2	2.6	4.1	6.6	7.0	12.2	24.2	40.6	64.2	116.7	31
1.5	2.2	3.2	3.6	5.4	8.4	12.0	22.5	41.1	86.2	128.2	32
3.2	5.1	7.8	13.3	18.4	26.4	41.2	62.9	95.4	*——— 1 88.9 ———*		33
3.2	5.1	7.5	12.9	17.6	26.4	40.1	61.6	91.3	*——— 1 82.1 ———*		34
2.9	4.7	7.2	11.2	17.7	25.4	37.7	61.9	88.3	*——— 1 58.3 ———*		35
2.3	3.8	5.5	8.8	14.9	22.0	33.7	57.5	90.1	*——— 1 62.2 ———*		36
2.7	4.1	6.4	9.7	15.8	23.9	34.1	54.9	87.0	*——— 1 48.3 ———*		37
2.6	4.2	6.6	9.9	14.9	24.3	36.1	54.9	91.5	*——— 1 55.6 ———*		38
2.4	3.5	5.2	8.7	12.9	22.7	33.0	51.7	86.8	*——— 1 56.0 ———*		39
1.5	2.2	3.6	6.3	8.6	13.0	22.0	35.5	60.3	*——— 1 39.5 ———*		40
1.4	2.3	3.4	5.6	8.4	12.9	20.6	34.3	59.5	*——— 1 42.2 ———*		41
1.3	2.2	3.6	5.1	8.4	11.6	18.9	35.3	52.5	*——— 1 35.1 ———*		42
1.2	2.0	3.1	4.9	7.4	11.5	18.2	31.6	55.5	*——— 1 31.2 ———*		43
1.2	2.0	3.1	5.2	7.6	11.0	17.8	29.6	52.0	*——— 1 24.3 ———*		44
1.0	1.9	3.0	4.9	7.6	12.2	17.8	30.0	54.2	*——— 1 27.5 ———*		45
1.1	1.7	3.0	4.3	6.6	11.3	16.7	28.3	51.8	*——— 1 20.5 ———*		46

23. Death rates specific for age, sex and urban/rural residence: 1983 – 1992 (continued)

Data by urban/rural residence

(See notes at end of table.)

Continent, country or area, year, sex and urban/rural residence / Continent, pays ou zone, année, sexe et résidence, urbaine/rurale	All ages Tous âges [1]	−1	1–4	5–9	10–14	15–19	20–24	25–29
AMERICA, SOUTH— (Cont.–Suite) AMÉRIQUE DU SUD								
Chile – Chili								
Rural – Rurale								
Male – Masculin								
1 1983	6.7	23.0	1.8	0.6	0.7	1.3	2.3	2.6
2 1984	7.2	22.0	1.8	0.6	0.8	1.3	2.4	2.6
3 1985	6.8	*——	5.2 ——*	0.6	0.5	1.1	2.1	2.7
4 1988	6.5	*——	5.4 ——*	0.4	0.6	1.0	2.0	2.4
5 1989	6.8	*——	5.1 ——*	0.5	0.6	1.4	2.0	2.1
6 1990	7.2	*——	4.7 ——*	0.5	0.7	1.4	2.2	2.4
7 1991	6.7	*——	4.2 ——*	0.5	0.5	1.2	1.9	2.2
Female – Féminin								
8 1983	5.0	18.7	1.7	0.5	0.6	0.6	0.9	1.0
9 1984	5.3	16.4	1.5	0.5	0.5	0.9	0.9	0.9
10 1985	5.5	*——	4.9 ——*	0.5	0.5	0.6	0.9	1.1
11 1988	5.0	*——	4.9 ——*	0.3	0.5	0.7	0.7	0.7
12 1989	4.9	*——	4.2 ——*	0.3	0.4	0.7	0.7	0.8
13 1990	5.3	*——	3.8 ——*	0.4	0.5	0.7	0.7	0.7
14 1991	5.1	*——	3.3 ——*	0.4	♦ 0.3	0.5	0.7	0.6
Colombia – Colombie + [7]								
Urban – Urbaine								
Male – Masculin								
15 1985	7.7	40.9	2.6	0.9	0.8	2.0	3.8	4.6
Female – Féminin								
16 1985	5.5	32.7	2.3	0.6	0.5	0.8	1.0	1.2
Rural – Rurale								
Male – Masculin								
17 1985	3.7	14.9	1.8	0.5	0.5	1.3	2.8	3.4
Female – Féminin								
18 1985	2.6	12.5	1.7	0.4	0.3	0.6	0.7	0.8
Ecuador – Équateur [8]								
Urban – Urbaine								
Male – Masculin								
19 1987	5.5	*——	8.9 ——*	0.9	0.7	1.2	2.0	2.3
20 1989	5.4	*——	7.9 ——*	0.8	0.8	1.3	1.9	2.3
21 1990	5.8	33.7	2.7	0.7	0.8	1.6	2.5	2.5
Female – Féminin								
22 1987	4.3	*——	7.2 ——*	0.6	0.5	0.7	0.9	1.0
23 1989	4.1	*——	6.4 ——*	0.5	0.4	0.7	0.9	0.8
24 1990	4.5	29.8	2.5	0.6	0.6	0.8	1.0	1.0
Rural – Rurale								
Male – Masculin								
25 1987	5.8	*——	10.8 ——*	1.1	0.8	1.4	2.1	2.6
26 1989	5.6	*——	8.6 ——*	0.9	0.9	1.2	2.2	2.5
27 1990	5.8	36.3	4.1	0.9	0.7	1.4	2.3	2.4
Female – Féminin								
28 1987	5.2	*——	10.0 ——*	1.0	0.7	1.2	1.5	1.6
29 1989	4.7	*——	8.1 ——*	0.8	0.7	1.1	1.4	1.8
30 1990	4.8	32.5	4.1	0.7	0.5	1.0	1.3	1.3
ASIA—ASIE								
Bangladesh								
Urban – Urbaine								
Male – Masculin								
31 1986	8.8	*——	33.4 ——*	2.1	1.1	1.3	1.9	1.5
Female – Féminin								
32 1986	8.4	*——	32.8 ——*	3.1	0.8	1.3	2.5	3.3
Rural – Rurale								
Male – Masculin								
33 1986	12.9	*——	44.3 ——*	3.0	1.8	2.1	2.2	2.4
Female – Féminin								
34 1986	12.0	*——	42.1 ——*	2.7	1.2	2.5	3.2	3.4

23. Taux de mortalité selon l'âge, le sexe et la résidence, urbaine/rurale: 1983 – 1992 (suite)

Données selon la résidence urbaine/rurale

otes à la fin du tableau.)

					Age(en années)						
35–39	40–44	45–49	50–54	55–59	60–64	65–69	70–74	75–79	80–84	85 plus	
3.6	4.6	6.0	8.3	10.8	15.7	26.7	46.8	74.0	*——— 1 43.9 ———*		1
4.1	5.8	7.1	8.8	11.5	17.8	30.0	51.5	77.8	*——— 1 53.5 ———*		2
3.8	5.1	6.9	8.1	12.0	17.3	30.8	45.1	67.6	*——— 1 18.5 ———*		3
3.3	3.9	5.5	7.8	11.2	16.3	24.5	42.8	74.2	*——— 1 17.9 ———*		4
3.7	5.4	5.9	8.9	13.0	18.2	24.4	41.9	73.4	*——— 1 18.4 ———*		5
3.4	4.8	5.8	9.5	11.8	19.4	27.6	45.0	81.5	*——— 1 30.9 ———*		6
3.3	4.3	5.3	8.4	11.0	19.1	25.5	43.3	76.9	*——— 1 28.0 ———*		7
1.6	2.5	3.3	5.0	7.4	11.7	20.0	28.3	44.1	*——— 1 10.8 ———*		8
1.5	2.3	4.0	5.6	7.9	12.4	19.4	32.8	52.4	*——— 1 21.1 ———*		9
1.7	2.6	3.6	6.1	8.4	12.2	19.1	30.1	57.8	*——— 1 11.4 ———*		10
1.3	1.9	3.0	4.8	8.1	10.5	16.0	29.1	50.2	*——— 1 03.1 ———*		11
1.4	2.1	3.4	5.6	8.0	11.0	16.2	28.5	44.3	*——— 1 01.3 ———*		12
1.6	2.4	3.5	4.7	7.3	12.4	18.4	28.3	54.8	*——— 1 10.8 ———*		13
1.4	2.4	3.3	5.5	7.5	11.8	18.8	26.9	49.7	*——— 1 06.9 ———*		14
4.4	*5.1*	*7.2*	*10.5*	*16.9*	*26.5*	*42.0*	*65.4*	*92.9*	*138.4*	*181.2*	*15*
2.2	*3.3*	*5.1*	*7.6*	*11.9*	*18.8*	*29.9*	*46.7*	*72.3*	*104.2*	*161.5*	*16*
3.1	*3.4*	*4.2*	*4.5*	*6.8*	*8.6*	*15.3*	*22.3*	*38.1*	*50.4*	*67.3*	*17*
1.2	*1.7*	*2.2*	*3.2*	*5.1*	*7.3*	*13.3*	*20.4*	*38.4*	*49.6*	*77.2*	*18*
3.1	4.2	5.5	8.7	12.5	17.1	25.5	41.8	68.9	*——— 2 08.9 ———*		19
3.5	4.3	5.4	7.7	11.7	19.2	*———	—	64.1	———————*		20
3.4	4.2	5.9	8.0	12.2	17.8	27.5	43.3	64.8	97.0	161.0	21
2.0	2.5	3.5	5.4	8.0	11.2	16.9	26.4	50.6	*——— 1 78.9 ———*		22
1.8	2.6	3.3	5.0	6.5	12.2	*———	—	50.9	———————*		23
1.7	2.5	3.5	5.5	8.2	11.6	18.7	31.1	47.1	73.2	156.8	24
3.2	4.5	5.4	6.5	10.1	13.5	19.9	33.1	53.6	*——— 1 47.2 ———*		25
3.1	3.9	5.3	7.2	11.0	13.1	*———	—	49.4	———————*		26
3.8	4.4	5.7	7.5	10.0	12.4	20.9	27.5	49.9	64.1	114.5	27
2.1	3.1	3.7	4.8	7.3	9.5	13.4	26.0	40.6	*——— 1 53.5 ———*		28
2.1	2.7	3.8	4.4	6.6	9.2	*———	—	43.0	———————*		29
2.2	2.9	3.5	4.6	7.8	10.1	15.6	23.6	41.2	59.3	128.6	30
0.7	*3.7*	*5.7*	*12.4*	*22.3*	*36.4*	*———————	—	94.6*	*———————————*		*31*
2.4	*4.7*	*6.9*	*20.8*	*25.2*	*19.2*	*———————	—	81.1*	*———————————*		*32*
2.6	*5.0*	*6.3*	*13.1*	*18.5*	*30.5*	*———————	—	91.6*	*———————————*		*33*
5.3	*6.8*	*7.4*	*8.9*	*20.9*	*22.8*	*———————	—	92.0*	*———————————*		*34*

23. Death rates specific for age, sex and urban/rural residence: 1983 – 1992 (continued)

Data by urban/rural residence

(See notes at end of table.)

Continent, country or area, year, sex and urban/rural residence / Continent, pays ou zone, année, sexe et résidence, urbaine/rurale	All ages Tous âges [1]	Age (in years)						
		−1	1–4	5–9	10–14	15–19	20–24	25–29
ASIA—ASIE (Cont.–Suite)								
Israel – Israël [11]								
Urban – Urbaine								
Male – Masculin								
1 1983	7.3	*——	3.2 ——*	0.2	0.2	0.6	0.9	0.9
2 1985	7.3	*——	3.1 ——*	*——	0.3 ——*	0.8	0.9	0.9
3 1987	7.4	*——	3.0 ——*	*——	0.3 ——*	0.7	0.8	0.9
4 1988	7.3	*——	2.4 ——*	*——	0.3 ——*	0.7	0.9	0.9
5 1989	6.9	*——	2.5 ——*	*——	0.2 ——*	0.7	0.8	0.9
6 1990	6.7	*——	2.5 ——*	0.2	♦ 0.1	0.7	0.8	0.7
Female – Féminin								
7 1983	6.4	*——	2.9 ——*	0.2	♦ 0.2	0.2	0.2	0.4
8 1985	6.5	*——	2.7 ——*	*——	0.2 ——*	0.3	0.4	0.4
9 1987	6.5	*——	2.3 ——*	*——	0.2 ——*	0.3	0.3	0.3
10 1988	6.4	*——	2.3 ——*	*——	0.2 ——*	0.2	0.3	0.4
11 1989	6.1	*——	2.3 ——*	*——	0.2 ——*	0.3	0.4	0.4
12 1990	6.0	*——	2.3 ——*	0.2	0.2	0.2	0.3	0.4
Rural – Rurale								
Male – Masculin								
13 1983	6.9	*——	8.4 ——*	♦ 0.8	♦ 0.8	1.6	1.7	♦ 1.3
14 1985	4.8	*——	2.9 ——*	*—— ♦	0.4 ——*	♦ 0.7	♦ 1.2	♦ 1.0
15 1987	4.9	*——	2.9 ——*	*—— ♦	0.4 ——*	♦ 0.6	♦ 0.9	♦ 1.1
16 1988	4.7	*——	3.1 ——*	*—— ♦	0.3 ——*	♦ 0.8	♦ 0.6	♦ 0.7
17 1989	5.0	*——	2.8 ——*	*—— ♦	0.2 ——*	♦ 0.8	♦ 0.9	♦ 0.5
18 1990	4.8	*——	2.8 ——*	♦ 0.2	♦ 0.2	♦ 0.7	♦ 1.1	♦ 1.2
Female – Féminin								
19 1983	6.2	*——	8.2 ——*	♦ 0.4	♦ 0.6	♦ 0.4	♦ 0.7	♦ 0.6
20 1985	4.2	*——	3.0 ——*	*—— ♦	0.2 ——*	♦ 0.3	♦ 0.5	♦ 0.4
21 1987	4.4	*——	2.5 ——*	*—— ♦	0.3 ——*	♦ 0.2	♦ 0.6	♦ 0.1
22 1988	4.6	*——	2.7 ——*	*—— ♦	0.3 ——*	♦ 0.4	♦ 0.4	♦ 0.4
23 1989	4.6	*——	2.7 ——*	*—— ♦	0.3 ——*	♦ 0.3	♦ 0.5	♦ 0.3
24 1990	4.4	*——	2.5 ——*	♦ 0.3	♦ 0.1	♦ 0.2	♦ 0.3	♦ 0.4
Maldives								
Urban – Urbaine								
Male – Masculin								
25 1985	6.5	48.2	♦ 4.8	♦ 1.1	♦ 0.7	♦ 1.2	♦ 1.5	♦ 3.0
26 1990	5.5	♦ 34.3	♦ 2.7	♦ 0.8	♦ 1.2	♦ 1.3	♦ 1.1	♦ 0.7
Female – Féminin								
27 1985	6.0	♦ 39.7	♦ 3.8	♦ 0.4	♦ 0.4	♦ 2.0	♦ 2.6	♦ 3.1
28 1990	5.0	♦ 39.0	♦ 1.4	♦ 1.1	♦ 0.6	♦ 0.5	♦ 1.4	♦ 1.4
Rural – Rurale								
Male – Masculin								
29 1985	9.7	73.1	8.6	♦ 1.5	♦ 1.1	♦ 1.3	♦ 1.9	♦ 1.5
30 1990	7.0	36.4	4.1	♦ 1.0	♦ 0.9	♦ 1.3	♦ 0.9	♦ 1.0
Female – Féminin								
31 1985	9.9	74.7	10.8	♦ 1.2	♦ 0.9	♦ 2.0	♦ 3.8	♦ 3.1
32 1990	6.4	34.2	5.0	♦ 0.8	♦ 1.1	♦ 1.2	♦ 1.6	♦ 2.3
Thailand – Thaïlande +								
Urban – Urbaine								
Male – Masculin								
33 1990	9.5	*——	9.2 ——*	1.5	1.3	4.2	5.3	5.3
Female – Féminin								
34 1990	5.6	*——	7.1 ——*	1.1	0.9	1.3	1.3	1.4
Rural – Rurale								
Male – Masculin								
35 1990	4.6	*——	2.1 ——*	0.6	0.5	1.3	1.6	2.0
Female – Féminin								
36 1990	3.4	*——	1.5 ——*	0.5	0.3	0.5	0.6	0.7

23. Taux de mortalité selon l'âge, le sexe et la résidence, urbaine/rurale: 1983 – 1992 (suite)

Données selon la résidence urbaine/rurale

...tes à la fin du tableau.)

35–39	40–44	45–49	50–54	55–59	60–64	65–69	70–74	75–79	80–84	85 plus	
1.3	1.9	3.6	6.7	11.5	16.6	27.1	44.3	*——— —	96.4 ———*		1
1.1	2.0	3.7	6.1	11.4	17.3	*———	34.3 —*	*——— —	100.5 ———*		2
1.2	1.9	3.4	6.5	10.3	18.5	*———	34.1 —*	*——— —	100.2 ———*		3
1.5	2.0	3.8	5.9	10.7	16.8	*———	33.7 —*	*——— —	97.7 ———*		4
1.1	2.0	3.1	5.8	9.8	15.8	*———	30.8 —*	*——— —	96.9 ———*		5
1.1	1.9	2.8	4.8	9.2	15.5	25.8	37.8	*——— —	94.0 ———*		6
0.8	1.3	1.9	3.9	6.4	11.2	20.6	32.8	*——— —	93.4 ———*		7
0.9	1.4	1.9	3.6	6.9	10.4	*———	26.2 —*	*——— —	91.5 ———*		8
0.7	1.1	2.0	4.2	6.7	10.6	*———	24.7 —*	*——— —	90.4 ———*		9
0.8	1.3	2.2	3.2	6.3	10.3	*———	24.2 —*	*——— —	87.5 ———*		10
0.7	1.4	1.9	3.1	6.5	10.0	*———	22.7 —*	*——— —	83.0 ———*		11
0.8	1.3	2.1	3.5	5.7	9.9	16.3	30.0	*——— —	79.3 ———*		12
♦1.8	3.8	5.4	5.6	11.4	17.1	28.6	44.7	*——— —	116.9 ———*		13
♦1.2	♦2.1	♦3.2	6.0	8.3	13.9	*———	29.2 —*	*——— —	90.8 ———*		14
♦1.2	♦1.8	♦2.7	5.4	10.0	14.9	*———	29.5 —*	*——— —	98.6 ———*		15
♦1.1	♦1.2	♦2.3	♦3.2	8.7	13.1	*———	26.7 —*	*——— —	95.1 ———*		16
♦0.9	♦0.9	♦2.4	♦3.8	8.3	14.1	*———	31.6 —*	*——— —	93.1 ———*		17
♦1.0	♦0.8	♦2.2	♦3.4	8.1	16.0	21.8	37.3	*——— —	87.0 ———*		18
♦1.3	♦1.4	♦3.0	4.5	8.0	13.6	21.5	39.0	*——— —	98.7 ———*		19
♦0.7	♦0.9	♦2.1	♦3.5	♦4.5	12.2	*———	20.0 —*	*——— —	76.4 ———*		20
♦0.7	♦0.7	♦2.2	♦2.7	6.9	11.8	*———	25.2 —*	*——— —	75.6 ———*		21
♦0.9	♦1.4	♦1.4	♦3.3	♦4.1	9.7	*———	22.9 —*	*——— —	83.1 ———*		22
♦0.5	♦1.1	♦1.9	♦2.7	5.2	8.1	*———	20.2 —*	*——— —	75.4 ———*		23
♦1.0	♦1.3	♦1.9	♦2.4	♦4.8	7.4	12.5	25.4	*——— —	72.0 ———*		24
♦1.6	♦9.2	♦8.1	♦13.1	♦22.4	♦35.8	♦24.2	♦57.9	♦105.3	♦184.2	♦242.4	25
♦5.1	♦5.0	♦6.5	♦17.8	♦21.8	♦39.7	♦39.1	♦79.1	♦89.7	♦75.5	♦242.4	26
♦6.3	♦7.9	♦13.7	♦15.9	♦6.3	♦37.2	♦8.1	–	♦83.3	♦263.2	♦363.6	27
♦7.5	♦6.7	♦9.9	♦7.8	♦13.2	♦35.8	♦53.9	♦54.3	♦116.7	♦96.8	♦217.4	28
♦3.5	♦7.2	♦4.3	♦11.4	♦12.3	♦15.8	♦33.4	54.3	♦84.8	♦96.1	♦45.0	29
♦3.3	♦4.7	♦5.6	♦5.2	13.9	17.4	39.8	51.1	100.3	♦69.3	♦102.9	30
♦2.1	♦10.3	♦6.2	♦9.3	♦20.0	♦17.8	60.4	♦50.5	♦74.6	♦122.4	♦34.9	31
♦3.1	♦4.8	♦4.4	♦12.2	♦13.0	♦16.8	45.1	64.6	♦122.4	♦81.8	♦48.4	32
6.1	7.5	10.2	15.0	22.5	33.5	48.7	73.1	100.1	*——— 1 49.3 ———*		33
2.3	3.5	5.3	8.5	12.5	18.4	27.9	42.2	69.4	*——— 1 16.1 ———*		34
2.8	3.8	5.1	7.4	10.0	14.6	22.8	35.9	55.8	*——— 98.7 ———*		35
1.2	2.0	2.8	4.3	5.9	9.4	15.3	25.7	39.2	*——— 87.7 ———*		36

23. Death rates specific for age, sex and urban/rural residence: 1983 – 1992 (continued)

Data by urban/rural residence

(See notes at end of table.)

Continent, country or area, year, sex and urban/rural residence / Continent, pays ou zone, année, sexe et résidence, urbaine/rurale	All ages Tous âges[1]	−1	1–4	5–9	10–14	15–19	20–24	25–29
EUROPE								
Bulgaria – Bulgarie								
Urban – Urbaine								
Male – Masculin								
1 1983	9.2	*——	4.0 ——*	0.4	0.4	0.7	0.9	1.2
2 1984	9.1	*——	3.8 ——*	0.5	0.4	0.8	0.9	1.2
3 1985	9.7	*——	3.7 ——*	0.5	0.4	0.7	1.1	1.2
4 1986	9.6	*——	3.8 ——*	0.3	0.4	0.7	1.0	1.2
5 1987	9.9	*——	3.6 ——*	0.4	0.4	0.8	1.1	1.1
6 1988	10.0	*——	3.6 ——*	0.5	0.4	0.7	1.0	1.2
7 1989	10.0	14.4	0.8	0.4	0.4	0.8	1.1	1.2
8 1990	10.3	15.0	0.9	0.3	0.4	0.9	1.2	1.3
Female – Féminin								
9 1983	7.4	*——	3.2 ——*	0.3	0.3	0.3	0.3	0.5
10 1984	7.2	*——	3.1 ——*	0.3	0.2	0.4	0.3	0.6
11 1985	7.6	*——	3.1 ——*	0.3	0.3	0.4	0.4	0.5
12 1986	7.5	*——	3.2 ——*	0.2	0.2	0.4	0.5	0.6
13 1987	7.7	*——	3.1 ——*	0.3	0.2	0.3	0.5	0.6
14 1988	7.6	*——	2.7 ——*	0.2	0.2	0.4	0.5	0.6
15 1989	7.6	11.0	0.7	0.3	0.2	0.3	0.5	0.5
16 1990	7.9	12.0	0.7	0.3	0.2	0.4	0.4	0.5
Rural – Rurale								
Male – Masculin								
17 1983	19.0	*——	5.8 ——*	0.7	0.5	1.7	3.0	2.1
18 1984	19.4	*——	6.3 ——*	0.8	0.7	1.4	3.0	2.2
19 1985	20.3	*——	5.5 ——*	0.7	0.8	1.4	2.2	2.2
20 1986	19.1	*——	5.3 ——*	0.7	0.5	1.4	1.6	2.1
21 1987	19.9	*——	4.9 ——*	0.9	0.7	1.6	1.8	1.8
22 1988	20.0	*——	5.2 ——*	0.8	0.7	1.3	1.6	2.1
23 1989	19.9	20.1	1.5	0.6	0.7	1.1	1.7	2.0
24 1990	20.2	20.3	1.3	0.7	0.7	1.2	2.0	2.1
Female – Féminin								
25 1983	15.3	*——	4.7 ——*	0.5	0.3	0.8	1.4	0.8
26 1984	15.4	*——	4.7 ——*	0.4	0.5	0.7	1.3	1.0
27 1985	16.4	*——	4.7 ——*	0.5	0.3	0.7	0.9	1.1
28 1986	15.5	*——	3.8 ——*	0.4	0.4	0.7	0.8	0.7
29 1987	16.3	*——	3.8 ——*	0.5	0.5	0.7	0.7	0.8
30 1988	16.6	*——	3.6 ——*	0.5	0.4	0.7	0.7	0.9
31 1989	16.5	15.3	1.2	0.6	0.4	0.6	0.8	0.7
32 1990	16.7	13.2	1.0	0.6	0.4	0.6	0.9	0.7
Estonia – Estonie [20]								
Urban – Urbaine								
Male – Masculin								
33 1989	10.8	18.7	1.1	♦ 0.6	♦ 0.4	1.4	1.7	2.1
Female – Féminin								
34 1989	10.3	10.5	♦ 0.7	♦ 0.4	♦ 0.2	♦ 0.5	♦ 0.7	1.0
Rural – Rurale								
Male – Masculin								
35 1989	14.6	15.5	♦ 1.7	♦ 1.1	♦ 1.1	2.0	3.6	2.1
Female – Féminin								
36 1989	15.6	13.4	♦ 1.1	♦ 0.6	♦ 0.5	♦ 1.1	♦ 0.6	♦ 1.4
Finland – Finlande [21]								
Urban – Urbaine								
Male – Masculin								
37 1983	9.3	6.5	♦ 0.3	♦ 0.3	♦ 0.2	1.0	1.0	1.3
38 1984	9.2	7.2	♦ 0.3	♦ 0.3	♦ 0.2	0.8	1.2	1.4
39 1985	9.7	6.9	♦ 0.3	♦ 0.2	♦ 0.2	0.7	1.0	1.3
40 1986	9.5	6.7	♦ 0.2	♦ 0.2	♦ 0.3	0.8	1.2	1.3
41 1987	9.6	*——	1.7 ——*	♦ 0.2	♦ 0.2	1.0	1.2	1.4
42 1989	9.7	5.8	♦ 0.3	♦ 0.2	♦ 0.2	1.1	1.3	1.6
43 1990	9.9	6.2	♦ 0.3	♦ 0.2	♦ 0.2	0.8	1.5	1.5

23. Taux de mortalité selon l'âge, le sexe et la résidence, urbaine/rurale: 1983 – 1992 (suite)

Données selon la résidence urbaine/rurale

(notes à la fin du tableau.)

					Age(en années)						
35–39	40–44	45–49	50–54	55–59	60–64	65–69	70–74	75–79	80–84	85 plus	
2.6	3.8	6.0	9.1	15.4	24.1	39.5	63.3	99.8	152.3	228.5	*1*
2.4	3.9	6.3	9.4	15.4	24.3	39.6	58.6	95.0	139.9	220.2	*2*
2.5	3.8	6.2	9.5	15.7	24.8	38.4	59.9	100.9	157.6	270.5	*3*
2.3	3.6	6.3	9.6	14.7	24.2	41.2	55.0	97.8	152.3	289.4	*4*
2.3	3.7	6.2	9.8	15.4	25.4	38.3	61.8	94.1	146.2	242.1	*5*
2.5	3.7	6.3	10.2	15.4	25.4	38.6	61.1	94.8	141.6	226.4	*6*
2.4	3.9	6.8	10.1	16.1	24.7	38.8	59.3	89.5	139.9	227.3	*7*
2.6	4.3	6.8	10.8	15.5	24.9	37.5	57.7	91.9	140.9	226.8	*8*
0.9	1.7	2.7	4.4	7.8	13.2	21.5	43.3	78.8	124.5	206.1	*9*
1.1	1.7	2.7	4.7	7.6	12.5	23.6	39.4	75.2	117.8	193.9	*10*
1.1	1.7	2.6	4.3	7.8	13.0	21.4	40.4	75.7	121.2	247.6	*11*
1.2	1.6	2.7	4.3	7.2	12.3	21.1	39.5	69.9	116.5	268.5	*12*
1.1	1.7	2.5	4.3	7.2	12.7	20.9	41.7	69.4	119.3	216.3	*13*
1.0	1.7	2.8	4.4	7.1	12.1	21.8	40.3	68.5	115.5	210.8	*14*
1.1	1.8	2.7	4.3	6.9	11.6	22.1	40.0	65.8	117.2	202.5	*15*
1.2	1.7	2.9	4.4	7.0	11.9	20.9	37.5	66.9	116.6	211.6	*16*
3.4	4.8	7.1	10.4	15.9	24.5	38.9	62.0	98.9	146.4	224.5	*17*
3.2	5.1	7.6	11.0	17.4	25.5	39.1	58.9	95.5	145.4	218.6	*18*
3.9	5.5	8.6	11.5	16.6	26.1	39.3	59.9	100.3	160.3	290.9	*19*
3.9	6.2	8.2	11.7	15.2	25.8	38.6	53.2	89.6	156.1	252.2	*20*
3.4	5.7	7.9	12.0	17.6	26.1	36.5	62.5	97.1	160.3	288.3	*21*
3.9	6.3	8.1	12.7	17.8	26.9	37.7	60.3	96.5	156.9	270.0	*22*
4.4	6.6	9.9	13.0	18.2	25.5	38.5	58.6	90.3	151.8	266.5	*23*
3.8	6.4	8.8	12.5	17.6	25.5	38.0	58.0	94.2	150.9	270.6	*24*
1.1	1.8	3.0	5.1	7.4	12.1	22.4	42.0	74.4	127.9	235.9	*25*
1.2	1.8	3.2	5.3	7.7	13.0	24.0	39.2	70.3	120.5	225.2	*26*
1.4	1.9	3.1	5.1	7.5	12.8	22.3	41.7	79.1	140.5	288.4	*27*
1.4	1.8	2.4	4.7	7.1	12.3	21.0	37.6	72.5	145.0	281.5	*28*
1.5	1.9	2.9	5.2	7.4	12.4	20.6	41.6	73.3	132.5	264.2	*29*
1.5	1.9	3.5	5.0	8.2	12.8	21.3	40.8	74.3	135.2	252.6	*30*
1.4	2.2	3.2	4.7	8.0	12.1	21.8	40.9	69.9	128.4	256.4	*31*
1.3	2.2	3.0	4.5	7.7	12.4	21.0	36.4	70.7	128.9	254.8	*32*
4.0	6.1	8.9	13.0	19.0	31.0	43.4	57.8	90.7	136.9	232.2	*33*
1.2	2.3	3.2	4.9	8.3	12.5	20.9	34.6	57.5	99.1	193.3	*34*
5.3	6.4	9.8	15.7	23.9	34.6	43.1	67.7	94.1	142.3	230.6	*35*
♦ 1.4	♦ 2.5	3.7	5.9	9.5	13.5	22.2	36.7	63.0	110.9	210.2	*36*
2.3	3.6	5.3	9.6	15.8	24.6	38.7	58.9	91.2	140.1	207.5	*37*
2.5	3.5	5.7	9.1	16.5	25.8	37.1	57.3	83.0	126.5	209.7	*38*
2.5	3.6	5.9	9.8	14.8	25.5	37.9	59.7	90.5	138.4	230.2	*39*
2.5	3.9	5.7	9.8	15.0	24.2	36.0	56.8	83.5	130.8	203.1	*40*
2.9	3.9	5.4	8.6	14.4	22.6	36.3	54.1	84.8	128.2	203.5	*41*
2.8	4.1	5.8	8.5	13.8	23.0	32.2	53.5	79.9	123.7	205.9	*42*
3.0	4.2	5.9	8.7	13.1	21.0	32.9	52.3	82.4	130.9	219.1	*43*

23. Death rates specific for age, sex and urban/rural residence: 1983 – 1992 (continued)

Data by urban/rural residence

(See notes at end of table.)

Continent, country or area, year, sex and urban/rural residence Continent, pays ou zone, année, sexe et résidence, urbaine/rurale	All ages Tous âges [1]	Age (in years)							
		−1	1–4	5–9	10–14	15–19	20–24	25–29	3(
EUROPE (Cont.–Suite)									
Finland – Finlande [21]									
Urban – Urbaine									
Female – Féminin									
1 1983	8.2	6.0	♦ 0.2	♦ 0.2	♦ 0.1	0.4	0.3	0.5	
2 1984	8.2	5.3	♦ 0.2	♦ 0.2	♦ 0.1	0.3	0.3	0.5	
3 1985	8.7	5.9	♦ 0.2	♦ 0.1	♦ 0.1	♦ 0.3	0.3	0.4	
4 1986	8.8	4.5	♦ 0.2	♦ 0.1	♦ 0.1	0.3	0.4	0.5	
5 1987	8.9	*———	1.4 ———*	♦ 0.1	♦ 0.1	0.3	0.3	0.5	
6 1989	9.3	5.8	♦ 0.3	♦ 0.1	♦ 0.1	♦ 0.3	0.3	0.4	
7 1990	9.6	5.5	♦ 0.2	♦ 0.2	♦ 0.1	0.4	0.6	0.4	
Rural – Rurale									
Male – Masculin									
8 1983	11.2	6.7	0.6	♦ 0.3	♦ 0.1	0.9	1.3	1.5	
9 1984	10.8	6.9	♦ 0.4	♦ 0.2	♦ 0.2	0.9	1.3	1.4	
10 1985	11.6	6.1	♦ 0.3	♦ 0.4	♦ 0.4	1.1	1.3	1.5	
11 1986	10.9	6.9	♦ 0.3	♦ 0.2	♦ 0.3	1.0	1.4	1.5	
12 1987	11.1	*———	1.5 ———*	♦ 0.2	♦ 0.3	0.8	1.2	1.5	
13 1989	11.0	8.3	♦ 0.3	♦ 0.2	♦ 0.4	1.1	1.5	1.4	
14 1990	11.0	5.2	♦ 0.4	♦ 0.2	♦ 0.4	1.3	1.8	1.4	
Female – Féminin									
15 1983	9.4	5.8	♦ 0.4	♦ 0.2	♦ 0.1	♦ 0.3	♦ 0.4	0.6	
16 1984	9.2	6.4	♦ 0.3	♦ 0.2	♦ 0.1	♦ 0.4	♦ 0.4	♦ 0.4	
17 1985	10.0	5.6	♦ 0.2	♦ 0.3	♦ 0.2	♦ 0.3	♦ 0.3	♦ 0.5	
18 1986	9.6	4.9	♦ 0.2	♦ 0.1	♦ 0.0	♦ 0.3	0.5	0.5	
19 1987	9.9	*———	1.1 ———*	♦ 0.2	♦ 0.1	♦ 0.4	♦ 0.4	0.6	
20 1989	10.2	4.9	♦ 0.5	♦ 0.1	♦ 0.1	♦ 0.4	♦ 0.4	♦ 0.4	
21 1990	10.1	6.1	♦ 0.2	♦ 0.2	♦ 0.1	0.6	♦ 0.5	♦ 0.4	
Germany – Allemagne [24]	...	...	...	...	...	...	...	...	
Former German Democratic Republic – Ancienne République démocratique allemande									
Urban – Urbaine									
Male – Masculin									
22 1989	11.0	8.4	0.4	0.3	0.2	0.8	1.0	1.2	
Female – Féminin									
23 1989	12.9	6.0	0.4	0.2	0.1	0.4	0.4	0.5	
Rural – Rurale									
Male – Masculin									
24 1989	12.9	9.0	0.4	0.3	0.4	1.2	1.3	1.2	
Female – Féminin									
25 1989	14.1	5.7	0.5	♦ 0.1	♦ 0.1	0.5	0.3	0.4	
Hungary – Hongrie									
Urban – Urbaine									
Male – Masculin									
26 1983	13.1	19.4	0.5	0.3	0.3	0.7	1.3	1.5	
27 1984	13.4	22.1	0.4	0.3	0.3	0.8	1.2	1.6	
28 1985	13.0	21.8	0.6	0.3	0.2	0.7	1.1	1.5	
29 1986	13.3	20.5	0.5	0.3	0.2	0.8	0.9	1.5	
30 1987	12.8	19.0	0.6	0.2	0.3	0.8	1.1	1.6	
31 1988	12.7	16.4	0.5	0.2	0.3	0.7	1.0	1.3	
32 1989	13.3	16.0	0.5	0.3	0.3	0.9	1.2	1.5	
33 1990	14.0	15.8	0.5	0.3	0.3	0.8	1.3	1.6	
34 1991	13.8	16.0	0.5	0.3	0.2	0.7	1.2	1.8	

23. Taux de mortalité selon l'âge, le sexe et la résidence, urbaine/rurale: 1983 – 1992 (suite)

Données selon la résidence urbaine/rurale

(r notes à la fin du tableau.)

					Age(en années)						
35–39	40–44	45–49	50–54	55–59	60–64	65–69	70–74	75–79	80–84	85 plus	
1.1	1.5	2.2	3.3	6.1	8.8	14.6	29.1	49.5	91.9	167.2	1
0.8	1.5	2.2	3.2	4.8	9.3	15.7	27.2	49.0	87.9	165.1	2
0.8	1.4	2.0	3.4	5.1	8.6	15.3	27.5	51.0	93.5	177.2	3
0.9	1.3	2.5	3.0	5.2	9.1	15.6	26.7	50.2	86.4	176.7	4
0.9	1.4	2.1	3.6	5.4	9.0	15.2	27.3	46.7	85.4	176.5	5
1.1	1.6	2.5	3.3	4.8	8.2	14.1	26.0	47.0	85.1	178.4	6
0.9	1.7	2.3	3.5	4.9	8.2	14.6	26.6	47.0	86.2	178.9	7
2.3	3.6	5.7	9.0	15.4	23.3	37.0	58.3	89.1	132.3	223.8	8
2.2	3.8	5.1	9.0	14.9	22.7	35.7	55.3	87.6	127.7	199.2	9
2.4	3.8	5.8	9.2	15.6	24.4	35.6	57.8	89.9	135.1	249.9	10
2.5	3.9	6.1	9.0	14.2	22.3	33.6	53.6	84.3	124.6	207.3	11
2.5	3.4	5.2	8.9	13.9	22.8	35.9	54.1	82.4	128.4	217.5	12
2.3	3.7	5.2	8.4	14.3	21.9	33.7	50.6	78.7	119.6	218.5	13
2.7	3.8	5.2	8.2	13.3	21.5	33.0	50.7	79.1	118.1	224.5	14
0.9	1.4	2.1	3.3	5.4	8.9	15.4	28.7	55.5	90.1	174.9	15
0.8	1.3	1.8	3.2	4.9	8.4	15.3	28.5	50.5	90.6	166.2	16
1.0	1.1	2.1	2.8	5.6	8.8	16.2	28.9	52.1	96.0	187.3	17
1.0	1.1	2.3	3.0	5.2	8.0	14.4	28.3	50.6	88.5	172.3	18
1.1	1.1	2.0	2.9	5.2	8.4	15.7	27.1	50.6	89.6	171.1	19
0.8	1.3	1.9	3.2	4.9	8.0	14.2	26.3	49.2	93.2	177.9	20
0.6	1.3	1.9	3.3	4.1	7.5	14.3	26.7	45.8	89.0	176.6	21
...	...	...	...	...	...	...	...	...	...	...	
2.5	3.4	5.4	8.9	15.1	22.3	37.1	58.1	93.5	149.0	248.6	22
1.1	1.6	2.8	4.2	7.2	11.3	19.8	35.0	61.9	109.5	210.3	23
2.4	3.9	6.6	10.5	16.1	23.3	35.9	56.8	94.2	151.3	255.7	24
0.9	1.7	2.7	4.6	6.5	11.4	20.7	36.3	63.4	111.9	213.7	25
3.7	5.7	9.0	13.5	20.9	29.8	46.1	67.6	104.1	153.2	241.2	26
3.6	5.8	9.4	14.3	22.0	31.9	43.2	67.7	106.1	153.0	235.6	27
3.5	5.7	9.2	13.7	21.1	30.4	42.2	66.6	98.9	148.2	236.3	28
3.7	5.9	9.3	14.0	21.9	31.6	43.9	68.7	100.3	152.1	226.0	29
3.5	5.4	8.7	13.9	20.4	31.2	42.6	65.5	96.0	142.9	212.3	30
3.5	5.3	8.7	13.7	20.2	31.5	43.1	63.6	92.7	141.7	207.8	31
4.0	5.9	9.4	15.0	21.2	31.5	44.6	63.3	93.6	140.8	214.3	32
4.1	6.0	10.1	14.7	23.2	32.2	45.0	61.9	98.0	148.9	241.3	33
4.3	6.7	10.3	15.5	21.4	31.4	44.1	60.3	94.4	140.5	236.8	34

23. Death rates specific for age, sex and urban/rural residence: 1983 – 1992 (continued)

Data by urban/rural residence

(See notes at end of table.)

	Continent, country or area, year, sex and urban/rural residence / Continent, pays ou zone, année, sexe et résidence, urbaine/rurale	All ages Tous âges [1]	−1	1–4	5–9	10–14	15–19	20–24	25–29
	EUROPE (Cont.–Suite)								
	Hungary – Hongrie								
	Urban – Urbaine								
	Female – Féminin								
1	1983	11.9	16.3	0.4	0.3	0.2	0.4	0.4	0.7
2	1984	11.8	17.8	0.5	0.2	0.2	0.4	0.5	0.7
3	1985	11.6	17.7	0.4	0.2	0.2	0.4	0.4	0.6
4	1986	12.0	15.7	0.4	0.2	0.2	0.3	0.5	0.7
5	1987	11.5	14.2	0.5	0.2	0.2	0.3	0.5	0.5
6	1988	11.4	13.8	0.4	0.1	0.2	0.4	0.4	0.5
7	1989	11.6	13.2	0.4	0.2	0.2	0.4	0.5	0.7
8	1990	12.0	12.4	0.5	0.2	0.2	0.5	0.5	0.6
9	1991	11.9	13.4	0.4	0.2	0.2	0.4	0.5	0.6
	Rural – Rurale								
	Male – Masculin								
10	1983	17.7	23.5	0.7	0.4	0.5	1.3	1.9	2.2
11	1984	17.3	23.7	0.6	0.3	0.4	1.2	1.8	2.2
12	1985	18.0	25.1	0.6	0.3	0.4	1.3	2.0	2.5
13	1986	17.2	23.4	0.6	0.4	0.3	1.1	1.6	2.5
14	1987	17.0	21.2	0.7	0.3	0.3	1.3	1.5	2.2
15	1988	16.6	18.6	0.7	0.4	0.4	1.0	1.6	2.3
16	1989	17.7	19.1	0.7	0.3	0.4	1.2	1.7	2.3
17	1990	17.6	17.8	0.6	0.4	0.4	1.3	1.9	2.3
18	1991	18.0	20.2	0.6	0.4	0.3	1.0	1.7	2.3
	Female – Féminin								
19	1983	13.7	16.5	0.7	0.3	0.3	0.5	0.5	0.9
20	1984	13.2	18.6	0.5	0.2	0.2	0.5	0.5	0.7
21	1985	14.1	20.2	0.6	0.3	0.2	0.5	0.6	0.8
22	1986	13.7	17.5	0.6	0.2	0.3	0.5	0.5	0.9
23	1987	13.4	15.4	0.5	0.3	0.2	0.5	0.5	0.9
24	1988	13.2	15.0	0.5	♦ 0.2	0.2	0.4	0.6	0.8
25	1989	13.8	16.0	0.5	0.3	0.2	0.3	0.5	0.8
26	1990	13.9	14.8	0.4	0.3	0.2	0.4	0.6	0.7
27	1991	13.8	15.0	0.3	♦ 0.2	♦ 0.2	0.4	0.5	0.7
	Ireland – Irlande + [25]								
	Urban – Urbaine								
	Male – Masculin								
28	1986	5.6	*———	1.3 ———*	♦ 0.2	♦ 0.2	0.5	0.5	0.4
	Female – Féminin								
29	1986	5.8	*———	1.1 ———*	♦ 0.1	♦ 0.1	♦ 0.1	♦ 0.2	♦ 0.2
	Rural – Rurale								
	Male – Masculin								
30	1986	16.0	*———	3.2 ———*	0.5	0.5	1.3	1.9	1.6
	Female – Féminin								
31	1986	12.6	*———	2.7 ———*	♦ 0.2	♦ 0.3	♦ 0.5	♦ 0.5	♦ 0.6
	Latvia – Lettonie [20]								
	Urban – Urbaine								
	Male – Masculin								
32	1989	11.6	11.9	0.7	0.5	♦ 0.5	1.4	2.0	2.7
33	1990	12.5	15.6	0.9	0.6	0.8	1.6	1.7	3.0
	Female – Féminin								
34	1989	10.8	8.3	♦ 0.5	♦ 0.2	♦ 0.3	0.6	0.8	0.7
35	1990	11.4	11.5	0.6	♦ 0.3	♦ 0.2	0.6	0.6	0.9
	Rural – Rurale								
	Male – Masculin								
36	1989	15.4	13.4	2.0	1.1	♦ 1.1	2.7	4.0	3.6
37	1990	16.3	16.1	1.5	1.8	♦ 0.7	2.6	3.8	3.8
	Female – Féminin								
38	1989	14.4	9.6	1.2	♦ 0.9	♦ 0.4	♦ 1.1	♦ 0.9	♦ 1.0
39	1990	15.2	11.6	1.4	♦ 0.7	♦ 0.6	♦ 0.7	♦ 0.5	♦ 1.1
	Lithuania – Lituanie [20]								
	Urban – Urbaine								
	Male – Masculin								
40	1989	8.8	11.7	0.8	0.5	♦ 0.3	1.1	1.7	2.0

23. Taux de mortalité selon l'âge, le sexe et la résidence, urbaine/rurale: 1983 – 1992 (suite)

Données selon la résidence urbaine/rurale

notes à la fin du tableau.)

					Age(en années)						
35–39	40–44	45–49	50–54	55–59	60–64	65–69	70–74	75–79	80–84	85 plus	
1.9	2.7	4.4	6.4	10.0	15.4	24.7	40.9	69.8	115.7	207.7	1
1.8	2.7	4.1	6.4	10.4	16.0	24.7	39.8	68.5	111.8	199.3	2
1.8	2.8	4.1	6.5	9.5	14.6	22.8	38.9	66.7	109.7	196.3	3
1.9	2.7	4.3	6.5	9.9	15.5	23.6	41.4	67.5	113.5	198.1	4
1.7	2.6	3.9	6.1	9.8	14.8	22.3	39.8	63.9	107.2	189.4	5
1.8	2.6	3.9	6.4	9.8	13.7	23.0	38.1	63.3	104.8	180.4	6
1.8	2.7	4.2	6.3	10.0	14.5	23.0	37.5	61.4	105.9	182.1	7
1.9	2.8	4.3	6.6	9.8	14.6	22.9	37.1	64.2	108.8	205.1	8
1.9	2.8	4.3	6.5	9.4	14.7	22.8	35.5	62.0	105.6	198.7	9
5.5	8.7	13.0	18.0	24.5	33.7	50.0	74.2	115.6	174.6	272.7	10
5.3	8.6	12.3	17.5	24.6	34.4	48.3	71.2	110.7	171.5	258.4	11
5.7	8.8	13.0	17.7	25.5	34.3	45.6	74.7	113.2	175.3	286.9	12
5.0	8.3	12.5	17.3	25.1	34.5	45.3	70.3	107.2	163.3	264.2	13
5.0	7.9	12.7	17.9	24.3	34.4	45.4	72.1	102.9	161.5	258.9	14
4.7	8.0	11.7	17.7	23.6	34.1	45.3	66.9	101.1	156.5	244.0	15
5.5	8.4	13.8	18.8	26.1	37.4	49.7	64.9	102.3	156.7	261.2	16
6.0	8.8	13.7	19.5	26.3	36.4	47.4	64.8	103.6	156.9	268.5	17
5.8	9.3	14.1	20.2	27.8	37.5	49.5	66.5	107.8	158.4	262.3	18
1.8	2.8	4.6	6.3	10.2	14.9	25.9	43.6	75.4	134.6	242.7	19
1.9	2.9	4.3	6.4	9.4	14.7	22.4	42.1	71.9	126.8	226.3	20
2.0	3.0	4.8	6.8	10.4	15.0	24.1	42.9	74.5	133.6	240.8	21
1.9	2.8	4.2	6.4	9.5	14.2	24.1	42.5	71.7	128.4	231.6	22
1.9	3.1	4.2	6.5	9.6	14.0	22.8	42.1	69.3	122.4	222.2	23
2.0	2.8	4.2	5.9	8.8	15.2	22.4	40.3	68.0	118.2	213.0	24
1.9	3.3	4.6	6.7	9.7	14.2	23.3	39.8	67.4	120.2	223.5	25
2.1	3.4	4.6	6.4	9.2	14.6	23.5	37.6	69.9	121.8	225.9	26
2.3	3.0	5.0	6.4	9.7	14.5	23.3	36.4	68.8	119.4	231.8	27
0.7	1.2	2.2	5.4	10.3	16.7	27.1	44.5	69.5	101.2	152.1	28
0.5	0.7	2.1	3.0	5.8	10.3	15.4	25.7	42.1	72.8	147.5	29
2.3	3.5	6.1	10.0	16.2	30.7	47.4	74.8	121.1	198.4	358.1	30
1.1	2.3	3.9	6.0	10.5	16.6	23.5	44.6	79.0	145.3	303.5	31
4.5	6.5	9.3	13.8	20.8	30.9	44.3	60.6	91.1	133.5	215.0	32
4.4	6.7	10.9	15.6	22.7	30.8	45.2	63.8	98.4	144.5	229.8	33
1.4	2.8	3.2	5.4	8.3	12.9	21.7	33.9	59.2	99.3	185.8	34
1.5	2.1	4.0	5.3	8.5	13.3	21.7	36.7	63.6	105.1	192.5	35
5.0	8.5	12.8	16.3	22.3	34.1	41.9	65.7	88.8	139.1	237.7	36
6.3	9.1	12.9	17.5	24.4	36.0	49.3	70.8	101.6	138.5	243.6	37
1.9	2.9	3.5	5.7	8.5	13.1	18.2	33.7	57.4	100.4	204.4	38
1.8	3.1	5.5	5.4	8.1	12.5	21.4	34.2	62.0	107.7	216.2	39
4.0	6.2	9.5	11.7	18.1	26.5	40.9	52.7	76.7	111.2	192.4	40

23. Death rates specific for age, sex and urban/rural residence: 1983 – 1992 (continued)

Data by urban/rural residence

(See notes at end of table.)

Continent, country or area, year, sex and urban/rural residence / Continent, pays ou zone, année, sexe et résidence, urbaine/rurale	All ages Tous âges [1]	Age (in years)						
		−1	1–4	5–9	10–14	15–19	20–24	25–29
EUROPE (Cont.–Suite)								
Lithuania – Lituanie [20]								
Urban – Urbaine								
Female – Féminin								
1 1989	7.5	8.3	0.5	♦ 0.3	♦ 0.2	0.5	0.6	0.7
Rural – Rurale								
Male – Masculin								
2 1989	16.5	11.7	1.3	♦ 0.7	1.0	2.2	3.1	3.8
Female – Féminin								
3 1989	13.8	11.2	1.2	♦ 0.7	♦ 0.4	1.1	♦ 0.7	1.1
Netherlands – Pays–Bas [27]								
Urban – Urbaine								
Male – Masculin								
4 1983	10.0	10.1	0.6	0.3	0.3	0.5	0.7	0.9
5 1984	10.1	10.3	0.6	0.3	0.2	0.5	0.7	0.8
6 1985	10.2	10.2	0.4	0.2	0.2	0.6	0.8	0.8
7 1986	10.2	9.5	0.5	0.2	0.2	0.5	0.7	0.8
Female – Féminin								
8 1983	8.4	8.4	0.4	0.2	0.2	0.2	0.4	0.5
9 1984	8.6	8.1	0.4	0.2	0.1	0.2	0.3	0.4
10 1985	8.8	8.0	0.4	♦ 0.1	♦ 0.1	0.2	0.3	0.4
11 1986	9.0	7.4	0.4	♦ 0.1	0.2	0.2	0.4	0.4
Rural – Rurale								
Male – Masculin								
12 1983	8.3	10.3	♦ 0.5	♦ 0.3	♦ 0.4	0.8	0.9	0.7
13 1984	8.4	8.1	♦ 0.4	♦ 0.3	0.4	0.8	1.0	0.9
14 1985	8.4	8.6	0.7	♦ 0.2	♦ 0.2	0.7	1.0	0.9
15 1986	8.5	7.5	♦ 0.6	♦ 0.2	♦ 0.2	0.6	0.9	0.7
Female – Féminin								
16 1983	5.9	5.7	♦ 0.4	♦ 0.2	♦ 0.2	♦ 0.3	♦ 0.3	♦ 0.4
17 1984	6.2	6.0	♦ 0.3	♦ 0.1	♦ 0.2	♦ 0.4	♦ 0.3	♦ 0.3
18 1985	6.4	6.6	♦ 0.4	♦ 0.2	♦ 0.2	♦ 0.3	♦ 0.5	♦ 0.3
19 1986	6.5	6.9	♦ 0.6	♦ 0.2	♦ 0.1	♦ 0.2	♦ 0.3	♦ 0.3
Semi–urban – Semi urbaine								
Male – Masculin								
20 1983	7.9	7.6	0.5	0.3	0.3	0.6	0.9	0.6
21 1984	8.0	9.6	0.5	0.2	0.2	0.6	0.8	0.8
22 1985	8.1	7.6	0.4	0.2	0.3	0.6	0.7	0.7
23 1986	8.2	8.2	0.5	0.2	0.3	0.6	0.8	0.8
Female – Féminin								
24 1983	6.4	7.0	0.4	♦ 0.2	0.2	0.3	0.3	0.4
25 1984	6.5	6.2	0.3	♦ 0.1	0.2	0.2	0.2	0.3
26 1985	6.8	6.5	0.4	♦ 0.1	0.1	0.2	0.3	0.3
27 1986	6.9	6.7	0.4	♦ 0.1	0.2	0.3	0.3	0.4
Poland – Pologne								
Urban – Urbaine								
Male – Masculin								
28 1983	9.6	22.3	0.6	0.4	0.4	0.9	1.3	1.7
29 1984	10.0	20.7	0.6	0.4	0.4	0.7	1.2	1.7
30 1985	10.3	20.3	0.6	0.3	0.3	0.7	1.2	1.6
31 1986	10.2	18.5	0.6	0.3	0.3	0.8	1.2	1.5
32 1987	10.1	18.9	0.6	0.3	0.3	0.7	1.1	1.5
33 1988	9.9	17.9	0.5	0.3	0.3	0.7	1.0	1.4
34 1989	10.3	17.6	0.5	0.3	0.3	0.8	1.3	1.7
35 1990	10.4	17.2	0.6	0.3	0.3	0.8	1.3	1.6
36 1991	10.9	16.7	0.5	0.3	0.3	0.8	1.4	1.7
Female – Féminin								
37 1983	8.2	16.8	0.5	0.3	0.2	0.3	0.4	0.5
38 1984	8.6	16.2	0.5	0.2	0.2	0.3	0.4	0.6
39 1985	8.8	15.7	0.5	0.2	0.2	0.3	0.3	0.6
40 1986	8.6	14.7	0.5	0.2	0.2	0.3	0.4	0.5
41 1987	8.6	14.5	0.4	0.2	0.2	0.3	0.3	0.5
42 1988	8.4	13.6	0.4	0.2	0.2	0.3	0.3	0.4
43 1989	8.6	13.4	0.5	0.2	0.2	0.3	0.4	0.5
44 1990	8.6	13.4	0.4	0.2	0.2	0.3	0.3	0.5
45 1991	8.9	13.1	0.4	0.2	0.2	0.3	0.4	0.5

23. Taux de mortalité selon l'âge, le sexe et la résidence, urbaine/rurale: 1983 – 1992 (suite)

Données selon la résidence urbaine/rurale

(notes à la fin du tableau.)

					Age(en années)						
35–39	40–44	45–49	50–54	55–59	60–64	65–69	70–74	75–79	80–84	85 plus	
1.4	2.4	3.3	4.4	7.1	11.1	20.6	32.0	51.2	84.4	163.0	1
7.2	9.6	12.8	15.7	20.7	27.2	40.0	53.1	75.5	111.5	219.4	2
2.0	3.4	4.1	5.6	7.5	10.7	17.9	29.2	52.3	88.2	193.6	3
1.5	2.2	4.0	6.8	11.4	19.2	32.3	53.6	85.4	122.9	216.2	4
1.5	2.2	3.8	6.6	11.4	19.1	32.7	52.9	83.3	124.1	209.2	5
1.3	2.3	3.7	6.7	11.7	19.0	32.2	52.1	83.7	125.4	221.1	6
1.6	2.3	3.9	6.5	11.5	19.0	32.2	52.7	82.6	126.7	219.2	7
0.9	1.5	2.3	3.8	5.7	8.7	13.6	22.6	40.5	76.0	163.0	8
0.9	1.5	2.4	3.8	5.5	8.5	13.2	22.3	40.9	73.9	159.2	9
0.9	1.4	2.2	3.9	5.8	8.5	13.7	23.3	40.5	74.5	158.3	10
1.0	1.4	2.3	3.8	5.8	8.7	13.5	22.7	40.8	73.8	163.5	11
1.2	1.6	3.1	5.6	11.2	18.3	27.8	45.6	69.4	108.9	191.3	12
1.5	1.4	3.0	6.4	10.3	17.9	27.0	44.8	70.3	103.4	190.3	13
1.1	2.1	2.6	6.0	11.1	18.0	28.1	43.5	68.3	101.8	192.8	14
1.0	1.7	3.1	5.9	9.4	18.1	29.0	43.6	72.7	106.9	186.5	15
0.6	1.1	1.9	3.1	5.0	7.6	12.6	20.2	38.2	68.0	155.9	16
0.7	1.2	1.5	3.3	4.7	7.4	13.5	20.8	39.9	68.6	151.6	17
0.7	0.9	1.7	3.1	4.7	7.3	11.9	21.1	40.1	74.4	149.2	18
0.7	1.2	1.8	3.0	5.2	7.4	12.7	21.4	38.3	69.5	155.0	19
1.0	2.1	3.2	5.9	10.8	18.1	30.9	49.3	78.2	117.6	207.2	20
1.0	1.8	3.3	6.3	10.6	17.6	29.8	48.9	75.5	116.0	208.3	21
1.1	1.9	3.0	5.9	10.2	18.1	30.9	47.8	79.3	118.6	207.6	22
0.9	1.9	3.4	6.3	10.6	17.6	30.2	48.3	78.1	117.2	209.1	23
0.7	1.2	2.2	3.3	5.0	7.7	12.2	22.8	42.2	77.1	165.5	24
0.7	1.1	2.1	2.9	5.2	8.2	13.6	22.7	42.9	75.7	157.3	25
0.7	1.1	2.1	3.4	4.8	7.8	12.7	22.8	41.6	77.6	163.8	26
0.8	1.2	2.0	3.1	5.3	7.7	12.5	21.3	40.9	79.8	166.0	27
3.0	5.2	8.3	12.9	19.8	29.6	43.2	64.8	99.4	146.9	221.8	28
3.3	5.7	8.9	13.9	20.9	30.6	44.5	66.1	99.1	152.1	234.0	29
3.3	5.6	9.0	14.3	21.6	31.6	46.0	68.8	105.1	158.2	252.0	30
3.3	5.4	9.1	14.1	21.7	31.9	45.2	67.9	101.3	153.3	247.7	31
3.2	5.2	9.1	13.9	21.6	32.1	45.5	68.4	102.1	148.2	243.8	32
3.3	5.3	8.6	13.6	21.2	31.5	44.7	67.4	97.6	142.4	232.2	33
3.6	5.5	9.1	14.3	21.6	31.5	45.2	65.4	97.8	143.7	218.9	34
3.6	5.6	9.2	14.3	21.6	32.0	45.9	64.8	99.3	144.5	221.4	35
3.9	6.2	10.0	15.5	22.5	33.3	47.1	65.3	99.8	147.9	224.9	36
1.2	2.0	3.3	5.4	8.6	13.7	21.6	36.1	61.4	103.0	190.7	37
1.3	2.0	3.4	5.5	8.7	13.9	22.4	37.0	63.5	107.4	200.1	38
1.3	2.3	3.5	5.5	9.0	14.3	23.6	38.0	65.0	108.9	208.3	39
1.3	2.1	3.4	5.4	8.9	14.2	22.6	37.6	63.1	106.5	197.9	40
1.3	2.2	3.5	5.6	8.8	14.1	22.9	37.2	62.0	103.1	196.5	41
1.2	2.1	3.3	5.3	8.5	14.1	22.5	37.1	58.7	99.4	181.2	42
1.2	2.2	3.5	5.3	8.6	14.2	22.8	36.9	61.2	102.6	189.0	43
1.3	2.2	3.4	5.2	8.5	13.8	22.4	36.1	61.5	101.4	186.6	44
1.4	2.3	3.6	5.4	8.5	14.0	22.7	36.2	62.4	108.1	192.0	45

23. Death rates specific for age, sex and urban/rural residence: 1983 – 1992 (continued)

Data by urban/rural residence

(See notes at end of table.)

Continent, country or area, year, sex and urban/rural residence Continent, pays ou zone, année, sexe et résidence, urbaine/rurale	All ages Tous âges [1]	Age (in years)							
		−1	1–4	5–9	10–14	15–19	20–24	25–29	30
EUROPE (Cont.–Suite)									
Poland – Pologne Rural – Rurale Male – Masculin									
1 1983	11.6	22.2	1.0	0.5	0.5	1.3	2.2	2.3	
2 1984	11.8	21.9	0.9	0.4	0.4	1.2	1.9	2.2	
3 1985	12.3	21.0	0.9	0.4	0.4	1.1	1.9	2.2	
4 1986	12.1	19.5	0.9	0.4	0.5	1.2	1.8	2.0	
5 1987	12.1	20.2	0.8	0.4	0.4	1.2	1.7	2.0	
6 1988	11.9	18.4	0.8	0.4	0.4	1.2	1.7	2.0	
7 1989	12.2	17.9	0.8	0.5	0.4	1.3	2.0	2.2	
8 1990	12.6	18.3	0.8	0.3	0.4	1.4	2.2	2.3	
9 1991	12.9	17.2	0.7	0.3	0.4	1.3	2.2	2.2	
Female – Féminin									
10 1983	9.5	17.0	0.7	0.3	0.2	0.5	0.6	0.6	
11 1984	9.9	17.0	0.7	0.3	0.2	0.4	0.5	0.6	
12 1985	10.3	15.8	0.7	0.3	0.2	0.4	0.5	0.6	
13 1986	10.1	14.8	0.6	0.3	0.2	0.4	0.4	0.5	
14 1987	10.2	15.3	0.6	0.2	0.2	0.4	0.5	0.6	
15 1988	9.8	13.7	0.6	0.3	0.2	0.4	0.4	0.6	
16 1989	10.0	13.6	0.7	0.3	0.2	0.4	0.5	0.5	
17 1990	10.2	14.3	0.6	0.2	0.2	0.5	0.4	0.5	
18 1991	10.5	12.9	0.5	0.3	0.3	0.5	0.5	0.5	
Romania – Roumanie Urban – Urbaine Male – Masculin									
19 1989	8.8	26.5	1.7	0.7	0.5	1.0	1.3	1.5	
20 1990	8.7	23.5	1.6	0.6	0.6	0.8	1.1	1.4	
21 1991	9.0	22.1	1.4	0.6	0.5	0.8	1.0	1.3	
Female – Féminin									
22 1989	7.3	19.7	1.4	0.5	0.3	0.5	0.6	0.8	
23 1990	7.1	17.2	1.3	0.4	0.3	0.4	0.5	0.6	
24 1991	7.2	17.2	1.0	0.4	0.3	0.4	0.4	0.6	
Rural – Rurale Male – Masculin									
25 1989	14.4	35.1	2.7	0.8	0.7	1.1	1.8	2.4	
26 1990	14.8	29.0	2.6	0.8	0.6	1.3	1.7	2.4	
27 1991	14.9	29.9	2.0	0.8	0.7	1.0	1.5	2.2	
Female – Féminin									
28 1989	13.1	27.6	2.7	0.7	0.3	0.6	0.9	1.3	
29 1990	13.1	24.8	2.3	0.5	0.4	0.5	0.7	1.1	
30 1991	13.3	23.9	1.7	0.5	0.4	0.5	0.8	1.0	
Russian Federation – [20] Fédération Russe Urban – Urbaine Male – Masculin									
31 1989	10.5	18.9	0.9	0.6	0.6	1.4	2.2	2.9	
Female – Féminin									
32 1989	9.7	13.5	0.7	0.4	0.3	0.6	0.6	0.7	
Rural – Rurale Male – Masculin									
33 1989	12.8	20.5	1.8	0.9	0.7	2.0	3.7	4.3	
Female – Féminin									
34 1989	12.6	15.4	1.3	0.5	0.4	1.0	0.9	1.0	
Ukraine [20] Urban – Urbaine Male – Masculin									
35 1987	9.7	*——— 3.9 ———*		0.5	0.5	0.9	1.3	1.8	
36 1989	10.3	*——— 3.5 ———*		0.6	0.5	1.1	1.8	2.4	
Female – Féminin									
37 1987	9.5	*——— 2.9 ———*		0.3	0.2	0.4	0.5	0.6	
38 1989	9.6	*——— 2.5 ———*		0.3	0.3	0.5	0.5	0.6	

23. Taux de mortalité selon l'âge, le sexe et la résidence, urbaine/rurale: 1983 – 1992 (suite)

Données selon la résidence urbaine/rurale

r notes à la fin du tableau.)

					Age(en années)						
35–39	40–44	45–49	50–54	55–59	60–64	65–69	70–74	75–79	80–84	85 plus	
3.5	5.5	7.9	11.4	16.5	23.8	35.9	57.9	93.5	145.2	244.2	1
3.7	5.7	7.8	12.2	17.3	24.6	35.7	57.2	94.0	149.1	262.9	2
4.0	5.9	8.6	12.5	17.6	26.1	37.4	61.6	98.5	159.1	281.6	3
3.6	5.6	8.4	12.6	17.8	26.3	38.2	60.9	96.0	149.1	271.3	4
3.9	5.6	8.6	12.7	18.2	26.5	38.0	60.5	94.6	149.3	268.0	5
3.7	5.5	8.4	12.5	18.6	26.5	37.9	59.5	91.5	141.6	257.5	6
4.0	5.8	8.8	12.9	18.7	27.2	39.4	57.2	91.1	143.8	238.3	7
4.4	6.3	9.4	13.6	19.6	27.9	39.5	57.9	92.8	146.0	233.8	8
4.5	6.7	9.5	14.3	20.4	28.9	40.9	59.7	96.3	147.5	245.4	9
1.2	1.9	2.8	4.5	6.7	10.6	18.3	32.3	59.1	109.9	211.9	10
1.2	2.0	2.9	4.3	6.8	11.1	18.5	32.6	61.3	112.5	227.7	11
1.3	1.9	3.0	4.7	6.9	11.2	18.4	34.0	63.5	114.9	247.1	12
1.2	2.0	3.0	4.7	6.8	11.1	18.2	33.8	60.8	110.8	229.9	13
1.3	1.8	3.1	4.3	7.0	10.9	18.8	33.2	61.0	110.1	227.3	14
1.2	1.9	2.7	4.5	7.0	10.6	17.7	32.0	57.7	102.5	210.1	15
1.2	1.9	3.0	4.3	6.8	10.9	18.4	31.7	57.9	104.2	199.7	16
1.3	1.9	3.0	4.4	6.8	10.8	18.2	31.3	57.9	105.8	199.3	17
1.3	2.0	3.0	4.4	6.8	10.7	19.0	32.0	61.0	108.0	206.8	18
2.7	4.4	7.5	11.7	17.5	26.6	38.5	58.9	86.2	135.0	203.7	19
2.8	4.5	7.7	12.0	17.9	26.8	39.3	58.1	86.1	128.5	201.9	20
2.8	4.5	7.7	12.5	18.7	27.2	40.1	58.6	91.3	135.8	214.8	21
1.4	2.3	3.5	5.4	8.7	13.9	22.7	38.4	63.1	108.5	179.3	22
1.3	2.2	3.5	5.3	8.4	13.9	23.2	38.1	64.1	103.1	172.7	23
1.3	2.2	3.3	5.3	8.4	14.2	22.6	36.9	64.3	106.9	176.7	24
5.1	6.0	8.4	11.9	16.8	23.6	34.1	55.4	87.8	146.0	243.2	25
6.2	6.8	9.5	13.0	17.5	23.8	34.2	52.3	86.6	144.8	230.5	26
5.8	7.4	8.8	12.9	17.4	24.9	35.9	53.5	89.2	145.4	245.6	27
2.2	2.7	3.5	5.5	7.8	12.4	22.3	40.8	72.6	140.1	317.3	28
2.3	2.7	3.8	5.4	8.1	12.5	21.6	37.2	69.8	134.4	305.0	29
2.3	2.7	3.7	5.5	7.8	12.5	21.3	38.5	72.0	136.9	318.6	30
4.9	7.2	9.6	15.2	21.9	33.6	48.2	65.5	100.9	148.3	232.1	31
1.4	2.3	3.2	5.3	8.2	13.6	23.7	36.6	64.9	107.2	199.3	32
6.6	9.6	11.6	17.2	22.1	33.5	47.1	63.4	95.5	142.9	225.0	33
1.9	3.0	3.7	5.8	8.1	12.3	21.0	31.9	57.0	98.2	189.4	34
3.4	5.1	7.8	12.8	19.3	30.6	44.9	*————	———	99.6 ——	——*	35
3.9	5.7	8.7	13.4	19.3	30.0	44.3	61.1	94.3	141.4	224.9	36
1.2	2.1	3.0	5.3	8.1	13.9	23.8	*————	——	77.0 ——	——*	37
1.3	2.1	3.1	5.3	8.0	13.2	23.1	36.7	65.0	107.0	201.7	38

23. Death rates specific for age, sex and urban/rural residence: 1983 – 1992 (continued)

Data by urban/rural residence

(See notes at end of table.)

Continent, country or area, year, sex and urban/rural residence / Continent, pays ou zone, année, sexe et résidence, urbaine/rurale	All ages Tous âges[1]	Age (in years)							
		−1	1–4	5–9	10–14	15–19	20–24	25–29	30–
EUROPE (Cont.–Suite)									
Ukraine[20]									
Rural – Rurale									
Male – Masculin									
1 1987	15.0	*———	4.8 ———*	0.7	0.6	1.1	2.4	3.4	
2 1989	15.1	*———	4.1 ———*	0.7	0.6	1.6	3.1	3.3	
Female – Féminin									
3 1987	15.2	*———	3.8 ———*	0.4	0.3	0.6	0.7	1.1	
4 1989	15.1	*———	3.0 ———*	0.4	0.3	0.8	0.8	0.8	
OCEANIA—OCEANIE									
New Zealand – Nouvelle–Zélande+									
Urban – Urbaine									
Male – Masculin									
5 1986	8.2	11.7	0.8	♦ 0.2	0.4	1.2	1.7	1.5	
Female – Féminin									
6 1986	7.2	8.8	0.5	♦ 0.2	♦ 0.2	0.4	0.5	0.5	
Rural – Rurale									
Male – Masculin									
7 1986	12.9	17.5	♦ 1.2	♦ 0.4	♦ 0.8	3.5	3.2	2.4	
Female – Féminin									
8 1986	9.8	16.3	♦ 0.5	♦ 0.5	♦ 0.5	♦ 1.0	♦ 1.3	♦ 1.1	♦
USSR—URSS									
Former USSR – Ancienne URSS[20]									
Urban – Urbaine									
Male – Masculin									
9 1986	9.0	*———	6.2 ———*	0.6	0.5	1.1	1.6	1.9	
10 1987	9.2	*———	6.1 ———*	0.6	0.5	1.1	1.5	1.9	
11 1988	9.5	*———	6.0 ———*	0.7	0.6	1.1	1.8	2.3	
12 1989	9.8	*———	5.2 ———*	0.6	0.5	1.2	2.0	2.6	
Female – Féminin									
13 1986	8.8	*———	4.7 ———*	0.3	0.3	0.4	0.5	0.6	
14 1987	9.0	*———	4.6 ———*	0.3	0.3	0.4	0.5	0.6	
15 1988	9.2	*———	4.5 ———*	0.5	0.4	0.6	0.7	0.8	
16 1989	9.0	*———	3.8 ———*	0.4	0.3	0.5	0.6	0.7	
Rural – Rurale									
Male – Masculin									
17 1986	11.4	*———	11.4 ———*	0.9	0.6	1.2	2.5	3.5	
18 1987	11.6	*———	11.2 ———*	0.9	0.6	1.2	2.3	3.6	
19 1988	11.5	*———	10.5 ———*	0.9	0.7	1.4	2.5	3.0	
20 1989	11.4	*———	8.9 ———*	0.9	0.7	1.5	2.8	3.3	
Female – Féminin									
21 1986	11.4	*———	9.6 ———*	0.6	0.4	0.6	1.0	1.2	
22 1987	11.6	*———	9.3 ———*	0.6	0.4	0.7	0.9	1.3	
23 1988	11.8	*———	8.6 ———*	0.6	0.5	0.8	1.0	1.1	
24 1989	11.2	*———	7.3 ———*	0.5	0.4	0.8	0.9	1.0	

23. Taux de mortalité selon l'âge, le sexe et la résidence, urbaine/rurale: 1983 – 1992 (suite)

Données selon la résidence urbaine/rurale

(oir notes à la fin du tableau.)

					Age(en années)						
35–39	40–44	45–49	50–54	55–59	60–64	65–69	70–74	75–79	80–84	85 plus	
5.8	7.6	10.7	14.8	20.1	29.5	43.8	*———	98.1	———*		1
5.6	7.7	10.9	15.3	19.4	29.2	42.4	57.0	88.9	136.3	232.0	2
1.9	2.4	3.4	5.3	7.9	12.5	21.1	*———	71.8	———*		3
1.7	2.5	3.6	5.5	7.4	11.3	19.5	32.1	58.8	99.9	196.4	4
1.8	2.1	3.6	6.8	10.3	18.3	28.2	47.5	70.8	109.1	181.5	5
0.9	1.5	2.4	3.9	6.7	10.1	15.1	24.4	43.5	75.2	147.2	6
2.5	4.2	5.8	12.7	18.8	33.7	56.1	93.4	163.8	240.3	405.9	7
1.8	2.5	3.8	7.5	12.3	18.1	33.2	67.8	123.3	190.1	414.5	8
3.8	5.8	8.7	13.2	20.5	29.6	43.8	67.6	97.7	139.8	228.2	9
3.7	5.7	8.3	13.6	20.5	32.3	46.2	*———	98.5	———*		10
4.0	5.6	9.2	13.1	21.0	30.6	43.7	66.6	97.7	144.0	235.7	11
4.5	6.7	9.1	14.5	21.0	32.3	46.4	63.4	97.4	142.5	220.6	12
1.3	2.1	3.2	5.1	8.5	13.6	22.6	39.5	65.2	101.4	193.3	13
1.3	2.1	3.0	5.3	8.3	14.1	23.8	*———	74.6	———*		14
1.4	2.1	3.3	5.0	8.4	13.8	23.0	39.3	65.4	109.8	202.3	15
1.4	2.3	3.2	5.3	8.2	13.6	23.5	36.4	64.3	105.7	194.3	16
5.1	7.3	10.2	13.6	19.6	28.2	40.3	60.2	85.3	117.7	200.4	17
5.3	7.3	10.0	14.1	20.3	30.1	42.6	*———	92.5	———*		18
5.0	6.8	10.4	14.1	20.3	29.2	41.2	63.0	91.9	137.4	223.3	19
5.5	8.0	10.4	15.3	20.1	30.0	42.9	58.8	88.4	130.8	207.9	20
1.9	2.8	3.9	5.7	8.3	12.5	19.4	32.9	53.2	83.5	176.4	21
2.0	2.7	3.6	5.7	8.4	12.8	20.8	*———	66.2	———*		22
1.9	2.7	3.9	5.6	8.4	12.8	20.6	35.2	58.6	101.8	195.0	23
1.9	2.9	3.8	5.9	8.1	12.3	20.7	32.1	56.8	96.0	182.8	24

23. Death rates specific for age, sex and urban/rural residence: 1983 – 1992 (continued)

GENERAL NOTES

Data exclude foetal deaths. Rates are the number of deaths by age and sex per 1 000 corresponding population. For definitions of "urban", see end of table 6. For method of evaluation and limitations of data, see Technical Notes, page 89.

Italics: rates calculated using deaths from civil registers which are incomplete or of unknown completeness.

FOOTNOTES

* * Provisional.
* ♦ Rates based on 30 or fewer deaths.
* + Data tabulated by date of registration rather than occurrence.
* 1 Including deaths of unknown age.
* 2 For classification by urban/rural residence, see end of table.
* 3 Based on the results of the population census.
* 4 Excluding live–born infants dying before registration of birth.
* 5 Including Canadian residents temporarily in the United States, but excluding United States residents temporarily in Canada.
* 6 Excluding Indian jungle population.
* 7 Based on burial permits.
* 8 Excluding nomadic Indian tribes.
* 9 Beginning 1986, for government controlled areas.
* 10 Excluding Vietnamese refugees.
* 11 Including data for East Jerusalem and Israeli residents in certain other territories under occupation by Israeli military forces since June 1967.
* 12 For Japanese nationals in Japan only; however, rates computed on population including foreigners except foreign military and civilian personnel and their dependants stationed in the area.
* 13 Excluding alien armed forces, civilian aliens employed by armed forces, and foreign diplomatic personnel and their dependants.

NOTES GENERALES

Les données ne comprennent pas les morts foetales. Les taux représentent le nombre de décès selon l'âge et le sexe pour 1 000 personnes du même groupe d'âges et du même sexe. Pour les définitions des "régions urbaines", se reporter à la fin du tableau 6. Pour la méthode d'évaluation et les insuffisances des données, voir Notes techniques, page 89.

Italiques: taux calculés d'après des chiffres de décès provenant des registres de l'état civil incomplets ou dont le degré d'exactitude n'est pas connu.

NOTES

* * Données provisoires.
* ♦ Taux basés sur 30 décès ou moins.
* + Données exploitées selon la date de l'enregistrement et non la date de l'événement.
* 1 Y compris les décès dont on ignore l'âge.
* 2 Pour le classement selon la résidence, urbaine/rurale, voir la fin du tableau.
* 3 D'après les résultats du recensement de la population.
* 4 Non compris les enfants nés vivants, décédés avant l'enregistrement de leur naissance.
* 5 Y compris les résidents canadiens se trouvant temporairement aux Etats–Unis, mais non compris les résidents des Etats–Unis se trouvant temporairement au Canada.
* 6 Non compris les Indiens de la jungle.
* 7 D'après les permis d'inhumer.
* 8 Non compris les tribus d'Indiens nomades.
* 9 A partir de 1986, pour les zones contrôlées pour le Gouvernement.
* 10 Non compris les réfugiés du Viet Nam.
* 11 Y compris les données pour Jérusalem–Est et les résidents israéliens dans certains autres territoires occupés depuis juin 1967 par les forces armées israéliennes.
* 12 Pour les nationaux japonais au Japon seulement; toutefois, les taux sont calculés sur la base d'une population comprenant les étrangers, mais ne comprenant ni les militaires et agents civils étrangers en poste sur le territoire ni les membres de leur famille les accompagnant.
* 13 Non compris les militaires étrangers, les civils étrangers employés par les forces armées, le personnel diplomatique étranger et les membres de leur famille les accompagnant.

23. Taux de mortalité selon l'âge, le sexe et la résidence, urbaine/rurale: 1983 – 1992 (suite)

FOOTNOTES (continued)

14 Estimates based on the results of the continuous Demographic Sample Survey.

15 Events registered by Health Service only.
16 Excluding transients afloat and non–locally domiciled military and civilian services personnel and their dependants.
17 Excluding deaths for which cause is unknown.
18 Including armed forces stationed outside the country, but excluding alien armed forces stationed in the area.
19 Excluding Faeroe Islands and Greenland.
20 Excluding infants born alive after less than 28 weeks' gestation, of less than 1 000 grammes in weight and 35 centimetres in length, who die within seven days of birth.
21 Including nationals temporarily outside the country.
22 Including armed forces stationed outside the country.
23 For ages five years and over, age classification based on year of birth rather than exact date of birth.
24 All data shown pertaining to Germany prior to 3 October 1990 are indicated separately for the Federal Republic of Germany and the former German Democratic Republic based on their respective territories at the time indicated. See explanatory notes on data pertaining to Germany on page 4.

25 Deaths registered within one year of occurrence.
26 Rates computed on population including civilian nationals temporarily outside the country.
27 Including residents outside the country if listed in a Netherlands population register.
28 Including residents temporarily outside the country.

NOTES (suite)

14 Les estimations sont basés sur les résultats d'une enquête démographique pour sondage continue.
15 Evénements enregistrés par le service de santé seulement.
16 Non compris les personnes de passage à bord de navires, les militaires et agents civils domiciliés hors du territoire et les membres de leur famille les accompagnant.
17 Non compris les décès dont on ignore la cause.
18 Y compris les militaires nationaux hors du pays, mais non compris les militaires étrangers en garnison sur le territoire.
19 Non compris les îles Féroé et le Groenland.
20 Non compris les enfants nés vivants après moins de 28 semaines de gestation, pesant moins de 1 000 grammes, mesurant moins de 35 centimètres et décédé dans les sept jours qui ont suivi leur naissance.
21 Y compris les nationaux se trouvant temporairement hors du pays.
22 Y compris les militaires en garnison hors du pays.
23 A partir de cinq ans, le classement selon l'âge est basé sur l'année de naissance et non sur la date exacte de naissance.
24 Toutes les données se rapportant à l'Allemagne avant le 3 octobre 1990 figurent dans deux rubriques séparées basées sur les territoires respectifs de la République fédérale d'Allemagne et l'ancienne République démocratique allemande selon la période indiquée. Voir les notes explicatives sur les données concernant l'Allemagne à la page 4.

25 Décès enregistrés dans l'année qui suit l'événement.
26 Taux calculés sur la base d'un chiffre de population qui comprend les civils nationaux temporairement hors du pays.
27 Y compris les résidents hors du pays, s'ils sont inscrits sur un registre de population néerlandais.
28 Y compris les résidents se trouvant temporairement hors du pays.

24. Deaths and death rates by cause: latest available year

Décès selon la cause, nombres et taux: dernière année disponible

Part A: Classified according to Abbreviated International List, 1975 Revision

Partie A: Décès classés selon la Liste internationale abrégée de la révision de 1975

(See notes at end of table. – Voir notes à la fin du tableau.)   AFRICA–AFRIQUE

Cause of death abbreviated list number [1] Cause de décès numéro dans la liste abrégée [1]	Egypt – Egypte		Mauritius – Maurice Island of Mauritius – Ile Maurice		Sao Tome and Principe – Sao Tomé–et–Principe		Zimbabwe	
	1987		1987 +		1987 [2]		1986	
	Number Nombre	Rate Taux	Number Nombre	Rate Taux	Number Nombre	Rate Taux	Number Nombre	Rate Taux
TOTAL	466 161	950.4	6 581	655.6	1 006	897.3	23 023	273.9
AM 1	–	–			–		–	–
AM 2	102	0.2	–	–	3	♦ 2.7	115	1.4
AM 3	40 285	82.1	62	6.2	48	42.8	841	10.0
AM 4	1 254	2.6	12	♦ 1.2	8	♦ 7.1	732	8.7
AM 5	6	♦ 0.0	–		1	♦ 0.9	3	♦ 0.0
AM 6	168	0.3	–	–	–	–	–	–
AM 7	3 513	7.2	5	♦ 0.5	13	♦ 11.6	21	♦ 0.2
AM 8	333	0.7	52	5.2	6	♦ 5.4	46	0.5
AM 9	–		–	–	–		–	
AM10	140	0.3	–	–	–	–	382	4.5
AM11	4	♦ 0.0	–	–	180	160.6	310	3.7
AM12	2 653	5.4	16	♦ 1.6	11	♦ 9.8	290	3.4
AM13	425	0.9	77	7.7	3	♦ 2.7	127	1.5
AM14	88	0.2	2	♦ 0.2	–		73	0.9
AM15	319	0.6	26	♦ 2.6	1	♦ 0.9	51	0.6
AM16	852	1.7	66	6.6	3	♦ 2.7	244	2.9
AM17	771	...	34	[4]9.6	3	...	106	...
AM18	108	...	22	♦ [4]6.2	3	...	166	...
AM19	1 048	2.1	29	♦ 2.9	–	–	84	1.0
AM20	7 159	14.6	287	28.6	9	♦ 8.0	1 332	15.8
AM21	4 388	8.9	321	32.0	6	♦ 5.4	245	2.9
AM22	1	♦ 0.0	34	3.4	–	–	83	1.0
AM23	1	♦ 0.0	3	♦ 0.3	19	♦ 16.9	260	3.1
AM24	456	0.9	83	8.3	53	47.3	150	1.8
AM25	974	2.0	15	♦ 1.5	3	♦ 2.7	332	3.9
AM26	321	0.7	1	♦ 0.1	–	–	105	1.2
AM27	3 969	8.1	34	3.4	3	♦ 2.7	181	2.2
AM28	8 048	16.4	238	23.7	36	32.1	569	6.8
AM29	110	0.2	779	77.6	2	♦ 1.8	331	3.9
AM30	7 859	16.0	223	22.2	1	♦ 0.9	87	1.0
AM31	9 279	18.9	850	84.7	25	♦ 22.3	803	9.6
AM32	4 858	9.9	4	♦ 0.4	11	♦ 9.8	55	0.7
AM33	119 637	243.9	868	86.5	83	74.0	910	10.8
AM34	26 148	53.3	182	18.1	69	61.5	1 496	17.8
AM35	20	♦ 0.0	–	–	–		5	♦ 0.1
AM36	14 452	29.5	250	24.9	28	♦ 25.0	340	4.0
AM37	317	0.6	52	5.2	1	♦ 0.9	70	0.8
AM38	31	0.1	–	–	1	♦ 0.9	25	♦ 0.3
AM39	3 979	8.1	131	13.0	15	♦ 13.4	348	4.1
AM40	3 319	6.8	203	20.2	3	♦ 2.7	234	2.8
AM41	58	...	1	♦ [5]1.4	2	...	33	...
AM42	238	[3]12.5	9	♦ [3]47.0	–	–	88	...
AM43	890	[3]46.8	10	♦ [3]52.2	3	♦ [3]76.7	145	...
AM44	113	[3]5.9	–	–	–	–	4	...
AM45	4 404	9.0	63	6.3	8	♦ 7.1	538	6.4
AM46	9	♦ [3]0.5	2	♦ [3]10.4	–	–	72	...
AM47	12 167	[3]639.5	337	[3]1 759.6	28	♦ [3]715.6	2 662	...
AM48	96 310	196.3	274	27.3	200	178.4	2 199	26.2
AM49	65 392	133.3	421	41.9	98	87.4	2 260	26.9
AM50	3 248	6.6	91	9.1	6	♦ 5.4	912	10.8
AM51	523	1.1	24	♦ 2.4	1	♦ 0.9	110	1.3
AM52	5 148	10.5	202	20.1	5	♦ 4.5	1 171	13.9
AM53	22	♦ 0.0	140	13.9	1	♦ 0.9	629	7.5
AM54	241	0.5	21	♦ 2.1	3	♦ 2.7	580	6.9
AM55	10 003	20.4	25	♦ 2.5	–	–	68	0.8

24. Deaths and death rates by cause: latest available year (continued)

Décès selon la cause, nombres et taux: dernière année disponible (suite)

Part A: Classified according to Abbreviated International List, 1975 Revision

Partie A: Décès classés selon la Liste internationale abrégée de la révision de 1975

(See notes at end of table. – Voir notes à la fin du tableau.)   AMERICA, NORTH–AMERIQUE DU NORD

Cause of death abbreviated list number [1] / Cause de décès numéro dans la liste abrégée [1]	Bahamas 1987		Barbados – Barbade 1988 [2]		Canada 1990 [6]		Costa Rica 1989	
	Number Nombre	Rate Taux	Number Nombre	Rate Taux	Number Nombre	Rate Taux	Number Nombre	Rate Taux
TOTAL	1 376	571.0	2 174	854.9	191 973	722.1	11 273	385.7
AM 1	–	–	–	–	–	–	–	–
AM 2	–	–	–	–	1	♦ 0.0	–	–
AM 3	5	♦ 2.1	1	♦ 0.4	59	0.2	134	4.6
AM 4	15	♦ 6.2	1	♦ 0.4	111	0.4	85	2.9
AM 5	–	–	–	–	–	–	1	♦ 0.0
AM 6	–	–	–	–	42	0.2	4	♦ 0.1
AM 7	–	–	2	♦ 0.8	1	♦ 0.0	2	♦ 0.1
AM 8	12	♦ 5.0	35	13.8	559	2.1	47	1.6
AM 9	–	–	–	–	–	–	–	–
AM10	–	–	–	–	–	–	–	–
AM11	–	–	–	–	1	♦ 0.0	–	–
AM12	10	♦ 4.1	12	♦ 4.7	499	1.9	77	2.6
AM13	15	♦ 6.2	48	18.9	2 100	7.9	633	21.7
AM14	7	♦ 2.9	19	♦ 7.5	4 431	16.7	79	2.7
AM15	11	♦ 4.6	11	♦ 4.3	1 354	5.1	40	1.4
AM16	34	14.1	21	♦ 8.3	13 704	51.5	197	6.7
AM17	13	...	46	[4] 45.3	4 712	[4] 43.8	116	...
AM18	12	...	26	♦ [4] 25.6	443	[4] 4.1	106	...
AM19	13	♦ 5.4	7	♦ 2.8	1 817	6.8	130	4.4
AM20	162	67.2	235	92.4	23 865	89.8	1 057	36.2
AM21	68	28.2	174	68.4	4 144	15.6	308	10.5
AM22	–	–	–	–	9	♦ 0.0	–	–
AM23	–	–	14	♦ 5.5	171	0.6	61	2.1
AM24	6	♦ 2.5	8	♦ 3.1	446	1.7	34	1.2
AM25	7	♦ 2.9	–	–	56	0.2	41	1.4
AM26	–	–	1	♦ 0.4	17	♦ 0.1	6	♦ 0.2
AM27	3	♦ 1.2	2	♦ 0.8	520	2.0	26	♦ 0.9
AM28	79	32.8	69	27.1	1 224	4.6	210	7.2
AM29	71	29.5	168	66.1	24 023	90.4	900	30.8
AM30	63	26.1	62	24.4	19 808	74.5	770	26.3
AM31	115	47.7	274	107.7	14 021	52.7	807	27.6
AM32	8	♦ 3.3	66	26.0	2 181	8.2	51	1.7
AM33	43	17.8	229	90.1	13 297	50.0	468	16.0
AM34	55	22.8	55	21.6	6 410	24.1	325	11.1
AM35	1	♦ 0.4	–	–	280	1.1	3	♦ 0.1
AM36	8	♦ 3.3	23	♦ 9.0	2 215	8.3	223	7.6
AM37	6	♦ 2.5	15	♦ 5.9	643	2.4	53	1.8
AM38	1	♦ 0.4	1	♦ 0.4	43	0.2	13	♦ 0.4
AM39	44	18.3	27	♦ 10.6	2 155	8.1	263	9.0
AM40	14	♦ 5.8	39	15.3	2 096	7.9	138	4.7
AM41	–	–	–	–	64	[5] 2.1	22	...
AM42	–	–	1	♦ 26.7	1	♦ [3] 0.2	11	♦ [3] 13.2
AM43	3	♦ [3] 69.3	–	–	7	♦ [3] 1.7	14	♦ [3] 16.8
AM44	–	–	–	–	2	♦ [3] 0.5	–	–
AM45	23	♦ 9.5	19	♦ 7.5	1 357	5.1	437	15.0
AM46	–	–	–	–	38	[3] 9.4	31	[3] 37.1
AM47	73	[3] 1 685.5	44	[3] 1 174.9	1 127	[3] 278.5	484	[3] 579.9
AM48	36	14.9	82	32.2	4 914	18.5	238	8.1
AM49	156	64.7	224	88.1	23 945	90.1	1 320	45.2
AM50	47	19.5	28	♦ 11.0	3 645	13.7	389	13.3
AM51	3	♦ 1.2	20	♦ 7.9	2 064	7.8	178	6.1
AM52	55	22.8	24	♦ 9.4	3 140	11.8	379	13.0
AM53	3	♦ 1.2	12	♦ 4.7	3 379	12.7	170	5.8
AM54	26	♦ 10.8	18	♦ 7.1	554	2.1	129	4.4
AM55	50	20.7	11	♦ 4.3	278	1.0	63	2.2

24. Deaths and death rates by cause: latest available year (continued)

Décès selon la cause, nombres et taux: dernière année disponible (suite)

Part A: Classified according to Abbreviated International List, 1975 Revision

Partie A: Décès classés selon la Liste internationale abrégée de la révision de 1975

(See notes at end of table. – Voir notes à la fin du tableau.)   AMERICA, NORTH(cont.)–AMERIQUE DU NORD(suite)

Cause of death abbreviated list number [1] Cause de décès numéro dans la liste abrégée [1]	Cuba 1990		Dominican Republic – République dominicaine 1985+		El Salvador 1990 [8]		Guatemala 1984 [2]	
	Number Nombre	Rate Taux	Number Nombre	Rate Taux	Number Nombre	Rate Taux	Number Nombre	Rate Taux
TOTAL	72 144	678.3	27 844	434.0	28 224	545.7	66 260	856.1
AM 1	–	–	–	–	–	–	–	–
AM 2	2	♦ 0.0	24	♦ 0.4	100	1.9	232	3.0
AM 3	427	4.0	1 799	28.0	1 310	25.3	10 872	140.5
AM 4	56	0.5	547	8.5	132	2.6	804	10.4
AM 5	1	♦ 0.0	6	♦ 0.1	24	♦ 0.5	1 148	14.8
AM 6	118	1.1	16	♦ 0.2	1	♦ 0.0	4	♦ 0.1
AM 7	1	♦ 0.0	30	♦ 0.5	39	0.8	76	1.0
AM 8	144	1.4	410	6.4	209	4.0	648	8.4
AM 9	–	–	–	–	–	–	–	–
AM10	–	–	156	2.4	59	1.1	1 120	14.5
AM11	2	♦ 0.0	9	♦ 0.1	32	0.6	428	5.5
AM12	248	2.3	299	4.7	176	3.4	1 040	13.4
AM13	648	6.1	144	2.2	322	6.2	612	7.9
AM14	1 063	10.0	76	1.2	24	♦ 0.5	8	♦ 0.1
AM15	287	2.7	40	0.6	10	♦ 0.2	12	♦ 0.2
AM16	3 155	29.7	142	2.2	85	1.6	60	0.8
AM17	845	[4] 20.6	82	...	38	...	48	...
AM18	301	[4] 7.3	117	...	113	...	132	...
AM19	491	4.6	98	1.5	107	2.1	136	1.8
AM20	6 863	64.5	1 061	16.5	1 023	19.8	1 300	16.8
AM21	2 280	21.4	573	8.9	347	6.7	304	3.9
AM22	4	♦ 0.0	9	♦ 0.1	–	–	28	♦ 0.4
AM23	21	♦ 0.2	630	9.8	236	4.6	3 412	44.1
AM24	166	1.6	242	3.8	156	3.0	608	7.9
AM25	230	2.2	278	4.3	115	2.2	264	3.4
AM26	9	♦ 0.1	14	♦ 0.2	6	♦ 0.1	16	♦ 0.2
AM27	194	1.8	32	0.5	6	♦ 0.1	24	♦ 0.3
AM28	825	7.8	612	9.5	44	0.8	112	1.4
AM29	13 033	122.5	1 626	25.3	990	19.1	1 084	14.0
AM30	5 152	48.4	109	1.7	99	1.9	68	0.9
AM31	6 935	65.2	1 726	26.9	1 256	24.3	1 008	13.0
AM32	2 296	21.6	56	0.9	11	♦ 0.2	92	1.2
AM33	2 817	26.5	2 262	35.3	2 361	45.6	2 024	26.2
AM34	3 063	28.8	1 158	18.0	991	19.2	8 696	112.4
AM35	14	♦ 0.1	18	♦ 0.3	27	♦ 0.5	880	11.4
AM36	1 180	11.1	409	6.4	598	11.6	640	8.3
AM37	409	3.8	122	1.9	200	3.9	184	2.4
AM38	83	0.8	22	♦ 0.3	20	♦ 0.4	56	0.7
AM39	906	8.5	816	12.7	345	6.7	708	9.1
AM40	560	5.3	182	2.8	282	5.5	400	5.2
AM41	155	[5] 14.4	41	...	5	...	4	...
AM42	16	♦ [3] 8.6	18	...	3	♦ [3] 2.0	40	[3] 12.8
AM43	43	[3] 23.0	79	...	52	[3] 35.3	188	[3] 60.2
AM44	19	♦ [3] 10.2	9	...	–	–	8	♦ [3] 2.6
AM45	846	8.0	447	7.0	214	4.1	760	9.8
AM46	63	[3] 33.8	115	...	8	♦ [3] 5.4	80	[3] 25.6
AM47	733	[3] 392.7	2 620	...	1 714	[3] 1 164.9	9 604	[3] 3 077.3
AM48	259	2.4	4 178	65.1	5 028	97.2	6 908	89.3
AM49	[7] 6 703	[7] 63.0	2 220	34.6	3 875	74.9	5 352	69.1
AM50	...	...	557	8.7	1 088	21.0	112	1.4
AM51	...	...	52	0.8	319	6.2	196	2.5
AM52	...	...	836	13.0	1 109	21.4	1 112	14.4
AM53	...	...	133	2.1	582	11.3	40	0.5
AM54	...	...	310	4.8	1 455	28.1	256	3.3
AM55	...	...	277	4.3	878	17.0	2 312	29.9

24. Deaths and death rates by cause: latest available year (continued)

Décès selon la cause, nombres et taux: dernière année disponible (suite)

Part A: Classified according to Abbreviated International List, 1975 Revision

Partie A: Décès classés selon la Liste internationale abrégée de la révision de 1975

(See notes at end of table. – Voir notes à la fin du tableau.)   AMERICA, NORTH(cont.)–AMERIQUE DU NORD(suite)

Cause of death abbreviated list number [1] / Cause de décès numéro dans la liste abrégée [1]	Martinique		Mexico – Mexique		Nicaragua		Panama	
	1987 [2][9]		1990+ [2]		1991		1989	
	Number Nombre	Rate Taux	Number Nombre	Rate Taux	Number Nombre	Rate Taux	Number Nombre	Rate Taux
TOTAL	2 095	607.1	421 736	489.5	12 515	312.9	9 557	403.3
AM 1	–	–	–	–	–	–	–	–
AM 2	2	♦ 0.6	589	0.7	1	♦ 0.0	–	–
AM 3	9	♦ 2.6	21 545	25.0	1 179	29.5	206	8.7
AM 4	6	♦ 1.7	6 187	7.2	250	6.3	143	6.0
AM 5	–	–	457	0.5	4	♦ 0.1	5	♦ 0.2
AM 6	1	♦ 0.3	16	♦ 0.0	9	♦ 0.2	17	♦ 0.7
AM 7	3	♦ 0.9	237	0.3	20	♦ 0.5	4	♦ 0.2
AM 8	16	♦ 4.6	2 821	3.3	53	1.3	34	1.4
AM 9	–	–	–	–	–	–	–	–
AM10	–	–	5 891	6.8	141	3.5	3	♦ 0.1
AM11	–	–	39	0.0	45	1.1	–	–
AM12	35	10.1	3 115	3.6	96	2.4	60	2.5
AM13	42	12.2	4 199	4.9	150	3.7	146	6.2
AM14	18	♦ 5.2	1 171	1.4	26	♦ 0.6	72	3.0
AM15	–	0.0	433	0.5	17	♦ 0.4	36	1.5
AM16	31	9.0	5 054	5.9	57	1.4	156	6.6
AM17	24	...	2 230	...	2	...	87	[4] 11.6
AM18	21	...	4 280	...	177	...	87	[4] 11.6
AM19	12	♦ 3.5	2 385	2.8	77	1.9	69	2.9
AM20	247	71.6	21 373	24.8	497	12.4	683	28.8
AM21	87	25.2	25 740	29.9	277	6.9	262	11.1
AM22	–	–	229	0.3	4	♦ 0.1	–	–
AM23	–	–	11 339	13.2	129	3.2	–	–
AM24	–	–	4 470	5.2	75	1.9	73	3.1
AM25	2	♦ 0.6	977	1.1	95	2.4	55	2.3
AM26	–	–	151	0.2	9	♦ 0.2	3	♦ 0.1
AM27	4	♦ 1.2	1 574	1.8	13	♦ 0.3	33	1.4
AM28	65	18.8	6 806	7.9	159	4.0	137	5.8
AM29	92	26.7	23 352	27.1	626	15.7	670	28.3
AM30	–	–	6 357	7.4	89	2.2	375	15.8
AM31	332	96.2	19 738	22.9	826	20.7	849	35.8
AM32	–	–	1 512	1.8	29	♦ 0.7	–	–
AM33	62	18.0	24 202	28.1	792	19.8	517	21.8
AM34	47	13.6	21 773	25.3	856	21.4	294	12.4
AM35	6	♦ 1.7	380	0.4	1	♦ 0.0	8	♦ 0.3
AM36	40	11.6	9 618	11.2	190	4.7	147	6.2
AM37	14	♦ 4.1	3 032	3.5	73	1.8	45	1.9
AM38	–	–	432	0.5	16	♦ 0.4	7	♦ 0.3
AM39	43	12.5	17 869	20.7	239	6.0	113	4.8
AM40	27	♦ 7.8	8 254	9.6	424	10.6	134	5.7
AM41	9	...	384	...	26	...	6	♦ [3] 3.9
AM42	–	–	98	[3] 3.6	21	...	6	♦ [3] 10.2
AM43	6	♦ [3] 94.8	1 360	[3] 49.7	63	...	29	♦ [3] 49.1
AM44	–	–	19	♦ [3] 0.7	–	...	2	♦ [3] 3.4
AM45	14	♦ 4.1	8 905	10.3	219	5.5	227	9.6
AM46	2	♦ [3] 31.6	1 075	[3] 39.3	31	...	39	[3] 66.0
AM47	26	♦ [3] 410.9	21 827	[3] 798.0	1 110	...	466	[3] 788.9
AM48	130	37.7	9 670	11.2	549	13.7	735	31.0
AM49	433	125.5	49 894	57.9	1 114	27.9	1 144	48.3
AM50	43	12.5	13 926	16.2	390	9.8	320	13.5
AM51	21	♦ 6.1	4 593	5.3	15	♦ 0.4	55	2.3
AM52	64	18.5	20 721	24.1	627	15.7	355	15.0
AM53	44	12.7	1 938	2.2	110	2.7	70	3.0
AM54	15	♦ 4.3	14 455	16.8	229	5.7	123	5.2
AM55	–	0.0	3 044	3.5	288	7.2	450	19.0

24. Deaths and death rates by cause: latest available year (continued)

Décès selon la cause, nombres et taux: dernière année disponible (suite)

Part A: Classified according to Abbreviated International List, 1975 Revision

Partie A: Décès classés selon la Liste internationale abrégée de la révision de 1975

(See notes at end of table. – Voir notes à la fin du tableau.) AMERICA, NORTH(cont.)/SOUTH – AMERICA DU NORD(suite)/SUD

Cause of death abbreviated list number [1] Cause de décès numéro dans la liste abrégée [1]	Puerto Rico – Porto Rico		Trinidad and Tobago – Trinité–et–Tobago		United States – Etats–Unis		Argentina – Argentine	
	1991		1989		1989		1989 [2]	
	Number Nombre	Rate Taux	Number Nombre	Rate Taux	Number Nombre	Rate Taux	Number Nombre	Rate Taux
TOTAL	26 328	741.8	8 213	677.0	2 150 466	869.4	250 815	785.6
AM 1	–	–	–	–	–	–	–	–
AM 2	–	–	1	◆ 0.1	–	–	7	◆ 0.0
AM 3	5	◆ 0.1	55	4.5	463	0.2	1 106	3.5
AM 4	56	1.6	11	◆ 0.9	1 970	0.8	1 285	4.0
AM 5	–	–	–	–	12	◆ 0.0	33	0.1
AM 6	–	–	–	–	273	0.1	34	0.1
AM 7	2	◆ 0.1	4	◆ 0.3	9	◆ 0.0	46	0.1
AM 8	406	11.4	37	3.0	19 333	7.8	4 448	13.9
AM 9	–	–	–	–	–	–	–	–
AM10	–	–	1	◆ 0.1	32	0.0	20	◆ 0.1
AM11	1	◆ 0.0	–	–	11	◆ 0.0	1	◆ 0.0
AM12	1 394	39.3	44	3.6	8 666	3.5	1 393	4.4
AM13	349	9.8	80	6.6	14 186	5.7	3 381	10.6
AM14	316	8.9	56	4.6	48 612	19.7	3 401	10.7
AM15	49	1.4	24	◆ 2.0	7 649	3.1	1 042	3.3
AM16	550	15.5	86	7.1	137 150	55.4	7 636	23.9
AM17	292	...	95	4 24.9	42 837	4 42.4	4 017	...
AM18	60	...	52	4 13.6	4 487	4 4.4	761	...
AM19	156	4.4	36	3.0	18 246	7.4	1 522	4.8
AM20	2 502	70.5	578	47.6	222 985	90.2	23 991	75.1
AM21	1 668	47.0	1 042	85.9	46 833	18.9	5 964	18.7
AM22	–	–	1	◆ 0.1	308	0.1	215	0.7
AM23	57	1.6	41	3.4	2 525	1.0	1 186	3.7
AM24	165	4.6	55	4.5	3 993	1.6	568	1.8
AM25	34	1.0	22	◆ 1.8	1 068	0.4	622	1.9
AM26	6	◆ 0.2	1	◆ 0.1	70	0.0	25	◆ 0.1
AM27	13	◆ 0.4	29	◆ 2.4	6 017	2.4	279	0.9
AM28	1 216	34.3	341	28.1	32 114	13.0	3 714	11.6
AM29	1 292	36.4	939	77.4	246 950	99.8	16 401	51.4
AM30	2 204	62.1	475	39.2	251 071	101.5	7 413	23.2
AM31	1 215	34.2	992	81.8	145 551	58.8	25 434	79.7
AM32	396	11.2	47	3.9	19 357	7.8	7 361	23.1
AM33	2 151	60.6	378	31.2	235 027	95.0	50 415	157.9
AM34	1 115	31.4	293	24.2	74 957	30.3	6 364	19.9
AM35	3	◆ 0.1	7	◆ 0.6	1 593	0.6	17	◆ 0.1
AM36	369	10.4	147	12.1	24 095	9.7	2 030	6.4
AM37	62	1.7	65	5.4	6 455	2.6	509	1.6
AM38	6	◆ 0.2	8	◆ 0.7	451	0.2	99	0.3
AM39	818	23.0	88	7.3	26 694	10.8	3 256	10.2
AM40	367	10.3	115	9.5	21 118	8.5	4 723	14.8
AM41	7	...	41	5 42.2	449	5 1.6	75	...
AM42	–	–	4	◆ 3 16.0	50	3 1.2	103	3 15.4
AM43	13	◆ 3 20.1	16	◆ 3 63.8	241	3 6.0	234	3 35.1
AM44	–	–	–	–	29	◆ 3 0.7	9	◆ 3 1.3
AM45	216	6.1	79	6.5	12 897	5.2	2 978	9.3
AM46	4	◆ 3 6.2	11	◆ 3 43.9	230	3 5.7	322	3 48.3
AM47	505	3 782.8	111	3 442.7	18 522	3 458.4	8 254	3 1 237.4
AM48	151	4.3	189	15.6	26 988	10.9	6 689	20.9
AM49	3 637	102.5	880	72.5	267 023	108.0	24 096	75.5
AM50	581	16.4	130	10.7	46 586	18.8	3 085	9.7
AM51	187	5.3	53	4.4	12 151	4.9	1 240	3.9
AM52	386	10.9	121	10.0	36 291	14.7	6 713	21.0
AM53	355	10.0	173	14.3	30 232	12.2	2 270	7.1
AM54	803	22.6	98	8.1	22 578	9.1	1 896	5.9
AM55	183	5.2	61	5.0	3 031	1.2	2 132	6.7

24. Deaths and death rates by cause: latest available year (continued)

Décès selon la cause, nombres et taux: dernière année disponible (suite)

Part A: Classified according to Abbreviated International List, 1975 Revision

Partie A: Décès classés selon la Liste internationale abrégée de la révision de 1975

(See notes at end of table. – Voir notes à la fin du tableau.)   AMERICA, SOUTH(cont.)–AMERIQUE DU SUD(suite)

Cause of death abbreviated list number [1] / Cause de décès numéro dans la liste abrégée [1]	Brazil – Brésil 1987 [10] [11]		Chile – Chili 1989		Colombia – Colombie 1990+ [12]		Ecuador – Equateur 1990 [13]	
	Number Nombre	Rate Taux	Number Nombre	Rate Taux	Number Nombre	Rate Taux	Number Nombre	Rate Taux
TOTAL	798 818	564.7	75 453	582.2	154 685	478.9	50 217	489.2
AM 1	–	–	–	–	–	–	–	–
AM 2	71	0.0	37	0.3	37	0.1	88	0.9
AM 3	21 818	15.4	437	3.4	2 651	8.2	2 590	25.2
AM 4	5 123	3.6	770	5.9	1 254	3.9	1 209	11.8
AM 5	133	0.1	2	♦ 0.0	55	0.2	64	0.6
AM 6	437	0.3	21	♦ 0.2	40	0.1	–	–
AM 7	614	0.4	5	♦ 0.0	88	0.3	58	0.6
AM 8	7 751	5.5	924	7.1	823	2.5	324	3.2
AM 9	–	–	–	–	–	–	–	–
AM10	795	0.6	14	♦ 0.1	55	0.2	94	0.9
AM11	1 150	0.8	–	–	180	0.6	129	1.3
AM12	10 323	7.3	520	4.0	894	2.8	339	3.3
AM13	9 633	6.8	2 592	20.0	3 698	11.4	1 232	12.0
AM14	2 789	2.0	507	3.9	591	1.8	113	1.1
AM15	1 323	0.9	228	1.8	334	1.0	54	0.5
AM16	9 081	6.4	1 367	10.5	1 965	6.1	307	3.0
AM17	5 110	[4] 11.2	744	[4] 16.2	948	...	196	[4] 6.5
AM18	2 660	[4] 5.8	751	[4] 16.3	1 057	...	234	[4] 7.8
AM19	3 161	2.2	423	3.3	960	3.0	314	3.1
AM20	41 308	29.2	7 082	54.6	10 106	31.3	2 656	25.9
AM21	15 226	10.8	1 184	9.1	2 860	8.9	994	9.7
AM22	1 230	0.9	53	0.4	12	♦ 0.0	86	0.8
AM23	7 085	5.0	116	0.9	1 466	4.5	886	8.6
AM24	2 086	1.5	175	1.3	535	1.7	497	4.8
AM25	3 080	2.2	214	1.7	689	2.1	177	1.7
AM26	173	0.1	4	♦ 0.0	31	0.1	20	♦ 0.2
AM27	1 651	1.2	333	2.6	287	0.9	88	0.9
AM28	14 761	10.4	1 109	8.6	4 867	15.1	820	8.0
AM29	47 889	33.9	4 883	37.7	14 630	45.3	1 585	15.4
AM30	16 228	11.5	2 654	20.5	2 126	6.6	248	2.4
AM31	73 210	51.8	6 734	52.0	9 882	30.6	2 697	26.3
AM32	5 738	4.1	1 059	8.2	1 017	3.1	135	1.3
AM33	56 425	39.9	3 674	28.3	13 059	40.4	3 321	32.4
AM34	31 778	22.5	5 759	44.4	5 208	16.1	2 524	24.6
AM35	163	0.1	96	0.7	135	0.4	241	2.3
AM36	8 121	5.7	1 441	11.1	1 788	5.5	1 489	14.5
AM37	2 455	1.7	245	1.9	919	2.8	280	2.7
AM38	472	0.3	62	0.5	140	0.4	64	0.6
AM39	12 191	8.6	3 551	27.4	1 036	3.2	909	8.9
AM40	7 157	5.1	825	6.4	2 019	6.2	857	8.3
AM41	313	[5] 3.5	122	[5] 13.3	116	...	63	[5] 11.3
AM42	229	[5] 8.6	41	[3] 13.5	108	...	29	♦ [3] 14.4
AM43	1 549	[3] 58.2	66	[3] 21.7	424	...	267	[3] 132.4
AM44	134	[3] 5.0	16	♦ [3] 5.3	9	...	11	♦ [3] 5.5
AM45	8 610	6.1	1 386	10.7	2 090	6.5	719	7.0
AM46	619	[3] 23.3	62	[3] 20.4	100	...	96	[3] 47.6
AM47	44 981	[3] 1 690.5	1 715	[3] 564.5	5 490	...	2 531	[3] 1 254.8
AM48	158 360	112.0	5 103	39.4	6 046	18.7	7 173	69.9
AM49	59 242	41.9	6 662	51.4	14 130	43.7	4 791	46.7
AM50	27 611	19.5	941	7.3	4 382	13.6	2 049	20.0
AM51	2 426	1.7	453	3.5	961	3.0	636	6.2
AM52	22 406	15.8	2 032	15.7	6 693	20.7	2 358	23.0
AM53	4 698	3.3	725	5.6	880	2.7	450	4.4
AM54	23 077	16.3	372	2.9	24 033	74.4	1 060	10.3
AM55	14 164	10.0	5 162	39.8	781	2.4	65	0.6

24. Deaths and death rates by cause: latest available year (continued)

Décès selon la cause, nombres et taux: dernière année disponible (suite)

Part A: Classified according to Abbreviated International List, 1975 Revision

Partie A: Décès classés selon la Liste internationale abrégée de la révision de 1975

(See notes at end of table. – Voir notes à la fin du tableau.) AMERICA, SOUTH(cont.)–AMERIQUE DU SUD(suite)

Cause of death abbreviated list number [1] / Cause de décès numéro dans la liste abrégée [1]	Guyana 1984+		Paraguay 1987 [2]		Suriname 1987		Uruguay 1990 [2]	
	Number Nombre	Rate Taux	Number Nombre	Rate Taux	Number Nombre	Rate Taux	Number Nombre	Rate Taux
TOTAL	4 781	608.3	12 713	324.1	1 746	438.7	30 210	975.7
AM 1	–	–	–	–	–	–	–	–
AM 2	2	♦ 0.3	3	♦ 0.1	–	–	–	–
AM 3	11	♦ 1.4	607	15.5	48	12.1	112	3.6
AM 4	14	♦ 1.8	142	3.6	7	♦ 1.8	72	2.3
AM 5	–	–	3	♦ 0.1	–	–	2	♦ 0.1
AM 6	–	–	1	♦ 0.0	–	–	10	♦ 0.3
AM 7	8	♦ 1.0	68	1.7	2	♦ 0.5	2	♦ 0.1
AM 8	61	7.8	250	6.4	17	♦ 4.3	209	6.7
AM 9	–	–	–	–	–	–	–	–
AM10	–	–	56	1.4	–	–	–	–
AM11	1	♦ 0.1	3	♦ 0.1	9	♦ 2.3	1	♦ 0.0
AM12	49	6.2	70	1.8	16	♦ 4.0	88	2.8
AM13	42	5.3	107	2.7	11	♦ 2.8	501	16.2
AM14	13	♦ 1.7	44	1.1	7	♦ 1.8	563	18.2
AM15	7	♦ 0.9	13	♦ 0.3	4	♦ 1.0	155	5.0
AM16	15	♦ 1.9	92	2.3	17	♦ 4.3	1 197	38.7
AM17	21	...	88	...	10	...	582	[4] 48.7
AM18	25	...	68	...	26	...	96	[4] 8.0
AM19	9	♦ 1.1	78	2.0	2	♦ 0.5	194	6.3
AM20	148	18.8	642	16.4	84	21.1	3 605	116.4
AM21	163	20.7	323	8.2	99	24.9	600	19.4
AM22	17	♦ 2.2	6	♦ 0.2	10	♦ 2.5	2	♦ 0.1
AM23	205	26.1	101	2.6	2	♦ 0.5	71	2.3
AM24	97	12.3	56	1.4	10	♦ 2.5	106	3.4
AM25	10	♦ 1.3	118	3.0	6	♦ 1.5	51	1.6
AM26	3	♦ 0.4	–	–	–	–	3	♦ 0.1
AM27	14	♦ 1.8	18	♦ 0.5	1	♦ 0.3	25	♦ 0.8
AM28	176	22.4	163	4.2	22	♦ 5.5	390	12.6
AM29	199	25.3	731	18.6	150	37.7	2 095	67.7
AM30	60	7.6	124	3.2	21	♦ 5.3	1 759	56.8
AM31	597	76.0	1 273	32.5	157	39.4	3 568	115.2
AM32	19	♦ 2.4	86	2.2	12	♦ 3.0	613	19.8
AM33	462	58.8	1 252	31.9	140	35.2	3 256	105.2
AM34	171	21.8	626	16.0	47	11.8	767	24.8
AM35	2	♦ 0.3	26	♦ 0.7	10	♦ 2.5	19	♦ 0.6
AM36	49	6.2	128	3.3	30	♦ 7.5	444	14.3
AM37	29	♦ 3.7	35	0.9	7	♦ 1.8	76	2.5
AM38	5	♦ 0.6	12	♦ 0.3	1	♦ 0.3	15	♦ 0.5
AM39	119	15.1	93	2.4	31	7.8	320	10.3
AM40	47	6.0	224	5.7	17	♦ 4.3	283	9.1
AM41	2	...	15	...	4	...	40	[5] 10.7
AM42	5	...	17	♦ [3] 45.1	1	♦ [3] 10.4	1	♦ [3] 1.8
AM43	12	...	75	[3] 199.0	2	♦ [3] 20.7	8	♦ [3] 14.3
AM44	–	–	8	♦ [3] 21.2	–	–	–	–
AM45	26	♦ 3.3	185	4.7	21	♦ 5.3	272	8.8
AM46	–	–	32	[3] 84.9	3	♦ [3] 31.1	20	♦ [3] 35.7
AM47	155	...	517	[3] 1 371.6	107	[3] 1 107.7	465	[3] 830.2
AM48	515	65.5	2 251	57.4	244	61.3	1 936	62.5
AM49	769	97.8	947	24.1	138	34.7	3 707	119.7
AM50	2	♦ 0.3	225	5.7	35	8.8	375	12.1
AM51	23	♦ 2.9	58	1.5	11	♦ 2.8	154	5.0
AM52	204	26.0	353	9.0	48	12.1	925	29.9
AM53	13	♦ 1.7	64	1.6	52	13.1	318	10.3
AM54	2	♦ 0.3	153	3.9	14	♦ 3.5	136	4.4
AM55	183	23.3	83	2.1	33	8.3	1	♦ 0.0

24. Deaths and death rates by cause: latest available year (continued)

Décès selon la cause, nombres et taux: dernière année disponible (suite)

Part A: Classified according to Abbreviated International List, 1975 Revision

Partie A: Décès classés selon la Liste internationale abrégée de la révision de 1975

(See notes at end of table. – Voir notes à la fin du tableau.) AMERICA, SOUTH(cont.)/ASIA – AMERIQUE DU SUD(suite)/ASIE

Cause of death abbreviated list number [1] / Cause de décès numéro dans la liste abrégée [1]	Venezuela 1989 [2][10]		Bahrain – Bahreïn 1988		China – Chine 1987 [14]		Hong Kong – Hong–kong 1989 [2][23]	
	Number Nombre	Rate Taux	Number Nombre	Rate Taux	Number Nombre	Rate Taux	Number Nombre	Rate Taux
TOTAL	84 886	449.8	1 523	321.8	579 561	585.6	28 478	500.8
AM 1	–	–	–	–	...	...	–	–
AM 2	2	♦ 0.0	–	–	87	0.1	–	–
AM 3	2 447	13.0	1	♦ 0.2	...	...	4	♦ 0.1
AM 4	630	3.3	1	♦ 0.2	14 668	14.8	353	6.2
AM 5	18	♦ 0.1	–	–	9	0.0	–	–
AM 6	12	♦ 0.1	–	–	321	0.3	1	♦ 0.0
AM 7	45	0.2	1	♦ 0.2	185	♦ 0.2	3	♦ 0.1
AM 8	931	4.9	5	♦ 1.1	1 801	1.8	579	10.2
AM 9	–	–	–	–	–	–	–	–
AM 10	52	0.3	–	–	...	0.0	1	♦ 0.0
AM 11	49	0.3	–	–	7	0.0	1	♦ 0.0
AM 12	1 478	7.8	3	♦ 0.6	[16] 7 148	[15] 7.2	67	1.2
AM 13	1 344	7.1	14	♦ 3.0	...	...	581	10.2
AM 14	471	2.5	2	♦ 0.4	...	...	565	9.9
AM 15	144	0.8	3	♦ 0.6	...	...	292	5.1
AM 16	1 250	6.6	46	9.7	...	...	2 592	45.6
AM 17	573	...	13	♦ [4] 11.0	...	...	283	[4] 12.8
AM 18	539	...	2	♦ [4] 1.7	...	...	123	[4] 5.6
AM 19	553	2.9	4	♦ 0.8	3 488	3.5	182	3.2
AM 20	4 786	25.4	70	14.8	[16] 104 285	[16] 105.3	3 967	69.8
AM 21	2 885	15.3	52	11.0	4 479	4.5	250	4.4
AM 22	254	1.3	–	–	...	...	1	♦ 0.0
AM 23	365	1.9	4	♦ 0.8	[17] 2 148	[17] 2.2	–	–
AM 24	243	1.3	2	♦ 0.4	877	0.9	20	♦ 0.4
AM 25	458	2.4	2	♦ 0.4	465	0.5	31	0.5
AM 26	9	♦ 0.0	–	–	411	0.4	1	♦ 0.0
AM 27	140	0.7	–	–	8 540	8.6	178	3.1
AM 28	2 256	12.0	45	9.5	13 555	13.7	1 055	18.6
AM 29	7 051	37.4	289	61.1	13 281	13.4	1 784	31.4
AM 30	1 858	9.8	36	7.6	17 211	17.4	1 052	18.5
AM 31	5 450	28.9	49	10.4	106 576	107.7	2 915	51.3
AM 32	422	2.2	–	–	...	...	17	♦ 0.3
AM 33	4 544	24.1	78	16.5	[18] 38 412	[18] 38.8	992	17.4
AM 34	2 946	15.6	48	10.1	16 157	16.3	2 029	35.7
AM 35	54	0.3	–	–	...	...	1	♦ 0.0
AM 36	942	5.0	20	♦ 4.2	81 153	82.0	497	8.7
AM 37	357	1.9	–	–	4 542	4.6	164	2.9
AM 38	113	0.6	–	–	393	♦ 0.4	4	♦ 0.1
AM 39	1 504	8.0	17	♦ 3.6	12 267	12.4	329	5.8
AM 40	881	4.7	–	–	6 092	6.2	1 050	18.5
AM 41	67	...	–	–	497	...	2	♦ [5] 0.3
AM 42	81	[3] 15.3	–	–	31	[3] 1.9	–	–
AM 43	234	[3] 44.2	–	–	497	[3] 30.7	4	♦ [5] 5.7
AM 44	24	♦ [3] 4.5	–	–	176	[3] 10.9	–	–
AM 45	1 896	10.0	82	17.3	5 953	6.0	212	3.7
AM 46	180	[3] 34.0	–	–	...	...	–	–
AM 47	5 970	[3] 1 128.5	189	[3] 1 505.4	[19] 12 797	[3][19] 790.4	237	[3] 340.4
AM 48	10 637	56.4	157	33.2	[20] 34 420	[20] 13.6	694	12.2
AM 49	6 138	32.5	181	38.2	[21] 34 127	[21] 34.5	3 712	65.3
AM 50	3 905	20.7	38	8.0	8 368	8.5	309	5.4
AM 51	794	4.2	–	–	5 750	5.8	161	2.8
AM 52	2 745	14.5	12	♦ 2.5	...	...	355	6.2
AM 53	913	4.8	14	♦ 3.0	17 382	17.6	604	10.6
AM 54	2 290	12.1	2	♦ 0.4	1 412	1.4	72	1.3
AM 55	956	5.1	41	8.7	[22] 20 593	[22] 20.8	152	2.7

24. Deaths and death rates by cause: latest available year (continued)

Décès selon la cause, nombres et taux: dernière année disponible (suite)

Part A: Classified according to Abbreviated International List, 1975 Revision

Partie A: Décès classés selon la Liste internationale abrégée de la révision de 1975

(See notes at end of table. – Voir notes à la fin du tableau.)

Cause of death abbreviated list number [1] / Cause de décès numéro dans la liste abrégée [1]	Israel – Israël [24] 1989		Japan – Japon 1991 [25]		Korea, Republic of– Corée, République de 1990 [2]		Kuwait – Koweït 1987 [2]	
	Number Nombre	Rate Taux	Number Nombre	Rate Taux	Number Nombre	Rate Taux	Number Nombre	Rate Taux
TOTAL	28 580	632.6	829 797	669.6	191 010	445.6	4 287	228.9
AM 1	–	–	–	–	–	–	–	–
AM 2	–	–	1	0.0	2	♦ 0.0	–	–
AM 3	14	♦ 0.3	775	0.6	513	1.2	26	♦ 1.4
AM 4	17	♦ 0.4	3 325	2.7	4 062	9.5	20	♦ 1.1
AM 5	–	–	2	♦ 0.0	3	♦ 0.0	–	–
AM 6	9	♦ 0.2	1	0.0	4	♦ 0.0	–	–
AM 7	–	–	20	♦ 0.0	24	♦ 0.1	–	–
AM 8	402	8.9	3 805	3.1	477	1.1	50	2.7
AM 9					–	–		
AM 10	–	–	39	0.0	76	0.2	1	♦ 0.1
AM 11	–	–	1	0.0	2	♦ 0.0	1	♦ 0.1
AM 12	70	1.5	4 514	3.6	308	0.7	27	♦ 1.4
AM 13	297	6.6	47 896	38.6	10 969	25.6	21	♦ 1.1
AM 14	578	12.8	16 267	13.1	760	1.8	19	♦ 1.0
AM 15	131	2.9	9 516	7.7	793	1.8	10	♦ 0.5
AM 16	811	17.9	38 199	30.8	5 029	11.7	67	3.6
AM 17	558	4 35.6	6 309	4 12.0	581	4 3.6	27	♦ 4 5.7
AM 18	35	4 2.2	1 873	4 3.6	332	4 2.1	8	♦ 4 1.7
AM 19	274	6.1	5 585	4.5	1 118	2.6	48	2.6
AM 20	2 784	61.6	98 082	79.1	18 841	43.9	277	14.8
AM 21	875	19.4	9 634	7.8	4 115	9.6	112	6.0
AM 22	–	–	–	–	58	0.1	4	♦ 0.2
AM 23	6	♦ 0.1	221	0.2	117	0.3	–	–
AM 24	94	2.1	1 580	1.3	237	0.6	8	♦ 0.4
AM 25	16	♦ 0.4	465	0.4	351	0.8	15	♦ 0.8
AM 26	2	♦ 0.0	43	0.0	6	♦ 0.0	–	–
AM 27	110	2.4	1 359	1.1	132	0.3	16	♦ 0.9
AM 28	299	6.6	9 083	7.3	12 386	28.9	299	16.0
AM 29	3 556	78.7	31 866	25.7	3 054	7.1	387	20.7
AM 30	2 215	49.0	19 604	15.8	563	1.3	274	14.6
AM 31	2 559	56.6	118 448	95.6	26 320	61.4	111	5.9
AM 32	43	1.0	2 037	1.6	802	1.9	136	7.3
AM 33	3 158	69.9	122 102	98.5	13 782	32.1	155	8.3
AM 34	617	13.7	70 057	56.5	2 155	5.0	219	11.7
AM 35	7	♦ 0.2	100	0.1	52	0.1	–	–
AM 36	216	4.8	15 180	12.2	2 926	6.8	37	2.0
AM 37	72	1.6	3 687	3.0	698	1.6	12	♦ 0.6
AM 38	5	♦ 0.1	98	0.1	84	0.2	–	–
AM 39	264	5.8	16 914	13.6	10 313	24.1	40	2.1
AM 40	640	14.2	17 007	13.7	1 251	2.9	71	3.8
AM 41	14	♦ 5 6.9	197	5 1.1	28	♦ 5 0.9	5	♦ 5 6.6
AM 42	–	–	15	♦ 3 1.2	5	...	–	–
AM 43	7	♦ 3 6.9	83	3 6.8	79	...	1	♦ 3 1.9
AM 44	–	–	12	♦ 3 1.0	6	...	–	–
AM 45	355	7.9	3 585	2.9	1 168	2.7	342	18.3
AM 46	3	♦ 3 3.0	194	3 15.9	3	...	–	–
AM 47	443	3 439.7	1 439	3 117.6	122	...	409	3 780.4
AM 48	1 366	30.2	30 161	24.3	25 309	59.0	204	10.9
AM 49	3 684	81.5	62 054	50.1	11 503	26.8	240	12.8
AM 50	439	9.7	14 347	11.6	13 054	30.4	343	18.3
AM 51	193	4.3	4 530	3.7	1 267	3.0	32	1.7
AM 52	713	15.8	14 278	11.5	9 412	22.0	160	8.5
AM 53	353	7.8	19 875	16.0	3 159	7.4	16	♦ 0.9
AM 54	110	2.4	685	0.6	658	1.5	10	♦ 0.5
AM 55	166	3.7	2 647	2.1	1 941	4.5	27	♦ 1.4

24. Deaths and death rates by cause: latest available year (continued)

Décès selon la cause, nombres et taux: dernière année disponible (suite)

Part A: Classified according to Abbreviated International List, 1975 Revision

Partie A: Décès classés selon la Liste internationale abrégée de la révision de 1975

(See notes at end of table. – Voir notes à la fin du tableau.) ASIA(cont.) – ASIE(suite)/EUROPE

Cause of death abbreviated list number [1] Cause de décès numéro dans la liste abrégée [1]	Macau – Macao		Maldives		Singapore – Singapour		Austria – Autriche	
	1992		1988		1990+ [2] [26]		1991	
	Number Nombre	Rate Taux	Number Nombre	Rate Taux	Number Nombre	Rate Taux	Number Nombre	Rate Taux
TOTAL	1 432	383.0	1 526	751.7	13 889	513.4	83 428	1 066.1
AM 1	–	–	–	–	1	♦ 0.0	–	–
AM 2	–	–	–	–	–	–	1	♦ 0.0
AM 3	–	–	–	–	44	1.6	15	♦ 0.2
AM 4	23	♦ 6.2	26	♦ 12.8	113	4.2	141	1.8
AM 5	–	–	–	–	1	♦ 0.0	–	–
AM 6	–	–	–	–	1	♦ 0.0	7	♦ 0.1
AM 7	–	–	47	23.2	–	–	–	–
AM 8	7	♦ 1.9	–	–	128	4.7	29	♦ 0.4
AM 9	–	–	–	–	–	–	–	–
AM10	–	–	–	–	–	–	1	♦ 0.0
AM11	–	–	–	–	3	♦ 0.1	–	–
AM12	8	♦ 2.1	–	–	56	2.1	61	0.8
AM13	21	♦ 5.6	–	–	364	13.5	1 805	23.1
AM14	23	♦ 6.2	–	–	265	9.8	1 847	23.6
AM15	8	♦ 2.1	–	–	135	5.0	938	12.0
AM16	82	21.9	–	–	737	27.2	3 278	41.9
AM17	5	...	–	–	190	[4] 18.4	1 671	...
AM18	3	...	–	–	74	[4] 7.2	164	...
AM19	3	♦ 0.8	–	–	110	4.1	589	7.5
AM20	140	37.4	–	–	1 394	51.5	9 025	115.3
AM21	17	♦ 4.5	–	–	332	12.3	1 884	24.1
AM22	2	♦ 0.5	–	–	–	–	–	–
AM23	3	♦ 0.8	–	–	13	♦ 0.5	–	–
AM24	3	♦ 0.8	–	–	22	♦ 0.8	59	0.8
AM25	1	♦ 0.3	–	–	16	♦ 0.6	47	0.6
AM26	–	–	212	104.4	–	–	–	–
AM27	5	♦ 1.3	–	–	51	1.9	208	2.7
AM28	21	♦ 5.6	53	26.1	211	7.8	1 377	17.6
AM29	35	9.4	–	–	1 757	65.0	9 424	120.4
AM30	129	34.5	77	37.9	889	32.9	7 530	96.2
AM31	138	36.9	–	–	1 666	61.6	11 237	143.6
AM32	6	♦ 1.6	–	–	10	♦ 0.4	1 986	25.4
AM33	184	49.2	–	–	568	21.0	12 241	156.4
AM34	85	22.7	11	♦ 5.4	1 191	44.0	1 472	18.8
AM35	–	–	–	–	3	♦ 0.1	67	0.9
AM36	27	♦ 7.2	122	60.1	140	5.2	1 879	24.0
AM37	6	♦ 1.6	–	–	66	2.4	490	6.3
AM38	–	–	–	–	5	♦ 0.2	29	♦ 0.4
AM39	26	♦ 7.0	–	–	128	4.7	2 256	28.8
AM40	37	9.9	–	–	235	8.7	443	5.7
AM41	1	...	–	–	–	–	40	...
AM42	–	–	–	–	1	♦ [3] 2.0	–	–
AM43	2	♦ [3] 30.0	26	♦ [3] 313.4	–	–	6	♦ [3] 6.3
AM44	–	–	–	–	–	–	1	♦ [3] 1.1
AM45	10	♦ 2.7	–	–	189	7.0	299	3.8
AM46	–	–	–	–	1	♦ [3] 2.0	10	♦ [3] 10.6
AM47	28	♦ 419.4	–	–	122	[3] 238.6	283	[3] 299.1
AM48	91	24.3	–	–	198	7.3	605	7.7
AM49	162	43.3	932	459.1	1 451	53.6	4 582	58.6
AM50	16	♦ 4.3	–	–	246	9.1	1 363	17.4
AM51	15	♦ 4.0	–	–	78	2.9	1 294	16.5
AM52	15	♦ 4.0	3	♦ 1.5	122	4.5	829	10.6
AM53	30	♦ 8.0	17	♦ 8.4	354	13.1	1 769	22.6
AM54	7	♦ 1.9	–	–	41	1.5	99	1.3
AM55	7	♦ 1.9	–	–	167	6.2	47	0.6

24. Deaths and death rates by cause: latest available year (continued)

Décès selon la cause, nombres et taux: dernière année disponible (suite)

Part A: Classified according to Abbreviated International List, 1975 Revision

Partie A: Décès classés selon la Liste internationale abrégée de la révision de 1975

(See notes at end of table. – Voir notes à la fin du tableau.)   EUROPE(cont.–suite)

Cause of death abbreviated list number [1] / Cause de décès numéro dans la liste abrégée [1]	Belarus – Bélarus 1990 [27]		Belgium – Belgique 1987 [28]		Bulgaria – Bulgarie 1991		Former Czechoslovakia – Ancienne Tchécoslovaquie 1990	
	Number Nombre	Rate Taux	Number Nombre	Rate Taux	Number Nombre	Rate Taux	Number Nombre	Rate Taux
TOTAL	109 582	1 066.2	105 426	1 068.1	110 423	1 229.4	183 785	1 173.6
AM 1	...	...	–	–	–	–	–	–
AM 2	1	♦ 0.0	1	♦ 0.0	–	–	1	♦ 0.0
AM 3	...	...	55	0.6	57	0.6	46	0.3
AM 4	447	4.3	103	1.0	223	2.5	266	1.7
AM 5	1	♦ 0.0	–	–	–	–	–	–
AM 6	77	0.7	11	♦ 0.1	20	♦ 0.2	6	♦ 0.0
AM 7	4	♦ 0.0	2	♦ 0.0	5	♦ 0.1	1	♦ 0.0
AM 8	76	0.7	546	5.5	132	1.5	138	0.9
AM 9	...	...	–	–	–	–	–	–
AM10	–	–	2	♦ 0.0	–	–	1	♦ 0.0
AM11	–	–	1	♦ 0.0	–	–	–	–
AM12	...	...	122	1.2	105	1.2	112	0.7
AM13	3 507	34.1	1 706	17.3	2 136	23.8	3 208	20.5
AM14	779	7.6	2 208	22.4	889	9.9	2 875	18.4
AM15	991	9.6	996	10.1	1 036	11.5	2 591	16.5
AM16	3 435	33.4	6 458	65.4	3 093	34.4	8 034	51.3
AM17	1 024	...	2 300	...	1 107	...	2 521	[4] 40.1
AM18	360	...	234	...	260	...	604	[4] 9.6
AM19	597	5.8	893	9.0	388	4.3	1 136	7.3
AM20	8 402	81.7	12 047	122.1	6 600	73.5	17 512	111.8
AM21	637	6.2	1 962	19.9	1 872	20.8	2 979	19.0
AM22	...	...	–	–	–	–	24	♦ 0.2
AM23	...	...	3	♦ 0.0	–	–	–	–
AM24	68	0.7	229	2.3	64	0.7	102	0.7
AM25	59	0.6	20	♦ 0.2	65	0.7	103	0.7
AM26	117	1.1	6	♦ 0.1	9	♦ 0.1	3	♦ 0.0
AM27	728	7.1	48	0.5	449	5.0	834	5.3
AM28	679	6.6	1 062	10.8	3 189	35.5	1 406	9.0
AM29	2 278	22.2	8 295	84.0	6 891	76.7	23 770	151.8
AM30	32 213	313.4	4 895	49.6	15 765	175.5	26 322	168.1
AM31	15 162	147.5	10 448	105.9	23 584	262.6	29 927	191.1
AM32	...	...	3 951	40.0	6 874	76.5	11 077	70.7
AM33	...	...	13 686	138.7	11 908	132.6	8 185	52.3
AM34	566	5.5	2 201	22.3	3 312	36.9	4 850	31.0
AM35	45	0.4	68	0.7	11	♦ 0.1	174	1.1
AM36	4 778	46.5	2 710	27.5	1 177	13.1	3 364	21.5
AM37	308	3.0	384	3.9	380	4.2	858	5.5
AM38	52	0.5	13	♦ 0.1	23	♦ 0.3	84	0.5
AM39	...	...	1 229	12.5	1 410	15.7	3 864	24.7
AM40	523	5.1	1 457	14.8	672	7.5	1 689	10.8
AM41	173	...	44	...	86	...	347	[5] 19.4
AM42	7	...	–	–	4	♦ [3] 4.2	5	♦ [3] 2.4
AM43	...	...	4	♦ [3] 3.4	5	♦ [3] 5.2	11	♦ [3] 5.2
AM44	...	...	–	–	1	♦ [3] 1.0	–	–
AM45	724	7.0	453	4.6	495	5.5	772	4.9
AM46	112	...	9	♦ [3] 7.7	22	♦ [3] 22.9	3	♦ [3] 1.4
AM47	542	...	433	[3] 369.0	468	[3] 488.0	1 255	[3] 596.0
AM48	10 474	101.9	7 402	75.0	5 987	66.7	1 779	11.4
AM49	...	0.0	9 879	100.1	4 451	49.6	7 956	50.8
AM50	2 341	22.8	1 937	19.6	929	10.3	2 127	13.6
AM51	460	4.5	1 230	12.5	432	4.8	4 172	26.6
AM52	9 426	91.7	1 060	10.7	1 987	22.1	2 981	19.0
AM53	2 085	20.3	2 238	22.7	1 384	15.4	2 798	17.9
AM54	712	6.9	156	1.6	359	4.0	306	2.0
AM55	411	4.0	229	2.3	107	1.2	606	3.9

24. Deaths and death rates by cause: latest available year (continued)

Décès selon la cause, nombres et taux: dernière année disponible (suite)

Part A: Classified according to Abbreviated International List, 1975 Revision

Partie A: Décès classés selon la Liste internationale abrégée de la révision de 1975

(See notes at end of table. – Voir notes à la fin du tableau.) EUROPE(cont.–suite)

Cause of death abbreviated list number [1] / Cause de décès numéro dans la liste abrégée [1]	Estonia – Estonie 1990 [27]		Finland – Finlande 1991 [2][29]		France 1990 [30]		Germany – Allemagne [31] 1990 [2]	
	Number Nombre	Rate Taux	Number Nombre	Rate Taux	Number Nombre	Rate Taux	Number Nombre	Rate Taux
TOTAL	19 530	1 243.1	49 306	983.4	526 201	927.5	921 445	1 161.0
AM 1	–	–	–	–	–	–	–	–
AM 2	–	–	–	–	2	♦ 0.0	–	–
AM 3	5	♦ 0.3	63	1.3	604	1.1	336	0.4
AM 4	67	4.3	81	1.6	988	1.7	1 029	1.3
AM 5	–	–	–	–	2	♦ 0.0	8	♦ 0.0
AM 6	8	♦ 0.5	9	♦ 0.2	26	♦ 0.0	89	0.1
AM 7	–	–	–	–	19	♦ 0.0	8	♦ 0.0
AM 8	8	♦ 0.5	94	1.9	2 501	4.4	1 670	2.1
AM 9	–	–	–	–	–	–	–	–
AM10	–	–	–	–	6	♦ 0.0	1	♦ 0.0
AM11	–	–	1	♦ 0.0	15	♦ 0.0	19	♦ 0.0
AM12	40	2.5	142	2.8	2 726	4.8	2 853	3.6
AM13	479	30.5	769	15.3	6 798	12.0	17 285	21.8
AM14	191	12.2	576	11.5	11 448	20.2	19 930	25.1
AM15	146	9.3	390	7.8	4 037	7.1	9 252	11.7
AM16	655	41.7	1 820	36.3	21 617	38.1	34 218	43.1
AM17	218	...	710	[4] 33.7	10 173	[4] 43.6	17 544	[4] 50.3
AM18	69	...	85	[4] 4.0	791	[4] 3.4	2 589	[4] 7.4
AM19	98	6.2	294	5.9	4 747	8.4	6 463	8.1
AM20	1 218	77.5	4 982	99.4	78 337	138.1	97 867	123.3
AM21	79	5.0	550	11.0	6 472	11.4	19 434	24.5
AM22	–	–	1	♦ 0.0	1 289	2.3	212	0.3
AM23	–	–	1	♦ 0.0	545	1.0	18	♦ 0.0
AM24	5	♦ 0.3	28	♦ 0.6	1 584	2.8	1 245	1.6
AM25	20	♦ 1.3	23	♦ 0.5	314	0.6	343	0.4
AM26	1	♦ 0.1	–	–	16	♦ 0.0	54	0.1
AM27	105	6.7	90	1.8	1 144	2.0	2 505	3.2
AM28	128	8.1	414	8.3	6 193	10.9	20 996	26.5
AM29	590	37.6	9 091	181.3	32 249	56.8	85 625	107.9
AM30	6 785	431.9	4 687	93.5	17 039	30.0	86 886	109.5
AM31	3 694	235.1	6 056	120.8	48 528	85.5	105 669	133.1
AM32	291	18.5	505	10.1	1 537	2.7	38 899	49.0
AM33	226	14.4	3 452	68.8	67 838	119.6	122 358	154.2
AM34	116	7.4	2 248	44.8	12 646	22.3	20 274	25.5
AM35	8	♦ 0.5	47	0.9	2 183	3.8	738	0.9
AM36	266	16.9	922	18.4	8 303	14.6	25 634	32.3
AM37	75	4.8	374	7.5	1 943	3.4	4 282	5.4
AM38	10	♦ 0.6	14	♦ 0.3	138	0.2	396	0.5
AM39	89	5.7	556	11.1	10 052	17.7	18 113	22.8
AM40	61	3.9	135	2.7	4 697	8.3	6 818	8.6
AM41	50	...	35	[5] 5.6	297	[5] 4.0	640	[5] 5.6
AM42	3	♦ [3] 13.4	–	–	2	♦ [3] 0.3	8	♦ [3] 0.9
AM43	4	♦ [3] 17.9	3	♦ [3] 4.6	63	[3] 8.3	72	[3] 8.0
AM44	–	–	–	–	14	♦ [3] 1.8	2	♦ [3] 0.2
AM45	107	6.8	241	4.8	1 819	3.2	2 758	3.5
AM46	15	♦ [3] 67.2	3	♦ [3] 4.6	4	♦ [3] 0.5	105	[3] 11.6
AM47	121	[3] 542.4	168	[3] 255.8	1 423	[3] 186.6	2 323	[3] 257.6
AM48	434	27.6	202	4.0	31 468	55.5	27 596	34.8
AM49	991	63.1	4 791	95.6	73 310	129.2	70 318	88.6
AM50	561	35.7	589	11.7	10 006	17.6	10 578	13.3
AM51	172	10.9	864	17.2	11 502	20.3	12 225	15.4
AM52	698	44.4	1 341	26.7	12 425	21.9	6 480	8.2
AM53	425	27.1	1 493	29.8	11 403	20.1	13 924	17.5
AM54	173	11.0	154	3.1	614	1.1	800	1.0
AM55	25	♦ 1.6	212	4.2	2 304	4.1	1 956	2.5

24. Deaths and death rates by cause: latest available year (continued)

Décès selon la cause, nombres et taux: dernière année disponible (suite)

Part A: Classified according to Abbreviated International List, 1975 Revision

Partie A: Décès classés selon la Liste internationale abrégée de la révision de 1975

(See notes at end of table. – Voir notes à la fin du tableau.)   EUROPE(cont.–suite)

Cause of death abbreviated list number [1] / Cause de décès numéro dans la liste abrégée [1]	Germany – Allemagne– [31] Germany, Federal Rep. of – Allemagne, République fédérale d' 1990 [2]		Former German Democratic Republic – Ancienne République démocratique allemande 1990 [2]		Greece – Grèce 1990		Hungary – Hongrie 1991	
	Number Nombre	Rate Taux	Number Nombre	Rate Taux	Number Nombre	Rate Taux	Number Nombre	Rate Taux
TOTAL	713 335	1 127.7	208 110	1 280.9	94 152	933.2	144 813	1 399.7
AM 1	–	–	–	–	–	–	–	–
AM 2	–		–		–		–	
AM 3	309	0.5	27	♦ 0.2	–	–	25	♦ 0.2
AM 4	810	1.3	219	1.3	150	1.5	551	5.3
AM 5	8	♦ 0.0	–	–	–	–	–	–
AM 6	64	0.1	25	♦ 0.2	–	–	12	♦ 0.1
AM 7	6	♦ 0.0	2	♦ 0.0	1	♦ 0.0	9	♦ 0.1
AM 8	1 586	2.5	84	0.5	419	4.2	15	♦ 0.1
AM 9	–		–		–		–	
AM10	1	♦ 0.0	–	–	–	–	–	–
AM11	19	♦ 0.0	–	–	–	–	–	–
AM12	2 602	4,1	251	1.5	34	0.3	310	3.0
AM13	13 929	22.0	3 356	20.7	1 347	13.4	2 844	27.5
AM14	17 471	27.6	2 459	15.1	1 090	10.8	2 631	25.4
AM15	6 969	11.0	2 283	14.1	153	1.5	1 658	16.0
AM16	28 300	44.7	5 918	36.4	4 748	47.1	7 007	67.7
AM17	14 891	...	2 653	[4] 38.3	1 272	...	2 178	[4] 49.7
AM18	1 850	...	739	[4] 10.7	113	...	536	[4] 12.2
AM19	5 365	8.5	1 098	6.8	701	6.9	911	8.8
AM20	82 777	130.9	15 090	92.9	10 008	99.2	13 642	131.9
AM21	13 975	22.1	5 459	33.6	959	9.5	1 878	18.2
AM22	21	♦ 0.0	191	1.2	–	–	1	♦ 0.0
AM23	5	♦ 0.0	13	♦ 0.1	–	–	–	–
AM24	813	1.3	432	2.7	177	1.8	91	0.9
AM25	247	0.4	96	0.6	19	♦ 0.2	147	1.4
AM26	43	0.1	11	♦ 0.1	3	♦ 0.0	–	–
AM27	1 988	3.1	517	3.2	28	♦ 0.3	772	7.5
AM28	8 903	14.1	12 093	74.4	1 024	10.1	5 525	53.4
AM29	74 153	117.2	11 472	70.6	8 333	82.6	14 569	140.8
AM30	62 960	99.5	23 926	147.3	3 776	37.4	14 300	138.2
AM31	84 242	133.2	21 427	131.9	18 272	181.1	21 030	203.3
AM32	15 370	24.3	23 529	144.8	254	2.5	11 178	108.0
AM33	99 228	156.9	23 130	142.4	17 389	172.4	8 467	81.8
AM34	15 641	24.7	4 633	28.5	707	7.0	822	7.9
AM35	631	1.0	107	0.7	28	♦ 0.3	52	0.5
AM36	20 859	33.0	4 775	29.4	319	3.2	4 498	43.5
AM37	3 088	4.9	1 194	7.3	124	1.2	890	8.6
AM38	222	0.3	174	1.1	8	♦ 0.1	59	0.6
AM39	14 310	22.6	3 803	23.4	959	9.5	5 892	56.9
AM40	5 738	9.1	1 080	6.6	1 811	17.9	428	4.1
AM41	327	...	313	[5] 14.7	8	...	129	[5] 9.6
AM42	4	♦ [3] 0.5	4	...	–	–	1	♦ [3] 0.8
AM43	47	[3] 6.5	25	...	1	♦ [3] 1.0	15	♦ [3] 11.8
AM44	2	♦ [3] 0.3	–	–	–	–	–	–
AM45	2 165	3.4	593	3.6	616	6.1	673	6.5
AM46	98	[3] 13.5	7	...	15	♦ [3] 14.6	46	[3] 36.2
AM47	1 627	[3] 223.7	696	...	410	[3] 398.6	1 152	[3] 905.6
AM48	21 270	33.6	6 326	38.9	7 880	78.1	156	1.5
AM49	55 781	88.2	14 537	89.5	6 562	65.0	6 829	66.0
AM50	7 435	11.8	3 143	19.3	2 247	22.3	2 313	22.4
AM51	9 040	14.3	3 185	19.6	703	7.0	3 844	37.2
AM52	4 178	6.6	2 302	14.2	1 017	10.1	2 242	21.7
AM53	9 995	15.8	3 929	24.2	349	3.5	3 993	38.6
AM54	636	1.0	164	1.0	107	1.1	418	4.0
AM55	1 336	2.1	620	3.8	11	♦ 0.1	74	0.7

24. Deaths and death rates by cause: latest available year (continued)

Décès selon la cause, nombres et taux: dernière année disponible (suite)

Part A: Classified according to Abbreviated International List, 1975 Revision

Partie A: Décès classés selon la Liste internationale abrégée de la révision de 1975

(See notes at end of table. – Voir notes à la fin du tableau.)   EUROPE(cont.–suite)

Cause of death abbreviated list number [1] / Cause de décès numéro dans la liste abrégée [1]	Iceland – Islande 1991 [2]		Ireland – Irlande 1990+ [32]		Italy – Italie 1989 [2]		Latvia – Lettonie 1990 [27]	
	Number Nombre	Rate Taux	Number Nombre	Rate Taux	Number Nombre	Rate Taux	Number Nombre	Rate Taux
TOTAL	1 796	696.2	31 370	895.6	531 853	924.3	34 812	1 303.5
AM 1	–	–	–	–	–	–	–	–
AM 2	–	–	–	–	2	♦ 0.0	–	–
AM 3	2	♦ 0.8	5	♦ 0.1	123	0.2	19	♦ 0.7
AM 4	2	♦ 0.8	51	1.5	605	1.1	151	5.7
AM 5	–	–	–	–	3	♦ 0.0	–	–
AM 6	2	♦ 0.8	7	♦ 0.2	22	♦ 0.0	10	♦ 0.4
AM 7	–	–	–	–	59	0.1	–	–
AM 8	6	♦ 2.3	53	1.5	461	0.8	9	♦ 0.3
AM 9	–	–	–	–	–	–	–	–
AM10	–	–	–	–	3	♦ 0.0	–	–
AM11	1	♦ 0.4	–	–	9	♦ 0.0	–	–
AM12	–	–	74	2.1	783	1.4	114	4.3
AM13	52	20.2	446	12.7	13 958	24.3	767	28.7
AM14	29	♦ 11.2	674	19.2	9 204	16.0	326	12.2
AM15	6	♦ 2.3	195	5.6	4 624	8.0	285	10.7
AM16	98	38.0	1 529	43.7	29 451	51.2	1 107	41.4
AM17	33	...	603	[4] 46.8	10 893	...	378	[4] 33.0
AM18	7	...	65	[4] 5.0	475	...	107	[4] 9.3
AM19	17	♦ 6.6	240	6.9	4 844	8.4	213	8.0
AM20	204	79.1	3 363	96.0	69 205	120.3	2 314	86.6
AM21	18	♦ 7.0	477	13.6	18 677	32.5	230	8.6
AM22	–	–	2	♦ 0.1	5	♦ 0.0	–	–
AM23	–	–	6	♦ 0.2	15	♦ 0.0	39	1.5
AM24	2	♦ 0.8	75	2.1	1 313	2.3	10	♦ 0.4
AM25	1	♦ 0.4	18	♦ 0.5	152	0.3	26	♦ 1.0
AM26	–	–	8	♦ 0.2	22	♦ 0.0	47	1.8
AM27	3	♦ 1.2	96	2.7	1 924	3.3	220	8.2
AM28	9	♦ 3.5	225	6.4	14 655	25.5	86	3.2
AM29	337	130.6	6 089	173.8	40 236	69.9	1 450	54.3
AM30	158	61.2	1 950	55.7	30 386	52.8	10 279	384.9
AM31	177	68.6	2 971	84.8	72 297	125.6	7 186	269.1
AM32	6	♦ 2.3	401	11.4	12 340	21.4	854	32.0
AM33	118	45.7	2 571	73.4	59 717	103.8	176	6.6
AM34	116	45.0	1 958	55.9	6 808	11.8	245	9.2
AM35	5	♦ 1.9	72	2.1	548	1.0	5	♦ 0.2
AM36	44	17.1	618	17.6	18 045	31.4	671	25.1
AM37	7	♦ 2.7	205	5.9	2 281	4.0	140	5.2
AM38	–	–	4	♦ 0.1	99	0.2	24	♦ 0.9
AM39	5	♦ 1.9	82	2.3	15 918	27.7	193	7.2
AM40	12	♦ 4.7	388	11.1	5 034	8.7	125	4.7
AM41	2	...	41	[5] 10.6	503	...	121	[5] 39.0
AM42	–	–	–	–	2	♦ [3] 0.4	3	♦ [3] 7.9
AM43	–	–	2	♦ [3] 3.8	24	♦ [3] 4.3	6	♦ [3] 0.2
AM44	–	–	–	–	–	–	–	–
AM45	9	♦ 3.5	221	6.3	1 917	3.3	309	11.6
AM46	–	–	–	–	218	[3] 39.2	22	♦ [3] 58.0
AM47	10	♦ [3] 220.7	144	[3] 271.5	2 815	[3] 506.6	190	[3] 501.1
AM48	29	♦ 11.2	233	6.7	12 392	21.5	1 110	41.6
AM49	148	57.4	3 739	106.7	40 507	70.4	1 517	56.8
AM50	30	♦ 11.6	456	13.0	8 717	15.1	1 044	39.1
AM51	9	♦ 3.5	278	7.9	9 323	16.2	393	14.7
AM52	38	14.7	330	9.4	4 197	7.3	–	–
AM53	37	14.3	334	9.5	4 342	7.5	695	26.0
AM54	5	♦ 1.9	22	♦ 0.6	1 287	2.2	245	9.2
AM55	2	♦ 0.8	49	1.4	413	0.7	1 351	50.6

24. Deaths and death rates by cause: latest available year (continued)

Décès selon la cause, nombres et taux: dernière année disponible (suite)

Part A: Classified according to Abbreviated International List, 1975 Revision

Partie A: Décès classés selon la Liste internationale abrégée de la révision de 1975

(See notes at end of table. – Voir notes à la fin du tableau.) EUROPE(cont.–suite)

Cause of death abbreviated list number [1] Cause de décès numéro dans la liste abrégée [1]	Lithuania – Lituanie		Luxembourg		Malta – Malte		Netherlands – Pays–Bas	
	1990 [27]		1991 [2]		1991 [33]		1990 [34]	
	Number Nombre	Rate Taux	Number Nombre	Rate Taux	Number Nombre	Rate Taux	Number Nombre	Rate Taux
TOTAL	39 760	1 068.1	3 830	989.4	2 872	803.4	128 824	861.6
AM 1	–	–	–	–	–	–	–	–
AM 2	–	–	–	–	–	–	–	–
AM 3	14	♦ 0.4	–	–	1	♦ 0.3	37	0.2
AM 4	253	6.8	1	♦ 0.3	3	♦ 0.8	22	♦ 0.1
AM 5	–	–	–	–	–	–	–	–
AM 6	19	♦ 0.5	1	♦ 0.3	–	–	38	0.3
AM 7	3	♦ 0.1	–	–	1	♦ 0.3	–	–
AM 8	22	♦ 0.6	2	♦ 0.5	6	♦ 1.7	416	2.8
AM 9	–	–	–	–	–	–	–	–
AM10	–	–	–	–	–	–	–	–
AM11	–	–	–	–	–	–	3	♦ 0.0
AM12	28	♦ 0.8	8	♦ 2.1	4	♦ 1.1	317	2.1
AM13	1 030	27.7	44	11.4	65	18.2	2 091	14.0
AM14	338	9.1	82	21.2	37	10.3	3 009	20.1
AM15	371	10.0	28	♦ 7.2	22	♦ 6.2	898	6.0
AM16	1 416	38.0	184	47.5	98	27.4	8 241	55.1
AM17	470	...	90	...	77	...	3 293	[4] 52.9
AM18	193	...	11	...	5	...	288	[4] 4.6
AM19	281	7.5	24	♦ 6.2	26	♦ 7.3	1 010	6.8
AM20	2 860	76.8	494	127.6	270	75.5	16 343	109.3
AM21	203	5.5	54	13.9	139	38.9	3 680	24.6
AM22	–	–	–	–	–	–	51	0.3
AM23	–	–	–	–	1	♦ 0.3	2	♦ 0.0
AM24	19	♦ 0.5	7	♦ 1.8	5	♦ 1.4	255	1.7
AM25	36	1.0	3	♦ 0.8	2	♦ 0.6	59	0.4
AM26	57	1.5	–	–	4	♦ 1.1	–	–
AM27	256	6.9	6	♦ 1.5	8	♦ 2.2	51	0.3
AM28	2	♦ 0.1	31	8.0	34	9.5	781	5.2
AM29	1 372	36.9	237	61.2	431	120.6	17 302	115.7
AM30	15 571	418.3	241	62.3	297	83.1	5 094	34.1
AM31	4 854	130.4	570	147.2	368	102.9	12 392	82.9
AM32	472	12.7	64	16.5	36	10.1	1 423	9.5
AM33	427	11.5	545	140.8	259	72.5	14 577	97.5
AM34	163	4.4	60	15.5	64	17.9	3 501	23.4
AM35	5	♦ 0.1	–	–	1	♦ 0.3	318	2.1
AM36	1 538	41.3	95	24.5	25	♦ 7.0	3 054	20.4
AM37	130	3.5	6	♦ 1.5	12	♦ 3.4	432	2.9
AM38	19	♦ 0.5	2	♦ 0.5	–	–	33	0.2
AM39	302	8.1	75	19.4	28	♦ 7.8	720	4.8
AM40	193	5.2	41	10.6	63	17.6	1 219	8.2
AM41	79	...	–	–	3	...	142	[5] 7.7
AM42	4	♦ [3] 7.0	–	–	–	–	1	♦ [3] 0.5
AM43	9	♦ [3] 15.8	–	–	1	...	13	♦ [3] 6.6
AM44	–	–	–	–	–	–	1	♦ [3] 0.5
AM45	370	9.9	10	♦ 2.6	23	♦ 6.4	751	5.0
AM46	20	♦ [3] 35.2	1	♦ [3] 20.1	–	–	32	[3] 16.2
AM47	217	[3] 381.6	14	♦ [3] 280.8	24	...	564	[3] 284.9
AM48	116	3.1	158	40.8	43	12.0	5 438	36.4
AM49	1 567	42.1	360	93.0	291	81.4	15 626	104.5
AM50	1 258	33.8	82	21.2	24	♦ 6.7	1 290	8.6
AM51	375	10.1	35	9.0	37	10.3	1 584	10.6
AM52	1 578	42.4	59	15.2	22	♦ 6.2	755	5.0
AM53	969	26.0	77	19.9	10	♦ 2.8	1 450	9.7
AM54	281	7.5	9	♦ 2.3	1	♦ 0.3	135	0.9
AM55	–	–	m 19	♦ 4.9	1	♦ 0.3	92	0.6

24. Deaths and death rates by cause: latest available year (continued)

Décès selon la cause, nombres et taux: dernière année disponible (suite)

Part A: Classified according to Abbreviated International List, 1975 Revision

Partie A: Décès classés selon la Liste internationale abrégée de la révision de 1975

(See notes at end of table. – Voir notes à la fin du tableau.)   EUROPE(cont.–suite)

Cause of death abbreviated list number [1] Cause de décès numéro dans la liste abrégée [1]	Norway – Norvège		Poland – Pologne		Portugal		Romania – Roumanie	
	1991 [2]		1991 [35]		1991		1991	
	Number Nombre	Rate Taux	Number Nombre	Rate Taux	Number Nombre	Rate Taux	Number Nombre	Rate Taux
TOTAL	44 822	1 051.7	403 951	1 056.2	104 361	1 059.3	251 760	1 085.9
AM 1	–		–		–		8	♦ 0.0
AM 2	1	♦ 0.0	–		2	♦ 0.0	–	–
AM 3	23	♦ 0.5	65	0.2	22	♦ 0.2	229	1.0
AM 4	17	♦ 0.4	1 382	3.6	276	2.8	1 695	7.3
AM 5	–	–	1	♦ 0.0	2	♦ 0.0	3	♦ 0.0
AM 6	14	♦ 0.3	62	0.2	28	♦ 0.3	37	0.2
AM 7	–	–	25	♦ 0.1	23	♦ 0.2	9	♦ 0.0
AM 8	116	2.7	678	1.8	206	2.1	85	0.4
AM 9	–	–	–	–	–	–	–	–
AM10	–	–	1	♦ 0.0	1	♦ 0.0	3	♦ 0.0
AM11	1	♦ 0.0	1	♦ 0.0	4	♦ 0.0	–	–
AM12	95	2.2	757	2.0	262	2.7	494	2.1
AM13	692	16.2	7 080	18.5	2 827	28.7	3 841	16.6
AM14	941	22.1	2 952	7.7	1 479	15.0	1 519	6.6
AM15	507	11.9	3 543	9.3	674	6.8	1 193	5.1
AM16	1 508	35.4	17 749	46.4	2 270	23.0	6 698	28.9
AM17	714	[4] 40.6	4 198	[4] 9.4	1 492	[4] 36.2	2 386	[4] 26.1
AM18	146	[4] 8.3	2 070	[4] 4.6	165	[4] 4.0	1 566	[4] 17.1
AM19	271	6.4	2 206	5.8	612	6.2	965	4.2
AM20	5 006	117.5	34 160	89.3	8 711	88.4	14 976	64.6
AM21	547	12.8	6 292	16.5	3 080	31.3	2 341	10.1
AM22	1	♦ 0.0	19	♦ 0.0	27	♦ 0.3	21	♦ 0.1
AM23	1	♦ 0.0	12	♦ 0.0	40	0.4	19	♦ 0.1
AM24	56	1.3	355	0.9	153	1.6	99	0.4
AM25	28	♦ 0.7	376	1.0	75	0.8	225	1.0
AM26	–	–	48	0.1	7	♦ 0.1	4	♦ 0.0
AM27	103	2.4	2 580	6.7	303	3.1	1 367	5.9
AM28	386	9.1	8 196	21.4	810	8.2	20 597	88.8
AM29	7 506	176.1	32 873	86.0	7 074	71.8	12 823	55.3
AM30	3 324	78.0	11 016	28.8	2 456	24.9	31 689	136.7
AM31	5 316	124.7	26 790	70.0	25 056	254.3	40 026	172.6
AM32	399	9.4	88 312	230.9	2 755	28.0	20 738	89.4
AM33	3 784	88.8	43 097	112.7	7 940	80.6	25 363	109.4
AM34	2 959	69.4	5 467	14.3	2 640	26.8	7 126	30.7
AM35	87	2.0	43	0.1	57	0.6	2	♦ 0.0
AM36	721	16.9	8 495	22.2	1 467	14.9	5 588	24.1
AM37	244	5.7	1 527	4.0	390	4.0	861	3.7
AM38	12	♦ 0.3	150	0.4	19	♦ 0.2	86	0.4
AM39	191	4.5	4 503	11.8	2 653	26.9	8 036	34.7
AM40	179	4.2	3 372	8.8	1 252	12.7	1 728	7.5
AM41	59	[5] 10.3	266	[5] 2.2	28	♦ [5] 2.2	760	[5] 25.9
AM42	–	–	18	♦ [3] 3.3	3	♦ [3] 2.6	114	[3] 41.4
AM43	5	♦ [3] 8.2	48	[3] 8.8	11	♦ [3] 9.5	69	[3] 25.1
AM44	–	–	4	♦ [3] 0.7	–	–	–	–
AM45	190	4.5	2 898	7.6	442	4.5	1 395	6.0
AM46	4	♦ [3] 6.6	374	[3] 68.5	8	♦ [3] 6.9	245	[3] 89.0
AM47	166	[3] 273.0	3 731	[3] 683.4	555	[3] 476.9	1 330	[3] 483.2
AM48	1 809	42.4	28 693	75.0	11 403	115.7	139	0.6
AM49	4 148	97.3	15 965	41.7	7 623	77.4	16 388	70.7
AM50	321	7.5	8 643	22.6	2 896	29.4	3 803	16.4
AM51	923	21.7	4 764	12.5	832	8.4	1 765	7.6
AM52	536	12.6	9 443	24.7	1 025	10.4	8 069	34.8
AM53	675	15.8	5 316	13.9	942	9.6	2 161	9.3
AM54	66	1.5	1 099	2.9	162	1.6	1 051	4.5
AM55	24	♦ 0.6	2 236	5.8	1 121	11.4	25	♦ 0.1

24. Deaths and death rates by cause: latest available year (continued)

Décès selon la cause, nombres et taux: dernière année disponible (suite)

Part A: Classified according to Abbreviated International List, 1975 Revision

Partie A: Décès classés selon la Liste internationale abrégée de la révision de 1975

(See notes at end of table. – Voir notes à la fin du tableau.)   EUROPE(cont.–suite)

Cause of death abbreviated list number [1] Cause de décès numéro dans la liste abrégée [1]	Slovenia – Slovénie		Spain – Espagne		Sweden – Suède		Ukraine	
	1991		1989		1990 [2]		1990 [27]	
	Number Nombre	Rate Taux	Number Nombre	Rate Taux	Number Nombre	Rate Taux	Number Nombre	Rate Taux
TOTAL	19 324	965.3	324 796	835.2	95 142	1 111.6	629 602	1 214.5
AM 1	–	–	–	–	–	–	...	...
AM 2	–	–	7	♦ 0.0	–	–	1	♦ 0.0
AM 3	8	♦ 0.4	215	0.6	18	♦ 0.2	...	...
AM 4	57	2.8	804	2.1	42	0.5	4 521	8.7
AM 5	–	–	–	–	1	♦ 0.0	10	♦ 0.0
AM 6	1	♦ 0.0	91	0.2	9	♦ 0.1	280	0.5
AM 7	1	♦ 0.0	16	♦ 0.0	1	♦ 0.0	62	0.1
AM 8	35	1.7	1 900	4.9	227	2.7	331	0.6
AM 9	–	–	–	–	–	–	–	–
AM 10	–	–	3	♦ 0.0	–	–	1	♦ 0.0
AM 11	1	♦ 0.0	3	♦ 0.0	1	♦ 0.0	–	–
AM 12	17	♦ 0.8	703	1.8	327	3.8	...	...
AM 13	462	23.1	7 007	18.0	1 227	14.3	15 441	29.8
AM 14	259	12.9	5 175	13.3	1 643	19.2	5 290	10.2
AM 15	263	13.1	2 202	5.7	889	10.4	5 512	10.6
AM 16	801	40.0	13 627	35.0	2 687	31.4	22 465	43.3
AM 17	365	...	5 287	[4] 33.2	1 477	[4] 41.0	6 671	...
AM 18	60	...	487	[4] 3.1	191	[4] 5.3	2 670	...
AM 19	110	5.5	2 357	6.1	658	7.7	3 085	6.0
AM 20	2 002	100.0	38 863	99.9	11 559	135.1	48 759	94.1
AM 21	350	17.5	8 880	22.8	1 535	17.9	2 884	5.6
AM 22	2	♦ 0.1	3	♦ 0.0	20	♦ 0.2	...	...
AM 23	12	♦ 0.6	103	0.3	15	♦ 0.2	...	...
AM 24	18	♦ 0.9	770	2.0	213	2.5	272	0.5
AM 25	14	♦ 0.7	149	0.4	42	0.5	494	1.0
AM 26	1	♦ 0.0	8	♦ 0.0	4	♦ 0.0	1 507	2.9
AM 27	91	4.5	1 625	4.2	265	3.1	2 850	5.5
AM 28	393	19.6	2 533	6.5	514	6.0	1 888	3.6
AM 29	1 263	63.1	23 094	59.4	15 891	185.7	11 829	22.8
AM 30	1 386	69.2	9 723	25.0	9 928	116.0	167 772	323.6
AM 31	2 765	138.1	43 903	112.9	10 294	120.3	108 611	209.5
AM 32	420	21.0	10 144	26.1	2 491	29.1	...	...
AM 33	2 620	130.9	43 079	110.8	9 175	107.2	...	...
AM 34	377	18.8	6 826	17.6	4 371	51.1	3 316	6.4
AM 35	–	–	543	1.4	107	1.2	123	0.2
AM 36	376	18.8	4 211	10.8	1 679	19.6	27 278	52.6
AM 37	110	5.5	1 217	3.1	543	6.3	2 000	3.9
AM 38	9	♦ 0.4	69	0.2	30	♦ 0.3	265	0.5
AM 39	760	38.0	8 104	20.8	649	7.6	...	...
AM 40	121	6.0	5 644	14.5	448	5.2	2 076	4.0
AM 41	20	...	238	[5] 4.6	72	[5] 5.5	807	...
AM 42	1	♦ [3] 4.6	2	...	2	♦ [3] 1.6	41	[3] 6.2
AM 43	–	–	9	...	2	♦ [3] 1.6	...	...
AM 44	–	–	1	...	–	–	...	...
AM 45	79	3.9	1 382	3.6	411	4.8	3 518	6.8
AM 46	–	–	40	...	34	[3] 27.4	414	[3] 63.0
AM 47	88	[3] 407.7	1 313	...	228	[3] 184.0	2 831	[3] 430.8
AM 48	389	19.4	7 465	19.2	1 451	17.0	56 217	108.4
AM 49	1 367	68.3	45 638	117.4	8 776	102.5	...	...
AM 50	430	21.5	8 218	21.1	747	8.7	11 938	23.0
AM 51	361	18.0	1 026	2.6	1 214	14.2	2 530	4.9
AM 52	327	16.3	6 568	16.9	935	10.9	49 201	94.9
AM 53	646	32.3	2 987	7.7	1 471	17.2	10 693	20.6
AM 54	50	2.5	341	0.9	108	1.3	4 141	8.0
AM 55	36	1.8	193	0.5	520	6.1	3 816	7.4

24. Deaths and death rates by cause: latest available year (continued)

Décès selon la cause, nombres et taux: dernière année disponible (suite)

Part A: Classified according to Abbreviated International List, 1975 Revision

Partie A: Décès classés selon la Liste internationale abrégée de la révision de 1975

(See notes at end of table. – Voir notes à la fin du tableau.)　　　　　　　　　　　　　　　　EUROPE(cont.–suite)

Cause of death abbreviated list number [1] / Cause de décès numéro dans la liste abrégée [1]	England and Wales – Angleterre et Galles 1991		United Kingdom –Royaume Uni Northern Ireland – Irlande du Nord 1991+		Scotland – Ecosse 1991+		Former Yugoslavia – Ancienne Yougoslavie 1990	
	Number Nombre	Rate Taux	Number Nombre	Rate Taux	Number Nombre	Rate Taux	Number Nombre	Rate Taux
TOTAL	570 044	1 118.7	15 096	946.8	61 041	1 196.9	212 148	890.7
AM 1	–	–	–	–	–	–	–	–
AM 2	–	–	–	–	–	–	1	◆ 0.0
AM 3	170	0.3	1	◆ 0.1	14	◆ 0.3	498	2.1
AM 4	422	0.8	7	◆ 0.4	56	1.1	1 224	5.1
AM 5	–	–	–	–	–	–	2	◆ 0.0
AM 6	170	0.3	6	◆ 0.4	10	◆ 0.2	26	◆ 0.1
AM 7	3	◆ 0.0	–	–	–	–	21	◆ 0.1
AM 8	720	1.4	11	◆ 0.7	127	2.5	198	0.8
AM 9	–	–	–	–	–	–	–	–
AM10	1	◆ 0.0	–	–	1	◆ 0.0	19	◆ 0.1
AM11	11	◆ 0.0	–	–	1	◆ 0.0	–	–
AM12	912	1.8	18	◆ 1.1	101	2.0	280	1.2
AM13	8 427	16.5	233	14.6	833	16.3	3 804	16.0
AM14	11 386	22.3	322	20.2	1 144	22.4	1 577	6.6
AM15	5 685	11.2	105	6.6	604	11.8	2 042	8.6
AM16	34 190	67.1	787	49.4	4 209	82.5	8 202	34.4
AM17	13 786	...	339	...	1 278	...	2 642	[4] 28.0
AM18	1 668	...	38	...	175	...	688	[4] 7.3
AM19	3 687	7.2	83	5.2	268	5.3	1 064	4.5
AM20	64 784	127.1	1 578	99.0	6 365	124.8	17 549	73.7
AM21	8 087	15.9	41	2.6	530	10.4	3 751	15.7
AM22	5	◆ 0.0	–	–	–	–	1	◆ 0.0
AM23	71	0.1	1	◆ 0.1	4	◆ 0.1	8	◆ 0.0
AM24	1 111	2.2	18	◆ 1.1	68	1.3	127	0.5
AM25	254	0.5	10	◆ 0.6	26	◆ 0.5	171	0.7
AM26	4	◆ 0.	0 1	◆ 0.1	2	◆ 0.0	2	◆ 0.0
AM27	2 193	4.3	56	3.5	180	3.5	439	1.8
AM28	3 340	6.6	67	4.2	316	6.2	5 174	21.7
AM29	87 835	172.4	3 260	204.5	12 654	248.1	16 324	68.5
AM30	62 256	122.2	963	60.4	4 212	82.6	2 888	12.1
AM31	68 674	134.8	1 711	107.3	7 968	156.2	30 737	129.0
AM32	3 643	7.1	55	3.4	341	6.7	6 428	27.0
AM33	33 918	66.6	870	54.6	3 493	68.5	48 689	204.4
AM34	28 524	56.0	1 684	105.6	3 785	74.2	2 810	11.8
AM35	248	0.5	5	◆ 0.3	28	◆ 0.5	55	0.2
AM36	8 657	17.0	197	12.4	539	10.6	5 858	24.6
AM37	4 304	8.4	98	6.1	368	7.2	787	3.3
AM38	108	0.2	2	◆ 0.1	10	◆ 0.2	61	0.3
AM39	3 102	6.1	60	3.8	476	9.3	3 971	16.7
AM40	3 253	6.4	183	11.5	541	10.6	1 939	8.1
AM41	413	...	8	...	12	...	418	[5] 14.6
AM42	6	◆ [3] 0.9	–	–	–	–	7	◆ [3] 2.1
AM43	36	[3] 5.1	1	◆ [3] 3.8	6	◆ [3] 9.0	27	◆ [3] 8.1
AM44	3	◆ [3] 0.4	–	–	3	◆ [3] 4.5	2	◆ [3] 0.6
AM45	2 332	4.6	90	5.6	193	3.8	1 168	4.9
AM46	101	[3] 14.4	1	◆ [3] 3.8	9	◆ [3] 13.4	221	[3] 65.9
AM47	2 278	[3] 325.8	81	[3] 308.0	204	[3] 304.5	2 652	[3] 791.3
AM48	5 277	10.4	41	2.6	300	5.9	14 993	62.9
AM49	76 679	150.5	1 345	84.4	7 055	138.3	8 698	36.5
AM50	4 408	8.6	192	12.0	506	9.9	3 970	16.7
AM51	3 381	6.6	152	9.5	706	13.8	1 485	6.2
AM52	3 296	6.5	151	9.5	538	10.5	3 683	15.5
AM53	3 893	7.6	129	8.1	525	10.3	3 653	15.3
AM54	273	0.5	76	4.8	76	1.5	472	2.0
AM55	2 059	4.0	19	◆ 1.2	181	3.5	642	2.7

24. Deaths and death rates by cause: latest available year (continued)

Décès selon la cause, nombres et taux: dernière année disponible (suite)

Part A: Classified according to Abbreviated International List, 1975 Revision

Partie A: Décès classés selon la Liste internationale abrégée de la révision de 1975

(See notes at end of table. – Voir notes à la fin du tableau.)   OCEANIA – OCEANIE

Cause of death abbreviated list number [1] / Cause de décès numéro dans la liste abrégée [1]	Australia – Australie		Fiji – Fidji		New Zealand – Nouvelle–Zélande	
	1988+		1985+		1989+ [2]	
	Number Nombre	Rate Taux	Number Nombre	Rate Taux	Number Nombre	Rate Taux
TOTAL	119 866	725.7	3 680	528.0	27 044	816.5
AM 1	–	–	–	–	–	–
AM 2	–	–	–	–	–	–
AM 3	53	0.3	77	11.0	8	♦ 0.2
AM 4	54	0.3	49	7.0	21	♦ 0.6
AM 5	1	♦ 0.0	–	–	–	–
AM 6	23	♦ 0.1	1	♦ 0.1	4	♦ 0.1
AM 7	1	♦ 0.0	–	–	–	–
AM 8	269	1.6	–	–	63	1.9
AM 9	–	–	–	–	–	–
AM10	6	♦ 0.0	–	–	–	–
AM11	1	♦ 0.0	–	–	–	–
AM12	325	2.0	92	13.2	61	1.8
AM13	1 404	8.5	358	51.4	312	9.4
AM14	3 082	18.7	–	–	685	20.7
AM15	1 065	6.4	–	–	380	11.5
AM16	6 169	37.3	–	–	1 307	39.5
AM17	2 348	4 36.2	–	–	605	4 46.3
AM18	350	4 5.4	–	–	85	4 6.5
AM19	1 072	6.5	–	–	241	7.3
AM20	14 072	85.2	13	♦ 1.9	3 016	91.1
AM21	2 003	12.1	203	29.1	405	12.2
AM22	4	♦ 0.0	17	♦ 2.4	3	♦ 0.0
AM23	46	0.3	–	–	10	♦ 0.3
AM24	229	1.4	25	♦ 3.6	32	1.0
AM25	71	0.4	19	♦ 2.7	14	♦ 0.4
AM26	3	♦ 0.0	5	♦ 0.7	1	♦ 0.0
AM27	405	2.5	24	♦ 3.4	118	3.6
AM28	1 123	6.8	306	43.9	215	6.5
AM29	21 568	130.6	557	79.9	4 026	121.6
AM30	10 016	60.6	271	38.9	3 009	90.8
AM31	12 441	75.3	167	24.0	2 669	80.6
AM32	1 104	6.7	–	–	107	3.2
AM33	8 420	51.0	–	–	1 662	50.2
AM34	1 548	9.4	185	26.5	1 165	35.2
AM35	159	1.0	1	♦ 0.1	59	1.8
AM36	2 317	14.0	115	16.5	601	18.1
AM37	842	5.1	47	6.7	213	6.4
AM38	32	0.2	2	♦ 0.3	6	♦ 0.2
AM39	1 160	7.0	44	6.3	107	3.2
AM40	1 264	7.7	90	12.9	211	6.4
AM41	74	5 3.9	2	♦ 4 5.1	27	♦ 3 7.3
AM42	1	♦ 3 0.4	3	♦ 3 15.4	–	–
AM43	9	♦ 3 3.7	5	♦ 3 25.7	4	♦ 3 6.9
AM44	2	♦ 3 0.8	–	–	2	♦ 3 3.4
AM45	864	5.2	37	5.3	208	6.3
AM46	34	3 13.8	33	3 169.5	9	♦ 3 15.5
AM47	860	3 349.3	115	3 590.8	164	3 282.3
AM48	783	4.7	356	51.1	258	7.8
AM49	13 713	83.0	123	17.6	2 932	88.5
AM50	3 078	18.6	89	12.8	766	23.1
AM51	958	5.8	–	–	250	7.5
AM52	1 715	10.4	104	14.9	438	13.2
AM53	2 197	13.3	77	11.0	465	14.0
AM54	395	2.4	–	–	72	2.2
AM55	133	0.8	68	9.8	28	♦ 0.8

24. Deaths and death rates by cause: latest available year (continued)

Décès selon la cause, nombres et taux: dernière année disponible (suite)

Part B: Classified according to Abbreviated International List, 1965 Revision

Partie B: Décès classés selon la Liste internationale abrégée de la révision de 1965

(See notes at end of table. – Voir notes à la fin du tableau.)   AFRICA–AFRIQUE/ASIA–ASIE/EUROPE

Cause of death abbreviated list number [1] / Cause de décès numéro dans la liste abrégée [1]	Cape Verde – Cap–Vert 1980		Philippines 1981+		Denmark – Danemark 1991 [2]		Switzerland – Suisse 1991	
	Number Nombre	Rate Taux	Number Nombre	Rate Taux	Number Nombre	Rate Taux	Number Nombre	Rate Taux
TOTAL	2 281	789.3	296 547	598.6	59 318	1 150.9	62 634	921.1
B 1	–	–	298	0.6	–	–	–	–
B 2	18	♦ 6.2	582	1.2	–	–	–	–
B 3	5	♦ 1.7	1 477	3.0	–	–	–	–
B 4	277	95.8	16 217	32.7	46	0.9	23	♦ 0.3
B 5	36	12.5	26 287	53.1	18	♦ 0.3	59	0.9
B 6	2	♦ 0.7	1 030	2.1	20	♦ 0.4	19	♦ 0.3
B 7	–	–	–	–	–	–	–	–
B 8	–	–	504	1.0	–	–	–	–
B 9	–	–	57	0.1	–	–	–	–
B 10	–	–	6	♦ 0.0	–	–	–	–
B 11	5	♦ 1.7	58	0.1	22	♦ 0.4	13	♦ 0.2
B 12	–	–	118	0.2	–	–	–	–
B 13	–	–	–	–	–	–	–	–
B 14	34	11.8	6 951	14.0	–	–	–	–
B 15	–	–	31	0.1	–	–	–	–
B 16	–	–	1 071	2.2	–	–	2	♦ 0.0
B 17	–	–	4	♦ 0.0	2	♦ 0.0	14	♦ 0.2
B 18	78	27.0	6 213	12.5	309	6.0	775	11.4
B 19	142	49.1	15 621	31.5	14 937	289.8	16 571	243.7
B 20	5	♦ 1.7	438	0.9	376	7.3	375	5.5
B 21	12	♦ 4.2	1 701	3.4	782	15.2	1 385	20.4
B 22	47	16.3	6 863	13.9	69	1.3	23	♦ 0.3
B 23	18	♦ 6.2	1 506	3.0	53	1.0	99	1.5
B 24	28	♦ 9.7	2 560	5.2	56	1.1	39	0.6
B 25	1	♦ 0.3	41	0.1	–	–	5	♦ 0.1
B 26	4	♦ 1.4	2 189	4.4	244	4.7	83	1.2
B 27	24	♦ 8.3	9 478	19.1	304	5.9	1 350	19.9
B 28	21	♦ 7.3	11 083	22.4	14 669	284.6	10 246	150.7
B 29	168	58.1	19 714	39.8	2 918	56.6	8 199	120.6
B 30	148	51.2	10 029	20.2	5 558	107.8	5 505	81.0
B 31	1	♦ 0.3	1 476	3.0	60	1.2	259	3.8
B 32	88	30.4	43 164	87.1	1 493	29.0	1 776	26.1
B 33	66	22.8	5 569	11.2	2 527	49.0	1 660	24.4
B 34	7	♦ 2.4	4 443	9.0	547	10.6	261	3.8
B 35	1	♦ 0.3	451	0.9	29	♦ 0.6	9	♦ 0.1
B 36	4	♦ 1.4	144	0.3	188	3.6	133	2.0
B 37	11	♦ 3.8	1 969	4.0	719	13.9	672	9.9
B 38	6	♦ 2.1	4 445	9.0	49	0.9	94	1.4
B 39	1	♦ [5] 5.8	70	...	67	[5] 9.3	52	...
B 40	–	–	248	[3] 17.0	–	–	1	–
B 41	10	♦ [3] 107.4	1 294	[3] 88.6	2	♦ [3] 3.1	1	♦ [3] 1.2
B 42	56	19.4	3 607	7.3	252	4.9	237	3.5
B 43	11	♦ [3] 118.1	2 456	[3] 168.1	118	[3] 183.3	83	[3] 96.3
B 44	80	[3] 859.1	20 172	[3] 1 380.5	54	[3] 83.9	80	[3] 92.8
B 45	568	196.5	26 973	54.5	3 487	67.7	1 326	19.5
B 46	209	72.3	21 879	44.2	5 609	108.8	5 868	86.3
BE47	8	♦ 2.8	2 044	4.1	598	11.6	845	12.4
BE48	69	23.9	4 100	8.3	1 721	33.4	2 628	38.6
BE49	7	♦ 2.4	236	0.5	1 156	22.4	1 544	22.7
BE50	5	♦ 1.7	9 680	19.5	259	5.0	321	4.7

24. Deaths and death rates by cause: latest available year (continued)

Décès selon la cause, nombres et taux: dernière année disponible (suite)

GENERAL NOTES

Data exclude foetal deaths. In Part A of this table, cause
of death is classified according to the Adapted Mortality List derived from the 1975
(ninth) Revision. In Part B, data classified according to the 1965 Revision are shown.
Rates are the number of deaths from each cause per 100 000 population except for
the rates for AM17–18, AM41–44 and AM46–47 in Part A and B39, B40–41 and
B43–44 in Part B where, as specified in footnotes, the base has been changed in
order to relate the deaths more closely to the population actually at risk. For method
of evaluation and limitations of data, see Technical Notes, page 92.

Italics: Data from civil registers which are incomplete or of unknown completeness.

NOTES GENERALES

Il n'est pas tenu compte des morts foetales. Dans la partie
A du tableau, les causes de décès sont classées selon la Liste adaptée des causes de
mortalité, dérivé de la neuvième révision (1975). Les données classées selon la
révision de 1965 figurent dans la partie B du tableau. Les taux représentent le nombre
de décès attribuables à chaque cause pour 100 000 personnes dans la population
totale. Font exception à cette règle les taux pour les catégories AM17–18,
AM41–44 et AM46–47 dans la partie A du tableau et pour les catégories
B40–41 et B43–44 dans la partie B du tableau, où comme il est indique dans les
notes, on a changé la base pour mieux relier les décès à la population effectivement
exposée au risque. Pour la méthode d'évaluation et les insuffisances des données,
voir Notes techniques, page 92.
Italiques: Données incomplètes ou dont le degré d'exactitude n'est pas connu
provenant des registres de l'état civil.

FOOTNOTES

* Provisional.
♦ Rates based on 30 or fewer deaths.
+ Data tabulated by date of registration rather than occurrence.

1 For title of each cause group and detailed list categories included, see Technical Notes.
2 Source: Ministry of Health
3 Per 100 000 live–born.
4 Per 100 000 females of 15 years and over.
5 Per 100 000 males of 50 years and over.
6 Including Canadian residents temporarily in the United States, but excluding United States residents temporarily in Canada.
7 For AM49 to AM55.
8 Including deaths of foreigners temporarily in the country.
9 Excluding deaths of infants dying before registration of birth.

10 Excluding Indian jungle population.
11 Excluding deaths for which information by cause was not available.
12 Based on burial permits.
13 Excluding nomadic Indian tribes.
14 For certain urban areas only.
15 For AM2, AM4 to AM8 and AM10 to AM12.
16 For AM13 to AM18 and AM20.
17 For AM22 to AM23.
18 For AM32 to AM33.
19 For AM46 to AM47.
20 Including (360–389, 680–709, 780–796) other specified diseases, and (797–799) ill–defined and unknown causes.
21 Including (210–229) benign neoplasm, (286–289) diseases of blood and blood forming organs, (290–319) mental disorders, (320–359) diseases of the nervous systems,(460–479,487–489, 494–519) diseases of the respiratory system, (520–579) diseases of the digestive system, (580–629) diseases of the genito–urinary system, (710–739) diseases of the musculo– skeletal system and connector tissues.
22 Accidents due to natural and environmental factors, excluding (E880–E888).

23 Excluding Vietnamese refugees.
24 Including data for East Jerusalem and Israeli residents in certain other territories under occupation by Israeli military forces since June 1967.

25 For Japanese nationals in Japan only; however, rates computed on total population.
26 Excluding transients afloat and non–locally domiciled military and civilian services personnel and their dependants.

NOTES

* Données provisoires.
♦ Taux basés sur 30 décès ou moins.
+ Données exploitées selon la date de l'enregistrement et non la date de l'événement.
1 Pour le titre de chaque groupe de causes et les catégories de la nomenclature détaillée, voir Notes techniques.
2 Source: Ministère de la Santé
3 Pour 100 000 enfants nés vivants.
4 Pour 100 000 personnes du sexe féminin âgées de 15 ans et plus.
5 Pour 100 000 personnes du sexe masculin âgées de 50 ans et plus.
6 Y compris les résidents canadiens temporairement aux Etats–Unis, mais non compris les résidents de Etats–Unis temporairement au Canada.
7 Pour AM49 à AM55.
8 Y compris les décès étrangers temporairement dans le pays.
9 Non compris les enfants de moins d'un an décédés avant l'enregistrement de leur naissance.
10 Non compris les Indiens de la jungle.
11 Non compris les décès dont il n'a pas été possible de connaître la cause.
12 D'après les permis d'inhumer.
13 Non compris les tribus d'Indiens nomades.
14 Pour certaines zones urbaines seulement.
15 Pour AM2, AM4 à AM8 et AM10 à AM12.
16 Pour AM13 à AM18 et AM20.
17 Pour AM22 à AM23.
18 Pour AM32 à AM33.
19 Pour AM46 à AM47.
20 Y compris (360–389, 680–709, 780–796) autres maladies et symptômes spécifiques, et (797–799) causes mal définies et inconnues.
21 Y compris (210–229) tumeurs benignes, (286–289) maladies du sang et des organes hematopoietiques, (290–319) troubles mentaux, (320–359) maladies du système nerveux, (460–479, 487–489, 494–519) maladies de l'appareil respiratoire,(580–629) maladies des organes genito–urinaires (710–739) maladies du système osteo–articulaire, des muscles et du tissu conjonctif.
22 Accidents provoqués par des agents physiques naturels ou facteurs du milieu; non compris (E880–E888).
23 Non compris les réfugiés du Viet Nam.
24 Y compris les données pour Jérusalem–Est et les résidents israéliens dans certains autres territoires occupés depuis juin 1967 par les forces armées israéliennes.
25 Pour les nationaux japonais au Japon seulement, toutefois les taux sont calculés sur la base de la population totale.
26 Non compris les personnes de passage à bord de navires, les militaires et agents civils domiciliés hors du territoire et les membres de leur

24. Deaths and death rates by cause : latest available (continued)

Décès selon la cause, nombres et taux : dernière année disponible (suite)

FOOTNOTES (continued)

27 Excluding infants born alive after less than 28 weeks' gestation, of less than 1 000 grammes in weight and 35 centimetres in length, who die within seven days of birth.

28 Including armed forces stationed outside the country, but excluding alien armed forces stationed in the area.

29 Including nationals temporarily outside the country.

30 Including armed forces outside the country.

31 All data shown pertaining to Germany prior to 3 October 1990 are indicated separately for the Federal Republic of Germany and the former German Democratic Republic based on their respective territories at the time indicated. See explanatory notes on data pertaining to Germany on page 4.

32 Deaths registered within one year of occurrence.

33 Rates computed on population including civilian nationals temporarily outside the country.

34 Including residents outside the country if listed in a Netherlands population register.

35 Including residents temporarily outside the country.

36 Excluding Faeroe Islands and Greenland.

NOTES (suite)

27 Non compris les enfants nés vivants après moins de 28 semaines de gestation, pesant moins de 1 000 grammes, mesurant moins de 35 centimètres et décédés dans les sept jours qui ont suivi leur naissance.
famille les accompagnant.

28 Y compris les militaires nationaux hors du pays, mais non compris les militaires étrangers en garnison sur le territoire.

29 Y compris les nationaux temporairement hors du pays.

30 Y compris les militaires en garnison hors du pays.

31 Toutes les données se rapportant à l'Allemagne avant le 3 octobre 1990 figurent dans deux rubriques séparées basées sur les territoires respectifs de la République fédérale d'Allemagne et l'ancienne République démocratique allemande selon la période indiquée. Voir les notes explicatives sur les données concernant l'Allemagne à la page 4.

32 Décès enregistrés dans l'année que suit l'événement.

33 Les taux sont calculés sur la base d'un chiffre de population qui comprend les civils nationaux temporairement hors du pays.

34 Y compris les résidents hors du pays, s'ils sont inscrits sur un registre de population néerlandais.

35 Y compris les résidents temporairement hors du pays.
contractuels des Etats—Unis.

36 Non compris les Iles Féroé et le Groenland.

25. Expectation of life at specified ages for each sex: latest available year

(See notes at end of table.)

Continent, country or area, period and sex	Age (in years)								
Continent, pays ou zone, période et sexe	0	1	2	3	4	5	10	15	

AFRICA—AFRIQUE

Algeria – Algérie
1983
1 Male – Masculin	61.57	66.28	...	...	...	63.75	59.58	55.16	5
2 Female – Féminin	63.32	67.83	...	...	...	65.41	61.24	56.63	5:

Angola
1985–1990 [1]
3 Male – Masculin	42.40	...	...	...	...	...	...	...	
4 Female – Féminin	45.60	...	...	...	...	...	...	...	

Benin – Bénin
1985–1990 [1]
5 Male – Masculin	43.90	...	...	...	...	...	...	...	
6 Female – Féminin	47.10	...	...	...	...	...	...	...	

Botswana
1981
7 Male – Masculin	52.32	55.90	...	...	...	54.56	50.43	46.06	41
8 Female – Féminin	59.70	62.64	...	...	...	61.47	57.59	53.02	41

Burkina Faso
1985–1990 [1]
9 Male – Masculin	45.30	...	...	...	...	...	...	...	
10 Female – Féminin	48.80	...	...	...	...	...	...	...	

Burundi
1985–1990 [1]
11 Male – Masculin	46.70	...	...	...	...	...	...	...	
12 Female – Féminin	50.10	...	...	...	...	...	...	...	

Cameroon – Cameroun
1985–1990 [1]
13 Male – Masculin	52.00	...	...	...	...	...	...	...	
14 Female – Féminin	55.00	...	...	...	...	...	...	...	

Cape Verde – Cap–Vert
1979–1981
15 Male – Masculin	58.95	62.03	...	...	...	59.30	54.54	49.69	44
16 Female – Féminin	61.04	63.46	...	...	...	60.68	55.88	51.03	46

Central African Republic –
République centrafricaine
1985–1990 [1]
17 Male – Masculin	45.20	...	...	...	...	...	...	...	
18 Female – Féminin	50.40	...	...	...	...	...	...	...	

Chad – Tchad
1985–1990 [1]
19 Male – Masculin	43.90	...	...	...	...	...	...	...	
20 Female – Féminin	47.10	...	...	...	...	...	...	...	

Comoros – Comores
1985–1990 [1]
21 Male – Masculin	53.50	...	...	...	...	...	...	...	
22 Female – Féminin	54.50	...	...	...	...	...	...	...	

Congo
1985–1990 [1]
23 Male – Masculin	49.40	...	...	...	...	...	...	...	
24 Female – Féminin	54.70	...	...	...	...	...	...	...	

Côte d'Ivoire
1985–1990 [1]
25 Male – Masculin	50.30	...	...	...	...	...	...	...	
26 Female – Féminin	53.70	...	...	...	...	...	...	...	

Djibouti
1985–1990 [1]
27 Male – Masculin	45.40	...	...	...	...	...	...	...	
28 Female – Féminin	48.60	...	...	...	...	...	...	...	

25. Espérance de vie à un âge donné pour chaque sexe: dernière année disponible

(Notes à la fin du tableau.)

					Age (en années)								
25	30	35	40	45	50	55	60	65	70	75	80	85	
46.22	41.64	37.14	32.71	28.33	23.94	19.83	15.90	12.19	8.97	...	...	...	1
47.51	42.96	38.45	34.01	29.61	25.23	20.97	16.92	13.17	9.66	...	...	...	2
...	...	...	...	...	...	...	...	...	...	...	...	...	3
...	...	...	...	...	...	...	...	...	...	...	...	...	4
...	...	...	...	...	...	...	...	...	...	...	...	...	5
...	...	...	...	...	...	...	...	...	...	...	...	...	6
37.96	34.10	30.29	26.54	22.83	19.25	15.89	12.84	10.22	8.15	6.81	...	...	7
44.52	40.32	36.09	31.88	27.70	23.63	19.72	15.97	12.52	9.34	6.55	...	...	8
...	...	...	...	...	...	...	...	...	...	...	...	...	9
...	...	...	...	...	...	...	...	...	...	...	...	...	10
...	...	...	...	...	...	...	...	...	...	...	...	...	11
...	...	...	...	...	...	...	...	...	...	...	...	...	12
...	...	...	...	...	...	...	...	...	...	...	...	...	13
...	...	...	...	...	...	...	...	...	...	...	...	...	14
40.16	35.48	30.79	26.31	21.67	17.34	12.92	8.36	3.85	...	...	...	...	15
41.43	36.70	31.92	27.38	22.64	18.00	13.35	8.67	3.90	...	...	...	...	16
...	...	...	...	...	...	...	...	...	...	...	...	...	17
...	...	...	...	...	...	...	...	...	...	...	...	...	18
...	...	...	...	...	...	...	...	...	...	...	...	...	19
...	...	...	...	...	...	...	...	...	...	...	...	...	20
...	...	...	...	...	...	...	...	...	...	...	...	...	21
...	...	...	...	...	...	...	...	...	...	...	...	...	22
...	...	...	...	...	...	...	...	...	...	...	...	...	23
...	...	...	...	...	...	...	...	...	...	...	...	...	24
...	...	...	...	...	...	...	...	...	...	...	...	...	25
...	...	...	...	...	...	...	...	...	...	...	...	...	26
...	...	...	...	...	...	...	...	...	...	...	...	...	27
...	...	...	...	...	...	...	...	...	...	...	...	...	28

25. Expectation of life at specified ages for each sex: latest available year (continued)

(See notes at end of table.)

| Continent, country or area, period and sex | Age (in years) | | | | | | | |
Continent, pays ou zone, période et sexe	0	1	2	3	4	5	10	15
AFRICA—AFRIQUE (Cont.–Suite)								
Egypt – Egypte								
1991								
1　　Male – Masculin	62.86	64.99	...	...	...	62.48	57.90	58.19
2　　Female – Féminin	66.39	58.65	...	...	...	66.35	61.69	56.92
Equatorial Guinea – Guinée équatoriale								
1985–1990 [1]								
3　　Male – Masculin	44.40	...	...	...	...	...	...	...
4　　Female – Féminin	47.60	...	...	...	...	...	...	...
Ethiopia – Ethiopie								
1985–1990 [1]								
5　　Male – Masculin	43.40	...	...	...	...	...	...	...
6　　Female – Féminin	46.60	...	...	...	...	...	...	...
Gabon								
1985–1990 [1]								
7　　Male – Masculin	49.90	...	...	...	...	...	...	...
8　　Female – Féminin	53.20	...	...	...	...	...	...	...
Gambia – Gambie								
1985–1990 [1]								
9　　Male – Masculin	41.40	...	...	...	...	...	...	...
10　　Female – Féminin	44.60	...	...	...	...	...	...	...
Ghana								
1985–1990 [1]								
11　　Male – Masculin	52.20	...	...	...	...	...	...	...
12　　Female – Féminin	55.80	...	...	...	...	...	...	...
Guinea – Guinée								
1985–1990 [1]								
13　　Male – Masculin	42.00	...	...	...	...	...	...	...
14　　Female – Féminin	43.00	...	...	...	...	...	...	...
Guinea–Bissau – Guinée–Bissau								
1985–1990 [1]								
15　　Male – Masculin	39.90	...	...	...	...	...	...	...
16　　Female – Féminin	43.10	...	...	...	...	...	...	...
Kenya								
1985–1990 [1]								
17　　Male – Masculin	55.90	...	...	...	...	...	...	...
18　　Female – Féminin	59.90	...	...	...	...	...	...	...
Lesotho								
1985–1990 [1]								
19　　Male – Masculin	55.50	...	...	...	...	...	...	...
20　　Female – Féminin	60.50	...	...	...	...	...	...	...
Liberia – Libéria								
1985–1990 [1]								
21　　Male – Masculin	52.00	...	...	...	...	...	...	...
22　　Female – Féminin	54.00	...	...	...	...	...	...	...
Libyan Arab Jamahiriya – Jamahiriya arabe libyenne								
1985–1990 [1]								
23　　Male – Masculin	59.10	...	...	...	...	...	...	...
24　　Female – Féminin	62.50	...	...	...	...	...	...	...
Madagascar								
1985–1990 [1]								
25　　Male – Masculin	52.00	...	...	...	...	...	...	...
26　　Female – Féminin	55.00	...	...	...	...	...	...	...
Malawi								
1982								
27　　Male – Masculin	40.20	47.50	...	...	...	50.50	48.40	44.70
28　　Female – Féminin	43.30	49.70	...	...	...	52.70	50.70	47.10

25. Espérance de vie à un âge donné pour chaque sexe: dernière année disponible (suite)

oir notes à la fin du tableau.)

						Age (en années)							
25	30	35	40	45	50	55	60	65	70	75	80	85	
43.86	39.27	34.69	30.16	25.76	21.59	17.97	14.85	11.98	9.38	7.54	6.09	4.90	1
47.45	42.75	38.06	33.43	28.85	24.40	20.28	16.48	12.87	10.02	7.77	6.03	4.68	2
...	...	...	...	...	...	...	...	...	...	...	...	...	3
...	...	...	...	...	...	...	...	...	...	...	...	...	4
...	...	...	...	...	...	...	...	...	...	...	...	...	5
...	...	...	...	...	...	...	...	...	...	...	...	...	6
...	...	...	...	...	...	...	...	...	...	...	...	...	7
...	...	...	...	...	...	...	...	...	...	...	...	...	8
...	...	...	...	...	...	...	...	...	...	...	...	...	9
...	...	...	...	...	...	...	...	...	...	...	...	...	10
...	...	...	...	...	...	...	...	...	...	...	...	...	11
...	...	...	...	...	...	...	...	...	...	...	...	...	12
...	...	...	...	...	...	...	...	...	...	...	...	...	13
...	...	...	...	...	...	...	...	...	...	...	...	...	14
...	...	...	...	...	...	...	...	...	...	...	...	...	15
...	...	...	...	...	...	...	...	...	...	...	...	...	16
...	...	...	...	...	...	...	...	...	...	...	...	...	17
...	...	...	...	...	...	...	...	...	...	...	...	...	18
...	...	...	...	...	...	...	...	...	...	...	...	...	19
...	...	...	...	...	...	...	...	...	...	...	...	...	20
...	...	...	...	...	...	...	...	...	...	...	...	...	21
...	...	...	...	...	...	...	...	...	...	...	...	...	22
...	...	...	...	...	...	...	...	...	...	...	...	...	23
...	...	...	...	...	...	...	...	...	...	...	...	...	24
...	...	...	...	...	...	...	...	...	...	...	...	...	25
...	...	...	...	...	...	...	...	...	...	...	...	...	26
37.60	34.10	30.50	27.00	23.50	20.10	16.90	13.80	10.90	8.30	6.20	4.30	...	27
39.70	36.00	32.40	28.90	25.30	21.60	18.10	14.70	11.60	8.90	6.60	4.50	...	28

25. Expectation of life at specified ages for each sex: latest available year (continued)

(See notes at end of table.)

Continent, country or area, period and sex	Age (in years)								
Continent, pays ou zone, période et sexe	0	1	2	3	4	5	10	15	
AFRICA—AFRIQUE (Cont.–Suite)									
Mali									
1987									
1 Male – Masculin	55.24	61.36	...	...	...	63.68	60.16	55.90	51.
2 Female – Féminin	58.66	63.40	...	...	...	65.60	61.88	57.54	53.
Mauritania – Mauritanie									
1985–1990 [1]									
3 Male – Masculin	44.40	...	...	...	...	...	...	...	
4 Female – Féminin	47.60	...	...	...	...	...	...	...	
Mauritius – Maurice									
1989–1991 [2]									
5 Male – Masculin	65.57	66.14	...	...	...	62.35	57.45	52.58	47.
6 Female – Féminin	73.39	73.70	...	...	...	69.91	65.00	60.10	55.
Island of Mauritius – Ile Maurice									
1989–1991 [2]									
7 Male – Masculin	65.62	66.14	...	...	...	62.35	57.45	52.57	47.
8 Female – Féminin	73.42	73.70	...	...	...	69.90	64.99	60.08	55.
Rodrigues									
1989–1991									
9 Male – Masculin	65.43	67.30	...	...	...	63.57	58.61	53.81	48.
10 Female – Féminin	71.64	73.39	...	...	...	69.92	65.05	60.14	55.
Morocco – Maroc									
1985–1990 [1]									
11 Male – Masculin	59.10	...	...	...	...	...	...	...	
12 Female – Féminin	62.50	...	...	...	...	...	...	...	
Mozambique									
1985–1990 [1]									
13 Male – Masculin	44.50	...	...	...	...	...	...	...	
14 Female – Féminin	47.80	...	...	...	...	...	...	...	
Namibia – Namibie									
1985–1990 [1]									
15 Male – Masculin	55.00	...	...	...	...	...	...	...	
16 Female – Féminin	57.50	...	...	...	...	...	...	...	
Niger									
1985–1990 [1]									
17 Male – Masculin	42.90	...	...	...	...	...	...	...	
18 Female – Féminin	46.10	...	...	...	...	...	...	...	
Nigeria – Nigéria									
1985–1990 [1]									
19 Male – Masculin	48.80	...	...	...	...	...	...	...	
20 Female – Féminin	52.20	...	...	...	...	...	...	...	
Réunion									
1985–1990 [1]									
21 Male – Masculin	67.90	...	...	...	...	...	...	...	
22 Female – Féminin	77.00	...	...	...	...	...	...	...	
Rwanda									
1978									
23 Male – Masculin	45.10	52.20	...	...	...	53.30	49.70	45.40	41.
24 Female – Féminin	47.70	54.00	...	...	...	55.20	51.10	47.40	43.
Senegal – Sénégal									
1985–1990 [1]									
25 Male – Masculin	46.30	...	...	...	...	...	...	...	
26 Female – Féminin	48.30	...	...	...	...	...	...	...	
Seychelles									
1981–1985									
27 Male – Masculin	65.26	65.51	...	...	...	61.72	56.97	52.05	47.
28 Female – Féminin	74.05	74.35	...	...	...	70.70	65.91	60.99	56.

25. Espérance de vie à un âge donné pour chaque sexe: dernière année disponible (suite)

notes à la fin du tableau.)

					Age (en années)								
25	30	35	40	45	50	55	60	65	70	75	80	85	
47.85	43.91	39.95	35.89	32.00	28.04	24.36	20.67	17.60	14.35	11.78	9.32	7.38	1
49.60	45.71	41.85	37.95	34.04	23.95	26.10	22.12	18.59	15.11	12.15	9.07	6.74	2
...	...	...	...	...	...	...	...	...	...	...	...	...	3
...	...	...	...	...	...	...	...	...	...	...	...	...	4
42.98	38.32	33.76	29.42	25.26	21.38	17.97	14.80	12.03	9.63	7.53	5.75	4.57	5
50.55	45.75	41.02	36.29	31.72	27.30	23.06	19.08	15.44	12.25	9.65	7.40	5.64	6
42.96	38.30	33.74	29.40	25.24	21.36	17.96	14.79	12.01	9.61	7.56	5.79	4.66	7
50.54	45.74	41.02	36.28	31.78	27.28	23.84	19.05	15.42	12.23	9.65	7.38	5.59	8
44.50	39.73	35.29	30.75	26.53	22.60	19.25	15.88	13.13	10.34	7.49	5.23	3.00	9
50.35	45.47	40.67	36.16	31.89	27.46	23.23	19.39	15.50	12.32	9.46	7.91	6.84	10
...	...	...	...	...	...	...	...	...	...	...	...	...	11
...	...	...	...	...	...	...	...	...	...	...	...	...	12
...	...	...	...	...	...	...	...	...	...	...	...	...	13
...	...	...	...	...	...	...	...	...	...	...	...	...	14
...	...	...	...	...	...	...	...	...	...	...	...	...	15
...	...	...	...	...	...	...	...	...	...	...	...	...	16
...	...	...	...	...	...	...	...	...	...	...	...	...	17
...	...	...	...	...	...	...	...	...	...	...	...	...	18
...	...	...	...	...	...	...	...	...	...	...	...	...	19
...	...	...	...	...	...	...	...	...	...	...	...	...	20
...	...	...	...	...	...	...	...	...	...	...	...	...	21
...	...	...	...	...	...	...	...	...	...	...	...	...	22
37.90	34.30	30.60	26.90	23.40	19.90	16.70	13.60	10.90	8.50	6.50	4.90	3.60	23
40.00	36.40	32.80	29.10	25.40	21.70	18.20	14.80	11.80	9.10	7.00	5.20	3.70	24
...	...	...	...	...	...	...	...	...	...	...	...	...	25
...	...	...	...	...	...	...	...	...	...	...	...	...	26
42.79	38.25	33.85	29.75	25.73	21.82	18.62	14.97	11.41	8.88	6.61	3.74	2.16	27
51.25	46.65	41.92	37.27	32.91	28.32	24.17	20.20	16.31	12.60	9.50	6.70	4.81	28

25. Expectation of life at specified ages for each sex: latest available year (continued)

(See notes at end of table.)

Continent, country or area, period and sex / Continent, pays ou zone, période et sexe	Age (in years)								
	0	1	2	3	4	5	10	15	
AFRICA—AFRIQUE (Cont.–Suite)									
Sierra Leone 1985–1990 [1]									
1 Male – Masculin	39.40	...	...	...	...	...	...	...	
2 Female – Féminin	42.60	...	...	...	...	...	...	...	
Somalia – Somalie 1985–1990 [1]									
3 Male – Masculin	43.40	...	...	...	...	...	...	...	
4 Female – Féminin	46.60	...	...	...	...	...	...	...	
South Africa – Afrique du Sud 1985–1990 [1]									
5 Male – Masculin	57.50	...	...	...	...	...	...	...	
6 Female – Féminin	63.50	...	...	...	...	...	...	...	
Sudan – Soudan 1985–1990 [1]									
7 Male – Masculin	48.60	...	...	...	...	...	...	...	
8 Female – Féminin	51.00	...	...	...	...	...	...	...	
Swaziland 1976									
9 Male – Masculin	42.90	50.30	...	...	...	51.20	47.30	43.10	3
10 Female – Féminin	49.50	56.90	...	...	...	57.30	53.30	49.00	4
Togo 1985–1990 [1]									
11 Male – Masculin	51.30	...	...	...	...	...	...	...	
12 Female – Féminin	54.80	...	...	...	...	...	...	...	
Tunisia – Tunisie 1985–1990 [1]									
13 Male – Masculin	64.90	...	...	...	...	...	...	...	
14 Female – Féminin	66.40	...	...	...	...	...	...	...	
Uganda – Ouganda 1985–1990 [1]									
15 Male – Masculin	43.20	...	...	...	...	...	...	...	
16 Female – Féminin	46.10	...	...	...	...	...	...	...	
United Rep. of Tanzania – Rép.–Unie de Tanzanie 1988									
17 Male – Masculin	47.00	...	...	...	...	...	...	...	
18 Female – Féminin	50.00	...	...	...	...	...	...	...	
Tanganyika 1988									
19 Male – Masculin	47.00	...	...	...	...	...	...	...	
20 Female – Féminin	50.00	...	...	...	...	...	...	...	
Zanzibar 1988									
21 Male – Masculin	46.00	...	...	...	...	...	...	...	
22 Female – Féminin	49.00	...	...	...	...	...	...	...	
Zaire – Zaïre 1985–1990 [1]									
23 Male – Masculin	49.80	...	...	...	...	...	...	...	
24 Female – Féminin	53.30	...	...	...	...	...	...	...	
Zambia – Zambie 1980									
25 Male – Masculin	50.70	55.57	...	...	...	55.60	52.28	48.13	4
26 Female – Féminin	53.00	57.40	...	...	...	57.63	54.37	50.29	4
Zimbabwe 1985–1990 [1]									
27 Male – Masculin	55.10	...	...	...	...	...	...	...	
28 Female – Féminin	58.60	...	...	...	...	...	...	...	

25. Espérance de vie à un âge donné pour chaque sexe: dernière année disponible (suite)

Voir notes à la fin du tableau.)

	25	30	35	40	45	50	55	60	65	70	75	80	85	
Age (en années)														
	...	...	...	...	...	...	...	...	...	...	...	...	...	1
	...	...	...	...	...	...	...	...	...	...	...	...	...	2
	...	...	...	...	...	...	...	...	...	...	...	...	...	3
	...	...	...	...	...	...	...	...	...	...	...	...	...	4
	...	...	...	...	...	...	...	...	...	...	...	...	...	5
	...	...	...	...	...	...	...	...	...	...	...	...	...	6
	...	...	...	...	...	...	...	...	...	...	...	...	...	7
	...	...	...	...	...	...	...	...	...	...	...	...	...	8
	35.90	32.40	28.80	25.30	21.80	18.50	15.40	12.60	10.10	7.90	6.00	4.40	3.10	9
	41.40	37.60	33.80	29.90	26.10	22.40	18.90	15.60	12.50	9.70	7.30	5.40	3.80	10
	...	...	...	...	...	...	...	...	...	...	...	...	...	11
	...	...	...	...	...	...	...	...	...	...	...	...	...	12
	...	...	...	...	...	...	...	...	...	...	...	...	...	13
	...	...	...	...	...	...	...	...	...	...	...	...	...	14
	...	...	...	...	...	...	...	...	...	...	...	...	...	15
	...	...	...	...	...	...	...	...	...	...	...	...	...	16
	...	...	...	...	...	...	...	...	...	...	...	...	...	17
	...	...	...	...	...	...	...	...	...	...	...	...	...	18
	...	...	...	...	...	...	...	...	...	...	...	...	...	19
	...	...	...	...	...	...	...	...	...	...	...	...	...	20
	...	...	...	...	...	...	...	...	...	...	...	...	...	21
	...	...	...	...	...	...	...	...	...	...	...	...	...	22
	...	...	...	...	...	...	...	...	...	...	...	...	...	23
	...	...	...	...	...	...	...	...	...	...	...	...	...	24
	40.42	36.66	32.85	29.05	25.33	21.68	18.21	14.87	11.81	9.07	6.72	4.66	...	25
	42.28	38.38	34.53	30.71	26.91	23.07	19.35	15.77	12.49	9.59	7.10	4.89	...	26
	...	...	...	...	...	...	...	...	...	...	...	...	...	27
	...	...	...	...	...	...	...	...	...	...	...	...	...	28

25. Expectation of life at specified ages for each sex: latest available year (continued)

(See notes at end of table.)

| Continent, country or area, period and sex | | Age (in years) | | | | | | | |
Continent, pays ou zone, période et sexe	0	1	2	3	4	5	10	15	
AMERICA,NORTH— AMERIQUE DU NORD									
Aruba 1972–1978									
1 Male – Masculin	68.30	69.30	...	...	...	65.50	60.70	55.80	51.
2 Female – Féminin	75.40	76.30	...	...	...	72.60	67.70	62.80	58.
Bahamas 1985–1990 [1]									
3 Male – Masculin	67.50	...	...	...	...	...	...	...	
4 Female – Féminin	74.90	...	...	...	...	...	...	...	
Barbados – Barbade 1980									
5 Male – Masculin	67.15	69.14	...	...	...	65.55	60.65	55.82	51.
6 Female – Féminin	72.46	73.20	...	...	...	69.53	64.64	59.83	54.
Belize 1980									
7 Male – Masculin	69.85	71.46	...	...	...	68.43	63.67	58.75	54.
8 Female – Féminin	71.78	73.22	...	...	...	70.48	65.62	60.77	55.
Bermuda – Bermudes 1980									
9 Male – Masculin	68.81	69.74	...	...	...	65.74	60.85	55.99	51.
10 Female – Féminin	76.28	77.41	...	...	...	73.41	68.52	63.52	58.
Canada 1985–1987									
11 Male – Masculin	73.02	72.64	...	...	...	68.78	63.87	58.96	54.
12 Female – Féminin	79.79	79.33	...	...	...	75.45	70.52	65.58	60.
Costa Rica 1990–1995									
13 Male – Masculin	72.89	73.30	...	...	...	69.53	64.63	59.75	54.
14 Female – Féminin	77.60	77.71	...	...	...	73.93	69.01	64.09	59.
Cuba 1986–1987 [3]									
15 Male – Masculin	72.74	72.87	71.97	71.02	70.07	69.11	64.27	59.45	54.
16 Female – Féminin	76.34	76.23	75.32	74.37	73.41	72.44	67.57	62.68	57.
Dominican Republic – République dominicaine 1985–1990 [1]									
17 Male – Masculin	63.90	...	...	...	...	...	...	...	
18 Female – Féminin	68.10	...	...	...	...	...	...	...	
El Salvador 1985									
19 Male – Masculin	50.74	...	...	...	...	...	...	...	
20 Female – Féminin	63.89	...	...	...	...	...	...	...	
Greenland – Groenland 1981–1985									
21 Male – Masculin	60.40	61.70	...	...	...	58.10	53.50	48.80	44.
22 Female – Féminin	66.30	67.60	...	...	...	64.10	59.40	54.50	50.
Guadeloupe 1975–1980									
23 Male – Masculin	66.40	...	...	...	...	...	...	...	
24 Female – Féminin	73.40	...	...	...	...	...	...	...	

25. Espérance de vie à un âge donné pour chaque sexe: dernière année disponible (suite)

notes à la fin du tableau.)

					Age (en années)								
25	30	35	40	45	50	55	60	65	70	75	80	85	
46.50	41.80	37.30	32.80	28.50	24.20	20.10	16.90	13.60	10.40	7.80	5.60	...	1
53.20	48.40	43.60	38.90	34.20	29.60	25.30	20.90	16.60	12.70	9.60	6.90	...	2
...	...	...	...	...	...	...	...	...	...	...	...	...	3
...	...	...	...	...	...	...	...	...	...	...	...	...	4
46.18	41.58	36.82	32.30	27.75	23.68	19.89	14.68	13.56	10.91	8.18	5.60	...	5
50.11	45.38	40.64	36.03	31.64	27.26	23.19	19.10	15.46	12.17	9.32	6.40	...	6
49.55	45.40	40.62	35.96	31.48	27.06	23.24	19.39	15.66	12.11	9.07	6.29	...	7
51.19	46.88	42.43	37.79	33.29	28.93	24.46	20.14	16.84	13.03	9.72	6.69	...	8
46.45	41.75	36.94	32.43	28.04	24.11	20.20	16.84	13.75	11.18	9.28	7.51	6.43	9
53.72	48.72	43.84	39.03	34.36	29.79	25.11	20.84	17.00	13.32	10.06	7.41	6.07	10
49.62	44.92	40.21	35.51	30.91	26.46	22.27	18.40	14.89	11.79	9.12	6.91	5.13	11
55.83	50.95	46.09	41.27	36.54	31.94	27.50	23.24	19.20	15.44	12.01	9.04	6.59	12
50.26	45.55	40.84	36.18	31.59	27.12	22.83	18.79	15.09	11.80	9.07	6.91	...	13
54.31	49.44	44.63	39.86	35.15	30.58	26.15	21.90	17.87	14.09	10.74	7.84	...	14
50.13	45.52	40.94	36.38	31.90	27.57	23.41	19.48	15.91	12.54	9.64	7.17	5.06	15
53.21	48.49	43.77	39.08	34.47	30.00	25.70	21.59	17.68	14.02	10.74	7.97	5.50	16
...	...	...	...	...	...	...	...	...	...	...	...	...	17
...	...	...	...	...	...	...	...	...	...	...	...	...	18
...	...	...	...	...	...	...	...	...	...	...	...	...	19
...	...	...	...	...	...	...	...	...	...	...	...	...	20
41.70	37.90	33.60	29.40	25.20	21.40	17.80	14.20	11.10	8.60	6.20	4.50	...	21
45.60	41.00	36.40	31.90	27.70	23.70	19.90	16.50	13.20	10.60	8.10	5.90	...	22
...	...	...	...	...	...	...	...	...	...	...	...	...	23
...	...	...	...	...	...	...	...	...	...	...	...	...	24

25. Expectation of life at specified ages for each sex: latest available year (continued)

(See notes at end of table.)

Continent, country or area, period and sex — Continent, pays ou zone, période et sexe	Age (in years)								
	0	1	2	3	4	5	10	15	2●
AMERICA, NORTH— (Cont.–Suite) **AMERIQUE DU NORD**									
Guatemala 1979–1980									
1 Male – Masculin	55.11	59.09	...	...	...	58.51	54.38	49.83	45.5●
2 Female – Féminin	59.43	62.98	...	...	...	62.77	58.74	54.18	49.7●
Haiti – Haïti 1985–1990 [1]									
3 Male – Masculin	53.10	...	...	...	...	...	...	...	●
4 Female – Féminin	56.40	...	...	...	...	...	...	...	●
Honduras 1985–1990 [1]									
5 Male – Masculin	61.90	...	...	...	...	...	...	...	●
6 Female – Féminin	66.10	...	...	...	...	...	...	...	●
Jamaica – Jamaïque 1985–1990 [1]									
7 Male – Masculin	70.40	...	...	...	...	...	...	...	●
8 Female – Féminin	74.80	...	...	...	...	...	...	...	●
Martinique 1975									
9 Male – Masculin	67.00	...	...	...	...	...	...	...	●
10 Female – Féminin	73.50	...	...	...	...	...	...	...	●
Mexico – Mexique 1979									
11 Male – Masculin	62.10	...	...	...	...	...	...	...	●
12 Female – Féminin	66.00	...	...	...	...	...	...	...	●
Netherlands Antilles – Antilles néerlandaises 1981									
13 Male – Masculin	71.13	71.39	...	...	...	67.50	62.63	57.78	53.0●
14 Female – Féminin	75.75	75.99	...	...	...	72.11	67.18	62.29	57.3●
Nicaragua 1990–1995									
15 Male – Masculin	64.80	67.43	...	...	...	65.40	60.87	56.20	51.7●
16 Female – Féminin	67.71	69.98	...	...	...	67.76	63.19	58.49	53.9●
Panama 1985–1990 [4]									
17 Male – Masculin	70.15	70.92	...	...	...	67.72	63.00	58.19	53.5●
18 Female – Féminin	74.10	74.65	...	...	...	71.35	66.62	61.79	57.0●
Puerto Rico – Porto Rico 1989–1991									
19 Male – Masculin	69.74	70.01	...	...	...	66.14	61.22	56.30	51.6●
20 Female – Féminin	78.50	78.60	...	...	...	74.73	69.79	64.86	59.9●
Saint Kitts and Nevis – Saint–Kitts–et–Nevis 1988									
21 Male – Masculin	65.87	67.19	...	...	...	63.44	58.81	54.00	49.1
22 Female – Féminin	70.98	71.67	...	...	...	68.37	63.41	58.73	54.0●
Saint Lucia – Sainte–Lucie 1986									
23 Male – Masculin	68.00	68.70	...	...	...	65.10	60.20	55.30	50.6●
24 Female – Féminin	74.80	75.20	...	...	...	71.40	66.50	61.50	56.6●
Trinidad and Tobago – Trinité–et–Tobago 1980–1985									
25 Male – Masculin	66.88	67.34	66.53	...	...	63.78	58.97	54.10	49.3●
26 Female – Féminin	71.62	71.64	70.87	...	...	68.01	63.18	58.27	53.4●

25. Espérance de vie à un âge donné pour chaque sexe: dernière année disponible (suite)

otes à la fin du tableau.)

						Age (en années)						
25	30	35	40	45	50	55	60	65	70	75	80	85

25	30	35	40	45	50	55	60	65	70	75	80	85	
41.64	37.92	34.23	30.56	26.92	23.37	19.91	16.57	13.45	10.30	8.63	7.00	...	1
45.49	41.25	37.10	33.01	28.99	25.00	21.13	17.50	14.16	11.42	9.29	7.78	...	2
...	...	...	...	...	...	...	...	...	...	...	...	...	3
...	...	...	...	...	...	...	...	...	...	...	...	...	4
...	...	...	...	...	...	...	...	...	...	...	...	...	5
...	...	...	...	...	...	...	...	...	...	...	...	...	6
...	...	...	...	...	...	...	...	...	...	...	...	...	7
...	...	...	...	...	...	...	...	...	...	...	...	...	8
...	...	...	...	...	...	...	...	...	...	...	...	...	9
...	...	...	...	...	...	...	...	...	...	...	...	...	10
...	...	...	...	...	...	...	...	...	...	...	...	...	11
...	...	...	...	...	...	...	...	...	...	...	...	...	12
48.41	43.84	39.04	34.41	29.91	25.52	21.50	17.44	13.92	10.83	8.45	6.32	4.27	13
52.56	47.67	42.81	38.08	33.38	28.77	24.62	20.41	16.51	13.06	9.88	6.97	4.50	14
47.41	43.04	38.66	34.30	30.01	25.84	21.83	18.02	14.53	11.37	8.73	6.62	...	15
49.56	45.13	40.69	36.27	31.90	27.63	23.51	19.55	15.86	12.46	9.55	7.16	...	16
49.09	44.53	39.96	35.43	31.02	26.76	22.65	18.80	15.25	12.06	9.21	6.93	...	17
52.28	47.55	42.88	38.28	33.72	29.25	24.94	20.81	16.96	13.45	10.33	7.66	...	18
47.20	42.98	38.94	34.99	30.98	26.96	23.07	19.42	16.12	13.07	9.22	6.87	5.16	19
55.16	50.41	45.70	41.01	36.36	31.78	27.32	23.67	19.08	15.38	10.40	8.04	6.12	20
44.53	39.91	35.25	31.00	26.51	22.22	18.37	14.97	12.07	9.12	7.03	5.79	4.75	21
49.52	44.86	40.35	35.69	31.13	26.57	22.71	18.66	15.56	12.43	9.77	7.44	5.84	22
45.90	41.60	37.20	33.00	28.80	24.70	20.80	17.10	13.80	10.70	8.40	5.60	3.80	23
51.80	46.90	42.50	37.90	33.30	28.90	24.80	17.20	20.60	13.80	10.80	7.40	5.10	24
44.80	40.23	35.60	31.13	26.86	22.88	19.22	15.84	12.78	10.13	8.05	6.18	...	25
48.64	43.86	39.14	34.55	30.17	25.90	22.03	18.42	15.02	12.05	9.38	7.07	...	26

25. Expectation of life at specified ages for each sex: latest available year (continued)

(See notes at end of table.)

Continent, country or area, period and sex / Continent, pays ou zone, période et sexe	Age (in years)								
	0	1	2	3	4	5	10	15	
AMERICA, NORTH— (Cont.–Suite) **AMERIQUE DU NORD**									
United States – Etats–Unis 1989									
1 Male – Masculin	71.80	71.60	70.70	69.70	68.70	67.80	62.80	57.90	53
2 Female – Féminin	78.60	78.30	77.40	76.40	75.40	74.40	69.50	64.60	59
AMERICA, SOUTH— **AMERIQUE DU SUD**									
Argentina – Argentine 1980–1981									
3 Male – Masculin	65.48	67.20	66.43	65.53	64.59	63.64	58.83	54.00	49
4 Female – Féminin	72.70	74.13	73.37	72.46	71.51	70.55	65.70	60.84	56
Bolivia – Bolivie 1985–1990 [1]									
5 Male – Masculin	56.60	...	...	...	...	...	...	...	
6 Female – Féminin	61.20	...	...	...	...	...	...	...	
Brazil – Brésil 1985–1990 [1]									
7 Male – Masculin	62.30	...	...	...	...	...	...	...	
8 Female – Féminin	67.60	...	...	...	...	...	...	...	
Chile – Chili 1985–1990									
9 Male – Masculin	68.05	68.43	67.57	66.64	65.69	64.72	59.87	55.03	50
10 Female – Féminin	75.05	75.29	74.42	73.49	72.54	71.57	66.69	61.80	56
Colombia – Colombie 1980–1985									
11 Male – Masculin	63.39	66.24	65.79	65.07	64.27	63.42	58.72	53.97	49
12 Female – Féminin	69.23	71.50	71.04	70.30	69.48	68.63	63.87	59.05	54
Ecuador – Equateur 1985 [5]									
13 Male – Masculin	63.39	67.12	66.99	66.40	65.69	64.91	60.43	55.74	51
14 Female – Féminin	67.59	70.64	70.50	69.91	69.19	68.41	63.09	59.17	54
Guyana 1980–1985									
15 Male – Masculin	58.40	...	...	...	...	...	...	...	
16 Female – Féminin	64.20	...	...	...	...	...	...	...	
Paraguay 1980–1985									
17 Male – Masculin	64.42	67.10	66.82	66.19	65.46	64.67	60.10	55.37	5
18 Female – Féminin	68.51	70.97	70.55	69.83	69.02	68.17	63.54	58.76	5
Peru – Pérou 1990 [6]									
19 Male – Masculin	62.93	67.37	67.33	66.76	66.01	65.18	60.55	55.81	5
20 Female – Féminin	66.58	70.67	70.69	70.14	69.38	63.54	63.86	59.08	5
Suriname 1985–1990 [1]									
21 Male – Masculin	66.40	...	...	...	...	...	...	...	
22 Female – Féminin	71.30	...	...	...	...	...	...	...	
Uruguay 1984–1986									
23 Male – Masculin	68.26	69.49	68.67	67.66	66.70	65.74	60.86	56.00	5
24 Female – Féminin	75.25	76.27	75.40	74.46	73.50	72.53	67.63	62.73	57
Venezuela 1985 [6]									
25 Male – Masculin	66.68	68.45	67.77	66.87	65.94	64.99	60.31	55.53	5
26 Female – Féminin	72.80	74.16	73.49	72.60	71.67	70.72	65.90	61.02	5

722

25. Espérance de vie à un âge donné pour chaque sexe: dernière année disponible (suite)

notes à la fin du tableau.)

						Age (en années)							
25	30	35	40	45	50	55	60	65	70	75	80	85	
48.70	44.10	39.60	35.10	30.70	26.40	22.30	18.60	15.20	12.10	9.40	7.10	5.30	1
54.90	50.10	45.30	40.50	35.80	31.30	26.90	22.70	18.80	15.20	11.90	9.00	6.60	2
44.65	40.02	35.43	30.95	26.69	22.71	19.00	15.58	12.52	9.77	7.41	5.23	...	3
51.26	46.52	41.83	37.22	32.71	28.31	24.05	17.95	16.07	12.46	9.28	6.55	...	4
...	...	...	...	...	...	...	...	...	...	...	...	...	5
...	...	...	...	...	...	...	...	...	...	...	...	...	6
...	...	...	...	...	...	...	...	...	...	...	...	...	7
...	...	...	...	...	...	...	...	...	...	...	...	...	8
45.66	41.13	36.67	32.30	28.11	24.07	20.40	16.84	13.77	10.95	8.65	6.96	5.76	9
52.08	47.27	42.51	37.81	33.25	28.81	24.57	20.58	16.66	13.29	10.36	7.87	6.33	10
45.40	41.34	37.15	32.89	28.72	24.68	20.87	17.28	14.02	11.39	9.00	7.39	...	11
49.64	44.97	40.35	35.77	31.39	27.13	23.11	19.29	15.83	12.85	10.23	8.38	...	12
46.66	42.23	37.86	33.57	29.40	25.34	21.43	17.76	14.34	11.24	8.59	6.38	4.91	13
49.92	45.36	40.81	36.32	31.92	27.60	23.41	19.43	15.68	12.35	9.44	7.04	5.26	14
...	...	...	...	...	...	...	...	...	...	...	...	...	15
...	...	...	...	...	...	...	...	...	...	...	...	...	16
46.19	41.61	37.03	32.51	28.11	23.90	19.95	16.31	13.03	10.14	7.72	5.80	4.33	17
49.35	44.69	40.50	35.47	30.97	26.60	22.40	18.41	14.71	11.40	8.61	6.39	4.68	18
46.58	42.04	37.53	33.06	28.68	24.45	20.43	16.69	13.31	10.34	7.82	5.78	4.19	19
49.70	45.09	40.51	35.94	31.42	26.96	22.61	18.46	14.59	11.12	8.14	5.72	3.89	20
...	...	...	...	...	...	...	...	...	...	...	...	...	21
...	...	...	...	...	...	...	...	...	...	...	...	...	22
46.54	41.83	37.14	32.54	28.09	23.88	20.05	16.54	13.34	10.55	8.16	6.21	4.69	23
53.00	48.17	43.40	38.70	34.11	29.63	25.30	21.14	17.18	13.53	10.31	7.61	5.57	24
46.36	41.86	37.42	33.07	28.86	24.81	20.93	17.30	14.17	11.42	9.08	7.21	5.71	25
51.44	46.68	41.95	37.31	32.77	28.39	24.22	20.30	16.68	13.48	10.66	8.28	6.13	26

25. Expectation of life at specified ages for each sex: latest available year (continued)

(See notes at end of table.)

Continent, country or area, period and sex / Continent, pays ou zone, période et sexe		Age (in years)								
		0	1	2	3	4	5	10	15	
ASIA—ASIE										
Afghanistan 1985–1990 [1]										
1	Male – Masculin	41.00	...	...	...	...	...	...	...	
2	Female – Féminin	42.00	...	...	...	...	...	...	...	
Armenia – Arménie 1989										
3	Male – Masculin	69.00	...	...	...	...	...	...	...	
4	Female – Féminin	74.70	...	...	...	...	...	...	...	
Azerbaijan – Azerbaïdjan 1989										
5	Male – Masculin	66.60	...	...	...	...	...	...	...	
6	Female – Féminin	74.20	...	...	...	...	...	...	...	
Bahrain – Bahreïn 1986–1991 [7]										
7	Male – Masculin	66.83	...	...	...	...	...	...	...	
8	Female – Féminin	69.43	...	...	...	...	...	...	...	
Bangladesh 1988										
9	Male – Masculin	56.91	63.66	63.57	63.54	63.19	62.76	58.73	54.09	49.
10	Female – Féminin	55.97	61.50	61.63	61.76	61.68	61.29	57.26	52.63	48.
Bhutan – Bhoutan 1985–1990 [1]										
11	Male – Masculin	45.60	...	...	...	...	...	...	...	
12	Female – Féminin	46.60	...	...	...	...	...	...	...	
Brunei Darussalam – Brunéi Darussalam 1981										
13	Male – Masculin	70.13	70.32	...	...	...	66.68	61.90	57.12	52.
14	Female – Féminin	72.69	72.65	...	...	...	68.96	64.08	59.26	54.
Cambodia – Cambodge 1985–1990 [1]										
15	Male – Masculin	47.00	...	...	...	...	...	...	...	
16	Female – Féminin	49.90	...	...	...	...	...	...	...	
China – Chine 1985–1990 [1]										
17	Male – Masculin	68.00	...	...	...	...	...	...	...	
18	Female – Féminin	70.90	...	...	...	...	...	...	...	
Cyprus – Chypre 1987–1991										
19	Male – Masculin	74.12	74.03	...	...	...	70.18	65.28	60.36	55.
20	Female – Féminin	78.58	78.38	...	...	...	74.49	69.55	64.61	59.
East Timor – Timor oriental 1985–1990 [1]										
21	Male – Masculin	41.60	...	...	...	...	...	...	...	
22	Female – Féminin	43.40	...	...	...	...	...	...	...	
Georgia – Géorgie 1989										
23	Male – Masculin	68.10	...	...	...	...	...	...	...	
24	Female – Féminin	75.70	...	...	...	...	...	...	...	
Hong Kong – Hong–kong 1990 [3]										
25	Male – Masculin	74.60	74.12	73.19	72.21	71.23	70.24	65.28	60.34	55.
26	Female – Féminin	80.28	79.70	78.75	77.78	76.80	75.81	70.86	65.93	61.
India – Inde 1981–1985										
27	Male – Masculin	55.40	60.81	...	...	...	60.12	56.08	51.52	46.
28	Female – Féminin	55.67	61.11	...	...	...	61.75	57.98	53.48	49.

25. Espérance de vie à un âge donné pour chaque sexe: dernière année disponible (suite)

es à la fin du tableau.)

						Age (en années)							
25	30	35	40	45	50	55	60	65	70	75	80	85	
...	...	...	...	...	...	...	...	...	...	...	...	...	1
...	...	...	...	...	...	...	...	...	...	...	...	...	2
...	...	...	...	...	...	...	...	...	...	...	...	...	3
...	...	...	...	...	...	...	...	...	...	...	...	...	4
...	...	...	...	...	...	...	...	...	...	...	...	...	5
...	...	...	...	...	...	...	...	...	...	...	...	...	6
...	...	...	...	...	...	...	...	...	...	...	...	...	7
...	...	...	...	...	...	...	...	...	...	...	...	...	8
.01	40.47	35.98	31.58	27.07	23.12	19.24	15.50	12.21	9.63	7.40	...	...	9
.93	39.76	35.51	31.44	27.38	23.62	19.71	15.76	11.98	8.00	6.23	...	...	10
...	...	...	...	...	...	...	...	...	...	...	...	...	11
...	...	...	...	...	...	...	...	...	...	...	...	...	12
.83	43.17	38.51	33.87	29.41	25.06	21.05	17.27	13.67	10.55	7.60	5.68	4.22	13
.68	44.87	40.14	35.44	30.92	26.63	22.68	19.19	16.13	12.86	9.97	7.23	5.22	14
...	...	...	...	...	...	...	...	...	...	...	...	...	15
...	...	...	...	...	...	...	...	...	...	...	...	...	16
...	...	...	...	...	...	...	...	...	...	...	...	...	17
...	...	...	...	...	...	...	...	...	...	...	...	...	18
.93	46.19	41.38	36.63	31.96	27.44	23.30	19.41	15.81	12.62	9.89	7.64	...	19
.75	49.84	44.93	40.10	35.31	30.63	26.11	21.72	17.54	13.67	10.38	7.64	...	20
...	...	...	...	...	...	...	...	...	...	...	...	...	21
...	...	...	...	...	...	...	...	...	...	...	...	...	22
...	...	...	...	...	...	...	...	...	...	...	...	...	23
...	...	...	...	...	...	...	...	...	...	...	...	...	24
.63	45.81	41.02	36.28	31.63	27.14	22.87	18.93	15.29	12.10	9.34	7.00	5.09	25
.12	51.23	46.35	41.52	36.73	32.01	27.42	23.00	18.84	15.06	11.63	8.69	6.26	26
.55	38.09	33.70	29.39	25.27	21.38	17.84	14.61	11.97	9.68	...	...	...	27
.93	40.70	36.42	32.12	27.89	23.78	19.97	16.42	13.55	11.01	...	...	...	28

25. Expectation of life at specified ages for each sex: latest available year (continued)

(See notes at end of table.)

Continent, country or area, period and sex / Continent, pays ou zone, période et sexe	Age (in years)								
	0	1	2	3	4	5	10	15	
ASIA—ASIE (Cont.–Suite)									
Indonesia – Indonésie 1985–1990 [1]									
1 Male – Masculin	58.50	...	...	...	...	...	...	...	
2 Female – Féminin	62.00	...	...	...	...	...	...	...	
Iran (Islamic Republic of – Rép. islamique d') 1976									
3 Male – Masculin	55.75	60.78	...	...	...	58.42	53.87	49.37	4
4 Female – Féminin	55.04	60.14	...	...	...	58.65	54.38	50.02	4
Iraq 1990 [8]									
5 Male – Masculin	77.43	77.77	...	...	...	74.11	69.25	69.40	5
6 Female – Féminin	78.22	78.41	...	...	...	74.78	69.86	65.01	6
Israel – Israël 1990									
7 Male – Masculin	74.93	74.74	73.80	72.84	71.86	70.88	65.94	60.99	5
8 Female – Féminin	78.53	78.26	77.32	76.37	75.39	74.42	69.49	64.55	5
Japan – Japon 1991 [9]									
9 Male – Masculin	76.11	75.46	74.52	73.55	72.58	71.60	66.67	61.72	5
10 Female – Féminin	82.11	81.45	80.50	79.54	78.56	77.57	72.63	67.66	6
Jordan – Jordanie 1985–1990 [1]									
11 Male – Masculin	64.20	...	...	...	...	...	...	...	
12 Female – Féminin	67.80	...	...	...	...	...	...	...	
Kazakhstan 1989									
13 Male – Masculin	63.90	...	...	...	...	...	...	...	
14 Female – Féminin	73.10	...	...	...	...	...	...	...	
Korea, Dem. People's Rep. of – Corée, rép. populaire dém. de 1985–1990 [1]									
15 Male – Masculin	66.20	...	...	...	...	...	...	...	
16 Female – Féminin	72.70	...	...	...	...	...	...	...	
Korea, Republic of– Corée, République de 1989									
17 Male – Masculin	66.92	66.66	65.76	64.84	63.90	62.96	58.18	53.35	4
18 Female – Féminin	74.96	74.76	73.85	72.92	71.98	71.03	66.23	61.38	5
Kuwait – Koweït 1985–1990 [1]									
19 Male – Masculin	72.60	...	...	...	...	...	...	...	
20 Female – Féminin	76.30	...	...	...	...	...	...	...	
Kyrgyzstan – Kirghizistan 1989									
21 Male – Masculin	64.30	...	...	...	...	...	...	...	
22 Female – Féminin	72.40	...	...	...	...	...	...	...	
Lao People's Dem. Rep. – Rép. dém. populaire Lao 1985–1990 [1]									
23 Male – Masculin	47.00	...	...	...	...	...	...	...	
24 Female – Féminin	50.00	...	...	...	...	...	...	...	
Lebanon – Liban 1985–1990 [1]									
25 Male – Masculin	65.10	...	...	...	...	...	...	...	
26 Female – Féminin	69.00	...	...	...	...	...	...	...	

25. Espérance de vie à un âge donné pour chaque sexe: dernière année disponible (suite)

(Notes à la fin du tableau.)

	25	30	35	40	45	50	55	60	65	70	75	80	85	
Age (en années)														
	...	...	...	...	...	...	...	...	...	...	...	...	...	1
	...	...	...	...	...	...	...	...	...	...	...	...	...	2
	41.24	37.27	33.22	29.19	25.23	21.46	17.89	14.58	11.58	8.97	6.81	5.02	3.81	3
	42.12	38.30	34.39	30.47	26.51	22.46	18.92	15.39	12.16	9.34	7.02	5.24	3.88	4
	54.88	50.19	45.56	40.79	36.34	32.39	28.81	24.77	21.32	18.00	15.64	13.11	...	5
	55.32	50.43	45.52	40.77	36.04	31.12	26.61	22.03	17.65	12.92	8.74	4.21	...	6
	51.39	46.59	41.77	36.99	32.30	27.75	23.39	19.28	15.50	12.12	9.20	6.79	4.87	7
	54.71	49.81	44.92	40.08	35.32	30.66	26.15	21.86	17.85	14.19	10.95	8.20	5.96	8
	52.11	47.29	42.47	37.70	33.03	28.51	24.16	20.10	16.31	12.76	9.59	6.93	4.89	9
	57.82	52.92	48.03	43.18	38.39	33.68	29.08	24.57	20.20	16.03	12.18	8.80	6.05	10
	...	...	...	...	...	...	...	...	...	...	...	...	...	11
	...	...	...	...	...	...	...	...	...	...	...	...	...	12
	...	...	...	...	...	...	...	...	...	...	...	...	...	13
	...	...	...	...	...	...	...	...	...	...	...	...	...	14
	...	...	...	...	...	...	...	...	...	...	...	...	...	15
	...	...	...	...	...	...	...	...	...	...	...	...	...	16
	43.92	39.34	34.80	30.34	26.12	22.16	18.43	14.92	11.76	9.04	6.72	5.01	...	17
	51.75	46.97	41.26	37.51	32.91	28.43	24.08	19.89	15.93	12.36	9.24	6.60	...	18
	...	...	...	...	...	...	...	...	...	...	...	...	...	19
	...	...	...	...	...	...	...	...	...	...	...	...	...	20
	...	...	...	...	...	...	...	...	...	...	...	...	...	21
	...	...	...	...	...	...	...	...	...	...	...	...	...	22
	...	...	...	...	...	...	...	...	...	...	...	...	...	23
	...	...	...	...	...	...	...	...	...	...	...	...	...	24
	...	...	...	...	...	...	...	...	...	...	...	...	...	25
	...	...	...	...	...	...	...	...	...	...	...	...	...	26

25. Expectation of life at specified ages for each sex: latest available year (continued)

(See notes at end of table.)

Continent, country or area, period and sex / Continent, pays ou zone, période et sexe	Age (in years)								
	0	1	2	3	4	5	10	15	
ASIA—ASIE (Cont.–Suite)									
Macau – Macao 1988									
1 Male – Masculin	75.01	75.02	...	...	...	71.20	66.27	61.33	5
2 Female – Féminin	80.26	80.11	...	...	...	76.20	71.28	66.34	6
Malaysia – Malaisie 1985–1990 [1]									
3 Male – Masculin	67.50	...	...	...	...	...	...	...	
4 Female – Féminin	71.60	...	...	...	...	...	...	...	
Peninsular Malaysia – Malaisie Péninsulaire 1990									
5 Male – Masculin	69.46	69.40	...	...	...	65.67	60.83	56.00	5
6 Female – Féminin	73.85	73.66	...	...	...	69.93	65.07	60.20	5.
Maldives 1991									
7 Male – Masculin	66.18	68.01	...	...	...	65.27	60.61	55.82	5
8 Female – Féminin	65.20	66.42	...	...	...	63.50	58.83	53.97	4
Mongolia – Mongolie 1985–1990 [1]									
9 Male – Masculin	60.00	...	...	...	...	...	...	...	
10 Female – Féminin	62.50	...	...	...	...	...	...	...	
Myanmar 1978 [10]									
11 Male – Masculin	58.93	61.01	...	...	...	59.05	54.87	50.30	4
12 Female – Féminin	63.66	65.30	...	...	...	63.58	59.42	54.77	5
Nepal – Népal 1981									
13 Male – Masculin	50.88	56.57	...	...	...	55.76	51.67	47.28	4
14 Female – Féminin	48.10	54.13	...	...	...	54.73	50.98	46.89	4
Oman 1985–1990 [1]									
15 Male – Masculin	66.20	...	...	...	...	...	...	...	
16 Female – Féminin	69.80	...	...	...	...	...	...	...	
Pakistan 1976–1978									
17 Male – Masculin	59.04	66.46	...	...	...	65.24	61.34	56.80	5
18 Female – Féminin	59.20	65.58	...	...	...	64.81	60.68	56.26	5
Philippines 1991									
19 Male – Masculin	63.10	65.70	65.20	64.40	63.60	62.80	58.20	53.50	4
20 Female – Féminin	66.70	68.70	68.20	67.40	66.60	65.70	61.10	56.30	5
Qatar 1985–1990 [1]									
21 Male – Masculin	66.90	...	...	...	...	...	...	...	
22 Female – Féminin	71.80	...	...	...	...	...	...	...	
Saudi Arabia – Arabie saoudite 1985–1990 [1]									
23 Male – Masculin	66.40	...	...	...	...	...	...	...	
24 Female – Féminin	69.10	...	...	...	...	...	...	...	
Singapore – Singapour 1991									
25 Male – Masculin	73.45	72.88	...	...	...	68.97	64.05	59.13	5
26 Female – Féminin	77.95	77.34	...	...	...	73.42	68.47	63.55	5
Sri Lanka 1981									
27 Male – Masculin	67.78	68.99	...	...	...	65.69	60.99	56.23	5
28 Female – Féminin	71.66	72.67	...	...	...	69.46	64.75	59.94	5.

25. Espérance de vie à un âge donné pour chaque sexe: dernière année disponible (suite)

(...tes à la fin du tableau.)

					Age (en années)								
25	30	35	40	45	50	55	60	65	70	75	80	85	
51.53	46.63	41.76	36.92	32.16	27.64	23.38	19.48	15.86	12.52	9.54	6.62	...	1
56.46	51.55	46.62	41.75	36.93	32.26	27.77	23.32	18.91	14.82	11.32	7.80	...	2
...	...	...	...	...	...	...	...	...	...	...	...	...	3
...	...	...	...	...	...	...	...	...	...	...	...	...	4
46.60	41.93	37.29	32.68	28.15	23.85	19.86	16.20	12.88	10.01	7.39	5.45	...	5
50.51	45.69	40.90	36.17	31.50	27.01	22.69	18.59	14.74	11.50	8.47	6.22	...	6
46.13	41.46	36.67	32.07	27.77	23.45	19.38	15.47	11.84	8.75	6.37	5.04	...	7
44.61	40.11	35.80	31.50	26.97	22.60	18.40	14.10	11.56	8.86	6.65	4.98	...	8
...	...	...	...	...	...	...	...	...	...	...	...	...	9
...	...	...	...	...	...	...	...	...	...	...	...	...	10
41.52	37.27	33.04	28.88	24.93	21.32	17.85	14.63	11.82	9.20	6.95	5.05	3.84	11
45.94	41.65	37.33	33.07	28.88	24.88	21.04	17.40	14.06	10.87	8.16	5.95	4.17	12
39.22	35.30	31.40	27.58	23.87	20.30	16.95	13.82	11.01	8.52	6.36	4.49	...	13
39.32	35.68	32.07	28.46	24.83	21.19	17.72	14.42	11.48	8.81	6.53	4.54	...	14
...	...	...	...	...	...	...	...	...	...	...	...	...	15
...	...	...	...	...	...	...	...	...	...	...	...	...	16
47.85	43.39	39.04	34.77	30.57	26.55	22.76	19.25	16.08	13.08	10.30	7.44	4.37	17
47.80	43.62	39.42	35.23	31.04	27.03	22.95	19.27	15.71	12.72	9.79	7.12	4.34	18
44.50	40.10	35.60	31.20	27.00	22.90	19.10	15.50	12.30	9.50	7.10	5.10	...	19
47.20	42.70	38.20	33.80	29.40	25.20	21.20	17.30	13.70	10.60	7.90	5.60	...	20
...	...	...	...	...	...	...	...	...	...	...	...	...	21
...	...	...	...	...	...	...	...	...	...	...	...	...	22
...	...	...	...	...	...	...	...	...	...	...	...	...	23
...	...	...	...	...	...	...	...	...	...	...	...	...	24
49.48	44.68	39.87	35.11	30.44	25.99	21.77	17.94	14.62	11.63	9.02	6.67	4.36	25
53.73	48.83	43.96	39.13	34.38	29.76	25.30	21.08	17.12	13.51	10.31	7.39	4.57	26
47.24	42.77	39.23	33.19	29.49	25.39	21.46	17.74	14.25	11.07	8.37	5.81	...	27
50.81	46.20	41.56	36.96	32.44	28.01	23.70	19.57	15.69	12.19	9.17	6.43	...	28

25. Expectation of life at specified ages for each sex: latest available year (continued)

(See notes at end of table.)

Continent, country or area, period and sex	Age (in years)							
Continent, pays ou zone, période et sexe	0	1	2	3	4	5	10	15

ASIA—ASIE (Cont.–Suite)

Syrian Arab Republic – République arabe syrienne 1981

1	Male – Masculin	64.42	68.48	...	...	...	65.89	61.18	56.46
2	Female – Féminin	68.05	71.73	...	...	...	69.16	64.12	59.58

Tajikistan – Tadjikistan 1989

3	Male – Masculin	66.80	...	...	...	...	...	...	...
4	Female – Féminin	71.70	...	...	...	...	...	...	...

Thailand – Thaïlande 1985–1986

5	Male – Masculin	63.82	66.31	...	...	...	62.88	58.28	53.48
6	Female – Féminin	68.85	70.91	...	...	...	67.27	62.68	58.01

Turkey – Turquie 1985–1990 [1]

7	Male – Masculin	62.80	...	...	...	...	...	...	...
8	Female – Féminin	68.00	...	...	...	...	...	...	...

Turkmenistan – Turkménistan 1989

9	Male – Masculin	61.80	...	...	...	...	...	...	...
10	Female – Féminin	68.40	...	...	...	...	...	...	...

United Arab Emirates – Emirats arabes unis 1985–1990 [1]

11	Male – Masculin	68.60	...	...	...	...	...	...	...
12	Female – Féminin	72.90	...	...	...	...	...	...	...

Uzbekistan – Ouzbékistan 1989

13	Male – Masculin	66.00	...	...	...	...	...	...	...
14	Female – Féminin	72.10	...	...	...	...	...	...	...

Viet Nam 1979

15	Male – Masculin	63.66	65.70	65.45	64.00	64.44	63.77	59.66	55.01
16	Female – Féminin	67.89	69.99	69.73	69.27	68.69	68.01	63.85	59.20

Yemen – Yémen 1985–1990 [1]

17	Male – Masculin	49.80	...	...	...	...	...	...	...
18	Female – Féminin	50.20	...	...	...	...	...	...	...

EUROPE

Albania – Albanie 1988–1989

19	Male – Masculin	69.60	...	...	...	...	...	...	...
20	Female – Féminin	75.50	...	...	...	...	...	...	...

25. Espérance de vie à un âge donné pour chaque sexe: dernière année disponible (suite)

notes à la fin du tableau.)

					Age (en années)								
25	30	35	40	45	50	55	60	65	70	75	80	85	
47.06	42.42	37.83	33.28	28.83	24.53	20.46	16.61	13.03	9.74	6.88	4.45	...	1
50.09	45.40	40.72	36.07	31.49	26.97	22.58	18.32	14.31	10.61	7.39	4.59	...	2
...	...	...	...	...	...	...	...	...	...	...	...	...	3
...	...	...	...	...	...	...	...	...	...	...	...	...	4
44.30	40.01	35.68	31.34	27.07	22.99	19.09	15.52	12.53	9.69	7.49	5.20	...	5
48.84	44.24	39.63	35.05	30.62	26.23	22.12	18.56	15.15	12.03	9.33	6.17	...	6
...	...	...	...	...	...	...	...	...	...	...	...	...	7
...	...	...	...	...	...	...	...	...	...	...	...	...	8
...	...	...	...	...	...	...	...	...	...	...	...	...	9
...	...	...	...	...	...	...	...	...	...	...	...	...	10
...	...	...	...	...	...	...	...	...	...	...	...	...	11
...	...	...	...	...	...	...	...	...	...	...	...	...	12
...	...	...	...	...	...	...	...	...	...	...	...	...	13
...	...	...	...	...	...	...	...	...	...	...	...	...	14
45.83	41.30	36.79	32.33	27.92	23.63	19.61	16.02	12.87	10.14	7.88	6.15	4.55	15
49.94	45.33	40.80	36.33	31.93	27.60	23.33	19.39	15.88	12.72	9.96	7.60	5.65	16
...	...	...	...	...	...	...	...	...	...	...	...	...	17
...	...	...	...	...	...	...	...	...	...	...	...	...	18
...	...	...	...	...	...	...	...	...	...	...	...	...	19
...	...	...	...	...	...	...	...	...	...	...	...	...	20

25. Expectation of life at specified ages for each sex: latest available year (continued)

(See notes at end of table.)

Continent, country or area, period and sex	Age (in years)								
Continent, pays ou zone, période et sexe	0	1	2	3	4	5	10	15	
EUROPE (Cont.–Suite)									
Austria – Autriche									
1991 [3]									
1 Male – Masculin	72.61	72.22	71.26	70.30	69.32	68.34	63.41	58.46	5
2 Female – Féminin	79.18	78.70	77.74	76.78	75.80	74.81	69.86	64.90	5
Belarus – Bélarus									
1989									
3 Male – Masculin	66.80	...	...	...	...	...	...	...	
4 Female – Féminin	76.40	...	...	...	...	...	...	...	
Belgium – Belgique									
1988–1990 [3]									
5 Male – Masculin	72.43	72.00	71.06	70.09	69.11	68.14	63.21	58.28	5
6 Female – Féminin	79.13	78.60	77.65	77.67	75.70	74.71	69.79	64.85	5
Bulgaria – Bulgarie									
1988–1990 [3]									
7 Male – Masculin	68.12	68.33	67.44	66.51	65.57	64.62	59.78	54.91	5
8 Female – Féminin	74.77	74.75	73.85	72.91	71.96	71.00	66.12	61.21	5
Former Czechoslovakia –									
Ancienne									
Tchécoslovaquie									
1990 [3]									
9 Male – Masculin	67.25	67.14	66.19	65.22	64.23	63.25	58.35	53.43	4
10 Female – Féminin	75.81	75.54	74.59	73.62	72.64	71.66	66.73	61.79	5
Denmark – Danemark [11]									
1990–1991 [3]									
11 Male – Masculin	72.18	71.83	70.88	69.91	68.94	67.96	63.05	58.13	5
12 Female – Féminin	77.74	77.26	76.31	75.33	74.35	73.36	68.43	63.48	5
Estonia – Estonie									
1990									
13 Male – Masculin	64.72	64.65	63.75	62.85	61.91	60.95	56.16	51.33	4
14 Female – Féminin	74.94	74.70	73.81	72.91	71.97	71.00	66.12	61.23	5
Faeroe Islands –									
Iles Féroé									
1981–1985									
15 Male – Masculin	73.30	73.10	...	...	...	69.20	64.50	59.60	5
16 Female – Féminin	79.60	73.40	...	...	...	75.50	70.60	65.70	6
Finland – Finlande									
1990 [3]									
17 Male – Masculin	70.93	70.33	69.37	68.39	67.41	66.42	61.49	56.57	5
18 Female – Féminin	78.87	78.32	77.35	76.36	75.37	74.39	69.45	64.49	5
France									
1990 [3]									
19 Male – Masculin	72.75	72.36	71.41	70.45	69.47	68.49	63.56	58.63	5
20 Female – Féminin	80.94	80.44	79.49	78.51	77.53	76.55	71.61	66.66	6
Germany – Allemagne [12]	...	...	...	...	...	...	...	...	
Germany, Federal Rep. of –									
Allemagne, République									
fédérale d'									
1985–1987									
21 Male – Masculin	71.81	71.52	70.57	69.60	68.62	67.65	62.73	57.80	5
22 Female – Féminin	78.37	77.97	77.02	76.05	75.07	74.08	69.15	64.20	5
Former German									
Democratic Republic –									
Ancienne République									
démocratique allemande									
1988–1989									
23 Male – Masculin	70.03	69.65	68.71	67.75	66.79	65.81	60.90	55.98	5
24 Female – Féminin	76.23	75.76	74.82	73.86	72.89	71.91	66.97	62.02	5

25. Espérance de vie à un âge donné pour chaque sexe: dernière année disponible (suite)

otes à la fin du tableau.)

							Age (en années)						
25	30	35	40	45	50	55	60	65	70	75	80	85	
49.07	44.38	39.69	35.04	30.57	26.24	22.09	18.28	14.78	11.71	8.89	6.64	5.03	1
55.12	50.21	45.35	40.54	35.84	31.22	26.70	22.34	18.12	14.24	10.72	7.71	5.39	2
...	...	...	...	...	...	...	...	...	...	...	...	...	3
...	...	...	...	...	...	...	...	...	...	...	...	...	4
48.49	44.16	39.45	34.78	30.21	25.79	21.53	17.60	14.03	10.91	8.27	6.13	4.49	5
55.09	50.22	45.38	40.61	35.92	31.32	26.82	22.48	18.31	14.41	10.87	7.88	5.57	6
45.44	40.77	36.15	31.66	27.32	23.26	19.50	15.97	12.80	9.90	7.58	5.53	3.98	7
51.49	46.64	41.83	37.06	32.37	27.81	23.40	19.18	15.23	11.61	8.68	6.16	4.31	8
43.92	39.19	34.53	30.01	25.69	21.69	18.03	14.69	11.78	9.27	7.05	5.20	3.74	9
52.01	47.11	42.26	37.45	32.75	28.21	23.81	19.59	15.62	12.10	9.13	6.44	4.47	10
48.52	43.78	39.08	34.45	29.92	25.55	21.40	17.61	14.13	11.10	8.55	6.41	4.75	11
53.67	48.78	43.92	39.14	34.46	29.94	25.63	21.60	17.80	14.21	10.96	8.04	5.61	12
42.32	37.88	33.52	29.22	25.21	21.47	17.94	14.77	12.15	9.71	7.50	5.58	4.00	13
51.59	46.76	41.94	37.22	32.63	28.15	23.78	19.59	15.67	12.21	9.24	6.79	4.83	14
50.30	45.60	40.80	36.00	31.20	26.90	22.60	18.60	15.00	11.60	8.70	6.60	...	15
55.80	50.90	46.10	41.20	36.40	31.90	27.10	22.60	18.40	14.50	10.80	7.80	...	16
47.25	42.57	37.98	33.49	29.12	24.89	20.86	17.09	13.72	10.74	8.18	6.05	4.34	17
54.80	49.90	45.05	40.22	35.52	30.88	26.37	21.91	17.70	13.82	10.42	7.48	5.28	18
49.27	44.65	40.05	35.51	31.08	26.81	22.77	19.02	15.56	12.29	9.37	6.85	4.88	19
56.90	52.05	47.22	42.45	37.73	33.11	28.59	24.19	19.91	15.80	12.01	8.68	6.03	20
...	...	...	...	...	...	...	...	...	...	...	...	...	
48.27	43.51	38.76	34.07	29.32	25.15	21.05	17.26	13.78	10.67	8.05	5.99	4.49	21
54.41	49.52	44.66	39.87	35.15	30.53	26.04	21.72	17.61	13.78	10.34	7.46	5.28	22
46.46	41.73	37.08	32.49	28.03	23.76	19.77	16.16	12.82	9.84	7.36	5.34	3.88	23
52.24	47.36	42.53	37.73	33.04	28.45	24.03	19.79	15.79	12.14	9.01	6.40	4.43	24

25. Expectation of life at specified ages for each sex: latest available year (continued)

(See notes at end of table.)

Continent, country or area, period and sex / Continent, pays ou zone, période et sexe		Age (in years)							
		0	1	2	3	4	5	10	15

EUROPE (Cont.–Suite)

Greece – Grèce
1980 [3]

		0	1	2	3	4	5	10	15	
1	Male – Masculin	72.15	72.82	71.89	70.95	69.99	69.02	54.13	59.26	5
2	Female – Féminin	76.35	76.78	76.05	75.09	74.13	73.15	68.24	63.32	5!

Hungary – Hongrie
1991

| 3 | Male – Masculin | 65.02 | 65.17 | 64.24 | 63.27 | 62.29 | 61.32 | 56.42 | 51.49 | 4 |
| 4 | Female – Féminin | 73.83 | 73.86 | 72.91 | 71.94 | 70.96 | 69.98 | 65.06 | 60.11 | 5. |

Iceland – Islande
1989–1990 [3]

| 5 | Male – Masculin | 75.71 | 75.19 | 74.24 | 73.26 | 72.26 | 71.26 | 66.32 | 61.40 | 5 |
| 6 | Female – Féminin | 80.29 | 79.69 | 78.73 | 77.73 | 76.73 | 75.75 | 70.82 | 65.87 | 6 |

Ireland – Irlande
1985–1987 [3]

| 7 | Male – Masculin | 71.01 | 70.67 | 69.72 | 68.75 | 67.77 | 66.80 | 61.88 | 56.98 | 5 |
| 8 | Female – Féminin | 76.70 | 76.28 | 75.33 | 74.36 | 73.39 | 72.41 | 67.46 | 62.52 | 5 |

Italy – Italie
1989 [3]

| 9 | Male – Masculin | 73.49 | 73.18 | 72.20 | 71.24 | 70.26 | 69.27 | 64.33 | 59.40 | 5 |
| 10 | Female – Féminin | 80.02 | 79.65 | 78.68 | 77.70 | 76.72 | 75.73 | 70.78 | 65.83 | 6 |

Latvia – Lettonie
1989–1990

| 11 | Male – Masculin | 64.73 | 64.67 | 63.76 | 62.83 | 61.89 | 60.95 | 56.22 | 51.43 | 4 |
| 12 | Female – Féminin | 74.87 | 74.65 | 73.76 | 72.82 | 71.86 | 70.88 | 66.01 | 61.12 | 5 |

Liechtenstein
1980–1984 [3]

| 13 | Male – Masculin | 66.07 | 65.80 | 64.80 | 63.80 | 62.95 | 61.95 | 57.07 | 52.44 | 4 |
| 14 | Female – Féminin | 72.94 | 73.11 | 72.11 | 71.31 | 70.31 | 69.31 | 64.31 | 59.47 | 5 |

Lithuania – Lituanie
1990

| 15 | Male – Masculin | 66.55 | 66.27 | 65.38 | 64.46 | 63.50 | 62.53 | 57.69 | 52.83 | 4 |
| 16 | Female – Féminin | 76.22 | 75.97 | 75.05 | 74.08 | 73.11 | 72.14 | 67.26 | 62.36 | 5 |

Luxembourg
1985–1987 [3]

| 17 | Male – Masculin | 70.61 | 70.13 | 69.16 | 68.19 | 67.22 | 66.24 | 61.37 | 56.51 | 5 |
| 18 | Female – Féminin | 77.87 | 77.50 | 76.52 | 75.53 | 74.55 | 73.56 | 68.63 | 63.70 | 5 |

Malta – Malte
1989

| 19 | Male – Masculin | 73.79 | 73.69 | 72.72 | 71.72 | 70.72 | 69.72 | 64.77 | 59.79 | 5 |
| 20 | Female – Féminin | 78.04 | 77.72 | 76.75 | 75.75 | 74.75 | 73.78 | 68.80 | 63.80 | 5 |

Netherlands – Pays–Bas
1990–1991 [3]

| 21 | Male – Masculin | 73.95 | 74.22 | 72.59 | 71.62 | 70.65 | 69.66 | 64.73 | 59.79 | 5 |
| 22 | Female – Féminin | 80.18 | 80.38 | 78.71 | 77.74 | 76.76 | 75.77 | 70.83 | 65.90 | 6 |

Norway – Norvège
1991 [3]

| 23 | Male – Masculin | 74.00 | 73.50 | 72.57 | 71.61 | 70.63 | 69.65 | 64.70 | 59.75 | 5 |
| 24 | Female – Féminin | 80.09 | 79.55 | 78.62 | 77.66 | 76.68 | 75.70 | 70.77 | 65.81 | 6 |

Poland – Pologne
1991

| 25 | Male – Masculin | 66.11 | 66.23 | ... | ... | ... | 62.39 | 57.48 | 52.58 | 4 |
| 26 | Female – Féminin | 75.27 | 75.25 | ... | ... | ... | 71.39 | 66.47 | 61.54 | 5 |

Portugal
1990–1991

| 27 | Male – Masculin | 70.03 | 69.89 | ... | ... | ... | 66.11 | 61.26 | 56.40 | 5 |
| 28 | Female – Féminin | 77.26 | 76.99 | ... | ... | ... | 73.17 | 68.28 | 63.38 | 5 |

25. Espérance de vie à un âge donné pour chaque sexe: dernière année disponible (suite)

notes à la fin du tableau.)

Age (en années)													
25	30	35	40	45	50	55	60	65	70	75	80	85	
49.74	45.01	40.29	35.58	30.94	26.42	22.13	18.17	14.59	11.48	8.84	6.68	4.95	1
53.54	48.66	43.79	38.95	34.15	29.46	24.93	20.63	16.69	13.17	10.12	7.58	5.54	2
42.03	37.43	32.97	28.72	24.75	21.10	17.78	14.74	11.98	9.49	7.22	5.35	3.73	3
50.36	45.51	40.78	36.17	31.68	27.32	23.14	19.15	15.42	11.98	8.91	6.33	4.25	4
52.01	47.32	42.49	37.74	33.04	28.54	24.08	20.01	16.07	12.76	9.86	7.36	5.60	5
56.05	51.17	46.26	41.43	36.67	32.08	27.59	23.29	19.31	15.33	11.83	8.98	6.20	6
47.44	42.65	37.87	33.12	28.46	23.98	19.79	15.98	12.64	9.71	7.26	5.31	3.85	7
52.68	47.76	42.88	38.05	33.30	28.68	24.25	20.06	16.20	12.61	9.46	6.78	4.75	8
49.90	45.18	40.44	35.69	31.03	26.54	22.25	18.31	14.77	11.57	8.73	6.41	4.65	9
55.99	51.09	46.21	41.37	36.59	31.91	27.34	22.90	18.66	14.69	11.07	7.96	5.59	10
42.40	38.02	33.69	29.45	25.43	21.71	18.21	15.08	12.33	9.83	7.61	5.71	4.16	11
51.51	46.71	41.94	37.23	32.69	28.27	23.97	19.87	15.95	12.45	9.43	6.91	4.90	12
43.49	38.68	34.54	30.57	26.34	22.47	18.51	15.17	12.33	9.42	7.32	5.74	4.00	13
50.06	45.06	40.28	35.71	31.58	27.44	23.03	19.00	14.91	11.20	8.63	6.23	4.30	14
43.63	39.16	34.80	30.61	26.65	22.96	19.46	16.28	13.27	10.63	8.38	6.51	4.97	15
52.64	47.78	42.99	38.30	33.77	29.36	24.98	20.84	16.97	13.40	10.20	7.46	5.22	16
47.27	42.62	37.88	33.19	28.62	24.24	20.19	16.44	13.06	10.09	7.51	5.32	3.71	17
53.93	49.02	44.18	39.38	34.66	30.08	25.61	21.31	17.19	13.32	9.80	6.75	4.61	18
50.25	45.36	40.59	35.74	31.06	26.60	22.18	18.22	14.75	11.52	8.97	6.69	5.44	19
53.93	48.99	44.07	39.26	34.50	29.70	25.04	20.73	16.84	12.95	10.00	7.11	4.96	20
50.11	45.29	40.49	35.74	31.06	26.52	22.16	18.13	14.47	11.28	8.58	6.43	4.77	21
56.06	51.16	46.30	41.48	36.73	32.09	27.55	23.18	19.04	15.12	11.50	8.37	5.90	22
50.20	45.43	40.67	35.98	31.32	26.82	22.52	18.54	14.87	11.62	8.82	6.53	4.80	23
55.98	51.01	46.22	41.41	36.64	31.98	27.44	23.04	18.83	14.91	11.31	8.25	5.79	24
43.23	38.62	34.10	29.76	25.64	21.79	18.29	15.09	12.24	9.68	7.38	5.51	4.10	25
51.76	46.88	42.06	37.33	32.73	28.25	23.90	19.74	15.81	12.35	9.21	6.62	4.69	26
47.29	42.70	38.16	33.66	29.24	24.98	20.90	17.13	13.69	10.59	7.91	5.60	3.86	27
53.66	48.81	43.99	39.22	34.54	29.96	25.48	21.14	16.97	13.10	9.65	6.69	4.45	28

25. Expectation of life at specified ages for each sex: latest available year (continued)

(See notes at end of table.)

Continent, country or area, period and sex / Continent, pays ou zone, période et sexe	\u00A0	\u00A0	\u00A0	Age (in years)	\u00A0	\u00A0	\u00A0	\u00A0	\u00A0
	0	1	2	3	4	5	10	15	

	0	1	2	3	4	5	10	15	
EUROPE (Cont.–Suite)									
Republic of Moldova – République de Moldova 1989									
1 \u00A0 Male – Masculin	65.50	...	...	...	...	...	...	...	
2 \u00A0 Female – Féminin	72.30	...	...	...	...	...	...	...	
Romania – Roumanie 1989–1991									
3 \u00A0 Male – Masculin	66.59	67.50	66.75	65.88	64.98	64.05	59.27	54.44	4
4 \u00A0 Female – Féminin	73.05	73.70	72.93	72.04	71.15	70.21	65.38	60.49	5.
Russian Federation – Fédération Russe 1991									
5 \u00A0 Male – Masculin	63.46	63.77	62.89	61.96	61.01	60.06	55.29	50.48	4
6 \u00A0 Female – Féminin	74.27	74.39	73.51	72.57	71.61	70.66	65.80	60.91	5
San Marino – Saint–Marin 1977–1986 [3]									
7 \u00A0 Male – Masculin	73.16	72.92	71.95	70.98	70.00	69.02	64.07	59.12	5
8 \u00A0 Female – Féminin	79.12	78.94	77.97	77.00	76.03	75.05	70.52	65.19	6
Spain – Espagne 1985–1986 [3]									
9 \u00A0 Male – Masculin	73.27	73.00	72.07	71.10	70.13	69.16	64.26	59.35	5
10 \u00A0 Female – Féminin	79.69	79.32	78.37	77.41	76.43	75.45	70.53	65.60	60
Sweden – Suède 1991 [3]									
11 \u00A0 Male – Masculin	74.94	74.44	73.47	72.48	71.50	70.51	65.56	60.60	55
12 \u00A0 Female – Féminin	80.54	80.00	79.03	78.05	77.06	76.08	71.12	66.18	61
Switzerland – Suisse 1990–1991 [3]									
13 \u00A0 Male – Masculin	74.10	73.60	...	...	...	69.70	64.80	59.90	55
14 \u00A0 Female – Féminin	80.90	80.40	...	...	...	76.50	71.60	66.60	61
Ukraine 1989–1990									
15 \u00A0 Male – Masculin	65.87	65.85	64.98	64.05	63.10	62.14	57.31	52.46	47
16 \u00A0 Female – Féminin	75.03	74.85	73.96	73.02	72.07	71.10	66.22	61.31	56
United Kingdom – Royaume–Uni 1988–1990									
17 \u00A0 Male – Masculin	72.73	72.42	71.47	70.50	69.52	68.54	63.61	58.68	53
18 \u00A0 Female – Féminin	78.27	77.84	76.88	75.91	74.93	73.94	68.99	64.05	59
Former Yugoslavia – Ancienne Yougoslavie 1989–1990 [3]									
19 \u00A0 Male – Masculin	69.08	69.66	...	...	...	65.88	60.99	56.09	51
20 \u00A0 Female – Féminin	74.93	75.47	...	...	...	71.67	66.77	61.84	56
OCEANIA—OCEANIE									
Australia – Australie 1991 [3] [13]									
21 \u00A0 Male – Masculin	74.35	73.94	72.99	72.02	71.04	70.05	65.12	60.20	55
22 \u00A0 Female – Féminin	80.29	79.79	78.84	77.86	76.88	75.89	70.94	65.99	61
Cook Islands – Iles Cook 1974–1978									
23 \u00A0 Male – Masculin	63.17	65.24	...	...	...	61.78	57.02	52.16	47
24 \u00A0 Female – Féminin	67.09	68.94	...	...	...	65.68	60.78	55.99	51
Fiji – Fidji 1976 [3]									
25 \u00A0 Male – Masculin	60.72	62.04	62.02	61.51	60.82	60.01	55.51	50.88	46
26 \u00A0 Female – Féminin	63.87	64.72	64.51	63.90	63.14	62.29	57.70	52.99	48

25. Espérance de vie à un âge donné pour chaque sexe: dernière année disponible (suite)

(notes à la fin du tableau.)

						Age (en années)							
25	30	35	40	45	50	55	60	65	70	75	80	85	
...	...	...	...	...	...	...	...	...	...	...	...	...	1
...	...	...	...	...	...	...	...	...	...	...	...	...	2
45.05	40.44	35.93	31.54	27.33	23.37	19.69	16.26	13.11	10.23	7.70	5.55	3.90	3
50.79	45.99	41.23	36.54	31.95	27.48	23.15	19.01	15.12	11.59	8.52	5.95	4.06	4
41.47	37.16	32.94	28.85	24.92	21.24	17.85	14.73	11.86	9.42	7.39	5.74	4.40	5
57.30	46.16	41.75	37.06	32.50	28.06	23.77	19.67	15.72	12.26	9.32	6.90	4.98	6
49.42	44.69	39.95	35.12	30.34	26.90	21.76	17.78	14.23	11.10	8.36	6.14	4.10	7
55.40	50.46	45.55	40.66	35.82	31.08	26.46	22.05	17.64	13.54	10.04	7.05	4.77	8
49.87	45.16	40.43	35.76	31.19	26.79	22.61	18.69	15.10	11.82	8.98	6.66	4.87	9
55.81	50.92	46.05	41.22	36.45	31.76	27.17	22.71	18.43	14.42	10.79	7.73	5.39	10
50.99	46.22	41.47	36.75	32.11	27.60	23.22	19.19	15.42	12.02	9.04	6.62	4.74	11
56.33	51.44	46.57	41.75	37.00	32.34	27.78	23.40	19.21	15.24	11.59	8.43	5.92	12
50.60	46.00	41.30	36.70	32.10	27.60	23.20	19.20	15.50	12.20	9.20	6.80	4.90	13
56.90	52.00	47.20	42.40	37.60	32.90	28.40	23.90	19.60	15.60	11.80	8.60	6.00	14
43.26	38.81	34.41	30.14	26.04	22.24	18.70	15.43	12.54	9.94	7.67	5.77	4.22	15
51.64	46.80	42.01	37.28	32.67	28.19	23.87	19.74	15.83	12.32	9.28	6.75	4.73	16
49.11	44.31	39.52	34.78	30.11	25.61	21.34	17.40	13.92	10.90	8.38	6.36	4.82	17
54.22	49.32	44.44	39.63	34.89	30.27	25.80	21.57	17.68	14.09	10.88	8.09	5.84	18
46.54	41.82	37.13	32.55	28.10	23.89	19.98	16.47	13.28	10.40	7.86	5.82	4.15	19
52.05	47.18	42.33	37.55	32.86	28.29	23.88	19.65	15.71	12.12	9.01	6.44	4.42	20
50.78	46.09	41.38	36.68	32.03	27.50	23.15	19.07	15.39	12.10	9.20	6.84	4.98	21
56.24	51.37	46.51	41.68	36.90	32.22	27.68	23.30	19.14	15.26	11.73	8.68	6.10	22
43.58	39.38	34.59	29.83	25.79	21.77	17.83	14.52	12.09	9.33	7.26	5.40	6.04	23
46.56	41.99	37.29	32.86	28.13	23.68	19.63	16.04	12.89	9.75	7.26	5.54	3.53	24
42.22	37.97	33.72	29.50	25.35	21.34	17.52	13.94	10.76	7.99	5.79	4.15	2.74	25
44.09	39.70	35.31	30.96	26.67	22.49	18.50	14.73	11.34	8.35	5.96	4.20	2.73	26

25. Expectation of life at specified ages for each sex: latest available year (continued)

(See notes at end of table.)

Continent, country or area, period and sex / Continent, pays ou zone, période et sexe		Age (in years)								
		0	1	2	3	4	5	10	15	
OCEANIA—OCEANIE(Cont.–Suite)										
French Polynesia – Polynésie française 1985–1990 [1]										
1	Male – Masculin	65.80	...	...	...	...	...	...	...	
2	Female – Féminin	71.10	...	...	...	...	...	...	...	
Guam 1979–1981										
3	Male – Masculin	69.53	69.36	...	...	...	65.53	60.63	55.75	5
4	Female – Féminin	75.59	75.64	...	...	...	71.78	66.85	61.89	5
Marshall Islands – Iles Marshall 1989										
5	Male – Masculin	59.06	62.54	...	...	...	...	60.95	56.54	5
6	Female – Féminin	62.96	65.50	...	...	...	...	63.65	59.17	5
New Zealand – Nouvelle–Zélande 1989–1991										
7	Male – Masculin	72.44	72.20	...	...	...	68.37	63.47	58.58	5
8	Female – Féminin	78.34	77.92	...	...	...	74.04	69.11	64.17	5
Papua New Guinea – Papouasie–Nouvelle–Guinée 1985–1990 [1]										
9	Male – Masculin	53.20	...	...	...	...	...	...	...	
10	Female – Féminin	54.70	...	...	...	...	...	...	...	
Samoa 1976										
11	Male – Masculin	61.00	...	...	...	...	...	...	...	
12	Female – Féminin	64.30	...	...	...	...	...	...	...	
Solomon Islands – Iles Salomon 1980–1984										
13	Male – Masculin	59.90	...	...	...	...	...	...	...	
14	Female – Féminin	61.40	...	...	...	...	...	...	...	

GENERAL NOTES

Average number of years of life remaining to persons surviving to exact age specified, if subject to mortality conditions of the period indicated. For limitations of data, see Technical Notes, page 96.

FOOTNOTES

* Provisional.
1 Estimates prepared in the Population Division of the United Nations.

2 For Mauritian population only.
3 Complete life table.
4 Excluding tribal Indian population.
5 Excluding nomadic Indian tribes.
6 Excluding Indian jungle population.
7 For Bahrain population only.

NOTES GENERALES

Nombre moyen d'années restant à vivre aux personnes ayant atteint l'âge donné si elles sont soumises aux conditions de mortalité de la période indiquée. Pour les insuffisances des données, voir Notes techniques, page 96.

NOTES

* Données provisoires.
1 Estimations établies par la Division de la population de l'Organisation des Nations Unies.
2 Pour la population Mauricienne seulement.
3 Table complète de mortalité.
4 Non compris les Indiens vivant en tribus.
5 Non compris les tribus d'Indiens nomades.
6 Non compris les Indiens de la jungle.
7 Pour la population du Bahraïn seulement.

25. Espérance de vie à un âge donné pour chaque sexe: dernière année disponible (suite)

otes à la fin du tableau.)

						Age (en années)							
25	30	35	40	45	50	55	60	65	70	75	80	85	
...	...	...	...	...	...	...	...	...	...	...	...	...	1
...	...	...	...	...	...	...	...	...	...	...	...	...	2
46.61	42.10	37.55	32.81	28.38	24.31	20.43	16.78	13.72	11.07	8.20	6.27	3.88	3
52.28	47.51	42.65	37.98	33.25	28.50	24.18	20.19	16.46	13.37	10.67	8.03	6.35	4
47.62	43.47	39.29	35.09	30.91	26.79	22.80	18.96	15.36	12.07	9.17	6.78	4.95	5
50.11	45.85	41.55	37.24	32.95	28.71	24.57	20.58	16.79	13.27	10.12	7.45	5.37	6
49.50	44.86	40.17	35.49	30.88	26.40	22.15	18.21	14.67	11.57	8.93	6.81	5.16	7
54.51	49.65	44.82	40.03	35.33	30.78	26.43	22.24	18.32	14.64	11.35	8.44	6.15	8
...	...	...	...	...	...	...	...	...	...	...	...	...	9
...	...	...	...	...	...	...	...	...	...	...	...	...	10
...	...	...	...	...	...	...	...	...	...	...	...	...	11
...	...	...	...	...	...	...	...	...	...	...	...	...	12
...	...	...	...	...	...	...	...	...	...	...	...	...	13
...	...	...	...	...	...	...	...	...	...	...	...	...	14

NOTES (cont.)

ncluding data for East Jesuralem and Israeli residents in certain other territories under occupation by Israeli military forces since June 1967.

For Japanese nationals in Japan only.
For urban population only.
Excluding the Faeroe Islands and Greenland.
All data shown pertaining to Germany prior to 3 October 1990 are indicated separately for the Federal Republic of Germany and the former German Democratic Republic based on their respective territories at the time indicated. See explanatory notes on data pertaining to Germany on page 4.

Excluding full–blooded aborigines.

NOTES (suite)

8 Y compris les données pour Jérusalem–Est et les résidents israéliens dans certains autres territoires occupés depuis juin 1967 par les forces armées israéliennes.
9 Pour les nationaux japonais au Japon seulement.
10 Pour la population urbaine seulement.
11 Non compris les îles Féroé et le Groenland.
12 Toutes les données se rapportant à l'Allemagne avant le 3 octobre 1990 figurent dans deux rubriques séparées basées sur les territoires respectifs de la République fédérale d'Allemagne et l'ancienne République démocratique allemande selon la période indiquée. Voir les notes explicatives sur les données concernant l'Allemagne à la page 4.
13 Non compris les aborigènes purs.

Selected indicators of population ageing and elderly population: each census, 1950 – 1990

Indicateurs divers concernant le vieillissement et les personnes âgées: chaque recensement, 1950 – 1990

(See notes at end of table.– Voir notes à la fin du tableau.)

Continent, country or area, and date Continent, pays ou zone et date	Population ageing Vieillissement					Elderly population (60 plus) Personnes âgées			
			Life expectancy Espérance de vie		Median			Rate of increase Taux d'accroi–ssement	Sex ratio
	Population	Fertility Fécondité	Male Masculin	Female Féminin	Age Médian	Population	Per cent P. 100		Rapport de masculinité
AFRICA–AFRIQUE									
Algeria – Algérie [1]									
4 IV 1966	12 096 347	[2] 7.5	[2] 50.40	[2] 52.50	16.5	798 292	6.6	...	94
5 IV 1977	16 260 491	[2] 7.2	[2] 56.50	[2] 58.50	16.1	841 973	5.2	0.5	100
15 III 1987	22 600 957	[2] 5.4	[2] 63.00	[2] 65.00	17.7	1 298 863	5.7	4.5	96
Angola									
31 XII 1950	4 145 266	[2] 6.4	[2] 28.60	[2] 31.50	21.2	195 803	4.7	...	88
1 IX 1960	4 830 449	[2] 6.4	[2] 32.50	[2] 35.50	20.3	215 100	4.5	1.0	110
Benin – Bénin									
20 III 1979	3 331 210	[2] 7.1	[2] 40.40	[2] 43.60	15.8	240 579	7.2	...	104
Botswana									
15 I 1964 [1]	528 955	[2] 6.9	[2] 45.00	[2] 48.00	18.2	34 394	6.5	...	86
31 VIII 1971 [3]	574 094	[2] 6.9	[2] 49.00	[2] 53.00	16.2	42 430	7.4	2.8	82
16 VIII 1981	941 027	7.1	52.32	59.70	16.4	65 054	6.9	4.4	84
Burkina Faso									
30 IX 1960 [4]	4 300 000	[2] 6.4	[2] 35.70	[2] 38.80	20.4	227 900	5.3	...	121
7 XII 1975	5 638 203	[2] 6.5	[2] 41.60	[2] 44.90	17.4	331 206	5.9	2.5	116
10 XII 1985	7 964 705	[2] 6.5	[2] 45.60	[2] 48.90	15.9	490 579	6.2	4.0	88
Burundi									
16 VIII 1979 [1]	4 028 420	[2] 6.8	[2] 42.40	[2] 45.60	18.2	261 817	6.5	...	89
Cameroon – Cameroun									
9 IV 1976 [1][5]	7 131 833	[2] 6.4	[2] 46.00	[2] 49.00	18.4	410 621	5.8	...	99
Cape Verde – Cap–Vert									
15 XII 1950	148 331	[2] 6.6	[2] 47.00	[2] 50.00	21.4	9 647	6.5	...	45
15 XII 1960	199 661	[2] 7.0	[2] 51.50	[2] 54.50	20.0	13 528	6.8	3.4	50
15 XII 1970	272 571	[2] 7.0	[2] 56.00	[2] 59.00	16.3	21 610	7.9	4.8	78
2 VI 1980 [1]	295 703	5.1	58.95	61.04	16.5	24 395	8.2	1.3	76
Central African Republic – République centrafricaine									
8 XII 1975	2 054 610	[2] 5.7	[2] 42.00	[2] 47.00	18.3	64 368	3.1	...	112
Comoros – Comores									
7 IX 1958 [1]	183 133	6.6	[2] 41.00	[2] 42.00	18.8	13 961	7.6	...	116
15 IX 1980 [6]	335 150	[2] 7.0	[2] 51.50	[2] 52.50	16.4	22 933	6.8	2.3	104
Congo [1]									
7 II 1974	1 319 790	[2] 6.3	[2] 44.10	[2] 49.30	17.2	64 592	4.9	...	87
22 XII 1984	1 909 248	[2] 6.3	[2] 48.10	[2] 53.30	17.3	100 490	5.3	4.1	79
Côte d'Ivoire									
30 IV 1975	6 709 600	[2] 7.4	[2] 46.40	[2] 49.70	17.8	233 745	3.5	...	115
Egypt – Egypte									
20 IX 1960 [7]	25 984 101	[2] 7.1	[2] 51.60	[2] 53.80	19.4	1 577 332	6.1	...	88
23 XI 1976 [8]	36 626 204	[2] 5.3	[2] 52.90	[2] 55.30	19.6	2 281 562	6.2	2.3	96
17 XI 1986 [8]	48 254 238	5.1	[2] 57.80	[2] 60.30	19.7	2 729 737	5.7	1.8	104
Equatorial Guinea – Guinée équatoriale									
4 VII 1983 [9]	300 000	5.8	[2] 42.40	[2] 45.60	18.9	18 980	6.3	...	83
Ethiopia – Ethiopie									
9 V 1984	42 169 203	[2] 6.5	[2] 38.40	[2] 41.60	17.1	2 572 218	6.1	...	118

Selected indicators of population ageing and elderly population: each census, 1950 – 1990 (continued)

Indicateurs divers concernant le vieillissement et les personnes âgées: chaque recensement, 1950 – 1990 (suite)

(See notes at end of table.– Voir notes à la fin du tableau.)

Continent, country or area, and date / Continent, pays ou zone et date	Population ageing / Vieillissement					Elderly population (60 plus) / Personnes âgées			
	Population	Fertility Fécondité	Life expectancy / Espérance de vie		Median	Population	Per cent P. 100	Rate of increase Taux d' accroi— ssement	Sex ratio Rapport de masculinité
			Male Masculin	Female Féminin	Age Médian				
AFRICA–AFRIQUE(Cont.–Suite)									
Gabon									
8 X 1960	448 564	2 4.1	25.00	45.00	29.5	30 838	6.9	...	77
Gambia – Gambie									
17 IV 1963	315 486	6.5	2 31.50	2 34.50	21.5	...	...	...	...
21 IV 1973	493 499	6.5	2 35.50	2 38.60	19.1	19 117	3.9	...	95
15 IV 1983	687 817	6.5	2 39.40	2 42.60	18.1	38 965	5.7	7.4	119
Ghana									
20 III 1960	6 726 815	2 6.9	2 44.40	2 47.60	18.4	331 516	4.9	...	114
1 III 1970	8 559 313	2 6.6	2 48.30	2 51.70	16.7	457 873	5.3	3.3	103
11 III 1984	12 296 081	2 5.5	2 50.30	2 53.80	17.5	719 135	5.8	3.3	97
Guinea–Bissau – Guinée–Bissau									
15 VI 1950	510 777	2 5.0	2 31.00	2 34.00	23.6	26 773	5.2	...	115
16 IV 1979 [1]	767 739	2 5.6	2 36.00	2 39.10	18.0	53 224	6.9	2.4	136
Kenya									
15 VIII 1962 [10]	8 636 300	2 8.1	2 44.00	2 48.00	16.8	418 300	4.8	...	128
24 VIII 1969	10 942 705	2 8.1	46.90	51.20	15.8	587 983	5.4	5.0	110
24 VIII 1979	15 327 061	2 8.1	2 51.50	2 55.50	15.7	703 626	4.6	1.8	106
Lesotho									
8 IV 1956 [11]	641 674	2 5.9	40.00	42.00	17.2	43 743	6.8	...	60
14 IV 1966 [12]	852 361	2 5.7	2 41.50	2 50.00	18.0	74 707	8.8	5.5	57
12 IV 1976 [1]	1 216 815	2 5.7	2 46.50	2 55.50	19.9	91 291	7.5	2.0	65
Liberia – Libéria									
2 IV 1962	1 016 443	2 6.7	2 41.00	2 44.00	22.8	64 385	6.3	...	120
1 II 1974	1 503 368	2 6.8	2 46.00	2 49.00	19.3	89 387	5.9	2.8	138
Libyan Arab Jamahiriya – Jamahiriya arabe libyenne									
30 VII 1954 [13]	1 088 873	2 6.9	2 41.90	2 43.90	22.0	103 243	9.5	...	107
31 VII 1964 [1] [14]	1 564 369	2 7.2	2 46.70	2 49.20	19.0	...	...	...	...
31 VII 1973 [1]	2 249 237	7.7	2 51.40	2 54.50	15.8	124 332	5.5	...	111
31 VII 1984 [1] [14]	3 237 160	2 7.2	2 56.60	2 60.00	15.1	122 943	3.8	[140] 4.1	99
Madagascar									
1 I 1975	7 603 790	2 6.6	2 48.00	2 51.00	17.6	438 515	5.8	...	114
Malawi									
9 VIII 1966	4 039 583	2 7.2	2 38.90	2 40.20	18.1	227 863	5.6	...	102
20 IX 1977	5 547 460	6.8	38.12	41.16	17.7	351 980	6.3	4.0	95
1 IX 1987	7 988 507	2 7.6	2 46.30	2 47.70	17.0	473 890	5.9	3.0	88
Mali									
15 VI 1960 [15]	3 680 000	2 7.1	2 34.00	2 37.00	20.1	183 600	5.0	...	102
16 XII 1976 [1]	6 394 918	2 7.1	46.91	49.66	18.0	399 618	6.2	4.8	94
1 IV 1987 [1]	7 696 348	2 7.1	2 42.40	2 45.60	17.1	473 235	6.1	1.7	100
Mauritania – Mauritanie [16]									
1 I 1977	1 338 830	2 6.5	2 40.40	2 43.60	17.9	78 071	5.8	...	77
5 IV 1988	1 864 236	2 6.5	2 44.40	2 47.60	17.9	113 451	6.1	3.4	88

Selected indicators of population ageing and elderly population: each census, 1950 – 1990 (continued)

Indicateurs divers concernant le vieillissement et les personnes âgées: chaque recensement, 1950 – 1990 (suite)

(See notes at end of table.– Voir notes à la fin du tableau.)

Continent, country or area, and date / Continent, pays ou zone et date	Population ageing / Vieillissement					Elderly population (60 plus) / Personnes âgées			
	Population	Fertility Fécondité	Life expectancy / Espérance de vie		Median	Population		Rate of increase Taux d' accroi– ssement	Sex ratio
			Male Masculin	Female Féminin	Age Médian		Per cent P. 100		Rapport de masculinité
AFRICA–AFRIQUE(Cont.–Suite)									
Mauritius – Maurice Island of Mauritius – Ile Maurice									
29 VI 1952	501 200	...	49.79	52.29	20.3	27 820	5.6	...	66
30 VI 1962	681 619	5.9	58.66	61.86	17.6	36 712	5.4	2.8	71
30 VI 1972	826 199	3.3	60.68	65.31	19.0	49 126	5.9	3.0	79
2 VII 1983	966 863	2.2	64.38	71.23	22.8	68 488	7.1	3.1	78
Rodrigues									
29 VI 1952	13 333	...	...	...	16.1	666	5.0	...	96
30 VI 1962	18 335	...	...	...	17.9	850	4.6	2.5	87
30 VI 1972	24 769	...	...	...	15.8	1 308	5.3	4.4	79
2 VII 1983	33 082	4.1	64.47	68.95	17.3	1 740	5.3	2.6	81
Morocco – Maroc [1]									
18 VI 1960	11 626 232	[2] 7.1	[2] 46.70	[2] 49.20	19.5	832 993	7.2	...	104
20 VII 1971	15 153 806	[2] 6.9	[2] 51.40	[2] 54.50	17.0	1 077 480	7.1	2.3	103
3 IX 1982	20 449 551	[2] 5.4	[2] 56.60	[2] 60.00	18.6	1 288 333	6.3	1.6	108
Mozambique									
21 IX 1950	5 738 911	[2] 6.2	[2] 32.00	[2] 35.00	21.7	289 486	5.0	...	61
15 IX 1960 [1]	6 603 653	[2] 6.4	[2] 37.00	[2] 40.10	21.0	301 201	4.6	0.4	73
15 XII 1970	8 168 933	[2] 6.5	[2] 40.90	[2] 44.10	18.4	333 799	4.1	0.7	96
1 VIII 1980 [17]	11 673 725	[2] 6.5	[2] 42.90	[2] 46.10	16.8	611 266	5.2	6.5	92
Namibia – Namibie									
8 V 1951 [18]	206 331	[2] 6.0	[2] 37.50	[2] 40.00	25.4	17 400	8.4	...	103
6 IX 1960	526 004	[2] 6.0	[2] 42.50	[2] 45.00	21.2	37 699	7.2	8.6	88
Nigeria – Nigéria									
5 XI 1963 [19]	55 670 055	6.9	[2] 39.00	[2] 42.10	18.7	1 936 901	3.5	...	138
Réunion									
1 VII 1954	274 370	[2] 5.6	[2] 49.70	[2] 55.60	19.4	14 988	5.5	...	57
9 X 1961	349 282	6.4	[2] 54.10	[2] 60.60	17.8	18 399	5.3	2.9	59
16 X 1967	416 525	6.0	[2] 57.10	[2] 64.10	17.1	22 021	5.3	3.0	64
16 X 1974 [1]	476 675	[2] 3.9	[2] 60.40	[2] 68.10	18.2	28 432	6.0	3.7	67
9 III 1982 [1]	515 798	2.8	[2] 65.50	[2] 74.00	21.5	37 875	7.3	4.0	70
15 III 1990 [1]	597 828	[2] 2.3	[2] 67.00	[2] 75.30	25.1	51 388	8.6	3.9	73
Rwanda									
15 VIII 1978	4 800 433	8.7	45.10	47.70	16.8	231 871	4.8	...	94
St. Helena ex. dep. – Sainte–Hélène sans dép.									
21 X 1956	4 642	...	...	...	18.5	467	10.1	...	82
24 VII 1966	4 649	...	...	...	20.9	592	12.7	2.5	91
31 X 1976	5 147	...	...	...	22.8	644	12.5	0.8	88
22 II 1987	5 415	...	...	...	26.9	670	12.4	0.4	75
Ascension									
24 VII 1966	476	...	...	...	21.8	4	...	...	...
Tristan da Cunha									
22 II 1987	296	...	...	...	37.6	59	19.9	...	111

Selected indicators of population ageing and elderly population: each census, 1950 – 1990 (continued)

Indicateurs divers concernant le vieillissement et les personnes âgées: chaque recensement, 1950 – 1990 (suite)

(See notes at end of table.– Voir notes à la fin du tableau.)

Continent, country or area, and date Continent, pays ou zone et date	Population ageing Vieillissement					Elderly population (60 plus) Personnes âgées			
			Life expectancy Espérance de vie		Median			Rate of increase Taux d'accroissement	Sex ratio
	Population	Fertility Fécondité	Male Masculin	Female Féminin	Age Médian	Population	Per cent P. 100		Rapport de masculinité
AFRICA–AFRIQUE(Cont.–Suite)									
Sao Tome and Principe – Sao Tomé–et–Principe									
15 XII 1960 [1]	64 263	...	...	...	24.5	3 691	5.7	...	83
15 VIII 1981	96 611	...	...	...	16.7	6 821	7.1	3.0	81
Senegal – Sénégal									
16 IV 1976 [1]	4 997 885	[2] 6.9	[2] 41.80	[2] 43.80	18.3	304 937	6.1	...	113
27 V 1988* [20]	6 892 720	6.5	[2] 46.30	[2] 48.30	16.2	344 042	5.0	1.0	110
Seychelles									
4 V 1960	41 425	5.4	60.80	65.90	22.1	3 733	9.0	...	74
5 V 1971	52 650	6.1	61.90	68.00	18.5	4 748	9.0	2.2	75
1 VIII 1977	61 898	4.3	64.60	71.10	19.3	5 573	9.0	2.6	74
17 VIII 1987	68 598	2.9	74.05	74.35	22.7	6 848	10.0	2.1	74
Sierra Leone [9]									
1 IV 1963	2 180 355	6.3	[2] 30.60	[2] 33.50	22.5	166 463	7.6	...	116
8 XII 1974	2 735 159	[2] 6.5	[2] 33.50	[2] 36.50	20.4	212 681	7.8	2.1	109
South Africa – Afrique du Sud									
8 V 1951	12 671 452	[2] 6.5	[2] 44.00	[2] 46.00	21.2	794 975	6.3	...	87
6 IX 1960 [21]	15 994 181	[2] 6.5	[2] 48.00	[2] 52.00	20.3	957 193	6.0	2.0	82
6 V 1970	21 794 328	[2] 5.5	[2] 51.00	[2] 57.00	19.2	...	...	...	...
6 V 1980 [22] [23]	25 016 525	[2] 4.8	[2] 55.00	[2] 61.00	20.9	1 581 911	6.3	6.1	80
5 III 1985 [9] [24]	23 385 645	[2] 4.4	[2] 57.50	[2] 63.50	22.2	1 662 580	7.1	...	74
Sudan – Soudan									
17 I 1956 [1]	10 262 536	[2] 6.7	[2] 37.10	[2] 39.30	24.8	...	...	...	102
3 IV 1973	14 113 590	6.7	[2] 41.40	[2] 43.90	17.4	636 108	4.5	...	120
1 II 1983	20 594 197	6.6	[2] 46.60	[2] 49.00	17.6	941 655	4.6	4.1	138
Swaziland									
17 VII 1956 [9]	237 021	[2] 6.5	[2] 37.00	[2] 40.40	18.8	...	...	...	...
24 V 1966 [25]	374 571	[2] 6.3	[2] 42.40	[2] 46.50	16.7	21 911	5.8	...	71
25 VIII 1976	494 534	[2] 5.2	42.90	49.50	16.1	25 468	5.1	1.5	82
25 VIII 1986	681 059	[2] 4.4	[2] 53.70	[2] 57.30	16.1	32 567	4.8	2.5	73
Togo									
XI 1958	1 439 800	6.6	[2] 36.50	[2] 39.60	17.5	82 621	5.7	...	107
1961	1 543 555	7.0	31.60	38.50	16.7	82 975	5.4	0.2	98
1 III 1970 [1]	1 949 493	[2] 6.6	[2] 43.90	[2] 47.10	15.1	109 620	5.6	3.1	99
Tunisia – Tunisie									
1 II 1956 [26]	3 943 260	[2] 7.0	[2] 46.60	[2] 47.60	20.0	269 710	6.8	...	79
3 V 1966 [27]	4 533 351	7.2	[2] 51.60	[2] 52.60	17.2	252 897	5.6	–0.5	115
8 V 1975	5 577 250	[2] 5.7	[2] 59.60	[2] 60.60	17.7	324 460	5.8	2.8	126
30 III 1984 [1]	6 975 450	[2] 4.9	[2] 62.60	[2] 63.60	19.5	465 980	6.7	4.2	121
Uganda – Ouganda									
18 III 1959	6 538 000	[2] 6.9	[2] 40.40	[2] 43.60	19.8	249 000	3.8	...	120
18 VIII 1969 [28]	9 548 847	[2] 6.9	[2] 44.40	[2] 47.60	17.2	556 095	5.8	8.0	122

Selected indicators of population ageing and elderly population: each census, 1950 – 1990 (continued)

Indicateurs divers concernant le vieillissement et les personnes âgées: chaque recensement, 1950 – 1990 (suite)

(See notes at end of table.– Voir notes à la fin dY tableau.)

Continent, country or area, and date / Continent, pays ou zone et date	Population ageing / Vieillissement					Elderly population (60 plus) / Personnes âgées			
	Population	Fertility Fécondité	Life expectancy / Espérance de vie		Median	Population		Rate of increase Taux d' accroi– ssement	Sex ratio
			Male Masculin	Female Féminin	Age Médian		Per cent P. 100		Rapport de masculinité
AFRICA–AFRIQUE(Cont.–Suite)									
United Rep. of Tanzania – Rép.–Unie de Tanzanie									
26 VIII 1978	17 512 611	7.1	² 47.30	² 50.70	17.0	1 064 869	6.1	...	109
Tanganyika									
26 VIII 1967 ²⁹	11 951 933	...	...	...	18.4	882 893	7.4	...	108
26 VIII 1978	17 036 498	...	...	...	17.0	1 030 975	6.1	1.4	109
Zanzibar									
19 III 1958	299 111	...	...	...	22.9	...	...	...	...
26 VIII 1967	354 152	...	...	...	20.5	29 285	8.3	...	125
26 VIII 1978	476 113	...	...	...	15.6	33 892	7.1	1.3	118
Western Sahara – Sahara Occidental									
31 XII 1970	76 425	...	...	...	19.8	3 684	4.8	...	148
Zaire – Zaïre									
1 VII 1984 ¹	30 731 300	² 6.1	² 48.30	² 51.70	16.9	1 368 700	4.5	...	104
Zambia – Zambie									
22 VIII 1969	4 056 995	² 6.6	² 43.70	² 46.90	17.1	143 472	3.5	...	120
25 VIII 1980	5 661 801	2.6	50.36	52.46	15.2	249 088	4.4	5.1	113
Zimbabwe									
18 VIII 1982	7 501 470	² 6.2	² 54.00	² 57.60	16.0	366 260	4.9	...	102
AMERICA,NORTH– AMERIQUE DU NORD									
Antigua and Barbuda – Antigua–et–Barbuda ¹									
7 IV 1960	54 060	...	60.48	64.32	18.6	3 687	6.8	...	45
7 IV 1970	64 794	...	...	...	17.7	5 185	8.0	3.5	60
Aruba ¹									
27 VI 1960	53 199	...	...	...	19.4	2 604	4.9	...	75
1 II 1981	60 312	...	...	...	26.5	5 744	9.5	3.9	77
Bahamas									
6 XII 1953	84 841	² 4.2	...	...	20.5	5 540	6.5	...	72
15 XI 1963 ¹	130 220	...	61.00	67.30	18.5	4 650	3.6	...	65
7 IV 1970 ¹	168 812	3.4	64.00	69.30	18.7	9 274	5.5	11.4	71
12 V 1980 ¹	209 505	2.7	...	...	19.7	13 191	6.3	3.6	75
Barbados – Barbade ¹									
7 IV 1960	232 327	4.7	62.74	67.43	21.8	21 928	9.4	...	45
7 IV 1970	235 229	3.0	66.90	72.00	21.2	28 657	12.2	2.7	63
12 V 1980	244 228	1.9	67.15	72.46	24.4	34 296	14.0	1.8	69
Belize									
7 IV 1960 ¹ ⁹	90 505	...	...	...	18.1	5 886	6.5	...	93
7 IV 1970	119 934	5.8	...	...	15.3	7 732	6.4	2.8	95
12 V 1980	142 847	5.8	69.85	71.78	16.7	9 139	6.4	1.7	95
Bermuda – Bermudes ¹									
22 X 1950	37 403	...	...	...	25.2	3 105	8.3	...	77
23 X 1960	42 640	...	...	...	25.7	3 702	8.7	1.8	74
25 X 1970	52 330	...	...	...	27.0	5 092	9.7	3.2	78
12 V 1980	54 050	1.6	68.81	76.28	29.9	6 402	11.8	2.4	75

Selected indicators of population ageing and elderly population: each census, 1950 – 1990 (continued)

Indicateurs divers concernant le vieillissement et les personnes âgées: chaque recensement, 1950 – 1990 (suite)

(See notes at end of table.– Voir notes à la fin du tableau.)

Continent, country or area, and date / Continent, pays ou zone et date	Population ageing Vieillissement					Elderly population (60 plus) Personnes âgées			
			Life expectancy Espérance de vie		Median			Rate of increase Taux d' accroi– ssement	Sex ratio
	Population	Fertility Fécondité	Male Masculin	Female Féminin	Age Médian	Population	Per cent P. 100		Rapport de masculinité
AMERICA,NORTH (cont.)– AMERIQUE DU NORD (suite)									
British Virgin Islands – Iles Vierges britanniques									
7 IV 1960 [1]	7 921	...	...	...	16.1	627	7.9	...	83
7 IV 1970	9 672	...	...	...	15.4	504	5.2	–2.1	107
12 V 1980	10 985	2.4	...	...	23.5	945	8.6	6.4	109
Canada [1]									
1 VI 1951	14 009 429	3.4	66.33	70.83	27.7	1 592 425	11.4	...	105
1 VI 1956	16 080 791	3.8	67.61	72.92	27.2	1 768 855	11.0	2.1	101
1 VI 1961	18 238 247	3.8	68.35	74.17	26.3	1 974 789	10.8	2.2	96
1 VI 1966	20 014 900	2.7	68.75	75.18	25.5	2 203 000	11.0	2.2	91
1 VI 1971	21 568 310	2.1	69.34	76.36	26.3	2 521 420	11.7	2.7	86
1 VI 1976	22 992 605	1.8	70.19	77.48	27.8	2 907 745	12.6	2.9	82
3 VI 1981	24 343 185	1.7	73.02	79.79	29.7	3 340 290	13.7	2.8	79
3 VI 1986	25 309 330	1.6	73.02	79.79	31.7	3 822 715	15.1	2.7	77
Cayman Islands – Iles Caïmanes									
IV 1954	7 503	...	...	...	23.0	872	11.6	...	89
7 IV 1960 [1]	8 511	...	...	...	24.0	924	10.9	1.0	65
7 IV 1970	10 460	...	...	...	21.5	1 074	10.3	1.3	63
8 X 1979 [1]	16 677	...	...	...	26.2	1 639	9.8	3.0	71
15 X 1989 [1]	25 355	1.7	...	...	29.5	2 287	9.0	3.4	78
Costa Rica [1]									
22 V 1950	800 875	[2] 6.7	54.65	57.05	18.4	38 016	4.7	...	104
1 IV 1963 [30]	1 336 274	7.2	61.60	64.50	16.2	67 736	5.1	4.6	99
14 V 1973	1 871 780	3.9	66.10	70.20	17.5	104 113	5.6	4.3	99
10 VI 1984	2 416 809	[2] 3.5	[2] 71.30	[2] 75.90	20.9	158 144	6.5	3.8	94
Cuba									
28 I 1953 [1]	5 829 029	[2] 4.1	[2] 57.80	[2] 61.30	22.3	399 606	6.9	...	115
6 IX 1970	8 569 121	[2] 3.5	68.50	71.80	22.4	770 787	9.0	3.8	117
11 IX 1981	9 723 605	1.6	72.63	75.97	24.7	1 054 998	10.8	2.9	104
Dominica – Dominique									
7 IV 1960	59 916	7.1	56.97	59.18	18.0	4 850	8.1	...	62
7 IV 1981 [1]	73 795	...	...	...	18.9	7 440	10.1	2.1	73
Dominican Republic – République dominicaine									
6 VIII 1950	2 135 872	7.0	[2] 44.70	[2] 47.30	17.6	99 596	4.7	...	96
7 VIII 1960	3 047 070	5.3	[2] 57.15	[2] 58.59	16.4	151 440	5.0	4.3	107
9 I 1970	4 009 458	6.8	[2] 58.10	[2] 61.80	16.1	197 369	4.9	2.0	106
12 XII 1981	5 647 977	7.4	[2] 62.20	[2] 66.10	18.7	309 845	5.5	3.9	108
El Salvador									
13 VI 1950	1 855 917	6.1	49.94	52.40	19.1	92 650	5.0	...	94
2 V 1961	2 510 984	6.8	50.80	54.00	17.7	137 897	5.5	3.7	93
28 VI 1971	3 554 648	6.2	[2] 56.60	[2] 61.10	16.8	190 946	5.4	3.3	92
Greenland – Groenland									
31 XII 1951	24 118	...	51.40	53.60	18.8	875	3.6	...	70
31 XII 1955	26 933	6.3	51.40	53.60	18.7	984	3.7	3.0	77
31 XII 1960 [1]	33 140	6.7	57.00	64.20	18.1	1 276	3.9	5.3	77
31 XII 1965	39 600	6.4	59.00	65.70	17.5	1 632	4.1	5.2	81
31 XII 1970	46 531	...	59.00	65.70	19.3	2 080	4.5	5.0	78
26 X 1976 [1]	49 630	2.3	59.70	67.30	22.3	2 528	5.1	3.4	81

Selected indicators of population ageing and elderly population: each census, 1950 – 1990 (continued)

Indicateurs divers concernant le vieillissement et les personnes âgées: chaque recensement, 1950 – 1990 (suite)

(See notes at end of table.– Voir notes à la fin du tableau.)

Continent, country or area, and date / Continent, pays ou zone et date	Population ageing / Vieillissement					Elderly population (60 plus) / Personnes âgées			
	Population	Fertility Fécondité	Life expectancy / Espérance de vie Male Masculin	Female Féminin	Median Age Médian	Population	Per cent P. 100	Rate of increase Taux d' accroissement	Sex ratio Rapport de masculinité
AMERICA,NORTH–(Cont.–Suite) AMERIQUE DU NORD									
Grenada – Grenade									
7 IV 1960 [9]	88 677	6.7	60.14	65.60	16.3	6 833	7.7	...	52
30 IV 1981	89 088	...	...	...	19.3	8 894	10.0	1.3	66
Guadeloupe									
1 VII 1954	229 120	5.4	[2] 55.00	[2] 58.10	20.9	16 457	7.2	...	64
16 X 1967 [1]	312 724	5.3	62.50	67.30	18.1	22 599	7.2	2.4	71
16 X 1974 [1][9]	320 678	[2] 4.5	66.40	70.90	19.2	27 818	8.7	3.0	78
9 III 1982 [1]	327 002	[2] 2.5	[2] 66.40	[2] 72.40	23.1	34 621	10.6	3.0	79
Guatemala									
18 IV 1950	2 790 868	6.6	[2] 43.82	[2] 43.52	18.5	123 075	4.4	...	102
18 IV 1964 [9]	4 287 997	[2] 6.8	48.29	49.74	17.2	204 281	4.8	3.7	103
26 III 1973 [1]	5 160 221	6.4	53.74	55.53	17.3	244 394	4.7	2.0	101
23 III 1981 [31]	6 054 227	[2] 6.9	55.11	59.43	17.4	303 428	5.0	2.4	104
Haiti – Haïti [1]									
7 VIII 1950 [32]	3 097 220	[2] 6.3	[2] 36.30	[2] 38.90	21.2	194 184	6.3	...	84
31 VIII 1971	4 329 991	[2] 5.8	47.10	50.00	19.0	289 107	6.7	1.9	82
30 VIII 1982	5 053 189	[2] 5.2	[2] 51.20	[2] 54.40	20.4	421 490	8.3	3.5	93
Honduras									
18 VI 1950 [9]	1 368 605	[2] 7.0	[2] 40.90	[2] 43.80	19.6	86 557	6.3	...	93
17 IV 1961 [9]	1 884 765	6.5	[2] 46.30	[2] 49.70	16.1	81 539	4.3	–0.4	95
6 III 1974	2 656 948	[2] 7.4	[2] 52.20	[2] 55.80	15.9	118 817	4.5	3.0	98
V 1988	4 248 561	5.5	[2] 61.90	[2] 66.10	16.5	219 796	5.2	4.4	97
Jamaica – Jamaïque [1]									
7 IV 1960 [33]	1 609 814	5.6	62.65	66.63	19.9	108 463	6.7	...	76
7 IV 1970	1 813 594	[2] 5.0	66.60	70.80	17.3	153 477	8.5	3.5	84
8 VI 1982	2 190 357	3.3	[2] 69.20	[2] 73.60	19.8	208 911	9.5	2.6	85
Martinique [1]									
1 VII 1954	239 130	5.5	55.40	59.20	21.0	17 564	7.3	...	65
9 X 1961	290 679	5.4	[2] 62.30	[2] 66.00	19.1	21 016	7.2	2.5	69
16 X 1967	320 030	5.1	[2] 64.30	[2] 69.00	18.2	24 959	7.8	2.9	71
16 X 1974 [20]	321 323	3.5	[2] 66.30	[2] 72.00	19.2	28 947	9.0	2.1	75
9 III 1982	326 717	[2] 2.1	[2] 71.00	[2] 78.00	24.1	38 622	11.8	4.0	76
15 III 1990	359 579	2.0	[2] 72.00	[2] 78.70	28.9	50 304	14.0	3.4	77
Mexico – Mexique [1]									
6 VI 1950 [9]	25 791 017	[2] 6.7	48.13	51.06	19.0	1 419 685	5.5	...	91
8 VI 1960 [34]	34 923 129	6.2	[2] 57.00	[2] 60.30	17.8	1 939 745	5.6	3.2	96
28 I 1970 [9]	48 225 238	6.2	59.39	63.43	16.8	2 709 238	5.6	3.5	94
4 VI 1980	66 846 833	3.0	[2] 64.20	[2] 70.60	18.0	3 676 266	5.5	3.0	91
Montserrat									
7 IV 1960 [1]	12 167	...	...	...	18.4	1 454	12.0	...	45
7 IV 1970	11 458	...	...	...	20.5	1 792	15.6	2.1	58
12 V 1980	11 519	2.3	...	...	24.4	1 948	16.9	0.8	68
Netherlands Antilles – [1] Antilles néerlandaises									
31 XII 1960	135 715	7.3	69.20	73.50	20.0	9 919	7.3	...	57
31 XII 1971* [35][36]	218 390	3.1	58.90	65.70	20.5	18 083	8.3	...	75
1 II 1981	171 620	[2] 5.9	71.13	75.75	24.3	16 020	9.3	...	74
Nicaragua [1]									
31 V 1950 [28]	1 057 023	[2] 7.4	[2] 40.90	[2] 43.70	18.2	50 457	4.8	...	83
25 IV 1963	1 535 588	6.2	[2] 47.30	[2] 49.80	15.9	75 670	4.9	3.2	86
20 IV 1971	1 877 952	[2] 6.8	[2] 53.70	[2] 55.80	15.9	88 761	4.7	2.0	86
Panama									
10 XII 1950 [37]	756 631	[2] 5.7	54.40	56.20	19.4	41 595	5.5	...	108
11 XII 1960 [37]	1 075 541	5.6	57.62	60.88	18.3	59 231	5.5	3.6	104
10 V 1970 [37]	1 428 082	4.9	64.26	67.50	18.2	80 788	5.7	3.4	104
11 V 1980 [38]	1 795 012	3.6	69.20	72.85	19.8	119 708	6.7	4.0	105
13 V 1990	2 329 329	[2] 2.9	70.15	74.10	22.3	176 465	7.6	4.0	101

Selected indicators of population ageing and elderly population: each census, 1950 – 1990 (continued)

Indicateurs divers concernant le vieillissement et les personnes âgées: chaque recensement, 1950 – 1990 (suite)

(See notes at end of table.– Voir notes à la fin du tableau.)

Continent, country or area, and date / Continent, pays ou zone et date	Population ageing / Vieillissement					Elderly population (60 plus) / Personnes âgées			
			Life expectancy / Espérance de vie		Median			Rate of increase / Taux d'	Sex ratio
	Population	Fertility / Fécondité	Male / Masculin	Female / Féminin	Age / Médian	Population	Per cent / P. 100	accroi-ssement	Rapport de masculinité
AMERICA,NORTH–(Cont.–Suite) AMERIQUE DU NORD									
Panama Former Canal Zone– [1] Ancienne Zone du Canal									
1 IV 1950	52 822	...	54.40	56.20	25.4	2 567	4.9	...	162
1 IV 1960	42 122	2.9	...	...	23.3	1 462	3.5	–5.4	97
10 V 1970	44 198	2.2	...	...	23.0	1 301	2.9	1.0	90
Puerto Rico – Porto Rico [1] [39]									
1 IV 1950	2 210 703	5.2	[2] 63.00	[2] 66.70	18.4	134 684	6.1	...	98
1 IV 1960	2 349 544	4.7	67.14	71.88	18.5	180 277	7.7	3.0	98
1 IV 1970 [40]	2 712 033	3.2	68.96	75.18	21.6	258 661	9.5	3.7	96
1 IV 1980	3 196 520	2.7	70.29	77.52	24.6	357 504	11.2	3.3	91
Saint Kitts and Nevis – Saint–Kitts–et–Nevis [41]									
7 IV 1960	56 693	...	57.97	61.90	17.4	4 333	7.6	...	53
7 IV 1970	44 884	5.1	...	...	15.6	4 952	11.0	1.3	63
12 V 1980	43 309	1.5	...	...	19.9	5 779	13.3	1.5	73
Saint Lucia – Sainte–Lucie									
7 IV 1960 [42]	86 108	6.9	55.13	58.47	17.9	6 224	7.2	...	57
7 IV 1970	99 806	...	...	...	15.2	7 662	7.7	2.1	64
12 V 1980 [43]	113 409	4.3	66.70	72.20	17.6	9 337	8.2	2.0	74
St. Pierre and Miquelon – Saint–Pierre–et–Miquelon									
14 V 1951	4 606	3.8	...	...	24.6	420	9.1	...	51
15 X 1957 [1]	4 822	...	...	...	24.8	447	9.3	1.0	51
20 IV 1962	4 990	...	...	...	25.6	544	10.9	2.4	56
12 VI 1967 [44]	5 186	3.7	...	...	25.1	531	10.2	–0.4	72
18 II 1974	5 840	2.3	...	...	24.1	615	10.5	2.2	68
9 III 1982	6 037	...	...	...	28.0	748	12.4	2.5	59
St. Vincent and the Grenadines – Saint–Vincent–et–Grenadines									
7 IV 1960 [9]	79 948	7.3	58.46	59.67	15.5	5 108	6.4	...	51
12 V 1980 [9]	97 845	3.9	...	...	17.4	8 103	8.3	2.3	71
Trinidad and Tobago – Trinité–et–Tobago									
7 IV 1960 [9]	827 957	[2] 4.4	62.15	66.33	18.9	49 947	6.0	...	82
7 IV 1970	931 071	3.4	64.08	68.11	18.5	62 368	6.7	2.2	85
12 V 1980 [45]	1 055 763	3.1	66.88	71.62	21.5	83 159	7.9	2.9	88
Turks and Caicos Islands – Iles Turques et Caïques									
IV 1954	5 052	...	...	...	19.2	389	7.7	...	61
7 IV 1960 [1]	5 668	...	...	...	17.9	467	8.2	3.1	47
29 X 1970 [1]	5 558	...	...	...	17.4	528	9.5	1.2	66
12 V 1980	7 413	...	...	...	18.5	679	9.2	2.7	77
United States – Etats–Unis [46]									
1 IV 1950	150 697 361	[2] 3.4	65.47	70.96	30.2	18 329 012	12.2	...	93
1 IV 1960	179 323 175	3.6	66.60	73.10	29.5	23 702 032	13.2	2.6	85
1 IV 1970	203 211 926	2.5	67.10	74.80	28.1	28 682 286	14.1	1.9	77
1 IV 1980	226 545 805	1.8	70.00	77.50	30.0	35 637 048	15.7	2.2	72
1 IV 1990	248 709 873	[2] 2.1	71.80	78.60	32.8	41 704 104	16.8	1.6	72
United States Virgin Islands – Iles Vierges américaines [1] [39]									
1 IV 1950	26 665	5.1	...	...	22.0	2 922	11.0	...	72
1 IV 1960	32 099	5.6	...	...	20.7	3 066	9.6	0.5	80
1 IV 1970	62 468	5.3	...	...	23.0	3 630	5.8	1.7	79
1 IV 1980	96 569	3.1	...	...	22.5	6 895	7.1	6.6	86

Selected indicators of population ageing and elderly population: each census, 1950 – 1990 (continued)

Indicateurs divers concernant le vieillissement et les personnes âgées: chaque recensement, 1950 – 1990 (suite)

(See notes at end of table.– Voir notes à la fin du tableau.)

Continent, country or area, and date / Continent, pays ou zone et date	Population ageing / Vieillissement					Elderly population (60 plus) / Personnes âgées			
			Life expectancy / Espérance de vie		Median			Rate of increase / Taux d'	Sex ratio
	Population	Fertility / Fécondité	Male / Masculin	Female / Féminin	Age / Médian	Population	Per cent P. 100	accroi-ssement	Rapport de masculinité
AMERICA, SOUTH – AMERIQUE DU SUD									
Argentina – Argentine									
30 IX 1960 [47]	20 010 539	[2] 2.5	63.13	68.87	27.0	1 784 176	8.9	...	95
30 IX 1970	23 390 050	3.1	61.93	69.74	27.1	2 512 200	10.7	3.5	87
22 X 1980 [48]	27 947 446	3.3	65.48	72.70	27.2	3 292 683	11.8	1.5	79
Bolivia – Bolivie									
5 IX 1950 [49]	2 704 165	[2] 6.7	49.71	49.71	20.3	193 548	7.2	...	93
29 IX 1976 [50]	4 613 486	3.9	[2] 46.50	[2] 50.90	19.0	292 712	6.3	1.6	84
Brazil – Brésil [1][52]									
1 IX 1950 [51]	51 944 397	[2] 6.1	[2] 49.30	[2] 52.80	18.8	2 205 341	4.2	...	92
1 IX 1960 [53]	70 119 071	[2] 6.1	57.61	61.10	18.6	3 313 623	4.7	4.2	100
1 IX 1970	93 139 037	[2] 4.7	57.61	61.10	18.6	4 716 208	5.1	3.6	95
1 IX 1980 [28]	119 002 706	[2] 3.2	[2] 60.90	[2] 66.00	20.2	7 216 017	6.1	4.3	90
Chile – Chili									
24 IV 1952 [54]	5 932 995	[2] 5.1	49.84	53.89	21.5	382 875	6.5	...	83
29 XI 1960 [54]	7 374 115	[2] 5.3	54.40	59.90	20.3	499 800	6.8	3.1	83
22 IV 1970 [54]	8 884 768	3.2	60.48	66.01	20.3	669 910	7.5	3.2	83
21 IV 1982	11 329 736	2.6	[2] 67.60	[2] 74.60	23.0	954 888	8.4	3.0	80
Colombia – Colombie									
9 V 1951 [55]	11 228 509	4.8	44.18	45.95	18.6	575 590	5.1	...	87
15 VII 1964	17 484 508	[2] 6.3	[2] 56.20	[2] 59.70	16.7	864 228	4.9	3.1	88
24 X 1973 [28]	22 847 055	4.7	[2] 59.90	[2] 63.40	17.3	1 083 858	4.7	2.5	92
15 X 1985	27 837 932	[2] 2.9	[2] 65.50	[2] 71.10	21.0	1 669 364	6.0	3.7	94
Ecuador – Equateur [56]									
29 XI 1950	3 202 757	6.9	50.37	53.70	18.8	183 077	5.7	...	83
25 XI 1962 [57]	4 476 007	6.8	54.89	58.07	17.6	240 937	5.4	2.3	93
8 VI 1974	6 521 710	[2] 5.4	54.89	58.07	17.6	388 512	6.0	4.2	92
28 XI 1982 [58]	8 060 712	3.5	62.25	66.39	18.7	485 474	6.0	2.7	94
25 XI 1990	9 648 189	[2] 3.6	63.39	67.59	20.3	614 965	6.4	3.0	95
Falkland Islands (Malvinas)– Iles Falkland (Malvinas) [59]									
28 III 1953	2 230	...	...	...	30.2	233	10.4	...	148
18 III 1962	2 172	...	...	...	29.6	232	10.7	-0.0	115
3 XII 1972	1 957	...	...	...	30.6	236	12.1	0.2	107
16 XI 1986	1 878	...	...	...	32.0	241	12.8	0.2	111
French Guiana – [1] Guyane Française									
1 VII 1954 [60]	23 308	5.3	...	...	27.6	2 500	10.7	...	92
9 X 1961	33 535	5.0	...	...	24.4	3 243	9.7	3.6	99
16 X 1967	44 392	4.9	...	...	21.5	3 389	7.6	0.7	95
16 X 1974	54 415	3.7	...	...	20.4	3 749	6.9	1.5	88
9 III 1982	73 012	...	...	...	23.8	5 077	7.0	4.2	92
Guyana									
7 IV 1960	560 330	[2] 6.1	59.03	63.01	17.0	29 987	5.4	...	79
7 IV 1970 [1]	699 848	5.0	[2] 58.00	[2] 62.10	16.3	37 913	5.4	2.4	87
12 V 1980	758 619	[2] 3.3	[2] 58.40	[2] 64.20	18.6	43 115	5.7	1.8	91
Paraguay									
28 X 1950 [61]	1 328 452	[2] 6.8	[2] 60.70	[2] 64.70	18.2	80 797	6.1	...	84
14 X 1962 [62]	1 819 103	[2] 6.8	[2] 62.50	[2] 66.40	17.0	107 079	5.9	2.4	81
9 VII 1972	2 357 955	[2] 5.6	[2] 63.70	[2] 67.60	17.4	144 150	6.1	3.1	81
11 VII 1982	3 029 830	[2] 4.8	64.42	68.51	19.2	192 136	6.3	2.9	85

Selected indicators of population ageing and elderly population: each census, 1950 – 1990 (continued)

Indicateurs divers concernant le vieillissement et les personnes âgées: chaque recensement, 1950 – 1990 (suite)

(See notes at end of table.– Voir notes à la fin du tableau.)

Continent, country or area, and date	Population ageing Vieillissement					Elderly population (60 plus) Personnes âgées			
			Life expectancy Espérance de vie		Median			Rate of increase Taux d' accroi-	Sex ratio
Continent, pays ou zone et date	Population	Fertility Fécondité	Male Masculin	Female Féminin	Age Médian	Population	Per cent P. 100	ssement	Rapport de masculinité
AMERICA,SOUTH–(Cont.–Suite) AMERIQUE DU SUD									
Peru – Pérou [9][52]									
2 VII 1961	9 906 746	5.1	51.92	53.65	18.4	586 261	5.9	...	82
4 VI 1972 [63]	13 538 208	4.0	[2] 53.90	[2] 57.30	17.9	797 055	5.9	2.9	87
12 VII 1981 [64]	17 005 210	3.6	56.77	66.50	19.0	1 028 930	6.1	2.8	91
Suriname [65]									
31 X 1950	183 681	[2] 6.6	[2] 54.40	[2] 57.70	19.3	12 131	6.6	...	103
31 III 1964	324 211	[2] 6.6	62.50	66.70	16.8	19 678	6.1	3.7	93
Uruguay									
16 X 1963 [9][28]	2 592 600	[2] 2.9	65.51	71.56	29.5	303 300	11.7	...	87
21 V 1975	2 788 429	2.9	65.66	72.41	30.4	399 632	14.3	2.4	82
23 X 1985	2 955 241	2.4	68.43	74.88	30.4	466 899	15.8	1.5	77
Venezuela [52]									
26 XI 1950	5 034 838	5.4	[2] 53.80	[2] 56.60	19.1	225 896	4.5	...	75
26 II 1961 [66]	7 523 999	6.6	[2] 59.30	[2] 62.80	17.4	329 434	4.4	3.7	80
2 XI 1971	10 721 522	5.3	[2] 63.50	[2] 69.10	17.2	508 513	4.7	4.1	86
20 X 1981 [67]	14 516 735	4.1	[2] 66.00	[2] 72.10	19.4	772 480	5.3	4.3	87
ASIA–ASIE									
Afghanistan									
23 VI 1979 [68]	13 051 358	7.4	...	...	17.5	854 243	6.5	...	131
Armenia – Arménie [1]									
17 I 1979	3 037 259	...	...	...	22.9	239 222	7.9	...	63
12 I 1989	3 304 776	2.6	69.00	74.70	26.4	306 837	9.3	2.5	69
Azerbaijan – Azerbaïdjan [1]									
17 I 1979	6 026 515	...	...	...	20.5	455 731	7.6	...	55
12 I 1989	7 021 178	2.7	66.60	74.20	23.7	551 249	7.9	1.9	60
Bahrain – Bahreïn									
2 V 1959	143 135	[2] 7.0	[2] 52.40	[2] 55.60	21.4	6 960	4.9	...	107
13 II 1965	182 203	[2] 7.0	[2] 58.10	[2] 62.00	22.2	5 373	2.9	–4.3	110
3 IV 1971	216 078	[2] 5.9	[2] 61.70	[2] 65.40	17.8	10 025	4.6	10.7	114
5 IV 1981	350 798	4.4	[2] 67.10	[2] 71.40	23.0	13 100	3.7	2.7	118
Bangladesh									
1 III 1974 [69]	71 479 071	[2] 6.7	45.80	46.60	16.2	4 058 146	5.7	...	130
6 III 1981 [70]	87 119 965	5.0	55.30	54.40	16.8	4 903 353	5.6	2.7	128
Brunei Darussalam – [71] Brunéi Darussalam									
9 VIII 1960	83 877	[2] 6.7	...	...	17.2	4 714	5.6	...	97
10 VIII 1971	136 256	5.9	...	...	17.8	6 238	4.6	2.6	118
26 VIII 1981 [72]	192 832	3.9	70.13	72.69	20.4	8 270	4.3	2.8	120
Cambodia – Cambodge									
17 IV 1962	5 728 771	[2] 6.3	[2] 42.00	[2] 44.90	18.3	275 019	4.8	...	96
China – Chine									
1 VII 1982 [73]	1 003 913 927	[2] 2.5	[2] 66.70	[2] 68.90	22.6	76 637 753	7.6	...	87
1 VII 1990* [74]	1 131 876 050	[2] 2.2	[2] 68.00	[2] 70.90	25.3	97 249 780	8.6	3.0	91
Cyprus – Chypre									
11 XII 1960 [75]	573 566	3.4	[2] 67.50	[2] 71.00	23.0	54 655	9.5	...	91
1 IV 1973 [1]	631 778	2.4	70.00	72.90	26.1	85 634	13.6	3.7	88
30 IX 1976 [1]	612 851	[2] 2.2	71.90	74.90	27.4	87 771	14.3	0.7	87
1 X 1982 [20]	512 098	2.4	[2] 72.50	[2] 77.50	29.1	73 913	14.4	–2.7	85
Georgia – Géorgie [1]									
17 I 1979	4 993 182	...	...	...	29.1	626 190	12.5	...	56
12 I 1989	5 400 841	2.1	68.10	75.70	30.7	775 404	14.4	2.2	59

Selected indicators of population ageing and elderly population: each census, 1950 – 1990 (continued)

Indicateurs divers concernant le vieillissement et les personnes âgées: chaque recensement, 1950 – 1990 (suite)

(See notes at end of table.– Voir notes à la fin du tableau.)

Continent, country or area, and date / Continent, pays ou zone et date	Population ageing / Vieillissement					Elderly population (60 plus) / Personnes âgées			
	Population	Fertility Fécondité	Life expectancy Espérance de vie — Male Masculin	Female Féminin	Median Age Médian	Population	Per cent P. 100	Rate of increase Taux d' accroi– ssement	Sex ratio Rapport de masculinité

ASIA (cont.) – ASIE (suite)

Hong Kong – Hong–kong									
7 III 1961	3 133 131	² 5.3	63.64	70.51	23.1	151 751	4.8	...	49
9 III 1971	3 936 630	² 2.9	67.36	75.01	22.0	293 273	7.4	6.8	61
9 III 1981	4 986 560	2.0	² 72.60	² 78.30	26.1	507 018	10.2	5.6	79
11 III 1986 ⁷⁶	5 395 997	1.3	² 74.30	² 79.80	28.6	618 156	11.5	4.0	81
India – Inde ⁷⁷									
1 III 1951 ⁷⁸	356 798 700	² 6.0	41.89	40.55	21.4	20 190 400	5.7	...	99
1 III 1961 ⁷⁸	438 774 729	² 5.8	46.40	44.70	20.5	24 704 224	5.6	2.0	100
1 IV 1971	547 949 800	² 5.4	² 51.20	² 49.30	19.6	32 692 800	6.0	2.8	107
1 III 1981 ⁷⁹	665 287 849	² 4.7	55.40	55.67	20.5	43 167 386	6.5	2.8	104
Indonesia – Indonésie									
31 X 1961 ²⁸ ⁸⁰	96 318 829	² 5.4	² 41.70	² 43.40	19.9	...	...	...	...
24 IX 1971 ⁸⁰	118 367 850	2.5.1	² 48.00	² 50.50	18.2	5 306 874	4.5	...	91
31 X 1980 ⁴	146 776 473	4.4	² 54.50	² 58.00	19.4	7 998 543	5.4	4.6	88
31 X 1990*	179 247 783	² 3.1	² 58.50	² 62.00	21.6	11 551 693	6.4	3.7	90
Iran (Islamic Republic of – Rép. islamique d')									
1 XI 1956	18 954 704	² 7.2	² 48.30	² 48.30	20.2	1 183 980	6.2	...	111
1 XI 1966 ⁸¹	25 078 923	² 7.0	² 53.50	² 52.90	17.3	1 638 042	6.5	3.3	110
1 XI 1976 ¹ ⁸²	33 708 744	² 6.5	55.75	59.40	17.6	1 770 614	5.3	0.8	110
22 IX 1986	49 445 010	² 6.5	² 65.00	² 65.50	17.2	2 686 350	5.4	2.5	112
Iraq									
12 X 1957 ⁸³	6 339 960	² 7.2	² 46.10	² 47.90	18.2	462 893	7.3	...	95
14 X 1965	8 047 415	² 7.2	² 52.10	² 53.90	16.2	552 221	6.9	2.2	91
17 X 1977	12 000 497	4.1	² 60.50	² 62.30	15.6	698 482	5.8	2.0	97
17 X 1987	16 335 199	² 6.1	² 63.00	² 64.80	16.8	834 203	5.1	1.8	88
Israel – Israël ⁸⁴									
22 V 1961	2 179 491	3.8	70.47	73.62	24.2	186 821	8.6	...	98
19 V 1972*	3 147 683	3.8	70.14	72.83	23.7	355 346	11.3	6.0	98
4 VI 1983	4 037 620	3.2	72.52	75.92	25.4	506 539	12.5	3.3	89
Japan – Japon ⁸⁶									
1 X 1950 ⁸⁵	83 199 637	3.6	60.80	64.90	22.3	6 413 062	7.7	...	79
1 X 1955 ⁸⁵	89 275 529	2.4	63.88	68.41	23.7	7 243 884	8.1	2.5	82
1 X 1960 ⁸⁵	93 418 501	2.0	65.32	70.19	25.6	8 281 426	8.9	2.7	83
1 X 1965 ⁸⁵	98 274 961	2.1	67.73	72.95	27.4	9 525 284	9.7	2.8	84
1 X 1970 ⁸⁵	104 665 171	2.1	69.31	74.66	29.0	11 145 411	10.6	3.2	82
1 X 1975	111 939 643	1.9	71.76	76.95	30.5	13 149 163	11.7	3.4	78
1 X 1980	117 060 396	1.7	73.32	78.83	32.7	15 112 603	12.9	2.8	74
1 X 1985	121 048 923	1.7	74.84	80.46	35.2	17 873 881	14.8	3.4	72
1 X 1990	123 611 167	1.5	75.86	81.81	37.5	21 639 609	17.5	3.9	74
Jordan – Jordanie ⁸⁷ ⁸⁸									
18 XI 1961	1 706 226	² 8.0	52.60	52.00	17.1	117 170	6.9	...	105
10 XI 1979	2 100 019	8.4	² 59.40	² 63.00	14.8	86 111	4.1	-1.6	108
Kazakhstan ¹									
17 I 1979	14 684 283	...	...	...	23.2	1 232 578	8.4	...	50
12 I 1989	16 464 464	2.8	63.90	73.10	25.6	1 507 035	9.2	2.0	51
Korea, Republic of– ⁸⁹ Corée, République de									
1 IX 1955	21 502 386	² 6.1	51.12	53.73	18.9	1 186 872	5.5	...	77
1 XII 1960 ¹	24 989 241	² 5.4	² 53.60	² 56.90	18.6	1 347 596	5.4	2.4	74
1 X 1966 ¹	29 159 640	² 4.5	59.07	64.07	18.5	1 512 272	5.2	2.0	71
1 X 1970 ¹	31 435 252	² 5.7	59.77	66.70	19.0	1 704 636	5.4	3.0	70
1 X 1975 ¹	34 678 972	² 3.5	² 62.40	² 68.80	20.0	1 944 151	5.6	2.7	69
1 XI 1980	37 406 815	2.8	...	...	22.2	2 268 171	6.1	3.1	67
1 X 1985 ⁹⁰	40 419 652	1.7	² 66.20	² 72.50	24.5	2 756 425	6.8	4.0	66

Selected indicators of population ageing and elderly population: each census, 1950 – 1990 (continued)

Indicateurs divers concernant le vieillissement et les personnes âgées: chaque recensement, 1950 – 1990 (suite)

(See notes at end of table.– Voir notes à la fin du tableau.)

Continent, country or area, and date / Continent, pays ou zone et date	Population ageing / Vieillissement					Elderly population (60 plus) / Personnes âgées			
			Life expectancy / Espérance de vie		Median			Rate of increase Taux d'	Sex ratio
	Population	Fertility Fécondité	Male Masculin	Female Féminin	Age Médian	Population	Per cent P. 100	accroi— ssement	Rapport de masculinité
ASIA–ASIE(Cont.–Suite)									
Kuwait – Koweït									
28 II 1957 [91]	190 794	[2] 7.2	[2] 56.60	[2] 60.00	23.7	7 448	3.9	...	110
20 V 1961	303 874	[2] 7.3	[2] 59.10	[2] 62.50	22.8	10 383	3.4	8.2	105
25 IV 1965	467 339	7.1	[2] 62.50	[2] 66.40	21.5	13 786	2.9	7.5	103
19 IV 1970 [92]	738 663	[2] 6.9	[2] 66.40	[2] 71.50	19.0	20 656	2.8	8.5	98
21 IV 1975	994 837	6.1	[2] 67.50	[2] 71.70	18.3	25 984	2.6	4.7	103
21 IV 1980	1 357 952	4.9	[2] 69.60	[2] 73.70	20.5	30 758	2.3	3.4	111
21 IV 1985	1 697 301	4.2	[2] 71.20	[2] 75.40	22.6	36 027	2.1	3.2	121
Kyrgyzstan – Kirghizistan [1]									
17 I 1979	3 522 832	...	...	...	20.5	285 285	8.1	...	55
12 I 1989	4 257 755	3.9	64.30	72.40	21.7	350 340	8.2	2.1	57
Lebanon – Liban									
15 XI 1970 [4]	2 126 325	[2] 4.9	[2] 63.10	[2] 67.00	18.6	163 680	7.7	...	103
Macau – Macao									
4 VI 1950	187 772	...	...	...	25.7	8 958	4.8	...	56
15 XII 1960 [1]	169 299	5.0	...	...	22.4	13 403	7.9	3.9	59
15 XII 1970 [1]	248 636	2.0	...	...	18.9	18 058	7.3	3.0	77
16 III 1981 [1]	241 729	1.9	...	...	26.1	27 690	11.5	4.3	71
Malaysia – Malaisie Peninsular Malaysia – Malaisie Péninsulaire									
17 VI 1957	6 278 758	...	...	...	18.2	287 999	4.6	...	113
24 VIII 1970 [93]	8 780 728	4.7	48.79	45.43	17.4	472 268	5.4	3.8	108
10 VI 1980	10 944 844	3.9	67.17	72.49	19.8	640 212	5.8	3.2	96
Sabah									
3 VI 1951	334 141	...	...	...	20.6	12 872	3.9	...	111
9 VIII 1960	454 421	...	...	...	18.8	17 678	3.9	3.5	107
24 VIII 1970	653 604	...	48.79	52.69	16.5	22 483	3.4	2.4	113
11 VI 1980	955 712	...	...	...	18.3	34 248	3.6	4.4	114
Sarawak									
14 VI 1960	744 529	3.6	...	...	18.1	38 779	5.2	...	108
24 VIII 1970	887 292	...	51.15	52.69	17.1	44 447	5.0	1.3	112
10 VI 1980	1 235 553	3.7	...	...	18.8	70 692	5.7	4.9	107
Maldives									
18 VI 1967	103 801	[2] 7.0	...	...	19.1	3 720	3.6	...	195
28 VI 1974	128 697	[2] 7.0	...	...	17.3	4 899	3.8	4.0	194
31 XII 1977	142 832	[2] 7.0	...	...	17.2	5 822	4.1	5.0	175
25 III 1985	180 088	[2] 6.5	62.58	59.48	17.1	8 372	4.6	5.1	149
Mongolia – Mongolie									
5 II 1956	845 481	[2] 6.0	[2] 44.00	[2] 46.50	26.7	85 162	10.1	...	82
5 I 1979	1 595 000	[2] 5.5	[2] 55.00	[2] 57.50	17.5	115 900	7.3	1.4	...
5 I 1989	2 043 400	[2] 5.0	[2] 60.00	[2] 62.50	18.8	119 200	5.8	0.3	...
Myanmar									
31 III 1983 [94]	34 124 908	[2] 4.9	[2] 55.80	[2] 59.30	20.3	2 170 532	6.4	...	89
Nepal – Népal									
28 V 1954	8 445 000	[2] 5.6	[2] 36.80	[2] 35.80	20.4	412 000	4.9	...	86
22 VI 1961	9 412 996	[2] 5.9	[2] 39.60	[2] 38.60	20.8	489 346	5.2	2.5	83
22 VI 1971 [1]	11 555 983	[2] 6.5	[2] 44.00	[2] 42.50	20.3	648 703	5.6	2.9	92
22 VI 1981 [1]	15 022 839	[2] 6.2	[2] 49.00	[2] 47.50	19.9	857 061	5.7	2.8	111

Selected indicators of population ageing and elderly population: each census, 1950 – 1990 (continued)

Indicateurs divers concernant le vieillissement et les personnes âgées: chaque recensement, 1950 – 1990 (suite)

(See notes at end of table.– Voir notes à la fin du tableau.)

Continent, country or area, and date / Continent, pays ou zone et date	Population ageing / Vieillissement					Elderly population (60 plus) / Personnes âgées			
			Life expectancy / Espérance de vie		Median			Rate of increase / Taux d'accroissement	Sex ratio
	Population	Fertility / Fécondité	Male / Masculin	Female / Féminin	Age / Médian	Population	Per cent / P. 100		Rapport de masculinité
ASIA–ASIE(Cont.–Suite)									
Pakistan [95]									
28 II 1951 [96] [97] [98]	73 880 344	[2] 6.5	[2] 40.10	[2] 37.60	22.4	3 669 751	5.0	...	120
1 II 1961 [98]	90 282 674	[2] 7.0	[2] 45.60	[2] 43.10	18.3	5 386 821	6.0	3.9	128
16 X 1972	65 309 000	[2] 7.0	[2] 50.00	[2] 48.00	18.5	4 548 000	7.0		136
1 III 1981	84 253 644	[2] 7.0	[2] 54.00	[2] 54.00	17.9	5 817 057	6.9	3.0	138
Philippines									
15 II 1960	27 087 685	3.7	[2] 52.90	[2] 56.20	17.1	1 169 552	4.3	...	106
6 V 1970 [1]	36 684 486	3.9	[2] 56.40	[2] 59.40	16.9	1 646 485	4.5	3.4	99
1 V 1975 [1]	42 070 660	4.2	[2] 58.30	[2] 61.50	17.6	1 994 078	4.7	3.9	103
1 V 1980 [1]	48 098 460	[2] 4.7	[2] 60.20	[2] 63.70	18.6	2 541 837	5.3	5.0	95
Qatar									
16 III 1986	369 079	[2] 4.8	[2] 66.90	[2] 71.80	27.5	6 972	1.9	...	168
Singapore – Singapour [99]									
17 VI 1957	1 445 929	6.5	[2] 61.50	[2] 64.90	18.8	55 337	3.8	...	79
22 VI 1970	2 074 507	3.1	65.10	70.00	19.7	118 287	5.7	6.0	89
24 VI 1980	2 413 945	1.7	68.70	74.00	24.5	173 632	7.2	3.9	87
30 VI 1990*	2 690 100	[2] 1.7	[2] 70.80	[2] 76.40	29.8	244 600	9.1	3.5	100
Sri Lanka									
20 III 1953 [9]	8 097 895	5.7	58.50	57.50	20.8	437 269	5.4	...	117
8 VII 1963 [9]	10 582 064	5.2	63.30	63.70	19.2	620 932	5.9	3.5	126
9 X 1971	12 689 897	[2] 4.0	[2] 64.00	[2] 66.00	20.2	806 632	6.4	3.2	122
17 III 1981	14 846 750	3.8	67.78	71.66	21.9	981 808	6.6	2.1	114
Syrian Arab Republic – République arabe syrienne [100]									
20 IX 1960	4 565 121	[2] 7.5	[2] 49.70	[2] 52.40	17.2	335 215	7.3	...	100
23 IX 1970	6 304 685	[2] 7.7	54.49	58.73	15.4	404 748	6.4	1.9	99
7 IX 1981	9 046 144	[2] 7.4	64.42	68.05	15.7	442 544	4.9	0.8	107
Tajikistan – Tadjikistan [1]									
17 I 1979	3 806 220	...	...	...	17.8	242 381	6.4	...	71
12 I 1989	5 092 603	...	66.80	71.70	18.4	311 394	6.1	2.5	72
Thailand – Thaïlande									
25 IV 1960	26 257 916	5.8	53.60	58.70	18.6	1 208 215	4.6	...	85
1 IV 1970 [1] [101]	34 397 374	5.0	[2] 57.70	[2] 61.60	17.2	1 681 024	4.9	3.4	83
1 IV 1980 [1] [102]	44 824 540	3.0	[2] 60.70	[2] 64.80	19.9	2 445 280	5.5	3.8	84
1 IV 1990* [1]	54 532 300	2.2	63.82	68.85	25.1	3 974 900	7.3	5.0	85
Turkey – Turquie									
22 X 1950	20 947 188	[2] 6.8	[2] 46.00	[2] 50.41	20.1	1 246 314	5.9	...	60
23 X 1955	24 064 763	[2] 6.5	[2] 46.50	[2] 49.80	20.4	1 451 753	6.0	3.1	63
23 X 1960	27 754 820	[2] 6.1	[2] 50.50	[2] 53.70	20.3	1 807 589	6.5	4.5	72
24 X 1965	31 391 421	[2] 5.6	[2] 53.40	[2] 56.50	19.3	2 196 730	7.0	4.0	81
25 X 1970	35 666 549	[2] 5.0	[2] 55.90	[2] 60.00	19.0	2 559 054	7.2	3.1	88
26 X 1975	40 347 719	[2] 4.5	[2] 58.00	[2] 62.50	19.5	2 937 124	7.3	2.8	89
12 X 1980	44 736 957	[2] 4.1	[2] 60.00	[2] 63.30	19.9	2 905 908	6.5	–0.1	84
20 X 1985	50 664 458	[2] 3.8	[2] 62.50	[2] 65.80	20.9	3 256 094	6.4	2.3	87
Turkmenistan – Turkménistan [1]									
17 I 1979	2 764 748	...	...	...	18.5	174 891	6.3	...	63
12 I 1989	3 522 717	...	61.80	68.40	19.5	215 803	6.1	2.1	62
United Arab Emirates – Emirats arabes unis									
15 III 1968	179 126	6.8	[2] 57.30	[2] 60.80	27.6	4 717	2.6	...	115
31 XII 1975	557 887	[2] 5.7	[2] 64.70	[2] 68.90	25.4	19 185	3.4	19.7	138

Selected indicators of population ageing and elderly population: each census, 1950 – 1990 (continued)

Indicateurs divers concernant le vieillissement et les personnes âgées: chaque recensement, 1950 – 1990 (suite)

(See notes at end of table.– Voir notes à la fin du tableau.)

Continent, country or area, and date / Continent, pays ou zone et date	Population ageing Vieillissement					Elderly population (60 plus) Personnes âgées			
			Life expectancy Espérance de vie		Median			Rate of increase Taux d' accroi-	Sex ratio
	Population	Fertility Fécondité	Male Masculin	Female Féminin	Age Médian	Population	Per cent P. 100	ssement	Rapport de masculinité
ASIA–ASIE(Cont.–Suite)									
Uzbekistan – Ouzbékistan [1]									
17 I 1979	15 389 307	...	...	...	18.6	1 090 549	7.1	...	64
12 I 1989	19 810 077	4.1	66.00	72.10	19.5	1 287 557	6.5	1.7	63
Viet Nam									
1 X 1979	52 741 766	[2] 5.6	[2] 53.70	[2] 58.10	18.3	3 728 137	7.1	...	70
1 IV 1989	64 411 713	[2] 3.9	[2] 59.20	[2] 63.60	20.2	4 632 490	7.2	2.3	71
Yemen – Yémen Former Dem. Yemen – Ancienne Yémen dém.									
14 V 1973	1 590 275	8.0	[2] 42.50	[2] 44.30	16.3	104 179	6.6	...	97
EUROPE									
Albania – Albanie									
3 IX 1950	1 218 943	6.1	[2] 54.40	[2] 56.10	21.0	111 720	9.2	...	84
2 X 1955	1 391 499	6.9	57.20	58.58	20.5	116 747	8.4	0.9	78
2 X 1960	1 626 315	[2] 5.8	63.69	66.00	40.4	...	...	...	...
Austria – Autriche [1]									
1 VI 1951	6 933 905	2.0	61.91	66.91	35.7	1 082 709	15.6	...	72
21 III 1961	7 073 807	2.8	65.60	72.03	35.5	1 299 840	18.4	1.9	67
12 V 1971	7 456 403	2.3	66.57	73.72	33.8	1 508 408	20.2	1.5	64
12 V 1981	7 555 338	1.7	69.18	76.59	34.6	1 453 658	19.2	–0.3	58
Belarus – Bélarus									
15 I 1959	8 054 648	...	...	...	26.4	861 458	10.7	...	55
15 I 1970	9 002 338	2.4	68.00	76.00	30.1	1 181 908	13.1	2.9	54
17 I 1979 [1]	9 532 516	...	...	...	31.1	1 330 932	14.0	1.3	49
12 I 1989 [1]	10 151 806	2.0	66.80	76.40	32.8	1 633 737	16.1	2.1	50
Belgium – Belgique [1]									
31 XII 1961	9 189 741	2.6	67.73	73.51	34.9	1 648 661	17.9	...	77
31 XII 1970	9 650 944	2.2	67.79	74.21	34.4	1 831 139	19.0	1.2	74
1 III 1981	9 848 647	1.7	...	...	34.2	1 824 764	18.5	–0.0	70
Bulgaria – Bulgarie									
1 XII 1956	7 613 709	2.4	65.40	68.80	29.3	813 147	10.7	...	82
1 XII 1965	8 227 866	[2] 2.0	68.81	72.67	32.2	1 089 108	13.2	3.3	87
2 XII 1975	8 727 771	2.2	68.68	73.91	33.9	1 416 210	16.2	2.7	88
Channel Islands – Iles Anglo–Normandes Guernsey – Guernesey									
8 IV 1951	45 496	...	...	...	34.8	7 691	16.9	...	75
23 IV 1961	47 099	...	...	...	36.4	9 019	19.1	1.6	70
25 IV 1971	53 734	...	...	...	35.3	11 028	20.5	2.0	73
25 IV 1976	53 637	...	...	...	33.2	10 983	20.5	–0.0	72
5 IV 1981	53 313	1.6	...	...	35.2	11 226	21.1	0.4	73
23 III 1986	55 482	1.6	...	...	36.6	11 790	21.3	1.0	73
21 IV 1991	58 867	1.6	...	...	36.7	12 222	20.8	0.7	71
Jersey									
8 IV 1951	57 310	...	...	...	36.5	10 126	17.7	...	69
23 IV 1961	63 550	...	...	...	37.1	12 073	19.0	1.8	68
4 IV 1971	69 329	1.9	66.91	73.72	35.2	13 788	19.9	1.3	70
11 IV 1976	74 470	1.3	...	...	35.1	15 081	20.3	1.8	71
5 IV 1981	76 050	1.3	...	...	35.0	15 012	19.7	–0.0	68
23 III 1986	80 212	1.3	...	...	35.5	15 429	19.2	0.6	70
12 III 1989	82 809	1.5	...	...	35.5	15 615	18.9	0.4	71

Selected indicators of population ageing and elderly population: each census, 1950 – 1990 (continued)

Indicateurs divers concernant le vieillissement et les personnes âgées: chaque recensement, 1950 – 1990 (suite)

(See notes at end of table.– Voir notes à la fin du tableau.)

Continent, country or area, and date Continent, pays ou zone et date	Population ageing Vieillissement					Elderly population (60 plus) Personnes âgées			
			Life expectancy Espérance de vie		Median			Rate of increase Taux d' accroi– ssement	Sex ratio
	Population	Fertility Fécondité	Male Masculin	Female Féminin	Age Médian	Population	Per cent P. 100		Rapport de masculinité
EUROPE (cont. – suite)									
Czechoslovakia – Tchécoslovaquie									
1 III 1950	12 338 450	² 2.9	60.93	65.53	31.6	1 456 681	11.8	...	76
1 III 1961 ¹	13 745 577	2.4	67.21	72.83	31.5	1 883 190	13.7	2.4	72
1 XII 1970 ¹	14 361 557	2.1	66.23	72.94	32.1	2 452 382	17.1	2.7	74
1 XI 1980 ¹	15 283 095	2.2	66.78	73.96	31.7	2 396 339	15.7	–0.1	69
Denmark – Danemark ¹ ¹⁰³									
7 XI 1950	4 281 275	2.6	69.79	72.60	31.7	572 459	13.4	...	90
26 IX 1960	4 585 256	2.5	70.30	74.60	33.0	712 446	15.5	2.2	87
27 IX 1965	4 767 597	2.6	70.55	75.40	32.8	788 376	16.5	2.0	84
9 XI 1970	4 937 579	2.0	70.70	75.90	32.6	875 618	17.7	2.1	82
1 VII 1976	5 072 516	1.7	71.20	77.10	33.2	956 598	18.9	1.6	79
1 I 1981	5 123 989	1.4	71.30	77.40	34.4	1 004 598	19.6	1.1	77
Estonia – Estonie ¹									
17 I 1979	1 464 476	² 2.1	...	...	34.1	238 405	16.3	...	48
12 I 1989	1 565 662	2.2	65.80	75.00	34.1	263 399	16.8	1.0	50
Faeroe Islands – Iles Féroé ¹									
31 XII 1950	31 781	...	...	...	25.7	3 357	10.6	...	96
30 XI 1955	32 456	3.6	...	...	26.7	3 677	11.3	1.9	94
26 IX 1960	34 596	3.7	...	...	26.3	3 996	11.6	1.7	92
1 IV 1966	37 122	4.3	...	...	25.9	4 469	12.0	2.0	97
16 II 1970	38 612	3.4	72.40	76.70	26.6	4 919	12.7	2.5	97
22 IX 1977	41 969	2.7	73.40	78.70	27.7	5 891	14.0	2.4	98
Finland – Finlande ¹									
31 XII 1950	4 029 803	3.2	...	...	27.7	407 180	10.1	...	64
31 XII 1960	4 446 222	2.7	62.89	69.12	28.4	505 539	11.4	2.2	64
31 XII 1970	4 598 336	1.8	65.89	74.21	29.7	660 944	14.4	2.7	65
31 XII 1975	4 717 724	1.7	67.38	75.93	30.9	737 020	15.6	2.2	63
31 XII 1990	4 998 478	² 1.8	70.07	78.49	36.6	927 615	18.6	1.5	63
France ¹ ¹⁰⁴									
10 V 1954	42 843 520	2.7	65.04	71.15	33.6	7 274 200	17.0	...	65
7 III 1962 ²⁸	46 458 956	2.8	67.29	74.14	33.8	8 397 240	18.1	1.9	67
1 III 1968 ²⁸	49 654 556	2.6	67.80	75.00	33.5	9 334 028	18.8	1.8	69
20 II 1975 ²⁸	52 599 430	1.9	69.00	76.90	32.5	9 965 595	18.9	0.9	70
4 III 1982 ²⁸	54 273 200	1.9	70.41	78.47	33.6	10 023 740	18.5	0.1	69
Germany – Allemande ¹⁰⁵	...	...	...	...	...	...	...	...	...
Germany, Federal Rep. of – Allemagne, République fédérale d' ¹									
13 IX 1950	49 842 624	2.1	64.56	68.48	34.6	6 992 295	14.0	...	79
6 VI 1961	56 174 826	2.4	66.86	72.39	34.6	9 412 903	16.8	2.8	70
27 V 1970	60 650 584	2.0	67.25	73.56	34.3	11 677 746	19.3	2.4	66
25 V 1987	61 077 042	1.4	70.18	76.85	38.2	12 669 092	20.7	0.5	57
Former German ¹ Democratic Republic – Ancienne République démocratique allemande									
31 VIII 1950	18 388 172	...	65.06	69.07	37.3	2 972 293	16.2	...	74
31 XII 1964	17 011 931	2.7	68.27	73.34	34.9	3 641 177	21.4	1.4	67
1 I 1971	17 068 318	2.1	68.85	74.19	34.4	3 763 708	22.1	0.6	63
31 XII 1981	16 705 635	...	68.96	74.83	35.0	3 186 131	19.1	–1.4	53

Selected indicators of population ageing and elderly population: each census, 1950 – 1990 (continued)

Indicateurs divers concernant le vieillissement et les personnes âgées: chaque recensement, 1950 – 1990 (suite)

(See notes at end of table.– Voir notes à la fin du tableau.)

Continent, country or area, and date Continent, pays ou zone et date	Population ageing Vieillissement					Elderly population (60 plus) Personnes âgées			
			Life expectancy Espérance de vie		Median			Rate of increase Taux d'accroi–ssement	Sex ratio
	Population	Fertility Fécondité	Male Masculin	Female Féminin	Age Médian	Population	Per cent P. 100		Rapport de masculinité
EUROPE(Cont.–Suite)									
Gibraltar									
3 VII 1951 [106]	21 314	...	...	...	31.5	2 343	11.0	...	54
3 X 1961 [106]	21 785	...	...	...	32.9	2 842	13.0	1.9	63
6 X 1970 [106]	26 833	2.9	...	...	30.6	3 512	13.1	2.4	71
9 XI 1981 [107]	28 744	...	...	...	32.0	4 328	15.1	1.9	67
Greece – Grèce [108]									
7 IV 1951	7 632 801	[2] 2.3	66.36	69.74	26.1	766 584	10.0	...	80
19 III 1961	8 388 553	2.2	67.30	70.42	29.2	1 023 823	12.2	3.0	78
14 III 1971	8 768 372	2.3	70.13	73.64	32.9	1 396 544	15.9	3.2	82
5 IV 1981 [109]	9 739 589	2.1	...	...	33.6	1 648 002	16.9	1.7	81
Hungary – Hongrie									
1 I 1960	9 961 044	[2] 1.8	65.14	69.36	32.0	1 371 956	13.8	...	75
1 I 1970	10 322 099	2.0	66.28	72.05	34.1	1 759 799	17.0	2.5	75
1 I 1980	10 709 463	·1.9	66.65	73.56	34.3	1 830 132	17.1	0.4	71
1 I 1990	10 374 823	1.8	...	...	36.3	1 959 846	18.9	0.7	67
Iceland – Islande [1]									
1 XII 1950	143 973	3.8	70.70	75.00	26.4	15 515	10.8	...	80
1 XII 1960	175 680	4.3	70.80	76.20	25.2	20 653	11.8	2.9	86
1 XII 1970	204 930	2.8	71.60	77.50	24.6	25 386	12.4	2.1	89
Ireland – Irlande									
8 IV 1951	2 960 593	[2] 3.4	64.53	67.08	29.6	438 451	14.8	...	97
8 IV 1956	2 898 264	3.4	64.53	67.08	29.9	433 526	15.0	–0.1	96
9 IV 1961	2 818 341	3.8	68.13	71.86	29.8	446 123	15.8	0.6	92
17 IV 1966	2 884 002	4.0	68.58	72.85	28.2	446 847	15.5	0.0	90
18 IV 1971	2 978 248	4.0	68.77	73.52	27.2	463 885	15.6	0.8	89
1 IV 1979	3 368 217	3.2	69.47	74.95	26.5	499 051	14.8	0.9	86
5 IV 1981	3 443 405	2.9	69.47	74.95	26.5	508 220	14.8	0.9	85
13 IV 1986	3 540 643	2.4	...	...	27.5	524 333	14.8	0.6	82
Isle of Man – Ile de Man									
9 IV 1951	55 253	...	...	...	38.8	10 728	19.4	...	68
23 IV 1961	48 133	2.7	...	...	43.6	12 248	25.4	1.3	66
24 IV 1966	50 423	...	...	...	43.4	13 691	27.2	2.3	67
25 IV 1971	56 289	...	...	...	42.1	15 709	27.9	2.8	69
4 IV 1976	60 496	...	...	...	39.8	16 688	27.6	1.2	73
6 IV 1981	64 679	...	...	...	38.5	17 082	26.4	0.5	72
6 IV 1986	64 282	...	...	...	39.3	17 092	26.6	0.0	72
Italy – Italie									
4 XI 1951	47 158 738	2.4	63.75	67.25	29.0	5 770 932	12.2	...	82
15 X 1961 [1]	50 623 569	2.4	67.24	72.27	31.6	7 046 437	13.9	2.0	76
24 X 1971 [1]	54 136 547	[2] 2.3	68.97	74.88	33.1	9 011 905	16.6	2.5	77
25 X 1981	56 556 911	1.6	70.61	77.19	34.4	9 850 763	17.4	0.9	73
Latvia – Lettonie [1]									
17 I 1979	2 502 816	[2] 2.0	...	...	35.1	420 136	16.8	...	52
12 I 1989	2 666 567	2.0	65.30	75.20	34.6	463 109	17.4	1.0	49
Liechtenstein									
1 XII 1950	13 757	...	...	...	28.7	1 595	11.6	...	87
1 XII 1960	16 628	...	...	...	27.9	1 942	11.7	2.0	83
1 XII 1970	21 350	...	...	...	27.3	2 537	11.9	2.7	77
Lithuania – Lituanie [1]									
17 I 1979	3 391 490	[2] 2.1	...	...	31.8	490 264	14.5	...	61
12 I 1989	3 674 802	2.0	66.90	76.30	32.4	578 087	15.7	1.7	57

Selected indicators of population ageing and elderly population: each census, 1950 – 1990 (continued)

Indicateurs divers concernant le vieillissement et les personnes âgées: chaque recensement, 1950 – 1990 (suite)

(See notes at end of table.– Voir notes à la fin du tableau.)

Continent, country or area, and date / Continent, pays ou zone et date	Population ageing / Vieillissement					Elderly population (60 plus) / Personnes âgées			
	Population	Fertility Fécondité	Life expectancy / Espérance de vie		Median	Population	Per cent P. 100	Rate of increase Taux d' accroi- ssement	Sex ratio Rapport de masculinité
			Male Masculin	Female Féminin	Age Médian				
EUROPE(Cont.–Suite)									
Luxembourg [1]									
31 XII 1960	314 889	2.3	66.10	71.90	35.2	51 414	16.3	...	81
31 XII 1966	334 790	2.3	66.10	71.90	35.2	58 980	17.6	2.3	79
31 XII 1970	339 841	2.0	67.00	73.90	35.4	62 917	18.5	1.6	76
31 III 1981	364 602	1.5	70.00	76.70	35.0	64 949	17.8	0.3	69
Malta – Malte [110]									
30 XI 1957	319 620	3.8	66.34	70.29	23.4	33 562	10.5	...	84
26 XI 1967	314 216	2.2	67.08	70.96	25.0	40 348	12.8	1.9	82
Monaco [1]									
4 I 1951	20 202	1.9	...	...	43.8	4 636	22.9	...	71
4 I 1956	20 422	...	...	...	45.9	5 147	25.2	2.1	68
31 I 1961	22 297	3.1	...	...	46.9	6 399	28.7	4.4	67
20 III 1962	21 783	...	...	...	45.7	6 119	28.1	-3.8	68
1 III 1968	23 035	...	...	...	45.7	6 906	30.0	2.1	69
II 1975	25 029	...	...	...	45.6	7 696	30.7	1.6	68
4 III 1982	27 063	...	...	...	44.7	7 934	29.3	0.4	71
Netherlands – Pays–Bas									
31 V 1960 [1]	11 461 964	3.1	71.10	75.90	28.3	1 461 034	12.7	...	89
Norway – Norvège [1]									
1 XII 1950	3 278 546	2.5	71.11	74.70	32.7	452 525	13.8	...	83
1 XI 1960	3 591 234	2.9	71.32	75.57	34.4	581 127	16.2	2.6	85
1 XI 1970	3 874 133	2.5	71.20	77.24	33.0	712 918	18.4	2.1	81
1 XI 1980	4 091 132	1.7	72.49	79.23	33.6	842 745	20.6	1.7	79
Poland – Pologne [112]									
3 XII 1950 [111]	24 613 684	[2] 3.6	58.60	64.20	26.2	2 077 148	8.4	...	67
6 XII 1960	29 405 729	3.0	64.80	70.50	26.9	2 843 424	9.7	3.2	66
8 XII 1970	32 642 270	2.2	66.83	73.80	28.3	4 235 502	13.0	4.1	70
7 XII 1978	35 061 450	2.2	67.30	75.00	29.3	4 646 435	13.3	1.2	67
6 XII 1988	37 878 641	2.1	67.15	75.67	31.9	5 520 016	14.6	1.7	66
Portugal									
15 XII 1950	8 441 312	3.1	55.52	60.50	26.2	883 754	10.5	...	68
15 XII 1960 [1]	8 889 392	3.2	60.73	66.35	28.0	1 042 588	11.7	1.7	69
15 XII 1970 [1]	8 611 125	2.9	64.18	70.50	29.8	1 242 910	14.4	1.8	71
16 III 1981 [1] [113]	9 833 014	2.1	65.09	72.86	30.8	1 557 747	15.8	2.2	73
Republic of Moldova – République de Moldova [1]									
17 I 1979	3 949 756	...	...	...	27.4	426 424	10.8	...	64
12 I 1989	4 335 360	2.4	65.50	72.30	29.5	546 608	12.6	2.5	63
Romania – Roumanie									
21 II 1956	17 489 450	[2] 2.6	61.48	64.99	27.4	1 734 715	9.9	...	72
15 III 1966	19 103 163	1.9	66.45	70.51	30.5	2 340 115	12.2	3.0	78
5 I 1977	21 559 910	2.6	67.42	72.06	30.7	3 010 024	14.0	2.4	78
Russian Federation – Fédération Russe [1]									
17 I 1979	137 409 921	...	...	...	31.0	18 758 002	13.7	...	40
12 I 1989	147 021 869	2.0	64.20	74.50	32.8	22 516 282	15.3	1.8	45
San Marino – Saint–Marin									
30 XI 1976	19 149	2.1	...	...	31.9	2 925	15.3	...	83

Selected indicators of population ageing and elderly population: each census, 1950 – 1990 (continued)

Indicateurs divers concernant le vieillissement et les personnes âgées: chaque recensement, 1950 – 1990 (suite)

(See notes at end of table.– Voir notes à la fin du tableau.)

Continent, country or area, and date / Continent, pays ou zone et date	Population ageing / Vieillissement					Elderly population (60 plus) / Personnes âgées			
			Life expectancy Espérance de vie		Median			Rate of increase Taux d'	Sex ratio
	Population	Fertility Fécondité	Male Masculin	Female Féminin	Age Médian	Population	Per cent P. 100	accroi— ssement	Rapport de masculinité
EUROPE(Cont.–Suite)									
Spain – Espagne									
31 XII 1950	27 976 755	2.5	59.81	64.32	27.7	3 055 141	10.9	...	73
31 XII 1960	30 375 764	2.8	67.32	71.90	29.5	3 723 238	12.3	2.0	73
31 XII 1970 [1]	34 040 657	2.8	69.69	74.96	30.2	4 802 371	14.1	2.6	74
1 III 1981 [1]	37 682 355	2.0	72.55	78.59	30.9	5 874 465	15.6	2.0	73
Sweden – Suède [1]									
31 XII 1950	7 041 829	2.3	70.49	73.43	34.3	1 050 900	14.9	...	88
1 XI 1960	7 495 316	2.2	71.69	75.24	36.2	1 293 702	17.3	2.1	87
1 XI 1965	7 766 424	2.4	71.32	75.39	36.3	1 438 694	18.5	2.1	86
1 XI 1970	8 076 903	1.9	71.89	76.77	35.3	1 587 922	19.7	2.0	85
1 XI 1975	8 208 544	1.8	72.10	77.75	35.5	1 744 787	21.3	1.9	83
8 IX 1980	8 320 438	1.7	72.76	78.81	36.6	1 864 343	22.4	1.4	81
1 XI 1985	8 360 172	1.7	73.62	79.61	37.9	1 943 528	23.2	0.8	79
Switzerland – Suisse [1]									
1 XII 1950	4 714 992	2.4	66.36	70.85	33.3	662 011	14.0	...	77
1 XII 1960	5 429 061	2.4	69.50	74.80	32.6	819 805	15.1	2.2	74
1 XII 1970	6 269 783	2.0	70.15	76.17	32.1	1 029 807	16.4	2.3	73
2 XII 1980	6 365 960	1.5	72.70	79.60	34.8	1 165 844	18.3	1.2	72
Ukraine									
15 I 1959	41 869 046	...	66.00	73.00	28.6	4 387 654	10.5	...	53
15 I 1970	47 126 517	2.1	67.00	74.00	32.1	6 563 804	13.9	3.7	51
17 I 1979	49 609 333	...	67.00	74.00	34.2	7 764 831	15.7	1.9	47
12 I 1989	51 452 034	1.9	66.10	75.20	34.8	9 256 046	18.0	1.8	49
United Kingdom – Royaume–Uni England and Wales – Angleterre et Galles									
8 IV 1951	43 757 888	2.1	66.42	71.54	35.3	6 967 642	15.9	...	72
23 IV 1961	46 104 548	2.7	68.00	74.00	35.9	7 954 575	17.3	1.3	67
25 IV 1971	48 749 575	2.4	68.90	75.10	34.5	9 336 580	19.2	1.6	69
5 IV 1981 [1]	48 521 596	1.8	70.40	76.60	34.7	9 807 120	20.2	0.5	71
Northern Ireland – Irlande du Nord									
8 IV 1951	1 370 921	...	65.50	68.80	29.9	189 518	13.8	...	82
23 IV 1961	1 425 042	...	67.64	72.40	30.1	209 584	14.7	1.0	76
9 X 1966	1 484 775	...	67.64	72.54	29.1	224 807	15.1	1.3	75
25 IV 1971	1 534 000	...	67.63	73.67	28.2	236 900	15.4	1.2	74
5 IV 1981	1 481 959	2.7	69.52	75.12	29.8	245 766	16.6	0.4	71
Scotland – Ecosse									
8 IV 1951	5 096 415	2.4	64.40	68.70	32.7	731 589	14.4	...	75
23 IV 1961	5 179 344	2.9	66.20	71.87	33.3	808 445	15.6	1.0	68
25 IV 1971	5 228 965	2.5	67.17	73.54	32.7	937 445	17.9	1.5	68
5 IV 1981	5 035 315	1.9	68.98	75.19	33.6	962 068	19.1	0.3	67
Yugoslavia – Yougoslavie [1]									
31 III 1953	16 936 573	3.4	56.92	59.33	24.5	1 506 324	8.9	...	73
31 III 1961	18 549 291	2.8	62.41	65.58	26.6	1 829 349	9.9	2.5	75
31 III 1971	20 522 972	2.4	65.59	70.42	28.8	2 495 905	12.2	3.2	79
31 III 1981	22 424 687	2.1	67.69	73.23	30.2	2 685 152	12.0	0.7	74

Selected indicators of population ageing and elderly population: each census, 1950 – 1990 (continued)

Indicateurs divers concernant le vieillissement et les personnes âgées: chaque recensement, 1950 – 1990 (suite)

(See notes at end of table.– Voir notes à la fin du tableau.)

Continent, country or area, and date / Continent, pays ou zone et date	Population ageing Vieillissement					Elderly population (60 plus) Personnes âgées			
	Population	Fertility Fécondité	Life expectancy Espérance de vie Male Masculin	Female Féminin	Median Age Médian	Population	Per cent P. 100	Rate of increase Taux d'accroissement	Sex ratio Rapport de masculinité
OCEANIA–OCEANIE									
American Samoa – Samoa américaines [1] [39]									
1 IV 1950	18 937	...	...	...	16.6	707	3.7		99
25 IX 1956	20 154	6.0	...	...	15.7	830	4.1	2.5	87
1 IV 1960	20 051	6.8	...	...	15.2	787	3.9	−1.4	86
1 IV 1970	27 159	...	65.00	69.10	16.1	1 029	3.8	2.7	93
25 IX 1974	29 190	...	65.00	69.10	17.3	1 201	4.1	3.5	99
1 IV 1980	32 297	...	...	...	18.8	1 580	4.9	5.1	103
Australia – Australie									
30 VI 1954 [114]	8 986 530	3.2	67.14	72.75	30.2	1 123 648	12.5	...	84
30 VI 1961 [114]	10 508 186	3.5	67.92	74.18	29.3	1 295 096	12.3	2.0	80
30 VI 1966 [114]	11 550 462	2.9	67.63	74.15	28.2	1 421 753	12.3	1.9	79
30 VI 1971	12 755 638	2.7	[2] 68.40	[2] 75.20	27.7	1 566 539	12.3	2.0	79
30 VI 1976	13 548 448	2.1	68.40	75.20	28.3	1 774 722	13.1	2.5	78
30 VI 1981	14 576 328	1.9	71.38	78.42	29.7	2 029 129	13.9	2.7	78
30 VI 1986	15 602 156	1.9	72.09	78.72	31.1	2 346 098	15.0	2.9	79
Christmas Island – Ile Christmas									
17 VI 1957	2 619	...	...	...	22.9	69	2.6	...	...
30 VI 1961	3 099	6.7	...	...	22.2	87	2.8	...	...
30 VI 1966	3 391	3.4	...	...	22.2	112	3.3	...	...
30 VI 1971	2 691	2.1	...	...	23.2	48	1.8	...	...
30 VI 1981	2 871	...	...	...	29.3	31	1.1	...	...
Cocos (Keeling) Islands – Iles des Cocos (Keeling)									
30 VI 1961	606	0.5	...	...	19.9	21	3.5	...	...
30 VI 1966	684	...	...	...	19.2	27	3.9	...	...
30 VI 1971	618	...	...	...	21.1	18	2.9	...	...
30 VI 1981	555	1.4	...	...	27.0	33	5.9	...	...
Cook Islands – Iles Cook									
25 IX 1951	15 079	...	...	...	17.0	754	5.0	...	111
25 IX 1956	16 680	...	...	...	16.9	811	4.9	1.5	108
25 IX 1961	18 378	...	...	...	15.7	879	4.8	1.6	105
1 IX 1966	19 247	...	...	...	14.3	971	5.0	2.0	103
1 XII 1971	21 322	6.2	...	...	14.5	1 076	5.0	2.0	103
1 XII 1976	18 128	4.5	63.17	67.09	15.1	1 091	6.0	0.3	108
1 XII 1981 [113]	17 754	3.9	63.17	67.09	17.7	1 157	6.5	1.2	108
1 XII 1986	17 614	...	...	...	20.0	1 308	7.4	2.5	...
Fiji – Fidji									
27 IX 1956	345 737	5.4	[2] 50.90	[2] 54.00	16.9	17 270	5.0	...	151
12 IX 1966	476 727	4.8	[2] 54.50	[2] 58.00	16.5	18 063	3.8	0.5	122
13 IX 1976	588 068	3.5	60.72	63.87	18.5	23 771	4.0	2.8	104
31 VIII 1986	715 375	3.0	[2] 61.70	[2] 66.00	20.6	33 032	4.6	3.4	102

Selected indicators of population ageing and elderly population: each census, 1950 – 1990 (continued)

Indicateurs divers concernant le vieillissement et les personnes âgées: chaque recensement, 1950 – 1990 (suite)

(See notes at end of table.– Voir notes à la fin du tableau.)

Continent, country or area, and date / Continent, pays ou zone et date	Population ageing / Vieillissement					Elderly population (60 plus) / Personnes âgées			
			Life expectancy / Espérance de vie		Median			Rate of increase / Taux d'accroissement	Sex ratio
	Population	Fertility / Fécondité	Male / Masculin	Female / Féminin	Age Médian	Population	Per cent P. 100		Rapport de masculinité
OCEANIA–OCEANIE(Cont.–Suite)									
French Polynesia – Polynésie française									
17 IX 1951	61 469	2 6.0	...	...	18.9	2 440	4.0	...	136
13 XII 1956	75 127	2 6.4	...	...	13.9	1 876	2.5	–4.8	135
9 XI 1962	84 551	2 6.5	...	...	17.8	3 654	4.3	12.0	130
8 II 1971	113 273	2 5.1	...	...	17.0	4 829	4.3	3.4	116
6 IX 1988 1	188 814	2 3.6	...	...	21.6	9 580	5.1	4.0	96
Guam 1 39									
1 IV 1950	59 498	5.3	...	...	22.8	1 281	2.2	...	83
1 IV 1960	67 044	5.9	...	...	21.0	1 783	2.7	3.4	92
1 IV 1970	84 996	4.7	...	...	20.4	2 550	3.0	3.6	95
1 IV 1980	105 979	3.2	69.53	75.59	22.3	4 912	4.6	6.8	97
Kiribati									
30 IV 1963 115	48 780	...	...	...	18.3	3 447	7.1	...	81
5 XII 1968 115	53 517	...	...	...	17.3	3 329	6.2	–0.5	82
8 XII 1973	57 813	...	...	...	18.1	3 691	6.4	2.1	76
12 XII 1978	56 213	...	...	...	18.7	3 274	5.8	–2.3	76
Marshall Islands – Iles Marshall									
13 XI 1988	43 380	5.0	...	...	14.6	1 893	4.4	...	91
Nauru									
30 VI 1961	4 613	...	...	...	24.1	95	2.1	...	...
30 VI 1966	6 057	6.7	...	...	22.5	137	2.3	...	...
New Caledonia – Nouvelle–Calédonie									
6 XII 1956	68 480	...	...	...	22.5	4 135	6.0	...	96
2 V 1963	86 519	...	...	...	21.2	4 912	5.7	2.7	95
11 III 1969	100 579	...	...	...	20.7	5 525	5.5	2.0	98
23 IV 1976	133 233	3.9	...	...	20.7	8 121	6.1	5.6	102
15 IV 1983	145 368	3.4	...	...	21.7	9 040	6.2	1.5	96
4 IV 1989	164 173	...	...	...	23.4	11 392	6.9	3.9	93
New Zealand – 116 Nouvelle–Zélande									
17 IV 1951	1 939 472	2 3.5	67.19	71.29	29.3	255 970	13.2	...	92
17 IV 1956	2 174 062	3.8	68.20	73.00	28.6	274 686	12.6	1.4	86
18 IV 1961	2 414 984	2 3.8	68.44	73.75	27.2	294 904	12.2	1.4	82
22 III 1966	2 676 919	2 3.2	68.19	74.30	25.9	322 244	12.0	1.8	81
23 III 1971	2 862 631	3.1	68.55	74.60	25.7	357 790	12.5	2.1	81
23 III 1976	3 125 123	2 2.2	69.01	75.45	26.5	406 625	13.0	2.6	79
24 III 1981	3 175 737	2.0	70.70	76.90	28.3	445 800	14.0	1.9	77
4 III 1986	3 263 286	2.0	71.11	77.12	29.7	480 886	14.7	1.5	78
5 III 1991	3 375 906	2 2.1	...	...	31.3	519 822	15.4	1.6	80
Niue – Nioué									
25 IX 1956	4 707	...	...	...	18.6	385	8.2	...	84
25 IX 1961	4 864	7.0	...	...	16.5	373	7.7	–0.5	85
28 IX 1966	5 194	...	...	...	17.2	389	7.5	0.8	75
28 IX 1971	4 990	...	...	...	14.7	355	7.1	–1.7	74
29 IX 1976	3 843	...	...	...	16.6	325	8.5	–1.6	70
28 IX 1981	3 281	...	...	...	18.7	288	8.8	–2.3	77
29 IX 1986	2 531	...	...	...	20.9	264	10.4	–1.6	77

Selected indicators of population ageing and elderly population: each census, 1950 – 1990 (continued)

Indicateurs divers concernant le vieillissement et les personnes âgées: chaque recensement, 1950 – 1990 (suite)

(See notes at end of table.– Voir notes à la fin du tableau.)

Continent, country or area, and date / Continent, pays ou zone et date	Population ageing / Vieillissement					Elderly population (60 plus) / Personnes âgées			
			Life expectancy / Espérance de vie		Median			Rate of increase / Taux d'accroi-ssement	Sex ratio / Rapport de masculinité
	Population	Fertility / Fécondité	Male / Masculin	Female / Féminin	Age / Médian	Population	Per cent / P. 100		
OCEANIA–OCEANIE(Cont.–Suite)									
Norfolk Island – Ile Norfolk									
30 VI 1954	942	3.5	...	...	38.6	198	21.0	...	125
30 VI 1961	844	2.4	...	...	37.4	168	19.9	–2.2	95
30 VI 1966	1 147	2.3	...	...	35.7	185	16.1	1.9	85
30 VI 1971	1 683	1.6	...	...	32.9	260	15.4	7.0	86
24 X 1978	2 134	1.4	...	...	35.5	370	17.3	4.9	67
30 VI 1981	2 175	1.0	...	...	34.0	341	15.7	–2.9	78
30 VI 1986	2 367	...	...	...	35.5	382	16.1	2.3	78
Northern Mariana Islands – Iles Mariannes septentrionales									
1 IV 1980	16 780	...	...	...	19.7	762	4.5		86
Papua New Guinea – Papouasie–Nouvelle–Guinée									
20 VI 1966	2 184 986	[2] 6.2	...	...	19.2	45 850	2.1	...	127
7 VII 1971	2 489 936	[2] 6.1	...	...	17.8	71 836	2.9	9.3	125
22 IX 1980	3 010 727	[2] 5.6	...	...	18.5	110 144	3.7	4.8	118
Pitcairn									
31 XII 1986	68	...	...	...	32.8	12	17.6		...
Samoa									
25 IX 1951	84 909	...	...	...	16.6	3 348	3.9		111
25 IX 1956	97 327	...	...	...	15.9	4 075	4.2	4.0	94
25 IX 1961	114 427	...	...	...	14.9	4 856	4.2	3.6	92
21 XI 1966	131 377	...	...	...	14.5	5 425	4.1	2.2	88
3 XI 1971	146 627	5.7	59.59	63.35	14.9	6 258	4.3	2.9	105
3 XI 1976	151 983	...	61.00	64.30	15.7	6 912	4.5	2.0	96
3 XI 1981	156 349	...	...	...	17.0	7 616	4.9	2.0	94
Solomon Islands – Iles Salomon									
9 XI 1959	124 076	[2] 6.4	...	...	17.6	5 753	4.6	...	153
7 II 1970	160 998	[2] 7.2	...	...	17.7	8 598	5.3	4.0	169
7 II 1976	196 823	[2] 7.1	59.90	61.40	16.1	9 603	4.9	1.9	167
23 XI 1986	285 176	[2] 5.8	59.90	61.40	16.3	14 006	4.9	3.6	149
Tokelau – Tokélaou									
25 IX 1956	1 619	...	...	...	19.1	131	8.1	...	60
25 IX 1961	1 870	...	...	...	17.5	138	7.4	1.0	68
21 II 1972	1 599	5.4	...	...	15.9	153	9.6	1.0	76
25 X 1976	1 575	...	...	...	16.9	160	10.2	1.0	82
Tonga									
26 IX 1956	56 838	...	...	...	17.8	3 039	5.3	...	86
30 XI 1966	77 429	...	...	...	16.8	3 757	4.9	2.1	94
30 XI 1976	90 085	...	...	...	17.4	4 567	5.1	2.0	100
28 XI 1986	93 049	...	...	...	18.5	5 958	6.4	2.7	97
Vanuatu									
28 V 1967 [117]	76 582	...	...	...	17.2	3 448	4.5	...	163
15 I 1979	111 251	...	...	...	17.1	4 933	4.4	3.1	148
16 V 1989	142 419	...	...	...	18.1	7 666	5.4	4.4	128
Wallis and Futuna Islands – Iles Wallis et Futuna									
III 1969	8 546	...	...	...	17.4	357	4.2	...	101
26 III 1976	9 192	...	...	...	16.6	546	5.9	6.2	101

Selected indicators of population ageing and elderly population: each census, 1950 – 1990 (continued)

Indicateurs divers concernant le vieillissement et les personnes âgées: chaque recensement, 1950 – 1990 (suite)

GENERAL NOTES

For method of evaluation and limitations of data, see Technical Notes, page 162 of the Demographic Yearbook Special Issue: Population Ageing and the Situation of Elderly Persons.

FOOTNOTES

* Provisional
1 De jure population.
2 Estimate(s) prepared by the Population Division of the United Nations.

3 Excluding 24 012 residents absent for less than one year and nomad population estimated at 10 550 at 1971 census.
4 Based on results of a sample survey.
5 Data exclude adjustment for underenumeration, estimated 7.4151 per cent.

6 Excluding Mayotte.
7 Excluding population of small agglomerations in the frontier districts, numbering 101 225 persons.
8 For Egyptian nationals only.
9 Data exclude adjustment for underenumeration.

10 Based on complete enumeration of non–African population and of urban African population and on a 10 per cent sample of rural African population.

11 Excluding civilian nationals temporarily outside country numbering 154 752.

12 Excluding absentees workers amounting to 12 per cent of the total population at 1966 census.
13 Excluding alien armed forces stationed in the area.
14 For Libyan nationals only.
14a For 1964 – 1984.
15 Based on unadjusted results of sample survey. Excluding nomad population and population in the Zone controlled by Niger Office, not covered by survey.

16 Including nomads, estimated at 444 020, and 224 095 respectively.
17 Data exclude adjustment for underenumeration, estimated at 3.8 per cent.

18 Excluding coloured and native population outside police zone, numbering 212 360 in 1951.
19 Census believed to be overenumerated.
20 Population in households only.
21 Excluding 8 616 foreign visitors.
22 Excluding Bophuthatswana, Transkei and Venda.
23 Data exclude adjustment for underenumeration, estimated at 1.7 per cent.

24 Excluding Bophuthatswana, Ciskei, Transkei and Venda.
25 Excluding 126 persons in transit (108 males, 18 females).

26 Excluding Algerian refugees temporarily in the coun try, estimated at about 170 000 in 1960. Distribution based on a 10 per cent sample of census returns. Data relating to Moslem population are smoothed.

27 Excluding adjustment for underenumeration, estimated at 4.0 per cent.

28 Based on a sample taken at the time of the census.
29 Reason for discrepancy between these figures and corresponding figures shown elsewhere not ascertained.
30 Excluding adjustment for underenumeration, estimated at 3.2 per cent.

31 Data exclude adjustment for underenumeration, estimated at 13.7 per cent.

NOTES GENERALES

Pour la méthode d'évaluation et les insuffisances des données, voir Notes techniques, page 162 de l'Annuaire démographique Edition spéciale: Vieillissement de la population et situation des personnes âgées.

NOTES

* Données provisoires.
1 Population de droit.
2 Estimation(s) établie(s) par la Division de la Population de la Organisation des Nations Unies.
3 Non compris 24 012 résidents hors du pays pour une période inférieur à un an et les nomades estimés à 10 550 au recensement de 1971.
4 D'après les résultats d'une enquête par sondage.
5 Les données n'ont pas été ajustées pour compenser les lacunes du dénombrement, estimées à 7,4151 p.100.
6 Non compris Mayotte.
7 Non compris la population des petites agglomérations, des zones frontières, au nombre de 101 225 personnes.
8 Pour les nationaux égyptiens seulement.
9 Les données n'ont pas été ajustées pour compenser les lacunes du dénombrement.
10 D'après un dénombrement complete de la population non africaine et de la population africaine urbaine et sur un échantillon de 10 p. 100 de la population africaine rurale.
11 Non compris les nationaux civils temporairement hors du pays, au nombre de 154 752.
12 Non compris les travailleurs absents qui représent 12 p.100 de la population totale au recensement de 1966.
13 Non compris les militaires étrangers en garnison sur le territoire.
14 Pour les nationaux libyens seulement.
14a Pour 1964 à 1984.
15 D'après les résultats non ajustés de l'enquête par sondage. Non compris la population nomade ni la population de la zone relevant de l'Office du Niger, sur qui l'enquête n'a pas porté.
16 Y compris les nomades, estimées à 444 020, et 224 095 respectivement.
17 Les données n'ont pas été ajustées pour compenser les lacunes du dénombrement, estimées à 3,8 p.100.
18 Non compris les personnes de couleur et les indigènes vivant hors de la zone de police, au nombre de 212 360 en 1951.
19 Recensement où l'on pense qu'il y a eu surdénombrement.
20 Population dans les ménages seulement.
21 Non compris 8 616 étrangers de passage.
22 Non compris Bophuthatswana, Transkei et Venda.
23 Les données n'ont pas été ajustées pour compenser les lacunes du dénombrement, estimées à 1,7 p. 100.
24 Non compris Bophuthatswana, Ciskei, Transkei et Venda.
25 Non compris 126 personnes de passage (108 du sexe masculin et 18 du sexe féminin).
26 Non compris les réfugiés algériens temporairement dans les pays, estimés à 170 000 environ en 1960. La répartition est fondée sur un échantillon de 10 p. 100 des bulletins de recensement. Les données relatives à la population musulmane sont listées.
27 Les données n'ont pas été ajustées pour compenser les lacunes du dénombrement, estimées à 4,0 p. 100.
28 D'après un échantillon obtenu au moment du recensement.
29 On ne sait pas comment s'explique la divergence entre ces chiffres et les chiffres correspondants indiqués ailleurs.
30 Les données n'ont pas été ajustées pour compenser les lacunes du dénombrement, estimées à 3,2 p. 100.
31 Les données n'ont pas été ajustées pour compenser les lacunes du dénombrement, estimées à 13,7 p. 100.

Selected indicators of population ageing and elderly population: each census, 1950 – 1990 (continued)

Indicateurs divers concernant le vieillissement et les personnes âgées: chaque recensement, 1950 – 1990 (suite)

FOOTNOTES (continued)

32 Excluding diplomatic personnel stationed outside country numbering 84. Also excluding adjustment for underenumeration, estimated at 8.3 per cent.

33 Excluding adjustment for underenumeration of population aged 0–4 years.

34 Excluding adjustment for underenumeration, estimated at 3.0 per cent.

35 Including Aruba.

36 Excluding adjustment for underenumeration, estimated at 2 per cent.

37 Excluding the former Canal Zone, shown separately hereunder. Prior to 1966, excluding tribal Indian population, numbering 48–654 in 1950 and 62 187 (29 889 males and 32 298 females) in 1960.

38 Data exclude adjustment for underenumeration, estimated at 6.6 per cent. Excluding indigenous population.

39 Including armed forces stationed in the area.

40 Based on a 25 per cent sample of census returns.

41 Data exclude adjustment for underenumeration; adjusted total is 57 300. Including Anguilla.

42 Data exclude adjustment for underenumeration: ajusted total is 87 350.

43 Data exclude adjustment for underenumeration, estimated at 7.24 per cent.

44 Excluding scholarship students outside country, numbering 49.

45 Excluding students still attending school.

46 Excluding armed forces overseas and civilian citizens absent from country for an extended period of time.

47 Data exclude adjustment for underenumeration, estimated at 4.4 per cent.

48 Data exclude adjustment for underenumeration, estimated one per cent.

49 Data exclude adjustment for underenumeration, estimated at 8.4 per cent; also excludes as estimate of 87 000 for Indian jungle population.

50 Data exclude adjustment for underenumeration, estimated at 6.99 per cent.

51 Excluding persons not tabulated by age, sex, and marital status, numbering 31 960.

52 Excluding Indian jungle population.

53 Data are based on a sample of approximately 1.27 per cent of the total population enumerated in 1960. Enumerated total is 70 967 185.

54 Data exclude adjustment for underenumeration estimated at 5.8 per cent in 1952, 5.4 per cent in 1960, and 4.8 in 1970.

55 Excluding adjustment for underenumeration, estimated at 191 683; also excluding indigenous population numbering 127 980.

56 Excluding nomadic Indian tribes.

57 Excluding adjustment for underenumeration; also excludes nomadic Indian tribes and certain areas omitted in original count.

58 Data exclude adjustment for underenumeration, estimated at 5.6 per cent.

59 Excluding dependencies, of which South Georgia had an estimated population of 499 in 1964 (494 males, 5 females)

60 For Cayenne only.

61 Excluding adjustment for underenumeration estimated at 50 067; also excluding Indian jungle population estimated at 17 000 and 12 881 persons not tabulated by marital status, age and sex.

NOTES (suite)

32 Non compris le personnel diplomatique en poste hors du pays au nombre de 84. Les données n'ont pas été ajustées pour compenser lacunes dénombrement, estimées à 8,3 p. 100.

33 Les données n'ont pas été ajustées pour compenser les lacunes du dénombrement des personnes de 0 à 4 ans.

34 Les données n'ont pas été ajustées pour compenser les lacunes du dénombrement, estimées à 3 p. 100.

35 Compris Aruba.

36 Les données n'ont pas été ajustées pour compenser les lacunes du dénombrement, estimées à 2 p. 100.

37 Non compris la ancienne Zone du Canal, qui fait l'objet d'une rubrique distincte, ci–dessous. Pour les années antérieures à 1966, non compris les Indiens vivant en tribus, au nombre de 48 654 en 1950 et de 62 187 (29 889 du sexe masculin et 32 298 du sexe féminine) en 1960.

38 Les données n'ont pas été ajustées pour compenser les lacunes du dénombrement, estimées à 6,6 p. 100. Non compris la population indigène.

39 Y compris les militaires en garnison sur le territoire.

40 D'après un échantillon de 25 p. 100 des bulletins de recensement.

41 Les données n'ont pas été ajustées pour compenser les lacunes du dénombrement; le total ajustée est de 57 300. Y compris Anguilla.

42 Les données n'ont pas été ajustées pour compenser les lacunes du dénombrement; le total ajustée est de 87 350.

43 Les données n'ont pas été ajustées pour compenser les lacunes du dénombrement, estimées à 7,24 p. 100.

44 Non compris les boursiers faisant des études à l'étranger, au nombre de 49.

45 Non compris les étudiants encore dans l'école.

46 Non compris les militaires à l'étranger, et les civils hors du pays pendant une période prolongée.

47 Les données n'ont pas été ajustées pour compenser les lacunes du dénombrement, estimées à 4,4 p. 100.

48 Les données n'ont pas été ajustées pour compenser les lacunes du dénombrement, estimées à 1 p. 100.

49 Les données n'ont pas été ajustées pour compenser les lacunes du dénombrement, estimées à 8,4 p. 100; non compris également les Indiens de la jungle, estimés à 87 000.

50 Les données n'ont pas été ajustées pour compenser les lacunes du dénombrement, estimées à 6,99 p. 100.

51 Non compris les personnes classées selon l'âge, le sexe et l'état matrimonial, au nombre de 31 960.

52 Non compris les Indiens de la jungle.

53 Les données sont fondées sur un échantillon d'environ 1,27 p. 100 de la population dénombrée en 1960. Les total dénombré est de 70 967 185.

54 Les données n'ont pas été ajustées pour compenser les lacunes du dénombrement estimés à 5,8 p. 100 en 1952, 5,4 p. 100 en 1960, en 4,8 p. 100 en 1970.

55 Les données n'ont pas été ajustées pour compenser les lacunes du dénombrement, estimées à 191 683 personnes; non compris également la population indigène, au nombre de 127 980.

56 Non compris les tribus d'Indiens nomades.

57 Les données n'ont été ajustées pour compenser les lacunes du dénombrement; non compris également certaines zones omises dans le dénombrement initial.

58 Les données n'ont pas été ajustées pour compenser les lacunes du dénombrement, estimées à 5,6 p. 100.

59 Non compris les dépendances; la population de la Géorgie du Sud était estimée à 499 en 1964 (494 du sexe masculin et 5 du sexe féminin).

60 Pour Cayenne seulement.

61 Les données n'ont pas été ajustées pour compenser les lacunes du dénombrement, estimées à 50 067 personnes; non compris également les Indiens de la jungle estimés à 17 000 ni 12 881 personnes non classés selon l'état matrimonial, l'âge et le sexe.

Selected indicators of population ageing and elderly population: each census, 1950 – 1990 (continued)

Indicateurs divers concernant le vieillissement et les personnes âgées: chaque recensement, 1950 – 1990 (suite)

FOOTNOTES (continued)

62 Excluding adjustment for underenumeration and an estimate of 35 000 for Indian jungle population.

63 Excluding adjustment for underenumeration and an estimate of 39 800 for Indian jungle population.

64 Data exclude adjustment for underenumeration, estimated at 4.1 per cent.

65 Excluding Indian and Negro population living in tribes, numbering 32 006 at 1964 census.

66 Data exclude adjustment for underenumeration estimated at 5.8 per cent.

67 Data exclude adjustment for underenumeration, estimated at 6.85 per cent.

68 Excluding nomads.

69 Data exclude adjustment for underenumeation estimated at 6.88 per cent.

70 Data exclude adjustment for underenumeration, estimated at 3.1 per cent.

71 Excluding transients afloat.

72 Data exclude adjustment for underenumeration, estimated at 1.06 per cent.

73 Covering only the civilian population of 29 provinces.

74 Covering only the civilian population of 30 provinces, municipalities and autonomous regions. Excluding Jimmen and Mazhu Islands.

75 Excluding tourists numbering 447 persons (344 males and 103 females) and persons in sovereign bases and other areas retained by the United Kingdom after independence numbering 3 602 persons (2 961 males and 641 females) at 1960 census.

76 Including 26 106 transients and 9 131 Vietnamese.

77 Including data for the Indian–held part of Jammu and Kashmir, the final status of which has not yet been determined.

78 Including data for the Indian held part of Jammu and Kashmir (population 3 560 976, of which 1 896 633 males and 1 664 343 females), the final status of which has not yet been determined, and an estimate 626 667 of which 302 534 males and 324 133 females) for population of Goa Daman and Diu. Exluding part of North East Frontier Agency (population 297 853 of which 147 100 males and 150 753 females). Excluding Sikkim.

79 Based on a 5 per cent sample of census returns.

80 Excluding West Irian.

81 For settled population only; unsettled population (numbering 244 141 persons) and nomadic tribes (numbering 462 146 persons) were excluded.

82 Data exclude adjustment for underenumeration, estimated at 2.28 per cent.

83 Including 40 984 nationals abroad (30 068 males, 10 916 females).

84 Including data for East Jerusalem and Israeli residents in certain other territories under occupa tion by Israeli military forces since June 1967.

85 Prior to 1975, excluding Okinawa.

86 Excluding diplomatic personnel outside country and foreign military and civilian personnel and their dependants stationed in the area.

87 Including military and diplomatic personnel and their families abroad, numbering 933 at 1961 census, but excluding foreign military and diplomatic personnel and their families in the country, numbering 389 at 1961 census. Also including registered Palestinian refugees numbering 722 687 at 31 May 1967.

NOTES (suite)

62 Les données n'ont pas été ajustées pour compenser les lacunes du dénombrement; non compris également les Indiens de la jungle, estimés à 35 000.

63 Les données n'ont pas été ajustées pour compenser les lacunes du dénombrement; non compris également les Indiens de la jungle, estimés à 39 800.

64 Les données n'ont pas été ajustées pour compenser les lacunes du dénombrement, estimées à 4,1 p. 100.

65 Non compris les Indiens et les Noirs vivant en tribus, au nombre de 32 006 au recensement de 1964.

66 Les données n'ont pas été ajustées pour compenser les lacunes du dénombrement, estimées à 5,8 p. 100.

67 Les données n'ont pas été ajustées pour compenser les lacunes du dénombrement, estimées à 6,85 p. 100.

68 Non compris les nomades.

69 Les données n'ont pas été ajustées pour compenser les lacunes du dénombrement, estimées à 6,88 p. 100.

70 Les données n'ont pas été ajustées pour compenser les lacunes du dénombrement, estimées à 3,1 p. 100.

71 Non compris les personnes de passage à bord de navires.

72 Les données n'ont pas été ajustées pour compenser les lacunes du dénombrement, estimées à 1,06 p. 100.

73 Pour la population civil seulement de 29 provinces.

74 Pour la population civile seulement de 30 provinces, municipalités et régions autonomes. Non compris de Jimmen et Mazhu.

75 Non compris les touristes, au nombre de 447 (344 du sexe masculin et 103 du sexe féminin) ni les personnes vivant dans les bases souveraines et dans d'autres zones conservées par le Royaume–Uni après l'indépendance, au nombre de 3 602 personnes (2 961 du sexe masculin et 641 du sexe féminin) au recensement de 1960.

76 Y compris 26 106 transients et 9 131 réfugiés du Viet Nam.

77 Y compris les données pour la partie du Jammu et du Cachemire occupée par l'Inde dont le statut définitif n'a pas encore été déterminé.

78 Y compris les données pour la partie du Jammu et Cachemire occupée par l'Inde (3 560 976 personnes du sexe masculin et 1 664 343 du sexe féminin), dont le statut définitif n'a pas encore été déterminé et une estimation pour Goa, Daman et Diu (626 667 personnes, dont 302 534 du sexe masculin et 324 133 du sexe féminin). Non compris une partie de la 'North East Frontier Agency' (297 853 personnes, dont 147 100 de sexe masculin et 150 753 sexe féminin). Non compris le Sikkim.

79 D'après un échantillon de 5 p. 100 des bulletins de recensement.

80 Non compris l'Irian occidental.

81 Population sédentaire seulement; non compris la population non sédentaire (244 141 personnes) ni les tribus nomades (462 146 personnes).

82 Les données n'ont pas été ajustées pour compenser les lacunes du dénombrement, estimées à 2,28 p. 100.

83 Y compris 40 984 nationaux à l'étranger (30 068 du sexe masculin et 10 916 du sexe féminin).

84 Y compris les données pour Jérusalem–Est et les résidents israéliens dans certains autres territoires occupés depuis 1967 par les forces armées israéliennes.

85 Pour les années antérieures à 1975, non compris Okinawa.

86 Non compris le personnel diplomatique hors du pays ni les militaires et agents civils étrangers en poste sur le territoire et les membres de leur famille les accompagnant.

87 Y compris les militaires et le personnel diplomatique à l'étranger et les membres de leur famille les accompagnant au nombre de 933 au recensement de 1961, mais non compris les militaires et le personnel diplomatique étranger en poste dans le pays et les membres de leur famille les accompagnant au nombre de 389 au recensement de 1961. Y compris également les réfugiés de Palestine immatriculés, au nombre de 722 687 au 31 mai 1967.

Selected indicators of population ageing and elderly population: each census, 1950 – 1990 (continued)

Indicateurs divers concernant le vieillissement et les personnes âgées: chaque recensement, 1950 – 1990 (suite)

FOOTNOTES (continued)

88 Excluding data for Jordanian territory under occupation since June 1967 by israeli military forces.

89 Excluding alien armed forces, civilian aliens employed by armed forces, foreign diplomatic personnel and their dependants and Korean diplomatic personnel and their dependants outside the country.

90 Excluding 28 834 foreigners.

91 Excluding Bedouin population numbering 10 267 for male and 5 412 for female.

92 Including 754 Kuwait nationals residing outside the country.

93 Including 1 994 residents who were absent at the time of the census.

94 Excluding 1 183 005 persons from areas restricted by by security reasons.

95 Excluding data for Jammu and Kashmir, the final sta tus of which has not yet been determined, Junagardh, Manavadar, Gilgit and Baltistan.

96 Excluding the port and peninsula of Gwadar acquired from Oman on 8 September 1958.

97 Pakistan nationals only; excluding an estimated 1 755 152 nationals in Frontier Regions only partially covered by census; also excluding foreigners numbering 206 669. Data exclude 21 adjustment for underenumeration in urban areas amounting to 5 per cent for total population. Including Bangladesh.

98 Excluding data for Frontier Regions of West Pakistan (population 3 437 939, of which 1 791 755 males and 1 646 184 females) 111 369 foreigners (64 824 males, 46 546 females) and probably also a considerable number of nomads. Including Bangladesh.

99 Excluding transients afloat and non–locally domiciled military and civilian services personnel and their dependants.

100 Including Palestinian refugees.

101 Excluding adjustment for underenumeration, estimated at 2.01 per cent.

102 Data exclude adjustment for underenumeration, estimated 3.2 per cent.

103 Excluding Faeroe Islands and Greenland.

104 Excluding diplomatic personnel outside country and including members of alien armed forces not living in military camps and foreing diplomatic personnel not living in embassies or consulate.

105 All data shown pertaining to Germany prior to 3 Octo ber 1990 are indicated separately for the Federal Republic of Germany and the former German Democratic Republic based on their respective territories at the time indicated.

106 Excluding armed forces.

107 Excluding families of military personnel, visitors and transients.

108 Including armed forces stationed outside the country, but excluding alien armed forces stationed in the area

109 Based on a 10 per cent of the population sample survey

110 Maltese population only.

111 country. Data exclude 394 495 persons not tabulated by marital status, age and sex.

112 Excluding civilian aliens within country, and including civilian nationals temporarily outside

113 For resident population only.

114 Prior to 1966, excluding full–blooded aborigines estimated at 39 319 in June 1954, 40 081 in June 1961 and armed forces stationed outside country numbering 48 106 in May 1959. In 1966, data exclude persons describing themselves as being more than 50 per cent aboriginal or simply as aboriginal.

115 Including Tuvalu.

116 Excluding diplomatic personnel and armed forces stationed outside country, the latter numbering 1 936 at 1966 census; also excluding alien armed forces within the country.

117 Excluding estimate of 1 406 persons for villages where census was not taken.

NOTES (suite)

88 Non compris les données pour le territoire jordanien occupé depuis juin 1967 par les forces armées israéliennes.

89 Non compris les militaires étrangers, les civils étrangers employés par les forces armées, le personnel diplomatique étranger et les membres de leur famille les accompagnant et le personnel diplomatique coréen hors du pays et les membres de leur familles les accompagnant.

90 Non compris 28 834 étrangers.

91 Non compris les Bédouins (10 267 du sexe masculin et 5 412 du sexe féminin).

92 Y compris les nationaux du Koweït hors du pays, au nombre de 754.

93 Y compris les résidents qui étaient absents au moment du recensement, au nombre de 1 994.

94 Non compris 1 183 005 personnes des zones limitées pour raisons de sécurité.

95 Non compris les données pour le Jammu et Cachemire dont le statut définitif n'a pas encore été déterminé, le Junagardh, le Manavadar, le Gilgit et le Baltistan.

96 Non compris le port et la péninsule de Gwadar administrés jusqu'au 8 septembre 1958 par Oman.

97 Nationaux pakistanais seulement; non compris une estimation de 1 755 152 nationaux des régions frontières où le recensement n'a été effectué que partiellement; non compris également les étrangers (206 669) personne); les données n'ont pas été ajustées pour compenser les sous–dénombrement dans les zones urbaines, estimé à 5 p. 100 pour la population total. Y compris Bangladesh.

98 Non compris les données concernant les régions frontières du Pakistan occidental (population: 3 439 939, dont 1 791 755 du sexe masculin et 1 646 184 du sexe féminin), 111 369 étrangers (64 824 du sexe masculin et 46 545 du sexe féminin) et probablement aussi au nombre appréciable de nomades. Y compris le Bangladesh.

99 Non compris les personnes de passage à bord de navires ni les militaires et agents civils non résidents et les membres de leur famille les accompagnant.

100 Y compris les réfugiés de Palestine.

101 Les données n'ont pas été ajustées pour compenser les lacunes du dénombrement, estimées à 2,01 p. 100.

102 Les données n'ont pas été ajustées pour compenser les lacunes du dénombrement, estimées à 3,2 p. 100.

103 Non compris les îles Féroé et le Groenland.

104 Non compris le personnel diplomatique hors du pays et y compris les militaires étrangers ne vivant pas dans des camps militaires et le personnel diplomatique étranger ne vivant pas dans les ambassades ou les consulats.

105 Toutes les données se rapportant à l'Allemagne avant le 3 octobre 1990 figurent dans deux rubriques séparées basées sur les territoires respectifs de la République fédérale d'Allemagne et l'ancienne République démocratique allemande selon la période indiquée.

106 Non compris les militaires en garnison.

107 Non compris les familles des militaires, ni les visiteurs et transients.

108 Y compris les militaires hors du pays, mais non compris les militaires étrangers en garnison sur le territoire.

109 D'après un échantillon de 10 p. 100 de la population d'une enquête par sondage.

110 Population maltaise seulement.

111 Non compris 394 495 personnes non classés selon l'état matrimonial, l'âge et le sexe.

112 Non compris les civil étrangers dans le pays, mais y compris les civils nationaux temporairement hors du pays.

113 Pour la population résidente seulement.

114 Antérieurement à 1966, non compris les aborigènes purs estimés à 39 319 en juin 1954, 40 081 en juin 1961; non compris également les militaires en garnison hors du pays, au nombre de 48 106 en mai 1959. En 1966, les données ne comprennent pas les personnes qui se disent aborigènes à plus de 50 p. 100 ou simplement aborigènes.

115 Y compris Tuvallu.

116 Non compris le personnel diplomatique et les militaires hors du pays, ces derniers étant au nombre de 1 936 au recensement de 1966; non compris également les militaires étrangers en garnison dans le pays.

117 Non compris la population des villages qui n'ont pas été recensés, estimée à 1 406.

Index

Subject—matter index

(See notes at end of index)

A

Subject—matter	Year of issue	Time coverage
Abortions, Legal	1971	Latest
	1972	1964–72
	1973	1965–73
	1974	1965–74
	1975	1965–74
	1976	1966–75
	1977	1967–76
	1978	1968–77
	1979	1969–78
	1980	1971–79
	1981	1972–80
	1982	1973–81
	1983	1974–82
	1984	1975–83
	1985	1976–84
	1986	1977–85
	1987	1978–86
	1988	1979–87
	1989	1980–88
	1990	1981–89
	1991	1982–90
	1992	1983–91
—by age of mother and number of previous live births of mother	1971–1975	Latest
	1977–1981	Latest
	1983–1992	Latest
Ageing (see: Population)		
Annulments	1958	1948–57
	1968	1958–67
	1976	1966–75
Annulment rates	1958	1948–57
	1968	1958–67
	1976	1966–75

B

Subject—matter	Year of issue	Time coverage
Bibliography	1948	1930–48
	1949/50	1930–50
	1951–1952	1930–51 [1]
	1953	1900–53
	1954	1900–54 [1]
	1955	1900–55 [1]
Births	1948	1932–47
	1949/50	1934–49
	1951	1935–50

Subject—matter	Year of issue	Time coverage
Births (continued):	1952	1936–51
	1953	1950–52
	1954	1938–53
	1955	1946–54
	1956	1947–55
	1957	1948–56
	1958	1948–57
	1959	1949–58
	1960	1950–59
	1961	1952–61
	1962	1953–62
	1963	1954–63
	1964	1960–64
	1965	1946–65
	1966	1957–66
	1967	1963–67
	1968	1964–68
	1969	1950–69
	1970	1966–70
	1971	1967–71
	1972	1968–72
	1973	1969–73
	1974	1970–74
	1975	1956–75
	1976	1972–76
	1977	1973–77
	1978	1974–78
	1978HS [2]	1948–78
	1979	1975–79
	1980	1976–80
	1981	1962–81
	1982	1978–82
	1983	1979–83
	1984	1980–84
	1985	1981–85
	1986	1967–86
	1987	1983–87
	1988	1984–88
	1989	1985–89
	1990	1986–90
	1991	1987–91
	1992	1983–92
—by age of father	1949/50	1942–49
	1954	1936–53
	1959	1949–58
	1965	1955–64
	1969	1963–68
	1975	1966–74
	1981	1972–80
	1986	1977–85
—by age of mother	1948	1936–47
	1949/50	1936–49
	1954	1936–53

Subject—matter	Year of issue	Time coverage
Births (continued):		
—by age of mother (continued):	1955–1956	Latest
	1958	Latest
	1959	1949–58
	1960–1964	Latest
	1965	1955–64
	1966–1968	Latest
	1969	1963–68
	1970–1974	Latest
	1975	1966–74
	1976–1978	Latest
	1978HS [2]	1948–77
	1979–1980	Latest
	1981	1972–80
	1982–1985	Latest
	1986	1977–85
	1987–1991	Latest
	1992	1983–92
—by age of mother and birth order	1949/50	1936–47
	1954	Latest
	1959	1949–58
	1965	1955–64
	1969	1963–68
	1975	1966–74
	1981	1972–80
	1986	1977–85
—by age of mother and sex	1965–1968	Latest
	1969	1963–68
	1970–1974	Latest
	1975	1966–74
	1976–1978	Latest
	1978HS [2]	1948–77
	1979–1980	Latest
	1981	1972–80
	1982–1985	Latest
	1986	1977–85
	1987–1991	Latest
	1992	1983–92
—by age of mother and urban/rural residence (see: by urban/rural residence, below)		
—by birth order	1948	1936–47
	1949/50	1936–49
	1954	1936–53
	1955	Latest
	1959	1949–58
	1965	1955–64
	1969	1963–68

Subject-matter	Year of issue	Time coverage
Births (continued):		
—by birth order (continued):	1975	1966–74
	1981	1972–80
	1986	1977–85
—by birth weight	1975	Latest
	1981	1972–80
	1986	1977–85
—by gestational age	1975	Latest
	1981	1972–80
	1986	1977–85
—by legitimacy status	1959	1949–58
	1965	1955–64
	1969	1963–68
	1975	1966–74
	1981	1972–80
	1986	1977–85
—by occupation of father	1965	Latest
	1969	Latest
—by sex	1959	1949–58
	1965	1955–64
	1967–1968	Latest
	1969	1963–68
	1970–1974	Latest
	1975	1956–75
	1976–1980	Latest
	1981	1962–81
	1982–1985	Latest
	1986	1967–86
	1987–1991	Latest
	1992	1983–92
—by type of birth	1965	Latest
	1969	Latest
	1975	Latest
	1981	1972–80
	1986	1977–85
—by urban/rural residence	1965	Latest
	1967	Latest
	1968	1964–68
	1969	1964–68
	1970	1966–70
	1971	1967–71
	1972	1968–72
	1973	1969–73
	1974	1970–74
	1975	1956–75
	1976	1972–76

Subject-matter	Year of issue	Time coverage
Births (continued):		
—by urban/rural residence (continued):	1977	1973–77
	1978	1974–78
	1979	1975–79
	1980	1976–80
	1981	1962–81
	1982	1978–82
	1983	1979–83
	1984	1980–84
	1985	1981–85
	1986	1967–86
	1987	1983–87
	1988	1984–88
	1989	1985–89
	1990	1986–90
	1991	1987–91
	1992	1983–92
—by urban/rural residence and age of mother	1965	Latest
	1969–1974	Latest
	1975	1966–74
	1976–1980	Latest
	1981	1972–80
	1982–1985	Latest
	1986	1977–85
	1987–1991	Latest
	1992	1983–92
—illegitimate	1959	1949–58
	1965	1955–64
	1969	1963–68
	1975	1966–74
	1981	1972–80
	1986	1977–85
—legitimate	1948	1936–47
	1949/50	1936–49
	1954	1936–53
	1959	1949–58
	1965	1955–64
	1969	1963–68
	1975	1966–74
	1981	1972–80
	1986	1977–85
—legitimate, by age of father	1959	1949–58
	1965	1955–64
	1969	1963–68
	1975	1966–74
	1981	1972–80
	1986	1977–85

Subject-matter	Year of issue	Time coverage
Births (continued):		
—legitimate, by age of mother	1954	1936–53
	1959	1949–58
	1965	1955–64
	1969	1963–68
	1975	1966–74
	1981	1972–80
	1986	1977–85
—legitimate, by duration of marriage	1948	1936–47
	1949/50	1936–49
	1954	1936–53
	1959	1949–58
	1965	1955–64
	1969	1963–68
	1975	1966–74
	1981	1972–80
	1986	1977–85
Birth rates	1948	1932–47
	1949/50	1932–49
	1951	1905–30 [3]
		1930–50
	1952	1920–34 [3]
		1934–51
	1953	1920–39 [3]
		1940–52
	1954	1920–39 [3]
		1939–53
	1955	1920–34 [3]
		1946–54
	1956	1947–55
	1957	1948–56
	1958	1948–57
	1959	1920–54 [3]
		1953–58
	1960	1950–59
	1961	1945–59 [3]
		1952–61
	1962	1945–54 [3]
		1952–62
	1963	1945–59 [3]
		1954–63
	1964	1960–64
	1965	1920–64 [3]
		1950–65
	1966	1950–64 [3]
		1957–66
	1967	1963–67
	1968	1964–68
	1969	1925–69 [3]
		1954–69
	1970	1966–70

Index

Subject—matter index (continued)

(See notes at end of index)

Subject—matter	Year of issue	Time coverage
Birth rates (continued):	1971	1967–71
	1972	1968–72
	1973	1969–73
	1974	1970–74
	1975	1956–75
	1976	1972–76
	1977	1973–77
	1978	1974–78
	1978HS [2]	1948–78
	1979	1975–79
	1980	1976–80
	1981	1962–81
	1982	1978–82
	1983	1979–83
	1984	1980–84
	1985	1981–85
	1986	1967–86
	1987	1983–87
	1988	1984–88
	1989	1985–89
	1990	1986–90
	1991	1987–91
	1992	1983–92
—by age of father.............	1949/50	1942–49
	1954	1936–53
	1959	1949–58
	1965	1955–64
	1969	1963–68
	1975	1966–74
	1981	1972–80
	1986	1977–85
—by age of mother...........	1948	1936–47
	1949/50	1936–49
	1951	1936–50
	1952	1936–50
	1953	1936–52
	1954	1936–53
	1955–1956	Latest
	1959	1949–58
	1965	1955–64
	1969	1963–68
	1975	1966–74
	1976–1978	Latest
	1978HS [2]	1948–77
	1979–1980	Latest
	1981	1972–80
	1982–1985	Latest
	1986	1977–85
	1987–1991	Latest
	1992	1983–92

Subject—matter	Year of issue	Time coverage
Birth rates (continued):		
—by age of mother and birth order................	1954	1948 and 1951
	1959	1949–58
	1965	1955–64
	1969	1963–68
	1975	1966–74
	1981	1972–80
	1986	1977–85
—by age of mother and urban/rural residence (see: by urban/rural residence, below)		
—by birth order................	1951	1936–49
	1952	1936–50
	1953	1936–52
	1954	1936–53
	1955	Latest
	1959	1949–58
	1965	1955–64
	1969	1963–68
	1975	1966–74
	1981	1972–80
	1986	1977–85
—by urban/rural residence........................	1965	Latest
	1967	Latest
	1968	1964–68
	1969	1964–68
	1970	1966–70
	1971	1967–71
	1972	1968–72
	1973	1969–73
	1974	1970–74
	1975	1956–75
	1976	1972–76
	1977	1973–77
	1978	1974–78
	1979	1975–79
	1980	1976–80
	1981	1962–81
	1982	1978–82
	1983	1979–83
	1984	1980–84
	1985	1981–85
	1986	1967–86
	1987	1983–87
	1988	1984–88
	1989	1985–89
	1990	1986–90
	1991	1987–91
	1992	1983–92

Subject—matter	Year of issue	Time coverage
Birth rates (continued):		
—by urban/rural residence and age of mother.......................	1965	Latest
	1969	Latest
	1975	1966–74
	1976–1980	Latest
	1981	1972–80
	1982–1985	Latest
	1986	1977–85
	1987–1991	Latest
	1992	1983–92
—estimated:		
for continents................	1949/50	1947
	1956–1977	Latest
	1978–1979	1970–75
	1980–1983	1975–80
	1984–1986	1980–85
	1987–1992	1985–90
for macro regions............	1964–1977	Latest
	1978–1979	1970–75
	1980–1983	1975–80
	1984–1986	1980–85
	1987–1992	1985–90
for regions....................	1949/1950	1947
	1956–1977	Latest
	1978–1979	1970–75
	1980–1983	1975–80
	1984–1986	1980–85
	1987–1992	1985–90
for the world................	1949/50	1947
	1956–1977	Latest
	1978–1979	1970–75
	1980–1983	1975–80
	1984–1986	1980–85
	1987–1992	1985–90
—illegitimate...................	1959	1949–58
—legitimate....................	1954	1936–53
	1959	1949–58
	1965	Latest
	1969	Latest
	1975	Latest
	1981	Latest
	1986	Latest

Subject–matter	Year of issue	Time coverage	Subject–matter	Year of issue	Time coverage	Subject–matter	Year of issue	Time coverage
Birth rates (continued):			Child–woman ratios			Children (continued):		
–legitimate by age of			(continued):	1959	1935–59	–living, by age of mother		
father............................	1959	1949–58		1963	1955–63	and urban/rural		
	1965	Latest		1965	1945–65	residence (continued):	1981	1972–80
	1969	Latest		1969	Latest		1986	1977–85
	1975	Latest		1975	1966–74			
	1981	Latest		1978HS [2]	1948–77	Cities (see: Population)		
	1986	Latest		1981	1962–80			
				1986	1967–85	**D**		
–legitimate by age of								
mother............................	1954	1936–53	–in urban/rural.................	1965	Latest	Deaths............................	1948	1932–47
	1959	1949–58	areas...........................	1969	Latest		1949/50	1934–49
	1965	Latest					1951	1935–50
	1969	Latest	Children:				1952	1936–51
	1975	Latest					1953	1950–52
	1981	Latest	–ever born, by age of				1954	1946–53
	1986	Latest	mother...........................	1949/50	Latest		1955	1946–54
				1954	1930–53		1956	1947–55
–legitimate by duration				1955	1945–54		1957	1940–56
of marriage....................	1959	1950–57		1959	1949–58		1958	1948–57
	1965	Latest		1963	1955–63		1959	1949–58
	1969	Latest		1965	1955–65		1960	1950–59
	1975	Latest		1969	Latest		1961	1952–61
				1978HS [2]	1948–77		1962	1953–62
Birth ratios:							1963	1954–63
			–ever born, by age of				1964	1960–64
–fertility..........................	1949/1950	Latest	mother and urban/rural				1965	1961–65
	1954	Latest	residence.......................	1971	1962–71		1966	1947–66
	1959	1949–58		1973	1965–73		1967	1963–67
	1965	1955–65		1975	1965–74		1968	1964–68
	1969	1963–68		1981	1972–80		1969	1965–69
	1975	1965–74		1986	1977–85		1970	1966–70
	1978HS [2]	1948–77					1971	1967–71
	1981	1972–80	–involved in divorces.........	1958	1949–57		1972	1968–72
	1986	1977–85		1968	1958–67		1973	1969–73
				1976	1966–75		1974	1965–74
–illegitimate....................	1959	1949–58		1982	1972–81		1975	1971–75
	1965	1955–64		1990	1980–89		1976	1972–76
	1969	1963–68					1977	1973–77
	1975	1965–74	–living, by age of				1978	1974–78
	1981	1972–80	mother...........................	1949/50	Latest		1978HS [2]	1948–78
	1986	1977–85		1954	1930–53		1979	1975–79
				1955	1945–54		1980	1971–80
Birth to women under 20				1959	1949–58		1981	1977–81
by single years of age				1963	1955–63		1982	1978–82
of mother				1965	1955–65		1983	1979–83
				1968	1955–67		1984	1980–84
–by urban/rural				1969	Latest		1985	1976–85
residence.......................	1986	1970–85		1978HS [2]	1948–77		1986	1982–86
							1987	1983–87
C			–living, by age of mother				1988	1984–88
			and urban/rural				1989	1985–89
Child–woman ratios...........	1949/50	1900–50	residence.......................	1971	1962–71		1990	1986–90
	1954	1900–52		1973	1965–73		1991	1987–91
	1955	1945–54		1975	1965–74		1992	1983–92

Index

Subject–matter index (continued)

(See notes at end of index)

Subject–matter	Year of issue	Time coverage
Deaths (continued):		
—by age and sex..............	1948	1936–47
	1951	1936–50
	1955–1956	Latest
	1957	1948–56
	1958–1960	Latest
	1961	1955–60
	1962–1965	Latest
	1966	1961–65
	1978HS [2]	1948–77
—by age and sex and urban/rural residence........................	1967–1973	Latest
	1974	1965–73
	1975–1979	Latest
	1980	1971–79
	1981–1984	Latest
	1985	1976–84
	1986–1991	Latest
	1992	1983–92
—by cause.........................	1951	1947–50
	1952	1947–51 [4]
	1953	Latest
	1954	1945–53
	1955–1956	Latest
	1957	1952–56
	1958–1960	Latest
	1961	1955–60
	1962–1965	Latest
	1966	1960–65
	1967–1973	Latest
	1974	1965–73
	1975–1979	Latest
	1980	1971–79
	1981–1984	Latest
	1985	1976–84
	1986–1991	Latest
	1991 PA [5]	1960–90
	1992	Latest
—by cause, age and sex.....	1951	Latest
	1952	Latest
	1957	Latest
	1961	Latest
	1967	Latest
	1974	Latest
	1980	Latest
	1985	Latest
	1991PA [5]	1960–90
Deaths (continued):		
—by cause, age and sex and urban/rural residence........................	1967	Latest
—by cause and sex............	1967	Latest
	1974	Latest
	1980	Latest
	1985	Latest
—by marital status, age and sex..........................	1958	Latest
	1961	Latest
	1967	Latest
	1974	Latest
	1980	Latest
	1985	Latest
	1991PA [5]	1950–90
—by month......................	1951	1946–50
	1967	1962–66
	1974	1965–73
	1980	1971–79
	1985	1976–84
—by occupation and age, males.............................	1957	Latest
	1961	1957–60
	1967	1962–66
—by type of certification and cause:		
numbers.........................	1957	Latest
	1974	1965–73
	1980	1971–79
	1985	1976–84
per cent.........................	1957	Latest
	1961	1955–60
	1966	1960–65
	1974	1965–73
	1980	1971–79
	1985	1976–84
—by urban/rural residence......................	1967	Latest
	1968	1964–68
	1969	1965–69
	1970	1966–70
	1971	1967–71
	1972	1968–72
	1973	1969–73
	1974	1965–74
	1975	1971–75
Deaths (continued):		
—by urban/rural residence (continued):	1976	1972–76
	1977	1973–77
	1978	1974–78
	1979	1975–79
	1980	1971–80
	1981	1977–81
	1982	1978–82
	1983	1979–83
	1984	1980–84
	1985	1976–85
	1986	1982–86
	1987	1983–87
	1988	1984–88
	1989	1985–89
	1990	1986–90
	1991	1987–91
	1992	1983–92
—of infants (see infant deaths)		
Death rates.......................	1948	1932–47
	1949/50	1932–49
	1951	1905–30 [3]
		1930–50
	1952	1920–34 [3]
		1934–51
	1953	1920–39 [3]
		1940–52
	1954	1920–39 [3]
		1946–53
	1955	1920–34 [3]
		1946–54
	1956	1947–55
	1957	1930–56
	1958	1948–57
	1959	1949–58
	1960	1950–59
	1961	1945–59 [3]
		1952–61
	1962	1945–54 [3]
		1952–62
	1963	1945–59 [3]
		1954–63
	1964	1960–64
	1965	1961–65
	1966	1920–64 [3]
		1951–66
	1967	1963–67
	1968	1964–68
	1969	1965–69
	1970	1966–70
	1971	1967–71

Subject–matter	Year of issue	Time coverage	Subject–matter	Year of issue	Time coverage	Subject–matter	Year of issue	Time coverage
Death rates (continued):	1972	1968–72	Death rates (continued):			Death rates (continued):		
	1973	1969–73	—by cause (continued):	1966	1960–65	—by urban/rural		
	1974	1965–74		1967–1973	Latest	residence (continued):	1986	1982–86
	1975	1971–75		1974	1965–73		1987	1983–87
	1976	1972–76		1975–1979	Latest		1988	1984–88
	1977	1973–77		1980	1971–79		1989	1985–89
	1978	1974–78		1981–1984	Latest		1990	1986–90
	1978HS [2]	1948–78		1985	1976–84		1991	1987–91
	1979	1975–79		1986–1991	Latest		1992	1983–92
	1980	1971–80		1991PA [5]	1960–90			
	1981	1977–81		1992	Latest	—estimated:		
	1982	1978–82				for continents	1949/50	1947
	1983	1979–83	—by cause, age and sex	1957	Latest		1956–1977	Latest
	1984	1980–84		1961	Latest		1978–1979	1970–75
	1985	1976–85		1991 PA [5]	1960–90		1980–1983	1975–80
	1986	1982–86					1984–1986	1980–85
	1987	1983–87	—by cause and sex	1967	Latest		1984–1986	1980–85
	1988	1984–88		1974	Latest		1987–1992	1985–90
	1989	1985–89		1980	Latest			
	1990	1986–90		1985	Latest	for macro regions	1964–1977	Latest
	1991	1987–91					1978–1979	1970–75
	1992	1983–92	—by marital status, age and sex	1961	Latest		1980–1983	1975–80
—by age and sex	1948	1935–47		1967	Latest		1984–1986	1980–85
	1949/50	1936–49		1974	Latest		1987–1992	1985–90
	1951	1936–50		1980	Latest	for regions	1949/50	1947
	1952	1936–51		1985	Latest		1956–1977	Latest
	1953	1940–52	—by occupation, age and sex	1957	Latest		1978–1979	1970–75
	1954	1946–53					1980–1983	1975–80
	1955–1956	Latest	—by occupation and age, males	1961	Latest		1984–1986	1980–85
	1957	1948–56		1967	Latest		1987–1992	1985–90
	1961	1952–60	—by urban/rural residence	1967	Latest	for the world	1949/50	1947
	1966	1950–65		1968	1964–68		1956–1977	Latest
—by age and sex and urban/rural residence	1967	Latest		1969	1965–69		1978–1979	1970–75
	1972	Latest		1970	1966–70		1980–1983	1975–80
	1974	1965–73		1971	1967–71		1984–1986	1980–85
	1975–1979	Latest		1972	1968–72		1987–1992	1985–90
	1980	1971–79		1973	1969–73			
	1981–1984	Latest		1974	1965–74	—of infants (see: Infant deaths)		
	1985	1976–84		1975	1971–75			
	1986–1991	Latest		1976	1972–76	Density of population:		
	1991PA [5]	1950–1990		1977	1973–77	—of continents	1949/50	1920–49
	1992	1983–9290		1978	1974–78		1951–1992	Latest
—by cause	1951	1947–49		1979	1975–79	—of countries	1948–1992	Latest
	1952	1947–51 [4]		1980	1971–80			
	1953	1947–52		1981	1977–81	—of major areas	1964–1992	Latest
	1954	1945–53		1982	1978–82			
	1955–1956	Latest		1983	1979–83	—of regions	1949/50	1920–49
	1957	1952–56		1984	1980–84		1952–1992	Latest
	1958–1960	Latest		1985	1976–85			
	1961	1955–60						
	1962–1965	Latest						

Subject–matter index (continued)

(See notes at end of index)

Subject–matter	Year of issue	Time coverage
Density of population: (continued):		
–of the world	1949/50	1920–49
	1952–1992	Latest
Disability (see: Population)		
Divorces	1951	1935–50
	1952	1936–51
	1953	1950–52
	1954	1946–53
	1955	1946–54
	1956	1947–55
	1957	1948–56
	1958	1940–57
	1959	1949–58
	1960	1950–59
	1961	1952–61
	1962	1953–62
	1963	1954–63
	1964	1960–64
	1965	1961–65
	1966	1962–66
	1967	1963–67
	1968	1949–68
	1969	1965–69
	1970	1966–70
	1971	1967–71
	1972	1968–72
	1973	1969–73
	1974	1970–74
	1975	1971–75
	1976	1957–76
	1977	1973–77
	1978	1974–78
	1979	1975–79
	1980	1976–80
	1981	1977–81
	1982	1963–82
	1983	1979–83
	1984	1980–84
	1985	1981–85
	1986	1982–86
	1987	1983–87
	1988	1984–88
	1989	1985–89
	1990	1971–90
	1991	1987–91
	1992	1988–92
–by age of husband	1968	1958–67
	1976	1966–75
	1982	1972–81
	1987	1975–86
	1990	1980–89

Subject–matter	Year of issue	Time coverage
Divorces (continued):		
–by age of wife	1968	1958–67
	1976	1966–75
	1982	1972–81
	1987	1975–86
	1990	1980–89
–by age of wife classified by age of husband	1958	1946–57
	1968	Latest
	1976	Latest
	1982	Latest
	1982	Latest
	1990	Latest
–by duration of marriage..	1958	1948–57
	1968	1958–67
	1976	1966–75
	1982	1972–81
	1990	1980–89
–by duration of marriage and age of husband, wife	1958	1946–57
	1968	Latest
	1976	Latest
	1982	Latest
	1990	Latest
–by number of children involved	1958	1948–57
	1968	1958–67
	1976	1966–75
	1982	1972–81
	1990	1980–89
Divorce rates	1952	1935–51
	1953	1936–52
	1954	1946–53
	1955	1946–54
	1956	1947–55
	1957	1948–56
	1958	1930–57
	1959	1949–58
	1960	1950–59
	1961	1952–61
	1962	1953–62
	1963	1954–63
	1964	1960–64
	1965	1961–65
	1966	1962–66
	1967	1963–67
	1968	1920–64 [3]
		1953–68
	1969	1965–69

Subject–matter	Year of issue	Time coverage
Divorce rates (continued):	1970	1966–70
	1971	1967–71
	1972	1968–72
	1973	1969–73
	1974	1970–74
	1975	1971–75
	1976	1957–76
	1977	1973–77
	1978	1974–78
	1979	1975–79
	1980	1976–80
	1981	1977–81
	1982	1963–82
	1983	1979–83
	1984	1980–84
	1985	1981–85
	1986	1982–86
	1987	1983–87
	1988	1984–88
	1989	1985–89
	1990	1971–90
	1991	1987–91
	1992	1988–92
–by age of husband	1968	Latest
	1976	Latest
	1982	Latest
	1987	1975–86
	1990	Latest
–by age of wife	1968	Latest
	1976	Latest
	1982	Latest
	1987	1975–86
	1990	Latest
–for married couples	1953	1935–52
	1954	1935–53
	1958	1935–56
	1968	1935–67
	1976	1966–75
	1978HS [2]	1948–77
	1982	1972–81
	1990	1980–89

E

Subject–matter	Year of issue	Time coverage
Economically active population (see: Population)		

Subject–matter	Year of issue	Time coverage	Subject–matter	Year of issue	Time coverage	Subject–matter	Year of issue	Time coverage
Economically inactive population (see: Population)			Foetal deaths: (continued):			Foetal deaths, late (continued):	1990	1985–89
			–by period of gestation.....	1957	1950–56		1991	1986–90
				1959	1949–58		1992	1987–91
Emigrants (see:Migration)				1961	1952–60			
				1965	5–Latest	–by age of mother............	1954	1936–53
Ethnic composition (see: Population)				1966	1956–65		1959	1949–58
				1967–1968	Latest		1965	1955–64
				1969	1963–68		1969	1963–68
Expectation of life (see: Life tables)				1974	1965–73		1975	1966–74
				1975	1966–74		1981	1972–80
				1980	1971–79		1986	1977–85
F				1981	1972–80			
				1985	1976–84	–by age of mother and birth order.....................	1954	Latest
Fertility rates:				1986	1977–85		1959	1949–58
							1965	3–Latest
–general........................	1948	1936–47	Foetal deaths, late............	1951	1935–50		1969	1963–68
	1949/50	1936–49		1952	1936–51		1975	1966–74
	1951	1936–50		1953	1936–52		1981	1972–80
	1952	1936–50		1954	1938–53		1986	1977–85
	1953	1936–52		1955	1946–54			
	1954	1936–53		1956	1947–55			
	1955–1956	Latest		1957	1948–56	–by period of gestation.....	1957	1950–56
	1959	1949–58		1958	1948–57		1959	1949–58
	1960–1964	Latest		1959	1949–58		1961	1952–60
	1965	1955–64		1960	1950–59		1965	5–Latest
	1966–1974	Latest		1961	1952–60		1966	1956–65
	1975	1966–74		1962	1953–61		1967–1968	Latest
	1976–1978	Latest		1963	1953–62		1969	1963–68
	1978HS [2]	1948–77		1964	1959–63		1974	1965–73
	1979–1980	Latest		1965	1955–64		1975	1966–74
	1981	1962–80		1966	1947–65		1980	1971–79
	1982–1985	Latest		1967	1962–66		1981	1972–80
	1986	1977–85		1968	1963–67		1985	1976–84
	1987–1991	Latest		1969	1959–68		1986	1977–85
	1992	1983–92		1970	1965–69			
				1971	1966–70	–by sex...........................	1961	1952–60
–total.............................	1986	1967–85		1972	1967–71		1965	5–Latest
	1987–1992	Latest		1973	1968–72		1969	1963–68
				1974	1965–73		1975	1966–74
				1975	1966–74		1981	1972–80
				1976	1971–75		1986	1977–85
Fertility ratios...................	1949/50	1900–50		1977	1972–76			
	1954	1900–52		1978	1973–77	–by urban/rural residence......................	1971	1966–70
	1955	1945–54		1979	1974–78		1972	1967–71
	1959	1935–59		1980	1971–79		1973	1968–72
	1963	1955–63		1981	1972–80		1974	1965–73
	1965	1955–65		1982	1977–81		1975	1966–74
	1969	Latest		1983	1978–82		1976	1971–75
	1975	1966–74		1984	1979–83		1977	1972–76
	1978HS [2]	1948–77		1985	1975–84		1978	1973–77
	1981	1962–80		1986	1977–85		1979	1974–78
	1986	1967–85		1987	1982–86		1980	1971–79
				1988	1983–87		1981	1972–80
Foetal deaths:				1989	1984–88			

Index

Subject—matter index (continued)

(See notes at end of index)

Subject—matter	Year of issue	Time coverage
Foetal deaths, late (continued):		
–by urban/rural residence (continued):	1982	1977–81
	1983	1978–82
	1984	1979–83
	1985	1975–84
	1986	1977–85
	1987	1982–86
	1988	1983–87
	1989	1984–88
	1990	1985–89
	1991	1986–90
	1992	1987–91
–illegitimate....................	1961	1952–60
	1965	5–Latest
	1969	1963–68
	1975	1966–74
	1981	1972–80
	1986	1977–85
–illegitimate, per cent........	1961	1952–60
	1965	5–Latest
	1969	1963–68
	1975	1966–74
	1981	1972–80
	1986	1977–85
–legitimate.....................	1959	1949–58
	1965	1955–64
	1969	1963–68
	1975	1966–74
	1981	1972–80
	1986	1977–85
–legitimate by age of mother..........................	1959	1949–58
	1965	1955–64
	1969	1963–68
	1975	1966–74
	1981	1972–80
	1986	1977–85
Foetal death ratios:		
–by period of gestation.....	1957	1950–56
	1959	1949–58
	1961	1952–60
	1965	5–Latest
	1966	1956–65
	1967–1968	Latest
	1969	1963–68
	1974	1965–73
	1975	1966–74

Subject—matter	Year of issue	Time coverage
Foetal death ratios: (continued):		
–by period of gestation (continued):	1980	1971–79
	1981	1972–80
	1985	1976–84
	1986	1977–85
Foetal death ratios, late......	1951	1935–50
	1952	1935–51
	1953	1936–52
	1954	1938–53
	1955	1946–54
	1956	1947–55
	1957	1948–56
	1958	1948–57
	1959	1920–54 [3]
		1953–58
	1960	1950–59
	1961	1945–49 [3]
		1952–60
	1962	1945–54 [3]
		1952–61
	1963	1945–59 [3]
		1953–62
	1964	1959–63
	1965	1950–64 [3]
		1955–64
	1966	1950–64 [3]
		1956–65
	1967	1962–66
	1968	1963–67
	1969	1950–64 [3]
		1959–68
	1970	1965–69
	1971	1966–70
	1972	1967–71
	1973	1968–72
	1974	1965–73
	1975	1966–74
	1976	1971–75
	1977	1972–76
	1978	1973–77
	1979	1974–78
	1980	1971–79
	1981	1972–80
	1982	1977–81
	1983	1978–82
	1984	1979–83
	1985	1975–84
	1986	1977–85
	1987	1982–86
	1988	1983–87
	1989	1984–88
	1990	1985–89

Subject—matter	Year of issue	Time coverage
Foetal death ratios, late (continued):	1991	1986–90
	1992	1987–91
–by age of mother............	1954	1936–53
	1959	1949–58
	1965	1955–64
	1969	1963–68
	1975	1966–74
	1981	1972–80
	1986	1977–85
–by age of mother and birth order....................	1954	Latest
	1959	1949–58
	1965	3–Latest
	1969	1963–68
	1975	1966–74
	1981	1972–80
	1986	1977–85
–by period of gestation.....	1957	1950–56
	1959	1949–58
	1961	1952–60
	1965	5–Latest
	1966	1956–65
	1967–1968	Latest
	1969	1963–68
	1974	1965–73
	1975	1966–74
	1980	1971–79
	1981	1972–80
	1985	1976–84
	1986	1977–85
–by urban/rural residence......................	1971	1966–70
	1972	1967–71
	1973	1968–72
	1974	1965–73
	1975	1966–74
	1976	1971–75
	1977	1972–76
	1978	1973–77
	1979	1974–78
	1980	1971–79
	1981	1972–80
	1982	1977–81
	1983	1978–82
	1984	1979–83
	1985	1975–84
	1986	1977–85
	1987	1982–86
	1988	1983–87
	1989	1984–88

Subject—matter	Year of issue	Time coverage	Subject—matter	Year of issue	Time coverage	Subject—matter	Year of issue	Time coverage
Foetal death ratios, late (continued):			Households (continued): —by age sex of householder, size and urban/rural residence	1987	1975–86	Households (continued): —number of family nuclei by size of	1973	1965–73
—by urban/rural residence (continued):	1990	1985–89					1976	Latest
	1991	1986–90	—by family type and urban/rural residence	1987	1975–86		1982	Latest
	1992	1987–91					1987	1975–86
			—by marital status of householder and urban/rural residence	1987	1975–86		1990	1980–90
—illegitimate	1961	1952–60				—population by relationship	1991PA [5]	Latest
	1965	5–Latest						
—legitimate	1959	1949–58	—by relationship to householder and urban/rural residence	1987	1975–86	—by sex and persons 60 +	1991PA [5]	Latest
	1965	1955–64						
	1969	1963–68	—by size	1955	1945–54	—population in each type of	1955	1945–54
	1975	1966–74		1962	1955–62		1962	1955–62
	1981	1972–80		1963	1955–63 [4]		1963	1955–63 [4]
	1986	1977–85		1971	1962–71		1968	Latest
				1973	1965–73 [4]		1971	1962–71
—legitimate by age of mother	1959	1949–58		1976	Latest		1973	1965–73 [4]
	1965	1955–64		1982	Latest		1976	Latest
	1969	1963–68		1987	1975–86		1982	Latest
	1975	1966–74		1990	1980–89		1987	1975–86
	1981	1972–80	—and number of persons 60 +	1991PA [5]	Latest		1990	1980–90
	1986	1977–85					1991PA [5]	Latest
G			—by urban/rural residence	1968	Latest	—population in each size of	1955	1945–54
Gestational age of foetal deaths (see: Foetal deaths)				1971	1962–71		1962	1955–62
				1973	1965–73 [4]		1963	1955–63 [4]
Gross reproduction rates (see: Reproduction rates)				1976	Latest		1968	Latest
				1982	Latest		1971	1962–71
H				1987	1975–86		1973	1965–73 [4]
				1990	1980–89		1976	Latest
Homeless (see: Population)			—headship rates by age and sex of householder and urban/rural residence	1987	1975–86		1982	Latest
Households:							1987	1975–86
							1990	1980–89
			—number of	1955	1945–54	**I**		
				1962	1955–62			
				1963	1955–63 [4]	Illegitimacy rates and ratios:		
—average size of	1962	1955–62		1968	Latest	—of births	1959	1949–58
	1963	1955–63 [4]		1971	1962–71		1965	1955–64
	1968	Latest		1973	1965–73 [4]		1969	1963–68
	1971	1962–71		1976	Latest		1975	1966–74
	1973	1965–73 [4]		1982	Latest		1981	1972–80
	1976	Latest		1987	1975–86		1986	1977–85
	1982	Latest		1990	1980–89	—of foetal deaths, late	1961	1952–60
	1987	1975–86	—and number of persons 60 +	1991PA [5]	Latest		1965	5–Latest
	1990	1980–89					1969	1963–68
							1975	1966–74

Index

Subject—matter index (continued)

(See notes at end of index)

Subject—matter	Year of issue	Time coverage
Illegitimacy rates and ratios (continued):		
—of foetal deaths, late (continued):	1981	1972–80
	1986	1977–85
Illegitimate (see also: Births and Foetal deaths, late)		
—birth(s)..........................	1959	1949–58
	1965	1955–64
	1969	1963–68
	1975	1966–74
	1981	1972–80
	1986	1977–85
—birth ratios....................	1959	1949–58
	1965	1955–64
	1969	1963–68
	1975	1966–74
	1981	1972–80
	1986	1977–85
—foetal death(s), late........	1961	1952–60
	1965	5–Latest
	1969	1963–68
	1975	1966–74
	1981	1972–80
	1986	1977–85
—foetal death ratios, late...	1961	1952–60
	1965	5–Latest
	1969	1963–68
	1975	1966–74
	1981	1972–80
	1986	1977–85
Illiteracy rates (see: Population)		
Immigrants (see: Migration)		
Infant deaths....................	1948	1932–47
	1949/50	1934–49
	1951	1935–50
	1952	1936–51
	1953	1950–52
	1954	1946–53
	1955	1946–54
	1956	1947–55
	1957	1948–56
	1958	1948–57
	1959	1949–58

Subject—matter	Year of issue	Time coverage
Infant deaths (continued):	1960	1950–59
	1961	1952–61
	1962	1953–62
	1963	1954–63
	1964	1960–64
	1965	1961–65
	1966	1947–66
	1967	1963–67
	1968	1964–68
	1969	1965–69
	1970	1966–70
	1971	1967–71
	1972	1968–72
	1973	1969–73
	1974	1965–74
	1975	1971–75
	1976	1972–76
	1977	1973–77
	1978	1974–78
	1978HS [2]	1948–78
	1979	1975–79
	1980	1971–80
	1981	1977–81
	1982	1978–82
	1983	1979–83
	1984	1980–84
	1985	1976–85
	1986	1982–86
	1987	1983–87
	1988	1984–88
	1989	1985–89
	1990	1986–90
	1991	1987–91
	1992	1983–92
—by age and sex..............	1948	1936–47
	1951	1936–49
	1957	1948–56
	1961	1952–60
	1962–1965	Latest
	1966	1961–65
—by age and sex and urban/rural residence......	1967–1973	Latest
	1974	1965–73
	1975–1979	Latest
	1980	1971–79
	1981–1984	Latest
	1985	1976–84
	1986–1991	Latest
	1992	1983–92

Subject—matter	Year of issue	Time coverage
Infant deaths (continued):		
—by month......................	1967	1962–66
	1974	1965–73
	1980	1971–79
	1985	1976–84
—by urban/rural residence......................	1967	Latest
	1968	1964–68
	1969	1965–69
	1970	1966–70
	1971	1967–71
	1972	1968–72
	1973	1969–73
	1974	1965–74
	1975	1971–75
	1976	1972–76
	1977	1973–77
	1978	1974–78
	1979	1975–79
	1980	1971–80
	1981	1977–81
	1982	1978–82
	1983	1979–83
	1984	1980–84
	1985	1976–85
	1986	1982–86
	1987	1983–87
	1988	1984–88
	1989	1985–89
	1990	1986–90
	1991	1987–91
	1992	1983–92
Infant mortality rates..........	1948	1932–47
	1949/50	1932–49
	1951	1930–50
	1952	1920–34 [3]
		1934–51
	1953	1920–39 [3]
		1940–52
	1954	1920–39 [3]
		1946–53
	1955	1920–34 [3]
		1946–54
	1956	1947–55
	1957	1948–56
	1958	1948–57
	1959	1949–58
	1960	1950–59
	1961	1945–59 [3]
		1952–61
	1962	1945–54 [3]
		1952–62

(See notes at end of index)

Subject–matter	Year of issue	Time coverage	Subject–matter	Year of issue	Time coverage	Subject–matter	Year of issue	Time coverage
Infant mortality rates (continued):	1963	1945–59 ³	Infant mortality rates (continued):			Life tables: (continued):		
	1963	1954–63	—by urban/rural			—expectation of life at birth,		
	1964	1960–64	residence......................	1967	Latest	by sex............................	1959–1973	Latest
	1965	1961–65		1968	1964–68		1974	2–Latest
	1966	1920–64 ³		1969	1965–69		1975–1978	Latest
		1951–66		1970	1966–70		1978HS ²	1948–77
	1967	1963–67		1971	1967–71		1979	Latest
	1968	1964–68		1972	1968–72		1980	2–Latest
	1969	1965–69		1973	1969–73		1981–1984	Latest
	1970	1966–70		1974	1965–74		1985	2–Latest
	1971	1967–71		1975	1971–75		1986–1991	Latest
	1972	1968–72		1976	1972–76		1991PA ⁵	1950–90
	1973	1969–73		1977	1973–77		1992	Latest
	1974	1965–74		1978	1974–78			
	1975	1971–75		1979	1975–79	—expectation of life at specified ages,		
	1976	1972–76		1980	1971–80	by sex............................	1948	1891–1945
	1977	1973–77		1981	1977–81		1951	1891–1950
	1978	1974–78		1982	1978–82		1952	1891–1951 ⁴
	1978HS ²	1948–78		1983	1979–83		1953	1891–1952
	1979	1975–79		1984	1980–84		1954	1891–1953 ⁴
	1980	1971–80		1985	1976–85		1955–1956	Latest
	1981	1977–81		1986	1982–86		1957	1900–56
	1982	1978–82		1987	1983–87		1958–1960	Latest
	1983	1979–83		1988	1984–88		1961	1940–60
	1984	1980–84		1989	1985–89		1962–1964	Latest
	1985	1976–85		1990	1986–90		1966	2–Latest
	1986	1982–86		1991	1987–91		1967	1900–66
	1987	1983–87		1992	1983–92		1968–1973	Latest
	1988	1984–88					1974	2–Latest
	1989	1985–89	Intercensal rates of population increase.........	1948	1900–48		1975–1978	Latest
	1990	1986–90		1949/50	1900–50		1978HS ²	1948–77
	1991	1987–91		1951	1900–51		1979	Latest
	1992	1983–92		1952	1850–1952		1980	2–Latest
				1953	1850–1953		1981–1984	Latest
				1955	1850–1954		1985	2–Latest
				1960	1900–61		1986–1991	Latest
—by age and sex..............	1948	1936–47		1962	1900–62		1991PA ⁵	1950–90
	1951	1936–49		1964	1955–64		1992	Latest
	1957	1948–56		1970	1900–70			
	1961	1952–60		1978HS ²	1948–78	—mortality rates at specified ages, by sex......	1948	1891–1945
	1966	1956–65					1951	1891–1950
	1967	1962–66	International migration (see: Migration)				1952	1891–1951 ⁴
							1953	1891–1952
—by age and sex and urban/rural			**L**				1954	1891–1953 ⁴
residence......................	1971–1973	Latest					1957	1900–56
	1974	1965–73					1961	1940–60
	1975–1979	Latest	Late foetal deaths (see: Foetal deaths, late)				1966	2–Latest
	1980	1971–79					1974	2–Latest
	1981–1984	Latest	Life tables:				1980	2–Latest
	1985	1976–84					1985	2–Latest
	1986–1991	Latest						
	1992	1983–92						

Subject—matter index (continued)

(See notes at end of index)

Subject—matter	Year of issue	Time coverage	Subject—matter	Year of issue	Time coverage	Subject—matter	Year of issue	Time coverage
Life tables: (continued):			Marriages (continued):	1980	1976–80	Marriages (continued):		
—survivors at specified				1981	1977–81	—by age of groom		
ages, by sex..................	1948	1891–1945		1982	1963–82	(continued):	1988–1989	Latest
	1951	1891–1950		1983	1979–83		1990	1980–1989
	1952	1891–1951[4]		1984	1980–84		1990–1991	Latest
	1953	1891–1952		1985	1981–85			
	1954	1891–1953[4]		1986	1982–86	—by age of groom		
	1957	1900–56		1987	1983–87	classified by age		
	1961	1940–60		1988	1984–88	of bride.........................	1958	1948–57
	1966	2–Latest		1989	1985–89		1968	Latest
	1974	2–Latest		1990	1971–90		1976	Latest
	1980	2–Latest		1991	1987–91		1982	Latest
	1985	2–Latest		1992	1988–92		1990	Latest
Literacy (see: Population)			—by age of bride..............	1948	1936–47	—by age of groom and		
				1949/50	1936–49	previous marital		
Localities (see: Population)				1958	1948–57	status.......................	1958	1948–57
				1959–1967	Latest		1968	Latest
M				1968	1958–67		1976	Latest
				1969–1975	Latest		1982	Latest
Major civil divisions (see:				1976	1966–75		1990	Latest
Population)				1977–1981	Latest	—by month......................	1968	1963–67
				1982	1972–81			
Marriages.......................	1948	1932–47		1983–1986	Latest			
	1949/50	1934–49		1987	1975–86	—by previous		
	1951	1935–50		1988–1989	Latest	marital status		
	1952	1936–51		1990	1980–1989	of bride:		
	1953	1950–52		1991–1992	Latest	and age.........................	1958	1946–57
	1954	1946–53					1968	Latest
	1955	1946–54	—by age of bride				1976	Latest
	1956	1947–55	classified by age				1982	Latest
	1957	1948–56	of groom.........................	1958	1948–57		1990	Latest
	1958	1940–57		1968	Latest			
	1959	1949–58		1976	Latest	and previous marital		
	1960	1950–59		1982	Latest	status of groom..............	1949/50	Latest
	1961	1952–61		1990	Latest		1958	1948–57
	1962	1953–62	—by age of bride and				1968	1958–67
	1963	1954–63	previous marital status.....	1958	1948–57		1976	1966–75
	1964	1960–64		1968	Latest		1982	1972–81
	1965	1956–65		1976	Latest		1990	1980–89
	1966	1962–66		1982	Latest			
	1967	1963–67		1990	Latest	—by previous marital		
	1968	1949–68				status of groom:		
	1969	1965–69	—by age of groom..............	1948	1936–47	and age.........................	1958	1946–57
	1970	1966–70		1949/50	1936–49		1968	Latest
	1971	1967–71		1958	1948–57		1976	Latest
	1972	1968–72		1959–1967	Latest		1982	Latest
	1973	1969–73		1968	1958–67		1990	Latest
	1974	1970–74		1969–1975	Latest			
	1975	1971–75		1976	1966–75	and previous marital		
	1976	1957–76		1977–1981	Latest	status of bride..............	1949/50	Latest
	1977	1973–77		1982	1972–81		1958	1948–57
	1978	1974–78		1983–1986	Latest		1968	1958–67
	1979	1975–79		1987	1975–86			

Subject–matter	Year of issue	Time coverage	Subject–matter	Year of issue	Time coverage	Subject–matter	Year of issue	Time coverage
Marriages (continued):			Marriage rates (continued):	1956	1947–55	Marriage rates (continued):		
–by previous marital status of groom: (continued):				1957	1948–56	–by sex among marriageable population......	1958	1935–56
and previous marital status of bride (continued):	1976	1966–75		1958	1930–57		1968	1935–67
	1982	1972–81		1959	1949–58		1976	1966–75
	1990	1980–89		1960	1950–59		1982	1972–81
				1961	1952–61		1990	1980–89
				1962	1953–62			
–by urban/rural residence......	1968	Latest		1963	1954–63			
	1969	1965–69		1964	1960–64	–by urban/rural residence......	1968	Latest
	1970	1966–70		1965	1956–65		1969	1965–69
	1971	1967–71		1966	1962–66		1970	1966–70
	1972	1968–72		1967	1963–67		1971	1967–71
	1973	1969–73		1968	1920–64 [3]		1972	1968–72
	1974	1970–74			1953–68		1973	1969–73
	1975	1971–75		1969	1965–69		1974	1970–74
	1976	1957–76		1970	1966–70		1975	1971–75
	1977	1973–77		1971	1967–71		1976	1957–76
	1978	1974–78		1972	1968–72		1977	1973–77
	1979	1975–79		1973	1969–73		1978	1974–78
	1980	1976–80		1974	1970–74		1979	1975–79
	1981	1977–81		1975	1971–75		1980	1976–80
	1982	1963–82		1976	1957–76		1981	1977–81
	1983	1979–83		1977	1973–77		1982	1963–82
	1984	1980–84		1978	1974–78		1983	1979–83
	1985	1981–85		1979	1975–79		1984	1980–84
	1986	1982–86		1980	1976–80		1985	1981–85
	1987	1983–87		1981	1977–81		1986	1982–86
	1988	1984–88		1982	1963–82		1987	1983–87
	1989	1985–89		1983	1979–83		1988	1984–88
	1990	1971–90		1984	1980–84		1989	1985–89
	1991	1987–91		1985	1981–85		1990	1971–90
	1992	1988–92		1986	1982–86		1991	1987–91
				1987	1983–87		1992	1988–92
Marriage, first:				1988	1984–88			
				1989	1985–89	Marriage rates, first:		
–by detailed age of groom and bride......	1976	Latest		1990	1971–90	–by detailed age of groom and bride......	1982	1972–81
	1982	1972–81		1991	1987–91		1990	1980–89
	1990	1980–89		1992	1988–92			
						Married population by age and sex (see: Population by marital status)		
Marriage rates......	1948	1932–47						
	1949/50	1932–49	–by age and sex......	1948	1936–46			
	1951	1930–50		1949/50	1936–49	Maternal deaths......	1951	1947–50
	1952	1920–34 [3]		1953	1936–51		1952	1947–51
		1934–51		1954	1936–52		1953	Latest
	1953	1920–39 [3]		1958	1935–56		1954	1945–53
		1940–52		1968	1955–67		1955–1956	Latest
	1954	1920–39 [3]		1976	1966–75		1957	1952–56
		1946–53		1982	1972–81		1958–1960	Latest
	1955	1920–34 [3]		1987	1975–86		1961	1955–60
		1946–54		1990	1980–89			

Subject–matter	Year of issue	Time coverage	Subject–matter	Year of issue	Time coverage	Subject–matter	Year of issue	Time coverage
Maternal deaths (continued):	1962–1965	Latest	Maternal mortality rates (continued):	1984	1974–83	Migration (international): (continued):		
	1966	1960–65		1985	1975–84	–departures, by major categories (continued):	1966	1960–65
	1967–1973	Latest		1986	1976–85		1968	1966–67
	1974	1965–73		1987	1977–86		1977	1967–76
	1975–1979	Latest		1988	1978–87		1985	1975–84
	1980	1971–79		1989	1979–88		1989	1979–88
	1981	1972–80		1990	1980–89			
	1982	1972–81		1991	1981–90	–emigrants, long term:		
	1983	1973–82		1992	1982–91			
	1984	1974–83				by age and sex	1948	1945–47
	1985	1975–84	Migration (international):				1949/50	1946–48
	1986	1976–85					1951	1948–50
	1987	1977–86	–arrivals	1970	1963–69		1952	1949–51
	1988	1978–87		1972	1965–71		1954	1950–53
	1989	1979–88		1974	1967–73		1957	1953–56
	1990	1980–89		1976	1969–75		1959	1955–58
	1991	1981–90		1977	1967–76		1962	1958–61
	1992	1982–91		1985	1975–84		1966	1960–65
				1989	1979–88		1970	1962–69
–by age	1951	Latest					1977	1967–76
	1952	Latest [4]	–arrivals, by major categories	1949/50	1945–49		1989	1975–88
	1957	Latest		1951	1946–50			
	1961	Latest		1952	1947–51	by country or area of intended residence	1948	1945–47
	1967	Latest		1954	1948–53		1949/50	1945–48
	1974	Latest		1957	1951–56		1951	1948–50
	1980	Latest		1959	1953–58		1952	1949–51
	1985	Latest		1962	1956–61		1954	1950–53
				1966	1960–65		1957	1953–56
Maternal death rates	1951	1947–50		1968	1966–67		1959	1956–58
	1952	1947–51		1977	1967–76		1977	1958–76
	1953	Latest		1985	1975–84		1989	1975–88
	1954	1945–53		1989	1979–88			
	1955–1956	Latest				–immigrants, long term		
	1957	1952–62	–continental and inter–continental	1948	1936–47			
	1958–1960	Latest		1977	1967–76			
	1961	1955–60				by age and sex	1948	1945–47
	1962–1965	Latest	–departures	1970	1963–69		1949/50	1946–48
	1966	1960–65		1972	1965–71		1951	1948–50
	1967–1973	Latest		1974	1967–73		1952	1949–51
	1974	1965–73		1976	1969–75		1954	1950–53
				1977	1967–76		1957	1953–56
–by age	1957	Latest		1985	1975–84		1959	1955–58
	1961	Latest		1989	1979–88		1962	1958–61
							1966	1960–65
Maternal mortality rates	1958	Latest	–departures, by major categories	1949/50	1945–49		1970	1962–69
	1975	1966–74		1951	1946–50		1977	1967–76
	1976	1966–75		1952	1947–51		1989	1975–88
	1977	1967–76		1954	1948–53			
	1978	1968–77		1957	1951–56			
	1979	1969–78		1959	1953–58			
	1980	1971–79		1962	1956–61			
	1981	1972–80						
	1982	1972–81						
	1983	1973–82						

Subject–matter	Year of issue	Time coverage	Subject–matter	Year of issue	Time coverage	Subject–matter	Year of issue	Time coverage
Migration (international): (continued):			Neo–natal mortality: (continued):			Perinatal deaths (continued):		
–immigrants, long term (continued):			–by sex (continued):	1961	1952–60	–by urban/rural residence......	1971	1966–70
by country or area				1963–1965	Latest		1974	1965–73
of last residence.........	1948	1945–47		1966	1961–65		1980	1971–79
	1949/50	1945–48		1967	1962–66		1985	1976–84
	1951	1948–50						
	1952	1949–51	–by sex and urban/ rural residence..........	1968–1973	Latest	Perinatal death ratios........	1961	1952–60
	1954	1950–53		1974	1965–73		1966	1956–65
	1957	1953–56		1975–1979	Latest		1971	1966–70
	1959	1956–58		1980	1971–79		1974	1965–73
	1977	1958–76		1981–1984	Latest		1980	1971–79
	1989	1975–88		1985	1976–84		1985	1976–84
				1986–1991	Latest			
–refugees, by country or area of destination:				1992	1983–92	–by urban/rural residence......	1971	1966–70
			Neo–natal mortality rates:				1974	1965–73
repatriated by the International Refugee Organization...........	1952	1947–51	–by sex..................	1948	1936–47		1980	1971–79
				1951	1936–50		1985	1976–84
				1957	1948–56			
resettled by the International Refugee Organization...........	1952	1947–51		1961	1952–60	Population:		
				1966	1956–65	–Ageing		
				1967	1962–66	–selected indicators.........	1991PA [5]	1950–90
Mortality (see:Death(s), Death rates, infant deaths, infant mortality rates, Foetal death(s), Foetal death ratios, Life tables, Maternal deaths, Maternal mortality rates, Neo–natal deaths, Neo–natal mortality rates, Perinatal mortality, Post–neo–natal deaths, Post–neo–natal mortality rates)			–by sex and urban/rural residence..........	1968	Latest	–by age groups and sex:		
				1971–1973	Latest	enumerated..............	1948–1952	Latest
				1974	1965–73		1953	1950–52
				1975–1979	Latest		1954–1959	Latest [4]
				1980	1971–79		1960	1940–60
				1981–1984	Latest		1961	Latest
				1985	1976–84		1962	1955–62
				1986–1991	Latest		1963	1955–63
				1992	1983–92		1964	1955–64 [4]
N							1965–1969	Latest
			Net reproduction rates (see: Reproduction) rates)				1970	1950–70
Natality (see: Births and Birth rates)							1971	1962–71
			Nuptiality (see: Marriages)				1972	Latest
							1973	1965–73
Natural increase rates........	1958–1978	Latest	**P**				1974–1978	Latest
	1978HS [2]	1948–78					1978HS [2]	1948–77
	1979–1992	Latest					1979–1991	Latest
			Perinatal deaths...............	1961	1952–60		1991PA [5]	1950–90
Neo–natal mortality:				1966	1956–65		1992	Latest
				1971	1966–70	estimated..............	1948–	
–by sex..................	1948	1936–47		1974	1965–73		1949/50	1945 and Latest [4]
	1951	1936–50		1980	1971–79		1951–1959	Latest
	1957	1948–56		1985	1976–84		1960	1940–60
							1961–1969	Latest

Subject—matter	Year of issue	Time coverage	Subject—matter	Year of issue	Time coverage	Subject—matter	Year of issue	Time coverage
Population (continued):			Population (continued):			Population (continued):		
—by age groups and sex (continued): estimated (continued):	1970	1950–70	—by households, number and size (see also: Households) (continued):			—by localities of: (continued): 100 000 + inhabitants (continued):		
	1971–1992	Latest		1968	Latest		1960	1920–61
				1971	1962–71		1962	1955–62
percentage distribution....................	1948–			1973	1965–73 [4]		1963	1955–63 [4]
	1949/50	1945 and Latest		1976	Latest		1970	1950–70
	1951–1952	Latest		1982	Latest		1971	1962–71
				1987	1975–86		1973	1965–73 [4]
				1990	1980–89		1979	1970–79 [4]
—by country or area of birth and sex..............	1956	1945–55	—by language and sex.......	1956	1945–55		1983	1974–83
	1963	1955–63		1963	1955–63		1988	1980–88 [4]
	1964	1955–64 [4]		1964	1955–64 [4]			
	1971	1962–71		1971	1962–71	20 000 + inhabitants....................	1948	Latest
	1973	1965–73 [4]		1973	1965–73 [4]		1952	Latest
				1979	1970–79 [4]		1955	1945–54
—by country or area of birth and sex and age.................	1977	Latest		1983	1974–83		1960	1920–61
	1983	1974–83		1988	1980–88 [4]		1962	1955–62
	1989	1980–88 [4]	—by level of education, age and sex.........................	1956	1945–55		1963	1955–63 [4]
				1963	1955–63		1970	1950–70
—by citizenship and sex..................	1956	1945–55		1964	1955–64 [4]		1971	1962–71
	1963	1955–63		1971	1962–71		1973	1965–73 [4]
	1964	1955–64 [4]		1973	1965–73 [4]		1979	1970–79 [4]
	1971	1962–71		1979	1970–79 [4]		1983	1974–83
	1973	1965–73 [4]		1983	1974–83		1988	1980–88 [4]
				1988	1980–88 [4]			
—by citizenship, sex and age..................	1977	Latest	—by literacy, age and sex (see also: illiteracy, below).........................			—by locality size—classes and sex.........................	1948	Latest
	1983	1974–83		1948	Latest		1952	Latest
	1989	Latest		1955	1945–54		1955	1945–54
				1963	1955–63		1962	1955–62
—by ethnic composition and sex.........................	1956	1945–55		1964	1955–64 [4]		1963	1955–63 [4]
	1963	1955–63		1971	1962–71		1971	1962–71
	1964	1955–64 [4]					1973	1965–73 [4]
	1971	1962–71	—by literacy, age and sex and urban/rural residence.......................				1979	1970–79 [4]
	1973	1965–73 [4]		1973	1965–73 [4]		1983	1974–83
	1979	1970–79 [4]		1979	1970–79 [4]		1988	1980–88 [4]
	1983	1974–83		1983	1974–83	—by major civil divisions.....	1952	Latest
	1988	1980–88 [4]		1988	1980–88 [4]		1955	1945–54
—by households, number and size (see also: Households)..................			—by localities of:				1962	1955–62
	1955	1945–54	100 000 + inhabitants....................	1948	Latest		1963	1955–63 [4]
	1962	1955–62		1952	Latest		1971	1962–71
	1963	1955–63 [4]		1955	1945–54		1973	1965–73 [4]
							1979	1970–79 [4]
							1983	1974–83
							1988	1980–88 [4]

(See notes at end of index)

Subject–matter	Year of issue	Time coverage	Subject–matter	Year of issue	Time coverage	Subject–matter	Year of issue	Time coverage
Population (continued):			Population (continued):			Population (continued):		
–by marital status, age and sex (see also: married and single, below)...............	1948	Latest	–by sex (continued): enumerated (continued):	1970	1950–70	–economically active: (continued): by age and sex and urban/rural		
	1940/50	1926–48		1971	1962–71	residence......................	1973	1965–73 [4]
	1955	1945–54		1972	Latest		1979	1970–79 [4]
	1958	1945–57		1973	1965–73		1984	1974–84
	1962	1955–62		1974–1978	Latest		1988	1980–88 [4]
	1963	1955–63 [4]		1978HS [2]	1948–78			
	1965	1955–65		1979–1982	Latest	by age and sex, per		
	1968	1955–67		1983	1974–83	cent......................	1949/50	1930–48
	1971	1962–71		1984–1992	Latest		1954	Latest
	1973	1965–73 [4]					1955	1945–54
	1976	1966–75	estimated......................	1948–			1956	1945–55
	1978HS [2]	1948–77		1949/50	1945 and Latest		1964	1955–64
	1982	1972–81					1972	1962–72
	1987	1975–86		1951–1954	Latest			
	1990	1980–89		1955–1959	Latest	by age and sex, per cent and urban/rural		
–for persons 60 + –and urban/rural............	1991PA [5]	Latest		1960	1940–60	residence......................	1973	1965–73 [4]
				1961–1969	Latest		1979	1970–79 [4]
percentage distribution...................	1948	Latest		1970	1950–70		1984	1974–84
				1971	1962–71		1988	1980–88 [4]
				1972	Latest			
–by religion and sex........	1956	1945–55		1973	1965–73	by industry, age and		
	1963	1955–63		1974–1992	Latest	sex...............................	1956	1945–55
	1964	1955–64 [4]					1964	1955–64
	1971	1962–71	–by single years of age and sex...................	1955	1945–54		1972	1962–72
	1973	1965–73 [4]		1962	1955–62			
	1979	1970–79 [4]		1963	1955–63 [4]	by industry, age, sex and urban/rural		
	1983	1974–83		1971	1962–71	residence......................	1973	1965–74 [4]
	1988	1980–88 [4]		1973	1965–73 [4]		1979	1970–79 [4]
				1979	1970–79 [4]		1984	1974–84
–by school attendance, age and sex...................	1956	1945–55		1983	1974–83		1988	1980–88 [4]
	1963	1955–63		1988	1980–88 [4]			
	1964	1955–64 [4]				by industry, status and		
	1971	1962–71	–cities (see: of cities, below)			sex...............................	1948	Latest
	1973	1965–73 [4]					1949/50	Latest
	1979	1970–79 [4]	–civil division (see: by major civil divisions, above)				1955	1945–54
	1983	1974–83					1964	1955–64
	1988	1980–88 [4]					1972	1962–72
			–density (see: Density)					
–by sex:			–Disabled......................	1991 PA [5]	Latest			
enumerated...................	1948–1952	Latest	–economically active:			by industry, status and sex and urban/rural		
	1953	1950–52				residence......................	1973	1965–73 [4]
	1954–1959	Latest					1979	1970–79 [4]
	1960	1900–61	by age and sex..............	1945	1945–54		1984	1974–84
	1961	Latest		1956	1945–55		1988	1980–88 [4]
	1962	1900–62		1964	1955–64			
	1963	1955–63		1972	1962–72			
	1964	1955–64						
	1965–1969	Latest						

Subject—matter	Year of issue	Time coverage	Subject—matter	Year of issue	Time coverage	Subject—matter	Year of issue	Time coverage
Population (continued):			Population (continued):			Population (continued):		
—economically active:			—economically active:			—economically inactive		
(continued):			(continued):			by sub—groups and sex....	1956	1945–54
by living arrangements,			by status, industry and				1964	1955–64
age, sex and			sex....................	1948	Latest		1972	1962–72
urban/rural residence......	1987	1975–86		1949/50	Latest		1973	1965–73 [4]
				1955	1945–54		1979	1970–79 [4]
by occupation, age and				1964	1955–64		1984	1974–84 [4]
sex....................	1956	1945–55		1972	1962–72		1988	1980–88 [4]
	1964	1955–64						
	1972	1962–72	by status, industry, and			—Elderly		
			sex and urban/rural			—by economic, socio—		
by occupation, age and			residence....................	1973	1965–73 [4]	—demographic and		
sex and urban/rural				1979	1970–79 [4]	—urban/rural....................	1991PA [5]	1950–90
residence....................	1973	1965–73 [4]		1984	1974–84			
	1979	1970–79 [4]		1988	1980–88 [4]	—female:		
	1984	1974–84						
	1988	1980–88 [4]	by status, occupation			by age and duration of		
			and sex....................	1956	1945–55	mariage....................	1968	Latest
by occupation, status				1964	1955–64			
and sex....................	1956	1945–55		1972	1962–72	by number of children		
	1964	1955–64				born alive and age.........	1949/50	Latest
	1972	1962–72	by status, occupation				1954	1930–53
			and sex and urban/rural				1955	1945–54
by occupation, status			residence....................	1973	1965–73 [4]		1959	1949–58
and sex and urban/rural				1979	1970–79 [4]		1963	1955–63
residence....................	1973	1965–73 [4]		1984	1974–84		1965	1955–65
	1979	1970–79 [4]		1988	1980–88 [4]		1969	Latest
	1984	1974–84					1971	1962–71
	1988	1980–88 [4]	female, by marital status				1973	1965–73 [4]
			and age....................	1956	1945–55		1975	1965–74
by sex....................	1948	Latest		1964	1955–64		1978HS [2]	1948–77
	1949/50	1926–48		1968	Latest		1981	1972–80
	1955	1945–54		1972	1962–72		1986	1977–85
	1956	1945–55						
	1960	1920–60	female, by marital status					
	1963	1955–63	and age and urban/rural					
	1964	1955–64	residence....................	1973	1965–73 [4]			
	1970	1950–70		1979	1970–79 [4]			
	1972	1962–72		1984	1974–84			
	1973	1965–73 [4]		1988	1980–88 [4]			
	1979	1970–79 [4]				by number of children		
	1984	1974–84	foreign—born			living and age................	1949/50	Latest
	1988	1980–88 [4]	by occupation,				1954	1930–53
			age and sex....................	1984	1974–84		1955	1945–54
by status, age and sex.....	1956	1945–55		1989	Latest		1959	1949–58
	1964	1955–64					1963	1955–63
	1972	1962–72					1965	1955–65
							1968–1969	Latest
by status, age and sex							1971	1962–71
and urban/rural			foreign—born				1973	1965–73 [4]
residence....................	1973	1965–73 [4]	by occupation and sex.....	1977	Latest		1975	1965–74
	1979	1970–79 [4]	unemployed, by age				1978HS [2]	1948–77
	1984	1974–84	and sex....................	1949/50	1946–49		1981	1972–80
	1988	1980–88 [4]					1986	1977–85

(See notes at end of index)

Subject—matter	Year of issue	Time coverage
Population (continued):		
—female (continued):		
in households by age, sex of householder, size and relationship to householder and urban/rural residence........................	1987	1975–86
institutional, by age, sex and urban/rural residence........................	1987	1875–86
—growth rates:		
average annual for countries or areas............	1957	1953–56
	1958	1953–57
	1959	1953–58
	1960	1953–59
	1961	1953–60
	1962	1958–61
	1963	1958–62
	1964	1958–63
	1965	1958–64
	1966	1958–66
	1967	1963–67
	1968	1963–68
	1969	1963–69
	1970	1963–70
	1971	1963–71
	1972	1963–72
	1973	1970–73
	1974	1970–74
	1975	1970–75
	1976	1970–76
	1977	1970–77
	1978	1975–78
	1979	1975–79
	1980	1975–80
	1981	1975–81
	1982	1975–82
	1983	1980–83
	1984	1980–84
	1985	1980–85
	1986	1980–86
	1987	1980–87
	1988	1985–88
	1989	1985–89
	1990	1985–90
	1991	1985–91
	1992	1985–92

Subject—matter	Year of issue	Time coverage
Population (continued):		
—growth rates: (continued):		
average annual for the world, macro regions (continents) and regions..........................	1957	1950–56
	1958	1950–57
	1959	1950–58
	1960	1950–59
	1961	1950–60
	1962	1950–61
	1963	1958–62
		1960–62
	1964	1958–63
		1960–63
	1965	1958–64
		1960–64
	1966	1958–66
		1960–66
	1967	1960–67
		1963–67
	1968	1960–68
		1963–68
	1969	1960–69
		1963–69
	1970	1963–70
		1965–70
	1971	1963–71
		1965–71
	1972	1963–72
		1965–72
	1973	1965–73
		1970–73
	1974	1965–74
		1970–74
	1975	1965–75
		1970–75
	1976	1965–76
		1970–76
	1977	1965–77
		1970–77
	1978–1979	1970–75
	1980–1983	1975–80
	1984–1986	1980–85
	1987–1992	1985–90
Homeless by age and sex...............	1991PA [5]	Latest
—illiteracy rates by sex.......	1948	Latest
	1955	1945–54
	1960	1920–60
	1963	1955–63
	1964	1955–64 [4]

Subject—matter	Year of issue	Time coverage
Population (continued):		
—illiteracy rates by sex (continued):	1970	1950–70
—illiteracy rates by sex and urban/rural residence........................	1973	1965–73
	1979	1970–79 [4]
	1983	1974–83
	1988	1980–88 [4]
—illiterate, by sex.............	1948	Latest
	1955	1945–54
	1960	1920–60
	1963	1955–63
	1964	1955–64 [4]
	1970	1950–70
—illiterate, by sex and age.................................	1948	Latest
	1955	1945–54
	1963	1955–63
	1964	1955–64 [4]
	1970	1950–70
—illiterate, by sex and age and urban/rural residence........................	1973	1965–73
	1979	1970–79 [4]
	1983	1974–83
	1988	1980–88 [4]
—illiterate, by sex and urban/rural residence......	1973	1965–73
	1979	1970–79 [4]
	1983	1974–83
	1988	1980–88 [4]
—in collective living quarters and homeless.................	1991PA [5]	Latest
—in households (see: by household type, above, also: Households)		
—in localities (see: by localities and by locality size—classes, above)		
—increase rates (see: growth rates, above)		

Subject–matter index (continued)

(See notes at end of index)

Subject–matter	Year of issue	Time coverage
Population (continued):		
–literacy rates: by sex (see also: illiteracy rates, above)	1955	1945–54
–literacy rates, by sex and age	1955	1945–54
–literate, by sex and age (see also: illiterate, above)	1948	Latest
	1955	1945–54
	1963	1955–63
	1964	1955–64 [4]
–literate, by sex and age by urban/rural residence	1971	1962–71
	1973	1965–73 [4]
	1979	1970–74 [4]
	1983	1974–83
	1988	1980–88 [4]
–living arrangements	1991PA [5]	1950–90
–localities see: by localities, above)		
–major civil divisions (see: by major civil divisions, above)		
–married by age and sex (see also: by marital status, above): numbers and per cent	1954	1926–52
	1960	1920–60
	1970	1950–70
–married female by present age and duration of marriage	1968	Latest
–never married proportion by sex, selected ages	1976	1966–75
	1978HS [2]	1948–77
	1982	1972–81
	1990	1980–89
–not economically active	1972	1962–72

Subject–matter	Year of issue	Time coverage
Population (continued):		
–not economically active by urban/rural residence	1973	1965–73 [4]
	1979	1970–79 [4]
	1984	1974–84
	1988	1980–88 [4]
–of cities: capital city	1952	Latest
	1955	1945–54
	1957	Latest
	1960	1939–61
	1962	1955–62
	1963	1955–63
	1964–1969	Latest
	1970	1950–70
	1971	1962–71
	1972	Latest
	1973	1965–73
	1974–1992	Latest
of 100 000+ inhabitants	1952	Latest
	1955	1945–54
	1957	Latest
	1960	1939–61
	1962	1955–62
	1963	1955–63
	1964–1969	Latest
	1970	1950–70
	1971	1962–71
	1972	Latest
	1973	1965–73
	1974–1992	Latest
–of continents (see: of macro regions, below)		
–of countries or areas (totals): enumerated	1948	1900–48
	1949/50	1900–50
	1951	1900–51
	1952	1850–1952
	1953	1850–1953
	1954	Latest
	1955	1850–1954
	1956–1961	Latest
	1962	1900–62
	1963	Latest
	1964	1955–64
	1965–1978	Latest
	1978HS [2]	1948–78
	1979–1992	Latest

Subject–matter	Year of issue	Time coverage
Population (continued):		
–of countries or areas (totals) (continued): estimated	1948	1932–47
	1949/50	1932–49
	1951	1930–50
	1952	1920–51
	1953	1920–53
	1954	1920–54
	1955	1920–55
	1956	1920–56
	1957	1940–57
	1958	1939–58
	1959	1940–59
	1960	1920–60
	1961	1941–61
	1962	1942–62
	1963	1943–63
	1964	1955–64
	1965	1946–65
	1966	1947–66
	1967	1958–67
	1968	1959–68
	1969	1960–69
	1970	1950–70
	1971	1962–71
	1972	1963–72
	1973	1964–73
	1974	1965–74
	1975	1966–75
	1976	1967–76
	1977	1968–77
	1978	1969–78
	1978HS [2]	1948–78
	1979	1970–79
	1980	1971–80
	1981	1972–81
	1982	1973–82
	1983	1974–83
	1984	1975–84
	1985	1976–85
	1986	1977–86
	1987	1978–87
	1988	1979–88
	1989	1980–89
	1990	1981–90
	1991	1982–91
	1992	1983–92
–of macro regions	1949/50	1920–49
	1951	1950
	1952	1920–51
	1953	1920–52
	1954	1920–53
	1955	1920–54

(See notes at end of index)

Subject—matter	Year of issue	Time coverage	Subject—matter	Year of issue	Time coverage	Subject—matter	Year of issue	Time coverage
Population (continued):			**Population (continued):**			**Population (continued):**		
—of macro regions			—of regions			—of the world		
(continued):	1956	1920–55	(continued):	1966	1930–66	(continued):	1975	1950–75
	1957	1920–56		1967	1930–67		1976	1950–76
	1958	1920–57		1968	1930–68		1977	1950–77
	1959	1920–58		1969	1930–69		1978	1950–78
	1960	1920–59		1970	1950–70		1979	1950–79
	1961	1920–60		1971	1950–71		1980	1950–80
	1962	1920–61		1972	1950–72		1981	1950–81
	1963	1930–62		1973	1950–73		1982	1950–82
	1964	1930–63		1974	1950–74		1983	1950–83
	1965	1930–65		1975	1950–75		1984	1950–84
	1966	1930–66		1976	1950–76		1985	1950–85
	1967	1930–67		1977	1950–77		1986	1950–86
	1968	1930–68		1978	1950–78		1987	1950–87
	1969	1930–69		1979	1950–79		1988	1950–88
	1970	1950–70		1980	1950–80		1989	1950–89
	1971	1950–71		1981	1950–81		1990	1950–90
	1972	1950–72		1982	1950–82		1991	1950–91
	1973	1950–73		1983	1950–83		1992	1950–92
	1974	1950–74		1984	1950–84			
	1975	1950–75		1985	1950–85	—rural residence (see:		
	1976	1950–76		1986	1950–86	urban/rural residence,		
	1977	1950–77		1987	1950–87	below)		
	1978	1950–78		1988	1950–88			
	1979	1950–79		1989	1950–89	—single, by age and sex		
	1980	1950–80		1990	1950–90	(see also: by marital		
	1981	1950–81		1991	1950–91	status, above):		
	1982	1950–82		1992	1950–92			
	1983	1950–83				numbers......................	1960	1920–60
	1984	1950–84	—of the world..................	1949/50	1920–49		1970	1950–70
	1985	1950–85		1951	1950			
	1986	1950–86		1952	1920–51	per cent......................	1949/50	1926–48
	1987	1950–87		1953	1920–52		1960	1920–60
	1988	1950–88		1954	1920–53		1970	1950–70
	1989	1950–89		1955	1920–54			
	1990	1950–90		1956	1920–55	—urban/rural residence.....	1968	1964–68
	1991	1950–91		1957	1920–56		1969	1965–69
	1992	1950–92		1958	1920–57		1970	1950–70
				1959	1920–58		1971	1962–71
—of regions......................	1949/50	1920–49		1960	1920–59		1972	1968–72
	1952	1920–51		1961	1920–60		1973	1965–73
	1953	1920–52		1962	1920–61		1974	1966–74
	1954	1920–53		1963	1930–62		1975	1967–75
	1955	1920–54		1964	1930–63		1976	1967–76
	1956	1920–55		1965	1930–65		1977	1968–77
	1957	1920–56		1966	1930–66		1978	1969–78
	1958	1920–57		1967	1930–67		1979	1970–79
	1959	1920–58		1968	1930–68		1980	1971–80
	1960	1920–59		1969	1930–69		1981	1972–81
	1961	1920–60		1970	1950–70		1982	1973–82
	1962	1920–61		1971	1950–71		1983	1974–83
	1963	1930–62		1972	1950–72		1984	1975–84
	1964	1930–63		1973	1950–73		1985	1976–85
	1965	1930–65		1974	1950–74		1986	1977–86

Index

Subject–matter index (continued)

(See notes at end of index)

Subject–matter	Year of issue	Time coverage
Population (continued):		
–urban/rural residence (continued):	1987	1978–87
	1988	1979–88
	1989	1980–89
	1990	1981–90
	1991	1982–91
	1992	1983–92
by age and sex: enumerated	1963	1955–63
	1964	1955–64 [4]
	1967	Latest
	1970	1950–70
	1971	1962–71
	1972	Latest
	1973	1965–73
	1974–1978	Latest
	1978HS [2]	1948–77
	1979–1992	Latest
by age and sex: estimated	1963	Latest
	1967	Latest
	1970	1950–70
	1971–1992	Latest
by country or area of birth and sex	1971	1962–71
	1973	1965–73 [4]
by country or area of birth and sex and age	1977	Latest
	1983	1974–83
	1989	1980–88
by citizenship and sex	1971	1962–71
	1973	1965–73 [4]
by citizenship and sex and age	1977	Latest
	1983	1974–83
	1989	1980–88
by ethnic composition and sex	1971	Latest
	1973	1965–73 [4]
	1979	1970–79 [4]
	1983	1974–83
	1988	1980–88 [4]

Subject–matter	Year of issue	Time coverage
Population (continued):		
–urban/rural residence (continued):		
by households, number and size (see also: Households)	1968	Latest
	1971	1962–71
	1973	1965–73 [4]
	1976	Latest
	1982	Latest
	1987	1975–86
	1990	1980–89
by language and sex	1971	1962–71
	1973	1965–73 [4]
	1979	1970–79 [4]
	1983	1974–83
	1988	1980–88 [4]
by level of education, age and sex	1971	1962–71
	1973	1965–73 [4]
	1979	1970–79 [4]
	1983	1974–83
	1988	1980–88 [4]
by literacy, age and sex	1971	1962–71
	1973	1965–73 [4]
	1979	1970–79 [4]
	1983	1974–83
	1988	1980–88 [4]
by major civil divisions	1971	1962–71
	1973	1965–73 [4]
	1979	1970–79 [4]
	1983	1974–83
	1988	1980–88 [4]
by marital status, age and sex	1971	1962–71
	1973	1965–73 [4]
by religion and sex	1971	1962–71
	1973	1965–73 [4]
	1979	1970–79 [4]
	1983	1974–83
	1988	1980–88 [4]
by school attendance, age and sex	1971	1962–71
	1973	1965–73 [4]
	1979	1970–79 [4]
	1983	1974–83
	1988	1980–88 [4]

Subject–matter	Year of issue	Time coverage
Population (continued):		
–urban/rural residence (continued):		
by sex: numbers	1948	Latest
	1952	1900–51
	1955	1945–54
	1960	1920–60
	1962	1955–62
	1963	1955–63
	1964	1955–64 [4]
	1967	Latest
	1970	1950–70
	1971	1962–71
	1972	Latest
	1973	1965–73
	1974	1966–74
	1975	1967–75
	1976	1967–76
	1977	1968–77
	1978	1969–78
	1979	1970–79
	1980	1971–80
	1981	1972–81
	1982	1973–82
	1983	1974–83
	1984	1975–84
	1985	1976–85
	1986	1977–86
	1987	1978–87
	1988	1979–88
	1989	1980–89
	1990	1981–90
	1991	1982–91
	1992	1983–92
by sex: per cent	1948	Latest
	1952	1900–51
	1955	1945–54
	1960	1920–60
	1962	1955–62
	1970	1950–70
	1971	1962–71
	1973	1965–73
	1974	1966–74
	1975	1967–75
	1976	1967–76
	1977	1968–77
	1978	1969–78
	1979	1970–79
	1980	1971–80
	1981	1972–81
	1982	1973–82
	1983	1974–83

Subject–matter	Year of issue	Time coverage	Subject–matter	Year of issue	Time coverage	Subject–matter	Year of issue	Time coverage
Population (continued):			Post–neo–natal deaths: (continued):			Ratios (see under following subject matter headings: Births, Child–woman, Fertility, Foetal deaths, Perinatal mortality)		
–urban/rural residence (continued): by sex: per cent (continued):	*1984*	1975–84	–by sex and urban/rural residence (continued):	*1981–1984*	Latest			
	1985	1976–85		*1985*	1976–84			
	1986	1977–86		*1986–1991*	Latest			
	1987	1978–87		*1992*	1983–92			
	1988	1979–88				Refugees, by country or area of destination:		
	1989	1980–89	Post–neo–natal mortality rates:					
	1990	1981–90				–repatriated by the International Refugee Organization.................	*1952*	1947–51
	1991	1982–91	–by sex............................	*1948*	1936–47			
	1992	1983–92		*1951*	1936–50			
				1957	1948–56	–resettled by the International Refugee Organization.................	*1952*	1947–51
by single years of age and sex........................	*1971*	1962–71		*1961*	1952–60			
	1973	1965–73 [4]		*1966*	1956–65	Religion and sex (see: Population)		
	1979	1970–79 [4]		*1967*	1962–66			
	1983	1974–83		*1968–1970*	Latest	Reproduction rates, gross and net........................	*1948*	1920–47
			–by sex and urban/rural residence......................	*1971–1973*	Latest		*1949/50*	1900–48
female: by number of children born alive and age..........	*1971*	1962–71		*1974*	1965–73		*1954*	1920–53
	1973	1965–73 [4]		*1975–1979*	Latest		*1965*	1930–64
	1975	1965–74		*1980*	1971–79		*1969*	1963–68
	1978HS [2]	1948–77		*1981–1984*	Latest		*1975*	1966–74
	1981	1972–80		*1985*	1976–84		*1978HS* [2]	1948–77
	1986	1977–85		*1986–1991*	Latest		*1981*	1962–80
				1992	1983–92		*1986*	1967–85
female: by number of children living and age................	*1971*	1962–71	**R**					
	1973	1965–73 [4]				Rural/urban births (see: Birth(s))		
	1975	1965–74						
	1978HS [2]	1948–77				Rural/urban population (see: Population: urban/rural residence)		
	1981	1972–80						
	1986	1977–85				**S**		
			Rates (see under following subject–matter headings: Annulments, Births, Deaths, Divorces, Fertility, Illiteracy, Infant Mortality, Intercensal, Life Tables, Literacy, Marriages, Maternal mortality, Natural increase, Neo–natal mortality, Population growth, Post–neo–natal mortality, Reproduction)					
Post–neo–natal deaths:						Sex (see appropriate subject entry, e.g., Births, Death rates, Migration, Population, etc.)		
–by sex............................	*1948*	1936–47						
	1951	1936–50				Size of (living) family:		
	1957	1948–56						
	1961	1952–60				–female population by age (see also: Children)......................	*1949/50*	Latest
	1963–1965	Latest					*1954*	1930–53
	1966	1961–65					*1955*	1945–54
	1967	1962–66					*1959*	1949–58
	1968–1970	Latest						
–by sex and urban/rural residence......................	*1971–1973*	Latest						
	1974	1965–73						
	1975–1979	Latest						
	1980	1971–79						

Subject—matter	Year of issue	Time coverage
Size of (living) family: (continued): —female population by age (see also:		
Children) (continued):	1963	1955–63
	1965	1955–65
	1968	1955–67
	1969	Latest
	1971	1962–71
	1973	1965–73 [4]
	1975	1965–74
	1978HS [2]	1948–77
	1981	1972–80
	1986	1977–85
Special text (see separate listing in Appendix to this Index)		
Special topic (see: Topic of each Demographic Yearbook)		
Stillbirth(s) (see: Foetal death(s), late)		
Surface area		
—of continents..................	1949/50– 1992	Latest
—of countries or areas.......	1948–1992	Latest
—of macro regions.............	1964–1992	Latest
—of regions.....................	1952–1992	Latest
—of the world..................	1949/50– 1992	Latest
Survivors (see: Life tables)		
T		
Text (see separate listing in Appendix to this Index)		
Topic of each Demographic Yearbook		
—Divorce (see: Marriage and Divorce, below)		

Subject—matter	Year of issue	Time coverage
Topic of each Demographic Yearbook (continued): —General demography.....	1948	1900–48
	1953	1850–1953
—Historical Supplement.....	1978HS [2]	1948–78
—Marriage and Divorce.....	1958	1930–57
	1968	1920–68
	1976	1957–76
	1982	1963–82
	1990	1971–90
—Migration (international).................	1977	1958–76
	1989	1975–88
—Mortality.......................	1951	1905–50
	1957	1930–56
	1961	1945–61
	1966	1920–66
	1967	1900–67
	1974	1965–74
	1980	1971–80
	1985	1976–85
	1992	1983–92
—Natality.......................	1949/50	1932–49
	1954	1920–53
	1959	1920–58
	1965	1920–65
	1969	1925–69
	1975	1956–75
	1981	1962–81
	1986	1967–86
	1992	1983–92
—Nuptiality (see: Marriage and Divorce, above)		
—Population Census:		
—Population Ageing and the —Situation of Elderly Persons.............................	1991PA [5]	1950–90
Economic characteristics.................	1956	1945–55
	1964	1955–64
	1972	1962–72
	1973	1965–73 [4]
	1979	1970–79 [4]
	1984	1974–84
	1988	1980–88 [4]

Subject—matter	Year of issue	Time coverage
Topic of each Demographic Yearbook (continued): —Population Ageing and the —Situation of Elderly Persons (continued): Educational characteristics................	1955	1945–54
	1956	1945–55
	1963	1955–63
	1964	1955–64 [4]
	1971	1962–71
	1973	1965–73 [4]
	1979	1970–79 [4]
	1983	1974–83
	1988	1980–88 [4]
Ethnic characteristics.......	1956	1945–55
	1963	1955–63
	1964	1955–64 [4]
	1971	1962–71
	1973	1965–73 [4]
	1979	1970–79 [4]
	1983	1974–83
	1988	1980–88 [4]
Fertility characteristics.....	1940/50	1900–50
	1954	1900–53
	1955	1945–54
	1959	1935–59
	1963	1955–63
	1965	1955–65
	1969	Latest
	1971	1962–71
	1973	1965–73 [4]
	1975	1965–75
	1981	1972–81
	1986	1977–86
	1992	1983–92
Geographic characteristics................	1952	1900–51
	1955	1945–54
	1962	1955–62
	1964	1955–64 [4]
	1971	1962–71
	1973	1965–73 [4]
	1979	1970–79 [4]
	1983	1974–83
	1988	1980–88 [4]
Household characteristics................	1955	1945–54
	1962	1955–62
	1963	1955–63 [4]

Subject–matter	Year of issue	Time coverage	Subject–matter	Year of issue	Time coverage	Subject–matter	Year of issue	Time coverage
Topic of each Demographic Yearbook (continued): –Population Ageing and the –Situation of Elderly Persons (continued): Household characteristics (continued):	1971 1973 1976 1983 1987	1962–71 1965–73 [4] 1966–75 1974–83 1975–86	Special text of each Demographic Yearbook: (continued): –Divorce (continued): "Uses of Marriage and Divorce Statistics"..........	1958	..	Special text of each Demographic Yearbook: (continued): –Natality (continued): "Graphic Presentation of Trends in Fertility".......	1959	..
			–Marriage: "Uses of Marriage and Divorce Statistics"..........	1958	..	"Recent Trends in Birth Rates"..........................	1965	..
Personal characteristics................	1955 1962 1971 1973 1979 1983 1988	1945–54 1955–62 1962–71 1965–73 [4] 1970–79 [4] 1974–83 1980–88 [4]	–Households: "Concepts and definitions of households, householder and institutional population"...................	1987	..	"Recent Changes in World Fertility"............... –Population "World Population Trends, 1920–1949"......	1969 1949/50	.. ..
–Population trends...........	1960 1970	1920–60 1950–70	–Migration: "Statistics of International Migration"...................	1977	..	"Urban Trends and Characteristics".............	1952	..
U			–Mortality: "Recent Mortality Trends".........................	1951	..	"Background to the 1950 Censuses of Population"..................	1955	..
Urban/rural births (see: Births)			"Development of Statistics of Causes of Death"......................	1951	..	"The World Demographic Situation"......................	1956	..
Urban/rural deaths (see: Deaths)			"Factors in Declining Mortality".....................	1957	..	"How Well Do We Know the Present Size and Trend of the World's Population "...................	1960	..
Urban/rural infant deaths (see: Infant deaths)			"Notes on Methods of Evaluating the Reliability of Conventional Mortality Statistics"......................	1961	..	"Notes on Availability of National Population Census Data and Methods of Estimating their Reliability"..............	1962	..
Urban/rural population (see: Population: urban/rural residence)						"Availability and Adequacy of Selected Data Obtained from Population Census Taken 1955–1963"........	1963	..
Urban/rural population by average size of households (see: Households)						"Availability of Selected Population Census Statistics: 1955–1964"	1964	..
APPENDIX			"Recent Trends of Mortality"......................	1966	..			
Special text of each Demographic Yearbook:			"Mortality Trends among Elderly Persons"..	1991PA [5]	..	"Statistical Concepts and Definitions of Urban and Rural Population".....	1967	..
–Divorce:			–Natality:					

Index

Subject—matter index (continued)

(See notes at end of index)

Subject—matter	Year of issue	Time coverage	Subject—matter	Year of issue	Time coverage	Subject—matter	Year of issue	Time coverage
Special text of each Demographic Yearbook: (continued): –Population (continued): "Statistical Concepts and Definitions of 'Household'".................	1968	..	Special text of each Demographic Yearbook: (continued): –Population (continued): "Dates of National Population and/or Housing Censuses taken during the decade 1975–1984 and taken or anticipated during the decade 1985–1994".................	1988	..			
"How Well Do We Know the Present Size and Trend of the World's Population ".................	1970	..	"Statistics Concerning the Economically Active Population: An Overview"...............	1984	..			
"United Nations Recommendations on Topics to be Investigated in a Population Census Compared with Country Practice in National Censuses taken 1965–1971".................	1971	..	"Disability"...................	1991PA [5]	..			
			"Population Ageing"......	1991PA [5]	..			
"Statistical Definitions of Urban Population and their Use in Applied Demography"...............	1972	..	"Special Needs for the Study of Population Ageing and Elderly Persons".......	1991PA [5]	..			
"Dates of National Population and Housing Census carried out during the decade 1965–1974".................	1974	..						
"Dates of National Population and/or Housing Censuses taken or anticipated during the decade 1975–1984".................	1979	..						
"Dates of National Population and/or Housing Censuses taken during the decade 1965–1974 and taken or anticipated during the decade 1975–1984".................	1983	..						

General Notes

This cumulative index covers the content of each of the 42 issues of the Demographic Yearbook. "Year of issue"stands for the particular issue in which the indicated subject—matter appears. Unless otherwise specified, "Time coverage" designates the years for which annual statistics are shown in the Demographic Yearbook referred to in "Year of issue" column. "Latest" or "2–Latest" indicates that data are for latest available year(s) only.

Footnotes

1 Only titles not available for preceding bibliography.
2 Historical Supplement published in separate volume.
3 Five–year average rates.
4 Only data not available for preceding issue.
5 Population ageing published in separate volume.

Index

Index par sujet (suite)

(Voir notes à la fin de l'index)

Sujet	Année de l'édition	Période considérée	Sujet	Année de l'édition	Période considérée	Sujet	Année de l'édition	Période considérée
A			Alphabétisme selon le sexe et l'âge, taux d' (suite):	1979	1970–79 [2]	**C**		
				1983	1974–83	Cause de décès (voir: Décès)		
Accroissement intercensitaire de la population, taux d'..........	1948	1900–48		1988	1980–88 [2]			
	1949/50	1900–50				Chômeurs (voir: Population)		
	1951	1900–51	Alphabètes (voir: Population)					
	1952	1850–1952				Composition ethnique (voir: Population)		
	1953	1850–1953	Annulations....................	1958	1948–57			
	1955	1850–1954		1968	1958–67	**D**		
	1960	1900–61		1976	1966–75			
	1962	1900–62				Décès.............................	1948	1932–47
	1964	1955–64	Annulations, taux..............	1958	1948–57		1949/50	1934–49
	1970	1900–70		1968	1958–67		1951	1935–50
	1978 SR [1]	1948–78		1976	1966–75		1952	1936–51
							1953	1950–52
Accroissement naturel, taux d'..........................	1958–1978	Dernière	Avortements, légaux..........	1971	Dernière		1954	1946–53
	1978 SR [1]	1948–78		1972	1964–72		1955	1946–54
	1979–1992	Dernière		1973	1965–73		1956	1947–55
				1974	1965–74		1957	1940–56
Activité économique (voir: Population active)				1975	1965–74		1958	1948–57
				1976	1965–75		1959	1949–58
Age (voir la rubrique appropriée par sujet, p.ex. Immigrants: Mortalité, taux de: Naissances: Population: etc.)				1977	1967–76		1960	1950–59
				1978	1968–77		1961	1952–61
				1979	1969–78		1962	1953–62
				1980	1971–79		1963	1954–63
				1981	1972–80		1964	1960–64
				1982	1973–81		1965	1961–65
Analphabètes (voir: Population)				1983	1974–82		1966	1947–66
				1984	1975–83		1967	1963–67
Alphabétisme selon le sexe, taux d'..................	1948	Dernière		1985	1976–84		1968	1964–68
	1955	1945–54		1986	1977–85		1969	1965–69
	1960	1920–60		1987	1978–86		1970	1966–70
	1963	1955–63		1988	1979–87		1971	1967–71
	1964	1955–64 [2]		1989	1980–88		1972	1968–72
	1970	1950–70		1990	1981–89		1973	1969–73
	1971	1962–71		1992	1983–91		1974	1965–74
	1973	1965–73 [2]					1975	1971–75
	1979	1970–79 [2]	–selon l'âge de la mère et le nombre des naissances vivantes antérieures de la mère.....	1971–1975	Dernière		1976	1972–76
	1983	1974–83		1977–1981	Dernière		1977	1973–77
	1988	1980–88 [2]		1983–1992	Dernière		1978	1974–78
							1978SR [1]	1948–78
Alphabétisme selon le sexe et l'âge, taux d'..............	1948	Dernière	**B**				1979	1975–79
	1955	1945–54					1980	1971–80
	1971	1962–71	Bibliographie....................	1948	1930–48		1981	1977–81
	1973	1965–73 [2]		1949/50	1930–50		1982	1978–82
				1951–1952	1930–51 [3]		1983	1979–83
				1953	1900–53		1984	1980–84
				1954	1900–54 [3]		1985	1976–85
				1955	1900–55 [3]		1986	1982–86
							1987	1983–87
							1988	1984–88
							1989	1985–89
							1990	1986–90

Sujet	Année de l'édition	Période considérée
Décès (suite):	1991	1987–91
	1992	1983–92
—d'enfants de moins d'un an (voir: Mortalité infantile)		
—selon l'âge et le sexe.......	1948	1936–47
	1951	1936–50
	1955–1956	Dernière
	1957	1948–56
	1958–1960	Dernière
	1961	1955–60
	1962–1965	Dernière
	1966	1961–65
	1978HS [1]	1948–77
—selon l'âge et le sexe et la résidence (urbaine/rurale).............	1967–1973	Dernière
	1974	1965–73
	1975–1979	Dernière
	1980	1971–79
	1981–1984	Dernière
	1985	1976–84
	1986–1991	Dernière
	1992	1983–92
—selon la cause...............	1951	1947–50
	1952	1947–51 [2]
	1953	Dernière
	1954	1945–53
	1955–1956	Dernière
	1957	1952–56
	1958–1960	Dernière
	1961	1955–60
	1962–1965	Dernière
	1966	1960–65
	1967–1973	Dernière
	1974	1965–73
	1975–1979	Dernière
	1980	1971–79
	1981–1984	Dernière
	1985	1976–84
	1986–1992	Dernière
—selon la cause, l'âge et le sexe...........................	1951	Dernière
	1952	Dernière [2]
	1957	Dernière
	1961	Dernière
	1967	Dernière
	1974	Dernière
	1980	Dernière
	1985	Dernière

Sujet	Année de l'édition	Période considérée
Décès (suite):		
—selon la cause, l'âge et le sexe (suite):	1991 VP [5]	1960–90
—selon la cause, l'âge et le sexe et la résidence (urbaine/rurale).............	1967	Dernière
—selon la cause et le sexe.........................	1967	Dernière
	1974	Dernière
	1980	Dernière
	1985	Dernière
	1991VP [5]	1960–90
—selon la résidence (urbaine/rurale).............	1967	Dernière
	1968	1964–68
	1969	1965–69
	1970	1966–70
	1971	1967–71
	1972	1968–72
	1973	1969–73
	1974	1965–74
	1975	1971–75
	1976	1972–76
	1977	1973–77
	1978	1974–78
	1979	1975–79
	1980	1971–80
	1981	1977–81
	1982	1978–82
	1983	1979–83
	1984	1980–84
	1985	1976–85
	1986	1982–86
	1987	1983–87
	1988	1984–88
	1989	1985–89
	1990	1986–90
	1991	1987–91
	1992	1983–92
—selon l'état matrimonial, l'âge et le sexe..............	1958	Dernière
	1961	Dernière
	1967	Dernière
	1974	Dernière
	1980	Dernière
	1985	Dernière
	1991VP [5]	1950–90
—selon le mois.................	1951	1946–50
	1967	1962–66
	1974	1965–73

Sujet	Année de l'édition	Période considérée
Décès (suite):		
—selon le mois (suite):	1980	1971–79
	1985	1976–84
—selon la profession et l'âge (sexe masculin).......	1957	Dernière
	1961	1957–60
	1967	1962–66
—selon le type de certification et la cause:		
nombres.....................	1957	Dernière
	1974	1965–73
	1980	1971–79
	1985	1976–84
pourcentage..................	1957	Dernière
	1961	1955–60
	1966	1960–65
	1974	1965–73
	1980	1971–79
	1985	1976–84
Décès, taux de.................	1948	1932–47
	1949/50	1932–49
	1951	1905–30 [4]
		1930–50
	1952	1920–34 [4]
		1934–51
	1953	1920–39 [4]
		1940–52
	1954	1920–39 [4]
		1946–53
	1955	1920–34 [4]
		1946–54
	1956	1947–55
	1957	1930–56
	1958	1948–57
	1959	1949–58
	1960	1950–59
	1961	1945–59 [4]
		1952–61
	1962	1945–54 [4]
		1952–62
	1963	1945–59 [4]
		1954–63
	1964	1960–64
	1965	1961–65
	1966	1920–64 [4]
		1951–66
	1967	1963–67
	1968	1964–68
	1969	1965–69
	1970	1966–70

Index

Index par sujet (suite)

(Voir notes à la fin de l'index)

Sujet	Année de l'édition	Période considérée	Sujet	Année de l'édition	Période considérée	Sujet	Année de l'édition	Période considérée
Décès, taux de (suite):	1971	1967–71	Décès, taux de (suite):			Décès, taux de (suite):		
	1972	1968–72	–estimatifs (suite): pour l'ensemble du du monde.................			–selon la cause, l'âge et le sexe..........................	1957	Dernière
	1973	1969–73		1949/50	1947		1961	Dernière
	1974	1965–74		1956–1977	Dernière		1991VP⁵	1960–90
	1975	1971–75		1978–1979	1970–75			
	1976	1972–76		1980–1983	1975–80	–selon la cause et le sexe........................	1967	Dernière
	1977	1973–77		1984–1986	1980–85		1974	Dernière
	1978	1974–78		1987–1992	1985–90		1980	Dernière
	1978SR¹	1948–78					1985	Dernière
	1979	1975–79	–selon l'âge et le sexe.......	1948	1935–47		1991 VP⁵	1960–90
	1980	1971–80		1949/50	1936–49			
	1981	1977–81		1951	1936–50	–selon l'état matrimonial, l'âge et sexe................	1961	Dernière
	1982	1978–82		1952	1936–51		1967	Dernière
	1983	1979–83		1953	1940–52		1974	Dernière
	1984	1980–84		1954	1946–53		1980	Dernière
	1985	1976–85		1955–1956	Dernière		1985	Dernière
	1986	1982–86		1957	1948–56			
	1987	1983–87		1961	1952–60	–selon la profession et l'âge (sexe masculin).......	1961	Dernière
	1988	1984–88		1966	1950–65		1967	Dernière
	1989	1985–89		1967	Dernière	–selon la résidence (urbaine/rurale).............	1967	Dernière
	1990	1986–90		1972	Dernière		1968	1964–68
	1991	1987–91		1974	1965–73		1969	1965–69
	1992	1983–92		1975–1978	Dernière		1970	1966–70
				1978SR¹	1948–77		1971	1967–71
–d'enfants de moins d'un an (voir: Mortalités infantile)				1979	Dernière		1972	1968–72
				1980	1971–79		1973	1969–73
–estimatifs:				1981–1984	Dernière		1974	1965–74
				1985	1976–84		1975	1971–75
pour les continents..........	1949/50	1947		1986–1991	Dernière		1976	1972–76
	1956–1977	Dernière		1991VP⁵	1950–90		1977	1973–77
	1978–1979	1970–75		1992	1983–92		1978	1974–78
	1980–1983	1975–80					1979	1975–79
	1984–1986	1980–85					1980	1971–80
	1987–1992	1985–90					1981	1977–81
			–selon la cause................	1951	1947–49		1982	1978–82
pour les grandes régions (continentales)...............	1964–1977	Dernière		1952	1947–51		1983	1979–83
	1978–1979	1970–75		1953	1947–52		1984	1980–84
	1980–1983	1975–80		1954	1945–53		1985	1976–85
	1984–1986	1980–85		1955–1956	Dernière		1986	1982–86
	1987–1992	1985–90		1957	1952–56		1987	1983–87
				1958–1960	Dernière		1988	1984–88
				1961	1955–60		1989	1985–89
				1962–1965	Dernière		1990	1986–90
				1966	1960–65		1991	1987–91
pour les régions..............	1949/50	1947		1967–1973	Dernière		1992	1983–92
	1956–1977	Dernière		1974	1965–73			
	1978–1979	1970–75		1975–1979	Dernière			
	1980–1983	1975–80		1980	1971–79⁴			
	1984–1986	1980–85		1981–1984	Dernière			
	1987–1992	1985–90		1985	1976–84			
				1986–1992	Dernière	Densité de population:		

Sujet	Année de l'édition	Période considérée
Densité de population: (suite):		
—des continents................	1949/50	1920–49
	1951–1992	Dernière
—des grandes régions (continentales)...............	1964–1992	Dernière
—des pays ou zones..........	1948–1992	Dernière
—des régions....................	1949/50	1920–49
	1952–1992	Dernière
—du monde....................	1949/50	1920–49
	1952–1992	Dernière
Dimension de la famille vivante:		
—selon l'âge des femmes (voir également: Enfants).........................	1949–1950	Dernière
	1954	1930–53
	1955	1945–54
	1959	1949–58
	1963	1955–63
	1965	1955–65
	1968	1955–67
	1969	Dernière
	1971	1962–71
	1973	1965–73 [2]
	1975	1965–74
	1978SR [1]	1948–77
	1981	1972–80
	1986	1977–85
Divorces...........................	1951	1935–50
	1952	1936–51
	1953	1950–52
	1954	1946–53
	1955	1946–54
	1956	1947–55
	1957	1948–56
	1958	1940–57
	1959	1949–58
	1960	1950–59
	1961	1952–61
	1962	1953–62
	1963	1954–63
	1964	1960–64
	1965	1961–65
	1966	1962–66
	1967	1963–67
	1968	1949–68
	1969	1965–69

Sujet	Année de l'édition	Période considérée
Divorces (suite):	1970	1966–70
	1971	1967–71
	1972	1968–72
	1973	1969–73
	1974	1970–74
	1975	1971–75
	1976	1957–76
	1977	1973–77
	1978	1974–78
	1979	1975–79
	1980	1976–80
	1981	1977–81
	1982	1963–82
	1983	1979–83
	1984	1980–84
	1985	1981–85
	1986	1982–86
	1987	1983–87
	1988	1984–88
	1989	1985–89
	1990	1971–90
	1991	1987–91
	1992	1988–92
—selon l'âge de l'épouse....	1968	1958–67
	1976	1966–75
	1982	1972–81
	1987	1975–86
	1990	1980–89
—selon l'âge de l'épouse, classés par âge de l'epoux.........................	1958	1946–57
	1968	Dernière
	1976	Dernière
	1982	Dernière
	1990	Dernière
—selon l'âge de l'époux.....	1968	1958–67
	1976	1966–75
	1982	1972–81
	1987	1975–86
	1990	1980–89
—selon la durée du mariage......................	1958	1948–57
	1968	1958–67
	1976	1966–75
	1982	1972–81
	1990	1980–89

Sujet	Année de l'édition	Période considérée
Divorces (suite):		
—selon la durée du mariage, classés selon l'âge de l'épouse et selon l'âge de l'époux......	1958	1946–57
	1968	Dernière
	1976	Dernière
	1982	Dernière
	1990	Dernière
—selon le nombre d'enfants......................	1958	1948–57
	1968	1958–67
	1976	1966–75
	1982	1972–81
Divortialité, taux de...........	1952	1935–51
	1953	1936–52
	1954	1946–53
	1955	1946–54
	1956	1947–55
	1957	1948–56
	1958	1930–57
	1959	1949–58
	1960	1950–59
	1961	1952–61
	1962	1953–62
	1963	1954–63
	1964	1960–64
	1965	1961–65
	1966	1962–66
	1967	1963–67
	1968	1920–64 [4]
		1953–68
	1969	1965–69
	1970	1966–70
	1971	1967–71
	1972	1968–72
	1973	1969–73
	1974	1970–74
	1975	1971–75
	1976	1957–76
	1977	1973–77
	1978	1974–78
	1979	1975–79
	1980	1976–80
	1981	1977–81
	1982	1963–82
	1983	1979–83
	1984	1980–84
	1985	1981–85
	1986	1982–86
	1987	1983–87
	1988	1984–88
	1989	1985–89

Index par sujet (suite)

(Voir notes à la fin de l'index)

Sujet	Année de l'édition	Période considérée	Sujet	Année de l'édition	Période considérée	Sujet	Année de l'édition	Période considérée
Divortialité, taux de (suite):			Enfants, nombre: (suite):			Fécondité, taux global de...	1948	1936–47
	1990	1971–90	—mis au monde, selon l'âge de la mère (suite):	1978SR ¹	1948–77		1949/50	1936–49
	1991	1987–91		1981	1972–80		1951	1936–50
	1992	1988–92		1986	1977–85		1952	1936–50
—pour la population mariée.........	1953	1935–52					1953	1936–52
	1954	1935–53	—vivants, selon l'âge de la mère............	1940/50	Dernière		1954	1936–53
	1958	1935–56		1954	1930–53		1955–1956	Dernière
	1968	1935–67		1955	1945–54		1959	1949–58
	1976	1966–75		1959	1949–58		1960–1964	Dernière
	1978SR ¹	1948–77		1963	1955–63		1965	1955–64
	1982	1972–81		1965	1955–65		1966–1974	Dernière
	1990	1980–89		1968	1955–67		1975	1966–74
—selon l'âge de l'épouse....	1968	Dernière		1969	Dernière		1976–1978	Dernière
	1976	Dernière		1971	1962–71		1978SR ¹	1948–77
	1982	Dernière		1973	1965–73 ²		1979–1980	Dernière
	1987	1975–86		1975	1965–74		1981	1962–80
	1990	1980–89		1978SR ¹	1948–77		1982–1985	Dernière
—selon l'âge de l'époux.....	1968	Dernière		1981	1972–80		1986	1977–85
	1976	Dernière		1986	1977–85		1987–1991	Dernière
	1982	Dernière					1992	1983–92
	1987	1975–86	Espérance de vie (voir: Mortalité, tables de)					
	1990	1980–89				**I**		
			Etat matrimonial (voir la rubrique appropriée par sujet, p.ex., Décès, Population, etc.)			Illégitime (voir également: Naissances et morts foetales tardives):		
Durée du mariage (voir: Divorces)						—morts foetales tardives....	1961	1952–60
			F				1965	5–Dernières
E							1969	1963–68
			Famille vivante (voir: Dimension de la famille vivante)				1975	1966–74
Emigrants (voir: Migration internationale)							1981	1972–80
			Fécondité, indice synthétique de.............	1986	1967–85		1986	1977–85
Enfants, nombre:				1987–1992	Dernière	—morts foetales tardives, rapports de..................	1961	1952–60
—dont il est tenu compte dans les divorces............	1958	1948–57					1965	5–Dernières
	1968	1958–67	Fécondité proportionnelle.............	1949/50	1900–50		1969	1963–68
	1976	1966–75		1954	1900–52		1975	1966–74
	1982	1972–81		1955	1945–54		1981	1972–80
	1990	1980–89		1959	1935–59		1986	1977–85
—mis au monde, selon l'âge de la mère............	1949/50	Dernière		1963	1955–63	—naissances....................	1959	1949–58
	1954	1930–53		1965	1955–65		1965	1955–64
	1955	1945–54		1969	Dernière		1969	1963–68
	1959	1949–58		1975	1966–74		1975	1966–74
	1963	1955–63		1978SR ¹	1948–77		1981	1972–80
	1965	1955–65		1981	1976–80		1986	1977–85
	1969	Dernière		1986	1976–85	—naissances, rapports de..................	1959	1949–58
	1971	1962–71					1965	1955–64
	1973	1965–73 ²					1969	1963–68
	1975	1965–74					1975	1966–74
							1981	1972–80

Sujet	Année de l'édition	Période considérée	Sujet	Année de l'édition	Période considérée	Sujet	Année de l'édition	Période considérée
Illégitime (voir également: Naissances et morts foetales tardives): (suite): −naissances, rapports de (suite):	1986	1977–85	Mariages (suite):	1980	1976–80	Mariages (suite): −selon l'âge de l'époux (suite):	1988–1989	Dernière
				1981	1977–81		1990	1980–89
				1982	1963–82		1991–1992	Dernière
				1983	1979–83			
				1984	1980–84	−selon l'âge de l'époux et l'âge de l'épouse	1958	1948–57
Immigrants (voir: Migration internationale)				1985	1981–85		1968	Dernière
				1986	1982–86		1976	Dernière
				1987	1983–87		1982	Dernière
Instruction, degré d' (voir: Population)				1988	1984–88		1990	Dernière
				1989	1985–89			
				1990	1971–90	−selon l'âge de l'époux et l'état matrimonial antérieur	1958	1946–57
L				1991	1987–91		1968	Dernière
				1992	1988–92		1976	Dernière
Langue et sexe (voir: Population)			−selon l'âge de l'épouse	1948	1936–47		1982	Dernière
				1949/50	1936–49		1990	Dernière
Localités (voir: Population)				1958	1948–57			
				1959–1967	Dernière	−selon l'état matrimonial antérieur de l'épouse:		
M				1968	1958–67	et l'âge	1958	1946–57
				1969–1975	Dernière		1968	Dernière
Mariages	1948	1932–47		1976	1966–75		1976	Dernière
	1949/50	1934–49		1977–1981	Dernière		1982	Dernière
	1951	1935–50		1982	1972–81		1990	Dernière
	1952	1936–51		1983–1986	Dernière			
	1953	1950–52		1987	1975–86	et l'état matrimonial antérieur de l'époux	1949/50	Dernière
	1954	1946–53		1988–1989	Dernière		1958	1948–57
	1955	1946–54		1990	1980–89		1968	1958–67
	1956	1947–55		1991–1992	Dernière		1976	1966–75
	1957	1948–56					1982	1972–81
	1958	1940–57	−selon l'âge de l'épouse et l'âge de l'époux	1958	1948–57		1990	1980–89
	1959	1949–58		1968	Dernière			
	1960	1950–59		1976	Dernière	−selon l'état matrimonial antérieur de l'époux		
	1961	1952–61		1982	Dernière	et l'âge	1958	1946–57
	1962	1953–62		1990	Dernière		1968	Dernière
	1963	1954–63					1976	Dernière
	1964	1960–64	−selon l'âge de l'épouse et l'état matrimonial antérieur	1958	1948–57		1982	Dernière
	1965	1956–65		1968	Dernière		1990	Dernière
	1966	1962–66		1976	Dernière			
	1967	1963–67		1982	Dernière			
	1968	1949–68		1990	Dernière	et l'état matrimonial antérieur de l'épouse	1949/50	Dernière
	1969	1965–69	−selon l'âge de l'époux	1948	1936–47		1958	1948–57
	1970	1966–70		1949/50	1936–49		1968	1958–67
	1971	1967–71		1958	1948–57		1976	1966–75
	1972	1968–72		1959–1967	Dernière		1982	1972–81
	1973	1969–73		1968	1958–67		1990	1980–89
	1974	1970–74		1969–1975	Dernière			
	1975	1971–75		1976	1966–75			
	1976	1957–76		1977–1981	Dernière			
	1977	1973–77		1982	1972–81			
	1978	1974–78		1983–1986	Dernière			
	1979	1975–79		1987	1975–86			

Index par sujet (suite)

(Voir notes à la fin de l'index)

Sujet	Année de l'édition	Période considérée
Mariages (suite):		
–selon la résidence (urbaine/rurale).............	1968	Dernière
	1969	1965–69
	1970	1966–70
	1971	1967–71
	1972	1968–72
	1973	1969–73
	1974	1970–74
	1975	1971–75
	1976	1957–76
	1977	1973–77
	1978	1974–78
	1979	1975–79
	1980	1976–80
	1981	1977–81
	1982	1963–82
	1983	1979–83
	1984	1980–84
	1985	1981–85
	1986	1982–86
	1987	1983–87
	1988	1984–88
	1989	1985–89
	1990	1971–90
	1991	1987–91
	1992	1988–92
–selon le mois..................	1968	1963–67
Mariages, premiers:		
–classification détaillé selon l'âge de l'épouse et de l'époux......	1976	Dernière
	1982	1972–81
	1990	1980–89
Mariages, taux de (voir: Nuptialité, taux de)		
Ménages:		
–dimension moyenne des...............	1962	1955–62
	1963	1955–63 [2]
	1968	Dernière
	1971	1962–71
	1973	1965–73 [2]
	1976	Dernière
	1982	Dernière
	1987	1975–86
	1990	1980–89

Sujet	Année de l'édition	Période considérée
Ménages (suite):		
–le lien avec le chef de ménage et la résidence urbaine/rurale...............	1987	1975–86
–nombre de....................	1955	1945–54
	1962	1955–62
	1963	1955–63 [2]
	1968	Dernière
	1971	1962–71
	1973	1965–73 [2]
	1976	Dernière
	1982	Dernière
	1990	1980–89
–personnes 60+	1991VP [5]	Dernière
–nombre de noyaux familiaux, selon la dimension des...............	1973	1965–73
	1976	Dernière
	1982	Dernière
	1987	1975–86
	1990	1980–89
–population dans chaque dimension des...............	1955	1945–54
	1962	1955–62
	1963	1955–63 [2]
	1968	Dernière
	1971	1962–71
	1973	1965–73 [2]
	1976	Dernière
	1982	Dernière
	1987	1975–86
	1990	1980–89
–et personnes 60+	1991VP [5]	Dernière
–population dans chaque catégorie de.................	1955	1945–54
	1962	1955–62
	1963	1955–63 [2]
	1968	Dernière
	1971	1962–71
	1973	1965–73 [2]
	1976	Dernière
	1982	Dernière
	1987	1975–86
	1990	1980–89

Sujet	Année de l'édition	Période considérée
Ménages (suite):		
–répartition des chefs, âge, sexe et résidence urbaine/rurale...............	1987	1975–86
–selon la dimension..........	1955	1945–54
	1962	1955–62
	1963	1955–63 [2]
	1971	1962–71
	1973	1965–73 [2]
	1976	Dernière
	1982	Dernière
	1987	1975–86
	1990	1980–89
–et personnes 60+	1991VP [5]	Dernière
–selon la résidence (urbaine/rurale)............	1968	Dernière
	1971	1962–71
	1973	1965–73 [2]
	1976	Dernière
	1982	Dernière
	1987	1975–86
	1990	1980–89
–selon l'âge et le sexe du chef de ménage, la dimension et la résidence urbaine/rurale...............	1987	1976–86
–selon la situation matrimoniale et la résidence urbaine/rurale...............	1987	1975–86
–selon le lien avec le chef de ménage..........	1991VP [5]	Dernière
et la résidence urbaine/rurale...............	1987	1975–86
–selon le type de famille et la résidence urbaine/rurale...............	1987	1975–86
–selon le type et la résidence urbaine/rurale...............	1987	1975–86
–		

Sujet	Année de l'édition	Période considérée
Migration internationale:		
—continentale et intercontinentale............	1948	1936–47
	1977	1967–76
émigrants, à long terme:		
selon l'âge et le sexe........	1948	1945–47
	1949/50	1946–48
	1951	1948–50
	1952	1949–51
	1954	1950–53
	1957	1953–56
	1959	1955–58
	1962	1958–61
	1966	1960–65
	1970	1962–69
	1977	1967–76
	1989	1975–88
selon le pays ou zone de résidence projetée......	1948	1945–47
	1949/50	1945–48
	1951	1948–50
	1952	1949–51
	1954	1950–53
	1957	1953–56
	1959	1956–58
	1977	1958–76
	1989	1975–88
—entrées.....................	1970	1963–69
	1972	1965–71
	1974	1967–73
	1976	1969–75
	1977	1967–76
	1985	1975–84
	1989	1979–88
—entrées, par catégories principales....................	1949/50	1945–49
	1951	1946–50
	1952	1947–51
	1954	1948–53
	1957	1951–56
	1959	1953–58
	1962	1956–61
	1966	1960–65
	1968	1966–67
	1977	1967–76
	1985	1975–84
	1989	1979–88

Sujet	Année de l'édition	Période considérée
Migration internationale: (suite):		
—immigrants, à long terme:		
selon l'âge et le sexe........	1948	1945–47
	1949/50	1946–48
	1951	1948–50
	1952	1949–51
	1954	1950–53
	1957	1953–56
	1959	1955–58
	1962	1958–61
	1966	1960–65
	1970	1962–69
	1977	1967–76
	1989	1975–88
selon le pays ou zone de dernière résidence......	1948	1945–47
	1949/50	1945–48
	1951	1948–50
	1952	1949–51
	1954	1950–53
	1957	1953–56
	1959	1956–58
	1977	1958–76
	1989	1975–88
—réfugiés selon le pays ou zone de destination:		
rapatriés par l'Organisation internationale pour les réfugiés.....................	1952	1947–51
réinstallés par l'Organisation internationale pour les réfugiés.....................	1952	1947–51
—sorties....................	1970	1963–69
	1972	1965–71
	1974	1967–73
	1976	1969–75
	1977	1967–76
	1985	1975–84
	1989	1979–88
—sorties par catégories principales....................	1949/50	1945–49
	1951	1946–50
	1952	1947–51
	1954	1948–53

Sujet	Année de l'édition	Période considérée
Migration internationale: (suite):		
—sorties par catégories principales (suite):	1957	1951–56
	1959	1953–58
	1962	1956–61
	1966	1960–65
	1968	1966–67
	1977	1967–76
	1985	1975–84
	1989	1979–88
Mortalité (voir: Décès; Enfants de moins d'un an, décès d'; Mortalité foetale, rapports de; Mortalité infantile, taux de; Mortalité maternelle, taux de; Mortalité néonatale, taux de; Mortalité périnatale; Mortalité post–néonatale, taux de; Mortalité, tables de; Mortalité, taux de Morts foetales; Morts néonatales; Morts post–néonatales)		
Mortalité foetale (voir: Morts foetales)		
Mortalité foetale, rapports de		
—selon la période de gestation......................	1957	1950–56
	1959	1949–58
	1961	1952–60
	1965	5–Dernières
	1966	1956–65
	1967–1968	Dernière
	1969	1963–68
	1974	1965–73
	1975	1966–74
	1980	1971–79
	1981	1972–80
	1985	1976–84
	1986	1977–85
Mortalité foetale tardive (voir: Morts foetales tardives)		

Index par sujet (suite)

(Voir notes à la fin de l'index)

Sujet	Année de l'édition	Période considérée	Sujet	Année de l'édition	Période considérée	Sujet	Année de l'édition	Période considérée
Mortalité foetale tardive, rapports de	1951	1935–50	Mortalité foetale tardive, rapports de (suite):			Mortalité foetale tardive, rapports de (suite):		
	1952	1935–51	–légitimes	1959	1949–58	–selon la résidence (urbaine/rurale)		
	1953	1936–52		1965	1955–64	(suite):	1976	1971–75
	1954	1938–53		1969	1963–68		1977	1972–76
	1953	1936–52		1975	1966–74		1978	1973–77
	1954	1938–53		1981	1972–80		1979	1974–78
	1955	1946–54		1986	1977–85		1980	1971–79
	1956	1947–55					1981	1972–80
	1957	1948–56	–légitimes selon l'âge de la mère	1959	1949–58		1982	1977–81
	1958	1948–57		1965	1955–64		1983	1978–82
	1959	1920–54[4]		1969	1963–68		1984	1979–83
		1953–58		1975	1966–74		1985	1975–84
	1960	1950–59		1981	1972–80		1986	1977–85
	1961	1945–49[4]		1986	1977–85		1987	1982–86
		1952–60	–selon l'âge de la mère	1954	1936–53		1988	1983–87
	1962	1945–54[4]		1959	1949–58		1989	1984–88
		1952–61		1965	1955–64		1990	1985–89
	1963	1945–59[4]		1969	1963–68		1991	1986–90
		1953–62		1975	1966–74		1992	1987–91
	1964	1959–63		1981	1972–80			
	1965	1950–64[4]		1986	1977–85	Mortalité infantile (nombres)	1948	1932–47
		1955–64					1949/50	1934–49
	1966	1950–64[4]	–selon l'âge de la mère et le rang de naissance	1954	Dernière		1951	1935–50
		1956–65		1959	1949–58		1952	1936–51
	1967	1962–66		1965	3–Dernières		1953	1950–52
	1968	1963–67		1969	1963–68		1954	1946–53
	1969	1950–64[4]		1975	1966–74		1955	1946–54
	1969	1959–68		1981	1972–80		1956	1947–55
	1970	1965–69		1986	1977–85		1957	1948–56
	1971	1966–70	–selon la période de gestation	1957	1950–56		1958	1948–57
	1972	1967–71		1959	1949–58		1959	1949–58
	1973	1968–72		1961	1952–60		1960	1950–59
	1974	1965–73		1965	5–Dernières		1961	1952–61
	1975	1966–74		1966	1956–65		1962	1953–62
	1976	1971–75		1967–1968	Dernière		1963	1954–63
	1977	1972–76		1969	1963–68		1964	1960–64
	1978	1973–77		1974	1965–73		1965	1961–65
	1979	1974–78		1975	1966–74		1966	1947–66
	1980	1971–79		1980	1971–79		1967	1963–67
	1981	1972–80		1981	1972–80		1968	1964–68
	1982	1977–81		1985	1976–84		1969	1965–69
	1983	1978–82		1986	1977–85		1970	1966–70
	1984	1979–83	–selon la résidence (urbaine/rurale)	1971	1966–70		1971	1967–71
	1985	1975–84		1972	1967–71		1972	1968–72
	1986	1977–85		1973	1968–72		1973	1969–73
	1987	1982–86		1974	1965–73		1974	1965–74
	1988	1983–87		1975	1966–74		1975	1971–75
	1989	1984–88					1976	1972–76
	1990	1985–89					1977	1973–77
	1991	1986–90					1978	1974–78
	1992	1987–91					1978SR	1948–78
–illégitimes	1961	1952–60					1979	1975–79
	1965	5–Dernières						

Index

Index par sujet (suite)

(Voir notes à la fin de l'index)

Sujet	Année de l'édition	Période considérée	Sujet	Année de l'édition	Période considérée	Sujet	Année de l'édition	Période considérée
Mortalité infantile (nombres) (suite):	1980	1971–80	Mortalité infantile (nombres) (suite):			Mortalité infantile, taux de (suite):	1978SR [1]	1948–78
	1981	1977–81	—selon la résidence (urbaine/rurale) (suite):				1979	1975–79
	1982	1978–82					1980	1971–80
	1983	1979–83		1987	1983–87		1981	1977–81
	1984	1980–84		1988	1984–88		1982	1978–82
	1985	1976–85		1989	1985–89		1983	1979–83
	1986	1982–86		1990	1986–90		1984	1980–84
	1987	1983–87		1991	1987–91		1985	1976–85
	1988	1984–88		1992	1983–92		1986	1982–86
	1989	1985–89					1987	1983–87
	1990	1986–90	—selon le mois..................	1967	1962–66		1988	1984–88
	1991	1987–91		1974	1965–73		1989	1985–89
	1992	1983–92		1980	1971–79		1990	1986–90
—selon l'âge et le sexe.......	1948	1936–47		1985	1976–84		1991	1987–91
	1951	1936–49	Mortalité infantile, taux de......................	1948	1932–47		1992	1983–92
	1957	1948–56		1949/50	1932–49	—selon l'âge et le sexe.......	1948	1936–47
	1961	1952–60		1951	1930–50		1951	1936–49
	1962–1965	Dernière		1952	1920–34 [4]		1957	1948–56
	1966	1961–65			1934–51		1961	1952–60
	1967	1962–66		1953	1920–39 [4]		1966	1956–65
—selon l'âge et le sexe et la résidence (urbaine/rurale)............	1968–1973	Dernière			1940–52	—selon l'âge et le sexe et la résidence (urbaine/rurale)............	1971–1973	Dernière
	1974	1965–73		1954	1920–39 [4]		1974	1965–73
	1975–1979	Dernière			1946–53		1975–1979	Dernière
	1980	1971–79		1955	1920–34 [4]		1980	1971–79
	1981–1984	Dernière			1946–54		1981–1984	Dernière
	1985	1976–84		1956	1947–55		1985	1976–84
	1986–1991	Dernière		1957	1948–56		1986–1991	Dernière
	1992	1983–92		1958	1948–57		1992	1983–92
—selon la résidence (urbaine/rurale)............	1967	Dernière		1959	1949–58	—selon la résidence (urbaine/rurale)............	1967	Dernière
	1968	1964–68		1960	1950–59		1968	1964–68
	1969	1965–69		1961	1945–59 [4]		1969	1965–69
	1970	1966–70			1952–61		1970	1966–70
	1971	1967–71		1962	1945–54 [4]		1971	1967–71
	1972	1968–72			1952–62		1972	1968–72
	1973	1969–73		1963	1945–59 [4]		1973	1969–73
	1974	1965–74			1954–63		1974	1965–74
	1975	1971–75		1964	1960–64		1975	1971–75
	1976	1972–76		1965	1961–65		1976	1972–76
	1977	1973–77		1966	1920–64 [4]		1977	1973–77
	1978	1974–78			1951–66		1978	1974–78
	1979	1975–79		1967	1963–67		1979	1975–79
	1980	1971–80		1968	1964–68		1980	1971–80
	1981	1977–81		1969	1965–69		1981	1977–81
	1982	1978–82		1970	1966–70		1982	1978–82
	1983	1979–83		1971	1967–71		1983	1979–83
	1984	1980–84		1972	1968–72		1984	1980–84
	1985	1976–85		1973	1969–73		1985	1976–85
	1986	1982–86		1974	1965–74		1986	1982–86
				1975	1971–75			
				1976	1972–76			
				1977	1973–77			
				1978	1974–78			

803

Index

Index par sujet (suite)

(Voir notes à la fin de l'index)

Sujet	Année de l'édition	Période considérée
Mortalité infantile, taux de (suite):		
—selon la résidence (urbaine/rurale) (suite):		
	1987	1983–87
	1988	1984–88
	1989	1985–89
	1990	1986–90
	1991	1987–91
	1992	1983–92
Mortalité liée à la maternité, taux de...........	1958	Dernière
	1975	1966–74
	1976	1966–75
	1977	1967–76
	1978	1968–77
	1979	1969–78
	1980	1971–79
	1981	1972–80
	1982	1972–81
	1983	1973–82
	1984	1974–83
	1985	1975–84
	1986	1976–85
	1987	1977–86
	1988	1978–87
	1989	1979–88
	1990	1980–89
	1991	1981–90
	1992	1982–91
Mortalité maternelle (nombres).....................	1951	1947–50
	1952	1947–51
	1953	Dernière
	1954	1945–53
	1955–1956	Dernière
	1957	1952–56
	1958–1960	Dernière
	1961	1955–60
	1962–1965	Dernière
	1966	1960–65
	1967–1973	Dernière
	1974	1965–73
	1975–1979	Dernière
	1980	1971–79
	1981	1972–80
	1982	1972–81
	1983	1973–82
	1984	1974–83
	1985	1975–84
	1986	1976–85
	1987	1977–86
	1988	1978–87

Sujet	Année de l'édition	Période considérée
Mortalité maternelle (nombres) (suite):		
	1989	1979–88
	1990	1980–89
	1991	1981–90
	1992	1982–91
—selon l'âge.....................	1951	Dernière
	1952	Dernière [2]
	1957	Dernière
	1961	Dernière
	1967	Dernière
	1974	Dernière
	1980	Dernière
	1985	Dernière
Mortalité maternelle, taux de.........................	1951	1947–50
	1952	1947–51
	1953	Dernière
	1954	1945–53
	1955–1956	Dernière
	1957	1952–56
	1958–1960	Dernière
	1961	1955–60
	1962–1965	Dernière
	1966	1960–65
	1967–1973	Dernière
	1974	1965–73
—selon l'âge.....................	1957	Dernière
	1961	Dernière
Mortalité néonatale:		
—selon le sexe (nombres).....................	1948	1936–47
	1951	1936–50
	1957	1948–56
	1961	1952–60
	1963–1965	Dernière
	1966	1961–65
	1967	1962–66
—selon le sexe et la résidence (urbaine/rurale).............	1968–1973	Dernière
	1974	1965–73
	1975–1979	Dernière
	1980	1971–79
	1981–1984	Dernière
	1985	1976–84
	1986–1991	Dernière
	1992	1983–92

Sujet	Année de l'édition	Période considérée
Mortalité néonatale, taux de		
—selon le sexe...............	1948	1936–47
	1951	1936–50
	1957	1948–56
	1961	1952–60
	1966	1956–65
	1967	1962–66
—selon le sexe et la résidence (urbaine/rurale)............	1968	Dernière
	1971–1973	Dernière
	1974	1965–73
	1975–1979	Dernière
	1980	1971–79
	1981–1984	Dernière
	1985	1976–84
	1986–1991	Dernière
	1992	1983–92
Mortalité périnatale (nombres).....................	1961	1952–60
	1966	1956–65
	1971	1966–70
	1974	1965–73
	1980	1971–79
	1985	1976–84
—selon la résidence (urbaine/rurale)............	1971	1966–70
	1974	1965–73
	1980	1971–79
	1985	1976–84
Mortalité périnatale, rapports de.....................	1961	1952–60
	1966	1956–65
	1971	1966–70
	1974	1965–73
	1980	1971–79
	1985	1976–84
—selon la résidence (urbaine/rurale)............	1971	1966–70
	1974	1965–73
	1980	1971–79
	1985	1976–84
Mortalité post–néonatale (nombres):		

Sujet	Année de l'édition	Période considérée
Mortalité post–néonatale (nombres) (suite):		
–selon le sexe..................	1948	1936–47
	1951	1936–50
	1957	1948–56
	1961	1952–60
	1963–1965	Dernière
	1966	1961–65
	1967	1962–66
	1968–1973	Dernière
	1974	1965–73
	1975–1979	Dernière
	1980	1971–79
	1981–1984	Dernière
	1985	1976–84
	1986–1991	Dernière
	1992	1983–92
–selon la résidence (urbaine/rurale).............	1971–1973	Dernière
	1974	1965–73
	1975–1979	Dernière
	1980	1971–79
	1981–1984	Dernière
	1985	1976–84
	1986–1991	Dernière
	1992	1983–92
Mortalité post–néonatale, taux de:		
–selon le sexe..................	1948	1936–47
	1951	1936–50
	1957	1948–56
	1961	1952–60
	1966	1956–65
	1967	1962–66
	1968–1973	Dernière
	1974	1965–73
	1975–1979	Dernière
	1980	1971–79
	1981–1984	Dernière
	1985	1976–84
	1986–1991	Dernière
	1992	1983–92
–selon la résidence (urbaine/rurale).............	1971–1973	Dernière
	1974	1965–73
	1975–1979	Dernière
	1980	1971–79
	1981–1984	Dernière
	1985	1976–84
	1986–1991	Dernière
	1992	1983–92

Sujet	Année de l'édition	Période considérée
Mortalité, tables de:		
–espérance de vie à la naissance selon le sexe...........................	1959–1973	Dernière
	1974	2–Dernière
	1975–1978	Dernière
	1978SR [1]	1948–77
	1979	Dernière
	1980	2–Dernières
	1981–1984	Dernière
	1985	2–Dernières
	1986–1991	Dernière
	1991 VP [5]	1950–90
	1992	Derni[e re
–espérance de vie à un âge donné selon le sexe...........................	1948	1891–1945
	1951	1891–1950
	1952	1891–1951 [2]
	1953	1891–1952
	1954	1891–1953 [2]
	1955–1956	Dernière
	1957	1900–56
	1958–1960	Dernière
	1961	1940–60
	1962–64	Dernière
	1966	2–Dernières
	1967	1900–66
	1968–1973	Dernière
	1974	2–Dernières
	1975–1978	Dernière
	1978HS [1]	1948–77
	1979	Dernière
	1980	2–Dernières
	1981–1984	Dernière
	1985	2–Dernières
	1986–1991	Dernière
	1991VP [5]	1950–90
	1992	Dernière
–taux de mortalité à un âge donné selon le sexe...........................	1948	1891–1945
	1951	1891–1950
	1952	1891–1951 [2]
	1953	1891–1952
	1954	1891–1953 [2]
	1957	1900–56
	1961	1940–60
	1966	2–Dernières
	1974	2–Dernières
	1980	2–Dernières
	1985	2–Dernières

Sujet	Année de l'édition	Période considérée
Mortalité, tables de: (suite):		
–survivants à un âge donné selon le sexe.........	1948	1891–1945
	1951	1891–1950
	1952	1891–1951 [2]
	1953	1891–1952
	1954	1891–1953 [2]
	1957	1900–56
	1961	1940–60
	1966	2–Dernières
	1974	2–Dernières
	1980	2–Dernières
	1985	2–Dernières
Mortalité, taux de.............	1948	1932–47
	1949/50	1932–49
	1951	1905–30 [4]
		1930–50
	1952	1920–34 [4]
		1934–51
	1953	1920–39 [4]
		1940–52
	1954	1920–39 [4]
		1946–53
	1955	1920–34 [4]
		1946–54
	1956	1947–55
	1957	1930–56
	1958	1948–57
	1959	1949–58
	1960	1950–59
	1961	1945–59 [4]
		1952–61
	1962	1945–54 [4]
		1952–62
	1963	1945–59 [4]
		1954–63
	1964	1960–64
	1965	1961–65
	1966	1920–64 [4]
		1951–66
	1967	1963–67
	1968	1964–68
	1969	1965–69
	1970	1966–70
	1971	1967–71
	1972	1968–72
	1973	1969–73
	1974	1965–74
	1975	1971–75
	1976	1972–76
	1977	1973–77
	1978	1974–78
	1978SR [1]	1948–78

Index par sujet (suite)

(Voir notes à la fin de l'index)

Sujet	Année de l'édition	Période considérée	Sujet	Année de l'édition	Période considérée	Sujet	Année de l'édition	Période considérée
Mortalité, taux de (suite):	1979	1975–79	Mortalité, taux de (suite):			Mortalité, taux de (suite):		
	1980	1971–80	—selon l'âge et le sexe (suite):	1961	1952–60	—selon l'état matrimonial, l'âge et le sexe...............	1961	Dernière
	1981	1977–81		1966	1950–65		1967	Dernière
	1982	1978–82					1974	Dernière
	1983	1979–83	—selon l'âge et le sexe et la résidence (urbaine/rurale).............	1967	Dernière		1980	Dernière
	1984	1980–84		1972	Dernière		1985	Dernière
	1985	1976–85		1974	1965–73			
	1986	1982–86		1975–1978	Dernière	—selon la profession, l'âge et le sexe...............	1957	Dernière
	1987	1983–87		1978SR [1]	1948–77			
	1988	1984–88		1979	Dernière	—selon la profession et l'âge (sexe masculin).......	1961	Dernière
	1989	1985–89		1980	1971–79		1967	Dernière
	1990	1986–90		1981–1984	Dernière			
	1991	1987–91		1985	1976–84	—selon la résidence (urbaine/rurale).............	1967	Dernière
	1992	1983–92		1986–1991	Dernière		1968	1964–68
				1991 VP [5]	1950–90		1969	1965–69
—estimatifs:				1992	1983–92		1970	1966–70
pour les continents..........	1949/50	1947					1971	1967–71
	1956–1977	Dernière	—selon la cause.................	1951	1947–49		1972	1968–72
	1978–1979	1970–75		1952	1947–51 [2]		1973	1969–73
	1980–1983	1975–80		1953	1947–52		1974	1965–74
	1984–1986	1980–85		1954	1945–53		1975	1971–75
	1987–1992	1985–90		1955–1956	Dernière		1976	1972–76
				1957	1952–56		1977	1973–77
pour les grandes régions (continentales)....	1964–1977	Dernière		1958–1960	Dernière		1978	1974–78
	1978–1970	1970–75		1961	1955–60		1979	1975–79
	1980–1983	1975–80		1962–1965	Dernière		1980	1971–80
	1984–1986	1980–85		1966	1960–65		1981	1977–81
	1987–1992	1985–90		1967–1973	Dernière		1982	1978–82
				1974	1965–73		1983	1979–83
pour les régions.............	1949/50	1947		1975–1979	Dernière		1984	1980–84
	1956–1977	Dernière		1980	1971–79		1985	1976–85
	1978–1979	1970–75		1981–1984	Dernière		1986	1982–86
	1980–1983	1975–80		1985	1976–84		1987	1983–87
	1984–1986	1980–85		1986–1991	Dernière		1988	1984–88
	1987–1992	1985–90		1991 VP [5]	1960–90		1989	1985–89
				1992	Dernière		1990	1986–90
pour l'ensemble du monde.........................	1949/50	1947					1991	1987–91
	1956–1977	Dernière	—selon la cause, l'âge et le sexe.........................	1957	Dernière		1992	1983–92
	1978–1979	1970–75		1961	Dernière			
	1980–1983	1975–80		1991 VP [5]	1960–90	Mort–nés (voir: Morts foetales tardives)		
	1984–1986	1980–85						
	1987–1992	1985–90				Morts foetales:		
			—selon cause et le sexe......	1967	Dernière	—selon la période de gestation..................	1957	1950–56
—selon l'âge et le sexe.......	1948	1935–47		1974	Dernière		1959	1949–58
	1949/50	1936–49		1980	Dernière		1961	1952–60
	1951	1936–50		1985	Dernière		1965	5–Dernières
	1952	1936–51		1991 VP [5]	1960–90		1966	1956–65
	1953	1940–52						
	1954	1946–53						
	1955–1956	Dernière						
	1957	1948–1956						

Sujet	Année de l'édition	Période considérée
Morts foetales (suite):		
—selon la période de gestation (suite):	1967–1968	Dernière
	1969	1963–68
	1974	1965–73
	1975	1966–74
	1980	1971–79
	1981	1972–80
	1985	1976–84
	1986	1977–85
Morts foetales tardives.......	1951	1935–50
	1952	1936–51
	1953	1936–52
	1954	1938–53
	1955	1946–54
	1956	1947–55
	1957	1948–56
	1958	1948–57
	1959	1949–58
	1960	1950–59
	1961	1952–60
	1962	1953–61
	1963	1953–62
	1964	1959–63
	1965	1955–64
	1966	1947–65
	1967	1962–66
	1968	1963–67
	1969	1959–68
	1970	1965–69
	1971	1966–70
	1972	1967–71
	1973	1968–72
	1974	1965–73
	1975	1966–74
	1976	1971–75
	1977	1972–76
	1978	1973–77
	1979	1974–78
	1980	1971–79
	1981	1972–80
	1982	1977–81
	1983	1978–82
	1984	1979–83
	1985	1975–84
	1986	1977–85
	1987	1982–86
	1988	1983–87
	1989	1984–88
	1990	1985–89
	1991	1986–90
	1992	1987–91

Sujet	Année de l'édition	Période considérée
Morts foetales tardives (suite):		
—illégitimes....................	1961	1952–60
	1965	5–Dernières
	1969	1963–68
	1975	1966–74
	1981	1972–80
	1986	1977–85
—illégitimes, en pourcentage.................	1961	1952–60
	1965	5–Dernières
	1969	1963–68
	1975	1966–74
	1981	1972–80
	1986	1977–85
—légitimes.......................	1959	1949–58
	1965	1955–64
	1969	1963–68
	1975	1966–74
	1981	1972–80
	1986	1977–85
—légitimes selon l'âge de la mère.....................	1959	1949–58
	1965	1955–64
	1969	1963–68
	1975	1966–74
	1981	1972–80
	1986	1977–85
—selon l'âge de la mère.....	1954	1936–53
	1959	1949–58
	1965	1955–64
	1969	1963–68
	1975	1966–74
	1981	1972–80
	1986	1977–85
—selon l'âge de la mère et le rang de naissance........	1954	Dernière
	1959	1949–58
	1965	3–Dernières
	1969	1963–68
	1975	1966–74
	1981	1972–80
	1986	1977–85
—selon la période de gestation......................	1957	1950–56
	1959	1949–58
	1961	1952–60
	1965	5–Dernières
	1966	1956–65

Sujet	Année de l'édition	Période considérée
Morts foetales tardives (suite):		
—selon la période de gestation (suite):	1967–1968	Dernière
	1969	1963–68
	1974	1965–73
	1975	1966–74
	1980	1971–79
	1981	1972–80
	1985	1976–84
	1986	1977–85
—selon la résidence (urbaine/rurale).............	1971	1966–70
	1972	1967–71
	1973	1968–72
	1974	1965–73
	1975	1966–74
	1976	1971–75
	1977	1972–76
	1978	1973–77
	1979	1974–78
	1980	1971–79
	1981	1972–80
	1982	1977–81
	1983	1978–82
	1984	1979–83
	1985	1975–84
	1986	1977–85
	1987	1982–86
	1988	1983–87
	1989	1984–88
	1990	1985–89
	1991	1986–90
	1992	1987–91
—selon le sexe.................	1961	1952–60
	1965	5–Dernières
	1969	1963–68
	1975	1966–74
	1981	1972–80
	1986	1977–85
Mortinatalité, rapports de (voir: Mortalité foetale tardive)		
Morts néonatales, selon le sexe (voir: Mortalité post–néonatale)		

Index par sujet (suite)

(Voir notes à la fin de l'index)

Sujet	Année de l'édition	Période considérée	Sujet	Année de l'édition	Période considérée	Sujet	Année de l'édition	Période considérée
Morts post–néonatales, selon le sexe (voir: Mortalité post–néonatale)			Naissances (suite): –illégitimes (voir également: légitimes)	1959	1949–58	Naissances (suite): –selon l'âge de la mère (suite):	1966–1968	Dernière
				1965	1955–64		1969	1963–68
	N			1969	1963–68		1970–1974	Dernière
				1975	1966–74		1975	1966–74
				1981	1972–80		1976–1978	Dernière
				1986	1977–85		1978SR [1]	1948–77
Naissances	1948	1932–47	–légitimes	1948	1936–47		1979–1980	Dernière
	1949/50	1934–49		1949/50	1936–49		1981	1972–80
	1951	1935–50		1954	1936–53		1982–1985	Dernière
	1952	1936–51		1959	1949–58		1986	1977–85
	1953	1950–52		1965	1955–64		1987–1991	Dernière
	1954	1938–53		1969	1963–68		1992	1983–92
	1955	1946–54		1975	1966–74			
	1956	1947–55		1981	1972–80	–selon l'âge de la mère et le rang de naissance	1949/50	1936–47
	1957	1948–56		1986	1977–85		1954	Dernière
	1958	1948–57	–légitimes selon l'âge de la mère	1954	1936–53		1959	1949–58
	1959	1949–58		1959	1949–58		1965	1955–64
	1960	1950–59		1965	1955–64		1969	1963–68
	1961	1952–61		1969	1963–68		1975	1966–74
	1962	1953–62		1975	1966–74		1981	1972–80
	1963	1954–63		1981	1972–80		1986	1977–85
	1964	1960–64		1986	1977–85			
	1965	1946–65	–légitimes selon l'âge du père			–selon l'âge de la mère et la résidence (urbaine/rurale) (voir: selon la résidence (urbaine/rurale), ci–dessous)		
	1966	1957–66		1959	1949–58			
	1967	1963–67		1965	1955–64			
	1968	1964–68		1969	1963–68			
	1969	1950–69		1975	1966–74			
	1970	1966–70		1981	1972–80	–selon l'âge de la mère et le sexe	1965–1968	Dernière
	1971	1967–71		1986	1977–85		1969	1963–68
	1972	1968–72	–légitimes selon la durée du mariage	1948	1936–47		1970–1974	Dernière
	1973	1969–73		1949/50	1936–49		1975	1966–74
	1974	1970–74		1954	1936–53		1976–1978	Dernière
	1975	1956–75		1959	1949–58		1978SR [1]	1948–77
	1976	1972–76		1965	1955–64		1979–1980	Dernière
	1977	1973–77		1969	1963–68		1981	1972–80
	1978	1974–78		1975	1966–74		1982–1985	Dernière
	1978SR [1]	1948–78		1981	1972–80		1986	1977–85
	1979	1975–79		1986	1977–85		1987–1991	Dernière
	1980	1976–80	–selon l'âge de la mère	1948	1936–47		1992	1983–92
	1981	1962–81		1949/50	1936–49			
	1982	1978–82		1954	1936–53	–selon l'âge du père	1949/50	1942–49
	1983	1979–83		1955–1956	Dernière		1954	1936–53
	1984	1980–84		1958	Dernière		1959	1949–58
	1985	1981–85		1959	1949–58		1965	1955–64
	1986	1967–86		1960–1964	Dernière		1969	1963–68
	1987	1983–87		1965	1955–64		1975	1966–74
	1988	1984–88					1981	1972–80
	1989	1985–89					1986	1977–85
	1990	1986–90						
	1991	1987–91						
	1992	1983–92						

Sujet	Année de l'édition	Période considérée	Sujet	Année de l'édition	Période considérée	Sujet	Année de l'édition	Période considérée
Naissances (suite):			Naissances (suite):			Natalité proportionnelle: (suite):		
—selon la durée de gestation......	1975	Dernière	—selon le poids à la naissance......	1975	Dernière	—fécondité (suite):	1986	1977–85
	1981	1972–80		1981	1972–80	—illégitime......	1959	1949–58
	1986	1977–85		1986	1977–85		1965	1955–65
—selon la durée du mariage (voir: légitimes selon la durée du mariage)			—selon le rang de naissance......	1948	1936–47		1969	1963–68
				1949/50	1936–49		1975	1965–74
				1954	1936–53		1981	1972–80
				1955	Dernière		1986	1977–85
—selon la profession du père......	1965	Dernière		1959	1949–58			
	1969	Dernière		1965	1955–64	Natalité, taux de......	1948	1932–47
				1969	1963–68		1949/50	1932–49
—selon la résidence (urbaine/rurale)......	1965	Dernière		1975	1966–74		1951	1905–30 [4]
	1967	Dernière		1981	1972–80			1930–50
	1968	1964–68		1986	1977–85		1952	1920–34 [4]
	1969	1964–68	—selon le sexe......	1959	1949–58			1934–51
	1970	1966–70		1965	1955–64		1953	1920–39 [4]
	1971	1967–71		1967–1968	Dernière			1940–52
	1972	1968–72		1969	1963–68		1954	1920–39 [4]
	1973	1969–73		1970–1974	Dernière			1939–53
	1974	1970–74		1975	1956–75		1955	1920–34 [4]
	1975	1956–75		1976–1980	Dernière			1946–54
	1976	1972–76		1981	1962–81		1956	1947–55
	1977	1973–77		1982–1985	Dernière		1957	1948–56
	1978	1974–78		1986	1967–86		1958	1948–57
	1979	1975–79		1987–1991	Dernière		1959	1920–54 [4]
	1980	1976–80		1992	1983–92			1953–58
	1981	1962–81					1960	1950–59
	1982	1978–82	—selon le type de naissance......	1965	Dernière		1961	1945–59 [4]
	1983	1979–83		1969	Dernière			1952–61
	1984	1980–84		1975	Dernière		1962	1945–54 [4]
	1985	1981–85		1981	1972–80			1952–62
	1986	1967–86		1986	1977–85		1963	1945–59 [4]
	1987	1983–87						1954–63
	1988	1984–88	Naissances des femmes de moins de 20 ans selon l'âge de la mère:				1964	1960–64
	1989	1985–89					1965	1920–64 [4]
	1990	1986–90						1950–65
	1991	1987–91	—et la résidence (urbaine/rurale)......	1986	1970–85		1966	1950–64 [4]
	1992	1983–92						1957–66
—selon la résidence (urbaine/rurale) et l'âge de la mère......	1965	Dernière	Natalité proportionnelle:				1967	1963–67
	1969–1974	Dernière					1968	1964–68
	1975	1966–74	—fécondité......	1949/50	Dernière		1969	1925–69 [4]
	1976–1980	Dernière		1954	Dernière			1954–69
	1981	1972–80		1959	1949–58		1970	1966–70
	1982–1985	Dernière		1965	1955–65		1971	1967–71
	1986	1977–85		1969	1963–68		1972	1968–72
	1987–1991	Dernière		1975	1965–74		1973	1969–73
	1992	1983–92		1978SR [1]	1948–77		1974	1970–74
				1981	1972–80		1975	1956–75
							1976	1972–76
							1977	1973–77
							1978	1974–78

Sujet	Année de l'édition	Période considérée
Natalité, taux de (suite):	1978SR [1]	1948–78
	1979	1975–79
	1980	1976–80
	1981	1962–81
	1982	1978–82
	1983	1979–83
	1984	1980–84
	1985	1981–85
	1986	1967–86
	1987	1983–87
	1988	1984–88
	1989	1985–89
	1990	1986–90
	1991	1987–91
	1992	1983–92
—estimatifs:		
pour les continents..........	1949/50	1947
	1956–1977	Dernière
	1978–1979	1970–75
	1980–1986	1975–80
	1987–1992	1985–90
pour les grandes régions......................	1964–1977	Dernière
	1978–1979	1970–75
	1980–1983	1975–80
	1984–1986	1980–85
	1987–1992	1985–90
pour les régions..............	1949/50	1947
	1956–1977	Dernière
	1978–1979	1970–75
	1980–1983	1975–80
	1984–1986	1980–85
	1987–1992	1985–90
pour le monde................	1949/50	1947
	1956–1977	Dernière
	1978–1979	1970–75
	1980–1983	1975–80
	1984–1986	1980–85
	1987–1992	1985–90
—illégitimes (voir également légitimes)........	1959	1949–58
—légitimes......................	1954	1936–53
	1959	1949–58
	1965	Dernière
	1969	Dernière
	1975	Dernière
	1981	Dernière

Sujet	Année de l'édition	Période considérée
Natalité, taux de (suite):		
—légitimes (suite):	1986	Dernière
—légitimes selon l'âge de la mère........................	1954	1936–53
	1959	1949–58
	1965	Dernière
	1969	Dernière
	1975	Dernière
	1981	Dernière
	1986	Dernière
—légitimes selon l'âge du père........................	1959	1949–58
	1965	Dernière
	1969	Dernière
	1975	Dernière
	1981	Dernière
	1986	Dernière
—légitimes selon la durée du mariage....................	1959	1950–57
	1965	Dernière
	1969	Dernière
	1975	Dernière
—selon l'âge de la mère.....	1948	1936–47
	1949/50	1936–49
	1951	1936–50
	1952	1936–50
	1953	1936–52
	1954	1936–53
	1955–1956	Dernière
	1959	1949–58
	1965	1955–64
	1969	1963–68
	1975	1966–74
	1976–1978	Dernière
	1978SR [1]	1948–77
	1979–1980	Dernière
	1981	1972–80
	1982–1985	Dernière
	1986	1977–85
	1987–1991	Dernière
—selon l'âge de la mère et le rang de naissance........	1954	1948 et 1951
	1959	1949–58
	1965	1955–64
	1969	1963–68
	1975	1966–74
	1981	1972–80
	1986	1977–85

Sujet	Année de l'édition	Période considérée
Natalité, taux de (suite):		
—selon l'âge de la mère et la résidence (urbaine/rurale) (voir: (urbaine/rurale), ci–dessous)		
—selon l'âge du père........	1949/50	1942–49
	1954	1936–53
	1959	1949–58
	1965	1955–64
	1969	1963–68
	1975	1966–74
	1981	1972–80
	1986	1977–85
—selon la durée du mariage (voir: légitimes selon la duré du mariage)		
—selon le rang de naissance......................	1951	1936–49
	1952	1936–50
	1953	1936–52
	1954	1936–53
	1955	Dernière
	1959	1949–58
	1965	1955–64
	1969	1963–68
	1975	1966–74
	1981	1972–80
	1986	1977–85
—selon la résidence (urbaine/rurale)..............	1965	Dernière
	1967	Dernière
	1968	1964–68
	1969	1964–68
	1970	1966–70
	1971	1967–71
	1972	1968–72
	1973	1969–73
	1974	1970–74
	1975	1956–75
	1976	1972–76
	1977	1973–77
	1978	1974–78
	1979	1975–79
	1980	1976–80
	1981	1962–81
	1982	1978–82
	1983	1979–83
	1984	1980–84

Sujet	Année de l'édition	Période considérée	Sujet	Année de l'édition	Période considérée	Sujet	Année de l'édition	Période considérée
Natalité, taux de (suite):			Nuptialité, taux de (suite):		1953–68	Nuptialité, taux de (suite):		
–selon la résidence (urbaine/rurale) (suite):				1969	1965–69	–selon la résidence (urbaine/rurale) (suite):		
	1985	1981–85		1970	1966–70		1984	1980–84
	1986	1967–86		1971	1967–71		1985	1981–85
	1987	1983–87		1972	1968–72		1986	1982–86
	1988	1984–88		1973	1969–73		1987	1983–87
	1989	1985–89		1974	1970–74		1988	1984–88
	1990	1986–90		1975	1971–75		1989	1985–89
	1991	1987–91		1976	1957–76		1990	1971–90
	1992	1983–92		1977	1973–77		1991	1987–91
–selon la résidence (urbaine/rurale) et l'âge de la mère....................				1978	1974–78		1992	1988–92
	1965	Dernière		1979	1975–79			
	1969	Dernière		1980	1976–80	–selon le sexe et la population mariable........	1958	1935–56
	1975	1966–74		1981	1977–81		1968	1935–67
	1976–1980	Dernière		1982	1963–82		1976	1966–75
	1981	1972–80		1983	1979–83		1982	1972–81
	1982–1985	Dernière		1984	1980–84		1990	1980–89
	1986	1977–85		1985	1981–85			
	1987–1991	Dernière		1986	1982–86	Nuptialité au premier mariage, taux de, classification détaillée selon l'âge de l'épouse et de l'époux..........................		
	1992	1983–92		1987	1983–87			
Nationalité (voir: Population)				1988	1984–88			
				1989	1985–89		1982	1972–81
				1990	1971–90		1990	1980–89
Nuptialité (voir: Mariages)				1991	1987–91			
				1992	1988–92	**P**		
Nuptialité, taux de............	1948	1932–47	–selon l'âge et le sexe.......	1948	1936–46	Population:		
	1949/50	1932–49		1949/50	1936–49	–accroissement, taux d':		
	1951	1930–50		1953	1936–51	annuels moyens pour les pays ou zones...........		
	1952	1920–34 [4]		1954	1936–52		1957	1953–56
		1934–51		1958	1935–56		1958	1953–57
	1953	1920–39 [4]		1968	1955–67		1959	1953–58
		1940–52		1976	1966–75		1960	1953–59
	1954	1920–39 [4]		1982	1972–81		1961	1953–60
		1946–53		1987	1975–86		1962	1958–61
	1955	1920–34 [4]		1990	1980–89		1963	1958–62
		1946–54					1964	1958–63
	1956	1947–55	–selon la résidence (urbaine/rurale).............	1968	Dernière		1965	1958–64
	1957	1948–56		1969	1965–69		1966	1958–66
	1958	1930–57		1970	1966–70		1967	1963–67
	1959	1949–58		1971	1967–71		1968	1963–68
	1960	1950–59		1972	1968–72		1969	1963–69
	1961	1952–61		1973	1969–73		1970	1963–70
	1962	1953–62		1974	1970–74		1971	1963–71
	1963	1954–63		1975	1971–75		1972	1963–72
	1964	1960–64		1976	1957–76		1973	1970–73
	1965	1956–65		1977	1973–77		1974	1970–74
	1966	1962–66		1978	1974–78		1975	1970–75
	1967	1963–67		1979	1975–79			
	1968	1920–64 [4]		1980	1976–80			
				1981	1977–81			
				1982	1963–82			
				1983	1979–83			

Index

Index par sujet (suite)

(Voir notes à la fin de l'index)

Sujet	Année de l'édition	Période considérée
Population (suite):		
—accroissement, taux d':		
(suite):		
annuels moyens pour		
les pays ou zones		
(suite):		
	1976	1970–76
	1977	1970–77
	1978	1975–78
	1979	1975–79
	1980	1975–80
	1981	1975–81
	1982	1975–82
	1983	1980–83
	1984	1980–84
	1985	1980–85
	1986	1980–86
	1987	1980–87
	1988	1985–88
	1989	1985–89
	1990	1985–90
	1991	1985–91
	1992	1985–92
annuels moyens pour le		
monde, les grandes		
régions (continentes) et		
les régions		
géographiques...............	1957	1950–56
	1958	1950–57
	1959	1950–58
	1960	1950–59
	1961	1950–60
	1962	1950–61
	1963	1958–62
		1960–62
	1964	1958–63
		1960–63
	1965	1958–64
		1960–64
	1966	1958–66
		1960–66
	1967	1960–67
		1963–67
	1968	1960–68
		1963–68
	1969	1960–69
		1963–69
	1970	1963–70
		1965–70
	1971	1963–71
		1965–71
	1972	1963–72
		1965–72
	1973	1965–73
		1970–73

Sujet	Année de l'édition	Période considérée
Population (suite):		
—accroissement, taux d':		
(suite):		
annuels moyens pour le		
monde, les grandes		
régions (continentes) et		
les régions		
géographiques		
(suite):	1974	1965–74
		1970–74
	1975	1965–75
		1970–75
	1976	1965–76
		1970–76
	1977	1965–77
		1970–77
	1978–1979	1970–75
	1980–1983	1975–80
	1984–1986	1980–85
	1987–1992	1985–90
—active:		
féminin, selon l'état		
matrimonial et l'âge........	1956	1945–55
	1967	1955–64
	1968	Dernière
	1972	1962–77
féminin, selon l'état		
matrimonial et l'âge		
et la résidence		
(urbaine/rurale).............	1973	1965–73
	1979	1970–79
	1984	1974–84
	1988	1980–88 [2]
née à l'étranger selon la		
profession, l'âge et le		
sexe.....................	1984	1974–84
	1989	1980–88
née à l'étranger selon la		
profession, l'âge et		
le sexe.....................	1977	Dernière
selon l'âge et le sexe........	1955	1945–54
	1956	1945–55
	1964	1955–64
	1972	1962–72

Sujet	Année de l'édition	Période considérée
Population (suite):		
—active (suite):		
selon l'âge et le sexe		
et la résidence		
(urbaine/rurale).............	1973	1965–73 [2]
	1979	1970–79 [2]
	1984	1974–84
	1988	1980–88 [2]
selon l'âge et le sexe en		
pourcentage.................	1948	Dernière
	1949/50	1930–48
	1955	1945–54
	1956	1945–55
	1964	1955–64
	1972	1962–72
selon l'âge et le sexe en		
pourcentage et la		
résidence (urbaine/		
rurale).........................	1973	1965–73 [2]
	1979	1970–79 [2]
	1984	1974–84
	1988	1980–88 [2]
selon la branche		
d'activité économique,		
le sexe, et l'âge.............	1956	1945–55
	1964	1955–64
	1972	1962–72
selon la branche		
d'activité économique,		
le sexe, et l'âge		
et la résidence		
(urbaine/rurale).............	1973	1965–73 [2]
	1979	1970–79 [2]
	1984	1974–84
	1988	1980–88 [2]
selon la branche		
d'activité économique		
la situation dans la		
profession et le sexe........	1948	Dernière
	1949/50	Dernière
	1955	1945–54
	1964	1955–64
	1972	1962–72

Sujet	Année de l'édition	Période considérée	Sujet	Année de l'édition	Période considérée	Sujet	Année de l'édition	Période considérée
Population (suite):			Population (suite):			Population (suite):		
–active (suite):			–active (suite):			–active (suite):		
selon la branche			selon la situation dans			selon le sexe (suite):	1960	1920–60
d'activité économique			la profession, la				1963	1955–63
la situation dans la			branche d'activité				1964	1955–64
profession et le sexe			économique et le sexe......	1948	Dernière		1970	1950–70
et la résidence				1949/50	Dernière		1972	1962–72
(urbaine/rurale).............	1973	1965–73 [2]		1955	1945–54		1973	1965–73 [2]
	1979	1970–79		1964	1955–64		1979	1970–79 [2]
	1984	1974–84		1972	1962–72		1984	1974–84
	1988	1980–88 [2]					1988	1980–88 [2]
			selon la situation dans					
selon l'état matrimonial			la profession, la			–alphabète selon l'âge et		
et l'âge (sexe féminin).....	1956	1945–55	branche d'activité			le sexe (voir également:		
	1964	1955–64	économique et le sexe			analphabète,		
	1968	Dernière	et la résidence			ci–dessous)....................	1948	Dernière
	1972	1962–72	(urbaine/rurale).............	1973	1965–73 [2]		1955	1945–54
				1979	1970–79 [2]		1963	1955–63
selon l'état matrimonial				1984	1974–84		1964	1955–64 [2]
et l'âge (sexe féminin)				1988	1980–88 [2]		1971	1962–71
et la résidence								
(urbaine/rurale).............	1973	1965–73 [2]	selon la situation dans			–alphabète selon l'âge		
	1979	1970–79 [2]	la profession et le sexe			et le sexe et la		
	1984	1974–84	et l'âge.........................	1956	1945–55	résidence		
	1988	1980–88 [2]		1964	1955–64	(urbaine/rurale).............	1973	1965–73 [2]
				1972	1962–72		1979	1970–79 [2]
selon la profession, la							1984	1974–84
l'âge et le sexe...............	1956	1945–55	selon la situation dans				1988	1980–88 [2]
	1964	1955–64	la profession et le sexe					
	1972	1962–72	et l'âge et la			–alphabétisme selon le		
			résidence (urbaine/			sexe, taux d' (voir		
selon la profession,			rurale)..........................	1973	1965–73 [2]	également:		
l'âge et le sexe				1979	1970–79 [2]	analphabétisme, taux		
et la résidence				1984	1974–84	d', ci–dessous)...............	1955	1945–54
(urbaine/rurale).............	1973	1965–73 [2]		1988	1980–88 [2]			
	1979	1970–79 [2]				–alphabétisme selon le		
	1984	1974–84	selon la situation dans la			sexe et l'âge, taux d'.......	1955	1945–54
	1988	1980–88 [2]	profession, la profession					
			et le sexe......................	1956	1945–55	–analphabète selon le		
selon la profession, la				1964	1955–64	sexe.............................	1948	Dernière
situation dans la				1972	1962–72		1955	1945–54
profession et le sexe........	1956	1945–55					1960	1920–60
	1964	1955–64	selon la situation dans la				1963	1955–63
	1972	1962–72	profession, la profession				1964	1955–64 [2]
			et le sexe et la				1970	1950–70
			résidence					
selon la profession, la			(urbaine/rurale).............	1973	1965–73 [2]			
situation dans la				1979	1970–79 [2]			
profession et le sexe				1984	1974–84	–analphabète selon le		
et la résidence				1988	1980–88 [2]	sexe et la résidence		
(urbaine/rurale).............	1973	1965–73 [2]	selon le sexe..................	1948	Dernière	(urbaine/rurale).............	1973	1965–73
	1979	1970–79 [2]		1949/50	1926–48		1979	1970–79 [2]
	1984	1974–84		1955	1945–54		1983	1974–83
	1988	1980–88 [2]		1956	1945–55		1988	1980–88 [2]

Index par sujet (suite)

(Voir notes à la fin de l'index)

Sujet	Année de l'édition	Période considérée	Sujet	Année de l'édition	Période considérée	Sujet	Année de l'édition	Période considérée
Population (suite):			Population (suite):			Population (suite):		
—analphabète selon le			—célibataire selon l'âge et			—des grandes régions		
sexe et l'âge.................	1948	Dernière	le sexe (voir également:			(continentales)		
	1955	1945–54	selon l'état matrimonial,			(suite):	1962	1920–61
	1963	1955–63	ci–dessous) (suite):				1963	1930–62
	1964	1955–64 [2]	nombres......................	1960	1920–60		1964	1930–63
	1970	1950–70		1970	1950–70		1965	1930–65
—analphabète selon le							1966	1930–66
sexe et l'âge			pourcentages..............	1949/50	1926–48		1967	1930–67
et la résidence				1960	1920–60		1968	1930–68
(urbaine/rurale).............	1973	1965–73		1970	1950–70		1969	1930–69
	1979	1970–79 [2]	—chômeurs selon l'âge et				1970	1950–70
	1983	1974–83	le sexe...........................	1949/50	1946–49		1971	1950–71
	1988	1980–88 [2]	—dans les localités (voir:				1972	1950–72
—analphabète selon le			selon l'importance des				1973	1950–73
sexe, taux d'.................	1948	Dernière	localités, ci–dessous)				1974	1950–74
	1955	1945–54					1975	1950–75
	1960	1920–60	des collectivités,				1976	1950–76
	1963	1955–63	âge et sexe et				1977	1950–77
	1964	1955–64 [2]	résidence				1978	1950–78
	1970	1950–70	urbaine/rurale..............	1987	1975–86		1979	1950–79
—analphabète selon le							1980	1950–80
sexe, taux d'			—dans les ménages selon				1981	1950–81
et la résidence			le type et la dimension				1982	1950–82
(urbaine/rurale).............	1973	1965–73	des ménages privés				1983	1950–83
	1979	1970–79 [2]	(voir également:				1984	1950–84
	1983	1974–83	Ménages).....................	1955	1945–54		1985	1950–85
	1988	1980–88 [2]		1962	1955–62		1986	1950–86
—analphabète selon le				1963	1955–63 [2]		1987	1950–87
sexe et l'âge, taux d'.......	1948	Dernière	—dans les logements				1988	1950–88
	1955	1945–54	collectifs				1989	1950–89
	1960	1920–60	et sans abri..................	1991VP [5]	Dernière		1990	1950–90
	1963	1955–63	—dans les villes (voir:				1991	1950–91
	1964	1955–64 [2]	des grandes régions)					
	1970	1950–70	—des continents				1992	1950–92
—analphabète selon le			(voir: des grandes					
sexe et l'âge, taux d'			régions (continentales))					
et la résidence						—des pays ou zones		
(urbaine/rurale).............	1973	1965–73	—des grandes régions			(total):		
	1979	1970–79 [2]	(continentales)...............	1949/50	1920–49	dénombrée..................	1948	1900–48
	1983	1974–83		1951	1950		1949/50	1900–50
	1988	1980–88 [2]		1952	1920–51		1951	1900–51
				1953	1920–52		1952	1850–1952
				1954	1920–53		1953	1850–1953
				1955	1920–54		1954	Dernière
				1956	1920–55		1955	1850–1954
				1957	1920–56		1956–1961	Dernière
—célibataire selon l'âge et				1958	1920–57		1962	1900–62
le sexe (voir également:				1959	1920–58		1963	Dernière
selon l'état matrimonial,				1960	1920–59		1964	1955–64
ci–dessous):				1961	1920–60		1965–1978	Dernière
							1978SR [1]	1948–78
							1979–1992	Dernière

Sujet	Année de l'édition	Période considérée	Sujet	Année de l'édition	Période considérée	Sujet	Année de l'édition	Période considérée
Population (suite):			Population (suite):			Population (suite):		
—des pays ou zones			—des principales divisions			—des villes (suite):		
(total) (suite):			administratives			capitale......................	1952	Dernière
estimée.........................	1948	1932–47	(suite):	1973	1965–73 [2]		1955	1945–54
	1949/50	1932–49		1979	1970–79 [2]		1957	Dernière
	1951	1930–50		1983	1974–83		1960	1939–61
	1952	1920–51		1988	1980–88 [2]		1962	1955–62
	1953	1920–53					1963	1955–63
	1954	1920–54					1964–1969	Dernière
	1955	1920–55					1970	1950–70
	1956	1920–56					1971	1962–71
	1957	1940–57	—des régions.....................	1949/50	1920–49		1972	Dernière
	1958	1939–58		1952	1920–51		1973	1965–73
	1959	1940–59		1953	1920–52		1974–1992	Dernière
	1960	1920–60		1954	1920–53			
	1961	1941–61		1955	1920–54	de 100 000 habitants et		
	1962	1942–62		1956	1920–55	plus..............................	1952	Dernière
	1963	1943–63		1957	1920–56		1955	1945–54
	1964	1955–64		1958	1920–57		1957	Dernière
	1965	1946–65		1959	1920–58		1960	1939–61
	1966	1947–66		1960	1920–59		1962	1955–62
	1967	1958–67		1961	1920–60		1963	1955–63
	1968	1959–68		1962	1920–61		1964–1969	Dernière
	1969	1960–69		1963	1930–62		1970	1950–70
	1970	1950–70		1964	1930–63		1971	1962–71
	1971	1962–71		1965	1930–65		1972	Dernière
	1972	1963–72		1966	1930–66		1973	1965–73
	1973	1964–73		1967	1930–67		1974–1992	Dernière
	1974	1965–74		1968	1930–68			
	1975	1966–75		1969	1930–69	—du monde.....................	1949/50	1920–49
	1976	1967–76		1970	1950–70		1951	1950
	1977	1968–77		1971	1950–71		1952	1920–51
	1978	1969–78		1972	1950–72		1953	1920–52
	1978SR [1]	1948–78		1973	1950–73		1954	1920–53
	1979	1970–79		1974	1950–74		1955	1920–54
	1980	1971–80		1975	1950–75		1956	1920–55
	1981	1972–81		1976	1950–76		1957	1920–56
	1982	1973–82		1977	1950–77		1958	1920–57
	1983	1974–83		1978	1950–78		1959	1920–58
	1984	1975–84		1979	1950–79		1960	1920–59
	1985	1976–85		1980	1950–80		1961	1920–60
	1986	1977–86		1981	1950–81		1962	1920–61
	1987	1978–87		1982	1950–82		1963	1930–62
	1988	1979–88		1983	1950–83		1964	1930–63
	1989	1980–89		1984	1950–84		1965	1930–65
	1990	1981–90		1985	1950–85		1966	1930–66
	1991	1982–91		1986	1950–86		1967	1930–67
	1992	1983–92		1987	1950–87		1968	1930–68
				1988	1950–88		1969	1930–69
—des principales divisions				1989	1950–89		1970	1950–70
administratives..............	1952	Dernière		1990	1950–90		1971	1950–71
	1955	1945–54		1991	1950–91		1972	1950–72
	1962	1955–62		1992	1950–92		1973	1950–73
	1963	1955–63 [2]					1974	1950–74
	1971	1962–71	—des villes:				1975	1950–75

Index

Index par sujet (suite)

(Voir notes à la fin de l'index)

Sujet	Année de l'édition	Période considérée
Population (suite):		
—du monde (suite):	1976	1950–76
	1977	1950–77
	1978	1950–78
	1979	1950–79
	1980	1950–80
	1981	1950–81
	1982	1950–82
	1983	1950–83
	1984	1950–84
	1985	1950–85
	1986	1950–86
	1987	1950–87
	1988	1950–88
	1989	1950–89
	1990	1950–90
	1991	1950–91
	1992	1950–92
—effectifs des ménages, âge, sexe et résidence urbaine/rurale..............	1987	1975–86
—féminine:		
selon l'âge et selon l'âge et la durée du mariage....................	1968	Dernière
selon le nombre total d'enfants nés vivants et l'âge.............................	1949/50	Dernière
	1954	1930–53
	1955	1945–54
	1959	1949–58
	1963	1955–63
	1965	1955–65
	1969	Dernière
	1971	1962–71
	1973	1965–73 [2]
	1975	1965–74
	1978SR [1]	1948–77
	1981	1972–80
	1986	1977–85
selon le nombre total d'enfants vivants et l'âge.............................	1949/50	Dernière
	1954	1930–53
	1955	1945–54
	1959	1949–58
	1963	1955–63
	1965	1955–65

Sujet	Année de l'édition	Période considérée
Population (suite):		
—féminine (suite):		
selon le nombre total d'enfants vivants et l'âge (suite):	1968–1969	Dernière
	1971	1962–71
	1973	1965–73 [2]
	1975	1965–74
	1978SR [1]	1948–77
	1981	1972–80
	1986	1977–85
—féminine mariée: selon l'âge actuel et la durée du présent mariage.........	1968	Dernière
—fréquentant l'école selon l'âge et le sexe........	1956	1945–55
	1963	1955–63
	1964	1955–64 [2]
	1971	1962–71
	1973	1965–73 [2]
	1979	1970–79
	1983	1974–83
	1988	1980–88 [2]
—indicateurs divers de conditions d'habitation....	1991VP [5]	Dernière
—inactive par sous–groupes, âge et sexe..................	1956	1945–55
	1964	1955–64
	1972	1962–72
	1973	1965–73 [2]
	1979	1970–79 [2]
	1984	1974–84
	1988	1980–88 [2]
—mariée selon l'âge et le sexe (voir également: Population selon l'état matrimonial) nombres et pourcentages.............	1954	1926–52
	1960	1920–60
	1970	1950–70
—par année d'âge et par sexe..........................	1955	1945–54
	1962	1955–62
	1963	1955–63 [2]
	1971	1962–71
	1973	1965–73 [2]
	1979	1970–79 [2]

Sujet	Année de l'édition	Période considérée
Population (suite):		
—par année d'âge et par sexe (suite):	1983	1974–83
	1988	1980–88 [2]
—par groupes d'âge et par sexe:		
dénombrée..................	1948–1952	Dernière
	1953	1950–52
	1954–1959	Dernière
	1960	1940–60
	1961	Dernière
	1962	1955–62
	1963	1955–63
	1964	1955–64 [2]
	1965–1969	Dernière
	1970	1950–70
	1971	1962–71
	1972	Dernière
	1973	1965–73
	1974–1978	Dernière
	1978SR [1]	1948–77
	1979–1991	Dernière
	1991VP [5]	1950–90
	1992	Dernière
estimée..................	1948–	
	1949/50	1945 et Dernière
	1951–1954	Dernière
	1955–1959	Dernière
	1960	1940–60
	1961–1969	Dernière
	1970	1950–70
	1971–1992	Dernière
pourcentage..................	1948–	
	1949/50	1945 et Dernière
	1951–1952	Dernière
—par ménages, nombres et dimension moyenne selon la résidence (urbaine/rurale)(voir aussi: Ménages)	1955	1945–54
	1962	1955–62
	1963	1955–63 [2]
	1968	Dernière
	1971	1962–71
	1973	1965–72 [2]
	1976	1ernière
	1982	Dernière
	1987	1975–86

Sujet	Année de l'édition	Période considérée	Sujet	Année de l'édition	Période considérée	Sujet	Année de l'édition	Période considérée
Population (suite):			Population (suite):			Population (suite):		
−par ménages, nombres et dimension moyenne selon la résidence (urbaine/rurale)(voir aussi: Ménages) (suite):	1990	1980–89	−selon l'état matrimonial, l'âge et le sexe (voir également: Population mariée et célibataire) (suite): répartition en pourcentage..................	1948	Dernière	−selon l'importance des localités et le sexe (suite): −selon la langue et le sexe.............	1988 1956 1963 1964 1971 1973 1979 1983 1988	1980–88 [2] 1945–55 1955–63 1955–64 [2] 1962–71 1965–73 [2] 1970–79 [2] 1974–83 1980–88 [2]
−personnes âgées selon caractéristique socio–démographique.....	1991VP [5]	1950–90	−selon le type de ménage et la résidence urbaine/rurale...............	1987	1975–86			
selon caractéristique économique..................	1991VP [5]	1950–90	−selon l'importance des localités:			−selon le niveau d'instruction, l'âge et le sexe.............	1956 1963 1964 1971 1973 1979 1983 1988	1945–55 1955–63 1955–64 [2] 1962–71 1965–73 [2] 1970–79 [2] 1974–83 1980–88 [2]
personnes atteintes d'incapacités.................	1991VP [5]	Dernière	de 100 000 habitants et plus...........................	1948 1952 1955 1960 1962 1963 1970 1971 1973 1979 1983 1988	Dernière Dernière 1945–54 1920–61 1955–62 1955–63 [2] 1950–70 1962–71 1965–73 [2] 1970–79 [2] 1974–83 1980–88 [2]			
−rurale (voir: urbaine/rurale (résidence), ci–dessous)								
−selon l'âge et le sexe (voir: par groupes d'âge et par sexe, ci–dessous)								
−selon la composition ethnique et le sexe...........	1956 1963 1964 1971 1973 1979 1983 1988	1945–55 1955–63 1955–64 [2] 1962–71 1965–73 [2] 1970–79 [2] 1974–83 1980–88 [2]	de 20 000 habitants et plus...........................	1948 1952 1955 1960 1962 1963 1970 1971 1973 1979 1983 1988	Dernière Dernière 1945–54 1920–61 1955–62 1955–63 [2] 1950–70 1962–71 1965–73 [2] 1970–79 [2] 1974–83 1980–88 [2]	−selon le pays ou zone de naissance et le sexe........	1956 1963 1964 1971 1973	1945–55 1955–63 1955–64 [2] 1962–71 1965–73 [2]
						−selon le pays ou zone de naissance et le sexe et l'âge.............................	1977 1983 1989	Dernière 1974–83 1980–88
−selon l'état matrimonial, l'âge et le sexe (voir également: Population mariée et célibataire).......	1948 1949/50 1955 1958 1962 1963 1965 1968 1971 1973 1976 1978 SR [1] 1982 1987 1990	Dernière 1926–48 1945–54 1945–57 1955–62 1955–63 [2] 1955–65 1955–67 1962–71 1965–73 [2] 1966–75 1948–77 1972–81 1975–86 1980–89	−selon l'importance des localités et le sexe...........	1948 1952 1955 1962 1963 1971 1973 1979 1983	Dernière Dernière 1945–54 1955–62 1955–63 [2] 1962–71 1965–73 [2] 1970–79 [2] 1974–83	−selon la nationalité juridique et le sexe........... −selon la nationalité juridique et le sexe et l'âge.............................	1956 1963 1964 1971 1973 1977 1983 1989	1945–55 1955–63 1955–64 [2] 1962–71 1965–73 [2] Dernière 1974–83 1980–88

Index par sujet (suite)

(Voir notes à la fin de l'index)

Sujet	Année de l'édition	Période considérée	Sujet	Année de l'édition	Période considérée	Sujet	Année de l'édition	Période considérée
Population (suite):			**Population (suite):**			**Population (suite):**		
—selon les principales divisions administratives (voir: des principales divisions administratives, ci–dessus)			—selon le sexe (voir: également: par année d'âge et par sexe, et aussi par groupes d'âge et par sexe, ci–dessus): (suite):			—urbaine/rurale (résidence) (suite): féminine: selon le nombre total d'enfants vivants et l'âge	1971	1962–71
			estimée (suite):	1960	1940–60		1973	1965–73 [2]
—selon la religion et le sexe	1956	1945–55		1961–1969	Dernière		1975	1965–74
	1963	1955–63		1970	1950–70		1978SR [1]	1948–77
	1964	1955–64 [2]		1971	1962–71		1981	1972–80
	1971	1962–71		1972	Dernière		1986	1977–85
	1973	1965–73 [2]		1973	1965–73			
	1979	1970–79 [2]		1974–1992	Dernière	fréquentant l'école selon l'âge et le sexe	1971	1962–71
	1983	1974–83					1973	1965–73 [2]
	1988	1980–88 [2]	—urbaine/rurale (résidence)	1968	1964–68		1979	1970–79 [2]
				1969	1965–69		1983	1974–83
—selon la résidence (urbaine/rurale) (voir: urbaine/rurale (résidence), ci–dessous)				1970	1950–70		1988	1980–88 [2]
				1971	1962–71	par année d'âge et par sexe	1971	1962–71
—selon le sexe (voir: également: par année d'âge et par sexe, et aussi par groupes d'âge et par sexe, ci–dessus):				1972	1968–72		1973	1965–73 [2]
				1973	1965–73		1979	1970–79 [2]
				1974	1966–74		1983	1974–83
				1975	1967–75			
				1976	1967–76			
				1977	1968–77			
dénombrée	1948–1952	Dernière		1978	1969–78	selon la situation familiale	1991VP [5]	Dernière
	1953	1950–52		1979	1970–79			
	1954–1959	Dernière		1980	1971–80	selon l'âge et le sexe: dénombrée	1963	1955–63
	1960	1900–61		1981	1972–81		1964	1955–64 [2]
	1961	Dernière		1982	1973–82		1967	Dernière
	1962	1900–62		1983	1974–83		1970	1950–70
	1963	1955–63		1984	1975–84		1971	1962–71
	1964	1955–64		1985	1976–85		1972	Dernière
	1965–1969	Dernière		1986	1977–86		1973	1965–73
	1970	1950–70		1987	1978–87		1974–1978	Dernière
	1971	1962–71		1988	1979–88		1978SR [1]	1948–77
	1972	Dernière		1989	1980–89		1979–1991	Dernière
	1973	1965–73		1990	1981–90		1991 VP [5]	1950–90
	1974–1978	Dernière		1991	1982–91		1992	Dernière
	1978SR [1]	1948–78		1992	1983–92			
	1979–1982	Dernière				selon l'âge et le sexe: estimée	1963	Dernière
	1983	1974–83					1967	Dernière
	1984–1991	Dernière					1970	1950–70
	1991 VP [5]	1950–90					1971–1992	Dernière
	1992	Dernière	féminine: selon le nombre total d'enfants nés vivants et l'âge	1971	1962–71			
estimée	1948–			1973	1965–73 [2]	selon l'alphabétisme, l'âge et le sexe	1971	1962–71
	1949/50	1945 et Dernière		1975	1965–74		1973	1965–73 [2]
				1978SR [1]	1948–77		1979	1970–79 [2]
	1951–1954	Dernière [2]		1981	1972–80		1983	1974–83
	1955–1959	Dernière		1986	1977–85			

Sujet	Année de l'édition	Période considérée	Sujet	Année de l'édition	Période considérée	Sujet	Année de l'édition	Période considérée
Population (suite):			Population (suite):			Population (suite):		
–urbaine/rurale (résidence) (suite):			–urbaine/rurale (résidence) (suite):			–urbaine/rurale (résidence) (suite):		
selon l'alphabétisme, l'âge et le sexe (suite):	1988	1980–88 [2]	selon les principales divisions administratives	1971	1962–71	selon le sexe: pourcentage	1948	Dernière
				1973	1965–73 [2]		1952	1900–51
selon la composition				1979	1970–79 [2]		1955	1945–54
ethnique et le sexe	1971	1962–71		1983	1974–83		1960	1920–60
	1973	1965–73 [2]		1988	1980–88 [2]		1962	1955–62
	1979	1970–79 [2]					1970	1950–70
	1983	1974–83	selon la religion et le				1971	1962–71
	1988	1980–88 [2]	sexe	1971	1962–71		1973	1965–73
				1973	1965–73 [2]		1974	1966–74
selon l'état matrimonial,				1979	1970–79 [2]		1975	1967–75
l'âge et le sexe	1971	1962–71		1983	1974–83		1976	1967–76
	1973	1965–73 [2]		1988	1980–88 [2]		1977	1968–77
							1978	1969–78
selon la langue et le							1979	1970–79
sexe	1971	1962–71					1980	1971–80
	1973	1965–73 [2]					1981	1972–81
	1979	1970–79 [2]					1982	1973–82
	1983	1974–83	selon le sexe:				1983	1974–83
	1988	1980–88 [2]	nombres	1948	Dernière		1984	1975–84
				1952	1900–51		1985	1976–85
selon la nationalité				1955	1945–54		1986	1977–86
juridique et le sexe	1971	1962–71		1960	1920–60		1987	1978–87
	1973	1965–73 [2]		1962	1955–62		1988	1979–88
				1963	1955–63		1989	1980–89
selon la nationalité				1964	1955–64 [2]		1990	1981–90
juridique et le sexe				1967	Dernière		1991	1982–91
et l'âge	1977	Dernière		1970	1950–70		1992	1983–92
	1983	1974–83		1971	1962–71			
	1989	1980–88		1972	Dernière	–Vieillissement		
				1973	1965–73	indicateurs divers	1991VP [5]	1950–90
selon le niveau				1974	1966–74			
d'instruction, l'âge et le				1975	1967–75	–Villes (voir: des villes,		
sexe	1971	1962–71		1976	1967–76	ci–dessus)		
	1973	1965–73 [2]		1977	1968–77			
	1979	1970–79 [2]		1978	1969–78	**R**		
	1983	1974–83		1979	1970–79			
	1988	1980–88 [2]		1980	1971–80	Rapports (voir: Fécondité		
				1981	1972–81	proportionnelle;		
selon le pays ou zone de				1982	1973–82	Mortalité foetale		
naissance et le sexe	1971	1962–71		1983	1974–83	(tardive), rapports de;		
	1973	1965–73 [2]		1984	1975–84	Mortalité périnatale,		
				1985	1976–85	rapports de; Natalité		
				1986	1977–86	proportionnelle;		
				1987	1978–87	Rapports		
selon le pays ou zone de				1988	1979–88	enfants–femmes)		
naissance et le sexe				1989	1980–89			
et l'âge	1977	Dernière		1990	1981–90	Rapports enfants–femmes	1949/50	1900–50
	1983	1974–83		1991	1982–91		1954	1900–52
	1989	1980–88		1992	1983–92		1955	1945–54
							1959	1935–59

(Voir notes à la fin de l'index)

Sujet	Année de l'édition	Période considérée
Rapports enfants–femmes (suite):	1963	1955–63
	1965	1945–65
	1969	Dernière
	1975	1966–74
	1978SR [1]	1948–77
	1981	1962–80
	1986	1967–85
—dans les zones (urbaines/rurales)..........	1965	Dernière
	1969	Dernière
Réfugiés selon le pays ou zone de destination:		
—rapatriés par l'Organisation Internationale pour les réfugiés....................	1952	1947–51
—réinstallés par l'Organisation Internationale pour les réfugiés....................	1952	1947–51
Religion (voir: Population)		
Reproduction, taux bruts et nets de........................	1948	1920–47
	1949/50	1900–48
	1954	1920–53
	1965	1930–64
	1969	1963–68
	1975	1966–74
	1978SR [1]	1948–77
	1981	1962–80
	1986	1967–85

S

Sans abri (voir : Population)

Sexe (voir: la rubrique appropriée par sujet, p. ex., Immigrants; Mortalité, taux de; Naissance; Population, etc.)

Situation dans la profession (voir: Population active)

Sujet	Année de l'édition	Période considérée
Sujet spécial des divers Annuaires démographiques:		
—Démographie générale...	1948	1900–48
	1953	1850–1953
—Divorce (voir: Mariage et divorce, ci–dessous)		
—Mariage et Divorce.........	1958	1930–57
	1968	1920–68
	1976	1957–76
	1982	1963–82
	1990	1971–90
—Migration (Internationale).............	1977	1958–76
	1989	1975–88
—Mortalité......................	1951	1905–50
	1957	1930–56
	1961	1945–61
	1966	1920–66
	1967	1900–67
	1974	1965–74
	1980	1971–80
	1985	1976–85
	1992	1983–92
—Natalité.......................	1949/50	1932–49
	1954	1920–53
	1959	1920–58
	1965	1920–65
	1969	1925–69
	1975	1956–75
	1981	1962–81
	1986	1967–86
	1992	1983–92
—Nuptialité (voir: Mariage et Divorce, ci–dessus)		
—Recensements de population:		
Caractéristiques économiques..................	1956	1945–55
	1964	1955–64
	1972	1962–72
	1973	1965–73 [2]
	1979	1970–79 [2]
	1984	1974–84
	1988	1980–88 [2]

Sujet	Année de l'édition	Période considérée
Sujet spécial des divers Annuaires démographiques: (suite) —Recensements de population (suite):		
Caractéristiques ethniques....................	1956	1945–55
	1963	1955–63
	1964	1955–64 [2]
	1971	1962–71
	1973	1965–73 [2]
	1979	1970–79 [2]
	1983	1974–83
	1988	1980–88 [2]
Caractéristiques géographiques...............	1952	1900–51
	1955	1945–54
	1962	1955–62
	1964	1955–64 [2]
	1971	1962–71
	1973	1965–73 [2]
	1979	1970–79 [2]
	1983	1974–83
	1988	1980–88 [2]
Caractéristiques individuelles..................	1955	1945–54
	1962	1955–62
	1971	1962–71
	1973	1965–73 [2]
	1979	1970–79 [2]
	1983	1974–83
	1988	1980–88 [2]
Caractéristiques relatives à l'éducation......	1955	1945–54
	1956	1945–55
	1963	1955–63
	1964	1955–64 [2]
	1971	1962–71
	1973	1965–73 [2]
	1979	1970–79 [2]
	1983	1974–83
	1988	1980–88 [2]
Caractéristiques relatives aux ménages......	1955	1945–54
	1962	1955–62
	1963	1955–63 [2]
	1971	1962–71
	1973	1965–73 [2]
	1976	1966–75
	1983	1974–83

Sujet	Année de l'édition	Période considérée	Sujet	Année de l'édition	Période considérée	Sujet	Année de l'édition	Période considérée
Sujet spécial des divers Annuaires démographiques: (suite):			Tables de mortalité (voir: Mortalité, tables de)			Urbaine/rurale (population) (voir: Population selon la résidence (urbaine/rurale))		
–Recensements de population (suite): Caractéristiques relatives aux ménages (suite):	1987	1975–86	Taux (voir: Accroissement intercensaire de la population; Accroissement naturel; Alphabétisme;					
						V		
Caractéristiques relatives à la fécondité.....	1949/50	1900–50	Annulation; Divortialité; Fécondité			Vieillissement (voir : Population)		
	1954	1900–53	Intercensaire; Mortalité					
	1955	1945–54	Infantile, Mortalité			Villes (voir: Population)		
	1959	1935–59	maternelle; Mortalité					
	1963	1955–63	néonatale; Mortalité			**APPENDICE**		
	1965	1955–65	post–néonatale;					
	1969	Dernière	Mortalité, tables de;			Texte spécial de chaque Annuaire démographique		
	1971	1962–71	Mortalité; Natalité;					
	1973	1965–73 [2]	Nuptialité;			–Divorce:		
	1975	1965–75	Reproduction; taux bruts et nets de)					
	1981	1972–81				"Application des statistiques de la nuptialité et de la divortialité"..................	1958	..
	1986	1977–86	Taux bruts de reproduction (voir: Reproduction)					
Evolution de la population.....................	1960	1920–60	Taux nets de reproduction (voir: Reproduction)			–Mariage:		
	1970	1950–70						
–Supplément historique....	1978SR [1]	1948–78	Texte spécial (voir liste détaillée dans l'Appendice de cet index)			–"Application des statistiques de la nuptialité et de la divortialité"..................	1958	..
Superficie								
						–Ménages:		
–des continents................	1949/50– 1992	Dernière	**U**			"Concepts et définitions des ménages, du chef de ménage et de la population des collectivités"..................	1987	..
–des grandes régions (continentales)...............	1964–1992	Dernière	Urbaine/rurale (décès) (voir: Décès)					
–des pays ou zones..........	1948–1992	Dernière	Urbaine/rurale (ménages: dimension moyenne des) (voir: Ménages)			–Migration:		
–des régions.....................	1952–1992	Dernière						
–du monde.....................	1949/50– 1992	Dernière						
–Vieillissement de la population et situation des personnes âgées...........................	1991VP [5]	1950–90	Urbaine/rurale (mortalité infantile) (voir: Mortalité infantile)			"Statistiques des migrations internationales".............	1977	..
Survivants (voir: Mortalité, tables de)			Urbaine/rurale (naissances) (voir: Naissances)			–Mortalité:		
T						"Tendances recentes de la mortalité"...............	1951	..

Index

Index par sujet (suite)

(Voir notes à la fin de l'index)

Sujet	Année de l'édition	Période considérée	Sujet	Année de l'édition	Période considérée	Sujet	Année de l'édition	Période considérée
Texte spécial de chaque Annuaire démographique (suite):			Texte spécial de chaque Annuaire démographique (suite):			Texte spécial de chaque Annuaire démographique (suite):		
—Mortalité (suite):			—Population (suite):			—Population (suite):		
"Développement des statistiques des causes de décès"..................	1951	..	"Tendances démo-graphiques mondiales, 1920–1949".................	1949/50	..	"Disponibilité de certaines statistiques fondées sur les recensements de population: 1955–1964"	1964	..
"Les facteurs du fléchissement de la mortalité"..................	1957	..	"Mouvements d'urbanisation et ses caractéristiques".............	1952	..	"Définitions et concepts statistiques de la population urbaine et de la population rurale"..........	1967	..
"Notes sur les méthodes d'évaluation de la fiabilité des statistiques classiques de la mortalité"..................	1961	..	"Les recensements de population de 1950".......	1955	..	"Définitions et concepts statistiques du ménage".......................	1968	..
"Mortalité: Tendances recentes"..................	1966	..	"Situation démographique mondiale".................	1956	..	"Ce que nous savons de l'état et de l'évolution de la population mondiale"......	1970	..
"Tendances de la mortalité chez les personnes âgées............	1991 VP [5]	..	"Ce que nous savons de l'état et de l'évolution de la population mondiale"......	1960	..	"Recommandations de l'Organisation des Nations Unies quant aux sujets sur lesquels doit porter un recensement de population, en regard de la pratique adoptée par les différents pays dans les recensements nationaux effectués de 1965 à 1971".................	1971	..
—Natalité:								
"Presentation graphiques des tendances de la fécondité".....................	1959	..	"Notes sur les statistiques disponibles des recensements nationaux de population et méthodes d'évaluation de leur exactitude"..................	1962	..			
"Taux de natalité: Tendances récentes".......	1965	..						
"Evolution récente de la fécondité dans le monde"......................	1969	..	"Disponibilité et qualité de certaines données statistiques fondées sur les recensements de population effectués entre 1955 et 1963".......	1963	..			
—Population:								

Sujet	Année de l'édition	Période considérée	Sujet	Année de l'édition	Période considérée	Sujet	Année de l'édition	Période considérée
Texte spécial de chaque Annuaire démographique (suite):			Texte spécial de chaque Annuaire démographique (suite):					
—Population (suite):			—Population (suite):					
"Les définitions statistiques de la population urbaine et leurs usages en démographie appliquée"....................	1972	..	"Dates des recensements nationaux de la population et/ou de l'habitation effectués au cours de la décennie 1975–1984 et effectués ou prévus au cours de la décennie 1985–1994".................	1988	..			
"Dates des recensements nationaux de la population et de l'habitation effectués au cours de la décennie 1965–1974".................	1974	..	"Statistiques concernant la population active: un aperçu".........................	1984	..			
"Dates des recensements nationaux de la population et de l'habitation effectués ou prévus, au cours de la décennie 1975–1984"....	1979	..	"Etude du vieillissement et de la situation des personnes âgées: Besoins particuliers"..................	1991 VP [5]	..			
			"Les incapacités"............	1991 VP [5]	..			
"Dates des recensements nationaux de la population et/ou de l'habitation effectués au cours de la décennie 1965–1974 et effectués ou prévus au cours de la décennie 1975–1984".................	1983	..	"Le vieillissement"...........	1991 VP [5]	..			

Notes générales

Cet index alphabétique donne la liste des sujets traités dans chacune de 42 éditions de l'Annuaire démographique. La colonne "Année de l'édition" indique l'édition spécifique dans laquelle le sujet a été traité. Sauf indication contraire, lacolonne "Période considérée" désigne les années pour lesquelles les statistiques annuelles apparaissant dans l'Annuaire démographique sont indiquées sous la colonne "Année de l'édition". La rubrique "Dernière" ou "2–Dernières" indique que les données représentent la ou les dernières années disponibles seulement.

Notes

1 Le Supplément rétrospectif fait l'objet d'un tirage spécial.
2 Données non disponibles dans l'édition précédente seulement.
3 Titres non disponibles dans la bibliographie précedente seulement.
4 Taux moyens pour 5 ans.
5 Vieillissement de la population.

Litho in United Nations, New York
93060—June 1994—5,775
ISBN 92-1-051083-6

United Nations publication
Sales No. E/F.94.XIII.1
ST/ESA/STAT/SER.R/23